国家出版基金项目

"十二五"国家重点图书出版规划项目

THE

CHINESE ENCYCLOPEDIA

OF

EDUCATION

中国教育大百科全书

·第一卷·

主编

顾明远

副主编

鲁　洁　王炳照　谈松华　袁振国　张跃进

A——J(jiao yu guan)

上海教育出版社

SHANGHAI EDUCATIONAL
PUBLISHING HOUSE

《中国教育大百科全书》

荣获

第三届中国出版政府奖提名奖

第七届高等学校科学研究优秀成果奖（人文社会科学）一等奖

第十三届上海图书奖一等奖

北京市第十三届哲学社会科学优秀成果奖特等奖

入选

第四届"三个一百"原创图书出版工程（人文社科类）

《中国教育大百科全书》

主编
顾明远

副主编
鲁洁　王炳照　谈松华　袁振国　张跃进

《中国教育大百科全书》编纂委员会

（以姓氏笔画为序）

卫道治	王　建	王英杰	王炳照
王善迈	乌美娜	田正平	包南麟
冯增俊	皮连生	朴永馨	吕　达
朱明钰	刘红云	刘宝存	劳凯声
苏　德	肖　朗	吴式颖	吴明海
吴康宁	余祖光	张天宝	张廷凯
张跃进	张新平	陈向明	金生鈜
单中惠	孟庆茂	胡德海	钟启泉
祝士媛	袁　彬	袁振国	顾明远
高书国	谈松华	喻岳青	鲁　洁
谢国东	褚宏启		

《中国教育大百科全书》编写人

（以姓氏笔画为序）

丁永为	丁邦平	丁尧清	丁兴富	于娜	于潇	于影丽	万钫
卫冬洁	马信	马慧	马万华	马开剑	马东太	马早明	马叔平
马和民	马建国	马树超	马前锋	马晓强	马晓燕	马健生	马维娜
王利	王枬	王炜	王波	王建	王艳	王珺	王辉
王鉴	王颖	王义高	王小明	王凤玉	王世伟	王本余	王有春
王有亮	王伟杰	王兆璟	王江清	王丽华	王连红	王国文	王季云
王学风	王映学	王星霞	王保星	王美芳	王晓华	王晓阳	王晓辉
王银铃	王绽蕊	王雅杰	王等等	王善迈	王瑞霞	王懿颖	元琴
韦小满	韦保宁	韦晓康	区培民	牛征	毛军	乌美娜	文东茅
文辅相	方彤	尹力	尹俊华	尹瑜华	孔云	孔企平	邓彤
邓猛	邓和平	石中英	石伟平	卢元镇	卢艳梅	卢晓中	卢海弘
叶志坚	叶忠海	申素平	田小军	田正平	田雨普	史玉军	代薇
代志鹏	代蕊华	包海芹	冯建军	冯晓霞	冯惠敏	冯增俊	宁虹
司成勇	司荫贞	皮连生	邢晖	朴永馨	成刚	曲木铁西	吕庆安
吕润美	朱光明	朱伟强	朱京曦	朱宗顺	朱春艳	朱晓玲	朱新梅
朱镜人	伍红林	华桦	华党生	邬大光	刘建	刘娜	刘哲
刘颂	刘捷	刘博	刘辉	刘焱	刘滨	刘徽	刘馨
刘万海	刘云杉	刘太廷	刘玉钊	刘冬青	刘会玲	刘红云	刘启迪
刘良华	刘泽云	刘宝存	刘春生	刘复兴	刘美凤	刘晓东	刘晓红
刘海波	刘继和	刘智运	刘羡冰	刘献君	刘翠航	刘德恩	齐学红
齐春燕	闫万龙	闫引堂	关永春	江峰	江雪梅	汤林春	安桂清
安献丽	许杰	许刘英	孙琳	孙瑜	孙百才	孙振东	孙锦明
纪明泽	劳凯声	苏敏	苏德	苏君阳	苏林琴	杜钢	杜媛
杜以德	杜欧丹	杜育红	杜祖贻	李军	李丽	李轶	李卿
李涛	李敏	李磊	李文利	李文静	李玉璧	李巧针	李占武

李立国	李召存	李先军	李廷海	李兴业	李秀兰	李茂辉	李虎林
李明德	李春萍	李钧雷	李保强	李闻戈	李艳红	李珣馥	李爱萍
李海东	李海生	李海鹰	李雪莲	李曼丽	李彩云	李淑华	李雁冰
李瑾瑜	李褒萍	杨 冰	杨 晓	杨 梅	杨 捷	杨心德	杨孔炽
杨汉麟	杨光富	杨红霞	杨运强	杨秀治	杨昌勇	杨明全	杨金土
杨福义	杨翠蓉	肖 非	肖 朗	肖远军	旷 乾	吴 平	吴 刚
吴 华	吴 玫	吴永军	吴民祥	吴式颖	吴刚平	吴红耘	吴克明
吴郁芬	吴明海	吴洪富	吴海棠	吴景松	吴慧芳	别敦荣	岑国桢
何 芳	何小蕾	余雅风	谷传华	邹 栎	辛朋涛	辛治洋	汪亚利
沈 兰	沈桂萍	沈晓明	沈绮云	沈蕾娜	宋 戈	宋小霞	宋雁慧
宋薇薇	张 元	张 宇	张 旺	张 俊	张 婷	张 蕊	张 燕
张天宝	张夫伟	张少刚	张东娇	张东海	张永祥	张亚群	张志祯
张雨强	张国兵	张国忠	张竺鹏	张祖忻	张莉莉	张家勇	张瑞芳
张新平	张福娟	陈 华	陈 虹	陈 晨	陈 敏	陈 群	陈太忠
陈月茹	陈立鹏	陈向明	陈如平	陈红燕	陈雨亭	陈育梅	陈学军
陈学敏	陈保华	陈洪捷	陈桃兰	陈韶峰	武建芬	范国睿	茅 锐
林 颖	林小英	欧阳光华	欧阳河	郅庭瑾	尚 骅	罗 贤	罗 爽
罗嫣才	罗儒国	和 震	季晓华	岳刚德	金生鈜	金星明	郐海霞
周 军	周 采	周 勇	周 晔	周 彬	周 斌	周 鹏	周兴国
周丽华	周宏芬	周登嵩	周满生	周福盛	庞维国	郑 崧	郑 磊
郑春光	郑家泰	郑勤华	单中惠	孟大虎	孟庆茂	项贤明	赵 莉
赵云来	赵志群	赵伶俐	赵婷婷	郝晓岑	郝德永	荀 渊	荀振芳
胡可凡	胡宗仁	胡桂成	胡振京	胡德海	茹国军	柯 森	钟文芳
钟名杨	段兆兵	俞继凤	施晓光	姜大源	姜英敏	姜美玲	洪秀敏
祝士媛	祝怀新	祝蓓里	姚运标	姚继军	姚梅林	贺向东	贺晓星
骆 方	骆 蕾	袁本涛	袁连生	袁振国	耿益群	聂鸿飞	贾永堂
夏益军	顾玉军	顾明远	顾定倩	钱志亮	特格舍	徐 征	徐冬鸣
徐光兴	徐沛沛	徐国庆	徐金海	徐建平	徐莹晖	高 奇	高 林
高书国	高水红	高志敏	高闰青	高新发	郭 卉	郭 扬	郭 华
郭 怡	郭 健	郭元祥	郭元婕	郭巧玲	郭贞娴	郭志成	郭志明
郭宝仙	郭绍青	郭雯霞	唐 淑	唐玉光	唐安国	唐利华	唐宏贵
唐宗清	涂端午	诸惠芳	谈新华	展立新	陶振宗	黄 红	黄 健

黄瓒	黄少颖	黄学溥	黄跃奎	黄敬宝	曹夕多	曹永国	曹建国
龚兵	盛冰	盛世明	崔彦	章伟民	商丽浩	阎凤桥	梁红
梁威	梁明伟	寇冬泉	屠莉娅	彭江	董引吾	蒋凯	蒋衡
蒋乃平	蒋昕宇	韩华球	韩春红	覃壮才	喻小琴	程蕉	程化琴
程学超	程晋宽	傅德荣	焦青	舒三红	曾红梅	曾雄军	谢安邦
谢作栩	谢国平	谢国东	谢雪峰	楼世洲	裘指挥	赖立	虞永平
鲍传友	褚卫中	褚宏启	蔡春	蔡海龙	谭斌	谭明华	熊耕
樊平军	樊改霞	滕珺	滕霄	滕志妍	潘月娟	潘懋元	薛璟
薛晓阳	薛焕玉	薄建国	霍力岩	穆琳	檀传宝		

前　言

中国教育历史悠久,源远流长,蕴藏着无比珍贵的教育文化遗产。新中国建立以后,特别是改革开放三十多年来,教育事业有了巨大的发展,取得了举世瞩目的成绩。广大教育工作者继承和发扬了中国教育的优秀传统,吸收了世界教育的有益经验,在教育实践中和教育理论上都有许多创造,教育科学呈现出百花齐放、异彩纷呈的局面。为了更好地挖掘、总结、发展我国教育丰富的历史遗产和新中国建立以后特别是改革开放以来的新鲜经验,收集吸收世界教育理论和实践的宝贵经验,我们曾于1992年和1998年先后编纂出版了《教育大辞典》分卷本和增订合编本,收词2.3万余条,约700万字。当时本着"一大二新三齐"的方针,《教育大辞典》的内容涵盖了古今中外教育实践和教育理论研究的新经验、新成果。《教育大辞典》(分卷本)获第七届中国图书奖,《教育大辞典》(增订合编本)获第四届国家图书奖提名奖,均受到教育界的欢迎和支持,成为广大教育工作者必备的大型工具书。

《教育大辞典》(增订合编本)出版至今已有十多年的时间。这十多年是我国社会主义现代化建设最关键的时期,也是教育事业发展最快最好的时期。我们完成了全面普及九年义务教育的任务;基础教育实施了新一轮的课程改革;高等教育实现了跨越式发展,进入了高等教育大众化阶段;职业教育有了较大的发展;教育信息化、国际化程度进一步增强;教育体制机制改革进一步深化;教育科学研究日益繁荣。在这个背景下,我们觉得有必要编纂一部大型的教育百科全书,一方面弥补《教育大辞典》释文过于简略之不足,另一方面收集总结这十多年来教育的实践创新和理论创新的成果。《中国教育大百科全书》和《教育大辞典》构成了完整的姊妹篇,从深度和广度上可以相互参照,相互补充。

《中国教育大百科全书》于2002年启动,至今已有十个年头。全书内容参照《教育大辞典》的框架结构,同时为了不与之重复,收录条目以综合性为主,侧重教育发展中的重要问题,故不求学科的完整性;不设人物专条,机构、事件类条目酌收国际性机构和重要事件等;释文在学科的基本理论阐释和对教育改革与发展问题的探索上均有着力点,并重视内容的综合性、学术性、系统性、时代性。全书共收录条目1 100余条,约700万字,比较完整地反映了我国教育科学研究的新成果和中外教育发展的新理论、新经验。特别是2010年中共中央、国务院召开的新世纪以来第一次全国教育工作会议和会后颁布的《国家中长期教育改革和发展规划纲要(2010—2020年)》,为本书增添了许多新鲜的理论和经验。

　　《中国教育大百科全书》受到教育部和新闻出版总署的高度重视,被列入首届国家出版基金项目和"十二五"国家重点图书出版规划项目,这对编纂工作是极大的支持。十年中,编纂工作遇到了难以想象的困难,《中国教育大百科全书》始终被列为国家重点工程是激励我们咬紧牙关编好此书的一种重要动力。

　　《中国教育大百科全书》的编纂是一项系统工程,集中了全国教育理论界老、中、青三代学者,以及上海教育出版社的编辑们,大家甘于寂寞,不为功利所动,经过十年的艰辛努力,终于成书出版。"十年磨一剑",虽然力求高质量,但因内容浩繁,仍然感到时间仓促,难免有遗漏、差错和不妥之处,希望读者批评指正。

《中国教育大百科全书》编纂委员会

2012 年 12 月

目 录

前言

凡　例

一、本书选收教育领域及与教育有关的学科及其主要问题、术语、学说、学派、制度、法规、文献、组织、事件等条目约 1100 条。

二、分类条目表基本按学科体系排列。因选目侧重教育发展中的重要问题，故不求学科的完整性。

三、条目按条目标题的汉语拼音字母顺序排列。第一字同音时，按声调顺序排列；同音同调时，按汉字笔画数由少到多的顺序排列；笔画数相同时，按起笔笔形横（—）、竖（丨）、撇（丿）、点（、）、折（一）的顺序排列。第一字相同时，按第二字的汉语拼音字母顺序排列，余类推。以阿拉伯数字和外文字母开头的条目排在正文最后。

四、一词多义的条目，其释义以教育类义项为限，多以广义、狭义解。

五、对于学术上有争议的问题，已有定论的，按定论介绍；尚无定论的，则以一说为主，诸说并存。

六、不同条目中相互关联的内容可相互查阅，在释文中均有标识。凡可通过参阅他条理解本条释文的，用"参见××"；凡因条目有所分工，本条释文简单，详细内容需要参见他条的，用"详××"；凡条目标题后面没有释文而需要直接查阅他条的，用"见××"。

七、释文较长时，设置层次标题，并用不同的字体和排式表示。

八、释文中用下划虚线标识的内容，系本书附录"内容索引"中的索引主题。

九、条目中配有插图和表格的，附图标题、图注、表标题、表注等说明性文字。一个条目中配有多个插图或表格的，标明插图和表格的顺序。

十、条目标题一般括注相应的外文，所注外文以英文为主，也有部分括注法文、德文和俄文等。有两个以上对应外文的，中间用分号（；）隔开；外文中两个词可以通用的，用"/"表示。纯中国内容的条目一般不括注外文。

十一、译名按照"名从主人"和"约定俗成"的原则。人名一般以人物所属国家使用语言的译名为准。涉及使用英文、法文、德文、俄文和西班牙文以外语种的其他国家的人物，采用通行的译名或以英文名译出的中译名。已普遍使用的人物译名，依约定俗成的原则沿用，或酌注重要另译。人名译名参考新华通讯社译名室主编、中国对外翻译出版公司出版的《世界人名翻译大辞典(修订版)》。地名译名参考中国地名委员会编撰、商务印书馆出版的《外国地名译名手册(中型本)》。

十二、释文中出现的外国人名,一般不括注外文,附录中有对应的"外国人名译名对照表"可供查阅。释文中出现的未收专条的外国教育学和心理学及相关学科的术语以及法规、文献、组织、事件等,视不同情况酌注外文。

十三、纪年:中国古代史部分一般用旧纪年,夹注公元纪年;近现代史(1840年鸦片战争以后)部分用公元纪年,仅在必要时加注旧纪年。外国史部分均采用公元纪年。

十四、篇幅较长的条目一般在释文最后设"参考文献"一栏。参考文献的体例参考使用《中华人民共和国国家标准 GB/T 7714-2005》。

十五、每个条目末尾均有本条编写人署名。

十六、本书正文后辑有两种附录:中外教育大事年表、外国人名译名对照表(中文外文对照、外文中文对照)。

十七、本书附有条目笔画索引、条目外文索引、内容索引。每种索引前均有简要说明。

十八、本书附有一张 CD-ROM 检索光盘,提供全书的条目标题检索、内容索引和外国人名译名对照表。

十九、本书于 2011 年 6 月截稿,资料应用一般截至 2010 年 12 月 31 日,但一些重要事件及资料的时间下限有所突破。

分类条目表

·········· **教育学原理** ··········

············· **教育哲学** ·············

············· **教育法学** ·············

·············· 教育发展战略 ··············

·············· 教育政策学 ··············

教育经济学

教育社会学

教育心理学

·············· 课程论 ··············

·············· 教学论 ··············

············ 教育技术学 ············

············ 教育研究方法 ············

教育统计、测量与评价

教育管理学

·············· 其他教育分支学科 ··············

·············· 幼儿教育 ··············

·············· 特殊教育 ··············

·············· 高等教育 ··············

·············· 职业教育 ··············

·············· 成人教育 ··············

民族教育

港澳台教育

中国教育史

中国古代教育史

·············· 外国教育史 ··············

············· 比较教育 ·············

A

阿根廷教育制度(educational system of Argentina)
阿根廷共和国位于南美洲东南部。面积278.04万平方千米
(不含马尔维纳斯群岛和阿主张的南极领土)。2010年人口
4 009万,其中白人和印欧混血种人占95%,多属意大利和
西班牙后裔。印第安人口60.03万,其中人口最多的少数民
族为马普切人(2005年印第安人口普查)。76.5%的居民信
奉天主教,9%的居民信奉新教(2008年宗教普查)。官方语
言为西班牙语。2010年国内生产总值约3 348亿美元,人均
国内生产总值9 092美元。

阿根廷教育的历史发展

16世纪以前,阿根廷居住着印第安人,北部曾是印加
(Inca,意为"太阳之子")帝国的一部分。在长期的历史发展中,
印第安人创造了印加文明,孕育了独特的教育体系与传统。

1536年,西班牙殖民者门多萨率领远征队抵达拉普拉
塔河口,入侵阿根廷,建立布宜诺斯艾利斯城,阿根廷沦为
西班牙殖民地。随后,西班牙的耶稣会和其他教派势力纷
纷进入阿根廷,开办教会学校,传播宗教教义。1613年,根
据西班牙国王的敕令,殖民当局建立科尔多瓦大学。18世
纪以后,在启蒙运动的影响下,阿根廷总督萨尔塞多颁布教
育法案,教育显现世俗化的端倪。1767年耶稣会被驱逐后,
西班牙国王卡洛斯三世建立布宜诺斯艾利斯皇家学院,世
俗教育得到进一步发展。

19世纪初,受法国大革命和北美独立战争影响,阿根廷
爆发独立运动。1816年7月,拉普拉塔联合省宣告独立。
独立以后,新兴资产阶级代表里瓦达维亚非常重视文化教
育,于1821—1827年对布宜诺斯艾利斯省的教育体制、教学
内容和方法进行初步改革。里瓦达维亚打破教会对教育的
垄断,确定国民政府掌握教育权,建立奖学金制度,并创立
以世俗教育为基础的初等学校。同时还开办农业、地质、妇
产、戏剧和公共管理等专科学校,并于1821年创办布宜诺斯
艾利斯大学。1853年,阿根廷宪法规定人人享有受教育的
权利。1868年,阿根廷政治家、教育家萨米恩托当选总统。
在实证主义教育思潮的影响下,萨米恩托发展国民教育,创

立巴拉那师范学校、军事学校和航海学校,主张教育在中央
政府的监督下由各省管理,建构了一整套教育制度,被阿根
廷人尊称为"教育大师"。阿根廷将每年的9月11日定为教
师节,以纪念萨米恩托。1884年,阿根廷颁布《世俗教育法》
(亦称《普通教育法》),取消宗教教育,对6~12岁儿童实施
七年制免费义务教育。1905年阿根廷颁布《扫盲法》,开展
大规模的扫盲运动,成为拉丁美洲第一个进行扫盲的国
家。1918年,以科尔多瓦大学的学生改革运动为契机,阿
根廷对高等教育进行了重大改革:取消学生入学的社会等
级特权,确立免费制度,高等教育向社会各阶层开放;避免
政府对大学的过多干预,实行大学自治;促进大学课程现
代化,提高学术标准,清除大学中不称职的和保守的教
师等。

第二次世界大战以后,庇隆于1946年当选总统。庇隆
奉行"社会主义、政治主权、经济独立"的正义主义三原则,
重视儿童教育和职业技术教育的发展。在"儿童属于祖国"
思想的指导下,庇隆拨出大笔款项用于儿童的全面综合教
育,建立许多寄宿制、半寄宿制学校;为适应工业化进程和
新兴工人阶级的受教育要求,庇隆建立"全国技术学习及指
导委员会",开办各种类型的职工技术学校。庇隆还将意识
形态注入大学,在大学推行与现代科学精神相悖的宗教教
育和带有法西斯主义色彩的军事教育,取消大学自治,实行
反民主的军事管制。1958年,激进公民联盟主席弗朗迪西
当选总统,他通过立法授权建立私立大学,并给予天主教和
其他私立大学颁发学位的资格。1966年,以翁加尼亚为首
的军人发动政变,建立新权威主义政权。1970年,翁加尼亚
总统签署法令,将传统的"六三二"学制改为"五四三"学制,
并将入学年龄从6岁提前到5岁,实行5~12岁的七年义务
教育;进一步扩大免费教育的范围,将免费教育扩展到各级
各类公立学校;以个性化、社会化和区域化为指导原则,改
革初等教育的教学内容与方法;将小学教师的培训由过去
的2年延长为5年,提高小学教师培训的层次与水平;成立
成人教育局,创办成人学校、夜校、成人中学班和扫盲中心,
大力发展以成人教育为主的非正规教育。此间,由于阿根
廷政局更迭频繁、动荡不安,这些教育改革未能深入展开。

1976 年,以魏地拉将军为首的新权威主义集团上台,再度对教育进行改革。这次教育改革将初等教育的管理权下放给地方教育行政部门,中央只负责计划、协调、培训等,同时取消大学自治的权利,强化政府对大学的干预与控制。此外,他创立从小学到大学的正规职业教育体系,加强教育与经济发展的联系。

20 世纪 80 年代中期,继墨西哥债务危机之后,阿根廷也爆发经济危机,经济形势恶化,社会矛盾加剧,政治动乱迭起,教育陷入严重危机之中。为摆脱危机,阿根廷采用新自由主义发展模式,推行"公正的生产变革"战略,努力实现经济发展与社会公正的协同发展。然而,新自由主义的改革非但未能给阿根廷带来所期望的社会公正和民族和解,反而再度引发一系列政治、经济和社会危机。这种危机不仅表现为政治腐败、通货膨胀和失业率居高不下,同时也体现在教育领域。为此,进入 21 世纪后,阿根廷于 2006 年 12 月颁布《国民教育法》(National Education Law),为阿根廷教育的发展和改革确立新的法律框架。

阿根廷现行教育制度

教育管理体制　阿根廷教育管理的法律基础来源于国家宪法和 22 个省的宪法,最高行政机构是教育部。教育部的职责主要是制定教育政策,收集统计信息,评估和调控教学质量,改善学校的基础设施。部长由总统任命,主要负责教育制度的政治方面,具体的行政职能由各种理事会承担。各种理事会之下设理事,直接主管各校的技术与行政事宜,提出教学计划等。

各省和布宜诺斯艾利斯市都设有教育理事会。私立学校与国立学校一样,接受教育主管部门的协调,其课程确立以及教师聘任均须得到一个或多个国家和省级教育主管部门的认可,证书与学位的颁发亦须得到联邦督学的授权。

联邦政府还与各省和布宜诺斯艾利斯市共同签订《联邦教育公约》。《联邦教育公约》指明教育财政的主要来源和数量,确立教育应达成的目标,致力于消除条件较差的学校,改善学校图书馆和教学设施。

阿根廷教育制度的复杂性和分离的行政权限导致教育紊乱,增加制度成本,减缓变革速度,使得教育行政管理复杂化。

学校教育制度　阿根廷教育分为四个层次,即学前教育、初等教育、中等教育和高等教育。2006 年颁布的《国民教育法》规定,全国实行十三年制义务教育,包括学前 1 年,小学 6 年,初中 3 年,高中 3 年。小学入学年龄为 6 岁。

阿根廷学年从每年的 3 月开始,到 12 月结束,其中 7 月有 2 周为假期。公立中小学通常上课半天,分上午班和下午班,供学生和家长选择。私立学校则有很多类型,有的只上半天,也有的上全天。

与其他拉美国家相比,阿根廷学前教育起步较早,20 世纪初期就开始兴办,第二次世界大战以后取得长足进步。即使在所谓"失去的 10 年"的 20 世纪 80 年代,其注册人数的增长也比其他层次快得多。2008 年已有学前教育机构 1.7 万所,学生 148.5 万余人,教师 9.9 万余人。阿根廷学前教育机构是幼儿园。学前教育的起始年龄为 3 岁,招收 3～5 岁的儿童,学制 3 年。学前教育的主要任务是在身体、精神和道德方面对儿童进行预备教育,逐步培养儿童守秩序和服从的态度,通过正确的姿势和优雅的运动养成个人卫生习惯,并初步接触读、写、算等基本技能。宗教也是儿童教学的一个组成部分。

阿根廷初等教育为义务教育,学生必须 6 岁入学,学制 6 年,学成后获得完成证书。与其他拉美国家相比,阿根廷初等教育发展很快。2008 年,阿根廷有初等学校 2.2 万余所,学生 466.4 万余人,教师 31.44 万余人。初等教育课程包括西班牙语、数学、社会研究、基本科学、艺术、音乐和体育,还有为女生单独设置的家政课。课程由国家管理委员会制定,须经教育部批准。

2008 年,阿根廷有中等学校 1.5 万余所,学生 99.4 万余人。过去,阿根廷中学主要为高等学校培养和输送毕业生,与大学衔接紧密,持有中等学校毕业证书的学生可以免试直接进入公立大学,他们进入高校后选择的专业与中学所学专业基本一致。第二次世界大战以后,阿根廷中等教育的目标、内容与方法发生深刻变化,职业技术教育得到迅猛发展。职业技术教育包括商业学校、技术学校和农业学校等类型,课程以职业为导向,学制长短不一,一般为 2～3 年。短期课程仅仅为学生就业作准备,长期课程包括学术性课程,学完后可以进入高等学校。

阿根廷高等教育的发展在拉美国家中居于前列。早在 1987 年,阿根廷在校大学生占适龄人口的比例就达到 40.8%;2008 年全国 18～24 岁青年中,大学生比例达到 46.9%。2008 年阿根廷有大学 107 所,其中公立大学 48 所,私立大学 57 所,外籍大学和国际大学各 1 所,著名的有布宜诺斯艾利斯大学、拉普拉塔大学、科尔多瓦大学等;学生 160 万余人,其中公立大学 128.3 万余人,私立大学 31.7 万余人。20 世纪 50 年代以前,阿根廷实行由高校各系自行决定考试题目的招生考试制度。1952 年改为自由入学制度,即中学毕业生无须经过考试,可以自由进入高等学校。以后几经变换,目前实行的是自由入学制度。阿根廷高等教育修业年限视学校类型和专业的不同而有所区别。一般综合性大学、专业学院修业 4～6 年,医科大学修业 6～7 年,高等专科学校修业 2～3 年。所有大学生均实行走读制。

阿根廷师范教育是独立以后随着国民教育的发展而逐步发展起来的。早在 1869 年,阿根廷政治家、教育家萨米恩托总统就创立第一所国立师范学校。以后，随着普及教育逐步延伸到中学阶段，阿根廷的高等师范教育得到较大发展。师范教育主要包括师范专科学校与高等师范院校和大学专科院系两个层次。师范专科学校招收中学毕业生，修业2年，最后4个月进行教学实习，主要培养幼儿园和小学教师；高等师范院校和大学招收中学毕业生，修业4年，主要培养中等学校教师。为提高在职教师的理论水平和教学技能，阿根廷教育部还开办教育进修班，轮训全国教师。进修班每期3个月，共500学时。此外，阿根廷全国教育工作者联合会也负责组织教师轮训，定期开展学术讨论，交流教学经验。

阿根廷的教育改革

经过多年的改革与发展，阿根廷教育取得很大成就，成为拉美国家中教育最为发达的国家之一。20世纪80年代以来，严重的经济危机和政治动荡对阿根廷教育提出严峻的挑战。同时，阿根廷教育自身也存在着一些难以根除的积弊。教育内部的积弊与教育外部的挑战交织在一起，阻碍阿根廷教育的进一步发展。为了消除教育的不平等，促进社会的整合，自2004年始，阿根廷先后颁布一系列教育法律，如《国家教师激励基金法》(National Fund for Teacher Incentive Law)、《技术专业教育法》(Technical Professional Education Law)、《教育财政法》(Education Financing Law)等，尤其在2006年12月，阿根廷议会通过新的《国民教育法》，以取代1993年的《联邦教育法》(Federal Law of Education)。《国民教育法》以社会正义为基础，将全纳教育作为阿根廷未来教育的发展方向，对阿根廷教育的治理与管理体制、教育的层次与形式、课程政策、教育内容与教学策略、学习结果、教师工作、新的信息与传播技术、学校的基础设施以及教育的地区间整合等进行全面的改革。

改革教育管理体制　阿根廷教育深受欧洲尤其是法国教育模式的影响，尽管是联邦制国家，但在教育上奉行高度集权的管理体制，教育部执掌着学前教育、初等教育、中等教育和高等教育的全部大权。这种集权管理抑制各省以及学校的创造性，压抑它们提高教育质量的各种尝试和努力。1991年，阿根廷颁布《教育服务转移法》(Law of Transference of Educational Services)，通过与各省和布宜诺斯艾利斯市签署转移协议，将教育管理的权限下放给地方教育主管部门。事实上，早在1978年，阿根廷就开始将国立初等学校转交各省管理。20世纪90年代，《联邦教育法》又将中等教育和非大学的中学后教育的管理权限下放到各省和布宜诺斯艾利斯市。然而，新自由主义的发展模式不仅使阿根廷不同地区的教育日益分化，教育不平等现象日趋严重，而且教育质量也难以得到保障。为了解决阿根廷教

育的分化和不平等问题，《国民教育法》以社会正义为基础，将教育定位于公益事业，重新确立国家在教育发展中主要的和基本的责任，增强国家为所有居民提供永续的、基本的和高质量教育的能力。为此，阿根廷建立新的教育部，其主要职责包括：确立教育政策与策略；规划、执行、监督和评估各项政策、项目和教育成果；为各行政辖区提供技术与财政支持，强化其教育规划和管理能力；协调和管理国际合作，促进南方共同市场国家间的整合等。此外，阿根廷的教育经费多年来只占其国内生产总值的4%，这种状况严重限制了各级教育行政部门的政策制定和执行的可能性及相应的能力。自2003年始，阿根廷逐年增加教育投入，并于2006年颁布《教育财政法》，提出到2010年，阿根廷的教育经费要达到其国内生产总值的6%，并明确实现这一目标的具体机制。

重构学校教育制度　长期以来，由于各级教育之间关联方式不当，阿根廷教育的淘汰率，尤其是从初等学校升入中等学校的淘汰率一直居高不下，造成国民教育的欠缺与落后。为了向所有国民提供基本、永续和高质量的教育，《国民教育法》对阿根廷学校教育制度进行了重构，加强各种教育层级和教育形式之间的结合和衔接。《国民教育法》将阿根廷的教育分为四个层级和八种形式，四个层级是：初始教育，对象为出生45天至5岁的儿童，学制5年；初等教育，对象为6岁以上儿童，学制6年或7年；中等教育，与初等教育相对应，学制6年或5年；高等教育。八种形式则分别为技术专业教育、艺术教育、特殊教育、青年和成人的永续教育、农村教育、双语跨文化教育、剥夺自由背景下的教育、居住地或住院教育。同时，《国民教育法》延续《联邦教育法》的做法，将初始教育的最后一年和九年基础普通教育纳入义务教育范畴，将阿根廷的义务教育年限进一步提高。

提高学校教育质量　多年来，阿根廷教育一直存在课程内容与现代社会需求脱节、各地区之间教育极度分化的问题。同时，由于阿根廷教师社会地位不高，工资待遇得不到保障，许多优秀人才不愿当教师，使高素质教师短缺，教育质量不尽如人意。另外，由于教育质量问题主要集中于社会的下层人群，由此带来教育的不平等。为使所有儿童和青少年具备同样的知识和技能，保障全国教育的共通性，自2004年始，阿根廷教育部与联邦教育理事会共同确立了阿根廷初始教育、初等教育和初中教育优先的核心学习领域，主要包括西班牙语、数学、自然科学和社会科学等。同时，各行政区以优先的核心学习领域为基础，从拉丁美洲，尤其是南方共同市场国家的视角出发，努力体现各自的特殊性。为提高教育质量，阿根廷非常重视教师工作的价值。2004年，阿根廷颁布《国家教师激励基金法》，一方面改善教师薪酬和工作条件，另一方面将培训作为教师基本权利和国家责任，加强教师培训。为此，阿根廷创设国家教师培训

学院（National Institute for Teacher Training, 简称 INFOD），并制定《全国教师培训规划（2007—2010）》(National Plan of Teacher Training 2007—2010)，为教师的继续培训和专业发展确立指导准则。此外，为保障教育质量，《国民教育法》鼓励各学校自我评估的同时，对整个教育体系进行连续的、周期性的评估，并加强学校基础设施，尤其是教育信息基础设施的建设。

阿根廷的教育特色

职业技术教育 职业技术教育是阿根廷教育发展与改革的主要特色。阿根廷把实施职业技术教育作为转变教育职能，促进经济发展，推动传统教育现代化的主要方略之一。

早在 20 世纪初，随着外国资本的渗透、先进技术的引入以及工农业的迅速发展，阿根廷就开始创办职业技术学校，培养生产部门急需的专业技术人员和技术工人。第二次世界大战以后，为适应工业化进程，庇隆政府建立"全国技术学习及指导委员会"，开设大量各种类型职业技术学校，1948 年还建立"国立工人大学"，招收职业技术学校的毕业生。20 世纪 70 年代末，生产力发展和科学技术进步对劳动者的文化技术要求进一步提高，阿根廷政府将职业技术教育与正规教育结合起来，建立一个从小学到大学、上下衔接的正规职业教育体系。

阿根廷从初等教育阶段开始就实行预备技术教育制度，对小学五年级学生进行职业技术培训。预备技术教育学科涉及工业、农业、商业和家政四个方面，学生可以根据自己的爱好与特长进行选择。阿根廷实行多样化的中等教育，其中职业技术教育占据重要地位，成为中等教育的支柱。阿根廷中等职业技术学校主要有商业、工业技术、农牧业、制陶、护士、师范等十几个种类，学生获得职业技能证书后，既可以直接就业，也可以升入相应的高等学校。同时，阿根廷在普通中学增加职业技术教育的分量，使中等教育更好地满足经济发展与劳动力市场的需要。阿根廷正规高等职业教育以高等专科学校为主，开设图书馆、音乐、雕塑、陶瓷、体育、医药、外语等专业，学制 3～4 年，毕业生可获得相应的专业技术称号。在非正规教育中，职业技术教育的地位更为突出，在一定程度上弥补了正规教育的不足。

扫盲教育 1905 年，阿根廷政府颁布《扫盲法》，在全国范围内开展大规模扫盲运动。为此，阿根廷专门拨款在城乡大力兴办学校，并组织人力去偏远农村宣传扫盲的重要性。第二次世界大战以后，阿根廷将扫盲教育与非正规的成人教育结合起来，通过非正规的成人教育来促进扫盲教育的发展，通过全国扫盲委员会等组织，加强对全国扫盲教育的领导工作。

经过努力，阿根廷文盲率大幅度下降。1869 年，阿根廷 14 岁以上居民的文盲率高达 77.4%，1914 年降至 35.9%，1970 年降至 7.4%，1980 年降至 4.6%，1992 年，10 岁以上人口的文盲率为 3.68%，2001 年全国文盲 76.7 万人，文盲率为 2.6%。阿根廷已经成为拉美乃至发展中国家中居民文化素质较高的国家之一。

参考文献

曾昭耀，石瑞元，焦震衡. 战后拉丁美洲教育研究[M]. 南昌：江西教育出版社，1994.

Deighton, L. C. The Encyclopedia of Education[M]. London：The Macmillan Company & The Free Press, 1971.

Husén, T., Postlethwaitze, T. N. The International Encyclopedia of Education[M]. 2nd ed. Elsevier Science Ltd., 1995.

Marlow-Ferguson, R. & Lopez, C. World Education Encyclopedia: A Survey of Educational Systems Worldwide[M]. 2nd ed. Detroit, MI: Gale Group, 2002.

National Ministry of Education. Education Development: National Report of Argentina [R]. Geneva: International Conference of Education, 2001.

（欧阳光华）

埃及教育制度（educational system of Egypt） 阿拉伯埃及共和国地跨非、亚两大洲，大部分位于非洲东北部。面积 100.145 万平方千米。2008 年人口 7 950 万。伊斯兰教为国教，信徒主要是逊尼派，占总人口的 84%，科普特基督徒和其他信徒约占 16%。官方语言为阿拉伯语。2011 年国内生产总值 2 311 亿美元，人均国内生产总值 2 734 美元。

埃及教育的历史发展

埃及是人类文明的最早发祥地，至今已有 7 000 年的文明史。5 000 年前古埃及人建金字塔时，其他文明尚处于缓慢的发展之中，欧洲文明则处于蛮荒时代。从 7 000 年前至 3 100 年前南北王朝统一称为前王朝时期。公元前 3100 年，随着南北王朝的统一，古埃及进入法老王朝时期。法老王朝共经历 31 个王朝，约 200 位法老。此间，教育主要在神庙中进行，除物理、天文、立体几何、地理、数学、测量和医学之外，还讲授伦理学、音乐、绘画、素描、雕刻等。公元前 332 年，希腊马其顿国王亚历山大大帝占领埃及，被埃及人拥戴为法老。公元前 305 年亚历山大大帝部将托勒密·索特尔建立托勒密王朝。公元前 30 年，罗马军队开进埃及，托勒密王朝崩溃。395 年，罗马帝国分裂后，埃及成为拜占廷帝国的行省之一。

640 年，随着阿拉伯人入侵埃及，伊斯兰教文化迅速渗透埃及社会,改变埃及的语言、宗教信仰和社会制度。从此,埃及教育开始围绕伊斯兰教和《古兰经》进行,清真寺成为当然的主要教育机构。972年爱资哈尔清真寺的建立,标志着开罗成为伊斯兰的宗教与教育中心。除宗教仪式,大批各国学者云集于寺中,研究、探讨、传抄经典著作。从1250年到1798年,在马木留克和土耳其人的统治下,埃及进入长达5个世纪的黑暗时期。教育,包括生活的各个方面都处于停滞状态,甚至日趋衰落。

1798年,以拿破仑入侵为标志,埃及进入近现代时期。1805年,穆罕默德·阿里执政,创立埃及的双轨教育制度,其中一轨是为普通民众设立的传统的伊斯兰学校,另一轨则是对政府官员和技术人员进行的更为广博的西方现代教育。1869年,苏伊士运河的开通突出埃及的战略地位,也为外国的干预和控制提供各种借口。从1882年至1922年,英国对埃及进行了长达40年的"保护",埃及实际上沦为英国的殖民地。1922年,在埃及人民长期的斗争下,英国被迫承认埃及"独立",实际上仍然控制着埃及。1923年,埃及颁布宪法,规定儿童6岁入学,小学为义务免费教育。1924年,埃及颁布第一部义务教育法案。

1953年,以纳赛尔为首的自由军官组织宣布废除君主立宪制,成立埃及共和国。同年,埃及政府颁布210号教育法令,规定小学义务教育由4年改为6年,儿童享受6年免费教育,并将伊斯兰教的价值作为整个教育的基石。1956年埃及教育部又颁布小学教育令,对小学教育施行相关规定。20世纪70年代以后,萨达特总统继续沿用以往的教育模式。1981年,穆巴拉克继任总统后,非常重视教育,把教育作为促进经济发展的重要手段。在穆巴拉克总统领导下,埃及先后实施多个国家发展的五年计划,这使埃及教育的发展在北非和阿拉伯国家中处于领先地位。进入21世纪后,埃及政府对振兴教育提出了许多具体的政策并实施了全面和系统的改革。

埃及现行教育制度

埃及人对教育有着持久的信念,把教育视为传播文化价值的重要手段和促进个体和国家发展的关键力量。埃及教育主要包括传统的宗教教育和西方的现代教育。前者主要指爱资哈尔大学及其所属的爱资哈尔学校系统,除学习一些现代知识之外,特别重视对《古兰经》的学习和研究。后者始于19世纪初的穆罕默德·阿里时期,在进行传统宗教教育的同时,更重视现代科学技术的传播。

教育管理体制　埃及的教育管理主要分为三个层次。最高一层是教育部和高等教育部。教育部主要负责初等教育、预备教育和中等教育的管理,私立学校由教育部监督,开设经国家审批的课程。教育部下设大学前教育理事会,是大学前教育的最高决策机构。1997年高等教育部再度从教育部分离出来。高等教育部主要负责制定高等教育和科研发展规划及下属学校的管理,高等教育部下设大学最高理事会,其成员为各大学校长和专家,主席由高等教育部部长兼任。第二层是地方的省。20世纪70年代以后,埃及逐渐加大决策的分权化,各省开始具有更大的管理权限,主要负责地区性教育规划以及教师的聘任、评价和培训。在省之下的第三个层次是学区。

学校教育制度　埃及学校教育制度分为基础教育阶段、中等学校阶段和第三(大学)阶段。基础教育阶段从4岁至14岁,包括2年幼儿园、6年小学和3年预备学校;中等学校阶段为3年,一般是从15岁至18岁;之后是第三(大学)阶段。从1988年开始,埃及实行从6岁至15岁的9年基础义务教育,所有公立学校和机构(包括高等教育)都是免费的。

初等教育包括幼儿园、小学一至三年级和四至六年级三个阶段。1918年,埃及第一所幼儿园在亚历山大城建立。1977年,随着国家儿童福利委员会的建立,幼儿园得到进一步发展。20世纪90年代以后,埃及将幼儿园纳入基础教育阶段,但不属于义务教育的范畴。幼儿园的起始年龄为4岁,学制2年,主要通过初步的读、写、算活动,为接受正规教育作准备,同时促进儿童在感官、运动、社会和情感方面的发展。幼儿园60%～70%的时间用于初步的学习活动,30%～40%的时间用于以语言为基础的活动,如念诗歌,讲故事,听音乐,唱歌,进行节奏活动和手工活动等,绝大多数活动以游戏为基础。幼儿园的管理主要由教育部下属的儿童高级理事会协同其他相关部门负责。小学一至三年级作为一个独立阶段,具有独特的目标,重点是要使学生除宗教教育之外,掌握读、写、算的基本技能。这一阶段结束时要举行考试,以确保学生掌握这些初步技能。小学四至五年级是将基本技能运用于解决新问题,扩展知识的阶段。除阿拉伯语和数学以外,这一阶段还开设科学和社会研究两门课程。1994年和1995年,这一阶段又分别增设英语和法语。埃及还为天才儿童和残疾儿童开设特殊教育学校和特殊教育班。

初等学校主要分为公立学校、接受津贴的私立学校和不接受津贴的私立学校三种。公立学校和接受津贴的私立学校不收学费,开设国家规定的课程。不接受津贴的私立学校主要集中于城市,包括语言学校、服务班和收费的私立学校。

预备教育(preparatory education)从七年级至九年级,学制3年,属于义务教育的第二层次。完成初等基础教育的学生可以进入普通预备学校、职业培训学校或职业预备班学习,学完以后获基础教育毕业证书或职业基础教育证书。1994年,埃及预备教育发展会议将预备教育的目标界定为消除文盲的主要来源,强调价值的组成部分,培养社会合作,使学生具备在技术社会中生存的原则、价值与技能,为学生提供知识的基本原理,形成自学技能。

中等教育学制 3 年,分为普通中等教育和技术中等教育。普通中等学校招收在预备教育阶段结束时通过国家考试的学生,主要开设宗教、阿拉伯语、民族教育、历史、地理、社会学、数学、自然、化学、物理、军事教育等近 20 门课程。入学后,学生还可以在教师的指导下,开展广泛的社会、文化、运动、科学和艺术类课外活动。技术中等教育包括工业、农业和商业学校三种类型,主要培养技术人员和工艺人员。20 世纪 90 年代以后,埃及对技术教育的课程和教材进行修订,增加机械、海运、汽车、建筑、装饰、纺织、金属制品、医疗救护、铁路、印刷和电子等新的专业,并在学习基本、核心的学术性课程的同时,为学生提供实际工作需要的知识和技能。除教育部之外,其他组织、公司、慈善学会和部门也提供一些为期三年的职业课程,授予与工业技术学校等同的技术证书。这些课程主要包括卫生教育、护理与急救、交通、采矿、工业教育、通信、电力和建筑等。1994—1995 年,埃及接受技术中等教育的注册人数总计 175 万,是普通中等教育的两倍多。

高等教育包括大学和高等学院两个部分。2007—2008 学年,埃及共有大学 34 所,其中公立大学 18 所,私立大学 16 所。著名的有开罗大学、艾因·夏姆斯大学、爱资哈尔大学等。同时,埃及还有非大学性质的高等学院几十所。这些中学后院校主要提供非传统学科教育,对社会需要作出迅速反应。高等学院的专业涵盖工业、农业、商业、艺术、师范、体育、社会服务、旅游、家政和外交等各个方面,涉及范围非常广泛。为促进高等教育的发展,埃及于 1994—1995 学年新建高等教育机构 22 所,1995—1996 学年又新建 13 所。这些新的高等教育机构分布于全国各个地区,设立一些诸如基因工程的新学科和现有学科的新分支,如教育学院等。进入大学的学生必须取得普通中等教育证书,一些系科还需要口头和书面考试。人文学科、社会学、教育、法律、商业、经济学、政治学、信息、社会服务、旅游与饭店等专业教学主要使用阿拉伯语,医药、工程等专业则广泛使用英语。为减少学生流动,埃及实行地区招生制。大学的教学管理制度主要有学年制、学期制、学习阶段制和学分制(课时制)等多种类型,以前三种为主。

埃及的教育改革

进入 21 世纪以后,埃及教育面临许多挑战。这些挑战既有历史与社会的原因,也有世界经济全球化、一体化的影响。从国际上看,科学技术,尤其是基因工程和机器人技术的迅猛发展,计算机和卫星网络引发的信息革命、通讯革命,贸易自由化带来的全球经济变革,埃及在中东、非洲的经济角色,人口、环境问题以及各种社会群体边缘化导致的暴力、极端主义和恐怖主义,都对埃及及其教育提出严峻挑战。从国内看,一方面,埃及由过去单纯注重国民生产总值的增长转向将人力资源开发作为国家优先发展的战略;另一方面,埃及文盲率居高不下,15 岁以上文盲的再教育问题以及教育资源匮乏等,给教育发展带来严重的负面影响。面对挑战,埃及原有的计划教育体制难以适应时代发展的要求。尽管埃及的教育经费逐年增长,在 2004—2005 学年达到国内生产总值的 4.8%,但因为适龄人口急剧增加和通货膨胀不断加剧,教育经费仍然不足,教师收入增长迟缓,不得不在下班后从事第二、第三职业以补贴家用。贫富差距加剧,使教育的不平等日趋严重,教育质量难以提升,无法满足民众对优质教育的需求。

2006 年,再次当选的埃及总统穆巴拉克任命尤斯里·贾玛尔为教育部长,着手制定教育改革方案。历经近一年的反复调研、征询公众意见之后,埃及教育部在 2006 年底完成《2007—2012 年大学前教育改革国家战略纲要》(以下简称《纲要》)的改革方案设计,并获得内阁批准。《纲要》依据穆巴拉克总统在竞选纲要中关于教育事业的承诺,在全面分析 2000—2006 年埃及教育发展的状况和埃及教育改革的经济、社会和人口背景的基础上,提出了埃及教育改革预期的目标和各阶段具体的量化指标,确立了 12 项优先发展的改革计划,包括:综合课程与教学技术改革;以学校为基础的认证改革;人力资源与职业发展;分权的制度化;技术发展与信息系统;监控和评估体系的现代化;学校建设与维护;提高效率、保障教育质量和扩展机会;早期教育、基础教育改革;高中教育的现代化;为女孩和校外儿童提供以社区为基础的教育;为有特殊需要的儿童提供教育。为了确保上述 12 项计划的实施,《纲要》还提出了分年度的具体实施计划,并给予足够的财政支持。

埃及高等教育历经多次规模扩张之后,其毛入学率在北非和阿拉伯世界居领先地位,但是长期以来,埃及公立高校规模庞大且全部免费,教育投入相对不足;高等教育管理过于集中,高校在课程内容和人员调配等方面缺乏自主权;教学模式与教学设施陈旧落后,新的教学理念和教学技术无法引入,致使埃及高等教育问题重重,教育质量和效益难以满足时代发展的需要。进入 21 世纪后,埃及开始酝酿高等教育改革,并在 2002 年正式启动"高等教育提升计划"。早在 1997 年,埃及高等教育部就成立高等教育改革委员会(即高等教育提升计划委员会),吸纳包括实业家和国会议员在内的各种利益相关者,就埃及高等教育改革进行探讨。2000 年,埃及召开首届全国高等教育改革大会,签署了高等教育改革的行动宣言,确立 25 项具体的改革动议,涉及埃及高等教育的各个方面。与埃及国家发展的五年规划相对应,埃及高等教育改革计划从 2002 年开始,分为 2002—2007 年、2007—2012 年和 2012—2017 年三个阶段。在第一阶段,埃及提出 12 个优先考虑的重点领域,经过整合,最终压缩为 6 项具体的改革计划,即"高等教育提升计划:2002—2007"。这 6 项改革计划包括高等教育发展资助计划、信息和通信技术发展计划、埃及技术学院发展计划、教育学院发展计划、学院干部培养计划、质量保障和认证计划。2004 年 8 月,为适应高等教育质量认证和改善科学研究的需要,"高等教育提升计划"除了坚持原有的 6 项改革计划之外,又增加了研究生学习与科学研究以及学生课外活动 2 项。鉴于埃及高等教育改革战略的动态性,埃及高等教育部还成立了专门的战略规划部门(Strategic Planning Unit),不断反思埃及高等教育改革每一阶段的重点领域,从而保证埃及高等教育改革规划及其监控的可持续性。

埃及的教育特色

强调系统的宗教教育　埃及教育包括世俗教育和爱资哈尔宗教教育两个体系。宗教教育主要通过与公立教育平行的爱资哈尔学校系统实施。从 972 年建立伊始,爱资哈尔清真寺一直是埃及宗教、教育和文化生活的中心,爱资哈尔大学也成为伊斯兰宗教教育的最高学府,居于整个爱资哈尔学校系统的顶端。处在爱资哈尔学校系统底层的是清真寺或昆它布和迈德赖赛,学生主要阅读《古兰经》和书写阿拉伯文。由于学习《古兰经》的传统方法以记忆和背诵为基础,伊斯兰教育系统不太重视实验、解决问题分析和做中学。伊斯兰教育可以说为整个阿拉伯和穆斯林世界提供一个超越国界的方向。1953 年以后,埃及总统纳赛尔不仅为埃及人,而且为其他穆斯林国家的学生提供免费教育。同时,埃及还选派教师和管理人员到其他阿拉伯国家大规模地建立学校和大学。

爱资哈尔学校系统包括四年初等教育、三年预备教育和四年中等教育。男女分别进入不同学校。课程除《古兰经》和伊斯兰科学之外,基本与正规的公立学校相同。毕业生自动升入爱资哈尔大学。

大力推行扫盲教育　埃及扫盲教育始于 20 世纪 30 年代。当时,社会事务部在各省开办一些农村福利中心,提供有限的卫生服务和扫盲教育。随后几十年里,埃及扫盲教育进展缓慢,农村文盲数居高不下。20 世纪 90 年代以后,基于文盲的消极影响,穆巴拉克总统将 1990—2000 年定为扫除文盲的 10 年,启动大规模的扫盲运动。为有效推动扫盲运动,1991 年,埃及专门成立扫盲与成人教育总局,负责制定扫盲计划,监督扫盲计划的实施。在课程与教材方面,通过对现行课程与成人学习者的适切性和相关性评估,为成人基础教育学习者编制专门教材;在师资培训方面,制定

和实施领导者和督学培训计划、教师培训计划和扫盲与成人教育中心教师培训计划,培训扫盲的领导和监督人员,将大学毕业生中尚未就业的人培训为教学人员;动员大学参与扫盲计划,建立教师培训和课程新机制;加大与联合国儿童基金会、联合国教科文组织以及阿拉伯联盟教育、文化和科学组织等国际组织的联系。同时,埃及不断加大扫盲教育的经费投入,扫盲经费从 1992 年不足 600 万埃镑上升到 1995 年的 7 900 万埃镑,还拿出 1 亿埃镑的资金动员大学毕业生参与这项计划。在政府的不懈努力下,埃及扫盲教育取得很大进步。从 1995 年到 2005 年,埃及共扫盲 480 万人。2005 年 9 月 8 日"世界扫盲日",埃及获得联合国教科文组织颁发的扫盲奖。

参考文献

李乾正,陈克勤. 当今埃及教育[M]. 郑州:河南教育出版社,1994.

王素,袁桂林. 埃及教育[M]. 长春:吉林教育出版社,2000.

Marlow-Ferguson, R. & Lopez, C. World Education Encyclopedia: A Survey of Educational Systems Worldwide[M]. 2nd ed. Detroit, MI: Gale Group, 2002.

埃及教育部网站:http://www.moe.gov.eg

埃及高等教育部网站:http://www.egy-mhe.gov.eg

(欧阳光华)

暗示教学(suggestive instruction)　亦称"洛扎诺夫教学法"。20 世纪 60 年代保加利亚心理治疗医生洛扎诺夫创立的一种教学理论。以现代生理学、心理学和精神治疗学的研究成果为基础,通过精心设计教学环境,系统运用暗示联想的力量,利用无意识的心理活动,充分挖掘心理潜力。

洛扎诺夫认为,个人的理智和情感、分析和综合、有意识和无意识都是不可分割的,只有当它们处于一种最和谐的状态时,人的活动才能取得最有效的效果。教学应从这些因素相统一的角度来加以组织。暗示教学的基本原理,一方面是广泛运用环境的暗示信息,包括教师这个最重要的信息源发出的各种信息,另一方面是充分利用人的可暗示性,努力做到理智和情感的统一、有意识功能和无意识功能的统一,特别是积极调动和发掘大脑无意识领域的潜能,使学生在精神愉快的气氛中不知不觉地接受信息。

暗示教学的目的不仅是为了使学生学得好些、多些、快些,更重要的是最大限度地开发人的潜能,提高记忆力、想象力和创造力,满足学生的学习需要,达到充分的自我发展。为实现这一目的,暗示教学应遵循三条基本原则:(1) 轻松愉快的原则。暗示教学中的愉快情绪不是来自要求学生掌握越来越多的知识,而是来自每个个体固有的、令人喜悦的、获得信息的想望。(2) 有意识和无意识相统一的原则。与教学过程中起作用的有意识因素一样,许多无意

识因素也应该同时加以考虑,并尽可能予以运用。(3)暗示相互作用的原则。在暗示教学中,师生之间、同学之间只有相互尊重、相互信任,团结友爱,才能产生比一般教学优异得多的教学效果。在洛扎诺夫看来,这三条基本原则既适用于成人教学,也适用于儿童教学;既适用于外语教学,也适用于其他各科教学。同时,这三条教学原则是一个整体,不可分割,有一条不遵循,就不能称其为暗示教学。

暗示教学广泛运用各种手段和方法。一是心理学的手段和方法。善于激发学生的学习动机,设置诱发学生学习潜力的外部环境,考虑学生的整个个性,消除学生任何紧张心理,充分尊重学生,帮助学生树立自信心。二是教育学的手段和方法。运用跨学科的观点,按照课题编制较大的教学单元,加强教学的整体逻辑的情感效果。三是艺术的手段和方法。适当利用音乐、舞蹈、雕塑、电影、戏剧等单项或综合艺术形式,配合相关内容的教学。

以语言教学为例,暗示教学的基本结构为:(1)解释分析。包括对该课最重要的语音、语法和词汇的简短讲解。(2)积极音乐会课。教师朗读新课,学生同时聆听专门挑选出来并在实验过程中试听过的古典音乐或巴洛克音乐。教师的嗓音应与音乐和谐一致,学生则注意听教师读课文。(3)假消极音乐会课。教师再朗读专门编写的新课文,语调要符合课文的要求,学生不读课文。(4)通过阅读、翻译、会话、当堂打分和教学游戏等详细分析和积极练习记熟的材料。

暗示教学开辟教学理论研究的一个全新领域,即无意识领域或意识和无意识交互作用的领域,强调借助各种暗示手段,充分调动有意识和无意识、理性和情感的协调作用,形成一种最佳的心理状态,让学生在心情舒畅、轻松愉快的学习环境中高效地掌握学习内容。暗示教学在保加利亚兴起后,东欧、西欧和南美、北美多国都曾试行。

(张天宝)

澳大利亚教育制度(educational system of Australia)

澳大利亚联邦位于南太平洋和印度洋之间,由澳大利亚大陆、塔斯马尼亚岛等岛屿和海外领土组成,面积769.2万平方千米。2011年人口2 264万,英国及爱尔兰后裔占74%,亚裔占5%,土著人占2.7%,其他民族占18.3%。约63.9%的居民信奉基督教,5.9%信奉佛教、伊斯兰教、印度教和犹太教等,无宗教信仰或宗教信仰不明人口占30.2%。官方语言为英语。2010年国内生产总值约1.18万亿美元,2009—2010财年人均国内生产总值3.9万美元。

澳大利亚教育的历史发展

澳大利亚土著居民的祖先在4万~6万年前由东南亚经海路进入澳大利亚北部生活。在漫长的社会发展中,土著居民形成了自己独特的教育。土著居民没有文字,主要通过家庭、集会和舞蹈晚会活动进行教育,通过集会传授制作飞镖等打猎工具的技术,展示殓藏尸体和割礼等风俗习惯。舞蹈晚会主要是跳舞、唱歌,吟唱传统歌曲,延续民族传统。当时只有吟唱人和医生是专业人员,主要靠世代相传和专门培训培养。重复和模仿是土著人教育的基本方法,孩子如果学习不认真,将受到威吓和惩罚。

1788年,英国首批以囚犯为主体的移民到达澳大利亚,那里的殖民地教育由此开始。当时的教师大多是女性,并且都是囚犯。随着移民的增加,教育规模不断扩大。1792年,新南威尔士军团抵达澳大利亚,司令下令创办一所学校,又一次推动教育发展。18世纪末,澳大利亚陆续出现州立学校、教会学校和军队子弟学校。19世纪50年代至80年代,澳大利亚教育掀起第一次改革浪潮,出现义务、免费和世俗的教育;建立中小学教育体制及课程和教学方法体系;建立师资培养制度,开办少量师范院校,多数地区仍保留落后的小先生制和导生制。

1901年,澳大利亚各殖民地改为州,组成澳大利亚联邦,成为英国自治领。1902—1916年,澳大利亚教育进行第二次改革,目的是实现教育机会均等,提高办学层次,培养学生的公民民主意识。这次改革推动公立学校的发展,扩大知识传授面,强调公民意识和性格的培养,创办幼儿教育,拓宽技术教育层次等。

1938—1947年,澳大利亚教育进行第三次改革,主要是顺应国际教育潮流,推行进步主义教育,促进教育民主化,重点是发展中等教育。改革把最低离校年龄提高到15岁,取消小学升学考试,降低小学校内考试的重要性和难度,免除公立学校学费,改进中小学课程,发展学前教育、技术教育和成人教育,改革教会教育,等等。

第二次世界大战以后,澳大利亚教育规模进一步扩大。1970年,公立学校毕业班人数达到4.5万人。1976年,教育预算占国内生产总值的5.8%,达到50亿美元。1977年,联邦政府提供的教育经费占教育总开支的比例达到42.1%。20世纪60年代,综合中学得到普及,学生被分成不同小组,学习不同课程。从1965年开始,高等教育出现高等教育学院、技术继续教育学院、大学等多种形式共存的局面,毕业证书和学位授予范围扩大。

澳大利亚教育行政制度

澳大利亚联邦政府中设有教育、就业与工作场所关系部(Department of Education, Employment and Workplace Relations),主要负责协调全国各级各类教育和培训,包括大学和技术与继续教育学院的管理,并对特别的教育项目提供经费。

各州(地区)政府下设教育培训部,主要任务是确保州

(地区)政府的有关教育法案和条例得以贯彻执行,主管本州的大、中、小学和技术教育学院,全面负责本州(地区)内中小学生的教育教学工作,并为居民(学生)提供教育经费,负责授予、颁发有关学历证书。

澳大利亚中小学教育由联邦、州(地区)政府分级管理,联邦政府主要掌握大政方针和制定宏观规划,负责全国的教育经费拨款,州和地区政府主要负责中小学教育。澳大利亚实行义务教育制度,对6～15岁(塔斯马尼亚州为6～16岁)儿童实施义务教育。

澳大利亚学校教育制度

澳大利亚在教育管理上实行分权制,学校教育制度因州而异。新南威尔士、维多利亚、塔斯马尼亚和首都直辖区的中小学教育实行十三年制,即幼儿班1年,小学6年,中学6年。南澳大利亚和北部地区的中小学教育实行十五年制,即幼儿班1年,小学7年,中学7年。昆士兰和西澳大利亚的中小学教育实行十二年制,即小学7年,中学5年。本科生教育学制3～4年,硕士研究生1～2年,博士研究生4～7年。

学前教育　澳大利亚学前教育属于非强制性的,但除昆士兰和西澳大利亚外,其他州和地区年满5周岁的儿童均到正规的学前教育机构接受一年的全日制教育。

澳大利亚没有全国统一的学前教育政策确保所有儿童获得免费、公立和高质量的学前教育,学前教育责任主要由州、地区承担。各州儿童开始学前教育的年龄不同,因为各辖区儿童正式上学的起始年龄不同。学前教育实施机构主要由地方政府、社区组织或私人部门举办,有些儿童护理中心也提供学前教育。各州学前教育费用不一。昆士兰、南澳大利亚、西澳大利亚、塔斯马尼亚、北部地区、首都直辖区教育厅为学前教育配备教学人员,并提供资助,学前教育机构与学校融为一体或相互联系。南澳大利亚、北部地区和塔斯马尼亚的教育厅还承担儿童护理责任,有些制度在教育、儿童护理与卫生之间建立联系。昆士兰学前教育是正式上学的前一年,州立学校提供免费的学前教育。昆士兰、新南威尔士、南澳大利亚和首都直辖区也对3岁儿童提供资助。南澳大利亚、塔斯马尼亚、西澳大利亚、北部地区和首都直辖区学前教育是免费的。一般而言,全国大约83.5%的4岁儿童在正式上学之前接受过学前教育,每周10～12.5小时。总体说来,澳大利亚有90%的儿童接受学前教育。2002年,澳大利亚有23.92万儿童接受学前教育,约占所有儿童的62%,2.77万名3岁儿童接受学前教育,约占所有3岁儿童的17%,14.8万4岁儿童接受学前教育,占4岁年龄组的59%,5岁儿童只有17%的人参加学前教育学习。2003年,9 051名土著儿童接受政府和非政府学前教育,占

全国学前教育入学人数的4.3%。

中小学教育　澳大利亚中小学教育分为公立、私立两种。2002年,全国有中小学和技术学校9 632所,在校学生300余万。其中公立学校6 935所,在校生220万;私立学校2 697所,在校生100万。私立学校50%以上的办学经费也来自联邦政府。

澳大利亚小学的组织形式有年级制、按能力分班、不分年级制、信箱学校、广播学校、单一教师学校等,共同科目包括英语、数学、社会学科、艺术(音乐、图画、手工艺和戏剧)、卫生、体育、个人发展。

中学教育从第七或第八年开始,延续到第十二年,组织形式有综合中学、大学预科学校、不分年级制学校等。初中阶段除必修的英语、数学、科学、社会学外,还有工业、技术和商科等领域的选修课。高中除英语、数学、科学、人文学科或社会科学、体育等必修课外,还有外语、艺术、人文社会学、商科、工艺、经济、家政、手工、计算机、速记、地理和历史等选修课。

澳大利亚中小学中体育、音乐、艺术课程的分量很重,还提供这类学科的课外辅导。各级学校还设有不同程度、形式、科目的手工操作课程。

中小学常常采用室外授课方式,调动学生学习的积极性。澳大利亚小学从学前班开始就注重培养孩子当众讲话和表达的能力,不强求学生一定在某一学科突出,而是因人而异地加以引导。如果孩子在某方面有潜能,学校就会为他创造充分发展的机会。

学生高中毕业参加会考。高中会考是大学录取的主要依据。从1999年开始,新南威尔士州率先采用全国统一标准,以大学入学指数来考察学生成绩,为学生跨州报考大学提供便利。近年来,教育局制订一些职业性课程,分别由技术与继续教育学院、大学的学院和私立专科学院提供,供不愿进大学的学生学习。学生毕业,由各学院授予文凭和证书。

职业教育　澳大利亚国家培训总局负责制定全国性职业教育政策,指导职业教育发展。提供职业教育和培训的机构有三类:第一类是公立的,由联邦或州举办,如各类技术与继续教育学院、移民教育服务和农业学校等;第二类是社团性的,如社区成人教育中心及团体间具有技术共享性质的双边或多边培训合作;第三类是私立的和企业内培训机构。这三类机构中,公立的占主导地位,其他两类只作补充。由于全国人口的70%分布在10个主要城市,职业教育与培训任务实际上主要由技术与继续教育学院完成。

在国家培训总局的协调下,澳大利亚设有21个全国性行业培训咨询组织。这些组织进行本行业的就业需求预测和职业分析,制定职业能力标准,向技术与继续教育学院以及其他教育和培训机构提供专业、课程和教学依据。行业

企业对职业教育的认可度很高,职业教育的毕业生有很好的就业前景,从而提高了职业教育的社会地位。

澳大利亚职业教育的专业和课程设置,以行业组织制定的职业能力标准和国家统一的证书制度为依据,具体内容和安排由企业、专业团体、学院和教育部门联合决定,并根据劳动力市场变化情况不断修订。技术与继续教育学院能否开设某一专业,须经过地方教育部门和行业组织的严格审核。职业教育普遍采用以能力为本位的指导思想,教学过程强调学生的主观能动性,教学组织方式极为灵活。

澳大利亚为十年制义务教育之后的教育和培训建立全国统一、与工作岗位相对应的教育和培训证书体系,包括证书Ⅰ—半技术工人、证书Ⅱ—高级操作员/服务性工人、证书Ⅲ—技术工人、证书Ⅳ—高级技术工人/监工;普通文凭—专业辅助人员/技术员、高级文凭—专业辅助人员/管理人员;第一学位—专业人员/经理、高级学位—高级专业人员/经理。低一级与高一级证书(文凭、学位)之间有衔接关系,学生取得证书Ⅰ后,再学习几个模块即可取得证书Ⅱ,依此类推。这种统一的证书制度和课程内容的模块式结构使职业教育与普通教育、高等教育相沟通,使就业前教育与就业后教育相联系,体现终身教育的思想。

澳大利亚政府规定从事职业教育教师的条件:取得培训行业四级证书,取得所教授专业的大专文凭,取得教育专业本科文凭。要取得培训行业四级证书,必须通过以下专业课考试:考核背景(地区、人员情况)、考核标准与程序、考核方法(分理论与实操两类)、评估方法、培训需求分析、培训计划制定与方案设计、培训组织实施、培训评估报告。技术与继续教育学院的教师一般至少要有3~5年相关行业的专业工作经验,全部从有实践经验的专业技术人员中招聘,不直接从大学毕业生中招聘。新招聘的教师在从事教学工作的同时,须到大学教育学院进行为期1~2年的部分时间制学习,由学院资助取得教师资格证书。教师应聘之后,同时也是有关专业协会的成员,参加专业协会的活动,接受新的专业知识、技能和信息。在教师的管理上,终身雇佣制教师越来越少,合同制和临时性教师越来越多。

尽管政府是技术与继续教育学院的拥有者,但每年向学院拨款采用商业化方式。哪个学院的教育和培训适应经济和社会需要,且质量高、成本低,政府就向哪个学院拨款。企业和私立的教育培训机构也积极参加该市场的竞争。技术与继续教育学院出现相互合并现象,力求减少管理人员,提高办学规模效益。政府鼓励技术与继续教育学院进入市场,获得企业等社会各方面资助。

澳大利亚通过政府、国家培训总局、国家职业教育研究中心和行业培训咨询委员会等机构对职业教育进行管理,形成独特有效的管理网络。政府管理分两级。联邦政府主要负责制定有关教育的大政方针,确定全国职业教育学历结构体系和质量控制体系,制定证书和文凭的国家标准,并统一管理设有职业教育部的大学。州政府则以州一级教育培训管理机构,如州产业培训理事会、州教育培训部等作为职业教育管理机构。国家培训总局是联邦政府下设机构,主要职能是代表联邦政府管理职业教育,落实政府制定的政策,对全国职业教育实施控制,对各州、地区职业教育机构进行管理、协调、指导和监督,并负责每年的职业教育经费划拨。国家职业教育研究中心是职业教育研究和统计调查机构,由政府主管,并提供资金。该中心建有职业中心网和国际统计数据库,每年向政府提供职业教育机构毕业生就业率统计和质量信息反馈报告。行业培训咨询委员会为职业培训提供行业需求分析,参与制订行业培训计划、教学大纲、培训规范和考核标准。

高等教育　澳大利亚高等教育由大学、高等教育学院和技术与继续教育学院三部分组成。

2002年,澳大利亚共有40所大学,在校学生近90万。大学统归联邦政府教育、就业与工作场所关系部领导。澳大利亚学校的学历资格在亚洲和欧美各国均得到认可。著名高等院校有澳大利亚国立大学、堪培拉大学、格里菲斯大学、墨尔本大学、悉尼大学、新南威尔士大学、莫那什大学、默多克大学、麦夸里大学、新英格兰大学等。

20世纪60年代,澳大利亚掀起兴办高等教育学院的热潮。20世纪80年代初,澳大利亚共有94所高等教育学院,其中75所是教学型的,19所是教学科研型的。高等教育学院本科及以下教育分本科、毕业文凭和准毕业文凭三个层次。研究生教育分硕士学位和研究生毕业文凭两个层次。高等教育学院注重应用课程和职业课程,较少开设理论课程。越来越多的高等教育学院要求改称大学,希望像大学一样得到科研资助,培养博士层次的研究生。

技术与继续教育学院由技术学院、农业学院、师范学院及其他教育机构组成,招收高中毕业生,是职业技术教育与培训的主力军,是澳大利亚劳动市场所需人力的主要来源之一,也是中学后教育的最大部门。学院课程面向市场,理论与实践结合,主要教授一些社会需要的技术。澳大利亚大约有332所技术与继续教育学院,人们可以从这种职业培训中得到不同等级的学历证明:高级文凭、文凭、高级证书、证书和技工级证书等,还可以按自己现有知识水平考入相应学院继续深造,获取更高一级学历证明。澳大利亚政府承认技术与继续教育学院的考核标准,学生持学历证明可以直接上岗工作。

澳大利亚大学或学院的授课方式包括课堂讲授、个别指导、研讨会、实验活动和图书馆式的独立研究。大学本科课程,教师仅作简单讲解,学生在辅导课上讨论,教师参加讨论并相应地给予指导。研究生课程,班级定期举行研讨会讨论相关课题,教师参与并指导,鼓励所有学生发言,学生经常出入图书馆,借阅教师所开书单上的书籍。

澳大利亚大学的文、理、商科学士学位是三年制,理工科和一部分专业学科是四年制,牙医、建筑和双学位法律课程是五年制,医学是六年制。已有部分大学医学院不再招收十二年级学生,学生需先读完学士课程(包括某些必修科目)才能选修医科。成绩优异的本科生可继续攻读一年荣誉学位课程,荣誉毕业生找工作或继续深造时均占优势,一些大学接纳荣誉毕业生直接攻读博士学位。研究生毕业后可获研究生证明(半年)、研究生文凭(1年)、硕士学位(1.5~2年)和博士学位(3年)。硕士分课程班和研究论文班两种,前者一般是半工半读,后者大部分有奖学金资助。一些大学也授荣誉硕士学位给成绩优秀的学生。博士学位一般只能以研究方式学习,论文要经3~4位国内外著名学者考核通过,才可以毕业。

教师教育　澳大利亚无独立设置的师范院校,新教师的培养任务主要靠综合性大学的教育学院(系)来完成。大学教育学院(系)对教师培养模式和课程设置具有自主权,可根据州教育培训部的方针政策和当地中小学教育改革实际,不断调整和更新教育方案与课程设置。澳大利亚教师任用主要依靠聘任制,应聘教师要获得"教师资格证书"。教师培养可分为定向性和非定向性两种途径。定向性途径是直接到大学或高级教育学院攻读教学证书或教育学士学位课程。教学证书课程学制3年,招收高中毕业生和同等学力者,学习内容较为广泛实用,学生经培养后可获教学证书,主要前往小学和学前学校任教,现已逐步走向消亡。教育学士学位课程学制4年,招收高中毕业生,学生完成学业后可获学士学位。一、二年级侧重专业理论学习,三年级时引进历史等课程,并安排12天左右到中小学见习,四年级有40~80天在中小学实践。主要学习英语、数学、科学、物理、技术、创造学、外语等课程。按政府规定,所有学生在校期间必须学习特殊教育和环境教育,会用电脑信息技术,学校要定期进行学生成绩评估,并将评估情况向家长汇报。非定向性途径就是在获得某一非师范专业学科学士及以上学位的基础上取得教育证书或专业教育证书。教育证书课程学制1年,招收已取得非师范教育专业学士学位的本科毕业生、硕士生或博士生,学习内容主要为有关教育理论和教学方法,教学过程中十分强调理论与教育实际的紧密结合。专业教育证书与教育证书性质一样,课程、学制及招收对象与教育证书相同,只是学习内容更加专业化,即主要进行特定专业的师范教育与培训,如音乐教师、土著人教师等。由于此类证书获得者在学前、小学、中学均可任教,而且凭本科及以上文凭还可选择别的工作,这是澳大利亚最为普遍的教师资格证书。另外,高校教育学院(系)还设立教育硕士、教学硕士、教育博士教育,以便教学证书、教育学士学位获得者进一步深造或提高学历,如教学证书获得者再进修

大约450学时,可获得学士学位。澳大利亚共有40个学区,每个学区都有一位专门负责教育教学质量评估工作的学监。他们将进行课堂教学的教师分成8个等级,并正常开展学校教育教学质量评估以及校长、教师的选聘与考核工作。在教师选聘与考核方面,澳大利亚除规定教师必须具有教师资格证书外,还明确提出得由学校理事会聘任,签订任职合同,学校每年还要通过教学实践、学生发展和家长反映等途径对教师工作进行评估,并根据评估情况由学校理事会决定是否继续聘用和晋升。澳大利亚学前教育机构灵活多样,教师培训中通过增设选修课加强教育实践,以培养全面发展的学前教育教师。学前教育专家强调,教师要具有从多元化的家庭氛围和社会背景中去研究正在发展中的儿童的知识。

澳大利亚教师的继续教育一般由各州(地区)教育培训部、高等院校共同承担。各州(地区)教育培训部均有专门负责教师在职培训的机构与人员,政府对教师培训给予经费补贴。在新南威尔士州,天主教会和一些非政府公立学校也承担着少量培训任务。各州(地区)的教师培训计划涉及新教师上岗培训、新大纲(教材)培训、新政策培训、专家教师再培训、特殊教育培训、职业教育培训、校长培训、帮助残疾学生融入社会的专职教师培训、学历培训等诸多方面。教师培训强调与本职工作紧密结合,培训内容涉及现代教育技术、学科知识更新与拓宽、教学法研究等诸多方面,培训手段既有传统的面授,也有现代化的远距离教育等,结业形式灵活多样(有学历证书、结业证书、学位等)。新教师培训伴随着招聘工作的开始而开展,如应聘时面谈、上岗前了解本地本校情况,等等。工作第一年,学校会减少10%的常规工作量,有计划地安排新教师听其他教师的课,去邻近学校观摩教学,参加各种教研活动。一年结束时,州教育培训部和学校组织评估考核,主要依据是全国通用的《评估指导手册》,评估考核合格者得到"教师证书",不合格者可以留用,但不能超过三年。在这三年里,学校一般会通过多种渠道帮助该教师提高教学水平,如送回大学继续学习等。校长培训主要是根据校长需求确定培训内容,着眼于提高校长的领导管理才能和解决实际问题的技能技巧,特别注重围绕改革中出现的新情况、新问题开展案例教学和研讨教学。

澳大利亚的教育改革与发展

为应对知识社会和信息时代的挑战,落实1998年政府颁布的面向知识经济时代的战略框架,2000年澳大利亚联邦教育、培训与青年事务部研究批准了一系列行动计划:"知识社会的学习——面向信息经济的教育与培训行动计划"、"网络世界中的学习——学校教育行动计划"、"面向信

息经济的灵活学习——2000—2004年职业教育与培训国家合作框架"、"未来之路——高等教育行动计划",提供了一个面向信息经济时代的范围广泛的教育与培训、学校教育、职业教育与培训、高等教育的改革框架。

2002年,澳大利亚教育、科学与培训部对高等教育进行广泛调研,发现许多重大的外部和内部压力困扰着高等院校,需要对高等教育政策框架进行重点改革。2003年,澳大利亚教育、科学与培训部发表《我们的大学——支撑澳大利亚的未来》,提出政府对高等教育的改革蓝图。政府计划在4年内,在高等教育教学、工作场所生产率、管理、学生筹资、研究和跨学科协作和质量等诸多相关领域不断引进各项改革,增加联邦投资15亿澳元。在下一个10年内,联邦政府对高等教育提供69亿澳元的额外资金,并通过新的学生贷款提供37亿澳元的财政支持。大学和大学生可以在以公用资金为后盾的新资金的支持下作出选择。2005年,联邦政府资助的学生只需要承担27%的教育成本,可以申请到各种助学贷款。该计划体现澳大利亚实用主义合理政策与未来需求之间的平衡,其中可持续性、质量、公平和多样性是改革的四项基本原则。

改革主要有三个方面的内容:(1)联邦政府资助高等院校。通过联邦拨款计划提供特殊课程学科领域的资助名额,保证大学能提供国家需要的课程和毕业生数量。从2005年开始,联邦政府提供2.5万个资助名额,取代根据扩招学生数增拨经费的模式。2007年,联邦政府新增1 400个资助名额,2008年额外增加745个护理与教学领域的资助名额。(2)联邦政府资助学生。将制定新的联邦高等教育贷款计划,把家庭收入作为贷款申请条件,资助学生完成5年高等教育;将制定海外学习高等教育贷款计划,资助学生到国外留学;还提供联邦学习奖学金,帮助学生支付学费和住宿费用。(3)支持建立多样化和平等的机制。联邦政府提供绩效和激励资金,鼓励大学办出自己的特色,在教学、平等、工作场所生产率、合作和质量等方面实现改革目标。

参考文献

李桢丽,迟守政.澳大利亚教育国际化战略[J].比较教育研究,1998(3).

吕达,周满生.当代外国教育改革著名文献(日本、澳大利亚卷)[M].北京:人民教育出版社,2004.

滕大春.外国教育通史[M].济南:山东教育出版社,1994.

王斌华.澳大利亚教育[M].上海:华东师范大学出版社,1996.

喻朝晖.澳大利亚的职业教育与培训[J].中国职业技术教育,1998(2).

(张家勇)

澳门教育(education in Macao)　从明嘉靖三十二年(1553年)葡萄牙人贿赂进入澳门到1999年12月20日中国政府对澳门恢复行使主权,澳门教育经历近五个世纪的

城市化发展历程和东西方文化的碰撞与交融,形成具有弹性和多样性的教育制度。

澳门教育的发展历程

澳门教育起源　东方封建社会教育和中世纪西方教会教育在澳门教育中均有体现。16世纪澳门渔农、农民的子弟以接受家庭教育和生产技术教育为主,辅之以庙宇、公祠等开办的社学、学塾教育。1557年左右,澳门的天主教堂设要理班,兼授语文和文法,以扫除文盲、开启民智、进行宗教教育。招收对象包括葡萄牙儿童、华童教友。其中以天主教耶稣会学塾最有名,约有200名学生。1594年,天主教耶稣会将其学塾升格为高等学府,成立圣保禄学院,以培养东方传教的神职人员。该学院为澳门第一个高等教育机构。1620年,法国来华传教士金尼阁从欧洲募书约7 000部,从澳门分批转运北京,推动西学东渐的发展。17—18世纪,以儒学为核心的中华文化大规模、高层次地传入西方主要通过圣保禄学院传教士实现。

近代澳门教育　(1)官立教育的发展。19世纪中后期,澳门出现一些官办学校,逐步打破教会教育的垄断。官办学校由政府、市政机构设立,或由政府没收教会学校进行改制。到1890年,澳门政府承认的学校有10所,包括教会办的书院、义学,政府办的小学、幼儿学校、补习学校,市政机构办的领航员学校、义塾,葡萄牙人社团办的商业学校,澳门近代化教育体系初步形成。1894年,官立中学正式成立,打破教会对中等教育的垄断。1910年,澳门葡萄牙文教育有所革新和发展,官立中等教育、初等教育、幼儿教育和补习教育连成系统,此外还有地方自治机构管辖的"议事公局学校"。(2)教会教育的发展包括天主教教育和基督教(新教)教育的发展。澳门的天主教学校在20世纪末仍受政府支持,但逐步向纯私立学校方向发展。除圣保禄学院外,1727年,天主教耶稣会又成立圣约瑟学院,作为圣保禄学院的分校。在女子教育方面,1848年,由云仙仁爱会修女管理的圣罗撒培幼院开办,收容葡萄牙籍孤女。1911年,澳门天主教会开始重视中文教育,开办圣善学校;1923年又开办公教学校;1931年开办圣若瑟中文部;1933年开办望德学校、花地玛真原学校;1935年嘉诺撒仁爱院葡文学校加设中文部,以满足华人子弟入学要求。这些学校面向华人,遵循中国学制、学规和教法。澳门的基督教(新教)教育萌芽于19世纪,1834年基督教传教士郭士立的妻子开办女塾,后来兼收男生,这是基督教在澳门办学之始,也是澳门华童女校之始。1839年,在该学塾基础上筹办马礼逊学堂,教授算术、地理、英语、国文等科。1906年,热心教友成立中华基督教会志道堂,并设立志道堂小学。1919年设立志道堂幼稚园,这是澳门第一所西式幼儿园。1932年该堂募捐筹办蔡高纪

念学校,1946年办初中,1949年办高中。(3)华人教育的发展。华人所办学校称为学塾,但实为新教育,如子褒学塾、子韶学塾等。1905年,科举制度废除,澳门的学塾也纷纷改为学堂,有些还扩办初中。华人知识分子也在澳门开办教育,如潘才华开办的培基中学。1914年,澳门第一所英文学校"澳门英文学校"成立,采用英国学制,高年级用英语授课。随后又建立一系列学校,如陶英小学、励群小学、粤华中学、濠江小学、行知小学、佩文小学、华仁中学、中善中学等。至1932年,澳门有中小学97所,学生7 953人。

1937年,日本侵华战争全面爆发,澳门人口骤增,不少名校迁到澳门,如中山纪念中学、岭南中学、协和女子中学、培正中学等,促使澳门学校提高了管理水平和教学水平。抗战时期,不少学校设立免费、半费学额,不少社团收容难民学生,大兴义学;澳门中华教育会创办6所难童义学;一些学校开办夜校,免费为成年人提供课程,进行扫盲活动。

现代澳门教育　20世纪五六十年代,澳门教育主要发展有:(1)兴建义学。1949年之后,澳门社团工会纷纷开建子弟学校。自1950年,劳工教育协进会开始筹办劳工子弟学校,继而不少同业公会和职工会也筹办本行业的子弟学校,并创办免费的成人夜校。如劳工子弟学校、银业公会小学、航业公会学校等;中华总商会把属下的商业训练班扩展为商训夜中学,并创办青洲平民识字学校(今青洲小学);民主妇女联合会创办妇联子弟学校正校和分校以及两所女子夜校。(2)走向平民化的教会教育。澳门天主教会在这一时期开办一些面向平民的、低收费或不收费的学校。1950—1966年,天主教各会院先后开办圣德兰小学、海星中学、利玛窦中学等。基督教也开办一些低收费学校,如宣道实用小学、循理小学、锡安学校等。蔡高中学也兴办蔡高夜中学,并为学生向国际助学组织申请学费提供援助,又与志道堂合办女子免费识字班。在20世纪60年代,基本普及初等教育和中等教育。(3)恢复官立教育。20世纪50年代,成立官立何东中葡小学男女校各一所。原有的官立幼稚园、小学和中学以及葡光工业学校等形成一个官立的教育系统。

20世纪70年代,澳门人口出生率下降,学生数减少,学校处于竞争之中。天主教学校首先采用主动适应对策,把学生较少、校誉不高、收费较低的学校合并或停办,集中力量扩大和加强一批名校,使天主教学校系统逐步走向均衡。同时因经济发展,官民开始沟通合作,关注提高教师待遇以及提高教育质量。1985年,澳门中华教育会邀请华南师范大学为澳门在职中小学及幼稚园教师开办3～5年的教育专业文凭、学位课程,连同澳门大学教育学院、圣若瑟师范课程,使澳门教师的专业水平得到提高。80年代中期以后,澳门教育有较大发展,就学率不断提高,学校的办学条件普遍改善。1988年开始,澳葡教育当局希望在逐步承担公共教

育的过程中,在政权移交前完成教育立法,故采取向公众咨询的程序,通过教育委员会设立具体法律、法令专责小组。1990—1999年,基本完成教育法及辅助性法例的制定。自1995年开始,澳葡当局颁布"倾向免费教育之普及"法令,1999年澳门回归后,澳门特区政府为未加入倾向免费教育计划的私立学校中小学学生发放学费津贴,并随后数次提高津贴额度。到1997年,澳门完成小学前1年、小学6年、初中3年共10年免费教育,70%的私立学校接受条件,加入公立教育网,小学生和初中生均可享受一定额度的教育公费。至回归前澳门教育有四种学制并存,即"六三三"学制(中国学制,学生数最多,占澳门学生总数80%)、"六五二"学制(英国学制,澳门英文学校采用,学生数占澳门学生总数12%)、"四二六"学制(葡萄牙学制,学生数极少)、"六五"学制(中葡学制,在官立中葡学校实施,学生数约占澳门学生总数6%),呈现多元学制各自发展态势。

1999年,澳门回归祖国。2006年,正式颁布《非高等教育制度纲要法》。该法令规定从2008—2009学年起统一学制,确定小学教育为6年,初中、高中教育均为3年,取消英国学制和葡国学制,以便政府制订各教育阶段的课程框架和学生须达到的基本学力要求,但各私立学校可以自主发展校本课程。2007年,颁布教育发展基金制度并随即成立教育发展基金,用于支持和推动在非高等教育领域内展开各类具发展性的教育计划和活动。2007—2008学年,将免费教育延伸至幼稚园3年至高中各个年级,正式进入15年免费教育阶段。在高等教育领域,澳门高等教育辅助办公室多次修订《高等教育制度》的草案。2005年修订的草案改革大学招生制,规定高等教育的入学条件是中学毕业,且其学历不少于12年的小学至高中教育;设立评审制度,以保证教学质量。2006年,通过《澳门大学法律制度》,新的《澳门大学章程》和《澳门大学人员通则》获特区政府行政长官核准并通过。在改善教师队伍素质和促进教师专业化发展方面,澳门特区政府直接向教师发放津贴,并于2007—2008学年发布《私立学校教学人员制度框架》,将直接发放给教师的津贴改为教学人员专业发展津贴,同时设置"教学设计奖励计划",以提升教学质量。在2007—2008学年、2008—2009学年,澳门特区政府分别推出信息科技教育发展三年计划方案和"澳门教师专业发展研究——以有效的评核促进学生学习"计划,以帮助澳门学校有效实施信息技术教育。2012年,澳门特区政府在财政年度施政报告中发布《澳门非高等教育发展十年规划(2011—2020年)》,该规划以提高教育品质为核心任务,促进教育公平,发展多元的学校系统,以实现非高等教育各组成部分的协调发展。

澳门各级各类教育

澳门教育行政管理系统分为高等教育及非高等教育两

大领域。高等教育指大学教育和高等专科教育;非高等教育指大学教育和高等专科教育以外的各种类型教育,其类别可分为正规教育和持续教育。正规教育包括幼儿教育、小学教育、初中教育、高中教育和特殊教育。持续教育是正规教育以外的其他教育或培训活动,可分为家庭教育、回归教育(葡文意译,实指基础教育的补偿教育)、社区教育、职业培训以及其他教育活动,是对正规教育的补充和发展。职业技术教育只在高中阶段开设,可同时在正规教育和回归教育中实施。澳门学校系统由公立学校和私立学校组成,并由实施正规教育的公立学校和大部分接受资助、提供免费教育的私立学校组成免费教育学校系统。澳门私立学校分为本地学制和非本地学制两类;不牟利的本地学制私立学校,可申请加入免费教育学校系统。澳门特区政府对纳入公共教育网的学校实行 15 年从幼儿教育至高中的免费教育(免缴学费、补充服务费及其他与报名、就读、证书有关的费用)。

澳门幼儿教育学制 3 年。幼儿教育一年级招收满 3 岁的幼儿。幼儿教育课程计划包括发展学童体格、运动以及社会情感、认知领域的活动,以整体性的形式推行,作为家庭教育的补充。在幼儿教育阶段,除非家长提出申请,否则不得要求学生留级。幼儿教育的评核成绩不影响学生的升学。

澳门小学教育学制 6 年。小学一年级的入学年龄为当年满 6 岁,就读小学的最大年龄为当年不超过 15 岁。学生如已超龄可接受回归教育。小学教育课程计划包括单科目或多科目组别以及强制性参与的辅助课程活动,旨在促进学生的全面培训及个人目标的实现。小学教育阶段开始或继续教授第二语言,在不具强制性的前提下,优先选择澳门的两种官方语言(中文和葡萄牙文)。课时由教育机构订定。

澳门中学教育包括初中教育和高中教育,学制均为 3 年。就读初中及高中的年龄上限分别为 18 周岁及 21 周岁。合格完成初中教育或年满 15 周岁者方可报读职业培训课程。初中教育课程内容包括品德教育、一般基础训练、工艺技术教育及辅助课程,并综合有助于升学及投入社会的科目及科目组别。学校在中文、葡萄牙文或英文中自行选择教学语言及第二语言;可根据教育机构的自主及教育计划,以必修或选修性质于学习计划中开设第三语言。高中教育课程计划分为两组科目,包含所有学生必修科目的一般培训课、选修培训课。一般培训课旨在使学生掌握基本知识及能力,尤其是语言及数学逻辑思维方面的基本能力,以及使学生得到全面发展。选修培训课内容多样,以便学生能在配合入读高等教育专业领域的各个选修项目中作出选择,尤其是在人文及社会经济、科学及技术、艺术等选修项目中作出选择。选修培训课包括一组核心科目,以确保学生得到在每门选修课所面向专业上的基础专门培训,以及

一组按照各教育机构本身的教学计划、学生兴趣及社会需要而设的科目。学校须在中文(必须包括普通话的教授)、葡萄牙文或英文中选择教学语言及第二语言。

正规教育内高中教育阶段的另外一种教育模式是职业技术教育,旨在培养中等程度的技术人员。学制也为 3 年。就读职业技术教育的学生头两年主要修读"社会文化"和"专业科技及实践"领域的学科,第三年则主要进行"专业实习"或实践性学习。成功完成上述内容者可取得高中学历证书和专业技术资格证书。

至 2011 年,澳门高等教育有 10 所机构,4 所为公立,6 所为私立。公立高等院校有澳门大学、澳门理工学院、旅游学院、澳门保安部队高等学校。私立高等院校有城市大学[原亚洲(澳门)国际公开大学]、圣若瑟大学、澳门镜湖护理学院、澳门科技大学、澳门管理学院、中西创新学院。2009—2010 学年,各高等院校共提供近 300 个高等教育课程,包括博士学位、硕士学位、学士学位、高等专科学位、学位后文凭及文凭课程。此外,外地高等教育机构获准在澳门开办 31 个高等教育课程。各大学或学院下设不同的学院或学校,修业年限依据专业及各校情况而不同。各大学或学院有自己的招生考试,分别对外招生。除此之外的招生考试主要有:(1) 自 2004 年举办的中国普通高等学校联合招收华侨、港澳台地区学生考试(澳门区),其报名及考试由高等教育辅助办公室负责。每年约于 3 月报名,5 月考试。凡属华侨、港澳台地区的高中三(中六)毕业程度、预科毕业或同等学力,并符合招生简章的有关规定者均可报名。(2) 中国内地高校研究生课程考试(澳门区)。每年约于 11 月下旬至 12 月下旬报名,翌年 4 月考试。报考资格及需递交文件以当年招生简章及最新公布为准。(3) 澳门 6 所高等院校获准的内地招生。其中开设本科课程的高校为澳门大学、澳门理工学院、旅游学院、澳门镜湖护理学院、澳门科技大学(包括大学先修班);开设研究生课程的高校为澳门大学、澳门科技大学、澳门城市大学。除此之外,澳门学生还可以参加中国台湾的海外联招考试、英国的普通教育证书考试、美国的 SAT 考试等。

澳门特殊教育的对象指身心存在障碍的学生,由教育心理辅导暨特殊教育中心评估确定。特殊教育优先在普通学校内以融合的方式实施,亦可在特殊教育机构以其他方式实施。澳门提供特殊教育的学校包括公立及私立学校。课程采用以主题编写的教材,让学生能得到与自身能力及生活相关的学习及训练。

澳门回归教育主要面对已超过适龄就读各教育程度的人士,为其提供再学习的机会,从而使其掌握继续升学、融入社会以及谋求个人发展所需的基本知识和能力。可分为小学回归教育、初中回归教育及高中回归教育。采用累积单元的学制。回归教育毕业文凭与正规教育学历具同等

效力。

澳门教育行政管理机构与澳门教育经费

澳门教育行政管理机构　澳门非高等教育领域的主要行政管理机构为教育暨青年局。教育暨青年局由社会文化司司长领导,是一个构思、指导、协调、管理和评核非高等教育以及辅助青年及相关社团的组织单位。设局长1名,副局长2名。下设教育研究及资源厅、教育厅、青年厅、学校管理及行政厅。其职责为:执行教育及青年政策;发展各类教育,为教育机构的良好运作提供所需条件;确保实行持续教育的原则及所有居民享受教育的权利;鼓励并发展有助文化推广及青年和谐融入社会的培训工作;订定教育及青年活动的年度和跨年度计划;负责为有特殊教育需要的学生融入社群提供条件;定期评核教育制度,以保证教学法的革新及配合特区社会经济实况;订立推行私立教育的规章;协调及监察公立及私立学校的教育活动等。高等教育领域的主要管理部门是高等教育辅助办公室,也归属于澳门特别行政区政府社会文化司,于1992年成立,负责澳门各大院校及外地各大院校的协调工作。自2002年起,高等教育辅助办公室成为中华人民共和国高等院校面对澳门学生招收本科生、研究生的报名与资讯发布处,之前该项服务由民间团体澳门中华教育会承担。

澳门教育经费　澳门政府实施十五年公费教育,对承担免费教育的公立及私立学校,具有监察职责。此外,特区政府向澳门特别行政区居民中修读私立学校的正规教育课程且未受惠于免费教育的学生提供学费津贴;向不牟利私立教育机构的教学人员提供津贴,非澳门本地学制私立学校的教学人员除外。非澳门本地学制私立学校和牟利的私立教育机构均不获政府财政支持。为支持非高等教育的发展,澳门特区政府设立教育发展基金,用于支持和推动在非高等教育领域内展开各类具有发展性的教育计划和活动,以无偿资助、优惠信贷等方式提供财政支持,其组织、管理及内部运作规章由专有法规进行规定。

澳门特区政府有责任在其可动用预算的范围内,确保公立高等教育机构运作所需要的款项。私立高等教育机构可获得特区政府发放的资助款项获优惠贷款,用于兴建楼宇、购置设备以及补助日常开支。财政援助的主要形式有:对于学生或其家庭的资助或贷款;对于投资项目的资助或贷款;对于运作的资助或贷款;其他财政援助方式。

2011—2012学年,澳门共有78所学校,其中公立学校11所,私立学校67所;只提供正规教育的学校有66所,只提供回归教育的学校有3所,同时提供正规和回归教育的学校有9所。接受非高等教育的学生总数为7.3万余人,其中接受正规教育的学生为7万余人,包括幼儿教育1.1万余人(16%)、小学教育2.2万余人(30.8%)、中学教育3.5万余人(48.7%),其中职业技术教育1 601人(2.2%)及特殊教育560人(0.8%)。回归教育学生人数为2 706人,包括小学教育216人(0.3%)、中学教育2 490人(3.4%),当中职业技术教育224人(0.3%)。非高等教育领域教师总数为5 284人。

参考文献

柯森. 港澳台教育改革与发展异同及其解读(2000—2010)[M]. 广州:广东高等教育出版社,2010.

中国教育年鉴编辑部. 中国教育年鉴(2009)[M]. 北京:人民教育出版社,2009.

（刘美冰）

B

巴黎公社教育改革（educational reform during Paris Commune） 巴黎公社领导的一次教育改革运动。1871 年 3 月 18 日，法国巴黎工人阶级在巴黎北区蒙马特尔举行武装起义并夺取政权，宣告成立巴黎公社。这是人类社会历史上第一个无产阶级政权。巴黎公社成立后，在英勇抗击凡尔赛反动分子武装进攻的同时，还进行包括教育改革在内的一系列改革。

在教育改革方面，公社主要采取五大措施。（1）夺取和掌握教育的领导权。1871 年 3 月 29 日，设立由 9 人组成的公社教育委员会，主要职责是管理公社的教育事业，推行普及义务教育，组织教育改革。各区政府也设立同样的机构。公社执行委员瓦扬于 4 月 20 日被任命为经过调整的公社教育委员会代表，在公社教育改革中起了特别重要的作用。公社教育委员会设立一个由进步教师、专家和教授代表组成的改革教育特别委员会，具体研究制定统一的学校制度，组织初等教育和职业教育等。为夺回教会对学校教育的管理权，公社颁布了《关于彻底清除教会对学校的支配权的决定》。许多教育界人士组成的团体，如"新教育协会"、"教育之友协会"、"综合技术协会"等，也积极支持公社教育委员会的工作，参与拟定新教育的原则。（2）宣布学校与教会分离，实行世俗教育。1871 年 4 月 2 日，公社颁布国家与教会分离的法令，4 月 8 日又公布一项命令，取缔学校里一切有关宗教仪式的科目，停止祷告和教义问答。据此，公社教育委员会及各区政府发布指令或指示，不仅要把教士和修女驱逐出学校，而且要把一切宗教象征从学校中清除出去，同时开办世俗学校，用世俗教师代替神职人员，以便培养能够认识自己对共和国应有权利和义务的公民。公共教育世俗化的计划受到民众欢迎，但不少顽固的教会人士千方百计进行抵制和阻挠，因此公社教育委员会主席瓦扬 5 月 14 日发布关于逮捕阻挠实施学校世俗化的教会人士的指令。（3）实施普及义务教育。根据"新教育协会"的建议，实施普及义务教育成了公社教育委员会的一项重要任务。公社及各区政府的文件也强调普及义务教育，例如，4 月 9 日发表的《巴黎公社告劳动农民书》提及让农民的儿子接受免费教育。同时，他们还在各区进行适龄儿童调查，通知他们到学

校去登记。5 月 21 日，公社成立妇女教育改组委员会，强调一个好的共和国需要重视对女孩子的教育。为保证劳动群众子女受到教育，公社特别提出要增加国民教育经费，增加中等学校助学金的数额。公社下令，由学校教师分别向所属区政府领取诸如书籍、地图、纸张等学习用品，然后免费分发给学生。尤其要指出的是，公社强调的普及义务教育是以学生全面发展为宗旨的，重视科学教育及教育与生产劳动相结合。瓦扬 5 月 17 日发表《关于设立普通教育职业学校告各区政府书》，明确指出教育改革将保证每个人都有社会平等的真正基础，即都有权享受全面教育，学会自己喜爱并能胜任的职业。为使劳动群众及其子女做科学文化的真正主人，公社要求学校把科学和全面的知识传授给学生，教学大纲应清除那些无用的材料，把确定的科学论据作为教学内容。只有这样，学生才能发挥自己的一切才能，即不仅能用手工作，而且能用脑思考。（4）重视思想品德教育。公社要求教师在教育活动中贯彻公社的教育法令或政策，发扬公社的革命精神，使学生忠于革命、保卫公社和反抗敌人，在长大成人时能保护公社的荣誉并与诽谤她的人作斗争；进行思想品德教育时，采取灵活多样的方式，如，在校内张贴支持和拥护巴黎公社的标语、组织学生上街游行、庆祝世俗学校的开办等。在当时的形势下，公社特别注意把教育与革命战斗紧密结合起来，组织学生参与保卫公社政权的活动，例如，堆筑街垒工事、为前线战士服务乃至亲自参加战斗等。据统计，在保卫巴黎公社的战斗中，曾有 650 名青少年被俘。（5）提高教师的社会经济地位。公社对教师问题十分重视，希望他们为未来美好的国家而努力工作，要求他们非常慎重地对待人民委托给他们的孩子，给孩子以温暖。针对法兰西第二帝国统治下教师工资低以及男女工资悬殊的情况，公社于 5 月 21 日颁布提高教师工资和男女教师工资平等的法令，规定教师年薪最低为 2 000 法郎、助理教师年薪最低为 1 500 法郎，还规定男女教师同工同酬。在公社教育委员会的领导下，许多教师在学校中坚决执行公社的教育法令和改革政策，在保卫公社政权的战斗中表现出英勇无畏的气概。

巴黎公社虽仅存在 72 天，其无法完全实施的教育改革

措施只是无产阶级教育改革的第一次初步实践,但"公社的原则是永存的",公社短暂的教育改革体现他们极大的革命热情和高度的创造精神。

（单中惠）

巴西教育制度(educational system of Brazil)

巴西联邦共和国位于南美洲东南部,面积851.49万平方千米。2010年人口1.91亿,其中白种人占53.74%,黑白混血种人占38.45%,黑种人占6.21%,黄种人和印第安人等占1.6%。73.6%的居民信奉天主教。官方语言为葡萄牙语。2010年国内生产总值2.02万亿美元,人均国内生产总值10 471美元。

巴西教育的历史发展

殖民地时期(1500—1822)　1532年,葡萄牙国王若昂三世派遣殖民队伍来到巴西,建立第一个永久性殖民点,开始在巴西的殖民统治。1549年后,葡萄牙天主教耶稣会传教士开始出现在巴西。耶稣会一来到新大陆就建立许多传教区和教会学校,开始对殖民地进行宗教和教育传播。在近三百年的葡萄牙殖民统治时期,巴西的教育发展具有以下主要特征:(1)教育被教会垄断。学校的建立和教育的实施主要通过耶稣会的传教活动进行,教育内容也由教会控制,殖民当局不关心也无暇顾及教育的发展。(2)教育主要为少数人服务。学校招收的学生主要来自上层贵族、葡萄牙人的子女,目的是培养殖民地官员、教会教士和贵族,广大的印第安人和黑人没有权利接受教育。教育成为区分社会阶级地位的一种象征。(3)教育远离社会生活。教育移植欧洲学校的模式,以古典课程为特色,以英才教育为指导,内容远离社会生活实际,呈现出专制性、教条性和抽象性特征。(4)教育水平落后。葡萄牙殖民主义者不仅没有在巴西印刷过书籍和小册子,也没有建立过一所大学,贵族子女只能到葡萄牙或其他欧洲国家接受高等教育。学校几乎全部设在城市和教区中心,绝大多数印第安人、黑人、混血种人都是文盲,人民的总体受教育程度相当低。

独立后的帝国及共和国时期(1822—1930)　巴西1822年独立。1824年的宪法首次提出接受普通教育是公民的权利,并规定所有教育均免费。1827年在主要居民中心建立初等学校,但还没能建立起免费的公共教育制度。当时的教育大部分是为学生进入专业学校而准备的预备学习或进音乐、艺术、人文等学校而准备的高级学习,并没有影响到广大民众。

新的共和国成立后,巴西发生深刻的政治体制变革,取消压迫性的中央集权君主政治体制,采用民主的地方分权联邦制和总统制。教育领域建立双元制体系,即由联邦政

府和州分别管理的体系。这一时期巴西基本上形成现代教育制度的结构,各级教育都有所发展,但依然没有满足社会经济发展的需求,没有为广大民众提供平等的教育机会。特别是农村地区,教育仍十分落后。

瓦加斯时期(1930—1945)　1930年,以瓦加斯为首的自由联盟在巴西开展一场资产阶级革命,并以武力取得政权。此后巴西的政治体制、经济社会发展、文化和教育都经历一个重要的变革过程。瓦加斯政权对公共教育极为关注,进一步集中中央政府的权力。1931年建立第一个主管教育的职能部门——教育及公共卫生部。当时新建立的巴西教育协会对学校教学和课程改革进行热烈讨论,主张引进国外新的教学思想,一些组织建立杜威式"新学校"。瓦加斯政权教育政策的明显倾向是关注民众教育和注重职业技术教育。教育文化部制定一个改革国民教育的庞大计划。1931年颁布的《高等和中等教育组织法》将中等教育分为两个阶段:第一阶段是五年的基础教育;第二阶段是两年的为学习专业作准备的预备课程。1931年颁布的《巴西大学条例》较明确地阐述综合大学的概念,为以后综合大学的建立和发展打下基础。根据这一条例,1934年建立新型的大学——圣保罗大学。

1937年瓦加斯政权颁布新的宪法,实行"新国家"教育政策,集中体现在三个方面:一是强调国家对教育的权力和责任;二是仍然强调初等教育和职业技术教育;三是强调劳动与纪律教育。在"新国家"时期,巴西在学校开设统一课程,运用严格的教学方法;采取权宜措施解决教育问题;教育主要为国家政治服务,忽视对教育本身规律的探究。

第二次世界大战后民主时期与军人执政时期(1945—1985)　在第二次世界大战后民主时期,巴西教育发展中的一个重大事件是1961年颁布第一部教育法《国家教育方针与基础法》。该法确定全国教育的目标,规定教育的权利、免费义务教育、教学自由等方面的原则。该法最有影响、最有意义的一个特点是确定教育分权化政策,试图建立教育行政的地方分权制度,也就是建立双元教育体系,即联邦教育体系和州教育体系。根据该法,1962年建立联邦教育委员会,负责解释教育法,决定教育方针政策,发布控制教育各个方面的规范。尽管权力下放到州一级,但联邦政府和联邦教育委员会仍保留很大的控制权。

1964年至1985年的21年时间里,巴西处于军人统治时期。这一时期教育存在的主要问题是教育与经济发展不相适应,教育行政管理体制运行效率低,教育机会不平等现象严重,学校教学质量低,留级率和辍学率高。针对这些问题,军人政府决定"把教育从发展过程中的落后部门转为最优先的部门"。在一系列教育改革中,1968年颁布的《大学改革法》和1971年颁布的《初等教育和中等教育改革法》最为重要。《大学改革法》着重改革以下几个方面:加强对高

等教育经费的投入,大力发展高等教育;调整传统的学科结构,以适应经济发展的需要;改革大学招生制度,扩大招生名额。《初等教育和中等教育改革法》着重改革以下几个方面:将原来的4年义务教育延长到8年;改革学制结构;重新确定教育目标;改革课程内容,实行综合教育;在正规教育体系中建立补充教育体系。这一时期教育改革的主要特征是:重视教育与经济发展的关系;优先发展高等教育;初等教育没有受到应有重视;教育机会不均依然严重。

20世纪80年代中期以后　针对基础教育辍学率和留级率居高不下的状况,巴西政府将教育的重点从高等教育转向基础教育。1985年,萨内尔总统上台后不久,巴西政府颁布"全民教育计划"。该计划在增加入学机会、提高初等教育效率、提高教师地位以及扩大经费来源四个方面作了规划。但80年代巴西面临的经济问题使这一计划未得到有效实施。

1993年12月,巴西教育部公布"全民教育十年计划(1993—2003)",采取一系列推动教育发展、改革教育体制、加大经费投入的措施,加强了基础教育,扭转了教育质量下降的趋势:(1)从立法上再次强调教育的重要性。1996年9月巴西议会通过了第14号宪法修正案,再次强调联邦政府、州、市以及联邦直辖区对教育的政府责任。1996年12月,巴西颁布新的《国家教育方针与基础法》,明确将教育划分为四个层次,即基本教育(以前称学前教育)、初等与中等教育、职业教育和高等教育,并对每个层次的教育改革规定了明确的操作措施和规范标准。根据这项法令,巴西重组全国教育委员会。(2)加大教育经费的投入,提高教育现代化水平,提高教师的待遇,以保证改革措施的实施。(3)突出中等教育的改革,实行中等教育毕业的全国统考,改革中等技术教育。(4)针对初等教育中留级生多和辍学严重的情况,巴西教育部门在联邦财政支持下实施改革项目和提高学生成绩的措施。首先,对初等教育、学前教育和印第安人教育分别统一设置课程内容;其次,实施"快速补习班计划",由政府划拨专款,在学生成绩偏低现象较严重的初等学校设立"快速补习班"。(5)利用现代化手段加强对教师的培训,以提高教学质量。(6)推进高等教育改革,扩大高等院校的自主权,调动教师的积极性。

巴西现行教育制度

根据1988年宪法确定的教育原则,教育是人人享有的权利,是国家和家庭的责任,教育的目的是充分发展人,培养个人履行公民职责,并使人们能胜任其工作。

根据巴西宪法规定,教育行政体制分为联邦、州和市三级。教育部是全国最高教育行政机构,负责教育政策的制定、执行和评价,并制定计划,实施行政管理。在教育部的

各单位中,联邦教育委员会是制定全国教育系统规范的最高机构。州教育厅负责行政管理,州教育委员会负责教育规范方面的事务。市一级还没有形成独立的教育体系,主要是州教育委员会下放一部分权力给市。市教育行政单位是市教育局和市教育委员会。巴西教育体系有三个特点:(1)初等和中等教育管理体制极度分权化,幼儿园教育、义务教育(一~八年级)和中等教育(九~十一年级)均由州和自治市负责。(2)各州教育体系呈现多样化,反映出地区间社会经济发展的不平衡,在组织各自教育体系的过程中,地区自治程度很高。(3)中央政府在初等和中等教育中主要起再分配和辅助的作用。联邦政府为州和自治市提供财政和技术支持,以保证教育机会均等和最低的教育标准。巴西的各级各类教育经费主要有两大来源:一是公共资金,由联邦政府、州和市政府以直接或间接的方式提供财政资助;二是私人资金,主要来自家庭、社团及私人企业。

巴西学校教育体系分基础教育和高等教育两级。基础教育又分为初等教育和中等教育。初等教育相当于中国的小学和初中,中等教育相当于中国的高中。高等教育指各类大学,学制一般为4年。学前教育一度不受重视,未列入教育体系。从20世纪70年代中期起,巴西政府开始认识到学前教育的重要性并采取许多措施。巴西实行九年制义务教育(6~14岁),对贫困学生实行国家助学金制度。2009年,6~14岁儿童入学率为97%,成人识字率90.3%。

学前教育　巴西教育部1974年制定《学前教育计划》,提出一些试验计划和补充课程,与卫生保健部门、社会保险部门、全国营养研究所及其他一些单位共同实施。1975年,政府明确规定4~6岁为学前教育阶段,教育部基础教育司下设学前教育处,负责制定学前教育计划和组织学前教育工作。1988年的宪法专条论及学前教育:"关注为6岁以前的儿童提供托儿所和幼儿园。"1996年的宪法修正案规定,市政府应担负鼓励和教育学龄前儿童的责任。教育部制定学前教育大纲,旨在改善和形成令孩子们感兴趣的工作方式,以便通过尊重儿童的需求和兴趣及改善环境条件来帮助解决社会文化与教育的问题。

学前教育对象是7岁以下儿童,目的是使他们在体、智和德各方面健康成长。3岁以下的学龄前儿童在托儿所和类似机构接受教育,4~6岁儿童在学前班接受教育。

初等教育　初等教育修业年限为8年(7~14岁),属免费义务教育(公立学校)。根据1996年教育法第9349号文,初等教育的目的在于:培养和开发少年儿童的学习能力,如阅读、书写和计算能力;引导他们理解自然和社会环境、政治体制、科学技术、文化艺术和社会价值;发展学习能力,以便他们获取知识、技能;形成正确的意识和价值观;加强家庭纽带和人际间的相互帮助、理解和宽容。

根据1971年颁布的《初等教育和中等教育改革法》,巴

西统一全国初等教育八年制的必修核心课程。核心课程由三部分组成：交际与表达，以葡萄牙语为主要科目；社会学科，包括历史、地理、巴西社会政治组织等；自然科学，包括数学、物理、生物等。

巴西基础教育的显著特点是强调早期进行技术教育。1971年前，初等教育为4年，全部实施普通教育。从第五年起，部分学生继续学习普通教育课程，部分学生学习技术课程。1971年的《初等教育和中等教育改革法》对此进行了调整，虽然依然强调在初等教育阶段进行技术教育，但在课程安排上进行了重大改革。如，为五、六年级所有学生开设"专门学科"的实践课程，用来确定学生的职业能力倾向；让七、八年级学生选择他们最合适的职业技术课程。这样做的目的是通过这种必修的实践和职业技术课程来补充普通基础教育的不足，使改革后的初等教育具有综合学校的性质，一方面为学生进一步受教育做好准备，另一方面为他们劳动就业做好准备。

中等教育　中等教育是基础教育的最后阶段，学制3～4年。根据1996年教育法第9349号文，中等教育的目的在于巩固和加深通过初等教育获得的知识；发展独立思考和创造、自学能力；培养基本劳动技能和公民意识，以便继续学习，有能力灵活适应以后工作或继续深造的新条件；完善人格，包括伦理及自身修养和对事物的评判；在各学科的教学中理论联系实际，能理解生产过程中的科学技术基本知识。

20世纪70年代以前，巴西中学分为普通中学、职业技术中学和师范学校三类，学生从小学五年级开始分流，分别进入三类中学。1971年的《初等教育和中等教育改革法》为重新确定中等教育目标定下基调，即中等教育既是以培养中级技术人员和熟练劳力为目标的终结性教育，又是为高等院校输送合格新生的连续性教育，从而将普通教育和职业教育相结合；取消三类学校的区分，将普通课程和职业课程结合在一起，形成新的综合性中学；同时，建立起与正规教育体系平行的补充教育制度。

20世纪70年代还进行了深刻的课程改革，主要内容包括：建立课程改革机制，建立联邦教育委员会、州教育委员会和市教育委员会三级课程审批制度；建立三大板块课程模式，即公共核心课程（普通基础课程）、非核心必修课程、职业技术教育课程；建立"活动"、"学习领域"及"学科"三种不同的课程形式；建立"课程内容扇形递进轨道系统"；注重各类职业教育的基础；职业技术教育比重超过普通教育。

20世纪90年代后期，来自贫困家庭的儿童对中等教育的需求增大，需要扩大公立学校规模予以满足。依据《联邦教育设立和指导法》，中等教育是基础教育的后半阶段，州政府应创造必要条件，包括设立新校舍来满足民众需求。1994—2003年，普通中等教育在发展停滞14年后，新增入学人数410万，而在发展停滞的1980—1994年这14年期间，仅增长140万。1991—1994年，普通中等教育毕业生由66万人增加到91.7万人，而在2003年，毕业生人数已达到近19万人。

高等教育　巴西的高等教育是一个多样化、多层次、遍及全国的庞大体系。据1996年的统计，巴西共有高等学校922所，60％以上集中在东南部，著名的有圣保罗大学、里约热内卢联邦大学、里约热内卢天主教大学、巴西利亚大学等。学制一般为4年，8个学期，个别专业为5年和6年。高等学校的管理体制和资金来源主要有公私两类。其中公立高等学校分为联邦、州立和市立三类，联邦高等学校又分为联邦政府资助的大学和基金会资助的大学。私立高校可分为宗教性和世俗性。高等教育的模式主要有两种：法国拿破仑式的传统模式，强调国家对专业的管理；美国自由式的现代模式，重视学科中知识的组合。

高等教育仅包括本科和研究生两个层次。本科教育课程不同，年限不等，一般为4年，接受中学毕业且通过大学入学考试者入学。研究生教育分为专业进修课程和硕士、博士学位课程。巴西高等教育层次结构发展趋势是"重心上移"，研究生教育发展较快。

巴西法律规定，只有经过联邦教育委员会（其中24名成员由总统任命）的批准和认可，才能开办高等教育机构并有资格颁发有效文凭。在联邦高等教育体系中，教育部是通过高等教育司来管理庞大的联邦大学系统的。教育部2/3的经费用于高等教育。教育部的经费主要来源于国家的固定拨款，联邦政府也对私立高校进行资助，但仅限于某些特殊项目，如学生救济、研究生课程的维持等。私立大学的大部分日常开支主要靠学生的学费。宗教性大学也能获得联邦政府数量不等的资助。大学的最高领导是校长。联邦大学校长是通过学校选举和总统任命产生的，州立大学校长由州长在候选人中选出并任命，私立大学校长由董事会在候选人中选出并任命，教会大学是将校长候选人名单递交教会当局，由主教任命。联邦大学校长虽然有较大的权力，但在许多方面还是受教育部和联邦教育委员会的监督和限制。大学的组织结构分三个层次：校、院、系。系是大学中最基本的单位。集权化在大学中较为盛行。

巴西的教育改革

巴西教育存在的问题　在初等教育方面，虽然巴西的入学人数、入学率和学校数量逐年提高，但也存在许多严重问题，如留级率和辍学率高，教育机会不均等，教育经费分配不公平。在中等教育方面，改革的目的之一是适应经济发展的需求，为经济发展服务。然而，由于高等教育发展过快以及国内劳动力市场的容量有限,经过职业训练的中学生就业困难,中学的留级、辍学率相当高,从学生人数、教师人数、学校数量、国家资金的投入量等指标来看,中等教育还没有取得应有的效益。主要原因是教育质量问题。除少部分学生外,绝大部分学校的学生都存在不同程度的学习困难情况,师资力量不足、质量不高已成为提高中等教育质量的一个巨大障碍。巴西高等教育的特色是大力发展满足需求型的私立高校,其数量占全国高校的75%。这种私立高校发展的结果是使巴西高等教育产生质与量的巨大差别,高等教育资源分配不均,教育机会不均。处于最上层的是研究型大学,这类大学师资力量雄厚,能获得科研经费,拥有良好的工作条件,学生不用付学费。处于中层的是教学型大学,教师校外兼职较多,很少考虑学术上的发展。最底层的以私立学院为代表,教师大多兼职,教学设施简陋,师资力量薄弱,教学质量较低,学生大多数是穷人和大龄人。除层次上的差别,巴西高等教育体系在其他许多方面也都存在很大差别,明显反映出它的不公平性。

巴西教育改革 巴西的教育改革主要集中在两个方面。(1)教育行政与财政管理改革。20世纪80年代末至90年代初,巴西教育管理改革的特征是继续推进民主化,注重资源的合理使用,包括州和市的统一。市一级建立教育体系规划委员会,建立与州政府合作的体制,进行资源重组,以合理使用资源,但只关注教育的民主化和参与,忽略合理化和效率。他们在财政方面提出以下措施:联邦的各种拨款应尽量包含在"专门协定"中,以减少重复;联邦的项目资助应根据通货膨胀指数加以调整;"专门协定"中的项目资助应由简单的拨款过程取代。(2)强化普及义务教育。20世纪80年代,政府调整教育发展战略,将重点放在初等教育领域。1985年,巴西政府提出"全民教育计划",旨在增加初等教育入学机会,提高初等教育质量,保证初等教育普及等。在行政管理体制方面建立起市级教育体系,绝大部分小学的管理权都下放到市。20世纪90年代,政府进一步加强初等教育,提出"初等教育是整个教育过程的基础,应是最优先发展的领域",实施"全国全面援助儿童和青少年计划"。1993年,巴西政府又制定"全民教育十年计划(1993—2003)",进一步明确普及初等教育、消除教育机会不均、满足儿童及成人的基本学习需求等目标,计划在2000年普及初等教育。该计划是巴西加强基础教育的一个重要手段,其基本目标是:政府必须履行其职责,按标准调整地区之间的教育差异,使教育资源的使用体现出公平性;加强教师培训,改善教师工作条件,提高教师的社会地位,使教师成为提高教育质量的关键人物;加强继续教育,减少文盲人数和提高教育不足的青少年和成人的平均教育水平;引进新的教育思想、方法和技术;加大对贫困儿童教育援助的力度;改进学校管理体制;降低留级率和辍学率;关注学前教育的发展;加强各级政府的统一行动;在促进、宣传普及教育和提高教育质量的过程中,注重社区的参与等。为实现以上目标,采取以下措施与方法:加强教育部、全国州教育厅长委员会、全国市教育局长联合会、巴西大学校长委员会和州教育委员会主任论坛之间的联合与合作;加强教育财政制度建设,使公共资金的管理和分配过程更有效、更平等,提高效益,杜绝浪费;发展国际交流与合作;加强政府工作,实施全面援助儿童和青少年计划,东北地区教育计划,教师、领导和专业人员培训计划,教育教学改革援助计划,大学与初等教育合作计划等。

2004年,巴西政府开始推动新的基础教育改革,在基础教育发展与教师专业发展基金的基础上设立"基础教育发展基金"。该基金将拨款范围由原一年级到八年级扩展到学前到中学三年级,为原基金中未涵盖的中学教育和学前教育的增长提供了必要支持。巴西基础教育在适应知识经济时代要求的过程中,居高不下的留级率和辍学率仍是最大障碍。要解决这个问题,首先必须在学前教育和中等教育阶段加大教育经费投入,满足民众日益增长的求学需求;其次要采取培训教师、延长学生在校学习时间、引入教育新技术等措施来提高教育质量。新基金的成立显示了巴西政府在基础教育改革方面的决心。

在高等教育方面,巴西政府推行以下政策:扩充私立大学;为贫困学生提供助学贷款和奖学金;对私立大学的闲置资源进行重新配置和利用;改革大学的入学考试制度,用全国中等教育考试(即对全国所有中学生毕业时的总体评价)来取代大学入学考试;公立大学实行扩招政策。

巴西的教育特色

扫盲运动 长期的殖民统治导致巴西教育基础薄弱,教育机会不均等,众多贫民不能接受教育,加之自然地理条件的限制和政府长期对学前和初等教育不重视,巴西的文盲数量不断增长。1940年,巴西15岁以上人口的文盲率为56%,1970年,巴西人口占拉美和加勒比地区总人口的33%,文盲数却占该地区文盲总数的46%。高文盲率严重阻碍巴西经济和社会的发展。从20世纪60年代开始,巴西发动一场声势浩大的扫盲运动。1967年12月,巴西政府颁布5379号法令,即《青少年和成人实用读写能力训练及终身教育法》,之后又发布系列法令或政令,以保证5379号法令的实施。扫盲运动组织机构分为四个层次,即中央、地区、州和市。中央、地区和州属领导性机构,真正实施扫盲工作的是市一级机构。中央办公室下设管理委员会和财政控制委员会两个咨询机构,在全国设立五个地区协调机构。州协调机构主要是计划、协调和监督州一级的扫盲工作,市扫盲委员会是扫盲计划的执行单位,具体负责扫盲工作的开展。扫盲运动制定四个主要的扫盲计划:功能性扫盲计划、一体化教育计划、社区发展计划和文化扫盲运动计划。

巴西扫盲运动有以下特点:首先,培训扫盲工作人员。巴西扫盲运动坚持一个原则:对工作人员来说,培训是永远的,无人不受培训,培训永无结束。培训主要针对高级技术人员、专业人员和社区领导。1972年建立"研究与培训处",涉及面最广的培训活动是为扫盲教师和进行一体化教育的教师开设培训课程。其次,充分发挥社区的作用,在"你也有责任"的口号下,动员全体公民参与。通过授予证书或文凭以及定期颁发奖品等方法来吸引更多的人参加扫盲。除运用传统的教学方式外,还积极运用新的教学技术(如广播和电视),并取得良好的效果。再次,得到政府强有力的支持,有充足的资金来保证目标的实现。

扫盲运动的开展促进个人潜能的发展和自我评价的提高,有助于改善民众的生活质量。通过扫盲教育和一体化教育,增强地方社区的内部凝聚力,增进地方和国家的关系。通过扫盲运动,巴西培训扫盲工作人员,加强与国际组织和其他国家的交流与合作,为其他国家提供成功的经验,其国际地位大大提高。

私立高等教育迅猛发展 巴西私立高等教育的发展在拉美国家十分突出,成为拉美高等教育的典型发展模式。20世纪60—70年代,大学需求猛增,为既满足高等教育的强烈需求,又不增加国家财政负担,巴西军政府采取让公立大学维持原状,积极发展私立高等教育的政策。为鼓励开办私立高校,政府对申请者放宽限制,并提供免税和贷款。在管理上,私立高校的权力范围比公立高校更大,可自行选任校长,在资金筹集、招生、教学方针、工作条件等方面均享有很大的自主权。在这些政策的激励下,私立高等学校的发展速度大大超过公立大学。

参考文献

黄志成.巴西初等教育的改革[J].外国教育资料,1997(2).

黄志成.巴西教育[M].长春:吉林教育出版社,2000.

赵中建.印度、埃及、巴西教育改革[M].北京:人民教育出版社,1991.

中华人民共和国教育部国际合作与交流司.世界62个国家教育概况[M].北京:首都师范大学出版社,2001.

周世秀.90年代巴西教育的改革与发展[J].拉丁美洲研究,2000(3).

(张　旺)

拜占廷教育(education in Byzantine) 395年,罗马帝国分裂为东西两部分。西部仍以罗马为都城,史称西罗马帝国;东部建都君士坦丁堡,史称东罗马帝国。因君士坦丁堡建在古代希腊移民城市拜占廷旧址上,故东罗马帝国又称拜占廷帝国。476年,西罗马帝国灭亡,拜占廷帝国又

持续存在近千年,1453年为奥斯曼帝国所灭。

拜占廷教育的社会基础

西罗马帝国灭亡后,拜占廷帝国也曾陷入内外交困、摇摇欲坠的境地。然而,拜占廷的奴隶制度和社会经济发展特点不同于西罗马。拜占廷的农业生产中虽然也存在奴隶制庄园经济,但一般规模不大,尤其是在全国农业经济中不占主导地位。拜占廷主要采用隶农制,农业生产以隶农为主,辅以奴隶和自由农民。这样,拜占廷农业中的奴隶制危机远不及西罗马那样严重。另外,当西罗马的城市毁于战火之时,拜占廷的城市普遍保持稳定与繁荣,其中一些较大的城市不仅是政治和军事中心,而且是工商业中心。城市中手工作坊林立,城市间贸易往来频繁。拜占廷帝国政府从农业和工商业中征得大量赋税,维持庞大的官僚体系和军队的开支,保证中央政权的持续稳固。尤其是拜占廷帝国首都君士坦丁堡,处东西交通要冲,连接亚欧两洲大陆,扼黑海和地中海咽喉,三面环海,一面城墙高筑,地势险要,极富战略意义。因此,虽然拜占廷屡遭外族入侵,但君士坦丁堡凭借自身优越的地理条件,几乎每次都能化险为夷,使拜占廷不致遭受灭国之灾。

拜占廷从奴隶制向封建制过渡经历平缓渐变的过程。公元4—6世纪,拜占廷奴隶制逐步瓦解,封建制在公元7—9世纪初步确立,11世纪最后形成,13—15世纪逐渐没落,走向衰亡。拜占廷帝国的疆土大都是公元前4世纪亚历山大帝国的故土。经过希腊化时期,希腊文化成了该地区共同的文化。罗马帝国分裂以后,拉丁化的西方和希腊化的东方逐渐泾渭分明。拜占廷开始第二次希腊化时期,希腊语不仅是民间通用语言,而且重新成为官方语言。拜占廷境内由古代发展起来的城市一向是文化教育中心,这些城市保存着丰富的古代典籍和完备的教育设施,为拜占廷文化教育发展提供便利。拜占廷担当起古典希腊文化的继承者、保护者和传播者的角色,大量的希腊典籍通过拜占廷被继承和保留下来。

宗教也是影响拜占廷教育的重要因素,基督教在拜占廷一直被尊为国教。早在西罗马灭亡之前,基督教教会已经有东、西教派之分。西罗马灭亡后,西欧各国处于分裂割据混战状态,罗马教廷趁机攫取政治上的最高地位,支配意识形态领域,垄断文化教育,把古典文化视为"异端邪说",一扫而光。东派教会也曾展开过向"异教文化"的挑战,野蛮地摧残世俗文化,残酷地迫害"异端分子",并依靠自身在拜占廷的巨大影响,建立起庞大的教会教育体系。然而,拜占廷始终存在着强大统一的世俗政权,教会处在从属于世俗政权的地位。皇帝对教会拥有至高无上的权力,可以颁布神学理论,制定教会法规,召开公会议,任命高级神职人

员,故东派教会对文化教育的控制是有限度的,并常常受到世俗政权的抑制,远未达到西派教会那种对文化教育独占与垄断的地步。另外,受文化传统的影响,东派教会继续保持用希腊哲学观点钻研神学理论的传统,学习古典文化成为必需。就某种意义而言,东派教会在一定程度上充当古典文化的保存者和传播者。世俗教育体系和教会教育体系并存构成拜占廷教育的基本特点。

世俗教育体系

拜占廷教育的基础植根于罗马帝国时期,与罗马帝国东部的教育有着不可割裂的连续性。330 年,罗马皇帝君士坦丁大帝(306—337 年在位)迁都拜占廷,并改其名为君士坦丁堡,为弥补长期战乱给文化教育事业带来的损失而慷慨资助教育活动。他鼓励学者到君士坦丁堡讲学,恢复终止已久的政府支付公共教师薪金的传统,并颁令豁免公共教师的一切赋税和劳役;不可强占公共教师的房屋驻扎军队;任何人必须尊重公共教师;任何人不得伤害和起诉公共教师;按时付给公共教师薪金。君士坦丁大帝之后的几个皇帝,继续遵循和贯彻振兴教育的政策。这一系列奖掖文化、振兴教育的政策极大地促进帝国东部,尤其是君士坦丁堡世俗教育的繁荣,众多学者由帝国西部来到君士坦丁堡。公元 3 世纪,希腊化影响罗马帝国,大批学者从东部进入罗马等城市,声势浩大。公元 4 世纪,学者从西部涌入君士坦丁堡等城市,景象恰似回潮。君士坦丁堡和文化名城雅典、亚历山大、贝鲁特、安条克等,成为帝国东部文化教育的中心。

425 年,狄奥多西二世(408—450 年在位)创办君士坦丁堡高级学校(亦称"君士坦丁堡大学"),延揽全国各地著名学者来校任教。学校共开设 31 个讲座,其中希腊语 10 个,拉丁语 10 个,罗马演说术 3 个,智者派学说 5 个,法学 2 个,哲学 1 个,学生修业 5 年。学校位于皇宫附近,藏书达 12 万册的宫廷图书馆附设给了学校。君士坦丁堡高级学校一时成为全国规模最大、层次最高的教育机构,尤其在 529 年雅典大学被关闭后,成了拜占廷研究和学习古典文化的中心。公元 7—8 世纪,拜占廷处于内忧外患时期,军事贵族连年混战,人民起义持续不断,东部各省被崛起的阿拉伯帝国占领,北疆屡受进入多瑙河南岸的保加尔人和斯拉夫人侵犯,文化教育普遍衰落,国家举办的教育事业几乎中断,君士坦丁堡高级学校几度停办。公元 9 世纪中叶,封建制度在拜占廷初步形成,国家政权相对稳定。帝国政府重建君士坦丁堡高级学校,任命著名哲学家、数学家利奥为校长。学校开设哲学、几何学、天文学和语言学讲座,利奥亲自主持哲学讲座,其他三个讲座由他的得意门生执教。后来又陆续增加数学、音乐、文法、法学、医学等讲座。学校很快成为古典

文化研究中心和古典教育的最高学府,不仅境内各地青年趋之若鹜,阿拉伯和西欧青年也纷纷慕名前来求学。君士坦丁九世(1042—1055 年在位)于 1045 年下令重组君士坦丁堡高级学校。学校设法学和哲学两院,院长分别由著名学者希菲林那斯和普塞洛斯担任。法学院注重实用知识传授,学生必须进行专门的司法实习。哲学院成为研究哲学和世俗学问的中心。西方的塞尔维特人、东方的阿拉伯人以及北非各地青年纷纷前来就学。

拜占廷在国家举办的世俗教育事业中继承和发展罗马帝国时代的传统,重视法学教育。帝国初期,不但君士坦丁堡高级学校讲授法学,一些地方也设有法律学校。法学教育兴盛与查士丁尼一世(527—565 年在位)的立法有密切联系。528 年,他任命一个由法律专家组成的十人委员会,致力于编纂一部完备的法典。534 年,法典完成,总称《民法大全》,包括《查士丁尼法典》《法理汇要》《法学总纲》和《法令新编》四个部分。查士丁尼一世把推广法律知识看作巩固其统治的一个手段,因而重视法学教育。他在君士坦丁堡和贝鲁特等城市创办和重组法律学校,学生修业 5 年。第一年上半年学习《法学总纲》,随后三年半研习《法理汇要》,第五年学习《查士丁尼法典》。公元 9 世纪末,国家举办的法学教育一度衰落,但到 11 世纪又得到振兴。13 世纪初,十字军第四次东侵,矛头直指拜占廷。1204 年,十字军攻陷君士坦丁堡,大肆劫掠,把大量古代艺术珍品运往西欧。藏书丰富的君士坦丁堡图书馆被焚烧,古典文化蒙受浩劫,古典教育几乎绝迹。1261 年,米海尔八世(1259—1282 年在位)收复君士坦丁堡。随即,君士坦丁堡掀起一场"巴列奥略王朝复兴运动",复兴古典希腊文化。皇帝米海尔八世亲自制订计划,恢复拜占廷教育。直到 14、15 世纪,较之邻国,拜占廷教育仍保持着相对发达的水平,国家依然关注教育,政府继续控制和资助公共教师。

在拜占廷世俗教育体系中,除国家举办的教育外,私人讲学占据着极为重要的位置。各城市中私人教学之风盛行,学者们开办私立学校,招生授业,继承古代希腊罗马的学校教育传统。私人开设的学校在程度和教学内容等方面不尽相同。他们有的开办初级学校,具有蒙学性质,学习内容包括正字法、文法初步知识和算术初步知识。教科书多采用希腊化时代的注释,也有拜占廷人编写的。荷马史诗备受青睐,教师常要求学生整段背诵,甚至记诵全诗。因此拜占廷凡是受过教育的人都非常熟悉荷马史诗。中等教育机构为文法学校,教学内容以古代希腊优秀作家的作品为蓝本,采用希腊化时期或拜占廷人的注释。也有许多学者开设学校,专门教授较为高深的知识。私人讲学成为拜占廷传递古典文化的重要方式。即使在 7、8 世纪拜占廷教育的低谷时期,私人讲学也从未中断。

教会教育体系

公元4世纪初，基督教在罗马帝国取得合法地位，势力迅速扩张，但到公元4世纪中期，教会仍没能提出一个明确的教育政策，更谈不上建立系统的基督教学校和形成完善的基督教教育理论。此时，罗马帝国东部的希腊教父已开始著书立说，阐述基督教教育问题，《圣经》和基督教教义理所当然地成为教育的核心内容。这一时期的教父们并未贬斥古典知识，而是继承早期希腊教父们的传统，在强调神学为体的同时，主张吸取古典文化知识，特别是希腊哲学，作为教会教育的辅助，来论证和阐明神学问题。许多教会人士甚至主张年轻的基督教徒应接受系统的古典知识教育。东派教会始终对古典文化抱有极大的宽容态度，采取吸取和利用的原则，与西派教会敌视和排斥古典世俗文化形成明显反差。

东派教会的教育场所主要有修道院学校、主教学校和堂区学校。修道院学校源于修道制度。东派教会修道制度的特点是反对苦行主义，提倡行善，注重祈祷、读经和生产劳动。为了更好地阅读《圣经》，东派修道制度强调对修道士实施教育，规定年轻的修道士应在年长修道士的管理下学习阅读。公元9—10世纪，宏大的修道院运动风行于拜占廷，各地纷纷设立修道院，规模较大的修道院附设专门学校。学习内容主要是《圣经》和基督教教义，兼学修辞学、哲学等较高深的古典学科。主教学校（亦称"座堂学校"）是教会开办的高级学校，一般附设于都主教和大主教所在教堂，致力于神学研究和教学，培养高级教会人士。公元6—11世纪，主教学校在拜占廷境内处于发展高峰时期，各大教区竞相设立。680年，君士坦丁堡公会议发布教育通谕，规定任何教士都可以把子侄或其他男亲属送到座堂学校或修道院学校读书。主教学校虽然主要学科是神学，但也传授某些古典世俗学科，作为学习和研究神学的基础和辅助。教师一般分为两类：一类是神学教师；另一类是人文学科教师。主教学校培养的"护教士"大多擅长雄辩，熟悉希腊哲学思想，能用哲学观点解释一些宗教问题。公元6世纪创建的君士坦丁堡大主教学校是拜占廷历史上最著名的座堂学校，存在时间也比较长，始终同世俗的君士坦丁堡高级学校相颉颃。到该校任教者，都要经过严格的专门考试，由教区牧首甄选确定。学校设立固定神学讲座，每一讲座围绕一专门宗教课题，如设有《福音书》、《使徒书信》、《诗篇》等讲座。学生在教师指导下学习基督教经典著作。除神学讲座外，还有固定的哲学、文法、修辞学讲座。当时教会权威人士荟萃于此，著书立说，主持讲学，传播和阐述基督教教义和神学原理。这所学校不仅成为教会最高学府，而且是拜占廷帝国神学研究中心，有权解释教会的政策和教义。

东派教会比西派教会更早关注普通基督教徒子弟的学校教育问题，也比西派教会更早提出教士应当承担教师职责的问题。381年，第一次君士坦丁堡公会议颁布敕令，要求教会在城镇和乡村建立学校，免费教育儿童。529年，教会在韦松召开宗教会议，要求教士广泛接纳年青基督徒到教堂接受宗教教育，以使他们成为基督教事业的接班人。680年，第三次君士坦丁堡公会议发布教育通谕，明确指示乡镇教士开办学校，招收基督徒子弟入校学习。拜占廷乡镇中开办的堂区学校一般附设于乡镇教堂，由教士兼任教师，面向基督徒子弟，教授读写算基本知识和基督教教义。

拜占廷教育的影响

拜占廷的历史长达千余年，鼎盛时期，幅员辽阔，帝国的版图以巴尔干半岛为中心，主要包括小亚细亚、叙利亚、巴勒斯坦、两河流域、爱琴海诸岛和北非东部一带，地跨欧、亚、非三大洲。其教育影响不是地区性的，而是国际性的。

拜占廷同东方文明古国波斯、印度和中国在文化教育上相互交流和促进，其中东派教会的聂斯脱利派起到中介和桥梁作用。该教派推许古代希腊文化，注重用希腊哲学来研究基督教神学。公元5世纪中期，聂斯脱利派在叙利亚境内建立传教基地，带去大量的古代希腊哲学、修辞学、天文学、几何学、历史学、艺术和科学著作，并将其中一部分译成叙利亚语。公元5世纪末，聂斯脱利派将传教大本营移到波斯境内，在萨珊王朝的庇护下，从事传教和古典文化教育活动达数世纪之久。他们建立的学校不仅成为培养传教士的基地，而且成为传授和研究希腊知识的场所。许多古希腊著作被译为波斯文，特别是柏拉图和亚里士多德的作品，推动希腊哲学与波斯、印度哲学相互接触和交融。聂斯脱利派的传教士也曾到中国传教，中国史书上称为"大秦景教"。

拜占廷文明深刻影响古代伊斯兰国家的文明发展。公元7世纪崛起的阿拉伯帝国相继战胜波斯和拜占廷。在征服和扩张过程中，伊斯兰国家对希腊等异教文化采取宽容和吸取的态度。阿拉伯学者最初是通过叙利亚文和波斯文的希腊作品来了解希腊学术的。稍后通过从拜占廷夺取的文化教育中心获得丰富的希腊罗马典籍，直接接触古代希腊罗马文化。公元8世纪，阿拉伯人研究和翻译希腊罗马古典作品蔚然成风，许多学者亲赴拜占廷境内研读和搜罗古代典籍。公元9世纪，哈里发马蒙（813—833年在位）统治期间，奖掖学术研究，尤其推崇希腊学术。他在同拜占廷作战时得到大批书籍，为此设置专门翻译馆，将卷帙浩繁的希腊哲学、数学、天文学、医学等书籍译为阿拉伯文。古代伊斯兰国家正是在吸收希腊文化，兼融印度、波斯等文化成分的基础上，形成独具特色的阿拉伯文化。阿拉伯人也在很大程度上参照借鉴了拜占廷学校教育的经验，建立起富有伊斯兰民族特色的学校体系。

在东欧，拜占廷在公元 7 世纪便与斯拉夫人有所接触，公元 9 世纪后同东欧诸国建立起广泛而密切的政治、经济和文化联系，其行政制度、宫廷生活、法律、文学艺术和教育处处被仿效。拜占廷传教士西里尔和美多迪乌斯两兄弟是著名学者、神学家和语言学家，在多瑙河流域的斯拉夫人中传播基督教多年，号称"斯拉夫人的使者"。在大摩拉维亚公国传教过程中，西里尔和美多迪乌斯以希腊字母为基础，并考虑斯拉夫语的发音，创造出一套斯拉夫字母，把《圣经》等书籍译成斯拉夫文。这套字母成为现代斯拉夫语系字母的雏形。西里尔和美多迪乌斯还广收门徒，训练许多通晓斯拉夫文的传教士。两兄弟所做的这项工作，无论对当时传播基督教文化，还是对斯拉夫文明的发展，均有十分重要的意义。865 年，保加利亚大公接受东派教会的洗礼，皈依基督教。东派教会派出许多通晓斯拉夫语的传教士到保加利亚传教，保加利亚文明深受拜占廷文明的影响。公元 9 世纪，基辅罗斯公国开始同拜占廷交往。988 年，基辅罗斯大公尊奉基督教为国教。随着基督教的传播，西里尔和美多迪乌斯创造的斯拉夫字母也传入这一地区，遂成为俄文形成和发展的基础。11 世纪，基辅罗斯公国把大量的基督教书籍和希腊作品翻译为古斯拉夫文。东欧这些国家是接受拜占廷文明的影响而加速自己民族文明发展进程的。

拜占廷文化教育对西欧特别是意大利也产生广泛而深远的影响。公元 6 世纪，拜占廷占领意大利南部、西班牙等地后，留下一些帝国设立的学校及希腊学术研究机构，这成为中世纪西欧保存古典学识的中心。爱尔兰寺院学派即由此类学术研究机构演变而来。11 世纪末至 13 世纪的十字军东侵，客观上促进了东西方文化的交流，拜占廷等国文化迅速传到西欧，使西欧获得失传达 8 个世纪之久的大量古代希腊罗马典籍，大开西欧人的眼界，影响西欧文明进程。其间，查士丁尼一世时期拜占廷编纂的《民法大全》也传入西欧，成为西欧研究罗马法的依据。另外，11 世纪以后往来于拜占廷和意大利之间的威尼斯商船，把许多古代手稿运往意大利。同古典书籍的接触，唤起意大利众多学者向往古典文化的热情，为意大利文艺复兴注入酵母。这一时期，许多拜占廷学者亲赴意大利讲学，其中影响最大的是克里索罗拉斯。他先后在威尼斯、佛罗伦萨、米兰、巴都亚、罗马等地讲授希腊语十余年，亲手创办多所学校，将柏拉图的《理想国》译为拉丁语，并著有《希腊语法问答》，成为意大利人学习希腊语最早的教材。克里索罗拉斯门人弟子众多且影响广泛，著名的有尼科利、布鲁尼、格里诺、波吉鄂等。他们都成为当时名闻遐迩的人文主义者和教育家。继克里索罗拉斯之后，君士坦丁堡学者、当时柏拉图哲学和新柏拉图主义哲学的最高权威普莱顿也到佛罗伦萨讲学，并建立一所

"柏拉图学园"，影响波及德国。1453 年，君士坦丁堡被土耳其人攻陷后，更有大批希腊学者逃亡意大利，为传播古典文化，推动意大利文艺复兴运动作出积极的贡献。

参考文献

Baynes, N. H. & Moss, H. St. L. B. Byzantium：An Introduction to East Roman Civilization [M]. Oxford：Clarendon Press, 1949.

Deno, J. G. Byzantium：Church, Society and Civilization Seen through Contemporary Eyes [M]. Chicago：University of Chicago Press, 1984.

Frederick, E. & Charles, F. A. The History and Philosophy of Education：Ancient and Medieval [M]. New York：Prentice-Hall, 1940.

Hussey, J. M. Church and Learning in the Byzantine Empire [M]. London：Oxford University Press, 1937.

James, B. A History of Western Education [M]. London：Methuen and Co. Ltd., 1981.

（郭　健）

班级的社会属性（social attribute of classroom）班级社会学研究内容之一。班级是学校教育教学活动的基本单位，学生学习和生活的基本组织形式。社会学家根据群体成员间的亲密程度，将社会群体划分为初级群体（primary group）和次级群体（secondary group）。初级群体指以感情为基础结成的具有亲密的、面对面交往与合作特征的群体。次级群体指为达到特定目标，通过明确的规章制度结成正规关系的群体，其表现形式是社会组织。关于学校班级的社会学研究主要有三种观点：班级是一种社会系统；班级是一种社会组织；班级是一种社会初级群体。关于班级社会属性的研究主要集中在班级是一种社会组织还是一种社会初级群体。

班级是一种社会系统。以美国社会学家 T. 帕森斯为代表的班级社会系统理论从"系统"的角度出发，将班级视为一种特殊的社会系统，原因在于：班级中存在两个或两个以上人群的交互作用；发生交互作用的行动者都处于社会情境之中；行动者之间存在规范及和谐的认知期待，通常具有某些相互依存的一致性行为表现。据此，T. 帕森斯分析班级的社会化功能和筛选功能。这种结构功能主义观点在其后的发展中受到来自其他学派的质疑与批判，但它在分析班级作为一个特定的隐含统治阶级意志的社会设置方面仍有较大影响。

班级是一种社会组织。中国学者吴康宁通过比较班级与学生此前从属于其中的家庭及同辈群体，认为班级区别于这些社会群体的首要属性在于它是一种社会组织。其判断依据是，班级具有社会组织的三个主要特征或构成要素，即明确的组织目标、正式的组织机构和清楚的组织规范。班级的存在是其外部力量作用的结果，是学校为便于开展

教育教学活动、实现教育目的而专门组织起来的群体；为保证正常教育教学活动的稳定性与有效性，班级具有预先规定的较正式的规范。将班级视为一种社会组织的观点论证了班级组织的特殊性：班级是一种学生组织，具有明显区别于其他社会组织的两个重要特性。(1) 自功能性。一般社会组织的生存目标通常指向组织外部，具有他功能性，所担负的职能不在于组织成员的自身发展，而班级作为一种社会组织得以建立，是基于其成员——学生自身为将来进入社会生活作准备的奠基性学习的需要。班级组织的生存目标指向组织内部，所担负的职能与其成员的自身发展有关。(2) 运行机制的半自治性。即班级并非完全依靠其成员的力量来管理自身，而总是在一定程度上借助组织外部的力量。这主要源于三点：一是学生既具有自主意识，又对成人存有一定程度的依存意识，这两种意识的并行使班级组织的运行趋于半自治；二是学生的组织调控技能不成熟，需要教师的具体指导或直接干预，这使班级组织的运行限于半自治层次；三是作为非成人组织的班级，受到教师的直接控制，教师的直接介入、指导并支配班级的日常活动，使班级组织的运行被控于半自治状态。

　　班级是一种社会初级群体。中国学者谢维和认为，一方面，在中小学班级中，学生之间文化上的同质性以及意识中人际关系的分化程度较低，决定了班级中的互动首先是一种直接的、面对面的互动，班级中的交往是全面的和多方面的，是多重角色的互动，体现较全面的人格特性。故班级中师生之间以及生生之间的互动形式具有社会初级群体的特点。另一方面，非正式的方式和手段（如情感）对维持班级中的教育教学活动以及师生之间、生生之间的互动具有重要意义。中小学学生的心理和意识发展程度不高，他们认识事物的一个非常重要的方式是情感，而教师为促进学生的全面发展和开展班级教育教学活动，除依靠纪律外，更多地需要依靠人格力量、道德感召力以及情感的联系。

　　将班级视为一种社会初级群体的观点认为，班级与通常意义上的初级群体存在区别。班级是一种特殊的社会初级群体，有其自身特点：一是班级在互动方式上具有情感和理性的双重性。班级是按照一定的要求，根据一定的原则自觉组成的，具有较正式的班级纪律和在行为方式上的统一性，其组织化特性比其他社会初级群体更强。教师以理性为指导，与学生进行情感交往；而学生以情感为途径，理解和接受教师的教导和班级的规定。二是班级具有较统一的目标和行为上较大的整合性。与一般的初级群体根据成员先赋的某些因素或条件组合而成，其目标常常是分散的、不稳定的不同，班级成员追求的某些目标是共同的，在各种具体的目标之间存在统一性，使班级活动具有较大程度的整合性。三是班级在形式上具有较正式的群体结构。

（骆　蕾）

班级管理（class management）　　亦称"班级经营"。

学校教师或师生遵循一定准则，适当而有效地处理班级中的各项事务，以发挥教学效果，达成教育目标的过程。班级是学校组织的基本单位，是学校从事教育教学活动的基本组织形式和基本保证，也是学生学习活动的主要场所和学生在校生活的基本形式。班级管理是班级教育活动不可或缺的重要组成部分，具有工具性与目的性双重意义，体现规范维持和激励促进两大功能。班级管理的工具性意义指班级管理在一定程度上是为教学服务，是维持班级秩序，提高教学效率的一种手段；班级管理的目的性意义指班级管理的自身目的在于使学生的心智得到充分合理的发展。班级管理的规范维持功能指班级管理能够通过适当的规范和措施，创设相对稳定的班级秩序和班级环境，也可通过一系列管理手段和活动，消解班级活动中面临的各种问题、冲突与障碍，以维持班级的正常活动；班级管理的激励促进功能指班级管理可以通过有效的激励和引导，激发班级充满生机的动态力量，提高班级活动的效率和质量。

班级管理理论研究

　　班级管理最先得益于心理学研究，心理学为班级管理确立不同于传统的研究思路。行为主义心理学关注人的行为的研究范式及其在班级管理中的应用，使班级管理逐步科学化，成为班级管理的主要理论。20 世纪 60 年代后，由于认知心理学和人本主义心理学在教育理论和教育实践中取得优势地位，班级管理产生范式转换。认知心理学强调从分析人的认知入手，试图使学生了解班级管理的一般规范，理解教师班级管理行为的原因与方法，从而使学生形成自觉行为，并由此形成积极的师生关系，维持和促进理想的班级秩序。人本主义心理学则从分析学生的需要和潜能入手，研究人的行为的产生原因和发生机制并应用于班级管理，形成各种行为控制方法和技术。随着哲学、社会学、生态学和管理学等学科的发展，其研究思路和成果直接或间接地影响班级管理研究，如班级环境布置、班级中师生关系的改善、学生问题行为的处理、师生的控制与服从、对抗与磋商等问题的研究，均借鉴哲学、社会学、生态学和管理学等学科的研究成果，班级管理的理论基础得以丰富和完善，并更具时代特点。多学科的班级管理研究成为教育研究的重要领域，其研究范围、研究范式和研究成果的应用逐步深入和全面。

　　班级管理的研究内容主要包括主体研究、环境研究、过程研究和策略研究。

　　班级管理主体研究。班级教师与学生是班级管理主体研究的两大要素。班级教师承担班级教育管理工作，是班级学生的教育者、指导者和班级工作的组织管理者。中国的班级管理一般实行班主任制,班主任由任课教师兼任,或由学校专门指派的从事学校行政工作的教师担任,负责整个班级的学生管理工作。国外有的实行班主任制,如德国、俄罗斯和日本;也有的实行导师制,如英国。各国从事班级管理工作的教师具有共同的基本职责:对学生进行符合本国教育目的的教育和教养;维护和保证正常的教学秩序,促进学生个性发展,为学生提供指导和服务。学生在班级管理中具有双重角色:既是班级管理的对象和客体,履行作为学生的权利和义务,遵守班级行为规范;又是班级管理的主体,要发挥作为管理者的主观能动性,为实现班级管理目标献计献策。将学生作为班级管理的主体,是强调学生的自我管理;把教师和学生结合成为班级管理主体中的一股合力,体现全员管理的理念。

班级管理环境研究。分为物质环境研究、制度环境研究和文化环境研究三个层次。(1)班级管理的物质环境研究主要指研究教室物理条件、班级编制和座位安排。物理条件主要包括教室基本设施(光线、空间面积、温度、涂色、课桌椅和其他教学设备等)和教室的布置与设计等。班级编制的两个要素是经费和教育质量,有的国家认为小学生年龄小,需要更多的照顾和个别指导,故小学班级编制标准高于中学;有的国家则认为中学生学习内容的难度和深度高于小学生,中学生在能力、个性、兴趣上的多样化需要更多的个别指导,故中学班级编制标准高于小学。关于教室座位安排,美国教育心理学家林格伦提出"舞台情境"的班级管理策略,学生座位的分配既要考虑班级秩序的有效维持,预防问题行为的发生,又要考虑促进学生间的正常交往,形成和谐的师生关系,并有助于学生形成良好的人格特征。国外校长提出,教室中的座位安排需考虑学生的身高、视力、听觉、性格特征、人际关系和知识水平等因素。(2)班级管理的制度环境研究主要包括结构与规范两方面。班级结构指以教师为中心形成的学生的地位、角色分配体系,班级结构研究主要有班级组织建设研究和班级管理中非正式群体的研究;班级规范是班级管理的内在期望和外在标准,也是教师指导和评价学生行为的主要依据。班级规范研究可归结为班级纪律研究,主要围绕他律和自律问题。他律主张从外部施加准则和控制,关注班级的当前状况;自律则主张从内部施加准则和控制,注重培养学生的自控力和自觉性,侧重于学生的未来发展。(3)班级管理的文化环境研究主要有三方面,即领导方式研究、人际关系研究和班风研究。领导方式是教师用以行使权力和发挥领导作用的行为方式。德国心理学家勒温 1939 年将教师领导方式分为集权型、民主型和放任型三种。集权型班级管理主要依靠教师的权力和班级纪律,较为刚性,缺乏弹性和灵活度;放任型班级管理主要依靠学生自觉,放弃教师责任,缺乏规范,较为随意;民主型班级管理则结合教师的责任与学生的自律,

既维护教师尊严,教师履行责任,也重视学生的责任和实际情况。班级人际关系研究包括教师间关系研究、师生关系研究和学生间关系研究,其中以师生关系研究最为显著。班风即班级风气,指班级成员的精神状态,主要表现为班级成员中占主导地位的群体意识、情绪状态、价值倾向和行为取向等。日本广岛大学教授片冈德雄提出"支持型气氛"和"防卫型气氛"的概念,支持型气氛基于信赖和相互支持,在这种班风中,学生无需担心集体压力和他人看法,不拘泥于惯例与常规,有利于激发学生的创造力;防卫型气氛则基于不信任、相互攻击和防卫,在这种班风中,学生处于不安状态,倾向于较为安全的常规活动。片冈德雄主张建设支持型风气浓厚的班级集体,强调在班级中尊重每个学生的个性。

班级管理过程研究。这是班级管理中相对动态的研究。根据美国系统工程专家 A. D. 霍尔的三维结构法,班级管理的科学运行过程可从理论、设计、操作三个维度分析。从理论维度,班级管理是确立教育管理指导思想,形成正确的教育管理观念的过程,如全面发展观、教书育人观、管理育人观、学生主体观、系统整体观等;从设计维度,班级管理是对班级进行系统分析和科学决策的过程,主要包括背景分析、目标确立、内容确定、方法比较以及形式选择等;从操作维度,班级管理是班级管理方案的具体实施和调控过程,由计划、实施、评价和总结等环节构成。国内有学者将班级管理过程分为确定目标、建构环境、促进沟通和给予激励四个宏观程序。

班级管理策略研究。属问题指向性的专题研究,主要指向班级学生的行为。班级管理策略研究很大程度上指行为研究或行为策略研究。行为策略研究发端于学生的问题行为,即指不能遵守公认的正常儿童行为规范和道德标准,不能正常与人交往和参与学习的行为。问题行为的管理策略主要有三:运用先入为主策略,事先预防问题行为;运用行为控制策略,及时终止问题行为;运用行为矫正策略,有效转变问题行为。

班级管理实践变革

20 世纪中叶后,全球教育改革浪潮高涨,教育变革体现终身化、民主化、主体化、多样化和国际化等特征,并体现在班级变革中,影响传统的班级管理,班级管理观念和运作模式不断变革。日本《小学班级管理大全》编辑委员会在 20 世纪 80 年代初提出,班级管理的现代化具体表现为:由表面化管理转向实际性管理;由专制管理变为民主管理;由学校孤立教育扩大到社会整体教育。传统班级管理倾向于以秩序性和控制性为主,新型班级管理倾向于以变革性和激励性为主。传统班级管理在管理议程上强调计划和实施过

程;在形式上根据完成计划的要求确立师生不同的职责,建立班级管理的稳定程序和监督机制;在过程上注重控制;在结果上表现为班级的秩序性和活动的固定性。新型班级管理在管理议程上强调确立未来的管理方向和目标,并为实现远期目标制定变革战略;在形式上通过言行将确定的管理方向传达给学生,争取学生的合作与支持,并形成影响力;在过程上注重激励和鼓舞,通过满足或唤起学生的需求,激励学生不断克服面临的各种障碍;在结果上表现为班级的运动性和生长性。传统班级管理更多地倾向于行为控制和程序化的问题解决,新型班级管理更多地倾向于激励和创造性问题解决;传统班级管理侧重于规章规则和学生服从,新型班级管理侧重于教师鼓舞和学生参与;传统班级管理更多地关注班级的秩序和规定性,新型班级管理更多地关注班级的生长和变革性。

在观念上,班级管理体现以学生为本的整体取向。现代教育发展的主流是以学生发展为本,确立学生的主体地位。以学生为本强调尊重学生人格,充分尊重学生拥有的文化背景、学生的现实基础和成长经历,鼓励学生情感、兴趣、思想和经验的充分表达,接纳、尊重和信任学生的潜能,鼓励学生自主。现代教育的发展从根本上促进了新型班级的建立,为进行以学生为本的班级管理、确立学生的主体性提供宏观保障。新型班级管理须以学生为核心,以学生的全面发展为指向,以确立学生的主体地位为出发点,建立能持久激发学生主动性和积极性的管理机制,为学生的持久发展提供必需的条件。

在运作模式上,班级管理从刚性转向柔性。在知识经济冲击时代,传统意义上教师"独白式"的教育方式为师生"对话式"的学习方式所取代,班级管理必须适应这一变革。传统的班级管理主要依靠教师权力和纪律,呈现控制性、刻板性、权力性和僵化性,较为刚性,缺乏创造性与活力。柔性的班级管理主张民主管理,能适应班级内外的各种需求和变化,权衡控制与自主,既推进班级自治,又不致造成班级失序,体现平等性、灵活性、适应性和创造性。

参考文献

陈时见.课堂管理论[M].桂林:广西师范大学出版社,2002.

林冬桂.班级教育管理学[M].广州:广东高等教育出版社,1999.

片冈德雄.班级社会学[M].贺晓星,译.北京:北京教育出版社,1993.

吴清山.班级经营[M].台北:心理出版有限公司,1990.

(陈红燕)

班级社会学(sociology of classroom) 从社会学角度研究班级的性质、结构、功能、文化等方面内容的学科。产生于20世纪五六十年代。

结构功能主义社会学的代表人物美国社会学家T.帕森斯1959年在《哈佛教育评论》上发表《作为社会系统的学校班级:它在美国社会中的某些功能》(*The School Class as Social System: Some of It's Functions in American Society*),从社会学角度对班级进行专门研究。T.帕森斯运用社会学观点论述了班级社会系统的概念、特征、条件及功能。他视班级为一种社会系统(social system)。社会系统是指两个及两个以上人员经互动形成的具有特定性质、结构与功能的整体,其特征:包括两个或两个以上人群的交互作用;一个行动者与其他行动者处于社会情境之中;行动者之间具有某种相互依存的一致性行为表现,这种表现是由于彼此具有共同的目标导向或共同价值观念,以及彼此在规范与认知期望上的和谐。T.帕森斯分析了班级的社会化功能和筛选功能。就社会化功能而言,学校是社会化的机构,通过学校这一机构,个体的人格受到培训,在动机和技能上做好足够的准备去扮演成人的角色。教育是社会化的主要媒介,班级则是社会化的主要单位,它培养个体扮演角色所必需的"承诺感和能力",尤其培养个体信守社会普遍价值观念(特别是成就和机会均等观念),个体得以恰当地扮演角色,社会的价值观念由此得以永存,社会秩序与稳定得到保证。

美国学者盖茨尔斯和西伦以社会系统为概念架构研究班级组织中的师生行为,提出"社会系统模式"。该模式认为,人类在社会体系中表现出的社会行为通常受到两方面因素的影响:一是制度因素,即制度中的角色期待,又称团体规范面,受文化因素影响;二是个体因素,即个人的人格特质与需求倾向,受生理因素影响,属个人情意面。影响班级社会系统中师生行为的因素也来自这两方面。这一理论可用于阐明教学情境中的行为改变问题,即行为的标准既是个体的综合又是制度的适应。行为改变有两种途径:既可以约束个人情意的倾向,以适应团体规范的要求,这个过程称"人格社会化";也可以调整制度中的角色期望,以适应个人人格的需要,这个过程称"角色人格化"。这两种途径之间如何取舍或平衡,取决于教师的领导方式。而教师的领导方式又影响班级团体的结构和过程以及学生学习的效果。

英国学者艾雪黎提出"班级教学理论模式"。该模式认为,班级教学模式分三类:强调社会化过程中的社会系统的价值灌输,属教师中心型;强调系统知识的重要性,属知识中心型;强调学习过程的重要性,属学生中心型。

后续班级社会学研究主要关注班级的性质、功能、结构。关于班级组织性质,日本学者片冈德雄把班级视为人成长和学习的集体,是儿童生活的集体,提倡班级的组织与管理从人的成长角度出发而不是从效率出发。从学生角度出发,班级可分为所属集体(membership group)和参照集体

(reference group)。前者是刚成立的集体,每个学生属于这个集体只是一个客观事实(带有强制性),但学生是否意识到或是否愿意成为这个集体的一员则很难说。后者则指这样的集体:某学生非常希望能成为这个集体的一员,集体中的成员彼此具有相同的观点、思想及感受。片冈德雄还探讨了两种集体形成的不同班级风气及其对学生创造性的影响。他发现班级中存在两种气氛:支持型气氛和防卫型气氛。支持型气氛基于信赖和相互支持,学生相互之间充满自信和信赖;班级组织充满宽容和相互帮助的气氛,极少有潜在性敌意和争吵,角色分工是流动的;在达成目标方面,多有自觉性和多样性特色。防卫型气氛的班级组织中,成员之间存在不信任和恐惧感;班级组织强调控制和服从;在达成目标方面,充斥着背后操纵和耍阴谋的做法。两种气氛对学习有截然不同的影响,支持型气氛有利于培养学生的发散性思维,由此促进学生的创造性。中国学者一般认为,班级是一种学生组织,具有明显区别于其他社会组织的两个重要特性,即自功能性与半自治性。前者指班级作为社会组织首先基于学生自身的奠基性学习的需要,这是一种内指向性功能,即自功能;后者指班级作为非成人组织,并非完全靠自身的力量来管理自身,而是在相当程度上借助外部力量,即半自治性。

关于班级功能,一般认为班级具有社会化功能、选择功能、保护功能和个性化功能,以前两者最具有共识。社会化功能旨在指明班级是促进学生实现个体社会化的最重要的社会单位。社会化功能的主要内容是发展学生的责任感,培养学生的能力。责任感主要有:服从社会的共同价值体系,履行在社会结构中特定的角色义务。能力包含:扮演个人角色须具备的知识与技能,扮演社会角色时能符合他人的期望,表现适当社会行为的社会能力。社会化的具体内容:传递社会规范的价值观,指导生活目标;传授系统的科学文化知识,使儿童获得社会生活的基本技能;教导社会规范,训练社会行为;培养社会角色等。选择功能是指班级能够根据社会的结构与需要,将每个学生按其性向与能力分配到社会上适当的位置。班级是学校为履行政治经济使命而进行的选择人才、使之认同现存社会、获得现存社会法定资格的必经过程。关于班级的选择功能,主要有两种界定。一是指班级在儿童的社会地位选择中的职能,即学校班级的教育教学过程,一方面加强了青少年的先天地位,另一方面也为青少年形成后天特征提供活动舞台。学生随着不断成长,其在班级中的地位产生分化,而这种分化与他们未来社会角色地位的分配和社会阶层密切相关。因此,班级的教育过程在儿童社会地位的分配和社会阶层的分化及社会流动的机制中具有选择功能。二是指职业选择功能,学生在进入社会就业之前,教师对学生职业选择的指导主要是在班级教学和教育过程中完成。

关于班级结构,有不同的区分角度。有学者认为,班级组织存在正式结构和非正式结构,前者指工具性角色的结构,即为完成班级工作而形成的结构;后者指班级成员在日常学校生活中自然形成的结构。也有学者认为,班级的社会结构包括职权结构和角色结构。职权结构指班级社会中各种正式权力的分配关系,其功能在于完成班级工作任务和实现班级目标。在职权分配上,教师是制度领导者(institutional leader),学生是制度被领导者。教师作为班级社会制度领导者,具有与其他团体领导者不同的属性。就普遍意义而言,领导者的地位是通过团体成员的共同活动,由团体成员的支持获得的。但是,在学校及班级社会体系中,对具有规定资格条件的成人,则通过团体外部的权威赋予教师领导者的地位。美国学者埃齐奥尼基于人格能力和职务权限两个维度,对组织中的领导者加以类型化。第一类为正式领导者,有职位,且具有得到被领导者支持的人格能力,其在形式上和实质上都可称为拥有领导地位的领导者;第二类为非正式领导者,虽具有人格能力,且得到被领导者的支持,却未被授予领导者的权限;第三类为官员,虽有职务权限,但无人格能力,得不到被领导者的支持;第四类为既无能力亦无权力的团体参与者。在班级社会中,教师属于第一类或第三类领导者,多数学生属于第四类。学生群体中又形成一定的权力层级,即存在诸多的亚组织,如学习小组、兴趣小组、课外活动小组、班委会、少先队、团支部等。整个班级社会的职权结构是多层结构。

班级角色结构是指师生在班级社会中扮演不同角色,这些角色之间构成一个相互依存的结构关系。班级角色结构的社会学特征在于:角色关系往往成对出现,称对偶角色,如教师与学生;角色的多重性,师生扮演多种不同角色,存在角色类别问题。一般从两个维度区分角色类别,一是角色主体的社会身份,亦称制度化角色,分为教师角色和学生角色,是为完成班级各项任务而明确规定的角色,角色承担者与他人都较清楚地意识到其在班级中的职责与权利;二是角色功能与班级任务的联系,亦称非制度化角色,分为正式角色和非正式角色,这是角色承担者未意识到的。

参考文献

陈奎熹. 教育社会学导论[M]. 台北:台湾师大书苑有限公司,2001.

片冈德雄. 班级社会学[M]. 贺晓星,译. 北京:北京教育出版社,1993.

吴康宁. 教育社会学[M]. 北京:人民教育出版社,1998.

友田腾正. 日本教育社会学[M]. 于友兰,等,译. 北京:春秋出版社,1989.

张人杰. 国外教育社会学基本文选[M]. 上海:华东师范大学出版社,1989.

(吴永军)

班级授课制（class-based teaching system）　　教学的基本组织形式。它将学生按大致相同的年龄和知识程度编成班级,教师按照各门学科课程标准规定的内容和固定的教学时间表进行教学。

班级授课制的产生和发展　　班级授课制产生于文艺复兴之后,是由于要求普及教育,扩大教学规模,提高教学效率和质量,从而批判否定分散的小农经济和封建隔绝状态下长期实行的个别教学组织形式的结果。它适应现代工业制度提高教学效率的需要和现代民主制度追求教育平等的需要。16—17 世纪首先在东欧一些学校教学实践中出现,其发展经历三个阶段。第一阶段,以夸美纽斯为代表的教育家从理论上加以总结和论证,使它基本确立下来。夸美纽斯在《大教学论》中提出依据年龄分班、各学年分别设置不同学科的班级教学方案。第二阶段,以赫尔巴特为代表,提出教学过程的形式阶段理论,给夸美纽斯的教学理论以重要补充。相对而言,夸美纽斯关于编班集体讲授思想比较明确,而教学过程的理论,虽然也提到“安排”等语词,但还不甚具体明确。而经过赫尔巴特教学科学化的努力之后,教学工作就第一次获得明确的程序安排,形成班级教学课堂工作的基本模式。这样,教学工作就摆脱随意性,而按教学原理进行。第三阶段,以苏联教学论为代表,提出课的类型和结构的概念,使班级授课制形成体系。中国采取班级授课制的时间较晚。最早采用这种教学组织形式的是1862 年清政府在北京开办的京师同文馆。20 世纪初废科举、兴新学之后,逐步在全国采用班级教学的组织形式。

班级授课制的基本特征　　班级授课制具有明显的特征:(1)把学生按照年龄和知识水平分别编成固定的班级,即同一个教学班学生的年龄和程度大致相同,人数固定。教师同时对整个班集体进行同样内容的教学。(2)每门学科一般都依据国家规定的课程标准,规定各学年的教学内容、各学科的教育目标。(3)把教学内容以及实现这些内容的教学手段、教学方法展开的教学活动,按学科和学年分成许多小的部分,分量不大,大致平衡,彼此连续而又相对完整,这一小部分内容和教学活动,就叫做“一课”,一课接着一课地进行教学。(4)把每一课规定在统一而固定的单位时间里进行。单位时间可以是 50 分钟、45 分钟、40 分钟,但都是统一的、固定的。课与课之间有一定的间歇和休息。从各学科总体而言,可能是单科独进,也可能多科并进,轮流交替。

班级授课制课的类型和结构　　班级授课制课有不同的类型和结构。有的教学内容比较浅显,分量不多,在一个单位时间(50 分钟、45 分钟、40 分钟)内可以全部完成;而另一些教学内容,比较多,比较深,不可能在一节课里既学习新的知识,又巩固,还马上运用,并检查效果。这就需要把不同阶段和“工序”分别赋予不同的课,由一系列不同的课来共同完成任务,也就是由不同类型的课组成的课的体系来完成。课的类型由此而来。那种包括掌握知识过程全部或大部环节和“工序”的课,叫做“综合课”。那种只担负一道或两道“工序”的教学任务的课,分别叫做讲授新课、复习课、联系课、实验课、测验课,等等。具体到某一特定类型的课中,由于它担负的任务、教材以及采取的教学手段和方法不同,又有不同的更为具体的阶段、环节、步骤。这就叫做课的结构。一般以“综合课”为代表,包括组织教学、复习旧课、讲授新课、巩固新课、布置作业等环节。组织教学是保证课堂上师生活动正常进行的基本条件,应贯穿一节课的始终。组织教学旨在使学生对上课做好心理上和物质上的准备,吸引学生的注意并创设一种有利的课堂情境或气氛。复习旧课旨在复习已经学过的教材,了解学生对已学知识掌握的情况,唤起学生知识结构中与当前学习任务有关的部分,以便导入新课或加强知识之间的联系。讲授新课通常是大部分课的主要成分,主要任务是使学生理解和掌握新的知识技能。在这一过程中,教师向学生呈现新教材并引导学生学习的方法、手段多种多样,选择什么方法和手段,主要应根据教材性质、课的任务和学生特点而定。教师在其中的关键作用是组织合理的学习活动,调动学生的学习积极性,引导学生的思路并启发他们的思维,使学生处于一种积极的智力活动状态。巩固新课旨在使学生对所学教材当堂理解、当堂消化、初步巩固,并使学生通过初步练习为完成课外作业做好准备。巩固新课是学习新教材的延续和补充。巩固新课的方式方法可以多种多样,既可以让学生复述刚刚学过的教材中的基本概念和原理,也可以让学生做课堂练习;既可以让学生运用实例、教具说明刚刚学过的概念和原理,也可以由教师做小结展示正确结论。布置作业一般在一节课结束之前进行。布置作业的目的是使学生进一步巩固所学的知识技能,培养学生运用所学知识技能独立分析和解决问题的能力,使技能达到熟练。教师在布置作业时应指定作业的具体内容和范围,提出作业的基本要求,规定作业完成的时间,并对难度较大的作业作必要的提示或示范。对于作业的完成情况和作业质量,教师应按照规定进行检查或抽查,以便培养学生按时完成作业的习惯和认真负责的态度。同时,对学生课外作业的检查和了解,也是教师确定辅导内容、调整教学工作进程的依据。从结构观点看,不同类型课的体系,是大的结构;一节课的不同环节,则是较小的结构。

班级授课制的特点　　班级授课制是世界范围内学校教学的基本组织形式,较突出地反映教学过程的本质特点,能在时间和精力都比较经济的条件下较全面地实现教学,其优势表现在六方面:(1)大规模地面向全体学生进行教学。一位教师能同时教许多学生,使学生共同进步。(2)能保证学习活动循序渐进,使学生获得系统的科学知识。(3)能保证教师发挥主导作用,首先是教师系统讲授,而且在这个基础上直接指导学生学习的全过程。(4)把教学内容及活动加以有计划地安排,特别通过课的体系,分工合作,从而赢得教学的高效率。(5)学生彼此之间由于共同目的和共同活动集结在一起,可以互相观摩、启发、切磋、砥砺。(6)在实现教学任务上比较全面,有利于学生多方面的发展。不仅能较全面地保证学生获得系统的知识、技能和技巧,而且能保证对学生经常的政治思想影响,启发学生思维、想象能力和学习热情等。

班级授课制产生以来,亦受到怀疑、非难乃至抨击,其不足表现为:学生的主体地位或独立性受到一定限制,教学活动多由教师作主;实践性不强,学生动手机会少;探究性、创造性不易发挥,主要接受现成的知识成果;强调的是统一、齐步,难以照顾学生的个体差异;不能容纳和适应更多样的教学内容和方法,因为它一切都固定化、形式化,缺乏灵活性;不能保证学生智力开发的要求,往往人为分割某些完整的教学内容和教学活动;缺乏真正的集体性,每个学生分别对教师负责,学生与学生之间并无分工合作,彼此之间不承担任何责任,无必然的依存关系。

关于改革班级授课制的主张和相应的实验名目与种类繁多。有代表性的改革主张和实验包括设计教学法、道尔顿制、文纳特卡制、个别化规定教学、个别化系统教学、分组教学法、复式教学、自学辅导、单元教学法、程序教学、协同教学、合作学习、活动课时制、问题—发展性教学、个别辅导、现场教学、最优教学法实验、读读议议练练讲讲、活动课时制,等等。

参考文献

黄济,王策三.现代教育论[M].北京:人民教育出版社,2004.

王策三.教学论稿[M].北京:人民教育出版社,1985.

张华.课程与教学论[M].上海:上海教育出版社,2000.

（刘　捷　张天宝）

办学自主权（school autonomy）　　法律赋予学校及其他教育机构独立自主进行教学管理,实施教育活动的权力。办学自主是相对政府的控制而言的。由于各级各类学校及其他教育机构与政府的关系不同,其享有办学自主权的具体内容也不尽相同。

公立高等学校办学自主权

高校办学自主权的内容与组织形式　　市场经济国家公立高等学校拥有的办学自主权一般包括教学自主权、研究自主权、校内人事任免和财务使用自主权。教学自主权具体包括招生权、专业设置权和专业方向调整权、教材选择权、教学计划的编写权、学术水准自主权等。研究自主权具体包括自主确定研究课题,有权依据自身条件与学术研究的内在规律有选择地接受政府的科研要求,自主确定研究计划,自主确定处理科研成果的办法等。

由于社会历史文化背景、民族传统和经济发展不同,各个市场经济国家高校自主权的组织形式也不尽相同,通常有三种形式:代表校外利益集团的董事会领导下的校长负责制,比如美国;代表校内各方意志的权力机构领导下的校长负责制,比如德、英、法;由政府任命的校长负责制,比如日本和中国。

高校办学自主权的约束机制　　在西方发达国家,学校自主办学已成为高等教育运行体制中不可分割的一部分,但高校的自主权并非完全自治。它面临着国家宏观调控、市场竞争、民主化浪潮、高新技术革命等诸多方面的挑战,来自政府、社会各方面的干预和监督等都时刻制约着学校的自主权。

高校办学自主权的约束机制主要有四方面:第一,立法手段。立法明确为大学的自主权划定范围。德国《高等学校总纲法》在确认大学有教学、科研和学习自由的同时,规定大学在完成国家任务方面应该接受政府的监督,特别是有关人事管理、经营管理、预算财务管理等方面。第二,经济手段。这是市场经济国家调控大学的最常用手段。在美国一些大学的经费来源中,政府资助的科研经费占相当大的比例,因此大学的科研和办学必然受到国家意志的影响。第三,行政干预。政府通过卜属的高等教育管理机构对大学实施广泛的监督。美国加利福尼亚州的大学评议会即州政府下属的一个高等教育管理机构。根据法律,该机构有权制订州立大学的办学方向进行重大设施性建筑和改革之类的决策,监督财政运行状况,任命或指定大学的校长,决定和裁决有关教学科目、招生计划、学位授予方面的重大原则和纲领等。第四,通过中介组织协调政府与大学的关系,如拨款委员会、董事会、大学评估机构、大学审议会等。英国的大学拨款委员会(University Grants Committee)就是一个典型的中介机构,它隶属于英国教育与科学部,却是独立的机构;它非单纯的经费审定、支付机构,同时也对大学提出许多学术建议。美国的民间高等教育评估机构,可以起到联邦教育部难以做到的监督、检查、评估质量的作用。

大学自治的历史演变　　在西方,大学自治是一种源远流长的学术价值观,最早可以追溯至古希腊的柏拉图学园。中世纪,大学自治作为一种大学管理的理念得以确立。中世纪大学以特许状的方式取得法人地位。法人地位的确立使大学自主地处理学校事务,免受政府、教会及其他法人机构的干扰。后来大学自治成为西方文化的一部分并传到世界各地,成为各国建构现代大学制度的基础。

在文艺复兴与宗教改革时期,随着国家权力的日益强大,大学自治制度遭到冲击与破坏。18—19世纪,国家权力进一步扩大,随着大学社会功用日益显现,国家开始对大学实施直接的管理与控制,干预教师的聘任、课程的设置等大学传统的学术事务。到20世纪,科技迅猛发展,市场经济走向成熟,高等教育民主化、大众化的呼声日趋高涨,政府对大学的干预被进一步强化,大学自治遭到前所未有的冲击。政府通过财政拨款等各种方法干预和控制大学,市场通过经济规律向大学施加压力,社会力量则通过各种参与方式影响大学的运行,大学处于各方的掣肘之中,自主性遭到很大程度的破坏。大学的自主权越来越小,即使在最传统的教学和科研领域也存在着外界的直接和间接控制。正是在政府、市场和社会的压力下,古典的大学自治制度最终走向瓦解。在古典大学制度受到破坏的同时,西方一直在努力建立现代大学制度。现代大学制度包含两方面:一方面要求大学拥有高度的自主性;另一方面要求大学承担更大的社会责任。

在中国,19世纪末仿照西方建立现代大学是建立现代大学制度的开始,大学自治制度也一并被引入。大学自治从一开始就与中国传统的以皇权依附为主要特征的学术价值观产生严重的冲突,大学自治不得不被修正,大学更多受到政府控制。

中华人民共和国成立之初,大学自治制度得到保持。随着学习苏联的全面展开,大学自治制度为政府对大学直接的集权管理所取代,建立并实行国家集中计划、中央部门和地方政府分别办学并直接管理的体制。这种由政府集权管理的大学制度一开始便显露弊端,在随后的近30年中,这种大学制度逐步僵化。

1979年12月,复旦大学校长苏步青、同济大学校长李国豪、华东师范大学校长刘佛年、上海交通大学党委书记邓旭初在《人民日报》上发表文章,呼吁给高等学校自主权,引发中国学者关于高校办学自主权的讨论。党的十一届三中全会后,随着社会主义现代化建设的进程和经济、政治、科技体制改革的深化,高等教育体制改革也不断深入并取得成效。但其总体改革进程仍滞后于经济体制改革和社会发展,与社会主义市场经济体制的建立不相适应。国家及其教育行政管理部门集举办权、管理权、办学权于一身,权力过分集中,是高等学校缺乏办学自主权的主要原因。随着政府部门的改革和职能的转变,对高校的投资管理方式也发生一系列变化,导致许多中央业务部门直属的高校办学经费严重不足。另外,原有的"条块分割"体制造成同一地区部分学校的专业重复设置,造成办学的规模效益较低。

为改变上述状况,国家教育委员会1992年发出《关于国家教委直属高校深化改革,扩大办学自主权的若干意见》,1993—1995年,中共中央、国务院陆续发布《中国教育改革和发展纲要》(1993)、《国务院关于〈中国教育改革和发展纲要〉的实施意见》(1994)、《关于深化高等教育体制改革的若干意见》(1995)等一系列文件,对中国高等教育的办学和管理体制改革的目标和模式提出明确要求,并逐步具体化。其总目标是到20世纪末,明确政府与高等学校、中央与地方、国家教育委员会与中央各业务部门之间的关系,逐步建立起政府宏观管理、学校面向社会自主办学的体制。1997年,国家教育委员会印发《国家教委关于转变职能,加强宏观管理,扩大直属高校办学自主权的若干意见》(简称"高校办学八条")的文件,明确提出要进一步理顺国家教委和直属高校之间的关系,明确双方的职责、权利和义务,逐步建立政府宏观管理、社会积极参与、学校自主办学相结合的运行机制。

1998年8月第九届全国人民代表大会常务委员会第四次会议通过《中华人民共和国高等教育法》。该法总结中外历史上的高教经验,特别是自1985年以后中国高等教育改革的经验,第一次较全面、系统地规定高等学校的办学自主权。

中国有关高等学校办学自主权的立法 《中华人民共和国高等教育法》在总则中首先确立高校自主办学的基本原则,第十一条规定,"高等学校应当面向社会,依法自主办学,实行民主管理"。第四章规定高等学校拥有八个方面的办学自主权,即民事权、招生权、学科专业设置权、教学权、科研开发和社会服务权、国际交流合作权、机构设置和人事权、财产管理和使用权。

民事权。《中华人民共和国高等教育法》第三十条第一款规定,"高等学校自批准设立之日起取得法人资格。高等学校的校长为高等学校的法定代表人"。《中华人民共和国民法通则》规定法人的定义和条件,《中华人民共和国高等教育法》的上述规定与民法相衔接,确认高等学校在民事法律关系中的独立主体地位,高等学校可以以法人的身份独立自主地参加民事法律关系,并按照该条第二款的规定,"依法享有民事权利,承担民事责任"。法律确立高等学校法人的主体资格,以保护其民事权利,并规范其民事行为。

招生权。自1985年始,各地实行招生工作"学校负责,招生办监督"的招生体制。1987年,国家教育委员会颁发《关于扩大普通高等学校录取新生工作权限的规则》,对高等学校新的招生体制以部门规章的形式作了规范性规定,《中华人民共和国高等教育法》加以进一步明确,并扩大高等学校的权限。该法第三十二条规定,"高等学校根据社会需求、办学条件和国家核定的办学规模,制定招生方案,自主调节系科招生比例"。其基本含义是国家控制办学规模,高校在办学规模内自主招生,并自主调节系科招生比例。

学科专业设置权。《中华人民共和国高等教育法》第三十三条规定,"高等学校依法自主设置和调整学科、专业",

把学科、专业的设置权下放给高校,高校根据社会的需求,自主决定设置学科和专业,国家主要以法律的形式规定学科、专业设置的条件。

教学权。《中华人民共和国高等教育法》第三十四条规定,"高等学校根据教学需要,自主制定教学计划、选编教材、组织实施教学活动"。教学权包括三方面,即制定教学计划权、选择教材权、组织实施教学活动权。自主行使教学权是由高等教育自身的特点决定的,高等教育不同于基础教育,它是专业教育,高等学校只有根据各专业的特点和社会的需要确定和调整教学计划、选择教材、组织实施教学活动,才能培养出有创新精神和实践能力的高级专门人才。

科研开发和社会服务权。《中华人民共和国高等教育法》第三十五条第一款规定,"高等学校根据自身条件,自主开展科学研究、技术开发和社会服务"。高等学校不仅是教学单位,也是研究机构,科学研究是高等学校的重要任务之一。高等学校根据自身条件自主进行科研活动,有利于调动高等学校的科研积极性。该条第二款还规定,"国家鼓励高等学校同企业、事业组织、社会团体及其他社会组织在科学研究、技术开发和推广等方面进行多种形式的合作"。高等学校与企事业组织特别是企业组织联合,是科学技术迅速转化为生产力的有效途径。

国际交流合作权。高等学校有权按照国家的有关规定,自主开展与境外高等学校的科学技术文化交流与合作。国际间的交流与合作,有利于中国高校学习外国高校的管理经验,提高中国高校的科技文化水平,也是培养高级人才的重要方式。

机构设置和人事权。《中华人民共和国高等教育法》规定,"高等学校根据实际需要和精简、效能的原则,自主确定教学、科学研究、行政职能部门等内部组织机构的设置和人员配备;按照国家有关规定,评聘教师和其他专业技术人员的职务,调整津贴及工资分配"。

财产管理和使用权。《中华人民共和国高等教育法》规定,"高等学校对举办者提供的财产、国家财政性资助、受捐赠财产依法自主管理和使用"。这项权利是高等学校自主办学的物质保障。

公立中小学办学自主权

西方中小学教育管理和办学自主权 20 世纪 60 年代后,教育管理学家强调学校作为正式组织性质的重要性,科层管理对教育管理产生重大影响。许多国家在教育系统中建立上下紧密衔接而又明确分工的管理体系;国家通过法律政策,赋予各级教育组织明确的职责和权力,在学校内部建立完善的教育组织网络,各职能部门层次分明,分工明确,有标准的工作程序。科层式学校管理在知识化、专业化、制度化、精确性、任务的明确性、纪律的严格性、活动的连续性等方面,提高学校管理的功能和效率。但是这种管理体制也有其明显的缺陷和局限性。由于它强调等级层次、权力集中、职能分工和严格恪守既定程序等,影响组织运行速度和组织效益效率的提高。特别是随着学校规模的扩大和行政层次的增多,这种管理体制的阻碍作用也就越来越明显。

20 世纪 80 年代后,各国不断进行教育改革,以适应外部环境的需要。英、美两国的义务教育领域相继出现学校的地方管理、校本管理、择校运动、凭证计划、特许学校、公立学校私营化等以自主权下放为核心的改革和实验,并取得一定成效。其中发端于美国尔后波及大部分发达国家和地区的校本管理,成为一场国际性学校管理改革运动。英国、新西兰、加拿大、澳大利亚先后推行以校本决策为核心的校本管理。90 年代后,校本管理逐渐从西方发达国家推广到其他国家和地区。

由于各国国情和各学区学校特点不同,校本管理改革也不尽相同,其中最有代表性的是美国。美国联邦教育部下属的"教育研究办公室"将校本管理界定为:一项通过将重要的决策权从州和县转移到每一所学校的改进教育的策略。校本管理向校长、教师、学生及其家长提供控制教育过程的更多权力,让他们负责预算、人事和课程。通过教师、家长和其他社区成员参与这些重要的决策,校本管理可以为儿童创造更为有效的学习环境。

美国的校本管理于 20 世纪 80 年代末首先在达德县、芝加哥、洛杉矶等大学区进行实验,进入 90 年代后逐步推广开来。校本管理已形成多种模式,但都有一个共同的基本点,即每个学校创设有地方学校委员会,通常由校长、教师及其他社区成员组成,通过授权给这个委员会来实现学校管理的自主性。

特许学校是美国 20 世纪 90 年代校本管理最集中体现的学校类型。从政府角度而言,支持创办特许学校,主要在于给家长为其子女选择合适的公立学校的权利。作为一种新型的公立学校,特许学校主要由公共教育经费支持,由教师团体、社区组织、企业集团或教师个人申请开办并管理,在相当程度上独立于学区的领导和管理。特许学校在享受相当自主权的同时须承担相应的责任。办学者必须提出明确的办学目标并与地方教育当局签订合约,一旦学校不能履行其职责,没有达到预先商定的目标,提供经费资助的政府有权中止合同。在美国的特许学校的发展过程中,由州议会通过的有关特许学校的立法至关重要。有了立法,创办特许学校才有法可依。美国自明尼苏达州 1991 年通过第一个特许学校法后,至 1999 年,已有 36 个州通过特许学校法。美国第一所特许学校 1992 年创办于明尼苏达州,至 1999 年,美国运行中的特许学校达 1 484 所。特许学校相对于一般的公立学校拥有更多的自主权,尤其在经费使用、教师聘用、课程设置等方面更突出。但这种自主权在具体操作方面有所不同,因为各州的特许学校立法或特许学校授予机构都会在有关方面对这种自主权作出某些规定,比如对预算、学年安排、学生评估政策和学生招收政策等方面有所控制。

特许学校的绩效责任与学校自主密切相关。绩效责任是指特许学校在获得相当程度自治的同时,必须对学校的质量提高和学生的学业成绩负有责任。特许学校在履行绩效责任的过程中,一是对教学实践、学生成绩、学生行为、学生到校率、学校任务的完成、学校管理、学校财政及与特许立法规定保持一致等方面实行监控;二是向相关机构或群体提出有关学校进展的报告。

英国在1986年第二号教育法案和《1988年教育改革法》中明确规定校长及学校董事会负责学校本身的管理,包括财政预算、教职员的聘任,同时允许学校招收择校生等。《1988年教育改革法》的重要内容之一就是实行"学校管理运营地方化"。其具体内容包括以下几方面。其一,招生录取的责任由地方当局转移到学校。实行开放招生政策,学校可按自己的最大容量招生,可以录取地区以外的学生。任何地方的任何学校招生数的减少,须事先征得教育与科学大臣的同意。其二,地方教育当局按照经教育与科学部批准的公式给本地区的学校分配经费。根据公式分配的经费中有75%根据该学校在校学生人数分配,以鼓励学校吸引和留住学生;其余25%可以参照其他因素分配。按公式确定的预算的用途决定权及与此相关的教职员人事权,由地方教育当局大幅度地转移给学校董事会。其三,学校要求地方教育当局为其服务的社区提供辖区内学校成绩的信息。此外,改革法还规定更激进的"国库补助学校"制度。根据这一规定,公立学校可根据家长的支持,向教育与科学大臣申请完全脱离地方教育当局的管辖。在取得许可之后,可直接从国家获得补助金,并由学校理事会负责管理运营。这比实行"学校管理运营地方化"的学校拥有更大的自主性。

在西方,校本管理中国家下放最多的是财政预算、人事聘任、课程设置和教育决策等方面的权力。财政预算权力包括预算规划和经费控制,它在校本管理中是权力下移的主要方面,是决定学校运转方式的先决条件。普遍的做法是取消细分项目专业款,代之以全额预算,使得学校能够根据实际需要随时调剂资金。人事聘任权主要包括确定职位和挑选人员。学校可以用剩余资金来招聘几个非全日制专家、教学辅助人员或办公室人员等。当因退休、调动而留有空额或增加名额时,可以根据需要决定如何使用这一空额。在课程设置中,通常的做法是实行三级课程管理机制,即根据不同地区经济、社会发展的差异和学生多样化发展的需求,实行国家课程、地方课程和学校课程三级课程管理,以便提高课程的适应性,促进教育为当地社会经济发展服务。

具体而言,就是由政府创建包括课程标准、课程和评估在内的指导体系,规定学生必修的内容,在这个基础上,加大选修课的比例,让地方和学校根据学生的需要和当地实际,自主安排选修内容,体现不同地区和学校的特点。在教育决策权的自治上,主要是指教师、家长和社区成员(有时也包括学生)参与学校的各项决策,如经费的使用、人员的聘任、课程的编制、教材的选择以及其他各种事务等。

中国公立中小学自主管理的改革实践　中国中小学自主管理的发展是以地方政策的形式分项规定、在不同阶段逐步进行的。针对中小学内部管理体制由于权力过于集中,学校缺乏人事权、财权和办学自主权,校长难以从学校的实际出发实施全面管理等问题。1985年后,从北京开始,各省市进行中小学校内管理体制的改革。改革的主要内容:实行校长负责制;进行定编定员,实行岗位责任制和教职工岗位聘任制;实行工资总额包干制和学校内部结构工资制等。这些政策的意向之一是向学校放权。实行校长负责制的目的,一是要解决校内管理体制的党政不分、以党代政的现象;二是解决政府管得太多、学校缺乏活力的问题,给学校下放更多的决策权。实行工资总额包干制的目的是向学校下放资金的管理权限,同时鼓励学校在政策允许范围内面向社会独立获取资金。实行岗位责任制和聘任制,就是将教职工任用的行政派任制向学校自主任用教职工的制度转移。20世纪90年代中期,一些地方政府在局部实行"国有民办"的政策,允许部分学校在保证国有资产安全和落实教育方针的前提下,按照民办学校机制运行,自筹经费,自主管理。这一政策得到中央政府的肯定,2001年的《国务院关于基础教育改革与发展的决定》中有对"国有民办"的政策的相应的规定。20世纪90年代后期,在管理体制改革的基础上,中国基础教育改革的重点转移到以现代教育思想为指导的课程改革上来,学校被赋予实施校本课程的自主权,教育部《基础教育课程改革纲要(试行)》中规定:"为保障和促进课程对不同地区、学校、学生的要求,实行国家、地方和学校三级课程管理。"

私立学校办学自主权

私立学校办学自主权是指私立学校作为独立的社会组织享有的,为实现其办学宗旨,利用各种资源,独立自主地进行教育教学管理,实施教育教学活动的资格和能力。

在西方,关于私立学校自主权的来源主要有社会教育权包括说和父母教育权委托说。社会教育权包括说认为,教育儿童最初由社会全体成员承担,后来出现家庭,教育儿童成了家庭的重要功能和职责之一,其他社会成员也有少量的教育权利。社会教育权包括父母教育权、私立学校教育权、社区教育权等。私立学校教育权既包括社会设立私立学校的权利，也包括所设立的私立学校有自主决定其教育行为的权利，即私立学校的自主权。父母教育权委托说认为，父母天然地拥有教育子女的权利。由于社会分工产生的"术业有专攻"，家长把教育子女的部分权利委托给私立学校来行使。因此，私立学校教育和管理学生的权利来自家长的委托。

在中国，综合以上两种学说和现行的法律制度，私立学校的自主权应来自父母的教育权以及私立学校的私立性。《中华人民共和国宪法》第四十九条第三款规定，"父母有抚养教育未成年子女的义务"，第四十六条第一款规定，"中华人民共和国公民有受教育的权利和义务"。根据"由义务推定权利"的权利规定原则，父母的教育义务也含有权利的性质。私立学校是用私有财产创办的，私有财产天然具有人格和人格化的意志，人格化意志直接驱动和约束、追求效益最大化，使得私有财产与市场经济天然地相吻合，本质上应由民商法基于当事人意思自治对其调整。在中国大陆，各级各类私立学校的财产属于私有财产，其所有权都有具体而明确的主体，其运行具有私有财产的一般特点。私立学校对其所属的财产享有完全的所有权，即占有、使用、收益、处分等权能。私立学校依其对财产的所有权，可以自主地聘任管理校长、教师、工勤人员。校长、教师和工勤人员与学校之间是纯粹的劳动合同关系，双方的权利义务关系由《中华人民共和国劳动法》来调整和保护。私立学校与学生（及其监护人）之间也是一种契约关系。在这类关系中，双方地位是平等、自主的，私立学校与学生双方都不能强迫对方与自己建立教育与被教育的关系。在这类关系中，家长将自己的教育权利通过类似于委托代理合同的入学契约转让给私立学校，并承担教育教学的有关费用；私立学校则依此取得教育教学的权利并按照约定教育学生。私立学校的教育权利（包括处分学生的权利）直接来自学校与学生及其监护人的契约，其权利实质上来自家长的委托和转予。由于家长教育权是一种权利，因此私立学校具有的教育教学权在性质上也是权利而非公共权力。

《中华人民共和国民办教育促进法》第五条规定，"民办学校与公办学校具有同等法律地位，国家保障民办学校的办学自主权"。

参考文献

崔相录,劳凯声.教育法实务全书[M].北京:宇航出版社,1995.

郝维谦,李连宁.各国教育法制的比较研究[M].北京:人民教育出版社,1997.

劳凯声.变革社会中的教育权与受教育权:教育法学基本问题研究[M].北京:教育科学出版社,2003.

劳凯声,郑新蓉.规矩方圆——教育管理与法律[M].北京:中国铁道出版社,1999.

（邹　栎　梁明伟）

北欧民众高等学校（folk high schools in northern Europe）　北欧国家实施社会教育的重要机构。包括丹麦、挪威和瑞典在内的北欧国家的民众高等学校有着相同根源，即丹麦社会教育家格龙维首创的"民众高等学校"。

格龙维1783年出生在丹麦一个牧师家庭，早年即对宗教、历史和诗歌萌生浓厚兴趣，后相继就读于奥胡斯文科中学和哥本哈根大学。毕业后致力于神学研究及宣传工作，并着手自己的社会教育事业生涯。求学期间，格龙维深为丹麦历遭战败之祸而痛惜，并苦思富国强民良策，最终认为，唯有激发自尊自信的民族精神，唤起民众爱国的热情，才能根本改变丹麦落后挨打的局面，提出"失之于外，须自求补偿于内"的强国口号。具体措施是建设一种新的学校，向青年民众提供丹麦语、历史、诗歌教育，以唤起民众的爱国之心。为实现这一目的，格龙维在弗洛尔等人的支持下，于1844年11月在丹麦洛亭正式创办第一所民众高等学校——丹麦民众高等学校。该校实施一种全新的教育理念和办学制度，具体表现：以开展民众启蒙教育为办学宗旨，"为民众教育，为民众启蒙"；以青年与成人为教育对象，无入学资格上的阶级限制，广泛吸收农民入校学习；遵循独立自主的办学原则，学校教学事务不受政府干预，赋予教师充分的教学自由，赋予学生广泛的入学、择课自由；教学内容以丹麦民族语言为主，包括公民课程、生活课程、职业课程，目的在于使个人掌握基本知识，并具备必要的职业能力；学习期限灵活多样，从1个月、5个月到1年不等；实施民主管理，大家集思广益，共同决策，不设考试，对学生的评价主要是其在校学习是否帮助其过上幸福的生活，其自身的文化地位和生活质量是否因此而获得提升。民众高等学校的创办及民众教育的开展极大地激发了丹麦人民的爱国热情，恢复了民众的自尊心和自信心。但这所民众高等学校1848年毁于普鲁士的炮火。

1864年，普鲁士入侵，丹麦无力抵御，只得割地求和，民族危机达到空前严重的程度。当时丹麦对外贸易停顿，农村濒于破产，社会危机严重。为挽救丹麦于危亡之际，一批教育家按照格龙维的社会教育理想，提倡用教育激发和唤醒民族精神，19世纪60年代，丹麦重新掀起民众高等学校运动。至1890年，学校发展到75所，学生4 000多人。学校实施开放性入学政策，在读学生绝大部分为18岁以上的农村青年农民和工人，政府向学校提供适当经费补助，通常包括教师工资的1/2，办公经费及设备购置费的1/3，大部分学生还可获得国家发放的生活补助费。这一时期的民众高等学校以丹麦历史、丹麦语言及社会政治为主要学习内容，注重国民陶冶和民族精神的开启，目的在于激发丹麦民众的国家意识和民族热情。后来，结合丹麦作为农业国的国情，又开始注重实用性的农业经济和农业生产技术知识教育。为促进丹麦民众高等学校教育运动深入开展,"丹麦海德学会"1864年成立。学会创办人为把青年农民在民众高等学校的学习与农业生产密切联系起来,将丹麦海德平原426 000英亩的土地交由农民耕种,并建造乡村农舍,供农民居住。在农业生产过程中,学会以农业生产为纽带,向农民讲述生产的意义,引导他们实现精神团结,养成以自己的实际行动参与丹麦社会政治、经济及文化生活的意识和能力。

在格龙维及其后继者的努力下,丹麦民众高等学校运动蓬勃开展。到1929年,丹麦民众中曾接受民众高等学校教育者约占人口总数的1/3。第二次世界大战后,民众高等学校在城市表现出衰落趋向,但在农村仍深受广大农民欢迎。为适应农民的实际需要,学校不但开设丹麦语、文学、历史、音乐、数学和体育等课程,还向农民讲授有关农作物品种改良、复合饲料配制、科学施肥、农产品加工和储存等实用知识。丹麦民众高等学校教育运动极大促进丹麦民众民族意识的觉醒和建设国家的热情,民族的自觉性、自尊心和自信心得到恢复并达到空前高涨的程度,在丹麦发展成为北欧模范农业国家方面发挥重要作用。

在格龙维民众高等学校思想与实践的指导下,1864年挪威神学家阿韦森和安克尔在哈马尔的沙格敦建立挪威第一所民众高等学校。1867年,布鲁恩在冯海姆创办第二所,以后又陆续创办三十余所民众高等学校。其中对挪威社会教育产生较大影响的是乌尔曼在奥斯特-阿格德尔创办的民众高等学校。在办学宗旨与办学原则上,挪威与丹麦的民众高等学校存在较大一致性,均着重民族意识的唤醒与培育,重视历史知识的传授。不同于丹麦的是,挪威的学校类型较多,有主要招收青年农民的学校,有主要服务于宗教目的的"青年学校"以及招收公务员入学的"官员学校"。

瑞典民众高等学校运动的成就主要表现为"平民高等学校"(The People's High School)的发展。瑞典1868年创办3所平民高等学校,其中名为赫维兰的平民高等学校影响最大。与丹麦民众高等学校不同的是,由于不存在民族压迫问题,且拥有自己的民族语言,国民拥有强烈的民族意识,瑞典平民高等学校的主要任务在于向入学者提供一种充满鲜明人文主义色彩的文化知识陶冶教育,以向学习者传授社会学、行政理论、国民经济学知识为主。瑞典的平民高等学校,无论公立、私立,一律接受国家监督。

19世纪中期,在格龙维民众教育思想影响下兴起和发展的北欧民众高等学校,适应当时北欧国家各自不同的社会发展需要,无论"生活式"的还是"知识式"的民众高等学校,均在启迪国民智力、培育国民意识、养成民族精神诸方面发挥重要作用。实践证明,北欧民众高等学校产生世界性影响,德国的"民众大学"、瑞士的"民众训练之家"、英国的"寄宿学院"、美国的"民众学校",都在某种程度上受到格

龙维及其民众高等学校运动理论与实践的启迪。

（王保星）

北宋三次兴学运动 北宋时期先后出现三次兴学运动,其核心都是兴办官学,调整科举制度与学校教育的关系,变培养人才与选拔人才的恶性循环为良性循环。北宋初期,统治者为节制军队,进行政治经济改革,大量征募经世致用的人才。但由于长期战乱,学校遭到严重破坏,失去培养和储备人才的功能。统治者虽然大力提倡科举制度,招揽社会上现有之人才,但结果人们忙于科举考试,无心问学,选拔出来的人空疏无用,使社会上的人才依然十分匮乏。在这种情况下,一些有志之士认识到只有兴学育材,发展教育,才能真正解决人才不兴的矛盾,并向朝廷提出广设学校、培养人才的主张。

第一次兴学运动：庆历兴学

第一次兴学运动是宋仁宗庆历四年(1044年)由宰相范仲淹发起的。范仲淹历来重视教育,热心办学。庆历三年(1043年),他在任参知政事期间上疏《答手诏条陈十事》,要求兴学育才、改革科举,得到仁宗皇帝的赞赏和宋祁、王拱辰、欧阳修等人的支持,于是在他的主持下,北宋开始第一次兴学运动。主要内容有:一是诏州县立学。要求诸路府州军皆立学,县有士子200人以上亦设学,规定应科举者和曾经应过试的都要接受一定时间的学校教育。"士须在学习业三百日,乃听预秋赋;旧尝充赋者,百日而止。"(《续资治通鉴·宋仁宗庆历四年》)二是改革科举考试。先策论,后诗赋,旧试帖经、墨义如今一律取消。三是创建太学。诏令拥护新政的石介、孙复等名儒到太学讲学,派人下湖州取胡瑗之苏湖教学法为太学法,改进太学的教学及规章制度。同时,设立四门学,允许八品至庶人子弟入学,从而扩大中小庶族地主子弟的入学机会。尽管"庆历兴学"随着范仲淹被排斥出朝廷而告失败,但其成就与影响并未因此而停止。

首先,庆历兴学为地方办学提供合法依据,各地掀起兴学热潮。一些州县官吏得到朝廷的许可,积极筹措经费,兴建校舍,改革教学,学校无论在质量还是数量上都有所提高。即使在新政失败,一些新政人士被黜地方后,仍按法令从事,热心创办地方学校,从而保存和扩大庆历兴学的成果。

其次,庆历兴学创建和整顿太学的教学制度,使太学教育卓有成效。由于一批硕学鸿儒如石介、孙复、胡瑗等人先后主讲太学,竭力倡导经世致用的实学风气,从而改变当时浮靡巧伪的士学风气,对全国各地学校起到主导示范作用。虽然太学地位比国子学低,只招收八品以下子弟或庶人之俊异者为学生,且设立时间也较迟,但办得比国子学有成

效,它是宋朝兴学的重点,也是中央官学的核心。

再次,兴学倡导"明体达用"之风,取胡瑗苏湖教学法著为太学令,对于北宋学术风气的形成具有重要影响。胡瑗在太学任教七年,他以苏湖教学法改革太学,把太学分成经义斋和治事斋,实行分斋教学。经义斋学生要有较高的学术造诣和良好的道德修养,主要学习"六经"等儒家经典,目标是为政府各部门,如政、法、刑、教等输送文职官员。治事斋学生学习治兵、水利、算术等,规定一人各治一事,又兼摄一事,即每人根据自己的专长选学一个主科,同时再兼习一个或几个副科,其培养目标是各职能机构和部门的专业技术或管理人才。"明体"就是彻底领会、精通儒家经典的基本经义和封建伦理制度。"达用"就是要把儒家的经学思想应用到社会实践之中,作为修身治国的指导思想。

此外,范仲淹等人力图将学校教学、科举取士与经世治国结合起来,对改变学校附庸于科举的状况、强化学校的社会功能也起到推动作用,并奠定宋代的教育基础。

第二次兴学运动:熙宁、元丰兴学

虽然庆历兴学失败后,北宋的学校教育依然如故,但要求改革科举、兴办学校的努力一直没有停止过。宋嘉祐三年(1058 年),王安石写《上仁宗皇帝言事书》,再次提出变法革新。他认为,国家之所以如此衰弱,就在于不知法度,缺乏革新,而革新又苦于人才不足,人才不足,又由于陶冶人才不得其道。所以欲得其道,就要"教之、养之、取之、任之"(《续资治通鉴·宋仁宗嘉祐三年》)。他在阐述"教之之道"时,批评当时的学校有名无实,空疏无用,指出学校所教的,不过是应付科举考试的"课试文章",主张要择才而教,教以实用之学,使之文武兼备。关于"养之之道",他提出要饶之以财,约之以礼,裁之以法。关于"取之之道",他反对当时的科举取士,批判那种仅以强记博诵,略通诗赋、文辞而成为进士的办法,从而为其罢诗赋、考经义、改革科举作准备。关于"任之之道",他反对只问出身、不论其德的用人制度,主张人尽其才。

虽然王安石的议论不能被安于因循的仁宗采纳,但却为以后的熙宁、元丰兴学作了思想和舆论准备。宋神宗熙宁四年(1071 年),王安石发动和领导北宋第二次兴学运动,即熙宁、元丰兴学。其主要内容:一是改革太学,创立"三舍法"。太学是北宋教育改革的重点,熙宁、元丰期间,太学再次得到整顿。在教学制度方面,除主管官外,太学置十员直讲,每二人主讲一经,对"教导有方"的学官予以提升,而"职事不修"的则予以废黜。对学官成绩的考核,依据学生"行、艺进退"的人数多少加以评定。熙宁四年(1071 年)又正式实施"三舍法",把太学学生按优劣分到外舍、内舍、上舍。初入学者为外舍生,熙宁时不限名额,至元丰时以 2 000 人

为限;外舍生一年可升为内舍生,名额为 200 人;内舍升上舍,名额仅百人。生员升舍均须经过考试。上舍生考试分上中下三等,名列上等的,即不再经过科举考试而直接授以官职。学校不仅具有养士的任务,还具有选士的职能。二是改革科举制度,罢明经诸科,专以进士取人。在进士科考试上废除诗赋、帖经、墨义而试之以"本经"(《诗》、《书》、《易》、《周礼》、《礼记》任选一种)、"兼经"(《论语》、《孟子》略通)及策论。三是颁布《三经新义》,作为读经及科举考试的标准内容。熙宁六年(1073 年)设立经义局,修《诗》、《书》、《周礼》三经,王安石亲自阐释《周礼》为《周官新义》,王雱、吕惠卿共同诠释《诗》、《书》。熙宁八年(1075 年),《三经新义》完成,朝廷正式颁发给各类学校。四是整顿和发展专科学校。熙宁五年(1072 年),恢复武学,开始进行军事人才的培养,熙宁六年(1073 年)又设立律学和医学,培养法律、医科方面的专业人才。五是整顿地方学校。熙宁四年(1071 年),诏令京东、京西、河东、河北、陕西五路设立学校,选置学官,允许"经术行宜"者担任教授,同时每所学校给田四十顷以充学粮,从教学人员以及教学经费方面保证州县学校的发展。

王安石兴学育才的基本思想是切中时弊的,特别是他对太学的改革、整顿和发展有很大贡献,经他改革,太学的教学质量有一定提高,知名度也进一步提高,并在与国子学的竞争中,连连得胜,最后兼并国子学;同时也使宋朝在中央和地方形成一个学科、内容、形式相对完整配套的学校网络。另外,王安石提倡经世致用的实学风气,为宋代教育的发展方向奠定基础。但是,王安石的兴学措施并不完善,其中也有很大弊端,主要表现在:第一,太学法规过于细密,"烦苛愈于治狱,条目多于防盗,上下疑贰,以求苟免"(《宋史·刘挚传》),不利于造士。第二,"三舍法"管理不妥。让《易》博士兼巡《礼》斋,《诗》博士兼巡《书》斋,旨在防止师生之间往来过于密切,这既不能增进学艺,又难养成经世致用之材。第三,太学教学方式死板。太学讲官专授一经,生徒也按专经分斋学习,致使学生学习皆受一人影响,既不能博览群书,又缺乏学术交流。第四,颁定《三经新义》,限制诸家之说。尽管王安石颁定《三经新义》的初衷是将各种言论统一到变法之中,但其后果却是一家之说垄断天下,实为文化教育发展的障碍。由于种种原因,熙宁、元丰的兴学最终由于激烈的政治斗争而夭折。随着元丰八年(1085 年)神宗去世和哲宗的继位,太皇太后开始起用以司马光为首的旧党,王安石等变法派人物先后被罢黜,新法陆续被否定,第二次兴学改革运动宣告失败。

第三次兴学运动:崇宁兴学

这次兴学运动是在宋徽宗年间由蔡京发起的。宋徽宗

倾向于王安石的新政,执政后定年号为"崇宁",即取崇尚熙宁之意。此次兴学的声势和规模都远超过前两次,实际效果也远胜于前,前两次兴学没能实现的目标这次都得到落实。

第一,全国普遍设立地方学校。崇宁元年(1102年),诏令诸路州、县皆设学,州置教授二员。小州或举人少的州则令二三州学者聚学于一州,县设小学。同年十二月,又颁布《州县学敕令格式》,对如何办理地方学校作了具体规定。崇宁三年(1104年)又确定县学增养生员:大县五十人,中县四十人,小县二十人,规定享有一定的优惠待遇:同时曾经公私试者,复其身,内舍生免户役,上舍生免役。至崇宁四年(1105年),各路州县学校均已普遍设置就绪。

第二,建立县学、州学、太学三级相连的学制系统。规定县学生可考选升入州学,州学生每三年经过考试可升入太学。太学别立号附试,分为三等,上等升上舍,中等升下等上舍,下等升内舍,其余升外舍。

第三,建立辟雍,扩展太学。崇宁元年(1102年),在京城南郊营建辟雍,作为外学,上舍、内舍生在太学处,外舍生在外学处。同时增加太学生数量,规定诸路贡士初至,皆入外学,经考试后分别入上舍和内舍,上舍生增至二百人,内舍生增至六百人。

第四,恢复、扩建专科学校。崇宁二年(1103年),置医学。崇宁三年(1104年),创设算学、书学和画学等专科学校。崇宁四年(1105年),立武学法。专科学校依太学规矩,采用"三舍法"考试升级。

第五,废除科举,由学校取士。崇宁三年(1104年),罢黜礼部试,诏令天下取士,悉由学校升贡。以学校内部的考试升级制度取代礼部掌管的学校外部的科举考试制度,扩大学校职能,改变学校长期依附于科举考试制度的弊病。虽然以后各类学校恢复旧制,但太学仍保留崇宁定制。

崇宁兴学活动前后持续二十多年,取得很大成就,包括兴学经费有了措施保障,形成从中央到地方的官学体系,前两次兴学提出的目标如兴太学养士、发展地方学校等也基本实现。尽管兴学提出的学校升贡制在宋代试行时间不长,但对元明清学校教育制度却有很大影响,如元代的升斋积分制、明清学校的升贡制都可视为北宋学校升贡制的继续和深化。但是由于崇宁兴学措施本身存在一些弊病,加之蔡京等人把持朝政、迫害异己,使学校教育与科举取士成为徇私舞弊的工具,北宋朝廷最终还是取消大部分兴学法令和措施。

纵观北宋的三次兴学运动,虽然前两次未能取得预期的效果,但不同程度地推动了宋代教育事业的发展,而第三次兴学更是对宋代教育起到前所未有的促进作用。可以说,宋代的学校教育制度就是在三次兴学的过程中逐步建立起来的。

参考文献

李国钧,王炳照.中国教育制度通史[M].济南:山东教育出版社,2000.

王炳照,等.简明中国教育史[M].北京:北京师范大学出版社,1994.

王炳照,阎国华.中国教育思想通史[M].长沙:湖南教育出版社,1994.

(王　颖)

比较教育(comparative education)　　亦称"比较教育学"。对不同国家、民族和地区的教育进行分析比较以研究教育发展规律的学科。教育学分支学科。1817年由法国教育家朱利安首次提出。大多数比较教育学者认为,应从各国实际出发研究世界教育发展中的重大国际性问题,为本国教育决策提供科学依据,为认识本国教育制度和把握教育发展的一般规律拓宽视野。需综合运用有关学科知识和方法,在探讨现代世界不同国家、民族和地区的经济、政治、哲学、文化和民族传统特点的基础上,比较其教育思想和实践的异同和成败经验,研究教育的发展规律及其总的趋势,并进行科学预测,以便根据本国的特点和其他具体条件,吸取别国之长,改革本国教育,充分发挥教育的效能,为提高教育质量服务。

比较教育的概念

理论界对"比较教育"尚未形成统一看法,甚至对于它是一门独立的学科还是一个宽泛的研究领域,也没有形成统一意见。诺亚认为,比较研究基本上是一种尽可能用概念(变项)名词来代替制度(国家)名称的尝试,强调在一个水平上搜集资料及分析是必要条件。诺亚对"比较教育"下定义时,一如既往地强调社会科学定量分析方法的作用。在诺亚那里,比较教育主要是一种跨国教育问题的定量分析方法。日本的小林哲也和法国的黎成魁则重点强调比较教育作为一种专门学问或科学的特性。小林哲也提出,以世界各国、各民族的教育为研究对象的比较教育是一门以某种国际社会的存在为前提的学问。黎成魁认为,比较教育是一门旨在探究、分析和解释那些与政治、经济、社会和文化背景相联系的各种教育事实之间的相似之处与不同之处的科学。苏联的索科洛娃等人认为马克思主义的比较教育本质上不同于资产阶级的比较教育,它按国家的社会经济类别,依靠教育史积累起来的大量实际和理论材料探讨现代世界中的一般教育问题,用比较历史法分析教育现象,给资产阶级学校和教育学以有论据的批判,选择分析进步的教育现象,是普通教育学的一个分支。

很多中国学者也曾尝试给比较教育下一个科学、准确的定义。王承绪等人认为,比较教育是用比较分析的方法研究现代外国教育的理论和实践,找出教育发展的共同规律和趋势,以作为改革本国教育的借鉴。朱勃的定义是:比较教育是用辩证唯物主义和历史唯物主义的观点和方法,综合利用有关的新科学和新技术,研究当前世界不同国家、民族和地区的教育;在探讨其各自经济、政治、哲学和民族传统特点的基础上,研究教育的某些共同特点、发展规律及其总的趋势,并进行科学预测,以便根据本国的民主特点和其他具体条件,取长补短,充分发挥教育的最佳作用,为提高教育质量和人民的文化科学水平服务。顾明远将比较教育定义为"对当代世界不同因素或不同地区的教育进行比较分析,找出教育发展的一般规律和特殊规律,为本国或本地区的教育改革作借鉴"。其他定义还有:比较教育"通过对不同空间或时间之间教育理论与实践的相似性、差异性以及对其产生影响的各种因素的比较分析,探讨并揭示不同空间及时间之间教育发展的一般原理、规律和趋势"(高如峰,张宝庆)。比较教育"是一门对不同国家或地区的教育进行跨文化比较研究,探讨教育发展规律及特定表现形式,借鉴有益经验,推动本国本地区以及世界的教育改革和教育研究的科学"(冯增俊)。上述定义中,除朱勃的定义带有因素方法时代的特征,强调贝雷迪比较教育的"预测"功能之外,其余定义都强调比较教育的借鉴功能。这与中国比较教育研究发展的现状有关。作为一个发展中国家,中国现阶段比较教育研究的主要目的仍是借鉴国外先进经验。

比较教育的历史发展

比较教育有着漫长的史前时期。古希腊历史学家色诺芬在《居鲁士的教育》一书中描写的波斯教育见闻可说是最早的比较教育研究,有人因此将色诺芬尊为比较教育研究的先驱。出生于14世纪的历史学家伊本·赫勒敦的著作中包含明确的比较教育分析的内容。从16世纪至1817年,涉猎教育比较研究的知名学者有伊拉斯谟、蒙田、孔多塞以及朱利安在《比较教育的研究计划与初步意见》中提到的培根、富兰克林、巴泽多等。中国春秋战国时期的孔子和孟子就已经开始运用比较方法来探讨政治、经济和教育问题。唐代僧人玄奘的《大唐西域记》中就有对今印度、尼泊尔、巴基斯坦、孟加拉国一带和一些中亚地区的人文、地理和教育状况的描述,其中还专门对印度等国的教育制度、教师、校舍和课程设置等进行了描述。

作为一门独立于教育学这一母体学科的专门学问,比较教育的诞生应从1817年朱利安发表《比较教育的研究计划与初步意见》算起。朱利安在这篇文章中第一次使用"比较教育"这个概念,对如何进行比较教育研究提出比较系统、全面的建议。朱利安还创造性地提出四条建议:组织国际教育协会,聘请常任公务人员承担比较教育资料的搜集工作;采用问卷方式从各国收集资料,以便提出适当的教育改革建议;建立师范学校网,用最新的方法培训师资;发行各种语言的教育定期刊物,传播教育改革经验。这些建议对比较教育的发展具有一定的理论意义和重要的历史意义,奠定比较教育学科的基础。由此,朱利安被称作"比较教育之父"。从朱利安时期至今,比较教育大致经历三个发展阶段。

借鉴时代(1817年至19世纪末)　这一时期比较教育研究的主要特点是借鉴国外教育经验,服务本国教育发展。为建立本国教育制度,各国的政府官员、专家对感兴趣的外国教育进行考察、访问是这一时期比较教育研究的主要内容。例如,法国的库森考察普鲁士教育后,撰写《关于普鲁士公共教育状况的报告》一书,对普鲁士的教育行政机构、家长和社区的教育责任,教师的培养、任命和薪俸,课程内容等进行了描述,为法国教育制度改革,尤其是1833年《基佐法》的制定提供借鉴;美国的贺拉斯·曼、H.巴纳德,英国的M.阿诺德等,也是这一时期的代表人物。研究者主要通过问卷、实地考察等搜集描述性、百科全书式的教育资料,期望通过对这些资料的整理、分类和比较,将一国的教育制度成功地移植到另一个国家。这一时期的研究流于表面,不重视把一国教育与它的历史文化传统和社会生活联系起来考虑,对别国教育经验之于本国实践的适切性也疏于考察。

因素分析时代(20世纪初至第二次世界大战结束)　从20世纪初开始,人们改变了过去孤立研究一国的教育经验和将一国教育制度直接移植到另一个国家的简单化做法,开始对世界各国教育制度进行国际性的对比研究,期望了解支配各国教育制度的基本因素和力量,开辟比较教育研究的新阶段。

英国比较教育学家萨德勒在《我们从对别国教育制度的研究中究竟能学到什么有实际价值的东西》中反对孤立地研究教育和直接从别国移植、引进教育制度,认为学校与社会之间存在能动关系,必须把学校放在特定社会背景中进行研究,通过研究校外的事情来理解校内的事情,认识到促使这个国家教育制度发展的精神力量。"在研究外国教育制度时,我们不应当忘记,学校之外的事情甚至比学校内部的事情更加重要,它们制约并说明校内的事情",萨德勒在上述文章中提出的名言形象说明因素分析时代比较教育研究的主要思路。萨德勒还提出"民族性"的概念,并以之作为分析教育资料的核心。

萨德勒的学生、美国比较教育学家I.L.坎德尔继承萨德勒的思想,认为比较教育研究必须发掘作为教育制度基础的民族主义的意义,考察各国的教育制度必须努力去挖掘和发现各国的民族特性。I.L.坎德尔还系统阐述比较教育的研究方法,主张采用历史法进行比较研究,确定那些决定各国民族性和教育制度形成的因素和力量,如一国的政治理论、社会哲学、地理位置和气候、各种传统等。1933年出版的《比较教育》是其代表作。在这本书中,教育与民族—国家(nation-state)的关系是一条贯穿始终的基本线索,"民族性"(national character)和"民族主义"(nationalism)是最为关键的两个概念。此外,萨德勒目睹两次世界大战给人们带来的巨大灾难,对民族主义与国家教育发展的关系进行深刻反思,开始提倡以促进世界和平为目的的国际理解教育。I.L.坎德尔是第一个对比较教育理论和方法进行系统阐述的比较教育学家。

英国比较教育学家汉斯循着相似的路线,强调在比较教育研究中把握国家教育制度背后的民族性,以历史的观点去分析构成民族性并影响教育制度的因素。汉斯还发展因素分析法,把影响一国教育发展的因素分为自然因素、宗教因素和世俗因素三大类。他综合运用因素分析法和历史法进行比较教育研究,形成自己独特的研究方法。

德国比较教育学家J.C.F.施奈德也是这一时期比较教育的代表人物。与I.L.坎德尔和汉斯不同的是,他不仅强调教育以外的社会因素对一国教育的影响,而且特别强调教育的内部因素在国民教育制度形成过程中的重要作用。有人将前者叫做"外部因素分析法",后者叫做"辩证法的因素分析法"。

这一时期的比较教育研究开始制度化,表现为一些高校开始将比较教育作为正式课程,各种致力于比较教育研究的国际组织纷纷成立,出现以教育的国际比较为主要内容的学术刊物,等等。1898年,美国哥伦比亚大学首开比较教育课程。1929年,国际教育局(International Bureau of Education,简称IBE)在日内瓦成立。中国的庄泽宣1929年出版《各国比较教育论》。1930年,燕京大学开始在文学院教育学系开设比较教育课程。

社会科学方法时代(1945年后)　第二次世界大战以来,社会科学研究从注重哲学思辨过渡到强调量化分析和实证方法,这个研究取向使比较教育研究从以人文、历史、因素分析的方法为主向以实证性的科学研究方法为主的方向过渡。同时,新兴的结构功能理论、现代化理论、人力资本理论、世界体系分析理论、依附理论和后现代理论等也被引入,比较教育研究呈现出各社会科学理论和研究方法相互交叉的特点。

在这个阶段,比较教育学界以国际教育经验为基础,不断扩充和深化研究成果,使比较教育在世界范围内获得长足进步:研究规模迅速扩大,研究方法推陈出新,研究机构逐渐增多,研究领域不断扩充,研究成果大量增加。体现在:(1)扩大和新建研究机构。联合国教科文组织1952年在汉堡成立教育研究所,1963年附设国际教育规划研究所

(International Institute for Educational Planning,简称IIEP);1956年,国际教育成就评价协会(International Association for the Evaluation of Educational Achievement,简称IEA)成立;1968年,经济合作与发展组织附设教育研究与革新中心;许多国家都成立比较教育学会;1970年成立世界比较教育学会联合会及其理事会等,对比较教育的发展发挥很大的推动作用。(2)研究方法多样化。许多比较教育学家把社会科学的概念和方法引入比较教育研究,出现一些新的比较教育理论和方法,如贝雷迪提出的"比较研究四步法",美国的诺亚和埃克斯坦提出的比较教育研究程序,即确定问题、提出假说、明确概念、选择例证、收集数据、整理数据和说明结果。注重经验和量化方法是他们提出的研究方法论的显著特点。20世纪70年代以来,随着经济全球化和国际电子通信网络的普及,比较教育的发展也呈现出一些新的特点:许多其他教育分支学科领域的学者也在进行比较教育研究;发展中国家的比较教育学者开始尝试通过自己的努力,为比较教育学理论的发展作出自己的贡献,以打破当前世界比较教育领域内西方学者的学术话语霸权地位。

比较教育的基本特征

比较教育的基本特征是对"比较教育是一门什么样的学问"这一问题的回答。根据对其发展历史等方面的考察,比较教育体现以下基本特征。(1)跨国或跨地区、跨文化性。比较教育的研究对象不是单独某个国家或地区的教育,而是多个国家或地区的教育。它不是研究单一文化国家的教育,而是研究异质文化国家的教育。(2)跨学科性。比较教育虽然运用比较法对异质文化中的教育进行研究,并逐渐取得独立的学科地位,但比较法不能作为比较教育研究的唯一方法,甚至不能作为比较教育研究的最主要方法。因为教育事实、教育现象错综复杂,与其他社会部门及学科联系十分紧密,需要不拘一格,采用历史、哲学、社会学、经济学等学科的研究方法来进行研究,才能深入到各国、各民族、各文化教育当中的方方面面,获得对其教育全面而深刻的认识。(3)学科边界的模糊性。比较教育学者往往强调所有教育问题都是比较教育的研究对象。这样一来,比较教育与其母体学科教育学的学科边界就产生重合,加上比较教育以各国、各地区、各民族的教育为研究对象,其边界就比普通教育学还要广泛。比较教育与教育学的其他分支学科如教育经济学、教育文化学等的边界也模糊不清。中国的比较教育学科往往包含比较教育经济学、比较普通教育、比较成人教育、比较高等教育等不同的研究方向。这样一来,比较教育似乎是无所不包,也使得比较教育的研究领域具有某种开放性的特征。(4)存在学科身份危机。比较教育在教育学科体系中非常重要,包括中国等一

些发展中国家,比较教育学科的制度化程度超过该学科被学术界承认的程度,存在着身份危机。

比较教育的研究领域

比较教育的研究领域十分宽泛,凡是教育学科,都可以作为比较教育的研究领域。其范围正在分化为比较教育、国际教育和发展教育三个部分。其中国际教育是用全球的视角,对国际共同关心的问题如环境教育、教育民主化等进行讨论和研究;发展教育则主要研究教育在发展中国家的国家和社会发展中所起的作用,讨论和研究教育与国家发展的关系。贝雷迪详细分析了这三部分的区别与联系。他提出:比较教育集中力量研究学校体制,且主要运用政治社会学的工具来研究;发展教育运用经济学的工具来研究教育问题;国际教育则运用人类学的工具来研究教育问题。比较教育更多地关注教育的静态,发展教育和国际教育则关注教育的动态。霍尔斯将比较教育的研究领域划分为比较研究、外国教育、国际教育和发展教育四部分。比较研究分为比较教育学(comparative pedagogy)和教育内部分析与文化内部分析(intra-educational and intra-cultural analysis),前者是指各国教学和课堂教学课程研究,如20世纪60年代发生的跨大西洋相互借鉴、发展科学教学研究,后者是指各个阶段教育的研究、教育制度性质的因素分析研究等。外国教育(education abroad)研究本国以外一国或多国的教育制度,包括区域研究。国际教育分为国际教学法(international pedagogy)和国际教育机构工作研究,前者致力于研究国际学校或跨国学校中多国、多文化和多种族学生群体的教学或少数民族教育及国际理解教育、和平教育等,后者主要研究教育政策问题,如国际学历互认、推进教育交流、签订文化协定等。发展教育主要致力于发展中国家教育研究,研究主题是教育与国家发展。比较教育研究领域有一定的开放性,随着研究的深入,不排除产生新研究领域的可能性。

比较教育的功能、目的和价值

朱利安强调比较教育研究的学科工具功能,即它能为教育的完善并成为科学提供一些影响手段。埃德蒙·J.金认为,比较教育的主要功能是搜集、筛选出一些特殊的知识和见解并为之增添分量,以便为热心研究不同背景中的教育实践的人们提供信息,培养他们对事物的敏锐性;帮助分析教育的现象、趋势和问题;指导教育的决策和发展,并日益认识到社会经济和政治对这两方面的影响。他指出,在上述三方面(特别是最后一个方面)中,教育的比较研究为一切教育研究(特别为各种理论)增添操作的现实主义思考,并给一切试图把教育与国家发展或社会发展联系起来

的研究加上国际分析的一面。其他"学科"或综合性研究都不具有这种特殊的知识,或者不承担这些任务。埃德蒙·J.金对上述三个功能的描述可以概括为信息功能、分析功能和决策指导功能。顾明远、薛理银将比较教育的作用表述为教育政策的制定、批判和辩护。冯增俊总结了比较教育的五个主要功能,即借鉴性、认识性、交流性、预测性及决策性、发展性,认为比较教育的功能还表现在其他诸多方面,如教育人的功能、改造创新文化功能等。

目的与功能两个概念的区别,在于功能乃本身所固有,目的则强调研究者的主观愿望。因此,在某种程度上,比较教育的功能是独立于人们的主观愿望而存在的(当然,功能实现的前提是人们的努力)。大致上,比较教育的功能可以概括为四点:(1)信息和知识功能,即比较教育研究可以为人们提供超国家层面的教育信息,增进人们的教育知识。(2)改革功能。多数比较教育研究的结果是为改革出谋划策,改革本国或世界层面的教育观念、政策或实践。(3)理论功能。比较教育研究通过跨国或超国家层面的研究,对教育理论进行检验、审视甚至重新建构。(4)交流功能。比较教育研究有助于打破狭隘的民族偏见,使不同文化区域的人们之间加强了解和交流,促进世界和平。

相对于比较教育的功能来说,对其目的的表述更能体现学者个人的观点和学术立场。黎成魁认为,比较教育力求获得制约行动的知识。贝雷迪认为,人们研究比较教育目的在于对知识的好奇和追求。特雷舍韦从实用的角度出发,认为比较教育至少应该有四个目的:更好地理解本国教育;了解国内外的教育发展、改进或改革;形成关于教育的一般知识、理论和原则以及关于教育与社会之间关系的知识、理论和原则;实现国际理解和合作,解决国际性教育问题和其他问题。其他观点还有很多,例如,埃德蒙·J.金将促进科学的教育决策视作比较教育研究的主要目的;诺亚和埃克斯坦认为比较教育的目的是建立学校与社会之间关系的理论;乌利希则重视比较教育在师资培训方面的作用;顾明远、薛理银认为比较教育研究要达到科学知识的目的、人文知识的目的和教育决策的目的等。基于比较教育的不同身份,可以将其目的分为四类:作为一门学科,比较教育的目的应该是完善自己的理论体系,发展这门学问关于自身的知识,作出其他教育分支学科所不能替代的独特贡献;作为一个研究领域,比较教育的目的可以是纯理智的,也可以是功利性或实用性的,这取决于研究者的研究旨趣或社会需要;作为一个论坛,它的目的主要是促进不同国家的学者、教育决策者及所有对教育感兴趣的人之间进行交流和沟通,以实现不同国家教育之间的相互作用;作为一门课程,比较教育的目的是培养学生的国际视野,使他们具有从事教育工作更加全面的能力,并对司空见惯的本国教育现实提出质疑,努力改进。比较教育的价值是显而易见的。

没有比较教育,教育研究也会继续,但一定不会完善;没有比较教育,教育决策和实践也不会停止,但教育改革策略的选择一定会举步维艰;没有比较教育,一些全球性、地区性的教育问题就无法解决。在世界全球化、国际化趋势加剧的形势下,比较教育可以为世界教育的发展作出更大的贡献。

比较教育的研究者和研究机构

比较教育的研究队伍在不断壮大。在学科创建初期,教育官员和对教育感兴趣的学者构成研究者的主体。随着学科地位的确立,专业研究人员成为主要研究者,国际教育组织尤其是联合国教科文组织在世界比较教育研究中也开始发挥重要作用。第二次世界大战后,一些其他学科的社会科学研究者也加入进来,比较教育的研究队伍不仅更加壮大,而且更加多元化。比较教育已成为许多学科领域的研究者、决策者甚至教育消费者关心的话题和研究的对象。

就研究者的素质来说,I. L. 坎德尔认为必须以研究者掌握一门或一门以上外国语为先决条件,还应当考虑旅行的种种机会,以及深入研究而不是泛泛了解外国教育制度所需要的时间。顾明远、薛理银也指出,从具体的研究实践来看,在世界各国的"教育实验室"中检验教育理论需要一些特殊的技能和知识背景。研究者除要精通自己的专门领域外,还应掌握有关外国教育与文化的基本知识及跨国比较的设计技术等。随着外语技能的普及,国际交往、跨国旅行和学习研究机会的增多,具备上述素质和技能的人在日益增加,所谓"跨国比较的设计技术"也并非很难获得。在这种背景下,人们从事不同领域、不同学科的研究,也许在很大程度上是基于精力和时间的有限性及自己研究的旨趣所在。

比较教育的研究机构也在不断壮大。联合国教科文组织、经济合作与发展组织等都有专门机构和人员进行教育研究。它们联合、汇聚世界顶尖级的比较教育研究专家,通过组织国际会议、出版刊物和研究报告,影响世界各国的教育政策制定过程和比较教育研究。它们出版的著作、刊物被广泛引用。这方面突出的例子如联合国教科文组织出版的《世界教育报告》、《统计年鉴》等定期出版物以及《学会生存——教育世界的今天和明天》、《教育——财富蕴藏其中》(也译作《学习——内在的财富》)等专题研究成果。联合国教科文组织的研究面很广,从学前教育到高等教育,从正规教育到非正规教育,从教育规划到课程内容的开发,几乎无不涉及。经济合作与发展组织每年出版的《教育概览:经济合作与发展组织指标》(*Education at a Glance: OECD Indicators*)提供了经济合作与发展组织成员大量的教育统计资料,自1997年以来已被翻译成中文。成立于20世纪50年代末的国际教育成就评价协会也是一个重要的国际教育研究机构。它对一些国家学生学习成绩的国际比较研究往往被决策者视为对本国教育质量的权威评价,直接影响这些国家的课程、教学改革。世界比较教育学会联合会是各国比较教育学者自行组织的国际民间社团组织,主要通过召开国际会议促进彼此的交流与了解,促进合作研究,1990年在联合国教科文组织中的地位提高为B类非政府组织,其分支遍布世界许多国家与地区。1984年中国比较教育学会在第五届世界比较教育大会上成为该联合会会员。

大学的比较教育研究中心也是重要的比较教育研究机构。国际上最有影响的比较教育学术刊物之一《比较教育》(*Comparative Education*)即由英国伦敦大学比较教育研究中心出版。中国主要的比较教育研究机构和出版物有北京师范大学国际与比较教育研究所及其主办的《比较教育研究》(原《外国教育动态》);华东师范大学国际与比较教育研究所,及其与该校课程与教学研究所合作出版的《全球教育展望》(原《外国教育资料》);东北师范大学国际与比较教育研究所及其主办的《外国教育研究》等。

比较教育的贡献与问题

19世纪初以来,比较教育一直为世界教育的发展发挥自己的作用。

比较教育在推动世界各国的教育改革与发展方面起着不可或缺的作用。自朱利安以来,比较教育研究始终是各国教育改革十分倚重的力量。库森1831年向教育部长基佐提交的《关于普鲁士公共教育状况的报告》直接促使1833年法国初等教育法《基佐法》的出台及法国初等教育体制的完善;美国贺拉斯·曼和H.巴纳德的研究为美国公共教育制度的建立和师范教育的发展起了直接的促进作用;中国自近代的学制改革至最近的高等教育投资管理体制、中小学课程改革,无不体现比较教育研究的影响和价值。

比较教育在促进发展中国家的教育发展方面有着重要的建设性意义。20世纪60年代以来,比较教育的分支领域——发展教育学的发展,使发展中国家教育与国家发展的关系成为比较教育研究的重要主题,比较教育研究对发展中国家教育发展的热情成为这一时期的一大特点,对推动发展中国家教育发展研究与改革作出有益贡献。以该理论为基础发展起来的发达国家和国际与地区组织等对发展中国家的国际教育合作与援助,对解决这些国家的教育经费不足、专业人才缺乏等问题,起到一定的弥补作用。

比较教育在促进国际了解和世界和平方面起了不可忽视的作用。有史以来,各种战争灾祸无不起源于隔阂、偏见与贪欲,而要消除这些不利于和平的因素并非一日之功。教育作为直接作用于人的心灵培育的力量,对此担负着不可推卸的责任。比较教育研究可促使世界各国、各地区的人们消除偏见与隔阂,建立理解与信任,从而促进世界和平。第二次世界大战以后,联合国教科文组织很快成立,其宗旨就是使世界各国人民在正义、法治、人权和基本自由方面不分种族、性别、语言或宗教差别,得到普遍尊重,通过教育、科学和文化促进各国之间的合作,为和平和安全作贡献。除联合国教科文组织这类国际组织的努力外,世界比较教育学界民间的大量交流也是促进各国、各地区人民之间相互理解的重要力量。

比较教育在促进国际教育合作方面取得一定进展。针对全球性、地区性问题,通过联合国教科文组织等国际组织和地区组织发起的跨国联合行动,有力地促进了参与国教育的发展。这种跨国联合行动自始至终是比较教育研究的开展过程。

比较教育对教育学理论的发展作出应有的贡献。自比较教育学科诞生以来,丰富教育学理论始终是它肩负的主要使命。在这方面,比较教育确有其独特的价值。比较教育研究一方面打破教育学往往固守国内教育问题的研究模式,另一方面将许多新的教育理念引入教育学,使教育学理论得以丰富和发展。有些比较教育研究成果甚至使教育学面临理论的转型。例如终身教育理论、可持续发展理论等,都是通过比较教育研究被引入教育学理论研究的视域,并促使其发生革命性变革。

比较教育研究作出诸多重大贡献,也面临着不少问题。自比较教育诞生以来,学者们在它是不是一门学科的问题上一直未取得一致意见。虽然将之搁置并不影响比较教育为教育改革与决策等贡献力量,但这是一个暗藏的危机。对大学中的比较教育研究者来说,这种学科身份地位的潜在劣势影响他们的学术声望,使他们始终处于失去必要支持的危险之中。

20世纪80年代以后,发达国家比较教育研究开始退潮。以往比较教育的理论研究主要依靠这些国家的比较教育学者,发展中国家的比较教育学者出于各种原因,重应用研究甚于理论研究。这一趋势的出现不利于比较教育理论的发展。另外,比较教育研究中的西方中心主义问题、泛化问题、发展中国家研究经费不足问题、比较教育学者忽视本土教育的问题等,都在新世纪继续影响着比较教育的发展。

身处21世纪,交通、通信更加便捷,学者之间的国际交流更加频繁;整体和平的世界局势使针对一些教育问题采取国际合作或跨国联合行动变得更加现实;发展中国家比较教育研究者的素质(语言素质、理论素质等)不断提高;后殖民时代发展中国家本土文化不断觉醒,等等。所有这些都为比较教育研究,尤其是发展中国家的比较教育研究取得更大发展甚至转型,提供了很好的机遇。运用有利条件,克服不利条件,不断提高世界尤其是发展中国家的比较教育研究水平,使该学科体现出更大的理论和实践价值,是每

一位有志于该学科研究的学者的共同使命。

参考文献

冯增俊.比较教育学[M].南京:江苏教育出版社,2001.

王承绪.比较教育学史[M].北京:人民教育出版社,1999.

王英杰.比较教育[M].广州:广东高等教育出版社,1999.

赵中建,顾建民.比较教育的理论与方法——国外比较教育文选[M].北京:人民教育出版社,1994.

King, E. Other Schools and Ours: Comparative Studies for Today[M]. 5th ed. London: Holt, Rinehart and Winston,1979.

(王绽蕊　张东海)

比较教育研究范式 (paradigms of comparative education study) 比较教育研究的方式和视角。主要有因素分析研究范式、文化相对主义研究范式、实证主义研究范式、现代化理论研究范式、人力资本理论研究范式、依附理论研究范式、世界体系分析理论研究范式等。

因素分析研究范式

因素分析研究范式是20世纪上半叶比较教育的主要研究范式。先驱人物是英国比较教育学家萨德勒。美国比较教育学家 I. L. 坎德尔继承和发展了他的因素分析研究范式。英国比较教育学家汉斯则对影响教育的诸外部因素加以系统化,主张对形成教育的因素给予历史的说明。德国比较教育学家 J.C.F. 施奈德也提倡因素分析,提出教育自身内在的发展规律这一因素,强调教育的内发因素及内外因素之间的相互作用。他的观点植根于德国传统,与强调外部影响的英美比较教育学者形成鲜明对照。

萨德勒的比较教育研究范式 1900 年,英国比较教育学家萨德勒发表题为《我们从对别国教育制度的研究中究竟能学到什么有实际价值的东西》的论文,反对孤立地研究教育,提出民族性概念以及研究校外事物的主张。萨德勒综合 M. 阿诺德、W. T. 哈里斯、雷瓦舍尔等人的思想,鲜明地提出比较教育的目的及研究方法。萨德勒的主要意图是用比较的方法和从历史研究中获取的经验来影响英国教育政策的制定。他在上述论文中明确指出,比较教育的目的,就是要以正确的精神和严谨的治学态度研究国外教育制度的作用,以便更好地研究和理解自己的教育制度。虽然外国教育制度中存在的一些特点可能无法引入本国,但至少对改进自己的实际工作有建设性意义。萨德勒还强调指出,虽然考察别国教育制度的目的是加深理解和改进本国教育制度,但绝不是认为或暗示一种教育制度可以适用于每一个相似国家。基于这一看法,萨德勒提出他的比较教育研究范式。

萨德勒希望通过研究外国教育制度来影响英国的教育决策，但极为反对直接从别国借鉴、引进制度。在他看来，对制度的比较研究，其真正价值并不在于发现那些可以从一国移植到另一国的设备（尽管这类移植的可能性也不容忽视），如果有必要改变本民族生活中的弱点的话，那么其价值在于认识到国外教育制度之伟大精神，进一步发现在本国培养这种精神的方法。他告诫人们，研究外国教育制度时，决不能仅仅把眼光放在看得见摸得着的建筑物上，盯着学校的教师和学生，而是要深入到学校之外的街头、家庭中去，寻求那些维系着学校制度并对其取得的实际成效予以说明的那种无形的、难以捉摸的精神力量。萨德勒提出他的比较教育原理，即学校与社会有着能动的关系，对于一个社会之中的学校，必须结合那个社会背景去研究它。萨德勒进一步指出，任何出色的真实有效的教育都是民族生活与特点的写照，根植于民族的历史中，适合它的需要。由此，他首次提出比较教育中的民族性概念。这个概念成为他分析教育资料的核心。萨德勒的这一思想结束以借鉴和移植为特征的比较教育奠基时代，为比较教育学科的形成作出先驱性贡献，为比较教育学科开创一个新局面。值得补充一提的是，萨德勒虽然反对教育制度及教育因素的移植，但认为教育的比较研究可以促使人们获取具有指导意义的一般原则。萨德勒期望研究别国教育制度时，能够关注教育制度之外又与它有着密切联系的社会文化和民族特性。正如他在论文中所总结的那样：学校之外的事情甚至比学校内部的事情更重要，制约并说明校内的事情；一个民族的教育制度是一种活生生的东西，是遗忘了的斗争和艰难及"久远以前的战斗"的结果，隐含着民族生活中一些隐秘的作用，当寻求补救时，便会反映出民族特性中的缺点；我们如果以一种同情的精神去理解外国教育制度的真正作用，就会更好地深入到自己的民族教育精神和传统中，更敏锐地感受其中尚未被表达的理想，更迅捷地捕捉到反映教育制度发展或衰退的征兆，更乐于去识别威胁教育制度的危险及有害变革中的微妙影响；以一种正确的精神和严谨的治学态度研究国外教育制度的作用，其实际价值就在于更好地研究和理解自己的教育制度。

萨德勒对 20 世纪比较教育研究范式产生了深刻影响，为以历史法为主要特点的因素分析理论确定了方向，促使比较教育学科体系形成，使比较教育学科进入一个新的阶段。

坎德尔的比较教育研究范式　I. L. 坎德尔在其 1933 年的《比较教育》及 1954 年修订后出版的《教育的新时代：比较研究》中系统阐述他的比较教育研究范式。他在 50 年的学术生涯（包括编辑《教育年鉴》及撰写其他论文、论著）中始终鲜明地坚持并运用他的比较教育观。I. L. 坎德尔的比较教育思想主要包括比较教育目的论和比较教育方法论两大部分。

I. L. 坎德尔的比较教育目的论有一个发展过程。早在 1924 年，I. L. 坎德尔编纂第一卷《教育年鉴》时指出，比较教育的目的是使学习教育的学生得以获取世界各国的教育理论和实践经验。他认为，对各国教育制度进行比较研究可采用多种方法，这首先取决于研究的目的。在 I. L. 坎德尔的《比较教育》中，一条贯穿始终的基本线索是教育与国家的关系。他不断论及教育与国家面临的政治社会问题之间的关系，反复强调基本的历史、政治问题，即民族主义、民族国家及它们对教育制度的决定性作用。他认为，比较教育研究最根本的目的应是发现教育问题，探讨问题产生的原因及其在特定背景中的解决方法，以及发展教育的原理或原则。每个国家都面临着这类教育问题，这为比较教育增添新的研究任务，单纯地研究教育机构、学校制度的组织和管理、课程和教学过程等已显得太肤浅了。因此 I. L. 坎德尔认为，对这类问题进行比较研究的主要价值就在于分析问题的成因，比较各国制度及其背后原因间的差异，最后尝试解决问题的方法。

基于上述看法，I. L. 坎德尔的比较教育目的论主要包括三个方面。(1) 提供事实，发展教育思想。他认为，比较教育研究的第一步是提供各国教育制度的"情报"。(2) 了解教育问题在特定民族背景下产生的原因。他认为，人们在作出价值判断或进行比较研究时，首先必须掌握事实，但仅仅如此是不够的，因为教育制度是各种传统、文化、观念等力量和因素影响下的产物，比较教育必须探索教育制度产生的原因。I. L. 坎德尔强调比较教育的"历史—功能"目的，认为研究国家教育制度的基本目的是说明每一种教育制度是如何表现其独特的特征的，为此，他总是从历史的角度来看待这一领域，认为比较教育是"延续至今的教育史研究"。(3) 借鉴别国的经验，改善本国乃至全世界的教育。他希望研究者通过了解国内外的教育制度，开拓思路，形成自己的教育观点，进而了解本国教育制度的意义和利弊，改进世界各国的教育制度。总之，比较教育研究的最终目的是培养人类的爱国主义和国际主义精神。

在 I. L. 坎德尔看来，比较教育方法论取决于研究所要达到的目的，即目的论决定方法论。他试图使比较教育摆脱那种对教育问题作简单叙述的做法，采用一种以阐释为目的，对问题进行比较分析的方法，从而实现改善教育的最终目的。他强调，教育的比较研究应着眼于各国的国民教育制度并放眼世界，对各国教育制度的评价不是从主观臆断或无根据的证据出发，而是要分析那些形成和影响教育制度的东西。为此，他提出民族主义、民族性和"力量与因素"的概念，以说明比较教育方法论。

I. L. 坎德尔把民族主义视为一种精神实质，认为民族主义与国家教育制度关系十分密切，前者决定后者的变革，后者变革产生的新经验又将增强前者的发展。民族主义和民族性这两个因素构成 I. L. 坎德尔比较教育的核心。I. L. 坎德尔采用历史法研究比较教育的一大特征,是试图确定那些决定民族性并使国民教育制度具体化的"因素和力量"。他认为比较教育的基本方法论问题并不是"我们用什么方法去比较",而是"我们比较什么"。他认为,比较教育就是以世界教育为着眼点来考察各国国民教育制度的一些具体实际的问题,如课程内容、教育机会均等、英才教育等,并努力阐明决定这些问题的政治、经济、社会及文化传统因素等,并由此指出,比较教育的价值不仅在于研究民族的生活和思想,还在于对形成各民族特性的力量和因素的理解以及对增进民族福利的教育的意义的理解,因而它在帮助促进理解各民族力量的同时,发展了一种以民族可以对人类进步作出贡献这样一种意识为基础的爱国主义。

I. L. 坎德尔是比较教育史上第一个系统阐述理论与方法的学者,他的著作《比较教育》、《教育的新时代:比较研究》等为比较教育作为一门学科的发展奠定基础,为比较教育学科体系的形成作出了贡献。

汉斯的比较教育研究范式　　汉斯在他的代表作《比较教育:教育的因素和传统研究》中集中阐述并论证了他的比较教育研究范式,其中贯穿始终的核心为民族性。他为民族性下了一个定义,认为民族性是种族混合、语言适应、宗教运动及一般历史地理状况的复合结果。一个国家的民族性是根深蒂固的,其教育制度不可避免地源于以前的民族性,受民族性这些因素的影响。既然教育是民族性的产物,是民族性的直接体现,那么教育制度研究必然要立足于它深深植根的过去,由此,汉斯推导出比较教育的目的,即从历史的角度分析研究形成教育制度的因素,比较各国解决由这些因素产生的问题的方法。"从历史的角度分析研究",体现汉斯的比较教育方法论,即以历史法为主流的比较教育研究方法。汉斯强调历史法对比较各国教育制度的重要性。他承认历史研究并不能得出解决所有学校问题的最佳方法,但坚持认为历史的影响常常具有决定性的作用,即使现时代也不例外。宗教态度、民族抱负或"民族特性"深深植根于过去,有时下意识地决定着现在,只有历史研究才能将它们推向表面,阐明它们在民族文化生活中的潜力,使比较教育真正具有教育作用。汉斯指出,要以历史的方法分析研究形成各国教育制度的各种因素。汉斯的历史法,在具体实施中就是进行因素分析,换言之,因素分析是汉斯历史法的具体手段,也是汉斯研究方法的一大特点。汉斯综合萨德勒和 I. L. 坎德尔的观点,把一个民族的发展比作一个人的成熟,认为它主要受三方面的影响,即遗传天资、自然和社会环境以及学校及实际工作中的训练。由此,汉斯分别推导出相应的影响教育的因素,主要有自然因素(包括种族、语言、地理和经济因素)、宗教因素(天主教传统、英国国教传统、清教徒传统)和世俗因素(人

文主义、社会主义、民族主义、民主主义)。因素分析法与历史法紧紧结合在一起,构成汉斯独特的比较教育研究范式。

文化相对主义研究范式

文化相对主义研究范式以客文化的价值观和认知方式为参照系统来认识客文化的教育现象。比较教育中相对主义的典型代表是埃德蒙·J. 金。相对主义者在研究中大多采用现象学和本土方法论的方法。

在本体论上,相对主义对是否存在一个独立于主体的社会实体并不关心。用德国哲学家胡塞尔的话来说,就是把它"悬置"起来。在价值论上,相对主义强调不同文化之间的差异性、"内部观点"的独特性,避免把自己的价值观强加于他人。它认为源于任何一种观点如马克思主义或实证主义的知识,都不具有权威性。在认识论上,相对主义认为寻求普遍适用的规律是徒劳无功的。如果有什么一般规律的话,那也只能是适用于特定时空的。

在比较教育中,纯粹的相对主义者并不多见。相对主义者通常批判实证主义不能正确解释教育现象,忽视主体的创造性,倡导研究人员研究不同教育主体建构教育现实的过程。但是许多学者只是从给比较教育增加一个维度的角度去提倡上述观点,而并不完全否定实证主义方法的价值。有的学者则是实证主义与相对主义的观点并存,比如霍姆斯。埃德蒙·J. 金强调两者之间的互补关系。今天的社会科学中不再强调实证主义者主张的伪科学的"客观的"方法或者是考虑人的反应的现象学方法,而是强调在研究的这两个方面提供证据和见解的人们相互之间建立伙伴关系。同样,在教育的研究中,特别是教育的比较研究中,经验的方法和"客观的"社会科学的方法被严格地应用于某些问题和现象的考察,但是人们越来越认识到那些"现象"必须表达内部的观点和研究时对内部情境微妙的感受。

既然相对主义注重内部主体的观点,那么就必然要考虑不同类型的主体。虽然在同一文化背景下,他们具有一些相同的参照点、相同的价值观和认知方式,但由于所处的地位不同,在社会中扮演的角色不同,他们之间还是有一些不同的价值观念和认知方式的。因此,相对主义方法对研究者的要求很高。

实证主义研究范式

实证主义研究范式认为,比较教育的任务是以客观的、与价值无涉的参照系统来描述和分析主客文化的教育现象,从而发现具有普遍性的规律或法则。

英国社会学家吉登斯认为:实证主义假定自然科学的

方法论程序可以直接应用于社会科学,把社会科学家当作社会现实的观察者;实证主义认为社会科学家的研究结果可以以平行于自然科学的方式来表述,即表示为定律或类似于定律的一般化陈述。因此,只有弄清自然科学的原则和假定,才能理解实证主义的观点。实证主义者倾向于把概念转化为变量,从而理解一现象的变化如何与另一现象的变化相联系。概念之间的联结构成理论陈述,说明概念所指称的事件相互联系的方式,同时解释事件应该如何以及为何相互联系。

实证主义在比较教育中的体现是结构功能主义,代表人物是 C. A. 安德森、胡森、P. J. 福斯特、诺亚和埃克斯坦等。他们的观点是经验论的,他们希望通过跨国比较研究找出教育内部各要素之间的关系以及教育与社会其他子系统之间的关系。这首先是协变关系,然后是因果关系。C. A. 安德森认为比较教育要研究三种相关关系:教育系统各个方面之间的关系模式;一个简化的教育系统分类学体系,能把多种模式的数据包含在其中;教育与社会之间的关系。实证主义者的研究结果只是初步的,离提出的目标还很遥远。许多研究只是重复一些常识性见解,比如教育与经济和政治相关,至于它们之间存在什么样的关系,还很难说清。在实际教育政策方面,实证主义没开出什么好的处方。在实际研究过程中,实证主义者并没有严格按其方法论程序,当然这可能是实际条件限制造成的。20 世纪 70 年代之后,比较教育中的实证主义观点受到挑战,新马克思主义和现象学派纷纷登场,结束实证主义在比较教育界的垄断历史。

比较教育中的结构功能主义被许多人指责为对人类带有宿命论的观点。结构功能主义者把人类行为描述成是社会系统决定的。与其说是人们创造了他们生活于其间的社会世界,倒不如说人是社会系统的产物。现象学者认为,人们主动建造自己的社会世界,而不是莫名其妙地被存在于人本身之外的社会制度左右。正如爱泼斯坦所指出的:工科学生能找到高工资的工作,这并不是一个中性陈述,它将导致培养更多的工程师。

结构功能主义倾向于否认教育的压制和冲突。分析教育的社会化作用时,它强调人们追求的目的与价值观一致的重要性,但并不探查这种一致的目的和价值观是谁的,不关心人们是在追求自己的目的,还是在追求别人强加在他们身上的东西。新马克思主义认为,某些社会群体为自身的特殊利益而去支配别人,一致的价值观不过是把统治集团的地位合法化而已。非实证主义者认为,实证主义的观点有益于统治阶级维护现有社会秩序,因此其价值中立说是虚伪的。

实证主义研究范式也可称为科学主义研究范式。比较研究中的科学主义研究范式认为,比较研究的任务是要在某一系统特有的社会行为规则与普遍的社会行为规则之间

作出区分。反对存在普遍规律的学者认为,社会现实无限多样,它只能在被观察的特定情境中被理解,而不可能用类似于规律的陈述来解释。受乔姆斯基结构主义观点影响的学者不同意这种看法。他们反驳道:正如无限多的句子是由相对适量的基本短语结构规则集、转换规则集和基本单词产生的一样,人们也可以在无限多样的社会行为中寻求这种普遍语法,当然一些违反句法规则的句子是不能通过这种办法生成的,因此人的有些行为也是不能用普遍规则来解释的。

比较教育中的科学主义研究范式认为比较教育与其他教育分支学科在目的与方法上并没有什么根本的不同,所有教育研究都进行描述、解释、重复、确证和证伪。比较研究的目的是在不同的社会中检验教育命题,也就是使特定时空的命题,即“当 A 和 B 和 C 时,如果有 X 那么就有 Y”,转变为普遍的命题,即“只要有 X 那么就有 Y”;或者指明后一种命题仅在一些特殊的社会中成立。这种目的只有通过跨社会研究才能实现。因此,比较研究是通向普遍教育规律的唯一途径。正如 J. 法雷尔所说,如果对教育的研究不是比较的,那么这种研究就不是对教育的一般化的科学研究。至于通过何种程序才能达到这个目的,这是个争论不休的问题。

对经验论的科学主义观点来说,比较教育与国别教育是不同的,但都是必需的。只有通过比较研究,才能使命题具有“如果……那么……”的特征。然而,也只有通过深入的个案研究,才能解释为什么这种命题在有些场合不成立。比较研究与其他社会研究遵循的是同一科学原则,因此,从总的原则上看,比较教育在方法论上的困难与其他社会研究并无二致。尽管如此,比较教育还是具有不同于其他教育分支学科的地方。比较研究通常涉及一种或多种不同于研究者生活于其中的文化。也正是这个特征使比较教育面临其独特的方法论上的问题,比如可比性、概念的等价和个案的数目等。其中有的是理论上的问题,有的则是外在的客观条件问题。有限的资源将影响方法的选择。比较研究的单元选择是应该使单元之间尽可能相似,以便使尽可能多的结构和其他外界因素保持不变,还是应该使单元之间的差别尽可能地大,以便证明某两个或多个现象之间的联系不是偶然的? 这是在问题确定以后选择国别时必须考虑的一个问题。

科学主义在跨文化教育交流过程中有其独特的价值,但也存在问题。哈贝马斯理想互动情境中的有效断言要求之一是命题的真实。科学主义宣称其研究目的是寻求客观知识,即真实的命题,因此科学主义的潜在贡献显而易见。科学主义也是理性化的教育借鉴与输出的有效手段。外国的经验不一定适合本国情况,但是通过科学主义的比较研究获得的知识是具有一定普遍性的规律。这种知识是可以

指导本国教育实践的。但是科学主义本身也存在问题。在比较教育中，科学主义研究对教育决策的影响还很小。这与其说是教育决策者的反科学态度，毋宁说是科学主义还没有提供可以值得信赖的客观知识。

现代化理论研究范式

现代化理论产生于20世纪50年代，其目的之一是论证西方社会制度的优越性和合理性，另一目的是为第二次世界大战之后发展中国家的社会发展提供理论指导和政策依据。现代化理论的思想源远流长。经典社会学家涂尔干、M.韦伯、滕尼斯、斯宾塞和T.帕森斯关于传统与现代之分的两极理论观点和思想体系，对现代化理论影响深远。

盛行于20世纪六七十年代、对社会各领域的现代化过程进行综合研究而形成的现代化理论无疑也给这一时期的比较教育研究提供了一个新的理论框架，现代化理论家对教育在现代化过程中起重大作用的认识也给比较教育学者打开了新的视野。于是一些比较教育学家把现代化理论引入比较教育，这不仅使50年代对比较教育方法论和定义的争论在六七十年代转向对理论问题的争论，而且导致现代化理论研究范式的产生，开拓了比较教育研究的新阶段。其代表人物主要是芝加哥学派的C.A.安德森、贝雷迪、诺亚、埃克斯坦，还有经济学家出身的P.J.福斯特、T.W.舒尔茨。他们的现代化理论研究范式的思想有多个方面。

第一，比较教育研究应向跨学科方向发展，与历史、政治、民族学、心理学、经济学等相邻学科相互渗透和密切合作。C.A.安德森认为，每门社会科学在研究教育与社会其他方面的联系时，都有其独特优势。贝雷迪在关于方法论的"比较研究四步法"中指出，研究的解释阶段是用哲学和各门社会科学学科，如社会学、心理学、人类学等的方法和观点来分析所收集的资料，比较教育具有跨学科的性质。第二，探求教育与社会之间的关系以及教育的经济、政治、文化功能。以结构功能主义为主要理论基础的现代化理论主张分析社会的各种结构和功能，并认为社会的各结构是有机相连的。就教育而言，每种教育制度有其不同的社会基础，应从社会政治、经济、社会阶层的形成和变迁、文化等各个方面来探求它与社会的关系。教育作为社会的一个子系统，也是结构与功能的统一，也要研究教育的政治、经济、文化等功能。第三，在理论和方法上，致力于比较教育本身的建设，研究它在教育决策和教育预测中的影响和作用。强调教育对社会各领域现代化的重要性，注重探求教育的独特结构和功能。作为国际教育交流的论坛，比较教育无疑具有重要作用。第四，发达国家应对发展中国家输出教育经验。比较教育是在借鉴外国教育经验的情况下产生的。第二次世界大战前的研究强调教育经验的输入，战后

的现代化理论注重研究非西方发展中国家和地区的现代化过程，并认为教育是实现现代化的最重要因素。受此影响的现代派比较论者自然关注第三世界国家的教育改革，主张本国先进教育经验的输出。C.A.安德森、诺亚、埃克斯坦等科学主义者都严厉批评人文主义者以地方为特征的教育的无效，强调对教育现象进行客观、价值无涉的研究，强调研究结果的可重复性及研究方法的可操作性，以试图发现普遍性的规律和法则，并将其移植到发展中国家，解决它们的教育问题，实现教育在现代化过程中的独特功能。他们的努力形成了比较教育中的现代化分析模型：发达国家→教育问题→教育援助→发展中国家教育与经济的发展→发展中国家的发展与现代化。第五，注重教育投资及长远规划。这一主张主要由P.J.福斯特、T.W.舒尔茨等人提出。他们既是经济学家，又是现代派比较论者。在对人力资本理论的研究中，他们发现增加教育投资能促进生产发展。教育周期长，"十年树木，百年树人"，今天的人才是明天的科技和后天的财富，德国和日本战后经济的腾飞都大大得益于教育，故发展中国家若要迅速赶上现代化的步伐，在处于与当年发达国家同等经济水平时，应加大教育投资。

20世纪60年代末，许多学者就认为现代化理论代表西方中心主义的观点。事实上，世界文明并非以西方文明为中心，西方文明只是人类文明中的一个类型。更重要的是，一些发展中国家运用这种理论"增长第一"的发展战略和发展政策，并未真正进入现代化，许多国家出现"有增长，无发展"的局面。现代化理论遭到质疑。

人力资本理论研究范式

在教育研究中，学者们根据自身的教育背景采用不同的发展理论。以经济学为背景的学者则集中探讨发展过程中人的生产能力，把劳动力质量的提高当作一种资本投资，认为才干、技能和知识能增强劳动者在劳动市场上挣得收入的能力。人力资本投资推动经济增长的概念，实际上在早期古典经济学理论中就已出现。20世纪60年代，T.W.舒尔茨、丹尼森和贝克尔等人开创的系统研究使人力资本理论得以形成。1960年，T.W.舒尔茨在美国经济学会作了以"人力资本投资"为题的会长就职演说。他认为，不应仅仅把教育看作一项消费，而应看作生产性投资；教育不仅提高个人的选择消费能力，而且提供经济增长必需的劳动力类型。以人力资本概念为基础，一些学者认为，社会发展的最有效途径是提高人口素质。早期测定教育对经济增长的贡献，有丹尼森等人提出的增长计算法和T.W.舒尔茨等人提出的人力资本收益率方法。增长计算法以总生产函数概念为依据，将产出(Y)表示为实物资本(K)和劳动(L)投入的线性齐次函数：$Y = f(K, L)$。T.W.舒尔茨的方法则

是先算出人力资本的收益率，然后将其与实物资本的收益率相比较，以测定教育对经济增长的贡献。他的结论同丹尼森一样，即美国产出的增长率，相当大的一部分要归因于教育投资。人力资本理论关于教育能促进经济增长的假说一提出，就被用于论证增加教育财政支出的必要性。这无论在发展中国家还是发达国家，情况都一样。与现代化理论一样，人力资本理论把发展中国家的不发达和经济停滞归因于这些国家内部的因素而不是外部因素。

自20世纪70年代末以来，人们开始批评人力资本理论。首先，在方法论上存在困难。估算人力资本投资收益的种种假设受到质疑，人力资本理论有关"余数"与劳动力素质提高之间关系的假设也受到抨击。其次，在个体层次上，对教育是否与职业成功及收入增加直接相关，学者之间存在很多争论。许多学者的研究表明，家庭背景、个人能力及政治、经济和社会等结构性因素对个人的成功与否影响很大。第三，在具体的教育政策上，关于人力资本理论的争论在某种程度上反映比较教育学术界与世界银行之间的分歧。对人力资本理论的质疑也可以说是对世界银行政策指令的质疑。20世纪70年代中期以来，世界银行的研究人员根据人力资本理论提出由国家支持的免费公共教育是发展障碍的观点。世界银行力主征收学费，并使学校私有化，以此来促使学校系统提高效率。优先发展初等教育，不增加对中等教育和高等教育的拨款，也是世界银行为发展中国家提供的政策建议。在比较教育中，人们曾对公共学校教育在社会变革中的作用提出过疑问，但并不认为私立教育更理想。

依附理论研究范式

依附理论20世纪60年代出现在拉丁美洲，最早由阿根廷的普雷维什提出，在对西方新古典主义发展经济学的批判中逐渐形成。依附理论者认为需要一种能解释拉美不发达问题的"总理论"，这种理论把拉美国家置于世界经济体系的总体框架之中，从宏观上来考察拉美这个局部体系，最重要的代表人物是A. G. 弗兰克。他在20世纪50年代末就开始研究拉美发展问题。依附理论的思想源泉是马克思的阶级冲突理论以及列宁的帝国主义概念。依附理论的基本观点：首先，世界经济是一个体系，由核心国家（西方发达资本主义国家）和边陲国家（非西方欠发达国家）两部分构成。核心与边陲之间的经济关系是不平等的，前者对后者的剥削是导致后者欠发达、不发达的根本原因。依附理论中使用的主要概念："中心"与"外围"、"宗主国"与"卫星国"、"殖民主义"与"新殖民主义"、"文化帝国主义"和"文化异化"等。其次，工业化国家的发达与发展中国家的不发达是同一历史过程中两个互为因果的方面，前者的发达必然以

后者的贫困为代价。第三，依附的形式有三种：一是殖民地依附；二是进口替代依附；三是跨国公司依附。三种依附形式反映了依附过程的三个阶段。第四，依附或欠发达型经济具有一些独特的特征，如依附国经济发展水平与其跟核心国经济联系的密切程度成反比，生产部门间的兴衰以核心国的兴趣和需要为转移，工业化和城市化畸形扭曲，国内阶级结构两极分化，出现"新买办阶级"，高级专门人才外流以及债台高筑等。第五，在发展模式上，依附理论主张：为克服依附关系，依附国应同西方发达国家脱钩，进行社会主义革命。

比较教育中的依附理论研究范式也是在批判结构功能主义发展观的过程中形成的。卡诺依、阿诺夫和阿尔特巴赫等人都论证了一个国家的教育制度与其说受本国因素的影响，不如说更经常受本国以外的因素影响，极力主张比较教育研究要集中辨别这些外部因素。他们考察教育制度如何以不同方式服务于不同的社会团体以及社会不平等怎样在地区和国际水平上产生。卡诺依1974年出版的《作为文化帝国主义的教育》一书标志着依附理论观点在比较教育领域中开始流行。卡诺依在书中主要把教育当作一个因变量。他把发展中国家的教育看作是本国精英阶层和中心国资产阶级利益的反映，是中心国文化帝国主义的结果，较少分析其中的矛盾和冲突及其对政治和经济统治的反作用。在不对统治制度进行改革的情况下，他认为那种反作用的意义值得怀疑。卡诺依这种教育的外因决定论观点既有合理之处，也有令人难以信服的地方。他把教育纳入世界政治经济体系进行分析，是一个大的进步，使比较教育真正从国际维度分析问题。依附理论者总的来说普遍对帝国主义的殖民统治缺乏辩证认识。事实上，西方的殖民统治对传播新生产力和新文明的作用不可否认。卡诺依也注意到教育自主性的问题。他指出，学校教育尽管主要功能是选择和社会化，但确实培养出了各种人才，不仅有在依附体系内进行变革的，而且有想打破依附状况的。通过不断增长的学校教育，社会的统治群体会不自觉地创造出反对依附和统治群体的力量。在这一点上，卡诺依的观点既不同于新古典经济学家把教育当作"经济增长的发动机"，也不同于鲍尔斯和金蒂斯的"对应原则"，即学校教育反映并再生产社会生产关系，它的变革是对生产关系变革的反映。阿尔特巴赫在《作为中心和外围的大学》一文中指出，大学可分为"有影响的"和"依附性的"两类，即知识创造者和知识传播者。第三世界国家的大学尽管在本国有影响，但在国际学术网络中仍处于劣势地位。它们是被动的，而不是主动的，因为它们充任工业化国家维持其世界统治地位的代理机构。阿尔特巴赫认为，中心和外围这种概念同样适用于各国内部，宗主国家既有普通院校，也有世界名牌院校。

世界体系分析理论研究范式

阿诺夫在他和阿尔特巴赫、G. P. 凯利主编的《比较教育》中倡导教育的世界体系分析，认为比较教育领域正越来越走向联系经济、政治和社会的种种力量，对教育进行更为细致的考察。阿诺夫扼要解释了世界体系分析的主要特征，采用的基本概念就是国际秩序中的经济和文化依附、中心和外围及趋同和趋异。沃勒斯坦关于全球体系趋同和趋异与中心和外围的概念紧密联系。世界市场和社会通过使一切社会服从相同的力量产生趋同，通过为不同社会在世界阶层体系中扮演不同的角色产生趋异。阿诺夫说，在封闭的国家体系背景中分析教育，不能捕获一个国家在国际体系中的位置。正是这种情境影响国内经济、政治和社会文化因素对教育发展或欠发展的效果。这种背景有助于解释宗主国语言在过去殖民地持久的支配地位，使用的教科书、课程和技术，采用的改革方式和它们频繁的失败。以生产力中的不公正为基础的阶层化国际体系，有助于进一步说明在谁身上发展什么技能和谁从高度熟练的才能上得到好处，在海外进行什么科研以及谁能进入或消费这种科研。

比较教育学者采用世界体系分析理论研究范式开展了许多研究，比如国际学生流动对发展中国家的影响，发达国家对发展中国家的学校所传播知识的控制和分配以及发达国家如何通过知识控制竭力维持现存的国际不平等。

世界体系分析理论研究范式的意义在于给比较和国际教育这个领域恢复国际维度。尽管大部分研究是注重"依附"和"冲突"，但也有一些研究只采纳世界体系分析中包含的国际教育相互影响这个因素。比如，美国社会学家迈耶等指出：第二次世界大战以后一段时期，世界各国普及初等教育的动力及中等教育与高等教育的空前发展，不能仅根据各国特有的社会结构来进行解释，也不能用它们的经济是如何受控制来解释，而是国际化社会的结果。

参考文献

顾明远，薛理银. 比较教育导论——教育与国家发展[M]. 北京：人民教育出版社，1998.

王承绪. 比较教育学史[M]. 北京：人民教育出版社，1999.

王英杰. 比较教育[M]. 广州：广东高等教育出版社，1999.

Bereday, J. Comparative Method in Education[M]. New York: Holt, Rinehart & Winston, 1964.

Noah, H. J. & Eckstein, M. A. Toward a Science of Comparative Education[M]. New York: Macmillan, 1969.

（张　旺）

比较教育研究方法（methodology of comparative education）　建立在一定理论基础上的比较教育研究的

一般方法原则。比较教育研究方法流派纷呈，表现出多学科的开放性特征，如科学主义与人文主义、实证主义与文化相对主义、定量方法与定性方法、结构功能主义与新马克思主义、民族主义与世界体系论等。这些方法看似立场观点不同甚至相反，实际上是认识角度不同，各自具有不同的效力，可以相互补充。

比 较 方 法 论

比较思维和比较方法　美国比较教育学家诺亚指出，比较思维像其他所有智力活动一样，倾向于形象，倾向于使用比喻、模式和范例，通过已知的东西来解释未知的东西，类似于有意识地扩大认知的思维活动。比较思维充满好奇，深受人类行为之谜的吸引，是能动的也是灵活的，纵横驰骋于独特方面和普遍准则、事实和变量、材料和理论、深层研究和其他活动形式之间。总之，它是一种独特的认识方式，尤其是一种科学、哲学或艺术的探索思维。其本质特征是通过比较和比喻来揭开错综复杂之谜团、掌握各种思想和行为。比较思维如此灵动，是一种思维活动，也有章可循，是可以分析把握的一种研究方法。比较，就是确定对象的共同点与不同点。以辩证唯物主义的观点看，事物发展变化的共同性与差异性是应用比较法的客观基础；事物之间的广泛联系与区别是进行比较研究的基本依据。根据比较对象的同一性和差异性，可以分成同类比较与异类比较。同类比较是指比较两种或两种以上同类对象而认识其相异点。异类比较是比较两种或两种以上的异类对象而认识其相同点。此外，还可以依据其他标准，分成异期纵向比较与同期横向比较、影响比较与平行比较、宏观比较与微观比较等。

比较的标准　在比较的整个过程中，除比较的事实或方面外，还存在其他主观性因素（参与比较的人）。这种主观性因素被界定为第三比较，或称比较的标准。此处有两个根本性问题：第一，所有对比研究都与事先选定的一种教育理论密不可分，比较标准越严格、越深刻，理论性越厚实，我们就越懂得怎样进行比较研究；第二，在比较研究中时刻牢记主观性因素。

比较的属性　比较的属性可以从现象性、多样性、可比性或同质性、全面性四个方面来把握。（1）现象性。从原则上讲，任何比较都是针对各种现象或观察到的事实的。首先，观念本身原则上是不可比较的，只有当它变为可以观察到的实际事物时才可比较。如同美国比较教育学家 I. L. 坎德尔所言，许多关于教育的比较最终是对支撑所比较的教育事实的教育哲学比较，不过比较的过程是从教育事实开始的。其次，所有比较都是肤浅的。当一种纯粹现象或实际现象成为比较的对象时，任何比较都不能奢望理解那些事实、行为或制度的内在本质。(2)多样性。要进行比较，至少需要存在两个事实或现象。要对一个事实进行比较，只能比较该事实的多个历史发展阶段。随着比较对象数量的增加，比较的论证力量也会增强，但比较的难度也必然随之增大。因此，选择少量真正有代表性的现实(如某些教育制度)比选择很多或全部现实通常更有效。(3)可比性或同质性。可比性是指事物具有共同特点和不同特点，即具有持某种差异的共同特点。同质性是指所比较现象的构成特点、本质成分是相同的。材料的可比性应该成为所有比较研究的前提条件。为避免不可比情况，应该多用概念，少用特定的视觉材料，因为概念是各个国家或具体时期突出经验的总结。(4)全面性。全面性是比较方法论特别追求综合性的结果。抓住所研究客体的灵魂(多样的和同质的)，就赋予比较这种属性。全面性包括两点含义。第一，社会是一个整体，教育只是该整体的一个组成部分。因此，关于教育的所有研究都应该置于社会整体中。第二，教育本身也是一种整体现象。教育有多种形式(学校只不过是其中一种)，能发挥经济、社会、文化、政治等多种功能。研究要做到十分全面虽有难度，但可以确信，考虑的因素越多，研究就越有深度，研究质量就越高。

比较的限度　比较的限度可以从三个方面分析。(1)客观性问题。比较教育深处存在着的思想和观念带有显而易见的主观烙印。比较具有现象学的特点，我们的研究往往是围绕表面现象而不是现实本身进行的。但是，任何科学都不可能以任何方式求得绝对的客观性。在社会科学发展史上，实证主义者完全消除主观因素的梦想渐渐破灭。比较方法的最大难题是民族中心主义，它往往令研究者更远离客观性。民族中心主义指坚持以观察者自己的文化和价值观点来考察世界，会影响到比较研究的方方面面：包括主题的选择，途径和方法的确定，结果的解释。尽管如此，我们还是不应该放弃对客观性的追求。比较工作者必须持这样的态度：知道自己容易倾向的见解后，就应采取各种措施克服这种主观倾向，尽最大可能接近客观性。(2)判断效力问题。要控制所有影响某种具体社会行为的因素，实际上是不可能的。只要有一种因素没有考虑到，就足以使任何试图用以解释事实及其原因或结果的普遍性规律在其他情况下失效。因此，比较工作者像其他社会研究者一样，应该抑制自己追求"最终结论"的欲望。(3)规范性问题。比较方法不能以任何方式确立支配任何民族的教育或教育机构的"标准"。道理很简单，因为比较不能讲"应该是什么"，而应讲"本来是什么"，更准确的说法是"好像是什么"。但是，比较研究的结果可以帮助那些负有责任的人作出眼下的决定。

比较教育不是一门规范性科学，不指望建立我们应该从中受到启发的教育理想，也不想审查据以评价所发生事

物的标准。用一个比喻来说，比较教育就像航行学，不教一艘船或一架飞机的指挥员应该航向何处，只是告诉他有关风向和海流、暗礁和流沙地的情况，指挥员要想顺利到达港口，就不能忘记这些情况。

比较与隐喻　比较教育中的隐喻比比皆是。埃克斯坦列举了《比较教育评论》中一些作者使用隐喻的例子。例如，1982年6月号有人把"高等教育"比作"学习阶梯的最上一级"、"经济发展的处方"；1982年2月号有人运用社会学、人类学的功能主义观点，谈到"结构"、"生命过程"等。

比较教育中有两种常用的隐喻。一种是用简单、明了而又普遍、重大的隐喻来形容一种国家和文化。最好的例子就是埃德蒙·J.金《别国的学校和我们的学校》中某些章的标题："法国——理性的光辉"、"美国——车轮上的国度"、"英国——勉强的革命"等。第二种是用其相同点来形容一类事物，如"发达国家"、"发展中国家"；"选拔性的中等教育制度"、"非选拔性的中等教育制度"等。上述两类例子都用隐喻来描述事物，它们不一定能够解释任何事物。但它们提示联系、相互作用和原因，甚至宣示未来。

比较教育领域的奠基者从一种进步取向的模式出发，把学校教育看成是"纵横交错"社会结构的组成部分，注意到影响教育思想和行为的社会"力量"以及不但影响学校的事情而且影响各种政治现实结构的知识"潮流"。他们的范式包括许多重要假设：不仅我们研究的学科、国家或学校制度可以进行某种分组，而且从一个状态到另一个状态的运动可以说是代表着某种进步。根据这种精神，我们接受了历史和人类学中类似的比拟：在人类社会与个体之间进行比拟——有些社会像人类婴儿，简单而原始；有些社会像成人，复杂而高级。这种隐喻包含某种期望和价值，把我们的注意力引向某些特定的相似点、不同点和某些具体问题，其中隐含的价值判断很明显。

另一种隐喻模式即激进范式，在20世纪70年代得到越来越多的关注，虽然它像进步观念一样，植根于19世纪的政治思想。其中心概念是权力和冲突，并由此产生许多隐喻，如"再生产"、"依附"、"帝国主义"。教育因此成为施加权力的手段，精英们把学校作为维持对没有权力的人的霸权的机制。前一种模式是进步取向的、社会生态学的，把教育看成是普遍社会进步和改良的触媒或酵母，后一种模式把教育看成是精英团体维持对少数人的利益的工具或渠道。

比较教育中的隐喻可以帮助人们描述以及在一定限度内进行解释。然而，一种有力的隐喻不但可以描述和解释，而且能够形成新的思想，进一步探索相似点和不同点，并产生新的比喻，来形容一些尚未得到理解或以前没有发现的性质。比较教育中的隐喻都很简单，来自自然和日常生活，充当沟通已知和未知之间的桥梁。它们赋予未知以某种形状，帮助人们把握其中的某些要素，但也常常被无意

识地使用，人们没有考虑它们到底说的是什么或暗示什么，能够把使用者引入未知领地到多远。因此，应该批判性地考察这些隐喻，以免它们限制人们的思考。它们应该受到新概念的挑战，这些新概念可以回答更多问题，并引起新问题。

几种比较教育研究的方法

贝雷迪的比较研究四步法　美国教育家贝雷迪生于波兰，任哥伦比亚大学师范学院比较教育学教授，主要著作有《教育中的比较法》(1964)。他认为比较教育属多学科性的学科，必须同时用社会学、历史学、经济学等多种学科知识来研究，研究目的在于调查和分析外国教育制度，系统探讨外国学校的素质，为本国教育评估作参考。研究类型可分为区域性和比较性。研究方法分为描述、解释、并列、比较四个阶段，前两个阶段是区域性研究，后两个阶段是比较性研究。

第一是描述(description)阶段。研究者必须集中精力，以比较客观和尽可能扼要的方式陈述事实，收集自己正确理解的若干资料，包括第一手和第二手资料及辅助资料，用贝雷迪的话来说，就是收集纯粹教育学的材料。第一手资料包括有关各国的各委员会报告，各官厅的官方报告，议会和学术团体的讨论记录、法令、报刊的报道及社论、教育预算、教育计划、学校课表等。第二手资料包括有关各国的个人和集体著作和文集、学术刊物、教育学事典、外国人撰写的对该国教育情况的调查报告等。辅助资料包括有关各国与教育有关的传记、书信、游记、印象记、文学作品、影片及历史学、社会学、政治学、经济学、法律学等文献资料。为搜集资料，去外国直接考察或调查研究，是不可缺少的。为使比较教育研究科学，非常重要的问题是从各种角度对搜集到的资料进行鉴别。鉴别可分为外部鉴别和内部鉴别两种。前者是鉴别资料的真伪及其形成的地点和时间、独创性等；后者是鉴别资料的可信程度。搜集和鉴别资料之后，是整理和分类。自朱利安以来的比较教育学者都重视这个问题。整理方法中有地图法、图表法、表格法。地图法是按分布情况进行整理，例如，把各国大学按综合大学和单科学院分别用不同的标记注明在地图上。各国的学制图最好采用图表加以整理。不能记入地图或整理成图表的资料则按不同范畴分类整理成各种"表"。例如，贝雷迪在研究"1958年的苏联教育改革"专题时，曾按学前教育、初等教育、前期中等教育、后期中等教育、中等教育结束后的教育、大学毕业后的教育六个范畴分类，分别记述要点。

第二是解释(interpretation)阶段。研究者应利用其他社会科学的方法，解释教育学材料。这种解释不应重在说明教育事实的"现状"，而应重在说明"为何如此"，即为深入

理解教育事实而分析影响教育事实的各种因素。在做这种解释时，重要的一点是充分利用相关科学的考察方法和成果。例如，美国为援助发展中国家的教育，每年都拨出巨款，但收效甚微。初期，美国的教育援助很受欢迎，可后来常常遭到当地人的厌弃和排斥。贝雷迪从哲学、心理学、历史学、社会学、人类学、政治学、经济学、自然科学八个方面考察了其中的原因。他在哲学上用英国的人道主义观点，在心理学上用美国盎格鲁-撒克逊族的民族优越感观点，在历史学上用美国摆脱孤立主义的观点，在社会学上用美国人的生活方式观点，在人类学上用不断美国化的移民传统观点，在政治学上用美苏对抗观点，在经济学上用维护自由企业和私有财产的观点，在自然科学上用美国科学技术的观点，试图弄清美国教育援助对发展中国家的各种影响。比如，从社会学上"美国人的生活方式"来探讨美国教育援助收效甚微的原因，那么可作如下解释：美国人在衣、食、住三者中重视"住"，到当地后不是住进高级饭店就是住在可与有产阶级的私邸相媲美的豪华住宅里，这种生活方式给当地人的印象自然很坏。这样对搜集到的资料作出解释，可以加深对资料的理解。至此，便完成他所称的"区域研究"，开始进入"比较研究"。

第三是并列(juxtaposition)阶段。比较研究的第一步就是并列阶段或者说是对不同国家的材料进行初步对比的阶段，以便确定比较的标准(或范围)。这一阶段应该提出比较假设。为进行比较，必须并列资料，使其具有可进行比较的形式，即要确定一个比较范围。例如，有三份关于三国课程的资料：日本学校传授花道；犹太人小学校要求学生背诵犹太法律；美国大学开设保龄球课。这三种资料彼此毫不相干，但从"特殊课程"的观点看可以求得统一，而且可以相互进行比较。在并列阶段，除划定比较范围外，还要通过对资料的进一步研究，形成进行比较分析的假说。例如，可提出这样一种假说：从上述"特殊课程"中能否看到弄清各国教育一般性质的线索。这样一来就明确下一阶段进行比较分析的要点，即可由假说引出比较分析。

第四是比较(comparison)阶段。在这一阶段，可通过对各国教育的同步分析，仔细研究第三阶段提出的假设。在比较阶段，要为这些假说作出一定的结论，即要把与这些假说有关的各种资料放在一起加以比较和研究，以确定假说正确与否。

比较教育研究经过四个阶段：从各国的教育事实出发，对其进行记述；解释；从中确定进行比较的假说；比较各国教育事实，验证假说。这个研究模式使比较教育研究变得系统化和具体化。

贝雷迪一直运用这一基本框架，认为这对那些刚刚开始从事比较研究的人来说不失为最实际和最适当的途径。问题研究也适合这条途径，例如教会和政府在各国教育中

的关系问题。运用上述框架研究一个问题大致要经过下列步骤：选择问题；收集重要的教育学材料；结合社会背景，对收集到的材料进行解释；并列解释过的材料；提出假说；比较分析材料，证实假说；得出结论。

贝雷迪认为，比较有平衡比较（一译"对称比较"）与阐释比较（一译"说明比较"）之分。平衡比较是在两个作为研究对象的国家或区域之间作对称比较，有融合比较与轮流比较之不同。这种方法强调资料的对等和平衡，其实质是从某一国家或区域获取的每一类信息都必须同从别的国家或区域获取的可比信息相匹配。进行平衡比较时，最重要的是突出比较因素，就某一相同的因素将不同国家的信息融合在每一个段落或句子中进行比较，而不是依次列出每一个国家的信息。这种将信息归并于一个个段落或句子的做法，标志着研究从轮流比较向融合比较过渡。轮流比较意味着依次列出每个国家，以阐明研究中社会因素起的作用。采用融合方式时，讨论才真正是同时的：不是用一个个句子轮流讨论每个国家，而是用同一句话把它们放在一起讨论。平衡比较也存在局限性，即比较时必须找到可比的对等事物，而在一些教育领域要做到这一点，往往非常困难。当研究人员力图在不对称的地方寻找对称时，力求平衡比较可能会产生一种不平衡的判断。所以，在这些难以找到对等事物的教育领域勉强进行平衡比较，其结果往往存在着失真的危险。在平衡比较不适合时，可以采用阐释比较。阐释比较是指将不同国家的教育实践资料随意取来，用比较的观点对资料的意义进行说明。进行阐释比较时，不可能作总体概括，也不可能推导出任何普遍法则。这种表面看来是低水平的比较，其实是通过"含蓄的方式"对各国资料进行比较分析，目的仍然在于选择一些比较的事例，用以证明自己的假说。运用得当，阐释比较可以使原本可能流于空洞或缺乏探索性的社会学分析变得内容更为丰富，分析更有深度，并可以弥补在资料不足情况下难以进行平衡比较的不足。

包含"并置"和"比较"的研究有两种途径：一是"问题研究"（problem approach）；二是"总体研究"（total research）。问题研究是指选择一个研究课题，通过对不同国家教育制度的考察，研究它们在这一研究课题方面的一致性和差异性，从而得出不同国家在相似或不同条件下解决同一类教育问题的各种办法，以供教育决策参考。随着问题研究范围的扩大，研究者会逐步进入总体分析阶段。如，有关教育财政问题的研究，可能会引发研究者对教育与经济之间相互关系的总体研究。一个比较教育研究者只有在问题研究方面取得足够经验之后，才能转入总体研究。总体研究是对教育的各个方面与其所处社会环境之间相互依存关系的总体把握，探讨所有教育制度赖以存在的各种内在力量，以揭示教育发展过程中的某种规律。比较研究的最终目的就在于探究教育发展的规律，促进国际相互理解，说明教育与社会的复杂关系。

诺亚和埃克斯坦的科学与量化方法　美国哥伦比亚大学的诺亚和纽约市立大学的埃克斯坦毕业于伦敦大学国王学院，师从比较教育学家汉斯，后于哥伦比亚大学师范学院获得博士学位。在比较教育学家贝雷迪的指导下，他们对比较教育的方法论问题产生兴趣。1969年，他们结合自己在大学的教学经验，合作撰写《比较教育科学的探索》（*Toward a Science of Comparative Education*）一书。该书对科学的比较研究方法进行了探讨，并在此基础上具体论述比较教育研究中验证假说应采取的比较分析顺序和方法，对比较教育方法论的发展作出重大贡献。

他们认为，科学方法的主要优点在于能提供前后一致的客观方法，来解决带有偏见、倾向性的甚至任性与固执的问题。科学方法有两个显著特点：一是特有的科学态度；二是特有的研究策略。社会科学研究一般应经历提出假说、数量测定、参照研究、理论分析四个步骤。

诺亚和埃克斯坦将现代社会科学研究的一般程序引入比较教育研究，提出比较教育研究程序。第一，确定问题。在这一阶段，有关一组特定现象的资料总会引起人们对这些现象之间相互关系的一些想法，这些想法可以来自人们的观察、对公认权威的研究、直觉以及传统观点。第二，提出假说。确定问题之后，要通过演绎推理及直觉思维等方法去掌握所要研究的问题。这些问题通常非常模糊，但研究者必须对它有明确的认识，并将这些认识作为假说（关于两个或两个以上变量间关系的一种陈述）确定下来。第三，明确概念。假说中的变量都以概念的形式加以限定，而这些概念是外加于现象之中的一些人为范畴。在这一阶段，要在确定各种可测量指标的基础上对假说中出现的概念加以明确限定，以使这些概念具有可操作性。第四，选择个案。为证明假说，要选择一些对象国进行调查研究。个案的数量至少应在两个以上，才能适合验证的需要。为使研究结果更具普遍性，研究对象国的选择应遵循三个标准：选择与假说有关的对象国；对主要的一些外部变量（假说中出现的变量以外的其他变量）进行控制，使所选择的个案在这些外部变量方面水平大致相当；研究对象国选择数量适当，以最经济的方法，利用资料，对问题作出尽可能多的解释。第五，收集数据。不论理论还是假说，均要接受现实世界的检验。要将资料分为现成资料和第一手资料，研究要考虑到其中常见的误差性、非典型性和片面性等问题。尽管收集第一手资料比收集现成资料花费更多，选择也非常有限，但这种方法最适于假说的验证。第六，整理数据，说明结果。整理数据是为说明数据间的相互关系，对假说作出验证。

霍尔姆斯的问题研究方法　英国比较教育学家霍尔姆

斯倡导问题研究方法。他的突出贡献是把问题研究方法作为比较教育研究的主要方法。此方法以杜威的哲学思想和波普尔的哲学理论为基础,结合比较教育研究实际建立起来的,既是研究方法,又是教育改革的工具。它包含两个主要框架。一是方法论框架,即问题研究的程序。根据杜威"反思性思维过程"的理论,它有四个步骤:问题的选择与分析;提出政策建议;鉴别验证有关因素;预测政策可能产生的结果。二是收集资料、分析问题、验证假设的"理智框架",根据波普尔的"批判二元论"演化而来,为预测教育改革结果提供分析参考。它由四个模式组成:规范模式(normative pattern),主要包括影响各国教育问题的信仰、宗教、哲学、政治观念、道德价值等意识形态方面的资料;制度模式(institutional pattern),容纳对象国有关教育制度及其组织结构,以及制约教育制度的政治、经济制度,政党与经济、法律组织结构和群众团体等资料,为制订切实可行的教育改革方案提供参考;自然模式(physical pattern),容纳地理、地质、气象、环境、人口等自然因素方面的资料;精神模式(mental pattern),容纳一国或一民族的精神状态,或称民族性,包括传统观念、民族意识和特性以及反映个人行为准则和人们对新事物和改革的态度等方面的资料。霍尔姆斯曾用这种方法对高等教育、师范教育问题进行卓有成效的研究。

比较教育研究的文化主义方法 许多比较教育学家曾尝试从文化比较的视角研究教育。I. L. 坎德尔曾经指出,比较研究首先要理解形成教育的无形的、不可捉摸的精神力量和文化力量,这些校外的力量和因素甚至比校内事务更为重要。他使用民族主义和民族性的概念,认为这是教育制度的基础,并仔细分析了影响国民教育制度的因素和力量。

牛津大学教育研究中心主任霍尔斯提出比较教育研究的文化主义方法。他在联合国教科文组织教育研究所于1971年9月召开的比较教育研究方法专家会议上提交论文《文化与教育:比较研究的文化主义方法》,认为根据文化主义方法,每一种教育制度都从其生存的文化环境衍生出来,从抽象的观点看教育,本质上就是文化现象。审慎使用的"文化"一词,意味着世代相传的创造性成就、目标和观念,文化特征产生显著的教育特征。文化是一种由教育传递、不断变化着的"传统"网。这些传统可分为经济的、社会的、技术的、宗教的、审美的和语言的。他还提出另外一种有用的分类,即按照层级递降次序,把文化看作是由类型、区域、复合体和元素组成的,例如由古典主义、天主教信条、用分析语言进行交流等元素组成拉丁文化复合体的西欧文化区域。霍尔斯还讨论教育形态学,作为比较之基础。他认为,这样一种分类体系首先应当排除所有模棱两可的地方,特别是所有交叉重叠的范畴,其次是应当能够使人们认清给

定文化环境中教育现象变化和维持的基本条件。通过尽可能准确地评价一种教育现象得以自我表明的实际文化环境,最终将有可能在理论上论证另外一种教育制度的特殊元素经由与本土文化环境比较,是否能够跨国移植。这种不同文化之间的"匹配"决定着教育"借鉴"是否可行。

文化可以从静态和动态两个方面来看。从静态看,文化表示代代相传的思想和价值观,在某种程度上是历史博物馆。文化的动态方面在于人们不得不向后代重新解释历史。布迪厄和帕斯隆甚至把文化说成是"人们在集体生活中所习得和表明的活动和信念的标准模式"。虽然它们可以通过教育来传递,但在传递过程中会发生细微变化。同时,由于新知识层出不穷,规范、信念和价值观总是在不断调整,并通过教育系统得以传递。

霍尔斯还提出对教育、文化进行进一步分析的范畴。例如对教育,可以按照通常的分析方法分成目标、结构、课程和教学方法。目标可以进一步分成长期目标(aims)或短期目标(objectives)、学生中心或学科中心等;结构可以按照教育水平和横向或纵向差异程度进行分类;课程必须包含智力、道德、社会、审美等方面的所有学习活动以及正式或非正式场合的学习;教学方法也包括正规非正规两类,与所教学科有关,还包括教育技术资源、对学生教师教学内容和方法的评价等。

文化不像教育那样容易分析,因为不是所有文化现象都与教育有着同等重要的关系。霍尔斯提出对教育产生作用的"文化态度指标":宗教态度;哲学态度;政治态度;社会和经济态度;知识态度。这些指标可以进一步细分。例如,宗教态度可以分为基督教和非基督教,天主教和新教,不可知论或无神论等;哲学态度如笛卡儿哲学对法国教育的影响,理想主义对德国中学的影响,经验主义哲学对英国教育的影响,实用主义哲学对美国中学的影响等;政治态度可以考虑教育政治化的程度,政治控制的方式(技术统治或官僚统治)和效果,文化民族主义或国际主义的程度等;社会和经济态度包括英才主义和平等观念,教育投资或消费观念对教育规划的影响等;知识态度包括对科学方法、技术方法与古典教育方法的看法的冲突,对工具主义与理性主义看法的冲突等。各种教育的民族形式、各个社会在应付现代世界中展示的"行为模式",构成不同文化态度的独特混合物。它之所以独特,是因为每种教育制度都给各种文化态度分配不同的权重。

霍尔斯实际上提供一种能够在整个文化环境中研究教育过程的框架,他最终的比较是一种涉及几种教育制度的多因素分析,或者说是从许多角度对其中的每个课题进行研究,允许采用定性和定量方法。

比较教育研究的哲学方法 哲学方法最重要的作用在于对任何研究和实践方案背后的假设进行反思。即使像朱

利安那样以事实和观察为基础,对教育进行研究,背后仍然有哲学立场在支持着,那就是培根的归纳法方法论。正如波普尔所指出的:一个人即使确实收集到"客观"的事实并给予审视和分析,解释性假说、说明性理论也不会从中自然且轻而易举地得出。它们是事实必须顺应的一种框架,只有在这个框架中,事实才获得意义。这些假设、理论或框架是理论工作者或实际工作者持有的,哲学分析的作用是使它浮出水面。

每个人的哲学观、思想偏见和自己的范畴,都来自家庭、学校以及阅读和朋友。从某种意义上说,对事物的解释和说明,无论是使用模糊的大众化的词还是严格的或专业性的词,总是同哲学联系在一起的。模糊、笼统的解释有时可以适合任何事情,说明存在的任何东西。以民族特性这一概念为例,汉斯说它是"种族混合物、语言适应性、宗教运动以及一般的历史、地理情况等的综合结果",但问题是如何使这个概念更精确、更有意义并可使用?以上提到的每个因素对民族特性这个综合物实质的影响是什么?人们能否将气候、遗传因素、宗教和哲学这些不同类型的因素混合起来?罗塞洛在《我们朝向一个行动的学校、理智的学校或激情的学校?》一文中提出:英国人寻求行动和活动,用具体的术语思考,从实际的角度来判断问题,用公平竞争的观念来制约他的道德生活;法国人善于进行智力活动,通常还认为这是一种游戏;喜爱精确的思考和语言,着重分析,强调方法;西班牙人热情和忠诚,憎恨妥协,是由矛盾构成的民族,他们动摇在懒惰与无尽的精力、屈服与反抗、蛮横与善良之间。他进一步考虑,这种性格特征在多大程度上可能是学校教育的结果,又在多大程度上反映在学校体系的形成和课程规划中。他期望有一天人们终于成功地制定一种教育制度,精神、心灵与身体,行为、理智与情感将最终汇集成一个和谐的综合体。然而,罗塞洛的这种解释框架虽然是必要的,试图联系的因素也很多,但是不全面,也可以用其他事实来支持相反的观点:西班牙人是行动的;法国人是注重感情的;英国人是注重思维的等。所有这些似乎有悖于人们广泛接受的观点,然而,它们源于某种特定的哲学。"民族特性"概念尽管存在理论上的缺陷,但仍然具有启发价值:它帮助提出问题并引导探索。事实上,任何假设,无论怎样软弱或模糊或令人不满,总比根本没有假设要好。"民族特性"或"国民精神"概念可以通过减少所包含的要素,或者说集中于哲学的尤其是认识论的方面,或者说限制运用的范围,针对学校或教育的某一方面而得到简化和明了。

劳韦里斯通过对英国博雅教育(liberal education)、法国普通文化(culture generale)、德国普通教育(allgemeinbidung)、美国普通教育(general education)、俄国综合技术教育(polytechnicalization)进行比较,讨论哲学中的民族风格问题,即由于历史和地理、气候和职业、社会和习俗、传统和发明、语言和思想之间相互的微妙作用,导致不同的论证风格以及对不同类型问题的关心,并由此引出各自方向的哲学化路径。劳韦里斯的分析尽管简略,需要结合哲学、历史、社会学、心理学、管理学和教育学进行更清楚的分类,但仍然具有启发价值。劳韦里斯还结合1957年《教育年鉴》的内容讨论了在特定社会中流行且受尊敬的哲学观点是如何在教育制度中起作用的。例如受柏拉图思想影响的西欧尤其是英格兰倾向于认为,人类至少可分为三类,即哲学王、士兵和平民,而且遗传的作用最大,因此应该规划教育制度,尽可能早地发现天才,并设置高级英才学校,来培养那些天资较高的人。而在美国,贵族式柏拉图主义体系受到摈弃,他们认为上述观点是错误、衰退、不道德、反民主、资产阶级化的,倾向于环境因素大于遗传因素,并试图在年龄上尽可能晚地进行接受高等教育的选择等。

因此,意识到形成一个人或一个国家教育观念的力量,是摆脱陈旧观念并从不合理力量的束缚中挣脱出来的第一步。以往创办学校都根据一种不加批判地从祖辈那里接受的习俗,现在应该用积极意义的科学取而代之,对相关事实进行冷静而客观的评价。要通过思考和感知的方式来形成问题和提出解决问题的方法。为此,应该了解各国有重要影响的哲学家的观点,考察他们对人、社会、知识等性质的观点及对教育制度和实施的影响。

比较教育研究的社会学方法　　美国社会学家 C. A. 安德森认为,比较教育中运用社会学方法有一定的背景:就研究主体而言,许多社会科学家研究跨国教育问题,并对国际上的教育制度改革作出贡献;就理论方法而言,每门社会科学在研究教育与社会其他方面的联系时都有其独特优势,如对各种社会的比较研究必须依赖于人类学,但社会学由于其精于分析制度性体制(institutional system)相互关系之优点而有独特的比较能力。

比较框架中的教育社会学可以研究两类问题:一类是跨文化表述各种教育制度内部关系的差异方面,例如能力分组的实践是否改变学生学业成就上的社会等级差异;另一类是进行制度之间的分析,讨论教育对一个社会的经济或政治特征产生什么样的影响,即对教育进行功能性解释。社会科学家更喜欢采用后一种方法。可以预期,对重要的教育课题进行比较分析,可以对既定观念提出挑战,而比较分析对于讨论第一类问题也会更加有用。

C. A. 安德森还认为教育或学校具有多种功能:生产中间产品而不是完整的个人;通过读写算训练吸收社会文化的特定部分,并形成某些习惯水准;一部分青年学习如何保存和修正"高层次文化";学校在传播认知技能和社会共识的同时,也在培养个性;对年龄较大的学生进行职业培训。这些功能可能在各个教育阶段得到强调的程度不同,或者其影响不一定面对所有学生,彼此之间可能有冲突和矛盾,但在各国各类学校中共同存在并且可以鉴别出来。

对于有指向性或政策性意义的研究来说,仅仅列举学校的功能或作用显然不够。要能够在教育现象复杂的相互联系中鉴别出重要的因果联系,才能有更明确的改革思路。每门社会科学都会有独特的视角和看法,有助于学校走向成功,但没有哪些研究是万应灵丹。

许多社会科学家都认同:一个特定类型的社会就有一种特定类型的教育制度,发达国家的学校比发展中国家的学校更趋于类同,一个技术发达的社会比技术中等的社会应该而且会有一种更加不同的教育制度。但是,学校与社会适应的观点是可以讨论的。因为从西方发达社会的经验看,政治民主的发达社会同社会底层儿童只有极有限的教育机会的教育制度一起发展起来。教育机会均等(像以技术为导向的学校一样)是社会发展的后期产物,而不是社会发展的工具。正因为这样,要根据社会的经济、政治目的作教育规划,根据未来劳动力需求来规划人力培训,是非常困难的。学校与社会之间的适应来源于大量经过培训的人力对社会变化的灵活调节。

在国际中学生数学成绩评价测验中,研究者最初都想当然地认为,技术化程度高的社会会向学生灌输最大量的数学,他们的学生会在国际测验中得高分。但是,在参与研究的大致相同的发达国家中,学生的平均成绩与国家的经济技术发展指标之间并不存在这种正相关。中学生数学得高分的国家,既没有出版相对多的技术书籍,也没有相对多的工程和科学类的大学生。同样,社会和家庭、社会结构对学生学业成绩的影响也不是线性的。来自日本下层社会学生的分数要高于其他一些国家上层社会的学生。社会流动机会多也不一定促进成绩提高。

社会对学校的影响十分复杂。技术社会确实需要储存大量的数学知识,以维持社会复杂的经济活动,但这并不意味着在高技术社会中,接受中等教育的劳动力都有平均水平比较高的数学知识和能力。

社会趋势是一种短期变化的延续,而在每一个间歇中,教育既是原因又是结果。技术变革是动态的、不平衡的,而且无法预测。因此,教育最重要的着眼点应该是培养学生的应变能力,这是基于初等教育读写能力培养起来的能力。教育既要反映现存社会的特征,也要反映未来社会的特征。学校如果是有用的,就必然要适应其所在的社会环境,但适应的标准是模糊的,甚至是不确定的。学校教育内容的适切性经常被理解为多一些具体的内容,少一些抽象的内容,并使之地方化。但是,与学校课程(与广大社会)相关联的内容不可能是具体的或地方的,学校课程的精确性、严谨性也不应轻易抛弃。

参考文献

顾明远,薛理银.比较教育导论——教育与国家发展[M].北京:人民教育出版社,1996.

王英杰.比较教育[M].广州:广东高等教育出版社,1999.

Bereday, G. Z. F. Comparative Method in Education[M]. New York：Holt, Rinechart and Winston, 1964.

Holmes, B. Problems in Education：A Comparative Approach[M]. London：Routledge & Kegan Paul, 1965.

Noah, H. J. & Eckstein, M. A. Toward a Science of Comparative Education[M]. New York：Macmilan, 1969.

(王晓阳)

必修课程与选修课程(required course and selective course)　两种课程制度。必修课程原指高等学校教学计划中规定的所有攻读学位的学生必须修习的课程,后扩大至中等专业学校和普通高中,指各级各类学校的在校学生为达成基础学力而必须修习的课程。根据学生和社会发展的需要编订,是个体社会化的基础,为学习其他知识和发展能力所必需。中国基础教育的课程一般包括国家课程和地方课程,与学科课程具有同一性,具体有语文、数学、英语、科学、社会、技术、艺术、体育等学科课程。选修课程是为发展学生个性,适应学生的个体差异和发展需要而开设的课程,最初出现在高等学校,后在中等学校和不同层次的学校开设。

选修课程的产生与选修制度密切相关。近代资本主义工商业兴起后,为使学校适应社会政治经济发展和学生个性发展的需要,选修制度在西方一些教育家长期不断的努力下产生并发展。18世纪启蒙运动时期,德国大学中科学知识的兴起推动了选修制度的产生。德国的大学最早实行选修制度,德国教育家洪堡1810年创办柏林大学,倡导"学习自由",主张由学生自行选择课程和教师。1825年,美国弗吉尼亚大学深受杰斐逊民主自由精神和"智者为上"思想的影响,引进德国经验,首开选修课,学生可自由选择学科。但因传统势力根深蒂固,选修课的发展受阻。1869年,美国教育家C. W. 埃利奥特就任哈佛大学校长,开始在哈佛大学推行选修制。他认为选修是本科生进行的一种自由选择,选修制度的原则是自由,学生可以根据自己的天赋和兴趣自由地选学课程。1870—1910年是美国课程自由化发展的鼎盛时期,在哈佛大学"自由选课制"的影响下,许多高校不同程度地实行选修制,打破了美国高等院校以古典学科课程体系为主的局面,大量吸收近代社会政治、经济、文化和科技等学科,促进了大学中教学与科研的结合和学术自由的发展,并促进学分制的建立。1893年,以C. W. 埃利奥特为首的美国"十人委员会"基于充分的调查研究,向美国全国教育协会提出报告,其中包括关于在中学开设选修课的建议。委员会关心课程问题和中学与大学的衔接,提出进行课程改革,为提高科学、现代外语和英语在课程设置中的地位,报告强调一切学术性科目都具有同等价值,同时也考虑到课程设置的灵活性和多样性,根据 C. W. 埃利奥特自由选科的思想,主张在不实行双轨制课程的情况下,允许学生有选择的自由,保证学生升学和就业的双重需求。至此,美国中学正式倡导开设选修课程。

在中国,北宋教育家胡瑗根据"明体达用"的教育宗旨及因材施教的教学原则,结合自己的教育实践经验,创立"分斋教学"及选修制度,"分斋教学"设经义与治事两斋,改变了以往专以儒经为主的教学内容,首次把有实用价值的"治事"各学科纳入正规学校,与"经义"并列。中国正式开设选修课程始于 1919 年。1919 年 4 月,北洋政府教育部依据 1918 年全国中学校长会议《关于中学课程应有伸缩余地的决议案》的精神,向各省区下达咨文,要求各地中学斟酌地方情形,增减科目及时间。此后,不少学校开始试行选科制。1920 年,在江苏召开的中学校长会议进一步讨论选修课问题并通过决议,确定总学分和每周课时的 2/3 用于必修课,1/3 用于选修课。至 1922 年,实行选科和分科的学校占全国中学的 9%。1922 年"壬戌学制"颁布后,选科制度正式确立。1923 年刊行的《新学制课程标准纲要》(高中普通科部分)将课程分为公共必修、分科专修、纯粹选修三部分,其中纯粹选修占 20%,并规定由学校根据实际情况开设。1928 年,国民政府召开第一次全国教育会议,通过了组织中小学课程标准起草委员会编订课程标准的决议案。1929 年公布中学暂行课程标准,规定高中普通科取消文理分组,取消"分科专修"和"纯粹选修"的名目,只有必修、选修两类,减少选修课程,增加必修课程,仍采用学分制,未限制选修内容。1932 年正式颁布的标准中,高中的主旨是升学,需固定课程,选修课只适用于职业教育为由,取消选修课和学分制。1949 年新中国成立后,由于全面学习苏联,课程结构中只有必修课而无选修课。1963 年,在总结过去的经验教训后,教育部颁布教学计划提出,高三年级设置选修课,规定第一学期每周 2 学时,第二学期每周 5 学时,全年共计 111 学时,仅极少数学校进行了试验。1981 年教育部颁布《全日制六年制重点中学教学计划(试行草案)》,提出在高中开设选修课,在高中二、三年级每周各安排 4 节选修课,占高中阶段总课时的 9%,根据社会和学生的需要以及学校条件设置选修课程,学生可选一门或两门,亦可不选。1990 年国家教育委员会颁布《现行普通高中教学计划的调整意见》,改革普通高中课程,增加选修课的比例。调整后的教学计划仍将选修分为两种:单科性选修课主要在高一、高二年级设置,可根据学校条件、学生要求和社会需要而定;分科性选修课侧重文科、理科、外语、艺术、体育、职业技术等方面,主要在高三年级开设。两种选修课比 1981 年有较大增加,高中三年级选修课的平均时数达 20% 以上。1996 年,国家教

育委员会颁布《全日制普通高级中学课程计划(试验)》,再次调整选修课,将 1990 年规定的单科选修与分科选修调整为限定选修与任意选修,其中任意选修不受高考科目限制,完全根据学生个人兴趣志向自主选择。2001 年教育部颁布的《基础教育课程改革纲要(试行)》对课程结构作出重大调整,指出初中阶段设置分科与综合相结合的课程,学校应创造条件开设选修课程;"高中以分科课程为主,为使学生在普遍达到基本要求的前提下实现有个性的发展,课程标准应有不同水平的要求,在开设必修课的同时,设置丰富多样的选修课程"。

选修课程有不同分类。按课程内容,分为学术性选修课和职业性(技术性)选修课。前者侧重基础文化知识和基本技能,包括高深型、拓宽型、趣味型学术性选修课,有助于丰富学生精神生活,扩大视野,发挥特长,培养个性。后者包括农业类、工业类和商业类选修课,目的是使学生了解工业、农业、商业发展的历史与现状,掌握一些知识与技能,为就业作准备。按开设方式,选修课程可分为限定选修课和任意选修课。限定选修课即按照学生不同的发展方向,将有关选修课分组设置,组成定向选修学科群,由学生自行选修,能适应社会发展需要和学生的能力倾向。任意选修课即不进行固定分组,开设数量足够的既适于升学又兼顾就业的选修学科,让学生在教师指导下自由选择,能避免因过早专业分化而导致发展的狭隘性。

世界各国不同教育阶段选修课程的设置不同。小学阶段,多数国家无选修课,只设必修课。但个别国家的小学开设选修课,据 20 世纪 80 年代统计,在亚洲和太平洋地区的 15 个国家中,有 5 个国家的小学开设选修课。初中阶段,有些国家无选修课,有些国家开设选修课。在亚、非、欧、美等洲的 60 个国家中,45% 国家的初中开设选修课,其中有的在初中高年级开设,有的从初中一年级起开设,选修课一般约占总课时的 10%。20 世纪末开始,一些国家的初中提前设置和增加选修课,日本初中阶段的选修课占总课时的 20%。高中阶段的课程制度有五种。一是全必修制,即所有课程均为必修课,无选修课,且不分科。二是分科制,或分文、理两科,或分文、理和职业(实科)三科,或分多科,科种不尽相同。三是必修与选修结合制,各国选修课所占比重不同,一个国家中各地各校选修课的比重也不同,一般选修课约占 30%~50%。四是分科加选修制,即在分科之后,每一科中既有必修课又有选修课。五是全选修制,在美国的高中和英国的"第六学级"实行,但方法不同。美国的高中一般只规定必修学科,在每一门必修学科中设有多种不同水平、不同名目的课程,故选修课程和必修学科的具体课程均由学生选修。英国的"第六学级"是中学的第二阶段,学制多为 2 年,选修课占 30%~50%,除体育外,一般每个学生只学 3 门课程,与升学或就业的要求直接对口,完全由学生

自选。

　　必修课程与选修课程的关系主要体现在如下方面。其一，在课程价值观上，必修课程与选修课程体现公平发展与个性发展的关系。必修课程的直接价值支撑是"公平发展"，指一切人享有平等的受教育机会，应对一切人施以实质上公平的教育；选修课程的直接价值支撑是"个性发展"，指施以适合每个人的能力倾向和个性特点的教育。在大众主义教育时代，"公平发展"与"个性发展"是对立统一的，"公平发展"只有适应每个人的个性差异，才不会导致"划一主义"，而"个性发展"只有建立在"公平发展"的基础上，才不会提供教育内容上有本质差别的分轨式教育。必修课程与选修课程在教育价值观上具有内在一致性和统一性。其二，必修课程与选修课程具有同等的价值。必修课程与选修课程相辅相成，构成有机的整体，这从选修制度诞生之始一直被强调。C.W.埃利奥特的选修制的理论核心即"科目的等价性"。其三，必修课程与选修课程相互渗透、相互作用，两者有机统一，成为个性化课程体系的有机构成。必修课程并不排斥选择，是为学生更好地选择培养能力；必修课程的学习中同样必须尊重学生的个性差异，鼓励学生发挥个性特长，合理选择学习内容和方法。选修课程也不牺牲共同标准和要求，而是经由共同标准的评估来保证有效的学习。必修课程与选修课程既相对独立，又具有内在统一性。其四，必修课程与选修课程的数量互为消长。必修课程的时数增多，选修课程的时数就减少；选修课程的时数增多，必修课程的时数就减少。各国必修课程与选修课程的比重各不相同，即使在一个国家，各个学校必修课程与选修课程的比重也不尽相同。其五，必修课程与选修课程在门类关系、内容关系和课程水平的关系上互相补充、相辅相成。必修课程是选修课程的基础，选修课程是必修课程的发展。一般而言，必修课程的门类有限，选修课程的门类相对较多，设置与社会生活和经济发展密切相关的实用性、职业性课程，可弥补必修课程的缺陷，拓展学校的课程领域和学生的知识领域。改革必修课程，亦需要相应设置多层次、多样化的选修课程，保证学生的充分发展。其六，从教学角度看，必修课程与选修课程互相补充。在教学目标上，必修课程侧重共同知识、技能、素质的形成，为学生的终身发展奠定共同的根基；选修课程则侧重拓展学科视野，深化学科知识与技能，发展学生的个性和特长。在教学功能上，必修课程传授基本的科学文化知识、技能和技术，保障基本学力，培养基本素质，奠定个性化发展和终身学习的基础；选修课程则着眼于学科知识的拓展和深化，满足学生的兴趣爱好，发展学生的个性与特长。在教学内容上，必修课程强调知识技能的基础性、基本性、系统性与完整性，内容较稳定；选修课程则关注较深、较广和较新的知识技能以及现代社会生活中的重大问题，必须随时代变化及学生的要求进行及时调整。在教学方法上，必修课程的实施循序渐进，注重课堂讲授、讨论探究和加强基本技能的训练；选修课程则可以跨越方式开展教学，以专家讲座、学生自学、讨论和实践为基本形式。学科课程中选修模块的教学与必修模块的教学有许多共同之处。

参考文献

顾明远.教育大辞典（增订合编本）[M].上海：上海教育出版社，1998.

瞿葆奎，陆亚松，李一平.课程与教材（上册）[M].北京：人民教育出版社，1988.

张华.课程与教学论[M].上海：上海教育出版社，2000.

（王丽华）

毕生发展心理学（life-span developmental psychology）

亦称"生命全程发展心理学"、"一生发展心理学"。研究个体从胚胎形成直到衰亡的整个生命过程中心理或行为的发展过程及规律的学科。是心理学的一个新兴研究领域，也是一种研究个体心理发展的观点和方向。其核心假设是个体心理或行为的发展并没有到成年期就结束，而是贯穿整个生命过程。目的是要发现毕生心理发展的一般原则，获得关于个体之间发展的异同和个体发展可塑性程度及条件的知识，以促进人的心理发展。

　　古人早已表现出关于毕生发展的朴素思想。如中国古代思想家、教育家孔子在《论语·为政》总结自己的人生经历时曾说："吾十有五而志于学，三十而立，四十而不惑，五十而知天命，六十而耳顺，七十而从心所欲，不逾矩。"18世纪后半叶西方某些学者曾把人的整个一生作为研究的对象加以考察，但这种研究的思路或途径在其后的一个多世纪内并没有受到重视。直到20世纪60年代，由于世界各国老年人口比率的不断提高，促使老年问题研究发展；由于老年学的出现，社会学、人类学等有关学科内部对毕生研究的倾向，以及开始于第二次世界大战前的几个大规模的儿童发展纵向研究到20世纪六七十年代其研究对象已届成年或老年，引起研究者对人生后期包括全程发展研究的兴趣，毕生发展的研究大量增加，逐渐成为心理科学中一个新兴的、颇为活跃的研究领域。德国柏林的马克斯·普朗克人类发展研究所（Max-Planck-Institute for Human Development）是毕生发展研究领域内的研究中心，巴尔特斯是该研究所的代表人物。他曾于1969年和1972年在美国西弗吉尼亚大学组织三次毕生发展心理学学术会议，先后出版三部论文集：《毕生发展心理学：理论与研究》（1970）、《毕生发展心理学：方法学问题》（1973）、《毕生发展心理学：人格社会化》（1974）。20世纪80年代以后，该领域的研究得到进一步发展，其理论涉及人格、智力、道德和自我等诸多方面，如埃里克森的人格发展八阶段理论、里格尔的思维发展理论、埃尔蒙的道德发展理论以及卢文格的自我发展理论等。在这诸多研究之中，以德国的巴尔特斯最为活跃、最具代表性。巴尔特斯及其同行以全新的视角审视传统的心理发展观，提出一系列具有重要影响的基本观点。

发展贯穿人的一生

传统的心理发展观主张心理或行为的发展自生命之初开始，儿童和青少年期是发展的主要年龄阶段，成年期趋于稳定，老年期以后的变化被看作衰退或老化而非发展。"发展"和"衰退"代表着心理或行为变化的两种不同过程。毕生发展心理学则认为个体一生都处在不断发展变化之中，个体从出生到生命的晚期，其中任何一个时期都可能存在着发展的起点和终点。从整体上考察，个体心理或行为的发展采取不同的形式，发展是一个在时间（起点、延续、终点）、顺序和方向等方面各不相同的各种变化范型的体系。毕生发展心理学的基本任务就是要确定发生在生命过程中任何时候的心理或行为发展的形式和过程，并构建有关其时间次序和相互关系的模式。巴尔特斯等人认为，即便是死亡，也是一个人生命后期发展变化的一种形式：当人面临自然死亡时，死亡和许多发展目标与过程有关，如对身体衰弱的适应、重新组织社会环境、回顾一生等。所有这些过程或表现，都是"发展"，并非必然是"衰退"。传统的心理发展观强调儿童早期生活经验对以后发展变化的重要性，认为后继的发展直接受制于早期的经验。毕生发展观主张早期经验的影响可以被以后的经验改变，生命后期的发展部分取决于该时期的特殊因素（如特定的社会背景因素等），而不仅仅是受到先前经验的影响。因此，一生任何年龄阶段的经验对发展都具有重要的意义，没有哪个年龄阶段在调节发展的性质中居首要地位或特别重要。

个体发展具有多维性与多向性

传统的心理发展观认为，儿童的心理是随着年龄的增长而发生积极的、有次序的变化，即"发展"，而老年人的心理则向着衰退的方向变化，往往是消极的变化。毕生发展心理学认为，心理或行为的各个方面，甚至同一方面的各个成分或特性，发展的进程和速率都各不相同。发展是多维的和多向的：某些心理或行为发展变化可能表现为一条"积极向上"的直线或波动的曲线，有些方面的发展是先快后慢或先慢后快，而有些方面则是终身都在不断改变或终身保持不变。美国心理学家巴尔特斯将智力区分为智力的液态技巧（mechanics）和晶态实用（pragmatics），基本上对应于美国心理学家 J. M. 卡特尔 1967 年提出的流体智力和晶体智

力，并以这两种智力机能在人的一生中表现出的不同发展轨迹来证明心理发展的多维性和多向性。智力的液态技巧是指比较依赖神经生理结构特性而不依赖文化、知识背景的能力。如对新事物的学习能力、近事记忆能力、思维的敏捷性、知觉的整合能力等。在操作水平上，以信息加工基本过程的速度和准确性为指标。智力的晶态实用，是智力技巧和情境、知识相联系的应用，主要是与文化、知识、经验积累有关的后天习得的能力，如知识广度、词汇量、判断能力等。在操作水平上，多以言语知识、专业特长等为指标。在人的一生中，这两类智力机能的发展方向或轨迹不同：智力的液态技巧在成年早期达到高峰，以后即开始衰退，呈较明显的倒 U 形发展曲线；而智力的晶态实用，如果个体具有继续练习的机会，即便到老年期不但不减退反而有所增长，以至重新获得甚至超过成年早期。

发展是获得和丧失的整合

传统的心理发展观断言，人在儿童和青少年时期，心理或行为处于发展，即处于获得或成长的阶段，而到老年期，便进入老化即丧失或衰退时期。毕生发展研究者根据自己和行为科学家的研究发现，老年期也同样有某些获得或成长，并据此对"发展"的概念作了新的诠释：任何一种心理或行为的发展过程都是复杂的，没有一个发展变化是单纯的获得，发展也不是简单地朝着功能增长的方向运动，人生全程发展都是获得与丧失、成长与衰退的整合过程。任何发展都是新适应能力的获得，同时也包含着某些既有能力的丧失，只是"得"与"失"的强度和速率随年龄变化而有所不同。例如：在皮亚杰的研究中可以看到，由于七八岁儿童的真实性知觉受到图式进步的抑制，其知觉的精确性反较前降低；有研究发现，当认知任务在逻辑上无法解决时，年幼儿童的成绩会超过年龄较大的儿童甚至成人，因为后者认为存在一种逻辑上完善的解决方法，因而产生一种不符合标准的解题行为；个体在获得本民族语言的同时，对其他民族语言的发音能力明显降低。这些都说明获得或成长、进步不是发展的唯一特点，发展是得失的整合过程。可以用得失法，即用获得与丧失之间的比率作为评价发展完善程度的标准。比率越大，发展的完善程度越高，反之，发展便越不完善。成功发展，意味着同时达到最大获得和最小丧失。

发展由多重影响系统共同决定

传统的儿童心理发展观特别强调"年龄"（即时间）因素对发展的影响，甚至将儿童心理学称作"年龄心理学"。毕生发展观认为，年龄只是影响心理发展的一种因素，以年龄

为依据构建发展框架不完全符合事实。心理或行为发展主要由年龄阶段、历史阶段和非规范事件三类影响系统共同决定。年龄阶段的影响，是指与实际年龄有很强联系的生理成熟及社会文化事件，如生理性成熟、更年期、家庭生活周期、接受教育(入学年龄)、职业活动(退休时间)等对发展的影响。历史阶段的影响，是与历史时期有关的生物和环境因素，如经济发展、社会进步、人口和职业结构的变化以及战争、流行病等对心理或行为发展的影响。一般说来，这两类因素对某一社会中某一年龄群体的所有或大部分成员都以相似的方式产生影响，属于规范性的影响。由于所处的历史时期和遇到的历史事件不同，不同年龄群体往往表现出发展上的差异。因此，对某一年龄群体的研究结果不能无条件地概括到其他历史时期和文化环境中另一个年龄相同的群体上去。比如，对某一特定老年群体智力的研究便不能最后说明智力老化的过程。非规范事件的影响，指对某些特定个体发生作用的生物和环境因素，如职业变化、疾病、离异、事故、亲人亡故等。其主要特点是缺少个体间的同质性，也没有普遍性和可预见性。年龄阶段的影响一般比较相似、稳定，主要由此导致个体发展方向的一致性；历史阶段的影响，是通过历史条件的变化对个体发生影响，个体之间和群体之间的差异较大；非规范事件的影响由于缺少个体间的同质性，因而使个体心理或行为发展具有更为显著的独特性。这三类影响系统在人生全程发展不同阶段的作用与重要性也不尽相同：年龄阶段的影响对儿童期的发展产生最重要的作用，可能是儿童期发展具有较大普遍性的主要原因；其后，由于发生学的控制作用逐渐减弱以及个体社会化的逐步发展，这类影响的作用逐渐减弱；而到老年期，年龄阶段的影响又逐渐增强，进入又一个高峰。在青少年和成年早期，由于家庭生活、职业和生活方式等都要受到当时社会环境的影响，历史阶段的影响对青少年和成年早期的作用特别明显。非规范事件，尤其是重要的个人事件对人的毕生发展起着越来越重要的作用。历史事件和个人特殊事件处于波动起伏状态，是成人发展变化的重要调节因素，成年尤其是成年晚期个体内和个体间的差异较儿童期显著。这三类影响的整合决定个体毕生发展的性质、规律和个体间的差异，个体发展的任何过程都是这三类影响系统相互作用的结果。

儿童心理学和毕生发展心理学在研究对象、观察分析的侧重点以及观点，存在着某些差异，如儿童心理学比较注重年龄阶段的影响和个体比较接近的环境因素，毕生发展心理学比较重视历史阶段和非规范事件的影响；儿童心理学重视儿童心理发展一般的、典型的、本质的特征，即规律性和普遍性，强调儿童早期经验对后期发展的影响，毕生发展心理学强调一生发展的可塑性和个体间的差异性等，但两者关系密切，互为补充。绝大多数儿童心理学工作者都

接受毕生发展的基本观点，并把儿童心理或行为置于毕生发展的全程中加以考察，从而使我们有可能对儿童发展获得更为全面的、充分的理解。

毕生发展观是向传统发展观的一种挑战，进一步激起对儿童乃至人生全程发展问题的思考和研究兴趣，使我们有可能进一步揭示人生发展的规律，成功地处理人生发展各阶段面临的问题，尤其是对中老年人调整心态、不断完善自我，具有重要的理论参考意义。

毕生发展心理学尚有不少需要进一步探讨的问题，如个体心理发展受历史阶段的影响等一般原则在心理发展各个方面是否有不同重要性和不同表现等；其理论探讨仍多于实证性研究，某些观点仍有待实证性研究材料的支持或验证。凡此都有待理论和实证性研究的进一步深入。

参考文献

方富熹，方格. 儿童发展心理学[M]. 北京：人民教育出版社，2005.

缪小春. 心理学中一个新兴的研究领域——毕生发展心理学[J]. 心理科学通讯，1990(4).

桑标. 当代儿童发展心理学[M]. 上海：上海教育出版社，2003.

（程学超）

标准参照测验(criterion-referenced test)   以某一预先确定的标准为依据解释测量结果的测验。与"常模参照测验"相对。它的明确提出归功于格拉泽。他和克劳斯在1963年将测验分成常模参照测验与标准参照测验两类，并作了比较。1969年波帕姆和赫塞克发表《标准参照测验的应用》一文，引起教育与心理测量界的广泛关注，使20世纪70年代成为标准参照测验迅速发展的10年。标准参照测验的发展与美国20世纪五六十年代的教育改革运动密切相关。人们提出"为掌握而教学"、"个别化教学"的主张，挑战传统的测量方法。传统的测量和评价方法是竞争性的、相对性的，并不能说明学生到底掌握多少知识和达到什么水平，只能依靠名次的相对提高来判断学生是否取得进步，不利于学生的成长和发展。正是在这一要求下，标准参照测验在20世纪70年代后得到长足发展。

标准参照测验的基本概念

标准参照测验以根据特定的操作标准和行为领域，对个体作出是否达标或达到什么程度的判断。常模参照测验则以常模为参照，测验分数只有相对意义，而在标准参照测验上则只比较测验分数是否达到相应水平，而与其他人的分数无关。这里所说的标准(criterion)是指在编制测验和解释测验分数时依据的知识和技能领域，而不是指分数的

分界标准(standard)。分数的分界标准是区分合格不合格、达标不达标的切割线(cut-off point)。实际上,对标准参照测验进行解释,有时不使用分界标准,测验只是确定学生对行为领域内的目标(即标准)掌握到什么程度。在发展过程中,标准参照测验有不同的名称,这些名称有时是标准参照测验的不同类型,有时仅仅是概念上的混用。

内容参照性测验(domain-referenced test)　当使用的标准是用内容材料来定义,确定为掌握某领域知识和技能的比例,这时测验就被称为内容参照性测验。内容参照性测验的目的是测量被试对规定范围内的内容(主要指知识和技能,也可指能力)的掌握程度,它以被试对测验内容的掌握程度来推测其对规定内容的掌握程度。内容参照性测验与标准参照测验在概念上不易区分,内容参照性测验有明确的测量内容范围,它以要测量的内容范围为总体,以测验题目为样本,并以测验分数解释其在内容总体中的表现。这可能是内容参照性测验作为标准参照测验一个特殊类型的特点。被试在内容参照性测验上答对题目数占所有测验题目数的百分比被视为其对整个内容范围的掌握程度。当然内容总体可以是内隐的知识或能力,也可以是外显的具体行为。尤其在后一种情况下,测验结果的解释就与行为表现(效标)结合起来,这时就很难说是单纯的内容参照性测验。

目标参照性测验(objective-referenced test)　指测验题目各自拥有行为目标的一类标准参照测验。这类测验不关心测验的整个行为领域,以及每一个题目对相应领域的代表性,对这类测验的解释必须依据被试对特定测验题目的回答。若用所有项目的行为目标来描述测量的领域,并且测验题目是内容领域的代表性样本,则目标参照性测验也就与标准参照测验没有区别。

掌握测验(mastery test)　这是一类依据特定行为领域和判断标准对被试加以区分的标准参照测验。这类测验以掌握与否的决策标准回避"掌握什么"的问题,只需回答"能做什么的问题"。掌握测验与内容参照性测验或广义的标准参照测验的主要区别是,掌握测验界定的测量领域可以是应该掌握的内容范围,而不必涵盖所有的测量领域。

结果参照性测验(result-referenced test)　若已知道测验分数与某个外部效标有关,则可用被试在效标上的表现直接解释测验分数,这种测验被称为结果参照性测验。它旨在预测,被试达到某种目标特质的可能性,即不同测验分数的被试在目标行为上的表现。内容参照性测验与结果参照性测验在概念上经常混淆,区分这两类标准参照测验就是为突出它们各自的特点。

标准参照测验的编制

标准参照测验也要求有较高的信度和效度,但测验的信度和效度依靠的不是测验分数的变异性,而是测验题目对测量目标的代表性。由于标准参照测验的性质不同,其测验编制过程也就不同于常模参照测验。

标准参照测验编制的步骤　(1)制订测验计划。首先要确定测验的目的,即测验要测量的是什么人的哪种心理特质,包括测验的内容和目标,即测验要测量哪方面的知识、技能、能力,测验对象具有什么样的特点。此外还要明确测验的长度,测验的日程计划安排,测验的预算等。(2)界定测验的领域。常模参照测验关心的是被试间的个体差异,因此对测验的领域界定要求并不严格。标准参照测验则要依据测验的领域对被试的分数进行解释,对领域的明确界定显得尤为重要。在界定测验领域时,通常要编写测验目标的细目表,列出所有的行为目标,另外还要区分出重点目标与非重点目标。(3)拟题。这一步与常模参照测验的编制类似。拟题就是将测量的目标以题目的形式表现出来。标准参照测验编拟的题目要保证能代表相应的测验目标。所拟题目的数量要根据测验的计划确定。(4)估计内容效度。由学科专家和测量专家组考察测验题目与测验目标的一致性、测验题目在测验领域中的代表性、测验题目的难度以及一些其他技术特征。(5)修订测验题目。根据专家组对内容效度的考查结果修订测验题目,包括修改、删除和增加新题目,直到所有的题目都达到内容效度的要求。(6)合成测验。这一步与常模参照测验的编制相同,即将经过内容分析后保留的题目组成试卷,并生成平行测验。(7)确定分界标准。采用适当的方法确定分数的分界点和区分被试掌握状态的标准。(8)试测并分析测验的质量。首先要选取一个有代表性的样本,对这一样本实施测验,根据标准参照测验的要求进行项目分析,并确定测验的信度和效度。(9)重新修订测验题目。对不符合测验要求的题目再次修改、替换,生成最终的试卷。(10)鉴定测验的基本特征并编写测验说明书。正式测验生成后就要搜集测验的信度和效度指标,并编写测验使用说明书。

分界标准确立的方法　分界标准或及格分数是划分掌握未掌握、达标未达标的分数线,这一分数线的选取对区分被试至关重要。达标分数线能否正确建立,直接影响测验的信度和效度。根据现有资料统计,研究文献中可见的方法共38种,较为流行的、大家比较熟悉的方法主要有8种,它们可归为判断法、经验法以及判断与经验综合法三大类。但这些方法中尚未有一种公认的完美无缺的方法。

判断法是让学科专家对具有最低胜任能力的被试答对题目的概率作出判断,以此为依据确定达标水平的方法。判断法一般要经过以下过程:首先,确定最低胜任能力的被试,即处于及格分数边缘的测验对象。确定最低胜任能力的被试并不是一件容易的工作,必须由经验丰富的学科专家充当评判者,根据教育或考试内容讨论最低能力被试应具备何种程度的知识与技能。其次,让专家估计和判断最低胜任能力的被试正确回答每一题目的概率。然后,求出每一评判者对所有试题的平均正确反应概率。最后,求出全部评判者对所有试题的平均判断。以算术平均数、中位数和调整平均数(去掉最低分和最高分后的算术平均分)表示。

在判断法中,常用的方法有:(1)安戈夫方法,由安戈夫1971年提出,这一方法是让一些专家对刚刚能达标的被试答对每一题目的概率进行估计,求出每一题目的平均答对概率,乘以各题的满分后求和,即分界分数。此法对主观题较为适用,对选择题则难于操作。安戈夫1972年建议可将此判断转化为估计一组边缘被试正确回答每道试题的人数比例,或是估计边缘被试正确回答一组相近试题的题数比例,但判断起来仍显抽象。安戈夫方法的一种变式就是让专家在对刚能达标者正确回答每题的概率判断时,仅从7种特定概率值(5%、20%、40%、60%、75%、90%、95%)中作出选择,其他步骤都与安戈夫方法相同。这一方法是安戈夫方法的简化,但对概率的判断有可能不精确。安戈夫方法的另一种变式是让专家在对边缘被试在每题上的正确反应概率进行判断时,仅仅区分"是"、"否"、"不能确定"三种状态,能正确回答者用1表示,不能正确回答者用−1表示,不能确定者用0表示。这种方法操作简便,但可能不够精确。(2)埃贝尔方法,由埃贝尔1979年提出。为使评判者准确估计刚达标者做对各题的概率,首先请评判者按题目的难度分成"难"、"中等"、"易"三种,再依照试题对知识的代表性程度将题目依次分为"必要的"、"重要的"、"可用的"、"有问题的"四个等级;然后将每一道试题按难度等级和代表性程度进行分类,归入一个3×4的列联表中;然后计算边缘被试正确回答每题的题数百分比或概率;再将每题的正确回答概率与其满分分数相乘,相加后即为一位评判者确定的合格分数。将所有评判者确定的合格分数平均,即分界分数。(3)安戈夫修正法,由麦克尼恩和哈尔平1984年提出,这一方法与埃贝尔方法的不同之处在于,为使评判者能够较准确地估计刚达标者正确回答各题的概率,首先,请每位评判者按完成题目需要的反应能力(如记忆、理解、运用等)和每题的测量目标(如词汇、语法、阅读理解等)两个维度,将每题归入列联表中;然后,统计边缘被试正确回答每题的题数百分比或概率,乘以满分,再相加后即为一位评判者确定的合格分数;最后平均每个评判者确定的合格分数,即得到分界分数。

判断法适合用于大规模考试,这类考试的时效性很强,没有现成的效度资料(边缘常模)可以利用。判断法是唯一可行的分界方法。利用埃贝尔方法可以控制试卷结构和及格分数线,在一定程度上减少信息的丢失,弥补统计上的不足。与其相比,安戈夫方法比较适合学校情境中的学科测

验、毕业考试和会考。研究表明,安戈夫方法及其各种变式在使用效果上较令人满意。

判断法的最大缺憾是对分界标准判断的主观性。因此,在使用这一方法时必须让具有测量经验、了解边缘考生的学科专家担任评判者,才可能降低主观估计的偏差。

经验法以及判断与经验综合法可以减少主观影响,但降低可操作性。

经验法对分界标准的划分要依赖于特定的外界标准或真实的能力分布。利文斯顿1976年建议在及格分数与决策效果之间建立一种线性或半线性的效用函数关系,确定的及格线应使效用函数取值最大。布罗克1972年提出一种教育结果法,试图建立测验分数与学习效果的函数关系,他认为存在一条S形学习曲线,分界分数在曲线的拐点周围。这是一种纵向研究,而且决策效果也很难测定。这类方法的核心在于利用效度资料来减少主观判断带来的负面影响,这种思想在各类综合法中得到很好体现。

很多人利用复杂的统计与数学方法研究分类误差。期望损失函数是经常提到的方法之一。在理论上,及格分数的确定应使期望损失最小。期望损失为漏报(外界标准合格而测验不及格)和虚报(外界标准不合格而测验及格)之和,是一种线性函数或正态累积曲线。此外,还有 β-二项式模型、贝叶斯决策模型等。这些方法的实用性值得怀疑,但体现出另外一种学习模式,认为操作标准是连续的,而不是在某一点截然分开的,这不同于二分法的状态掌握模型,也有悖于标准参照测验关于掌握状态的设计思想,但可以用来对已经得出的分界标准作适当调整,更好地控制测量与分类误差。

判断与经验综合法在制定操作标准时依据的是特定的被试群体,而不是完全依赖对测验内容的判断。在这一方法中,首先让评判者区分达标者、未达标者和不能确定者三类被试,再依据这些被试的成绩制定一个合理、有效的分界分数。(1)边缘组法。由利文斯顿和齐基1982年提出,其操作步骤是先让评判者确定边缘组被试,即能力水平与假设刚达标者能力接近的被试,在操作上难以确定是否达标的被试。求出边缘组被试实际测验分数的中位数,就是分界分数。这一方法的难题是边缘组被试的确定。需事先界定最低可接受的知识与技能范畴,在此基础上将被试分成达标组与未达标组,这也需要学科专家作出合理判定。在无法进行深层研究的情况下,一般的做法是按照某种外在效标(如平时成绩)进行分组。但要保证边缘组样本数足够大。(2)对照组法。对照组法与边缘组法是相对的。对照组方法中所选的被试是被判断为达标和不达标的被试。达标和不达标组确定后,将两组测验分数绘制在一张坐标图上,两条曲线重叠面积的均分点就是分界分数。这样做的依据是实际达标的被试被判断为不达标的偏差与实际不达

标的被试被判断为达标的偏差相互抵消。（3）根据常模和定额来确定分界分数的方法。该方法以测验内容为依据，以常模和定额（可接受的通过率）为证据来确定分界分数。在制订绝对标准时隐含着常模和定额，但这绝不是说由常模和定额来决定分界分数，而是当某一分界分数能够区分已知的达标者与未达标者时，该分界分数就有效，同样，当被试未通过某一测验的人数比率与已知未通过者人数比率一致时，这一比率就有效。常模才作为确定及格线的参照标准，常模只是一种效度证据。

项目反应理论在分界标准划分中的作用

经典测验理论在编制标准参照测验时一直面临严重困难，它提供的试题质量分析方法不能为标准参照测验中达标分数的确定及题目的挑选提供合理的理论依据。标准参照测验以被试掌握某一知识或技能领域和内容的比例表示其心理特质水平的高低。内容掌握得越多，它占整个领域的比例就越大，有关心理特质的发展水平就越高。因此，达标分数对掌握内容百分比的要求，实质上就是对人们内部潜在特质水平的要求，而且达标分数 π 则应该能转化成特质水平 θ，最有效的试题应是在达标分数对应的特质水平附近并对被试最有鉴别力的试题。经典测验理论中的 P 和 r 都无法解决这样的问题。

标准参照测验的达标分数表示为 π，它表示应掌握的最低比例，取值在区间 $(0,1)$ 上，这与难度 P 的取值范围相同，但内涵截然不同。P 是所有被试在某题上的通过率，而 π 则是被试通过所有题目的百分比，两者在逻辑上并没有必然联系。如一个测验题目的难度为 0.80，即 80% 的被试能答对该题目，但不能说答对该题的被试就掌握 80% 的内容。若将达标分数定为 80%，答对该题的人可能并不能达标，答不对该题的人却有可能达标，因为答不对该题的人却可能答对比该题更难的题目，这里涉及的是题目取样的问题。

区分度 r 表示的是试题对整个被试总体的区分能力，但它不能保证在达标分数对应的特质水平附近有最大的鉴别力。最可能出现的情况是，一个具有中等区分度的试题，对特质水平恰好处在达标水平附近的被试比 r 值高的试题更具鉴别力。

项目反应理论中，被试能力与项目难度之间存在相互依赖的关系，这样就可以根据临界能力水平选择试题，同时可根据信息函数选择在能力的临界水平提供最大信息量的题目。

在使用项目反应理论编制标准参照测验时，一般要遵循如下步骤：（1）确定所要测量的内容范围，并将所有测验内容编拟成题目的形式，这样就形成一个大型题库，题库中

包含所有的测验内容。（2）根据项目反应理论进行项目参数估计和模型拟合检验，以选择合适的项目反应理论模型，并进行参数的等值处理，将所有项目的参数转化到同一量尺上。（3）根据实际需要和专家意见确定达标分数线。确定达标分数，其实就是对潜在特质划界，并将这一分数线与被试的能力水平 θ 建立联系，将某个能力水平 θ_0 值确定为达标不达标的分界点。若将 π 定为掌握百分比，即将答对测验题目总数比例达到或超过 π 的被试定为合格。根据项目反应理论，达标分数 π 可表示为在所有题目上作出正确反应概率的均值，即 $\pi = \frac{1}{n}\sum_{i=1}^{n}P_i(\theta)$，式中，$n$ 为题库中的总题数，$P_i(\theta)$ 为被试对第 i 个项目的正确反应概率，

$$P_i(\theta) = c_i + \frac{1-c_i}{1+e^{-1.7a_i(\theta-b_i)}}$$

由于各题的项目参数均为已知，就能解出与达标分数对应的能力 θ_0。（4）确定在 θ_0 处的测验信息函数。测验信息函数是能力估计的标准误的平方的倒数，因此应根据实际需要确定允许的最大测量误差，进而确定信息函数。（5）选择合适的题目。选择题目的原则是使测验在能力分界点处有最大的鉴别力。若将分界点的能力值定为 θ_0，则合适的项目难度为：

$$b = \theta_0 - \frac{1}{1.7a}\ln\left(\frac{1}{2} + \frac{1}{2}\sqrt{1+8c}\right)$$

若难度符合要求的题目较多，则再从中选择区分度参数大而猜测参数小的题目，以保证题目有最大的信息量，直到所选题目的项目信息函数的和达到测验信息函数的预定值为止。（6）将选择出的题目按一定的规则编成测验。至此，一个合格的标准参照测验就编制完成。

标准参照测验的质量分析

标准参照测验的目的是判断被试是否达到某一标准，而不是最大限度地描述被试的个体差异，并不追求分数的变异性。这一点决定标准参照测验的质量分析方法不同于常模参照测验。

信度（reliability）　标准参照测验的目的不是鉴别出被试的能力差异，其分数的变异一般较小，这根本不同于常模参照测验，因此标准参照测验的信度估计方法也就完全不同，标准参照测验的作用是估计被试的领域分数，并区分被试的掌握状态。标准参照测验的信度估计主要关心随机误差和区分误差这两类测量误差。前者涉及领域分数的稳定性，类似于常模参照的信度估计，但是领域分数的性质和应用不同于常模参照的相对分数，因此还不能完全照搬传统的信度估计方法。后者影响区分决策的一致性，即用分界

标准对被试进行分类的稳定性问题。

标准参照测验常见的信度估计方法主要有：决策一致性信度、领域分数估计信度和测验分数信度。

决策一致性信度（decision consistency reliability）。标准参照测验在解释时要将被试分为达标和未达标等类别，这其实是根据测验分数对被试进行的分类决策。若依测验结果作出的分类在不同情境下是一致的，则说明测验结果受误差的影响较小，测验结果就是可靠的，即测验有高信度，故决策一致性信度亦称"区分信度"（classification reliability）。其假设是，错误区分的正误差（未掌握者区分为掌握者）和负误差（掌握者区分为未掌握者）带来的损失是同样严重的，所有的错误分类，不管错误的类型与程度如何，都带来同等严重的损失。

决策一致性信度可使用复本法和重测法，计算出两次测验分类决策的一致性，这与传统的信度计算方法很相似。决策一致性信度也可以通过同一次测验的结果来估计。决策一致性信度有 p_0 指数和 K 系数两种统计指标。

p_0 指数是汉布尔顿和诺维克提出的分类一致性指标，计算公式为：

$$p_0 = \sum_{k=1}^{m} p_{kk}$$

式中，p_{kk} 为两次测验中被一致地划分到第 k（$k=1, 2, 3, \cdots, m$）个类别的人数占总人数的比例，一般情况下 $m=2$，即只有掌握与未掌握两种状态（如表 1 所示）。例如有 100 名被试参加两次平行测验，有 80 人在两次测验中均及格，有 10 人在两次测验中均不及格，则分类一致性信度为 $p_0 = 80/100 + 10/100 = 0.90$。

表 1　两个复本测验对被试的区分结果

		复本 A		总　计
		掌握	未掌握	
复本 B	掌　握	P_{11}	P_{12}	$P_{1.}$
	未掌握	P_{21}	P_{22}	$P_{2.}$
	总　计	$P_{.1}$	$P_{.2}$	Σ

p_0 指数有可能高估信度，因为它没有考虑因机遇而产生的一致性。偶然一致性可以看作是实际一致性的判断基础或先验概率。即使两个复本信度低的测验或两个不同的测验，也会有一定程度的一致性分类。斯瓦米纳坦、汉布尔顿和阿尔吉纳主张用 K 指数来消除机遇因素。

在 $2 \times m$ 的列联表中，被两个测验复本偶然地一致区分为 m 类的被试比例为 $p_c = \sum_{k=1}^{m} p_{.k} \times p_{k.}$，式中，$p_{.k}$ 和 $p_{k.}$ 分别为测验复本 A 与复本 B 中 k 类的被试比例。因此，p_c 实际上包含被试中掌握者的具体比例（$p_{1.} \times p_{.1}$）和被试中未

掌握者的具体比例（$p_{2.} \times p_{.2}$）。

真正由测验作出的区分比例应该是由实际得到的一致区分比例 p_0 除去偶然一致区分的被试比例。K 系数应由以下公式 $K = p_0 - p_c/1 - p_c$ 计算，K 指标消除偶然一致性的影响，但同 p_0 指标一样，它仍受到分数分布、分界标准、测验长度、分数方差等因素的影响，而且受制于 $2 \times m$ 列联表的频数和。

标准参照测验的目的是测量被试对规定范围内内容的掌握程度，这一掌握程度就是被试的领域分数，即被试的真分数。而真分数只能由测验分数来估计，这种估计的可靠性就可作为测验信度的指标，称为领域分数估计信度（domain score estimation reliability）。

领域分数信度的估计可利用概化理论中的题目与被试交叉设计的 D 研究来考察。在研究设计中，被试被视为测量目标，题目被视为测量的一个面，构成单面交叉设计。在方差分量分解的基础上，计算出代表领域分数变异与观测分数变异之比的依存性指数，即标准参照测验信度，其大小反映估计被试领域分数的可靠性。依存性指数越高，观测分数对领域分数的估计越精确。

标准参照测验的依存性指数可以通过公式 $\phi = \sigma^2_{(p)}/(\sigma^2_{(p)} + \sigma^2_{(\Delta)})$ 计算，式中，$\sigma^2_{(p)}$ 为测验目标（被试）的方差，$\sigma^2_{(\Delta)}$ 是绝对误差方差，它包含题目效应和被试与题目的交互作用。其计算公式为：

$$\sigma^2_{(\Delta)} = \delta^2_{(I)} + \delta^2_{(PI)} = \frac{\sigma^2_{(i)}}{n_i} + \frac{\sigma^2_{(ip)}}{n_i} = \frac{(\sigma^2_{(i)} + \sigma^2_{(ip)})}{n_i}$$

式中，$\sigma^2_{(i)}$ 为题目（难度）方差，$\sigma^2_{(ip)}$ 为测量误差（残差），n_i 为题目数。题目越多，测验分数对领域分数的估计精度越高。

测验分数信度是利用平方误差损失函数的方法来估计测量或测验分数的一致性，此类信度称为误差平方损失一致性系数（squared-error loss agreement index）。

当运用掌握分数对被试分类时，有两种方法处理分类误差：第一种方法是不论被试的测验分数与掌握标准距离大小，分类误差被视为同样严重，上述的 p_0 和 K 指数就是这一类的信度指标；第二种方法则视被试测验分数与标准水平的距离大小规定错误分类的严重程度。第二种方法不仅从质上考虑分类误差，而且在量上区分错误分类的严重程度。该方法用测验分数与分界标准的差异（离差的平方）代表真分数对应的差异，也就是用测验分数与分界分数的差异反映真实能力的差异。这类平均误差损失一致性指标反映所有测量误差的大小，既包括错误区分带来的误差，也包括没有形成错误区分的误差。这类信度中也有两个主要指标，一个是利文斯顿提出的 $K^2(X, T)$ 指数，另一个是 $\Phi(\lambda)$ 系数。

$K^2(X, T)$ 指数适用于用经典方法编制的平行复本，计算公式为：

$$K^2(X, T) = \frac{S_T^2 + (\overline{T} - nc)^2}{S_X^2 + (\overline{X} - nc)^2}$$

式中，S_T^2 和 S_X^2 分别表示被试总体的真分数方差和观测分数方差，n 为测验题目数，c 为以正确百分比表示的分界分数。从公式可以看出，$K^2(X, T)$ 指标反映的是真分数对于分界分数的方差与实测分数对于分界分数的方差之比，其值越大，观测分数与分界标准间的差异与真分数与分界标准的差异越一致，测验的信度就越高。

实际计算时，可使用上式的替代形式：

$$K^2(X, T) = \frac{S_X^2(\text{KR-20}) + (\overline{X} - nc)^2}{S_X^2 + (\overline{X} - nc)^2}$$

式中，KR-20 为库德—理查森信度，对于多级评分的题目，可以用 α 系数代替 KR-20。使用上式，只需要一次测验就可以计算出信度。

$\Phi(\lambda)$ 系数适用于用随机方法编制的平行复本。$\Phi(\lambda)$ 是概化理论中相对于分界分数的依存性指数。这一指标考虑随机平行复本间由题目难度差异造成的测验间差异，因而是 $K^2(X, T)$ 指标的拓广或概化。$\Phi(\lambda)$ 与依存性指数 (Φ) 的不同在于，前者考虑区分误差对信度的影响，区分越可信，测量信度就越高；而后者关注的是测验分数对领域分数的估计或概化程度。

若以 $\sigma_{(p)}^2$、$\sigma_{(i)}^2$、$\sigma_{(ip)}^2$ 分别表示被试、题目和随机误差的方差，μ 为被试总体在题目总体上的平均分，即总体平均通过率；λ 为合格率，则有 $\Phi(\lambda) = [\sigma_{(p)}^2 + (\mu - \lambda)^2]/[\sigma_{(p)}^2 + (\mu - \lambda)^2 + \sigma_{(\Delta)}^2]$，就具体的单个测验而言，总体平均的无偏估计 $(\mu - \lambda)^2$ 不能用样本平均数直接代替。布伦南和凯恩提出用 $[(X_{PI} - \lambda)^2 - \sigma^2(X_{PI})]$ 作为 $(\mu - \lambda)^2$ 的无偏估计。$\sigma^2(X_{PI})$ 为样本平均通过率的估计变异，不同于（样本）被试在所有题目上的平均得分率的方差 $S^2(X_{PI})$，也不同于（样本）题目在所有被试的平均通过率的方差 $S^2(X_{PI})$。于是 $\Phi(\lambda) = [\sigma_{(p)}^2 + (X_{PI} - \lambda)^2 - \sigma^2(X_{PI})]/[\sigma_{(p)}^2 + (X_{PI} - \lambda)^2 - \sigma^2(X_{PI}) + \sigma_{(\Delta)}^2]$，其中总体平均通过率 $X_{PI} = \sum\sum X/n_i n_p$，$\sigma^2(X_{PI})$ 通过方差分量来计算，即 $\sigma^2(X_{PI}) = \sigma_{(P)}^2/n_p + \sigma_{(i)}^2/n_i + \sigma_{(ip)}^2/n_i n_p$，公式显示，$\Phi(\lambda)$ 不但随着测验长度的增加而提高，而且随着分界分数与平均数的差距增大而提高。分界分数越远离平均数，$\Phi(\lambda)$ 值就越大。这是因为 $\Phi(\lambda)$ 不仅考虑了测量误差的影响，而且考虑了区分误差的影响。

效度（validity）　标准参照测验在效度研究领域尚没有成熟的理论，需要进一步深入探讨。多使用传统的效度估计方法，即从内容效度、效标关联效度和结构效度三方面对效度进行分析。由于该类测验的特殊性质，内容效度对确定测验有效性方面显得尤其重要。

内容效度表示测验内容对所测内容的代表性。标准参照测验从题目的正确性和题目的代表性两方面来考察内容效度。题目的正确性是指题目与测验目标的一致性，即能否测量到所要测的内容。检验题目正确性的措施有逻辑分析和统计分析两种。逻辑分析通常是让熟悉该领域的专家对测验题目对目的的适合性作出判断，统计分析则与常模参照测验相同。应该注意的是逻辑分析必须与统计分析结合起来使用，例如由于一些题目与相应内容有很好的适合性，即使其统计指标并不理想也应保留，因为删除后就会降低内容效度。题目的代表性是指测验题目是不是所测内容的代表性样本，通常要列出测验双向细目表加以判断。

测验的内容效度首先要在测验编制过程中加以检验，测验编制完成后也可就测验题目的技术特征、测验偏见、反应模式进行分析，也可用内部一致性（如 KR-20、α 系数）来评价目标内部题目的同质程度。

关于标准参照测验结构效度的验证仍是薄弱环节。标准参照测验的结构在测验编制之前已经确定，因此人们通常以内容效度的分析代替结构效度的分析。在标准参照测验中，测验结构效度的分析更多的是确定测验分数是否与预定知识结构一致。因素分析尤其是验证性因素分析特别适合标准参照测验的结构效度分析，还可进行区分效度和会聚效度的分析等。

效标关联效度的估计可沿用常模参照测验中的方法，但由于标准参照测验中分数的变异不大，采用命中率法和期望表法，而不宜使用相关系数法。通常的做法是选定效标组，然后计算测验预测效标的命中率，或计算 Φ 相关。

难度（difficulty）　常模参照测验的难度用通过率表示，难度标准在任何测验中都是固定的和统一的。标准参照测验的难度则与测验的目的和测验者对测验内容要求的高低有关。测验题目若是既定内容的良好代表，即便有很高或很低的通过率也应保留；当测验者对测验的要求高时，题目的难度就大，要求低时，题目的难度就小，其标准是相对的。

标准参照测验中的难度常用掌握组中的通过率和未掌握组中的通过率表示。由于掌握组和未掌握组是两个极端组，所以同一题目在掌握组中的难度应该很小，而在未掌握组中则应该很大，理想情况下掌握组中的 p 值为 1，未掌握组的 p 值为 0。

区分度（discrimination）　标准参照测验主要用于判断被试是否掌握某些知识内容或具有某种技能和能力。被试的测验结果是与既定的标准相比较，而不是被试之间的比较。测验分数的变异性并不是标准参照测验的必要条件。标准参照测验的区分度有其特定含义，这与传统的区分度方法截然不同。一些在常模参照测验中被认为区分度低的项目，往往因为能很好体现测验目的而保留下来。

标准参照测验中区分度估计有特定的方法,常用的有:(1)**鉴别度指数**。这一方法与常模参照测验中计算鉴别度指数的方法是一样的,只不过常模参照测验中计算的是高分组和低分组通过率之差,标准参照测验中计算的是掌握组和未掌握组通过率之差。(2)**教学敏感度指数**。计算教学敏感度指数的依据是,被试在教学前对规定内容是未掌握的,教学后则是掌握的,计算前测和后测的通过率之差就能很好地证明测验能够区分掌握和未掌握的被试。其计算公式为 $D = P_{post} - P_{pre}$,式中,D 表示教学敏感指数,P_{post} 和 P_{pre} 分别表示同一组被试在后测和前测中正确回答某题目的比例。教学敏感度指数的解释与鉴别度指数的解释相同。这一指数存在的问题有:练习效应同样会提高后测成绩,难以确定是教学效果的作用;区分度只有在后测时才能计算,实施起来很不方便;当鉴别度指数低时,难以区分是教学效果不良还是题目区分度不好。另一种相似的方法可以克服教学敏感度指数缺点。这一方法不是采用前测和后测,而是选择一没有受过训练的被试组为控制组,计算教学训练组和控制组的题目通过率之差。(3)**B 指数**。布伦南为克服 D 指数的缺点,于 1972 年提出 B 指数作为标准参照测验区分度指标。计算公式为:

$$B = \frac{U}{n_1} - \frac{L}{n_2}$$

式中,B 表示某题在达标分数线为一特定值时的区分能力;n_1、n_2 分别表示掌握和未掌握组的人数;U 表示掌握组中正确回答某题的人数;L 表示未掌握组中正确回答某题的人数。B 值越大,说明题目的区分能越大。B 指数是依赖于具体的达标分数线的,有很大的相对性。B 指数最大的优点可以通过一次测量得到,使用方便。

标准参照测验的解释

标准参照测验可参照不同的标准来解释,若参照的是内容标准,则得到的是内容参照性分数,若参照的是效标标准,则得到的是结果参照性分数。

内容参照性分数　内容参照性分数是用来描述被试对规定内容的掌握和熟练程度的。常用的有掌握分数、正确百分比、内容标准分数和等级评定量表等。

掌握分数是判断被试是否掌握测验内容的最低标准,是预先规定的要求被试对所要测量的内容掌握的百分比。依据掌握分数能对被试作出"掌握未掌握、通过未通过"的判断。达到了掌握分数就认为他掌握这一部分内容,具备进入下一阶段学习的条件,没达到这一分数就需要进一步采取补救措施。掌握分数通常定为 80%～90%。若以 80% 作为掌握与否的标准,如一个被试的测验分数为 85 分(满分为 100 分),可以认为他掌握了规定内容的 85%,则可认为他已经掌握本部分内容。

正确百分比是以被试答对题目数在总题目数中所占的比例作为其对规定内容掌握程度的指标,正确百分比不仅能表明被试的分数是否达到了某一标准,而且能表明他达到了什么程度,因此它能提供比掌握分数更多的信息。正确百分比的计算方法为正确百分比＝答对题数/题目总数×100%。正确百分比意义明确,解释起来更加方便,但只有在测量的内容范围明确、测验题目是所测内容的一个代表性样本,且测验中各题目难度相近时,正确百分比才有意义。

当测验分数接近正态分布时,则可用标准分数来确定达标分数线和分数的评定等级,即标准分数法。这样既能评价被试是否达标,又可以评定他达到哪个等级。这一方法参考了常模参照测验的分数解释方法,若各等级标准确定合理,则是一种非常好的方法。具体使用时,应先根据需要确定等级的数量,再确定将标准分数(范围为 -3～$+3$)分成的段数。若要将被试分成优、良、中、差四级,则相应地将标准分数分为四段,标准分数小于 -1.5 为差级,位于 -1.5～0 之间的为中级,0～1.5 之间的为良级,1.5～3 之间的为优级。等级的数量为其他数值时,可依上述步骤类推。

结果参照性分数　当测验分数与某一外部效标行为有某种确定的关系时,就可以按照被试在效标行为上的表现来解释测验分数,由于测验分数与效标行为联系在一起,故称结果参照性分数。比如,已知某特殊能力测验与工作绩效有高相关,则可预测某一测验分数段内的被试工作表现为优,某一分数段内的表现为良,某一分数段内的表现为中或差等。这种参照效标来解释的测验分数就称为结果参照性分数。结果参照性分数在满足以下两个条件的前提下才能得到:一是要有测验的效度证据;一是要有将测验分数与效标同时表达的方法。

结果参照性分数有两种表达方式:一种是呈现测验分数获得某一效标分数的期望概率;一种是呈现对一个测验分数预测的效标分数。

结果参照性分数有时可表示为某一特定测验分数的被试获得某一效标等级的概率,即期望概率。这一概率可以用图表的形式呈现。当效标被分为成功与失败两类时,就可以将每一测验分数在效标上成功和失败的概率用图表表示出来。当效标分数被分成多个等级时,与测验分数对应的概率就可以使用期望表表示。

期望表是一种表达测验分数与效标分数关系的双向表格。在期望表中,测验分数(预测源)放在表的左边,效标分数则放在表的右边,表的主体部分则是某一测验分数获得相应效标等级的概率。下页表 2 是一个假想的期望表,从表中可以看出，测验分数在某一分段的被试得到不低于每一效标分数等级的百分比，这一百分比就是被试获得相应效标等级的概率。

表2　用被试的测验分数预测其在效标上的表现

职业能力倾向测验分数	工作表现在某一等级以上的概率			
	D	C	B	A
41～50	99	92	62	21
31～40	98	82	42	10
21～30	94	66	12	4
11～20	85	47	12	1
1～10	71	29	5	<1

　　绘制期望表的基本步骤是，对测验分数和效标分数进行分组，计算出测验分数与效标分数每一种组合的人数及其比例，再制成表格。

　　结果参照性分数的特点是直接以被试在效标上的表现解释测验分数，即根据测验分数预测其在效标上的表现。使用期望表则根据测验分数预测被试成功的概率，这有时比知道他在团体中的相对位置更为重要。期望表的缺点有：对原始分数分组后，抹杀了分数间的差别，失去了精确性；分组带有人为的性质，难以保证其合理性；样本较小或不具有代表性时，计算出的百分比有抽样误差；当预测源超过一个时，用一个期望表呈现资料有困难。

　　预期的效标分数这一方法是将每一测验分数的被试可能得到的效标分数用图形或表格的形式呈现出来。其基本过程是：收集被试组的测验分数，并将测验分数分组，然后计算每组的平均效标分数，并绘制成图或表的形式。有时在图表中也可用从回归方程中预测出的效标分数代替实际的效标分数。

标准参照测验的评价

标准参数性测验的优点　与常模参照测验相比，标准参数性测验有如下优点：（1）个人成绩不直接依赖于其他人的成绩，只要努力，从理论上讲每个人都有可能达到满意的目标。这就避免常模参照测验中出现一部分人成功的同时必有另一部分人失败的结果，有助于激发学习动机。（2）能提供对被试水平的绝对测量而非相对测量，通过被试的分数能了解其知识掌握和能力发展中的长处和短处，能了解他能做什么和不能做什么。这种对绝对水平的测量是常模参照测验无法达到的。（3）标准参照测验与教师在教学活动中根据教学内容自行编制的测验有更为密切的关系，其理论和方法更易为教育工作者所理解和应用。

标准参照测验的不足　（1）所要测量的内容范围是什么。这一内容范围可以是要求被试掌握的全部教学内容，也可以是接受教育或训练后产生的所有外在行为表现，也可以是完成某项工作所需要的全部能力。当内容范围是知识时，确定起来就较为容易，但若是技能和能力时，则相当复杂，往往要借助理论构思和专家的判断。（2）测验题目取样的代表性问题。代表性好坏影响了测验内容效度，但若只考虑代表性，测量可能达不到满意的精度。采用何种取样方法既能保证题目对总体的代表性，又能控制测量误差，是需要进一步研究的问题。（3）掌握标准的确定。被试答对题数占多大百分比才能认为他掌握要求的内容呢？一般将最低标准定为80％～90％。达到这一标准就算通过，可以进行下阶段的学习或具备某种资格。不过在很多情况下，测验者的主观判断往往起的作用更大。

　　标准参照测验尚处于发展阶段，还有很多理论和方法上的问题没有解决。与常模参照测验相比，标准参照测验有自己的优点，但也有缺点，两者在理论上互相补充，不存在谁取代谁的问题。在将来发展中，标准参照测验将越来越多地依赖于项目反应理论和数量统计方法的应用。

参考文献

戴海崎,张峰,陈雪枫. 心理与教育测量[M]. 广州：暨南大学出版社,2011.

郭庆科. 心理测验的原理与应用[M]. 北京：人民军医出版社,2002.

Brennan, R. L. Educational Measurement [M]. 4th Rev. ed. Westport, CT: Praeger Publisher, 2006.

（刘红云　谢国平）

博洛尼亚进程（Bologna Process）　29个欧洲国家1999年在意大利博洛尼亚提出的欧洲高等教育改革计划。旨在通过高等教育学制调整、学历互认、学分转换、人员交流等措施整合欧洲高等教育资源，打通欧洲各国教育体制，实现欧洲高等教育和科技一体化。博洛尼亚进程源于1997年4月欧洲理事会与联合国教科文组织在里斯本召开的一次会议。为促进欧洲一体化，实现欧洲在教育文化领域的"欧洲认同"，会议通过《欧洲地区高等教育资格承认公约》（简称《里斯本公约》），启动欧洲高等教育的一体化进程。1998年，法、德、英、意等国教育部部长率先签订旨在促进四国高等教育体系相互协调的一个协议，即《索邦宣言》，并首次提出建立欧洲高等教育区（European Higher Education Area，简称EHEA）的设想。经过一年多的努力，欧洲29个国家的教育部部长于1999年6月19日在意大利博洛尼亚签署《博洛尼亚宣言》，正式启动影响21世纪欧洲高等教育发展方向的博洛尼亚进程。该宣言提出，到2010年，"博洛尼亚进程"签约国中任何一个国家大学毕业生的毕业证书和成绩,都将获得其他签约国的承认,大学毕业生可以毫无障碍地在其他欧洲国家申请学习硕士阶段的课程或者寻找就业机会。具体内容包括六个方面:(1)建立一个可以相互比较和认同的学位体系。通过博洛尼亚进程,欧盟各国公立大学之间建立起一个统一的、可以相互比较的学位体系,所有开设的专业都有可比性,便于各个大学之间对每个专业的相互理解和认同。(2)建立本、硕、博三级高等教育体系。将过去的本科加博士的高等教育模式改为美国式的本、硕、博三级模式,其目的是要加强硕士层面专业人才的培养,以应对 21 世纪世界政治、经济、社会和文化发展的需求,为欧盟社会未来发展搭起人才培养的新平台。(3)建立欧洲学分转换体系(European Credit Transfer System, 简称 ECTS)。统一的学分制是欧盟高等教育走向统一和互认的基石,与传统的学分制不同,欧洲学分转换体系是基于学术成效的一个概念,它不再只代表学时(即上课时间)的多少,而以学生要达到学习成效及核心能力(core competences)所需投入的工作时数(working hours)为计算单位,既包括上课,也包括研讨、做项目、实践、自学和考试等各种学习活动。通常来说,学生一学年大概需要完成 60 个欧洲学分转换体系学分,大约相当于 1 500~1 800 小时的工作量,其中,每学期 30 个欧洲学分转换体系学分,小学期(3 个月)20 个欧洲学分转换体系学分。每个欧洲学分转换体系学分相当于 25~30 个小时的学习,具体时间分配由教师和学校来决定。(4)促进师生和学术人员的流动。签约国公立大学的学生和教师都可以到其他签约国大学学习或任教,并得到本校和对方校的认可。为此,博洛尼亚进程专门建立了伊拉斯谟学生流动项目和苏格拉底教师流动项目,以此推动师生和学术人员在欧盟大学之间的流动。(5)保证欧洲高等教育的质量。建立统一的欧洲高等教育体系后,学生可以广泛地比较各大学的教育质量,从而选择教育质量更好的大学进行学习。这将促进教育质量较差的大学进行改进,从而从整体上改变欧盟高等教育质量参差不齐的状况。此外,博洛尼亚进程还将建立一整套的高等教育质量保障体系,以保障欧盟各大学的教学质量以及所培养的人才具有足够的竞争素质或科研能力。(6)促进欧洲范围内的高等教育合作。博洛尼亚进程也为欧盟范围内各个大学之间的高等教育合作提供了一个广阔的平台,它鼓励欧盟各高校开展合作办学、共同颁发文凭等高等教育合作行为,特别是硕士教育阶段,以培养具有国际性和复合性的人才。

《博洛尼亚宣言》签署后,欧盟为实现在 2010 年前建立欧洲高等教育区的目标,每两年召开一次部长级会议,与社会各界共同审视欧洲高等教育区的进展,商讨新的工作部署。从 2001 年的布拉格会议、2003 年的柏林会议、2005 年的卑尔根会议、2007 年的伦敦会议,到 2009 年的鲁汶会议(暨第一届博洛尼亚政策论坛),博洛尼亚进程得到越来越

多的欧洲高等教育机构、教职员工和学生的认同。2010 年 3 月,为纪念博洛尼亚进程启动十周年,欧盟先后在布达佩斯和维也纳举行博洛尼亚部长级会议和第二届博洛尼亚政策论坛。47 个欧洲国家的教育部部长共同通过《关于欧洲高等教育区的布达佩斯—维也纳宣言》,宣布欧洲高等教育区正式启动,这标志着博洛尼亚进程迈向一个新的重要起点。2012 年,欧洲高等教育区正式启动后的第一次部长级会议(暨第三届博洛尼亚政策论坛)在布加勒斯特召开,共有来自 47 个国家的代表参加了这次会议,会议不仅肯定了欧洲高等教育区建立以来欧洲高等教育改革的基本方向,提出为应对当前的经济危机,欧洲高等教育应为更多的学生提供优质高等教育,加强学生的国际流动,使学生具备更好的就业技能;而且还通过《欧洲高等教育区 2020 流动策略》(Mobility Strategy 2020 for the European Higher Education Area),提出到 2020 年,欧洲 20%的毕业生都要有相关的海外留学或培训的经历。如今,博洛尼亚进程不仅对欧洲高等教育产生了巨大影响,而且已经引起世界各国高等教育界的重视。如 2010 年召开的第二届博洛尼亚政策论坛有 72 个国家的代表参加,除欧洲本土的代表之外,美国、日本、加拿大、澳大利亚、巴西、印度、南非等国都派代表团出席。中国也首次派代表团出席了这次会议,寻求为中欧大学间的教师交流、学生交流、学分互认、学位互授、科研合作等方面搭建更为广阔的平台。

(滕 珺)

补偿教育(compensatory education) 美国自 20 世纪 60 年代初开始实施的一系列教育计划。旨在帮助贫困儿童和其他处境不利儿童,补偿社会经济环境对他们的学习和社会成长产生的消极影响。

补偿教育的兴起

第二次世界大战后,美国经济持续发展,呈现出前所未有的繁荣景象。然而,由于受社会政治等方面因素的影响,经济的繁荣并没有惠及社会中的每一个人,相反贫富差距扩大了,许多人仍然生活在贫困之中。1963 年,美国记者哈灵顿出版《另一个美国:美国的贫穷》一书,指出美国有 1/4 的人生活在贫困线以下。哈灵顿的著作及后来的一系列报告使人们"重新发现"美国社会的贫穷现象,于是,美国政府提出"向贫穷开战"、"建设伟大社会"的口号,教育也成为美国消除贫穷、建设伟大社会的战略措施之一。人们发现贫穷人家的儿童生活环境差、就学机会少,就业机会也差,只能从事一些较低级的社会认可程度和报酬较低的工作。这样,一代贫穷,代代贫穷,循环不息。美国政府企图通过贫困家庭的子女进行补偿教育,使这些家庭走出代代贫穷

的恶性循环圈。

补偿教育的兴起与人力资本理论的发展有着密切的关系。人力资本理论认为，一个人在教育上投入的时间和金钱越多，获得的知识和技能就越多，将来挣的工资也就越多。美国教育经济学家阿龙明确指出：提高受教育水平，就会提高生产力；提高了生产力，就会提高收入。在人力资本理论的影响下，人们相信，通过改善处境不利儿童的受教育机会，可以提高他们的知识和技能水平，从而改善他们的社会经济地位。教育心理学关于儿童智力发展与早期教育的研究也促进了补偿教育特别是早期补偿教育的发展。1964年，美国教育心理学家布卢姆在《人类特性的稳定与变化》中提出"智力发展速率说"：（1）5 岁前是智力发展最迅速的时期。如果说 17 岁所能达到的智力水平为 100，那么 4 岁儿童已获得约 50％的智力，其余 30％在 4～8 岁获得，最后的 20％在 8～17 岁获得。（2）在智力发展极为迅速的时期（5 岁之前），环境和教育的影响作用最大。随着智力发展速度的减慢，其影响力相应降低。幼儿期被剥夺智力刺激的人永远达不到他们原来应该达到的水平。（3）儿童学业成败在很大程度上取决于早期教育。学生的学业成绩至少 1/3 在 6 岁进小学一年级时就已经定型。布卢姆提出的这一观点引起很大争议，但重视早期教育尤其是早期智力开发的思想仍得到广泛认同。这无疑也为早期补偿教育提供了重要的理论依据。出于上述原因，在民权运动的推动下，美国在 20 世纪 60 年代中期以后先后通过《民权法》、《经济机会法》、《初等与中等教育法》、《高等教育法》、《1968 年职业教育法修正案》、《紧急学校补助法》、《印第安人教育法》、《教育所有残疾儿童法令》等，掀起一场补偿教育运动。

补偿教育的内容和计划

美国补偿教育内容广泛，涉及针对所有处境不利者的教育，横向包括针对贫穷儿童、残疾儿童、少数民族儿童的教育措施；纵向包括学前教育、中小学教育、职业教育、高等教育和教师培训。

学前教育阶段的补偿教育计划主要是从 1965 年开始实施的"开端计划"（Head Start Program，一译"发端计划"、"提前开始计划"）。"开端计划"由联邦政府资助，地方学区管理，目的在于通过为 3～5 岁的贫穷家庭儿童提供综合性的保健、教育、营养、心理健康、社会服务，促进他们在身体、智力、情感和社交方面的发展，为将来的学校教育做好准备。计划内容包括五个部分：为儿童看病治牙；为儿童提供社会服务与家庭服务；加强对志愿服务人员的培训和使用；为儿童的心理发展服务；做好入小学的准备。每年接受"开端计划"服务的幼儿至少在 50 万。到 1990 年为止，计划已为 1 100 多万幼儿提供了服务。

中小学教育阶段的补偿教育主要集中在促进入学机会均等和提高教育质量两个方面。补偿教育计划主要反映在六方面：1965 年的《初等与中等教育法》第一款，资助贫穷家庭学生、贫穷地区学生、移民子弟、印第安人子弟；1964 年的《民权法》第四款，为消除学校教育中的种族、性别、语言、国籍隔离与歧视提供经费支持；1968 年的《初等与中等教育法修正案》第七款，资助双语教育，为英语能力不足的学生提供平等的受教育机会；1972 年的《紧急学校补助法》，为消除针对少数民族的种族隔离和种族歧视而提供资助；1972 年的《印第安人教育法》，授权联邦教育总署资助印第安人特殊需要的中小学教育；1975 年的《教育所有残疾儿童法令》，要求为所有残疾儿童提供适当的公共教育，加强残疾儿童教育教师的培训和课程计划评价。

职业教育阶段的补偿教育目的是，对辍学或中学毕业但没有明确职业方向和就业技能的贫穷学生、少数民族学生进行技能训练，帮助他们就业或创业。该阶段的补偿教育主要通过 1962 年的《人力开发与训练法》、1963 年的《职业教育法》、1964 年的《经济机会法》、1971 年的《紧急雇佣法》和 1973 年的《综合雇佣和训练法》等实施。

在高等教育阶段，补偿教育旨在通过无偿资助、低息贷款、工读计划、合作教育等方式资助贫穷学生，使他们能顺利升入高等学校并完成高等教育阶段的学业。该阶段的补偿教育计划主要有 1964 年的大学工读计划（College Work-Study）、1965 年的升学补习计划（Upward Bound）、1965 年的《高等教育法》及"教育机会助学金计划"（Educational Opportunity Grants）和"担保学生贷款计划"（Guaranteed Student Loan）、1966 年的《经济机会法修正案》、1966 年的"人才挖掘计划"（Talent Search）、1968 年的"处境不利学生特别服务计划"（Special Services for Disadvantaged Students）、1972 年的"教育机会中心计划"（Educational Opportunity Center）和"基本教育机会助学金计划"（Basic Educational Opportunity Grants）等。

为有效实施上述补偿教育计划，美国加强对教师的培训，实施了多种教师培训计划，其中最有名的是 1967 年开始的"教师团计划"（Teacher Corps）。与其他短期在职培训不同，教师团计划虽然包括职前培训、在职培训和高级培训，但重点在于招募新教师并对他们进行职前培训。到 1978 年，共开设教师团计划项目 600 多个，培训新教师 9 100 人，培训在职教师的数量也在此数。

补偿教育的意义和作用

尽管美国国内对补偿教育的必要性和作用存在着很大的争论，但补偿教育在促进美国教育的民主化，增加处境不利儿童的受教育机会，提高他们的教育质量和就业技能方面,作用是明显、积极的。美国的一个教育研究基金会对"开端计划"进行二十几年的跟踪研究,发现受益于"开端计划"的儿童到二十七八岁时与没受过学前教育的同类人相比,有两个明显的差别:一是学习成绩明显提高,学业完成率高,特殊教育需求少;二是社会责任感强,社会性发展水平高,成婚率高,双亲家庭多,就业率和有酬率(有报酬的就业)高,占有资产率高,犯罪率低。美国朝野上下对"开端计划"一般都给予积极评价。美国前总统 J.卡特盛赞这一计划为"美国最美好的事情之一";G. H. W. 布什总统把它称为"国家的宝贵财富"。

补偿教育只是为处境不利者提供教育上的"补偿",希望以此解决其贫穷问题,这不过是一种治表不治里的"教育改革",无法根本解决处境不利者的贫穷问题。一些研究发现,许多补偿教育计划沦为一种补助机制,而非帮助特定群体的特别方案或政策,每个学区几乎都能获得一些补助,许多学校只是接受补助款,而未能改善贫穷学生的教育机会。还有研究发现,一些最不利的儿童未获得帮助,即使获得帮助,与一般学生的差距仍然很大。因此,改进和完善补偿教育,成为近几届美国政府教育改革的主要内容之一。无论是 G. H. W. 布什时期的《美国 2000 年教育战略》、克林顿时期的《美国 2000 年教育目标法》,还是 G. W. 布什的《不让一个孩子掉队法》,都有有关补偿教育的条款,也有一些专门的补偿教育措施出台。

参考文献

冯晓霞.幼儿教育[M].长春:吉林教育出版社,2000.

顾明远.教育大辞典(第 12 卷)[M].上海:上海教育出版社,1992.

Borman, G. D. , Stringfield, S. C. , Slavin, R. E. Title Ⅰ: Compensatory Education at the Crossroads [M]. Mahwah, NJ: L. Erlbaum Associates, 2001.

Hellmuth, J. Disadvantaged Child: Compensatory Education: A National Debate[M]. New York: Brunner/Mazel Inc. ,1970.

OECD. Educational Policy and Planning: Compensatory Education in the United States[M]. Paris: OECD, 1980.

（刘宝存）

C

财政性教育经费（fiscal educational expenditure）由政府财政收支并用于教育的经费。根据教育成本分担的原则，中国实行的是多渠道的教育经费筹资模式。依据教育经费的来源渠道，中国各种教育经费总体上可以分为财政性教育经费和非财政性教育经费两大部分。在《中国教育经费统计年鉴》的"全国教育经费统计指标说明"当中，财政性教育经费，包括国家财政预算内教育经费，各级政府征收用于教育的税、费，企业办学中的企业拨款，校办产业和社会服务收入用于教育的经费。根据教育部发布的《2010年全国教育经费执行情况统计公告》，2010年全国财政性教育经费占全部教育经费的比例为74.99%。

财政性教育经费共由四部分构成，其中最重要的一部分是财政预算内教育经费。财政预算内教育经费是指中央、地方各级财政或上级主管部门在本年度内安排，并划拨到各级各类学校、教育行政单位、教育事业单位，列入国家预算支出科目的教育经费。在中国现行的国家预算科目中，按照预算分配、审核的优先程度共分为类、款、项、目四级，教育为205类。

财政性教育经费中的第二部分是各级政府征收用于教育的税费。这是指中央和地方各级政府为发展教育事业而指定政府机构征收，并划拨给教育部门使用的教育经费。根据国务院1986年颁布的《征收教育费附加的暂行规定》，为加快发展地方教育事业，扩大地方教育经费的资金来源，可以征收教育费附加。教育费附加主要包括三种：（1）城市教育费附加，指按照国家规定向凡缴纳消费税、增值税、营业税的单位和个人，按三税的2%～3%征收的教育费附加；（2）农村教育事业费附加，指各级政府确定的按乡（村）企业利润（或销售收入）的一定比例和农民人均纯收入的一定比例（一般为1.5%～2%）征收的农村教育事业费附加；（3）一些地方政府为发展地方教育事业，根据《中华人民共和国教育法》的规定开征的地方教育费附加。随着农村税费改革的开展，中国逐渐取消农村地区征收的农村教育费附加，并对其几项进行调整。各级政府征收用于教育的税费主要包括三项：（1）教育费附加，指按照国家规定比例向缴纳增值税、营业税、消费税的单位和个人征收的教育费

附加。2005年颁布的《国务院关于修改〈征收教育费附加的暂行规定〉的决定》调整了教育费附加率，规定"教育费附加，以各单位和个人实际缴纳的增值税、营业税、消费税的税额为计征依据，教育费附加率为3%，分别与增值税、营业税、消费税同时缴纳"。（2）地方教育费附加，指地方各级政府根据《中华人民共和国教育法》的有关规定，在征收教育费附加以外，开征的用于教育的税费。为更好地实现《国家中长期教育改革和发展规划纲要（2010—2020年）》对政府教育投入的要求，2010年国务院要求各地统一征收地方教育费附加，征收标准全国统一为单位和个人实际缴纳的增值税、营业税和消费税税额的2%。（3）地方教育基金，指地方各级政府除预算内教育经费、教育费附加、地方教育附加以外的其他财政性经费拨款。如国有土地使用权出让金收入、能源建设基金收入、国有资本经营收入、国有资源（资产）有偿使用收入等用于教育的拨款。

财政性教育经费的第三部分来自企业办学中的企业拨款。这是指中央和地方政府所属企业在企业营业外资金列支或企业自有资金列支，并实际拨付所属学校的办学经费。

财政性教育经费的第四部分是校办产业和社会服务收入用于教育的经费。这是指学校举办的校办产业和各种经营取得的收益以及投资收益中用于补充教育经费的部分。

根据《中国教育经费统计年鉴2010》的数据，在2009年的全国财政性教育经费当中，预算内教育经费占93.36%，各级政府征收用于教育的税费占6.03%，企业办学中的企业拨款占0.36%，校办产业和社会服务收入用于教育的经费占0.24%。

财政性教育经费是各种教育经费中最重要的收入来源渠道，因此衡量一个国家对教育投入的努力程度时，往往用财政性教育经费的相对规模进行比较。1993年颁布的《中国教育改革和发展纲要》明确规定："逐步提高国家财政性教育经费支出占国民生产总值的比例，本世纪末达到百分之四，达到发展中国家八十年代的平均水平……要提高各级财政支出中教育经费所占的比例，'八五'期间逐步提高到全国平均不低于百分之十五。"根据《2010年全国教育经费执行情况统计公告》，2010年中国的财政性教育经费占当

年全国 GDP 的比例为 3.66％,比上年的 3.59％增加 0.07 个百分点。按公共财政预算教育经费包含教育费附加的口径计算,2010 年全国公共财政预算教育经费占公共财政支出的比例为 15.76％,比上年 15.69％增加 0.07 个百分点。

(郑　磊)

蔡元培的"五育并举"及"兼容并包"教育思想　蔡

元培参酌中西文化学术思想,借鉴德国教育家洪堡的高等教育思想及德国近代大学体制,在领导民国初年教育改革及主持北京大学期间提出"五育并举"及"兼容并包"的教育思想。

蔡元培(1868—1940)是近代中国民主革命家、教育家。字鹤卿,号孑民,浙江绍兴人。出生于商人家庭,自幼勤奋好学。1883 年考中秀才;1889 年参加乡试,中举人;1892 年春赴京补应殿试,被授予翰林院庶吉士,两年后任翰林院编修。甲午战败后,蔡元培深受震动,开始阅读西方译著,关注维新思想,研习自然科学知识。1898 年,他痛感清政府腐败无能,毅然弃官回乡,先后任绍兴中西学堂监督、嵊县剡山书院院长。1901 年任上海南洋公学特班总教习。次年 4 月,与叶瀚、蒋智由等人在上海创立中国教育会,被推举为会长,倡言反清革命,并与教育会同仁创设爱国学社和爱国女学,培养革命人才。1907 年赴德国,入莱比锡大学师从冯特、福恺尔、司马罗和兰普雷茨等学者,研修心理学、哲学、美术史和文明史等课程,并留意考察德国的近代高等教育。1912 年初,蔡元培被任命为中华民国首任教育总长,在他主持下,教育部设置社会教育司,将社会教育作为中央教育行政机构的主要职能。同年 7 月,他在北京主持召开全国临时教育会议,讨论和议决民国教育发展的诸多重大问题。不久,因不满袁世凯的专制政权,辞去教育总长一职,再次赴德国莱比锡大学学习。1913 年 6 月,因宋教仁被刺,蔡元培返回上海声讨袁世凯。"二次革命"失败后,他赴法国学习法语和编译书籍。1915 年,蔡元培与李石曾等人在法国组织勤工俭学会,次年参与发起华法教育会并任会长,推动了影响深远的留法勤工俭学运动。1917 年初,蔡元培就任北京大学校长,锐意改革,整顿学校。1920 年底,他赴欧美各国考察高等教育,并出席太平洋教育会议。1927 年 6 月,经蔡元培建议,南京国民政府组建大学院,实行大学区制,蔡元培被任命为大学院院长。次年 4 月,蔡元培被任命为国立中央研究院院长,1929 年 1 月,蔡元培当选为中华教育文化基金董事会董事长,1932 年 12 月,与宋庆龄、杨杏佛等组织中国民权保障同盟,被推选为副主席。1940 年 3 月 5 日病逝于香港。其著作结集出版的有《蔡元培全集》、《蔡元培教育论著选》等。

蔡元培一生的绝大部分时间和精力都在从事中国近代文化、教育和科学事业,他在教育方面的贡献突出,特别是其"五育并举"及"兼容并包"的教育思想影响深远。此外,

蔡元培强调教育要摆脱政党和宗教的干扰,提倡教育经费独立和教育行政独立,这种特定历史时期的"教育独立"思想为争取教育界、特别是高等教育界的"教育话语权"作出了积极贡献。他重视儿童教育,提出"尚自然、展个性"的观点,从遵循儿童身心发展的规律出发,主张家庭教育与学校教育密切结合。他大力提倡社会教育,主张通过举办讲演会、开设平民学校和建造图书馆等举措,以推动近代中国普及教育的进程。

"五育并举"是蔡元培教育思想的核心。所谓五育,即军国民教育、实利主义教育、公民道德教育、世界观教育和美感教育。他在批判清末的教育宗旨时指出:"忠君与共和政体不合,尊孔与信教自由相违。"(《对于新教育之意见》)他把世界分为现象世界和实体世界,指出前者隶属于政治,军国民教育、实利主义教育和公民道德教育即属于此一层面;后者超越于政治,世界观教育、美感教育即属于此一层面。蔡元培认为,"夫军国民教育者,与社会主义僻驰,在他国已有道消之兆。然在我国,则强邻交逼,亟图自卫,而历年丧失之国权,非凭借武力,势难恢复。且军人革命以后,难保无军人执政之一时期,非行举国皆兵之制,将使军人社会,永为全国中特别之阶级,而无以平均其势力。则如所谓军国民教育者,诚今日所不能不采者也"。而"实利主义之教育,以人民生计为普通教育之中坚。……我国地宝不发,实业界之组织尚幼稚,人民失业者至多,而国甚贫。实利主义之教育,固亦当务之急者也"(同上)。但他认为"五育"实为一个整体,不可偏废,其关系为:"以公民道德教育为中坚,盖世界观及美育皆所以完成道德,而军国民教育及实利主义,则必以道德为根本。"(同上)他强调:"何谓公民道德?曰法兰西之革命也,所标揭者,曰自由、平等、亲爱。道德之要旨,尽于是矣。"(同上)他主张道德教育以造就具有自由、平等、博爱价值观念的共和公民为主要目标。所谓世界观教育,在蔡元培看来即是"循思想自由言论自由之公例,不以一流派之哲学一宗门之教义梏其心,而惟时时悬一无方体无始终之世界观以为鹄。如是之教育,吾无以名之,名之曰世界观教育"。蔡元培认为美感教育的作用同样重要,指出沟通现象世界和实体世界有赖于美感教育,"对于现象世界,无厌弃而亦无执著也。人既脱离一切现象世界相对之感情,而浑然之美感,则即所谓与造物为友,而已接触于实体世界之观念矣。故教育家欲由现象世界而引以到达于实体世界之观念,不可不用美感之教育"(同上),并提出"以美育代宗教"(《以美育代宗教说》)的观点。基于上述思想,在他主持下,中华民国第一个教育宗旨确立为"注重德育教育,以实利教育、军国民教育辅之,更以美感教育完成其道德"(《教育部公布教育宗旨令》)。"五育并举"思想是民初教育改革的基本方针,也成为近代中国"人的全面发展"教育的理论先导。

蔡元培在高等教育领域取得的成就同样影响深远。他提出"大学者,研究高深学问者也"(《就任北京大学校长之演说》),"我对于各家学说,依各国大学通例,循思想自由原则,兼容并包。无论何种学派,苟其言之成理,持之有故,尚不达自然淘汰之运命,即使彼此相反,也听他们自由发展"(《我在教育界的经验》)。在此思想和理念的指导下,经过五年多的努力,蔡元培把北京大学改造成为一所充满活力的新型大学和五四新文化运动的发源地,其推行的主要举措包括:第一,确立教授治校的管理体制。成立由各科著名教授组成的评议会,作为学校的最高决策机构,负责审定学校发展规划、考核教师及学生业绩、拟定预算经费等。第二,不拘一格聘请人才,组建一流师资队伍,"广延积学与热心的教员,认真教授,以提起学生研究学问的兴会"(同上)。其中包括聘请陈独秀、李大钊、鲁迅、胡适、刘师培、马寅初、陶孟和、李四光等著名学者到校任教。第三,改变学生观念。要求学生到大学读书,一要抱定宗旨"为求学而来",二要砥砺德行"束身自爱",三要敬爱师友;鼓励学生创办各种社团,以供正当消遣,发扬自动精神,培养服务社会的能力。第四,沟通文理各科。强调以"学"为本体,以"术"为枝干,加强文、理交融,倡导师生开展跨学科的研究和学习,在北京大学首设各类研究所,为师生开展学术研究创造条件。第五,改学年制为选科。"发现年级制之流弊,使锐进者无可见长。而留级者每因数种课程之不及格,需全部复习,兴味毫无。……遂提议改年级制为单位制",以适应学生的个性发展(蔡元培《传略》上)。第六,倡导男女平等,重视女子教育,首创近代中国公立大学男女同校。这些举措是蔡元培"兼容并包"思想的集中体现和具体实践。

参考文献

高平叔.蔡元培年谱长编[M].北京:人民教育出版社,1996.

梁柱.蔡元培教育思想论析[M].北京:高等教育出版社,2006.

中国蔡元培研究会.蔡元培全集[M].杭州:浙江教育出版社,1997.

(于 潇)

参数估计(parameter estimation)　　统计推论的重要内容之一。当总体参数未知时,根据从总体抽得的样本对总体包含的未知参数进行的估计。分为点估计和区间估计。

点估计(point estimation)　　亦称"定值估计"。指用一个特定值(一般常用样本统计量)直接估计总体参数的方法。因样本统计量的值在某一次抽样中是数轴上的一个点值,故称点估计。如样本统计量平均数($\overline{X}$)、方差(S^2)、相关系数(r)、回归系数(b_{xy})、比例(p)等可以作为总体参数平均值(μ)、方差(σ^2)、相关系数(ρ)、回归系数(β_{xy})、比例(π)等的估计。点估计能给出总体参数一个明确取值,但不能直接给出估计的误差大小和估计的可靠程度。

用样本统计量估计总体参数总有一定的偏差,判断点估计优劣的标准是看它是否具备无偏性、一致性、有效性和充分性。(1)无偏性,指若用多个样本统计量作为总体参数的估计,有的偏大,有的偏小,而偏差的平均数为0,这样的统计量称为总体参数的无偏估计量。若把总体参数记为θ,把总体参数的估计量记为$\hat{\theta}$,则无偏估计满足$E(\hat{\theta}) = \theta$。样本平均数$\overline{X}$是总体平均数μ的一个无偏估计,样本方差$S^2 = \sum (X_i - \overline{X})^2/(n-1)$是总体方差$\sigma^2$的无偏估计。(2)一致性,指当样本容量无限增大时,样本统计量的值越来越接近总体参数的值,只偶尔出现较大偏差。样本平均数$\overline{X}$是总体平均数μ的一致估计,样本方差$S^2 = \sum (X_i - \overline{X})^2/(n-1)$是总体方差$\sigma^2$的一致估计。(3)有效性,指当总体参数的无偏估计不止一个时,无偏估计变异性小的有效性越高,即最密集于总体参数附近的无偏估计。例如,T_1和T_2都是总体参数θ的无偏估计,若T_1的标准差小于T_2的标准差,则T_1比T_2作为总体参数θ的估计更有效。(4)充分性,指一个容量为n的样本统计量,是否充分反映全部数据反映的总体信息。例如,样本平均数$\overline{X}$是总体平均数μ的充分估计,样本方差$S^2 = \sum (X_i - \overline{X})^2/(n-1)$是总体方差$\sigma^2$的充分估计,但众数不是总体平均数$\mu$的一致估计,极差不是总体方差$\sigma^2$的一致估计。

对总体参数作点估计的具体方法有:(1)矩估计,指用样本矩代替总体矩对总体参数进行估计。例如,正态总体分布中的参数平均值(μ)、方差(σ^2)分别为总体一阶矩和二阶矩,用样本矩对两个参数进行估计分别为:样本一阶矩(样本平均数)$\overline{X}$是总体一阶矩μ的矩估计,样本二阶矩(样本方差)$S^2 = \sum (X_i - \overline{X})^2/(n-1)$是总体方差$\sigma^2$的矩估计。(2)极大似然估计,指根据极大似然原理对总体参数进行估计。通过求一个使得似然函数$L(x_1, x_2, \cdots, x_n; \theta)$取极大值的统计量(即极大似然估计量),然后用这一统计量作为总体参数的估计量,其中似然函数$L(x_1, x_2, \cdots, x_n; \theta)$被定义为:若连续型随机变量$X$的概率密度为$P(x; \theta)$,则似然函数$L(x_1, x_2, \cdots, x_n; \theta) = \prod_{1}^{n} P(x_i; \theta)$,对于样本的实际观测数值,它是总体参数$\theta$的函数。

区间估计(interal estimation)　　根据样本分布的理论,用样本分布的标准误计算区间长度,解释总体参数落入某置信区间可能的概率。设总体X中有未知参数θ,x_1,x_2,$\cdots$,x_n为来自总体X的容量为n的样本。用x_1,x_2,$\cdots$,x_n来建立两个统计量$T_1(x_1, x_2, \cdots, x_n)$,$T_2(x_1, x_2, \cdots, x_n)$,若对于所有观测值$x_1$,$x_2$,$\cdots$,$x_n$都满足$T_1 \leqslant T_2$,并且$P(T_1 \leqslant \theta \leqslant T_2) = 1-\alpha$,$(0 < \alpha < 1)$成立,则称区间$[T_1, T_2]$为参数$\theta$的置信区间,$1-\alpha$为置信度

或置信系数,用以说明置信区间的可靠程度,T_1,T_2 分别为下、上置信限。根据所估计参数的不同,区间估计可分为以下七种。

总体平均数的区间估计。(1) 总体分布为正态,总体方差已知,不论样本 n 大小,总体平均数 μ 的 $1-\alpha$ 置信区间为:

$$\overline{X} - Z_{\alpha/2} \cdot \frac{\sigma}{\sqrt{n}} < \mu < \overline{X} + Z_{\alpha/2} \cdot \frac{\sigma}{\sqrt{n}}$$

式中,$Z_{\alpha/2}$ 表示在正态分布表中右侧概率为 $\alpha/2$ 的临界值,可以通过查正态分布表得到。(2) 总体分布为正态,总体方差未知,不论样本 n 大小,总体平均数 μ 的 $1-\alpha$ 置信区间为:

$$\overline{X} - t_{\alpha/2} \cdot \frac{S_{n-1}}{\sqrt{n}} < \mu < \overline{X} + t_{\alpha/2} \cdot \frac{S_{n-1}}{\sqrt{n}}$$

式中,$t_{\alpha/2}$ 表示在 t 分布表中右侧概率为 $\alpha/2$ 的临界值,可以通过查自由度为 $n-1$ 的 t 分布表得到。(3) 总体分布非正态,总体方差已知,只有样本 $n>30$ 时,总体平均数 μ 的 $1-\alpha$ 置信区间为:

$$\overline{X} - Z_{\alpha/2} \cdot \frac{\sigma}{\sqrt{n}} < \mu < \overline{X} + Z_{\alpha/2} \cdot \frac{\sigma}{\sqrt{n}}$$

式中,$Z_{\alpha/2}$ 表示在正态分布表中右侧概率为 $\alpha/2$ 的临界值,可以通过查正态分布表得到。(4) 总体分布非正态,总体方差未知,只有样本 $n>30$ 时,总体平均数 μ 的 $1-\alpha$ 置信区间为:

$$\overline{X} - t_{\alpha/2} \cdot \frac{S_{n-1}}{\sqrt{n}} < \mu < \overline{X} + t_{\alpha/2} \cdot \frac{S_{n-1}}{\sqrt{n}}$$

式中,$t_{\alpha/2}$ 表示在 t 分布表中右侧概率为 $\alpha/2$ 的临界值,查自由度为 $n-1$ 的 t 分布表可得。在大样本时,t 分布近似正态分布,因此也可将其中的 $t_{\alpha/2}$ 改为 $Z_{\alpha/2}$ 来求总体参数的区间估计。

总体标准差的区间估计。总体服从正态分布,从总体中抽取样本容量大于 30 的样本,样本标准差的分布渐近正态分布,此时,总体标准差的 $1-\alpha$ 置信区间为:

$$S_{n-1} - Z_{\alpha/2} \cdot \frac{S_{n-1}}{\sqrt{2n}} < \sigma < S_{n-1} + Z_{\alpha/2} \cdot \frac{S_{n-1}}{\sqrt{2n}}$$

式中, $$S_{n-1} = \sqrt{\frac{\sum (X_i - \overline{X})^2}{n-1}}$$

$Z_{\alpha/2}$ 表示在正态分布表中右侧概率为 $\alpha/2$ 的临界值,可以通过查正态分布表得到。

总体方差的区间估计。(1) 总体服从正态分布,x_1,x_2,$\cdots$,x_n 为来自总体的容量为 n 的样本,当总体均值已知时,由于样本统计量 $\chi^2 = \sum (X_i - \mu)^2 / \sigma^2$ 服从自由度为 n 的 χ^2 分布,所以总体方差 $1-\alpha$ 的置信区间为:

$$\frac{\sum (X_i - \mu)^2}{\chi^2_{\alpha/2}} < \sigma^2 < \frac{\sum (X_i - \mu)^2}{\chi^2_{1-\alpha/2}}$$

式中,$\chi^2_{\alpha/2}$,$\chi^2_{1-\alpha/2}$ 分别为 χ^2 分布表中满足右侧概率为 $\alpha/2$ 和 $1-\alpha/2$ 的临界值,可以通过查自由度为 n 的 χ^2 分布表得到。(2) 总体服从正态分布,x_1,x_2,$\cdots$,x_n 为来自总体的容量为 n 的样本,当总体均值未知时,由于样本统计量 $\chi^2 = \sum (X_i - \overline{X})^2 / \sigma^2 = (n-1)S^2/\sigma^2$ 服从自由度为 $n-1$ 的 χ^2 分布,所以总体方差 $1-\alpha$ 的置信区间为:

$$\frac{(n-1)S^2}{\chi^2_{\alpha/2}} < \sigma^2 < \frac{(n-1)S^2}{\chi^2_{1-\alpha/2}}$$

式中,$S^2 = \sum (X_i - \overline{X})^2 / (n-1)$,$\chi^2_{\alpha/2}$,$\chi^2_{1-\alpha/2}$ 分别为 χ^2 分布表中满足右侧概率为 $\alpha/2$ 和 $1-\alpha/2$ 的临界值,可以通过查自由度为 $n-1$ 的 χ^2 分布表得到。利用 χ^2 分布估计的总体方差的区间估计,不受样本容量限制,对标准差的区间估计可以通过求方差的区间估计,求得方差的区间估计后,再将所得值开方,取其正平方根,便可得到标准差的另一种区间估计的方法。

二总体方差之比的区间估计。从两个正态分布的总体(平均数和方差分别为 μ_1、σ_1^2,μ_2、σ_2^2)分别抽取样本容量为 n_1、n_2 的样本,样本统计量 $F = \dfrac{\dfrac{\chi_1^2}{n_1}}{\dfrac{\chi_2^2}{n_2}}$ 服从自由度为 $(n_1$,$n_2)$ 的 F 分布,式中,$\chi_1^2 = \sum (X_{1i} - \overline{X}_1)^2 / \sigma_1^2 = (n_1 - 1)S_1^2 / \sigma_1^2$,$\chi_2^2 = \sum (X_{2i} - \overline{X}_2)^2 / \sigma_2^2 = (n_2 - 1)S_1^2 / \sigma_2^2$。可以得到两个总体方差之比的 $1-\alpha$ 置信区间为:

$$\frac{1}{F_{\alpha/2}} \cdot \frac{S_1^2}{S_2^2} < \frac{\sigma_1^2}{\sigma_2^2} < F_{\alpha/2} \cdot \frac{S_1^2}{S_2^2}$$

式中,$F_{\alpha/2}$ 为 F 分布表中满足右侧概率为 $\alpha/2$ 的 F 临界值,可以通过查分子自由度为 $n_1 - 1$,分母自由度为 $n_2 - 1$ 的 F 分布表得到。

相关系数的区间估计。(1) 积差相关系数的区间估计。① 当总体相关系数 $\rho = 0$ 时,样本相关系数的分布为 t 分布,可以得到积差相关系数 $1-\alpha$ 的区间估计为:

$$r - t_{\alpha/2} \cdot \frac{\sqrt{1-r^2}}{\sqrt{n-2}} < \rho < r + t_{\alpha/2} \cdot \frac{\sqrt{1-r^2}}{\sqrt{n-2}}$$

式中,t 分布的自由度为 $n-2$,$t_{\alpha/2}$ 表示在 t 分布表中右侧概率为 $\alpha/2$ 的临界值,通过查自由度为 $n-2$ 的 t 分布表得到。当总体相关系数 $\rho \neq 0$ 时,如果 $n>500$,积差相关系数 $1-\alpha$ 的区间估计为:

$$r - Z_{\alpha/2} \cdot \frac{1-r^2}{\sqrt{n-1}} < \rho < r + Z_{\alpha/2} \cdot \frac{1-r^2}{\sqrt{n-1}}$$

② 利用费希尔 Z 函数分布求相关系数的区间估计。不论样本容量的大小，也不管总体相关是否等于 0，由相关系数转化得到的 Z 函数的分布近似正态分布，因此可以利用 Z 的置信区间求相关系数的置信区间。具体步骤：先将样本相关系数转换为 Z 函数（可以通过查费希尔 $Z-r$ 转换表，也可以用公式 $Z_r = \frac{1}{2}\ln\frac{1+r}{1-r}$ 计算得到）；计算总体相关系数 ρ 对应的 Z_ρ 的 $1-\alpha$ 的置信区间为：

$$Z_r - Z_{\alpha/2} \cdot \frac{1}{\sqrt{n-3}} < Z_\rho < Z_r + Z_{\alpha/2} \cdot \frac{1}{\sqrt{n-3}}$$

将 Z_ρ 的置信区间转换为相关系数 ρ 的置信区间（可以通过查费希尔 $Z-r$ 转换表，也可以用公式 $r = (e^{2Z_r}-1)/(e^{2Z_r}+1)$ 计算）。(2) 等级相关系数的区间估计。这里主要考虑斯皮尔曼等级相关系数的区间估计，因为斯皮尔曼等级相关系数在 $9 \leqslant n \leqslant 20$ 时，r_R 的分布近似为 $df=n-2$，标准误为 $SE_r = \sqrt{1-r_R^2}/\sqrt{n-2}$ 的 t 分布，所以若满足此条件，斯皮尔曼等级相关系数的 $1-\alpha$ 的置信区间为：

$$r_R - t_{\alpha/2} \cdot \frac{\sqrt{1-r_R^2}}{\sqrt{n-2}} < \rho_R < r_R + t_{\alpha/2} \cdot \frac{\sqrt{1-r_R^2}}{\sqrt{n-2}}$$

若 $n>20$，r_R 的分布近似为正态分布，标准误仍为 $SE_r = \sqrt{1-r_R^2}/\sqrt{n-2}$，斯皮尔曼等级相关系数的 $1-\alpha$ 的置信区间为：

$$r_R - Z_{\alpha/2} \cdot \frac{\sqrt{1-r_R^2}}{\sqrt{n-2}} < \rho_R < r_R + Z_{\alpha/2} \cdot \frac{\sqrt{1-r_R^2}}{\sqrt{n-2}}$$

比率的区间估计。当 $n\hat{p} \geqslant 5$ 时，某种属性出现的总体比率 p 的 $1-\alpha$ 置信区间为：

$$\hat{p} - Z_{\alpha/2} \cdot \sqrt{\frac{\hat{p}\hat{q}}{n}} < p < \hat{p} + Z_{\alpha/2} \cdot \sqrt{\frac{\hat{p}\hat{q}}{n}}$$

式中，$\hat{p}$ 为样本比率，$\hat{q} = 1-\hat{p}$，$Z_{\alpha/2}$ 表示在正态分布表中右侧概率为 $\alpha/2$ 的临界值，查正态分布表可得。当 $n\hat{p} \leqslant 5$，或 p 太小时，某种属性出现的总体比率 p 的置信区间的估计不能用上面的公式计算，因为此时二项分布不接近正态分布，所以样本比率不接近正态分布，这种情况可以通过直接查二项分布的统计表计算得到。

比率差异的区间估计。根据比率差异的样本分布，当 $np_1 \geqslant 5$，$np_2 \geqslant 5$ 时，近似服从正态分布，可以得到：若 $p_1 \neq p_2$，比率差异的 $1-\alpha$ 区间估计为：

$$(\hat{p}_1 - \hat{p}_2) - Z_{\alpha/2} \cdot \sqrt{\frac{\hat{p}_1\hat{q}_1}{n_1} + \frac{\hat{p}_2\hat{q}_2}{n_2}} < p_1 - p_2 <$$

$$(\hat{p}_1 - \hat{p}_2) + Z_{\alpha/2} \cdot \sqrt{\frac{\hat{p}_1\hat{q}_1}{n_1} + \frac{\hat{p}_2\hat{q}_2}{n_2}}$$

式中，n_1、n_2 分别为样本容量，p_1、p_2 分别为两个总体中某一事件的比例，$\hat{p}_1$，$\hat{q}_1 = 1-\hat{p}_1$；$\hat{p}_2$，$\hat{q}_2 = 1-\hat{p}_2$ 分别为两个样本的比例。若 $p_1 = p_2$，比率差异的 $1-\alpha$ 的区间估计为：

$$(\hat{p}_1 - \hat{p}_2) - Z_{\alpha/2}\sqrt{\frac{(n_1\hat{p}_1+n_2\hat{p}_2)(n_1\hat{q}_1+n_2\hat{q}_2)}{n_1 n_2 (n_1+n_2)}} < p_1 - p_2 <$$

$$(\hat{p}_1 - \hat{p}_2) + Z_{\alpha/2}\sqrt{\frac{(n_1\hat{p}_1+n_2\hat{p}_2)(n_1\hat{q}_1+n_2\hat{q}_2)}{n_1 n_2 (n_1+n_2)}}$$

式中，n_1、n_2 分别为样本容量，p_1、p_2 分别为两个总体中某一事件的比例，$\hat{p}_1$，$\hat{q}_1 = 1-\hat{p}_1$；$\hat{p}_2$，$\hat{q}_2 = 1-\hat{p}_2$ 分别为两个样本的比例。

参考文献

张厚粲,徐建平. 现代心理与教育统计学[M]. 北京：北京师范大学出版社,2004.

张敏强. 教育与心理统计学[M]. 北京：人民教育出版社,2010.

王爱民,李悦,等,译. 北京：中国轻工业出版社,2008.

Gravetter, F. J. & Wallnau, L. B. 行为科学统计[M]. 王爱民,李悦,等,译. 北京：中国轻工业出版社,2008.

Gravetter,F. J. & Wallnau, L. B. Essentials of Statistics for the Behavioral Sciences [M]. 5th ed. United States：Thomson, 2004.

（孟庆茂　刘红云）

操作条件作用理论（theory of operant conditioning）美国新行为主义心理学家斯金纳创建的一种学习理论。将机体行为分为两类：一类是应答性行为，由已知的刺激引起的反应。巴甫洛夫经典条件作用中的行为反应即为应答性行为。另一类行为是操作性行为。斯金纳认为，操作性行为不是由具体的刺激引起，而是受到紧跟在其后的结果的影响，这些结果一般称为强化或惩罚。操作性行为是有机体本身发出的，好像是自发的反应，故亦称自发性行为。

斯金纳的操作条件作用实验研究

斯金纳的实验　斯金纳研究动物学习的一种实验装置叫作"斯金纳箱"（Skinner Box），它是美国心理学家 E. L. 桑代克研究动物学习装置（迷箱）的简化。在斯金纳箱内，有一小杠杆和传递食丸的机械装置相联结。只要一按压杠杆，一粒食丸就会掉进食盘。斯金纳实验用的动物为大白鼠。大白鼠进入箱内可自由活动,大白鼠可以作出多种行为反应,而其中就有按压杠杆的行为反应。大白鼠偶尔压杠杆有食丸掉下来。这对大白鼠是一种奖励。有的大白鼠会再次直接按压杠杆,有的则在作出其他一些动作后再按压杠杆,这样第二粒食丸又会掉下来。这种条件作用形成很快,因为大白鼠在箱内不受任何拘束,它会继续按压杠杆取得食物,直到吃饱。这就是斯金纳动物实验研究的一种基本程序,也是他的许多动物实验中较为简单的一种。后来,斯金纳对他的这种装置作了改进。改进后的装置包括一个消除噪声干扰的隔音室,一个用以研究电刺激作用的底板(它可以带电,也可以不带电)。此外还有用以控制动物行为的各种辨别性刺激。

动物在斯金纳箱内的行为可以用累加记录器记录下来。在记录器上一张纸以稳定的速度缓慢移动,一支笔尖在纸上画出连续的线。如果动物没有作出反应,笔的位置不动,则画出的是平直的线。当动物作出反应时,笔尖会向上稍微移动到一个新位置,结果画出累加曲线。从这个曲线中可以看出动物的反应频率。如果反应频率很快,则曲线是陡的。反之,如果动物的反应频率很慢,则曲线是逐渐倾斜的。通过这种更加精密的设备,就可以准确地对动物的行为加以研究。

操作条件作用中的术语   操作条件作用中的术语一般与经典条件作用中的术语相同,无条件刺激(unconditional stimulus,简称 US)是强化刺激,如食物。在操作条件作用中,凡伴随反应并可改变其可能性的任何刺激都可以叫做强化物。这里,无条件刺激也许会引起无条件反应(unconditional respond,简称 UR),但并不一定是这样。事实上,在操作条件作用中很少能测量到经典条件作用中的无条件反应。因此,与经典条件作用中的无条件刺激引起无条件反应相比,在操作条件作用中根据无条件刺激对习得反应的效果,强化物可被视为事后的而不是事前的。

这里的条件反应(conditional respond,简称 CR)是习得的反应,通常是有机体自动却是在任意状态下作出的反应,如大白鼠在箱子内作出的压杆反应,它是实验人员指定为正确的反应。从中可以看到,操作条件作用和经典条件反射之间的差异是显著的:经典条件反射中的条件反应和无条件反应几乎是相同的;同时在这种条件作用中习得的反应类型必然受到无条件刺激引起的无条件反应类型的限制。但在操作条件作用中,指定的条件反应不受无条件反应的限制,尽管条件反应也反映了被试的体能。在这种条件作用中,虽然对被试予以限制,但条件反应可以条件化的范围是较为广泛的。

在操作条件作用中并不一定包含有明确的条件刺激(conditioned stimulus,简称 CS)。在 E. L. 桑代克的早期实验研究中,并未明显而有意识地安排条件刺激,在其他许多

情境中则有明确可辨别的刺激。与巴甫洛夫的条件作用有所不同,在操作条件作用中,工具性刺激和奖励性无条件刺激之间的邻近方式有多种多样的变化,原因是条件刺激—无条件刺激间隔有赖于被试为得到期望的无条件刺激在何时作出什么样的反应。讲得更明确些,S_+(辨别刺激)是先于条件反应出现的中性刺激,它会给被试提示强化在什么时候将会出现,即 S_+ 是一种告诉被试何时反应(R)将会得到奖励(US)的信号。S_- 可以看作是巴甫洛夫条件性抑制物,因为它向被试提示奖励何时将不出现,何时不予反应是合适的。

操作条件作用与经典条件作用的关系   操作条件作用与经典条件作用是两种不同的学习类型。传统的观点认为,经典条件作用是一种低级形式的学习,包括不随意内脏和腺体反应。操作条件作用是一种较高级形式的学习,包括随意性的可控的骨髓肌肉反应。经典条件作用形式是非随意的,操作条件作用形式是随意的,这是区别一。

区别二是,在经典条件作用中,强化伴随条件刺激物,但它与条件刺激物同时或稍后出现,条件作用才能形成。而在操作条件作用中,强化物与反应相结合,即有机体必须先作出适当的反应,然后才能得到强化。这也是两种学习模式的根本区别。有的心理学家将经典条件作用式学习称作刺激替代,将操作条件作用式学习称作反应替代(如图1所示)。

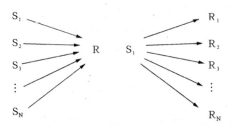

图 1   经典条件作用与操作条件作用的比较

在经典条件作用中,假定 S_1 与反应 R 形成固定的联系,通过 S_2,S_3,……,S_N 与 S_1 同时呈现的方式,前者就可以替代 S_1,引起与 S_1 所引起的类似反应。相反,在操作条件作用中,S_1 开始与 R_1,R_2,R_3,……,R_N 多种反应结合,通过强化 R_1 而不强化 R_2,R_3,……,R_N,R_1 就可替代 R_2,R_3,……,R_N,最后与 S_1 形成固定的联系。在操作条件作用中,机体作出一个合乎要求的反应即给予奖励,强化有赖于有机体作出的反应。而在经典条件作用中,机体作出的反应与呈现给机体的刺激相互独立。

经典条件作用与操作条件作用是两种最基本的学习模式,它们具有各自不同的生物学意义。通过经典条件作用,有机体可以使一个无关刺激作为有关刺激的信号,从而可能辨别周围世界,了解外部事件之间的关系,得以预见和避开有害刺激并趋近有益刺激。在操作条件作用中,有机体

学会了自己的行为与外界刺激之间的沟通,从而可以操纵或改变外在环境,以达到自己的目的。

操作条件作用的原理和类型

操作条件作用的原理　操作条件作用的基本原理是伴随强化原理。如果被试作出的反应导致强化刺激出现,则以后期望的反应重复发生的可能性将会增加。操作上的这种增加反映了一种学习。如果强化刺激(US)的出现不依赖于条件反应,即有机体的操作(CR)与强化刺激无关,则被试的操作就不会有真正的进步,也就不会有学习发生。伴随强化原理如图2所示。

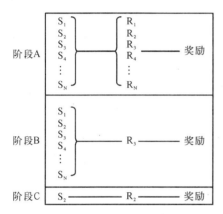

图2　操作条件作用的阶段

开始将被试置于某一环境,环境中有各种各样的刺激(以 $S_1 \sim S_N$ 表示),绝大部分刺激不予明确指定;这些刺激有可能是外部的,也可能是内部的,实验就在这样的情境中进行。在实验训练的开始阶段(阶段A),被试会作出各种各样的反应(以 $R_1 \sim R_N$ 表示),其中只有一种反应(R_3)之后跟随奖励,即有机体的操作(CR)与强化刺激无关,则被试的操作就不会有真正的进步,也就不会有学习发生。

在多次奖励训练后,当再次将被试置于实验情境时,刺激与反应之间就会形成联结,刺激会引起早先受到奖励的行为(图2中的阶段B)。如果S-R联结形式中没有对反应行为的奖励,那么刺激将会逐渐消失引起相应反应的功能。如图2所示,在阶段C,S-R联结更为明确具体。如果提供明确的 S_+ (如 S_2),一旦联结形成,则 S_2 出现,即标志着奖励的到来:刺激一出现,就可以引起相应的反应。

上面讨论中的含糊之处是刺激控制的概念。和其他的联结比较而言,当S-R联结较强时,即当一种刺激能可靠一致地引起某一反应而其他刺激不能引起这种反应时,就可以讲被试的行为受到刺激的控制。刺激控制是指行为处于先行刺激的控制之下。

操作条件作用的类型　大多数操作条件作用有以下三个特征:训练中采用奖励或惩罚;训练中有机体发出或抑制某一特定的反应;训练中提供或不提供辨别刺激。据此可以分为八类:(1)**奖励性训练**。操作条件作用的一种训练类型。其特征是:当人或动物作出适当反应或行为后,实验人员或环境立刻给予奖励,以增加这类行为出现的可能性。如教师发现儿童做好事后马上给予适当表扬,儿童做好事的行为会增加。(2)**逃避性训练**,亦称"解除性训练"、"事后逃避训练"。操作条件作用的一种训练类型。其特征是:当有机体(人或动物)发出适当的行为后,惩罚性刺激立即终止,从而增加适当行为出现的可能性。如在实验中,将狗置于底板通电灯的箱子中,狗脚遭电击。经过若干次训练后,狗便学会逃到无电击的安全区。电击是惩罚性刺激,狗一逃离,就终止进一步受到电击。电击终止起了负强化作用,加强了逃避行为。逃避行为的出现立即使痛苦解除,故亦称解除性训练。若学生把上课看成苦差事,逃避可解除痛苦,逃课行为就难以消除。(3)**取消性训练**。操作条件作用的一种训练类型。其特征是:当人或动物终止发生某种反应或行为时,立即给予奖励,以抑制或消除这种反应或行为。如现在通过奖励训练,让老鼠压杆。以后突然改变训练方法,即每当老鼠停止压杆才给予食物奖励,则压杆反应很快消退。(4)**惩罚性训练**。操作条件作用的一种训练类型。其特征是:当动物或人发出不适当的反应或行为后,实验人员或环境立即提供适当的惩罚,以抑制或消除不适当的行为。如老师发现儿童做了坏事,立刻给予适当批评,以后做坏事的可能性会减少。(5)**辨别性训练**。操作条件作用的一种训练类型。其特征是:在奖励训练的基础上提供辨别刺激。如在试验中,灯光亮(辨别刺激),白鼠压杆,给予食物奖励;灯光不亮,压杆,无食物出现。白鼠便学会只有在灯光亮时才压杆。(6)**回避性训练**,亦称"事先回避训练"。操作条件作用的一种训练类型。其特征是:在逃避训练的基础上提供辨别刺激。如先电击狗的脚爪使之形成逃避反应,然后用灯光作为辨别线索,即只当灯光亮时,才有电击。经多次训练,狗一见灯光,便能在电击到来之前,主动回避,逃到安全区。(7)**辨别取消训练**。操作条件作用的一种训练形式。其特征是:在取消训练的基础上辨别线索。如在白鼠的压杆试验中,原先只要取消压杆反应便受到食物奖励,现在则要在灯光(辨别线索)亮时,取消压杆,才有食物奖励。白鼠学会只有当灯光亮时,才取消压杆。在日常教育中,只有当父母在场时,儿童不吸烟才受到奖励,则儿童将学会只有在父母在场时才不吸烟。(8)**辨别惩罚训练**。操作条件作用的一种训练类型。其特征是:在惩罚训练的基础上加一辨别线索。如只有当老师在场时,儿童做坏事才受到批评,老师不在场时,儿童做坏事不受批评。儿童就学会当老师在场时不做坏事。这时,老师成了辨别线索,从而可以有效控制儿童的行为。

操作条件作用原理的应用

斯金纳认为,研究低等有机体学习的最终目的是生成并发展出一些可以应用于更为复杂的人类行为的基本原理。在他看来,人类日常生活中的学习是更高级更复杂的学习,但与低等动物通过操作条件作用学习一样有着相同的基本性质。斯金纳指出,动物之所以会产生学习行为,是因为随学习行为之后总是伴随有起强化作用的刺激出现,而人的一切行为差不多都是操作性强化的结果。许多研究者认为,重要的人类行为都可以通过强化加以改变,操作条件作用会导致对个体更具有适应性的行为。斯金纳及其追随者在这方面作出巨大努力,也获得基本成功。

在言语条件作用和生物反馈中的应用 有些研究人员认为,言语行为可以看作是像骨骼肌运动一样的行为反应,通过操作条件作用的方法矫正言语行为是可能的。一些研究者的工作已经表明,有机体的言语可以条件作用化。格雷斯布1955年在一项研究中,要求被试"说出自己可以想起的所有非句子的词",对实验组被试,研究人员通过"嗯"或"点头"等方式对讲出复数名词的被试予以强化;控制组被试则不予任何强化。实验结果表明,实验组被试比控制组被试讲出复数名词的频率明显增加,而且部分被试是在没有意识到强化的情况下发生条件作用的。言语行为的控制在其他情境中也得到证明。人们在应用言语条件作用技术矫正口吃行为方面也取得一定效果。如通过呈现极响的噪声来惩罚口吃,研究人员发现在反应—惩罚期间,口吃频率有所下降。但这种效果在治疗之后的短时间内有恢复现象,研究人员确信,经过长时间的治疗,稳定提高是可以达到的。

20世纪六七十年代,人们将兴趣开始转向内部自主系统,如心率、血压等,这些自主活动都可以通过工具性的伴随奖励加以控制。这些研究都使用生物反馈技术:紧跟着某一适当的自主反应对被试予以奖励。对低等动物讲,可用的奖励包括食物、避免电击及快乐性脑刺激,对人类而言,伴随奖励通常是表扬、金钱、避免电击或有关行为正确的反馈信息。大量的研究表明,内脏或自主反应都可以通过操作条件作用技术加以矫正。如克雷德1966年进行过一项重要的研究,给大学生测量皮肤电活动,接着告知每一被试:"回想一下你生活中使你感到特别激动的事",在这之后的30分钟,强化是有效的。具体而言,一组(实验组)被试每当有皮肤电反应即予以音调呈现(之后呈现奖励);而另一组(控制组)被试虽能听到同样的音调,但音调之后没有伴随的奖励。这一研究的结果见图3。图3显示,条件作用非常明显。控制组被试没有反应之后伴随的奖励,在测验期表现出皮肤电活动的下降,在这种情况下发生这一变化是

正常的行为模式。而反应之后有伴随强化组的被试,尽管其皮肤电活动有波动,但由于伴随奖励的存在而保持一定的皮肤电活动水平。但有两点应当注意:第一,这一研究的后继研究表明,指示语"回想一下你生活中使你感到特别激动的事"对条件作用的效果并不重要。事实上,许多实验证明,给人讲"将灯亮着"就足以产生操作性自主条件作用。对低等动物讲,很明显,它们不受言语的影响。第二,以其他基本的操作性模式,如逃避/回避性训练、惩罚性训练和缺失性训练都可以说明上述操作性自主条件作用。

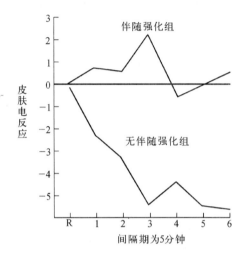

"R"处的反应水平为起始休眠状态水平

图3 有伴随强化组与无伴随强化组被试的皮肤电反应

生物反馈日益受到广泛关注,这主要源于两个方面。一是,自主性机能可通过操作条件作用程序加以矫正。但传统的观点认为,自主反应如心跳仅从属于经典条件作用程序。有些心理学家怀疑条件性内脏行为是骨骼肌运动的副产品,骨骼肌运动可以条件作用化,反过来,这些运动会反射性地产生自主反应。心理学家一致认为,操作性自主条件作用事实上包括骨骼肌运动。二是,处理一些医疗症状方面的潜力,是学者们研究生物反馈的另一动力。如果血压可以通过工具性奖励训练加以矫正,那么严重的高血压病人就可学会降低其血压从而减轻对其健康的威胁。这样许多症状如高血压、头疼、心律不齐都可以通过生物反馈技术加以治疗,但这种乐观的前景在心理治疗中并未真正达到。通过生物反馈技术调节内脏机能方面取得的进步要么太小,要么太短暂。如有些研究人员发现,在实验中被试的内脏机能通过训练有明显进步,但当病人生活在环境多变的实验室之外时,他们常常难以控制其内脏反应。

在行为矫正方面的应用 操作条件作用原理已大量应用于人类行为的矫正方面,对变态行为的研究与治疗便是其中之一。根据行为治疗学家的观点,变态行为并不奇怪,发现并排除它们的原理与应用于其他行为矫正方面的原理

是一样的。治疗学家的任务在于辨别行为并力图消除这种行为，同时寻找并建立更具有适应性的替代行为。

行为主义心理学家发展了各种各样的行为治疗技术，其中的两种行为矫正(治疗)技术应用广泛。一种是厌恶疗法(详"经典条件作用理论")，另一种是内爆疗法(implosion therapy)。这种治疗技术要求患者想象产生恐惧的任何刺激。如某女士在一次车祸之后形成一种对汽车的恐惧。在治疗期间，首先要求当事人彻底放松并想象任何一部汽车。当患者这样做没有什么不适感时，接着要求患者更具体、更清晰地想象一部汽车，直到患者可以不回避地想象发生车祸本身的那部汽车。这样做的结果是患者对汽车的恐惧感有所减轻并逐渐消失。最后治疗学家要求其接近汽车并独自一人乘车，使得该患者恢复正常的行为模式，包括驾驶汽车。

行为矫正的具体技术也应用于治疗精神病患者方面。在一项研究中，研究人员矫正了一例依赖性饮食习惯(要求喂养的倾向)的精神分裂症患者。起初，要求患者来餐厅吃饭才能提供食物，患者可以在 30 分钟之内获得食物，后来这一时间逐渐缩短。这一办法效果明显：过了几周，几乎所有的患者都可以自己进食。

在教学中的应用　斯金纳在操作条件作用原理应用方面最感兴趣的是行为强化原理在教学中的应用，他在课堂行为矫正、程序教学方面也作出了巨大努力并取得成功。

强化和惩罚等一系列概念是斯金纳操作条件作用理论的重要概念，它们对伴随行为的效应是各不相同的。心理学家一致认为，对课堂中学生的行为予以惩罚会产生不确定的后果：惩罚可以使学生不良行为发生的可能性减小，但也会助长学生的不良行为。例如，有的学生在课堂中有破坏性行为或捣乱行为，一般认为这类学生是寻求同学或教师对他(她)的注意。行为矫正原理告诉教师，对待这类学生的可取办法是对他(她)不予理睬。然而实践证明，这样做有时会使部分学生因自己的需要(寻求注意)没有满足而更加具有捣乱破坏等不良行为。

在一项班级课堂实验中，研究人员在一个喧闹的四年级班级使用巧妙的办法降低学生学习期间的噪声水平。研究者将时间确定为 10 分钟(通过定时器)，并与学生商定：如果课堂中的吵闹声超过某一分贝(通过声音测量仪)，则研究人员发出信号并将定时器上的时间重新拨回到 10 分钟。如果在 10 分钟内教室中的声音没有超过确定的分贝数，则所有的学生都将给予 2 分钟的自由活动时间，直到新一轮 10 分钟学习开始。教室里没有学生时的背景噪声为 36～37 分贝。在第一个实验阶段，噪声水平降至 38～41 分贝。当取掉强化之后，噪声水平又增加到 45～50 分贝，当重新确认强化之后，噪声水平又降至 37～39 分贝。

操作条件作用原理除了可用于课堂教学中学生不良行为的矫正以外，也可以用来帮助学生阅读，减轻学生在众人面前大声朗读产生的恐惧以及由考试产生的焦虑等。操作条件作用原理在课堂行为矫正方面的应用比较多，也相对容易应用，应用的效果也比较显著。

斯金纳认为课堂中的学业训练可通过操作性程序提高，他根据自己的反应—强化原理，在普雷西教学机器的基础上设计了一套程序教学模式。斯金纳强调的程序教学模式包含教材编制和教学机器使用两个方面的主要内容。

斯金纳的程序教学模式首先强调的是教材编制，斯金纳主张把预先审定的教材分成若干小而分离的单元，然后将它们组织成为逻辑的顺序，使得每个单元的学习建立在前一单元的基础上。学生的任务是给出答案：如果答案正确，则立刻予以肯定(奖励)；如果答案错误，可以允许学生复习或重做。由于程序教材中的每一小步较为容易，学生可以体验较高的成功机会。

斯金纳在教材编制上首创直线式程序，有人也称为经典程序。这一模式非常简单，即将事先编制好的有逻辑顺序的学习单元一个接一个呈现给学生，学生完成一个单元，即予以反馈(正确或错误)，然后进入下一个单元，如此完成某一学习内容。

在程序教材的编制和使用中，斯金纳强调：对学生的每一个反应都要及时强化；强化正确的反应，对错误的反应不予强化；程序的每一步的难度尽可能放低，这样可以降低学生的错误率；要做到内容之间的密切联系，从简单到复杂，由易到难，循序渐进；学生学习的单元内容变换幅度要慢，做到学生既复习早学过的内容，也学习新的内容；呈现问题时，不能让学生同时看到两个问题，不能在学生作出反应之前就提供问题的答案，应使学生在正确理解问题之后，再作出正确的反应，不能因抢速度而猜测；程序教材的编制要注意训练学生的抽象思维能力。

在斯金纳直线式程序的基础上，美国心理学家克劳德根据他训练军事人员的经验编制了一种可变程序，即分支式程序。克劳德认为，编制一种学生可以完全避免错误的程序几乎是不可能的，也是不现实的。因此，他根据学生可能出现的各种错误，把教材也分为小的有逻辑顺序的单元，每个单元的步子比直线式程序的步子要大些，内容要多些。学生每掌握一个单元，就要进行该单元的测试。若学生回答正确，就进行下一单元的学习；回答错误，则进行分支程序的补充学习。分支式程序模式有许多种变式。

斯金纳的程序教学非常强调在教学中使用教学机器，他帮助教师设计了可以为每个学生呈现学习材料和安排强化的教学机器。斯金纳认为，课堂上使用这种教学机器有下列优点：对学生正确回答的强化是及时的；一个教师可以同时指导全班学生进行学习，而且每个学生在课堂上可以完成尽可能多的作业；任何因故离开学校一段时间的学生，可以回来以后从他停下来的地方开始学习;每个学生自定学习速度,按自己的速度来学习,当他超过全班同学很远时,教师可以指定额外的作业,当他落后于全班同学较远时,教师则可以对其提供额外的帮助;教师把所有的问题作为一个整体,安排成一个连续的顺序。

参考文献

鲍尔,希尔加德.学习论——学习活动的规律探索[M].邵瑞珍,等,译.上海:上海教育出版社,1987.

皮连生,等.现代认知学习心理学[M].北京:警官教育出版社,1998.

(王映学)

测验编制(test construction)　　编制能够测出某个因素或个体某种能力的标准化量表的活动。研究测验编制,旨在编制有很好信度和效度的高质量测验,使测验能真正准确地测量到所要测的内容,使研究者编制出适合特定研究目的的测验。

标准化测验编制的一般步骤

不同种类、不同测验目的的测验在编制上有很大差别,但都必须遵循共同的步骤和规则。标准化测验的编制一般包括六个步骤。

明确测验目的并选择测验材料　这一步骤又包括明确测验目的、分析测验目标、选取测验材料和设计测验蓝图四个环节。

其一,明确测验目的。测验目的是指测验所欲测量的是什么人的何种心理特质。首先,必须明确测验所测的特质是什么。心理学中的特质必须是依据相应的理论得到明确界定的。心理测验的先驱高尔顿把感觉辨别力当成"心智能力中最高的能力",坚信人的"一切知识来自感官",并通过测量人的生理心理活动、感觉、知觉等来衡量人的"智力"。但其测验目的是不明确的,因为没有弄清楚什么是智力。其次,必须明确被试团体的类别和特点。要明确测验的对象是成人还是儿童,是正常儿童还是低常、超常儿童,是心理健康者还是心理不健康者,等等。对不同的被试团体,测验的难度、测验材料等都应有所不同。明确测验目的还包括明确测验的用途。测验可以是选拔性的,对被试将来的成功与否作出预测,也可以是描述性的,以了解被试的心理发展水平或特点;可以使用测验选拔或鉴别出智力优异和智力落后的儿童进行特殊教育,也可以了解学生的智力发展水平,以实施针对性的教育。测验的功用不同,编制的测验就不相同,其难度、区分度等各项指标也应有所不同。

其二,分析测验目标。测验目标是测验目的的具体化

操作化,即将一种抽象的心理特质具体化为可以操作的层面或构成因素。确定目标时也必须以有关的心理学理论为指导。如美国心理学家 D. 韦克斯勒把人的智力分成言语和操作两部分,并将常识、类同、算术、词汇、理解、数字广度作为测验言语智力的目标;将图画补缺、图片排列、积木图案、物体拼组、译码、迷津作为操作智力的测验目标。人格测验的目标应具体化为一个人对自己、对他人、对事物、对工作、对社会的认识、评价以及在家庭、工作和群体中的行为表现,通过被试对自己在以上各方面的评量而了解其人格。成就测验的目的是测量学生已掌握的知识、技能及形成的能力,其选材不仅要依据所学的内容范围,还要依据教育目标的要求。通常是用美国教育心理学家布卢姆的教育目标分类系统将教育目标分为知识、理解、应用、分析、综合和评价六个层次,而成就测验则应该从相应的教育内容中选取体现这六个层次的教育目标的内容作为测验素材。

其三,选取测验材料。确立测验的具体目标后就要围绕这些目标选择测验的素材,为编拟试题作准备。选取测验材料应遵循以下原则:一是所选材料能反映测验目的;二是测验材料能鉴别被试的个别差异;三是测验材料要丰富,要相当于正式测验长度的二到三倍,以备挑选。智力测验的材料首先必须与人的分析、推理等高级心理活动有关。其次要有广泛性,原则上讲,一切与大脑智力活动有关的任务都可以作为智力测验的材料。再次要有层次性,既要有容易的,也要有难的,以适合不同层次的被试。最后要有普通性,不受人的知识、经验、风俗习惯及文化背景的制约。编制特殊能力倾向测验必须先进行工作分析。通过对工作特性和专业成功者的行为分析,确定从事某一工作需要的能力、技能和其他特质。成就测验的取材范围是被试所受教育或训练的内容的全部范围,且选材一定要能体现不同教育目标的要求。人格测验取材有三种模式:一是因素分析模式。通过因素分析发现有较高内部一致性的项目,从而编成题目。二是经验模式。测验选材时并不依据任何人格理论,而是以外在效标为依据。当一个题目能把不同水平和不同性质的人群区分开来时,就保留这个题目,而当题目没有这种区分能力时,就放弃它。"明尼苏达多相人格量表"的编制就是遵循这一模式。三是理论推导模式。投射测验的选材方法就是遵循这一模式。

其四,设计测验蓝图。即确定为达到各个测验目标分别选取的测验材料及其比例或权重。蓝图就好像测验的框架,对题目选择起着指导作用。心理特质有不同方面的表现,各方面所处的地位和重要性不同,在选材时必须有所侧重。测验蓝图的设计对提高测验的内容效度尤为重要。在成就测验中,测验蓝图就是设计一张体现各层次测验目标和各部分内容的比例的双向细目表。在内容效度部分,将对测验双向细目表的设计进行讨论。

编写题目　测验材料选好后,就测验材料编写成题目的形式,题目的类型大致有客观性试题和论文式试题。编拟题目有不少技术上的要求,在题目编写技术部分将对此进行讨论。

试测及题目质量分析　(1)试测。测验试测的程序与正式测验应该完全相同。试测时要注意:① 被试样本要有代表性。试测的目的是为了分析题目的难度和区分度等测验指标,只有当选取的样本有代表性时,计算出的项目统计量,即难度和区分度才能代表总体,进行项目分析才有意义。② 样本容量要适当,样本容量太小,抽样误差就大,样本对总体的代表性就差;样本容量太大,总体中就会有相当比重的被试熟悉了测验的内容,正式测验的结果就会受到影响。教育测验的预试人数以 370 人为宜。人格测验和智力测验应多于这个数量。③ 测验的指导语、主试、测验情境等因素都应与正式测验完全相同。④ 试测的测验时间要尽量放宽,以每一被试都能完成所有题目为原则。这有利于得到有关所有题目的真实信息,质量分析才可靠。⑤ 对试测过程中发生的情况要随时加以记录。如题目表达不清楚引起被试疑问或题意要求不明确,被试不能确定答案的范围等,另外还要记录大部分被试完成所有题目时所用的时间。这些都能为进一步修改题目提供依据。(2)题目质量分析。包括对测验的质的分析、难度和区分度分析,题目质量分析的目的是筛选和改进题目。项目分析的内容见"经典测验理论"。

题目编排　经过试测和题目质量分析,挑选出质量符合要求的题目,这些题目就构成题库。但由于试测所选的被试仅仅是被试总体的一个样本,难免受抽样误差的影响,还要进行第二次试测,即从被试总体中独立抽取另一被试样本,施测后分析题目的难度和区分度,比较同一题目两次分析的结果是否一致,不一致的题目还需作进一步的分析和修改。这称为测验质量的复核或交叉效度检验。复核后的测验就进入供测验选题的题库中。

通过筛选进入题库的题目多于测验实际使用的题数,这是为制作测验复本作准备的。复本指两份完全等值的测验,所谓等值是指有相同的测验目的,题型、题数、测验分数的均值和方差完全相同而内容不重复的测验。复本是标准化测验必须具备的。有时为评价教学、职业训练或心理治疗的效果,就需要比较先后两次测验的结果,若使用同一测验前后施测两次,第一次测验产生的练习效应就会对第二次测验产生影响,而若使用内容不同而等值的复本,这种影响就会大大减小。复本测验也是检验测验信度和效度的一种重要手段。一个测验要有 2～3 个复本。

制作复本时,首先将题库中的题目按难度排序并编上号码,然后依难度搭配成难度匹配的复本。若要编制两个复本,应按如下顺序分配题目:

$$\begin{cases}复本A: & 1 \quad 4 \quad 5 \quad 8 \quad 9 \quad 12\\ 复本B: & 2 \quad 3 \quad 6 \quad 7 \quad 10 \quad 11\end{cases}$$

若要编制三个复本,则按如下顺序分配题目:

$$\begin{cases}复本A: & 1 \quad 6 \quad 7 \quad 12 \quad 13 \quad 18\\ 复本B: & 2 \quad 5 \quad 8 \quad 11 \quad 14 \quad 17\\ 复本C: & 3 \quad 4 \quad 9 \quad 10 \quad 15 \quad 16\end{cases}$$

复本中的题目不能随意排列,而应按照一定的顺序和规则编排。题目编排时要注意两点:一是同类题目应编排在一起,这样有利于对答题的要求作出说明,也有利于被试掌握答题规则按要求作答,以免出现不必要的失误,也有利于题目的评分;二是题目排列的顺序应先易后难,容易的题目放在前面,易于调动被试的积极性,使其产生较高的兴趣和动机,难的题目放在前面不利于完成后面的题目。题目由易到难的方式又包括并列直进式和混合螺旋式两种形式。并列直进式是指按题目类型或测验材料的性质将题目分配到几个分测验中,每一分测验中的题目按难度由易到难排列。成就测验一般都采用这一方式,一份试卷一般分成几个大题(类似于智力测验中的分测验),每一大题中的小题则由易到难排列。混合螺旋式是将不同类型、不同性质的题目混合在一起,依照其难度而非类型的不同分成不同的层次,再以难度层次的不同作交叉式排列。

测验标准化　在心理学和教育学中经常使用实验法进行研究,即在严格控制某些变量的情况下施加特定的刺激,以观察被试的反应。测验法为避免无关变量的影响,也对测验条件进行控制,以尽量保证所有被试接受的刺激条件相同。若在严格控制无关变量的情况下对被试施测同样的题目,若被试的反应不同,就有理由认为由其心理特质不同导致。心理与教育测量中对误差控制的过程称为测验标准化。

测验标准化包括测验内容的标准化、测验过程的标准化和评分的标准化。测验标准化是测验编制的一个重要环节,它是在测验实施之前,对测验内容、测验实施情境,测验时间、主试、测验指导语及评分等作出明确统一的标准,以保证测验的全过程都能按照这一标准严格进行。

测验内容的标准化,即对所有被试施以同样的测验内容。测验内容就像心理实验中创设的实验条件(刺激),通过同样的刺激作用引发被试不同的反应。测验内容在一张试卷(量表)上全部显示出来,包括同样的指导语,同样的答题要求和同样的题目。另外,测验内容的印刷要统一、工整、没有错误和遗漏。

测验实施过程的标准化,指测验实施中一切作用于被试的外界条件都应该相同,包括主试、指导语、测验的时限、外部环境等。主试的年龄、性别、态度等因素都可能对被试产生重要影响。有的主试能使被试产生轻松安定的情绪,有的主试却会使被试感到紧张焦虑。测验实施时，主试的各方面条件要保持一致，主试也要尽量创造一个宽松的气氛。主试的知识、经验也是一个必须考虑的因素，对于一般的学科成就测验，主试只要具备本学科的知识就行了，而对于智力测验和人格测验，则需受过心理测量学专业训练的人才能担任，而投射测验的主试必须是使用投射测验的专家。指导语分两种，一是给主试的，一是给被试的。给主试的指导语要告诉主试如何实施测验，包括测验要求、测验时限、对出现的意外情况如何处理等。测验开始前和测验实施过程中，主试要用简明的、平和的语言介绍测验的情况，说明答题的要求，解释被试可能产生的疑问，以便被试迅速掌握答题的方法和要求。主试应说哪些话不应说哪些话，都应有明确规定。给被试的指导语应介绍测验目的、答题要求等内容，以指导被试完成测验。测验实施的外部环境条件也应该相同，这要求测验应在同一时刻和相同环境条件下施测。在测验实施时，要求环境完全相同是不可能的，但要保证环境的变异对测验结果的影响被控制在最小限度。测验的时限以大多数被试能完成所有题目为宜，这在测验的试测时就应该预先确定。大多数人格测验并没有严格时间限制，但也要对测验时间提供大致的要求，让被试尽快如实地答完题目，而不应在部分题目上停留过多时间。

评分的标准化，指评分时使用完全客观的标准，使不同评分者对同一题目或一个评分者对几个等值的题目的评分得到一致的结果。客观性试题都有唯一的正确答案，即标准答案。无论是人工评分还是计算机评分，评分误差都很少发生。对论文式试题，评分也要尽量做到客观。由于试题不存在唯一的正确答案，在测试前就应想象出所有被试可能作出的反应，然后将所有答案依其水平和层次的不同划分等级，每一等级内包括属于一定范围的答案。评分时先将答案归入某一等级范围之内，再根据其等级给予相应评分。

测验结果解释的标准化是指对测验分数高低优劣的判断要以一定的标准为依据。没有判断标准时，对测验的解释往往是主观的、任意的。这一标准就是常模。常模是指被试团体中测验分数的平均水平，与常模相比，就能判断出被试分数在团体中的相对位置。常模的概念在常模参照测验中是必需的。在标准参照测验中，对测验分数进行解释的依据不是常模，而是事先规定的某种标准，如掌握百分比、合格分数线等。这一标准是一种绝对标准，它只与题目难度或要求高低有关，而与其他被试的水平无关。

鉴定测验的基本特征和编写测验使用说明书 一个高质量的测量必须有高的信度和效度，信度和效度是测验结果可靠性和客观性的衡量标准。只有高信度和高效度的测验才有推广的价值。因此，要先通过试用而对测验的基本特征（信度、效度）进行鉴定，确认其质量合格后再加以推广。实际上测验就像商品一样，不仅要向使用者保证质量，而且要在测验使用说明书中对测验的功用、适用范围、使用方法等给出详细说明。

测验基本特征的鉴定。信度指测验分数的可靠性和稳定性程度。信度高的测验一方面表示测验分数受随机误差的影响较小，另一方面也表示测验测量的是一种稳定的心理特质。这样的测验的编制过程科学，测验结果可靠，也证明我们可以用它来测量我们所欲测量的特质。信度一般用信度系数来估计，常用的方法有重测法、复本法、分半法和计算测验的 R 系数，若使用一个现成的测验进行实际研究，计算出一两种信度系数也就足够了，但是对一个新编制的测验，则要报告从不同方面使用多种方法计算出的信度系数。效度指测验能够测量出所欲测量的心理特质的程度，即测验结果反映所欲测量的心理特质的正确性和有效性程度。对效度高的测验，被试的测验分数与其潜在心理特质之间是一致的。特质（能力）水平高的被试倾向于得到较高的测验分数，反之亦然。效度实际上是一个测验是否"有用"的指标。测验的效度低，信度再高也没有用。效度有内容效度、结构效度和效标关联效度三种。一个测验有没有效度，最终要看测验分数与外在效标之间有没有一致性。对测验信度和效度的进一步鉴定，有助于使用者明确测验的使用范围。当测验信度和效度都很高时，则测验既能用来比较团体差异，也可用来鉴别个人，解释个人分数的意义。而当测验的信度和效度不太高时，测验分数则不能作为鉴别个人的主要依据，但测验可用来比较团体差异，也可用来进行研究。

编写测验使用说明书。其目的是让测验者更好地使用测验，让其明确测验的目的、用途、被试特征以及测验的实施、计分、解释方面的问题。测验使用说明书应包括：(1) 测验目的和测验用途。明确测验是用来测验被试哪种心理特质的，是智力测验、人格测验还是成就测验，测验是用于选拔、诊断还是用于描述，测验适用于哪个年龄阶段和具有何种心理特征的被试。(2) 测验的材料是根据什么原则采用什么方法选择的。这有利于使用者明确测验的性质，也有利于对测验结果进行合理的解释。(3) 关于如何实施测验的说明。包括测验的指导语、测验的时限以及对测验情境、主试的要求等。(4) 测验的标准答案及计分方法。(5) 常模表及如何使用常模资料解释测验结果。(6) 测验的信度和效度资料。(7) 关于如何使用测验结果的指示。

基于项目反应理论的测验编制

项目反应理论与经典测验理论在测验编制方面的异同 两者都需要分析和明确界定测验目的，都要搜集大量体现测验目的的测验材料，然后编写题目以形成大量反映测验目的的项目,组成题库或项目库,题库中的题目数要比实际需要的数量多2倍以上,同一题库中的所有项目都是测量同一种心理特质的,这在经典测验理论中称同质性或内部一致性,在项目反应理论中则称单维性。形成题库后就是对题库中的题目进行试测和项目分析。项目反应理论则还要进行模型检验和参数等值等。

项目反应理论与经典测验理论在测验编制上的差别主要体现在项目分析上。在经典测验理论中,提高测验质量的主要方法是项目分析。项目分析一般包括难度分析和区分度分析,难度通常用项目的通过率 P 表示,区分度则通常用项目与总分的相关 r 表示。项目分析的目的是选择难度适中且区分度较高的项目组成测验。经典测验理论假定被试的能力分布是正态分布,要求测验总分也呈正态分布,二者的分布吻合时,测验才会有最好的鉴别效果,因此测验项目的平均难度要在 0.50 左右。项目反应理论在项目分析时要估计项目的难度参数、区分度参数和猜测参数,再根据这三个参数的估计值计算项目信息函数。项目反应理论中,项目信息函数能给出每一项目在不同能力分布区域或点上提供的信息量的大小。

基于项目反应理论的测验编制的一般步骤 主要包括三个步骤。

第一步,对编写好的测验项目进行试测,并计算项目参数。首先要根据测验目的选择测验材料并编写测验项目,再用编写好的题目进行试测,这与经典测验理论相同。不同的是,经典测验理论试测后就可以直接进行项目分析,而项目反应理论则不能直接计算项目参数,在计算项目参数前还要:进行单维性检验,单维性假定不成立的情况下不能运用项目反应理论;选择合适的项目反应理论模型,多数情况下是选用三参数逻辑斯蒂模型,但考虑到选用复杂的模型时需要估计的参数数量也多,计算费用大,因此只要条件允许,应尽量选择更为简单的模型;进行模型的拟合度检验,只有当模型与实际数据拟合较好时,项目参数的估计值才是精确的。

第二步,确定测验的目标信息曲线(target information curve,简称 TIC)。确定目标信息曲线就是确定所要编制的测验在能力的某一区间或点上所需要的信息量的值。若测验目的在于选拔少数能力高的被试,则测验信息函数应该在能力量表的高分一端有较大的取值;若测验的目的在于淘汰少数能力特别低的被试,则要求测验在能力分布的低分一端提供较大的信息量;若要求测验在能力分布的整个区间都有较高的测量精度,则要求信息函数在能力分布的整个区间都达到某一高值,做到这一点不容易,往往需要大量的测验项目。

若要编制"教师工作满意感量表",旨在找出对现有地位和待遇不满的教师,并采取相应的激励措施提高其满意感和积极性,根据掌握的资料可知,满意感低于-1(约占教师总数的 16%)的教师必须采取干预措施,但是不能简单地将满意感估计值在-1以下的人定为干预对象,因为估计不可能完全精确,存在误差。真实满意感为-1的一组被试中,其满意感的估计值有的会大于-1,有的会小于-1,在总体上符合均值为-1的正态分布。为确保所有满意感低于-1的人全部包括在干预对象中,我们就需要将临界点的满意感估计值定得高于-1,因此实际干预的人数要多于16%。若把这个临界点定为 $\theta = -0.50$,并假定真实满意感为-0.50的教师其工作满意感的估计值有 98% 的可能性大于真实满意感为-1的教师的工作满意感的估计值。由于真实满意感为-0.50的一组被试的满意感的估计值也呈正态分布,这就要使-1在-0.50的两个标准差之外。这样就得到满意感真值 $\theta = -0.50$ 处 θ 估计的标准误差 $\hat{\sigma}_{(\hat{\theta}|\theta)}$ 为 0.25,因为测验信息函数 $I(\theta) = \dfrac{1}{\sigma^2_{(\hat{\theta}|\theta)}}$,所以在 $\theta = -0.50$ 处的 $I(\theta)$ 值应大于或等于 16。若测验信息函数在 $\theta = -0.50$ 处的取值等于或大于 16,我们就有 98% 或以上的把握将所有工作满意感小于-1的教师包括在干预措施中。上述情况是希望目标信息函数在特定 θ 处达到某一预定值(最大值),在多数情况下,我们希望在 θ 连续体的更广泛区域内对 θ 有精确的估计,这要求测验信息函数在相应的 θ 区间内达到预定的高值。比如,我们要编制"智力测验",并要求能力分布在-2 到+2的区间内估计的标准误差不大于 0.40,这样目标信息函数在能力分布为-2 到+2的区间内就不能低于 6.25。

第三步,按照信息量最大的原则选择测验项目,使测验信息曲线达到或超过目标信息曲线的高度。在上面讨论的"教师工作满意感量表"中,目标信息曲线在 $\theta = -0.50$ 处要求的信息函数为 16,为达到这一目标,就要选择在 $\theta = -0.50$ 处提供最大信息的项目。具体做法是计算所有测验项目在 $\theta = -0.50$ 处的项目信息,并按其大小顺序从高到低逐个挑选,直到入选的所有项目在 $\theta = -0.50$ 处的信息量之和达到或超过 16。为确保测量的精度,信息曲线在 $\theta = -0.50$ 的两侧就不应下降得太快,因此,必要的话还要再增加一些测验项目,使测验信息曲线在 $\theta = 0$ 和 $\theta = -1$ 处也不低于 16。在上述"智力测验"的编制中,我们需要在 $\theta = -2$ 到 $\theta = +2$ 的广泛区间使测验信息函数的值都达到或超过 6.25。由于项目信息函数曲线都是单峰的钟形曲线,每一个项目的信息函数曲线的最大值都出现在能力分布与项目难度接近的狭窄区域,因此要使测验信息曲线达到目标信息曲线的高度,就要选择更多的测验项目。

具体的过程是,先选择在 $\theta = -2$ 和 $\theta = +2$ 两处能提供最大信息量的项目,使测验信息函数在这两个点上达到 6.25 的信息量,这样做的原因是只有较极端项目(较难或较易)的项目信息函数曲线才能在上述的两个极端的点上出现峰值,其他较不极端的项目往往只在这两个点上提供很少的信息。在 $\theta=-2$ 和 $\theta=+2$ 两个点上的信息量达到要求后,再选择测验项目使测验信息函数在 $\theta=-1,\theta=0,\theta=+1$ 三处的取值达到或超过 6.25。经过以上的步骤后,测验信息函数一般能达到目标信息曲线的要求。但这时进一步的检查仍是必要的,以免信息函数曲线在某个点上下降得过于迅速。

标准参照测验的编制

标准参照测验的编制,是指测验编制者根据一定标准编制相应难度和数量的测验题目,以衡量被试是否达到标准要求。详"标准参照测验"。

参考文献

戴海崎,张峰,陈雪枫. 心理与教育测量[M].广州:暨南大学出版社,2011.

郭庆科. 心理测验的原理与应用[M].北京:人民军医出版社,2002.

Brennan, R. L. Educational Measurement [M]. 4th Rev. ed. Westport, CT: Praeger Publisher, 2006.

Downing, S. M. ·& Haladyna, T. M. Handbook of Test Development [M]. Mahwah, NJ: Lawrence Erlbaum, 2006.

(刘红云)

测验等值(test equating)　　在教育与心理测量实践中,将测量同一特质的两次测验的结果通过一定的数量关系转化到同一量尺上的过程。包括测验分数的等值和项目参数的等值两部分内容。测验分数的等值是指建立不同测验分数间的转换关系,旨在对不同测验分数进行比较;项目参数的等值则是建立项目参数之间的转换关系。测验等值还有水平等值(horizontal equating)与垂直等值(vertical equating)之分。若不同测验测量同一心理特质,且测验项目的难度和能力分布都大致相近,这时测验就可视为不同的复本,不同测验分数间的转换就是水平等值。当测量同一特质的测验间在项目难度和能力分布上都不相同,测验的目的在于考查该特质在不同被试组的变化情况,这时建立不同测验分数间关系的过程就是垂直等值。如英语水平考试时,不同等级的考试适用于不同水平的考生,建立不同等级的考试分数间的转换关系就是垂直等值。

测验等值的条件　测验等值必须在满足以下条件的前提下才能进行:(1)公平性(equity),是指若两个测验是等值的,则无论以其中的任何一个测验为基础进行等值转换,得到的转换分数都一样。或者说,一个被试无论参加哪个测验,都不会高估或低估他的实际水平。(2)跨团体的不变

性(invariance across groups),测验 X 与 Y 的等值转换关系,即等值转换方程 $x(y)$ 是两测验分数间的真实函数关系,应不随被试样本和测验时间的变化而变化。(3)对称性(symmetry),测验间的等值转换关系是双向的,既可以将测验 X 上的分数转换为测验 Y 上的分数,也可反之。(4)单维性(unidimensionality),指两测验测量的都是同一种且是唯一的一种特质。

测验等值的设计　测验等值除需要满足上述条件外,还必须进行合理设计。因为在缺乏适当中介物的情况下,两测验难以等值。而测验等值设计的目的就是为进行等值的两个测验的分数寻找转换和沟通的中介或"桥梁",这个中介物可以是能力水平相同的两个被试组,也可以是共同的测验题目,即"锚"测验。这一点无论对经典测验理论还是项目反应理论都是相同的。测验等值的设计方法主要有:(1)单一组设计。单一组设计中有两种不同的设计方法。设计 A:从被试总体中随机选取两个被试组,分别施测测验 X 和测验 Y。由于两个被试组是随机抽取的,能代表总体,有相同的能力分布。但这一设计可能受抽样误差的影响,致使两个被试组的实际能力分布并不均等。设计 B:不对被试分组,而是对全部被试都施测测验 X 和 Y,这一设计易出现的问题是练习和疲劳效应的影响,及缺乏动机等。(2)共同被试设计。随机将被试分成两个组,对两个被试组都施测测验 X 和 Y,这样可以消除单一组设计中的被试抽样误差,使两组的能力分布完全均等,但可能出现练习和疲劳效应等。设计 A 是让全部被试都参加两个测验,因需要的被试量大,在实际实施时有一定困难。一种替代性方法是只使用少量的被试为"共同被试"。具体办法是设计三个被试组,第一组和第三组参加测验 X,第二组和第三组参加测验 Y。第三组被试就成了进行等值的"中介"。(3)"锚"测验设计。亦称"共同参照测验设计"。在这个设计中,两被试组别分别参加测验 X 和测验 Y 外,还共同参加一个"锚"测验 Z。测验 X 和 Y 的等值转换是以测验 Z 为中介进行的。"锚"测验的题目可以包含在测验 X 和 Y 中,也可以是一个附加的测验。"锚"测验题目的质量会在很大程度上影响测验等值的效果,因此对"锚"测验中的题目也要进行良好的设计。首先,"锚"测验应对测验 X 和 Y 具有很好的代表性,表现为题目内容、形式及题目难度上的相似,使两测验分数间有高的相关;其次,题目数量要多,一般要达到等值对象长度的 1/5 左右。

测验等值的理论和方法　经典测验理论为测验等值设计了不少有意义的方法。其中较常用的是线性等值、百分位等值和回归等值法,这些方法具有计算简便、容易理解的优点,在设计合理、取样得当的情况下,在测量实践中有一定的使用价值。但是,经典测验理论的等值一般只适用于测验分数的水平等值。由于项目参数对被试样本有很强的

依赖性,进行等值不仅受到很多条件限制,而且没有多少实际意义。

由于经典测验理论本身固有的一些缺点,在处理垂直等值问题时往往面临很多难以克服的困难,测验等值要求的公平性、对称性、不变性等条件常不能完全得到满足。项目反应理论则由于其理论上的特点而在测验等值方面有独特优势。

项目反应理论的优点是参数不变性,即对被试能力的估计独立于特定的项目组。无论被试参加的是容易的测验还是难的测验,由于测验项目的参数(难度、区分度)是在同一个量尺上度量的,由不同测验估计出的被试的能力值也应在同一量尺上,可以直接进行比较,也就不存在测验等值的问题。

但在项目参数和能力参数都未知的情况下,就要同时估计项目参数和能力参数,同一测验中的项目参数和能力参数是在同一系统上取值的。但若两测验分别使用的是不同的被试组和不同的测验项目,这两次测验中的项目参数和能力参数就不一定在单位和参照点都相同的同一量尺上估计,因此得到的估计值就有不同的单位和参照点。项目参数的等值就是将来自不同测验的分数表示在同一量尺上。在实施项目参数的等值后,能力参数的估计值就自然表示在同一量尺上了,也就解决了测验分数的等值问题。因此,项目反应理论中所说的参数不变性指的是等值转换后的不变性。当项目参数都在同一量尺上表示时,对被试能力的估计值就是依赖于他接受的题目,这是经典测验理论不具备的特点。

项目反应理论的测验等值也必须借助合理的设计方法。具体的等值方法有回归等值法、平均数和 Sigma 等值法、强平均数和 Sigma 等值法、特征曲线等值法等。

(刘红云　骆　方)

差异量数(divergence measures)　亦称"离中量数"。用于描述数据的离中趋势或离散程度的统计量。要清楚了解次数分布的全貌,除要知道描述大量数据向某点集中的差异量数外,还应知道描述大量数据彼此离散程度的离中趋势。差异量数是指量尺上的一段距离,表示一个观测值与其他所有观测值或中心点的距离的大小。差异量数越大,说明集中量数的代表性越小,差异量数愈小,说明集中量数的代表性愈大。差异量数是表示观测数据之间差异程度的一些统计量的总称,主要包括:绝对差异量数,主要有全距、百分位差、四分位差、平均差、方差和标准差等;相对差异量数,主要有差异系数或变异系数,通常用来比较两种单位不同的数据的差异情况。

全距(range)　亦称"极差"。指表示一组数据离散程度的最简单、最易理解的一种差异量数,用符号 R 表示:$R=$最大数－最小数。它只利用数据的最大值与最小值,其他数值都未起作用,若两极端有偶然性或属异常值时,全距不稳定,不可靠,也不灵敏,明显受取样变动影响。它只是一种低效的差异量数,一般只用于研究的预备阶段,检查数据的大概散布范围,以便确定如何进行统计分组。

平均差(average divergence)　数列中各量数与其平均数或中数的离差的绝对值之和的平均数,一般用符号 AD 表示:

$$AD = \frac{\sum |X - \bar{X}|}{N} = \frac{\sum |x|}{N}$$

平均差是一个很好的差异量数,具有类似标准差的优点,但其计算要取绝对值,不利于代数方法的运算。

四分位差(semi-interquartile range)　指在一个次数分配中,中间 50% 次数的全距之半,即上四分点与下四分点之差的一半,通常用符号 Q 表示:

$$Q = \frac{Q_3 - Q_1}{2}$$

式中,Q_1 为第一个四分位(即 25% 点)的值,Q_3 为第三个四分位(即 75% 点)的值。它通常与中数联系起来应用,不适合代数运算,反应不够灵敏,故应用不多。但它在两极端数据不清楚时可以计算四分位差,而其他差异量数却难以计算。

方差(variance)**与标准差**(standard deviation)　方差亦称"变异数"、"均方"。作为统计量,常用符号 S^2 表示,作为总体参数,常用符号 σ^2 表示。它是每个数据与该组数据平均数之差乘方后的均值,即离均差平方后的平均数。方差在数理统计中又常称为"二阶中心矩"、"二级动差"。它是度量数据分散程度的一个很重要的统计特征数。标准差即方差的平方根,常用 S 或 SD 表示。若用 σ 表示,则是指总体标准差。基本公式:

$$S^2 = \frac{\sum (X_i - \bar{X})^2}{n-1}$$

$$S = \sqrt{\frac{\sum (X_i - X)^2}{n-1}}$$

方差与标准差是表示一组数据离散程度的最好指标:反应灵敏,每个数据取值的变化,方差或标准差都随之变化;有一定的计算公式,严密确定;容易计算;适合代数运算;受抽样变动影响小,即不同样本的标准差或方差比较稳定;简单明了,这与其他差异量数比较稍有不足,但其意义还是较明白的。其值越大,说明离散程度大,其值小说明数据比较集中,它是统计描述与统计分析中最常应用的差异量数。

差异系数(divergence coefficience)　亦称"变异系数"、

"相对标准差"。最常用的相对差异量通常用符号 CV 表示：

$$CV = \frac{S}{M} \times 100\%$$

式中，S 为某样本的标准差，M 为该样本的平均数。在心理与教育研究中常用于比较：同一团体不同观测值的离散程度；水平相差较大的不同团体同一观测值的离散程度。

（孟庆茂　刘红云）

产教结合　教育活动与社会生产实践紧密结合的一种人才培养模式。是中国教育与生产劳动相结合的教育思想在职业教育实践中的创新。"产"指一切生产活动，"教"指教育，包括教育部门、学校及教育教学活动。职业教育产教结合主要是职业学校与产业结合或与企业、行业联合办学，学生通过课堂教学与参加实际工作，掌握相应的知识与职业技能，适应不同岗位的需求。其基本原则是产学结合、双向参与，实施途径和方法是工学结合、定岗实践，表现形式是融教育教学、生产劳动、科技推广、经营管理、社会服务于一体。世界各国与中国"产教结合"相似的人才培养模式，总体上可划分为两类：一是以德国的"双元制"为代表的、以企业为主的产教结合；二是以美国的"合作教育"为代表的、以学校为主的产教结合（参见"合作教育"）。各国产教结合的模式大都以这两类为基础，结合国情进行创造与发展，如法国的"联合制"、日本的"产学合作"、英国的"三明治"模式、加拿大的"合作教育"、韩国的"合同制"等。

产教结合的特点及人才培养类型　产教结合在培养复合型、实用型人才方面具有独特的功能和作用，其特点是：(1) 教育教学过程与就业过程二为一。通过产教结合，把学校教学这种职前运作方式改变为职前学习和职后就业相结合的方式，使学生在校期间就能参与企业生产、市场经营，掌握未来就业所需社会知识和技能，为今后的就业做好准备，缩短从学习生活向职业生活过渡的时间，顺利地走向社会。(2) 教学实习基地与生产基地合二为一。教学实习基地由过去的教学试验、实习的场所变为对内是教学场所、对外是社会服务的部门，同时又是学校的经济实体；产业是专业的延伸，通过示范、推广高新技术成果或农业科技成果，带动当地经济和产业的发展。(3) 理论知识与实践能力培养的完整统一。通过产教结合，学生在课堂上学到的理论知识能够在相应的实际工作中得到验证、补充与完善，加深对理论知识的理解与应用；教学活动与生产实际活动紧密结合，使学生在真实的就业环境中不断提高动手能力和岗位适应能力。

产教结合培养的人才大致有三类：一是产业化人才，即创业型劳动者和农村脱贫致富的带头人，也即有知识、懂技术、会经营、能管理的劳动者。产业化人才具有生产服务技术能力、商业经营能力、把握市场能力、适应能力、继续学习的能力和社会能力等。二是专业化人才，即生产实际中的应用型人才，也就是具有实践技能和应变能力强、懂管理、会操作的技术人员。三是技能型人才，即掌握实际操作技能、具有较强动手能力的生产技术工人。产教结合通过与企业联合办学，将教学实践活动与生产活动紧密相连，突出实践教学，增强学生的感性认识，使其毕业后能较快地适应工作岗位的要求。

产教结合的主要类型　主要有农村职业学校的产教结合和城市职业学校的产教结合两种类型。前者主要是农业类职业学校与当地经济发展、产业结构调整相结合，培养具有自我发展能力的创业型劳动者；后者主要是中等专业学校和职业高中与企业、行业联合办学，培养适应今后就业岗位需要的技能技术型劳动者。(1) 农村职业学校的产教结合。主要从农业产业人才需求出发，学校在开设农业类专业的同时兼办实习基地、实习农场、校办产业，如根据水产养殖、畜禽、果树、建筑、农业科技发展的需要兴办养殖场、园艺场、实习农场等。这类学校多数位于农村地区，大多冠名为农业职业学校，开设专业以农业产业及相关产业为主，如农学、园艺、农产品加工及畜牧兽医专业等。其主要内容：一是与当地特色产业和主导产业结合，依托产业办专业，办好专业促产业，使农村职业学校与当地农业经济发展紧密结合。二是发挥职业学校的专业优势，推进专业产业化及专业现代化建设。通过实行产教结合，探索具有职业教育特色的教育模式；同时使职业教育直接参与经济建设，将成熟的技术应用于生产过程并进行推广服务，加强教学活动和生产活动的紧密结合。在此带动下，一大批具有产业特色、促进专业建设的产教结合基地得到发展。(2) 城市职业学校的产教结合。根据地区经济结构及产业结构发展要求，职业学校与当地的行业企业合作办学，开设专业以制造业、社会服务业为主。在结合方式上多采用联合办学、校企合作等形式。联合办学指学校与企事业单位联合办学，共办、共教、共管。企事业单位参与学校教育教学管理的全过程，根据合同或协议向学校提供一定经费、必要设备、生产实习场地和指导教师，执行产教结合教学计划，负责技术考核，享有职工培训和优先、优惠聘用毕业生的权利。职业学校参与企事业单位的新产品开发，提供文化教育、科技咨询、职工培训、人才培养服务等。校企合作指职业学校与企业合作，在企业建立校外生产实习基地。学生按教学计划有组织地到有协作关系的企事业单位去实习或工作；是中国大多数职业学校实践教学活动形式。职业高中产教结合多采用校办企业形式，根据专业培养目标需要兴办各类校办企业，对内是专业教学实习基地，对外服务于社会，如旅游、烹饪专业办宾馆、餐厅、酒楼，美术专业办设计装潢公司等，做到校办企业与专业设置相结合，通过兴办产业促进教学。

产教结合的发展特点　随着科技在教育、生产、社会生活中的广泛应用,高科技成果向现实生产力的转化加快,职业学校的产教结合模式也逐渐产生变化。(1)产教结合内容和范围的变化。产教结合的内容由过去学校与企业结合、理论与实践结合逐步向教学、生产、科研三结合的方向发展,尤其重视教学与科学实验、技术开发和创新的结合,特别是在高等职业学校中,广泛进行职业教育产学研结合,将成熟的技术和科研成果应用于生产过程,并组织推广,促其发展。(2)产教结合由教学模式向办学模式加速转变。根本原因在于职业教育与经济社会的联系日益紧密且直接化。如中国多省市组建职业学校,并与多个相关企业和相关社会部门结合组建职业教育集团。这种形式的联合实现了校企、校际和城乡间三个层面的合作,促进了产与教、学校与企业间的合作。(3)农村职业教育产教结合逐步实现向"农科教"结合的转变。"学校+基地+农户"的办学模式和"边教学、边实践、边经营"的办学模式已成为农村职业教育的主流模式,也逐步成为与现代农业相适应的农业社会化服务体系。(4)学校管理与教学改革更多地注重与行业、企业建立密切联系机制。在学校管理上,注重形成各个层面的管理组织,如行业职业教育咨询委员会、专业教学指导委员会、校董会、理事会等,形成职业学校培养人才与行业、企业使用人才相结合,教育教学改革与行业、企业人才需要相协调。在教学组织上,实行分层教学、分专业方向教学和分阶段教育,以及灵活的学分制管理制度。(5)探索实习基地的新模式,建立"教学做合一"的专业教室、教学工厂、模拟公司、工业技术实训中心等。模拟公司作为经济类专业的实践场所和有效的教学组织形式,在中国许多经贸类的职业学校得以推广,这对于有效培养经济类专业学生的实践能力起直接推动作用。以企业名称命名的实训基地、企业冠名班等新型办学模式也得到迅速发展,成为具有中国特色的产教结合模式,使企业和学校实现双赢。

产教结合的沿革与发展　职业教育与产业发展、社会实际紧密结合在中国职业教育发展史上由来已久。20世纪20年代,中国职业教育的最早倡导者与开创者黄炎培提出,双手万能,手脑并用,"要使动手的读书,读书的动手,把读书和做工两下并起家来",并发表《学校教育采用实用主义之商榷》一文。陶行知提出"生活即教育,社会即学校,教学做合一"的思想,创办南京晓庄学校、上海山海工学团。中华人民共和国成立后,毛泽东在确立新中国教育方针时提出:教育必须为社会主义现代化建设服务,必须与生产劳动相结合,培养德、智、体等全面发展的建设者和接班人。1955年,第一次全国技工学校校长会议决议提出,学校教学要"以生产实习教学为主",强调结合生产进行实习教学。1958年,刘少奇提出两种教育制度,提倡"半工半读";同年,

《中共中央、国务院关于教育工作的指示》规定:"在一切学校中,必须把生产劳动列为正式课程。……今后的方向,是学校办工厂和农场。"20世纪五六十年代,各类职业教育普遍实行"半工半读"、"半农半读"。改革开放后,邓小平在1978年召开的全国教育工作会议上提出:"为了培养社会主义建设需要的合格的人才,我们必须认真研究在新的条件下,如何更好地贯彻教育与生产劳动相结合的方针。""六五"期间,部分中学采取与企业联合办学的方式,紧密依靠企业,实现教学与生产实习的结合。20世纪八九十年代,是中国中等职业教育产教结合的大发展时期。这一时期,农村进行了农村教育综合改革实验,将农村产教结合发展为"农科教"结合。1989年,国家教育委员会下发《关于在一百个企业进行教育综合改革实验的通知》,要求各实验企业以建立现代企业教育制度为目标,进行企业职工教育体制的改革与实验。这一时期企业纷纷兴办各类职业教育,到80年代末,企业和企业主管部门举办的技工学校占80%以上,遍及机械、电子、能源、交通等22个部门和系统,近50个(工种)专业。大部分中等专业学校与行业、企业结合,建立了各类实习、实训基地,开展实践性教学活动。职业高中通过兴办校办企业,如实习宾馆、实习商店等,解决了城市职业学校教学实习基地建设及学校自身能力发展不足的问题。同一时期,为了更好地解决职业教育实践教学问题,中国与德国合作,引进德国"双元制"职业教育模式。1983年,在南京建立中德南京建筑职业教育中心。到1995年,中国与德国先后合作建成了32个以"双元制"为模式的职业教育中心或职业学校,确立了苏州、无锡、常州、芜湖、沙市、沈阳六个职业教育改革试点城市;在试点城市选择了13所职业学校与20家企业进行合作,在100多个单位推广"双元制"经验。这项试验推动了中国职业学校与企业的密切合作,建立了学校与企业合作办学的新型模式。1991年,《国务院关于大力发展职业技术教育的决定》指出,各类职业技术学校和培训中心应根据教学需要和所具备的条件,积极发展校办产业,办好生产实习基地;要提倡产教结合,工学结合。1993年,中共中央、国务院印发的《中国教育改革和发展纲要》提出,职业教育要在政府指导下,提倡联合办学,走产教结合的路子,更多地利用贷款发展校办产业,增强学校自我发展的能力,逐步做到以厂(场)养校;继续大力发展校办产业和社会服务,逐步建立支持教育改革和发展的服务体系,各级政府和有关政府要给予优惠政策。1994年,由农业部牵头,国家教育委员会等九部委共同组成"全国农科教结合协调领导小组",下设办公室。农村职业学校与当地农村经济发展结合,实现科教结合、为农服务,通过基础教育、职业教育、成人教育"三教"协调发展,为农村培养初级、中级适用技术人才和经营管理人才。1996年颁布的《中华人民共和国职业教育法》规定,职业学校、职业培训机构实施职业教

育应当实行产教结合,为本地区经济建设服务,与企业密切联系,培养实用人才和熟练劳动者。1999年,《中共中央国务院关于深化教育改革全面推进素质教育的决定》指出,教育与生产劳动相结合是培养全面发展人才的重要途径;各级各类学校要从实际出发,加强和改进对学生的生产劳动和实践教育;职业学校要实行产教结合,鼓励学生在实践中掌握职业技能。2000年,教育部《关于全面推进素质教育深化中等职业教育教学改革的意见》提出,职业学校要实施产教结合,密切与企业的联系,鼓励学生深入生产实际,开展技术推广和技术更新等创新和实践活动,把教学活动与技术开发、推广、应用和社会服务紧密结合起来。2002年,《国务院关于大力推进职业教育改革与发展的决定》提出,职业学校要加强与相关企事业单位的共建与合作,企业要和职业学校加强合作;职业学校要把教学活动与生产实践、社会服务、技术推广及技术开发紧密结合起来。2004年,教育部召开全国中等职业教育产教结合经验交流会,提出坚持以就业为导向,实行产教结合,努力开创职业教育改革与发展新局面;明确指出实行产教结合是职业教育适应经济结构调整、走新型工业化道路、加快培养技能型人才的需要;推进产教结合是坚持以就业为导向,大力推进职业教育改革与发展的需要。产教结合成为中国职业教育实现以就业为导向、服务社会需要的最佳途径。随着职业教育理论与实践研究的深入,职业教育产教结合人才培养模式的探索也由抽象到具体、由宏观到微观逐渐深入,在概念的使用上表现为由产学研合作、产教结合到校企合作、工学结合的变化。2005年《国务院关于大力发展职业教育的决定》指出,职业教育要改革以学校和课堂为中心的传统人才培养模式,大力推行工学结合、校企合作的培养模式。2006年,《教育部关于职业院校试行工学结合、半工半读的意见》提出,坚持以就业为导向的办学方针,大力推行工学结合、校企合作培养模式,逐步建立和完善半工半读制度,是当前职业教育具有方向性的关键问题。要加快推进职业教育人才培养模式由传统的以学校和课程为中心向工学结合、校企合作转变,加强校企合作、工学结合。2006年,教育部《关于全面提高高等职业教育教学质量的若干意见》提出,要依靠行业企业发展职业教育;要逐步建立和完善半工半读、校企合作的培养制度,实现新时期中国职业教育改革和发展的新突破。2010年,《国家中长期教育改革和发展规划纲要(2010—2020年)》发布,明确提出要建立健全政府主导、行业指导、企业参与的办学机制,制定促进校企合作办学法规,推进校企合作制度化。

参考文献

张炼.产学研合作教育的人才培养模式[J].番禺职业技术学院学报,2002,1(1).

(孙　琳)

产学研一体化(integration of production,learning and research)　高等学校、科研院所与生产企业结合,集教育、科研、开发、生产、销售于一体,发挥各自优势,培养创新人才、推动科技成果转化及产业化的过程。产学研一体化既是现代经济和社会发展对高等教育提出的要求,又是高等教育培养具有创造精神和实践能力的高级专门人才的现实需要,是经济、科技和教育一体化的表现。

产学研一体化的主要依据有三点:一是教育与生产劳动相结合是现代大工业生产发展的必然趋势,它是提高社会生产力的一种方法,也是培养全面发展的人的唯一方法;二是产学研一体化反映了科学技术是第一生产力的时代特征,是世界各国迎接知识经济挑战的战略选择;三是高等学校三大主要职能——培养人才、发展科学和为社会服务的内涵不断扩展、丰富,产学研一体化是实现这三大职能的有效途径。

产学研一体化的形成和发展主要有三种途径:一是高等教育与生产劳动相结合。中国20世纪50—70年代主要实行该模式,其目的是培养全面发展的人。这一阶段高等学校的学生和教师纷纷到工厂、农村参加生产劳动,以增长生产知识,解决理论脱离实际的问题,校办工厂、校办农场也是这一时期的产物。二是产学研合作教育(参见"合作教育")。它起源于20世纪初英国桑德兰德技术学院实施的"三明治"教育,随后美国辛辛那提大学将其发展成一种强调技能学习和有利于学生毕业后充分就业的合作教育模式。到20世纪30年代,美国安条克大学建立旨在实行全人教育的合作教育制度。中国20世纪80—90年代初主要采用该模式,目的是校企合作培养工程应用型人才,其典型模式有:(1)"三明治"模式和"交替型"模式。"三明治"模式把大学本科学习分为三个阶段:第一阶段以校内培养为主,完成全部或部分课程学习;第二阶段以企业培养为主,预分配到工厂或研究所,以见习技术员身份参加生产或工程实践;第三阶段学生回校学习,完成课程和毕业设计课题。"交替型"模式把大学本科学习分为四个或四个以上阶段,从基础到专业循序渐进,理论与实践结合,课堂教学与工程实践交替进行。(2)继续工程教育模式。主要包括三种形式:高等学校根据工矿企业的需要,发展计划外委托培养和定向培养;高等学校主动适应社会需求,调整研究生培养目标,为厂矿企业、工程建设等单位培养工程类型研究生;校企合作办学,共同培养人才,主要表现为工业部门、企业和高等学校利用各自优势,联合设立学院、系或研究所等,合作为部门企业培养所需人才。三是产学研一体化。它起源于20世纪50年代美国斯坦福大学创办的产学研合作形式,其实质是促进技术创新所需各种生产要素的有效组合。在该模式中,企业为技术需求方,高等学校或科研院所为技术供给方,产学研结合促使企业成为科技开发与创新的主体。

中国自 20 世纪 90 年代中期开始大力提倡产学研一体化,并将其上升到政府决策高度,形式也多样化。这一时期的典型模式有:(1) 校内产学研结合模式,即大学通过自己创办科技产业或建立实践基地等方式,促进科技成果转化为现实生产力,实现产学研结合。(2)"大学—工业"工程研究中心模式,即根据国家产业发展规划,在国家有关部门的支持和组织下,选择有优势技术的学校或学科专业,设立集教学、科研、生产为一体的"工程研究中心",或以一个大学群为依托,成立"联合工程研究中心"。(3) 企业博士后工作站模式,即由有博士点的大学或科研院所和有相应的科研条件及科研力量的企业合作培养博士后研究人员,促使企业成为技术创新的主体,培养高层次创新人才。(4) 科技工业园区模式,由斯坦福大学首创。斯坦福大学师生创业并建立学术界与产业界之间的积极合作,成功创立"硅谷"。20 世纪 70 年代以来,发达国家和发展中国家竞相创立科技工业园区。中国自改革开放之后,高等学校也积极创办各类科技工业园,北京中关村科技园区即为其中一个典范。

（陈　敏　唐利华）

常模参照测验(norm-referenced test)　　以常模为标准解释测验结果(测验分数)的测验。与"标准参照测验"相对。不关注个体能力或知识的绝对水平,而关注个体在所属群体的能力或知识连续体上的相对位置,亦即关注被试测验分数的差异,旨在最大限度地鉴别出被试之间的差别。测验中个人分数的高低是相对而不是绝对的,只有在与团体中其他人相比较后才能决定优劣。

常模参照测验假定人的大多数心理特质都符合正态分布,在选择测验题目时强调题目要有适宜的难度和较高的区分度,以使测验分数符合正态分布。这样,测验分数与心理特质的分布就出现一致的状态,测验的鉴别效果就达到最佳水平。当用于鉴别、比较和选拔的目的时,常模参照测验的优越性是显而易见的,因为这些就是此类测验编制时的指导思想。迄今常见的心理测验大都是常模参照测验,中国现行的升学考试也具备常模参照测验的性质。然而,由于常模参照测验以常模来解释测验分数,必然导致对一半的被试有利而对另一半被试不利,一部分人会因为测验而得到机会,另一部分人则可能因为测验而遭到不必要的淘汰。由于缺乏一个绝对的标准为参照,测验分数与一个人成功与否并没有确立明确的关系,而只能通过与他人的比较才能作出判断,造成了个人之间不必要的竞争,以致产生很多社会性问题。标准参照测验就是为克服这些问题而发展起来的。标准参照测验已成为测验未来发展的一大趋势,但与常模参照测验相比,两者都有各自的优缺点,不存在谁取代谁的问题,只能互相应用中弥补对方的不足。

常模参照测验发展历史很长,传统上使用的绝大多数测验都属于常模参照测验,在理论上也最成熟,但"常模参照测验"一词出自 20 世纪 60 年代,因其解释测验时以常模为依据而得名。

常　模

常模(norm)是测验分数的总体分布形态,一般用测验分数的平均数和标准差表示,是编制常模参照测验和解释其测验分数时的依据。有了常模就能确定一个被试测验分数的相对高低,即他在所属群体的能力或知识连续体上的相对位置。常模参照测验中,测验的原始分数往往不具备独立的解释意义,同是一个分数,例如 80 分,在语文、数学、政治等不同学科测验中有不同的意义,因为不同学科测验的难度不同,平均分也不同,80 分在一较难的测验中是高分,在容易的测验中只算是中等的成绩。因此,一个分数只有与总体水平相比较才能决定其高低优劣。常模就是为了这一目的而制作出来的。

常模的制作　常模表明了测验适用范围内全部被试的得分情况,制作常模时必须有全部被试的测验分数,但实际情况并不允许,一般只能从被试总体中选取一个有代表性的样本,以样本的分数分布情况代表总体。这一样本就是常模样本组。选取常模样本组时要注意:(1) 明确被试总体,即测验适用的被试范围。只有明确被试总体,选取样本时才会有针对性。(2) 确定样本容量。一般来讲,样本容量越大,则样本对总体代表性越强,因为样本容量越大,则抽样的标准误越小,样本的平均数和标准差也就越接近总体的平均数和标准差。总体人数多,总体分数离散程度大,总体特征的复杂程度高,即异质性越大,样本容量就越大。全国性常模不应少于 2 000 人。(3) 使用科学的取样方法,保证样本对总体的代表性。样本的容量确定后,就要具体决定选哪些被试作为代表性样本。这涉及如何从总体中抽样的问题。总体的特征不同,采用的抽样方法也应有所差异,常用的抽样方法有简单随机抽样、系统抽样、分层随机抽样、类群抽样等。(4) 对选取的常模样本组实施测验,得到样本组的测验分数分布,由于样本有充分代表性,故可以用来表示总体的水平。

常模的种类　(1) 发展常模与组内常模。常模可以表示为某一年龄或某一年级心理发展的平均水平,称常模就是**发展常模**(developmental norm);常模也可以表示为具有同一身份的人的平均水平,称**组内常模**(within-group norm)。常见的发展常模有年龄当量、年级当量、顺序量表、智力商数、教育商数、成就商数等。**年龄当量**(age equivalent)是表示学生的心理发展水平相当于哪个年龄平均水平的量数,用代表年龄的数字、小数点和表示月份的数字组合起来表示。年龄当量用年龄表示受测者的成就水平。月份是 1～12,代表 1 年的 12 个月。如比纳智力测验中的智力年龄（mental age），成就测验中的教育年龄（educational age），社会成熟量表中的社会年龄（social age）等。年级当量（grade equivalent）是表示学生的成就相当于哪个年级平均水平的量数，用代表年级的数字、小数点和表示月份的数字组合起来表示。年级可以是从幼儿园到大学的各个年级，月份是 1～10。与年级当量有关的是年级常模。顺序量表（ordinal scale）是为检查婴幼儿心理发展是否正常而设计的，它不使用各年龄的平均分数，而是以婴幼儿代表性行为出现的时间为衡量标准。智力商数（intelligence quotient,简称 IQ）在"斯坦福—比纳量表"首次使用，用智力年龄除以实际年龄之比表示。智力商数 $=\dfrac{\text{智力年龄}}{\text{实际年龄}}\times 100$。教育商数（educational quotient,简称 EQ）即学生的教育年龄和实际年龄的比值，表示教育程度的高低。其中，教育年龄（educational age）是指某岁儿童取得的平均教育成就，如一个学生的教育年龄为 10 岁，是说这个学生的教育成就与一般 10 岁儿童的教育成就相等。教育商数 $=\dfrac{\text{教育年龄}}{\text{实际年龄}}\times 100$。成就商数（achievement quotient,简称 AQ）是将一个学生的教育成就与他的智力作比较，即教育年龄与智力年龄之比：成就商数 $=\dfrac{\text{教育年龄}}{\text{智力年龄}}\times 100$。常见的组内常模有百分位常模、标准分数常模、离差智商等。(2) 总常模与分常模。常模是指某团体心理发展的平均水平，这里所说的团体范围广泛，一般是指全国范围内的被试，但由于地域或行业的原因，不同子团体的水平可能会有很大差异。中国地域广大，不同省市、不同民族、不同阶层的人在心理上差别较大，若只有一个总常模，对不同子团体不易解释，因此有必要使用分常模。常用的分常模有地区常模、职业常模等。如有的智力测验就使用农村常模和城市常模。使用分常模可以将个人的分数同和他最相似的、关系最密切的人相比较，从而更方便地发现个人与他人的差异。

常模的表示方法　有了常模，测验工作者就可以将原始分转换成直接表示被试水平高低的导出分数，如高考中的标准分等。但若能将原始分数和导出分数的关系直观地表示出来，使用就更方便了。这种直观表示常模的方法主要有转化表和剖析图两种。(1) 转化表（conversion table）是表示常模的最基本最简单方法，又称常模表。转化表中有三类要素：一是原始分数；二是与每个原始分数相对应的导出分数；三是有关常模团体的描述。有了常模表，就可以直接根据原始分数查出导出分数，或由导出分数查出原始分数。使用转化表时必须注意的是原始分数与导出分数间的关系只适用于本常模团体，不能盲目推广到其他团体；导出分数只表示被试在该团体中的位置，对此分数的进一步

解释还要参考效度方面的证据。(2) 剖析图（profiles）是将一个测验的几个分测验分数在一张图上呈现出来，以便更直观地比较被试在几个分测验上的表现，并对其在整个测验上的表现得出一个整体的印象。在剖析图中一般使用的是从转化表中得到的导出分数，并明确标示团体平均水平的位置，以便得出被试分数是在平均数之上还是之下的判断。

测验分数的合成与解释

在使用常模参照测验时,将几个分数或预测源组合起来以获得一个合成分数或作出总的预测（即测验分数的合成），以及使测验分数具有意义（测验分数的解释）。

测验分数的合成　它具有三个层次：(1) 题目的组合。每个测验都包含许多独立的题目，除非测验使用者对个别题目具有特殊兴趣，否则总要把各个题目分数组合起来。不同的题目可以组成量表或分测验，而得到量表分或分测验分；所有题目也可以合成一个测验总分。在组合时，对各题目可以等量加权（如选择题），也可以不等量加权（如问答题）。(2) 分测验或量表的组合。有些测验是由几个分测验或量表组成的，每个分测验或量表都有自己的分数，这些分数可以组合到一起得到一个合成分数。例如，韦氏成人智力量表有 11 个分测验，其中 6 个分测验构成言语量表，其合成分数叫作言语智商，另外 5 个分测验构成操作量表，其合成分数叫作操作智商，此外还将所有 11 个分测验分数合成而得到总智商。但有时各量表分也可单独使用而不必合成，如从职业兴趣测验上得到的各科分数就不需要合成。(3) 测验或预测源的组合。在作实际决定时,常常将几个测验或预测源同时使用。如美国雇用服务中心对申请者实施 12 个测验用来预测在各种职业上的成功。这三个层次测验分数合成采用的逻辑与统计方法基本上相同，但由于测量目的和所用资料不同，分数合成的方法可以是统计的，也可以是推理的或直觉的。常用的分数合成方法有临床判断、推理、多重分段、多重回归、区分分析、因素分析、多元变量技术等。

测验分数的解释　测验施测之后，将受测者的反应与答案作比较得到的每个人在测验上的分数，即直接从测验上得到的分数，叫作原始分数。这个分数可能是正确回答的题数，也可能是符合某一团体的典型反应的数量，还可能是完成测验所需的时间或等级评定。原始分数本身没有多大意义，为使原始分数有意义，同时使不同的原始分数之间可以比较，必须把它们转换成具有一定的参照点和单位的测验量表上的数值。通过统计方法由原始分数转化到量表上的分数叫作导出分数。有了导出分数，才可以对测验结果作出有意义的解释。常模参照分数是最常见的导出分

数。这种分数是把受测者的成绩与具有某种特质的个人组成的有关团体(常模团体)作比较,根据一个人在所比较的团体内的相对位置来报道他的成绩。测验量表是以常模为参照点的导出分数连续体,又称常模量表,它可以直接表示受测者水平的高低,使测验解释起来更加方便,外行人也能很好地理解。以不同测验量表表示常模就形成常模参照分数的不同种类,常见的有发展量表(包括心理年龄、年级当量、发展顺序量表等)、商数(包括智力商数、教育商数、成就商数等)、百分位、标准分数等。

参考文献

戴海崎,张峰,陈雪枫. 心理与教育测量[M]. 广州:暨南大学出版社,2011.

Brennan, R. L. Educational Measurement [M]. 4th Rev. ed. Westport, CT: Praeger Publisher, 2006.

(刘红云)

超常儿童(gifted children)

亦称"天才儿童"、"资优儿童"、"英才儿童"。泛指智慧和能力超过同龄人发展水平的儿童。狭义指一般智力优异或高智商,并在学习能力方面特别优秀的儿童,广义指在任何一方面的能力明显超过同龄人的各类儿童。

关于超常儿童的界定存在一些不同的观点。美国的《天才儿童教育法》(1978)把天才儿童定义为在智能、创造性、艺术、领导能力或特定的学科方面有杰出表现,并需要学校提供非一般的服务或活动,才能充分发展上述才能的儿童。这一界定采用的是超常儿童的广义概念。

美国心理学家伦祖利认为,对超常儿童的界定仅注意其智力和特殊才能不全面,他提出"天才三环理论"(three-ring conception of giftedness),认为超常的表现是中等以上的能力(包括智力)、创造性(形成新概念并解决实际问题的能力)和完成任务的专注性(较高的动机水平和献身精神)三种因素联合作用的结果。根据这一理论,他把超常儿童分为学业超常儿童和创造性及生产性超常儿童两大类,并提出三合充实教育模式。

斯腾伯格等人1995年也提出超常儿童的"五角内隐理论"。根据该理论,天才必须满足以下五条标准:杰出,即在某些方面与同龄人相比较优秀;优异,即与同龄人相比,具有罕见的高水平的特质;实用,即被评定为优秀的方面必须具有实用性或潜在的实用性;表现,即某一方面的优秀必须能在一个或多个有效的测验中表现出来;价值,即某一方面的优秀成就要被个体所在的社会认可为有价值。

关于超常儿童的界定还有领域特定模型(domain-specific model)。该模型认为,天才的智能不是单方面的,而是不同领域内的多种智能,实际上,有些人仅在一个领域表现出天赋,有些人在多个领域都表现出天赋。例如,一个数学方面的天才儿童也可能在艺术、领导能力和运动方面具有天赋。

超常儿童虽被视作是优异智力和才能、高创造力和良好个性特征相互作用而构成的统一体,但他们只是相对于常态而言的,与常态儿童有明显差异,又有共性,与常态儿童之间没有不可逾越的鸿沟。超常智能并非天生的,离不开后天的环境与教育,因此,超常智能是相对稳定的,随着儿童年龄的增长会发生变化。并且,超常儿童的心理结构不只限于智力和特殊才能方面,还涉及非智力因素。

超常儿童的类别　根据超常的定义,超常儿童一般可以分为智力超常儿童和有特殊才能的超常儿童两类。

根据有突出表现的领域不同,超常儿童可以分为:(1)一般智能超常儿童,指智商明显高于同龄人的儿童,他们在概念的掌握、分析与综合、记忆、类比推理等方面表现优秀,学习能力强,成绩优异。(2)学业超常儿童,指在诸如阅读、写作、数学和科学等特定的学术领域中,表现突出,成绩优异的儿童。(3)艺术和体育超常儿童,指在音乐、绘画、舞蹈、表演或体育等方面有特殊才能的儿童。他们往往有成熟的非语言交流的技巧,身体协调能力强,对自身与外界的关系有特别的感悟力等。(4)创造力超常儿童,指表现出高创造能力的儿童,他们经常表现出爱冒险、好奇、主动、灵活、敏感、有洞察力等特征。(5)领导能力超常儿童,指懂得交流的技巧,善于处理人际关系,能有效地组织和引导他人共同致力于某种活动并达到预定目标的儿童。他们常常具有较成熟的社交技能、懂得移情,会激励他人。(6)其他特殊才能超常儿童。

苏珊和里查特根据超常儿童对待外界强加的价值观的态度不同,区分出四种个性类型的超常儿童:(1)屈从封闭型超常儿童。这类儿童为能被他人接受,往往按照别人的期望来改变自己的成就水平,以博得他人的赏识。(2)退缩型超常儿童。这类儿童能接受外界的标准,但自认为难以达到,因此常常从竞争中退却,以回避失败。(3)反对型超常儿童。这类儿童对外界的任何期望都一律采取对抗的态度。(4)独立型超常儿童。这类儿童不受外界价值观的影响,坚持自身独立的价值观念,追求自我实现。

超常儿童的流行率　超常儿童的流行率与鉴定标准关系密切,如果仅以智力商数的高低来鉴别超常儿童,根据智力商数测试分数的常态分布曲线,从理论上说,超常儿童约占儿童总数的1%～3%。根据伦祖利智力在中等以上(智力商数不低于115)就可能成为超常儿童的观点,估计超常儿童的约占儿童总数的15%～20%,这可以说是处在一般能力或特定成就领域顶端的"天才群"。关于超常儿童的流行率,中国未有系统的调查数据。

超常儿童的心理特征　超常儿童表现出来的心理特征

有其积极的方面,也有消极的方面。超常儿童通常反抗权威,坚持自己的观点,有自己喜欢的学习方式,喜欢在探索中学习,反对死记硬背等积极的心理特征。但由于在兴趣和思维方式上常常和同龄儿童有所不同,他们在社交和情感方面常会遇到障碍,经常表现出焦虑、敏感、孤独、易激动、过分追求完美等特征,也可能感到被区别对待,被孤立。那些成就动机高、对目标特别专注的超常儿童可能表现出反叛和固执的个性,这些情绪体验会进一步导致他们无法集中精力,甚至造成生理上的不适应,影响其才能的充分发展。

(张福娟)

朝鲜族教育   中国朝鲜族主要分布在吉林、黑龙江、辽宁三省,还有少数散杂居于北京、山东、内蒙古、河北、天津等地。最大聚居区是吉林省延边朝鲜族自治州,吉林省长白朝鲜族自治县是朝鲜族另一民族自治地方。据中国 2010年第六次全国人口普查,朝鲜族人口 1 923 842 人。朝鲜语属阿尔泰语系,现用朝鲜文古代称"训民正音",简称"正音文",俗称"谚文",后改称朝鲜文。朝鲜文有 40 个音素字母,拼写时把同一音节的音素叠成字块,构成方块形文字。

近代朝鲜族教育

朝鲜族是由相邻的朝鲜半岛陆续迁入、定居东北地区而逐渐形成的跨境民族。早在明末清初,有一部分朝鲜族祖先已定居在中国的华北、东北地区。从 19 世纪中叶开始,有大批朝鲜人接连不断从朝鲜半岛迁入,这是中国朝鲜族主要来源。

清末民初的朝鲜族教育   19 世纪末,吉林、辽宁、黑龙江东北三省逐渐形成朝鲜族聚居村屯,一些有条件的村屯出现称为"书堂"的朝鲜族私立初等教育形式。1883 年,延边地区建立第一个书堂,1887 年,饶河县义顺号书堂建立,为黑龙江省第一个朝鲜族书堂。书堂随移民的持续增加迅速发展,根据办学主体分为多种形式,如教师私设书堂、富裕家族族内书堂、平民联合设立的书堂、村人联合设立的书堂等。教材多是儒家经典,也有少数朝鲜族典籍。进入 20世纪后,朝鲜半岛沦为日本殖民地,朝鲜独立运动人士将运动据点迁至中国境内,使该时期政治移民大量增加,朝鲜族聚集区掀起反日爱国文化启蒙运动,"改良书堂"作为文化启蒙运动的重要形式迅速发展起来。其创设主体有反日民族志士个人或团体以及朝鲜族聚集区的居民、宗教团体等,均实施汉语教育、民族文化启蒙教育和反日救国教育。第一所改良书堂是由朝鲜反日爱国志士李相高会同李东宁、吕祖贤、郑淳万(别名王昌东)等人于 1906 年在延边地区建立的"瑞甸书塾"。该私塾实施完全免费教育,教授历史、地理、数学、政治学、国际公法、宪法等课程,宣传抗日独立思想。黑龙江省第一所改良书堂是 1908 年由加入中国国籍的朝鲜人建立的宁安县高安村小学堂,采用清政府的"癸卯学制",初等学堂修业 5 年,高等学堂修业 4 年。改良书堂不以儒家经典为主要学习内容,在开设汉语文课的同时还开设朝鲜语文、朝鲜历史、朝鲜地理、音乐、舞蹈、美术等科目,同时讲授日本侵略史、反日斗争史等;多采用自编教材,突出反日爱国内容;重视音乐和体育课,通过教唱革命歌曲、学习军事体操等方式培养学生的团结精神和坚韧毅力,也用校歌、校旗等形式教育学生不忘国耻。1910 年,《日韩合并条约》签订后东北三省的朝鲜独立运动团体日渐增多,后形成以参议府、正义府、新民府三大组织为中心的抗日武装组织。这些组织除进行军事活动外还积极组织当地朝鲜人的文化教育和军事教育。正义府在各地开办小学,试图在朝鲜族之间普及初等教育,并设立化兴中学、东明中学、桦成义塾等中等教育机构,积极培养独立军干部;创办《战友》《大同民报》等刊物宣传民族精神。参议府将管辖区域分为 13 个行政区,各区设小学 3 所以上。新民府对管辖地区 18~40 岁的朝鲜族男性进行军事训练,并在穆棱县成立城东士官学校进行军事教育,培养了 500 余名毕业生。民国时期,东北军阀政府对朝鲜族采取同化政策。1915 年,延吉道尹陶彬制定《划一垦民教育办法》,试图把朝鲜族私立学校纳入中国教育体制,日本侵略者也用引诱、收买、镇压等各种手段,企图使其成为亲日教育阵地,中日两国围绕对朝鲜族教育控制权进行激烈斗争。1921 年,吉林省教育厅制定整顿朝鲜族教育的计划,准备在延边四县让中国人子女和朝鲜族子女共学以达到同化效果。从 1924 年开始,民国政府以收回满铁附属地的教育权为由,限制和关闭朝鲜族私立学校,使朝鲜族人到中国政府官立、县立、乡立等学校读书。

伪满时期的朝鲜族教育   1932 年,伪满洲国成立,东北的朝鲜族学校受到严厉镇压和管制,其教育发展严重受挫。该时期朝鲜族学生就读的学校种类很多,既有日本个人或团体办的学校,也有宗教团体、伪满政府、移民会社或学校组织合办的私立学校。日本侵略者对朝鲜族采取愚民教育政策,只发展初等教育,限制中等教育,取消高等教育,并强令要求朝鲜族同化,成为日本国的臣民。朝鲜族的民族教育被全面禁止,学校也只用日语授课,并学习日本历史、地理等科目。1932—1936 年,在中国共产党的领导下,东满、北满地区的抗日游击队设立部分朝鲜族学校,实施新民主主义教育。如在延边地区抗日根据地建立新民主主义教育制度,实施针对学龄儿童的免费义务教育。这些学校坚持教育为抗日战争服务的原则,上午进行文化知识学习,下午组织军事训练和生产劳动。根据地还建立军政学校,进行军事教育和政治教育。很多朝鲜族学校毕业的学生参加了中国的抗日战争和解放战争。

解放战争时期的朝鲜族教育　1945—1949 年,朝鲜族教育逐渐得到恢复。主要为军事教育和干部教育,目的是培养解放战争、土地改革和经济建设所需干部。1946 年,在吉林省延吉市建立吉东军政大学;朝鲜义勇军第五支队在东满成立"华甸军政学校"。抗战胜利后,朝鲜族各级各类教育逐步恢复。到 1949 年,东北有朝鲜族中学 70 多所,学生 1.67 万名,教师 550 名;小学 1 500 所,学生约 18 万名,教师 5 500 多名。冬季学校、夜校等教育形式也发展起来,成为东北三省朝鲜族教育的重要组成部分。此外,为培养朝鲜族中小学师资,各地实施师范教育,如接收、改造日占时期的"间岛省立延吉师道学校",并将其改为"延吉师范学校",设高级师范班和初级师范班,培养朝鲜族中小学教师。1947 年,建立了专门编辑出版朝鲜文教材的延边教育出版社。1948 年,黑龙江省成立黑龙江朝鲜族师范学校。1949 年,吉林省建立延边师范学校。同年延边大学成立,朝鲜族拥有了自己的高等教育。该大学设立文学、理工学、医学和农学等专业。大多数朝鲜族学校将新民主主义教育内容与民族教育形式结合起来,用本民族语言授课,学习本民族文化和历史,培养本民族教师,逐渐建立从小学到大学的民族教育体系。

中华人民共和国成立
后的朝鲜族教育

奠定基础阶段　中华人民共和国成立后,于 1952 年成立延边朝鲜族自治区,并于 1955 年将其升格为朝鲜族自治州。1955—1966 年,朝鲜族教育得到全面发展。1958 年后由于"左"的思想影响,一些地方一度出现忽视或排斥民族语言教学现象,许多朝鲜族中小学校被撤销或合并为民族联合学校。至 1961 年纠正"左"的倾向,朝鲜族中小学得以继续发展。这一时期朝鲜族中小学已实行国家统一学制,朝鲜族基础教育、特殊教育、中等专业教育和职业技术教育也得到较大发展。1952 年,辽宁清原朝鲜族师范学校成立。东北地区最早设立的朝鲜族中等专业学校是延边卫生学校。1957 年,延边艺术学校成立,为全国最早建立的民族艺术学校。大跃进时期延边曾出现 6 所大学,经整顿和调整后,只剩下延边大学、延边医学院和延边农学院。此外,延吉县出现黎明农民大学等半日制农民高等学校。朝鲜族各地区普遍办起农忙期幼儿园和常年幼儿园,同时,朝鲜族地区的成人教育以扫盲为中心开展起来,其形式大多为冬季学校和夜校。

停滞、遭破坏阶段　"文革"期间,朝鲜族教育遭受破坏,各级各类朝鲜族学校被解散、取消或合并,民族教育质量严重下降。1971 年后,民族教育政策得到部分恢复。在朝鲜语文教育方面,组建地区性朝鲜语文教学研讨会、观摩教学会,并成立教学研究室、朝鲜文教材编译小组等,朝鲜语文教育有所恢复。

恢复、发展阶段　改革开放之后,朝鲜族教育迅速恢复。1985 年,《中共中央关于教育体制改革的决定》颁布,朝鲜族教育开始飞速发展,具体体现在六方面。

朝鲜族教育行政制度与教育政策。为对朝鲜族教育实施有效的管理,东北三省省级教育行政部门制定朝鲜族教育相关条例,指导各省朝鲜族教育。(1) 黑龙江省朝鲜族教育行政管理机构及其教育政策。黑龙江省在省教育厅内设民族教育处(与基础教育处合署),并在哈尔滨市等 7 个县、市设民族教育办公室或督导室,负责管理全省朝鲜族及其他少数民族的教育问题。主要工作包括传达和实施教育部、国家民族事务委员会关于少数民族教育的各项规定,制定黑龙江省民族教育发展规划、民族基础教育课程计划、民族教师教育和职业教育相关政策等。此外还设朝鲜族教育研究机构,负责中小学教学科研的管理。黑龙江省于 1998 年颁布、2002 年修订的《黑龙江省民族教育条例》是朝鲜族教育的政策法规依据。该条例规定:招收学习本民族语言文字的少数民族学生的民族学校,实行本民族语言文字授课加授汉语文或汉语文授课加授本民族语文教学;各级教育行政部门对民族学校教育教学活动所需的民族语言文字各学科教材、教学参考书、教学挂图、图书资料、音像电教设备等,应优先安排,予以保证,少数民族文字教学用书的政策性亏损补贴,由省财政专项支付;民族学校应重视对学生进行本民族优秀文化传统教育,开展具有民族特色的民族语演讲会、文艺汇演、体育比赛等各种活动,促进民族语文、民族艺术、民族体育事业的发展;民族中小学校所需少数民族教师,除正常渠道培养外,可通过举办省属师范院校民族预科班培养,双语教学的民族中学师资实行与外省、区对等交换招生的办法培养。(2) 吉林省朝鲜族教育行政管理机构及其教育政策。吉林省是中国朝鲜族人口最为集中的地方,也是延边朝鲜族自治州所在地,60%的朝鲜族人口居住于此。吉林省朝鲜族教育主要由吉林省教育厅的民族教育处和延边朝鲜族自治州教育局管理。1994 年,延边朝鲜族自治州制定并通过《延边朝鲜族自治州朝鲜族教育条例》(后于 1997 年、2004 年两次修订),较为详细地制定了朝鲜族教育发展的相关政策。该条例规定:朝鲜族学校应加强民族团结教育,重视朝鲜族优秀文化传统教育,加强朝鲜族的语文、历史、音乐、舞蹈、体育、美术等具有民族特色的学科教学;自治州自治机关参照教育部颁布的课程计划、课程标准,结合朝鲜族教育的实际,确定朝鲜族幼儿园、小学、初中、高中的课程计划和有关学科的课程标准,报上级教育行政主管部门备案;朝鲜族中小学用规范的朝鲜语言文字授课,经自治州教育行政主管部门批准,具备条件的部分课程可用汉语言文字授课,职业技术学校和中等专业学校可用朝鲜语言授课,也可用汉语言文字授课;在基础教育阶段,要加强朝鲜语文教学、汉语教学及外国语教学,使学生兼通朝鲜语、汉语,为学习使用多种语言文字奠定基础;朝鲜族学校毕业生报考上一级学校时,可用朝鲜语言文字答卷,也可用汉语言文字答卷;自治州自治机关提倡为在汉族中小学就读的朝鲜族学生加授朝鲜语(参见"中国少数民族双语教育")。1988年,延边朝鲜族自治州制定颁布《延边朝鲜族自治州朝鲜语文工作条例》(后于1997年、2004年两次修订),是朝鲜族语言文字教育的依据。该条例规定:自治州自治机关重视对朝鲜族幼儿进行本民族语言文字的训练工作;自治州内朝鲜族中小学校应加强朝鲜语言文字的教学研究;自治州自治机关保障居住分散的边远山区朝鲜族学生进入用朝鲜语授课的民族中小学校或民族班学习本民族语言文字;应加强朝鲜文图书的编辑、出版、发行工作,逐步增加朝鲜文图书、报刊的种类,保障朝鲜文教材、教学参考资料、课外读物以及科技图书、科普类读物的编译和出版。(3)辽宁省朝鲜族教育行政管理机构及其教育政策。辽宁省朝鲜族教育主要由教育厅下设的基础教育处和教师教育处负责。此外,各朝鲜族聚居区所在市、县设有民族教育处,负责实施本地区的具体工作。2005年,辽宁省教育厅下达《辽宁省人民政府关于深化改革加快发展民族教育的意见》,该意见规定:各级政府要把巩固和提高"两基"(基本实施九年义务教育,基本扫除青壮年文盲)作为民族教育工作的重中之重;"十五"期间,保证小学毕业生升初中入学率达到100%,初中生巩固率达到97%以上。此外还强调进行朝鲜语、汉语、外语的"三语"教育:使用少数民族语、汉语、外语三种语言文字授课的蒙古族、朝鲜族等民族小学实行七年制,把延长一年的学制纳入义务教育计划,第一学年主要学习本民族语言;使用"三语"授课的民族学校要加强民族语文教学,在教学过程中正确处理母语、汉语和外语的关系;积极创造条件,从小学三年级开设外语,与普通中小学同步实施信息技术教育,有条件的地区和小学可提前开设外语和信息技术课程;为鼓励少数民族学生学用本民族语言,高等院校和中等专业学校招生时,对用民族语授课的少数民族考生提供与授课用语一致的试卷,并在总分上加分录取,对自治县的其他少数民族考生也加分录取。为保障少数民族幼儿教育,特别规定各级政府要把学前教育纳入当地经济和社会发展整体规划,划拨专项经费,保证人员编制;少数民族聚居的市、县(市)要单设民族幼儿园,其他地区要在普通幼儿园中设立民族班;"十五"期间,普及学前两年教育,学前三年受教育率达到70%,民族乡(镇)至少设1所民族中心幼儿园;大面积提高幼儿园办园水平和教育质量。(4)朝鲜文教材行政管理机构及其政策。东北三省朝鲜文教材协作小组负责协调东北三省朝鲜族教育工作,并

出版、编译和审查东北三省朝鲜文教材(参见"中国少数民族教材建设")。它与全国朝鲜文教材审查委员会合署办公。全国朝鲜文教材审查委员会下设朝鲜语文(中小学分设,包括中等师范学校、幼儿园)、汉语文(中小学分设)、外国语(包括英语、俄语、日语)、音乐、体育、美术、社会(包括政治、历史、地理、教育学、心理学)、自然(包括数学、物理、化学、生物、自然常识)等学科审查组。各学科审查组设组长1人,审查委员3～5人,由全国朝鲜文教材审查委员会聘请兼任,任期3年。该委员会根据教育部1986年颁布的《全国中小学教材审定委员会朝鲜文教材审查委员会工作条例(试行)》,主要负责审定教材和课程:全国朝鲜族中小学通用的各门课程标准;延边教育出版社自编、编译的各门课程的教科书;有关教育行政部门委托有关单位或个人编写或编译的教科书;集体或个人编写、编译的教材,经教育行政部门或高等学校审查推荐,可供全国朝鲜族中小学通用或一定范围内使用的教科书。此外还有东北三省朝鲜文图书出版协作小组、东北三省朝鲜语文工作协作小组及其成立的东北三省朝鲜语文工作协作领导小组等,这些机构的成立促进了朝鲜文教材建设和朝鲜文出版工作。

朝鲜族基础教育。(1)幼儿教育。主要在公立、民办幼儿园和部分学前班进行,东北地区朝鲜族幼儿教育发展迅速。以延边朝鲜族自治州幼儿园为例,延边朝鲜族自治州教育委员会内下设幼儿教育处,同时在各市、县设立托儿所、幼儿园工作指导小组。为保障幼儿教育质量,州政府于1988年颁布《延边朝鲜族自治州个体幼儿园管理细则》(试行),对个体幼儿园进行质量管理。至2009年,幼儿园为455所,在园儿童为34 792名。包括延边地区在内的东北三省朝鲜语文教材和儿童图书主要由东北朝鲜民族教育出版社编辑出版。仅在"七五"期间,该出版社就出版77种幼儿教材和儿童图书198 484册,还组织人员编写出版幼儿教育纲要、幼儿教育学等教学用书,促进了朝鲜族幼儿教育的迅速发展。(2)中小学教育。东北三省朝鲜族中小学教育在全国各民族中发展较快。以延边朝鲜族自治州为例,2009年,该州朝鲜族学龄儿童小学入学率达99.84%,初中入学率为98.55%,高中入学率为66.10%,均高于全国平均水平。义务教育阶段的课程设置首先由东北三省朝鲜文教材协作小组提出总体意见和基本要求,再由各省根据本省情况进行调整。

朝鲜族职业技术教育。1985年,《中共中央关于教育体制改革的决定》明确指出要积极发展职业技术教育。根据这一政策精神,东北三省的朝鲜族积极发挥地区和民族优势,发展职业技术教育。包括延边朝鲜族自治州地区在内的吉林省在职业技术教育发展上取得尤为显著的成绩。以延边朝鲜族自治州为例,该州除原有师范类中等学校外,还有延边财政贸易学校、延边卫生学校、延边艺术学校、延边

人民警察学校、延边体育运动学校和延边工业学校等。1979 年,延边朝鲜族自治州教育局颁布《关于我州中等教育结构改革与中学事业发展报告》,正式提出发展职业技术教育。1980 年,经吉林省教育厅批准,该州在延吉市、图们市、延吉县、敦化县等地均设立朝鲜族技工学校。受其影响,该州以外的其他地区也开始积极发展朝鲜族职业技术教育,如 1985 年,梅河口第二中学附设朝鲜族职业高中班实施职业技术教育。到 90 年代末,吉林省其他地区共有 1 所朝鲜族职业高中和 2 个在朝鲜族中学附设的职业高中班。2007年,颁布《延边朝鲜族自治州职业教育条例》,明确提出要大力发展职业教育。黑龙江省于 1985 年在密山市设立第一所朝鲜族职业高中,同年在哈尔滨市朝鲜族第一高中设立音乐幼儿班;1987 年,在海林县朝鲜族中学附设职业技术班;1986 年,勃利县朝鲜族中学在普通中学课程内设置职业技术课程,延寿县农业技术高中设置朝鲜族民族实验班。20 世纪 80 年代,黑龙江省共有 6% 的朝鲜族高中生接受职业技术教育。到 20 世纪 90 年代,密山市、汤原县、宁安市等地设立独立的朝鲜族职业高中,哈尔滨市设立朝鲜族外语职业高中。辽宁省朝鲜族职业技术教育以 1983 年朝鲜族第四高中的职业高中班为中心发展起来,该班当时有民族服装、家用电器两个专业。除第四中学外,辽宁省朝鲜族师范学校也开设了职业教育相关专业。东北三省朝鲜族职业技术教育一开始就采取了跨学区招生、复数学区联合培养学生的发展道路,教育形式办学主体多样化、办学模式多元化,并积极协调各级部门合作发展职业技术教育。

朝鲜族教师教育。东北三省朝鲜族幼儿园、小学的教师由各省分别设置的朝鲜族教师教育机构培养,中学教师由各地的师范大学、师范学院培养。1953 年,松江省(今黑龙江省)在第一朝鲜族中学设立师范部,并将其升格为松江省立朝鲜族师范学校,1954 年更名为黑龙江省牡丹江朝鲜族师范学校,后又更名为哈尔滨朝鲜族师范学校。1982 年,在该校并设五常朝鲜族教师进修学院,专门负责黑龙江省及内蒙古自治区朝鲜族学校教师的培训。2005 年,哈尔滨朝鲜族师范学校、黑龙江民族中等专业学校、齐齐哈尔民族师范学校等校被合并为黑龙江民族职业学院。该学院设有经济管理系、中文系、动物医学与科学系、少数民族语言系、外语系、艺术系、体育教育研究室、基础部等,朝鲜族教师主要由少数民族语言系和体育教育研究室等机构培养。吉林省的朝鲜族幼儿园、小学教师主要由 2000 年并入延边大学师范分院的高等师范专科学校培养。延边大学师范分院建立大专、中专两种学历层次的教师培养制度,肩负为延边地区朝鲜族、汉族小学和幼儿园以及全省朝鲜族散居地区的朝鲜族小学、幼儿园培养合格新师资的任务。辽宁省朝鲜族师范学校创建于 1952 年,其前身为清原朝鲜族师范学校,是全省唯一省属公立朝鲜族专科学校,1996 年获教育部、省

教育厅批准,举办韩国留学生教育,1998 年起举办五年制大专,2002 年举办职业教育,主要负责辽宁省朝鲜族基础教育的师资培养。

朝鲜族高等教育。自改革开放以来,朝鲜族高等教育转入恢复和全面发展时期。以延边朝鲜族自治州为例,延边大学、延边医学院、延边农学院实行多层次、多规格培养民族各类人才的教育制度,三所大学都设有成人高等教育机构,培养各类高级专业人才。此外还有吉林艺术学院延边分校和延边科技大学,也肩负为朝鲜族培养高等人才的任务。1996 年,延边大学、延边医学院、延边农学院、延边师范高等专科学校、吉林艺术学院延边分院合并为新的延边大学。同时,延边科技大学并入延边大学。学校设有师范学院、人文社会科学学院、汉语言文化学院、艺术学院、理工学院、医学院、药学院、护理学院、农学院、科学技术学院、体育学院、成人教育学院等学院及多个全日制本科专业。2007 年,延边朝鲜族自治州高等院校有学生 2.96 万人,其中本科生 1.69 万人;招收研究生 867 人(其中博士 39 人),在校研究生 2 601 人。

朝鲜族教育研究团体及机构。在各省教育学院民族教育研究部和延边教育学院的主持下,各地相继成立各类朝鲜族教育学术研究团体,如辽宁省、黑龙江省和吉林省都设有朝鲜族汉语(或语文)教学研究会、朝鲜族中小学朝鲜语文教学研究会、少数民族教育研究会以及各科教学研究会等。延边朝鲜族自治州设有延边教育学会、延边中小学朝鲜语文教学研究会、延边中小学汉语教学研究会以及学校管理、幼儿教育、成人教育、勤工俭学、驾驭心理学和中小学各科教学研究会。此外还建有东北三省朝鲜族中小学汉语教学研究会、东北三省朝鲜族中小学朝鲜语文教学研究会等。朝鲜族教育的专门研究机构有延边大学民族教育研究室、东北朝鲜民族教育研究所等。以上机构及团体的设立促进了朝鲜族教育的科学研究及朝鲜族教学质量的提高。

参考文献

　　朝鲜族简史编写组.朝鲜族简史[M].延吉:延边人民出版社,1986.

　　朴奎灿,等.延边朝鲜族教育史稿[M].长春:吉林教育出版社,1990.

(姜英敏)

陈鹤琴的"活教育"思想　　陈鹤琴毕生从事中国近代儿童教育事业,形成了独具特色的以"活教育"为核心的儿童教育思想。

陈鹤琴(1892—1982)是中国近代教育家、儿童心理学家、儿童教育家。原名绥福,学名鹤琴,浙江上虞人。出身贫寒,幼年丧父,由母亲抚养。8 岁入塾读书,15 岁得姐夫资

助入基督教浸礼会所办杭州蕙兰中学。受基督教影响,信奉耶稣的牺牲精神,曾以"无我"作隐名。1911 年春考入圣约翰大学,因不满学校歧视中国教员,同年秋转而考入清华学堂高等科。就读清华期间,参与组织学校青年会、"仁友"同志会,"立下了爱国爱人的坚强基础"(《我的半生》)。1914 年夏考取庚款留美,先入约翰斯·霍普金斯大学,1917 年获该校文学士学位。继入哥伦比亚大学师范学院,专攻教育学和心理学,1918 年获教育社会学硕士学位,又转入心理系准备撰写博士学位论文。后应郭秉文之请于 1919 年回国任南京高等师范学校教育科心理学和儿童教育学教授。为探索儿童身心发育的特点和规律,陈鹤琴从 1920 年起即以自己的长子为对象,进行长达 808 天的观察和实验研究。1921 年,南京高等师范学校改组成立东南大学,陈鹤琴任学校行政委员会委员、教务部主任兼教授。1923 年又在南京创办鼓楼幼稚园,以试验中国化、科学化的幼儿教育。1927 年,陈鹤琴与陶行知、张宗麟一同发起成立幼稚教育研究会,创办并主编《幼稚教育》月刊。同年,受聘为南京特别市教育局学校教育课课长,任职期间曾发起成立南京市教育研究会,推广教育实验区,发展实验学校,创办幼儿园。次年,转赴上海主持工部局华人教育处工作,任职 11 年间,先后创办 7 所小学(附设幼稚园)、1 所女子中学和 4 所工人夜校。1940 年,应江西省主席熊式辉等人之邀前去办学,希望创办一所理想的学校,"实验活的教育"。同年秋,由他筹建的江西省立实验幼稚师范学校成立,亲任校长。1943 年,该校增设幼稚师范专修科,附设小学部、幼稚园、婴儿园,形成一个比较完整的幼儿师范教育体系。1944 年后,由于日寇进犯,学校几度迁址,终遭解散。抗战胜利后,陈鹤琴回上海担任市教育局督导处主任督学,负责接管外国人所办中小学。与此同时创办上海市立幼稚师范学校并任校长。中华人民共和国成立后,陈鹤琴历任南京大学师范学院院长、南京师范学院院长,并兼任全国政协委员、江苏省政协副主席等职。其著作结集出版的有《陈鹤琴教育文集》、《陈鹤琴全集》等。

1939 年,陈鹤琴在给工部局小学教职员进修会会刊《小学教师》写发刊词时,首次明确提出如何把传统的死气沉沉的、腐化的教育变为"前进的、自动的、活泼的、有生气的教育",标志着"活教育"思想的萌发。此后,他通过在江西等地的一系列办学活动,实验"活教育";又通过创办并主编《活教育》月刊(1941 年 1 月创刊),及时总结"活教育"的实践经验,不断完善并推广"活教育"思想。陈鹤琴指出:"活教育的目的就是在做人,做中国人,做现代中国人。"(《活教育理论与实施》)他认为"现代中国人"必须具备五个条件:要有健全的身体,以寓道德学问,摘掉"东亚病夫"的帽子;要有建设的能力,发展文化科学事业;要有创造的能力,把被旧制度束缚了的中国人的创造能力重新唤起,创造中国

的现代文明;要能够合作,牺牲个体之小我,以成全国家民族之大我;要有服务的意识,造福于社会。

陈鹤琴提出"大自然、大社会都是活教材"的观点。认为"活教育"就是使儿童面向大自然、大社会去获取直接经验和知识,如果能让儿童在实际活动中发现问题、提出问题,再参考书本知识以解决问题,就能做到"活教书"、"活读书",因此,"活教育"的内容及其课程就是活动的内容及其课程。陈鹤琴把"活教育"的内容及其课程具体化为五类:健康活动内容及其课程(体育、卫生等);社会活动内容及其课程(史地、公民、常识等);科学活动内容及其课程(动、植、矿、理化、算术等);艺术活动内容及其课程(音乐、图画、工艺等);文学活动内容及其课程(读、作、写、说等)。他还提出"做中教,做中学,做中求进步"的观点,作为"活教育"教学方法的核心,他说:"不但要'做'中学,还要在'做'中教,不但要在'做'中教与学,还要不断地在'做'中争取进步。"(《活教育理论与实施》)以"活教育"的方法重新解释师生在教学中的地位和作用,并确立学生的主体地位和作用。陈鹤琴把"活教育"的教学过程分为"实验观察"、"阅读参考"、"创作发表"、"批评检讨"四个步骤,并指出"教的进步,也是学的进步,那便是'做中求进步'"(同上)。

在"活教育"思想的基础上,陈鹤琴比较系统地阐发了其儿童教育特别是幼儿教育思想。他力主儿童教育民主化、科学化。陈鹤琴说:"做父母、做教师的,要怎样来实践他们教导儿童的责任观呢?我觉得可靠的条件之一,便是了解儿童。儿童的喜怒哀乐,儿童的成长与成熟,儿童的学习与思想,儿童的环境,以及儿童从新生到成长的整个过程当中所产生的一切变化与现象,我们都应当有相当的研究与认识。只有在了解儿童之后,我们对儿童的教导,才能准确有效。"(《儿童心理学》)他指出常人对于儿童存在许多错误的观念并由此而导致不良的结果,如以为儿童与成人一样,儿童的各种个性也与成人一样,不同之处仅仅在于儿童的身体及各种器官较成人小些而已;在这种观念指导下,人们往往叫一个活泼好动的小孩子穿上长衫,又叫小孩子一举一动都模仿成人的样子,慢慢地,小孩子就以成人的性情为性情,以成人的意志为意志,结果"小孩子竟变成了一个萎靡不振,具体而微的小成人",造成满国尽是"少年老成"的小孩子,儿童的个性以及一切主动性、创造性都在这种"小成人"的限制中丧失殆尽。他在《家庭教育》一书中揭示了儿童心理的七个基本特点:"小孩子好游戏的;小孩子好模仿的;小孩子好奇的;小孩子喜欢成功的;小孩子喜欢野外生活的;小孩子合群的;小孩子喜欢称赞的。"他认为儿童教育的方法应当遵循儿童的心理特点,而了解儿童心理特点需要学习儿童心理学,但光读书是不够的,必须深入儿童的生活去观察、去体会,"父母与孩子作伴","幼稚园教师应当是儿童的朋友"。陈鹤琴进一步指出,儿童虽非"小成

人"，但也绝不是一个任人摆弄的被动物，而是一个有情感、有意志的存在，父母和教师必须尊重儿童的人格和意志。他严厉批评"父严子孝，法乎天也"的专制信条，特别反对父母迁怒于子女、把他们当作"出气筒"的做法，长此以往"子女就把打骂当作司空见惯的事，以后即使做了错事，受父母的打骂也不以为羞了"，无形之中损害了儿童的独立人格，教育的作用也就降低了(《怎样做父母》)。陈鹤琴指出，父母、教师及所有的教育工作者所面对的儿童是一个活生生的人，教育的过程同时是一个情感交流的过程，因而他们必须热爱儿童。认为爱护子女是人的本能，但父母之爱若不与科学的教育相结合，则容易步入"有爱而无教"的歧途，他推崇颜之推"父子之间不可以狎，骨肉之爱不可以简"的名言，并为家庭教育制定了一条原则："做母亲的不应当背着丈夫去宠爱他的小孩子"，以补救家庭教育易于产生的偏差。

为推动儿童教育事业的发展，陈鹤琴对儿童特别是幼儿的教育方法进行了深入的探讨，并提出四点主张：(1)运用游戏式的教学法。他认为"游戏是儿童的生命"，"儿童的生活可以说就是游戏"，"儿童既然具有这种强烈的本性，我们就可以利用这个动机去教导他"(《我们的主张》)，并把游戏具有的教育价值归结为锻炼儿童的身体、养成儿童应有的公民品质、发展儿童的认识能力等。(2)寓教于生活。陈鹤琴认为"大自然、大社会都是活教材"，主张儿童的生养过程和教育过程应相统一，要求教育者在儿童生活的每一个细节中都要自觉地利用其中的教育因素。(3)实施"整个教学法"。陈鹤琴说："整个教学法就是把儿童所应该学的东西整个地、有系统地去教儿童学。这种教学法就是把各科功课打成一片，所学的功课是无规定时间学的；所用的教材是以故事或社会或自然为中心的，或是做出发点的。"(《整个教学法》)他认为这种方法既适应儿童，特别是幼儿的心理特点，又可使教学内容有一定的系统性。(4)科学利用儿童的模仿心理。陈鹤琴认为"小孩子好模仿"，教育者应利用这种心理特点充分发挥自身的榜样作用，同时应选择并创设良好的生活和教育的环境，"教他鉴别是非善恶，务使其达到'择其善者而从之，其不善者而改之'的地步"(《儿童心理之研究》)，从而使儿童从原来被动的模仿行为向积极主动的选择性方向发展。

针对中国传统教育只注重书本知识的灌输，教学内容陈旧僵化，教学方法机械刻板等弊端，陈鹤琴提出"前进的、自动的、活泼的、有生气的教育"的"活教育"思想，并从实践中总结出一整套可行的实施原则、步骤和方法，在20世纪中国幼儿教育界产生广泛影响。

(叶志坚)

成丁礼(initiation)　　亦称"成年礼"、"青年礼"、"成年

式"、"入社式"。原始社会末期及类似社会形态中的一种社会习俗。青少年跨入成年阶段，被成人社会接纳及认可必须经历的一种教育过程及仪式。年轻一代只有经过成丁礼，才能成为社会的正式成员。成丁礼大多存在于母系氏族及父系氏族时期，亦广泛存在于近代亚洲、非洲、欧洲、美洲、大洋洲各地的原始部落。人们主要根据民族学资料，尤其通过对近代原始部落的考察来把握及界定这一习俗的特质。在血缘家族的原始部落中，年轻一代达到一定年龄，从幼年进入青壮年时必须接受成丁礼。各地区、各部落的成丁礼内容千差万别。成丁礼具有以下特征：(1)受礼的年龄不尽一致。在非洲的尧人部落中，男童的成丁礼在8～11岁时进行；在南亚安达曼群岛原始居民中，受礼对象是11～13岁的男女儿童；在赤道非洲地区俾格米人的班姆布提部落，成丁礼施行于9～16岁的青少年。(2)受礼时间长短不一。在新几内亚阿拉佩什原始部落中，受礼者需过两三个月的隔离生活；澳大利亚原始居民的成丁礼往往持续数年；安达曼群岛原始居民的成丁礼长达1～5年。也有一些部落(如澳大利亚的某些原始部落)的成丁礼只进行数星期。(3)受礼者要经历各种严酷的锻炼及考验。例如，在身上切痕，被敲毁门齿，遭受毒打、薙发、火熏，以污秽涂身，被置于蚁穴任虫叮咬，用绳子贯穿脊皮等。不过也有较为宽松的。(4)许多部落用各种方法令受礼者"死而复苏"，使之产生脱胎换骨、隔世再生之感。有的部落在青少年身上钉钉子，使他们陷入神志昏迷状态，苏醒过来，就等于死而复生。澳大利亚中部诸原始部落用各种手段使受礼者恐怖而窒息，继而使之复苏。加利福尼亚南部的印第安人令受礼者饮用一种用草药制成的"托洛阿切"饮料，使之酩酊大醉，以至神志昏迷，继而使之苏醒。这些做法都是为说明从青少年到成年是人生中的突变，是人的第二次诞生。(5)受礼时，受礼者须恪守斋戒和各种禁忌。加利福尼亚南部的印第安人要求受礼者斋戒30日；澳大利亚原始居民中的少年受礼时必须同妇女隔绝，不得与人交谈，只能用手势示意。(6)受礼期间，受礼者要接受包括劳动技能、体能及各种行为规范在内的系统教育和训练。在澳大利亚的原始居民中，年长者对受礼者传授狩猎技术，使之接受严格培训和身体磨炼，还教之以各种道德规范、部落习俗、传说，令其懂得服从长者、头人的告诫及命令。太平洋托雷斯海峡地区的原始居民也向受礼青少年传授部落传说、神话和信仰。火地岛印第安部落的亚甘人向青少年传授各种秘密仪式及部落的道德规范和戒律，如对长者恭顺、恪守部落习俗等。赤道非洲班姆布提人举行成丁礼时也伴以各种道德训示。(7)实施割礼。澳大利亚和赤道非洲等地的原始居民要对受礼男孩实施割礼(即割去阴茎包皮)。有些部落对女子亦实行割礼(割去部分外生殖器)。许多原始部落认为行割礼是少年进入成年的标志。在斐济的纪姆巴雷土人中，男孩

接受割礼之前,被视同狗或其他动物。(8)换名。印第安人由童年转入成年时需更换名字,一般在16～18岁时,由氏族的酋长废掉换名者原有的名字,代之以第二个名字,并在部落会议上正式宣布。之后,换名者必须承担成年男子的责任。(9)不仅针对男性,也面向女性。印第安人的阿帕奇族侧重女子的成丁礼,参加典礼的女子事先须有一年的准备。澳大利亚原始居民中,女子的成丁礼时间较男子长。由于各民族情况不同,有的注重对男子的要求,有的则侧重对女子的要求。(10)除体现为动态过程外,还可通过庄重的仪式体现。澳大利亚一些部落的成丁礼是整个部落的盛会,一般伴有各种宗教仪式、舞蹈、唱歌。有的部落的成丁礼与图腾仪式结合进行。通观世界各地原始居民中的习俗,成丁礼不仅是对青少年是否具备成为原始社会正式成员的条件而进行的一种检验和考核,也是对未成熟青少年进行的有计划、集中、系统、严格的教育训练;不仅是一种仪式,也是一个预定的包括劳动技能、体能、道德规范、意志性格和氏族传统等内容在内的教育过程,是有计划地培养青少年,使之具备成为社会正式成员的条件。进入文明时代,这种习俗仍得到表现,如中国古代的冠礼、古代希腊青年的公民式、中世纪获骑士称号的授甲式等,是远古时代成丁礼的孑遗或演变。

(杨汉麟)

成绩差异的社会学分析（sociological analysis of achievement differences）　从社会学角度对个体学业成绩差异的成因进行的因素分析。最初的研究主要关注性别因素对成绩差异的影响,20世纪中期后,更多地围绕学校组织变量、家庭环境变量以及社会文化变量这三个维度展开。

学生性别与成绩差异　国际教育成就评价协会（International Association for the Evaluation of Educational Achievement,简称IEA)1979年的一项研究显示,在标准化考试中,男生数学和物理学的平均分数一般高于女生;大多数国家男生的生物学成绩好于女生,但在新西兰和英国的英格兰、威尔士,女生这一学科成绩好于男生。世界上大部分国家和地区的女生在文学和外语方面的考试成绩高于男生。尽管世界各地的女性文盲比例高于男性,但各国研究均发现,有文化的女性在阅读和语言成就方面优于男性。美国女学生在整个小学和中学教育阶段的阅读及相关领域（如拼写、书写、词汇运用熟练程度)和语言艺术方面的平均成绩高于男生。美国、加拿大、英国和德国的男生被普遍认为有较多的阅读困难。

学校组织变量对成绩差异的影响　可从学校环境、学生同辈文化、教师期望效应这三方面考察。

(1)学校环境。可分为两个相关的方面:一是学校社会环境,即学生的社会组成;二是学校心理环境,指学校社会系统中成员的情感、态度、价值观、信仰和规范。1965年美国社会学家科尔曼采用问卷调查方法调查了全美约4 000所公立学校的教师、校长和地方教育官员以及一、二、六、九、十二年级共约64.5万名学生,认为学生社会经济地位的差异比其他任何学校特征更能解释成绩差异;在种族混合学校,种族平衡很重要,低阶层出身的白人学生和黑人学生的成绩比其他学校的同类学生更高,但这并不影响中等阶层出身的白人学生的成绩。1979年,黑特尔等人关于社会心理环境与学习成果的相互关系的一项综合研究显示,学生对社会心理气氛的感受与课程学习之间存在简单的、部分的或不完全的相互关系。

(2)学生同辈文化。同辈文化的研究始于科尔曼,他通过调查发现,学校中存在青少年亚文化,这种亚文化构成一种独特的"青少年社会",导致学生形成并发展同教师与家长的期待相悖的价值取向,它"规定"了大部分学生应取得的成绩的标准,学生若超过这一标准,便会被同辈群体拒绝,这使能力强的学生为了能被同辈群体接纳,便保持低于其能力水平的成绩,致使学生总体学习成绩下降。科尔曼的研究激发了关于同辈文化的大量实证研究。美国学者B. R. 克拉克将美国中学生同辈文化分为三类:玩乐型亚文化(the fun subculture),其旨趣主要在于各种文体活动;学术型亚文化(the academic subculture),其关注中心在学科课程的学习及学术性课外活动的参与;违规型亚文化(the delinquent subculture),其特征是回避乃至反抗整个学校教育过程。学生身处不同的同辈文化氛围,便会取得不同的学业成绩。1995年,美国心理学家J. R. 哈里斯首次提出群体社会化理论,提出同辈群体中存在五种基本的行为现象:群内偏好(in-group favoritism)、群外敌对(out-group hostility)、群间对比(between-group contrast)、群内同化(within-group assimilation)、群间分化(within-group differentiation)。它们在性别、种族和能力三个层面不同程度地影响学业成绩。

(3)教师期望效应。教师期望与学业成绩之间关系的研究以1968年罗森塔尔和雅各布森的"皮格马利翁效应"为代表。里斯特1970年的研究发现,形成学业成功或失败的标定来源是教师期望;教师"贴标签"的结果使学生形成自我实现预言,令这种标签成为真实的行为。详"教师期望效应"。

家庭环境变量对成绩差异的影响　家庭环境变量包括客观变量和主观变量两类,前者主要指家庭社会经济地位、家长受教育程度、家庭所提供的教育资源、家庭规模、子女出生次序等,后者主要指家长的教育期望和教养方式、家长参与学校活动的积极性、家庭情感气氛、家庭对话的质量等。

(1)家庭环境的客观变量对成绩差异的影响。第二次世界大战前，英、美等国学者研究了"贫穷与成绩"问题，发现贫穷从多方面影响学生的在校表现，这一时期的许多研究者都将家庭经济条件视为儿童学业失败的重要原因。第二次世界大战后，尽管西方许多家庭的经济水准有很大提高，但仍存在大量学业失败者。1957年英国社会学家哈尔西等人进行的"11岁考试"研究表明，家庭物质条件对于区分成绩优劣的学生不及家庭规模、父母态度、动机等因素的影响，而每个社会阶层中较成功的学生都有较好的物质环境，表明家庭经济状况对于学生成绩的影响虽然并不大，然而要取得良好的成绩，必须有一定的物质环境。

（2）家庭环境的主观变量对成绩差异的影响。1983年，研究者B.R.克拉克对两组美国黑人家庭（其中一组子女学业优良，另一组大多数子女存在学业困难）进行的比较性调查表明，采用权威型家庭教育风格的家长对子女积极鼓励，明确规范和限制子女行为，有严格的作息时间控制和外界接触控制，重视与子女的对话沟通，子女的学业较成功。研究者A.J.汉森1986年的研究表明，不论教师的教育风格如何，在权威型家庭教育风格中成长的学生学业成绩最好。而对学生而言，家庭教育风格与教师教育风格差别越大，其学业成绩的下降越明显。

社会文化变量对成绩差异的影响　功能论者特别重视社会文化处境不利儿童，更关注校外因素对学业成绩的影响，认为导致成绩差异的阶级和种族间的差别主要是学校难以控制的校外因素的影响，如社会文化差别、早期环境差别等。

（1）文化剥夺论。20世纪60年代文化剥夺理论盛行。贺恩对中产阶级儿童环境的丰富和低阶层儿童环境的贫乏进行比较，论述文化剥夺概念，即婴儿和幼儿在使用语言和数学符号时缺乏合适的发展所必需的经验，在分析因果关系时缺乏必要的经验。O.刘易斯对纽约等城市的贫民区进行研究，发现在少数民族穷人中存在一种"贫穷的文化"。这种文化的特点是相信命运，确信个体无法控制环境，难以控制挑衅性的冲动性行为，注重现时而非将来，教育成功和职业成就的抱负较低。根据文化剥夺论者的理论逻辑，要消除学业失败，就必须改善其早期环境，给予补偿教育。这一理论的流行导致20世纪60年代大规模的补偿教育运动。

（2）文化差异与学业成绩。自20世纪70年代始，由文化剥夺论倡导的补偿教育运动失败，文化剥夺理论受到强烈批判，认为将低阶层出身儿童的学业失败归咎于贫穷，是掩盖了学校教育的失败以及测验具有文化偏见的事实。在欧洲大陆，法国社会学家布迪厄的再生产观点逐渐成为主流理论。布迪厄认为，建立在阶级基础上的文化差异，通过课程和教学再次产生社会的不平等，并使之合法化。他以"文化资本"和"阶级气质"两个概念分析成绩差异的原因。认为社会各阶级间的文化资本分配不均，所拥有的阶级气质不同，极大地影响了儿童的成绩和教育抱负，最终导致文化资本和阶级气质的再分配。布迪厄和帕斯隆2002年使用"继承人"的概念分析学生在学校的升学和学业成功中的社会不平等，认为这些不平等的出现源于对"文化遗产"的继承。殷实家庭出身的青年拥有文化资本，"文化遗产"继承者从家庭环境中获得的知识、态度和礼仪将转变为其学业上的帮助；而来自低社会阶层的学生则要从头做起，为了获得成功，必须完成一个真正的反文化过程。英国社会学家B.伯恩斯坦的语码理论指出，社会阶层之间存在两种语码，一种是限制语码，主要为劳工阶层使用；另一种是精致语码，主要为中产阶层使用。前者具有具体内容和情境的认知倾向，后者具有概括的及一般的认知倾向。学校文化实际是中产阶层文化，学校语言有利于中产阶层儿童；对劳工阶层儿童而言，学校要求他们脱离原来的文化，重新学习一种新的语言方式。这就不可避免地导致学生学业成绩的差异。

参考文献

班克斯.教育社会学[M].林清江,译.台湾伟文图书出版社,1978.

布迪厄,帕斯隆.继承人：大学生与文化[M].邢克超,译.北京：商务印书馆,2002.

布迪厄,帕斯隆.再生产——一种教育系统理论的要点[M].邢克超,译.北京：商务印书馆,2002.

胡森.国际教育百科全书[M].贵阳：贵州教育出版社,1990.

马和民,高旭平.教育社会学研究[M].上海：上海教育出版社,1998.

（何　芳　王伟杰）

成就测验（achievement test）　对不依赖具体经验的潜在能力的测验。用于测量被试从某学科中习得的知识和技能，是评估学生发展、学科教学的重要工具。被最广泛地应用于各类标准化测验，如从小学到大学的各种升学考试、就业考试、资格考试等。

成就测验的性质　成就测验测量经过某种教育或训练后知识或技能达到的水平，强调对教育或训练的终结性评价，而能力倾向测验测量的是进一步学习的潜能。成就测验和能力倾向测验并没有明确的界限，因为成就测验也测量能力，但两者多数情况下容易区分。成就测验反映的是系统化影响（如学科教育或训练）的结果，而能力倾向测验反映的则是日常生活经验的影响。成就测验测量的是已达到的水平，多用于总结和描述，能力倾向测验测量的是某种潜能，主要用于预测。

成就测验的种类　依测量内容、编制程序、测验目的和参照标准的不同，成就测验可分为不同的种类。

按测量科目的数量，成就测验可分为成套成就测验和单科成就测验。成套成就测验的内容包括多学科中普遍的概念和技能,可用于测量各学科的一般学业成就。特点是使用同一常模样本组进行标准化,因而被试在各个学科的成绩可直接比较。著名的成套测验有"基本技能综合测验"(Comprehensive Test of Basic Skills)、"艾奥瓦基本技能测验"(Iowa Test of Basic Skills)、"都市成就测验"(Metropolitan Achievement Test)、科学研究会(Science Research Associates,简称 SRA)"教育成就系列测验"(Sequential Test of Educational Progress)、"斯坦福成就系列测验"(Stanford Achievement Series)。单科成就测验比成套成就测验中相应的分测验包含更多的题目,内容更全面,当需要详细了解某一学科内的成就水平时,就要实施单科成就测验,如阅读测验(阅读检查测验、阅读诊断测验、阅读准备测验等)、数学测验(数学检查测验、数学诊断测验、数学准备测验等)、语言测验(测量言语交流能力),以及自然科学、商业等课程的专业测验。"托福考试"(Test of English as a Foreign Language,简称 TOEFL)是使用最普遍、知名度最高的单科成就测验,由美国教育测验服务中心负责实施,主要用于测量母语非英语的人员的英语成就水平,包括听力理解、语法结构写作和词汇与阅读理解三种能力。

按编制程序,成就测验可分为标准化成就测验和教师自编测验。标准化成就测验是按照心理测量学的原理编制的,教师自编测验则不符合测验编制的原理。但教师自编测验考虑了教学进度和特定教学目标,在评价教学效果和学生发展时更有针对性,因此在实践中两者应互相补充。

按测验的目的可分为普通成就测验和诊断性成就测验。普通成就测验是针对所有学生的成就测验,测验分数要符合正态分布,项目统计量要符合测量学的一般要求等。诊断性成就测验则为鉴别学习困难学生等特殊目的而编制,题目难度要小,以发现各种可能的学习困难原因。诊断性成就测验往往在普通成就测验发现问题后才实施,以对被试进行详细诊断。

按解释时参照标准,成就测验可分为常模参照测验和标准参照测验。标准参照测验可以测量到被试达到的绝对成就水平,克服了常模参照测验的不少缺点,在教育背景中应用越来越广泛。但标准参照测验也存在很多有待解决的问题,在成就测验中,两者互相补充。

成就测验的应用　成就测验在教学评价、教育管理、学校辅导和咨询中有广泛应用。这类测验可用于评价知识和技能的形成情况,评价教学质量和教学措施的成效,并为调整教学计划提供依据;也可用于学生的挑选、分类和安置,并根据学生的测验分数进行学科和工作选择;也可用于了解学生的长处和不足,发现其问题,并及时给予指导和适当的教育措施。标准成就测验的信度一般高于其他类测验,信度系数一般高于 0.90。成就测验重视对内容效度的考察,有时也要考察结构效度,当用于人员选拔或安置时,还要考察预测效度,标准化成就测验的效度通常较高。

（骆　方）

成人教学(adult teaching)　以成人为教育对象的教学活动。通过分析教学活动的要素、特点、模式和方法、基本原则、主要策略等,把握成人教学活动的本质和规律,从而为具体情境的教学过程提供理性指导。探究教育服务对象为成人学习者的教师应有怎样的教学行为,从而促进成人有效学习的专门研究兴起于 20 世纪 60 年代,以美国成人教育学家诺尔斯等学者为代表。成人教学已成为一个专门领域,获得持续发展,并在三方面取得一定成果:一是作为教的对象——成人学习者的研究,重点涉及成人学习者的学习特点、学习过程理论;二是有效的成人教学原则及与此密切相关的关于成人教师的角色、师生关系的研究等;三是成人教学模式、教学策略与教学方法的运用等。

诺尔斯关于成人学习者特质的研究开启成人学习者及成人教学领域的系统研究。20 世纪 60 年代,诺尔斯提出应建立一门有别于儿童教学的、帮助成人有效学习的科学与艺术——成人教育学(andragogy)。1970 年,他在《现代成人教育实践:成人教育学与儿童教育学的对比》一书中将成人学习者的学习特质归纳为"五个基本假设":成人有独立的自我概念并能指导自己的学习,成人拥有丰富的能指导自身学习的经验,成人的学习需求与变化着的社会角色密切相关,成人以问题为中心进行学习并对能立即应用的知识感兴趣,成人内部的学习动机甚于外部动机。上述假设对于提醒教师关注成人学习特质并据此设计教学活动具有现实的指导意义,奠定了成人教学科学研究的基础。这一理论缺乏对成人学习过程的研究,其中某些特质是所有学习者都拥有的,因而受到一些西方学者的质疑。在中国,诺尔斯理论的影响也较为广泛。20 世纪 80 年代以来,不少学者在成人教育实践中借鉴诺尔斯的理论,也有学者通过本土实证研究,对该理论进行补充与修正。其他较有影响力的成人学习理论有自我导向学习(self-directed learning)理论、体验学习(experiential learning)理论、质变学习(transformative learning)理论、反思性学习(reflective learning)理论以及情境学习(context-based learning)理论等。

成人学习理论对成人教学设计产生影响。以科尔布为代表的体验学习理论提出体验学习模型。该模型由具体体验(concrete experience)、反思观察(reflective observation)、抽象概念化(abstract conceptualization)与积极尝试(active experimentation)这四个循环往复、螺旋式上升的环节构成(如下页图所示)。它较适合以问题为导向的成人学习,教师必须从成人能够体验的、身边的具体问题或事件导入入手,创设一定教学情境,使学习者得以对感知的经验进行反思性观察,并通过与学习同伴的分享,强化反思结果,然后从理论视角加以抽象,并最终运用于实际问题的解决中。体验教学是以成人学习者为中心、激发学习者不断体验与反思的一种教学设计,它较适合成人态度、技能的学习及问题解决能力的形成。

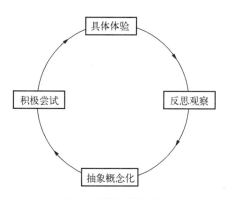

科尔布的体验式学习圈

依据成人的特质学习与学习条件,各国学者提出各种导向有效的成人教学的基本原则。如"成人学习者中心原则"、"教学相长原则"、"激发学习者内部动机原则"、"经验学习原则"、"学以致用原则"等。1982年,美国学者达肯沃尔德和S. B.梅里亚姆提出"使成人学习者主动参与学习活动可增进学习效果的持久"等八条教学原则;1997年,英国成人教育学者贾维斯在分析13种成人学习条件的基础上提出相应的成人教学原则,如"教师应运用成人的经验作为学习资源"、"教师应尝试融入学习者个人的意义建构体系,以有助于学习者将新知识与旧知识进行整合"等;1989年,中国台湾学者黄富顺提出"成人学习易受内外因素的影响,成人教师应排除学习障碍而促进成人学习"等16条教学原则;2003年,中国学者李如蜜等对中外学者在建构成人学习原则时普遍存在的"罗列论"提出质疑,认为缺乏系统依据、缺乏对教学实施的具体指导等是研究成人教学原则的关键。

成人教学研究的重点领域是探究各种有效的成人教学模式。成人教学模式是在一定教育思想和成人学习理论的指导下,在系统总结成人教学经验的基础上,为完成特定教学目标而设计的相对稳定且简明的教学结构理论模型及其可行的实施方案,有利于指导人们更好地把握成人教学的规律与方法,有效达成人学习效果。贾维斯根据教与学的过程中教师与成人学习者的参与程度,将成人的教学模式分为三大类型:以教师为中心的讲授式教学模式、以教师为中心的苏格拉底式启发式教学模式、以学习者为中心的促进式教学模式。中国学者叶忠海等人根据成人教育目的将成人教学模式分为以传授知识为导向的教学模式、以发展思维能力为导向的教学模式、以发展人格为导向的教学

模式以及以适应学习者个体差异为导向的教学模式。近年来,成人教学模式研究成为中国成人教学研究的热点。有学者指出,现有研究中的成人教学模式普遍存在"普教化"、"拿来主义"与"经验总结"等问题,尚需进一步突破。

贾维斯根据教师与学习者在成人教学中的主体性作用,将成人教学方法区分为三类:以教师为中心的教学方法,如讲授法、演示法、示范法、录像、电影等;以学习者为中心的群体教学方法,如头脑风暴法、研讨法、角色扮演法、情境模拟法、案例研究法、群体游戏法、户外拓展法等方法;以学习者为中心的个别化教学方法,如契约学习法(contract learning)、自我导向学习法、个别辅导法等。在中国成人教育实践中,讲授法占统治地位。但在企业培训等实践领域,商业游戏、情境模拟、案例教学、角色扮演、小组研讨、户外拓展、群体游戏等需要学习者直接参与的教学方法已得到越来越多的运用。在西方培训实践中较为常见的录像、电影及个别化教学方法等尚未在国内推广。对成人进行教学时,应根据教学目的、教学目标、教学内容、学习者的成熟水平与经验、教学环境、教学资源,甚至教师个人的风格与特点,选择合适的教学方法。成人教学方法的发展特点是越来越强调学习者对学习过程的参与性、互动性与合作性;具有以学习者为中心,强调学习者主动参与、充分与学习者生活情境相融合等特征。

在成人教学中,成人教师的角色与师生关系受到特别关注。在西方,许多成人教育工作者认为成人教学的理想模式是以学习者为中心进行教学设计,因此教师的角色不应仅仅是知识的传授者,更应是引导者、帮助者、激励者和促进者,为学习者提供需要的各种学习资源与支持,以帮助成人在恰当的学习情境中进行自主、有效的学习。在中国,人们对于成人教师角色的理解常仍停留在"传道、授业、解惑"等方面。很多学者认同,在成人教学活动中,教师与学习者之间应该是一种平等、合作、对话性的关系。有中国学者提出,成人教学中新型师生关系的特征是:民主平等、尊重信任、理解合作、教学相长与心理相容等。有学者开展对话式教学的系列研究,并尝试将研究成果运用于成人教学实践中。

20世纪下半叶以来,随着信息与交流技术的飞速发展,多媒体、计算机及网络等大量运用于教育领域,在这些技术的辅助下,有效的成人教学有更多实现的可能,技术运用促使师生分离的远程教学成为可能,相关研究及基于各类技术的"e-learning"、"m-learning"及"u-learning"平台纷纷涌现,使人人学习、时时学习、处处学习的终身学习理念付诸实现。此外,面向学习者的系统化教学设计(learner-focused instructional design)的研究成果已较普遍地运用于学校课堂教学及成人教学实践中,对科学设计教学、改进教学效果起积极作用。在中国,教学设计领域尚未摆脱教育技术的

学科范围,为有效的成人教学提供全面的设计服务。

（黄　健）

成人教育（adult education）　　按人和社会全面发展的需要,为所属社会承认的成人一生的任何阶段提供的有目的、有组织、非传统、具有自身特色的教育活动。终身教育中成人阶段一切教育的总和（综合体）;一种与未成年人全日制学校教育并行的独立的教育体系。定义存在较多争议。联合国教科文组织国际教育发展委员会 1972 年的报告书《学会生存——教育世界的今天和明天》认为,成人教育是发展每一个人的个性的手段,它可以替代许多成年人失去的基础教育或补充其初等教育、职业教育,也可以延长成年人现有教育或给他们提供进一步的教育。联合国教科文组织会员国大会于 1976 年通过的《关于发展成人教育的建议》将其界定为有组织的教育过程的整体,不管这些过程的内容、水平、所用方法以及它们是否正式,也不管它们是否延长或代替了学校、学院、大学以及学徒期的初等教育;这些教育过程使那些被自己生存的社会承认的成人,为达到为个人的全面发展和参与社会、经济、文化发展的均衡而独立的双重目的,发展能力,丰富知识,提高技术和职业水平或使自己向新的方向发展,使自己的观点或行为得到改变。经济合作与发展组织认为,成人教育是任何专门为满足已超过义务教育年龄且其主要活动已不再是受教育的公民一生中任何阶段的学习需要和利益所提供的学习活动和项目,范围包括非职业的、职业的、普通的、正规的或非正规的学习,以及带有集体社会目的的教育。

与相关教育的关系　　（1）成人教育与终身教育。终身教育是人一生中受到的各种培养的总和,包括教育系统的各个阶段、各个方面、各种形式（参见"终身教育"）,它包含成人教育,比成人教育内涵广;成人教育是终身教育体系中成人阶段各种教育的总和。（2）成人教育与继续教育。继续教育是在完成正规教育以后个体继续参与的教育,尤指大学或专业组织提供的教育活动。在中国,继续教育曾指大学后的成人再教育,主要包括以在职专业技术人员和管理人员为对象的两大再教育系统,是人的统一教育系统的高级阶段。2010 年颁布的《国家中长期教育改革和发展规划纲要（2010—2020 年）》认为,继续教育是面向学校教育之后所有社会成员的教育活动,特别是成人教育活动（参见"继续教育"）。（3）成人教育与职业教育。职业教育是给予受教育者从事某种和相关职业或生产劳动所需要的技能的教育活动,是培养人们能从事某种职业的一种专门化教育（参见"职业教育"）。其体系包括职前职业教育和职后职业教育两大子系统。成人教育和职业教育有内在联系,职后职业教育是两者的接合部;相对基础教育来说,两者有不少程度不同的共同特征。但从本质属性来说,两者是不同的

教育范畴和体系。成人教育实质上是终身发展教育,与人的一生发展共始终,使人和自然、社会保持和谐、协调的统一;职业教育在现阶段实质上是生计教育,与人的职业生涯共始终,是个体人谋生的手段,使人和职业活动环境保持动态平衡。此外,两者教育对象的社会属性和心理成熟水平不尽相同,因而在教育境域、具体教育目标、教育功能、教育过程、教育内容、教学形式和方法、教与学的关系等方面也产生系列性的质的差异。成人教育较职业教育占有的时间更长、涉及的空间更广阔、内涵更丰富。（4）成人教育与社区教育。社区教育是以社区为范畴,以社区内全体成员为对象,旨在发展社区和提高社区成员素质及生活质量的教育活动综合体。成人教育和社区教育的区别是,社区教育对象为社区内不同年龄的全体居民,并非纯以成人为教育对象;社区教育也有特定的空间限制——一定范围内的社区,成人教育并无特定空间限制。其联系是,社区教育的主体是社区成人教育,这既是成人教育体系的重要组成部分,也是成人教育的重要类型。

社会属性　　（1）终身发展属性。充分、全面而自由的发展是人的本性之一,也是人类社会的最高目标。反映在教育领域内,就体现为人接受教育的终身性、非职业性、丰富性和个性化。在各类教育中,成人教育最能满足人的这种需求,它是个体人通向充分、自由而全面发展的桥梁,使人与自然、社会保持和谐发展,与成人的一生共始终,因而成人教育具有人本属性,即人的终身发展属性,其实质是终身发展教育。（2）生产力属性。以职工教育为主体的近代成人教育是生产力发展到一定阶段的产物,随大工业生产的发展而产生和发展。现代成人教育与生产力的关系更为密切,直接受生产力的制约和影响。（3）上层建筑属性。以社会成年劳动者为主要对象,与社会政治、经济联系更直接、更紧密的成人教育,其上层建筑属性突出。

基本特征　　（1）教育对象的广泛性。教育对象为所有成人,不论其性别、年龄、受教育程度、职业、经历、居住区等差异。（2）教育领域的开放性、社会性。成人教育既有自己的独立体系,又包含在整个教育和社会活动之中,是教育工作、社会经济工作和社会群众工作的一部分,具有广泛的社会基础和群众基础。此外,成人教育既向整个社会开放,为整个社会服务;又依赖于整个社会,扎根于社会之中。（3）教育过程的终身性。成人教育是教育、劳动、生活相统一的过程。（4）教育内容的丰富性。成人教育对象的广泛性决定了成人教育内容的丰富性,其内容几乎涵盖人类生活的各个侧面和层面。（5）教育结构的多维性。主要反映为成人教育结构体系的多序列、多层次、多形式、多规格等。（6）教育途径、方式的灵活多样性。如教学组织形式采用课堂面授、函授、自学考试等多种形式,以适应、满足成人学员的各种不同情况和不同需要。

体系与结构 成人教育体系指在一定环境中,一系列有关成人教育的要素为达到成人教育目标,按一定结构组成的动态统一体,是一个多序列、多层次、多形式的立体网状结构体系。按教育对象的社会职业及其承担的职责,可分为职工教育子系统、干部教育子系统、专业技术人员教育子系统、农民教育子系统、城市居民教育子系统、军人教育子系统等;按教育功能,可分为成人职业教育分系统(包括职业学历教育子系统、技术等级教育子系统、岗位培训子系统、职业资格证书子系统、职业性继续教育子系统等)、成人非职业教育分系统(包括成人学历教育子系统、成人扫盲教育子系统、成人社区教育子系统等)。成人教育结构具有多样性:(1)层次结构。按成人年龄,可分为成人早期教育、成人中期教育(中年人教育)、成人后期教育(老年人教育)等层次;从成人文化程度角度,可分为成人扫盲教育、成人初等教育、成人中等教育、成人高等教育、成人大学后继续教育等层次。(2)形式结构。按教学组织形式,可分为自学考试式、函授式、回归式等;按教学时间,可分为全脱产成人教育、半脱产成人教育、全业余成人教育及自学考试等。

教育目标 成人教育的总体教育目标是提高劳动者乃至全体民众的全面素质,促进成人的社会化、个性化,以利于其与自然、社会发展的和谐统一。其中,其职业教育部分的目标与职业教育具体目标相同,即培养一支为社会经济发展服务的合格的劳动技术队伍;大学后继续教育、社会文化和生活教育的目标是促使人摆脱职业局限性的束缚,促进成人个性全面而自由发展。

地位与作用 1997年,第五届国际成人教育大会发布的《汉堡成人教育宣言》明确指出:成人教育不仅仅是一种权利,它是通往21世纪的关键;它是一种强大的动力,对培养有知识及胸襟开阔的公民、促进经济和社会发展、促进扫盲、消除贫困和保护环境等均有巨大贡献;在帮助人们积极迎接不断变化的世界和提供承认成人和社区的权利与责任的学习方面,起重要而独特的作用。1987年,中国国务院批转国家教育委员会《关于改革和发展成人教育的决定》,明确指出大力发展成人教育,不断提高亿万劳动者的思想道德素质和科学文化素质,使经济和社会的发展具有更加坚实可靠的人才基础,对于把中国建设成为高度民主、高度文明的社会主义现代化国家具有重要战略意义。

可从成人教育两方面的功能来阐述其作用。就成人教育的基本功能即育人功能而言,成人教育能促进成人思想道德、精神人格、知识能力、体质体能等方面全面、和谐发展,并与社会整体发展相协调;就成人教育的派生功能即社会功能而言,成人教育在促进成人不断适应社会需要并与之协调发展的过程中,能实现调整社会结构、促进社会进步的功能,包括经济功能、政治功能、文化功能等。经济功能指成人教育通过提高劳动者整体素质,使科学技术在较短时间内转化为巨大的生产力;政治功能指成人教育通过培养一定阶级的政治人才和传播一定的政治观念、意识形态和法律规范,积极推动社会政治的进步;文化功能指成人教育传播先进文化和外来文化的精华,并不断更新和创造新的文化,使成人不断优化生命的存在,优化生存环境。

成人教育是中国教育事业不可缺少的重要组成部分,在整个教育事业中与其他各类教育同等重要,不能把成人教育仅看作普通教育的一种补充。此外,成人教育在构建终身教育体系中具有不可替代的作用,主要体现为:终身教育是成人教育发展的产物,成人教育的发展使终身教育从理念落实到实践;成人教育是构建终身教育的"火车头",它与终身教育有天然联系,最能体现其特征和原则,因此最先接受和传播终身教育思想,成为构建终身教育体系的重要推动者;成人教育是终身教育体系的主体部分,成人高等教育是其主体的高层次部分;成人教育特别是成人高等教育是衡量终身教育体系发育成熟度的标尺。成人教育是反映最广大人民群众的最根本利益之所在。

发展规律与特点 自原始社会产生后,就有了原始形态的成人教育。世界近现代成人教育是工业革命的产物,以1798年英国诺丁汉成人学校创办为标志,迄今已有两百余年的历史,这一发展历程中体现出的成人教育的发展规律与特点为:其一,成人教育历来是多元性的教育活动,随着社会发展已形成自身教育体系。英国是世界近现代成人教育起始地,其在18世纪末19世纪初创办的成人教育机构有成人学校、慈善学校、星期学校附设成人夜校、职工讲习所等,均实施多样性教育,涉及内容有文化基础知识教育、职业技术教育、宗教教育等。如世界第一所面向纺织女工的诺丁汉成人学校,就向女工进行读、写、算等文化基础知识教育以及宗教教育;19世纪初英国成人教育主要机构是职工讲习所,其教学内容为与工作密切相关的工艺技术原理及各个领域中的科学技术和有益知识,开设学科包括自然和实验哲学、应用机械、天文学、化学、文学、工艺学等。随着社会经济的发展,世界近现代成人教育在第一次世界大战后进入制度化时期,有了较大发展。20世纪60年代后,在新技术革命发展、工业国家经济高速增长、人民生活水平提高以及终身教育思想得到广泛传播等因素作用下,成人教育得到空前发展。一是教育对象更广泛,内容更丰富,其涵盖面涉及人类社会方方面面,包括成人扫盲教育、业余学位课程教育、社区成人教育、闲暇教育、保健和营养教育、和平教育、环境教育等,有的国家甚至把民族教育也列入成人教育内容。二是教育层次不断提高,不仅有成人扫盲教育、成人初等教育,还有成人中等教育、成人高等教育以及成人大学后教育等。可清楚看到,成人教育不是单一的教育活动或仅仅是职业性教育活动;成人教育形成了多序列、多层次、多形式的成人教育体系。

其二，成人教育随时代变迁而变化，在特定历史阶段均有其发展主题。它既是永恒的范畴，又是一个历史的范畴；不同历史时期、社会形态对成人教育的要求各不相同。在第一、第二次世界大战前后，世界成人教育的政治色彩相当浓厚。如十月革命胜利后的苏俄，为维护红色政权，其各级各类成人教育中政治教育均处于优先地位；在中国近代，革命根据地和解放区广泛开展以农民、战士和工农干部为主体的成人教育，形成了为革命战争服务的成人教育运动。20世纪60年代后，在新技术革命推动下，经济产业结构迅速变革，就业结构变化和职业流动随之加快，这对从业人员的智能素质提出新要求，从而使成人职业教育成为成人教育发展的重点。各国政府加强职业教育的立法、计划与管理、投资等，成人职业教育得到蓬勃发展：成人职业训练机构不断扩充和完善；企业内部职业培训迅速崛起；教育内容越来越广泛，培训形式日趋多样化；成人职业教育向高层次发展，短期大学、开放大学、企业办大学等先后兴起。20世纪80年代后，世界成人教育开始以终身教育为主要导向。1985年，英国政府向议会提出建议书(绿皮书)，专门阐述了终身教育问题，提出要给人们终身教育机会；1988年，日本增设"终身学习局"，以向终身学习体系过渡；1995年，中国公布《中华人民共和国教育法》，明确提出要建立和完善终身教育体系。进入21世纪，终身教育、终身学习、学习社会、全民教育等已不仅仅是一种思潮和理念，而是成为国际社会和各国政府为之奋斗的发展目标和行动指南。2010年，中国颁布《国家中长期教育改革和发展规划纲要(2010—2020年)》，提出到2020年中国要基本形成终身教育体系和学习型社会，并将其作为教育发展的战略目标。成人教育既是终身教育的主体部分，又是创建学习型社会的基本途径，必将得到进一步发展。

其三，不同国家、地区的成人教育发展具有明显的区域差异性，反映其区域特色，其中政府行为的选择导向性起重要作用。成人教育的空间分布差异十分显著，这是特定地域空间的地理位置、自然条件、政治与历史背景、经济基础、社区文化、区域政策等因素组合不均造成的，其中经济因素起决定作用。全球发达国家和发展中国家的成人教育，在教育目标、任务和重点等方面存在很大差异。大多数发展中国家的成人教育重点强调扫除文盲、大力发展成人职业教育，期望以此为途径和手段，促进农业生产与工业生产的发展，改善人民生活条件；视成人教育为发展人的个性化的手段，把发展人的个性作为其基本职责则很少被提及和顾及。发达国家的成人教育大多被视为个性发展、提高就业能力以及履行公民职责和义务的有效途径，因而在强调职业教育和继续教育的同时，积极发展非职业性的社会文化和生活教育，创造条件让成人利用余暇时间，愉快地追求个

性自由而全面的发展，以提高生活质量。成人教育发展的空间差异性也存在于同一类型的不同国家之间，如美国和西欧国家的成人教育发展也不尽相同。在20世纪初，美国远离第一次世界大战的战火，同时有大量移民涌入，因而全面开展以扫盲教育和同化移民为主要目标的美国化运动，作为成人教育的主题，这与英国、法国、德国等交战国的成人教育活动有明显差异。20世纪60年代前，美国成人教育有较强实用主义倾向，注重成人职业教育；英国、丹麦等国的成人教育以文化教养为中心，以追求个人发展、启迪心智，达到自我实现为目的，主要特色是非职业倾向的博雅教育。到20世纪60年代后，由于新技术革命的挑战，英国仿效美国，开始大力加强职业教育；一向偏重职业教育的美国在终身教育思想日益深入人心的背景下，却开始提倡个性教育。此外，即使是同一国家，经济发展水平不同的地区，其成人教育的差异也是明显的。如中国东部沿海开放地区、经济特区和西部内陆边缘地区的成人教育就具有区域差异性。政府在一定历史时期总是把成人教育的重点放在与本国发展最为紧密的领域，其对成人教育的提倡、参与和支持有一定的选择性和导向性，继而强化了成人教育发展的空间差异性。由于各国具有不同的政治、经济、历史、文化情况，各个政府选择的成人教育的发展重点也不尽相同。但政府选择的发展重点不意味着成人教育的全部；发展重点也会随社会历史条件的变化而转移。

其四，职业性成人教育和非职业性成人教育正趋向融合，朝更高层次的综合性成人教育方向转化。20世纪60年代后，新技术革命迅猛发展，渗透到社会各领域，深刻影响社会生产和生活的各个方面。在此背景下，成人对成人教育的需求具有多样性，不仅有适应社会生产的需求，而且有提高社会生活的需求。成人教育中的职业教育与非职业教育开始趋于融合，新型成人教育机构也开始涌现，其中最为典型的是多功能现代化培训中心、综合性成人教育中心。随着社会生产力水平不断提高，社会和人的全面发展的目标不断推进，在建立和完善终身教育体系的过程中，一个更高层次的综合性成人教育必将出现，成人教育在实现人类社会最高目标的过程中将显示出不可估量的作用。

参考文献

沈金荣. 国外成人教育概论[M]. 上海：上海科技教育出版社，1992.

谢国东，赖立，刘坚. 面向21世纪中国成人教育学科建设研究[M]. 北京：高等教育出版社，2002.

叶忠海. 成人教育学通论[M]. 上海：上海科技教育出版社，1992.

(叶忠海)

成人教育工作者（adult educators）　从事成人教育

工作的各类人员的总称。建设一支既有一定数量又有一定质量的成人教育工作者队伍，是办好成人教育的必要条件；成人教育工作者的数量、素质和能力直接影响成人教育事业的改革和发展。

人员构成　按其基本类型可分为专职人员和兼职人员。前者是成人教育工作者队伍的骨干力量，承担教学和办学的各项任务，是联系学校、兼职人员及学员之间的桥梁和纽带，在成人教育教学工作中起关键作用；后者是成人教育教学工作的重要依靠，参与组织和指导成人教育的各项工作，有利于协调和加强成人教育与其他各方面工作之间的关系和联系，使成人教育更好地为促进工农业生产和各项事业的发展服务。

成人教育工作者按岗位结构可分为：（1）成人教育管理人员。包括各级教育行政部门、产业部门中的成人教育管理人员和各级各类成人学校的管理人员。在从中央到地方的各级成人教育管理系统中，从事管理工作的人员依照决策的范围和管理层次，又可分为决策管理者、执行管理者、职能管理者、辅助管理者。各层次管理人员既有各自的职权范围和不同的工作内容，彼此之间又相互联系、相互依存。（2）成人教育教师。包括公办教师、民办教师和从社会上聘请的教师。根据国家教育行政部门的有关规定，职工学校专职教师一般应按企业职工总数的3‰～5‰的比例配备；专职教师与学生的比数职工大学一般为1∶7～9，职工业余大学一般为1∶15～20，全日制成人中等专业学校一般为1∶15，并可按学校的规模大小和专业设置多少进行适当调整。在农民教育、干部教育中，对专职教师的配备也有相应规定。（3）成人教育科研人员、教研人员、新闻采编人员、图书情报人员等。（4）成人教育各部门、机构的工勤人员。

成人教育工作者中的专职人员主要来自普通教育战线，由各级各类普通教育机构转而从事成人教育工作，也有相当一部分是从企事业单位的工程技术人员中选调的，还有一部分是从各类高等院校、中等专业学校（包括成人高校和成人中专）分配来的历届毕业生。兼职人员主要是来自企事业单位的工程技术人员，各行各业中有一定科学文化和丰富实践经验的人员，生产一线中的技术骨干、有一技之长者，还有从事普通教育的干部、教师以及科研单位的专家、学者。这些兼职人员大都是业务骨干，熟悉本行业、本岗位的生产情况和群众学习特点，有着较强的业务工作能力或教学能力，对于保证成人教育教学质量大有裨益。专职人员和兼职人员的配备及其比例关系，依各级各类成人教育机构的规模、办学形式、教学任务、专业设置、教学内容等实际需要确定。

成人教育工作者队伍以专职人员为骨干、与兼职人员相结合，这由成人教育本身的特点决定。应充分调动专职人员、兼职人员的积极性，使其发挥各自的优势，相互补充，相互配合，相互促进，以提高成人教育办学质量。

地位与作用　成人教育工作者是改革和发展成人教育的决定力量，在提高民族素质、培养和造就各行业人才、促进经济和社会发展方面具有重要地位和作用。首先，成人教育工作者同其他教育工作者一样，是"人类灵魂的工程师"，是整个教育工作者队伍中不可缺少的重要组成部分，在社会主义教育队伍中处于同等重要的地位。其次，成人教育工作者在人类社会发展中发挥文化传承作用，使劳动者在较短时间内及时掌握人类积累下来的知识经验，并将其应用于生产、工作实践，促进社会生产力的发展。再次，成人教育工作者在社会精神文明建设中起推动作用，在传播科学文化知识的同时，也对劳动者进行政治思想和职业道德教育，努力提高其思想道德素质，使之增强主人翁觉悟和责任感，自觉为国家和社会作贡献；成人教育工作者不仅以其自身的知识和言行对成人学习者产生直接影响，而且通过成年人对下一代人的精神文明培养，间接地产生积极作用。最后，成人教育工作者对社会物质文明建设具有参与作用，他们一边教学，一边参与生产、指导生产，帮助解决生产过程中出现的各种实际问题，培养具有一定生产技能的劳动者，以他们特有的劳动方式直接或间接地参与生产劳动，对社会物质文明建设产生巨大的推动作用，成为社会主义物质文明建设的重要力量。

职能　成人教育工作者具有多方面职能，主要有：（1）教育教学职能。教学是成人教育工作者的基本职能，即由教育者按照教学计划和教学大纲的要求，密切联系学员的生产、工作和生活实际，指导和帮助学员系统学习科学文化知识，培养各种技能、技巧，发展学员智力和能力，教好所任学科的功课，不断提高教学质量；同时兼负有提高学员思想品德的职能，使之成为有理想、有道德、有文化、懂技术、守纪律的合格人才，具有教书育人的双重任务。（2）组织管理职能。成人教育工作者的管理职能贯穿成人教育的整个办学过程，需对成人教育工作的各方面进行计划、组织、监督、指导、创新。不仅要对成人教育内部进行科学的组织管理，而且要建立和疏通成人教育外部的多种渠道，协调社会各方面力量，形成合力，充分发挥各自和整体的最大效能，使成人教育工作具有最大限度的适应性，吸引更多的人员参加学习。（3）科学研究职能。成人教育有其特殊的内在规律，成人教育工作者应不断地总结经验，探讨规律，研究新情况，解决新问题，为丰富和发展成人教育科学作贡献。（4）咨询服务职能。包括信息服务、技术咨询、成果转让等。应充分发挥成人教育的优势，实现以专业教育为中心，教育、生产、科研、服务相结合的办学体系，使成人教育在信息与技术市场上占有一席之地。中国虽未成立专门的成人教育咨询服务机构，但这种职能已被广大成人教育工作者自觉承担，随着成人教育事业的发展，其广泛性、适应性和有效性正不断提高。

工作特点 成人教育工作者既是教育者,又是管理者,其双重身份决定他们的工作具有多方面特点。一是职能任务的教育性。成人教育工作者的各项工作始终体现教育的职能和作用,贯彻落实党的教育方针,坚持以提高劳动者素质、培养各行业建设人才为目标,树立正确的教育思想,充分调动全体人员的积极性,努力提高自身素质,言传身教,为人师表,秉公办事,不断提高成人教育管理质量和教学水平。二是岗位工作的复杂性。成人教育工作者既要教书,又要育人;既要从事教学工作,又要负责一定的组织管理工作,参与社会生产和经济领域里的事务。许多教师既是教育者,也是管理者,还是生产者,其工作是一种复杂的综合性劳动。同时,成人教育过程也是一个复杂的矛盾运动的过程,成人教育工作者需要及时抓住主要矛盾,采取有效方法解决矛盾。三是教学实践的生产性。成人教育工作者从事的培养人的工作就是劳动力再生产的过程,这项工作从来就与生产实践紧密结合。此外,成人教育工作本身就是一种生产劳动。四是教育艺术的创造性。成人教育工作是一门艺术,既不能照搬普通教育的模式,也不能定制统一的教育流程,必须从成人学员的生产、工作实际出发,灵活安排课程内容,选择适合成人学习特点的方式,有针对性地进行教学;既要体现共性,又要根据学员的不同需求因材施教,善于创造性地做人的工作,还要不断总结经验,研究新情况、解决新问题。

素质要求 成人教育工作者的素质要求是一个动态概念,在不同时期,对不同类型和层次的成人教育工作者的要求是不同的。成人教育工作者的基本素质为:(1)具备较高的政治思想觉悟和职业道德修养。要有正确的人生观、价值观,有崇高的理想和为建设社会主义现代化强国、构建和谐社会而艰苦奋斗的献身精神,全面贯彻执行党的教育方针和各项政策、法令,并取得成效;对成人教育有强烈的事业心和高度的责任感,忠诚党的教育事业,热爱成人教育工作,努力完成成人教育的各项任务;恪守职业道德,言行一致,以身作则,为人师表,品德端正,具有良好的思想作风和工作作风。(2)具有合理的文化科学知识结构。要掌握一定的马列主义基本理论知识,了解时事政策,不断提高自己的政治理论水平;要掌握成人教育的基本理论和基础知识,懂得成人教育办学和教学规律;成人教育教师要有胜任本学科教学的扎实而宽厚的科学文化知识,了解本学科的发展动态,掌握相关学科的基础知识,成人教育管理人员还需具备一定的现代管理和生产技术基本知识。(3)要有从事成人教育工作的多种能力。成人教育教师要有从事成人教学工作的能力,掌握成人教育艺术,具有良好的语言素养;成人教育管理人员要有相应的组织协调能力和决策领导能力。

队伍建设 实现成人教育人员专业化发展是加强成人教育工作者队伍建设的重要内容。一是举办各种类型的成人师范教育和教育管理培训,系统学习成人教育学、成人教育管理学、成人教育教学论、成人教育教学法等各门专业学科,这既是提高成人教育教师和管理人员综合素质的重要途径,也是培养成人教育专职教师和专职管理人员的重要来源。包括建立成人师范院校,在有条件的普通高等学校开设成人教育专业或师资班,各地教育学院(第二教育学院)除培训在职中小学教师外,也承担培养培训成人教育教师的任务。二是坚持学历教育与岗位培训相结合,以岗位培训为主,在职进修与脱产学习相结合,以在职进修为主的方法。各级各类成人教育机构除选送部分教师和管理人员到大专院校脱产深造外,应发挥本单位集体的作用,自行培养提高,坚持业余为主、自学为主的方针,贯彻当前需要与长远需要相结合、普及与提高相结合的原则,组织干部教师以老带新、互教互学、集体备课、开展教学研究等活动,把本岗位工作与专业化学习提高结合起来。三是充分发挥广播、电视、函授、刊授等远距离教育的作用,鼓励各种社会力量举办各种类型的研修班、培训班、经验交流会及专题教育讲座,通过多种形式,全面提高在岗人员的各方面素质,促进成人教育工作者专业化发展。四是开展成人教育科学研究,成人教育工作者在实施各项管理和教学工作的同时,深入实际、调查研究,探讨成人教育的各种问题,围绕提高劳动者素质和办学效益、促进社会经济发展的核心,抓住各种典型进行剖析,在总结经验的基础上不断摸索出一套适合当地需要且行之有效的发展成人教育的途径和方法,揭示其中的内在规律并上升到理论高度,从根本上改变成人教育与社会主义现代化建设不适应的状况,使成人教育符合社会发展的需要,从而进一步提高广大成人教育工作者的思想认识水平、理论水平和教育教学及管理水平。

深入落实党的知识分子政策,提高成人教育工作者的社会地位和待遇,是巩固和发展成人教育工作者队伍的关键。一是应在观念上彻底改变那些轻视知识,轻视教育,特别是轻视成人教育工作者的错误思想,树立尊重知识、尊重人才的社会风尚,从认识上重视成人教育工作者队伍建设。二是要认真落实党的知识分子政策,切实为成人教育工作者解决各种实际问题,如职称评定、工资待遇、生活福利及其他具体问题。三是要尊重兼职教师的劳动,按照国家相关规定给予相应的劳动报酬。四是鼓励和表彰那些成绩显著的专职或兼职人员,总结、宣传他们的事迹并给予一定奖励,使致力于成人教育的干部、教师与普通学校教师一样受到全社会的尊重;成人学校的专职教师在职务聘任、晋级、调升工资、奖励和生活福利等方面,与普通学校干部、教师的待遇相同;乡(镇)成人教育专职干部应与农村普通中学或中心小学校长待遇相同。提高成人教育工作者的地位和待遇涉及的方面很多，需要各方面的共同努力，密切配合，采取切实可行的有效措施，落实国家发布的一系列相关政策和规定，完善各项有关制度，为广大成人教育工作者解决各种实际问题，并提供良好的工作环境和劳动保障，逐步建立起一支有足够数量、素质优良、稳定提升的成人教育工作者队伍。

参考文献

余博. 成人教育工作者岗位培训教程[M]. 北京：气象出版社,1990.

余博,谢国东. 农村成人教育干部必读[M]. 北京：气象出版社,1993.

（张竺鹏）

成人教育学（andragogy）　研究成人教育现象、问题和规律的学科。教育学分支学科。包括：成人教育基础理论研究，即成人教育的基本概念、原理、结构、体系和制度研究；比较成人教育，即国与国之间宏观差异研究及成人教育过程中各国、各地区之间的差异研究；成人教育课程教学研究，即成人教育特有教学方法及学习方法研究；成人教育学习者和成人教育工作者研究，包括对成人学习者的社会属性、身心特征、群体结构的研究，对成人教师和成人教育工作者个体素质、群体功能的研究等；成人教育组织与管理。此外还涉及相关特殊领域，如企业成人教育、农村成人教育、社区成人教育、家庭成人教育、残疾人成人教育、妇女成人教育、老年成人教育等。

成人教育学的产生　"成人教育学"一词由希腊文中的andros（人）和 agein（引导）构成，其意为引导或教育成人。这一术语于 1924 年由罗森斯托克在柏林首次使用。1951年，瑞士精神病学家汉塞尔曼出版专著《成人教育学：成人教育的本质、可能性与范围》，之后德国教师柏基洛也以此为书名出版专著。20 世纪五六十年代后，"成人教育学"这一术语逐步被欧洲、北美国家接受，并多次出现在联合国教科文组织的文件和其他专业文献中。

从教育理论角度研究探讨成人教育始于 19 世纪的英国。1816 年，美国人波尔移居英国后出版《成人学校的起源及发展》一书，首次将"成人教育"作为一个特殊术语，用来描述与普通学校不同的成人学校的活动。1851 年，英国人J. W. 赫德森出版《成人教育史》，扩展了成人教育的内容和范围。他认为，成人学习与儿童学习有明显不同，把成人和儿童合在一起不加区别地进行教学不合适；成人教育不仅限于在课堂中由教师向学生进行的单向教授活动，还包含非正规教育形式的成人学习活动。1919 年，英国成人教育委员会发表《史密斯报告》（亦称《1919 年报告》），该报告在考察和总结成人教育发展的基础上，对成人教育作出初步定义：将成人教育作职业性和非职业性的区别，强调"非职业性"的"人文成人教育"的普遍意义；提出成人的学习特征和成人的年龄问题，指出成人教育以 14 岁完成义务教育后的青少年及更长者为服务对象；采用较具弹性的教育概念，认为成人教育是国家永久的需要，是公民权利不可分割的一部分。1921 年，英国诺丁汉大学率先建立世界上第一个成人教育系，不久开设英国第一个"成人教育文凭"和"成人教育证书"课程，为成人教育研究奠定基础。

成人教育研究及其学科化趋势最早出现在美国。20 世纪 20 年代后，成人教育研究领域出现新契机。第一次世界大战期间，受美国化运动直接影响，美国一些大学开设了有关成人教育问题的课程，如 1917 年哥伦比亚大学师范学院开设"移民教育问题"课程，1922 年哥伦比亚大学开设以"成人教育"命名的课程，随后又率先推出成人教育合作硕士学位课程。1926 年，美国成立成人教育协会（American Association for Adult Education，简称 AAAE）。1930 年，哥伦比亚大学创建成人教育系。1935 年，哥伦比亚大学授予第一位成人教育博士。1941 年，受卡内基基金会资助，该校建立成人教育研究所，从事成人教育的教学、研究和出版工作。专业学术组织机构的出现有效推动了学术研究活动的开展，产生了专门从事成人教育研究的专家和学术带头人。

美国一些思想家、理论家为奠定成人教育学的理论基础作出积极贡献。1926 年，美国成人教育家林德曼出版《成人教育的意义》一书，从进步主义哲学角度较系统地对成人教育的目的和意义进行了积极探索，主张成人教育的目的是双重性的，既强调成人教育在发展成人的智力水平、促进个人成长中的作用，又倡导成人教育是变革社会的重要手段。他对成人教育特性进行归纳，指出成人教育的本质是终身的、生活化的和非职业的；认为成人教育应以学习者的经验为学习的主要资源，成人教学则以情景为主而不以课程为主。1925 年，美国心理学家 E. L. 桑代克对成人学习及其能力进行实证研究。1928 年，他出版《成人的学习》一书，首次通过科学实验提出成人学习能力随年龄增长的新变化曲线，证明成人的可塑性和可教性仍很大，25 岁后仍可能继续学习。E. L. 桑代克的成人能够学习的结论为成人教育学的建立奠定了成人认知心理的理论基础。早期成人教育学研究领域和规模非常有限，大部分研究由对成人教育感兴趣的心理学家和社会学家进行，侧重开展成人学习心理的开拓性研究，如对成人心理过程及其特点的研究、对成人学习速度和学习能力的研究、对成人智力发展的研究等。"成人定向"学习过程和小组学习方式研究成为成人教学过程和方法研究的热点。1959 年，布伦纳等人出版《成人教育研究总览》，这是一部有关成人教育早期研究的经典著作，对发展成人教育研究提出了建设性评价。

1950 年，美国成人教育家诺尔斯的代表作《非正规的成人教育》一书出版,成为成人教育学总体框架逐渐完成的标志。此后他较系统地对成人学习者与儿童学习者进行比较研究,接受并正式采用"成人教育学"这一基本概念,并使之理论化。1969年,他在威廉斯堡大会上正式提出其成人教育理论;1970年,出版《现代成人教育实践:成人教育学与儿童教育学的对比》。他提出关于成人教育学的基本假设,以探索成人学习者的独特性为突破口,以成人学习者为中心,以满足成人学习者的需求为目的,以成人学习过程为重点,建构了成人教育学的理论模型和基本体系。

20世纪六七十年代,终身教育、学习型社会的提出和世界范围内思潮的形成对成人教育学的发展产生巨大影响。1965年,联合国教科文组织在巴黎召开"第三届促进成人教育国际委员会",法国成人教育专家朗格朗提供了一份关于终身教育构想的提案。朗格朗认为,教育应是贯穿人的一生的、连续不断的过程,主张建立一个新的一体化教育体系,使今后的教育在每个人需要的时刻,以最好的方式提供必要的知识和技能。核心是使教育贯穿人的整个生涯,将整个社会变成有体系的教育场所。他对终身教育概念的阐释和对其理论及实践的倡导在各国传播,引起很大反响。随后相继出版一系列著作和文献,如朗格朗的《终身教育引论》、戴维的《终身教育基础》、贾维斯的《终身教育与终身学习的社会学观点》、联合国教科文组织的《学会生存——教育世界的今天和明天》、《教育——财富蕴藏其中》以及欧盟的《教与学:迈向学习社会》白皮书、卡内基高等教育委员会的《学习社会——通向生活、劳动、奉献的道路》报告等,使终身教育、终身学习、学习型社会的理念在全球广为传播,为成人教育学发展确立新方向。进入21世纪,S.B.梅里亚姆的《成人学习理论的新进展》、朗沃斯的《终身学习在行动——21世纪的教育变革》等理论著述以全新的视角丰富了成人教育学的知识系统。

中国成人教育学的发展　20世纪80年代,中国正式采用"成人教育"这一术语。作为独立形态的成人教育学研究已具有以下标志:成人教育成为一个专门研究领域,形成反映成人教育本质和规律的概念、范畴及其体系;开始尝试编写具有中国特色的成人教育学,陆续出版专门的、系统的成人教育专著;建立专门的成人教育研究机构和学术团体,形成成人教育研究的共同体;创办交流研究成果的学术刊物;成人教育学专业研究生培养从无到有,发展迅速。

中国成人教育学发展起步于20世纪70年代末,主要着手开拓性的基础工作,如引进、翻译国外成人教育的研究成果,进行成人教育基础理论的传播和普及;建立机构,组织队伍,开展群众性研究;将成人教育研究纳入全国教育科学规划等。初期理论研究侧重成人教育的概念、起源、地位、作用和正规化等基础理论的讨论。1986年,第一次全国成人教育工作会议召开。1987年,国务院批转国家教育委员会《关于改革和发展成人教育的决定》,该决定在总结成人教育历史发展的基础上,阐述成人教育的地位、作用,指出成人教育是当代社会经济和科技进步的必要条件,明确成人教育是中国教育的重要组成部分,在整个教育事业中与基础教育、职业技术教育、普通高等教育同等重要。此后,中国成人教育学研究迅速发展,取得一系列成果。(1)相继出版一批成人教育学基本理论和学科建设的专著。20世纪80年代比较有影响的代表作有《成人教育概论》、《成人教育基础研究——理论与实践》。这两部专著从不同角度,各有侧重地阐述了成人教育的概念、对象、方针、原则、基本规律、内容形式等,初步架构起成人教育学学科理论框架。90年代末,成人教育系列专著和理论丛书不断面世,如"成人教育理论丛书"、"成人教育研究丛书"等。进入21世纪,成人教育学科体系研究取得突破,《面向21世纪中国成人教育学科建设研究》、《中国成人教育研究进展报告》等系统地对成人教育学科性质、独立性、存在价值和方法论进行深入探讨和反思;"多学科视角下成人教育研究丛书"等推动成人教育学科走向多元多维研究。(2)以成人教育学基础理论为基点,开展相关课题研究。如黄尧主持的国家重点课题《面向21世纪中国成人教育发展研究》、杜以德主持的国家重点课题《21世纪中国成人教育学科体系结构及其分类研究》、高志敏主持的教育部重点课题《成人教育科学体系的构建和发展研究》和《成人教育学科体系的批判与重构研究》等。(3)全国已建立由国家级、地方各级、行业系统和院校系统的成人教育科研机构、学术团体组成的教育科学研究网络和教育信息网络,形成专业化研究和群众性研究相结合以及人员交流、信息共享、合作研究的组织结构。(4)成人教育学正式成为二级学科。1992年,成人教育学作为二级学科列入中华人民共和国国家标准《学科分类与代码》。1993年,华东师范大学设立国内第一个成人教育学专业硕士学位授予点;2004年,华东师范大学建立成人教育博士研究生教育点,以培养成人教育专业的高级专门人才。成人教育学专业研究生培养从无到有,发展迅速。

参考文献

谢国东,赖立,刘坚.面向21世纪中国成人教育学科建设研究[M].北京:高等教育出版社,2002.

叶忠海.成人教育学通论[M].上海:上海科技教育出版社,1992.

（赖　立）

成人教育制度(adult education system)　有广义和狭义之分。广义指根据国家性质制定的教育目的、方针、政策、设施和规章制度的总称,是由成人学校教育制度、成人社会教育培训制度、成人教育行政管理和成人教育财政等制度构成的总体。它是一定社会历史阶段的产物,受一定社会政治、经济、文化等方面的影响和学生年龄特征、身体发展特点的制约，是一个国家教育制度的重要组成部分。狭义指按成人教育活动的政策性、法律性规范建立并运行的成人教育结构体系及其活动规程或准则的总和，它规定着各级各类成人教育的性质、培养目标、入学条件、学习年限及其相互关系与衔接。成人教育制度从初期形成到现在经历一个由简单到复杂、由不完善到日益完善的发展变化的过程。作为教育活动的规范，成人教育制度在构建终身教育体系、促进成人教育和学习型社会发展、保障成人教育活动的科学性和有效性等方面具有重要作用。

1976 年召开的联合国教科文组织会员国大会提出《关于发展成人教育的建议》，由 142 个国家代表一致通过，对成人教育的定义、基本目标、内容，成人教育结构，一般政策、学校、组织、经费、成人学生条件、教育方法、国际合作等作了明确阐述，为世界各成员国研究制定成人教育制度提供了有利条件。1996 年，联合国教科文组织发表《学会生存——教育世界的今天和明天》、《教育——财富蕴藏其中》，其中关于成人教育的论述使成人教育发展有了质的飞跃；提出"教育过程的正常顶点是成人教育"，建议教育策略应把迅速发展校内与校外的成人教育作为优先的目标之一、"把终身教育放在社会的中心位置上"，"终身教育是学习化社会的基石"。这些国际成人教育的思潮对中国成人教育制度的建立、成人教育体系的完善产生影响。1997 年，联合国教科文组织在德国汉堡召开第五届国际成人教育大会，通过《汉堡成人教育宣言》，提出"成人教育正努力成为一种欢迎、一种工具、一种权利、一种共享的责任"，开辟了国际社会关于成人学习的新视野，对于发展成人教育和终身学习产生巨大推动作用。

中国现行成人教育制度可作以下分类。按教育的基本构成，可分为学历成人教育制度和非学历成人教育制度。前者指学习者通过省级教育行政部门批准的实施学历教育的成人学校系统学习，达到规定的修业年限或学分，毕业考试合格并取得相应层次毕业证书的教育制度；后者指学习者不是为获取学历证书，而是为提高科学文化水平或工作与劳动技能及生活情趣的教育培训制度，包括扫盲教育制度、各类培训制度（包括岗位培训制度、资格证书制度）、继续教育制度等。按教育对象，可分为职工教育制度、农民教育制度、干部教育制度等。按教育层次，可分为扫盲教育制度、成人初等教育制度（成人小学教育）、成人中等教育制度（包括成人初中教育、成人高中教育、成人中等专业教育）、成人高等教育制度（包括专科教育、本科教育和研究生教育）、大学后继续教育制度。按教育形式，可分为成人学校教育制度、自学考试制度（包括高等教育自学考试、中等教育自学考试）、远程教育制度（包括广播电视教育、函授教育、网络教育）等。按教育内容，可分为成人文化教育制度、

职业技术教育制度等。按教育活动过程，可分为成人教育招生考试制度、成人教育教学制度、成人教育检查评估制度、成人教育的组织管理制度等。按教育活动地域，可分为企业成人教育制度、农村成人教育制度、社区成人教育制度等。按制度制定的主体，可分为国家最高权力机关制定的成人教育制度，国家各级行政机关制定的成人教育制度，各行业、企业、学校及其他成人教育机构制定的成人教育制度等。可从不同角度进行各种方式的划分，每一制度自身又可构成一个完整的制度体系。

中国成人教育制度的建立与完善随社会主义建设事业的不断前进、成人教育实践的发展和成人教育体系的形成，以及人们对成人教育本质认识的深化而逐渐形成、完善，它也同中国教育的发展及国际成人教育发展潮流紧密相连。1950 年 9 月，教育部和中华全国总工会召开第一次全国工农教育会议，明确工农教育的实施方针、政策和措施。1951年 10 月，政务院发布《关于改革学制的决定》，第一次对成人初等学校、工农速成中学、业余中学的学制作出规定。1955年，教育部又规定业余高等学校本、专科和特别班的学制。后几经修改和完善，初步建立与普通学校教育相平行的、全国统一的、独立的、学历教育性质的成人学校教育制度。改革开放后，随着国家以经济建设为中心的工作重点的转移，成人教育领域相继制定出台一系列适应形势变化、大力发展成人教育的重要决策和配套制度。如，1981 年 1 月，国务院批转教育部《关于高等教育自学考试试行办法的报告》，同意建立高等教育自学考试制度；1981 年 2 月，中共中央、国务院发布《关于加强职工教育工作的决定》，确立较规范的职工教育制度；1985 年 5 月，在《中共中央关于教育体制改革的决定》中提出建立岗位培训制度的意见；1987 年 6月，国务院批转国家教育委员会《关于改革和发展成人教育的决定》，明确提出成人教育的五大任务，这是具有历史意义的重要决定，对新时期中国成人教育制度的完善起到关键、重大作用。在该文件的精神指导下，初步形成以岗位培训、继续教育为重点，以学历教育为基础的中国成人教育制度的基本框架。随后又针对成人教育发展中亟待解决的一系列问题制定各项细则和政策。20 世纪 90 年代，随着国家社会、经济、科技、文化迅速发展，成人教育进入深化改革、积极发展的阶段，同时也是成人教育制度由分散、单项的制度安排和形式上的政策指导，上升为对未来整个成人教育制度的战略构想和法律规范的高度。1993 年 2 月，中共中央、国务院颁布《中国教育改革和发展纲要》，明确指出成人教育是传统学校教育向终身教育发展的一种新型教育制度，对不断提高全民素质、促进经济和社会发展具有重要作用；国家建立和完善岗位培训制度、证书制度、资格考试和考核制度、继续教育制度。1995 年 3 月，《中华人民共和国教育法》颁布，其中第十九条规定，"国家实行职业教育制度

和成人教育制度";第四十条规定,"从业人员有依法接受职业培训和继续教育的权利和义务",为成人教育制度、政策的改革和完善提供了法律依据。进入21世纪,中国社会面临全面转型,国家创新体系和终身教育体系建设、构建节约型与和谐社会、实现人与社会的全面发展,必然要求成人教育及其制度建设依据变化了的社会和教育发展实际作出适应性乃至超前性的调整,努力实现成人教育从体制转轨向制度创新的历史性转变。在其外延发展的重心和导向上以及内涵发展的深度上突出终身教育时空拓展的若干理念,创建与社会经济发展同步、与其他各类教育沟通衔接、有利于成人学习、富有弹性及开放的成人教育新制度,既是新时期成人教育改革与发展的战略选择,也是建立和完善终身教育体系、推进中国教育现代化的必然趋势。

（马叔平）

成人学习(adults' learning)　　有广义和狭义之分。广义指从生物学、心理学、社会学和法学等层面认定为成人的人作为学习主体参与的获取知识、提高技能的实践活动。狭义指由所属社会承认为成人且学习已不再是其主要社会任务的人作为学习主体参与的旨在获取知识、提高技能的各种社会实践活动的总和。其中生物学意义上的成人指达到一定年龄,在身体生理各方面都已发展成熟的人;心理学意义上的成人指个体在心理上已经成熟,包括认知、情感、意志与人格等各方面因素;社会学意义上的成人指在社会上能扮演成人角色,担负一定社会职责和独立履行一定社会义务的人;法学认定的成人指享有各种法定权利和独立履行各种法定义务的人,如选举、驾车、结婚、服役等。成人学习范围广泛、类型繁多。按经验的过程、行为结果或媒介方式等划分,包括成人认知学习、成人价值观学习、成人网上学习、成人远距离学习、成人加速学习、成人高峰学习、成人技能学习等;按意识水平可分为外显学习和内隐学习;按学习导向可分为他人导向学习和自我导向学习。

国内外许多学者对成人学习特征均有深入探讨。吉伯认为,成人学习具有以下特征:以问题为中心;以经验为中心;学习经验必须对成人学习者具有意义;学习者必须能自由接触经验;学习目标应由学习者建立;在达成目标的学习过程中,学习者必须适当地获得反馈。美国成人教育学家诺尔斯认为,成人是一个自我导向的独立个体,能够计划自己的生活,可以对其学习负责;成人不断成长的经验是其学习的重要资源,也是学习的起点与助力;成人的发展任务随社会角色的演进而不同,成人学习应配合成人发展任务的变迁,此外在有相同任务的同质团体中学习较有效果;成人的学习取向是立即应用,儿童学习则是"延宕的应用"。达肯沃尔德和S.B.梅里亚姆认为,成人的学习准备视其过去的学习程度与数量而定;成人如有内在动机就可以产生较

普遍而永久的学习;积极强化是有效学习手段;学习材料应以有组织的形态呈现;学习效果可由重复练习而加强;有意义的材料较易于学习;主动参与学习活动可使学习效果持久;学习会受环境因素的影响。中国台湾成人教育学者黄富顺认为,成人学习有如下特征:是插曲式的,而非连续性的;以问题为中心;要求立即应用;要求有明确的学习结果;是自动、自发的;是一种终身历程;倾向于有意义的整体;常采用类推思考与尝试错误的策略。

从教学论角度出发,成人学习具有如下基本性质:(1)学习主体的广泛性和自主性。成人学习的主体是所有成人,不论其性别、年龄、职业、受教育程度、工作经历、居住区的差异,也不论其处于成年早期、中期还是晚期,只要参加成人学习,均可视为成人学习的主体;成人自我意识的发展成熟决定了成人学习具有自主性。(2)学习环境的复杂性和开放性。成人学习主体的广泛性决定了成人学习环境的复杂性和开放性。一切学校、企事业单位、社会团体等都是成人学习的依托,一切社会公共文化教育设施和大众教育传媒都是成人学习的阵地。成人学习向整个社会开放,为社会服务又依赖于整个社会。(3)学习目的的实用性和明确性。成人学习追求学以致用,其学习目的明确,实用性因素占主导地位。成人学习主要是为获取职业技能、更新智能结构、促使每个人理解并形成社会协作和社会进步必需的共同价值观念、思想意识、道德伦理和行为方式,达成个人的自我发展和人性的完善等。(4)学习过程的终身性。社会变化和教育变革要求突破传统学校教育的狭隘眼界,使学习扩展到人的一生,学习成为人的必需。成人学习是从传统的一次性学校教育向终身教育、终身学习转变的重要阶段,是构建学习型社会的重要途径。(5)学习内容的现实需要性。成人学习主体的广泛性、独立性决定了成人学习内容以满足其现实生活的需要为基点,既要体现最新科技发展动态,又要以促使成人的人格完善为终极目标。内容包括基本的读写算课程、各种职业课程、休闲娱乐课程和自我发展课程等,几乎涵盖人类生活的各个侧面与层面。(6)学习方式、手段的多元性。成人学习手段不能整齐划一,多采取多元化学习方式,借助灵活多样的学习手段。其组织形式可包括课堂面授、函授和自学考试等,可借助广播、电视、电影、录像、计算机、网络多媒体技术等多种教学手段(参见"成人教学")。(7)主导学习类型是自我导向学习。美国成人教育学家诺尔斯认为,自我导向学习是一种历程,是个人在没有他人的帮助下自己引发学习的需要,建立学习目标,寻找学习所需的人力和物力资源、选择和进行适当的学习策略,最后针对学习结果进行评价的一连串过程。成人自我导向学习能不断提升成人学习的层次、培养自我导向的人格品质。随着知识经济的发展及终身学习、学习型社会理念的推广,自我导向学习能力成为现代人必

备的基本心理素质,培养自我导向学习能力已成为现代教育的核心目的之一。(8)经验起重要作用。成人积累了大量独特的、人格化的或者说充满个性的经验,但其经验既可能成为学习的动力,也可能成为学习的阻力。

成人学习理论研究起源于 20 世纪初,当时基本上由苏联、美国及欧洲国家的心理学、社会学等学科的研究人员在大学中完成,其中苏俄、美国的成人教育学者和心理学家在此领域进行了开拓性工作。1919 年,有关成人教育的社会地位及成人学习能力的理论与实验研究在英国兴起。1926 年,英国成人教育学者彼尔斯批评社会对成人教育不公正的态度,认为人的一生都有学习能力,并首次采用与青少年教育比较的方法分析成人学习的特点。这一时期成人学习研究在苏联教育界和心理学界也受到广泛关注,苏联教育学家麦丁斯基于 1918 年提出创建研究成人学习的专门学科——成人教育学,苏联心理学家鲁勃尼可夫 1928 年提议建立心理学分支——成人心理学,以加强对成人学习领域的研究。在欧洲各国进行有关成人学习理论的探讨时,美国成人教育界和心理学界开始了具体课题的实验研究。第一次世界大战期间,美国心理学家伊尔克斯以 1.5 万美军士兵为对象开展能力测验活动,认为人的智力下降始于 20 岁之前,随年龄增长下降速度加快。1928 年,美国心理学家 E. L. 桑代克出版《成人的学习》一书,该书为第一部系统论述成人智力发展的专著。他提出人的学习能力在 22 岁达到顶点,从 25 岁开始下降,但速度极慢,即成人在 25 岁后仍可学习。20 世纪 30 年代起,美国许多心理学家对 E. L. 桑代克的结论不断探讨、验证和修订。40 年代,美国一些心理学家以工作性质不同的成人为研究对象,按照多项内容进行实验,结果表明 25 岁之后人的学习能力随年龄增长而下降的观点不具有普遍性。20 世纪 20 年代到第二次世界大战期间,各国成人教育工作者与心理学工作者把年龄增长与学习能力关系的研究作为主要研究课题,并初步达成共识,认为人的智力在青年早期达到高峰,此后开始下降,但成人并未因此丧失学习能力。第二次世界大战结束后,尤其是 20 世纪 60 年代后,成人学习理论研究进入蓬勃发展时期。研究的专业队伍在各国初步形成并不断壮大,研究阵地和研究领域不断拓展。成人学习的可能性、成人智力的发展变化、成人学习的兴趣与动机、成人学习需求等诸多课题已成为各国成人教育科学实验与理论研究的主要对象。研究者通过不同的实验、调查与研究,形成了各自的理论观点。成人学习能力研究转为研究成人智力构成和记忆、思维等能力的发展规律。如 20 世纪五六十年代,美国心理学家 J. M. 卡特尔等人发现不同智力成分随年龄增长呈相反发展态势。加拿大成人教育学家基德、瑞典成人教育学家胡别尔曼等人研究证实,学习能力并不随年龄增长而下降,下降的假象是因学习速度减慢造成的。这些研究成果获得多数人的共识。学习需要研究也成为一项国际性研究课题,研究方法由论述转变为实证与分析并举。各国成人教育界尚未对学习需求的分类及其内部结构取得统一认识,但普遍认为,学习需求是现代成人的普遍要求,在学习动机构成中起重要作用,成人需要具有多样、变动的特点。

（杜以德）

程序教学（programmed instruction）　使用程序教材的一种自动的教学方式。将教材分成一个个小部分,按照严格的逻辑编成程序,由学生自己学习,可以用机器,也可以用程序课本。程序教学的理论基础是行为主义心理学,认为学习就是形成行为(轻视或不承认内部意识),通过"刺激—反应—强化"而实现,一种复杂的行为可以用逐步接近、积累的办法,由简单的行为联结而成。学生独立学习经过特别编制的程序化了的教材,主动积极地去获取知识、掌握技能,并使自己的自学能力得到发展。程序教学的名目繁多,按如何运用程序教材来分有:程序教材通过机器来呈现的,称为机器教学;通过课本来呈现的,称为课本式程序教学;通过电子计算机来呈现的,称为计算机辅助教学。程序教学的关键在于程序教材,程序教材的质量直接关系到学生的学习质量。

程序教学发源于美国,1926 年普雷西设计了一种进行自动教学的机器,它是逐步向学生提出一系列选答式的练习题,根据学生的回答,用奖励正确、惩罚错误、加深最后答对的印象的装置,引导学生自学。20 世纪 50 年代,斯金纳加以发展,进行了理论上的论证,并建立起程序教学的概念。60 年代后,许多国家都进行程序教学的研究,苏联、英国、日本、中国及一些欧洲国家,先后推行程序教学。程序教学已经不仅是一种教学方式,而且是在一定教学原理指导下的教学方法的组合。

编制程序教材的主要办法是把学习内容分解成许多易于被学习者掌握的小步子,即只含有一看就懂的简单内容或运算过程,并将其排列成便于循序渐进学习的程序。其中每一步都模拟真实的教学过程阶段,由提示新信息、复习巩固、练习(要求学生解答问题或做作业)、检查(提供检查学生的解答是否正确的信息)等部分组成。在学习过程中,学生对程序教材中每一步提出的练习题都要作出回答,经过检查确认回答正确后才能进入下一步学习。为学生使用方便,在程序教材中写有导言,对如何使用程序教材进行学习作了必要指导。

程序教学有直线式程序和分支式程序两种。斯金纳首创直线式程序,其基本模式是①→②→③→④→⑤→……学生学了第一步后作出回答,不管答案正确与否,机器接着呈现正确答案,然后进入下一步,依次类推,直到学完一个程序。但由于存在个体差异,有的学生通过得快,有的学生通过得慢。随着对程序教学研究的深入,有的心理学家对斯金纳的程序教学提出不同看法,并用不同方法编写程序教材,出现由美国心理学家克劳德提出的分支式程序,也叫内在程序。克劳德认为,人的学习途径是多样的,受多种因素的影响,编制一种能完全避免错误的程序根本不可能。分支式程序可以适应学生个体差异的需要,弥补直线式程序之不足,它的结构分主支与分支。学生先沿着主支的步子向前学习,在阅读主支的一步教材后,立即用这一步的材料进行测验,如果正确,就进入主支的下一步学习;如果错误,就转入分支的学习,通过分支的各步学习,提高后,再回到主支进行下一步新内容的学习。一般来说,分支式程序教学更有利于照顾学生的个体差异,能力强的学生学习进度快,能力差的学习进度慢。同一个班的学生由于水平不同,完成学习的速度与时间大不相同。

程序教学的基本原则有五:(1)积极反应原则。传统的课堂教学强调的是知识传授,学生在教学过程中始终处于被动地位,很少有机会作出积极反应。而程序教学则要求学生并使学生有机会作出积极反应,因为它呈现给学生的知识一般以问题形式出现,学生必须通过选择、解题、填充等作出积极反应。(2)小步子原则。斯金纳将教学内容分成若干具有内在联系的小的步骤,由易到难循序呈现,学生每做对一步,才能进入下一步。与传统的课堂教学相比,小步子教学能安排更多的强化,既可以巩固学生的学习,又可以使学生主动、积极地学习。(3)及时强化原则。斯金纳认为,一个"操作—反应"过程发生后,若得到及时强化,操作的力量便会增加。若强化不及时,刺激的效果就会丧失大部分。因此,程序教学十分注意及时强化。教学机器在学生作出每一个反应后都会立即给予肯定或否定,使他们得到及时强化。(4)自定步调原则。每个班级的学生在学习程度上通常有上、中、下之别,传统教学总是按照统一进度进行,很难照顾到学生的个体差异,影响了学生的自由发展。程序教学要求每个学生按自己的能力、速度和需要进行学习,在内容和速度上不求统一,并鼓励学生通过不断强化获得稳步前进的诱因。(5)最低错误率原则。斯金纳认为不应让学生在发生错误后再去避免错误,程序教学在教学过程中尽量避免学生出现错误的反应。过多的错误会影响学生的情绪和学习的进度。因此,程序教学要求教材的编写由浅入深,使学生每次都可能作出正确的反应,尽可能地降低错误率,增强学生的学习积极性,提高学习的效率。

教学机器不可能替代教师。斯金纳强调,教学机器是教师用来节省时间与劳动的绝妙装备。教师在让机器负担某种机械的性能时,他会像一个不可缺少的人那样发挥其适当的作用。他可以比以前教更多的学生。在这个过程中,教师的作用有所改变,他不再像传统的课堂教学那样进行教学,而更多的是指导学生使用教学机器,设计学习进度,鼓励他们的学习信心等。

(赵云来)

重建教育运动(educational reconstruction movement)
亦称"重建学校运动"。自20世纪80年代后期开始美国在基础教育领域着眼于教育深度改革而采取的系列措施。重建教育,其含义关键在于"重建"。"重建"的思想源于企业,企业为更好地满足顾客的要求,在对现有机构重新设计并对现有过程重新考虑的基础上,必须对现有的组织体系、职能机构重新设计并对生产要素重新配置,以改进企业的绩效。而"重建"教育的基本思想则是:学校要进行彻底的改革,改革的方向是对现有的与学校有关的各项要素如教学内容、教学组织形式、教学方法以及校长的作用、教师的角色、学生的地位、家长的影响、教育专家的地位、各级政府在教育中的作用等加以重新配置,以期彻底改变传统的教育结构,构建一个从未有过的行之有效的教育结构。重建教育运动的正式发端,一般认为是以1986年卡内基教育与经济论坛发布的《国家为培养21世纪的教师作准备》报告为标志。该报告郑重呼吁赋予教师新的权力、委以新的责任,面向未来,重建学校。

重建教育运动的动因

第一,信息化的发展。美国是新技术革命的发源地,工业生产正从以劳动密集型为主逐渐转向以知识密集型为主,提高劳动力的技能和素质已成为美国产业界乃至整个社会的迫切任务,而此任务的完成非高质量、适应现代社会的教育莫属。因此,对教育进行全面的改革刻不容缓。

第二,全球经济趋于一体化,国际间经济、科技竞争日益激烈。美国许多有识之士惊呼:在激烈的国际竞争中,美国正面临着沦为二等国的危险,其原因归根结底是美国的教育比日本、西欧等国落后,教育出现危机。要想振兴美国的经济和竞争力,就必须全面改革和重建教育,为此,必须从根本上对学校进行改革,对教育进行重建。

第三,美国20世纪80年代的教育改革不尽如人意。1983年,美国提高教育质量委员会在《国家处在危险中:教育改革势在必行》的报告中指出,美国处于危险中,这不仅表现在美国的工业、商业、科学、技术方面已经失去世界领先地位,而且在教育方面,教育质量也急剧下降,由此发起20世纪80年代教育改革的总动员。然而,经过数年的艰苦努力,直至20世纪80年代中后期,学校改革运动并没有真正改善美国的学校教育。事实上,每个州及成千上万的学区为改进学校工作都已作出大量努力,可国家的教育成就却停滞不前,旷日持久的教育危机表明,传统教育模式的作用已发挥殆尽。

重建教育运动的实践

在重建教育运动实践中涌现多种类型。总体而言，"重建"主要有三个维度：重建学校与其顾客（顾客主要指家长，也包括社区、企业家等）的关系；重建教学过程；重建学校与上级管理部门的关系。其中择校、特许学校、家庭学校当属重建学校与顾客关系的体现；虚拟学校则主要体现教学过程的重建；校本管理则是重建学校与上级管理部门关系的革命性尝试。有的重建形式比较单一，如家庭学校的设立，而有的重建则是综合性的，如很多特许学校实际上也是典型的校本管理形式。为便于叙述和分析而分述之，尽管这些类型之间也有相互交叉之处。

择校　传统上，公立教育经费由政府供给，学生按规定实行"就地入学"，家长和学生没有选择学校的权利。择校则旨在改变这种状况，家长可以在一定范围内选择学校上学，政府拨付的教育经费随着学生流动而流动。某所学校吸引的学生越多，其得到的政府资金就越多。这种在教育中大胆引进市场思想的做法，在美国学校改革的历史上是史无前例的。择校思想的核心在于通过给予学校最大限度的自主权来重建学校与其顾客（学生及家长）的关系。这项改革始于20世纪80年代末90年代初，尽管不乏反对者，但也得到广泛支持。择校的具体形式则因各州而异，如有的州部分学区允许学生在自己居住的学区之外本州之内择校，但家长选择的学校控制在公立学校的范围之内，称为"限制性择校"；还有少数的州的个别学区经立法机关或者州投票批准，允许家长择校范围超出公立学校，可以选择私立学校（甚至宗教学校），称"非限制性择校"，如80年代末期以来开始实施的威斯康星州密尔沃基学区的学券项目和1996年开始的俄亥俄州克利夫兰市学券项目，以及佛罗里达州择校项目。择校在美国已经获得相当的动力。一些非限制性择校在美国呈现增长之势。而择校项目在一些大的城市势头更强。

特许学校（charter schools）　特许学校也是美国重建教育运动中涌现的一个亮点。自明尼苏达州于1991年通过全美第一部特许学校法律以来，其余各州纷纷颁布特许学校法律，并得到来自政府及社会各界的支持。2001—2002学年，建立特许学校的州达34个，加入特许学校行列的教师、家长和学生数量达到130万人，学校总数2 372所，学生数57.6万人，比上年增长12％。特许学校也可以说是一种择校形式，它既不同于政府举办的公立学校，也不同于美国传统的私立学校，而是兼具公立学校和私立学校特点的"第三类"学校，这种90年代初发展至今的"另类学校"在美国引起众人的热切关注，因此这里将其单列为重建教育的一种形式。

特许学校因其要同政府有关部门签订"特许状"（charter）方可运作而得名，创办者包括家长、教师或民众甚至私人团体，有的特许学校是新建的，有的也可以由原来的公立或私立学校转制而来。特许学校主要特征：仍由政府的公共资金资助予以支持；允许教师或其他创办人在遵守特许状规定的前提下，独立于公立教育行政管辖，拥有自己的人事权，制订自己的财政预算，并设计课程。特许学校的倡导者认为，特许学校与传统的基础教育是根本不同的，它要重建教育中政府与公民社会的关系——改变政府对基础教育的垄断式管理，发挥公民社会在基础教育中的办学能动性。

虽然特许学校并非医治公立教育的"妙方"，但它确实是重新检修基础教育的一项大胆的改革实践。特许学校的创新在于重新建立公立教育的民主的思想并使学校投入到活跃的公民社会中去。它保留了美国公立教育一贯珍视的价值（如普世、平等），同时以不同的思想和规则重新建构教育制度——这些新的规则和思想就是效率、企业性、标准和绩效，而这些新的思想在传统的公立教育中却不常见。要对特许学校在实践中取得的效果作出定论为时尚早，但至少是一个良好的开端。

家庭学校（home schooling）　亦称"以家庭为本的教育"、"在家上学"，指少数家庭不送孩子上学而是在自己家里为孩子提供教育，是一种以家庭为基础、以孩子为教育对象、以家长为主要教育者的正规的教育形式。从20世纪八九十年代开始，越来越多的家庭选择在家里教育孩子而不是送到公立学校或者教会学校。1999—2000学年，美国在家庭学校上学的孩子已达170万；至2002年，已经接近200万。2002年家庭学校的数量比1985年增长约40倍，这是对美国实施一个多世纪的义务教育法的挑战（义务教育法强迫家长送孩子上学以保证孩子的受教育权）。面临这种日益崛起的新形式，尽管美国各州反应不一，但是许多州都作出积极回应，颁布鼓励开办家庭学校的新法律。

关于家庭学校效果的研究很多。不少研究似乎表明家庭学校的确存在某些方面的优势，如认为家庭学校的孩子在学习成绩、社会化方面要优于学校中的同龄孩子。然而由于样本容量不足和缺乏对比研究，关于家庭学校对于学生的学习成绩是否具有影响还没有一致的观点，尚需作进一步研究。但家庭学校并非医治社会疾病和解决教育问题的万能药，它取决于家长是否能够充分利用家庭学校的优势进行个别化教学。尽管家庭学校不可能成为美国家庭教育的主流，但是其发展趋势却显示家长在孩子教育中发挥着前所未有的作用，是重建家长与学校关系的创新尝试。

其他重建形式　除上述重建教育运动形式之外，还有诸多实践形式，如虚拟学校、校本管理等。（1）虚拟学校。信息时代的到来对学校教学产生了深远的影响，如果运用得当,它能够起到重建教学过程的作用:能够重新优化组合有关教学过程的诸种因素,如师生关系、教学科目、教学分组、时间安排等,并采用科学的技术将其有效地落实到课堂教学的实践中去,使其能因地制宜、因材施教地达到最好的教学效果,提高学生的学业水平。虚拟学校是以现代信息技术重建教学(课堂)的形式,既指区别传统的学校之外的"网上学校",也指在传统的学校教学之中现代信息技术对课堂教学的"重建"(可称虚拟课堂),两种形式的实质都在于现代信息技术在教学这一教育的核心领域起到变革性的作用,是学校的一种"教学革命"。(2)校本管理。教育管理的改革是美国教育重建中一个十分重要的方面。校本管理主要就是强调教育管理重心的下移,把中小学作为决策的主体。这种管理重心下移的思想虽然在美国有着较长的历史,但是直到20世纪80年代,重心下移到学校本身才成为一种成规模的改革实践,构成美国重建学校运动中的重要一景。具体而言,校本管理是一项通过将重要的决策权从州和学区转移到每一所学校的改革的策略。校本管理为校长、教师、学生及其家长提供了控制教育过程的更多权力,让他们负责预算、人事和课程。通过教师、家长和其他社区成员参与这些重要的决策,以期为儿童创造更为有效的学习环境。

重建教育运动的特点

20世纪末21世纪初的重建教育运动错综复杂,改革能否成功,在很大程度上还取决于如何理顺关系、解决矛盾。而这些问题的解决又主要集中于:授权(empowerment)、责任(accountability)和学业学习(academic-learning)。

授权　在重建教育中,授权的对象既可以是教师,也可以是家长甚至学生。之所以要授权,是因为在传统的教育管理结构中,学校官僚制日益严重,联邦、州及地方政府对学校的管制越来越多,这样造成的后果是,降低了教师在教育、教学这一领域的权威;淡化了学校对于家长、学生和公民社会应担负的责任;破坏了教育应以教学为中心任务这一原则。因此,重建就是要通过授权给教师、家长和公民社会使他们在学校决策当中担当更具有影响力的角色。

在授权方面,不同的实践形式之间的差异揭示了校内与校外的权力的矛盾。关键在于,"权"究竟应该授予"谁"。有的观点认为,权首先应授予教师或教育专家这些专业人员,如校本管理思想。而另外的观点则认为,学校顾客的需要决定了学校的生存,权应授予教育产品的消费者——学生、家长和公民社会,如择校的思想。

在实践操作层面,上述矛盾主要表现在顾客与专业人员在教育内容及教育方法等方面的分歧。教育者越强调合理的专业化,就越不会轻易妥协于顾客的需要;顾客在学校选择与管理方面权限越大,就越难以与教育专业人员在专业化知识方面取得一致。尤其是当顾客在教育者的专业领域(如教学内容的确定)有发言权时,这种矛盾会激化。因此,必须加强专业人员与顾客的沟通,互为促进:专业人员越强调自己的专业化的作用,就越应增加顾客的专业化知识,从而使其向专业化方向靠拢;而顾客的需求越上升,顾客也越应该尊重专业人员的权威。

责任　责任与授权密切相关,它同样必须以系统的专业知识为基础。这种专业知识既应回答学校应该传授什么知识,也应回答采用什么样的合理配套的技术来传授这些知识的问题。有的观点认为,由于教育不仅需要系统化的知识,而且需要对这些知识进行判断、理解才能传授,因此要外部力量来承担责任是很困难的,最重要的责任的承担者就是教师团体,如校本管理思想。而还有的观点是,责任就是市场行使对教育的控制权,与专业化知识及教师团体的影响无关,如择校思想。

关于责任的意见分歧可能产生严重的问题,即学校并非缺乏责任,而是面向不同的利益团体担负过多的责任。若出现这种情况的话,关于加强责任的观点在实践中就表现为加速学校的分裂,导致学校不但不能很好地肩负责任,反而分散了学校的精力,无法做到以教学为中心任务。如此,重建就只会起到适得其反的效果:在现有的责任体系之上,又建立起另一个责任体系,导致学校更加复杂化。问题的关键在于,并非不需要责任,而是如何应对责任的"四分五裂",这是重建学校面临的一大难题。首先,学校系统内部应该掌握主动权,它应着力于制订能反映教师及教学管理人员表现的成绩指标体系,该指标体系要既能评估个体,又能评估整个学校。此外,责任的参与人还应该包括政府和整个社会,他们在责任的强化方面同样起到不可替代的作用,因此,学校、政府、社会的相互配合是不可回避的问题。

学业学习　授权和责任的最终目标都是促进学生的学业学习,因此提高学生的学业水平是重建教育运动关注的焦点。但是,在传统教育体制中,课堂教学枯燥单调、忽视学生的个别差异性,从而导致学生的学业水平不高。所以,重建教育强调要"为理解而教"(teaching for understanding),要彻底改变现存学校体系中非人性化的、以时间为基础的、依赖于课程表的刻板的教学安排,从教师主导向学生主体转变,引导学生对自身的学业承担更多的责任,使他们不仅能掌握知识,而且具有主动获取知识、运用知识的能力。

关于学生的学业学习,仍有诸多分歧,其中最大的分歧在于:"学业学习"这一概念本身的理解会因教师、教育专家和顾客各自的意见不同而不同。所以必须为教师、教育专家和顾客创造对话的条件和途径,促进几方的充分沟通,若他们之间缺乏意见交流,学业学习会成为不同的利益集团相互斗争的焦点。从根本上看,就是要通过几方面力量的配合重建教育,建立一个以掌握学习、发展性学习为目的的教育机构,让学校真正做到以学生的学业学习为重心。

参考文献

Elmore, R. F. Restructuring Schools: The Next Generation of Educational Reform[M]. California: Jossey-Bass Inc. ,1990.

Finn, C. E., Manno, B. V. & Vanourek, G. Charter Schools in Action: Renewing Public Education [M]. Princeton University Press,2000.

Goodman, J. Change without Difference: School Restructuring in Historical Perspective[J]. Harvard Educational Review, 1995,65(1).

Hakim,S.,Ryan, D. J. & Stull,J. C. Restructuring Education: Innovations and Evaluations of Alternative Systems[M]. Westport, CT: Praeger Publishers,2000.

Hess, A. Jr. Schooling Restructuring: Chicago Style [M]. California: Corwin Press,1991.

（卢海弘）

抽样分布（sampling distribution）　平均数、两平均数之差、方差、标准差、相关系数、回归系数、百分比率(或概率)等样本统计量的理论分布。统计量是基本随机变量的函数(即统计量由基本随机变量计算而来),故又称"随机变量函数的分布"。常见的有二项分布、正态分布、t分布、χ^2分布和F分布等。

样本平均数的分布（sampling distribution of mean）　从总体中采用随机抽样方法,每次从这个总体中抽取一个样本,计算出它的平均数,经过多次抽取可以得到无限多个样本平均值,这些平均数的概率分布称为样本平均数的分布。样本平均数的分布根据总体的特征分几种情况:(1)总体正态分布,总体的平均值为μ,标准差为σ,且总体的标准差已知,则样本平均数的分布为正态分布,平均数为μ,标准差为$\sigma/\sqrt{n}$。(2)总体非正态分布,总体的平均值为μ,标准差为σ,且总体的标准差已知,当样本容量足够大($n>30$)时,样本平均数的分布为渐近正态分布,接近正态分布的程度与样本容量和总体的偏斜程度有关。(3)总体正态分布,总体的标准差未知,则样本平均数的分布为t分布。检验中常用样本统计量$t=\dfrac{\bar{x}-\mu}{S/\sqrt{n}}$。(4)总体非正态分布,总体的标准差未知,当样本容量足够大($n>30$)时,样本平均数的分布为渐近t分布。

样本标准差的分布（sampling distribution of standard deviation）　在正态总体中抽取样本容量为n的样本,当n足够大($n>30$)时,样本方差与标准差的分布渐近正态分布,其平均数和标准差与总体方差和标准差的关系如下:标准差的平均数为$\overline{X}_S=\sigma$,标准差的标准差为$\sigma_S=\sigma/\sqrt{2n}$。方差的平均数为$\overline{X}_S{}^2=\sigma^2$,方差的标准差为$\sigma_S{}^2=\sigma^2/2n$。

由于这种情况下要求的样本容量较大,一般在推断统计中较少用到渐近分布,而是用样本方差的精确分布:样本统计量$\chi^2=\sum(X_i-\overline{X})^2/\sigma^2=(n-1)S^2/\sigma^2$服从自由度为$n-1$的$\chi^2$分布。在统计检验中,$\chi^2$分布常用于总体方差与样本方差的检验,也是计数资料分析常用的统计检验方法。

两个独立样本方差之比的分布（sampling distribution two independent variances ratio）　设有两个正态分布的总体,其平均数和方差分别为$\mu_1,\sigma_1^2,\mu_2,\sigma_2^2$,从这两个总体中分别抽样本容量为$m$、$n$的样本,可计算得到样本统计量的值:

$$F=\cfrac{\cfrac{\chi_1^2}{m}}{\cfrac{\chi_2^2}{n}}$$

式中,

$$\chi_1^2=\frac{\sum(X_{1i}-\overline{X}_1)^2}{\sigma_1^2}=\frac{(m-1)S_1^2}{\sigma_1^2}$$

$$\chi_2^2=\frac{\sum(X_{2i}-\overline{X}_2)^2}{\sigma_2^2}=\frac{(n-1)S_2^2}{\sigma_2^2}$$

这样抽取无限次,可以得到无限个F值,它们服从自由度为(m,n)的F分布。在统计检验中,F分布常用于方差差异性的检验,也是方差分析所用的统计检验方法。

样本相关系数的分布（sampling distribution of correlation cofficient）　当两个变量总体相关系数$\rho=0$时,其样本相关系数r的概率密度函数为:

$$f(x)=\frac{\Gamma\left(\dfrac{n-1}{2}\right)}{\sqrt{\pi}\,\Gamma\left(\dfrac{n-2}{2}\right)}(1-r^2)^{\frac{1}{2}(n-4)}$$

作变换$t=r\sqrt{n-2}/\sqrt{1-r^2}$,则变为服从自由度为$n-2$的$t$分布,相关系数分布的标准差称为相关系数的标准误,即$S_r=\sqrt{1-r^2}/\sqrt{n-2}$。当两个变量总体相关系数$\rho\neq0$,且抽取样本容量$n$很大时,其样本相关系数渐近正态分布,这时相关系数分布的标准误近似为$S_r\approx\sqrt{1-r^2}/\sqrt{n-1}$。

样本比例的分布（sampling distribution of proportion）　亦称"样本比率的分布"。对样本比例进行统计推论的依据。根据样本容量与抽取比例之间的关系分为两种情况:(1)来自一个二项总体的样本分布,若满足$np\geqslant5$时,比率p接近正态分布,其平均数为$\mu=p$,标准误为$\sigma_p=\sqrt{\dfrac{pq}{n}}$,当总体比例未知时,可用样本比例估计$S_p=\sqrt{\dfrac{\hat{p}\hat{q}}{n}}$,式中,$n$为样本容量,$p$为总体中某一事件的比例,$q=1-p$,$\hat{p},\hat{q}$为样本的比例。当$np<5$(或$nq<5$)时,样本比例服从二

项分布。(2) 取自两个二项总体的样本比例之差的分布,当 $np_1 \geqslant 5$, $np_2 \geqslant 5$ 时近似服从正态分布,其平均值为 $\mu_{p_1-p_2} = p_1 - p_2$,标准误为:

$$\sigma_{p_1-p_2} = \sqrt{\frac{p_1 q_1}{n_1} + \frac{p_2 q_2}{n_2}}$$

或用样本比例估计:

$$S_{p_1-p_2} = \sqrt{\frac{\hat{p}_1 \hat{q}_1}{n_1} + \frac{\hat{p}_2 \hat{q}_2}{n_2}}$$

（孟庆茂　刘红云）

初等与中等教育立法(primary and secondary education legislation)　针对初等与中等教育领域的特定问题进行立法的一系列活动。初等教育与中等教育是基础教育的主要部分,决定着一国国民素质的高低,同时也对国民经济的发展起着很重要的促进或制约作用。它们具有很强的基础性和迟效性,其发展需要国家的强制介入,通过教育立法来保证每一个劳动者接受基本的教育。初等与中等教育立法是现代教育立法的开端。17、18 世纪是其萌芽阶段,到 19 世纪成为各国普遍的立法活动。初等与中等教育立法是各国教育立法的重点和各国教育法体系的重要组成部分。

外国初等与中等教育立法

初等与中等教育立法是现代社会和现代教育的产物,与资本主义社会工厂制度的产生和发展密不可分。资本主义的工厂制度使大批童工卷入机械化的生产程序中,带来大量的社会问题。童工身体衰弱、智力荒废以及道德的堕落直接影响了新技术的应用和劳动生产率的提高,不利于巩固资本主义社会的秩序。为解决童工问题,自 19 世纪初叶开始,英、法等国家先后制定一系列工厂法规,对童工的教育问题作出规定。这些散落于工厂法规中的零星教育条款,是现代初等与中等教育立法的正式开始。

英国是最早进行初等与中等教育立法的国家之一,最早可追溯到 1802 年的《学徒健康与道德法》,这部法律将初等教育作为进行劳动的必要条件,是早期重要的初等教育法案。1870 年颁布的《福斯特教育法》(亦称《初等教育法》),以普及初等义务教育为立法重点,标志英国步入教育法制建设的轨道。《巴特勒教育法》(亦称《1944 年教育法》)奠定了英国现代教育基础,它对英国初等与中等教育中的各方面问题作出全面详细的规定,包括中央行政机构和地方教育当局的设置与权限,初等与中等教育的目的和相应的辅助服务,学校的开办、维持、管理,教师的任免,宗教教

育的实施,特殊学生的教育等问题。《1988 年教育改革法》推行全国统一的课程制度,对学生实行全国统一考试;强化家长教育权,允许家长为子女选择就读的学校;分散地方教育当局的教育管理权力,将资源的控制权下放到学校一级,使学校得以摆脱地方教育当局的控制。这部法案对其后英国初等与中等教育的实施与管理发挥重要作用。

美国也是较早进行教育立法的国家。早在北美殖民地时期的 1647 年,马萨诸塞州就颁布世界上最早的普及义务教育法令之一《1647 年学校法》,被认为是美洲公立学校体系的基础。美国建国后成为一个联邦制国家,宪法划分了联邦与各州的权力范围。教育权既未被授予联邦,又未禁止各州行使,故成为各州的保留权力之一。美国主要的初等与中等教育立法都由各州进行,差异性很大。但联邦政府也并非对教育毫无作为,国会历年来制定了许多有关初等与中等教育的法案,主要以拨款法案的形式存在。其中,1965 年的《初等与中等教育法》是专门为发展初等与中等教育进行的立法,相关的立法包括 1958 年的《国防教育法》、1964 年的《民权法》、1968 年的《双语教育法》、1972 年有关性别歧视的《教育法修正案》第九条、1974 年的《家庭教育权与隐私法》、1975 年的《教育所有残疾儿童法令》、1978 年的《怀孕歧视法》,以及有关受联邦活动影响学校建筑、设施等的法案。

法国教育立法始于 1789 年大革命之时,1791 年法国颁布的第一部宪法中就作出“在所有的人不可缺少的那些科目教学中实行免费的教育”的规定。1791—1799 年,法国提出《塔列朗法案》(1791)、《孔多塞报告》(亦称《国民教育组织计划纲要》,1792)、《雷佩尔提教育法案》(1793)、《公共教育法》(1793)等 25 个教育改革法案。这些法案的颁布与实施使初等教育的强制性、免费性和世俗性的原则在法国逐步确立,并影响法国初等教育的发展。法兰西第三共和国时期颁布的《费里法》(1881—1882)最终确立起初等教育的义务、免费与世俗三项原则,对法国普及初等教育,建立现代教育体制具有重要意义。20 世纪中叶后,法国对初等与中等教育立法依然十分关注。1975 年制定的《哈比改革法案》对初等教育的宗旨、体制、教学内容、课程设置等方面进行变革,成为新时期重要的基础教育法案。1989 年颁布《教育方向指导法》,着眼于整个教育系统,从满足不同性别、经济状况、身体状况的学生的受教育权利出发,对学前教育、初等教育、中等教育、高等教育、终身教育的教育目标、管理体制、评价体制、教职工的管理及其权利与义务、学生管理及其权利与义务等问题作出全面规定,是一部调整基本教育法律关系的综合性法律。

德国是大陆法系的代表性国家,早在 1763 年,当时的德国各公国就颁布《初等学校及教师通则》,内容涉及初等学校的入学年龄、学费、教学内容、教师资格和责任等,其颁布

标志德国公立初等教育的兴起。1871 年德国统一后，《普通学校法》(1872)成为这一时期的指导性法律文件。该法案有很强的针对性，内容详尽而具体，规定了普鲁士国民学校和中间学校的类型，建立各种类型学校的具体标准和条件，开设的课程名称和具体的学时。1919—1934 年，在德国魏玛共和国时期，《魏玛宪法》中规定德国应实行普及义务教育，国民学校和进修学校是实施义务教育的主要教育机构。1920 年的《关于基础学校和撤销预备学校的法令》也是这一时期重要的初等与中等教育法。第二次世界大战后，联邦德国于 1955 年制定《联邦共和国各州统一教育制度的协定》(即《杜塞尔多夫协定》)，对联邦德国各州初等与中等学校的假期、组织形式与学校类型、课程、考试的承认、分数等问题作出统一规定。这一协定于 1964 年被《联邦共和国各州统一教育制度的修正协定》(简称《汉堡协定》)代替。

日本从 1872 年颁布《学制》开始，就对初等教育给予特别关注。在此后的 30 年中，相继颁布《教育令》(1879)、《改正教育令》(1880)、《小学校教则纲领》(1881)、《小学校令》(1886,1890,1900)等法律文件，为日本普及初等教育提供了有力的法律支持。第二次世界大战后，在《教育基本法》(1947)原则指导下制定的《学校教育法》(1947)成为指导初等与中等学校教育的基本法律。同时为配合《学校教育法》的实施，日本还制定《义务教育费国库负担法》(1952)、《高级中学定时制教育与通信制教育振兴法》(1953)、《偏僻地区教育振兴法》(1954)、《高中函授教育规程》(1956)、《对就学困难儿童或学生给予奖励的国家援助法》(1956)、《学校保健法》(1958)、《义务教育学校和高级中学的设置标准、班级编制和教职员定员标准法》(1958)、《义务教育各类学校中教科书免费的法律》(1962)等，以促进初等与中等教育的发展。

中国初等与中等教育立法

中国对初等教育与中等教育进行立法，是随着教育逐渐作为公共事业被国家组织化开始的。中华人民共和国成立后，国家对此做了大量工作，主要经历三个发展阶段。

起始阶段(1949—1956)　随着中国法制建设的开始，1950 年 12 月政务院颁布《关于处理接受美国津贴的文化教育救济机关及宗教团体的方针的决定》，1951 年 10 月，政务院又颁布《关于改革学制的决定》，对旧学制进行改革，建立社会主义新学制，为教育事业从旧制度顺利进入社会主义新制度奠定基础。1952 年 9 月颁布《关于接办私立中小学的指示》，并陆续颁布小学、中学、中等专业学校、专科学校的暂行规程。1953 年 12 月政务院颁布《关于整顿和改进小学教育的指示》，适应和促进了中国政治、经济科技的发展，

对 20 世纪 50 年代教育事业发展起了重大作用。

低谷阶段(1957—1976)　1956 年，生产资料私有制的社会主义改造基本完成后，中国进入社会主义初级阶段，开始探索有中国特色的社会主义发展道路。但中国的法制建设工作跌入低谷。

1958 年，针对学习苏联经验过程中出现的问题，为创立适合中国的社会主义教育制度，全国开展以勤工俭学、教育与生产劳动相结合为中心的教育革命。这场改革一定程度上突破了苏联教育经验的局限性，为教育的发展开拓了新的途径，但同时也出现"左"的错误，必要的法规制度遭到破坏，出现无政府主义的状态。从 1961 年起，中国对教育进行调整、巩固、充实、提高，总结经验，制定条例，纠正实际工作中的失误。教育部按照中共中央的指示，于 1963 年制定《全日制中学暂行工作条例(草案)》(简称"中学五十条")、《全日制小学暂行工作条例(草案)》(简称"小学四十条")，总结了中华人民共和国成立以来，特别是 1958 年教育改革以来的经验教训，为学校工作规定了明确的工作方针。

1966 年"文革"爆发，国家的立法工作完全停顿，20 世纪 50 年代后制定的一批法律、法规丧失了权威性，司法工作也失去其应有的独立性。

健康发展阶段(1978—　)　1976 年粉碎"四人帮"后，教育界在拨乱反正的基础上，恢复了学校的教学秩序，重新颁布了中学和小学工作条例。特别是中共十一届三中全会，提出了工作重点的转移，并着重强调了健全党规、党法和民主集中制，提出了加强社会主义民主和法制建设的任务，法制建设进入健康发展时期，教育立法也呈现健康发展的态势。

1982 年 12 月，第五届全国人民代表大会第五次会议制定了新宪法，其中有关教育的规定，为教育法律的制定和依法治教提供了宪法依据。在初等与中等教育方面，1985 年 5 月发布的《中共中央关于教育体制改革的决定》中提出"实行基础教育由地方负责，分级管理的原则"，调动地方各级政府，尤其是县、乡两级政府办学的积极性。1986 年 4 月颁布《中华人民共和国义务教育法》，以法律形式规定国家实施九年制义务教育。这部法律对提高民族素质，推进社会主义现代化建设，加强教育法制都有重要影响，使中国的基础教育走上法制轨道。同年 9 月，国务院转发国家教育委员会、国家计划委员会、财政部、劳动人事部共同制定的《关于实施〈义务教育法〉若干问题的意见》。各省、自治区、直辖市也相继颁布了本地区实施义务教育的地方性法规。

在总结各地执行《中华人民共和国义务教育法》和其他法律法规情况的基础上，1991 年 9 月七届全国人大常委会第二十一次会议通过《中华人民共和国未成年人保护法》。该法属于与教育相关的重要法律，是一部对未成年人进行家庭、学校、社会三级保障的法律，它确立了保护未成年人

工作应遵循的原则,是 1989 年联合国《儿童权利公约》的基本原则在中国的具体化。1992 年 3 月,经国务院批准,国家教育委员会颁布《中华人民共和国义务教育法实施细则》,对义务教育有关问题作了更详尽的规定,为实施初等与中等教育提供了更加充分的法律依据。1993 年 2 月中共中央、国务院发布《中国教育改革和发展纲要》,明确了到 20 世纪末中国基础教育的发展方向和基本方针。《中华人民共和国教师法》(1993)、《中华人民共和国教育法》(1995)和《中华人民共和国职业教育法》(1996)中的相关规定为初等与中等教育的实施提供了法律保障。

1999 年 1 月国务院批准教育部制定的《面向 21 世纪教育振兴行动计划》,这是教育领域落实"科教兴国"战略的具体举措。同年 6 月,《中共中央国务院关于深化教育改革全面推进素质教育的决定》发布,为构建 21 世纪具有中国特色的社会主义教育体系指明了方向。2001 年 5 月颁布《国务院关于基础教育改革与发展的决定》,要求各地切实贯彻《中华人民共和国教育法》、《中华人民共和国义务教育法》、《中华人民共和国教师法》、《中华人民共和国未成年人保护法》等,大力推进基础教育的改革和健康发展,并作了细致的相关规定,推动普及九年义务教育制度的实施,全面推进素质教育。

参考文献

劳凯声.变革社会中的教育权与受教育权:教育法学基本问题研究[M].北京:教育科学出版社,2003.

劳凯声.我国教育法制建设五十年回顾与展望[A].中国教育法制评论(第 1 辑)[C].北京:教育科学出版社,2002.

王勇健.浅议中国教育法律[J].学术论坛,2000(5).

张维平.教育法学基础[M].沈阳:辽宁大学出版社,2000.

（刘　辉　薄建国）

初级学院与社区学院(junior college and community college)　美国的两年制高等教育机构。授予副学士学位。初级学院始创于 19 世纪 90 年代初。20 世纪前半期美国兴起初级学院运动。第二次世界大战后,因充分显示出为当地经济和文化建设服务的作用而逐渐改称社区学院。20 世纪 60—70 年代发展迅速。

学院的创立与发展　19 世纪后半期,面对中学毕业生升学人数激增的压力,美国一些大学校长和教育家如密歇根大学校长塔潘、明尼苏达大学校长福尔惠尔等,开始考虑四年制学院和大学结构的改革以及最初两年的基本教育目的。

美国最早出现的初级学院并不是独立的高等教育机构,而是四年制学院和大学的组成部分。1892 年 10 月,美国教育家、芝加哥大学第一任校长哈珀把传统大学四个学年分成两个阶段:第一阶段(前两年)称为"阿卡德米学院"(academic college),第二阶段称为"大学学院"(university college)。1896 年又分别改称为"初级学院"(junior college)和"高级学院"(senior college)。这是美国教育史上第一次使用"初级学院"这一名称。哈珀认为,在大学四年制课程中,前两年更加类似于中等教育,后两年更加接近似于专业教育或研究生教育。哈珀由于对初级学院兴起和发展的贡献,被称为"初级学院之父"。加利福尼亚大学于 1892 年对学校体制进行相似改革,建立"初级证书"(junior certificate)制度,把大学四个学年分成两个阶段。第一阶段是一二年级,第二阶段是三四年级,学生读完第一阶段必须取得"初级证书",才能继续第二阶段的学习。在"初级证书"制度的建立推行过程中,教育系主任 A. F. 兰格起了重要作用。

哈珀在芝加哥大学进行结构改革时,建议美国许多规模小(在校生仅 150 人左右)和面临财政困难的四年制学院改成两年制,以便节约经费,改进教学工作。在哈珀的建议下,一些学院如俄亥俄州的马斯金格姆学院、得克萨斯州的浸礼会迪凯特学院等,逐渐改为两年制。

芝加哥大学和加利福尼亚大学及一些四年制学院的做法对当时美国一些中学也产生了影响。有一些中学如印第安纳州的戈申中学等,增加了"中学后"(即大学一二年级)课程,以满足那些因为各种原因而不能进入大学学习的中学毕业生的需要,并在这个基础上逐渐发展成为附设于中学的"初级学院部"。最早采取这种做法的有密歇根州、印第安纳州、明尼苏达州和伊利诺伊州等。因此,这些初级学院最初在美国出现时,就被称为"中等以上的教育"或"中等后教育"。还有一些原属中等教育范畴的师范学校和其他职业技术学校也制定了更为全面的课程,逐渐改办成初级学院。

早期初级学院尽管创办过程不同,但都是私立或教会开办的。直到 1901 年,伊利诺伊州的乔利埃特才建立了第一所公立初级学院,即"乔利埃特初级学院",创办人原是乔利埃特高中校长 J. S. 布朗。为促进初级学院的发展,美国联邦教育总署在 1920 年的第一次全美初级学院会议上成立了"美国初级学院协会"(American Association of Junior College),从 1929—1930 学年起出版会刊《初级学院指南》。

初级学院的职能是普及高等教育,使本地区希望进大学学习的学生在中学毕业后能有机会接受高等教育。因此,它招收高中毕业生,施以两年比高中范围更广的普通教育和职业教育;其学杂费用非常低廉;学生就近入学,可以走读;无严格的入学考试,也无年龄限制;适合学生的兴趣、能力和需要;课程设置灵活多样;学生毕业后既可以就业,也可转入四年制学院或大学三年级继续学习。这为众多青年接受高等教育消除了经济上和地域上的障碍。

学院的发展　初级学院刚出现时,校舍和设备等条件比较简陋,师资条件也不甚理想,教学质量不能令人满意,因此有不少人认为它不是提供高等教育的机构。但是,初级学院的出现使很多中学毕业生能够延续正规教育,接受实际需要的训练,尤其是使社会经济地位较低家庭的中学毕业生有机会接受高等教育。20世纪40年代,初级学院运动早期领导人库斯在这方面作过调查。他指出:在没有开办初级学院的社区,低收入家庭的毕业生能继续升学的比例仅占该社区低收入家庭中学毕业生总数的10.8%;如果一个社区开办一所收费低廉的初级学院,这一比例就上升为19.7%;如果一个社区有一所不收费的初级学院,那么这一比例就上升为46.7%。因此美国一些州政府对初级学院的开办和发展给予支持。早在1907年,加利福尼亚州立法机构就通过了美国第一个有关发展初级学院的法案。为便于学生毕业后就业,初级学院重视职业课程,把提供有关农业、工程技术、手艺等科目的教育作为办学宗旨。在20世纪二三十年代美国初级学院协会召开的全国性会议上,职业教育始终被列入议事日程。1939年,该协会又成立了"初级学院终结性教育委员会"(Commission on Junior College Terminal Education),对终结性教育进行研究,并把职业教育看作初级学院终结性教育的主要部分。1940年,美国各州有关初级学院的法案几乎有一半都明确规定,初级学院必须提供终结性教育,其中主要是职业教育,包括商业、秘书业务、音乐、师范、农业、工程、家政等科目。

为便于学生毕业后转入四年制学院和大学继续学习,初级学院把转学也作为办学宗旨。20世纪20年代,转入四年制学院和大学的学生多主修人文学科。库斯1921—1922年对58所公立和私立初级学院的课程设置进行调查,指出人文学科约占全部课程的3/4,其中仅古典语和现代语就占1/4,而农业、商业、师范、工程、家政等职业课程加在一起,还不及全部课程的1/4,这种情况一直持续到60年代。初级学院毕业生转入四年制学院和大学后在各方面都表现出其优势。1928年冬天,在得克萨斯州沃恩堡举行的美国初级学院协会年会上,初级学院运动早期领导人伊尔斯在对37所初级学院的三百多名毕业生进行调查后提出了一份详尽的报告,指出,初级学院毕业生在四年制学院和大学毕业时获得荣誉称号的人数是其他学生的两倍,继续读研究生的人数也几乎是其他学生的两倍。

初级学院能满足希望进入大学学习的中学毕业生人数激增的需求,适应社会生活多方面的实际需要,因此不仅在办学规模、专业设置、课程计划、师资力量和校舍设备上不断得到改善和扩充,数量也迅速增加。

美国领导、管理州社区学院的行政组织模式是:州设立社区学院教育委员会,任命负责社区学院管理的主任1人,下设行政和财务处、人事处、研究处、规划处、教务处等;各社区学院任命院长1人,负责行政领导工作。

学院的影响 20世纪前半期,初级学院在美国高等教育中确立了它的地位。面对初级学院在高等教育大众化和民主化中的作用,早在1918年,美国联邦教育总署就在两年一度的报告中收进了有关初级学院的统计资料,开始承认这种新型的高等学校。初级学院在其发展过程中也逐步成为一种具有自己独特职能和特点的高等教育机构,成为美国高等教育的一个重要组成部分。初级学院的出现使美国高等教育结构中增加了新的层次,也使美国高等教育制度发生了深刻变化。教育家和一般公众都认识到,初级学院运动实际上是改善高等教育的一个主要运动,初级学院的发展保证了大学教育的大众化和民主化。

第二次世界大战结束后不久,美国广泛使用"社区学院"来统称公立的两年制学院。这不仅意味着公立的两年制学院开始以社区为中心,而且意味着办学目标从单一转向多种。公立两年制学院开始在数量上超过私立两年制学院。美国的两年制学院大都是社区学院,占两年制学院总数的75%左右。社区学院在规模上得到比战前更大的发展,在教学职能上也更加完善。美国总统的高等教育委员会1947年在《民主社会中的高等教育》的报告中指出,不管社区学院采取什么形式,其目的是为整个社区的教育服务,这一目的要求社区学院具有各种不同的职能和教学科目。当今美国社区学院(初级学院)的功能主要是五个方面:职业教育、普通教育、为转学作准备、成人继续教育、为当地社区服务。美国有四个有关社区学院的全国性组织:美国社区学院协会(American Association of Community Colleges)、社区学院理事会协会(Association of Community College Trustees)、社区学院社会科学协会(Community College Social Science Association)和社区学院人文学科协会(Community College Humanities Association)。

初级学院与社区学院的创建与发展,不仅使美国高等教育结构发生了深刻变化,而且使美国高等院校的布局更加合理,推动了美国高等教育的发展及社会进步。众多美国教育家认为,社区学院与初级学院是美国高等教育在20世纪的伟大革新和最佳特色。初级学院与社区学院对20世纪60年代世界短期高等教育运动的兴起产生了重要影响。日本1946年创办了短期大学,法国1966年创办了短期技术大学,联邦德国1968年创办了高等专科学校,英国的两年制高等学校从1972年起也被纳入高等教育范畴。

参考文献

毛澹然.美国社区学院[M].北京:高等教育出版社,1989.

万秀兰.美国社区学院的改革与发展[M].北京:人民教育出版社,2003.

续润华.美国社区学院发展研究[M].北京:中国档案出版社,2000.

(单中惠)

传统道德教育思想演变　　中外传统道德教育思想随着时代和社会的发展而演变的历程。

中国传统道德教育思想演变

中国传统道德教育思想源远流长，从夏、商、周三代到清末，延续近五千年。随着社会的发展，其内容和形式不断变化。该历史过程大体经历了道德教育思想的萌芽、形成、发展、深化和变革五个阶段。

传统道德教育思想的萌芽　　从夏到西周，是中国传统道德教育思想的萌芽阶段。古代的道德规范是与宗教习俗和帝王治世相联系的。夏代神巫祭天神、地神、社稷的活动，已经形成了等级名分，规定了各等级人的行为方式，这是"礼"的雏形。至商代，国家设立"典则"、"法度"，用以"昭明德，惩无礼"。这里的德，主要指帝王和贵族之德。公元前11世纪，周公从维护宗法等级秩序出发，以天命论为思想前提，指出了道德教育思想。他提出的道德教育原则是"以德配天"、"敬德保民"和"明德慎罚"；道德教育的内容是"孝"、"友"、"恭"、"信"、"惠"。《尚书》中的五教为"父义、母慈、兄友、弟恭、子孝"，就是西周时期的道德规范。不过，这一时期的道德教育思想并未形成完整的理论体系。

传统道德教育思想的形成　　春秋战国是中国社会由奴隶制转变为封建制的时代，也是中国传统道德教育的形成、奠基阶段。随着社会性质的转变，思想道德领域异常活跃，出现了诸子蜂起、百家争鸣的局面。

儒家道德教育思想由孔子创立，孟子和荀子作了进一步的发展和完善。孔子极为重视道德教育，其教育理论和教育实践都把道德教育放在第一位。孔子思想体系的核心是"仁"，其道德教育的核心也是"仁"。"仁"的内容十分广泛，但基本含义是四个方面：一是仁者爱人；二是克己复礼为仁；三是孝悌为仁之本；四是忠恕为仁之道。在"仁"的统摄下，孔孟还提出了一系列道德范畴，如恭、宽、信、敏、惠、刚毅、木讷、勇、敬、俭等。孔子把血缘关系、宗教关系结合起来，形成了从修身到齐家、从治国到平天下的伦理政治化、政治伦理化的道德教育思想特色。孟子以"性善论"为理论基础，继承和发展了孔子的思想，提出"四德"、"五伦"，即父子有亲、君臣有义、夫妇有别、长幼有序、朋友有信五类人伦。他教育人们"明人伦"、"知仁义"，极大地丰富了孔子的思想。荀子则以"性恶论"为理论基础，发挥了孔子"礼"的思想，提出了"化性起伪"、"礼义教化"、"修身自强"的道德教育思想。

这一时期影响较大的道德教育思想还有墨、道、法等学派。墨家的道德教育思想由墨子所创立，代表了小手工业者的利益，提倡"兼相爱，交相利"，既"贵义"又"尚利"，并提出"合其志功而观焉"的道德评价思想。墨子的道德教育思想具有功利主义色彩。道家以老、庄为代表。以"道"为核心，主张自然"无为"、"绝仁弃义"，追求一种"无知无欲"的"素朴"的"至德"境界。道家的道德教育思想具有一种自然主义的超世俗的特点。法家以管仲、商鞅、韩非为代表，主张"不务而务法"，提出"以法为教"、"以吏为师"，把教育仅视为政治驯化，是一种非道德主义的思想。

传统道德教育思想的发展　　汉唐时期，特别是西汉时期，是中华民族传统道德教育思想发展的关键阶段。秦王朝推行"以法为教"、"以吏为师"、"颁《挟书令》"以至"焚书坑儒"，终于二世而亡。汉代统治者从中吸取了教训，重新认识德治与法治的关系，特别是汉武帝采纳了董仲舒的对策建议，提出"罢黜百家，独尊儒术"，确立以儒家为正统思想，对中华民族传统道德教育思想的继承和延续产生了极为深远的影响。

西汉初年，统治者吸取秦亡的教训，适应现实政治的需要，暂时采取了黄老之学的新道家思想作为"治国安民"的方针，取得了"文景之治"的实际效果。黄老学派顺应历史发展的需要，摒弃了先秦道家"绝仁弃义"的观点，改变了抨击儒家理论学说的立场，将儒家的德治思想和道德教育思想与道家的"无为而治"的思想相结合；同时，尽管猛烈抨击法家，却并不抛弃法治。力图把儒家与法家都纳入道学的体系，提出了"德以法辅"、"抱道推诚"的思想，倡导社会教化，主张"惠民"、"宁民"、"利民"。黄老学派还吸取了儒家的宗法观念，提出了"主惠臣忠"、"父慈子孝"的道德规范，在君臣、父子关系上确立双方都尽义务的伦理观。

汉初推行"黄老之学"，休养生息，经济发展，国力增强，史称"文景之治"。然而，统治阶级和被统治阶级的矛盾，统治阶级内部中央政权与地方势力的矛盾不断加剧。在此情况下，"无为而治"的黄老之学就失去了它继续作为治国之策的根据，统治思想的演变已势在必然。公元前134年，汉武帝举贤良对策，采纳了董仲舒的建议，提出"罢黜百家，独尊儒术"的文教政策。从此，儒家被奉为封建统治思想的正统而定为一尊。

"独尊儒术"对中华民族传统道德教育的发展起到划时代的作用，具有深远的历史意义。儒家的德治论核心是"为政为德"、"道之以德，齐之以礼"。董仲舒发挥了孔子的思想，提出："教，政之本也；狱，政之末也。"（《春秋繁露·精华》）主张道德教育是"为政之首"。进而，董仲舒把儒家的伦理规范概括为"三纲五常"，即"君为臣纲，父为子纲，夫为妻纲"的"三纲"和"仁、义、礼、智、信"的"五常"。"三纲五常"是对封建宗法等级体制下人伦关系的高度概括，是处理人际关系的道德规范。"三纲五常"的提出，使封建社会的道德教育系统化、定型化，适应了巩固封建"大一统"的需要，从而确立了董仲舒"为儒者宗"、"为群儒首"的历史地位。

魏晋南北朝时期，由于玄学、佛教和道教相继兴起，玄、佛、道、儒四家彼此争斗,儒学曾一度衰微。隋朝统一中国后,重新重视儒学,儒学又开始复兴。隋朝将儒学经典加以整理、分类,分为经、史、子、集四类,成为后来史籍分类的正统方法。到唐贞观十四年(640年),唐太宗诏孔颖达撰《五经正义》,推动了儒学的传播。唐代前期经济发展和文化繁荣的局面,使玄学的悲观主义和佛学的出世思想赖以存在的现实基础逐渐失去,中唐以后儒学在比较和鉴别之中地位回升。而担此重任者当首推韩愈。韩愈以激烈的态度批判了佛老,以简明的语言叙述了儒家的道统。他主张罢黜佛老之学,独尊孔孟之道。韩愈指出:"师者,所以传道、授业、解惑也。"传道,即传播儒家道统,传儒家的修身、齐家、治国、平天下之道;授业,即讲授《诗》、《书》、《易》、《春秋》等儒家经典;解惑,即解答学生在学习"道"与"业"两方面的疑难。他认为应以传道为首,以授业为次;道统帅业,业体现道。在中华民族传统道德教育史上,韩愈是从两汉到宋明理学的不可缺少的中间环节,担当了承上启下的任务。

传统道德教育思想的深化　统一的中央集权的宋王朝的建立,结束了唐代以后五代十国的割据分裂、连年混战的局面。社会的分裂和混战,造成了伦常破坏和道德败坏。宋初的思想家们都极力提倡重整伦理纲常、道德名教。他们继承唐代韩愈批佛、道,兴儒学的传统,均以复兴儒学为职志。于是,一种既不同于前期儒家思想,又要吸收佛、道思想的新儒家学说理学应运而生。宋代理学把本体论与伦理学相统一,实现了哲学的伦理化和伦理的哲学化,其体系"致广大,尽精微,综罗百代",形成了博大繁杂的逻辑结构。这一时期是中华民族传统教育的深化阶段。

北宋初期理学兴起,各个集团、阶层的思想家纷纷提出自己的救世方略,形成学派纷呈的局面。先后相继出现了以周敦颐为代表的"濂学",以张载为代表的"关学",以王安石为代表的"新学",以二程(程颢、程颐)为代表的"洛学"和以三苏(苏洵、苏轼、苏辙)为代表的"蜀学"。然而,由于政治斗争和党派之争。各派渐衰,唯二程的"洛学"独盛,成为理学的主流和正统。到了南宋时期,朱熹继承并发展了二程的学说,成为理学的集大成者。

朱熹为论证封建伦理道德的合理性和永恒性,为说明道德教育的必要性和可能性,在继承儒家传统思想的基础上,吸收、融合了佛道思想,构成了一套系统、严密、哲理化的道德教育思想,把中华民族传统道德教育推向一个新的阶段。朱熹把"理"视为世界万事万物的本源,是在自然与社会产生之前就存在的"天理"。因此,他把"明天理,灭人欲"作为道德教育的总目标。"圣贤千言万语,只是教人明天理,灭人欲","学者须是革尽人欲,复尽天理,方始是学。"(《朱子语类》卷十二、十三)朱熹道德教育的理论与实践十分丰富。在《白鹿洞书院揭示》中,他把"父子有亲,君臣有义,夫妇有别,长幼有序,朋友有信"作为"五教之目";把"博

学之,审问之,慎思之,明辨之,笃行之"作为"为学之序";并以"言忠信,行笃敬,惩忿窒欲,迁善改过"为"修身之要";以"己所不欲,勿施于人,行有不得,反求诸己"为"接物之要"。朱熹把学校教育分为小学(8～15岁)、大学(16岁以后)两个阶段,无论是小学还是大学,都以"明人伦"为目的。他主张小学要学习"洒扫、应对、进退之节",遵守"孝、悌、忠、信"等道德规范;大学要"明明德",修身、齐家、治国、平天下。他还编辑"圣经贤传"中的"嘉言善行"为小学一书,作为小学教材;注《大学》、《中庸》、《论语》、《孟子》,即《四书章句集注》作为大学教材。此著后来成为元、明、清历代科举考试和知识分子的必读书目。清康熙皇帝称赞朱熹"绪千百年绝学之传,立亿万世一定之规",可见朱熹对中国封建社会后期的道德教育产生了重要影响。

传统道德教育思想的变革　1840年鸦片战争后,中国逐渐沦为半殖民地半封建社会。随着以反帝反封建为主题的资产阶级旧民主主义革命运动的兴起,中国的知识分子开始向西方寻求救国救民的良方。西学日盛,西风东渐,中国传统的封建伦理道德受到猛烈的冲击,中华民族传统道德教育经历着重大变革。

以龚自珍、魏源等人为代表的开明地主阶级改革派,揭露封建末世的道德危机,主张向西方学习,既要"师夷之长技",富国强民,又要整肃人心,整顿道德,"知耻兴邦"。太平天国运动的领袖洪秀全、洪仁玕对封建纲常名教进行抨击,提出了以平等、平均为中心的道德教育思想,为中国资产阶级道德的形成做了重要的思想准备。

随着中国民族资本主义经济的产生、发展以及西方资产阶级的影响,19世纪末兴起资产阶级变法维新和资产阶级改良运动。以康有为、梁启超、谭嗣同、严复为代表的资产阶级维新派,用资产阶级的"新学"批判"旧学",以"进化论"为武器,对封建伦理纲常进行了尖锐的批判,提出了较完整的资产阶级道德教育思想。20世纪初,以孙中山、章太炎为代表的资产阶级革命派,进一步提出了"道德革命"、"家庭革命"口号,更加广泛地批判封建道德。孙中山提出了"忠孝、仁爱、信义、和平"等道德规范,重新解释并赋予其民主主义的新内容。他认为"忠"是忠于国家,忠于人民,忠于事业;"仁爱"是"博爱",是救国救民;"信义"是对朋友、对邻国讲信义,并遣责帝国主义不守"信义";"和平"是中国人民热爱和平,坚决反对帝国主义战争。孙中山道德教育思想是以爱国主义为主线,继承中华民族优秀道德传统,同时学习"欧美之法",提倡与三民主义相一致的自由、平等、博爱的精神。

五四运动后,中国道德教育思想发生了历史性的革命变革。一些先进的知识分子高举"科学"与"民主"的旗帜,用革命的新文化对封建的旧文化、旧礼教、旧道德进行了不妥协的彻底批判,并且开始在中国传播马克思主义。以李

大钊为代表的共产主义先驱，力图用马克思主义的唯物史观考察道德问题，提出用青春人生观教育青年的主张。陈独秀提出，伦理觉悟为"最根本的觉悟"，力主用科学与民主精神改造中国的传统道德教育。

西方传统道德教育思想演变

依据历史时期，西方传统道德教育思想可划分为古希腊古罗马时期的道德教育思想、中世纪道德教育思想、近现代道德教育思想。

古希腊古罗马时期的道德教育思想　西方道德教育思想的源头在古希腊。古希腊古罗马时期的苏格拉底、普罗泰戈拉、柏拉图、亚里士多德、德谟克利特和昆体良等哲学家、思想家、教育家的著述中包含一些道德方面的主张。德谟克利特和普罗泰戈拉等已认识到教育和道德教育的意义，德谟克利特认为，"本性和教育在某些方面相似；教育可以改变一个人"。普罗泰戈拉甚至把道德教育提高到关系城邦存亡的高度，指出教育使人们具有"公正与智慧"的政治德行，没有这种德行，"城邦就不能存在"。柏拉图和苏格拉底提出了"德行是可教的"命题。柏拉图指出，适当的教育，可以使人"成为有理性的人"。苏格拉底认为，"杰出"人物具有的"正义"、"勇敢"、"节制"等美德是由教育而来的。在道德教育方面，苏格拉底提出了"知识是美德"的命题，突出了与公共生活相关的美德教育，要求人们"认识你自己"、"做自我的主人"。亚里士多德认为，道德出于习惯，主张通过反复实践养成"中庸"、"适当"的"公正"、"节制"、"勇敢"等美德。柏拉图和昆体良对教师及师德也提出了要求。柏拉图指出，教师有责任对儿童的行为划出界限，指出行为规范。昆体良提出师德首先在于热爱学生，"让教师首先唤起他个人对学生父母般的情感"。他强烈反对当时学校盛行的体罚之风，认为"教师不宜用粗暴的态度对待需要矫正的学生"。他要求教师了解学生，研究学生的个性特征，"注意学生智慧的差别"，予以因材施教。古希腊思想家虽然提出了一些道德教育的主张，但这些主张大多是零散的、片段的，未形成系统的思想体系。

中世纪道德教育思想　从 476 年西罗马帝国灭亡至 1453 年东罗马帝国灭亡，是欧洲封建社会的形成和发展时期，史称"中世纪"。这一时期也是从奥古斯丁的教父哲学到托马斯·阿奎那的经院哲学的演变过程。在此过程中，具有浓厚宗教神学色彩的经院主义道德教育思想得以产生。奥古斯丁和托马斯·阿奎那是经院主义道德教育思想的主要代表人物。

奥古斯丁从维护耶稣基督信仰的权威出发，主张教育应该为教会和神服务，培养虔信的基督教教徒和教会的教师。他以基督教教义为依据，指出改恶从善、改邪归正的道

路将使人们能进入天国这个尽善尽美的世界。按照奥古斯丁的意见，只有信仰上帝，才能消除邪恶的欲望，并从恶性中解脱出来，最后上升到神的理想境界。由此出发，他提出应把《圣经》作为道德教育的主要教材。尽管他认为世俗知识将有助于培养信仰而没有排斥其他古典学科，如文法、修辞、算术、几何、天文和音乐等，但他认为这些学科应成为理解《圣经》的工具。在道德教育方法上，他提出体罚是儿童教育中不可缺少的手段。奥古斯丁重视家庭在儿童教育中的作用，认为通过父母的言行，儿童不仅学会判断和表达，而且也学到品行。如果家庭是一种虚浮的、奢侈的环境，儿童就不可能得到良好的发展。

托马斯·阿奎那的道德教育思想主要是一种道德哲学思想。他与奥古斯丁一样，把伦理学从属于神学，并把伦理学的最终目的看作是培养和巩固人们的宗教信仰。但他力图调和天堂和尘世的关系，提出了"两种幸福"和"两种德行"，认为人的最高幸福在于天堂的幸福，即认识、理解和接近上帝；肯定人的尘世幸福，即人的自然本性的实现以及为此而必需的诸如财富、收益、健康、技能等物质条件。但又认为，尘世的幸福只是达到天堂幸福的手段，只有天堂的幸福，才是人生的最终目的。他把德行分为神学德行和尘世德行，神学德行是对上帝的热爱、信仰和服从，是达到天堂幸福的手段；尘世德行是审慎、节制、刚毅和正义，是达到尘世幸福的必要途径。他的学说极力掩盖禁欲主义，强调人们必须抛弃尘世幸福，甘世清贫，寄希望于来世。在人际关系上，要求人们必须遵循上帝的目的，按照严格的教阶和封建等级，服从封建社会和国家的利益。

近现代道德教育思想　14 世纪开始的文艺复兴是对中世纪愚昧、盲从、封建的道德教育思想的反动。文艺复兴时期的教育家公开倡导把道德教育从宗教中分离出来，确立对人尊重的道德标准，要求民主和科学。这些人文主义思想家的舆论宣传为近代资产阶级登上历史舞台拉开了序幕。资产阶级革命后，在西方教育史上潜心探讨道德教育理论的教育家层出不穷，他们的思想不同程度地直接影响当代西方道德教育理论，主要代表有法国的卢梭、德国的康德和赫尔巴特、英国的斯宾塞、法国的涂尔干和美国的杜威等人。

卢梭是性善论的信奉者，认为人生来就具有善性，有良心，能自爱和爱人，道德教育只有在承认人天生性善的基础上才能进行。为此，对刚出生的婴儿，应为其创造不受人类罪恶污染的环境，让儿童在自然中生长、发展。他反对把道德教育理解为是向儿童灌输道德成规戒律，反对让儿童记忆空洞抽象的道德概念，以免把儿童训练成伪善的口头谈道德而行为不道德的人。在卢梭看来，获得知识并不是道德教育的基础，知善只是理智问题，而行善、向善、求善则属于情感问题。在他看来，道德教育主要是与人的情感有关的教育，而情感主要是对人际关系的一种意识，因而，道德

教育要在儿童对社会有了一定了解和接触之后才能进行。因此，他主张对儿童实施道德教育要在 15 岁之后进行。对儿童实施道德教育要遵循自然，教育者应相信儿童善良的天性，引导儿童内心的自爱情感不断向爱他人的方面发展。如果儿童偶尔出现了不良行为也不必训斥惩罚，而应采用自然的方法来惩戒和矫正儿童不良的行为。卢梭站在国家主义的立场，要求对儿童进行爱国主义教育，并认为这种教育要实施终身。

康德是性亦善亦恶的赞同者，他认为人的本性中先天地具有两面性，既有追求个人私欲的一面，也有理性的趋向服从社会的善的一面。教育过程，特别是婴幼儿的教育不可忽视儿童本性恶的一面。康德认为，儿童接受教育由三个步骤组成：第一步是管束，即防止儿童生来就有的恶的本性的膨胀，抑制儿童天生的野性，保障儿童善的本性向外显露。第二步为教化、礼貌和智慧，就是要教育训练儿童能知晓各种社会交往和立身处世的礼俗，对问题有分析判断的本领。第三步是道德陶冶，其目的是使儿童分清是非善恶，严守道德律令，最终从他律道德转变为自律道德。儿童在最初受管束阶段，还谈不上道德，他们只知道按成人的要求循规蹈矩行事，完全以他人制定的道德律令约束行为，从恶向善过渡，这个阶段称为他律阶段。随着教育的进行，儿童自我意志力不断增强，理性观念逐渐抑制了自然的冲动，完全管束的教育渐渐失去作用，儿童开始形成以自我道德律令支配自己的言行，这时称为自律道德阶段。在自律阶段，人们严格遵守道德律令，不考虑个人的欲望和利益得失，也不计较那种按道德律令行事产生的后果是否对自己有利。处于自律道德阶段的人已能把遵守道德律令当作应尽的义务，当作人的本分。康德设计的教育过程就是这样把一个儿童从最初本性善恶参半的状态逐步培养成按照合乎理性和善良意志而过自律道德生活的人。

赫尔巴特认为教育的目的可以从两方面理解，一方面是可能与职业相关的目的，另一方面是必然的培养善良人的目的。一个人无论从事什么职业都必须具有一定的道德品质，因而道德教育是教育的最高目的，是一个人接受教育的最终目的。他把全部道德内容概括为五种道德观念，即"内心自由"的观念、"完善"的观念、"善意"的观念、"正义"的观念、"公平"的观念，这些道德观念事实上是对人的世界观、价值观的总的期望。赫尔巴特把一个人接受培养的全过程分为三个相互联系的阶段，即管理、训育和教学。道德教育在这三个阶段都应得到实施，但在每个阶段侧重点有所不同。在管理阶段，主要是对儿童进行严格的管理与约束，以驯服儿童天生性烈冲动的品质，以便日后能顺利对他们进行五种道德观念的教育。在训育阶段，应采用渐进的、持续的、渗透的、温和和耐心的方式进行教育，其目的在于使儿童理解道德原则，达到完全可以信任地进行自我教育

的程度。在教学阶段，应将知识传授和道德教育结合起来，他指出，教学如果没有道德教育，只是一种没有目的的手段；而道德教育如果没有教学，只是一种失去手段的目的。在道德教育方法方面，他认为惩罚是道德教育所必需的。赫尔巴特的道德教育理论至今在西方道德教育各派中仍有较大影响，特别是他的五种道德观念学说，仍对西方人际关系具有调节作用。

斯宾塞的道德教育理论主要包括判断道德行为的准则、道德教育原则和道德教育方法。他认为，判断一个人道德行为的好坏，主要看该行为造成的结果如何。如果这一行为当时和日后的整个结果是有益的，就是良好的行为；反之就是坏的行为。在道德原则方面，他认为根本原则应是"自然后果"原则，即利用儿童自己行为引起的后果或不可避免的后果来教育儿童，使儿童以后的行为更加明智。斯宾塞的这一原则来源于卢梭的教育理论，且作了进一步发挥。他以该原则为依据，反对当时在英国流行的粗暴教育儿童的方法。他认为对儿童粗暴控制是违背自然规律的，是一种人为的行为。只有以"自然后果"原则为指导才能使儿童从理性上认识行为的正确与错误，理解因果关系的概念。自然后果对儿童的惩罚不含有人为的和不公因素，易于被儿童接受，有利于保持成人和儿童之间正常的关系。在道德教育方法方面，斯宾塞提出，要耐心对待儿童行为表现的不足之处，对儿童不要期望过高，不要用成人完善的美德衡量儿童，对儿童不要过多的管教，允许儿童在经验中逐步受教育；在教育儿童的过程中应少发命令，在不得不发命令时应考虑前后一致，命令要果断；应鼓励儿童从预见的结果中学会选择道德行为，从而逐渐成为不需要别人管教的人；道德教育过程是一个复杂的、艰巨的过程，不要粗暴轻率地干涉，应把道德教育作为一种理智地培养人的过程。要深入了解儿童，要针对具体时间条件下不同的教育目标采取不同的方法。

涂尔干对道德教育有独特建树。自文艺复兴开始，人文主义思想家就呼吁道德教育与宗教分离，然而，经过几百年后，涂尔干才真正从理论上清楚地阐明了道德教育与宗教分离的问题。他认为，在人类文明程度较低的历史阶段，宗教的势力强大，宗教教育必然会取代道德教育。随着历史的发展，特别是资产阶级登上历史舞台之后，道德与宗教观念分离的现象日趋明显，这就有必要公开进行一场革命，将道德教育从宗教教育中分离出来，尽管这场革命是艰巨的。不过道德教育与宗教教育的分离，不应是表面上、形式上的，而应该把消失在宗教概念中的道德实体寻找出来，同时把人们世俗生活中经验性的道德实体整理出来，建立起有真实感、有充实内容，但又不借助于任何宗教神秘色彩的道德教育体系。涂尔干在努力排斥宗教影响，倡导建立世俗化道德教育时，提出了一个全新的观点，即用"社会"填补

失去宗教的真空,用人类群体代替上帝。他研究发现神性乃是社会群体性的象征。上帝既然是用来表征社会群体的,那么混合在宗教宣传中的道德教育就可以独立出来直接与社会相联系,道德教育也就可以社会为取向。基于这种认识,他认为道德教育实质是社会教育。在道德教育的最佳时机方面,涂尔干认为小学阶段是道德教育最恰当的年龄阶段,因为小学的学校生活环境特殊。小学的组织有类似社会的一面,但又不像社会那样广博复杂,因而有利于少年儿童人际关系的培育和发展。在道德教育目标上,涂尔干主张培育社会人,即能够将社会群体的道德价值取向内化为个体心理,使个体依从社会规范行事。他认为道德的本质属性具有戒律性,具有要求人们普遍遵守的权威性。道德教育的权威性就是纪律观念,强调纪律观念是为教师开展道德教育提供支撑点。在道德教育方法上,他认为道德教育要讲灵活性、技巧性和艺术性。

美国实用主义教育家杜威把道德作为解决社会问题,增进人们幸福的决定因素。他总结和发展了资产阶级道德经验,提出了一套完整的道德教育理论。杜威认为,价值来源于经验,所以价值是相对的。道德没有绝对的价值标准,也没有绝对的人人必须遵守的道德规律,所以道德规范在人类文化发展过程中会改变,人的行为的善恶标准应依据是否对全社会有用来确定。杜威指出,学校道德教育应培养学生为社会所需要的品德,使学生能够适应社会生活。基于此,他指出,道德教育不能靠直接传授道德知识来进行,而必须通过间接的途径,通过学校生活来进行。具体来讲,就是要把道德教育同"教育即生活"、"学校即社会"的原则联系起来,强调学校教育的道德性与社会性的统一,学校道德教育的价值只能以社会的利益为标准。因此,学校道德教育的目的就是"维持社会的生活,促进社会的福利",使道德教育适应资本主义社会的要求。杜威主张,对学生进行道德教育应通过学校生活和各科教学来训练,不必专门开设道德教育课程,因为学校生活和各科教学都包含着丰富的道德教育内容。他指出,学校生活、教材和教法是学校的三种主要活动,它们是相互联系不可分割的,杜威称之为"学校道德教育的三位一体"。杜威的这种观点,实际上是要求寓道德教育于社会生活和各科教学之中。此外,杜威十分重视对学生进行宗教教育,强调要培养学生的宗教感情。在道德教育方法方面,杜威认为要以探究、商量和讨论的方法代替强制灌输。他指出,传统的道德训练方法是由教师把一套固定的行为准则或僵硬的道德习惯强加给儿童,或者把已经组织好的道德知识灌输给儿童,不考虑儿童的心理状况和智力水平,容易使教育内容脱离儿童的经验,难以为他们所领悟和接受,无法起到应有的作用。杜威还强调道德教育应组织儿童直接参加社会生活,让儿童在社会生活中受到应有的道德训练。杜威的道德教育思想对于东西方的道德教育理论均产生了深远的影响。

西方道德教育理论发展的史实表明,西方道德教育思想在不同时期,或同一时期不同的教育家对道德教育问题的看法各有不同,对道德问题和道德教育问题研究的角度、方法也互有差异,但研究的主要问题大体相同,主要包括:人性问题,即人性善恶问题;情与理的关系问题,即道德教育主要是情感形成过程还是理智培养过程问题;个人利益与社会(群体)的关系问题;知识学习与道德教育的关系问题。这些问题不仅为西方传统道德教育思想所普遍关注,而且在当代西方道德教育理论中得到广泛和深入的探讨,对推动西方道德教育理论的发展也起到了很大的作用。

参考文献

金一鸣. 教育原理(第二版)[M]. 北京:高等教育出版社,2002.

鲁洁,王逢贤. 德育新论[M]. 南京:江苏教育出版社,1994.

罗国杰. 中国伦理学大百科全书[M]. 长春:吉林人民出版社,1993.

詹万生. 德育实用全书[M]. 北京:中国民主法制出版社,1997.

朱贻庭. 伦理学大辞典[M]. 上海:上海辞书出版社,2002.

(谈新华)

创业教育(enterprise education; entrepreneurship education)　有广义和狭义之分。广义指培养开创性人才的教育;狭义指进行创办企业所需的创业意识、创业精神、创业知识、创业能力及其相应实践活动的教育。联合国教科文组织在1989年于北京召开的"面向21世纪教育国际研讨会"上提出的概念。初译"事业心和开拓教育",后译"创业教育"。主要有三种方式:以实际案例为主的知识教学、以自身体验为主的活动组织、以具体咨询为主的个别指导。创业教育思想一经提出,即得到联合国教科文组织、世界劳工组织、世界银行和国际教育局的支持和倡导。创业教育围绕"愿创业、敢创业、会创业"展开,以创业意识、创业精神和创业能力为重点。创业能力是一种高层次的综合能力,可分解为专业能力、方法能力和社会能力三类能力。专业能力主要表现为创办企业中主要职业岗位的从业能力,接受和理解与所办企业经营方向有关的新技术的能力,把环保、能源、质量、安全、经济、劳动等知识和法律法规运用于本行业实践的能力。方法能力主要表现为信息接收和处理能力、捕捉市场机遇的能力、分析与决策能力、迁移和创造能力、申办企业的能力、确定企业布局的能力、发现和使用人才的能力、理财和融资能力、控制和调节能力。社会能力主要表现为人际交往能力、谈判和推销能力、企业形象策划能力、合作能力、自我约束能力、适应变化和承受挫折的能力。上述能力的形成应在必要的模拟仿真训练中进行。联合国教科文组织认为,有创业能力者对变化持积极、灵活和适应的态度,视变化为机会,而不视其为问题;具有一种来自自信的安全感,处理危险、冒险、难题和未知从容自如,有能力并勇于负责,善于交流、谈判、施加影响、规划和组织。

随着新技术产业革命的兴起,20世纪50年代,美国出现企业孵化器(business incubator),即创业服务中心。这是一种新型的社会经济组织,通过提供研发、生产、经营的场地,通讯、网络与办公等方面的共享设施,系统的培训和咨询,政策、融资、法律和市场推广等方面的支持,降低创业企业的创业风险和创业成本,提高企业的成活率和成功率。孵化器有五大要素:共享空间、共享服务、孵化企业、孵化器管理人员和扶植企业的优惠政策。企业孵化器为创业者提供良好的创业环境和条件,帮助创业者把发明和成果尽快形成商品、进入市场提供综合服务,帮助新兴小企业迅速长大形成规模,为社会培养成功的企业和企业家。根据投资渠道,国外企业孵化器大致可分四类:由政府或非营利团体主办;由大学主办;由私营企业或个人投资者主办;由政府或基金会等非营利团体出资,私人经营。中国的科技、教育、劳动和社会保障等部门与行业或地方合作,兴办了多种类型的企业孵化器。仅科技型企业孵化器就有专业技术孵化器、专利技术孵化器、行业技术孵化器、国际企业孵化器、网络孵化器(远程孵化器)、流动孵化站、大学科技园、海外学人创业园、综合性孵化器等。企业孵化器是实施创业教育的重要实践基地。

美国是较早在学校中进行创业教育的国家,从小学、初中、高中、大学乃至研究生院,都普遍开设就业与创业教育课程。在基础教育中进行的创业教育与职业教育紧密结合,除修习创业课程外,学生还按自己的兴趣选学某些职业技术技能。高中阶段,学生必修10个学分的职业教育课程。1983年,美国得克萨斯大学奥斯汀分校举办首届大学生创业计划竞赛,又称商业计划竞赛,鼓励大学生以创业者身份,就某项具有市场前景的新产品或新服务提出具有可行性的计划报告,向风险投资家游说,从而获得投资并创办公司。麻省理工学院、斯坦福大学等许多大学亦相继举办这类竞赛,并形成制度。面对创业者日益年轻化的浪潮,美国从1998年开始实施"金融扫盲2001年计划",向中学生进行金融、投资、理财、营销、商务等方面的教育,培养"未来的经理人"。美国的创业教育有两个特点:一是注重转变学生就业观念,引导学生把被动就业转变为主动创业,鼓励学生将创业作为自己的职业选择;二是注重创业教育中通过模仿进行的感性体验,如设计商店店面、寻找商店地点、给商店取名、判断销售目标、讨论预算、开发广告等。同年,德国大学校长联席会议和德国雇主协会联合发起倡议,呼吁在德国全国范围内创造一个有利于高等学校毕业生独立创业的环境,同时使高等学校成为"创业者的熔炉"。明确要求在

其后的5～10年中,每届毕业生中要有20%～30%的人独立创业。1999年,英国财政大臣宣布,英国政府投资7 000万英镑,在剑桥大学和麻省理工学院之间建立教育研究的合作伙伴关系,吸收美国的经验,鼓励创业,提高生产力和竞争力。法国进行创业教育的目的是让学生在继续学业的同时做好职业选择与就业工作的心理准备,培养探索创业的兴趣和能力。日本创业教育的方向是开发出能让学生自然而然地掌握自我负责原则和投资意识、风险意识的课程体系。

中国是联合国教科文组织"创业教育"课题的成员国。1991年,国家教育委员会组织五省一市参加联合国教科文组织亚太地区组织的"提高青少年创业能力的教育改革合作项目"。1997年,中国联合国教科文组织全国委员会与国家教育委员会职业教育研究所举行"小企业创业技能课程开发研讨会"。1999年,共青团中央、中国科协、教育部、全国学联举办全国首届"挑战杯"大学生创业大赛。2001年,中等职业学校德育课把创业教育纳入必修内容。2002年,教育部启动高等院校创业教育试点工作。2003年,《中共中央关于完善社会主义市场经济体制若干问题的决定》把"增强国民的就业能力、创新能力、创业能力,努力把人口压力转变为人力资源优势",纳入深化教育体制改革的重要目标,是中国创业教育迈上新台阶的标志。2004年,教育部颁发《中等职业学校德育大纲》,把创业观纳入德育目标,把创业教育列为德育途径。教育部每年举办全国中等职业学校"文明风采"竞赛,自2005年开始,把"创业之星"征文、"职业生涯规划"设计作为常规比赛项目。2007年,中共十七大报告提出,"促进以创业带动就业",创业教育得到进一步加强。2008年,教育部颁布中等职业学校德育必修课《职业生涯规划教学大纲》,从职业生涯发展的角度进一步强化了创业教育。2010年,教育部高等学校创业教育指导委员会成立,将创业教育纳入高等院校教学主渠道。同年颁布的《国家中长期教育改革和发展规划纲要(2010—2020年)》,对职业教育、高等教育均提出了加强创业教育的要求。2012年,除专门针对大学生的"挑战杯"继续进行外,还有"中国创新创业大赛"、"中国青年创业国际计划(YBC)"、"KAB创业教育项目"等多项全国性赛事举办,科技部、财政部、中华全国工商业联合会、致公党中央、国家外国专家局等机构也成为主办、指导或支持单位,获奖者还能获得金融支持和具体的创业指导,参加者也不局限于大学生,使创业教育得到社会各界越来越多的关注。

(蒋乃平)

创造力(creativity)　　亦称"创造性"。指个体产生新颖的、有社会价值的产品或对问题作出独特解答的能力。

自从亚里士多德将创造力定义为"产生前所未有的事物"的能力之后,至19世纪中叶以前的哲学家,在其漫长的

探究过程中，已对创造力作了丰富的描述和诠释，但囿于视野的局限，大都给创造力赋予神秘主义色彩，以致创造力的探索偏离科学方向，减缓了人类对创造力本质的认识进程。至 19 世纪中叶，英国人高尔顿的《遗传的天才》(1869)出版之后，心理学家对创造力的研究产生了巨大热情，开始对创造力开展深入系统的科学研究，随后提出诸如创造力是一种智力，创造力是一种潜意识过程，创造力是一种问题解决过程以及创造力是一种联想过程等不同的观点。但是，这些研究大多是思辨性的，对创造力本质的探索并没有取得实质性进展。20 世纪 50 年代以来，吉尔福特等心理学家对创造力进行了卓有成效的研究，也取得丰硕的研究成果。吉尔福特 1950 年认为，创造力是普通人都具有的一种能力，几乎所有的人都会有创造性行动，不管这种创造性行动是多么微妙或多么罕见……被公认为具有创造性的人，只是拥有比我们所有人拥有的更多一些而已。他通过假设论证和因素分析的方法，提出智力三维结构理论，认为创造力是智力的一个成分，相对于聚合思维而言，发散思维是具有创造性的思维。托兰斯 1962 年认为："创造力是这样一个过程，即对问题、对不足、对知识上的缺陷、对基本元素的丢失、不协调、不一致等现象变得敏感，并找出困难，寻求解决途径，作出猜想或构成假设，对假设进行检验和再检验，也许是修改和再检验，达到最终结果。"美国心理学家阿马比尔 1983 年认为，要理解创造力，必须回答两个基本问题：创造性作业 (creative performance) 与普通作业 (ordinary performance)有何不同？创造性作业最为适宜的条件是什么——何种能力、特征，何种社会环境？这些关于创造力人格特征、创造力操作过程、创造力测验和模型建构的研究，在研究视野和研究方法上，不仅将创造力研究推到一个前所未有的高度，而且为当代创造力研究的继续深入奠定了基础。心理学各分支学科都从不同研究视野对创造力进行着深入系统的探索，尤其是生理心理学、心理测量学、认知心理学、社会心理学等对创造力的研究更显著，多学科相结合的创造力研究取向越来越明显。

创造力的生理心理学研究

生理心理学对创造力的研究主要是脑机制的研究，研究方式主要有裂脑研究(切除或刺激脑组织的某一部位来确定大脑定位)和脑解剖研究，研究内容主要集中在创造力的脑机能定位。其中，斯佩里 1964 年的裂脑研究最为著名，他通过切断癫痫病人的连接大脑两半球的神经来观察两半球各自处理外来信息的不同。他的研究证实：左半球与抽象思维、象征性关系和对细节的逻辑分析有关，具有语言、理念、分析、连续和计算功能；右半球与知觉和非言语思维有关，具有音乐、绘画、综合、整体性和几何空间的辨别能

力。大脑两半球的功能既独立，又完整。创造力反映出的独特性与适宜性、直觉与逻辑，是大脑两半球的功能。以后有许多研究都注重通过对脑电图的研究来获取相关证据，如马丁达尔和哈森福斯 1978 年研究认为，脑电活动在创造过程的不同阶段有不同变化。他们测量了右颞后区的脑电图发现，至少对于特别具有创造性的个体来讲，在灵感阶段比酝酿阶段有更多的 α 波出现。他们据此提出，皮层低唤醒会分散注意，而这反过来会促进提供原发性顿悟的联想。

创造力的案例(尤其是名人案例)研究是引人注目的研究途径。最有代表性的是关于爱因斯坦的大脑解剖研究。研究人员解剖了爱因斯坦的大脑，发现其左半球的 39 区，神经细胞与胶质细胞的平均比率要比对照组科学家明显小，而在大脑其他三个区或右半球未发现差异。他们据此认为，爱因斯坦的脑皮层可能具有非同寻常的"新陈代谢需要"。关于涉及情感紊乱，尤其是双极紊乱(躁狂与抑郁状态交替)的"疯子天才"的研究表明，创造力与精神病有关，但这种关系仅表现在创造性过程的诸成分中，而不表现在创造性的个体身上。具有创造性的人不一定是精神病患者，但他们具有与精神病人相同的认知倾向。与创造力相关的其他紊乱还有酒精中毒、自杀和紧张。如诺贝尔奖获得者奇弗 1990 年在接受采访时，声称自己是一个嗜酒者。这些研究都在试图寻找创造力的自然科学证据。

创造力的心理测量学研究

以天才人物为对象的创造力案例研究的缺点是：高创造性的人少之又少，在严格控制的心理学实验室难以进行研究，而且对他们的研究多是追踪性的，这就大大限制了人们对创造力问题的本质认识。鉴于此，吉尔福特 1950 年在他就任美国心理学会主席的演说中提出，创造力的研究可以使用书面任务来研究普通人，即可以通过纸笔测验来测量个体的创造力。如"非常用途测验"，它要求受测人尽可能说出一物体(如一块砖)的多种用途。托兰斯 1974 年在吉尔福特的研究基础上编制了"托兰斯创造性思维测验"(Torrance Tests of Creative Thinking，简称 TTCT)。该测验由涉及发散思维及问题解决技能的一些相对简单的言语和图画测验构成，从流畅性、灵活性、独特性和精致性等几个方面来评价个体的创造力。另外，对创造力的测量还源于对创造性人格特征的研究。研究者们突破了创造力仅取决于智力水平的认识，认为创造是内隐于人脑中的一种能力，而能力是人格结构中的一个重要组成成分。于是，心理学家试图从高创造力者与低创造力者之间的差异中找出高创造力者独特的人格特征。例如，巴伦和哈林顿 1981 年在其《创造力、智力与人格》中探讨了创造力、智力与人格的关系，支持了创造力的人格特质说。

心理测量学通过一种简易、便于操作且较客观的测评系统促进了创造力的研究，而且面对的是普通民众，有利于创造力研究的普及与推广。但是，以普通民众为主要研究对象，是否能真正测量到创造力还有疑问。有一种争论：著名的"大C"(big C)创造力与日常生活中的"小c"(little c)创造力是否为一回事，我们是否应在两种水平上使用"创造力"这一术语？为此，研究者们对创造力的心理测量学研究方法感到不满。例如，斯腾伯格1986年批评这种简单的书面测验常常是对创造力琐碎的、欠准确的测量；阿马比尔1983年认为流畅性、灵活性、独特性及精致性测评难以抓住创造力概念的本质；人格测量研究往往强调了个体而忽视了群体，强调了先天遗传而忽视了环境影响；心理测量只是描述，而不是解释。由于这些不足，一些心理学家转向从认知心理学角度研究创造力。

创造力的认知心理学研究

认知心理学对创造力的研究大致可分为认知过程研究和认知发展研究两类研究。创造力的认知过程研究是多方面的，既包括注意、记忆、思维等基本认知过程的研究，也包括技巧、策略、元认知等认知策略的研究。实际上，它们是一个问题的两个方面，是融为一体的研究。研究表明，作为认知内容的知识在创造性认知中发挥双重的作用。其一，当个体在解决问题的时候，陈述性知识可以为其提供多样化的选择，但个体如果过于依赖自己的已有知识，则会阻碍创造性思维。相对于新手而言，专家常常显得较为刻板，因而忽视了独创性的选择，恰恰是因为他们过于依赖自己的已有知识。其二，程序性知识通常可用于解决重要的问题，这也正是创造性思维中最好的教学内容。

创造力的认知发展研究主要集中在两方面的纵向变化：一是创造性潜能的获得；二是创造性潜能的实现。创造性潜能获得的研究主要集中在家庭环境及最有利于创造性人格出现的情境，另外一些发展因素是个体在小学、中学、大学的经验及表现。创造性潜能的获得是自然因素(遗传)和环境养育两方面相互作用的结果。创造性潜能实现的研究较多关注的是有关创造力与年龄之间的关系。托兰斯1968年发现创造性思维四年级下降的现象，但M. K. 雷纳1997年也注意到，这种情况并不普遍，大约只反映50%人口的情况。K. L. R. 史密斯1990年则发现在青春前期(约9～12岁)出现创造性思维下降的现象。更有研究发现，创造力与年龄呈倒立的曲线(即呈钟形)函数，但这并非意味着年长者不再具有创造力。

创造力的社会心理学研究

在20世纪70年代，创造力研究的视野有一个重要转向：从仅关注个体(智力和人格)到关注个体所处的社会环境。阿马比尔在其《创造力的社会心理学》(1983)一书中从评价、奖励与任务限制、社会促进、榜样及学校教育、家庭、社会政治文化等方面，集中探讨了最有利于促进创造力发挥的社会条件。她也发现，社会因素对创造力的影响并非都是积极的，在社会因素中存在着"创造力的杀手(如在监督下工作、限制反应以获得好评和物质奖励等)"，限制着个体创造力。社会心理学对创造力的研究主要包括对影响创造力的家庭环境和学校环境两个方面的研究。

创造力的家庭环境研究发现，杰出的创造者通常并不出现在最好的养育环境，相反，多样化的经验有助于克服因习惯性交流而形成的诸多限制，挑战性的经验可以增强自己在面对困难时持之以恒的能力。有研究1996年发现，出生次序、儿童的反叛与反常规倾向往往可以预测其成年以后的创造力。研究者曾试图弄清出生次序为何与高创造力相关，但现有研究远未得到合理解释。儿童的反叛与反常规倾向无法确保创造性的工作，但许多创造性的人确实具有反叛与拒绝倾向。出生次序、兄妹人数、年龄差距及家庭倾向和价值取向等家庭因素都与创造力的发展有相关性。

从家庭背景的角度对创造力的性别差异进行的研究发现，创造力不存在性别差异，如果存在差异，也是偏见所致。1999年有研究认为，女性的发展与职业生涯比男性表现得更加多样化；与男性不同的是，女性常常面临着独特的困难，且需要全身心地投入到创造性的工作中去；各种社会关系在女性的创造性工作中起着巨大的影响作用。研究者从家庭教育的角度对创造力发展进行了实用性研究，如雷丁1982年提出对儿童创造力的发展有积极作用的四种教育方式：对规定和限制作出解释，允许孩子参与；适时把对孩子的期望表达出来，运用恰当的惩罚手段；给孩子提供丰富的玩具、材料；家长能参与孩子学习方面的活动。

创造力的学校环境研究主要关注学校教育环境对创造力的培育和发展所起的作用。国内外普遍认为，创造性天才在儿童早期就出现了，教育对他们的影响是有限的。但是，更多研究人员确信，系统的教育对创造力的发展是有重要影响的。张庆林等人2002年从教育思想、教学方法、课程结构、教育中的人际关系、教育评价及教育环境等方面较为全面地进行了总结，认为学校教育对创造力发展起着积极的影响作用。但是，学校教育对创造力的影响也有不利的情况，例如，学校进行的多数测验主要反映的是求同思维，而与求异思维格格不入，当儿童给苹果涂上黑色而招致教师的训斥，这是常见的学校教育遏制儿童创造力的例证。

杜德克等人1994年对1 445名小学生的发散思维研究发现，学生的发散思维在各学校之间差异很大，这些差异与个体的社会经济地位有关；在同一学校的不同课堂之间也存在很大差异,课堂即时环境(immediate classroom environment)对学生的发散思维也有影响。一些常见的课堂环境变量(如测试活动)会阻碍学生的创造力,但在不受约束的游戏活动中,学生的创造力又会表现出来。美国学者奥斯本1953年提出的头脑风暴法,最初是用来在团体问题解决中鼓励个体创造性观点的技术,这是在从个体之间(interpersonal)而非从个体内部(intrapersonal)过程引发创造力。但是,理卡兹和德雷克2003年研究表明,至少从创造性解决问题的角度讲,头脑风暴法效用甚微。从创造性的实践可知,个体独自工作也许比在团体中会生成更多更好的观点。可见,还没有充足的理由来支持头脑风暴法式的创造力培养途径。

创造力的研究取向

进一步加强创造力的纵向研究　现有的大部分研究大多是创造力的横向研究,如创造力与智力、创造力与人格及社会环境等,对创造力的纵向研究远远不够。伦科等人1993年查阅了1969—1989年《创造性行为杂志》的内容发现,研究者对创造力的人格研究在减少,而对创造力的社会研究和教育研究在增加;在1960—1991年出版的大约9 000种有关创造力的著述中,也体现出类似的增减现象。这说明,创造力的横向研究,如创造力的人格研究等有递减的趋势。创造力的纵向研究着力要回答的问题是:在个体的生命历程中(从儿童期到少年期再到成人期),创造力到底是如何发生发展的?这方面的研究还存在着研究数量相对较少、研究跨度较短的问题。现有的横向研究不足以让人们了解创造力发生、发展的全貌,所以研究者们应进一步加强创造力的纵向研究。

进一步促进创造力的应用研究　有关创造力的理论研究还很不够,但恰恰是创造力理论研究上的滞后与不足又导致创造力应用研究的严重不足与低效。创造力不仅是一种个体现象,也是一种社会现象。心理学家需要进一步研究的问题很多。例如:社会因素在何种程度上影响着个体的创造力形成、发展和体现?心理学对个体创造力数以千计的研究有助于对个体的人格特征进行有效干预吗?教育又在多大程度上可以有效干预个体创造力的培养?心理学研究在何种程度上才能够做到对创造性人才的预测性研究而不仅仅是论证性研究?回答这些问题确实有助于研究者们对创造力的许多理论问题作深刻理解,以进一步促进创造力的应用研究。

提倡创造力的多学科、多视野协同研究　从20世纪90年代起,研究者越来越重视从个体内外系统多层面对创造力进行研究。阿马比尔1983年认为创造力是个性特征、认知能力和社会环境的特殊综合的行为结果,据此建立创造力的三成分模型(领域相关技能、创造力相关技能和任务动机)。可见,多学科、多视野的研究取向正在成为创造力研究的主流。一方面,研究者充分利用生理学、脑科学、认知心理学的最新研究成果,大胆探索创造力的内在过程和内在机制;另一方面,也很关注从个体到社会、显性到隐性、内部到外部的创造力的各个层面的影响因素,并努力用现代统计方法来揭示它们之间的复杂关系。在研究内容上,研究者既注重对创造力认知过程的考察,也重视对创造力结果的研究;既重视内系统,也注意外系统的影响;既注重单一因素的考察,更注重复合因素的影响。在研究方法上,研究者既重视实证的研究,也不排除非实证的研究;既采用实验室研究,也采用准实验研究和现场研究的方法;既接受单学科研究方法(unidisciplinary approaches),更重视多学科研究方法(multidisciplinary approaches)。另外,心理学家在创造力的研究中提出的内隐理论、外显理论和投资理论等就是创造力研究走向协同融合的例证。

参考文献

阿瑞提. 创造的秘密[M]. 钱岗南译. 沈阳:辽宁人民出版社,1987.

吉尔福德. 创造性才能——它们的性质、用途与培养[M]. 施良方,等,译. 北京:人民教育出版社,1991.

张庆林,Sternberg,R. J. 创造性研究手册[M]. 成都:四川教育出版社,2002.

Amabile,T. M. The Social Psychology of Creativity[M]. New York:Springer-Verlag,1983.

（王映学　寇冬泉）

创造性教学(creative instruction)　教师运用适当的策略激发学生创造动机,发挥学生创造潜能,促进学生产生创造行为,形成创造性产品,并培养学生创造性人格的教学活动。

创造性教学的发展　创造性教学是现代教学的一个有机组成部分。从国外情况来看,其发展主要经历三个阶段。(1)从20世纪初到第二次世界大战,面向精英儿童的阶段。这一阶段对经由标准化测验筛选出的精英儿童进行创造性教学,它有两种教学形式:专门集中起来施以特殊的专门教学;放在普通班中在具体教学中给予个别化教学。(2)从第二次世界大战后到20世纪70年代末,面向普通儿童的阶段。这一阶段的创造性教学,一方面重视每位学生的和谐发展,包括知识与技能的和谐、接受与创造的和谐、超常学生与普通学生发展上的和谐、学习进度与心理成熟过程的和谐等,使创造性教学更为科学,更为合理;另一方面在教学中重视智力、创造性思维与创造情感、意志、个性、品格等因素的结合。(3)从20世纪80年代至今,面向家庭与社会的阶段。在这一阶段,创造性教学从学校走向家庭和社会。

学校有意识、有计划地组织家长接受创造性教学的知识与方法，使其配合学校的工作，在家庭中对学生给予创造性的辅导和帮助。同时，组织社会的有关机构，如博物馆、艺术馆、展览馆等，在这些机构中增加和突出创造性教学的因素。在中国，关于创造性教学的研究与实验可以追溯到20世纪三四十年代。教育家陶行知对创造性教学就有过非常系统全面的研究，其许多思想成果至今仍有指导和启发价值。但真正形成系统的、有影响的研究与实验则是改革开放以来所做的一些探索，其发展主要经历三个阶段。(1)20世纪80年代为兴起阶段。这一阶段主要关注创造性思维的培养。通过研究，加深了对创造性思维的本质、特点和类型的认识，在如何培养创造性思维的教学方式、方法方面，也有了较为具体有效的探讨，并产生了一些好的方式、方法。但总体来说，这一阶段还处于刚刚兴起的阶段，引进和使用外国的研究成果较多。(2)20世纪90年代为蓬勃发展阶段。这一阶段把创造性思维与创造性个性、认知系统与情感系统、科学因素与艺术因素结合起来，对创造性教学的本质、特点、科学基础、原则、方法、课程、校内外结合等问题开展专题研讨，取得一批研究成果。(3)步入21世纪至今为进一步深化阶段。在这一阶段，基于创新性人才培养在推进国家现代化进程中重要作用的认识，创造性教学研究与实验进一步得到广泛深入发展，创造性教学的理论研究与实验有了更为适宜的社会环境和教育环境，获得了巨大的推动力。

创造性教学的意义　创造性教学以培养学生的创造性思维能力、创造性人格、创造性实践能力为目的。实施以培养学生创造性素质为目标的创造性教学，不论从社会发展的需要看，还是从个人发展的需要看，都具有非常重要的意义。从社会发展的需要来看，实现科学技术现代化的关键在于有一批创造型人才，而培养创造型人才的基本办法就是推行创新教育，实施创造性教学。从学生个人发展的需要来看，学生都希望自己能够充分发展，使自己的潜能得到充分开发，专长达到最高水平，而创造性教学目标的实现，有利于学生的全面发展。

创造性教学的特征　创造性教学通过教师的"为创造性而教"和学生的"为创造性而学"，实现学生创造性素质的全面提高和个性品质的全面发展，具有以下特征：(1)是一种发展性教学。它以促进学生创造性素质的发展为目标，强调学生通过自己的思维操作获得知识，注意帮助学生扩大思维范围，提高思维能力和思维品质，发展学生的创造能力，优化学生的个性心理品质。(2)是一种主体性教学。它主张教学中必须尊重学生的人格，重视学生的兴趣爱好，调动学生参与教学活动的主动性、积极性和创造性，遵循学生的认识规律和认识水平安排教学程序，按学生的个体差异进行因材施教，要给学生提供充分的活动和思考时间。

(3)是一种问题解决式教学。它以问题解决的方式组织教学进程。教师为学生创设开放性的问题情境，激励学生独立探索，提出高质量的问题，启发和培养学生多向思维的意识和习惯，使学生认识到解决问题的途径不是单一的，而是多种多样的，以此培养学生思维的广阔性和灵活性。在问题解决式创造性教学中，教师和学生都是主动学习者，都必须充分发挥自己的主动性、积极性和创造性。(4)是一种动态性教学。它引导学生通过独立探究形成结论、了解规律、发现真理。其教学程序往往是由生动的直观到抽象的思维，再从抽象的思维到实践，由个别到一般，由部分到整体，由继承到创新，同中求异，异中求新，新中求优，是一个不断前进、不断深入的动态过程。在教学过程中，越是能出现教师预料不到的新事物、新观念，就越是体现了创造性教学的本质。(5)是一种探究性教学。创造性教学是师生共同探索求知的过程，学生的探究活动需要教师进行探索性的引导，为学生提供一些有结构的材料，这些材料本身就能刺激学生的好奇心和激发学生探索的兴趣，所以他们积极动手操作、实验、主动探索和发现。这样，他们获得的知识不是空洞和抽象的，而是具体的、生动的和丰富的，他们的观察力、独立的探究能力和发现能力得到充分发展。探究式教学尤其在自然学科(如物理、化学、生物等)的教学中具有非常好的效果。(6)是一种个性化教学。创造性教学对教师提出了更高要求，不仅要有扎实的教学基本功，而且要勇于探索和尝试新的教学方法，使自己的教学更具个性化。比较扎实的独立教学能力，比较独立的教学个性特征，使得教师教学的自信心增强，使教师在教学实践中呈现出比较强烈的创造性劳动的意向和行为。教师要从自己的个性特征出发，有意识、有目的地进行教学艺术的创新，显现出教学艺术的独创性特色，使教学艺术进入个性化的阶段。

创造性教学的过程　创造性教学过程是教师根据创造性原理，引导学生通过对教学内容的创造性学习，逐步发展创造性素质的过程。创造性教学过程一般包括三个基本环节：创设情境，引起学生探索的动机和兴趣；遵循发现问题、明确问题、提出假设、检验假设的创造性思维过程的一般规律和顺序，指导学生的创造性思维；恰当、适时地对学生的创新、发现进行鼓励性评价。

创造性教学的实施原则　实施创造性教学应遵循九个原则：(1)主体主导原则，即尊重学生的主体地位，发挥教师的主导作用。为此，教师要想方设法培养学生"为创造性而学"的意识和热情，要尽可能多地为学生提供独立活动的机会、时间和空间，激发学生创造性学习的主动性和积极性。(2)求异求优原则，即引导学生从尽可能多的不同角度来分析问题、解决问题，提出尽可能与众不同的新理念、新思想、新方法。实施这一原则，教师要不断地对学生进行发散思维训练，鼓励学生发表与众不同的意见，养成善于思考的习惯;不断地对学生进行创造想象训练。(3)启发探索原则,即在创造性教学过程中,教师是引导者,基本任务是启发诱导;学生是探索者,主要任务是通过自己的探索发现新事物。实施这一原则,教师要重视学生思维的过程和解决问题的策略,让学生通过自己的探索去发现结论和方法,鼓励学生质疑问难、大胆猜测,发展学生的直觉思维。(4)实践操作原则,即要引导学生在创造实践活动中动脑、动手、动口,而不是徘徊在关于创造的空泛议论和动听的口号中。实施这一原则,教师要组织学生兴趣小组,广泛开展创造活动,帮助学生逐步提高创造产品的质量。(5)民主愉悦原则,即在教学过程中,教师与学生要平等对话,互相尊重,相互启发,使学生有良好的心境和愉悦的情绪。实施这一原则,教师要视学生为朋友,平等相待,要尊重学生的人格,尊重学生的观点和思路,一起讨论,相机诱导,不搞"一言堂"。(6)因材施教原则,即根据学生的个性差异,为学生提供不同的学习帮助,扬其所长,避其所短。实施这一原则,教师要了解每个学生的优势智力和兴趣爱好,加强学生特殊能力的培养,实行分类或个别施教。(7)成功激励原则,即使学生从已有的成功中获得激励,从而增强创造的动机,不断地争取新的成功。实施这一原则,教师要采取适当方式,从小处入手,强化学生对创造性成功的情绪体验,培养学生的成就动机和自我效能感,帮助学生认识到自己的创造潜能,发展其创造意识和心理品质。(8)积极评价原则,即对学生创造性学习的态度、方法和成果,要多肯定、多表扬、多鼓励。实施这一原则,教师要坚持表扬、激励为主,努力寻找学生的成功和进步,发现其闪光点,即使一点微小的进步和成功都要细心发现。(9)全体全面原则,即面向全体学生,坚持全面发展。实施这一原则,教师要坚信每个学生都有创造的潜能,认真研究每个学生的优势和长项,在"扬其所长"上下功夫,特别要满腔热忱地关心学业上的"差生"。

创造性教学的方法和模式　创造性教学的方法很多,主要有发散提问法、延迟评价法、集体讨论法、思路揭示法、急骤联想法、结果预测法、多向求解法、快速猜测法、分割组合法、激疑存疑法、逻辑推理法、问题解决法、定势打破法、指导发现法、实验观测法、发明创造法、参观展览法、问题表演法,等等。创造性教学模式,国际上主要有吉尔福特创造性思维教学模式、F. E. 威廉斯创造性思维和创造性倾向教学模式、帕内斯创造性问题解决教学模式、R. W. 泰勒发展多种才能的教学模式,等等。

创造型教师　在创造性教学过程中,教师起主导作用,教师的素质决定课堂教学的创造性,决定学生创造能力的培养。为适应创造性教学的要求,教师必须具备如下素质:(1)有创造性。教师要有创新欲望,喜欢创造行动;要灵活,能随机应变,善于发现一般人不注意、易于忽视的问题;教

学方法能不断更新,对学生提出的新思想、新计划能持欢迎态度;要在教学中充满创造的活力,用这种活力时刻激励学生的创造性发展。(2)有求知欲和不断学习的精神。教师要不满足于已有的知识储备,不断追求新知识、新理念,了解新事物、新思想。(3)有民主的作风。教师要能以平等的态度对待学生,尊重学生人格,理解学生的需要,体谅学生的困难,乐于和学生协商解决问题;对特殊生、困难生能持宽容态度,不歧视,不厌弃,并注意发现这些学生思想行为上的闪光点而加以保护。(4)善于营造宽松、和谐、生动活泼的课堂气氛,让学生具有自主感和安全感,敢说敢做,不断出现创造性火花。教师要设法在班级内营造学生相互尊重人格、推崇创造、互相交流思想的氛围;要营造宽容、理解的温暖气氛,使学生有安全感,不担心失败和错误,能大胆自由地在未知世界里遨游;要认真创设情境,在明确学习目标后,放手让学生自由活动,尽可能多地给学生留出思考的时间;对学生提出的问题,要认真地回答或让学生集体讨论,互相交流,使他们在学习中掌握各种解决问题的方法。(5)善于发掘教材的创造性价值,实施学科渗透。教师要把教材本身蕴含着的创造性价值发掘出来,展示给学生,使学生感受、理解和应用教材,从而推动学生创造性的发展。教师要能够对教材进行创造性改组,通过"变换角度"、"改变角色"、"故事新编"、"续尾"、"一题多解"、"一题多变"等创造性的教材处理、改组方法,为学生创设新的问题情境,开辟创造天地,从而培养学生的创造性思维能力和创造性人格特质。教师要能处理好知识教学与创造性培养互补互促的关系。实施学科渗透,应是知识传授和创造性培养同步进行的,知识教学为创造性培养提供机会、原料和背景,通过学生的独立、多变、灵活、迅速的创造性思维,加深对知识的理解和掌握,使两者成为一个良性循环。(6)善于对学生的创造性进行评价。对学生创造性的评价,要牢牢把握激励性原则,更多地着眼于发现学生的进步和成功之处,要无比珍惜学生的成绩,尤其是对学生创造性成果和创造性表现要有满腔热情,要帮助他们总结。要学会找学生的优点,从学生的活动、思维、创造性品质和创新精神等方面找学生的创新点,肯定学生的某些做法就是创造性的表现。

参考文献

段继扬. 创造性教学通论[M]. 长春:吉林人民出版社,1999.

彭震球. 创造性教学之实践[M]. 台北:五南图书出版股份有限公司,1991.

张武升. 创造性思维与个性教学模式实验探索[M]. 重庆:西南师范大学出版社,1995.

(刘　捷)

慈善学校与星期日学校(charity school and Sunday

school)　慈善学校亦称"蓝外套学校"(blue coat school),是 17 世纪末英国出现的为贫苦儿童提供免费初等教育的学校,由教会、私人或慈善团体开办。星期日学校亦称"主日学校",是 18 世纪末由英国宗教慈善家在星期日为平民子女开设的初等学校,19 世纪初在英国和美国盛行,主要为儿童提供宗教教育和初步读写教育。

16 世纪,英国圈地运动使大量农民流离失所,城市工人也因失业而陷入贫困境地,社会上出现大量贫苦儿童。为了使这些贫苦儿童能获得早期的宗教教育,英国的一些宗教慈善人士开始开办免费的慈善学校。1680 年,英国第一所慈善学校于伦敦的怀特查珀尔区创办。慈善学校认捐的公文中明确陈述了开办这种学校的目的:"我们这些在下面签名的人同意每年支付 4 份相等的款额……以便在某市某教区或某县某教区……创办慈善学校,以教育贫苦儿童(贫困男孩或贫困女孩)学习阅读,而且如同以英国国教领导他们一样,也以基督教的知识和实践教诲他们,同时,还教他们学习其他适合于他们的身份和能力的事物……"为了推动慈善学校在英国国内外的发展,1699 年,英国国教会成立了"基督教知识促进会";1701 年,又成立了"海外福音宣传会",劝告各地白人捐款办学,积极推动慈善学校的发展。

慈善学校的教学内容中,基督教教义占很大比例,教学任务包括宗教教育、阅读、书写和算术等。许多慈善学校规程规定:教师的主要职责是按教义问答手册确定的原则教育儿童,教儿童清晰准确地朗读教义问答手册,然后解说,使学生能较准确地背诵和理解,要特别关注贫苦儿童的礼貌和举止,采取一切适当的方法阻止儿童各种恶习的萌芽,对撒谎、骂人、恶作剧、亵渎上帝等行为要严加制止;为了正确和顺利地阅读,应教会儿童正确地拼写和区别音节以及使用逗点和句号,帮助儿童更好地记住他们所学的东西;当孩子们能够很好地阅读后,就应教会他们书写清楚秀丽的手书,并教以算术基础,使他们能胜任仆人或徒工的工作。女孩除学习阅读等外,还普遍学习编织、缝纫、修补等。一些慈善学校的目的在于向教区勤劳贫民的女孩提供资助、衣着和教导,使她们成为合格的有用的仆人,并将她们送去当佣工。1709 年在伦敦发表的一份关于慈善学校的报道中提到,慈善学校大都需要遵守规定的教学时间,例如上午 7 点或 8 点到 11 点,下午 1 点到 4 点或 5 点;孩子们必须干干净净地上学校,每天穿规定的制服。为此,慈善学校每年都要为学生提供一套制服。在伦敦,一所有 50 个男孩的慈善学校通常每年需要 75 英镑制服费,一所有 50 个女孩的慈善学校则需要 60 英镑制服费。慈善学校因不收学费,在当时的英国被称为"乞儿学校"(ragged school)。

早在 17 世纪,阿林就有建立星期日学校的设想,但直到 1780 年,商人雷克斯才首先在英格兰格洛斯特工业区创办星期日学校,将一周工作 6 天的童工集中起来,利用星期日对其进行免费教育,传授读写算和宗教教义。这样,既避免了儿童游荡街头惹是生非,有利于社会秩序的稳定,又对儿童实施了教育。1783 年,雷克斯发表文章,为星期日学校正式命名,介绍自己的实验。很快,星期日学校就传遍了英格兰的许多地区,并促使"星期日学校协会"于 1785 年成立。1830 年,星期日学校协会要求各教区至少设立一所星期日学校,作为教堂的附设机构之一,其经费主要来自私人捐赠。由于满足了工业革命带来的教育需求,18 世纪末 19 世纪初,星期日学校已遍及整个英格兰。18 世纪末,英国有 25 万儿童在星期日学校就读;到 19 世纪初,就学人数已达 100 多万。随着英国正规初等教育机构的普及,星期日学校逐渐减少,并仅限于实施宗教教育。在美国,弗吉尼亚州于 1783 年最早建立星期日学校,此后各地纷纷效仿。1791 年,费城成立星期日学校协会。1834 年,仅美国西部各州就建立了 2 800 所星期日学校。

(钟文芳)

从"学在官府"到私学

从"学在官府"到私学的创设,是中国教育史上的一次重大变革。它不但适应新兴地主阶级对人才的迫切需要,而且促进文化知识的广泛传播,扩大教育对象的范围。西周(前 11 世纪—前 770)是中国奴隶社会高度发展时期。经济上实行奴隶主贵族的土地国有制;政治上实行以宗法制为基础的分封制,周王将土地和奴隶分封给诸侯,诸侯再分给卿、大夫,形成严格的等级制度;在思想上,严君臣、尊卑、上下之分,明父子、长幼、亲疏之别,由重鬼神逐渐转变为重人事。这种社会特征表现在教育上,就是"学在官府",即教育机构设在官府中,政教合一,由政府的职官兼任教师和管理者,他们以官事为主,以教学为辅,官师一体,教育对象主要是奴隶主贵族子弟,至于庶人、平民则无权接受教育,即所谓"礼不下庶人"。由于"惟官有书,而民无书;惟官有器,而民无器;惟官有学,而民无学",所以要学习专门知识只有在官府之中才有可能,从而形成"学在官府"的教育局面,这种现象,历史上称之为"学术官守"。

按照行政管理系统,西周教育分为国学(中央官学)和乡学(地方官学)。其中,国学既是施教的地方,又是举行朝政、祭祀、飨射等行政事务的场所,它由礼官大司乐主持,其下有乐师、师氏、保氏、大胥、小胥等官员来担任教学工作。乡学同样既是教育机构,也是行乡饮酒礼、乡射礼、养老尊贤、乡官议政之处,它由大司徒总负责,其下又有乡大夫、乡师、州长、党正等现任官员,以及父师、少师等退休官员。到西周末年,奴隶制官学开始走向衰微。这一方面是在世袭世禄制度下,整日养尊处优的贵族子弟缺乏学习动力,对官学不感兴趣,使官学系统形同虚设;另一方面,由于在公田之外又出现大量私田,公卿大夫的势力不断扩大,导致周王的权势旁落,使周平王于公元前 770 年被迫东迁洛邑,而王权的衰败必然导致礼制破坏和学校荒废。在这种情况下,西周的官学开始衰废。

春秋时期是中国奴隶制崩溃、封建制逐步形成的社会大变革阶段。在经济上,随着奴隶主贵族的土地国有制逐渐被土地私有制取代,封建生产关系开始形成。在政治上,新兴的地主阶级与奴隶主贵族不断斗争,并逐步夺取政权,确立起封建社会制度。同时,在奴隶制瓦解的过程中,为旧经济政治服务的、由贵族垄断的"学在官府"也走到穷途末路,大量职官被迫流落四方,他们把承载着文化知识的简册器物带出官府,结果打破了"学在官府"的局面,使原来由贵族垄断的学术下移于民间,让学术"散于天下而设于中国",从而为私学的发展创造了条件。在春秋战国时期,各诸侯国的统治者为了维护其统治地位,不断扩张势力范围,竞相招士养士。春秋前期主要是诸侯公室养士,士主要来自没落的奴隶主贵族,到春秋后期以至战国之际,私门为了政治斗争也争相养士,这时的士主要由平民中的庶人上升而来。当时,有的私门甚至达到"食客三千",足见养士风气之盛。士阶层的兴起,作为一股举足轻重的政治力量,不仅动摇了奴隶社会世卿世禄的不平等制度,更为重要的是,社会上有大批自由民想通过从师受教成为士来改变自己的命运,而贵族官学不可能培养士,于是士阶层开始把奴隶主贵族垄断的学术文化通过一种新的教育组织机构——私学来加以传播、扩散,从而庶民接受教育成为可能。

春秋末叶,随着奴隶社会的消亡,奴隶主贵族的官学全面崩溃。新的教育组织机构——私学的出现和兴起,既是学术下移和士阶层出现的结果,反过来又进一步促进了学术下移的发展和士阶层的崛起,大大满足了社会发展的需要和庶民接受教育的强烈要求。与官学相比较,私学依靠自由办学、自由就学、自由讲学、自由竞争来发展教育,以适应社会对人才的需求,因而成为后世中国教育发展中的一种重要的教育组织形式。私学的首创者是包括孔子在内的与孔子同时代的一批教育家,而孔子无疑是最早创办私学群体中的杰出代表。私学产生后,尽管有个别朝代(如秦代)明令禁止,却从未间断过,它对于保存、传递、总结、发展、普及和促进中国的文化教育事业,作出了不可磨灭的功绩。

（吴慧芳）

存在主义教育（existentialism education）　　当代西方教育思潮之一。以存在主义哲学为价值取向,以人的主体性、自我选择、自我发展和自我实现等核心命题为基础,对学校教育进行反思和诘问,提出了一些以"人的存在"为基础的教育观点。代表人物是奥地利哲学家布贝尔、德国哲学家和教育家雅斯贝尔斯和博尔诺夫及美国教育哲学家

V. C. 莫里斯和奈勒。

"存在主义"亦译"生存主义"、"实在主义",是一个以阐释存在的意义和方式来揭示个人与他人及世界关系的西方哲学流派。其基本论点是"存在先于本质",强调人的主体性是认识事物的出发点。一般认为,存在主义的理论先驱是丹麦基督教哲学家克尔凯郭尔和德国哲学家尼采。存在主义 20 世纪 20 年代产生于德国,代表人物是德国哲学家海德格尔等。1927 年海德格尔的《存在与时间》一书出版,被认为是存在主义产生的标志。第二次世界大战后,存在主义的中心由德国转移到法国,法国存在主义的代表人物萨特运用文学化、政治化的形式表达了存在主义的哲学思想,促进了存在主义的传播。此后又传到美国和其他西方国家,成为一种具有广泛影响的哲学思潮。

存在主义教育以存在主义哲学为理论基础。早在存在主义产生初期,存在主义哲学家就开始关注教育问题,试图用存在主义的哲学观点和理念解释教育领域的问题。1923年奥地利哲学家布贝尔撰写了《我与你》,依据其"关系哲学"论述教育目的和教育方式等问题;1939 年他的代表作《品格教育》出版,提出了存在主义教育的道德教育思想;1947 年他的《人与人之间》出版,进一步明确表述了存在主义教育观,以后还著有《生存的对话：哲学和教育学全集》。因此,布贝尔被视为存在主义教育的主要代表人物。德国存在主义教育的代表人物博尔诺夫从生命哲学和人类学的角度出发,解析了存在主义与教育的关系,进一步发展了存在主义教育学。他的代表作有《存在哲学与教育学》(1959)、《教育学中的人类学考察方法》(1965)和《新的教育哲学》(1966)。20 世纪 50 年代,存在主义教育的中心从欧洲转移到美国。美国教育哲学家 V. C. 莫里斯先后出版了《教育中的存在主义》和《存在主义与 20 世纪人的教育》,将存在主义哲学思想引入美国教育领域,论述了存在主义对教育理论和实践的意义。奈勒的《存在主义与教育》(1958)、《教育哲学导论》(1964)等著作先后出版,全面阐述了存在主义的教育观,进一步扩大了存在主义教育的影响。

存在主义教育的主要观点：(1) 教育的目的是使每一个人都认识到自己的存在,并通过绝对自由、自我选择和自我创造,达到"自我完成"。教育要使学生认识到人是在存在的过程中创造自己的,让学生通过自我表现、自我肯定而意识到自我的存在。(2) 教学内容的重点应该从事物世界转移到人格世界。知识不是外在于人的因素,而是人实现自由的工具,学校不能将知识作为教育的中心,更不能将教育变成某种职业训练。学校教育的主要任务是形成学生的品格,以诸如历史、文学、哲学、艺术、宗教等人文学科作为教学的主要内容。(3) 提倡对话法,反对团体教学的方法。从本质上讲,教育就是学生个体认识和发展自我的过程。以往的团体教学方法过分强调教育的标准化和一致性,用

团体精神掩盖个人的存在,制约和阻碍了个人的发展,不利于学生认识和发展自我。因此,在教学组织形式上要重视个别教学,在教育方式上要提倡师生对话。(4)强调品格教育在人的自我发展中的作用。真正的道德教育是帮助学生学会自由选择,应该让学生在自由活动中去自觉感受社会责任感的约束,去进行自我抉择,培养道德判断力和行为抉择能力。(5)教师是学生自我实现的影响者和激励者。教师的任务是引导学生走向自我实现。在教育和教学过程中,教师是创造者和引导者,既要尊重学生的主观性,又要维护自身的主观性,与学生之间应该进行对话与交流,形成一种相互信任、民主的平等关系。

　　存在主义者没有刻意去建立自己的教育思想体系。存在主义教育是受存在主义哲学思想影响的教育家们对存在主义哲学思想的引申或描述性注释。存在主义教育家的观点并不完全一致,早期与后期的存在主义教育观也不尽相同。存在主义教育以存在主义哲学为价值取向,探讨人的存在所面临的教育问题。它批判西方制度化的教育和传统的教育理念,提出了一些颇具价值的教育主张,例如培养学生自由、合理的道德判断力和道德理解力,师生之间建立一种相互信任的对话关系,人的主体性在教育过程中具有重要意义,突出在交往中培养学生创造性能力的重要性等。但是,存在主义教育过高估计学生个体的主动性,降低了学校和教师的教育作用。由于过分强调个人意志和自我选择,其教育主张客观上带有偏激性和片面性。存在主义教育对教育理论的影响要大于对教育实践的影响,尤其是它以其特有的教育价值取向对20世纪后半期的西方教育思潮有着深层次影响。

(杨　捷)

D

大学理念(idea of a university)　　人们对大学总的看法,包括对大学是什么、具有什么使命、发挥什么作用以及如何履行使命、发挥作用等有关大学的基本问题的认识。大学理念是大学的目的及内在逻辑,属于观念和思想的范畴。大学理念具有多样性,不同的大学理念与其所处时代及其哲学背景等因素相关。

从中世纪大学诞生至19世纪末,理性主义教育目的的观占据主导地位。理性主义大学理念认为,人永远是教育对象,追求知识和智能本身就是教育的目的;教育必须培养人的理性,人的个性发展和传播理性知识始终是大学教育目的的最高原则。主张在教育过程中实现人的自我完善,教育是为生活作准备,而不是为职业作准备,必须抛弃教育中的实用性与职业性;强调对永恒真理的追求,为了维护这一追求的纯洁性,知识要与市场、政治分离,使大学成为"象牙塔"。代表人物有洪堡、J. H. 纽曼、A. N. 怀特海等。德国教育改革家洪堡等人的大学理念主要包括:大学活动的非政治性与大学建制的国立地位的统一;科学体系内在完整性和科学对整个文化和社会的批判—启蒙意义的统一;教学和研究的统一(参见"大学现代化运动")。J. H. 纽曼系统阐述了理性主义大学理念,认为大学是传授普遍知识的场所,知识本身即为目的,教育是为了理智的训练;不应在大学中进行科学研究活动,大学的职能是教学,而不是科研,大学是为传授知识而设;大学应该提供博雅教育,通过传授知识,培养或造就有智慧、有哲理、有修养的绅士。英国教育理论家 A. N. 怀特海主张智力训练,用"智慧率知识",把教育从死的知识和无活力的概念中解放出来。他认为大学既是教育机构,也是研究机构,但其存在的根本原因是在富于想象地探讨学问中把青年人和老年人联合起来,目标是培养学生的想象力,大学要把想象力与经验融合为一体,培养智慧的力量;大学理念与其说是知识,不如说是力量;大学的任务在于把一个孩子的知识转变为一个成人的力量。

20世纪初至50年代,实用主义大学理念开始流行,与理性主义大学理念对峙、并存。实用主义大学理念认为教育不是要努力使人完善,而是要努力使人舒适;人们追求知识主要是手段,而不是目的;大学不应成为远离社会的"象

牙塔",大学有责任用自己的知识为社会提供服务,并与社会形成合作关系,成为社会大学。大学不仅是教育中心,而且要成为生活中心,成为社会的主要服务者和社会变革的主要工具,成为新思想的源泉、倡导者、推动者和交流中心。代表人物是范海斯,他提出"威斯康星观念",即赋予威斯康星大学两项重大使命:帮助州政府在全州各个领域开展技术推广和函授教育(参见"威斯康星观念")。范海斯认为,教学、科研和服务都是大学的主要职能;大学要为社会经济发展服务。范海斯的理念和业绩引起美国高等教育学界的普遍重视,也遭到坚持理性主义大学理念的学者的批判。弗莱克斯纳提出现代大学理念,认为大学不是温度计,对社会每一流行风尚都要作出反应;大学必须经常给予社会一些东西,这些东西并不是社会想要的,而是社会需要的;不管社会如何变化,大学的主要任务不会有太多变化。主张学者和科学家应关注四大目标:知识和思想的保存;知识和思想的解释;寻求真理;训练青年学人成为将来的工作者。维布伦提出,大学尤其是研究型大学不应受某种价值的约束,更不允许"工业巨头"腐蚀破坏。赫钦斯是20世纪理性主义大学理念的代表人物,他认为真理是永恒的,教育要传播永恒的真理,设计永恒的课程,而永恒的课程主要体现在名著之中;大学应提供博雅教育,为培养永恒的人性服务;大学应该是理智的共同体;大学应帮助人类学会自己思考,发挥理智的领导作用(参见"永恒主义教育")。赫钦斯的大学理念在一定程度上为第二次世界大战结束后理性主义大学理念与实用主义大学理念的融合奠定了思想基础。

第二次世界大战结束后,各种哲学流派都有较大发展,大学理念进入多样化时期。其中国家主义开始占据主导地位,主要体现在第二次世界大战后兴起的要素主义大学理念中,代表人物有科南特、里科弗和贝斯特。他们认为,教育的政治、经济功能是第一位的,文化功能是第二位的;教育的社会功能是第一位的,个人发展功能是第二位的。此外,雅斯贝尔斯提出自由是大学之生命,强调大学自由与学术自由。主张哲学在大学理念中具有中心地位;大学理念要由相应的建制来保障。工具主义大学理念主张把高等教育视为促进国家发展、服务于国家需要的最有效工具,代表

人物有克尔和 D.博克等。克尔认为,当代大学是一种新型机构,一种多元化的巨型大学;大学具有生产功能、消费功能和公民素质培养功能;大学作为知识的生产者、批发商和零售商,不可避免地要为社会提供服务,知识也为每个人服务。在大学与政府的关系上,克尔认为随着大学功能的转变,两者之间的关系日趋紧密。一方面,政府出于自身利益的考虑,越来越多地卷入大学事务,从外部对大学施加影响;另一方面,大学出于生存的需要和自身利益,也越来越主动地对外部集团的愿望和需求作出反应。美国教育家 D.博克认为,大学应走出封闭的"象牙塔",现代大学已变成沟通社会各界、身兼多重职能的超级复合机构,其规模与威望将同社会对它的需求和干预同步增长;大学应严格区分社会长远利益和近期需要,既为社会提供现实服务,又不丢失自己的根本使命,如基础研究、远景预测和道德传统教育。主张大学在社会中的地位日益重要,国家的发展越来越依靠于三个因素——新的发明创造、训练有素的人才以及专业知识,大学承担了前两种要素的任务,并且是第三种要素的主要源泉;大学应扩展其业绩,满足社会的需求和国家提高竞争力、提高人民生活质量的需要。

一些国际组织对现代大学理念的形成和发展也发挥了特殊作用。20 世纪 90 年代以来,一些国际组织十分关注在新的发展背景下大学的角色与定位、性质与目的、职能与使命等问题。如联合国教科文组织致力于推动关于高等教育的作用、趋势及面临的挑战的全球性探讨,并于 1998 年召开首次世界高等教育大会,发表《21 世纪的高等教育:展望和行动世界宣言》,强调高等学校在解决诸如环境、发展、人权等世界性问题,促进社会实现正义、公平,促进多元文化的相互理解和国际交流与合作等诸多方面应发挥重要作用,使大学理念进一步丰富和发展。

（卢晓中　刘太廷）

大学区制（académie）　　法国教育行政体系中的划区管理体制。自拿破仑一世任皇帝的法兰西第一帝国(1804—1814)起开始实行,标志着中央集权的教育行政管理体制在法国确立。这一体制一直沿用至今,没有本质变化。

大学区制的产生　　1789 年法国大革命之前,法国教育完全在教会控制之下。从大革命开始,法国政府不断采取措施,削弱教会对教育的控制。1799 年"雾月十八日政变"后,自任第一执政的拿破仑一世十分重视教育,认为教育能为国家服务并提供受过训练的忠诚的行政官员。1804 年,拿破仑一世即位称帝后,在法兰西第一帝国推行中央集权的政治体制,宣称公共教育在所有机构中是最重要的,并要将学校变成促使同一目的的实现、具有统一道德和共同意志的组织机构。1802 年 5 月颁布的《国民教育总法》就体现了拿破仑一世的这个思想。出于政治、经济和军事上的需要,

为了把教育领导权收归国家所有,建立公共教育体系,拿破仑一世 1806 年又颁布《关于创办帝国大学以及这个教育团体全体成员的专门职责的法令》,设立"帝国大学",在教育上实行高度中央集权的管理体制,用同一模式来塑造一代人。帝国大学是法国掌管全国教育行政最高权力的领导机构,实际上是法国中央政府的教育部,负责管理并组织全国的教育工作。帝国大学设总监 1 人,负责管理各级教育。全国划分为 27 个教育行政区,称为"大学区",分管几个省的教育行政领导工作,其范围与司法区相同。

1808 年 3 月,拿破仑一世颁布《关于帝国大学组织的政令》,分行政组织和教育组织两部分,明确规定帝国大学全面负责整个帝国的公共教育。9 月又颁布《关于帝国大学条例的政令》(简称《帝国大学令》),明确规定自 1809 年 1 月 1 日起,帝国内的公共教育统一归帝国大学管理,旨在确保教育统一,塑造献身于宗教、帝国、王室及其家族的国民。该政令的主要内容有以下几个方面:(1) 全国设中央、学区和省三级教育行政机构,统一管理全国教育。帝国大学是国家最高教育行政管理机构,管理全国的公共教育,具体包括学校规章制度、课程设置、课时安排、考试制度、校长和教师任务及薪金支付等。(2) 全国划为 29 个大学区,其管辖范围与司法区重合。以大学区的形式将法国各地的学校合为一体,按(分科)学院、国立中学、市立中学、私立学校、寄宿学校和小学的顺序排列。(分科)学院是帝国大学中最高一级的学校教育机构,分神学院、医学院、法学院、文学院和理学院五类。各学院组织上独立,具有行政管理、法律、财务等方面的自治权。(3) 帝国大学的全体教职人员都是国家官吏,由帝国大学总监任命,中央政府支付薪俸,退休以后还可以领取退休金。就职时要宣誓永远效忠帝国及其代理人帝国大学总监,严格遵守帝国大学的各项规章制度,如有违反,就要受到关禁闭、批评、处分、降职、停职、强迫提前退休和除名等处分。(4) 帝国大学的所有任职人员都必须具有相应学位。例如,(分科)学院院长和教授及国立中学校长必须具有博士学位;市立中学校长必须具有文学或理学硕士学位。(5) 所有学校都必须处在国家政府的监督和控制之下。开办私立学校和寄宿学校必须得到帝国大学的许可,具有帝国大学总监颁布的办学许可证,还需为每个学生向帝国大学上缴其膳宿费总额的 5%。私立学校和寄宿学校教师必须具有帝国大学颁发的学位,服从大学区总长和督学的管理,遵守帝国大学的规章制度,否则,帝国大学总监和审议会有权将其关闭。这项政令的颁布从法律上确立了以"大学区制"为标志的拿破仑一世时期高度中央集权的教育领导管理体制。

大学区制的结构　　法兰西第一帝国时期最高教育行政长官是帝国大学总监,由拿破仑一世亲自挑选和任命。就职时,帝国大学总监必须进行效忠宣誓。作为帝国皇帝在

教育方面的全权代理人,帝国大学总监负责领导与管理全国各级各类学校教育机构。其具体职责是:任命所有教职人员(包括总督学、大学区总长、大学区督学),制定有关教育行政、教学、纪律等方面的规章制度,颁发证书和毕业文凭,任免和提升教职员工,掌握教育经费开支等。包括私立学校在内的各级各类学校,未经帝国大学总监的许可,一律不得开办。1828年法国正式成立独立的公共教育部之后,帝国大学总监改称"教育部长",由内阁成员担任。

帝国大学总监下面设有总督学,由总监直接任命,作为中央一级教育行政管理长官。总督学须有博士学位。实行教育督导制度的初期,法国共任命26位帝国大学总督学。其中,1802年7月任命3名,1804年11月任命5名,1808年任命18名。其主要职责是:协助帝国大学总监组织和监督全国的国民教育体系,严格检查各项教育命令的执行情况,严密监督学校教育工作,并向帝国大学总监提出报告;此外,还要督察学校并参加各种考试的评判工作,检查教师的工作,提出建议和记录功过,研究教学计划和教学方法等。帝国大学成立之初任命的帝国大学总督学,后来扩展为督学团。

大学区总长是法国大学区的最高教育行政长官。刚实行大学区制时由内阁会议提名,再由帝国大学总监直接任命,代表其在大学区行使教育行政领导职权。现由教育部长提名,经总统批准任命,作为教育部长在大学区的代表,也是包括大学在内的大学区各级各类学校的总管。大学区总长须有国家博士学位,并担任过大学教授、国立中学校长或学监、师范学校校长等职务。其具体职责是:监督大学区各大学的工作,协调高等教育与其他教育的关系;对中等学校进行全面指导与监督,包括课程、教学方法、各种国家考试、教师培养、人事管理、财政开支等;在初等教育方面,管理学校与班级的开设和关闭、教师任命、执行惩处;处理人事方面的有关事宜,分配经费和审核开支;根据法律检查私立学校工作,决定私立学校的设立和停办等。大学区总长也是本大学区内高等教育审议会和其他教育审议会或委员会的主持人,有权中止审议会的讨论以等待教育部长的决定。下设办公厅和秘书长1人及行政、咨询机构。

大学区之下设省督学处。省督学处的规模视各省人口多少而定,并设大学区督学1人,作为省一级最高教育行政长官,是大学区总长在该省的代表。每个大学区分管2~3个省,每省设大学区督学1人,原由帝国大学总监直接任命,现由教育部长提名,经总统批准任命。大学区督学须具有博士学位。其主要职责:代表大学区总长在本省内行使教育行政领导权,充当大学区与省之间的中介人,起沟通作用,具体主管本省内除高等教育以外的全部教育,包括幼儿教育、初等教育、中等教育及师范教育,并对省内私立学校进行监督与检查。下设省督学等,协助开展日常工作。较

重要的省还另设1名或数名大学区副督学。省督学处之下又设县学区(约10万人口的居民区为一县学区)和区学区(约1万人口的居民区为一区学区)。县学区设初级督学1~2人,负责视导本学区的公立和私立小学情况。1840年左右,法国已初步建立包括总督学、学区督学和省督学在内的三级教育督导体系。大学区还设有总长办公室和若干专业机构及其他机构,如大学和高等学校管理处、青年和竞技运动处、教育和职业情报处、升学和就业指导处等,以及总务和统计、学校布局、学科生活、私立学校、继续教育、考试和竞争考试、人事、财会、设备等科室。为了保障大学区制的运行,法兰西第一帝国根据拿破仑一世提出的"大家审议,一人决定"的原则,在各级教育行政长官之下设教育审议会,作为其在教育方面的审议机构。教育审议会的主要职责是讨论各级教育和教学的规章制度以及教育预算等问题,就涉及全国教育的各种问题发表意见,并接受行政当局的咨询等。中央、大学区和省各级都设有相应的教育审议会议,一般由学校代表、教育行政当局代表和社会各界代表组成。最早设立的大学总审议会由拿破仑一世亲自挑选和任命的30人组成,其中10人是终身委员,由皇帝授以证书。大学区审议会由10人组成。

法国实行大学区制以来,大学区的具体划分几经变化。1806年划分为27个大学区;1808年划分为29个;1896年又划分为17个,其范围既不与司法区相同,也不与经济区重合。1959年,法国经济评议会建议重新划分大学区,但并未实行。从1971年起,法国开始重划大学区的工作。1988年,全国分设了28个与经济区大致重合的大学区。政府规定,大学区直接受教育部领导,负责2~3个省的教育事务,直接领导省教育局。

大学区制的特点与影响　法国中央一级的教育行政领导机构现已改称"国民教育部",但大学区这种严密的中央集权教育行政管理体制沿袭至今。英国比较教育学家埃德蒙·J.金把法国的管理体制比作车轮,轮辐以巴黎为轴心——每根轮辐的外端尽头有另一个小车轮,小车轮也配有轮毂和散射出去的辐条。法国大学区制在发展过程中形成自己的特点:一是既注重运用教育专家管理各级教育行政机构(如大学区总长、大学区督学等都具有一定的专业资格),又注重教育管理的均衡化和全面性(大学区及其下属机构中设有各方面代表的机构);二是大学区总长的职权范围十分广泛,包括中等和高等教育,在中等教育方面权力尤其大,这非常有利于教育行政领导部门统筹规划,进行全局性管理;三是大学区与行政经济区基本一致(也有个别大学区小于行政经济区),注意教育与经济发展的协调,有利于发挥教育的经济和政治文化功能。自1982年地方分权改革运动以来,法国中央政府采取了一些教育管理权力下放的措施,适当扩大了地方政府在教育方面的权力,大学区总长

和大学区督学的权限有所增加。如大学区总长有权根据本学区的情况确定或调整各校教学时间,大学区督学可以决定设立或取消某所初级中学等。地区和省一级设立了由校方代表、地区代表、师生和家长代表组成的"教育理事会",负责管理教育事务。现在的法国教育行政管理体制以中央集权为主,但又给地方(人事方面)和学校(教学方面)一定的自治权和灵活性,这在高等教育中表现得尤为突出。

大学区制的实行既确立了法国中央集权的教育行政管理体制(后来的教育改革都是在此基础上进行的),又为法国的经济发展和国力增强作出了突出贡献。

参考文献

顾明远,梁忠义.世界教育大系·法国教育[M].长春:吉林教育出版社,2000.

霍益萍.法国教育督导制度[M].北京:人民教育出版社,2000.

埃德蒙·J.金.别国的学校和我们的学校[M].王承绪,等,译.北京:人民教育出版社,1989.

邢克超.战后法国教育研究[M].南昌:江西教育出版社,1993.

Barnard, H. C. Education and the French Revolution [M]. Cambridge: Cambridge University Press, 1969.

(周　采　王凤玉　单中惠)

大学生社会实践(social practice of college students) 中国高等学校按照大学培养目标的要求,有目的、有计划地组织大学生参与社会政治、经济、文化诸方面的实践活动的总称。是一种重要的教育手段和有效的教育形式。有两种常见形式:一是由教育部门落实的教学计划内的实践活动,如生产见习、公益劳动、专业实习、毕业设计、军事训练等;二是由共青团、学生会、学生社团等组织安排的或由学生个人自行进行的教学计划外的实践活动,如社会调查或考察、科技文化服务、勤工俭学、义务劳动等。

大学生社会实践活动把大学生锻炼成才的需要和地区经济建设的需求紧密结合起来,为大学生提供了适合自身要求和特点的教育模式;把理论与实际、学习与实践有机结合起来,有利于大学生将学过的书本知识应用于实际生活,通过实践提高自己的能力,激发学习热情,完善其知识结构;使学生接触社会实际,树立科学的世界观和人生观,同时认识自己,发展个性,提高社交能力,增强生活技能。大学生社会实践作为高等教育的一个重要组成部分,是改革和加强学生思想政治教育,全面提高学生的思想道德素质、文化素质、专业素质和身体心理素质的有效途径。

1958年9月,《中共中央、国务院关于教育工作的指示》提出,党的教育工作方针是教育为无产阶级政治服务,教育与生产劳动相结合。要求学校注重劳动教育,组织学生参加生产劳动、开展勤工俭学活动,以培养学生对劳动人民的感情,获得生产劳动的技能,成为劳动者。1978年4月,邓

小平在全国教育工作会议的讲话中指出:"为了培养社会主义建设需要的合格的人才,我们必须认真研究在新的条件下,如何更好地贯彻教育与生产劳动相结合的方针。"20世纪80年代起,随着改革开放和现代化建设的不断发展,以"受教育、长才干、作贡献"为宗旨的大学生社会实践活动在全国展开,经历了由自发到自觉、由单一到全面、由小规模到大规模的发展过程。大致可分为四个阶段:(1)萌芽阶段。1980年,清华大学提出"振兴中华,从我做起,从现在做起"的口号,在全国大学生中引起强烈反响。1982年,受国家农委的委托,北京大学等校155名家在农村的大学生,在寒假期间就农村实行家庭联产承包责任制以来各方面的情况进行"百村调查",写出调查报告157篇。(2)推广阶段。1983年,共青团中央、中华全国学生联合会发出《纪念"12·9"运动48周年开展"社会实践活动周"的通知》,得到各地和高校团组织、学生会的积极响应,各地党政领导、教育部门和高等学校也大力支持,使活动进一步开展。(3)全面展开阶段。1987年5月,中共中央《关于改进和加强高等学校思想政治工作的决定》指出青年学生在学习科学文化知识的同时积极参加社会实践活动的意义,要求学校应根据不同学科、不同年级的特点,采取不同的内容和方法组织学生参加社会实践。业务实习、军事训练和公益劳动、生产劳动都要纳入教学计划,还要鼓励学生利用假期进行各种有益的社会实践活动。有条件的高等学校应逐步建立业务实习和社会实践的基地。同年,国务院批转《国家教委关于改进和加强高等学校生产实习和社会实践工作的报告》,要求各类高等学校都要在教学计划中安排必要的实习次数和时间。(4)深化发展阶段。1990年,国家教育委员会在《关于深化高等学校文科教育改革的几点意见》中进一步规定,参加社会实践的时间,本科生4年中不得少于4~6个月,研究生也要参加必要的社会实践,做到不脱离社会,不脱离实际,强调要把每个学生调查一个工厂、一个乡村作为社会实践的重要内容,要求各高等学校对此进行积极探索。在组织管理方面,加强各主管部门的协调作用,逐步建立有关计划安排、组织实施、效果考核等具体规章制度;在形式和内容方面,开创承担生产技术革新、社会调查、社会发展专题研究任务等多种形式;在实践基地建设方面,大力发展横向联合,建立教学、科研、生产(社会实践)三结合联合体,逐步形成稳定的实践基地。1992年,中共中央宣传部、国家教育委员会、共青团中央联合提出:本科生在校学习期间,利用课余时间参加社会实践的时间不能少于4周,研究生、专科生不能少于2周。大学生社会实践开始规模化、制度化、专业化、品牌化、项目化、阵地化。其内容由初期的社会调查发展为深入各地基层开展社会调查、普法宣传和文化、科技、卫生"三下乡"服务等;组织形式从初期的学校单方面组织发展为学校组织学生参加社会实践、地方机构组织回乡大

学生参加社会实践、学校和其他部门共建的社会实践基地、大学生志愿者服务队等多种形式。社会实践已纳入高等学校教学计划之中，也是共青团全面实施跨世纪青年人才工程的重要组成部分，成为一项以科技、文化、卫生服务为主体的社会系统工程。进入 21 世纪，为了适应社会对创新性人才的要求，大学生社会实践在形式和内容等方面都有新的发展。如 2005 年，中共中央宣传部、中央文明办、教育部、共青团中央联合颁发《关于进一步加强和改进大学生社会实践的意见》，要求大学生社会实践遵循大学生成长规律和教育规律，以了解社会、服务社会为主要内容，以形式多样的活动为载体，以稳定的实践基地为依托，以建立长效机制为保障，弘扬求真务实、开拓创新的科学精神。要规范和促进大学生科技成果转化，鼓励大学生开展创业实践，提高创业技能。

（梁　红）

大学生心理健康（mental health for college students）学校心理学研究领域之一。涉及大学生学业问题、人际关系问题、性生理与性心理问题、生活适应问题、择业心理问题、情绪问题以及特殊群体学生心理健康问题的诊断、预防和治疗。

大学生心理健康的现状

大学生心理健康面临的主要问题及其原因　大学生学业问题主要表现在三方面：(1) 学习压力大。尤其是大一学生，教学方式的改变直接导致了其学习压力增大，而高年级学生面对就业、升学竞争也常常感到学习压力较大。(2) 学习目的不明确，学习动力不足。一些大学生感到不知道为什么而学，而面对人才市场的巨大压力，内心的危机感又很强，故导致各种情绪问题，影响学习。(3) 学习动机功利化。市场经济的利益杠杆直接影响大学生的学习，大学生表现出较强的功利意识，较多选择技能类课程如计算机、外语等，从而加重考试焦虑，也影响了专业课、基础课的学习，出现一部分"不合理"的学习困难学生。

人际关系良好是学生成长与社会化过程中的重要组成部分，也是保持良好心理状态的必备条件，但部分大学生人际关系的现状并不乐观。大学生人际交往障碍的主要表现是自卑、胆小、害羞、内向、孤僻、不善与人交际、不善于言谈、怀疑他人、不喜欢参与社交活动、对人冷淡等，尤其表现在同学关系、同寝室同学关系中，而师生关系问题并不突出。

在中国，性教育仍处于落后状态，导致一些大学生存在严重的性生理与性心理问题。(1) 性生理适应不良。表现为不能正确对待性生理的成熟，有些学生不能正确认识自我的性反应，产生堕落感、耻辱感与性罪错感，把性与不洁联系起来。有些学生又过于放纵自身的性欲望，婚前性行为、未婚妊娠现象时有发生。(2) 性心理问题。一些大学生存在性心理障碍，心理和生理上的失调已严重影响其正常的学习和生活，甚至造成性犯罪。

现代大学生在生活适应方面主要存在两个问题：(1) 生活自理能力差，主要表现为不能处理好日常事务，有不良的卫生习惯，生活作息混乱，甚至在学习、找工作等事上也存在依赖心理，希望别人代劳。(2) 生活适应能力差，主要表现为部分大学生感到大学生活不尽如人意，无法适应，经常抱怨，又不知道如何去改变现有的环境。他们常责怪环境，感叹命运，对挫折的心理承受力差。遇到学业、生活、感情方面的挫折时，常常无所适从，感到生活失去意义，甚至怀疑人生，有时甚至会出现过激行为。

部分大学生认为影响自己就业的因素主要是市场不完善、竞争不公平、没有较强的社会关系网以及自身的学习成绩不好和英语未过四、六级等。在择业心理方面仍存在较大偏差。

大学生情绪感受的发生频率从高到低依次为：快乐、兴趣、羞愧、内疚、羞涩、悲伤、惊奇、敌意、愤怒、蔑视、厌恶、恐惧等。男性容易感受愤怒，倾向于忽视和抑制正性情绪，女性则重视正性情绪，倾向于感受和表达正性情绪，男女大学生的情绪问题存在性别差异。此外，部分大学生缺乏情绪调节策略，在感受到负性情绪时往往回避或压抑此类情绪，导致产生心理健康问题。

特定群体学生的心理健康问题主要包括：(1) 独生子女的心理健康问题。独生子女大学生们由于在家庭中受到较多呵护，其独立生活能力、自立能力差，进取意识往往不足，心理脆弱，不太适应集体生活，为他人考虑较少，为自己考虑较多。(2) 特困生心理调适。经济条件影响和制约特困生的成长，自卑、过多的自责使部分学生不能走出家庭经济条件的阴影，形成恶性循环。(3) 研究生心理问题。与研究生特有的生活压力、学习压力、情感压力、人际压力有很高相关性。在高年级研究生中，个人问题与学业问题的冲突尤其明显。(4) 留学生适应问题。主要表现为对自然环境、社会文化环境不适应，从而出现一系列症状。其程度与留学生年龄、性别、语言能力、性格类型、人际能力等相关，留学生的支援系统(包括语言问题、经济生活状况、教育环境、文化差异程度等)往往与之有较高相关。

导致上述问题的原因涉及：(1) 社会环境。社会物质水平不断提高，导致部分大学生重享受，轻劳动，轻努力。社会变迁导致价值观的冲突，社会转型时期特有的信仰迷茫、价值失落必然对大学生心理健康水平产生影响。与此同时，社会风气、社会舆论也影响大学生的成长。(2) 家庭环境。家庭影响主要包括家庭早期经验、父母的教养方式、家庭结构、父母的心理健康水平和家庭的物理环境五个方面的影响，这种影响长久而深远。家庭早期经验直接建立和培养了个体的行为方式、思维习惯、情感态度和价值观等；父母的教养方式直接影响子女的行为和心理；家庭结构的形态如独生子女、单亲家庭、重组家庭等必然对子女心理有一定影响；家庭经济状况也会影响整个家庭的环境，从而影响子女心理健康。(3) 教育环境。在由高中填鸭式教育向自主性教育转变的过程中，部分大学生缺少必要的自主意识和良好的学习习惯，导致产生较强的心理不适感，若不能及时解决就会发展成为心理问题；高等教育观念转变也对部分大学生构成冲击，他们必须承担上学的部分教育成本，面对求学、择业过程中选择机会增多、选择难度增大的状况，他们更容易感受到焦虑、不安、失落、无所适从。(4) 大学生自身因素。主要表现在个性心理品质方面，这与其自身心理素质有关。当生活环境与学习环境变化时，如果个体不能及时调整自己，以适应新的生活、学习环境，则易产生心理不适。此外，通常大学生人际交往关系较中学有很大拓展，他们迫切希望得到他人认同，获得归属感和尊重感，但与人交往、相处的经验又相对较少，故较易产生心理不适。日常生活事件也会对大学生心理健康水平构成直接影响，主要包括：个人患小伤病、评优落空、考试失败、经济困难、学习压力过大或负担过重、失窃或财产损失被人误会等。

大学生常见心理疾病 主要有五类：(1) 身心不适应问题。由于考试焦虑、学习压力等问题持续化导致食欲不振、头痛、腹痛等。(2) 人际关系不良导致心理问题。有些大学生由于害怕被人过分注意而不敢在公开场合讲话，甚至见人就害怕，其本质是人际关系问题，属于心因性社交恐怖。(3) 神经症。通常可以分为神经衰弱、焦虑症、强迫症、恐怖症、癔症、抑郁性神经症、疑病症等。其中神经衰弱、焦虑症、强迫症、恐怖症、抑郁性神经症和疑病症在大学生中较为常见。神经衰弱在神经症中程度最轻，多发生在求学和就业时期，在大学生中发病率较高。常常表现为全身乏力、睡眠不良、头痛、注意力涣散、健忘、情绪低落、食欲减退等，工作或学习效率低下。焦虑症，是指由于精神持续高度紧张而产生的惊恐发作状态，明显表现出植物性神经功能紊乱，并出现程度不一的头晕、心悸、呼吸困难、口干、尿频、尿急、出汗等躯体不适。强迫症，以强迫症状为中心，也就是主观上感觉到有某种不可抗拒和不能自行克制的观念、情绪、意向及行为的存在，知道毫无意义，但又难以控制和克服，从而导致严重的内心冲突并伴有强烈的焦虑和恐惧。恐怖症，是指对某些特殊环境或事物产生强烈恐惧或紧张不安的内心体验，并出现回避反应的一类神经症。其主要特点是对某一特定事物、活动或处境产生持续的和不必要的恐惧，并不得不采取回避的态度，不能自控。抑郁性神经

症，是指一种以持久抑郁心境为主，并伴有焦虑、空虚感、疲惫、躯体不适应和睡眠障碍的神经症。其主要表现为：心情压抑、沮丧、忧伤、苦闷等；对日常活动兴趣减退；对前途悲观失望；遇事往坏处想；懒散，精神不振，脑力迟钝、反应缓慢；自我评价下降；不愿主动与别人交往；有想死的念头。疑病症，指由于对自己健康过分关注，而固执地怀疑自己患上了某些莫须有的严重疾病，并因此而引起烦恼和恐惧的神经症，即使得到医生的解释或客观诊断也不能消除其固有成见。(4) 精神分裂症。精神分裂症是传统精神病的一种，其前兆通常有幻觉、妄想、空笑、独语、奇行等。发病时整个精神机能解体，人格崩坏，行为异常或不可理解。(5) 自杀问题。自杀行为背后一般隐藏着某种愿望，唯求一死的反面是希望被救助，跟环境有很大关系。自杀者往往有被周围人抛弃感、孤立感、孤独感。所以，自杀行为发生前自杀者一般都会抛出求救的信号：行为及语言上有"真想一死了之"、"死了干净"、"活着没意思"等表现；情绪上忧郁；身体感受方面则表现为没有食欲，一些生活习惯突然改变，以及有失眠现象，感到焦躁不安等。

大学生心理健康教育的实施

大学生心理健康教育工作的主要内容 2001 年，《教育部关于加强普通高等学校大学生心理健康教育工作的意见》指出，高等学校大学生心理健康教育工作的主要内容是，宣传、普及心理健康知识，使大学生认识自身，了解心理健康对成才的重要意义，树立心理健康意识；介绍增进心理健康的途径，使大学生掌握科学、有效的学习方法，养成良好的学习习惯，自觉地开发智力潜能，培养创新精神和实践能力；传授心理调适的方法，使大学生学会自我心理调适，有效消除心理困惑，自觉培养坚忍不拔的意志品质和艰苦奋斗的精神，提高承受和应对挫折的能力以及社会生活的适应能力；解析心理异常现象，使大学生了解常见心理问题产生的原因及主要表现，以科学的态度对待各种心理问题。在大学生心理健康教育工作中，要以辩证唯物主义和历史唯物主义为指导，防止唯心主义、封建迷信和伪科学的干扰，确保心理健康教育工作的正确方向。

大学生心理健康教育的基本情况 中国大学生心理健康教育工作起步于 20 世纪 80 年代初期，总体经历起步、发展和快速发展三个时期：(1) 20 世纪 80 年代，由北京和上海等地高校发起，国内一些重点大学相继成立大学生心理健康教育机构，开展一系列心理健康教育活动。(2) 1990 年，中国心理卫生协会大学生心理咨询专业委员会的成立，标志着中国大学生心理健康教育工作进入发展阶段。经过多年的发展，初步形成了一支热爱大学生心理健康教育工作的专业队伍，大学生心理健康教育工作得到较快的发展，

越来越多的高校不仅认识到大学生心理健康教育的重要性，而且建立了大学生心理咨询中心。除全国性的专业学术组织外，在各地还相继成立分专业委员会，有关学术研究也取得进展，从业人员的专业素质进一步提高。(3) 1997年，中国心理卫生协会大学生心理咨询专业委员会第五届学术年会的召开，大大地推动了高校心理健康教育工作，使之从此进入快速发展期。经过几十年的发展，中国大学生心理健康教育工作取得了显著的成果，但从发展水平上看，仍处于初级阶段，无论是专业队伍建设、理论建设，还是实践经验积累和科学研究都还很不够。

大学生心理健康教育的方法、途径　《教育部关于加强普通高等学校大学生心理健康教育工作的意见》指出，大学生心理健康教育工作要重在建设，立足教育。心理健康教育要以课堂教学、课外教育指导为主要渠道和基本环节，形成课内与课外、教育与指导、咨询与自助紧密结合的心理健康教育工作的网络和体系。(1) 要与学校各部门紧密配合，积极创造条件，开设大学生心理健康教育的课程或专题讲座、报告等。要加强心理健康教育人员专业素质的培养，还要重视对班主任、辅导员以及其他从事学生思想政治工作的干部、教师进行有关心理健康方面内容的业务培训。(2) 要充分利用高等学校广播、电视、计算机网络、校报、橱窗等宣传媒体，广泛宣传和普及心理健康知识。要通过加强校园文化建设，营造积极、健康、高雅的氛围。(3) 要重视开展大学生心理辅导或咨询工作，可通过个别咨询、网络咨询、公开咨询等多种形式，有针对性地向学生提供经常、及时、有效的心理健康指导与服务。(4) 可定期进行心理健康普查工作，尤其要对入学新生心理状况进行普查，由此进行分类指导，以防患于未然。(5) 可加强建立学生自助团体，由专职心理老师作指导，把心理健康教育工作延伸到学生中去。

大学生心理咨询与治疗的主要方法

来访者中心疗法　20世纪40年代由美国心理学家罗杰斯创立，其核心思想是对人格的变化和成长不断给予发展性援助，其心理学理论假说是：在真诚、关怀以及感受性丰富、没有批评的相互理解、体验的关系中，将任何个体都具有的自我发展的潜在能力释放出来。他认为，治疗过程中的人格变化有六个必要条件：两个人之间保持心理上的接触；第一角色——称之为来访者——处于不一致或不协调的状态，易受伤害或焦虑不安；第二角色——称之为治疗师或咨询师——在这一关系中，处于一致或协调、整合的状态；咨询师对来访者无条件积极关注或肯定；咨询师与来访者达到共感的理解；来访者至少能够最低限度地体验到来自咨询师的共感性理解、无条件积极关注或肯定。

精神分析疗法　19世纪末由奥地利精神病理学家、心理学家弗洛伊德创立，通过对当事人的洞察，发掘当事人的潜意识，并使之意识化，从而使其人格发生变化，继而解决问题。这种洞察有时因咨询师一个明确分析或解释而产生，但更多是来自当事人感受和认知的不断深化。此外，一种特定的洞察并不会引起当事人人格整体状态变化，只有当事人不断进行自我洞察，咨询才能取得较大效果。其中洞察的内容主要是当事人自我的感情、态度、行为产生的原因和类型，以及对他人和自我造成不利或有害的因素，这些因素体现在过去和现在的生活、人际关系中，甚至也体现在心理咨询过程中，让当事人对它们加以认知、洞察，是精神分析疗法的目的和意义所在。其主要技术是自由联想、梦的分析、解释等。

认知疗法　20世纪60—70年代在美国产生，其代表人物有A. T. 贝克、A. 埃利斯，该理论认为人的情绪来自人对遭遇事情的信念、评价、解释或哲学观点，而非来自事情本身。情绪和行为受制于认知，认知是人心理活动的决定因素，认知疗法就是通过改变人的认知过程及由这一过程产生的观念来纠正其适应不良的情绪或行为。治疗时不仅要改变行为、情绪等外在表现，而且要分析其思维活动和应对现实的策略，找出错误的认知加以纠正。认知疗法的治疗过程一般分为四个步骤：建立求助动机；使当事人发展新的认知和行为来替代适应不良的认知和行为；让当事人练习将新认知模式用到社会情境之中，取代原有认知模式；要求当事人重新评价自我效能以及自我在处理认知和情境中的作用。

行为疗法　1954年由美国心理学家斯金纳等人提出，其核心思想是利用学习心理学和行为科学理论使人的行为发生变化，从而解决其不适应问题。该理论认为，人的行为，不管功能性或非功能性、正常或病态的，都经学习而获得，而且也能通过学习而更改、增加或消除。学习的原则就是受奖赏，获得令人满意结果的行为容易学会并且能维持下来；易受处罚，获得令人不悦结果的行为不容易学会或很难维持下来。因此，掌握了操作这些奖赏或处罚的条件，就可控制行为的增减或改变其方向。其主要技术有系统脱敏、渐进接近、社会技能训练、参与造型技术等。

参考文献

樊富珉. 大学生心理健康教育研究[M]. 北京：清华大学出版社, 2002.

Rogers, C. R. On Becoming a Person：A Therapist View of Psychotherapy[M]. Boston：Houghton Mifflin, 1961.

（薛　璟　徐光兴）

大学现代化运动（university modernization movement）

19世纪初期在德国兴起的旨在促使大学现代化的高等教育革新运动。该运动起始于1810年创建的德国柏林大学,后扩展到英国和美国等欧美国家,使源于中世纪的西方大学完全摆脱传统习俗的束缚,跨入一个新的发展阶段。

大学现代化运动的渊源　　大学现代化理念可以追溯到德国于1694年建立的哈勒大学。在重视教育的虔敬派及启蒙思想家的推动下,哈勒大学建立后采取了一些与传统大学不同的做法:一是聘请许多具有批判精神和新思想的学者来校任教,其中有托马西乌斯、A. H. 弗兰克和C. 沃尔夫等。托马西乌斯是哈勒大学第一位教师,被称为"新大学学术的奠基人"。二是首次提出"学术自由"原则,既包括教师教学和研究的自由,也包括学生听课和选课的自由。三是强调科学研究,设置新的人文科学课程和采用新的教学方法。四是开始用德语进行教学,打破了拉丁文独占高等教育领域的垄断地位。五是取消传统大学设置的文科,招收毕业于文科中学的学生,为大学成为真正意义上的高等学府开创了先例。18世纪,德国其他大学都以它为榜样,其中最突出的是1737年成立的格廷根大学。德国教育史学家鲍尔生在《德国教育史》一书中指出,作为普鲁士振兴新基石的哈勒大学不仅是德国而且是欧洲第一所具有现代意义的大学。

大学现代化运动的兴起　　在新人文主义运动及教育振兴德意志民族思想的影响下,由普鲁士内务部宗教与教育司司长、语言学家洪堡筹划,于1810年9月创立柏林大学。它继承和发扬哈勒大学的精神,标志大学现代化运动的兴起。被誉为柏林大学精神缔造者的原哲学院院长、德国哲学家费希特于1811年7月被教授会推选为第一任校长。在就职演说中,费希特强调说:要让大学达到它应有的目的并履行它自己确定的宗旨,就必须放手让大学自由,它需要也应该要求彻底的外在自由、最广义的学术自由;由于大学积累了每一时代最高的知识成就,因此下一代人可以在上一代人的肩上达到更高的学术水平。另一位被誉为柏林大学精神缔造者的人是施莱尔马赫,他于1808年发表《德国特色大学断想录》一文,主张大学必须具有一种精神上完全自由的气氛,培养学生的科学精神。1815—1816年他担任柏林大学校长,因而有机会把学术自由的思想进一步贯穿到柏林大学的发展之中。应该说,柏林大学最能反映德国大学现代化运动的精神及特征。

洪堡对柏林大学提出了三条办学原则:一是独立性、自由与合作相统一,强调大学要充分发扬教师和学生独立思考和独立钻研的精神;二是教学与研究相统一,强调大学教学必须与科研结合起来,并把科学研究放在第一位;三是科学统一,强调把哲学看作其他科学的基础,使哲学与其他科学统一起来。根据这些办学原则,受政府财力资助的柏林大学采取了与传统大学完全不同的做法:第一,聘请各专业首屈一指的学者担任教授,例如哲学家费希特、神学和古典语言教授施莱尔马赫、法学教授萨维尼、医学教授胡弗兰德、农学教授塔埃尔、化学教授克拉普罗特等,并组成教授会;第二,将哲学学院变成大学的核心,使其在科学知识和教学方法上处于领先地位,成为科学研究的发源地;第三,确立学术自由原则,教授有权开设课程,讲授自己的观点和见解,并确定自己的研究课题,学生可以选修课程,并能从一所大学转到另一所大学;第四,培养学生的科学精神,注重创造性的科学研究,把获得新颖知识作为学术研究的最终目的;第五,教学活动中通常采用讲课、讨论和研究三种方式,特别是用研讨班(Seminar)替代传统大学中的辩论(disputation),以便学生养成独立钻研的能力,将教学与科研更好地结合起来。

作为一座学术灯塔,柏林大学照亮了德国大学现代化的道路,并使德国成为大学现代化的发源地。在德国,布雷斯芬大学(1811)、波恩大学(1828)、慕尼黑大学(1826)等一些新建大学都把柏林大学作为楷模;同时,莱比锡大学、海德堡大学等一些古老大学也参照柏林大学的模式进行了改革。英国学者M.阿诺德考察欧洲国家的教育后指出,法国大学缺乏自由,英国大学缺乏科学,德国大学则两者兼而有之。

大学现代化运动的扩展　　随着柏林大学的创建和发展,它对其他欧美国家尤其是英国和美国的大学现代化产生极其重要而深远的影响。

英国大学现代化的步伐始于1828年成立的伦敦大学学院。英国诗人T. 坎贝尔1820年访问德国大学时萌发创办伦敦大学的想法,回国后就与议员布鲁厄姆一起筹建了这所大学。英国史学家和思想家麦考莱在《爱丁堡评论》上发表文章指出:这所大学将是很多未来大学的楷模;甚至那些现在轻蔑地对待它的傲慢的大学,在某种程度上也将会感受到其有益影响;它的努力将对伟大人民的智慧、活力和德行作出大量贡献。1836年,英国政府颁发特许状,伦敦大学学院(1828)与国王学院(1831)合并成伦敦大学,由政府提供经费。大学主持考试和授予学位,但每个学院保留自己的自主权。伦敦大学采取与牛津大学、剑桥大学等传统大学不同的做法:第一,邀请38位学术界著名人士组成第一届理事会,其中18人是英国皇家学会会员;第二,以文学部为预备教育,上设法学部、理学部、医学部等,取消传统大学中的神学系,以摆脱宗教束缚;第三,尽管课程结构中没有完全取消古典语言,但增加了大量新的实用的自然科学课程,并建立化学、物理学和生理学实验室,更多地关注实验科学;第四,教学上更加注重科学理论与实际操作的结合,加强与社会发展的联系。英国教育学者阿什比在《技术与学术》中指出,伦敦大学的建立标志着科学革命最终开始进入英国高等教育之中。1900年,伦敦大学改组后成为一所拥有 57 个学院的联合型大学,兼管教学科研和全英高校考试。在伦敦大学的影响和推动下,那些工商业城市中涌现出一批以伦敦大学为榜样的新大学,例如欧文斯学院(1851,曼彻斯特大学前身)、南安普敦学院(1862)、利兹大学(1884)、布里斯托尔大学(1876)、谢菲尔德大学(1879)、梅森理学院(1880,伯明翰大学前身)、利物浦大学学院(1881)、雷丁大学(1892)等,被称为"新大学运动"。伦敦大学的成立及新大学运动对牛津大学和剑桥大学等传统大学是一次猛烈的冲击。1850 年,英国议会任命皇家委员会对牛津大学和剑桥大学进行调查,并在此基础上分别颁布《牛津大学法》(1854)和《剑桥大学法》(1856),要求建立新的校务管理委员会、增加自然科学课程、对非国教派的学生授予学位等。这意味着英国传统大学也开始走上现代化的道路。伦敦大学的建立开创了英国大学教育的新纪元。

美国有的大学(如弗吉尼亚大学和密歇根大学)早在南北战争前就开始现代化的尝试,但大学现代化的正式起步是从 1876 年 9 月建立的约翰斯·霍普金斯大学开始的。这所被人们称为"美国第一所现代化大学"的学校,主要是受德国大学的影响而建立起来的,有人称它为"设在美国的柏林大学"。杜威明确指出,约翰斯·霍普金斯大学的开办,标志着美国高等教育发展的一个新纪元。这所大学的校长是曾经在柏林大学学习过的吉尔曼。他强调大学是一个自由的科学研究场所,其环境应该具有极大的激励作用。作为美国第一所研究性大学,它不仅以德国柏林大学为模式,而且自建立起就把重心放在研究生教育上,形成了自己的特色。第一,办学经费充裕,主要为私人捐赠,既不受教会控制,又不受政府干涉;不设神学学院,力图摆脱传统大学习俗的束缚。第二,聘请国内外一流的学者来校任教,其中有化学家雷姆森、物理学家罗兰、数学家西尔维斯特、心理学家 G. S. 霍尔、哲学家皮尔士、历史学家 H. B. 亚当斯等,由此确立一条主要原则,即一所大学的声誉应当体现在其教师和学者的水平上,而不是体现在教师的数量和大学建筑物上。第三,继承和发扬柏林大学的精神,强调"学术自由"和"教学与研究相统一",要求教授在自己的专业领域把高水平教学和创造性研究结合起来,把高质量的学术成就作为标准,把科学研究作为课程计划的一个组成部分,学校提供必要的实验设备、图书馆并创造条件,出版科学研究成果。第四,取消传统大学中的古典语言课程,注重自然科学课程,并把研究成果应用于日常生活。G. S. 霍尔 1881 年在该大学创建美国第一个心理实验室。第五,激励学生进行新的和有创造性的研究,改变原来旧的教学方法,采用研讨班,尽力培养学生最大限度地服务于自己事业的能力。在约翰斯·霍普金斯大学开办典礼上,英国生物学家赫胥黎说:希望它圆满地达到其崇高目的,祝愿它的声誉与日俱增,成为一个能获得真才实学的学府、一个自由研究的中心、一个智慧之光的聚合点,直到人们从世界各地慕名而来。确实,约翰斯·霍普金斯大学那激励人的学术氛围和一流的师资水平是当时美国其他大学无法相比的,它培养了美国许多著名学者及各界重要人物。仅从 1876 年到 19 世纪 80 年代末,它培养的博士总数已超过哈佛大学和耶鲁大学两校之和。后来,美国许多大学仿效它而成立,其中有斯坦福大学(1885)、克拉克大学(1887)、芝加哥大学(1891)等,使美国大学现代化出现了新局面。同时,以原来"九大学院"为代表的那些传统大学也开始进行趋于现代化的改革,以跟上时代的步伐。

大学现代化运动的特点与影响　随着以柏林大学为标志的大学现代化运动的兴起和扩展,西方大学无论在办学精神上还是在其具体做法上都体现了与传统大学不同的特点。其最大的特点无疑是对科学研究的提倡和学术自由原则的确立。这一特点现已成为西方大学的精髓。

大学现代化运动充分适应时代的进步和欧美国家发展的需求,使近代西方大学以一种崭新的面貌出现在世人面前。以柏林大学为旗帜的大学现代化运动使德国成为西方近代大学最发达的国家,它不仅在教学与研究上卓有成效,而且推动了德国近代科学的发展,使德国在 19 世纪中期取代法国而成为在科学上居于首位的欧洲国家。更为重要的是,德国大学的现代化极大地影响和推动了其他欧美国家近代大学的发展,尤其是美国的大学,在继承和发扬大学现代化精神的基础上得到更高的发展。德国教育史学家鲍尔生指出:19 世纪开展的德国教育运动在欧洲各国中处于领先地位,德国大学已成为全世界公认的科学研究中心。各国学者不断到德国走访或留学;各国的大学,特别是美国大学,都力图仿效德国大学。

参考文献

贺国庆,等. 外国高等教育史[M]. 北京:人民教育出版社,2003.

Brubacher, J. S. & Rudy, W. Higher Education in Transition: A History of American Colleges and Universities, 1636—1976 [M]. New York: Harper & Row Publishers, 1976.

Rudy, W. The Universities of Europe, 1100—1914: A History [M]. London: Associated University Press, 1984.

（单中惠）

大学园区（university district）　亦称"大学城"。20 世纪中叶在西方国家相继兴起的一批以大学为中心,以城市为依托,以资源共享、功能互补和产学研一体化为主要目标的新兴社区群落,后演变为现代大学的一种功能模式。可分为自然发展型和规划建设型。

自然发展型大学园区指随着城市经济和高等教育事业的发展,一所或若干所集中于一地的大学办学规模越来越大,大学及其周围集聚了一定规模的人口,人们借助大学的技术和人力资源优势,开发一些高新技术产业和第三产业,从而使大学及其周围发展为具有一定人口和生产规模的城镇,形成以大学为核心的、具有鲜明文化特色的城市社区,如剑桥大学城、格廷根大学城等。规划建设型大学园区是第二次世界大战后随着高等教育在一些国家的迅猛发展,由国家、地方政府、高等院校和企业等多方合作、共同建设的大学园区,如日本的筑波大学城、美国的密苏里大学城等。

大学园区的兴起和发展是高等教育大众化和地方化发展的一种新模式,在促进社会经济与高等教育协同发展方面发挥着枢纽作用;大学园区不仅是高等教育机构的密集区,而且是知识型产业的密集区和孵化中心,是对社会经济发展起策动、推动和引导作用的技术源、思想库和智慧中心;大学园区在教育资源配置、人才交流互动、推进知识创新和科技成果向生产力转化等方面有独特优势和发展前景;大学园区是探索新的办学模式和人才培养模式的实验基地,是推动城市建设和经济发展的新增长点,也是提高社区人口素质和文化水平的重要手段。世界范围内有很多成功的大学园区,如20世纪50年代以美国斯坦福大学为中心创建的著名科技园区——硅谷。

大学园区的作用有:(1)聚集效应。大学园区以聚集大批知识人才为典型特征,人才聚集带来知识的汇集和科技成果的高产出,由此形成一个知识交流、传播、创新、开发、生产的“城市”。(2)辐射效应。主要体现在思想、高深学问、大学精神以及高科技等方面,也有助于建设城市的人文环境。(3)互动效应。大学园区的发展为实现大学与社会的互动找到了有效途径。大学园区最基本的特征是共享与独立,它是大学联合体或大学共同体,可以在确保大学独立性的同时实现资源共享。

大学园区的发展使大学办学体制走向多元化,表现出政府引导、市场运作和学校自主的特征。主要表现为:一是政府与社会力量分别办学从而形成多元化的办学模式;二是政府主要投资园区公共设施,如道路、供电、供水等,学校主要投资教育(教学)科研设施,后勤设施利用市场机制吸引社会开发性投资等。

20世纪80年代以来,中国的大学城建设有很大发展,基本上属于规划建设型。中国大学城主要有四种类型:大众化型,以扩大高等教育规模和供给为主要目标;高科技型,以发展地区高科技产业为主要目标;大众化与高科技产业兼而有之型;集中现有的大学力求资源共享、共同发展型。进入21世纪,中国大学城建设发展迅速,有的大城市兴办了多个大学园区,一些中小城市也积极规划和兴建大学城。较有影响的大学城有北京的东方大学城、上海的松江大学城、广东的深圳大学城、浙江杭州的下沙高教园区等。

（荀振芳　别敦荣）

大学自治(university autonomy)　大学自主决定和管理学校事务的一种理念和制度。最早可追溯到欧洲中世纪大学行会自我管理的传统。是高深学问内在逻辑的必然要求:高深学问是超出一般的、复杂的甚至是神秘的知识,只有学者才能深刻理解其复杂性,应让学者独立解决这一领域中的问题;大学是传输和探究高深学问的地方,应是一个自治组织。大学作为社会组织,与社会其他方面有密切联系;大学要取得资源,必须反映社会的要求,为社会提供服务,因此大学自治不是绝对的,是有限的。大学自治实践主要体现在管理学校内部的学术事务上。实现有效、合理的大学自治,应在保持大学独立性和应对社会要求之间找到最佳平衡。

大学自治是一个相对概念,其内涵随不同国家、不同时期变化。泰特认为,大学自治指一种信念:高等教育机构应独立决定其目标和优先顺序,并将之付诸实施,以最好地服务于社会整体;要使高等教育机构持续地成功实现其探索、拓展、应用、传递知识及理解的基本功能,大学自治具有至关重要的意义。伯达尔将大学自治划分为实质性自治和程序性自治,前者指大学或学院以团体形式自主决定自身的目标和各种计划的权力;后者指大学或学院以团体形式自主决定实现这些目标和计划的手段的权力。英国教育家阿什比对大学自治的内容进行划分:在大学的管理上免于非学术的干预;以大学看来合适的方式自主分配资金;自主招聘教职员并决定其工作条件;自主选择学生;自主设计和传授课程;自主设置评价标准、决定评价方式。美国联邦最高法院在1957年史威兹诉新罕布什尔州案判决的协同意见书中提出“大学的四大基本自由”,即在学术的基础上自己决定谁来教、教什么、如何教、谁来学,从法律上肯定大学自治的合法性及其内容。该意见书认为:在大学里,知识就是它自身的目的,而不只是达到目的的手段;大学如果变成教会、国家、他人、局部利益的工具,将不再忠实于其自身本质;大学的任务在于提供一个最有益于思维、试验和创造的环境。

大学自治制度　在世界范围内,英国、德国和美国的大学自治制度较有代表性,对其他国家有较大影响。可从学校管理、资金控制、教职员聘任、招生、课程设置和评价等六个维度考察大学自治的程度和外部干预的状况。

在英国,大学管理是大学学者的事情,由教授组成的评议会为最高学术权力机构;校议会为最高管理机构,通常处于非学术控制之下,但它不干涉学术事务。高等教育机构所需资金绝大部分来自国家,资金分配权由大学拨款委员会(University Grants Committee)掌握。该委员会为非政府组织,主要由学者担任委员,其拨款原则是向拨款的受益者负责,而不是向拨款者负责。每五年为期限划拨资金,对大学如何使用资金不进行控制和检查。20世纪60年代后,高等教育体系快速扩张,国家资金相应增加,大学拨款委员会开始对资金使用发布"指导备忘录"。到 70 年代,五年期的资金拨款制缩短为三年期,政府开始加大对高等教育的干预,增加对大学绩效责任的要求。1989 年,大学基金委员会取代大学拨款委员会,委员会中大学学者不再占多数优势。原来自治程度较低的多科技术院校等高等教育机构的自治权限不断提高。进入 21 世纪,英国大学自治的程度仍然很高,在除资金控制外的学校管理、教职员聘任、招生、课程设置和评价等五个维度上仍保持高度自治。

宗教改革运动之后,德国多数大学由国家创办,国家扮演重要角色。洪堡和费希特等人认为,国家是大学的安全保卫者和资金提供者,但要限制国家对大学事务的干预,国家的作用在于保卫大学免于来自大学外部(如宗教力量)和大学内部(如内部的权力争斗)两种力量的威胁;大学强调学术自由,拥有一定的实质性自治,国家在资金控制和教师任用等重要方面保留对大学的控制权,如教授的任用等同于公务员对待,教授的任命由大学和国家共同决定等。1976 年颁布的《高等学校总纲法》规定:大学既是公法上的社团,同时又是国家机构;在法律规定的范围内,大学享有自治权。德国大学的内部自治权主要由教授组织行使,教授组织是决定和管理大学事务的核心机构。校长由大学内教授代表组成的评议会或总选举会选举产生,评议会还负责讨论有关大学办学的重要事项、制定学校章程及规则(如学位授予规定、教授资格评定规定等)。大学下属各学部成立教授会,负责处理学部内的一切事项,学部长由教授会选举产生。

美国大学管理权主要在董事会、教师、行政人员、学生以及校友之间内部分配。董事会制是美国大学和学院自治的特征,公立学院也沿用私立学院的董事会管理方式。其他重要组织形式在殖民地学院时期已经形成,如以拥有特许状为标志的学院的法人地位、哈佛大学的"两会制"(监理会和校务会)、耶鲁大学的"一会制"(校务会)等。达特茅斯学院案是美国高等教育自治制度特别是私立院校自治制度确立的标志。公立大学依据各州的宪法或法律建立,其管理权在州政府,集权与分权的程度因各州的情况而异;通常控制较少,自治程度高,但各州差异大。其自治程度从法律角度可归纳为三类:一是公立大学作为州的机构,此类大学在法律上是州政府的一部分,必须受州行政法的约束;二是公立大学作为公共信托,此类大学可以不受州行政法的约束,其董事必须依据州法律完成受信托的特别义务或责任,为实现公众的教育利益来经营此信托财产;三是公立大学作为自治大学,此类大学依据州宪法成立,是区别于州政府的一种实体,它可以是公法人、公共信托或依法的独立公法地位,享有宪法保障的大学自治。宪法上的大学自治不能破坏或否定州宪法或联邦宪法所保障的基本权利。美国有

35 个州在其宪法中赋予该州高等教育机构在宪法上的地位,其中有些州的宪法对州立大学的地位和权限有明文规定,限制了州政府和州议会对州立大学的干预;其中 21 个州将监督高等教育运作和经营的基本权利赋予州立法者。19 世纪末至 20 世纪初,美国一些地区性和全国性的非政府高等教育协会组织和专业组织承担起一些高等教育的协调和规划任务,促进了高等教育标准化问题的解决。美国大学经费来源与构成的多元化是美国大学自治制度的基础。两次世界大战时期联邦政府开始采用资助的方式,如赠地、签订科研合同、提供有偿培训、资助学生等,对高等教育机构施加影响。第二次世界大战结束后,具有美国特色的大学自治与外部多元控制的格局已基本形成,影响大学自治的外部因素不仅有州政府和联邦政府,还有许多非政府因素,如认证组织、基金会、校友、捐赠人等。随着美国高等教育大众化和大发展时代的到来,教师和学生在学校内部管理上获得更多权力。

历史演变 大学自治直接源于欧洲中世纪城市和行会的自治。大学最初作为一种学者行会或学生行会,秉承了行会自治的传统。此时的自治暗含某种程度的独立和凝聚力。大学能够颁发带有自己印章的证书,以自己的法人名义参与民事行为,自定法规、章程并迫使其成员服从。当时大学不能完全排除外部世俗政权和教廷的干涉或控制,也不能排除大学内部的等级制度和种种区别。在与教会势力、世俗政权的斗争中,大学获得相当大的自主权,如独揽授予学位权、教学许可证书的权力;保有罢教权和迁徙权;被赐予一些特权,如免除兵役、免税、受大学当局审讯而不受市政当局审讯等。18—19 世纪,随着欧洲宗教改革和民族国家的形成,国家权力日益强大,同时由于大学数量日益增加、规模和设施不断扩充,大学丧失了稀有性和迁移的可能性,传统上大学保持独立的最有效武器——罢教和迁徙失去作用。在欧洲大陆,大学在财政方面越来越难以维持独立性,世俗政治权力开始介入大学教师人事自主权,任用和罢免教授,大学自治的最重要部分遭到破坏,其他方面如系或学院自治等形式仍被维持甚至被强化。如何处理大学与国家、大学与政府的关系问题,开始成为大学自治的核心问题,成为大学正确履行其自身使命和功能的前提条件。19 世纪初德国柏林大学建立时对大学与国家关系的界定,1819 年美国联邦最高法院在判决达特茅斯学院案时对私立高等教育机构自治权的维护,对大学自治理念得以延续起重要作用。第二次世界大战之后英国、美国等国家的中央政府加强了对高等教育的干预。20 世纪 60 年代以来,法国进行了三次高等教育改革,主要目标则是调整大学与政府的关系,扩大高校本身的自主权。英国从 20 世纪 80 年代末开始要求地方政府减少对多科技术院校的控制并扩大其自治权。亚洲、南美洲的一些国家倾向于以提高高等院校的

自治程度来应对当地政治经济发展和高等教育改革的要求。

在中国，现代意义上的大学存在的历史不长。中华人民共和国成立以后，在长期计划体制管理下，高等教育由国家高度控制。改革开放以来，扩大高等学校自主权的重要性被广泛承认。1985 年 5 月，《中共中央关于教育体制改革的决定》提出要扩大高等学校的办学自主权。1998 年 8 月，《中华人民共和国高等教育法》颁布，规定高等学校享有法人资格。同年联合国教科文组织在巴黎召开世界高等教育大会，发表《21 世纪的高等教育：展望和行动世界宣言》，提出应将院校自治作为应对高等教育面临的主要挑战的原则之一，认为坚持院校自治原则是学校正常运转和改革成功的先决条件。

参考文献

Clark, B. R. & Neave, G. The International Encyclopedia of Higher Education [M]. New York：Pergamon Press, 1992.

Thorndike, L. University Records and Life in the Middle Ages [M]. New York：Columbia University Press, 1944.

（和　震）

大众教育（mass education）　泛指以广大民众为对象，以普及提高人民大众的素质为目标，为大多数人服务的教育。与"精英教育"相对。是工业文明的产物，现代社会的一大基本特征。18 世纪 60 年代，工业革命在英国爆发，随后蔓延至整个欧洲大陆和北美地区，这不仅大大提高了生产力的发展水平，促使欧美等国实现经济发展的工业化，而且推动了这些国家政治民主化、思想理性化、文化多元化的发展。机器大工业生产要求劳动者必须具有一定的文化知识，同时政治上日益觉醒的工人阶级为争取受教育权也开展了激烈的斗争，传统面向少数统治阶级的精英教育显然无法满足现代社会经济、政治和文化发展的需求。1763 年，普鲁士颁布《普通学校规程》，规定 5～13、14 岁的儿童必须接受义务教育，学习简单的读、写、算等知识与技能，同时树立民族意识和国家意识，由此迈出大众教育的第一步。随后，德、英、法、美、日等国先后颁布教育法令，根据义务、免费和世俗化三大原则，逐步将教育的控制权从教会转向国家。19 世纪末 20 世纪初，欧美等发达资本主义国家纷纷建立国民公共义务教育制度。第二次世界大战后，义务教育不仅在发达国家，而且在新兴的发展中国家也呈快速增长的趋势，到 1985 年，全世界 80% 的国家都实现了义务教育。

普及义务教育是实现大众教育的主要途径，但在诸多发展中国家，大众教育还包括以扫盲为主的非正式成人教育。20 世纪 20 年代中国开展的"平民教育"就是某种意义

上的大众教育。在特定的时代环境下，大众教育有其特定的内涵。抗战时期，陶行知提出，大众教育是要教大众以生活为课程，以非常时期的有计划、有组织的生活作为他们的非常时期的有计划、有组织的课程。这种非常生活，便是当前的民族解放、大众解放的生活战斗。大众教育只有一门大功课，这门大功课便是争取中国民族大众之解放。若只教大众关起门来认字读书，那是逃避现实的逃走教育而不是真正的大众教育。新民主主义革命时期，大众教育是新民主主义教育的组成部分，其基本特点是受教育者的主体是工农群众及其子女。

大众教育有三个基本特征：面向全体民众，每个人不论其民族、宗教信仰、社会阶层、性别、年龄等，都享有均等的受教育权；具有高度的同质性，大众教育不是解决某一个地区的发展问题，而是人类社会必须共同经历的一个教育发展阶段，世界各国的大众教育都包含了人类生活的核心内容（如道德、自然、社会等），具有本质相似的教育结构和教育法规，为大众教育提供制度保障；传统的精英教育主要强化个体与整个社会的既有关系，而大众教育将个体视为社会的基本发展力量，重视个体能力、个性和责任的社会化发展，使得个体能够做出适宜的选择和有效的行为，进而推动整个社会的发展。

（滕　珺）

丹尼森教育经济效益计量法（Denison's measures of economic benefit of education）　亦称"丹尼森经济增长因素分析法"（Denison's element analysis approach of economic growth）。美国经济学家丹尼森在 1962 年出版的《美国经济增长因素和我们的选择》（The Sources of Economic Growth in the United States and the Alternatives before Us）一书中，首次使用因素分析法对美国 1909—1929 年和 1929—1957 年的经济增长进行分析，计算了各因素在经济增长中的作用。1924 年和 1984 年，他又将分析延伸至 1969 年和 1982 年。他还多次使用这一方法分析比较法国、意大利、日本等多个发达国家的经济增长过程，在国际上引起很大反响。

丹尼森将增长因素分为要素投入量和全要素生产率。要素投入量是劳动、资本和土地投入的结果，其中土地可以看成是不变的，资本和劳动是变动的；全要素生产率是产量与投入量之比。因此，实际的经济增长率在形式上可以分解为：

经济增长率＝要素投入量的贡献＋全要素生产率的贡献
　　　　　＝劳动投入量的贡献＋资本投入量的贡献＋
　　　　　　全要素生产率的贡献

为确定各种因素对经济增长的影响，他将上述三部分

进行进一步划分,使其与要考察的要素的具体形式相一致。劳动被分解为就业、工作时数、年龄性别构成、教育。其中前两项用以说明劳动投入的数量变化,后两项用以说明劳动投入质量的变化。就业量是被雇用人员的总数,劳动时间的缩短对劳动投入量有不利影响,但对提高劳动效率有利,因而必须计算其综合结果。教育和性别是把劳动按不同教育程度和性别划分,用以确定教育和性别构成对劳动总量的影响。资本投入被分为存货、非住宅建筑和设备、住宅、国际资产。存货包括各种原料、制成品、储备物质、作物和牲畜,根据每年期初和期末的平均值计算出指数。他在总资本的基础上用直线折旧方法计算净资本存量,然后用总资本与净资本的加权和作为非住宅建筑和设备的投入指数。其中,总资本的权数被规定为 0.3,净资本的权数为 0.7。丹尼森还把全要素生产率分为知识进步、资源配置改善和规模经济。知识进步包括技术知识和管理知识,前者指关于产品制造、组合和使用的知识,后者是指广义的管理技术和企业组织方面的知识。资源配置改善是指农业劳动力转移到非农业部门、非农业的独立经营者和在自己企业中不领报酬的人转移到其他行业中就业,从而使劳动力配置有所改善,增加劳动收入和增加国民收入。规模经济是指大规模生产的效益。由于缺乏有效的度量指标,丹尼森先验地推断规模经济的贡献为国民收入增长率的 8%～10%。在估算出资源重新配置对增长的贡献,并假定规模经济的贡献之后,那么余额则归为知识进步的贡献。

1962 年丹尼森对 1929—1957 年的美国经济增长进行了因素分析。他的分析思路是:先计算特定时期国民总收入增长率中各种增长因素的作用,用百分比表示;再计算教育程度提高对特定时期国民收入增长率中所作贡献的百分率。具体计算步骤为:

第一步,以不同教育年限劳动者的收入确定简化系数。丹尼森认为,劳动者教育水平的提高不但促进过去的经济增长、增加未来的经济增长,而且有可能通过教育途径来改变未来的经济增长。这里的教育只包括劳动者受到的正规教育年限的多少。他将学生在校时的知识和业务水平的提高,看成"知识增进"这一因素对经济增长影响的一部分,而不是教育年限对经济增长的影响。他认为,教育年限的增加不仅增长了个人收入,而且提高了个人对生产的贡献,因而应在教育年限与个人的生产贡献之间建立数量关系。他利用 1950 年美国人口普查资料(该资料统计了 25 岁和 25 岁以上的男性),按教育年限分成 9 组,以八年级教育程度男性就业者平均工资为基准(100%),求出其他教育程度的男性就业者的平均工资与基准工资收入之比,即工资收入的简化系数。

第二步,调整工资收入的简化系数。丹尼森进一步假定,同期收入差别中只有 3/5 是由教育引起,以 3/5 对实际工资差别进行调整,得到反映教育效果的工资收入的简化系数。

第三步,计算报告期年和基期年反映教育效果的平均工资收入教育简化系数,计算公式为:各教育年限平均工资收入教育简化系数＝∑(各教育年限工资收入教育简化系数×各教育年限的就业者比例)。

第四步,计算平均工资收入教育简化系数的全期增长值和年度增长率:简化系数全期增长值＝报告期(1957 年)简化系数－基期(1929 年)简化系数。根据报告期年和基期年各教育年限平均工资收入教育简化系数,计算出 1929—1957 年该系数提高了 29.6%。设年度增长系数为 r,$1 \times (1+r)^{28} = 1.296$,解得年度增长系数 $r = 0.93\%$。

第五步,计算教育在国民收入增长率中的百分比。根据 1929—1957 年的资料,算出工资在全期国民收入中的比例为 73%,所以国民收入增长率中,年均教育的比例为 $0.93\% \times 73\% = 0.68\%$。由于国民收入全期年均增长率为 2.93%,因此,教育在国民收入增长率中的百分比应是 $(0.68/2.93) \times 100\% = 23\%$。此外,丹尼森认为,知识进步作用的 0.59% 中也有 3/5 是教育的作用,那么知识进步中教育对国民收入增长率的贡献为 $0.59/2.93 \times 3/5 \times 100\% = 12\%$。因此,全部来自教育在国民收入增长率中的百分比应是:

$$0.68\% + 0.59\% \times 3/5 = 1.03\%$$
$$1.03/2.93 \times 100\% = 35\%$$

即 1929—1957 年国民收入年增长率 2.93% 中有 1.03% 是教育的作用,教育对这一时期的国民收入增长率的贡献率为 35%。

(毛　军)

单轨制与双轨制(single and dual school system)
19 世纪资本主义国家实施普及义务教育时两种典型的学校教育制度。单轨制指国家只设一套学校教育体系,从小学到大学,各阶段上下衔接、相互沟通,以美国为代表。双轨制指国家设有两套学校教育体系,其发展形式、教育对象、课程内容和教育水平等迥然不同:一套属于学术性质,主要对上流贵族和资产阶级子女进行古典教养教育,从小学、中学直至大学,条件优越、学费昂贵、教学质量较高;另一套属于职业性质,学生小学毕业后只能升入各种职业学校,条件较差,经费不足,教学质量较低。两套学校教育体系互不沟通,形同双轨,称为双轨制,以法国、德国和英国为代表。

单轨制与双轨制的生成

近代社会以前,虽然存在各式各样的教育机构,彼此之间也存在等级与程度的不同,但不同学校之间并无明确的衔接与转换关系,同一层次的学校亦无明确的分工与协同,各种教育机构处于分散游离状态,并未形成严格意义的学校教育制度。近代社会以后,随着公共教育制度的诞生,学校的数量与类型大大增加,需要一定的规范来确立与协调,于是现代学校教育制度应运而生。

首先出现的是双轨制。12世纪,随着生产力的发展,手工业从农业中分离出来。从农业中分离出来的手工业者聚居一处,从事生产与贸易,形成了现代意义的城市,促发资本主义的萌芽。同时,绵延200年之久的十字军东征使东方文化传遍整个欧洲,带动了经院哲学的发展。以此为背景,意大利、法国、英国、德国等西欧国家相继出现了以传授神学、法学和医学为宗旨的高等学术机构,并逐渐演化成为欧洲中世纪大学,如意大利的博洛尼亚大学、萨莱诺大学,法国的巴黎大学,英国的牛津大学、剑桥大学等。15世纪以后,在文艺复兴运动的带动下,欧洲一些人文主义者在意大利、法国、德国等地区又建立了一些新的教育机构。如,1423—1448年,意大利教育家维多里诺应孟都亚侯爵的聘请建立孟都亚宫廷学校,1530年,法国人文主义者创立了法兰西学院。这些教育机构开设希腊文、拉丁文、希伯来文和数学等讲座,注重人文教育,最终发展成为欧洲的古典中学。至此,一套由大学和中学共同构成的学校系统建立。它以大学为顶点,以自上而下的方式发展起来。日本广岛大学的冲原丰称之为"下构型学校系统"。

16世纪,伴随着欧洲宗教改革运动的勃兴,为传播教义,扩大影响,争取更多信徒,一些新的教派提出义务教育思想,并陆续建立一批初等教育机构,主要讲授读(reading)、写(writing)、算(arithmetic)和宗教(religion)4门课程,称为4R教育。18世纪后半期,人类社会进入工业革命时代,生产力的迅猛发展对劳动者的素质提出基本要求。因此,欧洲各国相继制定义务教育法,发展初等教育。事实上,早在16世纪后半期,德意志的一些公国就颁布了强迫教育法令。17世纪以后,大多数公国竞相颁布强迫教育法令,特别是1763年普鲁士国王弗里德里希二世颁布《普通学校规程》,明确提出实行普及初等义务教育。1833年,法国教育部长基佐在借鉴德国教育的基础上颁布《基佐法》,大力发展初等教育。1881年和1882年,法国教育部长费里又颁布了《费里法》,进一步实行义务、免费、世俗的初等教育。1870年,英国颁布《福斯特教育法》(亦称《初等教育法》),要求切实保证义务教育的实行。由此,欧洲各国的初等教育蓬勃发展起来,初步形成了现代国民教育制度。以后,初等教育随着学年的增长不断向上级学校阶段延长,逐渐与职业学校衔接起来。由此建立的学校系统采取自下而上的发展方式,冲原丰称之为"上构型学校系统"。

到19世纪末,下构型学校系统与上构型学校系统并列,形成欧洲学校教育泾渭分明的双轨制度。下构型学校系统属于学术性的,只有这一轨的学生才有资格进入大学,当时的中学不自成体系,仅仅作为大学预科而存在;上构型学校系统属于职业性的,主要满足普通民众日常生活和职业发展的需要。

美国独立之前,由于其独特的移民性质,主要仿效欧洲宗主国尤其是英国的教育模式,建构了初步的双轨制学校教育体系,中、高等教育基本上为上层社会的子女所垄断,下层社会的子女只能在宗教活动和简陋的初等学校里学习。独立以后,资本主义急剧发展,美国很快从农业社会转向工业社会。为了有效适应经济的发展、社会的转型及造就公民的需要,美国从19世纪20年代开始掀起席卷全国的公立学校运动,努力建立平等、免费、不属于任何教派的公立学校。南北战争后,四年制公立中学发展起来,与八年制初等学校构成"八四"制学校教育系统。美国由于特权较少的历史文化传统,双轨制中学术性一轨未能得到充分发展,故而形成典型的单轨制学校教育系统。美国"八四"制学校系统建立以后,由于初等教育时间过长,课程重复过多,不仅没有促进中等教育的发展,反而导致初等学校中途辍学率增长。1909年,以俄亥俄州哥伦布市创建的初级中学为开端,美国又兴起初级中学运动,中学逐渐分成初中和高中两段,各为三年,合为"六三三"制。到20世纪40年代,"六三三"制发展成为美国中小学的主要学制,对其他国家产生深刻影响。

单轨制与双轨制的演进

学校教育制度的演进反映了生产力和政治经济制度以及教育自身发展的要求。

20世纪以后,第一次世界大战摧毁了人们习以为常的生活方式,为人们展示个人才能、形成新的社会价值提供了机会,民主意识得到激发。随着民主化思潮的兴起,教育机会均等的理念建立起来。人们普遍认为,双轨制是产生阶级差别的土壤,是阻挡社会发展与社会公平的障碍,与民主社会的进程格格不入,必须彻底加以改造。为此,欧洲各国在"民主化"和"现代化"理念的支配下,对原有学校教育制度进行重构,过去泾渭分明的双轨制逐渐向单轨制发展。德国根据1919年的《魏玛宪法》和1920年的《基础学校法》,废除帝国时期贵族化的预备学校,建立了统一的四年制基础学校。凡6～10岁的儿童,无论贫富贵贱,都必须进入基础学校学习,经过考试,少数成绩优异的学生进入中学,准备升入大学深造,大多数学生则进入国民学校高年级继续学习4年,完成义务教育。实际上,中学学费昂贵,能够进入中学的绝大多数是上层社会和有产阶级的子女,德国在中学和大学阶段实行的依然是双轨制度。但无论如何,双轨制在初等教育阶段已不复存在。在德国统一学校制度的影响下,法国从1923年开始,将原来的中学预科与小学教育内容逐步衔接,1925年开始实行小学阶段的"统一学校"。1924年,英国工党上台执政,为顺应英国社会对中等教育的普遍要求,首次提出"人人接受中等教育"(Secondary Education for All)的主张,发起了中等教育开放运动。1944年,英国议会通过《巴特勒教育法》,在共同初等教育基础上设立文法、技术和现代三种形式的中等学校,使之与统一的初等学校相衔接。

第二次世界大战以后,科学技术日新月异,迅猛发展,对社会的产业结构、劳动者的智能结构及人们的生活方式产生巨大影响,对教育提出更高的要求。同时,世界范围内掀起了民主主义运动高潮,民主化成为社会发展的主旋律。在这种背景下,欧洲各国纷纷利用教育重建的机会,延长义务教育年限,在初中或初中的部分时段设立观察指导期,有的则开展了综合中学运动,使原有的双轨制度在初中阶段,甚至整个中等教育阶段统一起来。1959年,联邦德国教育委员会公布《改组和统一公立普通学校教育的总纲计划》,提出在四年制基础学校之上,加设两年的促进阶段,亦称定向阶段。在这一阶段,学生可确定未来的发展,经过分流,分别进入适合自身发展的各类中等学校。促进阶段的确立推迟了学生分流的时间,完善了升学的选择机制。设立促进阶段的建议被1964年在汉堡签订的《联邦共和国各州统一教育制度的修正协定》(即《汉堡协定》)采纳,并在各州推行。法国政府1959年颁布《贝尔敦法令》和《德勃雷法》,在中学设立"观察期"和"方向指导期"。1975年,法国议会通过《法国学校体制现代化建议》(简称《哈比改革法案》),将"观察期"和"方向指导期"正式确定下来。初中前两年为"观察期",所有学生学习共同的基础知识,但要对每个儿童的能力和性向进行观察,以确定其升学和就业的方向;后两年为"方向指导期",根据学生的能力、成绩及性向将他们分成A、B两组,A组毕业后进入国立高中继续深造,B组毕业后则进入职业技术学校学习。法国将中学的最初两年作为"观察期",为所有学生提供两年的共同教育,实质上是在初中阶段向统一学校迈进了一步。60年代以后,英国人对文法、技术和现代中学"三分制"的理论依据提出质疑,对其继续存在的现实合理性发起挑战。为此,英国于1965年掀起了中等教育综合化运动,将"三分制"中等学校改组为综合中学。到1980年,综合中学学生数已占全部公立中学的88%,成为英国中等教育的主要类型。

美国在19世纪后半叶建立了单轨制的"八四"制学校教育系统,20世纪初,在原"八四"制基础上创设了"六三三"制。尽管"六三三"制在阶段性方面对传统的"八四"制进行了改进,但随着职能的不断分化,中等教育不仅要为大学输送毕业生,还必须为人们的职业生活作准备,为社会公民提供普通文化教育,纯粹的单轨制学校教育体系难以满足人们对中等教育多样化的需求,因此传统的单轨制开始向多样化演变。1913年,美国全国教育协会成立了中等教育改组委员会(Commission on the Reorganization of Secondary Education),对中等教育的职能和目标进行研究。1918年,中等教育改组委员会发表《中等教育的基本原则》报告,不仅积极推进"六三三"学校教育体制,而且同时提出创设综合中学的建议。美国教育家、哈佛大学校长科南特曾指出:综合中学第一要为所有未来公民提供普通教育;第二要为那些在学校毕业后立即使用所学技能的学生开设很好的选修课程;第三要为毕业后上学院或大学深造的学生开设令人满意的文理课程。综合中学的创设为多样化的中等教育提供了制度保障。60年代后期,为了帮助学生更好地度过青春发育期,美国又创设了中间学校(middle school)。中间学校与四年制小学衔接,修业4年或3年,包括五(或六)至八年级,在其之上是四年制高中。于是,美国又出现了"四四"制和"五三四"制。美国学校教育制度呈现出多样化、异质化的特征,即便是地域毗邻的两个州,其学制也可能有所不同。从纵向来看,美国有"六三三"制、"六六"制、"八四"制、"四四四"制、"五三四"制、"七四"制,甚至有十二年一贯制;从横向来看,综合中学为学生分别提供三种不同性质的教育。美国从纵横两个向度满足了社会对教育多样化的需求。

单轨制与双轨制的发展特点

双轨制与单轨制各有特点,各具优势,也存在各自的不足。双轨制中学术性一轨具有较高的学术水准,能够培养高质量的人才,但它根据不同出身、门第和经济条件,对不同对象实施不同的教育,造成教育机会不均等,与世界民主化的进程相悖逆。美国在建构学校教育体系的过程中,对欧洲传统的双轨制进行改造,形成多分段的单轨学制,为所有人提供均等的教育机会,保障人们接受各级各类教育的权利,但难以满足人们对教育多样化的需求。因此,双轨制与单轨制自生成之日起就不断演进,延续至今,形成各具特色、异彩纷呈的学校教育体系。

纵观双轨制与单轨制的生成与演进,可以预见,未来双轨制与单轨制的走向应该是两者相互取长补短,相得益彰,努力建构平等、开放、富有弹性的单轨多枝型学校教育体系,既体现单轨制的民主精神,又发挥双轨制的适应功能,既使人们享有相对均等的教育机会,又能发展人们不同的天赋与才能,满足社会对人才的多样化需求。大体而言,它具有以下发展特点。

高层化　直到20世纪初,西欧的学校教育制度依然是典型的双轨制:职业性一轨只有初等小学和高等小学,学术性一轨只有大学和中学,两者之间泾渭分明,互不衔接。第一次世界大战以后,伴随着民主化思潮的兴起,借助普及义务教育,欧洲各国纷纷开展统一学校运动,将初等教育合而为一。第二次世界大战以后,随着科学技术的迅猛发展,义务教育的年限不断延长,欧洲完整的中等教育不得不分解为初中和高中两个阶段,初中统一为普及的义务教育。与之相适应,英国于 1967 年取消"11 岁考试"制度,法国也于1970 年废止"六年级入学考试"。世界各国的小学与初中正日益一体化,成为普通教育的一个完整阶段。随着时代的发展,学校教育的阶段区分与职业分化将逐渐推迟到中等教育后期,并有继续向上到中学后教育阶段的趋势。

多样化　双轨制的走向是向单轨发展,目的是追求教育机会均等。然而,单一类型的学校和纯粹的单轨制无法满足人们对教育的多样化需求,因此,单轨制的走向则是向多样化发展。双轨制与单轨制的发展趋势,从表象上看,截然相反。其实,无论是双轨制还是单轨制,在发展过程中都非常注重按不同的社会需求设立不同类型的学校,从而更好地适应社会多层面、全方位的需要。从纵向来看,世界各国的学校层次日益多样化:一方面是向下延伸,学前教育正日益成为学校教育体系中不可分割的组成部分;另一方面是向上伸展,高等教育在整个学校教育体系中的地位日益突出。仅就高等教育而言,其层次也愈来愈多样化,如,美国高等教育中就有副学士、学士、硕士和博士学位多个层次。从横向来看,世界各国的学校类型也日益多样化,不仅包括普通教育,而且包括职业技术教育。即便是职业技术教育,其类型亦日益多样化,如德国就有部分时间制职业学校、全日制职业学校、专科学校、职业基础学校、职业补习学校和专科补习学校等多种类型。

弹性化　在传统的双轨制与单轨制中,各级各类学校的性质、任务、入学条件、修业年限及其相互间的衔接与转换都有着严格的规定。这种教育制度是工业时代机械主义思维方式在教育上的反映,它以大批量、流水线、规模化为特征,强调制度的标准化与规范化。第二次世界大战以后,随着时代的变革,这种机械的教育制度愈来愈难以与社会变革的速度、程度(社会迅速、复杂、广泛和深刻的变革)和多样化、个性化需求相适应,建立弹性的学校教育制度成为教育发展的必然选择。许多国家的学校在性质、任务、入学条件、修业年限及其相互间的衔接与转换方面开始出现某种灵活性,人们能自由地从一个阶段转到另一阶段,从一个学校转到另一个学校,能自由地进入各个不同阶段,又能在不同的点上离开,有许多机会从一个教育分支转到另一个教育分支,可以在适当的时候脱离或重新进入教育圈子,学校教育体系正由过去的"单行道"转变为"立交桥"。

终身化　随着科学技术的迅猛发展,知识更新的速率愈来愈快,以至于人们在最初的学校教育阶段所学的知识很快陈旧,需要重新学习。为此,20 世纪 60 年代,西方一些国家出现了继续教育、回归教育等,由此演化为波澜壮阔的终身教育思潮和学习型社会理念。终身教育把人生各个阶段的学习活动视为一个整体,把社会所有的教育活动整合在一个纵向相互衔接、横向相互融通的教育体系之中。在这种思潮的指导下,世界上许多国家都把终身教育作为本国教育改革的指导原则,重构学校教育制度。学校教育体系正从一次性教育向终身教育发展。

参考文献

陈桂生. 教育原理[M]. 上海:华东师范大学出版社,1993.

冲原丰. 比较教育学[M]. 长春:吉林人民出版社,1984.

滕大春. 外国教育通史[M]. 济南:山东教育出版社,1989.

王英杰. 比较教育[M]. 广州:广东高等教育出版社,1999.

(欧阳光华)

导生制(monitorial system)　亦称"贝尔—兰卡斯特制"、"相互教学法"。18 世纪英国国教派牧师 A. 贝尔和非国教派传教士兰卡斯特创立的一种实施初等教育的教学组织形式。

18 世纪 70 年代,英国工业革命的发展要求对贫儿及童工普遍实施教化,以满足工厂对劳动力的需求,但由于师资缺乏以及学校经费紧张,英国普及教育步伐非常缓慢。在这种情况下,寻求一种经济的和效益高的教学组织形式就成为一种需要。类似导生制的教学组织形式早在星期日学校中就被采用过,但对之系统地加以实践的人则是 A. 贝尔和兰卡斯特。1791 年,为解决教师缺乏之问题,A. 贝尔在印度马德拉斯的士兵孤儿学校中创立了这种组织形式,以开展教学活动。在借鉴印度古儒学校做法的基础上,他选择班级中一些年长或聪明的儿童,让他们协助教师教其他学生。当时这种方式称为"马德拉斯制"。1797 年,A. 贝尔的《教育实验》一书出版,详细介绍了这种做法,并称其是进行贫民初等教育的一种经济、有效的方法,但并未引起人们的注意。1798 年,兰卡斯特在英国伦敦开办慈善学校,同样选择年长学生担任教师。此时,兰卡斯特并没有看到过 A. 贝尔的《教育实验》一书。1802 年,兰卡斯特的《教育改良》一书出版,描述其实施的导生制计划,这才引起人们的广泛关注。兰卡斯特声称,一位教师可以管理 1 所拥有千名学生的学校;A. 贝尔甚至认为,一位教师可以管理 10 所邻近的拥有千名学生的学校。

采用导生制组织教学时,教师往往在一个大教室里借助导生,完成对几百名学生的教学。教室中放置许多排长课桌,每排有 10 多位学生,选择其中 1 名较聪明的儿童担任导生。导生每天最早到校。教师先对导生进行教学,然后导生再将从教师那里刚学到的内容传授给本组的其他学生，并对这些学生进行检查和考试。除有专门负责教其他学生学业的导生外，还有专门负责其他工作的导生，例如，负责作业本的、报告学生出席或缺席情况的、调查缺席原因的、负责升降级的等。这种教学组织形式后来日趋系统，管理和教学通常分开进行，并有不同的导生负责。在管理上，有负责作业本的导生，有负责出勤的导生，也有负责升降级的导生；在教学上，每班均设有班级导生和助理导生，其他学生则分为互助导生和一般学生。排座位时，成绩最好的互助导生与成绩最差的学生坐在一起，第二号优秀的互助导生与班中成绩倒数第二的差生坐在一起，依此类推，以便对差生进行及时帮助。班级导生由教师从高年级优秀生中挑选，主要任务是指导助理导生，检查互助导生和差生的学习情况及班级秩序；助理导生的任务是进行班级教学，并在监督互助导生的同时帮助一般学生学习功课。教师的职责在于管理和检查各位导生的工作是否完成，以保证整个学校的教学与管理工作有序进行。

　　导生制解决了初等教育经费和师资短缺的矛盾，在英国迅速流传开来。实施导生制的学校迅速增加，学生人数也大大增加。除英王乔治三世保证对导生制予以经济上的资助外，社会各界对导生制的反应也十分热烈。1808年和1811年，"皇家兰卡斯特协会"和"国教贫民教育促进会"分别成立，推动了导生制的传播。这种教学组织形式也流传到欧洲其他国家以及美国，被视为一种廉价、有效和使人守纪律的大众化教育手段，受到人们的极大赞赏，一度与蒸汽机、种牛痘等其他伟大发明相提并论。

　　导生制的优点在于节省经费和师资，有助于扩大教育对象，有助于培养学生的自我管理能力，大大促进了当时英国及其他欧美国家初等教育的发展，为普及初等教育、扩大受教育机会等提供了一种很好的方式。同时，它具有培训初等学校教师的因素，因此，有学者将其看作是英国师范教育的雏形。但是，导生制也存在不少缺点，主要表现为：教学太机械，导生的经验和能力有很大的局限性，影响学校教学质量；导生可能会骄傲。1840年以后，社会的师资状况和教育经费条件有所改善，导生制在欧美国家逐渐失去其最初的声望而被正规的初等学校教育制度取代。但也有西方教育学者提出，在发展中国家普及教育和扫盲的过程中，导生制仍然具有其运用价值。

　　　　　　　　　　　　　　　　　　（钟文芳）

道德教育与宗教教育课程（moral and religious education curriculum）　　学校课程体系的组成部分。在学校教育产生后普遍受到重视，各国设置的此类课程分为四类。(1)宗教教育课程。学校的道德教育以宗教教育课程为主体。又分三种：允许不同教派在学校中开设本宗派宗教课，如西班牙、比利时、新加坡、马来西亚、瑞士等；以某

教派为国教开设宗教课，如在瑞士、瑞典、丹麦、挪威等以新教为国教的国家，学校将新教课作为必修课，在西班牙和拉丁美洲一些以天主教为国教的国家，学校设天主教课为必修课；英国、澳大利亚等国家实施协议宗教课，其教义不分教派，按不同教派代表协商编制的共同教义大纲实施宗教教育课程。西方大多数公立学校均开设不同的宗教教育课程，但其课程内容迥异于第二次世界大战前。(2)道德教育课程。学校主要开设有关世俗道德教育课程，名称各异，韩国、马来西亚等国称"道德教育课"，日本在第二次世界大战前设"修身科"，1958年起设"道德实践"，法国称"公民道德教育课"，菲律宾称"价值教育"。这类课程注重讲授道德知识，反映现代社会现实需要，且能在时间、资源及师资方面保证学校德育的正规化。(3)宗教教育课程与道德教育课程并存。英国一些公立学校在设置宗教教育课程的同时，也开设道德教育课程，伊朗、伊拉克、荷兰、新加坡、菲律宾等国的公立学校同时开设两种课程，满足有不同宗教和学习要求学生的需要，新西兰、比利时等国的公立学校还开设多种宗教教育课程和道德教育课程，学生自由选修。(4)辅助课程，包括社会科或公民学等相关课程。一些主张以间接形式进行道德教育的国家为弥补学生相关道德知识的不足而开设，以知识教学为主，辅以道德实践活动，同道德教育有密切联系。西方国家公立学校和部分受政府资助的私立学校受政府统一控制，而部分私人或宗教团体举办的私立学校可自行决定开设相关道德教育课程，其德育倾向明显。设置相应课程是西方学校道德教育的重要形式，不同课程代表不同文化传统对德育的影响。

道德教育课程

道德教育课程理论基础　　道德认知发展理论是现代西方重要的德育理论，其代表人物为美国心理学家和道德教育家科尔伯格。20世纪60年代，科尔伯格建立较完整的道德认知发展阶段理论，并应用于教育计划，探究如何在学校中进行道德教育，逐渐发展和形成注重道德认知发展模式的道德教育课程模式。道德认知发展理论的关注焦点是发展儿童的道德推理，主张道德教育应通过激发儿童的积极思维，促进其道德思维向更高阶段发展。其主要理论观点有二。一是认知—发展的理论观。科尔伯格认为，道德教育绝不是死记硬背道德条例或强迫纪律，而是促进道德认知水平的发展，德育的中心是坚持发展道德认知力。一方面，道德教育同理智教育一样，以激发儿童就道德问题和道德决策进行积极思考为基础；另一方面，道德教育目标是在各个阶段获得道德发展。认知和发展是该理论的精髓：(1)德性发展遵循一定的阶段，与成熟有关，但两者不属同一层次；(2)德性发展与认知发展密切相关，认知发展是德

性发展的基础,德性发展不能超越认知发展水平,但两者并不等同,智力发展不等于道德认知发展,后者不可能从前者中自发产生;(3)德性发展的本质动机是寻求社会接纳和自我实现,是在社会激发下原有认知力发展的结果;(4)德性发展本质上不受文化的限制,具有普遍性,有其自身发展规律;(5)德性发展有赖于个体对社会文化活动的参与程度,并与儿童认同和承担道德角色的质量有关。由此科尔伯格认为,由道德困境激发的道德冲突继而达到一定的道德行为选择,是发展道德判断水平的重要条件,儿童只有参与道德活动才能进行道德判断,从而促进其道德发展。二是道德认知发展阶段论。科尔伯格认为,个体道德判断水平的发展是一个过程,并表现为特定的阶段模式,特定阶段表明道德判断特定的结构水平和道德认知的平衡适切度。科尔伯格将道德判断划分为三个水平六个阶段。水平一:前习俗水平。包含两个阶段。阶段1:惩罚与服从道德定向阶段。个体在这个阶段是根据实际后果判断好坏,而不管基本的道德秩序,避免惩罚总是受到优先考虑。阶段2:工具性相对主义道德定向阶段。在这个阶段,正确的行为是能够满足个人需要的行为。水平二:习俗水平。包含两个阶段。阶段3:好孩子道德定向阶段。个体在这个阶段努力仿效榜样行为的固定形象,把使他人高兴或帮助他人解释作为好的事情。阶段4:尊重权威和维护社会秩序道德定向阶段。水平二/三:过渡水平,属后习俗水平,但仍不具有原则性特征。水平三:后习俗水平。包含两个阶段。阶段5:社会契约道德定向阶段。在这个阶段,社会一致认同的价值观决定什么是正确的行为。阶段6:普遍伦理原则道德定向阶段。在这个阶段,正确的行为被认为是良心问题,它与自我选择和一贯的道德原则相符合,要求具有逻辑上的可理解性和普遍性。科尔伯格概括其理论:道德发展存在一定的阶段,这些阶段代表个体"认知结构的转型",同时代表个体在社会情境中"角色承担的机会"。只有激发儿童的主动性,才能有效形成他们对情境的感知,儿童的道德阶段和发展代表儿童的道德认知结构倾向与环境的交互作用,正是这种作用导致其道德认知水平不断由低向高发展。

人本主义道德教育理论源远流长,将人本主义运用于道德教育实践的代表有当代心理学家罗杰斯、马斯洛、斯腾豪斯等。罗杰斯认为,要实现人本主义的德育主张,必须改革灌输道德信条和机械训练习惯的传统德育,形成新型、民主的学校德育氛围,建立以代替权威主义为目标的人道主义课堂。营造民主的学校德育氛围基于三个根本条件:一是真诚(sincere),即保持坦诚、真实的师生关系,师生之间相互信任,形成有益的交流和促进,奠定良好的教育基础。二是接受(acceptance),即充分尊重学生人格,完全接受学生的思想观点、习惯和行为等,形成与学生充分交流的可能,避免师生间的对立和冲突。三是移情性理解(empathic understanding)和无条件关怀(unconditionally positive regard),即设身处地从学生的角度理解学生的思想,为之考虑各种问题,体验其思想、情感;教师对学生的思想和道德品性不作直接判断和定性评价,而是表示同情、理解和尊重,表达对学生的无条件关心和爱护,令学生感受到教师的关怀之情,从而敞开内心世界。

社会学习道德教育理论从行为主义心理学演变而来,主要代表人物是美国心理学家班杜拉和米歇尔。其主要思想有四。(1)人类的学习必须有个体品德的参与才能完成。学习既是反应过程,也是认知过程和自我调节的过程,人的行为不仅受环境和个体内在的体验、认知水平的影响,而且受情感、态度、品性和世界观的影响,后者往往更重要。人可以从环境中直接学习,也可以通过观察他人行为进行替代性学习,还能从体验到自己行为的可能结果的预期中学习,个体的思想观念影响个体的学习,制约个体对外界的反应和行为学习的质与量。(2)道德判断取决于社会学习,没有固定发展阶段。儿童的道德发展是个体社会化的结果,表现在两个方面:一是儿童的道德行为和道德判断是通过社会学习获得的,同样也可通过社会学习加以改变;二是综合运用榜样替代性奖励可以改变儿童的道德判断。(3)道德教育应从人格形成出发,且不能忽视教学中具有德育意义的师生互动的因素和教师的人格形象,以及隐性课程的作用,尤其是校园文化的熏陶等。(4)提出环境、行为和人的交互作用论。人的行为受到环境和观念的影响,受情感和道德水平的制约,行为结果亦会反作用于人本身,影响思想观念和道德情操的形成。道德教育应在引导学生探求道德真谛的过程中,将获得的知识付诸道德行动,在改变环境的实践中发展道德水平。

价值澄清理论形成于20世纪20年代,60年代逐渐成为一个德育学派,主要代表人物有拉斯、哈明和S. B. 西蒙,代表作为拉斯、哈明和S. B. 西蒙合著的《价值与教学》(*Values and Teaching*,1966,1978)。该学派以人本主义为哲学基础,尤其深受杜威相对价值论和多元价值观的影响,并接受认知论关于发展儿童道德认知判断力的主要观点,以及人本主义德育尊重学生、理解学生,给予学生选择和发展自己能力的主张。认为价值观是人固有的潜能,儿童必须在成人的帮助和环境的影响下,通过掌握价值澄清的方法,逐步辨析这种潜能,更好地适应民主体制为人们提供的最充分的机会,在政治、宗教、友谊、爱情、性、种族、财富等方面战胜矛盾和冲突,从而创建一个更加理性的文明民主的世界。价值澄清理论基于两个预设:现代儿童处于充满冲突的价值观的社会;现代社会没有一套公认的道德原则或价值观。教师只有通过评价分析和批评性思考等方法,帮助学生在其直接的生活中思考价值选择途径,形成适合自己的价值观体系。该理论有四个基本构成要素,即关注生活、接受现实、激发进一步的思考和激活个人潜能。价值形成过程（process of valuing，或称评价过程）有其基本模式，具体有三个阶段七个子过程。阶段1：选择（choosing），包括自由选择、从多种可能中选择、对结果深思熟虑的选择三个子过程。阶段2：珍视（prizing），包括珍视与爱护、确认两个子过程。阶段3：行动（acting），包括依据选择行动和反复行动两个子过程。经过辨析过程选择的价值观具有相对稳定性，能持久指导人的行为。

体谅德育模式形成于20世纪70年代初，由英国学校德育学家麦克菲尔及其同事创立。该理论运用人本主义德育观探讨学校教育以情感为主线的德育思想，并具体体现在德育活动中。其基本理论观点：根据学生的需要确定道德教育课程；道德教育应促进青少年发展成熟的社会判断和行为；注重道德感染力和榜样的作用；反对用高度理性化的方法进行道德教育，认为道德的本质是要求个体自然地与他人和睦相处，道德教育的目的是向学生表明，关心他人是一种愉快的生活方式。

存在主义道德教育理论根植于存在主义哲学，以奥地利哲学家布贝尔、法国哲学家萨特和美国哲学家奈勒为代表。布贝尔的道德教育学说提出，"我—你"关系是教育过程中真正的人际关系，只有改善师生关系，才能提高教育效率。师生之间是一种对话的交往关系，这是由养成学生分担和共享品质的教育目的决定的；"我—你"关系是一种具有包容性的人际关系，两者间没有任何距离和隔阂。萨特的道德教育理论认为，世界由无数个自我主观性构成，人是单纯的主观存在，人有任意选择和造就自己的本质属性；道德选择完全受情感支配，而情感是主观随意、不可捉摸的，不受理智和客观因素影响，每个人要对自己的选择负责。奈勒基于相对主义哲学提出个别化道德教育模式，倡导个人的存在与个人选择的自由，主张培植学生的自信，反对学校设置统一的道德教育科目，认为应让学生通过自己的哲理探讨获取道德知识和行为准则；反对学校规定统一的纪律，认为个人一旦归属集体，就会失去自我的独立存在。

除上述理论外，道德教育的理论基础还有品德教育教程学派、社会行动德育模式、理性为本道德教育理论、道德符号理论、逻辑推理价值观教育理论和完善人格道德教育理论等。品德教育教程学派在道德认知发展论、价值澄清论和人本主义道德教育理论等基础上发展起来，吸收各种新的教学方法，其课程设计不再是背记书本，而是注入科学精神，运用活动、讨论、分析等多种方法，发展多种评价量化技术，形成丰富多样的教学方式和内容，课程注意同其他学科尤其与现实社会道德生活建立紧密联系，以培养现代社会公民应具备的优秀品质为根本。社会行动德育模式兴起于20世纪70年代的欧美，主要倡导者是美国德育学家F.纽曼等人。提出德育不应强调教育活动本身，而应注重培养学生改变环境的能力，应教育学生如何影响政府政策和公民在社会变革中扮演的角色。理性为本道德教育理论形成于20世纪60年代后期至70年代初期的美国，代表人物为谢佛和W.斯特朗等人，认为在个体道德价值观的形成过程中，理性的作用比情感更重要。该理论深入研究价值观概念，认为价值观是进行价值判断时运用的标准和原则，价值观有四种：一是道德的价值观，用于判断目的或行为的对错或好坏；二是非道德的价值观，如审美的价值观和操作的价值观；三是内在的价值观，当道德的和非道德的价值观被人所认识，就成为内在的价值观；四是工具性价值观，是人们为达到另外的准则而建立的准则。道德符号理论的代表人物是英国的J.H.威尔逊、N.威廉姆斯和舒格曼等人。主张把复杂的道德问题分解为相互联系的"构件"，并分别标以特别的符号，以使人们摆脱模糊的概念，关注符号所代表的意义，明确讨论或评估的对象，还可借助道德符号寻找行为原因。逻辑推理价值观教育理论亦称"库姆斯—缪克斯模式"，兴起于20世纪70年代的北美，代表人物为加拿大的J.R.库姆斯、丹尼尔斯、I.赖特和美国的缪克斯等人，提出对价值观教育和逻辑学的逻辑推理证明进行整合，使学校中的价值观教育形式更具操作性，学生可以像证明逻辑命题一样判断各种道德价值观问题。完善人格道德教育理论兴起于20世纪80年代的美国，代表人物是美国发展心理学家和教育家里考纳。认为完善的人格由相互关联的三部分构成，即道德认识、道德情感和道德行为。这三部分的实质是知善、情善和欲善。道德认识由道德意识、领会道德价值观、理解别人、道德推理、做出道德决定和自我反思构成；道德情感由良心、自尊心、同情心、热爱真善美、自我控制和谦卑构成，道德情感是道德认识转化为道德行为的重要纽带；道德行为由道德能力、意志和习惯组成，是道德认识与道德情感结合的产物。

道德教育课程目标　学校道德教育受到各国重视，德育被作为建立社会秩序、安定国民、培养国家需要人才的重要工具。由于文化传统、国家政体、宗教信仰以及社会生活、经济发展需要和人的发展需要不同，各国学校德育课程目标的表述各具特点，在不同研究向度亦体现不同特征。发达国家学校道德教育课程目标具有明显的开放性，如美国强调培养儿童参与社会政治生活的能力，在塑造国家精神的同时更注重发展儿童承担社会责任和创造新生活的品质；英国强调让儿童了解个人、社区、国家及世界的相互关系以及全部生活领域中道德的意义；德国注重培养具有向世界开放的人；法国提出德育是致力于使人成为有自律的自由人。发展中国家的学校德育课程，如菲律宾、马来西亚、印度尼西亚、印度、斯里兰卡等国家注重培养学生的民族主义和国家主义，民族性贯穿学校道德教育，且道德教育的政治化倾向明显。历史悠久国家的学校德育大都较注重维护民族文化价值,突出文化传统的作用。

道德教育课程内容　现代各国学校道德教育内容主要有四方面:宗教知识、规则、教义、训诫;社会道德观念;现实生活道德准则与人际关系伦理;促进个体道德判断力的发展和道德行为习惯的养成。在具体的道德价值上,西方学校德育注重强调以下核心道德价值观:精神性,如爱国主义、民族主义、乐观精神等;爱;平等;公正;真理;自由;谦虚;克制;宽容;不屈不挠;自尊;自立;移情;责任心;合作;保护环境;和平解决冲突;家庭和睦;尊敬权威;忠诚;感恩;宽宏慷慨;自律;勇气;体育道德;守时;社会责任感;尊敬父母师长;经济效率;评估文化传统;公共精神;民族自豪感;团结一致;关心国际人类事物;是非感。不同国家和不同宗教信仰对这些价值观有特定表述。在社会对儿童的道德要求和儿童认知发展水平上,德育内容有五个层次。(1)家庭道德:用以调节关于家庭生活行为的道德准则,如尊老爱幼等;(2)社会公德:用以调节社会成员之间相互关系的行为准则,如互助互利、责任感等;(3)职业道德:用以调节从事特定职业者与其他社会成员之间关系的行为准则,如医生救死扶伤的人道主义等;(4)阶级道德:用以调节本阶级成员之间关系及与其他阶级成员之间关系的行为准则,如憎爱观等;(5)民族道德、文化道德:用以调节民族成员间、文化成员间关系的行为准则,以维护本民族的生存和发展,如发扬民族美德等。一般低年级以第一、二层次内容为主;中年级以第一至三层次为主;高年级以第四、五层次为主,并从具体内容递进到抽象概念和推理性内容。这些内容虽有层次和重点之分,但体现为一种整合关系。

道德教育课程实施　各国学校道德教育课程实施途径各具特色。美国、丹麦等国注重民族精神熏陶,重视教育的整体德育功能;马来西亚、印度尼西亚等国注重课堂教学;新加坡、日本强调正规教育在德育中的作用;西欧各国推崇宗教教育的德育功能。各国学校道德教育的主要途径有:日常校园生活,如礼仪教育及整洁等行为习惯教育;课堂教学,设专门的道德教育课程或价值观教育课,其他学科教学亦具有道德教育功能,班集体等隐性课程主要通过班风、校风、同辈群体、师生关系等方面的无形影响和感染发挥作用;课外活动,如各种学习小组、文娱及体育竞赛活动等;宗教教育,西方各国重视宗教教育的作用,要求学生参加各种宗教活动,部分国家规定宗教课为必修课,也有国家规定为选修课,一些国家只有私立学校才能设宗教课;劳动与社区服务,西方各国规定学生参加劳动或社区服务工作,包括家务劳动、公益劳动、义务劳动和劳动体验学习;社会政治运动,其对学校德育和学生品德的发展具有直接或间接的作用;家庭、社区和学校,西方国家重视这三者的互动对儿童道德教育的作用;青少年团体及大众媒体,西方各国的许多儿童社会团体具有德育功能,但大众媒体对青少年的影响难以把握。

宗教教育课程

自学校教育出现至 18 世纪中叶,神学在西方学校始终占据主导地位,学校教育完全宗教化。文艺复兴运动后,科学进入学校,中世纪的宗教化学校课程逐渐世俗化,尤其是马丁·路德的宗教改革运动,使宗教开始与科学、世俗相融合,学校教育开始传授科学知识。但宗教在道德教育领域仍占据统治地位,教义是每个学童的行为准则,神学仍是学校的主干课程。此间,托马斯·阿奎那的神学道德教育理论占领导地位,强调人对神的服从和敬畏,主张体罚、管制、忏悔、盲从、训练和灌输教条的教育观;夸美纽斯从新宗教的角度审视教育,从大自然中寻找育人规律,主张按照儿童的发展,用诱导、训练和反复教育的方法来灌输"上帝的声音",培养上帝的忠顺臣民,认为学校教育应从小培养儿童崇敬上帝的观念和情感;洛克注意到文化教育对儿童道德发展的影响,提出"白板说",认为儿童生来像张白纸,后天的教育非常重要,并认为"上帝的声音"是人的行为的最高准则,为使人成为忠实信徒,必须从小制订系统的目标,进行反复的行为训练,教育的基本手段是训练和培养习惯、奖励和惩罚。随着大工业生产的发展,学校德育中以神学为中心的德育模式受到巨大挑战,要求宗教教育与道德教育分离的呼声日益高涨。19 世纪法国社会学家涂尔干从理论上阐明道德教育与宗教教育分离的问题。他认为,在人类文明程度较低的历史阶段,宗教势力强大,宗教教育必然会取代道德教育,社会道德的主要特征是宗教的道德,人们更多地考虑为上帝履行义务,而不考虑为他人和社会应尽义务。近代资产阶级登上历史舞台后,道德与宗教分离的现象日趋明显,有必要进行一场革命,将道德教育从宗教教育中分化出来。涂尔干提出道德教育与宗教教育分离的主张,认为建立非宗教的道德教育不能依据宗教,而应以理性所承认的观念、情感和实践为基础,称这种道德教育为唯理教育。在现代西方国家,除一些教会学校仍坚持以宗教教育排斥道德教育外,公立学校和私立学校系统基本上都正式开展道德教育。

英国历史上一直以宗教教育为主导,其道德教育的目的是使儿童服从和信仰上帝,学校的全部工作就是向学生传授服从权威、纪律和宗教教义的观念,学生被强制要求参加宗教活动,诵习教训、教义。19 世纪受法国大革命以及德国、美国的教育改革和经济大发展的影响,1870 年《福斯特教育法》颁布后,国家开始管理教育,创办公立学校,提倡教育世俗化,其中规定公立学校不具有宗教性质,不属任何教派,没有实施宗教教育的义务,并颁布统一的教学大纲,但仍允许在家庭和教堂中进行宗教教育。由于英国大多数国民是分属不同教派的基督教徒,这一规定受到英国教会和传统派的反对。1944年颁布的《巴特勒教育法》奠定了现代英国教育改革的基础，但对学校进行宗教教育的要求予以妥协，规定所有中小学均应开设宗教必修课，以统一国民意识，具体包括每天早晨由校长主持宗教仪式，每周教授2～4小时宗教课程，由各地教育行政部门召集国教和各派代表、教师共同协定编制宗教教育教学大纲。第二次世界大战后，英国的学校道德教育开始进行世俗化改革。在1961年的宗教教育改革议案中，针对宗教教育徒具形式，内容远离时代生活的实际，以及学生对宗教教育缺乏兴趣的现象，戈德曼提出应改《圣经》中心学习论为儿童生活经验中心学习论，并提出13岁之前不宜进行宗教教育，只能作为准备期。罗克斯则提出应使宗教教育课程关注儿童现实生活中的问题。针对宗教教育压抑学生个性的做法，进步主义反对正规德育课程，主张采用戏剧活动和讲故事的方式，使学生获得有益的道德体验，但因与英国传统习俗相去甚远而导致教学失败。20世纪60年代后期，英国分别在牛津大学和剑桥大学建立道德教育研究机构，研究道德教育理论和制订德育课程计划。随着宗教教育日趋世俗德育化，英国宗教教育的目标变为：促进对人类经验的宗教性、道德性等方面的批判性理解，加深对宗教的认识，使学生学习各种宗教，探究人生目的，规定五项学习主题为祭礼、仪式与习惯、宗教传统、自然世界知识以及交往。1988年英国国家课程重申学校应开设宗教课。在初级学校，宗教是第一课程；在中学，宗教是仅次于语文的必修课。

德国影响最大的两大教派天主教和新教分设两类相应的学校，一般公立学校的宗教课程根据不同信仰，分由不同教派授课，除部分直接传授宗教信条和宗教教规外，大部分同现实生活相结合。德国学校中一般有两种宗教教育形式：一是参加宗教仪式，如早晨由学校集中进行的祈祷活动，以及参加各种宗教节日；二是课堂宗教教学。除为数不多的私立学校外，公立学校按教派建制分为三种：一是共同学校，根据基督教的文化价值，对不同宗教信仰儿童实行统一教育，在进行宗教教育时再按不同教派编班；二是教派学校，分天主教和新教两种，按特定宗教进行以宗教教育为主的教育；三是世界学校，不开设特定的宗教教育课程，家长可根据自己的宗教信仰，为子女选择合适的学校。

法国大革命前，教会垄断学校，学校中的宗教色彩浓厚，宗教神学是学校的主要课程。法国大革命后，学校教育开始向中央集权制的世俗化教育演变，但道德教育仍以宗教教育为主。《费里法》(1881—1882)颁布后，学校道德教育废除宗教教育课程，代之以公民教育课程，但宗教教育仍以其他形式影响道德教育。法国教育法令规定，公立学校不开设宗教教育课程，但允许学生自己到教堂或在家中做礼拜，规定周三为宗教放假日；允许教会开办的私立学校设置宗教教育课程，将神学作为主要课程内容。天主教在法国

有强大势力，法国学校道德教育具有浓厚的宗教色彩。

欧洲其他国家的宗教教育各具特点。瑞士国民大多为宗教教徒，以信奉天主教和基督教为主，各邦重视对学生进行公民道德教育，包括开设宗教课，将宗教教育作为公民教育的基础。瑞典在学校设置宗教教育和公民教育课程，对学生进行道德教育，其九年义务教育一贯制学校的初级阶段(一至三年级)主要讲述《圣经》故事、浅近的教义准则和教规、仪式等，中级阶段(四至六年级)主要讲述《圣经》基本内容，高级阶段(七至九年级)着重探讨人生哲理和如何用教义准则来解决社会和人生问题，高中均开设宗教教育课程，讲授世界其他宗教知识，突出基督教并辅以其他宗教比较。丹麦将宗教教育课程纳入正规课程，从小学到大学都必须开设，小学宗教教育课程主要传授路德教派的一般知识，中学讲一般教义，大学则研讨经典文献，高中阶段以上的学生还可选修不同的宗教课程。比利时由教会开办的私立学校主要进行宗教教育，公立学校每周安排宗教课和道德教育课，学生家长可选择学校开设的不同宗教教育课程。奥地利所有学校均将宗教教育课程作为必修课，但也允许学生不修。1986年的《宗教教育法修正案》规定，担任宗教教育课程教学的教师工资由政府支付。宗教教育主要由牧师主持。

在澳大利亚，宗教是德育的基础，教会在学校德育中具有重要作用，负责制订教学大纲，主办宗教课，主持学校的日常宗教仪式等，并在中小学发展宗教组织，培养学生的宗教意识和思想。新西兰公立学校实行免费、强迫和非宗教的教育，但在国家课程方案之外，允许小学开设宗教课，中学进行宗教教育。

亚洲各国的宗教教育各具特点。印度的学校不开设宗教教育课程，把宗教作为德育的根基，学校德育从各种宗教中摄取价值，表现为对现代宗教的改造，进行世俗化的宗教教育。泰国的学校德育具有统一性，第二次世界大战前基本进行佛教教育，20世纪60年代起设道德课，内容包括佛经学习和佛学箴言、国家法律学习，并规定学生参加一种佛事仪式。佛经是大、中、小学的必修课程，学校以讲释佛经、参禅等形式对学生进行人生、道德、仁爱、忠诚、守信、正直等方面的教育。教育部规定，所有学校开学第一天都要举行佛教仪式，背诵佛经，不信佛者可不念经，但也要参加；所有学校均要向学生讲解和普及道德及佛教教义；中学生要到寺院剃度当僧，体验佛寺生活；值逢佛教庆典或例事，所有学生都必须参加；学校经常请长老到校宣讲经典，组织学生去寺院清扫，参加相应劳动，使学生接受佛教潜移默化的熏陶。印度尼西亚教育部规定，宗教课和"建国五项原则"道德课为13年强迫必修课程，从小学到大学一年级学生都必须修习。新加坡采取全面德育策略，整合道德教育、公民教育和宗教教育，坚持宗教自由和教育自由原则，不强迫任

何人信教或放弃宗教信仰。1982年后,中学三、四年级起,改原先每周一节的公民和时事课为宗教知识和儒家思想课程,采用双语教学。菲律宾学校设宗教课和道德价值课,宗教课由学生自由选修,但须有家长或监护人的书面意见。斯里兰卡的学校不单独设道德教育课和价值观教育课,从小学一年级到高中毕业均开设宗教课,并规定为必修课。小学阶段宗教课主要教授有关佛教的一般知识和佛教教义原则,中学主要传授佛教原理,并进行比较宗教教育。初中开始专设公民课,介绍斯里兰卡社会制度和文化习俗,讲解公民的责任义务和基本权利等。新几内亚注重宗教对儿童品德发展的影响,认为宗教对整个学校德育有促进作用,学校邀请牧师或教徒为学生布道、讲诵《圣经》,许多宗教组织同学校教师或学生团体建立关系,并开设多种宗教课程以及社会性的宗教培训课程。马来西亚的学校道德教育课程有伊斯兰宗教课和道德课,分别在伊斯兰教徒子弟学校和非伊斯兰教徒子弟学校开设。不同宗教教派被允许在学校进行相应的活动。

参考文献

冯增俊.当代西方学校道德教育[M].广州:广东教育出版社,1993.

鲁洁,王逢贤.德育新论[M].南京:江苏教育出版社,2002.

武汉大学思想政治教育系.比较德育学[M].武汉:武汉大学出版社,2000.

袁桂林.当代西方道德教育理论[M].福州:福建教育出版社,1995.

钟启泉,黄志成.西方德育原理[M].西安:陕西人民教育出版社,1998.

（岳刚德）

道家教育思想　　以老子、庄子学说为代表的教育思想体系。道家创于春秋末而兴盛于战国,创始人是老子,他主张"自然"、"无为",要求放弃人为的努力,人为的教育,回归自然。道家在老子后分为两派:一是稷下黄老学派,该派不墨守老子的理论,而是以道家思想为主,兼采各家之长,力争使自己的学说成为社会政治活动的指导思想;另一派则以庄子为代表,他承袭老子的哲学思想,并将其演变为一种出世主义思想,在教育上主张培养"真人"、"至人",即不受任何束缚、完全自由的人。

老子教育思想

老子,春秋末期思想家、教育家。据先秦典籍,多指老聃。《史记·老子韩非列传》说他是楚苦县(今河南鹿邑东)厉乡曲仁里人,姓李,名耳。曾做过周朝守藏史,管理王室文献典籍。熟谙典籍,精于历史。《史记》称"其学以自隐无名为务","著书上下篇,言道德之意五千余言",这就是流传后世的《道德经》,习惯上叫做《老子》。其教育思想有如下方面。

教育与人、教育与社会的关系　　老子思想的核心范畴是"道","道"是理解老子关于教育与人、教育与社会关系的基础。对于"道"是什么,老子没有给出明确的定义。《老子·第一章》说:"道可道,非常道;名可名,非常名。无名天地之始,有名万物之母。"《老子·第四十一章》说:"道隐无名。"在老子看来,道是幽隐不显、不可名状的。但为了人们便于理解"道",老子又给了一些关于道的相关论说。《老子·第四十二章》说:"道生一,一生二,二生三,三生万物。"《老子·第四章》又说:"道,冲而用之或不盈渊兮似万物之宗。"从这些论述中可以看出,老子认为,"道"是世界万物的本原,是世界万物发展、变化、灭亡都必须遵循的规律和法则。

当然,老子在论述道时,也看到了宇宙间人的宝贵性,认为"道大,天大,地大,人亦大。域中有四大,而人居其一焉"(《老子·第二十五章》)。同时他还认为,在这四大中,"人法地,地法天,天法道,道法自然"(《老子·第二十五章》),这就是说人世社会各层面上的人道,包括为政治国、施行教化、个人修养等都要效法宇宙的天道,应遵道而行,否则就会"不道早已"(《老子·第三十章》)。这里,老子清楚指出,人的社会秩序应适应物的自然秩序。同时,在对自然与人关系认识的基础上,老子又进一步指出"道"的本质特征——"道恒无为,而无不为"(《老子·第三十七章》),即"道"是"自然无为的",而"无为"就是有为。他要求尊"道",不要将人为的东西强加到自然上。这种"无为"思想体现在教育上就是要贯彻"行不言之教"(《老子·第二章》)的宗旨。可以说,这种思想贯穿在老子对各种教育问题的看法上,特别是体现在老子对教育与人、教育与社会关系问题的看法上。

教育与人的关系。老子认为,人的理想状态不是有知识,有道德,而是如婴儿般的无知无欲状态。他提出,教育应使人复归于婴儿时那淳朴的精神境界,找回失落的美德。"圣人在天下,歙歙焉;为天下,浑浑焉。百姓皆注其耳目,圣人皆孩之。"(《老子·第四十九章》)圣人应使人的心思归于浑朴,应让那些竞相用智来满足自己耳目之欲的百姓都抛弃私欲,以回复到婴孩般的状态。老子认为,教育不是在人身上增加人类文明成果的过程,而是逐渐去掉人身上各种人为影响、人为教育的过程。老子认为,人为的教育越多,就越不自然,人受害就越多。"为学日益,为道日损,损之又损,以至于无为。无为而无不为,取天下常以无事。及其有事,不足以取天下。"(《老子·第四十八章》)在此,老子提出一种自然主义教育观,主张人要率性发展,成为自由的人。

教育与社会的关系。老子认为，教育与社会的相互作用表现在两个方面，一是国家政策和统治者的言行对于百姓教育具有深刻的作用，二是教育对社会的政治也具有一定的作用。在政治对教育的作用上，"其政闷闷，其民淳淳；其政察察，其民缺缺"（《老子·第五十八章》），即政治宽厚，百姓就淳朴；政治严苛，百姓就狡黠。政治直接决定着教育的结果——百姓的人格特征。老子还强调统治者的言行对百姓教育的深刻影响，"我无为而民自化，我好静而民自正，我无事而民自富，我无欲而民自朴"（《老子·第五十七章》），就是说统治者无为、无事、无欲，百姓就得到好的教化，就会自正、自富、自朴，这是老子心之向往的理想的教育方式。他希冀统治者不要强调人为的教育，而要重视自身的言传身教。与此同时，老子也看到教育的社会作用。老子认为，社会之所以混乱，百姓之所以难治，除因为统治者的多欲和"有为"之外，也由于百姓的贪婪多欲、智伪巧诈、不务求本。"民之难治，以其智多"（《老子·第六十五章》），因此治国不该教人聪明，而应教人笨拙。他提出教育要"虚其心，实其腹，弱其志，强其骨，常使民无知无欲"（《老子·第三章》），就是要求教育削减人头脑中的知识，增强人的肢体健康，削弱人的意志，使人没有所求，在此基础上整个社会才会得到治理和安宁。

论教育内容　老子从"无为"的思想出发，要求人们听凭自然，主张"不争"、"知足"、"守柔"，并将这些当作教育内容。

"不争"。"无为"是老子教育的中心内容，与"无为"相适应，老子提倡"不争"。在老子推崇的美德中，"不争"最为重要。"上善若水，水利万物而不争，处众人之所恶，故几于道。"（《老子·第八章》）美好的品德如同流水一样，水善于帮助万物而不与万物相争，所以最接近"道"。在他看来，最有道德的人，就应像水一样，安于卑下，心地深沉，而在处理人际关系时，又自然、真诚、有条理、不张扬。正因为与物无争，才不犯过失，无所不能。老子不仅提倡"不争"，也提出"不争"的具体内容："不自见"、"不自是"、"不自伐"、"不自矜"。他说："不自见，故明；不自是，故彰；不自伐，故有功；不自矜，故长。夫唯不争，故天下莫能与之争。"（《老子·第二十二章》）意思是不自我表现，不以为自己绝对正确，不自我夸耀，不自高自大，不与别人争名夺利，别人便无法与你抗争。只有这样才可以在世界中处于不败之地，保全自己。

"知足"。老子认为人应知足常乐。他说："祸莫大于不知足，咎莫大于欲得。故知足之足常足矣。"（《老子·第四十六章》）一个人如果欲壑难填，不知满足，无餍追求，就会招来祸患。但如果知道满足，对许多事不强求，他就会感到满足。他反对不知足，认为不知足得不偿失。如果一个人贪得无厌，一味求取功名、利禄等，终将使生命受到损害。这样的人就没有分清"名与身孰亲？身与货孰多？得与亡

孰病？"（《老子·第四十四章》）在此，他告诉我们要分清所得与所失孰轻孰重，指出"甚爱必大费，多藏必厚亡。知足不辱，知止不殆，可以长久"（《老子·第四十四章》），意思是过分的吝惜必定付出更多；收藏越多，损失越重；知足则不会受辱；适可而止则不会遇到危险；如此，生命就会长久。

"守柔"。要实现"无为"思想，就应将"守柔"作为重要内容。一般人认为"刚强胜柔弱"，但老子不同，他在总结自然和社会的盛衰之理后指出："物壮则老，是谓不道，不道早已"（《老子·第三十章》），这就是说，事物壮盛了就会走向衰老和死亡，并提出"柔弱胜刚强"，认为"坚强者死之徒，柔弱者生之徒"（《老子·第七十六章》），凡是刚强的东西都属于死一类，凡是柔弱的东西都属于生一类。为了使"柔弱胜刚强"，老子强调教育要"守柔"，要"大成若缺"、"大盈若冲"、"大辩若讷"、"大巧若拙"、"大器晚成"，做事要懂得含蓄，不要锋芒毕露，要柔。只有保持柔，才会充满活力，才能在社会上立足。他认为如果一个人不"守柔"，使才能外现，便会招致厄运，这就像物品一样，"揣而锐之，不可长保"（《老子·第九章》），越不注意"守柔"，越强悍就越没有好下场。又说"强梁者不得其死"（《老子·第四十二章》），即强悍暴虐的人，总是不得好死。他深有感触地说"吾将以为教父"（《老子·第四十二章》），就是他将以此作为例子，向人们进行"守柔"的教育。

论教学原则　基于对"道"的理解，老子又提出具有辩证思想的教学原则。

"图难于易，为大于细"的循序渐进原则。老子将"道"的学习看作是人们长期追求的目标。为了学好道，他提出循序渐进的教学原则。他说："合抱之木，生于毫末；九层之台，起于垒土；千里之行，始于足下。"（《老子·第六十四章》）人的学习是一个由不知到知之甚少，由知之甚少到知之甚多的进程，因此他要求学习遵循"图难于其易，为大于其细。天下难事必作于易；天下大事必作于细"（《老子·第六十三章》），即天下万事万物都是从易到难、由小到大转化而来的，因而体道、悟道、行道也应从简易到繁难，从细小到精深，循序渐进，不可躐等。在教学中，老子要求教者和学者都要树立"难易"的观念，每个人做事都要扎扎实实从细微处开始，经过点滴积累，汇涓成海，成就大功。

难易相成、前后相随的知识转化原则。老子既然提出"图难于易，为大于细"的循序渐进原则，就相应地也提倡难易相成、前后相随的知识转化原则。老子认为，天地万物都是"有无相生，难易相成，长短相形，高下相倾，音声相和，前后相随"（《老子·第二章》）。教学中知识总有难有易，人的认识过程也总有前有后，但"高以下为基"，任何高深的学问总是建立在低浅的基础上。人们在学习、认识事物时，如果遵循难易相成、前后相随的知识转化原则，辨认好难易，从易到难、从前到后认识事物，就会将知识由难化易，使自己

不断发展。

"损有余而补不足"的因材施教原则。老子针对春秋末期因社会不公平而产生很多社会问题的现象,提出"损有余而补不足"的观点,指出如果统治者能行天之道,针对老百姓个人的经济状况,做到"损有余而补不足",国家就会走上正轨。这个观点应用到教育领域中,就是要求针对学生具体情况确定教学目标和内容,要求教学实行因材施教原则。在教学中,无论是教还是学,不平衡的现象很多,而如果教育者能"损有余而补不足","高者抑之,下者举之;有余者损之,不足者补之"(《老子·第七十七章》),对学生感到高深的知识,降低些要求,对学生感到简略的知识,提高些标准,那么学生就乐于接受教诲,就能得到充分发展。

"谋于未发"的预防性原则。老子很重视对不良现象的预防,并提出"谋于未发"的观点。这就要求教师在教学中,对于学生的不良倾向要善于禁于未发,使之在产生前就得到预防。"其安易持,其未兆易谋,其脆易泮,其微易散。"(《老子·第六十四章》)事物在安稳时最易把持,变故无迹象时容易图谋,脆弱时容易消散,微细时容易散失。教师如果能在不良现象刚发生,还没有形成扩散前,就稍加制止,就能纠正不良现象。如果问题已经形成,积重难返,就纠正不过来。作为教师,一定要"为之于未有,治之于未乱"(《老子·第六十四章》),只有这样,才会"慎终如始,则无败事"(《老子·第六十四章》)。

老子持有的是自然无为的教育观。他不主张人为教育,因此对于教育的内容、原则、方法等问题的论述不如孔子、墨子丰富,但他给人们思考教育提供了独特的视角,如提出如何看待人为教育,如何解决教育与自然的关系等问题。

庄子教育思想

庄子(约前369—前286),名周,宋国蒙(今河南商丘东北)人。家贫。曾做过蒙地方的漆园吏,不久离职隐居,后"终身不仕",从事撰述教学。现在所传的《庄子》三十三篇,其中《内篇》七篇,大体为庄子所作,《外篇》十五篇、《杂篇》十一篇,则是庄子弟子或后学所作。在教育思想上具较高研究价值的主要篇章有《逍遥游》《齐物论》《养生主》《人间世》《德充符》等。其教育思想涉及以下几方面。

论教育目的　庄子继承老子"道法自然"的思想,否定文化教育价值,主张"绝圣弃智"(《庄子·胠箧》)。表现在教育目的上,就是不主张培养社会需要的人,而是主张没有教育的教育,认为真正的教育目的就是让人接近自然,成为不刻意追求智慧的最自由的人,他认为,这样的人才是"至人"、"神人"、"圣人"。"至人"、"神人"、"圣人",虽然提法不同,但基本精神是一致的,都是庄子理想人格的别称。庄子提出"至人无己,神人无功,圣人无名"(《庄子·逍遥游》),

认为这些人的特性是他们不受自身存在的约束("无己"),没有积极想要达成的功果("无功"),并且不追求别人的称赞与声望("无名"),而实现精神上的自由。因而,培养这样的人才是教育的目的。

论教育内容　庄子在教育内容上提倡"十齐"、"四无"。

"十齐":齐物我、齐是非、齐大小、齐生死、齐贵贱、齐梦醒、齐真假、齐善恶、齐美丑、齐彼此。庄子描绘"至人"、"神人"、"圣人"的理想人格,在常人看来是根本达不到的,因为生活中人们经常碰到是与非、善与恶、美与丑、生与死等相互对立而无法超越的问题,所以无法达到"无名"、"无功"、"无己"的境界。但庄子认为这些问题其实根本就不存在。他举例说,毛嫱、骊姬人皆曰美,可鱼儿见了她们却深潜水底,鸟儿见了高飞云端,麋鹿见了撒腿逃离,谁能判定她们是世界上最美的呢?以"道"观之,事物的对立面都是相通的,没有绝对的是非、善恶、美丑之分。因此他倡言"万物一齐"、"死生一条",要求十齐,并以此作为教育内容,从而扫除人们在"至人"、"神人"、"圣人"认识上的障碍。

"四无":无己、无功、无名、无情。庄子在论说"至人"、"神人"、"圣人"的教育目标时,将"无己"、"无功"、"无名"、"无情"看作他们品德的核心内容。所谓"无己"就是"无我","无我"就是不考虑自己的一切,将自己融入自然中,过自由自在的生活。"无功"即不追求功业。由于"至人"、"神人"、"圣人"混同于万物,泯灭了人与自然的界限,所以他们不要求建立功业,而是超越在功利之上。"无名"即不计较声名。庄子认为,"道"是无名的,圣人深得道法,因而也不计较个人的名位。"无情"即绝弃情欲之情。庄子指出,人不要被身外之物所累,产生情绪波动,应是"有人之形"而"无人之情"(《庄子·德充符》)。虽然庄子不提倡教育,但为了培养"至人"、"神人"、"圣人",他又不断宣讲着无己、无功、无名、无情的思想。他认为,如果人们面对自我、功名、利害、生死等无动于衷,就会取得精神上的绝对逍遥。

论教学原则　庄子继承老子的自然无为思想,在教学原则上体现出重视自然本性的特点。

莫若以明。庄子对当时儒墨坚持的"是非"很反感,认为他们乃"是其所非而非其所是"(《庄子·齐物论》),即相互以所非为是,以所是为非,他认为这种情况是由于"隐"造成的。"道恶乎隐而有真伪,言恶乎隐而有是非"(《庄子·齐物论》),为了消除"隐"的弊病,庄子提出"莫若以明"的思想,要求教学要"明"。"明"是相对"隐"而言的,"以明"即是消除隐蔽,"照之于天"。排除心中的成见,培养开放的心灵。

论而不议。庄子说:"六合之外,圣人存而不论;六合之内,圣人论而不议。"(《庄子·齐物论》)意思是圣人对宇宙外的事物如鬼神等只持保留意见而不述说,对宇宙内的事物则只述说而不议论。他认为,圣人修道为学都要把握议论的度,而不要对事物、对别人的观点妄加评论,以己之见代替别人的意见。

传其常情。庄子主张教学要实事求是,必须"传其常情,无传其溢言"(《庄子·齐物论》),指出如果不实,"多溢美之言"或"多溢恶之言",教师就不能正确传达知识,学生也得不到该得的知识,这样两者都会遭殃,他借孔子的话说"凡溢之类妄,妄则其信之也莫,莫则传信者殃"(《庄子·人间世》)。

作为道家思想的传人,庄子的教育思想,除对教育目的、教育内容、教学原则有所论述外,还对学习过程有着丰富的认识,如他提出"知"、"谟"等观点,被看作是学习过程的几个基本阶段。他的教育思想与老子教育思想一同构成道家教育思想体系。

参考文献

陈德安.道家道教教育研究[M].北京:教育科学出版社,1997.

任继愈.中国道教史[M].上海:上海人民出版社,1990.

王炳照,等.简明中国教育史[M].北京:北京师范大学出版社,1994.

王炳照,阎国华.中国教育思想通史[M].长沙:湖南教育出版社,1994.

(王　颖)

德国教育制度(educational system of Germany)
德意志联邦共和国位于欧洲中部。面积约 35.71 万平方千米。2009 年人口 8 180.2 万,主要是德意志人,有少数丹麦人和索布族人。有 713.1 万外籍人,占人口总数的 8.7%,其中最多的是土耳其人,共 166 万。居民中 29.9%信奉新教,30.7%信奉罗马天主教。通用德语。2011 年国内生产总值 25 926 亿欧元,人均国内生产总值31 677欧元。

德国教育的历史发展

中世纪时期　德国最早的教育组织出现在 7 世纪。中世纪早期(600—1200),德语地区建立的主要是培养未来修道士的僧侣学校、培养教民的教区学校与教团学校。中世纪后期(1200—1500),学校教育开始朝世俗化方向发展。14世纪中叶后,德国创建了布拉格大学、维也纳大学、海德堡大学、科隆大学、埃尔福特大学、莱比锡大学等。1506 年,德语地区共有 17 所大学,是欧洲大学最密集的地区。早期德语地区的大学主要是效仿法国巴黎大学而建立的,但与法国大学不同,它们多由地方诸侯创办。大约在大学兴起的同时,随着自治城市的发展,由市政当局管理的城市学校也发展起来。到 15 世纪末,德语地区的每一个城市几乎都有一所这样的学校。

文艺复兴时期　文艺复兴与宗教改革运动给德国教育带来新面貌。在伊拉斯谟、马丁·路德、梅兰希顿等人的影响下,体现人文主义与新教教义的新文法学校以及新教大学得以建立。其中,1527 年建立的马尔堡大学是德语地区的第一所新教大学。这一时期,大学中的人文学院虽然仍具有低级学院的性质,但已改称为哲学院。在中等教育领域,除城市学校外,还产生了邦立学校。后者的意义在于,教育已成为国家关心的事业,邦立学校在后来的发展中也逐渐成为其他中等学校效法的榜样。这一时期,面向普通民众的初等学校虽已出现,但不是国家关注的重点。经历17 世纪的低谷期后,18 世纪德国掀起大学改革运动,先锋是哈勒大学(1694)和格廷根大学(1737),哈勒大学甚至被称为德国乃至欧洲第一所具有现代意义的大学。这两所大学的贡献:第一,采纳现代哲学和现代科学;第二,确定思想自由和教学自由原则。这时,一直被视为"低级学院"的哲学院在大学中取得了主导地位。配合大学的改革,中等教育也发生较大的变化,主要方向是将旧的古典学科与现代语、现代科学综合在一起。1702 年由 A. H. 弗兰克创办的哈勒学园是当时中等学校从古典主义向现代教育过渡的典型代表。同时,在文科中学之外,还产生另一类高级学校——实科中学。最早的实科中学是 18 世纪中叶由 J. J. 黑克尔创办的"经济学、数学实科学校"。这所学校除实施基础宗教教育外,还开设德语、法语、拉丁文、历史、地理、几何、机械、建筑和绘图等学科,并附设各种工业学习班。17—18 世纪,初等教育的学校管理权由教会转移到国家手中,强迫入学原则开始出现在一些邦国的法律中。1763 年普鲁士颁布的《普通学校规程》规定:强迫教育最迟从儿童 5 岁开始,至 13～14 岁止。此后,德意志地区的其他邦国也陆续颁布了类似的义务教育法令。不过,由于资金不足和师资匮乏,义务教育的实施多流于形式。

1789 年法国大革命及接下来的拿破仑战争深深动摇了包括普鲁士在内的德意志各邦国的统治。1806 年普法战争结束后,普鲁士这个在众多德意志邦国中迅速强大的北方邦国,宣布教育是振兴国家的关键因素。具有新人文主义思想的洪堡承担了重建教育的历史重任。这位 1809 年初被任命为普鲁士内务部宗教与教育司司长的教育家和语言学家,在短短的 14 个月任期内,为国家构建了一套完整的教育制度。洪堡废除了骑士学院和武士学院等封建等级学校,将学校教育统一为带有资本主义性质的双轨制:一轨由预备学校或家庭教育、文科中学和大学组成学术教育系统;另一轨由初等学校即国民学校与各种职业性教育机构组成职业教育系统。改革后,取消了原有的大学招生考试制度,文科中学成为唯一与大学衔接的中等学校,文科中学毕业证书即为大学的入学资格证明。体现洪堡大学理想的柏林大学(1810)成为 19 世纪德国大学的楷模,其"研究与教学合一"、"学术自由"等原则成为其他德国大学创建或整顿的基本原则。19世纪,德国初等学校发展成为名副其实的国民教育机构。随着国民教育的兴起,教师教育也成为人们关注的事业。第斯多惠就是当时师范教育卓越的活动家。福禄贝尔则在幼儿教育领域取得了成就。他于1837年创办"儿童活动学校",招收3～6岁的儿童,1840年改名为"幼儿园"。

德意志帝国时期 1871年普法战争之后,德国结束了封建割据的局面,实现了统一。1871年至第一次世界大战爆发,是德意志民族突飞猛进的时期,教育规模不断扩大。1872年《普通学校法》颁布后,一种介于初等学校与中等学校之间的"中间学校"(相当于高级小学)发展起来,国民教育的年限得以延长。同时,中等学校类型变得多样化。1900年,新的学校规章确定,除重视古典语文的文科中学外,另外两种新型中学——文实中学与高级实科中学的毕业生也获得升入大学的资格。这样,大学的预科学校由一变为三:设置拉丁文与希腊文两种古典语文的文科中学;保留拉丁文而取消希腊文,以现代语和现代科学作为教学重点的文实中学;以法语取代拉丁文作为外语基础,取消一切古典语文,以现代语和现代科学作为主要学科的高级实科中学。高等教育领域,在传统大学取得辉煌成就的同时,偏重于应用科学教育的工业高等学校、矿学院、林学院、农学院以及兽医学院也发展起来,并在1900年逐渐取得与传统大学等同的学术地位。

第一次世界大战后,德国废除君主政体,建立了魏玛共和国。1919年通过的《魏玛宪法》与1920年颁布的《基础学校法》对统一学校教育制度作出相关规定。这一时期的教育改革包括废除贵族化的预备学校,建立统一的初等教育机构——四年制基础学校,规定所有年满6周岁的儿童必须进入基础学校,毕业时经考试成绩优秀者准许升入各类中学,其余则进入国民学校高年级;增设注重德语、德国文学、德国历史与地理的九年制中学——德意志中学以及与国民学校高年级相衔接、为国民学校优才生提供完全中学教育机会的上层文科中学;规定所有国民学校教师必须接受高等教育。魏玛共和国的教育制度虽然较之帝国时期有所进步,但没有根本改变其双轨制性质,统一学校制度也没有得到真正实现。

纳粹统治时期 1933—1945年纳粹统治时期,教育成为纳粹党实现独裁统治的工具。学校教育沿袭了魏玛共和国的基本结构,但目的、内容、方法等发生了实质改变。1934年,德国科学、教育与国民教育部成立,对全国教育事业实行统一管理。1938年通过的《帝国学校义务教育法》规定,所有儿童必须在国民学校接受8年的义务教育。在中等教育领域,中学学习年限由原来的9年缩短为8年;德意志中学得到高度重视,1938年被确定为主要的一类中学;中间学校及上层文科中学得到一定发展;其他几类中学,尤其是

文科中学,虽得以保留但发展受到极大限制。在教师培训方面,取消了国民学校教师必须接受高等教育的规定,撤销了师范学院。在高等教育领域,许多教师由于种族或政治原因而遭迫害和撤职,大学生人数逐年下降,高等学校基本建设停滞。

第二次世界大战后德国分治时期 第二次世界大战后,德国由美、英、法、苏四国分区占领。在西占区,美、英、法三国占领当局鉴于对魏玛共和国时期教育传统的信任,逐步恢复了魏玛共和国时期的学校教育制度,各州享有"文化主权";重新设立具有社会选择性的三类中学。儿童进共同的四年制基础学校或国民学校低年级(柏林为六年制),毕业后分别进入三种类型的中学:四年制的国民学校高级阶段、六年制的中间学校或实科中学以及九年制的文科中学。前两种中学与各种职业学校相衔接,文科中学与大学衔接。在苏占区,教育制度有了根本性的改造。1946年颁布的《德国学校民主化法》把传统的双轨制学校教育制度改变为统一学校制度,即把整个学校系统分为相互衔接的四个阶段:学前教育(幼儿园)、基础教育(基础学校)、中等教育和高等教育。基础学校学制8年。中等教育阶段设中学、各种职业学校和其他与高等学校相衔接的教育机构,如工农预备班等。中学学制4年,包括第九至第十学年。实行八年免费义务教育。职业教育仍以传统的双元制为主,并以1948年建立的企业职业学校为主要实施机构。除此之外,还规定学校与教会彻底分离,取消学校中的宗教课,禁止开办私立学校。1949年,德意志联邦共和国与德意志民主共和国分别成立。此后四十余年,两个德国实行完全不同的社会体制,其教育也走上各自不同的发展道路。

联邦德国为统一各州教育制度,1955年11个州的州长在杜塞尔多夫签署《联邦共和国各州统一教育制度的协定》(即《杜塞尔多夫协定》)。该协定1964年到期后被《联邦共和国各州统一教育制度的修正协定》(即《汉堡协定》)取代。《汉堡协定》在前者基础上把普通义务教育年限统一为九年;在四年制基础学校之上设两年制的促进阶段;统一各类中学名称,分别将至第九、第十、第十三学年结束的中学命名为"主体中学"、"实科中学"和"文科中学"。《汉堡协定》及其1968年、1971年的修订条款奠定了现今德国普通学校教育制度的基本框架。民主德国教育在20世纪50年代进入以社会主义改造为目标的"社会主义学校建设时期"。民主德国引进苏联教育模式,建立了中央一级的国民教育部,对教育实施中央集权制管理。原八年制的基础学校改为十年一贯制,1956年改称"中间学校",1959年在加强综合技术教育的条件下改称"十年制普通综合技术中学"。与大学相衔接的原四年制中学改称"扩展的普通综合技术中学"(简称"扩展中学"),入学条件是修毕十年制中学的第八学年。

20世纪60年代,联邦德国就教育机会均等问题进行大

讨论。在此背景下，1970 年联邦德国教育审议会制定《教育结构计划》，提出提高公民整体教育水平、实现教育机会均等的若干建议。其中包括把学前教育列入学校教育系统；将儿童 6 岁入学改为 5 岁；把中等教育分为第一阶段（第五至十年级）和第二阶段（第十一至十三年级）；在中等教育第一阶段后的第十一学年设职业基础教育年等。虽然《教育结构计划》提出的多数具体建议没有得到贯彻，但它提出的改革目标成为 20 世纪 70 年代各州教育改革的行动指南。20 世纪六七十年代，联邦德国在普通教育领域的重要举措是增设综合中学，在高等教育方面，于 1976 年颁布《高等学校总纲法》，对高等学校的任务、教学与科研守则、人事政策等作了原则性的规定。《高等学校总纲法》成为联邦德国高等学校运行的指导性文件。民主德国 1963 年召开执政党的"六大"，提出全面建设社会主义的纲领。1965 年出台《关于统一社会主义教育制度法》（简称《1965 年法》），全面规定了教育的目标、任务、功能和结构，是民主德国 20 世纪 60 年代至两德统一之前教育发展和改革的基本依据。民主德国形成从托儿所到大学统一的教育体系，实行 10 年义务教育和免费教育。

德国统一后时期 1990 年 10 月，两德统一。根据双方签订的统一条约，东部五个州的教育体制按联邦德国教育模式加以改造。

德国现行教育制度

教育行政制度 德国实行文化联邦主义。各州对文化政策和文化管理的所有问题，从广播电视、图书馆和剧院到中小学和高等学校，原则上都拥有立法和管理的职权，即"文化主权"。相对于州，联邦在教育事务上的作为相当有限。根据《德意志联邦共和国基本法》，在教育、科学与研究领域，联邦主要负责制定有关以下事项的规范：（1）学校系统之外的职业教育和继续教育，如"双元制"职业教育中的企业培训部分；（2）高校入学和高校毕业；（3）教育促进；（4）科学研究和技术开发的促进，其中也包括对科学后备人才的促进；（5）青年援助；（6）远程教育课程参加者的保护；（7）法律从业者的职业许可；（8）康复及康复辅助人员的职业许可；（9）有关工作促进，劳动力市场及职业研究方面的促进措施。根据《德意志联邦共和国基本法》的规定，联邦还在如下领域与州共同合作，制定规范并促进其发展：（1）高校外科研项目及其机构的规划与设立；（2）在各州一致同意的前提下推进高等学校的科学与研究计划或项目；（3）改善高等学校的研究条件，包括大型仪器设备。另外，联邦还享有公务员的立法权。由于德国公务员分属联邦和地方，公务员立法也属于共有立法权的范畴。2009 年颁行的《联邦公务员身份法》，直接统一规定了州和地方公务员的法律身份及其基本结构，在事实层面对作为州和地方公务员的教师的供养产生实际影响。

为克服联邦主义造成的地区分化，加强联邦与州、州与州之间在教育上的合作与协调，德国建立了一系列协调机构，主要有各州文化教育部长常务会议、联邦与州教育计划委员会、德国大学校长联席会议等。各州文化教育部长常务会议由各州负责教育、科学和文化事务的部长联合组成，任务是处理和协调跨地区的文化政策问题，促进各州间的教育交流与合作。联邦与州教育计划委员会由联邦的 8 名代表和各州的 16 名代表组成，任务是实现在教育规划和科研促进上联邦和各州的合作。德国大学校长联席会议是德国高等学校自由联合组织，任务是商讨和解决涉及高等学校的共同性问题。除此之外，德国还有一些重要的协商和咨询机构，如科学审议会等。为加强联邦与各州之间在共同任务领域的实质性合作，根据 2008 年 1 月 1 日生效的一项联邦与各州之间的管理协定，由联邦和各州共同组建了"联邦与各州科学联席会议"（Gemeinsame Wissenschaftskonferenz，简称 GWK）。

为履行职责，各州都设立文化教育部（名称不一）。州文化教育部是州最高教育行政机构，负责制定教育政策，代表国家组织、计划、领导与监督学校，包括确定教学目标、进程和教材等。通常，州议会负责教育的立法和财政预算；州文化教育部负责颁布有关规定以及制定学校发展规划。多数州设县、专区、市或县三级教育行政机构，少数州只设州一级或州与地方两级教育行政机构。州与地方在教育权限上的划分较为复杂。一般情况下，州负责学校内部事务，如教学计划、课程表和分派教师等，地方负责学校外部事务，如学校的地产、校舍和设备配置以及管理人员的分派等；州支付教师的工资和养老金等，地方政府负担业务费用和管理人员的人事开支；州对中小学的管理主要通过课程表、学生学籍管理规定和教学安排来实现。

大学自治是德国高等教育的传统。德国高等学校拥有科研和教学自由，包括学术性高等学校可以自主决定授予博士学位和大学授课资格的程序。当然，即使是学术领域，国家的控制与影响依然存在。例如，州在教授聘任时有任命权；通过国家考试及财政拨款，国家也可以对高等学校的教学内容及学术管理施加影响。

学校教育制度 德国现行学校教育制度包括学前教育、初等教育、中等教育、高等教育和继续教育。大部分州实行九年（6～15 岁）普通义务教育；少数州，如柏林、不来梅和勃兰登堡、图林根实行十年普通义务教育；在北莱茵-威斯特法伦州，文科中学学生接受九年普通义务教育，其他类型学校的学生则接受十年普通义务教育。完成普通义务教育之后不继续接受全日制高中普通学校教育或者职业学校教育的青少年，则必须接受原则上为期三年的部分时间制职业学校教育(即职业义务教育)。这种部分时间制的职业学校教育是德国"双元制"职业教育制度中重要的一轨。

(1)学前教育。学前教育机构包括托儿所和幼儿园。德国学前教育虽是基础教育,但不是公共教育体制的一部分,不属教育行政部门管,在联邦、州及地方,分别隶属于联邦青年、家庭和妇女部,州社会部和卫生部(少数由文化部代管),地方青年福利局。学前教育机构大多由教会、慈善机构和其他社会团体举办,儿童自愿入所、入园,须缴费。3岁以下幼儿入托儿所;3岁至上学前的儿童进幼儿园。一些州为5岁儿童设立自愿参加的通常附属于基础学校的学前班,对已满6岁但未达到入学成熟程度的儿童设立学童幼儿园,有的州也称基础学校促进班、学前班、预科班。根据1996年的《儿童与青少年援助法》,从1996年1月1日起,所有3岁至上学前的儿童都有权在学前教育机构获得一个位置。对身心有障碍的儿童,设有特殊幼儿园,也称促进幼儿园,他们也可以进入普通幼儿园。多数幼儿园为半日制,工作人员由社会教员、教养员和护理员组成。社会教员须专科高等学校毕业;教养员须实科中学毕业后实习两学期,再在社会教育职业专科学校学习四个学期,再实习两个学期,通过国家考试;护理员须在主体中学毕业后,在社会卫生职业专科学校接受两年的职业教育。

(2)初等教育。德国初等教育实施机构是基础学校。儿童6岁上学,入学前通常要参加入学测试,以证明其身心已达到上学的成熟程度。修业年限为4年(柏林和勃兰登堡为6年)。课程有德语、数学、常识(乡土)、宗教、音乐、艺术、体育和手工。很多学校开设外语课,通常是从三年级开始。1970年以前,基础学校多主张一位教师同时担任多门课程的教学形式,现在,特别是在高年级逐渐采用专业教师分科授课的形式。基础学校一般不举行考试,一二年级学生由教师对其学习、纪律等方面撰写评语,三四年级学生主要依据其在一学期里完成的闭卷课堂作业情况而定。闭卷课堂作业按德国计分制计分:1分为"优",2分为"良",3分为"中",4分为"及格",5分为"不及格",6分为"差"。过去,学生如果德语、数学等主要功课都不及格就得留级,目前德国大多数州实行正常升级制度,原则上让所有学生升学,计分制又逐渐被教师评语取代。大多数学校实行半日制,即7:30左右上学,13:00左右放学。为此,一些社区设立了学童日托所,以帮助那些家中无人照顾的学生。

(3)中等教育。德国中等教育分为两个阶段:初中阶段为五至九/十年级(柏林和勃兰登堡为七至九/十年级),高中阶段为十一年至十二/十三年级(实施普通教育和职业教育)。德国中等教育阶段存在多种类型的中学,其修业年限、课程设置、教学组织、结业方式及相应资格都各不相同。其中主要有主体中学、实科中学、文科中学和综合中学等。此外,还有少数其他类型学校,如森林学校、中间学校、普通

学校等。由于历史和政治原因,不同类型的中学在各州的分布并不一样。其中文科中学16个州都有;传统的三类中学,即主体中学、实科中学和文科中学并存的局面只存在于6个州,且主要在西部州,东部有3个州没有主体中学;综合中学则主要集中在东部州,特别是在勃兰登堡州。

中等教育五、六年级为定向阶段,有些州称观察阶段、促进阶段。定向阶段的任务是通过观察、辅导和测试,确定学生今后的学习道路。大多数州的定向阶段隶属于各类中学,少数州如萨克森州的定向阶段则是独立的学校形式。隶属于各类中学的定向阶段对学生有选择性,各州的选择方式不尽相同。通常的做法是根据基础学校教师的建议和家长意愿来决定学生的去向,并以家长的意愿为主。如果家长与教师之间意见不一致,则让学生参加一次升学考试来进行裁决。独立型的定向阶段对学生不加选择,招收基础学校毕业生,组成混合班进行教学,两年学习结束时,按其学习成绩将学生分流进某类中学。

主体中学通常包括定向阶段及其之上的七至九年级,柏林、勃兰登堡、北莱茵-威斯特法伦、不来梅由于实行十年义务教育而包括七至十年级,汉堡、黑森也设有一定数量的包括十年级的主体中学。与其他类型的中学相比,主体中学的培养目标是生产第一线的技术工人,因此强调教学的实践性。其开设的课程:德语、数学、英语、自然科学(包括生物、化学、物理)、社会科学(包括历史、地理和政治)、音乐、艺术和纺织品艺术加工、体育、宗教和劳动,并设有一定数量的选修课。数学和英语依学生成绩和兴趣分班授课,其余则按固定班级授课。学生结业时没有毕业考试(巴登-符腾堡州和巴伐利亚州除外),成绩主要依平时的闭卷课堂作业、课堂提问及小测验来评定,成绩合格即获得主体中学毕业证书。毕业生的主要去向是接受双元制职业培训或全日制学校职业教育。

实科中学在1964年《汉堡协定》制定以前称为"中间学校",通常包括定向阶段及其之上的七至十年级。实科中学是处在主体中学和文科中学之间的一种学校,培养目标是工商业、行政管理部门和企业的中级技术和管理人员,教学兼顾理论知识的传授和学生实践能力的培养。开设的课程名目与主体中学相似,但不设劳动课,强调第二外语的学习。通常,学生在七、八年级开始选修第二外语或一门社会科学;在九、十年级开始选修不同侧重点的组合课程:外语、数学-自然科学、社会-经济常识、社会科学-社会教育学、艺术等。在有的州,如巴登-符腾堡州,学生须通过毕业考试才能毕业;其他州则没有毕业考试,学生毕业成绩根据其五至十年级的德语、数学、英语以及选修课的历年闭卷课程作业成绩来评定,成绩合格即获得实科中学毕业证书。毕业生可进入双元制职业教育系统接受职业培训,也可升入两年制专科高中学习,然后获得进入高等专科学校的资格。

文科中学,亦称完全中学,包括在定向阶段之上的第七至十三年级。作为高等学校的预备学校,在传统的三类中学中,文科中学最注重基础理论知识教育。其第一阶段的课程设置与主体中学和实科中学相似,有德语、数学、自然科学(生物、化学、物理)、社会科学(历史、地理、政治)、第一外语(从五年级开始)、第二外语(从七年级开始)、音乐、艺术和纺织品艺术加工、体育、宗教等。第一外语通常是英语和拉丁语,少数是法语;第二外语则可能是拉丁语、法语和英语。如果第一外语不是英语,那么第二外语必须是英语。有的学校还开设第三外语供学生选修,约有1/4的学生学习第三外语。第一阶段结束时,离校学生可取得相应的主体中学或实科中学毕业证书:九年级毕业的学生获主体中学毕业证书,十年级毕业的学生获实科中学毕业证书。第二阶段是专业化学习。第十一年级上学期为准备期,课程和教学组织形式与第一阶段相似,从十一年级下学期开始,实行课程制。学校确定必修学科与选修学科领域,必修学科包括三大领域:语言—文学—艺术(德语、多种外语、艺术、音乐等)、社会科学(社会学、历史学、地理学、哲学、经济学、心理学、社会学、教育学等)、数学—自然科学—技术(数学、信息学、物理学、化学、生物学、技术学等),还有体育与宗教(如果存在于身体和信仰问题,学生也可申请免修)。其中德语、外语和数学中必须有两门是四个学期都必修的。课程以特长课与基础课的形式开设,原则上学生在十一年级结束以前要根据自己的能力与兴趣在学校提供的课程中选择自己的特长课与基础课,并制定出自己的学习计划。多数州要求学生选择2门特长课,也有的州要求学生选择3门特长课。学生每学期要上2门特长课和6门基础课,毕业成绩包括毕业考试成绩和平时成绩两部分。毕业考试科目共四门,第一、二门即特长课,采取笔试;第三、四门为基础课,第三门考试一般为笔试,也可笔试与口试结合,第四门考试为口试。平时成绩主要依学生十二、十三年级特长课和基础课的闭卷课堂作业和平时课业成绩评定。学生成绩合格,即获得文科中学毕业文凭,并取得进入高等学校学习的资格。

综合中学把主体中学、实科中学和文科中学三合一,是自20世纪60年代末发展起来的新型中学,试图通过单一的学校组织完成原三类中学不同的教育任务。其形式主要有两种。一种为一体化综合中学,彻底取消三类中学的组织,通过能力分组教学与开设必选科目与选修科目,使学生达到不同的毕业资格。通常包括五至十三年级,五至十年级设置德语、数学、英语、自然科学(包括生物、化学、物理)、社会科学(包括历史、地理、政治)、劳动课(包括技术、经济和家政)、艺术和音乐、体育、宗教等课程。十一至十三年级的课程设置、教学组织、毕业考试及成绩评定等与文科中学第二阶段相同。另一种为合作式综合中学,原则上仍保留原

有三类中学各自的系统,只是把它们组织在一个中心学校内,实行统一领导,共享教育资源。综合中学是20世纪六七十年代教育改革的产物,在东部州及西部的柏林、黑森等州得到比较大的发展,但在整个学校系统中所占的比例很小。

中等教育阶段的职业教育包括双元制职业培训和学校职业教育。双元制职业培训是德国职业教育的主体,由企业培训和学校职业教育共同组成并以企业培训为主。在通常为3年的时间里,受教育者在某个得到国家认可的培训企业中作为徒工接受职业实践培训,同时每周用1~2天的时间在部分时间制职业学校里上10~12课时的课(有时也可集中上课)。培训企业在双元制职业教育中扮演主要角色,不但负责提供培训岗位和场地,而且负责制定培训计划及组织考核等,但各培训企业不能自行其是。联邦《职业教育法》对企业内学徒培训有具体而严格的规定,包括企业和学徒的权利和义务、培训车间的条件、培训师傅的资格、培训条例、考试和监督制度以及企业培训的组织结构等。国家认可的培训职业大约为450个。双元制职业培训以企业为主,部分时间制的职业学校是其有机组成部分。作为学校教育的一部分,职业学校遵守各州的《学校法》,通常的教学内容包括必修课和选修课,必修课包括德语、社会学、体育、宗教/伦理等普通教育课程和与职业相关的专业课程。为加强职业培训的理论基础,避免过早专业化,20世纪70年代以来,大多数州把双元制职业培训的第一年确定为职业教育基础年。在这一年里,他们将相近职业组成"职业领域",以此为单位组织教学,传授该"职业领域"共同需要的基础知识和基本技能。数百种职业共划分为13个"职业领域":经济和管理、冶金、电气技术、建筑、木材加工、纺织和服装、化学、物理和生物、印刷、油漆和装饰、卫生保健、食品与家政、农业。职业教育基础年的实施,一是依托全日制职业学校,受教育者完全以学生身份在校学习;二是依托企业和部分时间制职业学校,学生依然以企业学徒和学校学生的双重身份接受培训与教育,具体做法是增加受教育者在职业学校的学习时间(2天至2天半),并根据"职业领域"组织教学。学校职业教育在德国整个职业教育中仅起补充作用,由多种多样的全日制职业学校组成。大多数州主要有职业专科学校、专科高中、专科学校;少数州设立职业高中、职业文科中学或专科文科中学等。修业年限1~4年不等。根据培训任务的不同,大致可分为两大类:一类是面向就业的,如职业专科学校、专科学校,毕业生获得从事某一行业的从业资格;一类是面向升学的,如专科高中、职业高中、职业文科中学、专科文科中学,毕业生获得高等专科学校或有专业限制的普通高校的入学资格。在满足某些条件的情况下,有些学校的毕业生也可获得普通高校入学资格,如职业高中毕业生在具备第二外语知识的情况下,可申请进入普

通高校学习。

（4）高等教育。德国高等学校分为学术性和非学术性两类。前者指大学及具有同等地位的高等学校，包括工业大学、综合高等学校、高等师范学校、神学院等，具有授予博士学位的资格，并在德国大学校长联席会议上各享有一票。后者指高等艺术与音乐学校和高等专科学校，不能授予博士学位，在德国大学校长联席会议上只能以州为单位，一类高等学校仅拥有一票。大学和高等专科学校构成了德国高等教育的两大支柱。2012年，德国有高等学校421所。德国大学可分为老式大学和新式大学。一般认为，1960年以前成立的大学为老式大学，它们往往具有悠久而古老的历史传统，设置的学科覆盖神学、人文科学、社会科学及医学、自然科学等大部分领域；1960年以后成立的大学为新式大学，是20世纪60年代改革的产物，它们常常以其独具特色的学科而形成自己的风格。综合高等学校创建于20世纪70年代，在2002—2003年冬季学期已划入大学系列。高等师范学校逐渐消失，目前只在巴登-符腾堡州和图林根州存在。神学院是教会拥有的高等学校，旨在培养神职人员，规模一般很小。高等艺术与音乐学校通常包括工艺美术、音乐和表演艺术三大专业领域。高等专科学校是德国高校中最年轻、发展最快的学校。1968年10月，联邦德国各州州长讨论通过《联邦共和国各州统一专科学校的协定》，将当时的工程师学校及经济类、社会科学类、设计类、农业类等中等技术学校升格为高等专科学校。高等管理专科学校是高等专科学校的一种特殊形式，主要培养非技术类的行政官员。在高等学校体系之外，不少州还存在一种名为"职业学院"（Berufsakademie）的教育机构。它是依据"双元制"职业培训模式开展教育教学的一种高等职业教育机构，1974年首次在巴登-符腾堡州设立，之后在其他州扩展。此外，在第三级教育层次，即中学后教育阶段，德国还有承担职业继续与提高教育的"专科学校"（Fachschule），以及培养医疗卫生领域从业者如护士、理疗师等的卫生学校。大学的入学资格是具有文科中学毕业证书及同等学力（如一体化综合中学、专科文科中学、文科中学夜校、教会学校等校的毕业证书）。原则上，持有文科中学毕业证书者可以进任何高等学校的任何专业，事实上，由于一些热门专业，如医学、法学、经济学、自然科学等，申请人数大大超过接纳能力，因此这些专业招生不得不采取学籍名额限制。通常做法是，设在多特蒙德市的学额分配中心根据申请者所在地、家庭状况、等待时间、中学毕业成绩，甚至入学考试成绩来分配入学名额。高等艺术与音乐学校要求报考者除拥有文科中学毕业证书外，还要通过附加的艺术和音乐方面的能力考试。高等专科学校入学资格是专科高中毕业及同等学力。高等学校的学业分为基础课程阶段和专业课程阶段。基础课程阶段结束时举行中期考试，通过者进入专业课程学习阶段。

专业课程结束后参加高校毕业考试。毕业考试分为高等学校考试、国家考试和教会考试。高等学校考试为专业文凭考试，考试合格者获专业性硕士学位或一般性硕士学位。国家考试为职业考试，适用于师范、医学和法学专业，考试合格者获国家承认的从业资格。教会考试适用于神职专业，通过者获神学硕士学位。与大学不同，高等专科学校重视实践，通常包括一至两个学期的实习。原则上高等学校修业4年，高等专科学校为3年，但由于教育年限长、大学学习自由等多种原因，德国大学生在校学习时间平均为6年左右。

（5）教师教育。除少数州的基础学校和主体学校、职业学校教师由高等师范学校培养外，德国教师主要由大学培养。德国教师培养分为两个阶段。第一为大学教育阶段。学生在大学或高等师范学校学习，课程包括专业学科、教育学科（包括心理学、教育学及政治学、社会学等）和教育实习，通常要选择主副两门专业学科，如生物和化学、数学和物理、德语和历史等。教育学科包括教育学、心理学等必修课和政治学、社会学等选修课。为加强理论与实践的联系，教育实习也是教师教育不可或缺的部分。教育实习通常贯穿学习期间，总的时间并不长。学生学习结束时参加第一次国家考试，包括笔试和一篇论文。笔试除专业学科外，还包括教育学和心理学。第二为教育见习阶段。通过第一次国家考试的学生，可以报名参加由州组织的教育见习。各州对教育见习的安排与组织不完全一样。大多数州按见习生将来从教的教育阶段（如初等教育、中等教育第一或第二阶段）和学校类型（主体学校、实科中学或文科中学）分门别类组织见习，时间多为24个月，也有的州为18个月。见习活动包括教育理论学习、听课与试教。通常，见习前期以理论学习和听课为主，理论学习多采用研讨班的形式。见习中期以听课和试教为主，试教时间不少于每周12节。见习后期为考试阶段，即准备和参加第二次国家考试。考试包括一篇论文、试教和口试三部分，口试主要是考察见习生教育学方面的知识。考试通过者获得教师资格，享受国家公务员待遇。

（6）继续教育。德国为那些已结束第一教育阶段并从事某种职业活动后又希望继续学习的人提供了发达而完备的继续教育网络。政府举办的继续教育机构主要是民众高等学校，多数由乡镇举办，少数为专区举办。向所有人开放，学费低廉。开设的课程包罗万象，既提供与业余爱好相关的，如语言、艺术、政治等课程，也开设能获得普通教育证书和职业教育证书的课程。开设最多的课程是外语（包括作为外语的德语），接下来依次是健康教育、艺术和手工制作、家政、数学、自然科学技术。学期短则几天，多则一至两年。民众高等学校的组织机构十分健全，州一级有州民众高等学校联合会，联邦一级有德国民众高等学校联合会。

除民众高等学校外,由联邦劳动局管理和资助的对从业者开展与工作相关的继续教育和转岗培训也是公立继续教育的重要组成部分。

除政府外,工会、政党、教会及经济部门也举办公共领域的继续教育。德国工会联合会和德国雇员工会是德国两个最大的工会组织,它们为工人提供了大量的职业和政治教育课程。各政党利用其特殊基金,如德国社会民主党通过弗里德里希·艾伯特基金会,基督教民主联盟通过康拉德·阿登纳基金会开展形式多样的政治性成人教育。另外,教会组织的带有宗教信仰色彩的成人教育提供了大量的教育课程,如家庭教育(母亲和家长学校)等。新教和天主教教会举办的学院通过大会或短训班的形式在社会教育中扮演着重要角色。工商协会、手工业和农业协会也提供继续教育方面的课程,当然其课程多直接面向职业需要。

远程教育是继续教育的一种有效形式。德国远程教育主要由具有各种法律形式的私营企业或团体开办,开设的课程大致分为如下几类:第一,为通过校外考试(如文科中学毕业学历资格考试)作准备的课程;第二,为通过国家公务员或其他公职考试作准备的课程;第三,举行考试且资格获得承认的职业性课程;第四,不举行考试的职业性课程;第五,为满足个人爱好开设的课程。设在科隆的国家远程教育管理中心全面负责全德远程教育的管理和咨询工作。20世纪70年代以后,电视讲座和广播讲座得到较快发展。1974年12月成立的哈根远程大学属于高等教育层次的远程教育中心,除在哈根设立总部外,还在其他13个城市设立学习中心,入学条件为拥有文科中学毕业证书,教学采用函授与面授相结合的方式。

德国教育的特点与教育改革

德国的教育具有6个特点。(1)文化联邦主义影响了德国的教育立法与行政管理制度。文化联邦主义的国家制度决定了各州代表国家行使教育主权,联邦和州的共有立法权使得联邦在诸多重要领域越来越多地参与对教育事业的支持与管理。(2)教育的公立传统源远流长,影响至今。德国绝大多数的中小学校、职业学校及高等学校都是公立学校。非公立学校不仅数量少,而且依然得到国家补助,并与其他公立学校一样处于国家监督之下。(3)教会保留教育的举办权,宗教对教育具有独特的影响力。在学前教育和继续教育领域,教会始终发挥着不可替代的重要作用。同时,根据《德意志联邦共和国基本法》的规定,宗教课依然是中小学校、各种职业学校的必修课。(4)学校结构和类型多样,学生的选择和发展机会增加。除了小学阶段的两种学制之外,德国中等教育阶段并列多种类型的中学,不仅配合不同的教育和培养目标,而且从制度上保障了不同轨道

或类型学校之间的沟通与联系,为学生的普通教育和职业培训提供了多元选择,在适应学生个性发展的同时,也促进了学生与社会的融合。(5)"双元制"的职业教育制度为德国培养了大量高素质的劳动者。重心在企业培训的"双元制"职业教育在职业教育中充当主角,学生的学徒身份则使得职业教育具有坚实的物质基础与明确的培养目标。(6)公立中小学与高等学校的法律身份各不相同,决定了各自不同的权利属性和权利边界。中小学是国家的机构,不具有独立的权利能力和行为能力;高等学校同时兼具社团法人和国家机构的双重法人身份,有些州甚至还赋予了其"财团法人"的法律身份,不仅享有学术自治的权利,而且拥有比较独立的财产权利。

20世纪90年代以来,在全球化不断加速以及国内社会发展变化的背景下,德国进行了一系列教育改革。

第一,中等教育结构改革。中等教育阶段存在带有双轨制性质的多种类型中学,是德国教育的传统和特色。虽然它拥有合理的出发点,即根据不同人的能力、兴趣和需要提供不同的学习道路,且被证明是一种讲求效益的学校制度,但由于它实际造成的教育机会不平等问题,社会对它的批评从未间断。如何促进主体中学、实科中学和文科中学之间的贯通、促进主体中学与高等学校之间的衔接,一直是德国社会讨论的焦点问题。20世纪90年代之后,德国对这一问题作出回应。一是改革三类中学分流并存制度。在保留传统文科中学的基础上,将主体中学和实科中学合并成为新的高级中学(各地名称不一)。虽然这并非各州的统一行动,但越来越多的州进行了这项改革。例如,柏林市2009年通过立法,废除了主体中学,保留文科中学,增设了"综合中学"(Integrierte Sekundarschule)。二是缩短文科中学学制。为与国际通行的十二年基础教育制度接轨,进入21世纪,德国几乎所有的州(除莱茵兰-普法尔茨州外)都在进行九年制文科中学改为八年制的改革。三是引入国家教育标准(Nationale Bildungsstandards)。2003年12月,各州教育部长常务会议提出"中等学校毕业资格"(Der Mittlere Schulabschluss,第十年级毕业)的国家教育标准。之后,教育部长常务会议于2004年和2007年先后制定完成了基础学校、主体中学、实科中学以及文科中学等各级各类学校科目及毕业考试的国家标准,以保证各地、各类学校教育水准的可比性和所颁发文凭的等值性。

第二,高等教育国际化与管理体制改革。2002年,为配合欧洲高等教育一体化,德国修改高等教育法,在高等学校引入英美式的学士、硕士、博士三级学位课程与学位体系。此外,在"竞争、效率、效益"的口号下,德国对高等教育进行多项内部与外部的制度革新。一是建立以绩效为导向的新高校财政制度。1998年,《高等学校总纲法》第四次修改,确定了以绩效为导向的高校财政改革。以此为契机,各州先

后颁布新的高等学校法,积极探索财政制度改革,例如建立以绩效为指标的财政拨款制度,以及财政包干制的经费使用制度等。二是改革高等学校内部领导与管理制度。"团体大学"是德国20世纪60年代高等教育改革的成果,但事事由全体成员代表参与的决策方式责权不明,且费时费力。为此,一些旨在简政放权的改革方案被推出:扩大校长及院长的职权,引入有校外人士参加的高校理事会等。三是调整高校教师人事制度。包括:取消教授备选资格,设立青年教授职位;改革教授工资结构,实行体现教师业绩的工资制度等。四是启动"精英计划"、"高校公约"、"研究与创新公约"等项目。作为高校"第三方资金"的重要来源,此类项目在为高等学校科研注入强劲动力的同时,也加剧了高校间的竞争。2007年,联邦政府启动了第一期高校"精英计划"(2007—2011),共投入19亿欧元,有9所精英大学、39个博士生院和37个精英研究机构入选。2012年,第二期"精英计划"(2012—2017)有11所精英大学,45个博士生院和43个精英研究所入选,政府计划投入27亿欧元。

参考文献

克里斯托弗·福尔.1945年以来的德国教育:概览与问题[M].肖辉英,等,译.北京:人民教育出版社,2002.

Autorengruppe Bildungsberichterstattung: Bildung in Deutschland 2012. Ein indikatorengestützter Bericht mit einer Analyse zur kulturellen Bildung im Lebenslauf. Gefördert mit Mitteln der Ständigen Konferenz der Kultusminister der Länder in der Bundesrepublik und des Bundesministeriums für Bildung und Forschung [M]. Bielefeld: Bertelsmann Verlag, 2012.

Sekretariat der Ständigen Konferenz der Kultusminister der Länder in der Bundesrepublik Deutschland. Das Bildungswesen in der Bundesrepublik Deutschland 2001[M]. Bonn, 2002.

Sekretariat der Ständigen Konferenz der Kultusminister der Länder in der Bundesrepublik Deutschland. Das Bildungswesen in der Bundesrepublik Deutschland 2010/2011[M]. Bonn, 2011.

(周丽华)

德育(moral education)　　全面发展教育的重要组成部分。依据一定的道德原则和道德规范,有目的、有组织地对受教育者施加影响,以培养具有所需要的道德品质的人的教育。在学校教育中,与智育、体育、美育等相辅相成,共同促进学生的全面发展。

道德和道德教育

道德(morality)是社会意识的一种,指以善恶评价方式调整人与人、人与社会、人与自然之间相互关系的标准、原则和规范的总和,也指那些与之相适应的行为、活动。

"道"与"德"在中国最早的典籍中是分开使用的。"道"的最初含义为万物产生、变化的总规律,后进一步引申为"为人之道"的社会道德规范、规则。"德"字在甲骨文中其字形表示直视前行、有所获得之义。后来其写法变化,上从"直"下从"心",意指心之端正,遵循社会特定的规范制度,认识并遵循"道"。内德于己,外施于人。前者指自己因内心无愧而获得心理上的满足与愉悦;后者指自己因内心之正直而使人得惠,并获得人们的肯定与赞赏。"道"、"德"连用,指调整人与人之间关系的行为规范与准则,也指人的思想品德、情操修养、善恶评价及风俗习惯等。在西方,"道德"一词来源于拉丁文moralis,意为"风俗"、"习惯"、"品性"等。

道德分为主观和客观两方面的内容。客观方面指一定的社会关系对社会成员的客观要求,包括道德关系、道德理想、道德标准、道德准则和规范等。它渗透到社会生活的各个领域,表现为政治道德、职业道德、婚姻家庭道德和社会生活准则等。主观方面包括道德行为或道德活动主体的道德意识、道德判断、道德信念、道德情感、道德意志、道德修养和道德品质。客观的社会关系对社会成员的要求,通过教育、社会舆论、个体的道德实践和自我修养等途径,才能转化为社会成员对自己的要求。

道德教育的根本任务在于按照一定社会或阶级的要求培养具有一定道德品质的人。道德品质由道德认识、道德情感、道德意志、道德信念和道德行为等构成。道德教育过程一般分为五个基本环节:提高道德认识;陶冶道德情感;锻炼道德意志;确立道德信念和养成道德习惯。道德教育具有下列特征:一是同时性。道德教育过程虽可划分为对受教育者的知、信、情、意、行的培养和提高等环节,但这些环节并不是完全按照前后相继的顺序各自发挥作用,而是相互联系、相互影响。二是重复性。道德教育不但要向受教育者传授道德知识,而且还要培养和形成受教育者的道德情感、道德意志和道德信念。这就决定了道德教育比单纯的知识传授过程更复杂、更困难、更艰巨,道德教育需要反复进行。三是多端性。道德教育一般以提高受教育者的道德认识为起点,但这并不意味着任何道德教育都如此。因为每一个受教育者所处的社会地位、受到的社会环境和教育影响各不相同,他们原有道德品质的构成千差万别。这就要求道德教育根据受教育者的实际情况、年龄特点,选择他们最急需解决又最能奏效的环节作为教育的起点。四是实践性。道德教育离不开实践,实践性是道德教育的一个鲜明特征。具体体现为:道德教育必须为实践服务,必须适应当时社会实践的客观情况和客观要求;道德教育必须在实践中进行,必须注重引导受教育者按照社会道德的要求,在自己的学习、生活和工作中履行自己的道德义务。道德教育的实践性是实现道德教育目的的关键,道德教育离开了实践,就会成为一种软弱无力的说教,对人的道德品质的形成就会失去应有的意义和价值。

道德教育功能

道德教育功能指教育本身具有的效能、作用。它决定于道德教育的结构,是道德教育具有的客观属性。对它的分类,因研究者的标准不同而异,但学术界普遍认同的功能主要是道德教育的社会功能和道德教育的个体功能。

道德教育的个体功能 指道德教育对其教育对象——学生具有的作用,包括道德教育的个体发展功能和道德教育的个体享用功能。

道德教育的个体发展功能指道德教育对每个学生发展的影响和作用。体现在三个方面:(1) 在个体品德发展中的作用。影响学生品德发展的外部因素有社会、家庭、学校等,但由于学校道德教育具有目的性、计划性和组织性,其影响要优于社会、家庭等自发的影响,对学生的品德发展起主导作用,影响其发展方向和水平。(2) 对个体智能发展的作用。道德是人类把握世界的一种方式。人类历史上形成的许多道德规范,揭示了人与社会之间和谐、美好关系形成与发展之必然,也揭示了个体在群体、社会中生存、发展之必然。道德对世界的把握范围涉及人类生活的各个方面,反映人与人之间的各种复杂关系,反映作为主体的人自身与客体之间的各种关系,道德教育正是通过"应然"把握"必然"。人在从事认识活动时,总是以一定的意识状态作为其基础和背景,构成这种基础的背景因素,除个体已有的知识、已形成的认知结构外,还有个体具有的情感、意志,以及包括道德在内的各种价值观、世界观等,它们在人的认知中起支配作用。在这种认知中起着支配作用的先存意识状态就是人的认知图式。在认知图式中,个体的世界观、信念和信仰系统起着核心的定向作用。道德教育通过世界观、价值观和道德观的形成,以认知图式为中介,对个体选择认知对象、整理信息和解释认知结果等起着支配和控制作用。此外,道德教育通过形成人的世界观、价值观和信仰体系,形成个体独特的文化经验,对个体的认知能力具有强化和激励作用。如中国古代"学而优则仕"的价值观念,作为古代学人的一种文化观念,强化了他们致力仕途的各种认知能力。道德教育正是通过上述方式促进个体智能的发展。(3) 对个性发展的作用。个性包括个性倾向性和个性心理特征。前者包括动机、需要、理想、自我意识、信念、价值观、世界观等,是人进行活动的基本动力,是决定人对现实的态度和积极性的动力系统;后者包括能力、气质、性格等。道德教育的特殊任务之一是形成人的品德,培养人的道德需要、道德动机、世界观、价值观、信念等,这些方面也是支配、调节人的行为的内在动因。人的品德结构不仅是人的个性结构的组成部分,而且是人的个性结构的核心。道德教育通过影响人的世界观、道德观、理想、信念和价值观这些个性的核心部分对人的个性发展起决定作用。人的个性是由各方面特质有机构成的统一体,任何一方面特质的缺陷都会影响个性的整体、和谐发展。道德教育可以使人充分认识到个性中的长处与不足,自觉扬长避短,长善救失,对个性发展起到合理的建构作用。

道德教育的个体享用功能指道德教育具有形成、发展某种品德,使个体实现某种需要和愿望,并从中体验到满足、快乐、幸福,获得一种精神上的享受的功能。人的德行的养成,既具有工具价值,也具有本体价值。就工具价值而言,它使个人与他人、群体、社会的各种关系得到协调发展,为合理的人际关系、和谐的社会状态提供必要的条件,满足社会、群体和他人发展的需要;就本体价值而言,它具有满足个体自我需要的价值,道德教育的个体享用功能根植于人的德行养成的本体价值。社会学和历史学研究表明,人都有获得各种德行的内在需要,作为社会人,人必须与他人、群体、社会保持合理的关系才能生存,才能维持和发展正常的物质生产和生活。因此,用以调节这些关系的道德,首先发轫于生命价值和各种物质利益价值的实现。随着人类的进化、社会的进步、物质的丰富、精神的提升,人对道德的需要才开始从以生命价值、功利价值为主升华为以精神价值为主。人们逐渐把道德作为自身追求的目标,作为获得自我肯定、自我完善、自我发展的对象物,并从各种道德追求和活动中获得精神上的满足和享受。因此,道德教育的价值不仅在于使人们成为好公民,以适应和促进社会发展,而且在于在不断发展和完善人的各种德行和道德人格的过程中,使人得到自我肯定、自我完善的满足和精神享受。从个体发展史来看,道德教育的个体享用功能的实现是个体发展的必然。最初,儿童接受道德教育,往往只限于得到他人的奖励或者逃避一定的惩罚。这种奖励与惩罚先是物质上的,然后才发展为精神上的。对于儿童和青少年来说,道德教育的价值往往带有很大的功利性,他们满足的往往并非道德自身。只有在一个较为充分发展的个体身上,才开始具有较明确的对道德自身的需求,这时,道德教育的享用价值才能得到充分体现。

道德教育的个体享用功能与发展功能是完全一致的。只有使个体在道德教育过程中不断得到发展,个体享用功能才能得以产生和深化;同样,只有在实现发展功能中不断使享用功能得以发挥,个体的道德发展、人格完善才能得到最根本的动力,产生积极的效果,道德教育目标才能实现。

道德教育的社会功能 道德教育的社会功能指道德对社会发展的作用,体现为道德教育的社会经济功能、政治功能、文化功能和自然功能。

道德教育的社会经济功能既表现为不同层次的功能,

也表现为各个不同经济生活领域的功能。从层次上看,既可表现为宏观层次,也可表现为微观层次。在宏观层次上,道德通过形成(或变革)一定社会的意识形态,其中最主要的是形成一定的经济文化、经济道德,来影响整个社会的经济生活和经济行为的价值取向。如在中国长期的封建社会中,通过道德教育继承和传播的重本抑末、重农轻商、重义轻利等观念,严重影响了中国经济向现代化方向的发展。道德教育的经济功能,既可以是维护性的,即维护和保持社会既定的意识形态,也可能是变革性的,即通过道德教育树立和发展新的意识形态,充当经济、社会变革的先导。道德教育既可以推动经济的发展和改革,发挥正向功能,也可以阻碍社会经济的发展,产生负向功能。在微观层次上,道德教育可以通过发展和完善个体的道德素质,对经济直接发生作用。人是经济的主体,作为具有思想道德意识的人,其经济行为、经济生活总要受到一定思想道德意识的支配。道德教育通过形成或改变人们的思想道德意识,规范和制约人的经济生活和经济行为,作用于社会经济发展。

道德教育的社会经济功能也表现在生产领域和科技领域。在生产领域的功能指道德教育在解放和促进生产力发展中的积极作用。生产力的发展依赖于两个主要因素:生产者和科学技术。生产者素质的提高和科学技术的发展都与道德有关。劳动者是生产力中最活跃的因素,对生产力的发展有着决定性影响。劳动者的素质不仅包括体力、智力,还包括劳动者的精神状态和道德素质,如劳动者的思想觉悟、劳动态度、志向等,他们生产的自觉性、积极性、劳动观念、责任感等,都影响生产的效率和质量。道德教育正是通过改变劳动者的精神状态和提高劳动者的道德素质对社会生产力发展产生积极影响。科学技术是知识形态的生产力,生产工具是科学技术物化的结果和表现。科学技术的进步与生产工具的改进都离不开道德教育。首先,道德教育可以通过传播先进的哲学思想、形成新的时代精神,促进科学技术的发展。古希腊时期,由毕达哥拉斯、苏格拉底、柏拉图、亚里士多德等学者和教育团体传播的哲学思想,都在一定程度上促进学术争论自由,扩大朴素唯物主义和辩证法的影响,启迪人们的思想,提高人们的抽象思维能力,促进科学技术的发展。其次,道德教育可以通过培养科学精神,直接影响科技发展的方向和速度。如近代西方教育中弘扬的崇尚理性、注重实践的精神,解放了一代人的思想,有力地促进当时科技的发展。此外,道德教育还可以通过培养人的科学素质,促进科学技术的发展。如现代科学研究和技术开发已逐渐由分散的、单纯的个人活动发展为社会化的集体活动,研究的群体规模越来越大,这对人与人之间的道德行为规范提出了更高的要求。科学群体成员能否互助合作,严守纪律,尊重他人的研究成果,正确对待科学竞争,协调人际关系,直接影响着科技的发展和进步。道

德教育正是通过培养科学群体成员的相关素质,促进科学技术的发展。

道德教育的社会政治功能指道德教育在维护和发展一定社会的政治所发挥的作用。道德教育通过培养具有一定社会所需道德品质的人,充实、更新各级政治机构来为社会政治服务。人类历史发展表明,各种社会的统治者,都通过道德教育,尤其是学校道德教育,把该社会占统治地位的意识形态灌输给受教育者;同时培养出大批政治人才,充实和更新各级行政机构,以维护和巩固当时的政治制度。

道德教育的社会文化功能指道德教育对社会文化产生的客观结果。其内涵丰富,中国理论界主要探讨了道德教育的文化维系功能和道德教育的文化变异功能。

道德教育的文化维系功能指道德教育具有使文化各要素发生协同作用,维持原有的文化及其结构,保存文化的相对稳定性的功能。一方面,这种功能是通过文化传递来实现的。道德教育的文化传递,在形态上与智育不同。智育传递的主要是知识形态的文化,道德教育除传递知识形态的文化外,还传递规范形态的文化,如世界观、人生观以及各种价值观。不仅如此,道德教育还传递各种非理性形态的文化,如情感、态度、信仰,传递潜意识层面的文化,如社会风尚等。因此,道德教育在形成个体的人格特征和继承、发展群体的共同人格特征,诸如民族精神、民族意识等方面,有着十分重要的作用。另一方面,道德教育的这种功能是通过对既定文化的有效控制来实现的。道德教育作为一种普遍性规范,对文化具有强有力的控制作用。任何一种文化行为,只有当它符合社会道德规范时,才能为社会所接受,否则就会被舍弃。道德一经产生就会成为一种独立的力量,控制文化的动态变化,是文化控制中一个重要的、有自我组织能力的子系统。道德教育通过对人的培养,帮助他们形成符合一定社会道德要求的认知、情感和行为规范系统,使他们形成对一定文化信息评估的价值取向和文化选择的能力与方式。道德教育通过实现对受教育者的文化控制,发挥其对社会文化的控制功能。

道德教育的文化变异功能指道德具有使文化改变其内容与结构的功能。一般认为,文化结构可分为三个层次:外层为物质层面的文化,中层为制度层面文化,内层为思想层面的文化。思想层面的文化的内核是基本的价值观念。从文化变迁的观点来看,物质文化、制度文化的改变不足以引起一种文化的结构性变化,即不足以引起作为一种文化体系的全局性、整体性的变化。只有由发端于物质文化、制度文化的变迁且深入于思想文化的变迁,特别是一些基本价值观念的变化,才会导致一种文化整体变迁,道德教育在文化深层变迁中发挥的作用巨大。

道德教育的自然功能指道德教育在协调人与自然关系中的功能。主要表现在三个方面:一是通过道德教育形成

新的自然观。千百年来在人类与自然关系中存在一种"人类中心论",认为人类始终是自然界的主人和占有者,自然界的一切必须服从人类的利益和需要,人类对自然拥有绝对的使用权和开发权。只要对人类有利,对其他存在物采取的任何掠夺行为都是合乎道德的,即人对待自然界一切非人类存在物的任何行动,都不存在道德问题,不受道德约束。这是造成现代人类生存危机的思想根源。解决该问题的一个重要手段,就是通过道德教育,帮助人们树立人与自然协调发展的新的自然观,并认识到,人类要生存、发展,只能依存于自然而不能征服自然。二是通过道德教育认识人与自然关系中的善与恶。道德教育可使人懂得在与自然交往中的是非与善恶,学会对个人及社会行为作出正确的道德判断,并将这种认识与判断内化为个人人格的一部分。三是通过道德教育规范人对自然的行为。道德教育通过教学和各种活动,教会学生遵守人与自然交往中的各种基本行为规范,养成爱护生态环境的良好习惯,防止环境污染。

道德教育理论

道德认知发展理论　最早由瑞士心理学家皮亚杰提出,后由美国心理学家科尔伯格进一步发展深化。皮亚杰根据其理论和大量临床研究的事实,运用两难故事实验,分析了儿童对游戏规则的理解以及遵守过程,并将儿童的品质发展分为四个阶段:(1)自我中心阶段(2~5岁)。该阶段儿童在游戏时总是按自己的想象去执行规则,因为儿童还不能把自己同外在环境区分开来,规则对他来说并不具有约束力。(2)权威阶段(6~8岁)。该阶段儿童绝对地尊敬和顺从外在权威。他们把人们规定的准则看作是固定的,不可变更的。(3)可逆性阶段(9~10岁)。该阶段儿童已不把规则看成是不可改变的,而看成是同伴间共同约定的,如果所有的人都同意,规则就可以改变。儿童已意识到同伴间的社会关系,懂得互相尊重。规则对他们来说已具有一种保证互惠的可逆的特征。这标志着品德由他律开始进入自律阶段。(4)公正阶段(11~12岁)。公正的观念是从可逆的道德中发展起来的,他们开始倾向于主持公正、平等,奖惩根据各人的具体情况来决定。皮亚杰认为,道德品质的发展是一个连续的过程。这种发展是与逻辑思维的发展相一致的,智力上的发展促进道德品质的发展。

科尔伯格基于儿童和成人对一些道德困境的反应提出道德发展阶段理论,即把道德发展划分为前习俗水平、习俗水平和后习俗水平三个水平六个阶段。

处于前习俗水平的个体,其道德判断基于行为对行动者个人的惩罚性或奖励性结果,而不基于行为与社会规范和习俗的关系。包括第一、第二两个阶段:第一阶段为惩罚与服从道德定向阶段。处于该阶段的个体会无条件地服从由权威制定的规则,其目的只是为了避免惩罚。个体依据行为结果来评定行为的好坏,受赞扬的行为就是好的,反之就是不好的。第二阶段为工具性相对主义道德定向阶段。处于该阶段的个体遵从规则是为了获得奖赏或满足个人目标,对他人的观点有一定考虑,但以他人为定向的行为只是为了获得回报。已认识到任何问题都是多方面的,不再把规则看成是绝对的、固定不变的,个人只需根据自己的需要和快乐作出决定,正确的行为包含着能满足个人的行为。

处于习俗水平的个体,其道德判断基于认识到个体努力遵守规则和社会规范是为了赢得他人的赞扬或维护社会秩序,能清楚地意识到并考虑他人的观点。包括第三、第四两个阶段:第三阶段为好孩子道德定向阶段。该阶段的个体倾向于愉悦和帮助别人,为得到别人的承认和使他人高兴而遵从准则,评价别人时考虑其主观意向,希望保持人与人之间良好和谐的关系,要求自己不辜负他人的期望,保持相互尊重和信任。第四阶段为尊重权威和维护社会秩序道德定向阶段。该阶段的个体认为,遵守社会法律和秩序的行为就是正确的,从维护社会系统的角度来理解道德。

处于后习俗水平的个体,其道德发展趋于成熟,道德判断基于社会契约和民主的法律或伦理和公正的普遍原则,即使这些原则与现行法律或权威人物的规定相冲突。包括第五、第六两个阶段:第五阶段为社会契约道德定向阶段。该阶段的个体承认社会共同规定的道德准则和要求,具有责任心和义务感,尊重法制,能够考虑别人的利益和大多数人的意志与福利。第六阶段为普遍伦理原则道德定向阶段。该阶段的个体在认同现实规定的道德准则的同时,还探索并遵循合乎逻辑的、具有普遍性和一致性的道德选择原则,相信道德的普遍价值,认识到人类的尊严,服从内在的良心,凭自己的良知进行价值判断,尊重相互间的信任。

科尔伯格认为,道德判断的各种基本概念都是通过六个阶段发展而成的,这种道德推理能力同逻辑思维能力的发展存在对应关系。但是,逻辑发展是道德发展的必要条件,却不是充分条件。道德发展不仅同逻辑推理能力有关,而且同社会认识有关,即个体如何看待他人、理解他人的思想与感情,以及如何看待自己在社会中的地位、作用和水平。科尔伯格认为,道德教育的目的应定为逐步促进儿童朝着更成熟的道德判断和道德推理发展,以达到对普遍的公正原则有一个明确的、清晰的理解。道德教育旨在推进道德判断的发展及其与行为的一致性。

人本主义道德教育理论　人本主义认为传统的学校德育压抑人性,坚决反对硬性灌输道德信条和机械的行为习惯训练,要求学校建立良好的德育氛围,核心是师生之间的关系应当是坦诚的、真实的,教师要充分尊重学生的人格,接受学生的观点、习惯和行为,强调移情的理解和无条件的关怀。在这种氛围中,德育才能有效进行。在人本主义教育观的影响下,一些学校形成了价值澄清的教育方法。

价值澄清形成于20世纪30年代,60年代后才得到较广泛的注意。提倡者认为,现实社会是一个多元文化的社会,已经打破了单一的社会文化系统,社会的价值观念变化很快,各种社会传播媒体都在传播各种信息、价值观念,在此情况下,儿童面临着多种多样的选择,要使正在成长中的儿童形成清晰的价值观念越来越困难。他们反对解释道德、价值观。

价值澄清有四个要素:(1)关注生活。要使人注意那些生活中自认有价值的事物,如情感、态度和目的等,注意到使价值混乱和生活复杂化的一般问题。(2)接受现实。教师要接受学生的一切,包括观点、兴趣、情感等,使学生坦诚地表达自己,这样做并不意味着教师赞同学生的观点。(3)激发进一步思考。教师要鼓励学生经过思考作出多种选择,要更好地意识到个人珍视的东西,更好地选择、珍视日常的行为。(4)提高个人潜能。价值澄清使个人正视其价值问题,整合其选择和行动,从而提高价值澄清的技能和自我指导的能力。

价值澄清的过程即价值形成的过程。任何社会的信念、态度等要变成某个人的价值观都必须经过三个阶段七个步骤。第一阶段:选择。(1)自由选择:只有自由选择,才能根据自己的价值观行事,被迫的选择是无法使这种价值观整合到其价值体系中的。(2)从多种可能中选择:提供多种可能让学生选择,有利于学生对选择的分析思考。(3)对结果深思熟虑的选择:对各种选择作出理性的因果分析,反复衡量利弊,在此过程中,个人在意志、情感以及社会责任等方面都受到考验。第二阶段:珍视。(4)珍视与爱护:珍惜自己的选择,为自己能有这种理性选择而自豪,并看作是自己内在能力的表现和自己生活的一部分。(5)确认:即以充分的理由再次肯定这种选择,乐意公开、与别人分享而不会因这种选择感到羞愧。第三阶段:行动。(6)依据选择行动:鼓励学生把信奉的价值观付诸行动,指导行动,使行动反映所选择的价值取向。(7)反复地行动:鼓励学生反复、坚定地把价值观付诸行动,使之成为某种生活方式或行为模式。

在采用价值澄清法时,教师要注意一些基本原则:避免说教、批评、灌输,不要把焦点集中于对或错上面;促进学生反思自己的行为,并且独立、负责地作出决定;不要求学生有问必答;澄清法主要在于营造气氛,目标是有限的;帮助学生澄清自己的思想和生活;避免空泛的讨论,要及时结束讨论;不要针对个人;教师不必对学生的话和行为都作出反应;不要使学生迎合教师;避免千篇一律。

社会学习道德教育理论　社会学习理论的代表人物是班杜拉。它以行为主义心理学为基础,融合了认知学派和人本主义心理学的观点;强调个人独特的学习经验对其人格与行为的影响。基本观点:观察学习是行为获得的基本方法,通过观察、模仿,再经认知过程的运作而不断促成人的复杂行为;注重强化的学习意义,利用直接强化、替代性间接强化和自我强化的交互作用,提高学习效果;创立自我效能理论,即强调建立有利于学习的道德环境和心理调节机制,个体可通过对自己行为的可能结果进行积极预期这种自我效能来寻找更多的学习。

社会学习理论认为,道德判断取决于社会学习,没有固定的发展阶段;人格的形成是整体性的,人格各有待点;环境、行为和人的交互作用都在人格的形成中发挥着重要的作用。社会学习理论强调个人在学习中的作用,认为个体的自我观念、自我评价、自我控制有重要作用;强调周围环境、榜样的作用,重视咨询在德育中的作用。

参考文献

金一鸣.教育原理[M].第二版.北京:高等教育出版社,2002.

鲁洁,王逢贤.德育新论[M].南京:江苏教育出版社,1994.

罗国杰.中国伦理学大百科全书[M].长春:吉林人民出版社,1993.

詹万生.德育实用全书[M].北京:中国民主法制出版社,1997.

朱贻庭.伦理学大辞典[M].上海:上海辞书出版社,2002.

(谈新华)

德育管理(management of moral education)　在国家教育方针、政策、制度等的指导下,遵循德育工作的基本规律,使德育诸要素结合并运行,以提高德育工作质量,有效实现德育目标的计划、组织、实施、评价等各种职能活动。分为宏观管理和微观管理两个层次。前者指执政党和政府及教育行政部门对德育工作的领导和管理;后者指各级各类学校及其他教育机构对德育工作的管理。宏观层面的德育管理主要包括:确立德育总体目标;整体规划学校德育体系;加强德育队伍建设;完善德育工作管理体制;加强各地党委、政府对学校德育工作的领导。通常意义上的德育管理主要指微观层面的学校德育管理,具体指根据学校德育的目标、任务以及学校教育和学校管理的总体要求,提出学校德育管理目标,建立德育管理机构,建设德育工作队伍,制定德育管理制度,并通过对德育实施过程的组织协调和德育工作的质量评价,确保学校德育目标的实现和德育任务的完成。学校德育管理的主要内容包括德育目标管理、德育组织管理、德育实施管理和德育评价管理。

德育目标管理　确立、调整和不断完善德育管理目标的过程。德育管理目标是各级教育行政部门和学校组织为实现学校德育的目标、完成学校德育任务而确立的一定时期内德育管理活动的质量规格与标准,是德育管理的灵魂。

学校德育管理目标与学校德育目标紧密相关,德育目标是制定德育管理目标的重要依据,德育管理目标为实现德育目标服务。一般而言,德育管理目标是一个由目标系统、目标考评系统和目标保障系统组成的目标管理系统。目标系统是建立德育目标管理系统的前提,有空间和时间之分。空间体系由目标项目构成,指导德育工作;时间体系是由长期、中期和短期目标构成的目标时序网络,反映目标随时序变化的规律和要求。目标考评系统包括考评制度、考评标准和方法、考评结果的处理等,目的是检查、考核和评价德育活动的绩效。目标保障系统指为保证学校德育目标的实现而确立的组织制度、方法措施和资源分配工作等。

德育组织管理　在学校中形成一支德育工作队伍,建立必要的德育机构,形成完善的组织系统,并制定行之有效的德育管理制度的过程。

学校德育队伍是学校中能够对学生思想品德产生影响,并负有对学生进行思想品德教育职责的所有人员,包括学校领导、班主任、政治课程教师、其他学科教师和图书馆、实验室、后勤等部门的教职工。抓好德育工作队伍建设、提高德育工作队伍质量是发挥德育管理效能的重要基础和保证。需要提高教育者对德育和德育管理的认识,激发其从事德育工作的积极性、能动性和创造性,提高德育管理行为的科学化程度,增进德育管理质量与效率,并树立正确的德育工作观。

德育管理体系包括校内德育管理机构和学校与社会相结合的德育管理网络。在中国,中小学德育管理体系大致分三个层面:最上层为学校党支部(总支)和校长室;中间层为政教处(德育处);执行层为班主任。班级数较多的学校在中间层和执行层之间设置以年级组(教研组)为单位的德育管理单位。校长尤其是分管德育工作的副校长全面负责学校德育工作的组织领导,保证德育工作计划、时间、人员和经费的落实,健全德育工作指导小组,理顺政教处、年级组、班主任和团队组织在德育工作中的相互关系,确保形成学校德育工作合力。学校党组织发挥核心和监督保证作用,支持和协助校长做好德育工作,同时加强对共青团、少先队、学生会工作的指导,充分发挥其在德育管理工作中的积极作用。建立学校与社会相结合的德育管理网络,通过学校、家庭、社会等各种教育力量的有机结合,全方位合力共管,能形成教育影响的一致性。校外德育管理机构主要有家长委员会和社区教育委员会。家长委员会是学校实施家庭教育指导的组织,社区教育委员会一般由学校所在乡(村)、镇(街道)或学生较集中的单位代表组成,其主要职责是配合学校组织学生参加各项社会活动,负责学生寒暑假生活和农忙假活动的管理工作,与地方政府和村民委员会配合,促进学生健康成长。在学校、家庭、社会三者中,学校是德育管理的专门机构和德育管理网络的支点,能有效发挥辐射功能。

德育管理制度是为实现德育目标,要求师生员工共同遵守的行为准则,是保障德育组织机构运行的重要手段,其作用在于以明确的要求和严格的约束条件,规范学校的德育工作和师生员工行为,以建立正常的德育工作秩序,并培养师生员工高尚的思想道德行为和良好的学习与工作习惯。中国学校德育管理制度内容在纵向上有两个层面,即国家颁布的法令、法规和学校制定的规章制度,前者具有指令性,后者具有针对性。在横向上分三个类别:一是职责类制度,具体落实学校的每项德育工作,保证德育工作的有序性;二是常规类制度,即师生在校内外的日常行为规范和学习、工作与生活准则,如《学生守则》和《学生日常行为规范》;三是考核奖惩类制度,考核制度根据职责类制度和常规类制度的要求制订,奖惩制度是对考核结果给予肯定或否定的评价制度,两者相辅相成,体现管理法规的严肃性和有效性。

德育实施管理　对实现德育目标的多种渠道进行指导、监督和控制的过程。包括德育常规管理和德育专项管理。

德育常规管理指保证德育工作正常运转的基本管理活动。具体包括:根据各学期工作过程及规律进行的常规管理;组织各种常规德育活动,如常规性的会议活动(晨会、周会、班会、中队会等)、传统节日活动、社会性活动、文娱性活动及仪式活动等。

德育专项管理指有针对性、有重点地对多种德育实施渠道分别进行管理。主要包括:(1)教学途径的德育管理。思想品德与政治课是德育的主要课程,在诸多德育实施渠道中具有重要地位。必须进行专门的课程建设,加强教学研究,理论联系实际,真正促进学生思想品德与政治素质的提高。各学科课程教学中需渗透德育。(2)班主任工作管理。班主任承担德育任务的具体落实工作,其工作直接影响德育效果。班主任应由思想品德好、业务水平高、组织能力强的教师担任,并接受业务培训。(3)共青团、少先队、学生会工作管理。学生组织是学校德育工作中最具活力的力量,在培养学生的自强意识、自治能力以及配合学校开展各项德育活动等方面具有不可替代的特殊作用。学校应强化团队与学生会的工作管理,配备专职团队干部,关注学生会干部的培养与教育。(4)学生的自我管理。完善的自我管理是学生德育管理的目标,代表德育管理的升华。学校管理者应充分尊重和信任学生,通过开展各种相关活动,如小小校长助理制、班级值周制、校际班际交流、学生自办刊物等,为学生进行自我管理搭建平台,使学生在独立处理问题的过程中增长才干,养成主体意识,提高自我管理的自觉性。(5)德育环境管理。加强学校中德育物质环境和精神环境建设,包括科学管理校园建筑,完善校舍、教室、实验室、图书馆、运动场的设置,美化校园,坚持学校正确的舆论导向、校风与传统、学术气氛,维护良好的人际关系和教学秩序等。尤其重视校园文化建设,充分发挥环境对形成学生思想品德的潜移默化的影响。

德育评价管理 对德育评价工作的管理。主要包括建立德育评价指标体系和确定评价方式等。德育评价是学校德育管理过程的最后环节,是在实施德育任务的基础上,对德育管理成果作出客观评价。包括对学校整体德育工作的评价和对学生个体思想品德的评价。目的在于全面总结德育管理的经验教训,促进德育工作的开展和学生成长。学校德育评价采取过程评价方法,在分析德育工作状况,并确定评价指标的基础上评价德育工作效果。可建立以下德育评价指标:学生政治思想和道德认识水平状况,学生思想政治课的学习成绩;学生的政治觉悟、世界观和人生观的形成状况;学生的道德行为习惯;学校中积极进取、奋发向上的风尚和学习风气;学生中共青团团员、少先队队员的比例,优秀班级和优秀学生的数量与质量;学校各项规章制度是否健全,学生是否自觉遵守;教师职业道德水平,等等。在确定德育评价指标体系后,还须确定每项指标的权重。学生个体思想品德评价指标的确定以教育行政部门颁布的学校思想品德课教学大纲、学校德育大纲、学生日常行为规范和学生守则等为主要依据,借鉴国内外品德测评的有关内容和指标体系,根据学生特点,确定最能体现学生道德面貌的基本、具体的行为,建立科学的具有可操作性的测评指标体系。

(陈红燕 刘 建)

德育评价(evaluation of moral education) 依据一定的德育目标,对德育条件、德育过程与效果作出价值上的考查与判断。是学校教育评价的一项内容,是学校德育工作的基本环节。主要包括学生品德评价、班级德育评价和学校德育评价。

学生品德评价

学生品德评价,是指特定的评价主体遵循学生思想品德形成规律,依据一定的社会行为规范和学段的德育目标,对学生的品德素质和行为表现进行的价值判断。它是一种对学生品德成长过程进行宏观调控,对学生品德培养目标进行科学预测的有计划、有组织的教育活动。评价的主体一般是教育行政部门、学校、教师(主要是班主任)以及学生自身,评价的对象是学生。对学生品德进行评价,有利于全面贯彻党的教育方针,坚持社会主义办学思想,落实德育首位;有利于促进学校的德育改革,把竞争机制引入学校的德育领域,增强德育效果;有利于调动德育教师的积极性、主动性和创造性,迸发工作热情,开掘工作潜能;有利于提高学生自我评价、自我教育能力,发扬优点、克服缺点,促进良好品德的形成和发展。

内容 学生品德评价应以学校德育目标为依据,它包括政治素质、思想素质、道德素质、法纪素质和心理素质五个方面内容的评价。对学生品德素质评价主要看学生在各种具体问题上的行为表现。(1)政治素质的评价,是指对学生的基本政治立场、观点、态度和行为的价值判断。它是学生品德素质评价的核心内容,关系到学校培养什么人、怎么培养人。(2)思想素质的评价,是指对学生世界观、人生观和价值观等思想观念的价值判断。在评价时,一要坚持全面的观点,根据不同学段学生的身心发展特点区别对待。二要坚持辩证的观点,看学生在每一具体的德育活动中的思想发展状况,看其主流。(3)道德素质的评价,是指对学生的道德认知、道德情感、道德意识、道德信念、道德关系、道德行为等方面的价值判断,它是规范道德教育,促进学生道德品质健康发展的重要手段。(4)法纪素质的评价,是为让学生知法、懂法、用法、守法,树立法律面前人人平等,有法必依、执法必严、违法必究的观念,习惯在法制范围内行使自己的民主、自主权利,并勇于同违法犯罪行为作斗争。(5)心理素质评价,是指对学生的心理状态、心理品质、心理能力、心理特征进行的价值判断。对学生进行心理素质评价,能够为心理诊断、心理矫正和心理教育提供科学依据,从而帮助学生提高心理素质、健全人格,增强承受挫折,适应环境的能力。

实施 学校全部德育工作的出发点和归宿是提高学生品德素质。学生品德评价的一般程序是做好评价准备、选择评价方法、收集整理信息、处理相关问题。(1)做好评价准备。第一,制定出学生品德评价指标体系。评价指标是德育目标的具体化,它既是学生努力的方向,又是品德评价的依据。第二,做好宣传发动工作。既要让学生明白评价的目的、内容、标准、原则、方法、意义,又要让家长、教师了解上述道理。(2)选择评价方法。学生品德评价从评价主体看有自评和他评两种形式。自评是评价对象依据一定的标准对自己的品德素质进行价值判断。自评是学生自我总结、自我认识、自我完善、自我教育、自我提高的过程,是充分发挥学生主体作用的突出表现。他评也叫民主评议,是评价对象以外的组织、人员依据一定的标准对评价对象的品德素质进行价值判断。一般有同学评价、家长评价、教师评价这几种形式。但这种评价往往受评价者自身的素质、认识水平、时间等各种因素的限制,也可能会产生偏差。学生品德评价从信息收集的角度看主要有观察法、谈话法、访问法、调查法、态度测量法等。从信息整理的角度看,主要有个体内差异评价法、绝对评价法和相对评价法。个体内差异评价法是以评价对象自身为参照点的一种评价方法,它是将评价对象的现在与过去进行比较,或者将评价对象的若干侧面进行比较。绝对评价法是指在评价对象的集合之外,以某个预定目标为客观参照点(客观标准),把评价对象与客观标准进行比较,评价其达到程度。绝对评价又被称作客观标准评价。相对评价法指在某一集合中,以这个集合的平均状况为基准,将某一评价对象与评价基准进行比较,从而确定评价对象在这个集合中所处的相对位置。这些评价方法各有优点,要根据评价的具体情况灵活选用。(3) 收集整理信息。它是学生品德评价的关键环节。收集到的学生品德信息一般较为零乱。要想了解学生个体的总体特征、个体特征和变化发展趋势,必须对这些信息进行科学的整理归纳,使之系统化、条理化。收集整理信息时,必须注意信息的准确性、完整性和客观性,收集渠道的广泛性,收集对象的代表性,整理方法的科学性。(4) 处理相关问题。一是评价结果要及时向学生、家长反馈,以便形成家校合力,促进学生不断提高,不断进步;二是处理好自评与学生互评、家长评、教师评所产生的结果误差,使评价结果尽量客观公正;三是对学生品德的评价要注意全面性,要以肯定成绩为主,肯定进步为主,防止过多谴责和找茬的现象出现。

班级德育评价

　　班级德育评价,是指德育评价主体按照一定的原则、标准和程序,运用科学的方法和手段对班级德育状态进行的基于事实的价值判断。班级评价的主体一般是上级教育行政部门、学校领导和德育机构以及班级自身,评价的对象是班级(包括班主任),班级德育评价的根本目的在于,运用反馈、调控机制,发挥评价的导向、激励和鉴定功能,优化班级德育工作,明确方向,调动工作积极性,促进班级德育工作不断改善,最终达到预定目标。班级德育是整个学校德育评价体系中的重要组成部分。

　　内容　班级德育评价要从整体出发,运用可行有效的多种手段,系统收集信息资料,依据评价标准来判断该班集体是否达到所处学段要求的个性品质和心理水平,是否达到学校期望的发展状态和目标。从班级德育全程的先后关系看,班级德育评价的内容主要包括班级德育条件的评价、班级德育过程的评价、班级德育效果的评价。

　　班级德育条件的评价,具体包括德育目标、德育组织、德育环境三个方面内容。德育目标包括工作计划和评价方案两项内容。评价工作计划要看德育目标是否明确,分阶段要求是否具体、具有激励性以及时代感和导向性;对评价方案的评价要看可行性和针对性,学生主体意识是否得到充分体现。德育组织,包括由班主任指导下的班委会、班团队干部队伍、思想政治课教师和各任课教师组成的德育工作网络。班级德育组织包括班级制度建设和队伍建设两项内容。评价班级制度建设主要看班级制度的科学性、针对性和规范性;评价队伍建设主要看班主任对学生干部培养、使用的有效度,以及以班主任为主的教师群体能否对班级学生的德育工作发挥主导作用。德育环境,是学生品德素质形成和发展的基本条件,包括班级文化环境和班级德育网络两项内容。评价德育环境主要看班级良好的德育氛围是否形成,正确的舆论是否发挥主导作用;评价德育网络主要看家校联系的渠道是否畅通,以及社会正确思潮对学生的影响度。

　　班级德育过程的评价主要围绕班主任及其领导下的班级德育活动轨迹。主要有常规管理、德育活动和专题教育三个方面内容。常规管理是班级德育工作的经常性工作。它对学生品德素质的养成有不断强化的作用。常规管理有课堂管理、课外管理和班干部管理三个方面内容。课堂管理是班级德育常规管理的主要工作,由于学生在校绝大多数时间在课堂中度过,课堂管理尤其重要。评价课堂管理主要看学生课堂良好习惯的养成以及学科德育渗透的情况。课外管理是班级德育常规管理工作的另一项重要内容,是指学生在校时的课余活动管理。评价课外管理主要看学生课外良好习惯的养成情况以及第二课堂的开展情况。班干部是班主任开展德育工作的得力助手,是班级的核心,班干部开展工作的好坏直接影响班级的德育状况。评价班干部管理主要看班干部作用的发挥程度,是否通过健康、活泼的活动,把广大同学团结在自己的周围,是否在落实"大纲"和学校德育任务中,做到自我教育、自我管理。德育活动是班级德育的基本方式,其形式多种多样,如主题班会、团队活动、党课小组活动、节日庆典活动、技能竞赛活动、宿舍文化活动、实践教育活动,等等。这些活动形式各有特点,但都担负着向学生进行思想品德教育的任务。对班级德育活动的评价,一看是否坚持正确的导向;二看是否适合学生年龄特点,寓教于乐;三看是否有利于每个学生个性和特长的培养;四看学生的参与面广不广。专题教育是班级根据形势发展的需要、教育发展的规律和学生身心特点而开展的专门性的班级德育活动,它也是班级德育工作的基本方式之一。专题教育主要有典型教育、突发性事件教育、生理心理教育、创新素质教育等。

　　班级德育效果的评价主要针对班风班纪、学生个体面貌、班级特色。班风班纪是个体品质的集合,主要包括舆论导向、道德风尚和遵纪守法三项内容。评价舆论导向主要看导向是否正确,班级荣誉感强不强;评价道德风尚主要看社会公德、传统美德是否形成风气并发扬光大;评价遵纪守法主要看学生法纪观念是否增强,有无违法犯罪现象。学生个体面貌包括德育达标和个体优化两项内容。评价这两项内容主要是看"率",看提高的幅度。在班级德育过程中,由于班主任工作的经验、思路与方法的不同,不同的班会呈现出不同的特色。班级特色主要有集体荣誉、管理水平、示范效应三项内容。评价集体荣誉主要看班内个体和群体获得的校级以上的表彰、奖励、荣誉的次数,以及社会效益的好坏;评价管理水平主要看德育工作的途径、方法是否科学,以及效果如何;评价示范效应主要看德育工作经验的典型性和榜样示范性。

实施　班级德育评价是一个系统的、连续活动的过程,包括做好评价准备、确定评价目标、选择评价方法、收集整理信息、处理相关问题这几个相互联系的环节。(1) 做好评价准备。主要做好以下几点:一是组织建设。学校要成立评价领导机构和评价实施机构,要建立必要的规章制度,这是评价工作实施的组织保证。二是宣传发动。要让每一个学生和教师明确评价的目的、意义、原则、方法、标准,做到心中有数,并积极参与。三是培训队伍。开展班级德育评价必须有一支思想素质好、业务素质高的评价队伍,这支队伍是在评价的实践中产生,通过培训学习发展起来的。(2) 确定评价目标。班级德育目标的确立直接关系到对班级德育工作进行正确评价的问题。因此,在确定评价目标时,要充分考虑其科学性、合理性、可行性,必须体现教育方针和德育目标,充分体现其导向功能。(3) 选择评价方法。班级德育评价的方法应根据评价内容来定。对班级德育规划的实施进行评价就应以查看档案为主;对班级德育环境和班风班纪进行评价应以现场查看、评比为主;对班级常规管理的评价应以看实况、座谈、查班级工作档案为主;对班级德育活动和班级荣誉进行评价应以查记录、听汇报、看实况、评比等为主;对家校联系及学生个体品德表现的评价应以查家访记录、会议记录、看实况、统计对比等为主。(4) 收集、整理信息。它是实施德育评价的核心部分。它要求评价者不仅要掌握大量的信息,还要根据不同班级以及同一班级在不同阶段的特点进行针对性评价,只有这样,评价结果才有信度。信息的收集方法有经常性收集和阶段性收集两种。经常性收集是在班级德育工作开展过程中随时收集各类信息的活动。其特点是及时,能及时反馈信息、调控活动,但不全面、不系统。阶段性收集是为班级德育工作的阶段性评价提供依据而进行的信息收集活动,由于是阶段性的,因而不能及时调控活动,但具有系统性、程序性的优点。(5) 处理相关问题。由于各种因素的影响,在班级德育评价过程中会出现许多矛盾和问题,如情感效应、定势效应、晕轮效应、自卫效应、透过效应等。另外,要做好评价结果的信息反馈工作并编写评价报告,使受评者保持优点、改进工作,使德育评价在更高的基点上向前发展。

学校德育评价

学校德育评价,指学校德育评价主体按照一定的原则、标准和程序,运用科学的方法和手段对学校德育工作状态进行的基于事实的价值判断。学校评价的主体一般是各级国家机关、上级教育行政部门、教育督导和科研等专业机构以及学校自身,评价的对象是学校。评价的目的就是要通过评价信息的反馈与调控,坚持把学校德育工作摆在素质教育的首位,树立育人为本的思想,将"思想政治素质是最重要的素质"的要求落实到教育工作中的各个环节。

内容　学校德育评价包括德育条件、德育过程和德育效果等三个方面的评价。

德育条件包括德育规划、德育组织、德育环境诸要素,这是德育工作顺利开展的必要保证。德育规划,包括德育工作目标和工作计划。德育目标是德育工作的出发点和归宿,对学校德育工作以及整个学校工作起着导向作用。其评价的标准是看其是否符合时代要求和学生身心发展的规律。德育工作计划是把德育目标由可能性变为现实性的组织方案、指标框架、工作环节和活动进程,反映学校德育的实际管理水平。对工作计划的评价主要是看其针对性和导向性,重点是看其能否真正付诸实施并达到预期效果,而不流于形式。德育组织,包括德育机构、德育队伍和德育制度。学校德育工作水平的高低取决于德育组织的建设状况。德育机构是保证实施德育目标、落实德育计划的必要的组织保证。评价的标准主要看是否建立一支专兼结合、功能互补、信念坚定、业务精湛的德育队伍,以及这支德育队伍的作风是否扎实、分工是否明确合理。评价德育制度主要看其是否科学、全面、规范,看其是否充分反映学校德育工作特色。德育环境包括学校周边社区环境、校园文化环境、教育者与受教育者心理环境、时局环境、精神氛围等;也包括德育活动得以开展的必要的德育设施、德育活动场所等物质条件。社区环境、校园环境、心理环境、时局环境、精神氛围是实施德育工作、促进学生思想品德形成和发展的隐性因素。它对学生的影响是多方面的,学校应该尽量利用正面影响,克服负面影响,营造一个有利于德育工作的氛围。因此,评价学校德育环境既要看客观存在的校内外的德育环境状况如何,更要看学校为改善这种环境进行努力的程度如何。

德育过程包括德育常规、德育活动、德育科研、德育建档诸要素,它是学校德育的活动轨迹,是学校德育工作的主要方面。评价一所学校的德育工作,主要通过考察其德育工作环节及过程来总结经验、诊断误差、实施纠偏,达到鉴别、调控、强化和导向的目的。德育常规是学校德育管理的重要内容,包括依法治校、班级管理、教书育人、管理育人、服务育人这些学校德育的日常工作。依法治校是时代的要求,是国家民主化、法制化建设的要求,是学校管理工作的根本要求。它包括严格按照法律、政策、制度管理学校;法纪的宣传教育等项内容。班级管理是学校德育管理的基本内容,学校育人最主要、最有效的形式是通过班级组织和班级活动进行的。评价班级管理主要看学校对班级德育工作的指导水平和管理水平以及班级德育的工作水平。教书育人、管理育人和服务育人是学校德育的三个途径。教书育人耗用时间久,作用对象面宽,渗透领域广泛,导向直接,影响深远。管理育人要求学校各项管理工作都要与德育工作紧密结合,着眼于教育、从严要求、注意方法,使之成为学校德育工作的重要途径。服务育人反映以学校为主体的育人意识,它不仅指学校后勤员工的感化作用、校园环境的净化作用,也指广大教职工的表率作用。评价这三项指标主要看教职员工的育人意识和表率作用。德育活动包括校内活动、校外实践和心理咨询三个方面的指标。它是学校德育过程管理的核心,反映了学校德育管理的动态水平。校内活动主要有升旗仪式、重大节日礼仪活动、突发性的教育活动等形式。校外实践主要有校外兴趣小组活动、德育基地活动、家校联系活动、社会实践等活动形式。校内活动和校外实践是学校德育的重要形式,其质量直接影响学生德育的认知水平,对学生品德素质的养成有潜移默化的作用。因此,评价这两项指标要看其是否具有导向性和常规性,其质量水平如何。心理咨询主要是从心理学角度,对处于不同年龄段的学生进行的心理辅导。这是考察学校关注、培养学生良好心理素质,塑造健全人格,造就未来时代需求的开拓性、创造性人才的一种导向、强化指标。德育科研与学校德育工作有着密切的因果关系。德育科研搞得好,抓住了德育的规律,用于指导德育工作实践,就会取得较好的德育效果,反之亦然。重视并抓好德育科研是学校领导管理艺术的重要体现。德育科研包括专题研究和学科渗透两项内容。对这项指标的评价主要看科研成果及其运用的情况。德育建档是学校德育管理的一个重要方面,主要包括结果处理和档案建设这两项内容。设置德育建档这个评价指标主要考察学校德育管理的规范化、科学化水平。

学校德育全过程的好坏一般要通过德育效果表现出来,评价一所学校德育工作的好坏、优劣,对一所学校的德育状况进行德育诊断,德育效果占有重要位置。德育效果集中体现在校风校貌、师生品德和社会评价这三个方面。校风校貌是学校德育各要素作用的综合反映,也是学校德育阶段性预期目标达到程度的一种生动表述。它包括校园风气和师生面貌两项内容,对这项指标进行评价时要注意:师生的精神风貌、校园文化氛围是否好;集体舆论是否健康;学校凝聚力是否强;师生是非观、美丑观、善恶观是否正确。学校除要向学生进行品德教育外,还要持续不断地对教师进行师德教育。师生品德素质的提高是学校德育的根本目的,是考察学校德育工作落实情况的试金石。对这项指标进行评价时要注意从纵向和横向两个方面进行比较,看其进步的幅度及在同类学校中所处的地位。学校是社会

化的学校,学校德育工作应该追求良好的社会效应。在考察社会评价这项指标时,要注意全面性,抓住主要方面。此外,学校德育工作特色也是一个很重要的方面,评价时要着重注意学校德育工作的创新性。

实施　学校德育评价既是一个对学校德育工作进行检查验收的过程,是一个对学校德育工作进行督导、评估的过程,又是一个对学校德育工作进行调控和改进的过程。在评价时,既要注意评价的科学性、合理性,又要注意评价结果的导向性。一般来说,学校德育评价无论是自评还是他评都要围绕五个方面开展:(1)做好评价准备。评价前充分的组织和准备是评价顺利进行并保证其结果客观、公正的必要前提。做好评价准备要注意四个方面的工作:健全机构、明确分工,学校要建立德育工作领导管理体制。在校长(党委)领导下,由政教处(德育处或学工部)具体组织实施;优化队伍,培训提高,建设一支稳定的、政治素质好、业务素质高,能适应新形势需要的德育队伍,是做好德育评价工作的组织保证;宣传发动、协调关系,即要做好教职员工的宣传发动工作,增强他们的主人翁意识和参与意识;疏通渠道、保障实施,即要疏通好管理渠道和经费渠道,建立评价工作的激励机制,保证德育评价严肃认真、科学公正地顺利进行。(2)确定评价目标。在对学校德育工作进行评价时,应根据德育工作评价指标体系以及工作的重点与学校的实际情况,确定针对性的评价目标,拟出针对性的评价方案。学校德育评价指标是学校德育工作的具体要求和努力方向,其涉及面很广。(3)选择评价方法。学校德育评价的方法很多,在评价实践中,一个重要原则就是要因地制宜、灵活选用。在信息收集阶段主要采用表格测评法、走访座谈法、抽样调查法、问卷调查法、资料查阅法以及现场观察、观摩法等。在信息整理阶段主要采用比较参照法、统计综合分析法、反馈调整法等。在结果汇总定性阶段主要采用模糊综合测评法和评分、评等、评语综合法。(4)收集、整理信息。这是评价实施的核心阶段。主要根据评价的目标要求,选用不同的评价方法来收集各种德育信息,对评价对象进行全面测评。收集信息时要注意信息的真实性、准确性和全面性,整理信息时要注意做好分析综合的工作,抓住事物的本质和要害。结论常常用数值表示,但只用数值表示并不能科学地反映评价结果,因此需要把定性语言描述和定量分析结合起来,并以定性分析来说明产生这一结果的原因。(5)处理相关的问题。由于评价对象和评价者主客观因素的影响,一定要防止评价工作的主持者在评价过程中出现情感效应、定势效应、晕轮效应、自卫效应和诱过效应等,使评价结果真实、可靠。同时,要对评价结果作出妥善处理,以表彰先进、鞭策落后,并写出评价报告,为评价对象改进工作和上级部门作出决策提供依据。

参考文献

刘本固. 教育评价的理论与实践[M]. 杭州: 浙江教育出版社, 2000.

（骆　方）

德育心理学（psychology of moral education）　　亦称"品德心理学"、"道德心理学"。教育心理学分支学科。主要探究个体的品德形成和发展规律，即研究社会和教育要求的道德规范、道德准则如何成为个体人格倾向一部分的有关心理学问题。

德育心理学的历史发展

中外传统文化中都有十分丰富的德育心理学思想。但作为一门科学，德育心理学只走过一段不长的历程。1894年，美国的巴恩斯和夏伦伯格在同期《教育论丛》上发表《儿童心目中的惩罚》、《儿童的公正观念》两篇研究报告，它们被认为是德育心理学领域最早具有心理学研究特征的文献资料。

进入20世纪20年代中后期，西方国家主要是美国、英国、瑞士对儿童的道德发展进行了规模相对较大的研究。如，1925年，英国心理学家麦考莱和沃特金斯进行了一项关于环境对儿童理解道德价值的影响的研究。1928—1930年，美国心理学家哈茨霍恩、梅和 J. B. 马勒进行"性格教育研究"，这其实是一项以儿童为对象的关于道德行为的心理学实验研究。几乎同时，瑞士心理学家皮亚杰及其7名助手在欧洲腹地日内瓦对儿童的道德判断进行了大量研究，并出版《儿童的道德判断》（1930年法文版、1932年英译本）一书。

之后，德育心理学研究有一段沉寂期。第二次世界大战后，道德心理学领域的主要研究有：在美国芝加哥人类发展委员会基金支持下，1949年由心理学家哈维格斯特和泰伯开展的对青少年性格和人格的研究，十年后由佩克和哈维格斯特主持下进行的相应的追踪研究；1949年英国心理学家斯温森对青少年道德观念发展的研究；麦克纳特、C. W. 莫里斯等人的研究。

自20世纪50年代末，美国心理学家科尔伯格沿着皮亚杰的路线进行了大量深入的研究，于1964年明确提出道德认知发展阶段理论。此后，道德发展（moral development）、道德心理学（moral psychology）成为发展心理学、教育心理学范畴中的一个重要领域。在此过程中，皮亚杰和科尔伯格的研究作出开创性、奠基性的杰出贡献。

皮亚杰以研究个体认知的发生和发展为己任。对此，他从两方面入手：就儿童对物理世界的认知来探究个体的逻辑思维能力的发展；就儿童的道德判断来探究个体的社会性认知能力的发展。《儿童的道德判断》一书就是他后一

方面研究成果的集成。皮亚杰认为，个体的道德成熟主要体现在对准则的尊重和具有社会公正感两个方面，他的研究就围绕这两者展开。他通过儿童的弹子游戏考察了他们对规则的执行和意识，并指出一旦儿童真正意识到有义务遵从规则、在游戏中把规则作为行为准则予以尊重并恪守，这便是儿童道德品质的开端。同时，在研究行为责任、谎言、惩罚的公正、集体可交流责任、上苍公正、平等与权威等问题后，他指出从他律道德到自律道德的发展是个体道德发展的一条主线。他律道德是年幼儿童的道德水平，其道德判断受其自身以外的价值标准支配；自律道德是年长儿童的道德水平，其道德判断受其主观的价值标准支配。儿童的道德实在论和自我中心主义是他们的道德处于他律水平的原因。个体道德从他律水平逐步过渡到自律水平，一是因为认识上的成熟逐步削弱了自我中心主义倾向，二是因为社会交往和合作增强了角色承担和扮演的能力，进而削弱了道德实在论。除上述研究成果外，皮亚杰还在研究方法上有重大突破。他编撰的情境故事体现了因素控制的思想和投射的技巧，用这样的故事作为刺激材料使其研究具有一定的心理学科学实证的特点。迄今，编撰情境故事来进行投射性探究仍然是包括道德心理学在内的许多社会性发展问题研究常用的一种主要研究途径。他还倡导和运用临床访谈法，该法后来发展成为心理学尤其是发展心理学领域的主要研究方法之一。皮亚杰对道德发展、道德心理学研究的贡献是奠基性的。

科尔伯格拓展了皮亚杰的研究成果，他把研究对象从儿童扩展到青少年，创造性地以编撰的两难情境故事为刺激材料，进行了长期的追踪研究和广泛的跨文化研究。科尔伯格发现，随着个体认知上的发展、阅历的增长、经验的丰富，儿童、青少年对社会价值、道德、理想产生强烈的兴趣，他们面对特定道德问题包括两难道德情境时会有不同的道德陈述，而这样的道德陈述反映了他们不同层次的道德推理和判断，也就是反映了不同的道德发展层次。在概括大量研究资料的基础上，20世纪60年代中期科尔伯格提出道德发展阶段理论。该理论勾画了个体德性在成熟发展上的六个阶段，它们分属于前习俗水平、习俗水平和后习俗水平。阶段1为惩罚与服从道德定向阶段，阶段2为工具性相对主义道德定向阶段，阶段3为好孩子道德定向阶段，阶段4为尊重权威和维护社会秩序道德定向阶段，阶段5为社会契约道德定向阶段，阶段6为普遍伦理原则道德定向阶段。前两个阶段属前习俗水平，是依据个人得失来决定道德上的是非；中间两个阶段属习俗水平，是关注社会组织的规定和社会成员的要求，依据对社会和他人期望的因循、遵守的程度来判定是非；最后两个阶段属后习俗水平，是根据社会契约、人的固有权利以及德性的普遍原则来决定问题的是非。科尔伯格认为：德性含有认知结构的方面，个体的

道德是沿着上述阶段模式向上发展的;不同认知发展阶段的人在结构上显示出不同的道德决策模式,每种道德思维模式形成一个结构性的整体;这些不同的思维模式形成一个道德发展的不变序列;认知上的道德阶段在层次上具有统整性,所有阶段构成一个逐步分化并逐步整合的结构顺序,以完成共同的功能。在揭示道德发展阶段模式及其特征的基础上,科尔伯格始终致力于以其发展模式来指导现实生活中的道德教育实践。同时,他与人合作耗时多年对道德发展水平进行了测量学方面的深入探究。科尔伯格的研究及其成果标示道德心理学发展成了一门独立的心理学分支学科。

德育心理学的主要内容

德育心理学的主要内容包括德育心理学研究的对象、任务、方法和意义。

研究对象　道德认识、道德情感、道德行为、道德价值取向等是德育心理学研究的主要对象。

道德认识的基础是个体必须掌握一系列道德概念和道德观念,以及由此逐渐形成的观念体系(道德观)。道德评价是道德认识的另一个重要部分,它既可以是对他人行为是非的道德判断和推理,也可以是对自己行为善恶的觉知和意识。对人、对己的道德评价都是个体对道德因果关系认识的结果。在道德认识的基础上,一个人会形成相应的道德理想。道德认识是道德发展的引导机制,它从内部指导着人在面临现实道德问题时能否明辨是非、明智抉择、表现出良好的道德风貌。

道德情感是激发一个人道德行为的重要内部动力。对道德情感的认识能调节一个人的道德行为。根据社会道德生活要求,道德情感的内容有公正感、义务感、责任感、友谊感、荣誉感等。道德情感的形式一般有直觉的、形象的和伦理的三种。移情是一种特殊的道德情感表现,它是人际交往中人们情感彼此相互作用的结果。移情是自我与道德行为之间重要的中介变量,即在移情作用下个体更易于作出利他的道德行为。立身处世的态度涉及对人、对己、对事,是另一种重要的道德情感。道德情操是道德情感与坚定的行为方式即操守相结合,它对个人的品格和社会行为起着极其重要的作用。

道德行为是指在道德认识指引下和道德情感激发下,一个人表现出来的符合社会道德规范的行为。道德行为十分重要,因为它是考察人的道德风貌的重要依据。道德行为又十分复杂,因为行为是由人的内部动机决定的,一个人从面临道德问题情境到表现出道德行为会经历诸如解释情境、作出判断、道德抉择和实践行动的一系列心理过程。从社会学习理论来考察,道德行为可以通过对榜样示范的观察活动而获得,也可以通过头脑中的思维表征作用来调节,还可以通过自我控制能力来加以改变。

个体接受某一道德观念并赋予其一定的价值,以致外部的道德规范内化成个体内部的道德信念,这时该观念就成为个体的道德价值观。从心理学角度分析,道德价值观必须经历"选择"、"赞赏"、"行动"三个过程。它们含有七个子过程:"选择"的子过程有"自主地选择"、"从可选择的范围内选择"、"对每一可选择的后果加以充分考虑之后的选择";"赞赏"的子过程有"喜欢这个选择并感到满意"、"愿意公开这个选择";"行动"的子过程有"按这一选择行事"、"作为一种生活方式加以重复"。某一道德规范只有经过上述过程才能内化成为个体的道德价值观;如果只是经过其中若干过程,则只是一种道德价值取向。道德价值取向仅仅反映个体的某种倾向,如愿望、态度、兴趣、需要等,它有可能发展成为道德价值观,也可能停滞甚至被抛弃。

研究任务　德育心理学的研究包括总任务和具体任务。总任务是把儿童及青少年的道德发展研究与道德教育实践相联系、相结合。具体任务主要有:揭示儿童及青少年道德发展中重要心理品质的形成过程及其规律;揭示儿童及青少年道德发展在各个年龄阶段上的特点;揭示儿童及青少年道德教育在每一年龄阶段上的可接受的具体内容;研究对儿童及青少年道德发展的测量和评定;研究道德教育方法并对它们的运用进行心理学分析;研究儿童及青少年品行不良的原因以及矫正、预防。

研究方法　德育心理学的研究方法可以概括为经验研究与实验研究两大类。经验研究即观察和调查,对从观察调查中所得的资料进行经验总结可以从中获得儿童及青少年道德心理形成和发展的规律。这类研究可以不脱离儿童及青少年的实际道德生活而获得真实的材料,可以花较短时间进行,也可以进行长期追踪,专业心理学工作者和非专业人员都可以采用,由此获得的材料是大量的、多途径的、多方面的,个案研究、经验总结、个人传记、履历表、自由作文、自由绘画、日记、班会、团队活动、教导处档案等都可以是经验研究的有价值的材料。但是,经验研究存在的最大问题是处理资料较困难,因观察和调查收集的材料往往数量庞大而内容芜杂,导致见仁见智,难以形成共识,甚至对同样一批材料会因研究者角度不同而得出不同甚至矛盾的结论。这样,经验研究中对道德心理的规律性问题的分析是否客观就难以判断,常常得出不一致的定论。要对道德品质形成和发展的心理学规律作出科学论述,必须恰当地运用实验研究。

道德心理学的实验研究的本质特点是对被研究的道德现象有目的地进行干预,在特定控制条件下进行观察。其长处是:可以把道德品质的心理成分分离出来,在人为情境下加以实验对比,从中找出内在的变化规律;可以对实验结果所得的资料加以统计处理,获取经过统计检验的较为可靠的结论;更有意义的是可以对研究及其结论进行重复验证。显然,这样能以较为科学的形态有效地探究道德发展的种种因果关系。当然,要通过实验研究使儿童及青少年被试就道德心理问题作出真实的反应绝非易事,因为道德现象与智慧现象不同。研究儿童思维,可以让儿童对研究者设定的物理现象或逻辑数学问题作出恰当的反应,而且可以在他们的活动中进行,如要求他们大声说出运算过程。但要在种种人为的条件下再现一个人的道德经验是不太可能的。在研究道德问题上,无论是研究道德认识,还是研究道德情感和道德行为,要使儿童及青少年按照研究者的意图如实说出头脑中的真实想法,真实表露出内心的感受,明确表明自己的行为倾向,都很不容易。这也就是研究社会性问题尤其是道德问题时常常伴随因使用实验研究方法而带来的生态效度问题。因此,研究者一般都不采用直接询问的方法,而是沿用由皮亚杰最早倡导运用的间接故事法。这要求根据研究意图设计、编撰相应的道德情境故事,故事中的有关因素在编撰时加以了仔细的考虑和控制。研究表明,在被试不清楚故事情境中投射的道德要求的情况下,他们的反应大多确实是自己过去道德经验在头脑中的反映。当然,这要求所编的故事情境贴近儿童及青少年的生活实际,要求主试严格执行实验技术和控制有关因素,要求主试以信任的态度和亲切的语言与被试进行交谈。

经验研究和实验研究两类方法各有长处和局限性。由于人的道德现象是复杂的,我们不能苛求在研究方法上的完美无缺。因此,在道德心理学领域的实际研究中应该努力使这两类方法互为补充,相辅相成。

研究意义 纵观整个科学发展的历史,任何一门学科一旦获得它自身的科学形态就会得到飞速发展,同时哲学自然观和社会历史观也会相应地因之而获得新的内容。人们的道德现象历来就是哲学、伦理学所思辨论证的问题。数十年来,由于社会实践的需要和心理科学自身的发展,人们对复杂的道德现象开始进行科学的实验研究,并逐步使之取得了科学的形态。如,道德认知发展心理学家把道德判断和道德推理这类认知问题纳入到社会认知心理学的研究领域之内,在大量研究基础上揭示人的道德观念从认知的低级形式到高级形式的序列发展过程。这样的成果表明,过去认为只有通过思辨论证的人的道德现象也是可以进行心理学的实证研究的。与此同时,道德哲学也从心理科学对道德现象的实验研究中吸取到新的营养,用以进行新的哲学思考。所以,德育心理学的研究具有重要的理论意义。

德育心理学的研究还具有重要的实践意义。如同教学工作要取得良好效果就应该以教学心理学阐述的教与学的规律为依据,德育工作要获得预期效果也必须以德育心理

学揭示的儿童及青少年道德发展的规律为基础。道德教育的效果既有赖于社会影响和教育要求等外部条件,也有赖于儿童及青少年自身的内部条件。道德教育的作用不可能超越儿童及青少年道德发展规律的制约。德育心理学的研究可以揭示儿童及青少年道德发展方面的心理事实和规律,可以对德育的培养目标、阶段要求、实施方法进行心理学分析,可以提出符合他们认知水平的道德教育内容,可以避免道德教育方法上的简单化、成人化、千篇一律、强制灌输和滥用奖惩,可以避免教育中容易发生的忽视年龄特点和个别差异的倾向,可以科学、客观、公正地评价学生的道德发展状况。德育心理学的研究有助于把儿童及青少年道德发展的规律与学校道德教育实践紧密地结合起来,有助于使道德教育真正符合儿童及青少年道德发展的内部规律。

德育心理学的发展特点

在德育心理学成为教育心理学分支学科后,儿童道德发展和道德心理的研究获得长足进展。其发展呈现下列特点:(1)研究课题多样化。不仅有关于道德认识、道德情感、道德行为等诸道德心理成分的研究,还有对各成分之间交互作用的研究;不仅有大量对儿童及青少年的研究,还有对各类成年人的研究;不仅有对常态人的研究,还有对身心发展缺陷者和问题者的研究。(2)方法和技术的现代化。在开展较大规模的自然观察、个案分析以及长达几年至十多年、二十余年的追踪研究的同时,实验研究的方法日益得到研究者的重视和广泛运用。无论在实验研究还是在经验研究中,图片、录音、录像、摄影、计算机等现代化手段的使用相当普遍。(3)深入探讨理论问题和努力建构理论模式。对德育心理学领域中的理论问题的探讨,如关于道德发展的情境论与模式论的论争,关于道德发展与人格发展关系的阐述,关于道德认识、道德情感、道德行为诸心理要素之间关系的探讨,关于道德与习俗两大领域的辨析,关于假设情境中的道德判断与具体情境中的道德行为之间关系的探究,等等。在科尔伯格提出道德认知发展阶段理论后,先后出现德性发展四成分模式论、道德发展整合论观点、品德心理的"生成—执行—定型"结构理论,等等。(4)广泛的跨文化研究和深入的因素研究。不少研究在取得初步成果的基础上都竭力开展跨文化研究,以求得验证、充实和发展,努力探求具有普适性的规律。同时,对影响道德发展的各种因素如认知、情感、社会、阶层、文化、传统、宗教、家庭、性别、干预等的作用及其交互影响进行分析和探究。(5)努力与生活实际、教育实践相结合。德育心理学的研究选题日益倾向于来自儿童及青少年的生活实际、社会和教育对他们的客观要求。同时,研究者提倡道德教育应该也必须以道德心理学研究发现的规律为其重要基础,努力把道德心理

学研究方面的成果应用于道德教育实践,指导现实生活中开展的道德教育。

参考文献

岑国桢,顾海根,李伯黍.品德心理研究新进展[M].上海:学林出版社,1999.

李伯黍.品德心理研究[M].上海:华东化工学院出版社,1992.

章志光.学生品德形成新探[M].北京:北京师范大学出版社,1993.

Damon, W. Handbook of Child Psychology[M]. 5th ed. Vol. 3. New York:Wiley,1988.

Turiel, E. The Culture of Morality: Social Development, Context, and Conflict [M]. Cambridge: Cambridge University Press,2002.

(岑国桢)

抵抗理论(resistance theory)   一种教育社会学理论。主张学校面对经济基础,实际具有相当的独立性,教育并非单纯地进行经济和阶级结构的再生产,而是创造性地进行扩大再生产。某种意义上是再生产理论的延伸和深化。以美国教育理论家阿普尔为主要代表。他的《教育与权力》被视为"抵抗理论宣言",他在书中以"对抗"、"抵抗"彰显学校教育中紧张、对立、冲突的社会学含义。阿普尔关注社会的经济、政治、文化不平等与教育之间的微妙关系,以课程与教学为主要切入点,在其第一部专著《意识形态与课程》中援用英国学者 R. H. 威廉斯对"霸权"思想的解读,从较宏观的角度研究教学与课程,批判和分析资本主义制度如何决定性地影响学校教育,但此时还未完全摆脱鲍尔斯、金蒂斯等人对应理论的影响,而是以一种较简单的、机械的观点看待教育与经济的关系。他在完成《意识形态与课程》三年后才充分理解美国心理学家 G. S. 霍尔提出的"学校这一上层建筑体系实际具有相对独立性"的现代意义。

阿普尔在《教育与权力》中充分阐述其抵抗理论,认为教育并非单纯地进行经济、阶级结构的再生产,而是创造性地对经济、阶级结构进行扩大再生产。"创造性"一词内含丰富的能动性和主体性。比如人们一般根据考试成绩判断学生优劣,但若仔细观察会发现,在许多场合,学生并不从这种角度来解释自己的世界,即成人评判世界的价值尺度往往得不到孩子的认同,尤其是劳动阶级子女,其文化不具有学校正规文化的向度。阿普尔把这种现象看成是孩子本身在创造"权力",并可表述为"对抗"和"抵抗"。由此将劳动阶级子女的反学校文化上升到社会结构生产、再生产、扩大再生产高度进行理论思考。阿普尔抵抗理论的思想渊源来自英国社会学家 P. 威利斯,后者把学生的反学校文化提高到阶级文化的高度,解释为是阶级政治的一种表现,并从

中指出劳动阶级子女的非凡创造力——对各种资本主义现实的早期洞察。

阿普尔在《教育与权力》中为学校教育中教师和学生针对外部权力的能动性抵抗留下具有丰富可能性的空间,认为课程与教学是一种鲜活的、具体的互动过程及其结果,这一过程的主体是不同的阶级、人种和性别,他们构成社会,教育实际上紧连着权力与控制,而课程是有关与权力、控制相对抗或妥协的一整套知识。他强调主体的创造过程,认为互动过程中的人不是一种被动的存在,社会的各种结构性力量以及人们鲜活的经验的研究,通过对权力支配者意识形态的反思,在教育、劳动、国家、性别、人种、阶级等问题上能够把运动推向纵深。他特别强调,人们所见到的现实,并不是完全由占统治地位的阶级、人种、性别单方面强加的,而是存在于教育制度内部与外部的真正的文化、政治、经济对立冲突的结果。关于课程与教学中的隐性课程问题,阿普尔认为隐性课程不是被学生接受的,而是通过学生的阶级文化发挥潜移默化的作用。学生拥有一种与社会主导文化的价值观和规范不一致的文化,它不仅能使学生透过意识形态的表面看到其不平等的实质,而且为学生提供挑战学校控制系统的手段。学生并不仅仅是学校试图传播的思想的"载体",相反,因为文化是一种"活"的过程,学生以经常有悖于学校盛行的规范和态度的方式进行创造性活动。

(贺晓星)

地方课程(local curriculum)   亦称"地方本位课程"。地方各级教育主管部门根据国家课程政策,以国家课程标准为基础,在一定的教育思想和课程观念指导下,根据地方经济、政治、文化的发展水平及其对人才的要求,充分利用地方课程资源开发、设计、实施的课程。是不同地方对国家课程的补充,反映地方对学生素质发展的基本要求,具有鲜明的地域色彩。

地方课程开发管理的主体是地方,在宏观课程结构中,地方课程处于协调补充地位,追求课程对地方的适应性及课程的区域特色。在国家课程、地方课程和校本课程三级课程体系中,地方课程体现不同地区的特殊需要。

地方课程的地方本位可从三方面理解。一是服务于地方。地方课程的开发及实施以解决地方面临的具体问题、为当地培养特殊需要的人才为目标。地方课程关注本地区政治、经济、文化发展随时面临并亟待解决的问题。致力于解决本地区存在的实际问题,以及进一步提高本地的办学水平与教育教学质量。二是立足于地方。地方课程的开发及实施以本地区的教育行政部门、专业研究者和教育工作者为主,以确保地方课程的有效性、科学性、现实性和针对性;地方课程的开发及实施从当地实际出发,所设计的课程

充分挖掘和利用当地的教育资源。三是归属于地方。在不违背国家课程目标的前提下,地方课程的体系、结构、内容以及实施、管理、评价等,由地方各级教育主管部门负责。

地方课程作为国家基础教育宏观课程结构中的重要组成部分,既是国家课程的有机补充,亦是校本课程的重要依据,在课程目标、课程内容、课程实施和课程组织等方面,具有五个基本特点。一是地域性,地方课程根植于并始终面向特定地域,具有鲜明的地域性,特定的地方课程只适合特定地域的中小学。二是针对性,地方课程针对地方的实际需要,为解决本地区发展中遇到的问题而设计,有利于克服课程脱离社会生活的弊端,其基本目的在于满足地方发展的具体需求,加强学生与社会现实和地区发展的联系,使学生了解社区,进而接触和了解社会,学会关心社会并对社会负责,增强社会责任感。三是适切性,在课程内容上,地方课程不同于国家课程中的学科课程,不要求科目的均衡完整,不刻意追求理论知识的系统与深刻,而强调课程内容的适切性,即注重课程的时代性和现实性。地方课程致力于密切学生与社会生活及社区发展的联系,具有时代特点,并以地方社会生活和区域发展的现实为依据,系统设计课程内容,向学生传授参与社会生活和区域发展应具有的价值观念、思想意识以及关于地方和社区的基本知识。四是灵活性,与国家课程的长期性、固定性不同,地方课程具有即时性与变动性,需要根据地方社会生活和区域发展的现实而变化,以适应地方经济和文化的发展。地方课程需要在设计和实施过程中不断调整和完善。五是开放性。地方课程面对地方或社区复杂的现实问题,具有可容纳多种问题解决取向的开放性;地方课程注重学生深入社会、服务社会,旨在增强学生的社会责任感和使命感,其实施并非一个封闭的过程,而是以开放的姿态扩大学生视野;随着社会的开放、进步与信息技术的发展,学生的活动空间更广阔,地方课程需以开放的态度不断适应新的现实,采取有效措施,把对活动空间的有效控制和利用纳入课程范围。与此相应,地方课程的评价标准和评价系统亦是开放的。

地方课程开发是国家将课程权力下放给地方,允许地方在国家制定的框架下,结合本地实际,对课程结构和课程内容等进行必要调整,使课程更好地与当地实际相结合。在这个过程中,国家在宏观上进行管理和指导,课程实施则由地方和学校完成。在课程实施中,学校和教师不仅是地方课程的实施者,而且应有能力创造性地对课程进行二度开发,以国家教育宗旨为目标,把国家课程、地方课程、校本课程有机地融为一体。在课程管理中,地方的作用是为学校和教师提供理念、政策、制度、策略和技术等方面的保障,实现三级课程之间的相互融通,使学校在课程理念、内容、结构、形态、评价方式等方面实现有自身特色的发展。开发地方课程使地方的现实需求和学生的学习需求得以基本满足,并发展和提高当地的教育文化水平;课程结构与内容更趋完善与合理,地方自主开发的教材一般是问题中心、兴趣中心或儿童中心,而非知识中心。

（孔　云）

地理教学（geography instruction）　基础教育阶段地理教学科目中师生双方教和学的共同活动。以人地关系为核心,以地理科学为基础,通过探讨全球和区域的自然和人文地理现象的分布和变化,科学认识人类活动与地理环境的关系,树立可持续发展观念。

世界近现代地理教学的演变

初创时期的学校地理教学　正式的学校地理课程由捷克教育家夸美纽斯首倡。他在《大教学论》(1632)中将地理列为必修的 20 门科目之一,并在教科书《世界图解》(1658)中提出百科全书式的课程理念。自 19 世纪起,欧洲各国相继建立国民教育制度,地理即成为学校课程的一部分。当时的社会共识是,一个有教养的人应当了解各个国家的位置、殖民地、首都、物产、风俗等知识。早期的地理课本是百科全书式的地志描述,着重讲述世界各地"有什么"地理事物,"在什么地方"和"是什么样的";教学方法主要是教师讲授,学生死记硬背。地理教学面临两个突出问题,首先教师既不愿意也不善于教授地理,其次地理课本只是一味地罗列各个地区的地理事物和现象,如自然特征、大陆或国家边界、国家行政区划、城镇、河流、山脉等,缺乏对现象的解释,不考虑自然因素间的关联。

区域地理教授体系的建立和巩固　19 世纪中叶,德国地理学家洪堡、李特尔、拉采尔等建立强调因果关系的古典地理学。古典地理学的科学化在于其首先收集、整理和描述有关地理现象的事实和细节,其次通过一系列的法则归类来分析和解释地理现象,使之更为连贯,清晰易懂。到 19 世纪末,地理学科在大学中的地位逐渐稳固,地理学在知识体系上从古典形式向区域化方向转变,并在两次世界大战期间达到巅峰。当时的区域地理著作不厌其烦地描述区域的各个方面:地形、地质、构造、气候、土壤、农业、工业、聚落、交通,力图把握各个区域的独特性(或个性)。

大学地理学科的建立促进了学校地理课程和教学的扩展。在英国,越来越多的文法学校将地理定为公共考试科目。中国自清末由洋学堂始授舆地课程,至 1904 年清政府颁布实施《奏定学堂章程》,规定在中小学统一教授地理。在美国,地理原本是一门颇受欢迎的中学选修科目,但在 20 世纪初的学校课程重组运动中,因为专业地理学者拒绝与社会科学学者一道开发社会科,结果人文地理被社会科课程吸收,自然地理融入科学课程作为地球科学板块的一部分,地理不再是一门独立的教学科目。

到 20 世纪中叶,学校地理课程大体形成以自然地理为基础、区域地理为中心的体系,内容包括地球概述、本国地理和外国地理,其中以本国地理为主。此时的地理教科书或地理教学主要有三种范式:(1)传统的事实汇编。或者按照国家分门别类地描述地形、河流、气候、农业、工业和商业等方面,或者先讲专题或系统地理概论,然后分国叙述,没有任何解释和相互关系的说明。(2)科学范式,注重观察、记录和解释,发展学生的推理能力。既罗列一个区域的山脉和河流等要素,又探讨生活与自然、文化条件间的关系,受环境决定论和种族中心论影响,该范式不久即让位于区域范式。(3)区域范式,主要受法国学者白兰士、英国学者赫伯森等影响,按照自然区的体系讲述全球或国家地理。

寻找地理学的结构和"中学地理项目" 20 世纪 50 年代以后,欧美地理学发生嬗变。在人—环境主题下,各种新思想此起彼伏。首先是数量革命,强调量化、理论、法则和假设,空间分析取代区域地理成为主导范式,接着是关注过程、使用系统分析方法的自然地理。到 60 年代中期,行为地理学兴起,关注个人如何依其对环境的主观感知作出决策。进入 70 年代,人文地理学者利用社会科学的方法,努力探索产生社会不平等的原因,致力于社会改良。例如:人本主义者强调感觉以及对环境的主观欣赏,视地方为日常生活经验的中心;福利主义者关注空间不平等和社会福利;激进主义者应用马克思主义寻求革命性的改造世界的途径;女权主义者从地缘空间的角度质疑性别不平等和妇女压迫等问题;绿色主义者致力考察产生环境问题的社会根源及其对策。到 90 年代,后现代思潮浮现,拒绝一切大尺度的理论解释或元理论,强调差异、片断化和非永恒事物。地理学的新发展为更新中学地理教学内容和教学方式提供可能性。

20 世纪 50 年代末,美国专业地理组织积极参与学科结构运动,将课程改革视为向公众展示地理价值、改善学校地理课形象的一个机会。1958 年,"中学地理项目"(High School Geography Project,简称 HSGP)启动。首先是提炼地理思维的内在"结构"——地理探究的概念和技能,帕丁生 1964 年总结了地理学的四个传统:区域分异、空间分析、自然地理(地球科学)和人—地(环境或生态)关系。其次是开发发现式学习材料,麦克尼 1973 年提出组织教学内容的五种方案:世界区域观,包括行星地球、文化区等概念;世界区域观,包括行星地球、自然基础、文化分异等;发展观,包括行星地球、探险、制图、区域化等;过程观,包括气候、城市、经济、政治、文化、决策等过程;世界社会问题观,关注人口增长、经济发展、环境质量等问题。

布鲁纳 1961 年提出,教学与其说是使学生掌握学科的基本事实和技巧,不如说是教授和学习结构,掌握了学科的基本结构,可以使学生"懂得基本原理,使得学科更容易理解"、"可以更好地记忆科学知识"、"能促进知识技能的迁移"、"能缩小'高级'知识和'初级'知识之间的间隙"。布鲁纳在《教育过程》中举了一个地理教学的例子——关于芝加哥的地理位置,来说明发现教学法的原理。同样是学习"美国北方中央地区"一课,实验班的学生利用一幅绘制河、湖、山脉、矿产等自然要素和自然资源但没有地名的地图,设法找出城市——芝加哥的位置;控制班是传统的讲授教学。在实验班中,教师启发学生观察地图并思考:大城市芝加哥的位置应该在图中的什么地方?学生通过自己的观察、发现和思考,提出芝加哥可能所在位置的几种不同观点,并说明理由,展开辩论。最后,教师让学生翻开课本和地图集,找到芝加哥的确切位置,并总结有关城市区位(布局)方面的基本原则。对比实验表明,实验班的学生学习兴趣和地理概念的完善程度远远超过控制班的学生,但发现学习的局限性也很明显,如时间较长,难以完成大容量的教学任务,教学效率较低。

1964—1972 年,项目组按六个教学单元(城市地理、制造业和农业、文化地理、政治地理、生境和资源、日本)编写教材《城市时代的地理》(供十年级使用)。编者将单元主题涉及的概念、技能和价值观按结构化的方式加以组织,采用多样化的发现式学习策略设计教学,如城市发展、工厂选址、思想传播、政治决策、采矿和土地利用等游戏或模拟活动。教材的使用极为灵活,不仅不限定各个单元的教学顺序,还可将某些单元和常规地理课程或社会科联合讲授。教材没有全面反映当时地理学的最新进展,但是在关注社会问题方面具前瞻性。因缺乏训练有素的专业地理教师,"中学地理项目"在美国影响不大,但对加拿大、英国、新西兰和澳大利亚等国的地理课程发展和教学产生巨大影响。

英国学校审议会课程发展项目 1963 年,旅美学者乔利和哈格特在剑桥举办"地理教学前沿"讲座,在英国掀起一场以广泛使用数量技术和模型等为特征的概念革命。尽管反对意见不少,但有关新地理学的公众舆论很快趋于统一。探究、数量技术、概念和系统等新地理学的思想,首先被高级水平地理考试大纲采纳并反映在文法学校和公学的地理课程中,称为新地理运动。例如,牛津和剑桥考试局修改了地理考试大纲的内容,侧重人文地理特别是城市分析和使用相关系数、卡方检验、最近邻统计等调查技术。1970 年,一群支持新地理学的中学教师集会讨论模型、模拟和数量技术在学校课程中的应用,并参考"中学地理项目"教材编写教学单元,例如钢铁厂模拟游戏、冯·杜能农业区位模式、聚落游戏等。

1964 年,英国学校审议会成立(1983 年解体),负责统筹课程改革和发展事务。由英国学校审议会资助的地理课程发展项目主要有《地理 14—18 项目》(亦称"布里斯托尔项目",1970—1981)、《离校生地理》(亦称"艾维利山项目",1970—1986)、《地理16—19项目》(1976—1986)等。布里斯托尔项目组把课程开发看作社会—文化变迁的一部分,主张建立动态的、自我发展的教—学系统,鼓励实验学校的教师自主设计教学主题,并具体分析了区域分异、空间组织或生态系统和价值体系三种范式下的课程重点、学习经验、教学策略和评价建议。艾维利山项目主要针对因毕业年限延长而留校的初中生,选择的专题切合学生兴趣和生活,并结合当地实际情况。该项目在教材开发和推广方面影响极大,被誉为学校审议会课程项目之冕。《地理16—19项目》主要针对第六学级学生,有相对固定的课程组织框架(人—环境)和开发程序(目的和目标以及探究路线)。

英国学校地理和大学地理联系密切,一向以学术性著称的中学地理课程和教学或多或少反映了地理学的新思想。主导地理教科书内容的范式主要有空间、环境、行为、福利等。其中空间范式从20世纪70年代中期起开始成为主流话语,1984年以后其他三种范式的影响逐渐扩大。环境范式在继续强调过程、模型和理论的同时,突出自然地理的应用性,关注污染、保护和荒漠化等问题;行为范式则成为高级水平地理课程的时髦话语,但其影响远不如空间范式那么深远;福利范式是新近兴起的话题,主要体现在发展、南北差距、城市等议题中。

联邦德国的地理课程创新计划和范例教学　1968年以后,区域地理型课程遭到批评,确立新的课程发展思路:编制与学生关系更直接、更生动的教材,削减区域地理的比重,删除同心圆式的国家编组,采用更现代化的教学手段,鼓励更活跃的学生参与。1973—1978年,联邦政府资助开发《德国地理课程计划》,仿照"中学地理项目"的思想编制供不同年级使用的成套教材,包括《机场位置的确定》、《尼日利亚的发展机遇》、《区域规划》等。该套课程受到澳大利亚、荷兰、意大利等国地理教育者的关注。

20世纪五六十年代兴起的德国范例教学,提出教学的"三个统一"原则,即"问题解决学习与系统学习的统一"、"掌握知识和培养能力的统一"、"主体与客体的统一",主张在选择课程内容时应遵循"三个性",即"基本性"(教授基本的知识)、"基础性"(教学内容对受教育者来说是基础的东西)、"范例性"(教授的是经过精选的、能起到示范作用的典型事例和学习材料)。施滕策尔以初中地理课中的"乌克兰防风林带"为例,说明范例教学过程的四个阶段。第一阶段,以乌克兰防风林带为例说明俄罗斯南方草原的景观。用具体、直观的方法,让十二三岁的学生通过乌克兰这个个案来了解草原景观这个整体的特征,即在课题性教学中以个别事实和对象为例来说明事物的本质特征。第二阶段,根据以上对个例获得的认识,使学生进一步认识一系列类似景观的本质特征,如美国中西部草原景观等。即从个案

出发去探讨"类"似现象,或者说对个别事例进行归类和总结,通过对"个别"认识的迁移来把握"类"。第三阶段,通过对各种草原景观的归类对比、综合分析,就可以了解草原化过程,认识人在特殊气候和地理条件下干预自然造成的结果以及如何弥补这种结果,如乌克兰防风林带促进了草原化过程,遏制了该地区沙漠化的扩展。即上升到对隐藏在"类"的背后的规律的认识上。第四阶段,使学生进一步认识到,人干预自然不可能不造成一定后果,人还不能支配自然;认识人类与自然的辩证关系,即人类在一定程度上能够改造自然,但是人类只能按照客观规律办事,顺应自然。

现代地理教学的范式

地理教学在国家课程中的地位　在实施国定制课程的国家,如中国、法国、日本等,地理历来是中学必修科目之一,开课年限和课时有充分的保证。在联邦制国家,如美国、澳大利亚等,课程设置由各州政府或学区决定,地区之间差异极大。近年来,中国和东欧国家等努力减少中央政府对课程的控制,鼓励地方和学校自主开发课程。如俄罗斯的地理教学改革谨慎地实现了教科书从内容(政治控制的)主导向较为开放的技能导向的转变。相反,在英国、澳大利亚和美国等,政府通过拨款和课程发展项目逐步加强对学校课程和管理的控制。例如,美国政府在《美国2000年教育战略》(1991)中将地理列为5门核心课程之一,英国在《1988年教育改革法》中将地理列为基础科目之一。

国家课程的引入无疑强化了地理在学校,特别是在小学的独特地位(如英国)。在美国,白宫把地理在学校中的地位抬高到实现"国家教育目标"的核心地位。在美国地理学会主持下,各州相继成立"地理联盟",举办多种多样的在职培训活动,帮助非专业教师建立自信和能力。但这也遭到占主流的社会科导向者的挑战。课程组织形态上的综合和分科的矛盾不仅仅出现在北美,法国、日本、德国、澳大利亚和中国也有类似的争论。解决方案往往是不完整的,往往采取折中的办法,如在小学和初中开设综合型社会科,高中地理单独设科。

在英格兰和威尔士,改革运动使课程呈中央化、政治化和官僚化的趋势,引起很大争议。中央集权式的国家课程与传统的委托式做法相违背,官方理由是其他实施中央化课程的欧洲国家如法国,效果较好。但是也有学者如奈什等人质疑将中央化课程作为衡量优秀实践的标准。政治干预在某种程度上降低了争议性和国际议题在地理课程中的地位,如右翼分子指责地理课存在灌输左翼思想的嫌疑,并将其与议题为本的方法(包括和平教育、世界研究等)联系在一起。因此,《1988年教育改革法》要求对课程涉及的各种争议性议题都必须提供均衡的观点。迫于政府和公众对

地方知识的关注,国家课程还将区域地理重新纳入教学内容。

地理教学的内容和组织　地理是一门有着独特作用的科目,它关注地球上人和环境之间的关系,在人文和科学之间以及在社会科学内部架起了一座桥梁。地理还提供了基于当地、区域、国家、大陆和全球尺度的视角。《地理教育国际宪章》(1992)提出地理教育的中心概念是地理位置、地方、空间、空间相互作用和区域。美国《地理教育指南》(1984)提出地理教育的五个主题是位置、地方、人和环境相互作用、运动、区域,这也是美国国家地理标准《地理为了生活:1994》的内容组织框架。在英格兰和威尔士,国家地理课程将地理教育的中心目标确定为通过研究地方、空间和环境,按照地理技能、有关地方的知识和理解、自然地理、人文地理和环境地理这五个关键领域(即成绩目标)探索地球与其居民间的相互作用。

地理教学按内容一般可分区域型教学和专题型教学两类。区域型教学包括本地、本国、世界其他区域、全球结构和相互作用等,其功能一是要确立地区和国家的本体和认同,二是应对国际化和全球化的挑战,培养处理地区性和国际性事务的能力。专题型教学以区域地理为基础,试图探究世界的普通原则和规律,理论性较强,包括三类:系统性知识(如英国),选择教授部门自然地理或人文地理;议题性知识(如德国),从地理学的角度探讨现代社会重大问题,如人口增长、环境污染、城市化、全球变化等;系统或景观方面的知识(如新加坡和中国香港的高中课程),着重学习自然系统内自然与生态过程(包括地貌系统、气候系统、水文过程等)、人类组织体系中社会与文化过程(包括农业系统、制造业系统、聚落系统等)。

初中地理课程多以区域地理为载体(如中国、日本和法国);高中地理课程主要是系统地理(自然和人文),也有部分区域地理的内容,如中国高中地理"区域可持续发展"模块,日本高中地理"现代世界和地区"、"世界和日本"等模块。英国、澳大利亚和加拿大的地理课程和教学以概念主题为载体,间或以地区(国家)为案例探讨某一议题。德国各州地理课程大多采纳主题加区域的结构,如七至八年级"环境影响因素的分析"内容,主题是自然和文化因素及其对环境的影响,区域则选择欧洲/非洲或亚洲/美洲。俄罗斯自1991年起,将地理和历史、社会和地质等内容综合在一起,新设科目"人类地理生态学",从一至十一年级分别教授地球自然要素、生命、居民、自然界、人类基本生态和地理规律、历史地理、现代世界、生态问题等。

地理探究教学和议题本位的方法　教和学的术语及其含义是多元的,如"教授法"(pedagogy)和"教学法"(didactics)等词语在不同国家、对不同教育者而言有着不同的意义。早期的区域地理教学着重事实描述,提倡机械记忆而非动态思维。进步主义者则要求一种松散的教学风格,较少关注教师指导的活动,更多地关注学生活动。20世纪60年代以来至今,地理教育引进理性的课程设计思想,人们不满于陈述松散而宽泛的目的,而是通过目标明细表明确界定学生学习行为和结果,将注意力从记忆事实转移到概念思考和问题解决活动上,但同时引发了过程和结果孰重孰轻的争论。60年代,鼓吹系统方法的"数量革命"使得地理教学注重技能训练和科学探究,反过来,又引发了主张以人为本的地理学者的"反革命"。于是,教学重点从数学、科学转向社会、议题导向和福利问题。社会议题包括环境议题本质上是跨学科的,地理的独特贡献主要是将这些议题落实到具体的地方,并放在全球尺度下思考,同时利用价值澄清策略来厘清个人和他人的价值观和决策选择。

由课程发展项目推动,在师范教育机构的努力下,在一些国家和地区如英国、澳大利亚、德国和中国香港,议题本位的方法被迅速引入学校。与系统本位的方法将科目性质引向自然科学相反,议题本位的方法则将科目导向社会科学,这又引起地理可能丧失其独特地方属性的担心。于是,有学者倡导地方本位,主张在空间框架内保持牢固的景观导向,以此说明空间分异及其生态利用和组织。

议题本位的方法极易被视为内容本位的对立面,而与技能养成、探究本位的学习相等同。例如在英国,一些学者将内容和技能看作是截然相反的两面。反对者认为学生在对特定地方缺乏足够了解的前提下,通过探究本位、问题解决的方法,可能对全球性议题作出不成熟的判断。一些媒体和家长也反对议题本位的教学方式和课程组织,认为这种进步主义的做法是学生学力下降的主要肇因。这导致英国国家课程倒向内容的方面。

议题和问题本位的探究教学,鼓励学生从地理学的观点研讨当今有关本地、地区、国家和世界的议题和问题。首先,探究学习不同于说教方式,不会把知识灌输给学生,而是让学生在解决问题、处理议题、分析不同的观点或资料和作出判断时获取知识和概念;学习如何通过探讨问题来获取经验和材料,从而归纳出一些普遍规律,用于处理问题、帮助了解一些更复杂的情况;有机会学习如何提问和回答地理问题,如是什么、在哪里、怎么样、为什么和因此会是什么等。其次,探究教学可以将学生在日常生活中接触到的事件或情况纳入学习内容,这些真实的议题或问题提供了与现实生活有密切关系的学习情境,能够使学习更富趣味性、真实感和有意义,增强学生的学习动机,特别是学习能力稍差的学生的学习动机。最后,探究教学有助于学生培养和建立个人的价值观和态度。学生在尝试解决问题或探讨议题时必然会面对一些需要作出价值判断的情形,明了合作、妥协、宽容、尊重他人等非常重要,进而反思自己在社会中的角色和地位,这些将为培养学生的良好公民素质打下坚实基础。

设计探究式教学有六个步骤：清楚确定地理教学的目标；辨别学生在研究议题或问题时需要回答的重点问题；列出需要掌握的概念、技能以及需要培养的价值观和态度；准备和编辑学习材料；决定老师在课堂内的角色；落实学生的学习任务。

中国的地理教学

地理教学的发展历程　在中国古代学校中没有单独设置的地理课。地理知识多分散在经、史、子、集等书籍中，自《汉书》开始，历代史书内大多设有专门的地理志。进入 19 世纪，随着中西交流的深入，中国沿海城市的一些新式学校开始有地理课程。自 1904 年清政府颁布《奏定学堂章程》起，中小学各年级正式设置地理课程。100 多年来，中国中小学地理课程和教学的发展大致经历清末地理教学的萌芽、民国时期和新中国的地理教学三个主要阶段。

中国学校地理课程的设置始于清末。地理作为中小学的必修课程，是在 1902 年清政府颁布的《钦定学堂章程》中规定的。当时的课程设置和课程内容受西方影响，以区域地理为主。教科书采取官局与私家合力编辑的办法，中西兼有，比较庞杂。地理教科书的编写因为没有统一的详细纲目可循，内容出入很大，非地理材料不少，有的内容偏少、偏浅，有的内容重复严重。在中国地理课本中，不但人文地理比重很大，而且沿革地理特别突出。例如，屠寄、刘师培等皆坚持地理学与历史学关系密切，注重大小行政区域的沿革和现状，夹杂非地理的内容。《奏定初等小学堂章程》规定地理要义："在使知今日中国疆域之大略，五洲之简图，以养成其爱国之心，兼破其乡曲僻陋之见。尤当先讲乡土有关系之地理，以养成其爱乡之心。"《奏定高等小学堂章程》规定地理（12～15 岁）要义："在使知地球表面及人类生计之情状，并知晓中国疆域之大概，养成其爱国奋发之心，更宜发明地文地质之名类功用，大洋五洲五带之区别，人种竞争与国家形势利害之要端。"《奏定中学堂章程》规定地理科的教法是："凡教地理者，在使知大地与人类之关系；其讲外国地理尤须详于与中国有重要关系之地理，且务须发明中国与列国相较之分际，养成其爱国心性志气；其讲地文，须就中国之事实教之。"

民国初期的地理教学多采用讲演式，老师讲，学生听，运用方便，普遍流行，弊端是属于注入式教学，学生较被动。从 20 世纪 20 年代开始，竺可桢、胡焕庸、王成组等留学生相继回国，逐渐将西方近代地理学思想反映在中学地理教育中。拟订地理课程和编写地理课本的人员，或受过新式地理专业训练，或从国外留学归来。地理教学自海外主要从美国输入新的方法，如设计法、道尔顿制、纲领讲演式等，重

在学生自动，有所谓"自动主义"之称。但多是专家提倡，少数学校实验，没有获得广泛推广，如设计教学法也是局部风行一时。30 年代是中国地理教育思想非常活跃的一个时期，《地理杂志》《地理教育》《教与学》等相继创刊，当时有名望的地理学者如张其昀、胡焕庸、黄国璋、沙学浚等纷纷撰文论及地理教育的价值和目的。教学法专著主要有葛绥成的《地理教学法》（1932）、刘虎如的《小学地理科教学法》（1934）、褚绍唐的《地理学习法》（1935）。在"社会观的地理教学法"一节中，葛氏从机能论的角度提出倒叙的地理教法，即以日常生活中的新问题为中心展开地理学习，然后搜寻解决此问题的事实。刘氏的书理论联系实际，比较实用，但所举材料多来自国外，书中所列的致动法、问题法、辩论法、途程地理、表演举例等方法都出自 1926 年翻译出版的《设计教学地理教授法》。褚氏在书中引用美国学者提出的自学地理的八个步骤：初读、再读、作图、撮要、记问、博引、比较归纳、释题。

中华人民共和国初期（1949—1952）属过渡阶段，中小学地理课程沿用中华人民共和国成立前的教学计划，中央人民政府教育部和出版总署推荐解放前出版的几种地理课本，供各地学校选用。1952—1957 年，是学习苏联经验阶段。学校课程和教学主要模仿苏联教育模式，中学地理课的系统性很强，对学生的地图能力要求比较高。虽然课程内容有些脱离中国实际，但这一阶段地理教育质量有很大提高。1957—1965 年，是课程精简和调整阶段。在片面强调缩短学制、减少课程门类、减少授课时数的思想指导下，中学地理课程由 5 个年级授课改为初中 2 个年级，周课时由 12 课时降至 5 课时。地理课的政治性加强，科学性降低。教学内容基本上局限于区域地理知识和地图训练，课本中夹杂大量的空泛议论和形势变化的材料。1966—1976 年是"文革"时期。学校正常教学秩序遭到破坏，中学地理课有的停开，改为时事讲座，有的被取消。1977—1985 年是地理课程和教学恢复阶段。初中地理以区域地理为核心，高中以系统地理为结构，这种模式既解决了过去初中和高中中外地理按圆周式编排、两个循环中内容重复较多的缺点，也避免了 50 年代学习苏联时将自然地理和经济地理割裂开的弊端。1985—1993 年是过渡调整阶段。地理课程和教学体系逐步改成由地球和地图、世界地理、中国地理、乡土地理四个板块组成。布鲁纳的发现教学法和沙塔洛夫的纲要信号教学法等国外新教学法在地理教学中得到应用。中国学者周靖馨倡导并实验"综合程序教学法"，提出地理课堂教学的可控性、有序性和整体性三个特征，包括复习旧课、新课导言、展示综合程序作业、指导学生自学、讨论作业、串联讲解、质疑释疑和要求学习八项活动。在全国各地，气象、天文、地质等地理课外小组活动和地理夏令营各具特色，收效很大。

1996 年至今，是以人地关系为核心理念的地理课程和

教学实验阶段。1996 年,国家教育委员会颁布与《九年义务教育全日制初级中学地理教学大纲(试用)》相衔接的《全日制普通高级中学地理教学大纲(供试验用)》,并在天津、山西和江西进行试验。其中高一为必修,高二高三为限定选修,内容上高一、高二为系统地理,高三为区域地理。在 1999 年启动的新课程和教学改革中,初中以区域地理为载体,降低难度和要求,如世界地理部分要求学习至少一个大洲、五个地区和五个国家,中国地理部分至少学习五个区域,具体区域的选择不作统一规定。方法上鼓励采取多样化的教学策略,创设有助于学生自主学习、主动探究地理问题的情境。高中课程分别属于人文与社会、科学两个学习领域,必修部分包括自然地理、人文地理、区域可持续发展三个模块,涵盖了现代地理学的基本内容;选修部分包括宇宙与地球、海洋地理、自然灾害与防治、旅游地理、城乡规划、环境保护、地理信息技术应用等七个模块,关注地理与生产生活密切相关的领域,突出地理科学的学科特点和应用价值,为学生提供了更多的选择,以进一步提高学生的科学精神和人文素养。

地理教学的性质和基本理念 关于地理课或地理教学的性质,有思想性、社会性、工具性、人文性、基础性、实践性等不同主张。这些观点大致可分为两类。一是传授实用知识,它包括五块内容:阐述可持续发展思想和实践,这是地理课的首要任务;个人生活知识,涉及了解各种职业或日常生活必需的知识,能够习用地理的基本工具,如地图、地理信息系统等;社会活动知识,涉及公共议题的交流和决策;人口、资源、环境、发展等国情知识;世界现状知识。二是陶冶和训练健全国民,它包括四块内容:观念陶冶,如正确的世界观和人生观、资源观、国家观等;能力培养,如适应环境的能力、参与实践的能力、批判思考的能力、观察时事的能力等;兴趣养成;志趣的陶冶。

2001 年颁布的《全日制义务教育地理课程标准(实验稿)》将地理课程的性质界定为综合性、实用性、时代性和创造性四大特性,并提出学习对生活有用的地理、学习对终身发展有用的地理、改变地理学习方式、建立学习结果与学习过程并重的评价机制、构建开放式地理课程、构建基于现代信息技术的地理课程六个基本理念。

按照课程标准的要求,21 世纪的地理教学着重培养学生掌握地理学本质的东西,包括挖掘地理学习潜能——学习新知识的能力,掌握地理探究能力——训练地理思维,关注获取知识的途径——学会归纳和分析总结等。例如,以非洲为例学习地形特征,学生应当知道如何利用等高线地形图和图例,从三个方面来总结一个地区的地形特征:一是说清楚该地区的地形组成特点,二是说明地势分布特点,三是说明有何突出的地形特点。学习长江或黄河的概况后,要知道描述一条河流的特征必须是先描述水系特征(包括河流长度和流向、流域面积、水系形状、河网密度、落差等),然后是说明水文特征(包括水量大小、季节变化、含沙量的多少、有无结冰期、有无凌汛等)。

地理教学的目标 在地理教学大纲中,课程目标通过教学目的、教学任务来体现。作为教师教学工作的指导方针和确定课程内容的基本依据,教学目的一般由彼此相互关联的三个领域组成:知识方面,包括基本地理知识、概念、原理和规律;能力方面,包括地理智力、地理技能、应用所学知识和技能解决地理问题的能力等;情感方面,包括思想、观点、信念以及对科目的态度。目标仅是对学校地理教学活动的一种原则性的规定,如何将其落实到整个教学活动体系的各个环节中去,还必须针对教学现场作出具体的规定。

2001 年颁布的《全日制义务教育地理课程标准(实验稿)》提出地理课程的总目标:学生能够了解有关地球与地图、世界地理、中国地理和乡土地理的基本知识,了解环境与发展问题;获得基本的地理技能以及地理学习能力;使学生具有初步的地理科学素养和人文素养,养成爱国主义情感,形成初步的全球意识和可持续发展观念。课程标准还将总目标从知识与技能、过程与方法、情感态度与价值观三个领域进行分解,并且各自提出四点次一级的目标。在教学过程中,各个分目标的达成并非单独进行,好的教学活动往往能达到多个教学目标。因此,教师在实践中需要将各个分目标有机结合,并作为一个完整的体系来把握。

地理教学的内容 地理教学的内容包括两类:自然地理、人文地理、区域地理的组合;系统地理、世界地理、中国地理的组合。中国地域辽阔,各地区经济和文化发展水平差异较大。因此,内容选择既要符合统一的基本要求,以保证教育质量,又要考虑到各地具体情况,切合当地实际。当前,地理课本已从"一纲一本"发展到"多纲多本"、"一纲多本"或"一标多本"。这些版本各有特色,不仅促进了质量的提高,而且为丰富和深化中国地理课程理论提供了素材。但是,如何处理好内容多样性和考试统一性的关系,如何避免"只有数量,没有质量"等问题,需要深入研究和解决。在内容选择上,哪些应作统一要求,哪些可根据各地实际有一定弹性,对此宜有明确规定。新编初高中地理课本的内容选择差异较大,如选讲的国家或主题的名称和分量、区域的层次等,这很难用各地经济和文化发展差异来解释,而更多体现在编者的专业训练和偏好上。在实际选择内容时,应当遵循科学性和先进性、基础性、思想性、地理性、现实性、智力性、合适性等原则。

参考文献

褚亚平,等.地理学科教育学[M].北京:首都师范大学出版社,1998.

李其龙.德国教学论流派[M].西安：陕西人民教育出版社,1993.

杨尧.中国近现代地理教育史[M].西安：陕西人民出版社,1991.

中华人民共和国教育部.普通高中地理课程标准[M].北京：人民教育出版社,2003.

Graves, N. J. Geography in Education [M]. London：William Heinemann Educational Publishers, 1984.

（丁尧清）

第二次世界大战后的教育重建(educational reconstruction after the Second World War)

第二次世界大战后英、美、法、德、日以及苏联等国家对教育进行系统的恢复和深刻的改革。第二次世界大战给世界各国人民带来了深重的灾难,同时也对世界各国的教育造成了极大的破坏。因此,第二次世界大战结束后,世界各国致力于教育的重建,并取得相当成就。

第二次世界大战后英、美、法、德、日以及苏联等国家教育重建的举措

第二次世界大战结束后,世界各国尤其是参与国面临的当务之急是重建和恢复因战争而遭受破坏的国家秩序。然而,正如联合国教科文组织总干事博德特所阐释的："重建不能仅仅依靠分发物资来解决,无论它有多重要。战争对于人们精神,尤其是儿童的精神所造成的创伤比物质的毁坏要严重得多。"因此,各国政府战后非常关注教育,纷纷致力于教育的恢复与重建。

英国　在第二次世界大战即将胜利之际,为重振英国的教育,英国政府于 1943 年 7 月发表《教育重建》(Educational Reconstruction)白皮书。这份白皮书是在教育委员会主席、保守党政治家 R. A. 巴特勒的领导和组织下,用两年时间在调查研究的基础上完成。在谈到如何进行教育重建时,白皮书指出："新的重建方案基于这样一个原则,即教育是在各个连续阶段实施的一个持续的过程。"为此,白皮书建议,法定的公共教育体系应该分为三个阶段：第一阶段为初等教育阶段,招收 5～11 岁儿童(含 11 岁)。第二阶段为中等教育,招收 11 岁以上直至义务教育结束的儿童。中等教育将以 1938 年由史宾斯提出的《史宾斯报告》为依据,分为三种模式,即文法中学(grammar school)、现代中学(modern school)和由初级技术学校改造而来的技术中学(technical school)。第三阶段为继续教育阶段。《教育重建》白皮书的发表,勾勒了英国战后教育重建和改革的大致轮廓,为英国战后最重要的教育法《巴特勒教育法》的颁布进行了必要的准备。

1944 年 8 月 3 日,英国议会通过 R. A. 巴特勒提交的教育法案,即《巴特勒教育法》(亦称《1944 年教育法》)。该法案继承了自 19 世纪后期以来英国历次教育改革法令的精髓,并与英国战后教育的实际需要相结合,成为英国教育发展史上最重要和最完整的教育立法之一,它为英国战后近半个世纪的教育发展与改革提供了法律基础,对战后英国教育的恢复与重建产生了至关重要的影响。

《巴特勒教育法》分为五个部分,共计 122 条。第一部分(第 1—5 条)"中央行政机构";第二部分(第 6—69 条)"法定的教育系统";第三部分(第 70—75 条)"独立学校";第四部分(第 76—107 条)"一般原则";第五部分(第 108—122 条)"补充原则"。《巴特勒教育法》的主旨在于改革教育管理体制,谋求初等教育与中等教育的衔接,以加强国家对教育的领导与控制,保障中等教育机会的均等。

由于《巴特勒教育法》的重心主要在于教育管理体制和法定教育系统,对高等教育尤其是高等科技教育的关注力度不够,英国于 1944 年和 1945 年分别成立由沛西勋爵为主席的"高等技术教育特别委员会"(the Special Committee on Higher Technological Education)和以巴洛爵士为主席的"科学人力委员会"(the Committee on Scientific Manpower),并分别于 1945 年和 1946 年提交了《高等技术教育特别委员会报告》(简称《沛西报告》)和《科学人力委员会报告》(简称《巴洛报告》)。

《沛西报告》建议,英国应该精心选择若干所技术学院(technical college),将它们建设成为能够开设大学学位水准课程的高层次的技术学院(college of technology)。《巴洛报告》建议扩展大学,以便使培养的科学家数量增加一倍。政府采纳了《巴洛报告》。大学生人数 1938—1939 年度是 5 万人,而到 1958—1959 年度则超过 10 万人。

《沛西报告》和《巴洛报告》推动了英国科技教育的发展,并对改变英国社会轻视科技教育的价值取向起到了积极作用。

法国　法国战后的教育重建实际始于第二次世界大战期间。1943 年秋,法国共产党向参加全国抵抗运动委员会的各组织提交了一份题为《关于法国教育政策的初步意见》的文件,指出战后民主的法国必须比战前提供更多的教育和不同于战前的教育。为此,应当把义务教育延长到 18 岁,使普及高中教育成为可能。同时,这份文件还谴责长期以来学校与生活相脱离,主张建立主动又富有生气的学校,"有规律地传授规定的知识"。1944 年 3 月,在法国被占领时期,全国抵抗运动委员会通过了一个纲领,其中有关教育的内容占很大篇幅。该纲领指出,法国全体儿童不论其家长的财产状况如何,都应该有机会真正受到教育和接触最先进的文化,以便使一切有能力担任最上层社会职务的人事实上担负起这样的职务,并且使名副其实的英才不是凭借家庭出身而是靠能力得到晋升,因而英才不断地从人民

大众中产生。

1944 年 8 月 25 日,巴黎获得解放。8 月 30 日,法国成立以戴高乐为主席的临时政府,随即着手战后的全面恢复和重建工作。1944 年 11 月 8 日,临时政府成立一个部级的委员会,对法国战后的教育重建进行全面规划。该委员会由法国著名物理学家、法兰西学院教授郎之万任主席,1946 年郎之万逝世后,由法兰西学院教授、心理学家瓦龙继任主席。委员会由大学教授、教育学家、中小学教师、教育工会代表、国民教育行政人员等共同组成。经过近 3 年的探索和研究,1947 年 6 月,该委员会向教育部提交了一份教育改革计划,即享有盛誉的《郎之万—瓦龙计划》(Le Plan Langevin-Wallon)。

该教育改革计划从战后世界的"迅速变革"与"根本变化"出发,对法国教育制度存在的种种弊端进行了严厉的批评。引言部分明确指出,尽管最近半个世纪以来经济与社会结构已经发生了迅速而根本的变化,但法国教育并没有进行深刻的变革。各级教育与生活之间缺乏联系或联系不够,大学、中学、小学的学习往往脱离实际,学校似乎成为可以不受外界影响的封闭的场所。这种状况使得教学失去了其特有的教育性。同时,由于教育与生活脱离,教育未能从科学的进步中获益。经验主义和传统依然主宰着教学方法。因此,计划建议应当对法国教育进行完全、彻底的重建。

根据委员会的建议,该教育改革计划提出法国教育重建的六大原则:(1)所有儿童,不论其家庭、社会和种族出身如何,都享有平等的权利,使个性得到最大限度的发展;除能力上的原因,他们不应该受到任何限制。(2)一切社会工作具有同等的价值,体力劳动、实用性智力和技术方面的才能具有高度的物质价值和精神价值。(3)年轻一代在学校中有权得到全面的发展;要尊重儿童的个性,使每个人特有的才能脱颖而出。(4)为正确使用和发挥个人才能,要对学生进行定向。先是学业定向,然后是职业定向,最终要使每个劳动者、每个公民处在最适合其可能性并且最有利于其成功的岗位上。(5)坚实的普通文化应是职业专门化的基础,并且应该贯穿于整个学习阶段,使人的培养不会因为技术人员的培养而受到限制和妨碍。(6)学校的作用不应该局限于义务教育阶段,它应该成为社会的文化传播的中心。

但由于法国战后初期国内政局动荡,1944 年成立的临时政府于 1946 年被第四共和国取代,而第四共和国历经的 12 年中先后更换 22 届政府,最短的一届只存在 11 天,同时对外又发动了对越南战争和阿尔及利亚战争,加之教育界内部保守势力的反对,《郎之万—瓦龙计划》终究成为一纸空文。但其中的一些基本要求,甚至一些具体建议,对法国后来的教育改革以及其他国家的教育改革有着深刻的影响。

德国　第二次世界大战以后,德国分别由美、英、法、苏四国占领。1948 年 6 月 20 日,美、英、法三个西部占领区合并。次年 5 月 23 日,西区占领区颁布《德意志联邦共和国基本法》,9 月 4 日,德意志联邦共和国成立。同年 10 月 7 日,东部的苏联占领区成立德意志民主共和国。从此,德意志联邦共和国与德意志民主共和国分别走上了不同的教育恢复与重建道路。

事实上,早在战争尚未结束的时候,德国的一些有识之士就开始筹划德国未来的教育图景。1943 年,一些流亡英国的德国教育人士在伦敦倡导建立"德国教育重建"(German Educational Reconstruction,简称 GER)的民间组织,其目标就是为战后返回德国作准备,以根据民主的原则重建德国的教育制度。

战争结束以后,美、英、法三国军事占领当局,尤其是美国,力图以本国的教育模式为蓝本,将西方式民主思想引入德国。1946 年 9 月,美国政府专门向德国派遣教育使节团,对德国的教育进行考察,提出《美国赴德教育使节团报告书》(Report of the United States Education Mission to Germany)。该报告全面剖析了德国教育重建的制约因素,提出德国教育重建的基本任务,即要清除纳粹影响,发展民主,使学校成为德国民主化的一个主要机构,然后以此为基础,建构德国教育的总体框架和管理结构。与此同时,英、法占领当局也根据各自的教育理念和模式对占领区的教育重建提出了具体的政策与设想。

1946 年 6 月,盟国管制委员会在综合美、英、法三国教育政策的基础上发布第 54 号令《德国学校民主化法》,其基本内容可以概括为:保证一切儿童享有同等的教育机会;在一切教育机构里实行免费教育,并为需要补助的学生提供助学金;所有 6～15 岁的儿童均须受全日制义务教育,之后如不再继续接受高一级的全日制学校教育,年满 18 岁前,须继续接受部分时间制职业义务教育;改革学校教育制度,义务教育阶段不分轨,建立统一的综合学校体系;加强公民教育。

另一方面,自洪堡以来,德国大学一度为德意志民族赢得了世界性的辉煌,被誉为世界科学的中心,成为世界各国竞相仿效的大学;德国的文科中学也以其杰出的教育质量闻名于世。正是由于德国教育的辉煌成就,德国人对自己的教育制度充满自信和迷恋,以至于传统的教育制度在人们的头脑中根深蒂固。他们面对着占领当局外来的教育改革要求,坚持要求在重建过程中保留和恢复魏玛时期的教育传统。1947 年,针对美国占领当局取消双轨制的企图,巴伐利亚州的文化教育部长洪德哈默明确指出:"民主化作为教育改革的最高目的,按我们的信念,并不要求废除和表面统一各种类型的学校,这些学校类型的确定在教育理论上证明是站得住脚的。"(李其龙,孙祖复,1991)这种思想也成为德国教育重建过程中一股相当有影响的力量,左右着德国战后教育的重建。

1949年5月23日,联邦德国颁布《德意志联邦共和国基本法》,即联邦德国宪法,确立联邦德国教育的管理体制。《德意志联邦共和国基本法》规定联邦德国实行联邦制,教育事务由各州自行管理,各州分别成立文化教育部负责本州的教育行政工作。与此同时,为有效地协调各州之间的教育事宜,联邦德国成立"德意志联邦共和国各州教育部长常设会议"。该常设会议是各州自愿合作的机构,在一致同意的情况下才能就某一问题作出决议。其主要任务是负责各州的信息交流,签订各州的教育协定,促进各州在教育领域的合作,以谋求联邦德国教育的整体性与统一性。

由于地方分权的教育格局,联邦德国各州的义务教育年限有所不同。黑森州、下萨克森州和北莱茵-威斯特法伦州普通义务教育的年限为8.5年,西柏林、不来梅州、汉堡州、石勒苏益格-荷尔斯泰因州的普通义务教育为9年,此外,上述各州,除黑森州的农业职业义务教育为2年以外,其他各州的职业义务教育为3年。当然,尽管联邦德国各州的学校教育制度各有不同,但一般都必须在基础学校里接受4年共同的基础教育,然后分别进入国民学校高级阶段、中间学校和高级中学。国民学校高级阶段学制一般为4年,与职业学校相衔接;中间学校学制一般为6年,与各类专科学校相衔接;而高级中学的学制一般为9年,学完后直接进入高等学校。

至于高等教育,美、英占领当局在非纳粹化之后,责成德方建立大学教育委员会。该委员会于1947年和1948年分别提出《施瓦巴赫方针》高等教育改革方案和英占区大学教育改革的蓝皮书,其主要精神是恢复德国大学学术自由和教授治校的传统,限制国家干预大学教育的权力。根据这一精神,按照洪堡的模式,德国恢复和重建了一批大学。

由于联邦德国奉行文化联邦主义,实行地方分权的教育管理体制,致使联邦各州的学校教育制度存在很大的差异。尽管联邦德国建立"联邦各州文化教育部长常务会议"的协调机构,但未能从根本上解决这一问题。随着经济的重建和发展,劳动力市场的变化,人们要求各州之间教育统一的呼声不断高涨,1955年2月17日,联邦各州的州长在北莱茵-威斯特法伦州首府杜塞尔多夫正式签订《联邦共和国各州统一教育制度的协定》(即《杜塞尔多夫协定》),对联邦德国各州在教育领域的学期起止时间、中间学校与高级中学的名称以及组织形式与类型、考试的承认、分数的等级以及如何贯彻该协定进行了统一的规定。

《杜塞尔多夫协定》签订后,联邦德国有些州在教育的某些方面依然各行其是,如巴伐利亚州虽然在《杜塞尔多夫协定》上签了字,但学年的起止时间依然如故,将每年的秋季作为新学年的开始,但总的来说,联邦德国形成了大致统一的教育体系。

日本　1945年8月15日,日本宣布无条件投降。为预防由战败而招致的"不测事态",尽快恢复因战争而破坏的教育秩序,日本文部省从8月末到9月先后采取一系列的应急措施,如:将军事院校和从国外撤回来的学生收入官立学校;将战争期间强制编入理科系的高等学校学生转入文科系;将在战争期间编入报国团、护国团等组织中的各中等、高等学校的校友会重新改组为学生自治组织等。同年9月15日,文部省发表了《新日本建设的教育方针》,一方面指出"要彻底铲除军国主义的思想和政策,以建设和平国家为目标,谨慎地进行反省,专心致力于加强国民的教养,培养科学的思考能力和爱好和平的信念,提高智慧和道德的一般水准,为世界的进步和发展作出贡献",另一方面又强调必须"努力加强捍卫国体"。

1945年8月28日,美国占领军进驻日本,对日本实行单独的军事管制。为废除日本基于《教育敕语》的军国主义教育,实现教育的民主化,应美国占领当局的要求,1946年3月5日和6日,美国政府向日本派遣以伊利诺伊州立大学校长、纽约州教育长官斯托达德为团长的教育使节团,对日本教育进行考察,研究日本战后教育重建的构想。1946年3月31日,教育使节团向美国占领当局提交《美国教育使节团报告书》。

《美国教育使节团报告书》批判日本教育存在的弊端,如高度集权的教育制度、官僚主义的教育行政、划一的注入式教学方法、专制主义的教育理念与双轨制的学校体系,在此基础上提出日本教育重建的各项建议:(1)在教育目的上,要尊重学生,发展学生的个性,培养"民主社会"之一员的"民主市民"。(2)给予教师和学生最大限度的自由。教师要有教学的自由和制订教学计划、选择教材的自主性;学生应从整齐划一的强迫性教育课程及应试准备教育中解放出来;废止教科书国定制,采用审定制;改写地理、历史教科书;在中学新设社会科。(3)在教育行政上,改革中央集权的行政制度,削减文部省权限、取消视学制度;承认地方的府县关于初等、中等教育行政的责任,通过直接选举创设教育委员会制度。(4)为实现教育的机会均等原则,将双轨制结构改为单轨制,采用九年制免费义务教育,普及中等教育,实行男女同校,并明确指示采用"六三三"制,即小学6年、初中3年、高中3年。(5)打破教育方法中的整齐划一主义,重视儿童的经验。为此,建议重视教师的再教育和在职进修,刷新师范教育,采用四年制大学水平的教员培养制度。提高教育行政专家的专门性。(6)强调成人教育的重要性,制定广泛的成人教育计划,开放学校,普及公共讲座,强化家长委员会,重视图书馆、博物馆的作用。(7)关于高等教育,应给予具有各种才能的男女生接受高等教育的权利;打破帝国大学的特权,向女子广开门户;为确保大学的自治性和自律性,大学应自主制定设置基准,保障教授会的自治;此外,要打破偏重师范教育的弊端,谋求教育课程的自由化。

《美国教育使节团报告书》虽然为日本战后的教育重建指明了方向,规划了蓝图,但它只是建议书,而不是法律,不能直接用以指导和规范日本的教育重建。1946 年 11 月 3 日,日本国会审议通过新的《日本国宪法》,确立国民享有受教育权利、义务教育实行免费的原则。根据宪法精神,在美国教育使节团的主持和配合下,1947 年 3 月 31 日,日本颁布《教育基本法》,并与之配套,同时颁布《学校教育法》。以后,日本又以此为依据,先后于 1948—1949 年颁布《教育委员会法》、《文部省设置法》和《社会教育法》等。

《教育基本法》是日本战后教育重建的根本大法,它以法律的形式取代 1890 年颁布的《教育敕语》,成为日本教育的基本准则。《教育基本法》开宗明义地指出:"教育必须以陶冶人格为目标,培养出和平国家和社会的建设者。爱好真理和正义、尊重个人的价值、注重劳动与责任,充满独立自主精神的身心健康之国民。"而且,"为了实现这一目的,要尊重学术自由,从现实生活的需要出发,培养进取精神,并相互尊敬与合作,努力为创造和发展文化作出贡献"。同时,《教育基本法》遵循宪法"教育机会均等"的原则,指出"全体国民均应享有按其能力受教育的平等机会,不能因种族、信仰、性别、社会身份、经济地位、门第的不同而在教育上有所区别",并规定义务教育为九年制,国立、公立学校免收学费。此外,《教育基本法》还对男女同校、学校教育、社会教育、政治教育、宗教教育、教育行政等进行了规定。

以《学校教育法》为依据,从 1947 年 4 月 1 日开始,日本开始有计划、分阶段地建构新的学校教育制度。1947 年,将旧制寻常小学改为新制小学,将旧制高等小学改为新制初级中学,实施九年制义务教育;1948 年,以战前的旧制中学为主体,把旧制高等女子学校、实业学校合并起来,建立了新制的高级中学,名曰"高等学校";1949 年,将旧制的大学、"高等学校"、大学预科、专科学校和师范学校改组建立了新制大学;与此同时,废除战前封闭的师范教育制度,并以美国师范教育模式为蓝本,建立开放的师范教育体系。到 1950 年,新学校教育制度的建构告一段落。

至于教育管理体制,第二次世界大战后,日本废止战前中央集权的教育管理体制,改为实行地方分权制度。中央仍然设立文部省,地方设立教育委员会负责地方教育行政。1948 年,日本颁布《教育委员会法》,次年又颁布《文部省设置法》。根据这两个法案,文部省的权力和职责大为削减,其主要职责是对教育、学术、文化等进行指导和建议,即文部省开始转变为一个非权力化的、服务性的机构。教育委员会则负责领导和管理地方的学校设置、课程的安排、人员

的任命等,权力较大。教育委员会独立于地方政府之外,其委员由地方民主选举产生。

苏联　教育重建实际始于第二次世界大战结束之前。1943 年,苏联即召开全俄国民教育会议,讨论在战时条件下普及义务教育的组织问题。1930 年 8 月,《苏联中央执行委员会和苏联人民委员会关于普及初等义务教育的决定》颁布,从 1930—1931 学年度开始实施 8、9、10 岁儿童小学义务教育以及在 1931—1932 学年度继续为 11 岁儿童普及小学义务教育。第二次世界大战爆发以后,由于德国法西斯的入侵,苏联普及初等义务教育的进程被打断。为继续推动苏联国民义务教育的发展,1943 年 9 月,苏联人民委员会通过《关于招收 7 岁儿童入学的决定》,并建议各加盟共和国教育人民委员部将义务教育的起始年龄从 8 岁提早到 7 岁。1944 年 8 月 15 日,在卫国战争取得决定性胜利的背景下,苏联又召开第二次全俄国民教育会议,讨论提高苏联学校的教学与教育质量问题。

在苏联人民和教育工作者的共同努力下,苏联战后在国民教育方面取得巨大成就。他们不但修复了成千上万遭受破坏的学校、图书馆和俱乐部,而且还新建几千座校舍,开办几千个文化教育机构,提前并超额完成第四个五年计划。到 1950—1951 学年,苏联小学、七年制学校和中学达 20.16 万余所,其中七年制学校增加近 1.8 万所,中学增加 2 100 余所,在校学生 3 331 万余人,教师 125 万余人,为普及七年制义务教育奠定了基础。到 1949 年,俄罗斯联邦正式开始实施普及七年制义务教育。就高等教育而言,1946—1952 年,苏联新建高等学校 112 所,比俄罗斯建立第一所大学后 200 年中建立的高等学校总数还要多。五年计划结束时,苏联有高等学校 883 所,在校生 120 万人。仅就因遭受德国法西斯入侵损失最为严重的乌克兰加盟共和国来说,其国民教育也取得巨大成就。到 1952 年,乌克兰有中小学近 3 万所,在校儿童约 700 万,并顺利实施农村普及七年制教育和城市普及十年制教育的任务;乌克兰有高等学校 158 所,在校大学生超过 16 万人。

1952 年 10 月,苏联共产党举行第十九次代表大会,批准了第五个发展国民经济的五年计划(1951—1955)。该计划规定:"到第五个五年计划结束时,在各共和国的首都和直辖市,在州和边疆区首府以及大工业中心,都要从普及七年制教育完全过渡到普及中等教育(十年制教育),并为下一个五年计划期间在其他城市和农村全面实施十年制义务教育准备条件。"到 1955—1956 学年度,全苏的完全中学由 1951—1952 学年度的 1.74 万余所增至近 2.7 万所,其中城市的完全中学由 8 433 所增至近 1.2 万所,农村的完全中学由 9 012 所增至近 1.5 万所,基本上完成苏共第十九次代表大会提出的任务。

随着中等教育的普及,苏联中等学校的毕业生远远超

出高等学校的招生和容纳能力，大批不能进入高等学校深造的学生不得不走向社会，直接参加生产劳动。为此，苏联中等教育的性质和任务也相应地发生了变化。过去，中等教育主要是为高等学校输送新生，而现在一方面既要为高等学校输送新生，另一方面还要为中学毕业生参加生产劳动作准备。为此，苏共第19次代表大会指出，为保证中学毕业生能够自由地选择职业，必须立即着手在中等学校实施综合技术教育，用现代生产的科学原理和必要的实际技巧武装学生，使学生在理论和实践上对主要的生产部门都有所了解。会后，苏联各加盟共和国对在学校中如何实施综合技术教育的理论和实际问题进行探讨，并在数学、物理、化学、生物和地理等课程上制定新的教学计划、教学大纲和教科书。新的教学计划在一至四年级增加了手工劳动课，在五至七年级增加了在教学实习工场和教学实习园地的实习作业课，在八至十年级增加机器制造、电工学和农业的实习课。

为给在战争中未能接受教育的人提供学习机会，1943年7月，苏联人民委员会通过《关于在企业中工作的青少年的教育的决定》，建立了青少年工人学校，从而使青少年能够在生产的同时继续接受教育。1944年，苏联又将青少年工人学校改为青年工人学校，所有的工人和职员都可以入校学习，课程按照普通学校的教学大纲进行，学生则享有与普通中学生完全同等的权利。青年工人学校每学年为48周，每周上课3次，每次3小时。青年工人学校在苏联发展非常快。到1945—1946学年，苏联已拥有青年工人学校2 210所，学生约35万人。1946—1956年的10年间，青年工人学校又增加3倍，学生则增加4倍。与此同时，苏联还在农村建立了农村青年学校。农村青年学校每学年25周，每周上课5天，每天4小时。到1945—1946学年，在农村青年学校学习的学生达到3 349万人。另外，在第四个五年计划期间，技工学校、铁路学校和工厂学校也获得恢复和发展，为苏联国民经济的发展提供了大量的熟练劳动力。

美国　第二次世界大战远离美国本土，美国借第二次世界大战一跃成为世界经济、政治和军事的超级大国。美国战后并不存在教育重建问题。但是，美国在战后利用其在战争期间建立的政治地位与经济势力，有意识、有目的、有计划地参与、指导或援助其他国家的教育恢复与重建。特别是，美国专门向其占领的德国和日本派遣教育使节团，对德国和日本教育进行实地考察，并提交了多份考察报告书。这些报告书以民主化的思想为指导，将美国的教育理念和教育模式移植到德国和日本，对德国和日本的教育恢复与重建发挥了至关重要的作用。

第二次世界大战后的教育重建不仅反映在国家层面，而且表现在国际层面。这种教育重建集中体现于1946年11月联合国教科文组织的建立及最初的工作。正如联合国教科文组织约章的序言中所宣告的那样："战争起于人们的

心灵，必须在人们的心灵构筑和平的堡垒。"为此，有必要建立一个专门的组织，"通过教育、科学和文化的交流来促进各国之间的合作，为和平和安全作贡献"。而联合国教科文组织正是世界一些国家的教育领袖们基于这样一种良好的愿望而积极促成建立的。

联合国教科文组织建立后，其首项紧急援助行动就是教育的重建。当时，联合国，尤其是联合国善后救济总署受托对遭受战争破坏的国家给予物质援助，其中也包括教育、科学和文化的援助。为有效地推进援助工作，1946年，联合国第一届大会要求秘书长在总部建立信息中心以便对那些需要援助的国家的数据进行比较，开展世界性的募捐运动。在这一行动中，联合国教科文组织编制两卷按逐个国家排列的需求簿，并对潜在的捐赠者发布时事通讯。1947年，联合国教科文组织又专门主持创设教育重建临时国际理事会（the Temporary International Council for Educational Reconstruction，简称TICER）。该理事会为31个国际组织和700多个国家组织积极参与教育重建提供了一个框架。另外，联合国教科文组织还与一些国家团体，诸如美国教育重建国际委员会以及加拿大和英国的类似组织合作，建立世界范围的教育援助网络，并通过这一网络援助各国的教育重建工作。

第二次世界大战后教育重建的意义

战后世界经济、政治以及科技、文化发生了深刻的变革，各国在教育重建时也对教育进行了相应改革。

教育重建的过程本身也是教育改革的过程　第二次世界大战使20世纪以来人们心中萌发的民主意识日益彰显，导引了世界范围的民主主义高潮。战后，民主化得到进一步发展，逐渐成为社会变革的主旋律。顺应这一时代发展潮流，战后许多国家在教育重建的过程中都对教育进行了相应的改革。法国直到战争期间依然奉行中央集权教育管理体制和双轨学校教育制度。初等教育虽然已经改为统一学校，但小学毕业生要经过严格的考试才能升入中学。1933年颁布的教育法令规定中学免收学费，但是大多数下层社会的子弟因为经济拮据和文化背景等原因很难升入中学，更不用说进大学深造。战后，顺应民主化的时代潮流，《郎之万—瓦龙计划》严厉地批评了法国教育制度的非民主性，提出所有儿童，不论其家庭、社会和种族出身如何，都享有平等的权利，使个性得到最大限度的发展，并以此为依据，对法国教育制度进行了整体性重构。英国尽管早在1870年就颁布《福斯特教育法》，确立公立初等教育制度和义务教育制度，1902年又颁布《巴尔福教育法》，建立了公立中等教育制度，但直到1944年《巴特勒教育法》颁布之前，英国依然保持初等教育、中等教育互不联系的状况，并且从整

个教育体系来看,依然沿袭的是典型的双轨教育制度。事实上,早在战争爆发之前,英国社会各界就发出了教育改革的呼声。战争期间,随着反法西斯战争的推进,人们的民主意识蓬勃发展,教育改革成为战后教育重建的重要课题。顺应人们的改革要求,1944年《巴特勒教育法》将整个公共教育体系改组为初等教育、中等教育和继续教育三个相互衔接、递进阶段,消除了战前初等教育的双轨制度,并延长义务教育年限,保障中等教育的机会均等。

教育重建既要顺应时代潮流,又要立足本国国情　德国和日本战后的教育重建是以其他国家、尤其是美国的教育为蓝本。在仿效和移植其他国家教育理念与模式的同时,如何适应本国的国情,是一个值得思考的问题。第二次世界大战以后,为彻底根除德国法西斯纳粹主义的影响,美、英、法三国,尤其是美国在德国推行非纳粹运动,力图将西方式民主引入德国。体现在教育方面,正如《美国赴德教育代表团报告书》所建议的,就是要改变德国以往双轨制教育代表的不民主状况,建立使所有儿童均能获得同等教育机会的不分轨的综合学校体制。这种教育改革的举措实际上也与战后世界范围内的民主化潮流相一致。但是,由于自洪堡改革以来,德国教育取得了举世瞩目的辉煌成就,一直为其他国家所羡慕和仿效,德国人对自己的教育制度充满自信,强烈要求继续沿用德国传统的教育制度。这种思想和理念成为美国占领当局企图改革德国教育制度的一种强大阻力,以至于美国占领当局最后不得不作出妥协和让步。战后德国教育重建实际所建立的中等教育制度依然沿袭传统的三轨制教育体系。战前,自1871年设置文部省以来,日本一直实行中央集权的教育管理体制。文部省作为国家的最高教育行政机构,拥有对教育的绝对权力;地方政府、学校校长以及教师、学生必须完全服从文部省的规定。战后,为清除日本军国主义的影响,实现政治和教育的民主化,依据美国教育使节团的建议,美国占领当局削弱日本文部省的权力,设立地方教育委员会,从而建立了地方分权的教育管理体制,以杜绝第二次世界大战期间出现的极端国家主义和军国主义。但是,地方分权体制与日本旧有的教育管理传统相去甚远。20世纪50年代以后,日本重新扩大和加强文部省的管理权限。与此同时,日本将教育委员会改为地方政府的一个部门,其成员改为任命制,使其权力大大削弱,最终形成日本教育管理中央与地方的权力并存制。

参考文献

康内尔. 二十世纪世界教育史[M]. 张法琨,等,译. 北京:人民教育出版社,1990.

李其龙,孙祖复. 教育学文集·联邦德国教育改革[M]. 北京:人民教育出版社,1991.

（欧阳光华）

董事会制度与大学管理（governing board and university management）　董事会制度是大学的一种组织管理体制。"董事会"一词在不同国家或同一国家不同的大学和学院里有不同的表述。在美国私立高校,通常称 board of trustees,在公立高校,称 board of regents;在英国及英联邦国家,称 council、senate 或 board of governors 等。尽管表述不同,职责和功能的范围和复杂性也多样,但其含义基本相同。董事会是大学的法定"拥有者",是学校内部管理的最高权力机构。董事会主要由校外的捐资办学者和社会名流构成,其职权大致包括教育决策、资金筹措、校长任免、运作评估、促进社会与大学之间的理解和沟通等。董事会制度以美国大学为典型代表。英国和一些英联邦国家的高等学校、日本的私立高校及新中国成立前的私立学校中实行的也是董事会制度。

董事会制度的历史演进

董事会制度最早发轫于意大利的中世纪大学。14世纪中叶,在以学生为主导的博洛尼亚大学,教授与校外的市政官员结成联盟,以反抗学生行会对大学的过度控制。根据古希腊和罗马的先例,市政当局开始聘任教授并从市财政中为教师支付酬金。为此,市政当局选派专门的官员和市民组成委员会管理这笔经费,以后也逐渐对经费接受者加以管理,从而促发了董事会制度的萌芽。15世纪以后,这种由市政当局或国王建立的董事会遍及意大利的所有大学,对大学的实际控制权更多地转移到大学之外的管理者手中。在中世纪大学里,外行董事会的职能主要是对用于教授薪水的公共资金进行托管以及由托管而衍生的对大学各项事务的视察。

宗教改革运动之后,加尔文在日内瓦建构了政教合一的组织体制,将社会的所有活动都置于教会和国家的共同监督之下。1559年,加尔文创建日内瓦学院,将教授聘任、资产赞助及院长选举的权力分别委托给由牧师和市民组成的两个团体,外行董事会由此取得了对学院事务管理的权力。这与意大利的中世纪大学不同。日内瓦当局是直接组织和运作学院,而意大利的市政当局是将大学的控制权交给由其建立的法人实体。1575年,荷兰莱顿大学创办,其管理主要沿用意大利模式,即首先与莱顿市长组成监护会（board of curators）,然后由监护会聘任校长并通过校长管理大学内部事务。随后几年里,法兰勒克大学、格罗宁根大学和乌得勒支大学相继在荷兰建立,它们在学校管理上都是移植莱顿模式。1582年,在詹姆士六世的特许下,以日内瓦学院为蓝本,爱丁堡议会创建了爱丁堡大学。爱丁堡当局起初并没有赋予牧师管理的权力,直到20多年以后才同意在教师聘任等方面与教会协商,但保留最终决定权。尽管苏格兰的爱丁堡大学以及阿伯丁大学、格拉斯哥大学和圣安德鲁斯大学对美国大学产生了广泛影响,但对美国大学管理产生最直接影响的是莱顿大学,尤其是 1593 年建立的爱尔兰三一学院。根据大学特许状,三一学院不仅设立了由校外人士组成的董事会(board of visitors),而且设立了由校长和教师组成的董事会(board of fellows)。前者负责对大学进行监控,后者则享有托管权、所有权及内部管理权,由此形成两院制(亦称"双重董事会")管理结构。

1636 年,美国殖民地时期的第一所学院哈佛学院在马萨诸塞建立。起初,哈佛学院是在由总督、副总督、司库、3 名地方官员和 6 名牧师组成的委员会的指导下运作。1942 年,经过州议会批准,该委员会正式成为学院监事会(Board of Overseers),人员由过去的 12 名增加到 21 名(包括 11 名地方官员、9 名牧师和大学校长)。1650 年,马萨诸塞议会为哈佛学院颁发特许状,建立由校长和教师组成的院务委员会(The Harvard Corporation),对学院进行更为直接的管理,由此构成两院制的管理体制。随后,1693 年成立的威廉-玛丽学院及 1764 年建立的罗得岛学院(布朗大学的前身)也都采取这种管理体制。由于两院制容易引发两个董事会之间的争斗与纠纷,造成学校管理混乱,1701 年创建的耶鲁学院未沿袭这种管理模式,而是在哈佛大学校长等人的建议下,采用单一董事会制度,所有董事均由长老会牧师担任。单一董事会制度并非十全十美,但明显优于双重董事会制度。美国后来大多数高等学校都仿效耶鲁学院,单一董事会制度逐渐演化为美国大学管理的主导模式。

第二次世界大战以后,随着时代的发展和社会的变迁,高校董事会制度也在不断发生变化。首先,宗教势力在董事会中的绝对支配地位逐渐消退,神职人员在董事会成员中所占的比例大幅下降,世俗力量逐渐得到加强,工商界、政界和校友在董事会中的席位日益增多,作用也日趋增大。其次,由于民主化思潮的勃兴,尤其是 20 世纪 60 年代末世界性学生运动的震荡,学生开始在许多高校董事会中占据一席之地。当然,在有些董事会中,学生具有表决权,而在大多数情况下,学生仅具有非常有限的参与权。另外,一些高校董事会还吸收教师作为董事会成员。当然,为避免教师彼此之间的利益冲突,作为董事会成员的教师只在会议期间有发言权,没有表决权。

董事会的类型、职能、组织与运作

董事会的类型　根据不同的标准,从不同的视角出发,可以对董事会进行不同的分类。从组织性质看,董事会可分为两种:私立董事会受立法机关颁发的特许状约束,是私法意义上的法人组织;公立董事会受立法机关通过的相关法律制约,是公法意义上的法人组织。从管理职能看,董事会可分为三种:管理型董事会(governing board)是学校最高权力机构,基本职能是对学校的发展方向和大政方针进行决策,并选择、任命和监督学校主要行政负责人;准管理型董事会(quasi-governing board)一般不直接管理学校,基本职能在于对不同类型公立高校的发展进行协调,因此也称为协调型董事会(coordinating board);咨询型董事会(advisory board)的基本职能是向高等学校提供咨询性服务,本身并不具备实际的管理权力,因此也称为非管理型董事会(non-governing board)。从层次结构看,董事会可分为单一和多层两种:私立高校一般属于单一董事会,即学校董事会;公立高校则不同,有些学校只有学校董事会一个层次,有些学校则有大学系统和学校两级董事会,有些州还设有全州性的协调董事会。

董事会的职能　董事会的职能通常由各校的特许状或建校时的大学章程来界定。不同国家、不同类型的董事会有着不同的职能,即便是同一国家、同一类型的董事会,其职能在不同时期也有着不同的侧重点。关于董事会的职能,存在着各种不同的陈述。

1966 年,美国大学教授联合会(American Association of University Professors,简称 AAUP)、美国教育理事会(American Council on Education,简称 ACE)和美国高等学校董事会协会(Association of Governing Boards of Universities and Colleges,简称 AGB)联合发表了《关于学院和大学管理的声明》,将董事会的职责界定为四点。第一,把管理行为委托给管理官员(校长、院长),把教学和研究行为委托给教师。第二,保证规定机构全面政策和程序的声明公开。第三,在四方面发挥中心作用:寻求未来可预见需要的资源;有责任节俭地使用捐赠;有责任获得所需资本和运行经费;关注人事政策。第四,当机构或其中的任何部分受到恶意威胁,董事会必须提供支援。

1973 年,卡内基高等教育委员会发表《高等教育的管理:六个重点问题》报告,提出董事会应履行六项职能:为机构的长远利益,掌握和使用"托管"权;在社会和学校之间扮演"缓冲器"的角色,以抵制外界干扰,又与社会保持合理的关系;在管理者、教师和学生的内部冲突中扮演仲裁人的角色;"变革的动力",决定进行何种变革和何时变革;在学校的经济利益方面,承担基本责任;最为重要的是提供机构管理。

1995 年,美国高等学校董事会协会发表《有效的董事制度:公私立高校董事会成员指南》报告,将董事会的职能概括为:确立学校的使命和目的;任命校长;协助校长开展工作;对校长的工作进行监控;评价董事会工作的绩效;坚持战略规划;审批教育和公共服务计划;保障良好的管理;保障足够的资源;保护学校独立;加强学校与社会的联系;偶尔扮演上诉法院的角色。

董事会的组织　不同类型的高校,其董事会成员选举和任命的方式有所不同；即使是同一类型的高校，其董事会成员选举和任命的方式也多种多样。就公立高校而言，其董事会成员的产生主要有三种途径：四年制高校的董事会成员一般由州长任命，或由州议会确认批准，两年制社区学院的董事会成员通常由公众投票选举产生。私立高校董事会成员的产生大多遵循"自我调节"（self-perpetuating）原则，由现有董事会选举或推荐。

　　董事会成员的任期，公立高校略长于私立高校。多数高校的董事会成员可以连任，也有一部分高校的董事会限制成员连任。据美国高等学校董事会协会1997年的统计，公立高校董事会成员的平均任期为5.3年，私立高校董事会成员为3.6年。董事会的成员主要由社会各界代表组成，其中工商企业家所占比例最高。这一特点在私立大学表现得尤为突出，因为私立大学的存在与发展在很大程度上取决于董事会的经费筹措能力。作为学校的法定"拥有者"和法人团体，董事会中律师也占据了相当比例。此外，董事会成员还包括一些政府官员、法官、牧师以及校友。至于本校人员，尤其是学术人员是否应该在董事会中占有一席之地，一直存在着争议。一般来说，为了在决策时更好地反映社会公众对学校的要求，更多地考虑学校改革和发展的整体需要，避免校内人士为了自身利益而抵制改革和决策的片面性，各董事会更倾向于选择校外学术专业人员作为其代表。

　　各校董事会的规模大小不一，具有相当的弹性。最小的董事会只有5～6人，而大的可达到75人，甚至更多。公立高校董事会的规模一般要比私立高校的小。据美国高等学校董事会协会的调查，公立高校董事会的平均规模为11人，私立高校则为30人。

　　董事会的运作　董事会一般设董事长、副董事长、秘书和司库四个职位，分别由董事会选举产生。董事长是董事会中的领导者，承担四项责任：了解学校或系统的复杂性；设法提高董事会的效力；在适当的时候作为董事会代言人；扮演董事会的良知和规范者。

　　董事会的运作主要通过各种常设委员会来进行，董事会成员一般都分属于一个或多个委员会。在各种委员会中，最常见的有以下几种：执行委员会，在董事会休会期间享有董事会的全部权力，其成员也就职于学校的财政和预算委员会；设施委员会，负责现存和计划设施的政策和决策；投资委员会，负责对学校暂时拥有的捐赠和资金的投资；发展委员会，负责制定学校的筹资政策；学术事务委员会，向董事建议批准学术政策，召集与教师代表小组的联合会议；学生事务委员会，制定学生纪律、住宿和其他服务政策，在学生和董事会之间发挥桥梁和纽带作用。

董事会制度的改革及发展特点

　　从14世纪中叶意大利大学董事会制度萌芽至今，大学董事会制度已经走过六百多年的历程。即使从1642年美国哈佛学院董事会建立算起，大学董事会制度也有着三百多年的历史。然而，随着时代的发展，大学董事会面临着诸多严峻的挑战。从董事会权力的渊源和归宿看，以社会外行人士为主导的大学董事会，其权力并非来源于大学内部，并非来自大学的学者和教师，董事会也无需向大学内部的人尤其是学术人员负责。尽管董事会将有关学术事务的权力赋予教授，但它依然享有作为学术权力背景和基础的其他权力，并且保留对学术权力的最终立法权和决定权。而作为人类灵魂的守望者和精神家园并承载着现存社会批判功能的大学，其权力究竟是否应该完全掌握在校外非学术人员的手中，这往往受到追问和质疑。从董事会成员的社会代表性看，其成员更多来自社会各界的名流和成功人士，并且通常预设。一般认为，这些杰出的社会名流和成功人士具备卓越的政治才能和管理技巧，能够代表公众利益，实际上，由于远离社会普通人的处境，他们难以体会公众的意愿，更不可能成为公众利益的真实代表。

　　20世纪70年代中期以来，伴随着持续的世界性经济危机和新自由主义思潮的兴起，美国政府不断紧缩公共支出，削减对高等学校的投入和资助，高等学校进入"冰川时代"，面临着严重的经费危机。为应对这些挑战，各大学董事会不断进行调整和改革，这类改革具有以下特点。

　　吸收校内人士参与董事会　近年来，为适应民主化的发展潮流，各高等学校董事会开始促使大学内的行政人员、学生尤其是教师参与决策，以增强决策的民主性和科学性，大学内部人士尤其是教师，在董事会中扮演着愈来愈重要的角色。不少学校在董事会中为教师设立专门席位，有些学校即便没有为教师或学生设立专门席位，也在董事会的决策过程中为教师或学生提供充分发表意见的机会，还有些学校在董事会下属的各种委员会中赋予教师或学生表决权。

　　拓展董事会成员的社会构成　最初，高等学校董事会以牧师和律师为主。后随着资本主义经济的发展，工商企业界人士在董事会中占据主导地位。由于在社会中的地位特殊，他们并未能代表社会各阶层和各方面的利益。鉴于学习性质的不确定性、教育所服务的社会目标的模糊性以及教育活动的多样性，近年来，各高等学校董事会开始吸收社会各方面，尤其是女性、少数民族等社会弱势群体的代表，以确保教育决策的开放性和代表性。

　　增强董事会的经费筹集功能　过去，公立高等学校的经费主要来源于政府，相对稳定。因此，筹集经费虽然也是公立高等学校的基本职责，但并非其工作的重点。在联邦政府和州政府经费紧缩政策的冲击下，无论是私立还是公立，高校董事会都开始将管理权更多地委托给学校校长及其行政系统，而将主要精力放在经费的筹措上，通过募捐、发行债券等多种方式筹集经费，以确保学校有充足的资金来源。

参考文献

刘宝存.美国公、私立高等学校董事会制度比较研究[J].吉林教育科学,2001(6).

张斌贤,张弛.美国大学与学院董事会成员的职业构成[J].比较教育研究,2002(12).

Cowley, W. H. Presidents, Professors and Trustees [M]. Hoboken, New Jersey: Jossey-Bass Publishers, 1981.

（欧阳光华）

动机理论（theories of motivation）　研究人和动物行为产生的原因和动力的各种学说。激发与维持学生动机是学校教育的核心概念之一。自教育心理学创立以来,持不同理论观点的心理学家先后提出许多解释、预测和影响学生动机行为的动机理论。根据其主导理论的不同,可将这些理论分为强化理论、驱力理论、认知理论、目标理论和内部动机理论。

强 化 理 论

强化理论以行为主义心理学为理论基础。最早蕴含在美国心理学家 E. L. 桑代克的效果律中,后来斯金纳又根据其庞大的行为主义理论作了发展和完善,其核心思想认为动机不是内在的个人特征,而是外在的环境和可观察的行为。当学生表现出一些有助于学习的行为如集中注意听讲、认真做作业时,就表明他们具有学习的动机;当学生没有表现出学习行为时,应当从学生所处的外部环境来寻找原因,而不应当从学生本身的一些特征上找原因。

根据强化理论,学生动机行为的变化由外部的环境事件导致,其变化规律可以用来自外部的强化和惩罚来描述。受到强化的行为以后更有可能出现,受到惩罚的行为以后发生的可能性减小。E. L. 桑代克最初认为,奖励和惩罚在改变学生动机行为中有同等重要的作用,但后来认识到奖励在改变行为上的作用要优于惩罚。斯金纳也认同这一思想,主张更多地通过正强化来奖励合适的动机行为。

教师可以运用正强化和负强化来激发学生的学习行为。如对于一名上课不专心听讲的学生,如果该生表现出专心听讲的行为,教师就可以对其进行口头表扬(正强化)或不再对其板着面孔(负强化)。有时,教师还可以运用分数和等级等次级强化物来对学生进行强化。年幼的儿童通常不知道分数和等级的价值,当他们把好的成绩和等级拿给家长看时,会得到家长的奖励,这样分数和等级便具有了强化作用。此外,教师还可以控制前提刺激来激发和维持学生的动机行为。前提刺激是一些原本无关的外在刺激,因为能预示即将到来的强化和惩罚而对学生的行为产生控制作用。例如,当教师站在全班学生面前时,学生便安静下来。这是因为以前教师出现时,会对学生安静的行为进行奖励,对不安静的行为进行惩罚,于是,教师出现在学生面前就成了引发学生专心听讲的刺激。而换一名代课教师或一名学生则不会有这样的效果。受过强化的行为在取消强化后会消退。实际上对学生的每一种动机行为不可能都进行强化,研究发现,间歇强化(即并不是每次出现动机行为就进行强化)更有利于延缓消退,因而教师可以对适当的动机行为提供间歇强化,以较持久地维持动机行为。

强化理论虽然简单易行,但也有许多不足。研究发现,对学生原本感兴趣的活动进行强化,有时会减弱学生对该活动的兴趣。此外,学生并不是机械地对强化和惩罚作出反应。同样一个强化,对一些学生来说是强化,对另一些学生来讲则是惩罚,而且强化理论忽视了学生对强化形成的预期在引发后续行为中的作用。这些批评都暴露了强化理论只关注外部环境而忽视学生内在因素的弊端。

驱 力 理 论

驱力理论认为,动机是推动个体采取行动的内部状态、需要或条件。早期的驱力概念来自动物研究,常指饥、渴等生理需要,因其不能对现实的学生学习行为提供完美解释,后来的研究者抛弃了纯生理性的驱力,转而强调习得的驱力,如获得社会认可、权力、成就的需要。历史上有较大影响的驱力理论主要有 J. W. 阿特金森和麦克莱兰的成就动机理论、奥苏伯尔的学校学习动机理论以及人本主义心理学家马斯洛的需要层次理论。

成就动机理论　成就动机理论问世于 20 世纪五六十年代,该理论区分动机的两种不同倾向:一是力求成功的需要;二是力求避免失败的需要。这两种需要之间的不平衡决定了成就行为的方向、强度和质量。力求成功的人旨在获得成就,并选择能有所成就的任务。这种情况最有可能发生在他们预计自己成功的可能有 50％ 的把握时,因为这给他们提供了最大的现实挑战。如果他们认为成功完全不可能或胜券在握,动机水平反而会下降。反之,避免失败的需要强于追求成功需要的人,在预计自己成功的机会大约有 50％ 时,则会采取回避态度,他们往往选择极其困难的任务,这样即使失败,也可为自己找到合适的借口。

学校学习动机理论　奥苏伯尔认为,成就动机是学习动机的核心。他将成就动机分为认知的内驱力、自我提高的内驱力和附属的内驱力。认知的内驱力以获得知识和解决学业问题为学习的推动力量,直接指向学习任务本身,其满足又是由学习本身提供的。这种动机是从探究、操作和理解事物奥秘的欲求和为应付环境而提出众多问题等好奇倾向中派生出来的。它既与学习目的性有关,又与认知兴趣有关,因为当学生清晰意识到自己的学习所要达到的目标及其意义时便会成为推动学习的动力。而具有认知兴趣的学生有可能津津有味地学习,并从中获得很大的满足。显然,认知内驱力指向学习任务本身,又从学习本身获得满足。

自我提高的内驱力是指个体因自己的胜任力和学业成就而赢得相应地位的学习动力,是从尊重需要和自我提高需要派生出来的。这种动机在学前儿童身上已经开始萌芽,入学后逐渐成为成就动机的主要成分。自我提高的内驱力既可以促使学生将自己的行为指向当时学业上可能达到的成就,又可以促使学生在这一成就基础上将自己的行为指向今后学术或职业方面的目标,以进一步提高学习的积极性。成就的大小决定着学生赢得地位的高低,同时决定着自尊需要能否满足,因而自我提高的内驱力往往将一定的成就视为赢得一定地位和自尊心的前提,而不是指向学习任务本身。

附属的内驱力是指个体为得到教师和家长的赞许与认可而产生的学习动力。学生力求取得学业成就,但并不是作为赢得地位的手段,而是要通过学业成就来获得他人的赞许和认可,因为学生对长者在感情上具有一定的依附性,长者是学生追随和仿效的榜样。而且学生还从长者的赞许和认可中,获得一种派生的地位,赢得他人的羡慕。成就动机的这三种成分在动机结构中的比重通常随年龄、性别、人格结构、社会地位和文化背景等因素的变化而变化。在儿童的早期,附属的内驱力最为突出,他们努力学习和取得好成绩主要为获得长者的奖励。青春期以后,附属的内驱力不仅在强度上有所减弱,而且附属对象开始从父母转向同龄伙伴,来自同伴的赞扬成为强有力的动机因素。

需要层次理论 马斯洛提出,人有七种基本需要,按其满足的先后可由低级到高级排成一个需要层次(见下图)。

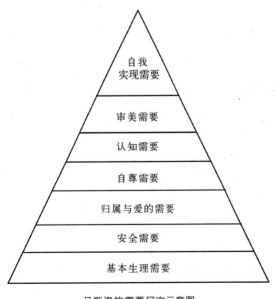

马斯洛的需要层次示意图

满足这七种需要是人的各种行为动力的基本源泉。在用该理论解释人的行为时,马斯洛提出如下假设:第一,人的需要的满足有先后之分,越是低级的需要越是要先满足。只有较低级的需要基本满足以后才能产生较高一级的需要。第二,图中下面的四级需要属缺失性需要。这些需要若未满足,就会一直推动人从事满足需要的行为;而一旦满足,行为就暂时停止。上面三级需要属成长需要(亦称丰富性需要),是在适当程度的满足后才产生,而且不会暂时终止,因此将一直推动人去从事满足这些需要的行为。第三,人类的最高级的需要是自我实现,即"使每一件事都能得以实现的愿望"。自我实现的人不仅为自己和他人所认可,而且心胸开阔、幽默、独立,具有创造性。这一理论在企业管理和学校教育管理中有较大影响,其基本精神是:领导者或教师首先要关心人的基本需要,使职工或学生能温饱、有安全感和自尊感。当这些基本需要适当满足以后,则应充分相信自己的职工或学生。他们天生有学习、求知和实现自己价值的愿望,关键是要善于引导,使其潜能得到充分发挥。

认 知 理 论

认知理论是在研究自然场景中人类动机行为的基础上提出来的,认为动机涉及主动的认知加工,学生是在解释接收到的信息的基础上采取行动的。主要包括归因理论、自我效能理论、自我价值理论和期望×价值理论。

归因理论 见"归因理论"。

自我效能理论 自我效能感是美国心理学家班杜拉提出的概念,指人们对自己完成某件事的能力的主观判断,相当于平常所讲的自信心。在某种程度上,自我效能感是独立于能力本身的。有人挑选了两组儿童,一组数学能力强,另一组数学能力差。在这两组儿童中,又分别选取了数学自我效能感强的人和数学自我效能感弱的人。接下来让选出的儿童解决困难的问题。结果发现,虽然数学能力有助于问题解决,但对于两种能力水平(数学学习能力强和弱)的儿童来说,自我效能感强的儿童能更快放弃错误策略,解决更多的问题,较重视自己的失败,做得更精确,对数学表现出更积极的态度。此外,自我效能感也有别于对行为结果的预期,后者是对采取这种行为后可能带来的结果的判断。如学生相信自己有能力学好数学,这属于自我效能感;而学好数学后能受到奖励、有利于考上大学等认识,则是对行为结果的判断。

自我效能感是影响学生学习行为的重要因素。第一,自我效能感会影响学生对学习任务的选择。一般来说,学生倾向于避开超出自己能力的学习活动,选择自己有能力完成的任务。但班杜拉认为,对自己能力估计过高,会使自己选择明显力所不及的任务,从而受到挫折和伤害;而对自已能力估计过低,则会限制自己潜能的发挥而失去许多奖励的机会。于是,班杜拉认为,对自己能力的最佳判断可能是"在任何时候都对自己作出稍微超出能力的评价"。这种评价既能促使人们去选择具有挑战性的任务,又能为能力的发展提供动力。第二,自我效能感影响学生学习的坚持性。自我效能感强的儿童,在困难的情境中会投入更多的努力、学习得更好;但在他们认为是容易的情境中,会付出较少的努力,学习得较差。第三,自我效能感影响学生的思维方式与情感反应。自我效能感强的人,在遇到困难时不会表现出更多焦虑和痛苦,而会更多考虑外部环境的特点和要求;在遇到失败时,倾向于将其归因于自身努力不够。自我效能感弱的人,在遇到困难时,会表现出较多的焦虑,而且过分关注自身的缺点与不足;在遇到失败时,和能力相当但自我效能感强的人相比,会将原因归结于自己能力上的不足。

自我价值理论　自我价值理论是科温顿提出来的,他认为人有一种建立和维持积极的自我形象或自我价值感的倾向,称之为自我价值的动力。由于儿童大量时间在学校中度过,而且又经常被评价,因而维持自我价值感的主要方式是保护自己的学业能力感。儿童需要相信,他们在学业上是有胜任能力的,在学校中他们是具有作为一个人而存在的价值的,因而为维护其自我价值,儿童会尽力保护自己的学业胜任能力感并使这种感受尽可能地强烈。实现这一点的一种方式是作出促进学业胜任能力和控制感的因果归因。科温顿等人1979年调查发现,大学生和年轻人对成功的最常见归因是能力和努力;对失败的常用归因是没有尝试,将失败归因于能力的缺失是很多学生尽力避免的。

但学校的评价、竞争以及社会比较使得许多儿童难以维持他们对自己学业胜任能力的信念。为避免看起来缺乏能力,许多儿童形成了一些应对策略,如拖延、找借口、回避具有挑战性的任务,最重要的是不去尝试。努力虽然为父母和教师所鼓励,而且对成功十分重要,但如果学生付出努力却失败了,这就很难不得出他们缺乏能力的结论,于是,努力又被科温顿等人称为"双刃剑"。因此,如果失败看来是可能的,一些儿童就不会努力尝试,因为尝试并失败会威胁他们对自己能力的信念。即使高成就的学生也会回避失败。他们不会对富有挑战性的任务付出更多努力,他们会尽力回避这些任务以便维护自己的能力感以及其他人对他们能力的看法。科温顿提出,减少竞争、社会性比较、评价的频率和重要性,转而关注努力、掌握和改进程度,这会让更多的儿童能维护其自我价值而不必诉诸回避失败的策略。

自我价值理论也受到了一些批评,主要的问题是学业胜任能力的信念是自我价值的最主要决定因素。S. 哈特证实,关于仪表和社会能力的自我概念要比学业胜任能力的自我概念更能预测自我价值。自我价值的决定因素可能会因人而异,不能把学业胜任能力的信念作为主要的预测因素。

期望×价值理论　期望×价值理论认为,个体从事某项活动的动机由对成功的期望与完成任务的价值的认识这两种因素的乘积决定,即动机＝期望×价值。对成功的期望涉及回答"我能完成这项任务吗"这一问题;对任务价值的认识涉及回答"我为什么应完成这项任务"这一问题。如果对其中一种因素的判断为零,则个体的动机也为零。

影响个体对成功期望的因素主要是对任务难度的知觉和对自己的看法。任务越难,个体越不可能期望任务上取得成功;对自己能力的看法也影响学生对成功的期望,如果学生相信自己有能力完成某种任务,则他会期望自己在这一任务上取得成功。对任务价值的判断主要来源于如下四方面:(1)任务的内在兴趣,即能引发学生愿意参与学习的任务本身的特点,如故事、具体的例子等内容。(2)任务的重要性,指学习任务证实或否定个人某些重要特点的程度。如某个学生擅长体育,学习跳高、跳远就对他很重要,因为这些任务能展示他的运动特长。(3)任务的利用价值,指学习任务对满足个体其他目标的价值,如学生虽然对语文学习不感兴趣,也不认为自己有学习语文的能力,但学好语文对于他考上大学这一目标很重要,因而语文学习也就有了一定价值。(4)完成任务所需付出的代价。如果完成某项任务要付出很大代价(如付出很多时间和精力,经受情绪上的紧张困扰等),则个体不可能选择这项任务。

目　标　理　论

这里的目标与教学设计中的目标不一样。在教学设计中,行为目标(objective)指用具体的、可观察的行为来陈述预期的学生的学习结果,而目标理论中的目标指的是目标定向(goal orientations),是学生的信念,是关于从事与成就有关的行为的目的的。

学习动机的目标理论最初研究的是两种目标定向:学习目标(learning goals)和表现性目标(performance goals),也有人分别称之为掌握目标与表现性目标,任务涉入目标和自我涉入目标。研究发现,持学习目标定向的学生在进行学习活动时关注知识或技能的获得,他们用自己的话解释材料并将其与原有知识联系起来,以尽力建构准确的理解。如果遇到困难,他们更可能去寻求帮助,或必要时坚持自我调节的学习努力。持表现性目标的学生在从事学业活动时,将这些活动作为对其表现能力的测验而不是学习的机会对待。他们主要关心的是保持其如下的自我知觉和名声:他们是有能力的,他们具有成功完成任务所需的能力。在尽力满足任务要求和避免失败时,他们可能依赖重读、机械记忆及其他表面水平的策略而不是深层次的知识建构策略,而且他们的学习努力会因畏惧失败或其他消极情绪而受到削弱。他们回避挑战性的任务,在遇到挫折时很轻易地放弃。在需要帮助时不是寻求帮助,而是通过将题目空着不做、随机猜测或抄袭来隐瞒其困难。故布罗菲又将这类目标称为自我保护目标、能力展示目标、形象维护目标。

对目标定向的初步研究表明,学习目标总是与积极的结果相联系,是人们期望的;表现性目标总是与消极的结果相联系,是人们不期望学生具有的。但进一步研究发现,事实并非完全如此。表现性目标有时也与积极的结果相联系。一些研究者进一步区分了表现性目标的两种类型:表现趋向目标和表现回避目标,前者关注获得成功,后者关注回避失败。在学生的学习中,表现回避目标与消极的结果如较高的测验焦虑、逃避考试的愿望、备考时的拖延和无组织、测验时的焦虑感和无准备有联系,表现趋向目标对学生学习的影响要视具体情境和学生的具体特点而定。如哈拉科维茨等人1998年发现,在某些情境中,尤其是根据分布曲线对学生的表现进行评分的高竞争性课堂上,以及竞争意识很强的学生,表现趋向目标可以补充学习目标。但他们还指出,即使在中性的以及学习定向的情境中,表现趋向目标也可能对学生的学习产生不利影响。其中的关键是目标与情境的匹配,即面对具体的情境,采用合适的目标定向。米奇利等人2001年也发现,表现趋向目标对于有较高能力知觉的学生,对于男生,对于在竞争性环境中年长的学生而言,有更积极的相关结果。但对于有较低能力知觉的学生,对于女生,对于在不大有竞争性环境中年幼的学生而言,则不大具有更积极的相关结果。

学习目标与表现性目标关注的都是成就,但学生学习追求的目标并不仅限于成就,他们同时还会追求其他目标。目标理论已确定出一些这类目标。一种目标是工作回避目标。采用这类目标的学生没有在认知上参与学习活动,他们常以最小的工作投入来满足最低的要求,他们经常逃课、抄袭、向教师或同伴寻求帮助或尽力完成要求不高的任务。持这类目标的学生,不大可能使用深层加工策略来学习,不会带着兴趣去阅读,对班级、学科、学习目标、成就测验分数抱消极态度。二是社会目标。持这类目标的学生关注与他人的关系,如建立友谊、维护自己招人喜欢的形象、帮助他人、取悦教师或同伴、享受社会性的相互作用。三是外部目标,持这类目标的学生,关注赢得好的等级和相关的强化物,也可以关注赢得奖学金的机会、能进入好的大学或得到好的工作。学生的学习要同时追求多个目标,这就需要学生在进行学习活动时,还要做好目标之间的协调,因为有时一种目标的满足可能会干扰其他目标的达成。

内部动机理论

学习动机的强化与驱力理论认为,学生的学习是受外部因素控制或内部需要驱动的,即学生的学习是对外部压力和内部需要作出的反应。这两种理论将学生描绘成是被动的、没有任何主动性。内部动机理论则强调学生学习的主动性一面,认为学生的学习不是感到有需要或有压力才去学习,而是自己想学习的。对内部动机概念的界定也反映了这一发展趋势。早先对内部动机的界定强调学生参与活动的情感性质或认知方面的特征,如学生从参与活动中所得到的快乐的程度,或者学生认为所参与的学习活动的有意义、有价值的程度。德西和瑞安2000年则根据对自我决定的主观知觉的呈现而不是根据外部诱因或压力的缺失来界定内部动机。这就是说,如果我们感到是自我决定的,那么,为实践的目的,我们就是自我决定的,即使是外部诱因有效果或我们的行为以各种方式受限。在这一思想指导下,出现了一些有影响的内部动机理论。

自我决定理论 这是德西和瑞安提出来的。该理论指出,当社会环境满足三种先天的心理需要时,就可以促进内部动机。这三种需要是:自主(自我决定做什么和如何做),胜任力(发展和练习技能以操纵和控制环境),相关(通过亲社会关系而依附他人)。换言之,内部动机激发的人感到在社会场景中与他人有联系,在该环境中有效地发挥功能。在这样做时感到一种个人的主动感。在支持这三种需要的满足的课堂中,学生有可能体验到内部动机。当缺乏这种支持时,学生会感到受到控制而不是自我决定,因而他们的动机将主要是外部因素控制的动机。

兴趣理论 兴趣是指学习者因对课、文本或学习活动的内容或过程十分看重或有积极的情感反应而将注意集中其上。兴趣可分为个体兴趣和情境兴趣。前者是指只要有机会就参与具体内容或活动的持久倾向;后者是在一定时刻出现的,其出现是对吸引人们注意、推动人们去关注并进一步探索的情境中的事物的反应。

研究发现,个体兴趣与学习质量之间存在着中等程度但又十分重要的相关,而且个体兴趣还与学习的深加工的指标(如对主要观点的回忆、回忆的连贯性、对深层次理解问题的反应、对意义的表征等)密切相关。如希费利、克拉普和温特勒1992年搜索了一些研究,这些研究既测量兴趣——学生喜欢某门学科的程度,一般通过兴趣的自我评价量表测量,又测量成就——学生在某门学科上学得怎样,一般用等级分数或成就测验测量。他们总共从18个国家找出121项研究,结果对被调查的数学、自然学科、社会学科、外语和文学来说都类似:学生对学科的选择和该学科的学业成绩之间存在中等且一致的相关($r \approx 0.3$),换言之,学生越喜欢某门学科,他在该学科上学得就越好。

情境兴趣不如个体兴趣稳定,但它比个体兴趣更易为教师所控制,而且,激起情境兴趣可以促进学习并通常导致个体兴趣的发展。对情境兴趣的操纵主要集中在对文本和活动的控制上。对文本的控制一是控制文本的连贯性,即影响读者识别和组织文本主要思想的能力的因素。许多研究发现,学生不仅从更易把握线索的文本中进行学习,而且还把这些文本评价为有趣的。二是控制文本的鲜明性,即由于出人意料、创设悬念或用其他吸引人的方法而突出出来的文本部分。研究发现,突出的文本部分要比不突出的部分更有趣并记得更好。三是控制文本的诱惑性细节,即那些与文本中传递的重要信息没有密切联系但又非常有趣、醒目的材料。诱惑性细节也被学生认为是有趣的而且记得也牢,但它们干扰了对主题或其他重要内容的记忆。S. 韦德、巴克斯顿和 M. 凯利 1999 年让大学生阅读说明文,然后询问他们文章的哪些地方有趣,哪些地方没趣。结果发现,有趣的文本特征主要有:重要、新颖、有价值的信息;未预期到的信息;读者在文本及其原有知识经验之间做的联系;想象性的和描述性的语言;作者通过比较和类比所做的联系。而无趣的文本特征是:连贯性差或有生词而难以把握文本的线索。研究者还认为,没有必要用诱惑性细节来增加文本的趣味性。

学生除对内容有兴趣外,还可能对活动过程有兴趣,组织好学生感兴趣的活动也可以激发学生的情境兴趣。阿斯克尔-威廉斯和劳森 2001 年让中学生指出有兴趣的课的特点。结果发现,除与满足其自主性、胜任力、相关性的需要相联系的特征外,学生还经常提到动手做的活动、实验,与外部世界相联系的活动以及设计或创造多种事物的活动。

动机的社会文化理论 莱夫和温格提出的动机的社会文化理论认为,学生学习动力来源于在学习共同体中维持一定的身份和人际关系。这一学习共同体要有一定的价值观和实践,并且重视学习。学生要在这样的共同体中维持一定的身份,就必须参与到学习共同体中,这种参与叫做合法的边缘性参与,合法是指学习者有权利使用该共同体的一些学习资源和工具,边缘性是指学习者最初参与共同体时,其能力没有得到很好发展,其对共同体的贡献也比较小。随着学生在该共同体中的参与从边缘性的向中心性的参与发展,他们在共同体中就会发挥更核心的作用,他们的身份感也会得到增强。

参考文献

班杜拉. 思想与行动的社会基础——社会认知论[M]. 林颖,等,译. 上海:华东师范大学出版社,2001.

皮连生. 教育心理学(第三版)[M]. 上海:上海教育出版社,2004.

Brophy,J. Motivating Students to Learn [M]. 2nd ed. New Jersey: Lawrence Erlbaum Associates Publishers,2004.

Covington, M. V. Goal Theory, Motivation, and School Achievement: An Integrative Review [J]. Annual Review of Psychology, 2000,51.

Mayer,R. E. Learning and Instruction[M]. Upper Saddle River, New Jersey: Merrill/Prentice - Hall,2003.

(王小明)

动作技能(motor skill) 亦称"操作技能"。通过后天经验掌握躯体、四肢和口腔肌肉的协调完成复杂操作的能力。美国教育心理学家加涅指出,动作技能包含两个成分:一是描述如何进行动作的规则;二是因练习与反馈而逐渐变得精确和连贯的实际肌肉运动。动作技能又称"心因运动技能"(psychomotor skill),这个术语中的 psychomotor 由 psycho 和 motor 两个成分合成,意在强调这里的动作不是简单的外显反应,而是受内部心理过程控制。动作技能往往与知觉不可分,亦有学者把知觉与动作联系起来,称知觉—动作技能(perceptual-motor skill)。

动作技能的分类 可以从不同维度对动作技能作出分类,但对动作技能学习研究有重要意义的分类主要是如下两种分法。

根据动作技能连续与否,可分为连续的动作技能和离散的动作技能。连续的动作技能没有明确的开端和结尾,行为一直持续下去,直到人为打断为止。如游泳、跑步、开车等动作。在日常生活经验与实验室中常见的连续性动作技能是追踪任务,其特点是,有一条需要个体遵循的路径以及一个工具,个体通过一些肢体运动来让工具沿路径运动。如在开车时,路径是道路,工具是汽车。实验室中常用的追踪任务是由计算机呈现的。在计算机的屏幕上呈现两点,一点由实验者或计算机控制,可在屏幕上以固定的或随机的方式运动,另一点由被试通过手的运动来控制。被试的任务是让两点对齐。离散的动作技能有明显的开端和结尾,其精确性可以计数。如射箭、投篮、举重、按电钮、紧急刹车等都是典型的离散动作技能。离散的动作技能可以很快完成,只需几分之一秒的时间(如踢、扔等动作),但也可能需要相当长的时间才能完成(如签名的动作)。

根据动作技能执行过程中环境是否可以预测,又可以分为开放的动作技能与封闭的动作技能。开放的动作技能的环境是一直变化的、不可预测的,这样,操作者不能事先有效地计划整个运动。如撑船、捉蝴蝶、摔跤以及在繁忙的快车道上开车等活动都属于开放的动作技能。封闭的动作技能的环境是可以预测的,这主要指两种情况:一是非常稳定的环境是可以预测的,如射箭、打保龄球、刷牙以及在支票上签名等动作的环境;二是当环境的变化是可预测的或者这种变化已作为练习的结果而习得时,也会形成可预测的环境,如变戏法及工业生产线上的任务。在这些任务中,随后几秒钟的环境是可以预测的,因而可以事先对运动作出计划。

动作技能的这两种分类维度相互独立,即同一项动作技能可以从不同维度进行分类。如跳高就属于封闭的、连续的动作技能；射箭属于封闭的、离散的动作技能；开车属于开放的、连续的动作技能；拍打苍蝇属于开放的、离散的动作技能。

动作技能的控制　动作技能是一个复杂的整体，涉及肌肉、心理过程、动作技能的组成部分之间的协调，这种协调是通过对动作技能的控制实现的。研究者区分了两种不同的控制方式：强调感觉反馈作用的闭环控制和强调中枢作用的开环控制。

闭环控制适用于解释缓慢执行的或有较高准确性要求的动作技能的控制。在动作技能执行过程中，会产生一些信息，这些信息被称为反馈。反馈信息经过运动者的视觉、听觉、本体感受器等感觉通道被送到中枢神经系统。中枢系统接收到这些信息后，要将其与正确的参照进行比较。所谓正确的参照是对正确运动产生的反馈的表征，是动作执行者期望收到的反馈。如果实际收到的反馈与正确的参照标准一致，表明动作技能执行得正确，无需作出修正；如果两者之间存在差异，则错误就会被觉察出，并需要对动作作出修正。对追踪任务的控制就是通过这一机制实现的。可见，闭环控制的核心是信息加工机制。对信息的加工自产生错误开始，经历觉察出错误、决定改正错误的方法、引发改正错误的行为、在快速运动完成前纠正运动的错误等一系列过程，完成这一加工过程需要大量时间，这对于缓慢执行的动作技能来说是可行的，但对于快速执行的动作技能来说，完成信息加工所需的时间往往超过了动作执行的时间，显然不能对这类动作进行控制，因此闭环控制不适合解释快速执行的动作技能的控制。

而开环控制则专门用来解释快速执行的动作技能的控制。持这一观点的研究者认为，动作技能的控制是通过不需要感觉信息的中枢机制实现的。研究发现，被剥夺了感觉输入信息的动物和人类，在没有感觉反馈的情况下仍能执行很多动作，说明这些动作的执行更依赖中枢的机制。现在认为，这种中枢机制是一般化的动作程序（generalized motor programs），它们是对一类动作技能的抽象的表征，其中包括一类动作都共有的成分，如组成动作技能各部分的顺序、执行每部分所需时间的比例、执行各部分动作的肌肉用力大小的比例。此外还有一些以产生具体运动的可变的参数，如整个动作技能持续的时间、肌肉用力的大小以及执行动作技能涉及的肌肉。如用右手、左手以及用牙齿咬着铅笔书写同一个字，就涉及一般化动作程序的使用。写字时用的肌肉、使用的力气的大小、书写的速度都不一样，这体现了一般化动作程序对不同参数的选择。但写出来的字仍然是同一个字，书写的笔顺、字的各部分的间架结构比例都存在类似，这体现了一般化动作程序中不变的一些特征。采用这种模型，一方面许多不同的动作可以用同一个动作程序表征和储存，减轻了记忆负担；另一方面可以通过选择不同的参数而产生许多新颖的、以前未曾学过的动作。

与智慧技能的区别　中国学者在使用"技能"这一概念时，一般不注意区分动作技能与智慧技能，结果导致将适合解释动作技能学习的原理用来解释智慧技能学习。根据现代学习分类理论，人类的学习被分为认知、情感和心因动作三个领域。这三个领域相同之处是都有认知成分，不同之处是认知领域的智慧技能可以在头脑内完成。如进行"1/3＋1/4＝？"这样的分数加法运算，是一项智慧技能，可以通过心算在头脑内完成。如走钢丝、骑自行车、打字、朗诵等都是动作技能，不可能通过头脑内的想象来完成。由于动作技能有外显的动作或操作，一般可以通过模仿进行学习。智慧技能的核心是运用概念和原理办事，由于概念和原理不能通过模仿进行学习，所以不能用模仿理论来解释智慧技能学习。中国语文教学强调模仿学习，语文听、说、读、写技能中有部分动作技能可用模仿理论解释。但超越动作技能之外，把句法、语法和篇章结构的学习贬低为模仿学习，就会导致语文技能教学走入误区。

参考文献

Proctor, R. W. & Dutta, A. Skill Acquisition and Human Performance [M]. London: Sage Publications, 1995.

Schmidt, R. A. & Lee, T. D. Motor Control and Learning: A Behavioral Emphasis [M]. 3rd ed. Champaign: Human Kinetics, 1999.

Wilberg, R. B. The Learning, Memory, and Perception of Perceptual-Motor Skills [M]. Amsterdam: North-Holland, 1991.

（王小明）

动作技能学习（motor skill learning）　通过后天经验掌握身体肌肉运动协调并实现复杂操作活动的学习过程。涉及动作技能学习的阶段、动作技能学习影响因素和动作技能学习理论。

动作技能学习过程

许多研究者注意到，动作技能的学习过程涉及明显不同的几个阶段。综合 J. A. 亚当斯、费茨、M. I. 波斯纳、J. R. 安德森的研究，可将这一过程划分为三个阶段。

认知阶段　在学习一种新的动作技能初期，学习者通过指导者的言语讲解或观察别人的动作示范，或从标志每一个局部动作的外部线索中，试图理解任务及其要求。同时也做一些初步尝试，把任务的组成动作构成一个整体并试图发现它们是如何构成的。在这一阶段，学习者的注意范围比较狭窄，精神和全身肌肉紧张，动作忙乱、呆板而不协调，出现多余动作；不能觉察自己动作的全部情况，难以发现错误和缺点。学习者在这一阶段获得的改进大都是言语和认知性质的,故 J. A. 亚当斯又将这一阶段称为言语动作阶段。

联系形成阶段　在这一阶段,练习者逐步掌握了一系列局部动作,并开始将这些动作联系起来,但各个动作结合得不紧密。在从一个环节过渡到另一个环节即转换动作时,常出现短暂停顿。练习者的协同动作是交替进行的,即先集中注意一个动作,然后再注意作出另一个动作,反复交替,进行不同的动作。这种交替慢慢加快,技能结构的层次不断增加,然后逐渐形成整体的协同动作,这一过程可以持续数天或数周。其间,动作的执行逐渐不再受言语指导的控制,肌肉运动感觉的控制作用逐渐增强,动作间的相互干扰减少,紧张程度有所减弱,多余动作趋于消失。J. A. 亚当斯将这一阶段称为动作阶段。

自动化阶段　在这一阶段,一长串的动作系列联合成一个有机的整体并巩固下来。各个动作相互协调似乎是自动的。这时,练习者的多余动作和紧张状态已经消失。练习者能根据情况的变化,灵活、迅速而准确地完成动作,几乎不需要有意识的控制,而且同时还能完成一些言语认知性质的任务,如心算等。该阶段一般持续数月或数年时间,这导致有关的实验研究极少。

动作技能学习过程最明显的特征是,在学习之初,技能水平的提高是很明显的而且提高的速度也快,但随着练习进行,技能的提高幅度越来越小。这样,技能表现就成了练习的负增长函数,其关系可用公式表示为:

$$T = aP^{-b} = a/P^b$$

式中,a、b 是常数,T 是完成动作技能所需的时间,P 是练习的量。公式表明,随着练习量的增加,完成动作技能的时间就减少;常数 b 越大,则随着练习的增加,完成动作技能的时间也快速减少。如果对这一公式两边取对数,则公式变成:

$$\log(T) = \log(a) - b(\log P)$$

这样,公式就变成 $y = a + bx$ 的线性函数的形式,说明在练习过程中任一点上技能的提高速度与技能的潜在改进量之间呈线性关系。在练习早期,动作技能改进的空间很大,因而技能改进的速度很快;而到练习的晚期,动作技能提高的空间已经很小,于是技能改进的速度也大大降低。这是许多动作技能学习过程的重要特征,被称为练习的幂定律。

·　动作技能学习的影响因素

有许多影响动作技能学习的因素,如动机、疲劳、练习的安排及反馈等。这些因素中有些对动作技能的学习有相对持久的较大影响且易于控制,这为安排动作技能的教学提供了可能。一般来说,这些因素主要有言语指导、示范、练习与反馈。

言语指导　言语指导是指导者在动作技能学习之初以言语描述或提示的方式向学习者提供的有关动作技能本身的重要信息。可以是指导者用言语描述要学习的动作技能,以便让学习者对其形成全面的认识和表象;也可以是对学习者最初尝试练习动作技能提供的指导,以便让学习者在尝试练习技能时关注对动作技能的执行有影响的环境线索或注意动作技能的关键环节。

言语指导能有效地促进动作技能的学习。卡顿和兰丁1994 年要求初学网球的大学生在每次击打网球时大声说出5 个有关的词语:"准备"是做好对来球的准备;"球"是将注意集中到网球上;"转身"提示击球时转动臂和肩至与球网垂直的位置,并向后引拍;"击球"提示将注意集中于击球;"低头"提示击球后头的固定位置。与没有使用这些言语指导的被试相比,使用言语指导的学习者更好地学会了打网球的动作。

言语指导对动作技能的学习还有一种持久的定向效应。索利让三组被试练习刺向目标的一系列动作。在六天的练习时间里,要求三组被试分别注意表现的速度、准确性及对二者的同等注意。结果,注意准确性的一组在练习中最准确,注意速度的一组动作最快,注意准确与速度的一组在两种测量上都居于中间水平。在持续六天的迁移测验中,所有被试都按准确和迅速的要求进行练习,结果发现,上述效应仍旧存在,特别是表现的速度。这说明教学的"定势"对表现与学习都有影响。

示范　示范是将技能演示出来,以便学习者能够直接观察到动作的成分。然后,学习者在最初的练习中模仿动作。当然,也可以使用熟练操作者的录像或照片。

研究证实,通过观察,学习者可以习得运动策略。马滕斯等人采用一种"射月亮"的任务,即通过改变两根竿之间的距离,来把一个球往上移。实验示范了两种成功的策略。"缓慢"策略是一种保守的方法,慢慢调整两竿之间的距离来把球移到竿的顶端。这一策略比较稳妥但只有中等程度的成功可能性。"快速"策略是迅速、猛烈地调整竿。运用这一策略获得成功的可能性变化很大,但如果运用得好,会取得很好的成绩。研究结果表明,观察两种不同的策略后,当提供机会执行这一任务时,两组观察者倾向于模仿他们看到的策略。

示范是由榜样来进行的。有两种类型的榜样:专家榜样(expert models)和学习榜样(learning models)。前者示范的是专家完美无缺的动作表现,后者示范的是初学者学习的过程。麦卡拉和凯尔德研究了这两种示范的学习效果。他们让一组被试反复观察榜样完美地执行任务的录像,让另两组观察榜样学习这项任务的录像;给其中一组提供榜样执行结果的信息,另一组则不提供。结果发现,观察学习榜样并接到榜样执行结果信息的一组成绩最好,这些被试在习得阶段,在没有得到有关其表现的任何信息的情况下,仍持续地改进了作业表现,而且,和其他观察者相比,也都很好地保持了作业水平,还能将之更好地迁移到新颖的任务中。这说明,观察专家的表现只能获得一些如何执行任务的基本信息,但就学习而言,从错误的表现中可能要比从正确表现中学到的更多。

L. 汤普森曾对不同的示范方法作过比较研究。他将被试分成五组,分别学习装配锯齿形的七巧板。主试先给被试不同的指导,然后由被试独立拼成,直至无错误为止。不同组的指导条件是不同的。第一组,在观看示范时,由于大声数数,他们不能进行复述。第二组和第五组都要说出示范者示范的东西,这就迫使他们努力注意示范者的演示。示范者对各组的言语指导也不完全相同。第一组与第二组无言语描述,第三组与第四组有言语描述但完整程度不同,唯有第五组示范者除说出示范的东西外,还纠正学生讲述中的错误,结果这组的学习效果最好。这个实验说明,在学习动作技能的认知阶段,示范和言语指导相结合的效果较好,示范者不仅要求儿童注意观察,而且要通过言语指导纠正其对动作的不正确理解。

练习 练习是以改进技能水平为目的对动作程序有意识的重复,是影响动作技能学习的最重要的因素,练习的不同形式对动作技能的学习有重要影响。

其一,身体练习和心理练习对动作技能学习的影响。身体实际进行活动的练习称为身体练习。仅在头脑内反复思考动作技能执行过程的练习称为心理练习。心理练习不受时间、地点、器械的限制,且身体几乎不会产生疲劳。J. S. 赫德等人比较了身体练习与心理练习的效果。他们找了 12 组被试参加实验,六组被试学习桩板任务,把不同颜色、形状的桩尽快塞入板上刻出的方格中。其余六组练习转盘追踪任务。对每项任务,对被试进行前测,而后进行七次训练(安排在不同时间),最后进行后测。100% 的身体练习组,每项任务练习 8 次,100% 心理练习组内隐地练习任务,练习时间与 100% 身体练习组一样。其余三组进行综合练习,由 2、4、6 次身体练习结合 6、4、2 次心理练习。控制组在训练期间练习同样时间的一项无关任务。结果发现,100% 心理练习组比没有练习组(控制组)更优,但不如 100% 身体练习组好。此外,混合组的结果表明,用于身体练习的比例越高,学习效果越好。这一研究表明,在任何可能的时候,学习时要尽量选择身体练习而不是心理练习。但在不可能进行身体练习的情况下,心理练习是促进学习的有效方法。

其二,集中练习和分散练习对动作技能学习的影响。集中练习(massed practice)将练习时段安排得很接近,中间没有休息或只有短暂的休息。分散练习(distributed practice)用较长的休息时段将练习时段分隔开。在设计实验时,集中练习是指练习的时间比练习之间休息的时间长;分散练习是指休息的时间通常等于或大于练习的时间。研究发现,练习的分布对连续的和离散的动作技能有不同影响。对连续的动作技能,在练习时间不变的情况下,短的休息间隔会比长的休息间隔更能导致表现水平的下降。而且分散练习有相对持久的效果。练习的分散与总的练习时间之间存在权衡关系。在训练期间,分散练习每次练习学到的最多,但完成练习的总时间也最多;集中练习则每次练习的收益递减,但完成练习的总时间最少。对危险的任务来说,集中练习会增加练习者受伤害的风险。在安排训练时,还要考虑到疲劳之类的因素会增加学习者受伤害的风险。对离散的动作技能,初步研究表明,集中练习似乎比分散练习的学习效应好,至少和分散练习一样好。

其三,整体练习和局部练习对动作技能学习的影响。通常,一套完整的动作技能可以分解成同时或按先后次序出现的局部技能。例如,游泳包括腿的打水和手臂的划水,这是同时进行的;还包括转头和换气,这是在手臂划水之后进行的。学习游泳时,既要学习局部技能,又要学习将局部技能综合起来。练习时将技能的全部内容一次学完,被称为整体练习;而将技能分成各个部分,一部分、一部分地加以练习则被称为局部练习。研究表明,应根据不同性质的动作技能选择整体或局部练习。如果动作技能由若干局部技能构成,而且各个局部技能之间不存在相互协调的问题,那么,先进行局部技能的部分练习,而后再进行整体练习,这样效果更佳。如果连续性动作技能的各部分要经常相互协调,那么,打破这种协调,孤立地练习某一部分,其效果往往不佳。局部练习和整体练习孰优孰劣,主要的决定因素是运动本身受单独一个程序支配的程度。如果运动非常快,几乎可以肯定地讲,这是由一个动作程序支配的,则应将其作为一个整体来练习;如果运动很慢,而且行动中存在间隙,那么,该运动有可能由一个以上的程序支配,这时可以把这种任务分成几个部分来单独练习。

其四,随机练习和区组练习对动作技能学习的影响。假设有 X 项任务(或一种任务的 X 种变式)要练习,每项任务练习 N 次,有两种安排:一是在进行另一项任务的练习之前,先完成一项任务的 N 次练习。如在进行第三项任务的练习之前,先完成第二项任务的 N 次练习,……直到所有任务都练习完为止。这种安排叫区组练习(blocked practice)。另一种安排是,一项任务(任务 A)的一次练习后,紧接着进行任务 B 的一次练习,接着再进行任务 C 的一次练习,……直到 X 项任务上的所有 N 次练习都完成为止,而且,一项任务(如任务 A)的练习结束后,接下来练习哪项任务是随机确定的。这种安排称为随机练习(random practice)。

谢伊和 R. L. 摩根 1979 年就这两种练习形式对动作技能学习的影响做了先驱性研究。他们让被试学会对不同颜色的灯光刺激作出反应,即尽快地将手臂按一定的运动模式移动到具体的目标位置。所学习的运动模式有三种,每种都由三步组成,而且都对应于一种颜色的灯光刺激。对每种模式,要求被试练习18次,总共有54次练习。区组练习组在练习一种模式前,先完成一种模式的18次练习(将被试分成不同小组以便平衡练习顺序的影响,这样,并不是每个区组被试先练习同一项任务)。随机练习组每次练习后都随机变换一种模式练习。因变量是完成任务的平均时间,是对灯光刺激的反应时加上完成手臂运动的时间。结果发现,在练习期间,区组练习组的表现优于随机练习组。练习结束后,对所有的被试进行保持和迁移测验。在实施保持测验时,一半被试在10分钟之后将所练习过的模式练习18次,另一半被试则在10天之后练习。18次练习中,有9次是按区组的方式安排三种练习模式(每个区组有3次练习)。另9次则按随机的顺序练习三种模式。在保持测验之后,被试在两种迁移任务上各练习3次。一种迁移任务是由三步组成的新的运动模式,另一种任务则是由五步组成的运动模式。结果发现,在保持和迁移测验上,随机练习组的成绩优于区组练习组,区组练习的学习效应反而不如随机练习。这说明,区组练习在动作技能的习得阶段有积极作用,但在保持和迁移阶段则不如随机练习,这一发现被称为"情境干扰效应"(contextual interference effect)。

随机化的区组练习综合了随机与区组练习的优点,即有可能既减少随机练习中看到的表现水平下降又不牺牲长时的学习效应。这对于将情境干扰实验的结论用于日常活动有重要意义。完全随机化安排的一个缺陷是,难以经常地从一项任务转到另一项任务上。例如,要训练新工人几项技能,如果这些任务要在不同的厂房完成,那么在练习新任务前宜做一些区组练习。

反馈　在运动之中或运动之后接到的运动产生的信息,通常叫做运动产生的反馈,简称反馈。反馈可进一步分为固有反馈[inherent feedback,亦称内反馈(intrinsic feedback)]和增补反馈(augmented feedback)。固有反馈是练习者不依赖外来帮助而自己获得的反馈,它可以是练习者在执行某个动作时肌肉中的动觉感受器提供的感受,如在做一个错误的潜水动作后感觉到的刺痛感;也可以是练习者对自己行为结果的直接观察,如练习者在投篮中可以看到球是否投中。

增补反馈是由教师、教练或某种自动化的记录装置提供给练习者的反馈信息,通常是在练习者得不到固有反馈信息时给予的,是对固有反馈的增加和补充。如在练习射击时,是否击中靶心,往往要由别人告诉我们。又如在练习舞蹈动作时,教练会对练习者的动作进行一些评点和指导。增补反馈的一种形式叫做结果知识反馈,这是在运动之后由别人以言语的方式提供给练习者的关于运动目标达成状

况的信息。如教练讲"这次你没有击中目标"。结果知识反馈可以很具体,也可以有一定概括性,还可以包括诸如"很好"之类的奖励成分,有时也会重复固有反馈(你没有击中)。结果知识反馈是关于运动结果是否达到目标的反馈,不是关于运动本身的反馈(如你的肘弯了)。增补反馈的另一种形式叫做表现知识反馈,是关于学习者作出的运动模式的反馈信息(如你的肘弯了)。表现知识反馈更多的是教员提供给学生的、旨在改正错误运动模式的反馈,而不是运动在环境中产生的结果。表现知识反馈还可指被试模糊意识到的运动的一些方面,如在复杂运动中某个手臂的动作;还可指被试通常意识不到的身体中的过程,如血压或具体运动单元的活动——通常叫做生物反馈。比较常见的一种表现知识反馈是录像回放。这是把练习者练习的过程录制下来,再回放给练习者。

在反馈的两种形式中,研究较多的是增补反馈,而增补反馈的研究又大量集中在对结果知识反馈的研究上。因为结果知识反馈是由教师提供的,相当于一种教学措施,能够对学生的动作技能学习产生影响,因而这方面的研究对于如何指导学生进行动作技能的训练有重要意义。

研究发现,动作技能学习中呈现的结果知识反馈不同于动物学习中呈现的奖励。在动物学习研究中,不呈现奖励,动物习得的行为就倾向于消退;而在动作技能学习中,不呈现结果知识反馈,被试倾向于重复而不是消除所学习的运动。在结果知识反馈呈现时,被试才对其动作作出修改,明确努力的方向。看来,被试并不将结果知识反馈用作奖励,而是用作下一次如何行动的信息。此外,在动物学习研究中,即使是短的时间间隔后再给予奖励,也会极大地削弱动物习得的行为,延迟奖赏30秒左右,会完全消除学习。但在人类身上并未发现这些效应,延迟呈现结果知识反馈对动作技能的学习没有影响。

在信息加工取向认知心理学的推动下,动作技能研究者开始把反馈或结果知识反馈看作是有待进一步加工的信息。在这种思想指导下,为研究和分析的方便,研究者区分了动作技能的两次练习期间对反馈的信息加工有密切关系的两个时间段:结果知识反馈延搁和后结果知识反馈延搁。

结果知识反馈延搁是从某次练习结束到本次练习的结果知识反馈呈现的时间间隔,在这期间,练习者对操作完成后获得的固有反馈进行加工。后结果知识反馈延搁是从某次练习的结果知识反馈呈现完毕到下一次练习开始的这段时间间隔,在这期间,学习者对固有反馈和增补反馈之间的差异进行比较、解释,并计划下次应如何操作。这一系列信息加工活动的最终目的是形成成功且稳定的动作反应以及觉察自己运动错误的能力。觉错能力是练习者将练习后获得的固有反馈与已习得的正确参照进行多次比较后形成的独立觉察自己错误的能力。在练习初期,练习者对自己获

得的固有反馈信息是否反映正确的动作技能把握不准,这时结果知识反馈提供的信息就很好地发挥了信息作用,练习者可以据此判断自己获得的固有反馈是不是正确执行了动作技能的结果,并能指导练习者矫正其错误的反应。但结果知识反馈的信息作用还有不利的一面,这一面通常是在练习的后期体现出来的,即结果知识反馈会使学习者过分依赖结果知识反馈提供的信息,而不去进行有助于技能保持的其他信息加工活动,如感知并自己判断固有反馈的正误。此外,每次练习后都参照结果知识反馈来修正所学习的技能,也不利于学习者形成稳定的动作反应。这样看来,既要利用结果知识反馈对动作技能学习的促进作用,也要防止它的消极作用。

在结果知识反馈延搁期间如果进行一些妨碍学习者对完成操作后获得的固有反馈进行加工的活动,那么这些活动就会对动作技能的学习产生干扰。如果在这一时段采用一些引发学习者对反馈信息进行加工的措施,则会促进动作技能的学习。

动作技能学习理论

在有关动作技能学习研究基础上,一些心理学家提出动作技能学习的理论解释。

习惯论 动作技能是由一系列动作构成的。一种运动成分产生的反应刺激,通过习惯形成与下一个运动成分联系起来。当习惯联结形成时,一旦并开始某一动作,那么一种反应产生的刺激就引发另一个行为成分,从而使一系列动作得以流畅执行。习惯所起的作用不仅是将外部刺激与一种反应联系起来,而且还将一种动作成分与另一种动作成分联系起来。习惯的形成遵从美国心理学家 E. L. 桑代克提出的效果律,即通过奖励和惩罚来增强或减弱习惯的强度。

认知观 受第二次世界大战对各类军事人员培训的影响,动作技能的研究重点从对动作能力的个别差异与选择转向促进动作技能保持和迁移的训练程序和方法上。20 世纪五六十年代心理学界爆发的认知革命,使得认知心理学的理论和研究方法开始影响动作技能学习的研究,许多心理学家偏向于用认知理论来解释动作技能的学习。在这些理论解释中,比较突出的是闭环理论和开环理论。

闭环理论(closed-loop theory)是由加拿大心理学家 J. A. 亚当斯 1971 年提出的。该理论认为,人的动作技能的学习是对反馈信息进行加工并减少错误的过程,并不是习惯强度的增强,即动作行为是由反馈机制控制的。该理论强调反馈的作用,尤其适合解释相对缓慢或连续的动作行为(如开车之类的追踪任务)的习得与控制。

在个体作出一个正确的动作之后,会从肌肉与关节的感受器及前庭器官中获得一些来自本体感受的反馈,这些反馈在中枢神经系统留下了痕迹(称知觉痕迹)。随着对动作的练习,每次都会留下一个痕迹,最终形成一个痕迹的总和。由于在练习过程中个体经常会获得一些动作结果的知识,个体便将这种知识与在练习期间形成的知觉痕迹相比较,从而使得在中枢的知觉痕迹能代表正确的动作。接着,在随后的练习中,个体会将获得的反馈与正确的知觉痕迹相对照,当觉察到差异时,便对当前的动作进行修改。随着这一过程的进行,代表正确动作的知觉痕迹越来越强,表现出来的动作的错误也越来越少。

闭环理论对结果知识的作用和觉错能力的形成作出了解释。结果知识对学习者而言并不是一种奖励,而是解决动作问题的信息,练习者从中获得下一次运动如何更好地达到目标的信息。在运动完成后,学习者可以将收到的反馈信息与知觉痕迹相比较,如果二者存在差异,说明反应中有错误,学习者可以对这一错误进行自我评价形成正确的知觉痕迹。这样,以后就可以凭借知觉痕迹来指导动作的执行。

闭环理论认为,在动作技能学习期间出现的错误对学习是十分有害的,因为在犯错误时,来自错误运动的反馈与正确运动产生的反馈不一致,这样知觉痕迹就会被削弱。由于指导可以预防学习阶段产生的错误,闭环理论十分看好这种训练方法。

但也有一些证据与闭环理论的预测相左。如对于快速的和缓慢的运动,其觉错机制的形成与运用是不一样的。施米特发现,在缓慢的线性运动完成后,没有觉错机制出现,而快速运动后却有觉错机制的出现。此外,对动物和人类的感觉剥夺实验发现,当被剥夺了来自肢体的所有感觉反馈后,有机体仍能作出反应,甚至能习得新的行为。如果控制熟练运动的唯一机制只涉及反馈与知觉痕迹的关系,那么,有机体就不能作出他们以前作出过的动作。有关练习的变化的研究也与闭环理论相左。由于知觉痕迹是正确运动的反馈表征,作出与正确运动不同的运动(变化的练习)将不会增强知觉痕迹,因而变化的练习对动作技能的学习是不利的,但有关随机练习和区组练习的研究表明,练习的变化是有利于动作技能的学习和迁移的。

开环理论(open-loop theory)认为,人们的动作行为受头脑中的动作程序控制,不涉及反馈信息的加工和使用,也没有觉察和纠正错误的机制。这一理论适合解释那些要作为整体而快速执行的动作技能的习得和控制。美国心理学家 R. A. 施密特 1975 年提出的**图式理论**(schema theory)是开环理论的重要代表。在他的理论中,动作行为不是由具体的动作程序控制的,而是由一般化的动作程序(即图式)控制。一般化的动作程序是在一类动作的许多具体例子基础上经概括而形成的,它有一些固定不变的成分,如运动的顺序;也有一些参数或变量需要在动作行为执行之前或之中得到满足,如动作的执行要使用哪些肌肉。

图式理论区分了动作学习中的两种记忆状态:负责动作生成的回忆状态和负责动作评价的再认状态。对快速、整体的动作来说,回忆是实现已形成的动作程序和参数的执行,再认可以评价运动完成后运动产生的反馈,可以告诉学习者错误的方向和大小。这里,产生运动的主体与评价运动的主体是不一样的。在缓慢的线性运动中,回忆并不具有重要作用,它只是让肢体以小的幅度运动,学习者的主要问题是对运动产生的反馈与正确的参照进行比较,当二者相匹配时就停止比较,这里,产生运动的主体和评价运动的主体是一样的。

图式的学习包括回忆图式和再认图式的形成。习得这两类图式,事先需要学习者储存运动后的四类信息:运动之前存在的关于初始条件的信息(如身体位置、所扔物体的重量等);赋予一般化动作程序的参数;运动在环境中产生的结果的知识;运动的感觉结果,即对运动的感觉以及对所见所闻的感觉等。这四种信息来源要储存足够长的时间以便学习者利用。

图式理论可以较好地解释动作学习的一些现象。(1)练习的变化。练习同一程序的多种运动结果(即使用多种参数),可以提供范围广泛的经验。在这基础上,可以形成规则、图式。当运动结果和参数的范围很小时,所有的数据会集中在一个位置,回归线的位置就难以确定。练习的变化是动作技能学习的必要条件。(2)新颖运动。动作技能学习是规则学习,不是学习具体的运动,生成新的运动的基础也是早先类似运动基础上参数选择的规则。研究证实,经变化的练习后,产生的新颖运动和对新颖运动重复练习的效果一样好。

图式理论是以动作程序作为其理论基础的,虽然有一些证据支持动作程序的存在,但动作程序如何形成、参数和感觉结果的规则如何形成和使用,在任何图式存在之前个体如何作出首次动作等问题人们并不清楚。如果将来证实动作程序的观点不正确,则以其为基础的图式理论也会被否定。

参考文献

马吉尔.运动技能学习与控制(第七版)[M].张忠秋,等,译.北京:中国轻工业出版社,2006.

Proctor, R. W. & Dutta, A. Skill Acquisition and Human Performance[M]. London: Sage Publications, 1995.

Wilberg, R. B. The Learning, Memory, and Perception of Perceptual-Motor Skills[M]. Amsterdam: North-Holland, 1991.

(王小明)

杜威与实用主义教育思想 (Dewey and pragmatism education)　　杜威是 20 世纪美国哲学家、教育家。在实用主义经验论、机能主义心理学和民主主义的基础上创立了实用主义教育理论。杜威的实用主义教育思想是西方教育史上现代教育派理论的主要标志,不仅在美国,而且在世界上许多国家产生了广泛而深刻的影响。

杜威的生平活动与教育著作

杜威生于美国佛蒙特州的柏林顿。父亲做杂货生意,爱阅读古典书籍;母亲对孩子要求严格。杜威是四兄弟中的老三,在父母的影响下从小养成阅读书籍的习惯。在公立学校,有点腼腆和缄默的杜威很有礼貌,品行好,学习和做事认真,但对学校厌倦,对死记硬背的教学方法颇为不满。课余时,他除广泛阅读自己喜爱的书籍外,还和其他一些孩子好奇和高兴地待在农场、锯木厂和磨坊,有时也做一些力所能及的工作,或帮忙分送报纸,或在堆放场清点木材,或结伴外出旅行。

1875 年 9 月,杜威进入佛蒙特大学。大学期间,英国生物学家赫胥黎编写的生理学课本激起杜威对事物广泛的好奇心,阅读介绍达尔文进化论的英国期刊开阔了他的眼界,特别是哲学教授托里使他对哲学产生兴趣。1879 年大学毕业时,杜威成为美国大学优秀生全国荣誉组织(BK 联谊会)会员。大学毕业后,杜威先在宾夕法尼亚州石油城的一所中学里教拉丁文、代数和自然科学。两年后,他回到故乡,在夏洛特镇的一所乡村学校任教,同时在托里教授的指导下阅读一些哲学史名著。受托里教授的影响,杜威决心把哲学研究作为自己终生的职业。1882 年 4 月,杜威的第一篇哲学文章《唯物论的形而上学假设》在《思辨哲学杂志》上发表。1882 年秋天,由于托里教授等人的鼓励,杜威进了新开设在巴尔的摩的约翰斯·霍普金斯大学当研究生。在这种具有极大激励作用的新环境里,与 G. S. 霍尔和 G. S. 莫里斯等教授的交往,特别是与后者的交往,对杜威产生了很深的影响,使他对黑格尔哲学产生了极大的兴趣。杜威后来曾写道,与黑格尔结识在他的思想中留下了一种不可磨灭的痕迹。

1884 年,杜威以《康德的心理学》论文获得哲学博士学位,之后,经 G. S. 莫里斯教授介绍,去密歇根大学任哲学讲师。除了在明尼苏达大学工作一年(1888—1889 学年)外,他在那里一直执教至 1894 年。由于与 G. S. 莫里斯交往,杜威的观点接近德国哲学思想,但是,伦理学课程的教学工作和系统研究以及美国心理学家 W. 詹姆斯 1890 年出版的《心理学原理》一书对他的思想产生了更大影响。前者使杜威产生了"工具"实用主义的萌芽;后者对改变杜威哲学思想的方向有着特殊的影响。另外,杜威还开始了与社会心理学家 G. H. 米德的长期合作,并在社会心理学方面受到很大影响。杜威对教育的兴趣也是在密歇根大学时开始的。密歇根大学不仅设立美国第一个教育学讲座,而且开展中等学校师资的培训工作,教师俱乐部也打算把中学教育和大学教育更加紧密地结合起来。杜威作为教师俱乐部的成员,也积极参与这些工作。这激起了他把哲学、心理学和教育学结合起来进行教育实验的设想。1894 年,杜威接受了成立不久的芝加哥大学的聘请,任哲学、心理学和教育学系的系主任,并从事研究生的教学工作。正是在这一时期,杜威形成了具有特色的哲学思想和教育思想,并进行了影响极大的教育实验活动。也正是从这一时期起,杜威被认为是一位重要的教育家。1896 年 1 月,杜威在芝加哥市第 15 街 389 号的新楼里开办了一所实验学校,最初名为<u>大学初等学校</u>(University Primary School),后来称<u>芝加哥大学实验学校</u>(Chicago University Laboratory School),一般称"<u>杜威学校</u>"(Dewey School)。它在哲学、心理学和教育学系的领导下进行课程、教材和教法实验。作为教育学的实验室,它的任务是按近代心理学揭示的智力活动和发育过程原则来观察儿童教育。实验学校招收 4～14 岁的学生,不分班级,而分成若干小组。刚开办时,仅有学生 16 人,教师 3 人;1903 年,学生已增加为 140 人,教师增加为 23 人,再加上 10 位研究生。在实验学校存在的 8 年时间里,杜威在办学方针与经费上从学生家长和社会人士那里得到很大支持,发表了许多重要的教育论著,形成了他自己颇具特色的教育思想。由于在实验学校的行政管理问题上与芝加哥大学校长哈珀产生分歧,摩擦日益增加,杜威于 1904 年辞职,中止了他在芝加哥大学的教学工作及教育实验活动。从 1904 年到 1930 年退休,杜威一直在纽约的哥伦比亚大学哲学系和师范学院任教。1916 年,杜威最主要的论著《<u>民主主义与教育</u>》问世。这本著作是杜威教育思想之集大成者,也是实用主义教育体系形成的标志。1930 年以后,他是哥伦比亚大学名誉教授。在哥伦比亚大学任教期间,杜威到过日本(1919)、中国(1919—1921)、土耳其(1924)、墨西哥(1926)和苏联(1928)等国进行讲演和访问。在这一时期,杜威作为美国最杰出、最有影响的哲学家和教育家,在世界上声誉卓著。

杜威担任过美国心理学会主席(1899—1900)、美国哲学学会主席(1905—1906)。1915 年,他创立美国大学教授联合会(American Association of University Professors,简称 AAUP),并担任第一任主席。由于杰出的学术成就和声望,杜威曾被美国的佛蒙特大学、密歇根大学、伊利诺伊大学、哥伦比亚大学、哈佛大学、宾夕法尼亚大学以及中国国立北京大学、法国巴黎大学和挪威奥斯陆大学授予名誉博士学位。1930 年,法国巴黎大学授予杜威名誉博士学位时称他是"美国精神的最深刻和最完全的表现"。

1952 年,杜威因肺炎去世,享年 93 岁。杜威在哲学、教育和心理学等方面写了约 40 本著作、700 篇文章。他 1885 年发表第一篇教育论文《教育与妇女健康》,1886 年出版美国第一本心理学教科书《心理学》,1889 年与他人合著出版第一本教育著作《应用心理学:教育原理和实际引论》。杜威的主要教育著作包括:《我的教育信条》(1897)、《学校与社会》(1899)、《儿童与课程》(1902)、《民主主义与教育》(1916)、《经验与教育》(1938)等,其哲学思想比较集中地反映在《我们怎样思维》(1910)、《哲学的改造》(1920)、《经验与自然》(1925)和《确定性的寻求》(1929)等著作中。

杜威与"传统教育"和"进步教育"

从 19 世纪 90 年代起,欧美国家的许多教育革新家对德国教育家赫尔巴特及赫尔巴特学派发起了猛烈冲击。作为一位具有时代精神和历史使命感的教育家,杜威积极参与其中。杜威对"传统教育"的批判过程,实际上就是他的实用主义教育思想构建过程。

在杜威的教育著作中,"传统教育"这一概念第一次出现在 1899 年出版的《学校与社会》一书中。他对"传统教育"的批判,既论及传统的学校生活,又论及传统的课程和教学模式,还论及传统的教师观。他指出,"传统教育"的弊病主要表现在四个方面。一是学校同社会生活相脱离。结果是学校成为令人厌烦的场所,学习变成一种枯燥和机械的事情,造成最大浪费,无法实现学校的真正目的。这一弊病与旧的时代相联系,由于旧的传统和习惯而保存下来。二是课程同儿童需要和现实生活需要脱节。在传统课程观的影响下,学校纯粹是传授和积累知识的场所,课程大半由分散在各门学科的信息组成,每门学科又分成若干课,把知识材料分割成一连串片断教给学生,把那些呆板而枯燥无味的东西强加给学生。具体来讲,课程与儿童需要脱节,离开了儿童的经验世界,没有考虑到儿童的生长与发展,课程与现实生活需要脱节,忽视了科学和社会的需要。结果是肢解了教育的统一性,阻碍儿童思维的发展,致使课程本身失去了教育的价值,不能使儿童为未来的需要和环境做好准备。这一弊病与旧的知识论相联系。三是"静听"的教学模式和"注入"的教学方法。传统学校教室里的一切都是为"静听"准备的,让学生活动的余地非常少。这不仅阻碍了儿童身体的发展,而且影响了儿童精神的发展,更为严重的是扼杀了儿童的主动性和创造性。"注入"的教学方法的采用使儿童置身于被动、接受和吸收的状态之中。结果是比较记忆结果的竞赛性考试成为衡量学生学习成绩的唯一手段,高分和奖赏成为一种人为追求的目标。这一弊病与传统教育的课程教材相吻合。四是教师处于"监督者或独裁者"的地位。在传统教育观影响下,教师采取强制方式,用严加约束的方法来对付儿童,使儿童理智和道德的自由发展受到极大阻碍。这一弊病是因为不注意探究儿童心理,忽视儿童个人的冲动和欲望是教育的动力源泉。因此,杜威强调指出,赫尔巴特主义基本上是一种教师心理学,而不是儿童心理学。

在对"传统教育"进行尖锐批判的同时,杜威又对它进行了理性思考,并在某些方面肯定了赫尔巴特对教育理论发展的贡献。他写道:"赫尔巴特的伟大贡献在于使教学工作脱离陈规陋习和全凭偶然的领域。他把教学带进了有意识的方法的范围,使它成为具有特定目的和过程的有意识的事情,而不是一种偶然的灵感和屈从传统的混合物。而且,教学和训练的每一件事都能明确规定,而不必满足于终极理想和思辨的精神符号等模糊的和多少带有神秘性质的一般原则。……他十分重视注意具体教材,注意内容。赫尔巴特在注意教材方面比任何其他教育哲学家都有更大的影响,这是无疑的。他用教法和教材联系的观点来阐明教学方法上的各种问题:教学方法必须注意提示新教材的方法和顺序,保证新教材和旧教材的恰当的相互作用。"杜威明确指出不要采用"非此即彼"这一极端对立的方式去思考教育问题,不要简单地全盘否定传统教育,以为抛弃旧的教育观念和实践就足够了。

进步教育运动作为 19 世纪末 20 世纪初在美国兴起的一项教育革新运动,使学校生活发生一些有意义的变化。例如,教师对儿童的需要有更多的了解,师生之间的关系明显变得亲切和民主等。杜威认为这是进步教育运动最广泛和最显著的成就。杜威在与进步教育运动的最早提倡者 F. W. 帕克的交往中,不仅与他建立亲密的友谊,而且受到其教育思想的影响,称 F. W. 帕克为"进步教育之父"。同时,F. W. 帕克对杜威的教育观点也十分赞赏,认为这正是他一生努力使之付诸实践的东西。因此,从某种意义上说,进步教育运动就是以杜威的教育哲学为指导的。美国教育联谊会(American Education Fellowship)主席贝恩 1949 年在庆祝杜威 90 岁诞辰时说,1919 年以来,美国进步教育运动在极大程度上是建立在杜威教育理论基础上的。杜威认为,进步教育运动是对传统教育的批判和冲击,多种多样的进步学校有一些共同的原则:表现和培养个性,反对灌输;提倡自由活动,反对外部纪律;从经验中学习,反对从教科书和教师那里学习;获得各种能达到直接需要目的的技能和技巧,反对以训练的方法获得孤立的技能和技巧;尽量利用现实生活中的各种机会,反对为遥远的未来作准备;熟悉变动中的世界,反对固定不变的目标和教材。这些原则对教育产生根本性的和深远的影响。

杜威肯定和欢迎进步教育运动,与进步教育协会(Progressive Education Association,简称 PEA)保持了友好和愉快的联系。他曾说,进步教育运动受欢迎的理由是,它比传统学校的做法更符合人们信奉的民主理想,它的方法同传统学校相比,是符合人性的。杜威同时也强调指出,进步教育运动的成就是有限的,主要是气氛上的改变,还没有真正深入和渗透到教育制度的基础里去。对进步教育运动中的一些现象及进步学校的一些做法,如主张"儿童中心学校"、忽视课程和教材的组织,采用极端的思维方式等,杜威持有不同看法,并从多方面给予批评。因此,杜威一直不愿担任进步教育协会名誉主席一职,只是在该协会名誉主席 C. W. 埃利奥特去世后,在该协会执行委员会的盛情邀请下,才于 1928 年担任此职,直到 1952 年去世。

杜威在其教育著作中还对进步教育运动作了反思。他指出,进步教育运动应该认识到,它在各方面取得的成就是有限的,观念和做法上还存在不少缺点和不足,认为教育革新实验需要确定目的和宗旨,并制定周密计划;教育革新运动不仅仅与教师有关,需要革新整个社会的教育观念;解决新问题需要设想新的目标和目的,并发展新的手段和方法;教育革新运动的真正危险是号称新的但只不过是在各种伪装的形式下继续过去的东西;教育革新实验是一条艰辛和困难的道路,对改革个人长期形成的观念及长期确立的制度来说,更是如此等。作为一个敏锐的观察者和认真的思考者,杜威早在 20 世纪 30 年代后期就已察觉到进步教育运动肯定会瓦解而趋于衰落。后来的历史也证明这一点。因此,不能把进步教育运动同杜威的教育哲学等同起来,也不能把进步教育运动中存在的问题全部归于杜威。正如杜威所明确指出的,根本的问题,不是新教育与旧教育,也不是进步教育与传统教育,而是什么东西配得上称作教育。

杜威教育思想的理论基础

实用主义经验论　在哲学上,杜威继承和发展了皮尔士创立和 W. 詹姆斯使之通俗化的实用主义哲学,并把它具体应用到社会事务和教育领域中。杜威清晰地认识到哲学与教育的关系:哲学是教育一般方面的理论,教育是使哲学上的分歧具体化并受到检验的实验室,教育哲学是哲学最有意义的一个方面。

在杜威的教育哲学中,"经验"是最重要的名词。"经验"是人体与环境相互作用的结果(或称统一体),是人主动的尝试行为与环境的反作用形成的一种特殊结合。行为和结果之间连续不断的结合就形成了经验。经验既包括人们所做、所遭遇的事情,人们所追求、所爱、所相信、所忍受的事情,也包括人们怎样活动和接受活动,人们的行动和遭遇、意欲和享受、观察、信仰、想象的方式——总之,包括各种经验的过程。"经验既在自然之内,也是关于自然的。被经验到的并不是经验,而是自然——石头、植物、动物、疾病、温度、电力等。以某些方式起着相互作用的事物,乃是经验;它们是被经验到的东西。当它们以另一些方式与另一种自然对象——人的机体——发生联系的时候，它们也是事物怎样被经验到的情况。"杜威所说的"经验"具有无所不包的性质，把人（经验的主体）和环境（经验的客体）都包括在内，并把它们看成是同一个过程的两个侧面，相互联系以至合而为一。杜威还把自然界的一切都说成是"被经验到的东西"。于是，贝克莱的"存在即被感知"和皮尔士的"存在即被信仰"在杜威这里变成"存在即被经验"。

根据"存在即被经验"的观点，"经验包含一个主动的因素和一个被动的因素，这两个因素以特有的形式结合着。……在主动的方面，经验就是尝试……在被动的方面，经验就是承受结果"。例如，儿童要认识手伸进火焰会被灼伤，就必须亲自去尝试一下，把手伸进火焰中。只有当这个行动和他遭受的疼痛联系起来时，他才认识到手伸进火焰意味着灼伤。这就是"从经验中学习"。没有这种真正有意义的经验，也就没有学习。经验就是一种主动而又被动的事情，如果把经验主动的行动一面和被动的承受一面割裂开来，就会破坏经验极其重要的意义。杜威宣称，他自己的哲学可以称为"经验主义的自然主义"或"自然主义的经验主义"。

从实用主义经验论出发，杜威把真理也看成是主观的产物，认为对个人有价值或有好处的便是真理。他强调"有效即真理"，认为判断一个观念的标准是它的兑现价值，甚至把真理看作一种对付环境的方法和一个令人满意的工具。所以，杜威的哲学往往也以"工具主义"著称。

杜威认为，哲学、教育和社会理想与方法是携手并进的，由此给教育下了一个专门的定义："教育就是经验的改造或改组。这种改造或改组，既能增加经验的意义，又能提高指导后来经验进程的能力。"晚年，他又把自己的教育哲学概括成一句话：教育以经验为内容，通过经验，以经验为目的。"经验"是杜威实用主义教育思想体系的核心。

机能主义心理学　在心理学上，杜威继承了 W. 詹姆斯的观点。1896 年，他在《心理学评论》杂志上发表《心理学中的反射弧概念》一文，对反射弧作了新的解释，把反射弧看作是人心理机能的主要器官。杜威认为，心理活动是一个连续的整体，人的动作是由一系列相连的反射弧构成的；在反射弧中刺激与反应、感觉与反应之间并不存在鸿沟，二者也不能单独存在。在他看来，心理是有机体适应环境的有用工具，有机体就是通过反射弧这个器官的协调来适应环境的；心理学研究动作的协调机能，它的真正对象是在环境中发生作用的整个有机体的适应活动。杜威这篇强调有机体适应环境的文章，一般被认为是美国机能主义心理学诞生的标志，也是心理学著作对教育学产生深刻影响的一个最重要的里程碑。杜威还认为，儿童是具有独特生理和心理结构的人。儿童的能力、兴趣、需要和习惯都建立在他的原始本能之上，儿童心理活动的实质就在于其本能的发展。

人的本能与冲动是潜藏在儿童身体内部的一种生来就有的能力，基本上是原封不动地一代代传下去。儿童身上潜藏着四种本能：语言和社交本能、研究和探索本能、制作本能、艺术本能。其中最重要的是制作本能。

1900 年，杜威以美国心理学会主席身份在该学会年会上作了题为《心理学与社会实践》的讲演，阐述了他的机能主义心理学在教育工作中的应用。杜威指出，心理学是教育理论和实践的基础，要为包括教育科学在内的社会科学指出方向和开辟广阔道路。教师面对正在生长和发展的儿童，应该具有心理学知识，充分了解儿童的心理。杜威强调："教育必须从心理学上探索儿童的能量、兴趣和习惯开始。它的每个方面，都必须参照这些考虑加以掌握。"

民主主义　在社会政治观上，杜威十分强调民主主义的重要性。可以说，他比西方任何教育家都更致力于使民主主义和教育趋于有机的统一。面对资本主义社会的矛盾和危机，他认为要以合作和智慧的方法去逐步代替暴力冲突的方法，首先要明确，只有在日常生活的每一方面慢慢地、日复一日地采用和传播那种与我们要达到的目的相同的方法，才能做到为民主服务。社会的发展就是逐步进化，只需要也只能一点一滴地去改良。"民主主义不仅是一种政府的形式，它首先是一种联合生活的方式，是一种共同交流经验的方式。"其特征就是共同参与的事业范围扩大和个人各种能力自由发展。民主主义理想有两条标准：一是社会利益须由这个社会的分子共同享受；二是个人与个人、团体与团体之间须有圆满自由的相互影响。在民主主义服务方法中，杜威把教育看作社会改良的首要工具，认为民主主义与教育之间存在着内在、重要的有机联系：民主主义本身是一个教育原则，如果没有我们通常所想的狭义教育，没有家庭教育和学校教育，民主主义便不能维持下去，更谈不到发展。因此，教育应该成为民主观念的仆人，成为民主观念正在进化中的一种体现；学校应该是民主主义社会的坚定卫士，发挥如同警察和消防队对社会的作用。总之，必须把民主主义作为教育行动的出发点，作为教育的一个参照点。在杜威的教育思想体系中，民主主义和教育是统一的、不可分割的。直到晚年，杜威仍强调指出：现在依然有一个比以前更迫切、更困难的问题，就是如何使教育制度适应民主社会和民主生活方式的需要。

实用主义教育思想的主要内容

教育即生活和学校即社会　在 1897 年发表的《我的教育信条》一文里，杜威明确指出："教育过程有两个方面：一个是心理学的，一个是社会学的。它们是平列并重的，哪一个也不能偏废；否则，不良的后果将随之而来。"由此出发，他提出"教育即生活"和"学校即社会"。这是杜威实用主义教育思想最基本的观点,不仅影响学习的研究,也影响儿童的组织,还影响教材的选择。

从实用主义经验论和机能主义心理学出发,杜威提出"教育即生活":生活就是发展,而不断发展,不断生长,就是生活。用教育术语来说,就是:教育过程在自身以外无目的,它就是自己的目的;教育过程是一个不断改组、不断改造和不断转化的过程。没有教育即不能生活,所以可以说,教育即生活。最好的教育就是"从生活中学习"、"从经验中学习"。教育就是要为儿童提供保证生长或充分生活的条件,而不问他们的年龄大小,教育就是儿童现在生活的过程,而不是将来生活的预备。既然教育是经验继续不断的改组或改造,那么教育的过程和目的就完全相同,而且几乎是在人出生时就无意识地开始了。这种教育不断地发展个人的能力,熏染他的意识,形成他的习惯,锻炼他的思想,并激发他的感情和情绪。杜威还认为,生活就是生长,人的发展与形成就是原始本能的生长过程,生长是生活的特征,所以教育就是不断生长。这样,杜威就把生物学上的"生长"搬用到教育上来。他所说的"生长"是指儿童本能发展的各个阶段,不仅包括体格,而且包括智力和道德。儿童的本能是教育最根本的基础,教育绝不是强迫儿童去吸收外面的东西,而是要使人类与生俱来的能力得以生长。注意当前生长的需要,就可以使儿童和教师都有事做,并且给予将来需要的学习最好的保证。儿童时期实在就是生长和发展的时期。杜威强调教育本身无目的,教育的目的就在教育过程之中,但又强调教育不可以无目的,说无目的则如无舵之舟,无羁之马,教育的精神从何发展,其结果必不堪设想。其实,杜威反对的是不考虑儿童及其生活的"一般和终极目的",把从外面强加的目的作为儿童生长的目标,就如同农民不顾环境情况而提出农事理想一样。

杜威说,学校应该成为一个小型的社会,以反映大社会生活的各类作业进行活动……学校能在这样一个小社会里引导和训练每个儿童成为社会成员,用服务的精神熏陶他,并授予有效的自我指导工具,是我们将有一个有价值、可爱、和谐的大社会最深切而最好的保证。教育既然是一种社会生活过程,那学校就是社会生活的一种形式。学校作为一种制度,应该把现实社会生活简化,缩小到雏形状态。一所学校应该就是一个合作化的家庭,符合个人发展自己能力的需要。这样的学校必须呈现儿童现在的社会生活,如同他们在家庭里、邻里间、运动场上的生活,否则教育就不能使儿童养成一种社会精神。杜威认为,学校自身将成为一种生动的社会生活的真正形式,而不仅仅是学习功课的场所。现代教育许多方面的失败,就是忽视了把学校作为社会生活的一种形式这个基本原则。"学校即社会"并不意味着社会生活在学校中简单重现。学校作为一种特殊环境,应该具有三个比较重要的功能:简化和整理所要发展倾向的各种因素;将现存社会风俗纯化和理想化;创造一个比青少年任其自然时可能接触的更广阔、更美好的平衡环境。就"学校即社会"的具体要求,杜威提出两个方面:一是学校本身必须是一种社会生活,具有社会的全部含义;二是校内学习应该与校外学习连接起来,二者之间有自由的相互影响。这样,学校就能提供社会的环境和气氛,而不会与社会隔离、脱离生活。在学校这个雏形的社会团体里,学习与生长是现在共同参与活动的副产品,那些社会生活形式不仅指导儿童自然的能动倾向,而且包含交往和合作。杜威强调学校是社会进步和改革最基本和最有效的工具。学校的全部机构,特别是它的具体工作,需要时时从学校的社会地位和功能来加以考虑。因为社会是通过学校机构,把自己成就的一切交给它未来的成员去安排的。因此,"问题不在于学校应该不应该影响未来生活的进程,而在于它们应该朝什么方向去影响和怎样影响,不管怎样,学校将以某种方式影响社会生活"。

"教育即生活"和"学校即社会"二者紧密联系。杜威强调,只有当学校本身是一个小规模的合作化社会时,教育才能使儿童为将来的社会生活作准备。其中,前者是基础,因为儿童的本能和先天能力为一切教育提供了素材,并指出了起点。

做中学 在《民主主义与教育》一书中,杜威明确写道:人们最初和最牢固保持的知识,是关于怎样做(how to do)的知识,自然的发展进程总是从包含着做中学(learning by doing)的那些情境开始。儿童应该在自身的活动中进行学习;教学应该从儿童的经验和生活出发,学校工作应采取与校外活动类似的形式。"做中学"使得学校中知识的获得与共同生活环境中的活动或作业联系起来。杜威确信一切真正的教育从经验中产生,一切学习都来自经验,他所说的"做中学"实际上也就是"从活动中学"、"从经验中学"。

杜威认为,儿童生来就有一个自然的愿望,即要做事、要工作、对作业具有强烈的兴趣。儿童准备工作时,如果不引导他,实际上就是蛮横地阻挠他的自然发展。他身上的许多器官,特别是双手,可以看作一种通过尝试和思维来学得其用法的工具。如果能对活动加以选择、利用和重视,使儿童从那些真正有教育意义的活动中学习,那也许是对儿童一生有益的一个转折点。如果忽视了,这种机会一去就不会再来了。作为儿童活动方式的工作,是指使用各种材料和工具以及有意识地用以获得效果的技巧的一切活动,包括任何形式的表现和建造活动、艺术和手工活动等。它重演在社会生活中进行的某种工作,或者同某种工作相平行。随着儿童的心智在能力和知识上的生长,这种工作不仅成为一种愉快的事情,而且越来越成为理解事物的媒介、工具和手段。如果离开了这种工作,就不仅取消了兴趣原则在学校教育中的地位,而且不能在经验的理智和实践之间保持平衡。杜威指出:"儿童在座位上如果闲着就要淘气。教师为防止他淘气,叫他做些作业或练习,这不是我所指的工作的含义。"杜威始终认为,儿童参加的工作活动不同于职业教育,强调工作活动并不是出于功利原因。如果强调"做中学"这个基本原则,使工作活动适合那些主要兴趣是要做事和工作的儿童的话,那么学校施加于其成员的影响就会更生动、更持久,并含有更多的文化意义。这种工作活动的重要意义是使儿童在社会和个人之间保持一种协调。具体来说,它能使儿童主动、活泼,而不是被动、呆板;能使儿童体格健全、道德完善,对国家和邻居有正确的态度;能使儿童更有用、更能干,并在某种程度上为他们对未来生活负责做好准备。

经验与课程　由"做中学"这个基本原则出发,杜威论述了课程与教材的问题。他说,学校课程计划必须考虑能适应现在社会生活的需要,学校教材迫切的问题是要在儿童当前的直接经验中寻找一些东西,它们是在以后的年代里发展成为比较详尽、专门而有组织的知识的根基。杜威既强调了课程教材与现在生活经验的联系,也强调了课程教材与儿童的联系。

在课程教材与现在生活经验的关系上,由于知识不再是凝固不变,而是变动不定的东西,课程教材也正在发生变化,这如同工商业方式的变化,是社会生活情况改变的产物。学校的教学活动必须牢记课程教材与现在生活经验的联系,并促使儿童习惯于寻找这两方面的接触点和相互关系。杜威说,一切学科都是从生活的各方面产生的,只要把学校和生活联系起来,一切学科就必然地相互联系起来,如果把学校作为整体和把生活也作为整体结合起来,那么它的各种目的和理想——文化修养、心灵训练、知识、实利就不再是各不相同的东西,不再为一个目标选择某一学科,为另一目标选择另一学科。儿童之所以对完全抽象的课程教材感到厌倦,就因为给它们提供的东西同现在生活的经验相脱离。

在课程教材与儿童的关系上,必须站在儿童的立场上,以儿童为出发点来考虑课程教材。如果不研究儿童生长中的需要,实际上就是把许多成人积聚的学问以及和生长毫不相关的东西从外面强加给儿童。儿童和课程是一个过程的两极,儿童现在的观点以及构成各种科目的事实和真理,构成了教学。从儿童现在的经验进展到有组织体系的真理,即以各门科目为代表的东西,是继续改造的过程。因此必须摆脱一种偏见,即以为在儿童的经验和构成科目的各种不同形式的教材之间存在着性质上的某种鸿沟,决不要把课程教材当作某些固定和现成的东西,当作儿童经验之外的东西。在杜威看来,儿童比课程教材更为重要;对于儿童的生长来说,课程教材只是处于从属地位。因为课程与

教材是以服务于儿童生长的各种需求来衡量其价值的。

学校课程的主要内容应该是各种形式的主动作业,如园艺、纺织、木工、金工、烹饪等手工训练活动。这样,儿童入学后从事的活动和工作就能继续他们原来熟悉的社会生活。这些主动作业之所以重要,就在于它们能把人类的基本事务引入学校课程。杜威强调说:"学校科目相互联系的真正中心,不是科学,不是文学,不是历史,不是地理,而是儿童本身的社会活动。"学校课程不应该划一,各门科目不是先后连贯的,教材也不能与儿童从事的作业活动相隔离,否则就意味着放弃了与儿童及他们现在生活的经验相联系的原则。在芝加哥大学实验学校里,杜威就根据"做中学"的基本原则设计了一套以主动作业活动为中心的课程教材,并提出相应的方法。它的全部课程由与各种作业活动相平行的理智活动组成,包括历史或社会研究、自然科学、思想交流三方面。

尽管杜威论述课程教材时也谈到它的逻辑顺序,而且不反对在中学阶段进行分科教学,但应该看到,他始终强调课程教材的起点是儿童和现在的社会生活经验,而不是逻辑顺序。

思维与教学　学校的教学活动应该唤起儿童的思维,培养他们的思维习惯和能力。思维就是明智的学习方法,就是教学过程中明智的经验的方法。它是探讨对环境的最良好反应的手段,也是适应和控制环境的工具。杜威说:"所谓思维或反思,就是识别我们所尝试的事和所发生的结果之间的关系。……没有某种思维的因素便不可能产生有意义的经验。"

思维不会无缘无故产生,也不会凭空而起,它起因于直接的经验情境。因此,为引起和指导思维,就需一个情境。思维的作用是将经验到的模糊、疑难、矛盾和某种纷乱的情境转化为清晰、连贯、确定和和谐的情境。在这个过程中,思维包含感觉问题所在,观察各方面的情况,提出假定结论并进行推理,积极进行实验的检验。具体来说,思维过程可以分成五个步骤:面对疑难情境,处于困惑、迷乱、怀疑的状态;确定疑难所在,从疑难中提出问题;通过观察和其他心智活动以及搜集事实材料,提出解决问题的种种假设;推断哪一种假设能够解决问题;通过实验,验证或修改假设。

这种思维过程被后人称为"思维五步"。这五个步骤的顺序不是固定的,有时两个步骤可以结合起来,有时几个步骤可以匆匆掠过,但是,儿童只有处于直接的经验情境,亲身考虑问题的种种条件,寻找解决问题的方法,才能算真正思维。

从"思维五步"的观点出发,教学也相应地分为五个步骤。第一,教师为儿童准备一个真实的经验情境,一个与实际生活经验相联系的情境,同时给予一些暗示,使儿童有兴趣了解某个问题,以便获得某种现在生活所要求的经验。

在这个阶段，儿童要有一个对活动本身感兴趣的连续的活动。教师在准备各种暗示时，应根据儿童的本能需要和生活经验。第二，这个情境中能产生真实的问题，作为思维的刺激物。在这个阶段，儿童要有足够的资料和更多的实际材料，以便应付情境中产生的问题。这些资料和实际材料必须是儿童本人现在生活的经验、活动或事实。要防止静止的和冷藏库式的知识理想，因为它不仅放过了思维的机会，而且会破坏思维的能力。第三，从资料的应用和必要的观察中，思考和假设如何解决问题。在这个阶段，儿童为找到问题的答案，要进行设计、发明、创造和筹划。在这个意义上，思维已含有某种创造性的内容。必须反对的是为儿童提供现成答案。第四，儿童自己一步一步地展开他设想的解决问题的方法，并对这些方法加以整理和排列，使其秩序井然，有条不紊。在这个阶段，儿童必须自己去做，否则就学不到什么，也体验不到理智活动的创造性带来的快乐。第五，儿童通过应用来检验他的想法，使这些想法意义明确，并发现它们是否有效。在这个阶段，为验证假设的价值，儿童要有机会亲自动手去做，并在做的过程中作出判断。

杜威所说的这种教学过程，教育史上一般称之为"教学五步"。在这种教学过程中，儿童通过发现式学习，可以学到创造知识以应付需求的方法，但这是困难的和不容易的。

教育与职业 杜威从广阔的社会背景来探讨职业教育，分析了现代科学技术和工业发展时代重视职业教育的五个原因：一是随着科学技术和工业的发展，体力劳动、商业工作及社会服务已受到普遍尊重；二是工业职业已获得重要地位，工业变革不可避免地使学校教育与工业生活的关系问题变得重要起来，并对传统教育的做法提出了挑战和很多新的问题；三是有关工业的职业活动有了比过去多得无限的理智内容和大得无限的文化修养可能性，这就迫切需要一种教育，以便了解职业、科学和社会的基础及其职业的意义；四是科学知识的研究更多地依靠实验，而很少依靠传统书本，因此，有关工业的职业训练可以给学生更多的科学内容，并使他们有更多的机会熟悉知识产生的方法，接触工业上的各种制作法；五是近代心理学的进展表明，学习不是一种现成和纯粹的心智工作，而是一种要求学生探索、实验与尝试的活动，是儿童原始能力构成的有意义的活动，因此，职业活动对未经训练的本能的发展具有重要意义。杜威强调指出，职业是指任何形式连续不断的活动，其实质是智力和道德的生长，既包括体力劳动和有收益的工作，也包括专业和事务性的工作，还包括任何一种艺术能力、特殊的科学能力以及必需的公民道德品质的发展。职业活动是获得真正知识和得到智力训练最有效的方法，也是培养社会意识及适应社会生活能力最有益的途径，因此成为使个人特殊才能与其社会服务取得平衡的唯一手段。

对于狭义的职业观和狭隘的职业教育计划，杜威持反对态度。他认为，过去人们往往狭义地把职业理解为仅仅与肉体有关、为获得报酬或产品的操作活动，在理论和实践上把职业教育解释为工艺教育，仅仅把它作为获得专门职业技术的手段，从而把职业教育与文化修养教育对立起来。这种片面的看法反映了教育上存在的种种对立，例如，劳动与闲暇对立、理论与实践对立、肉体与精神对立、心理状态与物质世界对立等。在他看来，职业的对立面既不是闲暇，也不是文化修养，它与文化修养不仅不对立，区分也是相对的。学习历史，对于要做历史教师或专门从事历史研究的人来说，是职业教育，但对于要做律师或医生的人来说，就是文化修养教育。

在职业教育的实施上，"通过作业进行的训练，是为职业进行的唯一适当的训练"。这种间接而不是直接的职业训练，是通过从事适合儿童目前需要和兴趣的主动作业而进行的。这样，能真正发现个人的能力倾向，指明在以后的生活中应该选择何种专门职业。对于职业教育来说，预先决定一个将来的职业并专门为其作准备，这不仅会损害儿童现在发展的可能性，而且会削弱对将来适当职业的充分准备。

为更好地创造条件实施职业教育，杜威认为，必须改革学校课程体系，组成一个完整的体系，把普通课程与职业课程结合起来，为普通教育和职业教育的共同目标服务。这样，就能把关于人和自然的知识同从事适当职业的知识结合起来，并在一定程度上有助于消除知识与行动、理论与实践的隔离现象。

教育与道德 杜威认为，道德过程与教育过程是同一的，因为道德过程就是不断将坏经验转变为好经验。道德教育最重要的问题，是协调个人与社会及知识与行为的关系。如果不能协调好这两方面的关系，那么即使把道德目的看作教育上统一和最终的目的，也是无用的。而协调这两方面关系的根本途径，就是让儿童共同参与各种社会活动或作业。因为儿童正是在活动和交往中形成自己的道德品质。德行，就是说一个人能够通过在人生一切职务中和别人的交往，使自己充分地、适当地成为他所能形成的人。在道德教育中，应该把"道德观念"与"关于道德的观念"区分开来。"道德观念"是指能够影响和改进行为，使行为变得更好的观念，是在参与社会生活的过程中形成的。"关于道德的观念"是指以语言文字方式传授的观念。这种传授是必要的，但与通过教育形成的全部道德品质相比较，数量上相对较少，影响也较微弱。因此，杜威特别强调儿童参与社会生活，反对抽象地谈论道德教育或仅仅注重以语言文字方式传授道德观念。离开参与社会生活，学校就没有道德目标。杜威认为，学校道德教育可以通过学校生活、教材及教法进行。三者相互联系，不可分割。首先，社会道德与学校道德是统一的,有着共同的道德原则,通过学校生活,可以养成儿童的道德观念。其次,各科教材是培养学生道德品质的一个主要手段,具有积极的道德教育意义。还有,适应儿童生长的教法能把道德的重点从自我方面转到社会服务方面,其中手工活动特别有助于社会习惯的养成和发展。从儿童心理学方面考虑,道德教育首先应注意儿童的天赋本能和冲动。如果忽视这一点,那么儿童的道德行为就可能变成机械的模仿或者难以控制。如果教师只注意防范和纠正儿童的犯规行为,没有把他们的力量用于适当的活动,就不能抑制儿童不良的行为习惯。

儿童与教师　在学校生活的组织方面,应该以儿童为中心,即一切必要的教育措施是为了促进儿童的生长。杜威说,现在我们教育中将引起的改变是重心转移,这是一种革命,与哥白尼把天文学的中心从地球转到太阳一样。这里,儿童变成太阳,教育的一切措施要围绕他们转动。学校生活以儿童为中心是与儿童的本能和需要协调一致的。心理是一个生长过程,教育必须从心理学上探索儿童的本能、兴趣和习惯,以儿童为中心就体现这一点。杜威说,学习是主动的,包含心理的积极开展,包括从心理内部开始的有机体的同化作用。毫不夸张地说,我们必须站在儿童的立场上,并且以儿童为自己的出发点。总之,儿童是起点,是中心,而且是目的。在学校生活中,儿童的生长、发展,就是理想所在。杜威在论述学校生活以儿童为中心的同时,也指出教师不应该采取"放手"政策。教师应该把儿童的兴趣和需要转变成他们自己发展的手段和使能力进一步发展的工具,即不应压抑,也不应放任,任其发展。无论从外面强加于儿童,还是让儿童完全自流,都是错误的。

教育过程是儿童和教师共同参与、真正合作的相互作用过程。在这个过程中,双方都是作为平等者和学习者来参与的。杜威认为,这种教育过程意味着儿童和教师之间的接触比在传统学校里更复杂和更亲密,结果是儿童更多地而不是更少地受到指导。为此,学校应该使儿童和教师在情感、理智上共同参与现在的社会生活。教师的首要任务是提供一个实际的经验情境,引起儿童的探究兴趣。其次是选择在现有经验范围内有希望和可能引起新问题的教材,让儿童通过观察和思维的方法解决这些新问题,并扩大后来的经验。也就是说,教师应该为儿童提供生长的适当机会和条件。因此,经验生长的连续性原则必须成为教师长久不变的座右铭。教师应该知道怎样利用现有的自然和社会环境,了解其中哪些事物有利于经验的生长,在提供实际的经验情境和选择适宜生长的教材的同时,还必须了解儿童的兴趣和能力,注意儿童哪些冲动在向前发展。教师只有同情地观察和仔细地了解儿童,才能进入儿童的生活,知道儿童要做什么以及用什么教材才能使儿童工作得最起劲、最有效果。总之,教师不是简单地训练一个人,应当认

识到自己的职业尊严,自己是社会公仆,专门从事维持正常的社会秩序并谋求正确的社会生长。

杜威教育思想对世界各国教育的影响

杜威作为一位教育家,被誉为对现代世界教育影响最大的人,几乎很少有教育家能与他相提并论。据统计,从1900年到1967年,杜威著作在世界各国被翻译出版的共有237种。从1886年至1994年的108年里,研究杜威及其著作的文章有4000多篇,其中1977年以来的约2000篇。

1882年4月,法国《哲学杂志》转载杜威的第一篇哲学论文摘要。这是杜威的名字第一次出现在国外刊物上。杜威的《学校与社会》一书1899年在美国出版后一年就在英国伦敦出版。这是他教育著作的第一个外国版本。19世纪末20世纪初兴起的新教育运动在一定程度上推动杜威教育思想在欧洲的传播,当时欧洲的许多教育家都阅读过杜威的教育著作。在第一次世界大战前,杜威的名字已为欧洲教育界人士所熟知,他的著作也在一些国家翻译出版,他的观点越来越多地被引用。

杜威到哥伦比亚大学任教以后,他的教育思想通过国外很多慕名而来听课的学生得到进一步传播,当然,杜威对一些国家的访问和讲学活动也起了很大作用。1919年1—4月,杜威在日本访问和讲学,杜威著作在日本翻译出版,实用主义教育思想在20世纪二三十年代的日本产生很大影响。从40年代起到第二次世界大战结束,杜威教育思想的影响处于低谷,但在第二次世界大战结束后的18年里,杜威教育思想的影响超过其他教育思想的影响,日本学者把它说成是"杜威勃兴"。1919年5月,杜威从日本乘船抵达上海,直到1921年7月才离开北京回国。在此期间,杜威访问了奉天(今辽宁)、直隶(今河北)、山西、山东、江苏、浙江、江西、福建、广东、湖北、湖南11个省和北京、上海两市。他在中国各地作了很多讲演,其中比较系统的是在北京大学的《五大讲演》和在南京高等师范学校的讲演。杜威的教育和哲学著作如《民主主义与教育》、《明日之学校》、《思维与教学》、《哲学的改造》等先后被翻译出版。加上他的学生胡适、陶行知、陈鹤琴等人的宣传,杜威实用主义教育思想在20世纪前半期的中国传播极广。经过将近三十年的沉寂,中国教育学者从20世纪80年代初开始以实事求是的态度进行杜威实用主义教育思想研究,在更理性思考的基础上取得一些突破性进展。1928年7月,杜威参加由美苏文化关系协会组织的美国教育工作者代表团,访问了苏联,对苏联社会及教育进行了直接的了解和考察。早就熟悉杜威教育思想的苏联教育家沙茨基参加了接待工作,并陪同代表团参观他领导的"国民教育第一实验站"。实际上,早在十月革命前,杜威实用主义教育思想已在俄国得到传播;十

革命胜利后,杜威教育著作的大量翻译出版进一步扩大了其影响。美国进步作家 A.L.斯特朗 1922 年访问苏联后在《现代俄罗斯教育》一文中写道:"现在苏联的教育改革,比我们美国任何地方更按照杜威的教育理论来进行。杜威的每一本新书出版后,苏联人很快把它翻译出来作为参考,并加以补充。"20 世纪 20 年代,苏联的一些教育家经常提及杜威,并把他的教育思想应用于实际。

美国教育家克伯屈说,在教育哲学史上,杜威是世界上还未曾有过的最伟大的人物。与杜威相比,没有哪个哲学家把那么多的注意力放在教育问题的讨论上,也没有哪个教育家在世界范围产生那么深刻的影响。然而,杜威的实用主义教育思想也受到不少教育家的批评,杜威成为一个有争议的人物。对于杜威受到那么多的赞扬和那么多的攻击,美国教育学者 M.I.伯杰作了这样的分析:首先,杜威一些著作的晦涩使得某些人误解了他的意思;其次,一些原来真诚追随杜威思想的人后来形成了新的观念,但这些观念与杜威的信念是矛盾的或相去甚远;最后,许多攻击杜威的人从未耐心阅读他的著作,并理解他的意思。M.I.伯杰同时指出,杜威的学说是需要修正的,如果杜威复活的话,他无疑将是批评他自己学说的第一个人。

参考文献

杜威.杜威教育论著选[M].王承绪,赵祥麟,等,译.上海:华东师范大学出版社,1981.

简·杜威.杜威传(修订版)[M].单中惠,编译.合肥:安徽教育出版社,2009.

杜威.民主主义与教育[M].王承绪,译.北京:人民教育出版社,1990.

杜威.我们怎样思维·经验与教育[M].姜文闵,译.北京:人民教育出版社,1991.

杜威.学校与社会·明日之学校[M].赵祥麟,等,译.北京:人民教育出版社,1994.

(单中惠)

对话式教学(dialogue instruction)

师生之间基于平等、民主、信任、真实、积极、相互尊重的立场,通过言谈和倾听进行双向交流、共同学习的一种教育思想和教学方式。这里的对话不是单纯的同意或反对,也不是简单的问答,而是一种基于行动和思维的表达和改造世界的行为。

对话式教学的提出　对话式教学是巴西教育家弗莱雷在 20 世纪 70 年代提出的一种教育思想。弗莱雷在《被压迫者教育学》一书中提出要实施"对话式教学",反对传统的"讲授式教学",用"解放教育观"替代"储蓄教育观"。他认为,教育具有对话性,教学应该是对话性的。弗莱雷在长期的教学实践中,发现学校教学的一个基本特征就是"讲授",讲授者教师是主体,听讲者学生是客体。教师的主要任务是用讲授的内容来"填满"学生。学生的主要任务是听讲,把教师所讲的内容储存起来。讲授把学生变成了可任由教师灌输的"存储器"。师生之间没有交流,没有对话,教师的讲授内容与学生的生活现实及经验相脱离。讲授式教学充分反映一种传统的教育观——"储蓄教育观"(弗莱雷借银行储蓄生动地比喻传统模式的教育)。在这种教育观的影响下,学生学会的只能是适应现状,而不是去改造世界。弗莱雷提出要用"解放教育观"来代替"储蓄教育观",用"对话式教学"来代替"讲授式教学"。

对话式教学的本质　平等、爱、谦逊和信任是实现对话式教学的条件。弗莱雷认为,对话必须在平等的基础上进行,对话不是一个人对另一个人进行思想灌输,也不是用来征服他人的狡猾手段,而是对话双方为获得解放去征服世界和改造世界。对话不能缺少爱,爱是对话的基础与对话本身,如果不热爱世界,不热爱生活,不热爱人类,那么就不会有对话。对话要有谦虚的态度,如果对话者双方之一高傲自大,总是认为别人无知,而看不到自己的不足;如果把自己看作是主体,是精英,是真理和知识的拥有者,而其他人是客体,是"天生的下等人",就不可能进行对话,因为"对话是人类的一种相互了解和共同行动"。高傲自大是与对话不相容的。信任是对话的先决条件,相信别人做事有能力,相信别人有创造力,相信别人有发展力,这样对话才可能进行。离开了对人的信任,对话就不可避免地退化为家长式操纵。对话双方不进行批判性思维,也不会有真正的对话。批判性思维与一般性思维是两种不同的思维。一般性思维是要遵循现实的规范,而批判性思维是要用不断人性化的观点来对现实进行不断的改造。只有要求进行批判性思维的对话才能产生批判性思维。没有对话,就没有交流,没有交流,也就没有真正的教育。弗莱雷还指出,对话需要合作。他认为,非对话式教学的重要特征之一是,一个主体要使对方成为客体。而在对话式教学中,对话的双方都是主体,是要共同去揭示和改造这个世界。因此,对话不是强制的,不是被人操纵的,而是双方的一种合作。

对话式教学的实施　弗莱雷认为,对话是教育的主要途径之一,要使对话有成效,提问是关键。他认为,教师不应只是知识的传递者,而更应成为问题的提出者。提问实际上是对现实问题进行批判分析。为此,他对教师的提问也提出以下一些要求:要提出能够激起思考的问题;要能激励学生自己提出问题;通过提问,学生不仅仅会回答问题,更重要的是要学会对答案提出疑问;开展对话式教学还需要生成主题,有意义的主题中蕴含的愿望、动机和目标都是人类所特有的。对话式教学反对教师选择学习内容,学生只是被动地适应学习内容的做法。教师应和学生一起,根据学生的兴趣、愿望和知识经验的特点,结合当时的客观情境选择有意义的教学主题。

除弗莱雷外，还有许多学者就"对话"、"教学对话"和"对话教学"进行了阐释。例如，俄罗斯的巴赫金认为，对话是"同意或反对关系，肯定和补充关系，问和答的关系"，是一种"在各种价值相等、意义平等和意识之间相互作用的特殊形式"；存在主义代表人物布贝尔也认为"师生之间的对话才是真正的教育"；克林伯格在《社会主义学校(学派)的教学指导性与主动性》中则指出，"不管哪一种教学方式占支配地位，这种相互作用的对话是优秀教学的一种本质性的标志"。

对话教学改变了传统的教学目的、教学方式，更使教学伦理和教学思维发生革命性变化。它倡导的民主、平等，沟通、合作，互动、交往，创造、生成，以人为目的是对传统教学全方位的改造，具有重大的意义，成为现代教学改革的新方向。

（刘翠航）

对应分析（correspondence analysis）　亦称"关联分析"、"R - Q 型因素分析"。通过分析由定性变量构成的交互汇总表来揭示变量之间联系的一种多元相依变量统计分析技术。其基本形式是根据由两个定性或类型变量构成的交互汇总表来解释变量之间的内在联系，将定性变量数据转变成可度量的分值，减少维度并作分值分布图。在减少维度方面，对应分析与因素分析相似；在作分布图方面，对应分析与多元尺度分析方法相似。

对应分析方法通过对二维交互表的频数分析来确定变量及类别之间的关系。在对应分析中，每个变量的类型差异通过直观图的分值距离表现出来，但这个距离并不是通常所说的距离，而是经过加权的距离在加权过程中以 χ^2 值的差异表现的。因此，对应分析的基础是将 χ^2 值转变成可度量的距离。

对应分析为分析定性变量提供许多方便条件：定性变量划分的类别越多，其优势越明显；揭示行变量类别间与列变量类别间的联系；将类别联系直观地表现于图形中；可以将称名变量或顺序变量转变为间距变量。

对应分析的局限性主要表现在：不能用于相关关系的假设检验；维度要由研究者决定；对极端值敏感。

（谢国平）

对应理论（correspondence theory）　一种教育社会学理论。关注经济生产关系如何通过学校教育实现社会结构再生产，主张用对应原理来理解和阐释学校教育问题。代表人物是美国经济学家鲍尔斯和金蒂斯。鲍尔斯 1971 年发表的论文《不平等的教育和社会分工的再生产》被认为是新马克思主义教育社会学研究的起点，其主要思想在他与金蒂斯合著的《资本主义美国的学校教育》(1976)一书中得到进一步阐发。他们强调以对应原理来理解和阐释学校教育问题，论述如何通过学校教育来实现社会结构再生产。也有学者称之为"直接再生产理论"。对应强调经济生产关系与学校教育、家庭生活中的社会关系之间的一一对应；直接再生产则意指社会结构的再生产可以不通过文化等第三者，而直接通过经济生产关系来完成。

鲍尔斯和金蒂斯认为，资本主义体制下社会结构的不平等是无法回避的现实，面对资本家阶级的压迫和剥削，劳动人民必然会进行反抗，资本家阶级为有效地将这种反抗扼杀于潜伏期，进而维护和保持阶级统治，使得社会不平等结构能够以原有的形式进行再生产，将学校教育作为一个主要手段。教育以两种方式发挥作用或成为手段：一是信念的培养，让学生相信经济上的成功与否主要不是因为家庭背景等外在因素的影响，而取决于个人的能力和是否接受了适当的教育；二是能力与思想的准备，培养与资本主义相适应的能力与思维习惯，使青年对自己在社会结构不平等的世界中的定位有所准备。他们提出，社会结构的再生产是通过学校教育中的合法化和社会化机制实现的。合法化机制是一整套专家治国和英才教育的意识形态，社会化机制形成工人们的一种特定"意识"。社会的不平等结构形成不平等的劳动分工，学校教育使个人的自我意识、抱负和社会阶级身份适应社会劳动分工的不同要求。

鲍尔斯和金蒂斯采用结构主义的观点阐述这一问题。他们忽略了教师与学生个人的主观能动性及其自我抵制、自我调节的能力，突出强调结构的决定性影响，认为管理人员与教师、教师与学生、学生与其学习之间的权力和控制关系，与统治工作场所的等级制的劳动分工完全一致，社会化是通过教育制度的形式而不是其内容实现的。这种相互对应的具体表现为：与工人无法决定自己的劳动内容一样，学生也无权决定学习内容，对课程设置几乎没有发言权；与劳动一样，教育只被看作一种手段，为某一特定目的而存在，而成为不了目的本身；劳动过程中工人被指定在一个狭小的工作范围内，被机械地分工并引起不团结，这一现象在教育中以知识专门化和学生间竞争的形式得以再现；职业结构的上下分层与教育的上下分层相对应，并使受教育者作好不同层次职业的准备。他们认为，教育是社会的一部分，脱离社会就无法了解教育。教育与社会的基本经济和社会制度相联系，延续和再生产资本主义制度，学校是维护和加强现存经济秩序和社会结构不平等的若干社会机构中的一个，故所谓教育能够促进平等、带来社会公正的信仰只是一种幻想。持结构主义对应理论立场的还有法国思想家阿尔杜塞，其关于教育的代表作《意识形态和国家的意识形态机器》凸显其对应理论观。他认为，社会再生产以物质条件的再生产和劳动力的再生产为基础，后者是决定性的，并在经济过程的外部，特别是学校得以实现。

（贺晓星）

多层线性模型（hierarchical linear models）　一译"层次线性模型"。既从整体上考虑同一层次上的数据变异，又考虑不同层次间数据差异的多元分析方法。20 世纪 70 年代以来，许多研究者开始寻求怎样将系统方法引入到社会科学研究中，主要是一种关于如何从整体上系统分析研究得来的数据特征和合理建立模型的统计方法。结构方程模型为整体系统分析事物间的因果关系提供了可能，使得传统回归分析方法从理论上和实际应用上都得到相当范围的推广。艾特金和朗福德 1981 年则进一步将这一思想引入到具有层次特征结构数据的模型构建和统计分析中，这一方法的主要原理就是多层线性模型的理论，但因计算上的困难，这一方法很长一段时间仅限于理论上的探讨。直到 20 世纪 90 年代初期，随着计算机技术的发展，出现专门用于分析具有多层特征结构数据的软件，这一方法才逐渐应用于社会科学研究。

多层线性模型分析要求的数据特征

多层线性模型分析实用的数据具有层次性特征。教育与心理研究中，调查得来的数据往往具有层次性，如关于学业成绩影响因素的研究中，可以考虑的预测变量有学生的入学成绩、学生性别、学生的社会经济地位、班级人数、班主任和教师、教室环境等。这些变量中，有的是学生个体变量，有的是班级整体变量。这样的数据具有两个水平，第一水平是学生，第二水平是班级，学生嵌套于班级之中，称之为分层数据。若观测涉及不同的学校，同时考虑不同的学校变量，则构成一个三水平模型。学生水平嵌套于班级水平，班级水平嵌套于学校水平。对于多层数据，传统的回归分析有两种处理方法：（1）将所有的更高一层的变量都看作是第一水平的变量，直接在学生个体水平上对数据进行分析。这种方法的问题是，班级变量对同一个班级内的学生有相同的影响，而不区分班级对学生的影响，假设同一班级的学生间相互独立是不合理的，同样对不同班级的学生和同一班级的学生作同一假设也是不合理的。（2）将第一水平的观测直接合并为第二水平的观测，然后直接对班级作分析，这样做的主要问题是丢失了班级内学生个体间差异的信息，而在实际中，这一部分的变异有可能占总变异中很大的一部分。

上述两种方法有可能得到不同的结果，在对结果的解释上也很不一致。基于上述的讨论，这两种分析数据的方法有一个共同点，它们都没有考虑数据间分层的特点，有可能对数据结果作出不合理甚至错误的解释。这就是传统回归分析方法在分析具有结构层次特点数据时的局限性。

传统的线性回归模型假设变量间存在直线关系，变量总体上服从正态分布、方差齐性、个体间随机误差相互独立。前两个假设较易保证，但方差齐性，尤其是个体间随机误差相互独立的假设却很难满足。即不同班级的学生可以假设相互独立，但是同一班级的学生由于受相同班级变量的影响，很难保证相互独立。因此在分析时，要将传统回归分析中的误差分解为两部分，其一是第一水平个体间差异带来的误差，其二是第二水平班级的差异带来的误差。可以假设第一水平个体间的测量误差相互独立，第二水平班级带来的误差在不同班级之间相互独立。这就是多层线性模型的核心。

多层线性模型的数学模型

以两水平模型为例，假设第一水平为学生，第二水平为班级，水平 1 的模型与传统的回归模型类似，不同的是，回归方程的截距和斜率不再假设为一个常数，而是不同的班级回归方程的截距和斜率都不同，是一个随机变量。每个班级回归方程的截距和斜率都直接依赖于第二水平变量（如教师的教学方法），这样就构成了一个两水平模型。两水平分层模型可表示为：水平 1（如学生）为 $Y_{ij} = \beta_{0j} + \beta_{1j} X_{ij} + e_{ij}$；水平 2（如班级）为 $\beta_{0j} = \gamma_{00} + \gamma_{01} W_j + u_{0j}$，$\beta_{1j} = \gamma_{10} + \gamma_{11} W_j + u_{1j}$。合并的模型表示为 $Y_{ij} = \gamma_{00} + \gamma_{10} X_{ij} + \gamma_{01} W_j + \gamma_{11} X_{ij} W_j + u_{0j} + u_{1j} X_{ij} + e_{ij}$，式中 Y_{ij} 表示第 j 个班级第 i 个学生因变量的观测值（如学生的期末考试成绩），X_{ij} 表示第 j 个班级第 i 个学生自变量的观测值（如学生的入学考试成绩），W_j 表示第 j 个班级的班级特征变量（班主任的管理风格）。对于第一水平模型，β_{0j}、β_{1j} 分别表示第 j 个班级入学成绩对期末成绩回归直线的截距和斜率，e_{ij} 表示第 j 个班级第 i 个学生的测量误差。对于第二水平模型，γ_{00}、γ_{01} 分别表示截距 β_{0j} 对于班级变量 W_j 的回归直线的截距和斜率，u_{0j} 表示由第 j 个班级的班级变量带来的截距上的误差。γ_{10}、γ_{11} 分别表示截距 β_{1j} 对于班级变量 W_j 的回归直线的截距和斜率，u_{1j} 表示由第 j 个班级的班级变量带来的斜率上的误差。

模型的假设条件为：（1）$e_{ij} \sim N(0, \sigma^2)$，$e_{ij}$ 间相互独立；（2）$\begin{bmatrix} u_{0j} \\ u_{1j} \end{bmatrix} \sim N(0, \Sigma)$，$\Sigma = Var \begin{bmatrix} u_{0j} \\ u_{1j} \end{bmatrix} = \begin{bmatrix} \tau_{00} & \tau_{01} \\ \tau_{10} & \tau_{11} \end{bmatrix}$；（3）$Cov(u_{0j}, e_{ij}) = Cov(u_{1j}, e_{ij}) = 0$。在上述模型中，$\gamma_{00}, \cdots, \gamma_{11}$ 称为水平 2 的固定系数；X_{ij} 称为水平 1 的预测变量，W_j 称为水平 2 的预测变量；e_{ij} 称为水平 1 的随机效应，u_{0j}、u_{1j} 称为水平 2 的随机效应；σ^2 为水平 1 随机效应的方差，Σ 为水平 2 随机效应的协方差矩阵。

多层线性模型的参数估计和假设检验

多层线性模型的参数估计　在多层线性模型中，要估计的参数除传统回归中的参数(对应于多层分析中的固定参数 γ_{00},…, γ_{11} 和水平 1 的随机效应 e_{ij})外,还有更加复杂的水平 2 的随机效应。而传统回归分析所用的最小二乘法,要求随机误差之间相互独立和方差齐性,只有在这些条件下,传统回归系数的估计才是有效估计,检验才是精确检验。而多层线性模型的误差项 $u_{0j}+u_{1j}W_j+e_{ij}$ 中, u_{0j}, u_{1j} 对于第 j 个班级的学生是相同的,因此在每一个班级内,误差项之间是相关的。同样,由于误差项中 $u_{0j}+u_{1j}W_j$ 的方差依赖于 u_{0j} 和 u_{1j},对于不同的班级它们并不一定相同,所以误差项的方差也不满足方差齐性的假设。由此可以认为,传统回归分析的参数估计方法对于多层线性模型并不适用。

常用的层次模型参数估计方法有迭代广义最小二乘法、限制性的广义最小二乘估计和马尔科夫链蒙特卡罗法。迭代广义最小二乘法,这种方法的基本步骤是迭代,通常从"合理"的参数估计值开始(一般来自初始的二乘估计),用广义最小二乘法,然后逐步迭代估计参数。在正态分布的假设下,收敛时的估计与极大似然估计结果相同。一般来说,迭代广义最小二乘法产生的参数估计为有偏估计。主要是因为迭代广义最小二乘法和极大似然估计法没有考虑固定参数的抽样变动,所以对随机参数产生有偏估计。在小样本中,迭代广义最小二乘法偏度较大,可用限制性极大似然估计法修正以获得无偏估计。迭代广义最小二乘法依据限制性极大似然估计的原理,进行进一步修正,产生限制性广义最小二乘估计,可以得到参数的无偏估计。随着马尔科夫链蒙特卡罗法,尤其是吉布斯抽样的发展,完全贝叶斯技术在计算上变得可行,由于这种方法考虑了与随机参数有关的不确定性,在小样本分析中用这一方法更为合理、有效。除上述几种参数估计的方法,还有期望最小二乘法、广义估计方程法、经验贝叶斯估计等。这些方法在正态性假设成立、样本容量较大时,可以得到参数的一致有效的估计。

多层线性模型的假设检验　在上述层次模型中,对每个水平都只涉及一个预测变量,实际应用中可以涉及多个预测变量。在大样本情况下,正态分布的假设一般可以保证,这种情况下的假设检验一般用 Z 检验。在小样本情况下,对于不同的参数类型方法有所不同。

其一,固定参数的假设检验。固定参数对应的原假设为 $H_0: \gamma_{q1}=0$,即水平 2 的预测变量对水平 2 的参数 β_{qj} 的影响为零(假设为标准化的回归系数)。检验所用的统计量为 $Z=\hat{\gamma}_{q1}/std(\hat{\gamma}_{q1})$, $\hat{\gamma}_{q1}$ 为 γ_{q1} 的极大似然估计, $std(\hat{\gamma}_{q1})$ 表示 $\hat{\gamma}_{q1}$ 估计的标准差。这种情况下的检验是一种近似检验,在样本容量较大时,可以采用这种检验。在样本容量较小时,可用精确的检验方法,统计量为 $t=\hat{\gamma}_{q1}/std(\hat{\gamma}_{q1})$,服从自由度为 $j-2$ 的 t 分布。若模型中水平 2 的预测变量个数

为 p,则自由度为 $j-p-1$, j 为第二水平所含样本数,如班级个数。对于固定参数 γ_{q0} 的检验,在实际中用处不大,它相当于传统回归分析中对于截距作检验。

其二,水平 1 的随机系数的假设检验。水平 1 的随机系数的假设检验对应的原假设为 $H_0: \beta_{qj}=0$,检验方法类似于固定系数的检验,统计量 $Z=\beta_{qj}^*/std(\beta_{qj}^*)$。所不同的是, β_{qj}^* 表示由经验贝叶斯估计得到的参数估计值, $std(\beta_{qj}^*)$ 表示估计参数 β_{qj}^* 的标准差。在正态分布的假设下,经验贝叶斯估计的结果与迭代广义最小二乘法和限制性广义最小二乘估计相同。

其三,协方差矩阵中元素的假设检验。在所有的多层线性模型中,检验是否存在水平 2 的随机变异对于模型本身假设的合理性和必要性都非常有用。对于协方差矩阵中元素的方差进行检验的方法有 χ^2 检验和 Z 检验两种,在大样本时,两种检验方法在统计上检验结果一致。检验所对应的原假设为 $H_0: \tau_{qq}=0$,在原假设成立的条件下,统计量 $\chi^2=u_{qj}^2/var(u_{qj})$ 近似服从自由度为 1 的 χ^2 分布,在给定的显著性水平下,查自由度为 1 的 χ^2 分布表,可以判断水平 2 的随机变异是否显著。对于这一假设,还可以直接利用计得到的协方差矩阵,计算临界比率 $Z=\hat{\tau}_{qq}/std(\hat{\tau}_{qq})$,通过查正态分布表,直接判断原假设是否成立。

对于多层线性模型,可以通过比较两个模型(若这两个模型只差一个水平 2 的随机项)估计计算得到的 $-2log$-likelihood 值的差异,通过查自由度为 1 的 χ^2 分布表检验水平 2 随机项的差异是否显著。同样,用这种方法可以从整体上比较所定义的两个模型是否存在显著差异或两个模型中差异项的效应是否显著。

多层线性模型在教育与
心理研究中的应用

多层线性模型在处理教育与心理研究中具有层次结构特点数据时,与传统方法相比有几方面优点:(1)由于多层线性模型建立在更合理的假设之上,考虑了不同层次的随机误差和变量信息,因此能提供正确的标准误估计、更有效的区间估计和假设检验。(2)可以分析计算任何水平上测量的协方差,使得研究者可以探讨诸如班级和学生的其他特征对因变量的差异到底起多大的作用。如可以通过计算不同水平变异在总变异中所占的比率来确定不同水平对因变量的影响程度。(3)可以发现所得到的回归方程中的截距与斜率之间的相关关系,以便更好解释自变量与因变量间变化的规律。(4)不仅可以用于分析观测变量之间的因果关系,而且作为结构方程模型的拓展,可以分析具有多层结构的潜变量之间的因果关系,即建立多水平结构方程模

型。(5) 不仅可以用来分析具有层次结构的数据,而且可以分析重复测量的数据,在此情况下可以将测量看作第一水平,将测试个体看作第二水平。(6) 不仅可以对服从正态分布的连续型测量数据进行分析,而且可以分析离散型的数据资料,如二项分布和泊松分布的数据等。(7) 在教育和心理学的研究中使用范围较广,许多传统统计方法都是它的特例。如假设在两个水平模型中有一个水平的变量为常数,则多层模型简化为传统的回归分析;此外,单因素方差分析、单因素协方差分析也可以看成是多层线性模型的简化。

在教育与心理学中应用层次分析的方法,可以对许多问题形成新的更重要的洞察与理解,可以更加合理地解释某些教育现象和心理学现象。但是作为一种统计分析的方法,与以往任何一种方法一样,层次分析方法并不能解决所有问题,若数据不具有结构性,则不必要用层次分析法,用传统的单水平模型分析就可以得到很好的解释。另外,虽然用多层分析可以更准确地描述事物之间的因果关系,但这一方法并不能用来建立理论,不能代替专业理论方面的分析。

参考文献

孟庆茂,刘红云,赵增梅. 心理与教育研究方法设计及统计分析 [M]. 北京:高等教育出版社,2006.

Bryk, A. S. & Raudenbush, S. W. Hierarchical Linear Models [M]. California: Sage Publications, 1992.

Goldstein, H. Multilevel Statistical Models [M]. London: Edward Arnold, 1995.

(刘红云)

多元尺度法(multidimensional scaling) 一译"多维量表法"。要求被试对各事物的相似程度进行评定以及对这些事物的偏好进行排序的一种非属性基础的多元分析方法。与因素分析或判别分析等属性基础方法不同。属性基础的方法是先找出相关的属性,并利用一定的测量工具(如利克特量表、语义差异法或其他尺度测量法)在各属性上对各事物进行评估,然后利用因素分析或判别分析来分析各属性上的差异,找出区别事物的不同的方面。而非属性基础的方法则不要求被试对各事物进行评估,而是由被试先对各事物作出整体判断,然后去寻找形成这些判断的特征或属性。多元尺度法有计量多元尺度法(metric multidimensional scaling)和非计量多元尺度法(nonmetric multidimensional scaling)。前者以相似(距离)的实际数值为初始数据资料,后者以顺序尺度为初始数据资料。非计量多元尺度法最大优点是能从非计量的等级资料中,得出测量的描述结果。

多元尺度法的基本原理

设 $\Delta = (\delta_{ij})$ 为已知测量的 n 种事物之间的相似矩阵或距离,多元尺度法的基本思想是从一个空间(一般选取平面)中找一系列点$(x_{i1}, x_{i2}, \cdots, x_{ip})(i = 1, 2, \cdots, n)$,使得这些点之间的距离逼近 δ_{ij}。在多元尺度分析中,常用压力系数表示 p 维空间中各点之间的距离与 δ_{ij} 的拟合程度。根据美国统计学家克鲁斯卡尔的解释,不同压力系数代表不同的配合度,一般的标准见表1。

表 1　克鲁斯卡尔压力系数的解释

压力系数	配合度
0.200	不好
0.100	还可以
0.050	好
0.025	非常好
0.000	完全配合

在选择适当的构面时,应当同时考虑它的可解释性和配合度,通常计算出不同构面下的压力系数,将压力系数与构面数的关系用坐标平面中的点表示,然后用折线相连,观察折线的形状,连线的弯曲处通常代表适当的构面。假如在两个构面时,压力系数已经较小,再增加一个构面,压力系数基本不变,这时取两个构面即可。多元尺度法的压力系数与多元回归分析中的确定系数解释相似,回归分析中,变量个数增加,确定系数会增加,回归模型的拟合得到改善,当构面数增加时,压力系数会改善,配合度变好,但是构面数太多,就达不到简化数据的目的。

多元尺度分析数据资料的收集

非计量多元尺度分析法分析所用数据资料为相似次序和偏好次序,这两种资料的收集方法各不相同。

相似资料的收集方法 收集相似资料的方法有双比法(dyad)、三比法(triad)和评点尺度法(rating scale)。

双比法是将要比较的 n 件事物组合成$n(n-1)/2$对,然后将这些事物以成对的方式呈现给被试,要求他们将所比较的事物按照彼此间相似或相异的程度加以排列。常用的方法是将每一对事物的名称写在卡片上,例如,若有 10 个事物,就可以组成 45 对,每个卡片上写上一对事物的名称,要求被试按照自己的标准将卡片分成两类,一类是比较相似的部分,一类是不太相似的部分,然后再将两类卡片分别分成相似的部分和不相似的部分,这样一直进行下去,直到将所有的 45 张卡片按照相似程度排列完为止。双比法的缺点是难以查核受测者判断不一致的地方,若在两对事物被试认为完全相同的条件下,必须要求分出高低,就会影响结果的正确性。

三比法首先将所要比较的 n 个事物组成 $C_n^3 = n(n-1)(n-2)/6$ 组,每组包含三个事物,然后要求被试按自己的标准,指出每组的三个事物中,最相似的两个事物和最不相似的两个事物。例如,对于 A、B、C 三个事物,要求被试指出 AB、AC、BC 这三对事物中,哪一对最相似,哪一对最不相似,则可以知道三者的相似程度的差异。三比法可以查出受测者判断矛盾之处,也可处理多对事物之间相似程度不分高低时的情况。在三比法中,各对事物出现的次数不止一次,可利用三角分析法得出相似次序。下面通过一个例子简单说明三角分析法的具体步骤,例如有 A、B、C、D 四个事物,可以组成 $C_4^3 = 4$ 个三角组合关系,而每个三角组合关系有三个相似性次序判断,如由 A、B、C 组成的三角组合关系可能有 AB＞BC、BC＞AC 和 AB＞AC 等三个相似次序判断,四个三角组合关系共可得到 12 个相似次序资料。假定这 12 对相似次序关系如表 2 所示。

表 2　相似次序关系

	AB	AC	AD	BC	BD	CD	列和	顺序
AB		×	×	×			3	2
AC							0	6
AD		×				×	2	4
BC	×	×	×			×	4	1
BD	×	×					2	3
CD			×				1	5

注:"×"表示列对比行对相似

将表 2 中的列和顺序按照大小顺序重新排列,自左上向右下画一对角线,若所有画×的都在对角线以上,则表示判断没有出现不一致的情况(同一对比前后判断相矛盾),若对角线以下有×,说明判断有不一致的情况,在现在所举例子中,在判断过程中判断不一致的情况不应该太多(一般不超过总比较数目的 5％)。最后可以根据依大小顺序排列的相似次序关系的对角线以上的判断来对相似性进行排序(见表 3)。

表 3　依大小顺序排列的相似次序关系

	BC	AB	BD	AD	CD	AC	列和	顺序
BC	×		×	×	×		4	1
AB			×	×		×	3	2
BD				×		×	2	3
AD					×	×	2	4
CD		×					1	5
AC							0	6

评点尺度法让被试将各对事物按照相似的程度在某种尺度上给出评定的等级(评点),点数越高表示相似程度越大;或要求被试在一尺度上指出各对事物彼此之间是否非常相似、有些相似或完全不同,然后将被试的评定结果进行加权平均,得到一列平均的相似次序。

偏好资料的收集　收集偏好资料的方法主要有双比法、三比法、评点尺度法、直接法和混合法。(1)双比法,将要比较的 n 件事物组合成 $n(n-1)/2$ 对,要求被试就每对组合中的两个事物加以比较,并指出这两个事物中更偏好哪一个,然后将偏好程度进行排序,若被试的判断结果不一致的太多,将予以舍弃。(2)三比法,要求被试在要比较的三个事物中,选出最偏好哪一个和最不偏好哪一个,然后将这三个事物的偏好程度进行排序,如果被试前后的判断结果不一致的太多,将予以舍弃。(3)评点尺度法,要求被试对各事物按其偏好的程度在某一尺度上进行评点,点数越高表示对这个事物的偏好程度越高。评点法通常适用于事物的数目较多的场合。(4)直接法,要求被试直接按照他们对事物的偏好程度将各事物排成一个偏好次序,这种方法通常适用于评定事物个数较少的场合。(5)混合法,将两种方法混合使用,如可以将双比法与评点尺度法混合使用,被试除了指出在两个事物中偏好哪个事物外,还要在评点尺度上指出他们偏好的强度。

参考文献

Kruskal, J. B. & Wish, M. Multidimensional Scaling [M]. Beverly Hills, California: Sage Publications, 1978.

Patrick, I. B. & Groenen, J. F. Modern Multidimensional Scaling: Theory and Applications [M]. New York : Springer, 2005.

（刘红云）

E

俄罗斯教育制度（educational system of Russia）俄罗斯联邦位于欧洲东部和亚洲北部,面积1 707.54万平方千米。2012年人口1.431亿。全国有180多个民族,其中俄罗斯族占79.8%,主要少数民族有鞑靼、乌克兰、巴什基尔、楚瓦什、车臣、亚美尼亚、摩尔多瓦、阿瓦尔、白俄罗斯、哈萨克、乌德穆尔特、阿塞拜疆、马里和日耳曼族。50%～53%的俄罗斯民众信奉东正教,10%信奉伊斯兰教,信奉天主教和犹太教的各为1%,0.8%信奉佛教。俄语是俄罗斯联邦官方语言,各共和国有权规定自己的国语,并在该共和国境内与俄语一起使用。2010年国内生产总值约合1.5万亿美元,人均国内生产总值约合10 293美元。

俄罗斯教育的历史发展

俄罗斯国家最早源于公元8—9世纪东斯拉夫民族的基辅罗斯公国和莫斯科公国,经彼得一世的开明改革和19世纪60年代的废除农奴制,发展成一个封建军事主义的沙俄帝国。1917年11月,沙皇制度覆灭,随后成立俄罗斯苏维埃联邦社会主义共和国。1922年12月30日,俄罗斯联邦与乌克兰、白俄罗斯、南高加索联邦结成联盟,简称苏联,1940年扩展到16个加盟共和国。1991年12月苏联解体,俄罗斯联邦成为完全独立国家。

9—20世纪初的旧俄教育　俄罗斯大多数居民信奉东正教,东正教是影响俄罗斯政治、文化发展的重要要素,故9—17世纪的俄罗斯教育也打上了政教结合的烙印,教育制度具有等级性和宗教性。从最早的政教上层子弟学校、读写学校、文法学校,到兄弟会学校、基辅莫吉拉学院、莫斯科斯拉夫—希腊—拉丁文学院,均具浓厚的等级和宗教色彩。18世纪,彼得一世推行改革,才打破教会控制教育的局面。此外,俄罗斯教育的古典主义传统一直压制着反映资本主义经济需要的实科教育的发展;经过19世纪五六十年代的"社会教育运动"和1905—1907年间"第一次人民革命"的冲击,教育的古典性连同其等级性和宗教性(简称"三性")才略有淡化,但未根本动摇。至1917年"十月革命"前夕,俄罗斯教育仍具有"三性",尤其是等级性。

对平民而言,只存在小学程度的、不与中等和高等教育相衔接的初等教育体系,包括各种部立小学、公立小学和教区小学等。小学分一级小学和二级小学,前者一般为三至四年制(其中四年制约占1/4),后者一般为五年制(个别为六年制)——前三年(或四年)叫做一级,后两年叫做二级。教育部开办高等小学,修业年限4年,招收三至四年制小学毕业生,分男子、女子、混合三类,接纳城市中等阶层和富农子弟,以防其涌入贵族官吏子弟专享的文科中学。各类小学跟正规的中等学校不相衔接,其毕业生至多只能继续接受初等职业教育、技术教育、商业教育以及中等师范教育。为贵族阶级设有中等教育和高等教育体系,分男子、女子两类;还设有专为贵族、官吏子女服务的特殊等级学校,如贵族学院、贵族女子专科学院、陆军学校、特权贵族子弟军事学校及法律学校等。另为僧侣子弟设有专门学校,如教会学校、教区学校、神学院。犹太人进中等和高等学校的权利被限制到极低比例。非俄罗斯民族居住区学校极少。女子教育也大大落后于男子教育。

中等教育阶段的学校类型包括男子文科中学、实科中学及其预备学校。文科中学的具体课程包括神学、拉丁语、俄语和文学、数学、法语、德语、历史、地理、哲学、法律常识、物理、自然、图画、楷书等。实科中学中除教育部所辖者外,还有先后由财政部和工商部所管辖的商业学校。实科中学大大扩充了普通教育知识的范围,提高了这类学校作为名副其实的普通中学的地位。20世纪初,俄罗斯出现了许多私立中等学校(含男子、女子文科中学,实科中学,商业学校),1914年发展至400所左右。

为适应19世纪末旧俄资本主义工商业发展的需要,至1895年,全俄共兴办11所高等工业学校;加上为工商业服务的中等职业学校,全俄有高等和中等职业学校245所。但因旧俄资本主义的封建军事性特征,其高等学校具有等级性、结构畸形性,发展速度有限。1914—1915学年,全俄只有105所高等学校,学生仅12.74万人,全部集中在其领土的欧洲部分。1914年,在仅有的8所综合大学的学生中,僧侣和资产阶级的子女占43%,贵族和官吏的子女占38%,上层富农的子女占14%,而广大工人、农民、劳动知识分子的子女仅占 4.5％。女子高等学校直至 19 世纪末 20 世纪初才被沙皇政府批准办理，但数量极少，学生很少，教学内容也很肤浅。

1917—1991 年教育的发展 1917 年"十月革命"后，随着国有制和公有制的确立，旧俄时期的私立学校及教会学校、教区学校均被改造为国立、公立教育机构；尔后所有新建的学校都是国立或公立教育机构。随着计划经济体制的推行，其学校教育事业也按计划体制运行。从全国性教育预算到各级政府的教育财政拨款，从每个"五年计划"中的招生控制数字到毕业生的计划分配（即统一招生和统一分配），从各级各类学校的网络布局到系科设置和专业安排，从全国统一颁布的教学大纲和教学计划到模式划一的教科书乃至教学参考书，均在计划体制之中。

全苏教育实行集中化管理，通过中央一级的教育管理机关及各共和国、州、区、市等各级的相应机关予以落实。苏联教育贯彻教育独立于宗教的原则，包括国家与教会分离，学校与宗教分离，剥夺教会对学校的控制权，由苏维埃政权及教育人民委员部接管所有的教区学校、教会学校和神学院并将其改造为普通学校，对全体公民和青少年学生开展唯物主义的无神论教育，禁止在学校里讲授宗教课程、传播宗教思想、举行宗教仪式。

"十月革命"刚胜利，新政权便宣布取消旧俄教育的等级性，并先后代之以教育的阶级性和全民性。其阶级性体现在：宣布把学校从资产阶级统治的武器变成完全消灭社会阶级划分的武器，并认定在无产阶级专政时期，学校应该成为把无产阶级的影响传达到劳动群众中去的传导者。同时实行向工农开门的政策——大量开办工农速成中学，为工农子弟设立大学预科部、系、班；成立接纳工农子弟的"红色教授学院"；招生考试和大学录取工作采取推荐制，按照阶级挑选原则优先招收工农子弟。20 世纪 30 年代中期，当局认定苏联社会"已消灭阶级"，并在 1935 年《关于高等学校和中等技术学校招生的决议》中正式宣布废除高校招生的阶级挑选原则，自此过渡到自由录取的新阶段——采取竞试选拔办法择优录取，从而体现教育的全民性。

取消教育的双轨制，实行单轨制。这表现在：普通教育实行"统一劳动综合技术学校"通轨制（小学 3～4 年，初中 4～5 年，高中 2～3 年），每个普通教育学校毕业生均有升入大学深造的权利和机会；随着苏联中后期的职业技术教育的发展，至 20 世纪 80 年代中期，名目繁多的职业技术学校均被改建为全国统一的"中等职业技术学校"，兼有普及普通中等教育（高中阶段）的职能，从而保证它的毕业生也与普通中学毕业生一样能升入高等学校继续深造。

从托幼园所到小学、中学，及至大学和研究生阶段，均实行免费教育，其中义务教育阶段实行无条件的、非竞试的免费教育，非义务教育阶段则实行基于竞试选拔的免费教

育。同时逐步提高教育的义务性和普及性程度——先是于 20 世纪 30 年代中期普及了四年制小学义务教育，然后于 40 年代末普及了七年制初中义务教育，接着于 70 年代中期宣称普及了十至十一年制高中义务教育（此项普及任务实际上延至整个 20 世纪 80 年代即苏联解体前夕）。

在教育目的、培养目标上，突出思想道德教育的优先地位，培养德、智、体、美、劳全面和谐发展的爱国公民。在教育内容、课程设置原则上，取缔旧俄时期的古典主义教育，强化适用而大众化的普通教育、综合技术教育，贯彻教育与生产劳动相结合、学校教育与生活实际相联系的方针；反对过早职业化，提倡综合技术教育，并尝试走出一条普通教育与职业教育逐步相接近、相融合的道路，及高等教育"教育—科学—生产"一体化的道路。

俄罗斯现行教育制度

20 世纪 90 年代后，俄罗斯教育制度的重建在其社会转型的背景下进行，在继承苏联国民教育整体形态的同时，进行渐进性变革与结构调整。1992 年，俄罗斯颁布第一部国家教育法律《俄罗斯联邦教育法》，明确规定其国民教育体系的核心理念和基本构成。在之后 20 年间，该法经过数十次修改和补充，其第一章阐明国家教育政策宗旨：以国民教育为国家优先发展的领域；《俄罗斯联邦教育发展纲要》是国家教育政策的组织基础，由联邦政府制定和批准，受联邦法律制约，联邦政府每年须向俄罗斯联邦议会两院递交其实施进展报告，并在官方刊物上予以公布；不允许在国立和市立教育机构及教育管理机关中建立政治党派的组织机构、社会政治的和宗教的组织（团体）并开展活动。俄罗斯国家教育政策的原则是：（1）确保教育的人道主义性质，把全人类价值、人的生命与健康、个性的自由发展置于优先地位；培养公民觉悟和爱劳动、尊重人的权利和自由、热爱大自然、爱祖国、爱家庭等品质。（2）确保联邦文化和教育空间的统一；保护和发展多民族国家条件下各个民族的文化教育体系、各个地区的文化传统和特点。（3）确保教育的普及性，教育体系符合学生的发展与准备水平及其特点。（4）确保国立、公立学校教育的世俗性。（5）确保教育的自由与多元化。（6）确保教育管理的民主性质、国家—社会共管性质及教育机构的独立自主性。

教育行政管理体制 1991 年苏联解体后，俄罗斯对教育体制进行了较大调整，教育行政管理体制从高度集权的一元化领导向多级化转变，改过去中央集权的统一管理为联邦、共和国、地区三级分管，中央权限相对缩小，共和国及其以下级别的权限相对扩大。1992 年成立俄罗斯联邦教育部及俄罗斯联邦科学、高等学校和技术政策部，取代苏联国家教育委员会。联邦教育部主管学前教育、普通教育、职业

教育、师范教育(包括高等师范教育)和补充教育;联邦科学、高等学校和技术政策部兼管综合性大学和师范院校以外的其他高等学校。1993年4月,经总统叶利钦批准,从该部中分离出一个独立的俄罗斯联邦高等教育国家委员会(简称"国家高教委"),专门管理俄罗斯各类高等教育。1996年8月,联邦教育部和国家高教委合并,组成联邦普通教育和职业教育部,统一管理全国各级各类教育。2004年3月,总统普京改组政府,将普通教育和职业教育部与科学与技术创新部合并,成立联邦教育与科学部,作为全国科教领域的最高管理机构,下设四个署:联邦科学与创新署,联邦教育署,联邦知识产权、专利及商标署,联邦教育与科学监督署。其中联邦科学与创新署、联邦教育署在平行状态下分别管理科学和教育的全国性事务。联邦教育署基本上替代原俄罗斯普通与职业教育部的职能,对各级各类教育实行联邦中央、联邦主体、地方三级管理。另据2010年普京总理签发的《关于俄罗斯教育科学部的条例》,联邦教育与科学部下设普教司、职教司、儿童教育及其社会化司、财务司、区域发展司、法律保障司、科技优先发展司、体育运动司、信息技术司、国际一体化司等18个司局,负责管理联邦级教育行政事务。

俄罗斯是联邦制国家,国家建立的基础是联邦政府与联邦主体之间签订的条约,1993年的《俄罗斯联邦宪法》确定俄罗斯有89个联邦主体,随后逐渐精简合并,数量有所减少。2000年5月,为加强对各联邦主体的垂直领导,全国被划分为7个联邦区,每个联邦区均派驻总统事务全权代表,以便加强对各联邦主体的监督指导,教育领域包括其中。

1992年的《俄罗斯联邦教育法》规定了不同层次的权力机关对教育管理的职权范围。联邦政府实施宏观管理,如制定并推行联邦教育政策,制定和实施《俄罗斯联邦教育发展纲要》,确定国家教育标准的联邦成分,规定教育机构的创办、改组、撤销程序及其办理许可证、鉴定书、认证书的程序,规定教育机构的劳动定额和工资标准,编制联邦教育经费预算,制定示范性的教学大纲和教学计划等。各联邦主体政权机关的教育权限在于:制定并推行不违背联邦中央精神的教育政策、教育法规;制定并实施本共和国、本地区的教育发展纲要;确定并实施国家教育标准中的民族—地区成分;编制本主体在教育支出及教育发展基金部分的预算;落实本共和国、本地区的教育拨款指标。这一级是国民教育体系的中坚,承上执行、居中管理、启下领导的职责和内容繁多。地方自治政权机关的教育权限是:贯彻国家教育政策和法规;落实公民接受义务性的基础普通教育的权利,保证公民能就近上学,能自由选择教育机构;在自身权限内调节本地教育系统的财产关系,以及负责开办、改组、撤销当地教育机构。这一级机构是管理全部普通教育学校的主体,少数中等、初等职业学校以及由地方开办的高校也由这一级负责管理。

学校教育制度 俄罗斯国民教育体系基本保持了苏联时期的组成部分,只是在教育结构划分上有所变化。苏联教育体系由学前教育、普通教育、职业技术教育、中等专业教育及高等教育几部分构成,1992年《俄罗斯联邦教育法》对该体系作了新的划分,只分为普通教育和职业教育两部分,与这两部分平行的还有补充教育。

俄罗斯的高等教育归属职业教育范畴,称作"高等职业教育",但其实质未变,仍是相对独立的一部分;从其职能及人才培养的层次水平上看,仍是传统意义上的高等教育,而不是通常意义上的高层次职业技术。

俄罗斯实行普及的、免费的十一年制普通中等(完全)教育,即初等普通教育(小学)4(或3)年、基础普通教育(初中)5年、完全普通教育(高中)2年的"四五二"学制。其中,初等普通教育和基础普通教育为义务教育阶段,即国家实行九年制义务教育;同时还有免费的学前教育、初等职业教育以及在竞争性考试基础上单次的中等教育以及高等及大学后职业教育。

(1)普通教育。普通教育包括四部分:学前教育,即幼儿园阶段;初等教育,即小学阶段;基础教育,即初中阶段;完全中等教育,即高中阶段。主要任务是传授基础文化科学知识,培养学生的一般文化素养,使学生适应社会生活,为掌握职业技能奠定基础。

学前教育。分为学前早期(出生至3岁)和学龄前期(3岁至入小学前)两个时间段,分别由托儿所和幼儿园实施。1992年《俄罗斯联邦教育法》将学前教育列入正规的国民教育体系,成为其普通教育的有机组成部分。但直到2004年修订《俄罗斯联邦教育法》,才明确学前教育是普及的免费教育。俄罗斯学前教育教学的内容主要有游戏、学习、文娱活动和生活技能等,注重儿童德、智、体、美等各方面的全面发展,所开设的学习类课程(只针对学龄前儿童)主要有语言文字、算术、自然常识、社会常识、绘画、音乐等,后来将读、写技能的训练也列入国家教育大纲。儿童每天在幼儿园的时间为9~12个小时不等,针对无家庭照顾的儿童,还专门开设了寄宿幼儿园,普通幼儿园中则设寄宿班。2008年后,随着学前教育机构数量的回升以及市场经济的发展,学前教育机构的类型和所有制形式开始向多样化发展,出现了特长幼儿园、家庭幼儿园、特殊教育幼儿园等幼教机构;按教学内容,还可分为普通幼儿园、观察性和康复性幼儿园、混合型幼儿园、艺术—美学优先发展型幼儿园、体育优先发展型幼儿园等。此外,还有学龄前与学龄早期儿童(3~10岁)一体的教育机构,如初等学校—幼儿园、补偿型初等学校兼幼儿园、幼儿—文实学校等,其任务是保障学前教育与初等教育之间的衔接性,为维护和增强受教育者的健康及其身心发展创造最佳条件。在市场经济条件下,国家垄断学前教育的局面被打破,出现了一些小班化、双语教育等类型的私立幼儿园。截至 2009 年初,全国共有学前机构 4.5 万余所,在园儿童 490.63 万人,学前教师 67.45 万人(包括 1.97 万名兼职教师)。

初等教育和基础教育。初等教育的学习年限是 3 年或 4 年,相当于小学教育阶段。任务是为儿童的全面发展奠定初步的文化基础和道德养成基础,包括正确掌握文字的读、写、用,学会基本计算技巧,进行劳动和思想政治教育。《俄罗斯联邦教育法》规定,儿童入学年龄为 6 岁以上 8 岁以内。从 1984 年苏联最后一次普通教育改革开始,允许儿童 6 岁入学读四年制小学,同时保留原来 7 岁入学读三年制小学的制度,总体上以三年制(即 7 岁入学)的学制模式居多。基础教育阶段学制 5 年,毕业后升入完全中等教育机构或中等职业教育机构。

完全中等教育。学制 2 年,毕业后可进入高等职业技术学校或高等专业院校继续学习。这一阶段的基本任务在于通过前几个阶段完整的教育和培训,使学生具备进入高等院校继续深造所必需的人文素养、知识水平及认知能力;同时,通过有目的、有选择的职业教育,使学生获得一种或几种职业技能,从而能够直接进入生产部门或进入中等职业学校,甚至进入高等职业学校继续研读其职业课程。完全中等教育的高年级阶段实行侧重专业式教学,由学者、教育部工作人员、中小学校长组成的侧重专业式教学小组制定了《关于确定在普通教育高级阶段实行侧重专业式教学的构想》,于 2002 年作为法案公布,规定从 2004 年开始实行侧重专业式教学的预备教学,2005 年开始在有条件的学校实施这一改革。侧重专业式教学是一种区别化、个别化的教学手段,注重学生兴趣的满足和潜力的发挥,一般有 1～2 门科目按加深难度大纲学习。俄罗斯实施完全中等教育的机构主要有以下几类:① 普通十一年一贯制中学。② 特科学校。即加深学习特别科目的学校,侧重对某一学科实施系统教育,该类学校除按照中等普通教学大纲实施教学外,还加设加深学习一门或几门课程的附加性大纲。③ 实科中学,以实施普通完全中等教育教学大纲为主,侧重自然科学、数学和技术方面课程的教授,兼具职前培训的功能。学校课程分为必修课和选修课两类。教学组织形式灵活多样,包括教学游戏、讲习班、实习、讨论、小组研究等。实科中学通常有自己独特的办学章程,很多学校还有相对固定的高校联盟对象,因其生源质量好、教学力量雄厚,在普通中等教育中具有较高声誉,也是中等职业教育学校类型之一。④ 文科中学。包括完全中等教育学校(一至十一年级)和基础教育学校(五至十一年级或六至十一年级)两种类型。偏重人文科学的学习,要求学生拓宽学习外语、古代语、文学和艺术等方面的课程。实行竞试入学,竞争较激烈。⑤ 寄宿学校。可以全程住宿的普通教育学校,其学生

主要为多子女家庭儿童、单亲家庭儿童、孤儿或无监护儿童。⑥ 长日制学校。20 世纪 60 年代开始在不完全中小学推广,即一至八年级学生每天正式课程结束后留在学校,在教师指导下完成作业、准备功课或进行其他课外活动,直到父母下班才离校。⑦ 为生理、心理发展障碍学生开设的专门学校,如盲校、聋校、林间疗养学校等。⑧ 业余普通中学、附设于各类学校的函授部及夜校。招收不完全中等教育程度的在职人员,完成为期 3 年的完全中等普通教育。

(2) 职业教育。职业教育的宗旨是提高学生的一般文化水平和职业素养,培养相应领域所需的专门人才,包括初等职业教育(相当于原来的职业技术教育)、中等职业教育(相当于原来的中等专业教育)、高等职业教育(相当于原来的大学本科教育)、大学后职业教育(相当于原来的研究生教育)。

初等职业教育。根据《俄罗斯联邦教育法》,初等职业教育是建立在普及的、免费的和非竞争基础上的独立的教育层次,主要招收不完全中学毕业生,学制 2 年左右,部分专业也可招收完全中学毕业生,学制 1～1.5 年。该层次学校主要培养社会各领域的熟练工人。为保证学生受教育权利,俄罗斯还规定,学生既可以在职业学校也可以在普通中学等教育机构接受初等职业教育。实施初等职业教育的机构主要包括职业技术学校(约占总数的 2/3)和职业专科学校两种类型。初等职业教育机构为学生提供综合性的社会支持(食宿免费、发放补助金、提供服装等),因此在其学生中,孤儿、无父母监护儿童和身体残疾儿童等占有不小比例。

中等职业教育。中等职业教育学校主要培养中级技术人员,满足个人在普通教育基础上加深和扩充知识面的需要。九年制基础教育学校或初等职业学校学制 2～3 年,完全中等教育学校学制 1～2 年。在教学上,主要以理论教学为主,其教学时间超过总学时的 60%,实践性教育以实验一实践课业的形式进行。中等职业教育在俄罗斯职业教育体系中占据重要地位,包括基础和提高两个层次,基础层次的中等职业教育主要由中等职业技术学校和中等专业学校(统称中等技术学校)实施,提高层次的中等职业教育主要由技术专科学校和高等专科学校(统称高等职业学校)实施。技术专科学校主要负责培养高级技师和技术员,是在苏联时期水平较高的中等职业教育机构的基础上建立的,与原来的中等专业学校属同一层次。高等专科学校是建立在苏联中等专业学校的基础上的新型学校,总学制为 4 年 10 个月(相当于 9 个学期)。其整个培养过程划分为三个层级:第一级培养 2～4 级的熟练工人,学习期限为第 1～3 学期,招收基础教育或完全中等教育学校毕业生;第二级培养 5～6 级高级熟练工人和技术员,学习期限为第 4～6 学期,招收上一级水平毕业生及中等职业学校、技术学校毕业生;第三级培养工程师,学习期限为第 7～9 学期,招收上一级优秀

毕业生,以及日课、夜课、函授等中等专业学校毕业生,学习相当于大学一、二级水平的课程,以及本专业的知识和技能。毕业生无需考试直接进入大学或学院的第一层次(即不完全高等教育阶段)学习。

高等职业教育。即原来的高等教育,是在中等(完全)普通教育、中等职业教育的基础上,培养和再培养具有相应水平专门人才的教育。高等职业教育的宗旨是培养和再培养相应水平的专门人才,满足个人在普通教育和职业教育基础上进一步提高教育程度的需求。其主要任务:提高学生的智力、文化和道德水平,为未来的发展奠定基础;培养知识水平高、业务熟练、思想成熟的专家,以满足市场对人才的需求;开展基础理论研究、开发性研究、应用科学研究和实验设计工作,培养学生解决问题的能力;提高教师职业技能,培养具有高级业务水平的科研—师资队伍;对国民经济各部门的专家进行再培训;向普通民众传播科学知识,以提高居民的普通教育及文化水平。1992年俄罗斯联邦科学、高等学校和技术政策部批准了《俄罗斯联邦高等教育多级结构的暂行条例》,将高等教育分成三级:第一级为不完全高等教育,包括学士(本科)教育计划前两年的修业和1～1.5年相当于中专水平的职业培训,共3～3.5年。只完成学士计划前两年者,可获得"不完全高等教育证书";既完成前两年修业又完成了1～1.5年职业培训者,可获得不完全高等教育文凭,并按中专目录授予相应的初级专门人才职业资格。第二级为基础高等教育,相当于原来的本科,是高等教育的基础,故称基础高等教育。它要求以普通完全中等教育毕业为起点,修业期限不少于4年。凡完成4年基础高等教育者,发给"高等教育文凭",授予学士学位。毕业生可继续接受第三级高等教育,亦可直接就业。第三级为基础后高等教育,通过三种形式实施:第一,以普通完全中学毕业为起点,按照传统的培养本科毕业专家即"获证专家"(如获证工程师、获证医师等)的方式来实施。修业期限5～6年。发给毕业生相应的高等教育文凭,并授予所学专业的相应职业资格。第二,以基础高等教育毕业为起点,按以上"获证专家"的培养方向来实施,修业期限1～3年,其毕业生可获得该类高等教育的相应文凭,并授予所学专业的相应职业资格。第三,以基础高等教育毕业为起点,按科学硕士的培养方向来实施,重在培养研究人才,修业期限2～3年。完成学业者可获得此类高等教育的相应文凭(其上注明所学专业),并被授予科学硕士学位。实际上的第四级高等教育:完成了以上任何一种形式的第三级高等教育的毕业生,均有权报考更高一级的研究生部,即副博士、博士研究生部。高等教育文凭也分层次,依毕业生的成绩被划为三等:荣誉文凭、一级文凭、二级文凭。2007年5月俄罗斯国家杜马通过《关于引入两级高等教育体制的法律草案》,从法律层面上确定实施高等职业教育的学士—硕士两级结构,并

重新厘清两者间的相互关系。该法将原来的5～6年的文凭专家体制拆解为学士—硕士两级高教体制,学士阶段学制3～4年(以4年为主),为社会经济领域和生产部门培养具有高等教育水平的普通人才,毕业生获高等职业教育毕业证书和学士学位;硕士阶段学制2～3年(以2年为主),实施专业教育,培养从事科研、分析设计工作的研究型人才,授予硕士学位。同时,许多专业保留苏联时期的5年制专家文凭。据2008—2009学年统计,俄罗斯高等职业教育环节毕业生中,获不完全高等教育文凭者占0.7％,获学士学位证书者占7.3％,获专家文凭证书者占90.8％,获硕士学位文凭者1.2％。

大学后职业教育。即原来的研究生教育。副博士研究生部、博士研究生部的学制均为3年。任何形式的第三层次高等职业教育毕业生均有资格报考副博士研究生,学制3年及以上,申请学位者在固定导师的指导下,通过所规定的国家考试、撰就学位论文并向具有副博士学位答辩资质的机构提交学位答辩申请,由专门的学术委员会审核并听取答辩。通常情况下,副博士学位与中国、英国、美国等国的博士学位等级相同。申请攻读博士研究生者必须具有副博士学位。博士学位是俄罗斯特有的学位,在多数国家没有对应的等级。取得这一学位者须在工作中卓有成绩,在专业领域有深入的研究并通过论文答辩。作为俄罗斯最高学位的博士学位比较特殊,一般不设一对一导师,多数为在职申请者,论文质量及答辩由专门的学术委员会集体裁决,要求严格。国家最高学位评定委员会是副博士和博士学位的授予与证书颁发的最终机构。

俄罗斯实施高等和大学后职业教育的机构分为三类。一是综合大学。学科门类、专业方向设置广泛。培养高级工作人员、科研及教学科研人员。其在学术方面的任务中心是进行广泛的基础科学和应用科学研究。二是专业性大学。培养科学和教学科研工作领域的高级工作人员。其在学术方面的中心任务是优先进行某一科学或文化领域的基础科学和应用科学研究。三是专业学院。培养为一定职业活动领域的高级工作人员,也进行一定的基础科学研究或实用科学研究。俄罗斯所有高等学校均须按照由政府和国家教育主管部门颁布的《俄罗斯联邦高等和大学后职业教育标准》和《国家高等和大学后职业教育大纲》开展教育教学活动,并都具有为所培养人才组织重新培训和再培训的职能。2008—2009学年,俄罗斯有国立高等学校660所(综合性大学350所、专业性大学165所、专业学院145所),在校学生621.48万人;非国立高等学校474所,在校学生129.83万人。每1万居民人口中有529名大学生,其中国立高校大学生438人(享受大学国家财政、即公费学生202人),非国立高校大学生91人。

师范教育。属于职业教育,主要任务是为普通教育学

校培养合格的教师。按教育程度和类型可作以下划分。中等师范学校属于中等职业学校,主要培养小学教师、学前教育工作者、寄宿制和长日制学校教导员以及音乐、体育、美术教师。招收基础普通教育(不完全中学)毕业生,修业3~4年。也有招收完全中等普通教育(十一年制中学)毕业生的,学制2~3年。师范学院主要培养高年级学科教师,招收完全中等教育毕业生和有一定工龄的师范学校毕业生,学制为4年。师范大学一般由同名的师范学院更名而成,是20世纪90年代俄罗斯高等教育综合化、人文化的产物,一般以大、中城市冠名的师范学院更名居多。在升格为师范大学的同时,学校的软硬件条件均有不同程度的提升,在教育教学内容、专业方向设置上增加了许多非师范性内容,如经贸、法律、生态学等专业。

(3) 补充教育。自1992年《俄罗斯联邦教育法》颁布起,俄罗斯教育体系中新增了一个"补充教育"系统。这是结合终身教育理念,将各级各类的校外教育规范化、系统化所构成的一个与普通教育和职业教育并行的系统。根据《俄罗斯联邦教育法》,补充教育的宗旨和任务在于:全面满足公民个人、社会和国家对教育方面的各种需求;在职业教育阶段配合各级教育标准的提高而逐步提高各类专业人员的业务水平。补充教育大纲亦分成各种专业方向的大纲,作为正规教育大纲之外的补充内容,它既在普通教育和职业教育机构中实施,也在各种专门的补充教育机构,如进修学院、职业定向中心、各类音体美学校、各种儿童课外活动站等场所实施。与苏联时期的各种校外活动机构相比,补充教育一般都是有偿教育服务。2009年初,俄罗斯有儿童补充教育机构8 700余所,约827.54万儿童在其中学习,此类机构中的教育工作者(包括兼职人员)共有30.11万人。

俄罗斯独立后的教育改革

1991—2012年,俄罗斯独立后的20年历经三位总统、五届政府,可分成三个阶段:1992—1999年为"叶利钦时代";2000—2008年进入"普京时代";2008—2012年,梅德韦杰夫任俄罗斯总统,普京任总理,开始"梅普组合"时代。俄罗斯的国民教育亦可按此三阶段考察,它们既各具特点,又都因循了承上衔接、启下修正、在改革完善中持续推进的发展路径。

叶利钦时代对苏联教育的继承与变革　1991年,叶利钦当选俄罗斯共和国总统,他颁布的第一号总统令是《关于俄罗斯苏维埃社会主义联邦共和国教育发展的紧急措施》,强调首先必须确保教育领域发展的优先地位。同年,苏联解体,叶利钦就任俄罗斯联邦总统,其1992年签发的《俄罗斯联邦教育法》宣布教育领域为优先发展领域,明确延续优先发展教育的国家立场。

20世纪90年代的俄罗斯教育体系在基本结构和形态上基本延续80年代后期苏联的教育模式和教改思路,陆续进行部分调整。首先,俄罗斯国民教育的制度形态保留了苏联的主体模式,但教育的意识形态已不再贯彻苏联时期的主流政治思想。《俄罗斯联邦教育法》规定:"在国家和地方教育机构及教育管理机关中,不得建立政党、社会政治和宗教团体的组织机构,不允许它们在教育机关中进行活动。"其次,根据终身教育的理念调整国民教育体系的划分。《俄罗斯联邦教育法》以两分法(普通教育和职业教育)取代苏联时期对国民教育体系的四分法(学前教育、普通中等教育、中等职业教育和高等教育),理由是受教育者在普通中等教育阶段之后接受的教育都以获得职业为目的,所以统称为职业教育阶段,传统意义上的高等教育被称为高等职业教育。其三,确立了办学主体的开放机制和教育机构的市场机制。《俄罗斯联邦教育法》规定教育机构的创办人可以是境内外各种所有制形式机构、国内各类社会组织和宗教团体、本国公民或外国公民,亦允许联合创办教育机构。此外,允许教育机构从事一定范围内的经营性活动及获取补充资金的非经营性活动,包括有偿向学生和社会提供教学大纲以外的补充教育服务等。其四,教育管理体制从单一的中央集权走向多级管理形态,规定了从联邦到地方再到具体教育机构的管理权限和职责划分。

叶利钦时期的教育改革具有如下特点:学校教育去意识形态化;教育教学管理去集权化;教育体制多样化;教育内容个性化、人道化和人文化。在这些特点之下形成的积极的教育变化与负面的教育问题交织于一体,使这一时期教育改革如履薄冰、处境艰难。如取缔学校政治组织使学校减少了许多形式主义的活动与教学内容,但同时造成学生思想道德教育的真空;教育管理权的下放使地方有了更多自主权,但整体经济形势的滑坡令教育机构难以从任何一级机构获得实质性财政支持;教材的多样化、教育机构的非国有形式迅速涌现,在打破以往教育形式划一、单调、僵化的同时,对教育公平、教育质量的稳定与提升造成影响。

普京时代教育改革的务虚与务实　普京在第一个任期把转轨的重点由叶利钦时代主要摧毁旧制度转为主要建设新制度。在"保证政局稳定、政令畅通、政权正常运转"的第一要务之下,国家级教育政策的制定、颁行与教育具体层面的危机化解同步进行。这一时期,俄罗斯密集制定多项重大教育改革法令、法规,强调国家对发展教育的责任和教育对国家发展的意义,如2000年4月普京签署《俄罗斯联邦教育发展纲要》,明确了2000—2005年的教育发展方案;同年10月,俄罗斯政府批准《俄罗斯联邦国民教育要义》,再次强调教育在国家政策中的优先地位,确立教育发展的战略和基本方针;2001年4月颁布《俄罗斯2001—2010年连续师范教育体系发展纲要》，期望在传统和现代经验基础上更新师范教育内容、提高师范教育教学水平，借以保证国民教育整体质量的提升；2001 年颁布的《2010 年前俄罗斯教育现代化构想》，可视为普京时代教育政策的核心指南，它清晰确定了俄罗斯未来十年教育改革总方向，明确强调把以往的"教育改革"表述换成"教育现代化"，指出俄罗斯教育现代化的任务是保持教育的奠基性和时代质量，必须符合个人、社会和国家的当前需要与长远需要，教育现代化不是一个部门性的方案，而必须提升到国家政治层面并成为全民族的任务。

普京的第二个任期开始后，其教育政策开始转向重监管、抓落实方面。在政府机构改组中，将教育与科学部合并成为教育科学部，体现教育、科学一体化的创新理念。在理顺管理体制、完善监管机制、整顿"乱摊子"的过程中，教育改革开始向具体的、实质性措施完善和寻求内容与模式创新的方向展开，主要举措包括以下几个方面。(1) 推行国家统一考试改革，从 2001 年局部试点，到 2008 年底完成普及，俄罗斯于 2009 年实现了全国普通教育学校的统一考试改革。(2) 推行完全中等教育向十二年学制过渡的改革。原计划从 2000 年起用 10 年时间逐年推进，到 2010 年实现十二年学制，但由于开始试点后备受争议，最终在 2006 年前后终止。(3) 推行普通教育教学改革，侧重专业式教学，通过调整教学结构、内容和教学组织形式，促进高中教学的个别化和细分化，为学生铺建个性化教育轨道。这一计划从 2003 年开始试点，到 2007 年有 59％的学校不同程度普及，其余 41％的学校也开始参与。(4) 推动高等教育体制与国际接轨。俄罗斯于 2003 年加入博洛尼亚进程，并于 2007 年通过《关于引入两级高等教育体制的法律草案》，从法律层面上明确正式实施两级高等教育体制。

"梅普组合"时代的教育传承与创新旋律　2008 年，梅德韦杰夫当选俄罗斯总统，普京为俄罗斯政府总理，"梅普组合"时代开启。科教领域的政策高度延续，教育改革追求创新，致力于打造能够有效服务于创新经济的创新型教育。

国家创新的命题自普京第二个任期之初已经开始。2005 年 8 月俄罗斯政府批准《至 2010 年俄罗斯联邦发展创新体系政策基本方向》，它既是指导俄罗斯国家创新体系建设的基本文件，也是普京科教兴国战略的重要导向性文件。梅德韦杰夫 2005 年底任俄罗斯第一副总理后，建设国家创新体系成为他最为重要的领导职责之一。2008 年底，联邦政府颁布《2020 年前国家社会经济发展长期构想》，进一步明确了俄罗斯从能源型经济向创新型经济转型的发展战略，计划先用 4 年时间做好经济转型前的物质技术准备，再从 2012 年起用 8 年的时间集中发展创新性经济。而 2008 年的《教育和创新经济的发展：2009—2012 年推行现代教育模式的国家发展纲要》和《2020 年前的俄罗斯教育——服务于知识经济的教育模式》作为与之配套的政策文本，确认了"作为创新发展必要条件的创新教育"的短期和中期发展规划。

在此科教创新规划框架下，"梅普组合"后的教育除了继续将之前的一系列教育改革举措，如国家统一考试、侧重专业式教学、教育标准更新等进一步落实完善之外，还实施两大举措。一是在普通教育领域颁行"我们的新学校"国家教育创新方案。2008 年末，梅德韦杰夫提出实施"我们的新学校"的国家教育创新方案，强调创建新学校的实质和意义是发掘每个儿童的个人潜力，培养他们的学习兴趣，帮助他们拥有健康的心灵和生活方式；为国家创新发展培养合格的青年才俊。2010 年初，经过各方讨论审议的"我们的新学校"方案经总统签署后正式启动。该方案主要解决向新教育标准过渡，支持、挖掘天才儿童，教师专业发展，中小学生健康体魄和现代学校基础设施五方面的问题。政府初步计划拨款 150 亿卢布用于该方案的落实，并每年向总统提交关于该方案落实情况的综合报告。二是在职业高等教育领域进行创新型大学建设。俄罗斯独立以来，其高等学校数量不断增加，但优质学校匮乏，在人才培养质量、规格等方面不适应社会创新经济发展，提高大学的国际竞争力和创新能力成为俄罗斯高等教育改革的战略任务，建设国际一流的研究型大学，组建国内领先、主导区域发展的联邦大学被提上议事日程。据 2008 年梅德韦杰夫签署的组建联邦大学总统令，联邦大学同时肩负"培养具有高等专业知识与技能的国家级优秀人才"和"在区域经济和社会发展中承担战略性责任"之使命。俄罗斯计划到 2020 年重点支持两类大学：一类为学生数量为 3 万～5 万人的多学科联邦大学(共 10 所)；另一类为规模中等，但有重点学科的研究型大学(从现有国立高校中评选出 30～40 所)，以提升这些院校的国际竞争力。联邦大学可以享受特殊拨款，具有更大的自主权，采用新的组织管理体系。为支持这类大学的发展建设，国家计划在三年中，每年额外划拨超过 10 亿美元的资金。按照创新型大学的建构设计，俄罗斯的高等学校将形成"金字塔形"结构：处在塔尖的是莫斯科国立大学和圣彼得堡国立大学，往下一层是联邦大学，再往下一层是研究型大学，然后是俄罗斯各联邦主体设立的其他大学，最底层是以培养学士为主的学院。

参考文献

肖甦，等. 俄罗斯教育 10 年变迁[M].北京：北京师范大学出版社，2003.

朱小蔓，等. 20—21 世纪之交中俄教育改革比较[M].北京：教育科学出版社，2006.

(王义高)

儿童道德发展（children's moral development）　儿童认识社会伦理道德准则,形成道德认知、道德情感和道德行为的过程。有关儿童道德发展的研究始于19世纪末20世纪初,20世纪二三十年代欧美出现较多研究,其中皮亚杰的研究影响最大,60年代后又进入研究新高潮。儿童道德发展的研究主要集中在道德认知、道德行为和道德情感的发展三个方面。儿童道德行为研究主要集中于儿童的亲社会行为和攻击行为研究(参见"儿童亲社会行为发展"、"儿童攻击行为发展与控制")。

道德认知发展

道德认知是指个体对道德知识和道德评价标准的理解和掌握。一般认为,瑞士心理学家皮亚杰是第一位系统地研究儿童道德认知发展的心理学家。皮亚杰1932年出版的《儿童的道德判断》,是发展心理学研究儿童道德发展的里程碑,为儿童道德发展的认知研究奠定了坚实的基础。继皮亚杰的儿童道德判断发展理论之后,先后涌现出科尔伯格的儿童道德认知发展理论、艾森伯格的亲社会道德判断理论和吉利根的关爱道德理论以及恩赖特等人的宽恕道德发展理论。

儿童道德判断发展理论　皮亚杰认为,对儿童道德判断性质的研究,采用直接的提问是不可靠的,把儿童放在实验室里剖析更是不可能。只有从儿童对特定行为的评价中才能分析出他们对问题的真实认识。因此,皮亚杰与其合作者创立临床法,用来研究儿童对规则的意识和道德判断的发展问题。为考察儿童道德判断的发展,皮亚杰及其同事还设计许多包含道德价值内容的对偶故事。其中一个对偶故事是:A.一个叫约翰的小男孩,听到有人叫他吃饭,就去开餐厅的门。他不知道门外有一张椅子,椅子上放着一个盛有15只杯子的盘子,结果他开门时撞倒了盘子,打碎了15只杯子。B.有个男孩名叫亨利,一天,他妈妈外出,他想拿碗橱里的果酱吃。由于果酱放得太高,他的手够不着,他就爬上椅子去拿,结果碰翻了1只杯子,杯子掉在地上摔碎了。接着,询问儿童"哪个男孩犯了较重的过失?"皮亚杰发现:6岁以下的儿童大多认为第一个男孩的过失较重,因为他打碎的杯子较多;年龄较大的儿童则认为第一个男孩的过失较轻,因为他的过失是在无意中发生的。皮亚杰采用对偶故事法,考察和研究儿童对游戏规则的认识和执行情况、对过失和说谎的道德判断以及儿童的公正观念等方面的问题,并据此概括出儿童道德认知发展的三个阶段:(1)前道德阶段。出现在4～5岁以前。处于前运算阶段的儿童思维是自我中心的,其行为直接受行为结果支配,故此阶段的儿童还不能对行为作出一定的判断。(2)他律道德阶段。出现在四五岁至八九岁。此阶段儿童对道德的看法

遵守规范,只重视行为后果(打破杯子就是坏事),而不考虑行为意向,故称为道德现实主义。(3)自律道德阶段。自律道德始自9～10岁以后。此阶段儿童不再盲目服从权威,开始认识到道德规范的相对性,考虑行为的对错时,除看行为结果外,也考虑行为者的动机,故称为道德相对主义。皮亚杰提出的道德现实主义向道德相对主义转化的一般发展过程已被世界许多国家的心理学家重复证实。中国心理学研究者也做了大量研究工作验证皮亚杰的儿童道德判断发展理论,如李伯黍等1979年,1984年探讨中国儿童青少年对行为原因与后果的道德判断、儿童惩罚观念的发展等,儿童道德发展研究协作组1982年,1983年考察中国儿童道德观念的发展、公正判断的发展,等等。总的来看,中国心理学研究者的研究结果基本支持皮亚杰关于儿童道德发展的理论,但发现中国儿童的道德判断从不成熟判断向成熟判断的转折年龄普遍地早于皮亚杰发现的转折年龄,提前的程度大致为1～3年。

从皮亚杰研究儿童道德发展的方法看,对偶故事存在一些问题:对偶故事呈现了两个不对等的后果(15只杯子对1只杯子),这样会诱发儿童忽略其中的有意性;故事中亨利去拿果酱,他可能并不是有意打破杯子的,而是不小心打碎的;这些故事对儿童被试的记忆要求也较高。从研究内容看,皮亚杰在儿童规则认知发展研究中没有对习俗规则和道德规则进行区分,而是认为儿童以相同的方式对待不同范畴的规则。实际上,儿童能够区分那些违背社会习俗的行为和那些违背道德规则的行为。例如,美国心理学家斯梅塔娜1981年在美国的两个托儿所里对2～5岁儿童进行的研究发现,儿童能够区分以上两种类型的行为。中国学者张卫等人1998年对6～14岁儿童的研究发现,至少6岁的中国儿童已表现出对道德规则和社会习俗的直觉区分,但8岁左右才能达到对两者的深刻理解:对道德规则的理解强调公平原则、他人幸福和义务责任等因素,而对社会习俗的认识则强调社会习俗传统、团体规则和不良后果。

儿童道德认知发展理论　自20世纪50年代末期,美国心理学家科尔伯格对皮亚杰的理论框架进行了深入研究和系统扩充。他对皮亚杰的理论给予高度的评价,充分肯定皮亚杰的一些基本观点,如儿童的认知发展是其道德发展的必要条件;道德发展作为一个连续的发展过程,由于认知结构的变化而表现出明显的阶段性;他律道德与自律道德之间的差异相当于前运算阶段与具体运算阶段之间的差异等。他也指出皮亚杰研究方法中存在的某些局限性:皮亚杰研究采用的对偶故事中造成较坏后果的儿童往往不是故意的,而造成较轻后果的儿童往往是有意的;利用对偶故事法不能很好地揭示儿童道德推理的过程;皮亚杰研究儿童道德发展的内容维度较窄等。鉴于上述考虑,科尔伯格决定采用开放式手段来揭示儿童道德发展水平,同时保留皮亚杰对偶故事中的冲突性特征。他选择古代哲学家经常采

用的"假设两难情境",编制"道德两难故事"作为引发儿童道德判断的工具。最典型的是"海因兹偷药"。即海因兹因缺钱无力买药,为救得病的妻子,只得撬开药店的门偷药的故事。儿童对两难故事中的问题既可作肯定回答,又可作否定回答。科尔伯格真正关心的不是儿童作出哪一种回答,而是儿童论证其回答时提出的理由。因为在科尔伯格看来,儿童提出的理由(即儿童的推理思想)是根据其清晰的内部逻辑结构而来的,所以根据儿童提出的理由就能确定儿童的道德判断水平。科尔伯格采用纵向法,在10年间连续测量72名10～26岁男孩的道德判断,并将研究结果推广到多个国家和地区去验证,最后于1969年提出三水平六阶段道德发展理论。第一水平:前习俗水平。大约在学前至小学低中年级阶段。该水平又分两个阶段。第一阶段:惩罚和服从取向。根据行动的具体结果判定行动的好坏。凡是没有受到惩罚的和顺从权威的行动都被看作是对的。第二阶段:工具性的相对主义取向。正确的行动就是能够满足自身需要的行为。虽然互惠关系已发生,但主要表现为实用主义的形式。第二水平:习俗水平。大约自小学高年级开始。该水平又分两个阶段。第三阶段:好孩子取向。好的行为是让人喜欢或被人赞扬的行为。十分重视顺从和做好孩子。第四阶段:法律和秩序取向。注意的中心是权威或规则。正确就是指完成个人职责、尊重权威和维护社会的秩序。第三水平:后习俗水平。大约自青年末期接近人格成熟时开始。该水平又分两个阶段。第五阶段:社会契约的取向。该阶段有一种功利主义的、墨守法规的倾向。正确行为是按社会赞同的标准来界定的。重要的是意识到个人主义的相对性以及需要与舆论一致。第六阶段:普遍的道德原则的取向。道德被解释为一种良心的决断。道德原则是自己选定的,决策的依据是抽象概念而不是具体规则。20世纪70年代和80年代,科尔伯格在许多实验研究的基础上,对其理论进行一些修正,但从整体上看,其基本阶段模型没有变化。

科尔伯格关于儿童道德发展阶段的理论丰富和发展了皮亚杰关于儿童道德发展的理论。他和合作者在英国、土耳其等国家和中国台湾地区进行一系列跨文化研究后指出,关于儿童道德判断的三种水平六个阶段在各种不同的文化背景中具有普遍性,认为"尽管不同文化的道德行为和道德习俗似乎很不相同,但在这些不同的道德习俗背后,却似乎存在着一种普遍的判断和评价形式"。但是,一些心理学家对科尔伯格的研究提出批评。他们认为,科尔伯格的研究方法主观性太强;在10～17岁儿童的现实生活中不可能发生这类问题;科尔伯格研究中的被试都是男性;科尔伯格没有很好地区分习俗规则和适用于公平、真理与是非原则的道德规则。美国心理学家特里尔1983年通过实证研究发现儿童的习俗判断和道德判断的发展规律各不相同。以

此表明,科尔伯格的道德发展理论并不适合儿童的习俗判断。社会习俗可以通过协商加以改变,而道德规则具有固定、不可改变的性质。

亲社会道德判断理论　在科尔伯格的道德发展理论基础上,美国心理学家艾森伯格及其合作者进行了一系列关于儿童亲社会道德判断发展的理论探讨和实证研究,创立亲社会道德判断理论。艾森伯格认为,道德作为一个总的领域,包括许多不尽相同的具体方面,儿童对这些具体方面的判断会有所不同。科尔伯格研究所用的两难故事在内容上几乎都涉及法律、权威或正规的责任等问题。这些法律、责任等问题会在一定程度上制约着儿童对故事冲突所作的推理。因此,科尔伯格运用其两难故事只是研究儿童道德判断推理的一个方面——禁令取向的推理(prohibition oriented reasoning)。艾森伯格区分并设计出不同于科尔伯格两难情境的另一种道德两难情境——亲社会道德两难情境(prosocial moral dilemmas)来研究儿童的亲社会道德判断。亲社会两难情境的特点是"一个人必须在满足自己的愿望、需要和(或)价值与满足他人的愿望、需要和(或)价值之间作出选择",助人者的个人利益与接受帮助者的利益之间存在着不可调和的矛盾。例如一个人必须在帮助一个遭抢劫的妇女和保护自己之间作出选择等。在亲社会两难情境中,故事的主人公是唯一能提供帮助的人,但助人就意味着自我牺牲。这种助人行为是"职责以外的行为"(acts of supererogation),它高于一个人常规的责任、源于公平考虑的责任等。正是在这一意义上,艾森伯格认为,在亲社会两难情境中并不强调法律、惩罚、权威和常规的责任,这也正是亲社会两难情境与科尔伯格的两难情境之区别所在。艾森伯格及其合作者利用亲社会两难故事进行了许多横向和纵向研究,在此基础上归纳和总结出关于儿童亲社会道德判断的五个阶段。阶段1:享乐主义的、自我关注的推理。助人或不助人的理由包括个人的直接得益、将来的互惠,或者是由于自己需要或喜欢某人才关心他(她)。阶段2:需要取向的推理。他人的需要与自己的需要发生冲突时,儿童对他人身体的、物质的和心理的需要表示关注。儿童仅仅是对他人的需要表示简单的关注,并没有表现出自我投射性的角色采择、同情的言语表述等。阶段3:赞许和人际取向、定型取向的推理。儿童在证明其助人或不助人的行为时提出的理由是好人或坏人、善行或恶行的定型形象,他人的赞许和许可等。阶段4:分为两个阶段。阶段4a:自我投射性的移情推理。儿童判断中出现自我投射性的同情反应或角色采择,他们关注他人的人权,注意到与一个人的行为后果相连的内疚等情感。阶段4b:过渡阶段。儿童选择助人或不助人的理由涉及内化了的价值观、规范、责任和义务,对社会状况的关心,或者提到保护他人权利和尊严的必要性等。但是,儿童并没有很清晰地表述出这些思想来。

阶段5：深度内化推理。儿童决定是否助人的主要依据是他们内化了的价值观、规范或责任，尽个人和社会契约性的义务、改善社会状况的愿望等。此外，儿童还提到与履行自己价值观相联系的否定或肯定情感。艾森伯格对亲社会道德判断的这五个阶段作了比较谨慎的说明，她没有把它们看作是具有普遍性的，也没有把它们之间的顺序看作是固定不变的。她认为自己勾画出美国中产阶级儿童发展的一种描述性的与年龄有关的顺序。国外许多心理学工作者利用艾森伯格的亲社会两难故事在德国、以色列、日本和西太平洋的巴布亚新几内亚等地所做的跨文化研究表明，尽管不同文化背景下的儿童的亲社会道德判断存在着一定的差异，但他们的亲社会道德判断发展过程与艾森伯格提出的儿童亲社会道德判断的发展阶段基本一致。中国学者程学超和王美芳1992年对儿童亲社会道德推理的发展进行了研究，所得结果基本上支持了艾森伯格的亲社会道德判断理论，但发现中国儿童比美国同年龄儿童的推理水平稍高一些。艾森伯格的儿童亲社会道德判断理论与科尔伯格的理论不尽相同。科尔伯格认为，儿童道德判断经历的第一阶段是以惩罚和服从为定向，即儿童把避免惩罚和遵从权威作为其判断的理由。艾森伯格对学龄前儿童和学龄儿童做了充分的研究，指出在儿童（甚至是学龄前儿童）的亲社会道德判断中不存在科尔伯格的第一阶段，即儿童并不或极少把避免惩罚和权威的强力作为其亲社会道德判断的理由。科尔伯格的第二阶段是以行为的工具作用为定向，他把儿童对个人需要的满足和对他人需要的满足都归纳在同一发展阶段里。艾森伯格的研究发现，在儿童的亲社会道德判断中，儿童满足自己的需要而忽视他人的需要时表现为一种自私、享乐主义的思想，而满足他人的需要时表现为一种利他的思想，儿童的这种自私的推理随着年龄的增长呈下降趋势，而儿童满足他人需要的利他思想随着年龄的增长呈上升趋势。前者成为儿童亲社会道德判断的最低阶段——享乐主义的推理，后者为第二阶段——需要取向的推理。科尔伯格提出的第三阶段与艾森伯格亲社会道德判断的第三阶段一致，即儿童都是以外在于他们的"好人"和"坏人"的定型形象、他人的赞许等作为其判断的理由。科尔伯格的后三个阶段与儿童亲社会道德判断的后两个阶段不同。

科尔伯格认为他提出的儿童道德判断的三种水平六个阶段不受道德内容的影响，其理由是他在研究儿童的道德判断时把儿童道德判断的形式（阶段）与道德判断的内容区分开了。艾森伯格对儿童亲社会道德判断的研究表明，科尔伯格的道德发展阶段理论并没有完全概括出儿童整个道德判断的全貌，他的理论只揭示儿童对某些道德问题的判断发展情况。同时也应该看到，尽管科尔伯格的两难故事与亲社会两难故事不同，但揭示的关于儿童道德判断

的发展情况也存在着某些相似之处，如儿童对个人和他人的需要表示关注，然后又都把好人的定型形象、他人的赞许等外在于他们的东西作为其判断的理由，年龄再大些的儿童都开始以个人内在的思想、价值等作为其判断的理由等。这说明科尔伯格的理论也揭示儿童道德判断发展中的某些带有普遍性的规律。

关爱道德理论 以皮亚杰和科尔伯格为代表的道德认知发展理论用实证方法发现了儿童是按一定的结构图式认识道德现象的，而且随着年龄的增长，儿童的道德判断与推理按一定的阶段向前发展。他们认为，这种发展阶段的变化是围绕着"公正"观展开的，因为只有公正才是大众组织其道德思维的框架。美国心理学家吉利根通过两方面的研究最先对公正是大众道德的唯一取向这一观点提出质疑。一方面，吉利根依据自己对大量经典著作尤其是哲学、伦理学文献的研究发现，人类社会一直存在着公正和关爱两种不同取向的伦理道德观。另一方面，吉利根在利用科尔伯格研究中使用的经典测试材料"海因兹偷药"的故事进行研究时发现，被试除有以公正为道德取向的反应外，还有以关爱为道德取向的反应，但在皮亚杰和科尔伯格的研究中，这类反应被忽视了。提出关爱道德之后，吉利根及其合作者1982年进行了名为"权利和义务"的代表性研究以考察关爱道德的普遍性。他们让被试描述一个与自己有关的、真实生活中经历的道德冲突，然后向被试提出一系列标准问题，包括问题的建构（问题是什么）、解决方法（怎么办）和评价（这样做对吗）。结果表明，75%的女性主要运用关爱取向，只有25%的女性主要运用公正取向；79%的男性主要运用公正取向，7%的男性关爱、公正并重。值得注意的是，36%的女性没有表示任何公正的倾向，36%的男性没有表示任何关爱的倾向。吉利根等人据此指出，在真实生活的道德两难故事中，个体考虑问题主要用一个模型，这种模型与个体的性别有关，但并不局限于个体的性别。有些研究用自我报告法考察大学生的道德取向问题，结果表明，女性在运用关爱取向时一致性高于男性，而男性运用公正取向时一致性高于女性。经过大量研究后，吉利根等人认为，在道德判断与推理中存在两种道德取向——公正和关爱，个体进行道德判断时倾向选择某一道德取向，同时也可能改变道德取向；男性和女性对客观世界和社会生活的看法是不一样的，表现在道德观上女性是典型的关爱取向，男性是典型的公正取向；不能把女性注重关爱归于她们缺乏教育训练（科尔伯格和其他人曾以此来解释女性在公正推理中处于较低水平），相反，女性道德推理中的关爱使我们看到公正道德理论的不足；假设故事因其抽象的特性易引起被试的公正思想，而真实两难故事因受故事发生背景的影响，易于激发个体的关爱思想。吉利根在理论探讨与实证研究的基础上提出女性关爱道德发展的三个水平和两个时期。水平

1：自我生存定向。自我是关心的唯一目标,自我生存的观念是最为重要的。只有当自己的需要之间发生冲突时,道德思考才会产生,道德是对自己强加的约束力。第一个过渡时期：从自私向责任感转变。个体自己的愿望和个体对他人的责任感是相互矛盾的,即个体"将要"做和"应该"做之间存在冲突。水平2：善良即自我牺牲。主要是关心他人,尤其是关心他人的情感、关心冲突伤害的可能性成为这一水平中人们所关注的中心。善良等于自我牺牲,并与关心他人的需要结合在一起。第二个过渡时期：从善良转向真实。女性开始认识到道德意味着既要关心自己,又要关心他人。行为的环境、意图和结果在此时期变得尤为重要。女性试图同时考虑自己的需要和他人的需要,对他人负责而使自己"善良",对自己负责而使自己"诚实"和"真实"。水平3：非暴力道德。个体利用非暴力原则解决自私和对他人负责之间的冲突。自己与他人间的道德平等通过平等地运用避免伤害的禁令而获得,关爱成为普遍的义务。

吉利根提出关爱道德取向的存在,阐述了个体关爱道德的发展水平,这是对已有道德发展理论内容的丰富和补充。吉利根发现个体的道德发展在一定意义上存在着性别差异,修正了以前关于个体道德发展无性别差异的观点。此外,她运用被试"真实生活"中的道德两难问题考察个体道德发展,不仅是研究方法上的进步,而且使研究结果更可信。

宽恕道德发展理论　有些学者从伦理哲学的角度分析认为,尽管公正极为重要,但完整而完美的德行除公正还必须包括仁慈(mercy)这一要素。仁慈这一要素则主要有关爱和宽恕(forgiveness)两个亚成分。宽恕是指个体宽恕他人,而不是寻求他人的宽恕。该方面的代表人物有美国教育心理学家恩赖特等人。他们主要从文献研究和临床心理两个方面指出,宽恕是道德心理研究的一个重要主题。在文献研究方面,他们指出犹太教、基督教和伊斯兰教的教义以及东方儒家学说中都宣扬和倡导宽恕这种精神。其观点的共同之处是：在神与人的关系中,上帝(苍)会慷慨地赦免一个人的罪过;在人与人的关系中,应该以神为榜样宽恕他人;如果犯过者能够悔过并改正,那就更要予以宽恕;这样的宽恕既是一个人的道德,也能使一个人的内心恢复平静,获得安宁感。在临床心理工作中,大量的案例和临床经验表明,不少来访者或求治者都是在生活中受到某种伤害后,长时间地怀有仇恨、愤懑、报复等想法、情结或行为倾向。这种心理状态是他们在人际交往、发展人际关系过程中许多障碍和问题的根源。在临床上,研究者引入宽恕作为干预措施后,实验组比控制组在生理指标上更为正常,心理压抑程度和焦虑水平较低,自尊水平则较高,而且实验组能以更积极的态度与人交往和应对道德问题,也能与人发展良好的人际关系包括道德关系。恩赖特从由知、情、行三个方面构成的心理结构来界定宽恕。在认知方面,宽恕时个体不再有报复性的谴责和想法,进而可能出现尊重对方、良好祝愿等积极性的思维活动。在情感方面,内心的消极和对立情绪逐渐减弱,最终为中性情绪甚至被积极情感取代。在行为方面,一个人不再作出报复性行为,并可能愿意和对方一起共同参与某些活动。恩赖特等人1989年采用两个道德两难故事考察了4岁、7岁、10岁、大学生和成人的宽恕发展情况。首先向被试讲述道德两难故事,这些两难故事的结尾都是故事主人公受到感情上的伤害。以海因兹偷药的故事为例,药剂师把药藏起来,海因兹的妻子死了,留下海因兹痛苦、气愤。被试听完故事后,主试在让被试说说什么情形可以使一个人更容易宽恕做坏事的人的同时,还考察了无条件宽恕的情况。研究发现,儿童的回答表现出明显的年龄趋势,而且与科尔伯格的发展阶段序列存在着中等程度的相关。据此,研究者提出个体宽恕认知发展阶段模式,认为个体宽恕道德发展可分为六个阶段,分别与科尔伯格的六个阶段相对应。阶段1：报复的宽恕。只有对伤害自己的人给予同样程度的惩罚,自己才能宽恕此人。阶段2：补偿的或恢复原状(restitutional)的宽恕。如果得到自己所失去的,自己才能宽恕。或者是,如果自己因不宽恕而感到内疚时,为消除自己的内疚才能宽恕。阶段3：期待的宽恕。若他人施加压力要求自己宽恕,自己能够宽恕。当别人期望自己宽恕时,自己就更容易宽恕。阶段4：法律期望的宽恕。如果自己的信仰要求自己宽恕时,自己就宽恕。值得注意的是,这与阶段2为消除因不宽恕产生的内疚才宽恕是不同的。阶段5：社会和谐的宽恕。当宽恕能够恢复社会的和谐或良好关系时,自己就宽恕。宽恕减少社会中的摩擦和冲突。阶段6：爱的宽恕。自己无条件地宽恕,因为它能够提升真爱。个体真正关心每一个人,对每一个人的真爱不会因为他人对自己的伤害行为而改变。这就可能导致和解而杜绝报复。这时,宽恕者不是通过宽恕去控制别人,而是解放了他人。

恩赖特等人对上述宽恕道德发展六个阶段作出五点说明：第一,前两个阶段包含着对宽恕的歪曲,把宽恕和公正问题的解决方法混同在一起。第二,在中间的两个阶段,公正和宽恕不再混同在一起,但是这两个阶段意味着只有受到相当的社会压力要求宽恕时,才会宽恕。第三,第五阶段,不再像前四个阶段那样要求一些条件的出现作为宽恕的前提,而是要求宽恕之后某种情况必须出现。在该阶段,只有在通过宽恕恢复社会和谐的情况下,一个人才愿意宽恕他人。第四,只有第六个阶段捕捉并描绘出宽恕概念的真正内涵。只有在该阶段,不管是在宽恕前还是宽恕后,都不再要求任何条件。第五,这六个阶段并没有表现出统一整体的严格的似阶段的特性。相反,大多数被试在其思想上表现出两个甚至更多阶段的迹象,但是这些阶段是相邻的,双峰模式很少出现。

道德情感发展

道德情感是人的道德需要是否得到满足引起的一种内心体验,它反映并伴随着人的道德认知和道德行为。有关道德情感发展的研究主要集中于儿童移情的发展,还有一些研究者探讨了儿童内疚感的发展。

儿童移情的发展　在发展心理学中,移情有两种定义:一是情感取向的移情定义,认为移情(empathy)是指由他人情绪情感引发的与之相一致的情绪情感反应,如看到别人害怕,自己也感到难过。另一种是认知取向的移情定义,认为移情是儿童对他人情绪、情感的理解,表现在儿童区分和辨别情感线索并推测他人内部情感状态,尤其是建立在观点采择基础上的对他人内部情感状态的推测。实际上,移情中认知能力和情绪反应两种成分是密不可分的。美国心理学家 M. L. 霍夫曼 1976 年的研究发现,人类的婴儿生来就具有移情反应能力。例如,他给刚出生一天的婴儿听其他婴儿啼哭的录音,这些新生儿比未听录音的新生儿更多地哭泣、更加不安。这就是移情性不安的最初形式。这种情绪会发展为绝大多数亲社会行为的情绪基础。1984 年 M. L. 霍夫曼经研究指出,儿童移情的发展要经历四个阶段。(1)非认知的移情阶段。出生第一年,儿童对自我—他人的关系尚未达到分化,故不能区分对他人的情绪状态和自己的情绪状态的体验。此阶段,他人的情绪表现会在儿童身上引起相似的情绪反应,但这种反应并不伴随相应的社会认知过程。如儿童看到别人哭,自己也跟着哭。因此,人生第一年的移情处于一种非常原始的阶段,即非认知的移情阶段。(2)自我中心的移情阶段。出生第二年,儿童初步的自我意识开始萌芽,自我中心的移情出现。此阶段,儿童开始能够对他人的情感作出反应,但儿童不能理解他人,不能以恰当的方式关心、帮助他人,他们的这种反应只是为减轻自己的不安和痛苦。(3)推断的移情阶段。在 2~3 岁时,儿童认识到他人是独立于自己而存在,并且是具有与自己不同的情感、需要和思想等内部心理状态的实体。这一阶段儿童形成最初步的角色采择能力,表现出一些利他主义的尝试。(4)超越直接情景的移情阶段。童年晚期以后,儿童能够注意到他人的生活经验和背景,角色采择能力不断提高,能准确地评估他人的情绪状态及其起因,移情不再拘泥于具体的、直接的情境,而且扩展到更抽象、概括的情境。如为迟钝、呆痴儿童感到悲伤,甚至在这些儿童玩得很开心时也为他们感到悲伤。

儿童内疚感的发展　内疚感是指当儿童认识到自己的行为违反了自己内化了的道德准则时产生的一种悔恨自责的情感。儿童内疚感的发展经历了四个过程:第一,从 8~9

个月开始,儿童有目的的行动使某个人哭时,他们会产生移情忧伤,再过一年后才表现出内疚感的迹象。他们首先对导致一个人身体受到伤害感到内疚,发展到对说出伤人的话感到内疚,然后发展到对没有积极地回应某种要求感到内疚。第二,4~5 岁时,儿童会对没有进行互惠感到内疚。例如,一名儿童要求一个朋友和他一起玩积木,这个朋友这样做了,但当这个朋友要求一起玩他的玩具汽车时,他却不同意,这个朋友就哭了。这时,该名儿童对自己没有进行互惠感到内疚。第三,到 6~8 岁时,儿童会对没有尽到某项义务、没有兑现承诺(如自己答应去看望生病的朋友但实际没去)感到内疚。第四,到 10~12 岁时,儿童能够对违背了一个怎样对待他人的普遍的抽象道德原则感到内疚。

儿童道德情感的发展　中国学者李怀美、余强基、史莉芳在 20 世纪八九十年代进行了大规模的协作研究,探讨了儿童道德情感的发展。研究者选择爱国主义情感、义务感、良心、荣誉感和幸福感等 5 个主要的道德情感范畴作为研究内容,选取 2 400 名中小学生作为研究对象,较细致地考察了中国中小学生道德情感的发展特点。研究发现:(1)中国儿童青少年道德情感的发展趋势是,从小学二年级到初中二年级呈现逐步上升的趋势,但不是等速的,而是不均衡的。其中,小学四年级到小学六年级发展速度最快。初中二年级到高中一年级表现出下降现象。(2)道德情感的不同范畴的发展不是同步性的,义务感排在第一位,其次是良心范畴,幸福感和荣誉感范畴排在第三和第四位,最后是爱国主义情感。(3)城市和乡村的中小学生道德情感的发展趋势一致,但城市学生的发展水平高于乡村学生。(4)男女中小学生道德情感的发展趋势基本一致,但除爱国主义情感外,其他范畴上均是女生的发展水平高于男生。(5)道德情感的发展并不是在一个维度上线性展开的,是多水平、多层次在多维度之间既矛盾又相互制约着的发展。

此外,中国学者陈会昌 1987 年选择热爱祖国山河、报效国家的情感、维护民族尊严、区分爱国主义和狭隘民族主义四个方面的内容考察了中国中小学生爱祖国观念的发展,发现中小学生对祖国山河、领土的热爱,最初是在具体形象水平上,从小学末期起,这种热爱逐渐加进自豪感、依恋感等情感色彩,中学生则能把爱祖国的山河同热爱社会主义祖国、为祖国忘我劳动等爱国主义精神相联系。中小学生国家尊严感的发展,最初是在初步的国家自尊感水平上,然后经过一个明确的国家尊严感阶段,最后达到深刻的"国格不可辱"精神水平。中小学生对国家的责任感、义务感的发展表现为:小学高年级学生已经能够初步理解个人和国家的关系,初中生已有明确的报效祖国的情感,高中生则能从深刻的爱国主义原则性出发,从公民对祖国的责任和义务角度出发,体现了对祖国强烈的责任使命感。

参考文献

岑国桢,顾海根,李伯黍.品德心理研究新进展[M].上海:学林出版社,1999.

陈会昌.道德发展心理学[M].合肥:安徽教育出版社,2004.

张文新.儿童社会性发展[M].北京:人民教育出版社,1999.

朱智贤.中国儿童青少年心理发展与教育[M].北京:中国卓越出版公司,1990.

Kurtines, W. & Gewirtz, J. Handbook of Moral Behavior and Development[M]. Hillsdale, NJ: Erlbaum, 1991.

（王美芳）

儿童攻击行为发展与控制（development and control of children's aggressive behaviors）　儿童有意伤害他人身体或心理之行为的发展特点及干预矫正。攻击行为是儿童中比较常见的一种社会行为,既会影响儿童品德与人格的发展,也会影响社会的文明与安定。因此,自20世纪以来,儿童攻击行为的发展与控制一直是发展心理学的一个重要研究课题。由于心理学家划分的标准不同,儿童攻击行为有不同的分类。美国心理学家哈吐普按照目的,把攻击分为敌意性攻击和工具性攻击;道奇等人按起因,把攻击划分为主动型攻击和反应型攻击;兰格斯伯兹等人按表现形式,把攻击划分为身体攻击、言语攻击和间接攻击等。儿童早在学龄前期就出现工具性攻击（instrumental aggression）和敌意性攻击（hostile aggression）两种最普遍的攻击形式。工具性攻击是指儿童为获得某个物品而作出的抢夺、推搡等动作。这类攻击本身指向于一个主要目标,如空间或某一物品的获取。敌意性攻击则是以人为指向的,其根本目的是打击、伤害他人。如一个男孩故意打一个女孩或说该女孩坏话,惹她难过,这是敌意性攻击,但如果是为对方手中漂亮的玩具而打她,则是工具性攻击。美国心理学家 L. E. 伯克在其著作《儿童发展》中认为,敌意性攻击至少有公开性攻击（overt aggression）和关系性攻击（relational aggression）两种变化形式。公开性攻击是通过身体动作或语言威胁来对受攻击者实施攻击行为,以达到伤害别人的目的。关系性攻击又叫间接攻击,是指攻击者一方借助第三方间接对受攻击者实施的行为,如造谣离间和社会排斥。关系性攻击可能是公然面对的（如"走开,我再也不和你做朋友了!"）或是非面对的（"不要跟小红一起玩,她很讨厌"）。这两类攻击在儿童身上都可能存在,且表现出年龄和性别差异。

儿童攻击行为发展

人类个体攻击行为出现得较早。从婴儿晚期开始,几乎所有的孩子都可能出现攻击行为。比如,为得到自己喜爱的玩具而和同伴争抢甚至抓打对方,或者说难听、骂人的话。随着年龄的增长,儿童攻击行为发展,表现出如下特点。

存在年龄差异　哈吐普在1974年对4～6岁和6～7岁两个年龄段儿童攻击形式的发展进行了观察,发现年幼儿童的攻击性要高于年长儿童,其中一个主要原因在于前者的工具性攻击比率高于后者,而年长儿童则更多使用敌意性攻击或以人为指向的攻击。因此得出结论,在整个学前期,儿童的工具性攻击呈减少趋势,敌意性、报复性攻击呈增多趋势。20世纪80年代以来,中国发展心理学领域关于攻击行为的系统研究逐渐增多。如研究者张文新等人在1996年采用自然观察法对幼儿的攻击行为进行了考察,验证和支持了哈吐普的上述结论。早期一些研究者还曾以言语攻击和身体攻击为标准研究了儿童攻击形式的发展变化,结果发现,2～4岁儿童攻击形式发展的总趋向是:身体攻击逐渐减少,言语攻击相对增多。对学前儿童攻击行为的研究还发现,在起因上,由争夺物品和空间引起的原因向由于游戏行为规则等社会性原因变化;在形式上,由身体攻击向言语攻击变化。原因可能是,儿童的言语和沟通技能随年龄增长而逐渐增强,逐渐学会用语言而非身体方式来表达想法,且随着成人期望与规则的变化,大多数父母和教师不再容忍年龄较大孩子的身体攻击,而对他们的"唇枪舌剑"则更容易忽视;随着年龄的增长,儿童延迟享乐的能力逐渐提高,有助于减少其工具性攻击。与此同时,导致儿童敌意性的、带有个人倾向的攻击却增加了。尽管讽刺、批评以及嘲笑很少引起4～5岁孩子的攻击行为,但能激起6～7岁孩子的攻击行为。大一些的孩子似乎更能看出别人蓄意性的行为,结果他们经常用带有敌意的报复来回应。

攻击的表现形式存在性别差异　以往研究和人们一般的看法认为,男孩的攻击行为总体上多于女孩,而且这种差异在儿童很小的时候就表现出来。诸多解释也为该结论做了说明:由于生物学因素和社会性因素（如性别角色发展）等原因,男性无论从身体上还是言语上都比女性更富有攻击性。然而,美国心理学家 N. R. 克里克等人提出一个新的观点认为:女孩的攻击行为并不比男孩少,她们可能以不同形式表现她们的敌意,如通过关系性攻击。为达到攻击目的,男女儿童可能会以更加适合自己的方式去攻击其目标:男孩喜欢用身体和言语攻击来阻碍对方的支配目的;女孩则更喜欢求助于关系性攻击,因为它会阻碍同伴之间的亲密关系,而这种关系对于女孩来说又是非常重要的。一些研究发现,女孩和男孩一样都具有敌意性或攻击性,只是他们的表现方式不同。由于许多研究只是集中在身体攻击和言语攻击方面,忽视了这种通常难以被人觉察出来的较微妙且在某种程度上比直接攻击更能为社会所接受的间接攻击形式。很显然,我们可能低估了女孩的攻击倾向。

具有相对稳定性　研究发现,从学龄前期到青少年期,攻击具有相对稳定的特性:3岁时具有高度攻击性的儿童在 5 岁时很可能还是如此，而且 6～10 岁时的攻击行为也能够很好地预测 10～14 岁时的表现。有研究者指出，男孩攻击性特征的稳定性高于女孩，但其后的研究对此提出质疑。如休斯曼等人在 1984 年发表了一项对 600 名被试进行的跨越 22 年的纵向研究，发现不论是男性还是女性，8 岁时的攻击性能预测他们 30 岁时的攻击行为。研究者还对参与家庭的攻击性进行追踪，并发现代际之间的连续性：高攻击性儿童，其父母和祖父母更可能本身就具有反社会性，并在儿童期就出现行为问题。攻击行为发展的这种稳定性可能是由环境和生物学两方面因素共同影响的结果。生长在具有攻击性家庭情境中的儿童，在家庭以外相似的情境中会倾向于以武力来解决冲突；具有攻击性的同伴群体或社区环境也会维持儿童的攻击性。对双生子的跟踪研究表明，同卵双生子攻击性的相关要高于异卵双生子，虽然他们已经分开生活多年。这说明攻击行为可能有基因学上的基础，因而相对稳定。此外，张情等人于 1999 年研究了大脑的某种功能、状态与攻击的关系。他们采用视野速视呈现技术对攻击性儿童和正常儿童的比较表明，攻击性儿童的大脑两半球均衡发展与协同功能较低，显示左半球抗干扰能力较差，右半球完形认知能力较弱。由此假设，攻击的稳定性可能与儿童大脑的功能缺陷有关。这为干预和矫正儿童的攻击行为提供一种可能的思路。

攻击行为产生的理论

理解攻击行为的产生原因，有利于干预矫正儿童的攻击行为。由于攻击行为的起因极其复杂，西方心理学家从各自的视角进行探究，先后形成四种代表性理论。

生物本能论　奥地利心理学家弗洛伊德认为攻击是一种生物性的本能，是"死亡本能的一种表现形式"。奥地利习性学家劳伦兹对动物和人类的攻击进行深入系统的研究，认为攻击和喂食、逃跑、生殖一起构成动物和人类的四大本能系统。攻击行为发自一种战斗的本能，攻击的驱力来自内部，攻击的能量在有机体内部能不断积累、增强，一旦受到微弱刺激就引起攻击反应，甚至没有刺激也可能出现攻击行为，表现为一种能量的自发释放。

挫折—攻击假说　美国心理学家多拉德等在 1939 年出版的《挫折和攻击》一书中强调攻击不是本能而是挫折后产生的反应。鉴于究竟是挫折先于攻击还是攻击先于挫折很难说清，该理论的循环论证受到批评和质疑。美国心理学家伯科威茨 1962 年提出驱力概念作为补充，修正该理论，认为挫折并不直接导致攻击，只为攻击行为的产生创造了一种唤醒或准备状态，攻击行为的发生还需要一定的外部刺激作为引发线索，也就是挫折引起的怨愤本身并不直接导致攻击，除非与攻击有关的刺激不断发生并形成足够的驱力才会发生实际的攻击行为。

社会学习理论　上述两种理论都是对攻击内因的解释。20 世纪 50 年代以后，以美国心理学家班杜拉为代表的社会心理学家试图从外部影响探索攻击行为的原因。班杜拉认为，儿童的攻击行为是一种在社会生活中逐渐习得的反应。习得反应既可来自直接经验也可来自替代性经验。前者是指儿童实际参与打架斗殴等冲突活动而习得攻击行为，后者又称观察学习或模仿，如儿童的攻击行为可能是受到父母、同伴打斗或观看打斗影视、武侠小说的结果。

社会信息加工模型　20 世纪 80 年代后研究的重点转向探讨认知对儿童攻击行为的中介或调节作用。美国心理学家道奇及其同事提出的社会信息加工模型就是在这种思潮影响下对攻击行为作出的解释。该模型的基本观点是：高攻击性儿童之所以攻击他人或采用攻击方式处理人际问题，是因为他们对环境信息的认知加工存在偏差，或由于社会认知能力和社会技能低下。道奇等人认为，儿童从面临某一社会线索到作出攻击反应这整个信息加工过程包括"评价—解释—寻找反应—决定反应—作出反应"五个子过程。如果儿童不能按照顺序对输入的信息进行加工，或在某个加工环节上发生偏差，就可能导致攻击行为的发生。该模型提出后，道奇等人又做了大量的实验来验证它。其他一些研究也分别探究了在不同加工阶段上与儿童攻击行为相关的认知缺陷，为干预和矫正儿童的攻击行为提供了一定的理论依据。研究表明，攻击性儿童具有如下一些特点：对故意性线索表现出有偏向的注意；对他人行为的解释存在归因偏见；在行为反应和问题解决策略上存在缺陷；对攻击行为的后果往往抱更为乐观的期待。

儿童攻击行为控制

现实的社会生活说明，攻击行为并不都是反社会的。成人如果能及时对儿童偶尔出现的攻击行为予以干涉并教给儿童满足需要的正当方式，儿童便可由此获得重要的社交经验或技能；如果出于正当自卫而产生的攻击，法律是认可的；如果攻击的目标是一个正在伤害他人的行为，还会产生利他的结果。但是，儿童大多数的攻击行为通常不为他人和社会所接纳，对攻击双方的身心健康都具有不同程度的危害，也给学校和社会的管理与稳定带来诸多问题。因此，如何控制和最大限度地减少攻击行为就成为心理和教育工作者共同关注的问题。下列方法可帮助控制和减少儿童的攻击行为。

宣泄法　弗洛伊德等认为，人的攻击性欲望累积到一定程度就会触发暴力性或破坏性的释放。为避免攻击行为的发生，最好的办法是创设条件，开辟正常渠道，鼓励人们通过一种正当的方式及时宣泄。比如，设置宣泄室、组织体育比赛等。

消除强化源　主要有两种方法，一种是"不相容反应技术"(incompatible response technique)，就是对儿童的敌意性表现不予理睬，同时强化他与攻击行为不一致的行为，如合作与分享，以增强和培养其亲社会行为。另一种是"暂时隔离法"(time-out procedure)，当儿童发生攻击行为时，马上将他从强化情境中带到乏味无趣的地方进行暂时隔离，直到规定的时间才可以离开。这两种方法都比较温和，可在一定程度上控制儿童的攻击行为。

认知干预法　通过改变攻击性儿童的信念、态度等认知特点达到改变儿童攻击性的目的。研究发现，攻击性儿童倾向于迅速地对社会情境作出反应，在没有充分注意和利用环境中社会线索的情况下，对敌意性线索进行偏爱性选择。因此，要想减少或控制儿童的攻击行为，很重要的一种方法就是引导和训练儿童较为全面地注意环境中的有关线索：既要注意敌意性线索，也要注意非敌意性线索，提高对社会的信息加工能力，以降低他们对问题情境的敌意性归因倾向，减少攻击行为。

教给儿童有效减少冲突的策略　研究表明，儿童之所以产生攻击行为，很可能是因为他们缺乏解决人际问题的适当技能。与受欢迎儿童相比，攻击性男孩解决冲突性情境的办法较少、较差。因此，可针对性地给儿童讲故事、看录像，训练他们分析问题、解决问题的能力，学习一些处理人际冲突的适当策略，如控制愤怒训练等。

移情训练法　不适当的家庭教育和惩罚等会使一些攻击性儿童缺乏同情心和移情能力。对于这类儿童，可采取以下措施培养其移情能力：首先增强儿童情绪情感的确认能力；其次是增强观点采择能力，向儿童讲述一系列故事并让儿童回答故事中人物的感受，或者让儿童设想不同人的偏好及可能行为；最后是增强儿童的情感反应能力，有目的地组织多种游戏活动，让儿童在游戏中扮演不同角色。通过各种换位思考，帮助他们提高移情能力。实践证明，移情训练是减少儿童攻击行为的一种有效方法。

脑功能训练法　由于攻击性儿童大脑两半球功能发展表现出某些非均衡性，对攻击行为的干预和矫正工作也可以从改善这种非均衡性发展入手。设计专门的脑功能训练方法，对大脑协同功能进行早期训练，可能是矫正攻击行为的有效手段，但这种方法尚处于探讨之中。

参考文献

劳拉·贝克.儿童发展[M].吴颖，吴荣先，译.南京：江苏教育出版社，2002.

申继亮.当代儿童青少年心理学的进展[M].杭州：浙江教育出版社，1993.

张倩.攻击行为儿童大脑半球某些认知特点的研究[J].心理学报，1999(1).

张文新.儿童社会性发展[M].北京：北京师范大学出版社，1999.

Crick, N. R., Casas, J. F. & Mosher, M. Relational and Overt Aggression in Preschool[J]. Developmental Psychology, 1997(4).

（武建芬）

儿童亲社会行为发展（development of children's prosocial behaviors）

儿童对他人有益或对社会有积极影响之行为的发展。心理学家认为，亲社会行为（包括分享、合作、助人、安慰、捐赠等）既可能是出于利己原因（如为逃避惩罚、获得物质的或精神的奖励等），也可能是出于实际情况的考虑，又可能是出于真正利他的原因（如内心对他人的关心、内化了的道德准则等）。后者又称利他行为(altruistic behavior)。利他行为要比为避免惩罚或获得物质与精神奖励而作出的亲社会行为更具有道德性。但是，通常不能把利己动机引发的亲社会行为和利他动机引发的利他行为区分开来。因而凡是对他人有益或对社会有积极影响的行为，不管是由上述何种动机引发，都属于亲社会行为。虽然20世纪以来攻击和犯罪行为一直受到广泛的理论与实证研究的关注，但亲社会行为直到20世纪70年代才成为社会心理学和发展心理学研究的重要课题。在过去的几十年里，研究者对儿童亲社会行为的产生与发展、亲社会行为发展的稳定性、亲社会行为发展的影响因素以及亲社会行为的培养等进行了较为深入的探讨。

亲社会行为的产生与发展

儿童在很小的时候就表现出多种亲社会行为，如分享、与别人合作、帮助成人做家务、安慰他人等，而且儿童的亲社会行为随着年龄的增加而发展变化。

其一，从分享行为看，婴儿在1周岁前就表现分享行为，他们学习通过指点和姿势来与他人"分享"有趣的信号和物品。此后，儿童的分享行为随着年龄的增长而不断增多。如一项关于儿童分享行为的早期研究，让4～12岁儿童与自己熟悉的一个同龄同伴分享奇数物品，结果发现33%的4～6岁儿童，69%的6～7岁儿童，81%的7～9岁儿童，96%的9～12岁儿童把物品更多地或均等地（多出的一个物品留着不分）分给同伴。

其二，从助人和安慰行为看，有研究表明在儿童出生的第二年至少出现关心他人、安慰他人、对他人痛苦的情感反应和试图帮助他人等行为。例如，美国心理学家扎恩-瓦克斯勒和拉德克-亚罗1982年让训练有素的母亲用摄像机录制为时9个月的三组儿童（年龄分别为10个月、15个月和20个月）在他人表现出痛苦时作出的相应反应。在他人的痛苦事件中，儿童有时仅仅是旁观者，有时则是造成他人痛苦的责任人。对录像材料进行的分析发现,作为旁观者时,儿童对他人痛苦作出的反应表现出如下发展趋势:早期主要包括注视悲伤者、哭泣、呜咽、大笑和微笑等,随年龄增长的这种自我悲伤反应和大笑或微笑趋于减少。儿童对他人悲伤作出的亲社会反应随年龄而不断增多。在出生后第二年初,别人表现出明显的难过情绪时,儿童会试着去安慰,如拥抱或轻轻拍打等。在第二年中期,儿童的这种助人行为增多,而且试图助人的方法也越来越成熟和复杂。他们会运用言语安慰、提出如何解决问题的建议、努力使别人高兴起来,而且在已经使用的助人策略无效时还会变换另外的帮助方式。不过,儿童作出的亲社会行为并不总是很恰当,如儿童有时会把一个奶瓶递给疲劳的母亲,但这类行为显然包含关心他人的成分。如果儿童不是一个旁观者而是造成他人痛苦和悲伤的责任人的话(如儿童踩了玩伴的脚并且使玩伴哭叫起来),他们表现这种移情和助人的行为比较少。美国心理学家斯陶布1971年对5～12岁儿童助人行为的发展情况进行考察,结果发现,5～8岁儿童的助人行为随年龄增长而增加,而9～12岁儿童的助人行为则呈下降趋势,其原因是年龄较大的儿童担心率先采取行动会受到指责。该研究还发现,是否有他人在场对儿童的助人行为有重要影响。单独在场时,只有31.8%的儿童表现出助人行为,而两人在场时,则有61.8%的儿童表现出助人行为。研究者认为,可能是另一名儿童在场使儿童之间进行沟通,从而减少特定情境引发的紧张与恐惧心理,解除抑制,进而使儿童表现出更多的助人行为。

其三,从合作行为看,儿童的合作行为出现在出生后的第二年,并随年龄增长而增加。有研究者1979年考察了儿童与父母之间的合作游戏,发现12个月的儿童很少参与合作性游戏,而18～24个月的儿童绝大多数(约占7/8)参与合作性游戏,而且该年龄段儿童参与合作性游戏的频率明显增加。2岁以后,儿童能有效进行社会性交往,经常参与合作游戏。对幼儿阶段和小学阶段儿童进行的研究大多认为,随着年龄增长,儿童的合作行为不断增多,而且合作水平也越来越高。如中国心理学研究者王美芳和庞维国1997年对幼儿园大、中、小班儿童的在园亲社会行为进行自然观察,发现幼儿园儿童的亲社会行为中,合作行为最为常见。

亲社会行为的稳定性

个体亲社会行为的稳定性是该领域研究中备受研究者关注的一个问题。它包括两方面的含义:一是指个体亲社会行为跨时间的稳定性,即年龄较小时乐于助人的儿童长大时是否仍然乐于助人;一是指个体亲社会行为跨空间、情境和类型的稳定性或一致性。从已有的研究看,有关儿童亲社会行为稳定性的研究结论存在较大分歧。从儿童亲社

会行为跨时间的稳定性看,大多数研究表明,儿童早期的亲社会行为与以后的亲社会行为之间呈中等程度的相关。例如,英国心理学家 J. 邓恩和肯德里克1982年纵向研究发现,对于刚刚出生的新生儿表示友好的兴趣和关心的儿童(1～3岁),6年以后,对受到伤害或因某事而悲伤的年幼同胞仍表现出关心($r=0.42$,在 0.05 水平上显著)。从儿童各种亲社会行为之间的关系看,研究结论不尽一致。有些研究发现儿童的各种亲社会行为之间不存在相关,如艾森伯格等人1979年的研究表明,学前儿童的分享和助人两类行为之间不存在显著相关,美国心理学家 F. P. 格林和 F. W. 施奈德1974年研究也证实5～14岁儿童的分享和助人行为之间也不存在显著相关。而另一些研究则发现儿童的亲社会行为之间存在中等强度的正相关,表明儿童亲社会行为的不同方面之间存在某些一致性,如美国心理学家鲁宾和 F. W. 施奈德1973年研究发现,儿童分享糖果和帮助同伴之间的相关系数为0.40,也有研究表明儿童分享糖果和分享便士这两种极相似行为之间的相关系数为0.65。

在婴儿和学前阶段,有些研究发现儿童亲社会行为的稳定性较低,但也有研究发现该阶段儿童的亲社会行为存在一定的稳定性。在小学阶段,不管是从亲社会行为跨情境的稳定性,还是跨时间的稳定性,还是不同评定者对儿童亲社会行为评定之间的一致性看,均表明儿童亲社会行为的稳定性通常要高于婴儿和学前阶段。在学前和学龄阶段,指向同一个行为对象的亲社会行为之间更可能存在相关,或者是把亲社会行为进行综合测量时,更易于发现儿童亲社会行为的稳定性。在青少年阶段,个体亲社会行为稳定性较高。换言之,儿童的亲社会行为存在一定的跨情境和跨时间的稳定性,尤其年长儿童更是如此。

亲社会行为发展的影响因素

儿童的亲社会行为是在多种因素的共同影响下产生和发展的。其中,社会环境、儿童的社会认知、移情等对其亲社会行为的产生与发展有着重要影响。

社会环境因素 影响儿童亲社会行为发展的社会环境因素主要包括社会文化传统、大众传播媒介和家庭等。社会文化传统对于儿童亲社会行为的影响主要体现在经济文化水平不同的国家或地区对利他与合作行为的鼓励程度不同。一般说来,工业化水平较低的国家或地区更多地鼓励儿童友好、合作、关心他人的社会行为,而工业化程度较高或经济比较发达的国家或地区则更多地鼓励人与人之间的竞争和个人的独立奋斗。美国心理学家怀廷1975年考察了肯尼亚、墨西哥、菲律宾、日本、印度和美国六种文化背景下3～10岁儿童的利他性,发现在工业化程度较低的社会(如肯尼亚和墨西哥),儿童的利他水平较高,而在工业化程度

最高的社会(如美国),儿童的利他水平较低。研究者认为,在工业化程度低的社会里,儿童在家庭里往往要干力所能及的家务活、帮助挣钱养家糊口和照看年幼的弟弟妹妹,这样他们在很小的时候发展了合作和利他倾向。值得指出的是,虽然不同文化对利他和合作的鼓励程度存在一定的差异,但绝大多数文化都认同社会责任感的规范,都鼓励儿童在他人需要帮助的时候积极地提供支持和帮助。大众传播媒介电影、电视、报纸、杂志等,它们对儿童亲社会行为的发展影响很大。那些反映人与人之间互相关心、帮助和善良、关怀的作品,为儿童学习亲社会行为提供直观、生动的示范或榜样,儿童通过观察和模仿有助于习得亲社会行为。家庭(特别是父母)对儿童亲社会行为的发展也具有重要的影响。父母常常直接鼓励、促进和塑造儿童的亲社会行为,或者通过身体力行直接为儿童提供学习亲社会行为的榜样。如果父母既作出亲社会行为,同时又为儿童提供表现亲社会行为的机会,就更有利于激发儿童亲社会行为。

社会认知　亲社会行为的发生与个体认知能力尤其是社会认知能力的发展(如观点采择、道德推理和社会规范认知等)有着直接的关系。加拿大心理学家安德伍德和美国心理学家 B. 穆尔 1982 年在一项元分析中研究发现,儿童的观点采择和亲社会行为呈高相关,观点采择训练可以增强儿童的观点采择能力和利他行为。值得注意的是,观点采择只能为儿童更好地理解情境和他人的需要及情感提供认知前提,他们是否利用通过观点采择获取的信息作出亲社会行为,还取决于很多其他因素。道德推理也影响儿童的亲社会行为。许多研究采用皮亚杰的对偶故事或科尔伯格的道德两难故事考察儿童道德判断,发现儿童的道德判断与亲社会行为之间存在着密切联系,采用艾森伯格的亲社会道德两难故事考察儿童亲社会道德推理的研究发现,儿童的亲社会道德判断与亲社会行为之间的关系比其他形式的道德判断与亲社会行为之间的关系更密切。儿童的社会规范认知,如对社会责任规范(应该帮助那些需要帮助的人)、相互性规范(要帮助那些帮助过自己的人)和应得性规范(帮助那些应该得到帮助的人)的认知也是影响儿童亲社会行为的重要认知因素。

移情　移情是指儿童在觉察他人情绪反应时体验到的与他人共有的情绪反应。关于移情与亲社会行为之间关系的研究不尽相同,有些研究发现儿童的移情与亲社会行为之间并不存在相关,而另一些研究则发现,儿童的移情与利他行为是相关的,但这一相关在一定程度上依赖如何测量儿童的移情。研究者对有关文献进行的元分析发现,这种关系在儿童身上比之成人显得较弱,原因可能是随着年龄增长个体的情感和行为能够更好地整合在一起。尽管关于儿童的移情与亲社会行为之间关系的研究结论不尽一致,但许多心理学家认为移情是儿童利他行为和其他亲社会行

为的一个重要中介因素,因为它通过使个体的亲社会行为基于自愿而成为助人行为的重要的动机源泉。美国心理学家 M. L. 霍夫曼 1987 年曾指出,移情会逐渐变成儿童利他行为的重要动机。一旦儿童认识到别人的苦恼和不幸是缘于他们自身的移情情绪,并且知道如果自己采取行动来安抚他们能减轻或消除这种情绪,儿童就会表现出利他行为。

亲社会行为的培养

采用一些适合儿童心理特点的方法促进儿童亲社会行为的发展,是儿童道德教育的重要内容之一。可以采用角色扮演法、移情训练法、榜样示范法等培养儿童的亲社会行为。

角色扮演法　角色扮演(role-playing)是一种使人暂时置身于他人的社会位置,并按照这一位置所要求的方式和态度行事,以增进人们对他人社会角色及自身原有角色的理解,从而更有效地履行自己角色的心理技术。该技术最初由美国心理学家莫雷诺创立,后来在心理学领域被广泛应用。斯陶布 1971 年曾用实验的方法考察角色扮演活动对儿童亲社会行为发展的影响。他先把儿童一一配对,然后让其中一名儿童承担需要他人帮助的角色,如他要搬凳子,但凳子太重,搬不动等。另一名儿童扮演帮助人的角色,他不仅要想出合适的办法帮助别人,而且要表现出相应的具体行为来。然后,两名儿童交换角色。训练一周后,实验者通过为儿童提供他人需要帮助的机会(如一名儿童在隔壁房间里从椅子上跌下来,正在哭泣)来考察儿童的助人行为是否有进步。实验结果发现,受过这类互惠训练的儿童比没有受过这种训练的儿童表现出更多的助人行为。中国心理学研究者李幼穗和王晓庄 1996 年研究也发现,经过角色扮演训练后,实验班儿童的助人行为呈上升趋势,其助人行为水平显著高于对照班儿童。由此看来,角色扮演法是促进儿童亲社会行为发展的有效方法之一。

移情训练法　移情训练法是一种旨在使儿童善于体察和理解他人情绪情感,并与他人产生共鸣的训练方法。美国心理学家费什巴赫及其同事 1983 年利用她们设计的移情训练程序对儿童的亲社会行为进行干预研究。实验中,实验者把儿童分为移情训练组和控制组,让移情训练组参加一系列的移情训练活动,每周训练 3 次,每次约 45 分钟,共持续 10 周。实验结果表明,移情训练组儿童的亲社会行为反应确实高于控制组儿童。中国心理学研究者李百珍 1993 年、李福芹等人 1994 年也进行类似研究,结果表明,移情训练可以明显促进幼儿亲社会行为水平的提高和减少攻击性行为。

榜样示范法　通过对榜样的模仿而进行学习在道德教育和亲社会行为研究中曾引起广泛关注。美国心理学家班杜拉在 20 世纪 60 年代提出的社会学习理论认为,儿童可以

通过观察他人(榜样)的行为及其结果而进行学习,即观察学习。因而设置一定的社会情境,树立一定的榜样,使儿童模仿榜样,可以有效促进儿童亲社会行为的发展和良好品德的养成。自从班杜拉提出社会学习理论后,大量研究表明,让儿童接触亲社会行为的榜样可以增加儿童的亲社会行为。例如,拉什顿1975年首先让7~11岁的儿童观看一个成年人玩滚木球的游戏,这个成年人把自己得到的一部分奖品捐赠给贫苦儿童基金会,然后让这些儿童单独玩这类游戏并赢得奖励。实验结果表明,他们把自己所得奖励捐献出来的数量远远超过没有观看过成年人榜样的控制组儿童。值得注意的是,在实验结束2个月后,这些实验组的儿童与其他实验者在一起时仍然很慷慨,这说明榜样的影响可以在较长的时间里得以保持。中国心理学研究者陈旭、周强等人在1995年也进行了类似的研究,结果表明,通过榜样学习可以促进儿童助人行为的发展。

除上述三种方法外,认知冲突法、行为训练法等也可促进儿童亲社会行为的发展。这些方法在培养儿童亲社会行为上各具特色,教育者在培养儿童亲社会行为的实践中,应该根据具体情况综合运用多种方法,使之相互补充。

参考文献

张文新.儿童社会性发展[M].北京:北京师范大学出版社,1999.

周宗奎.儿童社会化[M].武汉:湖北少年儿童出版社,1995.

Damon, W. & Eisenberg, N. Handbook of Child Psychology: Social, Emotional, and Personality Development[M]. Vol. 3. New York: Wiley, 1998.

Eisenberg, N. The Development of Prosocial Behavior[M]. New York: Academic Press, 1983.

Shaffer, D. R. Social and Personality Development[M]. 4th ed. Belmont, CA: Wadsworth, 2000.

(王美芳)

儿童情绪情感发展(development of children's emotion and affect)　　儿童情绪情感随年龄增长而不断变化的过程及其特点。情绪情感是儿童丰富的心理活动中的心理过程。儿童有广泛的情绪反应或表现:他们有时笑,有时哭;有时高兴,有时苦恼;有时心平气和,有时烦躁不安。

情绪情感的概念

"喜怒哀惧爱恶欲"是中国古人早已知晓的情绪情感的表现形式,但究竟什么是情绪情感,由于其极端复杂,19世纪以来心理学家对此进行了长期而深入的研究,对情绪的实质提出各种不同的观点。比较流行的一种观点认为,情绪情感是人对客观事物是否符合自身需要而产生的态度体验及相应的行为反应。这种观点表明,情绪情感是以个体

的需要和愿望为中介的一种心理活动。一般地说,当客观事物或情境符合人的主体需要和愿望时,人就产生愉悦、喜爱、欣慰、满意、幸福等积极的情绪情感;当客观事物或情境不符合人的主体的需要和愿望时,人便会产生苦闷、烦恼、悲痛、焦虑、愤怒等消极的情绪情感。

"情绪"和"情感",在日常生活中时常作为同义词使用,在历史上曾统称为"感情"(affection)。在现代心理学中,心理学家分别采用"情绪"(emotion)和"情感"(feelings)来更确切地表述感情的不同方面。情绪和情感有几点区别:首先,从引起的动因看,情绪主要是由生理需要引起的,为人和动物所共有;情感则主要由人的社会性需要和精神需要引起,经常用来描述那些具有社会意义的感情(如对祖国的热爱、对敌人的憎恨等)而为人类所特有。其次,从稳定性来看,情绪具有情境性,往往随着情境的改变和需要的满足而减弱或消失,而作为一种体验和感受(experience),情感具有较大的稳定性、深刻性和持久性。最后,从外部表现来看,情绪具有稳定性,有比较明显的外部表现(如高兴时手舞足蹈,愤怒时暴跳如雷等),而情感易受意识调节,较少有冲动性,外部表现不明显。上述区别是相对的,事实上,情绪和情感是相互依存、不可分离的:稳定的情感是在情绪的基础上形成的,它又通过情绪来表达,当高级的情感十分强烈时,就会成为情绪;情绪也离不开情感,情绪的变化反映情感的深度,在情绪中蕴含着情感,当情绪受意识控制,也会减少冲动性,转化为情感。只有在初生的婴儿身上才可以见到单纯的情绪活动(如愉快不愉快等),在成人身上是很难区分情绪与情感的。心理学主要研究感情发生发展的过程和规律,因而较多采用"情绪"这一概念。情绪情感是由以下三种基本成分组成的:主观体验,即个体对不同情绪情感状态的自我感受;外部表现,即情绪情感发生时身体各部分的动作量化形式,包括面部表情、姿态表情和语调表情;生理唤醒,即情绪情感产生的生理反应,如恐惧或暴怒时,心跳加快、血压升高、呼吸频率增加。

情绪情感对儿童心理发展的作用

情绪情感是前人类有机体在种族进化过程中获得的一种心理功能,它对维持和促进生育和发展主要有以下作用。

儿童适应生存与发展的主要方式　　情绪对尚不会用言语表达自身需要的婴儿适应生存具有特别重要的意义。婴儿的生存是被动的,其生存所需的多种物质条件是靠成人给予的。婴儿不会说话,正是通过情绪信息在母婴之间的传递,婴儿才能从成人那里得到最恰当的哺育。婴儿与生俱来的基本情绪有8~10种,如愉快、兴趣、惊奇、厌恶、痛苦、愤怒、恐惧、悲伤等。每种情绪都有不同的内部体验和外部表现,而且各有不同的适应意义。例如,新生儿微笑反

映舒适愉快，以皱眉、纵鼻、摆头反映厌恶，以哭声反映饥饿、疼痛、寒冷等状态，呼唤成人注意和照料，或使他离开那些有害刺激。随着儿童社会化进程的发展，情绪不仅是满足婴儿需要的信号，而且日益具有心理与社会的含义。例如，4 个月的婴儿不仅在饥饿时哭泣，而且"学会"用哭泣作为要求成人陪伴的"武器"；微笑不只是意味着身体舒适，而且是希望维持和成人"长相厮守"的手段，情绪是儿童生存与发展的重要方式。

对儿童身心发展的驱动作用　有机体对食物、安全等生理需要本身就具有本能性的驱动力，它驱使有机体摄取食物、回避危险。高等动物和人类有情绪这种心理反映功能，使上述本能的生理需要得以加强或放大。例如，婴儿饥饿时哭喊加强或放大了进食的生理需要，困乏时哭闹加强或放大了婴儿的不适感。情绪增加了对食物的紧迫感和对有害刺激的恐慌感，比单纯生理性驱动作用更有力、更及时地激发婴儿作出相应的行为反应，从而更有利于儿童的身心发展。情绪在儿童尤其是学前儿童心理活动和行为中的动机作用更为突出。情绪直接指导或调节着学前儿童的行为：愉快的情绪常常使他们乐于学习，不高兴时则往往表现出许多消极行为。例如，一名 6 岁男孩对老师指定的图画内容不感兴趣，他要按自己的意愿画画。老师让他画树叶，他说"都刮跑了"；叫他画司机，他说"都吃饭去了"。可见，教师或其他成人关注和利用儿童愉快、兴趣等积极情绪，对儿童的学习乃至身心发展的推动作用是多么重要。

对儿童认知发展的影响　情绪和认知密切联系、相互作用，这在儿童尤其学前儿童身上表现得尤其明显。研究表明：儿童的情绪随着认知的发展而分化、发展；情绪对儿童的认知活动及其发展起着激发、促进或抑制、延缓的作用。苏联心理学家用实验法揭示情绪对学前儿童颜色选择的影响：学前儿童在不安的情绪状态下画画时，多数采用红色和黄色；情绪对单一颜色的选择没有影响，但对颜色组合有影响，在愉快情绪相比于无情绪背景状态下，选择"红—黄"色者显著增加，而对"绿—天蓝"色的选择呈减少趋势；在恐惧情景下，则反过来，选择"红—紫"色的显著减少，选择"绿—天蓝"色的增加。美国心理学家格塞尔研究指出，儿童情绪好时选择红色，心情不好时选择黑色。中国学者也有不少实验研究证明情绪对儿童认知的影响，其中孟昭兰关于"婴幼儿不同情绪状态对其智力操作的影响"的系列研究值得一提。研究表明，情绪状态对儿童智力操作有不同的影响：在外界新异刺激作用下，婴幼儿的情绪在兴趣与惧怕之间浮动，当这种不稳定状态游离到兴趣一端时，激发探究活动，游离到惧怕一端时则引起逃避反应；适中的愉快情绪使智力操作达到最优，此时起核心作用的是兴趣；惧怕和痛苦越大，操作效果越差；强烈的激情状态或淡漠无情，都不利于儿童的智力探究活动，兴趣和愉快的交替，是儿童

智力活动的最佳情绪背景，惧怕和痛苦对儿童智力发展不利。

儿童情绪的发生与分化

进化论的创始人达尔文指出，情绪表现是人类进步和适应的产物。大量研究证实，儿童出生后即产生情绪反应，如出生头几天的新生儿或哭或微笑或皱眉、纵鼻、摆头表示厌恶等。心理学家称此为"原始情绪反应"。其基本特点：一是非编码的、不学而会的、在种系进化过程中逐渐预置并模式化的先天情绪反应；二是与生理需要是否得到满足直接相联系。例如，饥饿或尿布潮湿等刺激会引起哭闹等不愉快情绪，喂饱了奶或换上干净尿布后，便立即停止哭喊，变得愉快起来。新生儿的情绪反应是笼统的还是分化的呢？行为主义创始人华生 1917 年根据对医院婴儿室的 500 多名新生儿的观察指出，新生儿有三种非习得性情绪：爱、怒、怕。但其后的一些研究，如谢尔曼 1927 年的研究均未能证实华生对原始情绪的划分。有些人认为，新生儿的原始情绪只能区分为愉快和不愉快，所谓"愉快"，只是"不是不愉快"表现而已。而多数心理学家则认为，原始情绪反应是笼统的，还没有分化为若干种。

婴儿期情绪的发展主要表现为情绪的逐渐分化。国内外的心理学家对此进行诸多研究，其中最有代表性的是加拿大心理学家布里奇斯。1932 年，她通过对一百多个婴幼儿的观察，提出较完整的情绪分化理论。她认为，新生儿只有皱眉和哭泣反应，是一种杂乱无章的未分化的"一般性激动"，是强烈刺激引起的内脏和肌肉反应。通过成熟和学习，3 个月以后，婴儿的情绪分化为快乐和痛苦；6 个月以后，痛苦进一步分化为惧怕、厌恶和愤怒；12 个月后，快乐又分为高兴和喜爱；18 个月以后，可以看出爱成人和爱儿童的区别，与此同时，痛苦又分化出妒忌；到 24 个月快乐的热情可区分出较稳定的欢乐来。

美国心理学家伊扎德 1982 年用新的技术手段研究婴儿的情绪表达能力，指出婴儿出生时已具有 5 种面部表情迹象：惊奇、苦恼、厌恶、微笑、感兴趣，3～4 个月的婴儿会表示愤怒，5～7 个月能表示悲伤和恐惧，随后出现羞耻和害羞，1 岁以后有蔑视、内疚等复杂情绪。中国学者林传鼎根据其 1947—1948 年对 500 多个出生 1～10 天的婴儿 54 种动作的观察，提出既不同于华生的原始情绪高度分化的理论，也不同于布里奇斯关于出生时情绪完全未分化的观点。他指出，不能认为新生儿的情绪是不分化的一般性激动，而是完全可以分得清的两种情绪反应：愉快和不愉快都是与生理需要是否得到满足有关的表现。他提出从出生后的后半月到第三个月末，除愉快和不愉快的表现外，约有 6 种情绪相继发生，即欲求、喜悦、厌恶、忿急、烦闷和惊骇。这些

情绪不是高度分化的,只是在愉快和不愉快的背景上增加了一些东西,主要是面部表情,但惊骇例外,它表现出强烈的体态反应。4～6 个月大,出现由社会性需要引起的喜悦、忿急,逐渐摆脱同生理需要的联系,如对友伴和玩具的情感。从 3 岁到入学前,陆续产生亲爱、尊敬、同情、好奇、羡慕、惭愧、失望、厌恶、愤怒以及恐惧等 20 多种情绪。

中国学者孟昭兰于 20 世纪 80 年代在北京大学建立情绪心理实验室,对婴幼儿情绪展开了系列研究。其结果支持了伊扎德情绪分化的观点;同时发现,兴趣和痛苦也是最早发生的情绪,轻蔑和害羞在 1～1.5 岁时已经发生。她概括自己和前人的研究,提出自己的婴儿情绪分化理论:人类婴儿有 8～10 种从种族进化中获得的情绪,婴儿的基本表情具有泛人类的性质;个体情绪发生有一定的时间次序和诱因(见下表);情绪发展有一定规律,也有个别差异。

婴儿情绪发生的时间、诱因和表现

时 间	诱 因	情 绪
初 生	痛—异味—新异光、声、运动	痛苦—厌恶—感兴趣和微笑
3～6 周	看到人脸或听到高频语声	社会性微笑
2 个月	打针	愤怒
3～4 个月	痛刺激	悲伤
7 个月	与熟人分离,在高处	悲伤、怕
1 岁	新异刺激突然出现	惊奇
1～1.5 岁	在熟悉的环境中遇到陌生人	害羞
	做了不对的事(如打破杯子)	内疚、不安

婴幼儿情绪社会化与发展

婴幼儿情绪的发展,除上述婴儿情绪的分化外,还表现在婴儿情绪的社会化过程中。婴儿在同成人的交往中,用情绪表达自己的需要,成人根据婴儿的情绪表现调整照料婴儿的行为。进入幼儿期,他们不仅逐渐同其他成人而且也同伙伴进行交往,婴幼儿情绪的社会化就这样在人际交往过程中逐步完成。根据英国心理学家鲍尔比 1969 年的研究,母亲依恋最能反映儿童情绪社会化过程。他认为婴幼儿情绪的社会化过程经历四个阶段:(1) 无分化的社会性反应(从出生到 1～2 个月)。正如前面所说,婴幼儿的情绪是弥散的、未分化的"一般性激动",对各种刺激多作出啼哭的反应。婴儿的哭声可唤起成人的注意,以便获得及时照料和呵护。同样,婴儿的微笑则能维持同成人的继续交往。可见,早期的啼哭或微笑,均具有信号功能和生物学意义。(2) 分化性社会化反应(从 1～2 个月到 6～7 个月)。婴儿从第二个月起就能从视听两个方面的刺激对最接近他的人(通常当然是母亲)进行再认。到 4 个月时,婴儿能将视、听、

嗅到的感觉信息结合起来,形成关于对象的"感觉复合模式",即真正能认识人。但这时还没有感情上的依恋关系,因为这时婴儿仅能认识熟悉的人,还不能建立起自己能影响别人和预测别人行为的观念。(3) 依恋阶段(从 7 个月到 2 岁)。婴儿约从 7 个月左右开始形成对最亲近的看护人(母亲)的依恋关系,也就是形成一种特殊的、持久的感情联结。表现为喜欢同依恋对象接近,接近时表现出安慰、舒适和愉快。此后约一个月,婴儿又表现出对陌生人的恐惧情绪。但由于有了依恋安全感,婴儿会对更多的新鲜事情发生兴趣,也更加愿意尝试着同陌生人接近而较少有恐惧反应。进入依恋阶段的婴儿,其行为有两大变化:一是当依恋对象离开时,婴儿会用哭来表示反抗;二是婴儿开始有爬行能力,能主动接近所依恋的人,同时也增加他探究外界事物的机会。因此,依恋对婴儿心理发展十分重要。(4) 伙伴关系阶段(从 2 岁到 2 岁半以后)。在此阶段,言语和行走能力的发展,大大增强了儿童与社会交往的能力。其突出的变化是,他们能逐渐忍受和依恋对象的分离,并习惯和同伴或陌生人交往,交往的时间和机会日益增多。因此,3 岁儿童比 2 岁儿童入幼儿园更合适,因为他们分离的痛苦更少,即便痛苦,消失得也快。

中国心理学研究者陈帼眉根据国内外有关研究,将婴幼儿情绪发展概括为三个主要方面:(1) 情绪的社会化。儿童最初出现的情绪反应是与生理需要相联系的,随后,情绪逐渐分化和社会化,与社会性需要和社会性适应密切相关。情绪社会化除前面所述以外,概括说来主要表现在:情绪中社会性交往的成分不断增加,引起情绪反应的社会性动因以及情绪表达的社会化。(2) 情绪的丰富和深刻化。从情绪指向的事物来考察,其发展趋势是越来越丰富和深刻。日益丰富主要表现在:情绪的逐渐分化;情绪指向的事物不断增加,情感的范围逐渐扩大。例如,"亲爱"的情感,首先是对父母或经常照顾他的其他成人,然后对家中其他成员;进托儿所、幼儿园以后,先是对老师,然后对小朋友有了"亲爱"的情感。情绪的深刻化,是指情绪指向事物的性质由事物的表面到事物内在的特点。例如,被成人抱起来,幼儿和较小幼儿感到亲切,而较大幼儿会感到不好意思。年幼儿童对父母的依恋,主要是父母能满足他的基本生理需要,而年长儿童对父母的情感已包含有对父母劳动的尊重和爱戴等内容。(3) 情绪的自我调节化。从情绪的进行过程来看,其发展趋势是越来越受自我意识的支配,婴幼儿对情绪的自我调节越来越强。这主要表现在:情绪的冲动性逐渐减少,稳定性逐渐提高,情绪由外露逐渐内隐。

童年期情绪情感发展

幼儿入学以前已基本具备人类的主要情绪表现形式。

入学以后,学习成为主导活动,学习和集体活动向儿童提出许多新的要求,促进了童年期情绪情感的发展。

情绪情感的内容和表现形式不断丰富　由于入学后学习成为主导活动,学习的好坏或成败使儿童产生愉快或不愉快的体验;人际交往的增多和接触面的扩大,使儿童常常体验到人与人之间的相互关怀、爱恋、友谊或怨恨;集体活动和学习逐渐培养了小学儿童的友谊感、责任感、义务感、荣誉感以及理智感、审美感等社会性情感。与此同时,情绪的分化也越来越精细。例如笑,小学儿童除会微笑、大笑外,还会表现出羞涩地笑、嘲笑、苦笑等复杂的情绪。总之,从引起情绪情感的动因来看,与学习、集体活动、教师和同伴有关的社会性情感越来越占主要地位。

情绪情感更加深刻　与幼儿相比,小学儿童逐渐表现出由对个别事物产生情绪情感转化为对社会集体的情绪情感,由事物的外部特征引起的情绪体验转化为由事物的本质特点引起情绪体验。例如,幼儿常会因是否能得到玩具或糖果而愉快或不愉快,小学儿童的情绪情感则更多地同学习成绩好坏、是否受到老师的表扬等相联系;小学低年级儿童常根据人的表面特点(如穿戴等)或行为结果来评价一个人,而中高年级学生则根据人的道德品质或行为动机来评价一个人,并产生相应的情绪情感体验。

情绪情感的稳定性和控制力增强　总体上看,小学儿童情绪的稳定性和自我控制力较差,仍比较外露、容易激动,情景性强。例如,小学低年级儿童会因回答不出老师的提问而哭起来,有趣的故事或生动形象的教学可能使他们激动不已,游戏玩得入迷时难以自控而不愿做作业。但随着年级的增高,情绪的稳定性和自我控制力逐渐增强。例如,到中高年级,一般不会因学习上的点滴成败而表现出过分强烈的情绪反应;课外碰到不高兴的事情,上课时能较快地平静下来听课;为按时完成作业,一般也能抗拒游戏的诱惑,终止游戏。

青少年期情绪情感发展

青少年期在这里是指少年期和青年初期。生理上的性成熟和性意识觉醒以及学业压力、人际交往困惑等多种原因,使青少年期情绪情感发展带有许多特定的色彩。

富有热情和激情,同时开始出现心境化趋势　青少年大多富有朝气,充满热情,感情丰富,但是很容易冲动,他们往往对事物或情境作出过度的情绪反应,即具有夸张性。例如,他们一旦喜爱上某人或某物便爱得死去活来,失去了就觉得没法活;如果厌恶某人或某物,就厌恶得不得了,欲置其死地而后快。青少年往往深深地"卷入"某种情绪情感而不能自拔。他们很容易动感情,常常因一点小事兴奋异常,激动不已,仿佛要大显身手,干一番事业;有时又因遇到

一点困难或挫折垂头丧气,甚至绝望。许多青少年往往由于有为真理而献身的热情和激情而产生惊人的业绩,但是也有一些青少年因激情冲动难以自制而干出傻事、蠢事,甚至越轨犯罪。他们的情感还往往表现出某些矛盾性。比如,有时他们对人十分关心或同情,乐于助人,但同时可能毫无理由地欺侮小同学,拿自己看不顺眼的人泄愤;有时对人积极热情,有时又羞于表现自己对别人的好感……随着知识经验的增加和自我意识的增强,青少年逐渐认识到情绪的随意发泄或冲动,不但达不到预期的目的,有时反而把事情弄糟。他们逐渐学会对冲动或激情的调节和控制,使情绪反应的强度逐渐降低,波动性减少,持续性延长,即开始出现心境化趋势。心境化既表现为情绪持续时间延长,如有的青少年在挨批评之后,常常会为此闷闷不乐好几天,同时又表现为延迟反应。儿童期的情绪多随情境的变化而变换,几乎没有连续的心境体验,但青少年期能够体验到某种心境并沉浸于其中,到青少年后期,这种心境体验逐渐趋于稳定。

情绪并不都是外露的,开始带有文饰、内隐性　研究表明,青少年的情绪表现方式有两大特点:一是两极波动性;二是开始带有内隐性。年幼儿童的面部表情是其内心世界的"显示器"。有经验的教师一看孩子的脸就能知道他们是高兴还是不高兴,是喜欢还是不喜欢。青少年则不同了,其情绪并不都是外露的,他们已学会根据环境条件有意识地控制自己情绪的表现形式。他们情绪的外显形式与内在的真实体验常并不一致。比如,他明明厌恶你,但由于你是他的班主任,他会笑脸相迎,对你显得很热情;得到表扬,明明心里美滋滋的,却故意显得满不在乎;受到委屈,心里很难过,在众人面前却装得若无其事;在异性交往中,明明对异性产生了爱慕之情,渴望与之接近,但由于自尊或环境的限制,外表上往往显得无动于衷甚至故意与对方疏远……凡此种种表里不一的表现,非但不表明青少年不坦率、不诚实,反而说明青少年情绪的自我调节能力在增强。这是青少年适应复杂社会文化、规范和习俗的需要,是青少年情绪情感趋近成熟的一个重要标志。

情绪体验更深刻丰富,社会性情绪情感占主导地位　青少年情绪的一个显著特点是情绪体验趋于深刻。这主要表现在引起情绪的动因或情绪指向的事物更多地与高级的社会性需要相联系。比如,高兴或烦恼主要与学习成绩有关;愤怒或厌恶多由伤了自尊或人格引起;对具体或想象中的事物惧怕减少,而对关系到自己尊严和集体荣誉的事情担忧增多。如,害怕给人留下坏印象、怕被人耻笑、怕有损于自己的声誉和前程等。以友谊为例,小学儿童的友谊似乎更多地以相互间的直接接触为基础,一旦分开,这种友谊并不显得十分必要,甚至很快被忘掉。这种"童年式"的友谊往往很难超过时空,缺乏稳定性。而青少年之间的友谊

则更多地是以相互了解为基础,以共同的兴趣爱好为条件,甚至还具有共同的品质、志向、信仰、价值观等抽象性、社会化的特点。

青少年正处于"多梦"的时期,易于出现丰富多彩的情绪情感。有研究指出,人类具有的情绪种类几乎都可以在青少年身上找到,并且各类情绪的强度不同,层次各异。他们的情绪体验十分丰富,例如,高兴、满意、乐趣、好奇、爱情、同情、羡慕、嫉妒、恼怒、不满、厌恶、憎恨、后悔、苦闷、孤独、哀伤等。与哀伤有关的情绪又可细分为悲伤、哀痛、绝望等。不仅如此,青少年的情绪体验变得更加细腻、微妙。比如,同样是美感,在童年期,还只是一个笼统的情绪体验,而且多以具体审美对象的外在形式为基础,而青少年则丰富、细腻得多,他们不仅能对自然的、社会的、艺术的多层面的内容广泛地唤起美感,而且能区分出不同的境界。

苏联心理学家曾对 700 名 8～15 岁的学生进行实验研究,结果发现,10 岁学生的主导需要开始由生物性转化为社会性。中国的同类调查研究表明,小学儿童的物质需要仍比较突出,而到中学时,精神需要则表现得更为重要。这说明,由社会性需要引起的道德感、理智感、美感等社会性情感到青少年期逐渐上升为主导地位,并逐渐形成高级情操。

消极情绪较多,易于紧张、焦虑与烦恼　青少年情绪的基本模式可分为愉快的情绪和不愉快的情绪。愉快的情绪如高兴、亲爱、乐趣、好奇等固然时常出现,但不愉快的情绪,如愤怒、惧怕、嫉妒、紧张、焦虑、烦恼等消极情绪则更普遍。美国心理学家阿内特 1999 年概括西方关于青春期风暴的众多研究指出,青春期是一个比其他时期容易产生各种各样问题的时期。西方的一项实证研究指出,青少年认为他们的情绪高峰体验(包括积极和消极而且更多是消极的)远比他们父母报告的要高。美国心理学家拉森和 M. H. 理查兹 1994 年通过对小学五年级和初中三年级学生的对比研究,发现儿童期到青春期是一个情绪"滑坡"阶段,以"非常高兴"为要素的指标下降了 50％,成就感、自豪感和平静等情感体验也出现类似的变化。

由于性生理的发育以及学业、升学、就业等压力,紧张、焦虑与烦恼是青少年期常见的情绪表现。有学者认为青年期是人的一生中开始普遍产生种种焦虑的第一个时期,甚至认为青少年已处于典型的"烦恼增殖期"。中国学者黄希庭等人 2000 年以中学生经常遇到挫折和烦恼的五种情境,如学习中遇到困难、受到老师批评、父母期望过高、与同学发生冲突、对自己现状不满,让学生写出自己的应对方式。结果发现,在中学生应对方式中,"问题解决"方式显著地多于其他应对方式,其次是忍耐与退避,再次是求助与发泄,最少使用的是幻想。这同成人在遇到挫折和烦恼时采用的应对方式无显著差别。

参考文献

陈帼眉. 学前心理学[M]. 北京:人民教育出版社,1989.

刘范. 发展心理学(下册)[M]. 北京:团结出版社,1989.

孟昭兰. 情绪心理学研究在北京大学起步[M]//中国心理学会. 当代中国心理学. 北京:人民教育出版社,2001.

桑标. 当代儿童发展心理学[M]. 上海:上海教育出版社,2003.

张文新. 青少年发展心理学[M]. 济南:山东人民出版社,2002.

(程学超)

《儿童权利公约》(Convention on the Rights of the Child)　关于保护儿童权利的一项国际公约。1989 年 11 月 20 日在第四十四届联合国大会上通过,并向成员国开放签署,1990 年 9 月 2 日正式生效。具有国际法约束力。

1959 年 11 月 20 日,联合国大会通过《儿童权利宣言》,提出各国儿童应当享有的各项基本权利。它的颁布虽在一定程度上保障了儿童的权利,但儿童工作者指出,宣言不具有法律约束力,不能起到促使各国政府致力于儿童权利保护的作用,现实中仍然大量存在着践踏儿童权利的现象。随着人权法的发展,许多国家呼吁制定一项全面规定儿童权利、具有广泛适用意义并具有监督机制的专门法律文书,以促使国际社会在保护儿童权利问题方面普遍承担义务。1978 年第三十三届联合国大会通过决议,决定成立《儿童权利公约》起草工作组,1989 年起草工作完成,公约于同年 11 月经第四十四届联合国大会第 44/25 号决议协商一致通过,并向各国开放签署、批准和加入。中国积极参与了该公约的起草、制定工作,是提出该公约决议草案的共同提案国之一。1990 年 8 月 29 日,中国签署该公约。到 2002 年,已有 190 多个国家批准履行《儿童权利公约》。

《儿童权利公约》以最大限度保护儿童的权益为宗旨,分序言、实质性条款、程序性条款和最后条款四个部分,共 54 条,其中实质性条款 41 条。序言重申《儿童权利宣言》的宗旨,提出"儿童因身心尚未成熟,在其出生以前和以后均需要特殊的保护和照料,包括法律上的适当保护"。正文部分详细阐述了儿童应享有的各项权利,如姓名权、国籍权、受教育权、健康权、医疗保健权、受父母照料权、娱乐权、闲暇权、隐私权、表达权等。其中最基本的权利可概括为四种:生存权——每个儿童都有其固有的生命权和健康权;发展权——充分发展其全部体能和智能的权利;受保护权——不受危害自身发展影响的被保护权利;参与权——参与家庭、文化和社会生活的权利。保护儿童权利须遵循三条原则,即 18 岁原则、无歧视原则和儿童最大利益原则。《儿童权利公约》提出,各国政府应为本国儿童提供的在卫生保健、教育、法律和生活服务方面必须达到的最低标准,并建议设立儿童权利委员会,以审查缔约国在履行根据该公约所承担的义务方面取得的进展。

《儿童权利公约》的第18、19、28、29条涉及儿童的受教育权。这些条款规定缔约国应尽最大努力，确保父母双方对儿童的养育和发展负有共同责任，并承诺发展育儿机构、设施和服务。《儿童权利公约》确认儿童有受教育的权利，规定在机会均等的基础上逐步实现此项权利，向所有儿童提供全面的免费义务小学教育；鼓励发展不同形式的中学教育，包括普通和职业教育，使所有儿童均有机会享有和接受这种教育，并采取适当措施，实行免费教育和为经济上处于弱势的儿童提供津贴；根据能力，以一切适当方式，使所有人均有接受高等教育的机会；使所有儿童均能得到教育和职业方面的指导和相关资料；鼓励学生按时出勤，降低辍学率；采取一切措施，确保学校执行纪律的方式符合儿童的人格尊严及本公约的规定。《儿童权利公约》认为教育儿童的目的是最充分地发展儿童的个性、才智和身心能力，培养他们对人权和基本自由以及《联合国宪章》规定的各项原则的尊重，培养儿童对父母及自身文化、语言和价值观的认同感，对所居住国家民族价值观、原籍以及不同于本国的文明的尊重，培养儿童与不同国家的人民、种族、民族、宗教群体及土著居民之间的谅解、和平、宽容、男女平等和友好精神，在自由社会里过有责任感的生活，培养他们对自然环境的尊重。

《儿童权利公约》促使各国更加关注儿童身心权益的保护，为儿童的成长和发展创造更好的条件；把儿童的受教育权当作一项重要权利，对保障儿童，尤其是弱势儿童的受教育权起了积极作用，也推动了各国采取各种措施改善儿童的教育条件，降低辍学率，提高巩固率，扫除青少年文盲，提高教育质量，向全体儿童提供全面、平等的免费义务教育。

（张东海）

儿童认知发展理论（theories of children's cognitive development）　关于儿童在认知领域随年龄增长而改变的历程的各种学说。主要有皮亚杰的认知发展理论、信息加工心理学的认知发展理论和维果茨基的文化历史发展理论等。

皮亚杰的认知发展理论

皮亚杰，瑞士心理学家和哲学家，皮亚杰学派创始人。他融合生物学、哲学、数理逻辑、科学史、心理学等方面的研究，对儿童认知、智力或思维进行深入探索，建立结构主义的儿童发展心理学，形成皮亚杰学派（即日内瓦学派）。20世纪70年代人们对皮亚杰的认知发展理论提出一系列挑战，并产生新皮亚杰学派，从而使该理论不断得到更新、丰富和发展。

认知发展的实质　皮亚杰的心理发展观认为儿童不是机械地对环境刺激作出反应，被动地通过强化获取知识，相反，儿童生下来就是环境的主动探索者。皮亚杰借用生物学的适应（adaptation）概念来说明心理发展。他认为，心理（心理、认知、智力、思维在皮亚杰著作中互相通用）发展的实质是主体对客体的适应，其产物是主体与客体相互作用形成的认知结构。儿童心理既不是起源于先天的成熟，也不是起源于后天的经验，而是起源于主体的动作。他把智力定义为主体通过动作对客体的适应，认为智力是一种最高形式的适应。这种适应是通过主体与客体之间相互作用而达成的平衡，它是儿童心理发展的真正原因。皮亚杰认为，适应是通过同化和顺应这两种对立的过程来实现的。同化（assimilation）是指刺激输入的过滤或改变，顺应（accommodation）是指内部图式（schema，指动态的可变的认知结构）的改变以适应现实。同化是主体改造客体的过程，通过同化作用，主体将外界的因素整合于一个已经形成的图式或认知结构之中，以加强和丰富自身的动作。皮亚杰用 T＋I→AT＋E 的公式来说明同化的一般过程，式中，T表示主体已有的认知结构，I 指环境因素或刺激，E 指刺激中被排除于认知结构之外的东西，AT 指 I 同化于 T 的结果，即对刺激的反应。在皮亚杰看来，以往行为主义公式 S→R，即一个刺激引起一个特定的反应是不正确的，它的最大缺陷在于没有表现出人在认知过程中的能动作用，忽视了机体是否具有反应刺激的能力，S→R 应该写作 S（A）R。即当外界刺激 S 作用于机体时，机体首先利用现有的图式或认知结构对刺激进行过滤改造，使之转化为组织能够吸收的形式，这个过程就是同化（A）。皮亚杰认为，在生理水平、感知运动水平和理性水平上都存在同化。例如，在生理同化过程中，酸把食物转化成人体可以利用的形式；在心理同化过程中，婴儿对不能吃的物体也会表现出"吮乳"动作，试图把物体纳入吮吸的结构或图式中去；在认知同化过程中，把外部信息变为已知的概念推理的形式，以丰富主体的认知图式。顺应是与同化相反的过程，它是当主体的图式或认知结构不能同化客体时，便改变主体的图式或认知结构以适应客体的过程。同化与顺应既相互联系又相互对立，同化只能导致数量上的变化，不能引起图式或认知结构的改变或革新，顺应则是质量上的变化，可以导致新图式的产生或原有图式的调整，只有同化而没有顺应，就没有认知发展。机体正是通过同化与顺应达到与环境之间的平衡（equilibration），智力适应同其他的适应一样，是在同化机制与补偿顺应之间实现的一种渐进的平衡。如果机体与环境失去平衡，它就必须改变自身的行为以重建平衡。这种平衡—不平衡—平衡的动态适应过程就是认知发展的根本原因。

认知发展的影响因素　皮亚杰既反对先验论又反对经验论。他认为儿童心理（认知）的发生发展不是先天结构的展开，也不完全取决于环境的影响，是受下述四个基本因素的共同影响。

成熟，指机体的成长，特别是神经系统和内分泌系统的成熟。它是儿童某些行为模式出现的生理条件，而且在心理成长的全过程中也起着一定的作用，构成心理发展的必要条件，但不是充分条件。成熟只给儿童的发展提供可能性，为实现发展的目标，还必须通过练习习得最低限度的经验。如1岁左右的孩子可以学会走路，但如果成人不及时提供练习的机会，儿童学会走路的时间就会推迟。因此，成熟仅仅是所有因素之一，儿童年龄渐长，自然和社会影响的重要性将随之增加。

自然经验，指个体对物体作出动作中的练习和习得经验，包括物理经验和数理逻辑经验。前者来自物体，它是个体作用于物体时感知的物体本身的特征，如大小、形状、重量等；后者来自个体的动作协调，如幼儿从排列物体的动作中知道，一组物体的数量跟排列的方式无关。物理经验是重要的，但不是心理发展的决定因素。

社会经验，是指在社会上的相互作用和社会传递过程中获得的经验，涉及社会生活、文化教育和语言等方面。幼儿园和学校的教育教学活动、亲子交往、书籍、报纸等都是社会传递的途径，都能促进或延缓儿童心理（认知）的发展。皮亚杰特别强调儿童在获得经验时的主动性，指出社会环境因素，包括学校教育，也必须以儿童主动的同化和已有的认知结构为前提条件，才能发挥影响。

皮亚杰认为，只有上述三个因素还不够，还必须有一个内部的机制把它们整合起来，这就是平衡。平衡是指不断成熟的内部组织与外部环境的相互作用，它是心理发展的决定因素，也是最重要的因素。平衡是动态的，而不是静态的。平衡主要不是一种状态，而是一种过程，平衡状态是平衡过程的结果。同化与顺应每获得一次平衡，认知图式或认知结构都会发生一次更新。个体可以达到三种平衡：（1）同化与顺应之间的机能平衡，主体认知结构顺应新呈现出来的客体，而客体被同化到主体认知结构中去；（2）主体图式或结构中子系统之间的结构平衡，例如空间系统中长度、面积、体积等子系统的平衡，数理逻辑运算图式或结构中分类、系列、数等子系统的平衡，没有子系统之间的平衡，就不可能建构出新图式或新认知结构；（3）主体知识结构的平衡，在知识的部分和整体之间，任何时候都必须建立经常的平衡。知识经常存在整体分化为部分和部分整合到整体中去的情况，主体不断整合旧知识而形成新的知识整体，就是一种平衡状态。其中机能平衡是前提，结构平衡是基础，知识平衡是结果。机能平衡产生新的结构，导致结构平衡；结构平衡导致知识的重组，使知识的部分与整体达到平衡。

认知发展的阶段　皮亚杰认为，儿童的认知发展呈现阶段性，各个认知发展阶段与不同的年龄相对应，具有其独特的认知结构。由于教育、文化等因素的影响，阶段可以提前或推迟，但阶段出现的次序不变，不能逾越或互换；各个阶段的划分是相对的，前后两个阶段之间存在着交叉或重叠，前一阶段是后一阶段结构发展的基础。认知结构的发展是一个连续建构的过程。皮亚杰按照发展的水平，将儿童认知的发展过程划分为以下四个阶段。

感知运动阶段（0～2岁）。这一时期，儿童主要通过感知运动图式与外界发生相互作用，即靠感知动作适应外部环境。他们在对环境作出反应的过程中虽逐渐能协调感知和动作间的活动，但其感知运动的智力还没有运算的性质，因为儿童的活动还没有内化，还不能在头脑中表征外部环境。

前运算阶段（2～7岁）。随着儿童年龄的增长，各种感知运动图式开始内化为表象或形象图式，语言的出现和发展，促使儿童频繁地使用表象符号代替外界事物，进行表象思维。这一时期思维发展的主要特点表现在两个方面。（1）具体形象性。这一时期的儿童主要运用表象进行思维，他们可以进行各种角色扮演和象征性的活动或游戏，能进行延迟性模仿、绘画等。（2）不可逆性。这一时期的儿童还没有概念的守恒性（conservation）和可逆性（reversibility），他们倾向于以自我为出发点思考一切事情，即自我中心（egocentrism），不能协调自己与他人的观点，不能从事物变化中把握本质，尚未形成真正的逻辑概念，也不能进行逻辑运算，或者处于逻辑运算的前期。当注意力集中于问题的某个方面时，同时不能转移到另一方面，不能完成数量、长度、质量、容积、重量等方面的守恒任务（如将高的、细的杯子中的水倒入矮的、粗的杯子中，儿童会认为水不一样多了）。由于上述特点，前运算阶段的儿童往往认为，其他人都是以与自己相同的方法去感觉、观察和思维的（自我中心性），并具有泛灵论或物活论的倾向，认为没有生命的物体也有思维、期望、感觉和意图，他们容易将不相关和矛盾的事实，或将时间和空间相近的事件联系起来，进行转换推理（transductive reasoning），如认为云彩的移动是由人、猫、狗的运动引起的。另外，他们难以完成等级分类任务，不能解决类包含任务（class inclusion task），不能将类与子类进行正确比较。

具体运算阶段（约7～12岁）。这一时期儿童出现了去中心化（decentralization），思维具有可逆性和守恒性。儿童能进行具体运算，即能在同具体事物相联系的情况下进行逻辑运算，但不能运用抽象概念进行逻辑运算，即不能对运算进行运算。守恒是这一阶段儿童最重要的成就。他们能认识到，物体在一个方面的改变可以通过另一方面的变化来补偿。他们已经能够进行等级分类，完成类包含任务，还能对同类事物按照某种性质（如长度）排成一个序列。他们还掌握一些数的概念，进行传递推理（transitive inference），发展了各种空间操作能力，包括对距离、方向和物体空间关系的推理能力,还能进行群集运算。这是在守恒和可逆性出现之后进行的逻辑运算。具体运算阶段的儿童认知的发展具有一定的局限性,思维的具体性决定了儿童在解决问题时还需要具体可见的或现实的物体的支持,难以完成抽象的问题或用抽象的假设来说明任务。如9岁儿童在完成上述传递推理任务时,如果给他们呈现A、B、C三根棒子,他们就能很容易地解决问题,但如果只用假设或语言描述说明问题,他们就会感到困难,直到11、12岁,儿童才能容易解决这类问题。

形式运算阶段(约12~15岁)。这一时期儿童思维已能摆脱具体事物的束缚,进行"如果……那么……"之类的假设演绎推理。在解决问题的过程中,他们能提出或想象各种假设或可能性,并有序地检验这些假设。这一时期,儿童能根据假设,运用符号逻辑,进行抽象的命题运算。在皮亚杰等人设计的钟摆问题中,在横木上系一根绳子,绳子上系一个重物,形成一个钟摆,给儿童呈现不同长度的绳子和不同重量的物体,允许他们改变绳子长度、物体的重量和振幅、推动力等条件,要求他们确定是什么因素影响了钟摆的速度。具体运算阶段的儿童往往不能有效地分离各个变量,而形式运算阶段的儿童则能对多种可能性进行试验,一次改变其中一个因素,而保持其他因素稳定,由此发现绳长是决定钟摆速度的因素。

皮亚杰认知发展理论的影响　皮亚杰的认知发展理论对儿童心理学、教育教学理论和实践都产生深远影响。(1)皮亚杰第一次系统详尽地考察了儿童认知发展的基本阶段和发生发展机制,他创立的发生认识论奠定了认知发展心理学派的基础,促进了思维心理学的发展,推动了心理学尤其是儿童心理学的研究向纵深和跨学科方向发展。(2)皮亚杰的理论更新了人们的发展观:他的主客体相互作用观强调活动的重要性,注重儿童在心理发展中的主体地位和主动性;智力是一种积极的、主动的结构,知识是主客体相互作用的产物,认知主要来自活动的内化等。所有这些都提示教育者应当鼓励儿童自发地与环境相互作用,提供各种可以促进儿童开拓和发现的活动机会。(3)皮亚杰注重兴趣和需要在认知发展中的条件作用,认为一切有成效的活动必须以某种兴趣为先决条件,兴趣是同化作用的动力,为教育教学提供了理论基础。由于儿童认知发展的阶段顺序是不变的,教育教学必须注意儿童心理发展的年龄特征或阶段性特征,教育和学习活动必须以儿童目前的思维水平为基础。由于儿童认知发展的速度有所不同,教育教学应该在考虑儿童个体差异的前提下进行。

20世纪20—50年代,皮亚杰的认知发展理论经历一个从产生、发展到成熟并风行世界的过程。有关学者尤其是新皮亚杰学派的学者在开展验证性研究的基础上,对皮亚杰理论也提出质疑和批评,指出皮亚杰理论的某些不足。

(1)关于认知发展的阶段性。美国心理学家L. E.伯克指出,今天几乎所有的专家都认为,孩子的认知并不像皮亚杰认为的那样具有十分明确的阶段性,许多重要的认知能力在儿童年龄很小时就已存在,只是程度较低。许多学者也不同意皮亚杰关于人类发展阶段和认知能力的普遍性的观点,认为思维并非由能够用于一切认知任务的一般推理能力构成,而是具有领域特殊性。有关研究者认为,皮亚杰低估儿童,尤其是婴幼儿的认知能力,而高估了青少年和成人的认知能力;形式运算阶段并非认知发展的最高阶段,在此之后还有更高的思维发展阶段,即辩证运算阶段。(2)关于教育和文化因素。皮亚杰强调生物因素对认知发展的影响和个体的生物适应,而相对忽视社会和教育、语言的作用。实际上,适当的教育和训练可以使许多认知能力提前出现,在不同的社会文化背景下,人们的认知发展状况也有所不同。(3)关于研究方法。尽管皮亚杰应用系统的观察法和独创的临床法取得十分有价值的研究成果,但仍有人批评他对变量控制的实验研究和统计分析技术重视不够等。

信息加工心理学的认知发展理论

用信息加工的观点和术语研究人的认知过程及其发展,是从机能上(即从行为水平上)将人脑与计算机进行类比,把人脑看作类似于计算机的信息加工系统,认为人的认知过程就是对信息(知识)的接受、编码、操作、提取和利用的过程。用信息加工的观点研究认知过程兴起于20世纪60年代的美国,70年代后逐渐成为研究儿童认知发展的主导取向,具有其自身的特点、理论和方法。

信息加工理论的共同特点　在信息加工研究的群体中,研究者们的研究取向有所不同:一些研究者使用信息加工传统的概念和方法,重新分析最初由皮亚杰发现的认知发展现象(如守恒、类包含等)。研究者向儿童提出某种特定任务,并试图从儿童对问题的编码和表征的角度或从儿童在信息编码中使用何种规则或概念的角度以及从这些规则怎样随着环境反馈而变化的角度,来分析儿童在这些问题上的表现。美国心理学家西格勒关于儿童获得各种推理规则的发展顺序研究,便是使用信息加工观点研究皮亚杰式儿童认知成长的典型范例。另一些研究者则不拘泥于分析某种特定任务和题材的心理过程,而以某种更为一般性的方式看待问题,而且研究的问题是皮亚杰较少关注的,如读写、记忆和个体差异等。

尽管信息加工研究者的研究取向不同,且尚未形成关于儿童认知发展的统一理论,但信息加工心理学诸理论间具有非常明显的共同特点。(1)都将个体的认知活动看成信息加工的过程,并在多个水平上将计算机与人的认知系统进行对比:认为两者均存储表征或符号,且操纵这些表征以解决问题;两者均以某种快速而有效的方式进行各种操作;两者均在信息的存储和操纵数量上存在限制;两者均能从经验中学习,并以某种朝向适应的方式修正已有的规则系统。(2)对儿童认知发展的研究都不专注于不同的发展阶段,而是聚焦儿童如何表征、加工和转换信息以及在记忆上的局限如何阻碍上述过程有效进行,并强调不同年龄阶段儿童的思维质量是由其在特定情境下所表征信息、加工信息的水平及每次所能存储信息的数量决定的。(3)都强调对儿童发展内在机制的精细分析,以鉴别那些对认知发展具有突出作用的变化机制,并了解这些特殊的变化机制是如何一起工作从而导致个体认知能力增长的。(4)都强调儿童认知的发展在很大程度上是通过主体不断的自我调节过程实现的:儿童通过使用不同的策略能增长关于每一种策略有效性的知识,而这种知识反过来又会改变和修正现有策略。(5)都认为精细的任务分析是了解儿童认知过程及其发展的关键,强调只有通过对特定任务的每一个细节的分析,才能更好地了解儿童的认知活动。(6)都试图构建一个实时的认知加工模型,且力求精确具体、清晰详细,既能作为一个工作程序在计算机上成功运行,又能对具体任务条件或限制下儿童(和计算机)会有何行动以及对具体的信息输入会作何反应,作出具体的预测。

信息加工心理学的代表性理论　信息加工心理学关于认知发展的代表性理论主要有四种,其代表性人物分别是斯腾伯格、凯斯、克拉尔和西格勒。这些代表性理论主要在思维活动的自动化、编码、概括和策略构建等环节上对儿童认知发展的作用提出相关的或独到的见解。

斯腾伯格的理论主要探讨在儿童认知发展过程中的编码和策略构建等问题。他指出,尽管智力测验具有某些明显的优点(如 IQ 分数与儿童的学业成绩有较高的相关,可在一定程度上预测后继的学业成绩;可以提供了解个体智力差异的基础等),但智力测验也存在某些明显的弊端:带有文化偏向;很难测出个体关键性的认知因素(如学习新知识的能力、创造性能力等);仅用单一的 IQ 分数很难充分反映出人类认知丰富复杂的特性。为此,美国心理学家斯腾伯格于 1985 年提出认知三成分理论,认为智力(认知)由元成分、操作成分和知识获得成分构成,并用图式对认知结构的三种成分及各自的亚成分作了直观性描述。他通过认知三成分理论对个体认知的内在结构进行了较精细的、动态的分析,并根据相关的研究结果,阐述成人与儿童、智力优秀与智力落后儿童在各种具体认知成分上的差异,诠释了儿童认知发展的某些内在机制,弥补或克服了仅用 IQ 说明智力的局限性。

凯斯的理论可分为两个主要部分:对儿童认知发展阶段本身的描述;对儿童认知如何由前一个发展阶段跃向后一个发展阶段的机制进行分析。其理论的显著特点是将皮

亚杰的理论与信息加工理论相结合,即把类似于皮亚杰那种描述儿童认知发展的理论,同研究个体如何建立认知目标、如何克服短时记忆的局限及如何产生解决问题的策略等典型的信息加工理论与方法相结合,对个体认知发展进行分析与描述。加拿大心理学家凯斯既对个体认知能力进行理论研究,又将个体基本认知能力与其解决问题的实际策略相联系,发展了一套适合小学一年级短时记忆容量的计算策略,为解决教学中的具体问题进行了有益的探索。这也是与认知心理学注重严格的实验室研究不同之处。

克拉尔的理论主要强调归纳、概括和发现新旧情景之间关系的能力对认知发展的影响。美国心理学家克拉尔指出,皮亚杰以同化、顺应和平衡等环节构成的关于儿童认知发展的机制给人们一种虚幻和神秘之感。因此,试图从别的角度对儿童认知发展的机制作出具体而明确的解释,便成为克拉尔理论的核心内容。他与其同事将概括能力的发展看作认知发展的关键机制,并将其概括具体化为时间路线、规则发现和消除多余步骤三个方面。他们十分重视编码在认知活动中的作用,认为儿童在时间路线上对信息编码的充分程度会直接影响到其后来的认知活动。比如在液体守恒活动中,假如儿童在开始时只对杯中液体的高度进行编码,而没对液体的横断面进行编码,儿童就不能对液体形成守恒性认识。他们还强调儿童认知发展上的个体差异,认为对于某一种认知能力而言,不同的儿童可能有不同的发展路线。例如在数量守恒任务中,不同儿童的概括顺序往往不同。

西格勒的理论以人类认知发展与生物进化具有类似性的观点为基础,详细分析在个体认知发展过程中策略选择与策略构建的问题。美国心理学家西格勒认为,从生物学角度看,认知的基本特征之一是竞争。认知竞争表现在人类个体运用概念、规则及策略等进行的各种认知活动中。他具体研究了儿童认知能力上适应性行为的种种表现:(1)策略的多样性。如幼儿即便在解决类似于"3＋5＝?"这样最基本的加法运算时,也会使用不同的策略。(2)选择不同的策略。儿童会根据不同问题情景而选择不同策略。例如:解决简单的加减法问题,儿童通常会运用直接提取的策略;对于较复杂的问题,儿童会选择那些虽然费时却能保证结果正确的策略。(3)在时间进程中对策略的调整。随着时间的推移和实践经验的增加,儿童既会较多地使用那种易于操作、效果良好的策略,也会不断地淘汰那些陈旧、低效的策略。凡此种种,都是儿童认知能力的各种适应性行为,儿童的总体认知能力水平正是随着这些适应性行为的发展而逐步提高。

上述四种理论分别以不同的认知任务为背景强调自动化、编码、概括、策略构建等方面对儿童认知发展的作用。事实上,儿童认知发展的总体结果或水平是来自上述各个环节之间的协同工作或整合,而儿童认知发展的每一特定

方面则更依赖相应的不同环节。

正像任何一种理论不可能完美无缺一样,信息加工心理学的认知发展理论,也受到人们质疑:(1)强调对儿童个体的"纯认知(加工)过程"的研究,往往将研究控制的精密程度作为衡量研究好坏的重要标准,因而有被称为"没有思想"的发展研究之嫌。(2)缺乏一个单一的、全面的理论指导。尽管研究的主题多种多样,也获得许多新的信息或发现,但对所得的研究结果未能提到一定的理论高度加以整合说明,虽然模型建得很多,却看不到模型之间的内在联系,难免有支离破碎之感。(3)发展心理学日益强调研究的社会生态效度,因此一些学者批评信息加工研究中的个人中心主义取向,将认知发展研究局限于"脑内"(in the head),把认知过程从真实的学习情境中孤立出来研究,所得结果的实际效度让人质疑。

维果茨基的文化历史发展理论

维果茨基是苏联儿童心理学的奠基者和社会文化历史学派的创始人。20世纪二三十年代,他对儿童心理和教育心理、思维与言语、教学与发展的关系等问题进行一系列研究,著有心理学论著180多部(篇),形成独特的心理发展理论。

文化历史发展理论的基本观点　针对行为主义的S—R公式和格式塔心理学的直觉主义观点,维果茨基对人的高级心理机能进行了研究,先后发表《意识是行为心理学的问题》(1925)、《心理学危机的含义》(1926)、《高级心理机能的发展》(1930—1931)等论著,反对排除人的意识的研究,批判了传统心理学对待人的高级心理机能的错误观点,提出高级心理机能的文化历史发展理论。他根据恩格斯关于劳动在人类适应自然和在生产过程中借助工具改造自然的作用的思想,提出并用"两种工具"的观点解释人类本质上不同于动物的那些高级心理机能的发展。维果茨基指出,工具的使用使人类的适应方式与动物区别开来,动物只是以身体直接适应环境,主要受生物进化规律的制约,而工具生产中所凝结的间接的社会文化知识经验则使人类主要受社会历史发展规律的制约。因此,人类心理的发展应当从历史的观点而不是抽象的观点,在心理与社会的联系中而不是在社会环境之外去理解。这是理解人类心理发展的文化历史原则。

物质生产工具的使用导致"精神生产工具"——人类特有的语言和符号的产生。相对而言,物质生产工具造成自然客体的变化,而作为"心理工具"的符号,包括语言、各种号码、数字和记忆装置、图表、艺术作品等,则引起人行为的变化。它使生物进化促成的低级心理机能逐渐发展为人类特有的高级心理机能,包括言语思维、逻辑记忆、概念形式、

随意注意和意志等。高级心理机能的实质是以"心理工具"为中介的受社会历史发展规律制约的机能。尽管在种系发展过程中,高级心理机能与低级心理机能是两条彼此不同的、独立的和互不依赖的发展路线,但是,在个体心理发展过程中,高级心理机能与低级心理机能是融合在一起的。维果茨基认为,现代文明的成人的行为是两种不同发展过程——动物生物进化和人类历史发展——的结果,最初原始的人由此变成现代文明的人。

社会文化改变着人的行为,并使其先天素质和机能发生变化,形成和创造出新的行为方式——特殊的文化方式。维果茨基主张研究高级心理机能的发生发展及其从一个阶段向另一个阶段的过渡,从两种心理机能的实质说明儿童心理发展及其年龄特点,并由此形成了他的儿童心理发展观。

维果茨基认为,儿童心理发展是儿童(从出生到成年)在环境与教育的影响下,在低级心理机能的基础上,逐渐向高级心理机能转化的过程。在阐述儿童心理发展时,维果茨基虽没能像皮亚杰那样明确提出认知发展的不同阶段,但对心理机能由低级向高级发展提出四个重要的标志:(1)心理活动的随意机能的形成与发展。随着语言的掌握,儿童心理活动日益自觉、主动,各种心理过程的有意性日益增强。如在无意注意基础上产生有意注意,在冲动性行为的基础上产生预见性意识,自我意识的发展,根据社会要求自觉调控行为。(2)心理活动的抽象概括功能,即各种机能由于思维(尤其是抽象逻辑思维)的参与而高级化。如在具体形象思维基础上产生概念思维,在再现想象等基础上产生创造性想象。(3)各种心理机能之间的关系不断变化、组合,形成间接的、以符号或词为中介的高级心理结构。如3岁前儿童的意识系统以知觉、直观思维为中心,学龄前期儿童则形成以记忆为中心的意识系统,学龄期儿童各种心理机能间重新组合,发展为以逻辑记忆和抽象思维为中心的新的意识系统,儿童心理结构越复杂,就越简缩,其心理水平越高。(4)各种心理机能越来越个性化,即越来越带个人特点。儿童意识的发展主要是个性和整个意识的发展,而不是个别机能的增长。上述心理机能的随意化、抽象概括化、整合化和个性化作为心理发展的质的标志或指标是相互联系、相互促进的。维果茨基指出,儿童心理机能之所以由低级向高级发展,主要有三方面的原因:其一是起源于社会文化历史的发展,受社会历史规律的制约;其二是符号,即儿童通过掌握语言符号这一中介,在低级心理机能的基础上形成各种新质的心理机能;其三是内化,即高级心理机能是不断内化的结果。

智力活动的内化学说　在智力(思维)发生学的研究中,国际一些知名学者提出外部动作内化为智力(思维)活动的理论。维果茨基是最早提出内化学说的学者之一,并

且有独到见解："儿童文化发展中的一切机能都是两次登台的，都表现在两个方面，即起初是社会方面，后来才是心理方面；起初是人们之间的属于心际的范畴，后来才是儿童内部的属于心内的范畴。这一原理无论是对随意注意、逻辑记忆、概念的形成还是意志发展都是同样适用的。"以言语发展为例，儿童在不能使用语言符号时，心理活动是直接的、不随意的、低级的、自然的，但在掌握语言工具之后，外部操作才逐渐转化为内部的智力活动，成为间接的、随意的、高级的、社会历史性的心理机能。再如，儿童计数能力的发展，先后经历直觉估计数量——数以前数过的确定对象或以物代数——实际计数（借助外部标志计数或用手数数）——用心数数（用连贯的内部言语计数，进行算术运算）这样几个阶段。最后，物体、手指等中间环节都消失了。即便是人特有的意志活动也是在人们的相互作用的关系中产生的：最初的行为受外部调节（如听从成人的吩咐）以后才逐渐使自己的行为服从于自我目标，计划行动，并克服困难，实现既定目标，亦即转化为内部调节。这说明，高级心理活动经历了一个由外而内的过程，它首先是在外部进行的，而后才内化为内部活动，默默地在头脑中进行。所有这些由外向内转化的必要条件都是社会交往。维果茨基认为，一切高级心理机能都不是在纯粹种系发展的历史中形成的，而是以社会为模本的复制品，是内化了的社会关系。

思维与言语的发展理论　思维与言语的发展理论是维果茨基文化历史发展理论的重要组成部分。他在其逝世前的最后一部著作《思维与言语》中，论述了言语和思维在各种心理机能中的地位或作用，阐述了儿童思维与言语的关系及发展阶段。在该书中，维果茨基考察词在心理工具中的地位与思维在各种心理机能中的地位。与皮亚杰不同，维果茨基强调，词的意义是构成心理整体的基本单位，也是社会交往和思维两种机能的单位。言语就其本身的意义而言是社会联系的核心系统。词作为对现实的概括反映形式，可以被广泛地用作内部或外部的刺激，言语思维在人的心理当中占有最重要的地位。维果茨基认为，思维在各种心理机能中占主导地位，各种心理机能之间的关系基本上决定于在特定发展阶段上占支配地位的思维形式。

维果茨基在《思维与言语》中指出思维的生活制约性以及客观现实对思维的决定作用，认为思维是人的过去经验参与解决他所面临的新问题的过程，是人脑借助言语实现的分析综合活动。关于儿童早期思维形成的条件，他指出，儿童的脑具有的自然的思维发展可能性，是在成人的调节下与周围环境发生相互作用的过程中实现的。儿童对实体世界的关系是以对教育他的人们的关系为中介的。儿童利用言语与周围的人们进行社会交往，是儿童思维发展的特殊条件。

维果茨基从思维和言语的起源或发生的角度阐述了思维与言语的关系。他认为从种系发生上看，思维和言语有着不同的起源，并且是按照不同的路线独立发展，其关系也是不断变化的。在思维与言语发展过程中，可以发现思维发展的前言语阶段与言语发展的前智力阶段，例如，类人猿在某些方面（如在萌芽状态的运用工具方面），表现出人类那样的智力，而在其他方面（如运用手势和嗓音进行社交方面）表现出人类那样的语言，但它们的思维与言语之间并没有非常接近的一致性。从个体发生上看，思维与言语的根源不同，言语发展过程中有一个前智力阶段，在思维发展中有一个前言语阶段。儿童早期的智力反应并不依赖言语，而早期的牙牙学语、哭叫等也可能与思维毫无关系。在某个关键时间（2岁左右）之前，思维与言语的发展路线是不同的，但到2岁左右的某个关键时刻，两条发展曲线开始会合、交叉，思维逐渐成为言语的东西，用言语表达，而言语也开始为思维服务，这表现为两种行为倾向：其一，儿童对词语表现出主动的好奇心，对每一件新事物都要问"这是什么"；其二，儿童的词汇迅速扩展，开始有了一种用词表达的需要。

维果茨基在阐述儿童思维与言语的关系时，对皮亚杰的《儿童的语言与思维》一书作了全面评价。他既肯定皮亚杰在儿童言语与思维发展理论上的贡献，又批评皮亚杰关于儿童自我中心言语的观点。针对皮亚杰关于儿童自我中心言语是儿童自我中心思维的表现，是个人的言语，是儿童自己对自己说的，是非交流性的、非社会化的观点，维果茨基指出，自我中心言语也是一种社会性言语，他和他的学生列昂节夫、鲁利亚合作实验和临床研究，证明了自我中心言语产生的原因和特殊的作用，指出自我中心言语是为解决困难问题服务的，具有自我防卫和自我指导的作用，它能帮助儿童思考自己的行为和行动过程，是持续注意、复杂的记忆、分类、问题解决和自我反省等高级认知过程的基础。维果茨基认为，自我中心言语是形式上的外部言语与功能上的内部言语的结合，它是通过社会言语——自我中心言语——内部言语的图式逐步由外部言语向内部言语过渡的环节之一，内部言语起源于自我中心言语。

维果茨基还论述了儿童思维发展的一般过程及制约因素，他根据自己以及他人实验研究的结果，将概念的发展由低到高分为无组织的群集、复合思维和真正概念的形成等三个基本阶段，而其中每个阶段又分为若干小阶段。

教学与发展关系的理论　维果茨基根据其高级心理机能的文化历史发展理论，分析批判了关于教学与儿童发展关系的几种观点：皮亚杰的"儿童的发展过程不依赖教学过程"的观点、W. 詹姆斯的"教学即发展"观点以及考夫卡的二元论发展观，认为这些观点都没有正确估计教学在儿童心理发展中的作用。强调社会背景与协作对儿童心理发展的影响，认为人的心理是在掌握间接的社会文化经验中产生和发展起来的，因而传递社会文化经验的教育在儿童心理发展中起着主导作用。维果茨基区分了广义的教学与狭义的教学,前者是指儿童通过活动和交往掌握精神生产的手段,具有自发性,后者是指有目的、有计划地进行的系统的交际形式,它"创造着"儿童的发展。维果茨基关于教学与发展的关系的思想主要体现在三个重要的方面:一是最近发展区的思想,二是教学应当走在发展前面的观点,三是学习的最佳期限问题。

依据教育学中的"量力性原则",教学要达到预期效果必须依据儿童现有的发展水平。针对这一观点,维果茨基指出,当我们要确定儿童的发展水平与教学的可能性的实际关系时,无论如何不能只确定一种发展水平,至少应确定两种发展水平:儿童现有的发展水平与在成人指导和帮助下达到的解决问题的水平。前一水平是由于儿童已经完成的发展结果而促成的心理机能发展水平,后一水平则是可通过教学获得的潜在发展水平。据此,维果茨基提出<u>最近发展区</u>(zone of proximal development)的概念。最近发展区是指"儿童独立解决问题的实际水平与在成人指导下或与有能力的同伴合作中解决问题的潜在发展水平之间的差距"。最近发展区代表着儿童发展的潜在可能性,它的动力状态是由教学决定的,通过教学可以消除这种差异。在完成最近发展区内的任务时,儿童通过与更成熟的社会成员共同活动,与更有技能的同伴进行协作式对话,就能逐渐掌握这些活动,并能以与文化背景一致的方式进行思维。

儿童熟悉的社会成员知道怎么做能为儿童的学习提供最大的帮助,使这种互动正好与儿童的应变能力相适应。最后,儿童能够使这些对话言语成为其个人言语(private speech)的一部分,并用它来组织他的思想和行为。

在最近发展区思想的基础上,维果茨基主张教学应走在发展的前面,认为"教学可以定义为人为的发展",它决定着儿童智力发展的内容和水平、智力活动的特点以及智力发展的速度。在教学过程中,他强调要促进同伴间的协作,让能力不同的学生分组协作,教师应运用解释、证明和言语提示指导儿童的学习,使教学与每个儿童的最近发展区相匹配。

为发挥教学的最大作用,维果茨基深刻阐述了学习的最佳期限问题,认为错过了学习某种技能的最佳年龄,会造成儿童智力发展的滞后。学习的最佳期限必须以儿童的成熟和发育为前提,更重要的是,教学应建立在正在开始但尚未形成的心理机能的基础上,走在心理机能形成的前面。

维果茨基心理发展理论的影响　维果茨基研究领域广阔,在普通心理学、儿童心理学、教育心理学、病理心理学和艺术心理学等领域都进行过理论和实验研究,并有一系列卓越的建树:创立文化历史发展理论,明确提出研究意识的价值,创立高级心理机能发展理论,提出"最近发展区"概念以及"双重刺激"研究法等。所有这些,尤其是他和列昂节

夫、鲁利亚等人创立并以其名字命名的"维列鲁学派"(即社会文化历史学派)及其理论,都是心理学理论宝库中的重要遗产,不仅在苏联心理学发展史上有重要的地位和影响,而且在美国、西欧国家、日本和中国等国有广泛的影响。

维果茨基在教育实践上的深远影响,主要表现在两方面:一是加里培林受维果茨基智力内化学说和列昂节夫活动理论的影响,详细地研究了智力活动形成的内化过程,提出"智力活动按阶段形成"的假说,对儿童智力的培养实践有着重要的指导作用;二是提出的"最近发展区"概念以及"教学必须走在发展前面"的主张,不仅成为20世纪50—70年代苏联教学改革实验的理论指导,而且对世界其他国家教育教学改革实践均有深远影响。

维果茨基的心理发展理论并没有中止人们对心理学真理的认识,也受到某些质疑或批评:(1)社会文化历史发展观对历史原则的理解比较狭隘,它只强调一个因素——内部的心理工具、词—符号对高级心理机能发展的作用,对心理的历史发展的复杂性未能给予详细的阐明。(2)偏重心理机能的文化发展路线,相对忽略自然发展路线,甚至将自然发展与社会发展人为地割裂开来。(3)维果茨基认为,内部言语起源于自我中心言语,自我中心言语是内部言语的早期形式和连接外部言语与内部言语的中间环节。实际上,内部言语本质上是一种独特的言语机能,而不是自我中心言语去掉声音后形成的言语。批评者认为,言语与思维、外部言语与内部言语是同时发展起来的,内部言语与外部言语一样是社会产生的言语,它的起源不应是自我中心言语,而是社会交际活动。

儿童认知发展的两种不同观点

<u>领域一般性发展观</u>认为,儿童认知发展具有一般性,即只存在一条发展路线,它决定着儿童认知或智力所有方面的发展。<u>领域特殊性发展观</u>主张,儿童认知发展具有特殊性或具体性,存在某些完全不同的发展路线,它们之间是相互独立的。

领域一般性发展观　人类在发展过程中逐渐形成一组一般的认知能力,能够用于各种认知任务,而不管任务的具体内容如何,即强调认知发展的普遍过程,并致力于探究儿童认知发展的一般机制。该发展观认为,发展的规律在认知发展的各个侧面具有普遍的一致性,它不因儿童发展或活动领域的不同而呈现出差异。皮亚杰的认知建构论是领域一般性发展观的典型代表。它认为,儿童在认知发展的各个方面或领域都以相似的方式发生变化,因而使认知发展表现出阶段性规律。例如,儿童认知的发展呈现出由低到高、循序渐进的阶段性规律:感知运动阶段——前运算阶段——具体运算阶段——形式运算阶段,这不仅表现在一

般的逻辑思维方面,而且表现在数学、物理、符号乃至对人类心理的认知等各个方面。皮亚杰主义者和行为主义者都坚持领域一般性发展观,都否认婴儿有任何先天的结构或领域特殊性的知识,前者认为婴儿接受的信息是未分化的、混沌的,后者则把婴儿看作一张没有知识内容的"白纸"。他们都承认某些领域一般性的生物学过程。皮亚杰主义者认为,每个婴儿生来就有一组感觉反射(图式)和同化、顺应、平衡三种机能;行为主义者则认为,每个人都具有遗传的生理感觉系统和一组复杂的联想规则。这些机能或规则构成了儿童对刺激作出日益复杂的反应的生物基础,也是儿童在语言和非语言的认知领域的学习的生物基础。

领域特殊性发展观　20世纪80年代以来,领域特殊性发展观在反对领域一般性发展观的过程中逐渐发展起来。它认为,认知发展的规律并不是同时贯穿各个领域,而是在认知发展的不同方面存在不同的发展模式或特点;某种变化可能在一个领域发生,而不在另一个领域发生;也可能先在某个领域发生,而后在另一个领域发生。简言之,并不存在贯穿一切领域的一般性规律。人类具有领域特殊性的先天倾向性,儿童具有特定的注意偏向和加工原则,他们往往只接受那些符合自身偏好的刺激材料,并在各个特殊领域形成特定的表征。例如,儿童很早就能对人类语言具有特殊的敏感性,能注意语言的一些抽象特征和细微区别,而仅仅根据领域一般性的感知运动智慧和对语言材料抽象的认知机制并不能解释婴幼儿的语言习得问题。领域特殊性发展观得到一些发展神经心理学研究的支持。英国心理学家卡米洛夫-史密斯1992年指出,有的儿童只有一个或几个领域损伤而其他领域没有受到损伤的事实足以说明,认知系统具有领域特殊性。例如,患自闭症的儿童对他人心理状态的推理能力(心理理论能力)的发展有缺陷,认知的其余部分则相对良好;患威廉斯综合征的儿童在语言、面部识别和心理理论方面发展正常,但数和空间认知则严重滞后;许多白痴专家或天才在一个领域具有高水平的能力,其他方面的认知能力则极其低下。对成人脑损伤进行的神经心理学研究也为领域特殊性观点提供了证据,这些研究表明,脑损伤造成的高级认知功能障碍常常是领域特殊性的,即这些损伤只影响面部识别、数、语言或另外一些技能,其他系统的发展则相对完好。

心理模块性(modularity of mind)可以看作领域特殊性发展观的代表。1983年,美国心理学家福多出版《心理模块性》一书,明确提出心理模块理论,认为人的心理是模块性的。在1988年发表的《"心理模块性"概要》一文中,福多指出,模块是信息封装的计算系统,它具有推理机制,并且它涉及的背景知识受到认知结构一般特点的严格而持久的制约,它可以看作具有专用数据库并能实现特定目的的计算机,其中专用数据库的含义是指模块的操作仅仅局限于数据库中的信息,至少有一些信息是其他认知过程能够使用,而在这个模块中不能使用的。领域特殊性是模块的本质特点之一。

福多认为,模块与领域特殊性是不同的,模块是领域特殊性的,但领域特殊性的并不一定是模块,因为除了领域特殊性之外,模块还有输入系统的操作是强制性的、输入加工是封装的等其他特性。卡米洛夫-史密斯对两者作了区分,认为领域特殊性是支持某一特定范围知识的一组表征,而模块是把这种知识与对它的加工封闭起来的信息加工单元。

一些心理学家试图调和领域一般性发展观与领域特殊性发展观。他们一方面强调领域特殊性,尤其是个体先天的领域特殊性倾向对心理发展的制约,另一方面认为在领域特殊性发展中存在某些领域一般性的规律和心理机制。例如,卡米洛夫-史密斯1992年就从心理发展的角度指出,坚持领域特殊性发展观的先天论(如福多的模块论)与坚持领域一般性发展观的后成建构论(如皮亚杰的认知发展理论)并不必定互不相容,两者应该是互相补充、有机调和的,即在领域一般性发展观基础上,强调认知发展最初存在的领域特殊性倾向,同时也应该在领域特殊性发展观的基础上,强调认知发展的某些领域中的一般机制。应该肯定,人类认知发展的先天倾向是领域特殊性的,但是,发展不完全是领域特殊性的,也存在一些领域一般性的过程,表征重述(representational redescription)就是如此,它是心理中的内隐信息以后变成心理的外显知识的过程。这个过程先是在一个领域之内发生,然后可能在几个领域之间发生。表征重述的实际过程是领域一般性的,在每一领域内,表征重述的过程和起作用的形式都是相同的;但是,在不同的领域,它也受表征内容、表征形式及外显水平的影响,具有不同的表现。卡米洛夫-史密斯批评福多的模块理论忽视了模块的动态性或发展性,认为具有领域特殊性的模块并不是先天预成的,而是经历了一个模块化的渐进过程。个体在领域特殊性倾向或敏感性的制约下,不断进行领域特殊性的信息输入和加工,使各个领域逐渐形成了相对封闭的模块。许多早期脑损伤的案例都说明,大脑具有很大的可塑性,先天的领域特殊性倾向只是提供了某种发展的潜在可能性,只有通过与环境的互动才能成为现实的能力。

领域一般性发展观与领域特殊性发展观各自强调认知发展的一个方面,都有所偏颇,调和论则一定程度上有效整合两种观点,同时吸收两者的合理之处,但仍需要有关的研究证据的支持。

参考文献

福多.心理模块性[M].李丽,译.上海:华东师范大学出版社,2002.

卡米洛夫-史密斯.超越模块性——认知科学的发展观[M].缪小春,译.上海:华东师范大学出版社,2001.

皮亚杰.发生认识论原理[M].王宪钿,等,译.北京:商务印书馆,1981.

米哈伊·奇凯岑特米哈伊.创造性:发现和发明的心理学[M].夏镇平,译.上海:上海译文出版社,2001.

桑标.当代儿童发展心理学[M].上海:上海教育出版社,2003.

（谷传华　程学超）

儿童社会认知发展（social cognitive development of children）

儿童对社会性客体及其之间关系的认知的形成过程。包括对人（他人和自我）、人际关系、社会群体、社会角色、社会规范等的认知以及对这种认知与人的社会行为之间关系的理解与推断的发展。自20世纪70年代末期以来,个体的社会认知及其发展问题逐渐成为发展心理学、社会心理学乃至认知心理学研究的重点课题。发展心理学家关于儿童社会认知的研究大致包括对个体的认知、对人际关系的认知、对群体与社会系统的认知等。

儿童对个体的认知发展

儿童对个体的认知包括对自我的认知和对他人的认知两个方面。儿童对自我的认知发展与儿童社会性发展、心理健康、学业成就等密切相关（详“儿童自我发展与教育”）。儿童对作为个体的他人的认知是研究者最为关注、成果也最丰硕的研究领域之一。

儿童人知觉的发展　人知觉（person perception）,是与社会心理学中所说的“印象形成”极为相似的一个术语。关于儿童人知觉的研究主要考察儿童如何认识他们生活中所知道的人。利弗斯莱和布罗姆利等人研究发现,儿童的人知觉大致表现出如下发展趋势:（1）七八岁以前,儿童基本上从一个人所处的环境和外部可见的行为出发描述他人或自己,很少使用稳定的人格特质进行描述。即使使用,其所用特质词往往也是笼统的、评价性的,如“他很坏”或“她很好”等。该年龄阶段的儿童还倾向以一种相当自我中心的方式以自我为参照描述他人。例如,一名5岁儿童对一个同伴的描述为“她很好,因为她跟我玩,有时还给我小贴画”。（2）在儿童中期（七八岁以后至青春期前）,儿童逐渐开始更多地使用人格特质描述他人或自己,所用的特质词随年龄增长而不断增多,在意义上也变得越来越精美、抽象。例如,“好”替换为“替别人着想”、“帮助人”等。但是,他们仍然根据一个人的外在特征描述人,这种趋势一直保持到成年期,其原因可能是这种非心理的描述可以帮助人们形成鲜活、生动的他人印象。（3）随着青春期的到来,儿童逐渐能够灵活地、有条理地选择多种可能的观点并把这些观点有

机地整合起来描述人。他们不仅根据特质描述人,意识到一个人具有看起来相矛盾的特质,而且能够认识到每个人拥有自己独特的人格。另外,他们开始更多地从特质和情境交互作用的观点看待他人及其行为。

儿童观点采择的发展　观点采择（perspective taking）是区分自己与他人的观点,并进而根据当前或先前的有关信息对他人的观点（或视角）作出准确推断的能力。美国心理学家塞尔曼认为,观点采择在儿童的社会认知发展中处于核心地位,因为儿童对不同观点进行协调的能力的发展标志着其认识社会关系的方式重新建构。通过观点采择,可以预测儿童对友谊、权威、同伴以及对自我进行推理的概念水平。因此,在20世纪70—80年代儿童观点采择的发展问题一直是社会认知发展研究领域中备受关注的课题之一。皮亚杰首先对儿童观点采择能力的发展进行了系统的理论阐述和实验研究。他认为,儿童对社会世界（包括自我和他人的关系）认知的发展平行于其对物理世界的认知发展,儿童对自我—他人关系认知的发展趋势是从自我中心发展到去自我中心或观点采择。婴儿期是一个极度自我中心的阶段,这时儿童还不能意识到自己,把自我与非我区分开来。在前运算阶段（2~7岁）,儿童的自我中心与婴儿期相比有所减少,但还不能区分自己的心理状态和他人的心理状态,更不能采择他人的观点,如在“三山”实验中难以采择他人的视觉观点。进入具体运算阶段以后,儿童的自我中心开始显著地减少,表现为儿童开始逐渐清楚地意识到他人会有与自己不同的思想、观点和情感,并逐渐能够对他人的心理状态作出较准确的推断。进入青少年期以后,由于形式运算能力的获得,儿童的观点采择已初步具备递推思维的性质,开始能够进行一些复杂的递推性的观点采择,如,“那天我想到了我自己,而且我开始考虑我对自己的看法……”弗拉维尔等人把观点采择看作一个认知过程或信息加工过程,着重考察了观点采择这一特定形式的社会判断赖以发生的认知加工环节和程序。他们认为,儿童对他人的观点采择包括四类心理动作,这些心理动作按照如下顺序发生:（1）存在阶段。儿童认识到存在着不同的观点。（2）需要阶段。儿童产生推断他人观点的需要,这种需要经常是与人际交往中的具体目标有关,如试图说服别人、希望在游戏中获胜等。（3）推论阶段。儿童推论出某一特定情景中他人的观点。（4）应用阶段。儿童把自己推断出的信息应用于随后的行为中,如对别人说什么、怎样说等。从20世纪70年代起,塞尔曼等人利用类似于科尔伯格的两难故事法,继承皮亚杰的儿童心理发展研究的结构分析方法（structural-analysis approach）,对儿童在友谊、权威、亲子关系等不同社会交往情景中社会观点采择的发展进行了一系列的横断研究和追踪研究,并建构起颇具特色的儿童观点采择发展阶段理论。塞尔曼把3岁到青春期儿童观点采

择的发展划分为五个阶段的水平。水平0：自我中心的观点采择。3～6岁的儿童基本处于此阶段。儿童只知道自己的观点，意识不到他人的观点。水平Ⅰ：社会信息的观点采择。出现在6～8岁。儿童认识到人们能有与他们自己不同的观点，但认为这是由于个人接受的信息不同造成的。水平Ⅱ：自我反省的观点采择。出现在8～10岁。儿童认识到即便接受的信息相同，自己和他人的观点也可能发生冲突。他们能够考虑对方的观点，也能够认识到他人也会站在自己的角度看问题。但是，儿童不能同时考虑自己和他人的观点。水平Ⅲ：相互的观点采择。10～12岁的儿童开始能够同时考虑自己和他人的观点，而且认识到他人也会这样做。儿童还会采择一个与互动双方无关的第三者的观点来分析问题。水平Ⅳ：社会的或习俗的观点采择。大致出现在12～15岁以后。青少年能试图通过与他生活于其中的社会系统的观点进行比较来理解另一个人的观点。塞尔曼1990年认为，在儿童从自我中心到社会观点采择的发展历程中，每一个新的观点采择阶段或水平的出现，都标志着正在成长着的儿童在理解他人以及人际关系方面的一种质变。阶段与阶段（或水平与水平）之间存在着逻辑关系，各阶段出现的顺序对所有的儿童都是相同的，但这并不意味着所有儿童都能达到观点采择的最高水平或以相同的速度通过这些阶段。20世纪80年代以来，儿童达到观点采择的年龄问题是研究者颇感兴趣的一个问题。美国心理学家尚茨1983年认为，儿童在四五岁时就能够达到认识上的去自我中心。中国心理学研究者方富熹1990年与澳大利亚合作者考察了中澳儿童社会观点采择的发展情况，结果也发现，四五岁儿童已经具备初步的观点采择能力。中国学者张文新认为，关于儿童观点采择的研究结论不一致可能与研究者采用的测量材料有关，因此，张文新和郑金香1999年采用标准化的观点采择测验任务考察了中国6～13岁儿童社会观点采择发展的一般趋势，结果发现，6岁左右的儿童开始能够初步区分自己和他人的观点，但在利用有关情景线索准确推断他人的观点方面存在较大困难，6～10岁是儿童观点采择的快速发展阶段，10岁左右儿童已经能够利用故事信息对他人的观点作出准确的推断。

儿童移情的发展　移情(empathy)是一种特殊的观点采择能力，是指儿童觉察到他人的情绪反应时所体验到的与他人共有的情绪反应。美国心理学家M.L.霍夫曼1984年认为，儿童移情的发展要经历四个阶段：(1)非认知的移情阶段。指他人的情感表现在儿童自身上引起相似的情感反应，但这种反应并不伴随需要的社会认知过程。出生第一年，儿童尚不能把自我和他人完全区分开来，所以也不能区分他人的情绪状态和自己的情绪状态。因此，人生第一年的移情处于一种非常原始的阶段。(2)自我中心的移情阶段。出生第二年，儿童初步的自我意识开始萌芽，自我中心

的移情出现。这一阶段，儿童开始能够对他人的情感作出反应，但是这种反应只是为了减轻自己的不安和痛苦。(3)推断的移情阶段。2～3岁开始，这一阶段儿童形成最初步的角色采择能力，表现出一些利他性的移情。(4)超越直接情景的移情阶段。童年晚期以后。儿童能够注意到他人的生活经验和背景，对他人的移情反应超出直接情景的局限。如儿童对坏人受到惩罚和好人受到惩罚的移情是不同的。

儿童心理理论的发展　心理理论(theory of mind)是指个体对他人心理状态以及他人行为与其心理状态的关系的推理或认知。儿童心理理论是发展心理学中的一个新兴研究领域。其探讨的核心问题是儿童对他人心理或心理状态以及心理与行为关系的认知发展。把个体对他人的这种认知称为理论，主要是为了强调个体对心理世界的认知具有如下特点：(1)心理状态无法直接观测，只能从他人的外部言行中进行推断。(2)理论通常是指一套相互联系的观点或思想。他人的心理世界包含着一系列相互联系的内容（如情绪、愿望、假装、关于客观世界的各种信念等），而个体对这些内容的认知无疑是一套复杂的概念系统。研究者对儿童心理理论的研究主要集中在儿童对他人信念以及信念与行为的关系的认知发展方面。采用的主要研究策略是通过儿童对他人信念的认知来考察儿童心理理论的发展。研究较为一致地表明，4岁以前儿童还不能认识到他人会有错误信念。因此，一般认为，儿童的心理理论4岁左右开始形成，其标志是能够成功地完成"错误信念任务"。儿童在认识到他人可能具有错误信念之前，已经对他人的心理世界具有一些初步的认识。从2岁左右开始，儿童对认识他人心理状态的一些基本能力逐步发展起来，这些能力的出现与发展为儿童心理理论的形成准备了必要的条件。美国心理学家韦尔曼1990年研究发现，2岁时，儿童已经认识到他人是有愿望的，而且人们的愿望会影响其行为。3岁时，儿童能够认识到除愿望外，他人还有对世界的信念，他人的愿望和信念共同影响其行为。儿童还能够把心理状态和外部现实区分开来，认识到看见(seeing)一个物体和知道(knowing)这个物体之间的关系。4岁时，儿童能够理解外表与真实的区别，如他们知道一块岩石状的海绵看上去像岩石，实际上是海绵。随着心理理论研究的不断深入，4岁后儿童心理理论的进一步发展也成为研究者关注的重要问题。一种观点认为，4岁左右儿童获得的心理理论与成年人的心理理论有所不同，但两者之间的差异只是量的差异而无质的区别，因为年幼儿童的心理理论只是在精细程度上尚不如成年人的心理理论。在达到对错误信念的理解后，儿童心理理论的一个主要的量的发展就是他们能够洞察到的心理状态的嵌入数量在增加。另一种观点认为，达到错误信念认识的儿童只认识到外部世界对心理的单向影响，信念是对外部世界的客观的、直接的复制，他们拥有的是复

制式心理理论。6 岁左右，儿童逐渐认识到知识的获得或信念的形成本身是一个主动建构、解释知觉信息的过程，即使是在所获知觉信息完全相同的情况下，人们也可能通过不同的建构、解释从而拥有不同的信念。这就意味着儿童获得了解释性心理理论。此外，韦尔曼认为，在儿童早期的心理理论中并不包括人格特质概念。6 岁前儿童只是从愿望和信念解释行为，6 岁后儿童才发展起人格特质的概念，才开始从稳定、持久的人格特质理解、解释并预测人们的行为。关于儿童人知觉的研究也较为一致地发现，7～8 岁以前的儿童基本上是从一个人的环境和外部能够观察到的行为等描述他人或自己，而 7～8 岁后儿童逐渐开始使用人格特质描述他人或自己。

儿童对人际关系的认知发展

任何个体都是处于一定的社会关系系统之中。从儿童的实际生活看，其主要的人际关系大致可以分为两种：一是那些比儿童拥有更多知识和更大权利的成人与儿童之间形成的权威关系；二是儿童与那些和他们具有相同权利的同伴之间形成的平等的同伴关系。当然，这两种关系并不是绝对的，成人与儿童之间也可能存在平等的关系，而同伴之间（如同伴群体的首领与其成员之间）也可能存在权威关系。儿童对权威关系的认知和对同伴关系特别是友谊关系的认知是儿童社会认知发展的重要组成部分。

儿童对权威的认知发展　在皮亚杰关于儿童道德发展研究基础上，美国心理学家戴蒙 1977 年采用社会两难故事考察了儿童权威概念的发展情况。他根据儿童对两难故事问题的反应，把儿童对权威的认知发展划分为前后相继的六个阶段的水平。水平 1：儿童不能将权威人物的要求与自身的愿望区分开来，对权威持盲目崇拜与依赖的态度，在行为上倾向于无条件服从。水平 2：儿童意识到权威人物的要求与自身愿望之间的冲突，并通过对权威的单向服从来消除这种冲突，以避免可能的麻烦。水平 3：儿童把权威看作是拥有至高无上社会地位或体力优势、全知全能的人。基于这种认知产生的对权威的崇敬和对权威惩罚的畏惧构成儿童服从行为的依据。水平 4：儿童的服从行为是基于交换或互惠原则，将服从作为对权威过去付出的一种报偿或为获得某种报偿而作出的必要投资和努力。水平 5：儿童开始放弃对权威人物的盲目崇拜或无条件服从，而代之以理性的评价与有条件的服从。权威的合理性在于其领导或控制他人的特定能力。水平 6：儿童将能为集体成员带来福利、为集体所认可的人奉为权威。儿童认识到，权威是对应于具体情境而言的，具有相对性。总之，儿童对权威与服从的认知随年龄的增长而表现出有规律的变化。此外，塞尔曼及其同事 1978 年还考察了儿童对同伴权威的认知发展，结果发现儿童对同伴权威的认知发展与儿童对成人权威的认知发展存在很大的相似性。

儿童友谊概念的发展　儿童之间的友谊在其社会性发展过程中起着非常重要的作用。友谊关系不是一种单向的喜欢或依恋关系，而是两个个体之间的一种相互作用的双向关系。戴蒙 1977 年采用访谈法考察儿童对友谊的认知，如询问儿童他们的好朋友是谁，成为好朋友的原因是什么，他们是怎样交朋友的等。根据儿童的回答，戴蒙把儿童友谊概念的发展分为三个阶段：(1) 朋友就是那些分享物品、行为友好、待在一起有乐趣的玩伴。主要出现在 5～7 岁。儿童认为，友谊关系是短暂的，所有的朋友都一样。(2) 朋友就是相互帮助的人。通常是出现在童年中期和晚期。该阶段儿童友谊概念的两个核心特征是双方相互信任和喜欢朋友的某些性格特点。(3) 把朋友看作是彼此理解、分享内心的想法与情感、有心事时相互帮助解决，避免给对方带来麻烦。出现在 11 岁左右。美国心理学家塞尔曼 1981 年则采用两难故事法对儿童进行了访谈，并把儿童对友谊的理解分为五个阶段。阶段 0：即时性游戏阶段，大约出现在 3～7 岁。儿童认为，两个人空间上邻近（朋友就是住所很近的人）和正在一起玩耍就表示友谊。朋友就是玩伴。阶段 1：单向帮助阶段，大约出现在 4～9 岁。儿童认为朋友就是其所作所为满足了自己的需要和愿望。如"她不再是我的朋友了，因为我要她跟我走，她不肯"。阶段 2：公平气氛的合作阶段，大致出现在 6～12 岁。这一阶段儿童认识到友谊不是仅仅满足自己的需要和愿望，而是个人好恶和对方好恶的协调一致与调整。阶段 3：亲密的相互分享关系阶段。大约出现在 9～15 岁。儿童认识到友谊关系的持续性和情感联结特征，认为友谊不仅可以使人摆脱烦恼和孤独，而且可以获得相互之间的亲密感和相互支持。阶段 4：自主的相互依赖的友谊。约出现在 12 岁以后。儿童认识到友谊的双方互相提供心理支持和精神力量，互相获得自我的身份。尚茨 1983 年总括认为，儿童友谊概念的发展经历如下变化：第一，从只根据一些表面的具体行为和关系来界定朋友，如一起游戏、给予物品等，发展到将友谊视为更抽象的相互关心、分享情感和思想、互相安慰的内在关系。第二，开始是从自我的角度界定朋友，如满足自己的愿望、需要等，发展到从双方来界定朋友，如相互满足对方的需要和愿望。第三，从把友谊看作是两人之间的一种即时的或短暂的好行为，发展到把友谊看作是持久的关系且伴有偶尔的冲突。中国学者李淑湘、陈会昌和陈英和 1997 年采用结构访谈法研究了中国 6～15 岁儿童对友谊特性的认知结构与认知发展特点，结果发现，6～15 岁儿童对友谊特性的认知结构由五个维度组成：个人交流与冲突解决、榜样与竞争、相互欣赏、共同活动和相互帮助、亲密交往。儿童对友谊特性不同维度的认知发展存在显著的年龄差异：6～8 岁儿童只能认识到友谊特性中的一些外在的、行为的特征；以后才能逐渐认识到那些内在的、情感性的特征。但是，原来已被儿童认识到的那些外在特征并没有随儿童年龄的增长而被取代，而是与内在的、情感性的特征结合在一起，在认识中逐渐深化。

儿童对群体与社会系统的认知

儿童对群体与社会系统的认知涉及的内容较为丰富，其中儿童对社会规则的认知和对性别的认知是研究者较为关注的内容。儿童对性别的认知已有丰富研究（详"儿童性别差异与性别角色发展"）。

儿童在日常生活中会遇到多种多样的社会规则，美国心理学家斯梅塔娜 1993 年通常把这些社会规则划分为三个不同的范畴：道德规则（如不许打人）、习俗规则（如男孩不能穿裙子）和谨慎规则（炉子很热，不要用手摸它）。皮亚杰和科尔伯格认为，儿童对不同范畴的社会规则有着统一的看法，并以相同的方式对待所有的社会规则。年幼儿童认为所有的规则都是固定不变的，因为它们均来自权威的命令。随着年龄的增长，儿童开始认识到规则不是固定不变的，在众人或彼此同意的情况下可以改变规则。但是一些研究者认为，儿童的社会规则认知是分化发展的，这种分化发展主要表现在儿童对道德规则和习俗规则的认知区分上。有关研究发现，2 岁时尚不能区分违背道德规则的行为和违背习俗规则的行为，3 岁左右开始在一定程度上区分违背道德规则的行为和违背习俗规则的行为。儿童对不同规则范畴的行为进行判断时所考虑的内容不同，如在考虑习俗行为时更关注权威、避免惩罚和注重风俗习惯等，而考虑道德行为时主要关注行为对他人所造成的不良后果等。关于儿童对谨慎规则的认知研究发现，学前儿童对保护身体安全的谨慎规则有很清楚的认识，认为违背这些规则要比违反道德规则的严重程度轻一些。

参考文献

弗拉维尔，米勒，等.认知发展[M].邓赐平，刘明，译.上海：华东师范大学出版社，2002.

俞国良，辛自强.社会性发展心理学[M].合肥：安徽教育出版社，2004.

Bennett, M. The Child as Psychologist: An Introduction to the Development of Social Cognition[M]. New York: Harvester, 1993.

Flavell, J. H. & Markman, E. M. Handbook of Child Psychology[M]. New York: Wiley, 1983.

Schaffer, H. R. Social Development[M]. Oxford: Blackwell, 1996.

（王美芳）

儿童心理发展基本理论（basic theories of children's psychological development）　研究儿童心理发展的基本性质、年龄阶段特征和受制约因素的各种学说的总称。

科学的儿童心理学以 1882 年德国生理学家、心理学家普莱尔的《儿童心理》一书出版为诞生标志，此后，科学的儿童观逐渐形成：儿童期是指一个人自出生（新生儿）到成熟（青年初期）这个时期而言的，是一个人心理发生和形成的时期。儿童期有其本身固有的特点：它既和动物不同，也不完全同成人一样。儿童一出生就生活在特定的社会环境中，并朝着人类社会成员的方向发展，而动物的幼仔则与此相反；从人的社会性来看，儿童与成人并无本质的区别，但从发展水平来说，他们之间存在着显著的差别：儿童的脑的结构和功能尚不成熟，儿童的感知、记忆、想象和思维等心理发展水平，与成人也不完全相同。儿童期是人生全程中生长发育最旺盛、变化最快、可塑性最大的时期，因而也是接受教育最有效的时期。

从生理学、心理学的层面上说，发展有时与"发育"、"成长"等概念交互使用，但含义并不完全相同。后者更多的是指身体、生理方面的生长成熟，而且主要意味着量的增长，而"发展"的含义更为广泛。发展，是一种变化，但并非任何变化都可以称为发展。例如，由疲劳、疾病等引起的机体的变化（如记忆减退、注意力不集中等）不能算作发展，因为这种变化是暂时的、消极的。发展是指个体的生理、心理随年龄增长发生的积极的、有顺序的、不可逆的且能保持适当长时间的变化。发展通常使个体的行为更具适应性和组织性、更有效率、更为复杂和达到更高水平。传统的观点认为："发展"只意味着生长或成长，仅限于一定年龄阶段（如儿童青少年）积极向上的变化。然而，心理科学研究的进步和发展，尤其是毕生发展心理学的诞生和研究的深化，已使心理学家从一个新的高度来审视人类心理的发展，重新界定发展的概念。以德国心理学家巴尔特斯为代表的毕生发展心理学提出一系列关于心理发展的基本观点：发展不是简单地朝着功能增长方向的运动，整个发展总是由获得（成长）和丧失（衰退）的结合组成；个体发展是整个一生的过程，发展中的行为变化可以在人生中任一时候发生，没有哪一个年龄阶段在调节发展的性质中居首要地位。中国心理学家刘范将上述毕生发展观阐释得更为明白易懂：个体心理发展就是心理的成长和衰退这两个对立面的统一。发展不是单纯的成长或单纯的衰退，它既包含着某些因素的出现，也包含着某些因素的消逝。但从个体心理发展的总体而言，在儿童期是成长的一面占优势。经过一段暂时的相对平衡，到老年阶段衰退一面转为优势。不能认为个体在成年以后，心理就只是保持稳定，而在老年期就只是衰退了。

在心理科学领域中，心理发展一般从以下三个层面进行研究：一是研究动物种系演化过程中从低等动物到类人猿心理的发展;二是研究人类历史发展过程中(从原始人到现代人)心理的发展;三是研究个体人生命全程中(从出生到衰亡)心理的发展。与这三个层面相对应,分别由发展心理学的三个分支学科即比较心理学(动物心理学)、民族心理学、个体发展心理学进行研究。儿童心理学是个体发展心理学中的一个最主要的核心部分。

儿童心理发展的基本性质

关于儿童心理发展规律的一些基本看法,主要表现在发展的连续性与阶段性、定向性与顺序性、不平衡性与整体性等方面。

发展的连续性与阶段性　强调心理发展是由外部环境、社会经验积累决定的心理学家(如行为主义、社会学习学派等)认为,心理发展只是数量上的积累,是渐进的、连续不断的,不存在什么年龄阶段,儿童只不过是成人的"缩影"。而那些主张心理发展主要是由内部成熟或遗传决定的心理学家(如弗洛伊德学派、皮亚杰认知学派等)则强调心理发展的阶段性或不连续性,认为心理发展要经历若干"跳跃"性质变的年龄阶段,其中每个阶段都有其独有的特征,前后彼此具有质的差异和严格的顺序,不能躐等,也不能倒退。

连续论与阶段论各有其合理"内核",也各有其偏颇之处。心理学研究积累的丰富的科学资料表明,儿童心理发展是一个不断由量变到质变的发展过程,既具有连续性又具有阶段性。以儿童思维发展为例:两三岁儿童在外界事物的影响下,借助感知觉和动作也可以进行某些思维活动,出现直觉行动思维。随着年龄的增长,儿童记忆中保持的外界事物的形象即表象越来越多,在"量变"的基础上,儿童便可以依靠记忆中保持的形象来进行思维,儿童的思维活动发生"质变"——产生具体形象思维。在此基础上,由于儿童头脑中事物的形象及其联系积累越来越多,以及儿童言语的发生发展并与头脑中的这些形象发生联系,儿童逐渐由主要依靠形象进行思维过渡到主要依靠语言来进行思维,产生新的"质变"——产生抽象逻辑思维。从纵的方面来看,儿童所有的心理活动,都是这样一个由量变到质变、由低级到高级的连续不断的发展过程。儿童心理发展的连续性表现在前后发展之间不是没有联系的,先前较低级的发展是后来较高级的发展的前提。儿童心理时刻都在发生量的变化,而量变又是和质变处于辩证统一过程之中。例如,儿童每天都在感知新事物,听到成人教他说出的词,这些知识经验在他的头脑中日积月累,起先他可能只表现为"理解词",但是到了一定时期,他就开始"说出词",产生了语言发展中的"质变"。

当儿童心理的发展处于量变阶段,在较短的时间内没有突然的变化,所以,尽管成人和自己的孩子朝夕相处,往往发现不了孩子的变化。但是从较长一段时间来看,儿童心理随着量变的积累,到一定程度便发生"质变",表现出一些带有本质性的重要差异。这些差异有显著变化,使儿童心理发展呈现出阶段性。比如,直觉行动思维、具体形象思维、抽象逻辑思维,属于儿童思维发展的不同阶段。这也就是成人有时"突然"发觉孩子近来"懂事"了,"长大"了的缘故。儿童心理发展的阶段性与连续性不是绝对对立的,而是辩证统一的。这是因为任何一种新的阶段或心理特征都不是突然间产生的。下一阶段的某些特征在上一阶段的晚期已经开始萌芽,而上一阶段的某些特征在下一阶段的初期时常留有"痕迹"。比如,学前期和学龄初期(即小学阶段),这是儿童心理发展的两个不同阶段。但从学前儿童心理到小学儿童心理,并不是在儿童入学的那一天突然发生的。儿童在幼儿园大班已经产生小学儿童心理的某些萌芽,如认真学习活动的动机和愿望、抽象逻辑思维的萌芽等;而一年级小学生也还有许多学前儿童的某些心理特点,如喜欢游戏、注意难以集中等。可见,儿童心理发展是连续性和阶段性的统一过程:在连续发展过程中发生的重大质变构成了发展的阶段性,特征之间的交叉又体现了发展的连续性。

发展的定向性与顺序性　相对于成人心理的变化而言,儿童心理变化的特点是"进步性"。成人,尤其成年晚期,心理变化的方向有时是进步,而有时则是退步,如感知觉衰退、记忆力下降等。儿童心理在正常条件下,不但有其必然的进步的方向性,而且有必然的发展顺序或趋向,不可逆转,也不能逾越。

中国心理学研究者陈帼眉根据国内外发展心理学家长期、大量的研究成果,概括出儿童心理发展进程一般规律。

从简单到复杂。这种发展主要表现在两方面:一是心理活动从不齐全到齐全。儿童初生时,心理活动并不齐全,只有简单的无条件反射活动,如本能的食物反射、防御反射等;出生头几天的孩子,不能集中注意;头几个月的孩子不会认人,到6个月左右才开始认生;1岁半以前,儿童还没有想象活动,也不能进行人类特有的思维活动。随着年龄的增长,儿童的各种心理过程逐渐齐备,并逐渐形成个性,儿童的心理活动比最初复杂许多。二是心理活动从笼统到分化。儿童最初的心理活动是笼统而不分化的。比如,儿童的情感,最初只是笼统的愉快和不愉快,后来逐渐分化为喜爱、高兴、快乐和痛苦、嫉妒、畏惧等复杂而多样的情感。

从具体到抽象。儿童的心理活动,最初是非常具体的,以后才越来越抽象。从认识过程发展来看,最初是人脑对直接作用于感觉器官的事物的个别属性给予反映的感觉,以后出现比感觉较为概括的知觉和表象,再发展到对事物作出间接的概括的反映的思维。思维过程本身的发展,也同样遵循由具体到抽象这一发展趋势：2～3岁儿童的思维非常具体，认为"儿子"只能是小孩，至于"长了胡子的叔叔是老师的儿子"，对他来说是不可思议的。整个学前期儿童的思维都处于具体形象阶段，直到学前晚期出现抽象思维的萌芽，随后逐渐形成人类典型的抽象逻辑思维。再从儿童情绪发展过程来看，最初引起情绪活动的，也是非常具体的事物，比如，害怕黑暗等；以后才是较抽象的事物，比如，害怕老师批评、考试失败等。

从无意到有意。儿童的心理活动最初是无意的，即直接受外界影响所支配。如新生儿的原始反射是本能活动，是对外界刺激的直接反应，完全是无意识的。稍后，出现有目的方向的活动，但幼小儿童一般还不能意识到自己心理活动的目的。到幼儿期，儿童出现自己能意识到的、有明确目的的心理活动，然后发展到不仅意识到活动目的，还能意识到自己的心理活动进行的情况和过程。比如，大班幼儿和小学儿童不仅知道自己要记住什么，而且知道自己是用什么方法记住的。儿童的注意、记忆、想象、情绪情感等心理活动，最初都是无意的，随后逐渐向着有意的方向发展，出现有意注意、有意记忆、有意想象等。最初儿童的各种心理活动以无意性为主，随后逐渐发展到以有意性为主，心理活动的自觉性也随之逐渐提高。

从被动到主动。最初，儿童的心理活动是被动的。这主要表现在两个方面：一是幼小儿童的心理活动主要受生理条件的制约，因而是被动的。比如，新生儿软弱无力，其生活完全依赖成人的呵护和照料；几个月以内的孩子，其快乐和不安，主要取决于成人是否满足其生理的需要，因而是被动的。二是幼小儿童心理活动受外界环境刺激所支配，比如，2岁小孩看见布娃娃，就给布娃娃"喂饭"、"喝水"；看见积木就"盖起小楼房"来，把布娃娃忘了。在正常教育条件下，随着年龄的增长和生理的成熟，尤其是自我意识和意志活动的逐渐形成，生理对心理活动的制约作用逐渐减弱，儿童的心理活动逐渐摆脱外界环境刺激的支配，主动性逐渐增强，心理活动便逐渐由被动转向主动。

发展的不平衡性与整体性　儿童从出生到成熟的发展进程并不是按照相同的速度直线前进的，而是表现出多样化的发展模式：首先，不同组织系统的发展速度、起讫时间及达到成熟的时期不同。如神经系统发育是"先快后慢"，幼儿期以前大脑的重量已发展到成熟期的80%，到9岁左右就接近成人的水平；而生殖系统的发育则是"先慢后快"，在青春期以前发育缓慢，到青春发育期以后则迅速发育。即便同一机能系统，在不同的年龄阶段，其发展的速率也不尽相同。从人生全程总体发展来看，婴幼儿期出现第一个发展快速期，童年期发展平稳，到了青春发育期又出现人生第二个发展快速期，然后又是平稳发展，进入老年期便呈现出基本下降的发展趋势。其次，不同年龄阶段心理发展速度不同。年龄越小，心理发展速度越快。新生儿的心理，可以说是一周一个样；满月以后，是一个月一个样，而周岁以后，发展速度就逐渐缓慢下来，两三岁以后，相隔一周前后变化就不那么明显了。再次，儿童心理的不同方面发展不平衡。感知觉等认识过程在出生后迅速发展，很快就达到比较发达的水平，而思维的发生则要经历相当长的"孕育"过程，到2岁左右才真正发生发展起来，到幼儿末期，逻辑思维才萌芽，整个思维仍处于较低的发展水平。最后，不同儿童心理发展不平衡：不同儿童，即便年龄相同，其心理发展速度也往往有差异。比如，有的孩子已经2岁了，还没有开口说话，而有的孩子刚满1岁零几个月就会说话；有的孩子刚2岁，已经从1数到100，而许多3岁的孩子还数不清。这些孩子都属正常儿童，只不过发展速度存在个体差异。

儿童心理发展速度虽然是不平衡的，有快有慢，有先有后，但在同一时间片断中，心理各个方面的发展并不是孤立的。各种认识过程发展之间，认识过程与情感、意志过程的发展之间，认识过程的发展与个性的形成、发展之间，都有着不可分割的联系。凡此种种，均说明了儿童心理发展的整体性。

儿童心理的年龄特征与发展阶段

儿童心理年龄特征　个体各年龄阶段特有的一般的、典型的、本质的心理特征。儿童心理年龄特征既是儿童心理学研究的基本内容之一，也是教育教学工作的一个重要心理学依据。

儿童心理年龄特征是儿童心理的年龄阶段特征。儿童心理发展过程既是连续性的又是间断性的，整个发展过程表现出若干连续的阶段。这些阶段如何变换、变换发生的时间（年龄）以及各阶段具有哪些质的特征，这些问题都是与年龄联系着的。鉴于此，苏联心理学界称儿童心理学乃至发展心理学为年龄心理学。年龄是时间的单位，可用以标志心理发展的水平。一般说来，随着年龄的增长，时间的推移，儿童的生理逐渐发育成熟，儿童的知识、经验日益丰富，活动能力逐渐增强，其心理发展水平亦随年龄增长而提高。时间保证了儿童心理由一个阶段发展到更高一级阶段。时间是儿童心理发展的必要条件，但不是发展的原因。对儿童心理发展的年龄特征应作两方面理解。

儿童心理年龄特征是儿童在一定年龄阶段表现出的一般的、典型的、本质的心理特征。中国古代就有心理发展阶段性的思想，孔子说："君子有三戒：少之时，血气未定，戒之在色；及其壮也，血气方刚，戒之在斗；及其老也，血气既衰，戒之在得。"（《论语·季氏》）孟子曾说到人在不同心理发展阶段的爱好及任务。他说："人少，则慕父母；知好色，则慕少艾；有妻子，则慕妻子……"（《孟子·万章上》）

儿童心理年龄特征是从大量具体的、个别的儿童心理发展的事实中概括出来的，是一般的(普遍具有的)、典型的(具有代表性的)、本质的(具有一定的性质而非表面的)心理特征。例如，儿童不同年龄阶段的思维都有一个一般的、典型的、本质的特征：婴儿期为直觉行动思维，幼儿期为具体形象思维，童年期思维的明显特点是由具体形象思维占优势向抽象逻辑思维占优势的方向过渡，少年期是经验型的抽象逻辑思维，而青年初期则是理论型的抽象逻辑思维。儿童心理年龄特征只能代表或反映某一年龄阶段儿童心理发展的典型的特点和一般趋势，而不能代表或反映这一年龄阶段中每一个儿童所有的心理特点。由于儿童心理发展具有不均衡性，每个儿童心理发展特点具有个别差异。仍以思维为例，幼儿期虽以具体形象思维占优势，但在幼儿初期(幼儿园小班)仍保留着许多婴儿期直觉行动思维的特点，而在幼儿晚期(幼儿园大班)已经有抽象逻辑思维的萌芽。尽管如此，但从总的方面来说，儿童心理年龄特征是代表或反映各该年龄阶段儿童的一般的、典型的、本质的心理特征的，而同年龄儿童之间的个别差异，往往是非典型的、非本质的特征。我们不能用一般性否定个别性，用典型性否定多样性，用本质特征否定非本质特征；当然也不能相反，用个别性否定一般性，用多样性否定典型性，用非本质特征否定本质特征。智力测验或行为量表便是一个很好的例证：它往往以常模代表某个年龄阶段儿童的发展水平，然而事实上，常模虽有助于说明被测群体的行为或心理发展的一般特征，但它并不完全适用于被测群体中的每一个个体。

儿童心理年龄特征具有稳定性和可变性。这主要表现在：在一定的社会和教育条件下，某一年龄阶段的大多数儿童总是处在一定的发展水平上，表现出基本相同或相似的心理特征；儿童心理发展阶段的顺序、每一阶段变化的过程和速度，大体上都是一致的、共同的。儿童心理年龄特征之所以是稳定的，其主要原因在于：儿童生理，尤其是脑的结构和机能的发展有相对稳定的程序；人类知识经验本身有一定的顺序性，儿童掌握人类知识经验也必须遵循这一顺序，花费或经历大致相同的时间；儿童从掌握知识经验到心理机能发生变化，也要经历一个大体相同的量变、质变过程。其可变性表现在，现代儿童的心理发展水平比早先的社会文化、科技落后条件下的儿童要高一些；"性成熟期提前"；某些心理特征不一定绝对在儿童的某个年龄阶段出现，而是有一定的伸缩性，等等，都是儿童心理年龄特征可变性的表现。儿童心理年龄特征具有可变性的原因是：儿童心理年龄特征受外界条件，尤其是社会和教育条件的制约，而且社会和教育条件是经常在变化的。首先，社会条件不同，儿童心理年龄特征不完全相同。其次，教育条件不同，儿童心理年龄特征也不完全相同。大量事实证明，在不

同的教育制度、教材、教师和教学方法影响下，儿童心理的发展有显著的差异。

儿童心理年龄特征的稳定性和可变性都是相对的。稳定性是相对于一定的社会和教育条件而言的，一旦社会和教育条件改善，儿童心理年龄特征就会发生相应的前进性变化。不过，这种变化也只是在一定的范围内的变化，其变化是有限度的。正因为儿童心理年龄特征具有稳定性，所以，不同时期、不同文化背景的儿童具有共同的心理年龄特征，跨文化研究才有意义；也正因为儿童心理年龄特征具有可变性，因此，教育改革能够促进儿童心理年龄特征的发展。

儿童心理发展阶段　儿童心理发展阶段的划分问题目前尚无定论。根据生理年龄，儿童从出生到成熟大约经历六个重大的时期或阶段：乳儿期(1岁以内)、婴儿期(1～3岁)、幼儿期(3～6岁)、学龄初期或童年期(6～11、12岁)、少年期(11、12～14、15岁)、青年初期(14、15～17、18岁)、成年期(18岁以后)。其他研究者根据各自的标准提出许多不同的阶段划分(见表1)。

表1　儿童心理发展阶段划分对照表

年龄(岁)	生理年龄分期	现行学制阶段	皮亚杰认知发展阶段	埃里克森人格发展阶段
0～1	乳儿期	先学前期(托儿所)	感知运动(0～2岁)	信任感—怀疑感(0～2岁)
2	婴儿期			自主感—羞怯感(2～4岁)
3				
4	幼儿期	学前期(幼儿园)	前运算(2～7岁)	主动感—内疚感(4～7岁)
5				
6				
7	童年期	学龄初期(小学)	具体运算(约7～12岁)	勤奋感—自卑感(7～12岁)
8				
9				
10				
11				
12	少年期	学龄中期(初中)	形式运算(约12～15岁)	同一感—分离感(12～18岁)
13				
14				
15	青年初期	学龄晚期(高中)		
16				
17				
18				

制约儿童心理发展的基本因素

儿童心理发展既有共同性(如经历大致相同的发展阶

段,表现类似的年龄特征等),又有差异性(如发展进程有快慢,特征有差异,水平有高低等)。研究制约或影响儿童心理发展的因素或条件,是儿童心理发展的一个基本理论或基本规律问题。

遗传与环境之争　从科学心理学诞生以来的心理学史来看,关于遗传与环境之争大体经历三个时期。

单因素决定论。20 世纪初叶,学者们把遗传和环境完全对立起来,持"非此即彼"的单因素决定的观点:心理发展要么决定于遗传,要么决定于环境。其研究的思路是"谁起决定作用"。遗传决定论者认为儿童心理发展是由遗传因素决定的,是遗传素质自然显现的过程。代表人物高尔顿在《天才的遗传》(1869)一书中写道:"一个人的能力乃由遗传得来,其受遗传决定的程度如同机体的形态和组织之受遗传决定一样。"他还进行家谱调查研究,并归纳出所谓"遗传定律",断言人的遗传性 1/2 来自父母,1/4 来自祖父母,1/16 来自曾祖父母……环境决定论者强调心理发展是由环境因素决定的,否定遗传在心理发展中的作用。行为主义创始人华生是该理论的典型代表。他的一段名言是对环境决定论和教育万能论的最好诠释:"给我一打健康的婴儿,一个由我自己支配的特殊环境,让我在这个环境里养育他们,不论他们祖宗的才干、爱好、倾向、能力和种族如何,我保证能把其中任何一个训练成为任何一种人物——医生、律师、美术家、大商人以至于乞丐或强盗。"有心理学家将遗传和环境的这种争论模式化,称作"主要效应模式"(main effect model)。遗传决定论者认为,一个婴儿如果遗传好,发展的结果也好,不管环境好还是不好;如果遗传不好,不管环境好或不好,发展的结果也不好。相反,环境决定论者的模式预示,如果一个婴儿的环境或教养条件好,不管遗传怎样,发展结果必然好;如果环境条件不好,无论遗传如何,发展结果必然不好。

二因素决定论。极端的单因素决定论显然不符合儿童心理发展的客观事实。为了克服单因素决定论的片面性,到 20 世纪中叶,一些学者提出调和折中的观点,主张遗传因素和环境因素共同决定儿童心理的发展,并进一步思考两者"各起多少作用"或"各占多少比重"的问题。德国心理学家 L. W. 斯特恩在《早期儿童心理学》一书中指出:"心理的发展并非单纯是天赋本能的渐次显现,也非单纯由于受外界影响,而是内在本性和外在条件辐合的结果。"美国心理学家伍德沃思认为:"遗传和环境的关系,不似相加的关系,而较似相乘的关系……一个人的发展依赖他的遗传与环境两方面,就像矩形的面积依赖它的高也依赖它的长一样。"相对于片面强调遗传或环境的单因素决定论来说,二因素决定论比较全面一些,比较符合儿童心理发展的实际,在西方颇为流行。但它把遗传和环境看作彼此孤立存在的因素,并没有克服机械性,没有看到两者之间相互影响的复杂关系。

相互作用论。到 20 世纪下半叶,越来越多的学者承认遗传与环境都是心理发展不可或缺的因素,但并不满足于两者相加或相乘的关系,进而探究两者是"如何起作用"的,并提出相互作用的观点。其首倡者皮亚杰假设儿童有一些与生俱来的基本心理图式,在儿童与外部环境相互作用时,利用"同化"、"顺应"和"平衡"机制,不断改变和发展原有的心理图式,逐渐达到较高层次的结构化,从而使儿童对环境的适应能力日益增强。这种相互作用模式(interactive effect model)表明:好的遗传和好的环境相结合,产生好的发展结果;不良的遗传与贫乏的环境相互作用而得到不好的发展结果;然而优越的遗传与贫乏的环境相结合,或有欠缺的遗传与良好的环境相结合,均会产生中等的发展结果。相互作用论是发展心理学基本理论的一大进步,得到广大学者的认同,影响深远。

遗传对儿童心理发展的影响　遗传是保持生物性状的普遍现象。遗传是生物亲代与子代之间生理特征相似性的传递过程。人类通过遗传将祖先在长期生活过程中形成和固定下来的某些解剖生理特征(如机体的构造、形态、感官和神经系统的特征等)传递给下一代。这些遗传的生物特征也叫**遗传素质**。但并非一切与生俱来的素质都属于遗传,因为有些"先天素质"不一定是由遗传基因决定的,如有些先天性耳聋是由于孕妇怀孕早期感染病毒或服用某种药物引起的。第一个发现遗传现象的是奥地利遗传学家孟德尔,他 1865 年通过豌豆杂交试验,提出"遗传单位"概念,总结出遗传定律。其后,德国的魏斯曼和丹麦的 W. L. 约翰森分别进行了实验研究。1962 年发现染色体,提出"染色体—基因"概念。染色体是细胞核内的遗传物质,是一种很微小的粒子,它存在于机体的每个细胞核中。每一种生物的染色体数目是恒定的。人体细胞含有 46 条即 23 对染色体,其中 22 对是常染色体,1 对是决定性别的染色体。生殖时,父亲的精子和母亲的卵细胞中各含有 23 个染色体,精卵细胞结合,受精卵细胞又恢复到 46 个(23 对)染色体,其中父母双方各半。染色体在细胞分裂时被复制,因此每个细胞核中始终有 23 对染色体。每个染色体由许多(大约有 1 000 个)基因组成。"基因"是英文 gene 的音译。分子遗传学研究指出,基因是具有特定遗传功能的最小单位,是储存特定遗传信息的功能单位,其主要成分是脱氧核糖核酸(DNA),由许多核苷酸组成。它带有指导核糖核酸(RNA)活动的遗传密码,通过一定的遗传过程控制着蛋白质的合成,从而决定生物和人类千差万别的性状。

遗传是儿童心理发展的生物前提。人类在漫长的进化过程中,机体特别是脑和神经系统高级部位的结构与机能达到高度发达的水平,获得了不同于其他一切生物的特征。人类天然的族类特征是正常儿童出生时都具有的遗传素质。正是由于人类共有的遗传素质才使儿童在社会生活条件下形成人类心理。高等动物即便是灵长类的猩猩长期与人接触、接受人的专门训练，也不可能具有人的心理，其智力发展的极限也只能达到幼儿水平。大量的观察和研究表明，正常的遗传素质是儿童心理发展必不可少的生物学基础：生来不具有正常脑髓的无脑畸形儿，不能产生思维，只有一些低级的饥、渴感觉；生来就是全色盲的孩子，不能辨别颜色，当然不可能成为画家；同样，先天聋儿也不可能成为音乐家；由于基因突变和染色体异常而导致的遗传疾病（现已查明有上千种）直接影响儿童的身心发展。例如，由于亲代第21号常染色体没有分离，使子代的第21对染色体出现3条染色体的"21-三体征"患儿，一生下来就有躯体缺陷，智力明显低下（也叫"先天愚型"，大约占产儿的1/650）；另一种"苯丙酮尿症"患儿，由于在遗传过程中，血液中缺乏一种分解苯丙酮酸的酶，损害了中枢神经系统，导致智力严重低下。

遗传素质的个别差异是儿童心理发展个别差异的最初物质基础。除同卵双生子外，每个个体都具有独特的遗传模式，遗传模式的差异性决定着儿童心理所赖以发展的最初的物质本体的差异性，从而影响着儿童心理机能及其表现。例如，刚出生的儿童就存在着明显的行为差异，表现在对各种感觉刺激的敏感性、对日常生活的适应性、条件反射形成的速度和稳定性程度以及情绪反应的基本倾向等方面。儿童遗传素质的个别差异，如高级神经活动类型、感觉器官和机能上的某些差异制约着儿童最初的反应差异和可能的最优发展方向，也影响着成人对他们的不同态度，使得的儿童易于发展成为一个活泼好动的人，有的易于发展成为一个安静的人；有的易于培养成为一名优秀体育运动员，有的易于发展成为一名音乐家或画家等。

遗传对儿童心理发展影响的若干研究　遗传或遗传素质对学习能力、智力等复杂心理特征的影响究竟有多大。学者们对此进行了诸多探索。

动物行为遗传学的研究。为了探讨学习行为或能力有无遗传影响的问题，心理学家对生命周期较快的白鼠进行选择性繁殖，即将具有某种行为特征（或一定水平）的白鼠进行交配，然后观察其后代有无显示其亲代的特征。例如，屈赖恩1940年、W.R.汤普森1954年根据白鼠学习走迷津的速度挑选出"聪明"或"愚笨"的两组白鼠，然后让聪明的公鼠与聪明的母鼠交配、繁殖，愚笨的公鼠和愚笨的母鼠交配、繁殖，如此重复选择性繁殖到第八代，便形成了一种优越的"聪明"鼠系和一种低劣的"愚笨"鼠系，聪明组白鼠进入迷津盲路（即犯错误）次数远远低于愚笨组白鼠。这虽不能说亲代的学习能力或经验传递给了下一代，但某种与学习走迷津有联系的遗传基因或素质可以代代相传是毋庸置疑的。

血缘关系和双生子对比研究。这类研究是试图控制环境因素，以考察血缘亲疏远近关系与某种心理特征（如智力）之间的比率或相关系数。美国心理学家詹森1969年关于不同血缘亲属间IQ相关的综合资料表明，人们的血缘关系越密切，其IQ分数越接近：血缘关系最密切的同卵双生子间相关系数为0.87；父母与其子女、同胞兄弟姊妹间（包括异卵双生子）相关系数分别为0.56、0.55；祖孙、叔侄间为0.27、0.34；而无血缘关系的如养父母与养子女间相关系数则仅为0.20。

环境对儿童心理发展的影响　就人类或其个体成长而言，环境是指人生活于其中并受其影响的各种外在事物或情境。可分为两大类：一类是生物有机体所共有的维持生存所必需的自然环境，如地理气候、食物营养等；另一类是人类的社会环境，即儿童所处的社会生活和教育条件，包括家庭、人群、社会设施和网络、学校教育以及历史文化影响等因素。上述因素不是单个地、孤立地起作用的，而是构成了一个复合体系，并按不同层次，直接或间接地影响或制约儿童的生存和发展。为了在活生生的自然和社会生态环境中研究个体心理的发展，自20世纪80年代以来，以美国心理学家布朗芬布伦纳为代表，提出一个颇有影响的儿童心理发展的生态理论模型：生态是指有机体或个人正在经历着的或者与个体有着直接或间接联系的环境，儿童发展的生态环境由五个相互镶嵌在一起的系统组成：（1）微系统，个体直接接触或体验到的环境，如家庭、学校、同伴、玩耍等；（2）中间系统，指儿童直接接触的微系统之间的联系与相互作用，例如，家庭环境质量对儿童在学校中的自信心与同伴关系可能发生的影响等；（3）外层系统，指那些儿童并未直接参与但对个人有影响的环境（如邻居、传媒、社会、福利制度、父母的工作环境等），例如，尽管儿童并没有直接参与父母的工作环境，但父母的工作环境往往会影响到他们在家中对孩子的教育行为或质量，从而间接地影响到儿童的发展；（4）宏系统，指儿童所处社会的伦理道德、价值观等；（5）时序系统，指儿童所处的社会历史文化条件。这五种环境因素同时存在，并且宏系统（如职业状况）的变化会影响到外层系统（父母工作经历），进而影响到儿童的微系统和中间系统。在儿童成长的不同年龄阶段，这五个系统对儿童心理发展的影响也有所不同。

胎内环境是影响个人成长的最早的环境。传统的观点认为环境对儿童发展的影响是自儿童出生后才发生的，其实从受精卵形成的那一刻就开始了。母亲的子宫是影响个人成长的最早的环境，即胎内环境。胎内环境是一种自然环境，其生物学上的含义是保护胎儿正常、安全地生长，直接影响着胎儿的生长发育。大量研究证明，孕妇的年龄、营养、疾病、药物、情绪等都可直接或间接地影响胎儿的发育。

社会环境使遗传提供的心理发展的可能性变为现实。人的心理是人脑对客观现实的反映。人类的客观现实主要指社会环境，尤其是社会生活环境，它不同于动物的生活环境。没有被反映者,就没有反映,没有社会生活环境就没有人的心理。人类的孩子虽然具有人类遗传素质,但如果出生后离开人类社会生活环境,由野兽哺育长大,也不具备正常儿童心理。典型的例证有印度的"狼孩"卡玛拉和阿玛拉、法国的阿威龙野男孩等,他们都不会直立行走,不能学会说话,没有人类的动作和情感等。心理学家对动物进行的早期隔离或剥夺实验,充分说明后天生活环境对心理和行为发展的影响。美国心理学家哈洛及其同事1970年把刚出生的恒河猴隔离在特制的房间里,猴子成长所需要的物质生活条件(如食物和水等)都能得到满足,但不让它同人和其他猴子接触。经过半年或一年放出来与其他正常条件下(有母爱与伙伴)生活的猴子相比,不仅看不到任何"社会性游戏",而且显得特别恐惧、畏缩,对攻击不能自卫,还自己打自己甚至撕咬自己。表2具体列出了成长于不同环境条件下的猴子在新情境中的行为,由此可以看到早期社会剥夺对猴子心理和行为的持续影响。据此,哈洛确信,母亲的抚养、同伴间的交往是所有灵长类动物正常发展所必需的。在人类社会,也不时会发生一些由不正常的家庭等原因造成的被早期剥夺了社会环境的儿童。

表2　早期剥夺与正常条件对恒河猴行为的影响

测验类别	隔离1年	早期隔离6个月	铁笼里部分隔离	有母亲、伙伴条件下
接触的积极性	3.1	3.4	8.5	12.6
运动的主动性	86.0	121.0	117.0	229.0
攻击	6.8	4.2	5.6	10.2
害怕—畏缩	97.0	25.0	34.0	12.0

注:表内数字为观察10分钟猴子社交活动时间(秒)

宏观的社会生产方式和文化背景制约儿童心理发展水平与方向。纵观人类发展史,人类的遗传素质变化较小、差异较小,而历代人的心理发展水平和内容变化较大、差异较大。其主要原因在于人们(儿童)生活于其中的宏系统和时序系统环境即社会生产方式(生产力、生产关系)、社会历史文化条件不同。社会生产力的发展水平、科学技术的进步影响国民生活,影响科学文化和教育,从而影响到儿童心理发展水平。近百年特别是近几十年来人类改造自然的能力(即生产力)飞速发展,使新生一代的智力也有很大发展。儿童生活于其中的社会文化条件或背景影响儿童心理发展。社会文化的影响首先是文化价值观的影响,一定社会的文化价值观渗透在文学、艺术、教育和社会生活的各个方面,通过教育传媒和生活(文化)实践影响着儿童心理发展。跨文化研究提供的证据表明,个人主义或集体主义是影响个体行为和价值观的两种基本不同的文化变量。崇尚个人主义价值取向的西方社会文化强调每个人是独立实体,强调要满足个人的需要和利益;而强调集体主义的中国社会文化则把个人定义为从属于群体,强调群体中个人之间的相互依赖,群体利益高于个人目标。

教育对儿童心理发展起主导作用。儿童是一个自然实体,更是一个社会实体。因此,儿童心理发展与动物心理发展有本质的不同:动物发展主要靠本能、生理成熟和直接经验,而儿童发展主要靠教育、学习、文化传递和社会实践。除家庭环境以外,学校教育是影响儿童心理发展的最重要的社会环境条件,对儿童心理发展起主导作用。这是因为:(1)它是教育者专门创设的对受教育者有目的、有组织、有计划、系统地施加影响的特殊环境,以便培养出适合社会需要的社会成员。(2)学校教育对儿童心理发展的影响是全方位的、深远的。

遗传与环境相互作用制约儿童心理发展　遗传与环境对儿童心理发展的影响,是始终交织在一起无法分开的。单因素决定论和二因素决定论的根本错误是将遗传和环境分离,作为独立的变量来研究"谁决定作用"或"谁起多大作用"。这是遗传与环境的关系问题长期以来争论不休的重要原因之一。鉴于此,继皮亚杰首倡相互作用论之后,阿纳斯塔西、钱德勒和萨莫诺夫提出遗传与环境相互作用模式(intercorrelative effect model),认为遗传与环境不是彼此独立的,它们对心理发展的影响是一种动态的相互作用关系。任何心理或行为既有100%遗传的作用,又有100%环境的作用,只有两者的相互作用才能促进心理或行为的发展。许多发展科学学者尤其是心理生物学家和习性学家认为,遗传结构与环境经验在个体发展过程中是相互影响的,个体一经进入发展进程,个体的遗传特征就被环境影响和个体经历所构造,个体的环境经验也由遗传特性所构造,环境因素影响着遗传基因特性起作用的方式、程度和途径;遗传特性影响着环境因素起作用的方式和程度。遗传与环境的相互影响贯穿于个体生命的全程发展。

遗传与环境对心理发展的作用是相互制约、相互依存的。这也就是说,一个因素作用的大小、性质依赖另一个因素,后天良好的环境可以弥补遗传素质的某些欠缺。

遗传与环境的作用是相互渗透、相互转化的。从种系发展的角度看,某些遗传特性不过是有机体与环境长期相互作用的结果,或者说是种系在发展过程中以机能结构的形式巩固下来的外界环境影响的产物。从个体发展的视角看,最初的遗传基础一经外部环境影响,其内部状态就包含有外部环境影响的因素。

现代生物学关于基因型与表现型的研究有助于我们理解遗传与环境的关系。基因型是指个体携带的遗传基因的总体,表现型是指基因型在个体的可见的特征或机能上的表现,它是以个体从母亲妊娠时起所经受的全部环境影响为转移的,是基因型与环境相互作用的结果。遗传与环境的关系,实质上就是基因型与环境或表现型的关系问题。美国心理学家斯卡尔等人1983年从此角度探讨遗传、环境与行为表现的关系,概括出三种关系,并指出这三种关系随年龄增长而变化:(1)被动关系。年幼儿童不能主动选择环境,其早期环境是被动地听从其父母提供的,而父母提供的早期环境又受他们本身遗传结构的影响,即父母往往提供适合他们自身基因型的环境。(2)召唤关系。具有不同遗传结构的儿童可能会从环境中召唤起不同的反应,而这些来自环境中他人的反应又会加强原有基因型的作用。(3)主动关系。随着儿童年龄的增长,儿童日益主动地去选择适合自身基因型的发展环境,家长、老师也给予他们更多的选择机会或自由。

遗传与环境的关系是一种动态的、变化的关系,随着年龄的增长,被动关系逐渐减少,主动关系逐渐增加,即越来越主动地去选择那些适合自身发展的环境条件;无论遗传与环境的关系如何错综复杂,争论可能将持续下去,但我们仍应科学地把儿童心理发展理解为(实质上也是)遗传与环境相互作用的结果。

参考文献

方富熹,方格.儿童发展心理学[M].北京:人民教育出版社,2005.

李丹.儿童发展心理学[M].上海:华东师范大学出版社,1987.

刘范.发展心理学[M].北京:团结出版社,1989.

孟昭兰.婴儿心理学[M].北京:北京大学出版社,1997.

桑标.当代儿童发展心理学[M].上海:上海教育出版社,2003.

(程学超)

儿童性别差异与性别角色发展 (development of children's gender difference and sex role)　由于生物和社会因素而形成的男性与女性的心理、行为上的差异在儿童阶段的特征及发展。儿童性别差异与性别角色是两个相互区别又相互联系的概念,性别差异的研究,不可避免地要考察男女不同的性别角色的影响,性别角色的研究是以性别差异的存在为基本前提的。性别角色是特定社会文化界定的适合不同性别的属性集合,包括态度、人格特质和行为。性别差异的存在是性别角色发展的前提,正是由于两性间差异的存在,男女接受着不同的角色定位,按照符合自己性别的方式在社会中生活。两性形成不同的性别角色,是性别差异最显著的一种表现形式,许多性别差异的存在,都是因为男女根据社会的需要扮演不同的社会角色的结果。

早在两千多年前,哲学先驱柏拉图与亚里士多德就开始对两性心理差异的探讨。1903年美国心理学家伍利用一系列量表对两性的心理特征进行了长达几年的测量,出版

他的专著《两性的心理特质》。他的研究被称为有关两性心理差异的第一个全面研究。随着个体差异在心理学研究中地位的确立,性别差异与性别角色也成了各个时期的心理学家们一个无法回避的研究主题。社会的进步与妇女解放运动的发展,更是性别研究的强大推动力。

儿童性别差异

婴儿出生的时候只有生物学意义上的性别差异,没有心理行为的性别差异。最初的差异表现为性别偏好,大约在出生后第二年,男女儿童开始出现对游戏活动和玩具的不同兴趣。4岁左右有了较明显的稳定的偏性选择,男孩爱好活动量大的身体运动类游戏和汽车、建筑材料等玩具,女孩则愿意参加坐着的游戏,扮演家庭成员角色,喜爱与这些游戏有关的玩具。4～6岁儿童开始表现出性别角色定型行为,随着年龄增长,男孩的性别定型发展比女孩更迅速,完善和巩固,而女孩常表现出跨性别的兴趣,从事跨性别的活动,直到成年以后。

儿童性别差异的研究　美国心理学家麦可比和杰克林在《性别差异心理学》(1974)一书中,整理、综合了研究两性差异的已有文献后认为,男女在认知、情绪、社会性等方面存在的性别差异实际上比人们一般想象的要少得多:在某些个性特征,如攻击性和自信心方面,存在明显的性别差异;在另一些个性特征,如活动性、焦虑性和移情作用方面,似乎也存在着某些性别差异;而在有些个性特征和行为方面,如受暗示性和交际性方面,则没有明显的性别差异。综合已有的研究来看,性别差异可以划分为三类:真实的性别差异;模糊的性别差异;虚假的性别差异。

真实的性别差异主要表现在四方面:(1)身体、动作和感觉的发展。女孩出生时身体和神经方面更发达,更早学会行走和达到青春期。男孩出生时肌肉发展更成熟、肺和心脏更大、对痛的敏感性较低。随着年龄增长,男孩在需要力量和大动作技能的活动中占据优势。对疾病、营养不良和许多遗传异常更为敏感。从身体的脆弱程度来看,女性肯定不是更弱的。(2)认知发展。婴儿期女孩就在言语能力上占优势,这种优势在中学阶段显著增长。这包括词汇、阅读理解和言语创造性。从10岁左右开始,男孩在视觉一空间能力上领先,表现在两维或三维物体操作,读图和确定目标物等活动中。从大约12岁开始男孩开始在数学上占优势,初中时期几乎所有数学方面的超常儿童都是男孩。(3)社会性和情绪发展。男孩更多地成为攻击者和被攻击者,特别是身体上的攻击,即使在早期社会游戏中也是如此。早在2岁时女孩对于父母和其他成人的要求就有更多的遵从。男孩对成人指导的反应更为多样化。在儿童的游戏中,最常观察到的有两大方面的性别差异特点。第一,男

孩的游戏比女孩粗野。男孩不仅比女孩更多从事"摸爬滚打"的游戏，且真正的攻击行为也更多，表现出更多的言语上和身体上的敌对行为。第二，男孩和女孩都更喜欢与同性伙伴而不是异性伙伴玩耍。这两大特点从儿童进入婴儿期不久就开始出现，一直持续到童年中期。(4)特殊发展。男孩更容易出现学习问题，阅读困难、言语缺陷和情绪问题。

模糊的性别差异主要体现在六方面：(1)活动水平。已发现的性别差异常是男孩比女孩更为积极。许多研究发现活动水平不在性别差异。(2)依赖性。幼儿的依赖性没有差异，但年龄较大的女孩和成年妇女倾向于认为她们自己更有依赖性。(3)恐惧、胆小和焦虑。在年幼儿童中没有发现胆小怕事方面存在一致的性别差异。但较大女孩和妇女认为自己更易害怕，而男性则更多地参加身体上冒险性的娱乐和工作。(4)探索活动。许多对早期探索活动的研究发现男孩更有冒险性和好奇心，并更多地打击目标与自己之间的障碍物。但是，这些行为差异的有些发现是不一致的。(5)对压力的易感受性。研究表明，男性更容易受到家庭不和睦的人际关系压力的影响。男孩更多地寻求临床帮助的事实支持这一结论。但要作出肯定性结论还需要进一步研究。(6)社会性刺激的定向。有证据表明，婴儿期女孩比男孩更多地朝向人的面孔，并且能比男孩更早地识别父母的面孔。

虚假的性别差异主要体现在七方面：(1)社会性。男孩社会性并不比女孩差。男孩和女孩与他人在一起的时间以及对他人的反应性是相等的。(2)受暗示性与从众。女孩并不是更容易受暗示性的，女孩也不会更多地服从同伴团体的标准或模仿他人的行为。(3)认知任务偏好。女孩在机械学习和简单重复工作上并不更好。男孩在要求抑制以前习得反应的工作和复杂的认知任务上也不占优势。(4)感觉偏好。男孩对视觉刺激和女孩对听觉刺激的反应性都不比对方强。(5)成就动机。男孩的成就动机并不比女孩高，成就动机的性别差异依任务的类型和条件而定。在自然条件下女孩常比男孩有更多的成就定向，而竞争条件对男孩比对女孩更容易增强成就动机。(6)自尊。女孩的自尊并不比男孩低。(7)自我满意度。自我满意度方面也不存在什么性别差异。但女孩认为她们在社会技能上能力更强，男孩认为他们自己更强壮有力。

心理性别差异的主要表现　从上述研究结果来看，心理和行为的各个方面都存在着或多或少的性别差异，而且这些差异有着跨文化的一致性。在心理学研究中，表现突出、影响重大而受关注较多的性别差异是：(1)认知方面的差异。研究表明，从 13 岁开始，男性空间能力明显优于女性。8～9 岁男孩在看图计算方块、辨别方向等包含空间能力的测验中就表现出显著的优势；在拼盘、走迷宫等测验

中，男孩的速度和精度都超过女孩。有些研究认为，女性触觉、嗅觉、痛觉的感受性高于男性，知觉速度较快，对声音的辨别、定位和颜色色调的知觉优于男性，而男性在接受外来信息时，发达的视觉通道弥补了其他通道的不足。男女记忆方面的优势不同，女性机械记忆能力强，短时记忆广度超过男性；男性的理解记忆、长时记忆优于女性。男女的思维发展水平不一致，学龄前女孩略优于男孩，差异不显著，小学到初一差异逐渐明显，初二以后，男孩思维发展速度迅速赶上并超过女孩，并出现明显的具有两性特色的思维优异发展的差异。女性倾向于形象思维或思维的艺术型，男性倾向于抽象思维或思维的抽象型。在思维能力诸因素上也存在性别差异，事物比较能力男性优于女性；数字计算成绩女性优于男性。由于认知方面的性别差异，从 12 岁起男性的数学能力明显优于女性。(2)言语发展的差异。从婴儿期到青春期，女孩言语发展一直优于男孩，在包括接受性和创造性言语任务及需要高水平言语能力的任务中，女孩得分均高于男孩。女性口头言语有明显的流畅性、情感性，很少有口吃等言语缺陷，男性的言语表达具有较强的逻辑性和哲理性。(3)行为差异。从 3.5 岁左右开始，男孩在社会性游戏中就表现出比女孩更大的身体侵犯性和言语侵犯性。男性的行为常易受情感支配，缺乏自制力而具有冲动性。

心理的性别差异是遗传的生物因素和后天的环境、教育因素相互作用的结果。基因研究表明，男女性别是由染色体决定的，男性染色体为 XY，女性染色体为 XX，这种遗传特征的不同是两性一切差异产生的基础。男女性腺分泌不同的激素不仅使两性大脑两半球功能的发展存在性别差异，而且对两性的气质、性格等方面产生影响。例如，男性的侵犯性、攻击性行为就与雄性激素有直接关系。环境和教育对性别差异的形成起决定性作用，因为心理的性别差异是男女两性在社会化过程中逐渐形成的现实差异，环境和教育可以扩大、缩小甚至消除遗传因素对性别差异的影响。由于社会历史的原因和现实的原因，男女社会地位的差异、家庭分工的不同以及传统观念和偏见，使家长在给男女儿童选择玩具、取名字、服饰打扮、养育方式上有所区别，影响了儿童对自己角色行为的性别定型。对男女儿童不同的教育要求，不正确的教学方法，对性别差异有强化的作用。由于每个儿童所接受的环境和教育影响的不同，男女心理发展的总体性别差异并不一定在每一个个体身上表现出来，因此，提供良好的环境和施行科学的、正确的教育，可以使男女两性在心理发展中充分发挥各自的优势，克服劣势，促进人的全面发展。

性别差异的理论　国际上较有影响的性别差异理论有四个流派：(1)角色自居说。强调情感和模仿的作用，认为儿童性别特点的形成是他们通过观察、模仿与自己同性别

的成人,特别是父母行为的结果。这种理论忽视了儿童模仿成人的年龄差异,而且儿童的典型行为并不与他所接触的成人榜样行为完全相似。(2)性别定型说。这种理论认为外界对儿童性别行为的强化是性别特点发展的决定因素。儿童出生后,父母和周围的人就以不同的要求对待他们,鼓励他们按照自己的性别行事而指责不适合的行为。例如,男孩遇到困难时哭泣往往会受到指责,而女孩则较多得到安慰和爱抚,使儿童形成了适应传统要求的性别行为。但是外界在许多领域对儿童的要求并无明显区别,因此这种理论只能解释部分的性别差异。(3)自我归类说。强调性别特点形成的认识因素,认为儿童先逐渐认识性别特点,把自己归入男或女,然后有意识地使自己的行为与性别角色观念相符。这一理论从儿童本身发展的角度出发,但不能解释儿童最初性别角色行为的获得。(4)生物社会因素说。既承认性别差异的生物性,又强调人的后天活动、人的群体(特别是同辈群体)对性别差异的作用,是苏联关于性别差异研究的理论倾向。

学习的性别差异　在教育中,对教育教学影响最大的性别因素是男女学生学习的性别差异。大多数有关的研究表明,在配对联想、辨别学习、偶然学习、模仿学习等方面两性差异不大,但也有个别研究认为存在性别差异。有研究发现,女性眼睑条件反射形成比男性快,这可能与女性焦虑性程度较高有关,在排除焦虑的隐蔽条件反射中,女性的优势就消失了。在14项配对联想研究中,只有美国心理学家H. W. 史蒂文森对12～14岁学生的研究发现,在高智商的学生中,女生反应刺激对抽象形式的配对联想成绩高于男生。有的研究认为,8～9岁女孩对概念识别和对正误的暗示分辨优于男孩,而9岁男孩对声音的辨别优于女孩。对偶然学习的研究发现,回忆银幕上无关刺激时,女性优于男性。模仿学习的性别差异与模仿的内容、性质有关,女性倾向于模仿他人的着装打扮,男性倾向于模仿攻击行为。

智力是影响学习的主要因素,从智力测验的结果来看,男女两性平均智商接近,女性智商分布比较均匀,男性的标准误差明显。在各个不同的年龄阶段,男女智力发展速度的水平有所不同,这种智力的性别差异对学习成绩有显著影响。大量的研究表明,学习测验的平均成绩男女差异不大,学习成绩连续分布的两端男生明显高于女生,也就是说,女生的成绩分布较均匀,而男生成绩优、劣者都超过女生。中国一项近2 000人的大样本调查发现,初高中男女学生平均成绩中,语文和英语学科女生始终领先,数学和物理学科男生优于女生,随年级升高差距扩大,各门学科成绩最低分者多为男生。对1 049名中小学生进行学习能力测验的结果表明,男生能力测验成绩高于女生,但学科考试成绩低于女生。这说明,就学科成绩与学习能力的关系而言,男生不如女生密切,男生的学习潜能大于女生。

引起男女两性学习差异的主要因素有:(1)大脑发育的性别差异。女性发育比男性早1～2年,脑的成熟也相对较早,智力发展处于领先地位,使女孩在小学阶段学习比男孩好。男女两性脑的优势发展差异对学习成绩有比较明显的影响,右脑发展的优势使男生的空间知觉能力、数学能力强,自然科学成绩优于女生;左脑发展的优势使女生言语表达能力较强,语文和外语成绩优于男生。(2)对学科的兴趣爱好程度与学习成绩成正比。中国对万名在校学生学习兴趣测验研究发现,学科爱好的两性差异从小学四年级开始出现,对语文、外语的爱好,女生人数一直超过男生;对数学、物理的爱好,男生超过女生。对学科产生兴趣的原因男女之间也有明显差异,男生较重视理性因素(课程重要、成绩好等),女生较重视情感因素(老师教得好,对自己较关心等)。(3)男女认知方式的不同。女孩阅读和语言表达能力较强,擅长机械记忆、形象思维和模仿,主要靠从书本和教师讲课中获得知识。小学和初一,学习内容比较简单,考试时语言分量较重,记忆背诵的内容较多,对女生较为有利,学习上的暂时成功强化了女性的机械记忆,阻碍了抽象逻辑思维能力的培养和发展。初二以上,学习内容越来越复杂,难度增加,女性机械记忆优势下降,简单套用模式不能适应学习的要求,而男生的理解记忆、抽象逻辑思维和创造性解决实际问题的优势发挥了作用,学习成绩赶上并超过女生。(4)人格差异间接影响学习成绩。小学和初中阶段,女孩文静礼貌、细心认真、遵守纪律、按时完成作业,容易获得教师的好感,取得好成绩。但是胆小害羞使她们对一些抽象的疑难问题或需要综合分析的理论概念,虽一时难以理解却不敢大胆提问、及时纠正错误,造成某些知识基础不扎实,影响了以后的学习;对学习中的失败常归因于自身不够聪明,又使她们对难度较大的学习缺乏自信心。男孩由于成熟相对较晚,活泼好动,粗心大意,主观努力程度不如女孩,学习潜能没有充分发挥。E. 莫里森对一群低于应有成绩的五年级男生进行个性测验,发现他们的测验成绩比原先期望的高,表明他们实际上是在学习,只是不愿意或不能取得教师期望的分数。到高中和大学以后,男性的好胜心、独立性和挑战性使他们在更为困难的学习中充分发挥各方面的优势而取得比女性更多的成功。

儿童性别角色发展

性别角色是指由于人们的性别不同而产生的符合一定社会期待的品质特征,包括男女两性所持的不同态度、人格和社会行为模式。性别角色是某种文化所定义的适合不同性别的属性集合,包括态度、人格特质和行为。这些观念是特定文化背景下的大多数成员所普遍接受的,至少在某种程度上是如此。当个体用这些属性作为规则,并依此来要求所有的男女时,性别角色就形成性别角色原型。性别角色发展是一个人们将文化所要求的性别角色纳入自身的过程。众多心理学家认为性别角色的发展极其重要,是社会化过程的一个持续发展方面。

性别角色原型 高度工业化社会中的性别角色原型,通常极为相似。女性原型包括的特征可归结为富有表现力或乐于合群,人们希望女人美丽动人,身体娇弱,热情,情感丰富,善于持家,依赖他人,被动;男性原型包括的特征常常与器具或力量相联系,并用提供者、智慧、非情绪性的、身体强壮、主动、攻击和科学等词语来描述。

尽管所有社会都对性别角色引起某种程度的注意,但有些文化仍对此抱有很大偏见,也有少数文化几乎不使用性别角色。美国文化人类学家 M. 米德 1939 年研究了新几内亚三种文化背景下男女性的个体特征和行为,发现每种文化都有自己的性别角色和原型,但都并不符合高度工业化国家的那种女性富有表现力和男性化的工具模式。这种性别角色间的差异表明,众多与性别角色相联系的特征并不受生物性因素决定,而是随特殊文化的变化而变化。

与其他原型一样,性别角色原型极为重要,这有几个方面的原因。第一,许多人希望人人都依照恰如其分的性别角色原型活动。第二,性别常决定了人的一生所遭受的经历类型。第三,性别角色是许多人自我概念的主要来源,人们通常用社会的性别角色原型作为自我评价的标准。

儿童性别角色发展的领域 性别角色的发展主要包括三个领域的发展:性别概念的发展,主要指性别认同、性别稳定性和性别恒常性的发展;性别角色观的发展,即理解怎样才能算得上一名男性或女性,认识到社会对男性和女性的期望;性别化行为模式的发展,即儿童采取与性别相符活动的倾向和行为表现。

其一,性别概念的发展。儿童的性别概念主要包括性别认同、性别稳定性和性别恒常性。一般认为性别认同出现的年龄最早,大概是 2~3 岁;然后是性别稳定性,大概是 3~4 岁;最后则是性别恒常性,大概是 6~7 岁。通常认为,这个成分的依次获得标志着性别概念的发展。性别认同是指儿童对自己和他人性别的正确标定。美国心理学家 S. K. 汤普森的研究表明,2 岁儿童的性别认同发展水平还很低,他们开始理解男人和女人这些词的含义,开始知道一些活动和物体同男性相联系,另一些同女性相联系。但不知道自己和其他人属于同一性别类型。到 2 岁半时,儿童不但能正确回答自己的性别,还能区分其他人的性别,也知道自己与同性别的人更相似。性别稳定性是指儿童对人一生性别保持不变的认识。3~4 岁的儿童已经可以认识到,人的性别不随其年龄、情境等的变化而改变。如一个 4 岁的儿童一般能正确回答这样的问题:"当你长大以后是当妈妈还是爸爸?"儿童对自己性别不变的稳定性的认识要早于对别的孩子的稳定性的认识,他们较早知道,不管怎样,他们是不可能变为相反性别的人。性别恒常性则是对人的性别不因为其外表(如发型、衣着)和活动的改变而改变的认识。研究认为,大部分儿童在 6~7 岁时就能够达到性别恒常性。他们认识到一个人的外貌或活动的变化与性别无关。女孩即使穿男孩的服装,仍然是女的。男孩留长发或对一些女孩的活动感兴趣也还是男的。

其二,性别角色观的发展。性别角色观是指儿童对不同性别行为模式的认识和理解。儿童的性别角色观有个发展变化的过程。儿童在 3 岁时,就具有相当多的关于社会对男性、女性的期望的知识,形成了对性别行为模式的认识和理解。他们知道女孩应该玩洋娃娃,要穿得像女人一样,男孩则应该去玩卡车,扮演消防员。到 5 岁时,儿童开始从心理意义上理解不同的性别行为模式。随着年龄的增长,儿童对抽象概念的理解也逐渐脱离表面性而趋向深刻化,不像年幼儿童那样刻板。他们认识到可以把所谓属于男性的和属于女性的行为结合起来,也比较容易接受对传统的性别角色原型的背离。

其三,性别化行为模式的发展。儿童的性别概念和性别角色观的形成使得儿童性别化的行为也得到发展。他们喜爱社会期待他们性别所从事的活动和所扮演的角色,并且表现出与此相符合的行为。比如一个已经形成"女孩学缝纫,男孩造飞机模型"的性别角色观念的女孩,会认真地参加缝纫活动,使之与其性别角色观念相符。其实,儿童很早就表现出性别化的行为。据研究表明,2 岁时,儿童就选择适合自己性别的玩具和游戏。男孩更喜欢卡车、坦克等玩具,女孩更喜欢洋娃娃之类的玩具。在学前期,儿童的游戏也是性别化的,比如男孩更可能喜欢竞赛、打仗等游戏,而女孩则喜欢过家家等游戏。男女儿童在性别角色化的过程中具有发展上的差异。例如,男女儿童对同性同伴的偏好出现的时间不同。女孩一般在 2 岁,男孩一般在 3 岁;但是儿童喜欢与同性别的伙伴玩耍的特点一直持续到儿童中期,具有跨文化的一致性。还有研究发现,女孩在遵从性别相适行为上没有男孩那么严格。大多数文化以男性价值为主导取向,男性角色比女性角色定义得更清楚,因而男孩遵从性别相适行为的社会压力更大。父母往往能够接受具有男性气质的女孩,却不能容忍女子气的男孩。甚至有研究发现,男孩的性别化兴趣比女孩更稳定,男孩在学前期和学龄期表现出的性别化倾向更多地保持到成年阶段。而且,由于大多数社会里男性的地位比女性高一些,所以男女儿童都常常被男性的事情所吸引。

儿童性别角色发展的理论 不同领域的心理学家提出不同的性别角色发展理论。致力于生物学方向的研究者认为,两性的遗传、解剖及激素的不同导致性别角色的差异。许多发展心理学家提出,社会性因素主要决定了两性的行为差异。这方面的代表性理论有生物学理论、社会学习理论、认知发展的性别角色理论、性别图式理论，以及社会结构假说与群体社会化理论。

生物学理论认为，两性的遗传、解剖及激素的不同导致他们性别角色的差异。最早持这种生物决定论观点的代表人物是奥地利心理学家弗洛伊德。在他看来，男女不同的心理状态、行为模式都是由不同的生理解剖特点决定的，即男女是天生的。男性的生殖细胞是生动的、活泼的，它追求女性的生殖细胞，女性的卵细胞是静止的、被动地等待。因此，男性在行为上倾向活泼、有力、刚健，而女性则倾向于温柔、被动。这一理论的实验研究包括对双胞胎人格特质遗传性以及荷尔蒙这一化学物质与人格特质的相关研究等，研究发现，控制欲和攻击性方面的性别差异是由于性激素的差异造成的。研究者还发现，晚熟的男女儿童都比早熟者在空间测验中成绩更好。原因是：大脑两半球在进入青春期之前会发生功能分化。大脑右半球侧重空间能力的过程会持续到青春期，因此早熟者大脑的空间能力不如晚熟者。该理论还假设，染色体的差异使得女性表现出与男性不一致的人格特征，如女性更压抑、更焦虑。但有些研究者认为，染色体假说需要得到进一步的研究。

社会学习理论的基础是行为主义，但彼此观点并不相同。美国心理学家米歇尔指出，用来分析个体其他方面行为的学习原理，同样可以用来描述性别行为的习得和完成。性别角色差异只是行为上的差异，男女孩行为是强化或惩罚而形成。他强调直接学习的作用。美国心理学家班杜拉则强调个体内部心理过程的重要性。他认为强化和惩罚必须通过建立个体内部的认知期待才能起作用。他强调间接学习过程，即模仿和观察学习。班杜拉认为人的注意、记忆、动机变量等因素会影响观察和模仿的结果。班杜拉还认为性别角色的形成过程就是观察、模仿同性别行为模式的学习过程。也就是说，在性别定型过程中，男孩倾向于模仿其父亲的行为，女孩则往往模仿自己的母亲。模仿同性别成人的行为常常为社会所赞许，因此儿童较少模仿异性成人的行为，性别定型的行为从而得到加强。观察、模仿同性模式的学习过程可以没有强化的参与，但特定的强化过程使其习得的行为模式得到巩固、定型。由于模仿与强化产生的相互作用，会进一步促进性别化过程中模仿学习的发生。该理论还强调行为受到情景制约，同一儿童在不同的情景中会有不同的行为表现，这也是学习的结果。社会学习理论把性别角色当作一套行为反应，男女两性的行为由强化的惩罚形成，性别角色的基础是社会环境而非机体，如果学习条件变化了，行为也很快发生变化。

认知发展的性别角色理论在这一领域的影响最大，它不仅结合了许多认知心理学的概念，而且提出"双性化"这样一个改变性别研究传统的概念。这一类理论的主要特点是强调儿童的性别概念而非行为。

美国心理学家科尔伯格继承皮亚杰的发生认识论，并将其应用于性别角色研究。他认为性别角色是儿童对社会的认知组织，这种组织的第一步是性别认同。但他又认为儿童对不同性别信息的知觉先于性别认同作用，即在性别角色发展过程中，儿童对性别恒常性和性别认同的认识与发展是关键因素。他发现儿童大约3岁时能分清自己的性别，大约在4～6岁时开始具备性别恒常性和性别认同的基本概念。而这种概念的获得对性别角色的形成具有重要意义。科尔伯格把儿童获得对性别的理解的过程分为三个阶段：基本性别同一性——儿童认识到他或她是个男孩或女孩，并表现出对性别化玩具的偏爱；性别稳定性——儿童懂得男人将总是男人，女人将总是女人，小男孩不再想他将来可能成为一名妈妈，小女孩也不再幻想成为一名传令兵；性别恒常性——儿童认识到外表和活动的表面变化并不改变性别。性别认同的发展，始终与获得积极的自我概念相联系。按照科尔伯格的观点，性别角色形成中最重要的是获得性别恒常性的概念，在此概念基础上儿童产生性别认同。此时如果儿童按照性别角色的规范行动或模仿同性别榜样时就会获得积极的自我感觉，并进而形成自我概念，推动儿童自我的社会化，这又进一步促进了儿童去选择适合自己性别的行为并按此行事。

美国心理学家J. H. 布洛克把男性化和女性化看作是两种人格成分的展现：一是指个性化、自我肯定和自我扩张的倾向；二是与集体和谐、为集体利益而压制个人利益、合作和寻求与集体一致的倾向。她认为，第一阶段的儿童是自我中心的，他们希望从父母的限制中独立出来；第二阶段的男女孩由于受到不同的社会化压力，性别角色开始分化，服从规则和角色规范的要求则变得越来越重要；第三阶段是儿童达到内省和自我意识的阶段，这一阶段依然保持着分化的性别角色；第四阶段是成年期，人变得自立、自知，"自我"中的男性化和女性化因素被整合，这种整合状态被称作"双性化"（androgyny）。性别角色的内容是由儿童的文化和社会环境决定的。她还参照科尔伯格的道德认知发展阶段理论提出了当代儿童性别角色发展的模型：初级阶段的儿童开始学习社会对男孩和女孩的期望；第二阶段，性别角色两极分化，儿童相信男女两性是互不相容的；第三阶段是性别角色超越阶段，个体的价值、选择优先于规则和角色，这一阶段即上面所提到的"双性化"阶段。

性别图式理论由美国心理学家C. L. 马丁和哈文森1981年提出。这一理论代表了20世纪80年代以来强调社会性因素的性别差异和性别类型发展理论的趋向。他们认为，建立基本的性别同一性是性别类型化的中心任务。达到这个目标之后，儿童就开始获得了性别图式，性别图式是这一理论的基本单元，它是系统化的一套关于男性和女性的观点和期望,它能直接影响人的行为和思维。性别刻板观念可以作为组织社会信息的图式。这一理论界定了两种不同的性别图式,第一种包括两个性别的普遍信息。第二种是指儿童获得自身性别的图式,这包括个体表现出与性别相符合的行为和扮演性别角色的详细计划。这两种图式发挥两个水平的功能:儿童评价信息对自己的性别是否合适,在此水平上需要建立男女两性图式而非自己的性别图式;当外界信息适合自己的性别图式时,儿童会做进一步的探索。具体地说,性别图式具有如下功能:第一,性别图式引导行为。它提供的信息使得儿童的行为接近性别角色规范。第二,性别图式组织信息。它能提供信息组织的结构,通过这一结构,人们接受与其性别图式相一致的信息,遗忘或忽视与图式不一致的信息,或者把它们转化成与图式相一致的信息。第三,性别图式的推论功能。性别图式向儿童提供了性别的知识信息,儿童利用它们来熟悉环境,对他人的行为和偏好进行推论。

　　心理学家以前一直认为男性化和女性化是同一程度上相对的两极,后来认识到,严格地界定性别角色标准是有害的。1978 年美国心理学家贝姆提出,其研究性别角色的目的是,使人类个性从个体的性别角色刻板形象的束缚中解脱出来,形成健康的心理概念,从文化强加给的男性化、女性化限制中解脱出来。她提出心理双性化学说,认为人可以是双性化的,就是说人既有男性特征也有女性特征,既有操作性又富于表达性,既武断又犹豫等。她的学说的基本假设是:男性特征和女性特征是两个独立的维度。如果一个人具有大量男性特征和少量女性特征,就称为男性性别类型的个体;反之,具有大量女性特征和少量男性特征的,称为女性性别类型的个体;同时既有大量男性特征又有大量女性特征的,称为双性化个体。从 1978 年到 1980 年,贝姆以及其他一些人,通过调查研究发现双性化的个体大有人在。

　　双性化是一种理想的特征吗? 对此,贝姆曾认为双性化个体会优于性别类型化的个体,因为他们没有严格的性别角色概念的限制,能够更灵活、更有效地对各种情景作出反应。她还认为,“双性化”不是指男女特征的结合,而是指个体对有关性别的判断比较自由。也就是说,性别类型化的个体比“双性化”的个体更容易把性别作为一个重要的组织图式,会把与性别有关的特征与行为联系在一起,而“双性化”者对同样的特征则有另外的分类和组织目标。为了验证这种假设,贝姆为男性化、女性化和双性化的个体设置了两种实验情景。一种为需要独立性的(男性特征的),另一种为需要照顾他人的(女性特征的)。结果证实贝姆的假设,男性化和双性化的个体在独立性的测验中比女性化的个体更具独立性,而女性化和双性化的个体在照顾他人的情景中也更愿意与被照顾者交往。所以,双性化的个体更

具有灵活性。许多心理学家正在进一步深入研究心理的双性化概念。贝姆已经改变她原先对双性化的看法。她认为双性化的个体表现出的灵活的适应性并非因为结合了男女两性特征,而是表现了男性化又非女性化的无性别化(gender aschematic),即双性化的个体在行动时很少考虑自己的性别或不再受性别的束缚。对此,一些心理学家提出不同的看法。1983 年赫斯顿指出,儿童的社会性和人格发展永远不可能脱离性别因素,因为只有女性才能哺育后代的事实清楚地决定了男女两性各自在生活中的作用。

　　社会结构假说由美国心理学家 M. M. 约翰逊提出。该假说认为,在男孩和女孩的性别角色发展过程中,父亲比母亲所起的作用更重要:父亲为儿子提供了榜样,同时也训练了女儿的女性化行为表现。女性化有母性角色和异常行为两种主要成分。母性角色包括照顾、养育和表现因素。男孩和女孩在婴儿时都体验到来自母亲的母性角色,都形成对母性角色的最初认同。父亲角色包括给儿童有关外面世界的规范和期待。父亲对男女孩的区别对待甚于母亲,父亲对女儿往往更温和,所以父亲影响女儿对女性化异性部分的学习,不影响她们的母性成分。利弗的研究也证实,性别角色社会化的过程受到家庭结构和家长性别的影响,母亲比父亲有着较少的传统性别角色要求。

　　群体社会化理论是关于儿童性别角色发展较新的理论观点。美国心理学家 J. R. 哈里斯认为,对儿童的性别角色发展起重要作用的是同伴群体而不是家庭,以“双性化”方式教养孩子并不能减少孩子具有相应性别特征的行为和态度。这一理论预测当另一性别不在场时,性别分化行为减少。一项研究证明了男孩在场对女孩行为的影响:女孩单独玩球时表现得很有竞争性,当男孩加入后,女孩的行为发生了很大变化,她们显得比较害羞而且没有竞争性。

儿童性别差异与教育

　　了解儿童性别发展的差异是实施科学教育的前提。

　　因“性”施教　认同并接纳男女儿童之间的心理差异,尤其是性别差异,这与现实社会所提倡的“男女平等”之理念并不相悖。因为只有承认性别差异,才能更好地发掘男女儿童的潜力,使他们都能得到充分而完善的发展,这正是更进一步地促使男女真正的平等。教育不能无视性别差异的客观事实而对男女儿童实行“一刀切”的教育方式。而承认性别差异,只是因“性”施教的第一步。要科学地因“性”施教或者适“性”而教,还应具体地了解男女儿童智力差异的发展趋势和基本特征。唯其如此,才能真正做到区别对待、有的放矢、扬长补短,培养男女儿童各自的心理优势。

　　心理双性化与教育　长期以来,人们一直认为“男性”与“女性”是两个彼此不相容的概念。一个人如果异性化程

度较高,则被视为"变态"。世界相当多国家,尤其是中国的家庭、学校乃至社会教育都过于强调男女性别差异和性别角色分化,并一直重视男孩"男性化"和女孩"女性化"教育。心理学家和教育学家依据大量的研究和事实认为,严格界定性别角色是有害的,因为它限制了男性和女性的行为。1978 年,贝姆呼吁,要使个体从文化加强的男性化和女性化限制中"解放"出来,从个体刻板的性别角色形象中"解放"出来。相关研究证明,既有男子气又有女子气的"双性化"(androgyny)个体不仅存在,而且有利于成才。它优于性别类型化个体之处就在于他们在从事感兴趣的活动、交友或决定在某种场合如何表现时很少受到自身性别的束缚。因此,贝姆主张应该从儿童早期开始就进行无性别歧视的教育,使儿童懂得人与人之间虽然存在许多差异,但不要刻意去强调性别差异。这样做的目的是使儿童从小就认识到,两性之间在心理特征上是相似多于差别的。从发展潜力上看,男孩和女孩具有更大的一致性。社会现实表明,大凡事业上有作为、有建树的著名人物,多具有"双性化"特征,即既具有男性心理优势又具有女性心理优势。尽管"双性化"人格在理论上仍存有某些争议,但相对于传统刻板的性别化教育,倡导"双性化"教育,对于实施素质教育,培养创新性人才,具有启发和借鉴意义。

参考文献

桑标.儿童性别角色的发展[J].大众心理学,1995(1).

杨丽珠,吴文菊.幼儿社会性发展与教育[M].沈阳:辽宁师范大学出版社,2000.

俞国良,辛自强.社会性发展心理学[M].合肥:安徽教育出版社,2004.

周宗奎.儿童社会化[M].武汉:武汉少年儿童出版社,1995.

Maccoby, E. E. & Jacklin, C. N. The Psychology of Sex Difference[M]. Stanford, CA: Stanford University Press, 1974.

（陈保华　武建芬　韩春红）

儿童言语发展（language development of children）儿童对母语的理解和产生能力的获得过程。它是儿童心理发展的一个重要方面,且与儿童心理发展的某些方面,特别是认知发展和思维发展关系密切。其研究可以为儿童心理发展的基本理论提供依据,为解决语言与思维这个理论问题提供资料;其结果可以为儿童语言教学、个体语言发展速度及水平的诊断提供依据和指标。

语言既是一个复杂的结构系统,又是一种重要的交际工具,结构上包括语音、语义和语法三个构成成分,功能上涉及语用技能。儿童必须逐步掌握这四个方面的基本规则才能真正获得理解和产生母语的能力。对于儿童语言发展,研究者从不同角度提出不同的理论解释。

语　音　发　展

从生命早期开始,婴儿就对语音表现出高度敏感性和非凡的知觉能力,主要表现在听觉偏好、语音范畴知觉能力和语音产生三个方面。

研究者运用基于听觉的偏好方法和习惯化与去习惯化的实验范式发现,从出生的最初几天开始,婴儿对正常语音的喜好就甚于其他声音。研究发现,与其他人的声音相比,1 个月的婴儿更偏好母亲的声音。婴儿对具有语速慢、声调高、音调夸张等特征的"妈妈语"(motherese,亦称"儿向语")这种言语形式尤其偏爱。研究者认为,这是由于妈妈语具有强烈的起伏性,更能吸引婴儿的注意。

就婴儿学语言而言,最重要的言语特征是音位属性。音位是一个语音中能够区别意义的最简单的语音单位。婴儿很早就表现出语音范畴知觉能力,即对两个声音是表示两个不同音位还是属于同一音位范畴的辨别能力。有研究人员1971 年通过考察婴儿的吸吮速度在习惯化与去习惯化时的差异认为,婴儿生来具有适合言语范畴的知觉机制。有些心理学家甚至发现,婴儿生来具有知觉许多音位的区别(包括与本族语无关的)的能力,随着语言经验的丰富才逐渐忽视无关的语音范畴。

从 1 个月开始,婴儿就能发出分化的、具有交际功能的声音。而且不管语言环境如何,所有婴儿的发音发展阶段都具有某种相似性。从牙牙语开始,儿童一方面需要逐步增加符合母语的声音,另一方面需要逐步淘汰母语中不用的声音。儿童用以发展语音的规则主要有改变和选择两大类,改变包括替代、同化和删除,选择包括避免发某个音和倾向发某个音。一般认为牙牙语的作用主要在于帮助儿童学会调节、控制发音器官的活动,这是以后真正语言产生和发展所必需的。但是对于牙牙语期与后期言语发展之间的关系,存在连续观和非连续观两种假设。前者认为牙牙语期与后期言语发展在某些语音及重要功能上存在连续性;后者认为牙牙语在语言发展中不起任何作用。

语　义　发　展

儿童的语义发展主要指词汇的习得及词义的理解,它是儿童正确理解和使用语言的基础。词义的发展比语音和句法的发展缓慢,并贯穿人的一生。

儿童词义发展的特点　(1)早期词语的性质。美国心理学家纳尔逊1973 年认为,儿童最早学会的词语往往涉及那些对他们来说比较熟悉、重要的物体和事件。在儿童最初的词汇中,普通名词最常见,其次是特定名词、行动词、修饰词、个人和社交的词、功能词。也有研究发现名词最常见,但也有部分问候词、动作词、关系词和位置词。儿童最初习得的名词大多是位于概念系统基本水平的名词(如"狗")。这可能是由于基本水平的名称反映的抽象水平在功能上最有助于儿童应对外在环境,也可能与父母的命名惯例有关,成人命名时倾向于强调物体整体而非部分,强调基本水平而不是更高或更低的水平。(2)命名骤增。从10~13个月说出第一个单词开始,儿童的词汇发展相对缓慢,保持"理解多于产生"这一模式。1岁半儿童大约能理解100个词语,说出50个。但此后儿童的词汇量出现骤然增长,他们开始对看到的任何事物命名,到6岁时,儿童的词汇量大约达到1万个。(3)过度扩大与过度缩小。在建立新词语与客体之间的对应关系时,儿童有时会过于宽泛地使用一个词语,即过度扩大,如把所有圆的东西称为月亮,或过于狭隘地理解一个词语,即过度缩小,如认为"鸟"只能指某一只特定的鸟。过度扩大和缩小的产生可能是由于儿童的概念系统确实与成人不同,也可能是由于儿童缺乏相应的词汇。(4)杜撰新词。言语产生中遇到某个自己尚未掌握的成人单词时,儿童往往会杜撰出他们自己的词语(新词),如用"nose-beard"指胡须,用"many tall"指很高,这表明儿童的语言学习具有某种创造性。这种创造性不仅出现在儿童的口语交流中,而且也存在于聋童的早期手势中。

儿童对各类词语的获得 汉语儿童1岁左右说出的第一批词语基本都是名词和动词,其他词类以后才逐步出现。2~6岁儿童的话语中主要是实词,虚词只占10%～20%,虚词的发展中,语气词的比例随年龄增长而减少,连词、介词和副词的比例则渐增。

在儿童早期词汇中普遍表现出词的使用范围的扩张。有学者认为,扩张以物体的外部特征为依据,知觉在词义掌握中起重要作用。但也有学者认为,扩张以物体的动作和功能为依据,如不仅称狗为狗,而把牛、马、羊等能走动的四足动物都称为"狗",认为在词义掌握过程中起重要作用的是物体的活动或儿童对物体施加的动作。实际上,知觉特征和功能关系在某一水平上往往很难区别。儿童扩张的范围非常广泛,如有的儿童看月亮是圆的,把窗户上或墙上的圆形图案、圆的饼等东西也都叫月亮。

在儿童词义发展中还出现词的使用范围缩小,过分严格区分事物。如"桌子"一词单指自己家里的方桌,"妈妈"则仅指自己的妈妈。而对某些概括程度较高的词如"动物"、"蔬菜"等,往往只能应用于该范畴中最典型的对象,而排斥非典型的对象。如把狗、猫称为"动物",而不承认蝴蝶也属"动物";称青菜、菠菜为"蔬菜",而不认为辣椒也是"蔬菜"。其原因是儿童对某类事物的基本属性尚未达到适当的抽象概括水平。

华东师范大学语言发展协作组1986年经调查发现,儿童使用形容词的发展过程具有以下特点:(1)从物体特征的描述发展到事件情境的描述,依次为颜色词,描述味觉、温度觉、机体觉的词,描述动作、人体外形的词,最迟的是描述情感及个性品质的词。使用越早的词出现频率也越高,反之亦然。(2)从单一特征(如胖、瘦)到复杂特征(如人体多种特征之综合的"老、年轻"),前者3岁半就能使用,后者一两年之后才开始使用。(3)从方言词汇到普通话口语再到书面语,一般学会普通话之后方言词汇就减少或不用了。(4)从形容词的简单形式,包括单音形容词(如红、好、快)和一般双音节形容词(如干净、整齐),到复杂形式,包括叠音形容词(如红红的)、加词于其后的形容词(如雪白、红彤彤)、嵌数词或其他词的形容词(如乱七八糟)。(5)空间形容词的获得顺序为:大小—高矮、长短—粗细—高低—厚薄、宽窄。(6)成对的、具有两极性的形容词(如大小、高矮)中,往往是积极的一方(大、高)先获得和使用。(7)不同维度的形容词容易被混用,如以"大"代"高",以"小"代"矮"。

中国心理学家朱曼殊1982年发现,在表示时间阶段的词语上,3～6岁儿童首先理解的是中间水平的"今天、昨天、明天",然后才是更细微的"上午、下午、晚上或上午/下午/晚上某时"和更大的"今年、去年、明年"。在表示时间次序的词语上,儿童的理解是以现在(正在、已经、就要)为起点,逐步向过去(已经)和将来(就要)延伸。一般而言,单一的时间词如"先"、"后"比合成的时间词如"以前"、"以后"要先掌握。

中国学者张仁俊1985年的研究表明,儿童获得空间方位词的过程是一个逐渐分化的过程:最初会混淆几个表示不同维度的词,然后分化出表示不同维度的词,最后才分化出每个维度上表示相反方位的词。具体的获得顺序大致为:里—上—下—后—前—外—中—旁—左—右。

研究表明,幼儿对"这"、"这边"、"那"和"那边"等指示词的理解没有先后差异,但由于受自我中心状态的影响,难以根据语言环境的变化调整所指的参照点(当听说双方距离较远时,说话者用"这"、"这边"指称的对象,听者应该用"那"、"那边"来指称)。即使7岁儿童,和说话者面对面坐时,对这四个指示代词的理解正确率还是很低。朱曼殊1986年考察了儿童在各种情境下对人称代词的理解,发现不论幼儿是作为三方交谈的旁观者还是参与者,都对"我"的理解最好,"你"次之,"他"最差。

中国学者应厚昌1983年表明,各年龄儿童对个体、临时和集合这三类量词的掌握是不平衡的,四五岁儿童最初掌握的是个体量词,然后是临时和集合量词。在物量词的使用方面,三四岁儿童只能使用少量高频量词"只"、"个",并有过度扩大的倾向。5岁左右开始注意到量词和名词的搭配,但仍未掌握正确的搭配方法,往往根据名词所指事物的动作或功能,把动词当作量词使用,如"一骑自行车"。6岁时已能初步根据事物的共同特征及类别标准来选择量词。

7岁时已基本掌握临时量词的使用规则。

语 法 发 展

儿童语法发展过度规则化　过度规则化指儿童过于广泛地使用某种规则形式,如将一般的复数形式"-s"规则应用于具有不规则复数形式的"foot",创造出"foots"或"feets"之类的词语。过度规则化在语音、语义领域也有出现,它表明儿童的言语学习基于一个丰富的内隐的功能性规则网络。

儿童句法结构发展　经历单词句、电报句、简单句、复杂句和复合句的发展。单词句指儿童用一个单词来表达成人要用一个句子才能表达的内容。因此,单词句的意义通常不明确,语音不清晰,词性不确定,往往伴随着一定的表情和动作。对于单词句的性质,研究者观点不一。美国心理学家 D. 麦克尼尔 1970 年认为,单词句体现了某些句法关系的知识,如单词句"狗"可能是完整句"狗在喝水"的主语。1976 年,美国心理学家格林菲尔德等人则认为,单词句只表达某种语义关系,是选择性地表达情境中那些最有意义、最富信息的方面。还有一种观点认为单词句中并无任何语义、句法关系,只是一个单词而已。

1岁半到2岁开始出现两三个词语组合而成的话语,如"妈妈鞋"。这种句子虽然意义更明确,也能表达一定功能,但形式仍断续简略,结构仍不完整,故又称电报句。电报句中主要是实词,如名词、动词、形容词,具语法功能的虚词往往被省略。儿童的双词句表现出一定的创造性,如 All gone sticky(没有粘的了,出自一位刚刚洗干净手的儿童之口)。这说明,儿童的言语发展并非被动地模仿成人的话语,而是基于某种规则系统来产生句子,但究竟是何种规则,至今仍是个争议的议题。

简单句指句法结构完整的单句,包括没有修饰语和有修饰语两种。朱曼殊 1979 年的调查研究显示,1岁半到2岁儿童在说出电报句的同时能说出结构完整但无修饰语的简单句,如主谓句(她觉觉了)、主谓宾句(妹妹读书);2岁半时开始出现一些简单修饰语,如"两个娃娃玩积木";3岁左右开始使用较复杂的修饰语,包括"的"字句、"把"字句、时空状语;3岁半以后使用复杂修饰语的能力显著增强,直到6岁仍有增长,但增幅有所减小。

复杂句指由几个相互联结或相互包含的结构组成的单句。汉语儿童主要出现以下几类复杂句:由几个动词性结构连用组成的连动句,如"小红吃完饭就看电视";由一个动宾结构和一个主谓结构套用成的递系句,如"老师教我们做游戏";主语或宾语中包含主谓结构的句子,如"两个小朋友在一起玩就好了"。一般2岁半时开始使用,以后逐年增长,且发展会延续到入学以后。

复合句是由两个或两个以上意义联系紧密的单句组合而成的句子。2岁时开始出现,4～5岁时发展较快。儿童使用的复句的显著特点是结构松散、缺少连词,仅有几个单句并列组成。3岁时才开始使用连词,主要有"还"、"也"、"又"、"以后"、"只好",5～6岁时出现了"因为"、"为了"、"结果"、"要不然"、"如果"、"没有……只有……"、"如果……就……"数量也有所增加,但直到6岁使用连词的句子仍只占复句总数的1/4。复合句主要有联合复句和主从复句两类。联合复句儿童比较容易掌握,依次为并列复句、连贯复句和补充复句。主从复句反映了较复杂的逻辑关系,儿童较难掌握,出现较多的是因果复句。

语法词素、否定、疑问等语法要素的发展　美国心理学家 R. W. 布朗 1973 年对英语中 14 个语法词素——包括复数形式(-s)、所有格形式('s)、第三人称单数动词的结尾(-s)、现在进行时(-ing)、过去式(-ed)、介词 in 和 on、冠词 the 和 a、用作助动词和主要动词的 be——进行了一项深入细致的发展研究,结果发现,所有幼儿均倾向于以相同的、固定的顺序掌握这些词素。例如,尽管三种"-s"的变化在表音上完全相同,但所有儿童几乎都是先掌握复数形式,所有格次之,动词变化最后。他进而认为,习得顺序上的这种差异主要源于每种形式的语义或语法复杂性上的差异。

研究发现,儿童最初是通过将否定词(如"no")加到任何想要否定的话语之中来标记否定——"No I go"。在此阶段之后,儿童开始把否定词插到句中要加以否定的词语前面,如"I no go"。最后,当儿童逐步学会使用助动词时,才开始将否定词与助动词相结合,出现语法上正确的否定句。

世界各地的儿童在问句的发展上表现出较为相似的发展顺序:首先是提高句子末尾的声调,以表明自己正在提问;然后疑问词开始出现,但疑问词最初是直接被置于一个未作改变的肯定句前面;助动词出现以后也被引入疑问句,但开始儿童往往无法正确倒置助动词和主语,尤其是无法正确倒置较为复杂的疑问句如否定疑问句的助动词和主语。

语用技能发展

有意图交流　婴儿具有某种对人类特别偏好的倾先天倾向,包括人类的面孔、声音、气味、运动等。在习得语言之前,婴儿就能有效利用其他交流工具如哭、眼神接触、面部表情和手势与照料者进行社会互动,5～6 个月时能与成人、共同关注的客体建立三方互动。在婴儿期的交流发展中,研究者感兴趣的论题之一是有意图交流究竟何时及如何出现。美国心理学家 E. 贝茨 1976 年、戈林科夫 1983 年界定有意图交流应具备的行为特征:有较为明确的行为目标,并能利用多种途径如发声、注视、指向来达成目标;初始的行为手段未能引发预期反应时能坚持自己的行为;多次尝试无效时能修正原有的行为手段。根据这一标准,一般认同婴儿 1 岁时,甚至此前几个月时,就能进行有意图的交流了。

婴儿早期的非言语交流的主要功能是肯定(共同分享对某物的注意)和请求(要求对方注意某物),即陈述和祈使两种言语行为的早期形式。这些非言语交流对儿童掌握语言的句法、语义规则,习得词汇、意图概念、会话规则都具有重要意义。

会话技能 会话技能是儿童语用技能发展的一个主要方面,它涉及轮流说话、共同的会话主题、考虑听者需要和以合适的社交方式陈述请求等隐含规则。儿童是通过早期亲子互动习得了"轮流说话"这一会话的基本规则,母亲往往把婴儿的眼神、笑声或其他声音理解为对自身话语的回应。

儿童通过注意说话者话语的形式过渡到对"共同会话主题"这一规则的认识,如重复、扩展或代替前面的话语的某些部分或全部。美国心理学家布卢姆及其同事认为,儿童的话语发展是从"非紧接的话语"发展到"紧接的话语",后者又包括"非依随的"、"模仿的"和"依随的"三种话语形式。其中,依随的话语反映了儿童对他人会话话题作出适当反应的能力,非紧接的话语体现了儿童自主选择自己的会话话题的能力。2~3 岁时,这两种能力都有所发展。

社会参照交流 社会参照交流指在会话中就对方未知的某物进行有效交流,它是一种更为高级的会话技能,因为说话者必须考虑实际情境和听者接受能力。研究表明,4 岁儿童已能有效地进行社会参照交流,当听者是 2 岁儿童时,他们倾向于使用简短的句子;当听者是同龄儿童或成人时,则倾向于使用较长、较复杂的句子。

叙述技能 叙述技能指儿童说出完整故事的能力,它由会话发展而成。研究发现,2 岁前儿童已经习得照应代词、关联照应指示词、动词省略、分句省略、连词和词汇连接等连接手段,其他手段如比较照应、名词性省略和替代则随着年龄的增长而出现。总体而言,儿童使用最多的连接手段是词汇连接,占 42%,其中最简单的形式是重复词汇。调查显示,年幼儿童通常产生没有联系的句子,6 岁时大部分儿童能产生完整的故事,但存在一定的个体差异。他们认为,这种差异与父母引发叙述的策略有关,父母使用开放式的或要求阐明的问题鼓励儿童扩展或精细加工的策略,有助于培养儿童连贯的叙述技能。结果发现,一年级儿童开始掌握描述事实和讲完整故事间的差别。

儿童言语发展理论

言语发展先天决定论 先天决定论强调先天禀赋、素质在语言习得中的作用,主要有乔姆斯基的言语发展天赋论和言语发展自然成熟说两种理论观点。

乔姆斯基的**言语发展天赋论**的主要假设有:(1)人类具有先天遗传的语言能力,即普遍语法(universal grammar)和先天的语言获得装置,能根据输入的语言材料,建立初步的语法假设,并对假设进行检验、修正,最终建立一套个别语法系统。因此,语言习得过程是一个从普遍语法向个别语法发展的过程。(2)语言是一个具有高度组织性的抽象规则系统。语言之间的差异只存在于表层形式,就深层结构而言,不同语言都是从一些共同的规则、原则派生而来。因此,语言习得过程就是获得一套支配言语行为的特定规则系统的过程,儿童只要获得母语系统中为数不多的深层结构,就能产生和理解无数新句子。

言语发展自然成熟说以生物学和神经生理学作为理论基础,其主要观点:(1)生物遗传素质——人类大脑中特有的语言区域——是语言获得的决定因素。只要人类大脑机能的成熟达到了适当水平,加上适当的外在条件的激活,就能使潜在的语言结构状态转变成现实的语言结构,即表现出语言能力。因此,在个体语言发展过程中存在一个语言发展的关键期。(2)语言系统的构造是以大脑的基本认识功能——对相似事物进行分类和抽取——为基础。语言的理解和产生在各种水平上都能归结为分类和抽取。

儿童言语认知发展观 儿童言语认知发展观认为,语言能力只是人类一般认知能力的一个方面,具体有皮亚杰的言语发展认知观、言语发展竞争模型和言语发展机能主义观。

皮亚杰的**言语发展认知观**强调语言习得的认知基础,在解释儿童的单词使用与语义发展方面具有很强解释力。主要观点有:(1)符号功能,即用某种象征物或符号来代表某种事物的能力,是语言发展最一般的认知前提。符号表征能力不是婴儿与生俱有的,而是感知运动末期获得的一种认知成就,它是语言得以出现的根本原因,也促使了其他现象包括延迟模仿、象征性游戏、客体永久性等的出现。(2)儿童早期语义的发展是以认知发展为基础,即儿童谈论他们所知的内容,而所知是儿童感知运动发展期间所掌握的。认知与语言之间的密切关系也得到研究证实,如"gone"等表示消失的词语的出现与儿童客体永久性概念的发展成熟紧密相联。(3)认知结构是语言发展的基础,语言结构必定随着认知结构的发展而发展。一方面,儿童语法结构的发展也呈现出认知发展所具有的普遍性,另一方面,认知发展是在某些图式的基础上通过主客体同化与顺应的相互作用来进行的。语言的发展也是儿童出于某种交际需要,汲取语言环境中的素材,形成具有某种特定功能的图式,并在实际使用中通过同化与顺应对已形成图式的结构进行修正、扩充,对已有功能不断细化的过程。

言语发展竞争模型(competition model)由美国心理学家麦克韦尼和 E. 贝茨提出。该模型强调语言的语用目的,即功能,认为语言功能的执行是一个并行加工的过程,即同时加工并表征语音、词序、形态等多种信息,以及在多种相互竞争的可能性之间进行决策的过程。在儿童语言习得方面，该模型采用联结主义理论，认为儿童的语言学习是特定联结的增强或减弱，从而使特定反应出现的可能性增加或减少的过程，语言经验的积累并不会形成或激发某种潜在的规则系统，而是提高了产生正确语言形式的概率。

言语发展机能主义观强调语言的功能，即语言习得的首要动机在于与人交流、为人理解；强调社会环境及社会互动在语言发展中的重要作用。美国心理学家布鲁纳认为，社会环境主要是父母为婴儿的语言学习提供了一个语言习得支持系统，其核心成分是格式(format)。它是由亲子之间经常发生的、结构化的社会互动构成，如一起阅读、各种游戏、歌唱活动等，可以帮助儿童从言语输入中抽取意义，习得特定的语言元素，继而习得语法规则。

参考文献

弗拉维尔，米勒，等.认知发展[M].邓赐平，等，译.上海：华东师范大学出版社，2002.

李丹.儿童发展心理学[M].上海：华东师范大学出版社，1987.

桑标.当代儿童发展心理学[M].上海：上海教育出版社，2003.

Carroll, D. W. Psychology of Language [M]. 4th ed. Stanford: Wadsworth, 2004.

（罗　贤　吴红耘）

儿童哲学(children philosophy)　　儿童对世界或人生的一种原始的认识和表达。通过对其研究，探索儿童认识世界的发展规律。儿童常常向成人或者自己提出一些抽象的问题，并且渴望回答，这是儿童好奇心的反映，也是儿童的质朴的哲学智慧的表现。哲学起源于人对世界的惊异，是爱智慧之学，是对智慧的热爱和追求，是通过思考来把握世界，是对自我、社会、自然这三维世界所包含的一切关系的发问、探索和解释。思考是人生各个阶段都具有的特性，因此，处于不同发展阶段的人都有其自己的哲学。儿童对世界充满了新鲜感、好奇心和困惑的意识，他们能从独特的角度提出一般成人无法提出的问题。

儿童初临人世，精神世界还没有或者很少有先入之见，周围的一切甚至他本身都是那样的陌生和新奇。儿童提出的问题都是对周围世界或自我的探索、领悟、认识和解释，它们就是儿童哲学。两岁半的儿童即有一种指物问名的现象，"儿童知道一物皆有一名，是儿童一生中最重要的发现"（高觉敷，1986）。当儿童发现自己能够提出关于名称的问题，便被世界的可知性所激动，从而接二连三地追问下去。儿童的提问反映了他在智力上应付外部世界的渴求。求知是人类的本性，是出于对智慧的追求。儿童对世界的探索是适应环境的渴望，也是适应环境的手段。

儿童哲学不仅要研究儿童精神生活的形式，还需研究儿童精神生活中一系列关系的发生、发展、相互影响、相互联系，研究对自我和世界认识的具体内容及其演进过程和规律等问题。儿童哲学至少具有以下几个特点。第一，纯朴的性质。儿童的生活观念是朴素单纯、充满稚气的，但这种稚气里往往蕴含以后发展的各种萌芽，往往包含着许多值得成人思考的东西，例如，儿童提出的许多问题都是成人需要认真思考的问题。第二，浪漫幻想的性质。儿童开始哲学探索都是由于惊异，而童话、神话正是由许多令人惊异的事物构成的。儿童对智慧的热爱和追求部分地表现在他们爱听、爱读神话和童话方面，这些童话和神话易于激发他们的思考和幻想。第三，易受情绪影响的性质。儿童的心身尚未成熟，他们的思想行为都容易受情绪的支配。他们的焦虑、身体健康状况以及外界刺激的性质都会使儿童处于一定性质的情绪中，这些情绪都影响着儿童对周围世界和自我的看法。第四，童真的自由创造。儿童不懂或者很少懂得社会的清规戒律，这固然会给他们带来许多不利，却也使他们很少受到外部规范的种种束缚，他们的心灵具有童真的自由。他们可能问一些成人羞于启齿、难以想象甚至惧怕考虑的问题；他们会用纯真的目光来观察这个世界的一切。

儿童哲学与成人哲学不同。瑞士心理学家皮亚杰在《儿童的心理发展》中指出，"儿童还没有建立体系。他所具有的体系乃是无意识的或前意识的，这就是说，这种体系是不能系统阐述的或尚未系统阐述过的，因而只有外在的观察者才理解它们而他自己从未对这种体系进行过'反省'。换言之，他是具体进行思维的，他是孤立地处理每个问题而没有通过一般性的理论，[没有]从中抽出一个共同的原理把他所作出的各种解答统一起来"。

儿童哲学的研究

儿童哲学的研究是哲学和教育学的一个共同的重要领域。

皮亚杰在其早期的文章《儿童的哲学》(Children's Philosophies)中，将儿童对世界的解释与古希腊的一些哲学家的思想相比较，认为儿童有一种"含蓄的哲学"(implicit philosophies)。在《生物学与认识》中，皮亚杰提出，7～9岁的现代儿童在解释抛射物的运动时，其方式与亚里士多德的循环位移(autiperistasis)观点相一致。皮亚杰认为，七八岁的儿童不再把事物视为像生物那样成长，他也不再把事物的派生追溯到生物过程，而追溯到蜕变。儿童的这类解释和物质还原说之间的联系是容易看到的，儿童的泛灵论与万物有生论是相似的。儿童在7岁左右开始数数时，就能够提出一些可以确切称为原子论的解释，当然，这些原初的想法并没有构成一个体系。

瑞士德裔哲学家雅斯贝尔斯认为,我们可以从孩子们提出的各类问题中意外地发现人类在哲学方面所具有的内在禀赋。他在《智慧之路》中举例说:"一个孩子以惊异的语气脱口喊道:'我一直试图把自己想象为另一个人,但是我仍然是我自己。'这个孩子已经触及到确定性的普遍性本原之一。他通过关注'自我'而意识到'存在'。他被他自己的那个'我'所具有的神秘弄迷惑了,而这种神秘性唯有通过'自我'才能被领悟,于是,他面对这个'终极实在'而茫然不知所措。"(雅斯贝尔斯,1988)他列举了几个例子后说:"任何愿意收集这些故事的人,完全可能编成一部儿童哲学专著。"(雅斯贝尔斯,1988)雅斯贝尔斯意识到,认为儿童具有哲学思想肯定会遭到许多人的反对。他反驳说:孩子们提出的那些问题是真正具有严肃性的。"如果有人坚持认为这些孩子以后不会再进行哲学探讨,因而他们的言论不过是些偶发之词,那么这种强词夺理就忽视了这样的事实:孩子们常具有某些在他们长大成人之后反而失去的天赋。随着年龄的增长,我们好像是进入了一个由习俗、偏见、虚伪以及全盘接受所构成的牢笼,在这里面,我们失去了童年的坦率和公正。"

美国心理学家科尔伯格同皮亚杰一样,他的研究的出发点也是把儿童当作哲学家。他认为,儿童或青少年是天生的哲学家,因此喜欢哲学上富有挑战性且比较高明的问题和叙述。在课堂上采用假设的道德两难困境激起讨论、思考和探索,就是发展儿童的道德判断力。儿童的道德判断力其实就是一种哲学反思的能力。科尔伯格在道德教育方面主张采用对话讨论的形式,试图帮助儿童生成自己的道德认识。这种道德教育主张就是建立在儿童就是哲学家这样一种观念的基础上的。

苏联教育家苏霍姆林斯基认为大自然是思想、语言、美的"活的源泉",是"世界上最美妙的书"。他认为,美丽的大自然本身以及教师讲述的有关大自然的故事激发了儿童旺盛的求知欲,他们会提出许多的问题。孩子的这些问题往往具有巨大的复杂性和"哲理性"。他认识到,儿童在某种程度上是一位小小的哲学家。他认为,儿童就其天性来讲,是富有探求精神的探索者,是世界的发现者。儿童的教育就是让绝妙的世界在鲜明的色彩中,在童话和游戏中,在儿童自己的创作中,展现儿童的思想和智慧。苏霍姆林斯基的"思维课"实际上就是让儿童走进思想的活的源泉——丰富多彩的大自然,通过童话、游戏和创作等手段满足儿童的探索欲望,培养儿童的探索精神,让儿童在探索和发现中形成自己生动的思想,锻炼自己的思维、表达以及作为一个思想者所应当具备的一切必要的经验、素养和才能。他的"思维课"培养的目标在一定意义上就是一个小小的"思想者"或"哲学家"。

美国哲学家李普曼在20世纪70年代也提出过"儿童的哲学",但这种"儿童的哲学"是一套思维训练项目。70年代初期,李普曼在大学教授逻辑学,他认为儿童时期就可以开始学习用哲学的方式思考问题,所以产生了帮助儿童学习推理的意向。他认为,逻辑原理应当以一种有趣的方式来表达,他通过写作儿童哲学小说或故事来帮助儿童学习理性的思考,小说中的人物被描述为发现了某些原理,并思考如何将这些原理应用于他们的生活。经过十多年的探索和努力,李普曼完成了七本儿童哲学小说的写作,并以此为主体,创设了"儿童的哲学"这一思维训练项目。李普曼提出的"儿童的哲学",实质上是儿童的逻辑学,它只注重儿童的思想过程中的形式推理,而未注意到儿童思想过程中的实在内容,忽视了儿童思想中最丰富多彩最生动最有价值的精神内容。由于在儿童思维形式的训练中包含一定的思想内容,所以李普曼训练儿童思维形式的同时,自然会启迪儿童的智慧,培养儿童的哲学素质。

美国现代哲学家、麻省理工学院哲学教授G. B. 马修斯至少出版了《哲学与幼童》、《与儿童的对话》和《儿童时代的哲学》三部儿童哲学方面的专著。前两部书收录了大量富于哲学意趣的儿童言论。他还对这些言论寓含的儿童发展问题进行了深入探讨,在儿童哲学研究上作出突出贡献。G. B. 马修斯在研究儿童的哲学时,把历史上著名的哲学命题以及哲学巨擘的言论与儿童的观点加以比照,结果发现有的儿童的观念很像柏拉图对话录《蒂迈欧篇》中"托载体"(receptacle)概念包容的思想。G. B. 马修斯将儿童的思想与著名哲学家的言论作比照,旨在向人们昭示,儿童的观点并非全是浅薄无知的黄口小儿之言,儿童的头脑中甚至常常会思考那些公认的伟大哲学家所困惑的问题。

G. B. 马修斯认为,儿童是具有哲学思想的,儿童的哲学思想导源于困惑。有时困惑会很快得到解决,然而也有些时候,困惑在一个很长的时间内会萦绕于心、百思不解。如果困惑长期不能解决,可能会引起儿童的不安甚至焦虑。

G. B. 马修斯认为,作为研究对象的哲学可被看作是对儿童提出的问题的成熟回答。成人哲学是儿童哲学的理想化,是对儿童理解世界的最好方式的理性重构。儿童要构造他所面临的世界,因此会提出问题,发表见解,甚至参与专业的成人哲学家认为具有哲学性质的推理。G. B. 马修斯在《哲学与幼童》中大量搜集的儿童言论便充分证明了这种观点。G. B. 马修斯从他的研究中得出几点推论:第一,儿童发展领域的研究人员读点哲学将会有所收益。从哲学学习中,他们将学会更好地理解和欣赏儿童的认知能力和道德能力面对的哲学困惑。第二,成人(包括教师、父母或儿童研究人员)在看待儿童期的认知和道德问题时应当丢掉自己的优越感。须知,儿童的提问甚至会难倒最有智慧的成人哲学家。第三,儿童文学作品应当表达在道德和理智方面的一些哲学问题。敏感的、富于想象力的儿童文学能在挖掘儿童的哲学潜能方面作出可贵的贡献。第四，父母和教师与幼小儿童之间可以进行启迪心智、富有成果的哲学对话。在真正的哲学讨论中，儿童可以成为出色的发言人。儿童可能没有成人对手的丰富信息和老道的语言能力，但是他们的想象、他们的困惑和发现意识、他们对不和谐和不恰当的敏感、他们认识事物的急切热望，都特别有利于哲学思考。G. B. 马修斯的这几点推论对于成人深入认识儿童的哲学、树立新的儿童观、形成新的教养态度、正确调整教育过程中成人与儿童的关系等都具有重要价值。

G. B. 马修斯认为，在现实社会里，哲学思维能力以及讨论的基本问题普遍遭到忽视。大多数成人很少考虑哲学问题，甚至根本不考虑哲学问题，也不关心哲学是否进入实践或者是否变成现实。由于这样一些原因，教育很少关心儿童是否形成哲学思维能力以及怎样形成哲学思维能力，儿童是否探索哲学问题，是如何探索哲学问题。G. B. 马修斯以严肃的态度对待儿童的言论和思想，承认儿童的某些言论具有真正的哲学意味，呼吁儿童研究工作者重视对儿童的哲学的研究，呼吁成人社会关心儿童的哲学生活。

儿童哲学研究的价值：第一，有助于认识哲学发生、发展的面貌。儿童的哲学大致是人类儿童时代的哲学发展的一个缩影。第二，有助于了解和关心儿童的精神生活。认识儿童精神生活的特点和规律，才有利于成人帮助儿童过一种更幸福更充实的物质生活和精神生活，更好地发展各种心理品质和提高人格境界。第三，为寻找培养儿童哲学思维的方法开辟道路。哲学思维可以使人摆脱奴性和懦弱，成为一个自主的人，所以使儿童的哲学思维健康发展是教育的一项重要目标。第四，对成人思维提供启示。童心可鉴，儿童的思想在稚气中包含着智慧的种种萌芽和源泉，总能给我们以启示和力量。

儿童的哲学教育

作为一种早期经验的儿童早期哲学冲动，对他们一生的发展会产生深刻影响。对儿童进行哲学启蒙教育是必要的。要求理解、思考和发现，反对死记硬背、生搬硬套，这是先进的思想家们从古至今的呼唤。儿童哲学启蒙可以对这一呼唤作出恰当的回应。人们之所以主张对儿童进行哲学启蒙，还因为哲学与哲学启蒙具有重要的发展功能，对个体的成长会产生重要影响。法国教育家蒙田就曾对灌输教育进行过批评并提出了很好的改良意见。他认为，教师不应该无休止地往学生的耳朵里灌输，而是要使学生尝试各种事物，加以选择和自我批判，教育应唤醒儿童天真无邪的好奇心，去探求所有事物的本质和结构。德国哲学家康德认为，高度发展人的理性思维和创造性，是人类进步的重要保证。在《论教育》中，康德指出，人的教育不能只是简单地、

机械地受训练，最重要的是要使儿童学会思考。

儿童哲学启蒙反对生硬的灌输式的教育，它相信儿童有进一步认识世界的渴望，而且有进一步认识世界的智慧。哲学启蒙可以表现为三种类型，即作为思维训练的哲学启蒙，作为智慧探求的哲学启蒙以及作为文化陶冶的哲学启蒙。作为思维训练的哲学启蒙强调的是哲学对思维形式的训练，作为智慧探求的哲学启蒙强调的是哲学对人生智慧的启发，作为文化陶冶的哲学启蒙强调的是哲学对社会历史的了解。

作为思维训练的哲学启蒙由李普曼首倡。李普曼编写的七本小说体儿童哲学教育教材至少已被译成 15 种语言，在许多国家的学校里发挥了作用。第一本教材适用于幼儿园到小学二年级，重点在发展儿童的思考技能。第二本教材适用于小学三年级，重点在发展儿童的思考技能与生态环境意识。第三本教材适用于小学四年级，重点在发展语言表达与逻辑思维。第四本教材适用于小学五、六年级，重点在逻辑训练。第五本教材适用于中学一、二年级，主要内容是伦理探讨。第六本教材适用于中学三、四年级，主要内容是关于语言的理解与表达、美学以及知识论。第七本教材适用于中学五、六年级，主要内容是关于社会的探究，如社会制度、社会规范、社会价值、法律与犯罪、传统等。李普曼认为，儿童相互之间可以自由自在地讨论哲学概念和逻辑规则。他发展了一套儿童哲学的思维训练项目的方法，称之为"探究协同体方法"。一个探究协同体通常由 1 名教师与 20 名左右学生组成，教师与学生在探究协同体中地位平等，教师只是以一个协同者的角色参与探索活动。探究活动开始时，由全体参加者轮流朗读一段故事课文。然后分组讨论或个人就课文提出自己感兴趣的问题，再从中选出若干大家都感兴趣的问题由全体成员展开讨论。协同体的探究是开放性的，参与者应能容纳不同的意见，同时也乐于将自己的独特想法说出来与大家共享，而对同伴的批评意见，他能认真考虑，勇于修正自己的观点。其次，开放性体现为探究过程以问题——回答——问题的形式进行下去，不会终结。在探究协同体中，没有教师的终极结论，探究的结果要由学生自己去评价。教师要引导学生去探索一些相关的准则，然后由学生根据准则去评价同伴的观点，纠正自己的错误，或是判断某种行为的对与错以及事件的好与坏。

激发儿童探求智慧的热望，主要要通过对话和讨论的方式。美国哲学家 G. B. 马修斯曾作过一种成功的尝试。他采取的方法是：对话的组织者事先编一个故事的开头，然后与儿童展开讨论，讨论如何编完这个故事。在讨论过程中，组织者对各种观点要表现出最大限度的宽容，允许各种观点的相互批评。组织者自己还应当以一个普通对话者的身份参加讨论，在一些关键的论点上注意发问和引导，以活

跃对话气氛,使对话不断深入地得以展开。与儿童的对话可以在各种情景下进行。但是最为重要的是对儿童的信任,对儿童观点的赞赏,对儿童提问的友善态度等,这是鼓励儿童继续进行深入思考的关键因素。

参考文献

埃尔金德.儿童的心理发展:心理学研究文选[M].傅统先,译.济南:山东教育出版社,1982.

高觉敷.高觉敷心理学文选[M].南京:江苏教育出版社,1986.

苏霍姆林斯基.把整个心灵献给孩子[M].唐其慈,等,译.天津:天津教育出版社,1981.

雅斯贝尔斯.智慧之路[M].柯锦华,等,译.北京:中国国际广播出版社,1988.

(刘晓东)

儿童中心主义（child-centered education）

亦称"儿童中心论"。强调教育要以儿童为中心,以儿童的健全发展为目的的思想理论。儿童中心主义批判传统教育的成人中心、教材中心、教师中心、课堂中心的教育方式,强调教育的对象是儿童,学校和教育者应该把儿童放在最为重要的地位,一切以儿童的发展为教育的出发点。

　　传统教育方式是将成人世界的内容灌输给儿童,因而这种教育是以成人为中心、以教材为中心的。捷克教育家夸美纽斯把儿童的成长比作种子的发育,从而开创尊重儿童内在发展的观念。法国思想家卢梭是人类教育思想史上第一个真正"发现了儿童"的思想家,对后世影响极大。杜威将卢梭的教育思想概括为"教育即自然发展",教育不是从外部强加给儿童和年轻人某些东西,而是人类天赋能力的生长。

　　杜威在批判旧教育的过程中提出"儿童中心主义"思想。在他看来,传统教育的重心在儿童之外,在教师、在教科书以及任何别的地方,唯独不在儿童之中,教科书"是过去的学问和智慧的主要代表",而"教师是使学生和教材有效地联系起来的机体,教师是传授知识和技能以及实施行为准则的代言人"。传统教育的实质是来自上面的和外部的灌输,它把成人的标准、教材和方法强加给只是正在逐渐成长而趋于成熟的儿童。由于传统教育把教育的重心放在教师和教科书上,而不是放在儿童的发展上,于是,儿童只能受到"训练"、"指导"和"控制",甚至"残暴的压制"。

　　杜威提出,教育必须变革,进行一场像哥白尼把天文学的中心从地球转到太阳一样的革命。这里,儿童变成了太阳,而教育的一切措施则围绕着他们转动;儿童是中心,教育围绕着他们而组织起来。把教育的重心从教师、教材那里转移到儿童身上,这是杜威倡导的"新教育"(或"进步教育"),也就是"以儿童为中心"的教育。杜威的"儿童中心"思想并不漠视教育的社会层面,相反,他强调儿童的社会生活是其一切训练或生长的集中或相互联系的基础。杜威考

虑教育问题时并没有忘记社会的需要,也没有忽视教育的社会基础和社会目标的追求。他认为,个人和社会是相互作用的统一体,受教育的个人是社会的个人,而社会便是许多个人的有机结合。如果从儿童身上舍去社会的因素,便只剩下一个抽象的东西;如果从社会方面舍去个人的因素,便只剩下一个死板的、没有生命力的集体。杜威虽然强调教育的社会方面,但反对把社会的目的凌驾于儿童的生活之上。他认为,学校最大的坏处,就是先为儿童选一个很远的目的,以为现在所学都为预备将来入社会之用。他并不反对教育为未来作准备,但是预备将来应该是教育的结果,不是教育的目的。倘能把现在的生活看作重要,使儿童养成种种兴趣,后来一步一步地过去,自然就是预备将来。倘先悬一个很远的目的,与现在的生活截然没有关系,这种预备将来,结果一定反而不能预备将来。杜威充分认识到教育、儿童发展和社会利益三者间的复杂关系。提倡以儿童为中心的教育,不只是为更好地促进儿童的发展,而且也是为民主社会打好坚实的基础。但旧教育以教师、书本为中心,儿童"必然是温良的、顺受的和服从的",这是与民主社会的目标背道而驰的。为建设民主社会,必须"表现个性"、"培养个性"、"反对从上面的灌输"等,这恰恰是以儿童为中心的新教育所主张的。杜威的儿童中心论提醒成人尊重儿童的发展规律,尊重儿童的存在,其最终的结果只能是成人和儿童保持其各自特点的平等关系。

　　儿童中心主义是一种教育行动中心的转移,是为更好地实现教育的使命,对教师提出更高的要求。教师只有充分地认识儿童的世界和儿童的生活,充分地了解社会的需要和目的,充分地认识人类的文化财富,尤其是充分地认识这几种因素在教育过程中的有机联系和辩证关系,才真正有可能实施新教育。

参考文献

杜威.学校与社会·明日之学校[M].赵祥麟,译.北京:人民教育出版社,1994.

赵祥麟,王承绪.杜威教育论著选[M].上海:华东师范大学出版社,1981.

(刘晓东)

儿童自我发展与教育（ego development and education of children）

儿童意识到的自身存在并有自主行为的阶段性特征及对其实施的教育活动。当儿童意识到"我"的身体、心理和社会的各种特征以及"我"的过去、现在和将来各种特征时,儿童的自我系统已构建。对自我的探索是心理学的基本问题之一。儿童自我的发展与儿童社会性发展、心理健康、学业成就等均有密切的关系。教育、培养儿童积极的健康的自我,是教育工作的一个重要的价值目标。

自我的结构

个体的自我,是一个由多种成分构成的、复杂的动力系统。美国心理学家 W. 詹姆斯 1890 年开心理学意义上研究自我之先河,把自我分为"主体我"(I-self)和"客体我"(me-self)。"主体我"是独立于其他人和物又和其他人发生关系的我,是自我中那些内在的或主观的部分,充当着认识者的角色。"客体我"则是自我中其他人能够看到或推论出来的那部分自我,处于被认识的地位,即作为认识对象的"我","经验的我",包括物质自我、社会自我和精神自我等。物质自我,指对"我"的身体及其特别部位以及"我"的衣物、住房、财产等的觉知;社会自我,指对"我"的朋友、人际关系及荣誉的认识;精神自我,指对"我"的内部主观存在的认识,是思考者的"我"对"我"的思考的认知。W. 詹姆斯认为,物质自我是基础,社会自我高于物质自我,精神自我最珍贵。美国心理学家 R. A. 汤普森 1999 年对自我的组成提出新的见解,认为自我由五个方面构成:自我知觉(self-awareness)、自我表征(self-representation)、自我传述(autobiographical personal narrative)、自我评价(self-evaluation)和社会性自我(social self)。中国学者普遍认为,作为自我意识的形式,儿童的自我系统是由知、情、意三方面构成的高级反映形式。"知"即自我认识,包括自我感觉、自我概念等;"情"指自我情绪体验,包括自我感受、自尊、自爱等;"意"指自我控制和调节,包括自立、自主、自制、自强、自律等。自我概念、自尊和自我控制是儿童自我系统中最主要的方面。

自我概念发展

自我概念(self-concept)是指个体对自己的知觉,即自我系统中的认知方面,是个体关于自己身心特点的主观认识,是有关"我是谁"的回答。儿童自我概念是随着儿童年龄的增长,儿童社会交往和社会认知水平的提高而逐渐形成发展的。

婴儿期的自我概念　新生儿有没有自我概念是发展心理学家颇感兴趣的研究课题。20 世纪初,社会互动论认为婴儿没有自我概念。他们认为,自我和社会性的发展是一起产生的,新生儿的社会性没有得到发展,因而自我概念也就不可能产生。20 世纪 90 年代末,由于实验方法的进步,许多研究证明婴儿天生就有自我概念。有学者 1999 年研究发现,新生儿听到其他婴儿哭声的录音时,他们会变得很沮丧;而听到自己哭声的录音时,却不哭,这说明新生儿能够区分出自我和他人。儿童自我概念发展的一般顺序为:自我认识→自我命名→自我评价。一般来说,儿童出生后第一年自我概念的发生发展集中表现为自我认识,即把自身和物体、和他人区分开,产生"主体我"。在 1～2 岁时,儿童开始学说话,逐渐学会称呼自己为"我",这是自我命名过程,也标志着"客体我"产生。2～3 岁后,儿童开始能把自己和他人加以比较,产生简单的"自我评价"。对于自我认知的发展,美国心理学家 M. 刘易斯等人的"点红实验"发现,1 岁半后,婴儿已经建构稳定的自我。研究者偷偷地用口红在 9～24 个月大的婴儿鼻子上点红点,然后让婴儿照镜子。结果发现,大多数 18～24 个月大的孩子都会去摸自己的鼻子,他们意识到脸上有一个奇怪的标记,知道镜中人就是自己。中国学者刘金花在 1993 年也重复了"点红实验",发现中国婴儿自我认识出现经历的阶段与外国研究结果基本一致。许多研究者在"点红实验"基础上做了大量的相关研究:如普韦尼利等人在 1996 年研究发现,如果给孩子偷偷贴上一张黏纸,在孩子看完一段有意安排的 2～3 分钟的录像和照片,当孩子发现这张黏纸后,只有 3 岁半的孩子才能把黏纸撕掉。据此研究者提出了"当前自我"(present self)和"扩展自我"(extended self)的概念,认为 2～3 岁孩子的自我概念受到当前自我的限制,他们没有意识到过去发生的事情对现在还有影响,因此不会撕掉黏纸;而 4～5 岁的孩子已经发展了扩展自我,已经意识到自我是稳定的,能够把过去、现在、未来的自我表征整合到自我这个术语中去。

儿童早期的自我概念　直到 20 世纪 70 年代以后,发展心理学家才相信学前儿童的自我概念侧重于一些具体、可观察的特征。A. 凯勒等人研究了 3～5 岁孩子的自我描述,发现这个阶段的孩子会谈到自己的名字、生理特征、财产或感到自豪的行为,很少使用心理学上的一些表述,如"我很幸福"等。但有研究对此观点作出了反驳。艾德 1989 年的研究发现,当要求 3.5～5 岁的孩子回答一些对比性的选择题时,他们能很快从心理学角度对自己作出判断。研究者认为选择题对口头表达能力的要求比开放式的"我是谁"的问题要低,学前儿童能够作出选择,说明他们具备心理学角度的自我概念,只是受到语言水平的限制。

儿童中期和青春期的自我概念　这个时期的儿童对自我描述从包含对身体、行为和其他外部特征的表述逐渐发展到对稳定的内部特征的描述,即对特性、价值、信念和理想的表述。青少年对自我的描述不仅更加抽象、综合,也逐渐意识到在不同的社会关系中表现出来的不同甚至是矛盾的自我。比如,在朋友面前善于交往,而在父母和老师面前却很害羞。这种矛盾使他们感到迷茫和烦恼。美国心理学家 S. 哈特等人 1992 年研究 13 岁、15 岁和 17 岁孩子和父母、朋友、恋人及学校老师同学在一起时的自我概念,结果发现,13 岁孩子报告的自我描述中,矛盾最少,也不困惑;15 岁孩子列出的矛盾特征最多,并经常对此感到困惑;而 17 岁孩子报告的矛盾的自我描述较多,但并不感到烦恼。研究者认为,17岁孩子已能把各种特征综合成一个系统,意识到心理特征会随情境而变化。中国研究者对青少年自我概念的结构有较多研究:卢蜀萍1986年研究发现,群体隶属、心理类型、人际关系、爱好、理想和学生角色是中国青少年儿童自我概念结构中最为重要的几个方面。韩进之等人1999年对自我评价的研究发现,中国儿童自我评价发生的年龄在3～4岁之间,自我评价的发展表现出以下特点:儿童自我评价的发展表现出年龄特征;儿童自我评价的具体性和抽象性、外部评价与内心评价都随年级升高而发展,但两者表现出不同步性;儿童自我评价的稳定性,随年级升高而发展。

自我概念发展的影响因素　儿童的自我概念是在多种因素交互作用下逐渐形成发展的。主要影响因素有三:一是认知发展水平。如童年早期,认知水平处于具体形象思维阶段,儿童往往把自我、身体与心理相混淆,此时儿童的自我概念严格局限于身体,自我被看作身体的组成部分(如头部或其他某部位)。美国心理学家G. H.米德把自我描述成想象中认为的重要他人对自己评价的总和。他认为,当孩子的认知水平发展到一定程度,"主体我"能理解重要他人的态度,并且能使"客体我"与这些态度相吻合,那么心理自我就产生了。认知活动中的"换位思考"能力即我们通常所说的观点采择能力水平对自我概念的发展有重要影响。随着这种能力的提高,儿童也更善于理解他人发出的信息并把这些信息融入自我概念中。二是社会互动。符号互动论者依据研究强调儿童是在与他人的相互作用中形成自我的。即儿童是把他人(尤其是重要他人)当作一面镜子,通过他人对自己的表情、评价和态度等来了解自己,形成相应的自我概念。在婴儿期和儿童早期,父母是孩子的重要他人,与父母的互动影响着儿童的自我概念。美国学者皮佩等人研究婴儿期对父母的依恋质量与幼儿期自我概念的关系,发现婴儿期有安全依恋的孩子2岁后在姓名和性别的自我概念上比不安全依恋的孩子好;而安全依恋与不安全依恋的3岁孩子在自我概念上差异则更大。儿童中期,随着他们进一步接触社会和学校,教师对儿童自我概念的影响明显增加。到8～15岁时,同龄人对儿童自我概念的影响随年龄增长而增大。三是文化。跨文化研究表明,自我概念并不沿着同一条路径发展。个人主义文化下的孩子往往以个人为本位,更具有竞争意识;而集体主义文化下的孩子更关心他人的幸福。美国学者克瑞斯特1998年调查了美国和日本青少年对"我是谁"的回答,结果发现,美国学生的自我描述中,大多使用个人／个性特征,而日本学生更多使用社会／关系特征。

自尊发展

　　对自尊(self-esteem)的认识和理解不同,研究者对自尊的定义也不同。中国学者魏运华在综合国内外已有定义的基础上指出,自尊是指个体在社会比较过程中获得有关自我价值的积极评价与体验。

自尊的结构　20世纪70年代后期,心理学家对自尊结构的认识从单维转向多维,认识到个体不仅有总体的自尊,也有来自不同领域分离的自尊。英国心理学家马什在1990年提出儿童中期自尊的树形结构,认为6岁、7岁的孩子至少具备学业、身体和社会三方面的自尊,并随年龄增长而细化。S.哈特也提出儿童期自尊的等级模型,认为总体的自尊由五方面组成:学业能力、社会接受、身体外表、运动能力和行为控制。这些分散自尊的总和并不等于总体的自尊。因为自尊不仅依赖他人如何评价,而且也依赖个体选择评价自己的方式,即个体更重视哪些自尊。为此,S.哈特在1998年提出"关系自尊"(relational self-worth),即在特定的关系背景中感受到的不同的自尊。青少年重视的关系自尊不同,形成的总体自尊也不同。比如一个青少年得到老师的赞许,但遭到同伴的厌恶,如果他重视与老师的关系自尊,那么他的总体自尊就较强;反之,他重视与同伴的关系自尊,那么他的总体自尊就较低。中国学者魏运华于1997年对儿童自尊结构的研究发现,中国儿童的自尊由外表、体育运动、能力、成就感、纪律、公德与助人组成。

自尊发展的过程　一旦类别自我具有可评价的特征,儿童就开始建立自尊了。当2岁左右的孩子取得成就时,他们会吸引成人的注意;4～7岁的孩子偏向于在所有领域中对自己作出积极的评价;大约从8岁开始,儿童对自我的评价开始接近于他人对自己的评价,且随年龄的增加而不断接近;青少年时期,儿童的自尊增加了新的内容,如个人魅力、亲密朋友之间的关系等。这些内容对自尊的形成尤为重要,但存在性别差异:对女孩而言,得到朋友的支持会增强自尊,反之自尊降低;对男孩来说,具备影响朋友的能力会增强自尊,而缺少个人魅力、无法吸引女孩子,会降低自尊。从童年期到青春期,自尊经历了一个从高到低、再从低到高的变化过程。走进青春期,儿童需要经历身体、认知和社会的变化,产生困惑,从而在一定程度上降低自尊。美国心理学家拉森等人的研究表明,青少年遇到的日常争吵和其他负面事件比年幼的孩子多,从而导致负面情绪增加。而青春期的女孩对自己身体和外表的不满更使她们的自尊受挫。因此,此时的男孩对自己的评价比女孩子高。青春期之后,自尊又有一定的提高。中国学者张文新1997年研究发现,整个初中阶段学生的自尊是不稳定的,存在着极显著的年级差异:初一学生的得分极显著地高于初二和初三的学生;从初二开始,自尊出现一种下降趋势。这与外国研究的结论基本一致。

自尊发展的影响因素　影响儿童自尊发展的因素多种多样,主要有家庭、同伴、儿童主体特点及学业成绩等。这里只强调说明两点。(1)父母的教养风格。儿童早期,父母对儿童的敏感程度在很大程度上影响着婴儿和学步儿建立的自我加工模式。如果教养者能迅速并准确地对婴儿的要求作出反应,那么孩子就倾向于建立"我很讨人喜欢"的积极自我加工模式;反之,则有可能建立"我不讨人喜欢"的消极自我加工模式。这些加工模式是孩子发展自尊的雏形。另有研究证明,中国台湾、澳大利亚、美国和加拿大等国家和地区,孩子的高自尊与父母的民主养育方式呈高相关。

(2)同伴关系。当4岁、5岁的孩子学会使用社会比较来判断自己的表现时,他们就开始认识到在自己和同伴之间存在着差异。如他们在跑步取得胜利后会宣告:"我跑得比你快。"这种比较随着年龄的增长而增多,且变得更加敏感。社会比较在形成孩子的自尊中起着重要作用。中国学者研究发现:满意的同伴关系、青少年在同伴中的社会—领导性、儿童对同伴的敏感—独立性等都有助于少年儿童自尊的发展;而青少年对同伴的攻击—破坏性会阻碍其自尊的发展。中国学者魏运华对影响少年儿童自尊发展的各种因素进行研究,发现父母的职业、父母的受教育水平、家庭经济收入、父母的教养方式、少年儿童的归因风格、学习成绩以及教师对少年儿童的自尊有不同程度的影响。

对自我发展的教育

积极的自我概念或自尊感强对个体的发展具有重要意义。积极的自我概念有助于保持儿童的心理健康。美国心理学家S.E.泰勒认为:积极的信念使人们感到幸福和健康;缺少它们,日常生活中的危险和困难会使我们遭受痛苦,感到压抑。对儿童来说,对自己的表现感到满意,或对

将来充满信心,会使他们体会到幸福。研究证明,加强积极自我概念的培养有助于儿童行为问题的预防和干预;幼儿对其能力所持的过于乐观的看法有助于幼儿适应环境。因为这种看法可以鼓励他们尝试困难的任务,增加成功的机会;相反,比较现实的自我评价会阻止他们尝试这些任务。研究还表明,对自己积极的评价会迁移到对周围亲密他人的知觉上,即具有积极自我概念的儿童,会以一种积极的方式看待周围的人,从而帮助他们建立良好的人际关系。因此,引导儿童形成积极的自我概念是一种先进的教育定向。

首先,成人应该热情、积极地引导儿童,使他们明白自己是有能力、有价值的,引导儿童去做有意义的事情,提高自尊,培养积极的自我概念。因为自尊的增强是儿童通过承担社会义务和责任而间接获得的,是成就的结果。在儿童遇到困难之时,成人应帮助他面对困难,支持他承担责任。

其次,学校作为专门的教育机构,应加强对儿童自我发展的心理健康教育,降低儿童因自尊低而出现的不良倾向,减少引起行为、学习、人格等障碍的发生率;特别是青少年在面临青春期的各种压力时,更需要教师予以关心、疏导,并及时提出合理的建议。

参考文献

张文新. 儿童社会性发展[M]. 北京:北京师范大学出版社,1999.

Berk, L. E. Child Development[M]. 4th ed. Boston: Allyn & Bacon, 1997.

Shaffer, D. R. Developmental Psychology: Childhood and Adolescence[M]. 6th ed. Stanford: Wadsworth, 2002.

(韩春红　武建芬)

F

发展性教学(developmental instruction)　20 世纪 60 年代在苏联出现的一种教学类型。以苏联心理学家、教育家赞科夫为代表,构建苏联发展性教学的第一套完整体系。

发展性教学论体系以辩证唯物主义认识论为指导,以整体性观点为具体的方法论基础来安排教学结构、组织教学过程,揭示教学结构与学生发展进程之间的因果关系。赞科夫认为,维果茨基关于最近发展区的思想是处理教学与发展关系的最直接的理论基础。维果茨基把儿童的发展水平分为现有发展水平和潜在发展水平两种,前者表现为儿童能独立完成智力任务;后者表现为智力水平处于形成状态,尚未成熟,儿童尚不能独立完成智力任务,但在教师或集体的帮助下,儿童经过一番努力就能很好地完成任务。这样,潜在发展水平(最近发展区)就转变为现有发展水平。教学的任务就是要不断创设最近发展区,并使其转化为现有发展水平。赞科夫将维果茨基最近发展区的思想灵活地融入自己的教学新体系中,形成自己的发展性教学的理论体系。

赞科夫把侧重知识传授和技能训练的小学教学体系称为传统教学体系,把他的着眼于学生的一般发展的实验教学体系称为小学教学的"新体系"。他认为,要实现小学教学体系的根本改革,就必须有一个明确的教学论核心,即教学过程要使学生的一般发展取得成效。

赞科夫从不同角度揭示一般发展的含义及其进程。一般发展是指儿童个性的发展,包括儿童智力、情感和意志等方面的发展,具有三种特定的含义:(1)一般发展不同于智力发展。一般发展不仅包括学生的智力发展,而且包括他们的情感、意志、道德、性格和集体主义精神的发展。智力发展只是一般发展的组成部分。(2)一般发展不同于特殊发展。特殊发展是指某一学科(数学、语言、音乐等)或某一组学科(数学—物理学科、自然—地理学科、人文学科)或某一方面才能的发展;一般发展是特殊发展的牢固基础并在特殊发展中表现出来,而特殊发展又可促进一般发展。(3)一般发展不同于全面发展。赞科夫说:"一般发展的概念并不取代'全面发展'的概念,也不跟它等量齐观。当谈到全面发展的时候,首先是而且主要是指该问题的社会方面或者广泛的社会和教育学方面——我们所理解的一般发展,是指儿童个性的发展,它的所有方面的发展。因此,一般发展也和全面发展一样,是跟单方面的、片面的发展相对立的。"同时,他规定了一般发展的进程,将观察活动、思维活动和实际操作作为学生一般发展的进程,让教学都围绕这一进程展开。由于儿童一般发展的进程会因优等生与差等生不同的发展特点而有所改变,所以教学也要根据优等生与差等生不同的心理特点作相应的调整。

发展性教学论体系包括教学原则、教学大纲、教学法等各个方面的观点。其中教学原则最重要,包括五条发展性教学原则:(1)以高难度进行教学的原则。难度的含义是要求学生通过努力克服障碍。在教学内容上,要求增加系统的理论知识的分量;在教学方法上,要尽量使学生过紧张甚至是沸腾的精神生活,学会独立思考和推理,独立探索问题的答案。当然,高难度并不意味越难越好,困难的程度要控制在学生的最近发展区范围内。(2)在学习时高速度前进的原则。这一原则的实质并不在于让儿童在一节课上做尽可能多的习题,不是匆忙行事,而是要求教学不断地向前推进,以各方面内容丰富的知识来充实学生的头脑,为学生深入理解所学的知识创造有利的条件。(3)理论知识起主导作用的原则。这一原则就是要让那些说明现象的相互依存性及其内在的本质联系的系统知识,在小学教学内容的结构中占主导地位。(4)使学生理解学习过程的原则。(5)使所有学生(包括最差的学生)都得到一般发展的原则。这一原则是针对人们往往把补课和布置大量作业当作克服学习落后状况的必要手段,没有在他们的发展上下功夫,反而增加了他们的学习负担,扩大了他们的落后状况而提出的。无论是差生还是学习成绩优异的学生,都要在他们的发展上下功夫。这一原则的提出使前四条原则的作用范围更加明确。

(刘启迪)

法国大革命与教育(French Revolution and education)　法国大革命期间提出的革新性观念,实施的政治、经济制度变革,既向法国教育的演进与教育制度的发展提出了要求,又成为教育发展的理论与实践基础。1789年7月14日,巴黎革命群众攻占巴士底狱,政权从王室转到制宪议会,法国大革命由此开始。法国大革命为法国资本主义发展扫清了障碍,使法国及欧洲的社会政治生活发生了巨大变化,促进了教育制度的变革。

法国大革命与国民教育观念革新　在思想认识方面,1789年底,制宪议会制定并通过《人权和公民权利宣言》(简称《人权宣言》),宣布人生来就拥有自由和平等的权利;一切政治社团的目的在于维护人天赋和不可剥夺的自由权、财产权、人身安全权和反抗压迫权;自由地交流思想和主张是最珍贵的人权之一;每个公民享有言论、著述和出版自由。《人权宣言》还特别提出,无知、忽视或轻视人权是造成社会灾难和政府腐败的唯一原因。在社会变革方面,法国大革命爆发之初,制宪议会即公布实施"公民组织法",宣布由世俗政权掌握公共教育和政治与道德教育的监督权,准备出任教师的任何人员(包括教士)必先宣誓,法国教育开始了摆脱教会控制的历程。法国国民教育制度的发展由此开始。

随着旧制时期法国封建教育制度的逐步废除,资产阶级政权开始酝酿建设自己的资本主义教育制度。大革命胜利后的十多年间,在历届政府的主持下,一些代表新兴资产阶级利益、旨在建设资产阶级国民教育制度的教育改革计划或方案纷纷出台。其中,米拉博公共教育计划、塔列朗教育计划、孔多塞教育计划、雷佩尔提教育计划具有代表性。这些计划就国民教育性质、民族国家的国民教育权力与职责、国民教育目的、国民教育与国家发展、国民教育体系等问题进行了深刻的探索。

米拉博公共教育计划。米拉博1791年当选为制宪会议主席,他的国民教育思想主要体现在他对国民教育发展问题的一系列演讲之中。这些演讲词及其他有关国民教育发展的教育改革计划由他的朋友卡巴尼斯结集出版,命名为《国民教育工作》。关于国民教育的重要意义,米拉博明确提出:国家重建必须通过恢复个人拥有的天赋权利,而恢复个人天赋权利的唯一途径在于缔造国民教育体系,实施国民教育;制宪议会废除旧教育体系后,当务之急在于建立新的国民教育制度;为保证新宪法充满生命力,当务之急在于为新社会造就新人;新的国民教育的任务便是造就新人。关于教育变革与社会革新的关系,米拉博认为,要彻底破坏旧制度,就必须破坏旧教育制度;而要建立新的社会制度,就必须建立新的国民教育制度。关于初等教育,米拉博主张地方政府向在大革命烽火中得以幸存的教区学校提供适当的财政资助,教区学校校长必须获得政府许可方能收取学生的学费。关于中等教育,米拉博提出:每省至少设立一所实施古典式中等教育的学校,男童10岁入学,先学习两年

希腊语与拉丁语,继而学习两年诗歌与修辞,最后两年学习哲学,哲学课程内容因袭旧制。关于高等教育,米拉博主张设立法兰西国家学园。这是一种类似于法国大革命前及大革命时期法兰西学院之类的高等教育机构,应集中全国最杰出的学者与专家。他们在从事教学工作的同时,还须致力于科学研究及对真理的探索与追求。学院的教学与研究工作必须建立在正确方法论的基础之上。米拉博还提出男女应接受不同类型的教育。

塔列朗教育计划。塔列朗1780年出任法国天主教会的首席代理,负责协调教会与政府的关系。1789年他就任欧坦地区主教,开始着手实现自己的社会改革理想。他首先提出削减教权,强化国家治国兴邦的职能及权力,并推行立法及司法方面的改革,后来在向制宪议会为起草新宪法中的教育条款而专门成立的"公共教育委员会"呈递的教育改革计划中表述了自己的国民教育观念。关于教育与国家的关系,塔列朗认为要注意三点。首先,新宪法应明确规定发展国民教育是政府不可推卸的责任,目的在于促使公民认识自己应该享有的各项权利,明确自己对国家与社会承担的责任与义务。其次,宪法应对国民教育的功能加以准确界定。国民教育不但能保证公民享受自由,还能促使社会进步、富强,促使个人获得完美高尚的发展。良好的国民教育可以使男性公民更清楚地认识到自身潜藏的无穷力量及无尽的创造性;可以教导他们更有能力合理行使一个公民享有的权利,并珍惜这种权利。第三,国民教育的发展还应体现普及性原则。关于国民教育体系,塔列朗认为,应该由初等、中等及高等教育三部分构成。每县开设一所初等学校,实施初等教育。儿童六七岁之后进入县立初等学校学习,接受书面或口头的法语训练,以适应未来走向社会后表达情感与交流观念的需要。中等教育主要由设在每区的中等学校实施,学生主要学习希腊语、拉丁语及现代除法语外的其他欧洲国家语言。宗教教育主要向学生讲授宗教历史、宗教信仰知识。为形成学生的政治信仰,《人权宣言》被确定为基本的学习材料。高等教育由省立高等学校提供,主要任务在于培养专门的职业人才,如神职人员、律师、医生及军人等。在具体实施上,往往依据具体培养目标而开设专门学校。国民教育体系的最顶端为"国家研究院",提供包括自然科学及文学艺术在内的不同学科领域的高等教育,院内设图书馆、实验室、艺术博物馆、自然科学博物馆,把绘画、雕刻、建筑、音乐、农业及兽医等科目纳入院教学计划,呈现出实用化的色彩。

孔多塞教育计划。孔多塞1792年4月提出的教育改革报告被称为《国民教育组织计划纲要》。在普及初等教育和学制结构方面与塔列朗教育计划有类似之处,但在教育的性质、内容和服务对象方面远比塔列朗教育计划进步。孔多塞明确提倡世俗教育,他的教育计划中取消了宗教课,重

视科学与生产知识，削弱了传统的古典主义倾向。孔多塞提倡在教育上男女平等，主张学校向居民传播有益的知识。他的这些主张有益于社会进步和生产的发展，对法国教育的发展产生了持久的影响。

雷佩尔提教育计划。雷佩尔提早年曾以贵族代表身份进入法国议会。为真正实现国民初等教育的普及化，他力主创建"国民教育之家"，招收所有 5～12 岁的男孩和 5～11 岁的女孩入学，一切费用由政府负担，教育经费的主要来源在于向富人征收的累计所得税及儿童自己劳动的收入。在儿童教育问题上，雷佩尔提认为儿童不仅属于他们的父母，更属于国家。为了国家的利益，家长有义务把孩子送到学校接受必要的教育，而不应该将孩子的教育视为个人的私事。关于"国民教育之家"的管理，雷佩尔提建议每所"国民教育之家"成立一个由 52 名学生家长组成的家长理事会，参与教育行政事务管理。理事会每月召开一次会议，讨论教学中出现的问题，并提出具体的解决办法。每位学生家长一年内要在"国民教育之家"生活一周，参加全部的教育活动，并在每月召开的家长理事会上提交自己的观察报告。

法国大革命与法国教育制度　大革命之后，法国教育制度建设出现较大变化。反映新兴资产阶级教育需求的中央集权式教育管理体制得以确立，完备的学校教育制度也逐步建成。1802 年 5 月，政府将福尔库瓦起草的教育计划加以修订后颁布，提出未经政府许可，不准开办中等学校。1806 年 5 月，拿破仑一世授意颁布《关于创办帝国大学以及这个教育团体全体成员的专门职责的法令》。该法令的主要内容：以"帝国大学"的名义建立一个负责管理整个帝国国民教育和教学事务的机构；全体教师应承担专门和临时的世俗职责；教师的组织机构将以法令形式提交 1810 年立法议会机构。1808 年 3 月，《关于帝国大学组织的政令》颁布实施。其主要内容：以帝国大学的名义建立专门负责整个帝国公共教育管理事务的团体；帝国大学总监为最高教育行政长官，具体负责学校的开办、取缔，教职员的任免、提升与罢免等项事宜；帝国大学下设由 30 人组成的评议会，协助总监管理全国的教育事务；全国共划分为 27 个大学区，每个大学区设总长 1 人，并设由 10 人组成的学区评议会。

拿破仑第一帝国时期确立的以中央集权为鲜明特征的教育管理体制对后来法国国民教育的发展产生了深远影响。第一帝国之后，由拿破仑一世建立起来的教育管理体制一直在法国教育领域中居支配地位。第一帝国时期，初等教育的发展未受到政府足够的重视，发展缓慢。为适应社会经济发展，满足社会对教育的巨大需求，复辟王朝政府于 1816 年颁布法令，要求每一市镇设一名委员，具体承担指导初等教育的职责；宗教及各类慈善团体可以向初等学校提供教师。1833 年，《基佐法》的颁布与实施为初等教育的发展提供了必要的法律保障。该法规定：政府与教会联手

发展初等教育；扩大初等学校的办学自主权；每一区内设立初级小学一所，超过 6 000 人的城市则须设立高级小学一所。该法还对初等学校的教育任务作了明确规定：初级小学在于向学生传授生活上所必需的基本知识，树立法国国民团结统一的精神，实施道德与宗教教育。除实施初级小学的全部教育外，高级小学还需进行职业教育，使学生获得有关工厂和田间活动的实际知识。1881 年 6 月和 1882 年 3 月《费里法》的颁布确立法国国民教育义务、免费、世俗三大原则：6～13 岁为法定义务教育阶段，接受家庭教育的儿童须自第三年起每年到学校接受一次考试检查；对不送儿童入学学习的家长可以罚款；免除公立幼儿园及初等学校的学杂费，免除师范学校的学费、膳食与住宿费；废除《法卢法案》赋予教会监督学校及牧师担任教师的特权，取消公立学校的宗教课，改设道德与公民教育课。《费里法》的颁布与实施为这一时期初等教育的发展提供了必要的法律保障，并指明了进一步努力的方向。中等教育的发展受到拿破仑第一帝国政府的高度重视，国立中学与市立中学纷纷创办，成为实施中等教育的主要机构。国立中学修业六年，实行寄宿制，主要学习内容为古典语言及现代语、文学及科学知识，学生毕业时获业士学位，并有资格出任国家官吏。市立中学由地方政府创办，主要学习古典语言、历史及其他科目的基本原理。

七月王朝时期中等教育发展缓慢，经费短缺是其中一个重要原因。第二帝国首任教育部长福尔图尔在中等教育阶段推行现代实科教育，基督教学校也要进行法语、历史、数学、现代语言、绘画、商业及农业知识教育，中等学校应该承担起为现代工业发展培养技术人才的职责。

普法战争之后，在教育现代主义的冲击下，共和党人提出改革中学课程，减少古典语言的教学时数，大力加强现代语言、历史、地理和体育教学。四年制学校此时更名为"现代中学"，主要学习现代语及自然科学知识。这一时期，女子中等教育也获得相应的发展，国立女子中学与市立女子中学先后设立，主要进行家政、卫生、手工、音乐及图画教育。

第一帝国时期，法国高等教育的发展主要表现为一批专科学校、军事学校及巴黎高等师范学校的创办。按照1802 年颁布的法律，全法国共设立医学校 3 所，法学校 10 所，机械及化工学校 2 所，史地政经专科学校 1 所。1808 年，政府还颁布法令，每一大学区下设 5 所学院——神学院、医学院、法学院、文学院及理学院。复辟王朝时期，一部分高等教育机构被停办，文学院和理学院的发展也受到很大影响。七月王朝时期，法国高等教育的发展仍没有大的起色。大学故步自封，难以根据社会发展的需要更新教学计划及课程设置。同样的情况也表现在第二共和国与第二帝国时期。为改变这一状况，普法战争之后的共和派政府于1877 年设立硕士学位奖学金，鼓励有志青年刻苦攻读；增加

对高等学校的财政拨款,赋予高等学校接受捐赠的权利;加强高等学校的教学组织与管理工作,进一步提高教学质量。

参考文献

顾明远,梁忠义.世界教育大系:法国教育[M].长春:吉林教育出版社,2000.

滕大春.外国近代教育史[M].北京:人民教育出版社,1989.

吴式颖,任钟印.外国教育思想通史(第6卷)[M].长沙:湖南教育出版社,2002.

(王保星)

法国教育政策(educational policy of France)　　法国的中央集权体制,使中央政府和政治领导人在教育决策中占据重要地位,通过立法明确规定教育是国家最优先发展的事业,并不断调整教育政策以适应国家发展战略的需要。

法国教育政策的基础

法国教育政策的基础是法国大革命后共和制度确立的原则。法国于1881年6月至1882年3月先后制定关于初等义务教育的法律,统称《费里法》,确立了三条原则。(1)免费原则。1881年的法律第二条规定,公立小学和幼儿园免征教育费,儿童仅交部分学校活动费。法国在中世纪时,一些教会学校就免收学费。1833年的《基佐法》允许三分之一的学生免交学费。随着经济的发展,免交学费学生的比例增长很快:1866年为41%,1872年为54%,1876年为57%。1881年的法律实现全部公立小学免费。其新的意义还在于,以前儿童属于家庭,家长完全有权决定其是否接受教育,现在接受教育是儿童不可剥夺的权利。另一方面,社会成为儿童权利的担保者,学校是公共服务设施,并属于国家,教师成为国家公职人员。(2)义务原则。1882年的初等义务教育法的第四条规定,6~13岁所有儿童必须接受7年的义务教育,目的在于使儿童就学时间更长,更常规化。因为当时儿童的学习时间并没有保证,不仅随季节变化学生数量有增有减,而且旷课现象也十分严重。为此,法律要求家长有义务送子女入公立或私立学校学习,或申报进行家庭教育,并进行有效监督。对于儿童,则要求他们在学校活动中严肃认真,坚持不懈。(3)世俗原则。世俗即非宗教化,国家不允许在公立学校内进行宗教教育,但可以依家长愿望在每周除周日外的一天中在校园外进行宗教教育。法国是宗教传统根深蒂固的国家,而教会又是封建主义的有力支持者。禁止在公立学校进行宗教教育,就从根本上铲除了封建主义滋生的土壤,世俗化教育则成为共和国制度的思想武器。

随着社会的发展,教育服务的公共性和民主平等也成为法国教育政策的重要内容。1989年7月的《教育方向指导法》的第一条明确规定了法国教育的目的:"教育是国家最优先发展的事业。公共教育服务依据学生的需求而构建与组织。保证每个人都享有接受教育的权利,从而使其个性得到发展,提高初始教育和继续教育水平,进入社会和职业生活以及行使公民权。保证每个青年获得普通文化和公认的技能,而不论其社会出身、文化或地理背景如何。"

法国教育政策的发展历史

1944年11月,法国临时政府任命了一个教育改革研究委员会,先后由物理学家郎之万和心理学家瓦龙主持。他们用三年时间,于1947年6月公布了委员会的教育改革计划《郎之万—瓦龙计划》(Le Plan Langevin-Wallon)。这一计划的核心思想是公平原则,旨在实现教育的人人平等,让每个人都有充分发挥自己才能的机会,从而提高整个民族的文化水平。计划设想,第一阶段教育为免费的义务教育,接收所有6~18岁的儿童和青年;第二阶段教育为高等教育,它包括两年的大学预科和正式大学,前者由大学预备班和大学低年级构成,后者包括大学校,成为专业学院。但由于当时政局不稳,经济脆弱,以及保守势力的顽固,《郎之万—瓦龙计划》成为一纸空文,但是其教育民主思想对于以后法国教育的发展产生重大影响,被称为"教育改革的经典"。

20世纪60年代是戴高乐将军执政时期。戴高乐的教育理念是在民主的基础上选拔精英,其改革思路是扩大中等教育的规模,但要严格限制高等教育的入学标准。由于戴高乐的大力支持,法国中等教育改革顺利进行,1963年8月通过了开办市立中等教育学校的法令。但是高等教育改革遇到重重阻力。一方面是政府内部的不协调,由巴黎理学院院长主持的改革委员会未能得到高等教育司司长的支持,最后建立了教育部总秘书处,并由戴高乐任命了相当于副部长的秘书长负责高等教育改革;另一方面的阻力是技术性的,大学新生将由谁来筛选,标准如何控制,争议如何裁决,迟迟找不到理想方案。1968年5月爆发的学潮使戴高乐的改革设想只完成一半:中等教育改革基本成功,高等教育改革完全失败。

1981年,法国社会党政府开始执政,新任教育部长萨瓦里面临教育改革的新形势,意识到教育部决策能力的有限,将很大注意力放在倾听专家学者的意见上。萨瓦里先后组织了几个专门委员会,对各个领域的教育问题进行深入研究并提出改革建议。如:朗格朗的初中改革委员会报告《为了民主的初中》;普罗斯特的高中工作委员会报告《21世纪前夕的高中及其学习》;德佩雷提主持的委员会报告《国民教育人员培训》。朗格朗的初中改革报告针对法国统一初中学生差异过大和学业失败严重等问题,提出实施法语、数学和外语分组教学的建议,并设想建立"监护制"(tutorat)。而来源于英语的监护制概念引起家长和教师的误解,认为侵犯了儿童的权利。萨瓦里虽然充分肯定该报告,但并未通过行政手段去实施,而是希望初中主动进行改革试验,把朗格朗的报告作为改革的指南。萨瓦里的谨慎品质以及教育面临的复杂形势和公众舆论的压力,几项改革方案都遭遇类似的命运。

1986年3月,法国国民议会改选,右派政府执政,新任教育部长莫诺里和负责高等教育的部长代表德瓦盖拟改革高等教育体制。德瓦盖决定重新起草高等教育改革法案,并于5月将法律草案准备完毕。《德瓦盖法案》将《萨瓦里法》所规定的大学以科学、文化和职业为特点的公立教育机构的性质转变成高等教育的公立学校,目的是使大学避免巨型化和分裂化两种危险。曾经担任法国教育部长的富尔设想法国大学的最大规模为1.5万名学生,但实际上,这一指标很快便被突破。为解决巨型大学管理松散、人际关系淡薄、多学科形同虚设的问题,德瓦盖试图在巨型大学内建立某些更灵活的机制,如将一些目标类似和共同的教学单位组合起来,但又保持与其母校同样的公立高等教育学校的特点。《德瓦盖法案》触及大学入学条件这一敏感问题。法国法律规定,高中毕业会考文凭既是中等教育结束的证明,又是进入大学的唯一要求。德瓦盖虽原则上也同意这一规定,但又容许大学自行决定是否对申请注册的学生进行筛选。这一法案内容激怒了法国大学生,认为这侵犯了他们的既得利益。在议会讨论《德瓦盖法案》的同时,爆发了学潮,许多大学生上街游行,要求撤销《德瓦盖法案》。由于一个大学生在游行中被警察袭击身亡,德瓦盖被迫辞职,其法案随之流产。

1997年12月,为实施新一轮的高中课程改革,法国教育部长阿莱格尔和负责学校教育的部长级代表鲁瓦雅共同宣布进行一次主题为"高中应当教授哪些知识"的大型咨询调查。教育部专门组织两套班子实施这项调查,并对调查结果进行分析思考。一是组织委员会,由里昂大学教授梅里主持,负责高中课程实际状况的调查和指导各学区的研讨会;二是科学委员会,由社会学家莫兰主持,成员为科学与艺术界的40余位专家,负责召集各类专题研讨会。为充分了解广大高中学生和教师的意见,教育部向国内所有普通高中、技术高中和职业高中甚至外国的一些高中印发了近300万份问卷,还向高中教师寄发了40万份问卷,向学校提供了4 500份思考提纲。在问卷调查的基础上,法国各大学区于1998年1—3月组织一系列研讨会,专门研究高中课程改革问题。1998年4月,教育部在里昂举行以"高中应当教授哪些知识"为主题的全国研讨会,各学区的教育管理人员、高中校长和教师、学生和家长、督导人员、各有关工会和

协会、地方政府和企业界人士千余人参加。会上,组织委员会主席梅里教授提交了一份长达25页的综合报告,提出了关于高中课程改革的49条建议。这份最终报告经修改后,于5月正式上报教育部,为后来的法国高中课程改革提供了重要依据。

专家教育咨询委员会在法国的教育决策中发挥越来越大的作用,该委员会具有如下特点:对于授权的政府部门,委员会具有相对的独立性,其组成得到政府部门的授权,可以独立进行研究和调查工作,自主提出咨询建议,基本不受行政部门的干预,甚至可以不因政府的更迭而继续工作;具有广泛的代表性,除教育领域的专家,还经常有经济、文化等各界的专家,有教师和学生家长的代表参加;能与公众保持密切联系,能够进行广泛深入的调查;占有比较充分的资料,有助于了解本国与外国教育的历史与现状;定期公布研究成果,向政府提交最终研究报告;其改革建议是咨询性的,所提交的研究报告可以成为政府或教育行政部门的决策参考。但是政府或教育行政部门有权力对报告及其结论进行审查,或取或舍,或修正补充,也可以完全搁置。这种咨询机构可以作为介于行政部门和相关公众之间的缓冲地带,一些社会矛盾也会因此得以缓解。

此外,公众舆论在法国教育决策中的作用越来越大,尽管公众舆论背后所反映的利益不尽相同,而且经常是矛盾的,甚至一些要求是非理性的,但是决策者不得不认真对待公众舆论。

法国教育政策中的国家因素

法国教育虽然早已普及,但是困扰法国教育的是学生学业失败与文盲的比例居高不下,无职业资格与无文凭的青年的数量有增无减。为解决这些教育问题,法国教育政策的特点就是发挥中央集权制的优势。其一,通过设置"教育优先区"促进教育的平等。这一政策的内涵是,在学业失败率较高的城区或乡村划分一定的地理区域,实施特殊的教育政策。在这些区域内,以"给予最匮乏者更多,特别是更好"的思想为宗旨,采取强化早期教育、实施个别教学、扩大校外活动、保护儿童健康、加强教师进修等措施,并为区域内各级中小学追加专门经费,为其教师增加补贴,以保证教育质量有所提高。其二,在小学开展"动手做"(La main à la pâte),提高学生学习能力。"动手做"活动的目的是让儿童在认识周围事物和自然现象的过程中,构建对真实世界的科学知识。其三,构建中小学信息网"知识数字空间"(espace numérique des savoirs)。这一教育信息网络汇集大量基础知识,并允许以教育为目的的免费与自由地使用这些资源。学生和教师可以从中摘取文学名著的选段、地图、艺术作品、医学图像、报刊文章、电影片段、音乐等。其

建立得益于国家对相关资源的先行购买。国家组织了全国各大新闻、出版、图书资料、影像、统计等部门参与了这一工程的建设。通过与以上各知识生产单位的商业和司法协商，教育部向他们支付相关产品的使用权和复制权的费用。

教育中央集权制一般更有利于发挥教育服务的公共性和促进平等。制定统一的教育标准，提供相对一致的教育经费，可以保证教育质量的均衡发展，从而使社会各个阶层和各个民族的儿童都能接受相同水平的教育。然而，过度的中央集权会压制地方和学校办教育的积极性。因此，法国1982年3月的分权法也明确规定了地方政府在教育上的责任：小学和幼儿学校由市镇政府负责投资与管理，初级中学由省级政府负责投资与管理，高级中学则由地区政府负责投资与管理。

参考文献

Charlot, B. et Beillerot, J. La construction des politiques d'éducation et de formation[M]. PUF, Paris, 1995.

Le système éducatif en France, Les notices de la documentation Française[M]. Paris, 2003.

Ministère de l'éducation nationale de la recherche et de la technologie, Repères & références statistiques sur les enseignements et la formation 2002.

Minot, J. Histoire des universités françaises, PUF, Paris, 1991.

Prost, A. Education, société et politiques, Une histoire de l'enseignement en France, de 1945 à nos jours, Seuil, Paris, 1992.

（王晓辉）

法国教育制度（educational system of France）　法兰西共和国位于欧洲西部。面积约63.28万平方千米（包括4个海外省）。2010年人口6 545万。居民中64%信奉天主教，3%信奉伊斯兰教，2.1%信奉新教，0.6%信奉犹太教，27%自称无宗教信仰。通用法语。2010年国内生产总值19 498.15亿欧元，人均国内生产总值31 052欧元。

法国教育的历史发展

古代　公元前，法国境内曾是高卢人长期生活的地方，高卢居民实际上没有文字，其教育与巫术糅合在一起，由祭司和吟游诗人通过口头传授和吟唱进行道德与宗教教育。公元前52年，恺撒完成了罗马人征服高卢的历程。此后500年间，高卢人在罗马统治下逐渐罗马化，直至公元5世纪西罗马帝国灭亡，法兰克人移此定居。罗马人的入侵带来了希腊文化。这一文化的特征是以文学为核心和以文字为表达方式的全面发展教育。随着罗马人统治的巩固，他们又在希腊式教育的内容与方法上加上了自身的特色。例如，音乐艺术不再是一门学科，而是娱乐的一种方法；拉丁语逐渐与古希腊语一样，作为传播文化的严肃语言。

在高卢—罗马时代（前1世纪—后5世纪），教育对象都是贵族子女。小学接收7～12岁的男女儿童，由奴隶身份的"教仆"陪送上学。课程主要有识字、书写、计算和背诵。识字课中，学生朗诵和识记各种次序的字母。书写课上，教师手把手地教学生在蜡板上写字。计算课是学生用木棍、石子甚至手指练习计数。中学由语法老师向12～15岁的优秀儿童讲授语法，解释古典著作。在高等学校，15～20岁的青年在雄辩师的指导下学习雄辩术。

中世纪　中世纪早期，教育被天主教垄断，主要有修道院学校（école monastique）、主教学校（école épiscopale）和本堂神甫学校（école presbytérale）。教学内容除了继续在蜡板上学习写字和用木棍练习计数之外，儿童很早便开始背诵《圣经》，并从中学起学习拉丁文。随着查理曼统治的加洛林王朝的强大，为适应天主教界政治的统一和教会教育发展的需要，法国诞生了宫廷学校（école du palais）。宫廷学校具有希腊学园的特点，接受教会学校中的佼佼者。学生有名师指点，学习"自由七艺"，包括"自由三艺"（文法、修辞学和辩证法）和"自由四艺"（算术、几何、天文和音乐）。查理曼之后的欧洲，战乱又起，一些修道院学校纷纷向城市迁移，寻求主教的庇护。一些教师和学生离开学校，聚集在巴黎圣母院周围开展教学活动。他们或许是觉得"西岱岛"窄小，或许不堪忍受主教的严密监视，总是跨越塞纳—马恩省河进行学术讨论。最初，不过是单纯的学者集合，并无正式的组织机构，后来发展成"巴黎教师学生团体"（universitas magistrorum et scholarium parisiensum）。universitas为拉丁文，含有"协会"、"团体"、"联合会"等义，亦为西方"大学"一词的起源。

巴黎大学刚刚诞生，教皇便企图把它作为宗教信仰的卫道士、神职人员的培训机构和造就教会所需管理精英的地方。1174年，教皇赛勒斯坦三世发布谕旨，给予大学以司法特权。1231年4月，教皇格列高利九世发布谕旨，最终确立巴黎大学的法律地位。

中世纪以后的法国高等教育沿着两种不同的道路发展。由于教会对大学影响深远，法国官方较轻视大学，总要通过建立特殊学校来培养高级管理人员。为了集中一流学者和艺术家，自路易十三和路易十四统治时期开始，他们建立了不同于大学的各种类型的高等教育机构，如1666年建立的法兰西科学院、1747年建立的巴黎路桥学校（École des Ponts et Chaussées）、1783年建立的矿业学校（École des Mines）和1797年建立的综合技术学校（École Polytechnique），形成了独一无二的高等教育双轨制：一种是大学体系；一种是大学校体系。

文艺复兴时期　从 16 世纪上半叶开始,弗朗索瓦一世在文化革新运动中要求强化法语的作用,并于 1530 年建立皇家读书院(法兰西学院前身)。随着人文主义和新教的兴起及《南特敕令》(1598)的颁布,许多新教教派学校在法国东部和中部发展起来,其中冉森教派的学校颇具影响。同时,代表保守势力的耶稣会也广泛参与教育,并在与新教教育角逐的斗争中占据上风。

大革命时期　1789 年资产阶级大革命打破了教会对教育的垄断,但新型的共和国教育模式一时难以建立。此时,诸多体现新兴资产阶级理想的教育改革计划纷纷出台,如,塔列朗教育计划提出体力、智力和道德发展目标,提出了免费初等教育的思想;孔多塞教育计划指出教育发展个人能力和促进人类进步的双重目的,设想了五个层次的教育系统,主张在公共教育的同时给予私立教育办学自由,并倡导终身教育;雷佩尔提教育计划强调教育平等和义务教育的意义。但是,这些教育计划都在风云激荡的革命与反革命的较量中化为一纸空文。

拿破仑一世凭借强大的政治力量,在 1802—1808 年完成了中央集权教育制度的构建,先是把中学的开办权收归国家,并设立法国高中毕业会考文凭,后又设置帝国大学,即中央教育部,把全部教育权力囊括其中。1881 年 6 月和 1882 年 3 月,法国相继制定了关于初等义务教育的重要法律,统称《费里法》,确立了义务、免费、世俗三条原则。以这三项原则为基本内容的《费里法》大大推动了法国初等义务教育普及的进程。如果说资产阶级实现了人人享有教育权,那么它给予劳动人民的仅仅是初等教育,享受中等教育和高等教育依然是资产阶级贵族的特权。1876 年,法国仅有中学生 15.5 万人,约占同龄人的 5%,而实行《费里法》后的 1898 年,中学生数量只增长到 16.3 万人。自拿破仑一世建立中等教育以来,中学就是资产阶级贵族子女的领地,收费昂贵,选拔严格,平民子女不敢问津。19 世纪 80 年代,第三共和国的资产阶级并不想改变现存的中学制度,使之继续与小学教育截然分开。劳动人民子女进入中学至少有两大障碍:一是昂贵的学费和高达七年的学制;二是学制不衔接,中学的入学年龄应当是 10 岁,而小学毕业要到 12 岁。资产阶级的惯例是让子女首先接受家庭教育或进入中学附设的初级班。与以工程技术和工商管理为基本专业的大学校蓬勃发展的景象相反,法国大学几乎在 19 世纪的百余年间经历了艰苦的磨难。资产阶级的国民公会于 1793 年 9 月颁布一项法令,宣布取消大学,理由是大学被贵族习气所玷污。直至 1896 年 7 月,法律才恢复了大学的合法地位。但此时的大学早已破败衰微,校舍阴暗窄小,师生寥寥无几。

20 世纪初期　法国经济在 20 世纪 20 年代出现第一次飞跃,刺激了群众消费的增长。尽管 20 年代末的经济危机使法国经济出现停滞,但法国对青年一代的培训仍很重视,因为它是维持现代工业生产和减少失业的必要条件。当时的教育部长让·泽顺应民众的要求,于 1936 年把义务教育的年限延长一年,并提出招收所有儿童进入初中的改革方案。政府于 1930 年决定初中一年级免费,1933 年决定全部中等教育免费。这样,中学生的数量开始明显增长。1911 年,法国中学生总数为 17.3 万人,1938 年便达到 42.5 万人。虽然中等教育的大门对平民子女开放了,但增设了初中入学考试,平民子女进入中学还是受到限制。经济危机之后的第二次经济飞跃进一步呼唤着教育,然而普及和提高教育水平与资产阶级对平民教育发展的限制这一矛盾严重阻碍着法国教育改革和发展的进程。法国高等教育本应在 20 世纪初有所发展,但由于两次世界大战均给法国带来巨大的灾难,因此根本没有任何发展机遇。

第二次世界大战后　进入 20 世纪 50—60 年代,法国现代工业社会对教育现代化的要求十分迫切,教育改革势在必行。首先,经济的发展要求学校培养更多的工程师、技术员、干部、技术工人和职员、教师、医生等。其次,社会和文化的变革也要求培养一代新人。如果说第三共和国需要造就劳动者、公民、共和主义者三位一体的人,那么第五共和国就应当培养同时具有生产者、消费者、社会合作者素质的人。最后,人口增长和教育民主运动也猛烈地推动着教育的改革。人口高潮从 1951 年开始冲击初等教育,从 1957 年开始冲击到中等教育。同时,产业结构的变化使人民认识到教育的重要性,他们的口号是"有了面包,教育是第一需要"。

1956 年取消初中一年级的入学考试后,法国政府 1959 年在教育部长贝尔敦的主持下开始了现代教育改革。这次改革把义务教育延长至 16 岁,总共 10 年。这样能保证全部青年都接受完整的初中教育,有利于提高全民族的文化水平。然而并不是所有初中生都能受到同样的教育。学生一进入初中,就要在三条路上分道扬镳:一是长期教育,称传统或现代教育,主要导向是升入大学;二是短期教育,即职业教育,未来方向是技术工人;三是过渡性实科教育,为学习困难者所设,基本出路是就业,做普通工人。这种分流称为"定向"(orientation)。新的现代教育体制既适应现代社会对提高全民文化水平的要求,也符合现代资本主义的劳动分工。1963 年,富歇针对 1959 年改革中的定向问题,把初中 4 年划分为观察期和指导期,各两年,并设立了一种新型初中,容纳长期教育和短期教育的各个专业系列,学生在本校就可以根据自己的需要改变学习系列。70 年代中期,在世界性经济危机似有转机的时刻,法国教育部长认为儿童仅有读、写、算知识已不足以应付现代化社会生活的变化,应当为青年一代提供更广泛、更高水平的教育,核心原则应当是允许所有阶层的人都能在社会平等的条件下接受这样的教育。因此,其改革重点是建立统一的初中。所谓统一的初中,就是使所有青年都在同一类型的班级学习 4 年,不再按学习成绩划分不同类型的学习系列。这样,法国建立了由幼儿教育、小学教育、普通初中教育和高中教育构成的基础教育体系,这一结构基本稳定至今。

1945 年,法国大学仅有 12.33 万名学生。受苏联计划经济的启发,法国于 1946 年成立以政治家和经济学家莫内为首的国家计划委员会,制定出第一个国家计划(1947—1953)。在第二个国家计划(1954—1957)期间,计划委员会通过对国民教育需求的普查,认为不能把教育简单地看作"消费",还应当看到教育促进经济增长的作用,把教育作为一种"投资"。正是基于这种思想,法国努力增加教育投资,使教育经费占国家预算的比例从 1950 年的 6.65% 上升到 1957 年的 10.3%。60 年代,法国大学学生人数激增。1960—1967 年,大学生数每年平均增长 4 万,即以 10%～15% 的速度递增,7 年间,大学生总数增加了 1.5 倍。然而,规模扩大并未相应地改革管理,法国高等教育危机加剧。第一,传统管理机制十分薄弱。大学通常由文学、科学、法律、医药等独立学院构成,每个学院由院长及两名助理与编制很少的秘书处管理。这种管理机构难以适应学生人数猛增的学校。第二,1966 年实施的大学三个阶段的改革加重了教学管理的难度。第三,新的教学内容由资深教授审定,过于偏重研究的需要,既不考虑学生的兴趣,又脱离劳动市场的需求。第四,戴高乐实行的是民主与精英并重的政策,即在提高整个民族教育水平的同时选拔少数领导阶层。由于大学技术学院采取了筛选制度,大学生预感到可能被淘汰,本能地产生抵触情绪。这些问题不断积蓄,在国际文化变革的大背景下一触即发,终于酿成了持续数月、震惊世界的 1968 年大学潮。这次学潮促使法国政府大刀阔斧地改革高等教育。时任教育部长富尔主持的高等教育改革方案在议会中获得通过,产生《高等教育方向指导法》(1968)。该法律确定大学的三项原则:自治、参与和多学科。所谓自治,即建立能确定自己的培养目标和组织机构及其运行机制的大学。就是说,大学能够自己决定各学科教学活动及教学方法、科研项目、行政与财务管理等。所谓参与,是指新型学校的所有成员都可以通过各种委员会的代表对大学的工作和未来发展提出意见。各层次教师、学生、科研人员及所有在大学工作的人都应当在大学的审议机构中有自己的代表,这些机构还要聘请校外各界代表,以使大学与社会保持联系。正如教育部长所说,大学工作不仅是大学的事务,也是国家的事务。所谓多学科,意味着同一学校集中多组学科,例如,文学院将称为文学与人文科学学院,法学院将称为法学与经济科学学院。学院由"教学与科研单位"构成,教学与科研单位还可再划分为较大"整体",目的在于汇集不同领域的知识,或是采用不同的方法进行跨学科研究。这三项原则的确立,赋予大学新的意义——以科学和文化为特

征的公立学校。1984 年 1 月,法国颁布新的高等教育法《萨瓦里法》,重新确定了公立高等学校的性质,即以科学、文化和职业为特点的公立教育机构。新高等教育法的一个重要特点是强调高等培训的职业化,变过去的教学与科研单位为"培训与科研单位",旨在克服法国人对文学的偏爱,告诫即将进入职业社会的大学生会遇到激烈的竞争,并可能几次改变职业,因此要求大学与职业界加强联系,企业人员不仅要参与大学决策,还要亲临教学。新法律同时赋予大学在财务方面的自主权。大学可以根据注册学生人数、建筑面积和学科师生比例等标准安排国家拨给的经费和设备,还可以接受地方政府的拨款,与企业、地方和国家签订合同。该法还规定建立一些新的咨询机构,如高等教育预测与指导委员会、国家高校评估委员会。

法国现行教育制度

初等教育　法国初等教育分为学前和小学两个阶段,分别由幼儿学校和小学实施。幼儿学校(école maternelle),直译为"母育学校",由 1837 年兴起的幼儿园演变而来,是经 1881 年法令确定的学前教育机构,属非强制性免费教育。幼儿学校接收 2～6 岁的儿童,凡是开学时年满 2 岁的儿童,均可在学校容量允许的情况下就近入学。公立幼儿学校免收学费。幼儿学校通常划分为"小班"、"中班"和"大班",教学目标是促进儿童身心全面发展,着重训练儿童的语言能力,为儿童学习读、写、算、表达和交流奠定基础,通过艺术教育发展儿童的感知能力、想象能力和创造能力,无确定课程,但每周课时固定为 26 小时。法国具有重视学前教育的传统,2010—2011 年共有幼儿学校 16 189 所,其中 16 056 所为公立,133 所为私立,在校儿童总数 253.91 万,2 岁儿童入学率为 13.6%,3～5 岁儿童入学率为 100%。小学教育为义务教育的初级阶段,免费而且强制。凡年满 6 周岁的儿童均应由家长负责送入小学学习,一般应在家庭所在区域的小学就近入学。每年各省教育行政部门都要根据居民区适龄儿童的数量和学校的招生能力确定学校分区。家长如果希望到分区以外的学校注册,须有适当的理由和相应的证明材料。小学教育的目的是使学生学会获得知识的基本方法,启发学生的智力、对事物的敏感性,并使其动手能力、艺术和体育能力得到训练和发展,扩大他们对时间、空间、物体、现代世界及自身的意识。学制 5 年,分为两个阶段:基础学习阶段(包括预备班和初级班 I),教学重点是让学生掌握法语和数学的基本知识,掌握公民教育中的基本概念,同时发展运动机能和感知能力;深入学习阶段(包括初级班 II、中级班 I 和中级班 II),在前一阶段学习的基础上,引入初中学习科目的初步知识。教学大纲由教育部统一制订,教材的编写、出版由有关专家与出版社负责,允许各种版本

的教材发行,学校可任选其一,由市镇级政府出资购买,免费借给学生。通常一套教材可用数年。

中等教育　法国中等教育分为初级和高级两个阶段。初中教育仍为义务教育,设"单一初中",即普通教育类的初级中学,学制4年。所有完成小学阶段学业的学生均可进入初中学习,但入学年龄不得超过12岁。一般都就近入学,如入学范围内的学校未设某些课程,特别是未设某些外语课,家长可向地方教育行政部门申请到其他学校就读。学生如果无留级,应在15岁时结束初中学习,但从理论上说,还要接受一年的高中教育,才能完成义务教育。依据传统,初中的四个年级分别称第六、第五、第四、第三年级,依次相当于中国的初一、初二、初三和高一年级。教学分三个阶段:(1)适应阶段:第六年级,强化小学所获知识并开始尝试中学学习的新方法和新学科,便于小学教育与中学教育良好衔接。(2)中间阶段:涵盖第五和第四年级,使学生扩大知识面和深入学习,在实施个别化教学的过程中,学生可以根据自身情况选修若干课程。(3)导向阶段:与第三年级相适应,完成初中学业,实现初步分流。

高中教育包括普通教育、技术教育和职业教育三类。普通教育和技术教育学制3年,主要颁发高中毕业会考文凭。这一文凭具有双重意义,既是高中毕业证明,又是进入高等学校的必要通行证。1989年通过的《教育方向指导法》规定:高级中学的宗旨在于培养学生的独立学习能力及推理、判断和交际能力,培养学生的集体协作精神及责任感。一般来说,初中毕业生在其所属学校分区的高中就读。有些高中所设的专门培训,可以招收几个地区的学生,甚至全国招生。由于高中阶段实行学习方向分流,高中课程呈现错综复杂的局面。普通和技术高中一年级设有共同课,各类学生都要学习。从二年级开始,学生必须在以下分科中定向分流:普通教育类和技术教育类,其中普通教育类分为三科:文学、经济与社会科学、自然科学;技术教育类分为四科:第三产业科技、工业科技、实验室科技、社会医疗科学。普通与技术高中毕业会考文凭获得者可直接进入大学学习,但要进入工程、商业、高等师范等大学校,须先入设在高中内的大学校预备班学习两年,并通过严格的竞争考试。技术高中还颁发"技术员证书",主要方向是进入短期高等技术学院或就业。

中等职业教育主要由职业高中实施,属于短期教育,学制2年,主要颁发以下文凭:职业能力证书、职业学习证书、补充证书以及职业高中毕业会考文凭。学生的出路通常只有就业,做普通技术工人。职业能力证书标志着学生具有某一具体职业的技能。法国设有约250种专业的职业能力证书。学习内容包括普通教育每周14～16课时,技术职业教育每周12～17课时和企业实习8～16周。职业学习证书说明毕业生已达到技工和职员的专业水平,工作范围比职

业能力证书更广。该证书涉及五十多个专业,覆盖的领域与职业能力证书相似,但服务业的比重更大。学习内容包括普通教育和职业技术教育课,课时比例各占50%,此外要参加4～8周的企业实习。持职业学习证书者可直接就业,也可继续注册职业高中毕业会考文凭。补充证书指某些职业能力证书和职业学习证书持有者可用一年时间再修一门相关专业,取得国家某种证书,以便有更多的就业机会。职业高中毕业会考文凭于1985年为职业能力证书和职业学习证书持有者设立,学制2年。旨在提高职业教育地位,满足社会对中级技术人员日益增长的需要,特别是对家用电器、计算机维修的需求。培训侧重于更广泛的技术范围,设有48个专业,如航空工程、整治与精加工、手工工艺、文秘、公共工程、销售代理等。

高等教育　法国高等教育分为短期和长期两种。短期高等教育基本学制2年,主要是指大学技术学院和高级技术员班的培训。这类教育偏重于为第二和第三产业培养员工,普遍实行学校教育与企业实习的交替式教学,注重理论联系实际,注重适应科技领域的新发展。作为比较有效的职前培训,可为学生提供足够的科学与文化知识,以适应职业变革的需求。长期高等教育由大学和大学校实施。大学教育分为三个阶段。第一阶段指最初2年,通常要完成本专业的基础课程学习,经考试合格,才能授予"大学普通学习文凭"。第二阶段包括学士(Licence)和硕士(Maîtrise)两个文凭的学习,学制各为1年。这一阶段的学习,既要深入掌握基础知识,又要掌握专业知识,既是继续下一阶段学习的必要准备,又是高级专业人员就业的起码资格。第三阶段为高水平的专业培养,相当于研究生教育,基本学制4～5年。第一年为深入学习阶段,选修与博士论文相关的课程,参加研讨班,同时完成一篇论文,答辩合格后,取得"深入学习文凭",获撰写博士论文的资格。再经过3～4年的准备,完成论文并通过答辩,获博士学位。

大学校教育学制3年。学生获得高中毕业会考文凭,进入大学校之前,要经过2年预备班学习。预备班通常设在重点高中内,校长通过审查学生档案决定人选,并为他们考入各类大学校做准备。预备班学生要参加严格的不同类型的考试,合格后方可进入相关大学校学习。

"博洛尼亚进程"使法国高等教育发生重大转变,新的高等教育体制以学士、硕士、博士为主线,由基础阶段和高级阶段两个阶段构成(参见"博洛尼亚进程")。基础阶段包括T阶段教育和学士教育。T阶段教育基本保留原来的短期高等教育,主要指大学技术学院、高级技术员班和准医学培训。T阶段教育学制2年,学士教育学制3年。高级阶段由硕士教育和博士教育构成,前者需在高中毕业会考文凭之后学习5年,后者需要8年。法国高等教育实施三种类型的培训:职业型培训、学术型培训和准职业型培训。职业型

培训不仅向学生传授知识,而且发展学生方法与技术能力,毕业生要在其培训领域具备从事职业的能力。学术型培训属于大学的最初使命,即通过研究工作传授不断更新的知识。学术型培训以学科为中心,除了研究与教学,并不直接面向职业。准职业型培训是介于职业型培训和学术型培训之间的一种培训,虽然有核心学科,但面向较宽的就业领域,注重"横向能力"的基础组合。

法国教育行政制度

自拿破仑一世建立帝国大学以来,法国设中央教育行政机构已近两个世纪。在不同时期,中央教育行政机构的名称有差别,现设"国民教育部"和"高等教育与研究部",根本任务是确定教育方针与制度,进行统一领导和管理,即确定整个国民教育及其各个组成部分的结构、文凭、学制、专业、课程、布局,主要职权是录用教师和支付工资;确定全国教学大纲;负责大学的基本建设,审批高等教育文凭。法国是典型的中央集权制国家。长期以来,除小学由市镇政府负责外,教育由国家全面管理。学校的建立、教师的聘任、课程的制定等均由教育部负责。20 世纪 80 年代初,法国开始实行分权与放权改革。1983 年 1 月和 7 月的法律基本确立中央政府与各级地方政府对教育管理的职权与责任。法国教育行政体制由中央政府、大区、省和市镇构成。1996年,法国本土有 22 个大区、96 个省、36 559 个市镇。大区政府的教育行政部门为学区,每个学区与大区的管辖范围基本吻合,法国本土划分为 26 个学区。省级政府的教育行政主管为省级教育督学。市镇政府则无专门的教育行政机构。根据关于分权的两个法律,国家继续负责高等教育,承担全国所有教师及教育管理人员的工资,高级中学由大区政府负责投资与管理,初级中学由省级政府负责投资与管理,小学和幼儿学校由市镇政府负责投资与管理。但是,国家对中小学教育,包括义务教育,仍然负有重大责任。首先,国家负责所有公立学校教师与行政人员的管理、培训与工资,甚至负责大部分私立学校教师的工资;其次,国家负责制订教学大纲,安排课时,制订考试与颁发文凭的规章;其三,国家负责确定教学管理规则,包括提供大型或新型教学设施。

法国教育经费的主要来源是国家税收,政府教育预算占整个教育投资的绝大部分。2007 年,法国教育经费 57.6％来源于国家,其中教育部承担 53.3％,另外的经费分别由地方政府(24.1％)、家庭(11.0％)和企业(6.5％)承担。法国国家教育预算经费占国家总预算比例一直在平稳增长,2006 年为 26.0％,2007 年为 26.3％,2008 年为 25.9％。法国教育经费占国内生产总值的比例在 1995 年达到 7.6％的顶峰之后有所下降。2007 年,法国教育经费总额为 1 253 亿欧元,占国内生产总值的 6.6％,其中 82.2％用于教学,7.5％用于食宿补贴,10.3％用于教育行政、学校医疗和学校交通等教育辅助活动。

法国的教育改革

由学业失败而引发的校园暴力、青年失业、社会不平等等教育问题越来越引起人们的关注。法国政府尝试改革,并采取了一些措施,主要体现在以下五个方面。

促进教育公正　教育平等是法国社会普遍关心的问题。前教育部长朗说过,机会平等和知识需要应当并行不悖,每个公民应当更好地获得文化与知识。为了克服学业失败和缩小教育不平等,法国左派政府 1981 年提出"教育优先区"(zones d'éducation prioritaire,简称 ZEP)的政策,就是在学业失败率较高的城区或乡村划分一定的地理区域,实施特殊的教育政策。在这些区域内,以"给予最匮乏者更多,特别是更好"的思想为宗旨,采取强化早期教育、实施个别教学、扩大校外活动、保护儿童健康、加强教师进修等措施,并为各级中小学追加专门经费,为教师增加补贴,以保证教育质量有所提高。所有在教育优先区任教的教师都可享受特殊工作补贴,初级中学校长和副校长从 1999 年起可享受向上浮动一级工资的待遇。在 1982 年开学时,法国设立了 363 个教育优先区,涉及 8％的小学生和 10％的初中生。2001 年,法国有教育优先区 706 个、教育优先网 808个,覆盖了 8 551 所中小学,涉及 67.5 万名中学生。教育优先区中学校的教育条件有所改善,比如教育优先区初中教师与学生的比例平均为 1∶21.2,而在非教育优先区为 1∶23.2,教育优先区的生均经费通常高于非教育优先区 10％～15％。进入 21 世纪,法国加快初等教育改革步伐,特别是实施了照顾平民家庭子女的教育措施,享受助学金生的学生数和助学金额度都有较大幅度增长。2011 年的评估表明,获得最好法语成绩的二年级学生达到 16％,获得最好数学成绩的学生达到 11％,而法语成绩不佳的学生下降了 13％,比往年有所改善。

转变教育思想　有人认为,自 20 世纪 60 年代以来,法国学校特别重视学生个性的培养,但对一些传统价值观念有所忽视,出现了"重自我表达,轻文化传承;重批判精神,轻尊重权威;重自发,轻感受;重创新,轻传统"的倾向。其实,不仅是学校,而是社会对日益增长的"社区主义"(communautarisme)过于宽容,对共和国的精神却不够重视,导致青少年犯罪 10 年来增长了 79％。

法国的教育部长们在不同场合表示要重建权威,重施惩罚。2003 年初,教育部长费里发表《致所有热爱学校的人》的公开信,特别强调了教师权威:"应当置于教育系统中心的,不单单是学生或知识,而明显是学生与知识间的关系,就是说,一方面是传递的作用,即教师的作用,另一方面是学习的必要,即学生的作用。"负责学校教育的部长级代表达尔科则指出,尊重权威,首先是尊重教师,不要混淆教育者与被教育者的地位;其次是尊重校规,因为学校是特殊的教育场所,校规是其完成教育使命的必要保证。为与校园暴力行为进行坚决斗争,法国教育部采取每年设置200个"中转班"(classes-relais)等严厉措施,进行隔离,力图恢复校园的安宁。

教育方法创新   法国在中小学开展课程改革和教育方法改革,其中比较突出的有小学的"动手做"、初中的"发现之旅"和高中的"有指导的个人作业"。

"动手做",意即实际操作。小学开展"动手做"活动,每周至少2小时,持续数周,目的是让儿童在认识周围事物和自然现象的过程中构建对真实世界的科学知识。活动中,班级被划分成若干小组,孩子们通过自己设计计划,寻找实验器具,研究学习方法,一边讨论,一边绘图,一边读书,人手一本实验手册,以自己的表述方式记载,主要目标是逐步适应科学与操作技术的概念,奠定文字与口头表述的基础。

"发现之旅"的课时量为每周2小时,学生可以在跨学科的学习中单独活动或分组活动。在教师的帮助下,学生至少要在以下四个领域中选择两门"发现之旅"课:自然与人体发现、艺术与人文发现、语言与文明发现、科学与技术入门。这些主题的发现课不是封闭的,可随意同相关主题连接,如艺术可以连接技术,历史可以连接科学。学生通过自己的探求而认识世界,并享受成功的喜悦。

"有指导的个人作业"在高中二年级和三年级中开展,目的在于给学生真正的个人学习时间和空间。学生在全国性的选题目录中选择一个主题,如文学艺术与政治、传统与创新等,开展个人或小组活动,完成一件研究性作品。作品可以有多种形式,如模型、诗歌、辩论、录像、网页等。不同学科的教师在学生自主学习的前提下给予指导和帮助,最后就学生对其作品的陈述作最终评估。有指导的个人作业有助于学生在主动的学习与探究活动中激发好奇心、求知欲,培养批判精神,调动所学习的各学科知识,打破学科的知识界限,发展学习能力和生活与职业能力,如团组工作、资料收集、论证、掌握信息技术、语言表达等。

构建共同基础   为适应21世纪教育发展的形势,法国总理拉法兰于2003年组建了由德洛任主席的"学校未来全国讨论委员会",要求该委员会为未来15年法国教育系统可能或期望的变革进行原则性描述,使政府能够清晰选择决策并准备一项新的指导法。该委员会于2004年向教育部提交报告《为了全体学生的成功》(Pour la réussite de tous les élèves),提出一个核心概念:"必不可少的共同基础"(Le socle commun des indispensables)。根据报告的解释,"必不可少的共同基础"是知识、能力和行为准则的整体,它不等

同于学校课程的全部内容,而是包含21世纪生活所必需的要素。使全体学生成功,不是让所有学生都能够达到最高的学历水平,而是要使他们获得"必不可少的共同基础",亦即在学生16岁完成义务教育时,学校要保证全体学生具备必要的知识、技能和生存态度。

依据"学校未来全国讨论委员会"提交的报告,政府起草了教育系统指导法案,并于2005年3月由议会通过,形成《学校未来的导向与纲要法》(Loi d'orientation et de programme pour l'avenir de l'école),2005年4月正式颁布。《学校未来的导向与纲要法》对"必不可少的共同基础"的内涵的进行了重新界定:"义务教育至少应当保证每个学生有获得共同基础的必要途径。共同基础由知识和能力整体构成,掌握共同基础对于学校成功、后续培训、构建个人和职业未来以及社会生活的成功都必不可少。这一基础包括:掌握法语;掌握数学基本知识;具备自由行使公民责任的人文与科学文化;至少会运用一门外语;掌握信息与通信的常规技术。"该法指出,义务教育不能归结为共同基础,共同基础也不能替代课程大纲。但共同基础确实是义务教育的基础,其特别意义是构建一种各学科和课程融会贯通的学校教育基础文化,它使学生在学校及以后的生活中得以面对复杂的实际情况,能够获得终身学习的能力,适应未来社会的变化。共同基础划分为七种能力,前五种分别与当前学科相关,即掌握法语、能够运用一门外语、具备数学基础能力、具备科学与技术文化、掌握信息与通信的常规技术,后两种能力为社会与公民能力和自主与创新能力。

加速高等教育改革   法国高等教育的两个系统尚存在巨大鸿沟,但多次改革已使双方都发生了潜移默化的变化,各自都包含着对方的某些特征。

在入学筛选方面,大学仍遵循凭高中毕业会考文凭入学的原则,但在报名人数超额的情况下,也通过考试选拔学生;大学校面临社会就业不景气,生源相对不足的情况,也不得不招收几乎所有考生,以维持存在。关于培养目标,大学通常无职业特点,学生学习基础理论并获得文凭之后,要经过专门的竞争性考试才能进入教师、科研人员或其他公职人员行列,但1984年高等教育改革后,大学相继设立多种专业技术和职业文凭,其毕业生在劳动市场上终于争得一席之地。从教学条件看,大学普遍逊色于大学校,然而越来越多的大学通过与地方建立科研协作关系,为地方经济发展服务,获得了地方政府和企业的支持,设施得到改善。

同时,国家准许名牌大学校授予博士学位,并允许许多大学校挂靠大学培养研究生,结束了大学校单纯进行专业培训,不从事科学研究的历史。国家还在大学和大学校之间建立了相互承认、相互过渡的途径,允许两类学校的学生相互流动。尽管这些流动渠道还不够广泛、完善,但两类学校间的障碍已被打破。

法国虽然在高新科学技术领域尚处于世界前列,但与美国相比仍有极大的差距,欧洲其他国家以及一些新兴工业国家的发展势态也咄咄逼人。为此,法国政府着手对高等教育进行重大改革。1997年7月,教育部长阿莱格尔委托阿达利组建高等教育改革委员会。高等教育改革委员会指出:高等学校的第一使命已不是培养国家管理人员,而是服务于大学生,因为国家管理人员已不是工业和经济生活的中心;不论大学生的社会出身如何,都要给予他们获得自身最佳发展、准备未来职业和深入学习的全部机遇。因此,他们提出了高等教育目标:保证所有大学生在离开高等教育时都具备一个有职业价值的文凭。从这一目标出发,法国高等教育改革委员会为未来高等教育设置了三个基本文凭:经过3年学习,可获学士文凭;经过5年学习,可获硕士文凭;经过8年学习,可获博士文凭。以这一学制取代高等教育三个阶段学制。学士文凭成为大学教育的基础文凭,在基本理论学习的基础上增加了职业培训,可以大大提高大学生的就业率。大学校预备班的学生学习两年之后也必须获得学士文凭,才能继续以后阶段的学习。获得学士文凭之后,如愿意继续学习,可以不经考试直接注册学习硕士课程或博士课程。法国实施这一改革时,其改革思路为历届欧洲教育部长会议(1998年在巴黎;1999年在博洛尼亚;2001年在布拉格)所接受,他们确定了建立一个由"前学士"和"后学士"两个基本阶段构成的高等教育体制,以便实现国际大学课程和文凭的可比性与对等性;促进欧洲各国大学学生和教师的交流。

法国的教育特色

公共性　法国教育的一个鲜明特性。法国所有大学和大部分中小学都是公立学校,教师是国家公职人员。绝大部分私立中小学校也与国家签订了契约,将其课程纳入国家教育大纲,由国家支付教师工资。不仅义务教育完全免费,一些贫困家庭还可以接受补贴,学前教育和高中教育也免收学费,甚至高等教育也只收取少量的注册费。教育的公共性保证了公众接受教育最大限度的平等。法国公共教育体制的真正建立,始于1833年的《基佐法》。法国1946年的《第四共和国宪法》更明确地把教育的公共性作为国家的责任:国家保证儿童和成人平等接受教育、职业培训和文化的权利,组织各个阶段公共、免费和世俗的教育是国家的义务。

集权制　法国集权制的出现可以上溯至中世纪,领主之间的纷争导致主权领土的集中和法兰西民族国家的统一。法国大革命在防止封建复辟和外国武装入侵的同时又强化了中央集权制。虽然《地方分权法》明确规定了中央政府和地方政府在教育上的管理权限,但法国中央政府的权力仍然相对集中,主要体现在以下方面:制定教育基本政策和宏观规划;设置基础教育课程及安排课时;负责教师与行政人员的培训、录用、管理和工资;设置人员岗位,开设与取消班级;拟定高等教育入学条件;建立高等教育教学组织;制定国家文凭颁发标准。

双轨制　自1882年建立免费义务教育,至1975年实施统一初中,法国学校实现了教育制度的统一,即取消了形式上的阶级、种族、性别限制。实际上,传统双轨制教育对立的痕迹还是十分明显,即使初中已经是提供单一教育的普通教育,高中阶段便开始分流,一部分学生进入普通高中,一部分学生进入技术高中,还有一部分进入职业高中。博德洛和埃斯塔布莱将法国19世纪以来至20世纪60年代的教育体制归纳为:"初等—职业",即初等教育之后至职业教育结束的教育系统,基本是面向平民子女,培训具有一般性技能的简单劳动者;"中等—高等"是由中等教育进入高等教育的教育系统,主要服务于上层阶级子女,为统治阶级培养高级技术与管理人才。两种教育体制的对立反映了脑力劳动与体力劳动分离,继续按社会劳动分工划分社会地位,一方面是被剥削者,另一方面是剥削者。尽管这早已不是赤裸裸的强制性分离,但教育不平等的现象是显而易见的。

法国教育存在的主要问题　主要表现在三方面。

其一,学业失败与文盲的比例居高不下。法国小学入学率已达100%,且95%以上的小学生能够进入初中。从数量上看,法国初等教育已完全普及,但小学生的留级率居高不下,1/3以上的小学生不能按期完成五年学业进入初中。1996年5月,法国教育部公布了小学三年级学生的全国评估考试结果。结果显示:小学三年级学生中,15%的人不能辨认常见词,不能理解简单课文,17%的人不会加法运算,也不懂整数概念;在初中一年级学生中,9%的人不会阅读,23.5%的人不会计算,6%的人学习上存在极大困难。1998年6月,法国教育部的一份报告证实:根据各年情况,刚进入小学三年级的学生中,有21%～42%的人不能阅读或运算,不具备这两个方面最低水平的能力,进入初中的比例为21%～35%。学业失败问题的背后隐藏着严重的社会问题。一方面,学习落后学生中,不同家庭出身的比例差别甚大。例如1980年对小学一年级留级生的统计中,农业工人和普通工人子女分别占29.9%,企业主、高级职员和自由职业者的子女仅6.1%。其他统计还表明,在正常读完小学的儿童中,高级职员子女的比例高出农业工人子女两倍多。另一方面,学业失败在地理区域上的差别也十分明显。在偏远山村和贫困地区,学业失败儿童的比例相当高,并且这些地区一些相对优越的家庭不断搬迁,学校质量日益恶化。

其二,无资格与无文凭的青年有所增长。无资格的青年是指未能进入职业高中的第二年级或毕业年级之前便离开学校的学生,他们未能达到最低职业资格,没有获得职业高中毕业会考文凭。无文凭的青年是指未能完成高中学业而中途辍学者，即离开普通高中或技术高中时无高中毕业会考文凭以及虽然进入职业高中第二年级，但未能获得职业高中毕业会考文凭者。高等教育的情况也不容乐观。55%的大学生不能在正常的两年内获得大学的第一个文凭，即"大学普通学习文凭"。

其三，校园暴力未得到遏制。教师受到辱骂和人身伤害，教师的汽车轮胎被扎破，教师受到致死的威胁；学生参与诈骗、吸毒、性犯罪等。校园暴力事件的频频发生，不仅使正常的教学秩序受到严重损害，还引起了家长的担心，家长甚至不敢让子女在本区的学校上学。

其四，高等教育双轨制弊端日趋严重。高等教育双轨制在现代社会中日益显示其弊端。法国高等教育录取学生的条件是通过高中毕业会考。获此文凭者，便可进入大学的相关学科或专业就读。进入大学校则需要通过严格的审查或考试。因此，大学被称为"开放型"的，成为法国高等教育民主化的象征；大学校则被称为"封闭型"的，作为培养精英的场所。从教学过程看，存在着两种淘汰机制。由于入学无特殊考试，大学新生难免鱼龙混杂，第一阶段的学业失败率很高，平均为25%以上，总体上近3/4的学生在四年的学习过程中被淘汰。大学校采用了高投入、高师生比的教学模式，几乎所有学生都能终其学业，获得文凭。从就业状况看，体现了两种社会机遇。大学的高淘汰率造成许多青年大学生辍学，学生即使毕业，也未必能找到工作。严重的大学生失业问题，是多年来困扰法国大学发展的巨大障碍。而大学校，尤其是名牌大学校的毕业生，有较高的社会声誉、良好的学校教育、密切的企业联系，在社会上备受青睐，就业比例极高。法国大学校毕业生占据了政府决策部门和各大企业70%以上的要职。另外，两个系统的发展程度存在极大的不平衡。1997年，法国62%的大学生在大学就读，而大学校（包括预科班）的学生仅占大学生总数的9.5%。1900年以来，大学学生人数增长了40倍，大学校的学生仅增长15倍。

作为高等教育民主化的体现，法国大学接收了绝大多数高中毕业生，基本满足了社会对高等教育的需求。国家在大学生数量激增的情况下，仍然投入了大量经费，做到了大学生人均费用持续增长，保证了大学的整体质量仍处于世界前列。在许多科研领域，法国大学还保持了相当高的水平。但是，法国大学从未对毕业生的专业定向和职业安置进行有效的关心和指导，造成大量在校生辍学、留级和毕业生失业。大学校系统与民主化相距甚远，其民主化进程与整个社会发展极不协调。大学校仍局限于对少数精英的培养，招生数量相对稳定，但占大学生总数的比例越来越小。许多优秀青年选择大学校，并非总出自专业爱好，而是为了显示自己的能力和地位。据统计，在大学校预备班就读的学生近50%出身于高级干部和职员家庭，而工人子女仅占7%。

参考文献

Ballion, R. Les consommateurs de l'Ecole [M]. Paris: Stock, 1982.

Ministère de l'education nationale, de la recherche et de la technologie: Rapports du Dubet, vingt propositions pour les collèges [R]. 1998.

Minot, J. Histoire des universités françaises [M]. Paris: PUF, 1991.

Monchambert, S. L'enseignement privé en France [M]. Paris: PUF, 1993.

（王晓辉）

法国学生运动（French student movement）

亦称"五月风暴"、"1968年大学潮"。1968年爆发的法国全国性学生运动。在教育方面，学生要求全面改革高等教育。

1968年3月22日，142个大学生占领位于巴黎南郊的巴黎大学南戴尔校区（即巴黎第十大学）文学与人文科学学院的办公楼，引发了震惊世界的法国"五月风暴"。冲突中，大学生用垃圾桶盖作盾牌，用路面的块石迎击警察的催泪弹，还构筑起类似巴黎公社时的街垒，同军警对抗。大学生的行动获得了各界劳动者的支持。5月13日，全法学生联合会、全法高等教育联合会、全法教师联合会和其他工会组织发起了大规模游行。5月22日，爆发了空前规模的全国大罢工，1 000万学生、工人、农民和市民都加入了罢工行列。这次学潮震惊了整个法国。探究其原因，一种解释是大学生人数增长迅速。法国大学生在1946—1961年的15年间，学生人数几乎增长1倍；在1961—1967年的6年间，增长率为215%；同时，19~24岁人口中的大学生比例也迅速增长，由1957年的2.8%增长至1966年的6%。但是，法国的大学发展却滞后，巴黎大学在第二次世界大战前就已显现出人满为患的迹象。另一种观点认为，深层原因在社会文化方面。在法国，青年们不能忍受原有的社会规范，担心自己的未来，也向往另一种类型的社会和另一种人与人的关系。他们要求一种新型的自由：表达的权利、性的权利等。总之，他们要求一种与其长辈完全不同的生活，于是"代沟冲突"便不可避免。代沟冲突的最初起源可能是潜移默化的教育。传统的法国家庭教育极为严厉，幼儿最先学习的是服从、礼貌、规范等，而第二次世界大战后，家庭教育变得宽松。1968年的大学生正是在这种教育变革过程中长大的。他们既了解严格的规则，如哺乳和进餐的固定时间、紧裹的襁褓等，也体会到学校纪律的逐渐松动，如放学后的相对自由，家长和教师对自己兴趣和思想的宽容等。进入青春期后，社会观念与规则对性的禁锢成为他们追求性自由的严重障碍。法国当时的大学宿舍均为男女生分开,女生宿舍禁止男生进入。巴黎大学南戴尔校区的男女大学生首先向这一羁绊挑战,占领了女生宿舍,之后便与校方召来的警察发生冲突,终于酿成举世震惊的学潮。另外,政治因素的影响也不可忽视。1962 年,法国在阿尔及利亚殖民统治的失败与阿尔及利亚民族独立斗争的胜利唤醒了法国青年对第三世界人民的同情。伴随着西方国家反对美国侵越战争情绪的日益高涨,戴高乐将军发表了抨击美帝国主义的金边讲话。这些因素都促成了法国五月学潮。

这次学潮促使法国政府大刀阔斧地改革高等教育。当时的教育部长富尔主持的高等教育改革方案破天荒地以无人反对的投票结果在议会中获得通过,产生了《高等教育方向指导法》(1968)。该法律确定了大学的三项原则:自治、参与和多学科。自治即建立能确定自己的培养目标、组织机构及运行机制的大学。就是说,大学能决定自身的行为,决定各学科教学活动及教学方法,决定科研项目、行政与财务管理。参与是指新型学校的所有成员可以通过各种委员会的代表对当前工作和未来发展提出意见。只允许少数知名教授有发表意见的特权将不复存在,各层次教师、学生、科研人员及所有工作人员都应当在大学审议机构中有其代表。这些机构还要聘请校外各界代表,以使大学与社会保持联系。正如教育部长在议会上所宣称,大学工作不仅是大学的事务,也是国家的事务。多学科意味着在同一学校集中多组学科。例如,文学院称为文学与人文科学院,法学院称为法学与经济科学院。学院由"教学与科研单位"构成,教学与科研单位再划分成较大"整体",目的在于汇集不同领域的知识,或是采用不同的方法研究同一现象,或是在科学研究中相互补充。这三项原则的确立,赋予大学新的意义——以科学和文化为特征的公立学校。这些新型大学与以往公立学校明显不同。法国公共法律过去只承认两类公立学校:行政特点的公立学校和工商特点的公立学校。前者隶属行政权力管辖,学校的重大决定,特别是经费方面的决定受到严格控制,后者具有与大学完全不同的特殊使命。以科学和文化为特征的公立学校在大部分情况下将先行控制变为事后控制。以科学和文化为特征的新型大学由教学与科研单位组成,又成为这些教学与科研单位共同的服务机构。

自 1970 年 6 月 1 日至 1972 年 7 月 5 日,法国重新组建57 所大学和 8 个大学中心。"大学中心"是由 1970 年 10 月6 日的法令规定的,财政上独立,但在管理上隶属于附近的正式大学。

参考文献

Minot, J. Deux siècles d'histoire de l'éducation nationale[M]. Ministère de l'éducation nationale, 1986.

Prost, A. Education, société et politiques, Une histoire de l'enseignement en France, de 1945 à nos jours[M]. Seuil, Paris, 1992.

Prost, A. Histoire générale de l'enseignement et de l'éducation en France[M]. Nouvelle librairie de France, 1981.

(王晓辉)

法家教育思想　　以商鞅、韩非学说为代表的教育思想体系。商鞅奠定了法家教育思想的理论基础;韩非集法家之大成,完成了法家教育思想体系的建设。法家是先秦诸子百家中的重要学派,它萌芽于春秋,形成于战国前期,活跃于战国中后期。秦朝时,它被秦始皇用作统一思想的工具,并定位为统治思想,汉朝时失去原有地位,被儒家学派所取代。其代表人物为商鞅、韩非。商鞅(约前 390—前338),战国时政治家,秦国文教政策制定者。卫国贵族后裔,姓公孙,名鞅,亦称卫鞅,后受封商邑(今陕西商洛)。号商君,故又称商鞅。公元前 361 年由魏入秦。公元前 356 年,被秦孝公任命为左庶长,进行变法。他推行的变法,促使秦国跃为战国七雄之首。秦孝公卒,商鞅被旧贵族所害。韩非(约前 280—前 233),战国末期法家思想集大成者。韩国人,出身贵族。多次上书韩王,倡言变法图强,未被采纳。秦王政慕其名,迫韩王遣之入秦。后为李斯、姚贾诬陷,冤死狱中。著有《韩非子》。法家主张法治教育,在教育的多个方面有所体现。

教育的作用

商鞅站在统治者的立场上,反对传统教育,主张实施"制民"教育和法的教育。"昔之能制天下者,必先制其民也;能胜强敌者,必先胜其民者也。故胜民之本在制民,若冶于金,陶于土也。"(《商君书·画策》)他认为国家只有颁布政策法令,实施法治教育,才能统治百姓,治理好国家。韩非认为人性本恶,人不能自觉为善,因而传统的道德教育不会取得教育者期望的效果,只有刑法才能约束百姓,达到人们的期望。"今有不才之子,父母怒之弗为改,乡人谯之弗为动,师长教之弗为变。……州部之吏,操官兵、推公法,而求索奸人,然后恐惧,变其节,易其行矣。故父母之爱不足以教子,必待州部之严刑者。"(《韩非子·五蠹》)在他看来,父母的管束、社会的教诲、教师的教育对人都没有什么作用,只有刑法才具有最大的约束力。认为教师不应以道德教育为己任,而应将法治教育当作传授的职责。

教育目的

法家的教育目的是培养"耕战之士"或"智术能法之

士"。商鞅认为，国家只有两件事最为重要，一是农耕，二是攻战。农耕一方面为战争提供物质基础，同时也使人民致力于农耕并稳定下来，从而为保卫国土而战。只要抓好农耕和攻战，国家就会富强。"国待农战而安，主待农战而尊"（《商君书·农战》），"兵农怠而国弱"（《商君书·弱民》），他提醒君主，一定要把民众引导到耕战的轨道上，要使教育为培养耕战人才服务。虽然耕与战是两方面的事情，但商鞅认为它们并不矛盾，可以放在一起培养，指出农田生产本身就是培养武卒的学校。"归心于农，则民朴而可正也，纷纷则易使也，信可以守战也。"（《商君书·农战》）

要把农民统一到耕战上来，对于农民来说是一种苦难之事。"夫农，民之所苦也；而战，民之所危也。"（《商君书·算地》）既然如此，如何使农民能勤于耕勇于战？商鞅提出一要以法律为工具；二要教育人们爱耕战，营造以耕战为荣，以游宦、学问为耻的气氛，培养耕战人才。"游宦"就是游学，商鞅认为如果游学频繁，学术活跃，人们凭学习可获爵位，就会使人们逃避"农战"。因此他主张实施"尊农战之士"、"贱游学之人"的政策，使"为辩知者不贵，游宦者不任，文学私名不显"（《商君书·外内》），这样就能使人感到游宦、学问没有出路，并放弃它，转而走向农战之路。后来，韩非继承了商鞅的思想，在重视"耕战"人才培养的基础上，将人才培养目标提高到一个新的层次，提出教育要培养管理、治理国家的"智术能法之士"。"智术之士"即"远见而明察"之人，"能法之士"即"强毅而劲直"之人。"智法之士与当涂之人不可两存之仇也"（《韩非子·孤愤》），他们与当权贵族势不两立。韩非指出国家应培养这样的人，如果"不养耿介之士，则海内虽有破亡之国，消灭之朝，亦勿怪矣"（《韩非子·孤愤》）。要求教育要为地主阶级培养"尽力守法"的"法术之士"，使他们"以法术之言矫人主阿辟之心"（《韩非子·孤愤》），并取代那些占据高位"亏法以利私，耗国以便家"（《韩非子·孤愤》）的人。在明确了人才培养的目的后，韩非又说明了为什么要培养这样的人才。他认为这是"以功用为之的彀"（《韩非子·问辩》），由于当时国家需要战争与富强，所以教育就要培养能担当此任的人。这个原则，使人才培养由传统的重德转向重能，由重名转向重实。可见，韩非的人才观与首先重德的儒墨两家截然不同。在提出人才培养的功利性原则时，韩非又提出人才培养和选拔的具体方法，"论之于任，试之于事，课之于功"（《韩非子·难三》）。这三种方法都与实践相结合，反映了法家重视人的实践能力培养的思想。

文 教 政 策

商鞅、韩非提出"壹教"、禁"二心私学"的文化教育政策，旨在推行法治教育。

"壹教"的文教政策　春秋战国是各国纷争之际，面对战乱带给人民的灾难，许多思想家都思考了统一的问题。如儒家主张大力改造人心，使人向善，以结束纷争的局面。墨家主张通过人们之间"兼相爱，交相利"，建立一个大同的世界。法家则主张建立一套严厉秩序，并强力推行，从而结束混乱的局面。商鞅首先提出"壹教"政策："圣人之为国也，壹赏、壹刑、壹教。壹赏则兵无敌，壹刑则令行，壹教则下听上。"（《商君书·赏刑》）认为国家应该实施统一赏赐、统一刑罚和统一教育的治国方式，只有这样，国家才会太平。关于壹教的内容，商鞅指出："所为壹教者，博闻、辩慧、信廉、礼乐、修行、群党、任誉、清浊，不可以富贵，不可以评刑，不可独立私议以陈其上。"（《商君书·赏刑》）商鞅主张的"壹教"，实际上是将与他们思想不一致的其他各家学说排除在主流教育思想之外，取缔一切不符合法令、不利于农战的思想和言论，将教育思想统一在法家耕战法制思想之中。壹教提出后产生很大影响，后来成为商鞅为秦国制定文教政策的总方针。应该说，这一文教政策对于国家发展生产、壮大国力起了推动作用，但也抛弃了传统文化，限制了思想自由，阻遏了文化教育的发展。

"废先王之教"、禁"二心私学"的文教政策　韩非在商鞅"壹教"思想的基础上，进一步提出"废先王之教"、禁"二心私学"的主张。韩非认为，时代变了，社会的政治、经济、文化也要适应变革的需要，不能再用先王的政策治理现在的国家。如果"欲以先王之政，治当世之民"（《韩非子·五蠹》），就像"守株待兔"那样愚蠢可笑。在韩非看来，所谓"先王之教"，基本上是指尧、舜、周公、孔孟等儒家的传统教育。韩非认为它们是愚诬之学，明主不用理会它们。"故明据先王，必定尧舜者，非愚则诬也。愚诬之学，杂反之行，明主弗受也。"（《韩非子·显学》）韩非认为儒家传统思想愚蠢而没有根据，明主可以置之不理，更不用吸收与接受它们。与"废先王之教"的思想相联系，韩非又对当时活跃的诸子私学教育持反对态度。他认为各家私学传授本门思想文化、知识技术，不利于实施高度统一的法治教育，也不利于国家统一。他将这些私学称为"二心私学"。所谓"二心"，是指同国家政府不是一条心，不遵守法令而自作主张。认为这种"二心私学"，"大者非世，细者惑下"，"诽谤法令"，如果"不禁其行，不破其群，以散其党"，就要"乱上反世"（《韩非子·诡使》）。韩非从国家存亡的角度谈论"二心私学"，与商鞅"壹教"、"禁游宦"的思想一脉相承，正是这些共同构成法家的文教政策思想。

教育内容与教育方法

法家的教育内容与教育方法可用"以法为教"、"以吏为师"加以概括。商鞅在秦变法，宣布禁止游学活动，推行法治教育时,首创法家"以法为教"的法治教育制度。"今先圣人为书而传之后世,必师受之,乃知所谓之名;不师受之,而人以其心意议之,至死不能知其名与其意。故圣人必为法令置官也,置吏也。为天下师,所以定名分也。"(《商君书·定分》)商鞅首先提出教师要在施行法律教育中起重要作用,如果没有教师传授知识,人们将不明白法律的价值和意义;然而在对于什么样的人可做教师上,商鞅又明确指出"以吏为师",应当由官吏充任教师。

至于具体的教育内容,商鞅认为首先应废止儒墨提倡的内容,如果用诗、书、礼、乐等做教育内容,就会出现毁家败国倾向。"国有《礼》,有《乐》,有《诗》,有《书》,有善,有修,有孝,有悌,有廉,有辩。国有十者,上无使战,必削至亡;国无十者,上有使战,必兴至王。"(《商君书·去强》)他将儒墨的"礼乐"、"诗书"、"修善"、"孝弟"、"诚信"、"贞廉"、"仁义"、"非兵"、"羞战"等斥为"六虱"(《商君书·靳令》),认为国家有"六虱",将导致人民不能专注农务,使盗贼必至,国力受到削弱,人民也必跟着贫困,所以教育必须要"燔诗书而明法令",取缔儒家等提倡的诗、书、礼、乐、仁义道德等内容。同时,商鞅指出"以法为教"、"以吏为师"的教育应是鼓励以耕战为主要内容的法治教育,不推行这样的教育,必将产生国家贫穷、百姓不忠的问题。"国之所以重,主之所以尊者,力也。于此二者力本,而世主莫能致力者,何也?使民之所苦者无耕,危者无战。二者,孝子难以为其亲,忠臣难以为其君。"(《商君书·慎法》)又说:"圣君之治人也,必得其心,故能用力。力生强,强生威,威生德,德生于力。圣君独有之,故能述仁义于天下。"(《商君书·靳令》)只有推行法治教育,才能收获人心,使人民耕战,国家也才有实力,君主也才能获得统治的威望。商鞅这种以法为教育内容、以官吏作教师的思想,适应了当时新兴地主阶级统一政治的需要,促进了国家的统一。

商鞅的法治思想得到韩非的继承和发展。韩非首先针对当时诸子各家所施教育不合时宜的现状提出批评。"今修文学,习言谈,则无耕之劳而有富之实,无战之危而有贵之尊,则人孰不为也!是以百人事智而一人用力。事智者众,则法败;用力者寡,则国贫。此世之所以乱也。"(《韩非子·五蠹》)他指出要解决这些社会弊端,只有"以法为教"、"以吏为师","故明主之国无书简之文,以法为教;无先王之语,以吏为师"(《韩非子·五蠹》)。认为教育必须"以法为教",因为法是人们行动的依据或准则,"以表示目,以鼓语耳,以法教心"。有了法,人们行动就有矩可循,就不会违法乱纪,如果人人知法、懂法,国家就会强盛起来。这里的"法"是指当时新兴地主阶级统治集团颁布的政治、经济、思想文化等方面的政策、法令,它们是百姓守纪、国家富强的根基。同时,韩非指出要实施法治教育,就必须使法具有权威性、严肃性,信赏必罚,以取信于民,"赏莫如厚而信,使民

利之;罚莫如重而必,使民畏之;法莫如一而固,使民知之"(《韩非子·五蠹》)。只有赏罚分明,百姓才会严肃遵守,国家才会安宁。在韩非看来,"以法为教"是将法治作为教育的唯一内容,而实施法治教育的手段和制度却是"以吏为师"。这里的"师"不是通常意义上传授知识的"师",而是官吏做"师"。

教育教学原则

围绕着"以法为教"、"以吏为师",法家总结了一系列教育教学的基本原则,这些原则大都体现在韩非的思想中。

重实据,求功用　在实施法治教育的过程中,法家强调实据的作用,提出通过"参验"方法,来检验认识的正确与否。"参"是比较研究,"验"是验证。韩非提出"因参验而审言辞"(《韩非子·奸劫弑臣》),要求根据实践来验证言论。认识的真伪、思想的正确与否,是以参验的实践结果为标准的,如果与实际相符,即为正确,否则为错误。他主张"循名实而定是非"(《韩非子·奸劫弑臣》),要求根据名实的统一,来确定言论的正确性。韩非这种强调以实际功用和效果来验证知识真伪的做法,是法家教育思想的精粹。

见微以知萌,见端以知末　法家在守法教育中,强调对百姓进行预防性教育,以使民众将隐患杜绝于未发前。"圣人见微以知萌,见端以知末,故见象箸而怖,知天下不足也。"(《韩非子·说林上》)强调统治者、教育者应善于观察细微问题,认识事物发展的规律,预测其趋向,知道其结论,这样才能防患于未然。如果不预防,在事态发展到不可收拾时,再来挽救,那就悔之晚矣。他提出一定要避免"千丈之堤,以蝼蚁之穴溃;百尺之室,以突隙之烟焚"(《韩非子·喻老》)。

自胜与自见　法家在进行法治教育时,除提倡"以吏为师"外,也强调受教育者自身的努力,甚至认为能不能有志做守法之人,关键在自己。"是以志之难也,不在胜人,在自胜也。故曰:自胜之谓强。"(《韩非子·喻老》)同时,韩非认为学习如果能发挥好主观能动性,就会做到自知自见,就会帮助自己掌握法律知识。"故知之难不在见人,在自见,故曰:自见之谓明。"(《韩非子·喻老》)韩非的这种思想与老子的"自知者明"有异曲同工之处,强调人要有"自知之明"。

商鞅、韩非作为法家思想的代表人物,首倡法治教育,对中国法治教育思想的发展产生了重大影响。在他们之后,重法治教育还是重道德教育一直成为教育论辩的焦点。

参考文献

毛礼锐,瞿菊农,邵鹤亭.中国古代教育史[M].北京:人民教育出版社,1997.

王炳照,等.简明中国教育史[M].北京:北京师范大学出版社,1994.

王炳照,阎国华.中国教育思想通史[M].长沙:湖南教育出版社,1994.

（王　颖）

法律救济在教育领域的适用 （legal remedy in education）　教育领域中运用的法律救济形式主要包括:教师申诉和受教育者申诉在内的教育申诉制度、人事仲裁制度、行政复议制度、行政诉讼制度和民事诉讼制度。

法律救济在教育领域内的运用有利于保障学校及其师生的合法权利。中国各级各类学校及其师生作为社会生活中的法人和公民,拥有多方面权利。除宪法和民法所规定的基本权利和一般民事权利以外,教育法又赋予其一些独特的与其特定身份相关联的权利。如学校作为教育教学机构具有《中华人民共和国教育法》规定的9项权利,高等学校则具有《中华人民共和国高等教育法》规定的7项自主权。教师作为履行教育教学职责的专业人员,具有《中华人民共和国教师法》规定的6项权利。受教育者则根据《中华人民共和国教育法》享有五个方面的与受教育相关的权利。

法律救济的方法有很多。英美法系国家主要有行政救济方法和民事救济方法,其中行政救济可以通过向更高级的行政官员或部长申诉取得,也可以通过向特殊的行政机关或法庭、仲裁庭提出申诉而取得。民事救济可通过在民事法庭中进行诉讼取得,也可以在可能的情况下通过当事人之间的磋商取得。刑事诉讼一般被认为不能直接向受害人提供救济,但是可以间接地提供救济,如在法律制度中向更高的法院或机关上诉就被视为一种救济方法。

中国的法律救济方法主要有两种,一种是行政救济,另一种是民事救济。行政救济适用于公民或组织的合法权益受到违法或不当的行政行为的侵害;行政救济是对违法或不当的行政行为加以纠正,或对因行政行为而使公民的合法权益受到损害时予以弥补的一种法律救济。它包括内部行政救济和外部行政救济两类:内部行政救济在中国主要有行政监察的救济和审计复审;外部行政救济主要表现为依照《中华人民共和国行政复议法》、《中华人民共和国行政诉讼法》以及《中华人民共和国国家赔偿法》规定的途径、方式发生的行政复议、行政诉讼和行政赔偿。民事救济是与行政救济相对称的,它起因于公民、组织的合法权利受到其他公民或组织的侵权行为的侵害,通常以民事诉讼的方式获得救济。

在教育领域,涉及教育行政部门之间以及教育行政部门及其工作人员关系的纠纷,由于它们彼此之间属于行政隶属关系,因而主要通过内部行政救济方法得以解决,如行政监察、人事仲裁制度。根据人事部《关于深化高等学校人事制度改革的实施意见》,高等学校教师因签订、履行聘任合同而与学校发生争议的,也可通过人事调解和人事仲裁予以救济。

在学校与政府的纠纷处理中,以往大都采用内部的协商处理方法。随着中国教育体制改革和法制建设进程的深入发展,学校与政府的关系发生变化。中国法律确认学校是独立的法人组织,有学者认为这意味着学校不再是政府部门的附属机构,而是面向社会自主办学的独立主体,高等学校与政府的关系也将转向以法律监督和行政指导为主的外部行政管理关系,当学校认为行政机关违法或不当行使权力而侵害其自主权的时候,也可以通过行政复议或行政诉讼等手段获得解决。

当学校与教师、学生之间发生权益冲突时,传统上是通过教育行政部门的调解或内部协商方式来处理,但行政救济和民事救济途径也逐渐开始得到运用,并发挥较重要的作用。传统上,学校仅仅被视为事业单位,它与教师、学生之间不构成行政管理关系,因此不能应用行政复议或行政诉讼等手段解决双方的纠纷,1998年后,学术界对此问题逐渐达成共识,认为行政复议和行政诉讼等行政救济方法可以而且应当在学校管理领域中发挥其应有的作用。

学校、教师和学生也会与社会发生各种民事关系,彼此之间也可能发生有关人身权、财产权方面的纠纷,这些纠纷都属于民事纠纷,因此民事救济也在教育领域内发挥着重要作用。除当事人双方的自行协商,民事诉讼是最重要的民事救济方法。

在教育领域,还有一种特殊救济制度,即教育申诉制度。它具体包括教师申诉制度和受教育者申诉制度,分别由《中华人民共和国教师法》和《中华人民共和国教育法》特别确立,专门适用于教师和学生。教育申诉制度与内部行政救济中的行政监察救济不同,行政监察救济中虽有公务员不服行政处分或监察决定的申诉制度,但由于公务员与所属国家机关构成的是内部行政关系,因而这种申诉属于内部行政救济制度。而教育申诉制度中的教师和学生都不是国家公务员,他们与政府部门和学校构成的不是内部行政关系,因而教育申诉制度不属于内部行政救济制度。教育申诉制度与行政复议制度也有区别。教育申诉虽然也是向上级行政机关提出,由上级行政机关按照法定的程序进行处理,在某种程度上与行政复议制度有类似之处,但一般并不将它归入行政复议制度。因为教育申诉制度中的被申诉人既可以是教育行政部门,也可以是学校,而学校尤其是高等学校,是独立的事业单位法人而非行政机关,不符合行政复议制度中被申请人的资格。虽然有些公办学校在管理教师、学生时具有行政法上"法律法规授权的组织"这种特定身份,符合行政复议被申请人的资格,但这只涉及部分公办学校,且是其管理中的一些特定事项,不能笼统地认为教育申诉制度就是行政复议制度。而且,行政复议制度具有严格的法定程序,而教育申诉制度则没有这么严格。

(申素平)

法律文化(legal culture)　与法律有关的历史、传统、习惯、制度、思想等方面的综合。分为两个层面:物质性的法律文化和精神性的法律文化。前者主要指社会传统的法律制度、法律规范等,后者主要指社会生活中流传的法律思想、法律心态、习惯、认知等。精神性的法律文化在法律文化各因素中占有更重要的地位。狭义的法律文化仅指精神性法律文化。广义的法律文化是指以法律意识为核心,包括法律制度和设施在内的社会文化现象。世界各国的教育法现状都与其特定的法律文化密切相关,不同国家由于文化背景、法律文化氛围和公民法律意识的差异,其教育法的形态、内容及实施情况也会有诸多差异。主要表现在法律文化的某个或多个因素中。其中法律规范、法律制度的差别较明显,而法律实践特别是法律观念上的差异则隐藏在深层。

法律文化中的核心要素是法律意识,它是人们关于法和法律现象的心理、思想与评价的总称。一定的法律意识首先是特定社会物质文化和现实社会关系的产物,是不以人的主观意志为转移的对现实社会状况的反映;其次,一定的法律意识体现了社会主体在法律实践中的特定的价值取向,是社会主体在法律实践活动中所形成的主观体验和认识的反映,是对法律现象本身的价值所作出的主观价值判断。不同社会主体对法律的价值判断的尺度各不相同,导致其对法律权威的认同程度也有差异,而这与法律在调整社会关系时的具体表现、法律机制推动社会发展的有效性以及司法活动的公正性等都有着不可分割的联系。再次,一定的法律意识也制约和影响着人们的法律实践活动,从而反过来又影响人们后续的法律价值判断。

法律意识有不同类别。根据认知,可分为法律心理和法律思想体系;根据主体,可分为个体法律意识、群体法律意识和社会法律意识;根据法律调整过程,可分为立法意识、执法意识、司法意识、守法意识和法律监督意识;根据个体在法律实践活动中的表现,可分为权利意识、守法意识与诉讼意识等。

法律文化对教育法的影响

任何法律的制定和实施都不可能脱离一个国家宏观的法律文化背景,经过长期历史的沉淀和变迁而形成的一个国家的法律制度框架、体系以及民众的法律意识是所有法律得以运行的环境和基础,教育法也不例外。

不同法系的法律文化对教育法的影响　从教育法的表现形式来看,大陆法系国家的教育法是成文法,是一个规范详尽、体系严谨的法律法规系统。如法国,教育法纵向由宪法、教育法律、教育政令、教育部令、教育通告所组成,横向由涉及教育各个领域的单行法律法规组成,内容完整全面,规范细致。英美法系国家的教育法通常由成文法和判例法组成。英美法系国家成文法并不注重法规体系上的严谨性,而是从需要出发,制定若干教育单行法律。它们更重视司法判例的作用。以美国为例,教育立法方面并无多少系统的成文法典,甚至在联邦宪法中也无任何对教育权或受教育权的直接规定,但联邦法院可运用宪法中关于个人自由、平等的法律条款以及正当法律程序等原则,对现实生活中的大量的教育纠纷进行司法审查,确立了大量著名的司法判例。这些司法判例构成美国教育法的重要组成部分,对解决美国教育领域中的法律纠纷,规范人们的行为发挥重要作用。在教育司法审判上,由于大陆法系法律传统严格区分公法和私法,其法院设置也相应地分为民事法院或行政法院,教育法律纠纷必须相应地按其性质分为公法纠纷和私法纠纷,诉诸不同的法院,适用不同的诉讼法律程序予以解决。而英美法系国家不严格划分公法与私法,也无单独的行政法院,在对教育法律纠纷进行司法审查时无需在民事法院和行政法院之间进行选择。法院在司法审查时,对公领域和私领域不作明显、严格的界分,私立学校也需要把宪法上的正当程序原则作为执行其自身惩戒程序制度的指导。

中西方法律文化的差异　即使同属成文法国家,由于国家的政治体制、具体的法律制度、民众的法律意识和观念不同,中国与法、德等国家的教育法在很多方面也存在差异。以教育权的宪法保护为例,在中国,全国人民代表大会是最高国家权力机关,只有全国人民代表大会常务委员会才有权解释宪法,各级法院并无宪法解释权,故法院系统在审判时,不能援引宪法中关于受教育权的相关条款来对当事人提供宪法救济,而西方实行三权分立并相互制衡的政治体制,并且大陆法系许多国家都设有专门的宪法法院,因此可以直接通过宪法的司法化来保护当事人的受教育权利。

中国与西方大陆法系国家在民众的法律意识方面也存在很大差异。中国长期受封建等级制度和儒家礼法文化的影响,在历史上形成以义务为导向的法律文化传统,往往重视群体权利而忽视个人权利,社会规则以确认个人义务为出发点,是一种义务导向的规则体系,权利意识的薄弱性和追求和谐无诉的法律价值观不可避免地影响到教育领域,同教育领域中的师道尊严、注重教师权威的文化传统一起,影响学校教育教学和管理的法治化进程。与之相对,西方在追求权利、自由和正义的法律文化传统的影响下,许多国家都注重对学生合法权利的保护,很多学生也会通过诉讼的形式使自己的受教育权等合法权利获得救济。

不同历史时期法律文化的差异　虽然一国的法律文化受历史和文化传统的影响具有一定的连续性和稳定性,但随着社会政治经济和文化的发展,法律文化中的法律制度和法律意识要素都会随之而发生变迁,教育法的制定、实施和运行也会受到影响。从教育法的产生来看,正是因为近代社会人权法律观念的兴起,才有了各国宪法中对受教育权这一公民的基本权利的普遍规定。近代以来,随着社会政治、经济和文化条件的变化,人们对正义、平等等法律价值的内涵的理解和追求也各有不同,这种法律观念的差异直接影响了教育法领域对平等的受教育权的保护。日本学者认为,东方传统下的社会公众普遍存在"厌诉"心理(避免通过法律来解决纠纷),而随着社会现代化的发展,人们将会更加强烈地意识和主张权利,会将诉讼或审判制度作为实现权利的手段而更加频繁地加以利用,法律在人们生活中的地位将日趋重要。伴随着中国社会现代化进程的逐步推进和社会主义市场经济体制改革的逐步深入,中国公民的平等意识和权利意识大为增强,这对中国的教育法制产生重大影响。如在高等教育领域,20世纪90年代末期实行的高校收费体制改革,导致教育消费意识普遍确立,越来越多的人开始将高校提供的教育视为一种服务,民众权利意识的增强表现在高等教育领域便是对受教育权利的高度重视。教育消费观的确立和对受教育权利的珍视直接或间接地对高校传统的教育教学和管理模式带来冲击,从而造成高等教育领域法律诉讼纠纷的大量产生,也为高校的依法办学营造了良好契机。

中国社会公众的教育法律意识

中国社会主体的教育法律意识具有三方面特点。

其一,公民的教育权利意识有所增强,但不同地区、不同群体之间具有明显的不平衡性。随着教育法制建设的逐步加强和"依法治国"、"依法治教"的不断深入,公民的教育法律意识明显增强,开始利用法律维护自己的正当教育权利和利益。但这种变化具有鲜明的不平衡性,首先表现为由社会经济、文化发展不平衡而造成的地区权利意识的差异,如城市与乡村、东部与西部;其次表现为因群体社会政治、经济、文化地位差异而导致的阶层或人群(社会中上收入阶层与低收入或失业阶层、健康人群与残疾人群、固定居民与流动人群、教育程度较高的高知人群与普通民众乃至文盲半文盲人群)权利意识的差异;再次表现为公民个体与相关群体的权利意识的差异。一般来说,城市规模越大、地区经济越发达,当地公民的教育法律权利意识越强;收入水平较高、受教育程度较高、社会政治经济地位较高的人群,教育权利意识较强,而低收入人群、残疾人群、城市流动人群的教育权利意识较弱;公民个体的教育权利意识较强,而某一特定群体的教育权利意识较弱。

其二,某些地方政府、教育管理机关和学校的教育法律意识尚较淡薄,缺乏正确的权利意识和相应的守法意识。主要表现:由于教育法制尚处于建设时期,"依法治教"、"依法治校"还未完全成为教育主体的自觉、自发要求,政府、教育管理机关和学校对自身权利的认知在很大程度上还停留在传统的行政化教育阶段,对教育活动中教师、学生及其家长的应有教育权利缺乏足够的认识与尊重,侵犯教师、学生权益的现象时有发生;政府、教育管理机关及学校在确认自身权力界限、保护师生合法权益方面存在诸多不足;政府、教育管理机关和学校及在履行自身法律义务方面存在一些认识误区,挪用教育经费、拖欠教师工资、义务教育阶段随意开除学生、体罚和变相体罚等违法现象仍有发生。

其三,社会主体的教育诉讼维权意识逐渐高涨,寻求教育诉讼的主动性显著增强,教育诉讼涉及的范围、内容日益扩展和丰富。主要表现:教育诉讼涉及的范围日益广泛,除受教育权诉讼之外,隐私权,名誉权,培训晋升权,学位授予权,教育中的公正评价权、身心健康权等诸多权利都成为教育诉讼的内容;教育诉讼涉及教育管理机关、学校、教师、学生、家长、相关学术管理机构或团体等教育活动各层面的相关主体,诉讼主体日益多样化。

参考文献

川岛武宜.现代化与法(修订版)[M].申政武,等,译.北京:中国政法大学出版社,2004.

郝维谦,李连宁.各国教育法制比较研究[M].北京:人民教育出版社,1998.

沈岿.谁还在行使权力——准政府组织个案研究[M].北京:清华大学出版社,2003.

夏勇.走向权利的时代(修订版)[M].北京:中国政法大学出版社,2000.

张文显.法哲学范畴研究[M].北京:中国政法大学出版社,2001.

(王　辉　马晓燕)

法律与教育管理(law and educational administration)教育管理的目的、手段、过程、结果等各方面必须体现法律的精神,遵守法律的规范。法律是由国家制定或认可,并以国家强制力保证其实行的行为规则的总和,运用法律对教育进行组织和调控是国家公共事务的重要组成部分。法治对于保证教育管理的规范化和制度化,保障教育事业的稳定发展具有重要作用。教育管理法治化是指为保障教育秩序,达成教育目的,国家通过法律对教育管理关系、教育管理行为和教育发展进行协调、规范和引导的实践过程。

教育管理法治化最早出现在18世纪的一些君主制国家,如弗里德里希二世统治下的普鲁士,运用详细的法律规范管理教育,既无教育自主,亦无学术自由,教会和皇家行政部门监督学校遵守法律规范,这是一种国家管理教育的自然选择。至19世纪,自由主义的兴起对教育产生巨大影响,教育自主、学术自由理念产生,尤其体现在大学教育领域。德国教育家洪堡认为,致力于研究真理的机构必须免于一切外来干预,自由和寂寞能促进大学的繁荣,而繁荣的大学及发达的科学正是国家的利益所在。在柏林大学筹建过程中,洪堡将自治的理念付诸实践,成立以讲座教授为主体的教授会,实行教授治校,开创德国大学发展史上的"洪堡时代"。各国大学以洪堡的自治学说为蓝本,在发展过程中取法于德国,最终确立"大学自治"的历史地位。但这种自治理念使教育管理法治化受到质疑。不少教育家和政治学家认为,教育管理法治化给教育自主和学术自治带来伤害。围绕司法控制和教育自主两种不同的价值取向,教育管理法治化在不同的发展时期徘徊于这两者之间。教育事务的社会公共性质决定了教育管理事务不能独立于法治社会之外,无约束的教育自主权或学术自由权不适宜为公共利益而使用权力和拥有权力的公立教育。不存在绝对的教育自治,教育自治权的享有以不侵犯人权、不触犯宪法秩序或道德准则为前提。在此意义上,伴随现代民主社会的发展,教育管理的法治化势在必行。在教育自治与司法控制之间,国家的设计者和管理者必须根据各国的传统和国情选择一个合适的尺度。

现代教育管理以法治为依归,与法治体现的价值分不开:法治是对社会民主和教育公平的保障;法治是社会正义和公正的体现和保障,其核心在于保护公民的自由和尊严;法治是效率的保障。教育管理法治化贯穿教育管理过程,既涉及国家对教育事业的宏观管理,也涉及学校对学生及教职员工的微观管理。具体表现在国家的教育立法工作加强,教育法律法规系统健全;在依法管理过程中,司法救济介入教育管理争议,发挥约束管理者非法权力、保障被管理者合法权益的作用。由于立法和执法实践相互影响,教育管理的法治化是一个不间断的长期动态变化的过程。

教育行政与教育的国家化紧密相关,是国家权力机构干预教育、政府职能扩大化的结果。在19世纪中叶前,接受教育更多地表现为一种个人事务,与国家的关系不明显,学校或由教会控制,或由自治城市领导,或由学校自治,教育与法律之间并无必然联系。至19世纪末,为适应资本主义工商业发展的需要,各国政府逐步以立法形式将对教育事业的领导权收归国家,强制民众接受一定程度的教育,普及的、社会化的、与现代工业相结合的现代教育应运而生。各国开始通过设立教育行政机构和开展教育立法,控制、领导和管理本国教育事业。通过法律这一高度专门化的社会组织手段对教育事业进行调控和发展,成为各国教育管理的重要经验。

教育管理机构的划分和权限分配主要有三类。一是集中管理教育。即国家设立专门管理教育的政府机构(教育行政机关),有权决定一切教育问题,其控制权延伸至每一所学校,地方权力对教育的影响力较弱。教育行政机关作为国家行政机关的重要组成部分,拥有运用国家权力从事教育行政管理的法定职权。在中国,中央一级的教育行政机关为教育部;地方教育行政机关分为省、地、县三级,各级教育行政机关在各自的法定职权范围内管理教育事业,同时须接受上级教育行政机关的监督和指导。采取集中管理教育的主要原因有国家传统、历史上与教会争夺教育权的需要,民主集中制的影响,为反抗外来侵略及发展本土经济的需要等。二是地方分权管理教育。即中央一级政府或教育行政机关不掌握教育权,不直接干预教育事业,地方政府或教育机关在其管辖范围内,对教育事务拥有完全独立的管理权。中央与地方之间不是领导与被领导的关系,而是指导与协商的关系,如美国和日本。采取分权管理教育的主要原因有国家幅员广阔、差异性明显,具有社区参与教育的传统,政治体制和民主自治观念的影响等。三是中间型。即中央和地方共同合作管理教育行政,典型的如英国。其特点是国家不直接管理教育和设立专门的教育管理机构,由地方教育当局负责设立教育委员会和教育局长,强调地方对教育的管理权,但在教育经费的投入上,国家拨款占地方教育经费总额的60%,其余由地方税收承担。世界各国的教育管理体制受各国具体国情影响,随社会政治、经济的变化而变化。教育管理体制从单一型向综合型转化已成为主流,不论是集中管理型国家还是地方分权型国家,都在相互学习,力图克服单一型教育管理体制的不足。

国家根据宪法或有关组织法设立的教育行政机关主要采取两种行政行为行使职权和管理教育事务,即具体教育行政行为和抽象教育行政行为,二者是具有法律意义的教育管理行为。具体教育行政行为指教育行政机关根据法定的权限和程序,针对违反教育法相关规定的教育行政管理相对人做出的具有法律意义的行为,如教育行政许可、教育行政处罚、教育行政强制执行、教育行政拨款和教育行政督察检查等。抽象教育行政行为指特定的教育行政机关或其他国家行政机关根据法定的权限和程序,制定有关的教育行政法规、规章及文件的行为。与具体教育行政行为针对特定教育行政管理相对人不同,抽象教育行政行为是面向未来不特定的多数人,具有普遍约束力。其主要形式有教育行政文件和教育行政立法。

在教育行政立法上,不同国家监督教育行政机关管理行为的方法不同。一些西方国家认为,每个公民都有权对政府采取法律行动,故法庭作为对政府权力的制衡机构得以介入具体的行政管理问题,具有对政府的监督权。法庭一般不能主动介入具体的教育管理事务,西方的宪政体制要求法院只有在个人或法人(含政治社团)认为政府的非法行为侵害其合法权益并就此向法庭提起起诉时，才能为冲突的解决提供帮助。不同国家对教育管理司法控制的强弱亦不同。在一些欧洲国家，如法国和意大利，虽然宪法规定法庭有对教育行政行为的管辖权，但法庭有自我约束的传统，很少干预教育管理问题。社会主义国家和绝大多数发展中国家的法庭一般不管辖政府事务或管理事务，无权复审和纠正政府的行政管理行为，监督教育行政机关管理行为的主体常是该行政机关本身或上级行政机关。司法介入教育管理，法庭对教育管理案件的判决结果是否对将来的类似案件具有约束力、是否能影响教育管理实践，取决于各国的法律传统。英、美两国法院在审理诉讼案件过程中可以解释宪法和法律，补充提出某种司法原则，形成广泛适用的法律规范，即判例法，作为法律体系的重要部分。而在德、法等大陆法系国家，以往的法庭判决并不会对将来的类似案件具有约束力，判例不是法律体系的组成部分。

宏观教育管理中的一些基本问题涉及教育管理体制的根本性选择，需要国家以法律形式将这些选择稳定下来，以实现国家的教育目的。一是课程大纲问题。教育系统必须为实现一定的教育目的服务，而实现教育目的的基本途径是对课程大纲进行选择和干预。历史上，宗教组织通过管理学校，限定学校以神学课程为主，使教育具有社会宗教定向的功能。在近代政教分离成为世界教育的主流后，国家教育管理面临对国家统一课程管理体制和多元课程管理体制的选择。选择统一的国家课程对学校进行集中领导的模式可使教育系统就课程学习问题达成一致，使每个公民接受基本一致的学校教育，再配合全国统一的考试制度，则可保证全国教育的均衡发展。但这一管理模式不易调动学校及教师改进课程的积极性和主动性，也难以反映各地方对课程的不同需求。选择多元课程管理体制意味着国家和学校必须在思想意识形态的冲突中保持中立，学校课程一般由国家建议课程、地方课程和校本课程组成。这种模式体现各地方对课程的差异性需求，课程的实用导向和职业导向较强，但难以保证各地教育质量的均衡发展。各国课程管理体制正由单一体制向综合体制发展。二是教育财政问题。教育财政是以教育经费为管理对象的行政活动，包括教育经费的来源管理和教育经费的分配、使用管理等。教育经费完全由学生或其家长承担或承担绝大部分，公众或政府不予资助的纯粹的市场体制一般存在于私立学校或大学，而基础教育通常都由国家资助。市场体制难以实现教育公平的社会目标和民主国家的基本理想。与市场体制相对的是福利制度，即教育系统完全由国家组织，所有教育经费由国家税收支付，人人都可接受免费的国民教育。但即便是传统上实行教育福利制度的典范的社会主义国家也已不再由国家提供全部教育经费，为满足社会的需要，国家鼓励各种社会力量对教育投资，公民个人也需承担一定的教

育费用。在教育经费来源多元化的背景下，国家仍是教育经费的主要提供者。市场体制与福利制度的融合是教育财政制度的发展方向。

教育法律法规亦对学校管理具有直接影响，它规范学校管理行为，督促学校在法令许可范围内行事。在学校管理者层面，教育法律法规减少了教育管理决策的复杂性，使组织决策过程规则化，有利于提高管理效率，减少学校管理中的冲突。在学生及其家长和教师层面，教育法律法规是维护自身权利的工具，是对学校管理者管理职权的约束。

学校管理工作的使命是完成学校教育任务，实现培养人才的教育目标。将学校管理工作纳入法制化轨道，是教育管理法治化的必然要求。许多国家早期的公立学校是教育行政组织权力链上的一个组织环节，教育行政部门基本控制了包括国立学校、公立学校和私立学校在内的整个学校系统。尽管近年进行分散行政部门决策权、降低决策集中化程度、给予学校更多的管理自主权的分权化学校管理改革，但政府对学校仍实行宏观控制，立法即是一种宏观管理手段。按照传统的法人分类，国家举办的学校及其他教育机构属公益性法人，私人投资举办的学校属营利性的私法人。有些国家的私立学校也被界定为不以营利为目的的公益性法人。学校的法律地位较复杂，实际具有两种主体资格：在与政府的行政法律关系中，属于行政相对人；在普通的民事法律关系中，则属平权的法律关系主体。传统上，国家不干预学校设置问题，但随着国家行政职能的扩大，为保证学校教育质量，国家以法令形式确立学校设置的条件及程序。学校设置程序一般分为两种，即登记注册制度和审批制度。登记注册制度指教育主管部门仅对申请者提交的申请报告进行书面审核，凡符合法律条件即予以登记注册。世界各国对幼儿园设置多实行登记注册制度。审批制度指教育主管部门不仅对申请者提交的申请报告进行书面审核，而且具体调查学校的设置条件是否符合法律规定和当地教育发展的长远规划等。审批制度较登记注册制度更严格。

以法律规制校长的行为既是防止校长滥用权力，也是保护校长的专业地位。校长的权力在不同国家有不同表现。在美国，小学校长一般具有硕士学位，在人事、教学、财务、后勤等方面拥有较大自主权，包括推荐教师权、选择教材权、教学管理权、经费使用权、发展规划和学校改革权等；在德国，州教育部的学校工作细则明确规定中小学校长的职责主要是个人的教学工作、与家长及教育行政部门的沟通和联系工作，校长不过问分配给教师的任务，不撰写学校工作计划或工作总结，只有当学生或教师出现问题时，才与上级教育行政专员共同进行调查并作出决定。校长管理自主权的大小取决于国家教育管理体制，在中央集权的教育管理体制下，校长的管理自主权相对较小；在地方分权的教

育管理体制下,校长的管理自主权相对较大。各国的文化传统、教育改革发展方向等都影响校长的管理自主权。

在大多数国家,教师的法律地位不清晰。各国私立学校教师均为雇员身份,而公立学校教师身份因国而异。日本和法国的公立学校教师是国家公务员,享有公务员的各项权利以及作为教育者的各项特殊权利,如教员会议权、学术自由等;德国公立学校的兼职教师和未达到公务员任命条件的专职教师被认定为公职雇员,不享有公务员教师特有的权利,如听证权、申诉权等;在中国,教师被界定为专业人员;英国和美国公立学校的教师兼具雇员和公务员身份,可作为雇员签订个人工作合同,约定其权利和义务,亦可作为公务员享有法律规定的各项权利,并在集体谈判和罢工问题上受到比一般雇员更严格的约束。相对于学生,教师是管理者,具有管理学生的教学管理权,但行使教学管理权须以不侵犯学生合法权益为前提;相对于学校和教育行政机关,教师是被管理者,有履行教育教学的基本义务。知识生产的复杂性和特殊性要求法律赋予教师学术自由权等专业权利,这反过来又对学校和教育行政机关的管理权形成制约。故教师的权利和义务具有双重性。教师的权利:在教育教学活动和科学研究中具有学术自由权;在指导学生学习和发展、评定学生品行和成绩方面具有专业自主权;获得工作报酬、享受福利待遇、参加培训进修等权利。教师的义务:完成教育教学工作;遵守法律和教师职业道德;尊重学生人格,促进学生健康发展;制止对学生行为有害的或其他侵犯学生合法权益的行为。1966年,联合国教科文组织和国际劳工组织通过的《关于教师地位的建议》明确提出,教育工作应被视为专门职业,教师必须具备经过严格并持续不断的研究才能获得并维持的专业知识及专门技能。这一建议为大多数国家所采纳,教师被引向更专业化的组织,教师职业更具专业性。为加强教师管理的科学性和规范性,许多国家以法律形式明确了教师资格制度、教师职务制度和教师聘任制度。

学生是学校及其他教育机构中的接受教育者。历史上,学生与教师之间的关系不平等,教育活动中,学生被作为教师管束的对象,必须服从教师。近代以来,学生与教师的关系发生巨变,学生被视为独立的、有自我意识和人格尊严的国家公民,教师不再是权威,而是与学生平等的伙伴、指导者或帮助者。尊重学生权利,视学生为有独立地位、有主体意识和需要的个体是现代民主社会的基本要求。传统师生关系的改变带来学生法律地位的改变,法律关系中主体双方所享有的权利和履行的义务决定了学生享有与教师平等的法律地位。作为教育活动的参与者,学生和教师都是教育法律关系的主体,而非客体。学生的基本权利是教育法律法规赋予学生的在教育活动中享有的权利,包括:受教育权,如参加教育教学计划安排的各种活动,使用教育教

学设施、设备、图书资料等;按照国家有关规定获得物质帮助权,如申请奖学金、贷学金、助学金等;获得公正评价与相应证书的权利,包括在学业成绩和品行上获得公正评价,完成规定学业后获得相应的学业证书、学位证书的权利;法律救济权,对侵犯其人身权、财产权等合法权益的行为提出申诉或提起诉讼的权利。学生的义务是学生依照教育法及其他有关法律法规,在参加教育活动中必须履行的义务。根据学生的年龄,学生分为无民事行为能力人、限制民事行为能力人、完全民事行为能力人,其具体义务在法律上有明显差别,但都具有基本的教育义务:遵守法律法规及学生行为规范;遵守纪律,服从学校管理;努力完成学业。

参考文献

陈孝彬. 外国教育管理史[M]. 北京:人民教育出版社,1996.

哈特. 法律的概念[M]. 张文显,等,译. 北京:中国大百科全书出版社,1996.

McCarthy, M. M., Cambron-McCabe, N. H. & Thomas, S.B. Legal Rights of Teachers and Students[M]. 4th ed. New Jersey: A Pearson Education Company, 1998.

(茅 锐)

法约尔理论与教育管理(Fayol's principles and education administration) 19世纪末20世纪初西方古典管理思想的主要代表、法国管理学家法约尔提出的管理理论及其在教育管理中的运用。法约尔长期担任公司高级管理人员,在实践中形成其管理思想和理论,1916年出版总结其一生管理经验和思想的著作《工业管理与一般管理》,被誉为"法国科学管理之父",是行政管理理论的开拓者。法约尔提出管理的5项职能和14条原则。他将企业的全部活动分为6项,即技术活动、商业活动、财务活动、安全活动、会计活动、管理活动。其中,管理活动处于核心地位,企业本身需要管理,其他5项活动也需要管理。管理具有5项职能:计划、组织、指挥、协调和控制。计划指制订行动计划,法约尔认为预见是管理的基本部分,拟定行动计划的依据是企业的资源、正在进行的工作的性质和重要性、企业发展趋势,应随时间的推移和条件的改变拟定完整的计划系列,尤其强调长期计划的重要性。好的计划具有统一持续性和灵活性。组织是指为企业的经营提供必要的原料、设备、资本和人员,包括物质组织和人员组织,在获得必要的物质资源后,人员组织就能进行企业的所有经营活动。组织机构中职能的增加会导致管理层级的增多,对组织的管理是将管理的层次控制在最低限度。法约尔重视组织图的作用,据此把组织看作一个整体,明确分配任务和划分责任。指挥是指发挥社会组织的作用,法约尔要求指挥人员充分了解下属,淘汰不胜任者,通晓约束企业和雇员的协

议,做好榜样,使下属保持团结一致、积极工作等。协调是指企业各部门间的和谐配合与协作。控制是指证实企业各项工作是否符合计划,根据事先确定的标准或因发展需要重新拟定的标准对工作进行衡量和评价,确保计划的准确执行并得到及时修正。法约尔归纳了 14 条管理原则,并认为原则不是固定不变的,管理者在实际运用中需要根据智慧、经验和判断来掌握尺度。(1)劳动分工原则。分工可提高人们劳动技能的熟练程度,从而提高劳动效率。适用于技术工作和管理工作。(2)权力与责任原则。权力分两类:由领导者的职位和职务决定的正式权力;由领导者的智慧、经验、精神道德等个人品质和素质决定的个人权力。出色的领导者应将个人权力作为正式权力的补充。权力与责任相互联系,在行使权力的同时必须承担相应的责任,有权无责或有责无权都是组织上的缺陷。应建立有效的奖励和惩罚制度来贯彻权力与责任原则。(3)纪律原则。纪律是管理所必需的,是对协议的尊重,组织内所有成员通过各方达成的协议对自己在组织内的行为进行控制。严明、公正的纪律对企业的成功极为重要。(4)统一指挥原则。组织内的每个人只能服从一个上级并接受其命令,违背这一原则会形成双头或多头领导,造成混乱。(5)统一领导原则。一个组织中目标相同的活动只能有一个领导、一项计划,这是统一行动、协调组织中一切力量和努力的必要条件。(6)个人利益服从集体利益原则。个人和小集体的利益不能超越组织利益,当发生矛盾时,管理者必须设法使二者一致。(7)报酬原则。报酬与支付方式要公平,给予雇员和雇主最大可能的满足。(8)集中原则。这涉及管理中的集权和分权程度问题,权力的集中和分散是一个尺度问题,应根据组织的具体情况决定能产生最大收益的集中程度,组织规模、领导者与被领导者的能力、工作经验和环境特点是影响集中程度的主要因素。(9)等级原则。等级制度是从最高权力机构到基层管理者的领导系列,应在管理机构中建立从最高一级到最低一级的关系明确的职权等级系列,作为执行权力的线路和信息传递的渠道。贯彻等级原则有利于组织加强统一指挥原则,保证组织内的信息畅通。(10)秩序原则。包括物品的秩序原则和人的社会秩序原则,前者是将每个物品放到应放的地方,后者是使最合适的人处于最合适的位置。(11)公平原则。法约尔区分了公平和公道,公道是实现既定的协议,公平由善意和公道产生,在公道的基础上,上级要对下属仁慈、公平,使下属对上级表现出热心和忠诚。(12)保持人员稳定原则。人员的稳定对于正常开展工作、提高活动效率很重要,要充分发挥个体的能力,就要让个体在某个工作岗位上相对稳定地工作一段时间,熟悉工作及环境,取得他人的信任。但人员的稳定是相对的,企业应掌握合适的人员稳定与流动的尺度。(13)首创精神原则。人在工作中的创造性和主动性是组织内各级人员工作热情的源泉,管理者要在贯彻纪律原则、统一指挥原则和统一领导原则的同时,有分寸、有勇气地激发人的首创精神。(14)团结精神。全体人员的团结是企业的巨大力量,必须维护和保持每个集体中人与人之间团结、协作、融洽的关系。法约尔认为这 14 条管理原则适用于一切管理活动,但它们并非一成不变,管理者要运用经验和智慧来把握尺度。法约尔和泰罗均是古典管理思想的代表,法约尔的理论更强调将管理置于中心,主张不同组织的管理过程中具有相同的要素。法约尔的一般管理理论成为管理过程学派的理论基础以及其后各种管理理论和管理实践的重要依据,深刻影响管理理论的发展和企业管理历程。古利克和厄威克等人继承和发展法约尔的理论,于 20 世纪三四十年代提出"管理七职能说",即计划(planning)、组织(organizing)、人事(staffing)、指挥(directing)、协调(coordinating)、报告(reporting)和预算(budgeting),简称"POSDCoRB 理论"。

法约尔的一般管理理论契合 20 世纪初期教育发展的需要。在工业革命和资本主义政治变革的推动下,发达国家建立学校,普及初等和中等教育,出现教育规模的扩张。产生于机器化大生产的一般管理理论适应教育规模扩张的需要,并因其所称的普遍适用性被迁移运用于教育管理,具体表现在四方面。首先是强调学校组织与其他类型组织的共性,以及一般管理理论的通用性,认为学校组织同商业组织、政府部门等其他类别组织之间的共性大于个性,都具有相同的管理职能,管理的普遍原理和原则可运用于包括学校在内的所有组织。其次是强调教育管理以管理职能为中心,在确定教育目标后,教育管理要通过实施计划、组织、指挥、协调、控制等各项管理职能达成教育目标,管理职能的实施构成教育管理工作的中心内容。再次是通过设计组织结构、制订规章制度、安排奖惩激励机制来实现教育管理职能。组织结构是组织中任务单元的分解、组合、结构的体现,在一般管理理论指导下,教育管理中任务单元的分解一般以职能为依据,如将教育活动中的人员按教学、服务、行政管理等职能划分成各部门,在教学人员中,按照所教授科目再划分部门等。任务单元的组合和结构表现为垂直层面的指挥控制关系和水平层面的隔离关系。在垂直层面,上级对下级实施指挥与控制;在水平层面,任务单元间的联系并不紧密,其沟通协调依赖于各任务单元的自主完成。规章制度和奖惩激励机制是对教育组织中人的行为的规定、约束与指导,如教育部门各类人员的岗位职责、工作目标、行为规范等规章等,体现指挥和控制的需要。最后是在具体的教育管理实践中,管理者应灵活运用管理原则。

一般管理理论主要是对工业化早、中期工商业管理经验的总结。机器大规模生产的工业化特征必然要求并产生以强调分工、规模化、标准化、计划性和层级控制等为特征的管理理论,一般管理理论即适应了生产规模扩张的需求。规模化、标准化工业生产的发展需要教育培养大批标准化人才,导致教育规模的扩张以及将一般管理理论运用于教育管理。但直接将一般管理理论运用于教育管理不甚适宜,因学校组织不同于工商业机构:学校组织的目标难以确定,涉及培养学生的个性、素质和服务于社会政治、经济、文化等多方面功能的实现,并会随社会发展而变化;学校组织的目标难以衡量;教育管理中的学生不是被加工和被控制的客体,而是教育过程中的主体,任何教育影响均不可能以产品生产的模式强加给学生;教师的劳动是一种专业性劳动,具有自主性和专业性,很难通过组织层级、规章制度等加以管理控制;学校处于复杂的包括家长、社区、地方和国家机关、政治团体、压力团体等在内的社会网络系统中,包含经济、政治、文化等众多复杂因素。由此,以目标、计划、层级、控制等为导向的一般管理理论在教育管理中的应用颇受限制。伴随工商业实践的发展,一般管理理论逐渐被人际关系理论、行为科学等理论超越;教育实践中,标准化人才培养的模式被扬弃,培养学生的个性和创造性逐渐成为教育的主导价值。20世纪60年代后,教育管理领域出现"理论运动",形成适合教育自身特点的教育管理理论,而不是照搬工商业等领域的管理理论成为教育管理理论和实践发展的特点。在此影响下,教育管理中的一般管理理论逐渐被超越和扬弃。

（郑春光）

法制教育（legal education）　　法治国家对公民进行以民主法制观念和基本法律知识为内容,以培养和提高公民法律意识和法律素质为核心的教育。在中国是推进依法治国方略实施、建设社会主义法治国家的一项基础性工作,是构建社会主义和谐社会的重要手段,同时也是公民素质教育的有机组成部分,是公民人格教育的基本内容。

法制教育的目的是在公民了解、懂得基本法律知识的基础上,培养他们的法律意识,形成正确的法律思维方式,使全体公民对法律具有强烈的认同感和归宿感,敢于同违法犯罪行为作斗争,自觉遵守法律,维护法律的尊严与权威,其终极目标是使受教育者树立坚定的法律信仰和良好的守法品格。美国法学家伯尔曼认为,没有信仰的法律将退化成为僵死的教条,法律必须被信仰,否则它将形同虚设。法律信仰是法律意识中的高层次意识,只有树立法律信仰,将法律视为至尊,才会产生守法、护法的内在动力。对物质性法律制度过分关注而对精神性法律信仰忽视,会造成人们法律工具主义意识的强化,将法律简单地理解为实现一定社会目标的工具和手段,淡化法律内在价值,忽视法治的精神意蕴,其直接后果是导致公众对法律的冷漠、厌恶、规避与拒斥,而不是对法律的热情期盼、认同和参与,法

律与社会公众之间便自然地呈现出一种内在的紧张关系,法律与社会公众生活难以融合,法治便从根本上丧失了其存在的根基。法制教育通过培育公民的现代法律观念和意识,在民众中树立一种神圣的法律情怀,一种发自内心的对法律的真诚信仰,使人们对法律产生归属感和依恋感,心悦诚服地接受法律,并养成守法的品格。法制教育在培育全体公民的主体意识、权利意识、参与意识、平等意识、宽容态度、义务责任和理性精神等方面也发挥重要作用。

法制教育作为对全体公民进行的教育,受教育对象极为广泛,而且由于公民的文化程度、职业、社会地位和所担负的社会责任不同,所处地区经济发展水平各异,对法律的认识、了解和接受程度也不一样,因而法制教育的内容、要求也就不完全相同,不能按照同一标准进行,法制教育应体现出层次性和差异性,突出实效。其内容一般涉及以下几个方面:一是关于现代法的精神和法治观念方面的知识,主要是法的概念、价值、功能和作用,法律上的权利和义务,现代法律意识和法治精神等。旨在使公民知道,法律是社会秩序和安宁的基本保障,是实现社会正义的工具体系,也是公民权利的实现和保障的重要手段。二是一国法律体系的基本架构,国家主要法律的基本内容。使公民了解社会生活的基本行为规范,公民在社会生活中的基本权利和义务,哪些行为是受法律保护的,哪些行为是被法律否定和反对的,以及如果实施法律禁止的行为可能带来的法律后果。三是当公民的权利受到侵害或受到社会或他人不公正对待时,或遇到麻烦或者发生纠纷时,应当如何寻求法律保护,如何通过法律途径解决。这些知识为公民通过法律解决纠纷,保护其权利创造了条件。

法律是通过国家最高权力机构制定的,各国都有其法律体系。由于历史与现实的原因,中国不可能走"自然演进型"的法治道路。在中国,社会主体的权利意识和法意识的生成与扩张除依靠市场经济培育外,在很大程度上必须依靠政府对权利观、法治观的弘扬和推动。"普法教育"即为典型的一种政府自上而下对法律的普及、宣传和推动工作。为了推动这项教育,一是要对普法的方式方法进行改革,特别是改掉那些形式主义的东西,并在总结经验教训的基础上,开拓新思路,研究新对策,使法制教育达到最佳效果。二是从思想上对法制教育的长期性和艰巨性有一个充分的认识,要坚持不懈,为依法治国,建设社会主义法治国家创造良好的基础。三是在推进全民普法教育的过程中,重点抓好领导干部、公务员、青少年、企业经营管理人员和农民的法制宣传教育。要针对不同对象的不同特点,贯彻分类指导和分类教育的思想,这样才能收到实效。四是要充分发挥和利用法学教育、法学研究、大众传媒和司法实践在普法教育中的特殊作用。五是把社会教育、学校教育、家庭教育、自我教育有机地结合起来,发挥整体教育的作用,形成

法制教育的合力。

法制教育是学校教育的重要内容,通过课程(品德课、社会课和政治理论课等)和课外活动来进行。

(李玉璧)

反思性教学(reflective instruction)　教师主动研究解决自己教学中存在的问题,不断提高教学质量的教学方式。表现为,教师借助行动研究,不断探究与解决自身和教学目的以及教学工具等方面的问题,将"学会教学"与"学会学习"统一起来,努力提升教学实践合理性,使自己成为学者型、反思型教师的过程。

反思性教学的历史发展　反思性教学思潮是20世纪80年代从美国、英国等西方国家兴起的,他们从杜威那里找到理论源头,并从认知心理学、批判理论、后现代主义等思想流派里吸收丰富的营养,充分发展为新的教学思潮。思想渊源萌发于20世纪初、流行于第二次世界大战后的反思之风,先后影响元哲学、元科学、元数学、元物理学和元教育学等的研究。杜威在《我们怎样思维》(1910)中,论述了反思性思维与教学过程之间的关系,提出教师是反思性教学的实践者,是课程建设和教育改革中的专业人员,开了反思型教师研究的先河,为人们理解反思性教学提供了基础。此后,特别是20世纪80年代以后,一些具有反思性质的理论,如批判性理论、发展性理论和后现代主义理论用于教育实践,激起了有关通过教师研究自己的情况,促进教师对自己的行为原因与结果的大量思考,关于反思的讨论,在欧美的教师教育界形成了一股重要思潮。"反思性实践"、"反思性教学"、"教师即研究者"、"反思型教师"、"研究为本"或"探究取向"的教师教育这样的词语不断地出现在教育文献中。"反思型教师"成为理想的教师类型。

反思性教学的特征　反思性教学与按照教材或上级的要求等按部就班进行的操作性教学相比,至少有三点本质区别。(1)反思性教学以探究和解决教学问题为基本点。反思性教学不是简单地回顾教学情况的教学,而是教师发现教学中存在的问题与不足,根据解决问题的方案组织教学内容,通过解决问题进一步提高教学质量的教学。与操作性教学仅求"完成"教学任务不同,反思性教学千方百计追求"更好地"完成教学任务。仅要求"完成"教学任务的操作型教师,通常只想了解自己教学的结果,因此喜欢问"怎么样";反思型教师不仅想知道自己教学的结果,而且要对结果及有关原因等进行反思,因此总是问"为什么"。这种追问"为什么"的习惯,往往促使反思型教师增强问题意识和"解题"能力。这样一来,反思性教学就具有较强的科学研究的性质。反思性教学的教师不机械地按照教材或上级的要求按部就班地行事,而是在领会教材的基础上重点解决教学中存在的问题,并在解决问题的过程中使教学过程

更优化,取得更好的教学效益。(2)反思性教学以追求教学实践合理性为动力。一方面,人们之所以要反思,主要是为进一步改进教学,即向更合理的教学实践努力。另一方面,通过反思可以发现新问题,进一步激发教师的责任心,使教师在不断改进教学的过程中,把自己的教学实践提升到新的高度。这与操作性教学形成鲜明对照。在大多数反思性教学专家看来,操作性教学是教师凭自己有限的经验进行的简单重复的教学实践。如此实践的教师通常称为经验型教师。(3)反思性教学是全面发展教师的过程。反思性教学不仅像操作性教学一样,发展学生,而且全面发展教师。因为当教师全面地反思自己的教学行为时,他会从教学主体、教学目的和教学工具等方面,从教学前、教学中、教学后等环节获得体验,使自己变得更成熟起来。因此,反思性教学是把要求学生"学会学习"与要求教师"学会教学"统一起来的教学。由于反思性教学以"两个学会"为目的,因此,它既要求教师教学生"学会学习",全面发展学生,又要求教师"学会教学",自身获得进一步发展,直至成为学者型教师。

反思性教学的过程与方法　由于要解决的具体问题不同或人们认识上的差异,人们对反思性教学过程的描述不一,比较流行的表达反思性教学过程的类型模式也很多。美国明尼苏达州圣保罗市圣托马斯大学教育学教授布鲁克菲尔德大力倡导教师成为批判反思型教师。他认为,在批判反思型教师开始踏入批判反思旅程的时候,教师就有了"四个镜头",通过它们教师可以观察、批判和反思自己的教学。这四个镜头是:我们作为教师和学习者的自传,我们学生的眼睛,我们同事的感受,理论文献。通过这些不同的镜头来观察自己的实践,教师就会对自己持有的扭曲的和不完整的假定产生警惕,并对它们作进一步审查。中国的教育研究工作者提出包括"录像反思法"、"对话反思法"、"教学反思法"等在内的一系列的完整的反思训练方案,在大量的实验学校的中小学教师应用后,收到良好的效果,对提高教师的专业能力起到促进作用。其中,教学反思法又划分为三种类型。一是内容反省,指从认知层面上去了解假设或问题本身。例如,教师可以问自己,我的教学信念是什么?家长对孩子的学习有何看法?从过去的经验中学到了什么?二是历程反省,指通过与他人讨论或是反省的方式来思考这种想法与价值观。例如,教师可以问自己,我为何选择教师职业?社会对教师的看法如何?如何才能获得最新的信息?三是前提反省,指对问题的前提进行反思。例如,教师问自己,为什么我要质疑自己的教学行为?为什么他人的看法是重要的?为什么我要了解新的信息?教学反思的具体方法很多,主要有以下几种形式。(1)详细描述。教师相互观摩彼此讲课,并描述他们观察到的情境,然后再与其他教师相互交流。(2)专业发展。是学校利用反思的方法支持和促进教师发展的一种方式。例如,来自不同学

校的教师聚在一起,首先提出课堂发生的问题,然后共同讨论解决办法。最终形成的解决办法为所有参加的教师及其所在学校的教师共享。(3) 行动研究。指教师对在课堂上遇到的问题进行调查研究。这不仅在改善教学实践上有重要作用,而且有助于在整个学校教师中间形成一种调查研究的氛围。(4) 模拟与游戏。指通过模拟情境或电脑的虚拟情境使人对事情产生不同的观感,或由不同的角度来发现问题。(5) 成长史与自传。通过访谈教师本身、访谈同事、教师自己写下意见、教师写下的意见给同事来分析等方式,协助教师了解自己的改变历程。这种方式可以使教师更好地认识自己,有效地提高自我意识。(6) 接触新知。指通过书籍、演讲、讨论等来获得与个人过去不同的想法、价值观。当教师接触到的新知与以往越不相同时,越容易提高个人的自我意识。(7) 反思日记。将自己的生活和工作上的问题反映在日记上,通过日记的撰写与分析,同样可以激发我们进行批判的自我反省。

反思性教学的作用与困难　实验证明,反思性教学对提高教师与学生的反思意识和能力有一定作用:教师解决教学问题的能力普遍增强,尤其是设计研究方案与撰写研究报告和论文的能力得到较大发展;大多数学生的学习成绩有变化,说明反思性教学有利于提高学生的学业成绩。但反思性教学也存在不少困难,其主要困难有:有的教师对反思性教学抱有偏见,甚至有心理障碍;反思性教学需要教师有更多投入,难度较大;反思性教学本身尚需完善,如至今没有形成区别于操作性教学的评价体系,因此难免对反思性教学的真实情况缺乏准确反映。

反思型教师　与传统的经验型教师相比,学者认为反思型教师在认知、情感、意志等方面,都表现出一些特质。英国教育家斯腾豪斯强调"解放"在教师专业化中的重大意义,对把教育视为机械地传递文化的趋向和"遵照执行"的教学观提出了严厉批评,主张"教师成为研究者",认为反思和研究是通向"解放"、实现教师专业自主的有效途径。英国教育家 J.埃利奥特更多地使用"教师成为行动的研究者"的概念来表达发展教师专业能力的期望。在长期的研究中,J.埃利奥特发现,教师改变教学策略的行动先于理解力的发展,即"以行促思"。他认为,教师可以在教学实践过程中进行有关教育理论的研究,使研究与行动合二为一。教师专业化运动的进展使 J.埃利奥特的"以行促思"模式广受中小学"校本培训计划"的欢迎,教师"行动研究能力"的发展也成为校本培训计划中一项重要的内容。澳大利亚学者凯米斯则进一步强调"解放性行动研究"的集体性、共同性价值。显然,在他们看来,"做中学",在教学中反思和探究,在反思和探究中教学,是教师实现专业化发展的有效途径。没有反思的经验是狭隘的经验,至多只能形成肤浅的知识。如果一个教师仅仅满足于获得经验,而不对经验进行深入

思考,不将经验升华到理性认识的高度,这些经验就永远不能真正发挥作用。同时,教师的知识结构是非常复杂的,学科知识、教育专业知识和教育情境知识之间也存在着千丝万缕的联系,任何教师都应该在对自身知识进行反思的基础上,具有一种对教学的反思能力,来组织和重构自己的知识结构,以提高自己的整体素质。

参考文献

熊川武.反思性教学[M].上海:华东师范大学出版社,1999.

熊川武.论反思性教学[J].教育研究,2002(7).

（刘　捷）

反省认知(metacognition)　一译"元认知"、"后设认知"、"原认知"。指个人对自己的认知过程、结果和影响因素的意识和监控。它比认知高一层次,对认知起调控作用。metacognition 是由 meta 和 cognition 构成的合成词。cognition 在哲学中译作"认识",在心理学中被译作"认知"。meta 有"在……之后"、"超越"等意思,故将 metacognition 译作"反省认知"比译作"元认知"更通俗易懂。

反省认知思想在中国古代已有。公元前 500 多年的老子说过,"知人者智,知己者明"。孔子说,"吾日三省吾身"。《学记》中说:"学然后知不足,教然后知困。知不足,然后能自反也;知困,然后能自强也。"这些话中都包含反省认知思想。

20 世纪 60 年代初,美国心理学家 J. T. 哈特在斯坦福大学撰写的关于"知晓感"(feeling of knowing)的博士论文,开反省认知研究之先河。此后不久他在"记忆与监控过程"的研究报告中详细介绍了一系列研究数据和结果,指出记忆监控过程是人类最重要的但又了解得最少的方面。1971 年美国心理学家弗拉维尔提出反省记忆(metamemory)概念。他认为,记忆有容量、策略过程、非策略过程和反省四个相互关联的方面。反省记忆指个人对自己的记忆过程、结果和条件的了解和监控。20 世纪 70 年代中期,他把"meta"的思想延伸到整个认知领域,提出"反省认知"概念。1980 年前后,反省认知思想进入专家与新手比较研究。研究表明,专家的反省水平高于新手。1985 年斯腾伯格把这一概念引入智力研究。在他的三元智力理论中,反省成为智力的核心成分。

反省认知的构成成分

一般认为,反省认知包括反省认知知识、反省认知体验和反省认知监控三个方面。

反省认知知识,包括对个人、任务和策略三方面的知识。(1) 关于个人因素的反省认知知识,具体又分三个亚类:关于个体的差异的认识,如关于自己兴趣、爱好和能力

强弱等方面的认识;关于个体间差异的认识,如知道个体间在知识和能力方面的差异;关于人类认知的普遍特性的认识,如知道理解有不同水平,知道人的能力可以改变等。(2)关于任务的反省认知知识,知道材料的性质、材料的长度、材料的意义性、材料结构特点、材料的呈现方式、材料的逻辑性等对学习难易的影响。(3)有关学习策略及其使用的反省认知知识,如记忆不同的学习材料要使用哪些不同的记忆策略等。

反省认知体验,指伴随认知活动的认知或情感体验。如熟悉感或不熟悉感;认知活动成功或失败感;遇到问题时的容易或困难感。这类体验有的可以言语陈述,有的不能言表。

反省认知监控,监控包含监测和控制两方面。监测是信息自外至内反馈的过程,如在阅读过程中监测自己是否理解;控制是信息自内向外的过程,如发现自己未理解阅读材料时控制自己的阅读速度,采用重读、划线或查词典等策略性活动保证阅读理解的实现。

按广义知识分类理论,反省认知包括三类知识:(1)关于学习者自身的知识,如自身学习特点和优缺点的知识;影响学习的因素的知识以及完成某项任务所需要的技能策略和资源的知识。这些是知什么的知识,属于陈述性知识。(2)如何运用策略或步骤的程序性知识。(3)知道在什么时候适当运用策略和为什么运用策略的条件性知识。所以,反省认知就是策略性地运用陈述性知识、程序性知识和条件性知识去完成任务,达到个人的目标。

意识的记忆监控模型

美国心理学家纳尔逊等人1990年提出的意识的记忆监控模型有助于理解反省认知的心理机制。他们区分了认知加工的两种水平:反省认知水平和客体认知水平。这两种水平之间有监视和控制两种主要关系(见图1)。

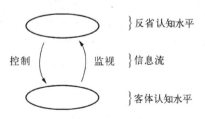

图1　两种认知加工水平

监视指信息从客体认知水平流向反省认知水平,改变反省认知水平的判断;控制指反省认知水平向客体认知水平提供信息,进而改变客体认知水平的加工状态或加工过程。在学习前,学习中保持和回忆时反省认知的监视和控制,具体如图2所示。图2中间部位的矩形框表示记忆的三

个基本阶段,其上是监视成分,其下是控制成分。

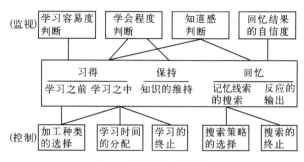

图2　意识的记忆监控模型

习得阶段分为"学习之前"和"学习之中"两个子阶段。习得阶段监测分前瞻式和后顾式两种方式。前者指预先对将要发生的反应的自信判断;后者指事后对先前发生的反应的自信判断。根据要监视的对象不同,前瞻式又可细分为三种类型:学习之前进行的学习容易度(ease of learning,简称 EOL)判断,主要是对那些从未学习过的材料的难易度判断;学习之中或之后的学会程度判断(judgement of learning,简称 JOL)和眼前学习材料在未来测验中操作程度的预测;学习之中或保持期间的知道感(feeling of knowing,简称 FOK)判断,即判断眼前的一个不能回忆的特定项目,自己是否确实知道,或在其后的保持测验中能否再认。在学习之前,学习者需要依据学习标准作出学习难易度判断以及优先选择加工方式判断,然后再作出学习时间分配的最初计划。在学习中的反省认知监控的主要任务是调节学习者的计划和学习行为。

保持阶段监控的主要任务是确保已习得的知识不会遗忘。学习者根据学会程度的判断,分配复习时间和选择复习策略。如果习得阶段掌握程度差,则分配复习时间可能早而长;如果习得阶段掌握程度好,则分配复习时间可能晚而少。

回忆阶段包括记忆线索的搜索和反应的输出。此阶段的监控表现在,学习者根据知道感判断,作出开始或终止搜索的判断。在回忆一个项目前,学习者快速地进行知道感判断,而人能准确地完成此判断。当人不愿意再搜索时,回忆过程终止。

在认定回忆出来的项目是否输出时,该模型认为,人先从长时记忆中回收一个项目,然后进行是与否的再认判断(自信判断)。如果学习者回收了某个项目而且这个答案似乎是正确的,那么这个答案就会被判断为达到了"自信阈限值",学习者会输出该答案,否则,会否定该答案。

反省认知发展和差异研究

儿童最初认识外部世界,随着年龄增长和对外部知识

增加,逐渐认知内部世界。反省认知概念提出以后,激起有关反省认知发展的许多研究,但总的来说,这些研究比较零散,缺乏系统整理,主要的研究涉及记忆领域。

关于反省记忆知识发展的研究　美国心理学家弗拉维尔等人对学前及小学一、三、五年级儿童进行了一次用谈话法的研究。谈话中包括6个假定记忆情景和一些简单的记忆方法,结果表明:(1)学前和小学一年级儿童表现出对"学习"、"记忆"、"忘记"和有关其他简单记忆词句的理解;偶尔也能意识到无意义的项目(如电话号码)会很快被忘记;可以直觉地感觉到,曾学习过又忘记的事物,重新学习时会更容易;感到学习时间多有利于学习和回忆,而较多学习材料学习要困难一些。(2)三年级和五年级对记忆和影响记忆的因素有更多和更清晰的知识,高年级学生能认识多个项目间的联系对项目的可回忆性影响。(3)儿童反省记忆知识的习得与发展可能存在年龄阶段性。研究数据表明,学前和小学一年级儿童之间的反应没有明显变化,但一年级和三年级、三年级和五年级之间则有明显变化。这也许表明反省记忆知识的早期发展存在关键期。

关于儿童记忆能力的自我评价发展的研究　弗拉维尔及其同事向儿童和成人呈现一组卡片。以每张1秒的速度呈现,测量被试的记忆广度(即短时记忆容量)。结果表明,成人对自己的记忆广度估计相当正确,估计值为5.9,实际测到的记忆广度为5.5。幼儿(N)、学前儿童(K)、二年级和三年级小学生的自我估计值和实际值相差很大(见图3)。这一研究表明,年龄越小的儿童越缺乏自知之明。从学前期到小学入学后,反省认知有较快发展。

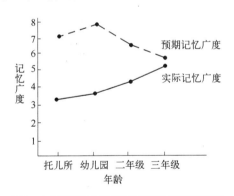

图3　4个年龄组儿童预期的和实际的记忆广度

关于记忆监控能力发展的研究　弗拉维尔等人1970年研究表明,幼儿园儿童和小学低年级儿童对自己的记忆不能监控,如研究中给予一些任务让他们学习,直到已经记住所有项目为止。学前儿童和小学低年级儿童认为自己已经记住了,但要求回忆时他们回忆不出。而小学高年级学生则能回忆出所有项目。

美国心理学家A. L. 布朗和S. C. 劳顿1977年的一项研究表明,轻度认知障碍儿童有一定的知晓感,而且这种能力

随着年龄增长而发展。例如让小学一、三、五年级儿童学习两组词,一组有概念联系,另一组无联系。结果表明,一、三、五年级的记忆都存在类别效应,即有意义联系的词记忆效果好,而无意义联系项目记忆效果差。而且随着年级增长,他们越能解释"为什么归类会使成绩好"。就是说,归类策略的控制随年级增长而发展。李景杰1989年研究指出,认知监控的发展在13岁和15岁出现两个高峰。

关于反省认知个别差异的研究　这类研究主要以专家与新手之间的比较进行。研究表明,任何工作中的新手不仅表现出缺乏完成任务的必要技能,而且还表现出对行为缺乏自我意识的参与和智力上的自我调节。对这一现象的解释是:新手因操作不熟练,记忆容量受到限制,无法进行反省认知活动。例如,在一实验中让4岁和5岁儿童挑选玩具。当玩具较少时两组儿童都能很好地完成任务。但玩具数目增加之后,4岁儿童完成的任务下降。年龄较大儿童更能对他们选择提供适当理由。这说明减少活动对信息加工容量的占用增加了反省认知活动的可能。

另一些研究表明,处于同样发展水平的学生之间在反省认知方面存在着巨大差异,而且这些差异似乎与一般智慧能力无关。事实上较高的反省认知技能可以补偿较低水平的能力。所以,反省认知对于在学校学习中有困难的学生十分重要。

反省认知训练研究

反省认知训练的有效性研究　训练有效性可以从保持和概括(或迁移)两方面考虑:(1)可保持性研究。A. L. 布朗等人1978年向6岁和8岁儿童呈现10张系列图片,要求他们预测自己将能回忆多少个项目并参加实际的回忆测验。结果,年龄较大的儿童中有31%和年龄较小的儿童中有21%的估计误差不超过2个项目。接着把两个年龄组的儿童各分成两组,各有一组参加反馈练习:每次预测和回忆之后,将预测和回忆的实际成绩告诉被试。另两个组不参加这样的反馈练习。训练结束后,分别于一天、两周和一年重做记忆广度预测实验。结果,年龄较小的儿童在训练一天后的测验中成绩有所提高;年龄较大的儿童不仅一天后有提高,而经过一段时间以后能保持较好,甚至一年后还有56%的被试的估计误差不超过2个项目。可见,反省认知训练对年龄较大的儿童具有良好的可保持性。(2)可迁移性研究。后来的研究表明,反省记忆训练的效果往往不能迁移到新的情境。于是,实验人员采用了一些新的训练方法,如使训练时的任务与测验时的任务在熟悉性上发生变化;用不同的实验者来训练和测试儿童,即改变儿童对实验和测试人员的熟悉性。结果发现,给予学前儿童简短的反省记忆指导,即使在训练阶段使用了不同的刺激项目和实验

者,他们也能在训练后使用学过的"学习—回忆组织"策略,该研究中的大部分儿童在训练前不能将刺激材料分类,但在训练后约有一半儿童能将测试任务分类,其分类适当性超过一般同龄儿童。

记忆策略监控训练研究　策略监测训练的核心是提供有关策略有效性的认识和强化主动选择有效记忆策略的意识,同时它也对形成积极的记忆自我效能信念有帮助,因为训练可使被训练者正确地把记忆的成败归因于记忆策略是否有效性。

美国心理学家 G. 兰格和皮尔斯 1992 年根据反省记忆的基本结构和功能,以及以往反省记忆教育训练的实验过程,提出一个高度分化的记忆策略监控训练程序。他们为了促进儿童记忆策略的习得与保持,将训练分成六个阶段:提供一个关于策略的理性认识,即告知儿童一个策略是如何和为什么能对提高回忆成绩产生积极影响;提供以成绩为基础的反馈,使儿童确信这些策略在手段—目的间的有效性;提供足够的策略练习机会;使用不同的刺激系列证实策略的有效性;鼓励儿童在以后寻找使用这些策略的机会;有意地激发儿童在作业中的参与意识。他们使用这一程序训练学前儿童在"学习—回忆"中运用群集策略和分组命名策略,取得预期效果,这些儿童在学习和回忆中的策略行为都有明显增长。这一程序可以简单地表示成:讲解示范——试验反馈——练习强化——迁移训练——激发主体意识。

参考文献

陈琦,刘儒德. 当代教育心理学[M]. 北京:北京师范大学出版社,1997.

张庆林. 元认知发展与主体教育[M]. 重庆:西南师范大学出版社,1997.

Pressley, M. & McCormic, C. B. Advanced Educational Psychology for Educators, Researchers and Policymakers [M]. New York: Harper Collins College Publishers, 1995.

（吴红耘）

泛爱主义教育(education of philanthropists)　18世纪末出现于德国的一种教育思潮。以重视儿童兴趣、活动,强调直观教学原则的运用,注重培养儿童学习的主动性与积极性及互助互爱精神,发展儿童智力为核心内容。是在德国思想文化领域内"狂飙突进"运动的影响及法国启蒙运动思想的启迪下在德国兴起及在其他国家传播的。

就教育理论渊源而言,它深受夸美纽斯和卢梭自然主义教育观的影响,并部分吸纳了拉夏洛泰国民教育理论的内容。其主要开创者是巴泽多。巴泽多生于德国汉堡,幼年因不满父亲的打骂和宗教教育的死板而到荷尔斯泰因为一位医生当仆人。后听从医生的劝告,返回汉堡,1741—1744 年就读于汉堡文科中学。学习期间,阅读卢梭的《爱弥儿》,深受其自然教育思想影响。1744 年入读莱比锡大学,专修神学和哲学。1748 年,他在荷尔斯泰因任贵族家庭教师时,以卢梭的自然教育思想为教学指南,采用自由游戏和实物教学法。在巴泽多的教导下,10 岁儿童达到相当于文科中学毕业生的水平。巴泽多因此受到贵族推崇而名扬德国。1752 年,巴泽多结合自己的教学经验,以直观性教学方法及其运用为内容,撰写了《教学法》,获得基尔大学硕士学位,并受聘执教于丹麦索勒文科中学。1761 年,他转任阿尔托纳文科中学校长。其间因撰写关于自然神教的小册子,被视为异端邪说,被迫辞职,学术道路遭堵。自此潜心考虑教育、教学改革和编写新教材。1768 年巴泽多发表《关于学校和学科对公共幸福的影响:敬告慈善家和富人书》,提出要按卢梭的教育思想改造学校教育,并且重申在游戏中实施早期教育的思想。此外,巴泽多还在拉夏洛泰国民教育思想的影响下,主张设立最高国民教育管理机构,主管学校工作、图书、讲堂和一切与青年教育有关的事项。1770 年,巴泽多为家长和普通公民撰写了《教育方法论》。为服务于学校教学,巴泽多还提出要编写出版适合青少年学习使用的包括各种学科基础知识的教材,呼吁社会名流与富人捐资出版此类教材。巴泽多的这一倡议得到异乎寻常的热烈反映,一些著名学者,如莱辛、康德、歌德等大力赞助,最后共获捐款 1.5 万塔勒(旧时德国一种 3 马克一枚的银币)。依靠这笔捐赠资金,1774 年,巴泽多出版了附有 100 幅插图的 4 卷本《初级读本》。该书内容丰富,包含一些人文科学和自然科学的文章,曾被誉为 18 世纪夸美纽斯式的《世界图解》。为更好实现自己的泛爱主义教育理想,巴泽多又在歌德等人的推荐下,于 1774 年在安哈尔特—德绍公国的首府德绍建立一所"泛爱学校",又称"一视同仁学校"。

泛爱学校以人类互爱精神为办学指导思想,并在教学实践中着意体现人文主义教育观,体现民主、平等的教育理想。泛爱学校在招生上无贫富差别、无等级区分;在教学内容安排上注重自然科学(自然史、解剖学、物理、化学、数学等)、实用技术(绘画、木工等)、语言(现代语文的阅读与写作)学习;在教学实践中注重采用夸美纽斯、卢梭的直观性教学原则,重视选用对话、游戏和参观等教学方法;在教学过程中注意发挥儿童学习的主动性与积极性,主张儿童在理解的基础上掌握所学内容,并发展儿童的智力;在道德教育方面注意培养儿童温良、谦逊的态度及互助互爱的精神;注重儿童的体育训练活动,经常组织开展赛跑、角力、游泳、骑马、户外散步与游戏等活动,培养儿童健康的体魄和良好的生活习惯。无论在教学活动还是管理活动中,注重采用正面鼓励与引导,严禁体罚或用其他惩罚性的形式管理教育儿童。巴泽多认为,只有如此,才能将儿童培养成为身体健康、品质高尚的有用之才。泛爱学校教师多由泛爱主义教育思潮的拥护者出任,卡姆佩、萨尔士曼、特拉普和罗考是教师中的杰出代表。他们不但直接协助巴泽多开展实施了泛爱教育活动，而且还继承和发展了由巴泽多开展的泛爱主义教育事业。

卡姆佩在哈勒大学研究神学后，除在巴泽多的泛爱学校任教外，还曾在汉堡附近的特里顿开办过泛爱学校，并曾出任不伦瑞克的教育评议员。继建立脱离教会的学校制度失败后，卡姆佩遂致力于泛爱主义教育思潮的理论阐述工作，撰写出 16 卷的《学校和教育制度的全面改革》这一不朽著作。此外，卡姆佩还编有 5 卷德语词典及《少年鲁滨孙》(1779)。萨尔士曼 1784 年在哥达附近的施内普芬塔尔建立了一所泛爱学校。萨尔士曼注重在教学实践中营造家庭气氛，重视体育和手工劳动教育教学。特拉普曾创办运用泛爱主义方法培养教师的教育学院，并从 1779 年主持设在哈勒的教育学讲座。泛爱主义教育对于德国和瑞士的初等教育改革产生了很大的影响，并为此后裴斯泰洛齐和谐教育思想的形成及 20 世纪欧洲新教育运动的兴起提供了理论启示。

（王保星　龚　兵）

范例教学 (exemplarisches lehren und lernen)
20 世纪 50 年代德国出现的一种教学理论。主要代表人物有瓦根舍因和克拉夫基等人。被认为是 20 世纪五六十年代与苏联赞科夫的新教学体系和美国布鲁纳的学科结构教学论并驾齐驱的最有世界影响的三大教学论流派之一。

范例教学的基本思想　范例教学认为，传统教学只是注重让学生掌握一大堆所谓的具有系统性的材料，导致学生根本不可能在这样的教学过程中获得系统的认识，形成不了一种能统帅全局的概观，在他们的头脑中只是充塞了一大堆杂乱无章的材料，造成教学的肤浅性。范例教学的基本思想和观点：(1) 范例教学的首要任务是教给学生系统性认识，使学生了解学科的基本结构、各种知识之间的联系，让他们对一门学科具有一个整体观念和全局观念。为此，教学应追求深而不是广，应以彻底性代替肤浅的全面，努力使学生获得系统的认识而不是记忆所谓系统性的知识材料。(2) 在以范例方式组织的教学中，作为范例的个别都是反映整体的一面镜子，它反映的整体包含两个方面的意义：它既反映了学科的整体，又反映了学习者的整体，即这种教学对于学生的作用，不仅仅是使学生获得知识，而且将使他们智力得到发展，能力得到培养，情操得到陶冶。因此，这种教学是对学习者的整个精神世界的开发。

范例教学的基本原则　范例教学提出实现其基本思想的各种教学原则，即基本性、基础性和范例性原则。(1) 基本性原则。它要求教学向学生传授一门学科的最基本要素，包括基本概念、基本结构和基本科学规律。(2) 基础性原则。它要求以学生的经验为基础，使学生在教学过程中获得一种更深化的新经验，一种带有能照亮心灵的闪光点的经验，或者说使他们建立一种新的思维结构。基础性原则强调教学应从学科转向学习者，更多地在学习者精神世界方面做工作，使他们掌握各种基本概念、基本结构和基本科学规律之间的关系，以及人与经济、社会、政治、美学、精密自然科学与技术之间的实际关系。(3) 范例性原则。为了达到上述两个原则，范例教学要求设计一种教学结构，使教学内容与教学方法之间以及各种教学内容之间的联系结构化，使教学内容的结构（学科结构）与学生的思维结构相适应、相统一。在范例教学中，范例是沟通学习者主观世界与教学内容这一客观世界的桥梁，范例性原则就是通过这种范例的精选来使教学达到基本性与基础目标的原则。范例教学认为，在上述三个基本原则中，基本性和基础性的教学是范例教学的实质，范例性原则则是基本性和基础性教学原则的一个最重要形式。

范例教学的组织　范例教学对以范例教学原则组织的教学环节提出各种设想。其中，施滕策尔把范例教学过程分为四个阶段：(1) 范例性地阐明"个"。要求在课题性教学中，以个别事实和对象为例来说明事物的本质特征。(2) 范例性地阐明"类"。从个案出发去探讨"类"似现象，或者说对个别事例作出总结。在范例教学中，范例性的"个别"本身不包含"类"，不能直接通过个别来了解"类"，而只能通过对"个别"认识的迁移来把握"类"。因此，这一教学阶段是不能忽视的。(3) 范例性地掌握规律和范畴的关系。在上述两个阶段的基础上前进一步，提高到对规律的认识上。(4) 范例性地获得关于世界与生活的经验。在前三个阶段的基础上，使学生获得关于世界的经验和生活的经验。这些经验对学生来说都是一些基本经验，学生掌握了它们，不仅可以深刻地了解客观世界，而且可以加强自己行为的自觉性。施滕策尔认为，上述四个阶段是一个从个别到一般、从具体到抽象的过程，也是一个抽象不断深化的过程。在范例教学中，虽然这四个阶段缺一不可，但第四个阶段最重要，这个阶段把教学重点从对客观内容的教学转移到开拓学生的精神世界方面，使他们在获得世界的图画中把各种知识与认识转变为自己的经验，转变为他们可以用来指导其行为的经验。在他看来，第四个阶段是从基本性过渡到基础性教学的一个阶段，这一阶段的教学目的是真正的教学目的，只有使教学达到这个程度，教学才可以认为是成功的。

（张天宝）

方差分析 (analysis of variance, ANOVA)
亦称"变异数分析"、"F 检验"。英国统计学家费希尔提出的用于两个及两个以上样本均数差别的显著性检验方法。

方差分析的基本原理

方差分析的基本原理就是方差的可分解性原则。对于一个实验设计的结果而言,通常发现所有被试在因变量上的值都不尽相同,即不同被试的测量结果存在差异。由于方差具有可加性(可分解性),方差分析能把实验数据的总变异分解为若干个相互独立的不同来源的分量。这样就能测量变异的大小,并解释它的来源。

要将一个试验资料的总变异分解为各个变异来源的相应变异,首先必须将总平方和和自由度分解为各个变异来源的相应部分。平方和和自由度的分解是方差分析的第一步。以简单的完全随机单因素设计为例,设有 k 组数据,每组皆具 n 个观察值,则该资料共有 nk 个观察值,其数据分组如下表。

每组具 n 个观察值的 k 组数据的符号表

组别	观察值 (y_{ij}, $i = 1, 2, \cdots,$ k; $j = 1, 2, \cdots, n$)						总和	平均	均方
1	y_{11}	y_{12}	$\cdots$	y_{1j}	$\cdots$	y_{1n}	T_1	$\bar{y}_1$	s_1^2
2	y_{21}	y_{22}	$\cdots$	y_{2j}	$\cdots$	y_{2n}	T_2	$\bar{y}_2$	s_2^2
$\cdots$	$\cdots$					$\cdots$	$\cdots$	$\cdots$	$\cdots$
i	y_{i1}	y_{i2}	$\cdots$	y_{ij}	$\cdots$	y_{in}	T_i	$\bar{y}_i$	s_i^2
$\cdots$	$\cdots$					$\cdots$	$\cdots$	$\cdots$	$\cdots$
k	y_{k1}	y_{k2}	$\cdots$	y_{kj}	$\cdots$	y_{kn}	T_k	$\bar{y}_k$	s_k^2
							$T = \sum y_{ij} = \sum y$	$\bar{y}$	

在上表中,总变异是 nk 个观察值的变异,故其自由度 $\nu = nk - 1$,而其平方和 SS_T 则为:

$$SS_T = \sum_1^{nk} (y_{ij} - \bar{y})^2 = \sum_1^{nk} y_{ij}^2 - C$$

式中,C 称为矫正数:

$$C = \frac{(\sum y)^2}{nk} = \frac{T^2}{nk}$$

总变异可以分解为:

$$SS_T = \sum_{i=1}^k \sum_{j=1}^n (y_{ij} - \bar{y})^2$$
$$= \sum_{i=1}^k \sum_{j=1}^n (y_{ij} - \bar{y}_i)^2 + n \sum_{i=1}^k (\bar{y}_i - \bar{y})^2$$

即总平方和 SS_T = 组内(误差)平方和 SS_e + 处理平方和 SS_t

组间变异由 k 个 $\bar{y}_i$ 的变异引起,故其自由度 $\nu = k - 1$,组间平方和 SS_t 为:

$$SS_t = n \sum_1^k (\bar{y}_i - \bar{y})^2 = \frac{\sum_1^k T_i^2}{n} - C$$

组内变异为各组内观察值与组平均数的变异,故每组具有自由度 $\nu = n - 1$ 和平方和 $\sum_1^n (y_{ij} - \bar{y}_i)^2$;而资料共有 k 组,故组内自由度 $\nu = k(n-1)$,组内平方和 SS_e 为:

$$SS_e = \sum_1^k \left[\sum_1^n (y_{ij} - \bar{y}_i)^2 \right] = SS_T - SS_t$$

自由度分解式为:

$$nk - 1 = (k-1) + k(n-1)$$

总自由度 DF_T = 组间自由度 DF_t + 组内自由度 DF_e

求得各变异来源的自由度和平方和后,进而可得:

总的均方 $\quad MS_T = \dfrac{\sum \sum (y_{ij} - \bar{y})^2}{nk - 1}$

组间的均方 $\quad MS_t = \dfrac{n \sum (\bar{y}_i - \bar{y})^2}{k - 1}$

组内均方 $\quad MS_e = \dfrac{\sum \sum (y_{ij} - \bar{y}_i)^2}{k(n-1)}$

在方差分析中可以将总变异分成处理间方差和处理内方差两个部分。对于处理间方差,可能包含两部分的变异。一种是处理效应,即"系统变异"。它是指完全由实验处理引起的差异。实验设计的目的就是要使系统变异达到最大。另一种是随机误差。表现在如果不存在处理效应,仍然会观察到样本之间存在差异。因此,它通常又叫做"无关变异",是指由于操作中的偶然因素或实验中其他没有控制的变量引起的分数波动。它的来源主要有两个:一类是被试内部的因素,如年龄、性别、学习能力、疲劳程度等,这又被称为被试的个体差异;一类是外部的因素,如实验环境、任务要求、测量误差等。处理内方差表示除了处理之间的差异外,各处理组内部被试之间的变异,处理内方差用来衡量样本变异的随机误差,它测量了当不存在处理效应时,被试得分差异的大小,即:当虚无假设为真时,各因素水平的差异有多大。

将总变异分为两个基本部分(处理间方差和处理内方差)之后,就能计算 F 比值来对两者进行比较。F 比值的定义如下:

$$F = \frac{处理间方差}{处理内方差}$$

根据处理间方差和处理内方差的定义及构成,F 比值也可以表示为:

$$F = \frac{处理间的差异}{不存在处理效应时的差异}$$
$$= \frac{处理效应 + 随机误差}{随机误差}$$

当虚无假设为真时,如果实验处理的效应不显著,F 比

值服从自由度为 $(k-1, N-k)$ 的 F 分布。其中,k 表示因素的水平数,N 表示观测数据的总个数。在方差分析中,只关心处理间变异是否显著大于处理内变异,就无需检验 F 比值是否小到显著性水平,故在方差分析中总是将处理间变异放在分子的位置,进行单侧检验。如图所示,如果 F 统计量的值小于临界值,则接受虚无假设,认为实验处理的效应不显著;如果 F 值大于临界值,落在拒绝域中,则拒绝虚无假设,认为实验处理的效应是显著的。

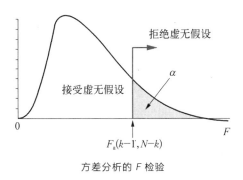

方差分析的 F 检验

方差分析的假设

在方差分析中,有三个基本假定:(1) 正态分布假设。方差分析与 t 检验相似,要求样本必须来自正态分布的总体。在心理学和教育学研究中,特别是当样本量较大时,大多数变量可以假定满足总体正态分布,因此,一般使用方差分析时,不需要检验总体分布的正态性。当有证据表明总体不服从正态分布时,可以将数据进行正态转化,或者采取非参数的统计方法。另外,随机误差也假定服从正态分布,所以,在每个处理组内部,数据也是服从正态分布的。(2) 观测变量相互独立性假设。这一点要求每个处理组内部的被试相互独立,即在每个处理组中,任何一对分数之间没有系统性关系。这样就能保证总变异分解得到的几个不同来源的部分,相互独立,意义明确。(3) 方差齐性假设,指各实验处理组内的方差之间差异应当不显著。这是方差分析中最基本的假定,往往需要在方差分析之前进行检验。因为在方差分析中,求处理内方差时,相当于将各样本中的方差合成,它必须满足的前提条件就是,各实验处理内的方差彼此无显著性差异。如果数据不满足这一假定,严格来讲我们是不能进行方差分析的,或者需要对现有的方差分析方法进行校正。

方差分析的事后检验

方差分析的 F 检验能够让研究者处理实验的因素水平大于 2 的情况。经过方差分析,可以得到实验处理效应是否显著的信息。但拒绝虚无假设时,我们只知道处理间变异显著大于误差变异,并不知道哪些处理组之间的差异在统计上显著。往往,研究者在得出 F 比值显著的结果之后,还想进一步求出哪些处理组的均值存在显著性差异,哪些组均值的差异还没有达到显著性水平。事后检验是对处理组之间两两进行均值差异检验,以便确定哪些组之间差异是显著的,哪些不显著的检验方法,又称为多重比较。

按照研究者对处理组之间的差异是否已有先前的预期和假设,事后检验可以分为计划的和未计划的事后检验。计划的事后检验,是指研究者在实验之前就已经对某些组均值之间的定向差异感兴趣,或者已经有了具体的假设和预测。对这些特定处理组之间的均值差异比较,就是一种先验的比较。未计划的事后检验是更为普遍的一种情形。在这类实验中,研究者事先对实验的结果并没有明确的假设,也不知道哪一组(或者几组)处理组之间的差异应当是显著的,故往往在实验处理效应显著的基础上,从所有可能的比较中来寻找平均数之间的差异所在。未计划的事后检验的次数也增加,因此第一类错误增大的危害就显得尤其严重。下面介绍的事后检验的方法能够控制实验伴随的 α 水平的增加。事后检验方法常用的有最小显著差数法、复极差测验和最短显著极差法。

最小显著差数法(least significant difference) 简称 LSD 法。实质是 t 检验。其程序是:在处理间的 F 测验为显著的前提下,计算出显著水平为 α 的最小显著差数 LSD_α;任何两个平均数的差数 $(\bar{y}_i - \bar{y}_j)$,如其绝对值 $\geqslant LSD_\alpha$,即为在 α 水平上差异显著;反之,则为在 α 水平上差异不显著。这种方法又称为 F 测验保护下的最小显著差数法(Fisher's Protected LSD,或 FPLSD)。

已知:
$$t = \frac{\bar{y}_i - \bar{y}_j}{s_{\bar{y}_i - \bar{y}_j}} (i, j = 1, 2, \cdots, k; i \neq j)$$

若 $|t| \geqslant t_\alpha$,$\bar{y}_i - \bar{y}_j$ 即为在 α 水平上显著。因此,最小显著差数为:

$$LSD_\alpha = t_\alpha s_{\bar{y}_i - \bar{y}_j}$$

当两样本的容量 n 相等时,

$$s_{\bar{y}_i - \bar{y}_j} = \sqrt{\frac{2s_e^2}{n}}$$

在方差分析中,上式的 s_e^2 有了更精确的数值 MS_e(因为此自由度增大),因此,

$$s_{\bar{y}_i - \bar{y}_j} = \sqrt{\frac{2MS_e}{n}}$$

复极差测验 亦称"q 法"。基于极差的抽样分布理论 Student-Newman-Keul 提出,故亦称 SNK 测验。复极差测

验是将一组 k 个平均数由大到小排列后,根据所比较的两个处理平均数的差数是几个平均数间的极差分别确定最小显著极差 LSR_α 值的。q 测验因是根据极差抽样分布原理的,其各个比较都可保证同一个 α 显著水平。其尺度值构成为:

$$LSR_\alpha = q_{\alpha;\, df,\, p} SE$$

$$SE = \sqrt{\frac{MS_e}{n}}$$

式中,$2 \leqslant p \leqslant k$,$p$ 是所有比较的平均数按大到小顺序排列所计算出的两极差范围内所包含的平均数个数(称为秩次距),SE 为平均数的标准误,可见在每一显著水平下该法有 $k-1$ 个尺度值。平均数比较时,尺度值随秩次距的不同而异。

最短显著极差法 美国统计学家 D. B. 邓肯 1955 年提出最短显著极差法(shortest significant ranges,简称 SSR)。该法与 q 法相似,其区别在于计算最小显著极差 LSR_α 时不是查 q 表而是查 SSR 表,所得最小显著极差值随着 k 增大通常比 q 测验时的减小。查得 $SSR_{\alpha,\, p}$ 后,有

$$LSR_\alpha = SE \cdot SSR_{\alpha,\, p}$$

此时,在不同秩次距 p 下,平均数间比较的显著水平按两两比较是 α,但按 p 个秩次距则为保护水平 $\alpha' = 1 - (1-\alpha)^{p-1}$。

参考文献

张厚粲,徐建平. 现代心理与教育统计学[M]. 北京:北京师范大学出版社,2004.

张敏强. 教育与心理统计学[M]. 北京:人民教育出版社,2010.

Gravetter, F. J. & Wallnau, L. B. 行为科学统计[M]. 王爱民,李悦,等,译. 北京:中国轻工业出版社,2008.

Gravetter, F. J. & Wallnau, L. B. Essentials of Statistics for the Behavioral Sciences[M]. 5th ed. Montvale, NJ: Thomson, 2004.

Johnson, R. A. & Wichern, D. W. Applied Multivariate Statistical Analysis [M]. Upper Saddle River, NJ: Prentice-Hall, 1982.

(刘红云)

非参数检验(non-parametric test) 亦称"无分布检验"。与参数检验相对应的一种假设检验方法。它不要求知道随机变量及其函数分布,不直接对其分布的参数均值 μ 和方差 σ^2 进行检验。凡是能按大小顺序排列或按出现先后排列的资料都可以进行检验,故又称"顺序统计学"。与参数检验相比,它有以下特点:一般不需要严格的前提假设;特别适用于顺序资料(等级变量);适用于小样本、计算简单明了;一般需要对数据进行等级转化,这样使得一部分信息量失去,而不能充分利用资料的全部信息;不能检验存在交互作用的处理。它应用范围较广,常用的检验方法有符号检验、符号秩次检验、中位数检验、秩和检验、单因素等级方差分析、双因素等级方差分析等。

符号检验(sign test) 指通过对两个相关样本的每对数据差数的符号(正号或负号)的检验,比较这两个样本均值是否存在显著差异。主要适用于两个相关样本,但总体不满足正态分布要求的两个样本均值差异的检验。具体做法:首先将两个样本中每对数据的差数用正号、负号表示。例如:第一个样本的数据大于第二个样本的数据,记正号;第一个样本的数据小于第二个样本的数据,记负号;两个样本的数据相等,记零。若两个样本无显著性差异,正号与负号的数量应相等或接近相等;若绝大部分是正号或负号,两个样本有显著性差异的可能较大,具体检验方法与样本容量有关。

当样本容量较小($n < 25$)时,可用查表法进行符号检验,对于样本每对数据之差 $(X_i - Y_i)$ 不计大小,只计符号,求出 $(X_i - Y_i)$ 中为正号的有多少,记为 n_+,$(X_i - Y_i)$ 中为负号的记为 n_-,$(X_i - Y_i)$ 为零的不计在内。记 $N = n_+ + n_-$,$r = \min(n_+, n_-)$,即 n_+ 与 n_- 中较小的记为 r。可直观地看到,若 $n_+ = n_-$,则意味 $(X_i - Y_i)$ 中除零以外,正负号各占一半,不认为有显著差异。若 n_+ 与 n_- 偏离越多,则表明 X 变量与 Y 变量差异越大,实际检验时根据 N 与 r,直接查符号检验表,在某一显著水平下,实得 r 值大于表中 r 的临界值时,表示差异不显著。

当 $n > 25$ 时,二项分布接近正态分布,用 Z 检验:

$$Z = \frac{(r \pm 0.5) - \dfrac{n}{2}}{\dfrac{\sqrt{n}}{2}}$$

当 $r > n/2$ 时,则 $r - 0.5$;当 $r < n/2$ 时,则 $r + 0.5$。r 表示正号的数目(n_+)与负号的数目(n_-)中较小的一个;n 表示 n_+ 与 n_- 之和,在给定显著性水平 α 下,查正态分布表得临界值 $Z_{\alpha/2}$,若 $|Z| < Z_{\alpha/2}$ 则说明差异不显著,若 $|Z| > Z_{\alpha/2}$ 则表示差异显著。

符号秩次检验(signed rank order test) 亦称"符号等级检验法"、"添号秩次检验法"。由美国统计学家威尔科森提出的一种非参数检验方法。适用资料与符号检验法相同,但精度要高,它不仅考虑差值的符号,而且考虑差值的大小。基本依据是两样本成对数据的差值中,带正号的差值之和与带负号的差值之和,在两样本取自同一总体的情况下,差异应不显著,若取自不同总体,则其差异应显著。样本容量不同,选用的统计量不同。

当样本容量 $n < 25$ 时,可直接查符号秩次检验表进行检

验,具体方法如下:首先根据差数的绝对值从小到大编秩次。差数为零,表示无差异,不予以编秩次。差数绝对值最小的秩次编为 1,差数绝对值最大的秩次编为 n,差数绝对值相等的秩次,用它们的秩次所占位置的平均数来代替。按差数的正、负,给秩次加上"+"、"−"号,分别计算正秩和($T+$)与负秩和($T−$),将正秩和与负秩和中较小的一个用 T 表示,$T = \min(T+, T−)$,查符号秩次检验表得临界值,若 T 小于该临界值,说明差异显著。

当样本容量 $n > 25$ 时,T 的抽样分布接近正态分布,可用正态分布近似处理,T 的总体平均数为 $\mu_T = n(n+1)/4$,$n = n_+ + n_-$;总标准差为:

$$\sigma_T = \sqrt{\frac{n(n+1)(2n+1)}{24}}$$

用 Z 检验,统计量:

$$Z = \frac{T - \mu_T}{\sigma_T} = \frac{T - \dfrac{n(n+1)}{4}}{\sqrt{\dfrac{n(n+1)(2n+1)}{24}}}$$

式中,T 表示正秩和与负秩和中数值较小的一个。

中位数检验(median test)　指通过对来自两个独立总体的两个样本的中位数的研究,判断两个总体取值的平均数是否有显著差异。基本思想是,假设两个总体 X 与 Y 具有相同的分布规律,则它们的取值将有相同的平均状态。来自 X 的随机样本 $X_1, X_2, \cdots, X_{n_1}$ 和来自 Y 的随机样本 $Y_1, Y_2, \cdots, Y_{n_2}$ 的中位数应该大致相同。若两个样本的中位数差异较大,则应否定两个总体 X 和 Y 取值的平均状态相同的假设,或者说 X 和 Y 不具有相同的分布律。

中位数检验适用于两组样本中位数的比较。首先将两组数据 $X_1, X_2, \cdots, X_{n_1}$ 和 $Y_1, Y_2, \cdots, Y_{n_2}$ 合并成一个容量为 $N = n_1 + n_2$ 的样本,再找出这个样本的中位数 m;然后统计出 $X_1, X_2, \cdots, X_{n_1}$ 中大于 m 的数据个数 a,小于或等于 m 的数据个数 b,$Y_1, Y_2, \cdots, Y_{n_2}$ 中大于 m 的数据个数 c,小于或等于 m 的数据个数 d;再进行 χ^2 检验。

中位数检验也适用于多组样本中位数数据的比较,其方法与处理两组样本类似。首先把多组数据合并成一组数据,并依大小顺序排列成一数列,找出该数列的中位数 m,这就是多组数据的公共中位数;然后统计出各组数据中大于 m 及小于 m 或等于 m 的数据个数;最后用列联表的 χ^2 检验来检验多组数据间是否存在差异。

秩和检验(rank test)　亦称"曼—惠特尼 U 检验"(Mann–Whitney U test)。适用于相互独立的两个样本在总体分布不服从正态分布的前提下比较平均值是否存在显著差异的问题。这种方法最早由威尔科克森提出,后经

曼及其学生惠特尼完善而成。基本思想是,假设两组数据没有显著差异,把这些数据充分混合再依大小顺序重新排列,则这两组数据中那个数据排在第几的概率应该一样。若相差太大则应否定没有显著差异的假设。把所有数据按从小到大的顺序排列时,每一个数排在第几号的号数为这个数据的秩;把每一组数据中所有数据的秩加起来所得的数称作该组数据的秩和,用 T 表示,若原来的两组数据没有显著差异,则秩和 T 不应该太大或太小,若 T 太大或太小,则应否定两组数据不存在显著差异的假设。根据两组数据的个数 n_1、n_2 以及显著性水平制成的秩和检验表给出了秩和的下限 T_1 和上限 T_2。一般情况是取数据个数少的一组,设它的秩和为 T,然后把 T 同 T_1 和 T_2 进行比较。若 $T \leqslant T_1$ 或 $T \geqslant T_2$,则认为两组数据有显著差异。若 $T_1 < T < T_2$,则认为两组数据没有显著差异。具体分为:(1)当两个独立样本的容量都小于 10,且 $n_1 \leqslant n_2$ 时,查秩和检验表决定差异是否显著。(2)当两个独立样本的容量 $n_1 > 10$,$n_2 > 10$ 时,T 值的样本分布接近正态分布,平均数为:

$$\mu_T = \frac{n_1(n_1 + n_2 + 1)}{2}$$

标准差为:

$$\sigma_T = \sqrt{\frac{n_1 n_2 (n_1 + n_2 + 1)}{12}}$$

所用的统计量:

$$Z = \frac{T - \mu_T}{\sigma_T} = \frac{T - \dfrac{n_1(n_1 + n_2 + 1)}{4}}{\sqrt{\dfrac{n_1 n_2 (n_1 + n_2 + 1)}{12}}}$$

式中,n_1、n_2 为两个样本的样本容量,在给定显著性水平下,查正态分布表判断差异是否显著。

单因素等级方差分析(one factor analysis of rank variance)　亦称"单向秩次方差分析"、"克鲁斯卡尔—沃利斯单因素方差分析"、"H 检验法"。适用于几个独立样本差异显著性检验,相当于对多组平均数进行的参数方差分析,但不需要对样本所属的 n 个总体作正态分布及方差齐性的假定,是由随机独立取样的 $k(k > 2)$ 个样本推断其总体之间是否存在差异的一种假设检验。基本原理是,若 k 个样本取自同一总体,则各样本数据在按大小统一排列中所占的等级和应无显著差异,若不是取自同一总体,则应有显著差异。具体步骤:将 k 个样本按各数据大小统一排列,计算各样本数据所占等级和 R。小样本 ($n_i \leqslant 5$,$k \leqslant 3$) 时,计算公式为:

$$H = \frac{12}{N(N+1) \sum \left(\dfrac{R_i^2}{n_i} \right)} - 3(N+1)$$

式中，R_i 为各样本等级和，n_i 为各样本容量，$N = \sum n_i$。然后查 H 表，确定差异是否显著。大样本（$n_i > 5$ 或 $k > 3$）时，用上式计算好 H 后，查自由度为 $k-1$ 的 χ^2 分布表，确定差异是否显著。

双因素等级方差分析（two factor analysis of rank variance） 亦称"弗里德曼双因素方差分析"。由配对（区组）取样的 k 个（$k>2$）样本推断其总体之间是否存在差异的一种假设检验。原理是，若 k 个样本取自同一个总体，理论上各样本数据在按区组排序中所占的等级和 R_i 应无显著差异，若不是取自同一总体，其等级和应有显著差异。具体步骤：先按区组将 k 个样本的 k 个数据排序，然后计算各区组内各样本数据所占的等级和 R_i。小样本（$k = 3$，$n_i \leqslant 9$，或 $k = 4$，$n_i \leqslant 4$）时，计算公式为：

$$\chi_r^2 = \frac{12}{nk(k+1)} \sum R_i^2 - 3n(k+1)$$

计算出 χ_r^2 后，查 χ_r^2 表，确定差异是否显著。大样本时，用上式计算出 χ_r^2 后，查自由度为 $k-1$ 的 χ^2 分布表，确定差异是否显著。

参考文献

王孝玲. 教育统计学. 上海：华东师范大学出版社，2007.

张厚粲，徐建平. 现代心理与教育统计学[M]. 北京：北京师范大学出版社，2004.

张敏强. 教育与心理统计学[M]. 北京：人民教育出版社，2010.

Gravetter, F. J. & Wallnau, L. B. 行为科学统计[M]. 王爱民，李悦，等，译. 北京：中国轻工业出版社，2008.

（刘红云）

非学校化社会（deschooling society） 一种要求废除学校的激进教育思潮。20 世纪 60 年代中期在美国兴起。代表人物是伊里奇、赖默、古德曼和霍尔特等。代表作是伊里奇的《非学校化社会》、《学校教育的抉择》、《学校消亡之后是什么》以及赖默的《学校已经死亡》等。

非学校化社会思潮的兴起与美国特定的历史背景分不开。20 世纪五六十年代，美国经济高度繁荣，国民生产总值急剧增长，但这并没有给所有人带来好处，约有 20%～25% 的人仍处于极度贫困之中。他们为摆脱贫困，采取各种手段进行斗争，并对教育寄予殷切期望。迫于压力，J. F. 肯尼迪和 L. B. 约翰逊的民主党政府在 1963 年和 1964 年宣布向贫困开战，并颁布一系列反贫困的法律及教育计划和方案，如《民权法》、《初等与中等教育法》、《开端计划》、《贯彻到底行动计划》等。这些计划和方案的实施花费了大量的精力和财力，但收效甚微，贫困和不平等仍然存在，"向贫困开战"在短短的几年里就宣告失败。于是，几乎整个社会都对教育产生了强烈的不满：贫困者谴责学校没有保证他们的孩子成功；中产阶级埋怨教育过分强调组织化、理智化而忽视学生选择教育的自由；60 年代各大学的学生运动撼动了金字塔的尊严；纳税人和家长对学校开支开始产生质疑，要求学校对每一笔开支作出解释，等等。总之，人们对学校的态度开始改变，不再认为学校是有价值的机构，从而形成贬抑学校运动。

"向贫困开战"的失败和贬抑学校运动使人们在失望中深刻反思。"非学校化社会"思潮是人们质疑和反思的产物，矛头指向不可救药的资本主义社会，伊里奇把它叫做"学校化社会"，意即整个社会都如学校一样，是制度化、官僚化、特权性、垄断性的。它既导致物质上的贫富差别不断扩大，也导致依附与无能心理及以此为特征的贫困文化日益增强。因此，在伊里奇看来，现行学校，大而言之，是使社会堕落的罪魁祸首，小而言之，既因"课程化"而无法满足学生必修技能的需要，也因"强迫性"而无法满足"自由教育"或"人性教育"的需要，唯一出路就是彻底废除。

非学校化社会思潮有以下基本观点：一是隐蔽课程制造不平等。课程是通过显在的教学计划、教材和教学活动对学生进行教育，隐蔽课程是通过学校的制度和机构潜在地传递某种价值观，对学生进行教育。隐蔽课程几乎体现在教育的一切方面，如考试制度、班级授课制等，在学校中制造着不平等，使学校变得无能，使学生的学习发生异化等。二是应该废除学校。伊里奇认为，长期以来，人们把学校等同于教育和学习，然而，学校已无力提供真正自由的教育而异化成一种机构，只有废除学校，才能恢复教育的本来面目，给教育和学习带来生机和效益。废除学校的目的是废除教育中的垄断，恢复教育的本来面目，使受教育者享有选择教育的权利，成为积极的消费者。废除学校包括两方面的内容：一方面废除体现垄断阶级利益的学校制度和机构，即制度革命；另一方面废除人们尤其是学生和家长头脑中对学校的简单依附，即心理革命。三是创建新型教育机构。伊里奇主张废除学校之后，创建一种新型教育机构。其目的是在任何时候为任何想学习的人提供学习机会；赋予那些掌握一定技能的人与他人共享技能的权利；为那些想与公众交流的人提供机会。为实现这样的目的，伊里奇提出"机会网络"（opportunity web）的设想。它可以使学生通过四种方式和途径获得教育资源：提供有关教育设施的服务、开展技术交流（skill exchanges）、选择或匹配（peer-matching）同伴共同学习、设立专职教育者（professional educators）。

（李巧针）

非正规教育（non-formal education） 在正规教育系统外进行的有组织、有计划的教育活动。即国家教育行政部门统一学制要求范围（初等教育、中等教育、高等教育）以外的各类教育活动，如扫盲、文化技术培训、政治学习、业务训练、专题讲座、岗位培训和继续教育等。与"正规教育"相对。非正规教育的特点：是有组织的活动，但未充分制度化，一般不需注册，不发文凭，不授学位；是系统教育，但未完全常规化。教育宗旨是满足人们不断变化发展的、各种各样的学习需求。教育目标、课程设置、教学内容、学习时间、入学条件等均由办学单位根据需要自行确定。教育对象可以不分年龄、性别、工作岗位、以前所受教育程度等，以不同学习需求的学习者为特定群体，以需要解决的共同问题为内容，使学习者不断学习新的知识和技能，在专业领域内跟上时代的最新发展。结构上相对松散，注重学习的实用性和直接性，内容一般是文化知识、生产知识、职业技能的训练、营养健康以及个人发展等。教学相对灵活，以学生的需求为中心，重视个人在学习过程中的主观能动性和责任意识，学习过程是体验式和参与式。时间安排上可长可短，较弹性。组织上较分散，在实际运用中具地方特色。尽管仍需投入人力、物力和财力，但所需费用比正规成人教育低，社会经济效益显著。

"非正规教育"这一术语在 20 世纪 50 年代开始被人使用。联合国教科文组织在《社区发展与社区教育》《读写能力与实用读写能力》两篇报告中分别探讨过这一问题。20 世纪 70 年代，随着社会经济发展、科学技术进步以及终身教育理论的兴起，各国在批判传统正规教育具有内容陈旧、方法死板等弊端时，对能够满足成人各种学习需求、实用、灵活多样的非正规教育给予极大关注，特别是发展中国家。20 世纪 90 年代以来，在世界各国、各地区，特别是发达国家和发达地区，非正规教育被视为获得知识和技能的独立的、有价值的渠道。在提倡终身教育、建设学习型社会的趋势中，非正规教育已被确定为实现全民教育目标的重要手段，在帮助经济不发达的农村、边远地区、少数民族地区和城乡弱势群体及处境不利群体实现扫盲和技能培训方面，起到很好的效果。在许多发展中国家开展的很多非正规教育学习项目，均获得巨大成功。欧洲在推动非正规教育的发展中走在世界前列，并把区域范围内的非正规教育认证和规范工作提上议事日程。1998 年，欧洲第五届青年部长会议通过宣言，鼓励各国政府承认青年通过非正规教育接受的培训和学到的技能，并以各种方式证明该类经历或资历。2002 年，欧洲职业教育和培训部长会议通过《哥本哈根宣言》，要求各国政府尽早制定关于非正规教育的一整套共同准则。2003 年，欧洲委员会部长委员会通过《关于促进和承认非正规教育的建议》，建议各国政府再次确认非正规教育是终身学习过程的重要表现形式，努力制定非正规教育的认证标准。2004 年，欧盟委员会在其《2010 教育和培训战略》框架下建立工作组，开始制定非正规教育和非正式教育的欧洲统一认证原则。

中国自古以来就存在非正规教育活动，如古代的"劝课农桑"、"化民成俗"。20 世纪二三十年代，晏阳初提出的"平民教育"理论、梁漱溟推行的"乡村建设"运动以及陶行知的"科学下嫁"、"普及教育"思想实践等，均对中国教育发展产生深远影响。中华人民共和国成立后，随即开展大规模扫盲运动和农民业余文化教育。改革开放后，随着市场经济体制的确立、教育体制改革和终身教育在中国的发展，非正规教育受到社会各界关注。以岗位培训为重点、以农民文化技术教育为基础的各类非正规教育快速发展。20 世纪 90 年代以来，在国际扫盲年和世界全民教育大会的推动下，中国加快扫盲教育步伐，广泛实施以岗位培训为重点的各类企业职工教育，以实用技术培训为主要内容的农村各类文化技术教育，以更新知识、掌握高新技术、增强职业应变能力和职业转换能力为主要任务的各类继续教育，以提高各级干部领导水平和执政水平、不断增强拒腐防变和抵御各种风险能力为重点的各类干部培训，以提高社区全体公民素质、实现社区经济和社会发展为目标的社区教育，以及适应现代社会经济可持续发展，旨在培养文明、健康、科学的生活方式，满足人们日益增长的精神文化生活需求的各类实用知识和社会文化生活教育等。非正规教育有效提高了各类从业人员素质，扩大了学习者的学习机会，促进了城乡经济和社会统筹协调发展。非正规教育作为与正规教育并行的新型教育系统，两者之间相互沟通与协调，达成资源共享和功能互补，从而形成完整的教育体系。

（谢国东）

非正式教育（informal education）　　在日常生活、工作中进行的不具有结构性或组织性的自主、偶发性学习活动。如与家人或邻里自主交谈，在工作岗位和市场里进行的讨论，在图书馆、博物馆进行的读书或参观、考察，以及在一定场合进行的娱乐活动等。包括任何在日常生活环境中获得的可帮助人改变态度和价值观、发展知识和技能的成人教育活动。一般没有明确的教育目标、预先制订的计划，是在无意中进行的教育活动。通常没有固定场所和固定模式，家庭、社区、工作单位、博物馆、图书馆等均可成为非正式教育活动场所；谈话、收听广播、观看电视、阅读书报、欣赏音乐以及旅游、休闲活动等均可成为非正式教育的方式。是无意间获得的感受式教育，无须接受任何形式的评价。与人们的生活环境有直接联系，家庭文化氛围、社会文化设施、国家政策、信息以及广播、电视、电影、网络媒介等均为学习资源。特点是自主、灵活、范围广、时间长，弥补了正规教育和非正规教育之不足。随着社会经济的发展、科技的进步，特别是网络技术的发展，非正式教育正成为人们学习的一种重要方式，并和正规教育、非正规教育一起构成终身教育、终身学习的体系。

（谢国东）

非指导性教学（nondirective instruction）　一种以学生为主体的教学思想和方法。20世纪50年代，美国心理学家罗杰斯以存在主义世界观和人本主义心理学为基础提出。罗杰斯针对传统教学忽视个体的内在潜能，仅仅把学生看作接受知识的容器，普遍采用"控制"、"灌输"的教学方式等弊端，认为教学的主要目标是培养"自我实现的人"，这种人能从事自发的活动，并对这些活动负责；能理智地选择和自定方向；是批判性的学习者，能评价他人所作的贡献；能获得有关解决问题的知识；更重要的是，能灵活和理智地适应新的问题情境；在自由地和创造性地运用所有有关经验时，能融会贯通，灵活处理问题；能在各种活动中有效地与他人合作；不为得到他人赞许，而是按照自己的社会化目标工作。罗杰斯认为，传统教学无法承担这项重任，因为传统教学缺乏真诚的、亲密的人际关系，充塞着威胁和恐惧，教师以权威自居，发号施令；社会、家庭、学校又强迫学生屈从，学生得到的是一种非自发性的，因而得不到自我满足的学习活动，是一种对外界的屈从和防御的活动。

非指导性教学的基本理论　罗杰斯认为，传统教学以教师为中心，学什么、怎样学以及孰是孰非、谁优谁劣都取决于教师的标准和评价，教师成了摆布和控制学生学习的绝对权威，造成学生被动学习。他认为，在教学中，学生是学习活动的主体，他们具有丰富的内在潜能，能够主动地发展自己的能力。因此，教学应该以学生为中心。在此基础上，罗杰斯反传统教学之道而提出"非指导性"。"非指导性"具有以下四个特征：更加强调学生成长、健康与适应的内驱力，课堂教学要努力克服各种有碍于学生成长和发展的障碍；更加强调情感因素，强调情境的情感方面而不是理智方面，课堂教学应关注学生的情感世界，而不是借助理性的方法去干预或重组学生的情感；更加强调学生"此时此刻"的情形，而不是他们的过去，包括过去的经验；更加强调能够促进学生经验生长的人际关系。

罗杰斯认为，在教学中，教什么，怎么教，如何评价教学效果，都不是由教师决定的，而是由学生或者说学生的经验、意向、需要、兴趣等决定的。非指导性教学的实质是把学生的经验放在教学活动的核心地位，教学活动的其他所有方面，包括教师的教，都要围绕这个核心。非指导性教学信奉的准则是"以学生为中心"，"以学生的经验为中心"。罗杰斯在《自由学习》一书中提出一系列假设：人类具有先天的学习潜能；意义学习的条件是这种学习满足学生的内在需要；根据个人的经验进行学习而形成的新经验是更有意义的经验；在经验学习中，学生会得到及时反馈，从而促进他们的学习过程；主动的学习是完整的学习，经验学习就是强调学生的主动性；经验学习采取学生自我评价的方式，它能真正地培养学生的创造性；学习过程本身比学习结果更重要。据此，罗杰斯提倡"以学生的经验为中心"。

罗杰斯认为，在教学活动中，教师与学生之间是一种人对人的"帮助关系"，这种关系能够促进生长、发展、成熟，改善机能，改善处世能力，是一种对亲密的真实的人际关系的渴求。他认为，传统课堂教学的主要特征是教师的"指导性"（direction）——教师是知识的拥有者，学生是被动的接受者；教师是权力的拥有者，学生是服从者；教师可以通过各种方式（如讲演、考试、分数甚至嘲弄）支配学生的学习。在他看来，教学活动成败的关键不在于教师的专业知识和教学技巧，而是人际关系。因此，教师要充分发挥"促进者"的作用，促进学生的学习。教师的职责不是"教授"，而是"促进"学生自我潜能的实现。因此，非指导性教学应废除传统意义上教师（teacher）的角色，以"促进者"（facilitator）取而代之，其显著特征是"非指导性"。在非指导性教学中，教师的任务不是教给学生知识，而是引导学生学习，满足他们的好奇心，为学生提供学习的手段，由学生自己决定如何学习。教师的主要作用是：帮助学生澄清自己想要学习什么；帮助学生安排适宜的学习活动与材料；帮助学生发现他们所学东西的个人意义；维持某种促进学习过程的心理气氛。具体说来，在非指导性教学中，教师不是课堂教学的中心人物，他只是以班级普通的一员参与教学活动，以真挚、坦率的态度与学生平等相处，相互交流思想感情。

非指导性教学的基本原则　罗杰斯认为，非指导性教学的基本要求是：教师在教学中必须有"安全感"，他信任学生，同时感到学生也信任他，不能把学生当成"敌人"提防。总之，课堂教学中的气氛必须是融洽的、诚意的、开放的、相互支持的。在满足这个基本要求的前提下，课堂教学还应遵循八个基本原则：(1)"促进者"（教师）与学生共同承担责任，一起制订课程计划、管理方式等方面的内容，而不是像传统课堂教学那样，由教师独揽这些事情，学生没有任何发言权，因此也没有任何责任。(2)"促进者"应提供各种各样的"学习资源"，包括他自己的学习经验或其他经验、书籍及各种参考资料、社会实践活动等，鼓励学生将他们已经掌握的各种各样的知识、经历过的一些事情"带到"课堂教学中来。(3)让学生单独或者与其他学生共同制订学习计划，让学生探寻自己的兴趣，并作为课堂教学的重要资源之一。这样做，不仅可以让学生选择自己的学习方向，而且还可以让他们对自己的这种选择的后果承担责任。(4)提供一种"促进"学生学习的良好气氛。一个好的班级、好的课堂，应该充满真实、相互关心和理解的心理氛围。这种气氛最初来自"促进者"，随着学习过程的进行，学生就越来越多并很自然地流溢出这些情感与态度。(5)学生学习的重点是学习过程的持续性，学习的内容（即学到什么）则是次要的东西。一堂课教学结束的标志，不是学生掌握了"需要知道的东西"，而是学生学会了怎样掌握"需要知道的东西"。(6)学生的学习目标是他们自己确定的，因此，为了达到这些目标而必须提供的训练形式是"自我训练",要让学生认识到这种训练是他们自己的责任,而且要承担这种责任。(7) 对学生学习情况的评价应由学生自己作出,而不是像传统课堂教学中的那样是教师的"专利"。当然,其他学生以及"促进者"对某个学生的自我评价也要给予"热心反馈",从而使这种自我评价更客观、更符合实际,提高评价的积极效果。(8) 促使学习以更快的速度更加深刻地进行下去,并且更广泛地渗入学生的生活和行为之中。这个要求是完全有可能实现的,因为学习方向是学生自定的,学习活动是学生自发的,学生的情感、激情、理智沉湎于这一过程之始终。

(张天宝)

分科课程与综合课程(divided curriculum and integrated curriculum)

根据教育组织模式对课程分类后的两种课程形态。分化与综合是贯穿整个课程发展过程的一对基本矛盾。课程发展主要沿"综合—分化—综合与分化"有机统一的轨迹进行。

分 科 课 程

分科课程是根据各级各类学校的培养目标和科学发展水平,从科学知识的整体中选取关系紧密、性质相同的部分内容,根据科学知识的逻辑顺序和学生年龄特点组成一门学科的课程模式。每门学科内部均有严密的结构体系。在所有课程类型中,分科课程的历史最久,自学校教育产生即存在。孔子"删诗书,定礼乐",定"礼、乐、射、御、书、数"教给学生,可视作分科课程的雏形。古希腊智者派创文法、修辞学、辩证法,柏拉图将其与算术、几何、天文学、音乐并列,形成"七艺",及至亚里士多德在吕克昂学园以"逍遥学派"之风教给学生政治学、物理、天文、生物、历史等课程,是西方分科课程的原始形态。近代课程的根本特征是分科。近代自然科学的萌芽与发展标志着人类对自然的认识从整体、笼统进而分化、细致,基础科学的各个部分也先后从自然哲学的母体中分化出来,成为相对独立的学科。人类认识史的这一重大进步反映在教育领域,即教学内容的分化与专门化,催生分科课程。其间夸美纽斯提出"百科全书式"的课程,赫尔巴特从培养兴趣的角度论证分科课程的合理性,斯宾塞着眼于人的现实社会生活论证分科课程的价值等,为分科课程的理论建设与实践规范奠定基础。分科课程是学校发展和科技发展的产物,是以传授知识为己任的学校与知识类别相互作用的结果。分科课程是一种单学科的课程组织模式,强调不同学科门类的相对独立性,以及一门学科逻辑体系的完整性。从课程开发角度,分科课程坚持以学科知识及其发展为基点,强调本学科知识的优先性;从课程组织角度,分科课程坚持以学科知识的逻辑体系为线索,强调本学科自成一体。分科课程根据学科的性质组织教材,编写教科书,充分反映学科公认的基本概念、基本原理、基本事实和基本方法,并将一定范围的知识技能由浅入深地系统化,在教科书中通过分单元的课题一一具体落实。分科课程中,知识结构的规范性和系统性均较强,前后知识的衔接紧密,知识体系稳定,学术思想突出;强调对学生的系统训练,使学生循序渐进地理解和积累知识技能,有序地掌握人类文化遗产,促进学生对各门学科的掌握。

分科课程以有逻辑、有系统、有条理的形式,分门别类阐述知识,有利于以简便的方式向学生传授科学文化知识和人类社会生活经验,使学生熟知文化遗产要素系统化、条理化的组织形式;通过学习有组织的题材体系,有系统地构建自己的认知结构,并能有效地把所学知识用于学科课题的研究;分科课程知识体系的系统性和独立性使之具有易于编制和修订、易于教学和考核的优势。但分科课程内容高度分化,相对独立性强,易导致知识之间相互割裂,各门学科相互分离,缺乏相互协调和横向联系,不利于学生了解知识整体及其相互联系,并造成教材编排中较多地出现同类知识重叠;分科课程立足于准备生活的课程价值观,教材编排上倾向于学生对知识的理解和积累,以满足未来生活的需要,导致学生侧重记忆而忽略思维,注重掌握知识而漠视培养能力,重视对过去知识的学习而忽视对未来知识的开拓。

综 合 课 程

关于综合课程的界定尚无共识,主要有如下几种:(1) 综合课程是由两门或两门以上学科领域构成的一门学科;(2) 综合课程是依据一致性原则,将学科间相近的内容、方法、原理等要素进行统整形成的课程;(3) 综合课程是使学生在了解各门学科知识之间关系的基础上对知识形成整体印象的课程;(4) 综合课程是基于学生的兴趣、需要和经验而设计的课程;(5) 综合课程是将具有内在逻辑或价值联系的各种形式的课程内容加以统整,旨在消除各科知识间的界限,使学生形成有关世界的整体性认识和观念,并形成深刻理解和灵活运用知识综合解决现实问题的能力的一种课程模式。最早明确提出课程综合化并进行系统理论论证的是德国教育家赫尔巴特,其"相关综合课程"理论认为,教育的终极目的是培养德性或意志。孤立的、支离破碎的教材不利于形成以德性或意志为核心的完整人格,教材应以德性或意志为核心彼此关联。这一思想为赫尔巴特的弟子齐勒尔、莱因等人继承并发展。齐勒尔倡导"文化史阶段说",认为个人的发展复演了种族文化的发展,可以把人生发展阶段与种族文化发展阶段对应起来,以整合所有学科内容。20 世纪初德国的"合科教学"运动以及 1920—1930

年美国的"活动课程"运动集中体现"经验综合课程"理论。它以未分化的整体的儿童为核心整合学科，认为教学必须是未分化的、综合的，教师不必事先准备教案，而根据儿童在特定情境中的表现随机应变决定题材，乡土的事物、儿童的直觉与经验被置于课程中心，儿童即时性的需要、动机和兴趣构成课程整合的核心。19世纪至20世纪初的"相关综合课程"与"经验综合课程"是早期综合课程的基本形态。"相关综合课程"以客观知识为中心，根据过去和成人的标准统整教材并提供给儿童，试图以此实现儿童意识的统整和自我的统整，是主知主义的和客观主义的；"经验综合课程"以儿童人格为核心，试图通过人格统整和意志统整实现教材统整，是主观主义的。

综合课程在20世纪的发展主要是统一"相关综合"与"经验综合"这两种原理。1902年杜威出版《儿童与课程》(The Child and Curriculum)，标志综合课程进入新的历史时期。杜威认为，教育中的一个主要缺陷是将儿童的经验与教学科目对立起来。传统教育固守学科中心论，某些"新教育"则持儿童中心论。学科中心论使儿童服从于分门别类的教学科目，儿童完整而统一的经验被肢解；儿童中心论则满足于儿童兴趣和能力的自发性，排斥对儿童心智的训练。杜威通过消解传统的二元论，确立现代连续论而在理论上推进了综合课程的发展。20世纪20年代末至五六十年代的"社会改造主义"课程理论推进了综合课程理论的发展。较之杜威的课程理论，"社会改造主义"将课程整合的中心指向社会，并进一步发展课程中的批判精神。至20世纪50年代前，德国出现调和"合科教学"与赫尔巴特学派的"学科群教学"的"文化科合科教学"；美国汲取赫尔巴特"相关综合课程"的积极因素，倡导赋予稳定方向与组织的"广域课程"(broad-fields curriculum)和"核心课程"(core curriculum)。20世纪中叶后，由于"冷战"时期的科技、经济、军事竞争，分科课程在世界范围内盛行近20年。20世纪70年代特别是80年代后，世界课程理论倡导对课程领域进行"概念重建"。概念重建主义者对分科课程的反思和批判为综合课程的发展奠定新的理论基础，这是继杜威之后综合课程理论的又一次历史性进步。20世纪90年代后，世界各国大力倡导课程的综合化，通常是围绕主题，将若干相似学科的知识结合成为一个学科领域。综合课程具有以下特点：跨学科性，设置综合课程的目的是跨越或消解学科间的界限，建立知识之间的固有联系；相对性，综合课程的综合与分科课程的分科是相对的，综合课程将若干学科综合，较之原来的学科更具综合性或跨学科性，但因其自身又必须形成相对独立和完整的体系，故相对于其他学科，仍具有分科课程的性质；整合性，综合课程是将本来具有内在联系而又被割裂的内容重新整合为一体的课程模式，这种内在联系是自然的和真实的，而不是人为的和机械的。综合课

程有利于培养学生综合运用各门学科知识解决问题的能力，避免内容重复，减轻学生负担，且易扩展学生知识面；体现交叉学科、边缘学科的最新研究成果，有利于解决学校课程滞后于科学新知发展的矛盾，增强学生对社会和未来的适应性。综合课程的编制难度大，对教师的素质和能力要求较高。

综合课程有四种基本模式，即学科(知识)中心模式、儿童中心模式、问题中心模式和认知—情意综合模式。(1)学科(知识)中心模式。是一种以学科或知识为中心编制综合课程的模式。根据教学目的，确定以某一或某几个学科为中心组织其他学科内容，将这些学科知识加以综合。其特点是有由学者和教师预先精心编制的固定的现成的教材，教师按教材进行教学。其课程编制方法是以一个中心学科为轴，利用或参考原有中心学科的体系进行编排。知识中心模式是以知识为中心，而非以儿童或某一特定学科为中心。一般采用两种形式编制教材。一是将两种或两种以上的学科在形式上组合在一起，被组合的学科仍保持原有学科的基本体系或框架，各科知识之间无内在联系。其优点是教材编制容易，但易偏向学科性。二是打破各学科原有体系，糅合各学科内容，形成一门新的学科。(2)儿童中心模式。主张以儿童为中心设计综合课程。其特点有四：一是以儿童的经验、活动、兴趣作为组织课程的线索。兴趣指儿童直接感觉到的兴趣，教师实施综合课程的首要任务是发现学生的兴趣，帮助学生为学习而选择最重要的兴趣，围绕儿童感兴趣的活动组织课程内容。二是没有传统意义上的由学者、教师预先编写的固定的、现成的教材，课程结构根据学生的兴趣确定，课程由教师和学生临时编制，只有在出现难题需要解决，在学生明确解决问题所需的教材时，才据此编制教材。三是教材与教法合二为一。该模式的综合课程既是"学什么"的内容，也是"怎么学"的方法。具体体现为既是课程论亦是教学方法论的"设计教学法"，即活动计划或活动单元。设计教学是在学生有计划的活动中进行教学，由儿童决定活动目的，制订和执行活动计划，评价活动结果，儿童在设计活动中获得综合的各科知识。四是突出获得知识的过程和方法。(3)问题中心模式。主张以社会生活问题为中心编制综合课程，亦即以解决实际问题的逻辑顺序为主张来组织教学内容。该模式首先提出一个需要解决的实际问题，然后利用所有学科的知识和技术加以解决。在解决问题的过程中，学科界限和行业分工被打破，一切有关的知识、经验、方法和手段被重新组织和安排。具有三个特点：一是基本以预先规定的教材作为教学材料，教师事先决定学生需要学习的问题，根据问题及学生水平选择有关的学科内容构成教材。问题范围基本分为两类，即生活领域问题和社会问题，有为特定年级设计的，也有只作为某些学生选修的内容。虽有预先规定的教材，但可以在

教学过程中根据学生兴趣作出适当调整，具有一定灵活性。二是教材编制既强调内容，也强调学生的需要和兴趣以及适应儿童的发展进程。根据所学习的问题领域的范围和分类编制课程，根据问题相关性选择课程内容，确定课程顺序，但很大程度上以学生的需要、兴趣和能力为基础。三是把重点放在问题解决的过程上，围绕生活于社会的个人的问题组织课程，鼓励学生参与问题解决过程，重视过程目标（如批判性思维技能、人际关系技能等）与内容目标有机结合。（4）认知—情意综合模式。将情意作为编制综合课程的因素，主张课程除发展智力外，还应关注情绪、态度、理想、价值等领域。该模式的特点如下。一是统一性和综合性。认知—情意综合模式认为，教育目的是把人培养成"自由的人"或"自我实现的个人"，其情意与认知、感情与理性、情绪与行为相统一，课程必须帮助学生发现自我，并加以引导，而不是迫使学生按照他人预先设计好的模式发展。课程的价值在于为每个学习者提供真正有助于个性解放和成长的经验，实现情绪、感情、态度、价值观等的情意发展与理智、知识、技能等的认知发展的统一。特别强调"体验综合课程"，即借助知识课程（理解和掌握自然科学、社会科学及人文科学的学术课程）与情意课程（发展非认知领域能力的课程）的统一，形成整体人格的课程。二是适切性。强调课程内容必须与学生的感情、情绪相适应，学习者的兴趣和要求是决定课程内容的主要因素；课程内容必须同现实的社会问题相联系。三是共同参与性。强调让学生参与课程计划的编制，决定其展开方法，强调探究、比较、阐释、综合的过程，而非记忆现成的知识。

根据综合的范围和程度，以及综合课程内容的组织方式，综合课程分为五类。（1）相关课程（correlative curriculum），亦称"关联课程"。指两门或两门以上的学科课程在教学中加强相互联系。并非编制一门新课程，而是在原有分科课程的基础上，在教学中加强联系和照应。实施相关课程要求各学科教师了解相邻学科的教学内容、顺序和进度，教师之间保持密切联系。相关课程可改变分科课程的分割状况，加强科际联系，同时又较容易纳入现有的体系中，教师相对愿意接受。相关课程可细分为内容相关模式、交叉模式、迁移模式和主题教学模式。内容相关模式是指将不同学科的相关内容安排在同一时间或连续时间内教授，帮助学生自觉地将不同学科的内容联系起来，形成更广阔的知识网络；交叉模式是指教师对不同学科重合和交叉的概念予以共同组织，在从各学科角度教授的同时指出其共同性，加强学科间的联系；迁移模式是指通过培养在不同学科间的迁移能力，促进课程一体化，如记忆方法、问题解决技能等的培养可在各科教学中进行；主题教学模式是围绕同一主题组织的共同的教学单元，是相关课程中联系程度最高的，主题通常具有一定普遍性和概括性，超越某一学科的局限性而涉

及多门学科，也可以是某一跨学科的现实问题。相关课程一般需要组织跨学科的教学小组，设计共同的教学单元；也可以是一位教师负责教几门学科，在教学过程中将所教学科结合起来。（2）融合课程（fused curriculum）。强调各学科间的联系，把部分学科统合兼并于范围较广的新科目中。其与相关课程的不同之处在于，将同一领域或不同领域的某些学科加以合并，编制成新的学科，其每门组成的学科均丧失各自的特性，形成一种新的联合。（3）广域课程（broad-fields curriculum）。从整体角度考虑，将相关学科的知识和原理设计成一种有机的整体性的课程。其综合范围较融合课程更广泛，往往包含某一完整的知识分支或知识领域，如综合理科、综合社会科学等。（4）核心课程（core curriculum）。在社会改造主义教育观指导下形成，强调学校教育担负改造现实社会、建立新社会秩序的使命，以重大社会问题为中心组织教学内容。课程以实际的社会问题为核心，按解决这些问题的逻辑线索组织课程内容。（5）经验课程（experience curriculum），亦称"生活课程"、"活动课程"、"儿童中心课程"。指以儿童主体性活动经验为中心组织的课程。源于杜威的进步主义教育思想。杜威认为，儿童与课程之间不是对立的而是相互关联的，儿童和课程仅仅是构成一个单一过程的两极，儿童是起点，课程是终点；只要把课程引入儿童的生活，让儿童去体验，就能把两极连接起来，使儿童从起点走向终点。学校科目相互联系的中心点是儿童的社会活动，这些活动是在直接经验层次上进行的知识和技能的综合化过程。知识的分化完全是抽象思维的结果，而直接经验是具体的、不容分割的，是生活的本来面貌，活动课程是抽象知识内容与学生生活实际和社会实践相联系的中间环节。

在20世纪六七十年代世界范围的课程综合化尝试中，出现了一些综合课程的典型范例。（1）美国的"2061计划"。这是美国科学促进协会联合美国国家科学院、联邦教育部等12个机构，于1985年启动的一项面向21世纪、致力于科学知识普及的中小学课程改革工程，代表美国基础教育课程和教学改革的方向。当年恰逢哈雷彗星临近地球，改革计划是为了使美国的儿童能适应2061年彗星再次临近地球的那个时期科学技术和社会生活的急剧变化，故名。"2061计划"认为，美国青少年的科技知识薄弱，应在全国范围内进行科技扫盲；在科学、数学和技术教育上制定一个示范性、指导性的基本标准，编写新的教学大纲，以便在全美的中小学、幼儿园普及科技教育，使以后几代人具备科学技术的基础素质。（2）STS课程。这是一种以科学教育为主，有机整合技术教育和社会教育的课程。20世纪六七十年代发展成为正规的、被普遍认可的课程。STS的课程目标主要表现在个人发展、社会教育和文化理解等方面。其个人发展的目标为：促进公众对科学技术的理解，将科学技术传播

给每一个公民；激发学生学习科学技术的内在动机；培养学生适应未来社会发展需要的学习能力；培养和形成学生的价值观和伦理观念。社会教育目标为：培养学生参与社会合作活动的意识和能力；培养学生理解、同情和关心他人的观念；增强学生对社会的理解、关注与认同。文化理解目标为：使学生从历史、哲学和文化等视角理解科学、技术和社会；使学生从历史、哲学和文化等视角批判科学、技术与社会之间的相互作用。STS课程内容主要涉及科学、技术和社会领域的概念、原理和方法等知识，意识形态、价值观、伦理观和文化意识等理念以及各种技能。(3)综合学习时间。1986年日本文部省教育课程审议会颁布计划于2002年实施的基础教育课程改革草案。"综合学习时间"是日本在21世纪实现中小学课程综合化的一种主要形态和方式，其主要目的在于：培养儿童自己发现课题，主动学习和思考，独立判断，更好地解决问题的素质和能力；让儿童掌握学习方法和思考问题的方法，养成主动地、创造性地研究问题、解决问题的态度，并开始学会思考生活的意义。

分科课程与综合课程的关系

综合课程与分科课程作为两种相对应的课程模式，尽管在逻辑层面处于对立关系，但在价值层面保持统一与互补的关系。统一，是指两者都具有特定的教育价值，在边界上并非绝对分明，在发展中始终处于否定之否定的格局中；互补是指这两种课程开发模式承担着共同完成培养学生的任务，两者缺一不可。

其一，综合课程与分科课程的演变是一个否定之否定的过程。在生产力水平低下的古代社会，所积累的有限的知识只能以综合的方式出现。随着社会的发展与进步，人们试图用分析的方法探究自然界与社会，逐一研究和探析自然界与社会各个组成部分的性质和功能。适应这一认识过程需要，即出现分科课程，并逐渐在学校课程中占据了主要地位。但分科课程忽略了物质世界的统一性和普遍联系性。在现代社会，人类的生活及活动领域不断拓宽，人类行为手段与方式日趋多样，分科课程的局限性亦日益显现，要求更高层次的课程综合化的呼声愈来愈高。但这种高层次的综合课程并不意味着对传统分科课程的抛弃，相反，它是建立在传统分科课程基础之上的。

其二，在功能上，综合课程和分科课程是两种功能互补的课程形态。针对不同的认知特点、发展要求和社会背景，分科课程和综合课程各有独特的优越性。分科课程注重知识的逻辑结构，综合课程强调知识的丰富性；分科课程注重知识的相对独立性，综合课程强调知识的普遍联系性；分科课程注重发展学生的智力因素，综合课程强调发展学生的兴趣、情感等非智力因素；分科课程组织的逻辑起点是知识，综合课程组织的逻辑起点是经验。在现实生活世界中，知识和经验都是个体发展的必需条件，两者共存于实践的情景中，从而构成课程组织的资料来源。

其三，综合课程与分科课程的边界模糊，并在某些层面形成交叉和重叠的关系。从语义学的角度看，分化与综合是一对表示程度的概念，意味着在分化与综合之间并没有清晰的界限，两者存在交叉与重叠的关系。在课程的开发与设计中，分化与综合是指对课程内容的分解与整合的力度和精细度，因此，在分科课程与综合课程之间，存在一个过渡的地带。如相关课程和融合课程，它们试图突破学科界限，旨在统整学生的知识，帮助学生认识世界的完整图景，培养学生综合运用知识解决实际问题的能力。这种综合课程的组织原则在考虑知识内容统一性的同时，必须关注知识的适应性和应用性，决定了其结构不如分科课程系统严密，但在形式上，它们仍以学科课程的形态呈现。

即使在分科课程的内部，也能够而且应当对课程内容进行改造和统整，即在保持分科课程固有的逻辑体系的同时，需要打破课程传统的知识框架，加强新旧知识之间的联系，协调"经典性知识"与"即时性知识"之间的关系。如在地理课程中，以分科形式呈现的课程内容可以包括传统的自然地理、人文地理，天文学中的事实性知识、原理性知识和操作性知识，也可以包括诸如现代社会中与环境、政治、经济、文化、军事、种族和人口等方面有关的内容，这些内容在分科课程中所具有的价值是注重使学生形成完整、严密、独立、科学的知识体系，但忽视或淡化了学生实践能力的形成和个体经验的获得。以综合形式呈现的课程内容同样可以包含上述内容，但突破了分科形式中固有的逻辑关系，以加强课程内容与现实生活和社会生活的密切关联为基本依据，以不同于分科课程的方式重整这些内容，将地理知识融入学生现实生活，并与学生的个体经验相整合。

其四，从形成学生完整的身心素养的角度，综合课程与分科课程存在价值互补的关系。综合课程作为人们有意识开发的一种学校课程形态，是针对分科课程在学生身心发展过程中存在的局限性或不利于学生身心发展而出现的。真正意义上的综合课程自出现后便与分科课程形成价值互补关系，分科课程符合科学发展过程中所呈现的分类化、条理化和体系完整、严密的特征与趋势，符合社会演进过程中所形成的结构—功能格局的要求，符合特定身心发展阶段人的认知规律，分科课程的价值在于有助于科学的进一步发展，满足社会对于教育的总体要求，有助于发展学生的严密逻辑性和智力因素。但这种课程的价值缺陷同样明显：未能真实地反映科学发展分化与整合并举的总体特征；未能满足当代社会对教育培养通识型人才的现实需要；也未能满足甚至制约了学生身心全面发展的总体需要。综合课程由此应运而生。但综合课程也是一柄利弊共存的"双刃剑",其价值缺陷同样明显。综合课程仅反映科学发展态势的一个侧面,不能提供学生系统完整的专业理论知识,其培养专业人才的价值有限;综合课程的实施对课程资源和师资水平提出较高要求,因而其普及程度受到限制。综合课程与分科课程在价值上互补,对两者价值的利用应趋利避弊,两者有机地统整到学校课程体系中,充分发挥各自的优势。

综合课程与分科课程的价值互补性决定了它们在学校课程体系中是共生关系,而非互相取代的关系。

参考文献

有宝华.综合课程论[M].上海:上海教育出版社,2000.

张华.课程与教学论[M].上海:上海教育出版社,2000.

朱幕菊.走进新课程:与课程实施者对话[M].北京:北京师范大学出版社,2002.

（孔　云）

分析教育哲学（analytic philosophy of education）将分析哲学的方法和原则应用于教育研究领域的一种当代西方教育思潮。代表人物有英国教育家奥康纳,美国教育家、"美国派"代表人物谢夫勒,英国教育家、"伦敦派"代表人物 R.S.彼得斯以及美国教育家、后分析教育哲学代表人物索尔蒂斯。

分析哲学产生于19世纪末20世纪初,是现代西方哲学主要思潮之一。它主张运用分析的方法对基本概念和语义进行澄清,认为哲学的任务就是对语言的意义进行描述和解释,以达到"清思"的目的,从而促成哲学研究从认识的内容转向认识的表述,从心理概念转向语言形式。分析哲学学派林立,其中对教育影响较大的两个有代表性的分支是逻辑实证主义和日常语言学派。逻辑实证主义的代表人物有英国哲学家罗素和奥地利哲学家维特根斯坦,主张哲学的任务是逻辑分析,提出经验实证的原则,强调通过对语言的逻辑分析建立符号语言。日常语言学派的代表人物是英国哲学家赖尔、J.L.奥斯汀和 G.E.穆尔,认为日常语言本身是完善的,概念混乱的根源是人们违背了日常语言的正确用法,根本不需要建立一套人工语言,哲学的任务是澄清语言的各种用法和规则。

分析教育哲学是分析哲学渗透到教育研究领域的结果。分析哲学使西方哲学的主题从近代走向了现代,其分析的方法和追求语言精确意义的精神对教育领域产生了深刻影响。教育哲学研究自身存在的理论问题和矛盾是分析教育哲学产生的诱因。传统教育哲学的许多命题来源于哲学的演绎,带有先验性、情感性和主观性,造成教育上概念不清和逻辑模糊。因此,不少教育家纷纷借助分析哲学的方法研究教学过程和课堂实践等实际问题,促使分析哲学进入教育研究领域。1942年,分析教育哲学的先驱哈迪出版《教育理论中的真理与谬误》,成为第一本运用分析哲学方法研究教育问题的著作。20世纪50年代至60年代,分析教育哲学成为西方教育哲学的主流并达到鼎盛;70年代后期开始逐渐衰落。

分析教育哲学有以下主要观点:第一,教育哲学是一种"清思"活动。教育哲学并不是一个知识体系,而是用分析哲学的方法对教育理论中的概念和命题进行检验,帮助教育工作者辨明教育理论和教育实践中遇到的先验、模糊不清的概念、术语和定义的一种方法和工具。第二,教育哲学的任务是澄清教育领域的概念和命题。教育哲学并不能为教育工作者提供教育准则和教育方案,更不能发布教育指令,而是对教育领域的概念和命题进行澄清,使教育概念清晰明了,避免研究和实践中的概念混乱和争论不休,使教育理论科学化。分析教育哲学对来自教育理论和实践的概念和术语进行了缜密的分析,例如"教育"、"教学"、"课程"、"知识"、"兴趣"、"训练"、"发展"等,认为这些概念是具有普遍性的"元教育概念",只有澄清这些概念,才能为进一步深入探讨教育问题做好必要的准备。第三,用逻辑和语言的分析方法研究教育。教育理论和实践中的纷争与混乱之所以产生,是由于对语言的误用、误解和表达不确切,因此,应当对教育理论和实践中的语言进行分析,使教育概念、术语、命题更加清晰、合乎逻辑,避免因对语言的意义使用不当和理解歧义而产生混乱和不必要的争论。其标准有两方面:逻辑实证主义运用逻辑的标准,澄清教育问题的不同逻辑类型,考察逻辑陈述的连贯性;日常语言学派强调日常语言的标准,要求教育问题的概念、术语的意义要与日常语言法则一致。

分析教育哲学的意义在于使教育理论研究重视语言和逻辑在表述教育概念或命题中的规范,注重澄清教育思想和概念的意义,消除由于概念含糊不清或模棱两可而引起的不必要的争论和讨论,避免教育理论中的常识性错误和情绪性指令,使教育理论更加科学化。分析教育哲学重视教育的实践意义,将教育哲学作为动词理解,充分发挥了教育哲学的分析批判功能,主张教育哲学应尽可能少用玄虚的思辨哲学术语,重视对课堂教学和教育实践中所使用的术语和概念进行分析,使教育哲学朝着贴近教育实践的方向发展。分析教育哲学在西方教育界产生了很大影响,被誉为"教育哲学中的革命"。但是,分析教育哲学也有其必然的局限性。许多分析教育哲学家没有考虑教育中的价值和道德问题;分析教育问题时往往忽视日常语言自身的不确定性和语义的多样性。

（杨　捷）

芬兰教育制度（educational system of Finland）

芬兰共和国位于北欧斯堪的纳维亚半岛,面积33.84万平方千米。2011年人口540.5万,芬兰族占90.9%,瑞典族占5.4%,还有少量萨米人(曾称拉普人)。居民中77.7%信奉基督教路德宗,1.2%信奉东正教。官方语言为芬兰语和瑞典语。2011年国内生产总值1 920亿欧元,人均国内生产总值3.2万欧元。

芬兰教育的历史发展

芬兰12世纪前处于原始公社时期。1155年,来自瑞典的一些传教士抵达这片土地,开始了在这里殖民的历史。1581年芬兰正式成为瑞典的一个公国。1721年北方战争结束时,俄罗斯割占部分芬兰领土。在1808—1809年的俄瑞战争中,瑞典战败,芬兰正式割让给俄国,成为俄国的一个大公国。这个时期的芬兰拥有一定的自治权,有自己的议会(参议院)。1917年俄国苏维埃政权成立之后,芬兰脱离俄国独立,1919年成立共和国。

在殖民地时期,芬兰教育乏善可陈。19世纪60年代,芬兰本土教育家居格那乌斯提出依照德国和瑞士同类学校的模式进行小学学制方面的立法。由于城乡之间就业和教学条件不同,法律确定城镇小学学制6年,农村小学4年。1921年制定新的《义务教育法》,规定小学分为初小和高小,分别为2年和4年。40年代末又增加了1年,使小学生的在校期达到7年。1958年,芬兰又制定了《初级教育法》。根据这部法律,基础教育包含学制6年的小学和学制2年的初级中学两部分,后来初中又增加了1年。这样,在9年义务教育正式以法律形式确定之前,实际上的九年制基础教育体制已经形成。

高等教育的历史可以追溯至1640年。该年,芬兰历史上的第一所高等学校土尔库学院在原首都土尔库成立。1809年,芬兰臣服于俄国之后,迁都赫尔辛基。1827年,土尔库学院也迁至赫尔辛基,改名为亚历山大帝国大学,隶属于俄国。1917年芬兰独立,该大学改名为赫尔辛基大学。20世纪,芬兰的高等教育发展迅速。1908年,赫尔辛基理工大学成立,这是芬兰历史上第一所理工大学。次年,瑞典语商业学院成立。1911年,赫尔辛基商业学院成立。此后,高等院校的布局逐渐向全国范围铺开。2000年,全国有29所多科技术学院、20所大学。

芬兰现行教育制度

芬兰现行教育体制于20世纪70年代确立。实行九年制义务教育,带有很大的强制性,7~16岁的学龄儿童必须接受。义务教育不仅免除学费,还为学生提供免费的学习材料,为居住地离学校超过5千米的学生提供交通补贴。学生可以选择自己喜欢的学校上学,包括私立学校,然而大多数儿童是在本地区的公立学校上学。如果因健康或其他原因而无法上学,学龄期儿童居住地政府应为他们提供与正规学校水平相当的其他教育形式。

学前教育 学前教育不属于义务教育,不免费。学前教育机构包括托儿所和幼儿园,招收3~6岁儿童。课程以游戏为主,还开设手工、音乐、故事及一些基本的读、写、算。2011年,有59 000名儿童在教育机构接受学前教育。

基础教育 与世界上大多数国家把基础教育分为小学和初中不同,芬兰实行小学初中一贯制。这种包括小学和初中的学校称为“综合学校”。综合学校的数量在不断减少,2006年有约3 400所,到2011年只有约2 900所。综合学校一般有9个年级,包括6个低年级和3个高年级,有的学校设十年级,目的是为那些没有很好掌握9年课程的学生提供补习的机会。学生必须学完全部课程才算完成义务教育。有的学校还附设学前教育机构,也有的学校只设低年级部或高年级部。由于地广人稀,学校规模普遍较小,一所学校在校生只有120人左右。基础教育阶段的课程包括母语、外语(从三年级开始)、环境科学、公民、宗教或伦理、历史、社会、地理、数学、物理、化学、生物、音乐与视觉艺术、体育、手工及家政。其中语言学习占1/3,科学和数学也占1/3,社会和人文学科占12%,其余21%为艺术、体育、宗教或伦理。所有加入路德宗或东正教的学生都必须学习本宗教的课程,信奉其他宗教或不信奉宗教的学生则以伦理课取代宗教课。义务教育阶段没有毕业考试。综合学校的教师要持有教育硕士学位。由于选拔标准十分苛刻,申请成为综合学校教师的人中只有10%能被接受。

一个国家的科学技术发展水平在很大程度上取决于该国基础教育中数学与自然科学教育的水平。为使公民的数学和科学知识尽快达到国际水平,芬兰教育部启动了“1996—2002年数学和科学教育发展计划”。该计划面向基础教育,把物理、化学、生物和地理列入自然科学范畴,力图提高基础教育中数学和自然科学的教学水平。由于学生学习的兴趣、方法和课程选择在很大程度上受教师的影响,所以,该计划的重点一方面是为教师提供免费的在职学位培训,编写教学手册、示范教材,加强数学和科学课程的结合与应用,以提高教师的工作热情、责任心,帮助他们改进教学方法和手段,扩大知识面;另一方面是利用网络教学来提高学生的学习兴趣,增加职业教育中数学、科学的比重,改善教学环境,注重培养学生的科学素质和探究能力。经过不懈努力,芬兰15岁中学生的阅读能力曾在经济合作与发展组织国际学生评价项目(PISA)评比中居首位,数学和科学能力也位居前列。

高中教育 高中学制3年,除个别私立学校外,一般与综合学校分开设立。高中教育分为普通教育(普通高中)和职业教育(职业高中和培训学校)两轨,都招收 16～19 岁学生。普通高中为准备上大学的学生而设,职业高中和培训学校为准备进入劳动力市场的学生而设。

普通高中根据学生在综合学校的学习情况择优录取,录取率约占适龄学生的一半。课程分为必修、专业和应用三类,包含以下领域的 38 门课:母语、外语、公民、宗教或伦理、历史、社会科学、数学、物理、化学、生物、地理、体育、音乐、视觉艺术、手工、家政等。学习时间分配与综合学校稍有不同,用于语言学习的时间不超过 1/3,科学和数学占 1/3 强,社会和人文学科占 18%,其余占 16%。

20 世纪八九十年代是芬兰高科技产业迅猛发展的时期,社会需要学校培养具有创新精神的高素质人才。为此,芬兰政府对高中教育进行了大刀阔斧的改革。1994 年,全国教育事业委员会颁布《芬兰高中教育课程框架大纲》,明确规定高中教育的目标是"培养综合素质高、个性健康全面发展、有创造力和合作精神、能够独立探求知识、热爱和平的社会成员"。高中学制改为较有伸缩性的 2～4 年,每学年分为 5～6 个学段,每个学段包括 6～7 个星期,最后一个星期为考试周。课程分为必修 45 门和选修 30 门(包括部分学校自设课程),学生多选不限。一些高中必修课仅占 1/3。为了适应选修课制度改革,教育部推行"无固定班级授课制"。1999 年 1 月,芬兰颁布《芬兰高中教育法》,明确规定所有高中都采纳"无固定班级授课制"的教学模式,即学校不再为学生分班级或分配固定教室,不同学年入学的学生因选择同一门课而在同一个教室上课。学生根据自身情况和各自不同的兴趣爱好,制定自己的学习计划,选择不同的学段课程和适合自己的任课老师。选修制和无固定班级授课制鼓励学生从兴趣出发选择自己愿意学习的课程,提高了学生学习的主动性和自觉性。

职业培训主要由职业学校承担。芬兰的法律规定,地方政府必须在每一千人中设立一所职业学校。16～19 岁的学生中,约有 45%进入职业学校。中央政府和地方政府共同承担职业教育机构的费用。职业学校培训计划是在综合学校课程的基础上制定的,全部课程为 120 个学分:20 个学分为职业教育课程,90 个学分是核心课程,10 个学分是学生选择的自己感兴趣的课程。核心课程包括芬兰语、瑞典语、数学、物理与化学、社会、商业和劳动力市场、体育和健康教育、艺术与文化。学生入学一般依据综合学校的成绩,还要参加态度测验。职业教育一般为期 3 年,完成之后,学生也可以参加国家入学考试,根据成绩可以进入多科技术学院或大学。职业学校教师必须具有硕士学位或多科技术学院的学位,有在该领域 3 年的从业经验以及修读 35 个学分的教育学课程。

高中毕业后,学生必须参加国家入学考试。国家入学考试最初是为赫尔辛基大学招生而设置的,现在已成为高

中毕业考试,目的是衡量学生是否掌握了高中课程中的知识和技能。该项考试每年春季和秋季各举行一次,包括 4 门必考科目:母语、第二官方语言、外语、数学或综合科。每一科考试都包括低级和高级两种难度水平,学生最多可选择 3 门低级水平考试,至少必须有 1 门是高级水平。不及格者可以在考试结束后立即补考。考试的评分分为 7 个等级:7 分、6 分、5 分、4 分、3 分、2 分、0 分。

高等教育　芬兰有两类高等教育机构:大学和多科技术学院。所有高等教育机构都是公立的,经费由地方政府和中央政府共同负担(地方负担约 35%,国家负担约 65%),学生可以免费上学。2000 年,芬兰共有 20 所大学,其中 10 所综合大学,4 所艺术学院,3 所经济和商业管理学院,3 所技术大学。2009 年赫尔辛基理工大学、赫尔辛基商业学院、赫尔辛基艺术设计大学合并成立阿尔托大学。29 所多科技术学院,大部分是多学科的地方性学院,与工商业企业有着紧密的联系。此外还有 1 所军事学院,即国防学院,提供军事方面的学位。大学提供自然科学、人文学科、工业艺术、运动科学、神学、社会科学、商业管理、心理教育、农业和林业、卫生、音乐学、戏剧、舞蹈等领域的学位,学位分为学士、硕士、执业证书及博士学位四级,还提供医学、牙医、兽医方面的职业教育。多科技术学院提供以下领域的专业教育:国家资源、技术与通讯、商业与管理、旅游、餐饮及机构管理、卫生及其他社会服务行业,主要培养各种实用型人才,学制 3.5～4 年。适龄青年中,37%进入多科技术学院,31.4%进入大学。

教师教育　教师教育在大学进行。在综合学校,大部分低年级教师必须拥有教育硕士学位,获得该学位需要学习 5 年(包括实习),获得 160 学分;只教某一门学科的教师由大学各学院培养,必须持有本学科领域的硕士学位,需要学习 5 年(包括教育实习),获 160～180 个学分。职业教育教师需要持有职业教育文凭或大学学位,还要在职业培训学院完成教育培训和实习。

成人教育　芬兰的大学和多科技术学院、公私立教育机构、成人教育中心、暑期大学、成人高中、学习中心和学院、体育中心、音乐中心都提供成人教育,由雇主提供的在职培训、非正规教育机构也是很普遍的成人教育形式,还有网上课程。芬兰成人教育的发展是对竞争日趋激烈、信息技术日新月异和国际化的一种回应。为了保持竞争力,芬兰政府认识到让所有公民进行终身学习的重要性。面对面的教育一般在晚间和周末进行。一般说来,成人参加的是与职业相关的继续教育课程,以更新、提升与职业相关的知识和技能。许多成人对自我发展方面的课程也很感兴趣,也会参加一些社会学习和公民教育课程。

开放大学　开放大学课程一般是授予学分的,提供高中或大学文凭,没有入学标准。大学和多科技术学院通过

开放大学提供非学位和学位教育。开放大学分布很广，每个人都可以进入学习，完成高中学业或获得大学文凭，也可以选择感兴趣的学科学习。有些开放大学在网上授课。

教育行政　芬兰议会安排主要的教育议程，确定教育政策的一般原则，制定教育法律。中央政府、教育和文化部、全国教育事业委员会负责在中央行政一级执行教育政策。教育和文化部主管全国所有的教育、科学和文化事务。教育和文化部有两位部长：教育与科学部部长主管全国所有的教育部门，如普通教育、职业教育、多科技术学院、大学、成人教育与培训以及科学政策；文化与体育部部长主管文化、体育、青年工作、版权、学生财政资助及宗教事务。全国教育事业委员会是教育和文化部的下属机构，其职权范围：发展国家的教育目标、内容，开发基础教育、高中、职业教育和成人教育与培训中的教学方法，拟定和推行除高等教育机构以外所有学校的核心课程，评估除高等教育以外的其他教育机构，为学校提供信息服务，等等。

芬兰的教育经费由中央政府和地方政府共同负担。中央政府根据每一所学校在校生数量的多少向其提供日常运行经费的 45.3%，地方政府也根据本学区学生数量提供经费。2010 年各级各类教育的总预算为 62 亿欧元，占政府预算的 12%。教育预算占总公共支出的 14%，占 GNP 的 6.4%。

每年 8 月底至次年 6 月底为一个学年，每个学年分为秋季学期和春季学期。芬兰有三种教学语言：芬兰语、瑞典语和萨米语(拉普语)。每所学校都有自己的教学语言，学生根据自己的母语选择不同教学语言的学校。国家入学考试也根据三种教学语言来命题。

芬兰的教育改革和教育特色

21 世纪，信息技术已应用于日常生活的方方面面。芬兰是工业化程度较高的国家，在信息化的程度上走在世界前列。为了提高国民使用现代化信息技术的能力，1995 年，政府出台了一项名为"国家教育策略：信息社会的教育、培训和研究"的计划。该计划的目标是提高国家的竞争力和就业率，探索在信息社会里如何使每个国民都具备使用信息和通讯技术的基本能力，争取 5 年内使全国所有教育机构联网。教育部为这项计划提供了充足的资金，其下属的信息策略小组以及芬兰研究和开发国家基金会监督和评估资金的使用。这些资金大部分用于教育机构、大学、图书馆及档案馆各种信息设备的装备。教育部还组建了一个专家委员会，来发展关于全体社会如何有效利用信息技术的策略。他们相信，如果这些策略能有效发挥作用，那么国家的竞争力和就业率就会得到提高。

2003 年，芬兰教育和文化部出台《2003—2008 年教育和研究规划》，对芬兰的教育系统进行一系列改革，主要内容包括：(1) 学前教育。2004 年，免费交通服务覆盖到学前教育；对学前教育质量进行评估，并将报告提交国会。(2) 基础教育。评估学校是否实现宪法和基础教育法所规定的学生权利、教育机会均等；探索是否有必要改变教师的工作小时数，并采取相应措施；通过修改法律和财政管理，支持地区间的教育供给和学校间的合作。(3) 中等教育。加强普通高中与职业学校的合作，特别是在规划、共同的学习计划、地区教育和培训的提供等方面；为提高职业学校学生升学比例，采取措施鼓励职业学校的学生学习高中教学大纲，参加大学入学考试。(4) 高等教育。主要体现的学位和研究生教育方面。多科技术学院提供学士和硕士学位，在多科技术学院获得学士学位的学生可以通过补修相关课程，进入大学进行深造。

为迎接全球化挑战，应对国内人口数量和职业结构的变化，芬兰政府 2007 年颁布《2007—2012 年教育和研究规划》。主要内容：(1) 由于儿童数量减少，学前教育、基础教育和高中教育在 2007—2012 年的主要任务是保证高质量的教学和为学生提供多样化服务。(2) 职业学校可以根据相关职业领域的要求自由组织教学，但必须满足个人和不同产业的知识和能力需要，为即将工作和正在工作的人提供高质量和持续的服务。同时，鼓励职业学校教师提高引导不同顾客群体接受职业教育的能力。(3) 优化高等教育体系结构，提高办学质量和竞争力及科研效率。主要措施包括：通过建立质量指标、完善外部审核、加强国际合作、深化学科评估来提高高等教育质量和高等教育系统的竞争力；推进高等教育的分层化，减少机构重叠，整合现有高等教育资源，加强基础设施方面的合作；扩大高校财务自治权，进行专业化高等教育管理。(4) 为适应工作要求、人口数量的变化，以及提高生产力的需要，成人教育不能只提高参与率，还需要提高教育的质量、匹配性和效率。为实现这一目标，实施职业定向的成人教育综合改革。

2011 年，芬兰政府颁布《2011—2016 年教育和研究规划》，主要目标包括：从财政支持、立法、科研等多个层面促进教育公平；根据劳动力市场的需求提供教育服务；通过立法、财政支持、建立标准体系，来鉴别和承认个人所接受的非正规教育；保证移民学生和非移民学生有相同的入学率；在教育和工作之间建立更加紧密的联系；加强公民精神的培养；加强师生运用信息系统的能力，提高公共部门信息系统的兼容性；提高学生福利。具体措施包括以下几个方面。(1) 学前教育。为将日间托儿所和学校教育机构整合成一个整体，促进儿童顺利地从学前教育过渡到基础教育，从 2013 年开始，日间托儿所的管理将从芬兰社会事务和健康部转移到芬兰教育和文化部；日间托儿所对低收入家庭和单亲家庭免费；为了给所有儿童提供相同的起点，芬兰教育部门在 2012 年底进行学前教育义务化的探索;为给全体适龄儿童提供更好的学前教育服务,芬兰教育和文化部计划于 2014 年出台新的学前教育法案。(2)基础教育。改革课程和课时分配,加强体育教育、环境教育、价值观和公民教育,强化学科间的合作和多语言教学。2014 年还将修订核心课程;继续实施 2009 年颁布的基础教育质量标准;注重发展学生的情感和社会技能;加大对基础教育的资助。(3)高中教育。修改职业教育和培训的准入原则,为中途辍学者和不合格的学生提供接受中等教育的优先权,把高中教育作为青年社会保障的一部分;提高普通高中和职业学校的服务能力,深化两者的合作,但在入学考试和职业资格上,两者采用不同的标准;鼓励学生灵活的学习方式并为之创造条件;进行财政改革,部分财政资助将以绩效为基础;改革入学考试制度,并于 2015 年开始实行。2016 年计划采用新的课时和课程。(4)职业培训和教育。降低辍学率,完善基于能力的职业资格证书系统;加强职业培训和教育质量控制,财政资助和奖励也将与教育质量挂钩;促进职业培训和教育的国际化。(5)高等教育体系和研究。每个省至少设立一个高等教育机构;多科技术学校的营业许可证将以政府的形式发布,并接受政府系统的监控和评价;计划于 2014 年开始对多科技术学院的立法和财政资助进行改革,强调质量、效率和效果;加强高等教育机构之间基础设施和师资的共享;对大学的财政资助将与学生毕业率、学生就业、高校管理的效率、高校教育和研究质量、国际化水平以及学生的反馈挂钩;政府给予高等学校更大的自主权;促进对研究者的培训,加强科研基础设施建设。建设公共事业信息和国家数字图书馆,建立国际化的质量保障体系。(6)成人教育。为成人教育提供更好的机会,提高成人教育的参与率;发展基于能力的资格证书,健全成人教育网络。

清晰表达自己的教育价值观是芬兰教育的一大特色。各级各类教育的目标都由全国教育事业委员会确定并加以明确表述,相应的学校遵照执行。芬兰人总的教育理念是增进每一个公民的“福利、文化财富、可持续发展,并帮助他们在经济上取得成功”,公民的福利被放在第一位。提高教育水平,促进教育平等,全面发展每一个公民的个性,使每一个公民都能融入芬兰文化,培养公民参与芬兰、欧洲及全世界各项事务的意识是教育理念的重要内容。围绕这些核心的教育理念,芬兰教育迅速发展起来,并且走在世界前列。

芬兰由于人口较少,教育体系结构简单,轮廓清晰。芬兰是福利国家,国家兴办大部分教育事业,只有少量的私立学前教育机构和私立综合学校,高等教育由国家一手包办,学生可以免费入学。此外,芬兰的职业教育、教师教育、成人教育体系相对都比较简单。一个结构简单的教育体系有利于教育行政的高效率和改革的顺利推行。

参考文献

郭小凌,等.北欧各国[M].北京:北京语言文化大学出版社,1998.

卢枫.芬兰基础教育成功原因初探[N].中国教育报,2003-3-4.

卢枫,任新军.关注每个学生——透视芬兰高中教育改革[J].21世纪,2002(3).

赵广俊.当今芬兰教育概览[M].郑州:河南教育出版社,1994.

（张东海　张　玲）

福禄贝尔与幼儿园运动 (Frobel and kindergarten movement)

德国教育家福禄贝尔创立世界上第一所幼儿园,并把自己的一生献给了幼儿园事业,被誉为“幼儿园之父”。欧美国家和日本从 19 世纪 50 年代中期起兴起幼儿园运动,福禄贝尔幼儿园教育原理得到广泛传播,“幼儿园”作为幼儿教育机构开始在世界范围内普遍出现。

福禄贝尔的生平活动与教育著作　福禄贝尔出生于德国中部图林根林区奥伯威斯巴赫村的一个牧师家庭。他先后在耶拿大学、格廷根大学和柏林大学学习,但因为各种原因,都没有完成全部学业。1805 年 6 月到法兰克福后选择了教师职业,担任法兰克福模范学校教师,开始了教师生涯。他先后两次赴瑞士教育家裴斯泰洛齐的伊弗东学院访问和任教,在人格精神和教育思想上受到深刻影响。福禄贝尔 1816 年在德国施塔提尔姆的格里斯海姆开办了一所学校,后迁到凯尔豪,一般称“凯尔豪学校”。这是他自己办学实践的开始,对他教育思想的形成和发展起了重要作用。在这个教育实践基础上,他于 1826 年出版《人的教育》一书。1831—1836 年,福禄贝尔因德国国内反动势力猖獗而流亡瑞士,先后在瓦尔腾泽学校、维利绍学校和布格多夫孤儿院从事教育活动。1837 年,福禄贝尔在凯尔豪附近的布兰肯堡创办了一个幼儿教育机构,招收 3~6 岁的儿童,旨在发展幼儿的本能和自我活动。1839 年夏天,他为这个幼儿教育机构冥想出“幼儿园”(Kindergarten)一词,于 1840 年 6 月 28 日正式公布于世。这标志着世界上第一所幼儿园的诞生。福禄贝尔的幼儿园事业得到了一些忠实追随者如米登多夫、朗格塔尔、比洛夫人的热情支持和无私帮助。德国教育家第斯多惠两次亲自访问他的幼儿园,表示支持。为了推动幼儿园事业的发展,福禄贝尔直到晚年还在继续奋斗。尽管幼儿园在德国各地受到民众的欢迎,但普鲁士政府并不支持幼儿园事业的发展。1851 年 8 月,普鲁士政府颁布“幼儿园禁令”,这对晚年的福禄贝尔是一个沉重打击。1852 年 6 月 21 日,福禄贝尔在马林塔尔去世,墓碑上刻着他的一句格言:“来吧,让我们与儿童一起生活吧!”除《人的教育》一书外,福禄贝尔的主要教育著作还有《母亲的游戏与儿歌》(1843)、《幼儿园教育学》(1861)、《幼儿发展中的教育》

（1861）。他还创办过《家庭教育杂志》（1826）、《星期日杂志》（1838—1840）及《教育周刊》（1850）等。

儿童发展阶段及教育　福禄贝尔在阐述教育的一般原理时，既提出了万物有神论，认为上帝是万物的统一体、一切事物的最终本原，又强调了教育适应自然和人是不断发展的观点，认为教育是以人的天性为根据的，人总是从一个发展阶段向另一个发展阶段前进的。每个人诞生时就具有四种本能：活动本能、认识本能、艺术本能、宗教本能。只有在人的天性不受干扰而自然发展的情况下，真正的人的教育才能开花结果。

儿童的发展过程可以分成四个相互联系的阶段。第一是婴儿期。婴儿在感官和身体发展的同时，情感也得到了发展。父母和教育者在这一时期主要是做保育工作，但对婴儿的现在和未来都具有极其重要的意义。第二是幼儿期。这是一个由内向外的时期，人的内在本质向外释放，力图表现自己，是人类发展自然和神圣的起点。对于这一时期的幼儿发展来说，游戏和语言十分重要。随着幼儿期的到来，幼儿身体的保育减少了，智力的培养和保护却加强了，真正的人的教育开始。如果这一时期遭到损害，那么就损害了他未来生命之树的胚芽。第三是少年期。这是一个由外向内的时期，儿童通过自身力量，使外界事物向自己接近，并为自己所掌握。这一时期主要是"教学"，儿童开始进入学校。第四是学生期。这是儿童学校生活的主要时期，儿童将带着信仰和信念、预感和期望去熟悉面对他的一个外部世界。

幼儿园教育理论　福禄贝尔认为，幼儿园是儿童发展和教育的场所，任务是为人的教育打下基础，促使儿童身体和心智的发展与整个生活协调一致。幼儿园是"儿童的花园"，幼儿是在这个花园中生长的"花草树木"，幼儿园教师是精心照料花草树木的"园丁"。他在1843年写的《关于德意志幼儿园的报告》中指出，幼儿园的目的是收容学龄前3～6岁的儿童，以家庭的方法助长儿童的身体发育与精神上诸能力的发展，养成良好的习惯。

在布兰肯堡幼儿园的教育实践中，福禄贝尔构建了幼儿园教育体系，包括"恩物"、游戏、作业、语言、绘画、唱歌、读写以及计算等方面。其中"恩物"、游戏和作业最引人注目。（1）"恩物"是一套供幼儿使用的活动玩具，意指它们是上帝的恩赐。这套活动玩具作为幼儿认识万物的手段，体现了从简单到复杂、从统一到多样的原则，适合幼儿发展和教育的要求。"恩物"的基本形状是球体、立方体和圆柱体，象征着自然界的一切现象，彼此既相对独立又密切联系，组成一个统一有序的整体。"恩物"主要有六种：第一种是6个不同颜色柔软的绒球；第二种是由硬木制成的圆球、立方体和圆柱体；第三种是可以分成8个体积相同小立方体的大立方体；第四种是可以沿纵向分成8个体积相同小长方体的

大立方体；第五种是可以分成27个体积相同小立方体的大立方体；第六种是可以分成27个体积相同小长方体的大立方体。每一种"恩物"都能刺激幼儿去自由地自我活动和独立地运动。通过"恩物"的运用，儿童可以去呈现认识的形状（即学习的形状）、美的形状（即图画的形状）和生命的形状（即建筑的形状）。（2）游戏能和谐地锻炼幼儿的体力、情感和智力，是整个未来生活的胚芽。作为儿童最独特的自发活动，游戏是幼儿教育过程的基础和发展儿童创造性的最好方式，直接影响儿童的生活和教育。幼儿园应该是幼儿游戏的乐园。游戏可分为运动性和精神性两大类。其中，运动性游戏又分为行进游戏、表演游戏、奔跑游戏、纯粹的散步游戏四种；精神性游戏主要运用各种"恩物"进行，训练幼儿的思考力、判断力和创造力。（3）作业是幼儿园一种主要的教育活动形式，与"恩物"的关系十分密切，从某种意义上说，是"恩物"的发展。幼儿使用纸、沙、泥土、竹棒、木块、铅笔、颜色盒、剪刀、糨糊等材料，通过为他们设计的各种具有创造性的手工活动，可以得到完善发展。此外，作业也包括幼儿能参加的一些简单的劳动活动，例如看管花园、栽培植物、饲养家畜、初步的自我服务等。（4）语言是幼儿生活的一个要素。活动中，幼儿不可避免地要通过言语来说明他们的行动。因此，从幼儿期起，就要注意对儿童进行语言训练，特别要重视正确发音和正确描述。幼儿的语言训练可以借助于格言、诗歌、寓言、童话、歌曲等。这不仅能使他们学习语言，而且能使他们获得乐趣。（5）绘画是儿童的爱好，甚至是他们迫切的欲望。通过绘画，儿童的表现冲动和创造力可得到发展。作为一种表达内在自我和外在世界的方式，绘画能使儿童得到全面满足。发展儿童的绘画能力开始于画线，最后可以在教师的指导下根据自己的想象自由地绘画。（6）唱歌不仅可使儿童的听力和发音器官得到发展，而且可以使通过言语和声音表达的感觉变得敏锐起来。在幼儿园里，唱歌与游戏和绘画密切相连，并成为它们的一部分。（7）读写对幼儿的发展和教育也很重要。幼儿对外界事物特别是新事物充满好奇，会产生强烈的学习愿望。幼儿学习读写，应该先引导他们读出与其生活密切相关的单词，同时注意变换学习形式，或利用实物，或利用对话，或利用图画，使幼儿在学习中感到生动有趣。（8）计数对幼儿计数能力的发展具有重要意义。计数训练必须与幼儿的日常生活和游戏活动联系起来，更重要的是应该使幼儿通过数的概念来实现对直观和事实印象的抽象，并初步认识数的多方面应用。

福禄贝尔认为，在幼儿园里，作为"园丁"角色的教师具有十分重要的地位。由于幼儿园教师要替代母亲在家庭中的角色，因此妇女最适合担任幼儿园教师，但必须接受必要的教育培训。对幼儿园教师的要求：年轻妇女，17～20岁是最佳年龄；身体健康；最好接受过良好的学校教育；更为

重要的是热爱儿童、具备与儿童交往的能力及对生活恬静而快乐的态度。

幼儿园运动　福禄贝尔去世后,对幼儿园运动的兴起起最大推动作用的是比洛夫人。作为福禄贝尔幼儿园事业最有能力和最有影响的代表,她成了德国福禄贝尔幼儿园运动的领袖。正是由于比洛夫人、第斯多惠等德国社会各界人士坚持不懈的努力和斗争,普鲁士政府于 1860 年撤销"幼儿园禁令"。比洛夫人还到英国(1854)、法国(1855—1857)、比利时(1858)、荷兰和瑞士(1860)、意大利(1871)等欧洲国家宣传幼儿园教育的重要性,这些国家先后开办了幼儿园,欧洲兴起了幼儿园运动。1854 年在英国伦敦举办的教育博览会也对福禄贝尔幼儿园及幼儿园教育理论的广泛传播起了媒介作用。在英国,流亡的德国人伦吉夫妇1851 年在伦敦开办第一所德语幼儿园;英国福禄贝尔主义者自己的第一所英语幼儿园是普雷托利乌斯在汉普斯特德开办的。在俄国,1860 年圣彼得堡开办第一所幼儿园,此后,一些大城市也开办了幼儿园。

幼儿园运动后来又扩展到美国和日本。其中,幼儿园在美国的传播和发展最为突出,这表明幼儿园在美国的影响超过了其他国家。美国幼儿园运动的一批先驱者,例如 H. 巴纳德、W. T. 哈里斯、皮博迪、布洛等对幼儿园在美国的迅速发展起了积极的倡导作用。德国移民 M. M. 舒尔茨1856 年在威斯康星州的沃特敦开办了美国第一所幼儿园。1860 年,皮博迪在波士顿开办了第一所英语幼儿园,8 年后又在这所幼儿园中附设了第一所幼儿园教师培训所。更为重要的是,第一所公立幼儿园 1873 年在圣路易斯市开办,幼儿园第一次被纳入公立学校教育系统,成了美国幼儿园运动的特色。在日本,1876 年东京开办第一所幼儿园,即东京女子师范学校附属幼儿园;文部省于 1899 年 6 月颁布第一个幼儿园法令,即《幼儿园保育及设备规程》,使日本幼儿园教育走向制度化。在幼儿园运动中,欧美国家和日本还出现了促进幼儿园教育发展的团体,例如,英国和俄国的福禄贝尔协会、美国的幼儿园协会、日本的福禄贝尔学会等。尽管名称不同,但它们都致力于福禄贝尔幼儿园教育原理的传播、幼儿园的开办、幼儿园教育著作的撰著和幼儿园教师的培训。20 世纪初,福禄贝尔所构建的幼儿园教育理论体系已是世界幼儿教育领域中最流行的。他所创立的"幼儿园"模式作为一种主要的幼儿教育机构,在世界范围内一直被沿用至今。

参考文献

福禄培尔. 人的教育 [M]. 孙祖复,译. 北京:人民教育出版社,1991.

Downs, R. B. Friedrich Froebel [M]. Boston: Twayne Publishers, 1978.

Fletcher, S. S. F., Welton, J. Froebel's Chief Writings on Education [M]. London: Edward Arnold Co., 1912.

Froebel, F. Pedagogics of the Kindergarten [M]. New York: Appleton and Company, 1895.

Heineman, A. H. Froebel Letters [M]. Boston: Lee and Shepard Publishers, 1893.

（单中惠）

妇女教育（women education）　　有广义和狭义之分。广义的妇女教育包括所有为女性提供或设计的教育活动,涵盖各种正规的、非正规的和非正式的教育形态,其教育对象包括各种年龄层次的女性。狭义的妇女教育是针对成年女性,结合妇女的性别特点,运用各种资源、手段和方法开展的包括提高妇女思想、心理、文化、技能等各项素质在内的教育培训,是成人教育的重要组成部分。联合国教科文组织出版的《成人教育的名词》认为,妇女教育指为使家庭中的妇女能重回劳动市场、扩大生活选择范围、增进个人或社会经验而设计和安排的教育活动。除一般性课程、职业性课程外,还强调有关妇女自我形象、角色改变和职业选择辅导与咨询的活动和课程。

妇女教育的发展不仅与社会发展和文明进步密切相关,更与妇女在家庭、社会中的地位及其自身觉醒和努力的程度有紧密联系。忽视妇女教育是古代社会的普遍现象。许多国家历史上很早就存在针对女性的教育活动,但多数是从维护父权制统治出发、建立在性别不平等的社会基础上的"女德"教育。学校教育从产生之日起就将女性排斥在外,女性被剥夺了受学校教育的权利。近代在妇女解放运动和教育民主化、普及化的推动下,女子学校教育开始兴起和发展。法国妇女首先开始争取自由和独立,要求就业平等和受教育平等,并逐步形成以妇女解放和争取男女平等为主要目标的女权运动。工业革命促使妇女走出家庭,参与社会生活,从而为女子接受学校教育创造了条件。女子学校开始萌芽,贵族府第和女修道院成为女子接受教育的场所。19 世纪末至 20 世纪初,西方资本主义国家先后建立公共教育制度,确立普及国民义务教育的原则,女子学校逐步普及,并取得较大进步。从萌芽期私立的慈善性学校或宫廷学校发展为公立女子学校,并在国家学制中确立女子学校教育的地位。公立女子中学的出现打破中等教育一向被男子垄断的局面,随后又建立了女子大学。女子学校教育从幼儿园、小学、中学到大学形成完整体系。当代发达国家的教育机会和教育资源丰富,女性受教育水平较高,妇女教育主要体现为教育内容和教育形式的多元化、多样化以及女性主义教育学逐渐从边缘向主流发展。教育重心已由保障教育权利转为如何实现实质性男女平等教育,即两性在进入学校后获得充分平等的发展条件,实现社会性别公平化。各发展中国家基本在法律上规定妇女享有受教育的权利,同时采取积极教育政策,鼓励女童入学。由于发展很不平衡,存在大量妇女文盲,发展中国家的妇女教育多从普及中小学教育入手,着重开展妇女扫盲教育。为消除对妇女的歧视、改善妇女处境,开展帮助女童入学、升学和帮助成年妇女学习文化、技术、技能的项目,使妇女获得专业和技术培训及继续教育的机会,并在学术领域开展女性研究课题。

中国在封建社会推行"男尊女卑"的封建礼教,完全剥夺妇女受教育的权利,并以"三从四德"为女性行为规范。女性没有入学受教育的权利,仅在闺中接受有限的家庭教育,教育目的、内容、方法与男子迥异。近代太平天国主张男女平等,女童与男童同样受教育,并通过开办"女馆",使成年女性接受政治、军事、文化等方面的教育。西方教会教育的传入首开女子学校先河。1844年,英国"东方女子教育促进会"派教士在宁波创办女塾。教会女学以西方科学文化为传教媒介,将"西学"传播到中国,为日后中国人自办女学提供了经验。1898年,中国第一所女学堂中国女学堂(亦称"经正女学"、"中国女学会书塾")设立,为中国人自办女学堂之始。1907年,《女子师范学堂章程》和《女子小学堂章程》颁布,使女子学校教育取得合法地位,但仅限女性在小学、中学和师范学堂就读。民国时期,妇女教育在形式上得到法律的肯定,《中华民国教育宗旨及其实施方针》规定男女教育机会平等。1912—1913年,北洋政府教育部颁布"壬子癸丑学制",规定初等小学校可以男女合校,并设立女子中学和女子职业学校。五四运动催生中国女子高等教育,1919年颁布的《女子高等师范学校规程》确立女子接受高等教育的制度,随后北京女子高等师范学校成立并招生。北京大学首开女禁,各大学相继接受女性入学,女性高等教育开始了综合性教育与高等师范教育并举的新格局,女性受教育的层次和女性求学的规模发生了变化。

中国共产党自诞生起就把妇女解放运动作为无产阶级解放运动的一部分,积极倡导男女平等,重视提高妇女地位,发展妇女教育。早期创办的湖南自修大学、上海大学、广州农民运动讲习所等干部学校坚持"男女兼收"的招生原则,培养了一批妇女运动骨干。1922年,在上海创办平民女校。1938年,成立抗日军政大学女生大队。1939年,在延安建立中国女子大学,其办学方针是"以养成具有斗争理论基础、革命工作方法、妇女运动专长和相当的职业技能等抗战建国之时的妇女干部为目的"。老解放区的华北女子大学、北方大学等学校也培养了大批妇女干部和女性人才。在苏区和解放区,还采取各种形式进行妇女教育,如妇女夜校、妇女识字班、妇女半日学校、冬学、民众学校和妇女纺织缝纫学校等。

中华人民共和国成立后,国家制定一系列保障妇女权益的法律法规,如《中华人民共和国婚姻法》、《中华人民共和国义务教育法》、《扫除文盲工作条例》、《中华人民共和国教育法》、《中华人民共和国职业教育法》、《中华人民共和国高等教育法》、《中华人民共和国妇女权益保障法》等,保障男女公民平等受教育权,积极发展各级各类妇女教育。各级政府采取符合妇女特点的组织形式和工作方法,扫除妇女文盲;采取措施组织妇女接受职业教育和技术培训。1995年制定《中国妇女发展纲要(1995—2000年)》,2001年颁布《中国妇女发展纲要(2001—2010年)》,2011年再次颁布《中国妇女发展纲要(2011—2020年)》,具体提出妇女教育的目标,将法律条文变成实施的政策和细则。中国妇女教育的主要任务是提高妇女的思想道德、科学文化和技术业务素质,增强应变社会变化的能力,促进妇女全面提高素质和发展参与社会发展的能力,更好地发挥妇女在现代化建设中的主力军作用。在学校教育方面,国家积极采取措施,提高女性的入学率、在学率和升学率,努力消除两性在接受教育机会上的差距。特别是把女童教育列入普及义务教育重点工程,不断改善女童教育的条件和环境,建立女童助学制度,实施"国家贫困地区义务教育工程",组织以促进贫困地区教育为目的的"希望工程"、"春蕾计划"(专门资助家庭困难的失学女童复学,使失学女童重返校园),重点解决西部贫困地区和少数民族地区女童、残疾女童、流动人口中女童的教育问题,进一步缩小男女童接受义务教育的差距。针对部分边远、贫困和少数民族地区女童教育存在的困难,采取办女童班、女子学校、实行免费上学等办法,努力消除妇女受教育的障碍。在妇女干部教育方面,中华全国妇女联合会建立了面向全国招生的女子高等学校中华女子学院,现已发展成集学历教育与非学历教育为一体,普通高等教育、成人高等教育、高等职业教育兼而有之的多层次、多功能办学实体。各省、自治区、直辖市妇联组织均建立妇女教育培训中心,形成全国性妇女教育网络。妇联系统的女子院校由原来的以培养妇女干部为主发展为学历教育和干部培训并举,中等教育与本科、专科等各种教育层次并举,普通高等教育、成人高等教育、高等职业教育协调发展的新型办学体制,为女性提供更多的获得社会职业和改进个人职业能力的课程和专业选择方式,探索有利于妇女发展的多样化教育形式。

中国妇女教育的体系包括妇女扫盲教育、妇女职业教育、妇女社会文化生活教育等。妇女扫盲教育是对那些未能接受基础教育的妇女进行的一种补偿性教育,是提高妇女素质的基础工程。主要是基础性识字教育,也学习其他知识,培养初步的读、写、算的能力。其中还包括重视农村妇女的科技文化培训,使农村妇女劳动者能普遍接受实用生产技术培训和文化知识教育。特别是农村妇女、西部欠发达地区妇女、城乡弱势群体妇女等,她们在经济、教育、健康、社会参与等方面处于较低水平,改善其生存、发展条件,提高其发展能力是妇女教育的主要任务之一。妇女职业教育是把妇女智力资源转化为现实劳动力的桥梁。女性走向社会、融入社会、参与社会、实现自我是实现性别平等的重要内容和手段,妇女职业教育在促进性别平等方面具有重要作用。大力发展妇女成人教育、职业技术教育,提高妇女接受职业教育和成人教育的机会和水平,培养其职业技能和适应职业变化的能力,对妇女参与社会生产、社会竞争至关重要。妇女社会文化生活教育指妇女在工作劳动之余,根据自己的兴趣、爱好和各类需求进行的有利于增进身心健康的精神、文化活动,具有认识、智育、审美、健身和休闲娱乐等功能。内容丰富,灵活多样,包括恋爱婚姻教育(性知识教育、恋爱观教育、婚姻法规教育、夫妻生活教育、孕期生理卫生教育、优生优育教育等)、卫生健康教育、家政教育、法律教育、文化休闲教育等。建立和完善从学前教育到高等教育、从学历教育到非学历教育、从学校教育到社会教育的一体化、开放性的终身教育体系,提高妇女终身教育水平,成为中国妇女教育的发展目标。

(赖　立)

G

改造主义教育(reconstructionism education)　现代西方教育思潮之一。把社会改造作为教育的主要目的,强调学校要成为社会改造的主要工具。产生于 20 世纪 30 年代的美国,盛行于 20 世纪 50 年代,从进步教育和实用主义教育思想中衍生而来。早期代表人物是美国教育家康茨和 H. O. 鲁格,50 年代的代表人物是美国教育家布拉梅尔德。布拉梅尔德被视为改造主义教育的倡导者,其主要著作有《趋向改造的教育哲学》(1956)、《教育即力量》(1965)等。

20 世纪 20 年代末 30 年代初,美国经济大萧条,大批工厂、商店、银行关门倒闭,失业人数激增,各种矛盾日趋尖锐,社会一片恐慌。经济危机对教育也产生了巨大的冲击,学校经费大量削减,计划难以实施,不少教师被解聘,有的学校甚至被迫关闭。一些教育家开始思考如何通过教育改革来解决社会问题。"改造主义"这一名称由美国教育家杜威在《哲学的改造》一书中首先提出。1932 年,康茨作了题为《学校敢于建立一个新的社会秩序吗?》的演说,明确提出其改造主义教育观点。1934 年 10 月,康茨和 H. O. 鲁格等一些进步主义教育家组织了一个名叫"拓荒思想家"的团体,并创办《社会拓荒者》刊物。他们试图修订进步教育理论,呼吁教育要少强调"儿童中心",多强调"社会中心";要少关心"个人生长",多关心"社会改造"。改造主义教育思想开始形成。

20 世纪 50 年代,苏联成功发射了第一颗人造卫星。这使美国人感到了前所未有的科学技术竞争压力,从对教育漠不关心的状态中清醒过来。他们发现,教育理论界对国家教育职能和目的的看法处于惊人的混乱状态,这是导致美国教育落后进而导致科技落后的根本原因。布拉梅尔德等教育家认为,在这样一个危机四伏的时代,教育应当肩负改造社会的重任,并自称改造主义教育是"危机时代"的教育思想。于是,改造主义教育思潮再次掀起。

改造主义教育的主要观点是:(1)教育应当实现"社会一致"的目标。20 世纪 50 年代是一个前所未有的危机时代,"人类已能在一夜内毁灭文明"。在这样的时刻,教育应当肩负改造社会的重要职责,成为建设民主文化和理想社会的工具,否则就是逃避它最迫切的职责。改造主义教育的中心目标是把教育视为一种手段,以促进新呈现的、遍及全世界的民主文化建设。民主文化的一个重要标志就是"社会一致"秩序的建立,一旦实现了"社会一致",社会中的矛盾和分歧就会减少,理想社会的实现就有了保证。(2)教育改革应当以行为科学为依据。教育改革必须有两个前提:一是危机时代的需要;二是行为科学。特别是行为科学中正在出现的革命,要求教育重新考察它的整个传统结构,并考虑编排教材的方法、组织教学过程与学习过程的新途径、确定学校和社会目的的新方法。(3)课程应当以社会问题为中心。要编制一种以社会问题为中心的课程,使围绕社会问题的各个学科内容形成有机联系。这种课程有三个特点:一是课程目标统一于未来的"理想社会"总目标;二是各门学科内容统一于"社会改造";三是课时安排统一于问题解决的活动。在这种课程中,各门学科不仅相互连贯,而且存在着共同协作关系,因此课程结构具有有意义的统一性。(4)教师应当以"劝说"为主要职责。教师的主要职责是劝说学生做好准备去改造自己生活的社会。要实现改造主义理想,就要使学生了解社会改造的意义和必要性,使学生相信改造主义的哲学并愿意为改造主义理想去奋斗。为了使学生相信教师的理念,应当允许学生对教师的观点提出质疑,并展开共同讨论。

改造主义教育实际上是进步教育和实用主义教育思想的分支,它们之间有着许多相似性。布拉梅尔德认为,正在形成中的改造主义哲学从进步主义那里学到了最多的东西,它们在某些形式上这样相似,以致人们可以合理地问它们是否分得开。它也具有折中主义的特点。因为改造主义教育也把永恒主义教育和要素主义教育中的许多东西,如多种测验工具等,结合到自己的模式里去。自称"危机时代"教育理论的改造主义教育曾在美国教育理论界产生过一定影响,但在教育实践中影响不大,20 世纪 60 年代后受到冷落和批评。其根本原因在于它往往停留在空泛的理论上,没有提出切实可行的方案。

(朱镜人)

概化理论(generalizability theory)　根据不同情境

关系的影响因素所产生的误差估计出测量可靠性的一种测量理论。与项目反应理论一起被称为现代测验理论，代表了测验理论发展的一大趋势。1963 年，美国心理学家克龙巴赫等在《英国统计心理学杂志》上发表了有关概化理论的第一篇论文，1972 年他们又将这一理论系统化，出版《行为测量的可靠性》一书，标志着概化理论的创立。美国心理测量学家布伦南和施沃森等人进一步丰富了这一理论体系。J. E. 克里克和布伦南 1983 年编制了专门用于概化理论统计分析的计算机程序 GENOVA，促进了这一理论的推广和应用。

概化理论的基本概念

任何测量都是在一组测量条件或者情境下进行的，如测验所使用的题目样本、测验场所、评分者等，这些都会成为误差的来源。但经典测验理论并没有区分出不同的误差来源，因而不能对误差的控制提出很好的办法。概化理论则运用方差分析技术将来自不同测量条件的误差分解，从而选择合理的测验设计方案以减少误差，提高测量的精度。

测量的目标和测量的面　概化理论区分了测量的目标和测量的面这两个概念，并在实施测量之前首先确定其测量的目标和测量的面是什么。测量目标（objects）一般是指所要测量的心理特质，如被试的阅读理解能力、写作能力等，测量面（facets）则是指测量的一组条件，也就是影响测验过程和测量结果的各种情境。测量时可以将测量条件分成几个维度，如测验所用的题目样本、测验的场所、测验的时间等就是测量条件的几个维度，它们都是测量的面，这些面的变化会导致不同的测验结果。在测量时，测量者总希望由测量目标引起的测验结果的变异达到最大，而由测量面引起的变异最小。

比如，一个研究者要编制一个测量阅读理解能力的测验，他选择了几篇不同内容的短文，让几名评分员评分。在他的研究中，可区分出两个测量面，一个是试题面（items，简称 i），一个评分者面（raters，简称 r），测量的目标（person，简称 p）则是被试的阅读理解能力。

一个测量面（即测量条件的一个维度）类似于方差分析的一个自变量，方差分析中的自变量可以有不同的水平，相应地，测量面也可以有不同的水平，两者的含义也基本一致。上例中，研究者可以用 8 篇短文作为试题，让 5 个评分员对 10 个被试的 8 篇短文的成绩进行评分，8 篇短文就是试题面的 8 个水平，5 个评分者就是评分者面的 5 个水平，它们都是误差的可能来源。原则上讲，研究者可从无穷多篇短文中选择若干篇作为试题，同样作为评分者的人选也有无穷多个，即试题面和评分者的水平有无穷多个。研究者所选用的试题和评分者往往都是相应总体的一个样本。

概化理论把每个测量面的水平所对应的总体叫做测量的全域（universe）。测量中研究者所考察的所有测量面全域的集合就叫该测量的可观测全域或允许测量全域（universe of admissible observation），可观测全域或允许测量全域中的每一个水平都可以测量。如上例中所有试题的集合就是试题全域，所有评分者的集合就是评分者全域，而试题全域和评分者全域就构成测量的可观测全域，这样，研究中的可观测全域就包括了一个评分者面和一个试题面。

测量的面分随机面和固定面。固定面指的是测量面的各个水平都是固定的，在以后的测量中不再变化，这与方差分析中因素水平的固定是一个道理。当测量面固定时，一次测验的结果就可以直接推广到另一次测验中去。例如上例中，若研究者在以后测量中都使用同样的 8 篇短文，就不必要推测使用其他试题时测验结果会有什么不同。在这一情况下，使用概化理论没有意义。随机面是指在每一次测量中面的水平都是随机选取的，每一次测量的条件都不会相同。若一个面是随机的，就意味着要将样本测量条件下的结果推广到测量全域上去。在上例中，若每次测验都使用不同的题目样本，则试题面就是随机的。

一旦一个面固定了，它就成为测量目标的一部分，固定面不再属于误差的来源。随着固定面的增多，测量误差来源就会变少，测量的信度就会提高。若测量的所有面都固定了，测量的误差虽然达到最低限度，但测验也失去了任何可推广的余地。这种测验完全标准化，测验结果只能在标准化条件下进行解释和应用，离开了这一标准化条件的测验结果也就失去了意义。任何测验都允许至少一个面是随机的。随机的面越多，概化理论的优越性就越能体现出来。

测量的设计　概化理论的研究中首先要按照一定的测量设计（类似于实验设计）方案安排测验，并对搜集的资料进行方差分析，分解出各种误差成分。测量的设计有交叉设计、嵌套设计和混合设计三种。

交叉设计是指一个测量面所有水平与另一个测量面或测量目标的每一个水平都发生了关系，比如在一次测量中所有的评分员（r）都对试题（i）进行了评定，则评分员与试题就是交叉的，交叉设计可记为 $p \times i$。若有 N_i 个题目和 N_r 个评分者，这次测量中就有 $N_i \times N_r$ 个测量条件的组合。上例中若所有被试做了所有试题，而所有评分员又评定了所有被试的全部试题，则被试、试题、评分员全部都是交叉的，记为 $p \times i \times r$。

嵌套设计则是指一个测量面（或测量目标）只与另一个面（或测量目标）的部分水平发生了关系。若在一次测验中，m 个被试每人都做了 n 个不同的题目（总题数为 $n \times m$ 个，每一题目只测试了一个被试），则称被试与题目是嵌套安排的，记为 $i : p$，即试题 i 嵌套于被试 p 中。一个设计中若既有交叉关系又有嵌套关系，则这一设计就是混合设计。上例中若 10 名被试都做了全部试题，但每个评分员只对 2 个被试的全部试题评分，则被试是嵌套于评分员之中的，而被试与试题又是交叉的，这一设计就是混合设计，记为 $i \times (p : r)$。

D 研究与 G 研究 概化理论一般分两步进行，即先进行 G 研究（generalizability study），再进行 D 研究（decision study）。

概化理论的研究中，首先要估计不同来源的误差的大小，在此基础上确定测量的信度，或者通过改变测量设计方案以尽可能减少误差，进而提高测量信度。在概化理论中，除测量目标外的来自各测量面的影响都称为误差，G 研究就是通过 G 研究设计（G study design），借助方差分析技术将误差分解，估计出不同来源的方差成分（variance component）的大小。

上例中，若 G 研究的设计采用的是 $p \times i \times r$ 的交叉设计，则测验结果中就得到 $10 \times 8 \times 4 = 320$ 个数据。方差分析时有 7 个方面的变异源（方差成分）需要估计，这 7 个方差成分分别是：3 个主效应[被试(p)、试题(i)、评分者(r)]，3 个两向交互作用(pi、pr、ir)和 1 个三向交互作用(pir)。借助普通的方差分析方法，通过计算与各方差成分有关的均方，就可得到这些方差成分的无偏估计值。

假设本例中各方差成分的估计值分别为：$\hat{\sigma}^2(p) = 0.30$，$\hat{\sigma}^2(i) = 0.25$，$\hat{\sigma}^2(r) = 0.10$，$\hat{\sigma}^2(pi) = 0.37$，$\hat{\sigma}^2(pr) = 0.50$，$\hat{\sigma}^2(ir) = 0.25$，$\hat{\sigma}^2(pir) = 1.00$。

应该注意，$\hat{\sigma}^2$ 表示使用样本测量的数据估计真实变异 σ^2 时得到的估计值，如，$\hat{\sigma}^2(p)$ 就是 $\sigma^2(p)$ 的估计值，$\sigma^2(p)$ 可解释为：被试做完可观测全域中所有可能的题目(N_i 个而非 n_i 个)后再由所有可能的评分者(N_r 个而非 n_r 个)评分，得到 $N_r \times N_i$ 个分数，相加得总分后再除以 $N_r \times N_i$，得一均分，p 个被试的均分的方差就表示为 $\sigma^2(\mu_p)$ 或 $\sigma^2(p)$。其他方差成分的含义可作类似解释。

G 研究旨在获得可观测全域中方差成分的估计，以后的工作就属于 D 研究，即决策研究了。G 研究的质量决定了 D 研究的可靠性。当 G 研究中每一测量面都有足够多的测量水平作为样本被考虑时（如在上例中，当评分者面中有大量评分者作为样本时），对方差成分的估计就越稳定。这种情况下，D 研究的结论就更可靠。在多数情况下 D 研究是利用 G 研究中的数据进行的，有时也要重新搜集数据。

D 研究通常包括以下内容：(1) 确定拓广全域（universe of generalization）。拓广全域是指研究者要将 G 研究中的结论在哪些面上推广，以及推广到这些面的哪些水平上去，即推广的范围。拓广全域可能与 G 研究中可观测全域的范围相同，也可能是可观测全域的一个子体，但不能超出这一范围。比如上例中，G 研究中所用的评分者都是从高中语文教师中随机选取的，则评分者全域就是高中语文老师，拓广全域就不能超出高中语文教师这一范围，面只能是这一范围中的全部或部分水平（如高一、高二或高三的语文教师等）。(2) 确定 D 研究的测量面的水平的取样大小。D 研究时所选取的测量面的水平数可以与 G 研究相同，也可以不同。为与 G 研究相区分，D 研究中测量面的水平的取样所用的符号为 n_i' 和 n_r'。(3) 确定 D 研究设计，D 研究设计也可采用 G 研究中的三种设计。为与 G 研究区分开，D 研究设计中测量面的水平数用大写字母表示，如 $p \times I \times R$。更重要的是，D 研究中的大写字母表示对拓广全域的一组测量水平取平均值。G 研究和 D 研究中的测量目标是相同的，并不取平均值，所以 D 研究中测量目标的数量仍然用小写字母 p 表示。

D 研究中另一个重要的概念是全域分（universe score）。全域分指拓广全域上的测量的平均值，是一个测量目标在拓广全域的所有测量条件下的平均分数，是测量目标的"理想"分数，类似于经典测验理论中的真分数。所有被试的全域分的方差称为全域分方差，类似于经典测验理论中的真分数方差。但在概化理论中，拓广全域不同，就有不同的全域分，相应地也有不同的全域分方差，而经典测验理论中只有一个真分数和真分数方差。

若在上例中，研究者在 D 研究中使用了 $p \times I \times R$ 的交叉设计，选用了 6 道题目和 2 个评分员，即 $n_i' = 6$，$n_r' = 2$，就可以根据 G 研究中的方差成分的估计值计算出 D 研究中的方差成分。由于 D 研究中要对一个面的一组测量水平求平均，所以计算 D 研究的方差成分时，只需将 G 研究中含有 i 的方差成分除以 6，将 G 研究中含有 r 的方差成分除以 2 即可（如 $\hat{\sigma}(I) = \hat{\sigma}(i)/n_i' = 0.25/6 \approx 0.04$），而测量目标的方差则不变，具体计算结果如下：$\hat{\sigma}^2(p) = 0.30$，$\hat{\sigma}^2(I) = 0.04$，$\hat{\sigma}^2(R) = 0.05$，$\hat{\sigma}^2(pI) = 0.06$，$\hat{\sigma}^2(pR) = 0.25$，$\hat{\sigma}^2(IR) = 0.02$，$\hat{\sigma}^2(pIR) = 0.08$。从这些数据可以得出结论，即 D 研究中选用的样本数（即面的水平数）越多，各误差项的值就越小，测量的信度就越高，因此 D 研究中可以通过增加测量面的水平数来增加测量的可靠性。由于 n_i' 和 n_r' 的选取可以是任意的，在不同研究中可以不同，可见概化理论采用的是随机平行测验形式，各测量间的平均分、方差不一定相等。这也是概化理论与经典测验理论的区别之一。

概化系数与依存性系数 与经典测量理论中的信度指标一样，概化理论也给出表示测验结果可靠性的指标。常用的有概化系数（generalizability coefficients）和依存性系数（index of dependability coefficients）。

对常模参照测验来说，表示信度高低的指标为概化系数，在常模参照测验中，被试能力水平的估计值依赖于所参照团体的平均水平，因此测验误差也是相对的。在概化理论中，相对误差是用实得分数的离均差估计全域分的离均差时的误差。相对误差方差的大小依赖于实得分数的离均差与全域分的离均差之间差异的大小,其大小等于所有测量面与测量目标的交互作用(即所有含 p 项的方差成分)的累加。对单面的研究设计来说,相对误差方差为 $\sigma^2(\delta) = \hat{\sigma}^2(pI) = \hat{\sigma}^2(pi)/n_i'$。在上例中,相对误差方差 $\sigma^2(\delta) = \hat{\sigma}^2(pI) + \hat{\sigma}^2(pR) + \hat{\sigma}^2(pIR) = 0.06 + 0.25 + 0.08 = 0.39$,概化系数可定义为全域分变异与期望的观测分变异的比率,即:

$$E\rho^2 = \frac{\sigma^2(p)}{\sigma^2(p) + \sigma^2(\delta)}$$

在实际计算中,由于各变异成分都使用估计值,所以得到的概化系数也是估计值,即:

$$E\hat{\rho}^2 = \frac{\hat{\sigma}^2(p)}{\hat{\sigma}^2(p) + \hat{\sigma}^2(\delta)}$$

上例中,估计的概化系数为 $0.30/(0.30 + 0.39) \approx 0.43$。

概化系数也可理解为全域分与观测分之间相关系数的平方。由于期望观测分数方差依赖于 D 研究设计和拓广全域,所以当 D 研究的设计不同时,或 D 研究设计相同而拓广全域不同时,概化系数也会不同。因此,研究者可根据概化系数的大小选择最佳的 D 研究设计方案。同时,为提高概化系数,研究者还可采用固定某一测量面或增加某一测量面的水平数等策略。

与常模参照测验不同,标准参照测验中表示信度高低的指标称为依存性系数。对标准参照测验而言,被试的测验结果不是与团体的平均水平相比来判断其优劣,测验结果体现的是其绝对水平,因此所考虑的测验误差也是绝对误差。绝对误差的方差取决于实得分与全域分的差异的大小。在概化理论中,绝对误差方差等于除测量目标方差之外的所有方差成分的累加。与概化系数相似,依存性系数的计算公式:

$$\Phi = \frac{\sigma^2(p)}{\sigma^2(p) + \sigma^2(\Delta)}$$

其大小表示对被试全域分估计的可靠性。对上例而言,绝对误差方差 $\sigma^2(\Delta) = \hat{\sigma}^2(i) + \hat{\sigma}^2(r) + \hat{\sigma}^2(pi) + \hat{\sigma}^2(ir) + \hat{\sigma}^2(pr) + \hat{\sigma}^2(pir) = 0.50$。

经典测验理论中只有一种测验误差,没有将其进一步分解,因此不能区分绝对误差和相对误差,这使其在标准参照测验的分析中面临严重困难。而概化理论则借助方差分析技术区分了这两种误差,为标准参照测验的信度估计提供了理论依据。

概化理论的模型与计算公式

与经典测验理论一样,概化理论采用的数学模型也是随机线性模型。这一模型假定被试之间、试题之间及被试与试题的交互作用之间都是相互独立的。在概化理论中,由于研究者可选择交叉设计、嵌套设计或混合设计,不同的研究设计适用的数学模型和计算公式不同,以下介绍单面交叉设计和单面嵌套设计情境下的理论模型和计算公式。更复杂的多面交叉设计、多面嵌套设计和多面混合设计都是这两种基本测量设计的扩展。

单面交叉设计 是最简单的测量设计,最常见的情况是 p 个被试参加了共 i 个题目的测验,就构成 $p \times i$ 的单面交叉设计。

假设有一个研究者要编制一个推理能力测验,在编制测验之前他希望搞清楚不同的测验题目对被试能力估计的影响,他就可以选用单面交叉设计。单面交叉设计应满足以下三个条件:可观测全域中仅包括一个试题面;被试和试题是交叉的,即所有被试都做了全部题目;被试总体和试题面的水平都是无限的。

(1)基本模型。我们以 X_{pi} 表示第 p 个被试在第 i 题上的观测分数,那么这个人在试题全域中的期望得分为 $\mu_p = \sum_i X_{pi}$。类似地,题目 i 在被试总体中的期望得分为 $\mu_i = \sum_p X_{pi}$。而总体中所有被试在试题全域上的平均得分为 $\mu_{pi} = \sum_i \sum_p X_{pi}$。这些平均数($\mu_p$, μ_i, μ_{pi})本身是不可观测的,而只能得到它们的样本平均数。尽管如此,任何被试 p 在任何题目 i 上的观测分数都可以用这些平均数使用线性模型来表达,即:

$$
\begin{aligned}
X_{pi} = \mu & \quad \text{(假想的总均值)} \\
+ \mu_p - \mu & \quad \text{(被试效应}\tilde{\mu}_p\text{)} \\
+ \mu_i - \mu & \quad \text{(题目效应}\tilde{\mu}_i\text{)} \\
+ \mu_{pi} - \mu_p - \mu_i + \mu & \quad \text{(剩余效应}\tilde{\mu}_{pi}\text{)}
\end{aligned}
$$

或 $X_{pi} = \mu + \tilde{\mu}_p + \tilde{\mu}_i + \tilde{\mu}_{pi}$

上式表明,单面设计中的观测分数可分解为被试效应、题目效应和剩余效应三部分(总均值 μ 在所有观测分数中都是恒定不变的)。必须注意的是,剩余效应 $\tilde{\mu}_{pi}$ 常称交互作用效应,但由于不存在重复测量,对一个被试在单个项目上的反应而言,交互作用效应与剩余效应是无法区分开的,但为叙述的方便,我们将其简称为交互作用效应。

以上各种效应都是随机的,因此各效应的期望值应为 0,也即 $\sum_p \tilde{\mu}_p = \sum_i \tilde{\mu}_i = \sum_p \tilde{\mu}_{pi} = \sum_i \tilde{\mu}_{pi} = 0$。

相应地,被试的、试题的和两者交互作用的方差成分分别为 $\sigma^2(p) = \sum_p (\mu_p - \mu)^2 = \sum_p (\tilde{\mu}_p)^2$, $\sigma^2(i) = \sum_i (\mu_i - \mu)^2 = \sum_i (\tilde{\mu}_i)^2$, $\sigma^2(pi) = \sum_p \sum_i (\mu_{pi} - \mu_p - \mu_i + \mu)^2 = \sum_p \sum_i (\tilde{\mu}_{pi})^2$。由于上述模型是线性的随机模型,所以被试之间、试题之间及被试与试题的交互作用之间都是相互独立的。因此,测验得分的总变异 $\sigma^2(X_{pi})$ 等于被试变异分量 $\sigma^2(p)$、试题变异分量 $\sigma^2(i)$ 以及试题与被试交互作用分量 $\sigma^2(pi)$ 的累加,

即 $\sigma^2(X_{pi}) = \sigma^2(p) + \sigma^2(i) + \sigma^2(pi)$。

（2）方差成分的估计。实际计算中，由于方差成分 $\sigma^2(p)$、$\sigma^2(i)$ 和 $\sigma^2(pi)$ 都涉及被试或试题全域上的平均分，而这些平均分又是永远无法得到的期望值，因此只能由样本平均值来代替，再将观测分的总变异分解。

若记样本平均数 $\bar{X}_p = \sum_i X_{pi}/n_i$，$\bar{X}_i = \sum_p X_{pi}/n_p$，$\bar{X}_{pi} = \sum_p \sum_i X_{pi}/n_p n_i$，它们所对应的全域分平均值分别是 μ_p、μ_i。用样本平均数代替全域分平均数，重复以上的推导步骤，可将观测分数的总变异分解为 $\hat{\sigma}^2(p)$、$\hat{\sigma}^2(i)$ 和 $\hat{\sigma}^2(pi)$ 三部分。对这三个方差成分可通过方差分析技术加以估计，从而得到方差成分 $\sigma^2(p)$、$\sigma^2(i)$ 和 $\sigma^2(pi)$ 的估计值。下表中列出了单面交叉设计中计算各方差成分的公式。从表中可以看出，方差成分 $\sigma^2(p)$、$\sigma^2(i)$ 和 $\sigma^2(pi)$ 完全可以通过传统的方差分析方法得到。其过程是先计算出平方和 $SS(p)$、$SS(i)$、$SS(pi)$，除以自由度后得到相应的均方 $MS(p)$、$MS(i)$、$MS(pi)$，再用表 1 中的公式计算各方差成分的估计值 $\hat{\sigma}^2(p)$、$\hat{\sigma}^2(i)$ 和 $\hat{\sigma}^2(pi)$。

表 1　单面交叉设计中对 G 研究和 D 研究方差成分的估计

效　应	df	SS	MS	G 研究方差成分估计值	D 研究方差成分估计值
被试(p)	$n_p - 1$	$SS(p)$	$SS(p)/df(p)$	$\hat{\sigma}^2(p)$	$\hat{\sigma}^2(p)$
试题(i)	$n_i - 1$	$SS(i)$	$SS(i)/df(i)$	$\hat{\sigma}^2(i)$	$\hat{\sigma}^2(I)$
交互作用(pi)	$(n_p-1)(n_i-1)$	$SS(pi)$	$SS(pi)/df(pi)$	$\hat{\sigma}^2(pi)$	$\hat{\sigma}^2(pI)$

$$SS(p) = n_i \sum_p \bar{X}_p^2 - n_p n_i \bar{X}^2 \qquad \hat{\sigma}^2(p) = [MS(p) - MS(pi)]/n_i$$

$$SS(i) = n_p \sum_i \bar{X}_i^2 - n_p n_i \bar{X}^2 \qquad \hat{\sigma}^2(i) = [MS(i) - MS(pi)]/n_p$$

$$SS(pi) = \sum_p \sum_i \bar{X}_{pi}^2 - n_i \sum_p \bar{X}_p^2 - n_p \sum_i \bar{X}_i^2 + n_p n_i \bar{X}^2$$

$$\hat{\sigma}^2(pi) = MS(pi)$$

在估计方差成分时，需要用到期望均方（EMS）。期望均方与各方差成分的关系为 $EMS(p) = \sigma^2(pi) + n_i \sigma^2(p)$，$EMS(i) = \sigma^2(pi) + n_p \sigma^2(i)$，$EMS(pi) = \sigma^2(pi)$。至此就可估计出各方差成分，其中 $\hat{\sigma}^2(p) = [MS(p) - MS(pi)]/n_i$，$\hat{\sigma}^2(i) = [MS(i) - MS(pi)]/n_p$，$\hat{\sigma}^2(pi) = MS(pi)$。应该注意的是，表 1 中使用均方 MS 代替了期望均方 EMS，所以得到的是各方差成分的估计值。在上述方程中，用均方 MS 代替期望均方 EMS、用各方差成分的估计值代替期望值后，重新解这个方程，即可得到各方差成分的估计值。计算出各方差成分的估计值后，就可进一步进行 D 研究的设计了。

（3）D 研究的方差成分。对单面交叉设计而言，D 研究

与 G 研究涉及同一个测量面。但 D 研究中的方差成分却与 G 研究不同。G 研究中的方差成分涉及的是可观测全域上被试在单个项目上得分的变异，而在 D 研究中使用被试在所有项目上的平均分，或多个评分者评定的平均分作为其全域分的估计值，被试所得的分数（即在 n_i' 个测验项目上的平均分）被视为在拓广全域上的一个随机平行测验的得分。根据抽样分布的知识，相应的方差成分应等于 G 研究中的方差成分除以测量面的水平数。

若以 X_{pI} 表示某被试在一个长度为 n_i' 的随机平行测验上的观测分，这一分数可分解为 $X_{pI} = \mu + \tilde{\mu}_p + \tilde{\mu}_I + \tilde{\mu}_{pI}$，式中的字母下标 i 变成了大写字母 I，表示测验平均分，其余符号均不变。比如在某单面交叉设计中，试题数为 n_i'，则测量目标 $\sigma^2(p)$ 的方差成分不变，试题面与测量目标交互作用的方差成分分别为 $\sigma^2(I) = \sigma^2(i)/n_i'$ 和 $\sigma^2(pI) = \sigma^2(pi)/n_i'$。

（4）概化系数与依存性系数。估计出相对误差方差与绝对误差方差之后，就可计算概化系数与依存性系数了。对单面交叉设计而言，概化系数的计算公式为：$\sum_p^2 = \sigma^2(p)/[\sigma^2(p) + \sigma^2(\delta)] = \sigma^2(p)/[\sigma^2(p) + \sigma^2(pI)] = \sigma^2(p)/[\sigma^2(p) + \sigma^2(pi)/n_i']$。单面交叉设计的概化系数等于克龙巴赫的 α 系数，对二值记分项目的测验，它等于用 KR-20 公式计算出的信度系数。

依存性系数的计算公式为：$\Phi = \sigma^2(p)/[\sigma^2(p) + \sigma^2(\Delta)] = \sigma^2(p)/[\sigma^2(p) + \sigma^2(I) + \sigma^2(pI)] = \sigma^2(p)/[\sigma^2(p) + \sigma^2(i)/n_i' + \sigma^2(pi)/n_i']$。

概化系数和依存性系数代表了测验信度的高低。研究者可以通过重新进行测量的设计，如增加测量面的水平数等，以提高信度系数。若信度指标符合要求，概化理论的研究即告完成。

单面嵌套设计　（1）G 研究和 D 研究都是嵌套设计的模型。对 $i:p$ 的 G 研究嵌套设计，其线性模型是 $X_{pi} = \mu + (\mu_p - \mu) + (X_{pi} - \mu_p)$，式中，$\mu_p - \mu$ 相当于测量目标的主效应 $\tilde{\mu}_p$，$(X_{pi} - \mu_p)$ 相当于嵌套效应 $\tilde{\mu}_{i:p}$。于是，上式变为 $X_{pi} = \mu + \tilde{\mu}_p + \tilde{\mu}_{i:p}$。

由于不同被试做了不同的题目组合，所以项目效应 $\tilde{\mu}_i$、被试与项目的交互作用效应 $\tilde{\mu}_{pi}$ 以及其他来源的残差均混杂在嵌套效应 $\tilde{\mu}_{i:p}$ 中。因此对于单面嵌套设计的 G 研究，就只有两个方差成分需要分解，即 $\sigma^2(p)$ 和 $\sigma^2(i:p)$。相应地，嵌套的 D 研究设计的线性模型是：

$$X_{pI} = \mu + \tilde{\mu}_p + \tilde{\mu}_{i:p}$$

D 研究中的嵌套效应同样是：

$$\sigma^2(I:p) = \sigma^2(i:p)/n_i'$$

下页表 2 中给出单面嵌套设计中方差成分的分解模型。

表2　单面嵌套设计中对 G 研究和 D 研究方差成分的估计

效　应	df	SS	MS	G 研究方差成分估计值	D 研究方差成分估计值
被试(p)	n_p-1	$SS(p)$	$SS(p)/df(p)$	$\hat{\sigma}^2(p)$	$\hat{\sigma}^2(p)$
试题($i:p$)	$n_pn_i-n_p$	$SS(i:p)$	$SS(i:p)/df(i:p)$	$\hat{\sigma}^2(i:p)$	$\hat{\sigma}^2(I:p)$

$$SS(p) = n_i \sum_p \overline{X}_p^2 - n_pn_i\overline{X}^2 \qquad \hat{\sigma}^2(p) = [MS(p) - MS(i:p)]/n_i$$

$$SS(i:p) = \sum_p\sum_i \overline{X}_{pi}^2 - n_i\sum_p\overline{X}_p^2 \qquad \hat{\sigma}^2(i:p) = MS(i:p)$$

从表2可以看出,从原始数据中,运用公式 $SS(p) = n_i \sum_p \overline{X}_p^2 - n_pn_i\overline{X}^2$ 和 $SS(i:p) = \sum_p\sum_i \overline{X}_{pi}^2 - n_i\sum_p\overline{X}_p^2$ 可以求出平方和 $SS(p)$ 和 $SS(i:p)$,除以各自的自由度后得到相应的均方。方差成分 $\hat{\sigma}^2(p)$、$\hat{\sigma}^2(i:p)$ 可由公式 $\hat{\sigma}^2(p) = [MS(p) - MS(i:p)]/n_i$, $\hat{\sigma}^2(i:p) = MS(i:p)$ 计算出来。在嵌套设计中,由于交互作用效应与项目效应都混杂在嵌套效应中,相对误差的方差 $\sigma^2(\delta)$ 和绝对误差方差 $\sigma^2(\Delta)$ 就难以区分,因此概化系数和依存性系数就用同一个公式计算。

(2) 仅有 D 研究是嵌套设计的情况。若只有 D 研究是嵌套设计,则可以独立估计出方差成分项目效应 $\hat{\sigma}^2(i)$ 和交互作用效应 $\hat{\sigma}^2(pi)$。这两个方差成分合并后,即得到嵌套效应的方差成分 $\hat{\sigma}^2(i:p)$,即 $\hat{\sigma}^2(i:p) = \hat{\sigma}^2(i) + \hat{\sigma}^2(p)$,于是绝对误差方差 $\sigma^2(\delta_{pI}) = \sigma^2(\Delta_{pI}) = [\hat{\sigma}(i) + \hat{\sigma}(pi)]/n_i'$,代入实际数据之后,即可计算出相应的信度系数。

概化理论的特点

概化理论是在经典测验理论基础上提出的,其主要特点之一是将方差分析技术引入测验信度的研究,借助方差分析将误差分解,从而估计不同来源的误差的大小。正是因为这一特点,有人将经典测验理论和方差分析称为概化理论的双亲,但概化理论与传统的方差分析技术又有很大不同。

概化理论的优点　与经典测验理论相比,概化理论至少有如下优点:(1) 经典测验理论也承认不同来源的误差对测验信度的影响,如重测信度涉及的是与时间取样有关的误差,复本信度涉及的是与题目取样有关的误差,内部一致性系数涉及的则是测验内部结构的同质性。但由于经典测验理论没有将误差合理分解,也就难以解释不同测量条件下测验信度不一致的事实,因此经典测验理论的信度观在理论上有严重问题。概化理论则很好地克服了这一缺点。它通过一次测验的结果不仅能估计出各种误差的大小,而且能揭示出其彼此间的有机联系,为有效地控制这些

误差提供了依据。(2) 概化理论中不仅定义了相对误差方差,也定义了绝对误差方差,为标准参照测验的信度估计提供了理论基础,这是经典测验理论所做不到的。(3) 经典测验理论的信度理论建立在严格平行测验假设的基础上,但在实践中,这一假设很难满足,概化理论则采用随机平行测验的假设,这一假设更容易得到满足,其适用性也更广。(4) 概化理论有两个研究步骤,即 G 研究和 D 研究,D 研究设计旨在有效地控制测量的误差,为测验者提供信度和可行性最符合要求的测验设计方案,其对信度的提高并不以牺牲测验的可推广性为代价;而在经典测验理论中,提高信度的办法是将测验标准化,即将某些测量条件固定,这必然牺牲了测验的可推广性。

概化理论的局限　同其他测验理论一样,概化理论也有不少局限,主要表现为:(1) 概化理论中确定的测量面一般不超过两个,且每一个面的水平也是有限的,于是就产生了这样的问题:用有限的观测分数的平均数和方差去估计被试在全域上的平均分和方差,其准确性如何?这一问题并没有得到很好解决,因为概化理论并没有对样本方差的总体分布做出合理的假定。(2) 当测量的目标或测量面的水平过少时,估计的方差成分有时会出现负值,要避免负值的出现,就应增加测量目标和测量面的水平数,但实践中这又往往不可行。出现这种情况不容易解释。解决的办法是采用避免方差估计值出现负值的更复杂的统计方法,如极大似然估计法、贝叶斯统计方法等。(3) 概化理论的模型和计算过程相当复杂,不易为一般人掌握,这也是影响其推广的一个重要原因。

参考文献

戴海崎,张峰,陈雪枫. 心理与教育测量[M]. 广州:暨南大学出版社,2011.

郭庆科. 心理测验的原理与应用[M]. 北京:人民军医出版社,2002.

杨志明,张雷. 测评的概化理论及其应用[M]. 北京:教育科学出版社,2003.

（刘红云　骆　方）

概念学习（concept learning）　通过积极的思维活动把握同类事物或现象的共同特征的学习活动。人类个体可以通过两条途径学习概念:一是在自然条件下通过与他人交往,这是学前儿童学习概念的主要途径;二是在学校教学条件下,通过有目的和有计划的教学。第一种形式的概念学习被称为“概念发展”,后一种形式的概念学习被称为“概念掌握”、“概念获得”。

概念的构成成分和功能

概念是哲学、逻辑学、语言学和心理学等学科共同研究

的对象。在哲学上,概念被定义为事物本质特征的反映;在逻辑学上,概念被定义为反映事物本质属性的思维形式;在心理学上,概念指符号(主要是词语)标志的具有共同关键特征的一类客体、事件、情境或属性。概念是知识的细胞。概念学习是有意义学习的核心内容之一,其实质是掌握同类事物的共同的关键特征(或本质属性)。

概念的构成成分 从形式逻辑来看,每个概念都有内涵和外延两个方面。内涵是概念反映的事物的本质特征,外延是概念的范围。从心理学来看,一般来说,概念包括概念名称、概念定义、概念例子和概念属性四个成分。(1)概念名称。指人们对一事物的命名。例如2003年春天,在中国南方发现一种新的呼吸道疾病。该病类似肺炎,可以通过空气在人与人之间传染,患者发热。为便于交流,中国人称之为"非典型肺炎"(简称"非典"),国外称之为"SARS"。SARS便是这种新呼吸道疾病概念的统一名称。概念名称一般用词语表示,也用其他符号表示。(2)概念定义。指人们对一类事物的特有特征(或本质特征)的语言描述。例如,"三角形"是一类事物(一种平面图形),其定义是:"三条直边彼此相连接而构成的平面图形"。这一定义描述了三角形这类图形的三个特有特征(或本质特征):有三条直边;三条边彼此相连接;三条边在同一平面上。(3)概念例子。指一类事物中的成员。如"三角形"是一类平面图形,而直角三角形、等腰三角形等就是它的例子。概念例子分肯定例子(简称正例)和否定例子(简称反例)。一个类别的正例都具有这个类别特有的特征,即概念定义描述的特征。一个类别(或概念)的反例不具有该类别的定义所描述的特征。例如四边形是三角形这个类别的反例,不具有三条边这个特征。蝙蝠是鸟类的反例,不具有长羽毛和有角质喙的特征。(4)概念属性。指一类事物的共同特征或本质特征。如3、5、7、11、13、17、19……是一些自然数,在数学上被称为质数,其共同属性是只能被1或其自身整除。当教师考查学生是否掌握某一个概念时,他应先对概念的上述成分进行分析,然后从这四个方面考查学生的掌握情况。

概念的功能 概念在认知活动中执行多种功能:(1)分类。概念是人们对环境的简化反应。如儿童最初形成"好人"与"坏人"概念,这样他们就能把复杂多样的人际环境分成两类加以处理,亲近"好人",远离"坏人"。(2)理解。当人们见到某个新事物时,只要他们能把这个新事物归入某个已知类别(即概念)之中,他们就能理解该新事物。例如,当儿童初次见到海中生活的庞然大物鲸时,也许他们以为鲸是一种体形特大的鱼。但如果儿童已掌握哺乳动物的概念,当人们告诉他们鲸不是鱼而是哺乳动物时,他们就对这种新的水生动物的本质特征有所理解,即知道鲸具有胎生、哺乳、用肺呼吸等特征。(3)预测。如当人们已有禽流感概念时,他们就能预测这种疾病能在鸟类和家禽之间

传播,而且可以传染给人,并采取相应的预防措施。(4)交流。人们在日常生活中通过言语进行交流。言语只是交流的工具。人们之所以能用言语这个工具来交流思想,是因为人们使用的语词代表概念。不同的人使用相同的语词所指的是大致相同的概念,才使人与人之间的交流不致产生误会。这也是知识传递的基础。(5)概念联合。将概念联合起来可以产生新概念、形成原理或规则。如"正义"和"战争"是两个概念,两者联合形成"正义战争"这个新概念,从而加深人们对战争的认识。原理和规则是若干概念之间的关系。(6)产生新例子。人们可以从概念的定义中推导出概念的许多新例子。如当人知道质数是只能被1和其自身整除的自然数后,他可以根据这一定义推导出无数质数的新例子。

概 念 分 类

在逻辑中,研究者为对概念的内涵与外延给出明确的界定,将概念的种类作了许多划分。如根据概念的外延是一个事物还是许多事物,将概念区分为单独概念与普通概念。单独概念是关于某一特定事物的概念。它的外延只是一个事物、情境或特性,如"长江"、"鲁迅"等都是单独概念。普通概念是一类事物的概念,它的外延是一系列同类的事物。如"鸟"、"车辆"都属于普通概念。这种概念的划分与心理学中的概念定义不符,因为在心理学中,概念总是涉及一类事物。长江是一条具体的河流,它是河流概念的例子,而不是概念。鲁迅是"人"或"作家"概念的例子,他不是概念。为指导概念的学习与教学,心理学家对概念的类型提出多种分类。

具体概念与抽象概念 根据概念反映的事物的抽象和概括程度,将概念分为具体概念和抽象概念。具体概念指按事物的外部特征形成的概念,它反映事物外部可观察的属性。如"汽车"、"桌子"、"房屋"等都是具体概念。抽象概念是指按事物内部的、本质的特征形成的概念。如"价值"、"民主"、"自由"都是抽象概念。前一类概念可以通过观察习得。后一类概念不能通过观察习得,只能通过下定义来学习。所以,美国教育心理学家加涅不用具体概念与抽象概念的划分,而改用具体概念与定义性概念的划分。

易下定义的概念与难下定义的概念 根据概念的内涵与外延是否明确,将概念分为易下定义的概念与难下定义的概念。前者如质数、合数、三角形等。后者如游戏、运动、智力等。一般而言,具体概念都是难下定义的概念。难下定义的概念宜于通过例子教学。由于语文和社会学科中的许多概念都是难下定义的概念,教学中应尽量通过实例进行教学。如小学低年级语文课上教"一年有四季,春天暖,夏天热,秋天凉,冬天冷",这里的"暖"、"热"、"凉"、"冷"都是

难下定义的概念。教学中不能让儿童通过查字典去掌握字义,而是通过列举暖、热、凉、冷的实例去让儿童体会字义。

日常概念与科学概念 根据概念形成的途径,可以将概念分为日常概念和科学概念。日常概念又称前科学概念,它是在日常交往和个人经验的积累过程中形成的,因此这类概念的内涵中有时包含着非本质特性。例如有些儿童认为鸟是"会飞的动物",把蜜蜂、苍蝇都看成鸟,而不同意鸡、鸭也是鸟。科学概念是科学研究过程中经过假设和检验逐渐形成的,个人在有计划有目的地学习的条件下获得的,能够正确反映事物的本质属性。科学概念的确切内涵可以用言语进行科学的解释。当然,科学概念的内涵也不是一成不变的,随着社会历史的发展,科学的进步以及人类认识的不断深化,科学概念也在不断地丰富和发展。与前科学概念相比,科学概念在被儿童接受时往往只有事物的本质属性。

概念表征

关于单个概念在人脑中如何表征的问题,主要有经典理论和原型理论。它们各自能解释部分现象。

经典理论 亦称"定义属性论",是基于哲学和逻辑学提出来的。经典理论认为,可以用一类事物的必要与充分的属性来定义该类事物的概念。经典理论将概念分为简单概念与复杂概念。前者反映先天的感觉加工,所以简单概念的属性是原子似的细小单位,或者说是原始的。它们是概念的基本单位,例如人天生有识别颜色差异的机制,有独立分辨红、黄、绿、蓝等颜色的功能。简单概念的属性中的每一条都是必需的。全部属性均必须被共同用来鉴别概念的正反例。经典理论认为,复杂概念是联合简单概念的属性的结果。例如,三角形是一个复杂概念,它联合了封闭和平面图形、三条边、直边等简单概念。美国教育心理学家布鲁纳的人工概念研究以及美国心理学家 A. M. 科林斯和奎利恩的句子真伪判断(如"金丝雀是动物吗?")研究支持了概念表征的定义属性论。

概念表征的经典理论与神经网络理论一致。可以用后者来解释概念掌握。例如,如果与平面图形、封闭图形、三边形等联结的神经节点同时被激活,就能判断某"事物"是一个三角形,因为这些同时被激活的特征与三角形概念之间形成持久的联系。

经典理论与神经网络理论也可以解释复杂概念。例如"专业"是一个复杂概念,需要许多特征和许多结点来定义它。虽然某一组特殊结点的激活也许与建筑设计相联系,但这一激活模式与环境美化设计有许多相同点。建筑设计与环境美化设计的激活模式要比建筑设计和医生的特征的激活模式更相似一些。因此,土木工程师与医生和牙医一样,被认为都是相似的。

原型理论 经典理论难以解释下列现象:许多概念不能用简单概念(知觉特征)来定义;许多概念不是由它们的知觉特征而是由它们的功能特征来定义的,如"球"被视为可以滚动、弹起和可以扔的东西;很难用一组明确的特征来定义模糊概念;有些非本质特征可以用于概念的判断。罗施等认为,人们经常依据相似性而不是依据必要的定义属性来对事物分类。例如,典型的"祖母"是年龄在 40 岁以上、头发花白的妇女,而非典型的"祖母"(如年龄为 35 岁的妇女,在 17 岁时要生育子女,其子女也要在 17 岁时生育子女)很难被归入"祖母"这个类别中。基于这种典型,燕子很快被作为鸟类加以识别,而企鹅难以作为鸟类识别。罗施的理论被称为族系相似性理论(family resemblance theory),亦称原型理论(prototype theory)。一个类别中与原型相似程度越高的成员越易被识别。例如分别呈现知更鸟与鸡,分别问被试:它们是不是鸟? 对知更鸟的反应快于对鸡的反应。而且儿童较早知道一个类别中的典型成员属于该类别。此外,当给出一个类别成员表时,人们先回忆出较典型的成员。

心理学研究表明,成人和儿童在日常生活中见到概念的许多例子后,他们能够建构代表这些例子的心理常模(或原型)。例如,在拉斯基 1974 年的研究中,研究者给 8 岁儿童和成人呈现几何图形,随后要被试通过再认测验确认他们先前见到过的模式。结果表明,典型的模式被确认为先前见到过的图形的比率高,即使未呈现过的典型模式与呈现过的非典型模式相比,被评为见到过的比率高一些。这说明被试头脑中已形成原型概念,并被用于指导再认判断。对上述两种理论仍有激烈争论。

概念之间的关系的表征 储存在长时记忆中的许多概念具有层次关系。例如,所有生物可以分为动物和植物两大类。动物又可以分许多亚类。每一亚类具有共同特征,如,哺乳动物的共同特征是长毛发、温血和有脊椎。这些概念之间具有复杂的联结。这些联结的两个重要性质是:(1) 概念的信息是按层次组织的,并形成语义网络。最常引用的证据是 A. M. 科林斯和奎利恩 1969 年的实验。(2) 概念之间的联结使一个概念的激活扩散到其他概念。A. M. 科林斯等人 1975 年提出层次语义网络模型,认为概念以结点(node)形式储存在概念网络中,每个概念都具有一定特征。各类属概念按逻辑的上下位关系组织在一起,概念间通过连线表示它们的类属关系,这样就构成一个概念网络。网络的任何特殊部分的激活能扩散到层次中的其他邻近部分(有较紧密联系的)概念。这一理论被称为扩散激活理论(spreading activation theory)。在网络中,层次越高的概念,抽象概括水平也越高。每个概念的特征实行分级储存,即在每一层概念的结点上,只储存该概念的独有特征,而同层各概念共有的特征,存储在上一层概念的结点上。层次语义网络模型简明地说明概念之间的关系,并刺激大量关于概念结构的研究。但这个理论也有局限性,如它不能说明典型性效应,如判断"麻雀是鸟"比判断"企鹅是鸟"更快。它也不能说明熟悉性效应,如判断"猪是动物"要比判断"猪是哺乳动物"更快,而在层次语义网络模型中,动物是比哺乳动物更高层次的概念。它也不能解释否定效应,如判断"大象是菊花"要穿行动物和植物的网络,按理应花很长时间,但人能够很容易地作出判断。由于层次语义网络模型存在上述缺陷,很快就被激活—扩散理论和两个网络系统的理论代替。

个体的概念学习

智慧发展中的概念学习 上述概念表征理论分歧的重要原因之一是未考虑个体概念的发展。从发展的观点看,儿童最初可以借助概念的典型例子表征概念,如儿童以常见的麻雀或鸽子表征"鸟",其基本特征是能飞,所以不认为鸡、鸭也是鸟。儿童的这种日常概念可能要延续很长时间,直到初中阶段系统学习生物学课程后才掌握鸟的本质特征——长羽毛、有角质喙,并知道能飞并不是鸟的本质特征。瑞士心理学家皮亚杰的研究表明,儿童有关"生命"的概念发展经历四个阶段:从初生到6岁,儿童认为任何东西都有生命;6～8岁儿童认为,凡能移动的东西都有生命;8～10岁儿童认为,只有自己能动的东西才具有生命;11岁以后,经过适当的正式教育,儿童才逐渐明白,自然界中那些由活质构成并具有生长、发育、繁殖等功能的物体才具有生命。

儿童的数概念的发展要经过很长时间。2～3岁儿童可以唱数,如从1唱到10,或更多的数字名称。但是他们没有数概念。正常儿童到4岁左右,初步具有数概念,如数一数桌子有4只脚,并正确说出4。这时他们能做到说出的数字如"5"与自己的5个手指相对应。6～7岁儿童一般能借助物体进行10以内的数的加减运算。但他们很难离开物体进行抽象的数字运算。

国外心理学家检验了幼儿园儿童、三年级、六年级和九年级学生几种不同概念的获得情况。结果表明,对具体切割工具的掌握(在分类水平上)的人数,幼儿园儿童可以达到67%,三年级学生可以达到83%,而九年级学生可以达到100%。就等边三角形而言,相应的人数百分比是幼儿园儿童42%,六年级学生80%,九年级学生100%。另一研究表明,幼儿园儿童无法掌握(在分类水平上)名词概念,六年级学生有70%的人能识别名词,而九年级学生识别名词的人数达到82%。这说明概念学习受儿童智慧发展制约。根据皮亚杰的智慧发展理论,前运算阶段儿童(2～7岁)不能掌握抽象概念,具体运算阶段(约7～12岁)儿童可以借助实物

或形象掌握抽象概念(或定义性概念),直到形式运算阶段(一般始于青春前期,约11岁或12岁)儿童才可离开具体实物或形象的支持,直接通过定义掌握概念。

掌握概念的科学含义 在学校教学条件下,学生掌握人类积累下来的被认为是符合科学标准的概念,同时要纠正他们在日常生活中形成非科学概念。关于掌握概念的意义,从认知心理学观点看,这意味着学习者能理解一类事物的特有特征(或本质特征),并能区分其非本质特征。但这一陈述描述的作为掌握的标准是学生的内在心理,即"理解"。"理解"是一种内在心理活动,不能被直接观察和测量。从行为心理学观点看,掌握概念的行为标准是能区分一类事物的正、反例。例如,教完"质数"后,教师不必问学生质数的本质特征是什么,而代之以给出质数的正、反例,如7、11、9、51、101、79、81、111等数字。如果学生能正确区分质数与非质数,那么这种分类行为表明他们掌握质数概念,因为他们是在正确运用质数的定义做事。教师必须明白,学生能陈述概念的定义,不表明学生理解一类事物的本质特征,只有学生将概念定义所描述的本质特征应用于新的例子才能表明他们掌握了概念。

概念的教学

关于如何有效进行概念教学,当前比较适用的有两种理论:一是美国教育心理学家奥苏伯尔的同化论;二是加涅的智慧技能层次理论。

用奥苏伯尔的同化论指导概念教学 根据奥苏伯尔的同化论,概念学习可分两种形式:(1)概念形成。指学生通过观察概念的正、反例,从一系列例子中归纳出概念的本质特征的学习过程。例如,如果教师用概念形成方式教质数,他应先呈现质数的正例,如2、3、5、7、101、13等质数。教师问:这些数的共同特征是什么?这一问题引导学生归纳出质数的共同本质特征。如果学生回答不出,教师可以适当启发,并问:这些数能被哪些数整除?若学生发现它们只能被1和自身整除,教师给予肯定。然后呈现反例,如9、15、21、50等,教师问:这些是质数吗?学生必须用刚刚学到的质数的本质特征知识才能排除9、15、21、50不是质数。具体概念和难下定义的概念都宜于用概念形成的方式教。奥苏伯尔认为概念形成属于发现学习。学生需要经过辨别,提出假设与检验假设和归纳等思维过程。但学生学习的大多数概念不必经过这种艰难的发现过程,可以用接受的形式教概念。(2)概念同化。指利用学生认知结构原有概括水平较高的一般概念来同化新的较为具体的概念的过程。其学习过程属于有意义的接受学习。例如,假定小学生已经掌握自然数、奇数、偶数以及加、减、乘、除等概念,上述质数概念不必采用概念形成方式教学,可以采用概念同化方式

教学。这时教师直接告诉学生质数的定义："凡只能被 1 和自身整除的自然数称为质数"。教师在呈现定义时，必须确定学生能理解自然数、整除等数概念和这个句子中其他语词的含义。为使教学生动，教师在呈现定义后列举质数的正、反例，如 2、8、11、13、51、21 等，让学生运用上述定义来判断哪些数是质数，哪些数不是质数。概念同化需要的条件是，学生认知结构中具有同化新概念的适当的上位结构。这一上位结构越巩固、越清晰，则新的下位概念的同化越容易。概念形成属于上位学习，可以用奥苏伯尔的上位同化模式解释。概念同化属于下位学习，可以用奥苏伯尔的下位同化模式解释。参见"有意义言语学习理论"。

用加涅的智慧技能层次论指导概念教学　根据加涅的智慧技能层次论，概念不是作为陈述性知识来学习，而是作为智慧技能学习。智慧技能的本质是学习者运用习得的概念和规则去办事。加涅将概念分为具体概念和定义性概念。他分别阐明这两种概念的教学过程和条件。(1) 具体概念教学。加涅所说的具体概念的学习类似于奥苏伯尔的概念形成。加涅认为，具体概念学习大致经过三阶段。第一阶段是辨别。如学习直线概念，学生先必须能辨别直线与曲线差异。辨别是概念学习的先决条件。第二阶段是概括化。在此阶段学生必须将"直线"概括到长度、厚度和方向等无关特征不同的线上，同时保持其"直的"属性。第三阶段是在多样化的变式练习中巩固与检验概念。例如，教师可以画许多新的直线与非直线，学生如果能将直线与非直线一一区分开来，可以认为学生掌握直线概念。加涅强调在具体概念教学中应该重视教师的言语指导，他认为"言语标记(如'边')是提供概念学习的一条重要途径，没有这种言语标记，要保证对概念如'边'、'非边'的反应正确，就得经历大量尝试与错误的情境。然而当这个词是已知的时候，它给对刺激作出正确反应的回忆起线索作用。它使得建构学习要求的情境相对容易一些。"(2) 定义性概念教学。加涅认为，定义性概念是将物体或事件加以归类的规则，它是规则的一种特殊形式。例如质数的定义把自然数(1 除外)分质数与非质数两类，质数的定义就是将自然数分类的规则。"哺乳动物是胎生和哺乳特征的动物"。这一定义将动物分为胎生哺乳的和非胎生非哺乳的。加涅指出：定义性概念通常以定义的方式习得。和具体概念相比，不能简单地向学生提供大量可直接理解其特征的肯定例证与否定例证来获得定义性概念。定义性概念通常是传递给学习者的，表示定义性概念的言语陈述(即定义)是可以传递的。这意味着提醒学习者注意要学习的新概念中包含的事物概念和关系概念，从而学习者能迅速掌握新概念的含义。定义性概念的教学可采用奥苏伯尔的概念同化方式教学，即先呈现概念定义的言语陈述，然后提供例子。加涅指出，大量研究证实在定义性概念教学中运用例子教学的重要性。

言语定义可以教大量的东西，但仔细选用一些肯定例证与否定例证似乎是"充分理解"定义性概念要求的。最为有效的办法是，这些例证应尽可能包含概念的本质属性和非本质(或可变)属性。

参考文献

加涅，等.学习的条件与教学论[M].皮连生，等，译.上海：华东师范大学出版社，1999.

邵瑞珍.教育心理学[M].上海：上海教育出版社，1997.

叶奕乾，何存道，梁宁建.普通心理学[M].上海：华东师范大学出版社，1997.

周谦.学习心理学[M].北京：科学出版社，1992.

(王瑞霞　皮连生)

干部教育(education for officials)　　对所有国家公职人员，包括公务员、政府雇员、社会各领域不同层次的管理人员、专业技术人员、知识分子等所进行的一切教育培训活动的总称。成人教育事业的重要组成部分。

国际社会普遍重视对各级公务员的教育培训工作。如美国把对各级公务员的教育培训作为推进国家变革和发展的重要举措，将此视为政府职能发挥的关键因素，并作为公务员职业生涯规划的重要组成部分。从 20 世纪 30 年代起，联邦国会先后颁布《乔治狄恩法》、《政府雇员培训法》、《政府间人员法》、《综合雇佣和训练》等法律法规，使公务员培训工作制度化、规范化。通过设立联邦行政学院、地方及部门行政管理学院、科研机构和高等院校，为国家培训各级各类公务员。培训内容包括核心课程、管理课程、领导艺术课程、政策课程、评估课程等方面；实行分级、分类培训；广泛采用案例教学、菜单式教学、模拟教学、现场观摩、理论讲授、虚拟课堂(网络培训)等教学方法，培训形式和手段多样化。欧盟各国普遍制定相应的法规制度，对公务员培训做出规定，使公务员培训制度化。培训内容适应不同岗位、不同层次公务员的需求，以公共管理为重点，课程涵盖法律、行政、管理、经济、信息技术等多方面内容；培训方法既有传统的课堂讲授式，也有教练式、作业式、实地培训等实践性方法，注重在线培训、远程培训，不断拓展公务员培训的规模。在苏联，对党和政府干部培训的主要途径是通过各级党校进行较长时间的正规教育和通过进修系统进行短期轮训，还有大批党政干部进行在职进修。俄罗斯对国家公务员的职业水平和职业发展高度重视，按照《俄罗斯联邦国家公务员条例》的要求，联邦的所有国家机构，包括联邦的各部委、各州以及基层行政主体部门的公务员在职期间，每隔三年必须进行短期的职业补充教育，除进行职业进修、培训外，新到岗、工作转换或所从事职业的特征发生变化时，公务员也必须接受职业再教育；联邦各个层级的教育培训服务全部采用招投标的形式,选出最好的教育机构实施教育培训;采取学历教育与模块式课程累积相结合的培训制度,通过不脱产学习和持续的模块累积,达到公务员职业再教育的目的。

中国的干部教育是对国家各级党政机关和企业、事业单位在职干部进行的培养、训练活动的总称。其对象是以县处级以上党政领导干部及中青年后备干部为重点的各级各类干部,包括各级公务员、企业经营管理人员、专业技术人员和其他战线上的干部。指导思想和工作目标是:以提高各级干部的思想政治素质为重点,进一步推进和完善有中国特色的干部教育培训体系;初步形成以理论基础、世界眼光、战略思维、党性锻炼、业务能力为框架的教学内容新布局,完善分层次、分类别、多渠道、多形式、重实效、充满活力的教育培训格局;优化配置教育资源;进一步健全和完善教育培训领导管理体制、运行机制和培训制度;不断提高干部教育的培训质量。主要任务是:学习马列主义,提高广大干部的思想政治素质,使之保持思想上的先进性,学会以科学理论为指导,解决改革开放和社会主义现代化建设中现实问题的本领;开展党性、党风、党纪教育和思想道德教育,使广大干部具备良好的思想品德和凝聚群众的人格力量,真正起到表率作用,促进社会主义精神文明建设;开展干部专业知识与业务能力的培训,努力使广大干部精通本职工作,提高工作水平和创新能力;继续改善干部的文化和专业结构,培养一大批高层次、复合型人才,造就一支由有知识、懂业务、胜任本职工作的高素质的党政领导干部、公务员队伍、企业经营管理干部、科学技术干部和其他战线干部组成的宏大的干部队伍。

中国承担干部教育任务的教学机构主要是各级党校、行政院校、各类干部院校及培训中心等。党校和行政院校、干部院校是各级各类干部特别是党政领导干部培训、轮训的主渠道,也是其进行思想理论学习和业务知识学习的主要场所。在这些院校中主要开展:以各级各类干部为对象的成人学历教育;各级公务员培训;对企业经营管理人员、专业技术人员实施的社会主义市场经济知识和各类专门业务培训;对一些重要领域、重点内容的培训,对西部地区、贫困地区和少数民族地区干部的培养、培训等。同时鼓励广大干部积极参加各种社会培训机构举办的有关业务知识和技能的培训,多方面提高自身素质。主要教育内容有:各级党校开展的思想政治理论培训;各级行政院校、各类干部院校和干部培训中心开展的公共行政管理和业务知识培训;各类干部教育机构和社会培训机构开展的计算机、外语、企业管理、市场营销、金融保险、房地产开发、涉外商务、国际财会等培训项目。培训方式灵活多样。对于各级领导干部一般实行党校脱产进修、党委中心组学习和干部在职自学三位一体的理论学习格局,采取"走出去"、"请进来"、"联合办学"以及领导干部出国(境)培训等多种培训模式,以培养适应社会主义市场经济和社会发展需要的各类领导管理人才。对于各级公务员、企业经营管理人员和专业技术人员,主要通过各级各类干部院校进行培训,把培训理论骨干作为重要任务,实行学历教育和非学历教育相结合,针对不同教育对象和培训任务举办各种内容和形式的专题培训、电化教学、远程教育、专家辅导、情景模拟、实地考察、社会调查、小组讨论等,以适应不同学员的学习需求。同时充分利用广播、电视和计算机网络技术等,大力发展远程干部教育培训。

中国的干部教育实行在党中央领导下,由中共中央组织部主管,中央和国家机关有关工作部门分工负责,中央和地方分级管理的干部教育培训管理体制。具体分工是:中共中央组织部负责研究制定干部教育培训工作的方针、政策、规划,协调、指导、检查中央和国家机关及省、自治区、直辖市的干部教育培训工作,并负责组织、协调中央管理的干部培训和部分中青年干部的培训;中共中央宣传部负责指导干部的理论学习,组织对宣传文化系统领导骨干的培训;人事部负责指导、协调国家公务员的培训和专业技术人员的继续教育工作,并拟定有关政策、法规;国家经济贸易委员会负责指导企业管理人员的培训;国家发展和改革委员会负责中央干部教育培训基地和重大项目的立项、审批;财政部负责拟定干部教育培训经费的政策;中央直属机关工委、中央国家机关工委、中央金融工委和中央企业工委也在此领域履行各自的职能。在地方各级党委的领导下,地方各级党委组织部主管本地区干部教育培训工作;地方各级党委和政府有关工作部门负责相关的干部教育培训工作。在制度建设方面,党中央和中央组织部在进一步完善领导干部脱产进修制度的基础上,制定了《关于建立县级以上党政领导干部理论学习考核制度的若干意见》和《关于加强和改进党委(党组)中心组学习的意见》;逐步探索建立县级以上党政领导干部政治理论水平任职资格考试制度,不断探索和增强干部教育培训的激励机制和约束机制。作为干部教育培训的重要基地,各级党校、行政院校、各类干部院校、干部培训中心不断加强经费投入和基地建设,逐步建立起一支规模适当、结构合理、素质优良、专兼结合、能够满足分级培训及轮训干部需要的教师队伍和政治强、业务精、作风正的高素质的教学管理人员队伍,以增强干部教育培训工作的活力。各干部教育培训机构不断加强教育教学工作的改革,积极探索干部教育培训的质量评价体系,使其办学水平和教学质量不断得到提高。

中国共产党领导下的干部教育以建党初期和第一次国内革命战争时期对干部进行马克思列宁主义理论教育,强调知识分子同工人运动相结合为开端,经过土地革命战争,初步形成了中国干部教育体系。在抗日战争和解放战争中,各抗日根据地和老解放区坚持实行"干部教育第一"的方针政策,建立了一大批适应革命战争需要的干部院校,如陕北公学、抗日军政大学、东北军政大学、东北行政学院、华北联合大学、(各地)军区军政干部学校、华东军政大学等。1948年,中共中央在河北省平山县李家沟创办中央高级党校,党的干部教育出现空前繁荣的局面,为夺取政权、建立新中国积累了极为丰富的宝贵经验。中华人民共和国成立后,为使广大干部掌握原来不熟悉的建设知识和本领,干部学科学文化的工作被放在突出地位。改革开放以来,干部教育进入了一个新的发展阶段,干部教育工作紧密结合党在新时期不同阶段的中心任务,按照建设高素质干部队伍的目标,明确各级各类干部在理论素养、思想品德、业务能力、知识水平等方面的素质要求,有针对性地开展在职学习和脱产培训。中央指出,为了适应新形势的需要,必须加强干部的教育和训练,以实现干部队伍的革命化、年轻化、知识化、专业化。1982年,中共中央、国务院发出《关于中央党政机关干部教育工作的决定》。1984年,中共中央批转组织部、宣传部《关于加强干部培训工作的报告》。进入21世纪,中共中央办公厅、国务院办公厅相继印发《2001年—2005年全国干部教育培训规划》、《干部教育培训工作条例(试行)》、《2006年—2010年全国干部教育培训规划》、《2010—2020年干部教育培训改革纲要》等相关文件,教育部等单位为贯彻中央精神也相继发出了一系列有关文件。从1983年开始,全国各地陆续成立管理干部学院,举办两年制、三年制的干部专修科和半年或一年左右的短训班。到1989年,全国各地已建立各类管理干部学院171所、干部中等专业学校352所,在校学员分别为6.17万人和6.41万人,累计毕业生分别为10.18万人和6.28万人。20世纪90年代,经过调整,学校数历年减少。2002年,全国有各类管理干部学院97所和干部中等专业学校(含分校、工作站)294所,在校学员分别为15.55万人和4.94万人,毕业生数分别为5.53万人和2.32万人。同时,各地教育学院和教师进修学校也得到较大发展,为培养各级各类教师和教育行政干部作出了重要贡献。进入21世纪,干部教育以其成熟的指导思想、完整的教育体系、宏大的教育规模,培养了大批治党、治国、治军的领导人才、企业经营管理人才和专业技术人才,为推进国家经济建设和社会发展发挥了极其重要的作用。

(张竺鹏)

岗位培训(on-the-job training)　对从业人员实施的以提高本岗位需要的工作能力和生产技能为重点的教育训练活动。属于成人教育范畴,是成人教育重要组成部分;也属于职业教育的成人职业培训范畴,是职业教育中职业培训的重要组成部分。以非学历、非正规、非正式的形式,利用一切可利用的教育资源,不拘形式,不限时间,灵活、有效地向从业人员提供所在岗位需要的培训。一般以短期为主、业余为主、自学为主。周期可长可短,长则一年左右,短则几个月、几周甚至几天。基本任务是消除从业人员履行岗位职责必备素质同从业人员实际素质之间的差距,使从业人员在政治思想、职业道德、文化知识、专业技术和实际能力等诸方面达到本岗位的规范要求。

岗位培训一般分为资格性岗位培训和适应性岗位培训两类。前者指主要岗位的从业人员在上岗(在岗)、转岗、晋升时,为取得在某一岗位上的工作或生产劳动资格而进行的培训,以保障主要岗位工作或者特定生产岗位工作健康、有序开展为重要前提。通过培训达到岗位规范的要求是从业人员做好岗位工作的基本条件,也是从业人员取得任职资格的基本标准。没有工作经历的人员在上岗前应接受资格性岗位培训,取得上岗资格;在岗从业人员应坚持定时进行资格性岗位培训和考核,不断提高其知识、能力和技能,使其能够持续达到岗位规范的要求,做到持证上岗;从业人员转岗时,应按其转到岗位的规范要求进行转岗培训,取得转到岗位的上岗资格证书;从业人员晋升时,应按照其晋升的岗位规范进行资格性岗位培训,达到晋级标准。后者指根据本岗位的发展变化,从实际需要出发,对从业人员开展的一种适应科技进步、管理改进、生产发展和职责变化的培训,是保证从业人员做好本岗位工作的重要条件。现代社会科学技术日新月异,知识更新速度加快,生产设备、工艺流程不断革新,特别是经济结构、产业结构、产品结构不断调整,从事工业、农业、商业和服务行业的劳动者需不间断地接受各种适应性岗位培训,使其思想道德素质、科学文化素质以及工作能力、管理水平不断提高,以适应工作的需要。

岗位规范是对岗位工作(生产)人员基本素质的要求及其任职资格的规定,是开展岗位资格培训、上岗资格考核的依据。一般包括政治思想和职业道德、文化程度、专业知识、实际技能(工作能力)和工作经历等方面的要求。各部门、行业的岗位规范通常由有关专家和有丰富实践经验的人员进行科学论证,采取上下结合的方式,由国家或者有权威的行业组织制定。制定岗位规范是开展岗位培训的前提和基础,也是劳动人事制度科学化的重要内容。

岗位培训以人力资源开发理论为基础,把提高劳动者素质和发展先进生产力作为根本任务,面向劳动者的生产、工作实际,强调针对性、实用性;坚持"学用结合,按需施教"、"干什么学什么,缺什么补什么"的原则,重视并加强行为规范、职业道德教育,突出生产技能和工作能力的培养。由于各地社会经济发展不平衡,不同行业的具体业务不同,对从业人员的岗位要求也不尽相同,因此实施岗位培训需区分不同情况,针对不同地区、不同行业的岗位要求,突出重点,有目的、有计划、有组织地开展。如对各级各类干部特别是县以上领导干部进行马克思主义理论、社会主义初级阶段党的基本路线、各项方针和政策、现代管理理论和方法、必备专业知识的岗位培训;在企业中着重对企业经理和经营、管理、技术人员以及班组长、生产骨干、业务骨干和关键岗位人员进行岗位培训,对技术工人按岗位要求进行等级技术培训等;在农村,从农业、农村、农民的实际出发,适应农村经济向专业化、市场化、现代化转变的需要和农民致富的愿望,对不同地区、不同行业、不同对象分别提出不同的岗位培训要求,对农村基层干部、专业技术人员和乡镇企业职工有针对性地开展岗位培训,对青壮年农民根据农业现代化、农村城镇化及产业结构调整的需要进行周期短、见效快的实用技术培训、农村转型培训和科学技术推广培训,农村初中、高中毕业的回乡知识青年是岗位培训的重点对象。

依据培训对象的不同,对岗位培训采取不同的管理方式。企事业单位工作人员的岗位培训实行以行业管理为主、有关部门分工协作的机制,各业务主管部门负责组织制定本行业、本地区指导性岗位培训总体规划和主要岗位规范,制订指导性培训计划、教学大纲,编写教材,提供各种教学服务,评估培训质量。国家机关公务员的岗位培训以各级人事部门管理为主。中央和地方各级人事主管部门共同制定国家机关公务员岗位培训、指导性岗位培训总体规划和公务员岗位规范;制订指导性公务员培训计划、教学大纲,编写公务员培训教材,提供各种教学服务,组织专家评估培训质量。岗位培训实行考核制度,由各行业分级建立考核机构,发挥各行业专业技术人员、有关方面专家和学术团体在培训、考核中的作用。接受资格性岗位培训的人员考核合格后由考核机构颁发岗位合格证书,作为本岗位上岗的资格凭证和年度参与成人教育培训的依据。为适应科学技术进步的要求,对接受资格性岗位培训的人员要进行定期复核。

岗位培训的师资队伍由指导教师、任课教师和辅导教师组成。指导教师(亦称岗位培训管理干部)负责设计培训方案和组织管理工作,接受各方面的咨询、调查、研究、解决岗位培训实施中遇到的问题,指导并保障任课教师和学员的教学和学习。他们应有比较高的政治思想和科学文化水平,熟悉培训业务,了解本地区、本行业、本单位的实际情况和发展方向,具有比较强的发现、分析、解决问题和设计、处事、公关的能力。任课教师是开展岗位培训的关键力量,负责培训课程的开发并担任教课任务。他们不仅要政治思想好,文化素质高,熟悉本地区、本行业、本单位的实际情况和发展方向,熟悉任课岗位的专业技术知识并具有实践能力和工作经历,而且要懂得岗位培训,能讲能做,具有较强的宣传、鼓动和组织培训的能力。任课教师一般是专任教师,相对固定,在特殊情况下也可以随需随聘。辅导教师负责岗位培训中的中介服务及辅导性工作,多是本地区、本行

业、本单位生产或者工作中有较强实践能力和丰富实践经验,对岗位培训有积极性、责任心强的专门从事经营、管理的人员和专业技术人员。

实行岗位培训制度是国家机关、业务部门、企事业单位和从业人员共同遵守的规程,对开展岗位培训具有引导、激励、制约和保证作用。主要包括"先培训,后上岗"制度、职业资格证书制度、转岗培训制度、晋级培训制度、考核发证制度、持证上岗制度、培训机构审定和教师资格认定制度、课程开发和教材编审制度、岗位培训咨询、评估和监督制度、奖惩制度及岗位规范的制定、审定和颁发制度等。

岗位培训在20世纪80年代随中国科学技术进步、国民经济和社会发展而产生,并逐步成为中国成人教育的重点。1984年,六届人大二次会议通过的《政府工作报告》提出,各企事业单位要在定员定额的基础上有计划地培训职工;要按不同岗位、不同年龄确定不同的培训内容和要求,以期获得切实效果。此后,全国职工教育管理委员会、教育部、劳动人事部和中华全国总工会组成调查组,对北京、上海、辽宁、江苏四省市进行调查研究,并在一些企业开始进行岗位培训的探索。1985年,《中共中央关于教育体制改革的决定》提出,一切从业人员,首先是专业性技术性较强行业的从业人员,都要像汽车司机经过考试合格取得驾驶证才许开车那样,必须取得考试合格证书才能走上工作岗位。1986年,全国职工教育管理委员会、国家教育委员会、劳动部、人事部、国家经济体制改革委员会和全国总工会召开全国成人教育工作会议,进一步要求把开展岗位培训作为成人教育的重点。1987年,国务院批转国家教育委员会《关于改革和发展成人教育的决定》,正式提出要把岗位培训作为成人教育发展的重点和首要任务;各类从业人员在走上岗位前都应按照岗位规范的要求进行培训;走上岗位以后和转换岗位时还应根据生产和工作的新要求经常地培训提高。岗位培训与生产劳动、社会实际相结合,与经济、政治、文化、社会建设紧密联系,已成为中国成人教育的重点。进入21世纪,国家发布一系列文件,要求增强职工教育培训,包括对在岗人员和新增劳动力的职业资格培训、技术等级培训、职业技能鉴定及成人继续教育,对失业人员的再就业培训和转岗人员的转岗培训等。开展岗位培训、提高劳动者素质、开发人力资源、进一步解放和发展生产力,正成为中国成人教育的发展趋势。

(贺向东)

高等教育(higher education) 国民教育体系中的最高层次,即中等教育以上层次的教育。高等教育有很长历史,但作为一个专门术语,"高等教育"一词直到19世纪才出现在文献中。一个多世纪来,这一术语的内涵和外延随历史演进而不断变化。

高等教育的内涵和外延

2011 年,联合国教科文组织第三十六届大会修订并通过《国际教育标准分类法》(International Standard Classification of Education,简称 ISCED),根据教学计划的水平将教育区分为 0~8 级共 9 个等级。其中 5 级至 8 级教育的教学计划属于高等教育。该分类法关于高等教育的一般定义是:高等教育建立在中等教育之上,在专业化的教育学科领域提供学习活动,它是高度复杂和高度专业化的学习;既包括通常所理解的学术教育,还包括高级职业或专业教育。这一定义把通常所谓的"第三级教育"(tertiary education)视为与高等教育同义。在传统的中等教育与高等教育之间存在具有过渡性质的 4 级教育,其定义为:中等后非高等教育(post-secondary non-tertiary education)提供的学习和教育活动,建立在中等教育之上,既为进入高等教育做准备,也为进入劳务市场做准备。它通常针对那些已完成高级中等教育(《国际教育标准分类法》中的 3 级教育)但还想增加进入劳务市场或继续高等教育机会的学生。课程通常是为了拓展而不是深化知识、技艺和能力,因而并不明显高于高级中等课程,但比高等教育的复杂程度低。它不属于高等教育。广义的中等后教育(post-secondary education)包括 4 级至 8 级教育。

《国际教育标准分类法》对各级高等教育标准的规定主要包括教学计划(课程)的水平、入学条件和修业年限。5 级课程即"短线高等教育课程",通常是为了给参加者提供专业知识、技艺和能力,相当于中国的高等专科层次。要求 2 年或 2 年以上的持续学习时间,其课程是基于实用和特定职业,培训学生进入劳务市场,但也能提供一条通向其他高等教育课程的途径。学术高等教育课程若低于学士或等同课程,也被划为 5 级课程。进入 5 级课程,要求成功地完成 3 级或 4 级且通向高等教育的课程。5 级课程与 3 级、4 级课程相比,内容更复杂,但与 6 级课程相比,时间短且通常更少注重理论。6 级课程即"学士或等同课程",通常是为了给参加者提供中等程度的学术知识或专业知识、技艺和能力,使其获得第一学位或等同资格证书,相当于中国的本科层次。一般要求 3 至 4 年高等教育级别的全日制学习持续时间,其课程一般以理论为基础,但可包括实践的成分,传授研究的最新发展水平和(或)最好的专业实践。传统上由大学和等同的高等教育机构提供。进入 6 级课程,一般要求成功完成 3 级或 4 级并通向高等教育的课程,也可能取决于在 3 级和(或)4 级中选择某些科目和达到一定成绩。另外,它可能要求参加并成功通过入学考试。对那些通过学分积累而授予学位的系统,要求有可比的时间量与强度。7 级课程即"硕士或等同课程",通常是为了给参加者提供高级的学术知识

或专业知识、技艺和能力,使其获得第二学位或等同资格证书,相当于中国的硕士研究生教育或本硕连读教育。其课程可有大量研究成分,但还不够获得博士资格证书。一般来说,课程以理论为基础,但可包括实践成分,传授研究的最新发展水平和(或)最好的专业实践。传统上由大学和其他等同的高等教育机构提供。进入 7 级课程一般要求成功完成 6 级课程,持续学习时间 1~4 年,也可以是完成 3 级或 4 级教育课程,持续学习时间 4~8 年。8 级课程即"博士或等同课程",主要为获得高级研究资格而设置。要求相当于至少 3 年全日制的学习,使高等教育的总累计持续时间为至少 7 年全日制教育。其课程致力于高级学习和原创性研究,一般仅由如大学这样的研究型高等教育机构提供。学术领域和专业领域都有博士课程。进入 8 级课程或初级研究员职位,通常将成功完成特定的 7 级课程作为入学条件。8 级教育是世界各国通行的高等教育的最高层次。通常高等教育课程授予的学位或资格证书之间存在清晰的层次结构,但《国际教育标准分类法》5 级、6 级和 7 级的国家课程可平行存在,而不是一个等级连续地建立在另一个等级之上。完成《国际教育标准分类法》3 级或 4 级课程,可有一系列通向供选择《国际教育标准分类法》5 级、6 级或 7 级的第一个高等教育课程,但这还取决于特定教育系统是否提供这些课程和(或)另加的指定入学要求。

《国际教育标准分类法》强调具体问题具体分析原则,不能严格符合所列标准中的一个或几个条件,但教学计划程度相近且能获得同等文凭或学位的教学计划,也应归类于相应层次的高等教育。根据这一原则,回归教育、继续教育、高等教育自学考试等主要适应成人受教育者需要,在程度上相当于高等教育的教学计划、教育活动都应明确归类为高等教育。《国际教育标准分类法》是一个极为复杂的分类体系,但仍不能完全涵盖各国的高等教育。

高等教育与大学教育之间的关系是:高等教育包括大学教育,也强调非大学教育;大学教育与其他高等教育之间是有区别的。"高等教育"是从 19 世纪末开始使用的概念,为的是包容已经大大发展了的非大学教育。当时非大学教育不受强调学术性和反对功利主义的传统大学教育价值取向的束缚,致力于发展社会经济发展急需的科学技术教育,不能纳入"大学教育"这一概念,从而需要并形成"高等教育"这一新概念。此后科学技术教育的学术水平迅速提高并得到认可,被大学教育接纳,两者渐趋融合,原有的非大学高等教育机构基本上升格为大学,导致高等教育常常意味着大学教育,但这两者实际上并不等同。

高等教育历史沿革

外国古代高等教育的产生与发展　外国古代高等教育

缺乏分化,教育机构常常与行政机构、博物馆、图书馆、寺庙等合而为一,也没有严格的初等、中等和高等之分。古代高等教育机构有官办的,也有私立的。其主要功能是培养高层统治人才、研究和传授高深学问。

公元前 2500 年左右,古埃及、古巴比伦、古印度出现了宫廷学校、职官学校和寺庙学校等官办的高等教育机构。教育对象是王子、王孙及大臣和高级僧侣之子,以培养统治人才为主,也研究和传播高深学问。古埃及的宫廷学校是有史可稽的最早的高等教育机构。宫廷学校主要负责传授基本知识。法老还邀集文人学者在宫廷中议论朝政,探究治术,组成"文人之家",其讨论水平较高,有教育史家称之为当时的大学。在宫廷学校完成学业者,还要到实际机关接受业务训练,然后才委充官吏。职官学校则既传授知识,也进行实际业务训练。两者都以培养统治人才为主。古埃及的寺庙学校着重进行科学教育,是当时的高深学府。著名的有海立欧普立斯大寺、底比斯城的卡纳克大寺(Karnak Temple)等。这些寺庙藏书丰富,对数学、测量学、物理学、天文学、建筑学、医学等有丰富研究。公元前 6 世纪至公元前 4 世纪古希腊城邦主办的体育馆和青年军训团也是官办的古代高等教育机构。国家体育馆对十五六岁的青年进行五项竞技和文法、修辞、哲学等方面的教育;军训团对 18～20 岁的青年进行军事、法律、政治等方面的训练和教育。

外国古代私立高等教育机构是一些有名望的学者为传播自己的思想、观点以及为追随者提供的研究和学习场所。较著名的有柏拉图的"学园"(Academy)、亚里士多德的"吕克昂"(Lyceum,亦称"亚里士多德学园")、伊壁鸠鲁的哲学学校等,以研究和学习哲学、算术、几何学、音乐理论为主。智者们办的修辞学校以学习修辞、演说和辩论术为主。在公元 5 世纪末,古印度学者有自动组成讨论会,就神学、哲学、《吠陀》经义以及法学、文学、天文学等高深学科展开辩难、讨论的风气。具有一定基础的青年可以倾听和学习。后在一些城市逐渐形成水平高深的学习中心,这些学习中心主要靠私人捐赠的产业维持,也是一种私立的高等教育。

欧洲中世纪大学是在自然演化中形成的。城市的发展和对高深知识学习的大量需求促使中世纪大学形成。在基督教权、世俗王权和自治城市特权之间的斗争中,法学知识大大扩展,不再只是与人文学科有联系的附带学习,而是在专门教师的指导下,专业学生应学和非学不可的学科。意大利南部的博洛尼亚是当时欧洲的法学中心。一批学者在此讲授法学,吸引了欧洲各地的学生。大约在 1158 年,形成了最早的中世纪大学。加洛林文化复兴(Carolingian Renaissance)刺激了神学研究的发展。各种对立学说的辩论、教会学校的大量发展使欧洲出现了大批渴望更高深学习的学生。著名学者在巴黎圣母院、圣热纳维埃夫修道院、圣维克多修道院等大教堂学校的教学吸引了欧洲各地学

生,使巴黎成为神学中心。已有的学校不能满足日益增加的学生的需要,授权教师个人在教堂之外开办学校成为必然。在教堂之外兴起的教育创造了不同于教堂学校的办学体制、组织结构和教育制度,并形成了巴黎大学这一新型高等教育机构。巴黎大学被称为"教师的大学",由教师团体掌握权力。意大利北部的萨莱诺保存了希腊科学遗产,特别是医学遗产。公元 9 世纪时该地的医药研究很出名,阿拉伯的医学著作也在此流传。在十字军东征的两百年中,众多伤员在萨莱诺治疗,使其成为名医汇集之地、欧洲的医学中心。大批医生和有志学医的青年来此跟随著名医生学习,他们联合起来同医师订立合同,规定学生缴费和教师传艺的条件,1231 年被承认为大学,学医的人都要到萨莱诺的专家那里取得文凭。法学、神学、医学知识的发展和求学要求的增长大大促进了这些领域的私人讲学。作为其基础的文科教学也随之兴盛起来。这些教学活动主要在教会学校之外进行,不能享受教会的保护。为了在日常生活中免受欺凌与盘剥以及在学术事务上抵抗教会的干涉,师生各自形成了自治团体,并因权力模式的不同而形成不同的大学模式。博洛尼亚大学被称为"学生的大学",由学生支付各种教育费用,学生团体享有更大的权力。校长由学生团体选举的学生担任;教师必须宣誓服从校长,按学生官员的命令管理他们的班级。没有准假,教师甚至一天也不能缺席,必须准时开始和结束讲课,按适当的进度安排教程。意大利、西班牙及法国南部的大学多采用这种模式。从 13 世纪下半叶开始,由市政当局支付教师的薪水。大学的权力开始转移到教师手中,最终演变成行会组织的正统模式。

中世纪大学以神学为核心,以培养神职和世俗官吏为主要目标,具有不同于古代高等教育机构的办学体制、组织结构和教育制度,成为现代高等教育的直接源头。在办学体制上,中世纪大学享有高度自治的特权。大学要得到承认必须从教会、国王或市政当局获得特许状,但特许制度在维持教会、君主权威的同时,也赋予和保护了大学的特权。这些特权包括:独立的审判权,即大学师生与市民发生诉讼时要由大学审理,大学教授拥有审判权;师生享有免除捐税、地方税、关税、人头税及其他形式苛捐杂税的特权;大学师生可在各国自由通行,还可免服兵役;大学拥有罢课、迁移权;大学拥有颁发特许证、学位等权利。在有大学之前,执教权由教会颁发。巴黎大学形成后,经过长期斗争,执教权开始控制在教师手中。大学获得较大独立性,为大学最终脱离神学,成为完全世俗化的现代高等教育机构奠定了组织基础。特许制度和执教权制度也使私人办学规范化,学者行会、教会和政府负起管理职责。大学内部的组织也受团体自治观念的影响。教师一般按学科组成"教授会"(facultas)。学科齐全的大学分为文、法、医、神四个学院。其中文学院程度较低,既是进入其他三个学院的预科,也是

职业人才的培养机构,主要培养教会和世俗政府中的行政人才。文学院规模最大,后来的大学校长一般由文学院院长担任。文学院的学生一般按籍贯组成同乡会,每年选举首领,其职责是代表本团体维护本团体的权利,并约束团体成员的行为。中世纪大学的教学可以在教师能够集合学生的任何地方进行。同乡会馆和一些慈善人士捐赠的会馆也常用作教学之所,并逐渐演化成为制度完备、集生活与教学于一体的寄宿学院。在教育制度上,中世纪大学形成了任教资格、培养模式和学位制度。在学者们的行会组织里,学生同样必须作为公认的教师的门徒,通过持续5~7年的学习取得硕士学位;学习期满后,由老师正式介绍到教师团体中,通过一种"领受学位"(inception)的仪式加入教师行列,在仪式上要进行一次见习性的讲课。当时的学位并无明确的等级结构,硕士与博士也无高低之别,但各大学都对取得学位必须完成的学业、必须通过的考试有明确规定。教学通常由教师诵读教科书原文及其注释,学生记笔记,然后进行讲解、评论和讨论。考试主要是讲课、讨论和辩论。中世纪大学因顺应了时代对高深知识学习的需要而兴盛,但以基督教教义为宗旨的经院哲学长期占据统治地位,使其逐渐脱离社会发展需要而衰落。在文艺复兴和宗教改革运动中,大学与教会一起作为保守势力受到强烈冲击,许多大学被关闭,但中世纪大学形成的自治传统、组织模式和学位制度作为重要遗产被现代大学继承和发展。

传统大学凭借其自治特权,常常由于其保守特性而抵制外部改造,非大学高等教育机构由此产生并在18世纪开始发展,打破了大学作为唯一的高等教育机构的格局。法国于1747年创办路桥学校,此后又建立矿山学校、梅齐埃尔工兵学校、造船学校、炮兵学校等。这些学校的入学考试通常包括算术、代数、几何、制图等,修业3年;以科学技术为主要教学内容,以培养军事和工商业急需的技术专家为主要目标。法国大革命后又建立一大批专门学院,既有侧重基础科学的理科教育,也有侧重技术科学的工科教育,形成了世界上最早的现代高等教育体系。19世纪二三十年代,德国也建立一批单科或多科的技术学校。1864年,这类学校的校长与德国技师协会共同起草了"有关多科技术学校组织基本原则"的申明,将多科技术学校明确定位为"与技术有关的单科大学",通过数学、自然科学和制造技术的教育,为国家和企业培养技术人才和相关学科的教师。该类学校也进行自然科学和技术科学研究,其学术水平不低于大学。19世纪70年代后,这些学校陆续升格为工科大学。19世纪末,培养其他行业所需人才的农林、商科专门教育也得到迅速发展。从1828年创办伦敦大学学院开始,英国也建成一批培养工商业人才的城市学院。美国于1862年通过《莫里尔法》,以赠地的方式支持农业和工业高等技术教育。

大学也开始进行改造。巴黎大学、剑桥大学在17世纪开设了一些自然科学课程,但数量很少,仅为一种点缀。1694年建立的哈勒大学反对经院哲学,推崇理性主义,力图使大学教育与实际生活密切联系起来;讲授现代哲学和科学,重视科学研究;还第一次确定了学术自由的原则。哈勒大学和后来建立的格廷根大学在其他大学的批判和反对中坚持办学理念,取得了成功,并引起其他大学的跟风模仿,在当时形成了所谓的新大学运动。

外国近现代高等教育的形成与发展 18世纪初,自然科学和数学取得很大进展,但大多数大学仍坚持古典人文教育,排斥科学知识。1810年,柏林大学建立,它继承和发展了始于哈勒大学的办学理念,树立了现代大学的典范。柏林大学继承了中世纪大学的自治传统,在学校事务、学术和行政管理方面拥有完全的自由;确立了学术自由的办学理念,并具体化为研究自由、教学自由和学习自由(参见"学术自由")。柏林大学奠定了有利于科学研究和教学的组织基础,使大学在实用科学领域取得丰硕成果,也使科学知识获得学术声誉。科学理论知识逐渐取代了人文知识在大学中的地位,但应用性、技术性知识仍被大学排斥,主要由非大学的高等教育机构研究和传授。柏林大学建成后,德国各地大学纷纷以之为榜样,建立新大学,改造旧大学。美国、日本、中国等国建立现代大学时也借鉴了德国大学的模式。留学德国的美国学者回国后在各自的大学借鉴德国经验。1876年建成的约翰斯·霍普金斯大学标志着美国有了真正的大学,且形成了研究生教育制度。约翰斯·霍普金斯大学在文理学院基础上建立了研究生院,使研究生教育从大学教育中分化出来,成为一个独立的教育层次。美国大学在努力提高大学的学术水平时并不把学术研究与教育服务现实社会对立起来,这种不同于欧洲的传统开始于赠地学院的发展中,最终使服务社会成为大学的基本职能。1903—1913年,威斯康星大学开始致力于主动为社会服务,通过函授,学术讲座,辩论与公开讨论,提供一般信息与福利,组织专家、研究生、本科生参与政府部门工作,帮助他们解决问题等各种形式满足社会的需要。威斯康星大学的努力和成功使社会服务成为大学的基本功能之一(参见"威斯康星观念")。到20世纪初,服务与教学、研究一起成为大学的三大基本职能(参见"高等学校职能")。

全球性的规模扩张是当代高等教育发展的显著特征,表现为在校生规模的急剧膨胀和在读大学生在适龄人口中的比重(即毛入学率)大幅提高。高等教育规模扩张最先在美国等发达国家出现。1946年,美国高等教育规模达到大众化水平;1974年,达到普及化水平(参见"高等教育发展阶段论")。法国、意大利、日本、德国等国的高等教育毛入学率也陆续超过15%。发展中国家大多在政府主导下优先发展高等教育,呈现出追赶型的加速发展。但因国力所限、高等教育资源相对不足、适龄人口基数很大等原因,在发展速度上无法达到发达国家的水平,尚不能改变总体上的落后状态。

高等教育规模的扩张伴随着高等教育结构、功能和性质的根本变化。结构变化主要体现在层次结构、类型结构、学生构成等方面。20 世纪 70 年代后迅速发展的博士后教育是当代高等教育结构发展的重要方面。高等教育层次分化的另一重要方面是,在本科教育与高中教育之间出现一个新的高等教育层次——短期高等教育。美国的社区学院,德国的高等专科学校和职业学院,日本的短期大学和高等专门学校的四年级、五年级,法国的短期技术大学和高级技术员班,中国的高等职业技术学校、高等专科学校等,都是实施短期高等教育的机构。这些新型高等教育机构与传统大学相比,在功能上有不同特点。美国社区学院的职能包括五个方面:普通教育,为所有学生提供人文社会科学和数学、自然科学的基础教育;转学教育,为有志于攻读学士学位课程的学生提供大学一、二年级的课程;职业或终结性教育,为学生提供能够直接进入劳动力市场的教育和训练;成人或继续教育,帮助各年龄阶段的成人适应教育、文化、经济的发展;指导和咨询,提供测量、指导、咨询,帮助学生选择适合自己的课程。从 1950 年到 1970 年,社区学院学生增加了 9 倍,四年制本科学生只增加了 1.5 倍。1968 年,联邦德国通过了《联邦共和国各州统一专科学校的协定》,开始发展高等专科学校,将工程师学校、某些中等专科学校发展成高等专科学校。招收完全中学十二年级结业生、十年制实科中学毕业后又在中等专科学校或专科补习学校学习两年的学生,在文化要求上比大学的入学标准低,但在实践经验方面有更高的要求。除职业学校毕业生外,入学者要有半年的实际工作经历。学制一般为 3 年,个别州为 4 年。在理论要求上低于大学教育,偏重实践和应用。理论课程的专业针对性很强,实验、设计、实践练习课、实习等环节约占教学总时数的 60% 多。其师资中,兼职教授(来自企业)占将近一半,专职教授每四年可以到工厂企业部门进修半年。培养的人才是具有基本理论知识、较强实践动手能力的技术人员,是把基础理论转化为实用技术的"桥梁式人物",是实践家、操作者。其研究也与实际部门保持密切联系。它们不承担基础理论研究,多与工厂、企业签订合同,进行新技术研究、高技术革新、研制新产品等,使科研成果直接为生产服务。日本的短期大学重视专门知识技能的培养,课程设置、学期安排、授课方式灵活多样。生源来源广,招收新生多采用推荐入学。目的是在高中教育基础上,进行专门职业知识和实际能力(指半专业性的职业知识和技能)为重点的两年或三年制的大学教育,培养优秀的社会人才。法国短期技术大学(亦称"大学技术学院")始于 1966 年,招收高中毕业生,学制 2 年。重视小课堂,指导课和实践课占 60% 多,教学大纲由学院同有关职业部门共同制订,以

教育部命令的形式公布,内容包括普通文化课、专业基础课和专业课。来自企业的人士承担约 15% 的课程。培养介于高等专科学校毕业的工程师和技术高中毕业的技术员之间的高级技术员,授予大学技术文凭。大部分学生直接就业。高级技术员班设在条件较好的高中,学生来源、学制和培养目标与大学技术学院相同。随着高等教育规模的扩大,学生的构成也发生很大变化。18～22 岁经过严格选拔后获得入学资格,接受全日制高等教育的学生被称为传统型学生。22 岁以上的成人,不需严格选拔,成绩一般的学生,少数民族学生,低收入家庭的学生,接受部分时间制教育的学生被称为非传统型学生。随着毛入学率的提高,非传统型学生大量增加。

在 20 世纪初,高等教育基本上是由基于校园的传统机构实施的全日制教育。第二次世界大战后,各种非正规高等教育(包括远距离高等教育和非全日制高等教育)迅速发展。远距离高等教育是借助广播、电视、邮递、网络等媒体对分散在各地的学生实施的高等教育。1969 年,英国建立世界上第一所远距离教学的大学——开放大学(参见"开放大学")。此后随着社会信息化程度的提高,利用发达的信息网络和人机对话技术创办的"虚拟大学"出现,克服了广播电视大学信息传播的单向性,突破了传统课堂讲授的时空限制。远距离高等教育机构或没有校园,或主要不在校园内组织教学,教学时间也往往安排在业余时段,以方便学员为原则安排教学活动的时间和地点。

毛入学率的提高、短期高等教育的发展、非传统型学生的增加、非正规高等教育的发展相互关联,使高等教育突破了精英性,走向大众化和普及化,具有不同的外延和内涵(参见"高等教育发展阶段论")。作为精英教育代表的世界一流大学的教育仍以培养领导人才为重要使命。在大众化阶段、普及化阶段,精英高等教育由坚持高度选择性的大学实施。克尔提出选择型的高等教育和非选择型的高等教育。选择型高等教育强调提供高质量的普通教育,同时更强调围绕社会的职业需求组织教育,主要是本科教育;非选择型高等教育向已受过一定教育的或就业到达一定年龄或有工作经历的所有人员开放,适应基于任何理由的社会需要。当代高等教育中的非精英教育部分在入学和毕业两个环节降低了学术标准,但"高等"仍意味着一定的学业标准,只是不同类型的高等教育在侧重理论知识还是实践知识上有所不同。高于中等教育和非高等的中学后教育的学业标准是高等教育的重要内涵,也是确定高等教育外延的重要依据。高等教育性质的变化表现为具有不同性质的高等教育并存:精英型高等教育与大众型、普及型高等教育并存;高等教育的公益性与私人性并存。高等教育的当代发展具有多样化,不同类型的高等教育相互依赖、相互补充,构成一个功能更强大、更具有活力的系统。

中国古代高等教育的产生与发展　中国古代培养高层次人才的教育活动或教育形式。详"中国古代高等教育"。

中国近现代高等教育的形成与发展　19世纪中叶后，中国借鉴西方现代高等教育制度与模式建立起来的高等教育形式。详"中国近现代高等教育"。

参考文献

经济合作与发展组织. 重新定义第三级教育[M]. 谢维和, 等, 译. 北京: 高等教育出版社, 2002.

克拉克·克尔. 高等教育不能回避历史——21世纪的问题[M]. 杭州: 浙江教育出版社, 2001.

潘懋元. 多学科观点的高等教育研究[M]. 上海: 上海教育出版社, 2001.

Brubacher, J. S. On the Philosophy of Higher Education[M]. San Francisco: Jossey-Bass Inc., 1982.

（潘懋元　高新发）

高等教育发展阶段论（development stage theory of higher education）　一种关于高等教育发展进程的学说。由美国学者特罗提出。第二次世界大战之后，美国高等教育发展迅速，至20世纪60年代末，高等教育规模成倍增长。这一时期，西欧国家的高等教育规模也迅猛增长。规模的扩张引发高等教育观念、职能、管理、入学与选拔等方面的一系列质变。特罗以第二次世界大战后美国和西欧一些国家高等教育的发展为研究对象，探讨这一过程中量变与质变的问题，接连撰写《从大众高等教育向普及高等教育转化的思考》（1970）、《高等教育的扩张与转变》（1972）、《从精英向大众高等教育转变中的问题》（1973）等长篇论文，指出高等教育的发展要经历精英高等教育、大众高等教育、普及高等教育三个阶段。每一阶段的高等教育存在规模上的差别，同时在高等教育的性质、结构、目标和功能等方面也有质的不同。

高等教育发展阶段论的基本框架于20世纪60年代末70年代初形成，此后特罗根据社会变迁，对其早期理论进行修正与发展。1978年，他发表报告《精英与大众高等教育：美国模式与欧洲现实》，承认其关于

欧洲高等教育体系的发展变化也将沿袭美国大众高等教育发展模式的假设性预示是个明显错误。同时补充认为，高等教育发展阶段论是一种观察现代工业社会高等教育发展变化的一般性概括，每一个国家的高等教育的发展、变化是该国独特的历史、社会、经济、文化和政治特性的反映。此外还进一步阐述了高等教育阶段论11个方面的量变与质变的不平衡性，修正了早先关于量变和质变的划一性的观点。1997年，特罗发表《关于美国高等教育中的信息技术发展》一文，探讨信息时代大学利用信息技术同时开展精英、大众和普及三种高等教育的状况，揭示一所大学甚至一个系或一门课程的教学凭借信息技术可提供精英、大众和普及三种不同性质的教育的特征。1998年，他在《从大众高等教育走向普及》一文中，对普及高等教育的内涵作了新的界说。他认为，高等教育今后十年的主要任务是从大众阶段迈向普及阶段，但大众高等教育与普及高等教育的区别不再是越来越多的学生进入各种各样的学校学习。今后的普及高等教育不在于注册人数，而在于参与和分享，即与社会大部分人（几乎包括在家里或在工作单位的全体成年人）密切相

高等教育发展阶段维度变化表

维度 \ 阶段	精英高等教育阶段	大众高等教育阶段	普及高等教育阶段
高等教育规模（毛入学率）	15%以内	15%～50%	50%以上
高等教育观	上大学是少数人的特权	一定资格者的权利	人的社会义务
功能	塑造人的心智和个性，培养官吏与学术人才	传授技术、培养能力，培养技术与经济专家	培养人的社会适应能力，造就现代社会公民
课程	侧重学术与专业，课程高度结构化和专门化	灵活的模块化课程	课程之间、学习与生活之间的界限被打破，课程结构泛化
教学形式与师生关系	学年制、必修制，重视个别指导；师徒关系	学分制，以讲授为主，辅以讨论；师生关系	教学形式多样化，应用现代化教学手段；师生关系淡化
学生的学习经历	住校，学生的学习不间断	走读与寄宿结合，多数学生的学习不间断	延迟入学、时学时辍现象增多
学校类型、规模以及学校与社会的界限	类型单一；每校数千人；学校与社会间的界限清晰	类型多样化；三四万人的大学城；学校与社会间的界限模糊	类型多样至没有共同标准；学生数无限；学校与社会间的界限逐渐消失
领导与决策	少数精英群体	受治、"关注者"影响	公众介入
学术标准（质量标准）	共同的高标准	多样化	价值增值成为主要标准
入学与选拔	考试成绩、英才成就	引进非学术标准	个人意愿
学校行政领导与学校内部管理	学术人员兼任；高级教授控制	专业管理者；初级工作人员和学生参与	管理专家；民主参与，校外人士参与

连的继续教育。教育形式主要是远程教育;大多数学生的学习并不是为了追求学位和学分,而是为了保持或改善其在就业市场中的地位,或为了自娱自乐。大众高等教育类似于学习社会,不局限于传统的青年普及教育。日本、中国的学者在运用高等教育发展阶段论框架考察本国和他国高等教育大众化的发展实践中,也提出了各自的新思想和见解。1997 年,日本学者有本章在考察日本高等教育发展演变历程中发现,20 世纪 90 年代的日本高等教育在社会政治、经济等因素的影响下,其管理体制、经费来源、发展道路等方面产生巨大变化。他在《后大众时期学术机构改革的跨国研究》一文中,将日本高等教育出现的"财政预算紧缩、体制日趋私有化、市场力量逐步取代公共政策、高校引进自我约束机制"等变化命名为"后大众阶段",指出大众高等教育经过后大众阶段的过渡后,有可能转变为终身学习阶段,而非大学适龄青年的普及教育阶段。中国学者潘懋元等人在考察中国 20 世纪 80—90 年代高等教育改革与发展过程的实际后,在《试论从精英向大众化高等教育转变的"过渡阶段"》(2001)一文中,提出发展中国家"高等教育系统的质变先于规模扩张到一定程度(即毛入学率达 15% 或 50%)的发展道路"的"前大众过渡阶段"论。指出就中国高等教育发展的历程而言,高等教育系统的质变并未伴随着高等教育规模的一定程度的扩张,而是走出适应发展中国家国情的"后发外生型"的特殊发展道路,即通过质的改变来促进量的发展的道路。这一论点反映了发展中国家高等教育发展阶段间的过渡性特点。

(谢作栩)

高等教育管理(higher education administration)
高等教育作为社会子系统,为实现目标、履行职能,在系统内进行的规划、决策、计划、组织、指挥、协调和控制等系列活动。按层次可分为高等教育宏观管理和高等教育微观管理。前者指政府对高等教育系统的管理,包括中央政府与地方政府教育行政部门之间的关系以及政府与高等学校之间的关系,其内容通常包括政策制定、规划、财政、机构认证、人事任免、绩效评价等;后者指高等学校的内部管理,其内容包括内部机构设置、人员聘用、财务、基本建设、招生、教学、科学研究、社会服务等。由于各国文化教育传统及行政制度的不同,高等教育宏观管理的体制与职能常存在差异,可分为中央集权制、地方分权制、混合制等。政府对高等学校管理的方式也存在直接行政管理和间接调控等不同手段。高等学校内部管理存在两种基本模式,即学院式管理模式和科层式管理模式,前者以学术权力为核心,采取民主方式实现管理;后者以行政权力为核心,实行科层化管理制度。由于现代大学结构的复杂性和功能的多样性,这两种管理模式几乎都兼而有之。

高等教育管理的特点　高等教育管理与一般管理活动一样,有共同要素,即管理者、管理对象、管理制度,但也有不同特点:(1)高等教育的劳动特性不同于一般社会生产劳动,它从事的是高深知识的创造和传播活动,其劳动具有高度的学术性、专业化、个体化和个性化特征,在一般物质产品生产部门实行的规范化、标准化、程序化管理并不适用于高等教育,必须创造一种比较灵活的个性化管理方式。(2)高等教育活动主要是学术性活动,系统内的权力结构分化为学术权力和行政权力两种不同性质的权力。前者是基于对高深知识的掌握、理解和认同而形成的权力,学者是其核心;后者是基于科层组织结构的制度性权力,各级官员或部门管理人员是其核心。两者存在一定张力,需要进行有效的协调与整合。(3)高等教育系统中最基层、最广大的管理对象是学生,他们既是管理对象又是教育的服务对象,同时也是教育活动中自主发展的个体。高等教育管理必须符合教育规律和人的发展规律,要突出以人为本的理念,强化服务意识。(4)教育过程与物质产品的生产过程有本质不同。物质产品的生产过程及产品质量具有高度可控性,管理绩效易于评价,而作为教育"产品"的人是有思想、有意识的主体,是自我发展的设计者和塑造者,在意识上受社会的广泛影响,因此教育过程难以控制,教育质量和管理绩效都不易评价。

外国高等教育管理　欧洲中世纪大学是现代大学的最初组织形式。当时大学是一种学者的行会,是自治性组织,具有私人团体性质。要取得合法地位及证书(学位)授予权,必须由教会或最高行政当局颁发"特许状",但教会和世俗政权均不直接管理大学。后来逐渐演变为学院式管理模式,通常的管理组织是教授会,实行"一人一票"的民主决策方式,西方古典大学以学术权力为核心的"教授治校"传统逐渐形成。18 世纪末至 19 世纪初,随着欧洲民族国家的兴起,欧洲发生了"教育国家化"运动,即将教育这一本来属于私人领域的活动置于或部分置于国家权力控制之下,使教育为国家发展目标服务。法国是最早推行教育国家化的国家之一,于 1802 年颁布法令,规定设立公立的双轨制学校体系,建立各种高等学校。1810 年,法兰西大学建立,以作为管理全国所有学校的最高教育行政机关,开创国家教育行政制度。国家最初控制的领域主要是初等教育,实行义务教育制度。随着教育的发展,其控制逐渐延伸到高等教育领域。19 世纪中叶以后,大学对社会经济发展的促进作用越来越被人们重视,国家对高等教育进行控制、使之为国家的发展服务成为必然发展趋势。20 世纪 50 年代之后,这种趋势又进一步加强,政府的管理和控制与大学自治始终是高等教育宏观管理中的一对基本矛盾。随着大学与社会的联系日益紧密,大学的职能越来越多样,内部结构越来越复杂,规模越来越大,传统的学院式管理模式已不能适应大学的发展。高等学校的内部管理需要由专业化的管理人员来进行,遂逐渐建立起由专职管理人员构成的科层化体系,分别管理人事、财务、规划、建设、后勤、社会服务、对外交流、招生与就业指导,甚至包括教学和科学研究等事务。高等学校内部形成了学术权力与行政权力并存的二元权力结构。一般来说,学术性事务,如学科建设、课程与教学、教师的聘任与晋升、学位授予等,学术权力起主要作用;非学术性事务则由行政权力起主要作用。两者之间的界限非常模糊,常发生冲突。

20世纪50年代后,世界高等教育进入蓬勃发展时期,至20世纪末,发达国家高等教育进入大众化阶段,有的国家(如美国、加拿大、日本等国)已达到普及化阶段。高等教育已成为多样化的复杂系统,与社会有广泛、密切的联系,这一发展趋势也极大影响了高等教育管理。依据各个国家高等教育系统的协调机制,可将其分为三种主要理想类型:国家控制、市场调节和学者自我管理。欧洲大陆国家普遍采取国家控制模式,以法国为典型,其特点是中央政府具有较大权力,学校一级的权力较小;采取市场控制模式的典型国家是美国,其特点是采取分权管理,学校具有较大的办学自主权,仿照公司的组织构架设计大学的治理结构,市场对高等学校组织变革的影响较大;采取学者自我管理模式的典型国家是英国,其特点是学者团体拥有较大控制权。其他国家是两种或三种模式的综合体,如日本是国家控制模式与学者自我管理模式的综合。在不同协调机制下,高等教育系统的不同层次具有不同的权力分配格局。对于集权系统来说,中央政府拥有较大权力,通过制定法律、行政条例、规划以及经费分配等手段,对全国高等教育进行宏观管理;对于分权系统来说,地方政府拥有较大权力,根据当地情况制定适合当地发展需要的高等教育规划,以满足其经济、社会发展的需要;对于混合系统来说,中央政府与地方政府在管理高等教育方面有明确的权力划分,中央政府管理国立大学,地方政府统筹管理地方大学。法国、英国等国是采取集权管理的典型国家,美国、加拿大、澳大利亚等国是采取分权管理的典型国家,日本则是采取混合管理模式的典型国家。无论采取何种模式,高等学校办学自主权扩大及市场介入程度加深是高等教育管理的共同发展趋势。近年来,新公共管理和公共治理理论被高等教育系统采纳,用以解决其管理效率低下问题。在该类理论指导下,政府放松对大学的直接管制,加强大学与社会的直接联系,通过市场机制调节大学与社会之间的关系。日本国立大学实行独立法人化就是一个明显实例。在高等学校内部管理方面,广泛的民主参与和管理效率、学术权力和行政权力、引入市场机制和学术自由之间的矛盾和平衡仍是现实中需要面对的主要问题。

中国高等教育管理　20世纪50年代初开始,特别是经过全国院系调整之后,中国形成了与当时的高度计划经济体制相适应的、中央政府统一领导全国高等教育的管理体制。1950年,政务院颁发《关于高等学校领导关系的决定》,规定全国高等学校以由中央人民政府教育部统一领导为原则。1953年,颁发《关于修订高等学校领导关系的决定》,规定高等教育部应逐步加强对全国高等学校的统一领导;中央高等教育部应遵照中央人民政府委员会和中央人民政府政务院的决议和指示,对全国高等学校的方针政策、建设计划(包括学校的设立或变更、院系和专业设置、招生任务、基本建设和财务计划等)、教学计划、教学大纲、教材编审、生产实习等事项,进一步地统一掌握;凡高等教育部关于上述事项的规定、指示或命令,全国高等学校均应执行。该决定还对高等学校的直接管理工作做了分工:综合性大学及多科性高等工业学校由中央高等教育部直接管理;为某一业务部门或主要为某一业务部门培养干部的单科高等学校,如单科性高等工业学校、高等师范学校、医学院、农林学院、畜牧兽医学院、财经学院、政法学院、艺术学院、体育学院等,可以委托中央有关行政部门直接管理,即实行"统一领导,部门管理"的高等教育宏观管理体制。高等学校内部管理最初实行校(院)长负责制,校(院)长由中央政府主管部门任命。高等学校设校(院)长领导下的校(院)务委员会,以审查和议决学校重大事项。后又先后实行党委领导下的校务委员会负责制、党委领导下的校长负责制。80年代,中国实行社会经济体制改革,由计划经济向市场经济过渡,高等教育管理体制也开始改革。1985年,《中共中央关于教育体制改革的决定》提出要扩大高等学校的办学自主权,加强高等学校同生产、科研和社会其他各方面的联系,使高等学校具有主动适应经济和社会发展需要的积极性和能力。首先在招生和毕业生分配工作中部分引入市场机制,高等学校可根据社会需要自主招收少量国家计划外学生。同时在教学、科研、经费使用、国际学术交流等方面适当扩大高等学校的权限。1998年,《中华人民共和国高等教育法》颁布,规定国务院统一领导和管理全国高等教育事业,省、自治区、直辖市人民政府统筹协调本行政区域内的高等教育事业,管理主要为地方培养人才和国务院授权管理的高等学校,由此确立中央与地方分权的高等教育宏观管理体制。中央和地方政府分别施行全国和地方的高等教育规划、教育事业拨款、审批高等学校的设立或变更等职权。在高等学校的内部组织与管理方面,规定高等学校自批准设立之日起取得法人资格,高等学校的校长为高等学校的法定代表人。同时再次明确规定在高等学校内部实行党委领导下的校长负责制;以立法的形式规定高等学校在招生、学科专业设置、教学、科学研究、社会服务、对外交流、内部组织及人员配备、财务管理等方面享有自主权,从而成为面向社会自主办学的法人机构。中国高等教育管理改革的另一重要方面是社会参与程度的加强。一些社会中介组织逐渐兴起，在政府与高等学校之间发挥缓冲和协调作用(参见"高等教育中介组织")。

参考文献

郝维谦,龙正中.高等教育史[M].海口:海南出版社,2000.

Clark, B. R. The Higher Education System: Academic Organization in Cross-National Perspective[M]. Berkeley: University of California Press, 1983.

（阎凤桥　涂端午）

高等教育结构(structure of higher education)　高等教育系统的内部构造。即高等教育系统内各组成要素的组合状态、配置关系及其相对稳定的联系方式,包括各要素的数量、质量、性质、排列位置、比例构成、相互联系方式等。直接决定高等教育的性质、功能和效力,是一个多层次、多维度的复杂网状综合结构体。具有目的性、整体性、层次性、多面性、稳定性、复杂性、关联性和开放性等特性。是社会结构的子结构,与社会结构相互联系、相互影响。随社会结构的发展而变化,也对社会结构产生作用。一般来说,影响其变化的因素有:生产力水平及其发展速度、经济发展水平(人均国民生产总值或人均国民收入)与速度、产业结构以及由此引起的人力资源状况;社会的总体文化水平以及由历史传统形成的民族文化特点和观念;科学技术的总体发展水平与速度、科学技术系统的规模与结构;教育制度、各级普通教育及职业教育的规模和结构等。高等教育结构必须和社会经济、文化发展的要求相适应,并适时调整。

高等教育宏观结构　在国家范围内各级各类高等教育机构的配置状态及各级教育行政部门的职权分配关系。包括层次结构、类型结构、形式结构、科类结构、能级结构、地区分布结构和管理体制结构等。

高等教育层次结构亦称"高等教育水平结构"或"高等教育纵向结构",主要指按受教育者知识程度和要求不同划分的高等教育构成状态和各层次间的相互联系及组合比例关系。按联合国教科文组织关于教育分级的有关规定,可将高等教育分为一级、二级、三级这三个层次,大体相当于中国的高等专科教育、本科教育和研究生教育的划分。各国层次结构的比例关系并不完全相同,有的从低到高呈"梯形状"结构,亦称"金字塔"结构;有的两头小中间大,呈"腰鼓状"结构,即本科教育规模大于专科教育及研究生教育。高等教育层次结构具有相对独立性、梯级性、外适应性和内衔接性等特点。相对独立性指不同层次的高等教育都有其自身功能和结构,形成相对独立系统;梯级性指各个层次的教育之间梯度等级明显,呈递升关系;外适应性指各层次教育培养的不同类型、规格的人才要适应经济结构和社会发展的要求;内衔接性指培养的各种水平和类型的人才的比例较恰当,有利于高等教育内部低一级教育向高一级教育提供合格生源。高等教育的层次通常与学位等级相联系,多数国家只对完成本科教育和研究生教育者授予学士、硕士和博士学位,有的国家(如美国)还对完成两年制短期高等教育者授予副学士学位。第二级教育(大学本科教育)通常是各国高等教育的主体。

高等教育类型结构指按不同教育目标和功能划分的高等教育机构的构成状态及其相互关系。高等教育在总体上可划分为正规高等教育(中国称为普通高等教育或高等学历教育)和非正规高等教育。正规高等教育有规定的入学条件,以适龄青年为主要教育对象,以全日制为主要施教形式,学生完成规定学业后可获得相应的学历证书、文凭和学位。实施机构主要有大学、学院、高等专科学校、高等职业学校等。非正规高等教育主要是为满足各种学习需求而实施的高等继续教育和各种高等教育水平的培训,一般没有严格的入学条件,学习者按自己的学习意愿接受教育,有的也与某种资格证书相联系。实施机构为普通高等学校及其他高等教育机构。正规高等教育是高等教育的主体,但随着学习型社会的建立,接受非正规高等教育的人会越来越多。此外,也可按高等教育机构的类型对高等教育进行划分,包括综合性大学、专门学院、多科技术学院、高等专科学校、高等职业学校、短期大学、广播电视大学、网络大学(虚拟大学)、函授大学等。中国还有一种特殊的高等教育类型,即高等教育自学考试。它并非由某一特定的教育机构实施,而是一种通过学习者自学,加上某种助学辅导方式,通过国家规定的考试而获得某种证书或资格的教育。不同类型的高等教育机构构成一个相互联系、相互补充的完整的高等教育体系,以满足社会的不同学习需求。

高等教育形式结构主要指高等教育教学方式的构成状态及各种方式的比例关系。包含两层含义:按学习时间安排可分为全日制、部分时间制和业余制;按教学方式可分为面授和远距离教育,或是实时同步教学,或是非实时异步教学。普通高等学校主要采用全日制教育形式和面授教学方式;广播电视大学、远程网络大学(虚拟大学)、函授大学、自学考试等主要采取业余或部分时间制教学。

高等教育科类结构亦称"高等教育学科专业结构",即学科专业设置的划分及其构成和比例关系。各国高等教育科类结构划分方法和种类不一。在美国,1976年修订并沿用至今的《高等教育教学计划分类》一书将高等院校授予的各级学位分为24个科类,概括成大学科有文科、理科、社会科学、管理科学、工科、农科、医科、艺术、教育等。日本的高等教育科类结构分为11个大学科,包括人文科学、理科、社会科学、管理科学、工学、农学、医药、商船、家政、教育、艺术以及其他学科。俄罗斯高等教育科类结构由7个学科组成,包括文理(综合大学科类)、工农林、卫生与体育、法律与经济、师范、艺术。中国按高等学校授予学位、文凭与证书划分的科类有12个,即哲学、经济学、法学、教育学、文学、历史学、理学、工学、农学、医学、管理学、军事学;按专业属性划分的科类有11个,即工、农、林、文、理、医药、师范、财经、政法、体育、艺术。每一门类下又可划分许多具体专业。高等教育科类结构与社会经济结构协调发展是整个高等教育发展与经济社会发展相适应的具体表现,优化高等教育科类结构是高等教育宏观调控的关键所在。

高等教育能级结构亦称"高等教育等级结构",主要指具有不同办学条件(特别是经费投入的多少)、不同办学要求和培养目标的各类高等学校的比例关系。各国能级结构划分标准不一。如美国有3 000多所高等院校,大体分为五个能级:授予博士学位的大学,包括研究型大学和授予博士学位的大学;综合大学和学院;文理学院;两年制学院,包括社区学院和初级学院;专业学校和其他专门教育结构。中国的高等学校至今没有明确的能级划分标准,有学者认为大体可分为三个能级:设有研究生院、本科教育和研究生教育并重、以科研为主的研究型大学;本科教育和研究生教育同时开设、教学与科研并重的教学研究性大学;只开办本科教育和专科教育,以教学为主的教学型院校。也有学者提出不同的划分方法。能级结构的划分既与人才培养的层次(所授学位的高低)有关,又与高等学校科学研究的比重、类型和学术水平相关。研究型大学的学术水平代表了一个国家的最高学术水平,也表征着高等教育国际竞争能力的强弱。

高等教育地区分布结构亦称"高等教育区域结构"或"高等教育布局结构"。有两层含义:一是指一个国家的高等教育资源在不同区域范围内的空间分布和组合方式。区域的划分既可依据地理状况,也可依据行政管辖范围,还可参照经济发展水平。二是指某一区域高等教育的机构状况,包括科类比例、专业布点、层次结构、形式结构以及学校结构等,反映的是高等学校在不同地区的数量、职能、等级、科类和形式等的分布状态和构成情况。高等教育地区分布结构是国家和地区经济、政治、文化长期发展演变的结果,受经济、政治、科技、文化、自然条件、社会(人口、民族等)等多种因素的制约,尤其是生产力发展水平和社会经济结构。由于经济、政治和文化发展的不平衡性,许多国家的高等教育都不同程度地存在布局不均衡的情况。中国高等教育地区分布结构大体分成三类:面向省、市、自治区的高等学校;面向大协作区的高等学校;面向全国的高等学校。从高等教育机构的数量看,沿海地区优于内地,经济发达地区优于经济欠发达地区,工业为主的省份优于农业为主的省份。

高等教育体制结构主要指高等教育管理机构设置、隶属关系、管理权限、管理内容以及与之相适应的各种制度、法令、法规等的构成状态和作用方式。是国家政体结构的有机组成部分,主要受国家政治制度、政体形式和生产资料所有制形式以及历史文化传统的制约,是经过长期演化而逐步固定下来的结构。一般来说,高等教育体制结构主要分成三种类型:一是中央集权制,又称"垂直型"教育管理模式,主要特征是由国家直接干预高等教育,地方办学必须遵循中央政府的方针,地方政府的权限处于国家权力的指导和监督下,居次要地位。二是地方分权制,又称"平行型"教育管理模式,主要特征是中央教育主管部门与地方教育主管部门之间不是上下级关系,而是指导、协商关系,中央只能间接影响高等教育事务。如美国的高等教育管理体制就是典型的分权制,美国联邦政府基本上不直接干预学校事务。三是介于两者之间的体制。中国现行高等教育实行的是统一领导、分级管理的体制结构,即中央统一领导,中央和省、市、自治区两级管理。

高等教育微观结构　高等学校内部诸要素间的组合方式及其相互关系。包括组织结构、人员结构、课程结构等。

高等学校组织结构亦称"高等学校内部结构"。高等学校组织是一个多维的网状系统,可分成纵向结构和横向结构。按学术权力划分,纵向结构一般包括三个层次:最高层是大学;第二层是学部或学院,由一组彼此相近的学科、专业构成;最基层是系和研究所。按行政权力划分,也包括三个层次:最高层是领导层,即学校顶层,其主要职能是对学校发展战略等重大问题进行规划和决策;第二层是管理层,指学校行政职能部门,属于中间领导层,主要职能侧重于组织实施学校的目标和计划,经常负责检查、指导、协调和控制工作,起承上启下作用;第三层是执行层,指学院(学部)、科系一级的组织,是高等学校组织教学、科研的基本单位。这个层次处于高等学校组织的底部,既是基层管理机构,也是成果直接产出单位。横向结构指在任何管理层次上,其行政组织、学术组织的横向结合状态。从行政组织来说,包括管理各种事务的不同职能部门;从学术组织来说,包括不同科类的院、系、研究所等教学、研究组织。高等学校内部的组织系统是高等学校得以有序运行的制度性保证。

高等学校人员结构指高等院校各类人员(包括教师、研究人员、行政管理人员、教辅人员、工人等)的组合状态和构成比例。其具体要素还包括各类人员的年龄、职级、学历等方面的构成状况。对高等学校而言,教师是人员构成的主体,从根本上决定教学质量和研究水平。合理的人员结构是提高高等学校办学水平的关键。

高等学校课程结构亦称"高等学校课程体系",指为了实现教育目标而设置的各类课程按照一定比例和时间顺序构成的整体系统。按课程性质和内容可分为通识教育课程和专业教育课程;按层次可分为基础课程和专门课程;按实施方式可分为必修课程、限制性选修课程和任意选修课程。

其比例和安排必须针对一定的教育目标,并以满足学生的学习要求和促进学生的个性发展为原则。

参考文献

郝克明. 中国高等教育结构研究 [M]. 北京:人民教育出版社,1987.

齐亮祖. 高等教育结构学 [M]. 哈尔滨:黑龙江教育出版社,1986.

(施晓光)

高等教育科学(study fields of higher education)以高等教育现象、活动为研究对象的知识体系。有关高等教育知识的探讨在国内外均有悠久的历史。中国先秦文献典籍和古希腊哲学家的不少论著都涉及高等教育问题。宋代以来关于书院的记述和西方 18 世纪出现的大学校史著述是有关高等教育的专门文献。在欧洲启蒙运动时期,对大学进行系统思考和论述的专门文献开始出现,如德国米歇里斯的四卷本《对德国新教大学的思考》(1768,1775)等。进入 19 世纪后,有关高等教育的文献逐步增多,如德国费希特的《关于建立柏林高等教育机构的方案构想》(1807)、德国施莱尔马赫的《德国特色大学断想录》(1808)、美国耶鲁学院提出的《关于自由教育课程的报告》(1828)、英国 J. H. 纽曼的《大学的理想》(1873)等。早期的高等教育文献以历史和哲学类为主。从 20 世纪初开始,特别是在 20 世纪 50 年代后,随着许多国家高等教育的迅速发展,高等教育面临众多重大问题,高等教育成为一个重要研究领域,有大量研究文献涌现。高等教育研究领域的知识正逐渐发展为一个学科,但尚未形成完整的科学体系。一般认为高等教育学科分支主要包括高等教育哲学、高等教育史学、高等教育社会学、高等教育管理学、高等教育经济学、高等教育心理学、高等教育课程教学论、比较高等教育与国际高等教育等。随着高等教育研究的深入及与其他学科的交叉扩展,新的研究分支方向还在不断产生。

高等教育哲学

从哲学角度探讨高等教育的本质、属性、价值等基本理论问题的学科分支。主要被看作是高等教育研究中的一个方向;与教育哲学研究很少关联,两者所关注的对象及理论基础也不尽相同。注重从整体视角关心高等教育领域中具有普遍性和整体性的问题,如高等教育的本质、存在的依据、功能与目标等。虽也关注本体论和认识论问题,但更侧重"应该如何"的问题,即高等教育的价值问题,为高等教育实践提供价值依据。讨论的问题通常有三类:第一类是高等教育的本体性问题,涉及高等教育的合法性或高等教育存在的根据以及高等教育的根本目标等;第二类是权力方面的问题,涉及权力的分配、高等教育机构与政府的关系、学术自由等;第三类是知识操作方面的问题,如教学方式、学科划分及学科之间的关系、科学研究的特点、学术规范与道德等。特点是将具体问题与特定的大学或高等教育理念结合,并从理念角度或整体角度进行判断,提供行动的指导。高等教育哲学的专门著作及涉及高等教育哲学的论述通常不以特定的哲学流派为基础,也未必由特定哲学流派引申而出,但明显或隐含地反映出一定的哲学立场。迄今最具代表性的哲学立场有理性主义或人文主义、工具主义或功利主义。理性主义强调人性和知识的永恒性、相对独立性,追求知识本身的目的,认为高等教育不应服从于政治、经济及职业的需要;工具主义强调知识对政治、经济、社会及工业技术的功能。这两种不同的高等教育哲学并非截然对立,往往相互结合和相互补充,但侧重有所不同。

在人类历史上,自古就有针对高等教育的哲学性思考。中国的先秦诸子及西方古希腊学者都关注过高深知识的教育问题,讨论过诸如高深知识的构成及其传授方式和目的、社会政治功能等根本性问题。古希腊的哲学家柏拉图、亚里士多德等对高深知识的性质、功能、目标及对待高深知识的理想态度等进行过专门讨论。中国古代的孔子等儒家学者对高深知识的内涵及其传授的方式、目的也进行了许多思考。在近代之前,有关高等教育和高深知识的论述通常包含于有关社会、政治、伦理、哲学的理论之中,没有针对高等教育的专门的、系统的论述。随着高等教育特别是西方大学的发展,在西方最早出现了关于大学或高等教育的系统性哲学思考。在 18 世纪启蒙运动思潮中,由于大学落后于当时知识和科学发展的进程,普遍面临合法性危机,最终引发对高等教育的理性思考。启蒙运动所代表的理性主义认为高等教育应为社会和技术的进步服务,产生于中世纪的大学已难以满足社会的实际需要,应当由能够满足社会实际需要的专业性高等学校取而代之。在此背景下,德国的一批学者首次开始对大学或者说高等教育进行系统性哲学思考,撰写了系统讨论大学的论著,如康德的《学院之争》、费希特的《关于建立柏林高等教育机构的方案构想》、施莱尔马赫的《德国特色大学断想录》和洪堡的《论柏林高等教育机构的内部和外部组织》等。这些论述针对以法国为代表的功利主义高等教育观念,提出以纯学术和人的和谐发展为中心的人文主义大学理念。德国的大学理念随着德国大学的成功改革及在科学研究方面的巨大成就产生世界性的深远影响。19 世纪中叶,J. H. 纽曼在其《大学的理想》一书中反对功利主义大学观念,也反对把大学视为研究机构,主张大学是进行通识教育的纯教育机构。J. H. 纽曼的主张对英、美两国的高等教育具有深远影响。进入 20 世纪,随着高等教育重要性的不断增强,有关高等教育哲学问题的探讨也日益增多。代表性著作有德国雅斯贝尔斯的

《大学的理念》(1923)、美国赫钦斯的《美国高等教育》(1936)、西班牙加塞特的《大学的使命》(1946)、美国克尔的《大学的功用》(1963)、美国 D. 博克的《走出象牙塔》(1982)等。美国学者布鲁巴克在其于 1978 年出版的《高等教育哲学》一书中首次对高等教育的若干基本问题进行了较为系统的哲学探讨。关于高等教育哲学的讨论与思考并不限于少数专门著作，许多关于高等教育现实问题的讨论其实都涉及高等教育哲学层面的问题。

中国不少古代重要文献都涉及高等教育，但主要属于政治哲学的范畴，如儒家经典《论语》、《大学》及董仲舒的《举贤良对策》等。近代在吸收西方高等教育观念的基础上产生了较严格意义上的高等教育哲学讨论，如王国维、蔡元培等人的有关论述。从 20 世纪末开始，随着中国高等教育的迅速发展，高等教育哲学层面的问题日益受到关注，大学理念问题成为高等教育研究中的热点问题，有不少专门研究文献问世。进入 21 世纪后，随着创新教育思想的兴起，另一正在受到关注的问题就是大学生的本体性发展问题。

高等教育史学

研究高等教育发展变化的史实、过程及其归因的学科分支。在很大程度上受当时史学研究的理论和方法取向的影响。从总体上看，西方在 20 世纪 60 年代之前，中国在 20 世纪 80 年代之前，较侧重高等教育内部发展史的研究，如有关制度、机构、人物与思想等，在方法上注重记载、描述和资料的整理。之后开始注意到高等教育与社会其他方面的联系，专题性历史研究增加，研究方法更多样，吸收社会科学的研究方法成为重要趋势。

关于高等教育历史的有关记载包括较为系统的论述早已有之。在欧洲，很早就有关于不同大学的专史，如德国阿诺尔特的两卷本《柯尼斯堡大学史》(1746)、普特的《格廷根大学学人史稿》(1765)。从 19 世纪开始，除有大量大学校史著作和一些专题性大学史问世外，开始出现整体性的大学史著作，如德国迈纳斯的四卷本《欧洲高等学府的兴起与发展史》、德国丹尼佛的《1400 年以前中世纪大学的兴起》(1885)、英国拉什达尔的两卷本《欧洲中世纪大学》(1895)、德国鲍尔生的两卷本《德国学校与大学的课程发展史：自中世纪至现在》(1896)、法国第尔塞的《法国与欧洲大学从起源到当代的历史》(1933)、美国布鲁巴克和鲁迪的《转变中的高等教育》(1958)等。从 20 世纪 70 年代开始，西方的高等教育史特别是大学史研究呈现繁荣景象，研究日趋专门和深入，出版了一系列不同国家的通史性大学史著作，如美国 L. 斯通的《社会中的大学》(1974)、英国柯班的《中世纪大学》(1975)、德国普拉尔的《高等教育社会史》(1978)、法国维格主编的《法国大学史》(1986)等。由欧洲大学校长联合会

发起、由德国律约格主编的四卷本《欧洲大学史》是继迈纳斯和第尔塞的大学史之后又一大型的大学史著作，它以历史阶段为线索进行专题性研究，由来自欧美十余个国家的二十余位专家共同完成。随着有关大学史研究文献的增加，在欧洲也出现专门的大学研究文献编纂工作，如从 1973 年开始出版的《大学史国际书目》和英国弗莱彻从 1977 年开始每年编辑出版的《欧洲大学史：研究进展与出版》等。

在中国，宋代朱熹的《衡州石鼓书院记》及历代的书院记都可看作是中国高等教育专题史的文献。从 20 世纪 20 年代末开始出现综合性的书院史研究著作，有代表性的包括周传儒的《书院制度考》(1929)、陈东原的《书院史略》(1932)和盛朗西的《中国书院制度》(1934)。其后出现数量可观的关于高等教育不同方面的专门史研究，内容涉及先秦诸子的教学理论与实践、太学国子监等历代官学机构、书院、科举制度、历代教育家、留学史、教会大学、近现代高等教育等。系统性、综合性的高等教育史研究著作到 80 年代开始出现，有通史类的著作，如熊明安的《中国高等教育史》(1983)、曲士培的《中国大学教育发展史》，也有断代性质的著作，主要是关于近代中国高等教育史的著作。同时还出版了大量高等学校的校史。专题史方面的研究也不断增加，特别是在书院史、科举史和留学史方面，研究成果丰富。在外国特别是西方高等教育史研究方面，主要以国别史和专题史研究为主，通史类的著作尚缺。

高等教育社会学

将高等教育系统作为一个社会的组织与结构进行研究的学科分支。与科学社会学与教育社会学紧密相连：前者关注知识与研究的组织与结构；后者将高等教育视为社会机构，关注其与社会的关系及其社会作用。主要内容有：高等教育的结构与功能，高等教育的分层与不平等，高等教育与政府、市场及其他利益群体的关系，高等教育课程与教学的组织结构，组织内的教师角色与学生角色，教师文化与学生文化等。

高等教育的宏观社会学研究将高等教育视为一个系统内外各种利益集团彼此博弈的场所，将高等教育系统内外的互动分为三个层面：与社会的互动、与教育系统的互动、高等教育系统内部的互动。三个层面的互动皆可从结构与文化两个视角来分析。主要关注的问题有：(1) 高等教育的利益群体。包括政治集团、管理集团、专业集团与外在集团。学生作为最重要的群体，他们对高等教育各方面的选择，他们的阶级、性别、种族以及学习的动机与意向等都是重要研究课题。(2) 高等教育与社会机构的互动。包括社会对高等教育的输入与高等教育对社会的输出，探究政治结构、社会结构、经济结构对高等教育均等化、多元化、集权

化、去中心化以及高等教育自主等方面关系的研究。晚近，高等教育以均等化、多元化、集权化、去中心化等复杂、含混的面貌回应着复杂多元的外在诉求。高等教育具有自主性，它以稳定、自足的力量共同左右着高等教育的发展。高等教育社会学的中观研究聚焦于机构、组织与制度层面。(3) 高等教育与整个教育系统的互动。如与不同类型的中等教育的相互关系与影响等。(4) 高等教育的结构。如大学的不同角色与大学内部的分化关系、大学的不同管理模式、机构的分化与其规模的关系等。高等教育的微观社会学研究聚焦在个人而非社会群体或组织，关注不同组织中人的行为与意识。在研究方法上，更强调突出参与者的解释与具体情境的人种志研究而非大规模的调查技术。主要关注的问题有：机构的分层，包括学校系科的学术分层及其对相应机构社会地位分层的关系与影响；大学对学生的影响，包括各类学生的入学选择(学校、专业)、入学率及其变化，他们的教育收益以及学校对学生非认知层面(价值与态度)的影响等；教师的社会角色与学生文化等议题。

在经典社会学研究中，法国社会学家涂尔干与德国社会学家 M. 韦伯对教育的研究影响深远，更晚近的研究是由结构功能主义与马克思主义共同开创的高等教育社会学研究。涂尔干从起源与功能上追溯教育这一特殊社会现象。认为在宏大的社会背景下，高等教育的文化角色是"准备道德生活"与建立社会中的道德纽带。他警告大学不能孤立于公共生活之外而仅致力于科学实践，大学应承担起对社会的道德引导。涂尔干基于现代工业社会中劳动分工的分析所创制的结构功能主义的社会学理论对高等教育社会学影响深远。M. 韦伯最早将高等教育作为社会制度进行探究的研究者之一，他的高等教育论著论述了大学自主、学术自由、科学的职业化等问题，特别关注在工业资本主义和科层社会制度的扩展下，高等教育的社会结构及高等教育成员的价值与信仰如何传递。T. 帕森斯的结构功能主义指出，教育系统承担两大功能：社会化功能与筛选功能。任何一个社会系统都可以从目标实现(G)、适应(A)、整合(I)与模式维持(L)这四个功能问题或功能需要进行分析，作为社会的信任系统(文化系统)的高等教育同样可以分为四个分支：组成系统(模式维持)、道德共同体(整合)、目的系统(目标达成)与理性系统(适应)。大学特别关注认知理性与道德共同体。与结构功能主义者不同，法兰克福学派的哈贝马斯等人试图按马克思的理论，从社会基本经济结构来解释政治与意识形态的关系。他们指出，资本主义科学、技术的发展已形成技术理性霸权，各种形式的教育皆为统治阶级用来维持其统治的工具。阿尔杜塞强调资本主义不断再制其自身，教育是资本主义国家将既有的社会秩序与不平等在其社会成员中予以合法化的利器。从马克思主义者的视角来看，大学教育强调的是灌输维持既有等级社会阶级

结构所必需的态度与价值，而非传递特殊技能；科学同样是资产阶级用以维持其统治的工具。R. H. 特纳从结构功能主义的角度出发，认为社会分层十分必要。教育使社会地位升迁有两种模式：英国式的赞助性流动与美国式的竞争性流动。在竞争性升迁的模式下，精英地位作为公开竞争的目标，可通过竞争者的努力来获取，竞争有规则且保证是公正的，精英没有权力起决定作用。在赞助性升迁模式下，未来的精英由原来的精英或他们的代理人选择，社会地位的升迁犹如加入一个私人俱乐部，每个候选人必须有一个或几个会员赞助。新涂尔干取向的代表人物英国社会学家 B. 伯恩斯坦探讨了社会阶级、语言与社会化之间的关系。不同类型的学校在传授何种知识、如何传授及如何评价上有清晰的分类。马克思主义有关观点的新发展是再制理论。法国的布迪厄分析了教育在文化再生产与社会再生产过程中的作用，它被认为是在传递与分配文化资本，而不同阶层拥有的文化资本是不同的。有些学者指出教育系统中的关系不过是复制资本主义社会等级化、片面的、异化的劳动关系，受教育者在学校教育的过程中被训导适应劳动纪律与服从命令。新韦伯理论不再假定简单的经济决定论，而认为教育的变迁过程是不断攫取权力的过程，这一派的代表人物 R. 科林斯在其著作《文凭社会——教育与阶层化的历史社会学》中批判了技术主义的神话，深入讨论了文化的政治经济学、学历系统的兴起与专业的政治学。

高等教育社会学核心问题是高等教育在社会分层与社会流动中的作用。在 20 世纪 60 年代之前，教育尤其是高等教育被视为弱势群体的青年实现向上流动的可靠机制。当实证研究指出，教育的扩张与提高高等教育参与率对消除社会不平等作用甚微时，人们开始怀疑教育仅仅是社会中优势群体实现其社会再制的手段。20 世纪 70 年代流行的"新教育社会学"具有浓厚的马克思主义色彩；80 年代后，这一流派逐渐式微，教育社会学的主要研究兴趣转移到与高等教育组织相关的议题上。此外，政府与高等教育的关系在高等教育社会学研究中颇受关注。政府对高等教育系统管理的主要挑战是在中央资助、规划、协调、责任与院校的自主要求、适当的目标定位之间保持恰当的平衡。这涉及高等教育的国家控制模式与国家监督模式、学院管理模式与公司管理模式、私营化与市场模式等的研究。近年来，平等与效率、性别与教育、文化多元与多元文化教育、批判教育学与后现代理论、民主与教育等领域吸引着越来越多的研究者。

在中国，高等教育的社会学研究尚属起步阶段，教育社会学公平、权力等视角深刻影响着高等教育的理论与实践。

高等教育管理学

研究高等教育系统和高等教育组织机构的管理理论、

运行机制、管理方法的学科分支。应用社会学、经济学、政治学、管理学、组织学等社会科学的理论和方法，探讨高等教育系统中目标、结构、技术、成员之间的相互作用关系以及高等教育系统与环境之间的相互作用关系。研究可以在不同分析层次进行，既可在组织成员的社会心理、组织内部群体、组织层次进行，也可在组织集和组织域层次进行。研究领域随高等教育的实践发展而不断扩展。在后工业化社会和知识经济时代，信息技术和国际化趋势对大学组织产生重要影响，有专家认为大学组织的"重新设计"和"重新组织"将成为 21 世纪大学组织研究的主题之一。在高等教育系统层面，如何处理大学与政府、社会之间的关系，建立有效的协调机制一直是研究人员关注的重点问题。这方面的研究较多地借鉴了社会学和政治学的研究成果。B. R. 克拉克在比较的基础上提出国家、市场和学者寡头三种管理模式。范富格特分析了欧洲一些国家政府制定的规章制度对高等教育发展的影响。尼沃的研究评价了不同管理方式在转变政府与大学之间关系时所发挥的作用，其他研究人员围绕学术权力与行政权力、自主与责任、集权与分权、国际化与本土化、规模扩大与质量保证等重要关系，进行了深入研究。创新、放松管制、问责、绩效评价、学校认证、大学一企业联盟和中介机构的作用等，也成为这个领域的重要研究命题。虽然高等教育管理研究积累了一定的知识，但是高等教育管理理论的发展水平仍处于相对初级阶段，至今还没有提出一致性的理论体系和由此导出的普遍性假设。布罗尔和 G. 摩根从本体论和认识论两个维度区分了四种不同的研究"范式"：功能主义范式、解释主义范式、激进结构主义范式和激进人文主义范式。目前，研究人员提出的多数高等教育管理理论属于功能主义范式，其他研究范式的成果和文献相对较少。人类学、人种学、现象学的方法和后现代主义研究思潮的借鉴和引进，将有助于拓展高等教育管理研究的视野。

高等教育管理理论的发展经历了一个历史过程。早期大学是一个相对封闭的系统，所处的发展环境也比较稳定，所以研究人员采用"学院模型"和"科层模型"来描述大学的组织特征。如米勒特把大学看作一个"学术团体"；由此出发，凯普勒和麦克基指出，大学教师具有对学科和学校的"双重忠诚"。斯特鲁普在《高等教育中的科层》一书中指出，大学具有科层组织的特性。美国社会学家布劳认为，大学具有劳动分工、管理等级的科层特性，但不具备对学术工作进行直接监督、制定详细的学术操作规则的科层特性。明兹伯格提出，大学是一种"专业科层"组织。20 世纪 60 年代末至 70 年代初，由于反战和民权运动的影响，美国许多大学爆发了学生运动，在大学内部形成多种不同的利益群体，于是研究人员提出用"政治模型"来分析大学的组织行为。鲍德里奇根据纽约大学的政策变化过程，检验了政治模型

的有效性；萨兰基克和范佛研究了大学中各个系的权力与它们从校外签订研究合同和获得相应研究经费之间的关系；范佛和 W. L. 穆尔的研究同样证实研究经费、合同和学生人数是大学中学术单位权力的来源。70 年代前，研究人员多采用描述和案例分析的研究方法分析大学组织行为。因企业管理方式在大学使用的局限性，一些研究人员采取"有限理性"的视角重新审视大学组织，如 M. D. 科恩和马奇提出"有组织的无政府"（organized anarchy）模型；韦克认为教育组织是一种"松散联结系统"（loosely coupled system）；迈耶和罗万分析了制度因素对教育组织的作用。80 年代，受企业文化研究的影响，高等教育管理研究开始从组织文化的角度分析大学组织的有效整合机制。B. R. 克拉克的《高等教育中的组织传奇》、马思兰的《高等教育研究中的组织文化》、M. W. 彼得森和斯潘瑟的《理解学术文化与氛围》等，均为代表之作。从研究方法看，80 年代后研究工作开始较多采用多元统计方法和深度访谈法。90 年代，高等教育管理研究领域有一些新的提法，如把大学看作一种战略型组织，提议用"全面质量管理"的方法来管理大学；采用诸如学习型组织、网络和虚拟组织的概念来分析大学的特征。90 年代末，"创业型大学"（entrepreneurial university）成为高等教育管理研究领域一个新的热点。B. R. 克拉克提出，面对一个有多种需求的社会环境，如果大学仍维持原来的结构形式，就无法满足这种社会需求，大学转型是一种客观要求。

中国的高等教育管理研究于 20 世纪 70 年代末兴起。最早出版的著作多由教育行政人员、大学校长撰写或由他们组织人员编写，他们倾向于将各级各类高等教育和高校内部各项管理职能，作为设计和安排著作内容结构体系的依据。研究的问题与实践活动有密切联系，涉及的研究问题包括：高等教育结构问题、人才预测、高校招生考试、研究生教育和学位制度、高等学校管理、人才培养模式及规律、高等教育体制改革、高等教育评估、高校综合改革、市场机制与高等教育、民办高等教育、合作教育、院校合并、世界一流大学和校长素质等，具有经验性和规范性强的特点。随着新一代科班研究人员的出现以及研究范式的转变，出现了越来越多注重理论建构的研究论著。

高等教育经济学

研究高等教育与经济的关系、高等教育领域中的经济问题和经济现象及其发展规律的学科分支。属于高等教育科学与经济科学的交叉学科。关于其研究领域，可依据内外部关系进行分类。从高等教育的外部看，其研究的是高等教育与经济社会的关系，包括高等教育与经济发展、高等教育与劳动力市场、高等教育与收入分配等；从高等教育的内部看，其研究的是高等教育资源的筹措、分配和使用，包

括高等教育财政学和高等教育机构经济学(或称高等学校经济学)。高等教育经济学的研究层次可有宏观、中观和微观三个层面。宏观上,多从国家层次和国际比较的层面进行分析或比较研究;中观上,主要关注地区层次或区域间的比较;微观上,更多的是从学校或学生个体层面进行分析和研究。在研究方法上,高等教育经济学主要采用经济学的研究方法,结合高等教育发展规律,包括规范分析与实证分析、定量分析与质性分析、总量分析与个案分析、历史分析与比较分析、现状分析与趋势分析等。

效率、公平和充足是高等教育经济学的三个分析视角。效率用来评价投入与产出的关系。高等教育具有人才培养、知识生产和社会服务三大功能,是一种多类型投入和产出的结构。有限的资源分配给教学、科研和服务三项活动,三项活动均有不同产出,在度量上相对一般经济部门要复杂一些。早期有些研究把高等教育的效率划分为内部效率(internal efficiency)和外部效率(external efficiency)。前者指高等教育系统内部或学校方面的投入与直接产出之比;后者指高等教育的间接产出与教育投入的比较,用以衡量高等教育对劳动力市场的满足情况和对经济增长和社会发展的贡献。后来有更多的研究从成本效率(cost efficiency)、产出效率(output efficiency)、配置效率(allocation efficiency)和学习效率(learning efficiency)等方面来分析高等教育的效率问题。成本效率指达到既定目标的资源投入是否最小;产出效率指给定的资源投入是否达到了最大的产出。配置效率用来衡量多类型生产机构的资源投入和产出,即最小成本的合理配置达到最大产出。学习效率指学生是否以最少的时间和最少的资源投入掌握了既定的知识和技能;或给定的时间和资源投入条件下,学生是否获得了更多的知识和技能。

公平指投入和产出分布的公正和均等,包括横向公平、纵向公平和代际公平。横向公平指对相同社会群体的平等对待,如给予相同学习能力的人以相同的教育机会;纵向公平指对不同社会群体以不同对待,如给予贫困学生以助学金和补贴性质的贷款,给予优秀学生以奖学金,给予残疾儿童以特殊教育等;代际公平指不公平不在代际间传递。高等教育经济学研究的公平注重的是公共资源、受教育机会、教育结果和收益在不同收入群体间分配的公平性,以及教育对收入分配公平性的影响等。

经费充足与教育效果有紧密关系。在高等教育领域,关于"充足"尚无统一定义,但有不少研究致力于分析高等教育经费需求与供给,对高等教育经费需求的度量会涉及高等教育的预算过程和成本分析。因为质量是评价教育的重要标准,所以高等教育不可能成为追求"成本最小、利润最大"的生产部门,其生均成本反而呈递增趋势。为保证高等教育的效果和质量,特定水平的经费投入须得到保障。

在公共高等教育资源紧缩的情况下,世界上许多国家普遍通过多渠道筹措经费来弥补高等教育经费的不足,包括高等教育受益个人及其父母补偿部分教育费用、私立高等教育的发展、个人或社会组织的捐赠、通过竞争机制获得的科研经费和来自金融资本市场的投入等。

21世纪以来,高等教育质量逐渐成为高等教育经济学关注的重要问题。与其他学科不同,在研究高等教育质量时,经济学会更多地考虑达到某种高等教育效果时所需成本、资源的投入和配置如何影响教育过程、如何配置资源以到达最优产出质量等。

虽然在中国关于教育和生产关系的论述可以追溯到春秋战国时期,在20世纪30年代也曾有教育经济学著作出版。但是,教育经济学成为一门独立学科被普遍认为是以美国经济学家T. W. 舒尔茨于1959年创立人力资本理论为开端的。人力资本理论认为,对国家而言人力资本(人口质量和知识投资)的积累是促进国民经济增长的源泉;对个人而言教育可以提高人的知识和技能,提高其作为生产者的能力,从而带来较高的个人收入,使劳动力市场上的工资和薪金结构发生变化。20世纪70年代出现的筛选理论、劳动力市场分割理论、内部劳动力市场理论、社会化理论和国家论从不同侧面弥补了人力资本理论的缺陷,丰富了教育经济学理论。新中国成立后,对教育经济学的系统介绍和专门研究开始于20世纪70年代末80年代初的改革开放初期。中国教育经济学研究不仅吸纳和借鉴了西方教育经济学的研究成果,而且结合了中国社会经济发展所处阶段的实际情况,开拓了中国特色的教育经济学研究。在高等教育经济学领域,20世纪的代表性研究包括高等教育经费在国民生产总值中的比例、高等教育规模效益和内涵式发展、高等教育拨款模式、高等教育收益率、高等教育经费的多渠道筹措、高等教育成本分担和学生资助、高等教育的经费需求与供给、高等教育与经济增长、高等教育与劳动力市场、高等教育的运行机制等。

高等教育心理学

研究高等教育过程中的个人和群体的各种心理活动和现象的学科分支。主要关注:高等学校学生的学习心理和相应的行为特点,包括对大学生世界观、知识观、价值观、自我认识、自我概念等心理状态的形成、发展、变化过程及环境和个体差异的影响、作用的研究;高等学校教师的教学心理,包括从心理学的视角对教师的教学观、教学模式、教学方法以及教师的多元角色转换、教学中的生态环境等问题的研究;高等教育管理心理学,包括高等教育和高等学校管理活动中管理者和管理对象的心态特点及心理因素对管理的影响等。研究目的是为高等教育和教学工作提供心理学的科学依据与指导。

高等教育心理学是在教育心理学的基础上逐渐发展起来的。教育心理学的一系列重大理论和实践研究成果都为高等教育心理学的形成和发展提供了基础与条件。如 E. L. 桑代克的经验联结主义理论、斯金纳的行为主义心理学、苛勒的完型心理学、弗洛伊德的心理分析、维果茨基的教育心理学研究之历史文化观、皮亚杰的认知发展理论、埃里克森的自我认同研究、性别差异研究、教育心理测量、教学评估研究等。20世纪中期以后，高等教育的迅速发展促进了高等教育心理学研究的兴起。初期，研究大多集中在哲学认识论、发展心理学、社会心理和性别差异等方面。如佩里在哈佛大学对在校的400多名男大学生进行长达四年的跟踪访谈研究，提出大学教育过程中大学生认识变化的阶段理论和大学生社会责任感的形成及体现形式。20世纪60年代美国女权运动兴起后，女性学者认为教育心理学的研究对象缺乏女性，为此进行了一系列女性心理研究。吉利根从社会心理学的角度分析历史和文学对女性的展示方式，还对女性青少年时期的道德发展变化进行了大量研究。在此基础上，布林克等人于1986年发表《女性的认识：自我、声音和思维的发展》，弥补了佩里的大学生知识成长与发展研究的不足。针对性别与认识观的发展问题，莫苟德于1992年出版《大学中的认识与判断：大学生的认识发展性别相关性》一书，认为在大学教育过程中两性对知识、权威和自己扮演的角色的看法由开始时的有异走向最终趋同。20世纪80年代后，从哲学认识论的视角研究高等教育心理学的工作开始有所发展。霍弗和平特里奇编著的《个人认识论：关于知识与知的信仰心理学》反映了这方面的研究成果，其中大部分研究集中在大学生知识、思维、信仰和知的方式上。也有学者从大学教学论的角度探讨不同学科对大学生思维和学习的影响，如唐纳德的《学会思考：学科观》一书阐述的观点。自我概念和社会认同也是高等教育心理学研究的主要内容。从自我概念形成的角度出发，基根于1982年发表《镶式自我：人类发展的问题与过程》，提出自我概念从童年到成年是一个不断社会化的过程，在这一过程中存在一种心理上的张力。在学校教育中，如果张力过大或过小都会给学生人格的形成、心理承受力和学习带来不良影响。瓦特曼1993年的《认同的形成发展观：从青少年到成人》、布鲁斯和皮尔森2000年的《男女大学生学术自主、目标和成熟的人际关系发展》等，反映了与这方面相关的研究成果。也有研究把认同和种族结合起来。上述各种研究提出了相应的教育理论。

自20世纪80年代末开始，中国逐渐开展高等教育心理学研究。陆续出版了《大学生心理学》(1989)、《大学教育心理学概论》(1991)、《高等教育心理学概论》(1992)、《高等学校教育心理学》(1995)、《大学教育与管理心理学》(1997)等

相关教材和专著。这些专著或教材大多集中在较宽泛的理论阐述和讨论上，专题层面上的实证研究或案例分析较少见。进入21世纪，随着高等教育规模的不断扩大、多元文化的冲击以及就业与生存竞争加剧，大学生面临的心理压力及承受挫折的能力研究成为高等教育心理学研究的新课题。

高等教育课程教学论

研究高等教育的教学内容、教学组织形式及教学过程的理论与实践的学科分支。传统上将"课程"理解为教学内容及其结构；"教学论"主要探讨教学过程、教学原则和教学方法。前者被视为一个静态概念；后者则主要针对动态的过程。20世纪末期以来，将"课程"与"教学"的理论分别进行探讨的做法受到一些学者的质疑，认为课程不仅是制度课程和教师所实施的课程，而且是学生所体验的课程。教学是一个不断开发课程的过程，课程本身就是一个动态的教学事件。因此，"课程"与"教学"密不可分，应作为一个完整概念来讨论。

高等教育课程教学论是高等教育学和课程教学论相互交叉形成的一门新兴学科。西方的课程教学理论源远流长，如亚里士多德的和谐发展教学思想，夸美纽斯在《大教学论》中提出的"百科全书式"的教学内容和唯实论的教学思想，赫尔巴特在《普通教育学》中阐述的"教育性教学"教学论，杜威在《民主主义与教育》中提出的课程观与"五步教学"理论，斯金纳在《学习的科学和教学的艺术》中阐述的程序教学理论，布鲁纳在《教育过程》中提出的认知结构教学理论，布卢姆在《掌握学习理论导言》中提出的掌握学习教学理论，罗杰斯在《自由学习》中阐述的非指导性教学理论等，都对高等教育课程教学理论带来诸多启发。当代西方主要教学理论流派有：(1)哲学取向的教学理论。(2)行为主义教学理论。(3)认知教学理论。(4)情感教学理论。

对大学课程本质的思考，需要从社会、知识和学生三者与课程之间的关系来把握。现代意义上的大学起源于欧洲中世纪。在课程设置上，欧洲中世纪大学摒弃了早期基督教禁欲主义的教育目的，体现出求实致用的世俗化特点。在教学领域，14世纪出现在牛津大学的"导师制"这一新的教学形式以及中世纪大学通行的学术讲演和学生辩论两大教学方法均为后世大学所沿用至今。自1810年洪堡在德国创办的柏林大学成立起，整个19世纪，西方高等教育课程教学的争论主要围绕以下四个核心问题进行：(1)大学的职能究竟为何？(2)人文知识还是自然科学知识应成为大学课程的主要内容？(3)大学应实施通才教育还是专才教育？(4)怎样的教学方法是适合大学教育的？20世纪以后，西方高等教育课程改革活动极为活跃，归纳起来主要有七种

不同的课程理论流派:永恒主义课程理论;要素主义课程理论;改造主义课程理论;结构主义课程理论;人本主义课程理论;建构主义课程理论;后现代主义课程理论。

中国古代高等教育形成了以培养德才兼备的"君子"为教学目标,以"四书"、"五经"等儒家思想为课程内容,以自学、讨论为主要教学方法的课程教学体系。这些思想在《论语》、《学记》、《大学》、《举贤良对策》、《四书章句集注》等论著中均有系统论述。自洋务运动始到20世纪20年代止,中国高等教育经历了艰难的近现代转型。这一时期的中国高等教育主要受到德国及美国高等教育理论的影响。新中国成立后,仿照苏联模式在高等教育领域进行了"院系调整",对高等学校课程教学进行了大规模改革,形成了高度专门化的课程体系。这一体系当时适应了国家短时期内对大批专门建设人才的需求,但是照搬苏联经验导致高等教育领域专业设置过窄,忽视社会科学,教材脱离国情等问题。

20世纪80年代以来,中国高等教育开始探索符合国情的高等教育课程教学理论。进入21世纪,案例教学、双语教学、网络教学、研究性教学等新模式出现在大学课堂。课程改革的理念日益清晰:通识教育和专业教育携手并进,科学教育和人文教育相互融合,知识传授、能力培养和素质塑造和谐统一;课程改革的特征呈现基础化、综合化、实践化、国际化和信息化等特点。

高等教育课程教学论主要研究的问题包括:(1)学习内容与学习过程的关系。对学生的学习和发展而言,是教育教学的内容更重要还是过程更重要?前者重视学科知识的系统性和逻辑性,后者更关注学习者的认知规律和发展水平。将两者有效结合的一个做法是:在教学中适度引入科学研究过程,将学科的主要概念、原理和原则以易于学生探索的方式组织为教学内容。(2)传授知识与培养能力的关系。人才培养以传授知识为主还是以培养能力为主?一些高等学校现行课程基本上是"知识本位"型,即由"基础课—专业基础课—专业课"组成"知识三层楼"。有学者提出"能力三层楼"结构,即独立学习能力、独立工作能力、创造力。将两者结合起来的一个做法是:在"知识本位"课程结构的基础上,适当掺入以能力为经纬的课程组织形式。(3)知识、能力与情意的关系。在关注学生学习知识、培养能力的同时,如何关注学生的情意发展?课程设置、教学实施、校园文化氛围的营造以及教学的管理和评价应有利于激发学生的学习动机和兴趣,培养学生的理想追求,形成高尚的情趣与正确的世界观和人生观。

高等教育课程教学具有如下一些特点:(1)教学目标具有明确的专业性,除促进学生个人全面、健康、和谐的发展,还要为社会造就高级专门人才。(2)教学内容的核心是高深知识,具有一定的学术性,不仅需要传授已有定论的知识,而且要介绍学科的最新成果、学术流派和学术观点,对高深学问进行探究。教学通常与科研相结合,师生共同从事课题研究。学生通过参与科研了解学科最新发展动态,接受研究方法的训练,形成严谨的科学态度和审慎的工作作风。(3)教学内容和方式具有更强的实践性和职业倾向,有计划地组织学生参加社会实践活动、实验和应用型项目,培养学生运用知识解决问题的能力,为今后的职业做准备。(4)对学生提出较高的学习独立性和自主性的要求。学生不仅要在教师的指导下学习,而且要自主选习课程,独立学习以及小组合作学习。课程设置(如选修课、独立学习课、讨论班)与学分管理也为学生自主学习提供了更多的可能性。

高等教育课程教学论是在传统的课程论与教学论的基础上发展起来的,直至20世纪末,中国对这一领域的研究尚不深入,少有系统性的理论成果。钱伯毅的《大学教学论》(1991)、李定仁的《大学教学原理与方法》(1994)均属这一领域的开拓性工作。进入21世纪,中国高等教育课程教学论的研究日益深入,成果逐步增多。研究内容主要围绕高等教育课程教学论的哲学基础、价值取向、课程体系与教学内容、课程编制、教学模式、教学质量管理、课程教学质量评价等问题展开。在教学实践层面,也已取得若干经验性成果,并提出一些建设性观点,如在课程体系中应加强基础,注意人文教育与科学教育的融合,实行通识教育与专业教育相结合,强调学生的主动学习和师生互动等。

比较高等教育与国际高等教育研究

比较高等教育的研究领域由高等教育与比较教育研究之间交叉形成。主要运用比较的方法,联系高等教育与社会政治、经济和文化发展之间的相互关系,对不同国家和国际上高等教育的理论、政策、实践及其发展过程进行分析研究,从而探索和揭示高等教育发展的内在规律,形成一定的教育科学概念、范畴和理论。国际高等教育研究主要从跨国和跨文化的角度研究各种高等教育问题,分析高等教育与国际社会政治、经济和文化之间的内在联系,探讨高等教育国际交流与国际关系之间的相互作用和影响,揭示高等教育发展的世界潮流和趋势。多数学者认为,比较高等教育涵盖了涉及两个及两个以上国家高等教育问题的所有研究,国际高等教育主要侧重于超越民族、国家疆界限制的高等教育问题研究。有些情况下两者的区别并不十分明显。比较高等教育和国际高等教育主要研究领域包括高等教育政策的跨国比较研究、高等教育发展战略和规划的国际比较研究、高等教育改革的比较研究、高等教育理论的比较研究、高等教育管理的比较研究、各国高等教育体系和制度的比较研究、大学教学的国际比较研究、第三世界国家高等教育研究等。主要学术期刊有《高等教育》(*Higher Education*)、《欧洲教育杂志》(*European Journal of Education*)、《比较教育评论》(*Comparative Education Review*)、《比较教育》(*Comparative Education*)等。

比较高等教育研究作为一门科学和系统的学问形成时间较晚，但这一领域的叙事和探究开始较早。高等教育产生后不久，就有了对不同国家和地区高等教育的记叙和比较。较完整、系统的著作有胡贝尔的《英国的大学》(1843)。之后特温的《世界上的大学》(1911)和《美国和德国的大学》(1928)、莱特的《中世纪大学中的生活》(1912)、拉什达尔的《欧洲中世纪大学》(1936)等，都是较早研究欧洲大学产生和发展历史的经典著作。这些早期的比较高等教育研究一般都是对国外高等教育进行客观的事实性描述，同时叙述作者的一些主观感受，很多著述还倾向于将作者感兴趣的国外高等教育模式借鉴到本国的高等教育中来。科学、系统的比较高等教育研究兴起于第二次世界大战结束后，并在20世纪60年代获得迅速发展。第二次世界大战结束后，西方发达国家的高等教育迅速发展，到1960年前后达到鼎盛时期，部分国家和地区的高等教育迈入大众化发展阶段。但同时现代高等教育发展中的一场广泛而深刻的危机席卷全球，并对世界各国的高等教育不同程度地产生各种各样的影响。这场危机激发学术界对高等教育进行更深入的理论反思和更开阔的跨国比较分析研究，从而促成科学、系统的比较高等教育的产生和发展。这一时期的比较高等教育研究主要集中在高等教育的规模扩张、高等教育领域的精英主义和大众化、大学社会角色的转换、高等教育的政治化、高等院校课程改革等问题上。重要论著有沃勒斯坦和斯达的《大学危机读本》(1971)、叶苏夫的《创建非洲大学》(1973)、辛格和阿尔特巴赫的《高深学问在印度》(1974)等。20世纪70年代末至今，发达国家高等教育的发展进入相对成熟和平稳的发展时期，关于高等教育的跨国比较研究也更全面、深入和系统。这一时期关注的主要问题是跨国高等教育系统的比较、高等教育中的知识与权力、商业化对高等教育的影响、高等教育领域的文化殖民问题等。重要著作有阿尔特巴赫和G. P. 凯利的《教育与殖民主义》(1978)、B. R. 克拉克的《高等教育系统：学术组织的跨国研究》(1983)、诺勒斯的《高等教育国际百科全书》(1997)、阿尔特巴赫的《比较高等教育：知识、大学和发展》(1998)等。此外，很多高等教育著作中都包含比较高等教育的内容。

国际高等教育的研究主要是在20世纪八九十年代后，随高等教育国际化的发展趋势而兴起。这一方面的著述多散见于一些关于比较高等教育、国际教育和教育全球化问题的论著中。如萨斯内特的《教育信息的全球交流》(1966)、柯里的《全球化实践与北美和太平洋英语国家的大学教授》(1998)、斯特罗姆奎斯特和芒克曼的《全球化与教育》(2000)

等。联合国教科文组织和经济合作与发展组织等国际组织和研究机构发布的研究报告中也常包含有关国际高等教育研究的内容。

中国的比较高等教育研究兴起于20世纪80年代初期，当时成立了很多比较高等教育研究机构，另外一些高等教育研究所也将比较高等教育研究作为研究重点。早期的比较高等教育研究侧重三个方面的工作。第一是对国外相关著作的翻译，很多西方高等教育研究的经典著作都是比较教育研究者翻译过来的；第二是比较高等教育的方法论和学科理论建设，如王承绪的《比较教育》(1983)、符明娟的《比较高等教育》(1987)、顾明远及薛理银的《比较教育导论：教育和国家发展》(1996)；第三是对美、英、法、德、日等西方发达国家的国别高等教育研究，这些研究的一个目的是为中国的高等教育改革提供借鉴。20世纪90年代末以来，高等教育国际化、高等教育全球化、高等教育中的学生与教师流动等成为比较高等教育研究的新课题。

参考文献

布鲁贝克. 高等教育哲学[M]. 郑继伟, 等, 译. 杭州：浙江教育出版社, 1987.

杜成宪, 崔运式, 王伦信. 中国教育史学九十年[M]. 上海：华东师范大学出版社, 1998.

Altbach, P. G. Comparative Higher Education: Research Trends and Bibliography[M]. London: Mansell Publishing, 1979.

Magolda, B. Teaching to Promote Intellectual and Personal Maturity: Incorporating Students Worldviews and Identities into the Learning Process[M]. San Francisco: Jossey-Bass Publishers, 2000.

Peterson, M. Key Resources on Higher Education Governance, Management, and Leadership [M]. San Francisco: Jossey-Bass Publishers, 1987.

(陈洪捷　刘云杉　阎凤桥　李文利

马万华　陈向明　项贤明)

高等教育立法(higher education legislation)　针对高等教育领域的特定问题进行立法的一系列活动。具体是指国家机关依据其法定职权和程序制定、修改和废止有关高等教育法律规范的活动。狭义的高等教育立法指拥有立法权的国家机关的立法活动；广义的高等教育立法包括被授权的国家机关制定各种具有不同法律效力的规范性文件的活动。高等教育立法在纵向上从属于教育立法；在横向上，与教育领域其他子部门的立法活动密切相关，如与中等教育立法、职业教育立法存在部分重合。

高等教育担负着培养高级人才、提高全民族思想道德和科学文化水平的任务，在社会现代化建设中具有不可忽视的作用。高等教育立法是国家整个立法活动中的一部分。通过高等教育立法，可促进高等教育事业的改革和发展,使高等教育活动有关的各行为主体有法可依。加快高等教育立法既是推动教育改革的重要手段,也是高等教育现代化的重要标志之一。

外国高等教育立法

用法律制度实现国家对高等教育的控制和管理是第二次世界大战以来各国高等教育发展的一个重要标志,曾有两次高潮。第一次在 20 世纪 60 年代末到 70 年代。由于战争的结束,经济的振兴,许多发达国家处于一个全面发展的时期。然而这些国家的高等教育仍然沿袭旧的办学模式,把相当多的青年拒之门外;学校内部缺少主动性和活力,压抑了教师和学生参与学校管理的民主要求。1968 年,席卷欧洲的学生运动震撼了因袭数百年的高等学校传统。法国、联邦德国、奥地利、丹麦、瑞典、罗马尼亚等国纷纷制定高等教育方面的法律。第二次高等教育立法高潮发生在 20 世纪 80 年代。由于发达国家普遍发生经济危机,发展受挫,引起各国的焦虑和不安。他们认为,高等教育的落后和质量低劣是产生这种现象的原因之一,希冀通过改革高等教育来刺激经济的发展,由此掀起新的高等教育立法高潮。新的法律对高等教育提出更高的要求,通过实现高等教育现代化、职业化和民主化,迅速提高高等学校办学质量和所培养人才的素质。在这次立法高潮中,有的修改已有的高等教育法律,如联邦德国;有的制定新的高等教育法,如法国、波兰、秘鲁等。

美国国会于 1862 年通过第一个高等教育法案《莫里尔法》(亦称《土地捐助学院法》),表明联邦政府能够并愿意,通过直接向各州提供资助的方式来促进那些往往被州忽视而对国家发展具有重要意义的学科的发展。1958 年国会通过《国防教育法》,在美国历史上第一次把教育与国防、教育与全球战略联系在一起,把教育提到前所未有的高度,实质上成为美国 20 世纪 50 年代末和整个 60 年代教育发展的纲领。1965 年的《高等教育法》及 1968 年、1972 年的修正案对美国高等教育具有直接意义。

法国于 1968 年颁布《高等教育方向指导法》,成为第二次世界大战后法国高等教育改革总的法令基础。20 世纪 80 年代,法国根据高等教育改革与发展的需要,分别于 1984 年和 1986 年制定新的《高等教育法》和《德瓦凯高等教育改革法案》。

联邦德国于 1976 年颁布《高等学校总纲法》,并规定各州在该法生效的 3 年之内,必须颁布与之相适应的州高等学校法。1985 年颁布经第三次修改后的《高等学校总纲法》。为适应欧洲统一大市场的发展需要,1989 年,德国联邦政府统一联邦教科部部长提出关于《高等学校总纲法》的第四次修改意见,开始酝酿其新的修订。德国的统一加速了对高

等教育立法的新需求。联邦德国还颁布了《高等学校新建与扩建的共同促进法》、《联邦教育促进法》、《高等科研后备力量促进法》等。

日本的高等教育立法的发展可追溯至明治初年。1872 年的《学制》标志着日本近代高等教育制度的确立。后历经明治、大正、昭和时期的改革和完善,特别是经过第二次教育改革,制定了二十几部有关高等教育的法律、法令和政令,逐步形成较系统的高等教育法律体系。日本高等教育立法包括四个层次:国会审查和通过的法律,如《教育基本法》等;中央政府的政令,如《学校教育法规实施细则》等;文部省令,如《大学设置基准》等;地方教育法规。这四个层次的法规中,国会通过的法律处于最高地位,统辖政令、省令和地方法规,后三者的功能仅限贯彻、实施国会通过的法律。依据《教育基本法》的原则精神,国会制定《学校教育法》,后陆续制定《大学设置基准》、《国立学校设置法》、《私立学校法》、《教育公务员特例法》、《关于大学运营的临时措置法》等有关高等教育的法律法规。高等教育法规体系保证了法规体制内部的统一性,亦强化了法律效果,为法律实施提供了配套文件和措施。无论是国立大学、公立大学还是私立大学,无论是人事管理还是组织、财务管理,都可以在法律体系中找到各自的法律依据。日本的官方和民间每年都要编撰法律集,有的附上案例、判例,供文部省官员、大学校长、系主任、教职员研究使用。

进入 21 世纪,各国日益认识到高等教育立法的重要性,高等教育法的条文更加明确、具体,形式趋于完善。

中国高等教育立法

1949 年《中国人民政治协商会议共同纲领》起到临时宪法的作用。其第五章"文化政策"为教育立法包括高等教育立法提供了法律依据。中国的高等教育立法经历了以下几个时期。

(1)从中华人民共和国成立到基本完成社会主义改造的 7 年中,当时面临的任务主要是接收、调整、改造旧的高等院校,把它们改造建设成人民的、社会主义的高等院校。这一时期制定的与高等教育有关的法律法规和规章主要有:1950 年,教育部发布《高等学校暂行规程》,以《中国人民政治协商会议共同纲领》确定的有关教育的根本原则为依据,规定新中国高等教育的方针、任务和高等学校工作的各项原则。就其内容而言,具有高等教育基本法的性质,是中国高等教育基本法的雏形。这一年还制定和颁布了一系列其他单行高等教育法规,如政务院《关于高等学校领导关系的决定》、《关于实施高等学校课程改革的决定》、《私立高等学校管理暂行办法》等。

这一时期,中国高等教育立法以《中国人民政治协商会

议共同纲领》为依据,以《高等学校暂行规程》为骨干,加之许多单行法规,形成中国高等教育立法的大致轮廓,以法律手段推进了新中国成立初期高等教育事业的创立和发展。

(2) 1958年《中共中央、国务院关于教育工作的指示》发布,总结了中华人民共和国成立以来教育工作取得的成绩,明确规定了"教育必须为无产阶级政治服务,教育必须同生产劳动相结合"的教育工作方针,提出中国教育制度和教育管理体制的基本原则。在教育管理体制方面,中央已经发现高度的中央集权不利于调动地方办学的积极性,作出《关于教育事业管理权力下放问题的规定》,提出"必须改变过去条条管理为主的管理体制","加强地方对教育事业的领导管理"。据此,原由中央领导的229所高校中的187所先后归地方领导。在教师方面,1960年国务院全体会议第九十六次会议通过了《关于高等学校教师职务名称及其确定与提升办法的暂行规定》,这是中华人民共和国成立以来第一次明确高校教师职务名称为教授、副教授、讲师、助教四级,并规定了各级教师的任职资格。

1961年,在贯彻执行调整、巩固、充实、提高的"八字方针"过程中,教育部草拟了《教育部直属高等学校暂行工作条例(草案)》(简称"高教六十条"),目的在于建立一套适应社会主义建设需要并符合教育规律的高等学校基本工作规范。为贯彻"高教六十条",教育部陆续颁布《教育部直属高等学校自然科学研究工作暂行条例(草案)》《高等学校培养研究生工作暂行条例(草案)》《教育部直属高等院校学生成绩考核暂行规定(草案)》等规章。

1963年,中共中央、国务院为改变教育管理地方化后带来的混乱状况,颁布《关于加强高等学校统一领导、分级管理的决定(试行草案)》,教育部和中央各业务部门据此收回一部分下放给省、市、自治区管理的学校,明确高等学校实行中央统一领导,中央和省(直辖市、自治区)两级管理的体制。

(3) "文革"十年中,高等教育立法遭到严重破坏。1966年6月,中共中央、国务院发出《关于改革高等学校招生考试办法的通知》,废除统一的高考招生制度,代之以"推荐上大学"。1966年8月,中共八届十一中全会通过了《中共中央关于无产阶级文化大革命的决定》,提出:"改革旧的教育制度,改革旧的教学方针和方法,是这场无产阶级文化大革命的一个极其重要的任务。"1967年,中共中央发出《关于大专院校当前无产阶级文化大革命的规定(草案)》。1969年,中共中央发出《关于高等学校下放问题的通知》,推翻了高等学校实行"统一领导、分级管理"的原则,将全国绝大部分高等学校再度下放为省、市、自治区的"革命委员会"领导。1971年制定了《关于高等院校的调整方案》,原有的417所高校,保留309所,合并43所,撤销45所,改为中专17所,改为工厂3所。1975年国务院批转《教育部关于推广辽宁朝阳农学院经验和有关政策问题的请示报告》,许多高校被迁到农村,或在农村建立分校。

(4) 1978年中共十一届三中全会召开后,高等教育立法进入一个新的历史时期。1978年,教育部发出通知,试行新修订的《全国重点高等学校暂行工作条例(草案)》。1979年,中共中央批准教育部党组的建议,重新颁发1963年《关于加强高等学校统一领导、分级管理的决定(试行草案)》。1980年,第五届全国人大常委会第十三次会议通过了《中华人民共和国学位条例》,这是建国三十年来由国家最高权力机关颁布的第一个教育法律。1981年,国务院批准了《中华人民共和国学位条例暂行实施办法》。

1993年颁布的《中国教育改革和发展纲要》是中共中央、国务院制定的指导中国教育改革和发展的纲领性文件,其中对高等教育的发展目标、发展道路、办学体制、招生及毕业分配制度、教师队伍建设、教育经费等提出了明确的目标和措施,对中国高等教育立法起到了重要的指导作用。

1995年第八届全国人大第三次会议通过《中华人民共和国教育法》,这是中国的教育基本法。该法就教育的根本性、全局性问题作出基本规范,适用于各级各类教育,包括高等教育。其颁布对于加快高等教育法制建设,使高等教育事业走上法制轨道发挥了重要作用。

1998年,第九届全国人民代表大会常务委员会第四次会议通过《中华人民共和国高等教育法》,中国的高等教育开始全面置于其规范中,为高等教育领域内的全面依法治教提供了基本的法律依据。《中华人民共和国高等教育法》共八章六十九条,在全面调整各类高等教育关系的同时,对高等教育改革和发展中的突出问题作出有针对性的规定,并明确了法律责任,加强了法律的可操作性。

同时,国务院还制定了一批涉及高等教育的行政法规及规范性文件,如《高等教育管理职责暂行规定》《普通高等学校设置暂行条例》《学校卫生工作条例》《学校体育工作条例》《教学成果奖励条例》《高等教育自学考试暂行条例》等。国家教育委员会在其职权范围内,制定了《高等学校教师职务试行条例》《普通高等学校招生暂行条例》《普通高等学校本科专业设置暂行规定》《成人高等学校设置的暂行规定》《各类成人高等学校招生暂行规定》《关于开展大学后继续教育的暂行规定》《普通高等学校学生管理规定》《研究生学籍管理规定》等一批规章及规范性文件。地方人民代表大会和地方政府也制定了不少有关高等教育的地方性法规和规章。

这些法律、法规、规章及规范性文件的制定初步形成了中国高等教育法律体系的基本框架。进入21世纪后,中国社会发生的深刻变革和高等教育领域社会关系的变化对高等教育立法提出了新的要求,高等教育立法呈现新的变化和发展:一些不再适应社会需求的法律、法规、规章及规范性文件被废止,而代之以新的规定,如1990年国家教育委员会发布的《普通高等学校学生管理规定》被2005年9月起施行的新《普通高等学校学生管理规定》所取代;一些有关高等教育的法律被修订。

参考文献

劳凯声.高等教育法规概论[M].北京:北京师范大学出版社,2000.

吕虹.日本高等教育立法述要[J].外国教育资料,1995(1).

罗曼菲.论我国高等教育立法的迫切性与重要性[J].惠州大学学报(社会科学版),1997(3).

夏天阳.高等教育立法引论[M].上海:上海科学技术文献出版社,1993.

姚维曦,赵利.试论我国的高等教育立法[J].政法论丛,1998(4).

（罗　爽　苏林琴）

高等教育思想(ideology of higher education)　　对高等教育这一社会活动及其现象的认识。内涵丰富,从不同角度有不同理解。具有主观性、指向性、继承性、政策性、文化性等特征。受政治、经济、文化和教育传统的影响。

高等教育思想的内涵

依据思想主体(即人)的不同,高等教育思想有个体和群体之分。前者指作为个体的人从自身价值观、教育观和生活经验出发提出的高等教育思想;后者指一类人或一个群体从自身价值观和利益出发,结合共同生活经验提出的高等教育思想。在高等教育领域,主要群体可分为两大类:学者和教师、管理者。他们从各自的价值观和利益出发,所持思想有很大差别。学者和教师在高等教育领域中的角色一般是教育者和研究人员,其工作是传播知识、发展知识和应用知识,代表着学术权力,这决定了他们以认识论为基础的高等教育思想。他们认为,高等教育的目的是追求知识本身,这是一种精神追求,和任何实用的目的无关。因此他们应拥有学术上的自由的思想权、发言权,并希望能将对知识的追求精神传给年轻一代。管理者是高等教育系统内的管理人员,包括学校内的管理者和政府教育主管部门的管理者。其主要职责是保障高等教育活动的顺利实施及沟通高等教育与社会之间的关系,高等教育中的其他主要群体,如学生和家长、社会用人单位等的利益和要求要通过管理者来反映。管理者代表的是行政权力,这决定了他们以政治论为基础的高等教育思想和观念。他们认为,高等教育的作用在于能够对国家和社会的发展产生深远影响,可以为国家和社会培养所需要的人才,并提供解决各种问题的智力支持。他们期望高等教育能够更多关注国家和社会的现实发展需要,甚至按照这种需要规划未来发展。有共同

利益和生活经验的个体的高等教育思想观念构成了群体的高等教育思想观念。由于个体经验的差异,群体内的思想观念也存在差别。

依据对高等教育(即思想的对象)看法的不同,高等教育思想有广义和狭义之分。广义的高等教育思想把高等教育看作一个活动领域,其间进行的各种活动都受到关注。高等教育思想探讨的内容不仅包括培养人,还包括科学研究、为社会服务等;高等教育思想不仅要回答培养怎样的人、如何培养人等问题,还要回答什么知识最有价值、怎样发展知识和文化、如何促进社会发展等问题。从这一意义上说,广义的高等教育思想实际上包括通常所说的有关大学的思想和理论。狭义的高等教育思想仅把高等教育看作一种培养人的教育活动,不关注高等教育领域开展的其他活动,如科学研究、为社会服务等;探讨的核心内容是培养怎样的人、如何培养人等问题。两者研究角度不同,但在大学作为高等教育这一活动领域中的最主要机构,其文化和传统已成为高等教育文化的主要组成部分,在思想方面一脉相承,体现出较强的历史继承性和对实践的深刻影响的情况下,有关大学的思想和理论不可能被排除在高等教育思想的范畴之外。在某种程度上,它还是高等教育思想的重要组成部分。

依据认识(即思想的结果或表现形式)的不同,高等教育思想有不同层次和内涵。教育主张、教育观念、教育理论、教育学说等都包含在教育思想范畴内。依据认识的深刻性及系统性,高等教育思想可分三个层次:一是较为零散的、初步的高等教育思想,这类思想更多的是感性认识,体现为人们对高等教育及其某些方面的看法、想法、主张、要求与建议等,对高等教育实践产生一定影响;二是经过一定的研究和探索、结合自身经验提出的较有说服力的高等教育思想,这类思想已从感性认识上升到理性认识,是经过研究和理性思考的结果,一般体现为教育观念,并在一定程度上指导着教育实践;三是在总结前人经验的基础上,经过深入探索和反复检验提出的有系统性和严密体系的高等教育思想,即通常所说的教育理论和教育学说,一般都在教育实践中得到较全面的应用和检验。高等教育思想的深刻性和系统性与其在实践中的运用程度直接相关。

高等教育思想的影响因素

高等教育思想受社会政治、经济、文化和教育传统的影响。在不同阶段,政治因素对高等教育思想的影响也不同。中世纪大学时期,政治对大学及其思想影响甚微,大学独立于世俗政治之外,实行大学自治。当时大学的思想和观念中不存在国家和地域的概念,人们因对知识的闲逸好奇而自发聚集在一起,依靠捐赠和学费生存,既不从世俗社会获

得利益,也不对其担负任何责任。随着大学的发展,许多民族和地区开始兴办大学,大学的国际性日趋式微,民族性日益彰显。但这一时期,政治对大学及其思想的影响仍较小,大学仍是社会的边缘机构。从18世纪末开始,国家主义广泛兴起,大学的发展与国家的利益紧密联系起来。在高等教育思想方面,出现了文化国家观念。这种观念认为,国家是文化的体现,大学和国家都应服从共同的理性原则,并相互依存。政治因素借助于文化,以一种较缓和的方式开始介入大学。第二次世界大战后,随着国家间竞争的增强和政治形势的日益严峻,文化国家观已无法实现对高等教育的影响和控制,国家危机论出现。该理论认为国家安全、国力竞争及国际的未来都和高等教育紧密相关。这一时期,政治因素对高等教育及其思想的影响较深刻。政治因素对高等教育思想的影响与不同时期的政治需求密切相关。

经济因素对高等教育及其思想的影响随高等教育规模的不断扩大和自身的不断发展而逐渐加深。大学需要能维持正常运行的经费和进一步发展的资金,在市场经济时代,这需要以经济手段、靠资源配置来完成。工业化和经济化社会的伦理哲学——功利主义因此对高等教育思想产生深刻影响,最突出的表现是功利主义将讲求实用的价值取向带入大学。这给高等教育思想带来许多冲突,功利主义与经典大学思想存在巨大反差,两者在人性、自由、知识等主要问题上的价值取向截然相反。在一定程度上造成高等教育思想的矛盾性和双重性。

文化和教育传统潜移默化地、深刻地影响高等教育及其思想。高等教育思想在不同国家所体现出不同风格,其形成与发展实际上是本国文化和教育传统的具体体现。如英国的大学一直被认为是经典大学思想最好的保持者,这主要是其文化和教育传统深层次作用的结果。J. H. 纽曼的自由主义教育思想是英国大学教育思想的基础。德国的大学思想体现出较鲜明的理想主义和浪漫主义,大学既要坚持学术自由的准则,又要为国家的发展担负责任,这在一定程度上是对洪堡创建的柏林大学的理念的继承。美国的大学思想体现出鲜明的现实主义特色。它在英国及德国大学理念的基础上,形成了自由、现实的教育传统。

社会政治、经济、文化和教育传统主要通过两条途径对高等教育思想产生影响。一是根据一定社会的政治、经济、文化和教育传统等的要求,结合具体的高等教育实践,形成对高等教育的主张、观念和理论,并进一步指导和改革高等教育实践;二是在一定社会的高等教育实践中,通过个体和群体的教育探索,总结其中指导高等教育实践的思想和原则,并进一步指导高等教育实践。这两条途径互为逆向,前者是演绎的途径,由社会的要求出发形成对教育的要求,体现高等教育思想受社会政治、经济、文化制约的特点;后者是归纳的途径,体现了教育的主动性,即通过教育实践者的

探索和研究将模糊的、不明确的甚至是不合理的社会要求在理性上得到升华,使其变得明确、合理,使高等教育发展既被社会所认可,又体现人类社会发展的长远利益。

高等教育思想的内容

高等教育思想的内容比较繁杂,难以纳入同一个体系和框架。从思想产生的来源出发,高等教育思想包括三方面。一是社会导向的思想,即社会主流思想成为高等教育思想的价值取向,并在高等教育活动中起规范作用。这种高等教育思想以社会的主导思想作为自身价值取向的根据,重视高等教育在社会和国家发展中的作用,要求高等教育应承担起维护和促进社会发展的责任。二是文化导向的思想,即人类文化中某些长期流传下来、被公认为有价值的文化因素成为高等教育思想的价值取向,并在高等教育活动中起规范作用。以人类的文化精华作为决定高等教育思想价值取向的重要根据,使高等教育凸显其在国家、民族和人类文化传承和发展中的作用,要求高等教育尽量摆脱社会现实利益的控制和诱惑,站在更高远的人类文化发展的角度,决定自己的发展方向。三是个体导向的思想,即个体的发展需要成为高等教育思想的价值取向,并在高等教育活动中起规范作用。把个体发展的需要作为高等教育思想的主要价值取向,决定了高等教育更关注个体和人本身的发展,这种思想不把高等教育的外在社会功能如政治功能、经济功能、文化功能等放在首位,而是把高等教育的内在功能即促进人的发展的功能放在中心地位。从高等教育的历史发展来看,以上三方面内容共同存在于高等教育思想中,在不同时期占主导地位的思想有所不同。在大多数情况下,高等教育实践是三种思想协调妥协的结果。

从高等教育这一活动领域所涉及的主要活动及其环节出发,高等教育思想包括七方面内容。一是社会为什么需要高等教育,回答高等教育的本质、作用、地位、功能等问题;二是为了什么目的而开展高等教育,回答培养人、科学研究、为社会服务等活动的方针与目的等问题;三是高等教育中的活动内容是什么,回答什么知识最有价值、教育内容的选择等问题;四是怎样进行高等教育,回答教学、科学研究、为社会服务等活动中的方法和原则问题;五是怎样认识高等教育活动中的各群体,回答高等教育中的学生、教师、科研人员、管理者等不同群体的特征、价值观念、行为方式等问题;六是如何领导、管理高等教育,回答从微观至宏观的高等教育管理问题;七是作为一个系统的高等教育应该怎样发展,回答高等教育的办学形式、结构、数量、规模、效益等方面的问题。

从高等教育思想的理论层面出发,高等教育思想包括五方面内容。一是高等教育价值观,即人们对高等教育与

个体或群体的价值关系的认识。要回答的核心问题是高等教育应具有怎样的价值和作用。对这一问题的回答可将高等教育思想分成社会本位价值观和个人本位价值观两类。前者认为高等教育的价值在于满足社会的需要;后者认为高等教育的价值在于满足个体发展的需要。二是高等教育发展观,即人们对现在及未来的高等教育在数量规模、质量效益、体制结构、资源配置等方面和其相互关系及高等教育系统与社会各系统之间关系应如何规划的认识。要回答的核心问题是在一定社会条件下,高等教育应如何发展。高等教育发展观涉及内容广泛,几乎包括高等教育的各个领域。就其总体而言,在一定时期和社会条件下,高等教育都持有一个总的发展观。如近年来的可持续高等教育发展观就是解决高等教育在社会中如何发展、如何处理好自身与社会系统的关系及自身各要素之间关系的发展规划观念。在具体领域,也存在不同的高等教育发展观。如在规模方面,有精英、大众化和普及化的发展观(参见"高等教育发展阶段论");在发展速度方面,有适度发展观、超前发展观等;在发展模式方面,有内涵发展观和外延发展观等;在质量方面,有精英教育质量观和大众教育质量观等。三是高等教育知识观,即人们对作为高等教育活动最基本要素的知识及其价值的认识。要回答的核心问题是什么知识最有价值。有关这一问题的最重要的争论是人文知识(学科)与科学知识(学科)的对立及在学术自由上的争论。前者主要是关于知识及其价值本身的争论,后者主要是关于与知识有关的活动原则的争论。四是高等教育质量观或称人才观,即人们对所培养人才的规格、质量及教育工作在达到人才培养目标方面的程度等问题的认识。要回答的核心问题是培养什么样的人。高等教育中人才培养的规格和目标一直是高等教育争论的焦点,知识与能力、普通教育与专业教育的争论等均是这一问题的具体体现。教育工作能否按照人才培养目标进行组织和实施也是高等教育质量观所关注的重要内容。近年从精英型质量观向大众型质量观的转变,是高等教育质量观中的重要内容。五是高等教育教学观,即人们对高等学校的人才培养模式、教学内容和课程体系、教学方法、教学过程、教学与科研的关系等问题的认识。要回答的核心问题是怎样培养人。高等教育的基本任务是培养人,高等教育的思想和观念最终也要通过具体的教学体现出来,因此,教学是高等教育的核心工作,教学观是高等教育思想的重要组成部分。教学观并不独立存在,它受价值观、知识观、人才观的制约,是不同价值观、知识观、人才观在教学领域的具体体现。如个人本位的价值观以人的发展需要作为高等教育的价值取向,决定了在教学上更重视学生的主动性、个性;科学主义的知识观强调科学是最有价值的知识,在课程内容安排上重理工、轻文史;重视发展个体能力的人才观在教学方式上更多采用启发式教学方法,

同时在教学过程中注重发挥学生的主动性等。

高等教育思想的演进

古代教育思想大多由哲学家提出,散见于其哲学论著中,高等教育思想也属于零散的、不系统的主张、看法和观念,很少有系统的理论。古代思想家提出的观点大多从其朴素的哲学观出发,在教育目的、人才培养方法等方面论述较多。在欧洲,古希腊哲学家苏格拉底、柏拉图、亚里士多德,古罗马教育家西塞罗、昆体良等,都从自己的哲学观出发论述过教育问题。其中柏拉图的《理想国》、亚里士多德的《政治学》、西塞罗的《论雄辩家》、昆体良的《雄辩术原理》等影响较大。在中国,古代教育思想家孔子、荀子、孟子、朱熹等都从各自的哲学观、政治观、道德观、人性论、认识论等方面,结合自己的高等教育实践对教育思想有过精辟论述。其中孔子的《论语》和朱熹的《白鹿洞书院揭示》、《学记》是教育思想方面的代表论著。

中世纪的大学思想多在大学的实践中发展起来。如大学自治理念是中世纪大学在与社会争夺生存权利时建立起来的(参见"大学自治")。中世纪大学的很多思想和观念还来自经院哲学。经院哲学的本义是对人进行神学教育,灌输基督教思想。但在客观上它把理性精神引入大学,对大学以后的理性知识传统甚至对人类知识本身的发展都起到推动作用。在此方面,托马斯·阿奎那作出重要贡献。他将亚里士多德的学说引入到大学中,使亚里士多德学说蕴藏的理性精神在中世纪大学得到发扬;他提倡的经院哲学的教学方法对训练理论思维及思想的逻辑性、严密性等有一定积极作用。

14世纪初期到17世纪中叶,欧洲兴起文艺复兴运动,所形成的人文传统和所倡导的科学精神对欧洲乃至世界的精神和文化产生重要影响。在文艺复兴后的半个多世纪里,其精神传统和文化成果逐渐影响到大学,并为以后近代高等教育思想的繁荣奠定基础。其影响主要体现在大学从神学传统向人文传统的转变上。此外,文艺复兴的文化成果扩展了高等教育的内容,古典语言、古典著作、民族语言、自然科学、体育等都开始进入大学的教学内容中来。在其影响下,大学从经院哲学的控制中逐渐摆脱出来,为孕育近代大学理念创造了条件。

近代的高等教育思想或大学理念被称为经典大学思想或理念,于19世纪形成。经典大学思想是大学和高等教育思想史的基础,J. H. 纽曼和洪堡的思想是其主体。J. H. 纽曼和洪堡从不同角度入手来阐释和发展大学思想和理念。从知识性质和类型的角度,洪堡着眼于科学,J. H. 纽曼着眼于古典人文学科。洪堡认为,大学教育的目的是通过科学的学习和研究使学生成为理性、个性诸方面和谐发展的人;

大学教育要想达到这种结果,必须使其成员把教学和科研结合起来;由于学术自由是科学发展的保障,因此大学必须给予教师和学生这种自由。J.H.纽曼则认为,大学教育的目的是培养人的理智,只有古典人文学科才具有较强的教育价值,有利于人理智的培养。古典人文学科虽不像专门学科一样,能够给学生以功利价值和实用价值,但它能使人得到"自由教育",即一种不以任何功利为目的的精神的教育。J.H.纽曼和洪堡的思想受其所处时代的影响。洪堡的思想形成于19世纪初期,正值近代自然科学的新兴发展时期,以研究和发展高深学问为己任的大学必须把在大学以外发展起来的科学与自身的追求和特性联系起来;在19世纪中期纽曼所处的社会中,为适应工业和自然科学发展的新型教育已度过其最兴盛时期,人们在批评传统教育的同时又走向另一个极端,即忽视教育对人理智和能力的训练和培养。J.H.纽曼提出的大学理念针对的就是自然科学课程的功利性、实用性、片面性等。J.H.纽曼和洪堡在有关大学的基本看法上是一致的。他们都不赞同大学应该为实用目的而设,倡导大学教育最终要培养人的理性及精神,这构成了经典大学思想的基本传统。这一时期柏林大学成功的教育实践对高等教育思想产生深远影响,使科学研究的地位得到确立、学术自由的原则得到认可,这也成为近代高等教育思想的重要内容。

20世纪以来,高等教育思想对高等教育社会价值的认可程度越来越高。随着社会的发展变化,大学在社会中的地位和作用越来越重要,社会对大学的要求也越来越多。这提升了高等教育的社会地位,增强了大学的社会责任感;但也使高等教育承受巨大压力,面临在社会价值和文化价值、主体价值之间进行选择的两难境地。19世纪后期到20世纪初期,高等教育思想发展平稳,其观点大多是调和的。如美国的C.W.埃利奥特和英国的赫胥黎的高等教育思想。C.W.埃利奥特认为美国大学的生命力在于积极接受时代提出的挑战,新型的美国大学既要根植于美国社会和政治传统,又要体现高尚目的和崇高理想。C.W.埃利奥特期望在大学的发展中能够实现社会价值和文化价值、精神价值的统一。与C.W.埃利奥特同时代的赫胥黎致力于调和古典人文学科和自然科学的矛盾,认为这种矛盾的产生是因为人们没有看到科学真正的价值,即科学不仅具有实用价值,而且具有训练人理智和培养人精神的价值。赫胥黎期望能用自己的思想调和一直存在的科学与人文对立的高等教育知识观方面的争论。这一时期中国的高等教育思想也得到发展。中国高等教育思想深受欧美高等教育思想的影响,是欧美先进的高等教育思想与中国传统文化和思想结合的产物。蔡元培是典型代表。蔡元培十分强调大学的社会责任,但也认为大学是研究高深学问的机构,应把研究学术作为首要任务,并提倡思想自由,兼容并包。蔡元培在科学研究和学术自由方面的思想深受德国高等教育思想的影响;在大学与社会的关系方面,与美国的高等教育思想有相通之处;在谈到具体的教育问题时,所持的又是中国传统的个体修养思想。

从20世纪中期开始,由于社会环境变化加剧,高等教育思想中的冲突也较明显,集中体现在价值观和人才观之上。影响较大的是赫钦斯的"永恒主义教育"思想和克尔的"多元化巨型大学"观。赫钦斯认为大学教育的目的是训练和发展人的理智,培养的应该是通才而不是专才,为此提出通过课程内容的改革来实现这一目的,即用那些经历了许多世纪而达到经典著作水平的书籍和课程来教育学生,这些课程即永恒学科。克尔的思想对美国乃至整个世界的高等教育都有较大影响。他认为多元化巨型大学是一个充满矛盾的机构,它有若干个灵魂,并与社会联系得更紧密。

20世纪80年代以来,高等教育实践的发展更迅猛,这主要体现为高等教育规模的扩大及高等教育机构的多样化,由此也产生了许多新的高等教育思想。在高等教育规模方面,特罗的高等教育发展阶段论影响较大(参见"高等教育发展阶段论")。这一时期高等教育思想关注的焦点已从价值观转向发展观,高等教育应在社会价值、文化价值和主体价值间取得平衡已得到广泛认同,人们更关注高等教育如何规划和发展才能最大限度地实现这一目标。

参考文献

约翰·S.布鲁贝克.高等教育哲学[M].王承绪,等,译.杭州:浙江教育出版社,2001.

阿伦·布洛克.西方人文主义传统[M].董乐山,译.北京:三联书店,1997.

T.胡森,N.波斯尔思韦特.国际教育百科全书[M]."国际教育百科全书"编辑委员会,译.贵阳:贵州教育出版社,1990.

瞿葆奎.教育学文集[M].北京:人民教育出版社,1993.

任钟印.西方教育名著通览[M].武汉:湖北教育出版社,1994.

（邬大光　赵婷婷）

高等教育中介组织（intermediary organization in higher education）　介于教育行政部门与高等学校之间、学校与学校之间、学校与其他社会组织之间并为其提供咨询、指导、监督、评价、协调等以信息技术服务为主的专业化社会服务组织。从事高等教育中介活动并形成职业化、专业化的一类组织的总称。具有一定的学术性、可提出一定建议,但一般没有决策权,通常按一定法律、法规、规章(或根据政府委托)建立,遵循独立、公开、公正原则,在教育活动中发挥沟通、公证、监督和评价功能。

1983年,B.R.克拉克论述了国家和高校之间的"缓冲组织"(即高等教育中介组织)的作用,认为它们有效防止了政府与高校之间的矛盾冲突。1991年,卡瓦斯首次对"缓冲组织"进行界定,认为高等教育中介组织是一个正式建立起来的团体,可以加强政府部门与独立(或半独立)组织的联系,以完成特殊的公共目的。

可按不同标准将高等教育中介组织分类:(1)从层次上,可分为两类:国家(或联邦)层次的中介组织,如英国的大学拨款委员会(University Grants Committee);省(或州)一级层次的中介组织,如加拿大安大略省大学事务委员会。(2)从类型上,可分成研究咨询类中介组织、评估鉴定类中介组织、社会服务类中介组织等,如教育决策咨询研究机构、教育鉴定和教育评估机构、出国留学服务机构等。(3)从社会属性上,可分为三类:一是受政府资助的独立半官方组织,如高等学校学位与研究生教育评估所等;二是由依托于高等学校的各种协会、联合会等组织建立的学术性中介组织,如中国高等教育学会高等教育评估研究会;三是政府和高校之外的独立民间中介组织,可以向公众提供必要的、可以比较的信息,如各种出国留学中介机构。

各国高等教育中介组织的形式不尽相同。日本有中央教育审议会、临时教育审议会、大学审议会等;法国有国家高等教育与科学研究委员会;中国有全国高等学校设置评审委员会、高等学校办学质量评估组、高等学校专业设置评审组、国务院学位委员会学科评议组等。

高等学校中介组织的基本特性是服务性。其服务对象具有广泛性,可服务于政府、社会、学校等;服务目的具有公益性;服务形式具有传递性,要做到上情下达、下情上达;服务行为具有公开、公平性,即工作程序和结果要有透明度;运行机制具有自律性,即不为某人或某一利益集团左右,能依据法律程序独立行事。其行为特点有:(1)行为的第一目的或宗旨是使教育行为主体之间产生联系,建立信任;使两个教育行为主体参加的法定或约定程序连接起来;使两个行为主体确认某种事实,达成某种一致或共识,这是教育社会中介组织区别于其他社会组织的根本特性。(2)行为的产生基于行为主体的托付,托付的首要目的是同特定对象建立联系和信任,或是连接程序,或是达成一致。(3)行为是居间性、双向性行为,中介者对由其中介的行为主体承担责任,保证做到客观、公正。(4)行为后果可能对委托者具有约束力,即中介行为的后果应由委托者承担责任。

高等学校中介组织的职能有三点:一是决策的研究和咨询。即为政府决策、学校办学及受教育者择校提供咨询,也可为社会了解教育发展状况、办学中存在的实际问题等提供咨询。实现该职能的中介组织有专门的咨询机构,如法国的国家高等教育与科学研究委员会、日本的大学审议会、中国的教育发展战略研究会等。这类机构介入政府决策过程,一般受政府委托,对政府关注的高等教育问题进行现状调查、分析和研究,最终以报告形式揭示问题根源,提出建议及具体措施,供政府部门决策参考。也有些组织不受政府委托,自主开展有关调查研究,其研究成果以建议

形式提交政府,这类组织通常兼有研究和咨询职能,如英国的高等教育基金委员会(原大学拨款委员会)、德国的联邦和各州教育规划和科学促进会等。二是协调和管理。中介组织在充分考虑政府和高校的要求以及现实条件的情况下,可作为双方利益的代言人,介入各方运作过程。可接受政府、学校的委托,甚至消费者的委托,对学校的办学水平、学科教学状况、师资水平、学生的知识能力水平及教育整体状况等进行评估并提供评估报告。协调和管理职能通过以下过程体现:编制高等教育规划、分配高等教育资源、监控高等教育活动等。介入高等教育活动监控主要通过以下方式:确立入学标准、制定高校学术标准、开展高等教育鉴定和评估、确定大学设置标准、对有关政府专项计划实施监督等。三是信息服务。该职能在很大程度上伴随其他职能的实施而实现。几乎所有类型的中介组织都不同程度地承担信息服务职能。根据中介组织提供信息服务的范围及程度的不同,可将其分为三种类型:专门提供信息服务的机构,它们或是非盈利性质的,或是带有盈利性质的、民间性组织和团体,如美国的卡内基促进教学基金会(Carnegie Foundation for the Advancement of Teaching);协调和信息服务两种职能并重的组织,多由高校管理人员联合组成;提供特定信息服务的组织,一般承担具体职能。

高等教育中介组织的作用:一是矛盾缓冲作用。高等教育中介组织了解高等学校和政府机构的活动特点、运作方式,因而能以一个相对独立的、不完全隶属于任何一方的身份,去协调两者在目标和行为上的冲突,消解彼此间的紧张关系。在政府对高校施加压力时,可起到"缓冲器"或"减压阀"作用。二是功能整合作用。一方面,高等教育中介组织可根据政府要求对高校输出作较为客观的定性评定和定量测估,在一定程度上消除政府单方行为的主观性,部分分担政府对高校施加的压力;另一方面,它又能充分考虑高校的现实条件和能力,在推动高校发展以实现政府目标的同时,维护高校自治权利。三是信息沟通作用。高等教育中介组织本身是政府和高校间的媒介,具备把握两方信息的先天优势;中介机构的人员配备或由各方资深人员组成,具有宏观上全面把握信息的能力,或由专业人员组成,能够有效、准确地收集和处理信息。其信息沟通功能在国内外学术交流、人才交流、毕业生就业指导、科技成果推广等方面体现得较明显。四是市场调节作用。在市场经济社会,社会个体对教育的需要是多方面的,对于选择什么、怎么选择等问题,高等教育中介组织可起到很重要的媒介作用。此外,它能在发现和利用教育的潜在资源、通过市场运作机制挖掘和用好这种资源、实现其优化配置等方面发挥优势。学校要根据社会经济发展的要求适时调整和改进自身,因而也需要中介组织为其提供支持与帮助。五是社会广泛参

与作用。这是高等教育民主化的体现。中介组织可以广泛联系社会各界人士参与高等教育管理,避免高等教育发展产生偏差。

(唐安国)

高等学校(higher education institution)　以实施各级各类高等教育为主要职能的机构。主要由政府、各种社会团体、个人、私人团体、教会、国际组织等举办。有全日制、部分时间制、业余或远程学习等多种形式,为受教育者提供可(或不能)获得某种学位、文凭、证书的各种类型、各种层次的专门(或非专门)教育。招收具备中等学校毕业或同等学力以上水平的人员(包括在职人员)。种类繁多,名称各异,主要有大学、学院、高等专科学校、多科技术学院、高等职业学校、社区学院、初级学院等。大学和学院是其主要组织形态。大学指能够实施本科教育和研究生教育并有权颁发学位的综合性高等学校,一般包括数个专业学院和研究生院,学制年限少于四年的短期大学除外。学院可分两种情况:一是独立设置的高等教育机构,早期建立时规模较小或学科较单一;有些学院随学科和规模的不断发展,其性质已与大学无异。二是隶属于大学的教学、研究机构,各国情况不同。如英国传统大学中的学院是集生活与教学于一体、有较大独立性的组织;其他国家大学内的学院多数按学科、专业划分,较传统的有文学院、理学院、工学院、商学院、法学院、医学院、农学院、教育学院等。随着社会结构的变化和学科的分化,大学内的学院越来越多样化。高等专科学校、多科技术学院、高等职业学校、社区学院、初级学院等多数是实施专科层次的职业技术教育机构。高等学校系统的多样性是现代高等教育的基本特征。

古代高等教育机构

西方古代高等教育机构　西方最早出现的高等教育机构可追溯到古希腊时期(约公元前 5 世纪)两个城邦国家斯巴达和雅典建立的高等军事学校或学院"士官团",亦称"埃弗比"(ephebia)。该军事院校由国家开办,专门培养军事领导人;教师是英勇善战的军官;开设课程多与军事训练有关,学制 2 年。进入古罗马统治的"希腊化时期"(前 338—前 30)后,罗马人继承并发展了希腊的高等教育,创建了雅典大学和亚历山大里亚大学。前者是由一些著名的哲学家和修辞学家创办的独立哲学学校和修辞学校的总称,如柏拉图创办的"学园"(Academy,亦称"柏拉图学园")、亚里士多德创办的吕克昂(Lyceum,亦称"亚里士多德学园")、芝诺创办的斯多葛派学校、伊壁鸠鲁的哲学学校和伊索克拉底的修辞学校等;后者是另一种形式的高等教育机构和学术研究中心,即图书馆和博物馆的总称。最大的一所图书馆是公元前 295 年由托勒密一世在亚力山大城建立的,该图书馆藏书 20 万册。到公元前 1 世纪,该图书馆储藏的手稿已达 70 万卷,所有手稿均被编上图画,以供各地学者研究使用。到古代和中世纪交替时期,由于政治动荡及文化落后民族的入侵,高等教育在西欧几乎绝迹,一些古希腊时期的高等教育机构遭到破坏。公元 5 世纪初,亚历山大城图书馆被焚毁。529 年,雅典大学停办。在西欧高等教育几乎灭绝之际,拜占廷高等教育却得到发展。规模最大、影响最深远且始终存在的高等教育机构是君士坦丁堡高级学校(亦称"君士坦丁堡大学")。该校创办于 425 年,是由政府设立的世俗性教育机构,由政府任命教授、支付教师薪俸。公元 7 世纪前,大学课程不受任何限制,非基督教知识也可以传播,包括修辞学、哲学以及"四艺"(算术、几何、音乐和天文);高等教育的目的是培养探索真理和传播真理的人,教学方法以讨论为主,教学用语为希腊语,拉丁语则保留在法律文献和实用技术领域。公元 6 世纪末至公元 7 世纪初,随着基督教会势力的加强,教会一度垄断教育事业,大学的作用与地位受到削弱,大学教学甚至一度中断。公元 9 世纪时,世俗教育得到恢复。863 年,帝国大学重建,学生大多免缴学费,教师由政府支薪。此后君士坦丁堡一直是拜占廷帝国最大的教育中心,其教学水平在欧洲和地中海世界首屈一指,吸引了许多求学者。从巴斯尔二世统治开始(963—1025)到君士坦丁九世统治时期(1042—1055),拜占廷的智力活动处于衰败状态。君士坦丁九世于 1045 年对大学进行重组,重组后的君士坦丁堡大学由两部分组成:一为法学院,由希菲林那斯主持,所有律师在正式开业前都被要求进入该校接受培训;一为哲学院,由普塞洛斯和受他领导的一名文法教师尼塞塔斯共同管理。除君士坦丁堡大学外,拜占廷有名的高等教育机构还有主教学校(patriarchal school),其历史可追溯到公元 5 世纪。它主要是一所神学院,但也提供世俗教育作为学习神学的准备。12 世纪时,随着帝国大学的削弱,主教学校处于最兴盛时期,任教者有尤斯塔修斯等学者。1204 年,君士坦丁堡被拉丁人占领,尼西亚(Nicaea)成为拜占廷帝国的首都。1261 年,君士坦丁堡地位恢复,学者兼政治家阿克罗波利特斯开始在这里教授哲学,君士坦丁堡继续成为高等教育的中心。在帝国其他地方,不论是教会的还是私立的,仍有一些高水平的学校,可以提供文法和其他学科方面的知识,如哲学家利奥曾在安德罗斯(Andros)学习修辞、哲学和算术;布莱米德在布鲁萨(Prusa)学习文法,在尼西亚学习诗歌、修辞和初等逻辑,后又到斯卡门德(Scamander)学习数学和更高级的逻辑等。

由于中世纪欧洲商业经济的繁荣、行会城市的出现以及经院哲学的兴起,到 12 世纪,欧洲出现中世纪大学和学院,称为古典大学或传统大学,是近代或现代大学的雏形。最早的中世纪大学是意大利的博洛尼亚大学、萨莱诺大学、法国的巴黎大学以及随后建立的蒙波利埃大学,英国的牛津大学、剑桥大学,西班牙的萨拉曼卡大学等。可分为两种类型:一种是以博洛尼亚大学模式为代表的"学生的大学",即以学生为中心并以满足市场需要为目标的大学;另一种是以巴黎大学模式为代表的"教师的大学",即以教师为管理主体的大学。在14世纪以前,有一半的中世纪大学按照波洛尼亚大学模式建立,这类大学主要分布在欧洲南部,特别是意大利等地;14世纪末15世纪初之后,以巴黎大学为样板建立的德国、奥地利等国家的大学迅速兴起和发展,博洛尼亚大学模式逐渐消亡。中世纪大学具有以下特征:(1)中世纪大学是一种享有教会和君主赋予某种特权的教育机构,其特权包括由宗教权威(罗马教廷)赋予的教学权以及学士、硕士、博士等学位的考试权和授予权;由大学师生通过"迁移"和"罢学"争取到的管理自己的事务、不受政治和宗教限制的高度自治权;由地区或市政当局赋予的大学师生可以不受普通法庭的传唤,并免交各种租赋、税收及独立审判等权利。(2)中世纪大学是一种超越民族、国家界限的国际机构。其国际性主要表现为:接受来自任何地区或任何民族的成员;主张成员和成员之间赤诚相待,不拘于地区利益,不墨守本民族的文化传统,并使用超越地区障碍进行交谈的世界性语言(拉丁语)和共同的神学观(基督教);学者们可以在国家间、大学间自由往来;各国大学在课程内容、学位等方面达成基本认同。(3)中世纪大学多数是在教会庇护下建立起来的,神学在中世纪大学和学院中占据重要位置,几乎所有课程都在神学和教义中寻找依据,整个教学活动充满明显的宗教色彩。(4)中世纪大学是一种由学者构成的行会性质的组织机构。早期大学是由来自不同国家和地区的学者和学生组成的合法团体,学生们组成同乡会,选举自己的领导人,将之称为"顾问",任期一年;学者们组成"教师会",也选举自己的领导人,称之为主任,任期也是一年。顾问和主任共同组成大学委员会,选举出校长,任期一年。从教学组织制度来看,中世纪大学已开始实行学院制,一般包括四个学院:神学院(系)、法律学院(系)、医学学院(系)、文学院(系)。各学院分别选举院长,主要职责包括安排课程和分派教学任务、主持辩论会、办理考试和授予学位等。采用的教学方法是讲授和辩论。学生的学习过程一般分为两个阶段:学生进入大学后跟随某一教师学习4～7年,在阅读、文法、修辞学和逻辑学等方面取得初步知识,考试及格获得"第一级学位",即学士学位;在此基础上,经过3～7年的学习,考试及格获得"第二级学位",即硕士或博士学位。硕士和博士学位并无程度上的差别,只是仪式上有所不同。中世纪大学以服务教会和宗教为宗旨,是培养神职人员的主要场所;古典大学是中世纪大学发展的产物,是世俗与宗教矛盾斗争的结果。古典大学中宗教神学和古典科目仍占主导地位,但实用性的世俗课程也逐渐开始增加。

中世纪大学建立后的几个世纪中,西方高等教育机构的组织结构、管理类型、课程设置、教学模式和学位制度没有太大变化,并一度出现衰落,至17世纪末18世纪初,在欧洲文艺复兴运动、宗教改革运动、资本主义以及近代科学革命等因素的影响下,一些传统的学院和大学开始不断适应近代社会的需要,逐渐变为具有近代意义的新型高等教育机构。同时,一些先进入资本主义社会的国家开始创建新型的大学和学院,包括研究院。

东方古代高等教育机构　埃及、印度和中国也是高等教育的发源地,很早就建立较完备和发达的高等教育机构。古印度时期,巴瑞莎(Parishad)和隐士林(Hermitage)均为最早的高等教育机构,是婆罗门学者讲学之地;建立于公元前600年的塔克撒西拉大学(Takasila Academy)是印度久负盛名的大学。在古埃及,最早的高等教育机构是寺庙学校。当时的寺庙既是宗教活动场所,也是学者研究高深学问、传道授业的圣地,如设在底比斯城的卡纳克大寺(Karnak Temple)就是非常有名的学术机构。972年,在首都开罗建立的爱资哈尔清真寺是今日伊斯兰世界最古老、最负盛名的大学爱资哈尔大学的前身。在中国,根据古籍和卜辞记载,夏商时期开始出现高等教育机构的萌芽,分别称之为"东序"和"右学"。西周时期,早期高等教育机构不断完善,其称谓多样化,如"学宫"、"辟雍"、"射庐"(一作"射卢")和"大池"等。到春秋战国时期,除官学外,私立高等教育机构开始快速发展,"稷下学宫"即为当时有名的学术圣地。到汉代后,高等教育机构形成以官学为主、私学为辅的格局。公元前124年,汉武帝接受儒臣董仲舒、公孙弘等人的建议,设立太学,开创中国有史以来正式的大学制度。除太学外,东汉时期中国还建立最早的专门文艺院校,史称"鸿都门学"。唐代是中国古代高等教育制度最完善、发达的时期,高等教育机构呈现多样化发展特点,形成代表贵胄大学的"两馆"(弘文馆、崇文馆)和普通院校的"六学"(国子学、太学、四门学、律学、书学和算学)体系,并最早开始接受外国游学人员。宋代之后,中国古代高等教育机构得到进一步发展,出现了一种具有独特形态的古典高等院校形式——书院。书院萌芽于唐中叶开元年间,形成于五代,大盛于宋代,既有官办也有私人创办,其中最著名的书院有:白鹿洞书院、石鼓书院、应天府书院、岳麓书院、嵩阳书院、茅山书院等。书院原本是藏书之所,后演变为学者讲学、研究高深学问、追求身心修养的教育机构。其中少数书院后来成为中国近代教育机构的基础和组成部分。

近代高等学校

西方近代高等学校　19世纪后,近代高等教育机构迅速发展,一些早期进入资本主义社会的国家,如英国、法国、德国、俄国和美国等在改造传统大学的同时,也相继建立一批新型大学和学院。(1) 英国。在工业革命的影响下,英国率先建立新型大学,如伦敦大学。伦敦大学取消了传统大学中的神学院,代之以理学院和工学院,同时在各个学院中开设大量近代新型课程,其建立对于推动英国各地高等教育事业发展有重要意义。19 世纪 70 年代后,伴随工业化的进一步发展,英国高等教育发生革命性变化,城市学院(大学)作为另一种新型高等教育机构在一些工业城市纷纷出现。著名的城市学院有欧文斯学院、南安普敦学院、埃克塞特大学学院、约克郡学院、布里斯托尔大学学院、梅森理学院、利物浦大学学院、诺丁汉大学学院、雷丁大学学院、谢菲尔德大学学院、赫尔大学学院等。这类城市学院主要提供职业教育,培养实用人才,直接为所在城市工商业发展服务;开设课程几乎均为工业、机械、造船、采矿、酿造和冶金等方面的职业性课程;不授予学位,只颁发职业资格证书;放宽宗教信仰限制;具有显著地方性色彩;绝大多数学院都侧重工业和科学领域的教学,成为所在城市工业研究的重要中心。(2) 法国。在法国高等教育近代化过程中,除大学外,法国政府在各地创建了一系列专门教育机构:一是专门学院,即按照传授一门科学、一门技术或一门专业的原则设立的高等教育机构,后被统称为"大学校"(grande école);二是综合技术学校,主要开设系统的科学和技术课程,培养近代科学技术人才;三是工科学院,这类学院伴随法国工业化的发展而产生,多数由企业家和地方教育当局联合创办、维持和管理,其办学目的是培养和造就工业人才。它与综合技术学校的不同之处在于:综合技术学校完全以国家和政府的附属教育机构而存在,学生多数来自贵族家庭,毕业后基本从事政府管理工作;工学院完全是工业化发展的直接产物,从培养目标到课程开设完全从工业发展需要出发,学生来自社会中下层家庭,工厂和企业是该类毕业生的主要就业单位和出路。(3) 德国。18 世纪末到 19 世纪初期,在新人文主义教育思潮的影响下,德国大学结构发生极大变化,大批规模小、设施落后和不合乎时代潮流的传统大学倒闭、移植或合并,同时一批新大学纷纷设立,其中柏林大学最具代表性。柏林大学是一所新型研究性大学,其培养目标、课程结构、课程内容及管理体制等均与传统大学不同,具有鲜明的近代特征。在办学理念上,该校坚持大学独立、学术自由、教学与研究统一的基本原则,这些原则也成为近代大学共同推崇的大学价值和学术信念。与上述原则相适应,柏林大学创设"习明纳"(Seminar,即"研讨班")和研究所,这种独特的教学形式和研究机构改变了传统大学的内部结构和教学模式,为将科学引进大学提供了制度保障。因以柏林大学为代表的研究性大学只关注"纯科学"研究,没有设立应用性技术课程,在 19 世纪中后期,德国开始建立关注技术的高等教育机构,以满足工业化生产的需要,如工科大学。工科大学是新型技术类专门教育机构,是在高等工业学校和多科技术学校的基础上演变而来,它不仅传授技术类课程,同时也开设自然科学课程。此外,德国还建立了许多专门学院,多与商业、经济、农业、林业和兽医等专业紧密相关。专门学院、工科大学和研究性大学共同构成了德国近代高等学校系统。(4) 美国。美国高等教育近代化是从州立大学运动开始的。18 世纪末,受欧洲启蒙运动的影响,一些新人文主义者认识到传统的殖民地学院已无法满足美国社会发展的需要,提出以州为单位建立新的公立高等教育机构。随着增地法律的出台,各州大学纷纷建立。南北战争之后,美国高等教育发展进入崭新阶段。在 1862 年的《莫里尔法》的推动下,一种新型高等教育机构——赠地学院(大学)迅速发展。赠地学院又称农工学院,是各州利用出售联邦政府赠予的土地所得建立起来的专业学院(大学),因开设与农业、工业有关的学科而著称,其中康乃尔大学和威斯康星大学最具代表性。除创办实用型学院外,美国还学习德国大学办学模式,积极将科学研究引入大学,创办研究生教育。1876 年,约翰斯·霍普金斯大学成立,该大学建立和发展了研究生教育体制,确立哲学博士学位为最高研究学位,结束了美国依靠其他国家培养高级人才的局面;确立科学研究在大学中的地位;采纳德国大学的学术自由原则,并延伸和发展了这一原则,美国有了真正意义上的研究型大学。除建立实用型大学和研究型大学外,具有美国特色的高等教育机构——初级学院(社区学院)也产生了。1891 年,芝加哥大学将大学四年分为两个阶段:一、二年级为第一阶段,称为"基础学院";三、四年级为第二阶段,称为"大学学院"(后改名为高级学院)。不久之后,美国在大学之外创建两年制初级学院、社区学院。美国高等学校系统出现大学、学院、初级(社区)学院三级结构。欧洲各国及美国新型大学和学院的创立突破了传统大学的单一模式,其共同的特点是:打破等级、宗教限制,使教育对象开始面向广大新兴资产阶级和女性;培养的人才不再是僧侣和牧师,而是社会各行业所需人才;开设课程从宗教课程转为世俗课程,从古典课程转为现代课程,从纯科学课程转为应用技术课程。由于国情和文化传统不同,各国新型高等教育机构也有其自身特色。此外,在西方国家高等教育近代化过程中,传统大学也持续改造,在保持传统的同时不断引进现代大学办学理念和教学内容,通过与社会和工业界建立广泛联系,实现从社会边缘机构逐渐变为轴心机构,如英国剑桥大学开始制定和实施校外授课和讲座计划,将大学教育从校内延伸到校外。之后,牛津大学、伦敦大学等著名大学也开始制定大学扩展计划。到 19 世纪 90 年代,仅剑桥大学和牛津大学设立的校外授课中心就多达 170 多个,参加课程学习的学员达五六万人。在美国,哈佛大学等大学也完成从传统学院向近代大学的转变,引进现代课程和教学制度,创办了研究生院和专业学院。

东方近代高等学校　东方近代高等教育机构出现时间较晚,是东方国家实行变法图强、改革教育的直接结果。其中日本和中国近代高等教育机构的建立最具代表性。(1)日本。1868年明治维新运动后日本开始学习西方,对传统的专门学校进行改造。1877年,日本政府在原开成学校和医学学校的基础上组建东京大学,设理、法、文、医四个学部(后增加工学部),该校为日本第一所以西洋学为主的大学。这一时期除东京大学外,日本还创立了一百余所专门学校,其中一些因质量不高而被迫关闭,另外一些则升格为大学。此外还举办许多私立专门学校,后改为私立大学。如1858年创立的兰学塾于1868年改为庆应义塾大学,1882年创立的东京专科学校于1902年改为早稻田大学。在此之后,日本政府又创办一些新的帝国大学,如京都帝国大学、东北帝国大学、九州帝国大学等。到1914年,日本有大学4所,高等专门学校8所,高等师范学校4所,专科学校66所。1918年的《大学令》颁布后,私立大学和公立大学的数量急剧增长,至1922年,日本有16所私立大学和16所公立大学批准建立。到1940年,日本有国立高等学校158所、公立高等学校20所、私立高等学校179所。(2)中国。中国近代高等教育机构伴随西学东渐、洋务运动、戊戌变法、资本主义萌芽而建立。从19世纪60年代开始,中国出现多种类型的新型高等教育机构。1862年,最早的官办新式高等专科学校——同文馆(翻译专科学校)由清政府按照资本主义国家教育模式建立,目的是培养与西方国家打交道的翻译人才。继京师同文馆之后,洋务派先后兴办26所新式官办学堂,其中外语类专门学校有上海广方言馆、广州同文馆,工业专门学校有福建船政学堂、江南制造局学堂、天津电报学堂、上海电报学堂,军事专门学校有北洋水师学堂、广东水陆师学堂、江南水师学堂、天津武备学堂(亦称"北洋武备学堂")、南京陆师学堂、湖北武备学堂、天津军医学堂等。这些近代专门学校是中国近代高等专门学校的雏形,该类院校完全是在西学东渐的背景下建立起来的,主要教授西文和西学,因此又称为西文学堂和西艺学堂。前者以学习西方语言为主,后者以学习西方坚船利炮制造技术和练兵艺术为主。除官办学堂外,各地官僚、绅士还创办私立新式学堂。以上新式学堂均为高水平训练学校,并非西方传统意义上的大学,但它们起到了突破中国传统学校模式和开启新教育的作用。1895年,天津海关道盛宣怀创办的天津中西学堂(亦称"北洋西学学堂")建立,成为中国第一所新式大学。该校以美国哈佛大学、耶鲁大学为蓝本,全面、系统学习西学。学校开设法律、土木工程、采矿冶金、机械工程四科,所需一切图书、标本、仪器、实验器材等都尽量从美国购置。1898年京师大学堂创立,它是清政府批准建立的中国最早的官立大学,为戊戌变法的新政措施之一。1902年,

《钦定京师大学堂章程》颁布,规定各省学堂均归京师大学堂管辖,京师大学堂成为全国最高学府以及全国教育最高行政管理机关。该校管学大臣(校长)由光绪皇帝钦命,创办之初遵从"中学为体,西学为用,中西并重,观其会通"的办学宗旨;采用日本学制,称分科大学堂,分设经学、政法、文学、医、格致、农、工、商8科,附通儒院(即今之研究院),为中国第一所近代综合性大学。其后全国约有16个省纷纷创建大学堂,后改名为高等学堂,实施大学预科教育。另一类高等教育机构是西方传教士在中国创办的教会大学。19世纪末20世纪初,英、美、法等国的各派教会在中国创设各级教会学校,其中大学有圣约翰大学、东吴大学、文华大学、夏葛医科大学(后改为夏葛医学院)、协和医学校(即协和医学院)、沪江大学(初名上海浸会大学)、华西协和大学、金陵大学、之江大学、华南女子大学(后改为华南女子文理学院)、湘雅医学院、金陵女子大学(后改为金陵女子文理学院)、岭南大学、齐鲁大学、燕京大学和文华图书馆学专科学校等。这些教会大学虽受教会控制,传播西方意识形态,但也同时引入西方现代科学知识和教学模式,客观上对中国现代高等教育的发展起一定借鉴作用。中国近代高等专门学校和大学的形式最早在1902年颁布的《钦定学堂章程》中确立下来,但这一学制未得到完全实施。辛亥革命后,北洋政府教育部废除清末教育制度,先后颁布《大学令》、《大学规程》、《专门学校令》等,使大学和专门学校得到一定发展。到1917年,蔡元培担任北京大学校长之后,引入柏林大学办学理念和模式对北京大学进行改革,中国高等教育真正迈入现代化阶段。

现代高等学校

第二次世界大战后,各国经济需要恢复和发展以及科技革命时代的到来,使高等教育成为发展国家综合实力的关键所在。各国均加大高等教育投资力度,扩大高等教育规模,高等教育进入大众化时代,高等教育机构也有新变化。(1)高等教育(院校)系统结构多样化。各国高等教育机构大致分为三个层级。在短期教育层级上,在美国有副学士级学院(associate of arts colleges),亦称"两年制机构"(two-year institutions),包括社区学院、初级学院、技术学院、专门机构(specialized institutions),如独立的医学院及医学中心,医学相关学院,工程及技术学院,商学及管理学院,艺术、音乐及设计学院,法学院,师范学院,军事学院和族群学院等;在英国有多科技术学院(polytechnic)、高等教育学院(college of higher education)和第三级学院(tertiary college);在德国有高等专门学校(fachochs chule)、职业学院;在法国有大学技术学院、高级技术员班、大学预科班;在日本有短期大学、高等专科学校、专修学校;在中国有高等

专科学校、高等职业学院。这类教育机构有适应性强、灵活性大、实践性强、学制短、收费低等特点。在本科教育层级上，主要有实施四年制教育的综合大学、单科大学和独立学院。这类教育机构是高等教育结构中最庞大、传统的部分，通常可授予学士学位。第三层级是可提供完整高等教育（从学士学位课程直至博士学位课程）的院校，一般属研究型大学。这类大学有较高学术水平，致力于发展文化、科学、技术知识和高端人才的培养，可授予学士、硕士和博士学位。(2) 现代高等学校职能进一步拓展。20 世纪初，随着社会发展和高等教育功能的增强，教学、科研和社会服务这三项高等学校的基本职能得到世界各国高等学校的普遍认可。随着社会经济对高等教育依赖性的增强，不仅高等学校原有的培养人才和发现知识的职能得到巩固，其服务社会的职能也得到进一步扩展，被比喻为社会发展的"服务站"和"发动机"。高等学校服务社会的主要内容和形式有：开展成人教育和继续教育；开展技术推广服务；建立科学（工业）园区；建立高校—企业联合研究中心；通过签订科研合同承担政府和企业事业科研项目；高校与企业建立伙伴关系，相互支持；提供各种咨询；兴办合资企业；高校向社会开放图书馆、实验室、教室设施等。随着高等教育国际化的兴起，促进国际交流与合作为高等学校职能最新拓展领域。(3) 新型高等教育机构不断涌现。从 20 世纪六七十年代开始，西方高等教育纷纷进入大众化阶段。由于招生人数迅速增加，大学和学院的办学规模扩大，从而使高等教育系统结构日趋复杂。系统内部开始分化，出现许多新型高等教育机构。一是多校区大学，又称巨型大学或联合大学，一般由一个"旗舰校区"和一些分校区组成，在校学生人数多达几万人或十几万人，甚至几十万人。多校区大学通常不是一个固定的、统一的机构。它是若干社群以及多个中心，是沟通各界、身兼多种功能的超级复合社会组织。二是远程大学，如函授大学、广播电视大学。三是网络大学，又称虚拟大学。网络大学最早出现于 70 年代计算机技术和高等教育比较发达的美国，其中最著名的网络大学是 1976 年建立的凤凰城大学（University of Phoenix）。其他国家包括中国的许多高校也纷纷建立自己的网上大学、远程教育中心、网上教室等。网络大学通过现代信息技术手段实现"任何人，任何地点，任何时间接受教育"，为各种形式的学习提供一种方便的途径，打破部门之间的障碍，促进高质量教学资源的充分流通与共享。其主要特点是依靠计算机网络，通过远程教育系统实现教育功能。网络大学的出现将加快高等教育的普及化进程，使高等教育超越时空和地域的限制，也使优质的高等教育资源实现共享。

参考文献

贺国庆. 德国和美国大学发达史 [M]. 北京：人民教育出版社，1998.

黄福涛. 欧洲高等教育近代化 [M]. 厦门：厦门大学出版社，1998.

伯顿·克拉克. 高等教育系统 [M]. 王承绪，等，译. 杭州：杭州大学出版社，1994.

金以林. 近代中国大学研究 [M]. 北京：中央文献出版社，2000.

曲士培. 中国大学教育发展史 [M]. 太原：山西教育出版社，1993.

（施晓光）

高等学校毕业生就业制度（employment system of college graduates）　为高等学校毕业生提供就业指导，帮助实现就业的制度。通行的高等学校毕业生就业制度是在劳动力市场寻求职业。在市场经济国家，高等学校毕业生就业同社会劳动力市场有机衔接在一起：学生毕业时所获学位或毕业证书构成其就业的基本资格；毕业生在学校就业指导机构的帮助下，按照劳动力市场就业的一般规定，直接进入劳动力市场自主就业。

高等学校的重要职责是为学生提供全面就业指导服务，主要是提供就业信息、进行就业指导、组织雇主与学生见面等。一般来说，在市场经济国家，都以立法形式确立就业指导在学校教育中的地位。高校就业指导的组织模式有三种：(1) 就业指导建立在校外专家的基础上。就业指导机构可以设在教育行政部门，如法国的指导委员会；也可单设，如民主德国的就业指导中心；或由劳动力市场管理机构执行就业指导职能，如在联邦德国，就业指导只能通过正式渠道由联邦职业介绍所进行。(2) 就业指导由高等学校内的专家提供，常在高等学校内部设就业指导中心。如美国、爱尔兰、菲律宾、希腊和荷兰等国就采取这种形式。(3) 鼓励大多数或全部教师以某种方式参与就业指导，将其更全面地结合到学校工作中来，并试图将就业指导结合到各科目教学中。以上组织模式并非互相排斥，很多国家的就业指导拥有一种以上模式。高等教育本身是劳动力市场的重要组成部分，其任务和基本职能是为社会提供适合不同职业岗位的人才；高等学校面向社会办学，在提供更多入学机会和提高培养质量上负有更多责任；政府则在高等学校就业指导的政策、机构及人员设置、工作目标、基本做法等方面作出规定。此外，政府通过对劳动力市场的宏观调控为高等学校毕业生就业设定基本框架。

1949 年前，中国的高等学校毕业生均需自谋职业。中华人民共和国成立后，国家对毕业生实行有计划分配工作的制度，并在实践过程中不断改革。1950—1951 年，对本科、专科毕业生实行政府招聘、大行政区负责分配、有关大区之间进行调剂的办法。愿自谋职业者，可听由自行处理。1952 年起，改为毕业生全部由政府分配工作，不服从分配者取消其分配资格。1952—1958 年，先后由人事部、教育部、高等教育部、国家计划委员会编制全国毕业生分配方案及按学校单位制定调配计划,报政务院(国务院)批准后,由学校或其所在地的省(市)人事部门负责确定分配名单并派遣工作。1959年,规定中央各部委直属高等学校毕业生由中央统一分配,地方所属高等学校毕业生由中央与地方分成分配。1962年起取消这一办法,仍实行全国统筹安排。1973—1979年,"文革"期间招收的工农兵学员毕业后一般回原地区、原单位工作,即实行"哪来哪去"的办法,少数由国家统一分配。1982年后,实行"在国家统一计划下抽成调剂、分级安排"的办法:教育部直属高等学校毕业生由国家直接分配,并给予学校所在地区适当留成;中央业务部门所属学校毕业生由国家、学校主管部门及学校所在地区分成分配;省、市、自治区所属高等学校毕业生原则上由地方自行分配。80年代初期,一些高等学校陆续试行"供需见面"、"招聘、推荐与考核录用相结合"等各种改革办法。1985年,《中共中央关于教育体制改革的决定》要求改变"毕业生全部由国家包下来分配的办法",提出并于80年代中期开始实行以下办法:按国家计划招收的学生毕业时在国家计划指导下,由本人选报志愿,学校推荐、用人单位择优录用,其中定向招收者到定向地区或单位工作;接受委托招收的学生毕业后按合同规定到委托单位工作;自费生毕业后由学校推荐就业或自谋职业。1994年,开始实施毕业生"供需见面,双向选择"就业政策,除一些国家重要部门需要的专门人才外,毕业生一律进入人才市场,自主择业。各用人单位则通过高校就业指导中心和人才市场选择毕业生,与毕业生签订聘用合同,一般还规定一定的服务年限。进入21世纪,中国高等学校毕业生就业已基本实行市场化,除定向和委托培养学生须按协定到有关单位就业之外,所有毕业生均须在就业指导机构的指导下实行面向劳动市场自行就业。

在管理部门方面,1956年起,除个别时期外,中国高等学校毕业生分配工作均由国家计划委员会和教育部(高等教育部)分工主管。前者负责制订分配计划,后者负责制订调配计划和组织派遣工作。由地方分配者亦由地方计划委员会与教育(高等教育)或人事厅、局照此分工主管。1986年起,改为中央统由国家教育委员会主管,地方由省、市、自治区人民政府自行确定其主管部门。

(荀 渊)

高等学校教师(teachers/faculties of higher education institutions) 在高等学校从事教学和研究工作的人员。是高等学校办学的主体力量,履行为国家、社会培养高文化层次、高素质人才的职责。

高等学校教师具有多重身份和职责,既是文化科学知识的传递者,又是文化科学知识的创造者;既是教育工作者,又是社会服务人员。西方传统上认为高等学校教师是一种自由职业,源于中世纪大学教师可以自由流动;又被视为一种学术职业,所从事的活动主要是学术活动,须遵从一定的学术规范和学科规训制度,享有学术自由(参见"学术自由")。

近代各国关于高等学校教师的制度安排及职务设置不尽相同。有学衔制、职务制,或两者并存。有的国家还设有终身教职(如美国)。职务或学衔的名称及等级划分亦有所不同,通常的称谓为教授、讲师、助教等,等级可有二级、三级、四级、五级等不同划分。

据《中华人民共和国高等教育法》规定,中国高等学校实行教师职务制度。高等学校教师职务是根据学校的教学、科学研究任务设置的工作岗位。中国高等学校教师职务分为助教、讲师、副教授、教授四级,各级职务实行聘任制或任命制,有明确的职责、任职条件和任期。1986年,中央职称改革工作领导小组转发《高等学校教师职务试行条例》,对各级教师职责作了规定:(1)助教的职责。承担课程的辅导、答疑、批改作业、辅导课、实验课、实习课、组织课堂讨论等教学工作,经批准,担任某些课程的部分或全部讲课工作,协助指导毕业论文、毕业设计;参加实验室建设,参加组织和指导生产实习、社会调查等方面工作;担任学生思想政治工作或教学、科学研究等方面的管理工作;参加教学法研究或科学研究、技术开发、社会服务及其他科学技术工作。(2)讲师的职责。系统担任一门或一门以上课程的讲授工作,组织课堂讨论,指导实习、社会调查、指导毕业论文、毕业设计;担任实验室的建设工作,组织和指导实验教学工作,编写实验课教材及实验指导书;参加科学研究、技术开发、社会服务及其他科学技术工作,参加教学法研究,参加编写、审议教材和教学参考书;根据工作需要协助教授、副教授指导研究生、进修教师等;担任学生思想政治工作或教学、科学研究方面的管理工作;根据工作需要,担任辅导、答疑、批改作业、辅导课、实验课和指导学生进行科学技术工作等教学工作。(3)副教授职责。担任一门主干基础课或者两门或两门以上课程的讲授工作,组织课堂讨论,指导实习、社会调查,指导毕业论文、毕业设计;掌握本学科范围内的学术发展动态,参加学术活动并提出学术报告,参加科学研究、技术开发、社会服务及其他科学技术工作,根据需要担任科学研究课题负责人,负责或参加审阅学术论文;主持或参加编写、审议新教材和教学参考书,主持或参加教学法研究;指导实验室的建设、设计,革新实验手段或充实新的实验内容;根据需要指导硕士研究生,协助教授指导博士研究生,指导进修教师;担任学生的思想政治工作或教学、科学研究等方面的管理工作;根据工作需要,担任辅导、答疑、批改作业、辅导课、实验课、实习课等教学工作。(4)教授的职责。除担任副教授职责范围内的工作外,应承担比副教授职责要求更高的工作;领导本学科教学、科学研究工作,根据需要并通过评审确认后指导博士研究生。高等学校教师须具备相应的任职条件:具有良好的思想政治素质和职业道德素养;具备《中华人民共和国高等教育法》规定的相应学历学位要求;具备相应职务规定的外语水平和计算机应用能力;具备履行相应职务岗位职责的教育教学、科学研究能力;身体健康,能正常从事教育教学和科学研究工作。

除一般的公民权利外,高校教师享有的其他社会权利主要是职业本身赋予的专业方面的权利。《中华人民共和国教师法》规定,教师享有下列权利:进行教育教学活动,开展教育教学改革和实验;从事科学研究、学术交流,参加专业的学术团体,在学术活动中充分发表意见;指导学生的学习和发展,评定学生的品行和学业成绩;按时获取工资报酬,享受国家规定的福利待遇以及寒暑假期的带薪休假;对学校教育教学、管理工作者和教育行政部门的工作提出意见和建议,通过教职工代表大会或者其他形式,参与学校的民主管理;参加进修或者其他方式的培养。

高等学校实行教师聘任制,教师经评定具备任职条件的,由高学校按照教师职务的职责、条件和任期聘任。其特点是:根据学校的实际需要,设置一定数量的职务岗位,明确规定各级岗位的职责范围和任职条件,通过一定的聘任程序,由学校面向社会自主聘任具有相应任职条件的教师担任相应职务,并实行聘约管理。教师聘任制对优化高等学校教师队伍结构、扩大高等学校用人自主权、促进其人事制度的改革和学校整体发展具有重要意义。

(唐玉光)

高等学校校园文化(campus culture)　与大学共生共存,是在大学长期办学实践中逐步形成的一种体现大学精神的特定文化。属社会文化中的区域性亚文化。对师生行为具有价值导向作用,对社会具有辐射影响作用。既具有社会文化的共性,又具有自身的个性和发展规律。"校园文化"概念最早见于美国社会学家沃勒1932年的著作《教育社会学》。沃勒认为高等学校校园文化在通常意义上包括四个方面:一是校园文化环境,包括物质财富、组织制度和精神产品;二是学校的教学活动、学术活动、教育活动以及相应的精神氛围、群体心态;三是校园文化的主体,即大学生、教师和管理人员;四是在校园文化中占据核心位置的价值体系。

对于高等学校校园文化的内涵存在多种理解,有广义、中义、狭义之分。广义指长期由师生创造的学校物质财富和精神财富的总和,是具有一定独特性的文化类型;中义指以学生为主体,以教师为主导,以育人为目的,以课外文化活动为主要形式,并在这些活动中贯穿着的那种通过长期教育实践形成的校园精神,以及所营造的与这种校园精神

相关的校园环境;狭义指在各高等院校历史发展过程中形成的,反映着人们在生活方式、价值取向、思维方式和行为规范上有别于其他社会群体的一种团体意识、精神氛围,表现为维系学校团体的一种凝聚力和向心力。认为高等学校校园文化包括物质形态、行为形态、制度形态、精神形态的看法逐步趋向一致。

高等学校校园精神文化是高等学校校园文化的灵魂和核心,它是在长期办学实践中逐步形成的、与办学理念密切关联、被学校大多数人认同的一种价值观念和工作、学习、生活的态度,并在师生员工的工作、学习、生活实践中得到体现。由于发展历史、办学条件的差别,每所学校的校园精神文化各不相同,具有明显个性特点,往往成为凝聚人心、鼓舞斗志、推动学校发展的巨大力量。高等学校校园行为文化是高等学校校园文化的重要外现形式,是其最活跃部分。主要指高等院校中的各种校园文化活动和各种仪式及渗透在这些活动中的风气,如文体活动、社团活动、闲暇文化活动、宿舍文化活动、迎新活动、毕业典礼活动及在这些活动中表现出的校风、教风、学风、班风、校园人际关系等。长年有效的校园文化活动在推进形成校园精神文化中发挥重要作用。高等学校校园制度文化是激励或约束高等学校师生员工开展校园活动的一系列规范,包括各种校纪校规、制度、公约、行为规范及惯例,如校训、学生守则、教学管理制度、文明行为准则等。高等学校校园规章制度有较为固定的操作模式和评价标准,依靠一定的权力体系保障实施。高等学校校园物质文化是高等学校校园文化赖以存在和发展的条件,包括校园建筑、设施、绿化、人文景观、教学科研设备等,如教学楼、图书馆、会堂、实验室、运动场、宿舍、道路等,均能体现一所学校的精神气质。

高等学校校园文化有多项特点:(1)时代性与超前性的统一。高等学校师生具有高度的历史责任感和敏锐的现实洞察力,以他们为主体形成的校园文化带有鲜明的时代特征,其发展指向未来,超前于现实,在许多方面成为相应社会文化的先导。(2)独特性与共同性的统一。由于发展历史、地域文化不同等各种原因,各高等学校的校园文化一般自成系统,各具特色;受共同的文化、民族心理、社会思潮等因素的影响,各高等学校的校园文化又具有共性。(3)稳定性与可塑性的统一。高等学校校园的建筑及设施、校园文化活动模式、各项规章制度、校园精神等,都具有一定稳定性;由于社会快速发展,高等学校自身也有相应发展,其师生员工不断接受新知识,产生新观念,表现出新行为,校园文化也呈现出很大的可塑性。(4)继承性与创新性的统一。高等学校强调知识积累和文化传承,校园文化也必然具有继承性;高等学校的基本任务是培养人才,发展科学事业,其校园文化也特别强调发挥人的能动性,是充满创造精神的文化。(5)多重性与同一性的统一。社会文化的多元

性、高等学校学科和专业的差异性决定了其校园文化的多重性;在此前提下,高等学校校园文化的基本价值取向又具有同一性,主要表现为学术自由、政治民主、人格平等等价值观念和对真善美的追求。

高等学校校园文化有多项功能:(1)对师生员工具有教育导向功能。良好的校园文化是进行道德教育的重要途径,它以特有形式显现地或潜在地影响学生的思想品德和心理素质,提高学生多方面的能力;诱发师生员工的积极性,激励他们按照校园精神指示的方向不懈奋斗;释放心理制约力量,使师生员工自觉接受既成规范。其教育导向功能寓于各种形式之中,集思想性、知识性、娱乐性于一体,有利于师生员工的身心健康和个性发展。(2)对学校具有凝聚人心的功能。校园文化氛围,特别是校园精神文化,能有效激发师生员工对学校发展目标、行为准则的认同,使其产生"我是学校一员"的归属感、自豪感、使命感,形成强烈的向心力,从而自觉地去推进学校发展贡献力量。(3)对社会具有辐射影响功能。校园文化受社会文化的有力影响,但它也以积极、活跃的姿态介入社会文化系统中,给社会文化以强烈影响。高等学校有责任形成健康、高雅的校园文化,发挥影响社会大众文化的作用。

（尹瑜华　刘献君）

高等学校学籍管理制度(student registration system in higher education institutions)

高等学校在籍学生各项学习管理规则的总和。保证高等学校以教学为中心的工作有序、有节、有效、顺利进行的最基本的制度,是对所有层次、年级、学科、专业的学生自录取进校到结束学业离校的整个在学过程的规范化、制度化管理。

一般包括几种制度:(1)入学注册、开学注册。新生持高等学校录取通知书和有关证件按期到校办理入学手续,超过规定时间不报到,取消入学资格。新生入学后三个月内,经学校复查合格者准予注册,成为正式的在籍学生。如不符合招生录取条件者,给予不同处理,直至取消入学资格。如因有疾病而不能参与学习者,经短期治疗可达健康就学标准的,可保留入学资格一年,下一学年申请入学;仍不合格者,取消入学资格。已在籍的学生每学期开学时必须到校办理缴费、注册手续,才能获得修习课程和相应学分、成绩的认可。逾期不注册者按自动退学处理。(2)升留级、重修试读。根据学生的学习成绩,对学生采取相应措施的管理制度。在学校采用学年制的情况下,按照学习年限(一般本科生为4年,专科生2~3年)编制各学年教学计划,确定每学年的学习课程及成绩考核的要求。如一年内能达到课程学习的要求就升入高一年级学习,依次递升,直至毕业。如有的课程考核不及格,经补考也达不到要求并超过一定门数,以留级处理,在原年级重修一年;经留级学习一

年仍达不到升级要求者则作退学处理,可根据学习年限发给肄业证书。在学校采用学分制的情况下,学习的量、质和进度以学分计算。对不同层次(专科、本科、研究生)学生均规定毕业需达到的总学分数要求,每门课程也都有规定的学分数(按教学时间数及课外学习量核定),通过考核的,累计学分数;考核不合格,不计学分,可重修。学分数量并不以年来计,只要达到总学分数即可毕业。不同学生毕业所需修业年限可不同。一般有最长期限限制,不可无限期保留学籍。中国多数大学采用学年学分制,不实行上述的升留级制,采用跟班试读或留降级试读。学生按专业教学计划的要求,在导师指导下选课,规定每学期所修课程必须达到教学计划规定的最低学分数,也不能超过最高学分数。其中必修课不能以选修课替代,限定选修课不能以任意选修课替代。如果一学期中不及格课程的学分达到和超过所修总学分的一定比例,作退学处理,允许缓退试读。试读期一般为一年,一次为限。(3)转专业、转学校。学生入学满一学期,未达本科三年级以上者,可提出转专业的书面申请,经转出专业所属系或学院的审核同意后,再由拟转入专业的系或学院经甄别考试,学校教务处审核发文,作学籍变更处理。转入和转出专业教学计划接近的,可同年级相转,否则作保留(降)级处理。学生确有某种特殊需要或困难,要转到其他学校学习者,由本人向所在系或院提出申请,学校审核同意后推荐拟转入学校,审核同意报所在地教育行政部门审批。如属跨省(自治区、直辖市)转学,还需经转入校所在地教育行政部门的审批,然后办理转学手续。(4)休学、停学、开除学籍。经指定医院诊断,学生因病需课治疗、修养占一学期总学时的一定比例(如1/3以上),可作休学处理,保留学籍。一般以一年为期,累计不得超过两年。因某种原因需中途停学,又不符合休学条件,经本人申请、学校批准,可作停学处理,保留一定时期(各校按不同情况确定)的学籍。期满不办复学手续者取消学籍。因病休学者复学,需经医院诊断已恢复健康,学校复查合格方可复学。休学、停学期间,如有严重违法行为者,学校可取消其复学资格。学生在学期间,如有违纪、违法行为,学校视情节轻重可按校规给予不同处分,直至开除学籍。学生对处分有申诉权。(5)毕业、结业。在籍学生学完教学计划规定的课程,考核及格,达到规定学分数,准予毕业,发给毕业证书,并按学位条例授予相应学位。学习成绩不符合毕业条件可作结业处理,发给结业证书。学校准许在规定年限内申请返校补考,及格者换发毕业证书,但不授予学位。

严格的学籍管理制度是近现代高等学校的一项重要制度。西方中世纪大学和中国古代书院都无学籍管理,学生可自由来去。西方大学只要求修习完规定课程并达到合格标准即可授予相应证书或学位,进入近代以后才逐渐建立起学籍管理制度,由于高等学校之间互相承认学分,因而在

转学科专业、转转学校方面保持了宽松的传统。中国近代高等学校在学籍管理制度方面，1949 年以前和西方大学基本一致。1952 年后由于实行严格的计划体制，建立了一套严格的学籍管理制度。随着改革开放，学籍管理也逐渐向以满足学生需要为原则的方向改革发展。

（谢安邦）

高等学校招生制度（admission system of higher education institutions） 高等学校招收、录取新生的政策、条件、办法等规则的总称。各国高等学校招生制度有所不同，随高等教育的发展而变化，总体原则是在保证教育机会均等、扩大高等教育规模和保证高等教育质量之间求得平衡。同一国家的不同学校，其规则亦不尽相同。就普通高等教育的本科、专科而言，各国一般均以具有普通中等学校毕业证书或同等学力证明作为进入高等学校的必要条件。有的国家限定入学年龄，有的国家要求全部或某类申请入学者具有规定年限的工作经验，有的国家在早期还对入学者的性别、宗教信仰、种族等做出限定。常采用的制度有开放入学制、考试选拔制、推荐入学制等。

研究生的招生制度，各国大致相同。均由具有研究生培养资格（具有硕士、博士学位授予权）的高等学校自主招生。通常采用的方式是，具有本科毕业学历（具有学士学位）或具有同等学力者向志愿入学的高校提出申请，由有关的学术机构或学者予以推荐，由招生的学校进行审核或举行一定的考试或面试后决定录取。

外国高等学校招生制度 欧洲中世纪大学没有严格的招生制度。19 世纪后，随着资本主义经济发展，人才需求与培养的重心开始上移，各国在完善其学制系统时逐渐将中等教育与高等教育衔接起来。中等教育的发展为大学不断提供大量入学候选者，使大学有必要采取适当手段选择其中优秀之人，大学招生制度因而产生。此后随着高等教育规模的迅速扩大和各国对高级专门人才需求的不断增长，各国相继出现各大学联合举行考试、招生工作的做法，或将大学入学考试、招生等相关事宜逐渐统一起来，委托中介机构或国家行政机构实施。第二次世界大战后，西方一些主要国家在高等学校招生上采取宽进严出策略，逐步形成具有统一标准的大学入学考试或承担类似功能的考试，对中学毕业生进行考核，为大学、学院筛选、招收学生提供参照。其主旨是提供均等入学机会，使考试面向所有高中毕业生及有接受高等教育意愿的社会人员，提供多样化考试手段以适应不同考生特点；通过强化考试的科学化、标准化，保证大学入学学生的质量。

（1）入学考试制度。20 世纪初，欧洲由大学考试机构与地方教育当局组建的中等教育考试机构实施的考试或国家直接举办的考试以及相应的证书制度，开始取代高等学校入学考试，成为考察入学申请者资格的基本手段。1917 年，英国建立由大学考试机构、教师和地方教育当局代表共同组成的中学考试委员会，并由该委员会推出两级学校证书考试制度，代替各大学的考试机构，对中等教育 5～7 学级实施考试。考试合格者即取得申请入大学的资格。其后屡经变革，1988 年正式实施由普通教育证书考试（普通水平）与中等教育证书考试合并而成的中等教育普通证书考试，是面向全体考生、具有全国统一标准的考试，由独立于中学和高等学校的、经政府教育与科学部认可的校外考试机构主持并颁发证书。法国与德国的法律保障获得中等教育证书者有自由选择某所高校和系科修业的权利。在法国，业士学位证书是中等教育的第二阶段，毕业会考合格后授予学位，可作为不要求通过入学考试的高等学校的入学资格。业士学位证书考试直接由教育部领导并由各学区及其下属考试委员会、考试中心负责实施。在德国，高级中学毕业证书考试及其他高校入学考试是中等教育范围内的考试；高级中学毕业或与之有同等价值的文凭自然地赋予大学入学申请者自由选择进某高等学校修业的资格。完全中学毕业证书考试在州文化教育部主管下，由州考试委员会实施。在美国，历史上高等学校均自行招生，各校招生条件和入学考试内容各不相同。1900 年，为改变当时中学无法适应各高校不同要求的混乱局面，美国东部一些高校联合成立大学入学考试委员会，试图建立全国性的统一考试，采取的考试方法称为学业成就测验。第一次世界大战后，智力测验在美国盛行，该委员会推出一种新的学术能力倾向测验，作为高校入学考试。1947 年，该委员会与美国教育理事会（American Council on Education，简称 ACE）、卡内基促进教学基金会（Carnegie Foundation for the Advancement of Teaching）共同创建教育测验服务中心（Educational Testing Service，简称 ETS）。1959 年，美国高等学校测试机构创立，采取与教育测验服务中心不同的测验方式，称为教育发展组试。在日本，1979 年前大学一直单独考试，单独招生。1979—1990 年，日本大学的入学考试分两种：一是国立大学、公立大学和部分私立大学的入学考试，分为两个阶段，先由以上大学和大学入学考试中心联合实施第一次共同考试，接着由这些大学自己举行第二次考试；二是不参加入学考试中心考试的一般私立大学分系科进行的考试。大学入学考试中心根据《国立学校设置法》，以与各国立大学合作承担全国高考任务、进行有关高考改革方面的调查研究为目的而建立。1990 年春，日本开始以大学入学中心考试取代第一次共同考试，综合考察考生高中阶段知识的掌握程度和思考能力、应用能力、创造能力，考生只需参加所申请的大学规定和要求的相应科目的考试。

（2）高等学校招生办法。大多数国家考生在参加考试或持有证书之前或之后，都有向自己志愿进入的高等学校递交申请的权利,学生所持有的证书往往与一定的高等学校层次直接对应,或参加的考试科目是其想要进入的高等学校所要求的考试科目。在递交申请的具体程序、接受申请的机构及与之直接关联的招生录取过程方面,各国有不同的规定。在英国,由专设的入学申请机构——全国大学招生委员会(Univesities Central Council on Admission,简称UCCA)接受申请,并负责在高等学校与学生之间充当中介角色,调和学生与学校之间的不同要求,最后录取权归高等学校。在英国之外的其他国家,各国学生一般可以直接向高等学校提出入学申请,由高等学校专设的招生机构负责接收申请并作出是否录取的决定。在德国,各大学均设学生事务处,负责收发入学申请表与相关资料、对申请者进行筛选、寄发录取通知书和协助新生办理入学。州录取名额审核委员会的职责是审核大学申报的新生录取名额,并规定申请热门系科的必要条件。此外,德国还设置了类似于英国的入学申请机构,不同的是该机构只就热门专业的入学申请进行协调。在日本,大学的招生录取由各大学实施。考生向自己志愿报考的大学提交入学申请书,大学依据考试中心的考试成绩、本校举行的入学考试成绩及高中调查书等进行选拔,经过教授会的审查认可,由校长决定入学者名单。各大学设有专门处理选拔考生事务的机构,国家和地方不设专门招生机构。在美国,各高校都设有负责招生的职能部门,大多数称为招生办公室;有些高校还设招生委员会,负责制定招生工作的方针、政策,确立新生入学条件和资格、入学顺序及录取原则。招生办公室负责招收新生的宣传、接收申请和录取工作。美国高等学校招生政策大致可分三类:综合性、研究型高校实行竞争性选拔招生政策,该类学校约有200多所,接收入学的新生人数较少;一般综合性高校与四年制高校实行选择合格者的招生政策,大多满足基本入学条件者均能被接纳,是美国高等学校招生的主流;两年制社区学院大多数实行开放性招生政策,向所有具有中学毕业水准或同等学力的申请者开放。美国高等学校注重全面审查申请者的各类情况,综合多种因素录取新生,一般包括:申请者中学所学课程与学业成绩(30%);申请者统一入学考试成绩(27%);申请者的特长与兴趣、个性等状况(10%);其他标准。录取方式灵活多样,富有弹性,采取的措施有提前录取、期中招生(转学)、延期注册等。20世纪60年代后,人口出生率开始下降,高等教育适龄人口相应逐年减少,同时受高等教育民主化思潮影响,一些国家在大学入学制度上采取更灵活的措施。如英国、德国和法国等国家,开始专门设置面向在职人员的考试,使没有高等教育经历的成年人有机会重新进入大学学习,由这一渠道进入大学的人数逐年增加;在日本,专门有面向归国子女、成人的特别选拔办法。1960年起,日本一些大学先后实行推荐入学制度,学生只需凭高中校长

的推荐,经考核确认某科目成绩确实优秀,就可被大学录取。在美国,在大学招生考试中持续增加面向少数民族适龄人群的招生名额,并特别为海外侨民的归国子女置留名额。

中国高等学校招生制度　1951年前,中国基本实行由高等学校单独或数校联合举行入学考试、择优录取新生的办法。1951年,开始实行大行政区范围内的统一招生。自1952年起,实行全国统一招生制度,由教育部(或高等教育部)会同有关部门制定全国统一的高等学校招生的方针、政策、计划、办法和有关规则,并组织进行每年一次的高等学校入学统一考试,全国统一命题,统一规定报考条件、考试科目、政治审查标准、健康检查标准、考试日期及录取新生的原则。各地区按统一规定,结合当地具体情况,分别办理报名、考试、政治审查、健康检查、评卷和录取(除1952年、1953年实行全国集中录取外)等工作。艺术、体育院校及以面向港澳台地区招生为主的院校实行单独招生。1966—1969年未招生。1970—1976年取消入学考试,实行"群众推荐,领导批准,学校复审"的办法,且限定招收具有2年以上实践经验和相当于初中毕业以上实际文化程度的工农兵入学。1977年,开始恢复统一招生考试制度并不断进行改革。1987年,国家教育委员会制定并发布《普通高等学校招生暂行条例》,规定:普通高等学校招生分为国家任务(包括适当比例的定向招生)、用人单位委托培养(包括用人单位与高等学校联合办学培养)、自费生三种计划形式,由国家教育委员会根据各地上报计划,综合平衡下达;招生实行全国统一考试。凡符合具体规定的中国公民均可报考,对有特定要求的专业、在职人员、外国侨民及限制报考人员均作出具体规定。考试科目分文史与理工农医两大类。由学校根据录取分数线,并参照考生高中阶段成绩和全面表现决定录取,或提出名单经地方招生委员会批准录取。条例还规定:由国家教育委员会授权的学校可招收保送生,选拔优秀学生免试推荐入学;民族自治地方用本民族语文授课的高等学校(系、科)由当地招生委员会另行命题,组织考试;师范院校可以省、自治区、直辖市为单位,试行提前单独招生。艺术、体育、军事、民航、公安院校及招收华侨、港澳台地区青年的办法另有规定。录取时以学校、专业为单位,在学校所在地相应科目组的录取控制分数线以上,根据考生总分,由高分到低分,德、智、体全面考核,择优录取。自1990年起,逐步推行普通高中毕业会考制度,在高考总分相近的情况下,录取会考成绩优秀的考生。1994年,高校招生考试进行新一轮改革,在24个省份推行高考"3+2"方案,即文理科各在语文、数学和外语三门科目之外再加两门(文科可选科目为历史、地理、政治,理科可选科目为物理、化学、生物)。同年,国家教委决定对37所高校实行并轨,统一收费标准。1997年,全国本科院校全面并轨,实行收费制度,即

国家本着成本分担的原则,由高等教育受益者自己承担部分培养费用。1998 年,高校招生考试开始试行"3＋X"方案:"3"指语文、数学、外语,为每个考生必考科目;"X"指由高等学校根据本校层次、特点的要求,从物理、化学、生物、政治、历史、地理六个科目或综合科目中自行确定一门或几门考试科目;考生根据自己所报的高等学校志愿,参加高等学校(专业)所确定科目的考试。综合科目是建立在中学文化科目基础上的综合能力测试,可分为文科综合、理科综合、文理综合或专科综合。2000 年起,在北京、上海、安徽试行每年春季、秋季两次考试、招生,并改变此前只招收应届高中毕业生的规定,允许职业高中、中等专业学校、技校和社会人员通过参加高考进入大学深造。2002 年,除港澳台地区外的各省市统一实行"3＋X"科目设置方案。2003 年起,全国普通高校招生统一考试开始时间由以往的 7 月 7 日改为每年的 6 月 7 日。同年,经教育部批准,有 22 所高等学校开始单独招生考试试点。各类成人业余高校的入学需通过全国统一的成人高考。随着招生制度的持续改革,高等学校录取新生的自主权也在扩大。如部分高校自行组织联合考试、自行命题、自行确定录取分数线;扩大中学推荐保送名额;实行中学校长实名推荐制;对少数民族考生或具有某种体育、艺术特长的考生,高等学校可适当降分录取。这些改革的目的都是为了克服仅以考试分数作为录取标准的弊端,以多样化的方式选拔各种高素质创新性人才。

高等学校招生工作由教育部主管,省(自治区、直辖市)、市(地)、县人民政府分别成立普通高等学校招生委员会,各级招生委员会在本级人民政府和上一级招生委员会的双重领导下负责本地区招生工作。1985 年前,由国家教委会同计划部门根据高等学校通过其主管单位上报的计划及国家的需要与可能条件,制定各类高等教育招生人数年度指令性计划,经国务院批准下达执行。1985 年后,经过逐步改革,形成了在国家指导性计划基础上,允许各省、各高校根据当地社会发展需要和办学实际条件,适当扩大招生数量的做法。普通高等学校招生委员会根据招生计划和当年考生的实际成绩分布,制定考生应达到的录取分数线,并将考试成绩由高到低划分为若干个分数段。高等学校则按照办学水平的高低划分为重点本科院校、一般本科院校、专科院校三个层次,依次对考生从高分到低分进行录取。各高校在国家、各省招生委员会统一协调下,可根据考生填报志愿情况,进行适当调整。考生必须在高中毕业会考成绩合格后,在政治思想品德考核和身体健康状况检查合格的前提下参加高考;考试成绩达到招生委员会制定的当年的录取分数线者,可根据本人分数所处志愿档次和职业愿望填报志愿;各高校在综合考察和尊重考生志愿的基础上,按比例提档并择优录取。

参考文献

邱宏昌,林启泗. 十国高等学校招生制度[M].北京:航空工业出版社,1994.

吴世淑. 国外高等学校招生制度[M].海口:南海出版公司,1992.

(荀 渊)

高等学校职能(function of higher education institutions) 高等学校作为一种社会组织机构应承担的社会职责和可能发挥的作用。决定于高等学校自身结构。是人们基于社会的客观需要而对高等教育功能的设置。

三大职能 一般认为现代高等学校具有三种职能:培养人才、发展科学和直接为社会服务。三者之间互相联系,相辅相成。三大职能随社会发展的需要而逐步形成。培养人才的职能由高等学校的本质决定,是与高等学校共生的本体职能,并随社会发展而不断变化、提高。科研活动在高等学校出现之初就存在,但作为高等学校的一项职能出现以 19 世纪初洪堡创办柏林大学并提出将"通过研究进行教学"、"教学与研究统一"作为办学原则为标志。洪堡要求教师不仅要传授知识,还要传授自己的研究思想、研究成果;学生要组织研讨班,以研讨课(Seminar)的形式来学习,科研由此被引进教学过程中。这一做法被各国大学效仿,许多大学承担科研任务,开展科研活动,使发展科学逐渐成为高等学校的第二职能。19 世纪中叶,美国大学将教学与科研推广到社会中去,从而实现了大学直接服务社会的职能。这一职能由 19 世纪中后期美国《莫里尔法》的赠地运动推动,于 20 世纪初在威斯康星大学正式确立并作为大学的第三项职能而提出(参见"威斯康星观念")。高等学校的三项职能在功能上呈现逐渐延伸现象。发展科学职能是为了更好地促进人才的培养,直接为社会服务职能是为了在社会经济发展中利用高校教学和科研成果。在其后的发展过程中,三项职能的内涵有较大变化,但其联系一直都很紧密。高等学校三项职能的发展也不平衡,如直接为社会服务职能在 19 世纪后半期已出现,直至 20 世纪 50 年代之后才被普遍重视和发展。在一个国家内部,不同的高等学校其职能的发展也可能不平衡。

三大职能内涵的演变 高等学校三大职能的内涵受社会、经济、科技发展及办学思想等诸多因素的制约。第二次世界大战后,高等学校三大职能受社会重视,其内涵也有发展与变化。(1)培养人才职能。其内涵主要体现在"培养何种人才"及"如何培养"这两方面。大学从产生之日起就具有培养人才这一职能,但早期培养的人才局限于官吏、法官、医生、神职人员、绅士等,后来才重视培养自然科学人才、社会科学人才及各类专业人才,大学教学日益从自由教育走向专业教育。20 世纪五六十年代后,高等学校培养的人才在数量上成倍增长,在层次上有了更细致的划分,在类型上趋于多样化,社会发展大量需要一些非理非工、非文非理,或者说亦理亦工、亦文亦理的跨学科和复合型人才。课程设置和课程结构也出现很大变化,教学形式从单一的导师制、研讨班、讲授式发展为兼具多种教学方法和手段的现代教学。随着人类科技的发展以及社会需求的变化,高等学校在人才培养的目标、内容、形式以及规模、层次和类型等方面都发生了巨大变化。(2)发展科学职能。其内涵主要体现为"高校科研为谁服务"及"从事何种科研"这两个相互联系的问题。洪堡时期,柏林大学强调教学与研究结合,其出发点是培养人才,即科研为教学服务。第二次世界大战后,社会的发展要求高等学校的科研不能只为教学服务,还要承担国家科学研究任务,为国家需要和社会经济发展需要服务。在许多发达国家,高等学校的科研已不再围绕教学来选题,而是接受国家或企业的科研任务,然后组织教师、研究生等进行研究。但为教学服务与承担国家任务不能截然分开,应处理好两者的关系。在"开展何种研究"方面,当时柏林大学偏重纯理论的学术研究,目的是训练学生的心智,培养其科学探索精神,使其掌握科学研究的方法,对研究的实用性及其在实际生产中的应用并不关心。到20世纪初期,柏林大学所有系所几乎没有开设技术和实用学科的相关课程。20世纪中后期,在快速工业化进程中,大学无法再坚持纯学术研究,必须兼顾技术性课程和应用性研究。各国大学开始在重视提高学术水平的同时,着重解决社会经济发展和国家需要的现实问题。(3)直接为社会服务职能。其内涵主要体现为服务广度和深度的不断扩大。这一职能在高等学校三大职能中发展和变化最大。当时威斯康星大学为社会服务的主要做法是:把知识传授给广大民众,使其能运用这些知识解决经济、生产、社会、政治及生活各方面的问题。但第二次世界大战之后,随着科技革命在世界范围内的蓬勃兴起,高等学校不再局限于传播知识这一做法,其为社会发展作贡献的方式越来越多,如为地区与国家重大决策提供咨询;开设社会经济发展所需的课程,为社会发展培养急需的各类专业人才;承担应用性、开发性研究,技术咨询与转让;兴办知识企业;推广成人高等教育;对社会开放图书资料和仪器设备以及课程等。这些活动广泛涉及培养人才和科学研究这两项职能,把培养的人才以及科研成果迅速、高效地转化为生产力由此成为直接为社会服务职能的主要做法和基本意义。高等学校三大职能发展的总趋势是朝多样化、社会化发展。在此趋势下,培养人才职能和发展科学职能已不再是与社会发展脱节的自身行为,也具有为社会服务的性质,只是服务形式较为间接。现代高校已成为一个以培养人才为主的、多功能的社会机构。

其他职能说及职能的校际分工 (1)其他职能说。中国高等教育研究界对高等学校职能的概念一直有着不同的理解。20世纪90年代,部分学者曾围绕这一问题发表多篇文章进行探讨和商榷。在汉语中,功能和职能有一定意义区别。很多学者认为功能是标明事物自身能力的概念,若事物是确定的,其功能一定也是确定的;职能建立在人们对事物功能认识的基础上,但主要取决于社会的客观需要和要求。事物或机构的功能与职能并不完全统一,系统的功能并不一定在某一时期全部转化为职能;一旦社会需要出现,功能就随之可以以某种形式的职能表现出来。随着社会需要的变化可能出现新的职能。因此,有学者主张高等学校的职能应是"四职能"、"五职能"、"六职能";还有学者提出"显性职能"、"隐性职能"等说法。(2)职能的校际分工。考察高等学校职能的发展历史,可以看到如果传统大学落后于当时社会的需求,不愿承担相应职责,新的大学就会产生,新的职能也随之出现。如牛津大学、剑桥大学等中世纪大学不愿涉足科学研究,新型的柏林大学随即兴起;柏林大学等大学不愿开设技术性课程,承担应用性研究的任务,工科大学、城市大学、多科技术学院等新型高等教育机构随即出现。新的院校携新的职能出现后不久,传统大学迫于压力和时势也会逐渐接纳新职能,但在接纳过程中,职能的内涵及其发挥作用的形式发生改变。如传统大学可能倾向于培养高层次研究型人才;从事一些基础性和应用性的重大纵向课题研究等。其服务社会的方式也多以科研成果和为政府、企业等提供决策帮助的形式出现。因此,不同高校在三大职能的主次、轻重及其表现形式上有不同的分工与侧重。第二次世界大战结束后,世界高等教育经历急剧变革,发达国家的高等教育先后由精英阶段进入大众化乃至普及化阶段(参见"高等教育发展阶段论")。在此过程中,高等学校成为一个集合性概念,其中包含层次、类型各异的各种高等教育机构。因此,三大职能的校际分工变得更为明确和必要。不同类型、不同层次的高等学校,职能可以有所不同和侧重;同一种职能对于不同学校其具体任务也不尽相同。

中国高等学校的职能 中国高等学校三项职能的产生和发展与世界规律一致。从发展过程看,也遵循了从单一到多样化、从经院式到社会化的趋势,但总体来说三项职能出现与发展的时间都较迟。(1)培养人才职能。中国长期以来在培养人才的层次和类型上都存在单一化态势。20世纪50年代曾提出"两条腿走路"方针,但高等教育一直以全日制普通本科教育为主,研究生教育、专科教育、高职教育、成人高等教育未能很好发展。80年代之后,开始提倡多种形式、多种规格办学,单一化格局被打破,比例失调问题有所缓解。经过多年改革与发展,中国现已形成比较完备和合理的高等教育层次结构,专业人才培养已成体系,但高等学校在人才培养层次上有分工不明现象,在人才培养类型上"重学轻术"思想依旧有影响。(2)发展科学职能。1953年,教育部部长马叙伦提出大学要密切结合教学,逐步开展科学研究工作。第一次综合大学会议也提出"综合大学既是教育机构，又是研究机构"的观点。1956 年，周恩来《关于知识分子问题的报告》提出，各个高等学校中的科学力量占全国科学力量的绝大部分，必须在全国科学发展方针的指导下大力发展科学研究工作。但因种种原因，高等学校科学研究始终未成为重要任务，高等学校发展科学的职能也未落实。到 20 世纪 70 年代末，邓小平提出重点高校要办成两个中心，高等学校的科学研究任务开始较快发展。90 年代，由于社会经济发展的需求，科研活动从初期的偏重基础理论研究转为逐渐重视应用研究和技术研究。(3) 直接为社会服务职能。20 世纪 50 年代末，中国曾提出"教学、科学研究与生产劳动三结合"的口号。在其号召下，高校也一度走向社会，联系生产实际、社会实际开展劳动教育、生产实习、毕业设计。但当时对这一口号的理解比较片面，高等学校直接为社会服务职能很难开展。1988 年，全国教育工作会议正式明确"为社会服务"为高等学校的第三项职能。此后，高等学校社会服务职能发展很快，内容和途径也丰富多样，为社会经济发展及高校自身发展带来益处。

参考文献

德里克·博克.走出象牙塔——现代大学的社会责任[M].徐小洲,译.杭州:浙江教育出版社,2001.

克拉克·克尔.大学的功用[M].陈学飞,译.南昌:江西教育出版社,1990.

（潘懋元　吴　玫）

高等职业教育（postsecondary vocational education）高等职业学校教育和完成高级中等教育基础上的职业培训。以生产、建设、服务、管理第一线的高端技能型专门人才为主要培养目标，具有高等教育和职业教育双重属性。社会工业化到一定阶段对技术应用型人才素质提出新要求而产生的一种教育类型，也是高等教育大众化达到一定程度的产物。

外国高等职业教育　20 世纪下半叶，许多国家高等教育的规模迅速扩大，其功能、类型和结构亦发生变化。在经济、社会和教育等因素共同作用下，产生和发展了一种以培养技术应用型人才为主要任务的高等教育类型，并建立了相应的教育机构。如德国的应用技术学院（fachhochschule，简称 FH）和职业学院（berufsakademie，简称 BA），美国、加拿大的社区学院（community college），澳大利亚的技术与继续教育学院（technical and further education college，简称 TAFE），英国的多科技术学院（polytechnic），日本的短期大学和高等专门学校，韩国的专科大学等。在中国，此类教育称"高等职业教育"，独立设置的相应机构称"职业技术学院"。这一新的高等教育类型以"高等技术教育"为主要内涵，成为一种世界性发展态势，其产生和发展源于新技术革命推动的产业革命和社会转型，导致职业教育的层次需求从以中等职业教育为主逐步提高到以高等职业教育为主。联合国教科文组织 2011 年修订的《国际教育标准分类法》（International Standard Classification of Education，简称 ISCED）把高等教育归于 5～8 级，除包括学术教育外，还包括高级职业或专业教育。各国就这类新的高等教育的命名及其与传统高等教育的划分存在较大差异。21 世纪教育变革的核心是教育的全民化、终身化和民主化，强调人的全面发展、自由发展和充分发展。高等职业教育作为一种教育类型存在于终身化的人力资源开发体系之中，它的发展将进一步呈现出大众、多样、灵活、终身的特性，与社会需求更紧密结合，与其他高等教育类型有更多的交叉与渗透，使学生的知识、能力、素质获得协调发展。

中国高等职业教育　中国的高等职业教育是高等教育的重要组成部分。根据《中华人民共和国高等教育法》（1998），高等教育是在完成高级中等教育基础上实施的教育，包括学历教育和非学历教育。《中华人民共和国职业教育法》（1996）指出：职业教育体系实行职业学校教育和职业培训并举，职业学校教育分为初等、中等、高等三个等级，职业培训也分为初级、中级、高级三个等级。据此，中国的高等职业教育指高等职业学校教育和完成高级中等教育基础上的职业培训。《中华人民共和国职业教育法》还规定：高等职业学校教育根据需要和条件由高等职业学校实施，或者由普通高等学校实施；接受职业学校教育的学生，经学校考试合格，按照国家有关规定，发给学历证书；接受职业培训的学生，经培训的职业学校或者职业培训机构考核合格，按照国家有关规定，发给培训证书。举办高等职业学校教育的机构主要有：职业技术学院和地方举办的职业大学；高等专科学校；成人高等学校；本科院校举办的二级职业技术学院；本科院校举办的成人或继续教育学院。学生的入学方式主要有：高中毕业生参加全国统一入学考试；中等职业教育毕业生参加各省市组织的入学考试；初中毕业生直接申请入学（学制 5 年）；成人教育学生参加国家组织的成人高考统一入学（学制 2～3 年）。高等职业教育的基本任务是培养拥护党的基本路线，适应生产、建设、管理、服务第一线需要的、德、智、体、美等方面全面发展的高等技术应用性专门人才。高等职业教育面向大多数人群，为多种多样的社会职业服务，从而决定了它的内容和形式都是多样的，学历教育和非学历教育并举，其教学体系包含相关的职业资格证书课程，并尽可能融入学历教育计划之中。

20 世纪 50 年代初，中国学习苏联的教育体制，由中等专业学校培养中级技术、管理人才，多数实施初中后四年学制。60 年代前期开始试行高中后两至三年的学制，部分使用当时高等专科学校的教材，实际已属高等教育范畴，具有较典型的高等职业教育性质。70 年代末和 80 年代初,普通中等专业学校招收普通高中毕业生的数量占中等专业学校招生总数的 80% 以上,后又逐步改为以招收初中毕业生为主,但招收高中毕业生的做法并未完全停止。中共十一届三中全会后,部分大、中城市从本地实际需要出发,兴办了一批以培养从事技术应用与管理的人才为主的专科层次的高等学校,统称"短期职业大学"。为节省投资和减轻财政负担,这些学校采用"收费、走读、不包分配"的体制。创办初期,职业大学的人才培养基本上套用普通专科教育的模式。1984 年,由江汉大学、金陵职业大学等六所同类型学校共同发起,在武汉举行"全国短期职业大学第一次校际协作会",翌年成立中国高等职业技术教育研究会。此后职业大学数量增长较快,最多时达 128 所。其间,国家从世界银行贷款数千万美元,重点支持 17 所职业大学的建设。1985 年,《中共中央关于教育体制改革的决定》提出积极发展高等职业技术院校;高中毕业生一部分升入普通大学,一部分接受高等职业技术教育。同年,国家教育委员会在上海电机制造学校、国家地震局地震学校和西安航空工业学校部署初中后五年一贯制教育,进行"高等技术专科"试点。五年制技术专科属高等教育,培养目标是高级技术员(待遇等同于助理工程师)。同时,国家教育部门积极引导高等专科学校的人才培养向技术应用型方向改革。1990 年,国家教育委员会在广州召开"全国普通高等专科教育工作座谈会",会后发出《关于加强普通高等专科教育工作的意见》,推动了高等专科教育的改革和发展,但高等教育类型单一的问题并未得到解决。高中后教育结构存在单一化、类同化问题,单一化指高中阶段毕业生的流向单一;类同化指专科与本科、专科与职业大学在课程设置、教学计划、教学方法方面雷同。1994 年举办的全国教育工作会议提出,"今后一个时期,适当扩大规模的重点是高等专科教育和高等职业教育"。会后,国家教育委员会成立"高等职业教育协调小组",统筹协调各司局有关高等职业教育的工作。同年颁发《国务院关于〈中国教育改革和发展纲要〉的实施意见》,要求通过改革高等专科学校、职业大学和成人高校以及举办灵活多样的高等职业班等途径,积极发展高等职业教育,中国高等职业教育从此进入了新的发展时期,相继新建或改建了一批职业技术学院,批准成立 18 所举办初中后五年一贯制高等职业教育的学校。1996 年举办的第三次全国职业教育工作会议进一步阐明了发展高等职业教育的意义和途径,要求充分利用教育资源和设施,通过对高等学校的改革、改组和改制来发展高等职业教育,可利用少数具备条件的国家级重点中专举办高职班或以转制等方式作为补充。1998 年开始,教育部将专科层次教育(除师专外)和高等职业教育统一管理,名为"高职高专教育",组建高职高专教育人才培养工作委员会,联合各方面力量共同探索培养高等

技术应用型人才的道路,要求抓住本质,各自办出特色。1999 年,第三次全国教育工作会议重申要大力发展高等职业教育,把高等职业教育的院校设置权、专业审批权和招生权下放到省级教育管理部门。同年,教育部举行全国第一次高职高专教学工作会议,会后印发《教育部关于加强高职高专教育人才培养工作的意见》,提出兴办高职高专教育的指导思想、人才培养工作要点和工作思路。2002 年,国家召开第四次全国职业教育工作会议,进一步确立了大力发展高等职业教育的方针。1999—2003 年,中国高等职业教育发展迅速,国家启动了《新世纪高职高专教育人才培养模式和教学内容体系改革与建设项目计划》;分四批确定了 415 个部级专业教学改革试点,1 000 余个省级试点专业;为推进高等职业院校"双师型"教师队伍的建设,建立专业师资培训基地、校长培训基地、现代教育技术培训基地和西部师资培训基地,培训了近千名教师;推出 300 多种高职教育规划教材;加强了五年制高等职业教育的教学管理;启动了 32 所示范性高职高专院校、62 个精品专业、12 个实训基地的建设工作;2003 年开始,组织为时五年的高职高专教育人才培养工作水平评估,以促进高等职业技术院校办学水平和教育教学质量的提高。2006 年,教育部和财政部联合实施"国家示范性高等职业院校建设计划",采取中央引导、地方为主、行业企业参与、院校具体实施的方式,重点支持 100 所国家高等职业院校。计划为期两年,2008—2010 年对这些院校的建设情况进行评估和验收。该计划的实施是国家扶持高等职业教育快速健康发展的重要举措之一,对于提升高等职业院校的办学水平具有积极推动作用。至 2010 年,中国高等职业院校有 1 549 所,在校学生 1 152.14 万人。其中含民办高等职业院校 303 所,在校学生 185.96 万人。

(杨金土　高　林　郑家泰　王江清)

个别化教学(individualized instruction)　适应并注意学生个性发展的教学。在西方,个别化教学经历了一百多年的发展过程。19 世纪末 20 世纪初,西方现代教育派针对班级教学难以适应学生个别差异这个难题,积极提倡并大力推进个别化教学,引起一场颇具威力的革新运动。它大致经历三个阶段。第一阶段(19 世纪末期起)是调整型教学,它是最早的个别化教学,主要通过班级编排的调整来减少个别差异的范围与程度,它采取能力分班的方法,产生了许多特殊班级。第二阶段(20 世纪 20 年代起)是分化型教学,它强调通过合理的教学设计,使教学能够适应学生的个别差异。道尔顿制和文纳特卡制开分化型个别化教学的先河。第三阶段(约 20 世纪 70 年代后)是个别化教学,这一阶段的个别化教学与前两个阶段相比,在本质上有所不同,它更积极地寻求如何因材施教以促进个体发展,强调具有个别差异的学生在教学过程中应扮演积极角色,发挥学生的

主观能动性。这种个别化教学是师生共同设计的个别化教学，其中以 F. S. 凯勒的个别化教学系统和罗杰斯的非指导性教学为典范。从个别化教学的发展过程可以看出，当代个别化教学与古代实行的个别教学制不同。它在组织形式上并不是强调一对一，可以是一个教师针对某些学生的不同能力、习惯、兴趣等情况，分别采取扩充或补救措施，促进不同的学习者按照自己的实际情况自主学习，各自获得最优化的发展。最初，它与班级教学是相对的概念，只是教学的一种形式。如今，它与课程、教学方法和教学技术等概念已联系在一起，与班级教学也由彼此对立而走向协调发展的道路。实际上，个别化教学已从一种具体的教学形式发展成为包括各种个别化教学模式的教学思想，甚至成为一种具有广泛影响力的教学思潮。

在世界各国的教育环境中，为适应学生的个别差异，产生和发展了许多不同的个别化教学思想、理论、方法和技术。特别是在美国，对个别化教学的研究十分活跃且丰富多彩，新的个别化教学模式层出不穷。这些模式基于掌握学习原理、不断进展原理或自我发展原理。(1) 掌握学习原理及其模式。掌握学习原理认为，虽然学生之间存在个别差异，但通常学生都能学会学校应教的东西。因此，学校要给每个学生提供真正的机会去达到学习的目标。美国教育心理学家布卢姆的掌握学习模式和个别指导教育模式，都属于这一类。掌握学习模式强调的是教学要适应个别差异以达到消除差异，然而忽视了学生达到学习目标所采取的不同方式，要求学得快的学生与学得慢的学生同时完成规定的学习。(2) 不断进展原理及其模式。不断进展原理认为，为了在规定的时间里完成所有能够完成的学习，应不断激励每个学生去学习新的任务。学生不应浪费时间来重复他们已经掌握的学习任务，学得快的学生不应等学得慢的学生赶上来再继续学下面的学习任务。美国心理学家斯金纳的程序教学、F. S. 凯勒的个别化教学系统以及个别规定教学模式都属这一类。不断进展原理的几种模式强调的是不必勉强使全班的学生处于同一水平，能力强、学得快的自然走在前面，能力弱、学得慢的自然走在后面，但他们各自都是按自己的速度学习，完全适应学生之间的个别差异。然而，又忽视了全班差距过大，教师就很难同时指导一些学生，许多学生会等很长时间才能得到个别指导。(3) 自我发展原理及其模式。自我发展原理认为，每个人都具有一种"自我指导的潜力"，也能够顺应个人的自我指导并作适当的"自由选择"。这种自我发展需要一种和谐的气氛，建立

各种教学模式的特点

教学模式＼共同项目	掌握学习	个别指导教育	程序教学	个别化教学系统	个别规定教学	非指导性教学	按需学习计划
教学形式	教师进行班级教学	教师进行班级教学	按机器规定进行个别学习	按教材学生自学，可在任何地方	按学生情况教师分别安排	班级讨论灵活安排	灵活安排
教学设计	教材分为许多小单元，编制各种目标，提供两套形成性试卷	制订明确的目标，灵活安排空间、教材及活动时间	严密的程序教材，小步子前进	教材分为许多小单元，提供指导材料及多套试卷	一套特殊的教学目标，以及与目标密切配合的试题、教材教具	阅读材料，听录音，社会活动	一套完整的行为目标，教学指导材料，电脑记录进行反馈
教学目标	由教师确定	由师生共同确定	由教师确定	由教师确定	由教师确定	由师生共同确定	在教师帮助下由学生自己确定
学习进度	教师掌握	教师掌握	学生自定	学生自定	学生自定	师生共同确定	学生自定
成绩评定	诊断性测验、形成性测验、总结性测验、所有学生同一时间进行	在教学前、中、后，均视需要进行测验	一步一测	单元测验个别进行，由助理评定期末考试，统一进行	诊断性测验，一单元测验一次	自我评定，师生共同讨论确定分数	每一目标后都有一次测验，学生自己进行
矫正方法	分析原因，提供新的学习材料，个别辅导，再进行一次测验	安排变通的教学活动，进行补救	反应错误，使学生自己理解，再作出正确反应才能前进	助理进行，个别指导，然后再进行一次测验	需再学习同一目标，再测验一次	教师引导	可另选一个目标或另一种方式
应用范围	中小学	中小学	中小学	大学	中小学	各级学校	中小学

在一种真诚、信任和理解的人际关系之上，这样个人才能充分发挥其潜力，获得自我实现。美国心理学家罗杰斯的非指导性教学模式和按需学习计划模式都属这一类。非指导性教学模式强调自我决定、自我选择、自我评价，是一种充分利用个别差异的教学。非指导性教学没有严格规定的具体方法与步骤，主要由教师按照这一思想自己发挥以及与学生之间的相互作用而灵活应用。上述个别化教学模式的发展虽然依据了一些基本原理，但各种教学模式均具有其各自的特点。

在上述各种个别化教学模式中，没有哪一种个别化教学模式可以适应各种教育情境。美国出现众多的个别化教学模式这个事实本身就说明了这一点。哪种个别化教学模式最能取得成功，取决于在那个环境中与影响学习的变量结合的程度。要采纳与某一环境相适应的个别化教学模式，必须了解其他一些模式以及各种模式的利弊之处。只有博采众长，结合自己的实际情况进行脚踏实地的研究，才能取得应有的效果。

（韩华球）

工读教育（reform education）　中国基础教育中对年龄在 12～17 周岁、有违法和轻微犯罪行为学生的一种特殊教育形式。是一种具有中国特色的代表人道主义精神的教育形式。通过采取早期干预，对工读学生进行矫治训练和保护，防止他们因屡教不改而进入司法程序。主要依托于工读学校来施行。工读教育对那些家庭和学校难于管教的、品德行为偏差及濒临犯罪边缘的托管生进行挽救和帮助，进而把他们培养成为有益于社会、家庭也有益于自身健康发展的人，保障了广大中小学校教育、教学秩序和社会治安的稳定。由于其独特的教育对象，工读教育有其独特地位。

工读学校　工读学校是一种专门对有违法和轻微犯罪的工读学生和品德行为偏常濒临犯罪边缘的家教托管学生进行教育和训练的特殊学校。作为普通教育的一种特殊形式，它的学生除接受普通文化知识教育以外，还必须接受不良心理和行为偏差的教育矫治和职业技术训练。工读学校还是青少年违法犯罪的预防机构，它不同于少年劳动教养机构。对于违法犯罪青少年，少年劳动教养机构进行的是司法干预，工读学校进行的教育矫治是司法前干预。中华人民共和国成立后，借鉴苏联的教育理论和经验，依据苏联创办的工学团的经验衍生出中国的工读学校。学校最初的办学方向是半劳作半读书，借用劳动的方式来改变一批犯罪青少年的恶习，故被称为"工读学校"。最早的"工读生"大多为有违法或轻微犯罪行为，不适宜在原校就读，但又不够劳动教养、少年收容教养或刑事处罚条件的中学生（包括那些被学校开除或自动退学，流浪在社会上的 17 周岁以下的青少年）。工读学校的学生千差万别，具有异质性。据 1996 年在上海 15 所工读学校进行的问卷调查，工读学生的不良行为主要有偷窃、抢劫、打架斗殴、各种诈骗罪、逃学旷课夜不归宿、性罪错、顶撞老师家长不服管教、参与黑社会的帮派、卖淫、吸毒等。工读学生的入学须经当地区、县教育局和公安局共同审批。学制 2～3 年。任务是全面贯彻执行教育方针，把有违法和轻微犯罪行为的学生教育、挽救成为有理想、有道德、有文化、有纪律并掌握一定生产劳动技术和职业技能的社会主义公民。办学指导思想是"挽救孩子，造就人才，立足教育，科学育人"。由当地教育部门领导和管理，公安部门和共青团协助管理。学校规模一般不少于 100 人，最多不超过 400 人。每班以 20～25 名学生为宜。教师编制高于普通中学，每班不少于 4 人，并配备 1～2 名得力的班主任。实行男、女分班或分校，女生班由女教师任班主任。有严格的管理制度，学生集中食宿、集中管理，组织学生过有纪律的生活，使他们在集体生活中受到教育，转变思想，接受良好的行为习惯训练，减少犯错误的外界诱因，以此达到改变恶习、消除劣迹、防止重新违法犯罪的目的。实施与普通中小学既有区别又有联系的教育与训练活动。除开设义务教育规定的课程外，还组织学生定时参加生产劳动。凡在校坚持学习，能接受教育，改正错误，遵纪守法，文化、技术课考核合格者，准予毕业，发给毕业或结业证书。年龄在 16 岁以下，入学后进步显著，学习成绩良好，经教育部门批准，可回普通中学继续学习。学生毕业后，同普通中学毕业生一样，在升学、参军、就业等方面不受歧视。

经过几十年的发展，工读学校的办学性质和教育对象的范围有较大变化。大多数学生来自普通中学，在原校属于学习和品行表现方面的双差生。他们多来自问题家庭（父母离异、父母没有时间管教、家长无力无法管教），在品德、心理和行为表现上偏常，经常扰乱正常的课堂教学和学校生活秩序，对本班和本校的学生产生不良影响；与普通学校的老师及家长无法保持良好沟通，甚至有很强烈的抵触情绪，但尚未达到违法和轻微犯罪的严重程度。他们属于家庭和学校难以管教的学生，故被称为"家教托管生"。在现有工读学校中，以往那种以轻度违法犯罪青少年为对象的工读生只占 10%左右，家教托管生占 90%以上。专收违法犯罪青少年的工读学校已基本不存在。

1990 年后，工读学校生源萎缩成为工读教育面临的突出问题。为消除家长和学生的顾虑、恐惧和逆反心理，也出于为学生将来的发展前途考虑，工读学校纷纷采取更改校名、保留学生原校学籍和由原校发放毕业证书等手段，尽量做到让学生不留"工读痕迹"的走向社会。这样做对心理行为偏常的学生既实施了学校保护，也使工读学校的发展更具生命力。另外，对问题不太严重的学生，在原校建立工读预备生档案，由工读学校的老师定期到学校进行辅导和帮助,就地转化。之后,工读教育的办学模式发生很大变化。以上海的新晖中学为例,该校现已发展成具有工读部、家教部、职教部、校外部、咨询部的五部制新型寄宿制学校。原来意义上的工读生所占比例已相当小,甚至基本上消失。工读教育现在仅作为教育学上的一个名称分类存在。

对有违法和轻微犯罪的工读学生和品德行为偏常濒临犯罪边缘的家教托管生,通过工读教育这一形式进行司法前干预和挽救,体现了对青少年一代的关怀与爱护,以及全国教育工作者在保护和尊重一部分特殊青少年应享有的人权方面的不懈努力。几十年来,工读学校的作用主要体现在:有效地控制和预防了一定数量的处于犯罪边缘的学生进入司法程序;把大批失足青少年造就成为自食其力的现代化建设的各种层次的人才;对社会治安的综合治理发挥有效作用;工读学生教育转化的成功经验,给中小学"差生"的教育提供了借鉴,给家庭教育以富有说服力的指导。

发展演变　工读教育和工读学校经历四个发展阶段。

(1)初创阶段(1955—1966)。中华人民共和国成立初期,党和政府非常关注流浪儿、孤儿和有轻微违法犯罪的青少年,希望在普通中小学与少管所、劳教所之间创建一种新的防控形式,用教育手段矫治那些处于"犯罪边缘"的青少年。1955年,在北京成立了第一所工读学校——北京温泉工读学校。此后全国相继建立近30所工读学校。这一时期的工读教育在探索中前进,积累经验,具有以下特点:以招收流浪儿和孤儿为主,兼收有违法行为和扰乱普通学校秩序的青少年学生;办学指导思想和形式主要借鉴苏联办工学团的经验,办学形式是半工半读,用劳动改造恶习;工读教育和工读学校的性质、任务、功能等尚处于摸索过程中,工读学校隶属于国家教育、公安与民政部门,在有些省市与少管所、少教所、劳动教养院合在一起,但不久就逐步转变为严格意义上的工读学校;有些地方的办学属于短期行为,是由犯罪现象的多寡来决定工读学校的办学。

(2)遭受破坏与复苏阶段(1966—1982)。"文革"期间,全国各地的工读学校因遭受冲击而陆续停办,只有重庆沙坪坝工读学校坚持下来。"文革"结束后,工读学校迎来第二次发展高潮。1977年,上海卢湾工读学校在全国率先复办。为挽救失足青年,降低违法犯罪率,中央有关部委对此问题给予高度重视,联合发文要求办好工读教育。许多中央领导亲临工读教育第一线,关心指导工作。还成立工读教育研究会。这一时期工读学校的数量达150多所。这一时期工读教育的主要特征:工读学校的数量和工读学生的人数均为历史最高,学生所犯错误性质较严重,年龄普遍偏大;工读学校的大量设置对于普教系统的拨乱反正、恢复正常的教育教学秩序、提高教育质量发挥重要作用;工读学校与公安部门相互配合,严厉惩治青少年违法犯罪现象,教育教学的职能相对较弱,尤其是文化教育仍是薄弱环节,但劳动教育较有特色,劳动教育在矫治工读学生过程中起较大作用;工读学校的体制较弱,接近于少管所或公安部门的临时收容机构,全国各工读学校办学条件普遍较差,校舍简陋,所处地区多较偏僻,师资普遍紧缺,高学历教师少;社会新闻媒体进行大量的社会宣传。工读教育在矫治青少年犯罪、稳定社会治安上取得的成绩引起社会各界的关注,一批作家介入工读教育的宣传报道工作,出现电影《绿色钱包》、电视剧《寻找回来的世界》、话剧《救救她》等文艺作品。这使社会在了解和同情工读生的同时,也产生社会负面效应,给工读生及其家长带来心理压力,工读生回归社会后在就业和家庭生活诸方面都受到歧视。工读学校复办后在较短时期内取得显著效果,抑制了青少年违法犯罪率迅猛上涨的势头,为中小学教育和教学秩序的正常化做出贡献。

(3)调整与改革阶段(1982—1992)。随着"严厉打击严重刑事犯罪"活动的开展和普通学校教学秩序的建立,青少年违法犯罪率也逐年下降。工读学校逐渐撤并为100多所,这一时期的主要任务是减少数量,确保质量,其办学特点表现在以下几个方面:一是工读学校的数量和学生的人数逐年递减,一些省市的教育行政部门调整和撤并了一批工读学校,如何提高工读学校办学效益的问题日益摆上议事日程。二是工读学生未来出路、就业困难问题逐渐凸显,为解决这一困难,出现工读教育和职业教育相结合的尝试。三是工读教育的科学研究取得新进展,成立了全国性工读教育研究会,完成中国工读教育"七五"国家哲学社会科学研究的重点项目,并提出工读学校向多功能转变的建议。工读教育在教育矫治、造就人才方面发生了四大变化。首先,在思想认识上发生变化。这一时期招收的学生年龄偏小,初犯、偶犯人数占相当大的比例,罪错程度较轻。所以工读学校进一步明确自己是学校,不是监狱,应该按社会对人才的要求培养各种层次的现代化人才。其次,教育的内容和形式发生变化。由以前的"思想教育为主,劳动教育为辅"向"以思想教育为首位,文化教育和职业技术教育为主体"的方向转变,改变过去那种单纯的"谈心,挖思想根源,写认识检查"的做法,通过文化知识学习进行潜移默化的引导。再次,教育管理形式从"封闭式严管控制型"向"开放式民主管理型"转变,重点放在学生自我管理及自我控制能力的培养上。实行各种形式的民主管理,让学生参与学校管理。主动争取社会各方面力量的参与,让学生在社会复杂的大环境中接受各种有意义的教育。最后,对工读教育职能的认识由过去单一的转化、矫治违法和轻微犯罪青少年学生的场所,向教育转化与预防、预测青少年违法犯罪的多功能方向转变。对在校学生的教育挽救更趋科学化,并走向社会参与综合治理。四是经过长期的实践和研究,积累了一些各具特色的教育和矫治的成功经验,对工读生的教育更注重从青少年生理和心理成长规律出发,借鉴教育学、心理学、犯罪学等新的研究成果。五是工读教育的国际交流日益扩大,工读教育引起国际教育界的关注。1986年,国家颁布《中华人民共和国义务教育法》,工读学校依法成为"承担义务教育任务的学校"。普通中学原则上不能再开除学生,对于严重影响教育秩序或有违法行为的学生,只能通过行政渠道送入工读学校接受九年义务教育,工读学校招生的主渠道向普通学校转移。

(4)深化改革与发展阶段(1992—)。20世纪90年代后,各地工读学校的数量有所减少,但在一些省份和城市有新增的工读学校。这一时期工读教育开始拓宽功能、办出特色。其主要特点有如下几方面:一是工读学校的办学功能进一步拓宽,出现多种办学形式。重视文化学习和职业教育;教育管理形式上,从"封闭式严管控制型"向"开放式民主管理型"转变;重视学生的自我管理和自我控制能力的培养。二是工读教育和职业教育密切结合,在教育矫治的同时注重授予学生谋生的一技之长,为工读生日后的就业和出路提供条件。三是工读学校从招生到办学逐步走上依法治教的道路,对教育对象的提法也从"违法与轻微的犯罪"到"品德、行为偏常与有违法行为"。四是工读教师的年龄、学历、知识结构上都有不同程度的改善。工读教育在多年艰难摸索中积累了大量经验,取得一定成绩,涌现出大量的科研成果。如《中国工读教育》(江晨清、杨安定)、《世纪之交的中国工读教育》(杨安定、江晨清)、《新形势下特殊儿童思想品德教育调查与研究》(夏秀蓉)、《跨世纪的青少年保护》(杨安定)、《工读教育改革之路》(王耀海、高大立)等。此外,还创办了自己的刊物。工读教育是一种适应社会需要而产生的成功的教育形式,在今后相当长的一段时期内将继续存在。

参考文献

江晨清,杨安定. 中国工读教育[M]. 上海:上海教育出版社,1992.

夏秀荣,兰宏生. 工读教育史[M]. 海口:海南出版社,2000.

(李闻戈)

工业革命与教育 (Industrial Revolution and education) 18世纪后期至19世纪初,英国工业革命开启了一个世界范围的工业化时代。西方史学家和教育学家一般认为,在19世纪晚期以前,教育及科技与工业化没有必然、直接的联系,然而随着工业化的展开和深入,教育在工业化进程中显示其重要作用。

M. J. 维纳在《英国文化与工业精神的衰落》一书中分析了英国工业化时期的教育。在他看来,第一次世界大战之前,英国教育的主导精神是前工业时期的、官僚主义的和反工业化的,这种教育是以贵族地主的利益与价值观念为基础的。这种精英教育所培养的学生,远离工商业界,普遍认为从事制造业、商业贸易、技术改进是无价值的,而值得从事的光荣职业是政府官员、律师、军官、殖民地官员及主教等。M. J. 维纳认为,正是这种传统的精英教育造成了英国工业精神的衰落,"这是一种历史讽刺:国家孕育了工业革命又把它出口到全世界,然而却随着后者的成功而日渐感到狼狈不堪"。巴纳特、M. 安德森及苏珊等人虽不完全赞同M. J. 维纳的观点,但也承认英国长期以来缺乏技术教育以培养合格的技术人才,这与德国的做法形成了鲜明对比。他们的观点综合起来主要有两点。一是认为英国的中高等教育与工业化没有联系,科学研究不是为工业发展服务的。如M. 安德森所指出的,英国的大学歧视实用科技而崇尚自由教育。即使是科学教育的倡导者赫胥黎倡导的科学教育,也是一种自由教育,而不是职业教育。有研究对英国与德国、法国教育情况作了对比:第一次世界大战前,英国在学校学习科学技术的学生只有2 700名,而德国是英国的4～5倍。M. J. 维纳指出,英国的工商业主送子女进入公学和大学,目的是让他们远离工商业而从事社会所承认的"高尚"职业。也有学者指出,英国工业界都是充满贵族腐朽气息的管理者和通过学徒制培养的技术工人,两者都反对接受现代科学技术的培训。二是批评英国在工业化过程中忽视技术教育的发展:学徒制仍起重要作用,忽视用科学技术培训技术骨干,只注重从实践中学习。这在19世纪中叶以前也许可行,但随着第二次科技革命的到来,这种培训方式已大大落伍了。总之,在他们看来,精英教育的变革反映了贵族地主的利益要求与价值观念,培养了大批政治、管理与宗教人才,但与英国工业化进程几乎没有关系。

许多历史学家和经济史专家考察了工业化时期民众教育的状况后认为,19世纪教育的新发展在经济的发展中并未起主要作用,工业化带来的经济技术方面的需求也并未直接刺激教育的发展,尤其是早期工业发展所要求的技术相对很少,随后的教育机构改革也就不很迫切了。卡布特考察了北欧的情况后也指出,工业革命首先发生在那些识字率已经达到相当水平的国家,并不是这些国家的识字率在工业化进程的影响下而有所提高。直到工业革命继续发展后,教育才开始在技术的提供方面变得比较必要起来。更有意义的研究是兰德斯总结出了四种工业生产中需要的知识类型:写和算技能,工艺和机器操作技能,工程师所拥有的将科学原理与实际工作结合的技能以及高层次的科学、理论及运用水平。可以看出,前两种技能的需求在工业革命早期是相当有限的,通过传统教育、家庭和学徒制就可以实现。随着工业化的深入,科学技术的需求不断增长,向教育提出了相应要求:不仅中等和高等教育要在这种压力之下有所改变,而且给初等教育和工人阶级的教育带来了广泛影响。19世纪中期,英国曾经出现过工业生产中缺乏合适的管理人员和一些较为低级的工头和监工的情况,后来通过一种短期的对具有 4 年或 5 年初等教育水平的普通工人的培训来弥补,显现英国初等教育面对工业化要求而作出的反应之迟缓。这时他们期望看到中等教育领域内会有较为迅速的反应,但事实不尽如人意。在英国,作为经济发展和中等教育的主要受益者,中产阶级对教育体制的改革并未显现出多大的热情,不管经济的压力有多大,教育上似乎并无反应。

工业化开展以后,英国的教育改革之所以滞后,原因有二。一是英国工业界对教育的作用理解不完全。从工业革命的历史、大批机器发明者的履历看,技术发明几乎完全出自讲求实际、富于经验但又缺乏科学知识的工匠之手,人们看不到教育和科学与工业革命的发生和发展之间的必然联系。二是英国政府长期奉行自由主义政策,不直接承担领导教育的责任,主要依靠民间教育事业,尤其是教会学校承担教育重任。但现代教育的一个根本内容就是国家办教育,它面向全民,绝非个人或民间所能承担。只有国家通过其拥有的政治权力、经济能力,才能充分发挥教育的职能。随着工业革命的深入,英国落后的教育无法适应工业化、政治现代化和社会现代化发展的要求。尤其是 19 世纪中叶后,英国在国际市场受到美国、德国等的挑战,深感技术与教育落后,不得不发展教育,以培养有知识的工人、技术和管理人才去应对竞争。于是,英国在工业化和城市化的热潮中,在政府现代职能得到加强的过程中,通过议会立法,赋予政府系统干预教育的职能,逐步建立了现代国民教育体系。

1858 年、1861 年和 1864 年,英国先后组成纽卡斯尔委员会、克拉伦敦委员会(Clarendon Commission)和唐顿委员会(亦称“学校调查委员会”),对已有学校进行大规模调查。他们在调查基础上草拟了一份国民教育计划,主张设立教育的中央主管部门和地方主管体系,用现代课程代替古典课程。1870 年,自由党政府开始干预初等教育。7 月,下院通过了由枢密院教育委员会副主席 W. E. 福斯特提出的初等教育法案,8 月由英王批准。《福斯特教育法》奠定了英国现代教育发展的基础,成为英国走向初等义务教育的正式起点。1891 年,保守党政府通过了初等教育免费方案。1902 年的《巴尔福教育法》为在中央政府推动下迅速发展中等教育铺平了道路。随着教育改革的进展,英国对初等教育课程进行了调整。1861 年,斯宾塞在《教育论》中强烈反对古典学科在学校教育中的垄断地位,呼吁讲授现代学科。19 世纪后期,政府通过财政拨款,鼓励学校讲授读、写、算以外的科目,那时普遍开设的基础课程为语法、历史、地理,为个别人开设的有英国文学、数学、法语、德语、拉丁语、力学、植物学等课程。随后开设体育课,学校中兴起了竞赛热潮。1872 年后,政府对凡能开设 3 年自然科学课程的中等学校给予特别补助,以鼓励培养科技人才。1889 年,议会通过《技术教育法》,向郡议会提供基金,用于科学和技术教育。高等教育同样发生了显著变化。地方高校从 19 世纪下半期发展起来,有些学校完善为完全大学。它们既是科研中心,又是为新兴工业培养人才的中心。这时的英国大学大致出现以牛津、剑桥为代表的注重人文学科教育和以伦敦大学、曼彻斯特大学等为代表的以自然、实用学科为主的两种体系。新型大学的办学宗旨是力求顺应工业化进程。例如,伯明翰大学创办者声称,办学目标是促进全国的、系统的教育和训练,使之适应于英格兰中部地区的制造业和工业在实践、机械和艺术方面的要求,取消纯文学的教育和训练以及全部神学教学。尽管有如此变化,但在整个 19 世纪,作为工业革命发源地和世界工业化中心的英国,其教育发展水平都滞后于德、美、法诸国。

参考文献

奥尔德里奇. 简明英国教育史[M]. 诸惠芳,等,译. 北京:人民教育出版社,1984.

钱乘旦,陈晓律. 在传统与变革之间——英国文化模式溯源[M]. 杭州:浙江人民出版社,1999.

Weine, M. J. English Culture and the Decline of the Industrial Spirit 1850-1980[M]. Cambridge:Cambridge University Press, 1981.

(李立国)

公共产品理论(public goods theory)

亦称“公共部门经济学”、“政府经济学”。公共经济学中关于产品(服务)性质划分标准、分类、提供的理论。公共经济学(public economics)的理论基础。是关于以政府收支活动为核心的非私人经济活动,即那些既非纯属市场也非纯属住户或厂商的经济问题的研究。从市场“失灵”角度,研究有关公共权力机构向社会提供公共产品的全部活动,不仅包括为何提供、为谁提供、怎样提供、提供多少以及提供标准等问题,也包括如何筹集、分配和管理所需资源的问题。具体包括市场或政府、外部效应与公共产品、公共选择、公共收支和预算等问题。

公共产品理论的形成与发展 1739 年,英国经济学家休谟注意到,某些任务的完成对个体并无益处,但对整个社会有益处,只能通过集体行动来执行。1838 年,法国经济学家杜普伊作出一条公共商品需求曲线,显示在每个假定税收水平上的使用者数量,以便选择社会最佳量并为公共工程筹措资金。追溯有关的思想史,还有以马佐拉、潘塔莱奥尼为代表的意大利公共财政学派,尔后是瑞典经济学家威克塞尔在《财政理论研究》(1896)中解释公共财政问题时提出公共选择方法和立宪观点;瑞典经济学家林达尔在 1919 年发表的《公平的赋税》对公共产品交易和消费进行了分析。其后,美国经济学家 H. R. 鲍恩于 1943 年试图通过一致的既定收费标准,并参照关于公共商品数量的多数投票来决定最佳量。1949 年,美国经济学家布坎南在《政府财政纯理论》中提出"在政府与个体之间存在一个类似市场的联系",个体通过自己的选票走向来显示偏好。美国经济学家萨缪尔森则从福利主义、功利主义的观点出发,以客观的收入总额的再分配来推论最佳量条件,他奠定了公共产品理论的基础,直接影响教育产品的发展。1958 年布坎南和塔洛克合作出版《一致同意的计算:宪法民主的逻辑基础》(The Calculus of Consent: Logical Foundations of Constitutional Democracy),试图以经济学的分析方法分析政治制度和规则问题。1959 年,德裔美国经济学家马斯格雷夫出版《公共财政理论》,分析税收对价格和产量的影响以及对效率损失的效应,开拓了公共经济学的一个新领域。1965 年布坎南又在《俱乐部的经济理论》(An Economic Theory of Clubs)中提出"俱乐部产品"(club goods)。20 世纪六七十年代后,一些学者论证了公共产品私人供给的可能性。美国经济学家戈尔丁认为,公共产品的消费存在着"平等进入"(equal access)和"选择进入"(selective access)两种方式,采取何种供给方式取决于排他性技术和个人偏好,市场无法提供是因为没有排除不付费者的技术或经济上不可行。美国经济学家德姆塞茨在《公共产品的私人生产》一文中指出,私人企业可以通过价格歧视对不同的消费者收费提供公共产品。英国经济学家科斯在《经济学上的灯塔》(The Lighthouse in Economics,1974)一文中,从经验角度论证了公共产品由私人经营的可能性。但美国经济学家斯蒂格利茨指出,纯粹公共产品的产权难以划分,私人解决的交易费用极高,通过产权安排来提供公共产品在现实中是难以实现的。2000 年,巴尼特借助信息经济学和刺激可比信息结构(incentive compatible information)的研究,探讨了偏好表露和共用品理论。

公共产品及其特征　经济学家对公共产品的理解不完全相同。1954 年美国经济学家萨缪尔森在《公共支出的纯粹理论》中,从消费和效用的角度,以与私人产品(private goods)对比的方式明确提出公共产品的定义:"私人产品在众多个人之中进行分配,满足公式 $X_j = \sum X_j^i$(i 表示个人,j 表示产品,表明私人产品的总消费量等于所有个人消费额的总和);可以共同享用的公共产品在某种程度上意味着,某个个人的消费并不会引起其他人对这种产品的消费量的减少,于是对于任何一个社会成员和任何一种集体消费产品,都满足公式 $X_{n+j} = X_{n+j}^i$(表明个人消费等于集体消费的关系)"。尽管该定义遭到不少经济学家的批评,但仍为大多数学者接受。M. L. 奥尔森在《集体行为的逻辑——公共产品与群体行为》(The Logic of Collective Action: Public Goods and the Theory of Groups,1971)中将公共产品定义为,"在一个拥有 x_1,x_2,…,x_i,…,x_n 个消费者社

会或团体中,如果某消费者 x_i 消费任意某一产品而同时不能适当地排斥他人对该产品的消费,则该产品是公共产品"。亦即该团体或社会不能排斥那些没有购买该公共产品的人分享该公共产品的消费。布坎南在《民主过程中的公共财政》(Public Finance in Democratic Process,1967)中从提供者的角度给出定义:"由个人组成的团体或社会根据任何原因决定以集团组织的名义提供的产品或劳务被定义为公共产品。"这里的公共产品是广义的,凡是由团体提供的产品都是公共产品。某一种公共产品可以使很小的团体,比如只有两个人的小团体受益,而另一些公共产品却可以使很大的团体甚至使全世界的人都受益。

公共产品具有两种特性,两者也成为划分公共产品与私人产品的标准。(1)非竞争性(non-rivalness),在公共产品数量一定的情况下,增加一个单位消费或增加一个人对该产品的消费不会降低其他任何人的消费水平,即增加一个人消费公共产品的边际社会成本等于零。(2)非排他性(non-excludability),指公共产品提供者不能排除不付费者对该产品的消费。由于不具备排除技术或者排除成本太高,从而不能把不付费者排除在公共产品的受益范围之外。

公共产品分类　依据公共产品的两个特征,可以将其划分为纯公共产品(pure public goods)和准公共产品(impure public goods, quasi public goods)。纯公共产品是指具有严格的非排他性与非竞争性的公共产品,增加一个人对该种公共产品消费不会影响其他人的消费。准公共产品亦称"混合产品"或"俱乐部产品",指不具有严格的非排他性与非竞争性的公共产品,同时兼有私人产品和纯公共产品的某些特性。准公共产品又可分为两类:一类具有排他性而非竞争性,可以由私人提供,同时具有外溢性,如教育、保健服务等;另一类是具备竞争性和非排他性,它们都有一个拥挤点(point of congestion),在此范围内增加额外的消费者不会产生竞争,超过拥挤点后增加消费者会减少全体消费者的效用,如交通等。技术的发展会使一些纯公共产品变为准公共产品、准公共产品变为私人品。电视节目一旦播出,任何人都可以收视、完全没有排他性;加密电视、有线电视网的发展为节目收费提供了技术可能性,一旦实现收费,电视节目就不再是纯公共产品。

公共产品提供　非排他性和非竞争性的特征决定了公共产品只能由政府提供。从需求的角度,非排他性决定了人们可以不支付费用而消费这种产品,即消费者消费公共产品的边际成本为零,从而易于产生"搭便车"行为,同时也增大了对公共产品的需求量;非竞争性决定了"搭便车"不会影响他人的消费,因而不会遭到其他消费者的反对。从供给的角度,私人对产品的提供是根据边际收益与边际成本相等的原则进行的。由于私人无法排除其他人对公共产品的消费,甚至根本就不具备排除消费者的某种权利,这时

提供公共产品的边际收益为零,无法弥补其边际成本,追求利润最大化的私人部门就不会提供或不会足额提供。可见,以市场方式提供公共产品是不可能的或成本太高。人们可以以分担费用的方式自愿开展合作,但随着团体的增大,讨价还价的成本增加,"搭便车"的可能性增大,合作日益困难以致不可能。因此,政府更适合提供公共产品。虽然政府提供公共产品带有一定的强制性,限制了个人选择的自由,但那些不愿意付费(缴税)的人可以通过移民方式反映其意愿,从而使政府对公共产品的决策接近居民的真实偏好,进而实现资源的优化配置。

政府提供与政府生产是两个不同的概念。政府提供是指政府通过预算安排或政策安排的方式提供产品或服务,可能是直接生产,也可以引入市场机制,引导私人企业参与公共产品生产,也可能委托给私人企业生产。政府生产是指政府建立国有企业对公共产品进行直接生产,并全面负责投资、建设和管理。由于政府缺乏明确的评估制度,其成本和效率难以测量,还容易产生利益集团的"寻租"行为,所以政府直接生产公共产品要有一个度。

从世界各国的情况看,纯公共产品和自然垄断性很高的准公共产品通常采取政府直接生产的方式提供。国防、社会治安、造币厂和中央银行一般由中央政府直接经营,有些国家的邮政、电力、铁路、保险、军工等也是由中央政府直接经营的。地方政府直接提供公路、保健、医院、警察、消防、图书馆、博物馆、中小学教育等。

政府间接生产公共产品主要有以下几种形式:(1)私人生产,政府采购。以合同外包的方式由私人生产,再通过政府采购来提供。主要适用于具有规模经济的自然垄断性行业,其产品或服务质量比较稳定、容易控制,收费也没有太大困难。政府一般采取公开招标方式,在诸多企业投标方案中选取收费最低者或要求补贴最少者,借助竞争力量把公共产品的价格压到合理水平。(2)授权经营。政府授权于某私人企业,私人部门凭借所授特权生产。适用于外在性显著、可收费的公共产品,如自来水、电话、供电、报纸杂志、书籍出版。从16世纪起,英国女王就把航海浮标、信标、灯塔授权给私人组织"领港公会"建造和管理。(3)政府资助。对于那些盈利性不高或周期长、风险大的公共产品,政府可采取补贴、津贴、优惠贷款、无偿赠款、减免税等优惠政策,引导私人部门生产。高精尖技术的基础研究和应用技术的超前研究及教育是政府资助的主要领域。(4)政府参股。主要适用于初始投入大的基础设施项目,如桥梁、发电站、高速公路、铁路、电讯、机场等。政府参股分为政府控股和政府入股两种形式。企业一旦进入正常经营,可获得较稳定的正常利润,政府便开始出卖股份、抽回资金转向其他项目。

公共产品产量及相应税收额的确定要求真正反映人们的偏好。通过观察替代品或互补品的市场价值可以推算出公共产品的价值。民意测验也是一个重要的信息收集方法。讲真话、共同感情、守法感、楷模作用、助人行为等社会规范与道德行为,对公共产品的偏好自发显示方面往往更能发挥作用。

公共产品供求均衡 公共产品理论的中心问题是公共产品的经济体系中的资源最优配置。1919年瑞典经济学家林达尔最早对公共支出给以实证解释的理论表述,1963年挪威经济学家 L. 约翰森提出一个重要的现代表述。个人对产品的供给水平及其成本分配进行讨价还价,讨价还价的均衡是帕累托最优状态。公共产品有效供给的均衡条件是所有消费者愿意为公共产品做出的支付总和等于提供该公共产品的成本。若用 V_k^i 表示第 i 消费者愿意为第 k 种公共产品支付的价格,用 P_k 表示第 k 种公共产品的生产价格或边际成本,则公共产品的林达尔均衡条件表示为:

$$\sum V_k^i = P_k$$

式中,V_k^i 代表了第 i 个人对第 k 种公共产品的支付意愿和边际评价,P_k 则代表了生产中的边际成本。该条件既适用于纯公共产品,也适应于准公共产品。对于后者,各人的消费受到消费人数的影响,人数多会造成消费的拥挤状况,因此还要有一个成员规模条件。最简单形式可表示为:

$$MRS_{Njr}^i = MRT_{Njr}^i$$

式中,MRS_{Njr}^i 表示第 i 个消费准公共产品 j 时,消费公共产品的人数 N 与货币 r 之间的边际替代率;MRT_{Njr}^i 表示边际转换率。它表明,只有当一个人从额外增加一个成员得到的边际利益 MRS_{Njr}^i(由于拥挤问题通常为负值)等于他负担的边际成本 MRT_{Njr}^i 时,对于第 i 个成员而言,成员规模才算达到最优均衡。

林达尔均衡与私人产品的竞争性均衡之间有一个重要差别。对于私人产品,边际替代等于相对价格的原则,产生一个显示个人真正偏好的诱因。对公共产品,即使不付费,他也可以"搭便车"获得相同的公共产品,因而个人往往不可能隐瞒自己的真实偏好。如果每个人都有将其真正边际支付愿望予以低估的共同契机,林达尔机制下的公共产品均衡水平将会远低于最优水平。在另一极端,假设要求每个人陈述其偏好时,事先声明满足这些偏好的代价与支付愿望无关,只与财政供给数量保持联系,这就会诱发夸大支付愿望,导致过度供给。而对公共产品的支付通常是征税和政府提供的方式。问题主要在于如何设计一个能保证决策者贯彻效率条件的机制,在民主政体下,投票表决公共产品的提供是一种常见的方式。

萨缪尔森提出公共支出规范理论的一些核心问题:(1)如何用分析的方法定义集体消费产品?(2)怎样描述

生产公共产品所需资源的最佳配置的特征?（3）如何评价既有效率又公平的税收体系的设计? 萨缪尔森以系统性的阐述回答了这些问题。

萨缪尔森模型要推导存在公共产品和私人产品中的资源的最佳配置条件。对私人产品来说,其总消费量等于所有个人消费额的总和,因此,

$$x_j = \sum x_j^i (j = 0, \cdots, J) \qquad (1)$$

这里的上标表示个人,下标代表产品。对公共产品来说,相应的关系就是个人消费等于集体消费的关系,即:

$$x_k = x_k^i (i = 1, \cdots, I; k = J+1, \cdots, J+K) \qquad (2)$$

用效用函数表示的个人偏好可以通过私人产品和公共产品的消费量表示,可以将个人 i 的效用写成:

$$U^i = U^i(x_0^i, \cdots, x_J^i, x_{J+1}^i, \cdots, x_{J+K}^i)$$
$$(i = 1, \cdots, I) \qquad (3)$$

纯公共产品可用公式(2)描述,消费者利益直接与产品的可得性相联系,与其他人利益无关。而很多公共产品却包含有竞争性成分,需要对准公共产品作一些研究。

由于假定生产条件已得到满足、模型的特征都在需求方面。这样,经济体系的生产可能性就可归纳在生产可能性方程中。

$$F(x_0, \cdots, x_J, x_{J+1}, \cdots, x_{J+K}) = 0 \qquad (4)$$

这时,帕累托最优状态可表述为:假定所有其他消费者效用水平一定,在满足公式(4)的所有配置中找出使消费者 I 效用最优化的配置方案。

从两个消费者、一种公共产品和一种私人产品的情况开始分析。在右图的上半部分,作出生产可能性曲线及与消费者 2 一定的效用水平相对应的无差异曲线;由于这两条曲线相交,显然有一些可以满足这两个约束条件的配置。图的下半部分曲线 ab 表示消费者 1 的消费可能性。a、b 两点和图的上半部分中的交点相对应。曲线 U_2 上 a、b 之间的任何点所表明的必然是两个人相同的公共产品量,而消费者 1 消费的私人产品量等于生产可能性曲线和消费者 2 的无差异曲线的垂直差。从 1 的角度来看,最佳配置由图的下半部分中的无差异曲线和生产可能性曲线的相切点决定。这确定了公共产品的消费量（X_1^*）和消费者 1 对私人产品的消费量（X_0^{1*}）及消费者 2 对私人产品的消费量（X_0^{2*}）。

右图的上半部分中,消费可能性曲线的斜率必然等于它依据的两条曲线斜率之差,切点的特征可以用边际替代率和边际转换率来描述。

$$MRS^1 = MRT - MRS^2 \text{ 或 } MRS^1 + MRS^2 = MRT$$

按更精确的数学表示,此条件可改写为(下标表示偏导):

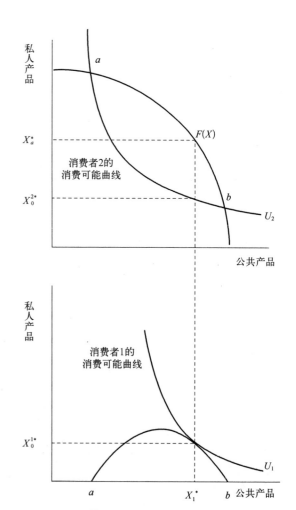

一种私人产品和一种公共产品的帕累托最优状态图

$$\frac{U_1^1}{U_0^1} + \frac{U_1^2}{U_0^2} = \frac{F_1}{F_0} \qquad (5)$$

即私人产品对公共产品的边际替代率之和应等于其边际转换率。由于私人产品可看成为具有一定交换比率的产品,公共产品的边际支付愿望之和应该等于边际生产成本。问题(2)就这样解决了。

若分析两个以上的消费者,只要在公式(5)左边再加一些项。如果公共产品数目增多,只需为每种产品引入相似的条件。对任意数目的私人产品来说,对公共产品的任何特定配置,私人产品的配置应该是与此相关的帕累托最优配置,因此通常的边际条件必然有效。这提供了帕累托最优状态的两组一阶条件:

$$\frac{U_j^i}{U_0^i} = \frac{F_j}{F_0} (i = 1, \cdots, I; j = 1, \cdots, J) \qquad (6)$$

$$\frac{\sum U_k^i}{U_0^i} = \frac{F_k}{F_0} (k = J+1, \cdots, J+K) \qquad (7)$$

具体到二维的情况,一阶条件可用来描述真正的最大

值,图形引入必要的凹凸条件,从而使二阶条件得以满足。

最后假定存在着社会福利函数,通常是伯格森-萨缪尔森型,自变量是个人的效用水平。使福利函数 $W(U^1, \cdots, U^I)$ 最大化的条件首先是公式(6)和公式(7)——因为福利最优状态必然是帕累托最优状态——然后是一套个人间的最优消费分配条件。这可以写成:

$$W_i U_0^i = W_h U_0^h (i,\ h=1,\ \cdots,\ I) \qquad (8)$$

对所有人来说,消费的边际社会效用都应相同。

假定私人产品通过完全竞争市场分配、公共产品的资源配置也满足效率条件公式(7),公共产品至少有一部分由公共部门通过税收给予财政支持。那么,实现这一目标的理想税收体系将满足公式(8)的条件,这又要取决于其余的一阶条件是否得到满足。在竞争条件下,假定产品0是作为一定交换比率标准的产品,边际转换率等于生产者价格,则边际替代率等于消费者价格。在生产者价格等于消费者价格的条件下,在竞争经济中公式(6)的条件就会得到满足。

参考文献

布朗,杰克逊.公共部门经济学[M].张馨,主译.北京:中国人民大学出版社,2000.

梁小民,睢国余,刘伟,杨云龙.经济学大辞典[M].北京:团结出版社,1994.

汪红驹.公共产品的最优提供[J].财经研究,1996(7).

约翰·伊特韦尔.新帕尔格雷夫经济学大辞典(第3卷)[M].北京:经济科学出版社,1996.

Samuelson, P. A. The Pure Theory of Public Expenditure[J]. Review of Economics and Statistics,1954(11).

(黄敬宝)

公共教育(public education)

由国家建立公共的、普及的、世俗的教育制度。赋予每一个社会成员相同的教育权利,从而培养受教育者的公共理性和公共精神。公共教育制度是一个国家进入现代教育的标志,其基本主张:由国家或地方公共权力机构负担公共学校教育,用义务教育保障教育机会均等,实现教育普及。

公共教育是近现代社会以来伴随着近代国家的产生而产生、国家的发展而不断变化的。在宗教改革前,西方国家一向把教育权与受教育权看作是私人的事情,国家不插手教育。资产阶级革命胜利后,当时的资产阶级为了摆脱封建制度和重商主义对市场经济发展的束缚,要求缩减国家职能。古典经济学派创始人亚当·斯密认为,为了建设公共事业,国家应该控制教育权,强制全体人民接受基本教育。那种国家不过问教育的传统,严重影响了生产利润的提高和劳动力的效率。亚当·斯密关于国家应当举办公共教育的观点得到西方国家的普遍认同。英国经济学家J.边沁在《政府论》中,用功利主义的理论进一步论证了国家介入教育的正当性。从此,民族国家开始把教育作为公共事业来实施和管理。1891年英国实行5～10岁初等教育免费制度;法国在1881—1882年的《费里法》中重申了国民教育的义务、免费与世俗三项原则;美国则从19世纪20年代起,发动了一场"公立学校运动",被称为"公共教育之父"的贺拉斯·曼大胆提出建立免费、平等和世俗的公共教育制度的主张,并且论证了征收教育税和财政支持公立学校的合理性,促使教育法得以颁布。到20世纪上半叶,西方国家基本建立了公共教育体系。

20世纪30年代的经济危机及随后的经济萧条和大量工人失业,驱使各主要资本主义国家大力推行凯恩斯主义和福利国家政策。国家对经济活动干预增强,同时也加紧了对公共教育的进一步管理。20世纪50年代至60年代,主要资本主义国家经济状况良好,公共教育迅速发展,义务教育全面普及。到20世纪70年代,公共教育的发展受到一定的挑战。一方面,发达国家经济出现"滞涨",要求减少对公共教育的投资以减缓国家财政危机;另一方面,完全由国家财政资助的公共教育发展渠道单一,教育服务供给短缺,办学效率低下,教育质量差,管理绩效不高,学校管理者趋于保守,无法满足学生的需求。公共教育自身没有独立性,国家通过教育目的、课程来控制学校。在强势的国家控制下,公共教育只是实现国家教育目标的工具,公共教育因而不断受到激烈的批评。

20世纪70年代以来,新自由主义取代凯恩斯主义占据西方经济学理论的主流地位。新自由主义的自由竞争、全面私化、贸易自由化等基本主张致使西方国家的公共领域出现了一股对公共物品和服务私有化的浪潮。按照新自由主义理论的主张,要解决公共教育领域存在的问题,公共教育必须进入市场,并通过市场运作来向社会提供。运用市场的信念、原则和营运手段,将会拓宽教育的发展渠道,充分实现个体权利。与此同时,在经济滞涨的压力下,西方各国的财政负担日趋沉重,各国政府对支付包括公共教育在内的各种庞大的公共开支力不从心,削减教育经费成为各国的普遍做法。公共教育与私立教育之间组织结构的区别逐渐淡化。市场化、民营化正成为世界性公共教育改革的趋势。公共教育市场化的实质是用私人领域的原则解决处在公共领域中的公共教育问题。

中国的公共教育始建于20世纪初,从其发生轨迹看,是对西方列强国家教育模式的移植和扩散,具有被动的性质。加上新中国成立前的特殊国情,在相当长的一段时期,尽管在形式上有制度化的现代公共教育,但并没有支撑该制度的社会政治经济基础,自然也就没有公共教育理念和实践的普及与发展。

新中国成立后,国家在经济上实行严格的计划经济。

计划经济时代的公共教育制度与国家的性质和目标紧密联系,保证培养国家工业化所需的各类专门人才,保证劳动阶级曾被剥夺的教育权利。计划经济时代的公共教育具有以下特点:教育以社会为本重于以人的教育权利为本;在公共教育的投入上,高等教育重于中小学教育,义务教育缺乏必要的制度和经费保证;公共教育观念与人们对"国家"的认识相关,导致公共教育缺乏公民和社会必要的监督;公有制经济和社会主义意识形态的相对统一,成为公共教育制度主导性理念,私立教育几乎不存在。

改革开放以来,随着中国政治经济制度的变革,公共教育从理念到实践都发生了比较大的变化,公共教育正向着既有利于政府进行统筹管理,又有利于调动各种社会力量参与办学的积极性,学校也有较大的办学自主权的方向发展。民办教育在新的制度环境下也得到健康发展。

（王等等）

公共教育财政制度（financial system for public education）　公共财政中关于教育的收入、支出、管理的制度规范。公共财政制度中相对独立的组成部分,与公共教育制度密切相关。是教育正常运行和稳定、健康、持续发展的重要制度保障。

公共财政制度是市场经济的财政制度。在市场经济中,政府和财政的职能作用以市场失灵为边界。作为制度安排,公共财政的本质特征是公共性,即财政以满足社会公共需要为宗旨。三级正规学历教育是社会公共需要或公共服务的重要组成部分,提供教育服务是公共财政的基本职能之一,公共教育财政制度成为公共财政制度的组成部分。其评价标准是充足、公平与效率。充足指财政资金的供给上应满足教育正常运行和适度发展对资金的需求。公平是指教育财政资金的分配应保障每个受教育者获得相对均等的公共教育资源。效率是指教育财政制度安排应有助于公共教育资源使用效率的提高。由于不同国家不同历史时期的社会经济发展水平不同,经济、财政和教育制度不同,教育财政制度不尽相同,不存在适合所有国家单一的教育财政制度,一国在设计和选择教育财政制度时应汲取他国的经验教训,但不应简单照搬和移植,必须从本国的基本国情出发。

公共教育财政制度主要包括教育预算制度、教育财政转移支付制度、教育拨款制度、学费制度和学生资助制度、教育财政监督制度。

教育预算制度　在实行部门预算财政制度下,各级政府教育行政部门和各级各类学校都要编制教育预算。各部门预算由财政部门调整后汇总形成本级财政预算。预算编制方法有"基数加增长"、"零基预算"、"绩效预算"等。中国2000年后开始逐步推行部门预算,编制方法从"基数加增长"向"零基预算"转变,教育预算编制处在改革进程中。教育预算内容包括收入与支出,教育预算收入在不同国家各不相同,美国等国地方政府是将某一税种收入作为教育收入,中国等国家是将财政收入切块构成教育收入,这是教育收入的主要部分。此外,教育收入还包括学费收入、社会捐赠收入、学校自筹收入等。教育预算支出内容,中国目前正在推行的由基本支出加项目支出构成。基本支出包括人员支出和公用支出,相当于教育经费中的教育事业费(包括人员经费和公用经费)。基本支出包括专项支出和基本建设支出,相当于教育经费中的专项经费和基本建设经费。

教育财政转移支付制度　其主要目的是均衡地方财政对教育的供给能力,缩小区域间教育发展差别,为受教育者提供均等化的教育服务。详"教育财政转移支付制度"。

教育拨款制度　财政部门向各级各类学校拨付公共教育经费的制度。详"教育拨款制度"。

学费和学生资助制度　见"学费制度"、"学生资助制度"。

教育财政监督制度　为防止教育财政经费不被挪用和寻租与腐败,为提高教育财政资金的使用效率,各国都建立了教育财政监管制度。各国教育财政监督制度内容和方式各不相同,其共同的特征是法制化、民主化和公开化。法制化指教育财政的收入、支出和管理必须以相应的立法为准绳,并严格执法。民主化指教育财政的决策、执行和管理必须有社会公众广泛参与。公开化指教育财政和学校财务必须公开透明,政府和学校必须将教育财政、学校财务定期向社会公开,公开与透明是一种行之有效的监管措施。议会和政府作为立法和最高权力机构,建立相应的监管机构,对教育财政进行监管。

（王善迈）

公民教育（citizenship education; civic education）旨在培育社会成员具有忠实地履行公民权利和义务的品格和能力等的教育。有广义与狭义之分,广义泛指一切有助于培养公民素养的教育形态;狭义专指公民教育课程与直接的公民教育活动。此外,还有旨在归化新移民使之成为某国合格公民的公民教育（citizenship education for new citizens）和旨在培育儿童公民素养的学校公民教育（citizenship education in schools）之分。但无论何种角度,公民教育概念的界定主要与人们对"公民"（citizen, citizenship）和"教育"（education）两个范畴的理解联系在一起。

"公民"概念最早可追溯到古希腊。在古希腊城邦中,所谓公民是指那些父母均为自由人且拥有一定财产的男性,他们是城邦的主人,因而有权参与城邦公共事务的讨论与决策。而在现代社会,公民则是一种十分广泛的社会政治身份。自由主义、共和主义等学派对"公民身份"（citizenship）概念的界定一直有着激烈的争论。综合不同学派关于公民及教育概念理解的共性，可从以下几个方面理解现代公民身份概念：(1)公民身份首先意味着对个人自由与权利的确认，而后也应该是对于这一权利的确保（从公民权、政治权逐步延伸到社会、经济与环境权利等等）。这在逻辑和历史上都已经得到充分的证明——现代社会正是首先从专制社会中解放个体的人而逐步转向满足公民的社会福利与经济权利等广泛诉求的。(2)公民身份不仅是法律的而且是道德的，公民身份具有法律和道德的双重或多重意义。公民身份在强调一种充分尊重个人自由、权利的同时也鼓励对公共善的追求及对社会公共生活积极、理性的参与。(3)最早的公民即国家公民。但是随着全球化步伐的加快以及民主化在现实生活中的不断深入，在当代社会除了国民（national）意义的公民身份外，亚国家意义上的社区公民和超国家意义上的世界公民等身份意涵已逐步成为一种现实。(4)在公民的形成方面，当代西方社会有许多人怀有公民教育可能对思想自由、家长和儿童的教育选择权等构成侵害的担心，因此合适的教育环境与公民教育的设计就显得特别必要和重要。公民身份的形成必然要求有合适的公民教育理念与实践模式的建立。

公民身份的性质决定了公民教育的方向。在现代社会，公民教育的主要意涵有如下几个方面。

就教育目的而言，公民教育是"造就公民的教育"。这就意味着：在教育目标上，一切与现代公民人格养成相背离的教育内容、教育制度都应该在全部教育体系中予以摒弃。在教育形式上，现代公民教育坚决反对某些排斥个人思考的"机械公民"（robotic citizen）教育，公民教育首先应该是全部学校生活的民主改造，其次才是专门公民教育课程的设计与设置。公民教育的课程实施应该充分关注显性课程与隐性课程的一致性。

就教育对象而言，公民教育是"对公民的教育"。对儿童的公民教育固然重要，但仅把公民教育看作是学校的责任，将这一过程与社会共同体分离，也与个人终身作为公民的经验相隔绝，是完全违背公民教育的基本原则的。因为如果成人社会不具有公民属性，则针对儿童的学校公民教育将因为无法得到共同体的支持而最终徒劳无功；如果仅在学龄阶段接受公民培育，进入社会后不再以公民原则去实践，则不仅学校公民教育没有实质意义，而且也无法解决终身面临的公民生活课题，不符合终身教育的理念。换言之，公民教育包含对所有人的公民人格培育以及每一社会成员的自我公民教育。

就公民教育的形态而言，公民教育是"通过公民（生活）的教育"。公民必须能够去行动，而不是仅仅意识到自己的公民身份。为达成公民教育的目的，在学校教育和社会制度上形成支持公民参与的机制十分关键。只有在校园和社会公共生活的参与中，学生和社会成员才能在行动中理解公共问题的复杂性，进而培养归属感、责任感以及谅解、宽容等公民美德。鉴于社会生活或者公民行动的复合特性，公民教育或公民学习的结果至少应包括：对有关公民知识（如自由平等、民主法治、公平正义等概念）有充分的了解；获得一定的价值观与人格素质（如关注公共善、相信人的尊严与平等等）；获得必要的技巧与行动能力（如具有口头或者书面表达合理观点的能力，沟通、合作及与他人有成效地工作的能力等）；对一些实践性课题（如当下发生在地方、国家和国际层次上的重要议题与重大事件，民主与法治社会的性质、运作及其变革等）拥有足够的认知与理解，等等。虽然各国公民教育均依据自己的社会实际而设计，但以公民行动能力培育为核心目标是当代世界公民教育的共识。

与公民概念相似，最早的公民教育起源于古希腊。但古希腊城邦的公民教育与当时的公民概念一样都具有狭隘的性质。现代公民教育则肇始于近代资产阶级革命，主要与资产阶级自由民主的政治主张和民族国家的形成有直接的关联。一些重要近代思想家和教育家，如黑格尔、费希特、凯兴斯泰纳等人都曾从民族国家的角度特别强调过公民教育的重要性。德国教育家凯兴斯泰纳就认为国家具有"最高价值"，一切教育的目的就是要培养忠于国家的公民。凯兴斯泰纳不仅强调为国家服务的公民精神，他还倡导将公民教育与劳作教育相结合，以培育每个公民具有为国家服务的技能。当代西方各国公民教育已经与近代形态有很大的不同。除了将国家公民的培育逐步转变为社区、国家及世界等维度的"多元公民"的培育之外，教育内容和形式也发生了很大的变化，如强调公民教育与人权教育的关联，强调公民教育的民主属性（或者公民教育和民主的内在联系，即citizenship eduction for democracy），强调公民教育与终身教育及现实社会生活的联系，强调公民主动性、积极性的培养，突出公民的参与性和责任等等。在公民教育的课程设置上，各国多采取直接公民教育课程、跨学科公民教育课程、公民实践活动课程等多种形式。

中国最早的公民教育萌芽于清末。严复、梁启超等人的政治及教育著述中都有较为明确的公民教育主张。民国成立，培育"共和国国民"成为当务之急。1912年北洋政府教育部颁布新的教育宗旨，主张"注重道德教育，以实利主义、军国民教育辅之，更以美感教育完成其道德"的公民培育目标。1916年，教育部公布《国民学校令施行细则》，规定自第三年起，兼授《公民须知》，示以民国之组织及立法行政司法之大要。1923年，国民政府制定并颁布《新学制课程标准纲要》、《小学公民课程纲要》、《初级中学公民学课程纲要》，中小学的修身科均被取消，旧制修身科归入公民科。《新学制课程标准纲要》规定，在小学，一～四年级设社会科

（由公民、地理和卫生组合而成），授课时间占总课时的20％；五～六年级设公民科，占总课时的4％，历史、地理、卫生分别占6％、6％、4％。在中学，初中阶段设公民科，记6学分；普通高中阶段设人生哲学和社会研究，每周授课3小时，一学年授完，分别记4学分和6学分。20世纪20—30年代，中国公民教育曾经得到发展。此后，由于战争等因素的影响，公民教育的称谓及内容都有很大的变化，一度沦落成为国民党的党化教育。

1949年中华人民共和国成立后，公民教育的一些内容主要以德育、思想政治教育等形式实际存在。"文革"期间社会主义民主法治遭到破坏，公民教育归于沉寂。改革开放之后，随着社会主义民主与法治建设步伐的加快以及国家教育事业的进步，公民教育又迎来了一个重要的发展阶段。在21世纪，有关民主法治、自由平等、公平正义、公民权利与义务等公民教育主题在不同学段的教育中都在不断得到强化。中共十七大报告中明确提出"加强公民意识教育，树立社会主义民主法治、自由平等、公平正义理念"的主张。2010年7月公布的《国家中长期教育改革和发展规划纲要（2010—2020年）》进一步将"加强公民意识教育，树立社会主义民主法治、自由平等、公平正义理念，培养社会主义合格公民"列入国家中长期教育改革与发展的重大战略主题。中国公民教育事业正和中国社会的整体发展一起处在一个全新的历史阶段。

（檀传宝）

公民教育课程（citizenship education curriculum）培养具备适应社会、参与社会所需的各种素质的有责任的合格公民的课程。课程内容包括公民道德教育、公民政治与法律教育、公民思想教育等，并传授经济学、社会学、政治学、伦理学、环境保护和国际理解等基本知识。

国外公民教育及公民教育课程的发展

古希腊最早提出实施公民教育，旨在培养具有无私奉献精神和爱国主义精神的公民，主张教育应陶冶公民的品格和特性，训练其理性，以适应国家的需要。在古希腊，公民是少数人的一种身份，较之无公民权的居民，公民是一种特权，为维护城邦利益，培养献身城邦的公民被视为大事，各城邦十分重视对未来一代进行公民教育。

欧洲中世纪，社会意识形态的核心精神是尊崇上帝，以神性代替人性，科学真理遭到摧残。随着公民概念的消失，公民教育隐退。14—17世纪初欧洲文艺复兴时期，人文主义精神复苏，社会开始重新提倡德、智、体、美的充分发展，但在从封建社会向资本主义社会的过渡期，资产阶级尚未取得政权，建立共和政体，仍没有公民概念和相应的公民教

育。18世纪后，资产阶级革命陆续在欧美国家取得成功，倡导"自由、平等、博爱"以争取民众，建立资产阶级民主共和国。各国制定宪法，提出公民的权利与义务，规定公民有受教育权利，至此形成现代意义的公民教育。

随着资产阶级民族国家的形成和发展，西方一些思想家和教育家强调推行公民教育。德国教育家凯兴斯泰纳首倡公民教育并发表专著，主张一切教育的目的是培养忠于国家的公民，并将公民教育与劳动教育相结合，以使每个公民具有为国家服务的技能。美国进步主义教育家杜威强调道德教育与社会生活的关系，主张通过德行教育把学生培养成"民主主义社会"的"良好公民"，认为民主的公民教育是民主政治的基础，公民应具有明智的判断力及采取各种措施的能力。早期的公民教育课程从公民与国家、公民与法律等的关系上阐明公民的权利与义务，培养公民的道德观念，形成公民的道德行为，使学生成为国家良好的、有用的公民。强调文化同质和政治忠诚，以培养公民义务为重点，将公民教育与道德教育相结合，公民教育课程的目标从培养贵族统治者转变为培养社会公民。

第二次世界大战后，争取公民权利运动成为西方现代民族国家的一种政治潮流，为避免在争取公民权利的运动中产生冲突，西方国家重视公民教育对国家稳定的作用，但西方国家的公民课程是培养主流文化中的公民，而排斥或同化异质文化的边缘群体和少数民族，公民教育仍无法应对现实中不同社会群体和种族之间的对立与冲突。自70年代中期始，占主导地位的同化或排斥异质群体的公民教育模式面临挑战。随着全球化的发展，商业贸易、劳工输出、移民和难民问题加剧全球范围内的人员流动，传统的国家定位的公民与公民教育问题成为国际社会尤其是发达国家关注的研究领域。20世纪90年代后，关于公民身份和公民教育的讨论再度引起西方学者的关注，公民与公民教育思想的研究进入新的历史时期。文化的多样性和个人身份的复杂性要求重新审视公民身份，以认同和宽容多样化为主题，在尊重差异的基础上寻求共生共存的公民课程的教学实践模式逐渐成为西方公民教育课程的主流取向。

学校设置公民课程始于19世纪下半叶。在不同国家和不同历史时期，公民教育课程有不同的形态。在美国，早期开设公民课程的目的是培养学生的爱国心和对美国政治制度、国家理念的理解。20世纪初，随着大批移民来到美国以及第一次世界大战的爆发，美国更强调公民教育培养合格公民。为适应社会对公民教育的需要，1916年美国在中学设立社会课程，拓展公民教育的范围，丰富其内涵。社会课程贯穿美国12个年级，且作为综合课程，社会课程内容的构建涉及诸多社会科学领域。社会课程的建立，标志美国公民教育的新发展。1977年美国学者巴尔等人提出，社会课程就是一种公民教育，是人类关系的相关经验和知识的整

合。80 年代出现学科中心、公民中心和问题中心的社会课程。小学一般设综合课程的社会课程,中学的社会课程由地理与历史、当代社会问题研究、公民学、政治学、心理学等各分科构成。法国最早从小学三年级起开设"公民训导课"。随着普法战争的失败,民主运动的展开,1882 年在小学设置"道德与公民教育",1889 年在 7～13 岁各年龄段设置公民课,中学设公民道德教育课,后易名"公民生活实践启蒙"。20 世纪 40 年代为反法西斯,拯救法国,中小学普设"公民爱国教育课"。20 世纪 60 年代强调民主权利与公民义务责任相结合,设"公民道德教育课"。80 年代后,法国重申学校道德教育,强调以"人权"为核心,突出公民权利,提出从小学生甚至幼儿园就开始进行公民启蒙教育,同时强调人格教育,培养青少年具有法国人精神。德国 1911 年在不同年级设公民课为必修学科,1919 年宪法规定设置公民课实施公民教育。英国的公民教育不单独设科,而在历史、地理等各科教学和各项活动中实施。2000 年 9 月开始实施新的国家课程,首次将公民课作为必修课,并于 8 月开始正式在 12～16 岁设置。日本在第二次世界大战后深受美国影响,小学单独设"社会课",初中社会课分为历史、地理、公民,高中社会课由地理、历史和公民构成,其中公民课分为"现代社会"、"伦理"、"政治和经济"。

20 世纪初,各国学校主要通过正规课程,如公民课、道德课(修身课)、社会课、历史课、地理课等进行公民教育。随着社会的发展,越来越多的国家意识到实施公民教育的必要性,一些国家将上述课程内容组成"社会学科",并通过校外活动等方式强化学生的公民意识。

中国公民教育课程的发展

在中国,公民意识与公民教育思想萌发于 19 世纪末的戊戌变法运动。中小学公民素质教育的实施则发轫于民国初年。最先提倡国民教育思想的是清末维新人士。中华民族危机的加剧,使维新派认识到近代中国对"新民"的迫切需要,他们明确提出必须改造中国文化的主体,培养新一代人,把"新民"作为强国之本。梁启超在 1902 年发表的《新民说》中主张,培养国民具有公德、国家思想、权利义务、平等自由、自治、独立自主、进步、自尊、合群、毅力、尚武等观念。民国时期,在第一次世界大战后国际教育思潮的影响下,公民教育成为中国社会转型期的一种新探索。蔡元培提出国民教育、实利主义教育、公民道德教育、世界观教育和美育"五育"思想,强调"以公民道德为中坚"。教育界和思想文化界掀起"国民教育思想"和"平民教育思想"思潮,并力图实施公民教育,以重塑新兴国家和社会所需要的积极参与国家和社会建设的国民素质。中国的公民教育兴起于五四运动前后。1919 年全国教育会联合会提出编订公民教材

案。1922 年颁布的《学校系统改革案》深受西方进步主义特别是杜威"平民主义和教育"论的影响,直接影响中国公民教育的确立。中国教育界提出公民教育目的论,即主张培养以民主为原则,造就果敢地为家庭、社会、国家和人类服务的公民,强调公民权的行使能力。同年,该会拟定《中小学课程标准》,首次将公民课程列入中小学课程。1923 年颁布的《新学制课程标准纲要》令公民课程真正独立设置。该纲要规定,小学和初中均以公民科取代修身科,小学公民科旨在"使学生了解自己和社会(家庭、学校、社团、地方、国家、国际)的关系,启发改良社会的常识和思想,养成适于现代生活的习惯";初中公民科旨在"研究人类社会生活,了解宪政精神,培养法律常识,略知经济学原理,略明国际关系,养成公民道德",内容包括"社会生活及其组织、宪政原则、中华民国的组织、经济问题、社会问题和国际关系"六方面。1924 年江苏省教育会、中华职业教育社等团体发起全国公民教育运动。20 世纪二三十年代公民教育课程的目标是培养国家公民具有有关社会的公德与社会知识。课程内容是社会关系、社会构造及社会功能等,注重观察、参观、调查、讨论等学习方法。20 世纪 30 年代后期,随着国民党党化教育的实施,公民教育课程弱化。

新中国成立后,国家重视对学生的思想政治教育,各级各类学校开设思想品德课和各种政治课,并通过各门学科教学进行思想政治教育,逐步形成以思想政治教育为核心的公民教育模式。1985 年中共中央颁布《关于改革学校思想品德和政治理论课程教学的通知》,决定在初中开设公民课,但未实施。20 世纪 80 年代后半期以后,随着社会结构的转型及"以德治国"、"依法治国"的提出,国家和社会对人的发展提出新的要求。90 年代后,随着中小学课程改革的深化和素质教育的推广,一些省市开始在初中开设公民课,如上海市和浙江省在初中开设必修课"公民学科"及"公民"。1994 年,国家教育委员会基础教育课程教材研究中心拟订《关于试办农村综合初中的实验方案》,将公民课列为农村综合初中的必修课之一。2001 年中共中央印发《公民道德建设实施纲要》,提出中国公民教育课程的目标是培养"爱祖国、爱人民、爱劳动、爱科学、爱社会主义"的公民,"社会公德是全体公民在社会交往和公共生活中应该遵循的行为准则。"

以法律面前人人平等且独立的个体身份出现的公民,是通过公民道德意识及国家在法律上所赋予的权利和义务,以个人与国家、与社会、与他人的关系进入公共生活领域,参与国家和社会的建设。强调公民的社会公德意识,要求公民在具有独立道德人格的同时,具有自主、自尊、自律的意识和能力,并承担相应的法律赋予的权利和道德义务。公民教育课程的实质是进行公民道德教育。始于 2001 年的第八次基础教育课程改革中,小学设"品德与生活"、"品德

与社会"课程,初中设"思想品德"、"历史与社会"课程,高中设"思想政治"课程,以相应的理念、学科内容及实施方式实践中国新型的公民道德教育。

公民教育课程目标

法国始终把培养学生的公民责任感作为课程目标,但在不同历史时期,其具体目标有不同的侧重。普法战争后,《费里法》强调用战败的教训激发学生的爱国心,重点进行爱国主义教育。第二次世界大战期间注重教育儿童保家卫国、弘扬法兰西民族精神。1945 年法国教育训令规定,公民教育课程的基本目标是使学生成为公民、劳动者以及具有自律性的自由人。20 世纪 70 年代的法国教育改革提出,学校公民教育要使学生"形成生活的主体",形成一种把学校看作一个"生活共同体"的公民意识,以此培养学生的集体主义精神和爱国爱人民的思想。法国当下的公民教育课程目标是使每个人获得自由和富有责任感,培养集体观念,使每个公民都成为有教养的人。

日本的学校以 1989 年修订的《学习指导要领》中的《生活》、《社会》、《道德的实践》和《公民》(分"现代社会"、"伦理"、"政治、经济"三科)为基准对学生进行公民教育。其公民教育课程的总目标:通过丰富的生活经验培育能独立判断价值,能自律自主地行动,且能对国际社会有所贡献而受到各国人民信赖的日本人。小学校"生活科"的教学目标是使儿童、学生通过具体的活动与经验,关心自己与身边社会的关系以及自己与自然的关系,并使儿童、学生能对自己本身或自己的生活加以思考,在生活经验中养成必需的习惯和技能,确立自立的基础。小学校"社会科"的教学目标是使学生理解社会生活的各种形态,培育对自己的国土与历史的情感,培养国际社会、民主和平国家社会中的成员所必需的公民之基本素质。中学"社会科"的教学总目标:以广阔的胸怀加深对国土与历史的理解,培育公民的基础性教养,培养作为一个民主和平国家和社会之成员所必需的公民基本素质。

英国的公民教育课程目标:(1) 首要目标是协助学生享有快乐的童年生活,并为将来成人生活作预备,以培养民主社会健全公民为目标;(2) 强调协助学生从了解自己做起,继而尊重他人,认识社会和关怀自然,并与之建立良好的互动关系;(3) 了解自己必须先体认自己是"人",具有基本权利和义务;其次对自己的生理、心理状况有客观、清楚的了解;(4) 尊重他人是推己及人的结果,学校公民教育着重辅导儿童以同理心去了解他人、关怀他人和包容他人;(5) 认识社会环境,包括社会制度、社会规范、社会责任、社会福利、社会生活、社会问题等,其广度包括家庭、学校、社区、社会、国家及至世界;(6) 关怀自然,包括欣赏自然、爱护自然,并积极参与环境保护工作;(7) 建立良好的互动关系,秉持基于了解、认识而建立的公正、公平、友爱、守法、合作、自主等民主态度,积极参与或从事交互活动。

新加坡公民教育的课程目标分三个层次。个人层次的目标是全人格的发展,包括身体、心理、个人道德等,诸如日常良好生活习惯的培养,个人修身克己的品德陶冶以及判断正确价值的理性能力的启发等。社会层次的目标包括家庭与公共道德的范畴,主要目标:了解人我分际及自由界限;培养重视家庭的正确价值;培养孝顺友爱、礼让合作的美德;激发社群意识与服务精神;培育敬业乐群、负责合作的风范;养成服从纪律、创造公益的习惯。国家层次的目标:认识新加坡现状及基本国策;强化国家认同和族群共荣意识;培养尊重民主和效忠国家的情操;了解新加坡的国际地位及国际局势的发展等。

公民教育课程内容

公民道德教育 包括道德规范教育和道德实践能力的养成。中小学生的生活环境包括家庭、学校和社会三部分,生活于其中必须遵循基本的道德规范。道德规范依赖于人的自觉,而作为一种社会约定俗成的行为准则,道德规范是后天习得的结果,道德规范教育有其必要性和合理性;公民从小具备良好的道德行为规范,有利于社会有序健康地发展。提倡让学生在家庭、学校和社会的真实生活情境中体验道德、实践道德,把培养道德敏感性、锻炼道德实践能力、建构道德人格作为公民道德教育课程目标的重点。

公民政治与法律教育 公民政治教育主要包括爱国主义教育、基本政治制度教育和时事教育。在培养青少年的爱国情感方面,爱国主义教育内容可形成如下序列:从爱父母、爱亲人、爱老师、爱同学到爱他人、爱民族;从爱班级、爱学校、爱家乡到爱祖国。在基本政治制度教育方面,要求懂得人民民主政治需要广大民众的理解与支持以及如何行使自身的民主政治权利。时事教育因政治形势变化多,实施有一定难度。公民法律教育的首要内容是宪法知识,每个公民首先要懂得自己在宪法中的地位、政府在宪法中的地位,以及自己与政府的关系,权利和义务的教育是公民法律教育的核心内容。

公民思想教育 公民思想教育包括人生观教育、世界观教育和价值观教育。公民教育自产生起就与现代民主国家的价值观(自由、平等、博爱等)联系在一起,而价值观与世界观、人生观不可分离。公民是具有独立人格的国家主人,在此基础上产生的公民教育是关于人的尊严与国家主人翁应有的态度行为的教育,必然包括个人对人生、世界、价值的态度和倾向的教育。

环境教育和性教育 随着社会的发展,学校教育面临许多现代公民必须面对的问题,公民教育内容随之增加。公民环境教育的内容包括两方面:提高公民对环境保护的认识,使环境保护成为公民行为规范的组成部分;将环境保护内容引入学校课程标准及课程实践,探索环保公德在学校教育中的地位、作用和特点。随着改革开放和经济发展,人们的生活水平大幅提高,青少年生理早熟,青春期提前,加之国外性观念以及网络传播的影响,传统的性伦理规范受到不同程度的冲击,一定程度上使少年产生性迷茫,影响青少年的健康成长。

国际理解教育 亦称"异文化理解教育"、"多元文化教育"。第二次世界大战后,联合国教科文组织在全球推进国际理解教育,目的是以尊重人权为基础,培养对他国、他民族、他国文化的理解与尊重。1974年,联合国教科文组织在接受《世界人权宣言》理念的基础上,提出国际理解教育的指导原则:(1)所有阶段及形态的教育都应具有国际侧面与世界性视点;(2)理解与尊重所有民族及其文化、文明、价值观和生活方式;(3)认识各民族及各国国民之间的世界性相互依存关系正在日益强化;(4)形成与他人沟通的能力;(5)不仅懂得原理,而且懂得个人、社会集团及国家各自负有的义务;(6)每一个人准备参与自己所归属的社会、国家和全球各种问题的解决。1995年,联合国教科文组织大会重新界定教育的使命,强调旨在培养"世界公民"的三大主题:培养和平、人权与民主在具体实施过程中所仰赖的价值观;强调认知学习,更强调情感与行为学习;立足于共同的价值观和知识的应用,学做"世界公民"。"世界公民"教育突出两个要素:以未来的展望及地球社会的视野把握现代社会;强调人类的相互依存关系,并认识相互理解与合作的必要性。

公民教育课程实施

综合设科型 指学校通过一门以上学科融合而成的综合课程来完成公民教育任务。通过开设综合性科目,如生活教育、社会教育、公民/伦理教育等,把公民教育内容编制成课程中的若干单元来教授。为美国和日本的中小学所采用。

渗透型 将公民教育课程内容渗透到学校整个课程体系中,包括所有学科领域和学校的各种活动。为英国所采用。既无专门、独立的公民教育学科,也不依赖于开设综合性课程,而是将公民教育内容渗透到学校所有正规课程和非正规课程(如隐性课程),以及学校生活、学校组织和人际关系中,包括校风、校训、校纪及各种规章制度。

单独设科型 学校开设专门的公民教育课程,对学生实施科学系统的公民教育训练,使其获得公民知识,形成公民能力,养成公民行为,为学生成长为合格公民奠定坚实基

础。法国是世界上最早在学校开设公民教育课程的国家,其最早的公民教育课程名为公民训导课。新加坡亦采用这种模式。

公民教育课程教学实践模式

道德认知发展模式 以美国心理学家和道德教育家科尔伯格为代表。他认为,道德教育的核心是道德思维的积极发展,道德教育就是提高儿童的道德认知水平与道德认知力、判断力;道德发展存在一定阶段,每个儿童的道德认知水平都要逐步经历各个发展阶段。作为建构主义者,他重视引发儿童的主动性,以有效地组织儿童在社会情境中获得感知,使其道德认知结构与环境产生交互作用。根据科尔伯格对学校教师实践的研究,新苏格拉底道德教育模式和新柏拉图道德教育模式被运用于公民教育。前者侧重运用课堂讨论法,通过专题讨论激发学生思维,发展其道德认知力;后者侧重建立"公正团体",使学生有机会民主地参与学校管理。

关心体谅模式 英国学者麦克菲尔及其同事于20世纪70年代创立。强调对公民进行以情感为主的道德教育。认为能为他人考虑、觉察他人的感受、与人和睦相处是一种思维方式,也是一种道德人格。该模式通过和谐互动的师生关系、真诚平等的合作,激励学生采纳关心体谅他人的生活方式。有系列教材《生命线》及教师指导用书《学会关心》。

价值澄清模式 美国学者拉斯等人提出。主张学生对价值观进行自由探索和理性思考,帮助学生掌握价值澄清的方法,通过思考、感受、选择、沟通、行动等分析和评价手段,减少价值混乱,同时重视培养学生思考和理解人类价值观。

社会行动模式 美国德育学家F.纽曼等人于20世纪70年代倡导。主张公民参与社会行动,重视培养公民的行动能力,即影响公共事务的能力;提出实现公民社会行动的三个步骤:制订政策目标,争取公众支持,解决心理上的问题。同时提出一个集心理学、哲学、社会学和系统科学原理于一体的公民教育体系,并在一所中学具体实施,开设"社区问题方案"课程,将社会行动课程与中学其他课程相结合,构建公民教育框架。

多元文化的公民教育模式 美国多元文化教育专家班克斯系统阐述多元文化公民教育的内涵,提出在教育目标上,学校要培养未来公民健全的人格特质,包括开放的自我、对待他人的宽容态度、与他人共享价值的能力、多元的价值趋向、信任人类环境并充满自信;在教育内容上,公民教育课程既要强调普世伦理,即一种以人类公共理性和共享的价值秩序为基础,以人类基本道德生活特别是有关人类基本生存和发展的道德问题为基本主题而整合的伦理,

也要呈现多元文化,使学生在公民认同上,既有共同的国家认同,也有理解其他族群的文化认同;在教学方式上,重视从实践入手,增进公民对政治体系和民主程序的了解,传授公民政治知识,提高公民的政治参与能力,并强调培养学生相互尊重、相互理解以及处理差异问题的能力。

参考文献

吴文侃.中小学公民素质教育国际比较[M].北京:人民教育出版社,2002.

张秀雄.各国公民教育[M].台北:师大书苑,1999.

钟启泉.现代课程论(新版)[M].上海:上海教育出版社,2003.

朱晓宏.公民教育[M].北京:教育科学出版社,2003.

(岳刚德　郭雯霞)

公学(public school)　英国一种历史悠久、具有独特培养目标的寄宿制私立中等教育机构。不与初等学校教育衔接,招收 13 岁左右的儿童,学制一般为 5 年,专门培养准备升大学的学生,具有大学预备学校的性质。

1382 年由温切斯特大主教威廉创建的温切斯特公学是英国历史上最早的公学。此后,其他公学仿照其模式而建立。18 世纪时,英国形成了著名的九大公学:温切斯特公学(1382)、伊顿公学(1440)、圣保罗公学(1509)、什鲁斯伯里公学(1552)、威斯敏斯特公学(1559)、麦钦泰勒公学(1560)、拉格比公学(1567)、哈罗公学(1571)、查特豪斯公学(1611)。"公学"这一名称最初表明公开场合教学与家庭教师个别传授的区别,后来才发展成为一种面向全国招生、独具特色的中等学校,与地方学校有别。公学主要依靠私人(包括毕业生)的捐助而建立,在资金上拒绝接受政府资助,也不受政府的干涉和约束。最初的公学是免费的,学生主要来自贫民家庭,以学习古希腊、罗马的古典著作和《圣经》为主,也学习一些实用知识,是为"公众利益"或"国家公共利益"服务的。后来,随着办学质量的提高,公学逐渐赢得上流社会的青睐和支持,学生构成发生变化,学生需缴纳高昂的学费。17 世纪后,公学学生大多来自上层社会和富裕家庭。公学的教育目的是培养社会精英,其所有的一切都与大学有关。1721 年之后的 50 位英国首相中,有 33 位曾就读于九大公学。与一般学校教育相比,高质量的教学使公学毕业生大多升入牛津、剑桥等名牌大学。

19 世纪前半期,公学入学人数减少,因课程内容主要以古典语(拉丁文和希腊文)和人文学科、体育训练为主而不能适应社会发展的需要。当时的一些教育家也对公学表示极大不满。正是在这样的背景下,英国议会任命成立了由弗雷德里克任主席的公学调查委员会,即"克拉伦敦委员会"(Clarendon Commission)(亦称"皇家公学调查委员会"),对九大公学的状况,如资金收支、课程设置、师资队伍、行政管理等进行调查。在 1864 年发表调查报告的基础上,针对公学课程陈旧、太贵族化以及管理不善等问题,英国议会于 1868 年颁布《公学法》(Public School Act),对公学进行改革。正是通过这次改革,公学意识到社会和经济变革的影响,开始注重现代语、数学和自然科学课程,重视公民责任和严格纪律的训练等,才得以跟上社会发展的步伐而延续下来,其地位在英国社会得到认可。其中,改革后的拉格比公学成为新成立公学的样板。从 1964 年到 1979 年,历时 15 年的"公学革命"又使公学走出低谷,重新稳固了其在英国教育中的地位和声望。

公学在建立后 6 个多世纪的发展过程中,逐步形成了自己的教育特色。一是培养社会精英的教育目的。社会精英能对社会和国家政治生活作出贡献并享有独特的地位。就具体标准来讲,公学毕业生要有健康的体魄、敏捷的思维、文雅的举止、耐劳的精神、协作的态度以及高度的自信等。二是优越的办学条件。公学的校舍设施十分优良,现代化的教学设施为学生提供了各种便利的学习条件。大部分公学都建有图书馆、实验室、电化教育室及剧场,采用电脑和网络教育。班级规模小,人数最多不超过 20 人,师生比低于其他学校。三是注重身心两方面发展的教育。公学强调体育训练,常组织体育竞赛;注意气质和风度的培养;加强性格训练,培养学生坚强的意志;拓宽课程范围,提高学生学术知识水平。公学还制定了自己的行为准则和规范,实施非常严格的纪律。学生必须着统一的校服,礼仪举止都有严格规定。四是高质量的师资。公学招聘许多优秀教师来校任教。无论是学校导师,还是宿舍舍监,其任期一般为 10~15 年。这些教师学历高,毕业于牛津和剑桥大学的比例高,曾就读于公学的比例高。五是寄宿的办学模式。尽管 20 世纪后半期走读生有所增加,但就整体而言,公学是实行寄宿制的。每所公学通常建有 10 幢左右的宿舍,每幢住约 50 名学生,设 1 位舍监。每幢宿舍是学生食宿、生活、课余学习和文体活动的场所,犹如一个大家庭。六是独立的管理体制和资金来源。公学有自己独立的组织机构和管理团体,例如,成立于 1869 年的"校长会议"(the Headmaster Conference,简称 HMC)、成立于 1941 年的"公学董事会协会"(Governing Bodies Association,简称 GBA)、"女子学校董事会协会"(the Association of Governing Bodies of Girls Public Schools,简称 GSA)等,以维护公学的共同利益。公学也有自己的学校运作体系,其行政领导是校长和由 10~12 人组成的学务委员会。

公学与普通教育体系不同,现主要招收受过良好家庭教育的儿童和预备学校毕业生,学生必须通过面试和公学自设的普通入学考试方可入学。近年来,公学的第六学级也开始接纳普通学校转来的优秀生。依照传统,公学原来只招收男生,但从 20 世纪 60 年代起,一部分公学开始招收女生。据 1980 年统计,在 220 所"校长会议"的公学中,有 63 所实行男女同校,69 所在第六级招收女生。公学还实行向天才学生提供奖学金和助学金的制度。在当今英国公学中,最负盛名的是伊顿公学。它无论在经费上,还是在学术水平上,都超过其他公学,成为公学的典范。根据 1965 年由政府任命的公学委员会规定,一所学校若要成为公学,需得到校长会议、公学董事会协会或女子学校董事会协会的认可并成为其成员。

在现代英国教育制度中,具有独特地位的公学与其他私立学校被称为"独立学校"(independent school),自成系统。根据《巴特勒教育法》的规定,所有独立学校从 1957 年 9 月 30 日起,必须到教育和科学部注册,接受视察。公学虽然是英国传统文化的产物,但植根于英国的历史文化之中,在英国教育中始终以优异的教育质量而著称,并在世界上得到认可。

(单中惠)

功能主义教育研究 (functionalism thought in educational research)

一种教育社会学理论流派。主张在教育研究中通过功能还原来从根本上理解和解释教育现象和教育问题。20 世纪 40 年代末至 60 年代中期在欧美教育社会学领域盛行。以美国社会学家 T. 帕森斯为主要代表。功能主义理论研究认为,教育是社会中的一个亚系统,是社会的一个组成部分,它通过各种方式与组成社会的其他亚系统,如宗教、法律、政治、经济、家庭等发生联系,产生互动,发挥其独有的功能。教育本身又由更小的子系统组成,如初等教育、中等教育、高等教育等,各子系统履行其在整体中的功能,同时又内含更小的单位,比如系、班级等,而系、班级又由角色这一更基本的单位构成。功能主义认为,社会中的角色完全可以等同于有机体中的细胞,只是角色这一概念超越了生物学意义,必须在文化与社会化的层面展开。

功能主义在强调整体性结构这一观念意义上主张还原,认为角色等同于细胞,但不是个别游离的细胞,而是在有机体的关系与有序中活动的细胞。结构与角色分化是功能主义理论的核心概念。

T. 帕森斯认为,行为主体的互动在其反复过程中作为一种角色行为定性成体,并在定性成体过程中产生角色分化,社会体系成为一种分化了的角色体系。社会体系中包含静态的一面和动态的一面。静态的一面指无论什么社会体系,为了满足外界环境对其功能发挥提出的特定要求,都必须具有几种适合的角色结构层次。社会体系中的动态因素主要有人、生产资料和报酬。这三者对应于角色结构进行分配,形成社会体系中动态的一面。

功能主义教育社会学的论述焦点是教育体系中作为静态一面的结构、作为动态一面的角色分化及其对社会整合和秩序维护所发挥的作用。T. 帕森斯关于班级的研究以及 R. H. 特纳、霍珀等人的研究常被引证。T. 帕森斯在《作为社会系统的学校班级:它在美国社会中的某些功能》一文中分析了美国中小学教育中的班级集体,探讨被视为一种社会化和分配机构的班级,其结构与基本功能之间的关系:班级如何将胜任未来成人角色所必需的责任感和能力内化于学生;班级如何在成人社会的角色结构中分配人力资源。

T. 帕森斯指出,家庭和学校虽然同样肩负社会化的重任,但两者在结构上有根本区别。家庭强调归属主义和个别特殊性,学校则重视成就主义和普遍主义。班级体系的主要结构特点是,学生的起点、地位平等,教师布置同样的作业,代表成人世界的教师与学生之间存在明显的两极性,有一个相对系统的以同样的标准和方法来衡量的评价过程。从功能的角度,班级是学生社会化最重要的机构,它培养个性品格,使学生在个体责任感和能力上胜任成人角色。责任感包括履行广泛的社会价值的责任感和完成社会结构中某一特定类型角色的责任感;能力包括完成个人角色中的任务所需的能力或技能,以及实现他人对适合这些角色的人际行为的期望所需的能力。从社会的角度,班级是一个选拔人才、人力分配的机构。虽然 T. 帕森斯指出,最重要的选择标准可能是小学阶段的学校操行记录,但作为结论,"起始于小学的分化的主要过程"仍是"通过学业成绩的比较进行的"。

班级在学生的社会化和选拔过程中所发挥的作用:对不同学生的成绩作出不同评价,并根据实际学习成绩对学生进行分班或分组;从社会要求出发进行与社会体系相适应的人才的选拔和分配;在一定发展阶段进行社会价值和规范的灌输;把孩子从家庭的过分感情爱护中解放出来。

20 世纪五六十年代有影响的功能主义教育社会学成果还有美国社会学家 R. H. 特纳的《赞助性流动、竞争性流动和学校制度》和霍珀的《教育制度分类的类型学》(1968)。R. H. 特纳提出,教育具有促进社会流动的功能,他运用功能主义的理论框架解释英、美教育制度的差别,认为社会作为一个体系必须追求有序的保证,而有序建立在"有机习俗规范"上,亦即人们对有助于解决社会有序问题的规范和价值的意见一致。有机习俗规范在制定教育制度中能发挥重要作用。在美国,解决社会有序问题的一个重要途径是鼓励人人获得精英地位,确保人人受到平等对待,学校教育中的淘汰在制度上不会作过早安排,培养受教育者对社会制度的忠诚。而英国的学校教育很早就在制度上实行淘汰,根据某些隐秘的标准,在儿童早期就进行精英与非精英的分流,精英被教育要忧国忧民、清廉智慧,非精英则被教育要安分守己、清心乐业。R. H. 特纳认为,教育制度及其具体实施中的差异,可以且必须还原到有机习俗规范的功能,乃至社会是一个有机有序的整体的理论层面来解释。

霍珀认为,遴选是教育的主要功能,教育研究要回答的关键问题是怎样、何时、由谁、依据什么来遴选。在社会是一个有机有序的整体的概念框架下,遴选有两种方式,一是实行标准化的、集中并统一管理的遴选,二是实行分散的、非标准化的遴选;关于遴选的时间,霍珀认为早遴选是精英教育式的,晚遴选则是平均主义式的;关于由谁遴选和遴选标准,须运用合法化的思想意识,大多数成层社会采用的方法是:公正明确地确立一类思想意识,既规定社会对其评价最高的人的类型,又正当地说明赋予他们更多权力的理由。

教育研究中的功能主义是在有序、稳定、整合等观念预设下,运用角色、角色分化、社会化、文化(思想意识)、制度等概念解释教育现象和教育问题。但其机械的、还原式的解释方式和解释力受到质疑。

(贺晓星)

共同文化(public culture)　　不同民族或群体所分享的核心文化。英国文化理论家 R. 威廉斯认为,共同文化是由集体创造并被集体的实践不断再创造和再界定的文化,而不是由其中少数人制定价值观,再被许多人接受并体验的文化。共同文化要求一种具有共同责任、在社会生活所有层面完全民主参与的伦理,它包括物质生产和平等主义进入文化塑型的过程。英国诗人、文学理论家艾略特则认为,共同文化不是一种平等主义的文化,少数人虽然可与大众享有共同的价值观,但他们是在不同的意识层面拥有。所有的社会阶级都会分享相同的文化。

共同文化不是一种统一的文化,实际的文化存在具有不平衡性和多元性。艾略特认为,这种不平衡性产生于一种严格的等级结构,即并非所有人都会有同样的体验,因并非所有人都会同样地参与。R. 威廉斯虽承认任何个体对整体文化的完全参与是不可能的,却将共同文化的多样性看作是由共同文化包括不同的行为者所致,共同文化不是一个在同一性意义上的文化等同性,而是专门化产物的复杂体系,其整体会形成整体文化,但不会作为一个整体发挥效果,并被生活在其中的任何个体或团体自觉地感知。

教育中共同文化的观念可追溯到要素主义。美国教育家巴格莱认为,教育不应把培养儿童适应社会生活作为最终目的,而应考虑提高儿童个体运用知识应对现在和未来环境变化的能力。这种知识是种族经验,而非儿童个体现在生活中的经验,种族经验比个体经验更重要。教育的目的就是传授人类种族遗传下来的共同经验,这些经验的保存和传授,使得人类社会能够存在和发展。巴格莱认为,整个人类社会必然存在各民族或各种族都可以接受和欣赏的共同文化和经验,即共同要素,作为人类文明的精华,它既是人类社会存在和发展的条件,也是人类教育的核心内容。

学校作为一种有组织的社会机构,负有传递共同文化和经验的使命。通过学校的教育和教学活动,人类的共同文化遗产在每一代人身上再现,并使最有价值的部分得以永久保存。巴格莱强调,要维护文明社会,就必须保存和传递人类的共同文化和经验,学校必须教给儿童了解整个社会所必需的基本知识和工具。这种思想直接影响了"核心知识"(core knowledge)课程的观念。"核心知识"课程是指所有学科最关键的内容,是所有学生必须学习的。考虑和确定核心知识课程应重视其社会性、学术性和应用性等方面的价值。

英国学者 D. 劳顿认为,设计课程应以共同文化为基础,课程是对文化的选择。他分析当代社会的文化,提出社会由社会结构(社会制度)、经济制度、信息系统、理性系统、技术系统、伦理制度、信仰、美学八个系统组成,课程在这八个系统中进行适当选择,使学生掌握有关技能,理解整个社会生活和关系。

教育哲学家对核心课程的考虑建立在对知识性质分析的基础上,认为人类的知识经过不断分化形成不同门类,每一类都有其概念特征,有助于人们更深入地理解和解释人类的经验。英国教育哲学家 P. H. 赫斯特将人类知识概括为七个门类:逻辑学与数学、自然科学、人类学、伦理学、美学、宗教和哲学。每一门类的知识都由一系列学科群组成,具有独特的方法论和理性活动。学校课程设置应介绍知识的系统性,使学生掌握不同门类知识的精华,把知识作为"自主性的工具",学会判断,形成观点,增加人类经验。

1998 年法国教育学家梅里厄领导的教学委员会在题为《在高中教授什么》的调查报告中提出"共同文化"的概念,指出共同文化应以高中毕业目标的形式呈现,是各类高中的唯一参照。共同文化包括理解世界、实施公民权利、获得面对社会生活一般要求的技术能力和可以进行高等教育的方法能力,以及民主社会所需要的基本素质。共同文化体现在高中所教授的所有学科中,是学生必须具备的技能和文化知识,其工具性和文化遗产性在每一个获取步骤中都应系统地结合在一起。共同文化由此构成一种真正的公民资格的构成因素,有助于社会团结和反对排斥。该报告建议共同文化包括以下课目:(1) 法语,包括书面表达、口头表达、文学史、法国和外国作品研究;(2) 历史—地理,建立包括所有文明的一般时间和空间定位,深入研究当代历史及其使命;(3) 公民、法律和政治教育,从历史文献出发介绍法律要素、政治体制、共和国制度、劳动权利、在公共辩论中使用数字信息、重大社会问题等,在探讨这些问题时从学科间性角度出发,在论据辩论中系统提倡口头实践和学习;(4) 体育,主要包括身体控制训练、各种机能形式的发展、合作情境的学习、健康的自我管理等,提高学生在义务教育阶段获得的相关能力;(5) 艺术表达,学生每年至少选择学校建议的两种艺术形式,如戏剧、舞蹈、电影、造型艺术、音乐等。

共同文化被视为一种能够分享的核心文化,由于文化的多样性和复杂性,核心文化的构成难以明确界定,或以经典文化形式呈现,或以某些相对稳定的文化类型呈现,因而更是一种文化传承的期待和向往。

参考文献

威廉斯. 关键词:文化与社会的词汇[M]. 刘建基,译. 北京:三联书店,2005.

伊格尔顿. 文化的观念[M]. 方杰,译. 南京:南京大学出版社,2003.

Coleridge, S. T. On the Constitution of Church and State[M]. Princeton, NJ: Princeton University Press, 1976.

Hirst, P. H. Knowledge and the Curriculum[M]. London: RKP, 1974.

(吴　刚)

古代埃及文明与教育 (civilization and education in ancient Egypt)

古代埃及位于非洲东北部,包括亚洲西南的西奈半岛,其地理范围大体与现代埃及相当。北临地中海,东隔红海与阿拉伯半岛相望,南邻努比亚(今苏丹),西接利比亚,东北通过西奈半岛可达西亚的巴勒斯坦和叙利亚,处于亚、非、欧三大洲的连接地带,由发源于非洲中部的白尼罗河和发源于苏丹的青尼罗河汇合而成的尼罗河纵贯全境。尼罗河的定期泛滥保证了两岸土地的定期灌溉,其土壤因获得大量矿物质和腐殖质而异常肥美,这片土地成为人类古代文明的发祥地之一。古埃及的地理位置为古埃及人提供了与其他地区人类群体广泛交往的机遇,为古埃及人创造了发展自身文明并影响其他文明的条件。古埃及的教育随古埃及文明的发展而发展。

古埃及文明的形成与发展

古埃及文明的形成

早在旧石器时代,尼罗河两岸的高地上就有人居住;约公元前1.2万年,埃及开始从旧石器时代向新石器时代过渡;约公元前4500年,埃及进入铜石并用文化发展阶段。古埃及文明的创造者是由讲哈姆语的北非土著和讲塞姆语的西亚人种融会而成的古埃及人,其语言属哈姆—塞姆语系。

公元前4500年至公元前4000年,古埃及的铜石并用文化因其遗址所在地而被称为巴达里文化。这时的基本生产工具是用从沙漠表面拾到的岩球磨制成的石器。这一时期的铜器主要是一些念珠和单个小工具,陶器可分为粗制陶和精制陶两大类。巴达里文化的居民已是食物的生产者,他们经营农业、畜牧业和渔业,身着兽皮或亚麻制成的衣物,常佩带石制或铜制的装饰品。巴达里人还处于母系氏族公社发展阶段。

公元前4000年至公元前3500年的古埃及文化称为涅伽达文化Ⅰ(亦称"阿姆拉文化")。这一时期的生产工具主要用优质的燧石原料制作而成,这发展了燧石采矿业和专门化的燧石加工业。铜器是一些薄铜片和一端卷成小环的铜针。陶器多为精制陶,极少数陶器上还绘有人和动物。这一时期出现私有制和阶级关系的萌芽,并出现城市,涅伽达就是一个"设防的城镇"。公元前3500年至公元前3100年称涅伽达文化Ⅱ(亦称"格尔塞文化")。这一时期的燧石工业有较大发展,铜器更流行,有铜制渔权、短剑、刀、缝针等,还有铜锛子、铜斧以及金、银制品。陶器生产有更大发展,除雕刻陶器外,彩绘陶器也流行起来了。这一时期,居民点的范围较大,人口较多,人们开凿河渠,修筑堤坝,进行水利灌溉。阶级分化激烈,涅伽达和希拉康波里两地有与普通人简陋的墓极不相同的画墓。出现以城市为中心,包括其附属乡村的独立国家,称"诺姆"或"诺姆国家",涅伽达和希拉康波里即古埃及王权统治最早的城市国家。这一时期出现象形文字。涅伽达文化Ⅰ和涅伽达文化Ⅱ在古埃及历史上合称前王朝时期。

古埃及文明的发展

涅伽达文化Ⅱ时代后期,希拉康波里在古埃及城市国家联盟争霸的过程中占据越来越重要的地位。约公元前3100年,希拉康波里的那尔迈王在蝎子王对外兼并战争的基础上发动一系列远征,最终统一上下埃及。此后,古代埃及历经古王国、中王国、新王国和后期王朝等发展阶段。在古王国与中王国之间,古埃及经历了一百四十多年的社会分裂与动荡,才重新统一;在中王国与新王国之间,古埃及人曾遭受由东北角不断侵入的游牧民族喜克索斯人一百多年的统治。

古埃及地理条件优良,虽建国后近千年(早期王国和古王国时代)仍处于金石并用时代,但农业生产已有大量盈余,不仅为手工业和国内外贸易发展提供坚实基础,亦使构筑法老的陵墓——金字塔成为可能。金字塔的修建是古埃及人在数学、建筑学方面取得杰出成就的标志。

埃及在中王国时期发明和大量使用青铜器,并与克里特岛、巴比伦等地有贸易往来。在第二中间期(约前18—前16世纪),埃及人在与喜克索斯人的斗争中学会了新的军事技术。

新王国时期,埃及的奴隶制经济得到进一步发展,农业技术也有改进:作物种植采用轮作制;出现了新的灌溉工具,提高了灌溉功效;采用了新式的梯形犁,骡马等畜力得到广泛使用。公元前13世纪,埃及与小亚细亚新兴的赫梯王国争夺对叙利亚等地的控制权。赫梯人是西亚也是世界上最早的铁器使用者和传播者。埃及在这时便从赫梯人那里获得了铁与铁制品,开始迈入铁器时代。第二十六王朝的法老尼科(约前609—前593年在位)积极发展商业和对外贸易,并着手开凿尼罗河与红海间的运河(于波斯帝国入侵后完成)。他重视发展海上势力,建成了一支拥有三列桨的战舰舰队。为开辟海上贸易路线,他还雇佣腓尼基水手,完成了历史上第一次环绕非洲的航行。

古埃及在其独立存在的近3 000年间创造了灿烂的精神文明。埃及在公元前3000年左右形成的象形文字体系由表意符号、表音符号和部首符号(限定符号)组成。表意符号用图画表达一些事物的概念或定义,如"太阳"写成"☉","口"写成"⬭","水"写成"≋"等。表音符号也是一些图形,共有24个子音,在此基础上又构成大批双子音组合和三子音组合。如,"口"为单子音,发"Y"音,"燕子"为双子音,发"Wr",甲虫为三子音,发"hpr"。这些发音都表示不止一种意思,如"Wr"既表示"燕子",也表示"大的","hpr"既表示"甲虫",也表示"成为"。为有所区分,古埃及人又发明部首符号,用于区分不同范畴的符号,类似汉字中的部首偏旁。这套象形文字体复杂、书写缓慢、难以掌握,最初被认为是神的文字,只有神庙的祭司才能理解和使用,通常刻在神庙、墓室和公共建筑物的墙壁上,或刻在石碑、棺材、雕像上,还着以色彩。后来,僧侣们在长期使用的过程中逐渐将其简化,创造了僧侣体(或称祭司体)文字。僧侣体文字最早出现于第五王朝,在中王国和新王国时代,通常写于纸草上,用于抄写文学作品和商业文书等。第二十一王朝前后,僧侣才开始把宗教文献写在纸草上。约公元前700年,即第二十五王朝时代,演变出了一种可以更为快速书写的文字,可以说是真正的草书,这就是世俗体文字。最初,它是政府官员用来书写契约、公文和法律文书等的。到了托勒密王朝和罗马帝国统治时代,不仅用于商业,甚至用于平民的日常生活及宗教文献和文学作品,甚至偶尔用于石碑雕刻。古埃及文字发展的最后阶段是科普特文,兴起于公元3世纪,由24个希腊字母和7个补充字母构成,是当时民间通用的语言文字。

古代埃及的宗教经历了从简单的多神教向富有哲理性的一神教演化的过程。前王朝时代,不同的城市或地区各有自己的保护神,如母牛、狮子、隼鹰等。从早王朝开始,关于宇宙神学的三大体系,即赫利奥坡里斯神学、赫尔摩坡里斯神学和孟斐斯神学逐渐形成。

古代埃及的文学内容丰富,体裁多样。除三大宗教神学体系中的神话传说外,还有金字塔墙壁上铭刻的咒语经文(《金字塔文》)、刻在石棺或木棺上的咒语汇编(《棺文》)、放置在死者墓中写在纸草上的丧葬咒语汇编(《死人书》,或译《亡灵书》)、颂神诗等与生死问题有关的宗教文学,炫耀国王、世俗官僚与僧侣功德的传记文学,规范行为的教谕文学,散文故事,各种诗歌等。其中,传记文学反映重要历史事件、社会状况和埃及的对外关系,具有史料价值,教谕文学反映古埃及的伦理观念和教育思想,有些散文故事也反映古埃及的政治哲学。

古代埃及在科学知识的积累方面也取得了很大成就。医学方面,流传下来的医学纸草文书中记载了许多疾病症状和治疗方法,包括内科、外科、眼科、妇科等。古埃及人在制作木乃伊的过程中对人体解剖和药物防腐等方面也有所研究。天文学方面,他们制定了世界上最早的太阳历,绘制了天体图,还辨认出了一些星座。数学方面,他们主要是发展了算术和几何学,计算出了圆周率约为3.16。

古埃及的教育

在远古和前王朝、早王朝时代,埃及的教育主要在家庭中进行。儿童在14岁之前主要由母亲抚养和教导,14岁以上的男孩跟随父亲学习生产或其他专业知识与技能。学校产生后,古埃及仍然保持着父子相承的家庭教育传统。例如,僧侣、文士(熟练掌握象形文字并服务于国家各种需要的人才)、建筑师、医师、木乃伊师等行业常常世代相沿,几乎成为世袭。

在古埃及,由巫师逐渐形成的僧侣阶层是首先掌握宗教和其他知识的阶层,医学实践中常常伴有巫术行为,许多天文地理现象都用神话传说加以解释,象形文字被认为是由鹭头人身的图特(Thoth)神(司知识与魔法)创造的,用图画表示神的启示,是神的文字,只有神庙的祭司才能理解和有权使用。随着社会生活的复杂化,国家对文士的需要日益增大。文士既可在神庙供职,也可充任政府财政、农业、档案、司法等各部门的公务人员,或服务于军队和商业。由于宗教事务日益繁重,寺庙经济不断发展,僧侣与文士逐渐分化,重视文士的培养成了古埃及教育的特点之一。进入古王国时代以后,特别是在中王国时代,法老们非常重视皇族子孙的教育,注意治国安邦人才的培养,希望借此维护其统治于不坠,政府各部门也根据各自的需要培养后备人员。在这样的政治经济和文化背景下,古埃及陆续出现了寺庙学校、文士学校、宫廷学校和职官学校。

寺庙学校 这是古埃及设立较早的学校,但出现的具体年代无从考察。有人认为埃及的形式教育起源于僧侣训练。寺庙既是宗教活动场所,也是僧侣替法老办理天文、建筑等专业事务的机构,是有利于各种后继人才成长的地方。古埃及存在时间最长、最著名的寺庙学校是设于下埃及海立欧普立斯大寺。寺内藏书丰富,便于钻研和探讨学问。该寺高僧是皇家天文官,天文学研究水平在当时是优异的,不少僧侣专精应用数学和物理学。史学家希罗多德曾说,海立欧普立斯大寺的僧侣是埃及史学家中的杰出学者。这些具有专长的僧侣们经常就一些学术问题进行讨论,使受教育程度较高的青年僧侣获得进一步的培养。因此,它不仅是古埃及的高等学府和著名学术中心,而且是当时著名的国际学术中心。古希腊政治家梭伦、哲学家泰勒斯、哲学家和教育家柏拉图都曾到此地游学。直到亚历山大大帝占领埃及和亚历山大城图书馆建成,该寺图书馆及讲学活动移于新建的学术中心,这所古老的寺庙学校才衰败。此外,由新王国第十九王朝的法老拉美西斯二世在底比斯城创立的卡纳克大寺(Karnak Temple)以及爱德弗等地的寺庙学校也很有名。卡纳克大寺设有图书馆、学校和宝物库等,最高僧侣是全埃及的僧侣长,主管庙产,主持宗教仪式,并管理学校中青年僧侣的教育工作。神庙学校教授初步的读、写、算及几何、天文等科学知识。有学问的年长僧侣常用观测星相的方法从事天文学教学工作,学生夜间练习独立观察星辰的运转,白天则记诵其他天文学知识。寺庙学校享有较高的社会地位,学生全部为显贵子弟,不接纳贫穷学生。

文士学校　亦称"书吏学校"。这是古埃及数量最多的学校,为适应国家对文字记载的广泛需求及社会对文士的重视而兴起,以培养各级各类文士为目的。文士的范畴极为广泛,从日常事务性的抄写誊录员到高级僧侣和达官显宦,几乎都由文士充当。为满足水平不齐的文士要求,学校的培养水平也高低不同。水平最低者一般只习读、写、算,并熟记政府规章和簿记之类;高级者在这些文化知能的基础上,要研习数学、医学、天文学,并娴熟于政府法令及公文函牍。学习内容不同,修业年限也不一致。学校多由文士私立。其形成之初,教育对象较少受家庭出身的限制,家境贫困者可选入水平低、修业期短的学校,富家子弟则选入水平高而修业年限长的学校。后来受社会等级制度的影响,教育对象的范围不断缩小,主要局限于中小奴隶主的子弟,学校成为他们晋升的阶梯。中王国时代的一篇教谕文学《杜阿乌夫之子阿赫托伊对其子珀辟的教导》(亦称《对各种职业的讽刺》)中,主人公阿赫托伊送儿子到首都的书吏学校去就读并教导儿子把"心转向书写",以便在京城谋求体面的职位。另一篇文章中的家长说,把孩子放在与贵人子弟相处的学校里去接受成为非常体面的文士培训,要孩子不要怠惰和陷入歧途。

宫廷学校　宫廷学校设在宫廷内或宫廷附近,以王公子孙和朝臣的子弟为主要教育对象,由法老亲自挑选学识渊博的官员任教师。有学者认为,早在公元前2500年左右,古埃及就有了宫廷学校;有学者则认为成型的宫廷学校大约在中王国时期才出现。可能是经历了第一中间期(约前2181—前2040)一百多年的社会分裂、自然灾害和饥荒、人民起义、第十与十一王朝之间长达一个世纪的南北对峙,重新统一国家、开创中王国新局面的法老们更加认识到发展教育、培养能够治国安邦的接班人的必要。中王国时期,教谕文学内容丰富,涉及范围广泛,数量也较多,被称为教谕文学的黄金时代。法老的宫廷中人才聚集,拥有图书馆、档案馆,只要认识到开展教育的重要性,是可以充分利用这些教育条件的。从教谕文学涉及的问题和教育对象、教育目的来看,宫廷学校的教育内容应该包括知识传授、道德培养、军事技术训练和宗教崇拜活动等诸多方面。在教育活动的组织上,除教师讲授与训练活动外,成年学生还可以旁听法老与朝臣、权贵、高级文士对军国大事和学术问题的讨论,从中习得更高深的知识与治国之道。

职官学校　政府各部门为训练合格官员和培养后备人员举办的学校或训练班。有的文献说这种学校或训练班始于中王国,有的说始于新王国,其说虽不一致,但都说明政府任务日繁,需人日多,非宫廷学校所能培养,政府部门遂不得不设校育才。古埃及文献中提到了由管理皇家马匹的机构设立的训练御马官员的学校、由档案部门设立的训练司档官员的学校、由财政部门设立的培养理财官员的学校、由"书籍之家"(即古埃及皇家图书馆)设立的训练书记员和抄写员的学校等。学校中的教学工作带有职业培训性质,多以吏为师,让学生在富有经验的官员指导下,通过见习和实践,掌握承担未来职务所必需的知识与技能。据文献记载,古埃及的政府机构有时还以信函方式培养后继官员。

古埃及虽然通过不同途径和多种学校实施教育,但无论家庭教育还是学校教育,都离不开掌握文字,教育的核心与基础还是文士培养。要培养文士,首先就要让学生学会文字书写。书写在教育中占特别重要地位,一是埃及极为重视文字,而文字却繁杂难学;二是埃及是依靠书写来传授知识的;三是书写要求的标准高,即正确、纯熟和美观,学生不支付极多时间和精力是无法胜任的。古埃及文字的繁难显而易见,通过书写传授知识是由于书本稀少,学生只能通过抄书进行阅读并掌握知识;书写要求高是因为古埃及人认为文字得之于神赐,必须以恭敬的态度对待,书写正确、纯熟和美观。书写教学中,初时由教师提示范字,学生临摹;稍后,学生开始抄写教师提示的格言或故事。古埃及人通常是用芦苇制成的笔蘸墨水在用尼罗河盛产的纸草制成的纸草纸上书写,写毕装订成册,即成纸草书。墨水有黑、蓝、褐、绿、灰、红、黄、白等各种颜色,最常用的是黑、红两色。章、节和句子开头及文件的日期等用红色书写,其他文字用黑色书写。学生开始是在廉价的石板、陶片或贝壳上练习,稍后在木板上书写,最后才在纸草上书写。教师用红笔批改学生的作业。

古埃及学校教育的另一特点是重视道德教育。道德教育的主旨是培养学生敬畏众神(特别是太阳神)、忠君、敬上、孝亲等,也重视青少年行为习惯的培养。教谕文学和歌颂太阳神、奥西里斯神和国王的大量赞美诗是进行道德教育的教材,也是学生书写练习时抄写的主要篇章。

古埃及文化教育成就的影响

由于与周边国家的联系与交往广泛,古埃及文明与教育的成就对周边国家和地区文化教育的发展产生了很大影响,对世界文明的发展作出了巨大贡献。

古代西亚的腓尼基人创造字母文字曾利用古埃及的象形文字成果。腓尼基字母文字是世界字母文字发展的开端,在西方派生出古希腊字母,后者又发展为拉丁字母和斯拉夫字母,而希腊拉丁字母是所有西方国家字母的基础;在东方派生出阿拉米字母,由此演化出印度、阿拉伯、希伯来、波斯以及维吾尔、蒙古、满文字母。

据犹太教经典《希伯来圣经》(后被基督教继承,称为《旧约圣经》或《圣经·旧约全书》,简称《旧约》)记载,犹太人的祖先希伯来人大约在公元前 1900 年由幼发拉底河流域迁移到迦南(今巴勒斯坦)。当时的希伯来人还是一群受到古巴比伦文化影响的游牧部落,流行多神崇拜,而迦南自古就是埃及与美索不达米亚交往的通道,古埃及中王国时代在这里建有神庙。公元前 18 世纪末,喜克索斯人攻入埃及时,为迦南旱灾和饥荒所困的希伯来人也随同迁徙埃及,到达尼罗河三角洲的歌珊,在水草丰盛之地从事畜牧和耕作,生息繁殖,由雅各 12 个儿子的后代繁衍扩展成为 12 个部落分支。古埃及新王国建立起来,喜克索斯人被赶出埃及后,希伯来人被贬为奴隶并服苦役。希伯来人面临灾难和灭绝的危险,直到摩西于公元前 13 世纪后期(一说在公元前 15 世纪)率领他们逃出埃及。希伯来人在古埃及生活长达几个世纪,深受其文化教育的影响。传说摩西曾在埃及王宫中生活并受到教育,从其教养来看,他可能曾在宫中受到宗教、一般学术及军事教育。在返回迦南途经西奈时,摩西出于加强民族凝聚力的需要,对恢复偶像崇拜的希伯来人发动了一场统一信仰的宗教运动。他用奉神主耶和华之命的名义在西奈山下与其族人约定"十诫",奠定了犹太教(Judaism)的基础。摩西生长在埃及新王国第十九王朝的拉美西斯二世(前 1304—前 1237 年在位)统治时期。这时,埃及与在小亚细亚崛起的赫梯王国争霸,曾发生激烈的战争。为结束旷日持久的战争,双方于公元前 1280 年缔结了国际间第一个互不侵犯和平共处和约。赫梯作为宗主国与受他们控制的各邻国统治者也缔结了条约。古埃及和赫梯王国统治者的这些政治活动使摩西受到启发,有助于他率领自己的同胞逃出埃及并在西奈创立犹太教的基础。犹太教摩西奠基以后又经过了几百年的发展,更趋于成熟。成书于公元 1 世纪的《旧约全书》日后成为西方基督教《圣经》的重要组成部分和基础。

古希腊在其兴起之初就与古埃及发生联系,吸取了古埃及文化教育的滋养。古希腊历史学家希罗多德在《历史》一书中说明了古希腊神话和科学与古埃及神话、科学之间的渊源关系。古希腊米利都派唯物主义哲学的奠基人泰勒斯就到埃及访问过。他在埃及期间研究并推进了几何学,后来又把几何学引进到希腊。米利都派是古代西方的第一个哲学派别。英国哲学家罗素在《西方哲学史》中说,米利都学派的产生是希腊的心灵与巴比伦和埃及相接触的结果。古希腊稍后于米利都学派的是毕达哥拉斯学派,它因活动中心是希腊人在意大利南部建立的殖民城邦克罗顿而被称为"意大利学派"。大约在公元前 6 世纪 20 年代,毕达哥拉斯在这里建立了一个伦理—政治学园,收徒讲学,成为"意大利学派"的开山祖,学生多达 300 人。德国哲学家黑格尔说,毕达哥拉斯主要是"作为一个以教师为业的公众教师"在克罗顿进行活动,可被认作第一个民众教师,是希腊第一个教师或第一个在希腊传授科学学说的人。毕达哥拉斯和毕达哥拉斯学派对古希腊的哲学、科学(数学、天文学等)和教育都作出了贡献,对古希腊文化教育的发展产生了很大影响。毕达哥拉斯创建的学园为古希腊提供了一种高级学校教育的范例。在欧洲流传千年的"七艺"中的后四门课程算术、几何、天文、音乐理论当时已经成为他学园中核心学员所必须掌握的学问,以后才被柏拉图在《理想国》中加以论证。毕达哥拉斯在创立自己的学园和学派之前,曾按照泰勒斯的建议到埃及访学,而且在那里游学 10 年左右,掌握埃及的语言文字,与埃及神庙中的祭司有过密切交往,了解埃及的宗教思想与制度,并在巴比伦生活过 5 年,与当地僧侣也有交往。因此,他的学园又带有浓厚的宗教性质,常被人称为盟会、教团和社团。它规定有许多诫命,如禁食豆子、红鱼和黑尾鱼、动物的心脏等,还要在庙宇中举行聚会、献祭和一大堆宗教仪式,过着一种庄严的宗教生活。黑格尔认为,毕达哥拉斯从埃及带回了一种教派的观念,要过一种为求知识修养和道德修养的集体生活。毕达哥拉斯还是第一个用"爱智者"这一名词代替"智慧者"的古希腊人。在他之后,古希腊哲学家德谟克利特和柏拉图也都曾到埃及游学,后来都成就了一家之说,对古希腊罗马和欧洲文化教育的发展起了推动作用。古希腊人曾经向古埃及人学习,又形成了自己的文化教育成就,但他们与腓尼基人、希伯来人一样,都是在古埃及人的成就基础上发展的。

参考文献

刘文鹏. 古代西亚北非文明[M]. 北京:中国社会科学出版社,1999.

滕大春. 外国教育通史(第 1 卷)[M]. 济南:山东教育出版社,1989.

吴于廑,齐世荣. 世界史·古代史编(上卷)[M]. 北京:高等教育出版社,1994.

朱寰. 世界上古中世纪史[M]. 北京:北京大学出版社,1990.

(吴式颖)

古代两河流域文明与教育（civilization and education in two-river basin）

两河流域被古希腊人称为"美索不达米亚"，意为"两河之间的土地"，大致包括今天伊拉克的大部分地区。两河指发源于亚美尼亚高原的底格里斯河和幼发拉底河。约公元前 3500 年至公元前 2006 年，苏美尔人在两河流域建立奴隶制城邦国家、早期王朝、阿卡德王国和乌尔第三王朝，为两河流域的文明奠定基础。乌尔第三王朝灭亡后，两河流域先后兴起由阿摩利人建立的古巴比伦王国（前 1894—前 1595 年为第一王朝，后建立第二、第三和第四王朝，公元前 689 年第四王朝为亚述帝国所灭）、由亚述人建立的亚述王国和亚述帝国（约前 1400 年—前 1077 年为亚述王国繁荣时期，前 746—前 612 年为帝国时期）、由迦勒底人建立的新巴比伦王国（前 626—前 539，亦称迦勒底王国）。

两河流域是人类文明的发源地之一。这支文明过去称"巴比伦文明"或"巴比伦—亚述文明"，但据考证，它并非巴比伦人或亚述人所创立，而是苏美尔人智慧的结晶，由巴比伦人、亚述人继承，并有所发展。汉谟拉比在位期间统一两河流域。从这时起，美索不达米亚称"巴比伦"，美索不达米亚居民称"巴比伦人"。伴随着文明的兴盛，两河流域的教育发展较快，以苏美尔人、巴比伦人、亚述人为代表。

苏美尔人的文明与教育　苏美尔人创立人类最早的文字——楔形文字。他们用自己的文字把商业文书、法律条文、政令、宗教著作和文学作品写在用黏土做成的泥片上，称为"泥板书"。他们以泥板书为教科书，对儿童进行读、写教育和知识传授。苏美尔人称知文识字者为"文士"，称其教育为"文士教育"。神庙（塔庙）在城邦国家中地位崇高，僧侣既是传达神意和主持宗教事务者，又是世俗事务的管理者和经营者。高级僧侣大都具有较高的文化水平，一些神庙中有较充实的图书资料（泥板书），并有观象台等设备。苏美尔人最早的学校大多设于神庙，随着政治和经济的发展以及对知书善写的文士的需要，有了单设的文士学校。20 世纪 30 年代，法国考古学家帕拉在马里城发掘出一所估计约为公元前 2100 年的学校，后又在其他地方发现学校的遗址和遗物，据此可判断，苏美尔曾有三类学校：学校邻近皇宫，是为宫廷或政府机关设立的；学校设于寺庙，为寺庙学校；学校紧邻文士住地，似文士所设。苏美尔人的学校称"埃杜巴"（edubba），原意为"泥板书屋"。主要为王室和神庙培养书吏或书记员，以适应管理土地和经济的需要。它贯穿苏美尔学校存在的全部历程。随着学校的发展和壮大，特别是课程设置范围的扩大，学校逐渐成为学术中心和文学创作中心。课程包括语言、专业技术和文学创作等。学校首先教会学生苏美尔语。文学创作既要求学生抄写、模仿和研究过去的文学作品，也要求学生进行新的文学创作。在专业技术方面，学生不仅要学习计算（代数）和测量土地（几何）等知识，还要学习其他多种古代学科知识，例如生物、地理、天文和医学等。

巴比伦人的文明与教育　巴比伦人不仅全面继承苏美尔人的文化和语言，而且继承了后期苏美尔人的教育思想。汉谟拉比国王要求人们重视教育，努力学习阿卡德语和阿卡德文字，从而掌握他颁行的《汉谟拉比法典》，以维护他作为"万神之王"的专制统治。为确保教育受到充分重视，他颁行法律，规定对施巫术者处以死刑，但这种严厉措施并未收效。巴比伦人所关心的只是能在商业、金融、手工业的合股、存储和经纪过程中签订书面合同而免于被处死（古巴比伦法律规定，从事没有书面合同或没有证人的交易，应判为死罪）。由此，巴比伦人对教育地位与作用的认识趋于形式化。巴比伦人的教育分两个阶段。第一阶段主要是读、写、算基本知识的掌握和基本技能训练，以集体的方式进行，主要培养文士。第二阶段主要学习宗教、法律、医学、商业、军事、行政等专业，并要到相应的部门去实习，主要通过艺徒制和个别教师的专门指导完成。学习场所称"泥板书舍"，书舍的监督称"尤迈亚"，副手称"阿达·伊杜贝"，教师称"杜布萨尔"，助教称"什士布加尔"。学校除教授读、写之外，至少还须为某些学生准备一种"高级教育"，让他们研习在一般俗务中无实际用处的科目。学生在这种研习过程中学会制定文法和字典，以便了解和正确背诵苏美尔古赞歌和古咒文，汇集并整理古教科书。虽是受获得超自然利益的鼓动，但这种工作给予学生组织知识和研究的训练，使他们能读懂苏美尔文，一些组织知识的新颖办法和许多更加精确的科学，由口训和实例而流传下来。根据发掘出的泥板文献，数学在当时因实际需要而发展迅速。

亚述人的教育　亚述人的教育目的是培养为军事战争服务的合格战士。亚述人教育的黩武主义特征使尚武成为其确定教育内容的首要原则。战争不仅需要强健的体格、娴熟的军事作战技能技巧，而且需要一定的知识、智慧、战术及相应的组织能力，跑步、游泳、射箭、击剑、驾车等都被作为增强体质的重要内容。在亚述人的思想中，增强体质的目的就是为了战斗，而非促进人的发展，他们把追猎狮子和老虎等猛兽作为训练的重要手段和检验训练效果的重要方式。在驾车训练上，亚述人不仅设计各种战车，且对驾驶战车的技术规范及考核标准提出严格要求。亚述人亦重视道德教育，不仅通过神话和寓言来灌输道德信念，而且提出一系列具体的道德规范，要求战士具有坚定的道德信念和始终不渝的信仰。另据已出土的泥板书文献记载，亚述人在贵族子弟中进行战略战术及组织才能方面的训练，且要求他们掌握较广博的文化知识，例如语言、泥板书、占卜、几何、算术、军事技艺等。亚述国王亚述巴尼拔还在首都尼尼微建立大型图书馆，藏有约 3 万份泥板书。据图书馆的藏书，亚述人已懂得对各类图书进行分类和编目。古代美索不达米亚图书馆尤其是亚述图书馆，为保存和保护人类最早的文化遗产作出贡献。

参考文献

吴式颖，任钟印.外国教育思想通史(第1卷)[M].长沙：湖南教育出版社,2002.

（李立国）

古代罗马教育(education in ancient Rome)　古罗马的历史可分为三个时期：公元前8—公元前6世纪是王政时期；公元前6—公元前1世纪是共和时期；公元前1—公元5世纪是帝国时期。王政时期是原始社会向奴隶社会的过渡时期，由于这个时期的教育没有可靠的史料作依据，所以古罗马的教育史一般以共和时期作为起始。

　　共和时期的教育　在古罗马的历史上，共和时期分为共和早期和共和后期。

　　王政末期，由于平民对贵族进行了长期的阶级斗争，罗马在公元前6世纪初形成了共和政体。在这种政体下，贵族与平民间的阶级界限逐渐消亡，平民和贵族都是罗马公民，具有同样的政治权利。与王政时期相似，这个时期的居民主要从事农业、畜牧业和手工业，商业尚不发达。这时，罗马的奴隶制还处于低级阶段，奴隶在生产部门中所占的比重不大，主要生产形式是小农经济。共和早期的罗马人基本上是农民。由于罗马城邦与毗邻城邦之间战争频繁，罗马人具有军人品质。这些社会特点决定了罗马共和时期的教育基本上是农民—军人教育，其主要形式是家庭教育。家庭既是经济和生产单位，也是教育单位。

　　古罗马以其"家长制"为特色。家长（父亲）对子女操有生杀大权。1～7岁的男女儿童由母亲抚养与教育。从7岁起，女童仍在家中从母亲那里受到作为未来主妇与母亲的教育。男童的教育由父亲负责。男孩从7岁到16岁，与父亲形影不离。他们既是父子，又是师徒。罗马的家庭教育以道德—公民教育为核心。在日常的家庭生活和社会活动中，男童从父亲那里受到敬畏神明、孝敬父母、忠爱邦国、遵守法律的教育。父亲还要对儿子进行勤劳、节俭、朴实、严肃等农民品质的教育，让他们记诵《十二铜表法》。父亲还要对儿子进行作为农夫和军人的实际教育，让他们从实践中掌握农业技术，学会骑马、角力、游泳和使用各种武器。文化教育占的比重很小，父亲可能教给儿子一些读、写、算的知识。男童到16岁即成为罗马公民，开始服兵役。部分贵族家庭可把16～17岁的青年人交托给朋友或显贵公民，使他们再受一年父子般的师徒教育，学习政治、法律知识与军事技能。

　　从公元前3世纪开始，罗马通过对外战争不断扩大其版图，从被征服地区掠夺了大量财富和奴隶，在农业生产中广泛利用奴隶劳动，奴隶制经济迅速发展，商业也随着领土的扩张而日益发达。由于这种经济变化，共和国内形成了奴隶与奴隶主、平民（失地农民、手工业者等）与贵族、拥有大量土地的元老院贵族与商业金融贵族之间的各种矛盾和斗争。怀有政治野心的军事统帅凭借所率部队的力量和战功，乘机转入复杂的政治斗争，导致"前三头同盟"和"后三头同盟"的不稳定统治，最后走向帝制。

　　古罗马共和后期的学校教育制度吸收了古希腊文化教育的成就，因为它的学校教育制度是在罗马统治阶级接受希腊文化和生活方式的时期建立起来的。公元前3世纪，罗马兼并了意大利南部的希腊殖民城市以后，开始大量吸收希腊的文化教育成果。公元前146年，罗马征服希腊本土后，希腊的大批教师来到罗马，以办学校作为谋生之道，为罗马学习希腊人发展文化教育的经验提供了更方便的条件。但罗马人在吸收希腊文化教育成果时并未抛弃自己的文化教育传统，而是在学习、吸收、融合希腊文化教育的基础上，发展了自己的拉丁文化。于是，罗马共和后期存在着几乎是平行的两种学校系统：一种是以希腊语、希腊文学的教学为主的希腊式学校；另一种是拉丁语学校，包括初等、中等、高等教育三个阶段。

　　7～12岁的儿童入的小学称为卢达斯(ludus)。在共和早期，小学很少，只是家庭教育的补充。到共和后期，小学才得到比较普遍的发展。教学内容是读、写、算，包括学习道德格言和《十二铜表法》。音乐和体育不受重视。女童也入小学。学校是私立的，收费。平民子女限于家财，未必全都入小学或上完小学，一部分贵族又不屑于把子女送入小学，而是雇用家庭教师在家中教育子女。小学教师收入微薄，社会地位低下。贵族及富家子女12～16岁入文法学校。文法学校教师称为文法家(grammaticus)或文学家(litteratus)，收入较高，也有较高的社会地位。文法学校以学习文法为主。当时的文法包括文法和语言。这种学校起初完全由希腊人主持，教授希腊语和希腊文学，叫做希腊文法学校。随着拉丁文学的成长，公元前100年前后，出现了第一所拉丁文法学校。从西塞罗起，拉丁文学得到蓬勃发展，拉丁文法学校也迅速发展。此后，儿童同时学习希腊文和拉丁文，或者兼上两种学校。在文学方面，希腊文法学校学习荷马史诗和其他希腊作家的作品，拉丁文法学校则学习西塞罗等人的著作。这两种学校中也设置地理、历史、数学和自然科学，但这些学科内容都比较肤浅，教学方法是讲解、听写和背诵，目的是掌握读、写、说的能力，为儿童入雄辩术学校做准备。读完文法学校后，准备担任公职的贵族子弟进入修辞学校或雄辩术学校。雄辩术学校主要培养演说家或雄辩家，这是当时罗马日趋激烈的政治斗争和社会生活的需要。雄辩术学校的建立比文法学校迟，是仿照伊索克拉底的雄辩术学校办起来的。开始时，只有希腊雄辩术学校,教学用希腊语,主要课程是学习希腊作家的作品,教师大多是希腊化地区和希腊本土的修辞学家。公元前1世纪中叶,拉丁语雄辩术学校才建立。其教学内容取自拉丁作家的作品,使用拉丁语教学。作为高等教育的雄辩术学校,除重视文学和修辞学,还设有辩证法、历史、法律、数学、天文学、几何、伦理学和音乐等科目。当时人们认为,一个善于从事公民活动的演说家或雄辩家,不仅要有修辞、雄辩的技能,还须精通文学,具有广博的知识,教师要教会学生用希腊文和拉丁文进行互译和演说。

罗马教育效法希腊教育和重视希腊文,有多方面原因:其一,罗马与希腊的雅典一样,在政体上是奴隶主民主共和国,希腊文化作为上层建筑,与罗马的政治和经济相适应;其二,希腊语是当时大半个"文明世界"的通用语言,在与东方各国的争斗和交往中,罗马统治阶级需要有掌握希腊语和希腊文化的官员;其三,当时希腊文化的水平大大高于罗马,罗马人不得不学习希腊文化。

当然,引进和吸收希腊的文化教育,曾引起罗马贵族中保守派的反对。公元前161年,元老院甚至通过了不允许希腊哲学家在罗马居留的法令,宣称禁止希腊化教育。但是,当时向希腊文化教育学习是不可阻挡的潮流,保守派的反对和元老院的禁令并未能扭转希腊文化教育对罗马的影响。为巩固罗马传统,罗马统治者规定在其统辖的范围内仍以拉丁语为官方语言,并先后推动、建立拉丁文法学校和雄辩术学校,以便在引进和吸收希腊文化教育中有用东西的同时,保持和发展自己的文化传统。

帝国时期的教育　在古罗马共和末期,罗马征服的国家和地区越来越多,版图也越来越大。为了巩固对被征服国家和氏族的统治,镇压奴隶的暴动和平民的反抗,古罗马统治者必须进一步加强国家的镇压力量。这时,民主共和政体已经不适应新形势的需要。公元前30年,"后三头同盟"中之强者屋大维战胜其对手安东尼后独揽大权,埋葬了共和政体,古罗马进入奴隶制帝国时期。政体发生变化,为政治服务的教育也进行了相应的变革。罗马帝国时期比较重大的教育改革主要表现在:第一,改变教育目的,把培养演说家改为培养效忠于帝国的顺民和官吏;第二,对初等学校(私立)实行国家监督,把部分私立文法学校和修辞学校改为国立,以便于国家对教育的严格控制;第三,提高教师的地位和待遇,改教师的私人选聘为国家委派。333年,君士坦丁大帝颁布敕令,对医生(主要是御医)、语法家及其他文科教授连同他们的妻子儿女,均豁免一切赋税、一切公民或公共义务,免去法庭传讯、律师起诉和审判;同时命令必须付给他们薪俸和酬金,使他们能更好地教授各门学科和各门艺术。有的皇帝规定了教师任免办法,明令各地方遵照执行,同时保留教师任免上的最后决定权。在罗马帝国,绝大多数教师的薪金并不是政府支付,绝大部分学校还是

私立性质。帝国所提倡的只是中等、高等学校,小学教育不在奖励之列。

统治阶层不关心小学。小学仍以平民子女为主要对象,与共和后期的状况差不多。教育内容还是读、写、算和道德,教材是文学作品,以诗歌为主,但教学重点已经由文学学习转移到文法分析上。教师要求学生把文法的定义和规则抄录下来,并加以记诵,还要抄写一些古今名人的道德格言。算术教学是以手指、石子或算盘为教具进行的。

帝国时期,中等教育发生的一个重要变化就是在文法学校里,拉丁文法与罗马文学的地位逐渐压倒了希腊文法与希腊文学。在西罗马帝国的文法学校中,希腊文法与希腊文学几乎绝迹。从公元3世纪开始,文法学校的教学逐渐趋向形式主义,与实际脱节,实用学科减少,学习文学是为了形式和辞令,而不是内容本身。文法学校中形成了一套完整的文学分析教学法,包括下列步骤:教师朗读课文,学生随读,注意音调的抑扬顿挫;教师逐段讲解课文,注意文字、文法分析,并解释文中的史实掌故及有关的哲学、科学知识,就课本作版本注疏讲解;高年级学生就作家与作品进行文学分析与评论。这种形式主义的分析教学法对文艺复兴以后欧美中学语文教学有很大影响。

与共和后期相比,帝国时期的高等教育既有所变化又有所发展。共和时期,雄辩才能在政治生活中占重要地位。帝国时期,皇帝独裁,不容许臣民到处自由演说以干预政治,高等教育从培养演说家变为培养官吏。虽然文法、修辞教育的传统仍然保留了下来,但教师与学生致力于文字上的咬文嚼字和词藻上的争奇斗巧。公元75年,皇帝韦斯巴芗在和平庙建立了一个大图书馆,后来这个图书馆成了罗马帝国高等学校的中心。125年,皇帝哈德良设立了这所学校的教授职称,后来逐渐推行到法律学校和文法学校。

罗马帝国时期出现了专门教授法律的私立学校。设立在罗马、雅典、亚历山大城和迦太基的法律学校非常有名,吸引了四面八方的学生。法律学校的教学方法是阅读和背诵,由著名律师讲解法律,特别要解释法律中模糊的地方,并提出自己的看法及其根据。为了加强对法律学校的控制,狄奥多西一世在公元4世纪末把私立法律学校改为国立,并在君士坦丁堡设立了法律教授职位。

帝国时期以前,古罗马以师傅带徒弟的方式培养医生。想成为医生的年轻人跟随一位开业医生,拜他为师,一方面在师傅的指导下广泛阅读希腊和罗马的医学书籍,另一方面陪伴师傅出诊,当助手,在实践中学习。帝国时期,罗马政府已在各城市建立医院,军队里也有医疗兵,还设立了海军医院,对医生的需要量大增。在这种情况下,师傅带徒弟的个别培养模式已不能适应社会需要,正规的可以成批培养医生的医疗学校应运而生。正规医疗学校的产生得益于皇帝、市长和富人对它所提供的经济资助及其他支持。医

疗学校由著名医生担任教师,采取理论与实践相结合的培养模式,即教师选择实用的医学著作进行教学,学生在听讲之余,也广泛阅读医学著作;学校让学生把较多的时间用于医疗实习,以便在实习中验证理论,积累经验。

古罗马社会里,还有各种各样的人跟随哲学家或者在雅典和帝国大城市中的哲学学校里学习哲学。一些年轻人希望在哲学里发现一种方法,以便在实际生活中运用;一些领导人和文学家在工作中觉察到哲学能丰富思想、开阔眼界和提高理解力;有些人为了追求安慰和力量,以忍受不堪忍受的世界,从而求助于哲学中的神秘部分;还有一些靠出卖智慧和知识为生的职业"顾问"和"谋士",把哲学看成是知识和智慧的源泉。上述这些人,从不同的需要出发,拜哲学家为师,学习哲学,而哲学家们为了得到收入,也招收学生,有的甚至建立自己的学校,培养一批批能自己开业、成为富家的私人牧师或能在帝国和帝政法庭上任职的人。

基督教的兴起与早期基督教会的教育活动　帝国时期的罗马社会和教育领域中发生了一件大事:基督教作为世俗文化和教育的对立面而出现,并逐渐由弱小变为强大,产生了基督教文化教育系统,最后在罗马帝国的很大范围内取代了世俗文化和教育。

基督教约产生于公元 1 世纪。这时罗马帝国正处在强盛时期,其强大和繁荣是以奴隶制和对外扩张为基础的。当时被奴役、被压迫、被征服的人民,在强大的帝国政权下,几乎不可能作出有效反抗,唯一出路就是到宗教中去寻找精神上的安慰。基督教就是在这种条件下产生于罗马帝国的一个行省——巴勒斯坦。恩格斯说,基督教最初是奴隶和被释放的奴隶、穷人和无权者、被罗马征服或驱散的人们的宗教。早期基督教宣称人人都是上帝的子民,在上帝面前人人平等,具有平等博爱精神;教徒之间患难与共,互相周济;相信现世界的末日即将来临,而相信基督的人会得到拯救,进入极乐世界。这种教义对被压迫者具有很大吸引力,基督教很快在帝国各地传播开来。帝国统治者残酷迫害早期基督教徒,但阻止不了基督教的传播。从公元 2 世纪后半期起,基督教教义逐渐发展成为帝国统治阶级可以接受的形态。它宣扬逆来顺受,爱一切人,甚至爱仇敌,对压迫者"不计较他们的恶",还宣扬君主是神的代表,基督教徒要像敬神一样地尊敬君主。这一切都迎合了当时统治阶级的需要。于是,基督教便逐渐变成了罗马帝国统治者对人民进行精神统治的工具。公元 4 世纪初,基督教被当时的罗马皇帝宣布为合法宗教,公元 4 世纪末又被定为罗马帝国国教。

基督教最早的教育活动以成人为对象。教会在接受信徒之前,要由教会长老对入教者进行有关教义、教规教育。后来扩展为一种学校机构,即初级教义学校(catechumenal school)。另一种教会教育机构是高级教义学校(catechetical school,一译"教理学校")。它是为年轻基督教学者提供深入研究基督教理论的场所。在公元 2—3 世纪,埃及的亚历山大里亚高级教义学校和巴勒斯坦的凯撒里亚高级教义学校由于早期基督教神学家、哲学家奥利金的教学与研究活动而名声远扬,求教者众多,门庭若市。安条克高级教义学校也很有名。在这些学校中,由主教或基督教大师讲授神学以及高深的学问,由助手们讲授一般基础科目。由于传教士们传播基督教时,要与世俗文化进行斗争,因此学员不仅研究教义,而且要熟悉和研究世俗文化,即希腊、罗马文化。有的学校还开设了逻辑学、物理学、几何学、天文学、语义学、伦理学、哲学等课程。这几所学校为当时的教会培养出了一批很有学问的传教士和神学家,有力地推动了基督教的传播与发展。奥利金自己起初便是亚历山大里亚高级教义学校的学生,以后才担任该校校长并创办凯撒里亚高级教义学校,在其中执教达 20 年之久。约公元 4 世纪,叙利亚和波斯附近的阿拉伯地带也建立了一些类似的高级教义学校。在儿童教育方面,早期基督教会所面对的情况是,不论是公立还是私立学校,都是世俗学校,教师是世俗的,教学思想和内容都是异教的,应当拒绝、排斥,但自身还没有财力和物力设立自己的学校系统,因此不得不允许教徒的子女入世俗学校学文化,但同时要求家长在家庭中进行宗教教育,以抵消学校中世俗文化的影响。随着教会势力的发展,它后来也开始设立自己的堂区学校、唱歌学校等。381 年,君士坦丁堡公会议更作出了要在各地开设学校和免费教育儿童的决定。

古罗马教育的影响　由于时空上的联结关系,古罗马在发展其文化教育时既保留了自己的民族特点,又大量吸收了古希腊文化教育成就。博大精深的古希腊哲学思想与教育思想、优良的文化教育传统在古罗马得到充分的继承与广泛的传播,久而久之,融汇成新的古罗马传统文化。由于古罗马文化教育发展的这种特点,西方著作中通常把古希腊文化与古罗马文化并称为古希腊罗马文明。它构成了以后西方文化教育发展共同的历史基础。此外,古罗马人创造的拉丁文和拉丁文学、他们对道德教育和法律教育的重视以及罗马教育家对教育教学方法的探索,对中世纪大学的兴起和文艺复兴时期西方教育的发展也有重要影响。

参考文献

滕大春. 外国教育通史(第 1 卷)[M]. 济南: 山东教育出版社,1989.

吴式颖,任钟印. 外国教育思想通史(第 2 卷)[M]. 长沙: 湖南教育出版社,2002.

（黄学溥　周　采）

古代希伯来文明与教育（ancient Hebrew civilization

and education) 犹太人的祖先希伯来人创建的物质与精神文明。由希伯来人创立的犹太教对世界文化特别是西方文化产生重大影响。希伯来教育的发展与犹太教重视学习的传统密不可分。

古希伯来文明的形成与发展

古希伯来文明的形成 希伯来人原来是过着游牧部落的生活。约在公元前 1900 年,希伯来人在亚伯拉罕率领下辗转进入迦南(今巴勒斯坦)。迦南的居民在希伯来人到来之前早已进入农耕时代。希伯来人受到当地农业居民潜移默化的影响,开始进入半游牧半农耕的状态。希伯来人此次在迦南生活了大约 100 年,仍信仰多神教。

公元前 18 世纪末,希伯来人因旱灾和饥荒迁徙到埃及。他们在尼罗河三角洲从事畜牧业和耕作,发展成为 12 个部落分支。自埃及法老西提一世(前 1318—前 1304 年在位)统治时期开始,留居埃及的希伯来人被贬为奴隶。公元前 13 世纪后期,希伯来人的领袖摩西率领希伯来人逃出埃及,重返迦南。但在到达迦南之前,他们在西奈过了长达 40 年的流浪生活。为争夺绿洲水源,希伯来人还必须和异族作战。出于加强民族凝聚力的需要,摩西对希伯来人发动了一场统一信仰的宗教运动。他声称神主耶和华在西奈山向他传授"十诫",作为耶和华与希伯来人订立的约法,还以耶和华启示的名义向希伯来人宣布一系列律法,主要是关于献祭、人身和财物权利、个人行为、节期与祭物四方面的法规,从而以宗教律法的形式确定了希伯来人的宗教信条和伦理准则,实际是制定了犹太教的一些最基本的教义和教规,奠定了犹太教的基础。同时,摩西还将希伯来人分别组成千人、百人、五十人和十人的各级规模不等的社会单位,结束了希伯来人各部落混乱无序的状态。摩西以耶和华崇拜为核心,将信仰该神的各个部落集结成一个联盟。在征服迦南的过程中,这个联盟发挥了主要作用。

约公元前 13 世纪末,摩西的继承人约书亚率领希伯来人进入迦南。此后约 200 年为希伯来各部落支派分地立业、各自为政的"士师"时代(希伯来语 shophetim,意为"审判官"、"拯救者")。在"士师"时代末期,出于抗击非利士人(Philistines,巴勒斯坦之名由此得来)的需要,希伯来人加强了团结和统一,由此迈入列王统治的时代。统一的希伯来君主国历经扫罗(Saul,约前 1025—前 1013 年在位)、大卫(前 1013—前 973 年在位)和所罗门(前 973—前 926 年在位)的统治。大卫王在位 40 年,他不仅将王国疆域内的迦南人区地逐一征服,而且把非利士人驱逐至南方沿海地区,并将战略要塞耶布斯(后改名耶路撒冷)定为国都。为巩固民族的凝聚力,他将犹太教定为国教,还把存放摩西"奉耶和华之命"与族人约定的"十诫"石刻板等物的约柜安置于首

都。他同时整顿了犹太教礼仪,制定祭司等级制度,并创建了文官制度。在所罗门统治时期,希伯来王国进入鼎盛时代。他以武力维持自己国家的版图,并以联姻方式加强国际地位,发展互惠贸易。当他在位时,农业也比较发达。在行政管理方面,所罗门按希伯来原有的 12 个支派划分为 12 个行政区,每个区由国王任命一名总督,12 名总督由一名大总督统领。在首都耶路撒冷为犹太教神主耶和华建造了金碧辉煌的大圣殿,史称"第一圣殿"。

由于迦南南北地方性差别和所罗门的奢华与压迫所激起的民愤,所罗门死后,北方十个部落拒绝服从他儿子的统治,统一的希伯来王国便分裂为以撒马利亚为都城的以色列王国和仍以耶路撒冷为都城的犹太王国。此后,强盛一时的希伯来人的国家便在南北两方互相斗争和四周强国压迫、入侵的过程中逐渐衰落。公元前 721 年,亚述王萨尔贡二世率军占领北部以色列王国的首都撒马利亚,将国王及其臣民 2.7 万多人押回亚述,数万人被从他们的家园强行赶出并驱逐到外地,又从亚述各地抓一些人来填补他们的位置,南部的犹太王国先是臣服于亚述,亚述衰落后一度宣布独立,后又摇摆于新巴比伦和埃及之间。公元前 586 年,新巴比伦国王尼布甲尼撒二世率军攻陷耶路撒冷,捣毁了"第一圣殿",灭亡犹太王国而将该地区改为新巴比伦的一个行省。包括国王、贵族、祭司和工匠在内的上万名犹太国人被掳往巴比伦,史称"巴比伦之囚"(Babylonian Exile)。和那些被异族同化的北国百姓不同的是,被掳往巴比伦的犹太国人仍能集中聚居,保留本民族的传统信仰和习俗。同时,有些人逃往埃及,有些人仍留在故土。此后,他们及其后裔便被称为犹太人。古希伯来文明正是由那些以被掳往巴比伦的犹太人为主体在曲折的经历和磨难中加以继承和发展的。

古希伯来文明的发展 早在以色列和犹太王国分立的南北朝时代,为抗拒对异教和偶像的崇拜、反对社会腐败和巩固对耶和华一神的信仰就出现了犹太教的先知(Nabiim)活动。以后发展为"先知运动"。一些先知宣传彻底的一神观,并把耶和华推崇为全人类的至高主宰。先知们把犹太人的厄运解释为耶和华假借异族君主之手对离经叛道、崇拜异神偶像的犹太人的报复,但同时又以"救世主"的观念来慰藉逆境中的犹太人,宣传在他们改邪归正、回复独尊耶和华之后,上帝会派出救世主"弥赛亚"降临拯救他们,并在人间建立一神统治的永恒王国。先知们的这些思想后来构成《希伯来圣经》(《旧约》)的重要内容,并成为"巴比伦之囚"期间犹太人的精神支柱,强化了他们的宗教信仰。同时,从埃及到两河流域当时出现的一种怀古思今、重视历史文献收集、整理与学习的思潮也给流亡和囚居的犹太人以重要的影响和启迪。在"巴比伦之囚"期间,犹太人还学会了经商。

公元前 539 年,新巴比伦帝国为波斯帝国所灭。波斯国王居鲁士大帝允许流亡的犹太人重返家园。公元前 537 年,4 万余名为犹太教所武装的会众经过长时间的准备终于踏上返回耶路撒冷家园的归途。公元前 516 年,由巴比伦返回耶路撒冷的犹太人建成了"第二圣殿"。在波斯人君临耶路撒冷的 200 年间,犹太人在这里建立了一个以大祭司为首脑的半独立的神权国家。他们力图使圣城成为包括生活在犹太故土和散居在世界各地的犹太人共同的民族中心。公元前 5 世纪前后,《希伯来圣经》中最重要的组成部分、犹太人称之为《托拉》(Torah)的 5 卷《律法书》,即《摩西五经》已定型。公元前 4 世纪,《希伯来圣经》中的 8 卷《先知书》已成书。后来构成《希伯来圣经》中的 11 卷《圣文集》(亦称《圣录》)也在创作、编纂过程之中。在这一时期,犹太人地区的农业在犹太农民的辛勤劳动和管理中得到了恢复和发展。

公元前 331 年,马其顿王亚历山大大帝率军灭亡波斯帝国。公元前 325 年,亚历山大大帝以巴比伦城为都建立了一个地跨欧、亚、非三大洲的亚历山大帝国。他在尼罗河口创建了亚历山大城(亦称亚历山大里亚)。该城在以后几个世纪里一直是东地中海地区的经济文化中心之一。公元前 323 年亚历山大大帝病逝后,庞大的帝国分裂为三个王国。这一时期在历史上被称为"希腊化时代",无论是亚历山大大帝还是分裂以后三个王国的统治者,都致力于推广古希腊文化。在这一时期,犹太人所建立的以大祭司为首脑的神权王国曾先后臣属于亚历山大帝国和帝国分裂后建立的托勒密埃及王国、塞琉古王国。在兴建亚历山大城时,亚历山大大帝曾发布一项命令,保证让犹太人享有与他自己的同胞相同的权利。以后的马其顿、托勒密埃及及王国各代君主都执行这条规定。因此,在托勒密王朝统治期间,犹太人开始大规模定居埃及,亚历山大城是当时世界上流散犹太人人口最为集中的城市。"当地犹太人在希腊文化的熏陶下,结合本民族的文化传统,'创造了一种独特的、兼具犹太和希腊特征的文化。这种文化不仅影响古代哲学,而且对早期的基督教也起过相当大的作用'。圣经《七十子希腊文译本》(Septuagint)即是这种犹太—希腊文化的光辉结晶"(《犹太文明》)。圣经《七十子希腊文译本》是亚历山大城犹太人集体创作的杰出成果,其内容不但包括《希伯来圣经》的《律法书》、《先知书》和《圣文集》,还包括未被《希伯来圣经》收入的《次经》各卷。这部译著完成后马上作为神圣的经卷,为地中海地区操希腊语的犹太人和皈依者所使用,并在公元 1 世纪流行于巴勒斯坦,成为基督教最早的《旧约》译本。

当犹太人的神权王国臣属于塞琉古王国时,犹太人的宗教信仰和习俗受到压制。公元前 168 年,耶路撒冷的圣殿遭到洗劫。次年,巴勒斯坦的犹太人掀起民族起义,并于公元前 142 年由马加比家族建立了一个政教合一的犹太神权国家,即马加比王国。该王国也以耶路撒冷为都城。但它只存在了百余年,于公元前 64 年为古罗马的军队所灭。在罗马专制统治下,酷爱自由的犹太人多次掀起反抗罗马统治的民族起义,史称"犹太战争"。公元 70 年,罗马帝国军队血腥镇压犹太人的起义,焚毁了"第二圣殿"。135 年,罗马皇帝哈德良扑灭了犹太人反抗罗马统治的最后一次武装起义,下令彻底摧毁耶路撒冷,并在该地建起罗马式的埃利亚城,严禁犹太人进入城内。犹太民族进入为期 1 800 多年的"世界大离散时代"。

从"第二圣殿"被毁至公元 7 世纪阿拉伯帝国建立这段时期,聚居在巴勒斯坦新建的犹太人活动中心雅麦尼亚以及加利利的太巴列、乌沙等地的一些精通犹太教律法并信奉口传律法的法利赛派文士开办圣经学院,深化律法诠释,潜心研习律法,逐渐成为犹太民众的精神教师,获得"拉比"(rabbi)的尊称。这些拉比们在失去圣殿的情况下,利用犹太教公会和犹太会堂继续弘扬犹太教传统。此外,自公元前 6 世纪"巴比伦之囚"的时候起,就有大批犹太人群居于巴比伦城及周围地区,不但在公元前 537 年返回故里时并没有完全离去,在以后几个世纪里,又有成群的犹太人络绎不绝地迁来,巴比伦成为巴勒斯坦以外一个重要的犹太人聚居地。到公元 70 年"第二圣殿"被毁时,当地犹太人已达 100 万人。在"那里聚集着一批颇具权威的犹太贤哲,并形成以其为核心的犹太学者阶层,这些精通律法的学者在当地社团中的地位几乎类似于巴勒斯坦犹太社团中的拉比。他们以维护犹太教信仰及民族传统文化为己任,在苏拉和蓬贝迪塔设立经学院(Yeshiva),著书立说,发展起一种以研究《托拉》为重点的文化宗教生活。"(《犹太文明》)公元 2—6 世纪,由犹太人在巴勒斯坦和巴比伦建立的新的犹太文化、精神生活中心共同创造了以犹太教口传律法集《塔木德》(Talmud)为最终成果的塔木德文化,使希伯来文明达到了一个新的发展水平。

《塔木德》亦译《犹太法典大全》,是仅次于《希伯来圣经》(《旧约》)的主要经典,亦称口传《托拉》,由《密西拿》(Mishnah)和《革马拉》(Gemarah)两部分组成。《密西拿》是《塔木德》的前半部,内容是法典条文。"革马拉"在希伯来文中原意为"展示、补充、评注",故亦称《口传律法典诠解》,为《塔木德》后半部。《塔木德》有《巴勒斯坦塔木德》和《巴比伦塔木德》之分。公元 3 世纪初,由巴勒斯坦犹太教公会首领犹太亲王根据 13 种前代犹太教学者的口传资料,领导拉比们经过几十年的分类、整理和补充,编纂而成一部《密西拿》。这部犹太教口传律法总集按农事、节期及奉献礼仪、婚姻、民法、圣殿祭礼、身体及饮食起居卫生六类法则分为 6 卷 63 篇,是一部包含宗教法、民法和道德法的大典。后来巴勒斯坦的犹太教律法学者又于 400 年前后编成一部《革马拉》。两者合成巴勒斯坦的《塔木德》,共 75 万字,用希伯来文写成。《巴比伦塔木德》的完成时间比《巴勒斯坦塔木德》的完成时间晚约一个世纪,其篇幅达 250 万字,用阿拉米文写成。《巴勒斯坦塔木德》和《巴比伦塔木德》反映了巴勒斯坦和巴比伦犹太人在公元前 6 世纪至公元 6 世纪之间 1 000 年文化宗教生活的历史演变,其内容包括圣经训诫、神话传说、诗歌、寓言、律法礼仪以及天文地理、农事建筑、医学算术等,不仅是一部诠释译注圣经律法的权威法典,也是一部包罗古代犹太文明万象的百科全书,是犹太人实际生活的指南。

古代希伯来的教育

犹太教对教育的重视　希伯来人素有注重学习的传统,在早期就强调对犹太教的教义和律法的学习。认为不熟悉教义、不研读律法,就会失去精神信仰的支柱,失去日常宗教活动的基石。摩西反复告诫他的族人要遵行神所教训的一切"诫命、律例、典章",并传给子子孙孙,认为这样做是聪明、智慧的体现。摩西不仅要求民众,而且希望一切未来的国君学习和谨守律法,在《旧约·申命记》中就有这方面的记载,这些内容是犹太教重视学习传统的最早体现。后来真正以书面文字形成的律法书(《旧约》的第一部分《摩西五经》)的希伯来语为"托拉"。"托拉"意为"教化、上帝的旨意和指示"。不少犹太拉比强调,社会赖以为基础的三个支柱是托拉、崇拜和慈善。对上帝的崇拜与对托拉的学习和实践是相辅相成的两个方面。《塔木德》中所说的"学习是最高的善",同样强调了学习与教育在犹太文化传统中的特殊重要地位。犹太民族重视学习,是因为犹太宗教和传统本身就包含注重学习的内涵。

社会教育和家庭教育　在学校出现以前,希伯来人接受社会教育和家庭教育。摩西是犹太教的奠基人。在《旧约》中的《出埃及记》和《申命记》中都提到耶和华授予摩西刻有律法和诫命的石板,被称为"法板"(Tables of the testimony),并教他制作了置放"法板"的"约柜"。刻有"十诫"的"法板"又被称为"约书"(Book of the covenat)。"约书"可能是希伯来人最早的一本圣书。《出埃及记》和《申命记》中都提到摩西经常"将约书念给百姓听"。这种当众宣读上帝律法的形式,既与宗教领袖向会众(即接受犹太教信仰的一般民众)布道的形式相似,也与教师向学生读讲课文相似。或者可以说,犹太始祖向百姓宣讲律法,兼有宗教与教育的双重功能。在摩西以后,希伯来人的历代君王和宗教领袖、祭司、先知向会众布道,宣讲律法,赞颂耶和华的功德、慈爱、智慧,讲述本民族的历史故事,都属于兼具宗教与教育双重功能的社会教育。

摩西在宣讲"约书"时十分强调父母教育子女的责任,

可见希伯来人很早就将家庭教育置于重要地位。在希伯来人看来,国家的兴旺以众多的幸福家庭为根基,而只有子女受到良好的教育,才能保证父母幸福,没有良好的家庭教育将给父母带来苦恼。《旧约》中的《箴言》以长辈训导子女的口吻讲述犹太教关于修身持家、处世、待人的格言和谚语,推崇对上帝耶和华的敬仰,对智慧、知识、善行的追求,针砭愚昧、愚人和恶行。这些箴言是该时期家庭教育的主要内容。在所罗门统治时期,希伯来人虽然有了学校,但仍然重视家庭教育。在《犹太法典大全》(《塔木德》)中,将"教子学习法典、教子娶妻生子、教子养成职业技能"规定为父亲的三项重要职责。父亲还亲自接送儿子入学,并考察督导儿子完成学校的作业。

学校教育　在所罗门执政时期,耶路撒冷的希伯来人中出现了最早的学校。学校可能附属于圣殿,被称为"先知之子"学校,由祭司、先知们担任教师。他们向学生传授律法、祈祷式、反省、冥想和拜祭等仪式,以及讲解自己体悟出来的进入神境的奥秘。此类学校后来也出现在耶路撒冷以外的一些城市,以满足各地宗教活动对祭司和先知的需求。以色列王国和犹大王国灭亡后,希伯来教育的发展与流亡在巴比伦的犹太人创立的犹太会堂的活动密切联系。身为囚徒的犹太人并没有忘记犹太律法和犹太圣殿,他们创立了犹太会堂(Synagogue)以代替被毁的圣殿,整理出《摩西五经》以代替不知去向的约柜,犹太会堂这种宗教活动的组织形式由此产生。《摩西五经》这种成文的犹太律法成为宗教的正典,不仅对犹太文化传统与宗教信仰的继承和发扬至关重要,而且开辟了一种社会全民教育的新形式。当犹太人结束在巴比伦被囚的岁月,重新回到巴勒斯坦时,犹太会堂的组织形式和《摩西五经》的书面文本也被带回故土。为了教育出生于囚居之地的儿童与少年,使之掌握犹太经典,会堂同时肩负起学校的职责。这一时期,大祭司以斯拉号召群众热心读经,在犹太自治地区建立了许多犹太会堂。稍后又在犹太会堂内附设小学,让儿童在小学中学习,得到律法上的启蒙。会堂不仅有手抄的《摩西五经》,还设立图书馆。这些用羊皮纸抄写的书籍成了儿童和成人学习犹太法律和历史知识的教材。直到希腊化时期,巴勒斯坦的犹太自治区仍然保持着。到公元前 2 世纪,不仅在城市而且在农村也设立了犹太会堂。《塔木德》记载,巴勒斯坦地区有犹太会堂 394 座。从耶路撒冷圣殿或犹太会堂的学校毕业的青年学者,在各地会堂中工作一段时间后便成了祭司或先知,他们在这些会堂附设的小学中担任希伯来语和犹太律法的教学任务。这一时期,希伯来学校教育的发展还受到埃及、塞琉古和希腊文化教育的促进和影响。在臣属于埃及托勒密王朝时期,许多移居亚历山大城的犹太人热心于学习希腊文和掌握希腊文化。《摩西五经》之所以被译成希腊文,主要原因就是为满足移居希腊各地逐渐不懂希伯来语的犹太人教育的需要。在耶路撒冷，从公元前3世纪起便出现了希腊式的学校和体育馆，一些青年热心学习希腊文，有些希伯来学者也学习希腊文化，生疏了希伯来语，这给学习与讲解犹太律法带来了语言障碍。于是，凡培养诵读讲解律法的人才，便先要学习希伯来语。那些用亚兰语或希腊语讲解律法的祭司要在以后发展成为学院（类似学习班）的机构中学习希伯来语，同时参加犹太律法的研究。这些机构通常设在犹太会堂。犹太会堂不仅是犹太律法的研究基地，同时也成为学习希伯来语的场所。在臣属于塞琉古时期，安条克四世试图强制推行希腊化，导致犹太人的反抗和马加比王国的建立。为了使犹太人保持犹太民族精神，犹太教公会首领希塔呼吁广设希伯来学校，以争取青少年。从此，马加比王国出现了大量希伯来学校。公元1世纪的巴勒斯坦设有一个从初级到高级的教育机构网。初级教育是小学，可以设在犹太会堂内，也可设在犹太会堂外，主要教育儿童学习读书识字的基础能力。青少年入中级专门学校，学习犹太宗教文学，青年则入类似学院的高级机构，它们往往设在犹太会堂内，或由犹太会堂的祭司与学者主持，青年学生在他们的指导下学习和研究律法。这一时期，法利赛派对希伯来教育的发展发挥了巨大作用。由于他们具有丰富的学识、知识和智慧，在犹太会堂的地位不断提高，并有取代世袭的祭司阶层的趋势。他们崇尚理性的生活方式，力求启示和指导学生恰如其分地生活；他们研究和编纂口传律法，使古代律法具有现实生活的适用性，在希腊化的环境中维护了犹太的文化传统，也为当时的犹太教育提供了适时的教材。公元70年犹太起义被罗马军队镇压和"第二圣殿"被毁后，在罗马军队的屠杀中幸免于难的法利赛哲人和文士们，在约哈南·本·扎凯的领导下，在靠近犹太海岸的亚布内城继续从事犹太律法的研究，他们就是最早的犹太拉比。拉比本身就是"博学"的同义词。以后在巴勒斯坦与巴比伦分别编纂的两部《塔木德》成为拉比犹太教的经典。"塔木德"是"教学"的同义词。失去政治上独立地位的犹太人，通过各种形式的"教学"维持了民族与宗教传统的双重延续。在"第二圣殿"被毁后，博学的拉比取代祭司成了犹太人的主要教师。《塔木德》编成以后，《塔木德》与《旧约》共同构成拉比犹太教的基石。犹太宗教生活从早期依赖于献祭崇拜转向依赖于人世间的道德行动和忏悔行为，犹太教育的重心也从对神的虔诚向人世间的道德转移，同时引起犹太教育体制上的改革。拉比学院（Rabbinic Academy）的诞生便是犹太教育体制改革的一大成果。早在公元1世纪，在巴勒斯坦便有一些以著名学者命名的高等学校，如"山迈之家"、"希勒尔之家"等。山迈、希勒尔两位贤哲在口传律法上很有研究。在他们的学校中，以书面律法的原则精神来研讨当时实际生活中的公正与诚实、道德责任等问题。希勒尔属法利赛派哲人，是希勒尔派的领袖，解

经不拘泥于词意，重在使人理解经文和律法的真意。希勒尔了解当代的社会需要和经济需要，重视《圣经》的词句与精神的潜在力量，采用说理的方法阐明自己的观点，因此，后世大多数学者都根据他提出的方法讲授《塔木德》并且以之为标准。随着拉比们对《密西拿》的解释以及把它运用于日常生活，在加利利等地围绕个别哲人建立的许多学术中心开始逐渐联合形成学院，以推动律法研究中的合作和辩论，这就是最早的拉比学院。公元3—4世纪，在巴勒斯坦一带已建立了加利利、凯撒里亚、齐波拉等拉比学院，在巴比伦建有苏拉、蓬贝迪塔、莫霍札等拉比学院。在拉比学院的全盛时期，学院既是学者进行深入探讨研究的机构，也是培训年轻拉比的场所，各地的学生都前往苏拉拉比学院和蓬贝迪塔拉比学院求学，经过深造成为未来的拉比、法官、社区行政官员，拉比学院的权力也因此得到强化。此后，北非亚历山大城、凯鲁万等地也纷纷建立拉比学院。在拉比学院学习和研究《塔木德》，使学生得到思维方法的锻炼，这是因为作为《塔木德》组成部分的《革马拉》对《密西拿》编纂的律例进行的评注，大部分采用对话形式，通过发问与回答、反对与反驳、驳斥与反驳斥，由冲突到一致。犹太人善于辩论与思路敏捷的特点与一代又一代青年接受的这种教育不无关系。除此之外，犹太人在被迫流散到世界各地后，还坚持在各地犹太人社区的犹太会堂进行宗教活动，学习《旧约》和《塔木德》等经典，并对子女进行家庭教育。各地的犹太社区还尽可能开办初等和中等学校，使儿童和青少年接受本民族的宗教和文化传统教育。

希伯来语中，"教育"是Hinukh，有"服务、奉献"之意，包含两层意思：（1）教育的目的是培养能为上帝和社会作出贡献的人才。犹太人的教育目的就是要把人培养成超越自身利益，能够将自己完全奉献的人；（2）根据民族和社会的需要，还要培养大批舍生取义的人。对犹太人而言，民族与个人、个人与集体、个人与历史和个人与永恒之间的关系是不可分割的。在有了学校教育制度以后，犹太人仍然重视社会教育和家庭教育，犹太人在教育方面的最大特点是贯彻完全的幼儿教育和一生学习的生涯教育，犹太人认为，学习是他们一生的课题。犹太教育的另一特点是理论学习与实践相结合。从字面意思来理解，"奉献"就是父母将自己的孩子奉献给社会，就是给予孩子们自由。教育如果不能培养出优秀的人才，就称不上是教育。为此，犹太人杜绝培养依赖书本和他人的人。希伯来历史学家约瑟夫斯提出，教学可分为两类，一是利用教言，二是利用实行，他认为希伯来人兼顾两者，不同于希腊的雅典、斯巴达、克立特等城邦教育，后者不是两者兼顾，而是各重一端。自摩西开始，法典中就规定既要重言又要重行，不能言而不行，不许放纵新生一代。希伯来人对儿童要求很严，认为一个人应戒食何种肉类，允许吃食何种肉类，应和怎样的人交往，应何时务

力劳动和何日休息,都须谨慎而行。实践善行而不夸夸其谈也成为希伯来人的一大学风。希伯来人在长期失国的情况下,正是通过这种教育加强了民族的统一性,保存和发展了自己的民族文化传统,维系了民族的独立发展。

古希伯来文化教育的影响

美国学者 E. M. 伯恩斯等人在《世界文明史》中指出,在古代东方的所有民族中,除了埃及人,谁也没有超过希伯来人对现代民族所产生的巨大作用,希伯来人提供了基督教的许多历史背景材料,希伯来人关于道德和政治理论的概念,给现代民族特别是盛行加尔文教派的民族以深刻的影响。他强调古希伯来文明对西方文明发展特别是对基督教形成与传播的影响。古希伯来人在坎坷而曲折的历史发展中,在广泛吸纳古埃及、亚述、新巴比伦(亦称迦勒底王国)、波斯、古希腊文化因素的基础上创建了自己独特的文明,其中非常重要的是创立了犹太教。原始的基督教本系巴勒斯坦北部加利利地区兴起的一个犹太教支派(拿撒勒派),其主张与艾赛尼派相近,且除撒都该派以外的其他犹太教派系对基督教的发展都有影响,但拿撒勒派是由于信奉耶稣为基督(救世主)并在非犹太人中传播其教义才逐渐演变为"普世性"的一神教而与犹太教分立的。犹太教圣经是在公元前 1000 余年的漫长岁月中,由众多犹太文士学者陆续编撰成书的。这部经典直至公元前 3 世纪上半叶至公元前 2 世纪或更晚一点的时间才被译成希腊文本《七十子希腊文译本》传播,为基督教的形成与传播创造了思想条件。该书后来成为基督教最早的《旧约》译本。基督教使徒之一的保罗是既深受希腊文化熏陶,又受过犹太教神职人员的训练,他原来极端敌视基督教会,后来才成为基督教传教士。《新约·使徒行传》中的一半以上篇幅记述他的事迹,这些记载连同他所写或托称他所写的书信,共占全部《新约》的 1/3。基督教得以在罗马帝国迅速传播,与保罗的神学思想、传教方针及活动密切相关。此外,早期基督教神学家和思想家还深受犹太贤哲斐洛的神学学说的影响。斐洛出生于亚历山大城的一个犹太人显贵家庭,一生在亚历山大城度过,深受在这里流行的希腊哲学特别是柏拉图思想的影响。他认为理念是上帝的永恒思想,上帝先把这些永恒思想创造成真实的有,然后再创造世界,从而将犹太神学同柏拉图的理念学说调和起来。他将宇宙看成一个为逻各斯所控制的巨大连锁。逻各斯是上帝的头生子、神人、上帝的影像,仅次于上帝。在伦理思想方面,他主张正义包含宗教信仰和人道两种德性,另外,忏悔也是一种德性。人自己努力向善并不能获致完满的幸福,完满的幸福只能由上帝恩赐。保罗书信特别是《希伯来书》,不论在思想上还是在语言上都与斐洛极为相似。此外,他对亚历山大城的克雷芒、奥利金和

圣安布罗斯等教父也有重要影响。在斐洛名下流传到现在的许多著作,实际上是讽喻体的唯理论的犹太传说和希腊斯多葛学派哲学的混合物。这种西方观点和东方观点的调和,已经包含着基督教全部的本质观念。

希伯来文明不仅直接影响了基督教的形成与传播,成为西方文化的根源之一,而且对伊斯兰文明的发展也产生重大影响。公元 7 世纪伊斯兰教兴起以前,生活在阿拉伯半岛上的古阿拉伯人大多仍然过着游牧生活,阿拉伯史学界称伊斯兰教兴起之前的时代为"蒙昧时代"。但半岛西部及与红海平行的狭长地带——汉志地区(希贾兹)自古以来就是亚欧的一条重要商道,它连通地中海东岸到欧洲。商道开通之后,不少阿拉伯人纷纷移居于商业要冲的城市,或自己经营商业,或受雇于商旅,为别人做驮夫、镖客或向导,因而在汉志地区兴起了一些商业据点和城镇,其中以麦加和雅特里布(麦地那)最为重要。由于商道的存在和半岛南部(也门)适宜于农耕的地区在公元前 10 世纪至公元 5 世纪间先后建立了一系列王国,阿拉伯人也接受过其他文明的影响,其中包括犹太教和基督教。

公元 7 世纪中叶,阿拉伯帝国崛起,到公元 8 世纪前期形成一个版图辽阔的大帝国,其疆域东起印度河流域、西临大西洋、北自伊比利亚半岛、南迄阿拉伯半岛南端,绝大多数犹太人都处于穆斯林政权的管辖之下。穆斯林统治者对犹太人的政策比较宽容。只要顺从哈里发的政权,缴纳包括人丁税在内的异教徒特别税,犹太人便享有宗教信仰自由、择业居住自由以及独立管理自己社团事务的自治权。由于犹太人熟悉东西方两个相对封锁的阵营——讲罗马语和希腊语的基督教世界和讲阿拉伯语的伊斯兰世界,加之其同胞散居各地且彼此联系密切,因而受到阿拉伯统治者的器重。一些具有外交、金融和语言天赋的犹太人成为穆斯林政权中的各级官员,甚至充当哈里发的外交、金融、军事顾问,这有助于改善犹太人的物质生活和精神生活。公元 9 世纪中叶之后,越来越多的犹太人开始用阿拉伯语撰写科学著作,他们在科学领域的创造力首先表现在医学领域,其次是在与天文学和星占术相联系的数学领域。948 年拜占廷皇帝将当时最著名的医学经典《药物论》(由公元 1 世纪时希腊化医学家迪奥斯科里迪撰写)送给西班牙哈里发,并派学者汉斯到科尔多瓦讲解此书。当时任哈里发宫廷御医并兼金融和外交首席顾问的犹太人哈斯戴·伊本·沙普鲁特,协助汉斯将这部医学巨著由古希腊文译成阿拉伯文。西班牙犹太学者摩西·斯菲尔迪也是一位医学家,撰写过两本天文学著作。西班牙籍犹太哲学家、天文学家、占星学家和数学家亚伯拉罕·巴尔·希雅曾在巴塞罗那市穆斯林政府任职,将多种阿拉伯文科学书籍译成希伯来文。其中,阐述实用几何学的论著后被译成拉丁文,从而最早把阿拉伯三角学和求积法介绍给西方世界,并使中世纪意大利数

学家莱奥纳尔多获益匪浅;他的《启示者手册》对阿拉伯天文学作了精辟论述。

日本犹太文化研究权威手岛佑郎在所著《犹太人为什么优秀》一书中指出,犹太人只占世界总人口的3％,但在世界政治、艺术、科学和思想各领域,每10个领导性的人物中就有1个是犹太人或犹太后裔;犹太人在自然科学、社会科学、艺术、文学等诸多领域取得的辉煌成就也比比皆是;在美国的大学教授中,有10％是犹太人。在获得过诺贝尔奖的美国人中,犹太人或者有犹太血统的人也占到了约30％。他认为犹太人之所以数量少且人才辈出,原因在于他们彻底地普及了自己的教育制度。由古代希伯来人历史发展曲折道路所决定的希伯来文明的包容性和重视学习与教育的传统,对犹太民族教育的发展产生深远影响。

参考文献

爱德华·麦克诺尔·伯恩斯,等. 世界文明史(第1卷)[M]. 罗经国,等,译. 北京:商务印书馆,1987.

维尔纳·克勒尔. 圣经:一部历史[M]. 林纪焘,等,译. 北京:生活·读书·新知三联书店,1998.

潘光,陈超南,余建华. 犹太文明[M]. 北京:中国社会科学出版社,1999.

滕大春. 外国教育通史(第1卷)[M]. 济南:山东教育出版社,1989.

新旧约全书[M]. 上海:中国基督教协会,1989.

（吴式颖）

古代希腊教育(education in ancient Greece)　古代希腊是西方文明的摇篮,也是西方教育的发源地。在其社会和文化的发展过程中,希腊人建立了较为完整的学校教育制度,形成了丰富的教育理论,为西方教育的发展奠定了坚实的历史基础。

古代希腊是希腊人对其居住地的通称,地理范围包括今天的希腊半岛、爱琴海诸岛、小亚细亚西部沿海地区、黑海沿岸和意大利南部等地。早在旧石器时代,希腊半岛就有人居住。公元前3000年左右,讲希腊语的亚该亚人迁入希腊半岛,以迈锡尼为中心,造就了辉煌一时的爱琴文明。大约在公元前12—公元前11世纪,讲印欧语的多利亚人部落从北方侵入希腊半岛,毁灭了爱琴文明。

希腊文明和教育的发展过程通常被划分为四个阶段:(1) 荷马时代(前1100—前800);(2) 古风时代(前800—前500);(3) 古典时代(前500—前334);(4) 希腊化时代(前334—前30)。

荷马时代的教育

多利亚人入侵以后,迈锡尼时代原有的城邦、豪华王宫、发达的工商业以及线形文字荡然无存。由于这个时代的史学材料主要来源于荷马史诗,故名"荷马时代"(前11—前9世纪)。

荷马史诗相传是诗人荷马所写。实际上他可能是早已流传民间的行吟诗歌的搜集和编纂者。据考证,史诗故事的轮廓于公元前8世纪形成;公元前6世纪整理编定。它不仅反映了公元前11至公元前9世纪的社会情况,而且部分反映了此前迈锡尼时代的情况。史诗包括《伊利亚特》和《奥德赛》,主要叙述了希腊人攻打小亚细亚特洛伊城的前后经过,歌颂了阿基琉斯、奥德修斯等英雄的业绩。故荷马时代又称"英雄时代"。

多利亚人的入侵导致当地人口锐减,居民点稀疏,外贸商业中断,人们的生产活动局限于农牧业,但经济落后不是绝对的。由于多利亚人将铁器引进希腊,铁逐渐成为当时制造生产工具和武器的主要材料,为以后城邦文明的复兴奠定了新的物质基础。当时已形成了一套以贵族阶层为骨干的政制模式,主要有三个机构:一是议事会,由氏族贵族组成,是常设行政机构,议决部落内的大事;二是民众大会,由全体成年男子组成,原则上讲是最高权力机构,议决部落间宣战媾和之类的大事,不过从史诗看,其权力小于议事会;三是军事首长,不仅统军作战,还掌管宗教祭祀。

荷马史诗中直接与教育有关的文字并不多,只是在涉及某些问题时才提及教育。但从这些有限的文字记载中,可以了解到荷马时代教育的基本状况。荷马时代尚未出现学校这种专门的教育机构,对儿童和青少年的教育主要是在实际生活过程中进行的。通过参与成年人的各种活动,儿童和青少年逐渐获得社会所需要的各种知识和技能。教育内容以军事和与军事直接有关的知识、技能为主,同时注重演说能力的培养。在荷马史诗中,包括阿基琉斯在内的大多数英雄既是武艺高强的战士,也是议事会上能言善辩的演说家。

据荷马史诗记载,阿基琉斯有两位老师,一位是喀戎,另一位是富尼克斯。喀戎是个半人半马的怪物,是神的儿子,以足智多谋和医术高超而著称。他先后教导过阿基琉斯、涅斯托尔等21位英雄。喀戎在教导阿喀琉斯时,向他传授了骑马、掷标枪、打猎、弹奏七弦琴和医术等方面的知识、技能。这在当时是一种非常广泛的教育。荷马时代教育的另一重要方面是道德教育。荷马时代人们道德观念的变化反映了社会的重大变迁。荷马史诗通过对阿基琉斯不计前嫌、为民族英勇杀敌、最后战死疆场的整个过程的描写,宣扬了为群体和民族利益不惜牺牲的原始的集体主义道德。同时,通过对奥德修斯的赞扬,肯定了个人对财产的要求,肯定了个性的价值。这种试图将个人利益与群体利益统一的努力,既反映了荷马时代道德观念的冲突,也提出了一个非常重要、对整个希腊历史具有深刻影响的基本问题。荷马史诗中所歌颂的英雄都是品行高尚、人格健全的道德典范。他们身上集中了各种为社会所肯定的美德：勇敢、正义、忠诚、大公无私、热爱集体、智慧等。在荷马时代，希腊人最为重视的道德品质是智慧、勇敢、节制和正义（即以后希腊思想家所概括的"四大道德"）。概括地说，荷马时代的教育目的是培养像阿基琉斯那样勇敢、武艺高强和像奥德修斯那样足智多谋、能言善辩的武士。

柏拉图说：荷马是希腊的第一位教育者。荷马史诗成为古代希腊青少年的必读教材。色诺芬在《饮宴篇》中对一位客人说："我的父亲急于要使我成为一个有用的人，教我学习荷马的所有诗歌。至今我们仍能背诵《伊利亚特》和《奥德赛》。"这篇著作还指出：青年们要是希望成为王国精明的统治者，或者成为一名演说家、将军，或者像阿基琉斯、涅斯托尔、奥德修斯那样的英雄，那么就请读荷马史诗吧！因此，荷马是古希腊一位伟大的教育家，他的思想已渗透到希腊生活的各个领域。荷马史诗始终是希腊人教育年青一代的重要教材，是希腊学校的重要教学内容。

古风时代的教育

"古风"和"古典"这两个概念是希腊考古学、美术史常用术语。古风时代突出古朴之意，是后来辉煌的古典时代的基础和序幕。古风时代希腊社会最大的变化是完成了从氏族制度向奴隶制的转变，形成了奴隶制"城邦"（polis）。城邦是指以一个城市为中心的主权国家。公元前8—公元前6世纪，希腊先后出现了几十个城邦。在众多城邦中，斯巴达和雅典最具代表性。它们先后称雄于希腊世界，在希腊历史上占有重要地位。

斯巴达的社会和教育　斯巴达是当时希腊最大的城邦，位于伯罗奔尼撒半岛南部的拉哥尼亚平原，土地肥沃，易于耕作，但没有适宜的港湾，与外界交往甚为不便。斯巴达封闭的地理条件对其社会和教育的发展均有一定影响。

公元前743—公元前668年，斯巴达人经过两次美塞尼亚战争，迫使被征服者纳贡，并将其分为两等：一是原边区居民，希腊语叫"庇里阿西人"；二是奴隶"希洛人"，原住南部沿岸希洛斯城，因不堪斯巴达人的压迫而被迫起义，被镇压后降为奴隶。故斯巴达的居民分为三个等级。一是奴隶主阶级，即斯巴达全体公民。他们完全脱离生产，专事军政、宗教活动。每户公民占有份地约20公顷，可世代相传。二是庇里阿西人，即没有公民权的自由民。他们多数从事农业，少数从事手工业和商业。三是奴隶阶级，即希洛人。在斯巴达，每一户公民管辖7户希洛人耕奴。

相传，公元前825—公元前800年斯巴达的莱库古斯改革确立了双王制、贵族元老议事会、监察官会议与公民大会相制衡的政制。双王制是部落遗制的发展。双王身兼大祭司、大将军和行政首脑三种职能。他们出身于两个世袭王族，具有同等权力，可终身任职。战时一王率军出征，另一王留守家园。双王是元老议事会的当然成员，先前曾负责召集元老会。斯巴达国王权力很有限，元老议事会、监察官会议、公民大会都对王权有相当的制约。国王在决策中虽有大于普通贵族官员的影响力，但重大国策的表决常取决于元老议事会控制下的公民大会集体。因此可以说，那时的国王只是两位世袭任职的高级公民。从公元前5世纪开始，监察官的权力日益膨胀，取代国王主持元老议事会和公民大会，成为斯巴达城邦最高公职人员。

为了牢固维护斯巴达的国家权力和社会政治制度，斯巴达把教育作为一项极其重要的国家事业。传说中的斯巴达国家创立者莱库古斯就曾指出，教育是一个立法者应该考虑的最主要和最重大的任务。斯巴达建立了一套以培养战士为唯一目的的教育制度，以军事训练为中心内容，力求把每一个斯巴达人培养成为坚忍不拔的战士和绝对服从的公民。通过这种教育，斯巴达的军队成为希腊最精锐的部队。斯巴达人也正是依靠它的军事力量而雄踞希腊世界，成为希腊人公认的最强盛的国家。这种情况一直到希波战争时才被崛起的雅典所替代。

斯巴达人实行严格的体格检查制度。公民子女出生后，由长老代表国家检查新生儿体质，体弱者被弃之荒野。其目的在于保证种族体质的"优越性"，培养体格强壮的战士。

7岁以前，公民子女在家中接受母亲的教育。从7岁至18岁，儿童进入国家教育机构，开始军营生活。在这个阶段，教育的主要任务是通过严格的军事体育训练和道德灌输，养成儿童健康的体魄、顽强的意志及勇敢、坚韧、顺从、爱国等品质。所谓国家教育机构实际上就是军营。孩子们被编入当地的小队或团体。从此，他们将受到长期的严格训练和监督。直接负责训练青少年的人从高级行政官员中挑选，被称作"佩达诺玛斯"，在青少年教育中拥有至高无上的权力。他的助手称作"埃伦"，职责是执行体罚。一个教育机构最基层的组织是小队，每小队64人，最勇敢机智的孩子被指定为队长。队长有权命令和责罚小队中的每一个人。20～30岁的青年人，如果很勇敢、好战又很谨慎，就有资格当上"埃伦"，负责小队的训练。

从18岁起，公民子女进入高一级的教育机构军事训练团（ephebia，亦称"埃弗比"）接受正规军训，20岁后便开始服兵役。入团前，青年们在神庙的祭坛前当众接受鞭打考验，凡能忍受者为合格，忍受鞭打次数最多者为优胜并受到奖励，哀号求免者则被剥夺入团资格。军事训练中一个重要科目是所谓的"秘密服役"，即在夜间对希洛人进行突然袭击。年满20岁的斯巴达人可以结婚，但仍要住在军营里，到30岁才能成为正式公民，有权参加公民大会，并可担任官职,战时则参加战斗,60 岁始免除兵役。

斯巴达教育的主要内容是体育训练,还有道德教育、音乐等。为了使儿童养成坚毅、刚强和机警等品质,斯巴达人把忍耐劳苦作为儿童最主要的训练内容之一。从一进入国家教育场所起,儿童就过着极其艰苦的生活,睡在芦苇垫上。从 12 岁起,锻炼就更加严厉。他们头蓄短发,要习惯于常年赤脚行走,不穿内衣,一年只领到一件外衣;由于经常吃不饱,儿童常被唆使去偷窃,如果被发觉,将受到鞭打,以处罚他的迟钝。

斯巴达的体育运动因军事目的发展起来,与军事技艺结合较密切。其主要内容是五项竞技,即赛跑、跳跃、摔跤、掷铁饼和投标枪。据希腊史学家修昔底德的记载,斯巴达在体育训练上有两项技术改革:一是裸体训练,改变了训练时身着紧身短衣的传统习惯;二是运动后用橄榄油涂擦全身。斯巴达人在体育上的辉煌成就,启发了希腊其他城邦,他们也相继采用系统训练方法。

军事训练和道德教育是斯巴达教育中的两大杠杆。道德教育贯穿从儿童、少年到青年的整个教育时期,中心是训练青少年绝对服从,包括绝对忠于祖国,只知有城邦,不知有个人,包括勇敢屠杀以及对奴隶的残忍等。

斯巴达的音乐只限于歌颂英雄的歌曲,以培养青少年具有高尚的心灵,学习英雄们可歌可泣的业绩。它具有庄严肃穆的乐调,教育公民勇敢作战、服从长者、遵守纪律、自我控制。斯巴达人认为,任何轻佻、柔靡的乐调以及格调不高的诗词,都有可能动摇社会的道德基础。

与绝大多数城邦不同的是,斯巴达人非常重视女子教育,目的是造就体格强壮的母亲,以生育健康的子女。女子通常和男子接受同样的军事和体育训练,在男子出征时能担负起防守本土的职责。女孩和男孩所受教育的主要区别是,女孩住在家里,不过军营生活,但训练同样严厉。

雅典的社会和教育　雅典原是阿提卡半岛上一个城市的名称,在阿提卡统一为城邦后,成为这个国家的名称。雅典三面临海,有良好的海运条件,便于航海和商业贸易。公元前 683 年,雅典结束王政时代,向奴隶制社会迈进,并逐步形成城邦。早期,雅典与斯巴达一样,实行贵族统治。从公元前 594—公元前 593 年的梭伦改革开始,雅典逐步向奴隶主民主制度过渡。公元前 508—公元前 507 年的克里斯提尼改革结束了雅典平民反对贵族的长期斗争,肃清了氏族制残余,完成了从贵族共和向民主共和的过渡,在世界文明史上首创了崭新而又独特的城邦民主政制。从此,雅典摆脱了长期内争的困扰,迅速发展为希腊世界一大强国。

雅典的民主制对其教育具有非常深刻的影响。雅典教育中有一个极重要的概念,就是"和谐"。"身心和谐发展"是雅典人所理解的最主要的教育内容,也是雅典教育概念的根本含义。希腊人有两个词表示教育:一是 agoge,意

为指引、约束和管教,相当于斯巴达的严格训练;二是 paideia,来自 pais 和 paidia,pais 意为"儿童",paidia 意为"儿童运动"或"游戏"。Paideia 并不包括强迫儿童做些什么,而更多的是指导儿童自发活动,既包括教师有计划、有目的的指导和培养,也包括儿童的身心在活动中得到自然而和谐的发展。

与斯巴达一样,雅典也高度重视教育。据说,最早为雅典教育立法的是梭伦。他发布命令,要求每一个男孩都学习识字和练习游泳,还规定了学生的入学年龄和出身,为儿童选择有品德的奴隶当教仆。对上学、放学时间以及成人不得进入学校等,也作了规定。梭伦还制定了有关职业教育的法令,规定每一个做父亲的人必须把自己所熟悉的手艺传授给儿子,否则,儿子长大成人后可以不承担赡养其年迈父亲的义务。从梭伦时代起,雅典就沿袭一种风俗:城邦应为战死在沙场的烈士遗孤负担学费;到他们可以加入成人行列时,为他们提供一套盔甲和武器。

早在公元前 7 世纪时,雅典就出现了学校,都由私人创办。其学制大致是,公民子女出生后,要进行体格检查,由父亲负责;7 岁前,儿童在家中由父母养育;7 岁以后,女孩继续在家中由母亲负责教育,学习纺织、缝纫等技能,男孩则开始进入文法学校和弦琴学校。文法学校主要教授读、写、算等知识,弦琴学校则教授音乐、唱歌、朗诵等(古风时期,文法、音乐教育往往在弦琴学校中结合进行)。这两类学校都是私立、收费的。儿童上学和放学都有"教仆"陪同,以避免受街头的不良影响。文法学校和弦琴学校教师一般是有政治权利的自由民,也有一些是赎身的奴隶。到 13 岁左右,公民子弟继续在文法学校或弦琴学校学习,同时进入体操学校(亦称角力学校)接受各种体育训练,如游泳、舞蹈、赛跑、跳跃、摔跤、掷铁饼、投标枪等。目的是使公民子弟具有健全的体魄和顽强、坚韧的品质。到十五六岁,大多数公民子弟不再继续上学,开始从事各种职业,少数显贵子弟则进入国立体育馆,接受体育、智育和审美教育。18～20 岁的青年进入军事训练团接受正规军训;20 岁时,经过一定的仪式,被授予公民称号。

雅典教育的主要内容是体育、智育、德育和审美教育等。"五项竞技"是体操学校这一阶段训练的主要内容。跑步、跳远是锻炼腿部的最好方法,掷标枪、扔铁饼是锻炼臂部的好方法,但最主要的运动是摔跤。"角力学校"的名称由此而来。雅典的体育训练包含多方面的目的。最初只是为了军事目的而设;希波战争后,雅典人逐渐认识到,体育不仅对军事有价值,而且对健康有价值,还有着美学价值和道德方面的价值。

雅典人的音乐教育几乎包括了除体育以外的所有科目,不仅指节奏、旋律、声调,而且包括阅读、写字、算术,甚至包括法律、哲学和自然科学。凡是有关增加知识、陶冶性

灵、培养德行的学问,都算在音乐教育的范畴之中。雅典人是希腊民族文化最杰出的继承者。他们把音乐教育当成和谐发展教育最重要的组成部分之一,认为通过音乐教育可以改造、净化人的心灵,培养人的情感,影响人的道德。他们用战争歌曲培养人的勇气、坚韧和战斗精神,用赞歌和颂歌教导人们敬重英雄、忠于祖国和颂扬诸神的巨大力量。他们用音乐陶冶人的精神,使之摆脱枯燥乏味的生活,追求丰富多彩的精神世界。雅典音乐教育范围极广,在教育中具有举足轻重的地位。儿童最先接受的就是配上音乐的诗歌教育。每一个雅典公民很小的时候就开始朗诵荷马史诗。雅典音乐学校的教育顺序是先熟读和背诵荷马史诗,然后才教以读和写,同时教音乐。儿童长到13岁时,由专职音乐教师教乐器。舞蹈在雅典人的生活中也十分重要,但并没有列入学校的必修课程之中。音乐学校、角力学校均无专门的舞蹈教学。但是,舞蹈无处不在,人们的生活中、各种集会庆典中都少不了它。

青年18岁时为青丁,20岁被正式载入城市公民册。在这之前,要经过审查委员会的严格审查。如果审查结果合法,他必须到市政当局登记并宣誓。

古风时代并不是雅典教育发展的鼎盛时期,但雅典教育在古风时代就已初步形成了明显不同于斯巴达教育的特征。与后者相比,雅典教育的制度化程度更高一些。

雅典教育的成功之处在于它使人的才能、倾向和个性得到充分发展。这在古代来讲,不仅东方国家不可能做到,古希腊的其他诸邦国也不可能做到。雅典教育能充分发展人的才能,是与城邦政治不断民主化的进程相一致的。雅典高度的民主化以及经济的繁荣,使教育也起到了发展人的聪明才智和身心健康的作用。公元前5世纪,尤其是希波战争以后,雅典教育得到空前的发展。雅典政治家伯里克利曾把雅典教育与斯巴达教育作了一个对比:"从孩提时代起,斯巴达人即受到最艰苦的训练……我们的生活中没有一切这些限制,但是我们和他们一样,可以随时勇敢地对付同样的危险……我们是自愿地以轻松的情绪来应付危险,而不是以艰苦的训练。我们的勇敢是从我们的生活方式中自然产生的,而不是国家法律强迫的,我认为这些是我们的优点。我们不花费时间来训练自己忍受那些尚未到来的痛苦,但当我们真的遇着痛苦的时候,我们和那些经常受到严格训练的人一样勇敢。或认为这是我们的城邦值得崇拜的一点。"

毕达哥拉斯的教育思想　古风时代既是希腊教育制度的形成时期,也是希腊教育思想的发生时期。这个时期,希腊产生了最早的教育思想家,以毕达哥拉斯(约前582—前493)为主要代表。他没有留下著作,但从后人的论述中,可以确信:他接受了宗教思想中的轮回学说;他积极从事当时在希腊引起巨大兴趣的科学研究;他建立了一个团体,积极

从事政治、学术研究和教育活动。毕达哥拉斯及其学派理论的基本核心是高度重视数学,把数学当做万物的本源,并主张灵魂不死、灵魂轮回。这些理论直接影响了他本人及其弟子关于教育的主张。德国哲学家黑格尔称毕达哥拉斯为希腊"第一个民众教师",亚里士多德认为他是第一个试图讲道德的人。毕达哥拉斯认为,个人接受教育的唯一目的是净化灵魂。毕达哥拉斯及其学派在政治、教育活动中,没有把培养门徒成为诗人、医生或统治者等具体目标作为重心,更多的是力图影响人们的思想和行为,成为人们精神上的指导,指导人们按照和谐的数的要求,遵循良好的社会秩序,根据自己的贡献各司其职,从而保持完美的社会秩序。为了达到净化灵魂的目的,毕达哥拉斯及其门徒认为,知识是以数学为基础的,只有通过数,事物的本性才能被认识。也就是说,只有当事物中的数学关系被认识后,人们才能正确地认识事物本身。正是数中产生了几何图形,几何图形中又产生了物。毕达哥拉斯最著名的科学发现是几何学中的毕达哥拉斯定理,但当时他们对算术的重视却远远高于几何学。除算术和几何外,他们重视学习音乐、天文。音乐可净化灵魂,体育和医药可净化肉体。毕达哥拉斯及其学派极力推崇并进行了大量研究的算术、几何、天文、音乐,成为希腊学校最基本的教学科目,并沿用了一千多年。他在教育史上最大的贡献在于将秩序引入世界,引入科学研究,为人的学习、探究树立了目标。此后,理性主义成为希腊文化和教育思想的主流。

古典时代的教育

公元前5—公元前4世纪在希腊历史上具有重要意义。这一时期,希腊的奴隶制经济得到进一步发展,奴隶主民主政治制度得以在雅典确立。同时,希腊文化和教育的发展全面繁荣。

公元前5世纪上半叶,为了生存和发展,希腊的大多数城邦与波斯进行了一场殊死战争,史称"希波战争",战争以波斯失败而告终。自此,希腊进入了以雅典为中心的古典时代。这是以雅典为代表的希腊民族在政治和文化上取得辉煌成就的时代,也是希腊教育进一步发展的时期。雅典进入了哲学、科学、文艺和教育空前兴盛的时期。它的经济繁荣为其民主政治提供了充分基础,经济和政治的发展又为文化的繁荣创造了物质前提,为本邦以及从外邦来的各种人才创造了施展才华的条件。雅典奴隶主的民主制是希腊文明的伟大成就之一。公元前461—公元前429年长达32年的伯里克利时代,是雅典历史上最繁荣和最强盛的时代,也是雅典民主制的发展顶峰时代。

古典时期的希腊,特别是雅典,处于一个价值观念发生巨大变化的时代,传统的价值观念、道德规范和行为准则受

到挑战。在荷马时代，人们以英雄为榜样，在战场上表现得最勇敢的人最受尊重。在公元前8—公元前6世纪的奥林匹克运动会上，体育竞技优胜者获得最高荣誉；但到了公元前5世纪的泛雅典娜时期，所有雅典公民都能参加社会生活，当时不仅有战车赛、徒步竞走、火炬竞走，还有歌队合唱、朗诵讲演比赛等，反映了从英雄时代单纯注重竞技到古典时代扩展到注重文化和精神情操的变化。但雅典的标准与斯巴达不同：斯巴达仍保持传统观念，认为勇敢即骁勇善战的人最值得尊重，雅典却以智慧和参加政治活动的能力为衡量一个公民优劣的主要标准。作为一个好公民，应该能演说，能言善辩，有处理好城邦和家庭事务的能力，这需要智慧。伯里克利在阵亡将士国葬典礼上的演说中指出：城市是全希腊的学校；每个公民在许多生活方面能独立自主，并在表现独立自主的时候，能特别表现温文尔雅和多才多艺。伯里克利认为，一个好公民应该多才多艺、独立自主、关心政治、温文尔雅、谈吐平稳、遵守法律等。要培养这样的公民，教育自然成为重要的事情。伯里克利高度重视提高雅典公民的素质，大力扶持学术和文化的发展。他不仅扩大民主的基础，采取切实措施，使广大下层公民参与政治活动，而且大力兴办文化事业，并为外邦人来雅典办学和传授知识创造条件。因此，雅典人的文化水平迅速提高，雅典在政治、经济、科学、文化和教育等领域都成为希腊世界的中心。

伯里克利高度重视文化和教育的繁荣，顺应了历史的潮流，但更重要的是保持了雅典的民主政治及其在各城邦中的统治地位。当时雅典教育的中心问题是如何教育公民成为城邦合格的领导者，所以当时希腊各地的学者荟萃雅典，并非偶然。伯里克利周围聚集了一大批希腊精英人物，一些富有之家也成为智者讲习之所。随着民主制的发展，学习诉讼、辩论和演说，学习法律和公务成为当时雅典公民所追求的时尚。那些想获得重要职位、在政治舞台上发挥作用的富家子弟专门请人教授这些知识。这为当时智者派的活动提供了土壤，智者运动也适应了当时雅典民主政治的发展。随着民主制的确立，公民个体本位的精神文化也逐渐成长起来。

雅典人开放的观念、勇于破旧立新的心态为雅典文化教育的兴盛提供了重要条件，与斯巴达形成鲜明对比。雅典人敢于打破传统观念，创造新的生活和新的观念，能以开放的心态容纳希腊各邦各方面的人才，这是古典时代希腊世界的思想文化中心在雅典而不在斯巴达的重要原因。

雅典教育的变迁　希腊社会的政治、经济以及人的价值观念所发生的变化使希腊教育也发生了重要变化。其中，雅典教育的变化具有典型意义。雅典人深感，旧时所实行的体育、军事训练、音乐教育、识字以及背诵荷马史诗等已不能适应日益纷繁的社会需求，沸腾的政治生活和蓬勃发展的经济需要一种全新的教育。在雅典，体育失去了神

圣的地位，其衰落大约始于公元前5世纪40年代。从这时起，雅典人的体操训练热情开始下降，体操和竞技运动有了明显划分：体操用于在学校接受体育训练的男孩和青年，竞技运动是为参加各种大型运动会而受训的青年和成年男子准备的。前者旨在发展体质、毅力和自我控制等方面的才能；后者旨在训练肌肉和臂力，提高赛跑、拳击等竞技技术。音乐教育也发生了变化。先是音乐的节奏发生了变化：柔弱的曲调产生了，带有新节奏的歌曲多起来了；过去是旋律与诗歌不可分，现在是诗歌从属于旋律，音乐成了纯音乐，成了无文字的艺术。音乐的变化直接影响了音乐教育。音乐教育中出现了与培养健康心灵不相容的旋律和歌曲。

旧教育的衰落还表现在它已不能有效实现道德教育的功能。希腊社会道德观念上的混乱使道德教育产生了困难。青年人已不再相信诸神和英雄的权威，神与英雄令人景仰的品德如勇敢和力量等，已不能感染人，传统道德观在青年人中失去约束力，孝敬父母、尊敬长辈不再是人们自觉信守的教训。青年人的独立自主精神萌发了，创造力增长了，同时也出现了奢侈浪费的风气，享乐主义和个人主义开始盛行。旧教育面临着社会的严峻挑战。在社会变动的过程中，它不可避免地要为一种新的、能满足社会政治、经济、文化等方面要求的教育所代替。在这样的社会条件下，作为职业教师的智者出现在雅典的历史舞台上。他们以传授时代迫切需要的知识为己任。

民主制的蜕变与新教育思潮的涌现　公元前431—公元前405年，斯巴达与雅典为争夺霸权而爆发的伯罗奔尼撒战争以雅典的失败而告终。这场长达27年之久的战争导致了雅典和整个希腊世界的衰落。此后的一个世纪，希腊的经济虽有所发展，但再也无法恢复其鼎盛时期的景象。伯罗奔尼撒战争后，作为雅典民主制基础的经济繁荣已经过去，雅典仍旧实行民主政治，但民主制衰落了。这体现在：一是民主派领袖堕落为蛊惑者、煽动家。他们往往以个人或集团、党派的利益为行动准则，无视城邦法律，采用欺骗和煽动手段，激起民众的偏激情绪，以排挤打击对方；二是作为民主制基础的公民，生活日益不能自主，失去保障，对政治生活失去兴趣，或不参加政治活动，或仅仅将参加公民大会和陪审法庭作为取得津贴维持生活的手段。面对雅典城邦的衰落、民主政治的蜕变、伦理道德的败坏以及智者运动所造成的后果，苏格拉底和柏拉图挺身而出，寻求新的出路。他们一方面高举理性主义的大旗，反对智者的感觉主义、相对主义和怀疑主义，强调追求永恒本质，寻求真正的"正义"和"善"；另一方面对雅典的民主政治进行深刻反思，提出要通过对善和正义普遍真理的认识，培养一批真正有智慧的政治家作为统治者。他们认为，作为政治家，必须知道什么是正义和善、什么是真正有价值的生活，这样才能建立一个理想国家；人们也要真正认识自我，致力于灵魂的

改善，追求真正的美德，过一种有价值的生活。这就是他们"哲学王"的政治设计和教育理想。

伊索克拉底和修辞学校　伊索克拉底（一译"爱苏格拉底"）是希腊古典时代后期的教育家。他出身于雅典富裕的奴隶主家庭，受过良好教育，曾师事智者普罗塔哥拉、高尔吉亚、普罗狄克等，也曾受教于苏格拉底，早年任法庭文书。他热心政治，有志于成为一名演说家，但因嗓音沙哑，转而从事修辞学、雄辩术的教学和研究工作，并结合教学写了不少著述，发表政见，提出建议，试图以此影响当权者，实现自己的政治理想。公元前392年，他在吕克昂附近创办了雅典乃至希腊最早有固定校址和学习年限的修辞学校，在希腊文化教育发展的历史上起过重大作用。他认为，真正的演说家应有广博的知识，包括法律、历史、文学、哲学等，学校教学内容必须具有现实的社会意义。伊索克拉底的修辞学校的特征是更面对现实，注意实际。他的学校追求的睿智是更为实用的，以找出生活问题的常识性解答为主，不为知识而知识。在他的学校中，学生必须在3~4年的修业期间研习多种科目，做很多练习。由于切合社会和学生的实际需要，他教学成绩斐然。在他的指导下，许多学生成为事业上有成就、在社会上有影响的人，他的学校成为当时希腊最著名的高等教育机构之一。在希腊化时代及以后的年代里，仿照这所学校建立的许多修辞学校成了传播知识的中心。

伊索克拉底把培养演说家作为教育的基本目的，但他要培养的"演说家"绝不仅仅是一般意义上的有雄辩才能、能说会道、巧言令色，像后期"智者"那样的演说家。伊索克拉底本人也是一位智者，但他不愿意被别人这样看，并耻于与智者为伍。因为他对他们那套把时间完全浪费在无聊争论上的流俗变质的作风深恶痛绝。他在《反对智者》一文中说他们是"貌似追求真理，但一贯编造谎言的人"，是欺骗青年、抬高自己、妄自尊大、好为人师的人。

伊索克拉底希望通过办学，教授弟子，培养善于从事政治活动、在智慧和辩才方面都很杰出的经世治国之才。他对"言谈"这一人类特有现象有特别的认识。他认为，言谈是区别人和一切有生之物、人类本性中固有的一种天赋。他指出，人类没有哪一方面比其他生物优越，在敏捷、体力以及其他能力方面，甚至比很多生物逊色，只是具有这种互相说服并随心所欲地把不论什么东西都清楚地表达给对方的能力。于是，人类不仅摆脱了野蛮的禽兽生活，走到了一起，还建立了许多城邦，制定了各种法律，发明了各种技艺。人所设计的一切机构制度的建立，没有一个不是借助于演说能力的。受历史和现实的影响，他持有"希腊人天赋优异"思想，这是他的一个基本政治和教育信念。因此，他的教育追求可以说是"希腊人演说家"这样一个概念。伊索克拉底所要培养的演说家，是公共舆论的领袖，是公民思想的塑造者，是一个可以决定城邦兴衰的举足轻重的人物，要对国家的幸福负责；是一个完善、有见识的人，知道什么是好的、对的和公正的，要运用自己掌握的所有技术，引导公民献身于美德。西方教育史专家认为，自由教育的理念不是始于亚里士多德，而是始于伊索克拉底。古罗马的普鲁塔克、西塞罗和昆体良都继承了伊索克拉底的教育理念。西塞罗的《共和国》与《法律》，在标题上模仿了柏拉图，实际上进行的却是伊索克拉底式的尝试，以伊索克拉底的雄辩家取代了柏拉图的哲学王。伊索克拉底提出的使人文主义与公民意识相结合的思想，在西方一直保持着生命活力。

希腊化时代的教育

公元前334年至公元前30年史称"希腊化时代"。公元前334年，马其顿国王亚历山大大帝开始向东扩张，先后征服了希腊、小亚细亚、叙利亚、埃及和印度等地区，建立了一个横跨欧、亚、非三大洲的庞大军事帝国。亚历山大大帝卒后，他所建立的帝国分裂为若干王国。这些王国以后相继被罗马灭亡。亚历山大大帝的军事扩张，客观上起到了促进不同民族文化之间交流与融合、推动希腊文化广泛传播的重要作用，为希腊化时期的教育发展创造了有利条件。与此同时，由于城邦的覆灭，曾经创造出灿烂辉煌的希腊文化的社会基础不复存在。因此希腊化时代的文化和教育呈现出明显不同于古典时期的特点。

希腊教育的新变化　随着希腊地域的扩大，雅典作为文化教育中心的地位受到挑战。但在希腊化时代，小学的数量比以往大大增加，因为在亚历山大大帝征服过程中建立的许多希腊式城邦里几乎都设有小学。小学生主要学习阅读、书写、算术以及了解和背诵部分文学作品。小学教师通常只是教学生读书识字，品德训练和性格培养是学生家长和教仆的职责。这一点与古典时代的教育大不相同。当时的城邦成了庞大帝国中的一个个普通城镇，没必要进行有关爱国主义的公民教育。希腊化时代的文化教育建立在传统的古典文化基础之上。学习荷马和其他经典作家的作品成为学校教育的主要内容，希腊文化所及之处，人们几乎都要学习荷马的作品。当时的数学教育也较发达。希波克拉底在公元前5世纪撰写了第一本初等几何学课本；公元前约300年，欧几里得写了《几何原本》一书。它们是希腊化时代学习几何的主要课本。

军事训练团（亦称"埃弗比"）最能反映希腊文化教育的特点，它是古希腊唯一的一直作为公立机构存在的教育机构。随着亚历山大大帝的征战，几乎每一个希腊化城市中都有以"埃弗比"为样板建立起来的教育机构。但到了希腊化时代，"埃弗比"的职责由训练军事公民、培养忠于祖国的公民转变为少数富有年轻人学习上流社会"文雅知识"的学院和学习体育与人文知识的场所。自公元前2世纪起,"埃弗比"中的体操教师地位重要,而传授军事技巧和演习诸如投标枪、射箭、击剑等的教师,不仅人数减少,而且地位下降。除体育外,"埃弗比"中还出现了某种形式的文科教育,传授文学知识。自公元前119年起,外国人也可成为雅典的"埃弗比"成员,表明其已完全丧失了古典时代进行爱国主义精神和道德教育的特点。古风时代和古典时代主要用来进行体育训练的体育馆,这时发展成为一种综合性教育机构,即当时的学校。这种体育馆不仅遍及希腊每个城邦,而且散布于西亚和埃及的城市甚至有些乡村地区。体育馆里设有教室、门廊和图书馆,开设的课程主要是语言和文学方面的,尤其注重诗歌教学,荷马史诗和欧里庇得斯的悲剧是最主要的教材。此外,还有音乐和体育。虽然希腊式的体育馆得到广泛传播和普及,但体育和艺术教育不可避免地衰落了。体育和音乐教育日益专业化,而不像以前那样作为美化心灵、陶冶情操、锻炼体格的手段。它甚至成为某些人的谋生手段,失去了在古典时代的教育意义。

希腊高等教育的发展　城邦时代的希腊人抱有强烈的种族偏见,认为只有自己才是优等种族。到了希腊化时代,种族间的屏障被拆除,多民族的人共同生活于一个政治共同体内,促进了相互间的交流与融合,狭隘的种族主义在淡化,一种世界主义思潮在帝国内悄然兴起。社会上出现了新的观念,即人类一体、种族平等。每个人都是人类大家庭的一员,个人与人类整体的关系优于与个别城市、种族和国家的关系。这种观点在斯多葛学派的学说中表现得最为明显。然而,帝国的扩大带来了独裁与专制。他们将一般公民排斥在政治生活之外,政权掌握在少数人手中。这必然带来个人与国家关系的疏远。政局的混乱与败坏更加剧了人们对它的怀疑与厌恶。故这一时期流行的伊壁鸠鲁学派、斯多葛学派等都把个人从政治生活退回到个人生活,关注个人精神世界的完美、纯洁和健康;把对伦理生活的探讨置于首位,寻求一种人生的意义和幸福的生活。伊壁鸠鲁学派与斯多葛学派是在同样的背景下产生和形成的,面对的是同样的问题。两个学派及其各自的哲学学校是希腊化时代影响最大和声望较高的哲学学派和高等学校。两者都较典型地反映了希腊化时代教育发展的特征。

在这一时代,希腊文化形成了一个多中心的格局,但雅典仍然是最为重要的文化中心,尤其是在哲学方面。柏拉图所建立的学园经历了一段暂时的衰落。在他的后继者的指导下,学园的主要兴趣转向伦理方面。到公元前3世纪中期,阿基劳斯成为学园的主持者。他摒弃了一切教条而代之以怀疑主义哲学,使这个著名学园恢复了生机。在公元前3世纪早期,亚里士多德的学园由他的继承者、哲学家提奥弗拉斯托主持,逐渐发展成一个常规的学习与研究机构。提奥弗拉斯托的继承者斯特拉托也继承了亚氏在自然科学

方面的兴趣和研究,并以此在希腊化时代独树一帜。斯特拉托死后,亚里士多德学园的声望有所下降。公元前200年前后,上述四所学校与伊索克拉底的修辞学校合并,成为雅典大学。经过长时期的发展,到公元2—3世纪时,雅典大学成为非常著名的学术研究中心和高等教育中心,吸引了来自各地的众多学子,为传播希腊的文化、科学和学术作出了重要贡献。与希腊化时代的整个教育状况一样,这个时期的高等教育也呈现出蜕变趋势,主要表现在教育内容日益侧重于修辞学。由于城邦沦陷和奴隶主民主政治衰败,演说和雄辩已失去原有的实际功用,修辞学教学逐步陷于形式主义的泥沼。

文化和教育中心转移　在古典时代,雅典一直是文化和教育的中心。希腊化时代,这一中心逐步转移到亚历山大大帝在埃及所建的亚历山大城。该城拥有规模宏大的图书馆、博物馆、植物园、动物园和气象台,成为文化和教育的中心,吸引了来自各地的学者。整个希腊化时代,亚历山大城成为希腊世界的智慧中心,也是东西方文化交流的中心,它取代了雅典的地位,进一步促进了学术的繁荣与人才的培养。亚历山大博物馆与亚历山大图书馆是国家设立的促进研究与教学的第一个高等教育机构。教育史学家称之为亚历山大里亚大学。在托勒密王朝,以图书馆与博物馆为核心的这所新大学便在王宫附近建立起来。其中有一间大餐厅,供学者们用餐。大学另设有大讲堂、植物园、动物园、观象台、文化游乐场和文化沙龙,治学环境幽雅。更重要的是,众多研究人员由王室提供优越条件,享受钻研自由。因为博物馆与图书馆是正式奉献给缪斯女神的,所以整个机构的首长按规定是一位祭司。馆中住着四类学者:天文学家、作家、数学家与医生。这些学者都是希腊人,从国库中支领薪金。他们的职责是研究与教学。不但世界学者荟萃于此,各国渴望受到高等教育的青年也纷纷来此。亚历山大里亚大学的学术研究主要集中在科学方面。希腊文学在公元前5世纪达到顶点,哲学于公元前4世纪极为昌盛,科学则于公元前3世纪发展到顶峰。亚历山大城地处东西方交通要冲,其国际贸易促进了工商业的发展,加上战争和建筑的需要,科学技术有了很大发展。这一时期,很多杰出的科学家和学者在数学、天文学、物理学、生物学、地理学、医学、历史学等方面取得了重要的成就。

在希腊化时代,希腊特别是雅典的学校教育制度广泛传播到小亚细亚、美索不达米亚、波斯、埃及等广大地区,对这些地区的教育发展起了积极作用。这一时期教育的又一个重要转变是教育机会逐步扩大。由于不同民族、不同文化之间的交流不断扩大,希腊世界中盛行的城邦意识逐步为世界主义所取代。与此相联系,教育机会为公民所垄断的局面逐步被打破,更多的社会集团、更多的人有了受教育的机会。

古代希腊教育的特点和影响

在西方教育发展史上,古希腊教育(特别是雅典教育)占有非常重要的地位。希腊人在创造灿烂的古典文化的同时,也为后人留下了丰富的教育遗产。这些遗产通过罗马人的传播,扩散到古代世界的许多地区,并对西欧近代教育的发展产生了直接影响。以人的身心和谐发展为目的的自由教育理想以及由此组织起来的多样化教育制度,是古希腊教育对世界教育发展的重要贡献。

古代希腊教育对后世最大的影响体现在两个方面:一是理性精神;二是人的和谐发展理想。柏拉图和亚里士多德把理性精神融入他们的教育思想,提出了改善灵魂和发展理性,使人得到全面、完美、和谐发展的理想。古希腊人第一次理解并表达了这一思想,成为留给西方世界的伟大遗产。如同希腊人爱智慧一样,由于希腊现实的政治和经济条件,由于希腊所处的特殊的自然和社会历史环境,希腊人对美的喜爱也是极罕见的。希腊人认为,美就是和谐,或者和谐本身就是美。希腊人所理解的人,不仅心灵美,而且人体美,而心灵美与躯体美统一,才真正体现了和谐,达到了人的完美性。以雅典为代表的希腊人的教育是以心灵美和身体美的和谐发展为主导思想的。古代希腊教育的基本精神影响了西方教育思想的特性。尽管西方教育史上,中世纪时期长达千年,但真正决定西方教育思想特性的历史力量主要来自古代希腊。古代希腊教育中的人本化、理性化在不同时期得到不同程度和不同方向的发展,并被不断积淀形成了西方教育的传统。

参考文献

滕大春.外国教育通史(第 1 卷)[M].济南:山东教育出版社,1989.

汪子嵩,等.希腊哲学史(第 2 卷)[M].北京:人民出版社,1993.

吴式颖,任钟印.外国教育思想通史(第 2 卷)[M].长沙:湖南教育出版社,2002.

张斌贤,褚宏启.西方教育思想史[M].成都:四川教育出版社,1994.

(李立国)

古代印度文明与教育 (civilization and education in ancient India)

古代印度是南亚次大陆的地理称谓,包括今印度、巴基斯坦、孟加拉等国。曾先后出现过几个文明时期。大约四千多年前,以印度河流域为中心,出现了一个高度发达的文明时期,史称"哈拉巴文化",约公元前 2500—公元前 1700 年存在于印度北部,比吠陀文明早了约 1 000 年。无论从分布范围,还是从发展程度看,它都超过了与这一文明同时存在的西亚地区的苏美尔文明,但后来却不留痕迹地消失了,对以后的印度文明发展几乎未产生任何有真正意义的影响,甚至连一个名字也没能留在以后的文字记载中。继哈拉巴文明之后,兴起了吠陀文明。这是雅利安人创造的,与原先兴旺的古老文明并无继承关系。吠陀文明开始带有明显的原始色彩,但很快就加速发展到高水平的成熟阶段——婆罗门教文明。从一般意义上说,吠陀文明和婆罗门教文明是前后承继的一个整体。婆罗门教文明又称"后期吠陀文明"。佛教文明的兴起标志着婆罗门教文明的衰落。它和前一个文明有承袭关系,但不是一次革命。佛教文明使印度文明达到一个新的高峰,而且跨出国界,影响世界文明。

在古代印度的社会及文化变迁历程中,其教育也分为早期吠陀(梨俱吠陀)时期、后期吠陀(婆罗门教文明)时期和佛教时期三个阶段。

吠陀时期的教育　公元前 1500—公元前 1000 年左右,在古代印度史上称为"早期吠陀时代"。古代印度第一部宗教圣典《梨俱吠陀》对其进行了描述,故亦称"梨俱吠陀时代"。它是古代印度历史上第一个有确切文字记载的时期。当时学习的科目有吠陀真言、宗教仪式的礼节、语法学、天文学、韵律学与词源学。目的在于使学生认识到吠陀的神性所在。教学方法主要是口头传授和自己思考两种。教师先朗读和解释课文,特别注重发音和韵律,教学生懂得表音学和语法学的常识,要有韵律地读,记住真言。沉思主要是学生自己思考,去理解每句话的深刻含义,并用以指导自己的人生。此种教育以家庭为主。学生直到掌握了正确发音并理解了课文的含义后,才能自己独立思考。随着时间的推移,许多家庭把儿子送到贤者那里,于是出现了类似"私塾"的教育机构。贤者不仅教给他们知识,而且要对他们进行宗教启蒙和美德培养。学生家庭则需替贤者耕种土地,以作物作补偿。公元前 2000 年的《法典》(亦称《法》)指出,学习和理解《吠陀》,从事虔诚的忏悔,探索有关法律和哲学的神圣知识,尊敬自然的父亲(即生父)和精神的父亲(即僧侣),乃是首要职责,尽到这些职责,便可获得无限的幸福。显然,家庭教育的主要任务是进行宗教训练和传授相关知识。

从《梨俱吠陀》上看,女子与男子享有平等的权利,可以参加各种社会活动和宗教仪式。由于妇女直接关系到家庭幸福与否,因此女子不但可以学《吠陀》,而且可以有几个"先知"创作吠陀赞诗。

婆罗门时期的教育　公元前 1000—公元前 600 年是古代印度史上的后期吠陀时代,以《娑摩吠陀》《耶柔吠陀》和《阿闼婆吠陀》三部吠陀经为标志。此时,雅利安人扩张到恒河流域并使这一地区成为古代印度文明的中心地带。他们在此定居并最终完成了从游牧民族向农业民族的转变,原来的吠陀诸神崇拜转向婆罗门教,它延续了吠陀诸神崇拜的传统,但主神崇拜的趋势日益明显。在对吠陀本集进行诠释的过程中,婆罗门教的教义教规不断丰富和完善。此时的雅利安人并没有建立起统一的国家,婆罗门祭祀活动逐渐成为一项极为重要的仪式,祭司逐渐成为一个社会阶层,并开始形成了印度独有的种姓制度(Caste)。在梨俱吠陀时代,各种职业分工明确,婆罗门祭司是决不愿意让其他集团的人插足自己领域的,因而将分工固定化并与血缘集团挂上钩。婆罗门应从事学习吠陀经、主持祭祀等职业;刹帝利应从事国家管理、当兵作战等职业;吠舍应专心于农业、商业等生产性行业;首陀罗应为其他三个种姓服务。同时还严格规定,职业的传承只能与血缘联系,世代传承。

古代印度学校产生于"奥义书时期"。由于人们长期学习与钻研《吠陀》经,慢慢形成了研究经义的趋势。在这一过程中,出现了梵书、森林书,特别是奥义书等具有深刻哲学知识的著作,教授与阐述这些著作并非一般家庭所能胜任。在早期吠陀时代,雅利安人的祭祀在宗教活动中尚不十分重要,人们对众神的崇拜主要反映在吟唱诗歌等活动中,偶像崇拜也十分罕见。进入次大陆后,雅利安人接受了原住居民宗教活动中的偶像崇拜仪式。随着婆罗门祭司的发展和地位的提高,为了垄断这一职业,也为了提高自己的声望,婆罗门祭司宣扬祭祀是沟通人间与天界的唯一通道,也是一种神圣的仪式。于是,祭祀的名目越来越多,其程序越来越繁琐,祭司们的分工也日趋细致,奠酒、点圣火、颂赞诗等由不同的祭司专执。这不再是一般婆罗门教士所能承担的。总之,传统的家庭教育已不能适应知识的发展和祭祀的需要,学校的出现是历史的必然。

由于时代的需要,古代印度出现了一些对经义粗有研究并专门从事教育工作的人士,称为"古儒"。起初,他们周游各地,教育引导青少年,被视为神圣的经义传播者,很受社会的尊重。后来,他们在家中设教,许多不愿或不能亲自教其子女者便送孩子入学。这种由古儒创立的学校叫"古儒学校",亦称"阿什仑"。在此类学校中,教师均系婆罗门种姓,儿童入学须经古儒考验。他们声称不收学费,因为传授圣书是神职,为神效劳是不求报酬的,实际上常接受家长的丰厚赠礼,所有田地也由学生代为耕种,故经济上颇能自足。儿童入学后即迁居古儒家中,学习年限一般为12年,学习内容主要为《吠陀》经。作为学习《吠陀》经的基本训练,学生还要学习六科:语音学、韵律学、语法学、字源学、天文学和祭礼。在学习六科的基础上,学生才能去领会《吠陀》经典。这些课程内容虽然以神学为核心,但涉及较为广泛的知识领域。教学方法比过去注重导读死记的家庭教学有所改进。在古儒学校中,因师严而道尊,体罚是常用的手段,教典和法律也都允许教师以竹棍和绳索打罚学生,但对年龄较大的学生,他们往往采取恩威并施的方法。古儒教学时,常常让年长儿童充当助手,把知识传给年幼儿童。这

一时期,古代印度也出现了某些教育程度较高的学府。其中较著名的有印度东部的婆罗门寺院和萨马那寺院以及设在塔克撒西拉和贝拿勒斯的高等学校。有些帝王的宫廷也是学术中心,吸引负有盛名的学者来讲学,对皇家子孙进行教育。

佛教教育　公元前6—公元前5世纪,古代印度进入"列国时代",战火频繁。在战争过程中,掌握军事力量的刹帝利地位上升,婆罗门势力日益削弱,婆罗门教已不足以维系人心。在此情况下,佛教应运而生。佛教系迦毗罗卫国(今尼泊尔境内)王子乔答摩·悉达多,即释迦牟尼所创,是植根于婆罗门的宗教,讲因果轮回,但也与后者有区别,表现在反对种姓制度,主张各种姓平等。佛教宣扬现实世界是虚幻的,人生多苦,要求人们灭除现世欲望,以修来世,追求"圆寂"或"涅槃"(即不生不灭)之境,诱使人们逃避现实,消极厌世,但其倡导的"众生平等"、"信佛得救"以及反对婆罗门种姓制等观点迎合了下层被压迫人民及生活中不得志人的心理,因而吸引了大批信徒。公元前3世纪时,佛教得到广泛发展,在摩揭陀国孔雀王朝阿育王统治时,还一度被定为国教。在此形势下,佛教教育随之发展起来。其目的与其教义相同,在于让人们弃绝人间享乐,蔑视现实人生,通过修行,大彻大悟,追求涅槃及虚幻的来世。

当时的佛教教育分为初等和高等两个阶段。初等阶段主要学习基础知识,以传授和背诵经文为主;高等阶段则钻研专门的宗教知识。学习的主要内容是佛教教义,同时也学习医药、雕塑、艺术及绘画等方面的知识。佛教教育以神学为中心,教学内容主要是佛教经典,包括经、律、论三藏,以及宗教仪式。从古代文献记载来看,可能还包括一些其他知识。中国唐代高僧玄奘所撰的《大唐西域记》卷二"印度总述"中就曾记录:儿童"开蒙诱进,先导十二章。七岁之后,渐授五明大论"。"五明",即五门学科分类:一曰声明,"释诂训字,诠目疏别",即学习研究语音、语法和修辞;二曰工巧明,"伎术机关,阴阳历数",即学习研究工艺、数学、天文、星象、音乐、美术之类的科学技术和艺术;三曰医方明,"禁咒闲邪,药石针艾",即学习古代印度医学;四曰因明,"考定正邪,研复真伪",即学习研究论理学,所谓形式逻辑;五曰内明,"究畅五乘,因果妙理",即学习宗教哲学知识。

佛教寺院教学,要求教师"必博究精微,贯穷玄奥,示之大义,导以微言,提撕善诱,雕朽励薄。"经师广泛使用地方语言解释经义,改变婆罗门教师以梵文作为教学用语的情况,易于僧徒学习掌握,是比较进步的方法。在学习初期,师生面对面地讲授,经师口诵,僧徒记诵,口耳相传,反复诵读。到学习的高级阶段,采用议论和争辩的方法,对经义里面的一些疑难问题,学生可以提问。佛教一开始并不接受女性,后来才逐渐接受女性受戒,称之为"尼姑"。尼姑与和尚分开学习。她们的地位低于和尚,通常由个别和尚每月

教导2次,所授内容也较为简单。僧尼的出现促进了佛教的传播,他们中也出现了一批博学者。

佛教除将寺院和尼庵作为正式的教育场所外,还重视社会教育。佛教教育面向广大群众。随着求学者人数日渐增加,寺院和尼庵难以容纳,一些信徒可以在家修行,接受佛教教育。这些在家僧称作"优婆塞",在家尼叫"优婆夷"。寺院和尼庵负有指导优婆塞和优婆夷学习的任务。这种辅助信徒家庭教育的形式有利于佛教的传播,使佛教很快成为众人的宗教。佛教教育扩大了受教育的对象,在教育措施上也进行了一些改革,一些著名寺院曾吸引了不少外国青年及学者前来学习和讲学。10世纪后,佛教在印度渐趋衰落,但在东亚及东南亚国家得到广泛传播,对东方各国的教育产生了巨大影响。

参考文献

吴式颖.外国教育史教程[M].北京:人民教育出版社,1999.

吴式颖,任钟印.外国教育思想通史(第1卷)[M].长沙:湖南教育出版社,2002.

(李立国)

古希腊三哲与教育（three Greek philosophers and education）

苏格拉底、柏拉图和亚里士多德是古希腊哲学家、教育家。他们系统而丰富的教育思想是西方教育思想发展的第一座高峰,奠定了西方教育发展的理论基础。

苏格拉底与教育

苏格拉底所经历的长达27年的伯罗奔尼撒战争是希腊社会历史的转折点,是雅典城邦由强盛走向衰落的关键时期。面对雅典日益深重的社会危机和道德危机,苏格拉底认为当前最重要、最迫切的问题,是怎样教育青年成为好公民。从30岁开始,历时近40年,他大部分时间都在从事教育工作,把主要精力放在教育公众上,特别是对青年的教育上。虽然苏格拉底从未创办过有固定校舍的学校,但他是一个真正的、希腊传统意义上的民众教师。苏格拉底与当时活跃在雅典的智者派有相似之处,亦有很大不同。智者派教人要收取学费,他却分文不取,把教育人视为自己应尽的义务,是知识的无私奉献者。对受教育者,他不仅不收取报酬,有时还愿意最大限度地奖励、资助那些愿领受他教益的人。从教学内容看,智者派侧重在雄辩术、文法、修辞,苏格拉底重视道德、智慧、治国才能的培养,目的在于教人怎样做人。

哲学的变革及其对教育思想的意义 在苏格拉底以前,哲学家们探索的主要是宇宙的本原问题。苏格拉底早年也曾潜心研究自然哲学,但最终得出结论:哲学不能单纯研究自然,更应该研究人事。他认为,哲学应该研究人本身,研究有用的人事问题,诸如虔诚、适当、正义、坚韧、懦怯、勇敢等德性的定义,国家及治国的道理,政治家的风度,统治者的品质等。他认为,在社会剧烈动荡之际,人们更加有责任来研究人事。因此提出"认识你自己"。苏格拉底借用特尔菲神庙的这句格言作为哲学所要解决的主要问题,从而扭转了希腊哲学的方向。他认为自然哲学家在研究世界本原时,并没有先审视自己的心灵,而人的心灵内部已经包含一些与世界本原相符合的原则,人们应首先在心灵中寻找这些内在原则,然后再根据这些原则来规定外部世界。

正是在哲学转变和社会现实的双重要求下,苏格拉底强调要认识普遍、共同的本质,探求真知。他所说的"认识你自己",就是让人们知道自己是无知的,只有承认自己无知,才能放弃原有的经验性、感性东西,去发现理性知识,发现事物的概念,认识真理。只有达到了真理性的认识,人的行为才能是正确的。一切错误、罪恶的行为,都是无知的结果。"认识你自己"也是强调共同、普遍的善。面对当时雅典的政治危机和道德危机,苏格拉底批评智者以个人感觉作为真理和正义的标准。他认为,每个人的感觉是不同的,建立在个人感觉之上的所谓真知,只是一种相对主义和主观主义的东西,结果必定是否定真理本身。要拯救国家,必须确立一个真正、普遍、善的观念。

苏格拉底的哲学是一种"道德哲学"、"伦理哲学"。他把研究道德作为哲学的主要任务。他的道德哲学的一个主要命题就是"美德即知识"。苏格拉底把美德与知识等同起来,实际上是寻求一种普遍的道德观念,来反对相对主义和经验主义的道德观,以克服当时雅典的道德危机。德性的知识就像几何一样,人们遵循几何学知识测地造房,同样要遵从伦理学知识为人处世。学了几何学可成为几何学家,同样,学了伦理学可成为有德之士。人们探讨德性,就是要获得道德的一般定义和普遍本质,即获得普遍、永恒的知识。从道德哲学观点出发,苏格拉底把道德修养作为教育的根本目的,提出了维护奴隶主贵族统治的道德观念,主张培养人们公正、节制、勇敢、智慧等优秀道德品质。这些美德既然是知识,就可以由教育而来。在他看来,美德是可教的,即德行可教。在西方教育史上,苏格拉底最早提出了知识与道德的关系以及教育在培养德行中的作用等问题。

苏格拉底所实现的哲学变革,在希腊教育思想的发展进程中具有极为重要的意义。因为哲学家的目光从自然转向社会、人类生活以及人类自身,才有可能关注和思考与人密切相关的教育问题。在苏格拉底的思想逻辑中,政治问题、哲学问题和道德问题是相互联系的。正是这一点,使教育问题真正进入思想家的视野,作为一个基本问题被提了出来。苏格拉底是否自觉地把教育问题作为思考对象,由于缺乏足够的史料,还难以断定。但可以肯定的是,正是对政治、道德问题及其相互关系的系统探讨，才使苏格拉底有可能同样系统地思索教育问题，从而形成希腊最早的较为系统的教育理论。哲学的变革为希腊教育思想的发展提供了强大的动力。希腊教育思想的成型和鼎盛，之所以出现在雅典由盛而衰的转变过程中，原因在于希腊哲学、伦理学和政治学的发展为教育认识提供了足够丰富的思想材料。

论政治家的培养　苏格拉底生活在雅典由盛而衰的转变关头，深刻意识到了希腊社会发展的内在矛盾。他既反对斯巴达式的寡头制，也反对雅典式的极端民主制，主张政治专业化，使治理城邦的大权掌握在一部分有专业政治知识且品质高尚的人手中，而不是把权力分散在没有政治知识的普通公民手中。对于政治家如何获得这些治理国家的本领，苏格拉底强调，政治家应受良好的教育与训练，刻苦学习本领，尤其是美德方面的知识。在他看来，像其他任何行业一样，政治也是一门技术，需要天赋，更需要学习实践。无论出身如何，所有希望从事政治行业的人，都必须努力学习各种有关政治的知识。在色诺芬的回忆中，苏格拉底用质问的方法，引导非常希望得到政府职位的青年格劳孔，使他不得不承认自己完全没有担任所想职位的必要知识。他告诫欲从政的柏拉图的弟弟格劳孔：从政前首先要学习，学习国防军事、税务财政、农业经济等多方面的知识，会理家才能治国，一个统治者对于国家事务如果没有精确的知识，就不可能对国家有好处，也不可能使自己有光荣。整个古典时代，雅典教育的根本问题就是如何培养适合时代需要的政治领袖人物。在这个问题上，又分成两个派别：一派是继承智者传统、以伊索克拉底为代表的修辞教育论者，其培养目标是演说家；另一派就是苏格拉底所倡导的以培养政治家为目标的哲学教育论者。苏格拉底喜欢与青年交往。他在雅典的街头巷尾、竞技场所高谈阔论时，周围常常簇拥着许多青年子弟。如何教育青年、培养他们的美德，是他谈话的主题。他想用他的哲学塑造青年一代，在他们身上寄托他的理想。因此，不参政的苏格拉底实际上深深地介入了政治，他的活动产生了现实的政治影响。他将复兴雅典的理想寄托在青年一代身上，他对青年的影响日益增大，自然触犯了那些不学无术、无德无能的政治权贵，因此被指控为"败坏青年"，被判处死刑。

"美德即知识"　这是苏格拉底道德理论和道德教育哲学的一个基本命题，表明美德的本性是知识，人的理智本性和道德本性是同一的。在希腊文中，"美德"一词的含义相当广泛，不仅指人的优秀品质，也指事物的优点、长处和美好本性。苏格拉底将生活中人所表现的所有优秀品质，如正义、自制、智慧、勇敢、友爱等都称为"美德"。苏格拉底说，正义与其他一切美德都是智慧。因为正义的事和一切道德的行为都是美好的；凡认识这些的人绝不会愿意选择别的事情；凡不认识这些的人也绝不可能将它们付诸实践。

所以，智慧的人总是做美好的事情，愚昧的人就不可能做美好的事，即使他们试着去做也要失败。既然正义与其他美好的事情都是美德，显然正义与其他一切美德都是智慧。苏格拉底将这种"美德即知识"的理论具体运用于实际生活。他说，在农业方面是那些善于种田的人，在医学方面是那些精通医道的人，在政治方面是那些好的政治家们；至于那些不能把事情做好的人，既没有任何用处，也不会为神所钟爱。"美德即知识"有其积极意义。苏格拉底把美德与知识等同起来，通过知识的客观性、普遍性与确定性，推论出道德的普遍性与确定性，以此反对"道德就是情感、欲望"和"任何事物都有两种正相反的说法"的相对主义原则以及"强权就是正义"的政治非道德原则，确立了道德的共同性，为道德规定了一个可行的不变标准，这就是善。苏格拉底还提出知识即美德，明确肯定了理性知识在人的道德行为中的决定性作用，建立起了一种理性主义的道德哲学，赋予道德价值以客观性、确定性和普遍规范性，意在维护希腊民族在历史上已形成的传统美德。既然美德即知识，那么知识是可教的，美德也是可教的，知识的可教性蕴含着美德的可教性。苏格拉底认识到向善的本性与后天教育对于德性同样重要。他认为，知识和美德是人人皆有的天赋本性，有些人缺乏美德只是由于感觉的迷误而扭曲了理智本性，美德的可教性与自然性在学习的过程中达到统一。美德是天生的，但人的美德的形成有赖于后天的教育与培养。正如有些人的身体天生比另一些人的身体更强于耐劳吃苦一样，有些人的心灵是天生比另一些人的心灵在面对艰险时更为勇敢，因为在同一的法律制度下教育长大的人，他们在勇敢方面大有差别。不过他又认为，任何一种天生的倾向，都可以由训练和锻炼而使之在刚毅方面有所长进。因此，很显然，无论是天资比较聪敏的人，还是天资比较鲁钝的人，如果他们决心得到值得称道的成就，都必须勤学苦练才行。苏格拉底承认人的天赋存在差异，但不论天赋好还是天赋差的人，都必须受到适宜的教育，才能真正成为一个有德性、有智慧的人。亚里士多德接受了他的影响，认为道德虽出于天性，但需要训练，更强调道德的教育和训练。他既继承了苏格拉底的这一思想，又批判地发展了他的思想。通过知识教育和道德陶冶，人可以恢复道德本性，使城邦社会生活确立在严格的理性道德价值的基础之上，这正是苏格拉底道德教育哲学的使命和宗旨所在。

精神助产术　注重对人的理性思维作自觉反思，是苏格拉底哲学的一个显著特点。他寻求的普遍性定义及他的辩证对话，都要求用比较严格的逻辑规范和清晰的语言来表述。为了追求真正的善，弄清什么是美德等概念，苏格拉底到处同人谈话，并在这种谈话中发展出自己的教学方法。他从不说自己对美德有什么看法和定义，总以承认自己无知的态度，向那些被认为或自认为有智慧的人求教，请他们说出什么是正义、勇敢、友爱和美德等，之后就举出一些事例，揭露这个定义运用于这些事例时不恰当或不充分，对方只得承认自己的定义不当或有错误，并提出新的定义。然后，苏格拉底盘根究底，继续从各方面揭示这些定义仍然不适当，迫使对方承认自己并没有弄清楚美德是什么，承认自己无知，对此还需作进一步的研究。这样，讨论就不断升华。

苏格拉底的母亲是助产婆，他将自己的方法形象地比喻为"助产术"。苏格拉底认为，最一般的美德、正义、善等知识和定义并非人们的主观观念，而是客观存在的绝对知识和神的知识，是人们出生前灵魂所具有的本性和知识，本来存在于人们的心灵里，犹如胎儿在母腹中一样，但它同感性的个别事物混杂在一起。苏格拉底通过谈话启发人的理性灵魂。把感官及肉体的杂质清除，真正的知识就显现出来、回忆起来了，就像胎儿从母腹产出一样。他说，他的助产术在许多方面像助产婆，不同的是他注意的不是女人而是男人，他要照顾的是他们进行思考的灵魂而不是他们的身体。人们常责备他，问别人问题而他并没有才智对讨论主题有所断定，这是对的——神让他当一名助产婆，并没有要他生孩子。苏格拉底精神助产术在教学中的具体运用，就是开讲座和辩论，其中的关键就是承认自己无知。苏格拉底并不直接向学生传授各种具体知识，而是通过问答、交谈或辩论来得出他认为是正确的答案，即普遍真理。这种方法要求师生共同探讨，互为促进，共同寻求正确答案，有助于激发学生积极思考、判断和寻找正确答案的积极性。

贡献与影响　如何培养政治家、美德即知识、精神助产术这三个方面相互联系、密不可分，构成了苏格拉底教育思想的主体。在雅典从强盛到衰落的转折时期，希腊社会所面临的基本问题就是如何保持稳定。苏格拉底认识到，政治的稳定首先有赖于领导人的品质，由此引发出政治家的培养问题。苏格拉底关于如何培养政治家的论述，深刻揭示了教育与政治，亦即教育与城邦、教育与国家的关系，触及了当时希腊政治现实与教育实践的核心问题。苏格拉底的教育思想是对古典时代雅典社会、政治和教育状况深入反思的结果，为后人留下了一份宝贵的思想遗产。通过他的思想，后人可以了解古希腊人思考教育问题的基本状况。更为重要的是，苏格拉底在思考特定时间和空间条件下的政治、道德和教育状况时，提出了一系列具有普遍意义的问题。后来的历史表明，这些问题并不是希腊民族所特有的，而是广泛和普遍的。苏格拉底的睿智直接引发了柏拉图和亚里士多德的思考，而且长久地影响着不同时代和不同民族的教育探索。

柏拉图与教育

柏拉图约 20 岁时成为苏格拉底的学生。公元前 399

年，苏格拉底被处死这件事给了柏拉图终生难忘的记忆。他开始认识到，只有用哲学指导国家，哲学家成为统治者时，国家统治才能走向正义。从此，他把哲学与政治联系起来，用哲学指导政治，希望在现实世界中建立理想的城邦。这是他毕生追求的理想。虽然在实践中经过多次挫折，但柏拉图从未放弃按照哲学来治理城邦的理想。他一生中以主要精力来研究哲学，参加政治实践越来越少，但他的思想影响了城邦统治者。

哲学家的本性与柏拉图的教育实践　柏拉图认为，哲学家要掌握知识，必须具有良好的天赋，而良好的记性，敏于理想，豁达大度，温文尔雅，爱好和亲近真理，正义，勇敢和节制这些天赋并不是人人都具有的，只有少数人才有。哲学家是节制的，不贪图享乐，不热心追求物质享受和肉体的快乐，而是关注自己灵魂的改善和心灵的快乐。人越是追求真知，越不受肉体的污染，不受世俗欲望和喜怒哀乐等情绪的影响，灵魂就越能离开这些罪恶，进入那个神圣、不朽的智慧世界，获得自由。哲学家心胸坦荡，眼界广阔，能观察和研究所有时代的一切存在。哲学家是性格和谐之人，既不贪财又不偏狭，既不自夸又不胆怯，具有天然有分寸而温雅的心灵，能够本能地导向每一事物的"理念"。柏拉图认为，哲学家的灵魂必须具有最高的美德——智慧的美德。他们必须经受住各种困苦的考验，百折不挠，喜欢一切意义上的劳苦。只有经受住各种考验，才能完成最重要的学习，掌握"善的理念"。哲学家必须具有正义的美德，因为正义包含了全部最基本的美德。当各个等级的人都能忠实履行自己应尽的义务，完成自己所处社会地位所要求的职责时，社会便实现了正义。正义的本质不仅在于社会职能和关系的外部调节，还在于人内在的精神状态和品质。对于哲学家而言，正义就是充分认识自己的天职，按照善的要求去行动，从而引导国家走向善。因此，柏拉图主张哲学家从政，过两种生活，即哲学生活和政治生活。柏拉图认为掌握"善的理念"的哲学家不应只停留在哲学生活中，还应深入充满艰难与危险的政治生活。他说，哲学家不是为了城邦中任何一个阶级的特殊幸福，而是为了城邦的整体幸福。哲学家喜爱真正的哲学生活，而轻视政治权力。让不爱权力的人掌握权力，这正是柏拉图"哲学王"思想的精髓所在。

柏拉图的《理想国》对他为之终生奋斗的"哲学王"理想有生动的阐释和具体展示。在柏拉图那里，哲学已不像早期希腊哲学那样只是对自然界的沉思，而是涉及整个人类生活。他随处表示了他对哲学尊严最崇高的看法，即唯有哲学才是人应当寻求的东西，他对哲学具有最深刻的情感和坚决的意识，而对于一切别的东西都表示轻视。柏拉图把哲学当作上帝所赐予人类的礼物，认为从来没有，也永不会再有比哲学更伟大的东西。哲学以最高的善为对象，是整个世界遵循的最高原则,是治理国家的最高学问,掌握了哲学的人具有最高智慧,能够洞悉最高的"善的理念",理应成为国家的统治者,并按照"善"的原则建立理想的国家。对于这个见解,黑格尔曾作过精辟的分析。他说,说统治者应该是哲学家,说国家的统治权应该交到哲学家手中,这未免有点妄自尊大,不过为了判断这话是否正确,我们最好记着柏拉图意义上的哲学及当时对哲学的了解,即把什么算作哲学;柏拉图所了解的哲学,是与对超感官世界的意识,即所谓宗教意识混合在一起的,哲学是对自为的真理和正义的意识,是对国家普遍目的的意识和对这种普遍目的的有效性的意识;由此,当柏拉图说哲学家应该管理国家时,他的意思是根据普遍原则来决定整个情况。这样的原则构成政府和权力的实质。

公元前 387 年,柏拉图结束游历,在朋友们的资助下创办了自己的学园(Academy,亦称"阿卡德米"、"柏拉图学园"),试图通过培养一批精通哲学、自然科学,又善于治理国家的哲学家,来实现他的"哲学王"理想。这是欧洲历史上第一所综合性、以培养贵族子弟成为上层统治者的高等学校。学园设在雅典城外西北郊,园址原是用来纪念希腊英雄阿卡德米的一座花园和运动场。柏拉图的学园与当时希腊的政治有密切关系,为许多城邦的政治家提供政治咨询并帮助他们立法。柏拉图不但参与叙拉古的政治活动,由于他的名望,也参与了其他城邦的政治。学园不仅是培训统治者的基地,还为希腊世界那些已经获得政治权力的政治家们提供实际指导。柏拉图贡献毕生精力的学园,是他实现自己"哲学王"思想的直接阵地。一个现实的雅典帝国消失了,但一个体现着柏拉图理想和追求的精神王国在它的废墟上诞生了。在一定程度上可以说,柏拉图的"哲学王"思想正是他这种实践活动的反映,而非一种纯粹的乌托邦。

哲学构成国家的基础,哲学家掌握国家统治权,由此引出一个重要课题,即如何培养哲学家。柏拉图虽然提出过不同等级的人灵魂中所具有的美德是不同的,但更为关注哲学家的后天培养。在他那里,教育成为实现理想国、培养统治者的根本手段。柏拉图认为,单纯凭借立法,而不主要依靠教育,要实现理想国是根本不可能的。因此,在《法律篇》中,他强调指出:立法者应把教育当作头等大事,要重视负责教育事务的官吏的选拔,把它看成是国家最高职务中的最重要职务,由全体公民中最优秀的年高德劭的公民担任。未来的统治者,虽天赋甚高,但要经过严格的教育培养,使他们从低级的感性认识上升到高级的理性认识,直到凭借辩证法的训练把握最高的"善的理念",而"善的理念"也就是理想国的原型,只有掌握认识了这种至高无上的"善的理念",被教育之人才能成为真正的哲学家,并以此来缔造和治理国家。因此,柏拉图不仅创办了学园,致力于培养未来的哲学家,而且在《理想国》和《法律篇》中,以斯巴达和雅典教育为蓝本,精心设计了一个完整的、以培养哲学家为最高目的的教育计划,柏拉图的教育思想体系就是围绕培养哲学家这个中心而提出的。

公民教育制度的设想　柏拉图设计了一个完整的公民教育制度,其主要内容:教育应是终身进行的,统治阶级应注意优生,让最优秀的男女相互婚配,生育子女越多越好;让劣种的男女相互婚配,生育子女越少越好。前者所生儿童,要妥善地抚养教育;后者所生儿童,应当抛弃,即使原属优秀的男女,偶尔生出劣种孩子,也要抛弃。柏拉图重视胎教。0~6 岁为幼儿教育阶段,儿童主要通过游戏学习,并适当接受宗教教育;6~18 岁接受普通教育,主要是学习音乐,以陶冶心灵,进行体育运动,以锻炼身体。以上阶段是国家全体公民都享有的教育。完成普通教育之后,选择一部分人,让他们继续接受教育,成为未来的哲学家或军人,大部分人则不再接受教育,成为生产阶级的一员。18~20 岁主要是进行军事训练,除继续接受音乐教育外,还应该学习初步的科学知识,这是一个军人所必需的。20~30 岁,选拔少数人学习算术、平面几何、立体几何、天文学、谐音学等高级课程,为掌握辩证法,成为哲学王做准备;30~35 岁,再挑选合适的人完整地学习辩证法;35~50 岁为实践时期,掌握了辩证法的哲学家在最高统治地位上为公众服务;到 50 岁时,真正的哲学家已经认识了"善的理念",可以从事哲学研究,在轮到他们时,也可以统治城邦。等培养出继承人可以接替他们时,他们便可以辞去一切职务,安享晚年。柏拉图特别申明,女子也可以与男子一样参加各种活动,受到同样平等的教育,成为统治者。担负国家职务不分男女,不论哲学家还是军人,女子同男子一样可以成为候选人。既然男女所担负的职务相同,那么女子就应当受到同男子一样的教育。女子与男子的唯一区别,就是体质较弱,在战场上可做辅助性的较轻的工作,但在接受军事教育方面,应与男子相同。要培养女子勇于作战的能力,要使她们与男子一样,在体育场进行军事训练。

教育是促进灵魂转向　柏拉图认为,哲学王的培养,就是通过教育促进他们的灵魂转向,即以可见世界为对象的意识状态转向或上升到以可知世界为对象的知识状态,也就是指使受教育者的心灵状态从最低等级的想象逐步上升到信念、理智,最后达到理性等级,把握最高的"善的相",进入到纯真至美至善的可知世界。哲学王的培养过程就是这样一个灵魂的转向或上升过程,柏拉图所谓哲学王的教育就是一种促进灵魂转向或上升的艺术。为了让读者明白他的思想,柏拉图在《理想国》第七卷作了一个洞穴譬喻,生动地说明了存在和认识的四个阶段。这是一个意味深长的故事:有一群人世世代代居住在一个洞穴里,他们从出生时起,就被铁链锁在固定地点,犹如囚徒,甚至连脖子也被锁住,不能回头或环顾,只能面壁直视眼前的场景。他们身后的一堵矮墙后有一堆火,有人举着各种各样的木偶走过,火光将这些木偶投影在囚徒面对的洞壁上,形成多样、变动着的影像。囚徒们一生都犹如在看皮影戏,彼此不能相互观望,不知道自己的模样,也不能回头,看不到造成影像的原因。他们都以为眼前晃动的影像就是真实的事物,并用不同的名字称呼它们。囚徒们已经习惯了这种生活,并不感到悲惨,也没有挣脱锁链的念头。但是有一个囚徒偶然挣脱了锁链。他移动脚步,回过头来,生平第一次看到炫目的光亮,眼睛感到刺痛,看不清原先已经习以为常的形象。经过一段时间的适应,他终于能够分清影像和木偶,明白木偶比影像更真实,影像是火造成的投影。他不顾刺目的难受,逼近火光,走向洞口。后来有人把他从陡峭的洞口拉出洞外。当第一次看到阳光下的真实事物时,他再次眼花缭乱,甚于初见火光时所受的痛苦。他只能慢慢适应阳光的照耀,先看阴影,再看水中的映像,进而看事物本身,抬头看天上的月亮和星辰,最后直接观察太阳,知道太阳是岁月和季节形成的原因,主宰着世间万物。这个解放了的囚徒,当回想往事时,他在庆幸自己解放的同时也在怜悯他的囚徒同胞。按照他的意愿,宁愿在外面做贫困的主人,也不愿回到洞穴里当高级囚徒。但是,为了解放他的同胞,他还是义无反顾地回到洞穴里。他的失败是不可避免的。他从光明处来到黑暗处,已不能适应晃动的影像。别人会因为他看不清影像而嘲笑他,说他在外面弄坏了眼睛,不合算。没有人相信他在外面看到的东西。他不得不在法庭和其他场合同他们论争幻觉和真理、影像和原型的区分,因此激起众怒,人们恨不得把他处死。

洞喻和线喻之间存在着密切的对应关系。可见世界(AC)相当于洞穴世界;可知世界(CB)相当于洞外世界。第四等级的影像是想象的对象,相当于洞壁上木偶的影像;第三等级的具体事物是信念的对象,相当于洞穴中的木偶或器物;第二等级的数理学科是理智的对象,相当于洞外世界的太阳等的影像;第一等级的"善的理念"是理性的对象,相当于洞外世界的太阳等本身。获得知识的渐进过程相当于借助"影像"和"具体事物"基础上的数理学科和逐步上升的辩证法,最后认识到作为万物本原和最高原则的"善的理念"。以床为例。有"三张床"。第一张是本体、理念的床,第二张是以理念的床为模型的摹本,第三张——影像的床则是摹本的摹本,如画家所画的床。灵魂的这种状态,乃是"洞穴譬喻"中被囚禁的囚徒的灵魂状态。他们终身被囚洞中,看到的只是器物或木偶的投影。他们的心灵是歪曲的,离理念的真实还隔着三层。他们存在的真实性最低,认识的清晰性最低,价值等级也最低。

概括而言,灵魂转向是从想象、信念到理智、理性的上升过程,是从认识具体事物到认识数理学科,直至认识"善的相"的认识过程,也是充分发挥心灵潜在认识能力的过程。因此,教育乃是"心灵转向"。

培养哲学王的课程体系　柏拉图所说的灵魂转向就是使人从专注于现实可见世界的种种具体可变事物转而去认识真正的存在,一直达到最高的"善的理念"。他认为这种心灵转向只有通过教育才能实现,因此他按照心灵转向的不同阶段,设置了各阶段的课程,目的是为了培养哲学王,促成他们的心灵转向。

柏拉图设置的课程,在体育和音乐这两门初等教育课程之上,还有五门:算术、平面几何、立体几何、天文学、谐音学。按照这个次序,将灵魂从可见世界逐步上升到可知世界,最后达到辩证法——哲学。柏拉图之所以将这五门数理学科按"算术—平面几何—立体几何—天文学—谐音学"的次序排列,并非出于偶然,而是因为他认为学习的先后应当保持同一次序。这样排列,是依据各门学科距哲学的远近而定,即柏拉图以算术的对象距感觉对象最近,距哲学对象最远;几何学的对象次之,天文学的对象又次之;谐音学的对象距哲学对象最近,距感觉对象最远。他是根据各门学科的学习难易而定的。凡是以结构较复杂的内容为对象的学科皆以结构较简单的内容为对象的学科为基础。如,天文学以立体几何为基础,因为天文学的对象比立体几何的对象复杂,前者是运动中的立体,后者是单纯的立体,否则天文学应当排在立体几何之前。柏拉图认为,如果一个人不能对自己的观点作出逻辑论证,便不能说他已经有了应有的知识,即辩证法知识。如果一个人不依靠感觉的帮助,能用辩证法通过推理以求认识事物的本质,并最终把握善本身,那么他便达到了理性世界的顶峰。这个过程就是辩证法。正如洞穴譬喻中的囚徒被解放出来,从阴影转向投射阴影的影像,再转向火光,然后从洞穴中上升到阳光下,最后终于认识了真正的太阳,这整个程序便是引导灵魂转向上升到善的过程。只有辩证法这种研究方法,能够不用假设而一直上升到第一原理本身,通过纯思辨而认识可知世界,认识到"善的理念"。理性在进行这种活动时,决不凭借任何感觉,只靠理性,从这一个"理念"到那一个"理念",并且最终归结到"善的理念",柏拉图把"这个思想的过程"叫做辩证法。柏拉图认为,辩证法是在别的课程之上的基石,整个学习过程到辩证法就完成了。柏拉图认为,掌握了辩证法,心灵转向的目的也就实现了,培养哲学王的教育也就完成了,只有掌握辩证法的人,才"容许他们来统治国家,决裁大事"。一个人要能将以前学过的各门课程总起来看,看到它们之间的相互联系以及它们与实在的联系,才能将知识融于心灵中。能不能将事物联系起来看,这是有没有天赋辩证能力的主要试金石。柏拉图特别强调,辩证法就是能将看到的事物相互联系起来,有一个总的看法。

贡献与影响　从毕达哥拉斯等人开始对教育问题进行初步探索到苏格拉底时代,经过近两个世纪的发展,希腊教育思想已经达到了一个相当的高度。这种发展既表现为希腊人对教育问题的认识范围不断拓展，也表现为认识的日益系统化。如果说，毕达哥拉斯等人只涉及教育中局部、个别的问题，他们的认识就其表现形式而言，基本上是零星、不完整的，那么，到苏格拉底时代，这种情况已经发生了很大变化。在苏格拉底的教育思想中，一种整体、多方面的认识以及一种较为系统的认识表达形式已经出现。但是，直到柏拉图写作《理想国》等著作时，希腊教育思想的这种系统化、体系化的趋势才真正地作为一种现实出现了。柏拉图教育理论的形成，标志着希腊教育思想体系化时期的到来。《理想国》是柏拉图的代表作，也是一部探讨教育问题的著作。法国启蒙思想家卢梭曾宣称：《理想国》不是一部关于政治学的著作，而是迄今撰写的有关教育的最好论文。柏拉图哲学王教育的过程和内容的价值也很大。灵魂转向说是从想象、信念向理智、理性的上升过程，也是一个发挥心灵潜在能力的过程。尽管柏拉图是一个客观唯心主义的先验论者，但在探讨教育过程时，他一再强调，这种认识上心灵转向的进展，不是自发的，需要高度发挥认识主体的能动性，要经过漫长和艰辛的学习、训练。灵魂转向说并不像回忆说那样主张灵魂中有先验的知识，而是认为灵魂本身具有一种认识的能力，灵魂转向是灵魂固有认识能力的提高。教育并不是将灵魂中原本没有的知识灌输到人的灵魂中，而只是引导这种固有的能力能够掌握固有的方向，使它从黑暗走向光明，从变化的世界走向真实的世界，最终认识"善的理念"。因此，柏拉图否认教育是知识的灌注，主张教育是在起启发作用。

亚里士多德与教育

亚里士多德是一位博学的思想家。17岁时，亚里士多德来到古希腊文化教育的中心雅典，并进入柏拉图创办的阿卡德米学园学习。这时，学园正处于人才荟萃、思想活跃的高峰时期。他广泛钻研政治学、戏剧、诗歌、物理学、心理学、历史、逻辑、天文学、伦理学、自然史、数学、修辞学、生物学等。人们惊叹于他多方面的才华：一个人竟能向如此众多的科学知识敞开心智的大门，这几乎是不可能的。柏拉图曾幽默地说，他的学园由两部分组成——其他学生们构成学园的身体，亚里士多德则是它的头脑。从公元前347年离开雅典到公元前335年重返雅典，这12年是亚里士多德的漫游期。他受马其顿国王腓力二世之邀，担任其子亚历山大大帝的私人教师。亚里士多德在阿卡德米所受的教育，就是以把君主变为哲学王为最高目的。亚里士多德成功地执行了这一方针。他把柏拉图尊重理性和哲人治国的思想撒播在亚历山大大帝年轻的心灵里。重返雅典后是亚里士多德事业的高峰期。他的思想见解逐渐成熟，走

上了独立探索的道路，并形成了自己的学派。他创办了"吕克昂"（Lyceum，亦称"亚里士多德学园"），上午带领高年级生徒一边漫步，一边探讨那些专门性的问题；下午在运动场的回廊上向众多低年级学员，包括一部分旁听者讲授基础科目。此外，他还编写了大量的讲义或教学提纲。如今，只有这一部分作品较完整地保存了下来。

论城邦教育 与柏拉图由金字塔式、层次分明的社会各阶级构成的理想国不同，亚里士多德认为城邦"只是同等人们间的社会组织"，各阶级的界限和地位具有可变性，城邦中各阶级处于一种宽松、和谐的状态，整个社会也呈现出自由、平等的特点。这些都深深影响了亚里士多德对城邦教育的看法，也使得其观点与柏拉图明显不同。

亚里士多德一方面继承了苏格拉底特别是柏拉图政治知识化和专业化的思想，另一方面又修正了柏拉图由少数"哲学王"统治国家的主张。与柏拉图一样，亚里士多德也认为，统治和治理国家是一项极其艰巨的任务，需要一种科学的指导。因此，治理国家的权力，不能交给只会玩弄小聪明的政客，不能交给花言巧语的煽动家或诡辩家，而应由聪明才智之士掌握。与柏拉图不同，亚里士多德从他的"中庸"理论出发，提出应当把治理国家的权力交给占人口多数的中产阶级，而不是极少数有聪明才智的所谓"哲学王"。他指出，与其他阶级相比，中产阶级更稳定，唯有中产阶级才能"顺达理性"、"很少有野心"、"无所忧惧"，所以应当实行以中产阶级为基础的共和政体，由中产阶级执掌政权。亚里士多德反对柏拉图对统治阶级教育的绝对划分，主张对作为统治阶级的中产阶级进行同一的教育和训练。城邦应有统一的教育制度，既然一城邦就（所有公民）全体而言，共同趋向于一个目的，那么，全体公民显然也应该遵循同一教育体系，而规划这种体系当然是公民的职责。亚里士多德和柏拉图，都主张国家统一创办学校教育，教育应由国家来掌管，反对把教育作为家庭和私人事务。亚里士多德十分重视教育在国家政治中的作用，认为教育是城邦要务，唯有教育才能使城邦公民团结统一。他明确指出，国家应大力创办与管理教育，因为教育对国家的兴衰至关重要，少年的教育为立法家最应关心的事业，如果忽视教育，其政体必将毁损。因此亚里士多德提出"教育应由法律规定"的主张，目的在于把教育纳入国家法制的轨道。他提出，儿童和需要教育的各种年龄的人都应受到训练，为把城邦治理好，需通过法律，规定全邦公民受教育，并特别提到了妇女和儿童受教育的问题，说妇孺的善良与否的确有关城邦的优劣，妇女占全邦人口的半数，儿童则不久就要成长为公民。

谈到教育与政治的关系时，亚里士多德提出另一个重要问题，即教育应成为对人们进行"法治的工具"，儿童教育和公民教育应符合其政体所依据的精神和宗旨。他说，国家的法律是根据理性来制定的，而各种法律的具体内容必

须使全体公民理解,只有这样,才能使公民遵循法律的要求去处理事务,社会秩序才能安定。这对于巩固统治和顺利开展社会民主生活是十分重要的。他把城邦实施"法治"与进行公共教育联系起来。教育要培养良好公民,其直接而实际的目的是保障城邦的幸福。亚里士多德认为,就个人、家庭、国家三者关系而言,它们是一种部分与整体的关系,个人、家庭是部分,国家是整体,整体优于、高于部分,因此,国家、社会的利益比个人、家庭的利益更为重要。人的幸福依赖于灵魂固有的美德或优点,而这是在社会关系中获得的。显然,为了个人和城邦的幸福,教育必须使其符合于公民身份的实际义务。因此,每个公民要适应社会,要学会控制情绪,变得有节制、勇敢、宽宏大量、公正。亚里士多德虽强调教育为城邦政治服务,但没有忽视教育对个体发展的作用。他认为,为国家培养良好、有教养的公民是教育目的,但不是唯一目的,也不是最高目的,教育还应促进人天性的发展,为青年们的美好生活做准备,使人们正确享受闲暇并进行思辨,这才是教育的真正目的。因为国家与个人的目的是一致的,即都在于追求和获得幸福。

和谐教育论　亚里士多德的灵魂学说是其和谐教育论的理论基础。亚里士多德认为,人的灵魂就是使人之为人的东西。在《伦理学》中,亚里士多德认为,政治家的宗旨就是促进人类的美德。人类善德重在灵魂方面,政治家研究灵魂之学,就像医生研究身体之学一样必要。而立法者作为政治家的导师,必须首先对灵魂有透彻了解,然后才能告诉政治家筹措什么样的法律和教育,以保证所有公民个个成为善人。

灵魂,所有生物都有,并非人所独有。按照亚里士多德的说法,每高一级的灵魂形态都先天地包含着低一级灵魂的能力。就人而言,思维需要想象,想象需要知觉,而感官知觉又不可能离开营养而存在,作为人,集植物灵魂、动物灵魂和理性灵魂于一身,构成一个完整而有序的等级系统。上述三部分灵魂恰恰顺应体育、德育和智育这三方面的教育。希腊人虽然早就在智育、德育、体育几方面进行了长期的实践,但在亚里士多德以前,还没有哪位思想家对灵魂及其教育进行过如此明确的划分。通过对人灵魂构成的分析,亚里士多德第一次确立了人类教育的四个基本范畴,并强调把体育、德育和智育及美育紧密联系起来,使人的各部分灵魂都得到发展。这种和谐发展的思想是亚里士多德教育思想的重要特征。

自然教育论　在西方教育思想史上,教育的自然适应性原则十分重要,是历代教育思想家、教育理论家所普遍关注的问题。最早提出并要求教育要顺应人本身自然发展原则的便是亚里士多德。他从人的灵魂自然发展的思想出发,分析了人的自然发展与教育的关系。人的灵魂由植物性部分(身体部分)、动物性部分(非理性部分)和理性部分

构成。在人的发展过程中,就创生的程序而言,躯体先于灵魂,灵魂的非理性部分先于理性部分。情欲的一切征象,例如愤怒,爱恶和欲望,人们从开始其生命的历程,便显现于孩提;而辩解和思想的机能则按照常例,必须等待其长成,岁月既增,然后日渐发展;这些可以证见身心发育的程序。于是结论就应该是首先要注意儿童的身体,挨次而留心他们的情欲境界,然后才及于他们的灵魂。可是,恰如对于身体的维护,必须以有造于灵魂为目的,训导他们的情欲,也必须以有益于思想为目的。依据人的身心发展规律,亚里士多德提出了循序渐进的教育程序:婚姻和育人以健康和天赋(本能)为主,重视体格教育;儿童和青年,以情欲和习惯为主,重视行为教育;青年至成人以思辨和理性为主,重视哲学教育。只有严格遵守这种教育程序,才可普遍造就全部诸美德。亚里士多德在《政治学》中提出,教育应根据儿童的自然发展顺序确定教育年龄的分期,要求教师根据儿童的年龄特征进行教育。他强调说:"一个人生来就是人,而不是其他动物,并且其身心必定具有某种特性","教育的目的及其作用,有如一般的艺术,原来就在效法自然,并对自然的任何缺漏加以殷勤的补缀而已。"教师在教育与教学中只有遵循这种特性,才能取得良好效果。亚里士多德把年青一代从出生到21岁的生活、学习和锻炼划分为三个时期:出生至7岁为第一时期,7~14岁为第二时期,14~21岁为第三时期。

自由教育论　亚里士多德自由教育论的核心在于强调自由教育是唯一适合于自由人的教育,根本目的不是进行职业准备,而是促进人的各种高级能力和理性的发展,将人从愚昧和无知的束缚中解放出来;自由教育以自由学科为基本内容,应避免机械化、专业化的训练。亚里士多德认为,人之所以为人的基本特征,在于人具有理性。人只有充分运用、发展其理性,才能真正实现自我。同样,人的教育也应当以充分发展人的理性为根本目的。旨在达到这种目的的教育,才是自由人所应接受的教育。亚里士多德认为,实施自由教育需具备两个基本条件:闲暇和自由。与大多数希腊哲学家一样,亚里士多德高度强调闲暇的作用。他认为,只有当自由人无须为生计奔波、操劳,具有足够的闲暇,才有可能不去从事各种"贱业";也只有如此,自由人才可能在闲暇中从事真正的、崇高的理性活动,使自己的身体与心灵保持自由,做自己的主人。这种自由是理性发展的基本要素,是接受自由教育不可缺少的条件。

虽然亚里士多德并没有"生产力"之类的近代概念,但他从经验中已经正确地认识到人类自由时间的获得有赖于生产的发展与技术的发明。他在《形而上学》中说,技术的发明有些丰富了生活必需品,有些则增加了人类的娱乐,后一类发明家又自然地被认为较前一类更智慧,因为这些知识不以实用为目的。在所有这些发明相继建立以后,又出

现了既不为生活所必需,也不以人世快乐为目的的一些知识,这些知识最先出现于人们开始有闲暇的地方。人类的经验中兴起了技术,有经验的人较之只有感官的人、技术家较之经验家、大匠师较之工匠富于智慧,而理论部门的知识比之生产部门,更应是较高的智慧。很明显,智慧就是有关某些原理与原因的知识。在亚里士多德看来,越到高级的发展阶段,闲暇就越多;而闲暇越多,就越可以进行高级的思辨活动。拥有不为衣食住行等方面问题而担忧的闲暇,人们就可以为求知而研究学术,全无任何实用目的。总之,能够从事这种纯粹的学术活动,乃是一个人自由本质的确证。

思辨理性被亚里士多德视为最高尚的活动。亚里士多德认为,人具有"生物性"(生长能力、感性、欲望)、"人生性"(社会性、政治性)、"神圣性"(思辨)等特性,其中"神圣性"显然远远高于前两者,而要从事这种纯粹的思辨活动,就必须具备"闲暇"。但接受自由教育,进行纯粹思辨,只有闲暇不够,还必须有自由。自由人就是当时的自由公民。这种自由人首先是身体自由,摆脱了受他人支配和看管,进行繁重体力劳动的束缚,可以根据自己的兴趣、爱好及能力选择职业;其次是思想自由,可以自由地思考问题。自由人必须既有身体的自由又有意志的自由,二者缺一不可。亚里士多德把课程分为两类:作为遂生达命手段的实用课程与作为操持闲暇的理性自由课程。一类是适宜于自由人学习的,另一类是不适宜于自由人学习的。简言之,那些实用的、为获取钱财或为某种实际功利的知识和技能都不是适宜自由人学习的,只有那些有助于发展理性、切合人生目的的知识,才是自由人所应该学习的。这种知识就是自由学科,如阅读、书写、音乐、哲学等。从亚里士多德的有关论述中,可以看到古希腊那种操持闲暇的理智生活的社会特征。在古代希腊,以发展理性为目的的、以和谐均衡发展为核心的自由教育,既是教育实践的基本特色,也是教育思想的共同特征。它深刻反映了希腊民族爱智、爱美、崇尚和谐的文化精神,成为希腊教育长期追求的基本目标,是希腊教育实践和教育思想对后来影响最大的方面之一。

贡献与影响　亚里士多德以其丰富的哲学、伦理学、政治学为基础而提出的系统的教育理论,是西方历史上继柏拉图之后出现的又一个重要思想体系。它标志着希腊民族对教育认识的新发展。在亚里士多德之后出现的许多重要教育思潮,就其历史基础而言,都可以追溯到亚里士多德。

对亚里士多德来说,人所追求的最高境界是幸福。幸福的人不是野蛮的人,也不是自然形态的人,而是受过教育、有教养的人。幸福之人也是有德性的人,但德性恰恰要通过教育才能养成。伦理道德和教育相互融合,教育目的与人生目的完全一致,这是亚里士多德教育思想的核心。亚里士多德自由教育理论的提出,标志着西方教育思想的

发展进入了一个更高阶段,确立了教育中的"形而上"问题,即教育的终极目的。以后的每一位大教育家都不断对此进行探讨。应该说,亚里士多德自由教育理论的提出,标志着西方教育一个重要思想传统的形成。这个传统经过文艺复兴的人文主义,18世纪的新人文主义以及20世纪的永恒主义、当代人文主义,一直延续至今,成为西方教育的一个基本特征。多方面和谐发展是古代希腊教育的根本特点。在西方教育发展的各个时期,历代教育思想家虽对教育适应自然的认识、理解和阐释角度不一致,但总体而言,是继承了亚里士多德的思想,并依据生理学和心理学的成果加以发展。同时,亚里士多德体、德、智、美四育和谐发展的思想对西方教育理论和教育实践的发展也产生了重大的作用和影响。

参考文献

柏拉图.理想国[M].郭斌和,等,译.北京:商务印书馆,1986.

汪子嵩,等.希腊哲学史[M].北京:人民出版社,1993.

吴式颖,任钟印.外国教育通史(第2卷)[M].长沙:湖南教育出版社,2002.

亚里士多德.形而上学[M].吴寿彭,译.北京:商务印书馆,1981.

亚里士多德.政治学[M].吴寿彭,译.北京:商务印书馆,1965.

(李立国)

归因理论(attribution theory)　社会心理学者解释行为发生原因的一种学说。研究的焦点在于对个体如何解释行为原因,即这些解释的含义是什么。归因是当今心理科学乃至整个人文社会科学、管理科学以及教育科学研究中使用频率最高的概念之一。

归因理论的起源与发展

20世纪50年代社会心理学开始研究人际知觉,归因理论应运而生。首先对原因知觉进行系统研究并提出归因理论基本原理和思想的是美国心理学家海德,他于1958年出版了《人际关系心理学》,由此揭开归因研究的历史。纵观海德之后归因研究的发展历程,大体可以划分为以下三个时期:(1)从20世纪60年代中后期到70年代前期,是归因理论的探索和成型时期。这个时期占主导地位的研究是关于归因认知过程的研究。最能代表这一时期特色的是相应推断理论(theory of correspondent inference)和方差分析模型(analysis of variance),其中尤以凯利的"方差分析模型"为这一时期研究和争论的中心。(2)从20世纪70年代中后期到80年代前期,这一时期由于B.维纳的创造性研究及其"动机和情绪的归因理论"的提出,归因理论的焦点转向归因效果问题,与此同时,归因的研究迅速发展起来,许多

应用领域的心理学研究都将归因研究发现的新成果运用到自己的领域来解释和说明多种多样的实际现象。(3) 从 20 世纪 80 年代中后期到 21 世纪初,这是归因理论综合发展时期。一方面由于现代认知心理学研究不断发展,归因认知过程重新成为研究者关注的焦点问题;另一方面归因效果问题的研究仍在继续,不断向深入和具体的方向发展。同时这一时期归因问题的应用研究达到高潮,归因理论开始向教育、管理、医护、消费行为、法制和环境保护等应用领域渗透。

归因认知过程理论

经典归因理论 归因研究的先驱海德、E. E. 琼斯和 K. E. 戴维斯、H. H. 凯利提出的归因推断思想。这些研究者的共同特点是他们把普通人看成是朴素的科学家,十分重视归因推断过程的逻辑性。

海德认为,归因有两重性,即行为的原因不外乎是诸如人格、品质、动机等内部原因和环境气氛、奖励等外部原因。根据"协变原则"(covariance principle),在多种可能作为原因的因素中,只有与待解释的行为或事件协同变化的因素,才会被判定为行为或事件的原因。继海德之后,对现代归因理论作出重要贡献的是 E. E. 琼斯和 K. E. 戴维斯等人,他们在《从行为到倾向:人际知觉的归因过程》(1965)一书中提出了归因过程的"相应推断理论",系统探索了人的行为究竟是由情境决定的还是由人的内在属性决定的。他们认为,人们从一个人的外在行为一般不能直接得知他的内在倾向或属性,还需要一个归因推断过程。他们提出两个基本原则:(1)"不寻常结果原则"。当活动者的行为具有一些相当独特的或不寻常的结果时,知觉者作出相应推断,即将这种不寻常的结果判断为与活动者的内在倾向相一致。例如,把某人撞倒会产生与其他可能的行为(如婉言谢绝、与某人吵嚷)不同的伤害性后果,从而体现出该人鲁莽的个性特点。(2)"低于社会需求性原则",即当一种行为与社会上人们所期望和赞许的行为常模不一致时,人们就会把这种行为归因于活动者的内在属性。

在归因认知问题上,H. H. 凯利的归因模型是最引人注意,也是争议最大的一种理论。与海德、E. E. 琼斯和 K. E. 戴维斯不同,H. H. 凯利主要关心人们究竟是利用哪些信息作出归因的,他指出,按照"协变原则"进行归因所遵循的逻辑和科学家处理试验结果时常用的"方差分析"方法的逻辑很相似。因此,他将自己提出的归因学说称为"方差分析模型"。人们在对特定的社会行为进行归因时,可供选择的原因不外乎"个人原因"(P)、"环境原因"(C)和"行为对象原因"(S)。具体选择何种因素作为行为的原因依赖三种信息:(1)一致性信息,即看活动者的行为和多数人的行为是否一致。(2) 独特性信息,即看活动者只是对当前的刺激对象产生这种行为还是对许多不同的对象都产生了同样的行为。(3) 连贯性信息,即看活动者对当前的刺激对象是否一贯地产生同样的行为。

归因偏向论 归因偏向是指对人的行为进行归因时,人们有高估内在倾向的作用而忽视情境因素作用的一般倾向,即多从个人找原因。这种现象最早是 1967 年由 E. E. 琼斯等人研究发现的。归因偏向的进一步证据来源于 1977 年 L. D. 罗斯等人的研究。他们在一项简单的"问答游戏"中,随机将被试安排为提问者和回答者。前者对后者提出一些困难的问题要求后者回答。结果发现,在这种情况下,回答问题者和旁观者都将提问者评价为更聪明、更有知识,而忽视了提问者的角色所赋予他的优势。随后的研究发现,当归因者作为观察者对别人的行为作出归因时,倾向于更多地作出个人归因,这与归因偏向是一致的。然而当归因者作为活动者对自己的行为归因时,则倾向于更多地作出环境归因,这就是"活动者和观察者的归因差异"。例如,我们常说"我揍他是因为他冒犯了我"和"你打他是因为你是一个有攻击性的人"。同是一种行为,自己的行为被归因于自己之外的因素,别人的行为被归因于他个人的特质。这种现象后来又被许多研究者证实。

利己主义归因倾向(self-serving bias)指人们倾向于把积极的行为结果(成功)归因于个人因素,而把消极的行为结果(失败)归因于环境因素。这种现象最早是由 B. 维纳 1971 年研究发现。例如在体育比赛中,运动员将他们的成功归因于自己的技能和努力,将失败归因于运气不佳或裁判员不公正。正如"活动者和观察者的归因差异"限定了归因倾向的适用范围和条件一样,"利己主义偏向"在一定程度上限定了"活动者和观察者归因差异"的适用范围和条件。

归因风格论 一个人所具有的独特的归因认知方式以及由此产生的特有的归因倾向称为这个人的归因风格(attribution styles)。归因风格的研究试图将个人的人格特征和他的归因认知过程融合在一起。影响归因风格的两种重要的人格变量是自我估价与性别。低自我估价者实际成就受到失败反馈信息的强烈影响,并且低估自己取得的成就和将来可能取得的成就。而高自我估价者则与之相反。男性被试实际成绩、预期成绩和归因等方面都类似于高自我估价被试。而女性被试的反应则类似于低自我估价被试。

归 因 效 果 论

归因认知过程理论探讨了人们如何利用多种信息和内部认知过程作出归因的。然而归因问题的研究最初就是人们意识到了归因对人们的情绪、动机和行为反应所产生的影响以及它对人们的现实的社会生活所起的作用而受到重视的。B. 维纳充分意识到这一点，即从动机和情绪心理学的角度，以归因为核心构建了一个完整的动机和情绪的理论体系。

原因的维度和分类　从归因认知过程转向对归因效果的探讨是从原因的分类开始的。原因的一个特点是稳定性，即一种原因的持续性。这些原因可以是不随时间而变化的，如能力（稳定的）；或随时间变化的，如运气（不稳定的）。原因的另外两个特性是部位（对行为者的内部和外部原因）和可控型（可控的和不可控的）。原因的稳定性影响未来成功和失败的主观可能性。如果某结果（如失败）被归结为稳定的原因，如低能力，那么可以预期未来还会出现这种结果。另外，如果失败被归因为一种不稳定的原因，如运气不好，那么可能不会预期未来的失败。因此，将失败归因为低能和将失败归因为缺乏努力和运气不好是有区别的，会产生对未来成功的较低期望。因为能力是不可改变的，而努力和运气是可以随时间而改变的。原因的部位和可控性影响到指向自我的情感反应。原因的部位与成就中的自豪和自尊相联系。如果一种结果（如成功）被归因于自己，那么和将成功归因为外在的因素相比，会体验到更强的自豪感。原因的可控性与内疚和羞愧情感有关。如果失败归因为一种内在的可控制的原因，像缺乏努力，那么就会体验到内疚；另一方面，如果失败归因为一种内在的不可控制的原因，像低能，就会引起羞愧、羞辱以及困窘。内疚反过来作为动机的刺激物促使个体活动，并增进行为表现（假定其强度不太大）；然而羞愧会使人从任务中退缩，并抑制随后的行为表现。

能力和努力归因会产生对失败的不同后继行为反应，因为他们助长了成功期望的不一致（分别为低和高）以及情感体验的不同（羞愧和内疚），前者会抑制动机，而后者会提高动机。以上所描绘的是中介与结果（失败）和随后的行为表现的机制和过程。这属于一种个人的动机理论，这种理论的发展要早于 B. 维纳从归因角度所提出的社会动机概念。

通过对个体成就的追求（个人动机）理论与社会动机（人际动机）理论的对比，可以看出，它们是统一的。因为无论是与自我有关的或是他人指向的动机序列都始于某种结果，这种结果归结为某种特殊的原因。该原因可以根据其基本特性进行分类，这些特性具有情感的和（或）认知的后果，而这种后果具有动机含义。以缺乏能力而失败的学生为例，因为能力是一种被视为不可控制的原因，有关的观察者将对该学生的失败表示同情和怜悯。例如，你可以通过内省了解一下自己对在一些考试中失败的智力缺陷者的反应。这些信息然后进一步说明这个人"无能为力"。这又反过来使他或她感到羞愧和羞辱。即如果接受同情和怜悯，这成为能力低归因的前提，并增加羞愧和羞辱感。如果学生的失败是由于缺乏努力造成的，那么老师会表示生气。

生气是他人对其失败负有责任的线索，并且说明这种失败是可以控制的。因此，如果接受这种情感，那么这位学生会将其个人的失败归因为缺乏努力，这会提高内疚感。

归因、情感、期望与行为动力之间的关系　（1）期望改变。B. 维纳在前人有关期望问题研究的基础上，提出两种假设：有关目标获得的绝对期望原因变量的影响是可以确定的；期望改变与归因之间的关系是可以发现的，而且可以用这种信息来决定归因内容与成功的绝对期望之间的关系。B. 维纳通过大量的实验研究最终发现，归因结构中间的稳定性是影响期望改变的重要因素。B. 维纳还通过大量广泛的实验研究，对其发现进行了充分的论证，并把这一结论扩展到现实生活的许多应用领域，如犯罪假释、消费者行为、献血和多动症等。最后 B. 维纳又把这一发现进一步概括提升为一条重要的心理学规律——期望原则：在一次结果之后，成功期望的改变是由观察到的事件的原因稳定性决定的。这一原则又有三个推论：① 如果把一件事的结果归结于一种稳定的原因，那么将期望该结果必定增加，或伴有增加的期望。② 如果把一件事的结果归结于不稳定的原因，那么对该结果出现的必然性或期望可能改变，或可能被预期与过去不同。③ 把结果归结于稳定的原因比把结果归于不稳定的原因可以预期将来更可能再重复。根据这些原则可以判断，对行为结果的稳定性归因可导致经验过的结果再出现的期望。如果把成功归结于稳定性因素，如能力，将期望今后再度成功。如果把失败归因于稳定性因素，如缺乏能力，将减弱随后的行为等。这样个体通过对先前行为结果的归因，自己对随后行为的期望产生一定变化，从而促动了未来行为的发生。归因的动机作用可见一斑。（2）情感反应。归因影响情感，而情感反应又进而对后继行为产生巨大的促进作用。B. 维纳在期望归因理论中假定在一次事件结果之后，一开始有一种基于所观察到的成功或失败结果（原始的评价）的一般的积极或消极的情绪反应（一种"原始的"情绪）。这些情绪包括由成功而产生的愉快和由失败产生的挫折和悲伤情绪，被称为依赖结果而与归因无关的情绪。这些情绪是由知觉到的先前行为结果的起因决定的。（3）归因维度。归因维度在情绪过程中起着重要作用，每个原因维度与一组情感存在着独特的联系。例如，成功和失败被视为内在的原因所致，如人格、能力或努力，相应的引起或降低自尊、自我价值，而积极的或消极结果的外在归因并不影响有关自我的情感。这样与自我有关的情感会受原因的部位特性而不是一种具体的原因影响。

现代归因理论将情感区分为两大类：一类是依赖结果的一般情感，一类是依赖归因的特殊情感。对于前者，以往的心理学家有较多的论述，而后者则是归因理论对动机、情绪问题的独特贡献，它有助于对日常生活中的某些特殊的情绪体验，如上述的自豪、自尊、愤怒、内疚等作出合理的解释。从上面的论述中,我们可以看出,在 B. 维纳的归因、情绪动机理论中,情绪是作为促动后继行为的动因。如一个体验到心灰和无助感的人将失去追求成就感的意愿。相反,一个感到感激和欣慰的人会更愿意表现出感激的行为,觉得自己是有能力的人,更有信心去追求成就。因此,和前述的归因与期望理论联系,可以说,由归因而产生的期望改变和情感反应成为后继行为的动因。

归因理论的应用

归因理论是在对成就动机研究基础上形成的一种认知理论,并且它一开始就把学生成败归因问题作为研究的对象。这对于解释教育实际中存在的一些问题有重要意义。现代归因研究除了对动机归因理论的建设进行广泛而又深入的探索之外,还十分重视将其理论运用于社会生活以及解决社会实际问题。这些实际应用研究的内容十分广泛,主要涉及行为动机、成败归因、成就追求,人际行为之间的相互作用归因分析,行为责任的推断以及攻击与亲社会行为研究,如艾滋病、肥胖症、同性恋、社会救济、虐待等的研究。在教育领域的运用研究之一是改变学生归因倾向的训练。研究者企图通过改变学生对学业成败的归因来提高学生学习动机。

例如德韦克在一项早期的研究中,开展了对成功期望低的儿童的归因训练工作。研究者要求儿童做一些算术题,其中一些难度超过他们胜任能力。观察发现,这些儿童通常将失败归因于自己能力太低。以后为他们制定了一项训练计划,被试分两组。甲组为成功组,每次练习,均能达到解决问题题数标准。乙组未归因训练组,根据他们的前测成绩,研究者给予的练习题数大多在他们的能力之内,但在个别练习阶段,题数标准超出其能力。当儿童遭受失败时,研究者引导儿童把失败归因于努力不够。在后继的测验中,甲组儿童失败后,其以后的成绩不断下降;而乙组儿童的成绩很少出现下降。甲组儿童继续强调自己能力低;乙组儿童则强调自己努力不够。这一研究表明,低成就儿童的归因倾向是可以改变的。

另一些研究表明,给学生的成功提供努力的归因反馈可以促进学生的成就期望和追求成就的行为。例如 D. H. 申克的研究表明,在减法教学中,将儿童先前的成绩与其努力联系起来比将学生未来的成功与其努力联系起来更能提高学生的动机、能力知觉和技能。

研究表明,低年龄儿童一般将成功归因于努力,但到 8 岁时,他们开始形成能力概念,并不断分化能力与努力这两个概念。大约到 12 岁,儿童能力概念基本确立。能力归因逐渐变得重要,而努力成为一个影响因素的作用逐渐下降。研究表明,在学生获得成功的初期,给予能力反馈比给予努力反馈更能提高成绩。为了保持最佳的动机水平,学生需要对行为结果作出具有建设性的归因。对能力、努力、策略以及他人的作用的不正确判断会降低动机和学习水平。

参考文献

刘永芳. 归因理论及其应用[M]. 济南: 山东人民出版社,1998.

戴尔·H. 申克. 学习论: 教育的视角[M]. 韦小满,等,译. 南京: 江苏教育出版社,2003.

维纳. 责任推断: 社会行为的理论基础[M]. 张爱卿,郑葳,等,译. 上海: 华东师范大学出版社,2004.

(宋小霞)

《国防教育法》与新课程改革 (National Defense Education Act and the new curriculum reform) 1958 年美国颁布《国防教育法》引发了教育的全面改革,其中新课程改革是重要内容。它们对美国教育乃至世界教育的改革与发展产生深远影响。

《国防教育法》的颁布

第二次世界大战刚结束的一段时期,美国教育的主流中,杜威的教育哲学及其进步主义教育思想仍然占主导地位。脱胎于实用主义哲学的进步主义教育派倡导教育不能脱离社会需要,要关注儿童当前的发育成长,不能从成人观点出发,强迫儿童牺牲现实幸福去为未来的成人生活做准备,主张教育就是生活、生长、社会适应、经验改造。1946 年,为了解决广大青年适应战后生活的要求,美国联邦教育总署建立了"青年生活适应教育委员会",建议学校要帮助青年人解决青少年时期的问题及进入成年后的问题,养成勤奋工作的习惯,而不是给予他们具体的工作技能或工作经历,培养获得成功、闲暇时身心愉快的活动能力。该委员会促进了美国数千所学校采纳生活适应训练计划。生活适应性科目包括黑人研究、性教育、安全教育、消费者教育、保护国家资源教育、药物教育等。

生活适应教育实际上是进步主义教育的一种体现,密切了学校教育与青少年社会生活的联系,但降低了为大学教育作准备的学术教育的标准。1950 年前后,许多批评家对公共教育提出尖锐批评,认为生活适应教育过分强调适应,强调个人兴趣和眼前利益,强调社会活动和个性发展,降低了基本的学术和技能训练,无视基础知识教学,不反复练习,推崇悠闲的教学法,忽视纪律要求,社会学科教学内容支离破碎,学生未掌握读、写、算基础能力,缺乏职业准备,指责美国学校正在制造大量新文盲。1955 年,进步教育协会在声讨声中解散。这标志着美国教育一个时代的终结。同时,美国成立了一些基础教育改革委员会,对学校生物、物理、数学等学科课程改革进行调查研究,旨在提高学生科学基础知识水平,但在当时没有引起普遍重视。1951年,联邦教育总署统计,全美中学共设学科247种,选修的比重大,学生往往避重就轻,选修容易通过的课程。1955年的统计表明,全美中学未设外国语课程的约占46%,未设几何课程的约占24%,未设物理学和化学课程的占24%。如此忽视学术性学科,严重影响普通教育的质量。伊利诺伊大学发现,理工科学生中约3/5的人学习专业前必须补习相关课程,因为中学数学教材内容还停留在牛顿时代以前,只有算术和代数课中有一些新内容。约翰斯·霍普金斯大学教授哥拉斯在20世纪50年代末提出,很多中学生物课的主要内容是就无脊椎动物和脊椎动物解剖,讲些卫生、动物知识,举出许多科学名词,教学生死记硬背。他认为生物课的教学方法很陈旧,实验室的机械也很古老。

1957年,苏联发射了世界上第一颗人造地球卫星,美国举国上下大为震惊,认为苏联的成功动摇了美国在军事和科技上的领先地位,美国的国家安全受到威胁,美国面临危机。美国认识到国际竞争的先决条件是高品质的教育和大批训练有素的人才,把教育改革提高到"巩固国防"的高度。1959年里科弗将军发表《教育与自由》,指出苏联科技的成功是教育制度的胜利,是造就了大批科技专家的结果。他强调训练有素的人才只能从彻底改造过的教育制度中培养,要有新的培养目的和更高的学术标准。1963年,里科弗又发表《美国教育——全国性失败》,呼吁彻底改造实用主义教育。

1958年9月,美国国会通过《国防教育法》,开由联邦政府直接拨款、全国扶持教育之先河,成为美国20世纪60年代教育改革的开端。《国防教育法》共10章,其中一开始就提出:"本法的目的是加强国防,鼓励和支持教育计划的扩展与改进","保证受培训的人的质量和数量足以满足美国国防的需要"。第一条第一款指出:"国会发现并宣布,国家安全要求充分发展青年男女的智力资源和技术技能;当前的紧急状况要求提供更多更好的教育机会;美国国防取决于对复杂科学原理和现代技术的掌握;国防还取决于新原理、新技术和新知识的发现与发展","我们必须增加努力来识别和教育我国更多的天才。这就要求我们制订计划,保证一切有能力的学生不因经济困难而失去高等教育机会;这就要求我们尽快改变教育计划中的不平衡状况,这种不平衡使得我们人口中接受科学、数学、现代外语和技术教育的人比例过低。"其他各章分别规定了联邦政府对教育事业拨款资助的有关事项,其基本精神是将生活适应教育转向学术性教育,以提高教育水平,加速培养人才,并为此提出了许多重要的紧急措施。此后,国会又于1964年和1983年两次通过《国防教育法修正案》,延长了《国防教育法》的有效期,扩大了它的影响范围,基本上确定了美国教育改革的

基本框架。

《国防教育法》一通过,国会立即专拨10亿美元用于教育。它规定设立国防学习贷款;1959年为1 000名研究生提供奖学金,并在以后5年中每年再增加1 500名;为鼓励研究生学习国家安全所急需的学科,设立专门奖学金;给高等学校科研以大量补助。决定在1958—1959年至1970—1971年的13个财政年度期间,由联邦政府拨款411 922万美元,用于向大学院校学生和研究生发放低息贷款和奖学金;鼓励大学院校的科学研究;帮助各州和地方社区修建和改建中小学校舍,补充、更新仪器设备;举办国际问题教师培训班;进行对考试和辅导的研究,加强辅导训练机构等。1958—1969年,共有150万人靠国防学习贷款上完了大学,1.5万人完成了博士学位学习。

新课程改革的指导思想

《国防教育法》的颁布对美国教育影响最大的是新课程改革。新课程改革是在要素主义教育思想和结构主义课程论的指导下进行的。

要素主义教育思想 要素主义教育思想在20世纪60年代的课程改革中产生重要影响。与进步主义教育相反,要素主义认为教育的核心是传授给学生人类基本知识或民族文化传统的要素,主张重视教材,加强心智训练,严格纪律和刻苦努力,提倡教师的权威地位。1952年,科南特就指出,真正的革命性和有意义的发明,不是来自经验论,而是来自新理论,应该将科学看作科学研究者的主观决策和行动指南。在《国防教育法》颁布以前,科南特就接受卡内基基金会的资助,对美国中学进行调查。他访问了26个州、103所中学,历时2年多,1959年出版《今日美国中学》报告,阐述了美国中学存在的问题和对策。他提出了一系列的建议:为有学术性向的学生提供足够的学术课程;重视天才教育;从学校管理上保证学术教育水准。在课程方面,科南特注重普通教育,提出加强数学、自然科学和现代外语等学术性学科教学的主张。针对美国40—50年代中学忽视学术教育、学业标准低下的局面,科南特极力主张尖子教育,要求公立学校从七~八年级或更早就开始鉴别有学术能力的理智尖子,通过辅导、咨询、选修科目,对15%有学术才能的学生施以英才教育。他为九~十二年级具有学术性向的学生制定了课程的最低标准:4年英语,4年数学,4年外语,3年科学,3年社会科学,学生4年内共需完成18门学术课程,再加上每周至少15小时的家庭作业。科南特建议派导师专门指导天才生,在12年级开设学院一年级课程,校长要制定一份学术目录,概括地记载校内9~12年级有学术能力学生的百分比、学术性向测验成绩等,以便为学校改进尖子教育提供依据。

结构主义课程理论　布鲁纳的结构主义课程论是 20 世纪 50 年代末开始的课程改革运动的重要理论指导，得到新课程改革专家的普遍认同。1959 年 9 月，美国国家科学院在科德角的伍兹霍尔召开的关于改进中小学自然科学教育问题的会议，邀请了 35 位科学家、学者和教育家参加，讨论普通学校数学、自然科学等学科的教学质量及其改革问题，布鲁纳任大会主席。会议认为美国基础教育质量低劣，课程缺乏严密的科学体系，教材严重落后于科学技术的发展，改革刻不容缓，最重要的是要由科学家和学者来重新制定课程体系和编写教材。1960 年，布鲁纳以会议发言的总结为基础，写成《教育过程》一书，论证了课程改革的一系列重要思想。在该书中，布鲁纳系统论述了结构主义有关"教些什么，什么时候教，怎样教"的理论问题，认为每门学科都有其结构，知识有其内在的连接关系，一些事物被欣赏、理解和记忆，必须是恰当地安装在具有内在意义的结构之中，教学中要教给学生的重点就是学科的基本结构。在教学方法上，布鲁纳倡导"发现法"，认为最好的教学方法是尽可能引导学生自己去发现以前未曾认识的观念之间的关系和相似的规律性，通过发现加强探究能力和对自身能力的自信感。布鲁纳和施瓦布等人倡导结构主义教育理论，促进了美国中小学课程改革的"学科结构运动"。运动主旨是探讨和确定每门主要学科的基本结构要素及该学科所特有的研究方法，以设计最佳课程。主张各个主要知识领域的专家全面参加课程的设计、教科书的编写和教学大纲的拟定工作。

新课程的开发

《国防教育法》颁布后，美国迅速对数学、自然科学和外语课程进行改革，掀起了 20 世纪 60 年代的新课程改革运动。开始只涉及数学、自然科学和外语，以后逐渐发展到包括英语、社会研究。数学方面，以代数、几何、三角等分科的新数学取代了程度很低、重应用轻理论、范围狭窄、支离破碎的混合数学，内容甚至包括线性代数、微积分、概率和统计等知识。自然科学方面，把物理学从选修课改为至少一年的必修课，并提高了内容要求，强调理论性、系统性，着重阐明物理学的基本概念、知识结构和科学系统。外语方面，改变过去翻译外国著述，极少教授外语的做法，增加外语学习的年限和学时，以适应经济、政治、文化全球化的新要求。

新数学　数学课程改革始于 20 世纪 30 年代，到 1953 年，研究项目达到 1 100 个。50 年代末的国家级数学课程改革计划引入了全新的主题，即强调学科结构，把代数和几何引入小学数学。该计划优先考虑学科本身，较少涉及其社会应用，注重培养学生精确运用数学语言的能力，要求教师使用发现法进行教学。主要有以下一些改革项目。

第一是伊利诺伊大学中学数学委员会的 UICSM 项目。

伊利诺伊大学认为：对现代数学新成就深为了解的学者最知道数学的复杂内容和结构，最能制定出充分反映数学发展水平的数学教材；中学低估了学生接受知识的能力，降低了教学水平；大学理科教师要担当中学数学教学改革的重任。1952 年，在比伯曼的领导下，伊利诺伊大学的一个小组开始开发新数学教材。他们试图帮助中学生理解数学，并培养对数学的爱好，还研制了培训教师使用新教材的方法。伊利诺伊大学中学数学委员会还设有一个顾问委员会，其成员来自教育学院、工学院及文理学院。1958 年比伯曼报告说：现在有了供中学四个年级使用的新课程，在十多所中学试用，40 位教师和 1 170 多名学生参加了这一试验。UICSM 被认为是美国首例数学教学改革项目，为其他数学教学改革项目提供了借鉴。

第二是中学数学研究小组（SMSG）的改革项目。该研究小组编写的教材使用广泛。该项目起始于美国数学学会 1958 年 2 月举行的一次大会，负责人是斯坦福大学教授 E. G. 贝格尔，得到美国国家科学基金会大约 800 万美元的资助。该项目为四至十二年级编写了初版和修订版数学课本，编印了数学参考用书。中学数学研究小组认为，基本数学概念是有效教学的核心，应该让学生了解数学的基本性质，在进行数字运算的同时，逐步进入更高水平的抽象。参加课本编写的包括数学家、数学教育家及中学数学教师。

除以上两大项目外，还有波士顿学院数学研究所的"当代数学计划"、"大克利夫兰数学计划"、"马里兰大学数学计划"等。

新科学课程　1957 年以后，科学课程改革比任何其他课程改革都更受重视。科学技术的发展及其广泛的影响力对所有人提出了要求，掌握科学技术不仅对学习研究，对适应日常生活也显得日益重要。新科学课程把重点放在科学过程方面，较少涉及产品，强调采用发现法，让学生了解科学家是怎样思考问题和行动的。由国家科学基金会和其他基金会资助的新科学课程项目进行了大量的试验，编写了供小学到中学使用的科学课程教材。地方学区参照这些计划的主要内容制定了新的课程指导书，大多数学区改编而不是采用这些计划编写的教科书。资助和主持这些项目的国家科学基金会指出：根据美国的传统，教什么的最终决定权完全在学校和老师。主要有以下一些知名的新科学课程计划。

第一是物理科学学科委员会的 PSSC 计划。该委员会成立于 1956 年，由麻省理工学院教授扎卡赖亚斯主持，编写了"PSSC 物理学"及实验教程。该课程包括宇宙研究、光学和波、力学、电学及现代物理，教材力求反映物理学的最新进展及未来面貌，强调使学生熟悉现代物理学的两个中心观念，即波粒二象性和现代原子概念，强调物理学的逻辑单元，总是用前面的材料来阐述后续内容，循序渐进。该教材的基本编写理念是要取得显著进步，只能从零开始。课本不是修订而是重写，必须对一大堆新旧知识进行新的选择和综合。除了课本外，试验、演示仪器及补充材料也都必须考虑。该教材编写的重要意义在于对过去的教育模式进行创造性改革，强调学习物理学的基本结构及探索过程，提供试验，形成概念，强调物理学与其他科学的联系，对各学科和各级教育有深刻的启示，产生了示范效应。国家科学基金会为 PSSC 教材编写提供了 500 万美元的资助，全美多所大学和高中参加了编写。先是 PSSC 课题组召集为期 4～6 周的夏季编撰会议，吸收对物理教学有兴趣的专家 30～40 人参加。第一年夏季规定课程的目标，编写基本的教科书资料。然后在全国选择学校试验，将现场调查的记录汇总交给总部。第二年夏季成立新的执笔组，成员包括科学家、科学教育者、心理学者、高中教师等，有上年出席会议的，也有新参与的，编写详细的资料，制作电影、录音带等视听教材和试验器具、试验书等。接着，进入第二轮试验，编制测验，以评价教学成果，分析测验结果，改进测验题。第三年夏季，资料编写接近尾声，主要任务是教材教具的成套化。第三轮试验在春季学期实施，经过修订的资料由出版社发行。1960 年完成的 PSSC 物理资料有教科书、实验手册、补充读物、教师用书、测试题集、电影及试验器具，囊括了教学必需的全部资料。

PSSC 问世不久，许多研究小组着手开发新课程。最有影响的三个课程：CBA 化学、CHEMS 化学、BSCS 生物。另外，还开发了小学课程、人类科学、环境科学等多种课程资料。CBA 化学是美国化学学会化学教育分会编制的高中用"化学键方案设计"教材，重点在化学键和分子结构上。美国化学会化学教育学会以化学学习的基础在实验和有创见为理念，编制了教科书、试验手册、辅助读物、教师用书、测试题集。这些教材贯穿着统一的逻辑，受到科学家的好评。CHEMS 化学是化学教材研究会编制的高中用教材，重点在从实验引出法则。化学教材研究会根据实验与讨论适当配置、采用发现学习法、从教育学角度调动学生思维的原则，编制了教科书、实验手册、程序学习书、教师用书、幻灯、投影仪软件等，并多次修订。BSCS 生物是生物学课程研究会编制的高中用教材，分蓝版、绿版、黄版三种。根据这些教材，教师可以任意组合"试验项目"、"问题探究"、"专题研究"而加以应用。教材重点在探究上，观察、试验、提出假说、验证假说构成内容的支柱。

第二是科学课程改革研究 SCIS。SCIS 的工作是开发一种小学科学课程计划，试图让小学生通过调查研究学习科学，以发展智力，并建立学科的概念结构。SCIS 的成员召开示范会议，举办在职教育课程，编写了六年级教学单元材料。他们还开发了教师教育材料袋，包括特定学科内容的学生和教师手册、视听材料及一套试验仪器，编写了大学课

本《在小学教科学》，提供了 SCIS 方法的详细介绍。

第三是 IPS 物理。物理科学研究委员会编制的初中用物理科学入门，旨在使学生掌握物理科学学习的出发点，同时掌握获得科学知识的方法。该教材以物质的原子模型为线索展开内容。

第四是 ESPC 地学。ESPC 地学教材为初中或高一用的地球科学课程而设计，由运动的地球、地球圈、地球史、宇宙中的地球环境等单元构成，强调学生的探究，以经验为中心组织学习。

第五是 ISCS 理科。中学科学课程研究会编制的美国使用率极高的初中理科课程，采用自学、实验室试验、讨论、个别学习等各种方法，谋求学习个别化。它是为协调科学知识与实验技能而设计的，准备了两套资料：一套是全员通用的基本教材；一套是为优生、差生准备的分差课程。

第六是 ESS 理科。小学科学研究会编制的小学用理科课程，采纳了布鲁纳的右利法（逻辑性、合理性、演绎性、合目的性、单刀直入式）与左利法（直觉、假说、游戏性、机智性、幻想法）两方面的研究，认为小学阶段应是培养洞察力重于知识积累，要引导儿童去分析、认识周围世界。

第七是 AAAS 理科。美国科学促进协会（American Association for the Advancement of Science，简称 AAAS）编制的初等理科课程，重视科学过程研究，注重探究自然的方法。课程包括观察、分类、转述、数的应用、时空关系、推论、预测、提出假说、控制条件、试验、操作性定义、数据的解释等过程技能。

社会科学新课程计划　社会学科课程改革项目很少获美国国家科学基金会的资助。1962 年，美国联邦教育总署开始资助社会研究项目，到 1966 年，在一批大学建立了 14 个课程开发中心。这些中心的共同目标是：明确社会研究课程的范围和目的；开发相应的教材和方法；对教材进行试验、评价和修订；推广新教材。大克利夫兰社会研究计划 1961 年创始，围绕历史、地理、哲学、经济学、政治学、心理学、社会学和人类学的基本概念组织教学。来自克利夫兰地区各中学的 9 万多名学生参加了这一计划，1958 年，印第安纳州埃克哈德地区进行了经济学教学试验。该试验接受了埃克哈德各公立中学、普渡大学、卡内基基金会的资助。芝加哥科学研究协会出版了试验教材。

新课程改革的特点与影响

新课程改革反映了美国基础教育课程政策的三个重要转变。第一，否定了课程计划中直接的实用性标准，肯定了以学科为主的学术性标准。第二，课程决策的权力从教育家手中转到了以大学为中心的各学科的专家、学者手中。这些学术界的学者得到了联邦政府很大的支持，尽管后来

一些教育家与学科建设发生了联系,但他们很少在联邦发起的课程改革计划中居领导地位。第三,由强调地方课程变革、教师直接参与变革过程转变成中央控制课程变革,教师被看作改革的实践者。传统上,中小学是美国地方学区的管辖范围,只要能满足地方学区人民的愿望,就是真正美国式的学校;与之相应,课程改革总是在州一级和地方学区一级进行。《国防教育法》颁布后的许多重大课程改革计划在国家一级进行。全国性课程改革计划一般总是在大学校园里制定,并受到联邦政府和私人基金会的资助。其后果是,负责实施新课程的教师与负责课程改革的学者理论观点不一致。

新课程开发的指导思想是把课程内容按不同年级作螺旋式安排。大多数新课程要求学生不仅掌握知识,而且要学习每门学科的结构,像科学家、数学家和经济学家那样思考科学、数学与经济学。新课程强调概念的形成、发现式学习、思维能力的培养。

新课程改革的经费主要由美国国家科学基金会提供。这项基金推动了不少研究项目,如中等数学教育研究会、物理科学研究委员会的开发性研究项目以及化学键教学法探究、生物学科研究等项目。当时学科结构的重点被拓宽,还包括英语和社会科学等其他课程领域。这些学习计划的实施,由于联邦政府的支持而被加强,不仅包括学习计划的制订,而且为实施这些计划而培训教师。新课程吸收了许多新内容和方法,指导思想也有变化,教师要从事新课程教学,还需要掌握新的学习理论。为此,联邦政府资助了公立学校教师的在职培训项目,开办了许多暑期教师培训班。

20世纪50年代末60年代初的新课程改革对美国教育产生了很大影响,促进了美国教育的发展。课程改革运动带来了教育哲学观念的变化,要素主义和结构主义教育思想改变了实用主义教育过分注重生活适应,忽视学术性学习的偏差。美国中小学课程改革加强了数学、自然科学和现代外语等学科教学,推动了经济进步。这次改革的教学内容丰富新颖,基本符合科学技术和生产力的发展状况,强调学科的基本概念、知识结构和科学系统以及学生智力的开发,提高了基础教育的质量,教学方法上的突破和教学组织形式的改革也为教师因材施教、学生个性化学习提供了方便,满足了不同学生的不同需要。它积极汲取现代科学和学术发展的成就,通过探究方法理解基本概念和原理的学科结构,纠正了过去数十年教育过分偏重于学生兴趣和需要的偏向。

但是,美国这次课程改革运动没有取得理想的效果,其主要原因是:新编教材是专家根据科学的发展要求编写的,过于理论化,忽视了应用知识和基本技能的训练,不符合中小学的实际;中小学教师培训不够,许多教师继续沿用老教材和旧教法;课程改革计划大多数是针对单独一门课程,学

校不得不另外考虑各门课程的平衡问题,改编而不是采纳新教材。另外,这次改革还受到政治和社会因素的影响。由于越南战争、种族冲突等政治和社会问题,社会和校园出现骚乱,淹没了课程改革的影响。

课程改革不但要有正确的理念,而且要有科学的实施策略和适当的政策保障。新课程改革在美国虽然受到挫折,但英国、日本等国引进美国新课程、新教材,他们的改革却是成功的。

参考文献

滕大春.今日美国教育[M].北京:人民教育出版社,1980.
滕大春.外国教育通史[M].济南:山东教育出版社,1992.
王英杰,余凯,等.美国教育[M].长春:吉林教育出版社,2001.
吴文侃.比较教育学[M].北京:人民教育出版社,1989.
赵祥麟.外国教育家评传[M].上海:上海教育出版社,1992.

（张家勇）

国际教育服务贸易(international education service trade)　　发生在国家(地区)与国家(地区)之间的教育服务的交易活动和交易过程。包括四种服务提供方式:跨境交付(cross-border supply),指一成员方在其境内向任何其他成员方境内提供的服务,其特点是服务提供者与服务消费者分别处于不同的国家(地区),如通过网络教育、远程教育等形式提供教育服务;境外消费(consumption abroad),指在一成员方境内向任何其他成员方的服务消费者提供的服务,其特点是服务消费者必须进入服务提供方所在的国家(地区),比如一成员方人员到另一成员方的学校或科研机构留学、进修与学术访问等;商业存在(commercial presence),指一成员方的服务提供者通过在其他任何成员方境内建立商业实体提供的服务,其特点是服务提供者对外直接投资于其他成员方,比如一方企业或学校到他方直接开办独资或合资学校、培训机构等;自然人流动(movement of natural persons),指一成员方的自然人在任何其他成员方境内提供的服务,其特点是服务提供者以自然人身份进入并暂时居住在服务消费国(地区),比如外籍教师来华任教,中国教师或科研人员到国(境)外学校或科研机构就职等。国际教育服务贸易是服务贸易的重要组成部分,其标的物是教育服务。根据世界贸易组织统计和信息系统局(SISD)的分类,教育服务分为初等教育服务、中等教育服务、高等教育服务、成人教育服务、其他教育服务五类。各国在制定部门服务贸易承诺一览表时使用联合国《中心产品分类》(CPC)的分类方法和相关代码,但它与WTO分类的教育服务的第一个分支部门在内容上略有偏离(WTO为初等教育,CPC为基础教育)。在教育服务分支部门中的"其他教育服务",主要包括教育测试服务、学生交

流项目服务、留学便利服务，以及因教育部门迅速变革发生的新服务，因此，在承诺一览表中其他教育服务需在谈判中详细定义。

国际教育服务贸易具有以下特征：（1）无形性。教育服务贸易并不同于有形的商品贸易，人们可以在特定的时间、地点看见商品的跨国界移动，大多数教育服务的进口和出口往往是无形的。（2）不可分离性。即教育服务的生产与消费具有同时性。教育服务的生产过程就是教育服务被消费的过程。教育服务的这种生产与消费的同时性，使得大多数教育服务不像有形产品那样，可以储存和运输。教育服务的这些特征，使得在教育服务的贸易过程中，教育服务的提供者和消费者必须存在某种形式的接触，要求教育服务的消费者必须参与到教育服务的生产和贸易过程中。（3）异质性。不同的生产者提供的服务质量是不同的，即使是同一生产者提供的同一种服务，由于消费者不同而享受到的服务结果也会有所不同。（4）涉及的法律关系的复杂性和特殊性。教育服务贸易的特殊性使得教育服务贸易涉及的法律关系与商品贸易相比，显得特殊而复杂。由于教育服务贸易的无形性，教育服务贸易可以绕过各国海关的监管，各国主要不是通过海关而是通过国内立法和规章来实现对教育服务贸易的管制。教育服务贸易必然涉及各国复杂的法律、法规等问题，而这些法律、法规的制定和执行又涉及一国现行的法律法规等政治经济和国家主权等问题。各国主要利用国内立法对教育贸易进行管理，而国内立法更强调国家利益的安全性和教育主权利益。因此，各国常常出于自身利益的考虑，利用国内立法对教育服务贸易设置重重障碍。而且由于各国国内立法涉及的法规领域范围广泛，内容庞杂，在灵活性、隐蔽性和保护力等方面使教育服务贸易壁垒相对于货物贸易而言，显得更为复杂。

国际教育服务贸易包括以下基本原则：最惠国待遇原则、国民待遇原则、透明度原则、发展中国家更多参与原则、市场准入原则以及逐步自由化原则。（1）最惠国待遇原则（most-favoured-nation treatment）是教育服务贸易领域最重要的核心原则，它的主要意义是承担该项义务的世界贸易组织成员在税收、行政监管等方面，给予其他成员的不低于现在或将来给予任何第三方的利益、优惠、特权或豁免等待遇。（2）国民待遇原则（national treatment），是指一个国家在其领域内行使属地管辖权时，给予其他国家的法律主体或客体与本国法律主体或客体相同的待遇。（3）透明度原则（transparency），也是世界贸易组织成员国在教育服务贸易领域应履行的基本义务之一。由于教育服务产品具有无形性特征，客观上，就要求在教育市场中信息系统的作用能得到充分发挥，而这就需要成员方的国内法规、政策以及行政管制措施这些教育市场竞争的规则保持极高的透明度。（4）发展中国家更多参与原则，是考虑到世界贸易组织发达

成员与发展中成员在教育服务贸易领域发展的差距性和不平衡性，为了实现世界范围内教育服务贸易的公平竞争，而特别规定的为保证发展中成员更多地参与到国际教育服务贸易中来，而对发展中成员实施优惠的原则。（5）市场准入原则，是指世界贸易组织成员一旦在具体承诺表中做出对其他成员开放教育服务贸易领域中具体部门的承诺以后，就应保证其他成员的教育服务提供者，以不低于具体承诺表中承诺的待遇进入本国教育市场。（6）逐步自由化原则，指在教育服务贸易中，逐步减少政府歧视性干预。

世界贸易组织各成员国在教育服务贸易领域的具体承诺包括关于四种教育贸易方式的市场准入、国民待遇承诺的各项内容。对市场准入这项具体承诺而言，在教育服务贸易市场准入基本原则下，各成员方除非在其承诺表中明确规定，否则，不得维持或采取六种限制市场准入措施，即限制教育服务提供者的数量，限制教育服务交易的总值或资产额，限制教育服务业务的总量，限制雇佣教师的人数，限制提供教育服务的商业存在的实体性质，限制外资持股比例或投资金额。对教育服务贸易国民待遇这项具体承诺而言，一般成员认为，对其他成员的教育服务给予完全国民待遇，实际上就意味着保证其他成员教育机构进入本国教育市场后，能够享有与本国教育机构同等的待遇，拥有平等竞争机会。大多数承诺可以分为部门承诺和水平承诺两种，其中水平承诺的条款适用于减让表中所列的所有部门，部门承诺仅适用于特定部门。

服务贸易不同于货物贸易，往往需要要素的流动，比货物的跨境流动更复杂，它直接涉及服务进口国国内的法律体系，即使这种法律体系并未对外国服务实施歧视性待遇，仍有众多的障碍影响着国际服务贸易的顺利进行。就教育服务贸易而言，主要有几种常见的贸易壁垒：（1）与跨境交付相关的教育服务贸易壁垒，主要集中在一成员方对其他成员方的网络教育、远程教育或函授教育颁发的证书与学位等证明文件或资格，在认可与转换方面进行的限制；（2）与境外消费相关的教育服务贸易壁垒，多与限制学生流动有关，直接限制一般采取移民限制、境外货币控制方式，间接限制多表现为学生在境外获得的学位依据学科标准转化为国内相应学位时遇到困难，或者其资格在国内不予承认；（3）与商业存在相关的教育服务贸易壁垒，这种壁垒在实践中最多，它主要表现为不能获得国家执照，限定外国教育提供者直接投资的限额，即"合理的最高限额"，国籍要求、需求程度测试、招聘外籍教师的限制，以及存在政府垄断和地方院校的高额补贴等；（4）与自然人流动相关的教育服务贸易壁垒，主要有移民限制、国际要求、需求测试和资格认定等。

（刘　颂）

国际教育合作与援助 (international education cooperation and aid) 合作或援助形式下的跨国界教育活动。国际教育合作与国际教育援助常被相提并论,但非同一层次的概念。国际教育合作包括国际教育援助,国际教育援助是国际教育合作活动的一种形式。除教育援助外,国际教育合作还包括人员交流(如互派留学生),观点、科学与文化交流(如共同参与国际会议),学术研究合作等。国际教育合作是指两个或多个国家或组织参与的平等互利基础上的联合教育活动,参与主体之间是伙伴关系。国际教育援助一般是指多边国际组织、双边机构、宗教团体、基金会或个人等为发展中国家提供物质(资金、技术、设备设施)或人力援助,强调占有优势资源的一方(援助者)对处于资源劣势的一方(受援者)进行支援和帮助。

国际教育合作根据合作范围的大小,可以分为全球性合作和区域性合作;按照参与主体,可以分为多边合作和双边合作,或南—北合作、南—南合作、北—北合作等。国际教育援助按照参与主体,可以分为多边援助和双边援助;按照援助内容,可以分为技术援助、资金援助、设施设备援助;按照援助部门,可以分为直接援助和发展援助;按照援助对象,可以分为初等教育援助、中等教育援助、高等教育援助或正规教育援助、非正规教育援助;按照是否附带条件限制,可以分为有条件援助和无条件援助;按照援助方法,可以分为项目援助、部门援助等。

国际教育合作与援助的发展

跨国界的教育投资、人员交流等活动早在19世纪初的殖民地时代就出现了,但真正以发扬国际主义精神为名义的国际教育合作与援助活动是第二次世界大战结束后,在以联合国为主导的国际组织倡导下出现的。国际教育合作与援助产生的宏观国际背景主要有两个:一是由两次世界大战给人类带来的极大痛苦催生的联合国教科文组织等以促进人类和平为目标的国际组织,在各国人民爱好、维护和平的共同追求和努力支持下,在战后的国际社会尤其是教育科学文化和经济领域发挥着举足轻重的作用;二是国际社会普遍认为原宗主国对原殖民地国家恶劣的发展状况负有责任,对这些新独立的发展中国家负有援助义务,而原宗主国也想继续维持与这些国家的历史联系,以便为本国的政治利益服务。以联合国教科文组织为主的国际组织倡导的教育发展理念也使得国际教育援助与合作成为必需。(1) 教育是一种基本人权。发展中国家普遍较低的教育发展水平严重制约了这些国家人权状况的发展,1948年联合国发表《世界人权宣言》,宣布要普及受教育权;(2) 教育是国家发展的必要条件,无论是新独立的还是原有的发展中国家,都必须重视教育发展;(3) 教育是国际交往和了解的

基础,是促进世界和平的重要力量;(4) 发达国家对发展中国家,尤其是原宗主国对原殖民地国家的教育和国家发展负有道义上的责任,有提供援助和支持的义务。

国际教育合作与援助方面的统计数据非常不完全,而且很多统计中没有把教育统计单独列出,所以很难用数据来描绘出一幅完整的教育发展援助图,但根据可以获得的资料,可以大致看出半个世纪以来教育援助的消长趋势。在最初几十年内,由发达国家向发展中国家提供师资、专家和顾问及留学奖学金等是国际教育合作的主流,而且主要集中在中等和高等教育领域。20世纪60年代,国际教育援助达到高潮。然而国际教育合作与援助是一种十分复杂的活动,在社会政治经济形势、历史传统、语言、教育和国家发展理论与发展战略等诸多因素的影响下,发展过程不无曲折,主要表现为合作与援助数量的增减、优先项目的变化、援助形式的变化等。20世纪70年代到80年代初期,对发展中国家的教育援助一直没有增加,同时,由于教育经济学关于各级教育收益率的结论和发展理论开始流行,强调社会公平和人民生活质量的经济发展概念代替了单纯的经济增长概念,国际教育合作与援助的重点在很大程度上开始转向初等教育。20世纪80年代,主要双边援助国提供的发展援助总量大大增加,对教育的资助却有所减少,但多边银行和基金会的发展援助总量中教育所占百分比却有所增加。根据经济合作与发展组织发展援助委员会的统计,2001年,教育援助在双边援助中所占比例为8.6%,其中基础教育援助占2.1%;在世界银行、地区发展银行等多边银行援助中所占比例为3.1%,其中基础教育占1.2%。哈拉克在《投资于未来——确定发展中国家教育重点》一书中总结说:"教育在总的发展援助中所占比例一向不大:占多边资助的5%,双边资助的11%。"进入21世纪后,这一比例不仅没有增加,反而减少了。有资料表明,1970年以来,官方发展援助机构派往发展中国家的援助教师总数也急剧下降。在国际教育援助的地区分布上,撒哈拉以南的非洲国家一直是主要的援助接受国。

与教育援助的缩减趋势相比,其他形式的国际教育合作有明显的增加趋势。例如,全球留学生教育规模逐年扩大:1970—1980年世界各地留学生总数增加一倍,达到100万人;1999年仅经济合作与发展组织成员国就接受了150万名外国留学生,占全球留学生总数的85%,其中56%来自非经济合作与发展组织成员国。自费留学生也大幅度增加,国际学术会议更加频繁,国际合作研究逐年增加。

国际教育合作与援助的作用和问题

国际教育合作不仅有利于促进世界和平,而且有助于实现跨越国界的智力交流和资源共享,从而推进参与国的

教育和国家发展。

　　国际教育援助对发展中国家和发达国家的教育和国家发展都起到了一定的促进作用。对发展中国家来说，国际教育援助虽然远远不能满足其巨大的教育需求，但有助于弥补国家教育经费的不足，在一定程度上缓解了国内矛盾，对维持其社会稳定具有积极意义。在各种形式的教育援助中，技术援助对发展中国家具有特殊的重要意义。通过技术援助，发展中国家既可以将外国专门人才为我所用，又可以在受援过程中培养本国所需要的专门人才。对发达国家来说，他们在国际教育援助中付出了人力、物力和财力，同时也有所收获。具体地说，发达国家至少可以从中获得几种利益。(1)维持与原殖民地国家的历史联系，通过派出专家和临时教师培养一大批熟悉发展中国家事务的人才，为在新的国际环境中实现本国在受援国的政治和经济利益创造条件。(2)为了满足对发展中国家教育援助的要求，需要开展对发展中国家的相关研究，开设相关课程，培养相关人才，这促进了发达国家国际研究和相关教育项目的发展。(3)向发展中国家提供教育援助，在认识到受援国家所存在的教育和社会问题的同时也会思考自身所存在的教育和社会问题。对发展中国家的教育援助也为发达国家提供了一面自我审视的镜子。

　　国际教育合作与援助活动也存在很多问题。(1)缺乏真正的国际主义精神。一些发达国家和多边机构在提供援助时附加了过多或不合理的条件，如必须购买援助国的设备、贷款利息过高等。一些来自发达国家的人员很少真正研究受援国的具体情况，忽视本土经验和理论的价值，往往把发达国家的教育发展模式强加于发展中国家。(2)依赖性和替代性问题。不少国际教育援助项目不注意发展受援国自身的能力，致使受援国对援助产生很强的依赖性。一旦援助项目结束，受援国就会重新回到援助前的状况，援助效果很难持续。一些受援国用援助代替本国投入，其教育事业并没有因为援助而获得应有的发展。这背离了国际教育援助与合作活动的初衷。(3)援助与合作的方式问题。国际教育援助与合作往往是通过项目进行的，而项目援助与合作往往有一定的期限、使用范围和部门等诸多限制。受援国接受援助往往是一件复杂难办的事情。因为要成功实施援助项目并通过评估，受援国不仅要为项目专家提供良好的工作和生活条件(通常远远高于本国平均水平)，为项目配备本国人员甚至提供配套资金，还要在各部门之间进行协调。项目的时间限制也容易制约合作与援助的长期效益。采取其他非项目援助与合作方式，例如直接参与受援国教育规划，则容易面临"干预别国教育政策"等各种指责。(4)教育援助数量不足。每年向发展中国家提供的直接教育援助相对于这些国家的学童数量而言，人均援助数额远远不足。联合国教科文组织国际21世纪教育委员会提

出将1/4的发展款项用于发展教育，但这一目标很难实现。(5)发达国家与发展中国家严重不平等。大多数留学生集中在美国、英国、德国、法国、澳大利亚和日本等发达国家；发达国家具有话语霸权地位；发展中国家在接受发达国家教育援助的同时也向后者输出了本国培养的大量人才，使发达国家成为发展中国家教育投资事实上的受益者。这些问题表明，与国际教育合作与援助的初衷相比，其实践在很多方面并非完全尽如人意。

21世纪国际教育合作与援助的特征

　　进入21世纪，全球化进程加快，电子信息通讯技术迅速普及，国际教育合作变得更加便利。同时，国际教育合作与援助也面临前所未有的挑战。一方面，发展中国家要缩小与发达国家之间的知识差距和数字鸿沟，共享知识经济和信息社会的新成果，在全球化进程中成为具有主体地位的一种力量而不是沦为新形式的经济或文化殖民地，在很多方面都需要国际教育合作与援助；另一方面，发达国家越来越把教育作为一种有利可图的产业，一些国家取消了对外国留学生的免费待遇并开始收取高额学费，世界贸易组织更是把教育——尤其是中等和高等教育列为一种服务贸易。所有这些都表明，商业利润越来越成为国际教育合作的重要动因，支撑国际教育合作与援助的国际主义精神和理念更加弱化，这种趋势在一定程度上增加了发展中国家参与国际教育合作的难度。

　　在国际教育援助方面，由于发达国家更加关注国内问题的解决，对国际教育援助的热情有所减退。苏联、东欧的剧变和欧洲一体化进程加剧了国际教育援助中的竞争，发展中国家要获得国际教育援助变得更难。21世纪的国际教育合作与援助还面临不少新课题，全民教育、终身教育、环境教育、预防艾滋病教育等全球性问题和以打击恐怖主义为名的战争蔓延背景下的和平教育、难民教育等地区性问题都需要国际社会的大力支持。新的国际政治经济背景带来的诸多新课题要求国际教育合作与援助必须开发出新的模式，或者对原有的合作或援助模式加以改进。

　　自20世纪末以来，国际教育合作与援助方法的改进成为一个重要的发展趋势。在这方面，有两种成功的国际教育合作方法被肯定。一是世界主义方法。这种方法的目的是针对世界性问题，在公平、交流、互利、共享等原则指导下实现智力合作、资源共享、共同进步。具体措施包括：(1)通过国际会议制定共同目标和行动纲领；(2)开展国际范围的定期评估；(3)建立区域性合作中心，实现区域性的资源共享，等等。世界主义方法有助于实现国际范围内的资源共享，并促使国际组织、国内各级政府乃至整个社会从理论到行动上将实现教育目标作为共同责任；有助于形成

强大的国际舆论,使参与国政府在接受国际支持的同时也面对强大的国际压力,从而增加其解决问题的紧迫感;可以变一国行动为世界行动,变双边或多边合作与援助为世界范围内的合作,从而在国际组织、国家和地区之间建立起真正的平等伙伴关系。自 1990 年在泰国宗迪恩召开世界全民教育大会以来,各国在全民教育方面取得的成就说明,世界主义方法对解决世界性教育问题是一种有效的方法。二是区域合作方法。是指一些在社会、政治、经济上联系紧密或处于同一地理区域的国家和地区通过建立专门组织或签订双边或多边协议,为教师和学生国际流动、学术合作提供便利和支持,实现交流和互利。

除了方法上的改进,国际教育合作与援助还体现出新的发展趋势。(1)强调新形式的援助。例如,联合国教科文组织国际 21 世纪教育委员会提出,应该更多地运用债务转换的教育援助方式,即由一个开发机构(一般是非政府组织)向商业银行或其他债主贴现(用硬通货)购买一个国家的外债,债务国通过其中央银行用当地货币部分买回,将其专门用于资助(有时是较长期的资助)一些特定的教育项目。这种援助方式可以减轻债务国的债务负担,也可以增加教育投资。当然,项目援助、为发展中国家的学生和教师提供奖学金等传统的国际教育援助方式仍具有重要意义。(2)强调伙伴关系。国际教育合作与援助必须发扬真正的国际主义精神,交流和互利应该成为主导性原则。尊重发展中国家的传统、理论和需要,消除对发展中国家的偏见,帮助发展中国家形成自己的教育发展能力,如教育规划能力、教育研究能力、教育创新能力,而不是培养其依赖性日益成为国际教育合作与援助活动的重要目标。(3)强调运用电子信息技术和提高援助合作效率。帮助发展中国家培养所需要的信息技术人才,普及信息技术教育,扩大信息网络,缩小他们与发达国家之间日益加剧的数字鸿沟等,正在成为国际教育援助与合作的重要目标。(4)以知识社会建设为主题的知识开发与管理方面的国际合作与援助开始提上议事日程。(5)发展中国家日益重视彼此间的合作。这主要是因为发展中国家往往面临着许多共同的教育发展问题,在解决这些问题方面有很多可以共享的经验。此外,对于那些地理区域相近的发展中国家来说,在人员培训、资源共享、技术交流等方面进行合作也存在很多便利条件。

参考文献

雅克·哈拉克.投资于未来——确定发展中国家教育重点[M].北京:教育科学出版社,1993.

联合国教科文组织国际教育发展委员会.学会生存——教育世界的今天和明天[M].华东师范大学比较教育研究所,译.北京:教育科学出版社,1996.

联合国教科文组织国际 21 世纪教育委员会.教育——财富蕴藏其中[M].联合国教科文组织中文科,译.北京:教育科学出版社,1996.

赵中建.教育的使命——面向二十一世纪的教育宣言和行动纲领[M].北京:教育科学出版社,1997.

(王绽蕊)

国际教育评价协会(International Association for Educational Assessment,IAEA) 由世界各国教育评估机构参与组成的非营利性的非政府组织。其成员包括来自 50 多个国家的考试机构、大学院系、研究机构和政府机构。

1974 年,来自 18 个国家教育机构的 35 名代表在美国新泽西州普林斯顿集会,讨论建立一个属于教育评价工作者的国际性组织。1975 年 5 月,在国际教育局的帮助下,各国代表在瑞士日内瓦召开会议决定成立国际教育评价协会。1976 年举行的第一次大会通过了协会的章程和细则,推选了官员和各地区的执行委员会代表。协会的宗旨是协助世界各地的教育机构发展并恰当地运用教育评价技术,以解决教育问题,提高教育质量。协会认为,只有通过国际合作,促进全世界的相关机构和个人紧密联系,才能最好地达到这个目的。这种国际合作可以帮助各国相互学习,同时又不损害各国的文化自主性。协会的基本目标:(1)通过举行学术会议,发行出版物,分享专家的意见,收集、发布有关教育评价技术及其在教育中的应用方面的资料,促进组织之间的交流;(2)为各国教育工作者提供一个进行合作研究、培训和实施教育评价项目的平台;(3)使人们能更容易地获得教育评价技术,以解决实际中的教育问题;(4)与其他有共同兴趣的组织合作;(5)参与发展评价技术及其应用的其他活动。

协会会员分为基本会员、附属会员、个人会员、联合会员、名誉会员和友情会员。基本会员必须是从事教育评价工作的非营利性组织。经常使用教育评价技术或为教育评价项目提供主要资助的组织可以成为附属会员。营利性组织经执行委员会的慎重推荐,可成为联系会员。个人会员是指对教育评价工作有专业兴趣的人。联合会员必须是与本协会目标相近的地区性非营利性组织。名誉会员和友情会员一般由执行委员会指定或任命的个人担任。协会的组织机构包括大会、行政委员会和执行委员会(又称理事会)。大会是最高权力机构,由协会基本成员选举产生,负责制定、修改协会的章程和细则,作出重大决策等。大会在每年的年会期间召开。行政委员会负责日常行政管理工作,由主席、副主席、执行秘书、司库 4 人组成,任期 2 年,主席和副主席可以连任 2 届,执行秘书和司库可连任 4 届。执行委员会由行政委员会成员及其 4 名委员组成。这 4 名委员由基本成员的官方代表经选举后产生,负责选举事宜,处理协会的固定资产事务,接纳新会员等。执行委员会主席由协会主席兼任,对外代表协会,负责主持各种会议,召集大会等。

协会自 1975 年起,每年举行一次年会,时间和地点,由执行委员会决定。每次年会都确定不同的主题,让各国专家进行广泛的讨论。21 世纪以来,会议议题更多地集中在教育评价的改革问题上,如,2001 年巴西里约热内卢会议的主题为"21 世纪教育评价的未来和面临的挑战",2002 年中国香港年会的主题为"改革教育评价,适应变化中的需要"。协会还不定期地举行地区性会议。协会对国际教育评价事业的发展作出了很大贡献,它推出的两项国际计划对提高各国的教育评价水平有重要意义。一项是旨在帮助各国培训教师,以提高其教育评价水平的"教师训练手册计划"。为了达到这个目标,出版了《教师评估指导》,并翻译成多种语言。另一项是编制了一套国际能力发展测验模型。这套模型为学生的跨国界流动进行语言测试,率先在阿拉伯语、汉语、英语和葡萄牙语国家使用。

（张东海）

国际理解教育 （ education for international understanding ）　一种教育思潮和活动。以各国普遍关注的"人权、和平和民主"为宗旨,以促进国际理解为目标,通过各种教育手段和措施,培养具有国际理解品性和能力的人。通过增进不同文化背景、种族、宗教信仰和不同区域、国家、地区之间人们的相互了解、相互宽容和相互合作,以便共同认识和处理全球社会存在的重大共同问题,实现共同发展。

国际理解教育是当代世界教育发展的新理念和新课题。20 世纪 70 年代,随着世界经济的发展,人口、资源、环境问题成为全球性问题,人口教育、环境教育、人权教育、开发教育等诸多课题随之被提出,国际理解教育受到联合国教科文组织的重视。1994 年 10 月,由国际教育局组织的第四十四届国际教育大会会议在日内瓦召开,大会主题是"国际理解教育的总结和展望"。这是国际社会第一次对"国际理解教育"这一教育理念及其实践专门进行广泛讨论。会议总结了为促进国际理解的教育所取得的成就,指出了实现国际理解教育的目标过程中尚存的障碍,并呼吁尽快把这一专题融入中小学课程和教师培训课程。

国际理解教育的产生和发展

第一次世界大战后,建立一个便于人们更紧密地接触和和平共处的教育服务机构显得十分迫切。在此背景下,1929 年,国际教育局成立。它从非政府组织改组为政府间的国际组织。新组织章程的导言中规定了国际教育局的主要任务,认为教育的发展已经成为建设和平和促进人类道德与物质进步的重要因素。加强研究资料的收集及其在教育领域的应用,确保信息和资料的充分交流,以使各国均能从他国的经验中受益,这对于教育的发展十分重要。1946 年,基于对教育在争取和维护世界和平过程中重要作用的认识,联合国教育、科学及文化组织,简称联合国教科文组织在伦敦建立。在联合国教科文组织的首届全体大会上,为促进国际理解的教育(education for international understanding,即国际理解教育)构想得以确立。联合国教科文组织的组织法对其道德使命作了如下描述:既然战争起始于人的思想,那么就必须在人们的思想中树立起保卫和平的信念。1948 年,联合国大会发布作为未来"国际人权法案"(The International Bill of Human Rights)第一部分的《世界人权宣言》,此宣言具有道德和法律的双重意义。在联合国教科文组织第十八届大会上,各成员国通过了《关于教育促进国际理解、合作与和平及教育与人权和基本自由相联系的建议》,即《1974 年建议》。建议指出,为了使和平和人权能具体化,单单提及和平的理想或要求人权是远远不够的,需要某种形式的教育,以建立持久的和平和国际理解。1977 年,联合国教科文组织召集了一次专家会议,研讨"建立在尊重人权基础上的和平的构成要素"。从此,人权教育(teaching of human rights)成为联合国教科文组织的一项重要任务。1978 年,在维也纳召开的"国际人权教育大会"(International Congress on Human Rights Education)庄严宣告各项人权是不可分离的,从而迈出了人权教育坚实的第一步。1987 年,"国际人权教育、信息和文献会议"(International Congress on Human Rights Teaching, Information and Documentation)在马耳他召开。1989 年,"人们思想中的和平国际大会"(International Congress on Peace in the Minds of Men)在亚穆苏克罗召开。会议提出一个新的目标,即发展一种以所有文化共同认同的价值观为基础的"和平文化"(culture of peace),以便"成功地实现从战争文化向和平文化的过渡"。1991 年,联合国教科文组织大会呼吁组建一个国际委员会,以深入思考 21 世纪的教育所面临的各种挑战,并提出应对这些挑战的建议。1993 年,在蒙特利尔召开的"教育促进人权和民主国际大会"(International Congress on Education for Human Rights and Democracy),深入讨论了人权和民主以及它们与教育、发展、文化多样性和宽容等的关系,表达了"文化民主"(cultural democracy)的理念。

为了建立一种能适应当今由不宽容、暴力和不平等各种形式构成其显著特征的社会状况的教育,联合国教科文组织制定了《为和平、人权和民主的教育综合行动纲领》。在第四十四届国际教育大会会议上通过了这一纲领。这一纲领是《1974 年建议》合法化和逻辑化的继续,提供了一些基本的指导性原则。各个机构和国家均可在考虑历史、宗教信仰、风俗习惯等文化各个方面的基础上,将这些原则转化为具体的策略、政策和行动计划。联合国教科文组织大会在重新界定教育使命的基础时，提出了为最终实现真正的世界公民的目标而必须予以强调的几个问题：第一，培养和平、人权和民主的具体实施过程中所依赖的价值观念；第二，不能再只是强调认知学习，还要强调情感和行为学习；第三，学做世界公民，是以把共同的价值观念和知识应用于实践为基础的。

国际理解教育理念的观点

一种新的教育哲学　在第四十四届国际教育大会会议期间，联合国教科文组织国际 21 世纪教育委员会主席德洛尔通过阐释两个信仰展示了他的新教育哲学。一是对教育的信仰，教育可以在不同程度上改善人与人、社会与社会、国家与国家之间的相互关系；二是对国际组织作用的信仰，它们可以把最值得称颂的观念传播到全世界人民的意识中，不断向理解他人的方向迈进。

在美德(virtue)是否需要教授这一问题上，卢森堡提出了一种新的教育哲学理念，既适应现今时代的特定要求，又无损于社会亦无损于个人。这一理念的目的是培养负责任、有用的公民，他们同时又是自由和尽可能快乐的个人，提供可以在科学文化与人文文化之间达成平衡的教育。因为，"没有科学文化，我们将不可避免地远离现时代"；"没有人文文化，我们又将把祖先的聪明智慧丧失殆尽"。假如科学不能提供有关道德问题的答案，我们就要到其他领域去找寻。假如道德观念不能从大家共识的真理如基督教文明中衍生出来，我们就要在构成全球社会的人们所持一致意见的基础上加以构建。这样，有关建立世界道德观念的希望就没有破灭，这一理论上的普遍性就能而且应该转化为实践中的普遍性。一些国家的教育发展报告提示，生活方式在某程度上类似于带有某种文化特征的个人身份证(identity cards)。这些生活方式源于人们对自身及周围环境的感知，源于人们对自身来历和未来的态度，源于人们对未来预测的能力。国际教育强调道德价值观念的历史延续性及在认识上揭示其重要性的需要，提出的解决办法包括伦理、道德、公民责任、意识、人文和哲学等方式。并要从培训生存、培训参与和培训行动等方面来推进。但这需要有基本的物力和人力资源为教育制度改革提供基础。只有实现了这一目标，国际教育才能得以增设。

通过国际教育局的调查而开展的对上述意义的追求，将人——衡量万物的准则(measure of all things)——放在了教育动力的核心位置，而随着向人文主义的转向，全民教育成为教育发展的重中之重。此外，人们还努力将具有积极意义的传统价值观念、态度和做法融入课程内容和教科书中，作为在灌输纯粹的学术知识之外传授诸如学会生存、学会参与等知识的一种手段。

建立广泛的联系　不少国家意识到，一项有效的策略必须从过去吸取教训，并尽可能考虑到当前各方面的社会文化因素。由于个人和群体的流动，当今社会正越来越多地呈现出多样化的微型文化(micro-cultures)特征。有些研究显示：加强这些文化是实现教育制度一致性和增强国家凝聚力的重要途径。一个值得注意的趋向是，必须建立全球性与地方性、公众利益与个人利益之间的联系。自 1974年通过《关于教育促进国际理解、合作与和平及教育与人权和基本自由相联系的建议》以来，教育制度方面的改革以及为取得改革预期目标而创新和采纳的交流方法，从不同侧面映射出多元世界中文化的多样性。一些国家指出，国际理解教育的目标就必须具有现实性。

历史书籍和教科书对人们思想的影响更加深远。历史的内容就其自身定义而言，可以引出一种关于差异的观点，这种观点可以是客观与和平的，也可以是主观的与侵略的。1932 年在海牙召开的第一次世界历史教学大会就以"鼓励讨论加强各国人民之间更紧密接触和更好的理解的思想"为宗旨。明确提出了各成员应该鼓励更广泛的教科书交流，尤其是历史和地理教科书，并在可能的情况下，采取适当措施，将双边和多边的协议纳入其中，以利于相互学习和修订教科书及其他教材，以保证它们是正确、平衡、具有现实性、没有偏见，而且是可以增强不同民族之间互相认识和理解的。

发展与和平文化　联合国教科文组织总干事马约尔强调，当今世界迫切需要"人类智力和道德的结合"，并将全民教育普及到世界的每一个角落。教育民主化不应仅仅局限于人人都有学习的机会，还应反映在教育内容在整个学习过程的各个阶段都能传递普遍性的价值观念。马约尔还强调要把经济和社会的发展看作是一种真正的和平文化得以建立的前提条件，并再一次提到了《世界人权宣言》第一条的内容：人人生而自由、平等，有着尊严和权利。他们被赋予了理智和意识，能以兄弟手足之情对待别人。学校是进行教育和给予平等待遇的理想场所，年轻人在这里学会共存和相互尊重，只要尊重差异，就提供了一种可能，即实现相互认可和尊重的真正的普适性(real universality)理念。但是时代的很多弊端植根于相互隔离(种族、文化、宗教、语言、社会和性别的隔离)和经济的不平等。"全球经济"的发展潮流使教育的性质受到了挑战，教育在一定程度上经常用经济学的术语进行表述，而教育过程人文和文化方面的特征被淡化了。作为非政府组织的教育国际(Education International)对教育的本质特征作了界定。投资教育，并不是进行狭窄的以生产为导向的培训。从最广义的层面上理解，教育投资不仅是对社会经济发展的投资，从客观上说，更是对人类生存的投资。这无疑强调了学习知识的重要性，并重申全民教育、发展权、言论、运动和信息自由等所有这些应先于促进国际理解、和平、人权成为民主教育的目标,成为教育目标的基础。将这些权利作为正常社会的组成部分,不将任何人排除在外,是缩小差别,消除不平等和制止偏执蔓延的一种途径,是教育必须为之作出贡献的目标。

国际理解教育理念的实施

教师继续培训　所有关注教育问题的思想家无一例外地都强调:是教师在向学生传授有关人类对自己和自然界的认识结果以及人类所创造或发明的重要东西。国际教育局的调查结果揭示:各国公共当局都已经意识到教育对传授价值观念人员的质量和能力具有强烈的依赖性。以一种新的教学手段来促进人权与和平教育,是"学校作为和平使者世界联合会"自 1967 年成立以来所关心之事。联合会于 1978 年由日内瓦大学的教育家、心理学家、语言学家和法学家组成,并编写了《世界人权宣言》简写本;于 1983 年在"日内瓦国际"(Geneve Internationale)成立了"人权与和平之教学国际培训中心"。该中心在瑞士政府、联合国人权中心、联合国教科文组织和欧洲委员会的支持下,以及一些工会和非政府组织的协作下,每一年都组织召开一次国际教师培训会议。与会者来自世界各国,通常是中小学教师和职业学校教师,也包括特殊教育专家、文化组织者、社会工作者和大学教师。会议内容涉及正规教育的所有方面。会议采取两种形式:专门主题的圆桌会议和教学研习班(分英语、法语和西班牙语三组)。圆桌会议为与会者交流各国所应用的内容和方法信息提供了机会,并提供材料以讨论教育趋势和主要社会问题。教学研习班(workshops)向与会者介绍国际法律文件术语,并开发和实施各种与特定社会文化环境相联系的积极的教学法。"国际培训中心"的教学小组是一个跨文化小组,由在人权与和平教育领域颇有专长的教员和研究者组成。一些非洲国家教育当局已让一部分教师先接受培训,使他们能从事人权与和平的培训工作。

在学校里建立民主　各国地方当局(市政当局)及其教育机构被赋予越来越多的责任,以制定和规划实施国家目标的途径和方法。教师在行使他们的职责方面也日益被赋予更大的行动自由,从而使学校系统拥有更多的民主。在这种新的系统中,(在确保集体责任不降低个人责任的同时)信任感和共同责任感使正规教育转变成一个和平实验室(laboratory for peace)。"学校民主化"和"课堂民主化"术语在国际教育局的调查中反复出现。允许学生自己制定课堂规章制度,使得学生能直接面对自己的责任,给他们以一种真正参与班级(和学校)事务的感觉,就能使他们积极参与到整个过程中。学生也倾向于遵守和尊重经他们自己规划、讨论并制定的规章制度。这样的试验有助于创造自我

约束、自我管理和尊重的氛围。教师受到约束的结果,是为学生开辟了更多独立自主的道路,激发了他们寻求认知的、情感的和行为知识的欲望。

教育学生成为获取和传递信息的人　由于通过新技术可以获得大量信息,于是要教育学生懂得如何越过稍纵即逝的现象进行识别、分析和评价。《为和平、人权和民主的教育综合行动纲领》在"教育部门与其他社会化机构之间的协作"一节中强调通过培训教师来使学生做好批判性分析和利用媒体的准备,并发展学生通过选择节目从媒介中获益的能力,从而避免那些煽动仇恨、暴力、残暴和玷污人尊严的节目和其他作品。

和平教育　根据国际教育局的调查,有些国家的人权、和平、民主和基本自由教育是由(或直到最近仍由)教师自己斟酌决定的。如,将之贯穿于公民或宗教教育课程计划、体育运动、有组织的旅游、课外活动及与家长的联系中。毫无疑问,过重的教学负担大大削弱了教师的热情和积极性。为实现各学科之间的平衡分配,以使诸如"民主"和"基本自由"之类的教学模块能纳入其中,许多课程都需要进行全面修订。人们已越来越多地注意到把国际理解教育作为一门成熟学科纳入国家课程计划的可能性,就像哲学、历史学、经济学和地理学或外语学科一样。教师培训学院、职业培训机构以及教育学院或人文学院等已经在它们的课程计划中将人权研究作为一门独立学科。某些宗教占据文化主导地位的国家已经开展了一些比较神学和比较人类学的研究及某些跨学科研究,目的在于找出世界各地不同信仰体系中共享的一些原则,以结束贯穿于整个人类历史的"宗教"战争时代。有些国家打算通过道德教育和宗教教育促进不同民族之间的重新理解。有些宗教教育课程旨在通过在(以"内部和平"等概念为基础的)传统教学中增加联合国通用文件的语言,进行人权教育。这些课程中,宗教戒律与《世界人权宣言》、《儿童权利公约》及其他标准文本中的条款相提并论,如:宽容——接受他人的信仰;尊重人的生命——不杀人,不伤害他人身体和道德的完整;共享与平等——仁慈;真诚——认识到自己的错误;理解——原谅。

学习能够对话的语言　在某些人文景观由多种文化(micro-cultures)综合而成的地区,社会正努力强化文化的媒介,如使用母语来获取基础知识。根据对这些实验的初步评估,由于尊重他人的身份和语言差异,教育已取得了很大程度的统一,国家的和谐一致也得到大大强化。许多教学计划对外语给予高度重视,超过了对母语的重视程度。人们已经越来越不把这些语言称为外语,而是称作"第二语言"或"第三语言",教授这些语言的方法也在进步。为了透过表面现象看本质,人们已经对不同文化更为微妙的方面进行了研究(如通过文学和文明史的研究)。克服语言的障碍有助于减少"文化独白"、"自言自语"状况,达到"与别人

对话"的效果。这种与其他民族的对话可以通过在小学教授第二语言开始。这是一种可以在学生以后的整个教育生涯中都得以延续的学习。

跨文化教育 通过跨文化教育培养全球性公民,是联合国教科文组织联系学校项目网络的教育支柱之一。世界范围内加入这个组织的学校不断增加,从而为进行国际理解教育的项目试验提供了肥沃的土壤。实际上所有的国家,包括那些正处于复杂转型期的国家,都支持这一国际网络并希望它得到进一步扩充,尤其是在学校课程、教学方法、教科书和教师培训等的准备方面。诸如对现实情况、经验、困难和解决方法进行比较的新学科,以及诸如全球气候变暖或森林过度砍伐、海洋污染和野生动物锐减之类的环境问题,都成为汇聚的焦点,使联系学校的跨文化方式得以交流和反映。

环境教育 通过"全球性"这一方式,国际合作应该帮助人类保护地球上的资源。向学生展示:人类尽管能够攀登高山、潜入深海、征服其他星球,但仍然依赖于地球的环境,从而使他们意识到人类必须共同努力,不仅是为了保护生物或美学遗产的多样性,也是为了人类的生存。有些领域对生态系统退化的结果极为敏感。对于在这些领域讲授国际团结和平等分享自然资源的教师来说,环境教育不失为一种有效的途径。自然是无疆界的,由大量伐木而造成的森林过度砍伐和沙漠化,由工业废弃物而造成的海洋污染以及植被、动物物种消亡,危及整个生态平衡,使人类处于危险境地。这些科学课程教育人们要养成一种环境道德,形成一种实质性的国际合作,以保证资源的平等分配和自然界的平衡。

艺术学科是和平的创造因素 一些国家建议把艺术及其许多学科作为国际教育沟通的方法。艺术为人们提供了一种解放自己的领域,可以造成一种有助于学习基本自由的心理状态。造型艺术的色彩和形状、音乐的声音、戏剧艺术和舞蹈的形体等,虽然只是表达方式中的一小部分,却总是有助于文化、语言和风俗习惯不同的人们之间达成理解。艺术中还有一种安抚的因素。教师们运用"艺术的瞬间自由"所引发的开放性思想来导入与人权一致的概念。艺术教育领域潜力巨大,远未穷尽。艺术由于常常与非盈利的作品相联系,所以也是教育人们形成奉献精神的一种方法。

参考文献

赵中建.全球教育发展的研究热点——90年代来自联合国教科文组织的报告[M].北京:教育科学出版社,1999.

(张　旺)

国家教育考试制度(national education examination system) 由国家批准实施教育考试的机构根据教育行政部门确定的考试内容、考试原则、考试程序,对受教育者的知识和能力进行测定和评价的体系。是检验受教育者是否达到国家规定的教育标准的重要手段,是国家教育管理体制的重要组成部分。

中国国家教育考试制度的构成

中华人民共和国成立后,逐步建立起包括招生考试制度、学业考试制度以及资格考试与水平考试制度在内的当代国家教育考试制度。

招生考试制度 国家教育行政部门统一组织文化考试,成绩达到一定标准者才具备入学资格。

(1)普通高等学校本专科招生统一考试制度(普通高考)。经历了高校单独招生(1949)、大行政区联合招生(1950—1951)、全国统一高考(1952年始)的发展历程。统一高考制度有过短期反复和10年的废除,"文革"结束后旋即恢复,并日益完善。考试方法日渐科学化、标准化,考试科目设置进行多元化探索,录取方式逐步采用现代科技手段,录取体制逐渐赋予高校更多更灵活的自主权。招生法规、政策逐年更新。普通高考在中国整个社会生活中具有广泛的影响,制度健全、管理严密、运作规范,是其他类型招生考试的原始参照。

(2)成人高等学校招生统一考试制度(成人高考)。成人高校是成人教育机构的重要组成部分。中国成人高校招生经历了学校单独招考(1949—1980年前后)、各省统一招生考试(1980年前后至1985年)、全国各类成人高校统一招生考试三个阶段。1988年后,成人高考进行改革:放宽招生对象,实行专业证书制度,进行"三生"(预科生、资格生、往届生)招生试点等。20世纪90年代中期后,普通高校连年扩招,成人高校生存与发展面临竞争压力,在生源扩展方面进行了一系列改革。

(3)中等教育招生考试制度。普通高中、职业高中、中等职业(专业)学校也举行招生考试,基本上是全国统一考试时间,各省单独组织命题,各地因地制宜录取。

(4)研究生教育招生考试制度(研究生招生考试)。中国于1978年恢复中断了12年的研究生招生考试,考试一律闭卷。其中硕士生招生考试每年举行一次,自1981年起由中央教育行政部门统一规定和安排考试的原则、科目、时间。1981年,中国正式开始招收博士生,其招生时间和业务课考试由招生单位自行决定。20世纪90年代后,研究生教育招生规模迅速扩大,同时在扩大招生单位自主权、改革招生考试内容等方面进行了改革。

学业考试制度 是检测学生在一定时间内实现学业目标程度的考试。

（1）中等教育学业考试。各级各类中等教育机构通过考试评价教育成效，影响较大的是普通高中的毕业会考。经过几年实验和推广，1993年中国全面实行高中毕业会考制度。2000年，教育部颁发《关于普通高中毕业会考制度改革的意见》，指出会考改革的统筹决策权在各省市区，是否继续组织会考由各省份教育行政部门决定。

（2）高等教育学业考试。包括普通高校学业考试、成人高校学业考试。1983年，教育部公布《全日制普通高等学校学生学籍管理办法》；1990年，国家教育委员会制定《普通高等学校学生管理规定》。各省市区教育行政部门和学校根据上述两个文件精神制定了各自的学业考试规定。成人高校类型多样，相应的学业考试规定也宽严不一，国家统一的规范性文件有教育部发布的《职工大学、职工业余大学学生学籍管理暂行规定（草案）》(1983)、《广播电视大学学生学籍管理暂行规定》(1980)等。

（3）研究生教育学业考试。研究生教育是高等教育的最高阶段，硕士生和博士生的学业考试以学位论文写作和答辩为主，但申请答辩前必须通过相关的学位课程考试。除少数公共课程考核有国家统一规定外，一般课程考试由培养单位自定，各有特色，也比较灵活。

高等教育自学考试制度　这是对自学者进行以学历考试为主的高等教育国家考试制度，是将个人自学、社会助学和国家考试结合起来，造就和选拔专门人才的一种教育形式和考试制度，是中国高等教育体系的一个组成部分。它缓解了中国高等教育资源供不应求的严重矛盾，为更多的人提供接受高等教育的机会，顺应高等教育大众化趋势。1980年，教育部拟定《高等教育自学考试试行办法》；1988年，国务院发布《高等教育自学考试暂行条例》；1996年，国家教委召开高等教育自学考试工作会议，讨论通过了《自学考试改革与发展规划（1996—2000）》，部署"九五"期间自学考试工作改革与发展的目标和任务，标志着自学考试进入了发展与提高的新阶段。

资格考试与水平考试制度　（1）教师资格考试制度。根据1993年《中华人民共和国教师法》第十一条、1995年《教师资格条例》第四章的规定，不具备教师法规定的教师资格学历的公民，申请获得教师资格，应当通过国家举办的或者认可的教师资格考试。国家教师资格考试制度由国务院规定。目前，幼儿园教师、小学教师、初级中学教师、高级中学教师、中等职业学校教师、中等职业学校实习指导教师、高等学校教师及对外汉语教师的资格均可依法通过相应的考试获得。

（2）水平考试制度。包括外语、汉语和计算机水平考试。外语水平考试是以该语种为非母语的外语学习者专门设计的，旨在测量外语语言能力和水平的语言考试。中国规模较大的外语水平考试有：职称外语考试，出国人员外语水平考试，大学英语四六级考试，托福(Test of English as Foreign Language，简称 TOEFL)，剑桥商务英语证书考试(Business English of Certificate，简称 BEC)等中外合作举办的英语水平考试。汉语水平考试(HSK)是为测试母语为非汉语者(含外国人、华侨、国内少数民族人员)的汉语水平而设立的国家级标准化考试，由中国对外汉语教学领导小组主持。计算机水平考试包括计算机等级考试、全国计算机应用技术证书考试(National Applied Information Technology Certificate，简称 NIT)。前者是测试应试者计算机应用知识和能力的等级水平考试。国家教委考试中心于1994年推出"全国计算机等级考试"，笔试和上机考试均及格者，可获得合格证书。后者采用模块化结构，培养和测试考生在计算机应用领域的独立操作能力，考试合格者由教育部考试中心统一颁发证书。

国家教育考试制度的实施

实行国家教育考试制度是实施国家教育标准，保证教育质量的重要措施。在办学体制和教育形式日益多样化的情况下，为保证各级各类教育的规范性和健康发展，国家必须制定一定的教育质量标准并对教育质量实行监督。国家教育考试就是重要的监督手段之一。国家通过对考试目的、考试内容的规定，可以有效地引导教学改革，促进教学质量的提高。

实行国家教育考试制度，对保障受教育者的合法权益具有重要的意义。国家进行统一的入学考试，为公民获得非义务教育阶段的受教育机会，提供了一种公平竞争的条件和公正选拔的手段，最大限度地保证了公民受教育机会均等的权利。国家举办的各类水平考试或自学考试，是对公民所达到的教育水平的具有法律效力的认定。无论公民以何种形式参加学习或接受教育，只要通过了规定的国家教育考试，他的学业就能得到国家和社会的认可，从而在就学、就业、升迁等方面受到同等对待，其公民权益也就得到了保护。

从制度上保证考试的科学性、公正性和权威性，《中华人民共和国教育法》第二十条规定："国家教育考试由国务院教育行政部门确定种类，并由国家批准的实施教育考试的机构承办。"即只有国家教育委员会有权确定国家教育考试的种类，其他部门无权决定。国家教育考试的种类根据教育事业改革和发展的需要来确定，并随着教育事业的发展而变化。为建立和完善国家教育考试制度，由国务院教育行政部门制定和发布有关行政法规和法规性文件，对教育考试的种类、考试的科目和内容、考试的组织和实施等分别做出规定。

只有经过批准的机构才有权承办教育考试，任何组织和个人不得擅自举办国家教育考试。国务院教育行政部门和省级教育行政部门都设有专门的考试机构，负责组织和实施国家教育考试。部分高等教育机构经过批准也可以承办某种特定的国家教育考试。未经批准擅自举行的"国家教育考试"，将被视为违法，其考试成绩是无效的。《中华人民共和国教育法》所作的此项规定，有力地维护了国家教育考试的权威性。

参考文献

国家教委师范教育司. 教育法导读[M]. 北京：北京师范大学出版社，1996.

贾非. 考试制度研究[M]. 成都：四川教育出版社，1995.

梁其健，葛为民. 考试管理的理论与技术[M]. 武汉：华中师范大学出版社，2002.

刘海峰. 中国考试发展史[M]. 武汉：华中师范大学出版社，2002.

（郭志成）

国家教育权（state power of education）　　国家在教育活动中的权力。国家教育权作为一个学理性概念，学者对其存在不同看法。国外从两个不同的学术视角来理解。将其视为"权力"的学者主要采用政治学、法学特别是宪法学的研究方法和概念进行理论建构，研究内容一般包括国家教育权的产生、发展、基础、行使、分配和制约等，分析思路一般是：权力、国家权力、国家教育权。将其视为"权利"的学者主要采用社会学、法哲学的研究方法和概念进行理论建构，研究内容一般包括国家教育权利的主体、内容和保障等，分析思路一般是：权利、教育权、国家教育权。

中国学者亦从上述两个视角来论述。一种观点认为，国家教育权是国家依法行使的公权力，包括国家的施教权和对教育的统治权、管理权等。其一方面表现为国家的统治权，即通过教育的方式实施和维护国家的统治。它是国家对其统治的社会成员特别是年青一代进行教育的权力；另一方面又表现为一个国家对在其领土上所进行的一切教育活动的管辖权，对外具有独立性。任何外国组织或个人，不经中国政府的批准，就不具有在中国领土上实施教育的权利。在20世纪三四十年代，中国掀起"收回教育权运动"，目的就是从帝国主义列强中收回失落的国家教育统治权和管辖权。

另一种观点是从广义角度定义国家教育权，把权力看作权利的一种特殊形式。教育权利是教育法律关系主体之一的权利人为满足自己的利益，根据自己的意志作为或不作为，或者要求他人作为或不作为的能力或资格。其权利主体是代表国家利益的政府机构的教育权利（权利）人。包括：（1）国家教育行政机构，负责国家的教育行政事务，其权利相对方是学校组织及相关的施教机构，也包括负有监护责任和受教育义务的公民；（2）公立学校组织，负责行使国家教育的具体职责，其权利相对方主要是在校学生，有时也涉及具有监护责任的家长；（3）国家传播媒介，负责宣传具有统治阶级意志（国家意志）的思想和政策法律，其权利相对方是公众。国家教育权一般适用行政法，其权利义务基于行政权力的运作而产生，在权利主体和权利相对方的关系上不具有对等性。与一般的民事法律关系不同的是，行政行为作为一种管理行为，必须受到行政实体法律规范和行政程序法律规范的制约，两者缺一不可。

现代资本主义国家的国家教育权由分立并相互制约的国家立法机关、行政机关和司法机关分别行使，构成分立并且相互制衡的权力体制。在中国，教育权作为一种国家权力，其最高的和最终的权力源泉在国家最高权力机关，即全国人民代表大会。宪法第二条规定，"中华人民共和国的一切权力属于人民。人民行使国家权力的机关是全国人民代表大会和地方各级人民代表大会。人民依照法律规定，通过各种途径和形式，管理国家事务，管理经济和文化事业，管理社会事务"。第三条规定，"中华人民共和国的国家机构实行民主集中制的原则。全国人民代表大会和地方各级人民代表大会都由民主选举产生，对人民负责，受人民监督。国家行政机关、审判机关、检察机关都由人民代表大会产生，对它负责，受它监督。中央和地方的国家机构职权的划分，遵循在中央的统一领导下，充分发挥地方的主动性、积极性的原则"。

从法哲学角度理解，国家教育权的本质属性是社会权利，其源泉是广义的社会教育权，即从广义上被人格化的社会整体所享有和拥有的符合社会生活公共利益要求的教育权利的总和。广义社会教育权中作为权利主体的"社会"，逻辑上是作为社会整体的全体社会成员。在阶级社会中，社会整体利益的代表是社会统治阶级的国家意志，国家教育权作为一种继受性的权力，是特定国家中广义社会教育权的功能载体，它导致广义上被人格化的社会整体的教育权的权能分解，使得国家机关成为独立于一般社会成员和其他社会组织之外的行使教育权力的主体。在现代民主社会中，国家教育权作为一种国家权力，其权力性质是一种受委托的权力，其权力源泉是人民主权和宪法制定权。人民主权的性质是社会权利，即社会成员的共同意志构成的社会的最高权力。由人民主权到国家权力的权力分解形式，是宪法制定权。宪法是国家教育权的直接依据。依法行使国家教育权的国家机关要具体实现本属于全社会的教育权力功能，以达到实现社会整体的教育权利的目的。国家机关在行使国家教育权时具有从属性，其存在是以实现社会整体的教育权利并符合为其服务的要求为目的。同时，国家机关依据法律规定对国家教育权的具体行使，必须受到全体社会成员的监督。

国家教育权的产生和发展

西方国家教育权的产生与发展　西方国家对教育的介入，可追溯到古希腊的斯巴达和雅典。当时，各城邦国家为保证公民能为国家(城邦)服务，举办或监管了一些学校。斯巴达人为维护其对奴隶希洛人的统治，规定凡是未受过法定教育者，都不能成为公民集团的成员，也不能获得国家的份地。斯巴达教育的内容主要是军事训练，由国家视导员及其助手(被称为"鞭打者")负责监管训练。斯巴达国家为所有斯巴达男童提供一套完整的教育，以使儿童达到国家需要的标准。雅典教育是希腊教育最典型的形式。雅典通过城邦立法干预私人教育约始于梭伦改革。改革颁布了一项法令，要教每个男孩游泳、读书，并制定了一系列规章制度，由专门的长官监督强制执行，但梭伦没有干预学校的学科设置和教学方法，只对学生年龄和出身、学生随从的品格、学生上学和放学的时间，以及成人不得进入学区等作出具体规定。雅典学校并非国家创办，而是私人的事业。在雅典教育中，国家直接监督的唯一教育内容是体育训练。

罗马共和国晚期和罗马帝国时期，国家在较大的市镇和许多小市镇开办罗马式的文法学校。至公元2世纪，罗马学校相当普及，对文法和修辞的训练大大加强了被征服地区的教化进程。在罗马帝国时期，有两个明显倾向与国家教育权的行使密切相关：一是帝国皇帝非常关注帝国教育机构，尤其是高等教育机构，他们对这些机构的干预都以友好的赞助开始，以政府控制教育结束；二是学校中的异教文化与以基督教会为代表的新的生活观点相互作用，严重削弱了国家对教育的控制，也削弱了国家教育权行使的能力。529年查士丁尼一世时期，由于断绝物质来源并被禁止教学，公立学校逐渐消亡。自公元5世纪起，罗马帝国灭亡，教会势力不断扩大，教育的权力由国家转移到教会手中，当教师是教士的专有特权，其间虽也出现由于市民运动而产生和推动的大学，但这些大学里几乎都存在强大的教会势力。文艺复兴时期，体现文艺复兴思想的学校也多由较开明的教会团体创办。宗教改革时期，欧洲许多城市和城邦成立新教学校，但这些所谓新教学校本质上只是从属于另一个教派，并没有完全由世俗权力掌握，这种情形一直持续到18世纪才有所改变。

在德国，早在1619年魏玛大公领地时期就实行男女儿童必须接受教育的制度，一个世纪后的普鲁士王国弗里德里希·威廉一世及其子弗里德里希二世也制定了类似制度。巴泽多提出的新教育方法和博爱学校运动的发展为这种制度的实施提供了可行的方案和尝试，并获得策特利茨男爵的大力支持。虽然如此，使强迫入学制度真正付诸实施是一个艰难的过程。在18世纪末19世纪初威廉三世时期，一度中断的教育国家化运动得以恢复，并于1803年重申"儿童必须依照国家法律受教育，除宗教以外都要在公立学校受教育，不能强迫儿童接受学校所给予的宗教教学"。这条原则后来被广泛运用于现代的欧美国家。在德意志帝国时期，1872年公布《普通学校法》，引发了国民教育的一系列改革，尤其在中等教育改革的方面取得重大进展。1949年颁布的《德意志联邦共和国基本法》规定联邦政府对教育文化事务不享有立法权。为避免各州教育差别造成的混乱，各州州长于1955年签订《联邦共和国各州统一教育制度的协定》(即《杜塞尔多夫协定》)，奠定德国国民教育制度的基础。

在法国，自拉夏洛泰提出国民教育的思想之后，罗兰夫人、卢梭、爱尔维修、狄德罗等学者分别从不同角度提出类似主张，要求国家管理世俗教育，承担未来公民教育责任，并使教育世俗化。但在法国大革命之后相当长的时间里，关于是私人办学还是国家办学的问题始终存在争议，直到1802年颁布《国民教育总法》，将小学教育纳入国家教育轨道。由于未实行义务教育制度，收效不大。1833年《基佐法》正式把初等教育收归国家管理；1881—1882年《费里法》颁布，正式确立了初等教育的义务、免费、世俗三原则，奠定了法国国家教育权的现代模式。而法国的大中学校早于1808年就收归帝国大学管理。第二次世界大战后，法国国民教育改革又向前推进，以1947年的《郎之万—瓦龙计划》、1959年的《德勃雷法》和《贝尔敦法令》等一系列法案为代表，这些法案确立了国家介入教育的方式、方法。

在英国，洛克等思想家认为，国家没有必要干预教育，这种思想制约了英国国家教育权的发展。直到1833年英国议会才通过《工厂法草案》，规定对学徒工使用的限制和对他们进行教育的必要。要求工厂主保证9～14岁的学徒工每天有两个小时的上学时间，并规定由政府拨款兴办学校。1870年W.E.福斯特提出的《福斯特教育法》获得通过，规定把所有儿童纳入国家初等教育体系。至此，英国开始建立国家的初等教育体系。1902年通过《巴尔福教育法》，责成郡议会为负责初等和中等教育的地方当局，并授权地方教育当局开办中等学校，建立公立的中等教育体系。后经1918年《费舍教育法》、1944年《巴特勒教育法》的不断修正和发展，确立了英国从初等教育到中等教育、继续教育的公共教育体系，并形成相应的国家教育管理体制。

在美国，1787年宪法及其修正案以及相关的判例确立了国家(尤其是州政府)对教育的权利。19世纪20年代的"公立学校运动"使国家教育权的行使范围不断扩大。1852年，马萨诸塞州通过第一部义务教育法案，此后各州相继制定义务教育法，联邦和州政府又通过赠地等财政手段建立并管理自成体系的公立大学。这样，国家权力渗透到各个学校领域，于19世纪末形成一套颇具特色的国家教育体系。

1958年国会通过《国防教育法》，为联邦政府介入国民教育提供了法律依据。此后，联邦政府通过拨款、设立奖学金等方式不断介入学校教育，加强对教育的引导与管理。

至第一次世界大战结束时，绝大多数发达国家都确立了义务教育制度。苏联和其他一些发展中国家也于20世纪30年代实行了义务教育制度。国家教育权随着义务教育年限的不断延长而存在一定程度的扩张。而社会教育权在西方国家教育发展中也始终扮演着重要角色。现代西方许多国家的教育改革正是尊重社会教育权的结果，如特许学校、双注册式教育等。私立学校的大量存在也说明社会教育权仍然在发展，其作用不可替代。

中国国家教育权的产生与发展　在夏、商、周时期，中国正规的教育基本上只存在于官府，后来随着生产力的发展，民间办学始成气候。所谓官学，就是由国家设立的学校。依据设立学校的主体的不同，又分为中央政府设立的中央官学和地方政府设立的地方官学两大类。私学则是指由民间力量举办的学校。官学和私学都受国家选士制度的制约，尤其是隋唐之后，科举制度使学校教学围绕科举考核内容进行。中国历史上国家教育权的行使有直接行使和间接行使两个方面。直接的国家教育权力行使包括国家各级政府直接举办的官学和教育管理体制两方面，其中以唐朝的学校制度最具代表性，中央政府设立的直系学校有"六学"，旁系学校有"二馆"等；地方政府设立的，直系学校包括府学、州学、县学、市学和镇学，旁系学校有府、州设置的"医学"、"崇玄学"，这些旁系学校又隶属于中央。"六学"、"二馆"是专科或大学性质的，在学人数从开始的约2 000人到后来的8 000多人；地方官学多为中学教育性质。上述所有官学不仅由官方设置，其管理权力也归国家。如"六学"隶属于国子监，其长官称国子祭酒，为当时最高教育行政长官。弘文馆归门下省直辖，崇文馆归东宫直辖，"医学"归太医署，"崇玄学"归礼部管辖，地方官学则由长史掌管，旁系学校仍由中央直辖。中国封建社会时期存在一种相对独立的考试和选士制度，包括汉代的"举孝廉"、魏晋南北朝时期的"九品中正制"、隋唐之后的科举选士制度等。国家不仅通过官学直接行使其教育权力，还通过考试取士制度间接行使教育权力，规范各地的私学，影响其教学内容，进而达到"教化"目的。这一时期，中国国家教育权的行使力度和范围不断扩张，至明清时期，官学、私学基本被统一到科举考试中。

至20世纪初，"新学制"颁布实施，后经多次修改，逐步形成完整的学校教育体系。国民政府除秉承传统社会中的私学与官学分立，通过考试制度来影响私立学校的管理模式之外，也借鉴了西方发达国家的教育传统。在办学方面，在加大国家举办学校力度的同时，允许和鼓励私立学校存在和发展；在管理方面，国家有统一的教育管理系统，从高到低分为中央教育部、省教育厅、县教育局三级，统管官学和私学。从国家教育行政机构看，国民政府建立了相对完善的教育管理机构和教育法制体系。但由于国力衰微，政局动荡，许多法律只是一纸空文，国家教育权相对较弱，国民系列的教育并没有得到很好的开展。

中华人民共和国成立以后，国家实行高度集权的政治经济和文化制度，国家通过直接或间接方式举办和管理所有学校，规定学校的基本事务。国家教育权在中央及地方政府的分配上有多次反复，由于缺乏法定的规范，收放权力随意性大，经常出现"一统就死"、"一放就乱"的局面。20世纪80年代初期，国家开始允许社会力量办学。此后逐步形成了以下权力分配格局：国家制定教育方针，确定教育制度，中央教育行政主管部门只局限对少数重点大学进行直接管理，其他大学都归省级政府管理，国家关于教育工作的重点转移到制度层面（包括学科专业设置、招生数量、学位授予等）的控制和监督，中小学教育基本由省级和县级分工管理，中央政府只保留对课程标准、培养计划、教学内容等方面的宏观调控权力。

现代社会中的国家教育权

在一个统一的国度内，国家教育权具有统一性。维护国家教育权的统一性，必须反对教育权的民族化、地方化、政党化、宗教化等倾向。国家教育权的民族化倾向，主要指在民族聚集区的教育活动中，出现与国家统一的政治教育、民族问题教育的内容相背离的"地方民族主义"倾向。在中国，民族自治地区由"民族自治地方的自治机关"自主管理和实施教育，是国家代表全社会实施教育的一个组成部分。《中华人民共和国教育法》第十条规定，"国家根据各少数民族的特点和需要，帮助各少数民族地区发展教育事业"。民族地区教育事业发展和教育活动中的自主权，是以维护国家教育权的统一性为原则，不允许任何违背宪法和国家法律的教育内容。国家教育权的地方化倾向，在单一制国家中，是指随着地方政府在发展教育事业和管理教育活动中权限的扩大，教育内容的地方主义和不执行国家统一的教育政策的倾向；在联邦制国家中，是指由于教育的分权制而导致各联邦成员间在教育内容等方面差异的扩大，以及教育内容与联邦基本法（宪法）的冲突。这种倾向危害国家的统治权，增长地方的分离主义倾向，必须予以反对。国家教育权的政党化倾向是指在多党制国家中，学校教育过分宣传某一（些）政党的主张，成为某一（些）政党增强自己合法性和影响力的手段。政党教育有时出现在普通学校中，较多的则是出现在由政党投资或兴办的学校中。这种倾向破坏国家教育权的统一性，危害国家的政治统治，很多国家的法律规定了"教育的政治中立性"或"教育与政党相分离"的原则。中国宪法规定了中国共产党在国家中的领导地位，教育工作服从中国共产党的领导与国家教育权的统一性原则是完全一致的。国家教育权的宗教化倾向是指宗教教育出现在普通教育中的倾向。许多国家特别是有着长期宗教传统的国家，法律规定了"教育与宗教相分离"的原则，规定禁止在普通学校开设宗教课程，有的甚至规定禁止宗教团体开办学校，以避免教育的宗教化倾向，维护国家的政治统治。20世纪90年代后，市场竞争机制逐步在中国的教育资源配置、教育结构调整等方面发挥作用，教育投入由传统的计划经济体制下单一的政府投资，向政府、集体、个人多元投资转变，这使得各种社会力量办学空前发展。由此要注意，在发挥市场机制正面效应的同时，如果不加强国家的宏观调控和管理，市场机制的自发性、盲目性和滞后性的缺陷会给教育事业的健康发展带来负面效应，故国家权力中的教育管辖权必须加强；另一方面，教育投资和办学主体的多元化趋势并不等于教育内容特别是涉及政治、价值观念、思想意识等精神文明方面教育内容的自由化，故必须反对国家教育权的民族化、地方化、政党化、宗教化等倾向。

国家的教育职能与国家的政治职能密切相关，教育活动为国家实现政治决策、政治过程和政治行为服务。国家教育权是国家的一种统治权力，对全体社会成员特别是年青一代进行符合社会公共性原则要求的政治教育，是国家教育权的重要职能。在中国，做好政治教育工作，鲜明地体现"教育为社会主义服务"的原则是维护国家教育权的重要内容。在现代社会，国家教育权与公民个人依法享有的文化教育权利（如学术自由、教育自由等）之间，本质上是一种法律关系。现代国家普遍重视法律的调整作用，从法律上保证国家教育权与公民个人文化教育自由权利之间的协调一致。中国改革开放以来，人们的思想解放程度不断提高，各种思想空前活跃，有针对性地对全体社会成员特别是对年青一代，进行符合社会公共性原则的政治教育，是社会主义国家性质所决定的，也是社会主义国家不能放弃的教育权力和国家职能。

国家教育权的分配

国家教育权的合理分配，既是保证其有效行使的基础，也是防止其滥用的关键。国家教育权的分配有横向分配和纵向分配两种。

国家教育权的横向分配　国家教育权的横向分配是指国家教育权力在不同国家机关之间的分配。现代资本主义国家的政治制度赖以建立和存在的理论基础是"三权分立"说。"三权分立"不仅是现代资本主义国家政权组织和活动的基本原则，也是其国家教育权力组织和分配的基本原则。"三权分立"说的出发点是以权力制约权力来防止权力的滥

用。由此，现代资本主义国家的教育权力在横向的组织和分配上构成了下述基本结构，即严格实行立法、行政、司法三权分立，相互牵制、相互制衡。

国家教育立法权是指国家立法机关按照一定程序制定、认可、修改、补充和废止教育方面的法律的权力。国家立法机关是行使立法权的权力主体。国家教育立法权调整的对象是国家管理教育中基本的、带全局性的问题，如规定国家的教育方针，确定国家的教育制度，统一教育的质量标准，协调教育的内外关系等。它通过立法活动即制定最高和最基本的普遍性行为规则来管理教育。大多数国家的立法机关都有权针对教育问题颁布法律，但也有少数国家的宪法规定了立法机关的立法项目，这就限制了立法机关的立法范围。如美国宪法就以列举方式规定了联邦以及联邦各州共同行使的权力，同时在其第十修正案中规定："宪法未授予合众国，也未禁止各州行使的权力，将由各州或由人民保留。"据此，管理教育的权力属于宪法未加列举的权力，由各州行使。但这并不等于联邦在教育上无所作为。根据美国宪法第一条第八项规定，国会有权为共同防卫和一般福利的目的征收赋税，意即联邦有为教育而课税，并在教育财政拨款的范围内立法的权力。第二次世界大战后，在新的科技发展和国际竞争形势下，联邦通过教育拨款法案加强对教育控制的趋势日益明显，联邦的教育立法范围日趋扩大。如1958年的《国防教育法》、1964年的《经济机会法》、1965年的《初等与中等教育法》、1963年的《职业教育法》、1965年的《高等教育法》、1966年的《成人教育法》、1975年的《教育所有残疾儿童法令》以及大量的法令和司法机关的法律解释，几乎涉及教育的各个领域。当然，联邦立法仍然受宪法限制，这些法律没有超出为公民的受教育权均等拨款以及为国防需要而开设的学校课程拨款这两个方面。大量的有关学校教育的法律由各州制定，大部分州的宪法都有教育专章，明确规定了州政府管理学校的条款。州的教育立法相当广泛而具体，涉及学校的所有活动，包括财政职权与职责、校舍的标准、教师的鉴定、组织机构与行政管理、教育委员会的职责与任命、学校税、教师的雇用、学生的校车接送、学校供餐等数百项有关全州学校每日活动的法律及司法意见。

国家教育行政权主要指国家行政机关依法对国家教育事务进行直接的、具体的组织和管理的权力。国家行政机关是行使政权的权力主体，其组织有别于立法机关。行政机关一般要求集中、统一，有明确的隶属关系，通常实行首脑制，即由某一个人掌握最高行政权。行政机关的其他人员同行政首脑的关系是行使权力与服从权力的关系。国家教育行政权的目的在于全面组织和发展教育事业。具体包括：教育行政立法权，即行政机关制定和发布有关教育的行政法规、规章等规范性文件的权力；教育行政执法权，即行

政机关针对特定对象而规定和采取的形成权、命令权、处罚权和管理权。国家教育行政权的主要内容包括制定教育政策,对有关部门和各级各类学校进行检查和监督,对人才需求、学校发展、专业设置、招生分配、师资培训等项目的预测和规划,教育体制改革,对学校师资和管理人员的人事管理等。为保证行政权力的合法性和确定性,各国一般通过法律规定教育行政机关的设置程序、隶属关系、机关性质、人员编制、职权职责等。行政机关的设置一经法律化,即产生直接的法律后果和效力,其变动须经过一定的法定程序。行政机关的设置必须有法律依据,行政机关的授予必须经过法律的认可。除了经过法律认可的机关外,任何其他机关和社会团体都不能成为行政主体。行政机关的行政活动不同于立法机关和司法机关,是一种执行和组织的活动,是对国家事务进行计划、指挥、协调、控制的务实性活动。为防止越权和侵权,须明确划分行政机关活动的职权、职责,并规定一定的活动程序,做到依法办事。

国家教育司法权是国家司法机关行使的关于教育的审判和仲裁权力。国家司法机关是行使司法权的权力主体。其组织方式与立法机关、行政机关有很大不同。近代以来的各国司法机关一般都形成独立的权力系统。虽然各国的法院组织因国家结构和法院处理事务的权限不同而异,但都分别设有多层级别,设有最高法院掌握最高决定权,并且都提出"法律面前人人平等"、"审判独立"、"审判公开"、"陪审制度"等司法原则。国家教育司法权的目的在于制裁违法行为,处理教育纠纷,保证法律规定的教育权利和义务的实现。在许多国家,法院对于调整各种教育关系的作用越来越重要,教育诉讼案件呈急剧增加趋势。在美国,第二次世界大战以来的教育判例就达 2 400 多项,其中有些判例对美国教育产生了极大影响。例如,有关教育上种族隔离的合法性问题。从 1896 年路易斯安那州的普莱西诉弗格森一案确立"隔离但平等"原则起,直到最高法院 1954 年宣布其违宪的 60 年间,一直是一个有争议的问题。1954 年的布朗诉托皮卡教育委员会案宣布"隔离但平等"原则违宪,规定公立学校必须取消种族隔离。这一案例对美国的普及教育起了很大作用。在日本,法院审理的教育案件数量众多,涉及范围包括国家的教育权和教育内容决定权、教育的中立性、入学许可、教育指导、学生惩戒、学校事故等方面。其中一些重要判例,对日本的教育管理有着重要的调整作用。在某些普通法系国家,例如美国,法院除具有审判权之外,还对如何适用法律具有最终发言权。在教育立法中,法院可在以下方面作出复裁:有关教育法争议的裁决是否违宪;把某项权力委托给学校行政官员的决定是否必要和合法;行政决定是合理的抑或是专断的;运用衡平法原则是否对普通法的无效给予事实上的证明;一切有关学校的决议是否在法律规定的范围内制订;对一个特殊的行为追究责任,

是否应像民事侵权案件那样区分审慎尽职或玩忽职守等。

中国的国家权力结构由国家权力机关、国家行政机关、国家审判机关、国家检察机关构成。这些机关统一行使宪法规定的国家权力,而不是分立和制衡。在权力结构中,国家权力机关掌握国家的一切权力,其他执行国家权力的机关都必须受国家权力机关的制约和监督,其权力的行使必须对国家权力机关负责。国家教育权力的横向分配基本上按上述结构进行。中国宪法规定,发展和管理教育是统一的国家权力的一部分。国家发展社会主义教育事业,提高全国人民的科学文化水平。国家举办各种学校,普及初等义务教育,发展中等教育、职业教育和高等教育,并发展学前教育。国家发展各种教育设施、扫除文盲,对工人、农民、国家工作人员和其他劳动者进行政治、文化、科学、技术、业务的教育。但是,统一的国家权力必须通过明确的责任制,通过不同国家机关的分工合作才能实现,其中,国家权力机关具有全权性质,对于教育管理具有最高的和最终的决定权。在教育方面,其主要职权是:教育法律的制定权;对教育行政机关领导人的决定和罢免权;对各项重大的教育问题如教育发展规划、教育经费预算的决定权;对法律、法令、行政法规的遵守和执行的监督权。国家行政机关和司法机关是从属于国家权力机关的执行机关,执行国家权力机关所制定的路线、方针、政策,遵守国家权力机关所制定的宪法、法律和法令,对国家权力机关负责,接受国家权力机关的监督。国家行政机关在教育上的主要职权是:实施国家的有关政策和法律;发布有关教育工作的行政法规、规章、命令和指示;制订教育事业的发展规划和计划;指导教育改革工作;统筹和监督国家教育事业的发展。国家司法机关在教育上的主要职权是:审判有关教育的各类案件,对应当承担责任的行为人或行政主体,依法追究其民事责任或刑事责任,以维护教育法制和教育秩序,保护学校的合法权益,保护学校师生的教育权利、人身权利和其他权利,保障国家的社会主义教育事业的顺利进行。此外,为保证国家有关教育的政策法规的实施,国家教育权还包括对各级各类教育事业和教育行政机关、学校教育机关的监督权。为实施国家对于教育的监督权,中国还建立了一个包括内部监督和外部监督、职能部门监督、执政党监督和人民群众监督相结合的监督体制,其中包括权力机关对教育的法律监督和工作监督;行政机关对教育的行政监督;司法机关对教育的司法监督;执政党和人民群众对于教育的社会监督。

国家教育权的纵向分配 国家教育权力的纵向分配是指国家教育权力在不同层次的各级政权组织间的分配。各国社会制度和历史传统不同,国家权力的纵向分配也不同,根据机构设置的特点和决策权力的大小来划分,纵向分配的国家教育权力可分为地方分权制和中央集权制两种典型的模式。

地方分权制是指在机构设置上,中央机构与地方机构之间为形成一种平行的、合作的对等关系,上层对下层权力范围内的事务不加干涉,由下层自主决定。教育的地方分权管理一般可以通过以下组织形式实现。一种是利用现有法人,以英国为代表。英国的国家体制是中央集权型,但在教育管理上采取向地方当局分权的做法。1902 年,英国中央政府把本应由它掌握的许多教育管理职能交给地方当局这样一个现有的法人,中央政府只就重要的政策和问题向下发出指示命令。由于地方当局已经形成一定的功能结构框架,可以较容易地在已有框架的基础上规定一种适当的形式,承担管理教育的责任。另一种组织形式是建立一个新的法人,以美国为代表。美国通过建立地方教育委员会来管理教育。地方自治的原则要求地方教育委员会的成员由其所管辖地区的居民自由选举产生,作为一个自治机构,独立地、不受制约地行使宪法赋予的教育管理权力。由此形成联邦、州和地方三级教育权力系统:联邦一级宏观指导教育,州一级直接控制教育,地方一级因地制宜地管理教育。每一层次的职权职责都有法律依据,相互间保持一定的独立性。联邦对教育的作用是通过国会的教育立法和教育部的行政指导、行政协调而实现。制定法令虽然是国会的职能,但由于教育立法的日益专门化和教育利益的日益多元化,联邦教育部对立法的影响越来越大,教育法律的草案大多由联邦教育部提出,由国会两院的议员审议。此外,联邦行政机构还可针对国会立法,制定相应的实施性法规和规章。这些条例、规定、指导要领、解释、命令和要求的法律拘束力虽低于国会法令,但仍统一适用于美国各州。州一级的教育职权一般有:调节州内一切教育事业;确定基本计划的范围和性质;规定最低程度的学校标准;制定最低程度的学校标准;制订财政支出计划;提供咨询服务;管理联邦政府资助的项目,促进教育机会均等;有效利用地方、州和联邦提供的财源,帮助规划教育用品的生产。50 个州都有独立的教育立法权和行政权,其教育行政机构一般由州教育委员会、首席教育官员和州教育局组成。教育委员会是州的教育决策机关,其职权是调整教育发展,制订课程计划和质量标准,规定办学条件最低标准,任命教员,编制州教育预算,制订和实施教育计划,进行教育评价等。首席教育官员的职权通常包括分配州教育专款,执行和解释有关学校的法令,鉴定教师、组织教师培训,提供咨询服务等。教育局的职权是制定规章制度,监督其遵守、实施,处理教育实际事务,掌管教育财政,规划、研究和开展教研活动,评定教育工作等。学区是地方教育行政单位。为确保所管辖学校的财源,学区有权通过税收增加收入,并规定债务的限度。学区还有权管辖教职员工,维护学校设施,有权按照州法规定的标准制订修改教育课程计划,确保教育财源和维护学校设施等。

中央集权制是指中央机构与地方机构之间表现为一种命令与服从的隶属关系,一切事务的决策权或最终决定权集中在上级机关,下级机关只能根据上级机关的决定、命令和批示行事,向上级机关负责。尽管这是一种以主从隶属关系为特征的全国统一的层级制系统,但为了调动各层级的主体积极性,提高总体管理效率,也存在如何保持中央与地方、上级与下级之间的平衡与协调的问题。中央集权型有两种组织形式:一种是以中央管理为主,权力高度集中,以苏联为代表;另一种是把相当一部分管理职能转移给地方政府,中央保持对重大问题的决策权和对行政事务的最终决定权,以日本为代表。

中国国家教育权的分配形式,基本是在总结历史传统和经验并参照 20 世纪 50 年代苏联体制的基础上建立的。其集中统一的权力结构在几十年的社会主义建设中发挥了重要作用。教育部是国务院所属的分管教育行政事务的执行机关,对上受国务院行政首长的指挥监督,对下在所管辖的范围内行使行政管理职能。其主要职权:研究拟定教育工作的方针、政策;起草有关教育的法律、法规草案;研究提出教育改革与发展战略和全国教育事业发展规划;拟定教育体制改革的政策以及教育发展的重点、结构、速度,指导并协调实施工作;统筹管理本部门教育经费;参与拟定筹措教育经费、教育拨款、教育基建投资的方针、政策;监测全国教育经费的筹措和使用情况;按有关规定管理国外对国内的教育援助、教育贷款;研究提出中等和初等教育各类学校的设置标准、教学基本要求、教学基本文件;组织审定中等和初等学校的统编教材;指导中等及中等以下各类教育的教育教学改革;组织对普及九年义务教育、扫除青壮年文盲工作的督导与评估;统筹管理普通高等教育、研究生教育以及高等职业教育、成人高等教育、社会力量举办的高等教育、成人高等教育自学考试和继续教育等工作;研究提出高等学校设置标准,审核高等学校的设置、更名、撤销与调整;制定学科专业目录、教学基本文件,指导高等学校教育教学改革和高等教育评估工作;统筹和指导少数民族教育工作,协调对少数民族地区的教育援助;规划并指导高等学校的党建工作和各级各类学校的思想政治工作、品德教育工作、体育卫生与艺术教育工作及国防教育工作;主管全国的教师工作,制定各级各类教师资格标准并指导实施;研究提出各级各类学校的编制标准;统筹规划学校教师和管理人员的队伍建设工作;统筹管理各类高等学历教育的招生考试工作;制订各类高等学校招生计划;负责各类高等学历教育的学籍管理工作;归口管理高校毕业生就业制度改革,拟定高校毕业生就业政策,组织实施高校毕业生就业分配工作;规划并指导高等学校的自然科学和哲学、社会科学研究;宏观指导高等学校的高新技术应用研究与推广、科研成果转化和产学研结合等工作;协调并指导高等学校承担国家重大科研项目、国防科技攻关项目的实施工作;指导高等学校国家重点实验室、工程研究中心的发展建设;统筹管理并协调、指导教育系统的外事工作,拟定出国留学和来华留学管理工作的方针、政策;规划并协调、指导对外汉语教学工作;指导我驻外教育机构的工作;负责协调同香港、澳门特别行政区及台湾地区的教育交流;负责教育基本信息的统计、分析和发布;拟定国家语言文字工作的方针、政策;编制语言文字工作中长期规划;制定汉语和少数民族语言文字的规范和标准并组织协调监督检查;指导推广普通话和普通话测试工作;统筹规划学位工作,起草有关学位工作的法规;负责实施国家的学位制度;负责国际同学位对等、学位互认等工作;承办国务院学位委员会的有关具体工作;负责协调"中国联合国教科文组织全国委员会"各委员单位及其他部门、机构与联合国教科文组织开展教育、科技、文化等方面的合作与交流;负责与联合国教科文组织总部、亚太地区办事处、驻京办事处的联系与交流;负责与中国驻联合国教科文组织常设代表团的联络并指导其工作;承办国务院交办的其他事项。根据组织法规定,地方各级政府可设立地方教育行政机关,在本级人民政府的统一领导下,行使国家管理教育的权力,并受国家教育部的领导或业务指导。

分权制和集权制各有利弊。分权制有利于调动地方政府发展教育的积极性,能够按照地方的需要发展教育事业,地方对教育的投入会大幅度增加;有利于根据各地区的经济、文化、生产力水平及资源的特点和需要,因地制宜地发展教育事业,使教育更好地为地方经济建设服务,与地方经济社会发展相协调、相适应,从而促进区域经济社会的发展;有利于建立相对灵活的机制,使学校有更多的自主权,发挥各学校的办学积极性;有利于根据地区发展需要进行多种多样的教育改革实验,从而形成各地区以至各学校的办学特色;有利于地方政府多方面发动社会、企业、个人参与发展教育事业,使教育事业成为全社会的事业;有利于中小城镇发展自己的学校,以振兴这些地区的经济和提升其文化。但分权制也有其不足:不利于国家整体上的协调发展,国家重点需要的基础性人才和高层次人才需求难以得到保证;缺乏统一的发展教育的目标和标准,地方上容易各行其是,教育的整体水平和质量势必参差不齐;由于地区之间办学条件不平衡,拉大了教育的地区差距,造成社会公平缺失。集权制的优点是:有利于国家集中有限的教育资源,按国家需要实施重点发展;有利于统一教育的目的和目标,贯彻教育方针、政策;易于使教育保持平衡;有利于国家通过干预,管理和控制教育事业的规划、布局和结构;有利于保证国家需要的重点人才的培养和重大教育改革计划的推行。其弊端是:地方政府和地方教育行政机关缺乏自主权,对发展教育事业意识和责任感不强,对中央政府产生依赖,缺乏办学的积极性、主动性和创造性;过于强调整齐划一,缺乏灵活的机制,不利于学校办出特色,压抑教育的个性发展;未照顾到地方性经济、文化、资源、生产力水平等方面的特点,易脱离部分地区实际。世界上实行分权制和集权制的国家都在进行改革,以期从法律上保证中央与地方、集权与分权的协调一致。集权与分权的矛盾既表现在教育系统中的权力分配和机构设置中的职能分工关系中,也表现在管理过程内部的多方面关系中。国家教育权组织和分配的迫切任务不仅在于设计教育权力主体权责系统的最优结构,明确规定机构设置的基本原则,合理划分各级机构的管理职能,还应研究教育管理过程中各种具体的管理关系和管理行为,使来自各方面的作用在法律的调节下协调一致,使集权制统筹兼顾、效益明显的优点与分权制在功能上多样化的选择机会结合起来。

国家教育权的制约

在国家教育权的分配中,权力的相互制约有三种形式:司法对国家教育权的制约;社会教育权对国家教育权的制约,即区分国家教育权力与社会教育权利的界限,以权利制约权力;家长教育权对国家教育权的制约。子女与父母的关系作为一种法律关系,是人类社会普遍存在的一种社会关系,父母的教育权是这种关系中的一个重要内容。1948年联合国大会通过的《世界人权宣言》第二十六条第三款规定:"父母对其子女所应受的教育的种类,有优先选择的权利。"《中华人民共和国宪法》第四十九条第三款规定:"父母有抚养教育未成年子女的义务,成年子女有赡养扶助父母的义务。"宪法第四十六条规定:"中华人民共和国公民有受教育的权利和义务。"从国家教育权力的产生过程中可以看出,公民的教育权利早于国家教育权力,后者是在前者的基础上产生的。在法理上,国家教育权是由父母教育权让渡的,是父母教育权的延伸。国家教育权力的存在应以父母教育权利无法涉及或不能更好涉及的领域为限。因此,国家在行使教育权力时,必须重视公民的教育权。

参考文献

郭道晖.法的时代精神[M].长沙:湖南出版社,1997.

劳凯声.变革社会中的教育权与受教育权:教育法学基本问题研究[M].北京:教育科学出版社,2003.

劳凯声,郑新蓉.规矩方圆——教育管理与法律[M].北京:中国铁道出版社,1997.

秦惠民.走入教育法制的深处——论教育权的演变[M].北京:中国人民公安大学出版社,1998.

(王国文 薄建国)

国家课程(state curriculum) 有广义和狭义两种理解。广义是指国家实现教育方针、落实国家教育理念的载体,是国家对公民素质的基本要求。具体指国家课程计划中规定的内容,包括课程方案、课程标准、课程政策和法规等,以及学科课程、综合课程(如综合实践活动、综合理科、综合文科、综合艺术)。与地方课程、校本课程共同构成三级课程体系。由于实现国家教育方针的途径和方法多样,国家课程可由各地创造性地实施,具有弹性,供教学拓展的空间较大。狭义指学校按照国家制定的教学计划开设的各门学科课程。

国家课程开发管理的主体是国家。在宏观课程结构中,国家课程处于主导地位,体现国家的教育意志,具有强制性、权威性和统一性,因追求稳定性和普遍适用性而具备抽象性、概括性。国家课程无法完全满足具体地区和学校的特殊需要。在国家课程、地方课程和校本课程三级课程体系中,国家课程可以保证学校课程教学的基本水准。国家课程由国家教育权力机构组织专家决策和编制,全国统一,采用自上而下的研制—开发—推广的执行模式。在中国,国家课程由教育部根据不同阶段教育的性质和基本任务制定,同时规定基础教育阶段课程的设置、各类课程的基本标准以及合理的课程比例等。在美国、澳大利亚等实行地方分权制的国家,国家课程由各州政府负责研制开发,政府委派的机构,如"课程编制委员会"、"课程编制中心"等,受政府委托和授权,负责一定范围和一定层次学校的课程编制。在课程实施的性质上,国家课程是一种集权制的课程开发与管理模式,集中体现国家的教育目的、培养目标、民族的需求和社会经济发展的需要,确保国家所实施的课程能够反映国家意志。

国家课程具有五个基本特点。一是基础性,国家课程开发者在课程内容设置、课程目标和整个课程体系上倾向于把最根本、最基础的知识、技能和能力传授给学生,通过精选学生终身学习所必备的课程内容,协调社会进步与课程内容不断更新之间的矛盾,使学生身心获得的健康发展。二是指导性,这是国家课程的功能性特征,即中央教育机构在制定国家课程的框架时具有一定的灵活度,对地方课程与校本课程的开发与管理具有一定的指导意义,使地方和学校既能从中选择、改编或变革课程实施的具体内容和要求,亦能制订适合地方和学校具体情况的课程计划。三是统一性,国家课程依据国家的具体情况、民族的传统文化以及社会发展的客观需要,对课程体系作出统一的规范性、全局性的选择,这是国家课程本质要求的反映。统一性也指在整个国家范围内或在国家规定的范围内,各级各类学校都应按照国家编制的统一的课程计划组织实施。四是稳定性,国家课程体系一旦确立,不易受时代变化和现实的短期需求而随意更改,整个体系的时间跨度较大,运作周期较长。大量教育行政人员、课程专家以及课程实践人员直接参与构建,国家课程体系能够科学地反映基础教育阶段课程实施与管理的基本规律。稳定的国家课程有利于正常教学活动的开展和学生基本素质的培养。五是综合性,国家课程在课程目标的选择、课程类型的设置以及课程的客观结构上体现全面、统筹、综合的特点。由于基础教育阶段本身的需要,国家课程应通过其综合性特点实现学生全面和谐的发展。

(孔　云)

国家与公共教育制度(country and public education system)

国家运用其权力和资源,通过建立公共教育体系来保障教育功能的发挥并使其为社会发展服务。在现代社会如果没有国家的力量,教育难以普及,现代教育不可能是一种纯民间的事业和活动;但教育就其本质而言具有社会性,所以不能排斥民间对教育的权力。世界各国教育体制改革的追求在于,如何通过一种形式,在发挥国家对教育的正面作用的同时,能真正使教育回归民间。

教育职能的两次转移

在古代社会,社会发展的早期,对大多数人而言,教育是在家庭,在长幼之间进行的,因此主要表现为一种民间的职能和权利。历史上最早的学校约产生于公元前3000年至公元前2000年的中国以及古埃及、巴比伦、古印度、古希腊等国。学校机构的出现是教育活动专门化的结果,是教育职能在历史上的第一次重要转移。这是一次发生在家庭与社会之间的教育权再分配,教育的职能部分地委托给学校和教师,由学校和教师行使原先由家庭来行使的这部分教育权。当时的学校尽管有国家举办和私人举办之分,但总体而言学校教育还不足以构成教育的主要方面,并且不具有功能上的普遍性,真正的受益者只限于一个极小的范围。

这种情况一直延续到19世纪才开始发生变化,这一变化发端于欧洲一些最先开始现代化进程的国家。19世纪初叶,学校教育机构已经有很大发展,出现了大学、作为大学预备学校的中学以及实施初级教育的小学,但这些学校从制度和组织形式看,主要是由其教育对象的出身阶层和社会经济地位等因素来划分的,承担不同教育功能的学校教育机构之间一般并不相互衔接。学校教育的规模小,制度不完善,远未形成统一有序、分工明确的各级各类学校系统。从学校教育机构内部看,教学活动的组织形式主要是个别教学和自学,没有统一的教学计划、教学大纲、教材和质量标准,因此还未能完全取代家庭教育而成为人才培养的主要组织形式。但是,这一时期在欧美诸国广泛传播的工业主义、国家主义和政治民主的思潮使得传统的、以家庭为基础的教育遭遇了最严重的挑战,教育作为现代国家发展的一个重要因素在社会发展中的作用变得越来越重要,一种要求国家积极作为、扩大教育机会、建立公立学校系统的呼声越来越高涨。

从 19 世纪末开始，因普及教育之需，对教育的组织和调控普遍成为现代各国的一种基本职能和活动，并成为国家公共事务的一个重要组成部分。世界各国的经验表明，普及教育在全世界都是由国家建立公立学校系统，提供平等的公共教育服务而实现的，这已成为社会现代化进程中的一个理性选择。在这一进程中，过去一直属于私人、地方或教会管辖范围的学校开始集中到国家手中，通过国家的力量建立公立学校系统，向社会提供公共教育服务。现代意义的公立学校的产生标志着人类教育职能的又一次转移。与教育职能的第一次转移不同，这次转移是在社会的现代化进程中出现的，是为普及教育之需而发生的由社会向国家的职能转移，是教育权在国家与社会之间的一次再分配。这一转移直接导致了教育的国家化趋向和公立学校系统的产生。世界各国在进行现代化的过程中纷纷对原有的国家体制作出相应的变革，通过一种高度专门化的社会组织形式来推动教育的发展，用立法的手段来保证国家对教育的影响和控制，用行政的手段发展公立学校系统，这就是近代史上的教育国家化趋势。尤其是 20 世纪以来，随着教育规模的不断扩大，教育制度的日益完善以及教育财政开支的迅速增加，对教育的组织作用和强制作用也越来越突出。各国普遍从立法、司法和行政等方面加强了国家对教育事业的调控和组织。这种国家的教育权力，包括加强教育管理的集中性、统一性和权威性；建立强有力的行政系统，对各级各类学校及其他教育机构的管理和监督；对教育领域中的各种社会关系进行司法调控等，几乎涉及教育活动的各个环节。

现代教育的社会化和国家化趋向以及公共教育制度的产生是一种进步的趋势，并使教育有可能在新的范围内得到普及与发展。世界各国现代化的历程表明，没有一个国家能在纯粹自发和私营的基础上普及教育，普及教育总是伴随各种社会化、国家化的形式。世界上任何一个国家，无论其国家体制的形式如何不同，无论是实行集权制还是分权制，都必须在全国范围内从物资、人力以及教育教学活动的实施等方面对教育进行社会组织和调控，以便提高教育效益，更有效地普及和发展教育。随着社会生产力的不断提高和科学技术的迅速进步，随着教育事业规模的不断扩大和受教育程度的日益提高，各国的公共教育规模越来越大，这已成为一种历史的必然。因此，世界各国在现代化的过程中都对原有的国家行政体制作出相应的变革，把对教育的管理纳入国家权力，用行政的手段建立和发展公立学校系统，以公共的渠道提供教育服务，从而形成了一种崭新的以服务公众为目的的社会制度体系，这就是近代史上的公共教育制度。公共教育制度是以公共教育服务为基本目标，以政府责任为主要推动力，以公立学校为主要实施机构的一种定型化的教育制度。在这种制度中，不同级别和类别、不同培养目标的学校机构构成某种相互衔接的关系，系统的、由简而繁、由易而难、循序渐进的学校教育教学活动构成公共教育制度的主要内容，因而公共教育制度亦称公立学校系统。复杂的教育运行过程要做到有序化、科学化，仅靠社会自发的调节形式是不行的。它要求教育事业必须体现国家与社会的整体利益，学校的教育教学活动必须有一定的行动方式和程序，一切财物的使用和管理也应有一定的规格和使用规范。

由于新的公共教育制度是在家庭之外，通过某种社会化的组织形式来实施的一种高度专门化的人才培养方式，因此必定会与沿袭了数千年的家庭的或民间的教育传统构成极大的冲突。事实上，随着现代国家的发展，家庭、学校、社会和国家之间的关系问题最终归结为两个基本问题，即教育应当由国家承担还是由民间承担，以及教育应当在学校中进行还是在家庭中进行。这两个问题曾经是公共教育制度发展过程中各国普遍面对、争议极大的问题，尤其是 18 世纪下半叶到 19 世纪，当公立学校萌芽并开始具有确定的社会影响时，有关学校教育问题的争论在许多国家都变得更加广泛和激烈。

在普鲁士，由于公共教育相对于其他国家来说实施得较早，因此上述争论尤为激烈，许多最重要的学者都曾参与了这场讨论。费希特早先曾认为实施教育的义务应由父母承担，国家不能强令儿童在国家举办的学校内接受教育，因为家庭教育应当有助于每个人寻求自我的完善。但他晚年时却反过来要求废除在家庭进行的父母式教育，而由国家来承担教育的职责。康德则赞成把儿童送出家门以避免家庭本身的缺点和局限。他认为儿童在家庭接受教育会助长种种弊端，而公共教育的一个确定的优点就在于受教育的儿童能通过公立学校所提供的与同伴之间的交往而对自己做出恰当的自我评价。赫尔巴特则强调了在家庭中实施教育的优点，认为在家庭这一私人环境中，可以更有效地运用教育学的原理教育儿童，开展个别教育的机会要比在学校环境中多得多。而在学校中因为有太多带有各种复杂背景的学生，用新的教育原理去进行教育就十分困难。黑格尔强调了家庭在培养儿童个性心理方面的优点，而学校中的教师则根本没有时间像家长那样来进行个性的塑造工作。但他同时又认为学校呈现在儿童面前的是一种崭新的生活，在这里，儿童的思想必须放弃自己个人的特点来适应外部环境，必须寻找具有普遍性的法则和常规，这一点又有利于养成人的普遍认同的特点。因此黑格尔不赞成父母在家中有全权决定对自己孩子教育的观点，而认为国家对儿童的教育有着决定性的影响作用，表现在：一方面，国家按照自身的职能监督家庭对子女的教育，如果儿童所生活的家庭过于贫穷或过于轻视教育，则国家就必须进行干预以保证儿童能接受适当的教育；另一方面，国家在儿童教育上，也有自身的利益追求，即培养新一代社会成员来履行政府的职能。上述有关公共教育问题的争论推动了普鲁士国家较早地承担起了教育的职责，成为最早由国家承担义务教育职责的国家。

在法国，公共教育的思想流传较早。在法国大革命之前，已有相当多的人主张实行国家教育制度。爱尔维修是最早倡导公共教育的一位学者，他的一个重要理由就是学校和教师对于教育问题比父母要知道得多。在法国宗教界中也有许多人倾向于国家教育，认为儿童属于国家而非父母所有，因此应在公立学校中接受国家的教育，公立学校应教育儿童敬神、爱祖国和遵守法律。法国大革命时期，许多人又以非常激进的方式提出了有关公共教育与私立教育的关系问题，提倡学校应由国家设置并建立在世俗基础上，并在实践中把法国公共教育的发展向前推进了一大步。1791年通过的法国宪法肯定了公共教育制度，明确要求创立与组织面向全体公民的公共教育制度；免费为全体成员提供必要的学科学习。在这之后，虽然对国家在教育中的职能问题曾有过激烈的争论并产生了两种对立的主张，但不同的主张在要求通过国家实施教育方面却非常一致，最激进的主张者甚至提出父母不应有教育子女的权利，国家才是唯一的教育者，儿童应进入统一的公共寄宿学校接受公费教育，连衣、食等都由国家负责。

与普鲁士和法国不同，英国公共教育的发展缓慢，这是因为英国社会从传统上对家庭教育的祖护。早在17世纪，洛克就坚信儿童应在家庭而不是在学校中接受教育，因为父亲的道德教育作用是无可取代的。洛克承认学校对儿童的正面影响，认为在学校中可以得到教师更好的学习指导，同时还可以通过与其他人的交往而克服性格上的羞怯，培养其刚毅的精神品格。但他同时认为，教师无法像儿童的父亲那样有足够的时间去关心儿童道德的培养，对他们的道德发展进行最好的监督。在他看来，没有什么后果能比一旦失去了德行所产生的后果更为严重了。洛克的观点在他生活的那个时代很有代表性，因为那时有许多人都持有类似的观点，因而对学校持一种反对的态度。但英国的这一传统最终还是被学校的发展打破，一些著名的私立学校例如伊顿、哈罗和威斯敏斯特等公学具有很好的声誉，吸引很多富裕家庭子女入学。在英国，儿童是在家庭还是在学校接受教育完全是由家庭决定的。在古老的英国习惯法中，法律能够制约父母的只是向子女提供衣、食、住等必要的生活保障方面，其中并不包括教育。在经历了长时期的关于国家与教育关系的反复争论后，最终是自由主义与放任主义的学说成为英国教育的理论基础，国家不插手教育的主张占据了主导地位。对于自由竞争的渴望与热情使英

国有关公共教育的法律一直延迟到1833年才得以颁布。此后又经过了几十年的时间，直至1870年通过了《福斯特教育法》，才标志着英国最终形成了由国家建立、由地方当局主持和管理的统一的学校制度。从此，在英国公立学校才得以和私立学校并存，并获得了较快的发展。

美国在其被殖民时期，教育主要受西、荷、法、英等殖民国的多重影响，表现为以英格兰和欧洲为主要特征的分散和多样的状态。直到18世纪，受法国自由主义的激励，许多人开始从新的角度探讨有关公共教育的问题。美国建国之后，联邦政府曾悬赏征文，征集有关建立适合新政体的教育体制的建议，由此展开了一场有关公共教育制度的讨论。在这场讨论中，相当多的人反对以家庭为基础的欧洲教育传统，要求国家采取积极行动扩大民众的受教育机会，呼吁建立公共教育制度。在这期间，美国各州采取了许多措施以推动公共教育的发展，如有的州通过资助私立的或慈善性的学校团体的办法来推进学校的发展；有的州采取向学校拨款的措施来促进公立学校发展；有的州开征国产税、出售奖券、出售土地，以其所得用于举办教育；有的州则通过许可性的立法手段，使地方行政机构能主动征收地方税，以保证创办公立学校所需的经费。这些做法都有力地推动了美国公立学校的发展。

公立学校的基本职能与性质

公立学校是现代社会教育普及与发展的主要力量，是一种人才培养的高度专门化的社会组织形式。相对于在这之前存在的互不衔接的、分散的学校教育机构而言，这一社会组织系统的基本职能是利用一定的教育教学设施和选定的环境实施教育教学活动，为社会提供持久的知识支持和人才支持。为此，对学校教育机构的组织和调控就是现代国家的一项基本的权力和责任，并成为国家公共事务的一个重要组成部分。而国家对学校教育的组织和调控主要表现在：根据社会的经济、政治及文化发展的要求，建立不同级别和类别、不同培养目标并且构成某种相互衔接关系的学校机构系统，通过功能不同的学校教育机构来实现社会对人才培养的要求。原本并不相互衔接的学校教育机构按学校层次和类型的不同形成了一种功能上的连续性，构成了由低而高、循序渐进的现代学校体系，或称学制。这一学校系统由下列一系列要素构成：严格定义的学校办学目标、相互衔接的学校关系、由法定受教育年限所决定的学年制或学分制、确定的学校办学标准、递进的学校课程体系、学校师资的专业化管理、教学物资的提供与分配、教育机会分配中的公平机制，等等。这些要素使不同级类、不同功能的学校得以摆脱杂乱无章的状态，构成一个和谐一致、分工合理、相互贯通的系统。

由于公立学校的目标人群是社会的所有成员,是由国家设置、由公共财政维持、为社会不特定人群服务的公共机构,因此其所实施的教育是以满足公共利益为其宗旨的一种公共事业,因此由公共性取代以往教育的私事性就是公立学校区别于其他机构的一个基本的价值前提。可以说公共性就是公立学校产生之日起就具有的一种基本性质。

公立学校系统的公共性特征表明,公共教育制度一经产生就有别于历史上所曾有过的教育制度,也有别于同时代的其他组织形式,而有自己独特的制度特征。这些特征会产生在其他组织找不到的机会和约束。公共教育所具有的上述制度特征大大促进了教育的普及,使越来越多的人有可能进入学校。因此公立学校从其产生之日起就具有一种为公益服务的性质。

公立学校的公共性决定了它所提供的教育产品和服务不具备效用的可分性和消费的排他性,因而应通过非市场的途径来向社会提供。其经费主要来源于国家的财政拨款,国家出于公益性要求,按公共财政分配的适当比例,以拨款的方式分配给学校及其他教育机构。这种资金并不需要付息和偿还,因此与学校办学质量、学生学业成绩之间一般并不具有直接的因果联系。如果学生或其家长对学校的办学有所不满,学校的经费并不马上减少,两者之间有很大的延迟性,一般很难在某一所学校找出成本—效益、投入—产出之间的联系。也就是说,学校所获的办学经费并不直接取决于其办学的水平。公立学校的举办都是有计划、按需要进行的,招生也是按地区就近入学而来进行的。这在中小学尤其明显。通过公立学校这种公共选择机制,可以有效地解决由于教育产品的非排他性所带来的无人付费消费的问题。同时,通过无偿或低价提供教育服务产品,政府还可以解决由于教育产品的非竞争性所带来的定价问题。因此可以说公立学校系统是实现教育普及发展的最重要的保障机制,是现代社会教育提供的一种主要形式。

世界性的公共教育重建运动

对于绝大多数经历现代化进程的国家而言,第二次世界大战后最终定型的公立学校系统所具有的特征可归纳为:政府举办,公共财政维持,并通过非市场途径向社会提供教育产品。公立学校系统具有典型的国家垄断性质。教育的国家垄断带来一系列弊端:机构臃肿、效率低下,民间力量被遏制,学习者只能被动接受而无自主选择的权利等。20世纪八九十年代,人们普遍认为这种公共教育制度已到非改不可的地步。许多人认为,对于公立学校而言,政府和市场构成社会控制的两极,为此他们寄希望于市场,以为通过市场化、民营化的改革措施就能摆脱政府的过度控制,彻底解决公立学校存在的问题。从20世纪80年代开始,在世界范围内发生了一场针对公立学校的规模宏大的教育改革浪潮,它发生在美国、英国、德国、法国、日本、加拿大、澳大利亚、新西兰和北欧等国家,西方学者称之为"公共教育重建运动"。在这场同时发生在许多国家的针对公立学校的改革中,各国纷纷制定一系列改造现行公立学校的教育政策,试图打破政府对教育的垄断,引进竞争机制,最终改善公共教育的绩效。人们对公立学校改革的共同要求是"更小的政府,更好的服务,更广泛的社会参与,更公平和更有效的教育",并希望通过分权、择校和自主办学等一系列市场化、民营化的改革措施重塑政府与公立学校关系,促进公共教育体制提高效率和质量,因此这一改革被许多人称为"教育的市场化重建"。

在中国,国家对教育的介入比西方国家晚了近一个世纪,但经过100年左右的时间,已经形成了一个对社会发展具有举足轻重意义的公共教育制度。这一社会制度充分动员了各方面的资源和力量,使教育在短短的100年间有了一个大发展,教育面貌由此发生根本性的变化。然而,中国的公共教育制度也经历了一条与外国类似的发展路径,公共教育制度在其发展过程中逐步产生国家垄断的问题。20世纪80年代中期开始的教育体制改革所要解决的基本问题就是如何形成一个既利于政府进行统筹管理,又能调动各种社会力量积极参与办学,学校具有较大的办学自主权这样一种新型的权力关系。这意味着政府必须转变职能,在加强宏观管理的前提下实行简政放权,这势必使教育领域内部的社会关系发生质变。

推动中国教育体制改革的一个重要动力是由计划经济向市场经济过渡的社会进程,这一进程导致原先的一元化社会结构中开始分化出一个新的社会领域,即市场。调整这一领域运行的是建立在等价交换、公平竞争基础上的市场经济规则,而不是超经济的政治力量。因此在教育体制改革中,中国公立学校面对的是一个不同于计划经济体制的新体制。中国的公立学校曾长期处于封闭的与市场无涉的状态,学校主要听命于政府,与政府构成一种简单明了的行政法律关系。社会变迁带给公立学校的最大变化是,通过市场对教育的有限介入来向社会提供教育服务,这已成为一种重要的教育运行机制。在这种变化中,原先的政府与学校的关系开始分化和改组,市场开始介入,出现了政府、市场和学校三种既互相联系又互相制约的力量。就政府与学校的关系而言,两者的主体地位及职权职责都发生极大变化,原先相当大的一部分具有行政性质的法律关系开始发生性质上的变化。这种体制性的改革导致政府与学校这两个主体之间的角色分化,在教育领域内部逐步演变为举办者、办学者和管理者三个主体之间的关系,从而使传统的利益格局开始分化,逐步向一个多元化的利益结构过渡。

参考文献

约翰·S. 布鲁伯克. 教育问题史[M]. 吴元训,主译. 合肥: 安徽教育出版社,1991.

安迪·格林. 教育与国家形成: 英、法、美教育体系起源之比较[M]. 王春华,译. 北京: 教育科学出版社,2004.

约翰·E. 丘伯,泰力·M. 默. 政治、市场和学校[M]. 蒋衡,译. 北京: 教育科学出版社,2003.

中国教育与人力资源问题报告课题组. 从人口大国迈向人力资源强国[M]. 北京: 高等教育出版社,2003.

（劳凯声）

《国家中长期教育改革和发展规划纲要(2010—2020 年)》

指导 2010 年至 2020 年中国教育改革和发展的纲领性文件。由中国共产党中央委员会、国务院于 2010 年 7 月颁发。《国家中长期教育改革和发展规划纲要(2010—2020 年)》(以下简称《纲要》)由序言,总体战略、发展任务、体制改革、保障措施四个部分,以及实施等共 22 章 70 条组成。

《纲要》制定过程

进入 21 世纪,中国经济社会发展到一个新的历史阶段,2010 年至 2020 年是中国全面建设小康社会,加快推进社会主义现代化的关键时期。中国共产党第十七次代表大会作出"优先发展教育,建设人力资源强国"的战略部署。要落实这一战略部署,必须对教育的地位和作用有清醒的认识,并根据全面建设小康社会的新要求,人民群众对教育的新期盼,国际竞争的新形势以及教育发展的基本规律,提出今后一段时间内新的教育发展理念和战略目标。

当今世界格局正发生深刻变化,全球化的趋势、科技进步日新月异凸显人力资源开发的重要性。在综合国力的竞争中,提高国民素质、培养创新人才的任务已经十分紧迫。必须从面向世界,着眼未来的高度,对中国教育未来 10 年的发展作出明确规划。

中华人民共和国建立以后,教育事业取得了伟大成就,但教育发展还存在许多问题。特别是进入 21 世纪,中国处在社会转型、改革攻坚、实现科学发展的关键时期,人民群众对教育的期望和关注已使教育成为社会发展、稳定的焦点问题之一,成为亟须着力解决的民生问题之一。必须针对教育存在的问题,制定改革创新的制度和措施,促进教育公平,提高教育质量,使教育发展能满足人民群众接受良好教育的需求,使教育改革的成果真正惠及全体人民。

国际和国内形势的新特点以及教育发展的阶段性新特征,都要求加快教育改革发展的步伐,以更好地适应经济社会的发展和人民群众的诉求。2008 年 8 月《纲要》制定工作启动。在中共中央、国务院的直接领导下,由教育部、财政部、人力资源和社会保障部、国家发展和改革委员会、部分高等院校和六大教育学会组成了 11 个调研小组,对教育领域的问题进行全面、广泛而深入的调研;国家科技教育领导小组委托驻外使馆进行各国教育改革经验的调研,同时还委托世界银行等国际组织提供教育改革的意见和建议;多次召开由社会各界人士参加的专家咨询会议,同时在新闻媒体上开展了 20 个热点问题的讨论。在综合各方面意见的基础上,2010 年 2 月《纲要》的"公开征求意见稿"发布。在向全社会公开征求意见后,2010 年 7 月《纲要》正式颁布。这次《纲要》的制定,动员人员之多、征求意见之广、制定时间之长,体现了决策的民主性和科学性,是全国人民智慧的结晶。

百年大计,教育为本

《纲要》的"序言"分析了教育改革和发展的时代背景以及面临的主要问题,从战略高度指明了教育的地位和作用,提出:"教育是民族振兴、社会进步的基石,是提高国民素质、促进人的全面发展的根本途径。强国必先强教。优先发展教育、提高教育现代化水平,对全面实现小康社会目标、建设富强民主文明和谐的社会主义现代化国家具有决定性意义。"

回顾历史,新中国成立以来特别是改革开放以来,教育事业取得了伟大成就。在中国共产党的领导下,全社会同心同德,艰苦奋斗,开辟了中国特色社会主义教育发展道路,建成了世界最大规模的教育体系,保障了亿万人民群众受教育的权利。教育发展极大地提高了全民族的素质,推动了科技创新、文化繁荣,为经济发展、社会进步和民生改善作出了重大贡献,使中国实现了从人口大国向人力资源大国的转变,也为下一步教育改革和发展奠定了坚实基础。

从国际上看,当今世界正处在大发展大变革大调整时期,科技进步日新月异,人才竞争日趋激烈;反观国内,中国正处在改革发展的关键阶段,经济建设、政治建设、文化建设、社会建设以及生态文明建设全面推进,经济发展方式加快转变,都凸显了提高国民素质、培养创新人才的重要性和紧迫性。"中国未来发展、中华民族伟大复兴,关键靠人才,根本在教育"。

但是,中国教育发展的现状还不完全适应国家经济社会发展和人民群众接受良好教育的要求。教育观念相对落后,内容方法比较陈旧;学生适应社会和就业创业能力不强,创新型、实用型、复合型人才紧缺;教育体制机制不活,学校办学活力不足;教育结构和布局不尽合理,城乡、区域教育发展不平衡;教育投入不足等。深化教育改革已成为全社会共同心声。

面对这样的形势和任务,教育肩负重任。"国运兴衰,系于教育;教育振兴,全民有责"。在党和国家工作全局中,必须始终坚持把教育摆在优先发展的位置。要按照面向现代化、面向世界、面向未来的要求，适应全面建设小康社会、建设创新型国家的需要，坚持以育人为根本，以改革创新为动力，以促进公平为重点，以提高质量为核心，全面实施素质教育，推动教育事业在新的历史起点上科学发展，加快从教育大国向教育强国、从人力资源大国向人力资源强国迈进，为中华民族伟大复兴和人类文明作出更大贡献。

教育改革和发展的总体战略

《纲要》的第一部分是"总体战略"。对中国 2010—2020 年的教育改革和发展进行了整体设计，明确了《纲要》的指导思想和战略方针、战略目标和战略主题。

（1）在总体战略的"指导思想"中，将"实施科教兴国战略和人才强国战略，优先发展教育，完善中国特色社会主义现代教育体系，办好人民满意的教育，建设人力资源的强国"作为明确目标。为此，要全面贯彻党的教育方针，坚持教育为社会主义现代化建设服务，为人民服务，与生产劳动和社会实践相结合，培养德智体美全面发展的社会主义建设者和接班人。要全面推进教育事业科学发展，立足社会主义初级阶段基本国情，把握教育发展阶段性特征，坚持以人为本，遵循教育规律，面向社会需求，优化结构布局，提高教育现代化水平。

（2）提出了二十字的工作方针，即"优先发展、育人为本、改革创新、促进公平、提高质量"。这是 2010—2020 年教育工作的指导方针。

"优先发展"是把教育摆在优先发展的战略地位，是党和国家长期坚持的重大方针。《纲要》对教育优先发展提出具体要求：各级党委和政府要把优先发展教育作为贯彻落实科学发展观的一项基本任务，切实保证在经济社会发展规划中优先安排教育发展，财政资金优先保障教育投入，公共资源优先满足教育和人力资源开发需要。鼓励社会力量兴办教育，不断扩大社会资源对教育的投入。详"教育适度超前发展"。

"育人为本"是教育工作的根本要求，也是《纲要》的核心。人力资源是中国经济社会发展的第一资源，教育是开发人力资源的主要途径。教育要以学生为主体，以教师为主导，充分发挥学生的主动性，把促进学生健康成长作为学校一切工作的出发点和落脚点；要关心每个学生，促进每个学生主动地、生动活泼地发展。为此，要尊重教育规律和学生身心发展规律，为每个学生提供适合的教育。最终的目的是，培养造就数以亿计的高素质劳动者、数以千万计的专门人才和一大批拔尖创新人才。

"改革创新"是教育发展的强大动力。教育要发展，根本靠改革。要以体制机制改革为重点，加快重要领域和关键环节改革步伐，包括创新人才培养体制、办学体制、教育管理体制，改革质量评价和考试招生制度，改革教学内容、方法、手段，建设现代学校制度，构建中国特色社会主义现代教育体系。要加快解决制约教育发展的各种矛盾。

"促进公平"是国家的基本教育政策，也是今后工作的重点之一。教育公平是社会公平的重要基础。教育公平的基本要求是保障公民依法享有受教育的权利，关键是机会公平，重点是促进义务教育均衡发展和扶持困难群体。为此，要合理配置教育资源，并向农村地区、边远贫困地区和民族地区倾斜。教育公平的主要责任在政府，全社会要共同促进教育公平。详"教育公正"。

"提高质量"是教育改革发展的核心任务。要树立科学的质量观，把促进人的全面发展、适应社会需要作为衡量教育质量的根本标准。要树立以提高质量为核心的教育发展观，注重教育的内涵发展，鼓励学校办出特色，办出水平，出名师、育英才。要制定教育质量国家标准，建立健全教育质量保障体系。要加强教师队伍建设，提高教师整体素质。

（3）《纲要》提出的"战略目标"是，到 2020 年要基本实现教育现代化，基本形成学习型社会，进入人力资源强国行列。具体从五个方面实施。

① 实现更高水平的普及教育。要基本普及学前教育；巩固和提高九年义务教育水平；普及高中阶段教育；高等教育大众化水平进一步提高；扫除青壮年文盲。

② 形成惠及全民的公平教育。坚持教育的公益性和普惠性，保障公民依法享有接受良好教育的机会；建成覆盖城乡的基本公共教育服务体系，逐步实现基本公共教育服务均等化，缩小区域差距；努力办好每一所学校，教好每一个学生，不让一个学生因家庭经济困难而失学；切实解决进城务工人员子女平等接受义务教育问题；保障残疾人的受教育权利等。

③ 提供更加丰富的优质教育。教育质量整体提升，教育现代化水平明显提高；优质教育资源不断扩大，更好地满足人民群众接受高质量教育的需求；学生思想道德、科学文化和健康等素质明显提高；各类人才服务国家、服务人民和参与国际竞争能力显著增强。

④ 构建完备的终身教育体系。学历教育和非学历教育协调发展，职业教育和普通教育相互沟通，职前教育和职后教育有效衔接；现代国民教育体系更加完善，终身教育体系基本形成，促进全体人民学有所教、学有所成、学有所用。

⑤ 健全充满活力的教育体制。通过观念更新、深化改革，全面形成与社会主义市场经济体制和全面建设小康社会目标相适应的充满活力、富有效率、更加开放、有利于科学发展的教育体制机制，办出具有中国特色、世界水平的现代教育。

表1　人力资源开发10年的主要目标

指　　标	2009年	2015年	2020年
具有高等教育文化程度的人口数(万人)	9 830	14 500	195 500
主要劳动年龄人口平均受教育年限(年)	9.5	10.5	11.2
其中：受过高等教育的比例(%)	9.9	15.0	20.0
新增劳动力平均受教育年限(年)	12.4	13.3	13.5
其中：受过高中阶段及以上教育的比例(%)	67.0	87.0	90.0

(4)《纲要》确立的"战略主题"是,坚持以人为本、全面实施素质教育。实施素质教育,是贯彻党的教育方针的时代要求,其核心是解决好培养什么人、怎样培养人的重大问题。重点是面向全体学生,促进学生全面发展,着力提高学生服务国家人民的社会责任感、勇于探索的创新精神和善于解决问题的实践能力。为此要做到"三个坚持"。

①坚持德育为先。立德树人,把社会主义核心价值体系融入国民教育全过程。加强马克思主义中国化最新成果教育,引导学生形成正确的世界观、人生观、价值观;加强理想信念教育和道德教育,坚定学生对中国共产党领导、社会主义制度的信念和信心;加强民族精神和时代精神教育;加强社会主义荣辱观教育;加强公民意识教育,树立社会主义民主法治、自由平等、公平正义理念;加强中华民族优秀文化传统教育和革命传统教育。把德育渗透于教育教学的各个环节,贯穿于学校教育、家庭教育和社会教育的各个方面。创新德育形式,丰富德育内容,增强德育工作的针对性和实效性。

②坚持能力为重。强化学生的能力培养,提出培养三种最基本的能力,即学习能力、实践能力、创新能力。教育学生学会知识技能,学会动手动脑,学会生存生活,学会做人做事,促进学生主动适应社会,开创美好未来。

③坚持全面发展。全面加强和改进德育、智育、体育、美育。做到文化知识学习和思想品德修养的统一、理论学习与社会实践的统一、全面发展与个性发展的统一。要加强体育,切实保证体育课和课余活动时间,并加强心理健康教育;要加强美育,培养学生良好的审美情趣和人文素养。使学生成为德智体美全面发展的社会主义建设者和接班人。

2010—2020年各级各类教育的发展任务

《纲要》的第二部分是"发展任务"。这一部分规划了到2020年各级各类教育的发展规模和基本要求。

学前教育　到2020年,全面普及学前一年教育,基本普及学前两年教育,有条件的地区普及学前三年教育。重视0~3岁婴幼儿教育。要明确政府责任,把发展学前教育纳入城镇、社会主义新农村建设规划;建立政府主导、社会参与、公办民办并举的办园体制。重点发展农村学前教育,努力提高农村学前教育普及程度。支持贫困地区发展学前教育。

表2　学前教育10年发展主要目标

指　　标	2009年	2015年	2020年
幼儿在园人数(万人)	2 658	3 400	4 000
学前一年毛入园率(%)	74.0	85.0	95.0
学前两年毛入园率(%)	65.0	70.0	80.0
学前三年毛入园率(%)	50.9	60.0	70.0

义务教育　巩固提高九年义务教育水平,并依法统一实施。义务教育是所有适龄儿童少年必须接受的教育,具有强制性、免费性和普及性,是教育工作的重中之重。到2020年,全面提高普及水平,全面提高教育质量,基本实现区域内均衡发展,确保适龄儿童少年接受良好义务教育。

均衡发展是义务教育的战略性任务。它包括建立健全义务教育均衡发展保障机制,推进义务教育学校标准化建设,均衡配置教师、设备、图书、校舍等各项资源。切实缩小校际差距,加快缩小城乡差距,建立城乡一体化的义务教育发展机制,努力缩小区域差距。合理规划学校布局,方便学生就近入学;坚持以流入地政府管理为主,确保进城务工人员随迁子女平等接受义务教育;加快农村寄宿学校建设,优先满足留守儿童住宿要求;采取有效措施,确保适龄儿童少年不因家庭经济困难、学习困难、就学困难等原因而失学。提高义务教育质量,深化课程与教学方法改革,减轻学生课业负担,学校要把减负落实到教育教学的各个环节,给学生留下了解社会、深入思考、动手实践的时间,增强学生体质。建立国家义务教育质量基本标准和监测制度。充分发挥家庭教育在青少年成长过程中的重要作用。

表3　九年义务教育10年发展主要目标

指　　标	2009年	2015年	2020年
在校生(万人)	15 772	16 100	16 500
巩固率(%)	90.8	93.0	95.0

高中阶段教育　主要有两个方面,一是普及高中阶段教育,从而延长国民受教育年限,提高国民素质;二是推动普通高中多样化发展,促进办学体制多样化,使人尽其才,各种人才涌现。到2020年要普及高中阶段教育,全面满足初中毕业生接受高中阶段教育需求。根据经济社会发展需

要,合理确定普通高中和中等职业学校招生比例,今后一个时期保持两者招生规模大体相当。全面提高普通高中学生综合素质。保证学生全面完成国家规定的文理等各门课程的学习,开设丰富多彩的选修课,为学生提供更多选择,促进学生全面而有个性地发展。推动普通高中办学体制多样化,推进培养模式多样化,探索发现和培养创新人才的途径。

表 4　高中阶段教育 10 年发展主要目标

指　　标	2009 年	2015 年	2020 年
在校生(万人)	4 624	4 500	4 700
毛入学率(%)	79.2	87.0	90.0

职业教育　发展职业教育是推动经济发展、促进就业、改善民生、解决"三农"问题的重要途径,是缓解劳动力供求结构矛盾的关键环节,必须摆在更加突出的位置。规划到2020 年,形成适应经济发展方式转变和经济结构调整要求、体现终身教育理念、中等和高等职业教育协调发展的现代职业教育体系。建立健全政府主导、行业指导、企业参与的办学机制,促进校企合作制度化。加快发展面向农村的职业教育。支持各级各类学校积极参与新型农民、进城务工人员和农村劳动力转移培训。要完善职业教育的支持政策,增强职业教育吸引力。完善就业准入制度,执行"先培训、后就业"和"先培训、后上岗"的规定。

表 5　职业教育 10 年发展主要目标

指　　标	2009 年	2015 年	2020 年
中等职业教育在校生(万人)	2 179	2 250	2 350
高等职业教育在校生(万人)	1 280	1 390	1 480

高等教育　重点是全面提高高等教育质量。到 2020年,高等教育结构更加合理,特色更加鲜明,人才培养、科学研究和社会服务整体水平全面提升,建成一批国际知名、有特色、高水平的高等学校,若干所大学达到或接近世界一流大学水平,高等教育国际竞争力显著增强。要提高人才培养质量,牢固确立人才培养在高校工作中的中心地位,着力培养信念执着、品德优良、知识丰富、本领过硬的高素质专门人才和拔尖创新人才。要提升科学研究水平,充分发挥高校在国家创新体系中的重要作用,鼓励高校在知识创新、技术创新、国防科技创新和区域创新中作出贡献。要增强社会服务能力,推进产学研用结合,加快科技成果转化;为社会成员提供继续教育服务;开展科学普及工作,提高公众科学素质;推进文化传播,弘扬优秀传统文化,发展先进文化;积极参与决策咨询,充分发挥智囊团、思想库作用。要优化结构办出特色,建立动态调整机制,不断优化高等教育

结构。实施中西部高等教育振兴计划。通过建立高校分类体系,实行分类管理。继续实施"985 工程"和优势学科创新平台建设,继续实施"211 工程"和启动特色重点学科项目。加快创建世界一流大学和高水平大学的步伐,培养一批拔尖创新人才,形成一批世界一流学科,产生一批国际领先的原创性成果。

表 6　高等教育 10 年发展主要目标

指　　标	2009 年	2015 年	2020 年
在校总规模(万人)	2 979	3 350	3 550
在校生(万人)	2 826	3 080	3 300
其中:研究生(万人)	140	170	200
毛入学率(%)	24.2	36.0	40.0

继续教育　继续教育是面向学校教育之后所有社会成员特别是成人的教育活动,是终身学习体系的重要组成部分。要建立健全继续教育体制机制,构建灵活开放的终身教育体系。大力发展非学历继续教育,稳步发展学历继续教育,广泛开展城乡社区教育。大力发展现代远程教育,建设以卫星、电视和互联网等为载体的远程开放继续教育及公共服务平台。搭建终身教育"立交桥",促进各级各类教育纵向衔接、横向沟通,满足个人多样化的学习和发展需要。到 2020 年,基本形成人人皆学、处处可学、时时能学的学习型社会。

表 7　继续教育 10 年发展主要目标

指　　标	2009 年	2015 年	2020 年
从业人员继续教育(万人次)	16 600	29 000	35 000

民族教育　加快民族教育事业发展,推动少数民族和民族地区经济社会发展,促进各民族共同团结奋斗和繁荣发展。在各级各类学校广泛开展民族团结教育。公共教育资源向民族地区倾斜,中央财政加大对民族教育支持力度,全面提高少数民族和民族地区教育发展水平。

大力推进双语教学,尊重和保障少数民族使用本民族语文接受教育的权利。加强教育对口支援。办好在内地举办的少数民族班(学校)和面向民族地区的职业学校。加大对民族地区师资培养培训的力度。

特殊教育　把特殊教育纳入当地经济社会发展规划,完善特殊教育体系。到 2020 年,基本实现地市和 30 万人口以上、残疾儿童较多的县都有一所特殊教育学校。逐步实施残疾学生免费高中阶段教育。

教育体制改革

《纲要》的第三部分是"体制改革"。教育要发展,根本

靠改革。改革创新是教育发展的强大动力。强调教育改革的系统性,以体制改革为重点,提出六大改革任务。

人才培养体制改革 深化教育体制改革,关键是更新教育观念,核心是改革人才培养体制,目的是提高人才培养水平。

(1)更新人才培养观念。要树立五个观念:一是全面发展观念,努力培养德智体美全面发展的高素质人才;二是人人成才观念,面向全体学生,促进学生成长成才;三是多样人才观念,尊重个人选择,鼓励个性发展,不拘一格培养人才;四是终身教育观念,为持续发展奠定基础;五是系统培养观念,推进大中小学有机衔接,教学、科研、实践紧密结合,学校、家庭、社会密切配合。

(2)创新人才培养模式。《纲要》把创新人才培养体制放在体制改革的第一位,体现"育人为本"的思想。遵循教育规律和人才成长规律,深化教育教学改革,创新教育教学方法,探索多种培养方式,形成各类人才辈出,拔尖创新人才不断涌现的局面。为此要做到:注重学思结合,倡导启发式、探究式、讨论式、参与式教学,帮助学生学会学习。激发学生好奇心,培养学生的兴趣爱好,营造独立思考、自由探索、勇于创新的良好环境;注重知行统一,坚持教育教学与生产劳动、社会实践相结合,充分利用社会教育资源,开发实践课程和活动课程,增强学生科学实验、生产实习和技能实训的成效;注重因材施教,关注学生不同特点和个性差异,发展每一个学生的优势潜能。改进教育教学评价,根据培养目标和人才理念,建立科学、多样的评价标准。开展由政府、学校、社会各方面共同参与的教育质量评价活动。做好学生成长记录,完善综合素质评价。改进社会人才评价及选用制度,为人才培养创造良好环境。

考试招生制度改革 以考试招生制度改革为突破口,克服"一考定终身"的弊端,推进素质教育实施和创新人才培养。探索招生与考试相对分离的方法,政府宏观管理,专业机构组织实施,学校依法自主招生,学生多次选择,逐步形成分类考试、综合评价、多元录取的考试招生制度。要成立国家教育考试指导委员会。

完善中等学校考试招生制度。完善初中就近免试入学的具体办法;完善学业水平考试和综合素质评价,为高中阶段学校招生录取提供更加科学的依据。完善高等学校考试招生制度。深化考试内容和形式改革,着重考查综合素质和能力。完善国家考试科目试题库。探索有的科目一年多次考试的办法,探索实行社会化考试。逐步实施高等学校分类入学考试。对研究生要加强创新能力考查。完善高等学校招生录取办法,建立健全有利于专门人才、创新人才选拔的多元录取机制。要加强信息公开和社会监督。实现考试招生信息公开、透明,保证考生权益。

建设现代学校制度 推进政校分开、管办分离。建设依法办学、自主管理、民主监督、社会参与的现代学校制度。构建政府、学校、社会之间新型关系。落实和扩大学校办学自主权,减少和规范对学校的行政审批事项。完善中国特色现代大学制度。公办高等学校坚持和完善党委领导下的校长负责制,充分发挥学术委员会在学科建设、学术评价、学术发展中的重要作用,探索教授治学的有效途径。扩大社会合作,探索建立高等学校理事会或董事会,健全社会支持和监督学校发展的长效机制。推进专业评价,鼓励专门机构和社会中介机构对高等学校的水平和质量进行评估。完善普通中小学和中等职业学校校长负责制。

办学体制改革 坚持教育公益性原则,健全政府主导、社会参与、办学主体多元、办学形式多样、充满生机活力的办学体制。深化公办学校办学体制改革,扩大优质教育资源,增强办学活力,提高办学效益。大力支持民办教育,健全公共财政对民办教育的扶持政策。依法落实民办学校及其学生、教师与公办学校及其学生、教师平等的法律地位,保障民办学校办学自主权。

管理体制改革 健全统筹有力、权责明确的教育管理体制。以简政放权和转变政府职能为重点,深化教育管理体制改革,提高公共教育服务水平。形成政事分开、权责明确、统筹协调、规范有序的教育管理体制。加强省级政府的教育统筹。转变政府教育管理职能,建立健全公共教育服务体系,逐步实现基本公共教育服务均等化,维护教育公平和教育秩序。提高政府决策的科学性和管理的有效性,加强教育监督检查,完善教育问责制度。培育专业教育服务机构,积极发挥行业协会、专业学会、基金会等各类社会组织在教育公共治理中的作用。

扩大教育开放 坚持以开放促改革、促发展。开展多层次、宽领域的教育交流与合作,提高教育国际化水平。培养大批具有国际视野、通晓国际规则、能够参与国际事务与国际竞争的国际化人才。引进优质教育资源,吸引境外知名学校、教育和科研机构以及企业,合作设立教育教学、实训、研究机构或项目。支持中外大学间的教师互派、学生互换、学分互认和学位互授联授。推动中国高水平教育机构海外办学。进一步扩大外国留学生规模,增加中国政府奖学金数量。加强与联合国教科文组织等国际组织的合作。

教育改革和发展的保障措施

《纲要》的第四部分是"保障措施",其中包括人员保障、财政保障、技术支撑、依法治教、工程试点和组织保障六个方面。

加强教师队伍建设 教育大计,教师为本,这是实现教育公平、提高教育质量的关键。首先要改善教师待遇,维护教师权益,提高教师地位,使教师成为受人尊重的职业。其次要严格教师资质,严格实施教师准入制度,提升教师素质,努力造就一支师德高尚、业务精湛、结构合理、充满活力的高素质专业化教师队伍。第三,以提高农村教师的整体素质为重点,加大少数民族地区"双语"教师的培养培训。建立健全义务教育学校教师和校长的流动机制。第四,改善教师工作、学习和生活条件,关心教师身心健康,落实教师绩效工资。

保障经费投入　　健全以政府投入为主,多渠道筹集教育经费的体制,大幅度增加教育投入。各级政府优化财政支出结构,把教育作为财政支出重点领域予以优先保障。保证教育财政拨款增加明显高于财政经常性收入增长,并使按在校学生人数平均的教育费用逐步增长,保证教师工资和学生人均公用经费逐步增长。按增值税、营业税、消费税的3%足额征收教育费附加,专项用于教育事业。提高国家财政性教育经费支出占国内生产总值比例,2012年达到4%。扩大社会资源进入教育途径,多渠道增加教育投入。

加快教育信息化进程　　把教育信息化纳入国家信息化发展整体战略,超前部署教育信息网络。到2020年,基本建成覆盖城乡各级各类学校的数字化教育服务体系,促进教育内容、教学手段和方法现代化。加强网络教学资源库建设。引进国际优质数字化教学资源,开发网络学习课程,建立数字图书馆和虚拟实验室,建立开放灵活的教育资源公共服务平台,促进优质教育资源共享。

推进依法治教　　加快教育法制建设进程,形成比较完善的中国特色社会主义教育法律体系。全面推进依法行政、依法治校,尊重师生权利,保障学生的受教育权,加强民主管理。完善督导制度和监督问责机制。

重大项目和改革试点　　围绕教育改革发展战略目标,着眼于促进教育公平,提高教育质量,增强可持续发展能力,以加强薄弱环节和关键领域为重点,组织实施一批重点项目。包括:义务教育学校标准化建设,义务教育教师队伍建设,农村学前教育推进,职业教育基础能力建设,高等教育质量提升,民族教育发展,特殊教育发展,家庭经济困难学生资助,国家教育信息化,教育国际交流合作。开展改革试点,包括推进素质教育改革试点、义务教育均衡发展改革试点、职业教育办学模式改革试点、终身教育体制机制建设试点、拔尖创新人才培养改革试点、考试招生制度改革试点、现代大学制度改革试点、深化办学体制改革试点、地方教育投入保障机制改革试点、省级政府教育统筹综合改革试点。

加强组织领导　　加强党和政府对教育工作的领导。各级党委和政府要把推动教育事业优先发展、科学发展作为重要职责。要把推进教育事业改革发展作为各级党委和政府政绩考核的重要内容,建立相应的考核机制和问责制度。政府要定期向同级人民代表大会或其常委会报告教育工作

情况。加强和改进教育系统党的建设,加强教育系统党风廉政建设和行风建设。切实维护教育系统和谐稳定,加强和改进学校思想政治工作,加强校园文化建设等。

《纲要》的"实施"部分指出,贯彻实施《纲要》是各级党委和政府的重要职责。要求周密部署、精心组织、认真实施,确保各项任务落到实处。

各省、市、自治区根据《纲要》精神,分别制定各自的中长期教育改革和发展规划纲要。

参考文献

国家中长期教育改革和发展规划纲要(2010—2020年).北京:中国法制出版社,2010.

国新办举行新闻发布会介绍《国家中长期教育改革和发展规划纲要(2010—2020年)》公开征求意见工作[N].中国教育报,2010-3-1.

胡锦涛.在全国教育工作会议上的讲话[N].中国教育报,2010-7-15.

温家宝:百年大计　教育为本[N].中国教育报,2009-1-5.

温家宝:教育大计　教师为本[N].中国教育报,2009-10-12.

(顾明远)

国家主义教育(nationalism education)　　国家主义教育具有两方面的内涵。一是教育思想层面上的,主要指18世纪产生于法国,后在欧洲逐渐成熟并在欧美国家广泛传播的一种教育思潮。该思潮强调管理、发展教育是国家的职责,国家应建立完善的教育制度,通过立法或其他手段,为公共教育发展提供稳定必要的经费支持。借助国家主义教育的实施,确保民族乃至国家独立,确保国民拥有一致的社会意识及价值观念,保证民族文化传统及优秀文化成果的继承与发展。这一思潮的主要代表人物包括法国的拉夏洛泰、孔多塞及德国的费希特。二是教育制度层面上的,主要指17世纪以来民族国家在构筑国家制度体系的过程中,通过设立国家教育行政管理机构、颁布教育立法、建设学校体系等手段建立起来的以面向全体社会成员、服务国家发展与社会进步整体利益的国民教育体系。参见"国民教育运动"。

国家主义教育的产生　　国家主义教育思想的成型以及国家主义教育制度的建立是以近代国家观的出现为基础的。从古代到近代早期,西方国家观主要经历了三种形式的发展:古代的城邦主义国家观、中世纪前期的神学国家观以及近代的国家主义国家观。城邦主义国家观出现于古代希腊与罗马时期。古希腊的国家观以城邦为基础,即以城邦及周围农业地区为国家疆界,由君主、少数贵族寡头或政治议会掌握全部行政权力,实施直接管理。城邦主义国家观是以个人对国家的需要为前提的。在亚里士多德看来,个人具有追求幸福生活的天然倾向。在分工的基础上进行合作,组成共同体,即城邦国家,是作为政治动物的人的本

性。柏拉图的"理想国"就是城邦主义国家观的集中体现。神学主义国家观主要盛行于中世纪时期的西方,集中体现在奥古斯丁和托马斯·阿奎那的"教父学"与经院哲学中有关神权与世俗权力关系的论述中。它主张神权高于君权,君权神授,在把世俗政权神圣化的同时,完成对神权至高无上合法性的论证。中世纪后期,在复兴罗马帝国国家观念的基础上,借助于政治学者马西洛运用的双重真理(理性与神启均为真理的表现形式),论证了教会与国家的关系,认为国家基于个人的需要而诞生,其职责在于保证个人获得"良善"的物质生活和精神生活,来世生活秩序的维持依靠神法,而现实的生活秩序需要国家颁行的法律来保证。近代国家主义国家观出现于16世纪末17世纪初期。在教权与俗权分离,国家权力获得独立性、至上性与绝对性的基础上,意大利政治家马基雅维利、法国思想家让·布丹初步构建起国家主义国家观:国家在自己的领土内拥有至高无上的权力,是由许多家庭及其共同财产组成的拥有最高主权的合法政府,是一种高度制度化的权力载体。国家主权具有绝对性、永久性、不可转让性和不可分割性。管理、发展国民教育的权力是国家的主权之一。

作为一种教育思潮,国家主义教育伴随欧洲中世纪以来罗马天主教的绝对权威遭遇民族国家世俗权力的挑战而诞生。国家主义教育思想集中表现为国家将教育权从教会手中夺过来,建立教育体系,支持教育事业的发展。

国家主义教育的代表人物及其主要观点　国家主义教育思想在18世纪的成型,不但受到18世纪法国大革命、北美资产阶级民主革命以及这一时期世界性的资产阶级革命风潮的影响,而且得到启蒙运动的理论成果——理性主义、自然主义和唯物主义感觉论的启发。

法国国家主义教育思想主要体现在拉夏洛泰、罗兰夫人、塔列朗、孔多塞、狄德罗及爱尔维修等人的著作及言论中。法国国家主义教育思想的主要内容包括教育权属于国家;国家实施国民教育的目的在于培养国民对国家的忠诚、团结意识及报效国家的能力;教育在国家事务中发挥着重要作用,是提升民族文明水平、推动国家进步和发展的得力工具;在国家教育体系中,以道德教育取代宗教教育;国民教育是一种普及、平等、自由的教育;国家主义教育有待于国家创建完整的国民教育体系来实现,国家应建立起包括初等学校、中等学校及高等学校在内的学校体系,实现国家开展国民教育的任务。

德国国家主义教育思想是在德意志民族意识逐步成熟的18世纪出现并逐步完善的。在法国启蒙运动的影响下,一部分富有爱国热情的思想家结合德意志境内邦国林立、民族意识薄弱的实际提出,统一的德意志民族国家的形成,必须以明确的民族主义意识的成熟并为一般民众广泛接受为前提,即政治民族主义统一体的建立应以文化民族主义统一体的建立为基础。实施统一的国民教育便是建立文化民族主义统一体的有力手段。德国国家主义教育思想的代表人物费希特认为,德意志民族国家实现统一和复兴的唯一希望在于对全体国民实施普及性的国民教育,增强国民的精神力量;国家应该实行强制性的普及义务教育,以在德国民众中间养成一种以理性主义和爱国主义为核心的现代国民意识和独立人格;管理、发展国民教育事业是国家不可推卸、不可让渡的职责与权力,在教育管理权上实现彻底的政府与教会相分离的原则;在国民教育实施过程中,应强调爱国主义、民族语言、历史、地理及文化传统教育;国民教育的根本目的不在于培养高水平的学者,而在于造就具有现代公民意识与文化素质的合格国民。

受欧洲大陆国家的影响,国家主义教育思想也在18世纪的英国出现。亚当·斯密和马尔萨斯即为英国国家主义教育思想的主要代言人。亚当·斯密在《国民财富的性质和原因的研究》(*An Inpuiry into the Nature and Causes of the Wealth of Nations*,即《国富论》,1776)一书中提出,国家的基本职能之一在于建立并维持某些公共机关和公共工程。这类机关和工程往往给社会带来利益,但其性质又决定了这类机关和工程难以期望由个人或少数人来办理。社会中那些便利社会商业,促进人民教育的公共设施和工程即属此类工程。亚当·斯密认为,国家应承担的国民教育职责是重视普通人的教育。一般普通民众所应接受的最重要的是诵读、书写及算术。国家须在各教区各地方设立实施儿童教育的小学校,在学习费用的确定上应该以让一个最普通的劳动者也能负担得起为原则。国民教育还应该具有某种程度的强迫性,任何人在加入某种职业团体或获得某种职业资格之前,必须接受国家组织的考试或鉴定,以便国家可以强制全体人民接受最基本的教育。马尔萨斯认为,英国将民众教育交给由私人捐款支持的主日学校的做法是全民族的羞耻,国家应承担起发展国民教育的责任。马尔萨斯赞成亚当·斯密的国民教育观,认为一个受过教育的国民比起愚昧无知的国民来说,受煽动性著作蛊惑的可能性最小,也最有能力识破有图谋、有野心的煽动家的虚假宣言。

美国国家主义教育思想在独立后出现,在19世纪三四十年代形成体系,并对美国的公共教育实践产生了显著影响。鉴于美国实施的是以地方分权为特征的教育管理体制,国家主义教育思想在美国主要以一种公共教育思想的形式出现。美国公共教育思想的主要代表人物为被称为"美国公共教育之父"的贺拉斯·曼和H.巴纳德。公共教育思想的主要理想在于建立一种向所有人开放、依靠公众税款支持、不隶属于任何教派、统一且免费的公立学校体系。就公共教育的功能而言,公共教育思想家们将其视为社会改革、医治社会创伤、解决社会矛盾、杜绝社会道德沦丧的灵丹妙药。结合美国在殖民地基础上立国和作为移民国家的具体国情，公共教育还承担着实现外来移民"美国化"、当地土著居民"文明化"，进而塑造美利坚合众国文化统一体的职能。美国公共教育思想对19世纪上半叶的美国公立小学、后半期的公立中学及州立大学运动的开展均发挥了直接的理论引导作用。

国家主义教育对各国教育制度的影响　18世纪及19世纪初期，欧美国家国家主义教育思想的出现与传播适应了以一种权力主体形式出现的国家建立和发展国民教育制度的现实需要，具有明显的理论指导意义和现实意义。不同的政治制度、文化体系决定了各国国家主义教育思想的影响程度及范围有所区别。如国家主义教育思想在法国国民教育制度建设中的作用是全面而深刻的。借助于国家主义教育思想，在拿破仑一世强有力的行政干预下，法国成功建立起以高度中央集权为特征的国家主义教育制度，借此实现了对教育的国家控制。而国家主义教育思想在英国国民教育制度建设中的作用则有限。在奉行自由主义价值观的西方国家，一些学者还对国民教育制度建设中的国家主义倾向表示忧虑。18世纪英国政治哲学家戈德温在《政治正义论》中发表了自己关于国民教育的独特认识。戈德温出于对个人权力的重视和对国家强权的担忧，对国民教育进行了批判。在他看来，一切公共教育制度的确立及国民教育的实施将把国民的思想固定在那些已经过时的观念或错误的信仰上，而且国民教育的实施往往以忽视人类的天性为基础。国民教育计划的性质决定了其实施必须与国家政权结合，而这一联盟是以忽略甚至伤害个人全面发展的可能性为代价的。戈德温甚至认为，国民教育是人们所能想象得到的最可怕和最有深远影响的阴谋，其一种最直接的趋势就是把那些缺点固定下来并按照一个模子来塑造人类的思想。

英国学者A.格林在《教育与国家形成》中将西方国家主义教育制度诞生和确立的基本标志理解为，国家建立相对统一的教育管理体制和学校系统，承担部分教育经费，颁布教育法令，对教师培训、课程内容和教育目标实施有效控制。从世界教育发展的历史来看，17世纪以后欧洲各国的教育制度开始缓慢发展，其间，国家首先为初等学校提供部分教育经费，实施免费和强制的初等学校教育；继而中等教育发展的民主性渐强，精英色彩日趋薄弱，现代科学知识不断进入中等学校的课程体系。到19世纪早期，欧洲主要国家的教育制度已经成型。进而，标志着西方资本主义社会学校教育的诞生，教育成为社会和民众关注的中心，学校教育本身也成为国家一项基本的制度特征。为建立国家主义教育制度，国家逐步健全教育管理机构，加强对教育事业的管理和控制，彻底实现了教育管理权从教会向国家的转移。在西方主要资本主义国家国家主义教育制度的建设过程中，教育逐步获得普遍性的特征，国民教育面向全体国民，并服务于社会的各种利益，教育事业成为国家的事业，教育机构成为国家的机构，一些国家的教师也获得国家官员的身份，国家层面上的教育合法性建设得以完成。尽管西方主要资本主义国家的国家主义教育制度建设表现出差异，但这一过程却是近乎统一的。18世纪初期，欧洲大陆的一些国家在建设中央官僚机构、军队、警察、监狱与税收系统等现代资本主义国家制度必要要素的同时，也开始动用国家力量，以颁布实施教育法令的形式规定学校、课程体系及教师聘任资格等教育事务。教育的重要性受到政府及民众的普遍认可。教育被视为实现国家目的的重要工具，是为政府管理部门提供专业管理人员的重要机构，是为社会经济发展输送技术及技术性劳动力的关键部门，也是继承发展民族文化、建设统一的意识形态和价值观念的重要手段。经过近一个世纪的发展，19世纪前期，国家主义教育制度在西方各主要资本主义国家陆续确立。

教育立法是国家主义教育制度建设的重要手段。作为较早开始国家主义教育制度建设的国家，法国1791年的宪法即宣布要建立一种面向全体公民的公共教育。拿破仑第一帝国时期，依据1802年的《国民教育总法》、1806年的《关于创办帝国大学以及这个教育团体全体成员的专门职责的法令》及1808年《关于帝国大学组织的政令》的颁布实施，拿破仑建立起中央集权的教育行政管理体制，将教育管理权置于国家的绝对控制之下。1881年和1882年两次颁布的《费里法》则确定了法国初等教育的义务、免费与世俗三项原则，标志着法国国民教育制度的基本确立。德国也是依靠教育立法手段成功建设国家主义教育制度的。宗教改革运动中，德意志境内的个别邦国颁布了类似强迫入学的法令。为挽救普法战争中普方的失败，1819年普鲁士政府颁布《义务教育法》。到1830年，普鲁士境内已建立起严格的双轨制学校体系。在英国国家主义教育制度确立的过程中，教育立法也发挥了不容忽视的作用。1807年惠特布雷德提出的《教区学校法案》、1833年议会通过的《教育补助金法》为英国国家主义教育制度的早期建设提供了学校布局规划及经费保障，1870年议会通过的《福斯特教育法》则是奠定英国国家教育制度和实行普及性初等教育的重要法案。尽管1787年美国宪法未就教育发展事宜作出规定，但宪法第十修正案有关"宪法未授予合众国，也未禁止各州行使的权力，将由各州或由人民保留"的规定确立了教育权掌握在各州的体制。1852年《马萨诸塞州义务教育法》及包括《卡拉马祖法案》在内的一批曾发挥较大影响的教育判例法也在美国以州教育制度为主要体现形式的国民教育制度建设中发挥了规范与保障作用。

参考文献

单中惠.西方教育思想史[M].太原：山西人民出版社,1996.

张斌贤,褚宏启,等.西方教育思想史[M].成都:四川教育出版社,1994.

Green, A. Education and State Formation: The Rise of Education System in England [M]. London: Macmillan, 1990.

（王保星）

国民教育运动（national education movement）

18世纪中叶至19世纪末欧美主要国家有关国民教育思想的形成以及国民教育制度建设的活动。国民教育运动涉及的主要问题包括:在国民教育思想层面,倡导发展国民教育是政府的职责,政府应借助专门的国民教育管理机构,通过建立完善国民教育制度、教育立法、教育经费拨付等手段创建覆盖全体国民的国民教育体系;强调全体国民拥有同等的接受国民教育的权利和义务;逐步消解教会对教育,尤其是初等教育的把持和垄断,强化教育的世俗化建设,强化国家和政府管理、发展国民教育事业的合法性、权威性和强制性;重视借助于国民教育事业的高效推行,维护国民所崇奉的民族国家独立观念,实现民族文化传统与价值观念的有效传承,切实发挥民族文化传统与价值观念对于维护国民凝聚力、向心力的教育功能。在国民教育实践层面,国民教育运动主要是指民族国家与政府创设国民教育机构,完善国民教育管理体系,建设国民学校教育体系,统一国民学校的教学内容、教育组织和教育评价标准的教育实践活动。各国在社会政治经济状况、民族文化传统、历史发展上存在诸多差异,因而在国民教育思想的探索上各有侧重,国民教育制度的建设也呈现出不同模式。

法国国民教育运动

法国国民教育思想的探索　在为法国国民教育运动提供理论支持的思想家中,伏尔泰、孟德斯鸠、爱尔维修、狄德罗、卢梭、孔狄亚克等作出了突出贡献(参见"启蒙运动与教育"、"卢梭与自然教育思想")。同时,一些关注法国教育事业发展的社会人士,如拉夏洛泰、杜尔哥、米拉博、塔列朗、雷佩尔提、拉马德兰等,也就国民教育发展进行了深入思考,主张建立一个完整的国民教育体系,为法兰西国家的强盛提供合格的高素质国民。

拉夏洛泰在1763年出版的《论国民教育》中详述了自己的国民教育观。首先,国民教育必须隶属于法国。耶稣会教育空疏陈旧,难以适应时代发展需要。因此,政府应承担起发展国民教育的职责。其次,国民教育必须依靠法国政府实施。由国家法律提供保障,只有这样,才可能改变整个民族的风俗习惯。为保证国民教育事业的发展方向,举凡国民教育教学用书的选择、教学内容的编选、教学人员的遴选等事宜,皆仰仗国王或由国王任命的委员会负责审查和

把关。拉夏洛泰称,"这种教育应由一位贤明而深谋远虑的君王组织","他将为自己的荣耀和臣民的幸福把这项工作做得完美无缺"。其三,国民教育必须服务于法国国家与民族利益。国民教育的发展必须以国家利益为重,并接受国家相关法律法规的指导,应该为国家的强盛提供强有力的知识服务和智力支撑,必须与国家的政治制度和法律体系相辅相成,必须与相关的社会教化组织携起手来,共同营造健康的社会风尚和高尚的人文精神。

18世纪法国重农经济学派的代表人物杜尔哥在1775年向路易十六呈递的《回忆录》中,提出了自己有关国民教育的主张。杜尔哥将教育视为造就未来国家公民的工具。为改变法国天主教教会教育将人们引向虚幻的天国事务的现状,杜尔哥主张设立国民教育委员会作为发展国民教育的领导机构。国民教育委员会的工作任务包括:制定周密与科学的国民教育计划并督促实施,充分整合利用一切可以利用的文化教育资源,发展国民教育事业,切实提高国民教育的教育和教学效益,建立崭新的国民教育体系。在国民教育的实施上,杜尔哥认为必须从人员组织与教学内容选定两方面着手开展国民教育工作。在人员组织安排上,每一教区设一位校长,具体负责本区儿童的教育管理工作,并向儿童传授计算、测量和机械原理知识。在教学内容选定上,切实贯彻教育一致性原则,精心选择,确保课程内容服务于国民爱国主义信念的形成。在国民教育的接受对象上,杜尔哥主张向所有阶层的儿童提供必要的国民教育,包括公民的道德行为教育和公民向社会履行义务的教育,向全体儿童提供阅读、写作、计算、测量和机械原理内容的教育。

米拉博的国民教育观可以概括为:国家实施国民教育是恢复个人天赋权力的基本途径;发展国民教育事业是政府不可推卸的责任。在制宪议会废除旧教育体系后,当务之急在于建立新的国民教育制度,国民教育的任务在于造就新国民。在具体实施上,米拉博主张地方政府向教区学校提供适当的财政资助。教区学校的校长必须获得政府的许可方能收取学生学费。米拉博反对免费教育,认为向学生收取适量学费能促使教师不断提高自己的教学水平,学生们才能珍惜自己的学习机会。在教材问题上,米拉博认为教材是向年青一代传授宪法知识、解释政治事件以及社会与个人道德准则的重要载体,教材的选用不应由最高宗教裁判会议决定。他还提出男女承担着不同社会角色,应接受不同类型教育的主张。

塔列朗首先主张国民教育的目的在于促使公民认识自己所应享有的各项权利,明确自己对国家与社会所承担的责任与义务,同时强调发展国民教育是政府不可推卸的责任。其次,国民教育不但能够保证公民享受自由,还能够促使社会进步、富强,促使个人获得完美高尚的发展。良好的

国民教育可以使公民更清楚地认识到自身所潜藏的无穷力量以及无尽的创造性，教导他们更有能力合理行使作为一个公民所享有的权利，并珍惜这种权利。第三，国民教育的发展应体现普及性原则。塔列朗认为，国民教育的光辉应该照射到每一位法国公民的身上，没有长幼、男女之分。第四，发展普及性的国民教育事业，必须首先重视教师队伍建设。

法国政治活动家雷佩尔提的国民教育主张主要体现于他所拟写的一份关于创建国民教育体系的计划。他认为儿童的教育关乎国家的利益，家长有义务将孩子送入学校接受教育。为实现国民初等教育的普及化，雷佩尔提力主创建"国民教育之家"，招收所有5～12岁的男孩和5～11岁的女孩入学，学生的一切费用由政府负担，教育经费的主要来源在于向富人征收的累计所得税以及儿童自己劳动的收入。

为把儿童培养成为身体健康、热爱劳动、遵守纪律的公民和爱国主义者，"国民教育之家"须向儿童实施包括智育、德育、体育及劳动教育在内的全面教育。智育方面，雷佩尔提要求向儿童提供阅读、写作及算术教育。道德教育方面，注重教儿童学唱国歌及其他具有教育意义的歌曲；向儿童讲述法国人民追求自由、平等、博爱的重大历史实践；讲授宪法的基本原则，以在儿童幼小的心灵中撒下崇尚自由、平等、博爱的种子。雷佩尔提反对对儿童进行宗教教育。体育方面，雷佩尔提认为教育者应重视儿童的身体发育状况，引导学生开展适当的体育活动，以切实提高学生的身体素质。雷佩尔提十分重视学生的劳动教育。

拉马德兰的国民教育观集中体现于《人民的爱国主义教育观》（1784）和《学院教育》（1783）之中。他主张实施有差别的国民教育，对于出身普通家庭的男孩，由国家提供6年的免费初等学校教育，女孩子接受免费教育的年限为3年。在初等学校教育中，体育占有重要地位。拉马德兰强调作为未来的劳动者，身体的锻炼是教育首务。在知识传授方面，重视实用知识教育，向儿童传授计算、实用几何及绘画知识，培养儿童认读租契、地契、合同类法律文件的能力。宗教教育在儿童教育体系中占有一定分量。对于出身上层阶级的儿童，拉马德兰还设计出一个学程为8年的学院教育计划。在计划中，儿童主要接受基本的读、写、算教育，学习拉丁语、哲学、伦理学和物理学，并接受实用性的经济学、商业、艺术及工艺知识教育。

法国国民教育运动的成效　在18世纪的启蒙思想家最早对法国国民教育体系进行勾画之后，法国政府主要在技术和职业教育领域进行了卓有成效的干预，这主要基于提高军事和经济效率的考虑。在拉夏洛泰、杜尔哥、米拉博、塔列朗、雷佩尔提等有关国民教育思想和规划的影响下，借助于大革命期间孔多塞、塔列朗、雷佩尔提等国民教育计划

的直接促动，法国政府对国民教育的关注达到一个新的历史高度。"教育被认为是促进民族团结、为国家输送受过教育的干部、促进大众认同新阶级的意识形态的一个必不可少的工具。"1791年的法国宪法即宣布要建立一种面向全体公民的公共教育。

法国国民教育体系的确立是在执政府和第一帝国时期（1804—1814）完成的。借助1806年《关于创办帝国大学以及这个教育团体全体成员的专门职责的法令》和1808年《关于帝国大学组织的政令》的颁布与实施，拿破仑赋予帝国大学管理教育的权利，教育管理权被置于国家的绝对控制之下，为法国国民教育制度的发展提供了立法和管理基础。同时，建立了全国性的考试制度，教师成为国家官僚体制的一部分，师范学校的建立为传递政府的教育政策和方法提供了得力渠道。1811年的立法进一步加强了国家对私立小学的管理。到第一帝国结束之际，尽管法国国民教育尚未形成一个完整的或者普及的教育体系，但国民教育的基本框架已经确立，基本特征已得以呈现，即国民教育管理的高度集权；教育内容的标准化、统一化以及国民教育目标完全由政府确定。

法国国民教育的基本特征在复辟时期获得较大程度保留。七月王朝时期，宗教在国民教育发展中的实力有所增强，但并未构成对国家教育控制的严重损害，政府仍享有对全部学校的督察权，并通过《基佐法》的推行将国民教育延伸至各地。该法要求在每一地方行政区设立一所学校，地方政府提供校舍并向教师支付工资，贫困地区则由国家提供补助。这样，国民教育在规模实现扩大的基础上，教育质量也有所提高。在短暂的法兰西第二共和国时期（1848—1852），教育部长卡诺曾提出了一项未曾实施的进步的初等教育改革计划。第二帝国时期，作为卡诺国民教育改革计划对立物的《法卢法案》得到实施，其结果进一步增强了教会在国民教育事务中的影响。法案第17条中止了国家对教育的垄断，私立学校获得等同于公立学校的地位。巴黎公社又为实现国民教育的彻底世俗化、免费和普及化发展进行了不懈努力，为未来法国国民教育发展指明了方向。第三共和国时期，法国国民教育实践获得历史性突破，在1879年出任教育部长的共和派政治家费里领导下，借助于1881年和1882年两次颁布的《费里法》，正式确立了法国国民教育的义务、免费与世俗三项原则以及具体化途径，标志着法国国民教育制度的基本确立。

作为西方国民教育运动的先行者，法国国民教育运动不但直接促成了法国的国民教育实践，而且对其他国家的国民教育实践也产生了重大影响。1772年，应波兰伯爵威尔豪斯基之请，卢梭撰写了《对波兰政府及其1772年4月改革计划的考察》（简称《关于波兰政府的筹议》），强调借助于全民教育培养爱国者和波兰公民。同一时期，狄德罗则应

俄国女皇叶卡捷琳娜二世之邀撰写《俄国大学计划》，并以"俄罗斯大学计划"的名义为俄罗斯制订了一项具有民主色彩的国民教育发展计划。

德国国民教育运动

德国国民教育思想的探索　德国国民教育运动兴起于16世纪的宗教改革时期，这是德国国民教育运动的第一次高潮。宗教改革领袖马丁·路德在《给市长及市政官员的一封信》中强调，教育应为世俗政权服务，应为国家培养良好公民和高素质官员，每个男女儿童都应接受普及性、义务性的初等教育。

17世纪中期，哥达公国的恩斯特一世于1642年颁布实施《学校规程》（后于1648年、1662年和1672年多次修订并颁布实施）。它规定5岁以上儿童有入学受教的义务，而且孩子父母及其监护人有教育、关心并指导孩子学习的义务，"孩子不上学要对父母处以罚金"。哥达公国实施国民教育的理念及实践，后借助虔敬派教育家A. H.弗兰克的教育活动得以传播。A. H.弗兰克在其于1702年创办的哈勒学园中，除向学生传授拉丁语知识外，还增设德语、法语、数学、历史、地理等课程。在教学方法上重视直观教学和实物教学。A. H.弗兰克的教育思想与办学活动深得普鲁士国王弗里德里希·威廉一世的认可和赞赏。1717年，弗里德里希·威廉一世颁布《普鲁士义务教育令》，积极创办国民学校，发展国民教育。

17世纪末至18世纪初在普鲁士等德意志邦国兴起了启蒙运动，追求"德意志的自由"的各邦国对法语和法国式教育表现出羡慕和追求的立场。具有启蒙观念的托马西乌斯、莱布尼茨和C.沃尔夫等人，在分析研究英、法等国先进启蒙思想、文化科学成就和本国国情的基础上，致力于改造德国的传统文化教育，建立富有德意志特色的新文化和新教育。

被誉为德意志和普鲁士"启蒙哲学之父"的托马西乌斯在执教哈勒大学期间用德语作为授课用语，在教学活动中传播启蒙哲学，提倡理性与科学。莱布尼茨力主改进德意志的科学文化教育事业，加强科学研究活动。作为莱布尼茨的学生，C.沃尔夫崇尚理性，曾在马尔堡、莱比锡和哈勒大学讲授自然科学和哲学，授课与写作均使用德语，以实际行动促进了德国民族语言的发展。

18世纪中后期，德意志启蒙运动进入新的发展阶段。德国古典哲学奠基人、教育家康德，德国古典文学创始人之一的莱辛，以及狂飙突进运动中的文学巨匠们，对于德国国民教育事业十分关注。莱辛著有《论人类的教育》，歌德出版了两部教育小说《威廉·麦斯特的学习时代》和《威廉·麦斯特的漫游时代》，席勒为后人留下了《美育书简》，所有

这些标志着德国国民教育运动第一次高潮的出现。

康德在接受卢梭自然主义教育理论、巴泽多泛爱主义教育思想影响的基础上，对教育问题进行了深入思考，并于1776—1777年和1786—1787年在柯尼斯堡大学开设了教育学讲座。其学生林克将他的授课笔记加以整理，以《论教育》之名出版。康德首先肯定了教育对于个人发展、社会改革和实现人类美好理想所发挥的重要作用，认为个人只有通过接受教育才能发展人的自然禀赋，将人培养成为真正的人；教育还应着眼于人类美好的未来，以致力于实现至善的大同世界为目的。康德还就体育、智育和德育的实施作了说明。他认为，体育包括身体的保育和锻炼两方面内容，应该为儿童提供参与跑、跳、举重、拳击、摔跤等体育锻炼的机会。康德注重将训练受教育者的心理功能作为智育的主要任务，强调培养儿童的感觉、想象、记忆、注意、理解、判断和推理等逻辑思维能力。康德主张道德教育的最终目的在于造就理想王国的道德成员，即具有服从、诚实、负责、文雅、合作等品性的社会成员。

德国文学家莱辛以文艺创作充当启蒙教育的工具，呼吁弘扬德意志民族精神，倡导德国作家应创作出充满德国民族情感的作品。莱辛的剧作作品《年轻的学者》、《明娜·封·贝尔赫姆》、《智者纳旦》以及一些文艺理论作品，不仅为德意志民族的古典文学发展奠定了基础，而且还有力地推进了德意志民族文化教育的发展。莱辛高度评价了戏剧创作的教育价值，认为剧院正在代替礼拜堂的教育功能，"从前是礼拜堂，现在是剧院在教育"。1780年，莱辛在自己最后的一部著作《论人类的教育》中，宣扬不同宗教应和平共处，显示出自己对人类命运的关怀与对民众幸福的期盼。

赫尔德少时家贫，曾以为牧师抄写文稿为生。1762年在柯尼斯堡聆听康德的哲学讲座，后先后受到狂飙运动先驱哈曼非理性主义思想、狄德罗唯物主义世界观以及莱辛、席勒等戏剧及美学思想的影响。赫尔德推崇卢梭的民主主义思想，主张弘扬德意志的民族精神，宣扬理性与精神的融合。认为每个民族都拥有自己的语言，各民族语言都准确地体现了民族的文化和特点，并拥有自己独特的表达形式，且承担着培育民族思想和民族感情的职责。赫尔德关于民族语言、文学、文化的民族性理论对德意志国民教育思想的发展产生了影响。他在其《关于人类历史哲学的思想》中提出，为了实现人道主义的社会理想，必须对人进行人文主义教育。

歌德的教育见解体现在教育小说《威廉·麦斯特的学习时代》、《威廉·麦斯特的漫游时代》以及其他散文语录中。歌德深受卢梭自然主义教育思想的影响，主张教育目标在于依照人文主义教育理想实现个人天性的和谐发展，最终造就"完整的人"。歌德十分强调活动的教育意义，并将活动置于教育过程的核心地位，认为活动不仅为个体认

识自己提供了机会，而且活动还是个体掌握知识、巩固知识不可缺少的要素，即便道德教育也不可停留于沉思冥想，而应在道德实践活动中培养起高尚的道德情感和道德意志。

席勒的教育思想集中体现在《美育书简》中。席勒提出通过审美教育培养"自然的、完美无缺的公民"，并最终建立起自由而理想的王国。席勒认为，审美教育所要解决的问题在于：从根本上修复人的天性中感性与理性的分裂，从根本上修复社会分工、学科专门化及日趋森严的社会等级对人性和谐状态的破坏，使人的心境重获自由与和谐。不仅如此，席勒还赋予审美教育更多的价值，认为它不仅是道德教育的手段，也是一种与体育、德育、智育相并行、具有独立目标的教育。美育的目的是使人的感性和精神力量的整体达到尽可能的和谐。

德国国民教育运动的第二次高潮出现于拿破仑大军入侵所引发的教育改革时期，即19世纪前30年的"改革时代"。这一时期，国民教育运动与德国的社会改革和民族解放斗争主题相叠加。德国古典哲学家费希特和教育家洪堡成为这一时期德国国民教育运动的领军人物。

在裴斯泰洛齐教育思想和康德哲学思想的熏陶和启迪下，费希特逐渐形成自己的国民教育思想。普法战争中普方战败这一事实，导致费希特更加重视以国民教育为手段，唤醒德意志民族的精神、信心和热情。为此，1807年12月至1808年3月，费希特连续每周周日晚间，14次在柏林科学院发表《对德意志民族的讲演》。为改变德意志教育与社会现实脱节、仅向极少数阶层子弟实施的现状，费希特提出，国民教育应普及全体国民，应为德意志的强盛培育一代新国民；国民教育只能由国家创办，教会不得染指国民现实生活的教育；国家应为国民教育的发展提供充足的经费和宽敞的校舍；国民教育的发展必须遵循一定的原则，要具有明确的目标，即把学生培养成为智力得到发展、品德高尚的"全人"；国民教育应注重为学生提供各行各业的基本技能训练，为其日后从事职业劳动打下基础；重视为国民教育事业发展提供师资来源，主张按照裴斯泰洛齐的教学方法培养师资；发展裴斯泰洛齐的"教育救民"思想。费希特关于国民教育的设想在洪堡的教育改革实践中变为现实。

1807年普鲁士国王弗里德里希·威廉三世与拿破仑签订《提尔西特和约》，为拯救处于破败中的王国，普鲁士政府实施了自上而下的社会改革、军事改革和教育改革。1809年3月，具有新人文主义思想的洪堡出任内务部宗教与教育司司长，为普鲁士教育改革（含国民教育改革）制定方案。具体内容包括：(1) 废除等级学校，推行普遍的初等义务教育，建立资产阶级的双轨学制。考虑到大部分平民子女缺乏接受中等教育和高等教育的经济支付能力，需要尽早就业，且工商业发展也需要职业技术人才，洪堡主张建立双轨制的教育体系，要求政府把主要精力放在普通教育事业的

发展上，为每位儿童提供免费或收费低廉的四年制初等学校教育和八年制的文科中学教育；(2) 引进裴斯泰洛齐的教育实验方法，传播并运用裴斯泰洛齐的教育教学思想；(3) 改革初等教育的培养目标，主张把学生的能力培养与道德陶冶置于学校工作的首位，把学生培养成为幸福的人和热爱祖国的臣民。

德国国民教育运动的成效　在洪堡方案的作用下，19世纪初期普鲁士邦的初等教育发展迅速。1816年，普鲁士适龄儿童入学率达到60%。为保证发展高质量的国民教育所需要的合格师资，在柏林师范学校(1809)和默尔斯师范学校(1820)的带动下，到1831年，普鲁士的每个省都建立了自己的师范学校。至19世纪40年代，普鲁士的大学和初等学校系统各类学校的水平均超过西欧同等学校。有文化的人在人口中所占比例比英国和法国都高。这一时期，德意志境内的一些公国，如1802年巴伐利亚、1805年萨克森都先后颁布了《初等义务教育法》，促进初等义务教育的发展。普鲁士的国民教育体系在普法战争失败的30年里，经过从洪堡到奥斯丁等多位教育部长的努力，最终得到了巩固。1870年，第二次普法战争以普方大获全胜而结束，普鲁士国王威廉一世成为德意志帝国皇帝，以普鲁士为中心的德意志民族得以统一。在分析战争胜败的原因时，法国共和党的领袖们将法方的失败归咎于第二帝国政府忽视或放弃了教育与国防的基本任务，而普鲁士的初级学校教师则是色当胜利的创造者。

从1694年托马西乌斯在哈勒大学运用德语授课传播启蒙思想、提倡理性与科学的观念开始，至19世纪30年代借助洪堡及其后来的一系列国民教育改革缔造起德国国民教育体系，德国国民教育运动前后延续百余年之久。在德国国民教育运动发展期间，几代德国哲学家、文学家、语言学家和社会活动家都十分注重发挥民族语言在国民教育运动中的作用。他们在教学实践中运用民族语言授课，在社会实践中反对封建专制主义，崇尚自由和民主，重视运用民族语言和发展民族文化培养合格国民的意义和价值，促进了德意志民族语言的发展，传播了科学与哲学知识。发展民族语言教育，弘扬民族精神，成为德国国民教育运动的重要特点之一。德国国民教育运动的主题经历了从文化民族主义向政治民族主义的转变。在18世纪末期之前，包括赫尔德在内的德国古典人文主义者奉行文化民族主义与世界主义的密切结合，主张民族主义与世界主义的贯通与结合。在教育方面，重视民族语言的学习与人文主义思想的传授，主张在继承发展民族文化的过程中借鉴吸收其他民族的优秀思想成果。而在拿破仑大军占领柏林、德意志民族陷入危境之后，追求政治上的民族主义开始成为德国国民教育的主题，国民教育承担着振奋民族精神、高扬民族意志、培养合格国民的重任，浓厚的民族主义精神成为德国国民教

育的主要特点。这一特点对后来德国教育的发展乃至世界教育思想的演进产生了重大影响。此外，德国国民教育运动还表现出其他一些特点，如重视学习能力的培养和道德陶冶、重视劳动习惯的养成、注重为国民教育发展培养合格师资、注重教育实验等。

英国国民教育运动

在世界国民教育运动史上，英国作为最早发生资产阶级革命和工业革命的资本主义国家，其国民教育运动的发生却较其他西方主要发达国家为晚。不过，英国国民教育思想的探索并不落后。早在文艺复兴运动时期，发展国民教育的主张已由一些人文主义教育家提出。

英国国民教育运动的萌芽 公元 43 年至 410 年，英国是罗马帝国的一个行省，公元 7 世纪初形成由盎格鲁-撒克逊人组成的诺森布里亚、麦西亚、东盎格利亚、埃塞克斯、肯特、苏塞克斯、威塞克斯等七个国家。公元 9 世纪 80 年代，威塞克斯王朝的国王阿尔弗雷德进占伦敦后建立海军，修订法典，提倡学术文化，为英格兰的统一打下基础。在此后的时期内，英国历史上出现了特殊现象：1016 年丹麦国王克努特出任英王，1066—1087 年威廉一世在英国建立诺曼王朝，威廉一世既是法国领主，又是英国的统治者，这一状况在安茹王朝（1154—1399）期间得以延续，其间历经亨利三世、爱德华一世、爱德华二世、爱德华三世和理查二世的统治。

早期英国教育与文化的民族化发展主要体现为英语作为民族语言的成熟及其地位的上升。"诺曼王朝"期间，诺曼底公爵以及随其抵达英国的法国封臣携法国社会关系与文化而来，对英国文化教育的发展产生了重大影响。法语一度成为国家法定语言。直到 13 世纪，一种吸收了法语和拉丁语某些成分的英语逐渐发展成为各阶层通用的全民语言。1362 年，英国政府规定用英语取代法语作为法庭用语。1381 年，英语取代法语成为文法学校的授课语言。15 世纪末，标准英语在英国渐渐普及。在亨利七世开创的都铎王朝时期，专制君主制得以确立，文艺复兴运动也开展起来。1534 年 11 月，英国议会通过《至尊法案》，宣称亨利七世及其继承人是"英格兰教会在世间的唯一最高首脑"。此时，英国人文主义者所面临的英国社会是一个交织着封建残余与新兴资本主义因素的社会，是一个交织着人文主义理想与私有制所导致的充满等级矛盾的社会。人文主义者寄希望于教育解决社会问题。莫尔在《乌托邦》中要求废除私有制，实行公共教育制度，让所有儿童不分男女皆可享有平等的受教育权利；在教育内容上主张学习古代作家，尤其是希腊作家的哲学、历史、戏剧、医学、植物学等作品；要求培养儿童仁慈、公正、勇敢、诚实等品质；重视劳动的教育价值。

科利特则特别重视民族语言英语的教学，要求在讲授《教义问答》和"十诫"时使用英语。马尔卡斯特也强调英语教学，并倡言"我爱罗马，但更爱伦敦。我喜欢意大利，但更爱英国，我熟悉拉丁语，但崇拜英语"。随着英语的逐步发展和完善，英语作为民族语言在学校教育实践中的地位也逐步稳固，英国文学的发展也呈现出繁荣局面，民族主义精神也在这一时期得到发扬。宗教改革后，英王亨利八世不但将没收的教会财产用于学校的重建和创办，同时还加强了对学校教育事务的控制和管理，力图使教育成为推进国教的工具。1604 年的一项法令进一步规定，任何人若想在学校或他人家庭里从事教学工作，都必须宣誓承认国王为教会的首脑，承认国王的至尊地位。

英国革命前后的国民教育运动 在英国革命之前，培根强调归纳法是获得实用知识的有效方法，强调学生意志和身体锻炼的价值，强调实用知识学习的价值。他坚持知识自由的必要性，相信所有的人具有同等的潜在智力，强调个人掌握多方面知识的必要性。

英国资产阶级革命的开展使英国国民教育获得新的发展机遇。17 世纪中叶，教育革新人士哈特利布在 1647 年发表的《论英国教会和国家改革的可喜·成就》中提倡在英国各地设立由地方政府支持并掌管的学校。1650，又提出贫苦儿童有权接受教育，政府应将教育视为改良社会的手段。同一时期的杜里则在《改革后的学校》（1650）中建议建立一种普及的学校体制，以使八九岁至十三四岁的孩子接受教育。伍德沃德崇奉培根和夸美纽斯的唯物主义感觉论，强调感觉在知识学习中的地位和作用，主张向儿童传授未来生活和职业岗位上所需要的知识，强调民族语言学习的价值，认为"本族语是一切知识的基础"。

英国资产阶级革命时期弥尔顿将国民教育视为与法律等同的维系国家发展的重要支柱之一，将学习视为人类获取力量的源泉。他指出，教育事业关乎民族的存亡，主张教育应致力于把青年绅士培养成体魄健全、道德完美、有广博实用知识、高度文化修养、丰富实践经验的有用之才，建议在全国各地创办兼具中等教育与高等教育性质的教育机构——学园，向入学者提供人文学科、社会学科和自然学科的知识教育。17 世纪经济学家威廉·配第明确提出国家办学的思想，主张教育具有公共性质，教育是国家的公共事务，教育费用应列入国家的公共经费开支。他还主张教育与生产劳动相结合，倡议创办劳动学校，向儿童提供普及性的初等技术知识教育，任何人都不得借口贫穷或父母缺乏能力而剥夺年满 7 岁的儿童接受此类教育的权利。贝勒斯主张借助于劳动教育的实施改善穷人的生活状况和社会地位。他在 1695 年撰写的《关于创办一所一切有用的手工业和农业的劳动学院的建议》中，提出创办一所劳动学院，以向学生传授未来职业生活所需要的手工业和农业知识，使贫苦子弟的教育与劳动结合起来。贝勒斯高度估计劳动教育的价值，认为劳动以及劳动教育是实现"富人获利，贫者过富裕生活，青少年受到良好教育"的理想社会的得力手段。英国革命结束后，逐步建立起君主立宪制，资产阶级与大土地所有者达成妥协，资本主义经济发展的需求得到一定程度的满足。作为17世纪英国"光荣革命"精神的忠实代表，洛克的哲学观和政治观对自由主义哲学、美国独立战争以及法国启蒙运动的兴起均产生了深远影响。在教育思想上，洛克一方面强调教育对国家发展的重要作用，认为国家的幸福与繁荣需要儿童接受良好的教育；另一方面又把注意力更多地放在教育对于个人幸福、事业、前途的价值上，主张教育发挥其价值的主要场所是家庭，而非学校。

关于政府是否干预教育的讨论　18世纪初期至70年代，英国因袭教会的办学传统，教育成为宗教和社会慈善事业，国民教育问题未被关注。18世纪70年代，国民教育思想运动再次兴起，但关注国民教育并未成为全社会的普遍认识，一场围绕政府是否应该干预教育的讨论成为国民教育运动的主要内容。

亚当·斯密、马尔萨斯以及J.穆勒和J.S.穆勒支持政府干预国民教育。作为一位古典经济学家，亚当·斯密从发展资本主义经济的立场出发，认为建立并完善促进人民教育的公共设施和工程，是国家的基本职能之一。国家发展国民教育的责任具体体现为重视普通人民的教育。亚当·斯密认为，在文明的商业社会，普通人民的教育，恐怕比有身份有财产者的教育，更需要国家的注意。在教育内容上，一般普通民众所应接受的最重要的教育是诵读、书写及算术。国家的职责在于拨付极少量的费用，使全体人民得受教育之便利，并鼓励全体人民，强制全体人民使其获得最基本的教育。亚当·斯密主张国家应在各教区各地方设立实施儿童教育的小学校。亚当·斯密虽主张国家鼓励国民教育事业的发展，但却反对国家办学。

19世纪初，英国经济学家和人口学家马尔萨斯在《人口原理》(1798)中，提出采取"积极性抑制"与"预防抑制"的措施，有助于解决人口持续增长所导致的社会贫困状况加剧以及民众生活水平下降的问题。为配合这一措施，马尔萨斯主张由政府向民众提供"普通人的教育"，建议政府在调查了解全国人口资源状况的基础上，制订相应的国民教育计划并加以实施。

J.穆勒赞成政府资助普及教育事业，主张直接由政府或者受政府捐助的个人向全体民众提供关于阅读和写作的教育，传授生活所需要的基本知识。其子J.S.穆勒继承了父亲的国民教育观，主张由政府实施有效的国民教育，训练民众智力，增加其常识，增强其对周围环境做出正确判断的能力。他还认为，父母在法律上负有使子女接受初等教育的职责，政府应为发展国民教育提供必要的经费。不过，J.S.

穆勒反对国家垄断教育的发展，对国家控制教育事业的发展表现出谨慎姿态，他指出作为一件塑造一模一样的人的发明，普遍的国家教育越有效、越成功，它就极易形成一种思想的独裁统治。

李嘉图、戈德温与斯宾塞反对政府干预国民教育。在这一时期的英国国民教育思想运动中，反对由国家或政府实施国民教育也成为一部分思想家的主张。经济学家李嘉图反对在政府和教育之间建立联系的可能性，更反对政府对教育的干预，认为这不但不可能取得良好的结果，还可能带来预想不到的祸害。戈德温将国民教育视为国家为影响民意所经常采取的一种干涉方式与介入途径，认为国家实施统一的国民教育制度，将会束缚人民的思想自由，把人民的思想固定在那些已经过时的观念或者已经破产的错误的信仰之上。而且，国民教育的实施往往是以忽视人类的天性为基础的。在他看来，国民教育计划的性质决定了其实施必须与国家政权结合起来，而这一联盟是以忽略甚至伤害个人全部发展的可能性为代价的。斯宾塞在1851年发表的《社会静力学》中极力反对实施国民教育。斯宾塞的主张包括：国家职责有限；国家管理教育是独裁性质的表现；国家提出实施国民教育，同时界定合格国民的标准，是对个人自由的一种侵犯；国家所办的学校难以提供良好的教育；教育的国家化、组织化与教育的本性相违背；教育的作用是有限度的。在一个崇尚自由主义以及"有限政府论"的国家中，政府干预国民教育的反对者在19世纪初期成为制约国民教育发展的主要力量。1807年惠特布雷德提出的《教区学校法案》、1820年的布鲁厄姆提案以及1833年的罗巴克提案都遭到失败。《教区学校法案》提出在全国建立学校以满足机器生产的需要，所有7岁至14岁儿童都有资格接受两年的正规学校教育，建议政府提供经费以建立和资助教区学校。该提案仅在下院通过，却遭到英国上院的否决。1820年的布鲁厄姆提案第一次提出关于国民教育发展的普及、义务和国家资助的教育思想，1833年的罗巴克提案则是当时最为完善的国民教育计划，它提议成立一个由国家资助的、普及的、强制的初等教育体系，但也遭到反对派的否决。不过，1833年，由调查伦敦贫困儿童教育情况的特别委员会所提出的在每一个贫民区建立由税收支持的免费学校的计划却被采纳。1833年，英国议会决定每年从国库中拨出2万英镑的经费资助初等教育的发展。为监督教育经费的使用，1839年成立枢密院教育委员会，从此结束了政府完全不管初等教育的状况。1856年，枢密院教育委员会改组为教育局，管理初等教育事务。迫于宪章运动的压力，1858年成立纽卡斯尔委员会，专门负责调查英国初等教育的实际状况，这是英国首次对初等教育进行调查。

19世纪中叶的国民教育运动　19世纪60年代以前，英国国民教育运动时起时落，发展缓慢，原因之一在于英国在文艺复兴时期已解决了民族文化的建立问题。民族国家建立之后，经济顺利发展，至19世纪中期，英国工业化和经济发展取得突出成就，成为"世界工厂"、"国际金融中心"和"日不落帝国"，人们愈发信奉自由竞争和功利主义，而对德国、美国实行的强迫义务教育，对德国和法国实施的国家教育管理都感到格格不入。

19世纪中叶以后，美国和德国经济迅速发展，向英国的霸主地位提出了挑战，英国社会对国民教育的认识发生了变化。1867年在法国举办的巴黎世博会使英国威风扫地。1870年普鲁士在普法战争中取得胜利，实现了国家统一。德、法政治家都认为德国的成就归功于德国教育，特别是初等教育的成功，人们还发现美国和德国的经济发展也主要得益于初等义务教育。在这种情况下，往日的荣耀和失去霸权的威胁使英国的民族意识不断增强。同时，英国于1832年和1867年实行的议会改革使中产阶级跻身于国家政权，小资产阶级及部分工人也获得了选举权。因而培养适应资本主义民主政治制度的公民，并使每个公民认识到自身对国家应尽的责任和义务就成为教育的直接任务。此外，城市化和工厂法（提高雇用童工的年龄）的实施迫使许多儿童流浪街头，无所事事，犯罪率上升，这使英国政府面临到底是投资建监狱，还是办学校的问题。在此背景下，教育属于个人私事、教育事业应由教会、慈善团体举办和管理、国家不干预教育的传统观念必须改变，国民教育运动再次兴起。19世纪中期以后，英国的各种教育协会相继成立，英国工人阶级也为自身的教育权而进行斗争。因此，国民教育开始在各种小册子、讲坛、报纸、评论、期刊中出现，国家与教育的关系成为英国教育改革的核心问题。1861年M.阿诺德发表了题为《法国的大众教育》的工作报告，提出实施国民教育是国家的重要任务。此后，实施国民教育，"建学校比建监狱好"逐步成为英国各界的共识。19世纪下半叶，英国基本完成第一次工业革命，基于满足技术革新的要求、与其他资本主义国家开展经济竞争以及国内工人运动要求接受更多教育的需要，1870年英国政府颁布实施了《福斯特教育法》。该法实施的目的，正如W. E. 福斯特在提交该法提案时所言："初等教育的迅速普及决定了我们宪法规定的制度安全、良好地运行。"《福斯特教育法》确立了国家对教育的补助权与监督权，决定设立学校委员会管理地方教育，对5～12岁的儿童实施强迫的初等教育。英国《福斯特教育法》的颁布与实施，尤其是其中有关强迫初等教育的规定，标志着英国国民初等教育制度的正式形成。此后，英国又相继通过了有关义务教育和免费教育的法案，进一步完善了英国的国民教育制度。

美国国民教育运动

殖民地时期美国教育的发展表现出鲜明的地区差异，并影响了后来美国国民教育的发展。北部殖民地合称为"新英格兰"，居民多为清教徒，重视教育发展。为培育儿童的宗教观念和阅读《圣经》的能力，马萨诸塞议会于1642年和1647年先后两次颁布教育法令，要求家长和师傅们对自己的孩子或学徒进行教育，要求各乡镇居民点的居民共同出资兴办初等和中等学校，否则处以罚款。这是美国最早的教育法令，其中包含国民教育思想的强迫教育因素。1650年，康涅狄格殖民地的议会也颁布了类似的教育法。1667年，普利茅斯殖民地的议会发布命令，要求50户或50户以上居民所组成的区都应有一位适合的人在文法学校任教。1692年，普利茅斯殖民地与马萨诸塞殖民地合并，使马萨诸塞殖民地成为英属殖民地中教育最为发达的地区，并为日后国民教育运动在这里的兴起奠定了历史基础。在英属殖民地的中部地区，移民来自欧洲各国，教派林立，民族众多。人们各自生活在自己的群体中，教育多搬用宗主国的学校模式。中部地区的宾夕法尼亚殖民地在1683年颁布《宾夕法尼亚教育法》，主张穷人和富人都要受到良好的教育，要求本殖民地各地区所有有孩子的人、孤儿的监护人和受托人都应使他们受到读和写的教育，否则将要受到相应的处罚。南部地区是指英属13个殖民地的南方地区（包括弗吉尼亚、南北卡罗来纳、乔治亚等地），移民多属英国国教会，以种植园经济为主要经济活动。较北部殖民地而言，南方地区的种植园主大多不关心公共教育。他们自己孩子的初等和中等教育大多由家庭教师施教，然后送往欧洲的大学深造。对劳动者的子女则像英国本土那样只进行一些艺徒教育，或在教会举办的慈善学校进行一些宗教教育和简单的读写教育。因此，这些地方的议会在殖民地时期没有颁布有关教育的法令。

独立战争及建国初期的国民教育运动　独立战争及建国初期，诸多思想家们根据美国建国的独特背景对国民教育进行了思考，特别是杰斐逊和韦伯斯特分别从公共教育和民族语言教育的角度对国民教育进行了探讨。

杰斐逊的公共教育思想集中体现于1779年的《关于更普遍地传播知识的法案》和1781年的《弗吉尼亚纪事》中。杰斐逊将民众教育视为杜绝暴政的根本手段，视为造就天然贵族（以德行和才能为依据，相对于以财产和门第为依据的"人为贵族"而言）的基本途径。杰斐逊精心设计了美国的公共教育体系，包括小学、普通中学、大学三个等级。杰斐逊强调"教育是国家的事务"，应该通过立法来开办教育，他起草的《关于更普遍地传播知识的法案》为公共教育制度的法制化提供了理论依据，成为"美国公共教育的第一个宪章"。他还主张公共教育必须同宗教教育相分离，应成为世俗性的教育。在杰斐逊的公共教育体系中，任何教育都是免费的、无偿的，都由国家承担教育经费。为解决贫困子女的受教育问题，他提出向儿童提供"三年的免费教育"。为保证公共教育经费的稳定,他提出三条筹措经费的途径:一是增设教育税收;二是从公共财产中拨款资助教育事业,通过立法规定,使各地区把一部分收入作为教育经费;三是通过设立各种基金支持教育事业的发展。基于宪法"人人生而平等"的精神,杰斐逊提出了教育均等的思想。他主张不分种族、贫富、性别、阶级,全体公民一律都享有受到公共教育的机会。公共教育的宗旨在于改进每个公民的道德和学识,使每个人都懂得他对邻居和国家应尽的责任;了解自己享有的权利;维护秩序和正义;学会按自己的意愿选举自己信任的人进代表机构;学会明智而正直地观察自己身处其中的所有社会关系等。

韦伯斯特倡导以缔造民族性格作为民族教育的核心。韦伯斯特主张,为适应美国建国后加强政治权威的需要,以及更好地适应来自不同国家、具有不同宗教信仰和文化传统的移民杂居的美国现实社会的需要,必须实施统一的以谋求国民精神统一和团结为目的的民族教育。要向全国各阶层的人传授知识,以使国民养成适应美国独立政治的思想性格。美国国民独立性格的基本内容是要认清建国初期的美国不同于已趋腐朽没落的旧大陆,美国人需要一种政治独立之后的文化独立与民族精神独立,要凭借文化上的独立与民族性格的坚强维系政治上的长久独立。为更好地实现这一民族教育的目标,韦伯斯特于1790年发表《论美国的青年人教育》,明确提出塑造国民性格应成为公共教育的主要目标,要通过传播科学知识、完善个人品行、养成自由观念和以公平、民主思想加以激励的方式完成国民性格塑造的任务。韦伯斯特还把语言上的独立作为实现美国文化独立的重要内容加以建设。1783年,韦伯斯特写成《美国拼音读本》,并于1825年编纂出版《美国英文大字典》。韦伯斯特将语言文化的独立视为政治独立的长远保障,认为语言是国家文化的核心内容,国民使用统一的语言是国家和人民成为团结整体的重要纽带。

建国初期,建立国家教育制度成为众多学者关注的问题。作为革命期间呼吁实施教育改革的宣传者,S. H. 史密斯提出,监督并强迫儿童接受教育是一个国家的职责。他把教育年限确定为5岁至18岁,建议不送孩子入学受教的父母应受到法律惩罚,要求国家按照公共财产的比例分配教育经费。另一位学者S. 诺克斯主张建立公立学校中心制,强调国民教育应该成为全面的、普及的、一致的国家教育,建议通过实施统一的教育计划,把公民培养成为具备和谐的情感、协调的行为举止以及爱国主义品质的共和国公民。

公立学校运动　在建国初期思想家们发展国民教育思想的引导下,为改变建国之初初等学校发展速度缓慢、学校类型单一、教学内容难以适应政治经济发展需要的状况,19世纪30年代起,美国兴起公立学校运动。贺拉斯·曼的公立教育观念与实践在运动中发挥了重大影响。在继承开国领袖杰斐逊等人的国民教育思想的基础上,贺拉斯·曼认为,适合建国后美国社会发展的学校教育应该是一种公立教育,即一种获得政府公共经费资助、由政府实施管理、面向全体民众的开放的教育,这类教育需要依靠公立学校提供。公立教育承担着将具有不同文化背景和宗教信仰的移民最终培养成为有能力履行社会责任的合格公民的任务。公立学校在社会发展中发挥着确保社会稳定的"平衡器"的作用。按照贺拉斯·曼的设想,公立学校教育首先要面向所有儿童,保证接受初等教育是每一位儿童的天赋权利;公立学校教育应由政府公共管理机构实施管理与资助,是得到民众广泛支持的教育,应建立健全州、市、镇各级教育委员会,配备专职的视导人员专事教育资金分配、教育情况调查、教材审定、教师遴选等事务。

19世纪30年代,首先从马萨诸塞州开始兴起了一场波及全国的公立学校运动,在实践层面主要呈现为三方面的内容。

第一,建立州公立教育管理体制。根据1791年美国宪法第十修正案"宪法未授予合众国,也未禁止各州行使的权力,将由各州或由人民保留"有关规定,发展与管理教育的权利成为各州政府的基本权利。在改革学区制的基础上,各州开始建立公立教育管理体制。纽约州首先在1812年至1821年设立州一级教育官员教育督察长,管理全州的初等学校。马萨诸塞州于1837年设立州教育委员会管理全州教育事务。H. 巴纳德的努力则促成1839年康涅狄格州教育委员会的设立。之后,罗德岛、佛蒙特、新罕布什尔、缅因以及宾夕法尼亚等州相继设立州教育委员会,到南北战争后,许多州陆续建立了州教育领导体制。州教育领导体制的建立以及在此基础上实现的学区管理的系统化,使美国公共教育从分散和放任自流的状况中解脱出来。随着各州公立教育委员会的确立,北方各州的公立教育体系得以规范化发展。州教育委员会聘任教师,规定教学用书,规范学期,落实义务教育法,并推行免费教育制度。1832年,纽约首创免费教育制度。到19世纪60年代,美国多数州取消了学费。1850年,公共资金占全部教育开支的47%,到1870年,60%多的教育支出来自公共资金。

第二,确立地方教育税收制度。为保证发展公立学校教育事业所需的教育经费,各州在不断开发包括地方公共经费、土地捐赠、私人募捐、教育彩票在内的教育经费来源的同时,还致力于地方教育税收制度的建立,以为公立教育事业发展提供稳定的教育经费来源。由于教育税是依据个人所拥有的财产数量征收的,因此确立地方教育税收的斗争,从一开始就意味着是一场教育税的支持者与富人及有产阶层者之间的斗争和较量。富人及有产阶层者认为教育不是公共福利事业,从来都是具有教育经费支付能力家庭子弟的事情,向富人征收教育税等于利用富人的财产向穷人子弟提供教育,是一种违反宪法有关保护自然权利规定的行为。而地方教育税收的支持者认为,儿童的教育关系到包括广大有产阶层在内的全社会的未来发展与当下的社会安定问题,为发展公立学校教育事业而纳税是在为社会发展提供必要的经费支持,是公民的一种义务,是关系到社会公共利益的大事。地方教育税收制度在斗争中不断发展,到南北战争前,美国多数州建立了地方税收制度,公立小学逐步发展成为美国初等教育的主要力量。通过征收教育税发展教育的理想还在19世纪后期沿用到公立中学教育事业中。1874年,密西西比州高等法院就"卡拉马祖案"作出裁决,允许在公民和议会的同意下,通过征税维持公立中学。各州纷纷援引这一教育判例,使公立中学得到蓬勃发展,并逐渐取代文实中学,成为美国中等教育的一支重要力量,它标志着美国建立起一种不同于欧洲双轨制中等教育体制的新型公立国民教育制度。

第三,实施强迫入学制度。实施强迫入学是保证美国公立学校运动顺利发展的基本制度之一。1825年,美国政府颁布第一部普及义务教育的法案,但并未获得各州的积极响应。1852年马萨诸塞州颁布实施《马萨诸塞州义务教育法》,明确规定8至12岁儿童每年须入学就读12周,稍后纽约州也颁布了义务教育法,到19世纪末全美60%多的州颁布了义务教育法。1919年亚拉巴马州颁布实施义务教育法,标志着强迫入学制度在美国的最终确立。美国公立学校运动的发展寄托了美国开国领袖的教育期许与希望,体现着贺拉斯·曼、H.巴纳德等公立教育的倡导者与参与者的教育热情与梦想,更体现了美国社会及民众视教育为建国利器的教育信念,完成了借助公立学校教育同化少数民族及移民文化,培育共同价值体系,锻造合格的美利坚合众国国民的任务。其间,引领并支持美国国民教育运动的是一种虔诚的国家主义教育哲学观,即为了国家崛起于世界民族之林,为了国民不断进步并获得更多的财富和自由而开展教育。

俄国国民教育运动

俄国国民教育思想的探索　俄国的国民教育运动发生在19世纪中期,是由俄国进步知识界发起的旨在反对封建教育制度、推动国民教育改革和发展的社会运动。在从彼得一世至尼古拉一世统治的较长时间内,与沙皇专制主义的政治体制相适应,俄国教育主要表现为一种政府行为,民众参与和教育理性化程度均停留于较低水平。俄国教育的落后状况引发了社会民众及国民舆论的不满与批判。教育期刊,各种研究国民教育问题的社会团体,以及彼得堡、莫斯科等地的教育问题讨论会,纷纷将改革俄国教育作为关注的主题。在倡导改革俄国教育的教育家中,以皮洛戈夫、

乌申斯基、托尔斯泰、车尔尼雪夫斯基和杜勃罗留波夫为代表的教育家首先集中抨击了俄国的农奴制教育,要求破除学校教育的等级性,主张向民众提供更多的世俗化教育机会,倡导为培养合格的公民建立广泛的国民学校网,呼吁女子拥有同等的受教育权利,并主张通过广泛开展国民教育实现上述教育目标。

俄国外科医学家皮洛戈夫1856年在《海洋集》上发表题为《人生问题》的论文,在尖锐抨击沙皇政府反动落后教育政策的同时,提出应迅速改变旧式教育将人培养成僵化的官僚体制的附属品的状况,要求实施国民教育,指出教育的真正目的是把人培养成"全人"和"公民",而非农奴主、官员、商人、士兵和奴隶。在皮洛戈夫看来,"全人"和"公民"的培养应借助于"全人教育",即一种使已达一定年龄的儿童和少年接受同等的道德教育和科学教育的新型教育模式。国民教育的实施目的并非要把受教育者过早地培养成专业化的人,而在于为其将来接受专业教育提供基础性的普通教育,即首先把受教育者培养成为道德高尚、见识宽广、热爱真理并能够为捍卫真理而坚决斗争的人。皮洛戈夫的国民教育观以及他所提出的教育问题引起广泛的注意和评论,为俄国国民教育的实施营造了较为有利的社会舆论氛围。

作为俄国学校改革的倡导者和俄国近代教育理论的奠基者,乌申斯基的教育理论探索活动及其成就成为19世纪俄国国民教育运动的重要内容。1857年,乌申斯基相继在《教育杂志》上刊发《论教育书籍的益处》、《学校的三个要素》和《论公共教育的民族性》三篇教育论文。1860—1864年,乌申斯基又发表《劳动的心理和教育意义》、《祖国语言》、《关于国民学校问题》、《国民教育的基本思想》等系列论文,并为初等学校编写《儿童世界》(1861)和《祖国语言》(1864)。在这些教育论著中,乌申斯基首先批判了俄国政府在国民教育事业上的不作为,指出自彼得一世以来一个半世纪的时间内,俄国在国民教育方面几乎没有任何作为。不同于其他关注俄国教育发展的教育家,乌申斯基将注意力更多地放在普及初等教育与建立和发展国民学校等问题上。

关于俄国国民教育的主要表现形式——民族教育的发展,乌申斯基强调,俄国的民族教育必须建立在正确的社会舆论、民族文化与历史传统的基础上。乌申斯基把正确的社会舆论视为确保民族教育独立发展以及促进整个民族发展的最重要的手段。他结合欧美国家国民教育发展的历史与现实,指出欧美主要国家的国民教育均拥有各自的民族特点,主张每一个民族必须建立符合本民族文化与历史传统的民族教育体系,而适用于所有民族国民教育的共同体系,无论从理论上还是实践上都是不存在的。在俄国国民教育与民族性的关系问题上,乌申斯基指出俄国国民教

必须以俄罗斯的民族性为基础。国民教育应在发展人的智慧和自我意识的同时,巩固和发展个人身上的民族性,促进整个民族自我意识的发展。为强化国民教育中的民族性成分,乌申斯基特别强调祖国语言的教育和教养意义,要求祖国语言教育在普通教育中占有重要地位。乌申斯基认为,俄国国民教育的发展需要借助于国民学校的创设及其有效的教育活动。国民学校是为人民的智力发展和道德发展奠定牢固基础的学校,是致力于民族生活方式的持久改善、农村居民文明获得进步的学校,是为了人民本身的利益教育人民的学校。只有建立起相当数量的国民学校,俄国的人民才能像其他国家的人民一样接受义务教育。不同于旧式教育脱离实际生产劳动,乌申斯基主张俄国国民教育应该是一种劳动教育。在《劳动的心理和教育意义》一文中,乌申斯基在肯定劳动的经济意义的同时,着重讨论了劳动的精神价值。乌申斯基的劳动教育还包括脑力劳动教育,即培养学生养成科学的从事脑力劳动的习惯,并认为这一教育任务比传授科学知识本身更重要。乌申斯基对教师在发展俄国国民教育事业中的作用与地位给予了充分肯定,认为教师的数量与质量决定着俄国国民教育事业发展的规模与水平。关于合格教师的标准,乌申斯基认为,教师不仅要有广博的专业知识和广泛的教养,还要掌握教育的技巧与机智,要在学生的成长过程中发挥性格引领和表率作用。

作家托尔斯泰以自己的实际行动参与了俄国国民教育运动。1859 年,托尔斯泰在自己的庄园为农民子弟开办了一所免费学校,并把学校任务界定为培养学生的创造性个性,将"自由"确立为教育学的唯一准则。托尔斯泰还出版了《亚斯纳亚·波良纳》杂志,宣传自己的教育主张和办学经验。他还为农民的孩子编写了《识字课本》和四册《阅读课本》。

不同于乌申斯基等专业教育家,革命民主主义者车尔尼雪夫斯基和杜勃罗留波夫将国民教育制度改革与农民革命联系起来。一方面,他们将教育与教养视为解放群众的重要手段;另一方面,他们又把革命手段视为改变现实社会环境、为实施国民教育准备必要的社会基础的重要工具。

俄国国民教育运动的成效　19 世纪后期,在强大的社会政治运动和国民教育运动的压力下,俄国政府在改革农奴制的同时,也在国民教育事业的发展上实施了相应改革。1864 年沙皇国务会议批准《初等国民学校章程》,宣布人民有权接受各级教育,授权地方自治机关、社会团体和私人开办国民学校。在初等教育阶段实施男女同学,准许女子从事教师工作。虽然在法令颁行后的几年内,国民教育事业表现出明显的进步和发展,但 19 世纪 60 年代俄国的国民教育改革却未能实现预期目标。之后,随着 19 世纪 70 年代"教育复辟"逆流的出现,政府又借助于监视和宗教手段强化了对国民教育的控制。1874 年沙皇政府颁布《初等国民学校规程》,废除学校委员会选举制,拨款资助教会创办堂区学校,设教育部部属初等学校,压缩知识课程教学,加强神学教育等。在 19 世纪 70 年代,借助于 1872 年《城市学校章程》,为城市的手工业者、小职员和小商人阶层的子弟开办的六年制城市学校得以建立。这类学校向学生传授神学、俄语和文学、算术、代数、几何、地理、历史、自然等知识。城市学校在一定程度上促进了这一时期俄国国民教育事业的发展。相对于欧洲其他国家国民教育的发展水平而言,19 世纪后期俄国国民教育的民主化、世俗化以及科学化水平均处于较低的水平。这与俄国工业经济发展水平低以及因农奴制残余的存在而导致的社会冲突和激烈斗争有关,但也与俄国政府的国民教育改革政策不力有关。此外,政府对教育的控制失度、教育领域内的浓厚宗教性等也制约了俄国国民教育事业的发展。

参考文献

弗·鲍尔生. 德国教育史[M]. 滕大春,等,译. 北京:人民教育出版社,1989.

博伊德,金. 西方教育史[M]. 任宝祥,吴元训,译. 北京:人民教育出版社,1985.

安迪·格林. 教育与国家形成:英、法、美教育体系起源之比较[M]. 王春华,等,译. 北京:教育科学出版社,2004.

克伯雷. 外国教育史料[M]. 华中师范大学等校教育系,译. 武汉:华中师范大学出版社,1990.

滕大春. 外国近代教育史[M]. 北京:人民教育出版社,1986.

（吴式颖　王保星　蒋　衡）

过程模式(process model)　　英国课程理论家斯腾豪斯提出的课程研制模式。针对课程研制目标模式的行为主义、机械主义缺陷,于 1975 年提出。斯腾豪斯认为,目标模式重理论推理而轻实践诊断,是先验的和高度思辨的,并非来自对课堂教学实际经验的研究,课程研制理论更多地属于政策性研究,不应过多采用抽象、思辨的理论作为行动基础。他批判目标模式自上而下的控制机制,认为目标模式的基本方法是对人的行为进行肢解性分析后,预先确定明晰的课程目标系统,这种做法把全体学生束缚在预定的统一目标框架内,目标在教师与学生之间充当控制的手段与工具,知识经由目标分析的过滤,限制了学生对知识的探索,增强了学校对学生的权威和权力,目标模式把知识视作一种统治与控制的工具,歪曲了学校知识的本质。他还批判目标模式的标准化测评,认为将知识分解为封闭的行为目标,并依据这种行为目标的达成度对教育结果进行测评,不仅降低了教育质量标准,而且将知识蜕变为工具性的技能或信息,是对教育本质的歪曲,窄化了教育职能。认为目标模式依据预定的、可测的行为目标对学生进行评价,很难判断学生真正的发展水平。

在批判目标模式的基础上,斯腾豪斯建构其课程研制的过程模式。(1)过程模式的方法论基础。过程模式的主要理论依据是进步主义教育理论及现代发展心理学、认知心理学的研究成果。在教育功能及目标上,进步主义反对绝对的、客观化的、价值中立的知识和技能的灌输与训练,提倡注重儿童的自由、兴趣、能力的发展与培养,认为教育目的不只是对外显行为的机械训练,更重要的是个体心智的发展。这为过程模式确立了关注内在价值而非外在手段的教育哲学观。在智力发展方面,发展心理学研究表明,儿童不是知识的被动接受者,而是主动探究者,学习过程是个体能动地与外界环境交互作用的过程;现代认知心理学注重内在的、整体关联性认知结构的生成,反对原子化的、琐碎和片断经验的堆叠,注重内在的同化、顺应与迁移机制的形成,反对外在的、机械性的刺激—反应或输入—产出的物化机理。这为过程模式的课程组织、实施及评价思想提供了方法论基础。(2)过程模式的知识观与教育观。过程模式反对目标模式的工具主义行为外塑论的教育观和知识观,倡导一种立足于教育内在价值,旨在培养学生智慧、教养与自由品质的教育观,以及注重理解与思维的知识价值观。斯腾豪斯认为,知识不同于技能和信息,技能和信息是工具性的,可以单纯依靠讲授来讲授,目标模式适用于此;而知识的重要特点在于它构成人们进行思维的原材料,知识的本质在于它是一个支撑创造性思维并为判断提供框架的结构,教育正是通过作为思维系统的知识来增进人的自由,发掘人的创造力。知识在教育过程中发挥作用的重要机制在于理解,而不在于认知与回忆,知识教育中的不确定性特点决定了教育难以以目标的形式预定其后果。在教育观上,斯腾豪斯以 R. S. 彼得斯的教育价值观为标准和依据。R. S. 彼得斯认为,教育是一种价值导向性活动,有其内在的完美标准,它不是作为达到某种外在目的的手段而存在。斯腾豪斯据此认为,教育的最终目的在于增进人的自由及创造力,教育的重要机制在于引导人们探索知识,因而学生的行为结果是无法预测的。(3)过程模式的课程研制原理。过程模式并未提出具体的课程研制程序及方案,而主要论证课程研制过程中的基本原则及方法。① 一般目标与程序原则。过程模式的目标与目标模式的目标有本质区别。过程模式只确立一般性的、宽泛的教育目标,重在概述教育过程中可能出现的各种学习结果,并以此为依据确定课程研制的指导性规则。该目标并不构成最后的评价依据,它是非确定性的。具体表现为"程序原则",即课程研制的总要求,被作为课程研制的方法及指导思想,使教师明确教学过程中内在的价值标准及总体要求,不指向对课程实施内容和结果的预设及控制。② 课程设计及课程内容选择的依据。斯腾豪斯认为,课程内容的选择必须立足于对教育教学过程中各种原理及方法的详细分析,从具有内在价值的

知识形式及学科结构中选择基本概念、原理、方法作为课程内容,即课程内容的选择应以教育及知识本身固有的标准为依据,而非以预设的学生行为结果为准绳。过程模式的主要任务就是选择反映教育本体功能及知识内在价值的课程内容。在这个意义上,过程模式的逻辑起点是内容的选择而非目标的预设。③ 开放系统与形成性评价。斯腾豪斯认为,课程领域是一个开放的系统,学生的学习不是直线式的、被动的反应过程,而是主动参与和探究的过程,其间不存在简单的正确结果或错误结果,教学过程中应关注学生个人的理解与判断。过程模式反对预设行为目标,认为学生的学习兴趣及态度可能随时改变,学生的最终学习成果也不只是预设的行为目标的达成。教师在学生学习过程及结果评价中应是一个诊断者和批评者,而非打分者,评价应以教育本体的、知识内在的价值及标准为依据,而不是鉴别预设目标的达成度。斯腾豪斯主张教师是课程研制的主体之一,并明确提出"教师即研究者",评价应建立在教师的诊断与批判基础上。故过程模式更倾向于形成性评价,认为将考试作为一种目标或唯一手段,必将使教学失去其本应具有的特点。

(郝德永)

过度教育(overeducation) 劳动力受教育水平高于工作实际所需的教育水平。第二次世界大战后,西方发达国家加大教育投资,各级教育迅速扩展,受过较高教育的劳动力供给过度增加,导致越来越多的高学历劳动力从事低学历者就可完成的工作的现象。20 世纪 80 年代后为越来越多的西方教育学家和经济学家所关注,学者们的关注点集中在西方发达国家过度教育的发生率、产生的原因以及造成的影响等。

西方发达国家过度教育的发生率 拉姆伯格、曾满超和 H. M. 莱文等人总结了 20 世纪 80 年代前的研究文献,认为过度教育有三个含义:一是相对于历史上较高水平者而言,受过教育者的经济地位下降;二是指受过教育者未能实现其对事业成就之期望;三是指工人拥有比他的工作要求较高的教育技能,这些技能没有得到充分发挥。美国学者 G. 邓肯和 S. D. 霍夫曼 1981 年区分了个体实际接受的教育水平和工作所需的教育水平之间的差别,并根据这一差别确定了对过度教育研究的三个核心概念:过度教育(overeducation)、工作所需教育(education required in the job)和教育不足(undereducation)。"工作所需教育"是指某工作岗位对就职者个体教育内容和水平的实际要求;当个体接受的教育水平高于工作所需要的教育水平时,称为"过度教育";当前者小于后者时,称为"教育不足"。由此,也可以说,过度教育是教育与工作不匹配的一个方面。

以此为基础,后来的学者发展了三种测量过度教育的

方法。一是根据工人的自我评估。这既可以由工人直接明确地说出其所处工作岗位所需的教育水平，也可以采取间接的方式，即由工人对他们自身实际教育水平与工作所需的教育水平作比较，判断前者大于、小于还是等于后者。二是对职业分类中确定的不同工作所需的教育水平与工人实际的教育程度进行比较，确定其是过度教育、教育不足或与工作所需教育相匹配。三是某类工作岗位所需的教育水平通常与工人所接受的教育水平的平均数和分布有关，因而可对某一特定职业中工人实际的教育水平和平均的教育水平相比较，当一个工人的实际教育水平超过（或低于）平均教育水平之上（或之下）一个标准差时，称之为过度教育（或教育不足），而落入平均教育水平的正/负一个标准差之内的工人的教育程度与工作所需的相匹配。应用以上方法的研究结果表明，20世纪六七十年代后，西方发达国家劳动力市场普遍存在过度教育，过度教育与教育不足的发生率之和约占50%，说明这些国家和地区教育与工作需求的不相匹配现象比较严重。

过度教育发生的原因　西方学者大多从微观机制上探寻过度教育发生的原因，依据不同的理论基础，对过度教育有不同的解释。

根据新古典经济学完全竞争劳动力市场的基本假设，人力资本理论从三个方面对过度教育进行了解释。首先，人力资本理论认为，在完全竞争的劳动力市场上，在工资率的作用下劳动力的供给和需求会自动达到均衡。当受过教育的劳动力供给增加时，劳动力的工资就会下降，这时企业就会倾向于雇佣更多的劳动力以调整生产，相应的，个体会调整其教育投资计划，推迟或减少高等教育。这样，在长期内，劳动力将会得到充分利用，教育与工作将实现匹配。过度教育只不过是劳动力市场上的一个短期现象。其次，人力资本理论认为过度教育是由于现实中的劳动力市场并不满足完全竞争的假定造成的。一些因素，如体制障碍，不完全信息等都会导致劳动力在寻找工作时并不一定能找到与其教育程度相一致的工作，这在开始阶段尤其如此。当这一现象发生时，过度教育就出现了。随着劳动力年龄的增长，工作经验的增加，在自由流动的制度环境下，劳动力将不断地"寻找"工作，以使其工作与教育程度达到一致。再次，过度教育的存在可能与教育和其他人力资本投资方式之间的权衡有关。教育与工作经验、工作培训可以相互替代，或者相互补偿。教育水平较高的人通过教育替代了工作经验，他们也需要较少的工作培训，教育水平较低的人通过工作经验来弥补正规教育的不足，从而不同教育（正规教育）水平的人会有相同的人力资本，可以做相同的工作。根据这一观点，过度教育现象可能是一个短期现象，随着时间的推移，工人通过接受教育积累人力资本以提高工作地位，工作中职位的提升和工作流动将会使劳动力的教育水平逐

渐与其工作相匹配。

美国经济学家 A. M. 斯彭斯的筛选理论认为，教育是帮助雇主挑选雇员的一个信号，信息是由雇员提供的，为获取更多的信息，个人会作更多的教育投资，以期望额外的教育技能足够使他们有别于他人。因此，如果工作的要求不变，劳动人口的教育水平相对于工作所要求的是有上升的趋势。

索洛的工作竞争模型 1972年考虑两个行列：一为工作行列（job queue）；二为求职人行列（person queue）。工作行列里的每项工作均有其要求的技能、生产力特征及薪级标准。个人为竞逐工作也组成一个行列，其相对的位置是由一系列的特征所决定，比如教育、工作经验等，这些特征使雇主能估计到个人所需工作培训的成本。位于求职人行列越靠前的人，所需培训成本越低，就越有机会获取位于该行列前面的工作。因此，为跻身于求职人行列较前的位置，个人会投资于教育，希望额外的教育会令其获得佳职的机会提高。

教育与技术变革的影响。根据生产理论，过度教育是公司和企业追求成本最小化的行为造成的。第二次世界大战后，生产技术发展速度加快，技术变革周期缩短。从学校教育的角度来说，现代社会更为迅速的技术变革要求学校提供的教育要高于现在的雇佣工人。从生产者的角度来看，在调整成本为正的情况下，生产技术的变化会提高公司和企业的生产成本。这是因为，人力资本投资是公司和企业的一项重要投资，是生产成本的一部分，在技术变化之后，为了使劳动力适应新技术的要求，公司和企业有两个可以选择的策略，其一，对旧的工人进行新技能的培训，这将需要一定的投资；其二，更换旧的劳动力，雇佣受过新技术教育和培训的劳动力。究竟选择何种方式，取决于两者之间成本与收益的比较。一些企业不能及时更换受过较高教育的工人，教育不足就会发生。过度教育的劳动力，在技术变化中将会很快适应，因而会花费较少的人力投资，公司和企业就倾向于雇佣超过其工作要求的教育水平的劳动力，以节省生产成本。过度教育就发生了。按照这一解释，过度教育就是一种长期的现象。

不完全竞争劳动力市场的存在，不同人力资本投资方式的选择，个体"寻找"工作中的收入最大化行为，技术变革以及企业生产成本最小化的追求都将会造成过度教育的发生。过度教育是一个长期的现象还是短期现象，新古典经济学和后来的理论对此看法不一。

过度教育的影响　（1）过度教育对生产力的影响。直观上，过度教育对生产力有负效应，一些学者的实证研究也证实了这一点。如拉姆伯格1987年在对过度教育对生产力和个人收入的影响的研究中认为，额外附加的教育并不总是能提高生产力。曾满超1987年在美国贝尔公司的实证研究认为，过度教育造成工人对工作的不满意和心理紧张，对工作满意度有显著的负作用；工作满意度与生产力有显著

的正相关,因而过度教育对生产力有负效应,将会造成公司和企业的生产力下降。就贝尔公司的数据来看,过度教育的年数每降低一年,在产出上将增加8.35%。曾满超进一步指出,过度教育是一个关系到个体、公司和政府的问题,其中政府是教育的最大的投资者,因而需要对过度教育的负作用有足够的重视,应重新考虑其对教育的投资计划。由于缺乏对这方面数据资料收集的可行性工具,这方面的研究以及社会收益方面的实证研究较少。大部分学者关注的是过度教育对个人收入的影响。(2)过度教育对个人收入的影响。在对过度教育和收入关系的实证研究中,西方学者首先修整了明瑟收益函数,提出测量过度教育收益率的模型(简称ORU模型)。该模型把教育的收益分成两部分,一是恰当配置情况下的收益;二是其修正部分:过度教育和教育不足的收益。根据ORU模型,过度教育与收入的关系涉及四个核心问题:较高教育水平者比较低教育水平者的生产力高,其是否能被充分的利用并取得较高报酬;一个教育水平与其工作不符的劳动力(可能高于也可能低于)与一个教育水平与其工作相符的劳动力相比,前者的教育收益率低于后者吗?前者对生产力有负效应吗?甚至前者的收益率为负的吗?过度教育的发生及其对收入的负面影响,是否如人力资本理论所说的那样,是由僵化的市场体制和不完全竞争的环境造成的?如果过度教育对收入有负面影响,过度教育者为什么还追加教育投资?按照人力资本理论的观点,过度教育、工作所需教育、教育不足的收益率是相同的。有关过度教育对收入影响的研究首先对此提出了批评。道尔顿和维尼奥尔斯2000年对英国毕业生劳动力市场上的研究发现,过度教育毕业生的收益要低于与工作相匹配的毕业生,特别是工作资格要求越低,两者收入差别越大。科克等人1997年的研究认为,与相同的工作岗位上其教育水平与工作要求相匹配的工人相比,过度教育的工人的收入要高些,而教育不足的工人的收入要低于他们;与相同教育水平,而其教育水平与工作要求相匹配的工人相比,过度教育的工人收入要低于他们,而教育不足的工人却高于他们。哈特格和W.格鲁特等人2000年总结了前人的研究,得出结论认为,工作所需教育的收益率高于实际教育

的收益率;过度教育的收益是正的,但小于工作所需教育的收益率,过度教育的收益率大约是后者的1/2到2/3;教育不足的收益率是负的。

尽管有个别研究认为过度教育的收益率是负的,但大部分研究发现,过度教育有正的收益但低于工作所需教育的收益。美国学者G.邓肯和S.D.霍夫曼、阿尔巴-拉姆莱兹、拉姆伯格的研究结论都表明过度教育的收益大约是工作所需教育的一半。如果过度教育的收益率为正的话,这可以解释为什么那么多的过度教育者会在教育上投资,同时并不能作出过度教育是无效率的一般结论。

对于第三个问题,道尔顿2000年等人对此作了验证。一般说来,公共部门与私人部门相比,前者的市场体制比后者更为僵化,不完全竞争程度更高。根据这一假设,他对公共部门和私人部门的毕业生教育收益率作了对比。结果发现,在相同的条件下,公共部门的过度教育者的收入并不低于与私人部门的过度教育者,同时,由于过度教育造成的收入损失在公共部门中和私人部门中没有差异。由此,人力资本理论的观点并不能得到证实。

通过对过度教育和收入关系的实证研究,西方学者作出了过度教育收益率不同于实际教育收益率(即"明瑟收益率")的结论。在考虑教育供给的一方面时,必须重视需求一方,也就是教育和工作间的匹配对收入的影响。

参考文献

Duncan, G. & Hoffman, S. D. The Incidence and Wage Effects of Overeducation[J]. Economics of Education Review, 1981,1(1).

Groot, W. & Van Den Brink, H. M. Overeducation in the Labor Market: A Meta-Analysis[J]. Economics of Education Review, 2000(19).

Hartog, J. Overeducation and Earnings: Where We Are and Where We Should Go. Economics of Education Review, 2000, 19(2).

Rumberger, R. The Rising Incidence of Overeducation in the U. S. Labour Market[J]. Economics of Education Review, 1981(1).

Tsang, M. C. & Levin, H. M. The Economics of Overeducation[J]. Economics of Education Review, 1985(4).

（盛世明）

H

哈佛大学普通教育计划（Harvard University general education program） 哈佛大学关于大学普通教育的独特的教育理念、课程结构和运作方式。其以广博和均衡为目的，运用核心课程等形式，强调学生的自由选择和学校与教师的制度性导向，对美国其他大学乃至世界多国大学的普通教育产生了深刻影响，成为许多大学效法和借鉴的典范。

高等教育阶段的普通教育指大学生均应接受的共同内容的教育，分属若干学科领域，内容宽泛，与专业教育有别。1829年，美国帕卡德撰文为大学设置公共课（当时包括古典语文、文学和科学课）辩护，认为这些课程是进行专业学习的前提，学生必须学习，以得到应有的共同培养，并称这部分教育为普通教育（general education）。此后这一概念尽管有所变化，但以它为核心的高等教育课程改革贯穿了20世纪的美国高等教育史。特别是哈佛大学的普通教育计划，对美国大学普通教育的发展产生了重大影响。

早在殖民地时期，哈佛学院（1780年改名哈佛大学）移植英国高等教育的办学理念，主要培养牧师、律师、教师和官员。他们崇尚理性的价值，标榜博雅教育（liberal education），致力于道德和智慧训练，建构了一整套古典学术性课程。美国建国后，西部开发和资本主义的发展需要大量实用人才。因此，18—19世纪，哈佛大学的课程在科学方面得到一定的扩展。1829年，昆西出任哈佛大学校长，极力改变课程方向，大力倡导理科课程。南北战争以后，重建运动和工业的大发展对科学技术特别是应用科学提出了更高的要求。1869年，C. W. 埃利奥特成为哈佛大学校长。随着科学的发展，他力主大学不断扩充、更新课程，为科学课程进入哈佛大开绿灯，主张在课程增多的情况下给予学生选择的自由，适应学生个性的发展，并加深在某些知识领域的学习。他在哈佛大学全面推行选课制度。1870—1871年，课程手册中第一次按系而不是按班级列出课程。1874—1875年，除修辞学、哲学、历史和政治外，必修课只限于一年级。1883—1884年，一年级也开始实行选修制。1895年，哈佛大学全面实行选修制。

伴随着选课制度优势的不断显现，其缺陷也逐渐暴露

出来。进入20世纪以后，在校长洛厄尔的领导下，哈佛大学对课程机制进行了重塑。从1914年起，实行集中与分配（concentration and distribution）相结合的课程制度：学生必须集中选修6门主修课程，确保形成一定的主攻方向；同时要从人文科学、社会科学和自然科学三大知识领域各选2门课程，以具备比较广泛的知识视野；其余4门课程可自由选择。"集中与分配制"对美国大学的普通教育产生了深刻影响，至今仍然是美国大学普通教育的重要形式。

第二次世界大战以后，美国高等教育在功利主义、实用主义价值观的驱使下，一味迁就社会的一时之需，妨碍了学术的发展和人格的完善，过去集中的专业与分配领域之间的组合未能取得理想效果。因此，哈佛大学校长科南特组织了哈佛大学委员会，专门研究"自由社会中普通教育的目标"，1945年发布题为《自由社会中的普通教育》的报告，也称红皮书。报告就美国中学、哈佛大学和普通教育提出改革建议：普通教育内容应包括人文、自然和社会科学，重点是传统而非变化，目标是帮助人们"有效地思考，交流思想，作出恰当的判断和区别不同的价值观念"，培养情智全面发展、把个人需要和社会需要有机结合的人；中学应设置人文科学、自然科学、社会、工作经验、卫生、价值和道德等科目；哈佛大学在本科毕业要求的16门课程中应为普通教育留出6门，包括所有学生必修的"文学巨著"和"西方思想与制度"两门，可在理化或生物科学概论课中选修一门，在人文、社会和自然科学三个领域中各选修一门，并开设哲学遗产、音乐、人际关系和科学史等普通教育课程。1945年哈佛大学教授会原则上批准了该报告。经过四年实验，以报告建议为基础的普通教育计划1949年获批准并得以部分实施。普通教育计划不仅扭转了哈佛大学过分重视实用课程的方向，强化了着眼于学生素质的普通教育课程，而且进一步完善了课程的指导与选择机制。同时，《自由社会中的普通教育》报告第一次对普通教育进行了系统论述，与1947年杜鲁门政府时期发表的《民主社会中的高等教育》一起，成为第二次世界大战后各类高等院校改革普通教育的纲领性文件，推动了普通教育运动的第二次大发展。

20世纪七八十年代，美国在国际竞争中发现其原有的

科学技术上的优势正在逐步消失,高等教育质量问题凸显出来。鉴于普通教育计划存在着课程内容宽泛等问题,时任校长 D.博克责成文理学院院长罗索夫斯基对大学普通教育进行改革。经过 7 年努力,罗索夫斯基运用更为具体的学科性方式对普通教育课程加以改造,形成了独具匠心与特色的核心课程(core curriculum)体系,于 1981 年正式付诸实施,并一直沿用至今。其间除了一些小的变动外,此课程体系基本保持不变。哈佛大学的核心课程不仅体现了对学生的一种基本要求,也蕴含着一种教育哲学,即哈佛大学的学生既要进行某一特定学术性专业的训练,又必须接受广博的教育。它假定学生在实现这个目标的过程中需要一些指导,而教师有义务和责任在知识、技能和思维方面给予指导,使他们成为有教养的人。

核心课程的建构基于以下假设:(1)学生应该对获取和运用关于自然、社会和自身知识的方式有一些基本的理解;(2)应该向学生展示其他文化和历史阶段,以便他们在现代社会里更好地解释和理解自己的经验;(3)学生应该学会批判地思考道德和伦理问题,检验自己的道德假设,客观地评判各种选择性的伦理思想和实践;(4)通过一些主题探讨,形成对理解和评价任何领域的知识发展都必需的批判性辨别能力,最好能掌握课程所提供的必要工具,而运用专家所使用的方法,在专家指导下解决某一特定领域令人感兴趣的问题,最有可能激发学生的好奇心;(5)通过解决不同领域的问题形成的分析能力对于学生在这些领域里追求其他一些今后生活中需要或希望获得的知识具有恒久的价值。核心课程涵盖了七大领域十一个方面:(1)历史研究(historical studies)。目的是发展学生对作为探究和理解形式的历史的理解。分成两个方面:第一,现代世界的历史研究,主要从全球的维度阐释现代社会主要方面的背景及其发展,帮助学生通过历史理解我们自身世界的一些重大问题;第二,历史事件与进程研究,主要集中于历史的文献性资料的研究。(2)文学艺术(literature and arts)。目的是培养学生对艺术表现批判性的理解,阐明人文学科的学术探究方式,包括类型、形式、范围、使用与滥用、阐释模式,使学生了解某一特定时空的主要作品、论题或创造性成就,并进行批判性分析和学术论证实践。包括三个方面:文学作品,着眼于文学文本和文学分析的方法;视听艺术,意指非文学的表达形式——音乐与美术;文学艺术背景研究,研究历史上创造性的文学纪元,探索文学艺术作品在特定社会里的运作方式。(3)科学(science)。目的是使学生对探索世界和自身的科学有大致的理解,并更好地理解当今技术与科学导向的社会。这一领域分成两个方面:物理科学;生物、进化与环境科学。(4)外国文化(foreign cultures)。目的是通过对与美国等英属文化明显不同的文化的研究,拓展学生对文化因素重要性的理解,为学生提供洞察自身文化假设

和传统的新视角。(5)伦理思辨(moral reasoning)。目的是探讨在人类经验中产生的显著的和周期性的选择和价值问题,探索进行合理的道德和政治选择的方式。(6)社会分析(social analysis)。目的是使学生了解社会科学的基本方法及这些方法是如何增强他们对现代社会背景下人类行为的理解的。(7)定量推理(quantitative reasoning)。目的是向学生介绍思维的数学方法和定量方法,诸如数论、演绎逻辑及自然科学、社会科学或人文科学运用的定量方法等。

从总体架构看,核心课程并非游离于整个课程体系之外,而是与主修课程、选修课程相辅相成,共同构成一个完整的体系。哈佛大学规定每个本科生必须修满 32 门课程(16 个学分)方能毕业,但这 32 门课程不是随意拼凑的,实际上是课程选择要形成一种模型,即大约一半的课程(16 门)必须用于主攻方向;在剩余的 16 门课程中,必须选择 7 门核心课程,其余的则根据各自的学术兴趣自由选择。

开设核心课程的主要目的是拓展学生的知识视野,因此学生必须从离主攻方向最远的八个方面各选一门课程,对其三个方面可根据各自的主攻方向予以不同的免修。例如,对于生理学专业来说,物理科学、生物与环境科学和定量推理为免修领域;而对于历史专业来说,历史研究的两个方面免修,第三个免修领域是在文学艺术或社会分析中任选一个。免修来源于哈佛一种牢固的信念,即核心课程不应超过课程总量的 1/4,而主修课程从某种意义上可以弥补三个免修领域的缺憾。同时,哈佛大学的学生在第一学年结束时才确定主攻方向,因此在主攻方向尚未确立的第一学年里,存在着一个核心课程选择的策略问题。为了使三类课程在数量和时间上取得某种平衡,哈佛大学建议学生每年最好选一门核心课程、两门主修课程和一门选修课程,在第八个学期前完成所有的核心课程。为此,学生必须在前三年的某些时刻多选一门核心课程,以便在第四学年只剩下一门核心课程,理想的话,一门不剩。否则,到最后一个学期,既要完成毕业论文,又要修习核心课程,将是非常紧张的,没有选择的余地。对于第一门核心课程,学生最好选择与目前的兴趣和可能的主攻方向相距最远的领域,这样,如果发现自己对这门课程非常感兴趣,那么就可以及时地(在专业选择之前)捕捉新的学术兴趣以便进一步深造;即便不是这样,至少已经避开了最困难的部分。否则,它将成为今后学习上一个令人困窘的累赘。至于第二门核心课程,可以有多种选择。学生如果已经形成了明确的主攻方向,那么可以选择与预期的主攻方向间接相关的领域,以便进行初步的了解,并将自己最感兴趣与最不感兴趣的课程进行比较。据统计,从 1981 年核心课程正式实施到现在,哈佛大学已经开设核心课程 350 多门。与一般的分配必修课(distribution requirement)不同,核心课程不是从各系所开设的课程中选择人文科学、社会科学和自然科学方面的课

程,而是在经过特别设计的七大领域十一个方面,从离主攻方向最远的八个方面各选一门课程,充分体现了哈佛大学对普通教育一种持续的哲学,代表着现代大学广博、全面和均衡的教育理念,昭示了对 21 世纪有生机心智活动的一种基本要求。

从课程的构成方式看,哈佛大学核心课程不限定于一定广度的名著阅读或某一特定领域知识的概览,而是运用具体的学科性方式,谋求在那些被认为对本科生不可或缺的领域里传授给学生探求知识的主要方法。它致力于向学生展示这些领域里知识的存在方式、探究形式、分析工具、运作方式以及价值表现。与一般跨学科的概论式课程相比,这种学科性方式避免了各种概论式课程宽泛、浅薄的缺陷,可防止学生对各类学科浅尝辄止,使学生能对某些课程进行深入探索,也改变了过去单纯重视学科知识的定式,特别突出地强调各门学科的方法论。因此,尽管各个核心课程领域的主题有所不同,但它们都强调一种特殊的思维方法。核心课程是专门为那些对某一领域没有或基本没有背景的学生设计的。与各系的概论课相比,它们并不全面覆盖一门学科的所有内容,而是从某种深度上探讨一门学科,以阐明一些重大和重要的问题,并告诉学生如何处理这些问题。

从课程运作机制看,哈佛大学非常尊重学生,给学生充分的自由选择的权利。核心课程的七个领域十一个方面,每个方面每学期一般都设置 10 门左右,最低不少于 6 门的课程供选修,以保证学生有充分的选择机会和弹性。正如 C.W. 埃利奥特所坚信的那样,课程的选择过程本身就具有教育价值,能培养和训练学生的自我责任感。哈佛大学特别强调学校和教师有义务和责任给予学生一定的指导,并通过核心课程的领域及其选择策略为学生提供方向性的限定和建议。正因为如此,尽管哈佛大学核心课程对学生有着严格的规定,但学生的课程计划具有广泛的多样性。他们对各自的选择负责,并在课程的限定内遵循各自的兴趣、爱好和愿望。哈佛大学将自由和秩序、灵活性和规范化、个人兴趣和学校指导较好地结合为一体,两者之间形成了必要的张力。

以哈佛大学为代表的核心课程是 20 世纪 80 年代以来大量运用于美国高等院校的一种普通教育实践类型,被认为是在理念上最完美体现普通教育精神的一种实施方式。但其过高地估计了学习某种知识与形成人的相应能力之间的关系,至于各种能力的培养与具体课程内容之间是否具有那种密切关系,也受到质疑。

参考文献

陈向明.美国哈佛大学本科课程体系的四次改革浪潮[J].比较教育研究,1997(3).

姜文闵.哈佛大学[M].长沙:湖南教育出版社,1988.

李曼丽.通识教育:一种大学教育教育观[M].北京:清华大学出版社,1999.

（欧阳光华　马　慧）

韩国教育制度(educational system of the Republic of Korea)　大韩民国位于亚洲大陆东北部朝鲜半岛南半部,面积约 10.02 万平方千米。2012 年人口约 5 000 万。为单一民族国家。50% 左右的人口信奉基督教、佛教等宗教。通用韩国语。2010 年国内生产总值 10 143 亿美元,人均国民收入 20 759 美元。

韩国教育的历史发展

公元前 2 世纪前后,朝鲜半岛南部居有马韩、辰韩、弁韩三个部落联盟集团,史称"三韩"。公元 3 世纪左右,百济统一马韩,新罗统一辰韩,建立国家。中国东北兴起的高句丽则于 427 年迁都平壤,于是半岛上形成三雄称霸局面,史称"三国时期"。公元 7 世纪中叶,新罗灭百济和高句丽,于 735 年统一朝鲜半岛大部,大力推行唐代典章制度,确立封建中央集权的统治。公元 9 世纪末叶以后,新罗衰弱,国家再次分裂。王建于 10 世纪初建立王朝,统一半岛,国号高丽。1392 年,李朝取代高丽,改国号朝鲜。1897 年,李朝二十六代王高宗在日本胁迫下改王称帝,国号为"大韩帝国"。1910 年签订《日韩合并条约》,日本吞并朝鲜。1945 年,日本投降,美国、苏联军队以北纬 38°线为界分别进驻南半部和北半部。1948 年,北部成立朝鲜民主主义人民共和国,南部成立大韩民国。

有关古朝鲜时代教育的记载甚少。国家形态的教育制度始于三国时代。高句丽的教育机构有"太学"和"扃堂"。太学可谓韩国最初的国立大学,招收官吏子弟,教授《五经》、《三史》、《三国志》、《文选》等。扃堂为民间私塾,向未婚庶民子弟教授儒家经书和马术、弓术等。新罗存在极为森严的等级制度,称"骨品制度",即根据血统和身份对官职、进出排场、婚姻、衣饰、家居等社会生活各方面进行限制。新罗统一三国后保留该制度直到灭亡。新罗的国立教育机构"国学"设在中央直属的礼部,总管称为"卿",下设博士、助教,负责教学。学生分为三科:第一科的教育内容为《礼记》、《周易》、《论语》、《孝经》;第二科为《左传》、《诗经》、《论语》、《孝经》;第三科为《尚书》、《文选》、《论语》、《孝经》。除儒家经典外,教育内容还包括算学、医学、天文学等。国学的入学资格为十二品官到无品的贵族,入学年龄为 15～30 岁,学制 9 年。对最后通过考试成绩优异者授予官职。新罗时代的庶民教育有花郎道。花郎道作为民间少年组织,主要通过口耳相传等方式进行道德与军事教育,以训练民众、强壮军力,鼎盛时期曾达到几千人,逐渐发展成为大规模的政治军事组织,为新罗统一三国起到重要作用。花郎道的特点:(1)推崇为国而死、为义而亡的忠心;(2)颂扬以死抗拒不义之事的气节;(3)赞扬为国战死的勇气;(4)主张唯有前进之荣,没有后退之羞,强调宁死不屈。花郎道有"世俗五戒":"事君以忠、事亲以孝、交友以信、临战无退、杀生有择。"

高丽王朝以和平方式得到政权,对新罗时期的大多数社会制度没有进行根本性改革。992年,高丽创建国子监,分为国子学、太学、四门学、律学、书学、算学等科,招收五品以上文武官员的子孙和三品以上官员的曾孙,进行"六经"及《孝经》、《论语》教育,修学年限为8年,毕业后授予官职。国子监多次更名,后定为"成均馆",成为专门进行儒学教育的高等教育机构。958年,高丽建立科举制度。1261年创建"东西学堂",进行儒学教育并从中聘选官吏。地方则设初级国立学校,称"乡校"。私立学堂也开始发展起来,著名的有"12学徒"等。

从三国时期就传入朝鲜半岛的佛教在高丽王朝的推崇下大力发展起来。儒学只是宫廷和少数贵族的特权,民间则大兴寺庙,传播佛教。寺庙的政治、经济势力强盛,占用大量土地、奴婢和佃农而不纳税,导致国家因财政枯竭而衰亡。朝鲜王朝建国初期为排除根深蒂固的佛教思想影响,实施排佛崇儒政策,甚至在民间积极宣传"三纲五常"等儒家道德。国立学校有成均馆、"乡校"、"四学"。成均馆作为儒学最高机构,享有至高无上的地位。国王到成均馆祭拜孔子时也要下马而行,以示敬重。成均馆负责人为三品官,称"大司成",下设司艺、直讲、博士、学正、学录、学喻等官职。科举制度规定,"生员"、"进士"等地方科举中榜的学生具有进入成均馆的资格。学生在读期间不仅免交学费,还可享受国家提供的学田和佃农。"乡校"为"成均馆"的下级学校,设在各级地方官厅内,由六品以上的教授和九品以上的训导师负责教学和管理。校内设有"文庙"、"明伦堂"、象征中朝圣贤的祭祀处。四学建在汉城内,分为东、西、南、中四校。乡校与四学的经费由地方财政负担。私立教育机构有书院和书堂,朱子学占私学的主流,李珥、李喜等书院创始人都是当时极负盛名的朱子学家。国家向书院提供一定的土地及奴婢,维持书院的管理,国王也曾亲自为书院提名。最初的书院并不完全是私学机构。朝鲜王朝中期,党派纷争,儒生以书院为中心传播儒学思想、集结党派力量,书院一度剧增至300余处。

19世纪末,朝鲜在西方列强的逼迫下打开门户,开始进行近代化改革。政府于1886年聘用3名美国教师,他们创建的育英公院和美国传教士创建的培材学堂、梨花学堂等是最初的近代学校。1894年,掌握实权的大院君成立内阁,进行全方位的近代化改革,称"甲午更张"。作为改革的具体政策,建立了汉城师范学校、外国语学校、法官养成所、矿务学校、陆军幼年学堂、全武学堂等。1910年《日韩合并条约》以后,朝鲜沦为日本殖民地,教育事业在日本的严格控制之下,但外国传教士仍通过教育途径传播教义,有志之士的救国志向和热情大部分体现在兴办学校上,私立教育发展较快。1930年,在初等教育机构中,公立普通学校占9%,私立的书堂、学术讲习会、普通学校、教会学校等占91%。

1911年,日本颁布《朝鲜教育令》,将学制规定为四年制寻常学校和四年制普通高中,教学一律用日本语。为进行愚民教育,培养廉价劳动力,职业学校的比重超出了普通学校。由于日本的控制,朝鲜直到独立也没有建立起真正意义上的大学。1922年,日本改革《朝鲜教育令》,将学制改为六年制初等学校和五年制中等学校,另外加设专门学校。1938年,因战时需要,日本再次改革教育令,加强对"皇国臣民"的思想统治。

1945年8月,独立后的韩国接受美国的军事、经济援助和三年的军事管理。11月,美国成立由韩国人组成的教育审议会,制定教育改革方案。1946年3月,教育审议会颁布新学制。军管结束后的1949年,韩国首次颁布《教育法》,规定实行地方分权的教育行政管理;课程中铲除日本殖民地教育的影响,并在社会科中进行道德、历史、地理教育;在教学方法上强调学生的个性差异,教育目的在于培养"民主市民"。1961年,朴正熙发动军事政变,掌握政权,开始大力发展经济。为适应经济发展需要,培养优秀人才,他们于1962年制定《文教再建五年计划》、1966年制定《科学技术振兴计划》。朴正熙执政的20年间,韩国的主要教育改革包括实施初中阶段学区制、高中阶段平准化;强化中等教育中的职业技术教育;改革大学入学考试,创建实验大学;颁布《国民教育宪章》,学校强化反共教育与传统道德教育等。由于高等教育急剧发展,私立学校迅速膨胀且管理不善,高等教育质量下降。

20世纪80年代后,韩国教育从数量的扩张转向质量的提高。全斗焕总统于1980年7月颁布《教育正常化和消除过热的课外补习方案》,废除课外补习机构,实行大学生淘汰制。1985年,全斗焕创立教育改革审议会,作为总统直属的教育咨询机构。教育改革审议会制定了21世纪的教育改革方案。方案认为,21世纪的韩国将是民主福利社会、高度产业化和信息化的社会、开放的国际化社会,根据社会发展需要,教育应培养自主、创新、道德之人,并提出《教育改革十大方案》。其主要内容:(1)建立新的学校制度,以适应工业化发展需要;(2)根据能力和个性评估和选拔学生;(3)采用注重个性的教育方法;(4)营造快乐闲适的学校环境;(5)进行教职员制度改革;(6)提供世界一流水平的高等教育;(7)建设所有国民终身学习的社会;(8)建立民主化的教育行政制度;(9)强化科学教育,培养诺贝尔奖获得者;(10) 改革教育经费分配方案,实现教育福利社会。这一方案由于财政紧缺等原因被束之高阁,但其改革精神在 90 年代以来的诸多教育改革中得到体现。

韩国现行教育制度

教育行政　韩国的教育行政机构由教育、科学与技术部和下属的 16 个都、市教育厅组成。教育、科学与技术部原称"文教部",1990 年改称"教育部",2002 年改称教育与人力资源部,2008 年改现名。主要职能为制定宏观教育政策及全国教育改革方案,制定中央政府拨款的经费分配方案,对各级各类学校、终身教育机构进行宏观管理。特别市(即首尔)、广域市(相当于中国的直辖市)、都(相当于中国的省)、市设有教育厅和教育委员会。教育厅执行教育科学技术部的政策方案,对本地区的中小学及公立大学进行指导、监督和管理。教育委员会则对教育厅的工作进行监督、审议。各级学校设学校管理委员会,成员由家长、社区人士即教师组成,参与学校管理。

学校教育制度　韩国学制为"六三三四"制,实行九年制义务教育。2011 年共有幼儿园 8 424 所、小学 5 883 所、初中 3 157 所、高中 2 331 所、大专院校 345 所,有幼儿园儿童 56.5 万名、小学生 313.2 万名、初中学生 191.1 万名,高中学生 196 万名,18～22 岁人口的高等教育入学率为 72.5%。

小学课程分为一至二年级的综合课程和三至六年级的分科课程。一至二年级设有国语、数学、智慧的生活、正确的生活、快乐的生活;三至六年级设有国语、道德、社会、数学、科学、实科、体育、音乐、美术、外国语、自裁活动(选修或探究课程)。

初中和高中一年级的科目与小学三年级以上相同,只是将实科改为家政、技术课,增加了自裁课程比例。高中二至三年级全部是选修课,分为普通科目和专业科目。普通科目设有国语、道德、社会、数学、科学、技术和家政、体育、音乐、美术、外语、汉字、教练、教养等;专业科目设有农业、工业、商业、水产海运、实业、科学、体育、艺术、外语、国际相关科目等。

高等教育机构分为国立大学、公立大学和私立大学。教育科学技术部依《高等教育法》对各类高等学校实行指导、监督。2011 年韩国 434 个高等教育机构中,从学历层次看,有 183 所四年制大学、41 所独立研究生院、159 所大学;从办学特点看,有 11 所教育大学、1 所科学技术大学、17 所企业大学、1 所广播通讯大学、167 所短期大学。作为高等教育评价机构,大学教育协议会对全国的大学进行 7 年一次的全面评价,并公开评价结果,作为经费分配依据。

韩国考试竞争非常激烈,"考试地狱"是困扰学校和社会的顽疾,高考补习班、各种课业补习班、外语辅导班等私立补习机构生意兴隆。在实行学区制的韩国,为了让自己的孩子上好的高中,很多家长不惜采用搬家等方法。

韩国的教育改革

20 世纪 90 年代以来,为适应国家、社会及个人发展的需要,韩国进行全面的教育改革,并将其作为提高 21 世纪综合国力的法宝。

中小学教育改革主要包括颁布第七次教育课程方案,改革大学入学考试制度,导入评估与经费投入相结合的行政管理制度,在中小学设立由教师、社区人员和学生家长组成的学校管理委员会等。1997 年颁布的第七次课程改革方案以建设开放式社会、终身学习社会为目标,提出要建构以学习者为中心的教育体系,实施多样化、个性化教育,培养学生的自律与责任心;实施自由与和平等共存的教育;通过信息化实施"21 世纪型"开放式教育;通过评估实现高质量的教育。课程改革的具体措施:(1) 特别指定 10 年"国民共同受教育期限",即从小学一年级到高中一年级,课程编制力求体现小学—初中—高中一贯的知识体系;(2) 从高中二年级开始取消必修课规定,将所有课程设为选修课,并增加种类;(3) 对"自由裁量"课,学校—教师—学生根据个体需要共同制定教育计划和进度,实行个性化教育;(4) 调整教科书难度和内容,减轻学生负担;(5) 废除客观评价模式,设定各科目应达到的目标,令各学校自主进行教育评价。从 2002 年开始,各大学的入学考试改变过去以笔试为主的方法,通过撰写小论文、自荐、推荐、资格证书考察等多种方法进行考察和评估。

高等教育改革包括大学自治改革、评估制度改革、课程改革、学术研究活动支援项目等。其中尤其受人瞩目的是"21 世纪智慧韩国计划"(Brain Korea 21,简称 BK21)。该计划旨在通过高等教育改革培养具有高素质、创造型的"高级头脑"。计划共投资 1.4 兆韩元,主要用于建设世界一流研究生院和重点学科。经费分配的主要依据是大学评估。评估主要围绕各大学的研究生院改革状况、科研成果及产学联和事业进程等方面进行。为了促进地方大学本科院校发展,韩国每年也投入 500 亿韩元的专项经费。为保证经费投入的实效性和公正性,教育人力资源部(现教育科学技术部)参考的主要依据:大学教育协议会每隔 7 年进行的大学评价、大学自我评价、社会评价等。"BK21 计划"第一期时间跨度为 1999—2005 年,第二期时间跨度为 2006—2012 年。计划第二期的目标是:第一,从 2006 年起,每年有两万名研究生受益;第二,到 2012 年建设并推动 10 所具有全球竞争力的研究型大学的发展,SCI 文章总量进入世界前十位;第三,到 2012 年,在知识从大学到工业界的转让上,使韩国进入世界前十位。

参考文献

世界教育史研究会.朝鲜教育史[M].东京:讲谈社,1978.

田以麟.今日韩国教育[M].广州:广东教育出版社,1996.

中国社会科学院韩国研究中心.今日韩国[M].北京:社会科学文献出版社,1995.

（姜英敏）

韩愈的"文以明道"教育思想和师道观

韩愈"文以明道"的思想和提倡尊师重道的师道观是他维护儒家道统思想在教育领域中的重要表现。韩愈(768—824)是唐代中期重要的思想家、文学家和教育家,是古文运动的倡导者,他以捍卫儒学反对佛老,提倡散文反对骈体而闻名于世,并对当时的教育思想和教育实践产生了深刻影响。韩愈的著作甚多,流行于世的有《韩昌黎全集》。

文 以 明 道

"安史之乱"以后,唐代外有外族侵扰,内有藩镇割据和朋党之争,人民不堪其苦,国势日益衰弱。在这种情况下,统治阶级各阶层的代表人物都提出各自主张企图挽回局势,复古运动就是其中之一。所谓复古运动就是要恢复"古道",即重振儒家道统的声威。要学习古人的"道",就得从古文中去研究,学习古文的目的就是为了学"古道"与宣传"古道"。这一改革文体的古文运动从南北朝末期就已开始,到隋初更为明显。隋文帝曾下诏禁止文表虚华,提倡"公私文翰,并宜实录"。到初唐仍有反对齐梁靡靡之音,高唱汉魏风骨的。中唐以后,在儒学复古运动的旗帜下,古文运动日渐开展,但起初还是脱离现实,真正展开,是在韩愈"兴起名教,弘奖仁义"的儒学复古号召下,提倡起来的。

贞元八年(792年),韩愈在《争臣论》一文中,怀着忧国忧民之心,针砭时弊,阐明"君子居其位,则思死其官;未得位,则思修其辞以明其道"的主张,明确提出"文以明道"的观点。

韩愈提出文以明道,就是要求通过教育的手段,使人们重新认识儒家的仁义道德,以恢复儒学的独尊地位,对付佛教和道教的挑战。他把"道"贯彻到教育领域中,认为教育的目的在于体认"道"。他所谓的"道"是为儒家的仁义之道正名,以区别于佛老之道。佛老之道信奉的是个人宗教修养的出世原则,向往的是消极无为的彼岸世界。而他主张的"道",则是一个有为的现实世界,信奉的是儒家传统的修身齐家治国平天下的入世原则。更加关注现实,关注怎样治理社会和如何解决现实中的问题。"闵其时之不平,人之不义,得其道,不敢独善其身,而必以兼济天下也,孜孜矻矻,死而后已。"(《争臣论》)正是有感于社会问题,所以就要去探索解决的办法,并写成文章告诉世人,这才是修辞以明道的真正意义。在他看来,正是由于现实生活中"农之家一,而食粟之家六;工之家一,而用器之家六;贾之家一,而资焉之家六"(《原道》)的状况,造成了民穷且盗的严重社会问题。道统的历史使命,一是澄清意识领域的混乱,"明先王之道以道之";二是治理物质领域,达到"鳏寡孤独废疾者有养也"(《原道》)。

为了明道,韩愈反对那种纤巧华丽雍容典雅的时文,认为它不能承担起经世致用、淳风厚俗、有益教化的社会作用,同时也限制了思想的表达和感情的抒发。韩愈在具体的文体改革中,并没有完全复归古文,而是全面突破古文原有模式,发展散文体制。他的文章在反映社会现实生活的广度和深度上远远超过了传统的古文。他试图通过文章的"明道",发表他对社会问题的看法,表达他的治世之道。韩愈的"文以明道"是在批判现实、与流俗作斗争的过程中形成的,充分发扬了儒学经世致用的一面,使所明之"道"具有更丰富的现实内容。

师 道 观

自汉武帝罢黜百家,独尊儒术,经师大儒授徒讲学的风气盛极一时。但自汉至唐数百年间,由于社会动乱、战争频繁,这种风气日渐衰微。魏晋以来,老庄方滋,玄风日炽,加之佛教的隆兴和推波助澜,导致儒家思想的统治地位进一步削弱。到唐时,儒家礼教观念已不再具有汉代那样的权威和魅力,儒家经学教育陷入极大的困境。韩愈认为,儒学之所以衰弱得难以与佛、道相抗衡,原因在于教师这一担负传播儒家思想重任的角色已经失去了往日神圣的使命感。他说:"自汉氏以来,师道日微,然犹时有授经传业者,及于今则无闻矣。"(《进士策问十三首》)当时的学校教育徒有虚名,教师沿习汉代经师的流弊,以"习其句读"为己任,实质上放弃了弘扬道义的崇高职责。而一般士大夫议论拜师之事,辄"群聚而笑之",于是人们"耻学于师"。为了改变这种社会风气,韩愈在领导古文运动,在主张"文以明道"的同时,竭力倡导重振师道,以恢复古代从师的风尚。他作《师说》,提倡尊师重道,敢于为人师表。柳宗元曾有所描述:"今之世,不闻有师,有辄哗笑之,以为狂人。独韩愈奋不顾流俗,犯笑侮,收召后学,作《师说》,因抗颜而为师。"(《答韦中立论师道书》)韩愈的师道观主要包括以下几个方面。

教师的任务　"师者,所以传道、授业、解惑也。"(《师说》)教师的任务包括三个方面:一是传道,即传授儒家之道。韩愈宣传的儒家之道包括仁义道德、礼乐刑政、士农工贾、君臣父子等封建思想以及政治、经济、伦常在内的一套完整体系,其实质是要确保封建专制等级和宗法制度,维护封建社会的统治秩序和国家统一。韩愈认为,这个道是由尧、舜、禹、汤、文、武、周公世代相传,然后由周公传给孔子,孔子传给孟子的。他把这种传承关系称作道统，认为，这个道统在孟子死后就没有再得到传人，于是他以道统的继承者自居，反对盛行在唐代的佛老之道，并把传道作为教师的首要任务，以达到尊崇儒家之道，排斥佛老之道的目的。二是授业，即讲授《诗》《书》《易》《春秋》等儒家"六艺"经传与古文。三是解惑，即解答学生在学习"道"和"业"过程中所提出的疑难问题。其中，传道是教师的首要任务，而为了使学生更好地体道悟道，就需要进行授业和解惑。传道是目的，是方向，授业和解惑只是传道展开的过程和手段，三者有主有次，前后有序，职责分明。

以"道"为求师的标准 韩愈认为，既然教师的首要任务是"传道"，那么教师是否称职也应以"道"来衡量。"生乎吾前，其闻道也，固先乎吾，吾从而师之；生乎吾后，其闻道也，亦先乎吾，吾从而师之，吾师道也，夫庸知其年之先后生于吾乎？是故无贵无贱，无长无少，道之所存，师之所存也。"（《师说》）只有有道才能具备教师的资格，谁先闻道，谁就有条件给人传道，唯有这样的人才可以为师，不论年龄大小，也不论社会地位贵贱，凡有道即可为师，"师"是随着"道"的有无来决定的。同时，韩愈还提出"圣人无常师"，主张广泛地向他人学习，以开阔自己的视野，增长自己的知识。只要体认仁义之道，皆可为师。

建立合理的师生关系 韩愈根据对教师任务的理解，认为师生关系就是"传道、授业、解惑"范围内的教学关系，而不是什么贵贱长少的伦常关系。教师教学的主要任务在传道，学生求学的主要任务在学道，因此，道是师生关系赖以建立的基础。教师之所以可尊，就因为他代表了道，而尊师就是敬道。韩愈强调"道之所存，师之所存"，认为一个人无论其出身如何卑微，相貌如何丑陋，只要他学有所长，合于儒道，即可为师，人们就应该尊重他。韩愈不仅在理论上主张尊师重道，而且也确实做到了身体力行，在他主持国子学时，有位直讲通于《礼记》，但容貌丑陋，受人鄙视，韩愈身为祭酒，召此直讲共餐，以示尊重。

主张学无常师，也是韩愈关于师生关系的一个重要观点，是尊师重道、以道为师基本观点的进一步发挥与补充。既然以有道者为师，而有道的人又不少，那么求学的范围就不应受到限制。只要闻道在先，术业有专长者，皆可以为人师表。韩愈热情赞扬"巫医乐师百工之人，不耻相师"的做法，提倡人们效法孔子"三人行，必有我师"的虚心精神，学习社会下层人们交互为师的方法。

提倡教学相长，是韩愈论述师生关系的又一重要观点。他说"闻道有先后，术业有专攻"，因此"弟子不必不如师，师不必贤于弟子"。韩愈认为，学生不一定样样都不如教师，如果在某方面确有专长，也可以转而为师；教师也不一定事事都比学生高明，为进一步扩大知识面去学习别人的专长，也就转而成为学生。教师与学生可以相互学习，其中包含着"教学相长"的因素。

从师求学 《师说》指出"古之学者必有师"重在说明教师的重要性以及从师求学的必要性。韩愈通过自古以来的历史来说明，求学者有师是必要条件，绝非可有可无，从师求学是必要的。为什么求学必须从师呢，这是由教师担负的重大任务以及学者的学习需要决定的。"人非生而知之者，孰能无惑"，而教师又有"传道受业解惑"的基本任务，只有从师求教才能解惑。如果"惑而不从师"，那么"其为惑也，终不解矣"。既然"道"和"业"是由教师去传授的，那么学生在学"道"和受"业"过程中产生的"惑"也只有教师才能解决，这一传二授三解，充分肯定了教师在教学中的重要地位。既然任何人都不能无惑，而且不从师就解不了惑，证明求学从师是必需的。

韩愈师道观的基本精神与"文以明道"是一致的，都是其恢复儒学的复古运动的组成部分，其师道观的主旨虽是论师，不是讲道，但其论师则是以扬道和卫道为归宿，用来维护儒家道统。

参考文献

韩愈.韩昌黎集[M].北京：商务印书馆，1957.

王炳照，等.简明中国教育史[M].北京：北京师范大学出版社，1994.

王炳照，阎国华.中国教育思想通史[M].长沙：湖南教育出版社，1994.

（王有亮　齐春燕）

汉代察举制度

汉代一种重要的选择人才的制度。察举亦称"荐举"，指三公九卿、地方郡守等高级官员通过考察，把"品德高尚、才华出众"的平民或下级官吏推荐给中央，再由中央考察核实后授予官职的制度。它肇始于汉高祖刘邦，初步形成于文帝，定制于武帝，是两汉主要的选士方式。

察举制的建立和发展

察举制的创立 察举制度的形成经历一个历史过程。据《汉书·高祖纪下》记载，早在汉高祖十一年（前196年）二月，高祖就下诏求贤，要求郡守劝勉贤士应诏，并书其行状、仪容、年纪，以待擢用；郡守若遗贤不举则免官。至汉文帝二年（前178年），下诏"举贤良方正能直言极谏者"，十五年（前165年）又下诏"诸侯王、公卿、郡守举贤良能直言极谏者。上亲策之，傅纳以言"（《汉书·文帝纪》）。当时，文帝就时政中的问题出题策问，令被荐举者作答。答者应对时政问题进行分析，并提出相应的解决问题的主张和建议，这称为"对策"。对策要封好交皇帝亲自拆阅，评定高下，然后酌授官职。只是,汉文帝诏举贤良方正仅为偶然之举,既没有明确规定荐举期限、人数,也没有特别明确的荐举标准和规范的荐举程序。事实上,察举作为一种制度,是在汉武帝时期确立下来的。《汉书·武帝纪》载:建元元年(前140年)冬,武帝"诏丞相、御史、列侯、中二千石、二千石、诸侯相,举贤良方正直言极谏之士"。在这次贤良对策中,董仲舒被列为上第。其后,汉武帝又接受董仲舒的建议,重选举取士,并于元光元年(前134年)冬,令郡国举"孝廉"各一人。所谓孝廉是每岁固定选士的常科,自此,察举正式成为一种制度。

察举制的健全与完善 察举制在实施过程中,不断调整发展,从而逐步建立起比较严格而完备的察举法规,使察举制更加周密而完善。

实行奖惩严明的察举责任制。自秦代始,选举用人在法律上开始有严格规定:"秦之法,任人而所任不善者,各以其罪罪之。"(《史记·范雎蔡泽列传》)汉承秦制,选任得当与否,选任者和被选任者都要负连带责任,功罪奖惩相同。汉武帝时曾诏令郡国贡举贤才,但由于选令过于苛刻,竟造成"阖郡不荐一人者"。于是在元朔元年(前128年),武帝又两次下令必须定期举人的诏书,明令若有才不举,轻则免官,重则以"不敬"论处。在汉代,"不敬"为重罪,法为斩首,甚至诛族。至西汉末年,平帝即位,王莽执政,又曾下令适当放宽荐举法,诏书称"令士厉精向进,不以小疵妨大材"(《汉书·平帝纪》),结果导致滥举之事屡有发生。东汉初年,为纠正察举不实、官非其人的弊病,又重申了严格选举之法,保证了察举制的正常实施,但在察举法规的执行过程中,也有过严或过宽、矫枉过正等弊端。

增加察举科目,规定察举期限和人数。为适应多方面人才选拔的需要,汉代选举科目随时代发展逐步固定,并略有增加。在汉高祖刘邦时,只笼统地提出选拔"贤士大夫",并没有明确的选举科目。后来,汉惠帝、吕后诏举"孝悌力田",汉文帝举"贤良方正能直言极谏者",虽然规定明确的选举科目,但不十分固定,且很单一。直至武帝以后,随着察举科目逐渐增多,才日益制度化、规范化。两汉时期比较通行的察举科目主要有:孝廉、秀才(东汉称茂才)、贤良方正(或贤良文学)、明经、明法、尤异、治剧、兵法、阴阳灾异及其他临时规定的特殊科目。与此同时,察举期限和人数也逐渐明确、固定。如孝廉原为每州郡岁举1~2人,但由于各郡区域大小不等,人口多少不一,平均分配荐举人数有失公允,于是到东汉和帝时改为按人口标准荐举,大概每20万人岁举1人。此外,对于少数民族杂居的边郡地区,又另定优惠政策。如汉和帝永元十三年(101年)诏:"幽、并、凉州,户口率少,边役众剧,束修良吏,进仕路狭。抚接夷狄,以人为本,其令缘边郡口十万以上岁举孝廉一人;不满十万,二岁举一人。"(《后汉书·和帝纪》)

确定察举标准和条件。汉代察举科目很多,在察举制实行之初,各科既无统一要求,也没有明确的察举标准,用人条件含糊笼统,而且时有变动。这样,既不利于下级官吏的甄选,也不利于朝廷考核。到武帝时,为纠正这一弊端,大致确定了四项荐举标准,亦称"四科取士"。所谓"四科",不是指四个察举名目,而是察举必须遵循的四项基本要求或标准,它们分别是:一曰德行高妙,志节清白;二曰学通行修,经中博士;三曰明达法令,足以决疑,能按章复问,文中御史;四曰刚毅多略,遭事不惑,明足以决,才任三辅令。当然,在荐举过程中,不可能要求每个科目都同时兼备这四项标准,不同科目可以侧重某一项或某两项要求,但"孝弟廉公"这一标准则必须"皆有"。这一标准的确定,比较缜密周详,然而在实际执行中却很难实现,往往流于形式,成为冠冕堂皇的官样文章。在此过程中,汉代又对被举者与举荐者的具体条件陆续作出规定,如不仅对被举者的出身、职业、资历、才能、年龄均作出规定,而且对举荐者的条件也有若干规定,要求每年例行的岁举,由刺史、守、相等地方长官负责。西汉三公中的丞相,九卿中的太常、光禄负责主管察举工作;丞相司直、司隶校尉与刺史监督察举之虚实。到西汉后期,尚书逐渐参掌察举,至东汉,尚书权力更大。

实行推荐与考试相结合的荐举方式。西汉时,在察举制中,考试并不占主导地位,它只是区分人才高下、授官大小的参考。到东汉时,为纠正察举荐人之滥,开始注重考试。东汉顺帝阳嘉元年(132年),尚书令左雄进行改革,规定由朝廷对岁举的孝廉进行考试。儒生考以儒家经典,文史试以奏章律令,然后在端门进行复试,从而形成察举与考试相结合的选士制度,以后随着考试成分的日益增加,为选士制度的进一步完善创造了条件。总的来说,汉代察举以推荐为主,考试为辅,考试与推荐相辅而行。汉人察举考试的方式大体可以分为四类:一是皇帝策试,二是公府复试,三是博士三科,四是博士弟子课试。

察举制的科目

察举制的科目大体可分为两类:一类是经常性举行的科目,称作常科,一般是每年由州郡长官按规定的名额、标准向朝廷推荐人才;另一类是特科,是皇帝根据需要临时指定选士标准和名目的科目。

常科 通常包括孝廉、秀才两科。孝廉就是察举孝子、廉吏,这是两汉最经常性的察举科目。它始于汉武帝元光元年(前134年),"初令郡国举孝廉各一人"(《汉书·武帝纪》)。孝廉属于地方向朝廷荐举贤才的科目,其察举单位是郡国,举荐者为郡守或国相,被举者多为州郡属吏或通晓儒经的儒生。儒家强调为人立身以孝为本,任官从政以廉为方,所以通过察举孝廉就是要在社会上造成"在家为孝子,出仕做廉吏"的风尚。所举孝廉,大多都授以郎官之职。由于西汉时察举孝廉的考核比较严格,所以吏治比较清明。但到东汉中期以后,随着考核松弛,察举不实,出现了吏治腐败的情况。

秀才主要是选拔奇才异能之士,被举者多为有特别才能、品行高尚或有非常之功的官吏。东汉时为避刘秀之讳改为茂才。秀才科的举荐始于汉武帝元封五年(前106年)。在西汉,秀才属于特科,但到东汉时,茂才变为常科,且层次高于孝廉,属于察举的高级科目。

特科　主要有贤良方正、明经、童子等科。贤良方正是汉代最早实施的察举科目,始于汉文帝二年(前178年)。"贤良"和"方正"词义相近,都是贤德正直之意,故又简称"贤良"。贤良方正是总的科目名,根据实际需要,后面再附以具体名目,大多数情况下是附加"能直言极谏",这是对被举者在态度方面的要求,也有附以"可亲民"、"有道术"、"明政术"、"达古今"、"能探赜索隐"的,主要侧重于能力方面的要求。两汉皇帝大多颁布过举贤良方正的诏令,但由于属于皇帝特诏方能实施的科目,故开科时间不定,最长间隔45年,最短间隔不到2年。贤良方正察举博学通经、明达政务之人。荐举者就是皇帝下诏的对象,大体为王侯、中央军政部门的首长和地方州郡长官,每人有权荐举1人(仅始元五年为2人),所举之人不一定限于本职所辖领域,可以彼此重叠。被举荐为贤良方正,即取得了向皇帝对策的资格。皇帝要对被荐举者亲自进行策问,目的主要在于广开直言之路,询访吏治得失。贤良的升迁幅度大小不一,经对策定为高第者,所授官职多在秩比六百石以上。定为下第者,大多数也能获得不低于其他科目所能给予的官职。

明经就是明晓儒家经典,是汉代专门录用经学之士的科目。西汉时察举明经比较少,东汉正式成为察举科目,层次在孝廉以下。举明经要经过考试,考试的方法叫射策,类似今天的抽签考试,根据答题的质量区别高下,并授予不同的官职。明经取士,由于直接推动了"独尊儒术"政策的落实,因而颇受帝王的青睐。

童子是选拔12～17岁的"博通经典"者,旨在发掘天才儿童。童子郎一般是在有特定对象时就予以举荐,无时即缺,类同于明经的特例。童子郎从最基层的官员做起,以后还可以应其他各举,这表明中国汉代已经重视特殊才能儿童的培养和任用。

汉代察举特科还有:(1)明法(治狱平),就是察举明习法律的人才。汉代治国,儒法兼用,在选拔人才上除重视儒生外,也把明习律令文法者作为重要对象。(2)兵法,这是汉代察举特科,主要察举通晓兵法、勇猛善战的军事人才,此科多在"灾变不息,盗贼众多"之时举行。(3)尤异,即政绩突出者。察举"尤异"实际就是提拔政绩突出的现任官吏。它的设立在于鼓励各级官吏忠于职守,精于政事,勤

政爱民。(4)治剧,汉代因郡县治理的难易而分为剧、平。能治剧,就是能治理最复杂、最难治的郡县。在汉代,三辅洛阳等临近京城的区域是豪强富户的聚居地,社会关系异常复杂,阶级矛盾尖锐激烈,非特殊之才很难治理。为此,专设岁举特科,选举政绩卓著、勇挑重担、能啃硬骨头的官吏治理这种郡县。(5)阴阳灾异,汉代君主由于受董仲舒等"天人感应"学说的影响,深信阴阳灾异与国家治乱安危有密切联系,因而每当阴阳错谬、风雨不调、社会动乱之际,皇帝就下诏举荐通晓阴阳灾异之士,以便调和阴阳、安顿民心。

察举制的流弊

由于历史和阶级的局限,汉代察举制在执行过程中也暴露出很多缺陷,它作为中国古代取士和选士制度发展的初级阶段,还有很多不完善、不尽如人意的地方。

第一,以"声名"取士,致使沽名钓誉之风盛行。察举制的重要特点是重视士人在乡间的名誉,因此名声与士子前途关系密切,于是被举者往往投举主之所好,沽名钓誉,弄虚作假。"盖当时荐举、征辟,必采名誉。故凡可以得名者,必全力赴之,好为苟难,遂成风俗。"(赵翼《廿二史札记·后汉书·东汉尚名节》)既以名取人,那么欲得名望,就必须有一些突破性的行为以出奇制胜,于是士人"坐作声价"以培养名望,从而使欺世盗名之风大作,至东汉尤其严重。同时,士人还需要在士人群体内获得一种"名"的舆论,由此,逐渐形成一股品评人物的"清议"风气,并产生了一批"清议"名士,这些人对人物的品题拥有权威性,如汝南许劭、许靖兄弟有"月旦评"(每月初一)的做法,并且每月更其品题,以"核论乡党人物"。应该肯定,"清议"名士对人物的选拔录用,有助于以民间舆论来匡正乡举里选的不实,监督政府官员的选拔录用,但这种品题带有很大的主观色彩,且与政府拔选文官所应具有的标准规范相去甚远。

第二,权门势家把持选举,选非其人。东汉后期,主昏政谬,外戚、宦官轮流专政,造成对选官的破坏。加上"清议"名士左右乡闾议士,互相标榜,竞浮虚名,从而造成朋党滋生。至于那些终年于寒窗而请托无门的莘莘学子,至于那些满腹经纶而不善"坐作声价"的士子,其社会地位则远不如那些攀附权贵而不学无术之徒,有真才实学者"多见废弃"(《后汉书·樊宏传》)。当时有民谣说:"举秀才,不知书。察孝廉,父别居。寒素清白浊如泥,高第良将怯如鸡。"(《抱朴子·审举》)可见,察举制在实行过程中,始终存在着权门请托(走后门)、贵戚书命(递条子)、行贿作弊等丑恶腐败现象,虽然多次明令禁止,但仍屡禁不绝。至东汉后期更是愈演愈烈,"窃名伪服,浸以流竞,权门贵仕,请谒繁兴"(《文献通考·选举考》)。

察举制作为中国古代早期的选士制度,体现了举贤才的宗旨,为学有所成的士人提供了入仕为官的前程,不仅改善了国家权力分配的机制,而且有助于中央集权的官僚政治体制的巩固和发展。但察举在选拔标准和方式上尚不完善,尤其是由于主管官员的举荐,造成举士的主观随意性很强,而难以保证公正性和公平性,最终导致徇私舞弊、沽名钓誉和投机取巧等各种弊端的滋生,这不仅不利于实事求是地选拔人才,也严重破坏了士风和学风。

参考文献

王炳照,等.简明中国教育史[M].北京:北京师范大学出版社,1994.

王炳照,阎国华.中国教育思想通史[M].长沙:湖南教育出版社,1994.

（张　蕊）

汉代经学教育　　自汉武帝"罢黜百家,独尊儒术"以后,经学正式由私学上升为官学,并成为封建王朝的官方学术和教育教学内容。从此,朝廷取士、学校育才都以儒家经学为标准。在汉代,经学得到高度发展,产生了为数众多的儒学流派和儒学经师,形成了恪守师法家法的传授体系。学术界有把汉代儒学称为经学,汉代教育称为经学教育的概括。

汉代经学教育的性质
——政教合一的"王官学"

在汉代,由于汉初统治者认识到了儒家经学的政教作用,致使经学教育由私学上升为官学。汉武帝"罢黜百家,表章六经"之后,经学教育开始官方化、制度化。与此同时,传授经学的私学也不断出现。汉武帝在建元五年(前136年),罢免了原有的诸子传记博士,首次专设五经博士。立经学博士是将经学作为王官学的重大措施,一改过去诸子百家皆可以为博士的情况,而由经学家(主要是今文经学家)一统天下,并使《诗》《书》《礼》《易》《春秋》五经占据了绝对地位。汉代的中央官学和地方官学既有培养统治人才的作用,也具有政治教化的作用。由于官学教育是政治组织的一部分,没有独立的组织机构,因而体现出典型的"政教合一"性质。

在中央官学中,最重要的是以经学教育为基本内容的太学,它由九卿之一的太常领导管理。元朔五年(前124年),太学正式设立,博士转化为太学的教官,他不仅是学术上的权威,更是道德上的权威,既引领学术发展的方向,也发挥引导士风、进行教化的作用,正如《后汉书·朱浮传》所说"博士之官为天下宗师"。在两汉太学中,设置博士的经学有14家,它们都属于今文经学派。当时,太学学生称为"博士弟子"、"太学生"、"诸生"等,他们通过参加太学的通经考试,实现"学而优则仕"的愿望。因此,太学实际上成为读书人将学问与仕途联系起来的桥梁和纽带。同时,太学一般被置于明堂、辟雍、灵台之中,这样,太学在传授经学的同时,又承载起重要的政治教化作用。其经学教育的意义已经远非局限于培养人才,实际包含着社会风俗的导向与教化功能。

汉代的地方官学,不仅难以与太学相比,而且地方官学的设立也大多依据地方长官的意愿与积极性,因而办学水平参差不齐。但由于其与中央官学一脉相承的政教合一性质,因此在培养人才方面的功能仍得到地方民众的广泛认可。从本质上讲,地方官学主要有两大任务,一是培养人才,二是推进教化。汉代地方官学的教官称为文学掾或文学史,简称"文学",通常由通经之士担任,相当于分散在地方上的五经博士。地方官学不仅要将经学思想和知识以比较直观、生动的方式向广大民众传播,以完成为本地培养官吏、向朝廷输送人才的任务,而且还通过举行"乡饮酒"、"乡射"等传统的礼仪活动,大力推行道德教化,以树立良好的社会风尚,提高社会文明程度。如西汉郡守文翁"仁爱而好教化,见蜀郡辟陋,有蛮夷风",于是修起学宫,招收学生。再如丹阳太守李忠,因"丹阳越俗,不好学,嫁娶礼仪,衰于中国。乃为起学校,习礼容,春秋乡饮,选用明经,郡中向慕之"(《后汉书·李忠传》)。实际上,地方官学所承担的社会教化职责要远远超过培养人才,汉代的地方官学实际成为地方教化的中心。

汉代经学教育的两大流派
——古文经学与今文经学

儒学取得独尊的地位之后,儒与非儒的斗争转变为儒家内部的学派之争,特别是今文经学与古文经学两大学术流派之争,从西汉末年到东汉末年持续200年。实际上,两大学派只是所依据的传本不同而已,今文经学是采用当时流行的隶书所记载的六经旧典,古文经学是采用战国之前的大篆书写,多是从地下或孔壁中挖掘出来的古本。在治经的出发点上,今文经学偏重于阐述"六经"中的"大义微言",旨在从中寻求治国安邦之道,它为汉武帝所倡导,立为官学,并规定社会上选举取士、考核官吏皆以此为标准;古文经学则重视文字训诂、名物考据,旨在研究"六经"的本意,以恢复儒学的本来面目,其传授也只限于民间。在教学的先后顺序上,今文经学主张以学习程度的深浅为顺序,即《诗》、《书》、《礼》、《乐》、《易》、《春秋》;古文经学则主张以经籍创作的时代先后为序,即《易》、《书》、《诗》、《礼》、《乐》、《春秋》。

由于今文经学政治性强,以功利为尚,因而适合当时西汉统治者的需要,得到统治者的扶持。它以正统思想独霸太学讲坛,猛烈地攻击古文经学。但今文经学是一个以天人感应思想为特征的经学体系,它在儒学中融入了大量的阴阳五行思想,宣传谶纬迷信,所以又遭到以恢复传统儒学精神自居的古文经学家的反对。为此,古文经学家多以私学为阵地,并通过培养众多生徒,努力扩大学术影响。到东汉中叶以后,朝政为外戚、宦官把持,儒家士大夫开始受到排斥打击,作为官方学术的今文经学也随之衰落。但古文经学政治色彩较淡而学术气息较浓,经过古文经学大师的努力,特别是东汉末年,兼通今古文经学的学者郑玄,杂糅了今、古文两派的学说,打破了汉朝经学学派林立、门户森严的局面,实现了今古文经学的最终融合。

汉代经学教育的主要形式
——章句之学

汉初以来,经学的传授主要以经义训诂(即解释字词的本义)通大义的方式来进行,即训诂教育。到西汉中后期之后,经学教育尤其是今文经学,基本上是章句教育,即章句之学的教育。所谓"章句之学",即是对先秦儒家经典分章节,断句读,并加以解释。因为古籍本无标点段落之分,只有合理地分章断句才能正确地理解经义。宋代沈括在《梦溪笔谈·补笔谈》中说:"古人谓章句之学,谓分章摘句,则今之疏义是也。"实际上,章句就是经师们各自进行经籍教学的讲义。由于不同经师对经文篇章的理解与划分不同,所以在逐字、逐句、逐段解说经书的过程中,就构成了各自不同的章句之学,章句也成为不同经师学术体系的代表。应该肯定,篇章文句是经书内容的有机组成,通过分章而论进行教学,的确是一种重要而有效的教学形式,在很大程度上也是对汉初经学教育的一种发展与完善。由于章句之学层次分明,结构严整,既有利于经师的解说,又有利于弟子的理解和记忆,因而得到广泛推广。

章句之学在按照经文顺序进行解说时,既可有典故的考据,也可有义理的阐发,还可旁征博引,阐发心得。但到西汉末年,随着章句的内容不断膨胀,它已成为学习者的沉重负担,经学教育烦琐化的弊端开始凸显。桓谭在《新论》中记载:"秦延君能说《尧典》,篇目两字之说至十余万言;但说'曰若稽古'三万言。"博士弟子郭路彻夜学习章句,竟"死于烛下"。针对章句繁多、观点林立的情形,西汉于宣帝甘露元年(前53年)召开了石渠阁会议,以统一学术与思想。东汉时,更是努力对章句之学加以修正与弥补,并于章帝建初四年(79年)召开了白虎观会议,编写了《白虎通义》,以统一经学。

汉代经学教育的教学原则
——恪守师法与家法

以宗师为源,以弟子的逐代相传为流,形成了汉代师法的学术继承系统。恪守师法、家法是汉代经学教育,特别是今文经学传授的一大特点。师法是指立为博士的经学大师的经说,家法则是指博士及其所传弟子以师法说经,自成一家,并得到官方和学术界的承认。

西汉时偏重师法,东汉时偏重家法。由师法演变为家法,说明学术在稳定中有了一定发展。汉代倡导恪守师法、家法,主要指不能随意变更师说的内容,更不能违背师说的基本观点和要旨,但可以在继承先师经说(又称章句之学)的基础上,对师说未涉及或解说疏略的地方加以补充或润色。

汉代经学中的师法家法不仅保证了学术的继承性,而且密切了师生关系,开创了汉代求师问学和尊师重道的良好学风。史载汉元帝在诏书中强调"国之将兴,尊师而重傅";龚舍在退休还乡后,"郡二千石吏初到官,皆至其家,如师弟子之礼"。而"有来学,无往教"的师传原则,要求弟子必须登门求教,而教师不能上门施教,也说明了对教师的尊重。但是,恪守师法家法所导致的专制性、宗派性,阻碍了正常的学术交流,以至社会上反对师法家法的呼声日趋强烈,加上为了共同抗衡古文经学派,今文经学内部的师法家法也逐渐削弱。到了东汉末年,经学的统一与融合成为大势所趋,经学家郑玄最终打破了宗派门户之见,广采各家之长,实现了今古文经学的融合。

汉代经学教育的培养目标
——从"专守一经"的儒生向"通儒"转变

在汉代官学教育体系中,通经者即能补为官吏,充实到官吏队伍中去。但由于汉代"专守一经"的章句之学与师法家法的密切结合,到西汉后期,经学教育开始陷入一种自我封闭、偏狭繁琐的局面。同时,由于汉代经学教育与功名利禄的紧密联系,极大地钳制了广大士人的思想和行为,使教育出现了明显的异化现象,社会上对经学教育的批判和抨击也越来越多。至东汉时期,谨严的经学教育开始松动,社会上出现了不依章句的经学。自此,经学教育打破了"专守一经"的局限,甚至还超出了"通五经"的范围,涉及天文、历算、谶纬等内容。表现在培养目标上,就是用"通儒"取代"专守一经"的儒生,从而达到"通经致用"的目的。《颜氏家训·勉学》云:"故士大夫子弟,皆以博涉为贵,不肯专儒。"

由于经学是在原始儒学的基础上改造而成,而原始儒学本身就是一门内容庞杂、尚未分化的学问,所以经学教育中不仅要阐释经义，还要传授文学、历史、天文、算术等方面的知识。但当儒家经典成为官学中法定的教科书后，学生学习的范围往往囿于儒家的"五经"，在大多数人尚不能通晓"五经"的情况下，选择了仅专攻一经或几经，结果他们知识面很窄，既不能博古，也不能通今。而"通儒"则不仅是能兼通数经、博览古今之士，而且是能够著书立说、不受前人思想束缚的创造性人才。随着经学教育的发展，崇尚"通儒"的教育逐渐占了上风，并成为后来经学教育的重要宗旨。东汉思想家与教育家王充甚至提出了要培养"鸿儒"的理想教育目标，所谓鸿儒，就是不仅掌握儒家经术，也学习诸子百家学说，"其于道术，无所不包"。在汉代，由于官学设置有限，私学得到了长足的发展，尤其是东汉时私学发展更是达到鼎盛。汉代的私学分为书馆和经馆两类，它对于学生没有地域和身份限制，学习内容以经学为主，但可传授官方确定的博士经学之外的各家经学，有的还兼习礼仪、法律和技艺等知识。私学的创办者主要有官僚士大夫和民间士人两种，基本上都是精通经学之人，他们在地方上聚徒讲学，对发展经学教育、培养通经人才发挥了重要作用。

参考文献

毛礼锐,瞿菊农,邵鹤亭.中国古代教育史[M].北京:人民教育出版社,1979.

王炳照,等.简明中国教育史[M].北京:北京师范大学出版社,1994.

王炳照,阎国华.中国教育思想通史[M].长沙:湖南教育出版社,1994.

（吴慧芳）

汉代太学

汉武帝元朔五年(前124年)创建太学,标志着中国古代封建官立大学制度的确立。

太学的兴办

汉武帝在"独尊儒术"文教政策的指导下,建立太学,以五经博士为太学教师,进行专经教学,按一定标准和途径从民间选拔太学生,亦称博士弟子。在此,太学兼"养士"和"选士"的双重任务。实际上,汉代太学的兴办,得力于两位鸿儒的帮助。一是"独尊儒术"的倡导者董仲舒献策于前,一是丞相公孙弘执行于后。董仲舒在贤良对策中论述了求贤必先养士的道理,"养士之大者,莫大乎太学;太学者,贤士之所关也,教化之本原也……臣愿陛下兴太学,置明师,以养天下之士,数考问以尽其材,则英俊宜可得矣"。汉武帝采纳了他的建议,并责成丞相、太常等贯彻执行,于是,元朔五年丞相公孙弘、太常孔臧等经商议后拟订了创办太学的具体方案,主要包括:(1)建立博士弟子员制度。所谓

"请因旧官而兴焉",即在原有博士官的基础上兴建太学。博士官古已有制,本为掌管古籍典册以备咨询的议政官员,由于他们掌通古今,博学多识,历来有收徒授学的传统。公孙弘建议将博士私人收徒定为正式的教职,直接纳入官学。(2)博士弟子的限额、身份及选送办法。公孙弘建议招收博士弟子五十人,使他们都可以享受免除徭役和赋税的优待。具体选送方法据《汉书·儒林传》记载:"太常择民年十八以上仪状端正者,补博士弟子。郡国县官有好文学,敬长上,肃政教,顺乡里,出入不悖,所闻,令、相、长、丞上属所二千石。二千石谨察可者,常与计偕,诣太常,得受业如弟子。"由主管文教的太常直接选补,或是由地方长官逐级选拔。两种选送渠道进入太学后皆"受业如弟子",享受同样待遇。(3)太学生的出路。《汉书·儒林传》记载了公孙弘的建议:"一岁皆辄课,能通一艺以上,补文学掌故缺;其高第可以为郎中,太常籍奏。即有秀才异等,辄以名闻。其不事学若下材,及不能通一艺,辄罢之。而请诸能称者。"规定太学的学生,一年要进行一次考试,成绩中、上等的可以任官,成绩下者及不事学者,则勒令退学。

太学的发展

太学初建时,只有弟子五十人,根据《文献通考·学校一》记载,"武帝置博士弟子员,不过令其授学,而择其道艺上第者擢用之,未尝筑宫以居之也",可见,开始连固定校舍都没有,但以后历代却不断发展。据《汉书·儒林传序》记载,太学生在汉昭帝时增至一百人,到汉宣帝时则增至二百人。元帝以后,太学规模急剧发展。"元帝好儒,能通一经者皆复",即都可以享有太学生待遇而免除徭役,不必再有名额限制。"数年,以用度不足,更为设员千人。"到平帝时,王莽又大力兴学,博士增至每经五员,共三十人,于是"起明堂、辟雍、灵台,为学者筑舍万区,作市,常满仓,制度甚盛"(《汉书·王莽传上》)。《汉书补注》引沈钦韩曰:"王莽起国学于郭内之西南,为博士之官寺。门北出,北之外为博士舍之中区,周环之。北之东为常满仓,仓之北为会市。诸生朔望于此市,各出其郡所出质物及经书传记,笙磬乐器,相与买卖。"可见,这里既有教学区,也有生活区、商业区等,俨然一座大学城,而且"五经博士领弟子员三百六十,六经三十博士,弟子万八百人",足见西汉太学发展已具相当规模。经过两汉之际的动乱,光武帝又重立十四博士。史载他"起太学博士舍,内外讲堂,诸生横巷,为海内所集",并于太学建成时亲自前往视察,赏赐博士及弟子,开创了皇帝视学之风。至汉明帝时更是出现了"天下安平,百姓殷富"的景象,太学也因之得到较大发展,加之明帝亲自讲经行礼,导致学风盛行。《后汉书·樊准传》记载,"博士议郎,一人开门,徒众百数。化自圣躬,流及蛮荒,匈奴遣伊秩訾王车且渠来入

就学"，这是中国接受外国留学生的最早记录。古史学家在论及这一时期的教育时，也称之为："济济乎，洋洋乎，盛于永平矣！"章帝以后，东汉朝政逐渐衰败，太学教育也一度受到影响。《后汉书·儒林传序》说："自安帝览政，薄于艺文，博士倚席不讲，朋徒相视怠散。学舍颓敝。牧儿茭竖，至于薪刈其下"，一派颓败景象。直至顺帝永建六年，太学才得以重修，并扩建了"二百四十房，千八百五十室"，历时八年才竣工。由于太学的重建，再加上当时"劝以官禄"和"广开学路"允许自费求学的政策，致使太学生人数激增，至桓帝时竟高达三万多人。面对太学生人数如此庞大，加之教学管理不尽完善，导致教学质量开始下降。《后汉书·儒林传序》对此曾批评道："自是游学增盛，至三万余生。然章句渐疏，而多以浮华相尚，儒者之风盖衰矣。"尤其是历经桓帝、灵帝时的"党锢之祸"，随着太学生大多受到株连迫害，使太学一蹶不振，最终随着东汉末年的天下大乱，遭到彻底毁坏。

太学的管理

博士 汉代太学建立后，更是严格制度，加强管理，由居"九卿"之首、专司文教的太常来总其责。此外，皇帝亲自到太学"视学"也成惯例，自汉武帝"幸太学"至东汉历代皇帝多有视学经历。太学的教师称博士，主要职责是"掌教弟子"，以教学为主，但"国有疑事"，仍应"掌承问对"，参政议政，另外还有"奉使"及巡视地方政教工作的职责，充分体现了汉代"通经致用"的原则。在博士之上设一个总领导，西汉时称为仆射，东汉时改设祭酒，由博士中德高望重者担任，即"太常差选有聪明威重一人为祭酒，总领纲纪"。汉代太学历来"严于择师"，如西汉博士多由名流充当，采用征拜或举荐的方式选拔，东汉的博士则须经过考试，另还要写"保举状"。《文献通考·学校一》载："西京博士，但以名流为之，无选试之法。中兴以来，始试而后用，盖既欲其为人之师范，则不容不先试其能否也。"选举的博士须符合德才兼备的标准，既博学多识，有学术能力，又为人师表，是"人之模范"。《汉书·成帝纪》说："古之立太学，将以传先王之业，流化于天下也。儒林之官，四海渊原，宜皆明于古今，温故知新，通达国体，故谓之博士。否则学者无述焉，为下所轻，非所以尊道德也。"后来，博士任职条件又增加了身体健康、年龄须在五十岁以上等诸多细目。高标准带来高质量，汉代太学博士中许多都是一代儒宗，如辕固生、申培公、韩婴、夏侯胜、夏侯建、戴德、戴胜等名流都曾任过太学博士。

汉代博士的待遇很高，他们作为儒学权威的代表，在独尊儒术后，执掌学术，有权与高级官员一起列衔议奏朝廷大事，甚或议行帝位废立之举的朝廷重大事务。史载汉代博士"位次中都官，史称先生"，"位最尊者为博士"。由于博士

位尊而又参与机要，其升迁自然很顺利，据史载，汉代博士绝大多数都官运亨通，有的直升三公，做到丞相、大夫、大司空等职，有些早期博士往往还被委任到诸侯王处当太傅。宣帝时，"选博士、谏大夫通政事者，补郡国守相"，创立了博士任地方最高行政长官的制度。汉代博士的优厚礼遇及受到的重视是空前绝后的，这一方面是因为独尊儒术政策把儒学、儒士推到了最为尊崇的地位，另一方面也是汉太学早期政教不分的历史原因使然。

另外，汉代在对博士的考察评估方面，除了东汉在选用博士时有资历要求外，并没有提出过对博士在教学方面的具体考核标准和有关奖惩、升黜措施，可见，汉代太学的教学管理尚处于初级阶段。博士的俸禄为四百石，宣帝时增加到"比六百石"，俸月为"五十斛"，待遇相当于大县县令级别。太学建有博士舍，供博士们居住。另外，朝廷还为他们制作一定的衣冠，经常赏给博士酒肉"劳赐"，"每腊诏，赐博士羊人一头，共持酒肉劳式"（《东观汉记·甄宇传》）。博士衣食无忧，有宽厚条件专心事学，然而其政治待遇高于经济待遇。

学生 汉代太学的学生称博士弟子，到东汉时简称"太学生"或"诸生"。关于太学生的补选办法，两汉时期并无严格规定，最常见的有两种形式：一是由太常直接选送；二是由郡国县道邑选送，选送不实，负责官吏要受责罚，招生条件大致参照公孙弘拟订的办法。当然，也有通过考试和因"父任"而入学的，入学年龄有规定但执行不严格，汉代太学生里有十二岁即显名于太学的"任神童"（任延年），也有六十岁以上的白首翁，有些年岁大的是因为出路一直有问题而成为滞留学生。一般来说，由太常选送的太学生为正式生，享有俸禄，由其他途径入学的为非正式生，费用自给，并允许边求学边劳作谋生。设立太学，根本目的在于提高吏治效能，加强中央集权。为此，汉太学实行了养士与选士相结合的办法，同时又改革了文官的补官与晋级规定，使之与太学的选才原则相一致。如公孙弘建议："臣谨案诏书律令下者，明天人分际，通古今之谊，文章尔雅，训辞深厚，恩施甚美。小吏浅闻，弗能究宣，亡以明布谕下。以治礼掌故以文学礼义为官，迁留滞。请选择其秩比二百石以上及吏百石通一艺以上补左右内史，大行卒史，比百石以下补郡太守卒史，皆各二人，边郡一人。先用诵多者，不足，择掌故以补中二千石属，文学掌故补郡属，备员。请著功令。它如律令。"（《汉书·儒林传》）此后，"文学礼义"、"通一艺以上"都被列为补官、晋级的条件，而且优先使用"诵多者"。自此，官吏的文化程度、儒学的修养水平受到高度重视，从而形成汉代"公卿大夫士吏彬彬多文学之士"的局面。大多数太学生都能学有所成，或任官为吏或收徒为师，甚至坐至卿相，但也有白首空归的。在对学生的管理上，比较松散，虽然建有供太学生居住的房舍，但学生可以分室而居，偕家室同

居，或者在校外赁屋而居。他们不缴学费，还免除徭役，但个人生活开支则须自理。

太学的教学与考试

汉代太学尚未建立起比较健全的教学和管理制度，但也有其独到之处。

经师讲学为主，学生互教为辅　在汉代，儒家经典主要著之简牍，还不能普及，教学多是师师相传，而学习儒学就必须从师，所以经师讲学成为汉代太学的主要教学形式。太学博士多为一代名儒，他们对儒经都有专门研究，基本上都是专经教授。当时，经师讲学有专门的讲堂，据说洛阳太学的讲堂"长十丈，广三丈"，还分"内外讲堂"。汉代为了保证政治思想的高度统一，规定传授经书必须信守师法与家法，以确保师师相传的经说不致"走样"。所谓师法，是指传经时以汉初立为博士的经师的经说为准绳，例如《公羊传》就以董仲舒所传的经说为师法。后来，大师的弟子们在传经时，不断发展，形成一家之言，这就是家法。朝廷对信守师法和家法的要求很严格，规定"师之所传，弟之所授，一字毋敢出入；背师说即不用"。据史书记载，既有因"固改师法"不能当太学博士的，也有因不守家法而遭罢免的博士。因此，为了统一教材，规范标准，东汉熹平时刊刻了《熹平石经》。由于汉代太学博士有限额，而学生人数不加控制，以致形成了一师面授难以做到，故清代学者皮锡瑞估计，由高年级的优秀学生教低年级学生，是汉代太学辅助经师讲学的一种形式，"至一师能教千万人，必由高足弟子传授"。《汉书·董仲舒传》也记载，董仲舒当时任博士官，因收徒过多，以至于"弟子传以久次相受业，或莫见其面"。

考试与自学并重　汉代太学注重考试，并建立了一定制度。当时的考试主要分为射策和对策两种。其中，"射策"主要侧重对经义的解释、阐发。由博士先将儒经中"难问疑义书之于策"，加以"密封"，由学生投射抽取，进行解答。最初射策根据难易程度分为甲乙两科，每科有规定的取官名额。所谓"对策"，是根据皇上或学官提出的重大政治理论问题，撰之以对。太学考试，大致西汉为一年一试，东汉为两年一试。考试方法历代有所微调，但基本是以通经多少作为录用升迁的标准。凡考试不及第者，都可以留校待后再考。由于太学考试与取官相结合，因而充分调动了学生的学习积极性。倪宽"时行赁作，带经而锄，休息辄读诵"。王充受业太学时，"家贫无书，常游洛阳市肆，阅所卖书，一见辄能诵忆"。可见，太学生注重养成刻苦勤读、注重自学研究能力的良好习惯。虽然太学博士是专经教授，但太学生不见得只学一经。除经师讲学之外，太学生都有充裕时间自学，加之太学也提倡自学，允许自由研讨，所以培养造就了一批有研究能力、学识广博的高材。如汉代大

思想家王充"受业太学"，同时又"师事扶风班彪"，兼求今古文经学，最后成为"博通众流百家之言"的大家。再如郑玄先从博士通习《京氏易》、《公羊传》、《三统历》及《九章算术》，后来又跟从儒家学者研习《周官》、《礼记》、《左传》、《韩诗》及《古今尚书》，还曾赴陕西师事大经学家马融学习"三礼"（《周礼》、《仪礼》、《礼记》），并出入于今、古文经学之间，郑玄在太学的这一经历，可谓是学无常师的典型。

汉代太学其创办之早、历时之久、成就之高、影响之大，是古代其他学校概莫能比的，太学的创建把中国古代教育的发展提升到了一个更高层次，在世界教育发展史中占有重要地位。

参考文献

皮锡瑞. 经学历史[M]. 北京：中华书局，1963.

王炳照，等. 简明中国教育史[M]. 北京：北京师范大学出版社，1994.

王炳照，阎国华. 中国教育思想通史[M]. 长沙：湖南教育出版社，1994.

俞启定. 先秦两汉儒学[M]. 济南：齐鲁书社，1987.

（邓　彤）

汉代文教政策　汉代文教政策的指导思想是"独尊儒术"。

汉初儒家与黄老学派之争

秦代灭亡后，汉初处在历史转变时期，如何确立治国思想是新建政权面临的重大课题。当时重臣陆贾曾对汉高祖说："秦任刑法不变，卒灭赵氏。乡使秦已并天下，行仁义，法先圣，陛下安得而有之。"（《史记·郦生陆贾列传》）贾谊也认为："秦离战国而王天下，其道不易，其政不改，是其所以取之守之者无异也。"（贾谊《过秦论》）既然不能用秦代的方法来维护统治秩序，那么新建国家应用什么来维护社会稳定、发展经济呢？当时以陆贾为代表的朝臣提出了黄老之学、刑名之学，主张在政治上无为而治，在经济上轻徭薄赋，在思想上清静无为。汉高祖采纳了他们的建议。这些思想在汉初社会经济恢复时期，取代了秦代以法家为指导的治国思想，并与汉初的现实政治相结合，成为汉初的主导政治思想。

汉初有不少大臣系统地接触过道家学说，十分推崇道家思想。如曹参曾学黄老于盖公，陈平少好黄老，田叔学黄老于乐巨公，直到汉武帝初期，仍有汲黯、直不疑、司马谈等人学习黄老学说。在汉初的皇帝、宗室、外戚中，汉文帝刘恒欣赏"道家之学"，文帝皇后窦氏喜谈黄老之学，连带汉景帝及太子、诸窦都不得不读黄老。在王侯大臣的宾客之中，

淮南王刘安曾"招致宾客方术之士数千人"编纂成《淮南子》（《汉书·淮南厉王刘长传》），其中以黄老道家内容居多。这些大臣笃信黄老思想，都希望通过清静少事的途径达到天下大治，通过无为而达到有为，最后都产生了显著效果。汉初黄老之学在政坛上风行了数十年，为社会经济的恢复和政治的安定发挥了重要作用，使社会从最初的"自天子不能具均驷，将相或乘牛车"，逐渐发展到"京师之钱累百巨万，贯朽而不可校。太仓之粟陈陈相因，充溢露积于外，腐败不可食。众庶街巷有马，仟佰之间成群"（《汉书·食货志上》）。也正是在无为而治思想的指导下，形成了汉初"文景之治"的兴盛局面。

汉武帝时，随着经济实力的大增，他开始大事兴作，先是用了几年时间平息了七国之乱。平乱之后，把建立统一的意识形态摆上了议事日程。与此同时，随着地主阶级及其国家力量的强大，使农民所受压迫和剥削逐渐加重，农民和地主阶级之间的矛盾日益加剧，在经济上进一步强化专制主义的中央集权制度，开始成为封建统治者的迫切之需。面对政治、经济的发展状况，主张清静无为，长于抚治战乱创伤而不长于创造性进取的黄老思想已不能满足上述需要，也与汉武帝的好大喜功的个性相抵触。而儒家的春秋大一统思想、仁义思想和君臣伦理观念则与武帝所面临的形势和任务相适应。于是，在思想领域以儒家取代道家水到渠成。早在汉景帝时，《诗》学博士辕固就不屑于黄老之学，在景帝面前与道家黄生就"汤武受命"问题展开辩论。黄生认为，"汤武非受命，乃弑也。"辕固认为"不然"，"桀纣虐乱，天下之心皆归汤武"，"汤武不得已而立，非受命而何？"后来窦太后问辕固《老子》之书如何？辕固答"此家人言耳"，窦太后大怒，骂儒家之书为罪徒之书，命辕固入圈击彘。（《史记·儒林列传》）建元元年（前140年），武帝继位后，丞相卫绾奏言"所举贤良，或治申、商、韩非、苏秦、张仪之言，乱国政，请皆罢"，得到武帝的同意。太尉窦婴、丞相田蚡还荐举儒生王臧为郎中令，赵绾为御史大夫，褒扬儒术，贬斥道家，鼓动武帝实行政治改革。建元二年（前139年），赵绾等人认识到窦太后是武帝推行儒术的主要障碍，遂向武帝提议，以后不再向居住在东宫的皇太后奏事，这引起窦太后的大怒，遂搜集他们的一些过错，向武帝问罪。由于武帝惹不起位高权重的祖母，遂将赵绾、王臧下狱，窦婴、田蚡免官，并搁浅了酝酿中的尊崇儒术的计划（《史记·儒林列传》）。尽管这次兴儒的举措遭到打击而失败，但儒学反而因事件涉及面广、事态严重而引起更多人对儒学的关注和研究，并为儒学的兴盛、独尊创造了条件。

"独尊儒术"文教政策的确立

建元五年（前136年），当笃信黄老学说的窦太后生命垂危时，汉武帝在尊儒方面采取了一项重要措施，即"置五经博士"，从而确立了经学在官方学术中的地位。建元六年，窦太后去世，尊儒的最大阻力消失。第二年，汉武帝改年号为元光元年，以"何行而可以章先帝之洪业休德，上参尧舜，下配三王"，实行"有为"政治为题策问贤良，其中，董仲舒详细回答了汉武帝的提问，他所提出的三大建议也被汉武帝确立为文教政策。

独尊儒术　董仲舒认为，要"上参尧舜，下配三王"，实现"有为"政治，首先要实现思想的统一，汉初实行的"无为"的文教政策，尽管给各家各派学说提供了宽松的发展环境，但各派互相辩论一争高低，以致造成思想政治的不稳定。他认为实行政治统一必须有统一的思想学说，指出实行思想统一，不能靠法治，应依靠德治，而儒家思想正是力主实行德治的，因此他主张将思想统一建立在儒家学说的基础之上。他从春秋大一统的观点出发，论证了儒学在封建政治中独一无二的统治地位，春秋大一统是"天地之常经，古今之通谊"（《汉书·董仲舒传》），现在师异道，人异论，百家之言宗旨各不相同，使统治思想不一致，法制数变，百家无所适从。因此他建议："诸不在六艺之科、孔子之术者，皆绝其道，勿使并进。邪辟之说灭息，然后统纪可一而法度可明，民知所从矣。"（《汉书·董仲舒传》）这一思想便是"独尊儒术"。董仲舒还认为思想的统一过程应该自上而下实行，"为人君者，正心以正朝廷，正朝廷以正百官，正百官以正万民，正万民以正四方"（《汉书·董仲舒传》）。同时，治狱官吏张汤、杜周，也迎合汉武帝的需要，主张以《春秋》决狱，用儒术附会粉饰法律。经过董仲舒等人的发展，儒术完全成为封建王朝的统治思想，而道家等诸子学说则在政治上遭到贬黜。

虽然"独尊儒术"是董仲舒的重要思想，但这一思想的形成却与汉武帝的支持不可分割。汉武帝一即位，窦婴、田蚡、赵绾、王臧等人便在武帝的支持下，开始了尊儒举动，并付出了血的代价。"及窦太后崩，武安君田蚡为丞相，黜黄老刑名、百家之言，延文学儒者以百数。"（《汉书·儒林传》）自此，黄老之说终于退出政治舞台，"独尊儒术"在政治上成为事实。而董仲舒作为"令后学者有所统一，为群儒首"的大思想家和《春秋》公羊学大师，则从理论层面上阐发了"独尊儒术"的意义，并提出切实可行的具体建议，具有强烈的说服力和感召力，从而奠定了"独尊儒术"的基本国策和模式。

兴太学以养士　实行有为政治急需解决的另一个问题是人才问题。武帝在策问中抱怨自己"尽思极神"，但没有得到应有的政治功效。董仲舒认为，这是得不到人才辅助的缘故，而得不到人才的原因是汉初不养士、不办教育。为此，董仲舒在策文中提出"兴太学以养士"，"养士之大者，莫大乎太学；太学者，贤士之所关也，教化之本原也……愿陛下兴太学,置明师,以养天下之士"(《汉书·董仲舒传》)。元朔五年(前 124 年),汉武帝下诏:"盖闻导民以礼,风之以乐……今礼废乐崩,朕甚愍焉,故详延天下方闻之士,咸登诸朝。其令礼官劝学,讲议洽闻,举遗兴礼,以为天下先。太常议,予博士弟子,崇乡里之化,以厉贤才焉。"(《汉书·儒林传》)后来,汉武帝又批准公孙弘、孔臧等关于设立博士弟子员的奏议,正式成立太学,规定《诗》、《书》、《易》、《礼》、《春秋》五经博士置弟子员五十人,选取各地优秀人才随博士习"五经"一年,期满加以考核,如能通一经以上,成绩优异者,随即授以"郎官"。至于只通一经而成绩中等者,将派以地方官。《文献通考·学校一》记载了汉初兴学的状况:"元朔五年,置博士弟子员。前此博士虽各以经授徒,而无考察试用之法,至是,官始为置弟子员。即武帝所谓兴太学也。"兴办太学确保了儒术独尊的地位,使政府能够直接操纵教育大权,决定人才的培养目标,从而为国家培养了所需的官吏。

重选士与重选举　解决人才之不济,除了兴学校之外,还要改进人才的选拔和任用制度。针对汉初人才选拔和任用的弊病,董仲舒建议实行严格的选举制度,任人唯贤,要求在官吏的提拔任用过程中克服论资排辈现象。在此之前,汉高祖曾下诏书求贤,要求郡守亲自劝勉贤士应诏,并书其行状、仪容、年纪,以待擢用,郡守如遗贤不举则免官。文帝即位之次年,也下诏举贤良方正能直言极谏者,由皇帝亲自出题策问。武帝即位后,随即诏举贤良方正,自此,贤良之举成为汉代选士的一种重要制度。但贤良诏举的时间没规定,随意性大,应贤良举的也只限于上层官僚。到元光元年(前 134 年)冬,武帝接受董仲舒的建议,"初令郡国举孝廉各一人",用孝廉作为选士常科,以克服选贤良的弊端。武帝规定,郡国长官负责察举孝廉,定期定额贡献于朝廷,朝廷经录用考察其贤否,酌情分别对保举官员予以赏罚,这一措施既保证了选官的质量,又考察了地方长官的能力,对人才的胜出起了推进作用。汉武帝元封四年(前 107 年),又令诸州岁各举秀才一人,以选拔才学优异之士。以后州举秀才、郡举孝廉,历代因之。此外,汉武帝重视经学,还专有明经之选,以录用经学人才。在公孙弘等的兴学奏章中规定,"吏百石通一艺以上,补左右内史,大行卒史;比百石以下,补郡太守卒史,皆各二人,边郡一人。先用诵多者,不足,择掌故以补中二千石属,文学掌故补郡属,备员。"(《汉书·儒林传》)武帝时代,人才辈出的状况与察举、选士制度的推行有很大关系。董仲舒提出的有关文教政策的建议,经过汉武帝在制度上的配套,将独尊儒术、兴太学、重选士结合起来,形成三位一体的结构。其中独尊儒术是核心,兴学和选士一方面以儒家学说为内容和标准,另一方面又确保儒家学说控制知识分子,并使其占据官员队伍的主要成分,从而使儒学必然处于独尊地位。可以说,兴学和选士是

独尊儒术文教政策的主要保证措施。

"独尊儒术,罢黜百家"的特点

汉武帝"独尊儒术,罢黜百家"有其时代特点,他推崇儒术带有明显的政治意图,并非只是遵循先秦儒家的追求和信念。这与以往法家和道家思想与政治结合的情况是不一样的。

首先,儒家思想在成为正统思想后,已从原来致力于建立新的社会政治秩序转变为承认现实政治秩序,包括汉代君主的政治地位。其次,汉武帝通过设立经学博士,为学习儒学的人大开仕禄之门,从而使儒家学说风行一时。儒家学说内容丰富、广博,极其适合作为衡量一般文化教养和智力水平的样本,因而成为选官的标准。再次,儒家对于当时的社会政治主要起一种文饰作用,并不能直接推动政治的运作。关于这一点,早在汉武帝生前,汲黯等大臣就已指出了他利用儒学粉饰政治的性质。最后,汉武帝虽然"罢黜百家,独尊儒术",但实际上并不是儒学独尊。在其政治运作的背后,实际上是多采秦制,阳儒阴法,礼乐刑政四达而不悖。史称"汉承秦制",其中心内容就是汉代承袭了秦代的法家政治思想和在法家思想指导下所建立的一整套典章制度。

独尊儒术的文教政策实施后,儒学垄断了世俗教育,加之朝廷通过选士制度录用经术之士为官,促进了社会政治、经济、文化的发展。

参考文献

王炳照,等.简明中国教育史[M].北京:北京师范大学出版社,1994.

王炳照,阎国华.中国教育思想通史[M].长沙:湖南教育出版社,1994.

俞启定.先秦两汉儒家教育[M].济南:齐鲁书社,1987.

（王　颖）

行会教育与城市教育（guild education and urban education）　中世纪后期欧洲城市中兴起的教育形态。西欧城市的繁荣始于古希腊罗马时期。随着罗马帝国的由盛而衰、"蛮族"的大迁移及由此而导致的连绵战争,到四五世纪时,这些原本繁荣的城市有的完全消失,有的沦落为村落,失去了城市的意义,存留下来的城市大多成了封建诸侯或主教的驻地。10—11 世纪时,随着战争减少,西欧社会进入了较为稳定的状态,经济开始复苏。随着生产力的不断发展,手工业逐渐与农业分离,手工业者也随之成为特定阶层。农副业产品与手工业产品的交换,促成了商业的繁荣,商人也成为特定阶层。于是,交通要道、封建主的城堡和教

堂附近逐渐成为手工业和贸易的集中地,并在此基础上发展成市集、乡镇,进而发展成为城市。农奴和手工业者纷纷逃出封建领地,流入城市。逃亡的农奴在城市里住满一年零一天,就可以获得人身自由,变成自由民,这又促进了城市的发展。新型的城市或以赎买的方式获得自治权,如英国的城市,或以武装斗争的方式赢得自由,如意大利的米兰。

由于商业和手工业的发展,在古代村落公社衰落的同时,从公元9世纪起,意大利的自由城市与海滨等地逐渐产生了一种新的联合组织——行会,其名称有"兄弟会"、"友谊会"、"协会"、"联盟"等。到12世纪,行会已遍及整个欧洲大陆,席卷了城市和乡镇。不仅商人、船员、工匠、画家、教师、演员、猎人、农人,而且乞丐、刽子手等都成立了行会。商人行会始于9世纪,在12和13世纪时势力很大,手工业者也加入了。随着手工业行会的力量不断增强,商人行会开始衰退。行会是一种行业组织。为了保护本行业的利益、互相帮助、限制内外竞争、规定业务范围、保证经营稳定、解决业主困难而成立。

城市的形成和发展是市民阶层形成的结果,教育是市民阶层争取独立,维护自身利益及扩大自身影响的重要手段。因此,市民阶层中的各行会都极为重视对自己行业接班人的培养、培训和教育,在创办学校和发展职业教育方面起了组织、领导和管理者的作用。行会教育的方式主要有以下几种。一是艺徒制。按照行会规定,要想从事某种行业的人,必须加入某一行会,接受艺徒训练。艺徒训练由师徒之间订立的契约来约束,契约是由师傅与儿童的父母或监护人共同签订的。艺徒训练一般分三个阶段进行。第一阶段是学徒,期限是两年至十年不等。契约规定:师傅应尽其所能,用最佳方法把技艺传授给学徒,不得保留,并督促学徒学习读、写及一些计算和宗教知识,为学徒提供食宿和衣服等;学徒应勤奋学习和工作,服从师傅的指教,保守行业秘密,恪守行会的道德规范,未经师傅同意,不得结婚等。第二阶段是帮工。学徒期满,符合出师条件者由师傅发给证书,成为帮工,即师傅的帮手。帮工又称旅游者,可以自由地到各地拜师学艺,增长阅历,娴熟技艺,并按照行会规定领取工资,但不得自行开业。第三阶段是工匠。帮工在实际锻炼中不断提高自己的技艺,达到专精的程度,呈现一件"精心杰作",经由行会和师傅鉴定合格,经过一定的仪式,成为工匠。成绩优异者还可以成为师傅,有权独自开业,雇佣帮工,招收和培养学徒。二是学校学习与学徒训练相结合。有志于成为商人的青年,首先要进入文法学校,学习基本的读、写技能,然后进入算术学校,学习简单的计算法,掌握分数算法、利息推算和记账法,最后到商人或银行家的字号里接受必要的学徒训练。三是职业学校或艺徒学校。随着生产规模的扩大,有的行会开始自行筹款,聘用教

师,提供固定的教育场所,建立正规的职业学校或艺徒学校,如英国的著名公学麦钦泰勒公学、慕尼黑工匠联合会开办的学校等。行会学校发展后,不同类型学校中的职业技术训练逐渐取代了手工作坊中的艺徒训练制度。

以后,手工业者和商人行会学校逐渐发展成由市政机构办理、校长和教师改由城市自治机构选派的城市学校。城市学校主要有以下一些类型。一是城市拉丁语学校。中世纪时期许多城市同时存在着由教会办理的以及不受教会控制,而是由城市议会管理的两种拉丁语学校。后者的学生主要是商人和其他富人的儿子,但教学内容与教会办理的拉丁语学校没有多大区别。二是写作和算学学校。这种学校与世俗生活的联系更加密切,主要讲授阅读、写作、商业代数和簿记,学生主要是工匠和商贩的儿女。13世纪,随着方言的发展,这种学校开始使用本族语进行教学。15世纪时,这类学校在欧洲城市已经非常普遍,汉堡的50名算学教师还成立了行会,可算是最早的教师联合会。三是歌祷堂学校。一些笃信宗教及灵魂不死的有钱商人留下部分遗产修建歌祷堂(小教堂),聘用教士为其灵魂超度而祈福。这些教士则利用自己的业余时间教歌祷堂附近的居民和儿童识字、算术等,这便是歌祷堂学校。这种学校免费,系初等水平,由神职人员任职,受俗人支持和监督。16世纪时,这类学校在英格兰就有百所之多。城市学校的出现,反映了新兴工商业阶级的要求和力量,打破了教会对学校教育事业的独占权。这种学校适应新生产力发展的要求,符合教育发展规律,教会虽竭力遏制,但终究不能阻止其发展。城市的扩展和市民的兴起促进了文化的世俗化,知识从修道院中走出,成为市民经济、政治和社会活动的必要工具,民间和城市政府办的学校大量涌现,知识内容越来越贴近市民需要,知识分子也开始关注城市的政治生活。新的政治思想随之产生,西欧诞生了伟大的文艺复兴运动,欧洲教育由此走上了世俗化的道路。

(姚运标)

合作教育(cooperative education)　亦称"工读课程计划"、"产学研合作教育"。学校与企业合作,为学生提供的职业技术教育。最早可追溯至1903年英国桑德兰德技术学院实施的"三明治"教育。真正成为一种产学研教育模式始于1906年H.施奈德在美国辛辛那提大学工程学院创建的工程合作教育计划。该计划为工学交替模式,其基本特征是学习与工作相结合。每学年被分成理论学期和工作学期,在理论学期,学生在学校里按教学计划学习,到了工作学期,则到学校附近的工厂工作。为使工厂的工作岗位不中断,将学生分成两组,一组在学校学习,另一组到工厂工作,每星期轮换一次。H.施奈德认为,某些专业领域的知识不可能在教室里学会,只有在工作中才能真正学到;主张学

生一边学习,一边工作。该模式至今仍是各国合作教育最普遍的模式,被称为"经典模式"。

1909年,马萨诸塞州菲奇伯格市一所中学与通用电气公司合作制订教育计划,之后合作教育计划在北美逐渐流行。1962年,美国合作教育委员会成立,美国联邦政府通过《乔治—巴登法》(1946)、《职业教育法》(1963)和《1968年职业教育法修正案》,拨款资助开展合作教育,以解决日益严重的失业问题。此后合作教育被西方国家广泛接受并得到很大发展,20世纪60年代后在欧洲各国逐渐普及。

合作教育先在工程技术教育领域实施,后逐步发展到与第一、第二、第三产业有关的专业教育。美国的辛辛那提大学、东北大学和加拿大的滑铁卢大学等高等教育机构与一些跨国公司开展合作教育项目,一方面把学生派到国外的公司工作,另一方面吸收国外的学生来学校开展合作教育,以培养国际金融、管理、技术等方面的专业人才。具体做法为:由学校和企业共同制订并监督实施教学计划,学校派一名教师任协调人,其职责主要是在校内对学生进行职业技能教育及职业道德教育,在企业帮助雇主了解教学计划的目的与实施方法;企业派一名管理人员负责学生在工作岗位上的管理,协助教师确定学生就业前应当学习的技能;双方共同商讨学生的进步、存在的问题及改进方法,一起评定学生成绩;学生在校内学习技术课程和职业基础理论课程,在企业学习实际职业技能,通常每周不少于15小时,由雇主付给一定报酬;学生毕业后,如双方同意,可留在企业就业。其目标是使学生将所学知识更好地应用于实际,在工作中掌握未来就业所需社会知识和职业技能,为今后的就业做好准备,缩短学习生活向职业生活过渡所需时间,最终顺利走向社会。通过合作,企业可获得合格雇员,学校可明确职业教育目标,改进职业指导和职业课程设置,学生亦可将所学理论知识与实践相结合,掌握就业所需知识和技能,增加就业机会。合作教育符合教育发展基本规律,是产学研结合在人才培养中的具体体现(参见"产学研一体化")。随着科学技术的突飞猛进、生产力水平的高度发展以及高等教育从社会边缘走向社会中心,合作教育逐渐受到各国教育界和产业界的高度重视,已成为世界各国重要的教育改革与发展方向。教育模式亦多种多样,如美国的"回归工程"教育、英国的"三明治"教育、德国的"双元制"职业教育和加拿大的合作教育等。

中国在20世纪80年代中期引进合作教育理念和教育形式。1985年,上海工程技术大学纺织学院与加拿大滑铁卢大学首次以合作教育的名称进行产学研合作教育试点。1997年,国家教育委员会成立领导小组,将全国28所高校列入全国产学研合作教育九五试点工作单位。中国产学研合作教育在专科教育、本科教育和研究生教育阶段都有开展,以工科、农科和经济类教育为主。主要教育模式有:工学交替模式、预分配的"3+1+1"模式、中后期结合模式、结合实际任务模式、工程硕士教育模式、继续教育模式等。随着合作教育实践的不断丰富和认识的增强,中国不同层次、不同类型的高校与企业的合作正向着更全面、更深入的方向发展。

(苟振芳　别敦荣)

核心课程与边缘课程(core curriculum and peripheral curriculum)　　两种基本的课程类型,学校课程体系中的两个部分。核心课程是所有学习者都必须学习的课程,边缘课程是根据学生的差异、环境条件的差异以及教育目标的差异而设置的有针对性的课程。

不同的课程价值观对核心课程的性质有不同的理解。(1)以儿童经验为取向的核心课程观主张儿童中心的进步主义和当代人本主义,所倡导的课程设计称"活动—经验核心"(the activity-experience core)。以学生的直接需要和兴趣为核心来确定普通教育课程。(2)以社会问题为取向的核心课程观体现进步主义和社会改造主义。在20世纪30—50年代的中小学教育核心课程改革中,较有代表性的是以"社会问题核心"和"生活领域核心"为取向的课程,其课程设计的基点是学习者作为自身发展和社会发展的参与者的共同需要和问题,而非学科知识。B. O. 史密斯等人认为,这两种设计的区别在于,生活领域核心设计以普遍的、无可争议的人类活动,如保健、生存、保护自然资源等为基础,社会问题核心设计则基于当代社会生活中困扰人们的关键的、有争议的问题。(3)以文化为取向的核心课程观,主要体现永恒主义、进步主义和要素主义。20世纪80年代末,美国出现一种确定核心课程的方法,称"文化工具的方法",其代表人物赫希认为,学校的主要任务是开展能够促使学生参与其中并进行交流的事务,为此必须使学生熟知组成民族文化的特定内容。他列出一份不同科目的概念和术语目录(包括科学和数学),其中包括人物和地理位置(包括虚构的角色)、艺术和文学作品、格言、公式、名人语录等。赫希的思想引发一场教育运动,美国的一些学区采纳其思想作为课程建构的理论基础,荷兰、瑞典、以色列等国也编纂类似的目录。(4)以学科为取向的核心课程观,体现要素主义和永恒主义。美国学者R. S. 蔡斯认为,典型的学科取向的核心课程有三种:分科核心课程、关联核心课程和融合核心课程。分科核心课程由教师分别教授的个别科目组成,仅构成学生必修的分科课程的一部分,是基于某种标准而被认为是重要的。关联核心课程是将两门或两门以上的学科加以关联并置于课程体系的核心,试图以紧凑的形式提供共同知识。融合核心课程是将两门或两门以上的学科融合为一门新学科,并置于课程体系的核心。这三种学科取向的差别是核心科目整合程度的不同。(5)混合取向的核心课程观。认为处于课程体系核心位置的课程应谋求学生、社会与学科三者的平衡与整合。主张以一种连续论和整体主义的视角认识学生、社会、学科三者之间的关系，摆脱二元论的束缚，课程设计应体现儿童与社会、儿童与学科、学科与社会之间本质上的内在统一性，在统一中追求实践理性和解放理性，最终解放儿童的主体性，生成儿童的健全人格。

边缘课程为不同的学习对象设置，以学生之间的差异为出发点，并随环境条件的改变、年代的不同及其他差异而相应地变化。不同时代、不同地区、不同研究者对核心课程内涵的理解不同，故边缘课程无确切的边界。在中国，语文、数学、外语等课程通过中考、高考的不断强化，一直被作为核心课程，音乐、体育、美术等课程则被作为边缘课程，历史、地理、生物等学科有时被作为核心课程，有时被作为边缘课程。

核心课程与边缘课程关系的性质体现在三方面。一是二者的关系并非固定不变。核心课程是一个开放的体系，其构成与组织方式随社会政治、经济的发展以及教育理论的发展而变化，进而使边缘课程发生相应变化。二是二者的关系并非价值中立，而是价值负载的，不存在确定不变的核心课程和唯一正确的核心课程与边缘课程的结构体系。三是二者之间具有内在的、有机的和生成性的关系，核心课程可能随不同的学习者、时代、社会、地域、文化等因素而变化和拓展，边缘课程的形成以核心课程为根基，与核心课程具有内在一致性。

影响核心课程与边缘课程关系的因素主要有四。一是一个国家或地区的教育传统影响人们关于课程内容的观念，使得有些课程被认为是重要的，属于核心课程，有些属于边缘课程，还有一些被排除在学校课程之外。二是学校课程体系的容量有限，新学科或学科新的分支进入课程体系并成为核心课程，需要经过一番努力和较长的历程。三是学生的需要与兴趣成为确立核心课程的重要变量，但核心课程难以顾及所有学生的需要和兴趣，往往是处于优势地位学生的需要和兴趣得以反映。四是受政治或经济利益的驱动，社会的需要和期待，尤其是优势阶层会将与本阶层利益密切相关的课程内容渗透到核心课程中。

（陈雨亭　王世伟）

赫尔巴特学派（Herbartians）
亦称"赫尔巴特主义者"。19 世纪 70 年代至 20 世纪初期德国和美国传播与推广赫尔巴特主知主义教育思想的教育派别。赫尔巴特在世时，其主知主义教育思想并没有产生很大影响，他的教育学著作也没有赢得广泛的读者。但他去世之后，从 19 世纪 70 年代起，德国和美国相继形成了赫尔巴特学派，德国以齐勒尔、斯托伊、莱因为代表，史称"德国赫尔巴特学派"；

美国以德加谟、麦克墨里兄弟为代表，史称"美国赫尔巴特学派"。赫尔巴特学派的教育思想曾获得"赫尔巴特主义"的声誉。

德国赫尔巴特学派　由于赫尔巴特学派的出现和活动，赫尔巴特主义在 19 世纪后期的德国已成为一种"宗教"。德国赫尔巴特学派分早期赫尔巴特主义者和后期赫尔巴特主义者。

早期赫尔巴特主义者以齐勒尔和斯托伊为代表。1868 年，曾听过赫尔巴特教育学课程的莱比锡大学教育学教授齐勒尔与耶拿大学教育学教授斯托伊共同创建了"科学教育学学会"（Society for Scientific Pedagogy），入会者遍及德国各个地区。1894 年，该学会已有会员八百多人，标志着德国赫尔巴特学派形成。科学教育学学会出版教育年鉴（即《科学教育学学会年刊》），鼓励讨论赫尔巴特教育思想和出版赫尔巴特教育著作，成为当时德国传播赫尔巴特教育思想的主要机构。齐勒尔和斯托伊还分别在莱比锡大学和耶拿大学开办学习赫尔巴特教育思想的教育学研究班。齐勒尔早在担任迈文根文科中学教师时就对解决教育实际问题产生了兴趣。1850 年后在莱比锡大学学习期间，齐勒尔听过赫尔巴特的教育学讲座。对赫尔巴特的那些教育原理，他满怀热情地接受，并积极宣传。1854 年毕业留校任教后，他出版了《普通教育学导论》（1856）和《儿童管理》（1857）。1861—1862 年冬天，他开办了教育学研究班。1865 年，已成为莱比锡大学教授的齐勒尔又出版了《教育性教学原理的基础》一书，试图发展赫尔巴特的一些思想。一般认为，赫尔巴特学派的出现始于齐勒尔这本著作。它使人们重视赫尔巴特教育思想，引起当时德国教育界的巨大反响。1876 年，他还出版了《普通教育学讲演》一书。在坚持赫尔巴特的统觉论、教育性教学、兴趣说、教学阶段理论等观点的同时，齐勒尔根据赫尔巴特在课程组织上"相关"和"集中"的看法，提出了"集中中心"和"文化分期"理论。他还认为，赫尔巴特提出的教学方法含糊不清，应该加以澄清，并使它变成一套能被人们理解的形式阶段。因此，他首先提出了教学过程五段论：分析、综合、联合、系统、方法。在这里，齐勒尔把赫尔巴特教学阶段理论的第一阶段"清楚"划分成"分析"和"综合"两个阶段，其余三个阶段没有变化。应该看到，齐勒尔对赫尔巴特教学方法的澄清，并开始了赫尔巴特学派对赫尔巴特教学阶段理论的改造运动。斯托伊 1837 年进入格廷根大学，听赫尔巴特的哲学和教育学课程。从 1843 年起，他先后在耶拿大学、海德堡大学任教。1874 年，斯托伊在耶拿大学开办教育学研究班。他不仅积极宣传赫尔巴特教育思想，而且特别注重把赫尔巴特教育思想应用于中小学教育实践，并在实践中加以修改和补充。对齐勒尔的一些观点，斯托伊并不完全同意。他强调儿童道德观念的培养和道德品格的陶冶，强调学科本身的顺序以及各门学科之间的联系。斯托伊比齐勒尔尤其是比齐勒尔的一些追随者更接近赫尔巴特的原始思想。

后期赫尔巴特主义者以莱因为代表。1885 年，曾是齐勒尔学生的莱因担任耶拿大学教育学教授，正式接替刚退休的斯托伊在耶拿大学的教育学讲座和赫尔巴特教育思想研究中心的领导职务。从此时起到他去世的 43 年间，莱因成为德国赫尔巴特学派的核心人物，耶拿大学也成为赫尔巴特教育思想研究的世界中心。他在许多文章、著作和讲演中所阐述的观点，不仅对德国教育界，而且在世界范围内产生了重要和广泛的影响。1886 年，莱因在耶拿大学开办教育学研究班，招收来自世界各国的 23 名学生。到 1911 年，约有 2 000 名学生从莱因的研究班毕业，并到世界各国的学校或教育机构任职，成为世界各国传播赫尔巴特主知主义教育思想的领导者，并在自己的国家开办赫尔巴特教育思想研究班。这些学生遍及全世界。1881 年，莱因出版《赫尔巴特的管理、教学和训育》。开办耶拿大学教育学研究班以后，他于 1890 年撰写了《教育学纲要》。从 1894 年至 1905 年，他设计和编辑了《教育学百科手册》。他还主办了《耶拿大学教育学研究班通报》，从 1888 年至 1918 年每年都出版，刊载有关赫尔巴特教育理论和学校实践的新闻和文章。相比其他赫尔巴特主义者，莱因更注重赫尔巴特教育思想的具体应用，并详细阐述了教育学理论与实践的关系问题。与齐勒尔一样，莱因也对赫尔巴特的教学阶段理论进行了改造。他认为，在课程教材确定和安排之后，最重要的是教师应该以最有效的方式把它们提供给学生。也就是说，应该有一种自然的符合人类心理规律的教学方法，并据此来安排一切。在此方面，莱因基本上采纳了齐勒尔的观点，但表述更为清楚和通俗。他提出了教学过程五段论，即预备、提示、联合、总结、应用五个阶段。具体来讲，预备阶段是为了使学生明确教学目的，引起他们的兴趣并把注意力集中到教材上，为教学做好准备。提示阶段是教师清楚、简明和有吸引力地讲述教材。联合阶段是教师熟练运用各种方法，使教材与学生头脑中已有的观念紧密结合起来，形成一种模式。总结阶段是教师对学生头脑中新观念和旧观念相结合的模式进行检验，在新旧观念牢固联系的基础上达到系统化。应用阶段是教育者引导学生以适当的方法去应用新知识，以便牢固地掌握新知识。与齐勒尔一样，莱因也把赫尔巴特教学阶段理论的第一个阶段"清楚"划分为"预备"和"提示"两个阶段，但是，莱因注重赫尔巴特教育思想的通俗化和简明化，并努力提供为学校教师所理解和应用的教学模式，因此，莱因的教学过程五段论在世界各国更为流行，史称"五段教学法"，后来成了中小学教师典型的教学程式。

美国赫尔巴特学派　19 世纪末 20 世纪初，赫尔巴特学派运动的中心开始由德国转向美国，主要代表人物是德加

谟和麦克墨里兄弟。19 世纪 80 年代后期，他们相继赴德国留学，在莱因开办的耶拿大学教育学研究班学习，在教育思想上深受德国赫尔巴特学派的影响。19 世纪 90 年代初，他们先后回到美国从事教育工作，积极宣传和介绍赫尔巴特教育思想。1892 年，德加谟和麦克墨里兄弟发起成立"赫尔巴特俱乐部"（Herbart Club），三年后扩大为全国赫尔巴特教育科学研究学会（National Herbart Society for the Scientific Study of Education），德加谟任会长并编辑学会年鉴，C. A. 麦克墨里任秘书。这标志着美国赫尔巴特学派形成。他们大量翻译出版赫尔巴特的教育著作，出版论述赫尔巴特教育思想的著作，推进了赫尔巴特主知主义教育思想在美国的广泛传播。全国赫尔巴特教育科学研究学会从成立起，每年都编辑出版年鉴，刊载了大量由教育理论和实际工作者撰写的文章，受到美国教育界的关注。德加谟 1873 年毕业于伊利诺伊州立师范大学。从德国学习回国后，先后在伊利诺伊大学、宾夕法尼亚州斯沃思莫尔学院、康奈尔大学任教或任职。1889 年，他出版了《方法要义》，这是美国赫尔巴特学派的第一本著作。1895 年，他又出版了《赫尔巴特与赫尔巴特学派》一书。在赫尔巴特教育思想传播于美国的过程中，德加谟无疑是起了重要核心作用的。C. A. 麦克墨里 1876 年毕业于伊利诺伊州立师范大学，从德国学习回国后，先后在伊利诺伊州立师范大学实验学校和田纳西州皮博迪师范学院任教。早在 1892 年，他就出版了《一般方法原理》。这本书在很多方面更接近赫尔巴特和德国赫尔巴特学派，引起了美国教育界对赫尔巴特教育思想的注意。F. M. 麦克墨里赴德国学习前曾在伊利诺伊州立师范大学学习过，1889 年在耶拿大学获得博士学位。回美国后，他先后在伊利诺伊大学、哥伦比亚大学师范学院任教。1897 年，麦克墨里兄弟合著了《背诵法》一书。在 1889—1901 年的三年内，赫尔巴特的主要著作都已在美国翻译出版。正是由于德加谟和麦克墨里兄弟等人的努力，1905 年前，赫尔巴特学派在美国教育界占很大优势，他们的著作曾是美国赫尔巴特学派的"圣经"。德加谟 1895 年认为在英语国家，赫尔巴特教育思想体系对大多数教师来说仍处在阐释阶段。从 1895 年到 1905 年，大多数教育杂志都刊载了阐述赫尔巴特教育思想的文章，大多数有关教学方法的书籍都渗透了赫尔巴特学派的思想，大多数教师在讨论教育问题时都使用了赫尔巴特学派的教育术语。

美国赫尔巴特学派的代表人物从 20 世纪初期开始缓慢地离开赫尔巴特而趋向于杜威。这与当时英国出现的情况相似。例如，德加谟在 1902 年出版的《兴趣与教育》一书上题词"献给约翰·杜威"。又如，德加谟和麦克墨里兄弟对杜威学校的实验表示支持。1910 年，作为赫尔巴特学派的麦克墨里兄弟在很多方面更像杜威学派。

美国赫尔巴特学派的活动时间并不长。由于美国进步

教育运动迅速发展，全国赫尔巴特教育科学研究学会 1902 年改名为"全国教育科学研究会"（National Society for the Scientific Study of Education），1910 年又改名为"全国教育研究会"（National Society for the Study of Education）。实际上美国赫尔巴特学派从 1905 年起已渐趋衰落，因为 1905 年以后已很难找到一篇关于赫尔巴特或赫尔巴特主义的文章，赫尔巴特被指责为力图通过外部影响来改变学生的思想，还企图为此目的而把教学材料强加于学生。

尽管如此，在传统教育理论和方法，特别是赫尔巴特教育思想以及美国赫尔巴特学派的影响下，当时美国的学校教育与过去确实没有什么变化。美国威斯康星州的一位报刊编辑霍尔德对学校进行考察后说，这正是 60 年前他们少年时代的情况，但今天 99％ 的学校还依然如故。美国教育家 E. A. 罗斯当时也对学校的使命作了这样的描述：从私人家庭集合起像揉好的面团一样的具有可塑性的儿童，然后把他们放到社会的揉面板上捏塑成型，学校制度成为一种使儿童穷于应付作业的制度。教师的严酷态度格外明显；由于完全服从于教师的意愿，学生是沉默和静止的，课堂的精神氛围也是沉闷和冷漠的。在那些公立学校里，未经培训的教师盲目地让天真无邪的儿童去单调地练习、死记硬背和复述那些毫无意义的冗词赘句。在人们看来，学校采用老一套的方法进行老一套的训练，确实是一个令人沮丧的地方。

历史影响 由于德国赫尔巴特主义者莱因的努力，赫尔巴特主知主义教育思想的影响开始超出德国范围，在世界各国广泛传播。美国教育学者邓克尔在《赫尔巴特与赫尔巴特主义》中指出："如果说齐勒为恢复赫尔巴特的名声做了很多事情，那么莱因也许是使赫尔巴特赢得世界性声誉的那个人。特别对美国来说，'赫尔巴特主义'就是'莱因主义'。"澳大利亚教育家 W. F. 康奈尔也认为，莱因的工作为赫尔巴特学派定下了模式和基调。这些模式和基调是系统的、实际的，能容易被课堂教师理解和使用。它体现了时代的精神。

虽然赫尔巴特学派的全盛期大约是从 1880 年到 1910 年，但他们的观点对几代教师的教育观念和实践起作用。19 世纪 90 年代后，对赫尔巴特精心构建的教育学体系的兴趣席卷了美国教育界。

在宣传赫尔巴特教育思想的同时，赫尔巴特学派也对赫尔巴特教育思想作了一些修改，并提出了他们自己的见解。他们极大地推动了赫尔巴特教育思想在世界范围内的广泛传播，在一定程度上促进了各国教师素质的提高。

参考文献

Charles, D. G. Herbart and Herbartians [M]. London: Heinemann, 1895.

Dunkel, H. B. Herbart and Herbartianism: An Educational Ghost Story [M]. Chicago: University of Chicago Press, 1970.

Adams, J. The Herbartians Psychology Applied to Education [M]. Boston: D. C. Heathe & Co., 1897.

（单中惠）

赫尔巴特与主知主义教育思想 （Herbart and intellectualism education thoughts）

赫尔巴特是 19 世纪德国教育家、心理学家和哲学家。在实践哲学和观念心理学的基础上，他创立了把系统传授书本知识作为核心的主知主义教育思想，主要由管理论、教学论、训育论三部分组成，主张"智育是全部教育的中心"。在西方教育史上，主知主义教育思想是传统教育派理论的主要标志。德国教育学者希根海格指出：赫尔巴特不仅对教育和教学实践的革新作出了重大贡献，而且给教育思想带来了一场革命。教育理论史上称他为科学教育学的奠基人。

赫尔巴特的生平与教育著作

赫尔巴特 1776 年 5 月出生于德国奥尔登堡一个律师家庭。祖父曾担任奥尔登堡文科中学校长。在重视家庭教育的母亲的关爱下，他自幼在语言和逻辑等方面表现出浓厚兴趣。1788 年进入奥尔登堡文科中学后，他勤奋好学，使出色的天赋得到了发展。其间，他也开始喜欢哲学。1794 年中学毕业后，赫尔巴特进入了作为德国哲学中心的耶拿大学学习。由于老师、德国哲学家费希特的影响，他对哲学产生了浓厚兴趣。他放弃父亲要他学的法学而专攻自己选择的哲学。在那里，赫尔巴特参加了"自由协会"，与其他会员一起就政治和哲学问题开展讨论或发表文章。1797 年，大学尚未毕业的赫尔巴特就选择了家庭教师工作，在这一期间，他积累了丰富的教育经验，为后来教育思想体系的形成奠定了很好的实践基础。正是在瑞士的那段时间，赫尔巴特有机会与瑞士教育家裴斯泰洛齐相识，交往颇多，因而在教育思想上尤其是在"教育心理化"的观点上受到很大影响。在瑞士当家庭教师取得经验，加上费希特和裴斯泰洛齐教育思想的启发，赫尔巴特在教育思想上很快形成了个人特色。

赫尔巴特 1800 年 1 月辞去家庭教师工作回到奥尔登堡。后应友人的邀请，赴不来梅生活和从教，同时宣传裴斯泰洛齐的教育思想。1802 年 5 月，赫尔巴特移居格廷根，10 月参加格廷根大学公开的博士学位论文答辩并获得博士学位。稍后，他获得教授备选资格，从此开始了自己的大学教师生涯。1805 年他成为正教授。在格廷根大学工作期间，他讲授教育学、心理学和哲学，颇受学生欢迎。1806 年，赫尔巴特发表教育代表作《普通教育学》（原题《普通教育学——从教育目的所得的推论》），开始构建他的主知主义教育思想体系。赫尔巴特自己后来说，这本书是以他早期研究得出的重要概念为基础。

因法国拿破仑军队入侵普鲁士，格廷根大学濒临关闭，赫尔巴特于1809年复活节应聘赴柯尼斯堡大学接替康德哲学教席。他希望在那里不仅讲授哲学和教育学课程，而且能有机会将教育理论与教育实际联系起来。经普鲁士教育厅批准，赫尔巴特从1817年起，在柯尼斯堡大学建立了"教育学研究班"（前身是"教学论研究所"）。这是一个形式完全崭新教育机构，致力于把教育学理论与教学实践结合起来，是与大学其他机构并存的一个独立科学机构。赫尔巴特1820年还拟定了《柯尼斯堡教育学研究班草案》，其中第一条就规定：教育学研究班是为大学生设立的机构，在这里，他们将通过直接观察和亲身实践了解教育艺术中最重要和最困难的内容。为了进行教育实验，还规定招收9～12岁的小男孩，如果可能的话，一直持续到他们升入文科中学一年级或二年级为止，学生数必须与研究班学员的数量和能力保持一定比例，即保证师资力量能让每个学生都得到应有的照顾。具体来讲，它将达到三个目的：一是研究班的每个成员都有受教育的机会；二是通过实践证明改进了的教学方法；三是在教育学方面积累经验。赫尔巴特自己曾说，他特别关心教育理论讲座。但这些理论不能仅仅靠讲解，还必须演示给他们看，让他们自己练习。此外，他还希望能延续在此专业中积累了近十年的经验并挑选几个小学生，每天花上一个小时亲自为他们授课，让几名熟知他的教育学并逐渐自己尝试的年轻人在场，在他的观察下将他开始的教学继续下去。他用这种方法培养教师，并通过互相观察和交流经验，完善这种培养方式。他认为，如果没有真正领悟教学计划精髓的教师，没有在教学过程中能熟练运用教学方法的教师，那么教学计划就是空谈。赫尔巴特希望通过实验性的教育机构培养出既有丰富学识、又懂哲学，并运用丰富经验和健全理智投身教育的教师。为了使教育学研究班达到目的，他不仅处理研究班的具体事务，还亲自教一些课，为研究班学员作示范。甚至他的夫人也义务承担了研究班教室等内部事务。在赫尔巴特的努力下，柯尼斯堡大学教育学研究班克服了种种困难而变得有名起来。赫尔巴特后来担任了哲学系主任，他的学术生涯达到了高峰，并形成了自己的教育理论和方法。他曾被政府任命为科学考试委员会主任，1829年又被任命为柯尼斯堡教育委员。

赫尔巴特1833年4月回到格廷根大学任教，并任哲学院院长。1835年，他发表《教育学讲授纲要》一书，这是对《普通教育学》的补充和进一步阐述。1841年赫尔巴特去世，《教育学讲授纲要》出了第2版，并扩大了原来的篇幅。《普通教育学》和《教育学讲授纲要》是赫尔巴特主知主义教育思想的标志性著作。尽管赫尔巴特没有实现自己认定的最重要的目标，但他已经成功地在理论和实践两方面阐述了他的教育方法。

1841年8月14日，赫尔巴特因病在柯尼斯堡去世。人们在他的墓碑上刻着："探求神圣深湛的真理，甘于为人类幸福奋斗，是他生活之鹄。"除《普通教育学》和《教育学讲授纲要》外，赫尔巴特的教育学著作还有《裴斯泰洛齐直观教学ABC》（1802）、《论展示世界之美是教育的主要工作》（1804）、《论公众参与下的教育》（1810）、《论学校与生活的关系》（1818），其他著作有《关于实践哲学的格言》、《关于心理学的格言》和《关于教育学的格言》（1839—1840）等。

赫尔巴特教育思想的理论基础

赫尔巴特主知主义教育思想的理论基础是哲学和心理学。他所说的哲学主要是实践哲学，他所说的心理学就是观念心理学。在《教育学讲授纲要》的"绪论"中，他明确指出：教育学作为一种科学，是以实践哲学和心理学为基础的。前者说明教育的目的；后者说明教育的途径、手段与障碍。要使教育学成为一门真正的科学，就要以哲学和心理学为理论基础。

哲学观点　哲学观点是赫尔巴特教育思想体系的重要理论基础。赫尔巴特曾说，对他来说，教育学从来就无非是对哲学的应用。每一个有自己思想的人，都可以用自己的方式进行哲学思考。他同意德国哲学家康德的主张，把哲学分为"理论哲学"和"实践哲学"。理论哲学指本体论和认识论，实践哲学指伦理学或道德哲学。

赫尔巴特在哲学思想上受费希特和康德等哲学家的影响。在《形而上学要点》（1806）、《一般形而上学及哲学的自然学说开端》（1828—1829）等著作中，他阐述了自己的哲学观点，同时对康德特别是对费希特的唯心主义哲学进行了批判。赫尔巴特是在驳斥唯心主义的基础上建立实在论的。在本体论上，赫尔巴特认为，本体论的基础知识就是"存在的概念"。被思考之物，即客观的东西，应该是纯自为的，完全不依靠思维的自我，并且应该为自我所认识。就客观世界来说，其实在性表现在运动、特性和物质三个方面。物体存在的绝对性是肯定的，尽管人们没有觉察到它，它是无条件的，概念的对象是实在的。在认识论上，赫尔巴特认为，存在的事物是可以认识的，人的感觉和认识就是对事物特征的把握。例如，金子有黄色、重量、可延伸等属性特征。由于存在的事物和感觉二者不是同一的，因此客体和主体的同一性必须否定。也就是说，不能把存在物同思想上对存在物的总结相混淆。就表象来说，它在人的内心形成，但来自外界并向外界发挥作用。所以认识是在观念中摹写它面前的东西，其对象的范围包括自然与人类。感觉是人的一种心态，而不是外界存在的事物。当然，人的认识能力分低级和高级，高级的认识能力至少有条件来检验或更正所获得的映象，但人的认识一般是通过概念系统来表达的。对于这种认识过程，赫尔巴特运用了"统觉"一词。这样，他就把哲学与心理学联系了起来。

在论述教育学这门科学时，赫尔巴特更多地强调实践哲学。他认为，实践哲学是教育学的一个重要基础。1808年，他专门撰写了《一般实践哲学》，强调实践哲学就是谈论德行问题，其原则就是人获得伦理判断力的内容。其所要考虑的问题恰恰是人际关系的基本要素，它所讲的理想德行，是理想的德行所包含、排斥和赞同的东西。赫尔巴特在道德规范的最高原则上用"道德观念"一词取代了康德所说的"绝对命令"。他提出的"道德观念"有以下五种。一是"内心自由"的观念，是指理智与意志之间的一种关系，要求个人的意见和行为服从理智对意志作出的审美判断。因为一切实践学说都寻求善，把善作为它们应该给意志指出的取向。一个人有了正确的思想，就能遵照道德规范行事，将自己从偏离"善"的轨道上努力纠正到"善"的方面来，使自己的意志同真、善、美的判断一致起来。二是"完善"的观念，是指个人能调节自己的各种意志并作出正确判断的一种尺度，要求个人追求身心健康和自我完善。因为趋向完善在任何地方都是首要任务。一个人有了这种观念，就会不断努力使自己得到更高的教育、受到多方面的培养。三是"善意"的观念，是指人与人意志之间的一种协调，要求个人避免与他人恶意冲突，唤起对他人的同情。一个人有了这种观念，就会避免一切会导致恶意的刺激，与人为善。四是"正义"的观念，是指对遵守法律的一种要求，要求个人放弃争吵和尊重正义。一个人只有对争吵作出反省时，对正义的尊重才能得到巩固。五是"公平"的观念，是指对美或恶的行为的一种报应，要求对善的行为给予报偿，对恶的行为给予惩罚，但在惩罚中要严格把握尺度，使受惩罚者视所受到的惩罚为正确并愿意接受。以上五种观念构成了一个相互联系的整体。其中，前两种是调节个人道德行为的，后三种是调节社会道德行为的。这些观念永恒不变，是巩固世界秩序的永恒真理，每一代都把其传给下一代。因此，赫尔巴特认为，应该把这些道德观念作为他教育思想的伦理学基础。

心理学观点　赫尔巴特认为，在整个哲学领域，心理学起着特别重要的作用。他从裴斯泰洛齐提出的"教育心理学化"命题出发，在近代西方教育史上第一个把心理学从哲学和生理学中分离出来，作为一门独立的学科进行研究。在心理学方面，他出版了《心理学教科书》(1816)、《科学心理学》(1824—1825)等。赫尔巴特认为，教育领域的大部分缺陷是缺乏心理学的结果，所以教育学必须把心理学作为理论基础。

赫尔巴特认为，人们在日常生活中总会发现儿童身上出现的各种现象。对这些现象进行分析之后，可以见到一些众所周知的心理学名词，例如记忆、想象等。正是在观察和思考的基础上，赫尔巴特提出了观念心理学，即"统觉论"。心理学史家把它归为联想主义心理学。美国心理学家波林在《实验心理学史》中指出："赫尔巴特的著名尤以他的'统觉论'为主因……这个统觉论之所以重要，乃因为它为教育历程的一种心理的描写。"尽管"统觉"一词最初是德国哲学家莱布尼茨提出的，但赫尔巴特赋予了它特定的含义并使它成为其教育思想体系的心理学基础。他一生致力于对观念心理学及其在教学中的应用进行理论上的说明。"观念"是赫尔巴特心理学中的一个核心概念。赫尔巴特认为，"观念"是人的心理活动最简要和最基本的要素，是人全部心理活动的基础，人的心理活动就是观念聚集或分散、增强或减弱的活动。观念的这种不断变化可以称为"观念运动"。心理学就是研究观念的形成及其运动的科学。在人的心理活动中，各种观念一般不是单个存在的，而是以"集团"形式出现的，从而形成一串一串的经验。这种由许多观念组合成的集团，可称为"观念团"。这是一个很大的相互联结的观念集合，每个新的知觉必须作为刺激起作用。观念团好比一个有弹性的物体，当一种新观念出现时，与之相关的观念团就会从原来的抑制状态中兴奋起来，而与之无关的观念团就会从原来的兴奋状态中被抑制下来。观念团也表现出许多不同的层次强度。一个人的观念团愈丰富、多样，他的知识就愈广博。随着观念团的不断扩大，"观念体系"(或称"思想之环")最后得以形成。

受德国哲学家莱布尼茨思想的启发，赫尔巴特认为，一个观念由意识状态转为下意识状态，或者由下意识状态转为意识状态，都必须跨过一道界限，那就是"意识阈"。一些观念由于力量和强度较小而受到抑制，沉降于意识阈之下；另一些观念由于力量和强度较大而未被抑制，呈现于意识阈之上。那些处在意识阈之下的观念，称为"下意识"；那些处在意识阈之上的观念，称为"意识"。只要在一定程度上不受抑制，并且是实际表现，那么观念就处在意识中。观念从某种完全受抑制的状态下解脱出来，就进入意识，出现在意识阈之上。一些观念即使处在意识阈之下，但并不是完全消失，只是力量和强度减弱。从一般意义上说，平衡的努力确定所有观念的运动。观念通常遵循一种平衡趋势，从一种运动转为另一种运动。观念具有可塑性，其活动状态不是固定不变的，而是一会儿抑制，一会儿融合，一会儿复合，因此，"意识"和"下意识"是可以互相转化的，其关键就在于观念的强弱。例如，在人的心理活动中，"遗忘"是原来呈现于意识阈之上的那些观念受到抑制而沉降于意识阈之下，"回忆"则是曾经受到抑制而处在意识阈之下的那些观念重新呈现在意识阈之上。赫尔巴特认为，在观念的形成及运动中,存在着"同化"现象,这就是新观念被旧观念所吸收的过程。如果新观念能与旧观念结合,那么个体就能在过去的经验基础上得到补充,促使原有观念兴奋起来。观念与观念之间存在着排斥或组合的活动,同类观念可以互相促进和加强,异类观念则互相冲突和削弱。观念同化的过程,就是新观念被已经存在于意识中的观念团同化,或者说就是在原有的一串一串经验基础上去掌握新观念。这个观念同化的过程可称为"统觉"。教学过程实际上就是一个统觉的过程,即新观念被旧观念吸收的过程。新观念与旧观念结合得越多越紧密,学生掌握的知识就越多越牢固。

赫尔巴特要求教育者了解心理学,探究观念的运动,但也指出:了解心理学需要很长时间,而且心理学这门科学绝不能替代对儿童的观察。

教育目的及教育年龄分期

教育目的　赫尔巴特对教育目的十分重视。他在《普通教育学》中指出:教育者要为儿童的未来着想,必须为使孩子顺利达到这些目的而事先使其做好内心准备。

赫尔巴特是欧洲资本主义上升时期的教育家,不可避免地带有德国新兴资产阶级的弱点,在反封建上是保守的。面对普鲁士政府镇压进步学生和教师,他往往是退避的。他提出,教育目的就是要培养普鲁士君主制度所需要的人,具体来讲,就是要培养具有"内心自由"、"完善"、"善意"、"正义"、"公平"五种道德观念的人。但是,赫尔巴特又认为,教育不可能只寻求一种目的。人的追求是多方面的,因此教育目的也应当是多方面的。教育目的既有统一性,也有多样性。具体来讲,教育目的可以分成两种。一种是"道德的目的",指一个儿童将来不管从事什么职业都必须达到的目的,具体来说,就是完善的道德品格。这是教育的必要目的,也是最高目的。另一种是"选择的目的"(或称"可能的目的"和"较近的目的"),指与儿童将来可能要选择的职业有关的目的,具体来讲,就是多方面的兴趣。社会存在着分工而形成不同的职业,这就使得学生将来可能从事不同的职业,学校应该使学生在职业倾向上做好准备。为了保证实现这种教育目的,教师必须发展学生多方面的兴趣和多方面的感受性。以上两种教育目的是紧密联系而不是截然分开的。道德的目的作为最高目的是不能遗忘的,但在某种意义上,它的最终实现又依赖于选择的目的的实现。正因为如此,赫尔巴特指出:教学的最终目的虽然存在于德行这个概念中,但是,为了达到这个最终目的,教学必须包含较近的目的,这个较近的目的可以表达为"多方面的兴趣"。赫尔巴特坚持认为,教育更应关注的是道德的目的,而不是选择的目的。

教育年龄分期　为了实现既有统一性又有多样性的教育目的,赫尔巴特强调必须按年龄阶段进行教育。教师工作是连续不断的,应该同时照顾到各种关系,始终使未来的工作与过去的工作保持联系。他指出,对实践教育工作者和教师来说,最重要的规则之一是必须尽可能精确地考察学生身上的观念序列该如何进行或能够如何进行,考察这些观念是如何真正运行的,这样会发现最大的差异性,并且必须考虑到这些差异性。在考察儿童的基础上,赫尔巴特把普通教育分成四个阶段。(1)3岁前的教育。对儿童身体的照料应该在一切工作之前。智育是极其重要的,但对儿童进行智育的时间分配应视其健康状况。为了使儿童获得四肢活动练习,应该通过无害的方式为儿童自己活动提供场所,既不要把儿童当作玩偶,也不要听任儿童摆布。从儿童早期起,就要认真细心地对他们进行语言教育。(2)4～8岁的教育。儿童的说话和做事都是他们想象的直接表达,教师仍然要加强对儿童的管理。应该研究儿童的个性,给他们尽可能多的自由,使他们能公开发表自己的意见,特别要使他们养成好的习惯。教育儿童时,应该对必要的严格辅以宽容,对宽容辅以和蔼可亲。应该激发儿童提问,以便为今后的教学工作打下基础。在这一阶段的后期,可以开始初步的综合教学:阅读、书写、计算、最容易的组合、初步的观察练习以及简单的绘画。(3)少年期教育。在这一阶段,教师不能忽视教学与感性活动的联系。教学应该按照各种个性,既在内容方面又在形式方面作出相应的分类。孤立地从各种角度出发编制广泛、内容丰富的课程,对儿童的个性是没有什么帮助的。教学中应该采用正确的基础方法。从教育方面来讲,需要对学生讲解概念,同时进行管理与训育。学校教育必须为家庭教育留出必要的时间,家庭作业不应占据大量时间。(4)青年期教育。在这一阶段,教学的作用主要基于青年人自己对维持学习与继续学习的重视程度。同时,教师有义务坦率地告诫青年人对自己提出严格的道德要求。

赫尔巴特还提到,忽视学生个性的发展也会影响教育目的的实现。每个学生都会表现出自己的个性。儿童生性好动,但对个体来说,自出生起其好动性就各不相同。不对学生进行观察而事先作出结论,这种做法本身就是一种错误。他要求教师尊重学生的个性而避免侵犯学生的个性,要将个性作为教育的出发点。

主知主义教育思想体系

从教育目的及教育年龄分期理论出发,赫尔巴特把自己的教育学体系分成三个部分:管理论、教学论、训育论。这三个部分,相互联系、不可分割。管理关注的是现在,教学和训育主要是为了未来。就其重要性而言,训育最重要,其次是教学,然后是管理;就其次序而言,管理是首要条件,接着是探讨教学学说,即所谓的教学论,有关训育的问题应放在教育学的最后部分阐述。对于教师来说,最显著的也许是管理和训育与教学之间的区分。因为教学介于管理与训育之间,其明显特征在于其本身,教学中教师与学生共同与第三者打交道,训育和管理则直接触及学生。

管理论　赫尔巴特认为,管理是教育的首要条件。但是,由于人们要求成年教育者迁就儿童,为其创造一个儿童世界,因此不可避免地要遭到自然的惩罚。特别是随着儿童数量的迅速增加,在那些规模较大的教育机构中,儿童的管理问题就更为突出。在教学和教育之前,首先必须对儿童进行管理,为顺利地进行教学和教育创造必要条件。对于教学和教育来说,管理只是建立外部条件和维持外在秩序,并非要在儿童心灵中达到任何目的,仅仅是要创造一种秩序。管理本身不是教育,并不要在儿童内心产生什么影响,只是调节他们的外部行为,使他们有纪律。纪律是造就人的原则,也是维系整个学校的纽带。但是,管理对于教学和教育来说是非常必要和十分重要的。如果不紧紧而灵巧地抓住管理的缰绳,那么任何课都是无法进行的。儿童最重要、最基本的本能是好动与好变,不停地活动,这主要是生命运动,而很少是心灵活动。从心理学角度看,一个儿童如果是健康的,就会盲目地运动,有时还处在高度不稳定的状态。儿童生来就没有形成一种能下决断的真正意志,反而具有一种处处驱使他不驯服的“烈性”,这正是其不守秩序和扰乱成人安排的根源。儿童身上存在着盲目冲动的种子,往往会随时向外表现出来,影响其学业,又使其品格置于危险之中,更有可能在将来发展成一种反社会的倾向。赫尔巴特认为,管理的任务就是要克服儿童的“烈性”,抑制他的盲目冲动,维持学校教学秩序乃至社会秩序。

但是,赫尔巴特指出,在儿童的管理中必须注意两点:一是连贯性,即在儿童早期阶段就应该进行管理而且不能中断;二是一致性,即管理要前后一致,随着儿童年龄的增长,需要更新方法,但不是放弃管理。为了抓好对儿童的管理,使儿童毫不迟疑并完全乐意地服从,赫尔巴特提出了一套管理的方法。第一,让儿童活动。教师如果只是强迫儿童坐着,就难以控制他们。在管理的基础方面,最重要的是让儿童活动。当然,这种活动不是无目的的,应当满足每一年龄阶段儿童对身体活动的各种需要,最好是让儿童自己选择活动。无论在什么情况下,儿童必须有事做,这样,他们就没有时间去干蠢事和越轨的事。对于儿童来讲,这些活动主要是课业学习。第二,对儿童进行严厉的约束和压制。真正的教育应该对儿童采取强制和严格的方法。首先是威吓,不许儿童随心所欲,乱说乱动。对于个性偏强或脆弱的儿童来说,这一手段不能经常取得预期效果,还需要其他手段的配合。其次是监督,对儿童进行严密的监视和监督。与其他手段相比,它是不能缺少的,但对监督者来说往

往成为一种沉重的负担,一旦间断,又充满着更大的危险。最后是命令,对儿童的行为规范直接提出具体要求,没有必要说明理由。第三,惩罚。如果严厉的约束和压制无效,就可以采用惩罚的方法。惩罚要根据儿童所犯错误情节的轻重而定,具体包括站壁角、禁止用膳、关禁闭、停课乃至体罚等。教师必须注意不要把惩罚与影响心灵的行为混合起来,因为后者是由训育来完成的。尽管完全排除体罚是徒劳的,但是体罚必须极少采用,使学生对体罚的概念比实施更望而生畏,最糟糕的情况是儿童对挨打麻木不仁。第四,权威与慈爱。这是一种辅助方法,但比任何严厉手段更能保证管理的进行。加强儿童管理,温和与强硬相结合是必要的。因为心智屈服于权威,权威能约束个人超出常规的活动,非常有助于抑制个人倾向于邪恶的意向;慈爱能使教师与儿童感情融合,犹如父母与子女的关系,可以在很大程度上减轻管理上的困难。

赫尔巴特认为管理不同于训育,两者不能混淆,但并没有否定管理与训育的关系。他指出:把它们完全分开来,在这实践中是不可能的。满足于管理本身而不顾及教育,这种管理是对心灵的压迫,而不注意儿童不守秩序行为的教育,连儿童也不认为它是教育。

教学论　在赫尔巴特之前,西方教育史上许多教育家论述了教学问题,但没有一位教育家能像赫尔巴特那样,在心理学的基础上对教学问题进行如此广泛而深入的探讨。在前人特别是裴斯泰洛齐的教育思想影响下,赫尔巴特以观念心理学为依据,构建了其颇有特色的教学论。

赫尔巴特在教育史上第一次明确提出“教育性教学”的概念。教学教育之间存在紧密的手段与目的的关系。教学是教育的一种最主要和最基本的手段。离开了教学,教育一般是不会成功的。对于教育性教学来说,一切都取决于其所引起的智力活动。因为教育性教学更容易用一些教学内容激发学生的智力活动,其他教学要做到这一点比较费力,在有些情况下可能是徒劳的。教学如果没有进行道德教育,就只是一种没有目的的手段;道德教育(或品格教育)如果没有教学,就是一种失去了手段的目的。如果教学不再具有教育意义,那么环境中一切平庸的东西立即会对儿童产生诱惑,并破坏他们内在的成长节奏。然而,并非所有教学都是有教育性的。例如,为了收益、生计或业余爱好而进行的教学就与教育性无关,因为这种教学不关心一个人会变好还是变坏。赫尔巴特特别强调,只有建立在观念心理学基础上的教学以及能够激发学生兴趣尤其是多方面兴趣的教学,才是教育性教学。

赫尔巴特认为,人的追求是多方面的,教师所关心的也应该是多方面的,因此,教学的基础是多方面的兴趣。由此出发,对这种兴趣的激发和引导是教学的根本任务。教师在所教课程中必须尽力提高学生的兴趣,这是一个人人熟

知的规则。学习必须为培养兴趣这一目的服务,因为学习只是暂时的而兴趣是终生保持的。兴趣激励学生发奋,使他觉得自己付出努力是值得的,不会在半道上停滞不前或觉得所学东西没有意义。此外,课程内容也与儿童的兴趣存在密切关系,可以说,儿童的多方面兴趣是课程体系设立的依据。兴趣越多,越是持久,儿童心智活动的总量就越大。总之,没有这种兴趣,教学是空洞乏味的。"兴趣"是指心理上的积极活动,即大规模和广泛的观念聚集活动。这种兴趣就是好奇心,对儿童的发展和教育十分重要。兴趣可能变成欲望,欲望可能通过其对事物的要求显示出来。有了兴趣,一个人可以容易地去执行他的各种决定,不会因为有其他要求而取消计划。兴趣是多方面的,具有灵活性和普遍存在的可接受性,使人获得发展其精神力量的广阔土壤。由此出发,赫尔巴特把兴趣分成自然兴趣和历史兴趣两大类。<u>自然兴趣</u>包括三种:<u>经验的兴趣</u>,指对自然界有观察的愿望;<u>思辨的兴趣</u>,指对问题有思考的愿望;<u>审美的兴趣</u>,指对各种现象有进行艺术评价的愿望。<u>历史兴趣</u>也包括三种:<u>同情的兴趣</u>,指对一定范围的人有同情心;<u>社会的兴趣</u>,指对更广泛范围的人有同情心;<u>宗教的兴趣</u>,指对所信奉的教派很亲近。从培养学生的兴趣看,注意是一个很重要的问题。一般讲,注意可分为有意注意和无意注意,无意注意又可分为原始注意和统觉注意。其中,统觉注意是教学中最重要的,但其先决条件是原始注意。教学中,教师必须培养学生的有意注意,应想方设法唤起各种力量,用推动思考力的方法,用赋予思考力以活跃、敏捷、持续和多样性想象的方法,来充实外部世界的创造性作用。

从培养学生的多方面兴趣出发,赫尔巴特提出了与之相应的课程体系。它均衡地考虑到所有类型的兴趣,具体来讲,是根据经验的兴趣设立自然、物理、化学、地理等科目;根据思辨的兴趣设立数学、逻辑、文法等科目;根据审美的兴趣设立文学、唱歌、绘画等科目;根据同情的兴趣设立外国语、本国语等科目;根据社会的兴趣设立历史、政治、法律等科目;根据宗教的兴趣设立神学科目。在以上六种科目中,属于经验兴趣和思辨兴趣的可称为"科学科目",属于审美兴趣、同情兴趣和社会兴趣的可称为"历史科目",属于宗教兴趣的可称为"宗教科目"。在课程体系中,所有课程都必须占有一定的位置。在严格教学的一切外部条件中,头等重要和绝对必要的是每天为同一种课业安排一课时。赫尔巴特主张广泛的课程和分科的教学,提出记忆力在所有心理能力中是第一位的,但并不主张死记硬背,认为死记硬背会使大部分儿童处于被动状态,会排斥儿童通常可能具有的其他思想。他甚至认为学生没有必要一定得遭受教师带来的厌倦,使人厌倦是教学的最大罪恶。此外,他也提及课程与生活的联系,认为学习不是为了学校,而是为了生活,不是为了富丽堂皇,而是为了实用。

赫尔巴特对教学的类型也进行了探讨,认为可以分为提示教学、分析教学、综合教学三种。第一,提示教学。主要是以学生原有的经验为基础,通过单纯的提示对这些有限的经验加以补充和扩大。教师应该利用生动而形象的讲述,借助各种插图,按照平衡的多方面观念,扩大学生的知识范围。凡是与儿童以往观察到的相当类似并有联系的事物,一般都能通过单纯的提示使儿童感知到。但是,单纯的提示离开儿童的视野越远,越会丧失其清晰性与深度,而视野越扩展,提示的媒介就愈多。提示教学的效果取决于学生新旧观念联系及感受新事物的能力。第二,分析教学。主要是通过分析学生头脑中已有的并通过提示教学而增加的知识,使他们的一切表象达到明确和纯洁的程度。忽视这种教学,又不注意通过特别的训练机会进行弥补,就会造成学生智力贫乏。为此,教师应利用分析教学,使学生能把熟知的事物分解为组成部分,又把组成部分分解为特征。分析教学可以上升到一般,有助于学生作出判断和进行联想,更多地依靠本身的力量,所以具有普遍性。但是它所有的优点受所提供材料的制约,是有限制的。第三,综合教学。主要是通过对新旧知识的概括,使学生把已掌握的彼此隔离的知识综合为一个整体。教师应利用综合教学,帮助学生建立完整的思想体系。综合教学的目标是双重的:提供(事物)组成的成分并准备成分的联合。就综合而言,它分成联结性综合和思辨性综合两种。联结性综合是最普通的,无处不在,但在经验科目中尤为普遍。思辨性综合是建立在关系之上的。综合教学必须及早开始,但终点是永无止境的。以上三种教学类型不是互相排斥的,而是递进的。教师应该把这三种教学类型结合起来,在教学上排斥矫揉造作的方式,允许学生发表意见打断教学,或启发学生发表意见,在确保正在进行的工作能顺利进行的范围内可给予学生最大限度的自由。

赫尔巴特认为,教学必须完整而统一,应建立一种合理的程序。一个教学过程总是分成一些阶段的,也就是说,总是遵循一定步骤的。当许多东西需要学生掌握的时候,就应该用分析来避免混乱。分析可以以谈话的方式开始,并提出主要思想,在学生自己能作出逻辑思考时结束。这样,教师就能有计划、有步骤地进行教学,不会混乱无序。

人的观念运动要经过两个阶段,即"专心"和"审思"。专心活动不能同时发生,必须逐个产生,然后才在审思中汇合起来。人必须无数次地从一种专心活动过渡到另一种专心活动,才会有丰富的审思活动,才能随心所欲地返回到每一种专心活动中去,才可以称得上是多方面的。"专心",即钻研,是指在某一时间集中注意于某一事物,以便正确、透彻地把握和领会一个值得注意、思考和感受的事物。"审思",即理解,是指把一个一个专心活动统一起来,以便通过广泛而丰富的思维活动达到完满的多方面性,从某种意义上说,就是观念的集合与联结。在"专心"和"审思"这两个基本环节中,人的观念运动会出现静态和动态两种状态,相互交替和相互转化。这种观念运动实行得越完整、越清楚,教学就进行得越顺利。据此,赫尔巴特提出为教学确定这样一条规则:在教学对象的每一个最小组合中给予专心活动与审思活动以同等的权利,较大的构成部分是由较小的构成部分组成的,每个最小的构成部分中都可区分出四个教学阶段。具体来讲,教学过程可以分成四个阶段。

第一,明了(清楚),指观念在静止状态中对教材的钻研。这一阶段的主要任务是讲述新教材,教师应采用简短和尽可能易于理解的语句讲述,使学生掌握新教材,形成新观念。此时学生兴趣的表现是注意,教学上采用讲述法。简洁易懂或通过"中介物"的讲述应使学生相信所讲内容,讲述后应该立即让一些学生确切地重复出来。第二,联想(联合),指观念在运动状态中对教材的钻研。这一阶段的主要任务是使学生的新旧观念联系起来。教师应通过与学生的自由交谈,使他们把上一阶段获得的新观念与原来的旧观念联系起来,以便作出各种判断。此时学生兴趣的表现是期待,教学上采用分析法。联想应防止生搬硬套。第三,系统,指观念在静止状态中对教材的理解。这一阶段的主要任务是使学生不仅把所有的观念系统化形成一定的观念体系,而且感觉到系统知识的优点,并通过较大的完整性增加知识总量。此时学生兴趣的表现是探究,教学上采用综合法。第四,方法,指观念在运动状态中对教材的理解。这一阶段的主要任务是使学生通过作业练习把已获得的观念应用于实际,并经常在适当的地方增加新东西使它完善起来。此时学生兴趣的表现是行动,教学上采用练习法。通过不断练习,学生能长期和尽可能永远记住所学的东西。

赫尔巴特以观念心理学和多方面兴趣理论为依据而提出的教学阶段理论在一定程度上揭示了教学过程的基本规律。德国教育学者艾伯特指出:赫尔巴特的教学阶段理论是他教学理论的科学基础,至今还是适用的,因为它把握了认识过程的基本规律性,即直觉——抽象——应用。但是赫尔巴特又强调,各学科教学中,不论范围大小,都要按上述四个阶段依次进行教学。无论教什么,不论学生年龄大小,一切科目完全采用统一的方法。这样,教学中就不可避免地带有形式主义的弊病。因此,他的这一理论被后人称为"形式教学阶段理论"。

训育论 这是赫尔巴特主知主义教育思想体系最重要的部分。赫尔巴特认为,训育对儿童道德品格的形成,既有直接影响,又有间接影响,不仅对教学产生影响,而且对管理产生影响。训育起缓解管理的作用,甚至可以在教学造成个体十分紧张的情况下起缓解教学的作用,也可同管理和教学结合起来,使之容易进行。但是,训育要根据培养学生德行的要求来确定,只有在学生需要帮助的时候才有作

用,尤其是对学生本身的弱点和缺点起作用。训育问题不能同整个教育分离开来,必然同其他教育问题广泛地联系在一起;训育必须具备这样的前提:管理不是软弱的,教学不是差的。从这一点来讲,管理和教学是训育的先决条件。赫尔巴特认为,训育就是道德教育(或称品格教育),与儿童的管理有共同特征,对青少年的心灵产生直接影响。它与教学共同的地方在于目的都是培养。具体来讲,训育的任务就是有目的地对儿童进行培养,使他们具有完善的道德观念,形成完善的道德品格。他强调说:使绝对明确、绝对纯洁的正义与善的观念成为意志的真正对象,以使性格内在的、真正的成分——个性的核心——按照这些观念来决定性格本身,放弃其他所有的意向。训育要注意到儿童的未来,并不是要发展某种外表的行为模式,而是要对儿童心灵产生直接影响,有目的地培养其明智及适宜的意向。在训育中,性格与道德的区别是我们考察的主线。按照作用的不同,赫尔巴特把训育分成六种:一是"维持的训育",作用在于巩固管理所取得的效果,使儿童懂得行为的界限和对权威的服从;二是"起决定作用的训育",作用在于增强儿童的选择能力,使儿童能对自己应忍受什么、占有什么和进行什么作出正确的决定;三是"调节的训育",作用在于说服儿童,使他们回忆往事、预言未来以及洞察自己的内心世界,最终在行为中保持一贯性;四是"抑制的训育",作用在于使儿童的情绪平静和头脑清晰,以克服狂热的冲动;五是"道德的训育",作用在于以上述四种训育为基础,向儿童说明真理,进行真正的道德培养;六是"提醒的训育",作用在于及时提醒儿童,正确理解道德决心,并纠正行为上的失误。赫尔巴特依据他自己的心理学认为,训育过程可以分成道德判断、道德热情、道德决心、道德自律四个阶段。其中,道德判断在任何情况下都必然构成一个人的道德基础。因为道德判断从道德观的美学威力出发,才可能出现那种对美纯粹的、摆脱了欲望、同勇气与智慧相协调的热情,借以把真正的道德转化为性格。

与管理的方法相比,赫尔巴特认为训育有其独特的方法。具体来讲,一是陶冶。这是训育的最大特点。它使儿童感受到一种不断和慢慢地深入人心的教育力量,教师能保持对儿童的优势。二是赞许和责备。它既能使儿童感受到赞许给以的快乐,又能使他们感受到责备带来的压力。三是教育性的惩罚与奖励。它对儿童的错误起告诫作用或使他们的行为得到肯定。例如,谁耽误了时间,就让他无法享受;谁讲话,谁就被逐出教室。四是建立一个有益于健康的生活制度。它既是教育的基础,又是教育的首要准备。特别要注意的是,训育中,教师不要以诡诈的方法去影响儿童的心灵,不要违背其目的地让儿童去接受。这样,儿童内心就不会与训育产生对立。尽管赫尔巴特已注意到训育与管理采用同一措施时要防止把二者混淆起来,但是,从训育

的任务来看,它与教育目的论有交叉;从训育的方法来看,它又与管理论有重复。

赫尔巴特教育思想的影响

在西方教育史上,赫尔巴特探究了教育学的基本规律,首次建立了以心理学和哲学为基础的教育思想体系,使得教育学理论在科学化发展的道路上大大前进了一步。他第一次明确提出"教育性教学"的概念,详细论述了教学与教育的关系,确立了教学的教育性原则。他以观念心理学和兴趣理论为依据,在总结教育实践经验的基础上第一次明确提出教学阶段理论,揭示了教学过程的一般规律。

赫尔巴特在政治上较为保守。在他所处的时代,德国政治生活闭塞,资本主义生产发展尚不充分,人们的兴趣并不在教育上,因此,赫尔巴特在19世纪初期构建的主知主义教育思想并没有引起人们的广泛关注和充分重视,对他所处时代的教育理论和实践影响很小。有的政府参事在《普通教育学》的书评中讥讽地批评说:赫尔巴特这种集大成的分类本身是没有逻辑的,整本书中也没有提出原则。对于这一点,赫尔巴特生前也是意识到的。在对这篇书评的回答中,他说他永远会感谢富有思想的书评,也永远不怕尖锐的批评,假如害怕噪声,就不可能了解智慧的核心。德国教育学者希根海格指出:赫尔巴特生前作为一位教育家似乎并不成功,他的教育学也没有赢得众多的追随者。他当然有不少热心的门徒,但他没有能够对教育制度的改革发挥决定性的影响,没有能够为他的教育性教学理论赢得公众的普遍承认。按照他的教育性教学原理改革一类具体学校教学计划的尝试没有实行,改革全国学校制度就更谈不到了。但是,在他去世二十多年后,即19世纪70年代后,赫尔巴特的教育思想在德国乃至世界各国得到广泛传播,在教育领域占主导地位,受到教育界人士的重视,论述赫尔巴特教育思想的著作很快大量出版。此后,在很长的时间里,人们把"赫尔巴特教育理论"和"科学教育理论"作为同义词。赫尔巴特去世后,他的朋友德罗比施等人在莱比锡大学建立了"赫尔巴特主义教学中心";他的学生齐勒尔1861年第一次提出了"赫尔巴特学派"这一名称。但是,赫尔巴特学派的影响在第一次世界大战后逐步趋于衰落。在赫尔巴特学派的影响下,学校教育中形式主义的表现愈加严重,学校生活、课程内容和教学模式极不适应社会生活的变化和儿童身心的发展。当代瑞士心理学家皮亚杰指出,赫尔巴特试图以一种极其明确而又清晰的方式,按照心理学的法则调整教学方法,这在教育思想史上还是第一次。但他把整个心理活动看成一个再现机制,并认为教育的本质问题就是运用教材,使学生吸收并保留在记忆中,提供了一个由一种还不是发生性质的心理学影响的教育学的不恰当的

模型。

20世纪初,赫尔巴特主知主义教育思想经由日本传入中国,是最早在近代中国传播的西方教育思想。这对当时中国的废科举、兴学堂及近代师范教育的发展曾起了一定的推动作用,特别是在赫尔巴特教学阶段理论上发展起来的"五段教学法",对近代中国的学校教育实践产生过极为广泛的影响。

参考文献

郭官义,李其龙.赫尔巴特文集[M].杭州:浙江教育出版社,2002.

Charles, D. G. Herbart and Herbartians [M]. London: Heinemann, 1895.

Dunkel, H. B. Herbart and Herbartianism: An Educational Ghost Story [M]. Chicago: University of Chicago Press, 1970.

Jules, G. C. Herbart and Education by Instruction [M]. Paris: Delplane, 1904.

（单中惠）

宏观教育结构（macro-educational structure）　制约国家教育发展整体水平的各级各类教育的组合形态。主要体现为教育体系的基本结构、各级各类教育增长的比例关系及其组合。衡量教育发展水平及其资源配置状态的重要指标。

教育的基本结构

教育层次结构　亦称教育的级别分类。指教育系统内部由于教育程度和水平的高低而形成的不同层次及其相互关系。《国际教育标准分类法》(International Standard Classification of Education,简称 ISCED)(2011)根据教育课程划分教育等级,根据资格证书区分受教育程度。根据教育课程内容复杂程度和专业程度将教育体系从低到高分为9个等级序列,即0级早期儿童教育、1级小学教育、2级初中教育、3级高中教育、4级中等后非高等教育、5级短期高等教育、6级本科教育(学士或等同)、7级硕士教育(硕士或等同)和8级博士教育(博士或等同),从而构成了一个完整的教育等级序列。中国教育层次大体分为学前教育、初等教育、中等教育和高等教育,中等教育进一步分为初中阶段教育和高中阶段教育,高等教育进一步分为高等专科教育、高等本科教育和研究生教育。《中华人民共和国义务教育法》规定实行九年义务教育,初等教育和初中阶段教育并称义务教育。

教育类别结构　指教育系统内同一教育程度中根据教育课程性质和计划进行的类型划分,即教育课程定向。教育课程定向有两个类别:普通教育和职业教育。在高等教

育级中,通常使用"学术"和"专业"各自代替"普通"和"职业"。职业教育指主要为学习者掌握在某一特定的职业或行业或某类职业或行业从业所需的知识、技艺和能力而设计的教育课程。这样的课程可能有基于工作的成分(即实习),成功完成这类课程后,可以获得由相关国家主管当局和(或)劳务市场以从业为目的而认可的与劳务市场相关的职业资格证书。普通教育指为发展学习者的普通知识、技艺和能力以及读写和计算技能而设计的教育课程,通常为参加者进入同级或更高级阶段的教育课程作准备,并为终身学习奠定基础。这些课程通常在学校或学院开设,普通教育包括那些为参加者进入职业教育课程作准备的教育课程,但这些教育课程既不为参加者从事某一特定的职业或行业或某类职业或行业作准备,也不直接授予与劳务市场相关的资格证书。

0级教育指那些有教育内容的早期儿童课程。这些课程以开发融入学校和社会必需的社会情感技能和开发学术预备必需的某些技能以及使其为进入初等教育做好准备。通常分为两个课程类别:早期儿童教育开发和学前教育,前者含有针对较年幼儿童(0～2岁)的教育内容,而后者是针对年龄3岁至初等教育开始的儿童。第1级教育通常是为了给学生提供阅读、写作和数学的基本技能(即识字和算术),以及为学习和理解知识及个人和社会发展的核心领域、准备初级中等教育等奠定一个牢固的基础,属于普通教育的范畴。第2级教育即初级中等教育,目标是为终身学习和人力开发奠定基础,课程通常围绕主题化的科目进行组织。中国第2级教育开始提供与就业相关技能的职业教育课程,即职业初中。第3级教育即高级中等教育,通常旨在完成中等教育并为高等教育作准备,或者提供与就业有关的技能,或者两者都是。这些课程可以是普通或职业的,但更多样、更专业和程度更深、更加差异化,增大了选修和能力组别的范围。中国第3级教育分为普通教育和职业教育。第4级教育即中等后非高等教育,是在中等教育的基础之上提供学习经历,为进入劳务市场和高等教育作准备。通常,这级课程是给直接进入劳务市场设置的。在某些教育系统中也有普通课程。中国高中后半年和半年以上的高考补习及职业培训属第4级教育。第5级教育即短线高等教育,通常是为了给参加者提供专业知识、技艺和能力。通常,这些课程是基于实用和特定职业,培训学生进入劳务市场,但这些课程也能提供一条通向其他高等教育课程的途径。中国各类专科(普通专科、成人专科及高等职业教育等)属于第5级教育。第6级教育即学士或等同,通常是为了给参加者提供中等程度的学术或专业知识、技艺和能力,使其获得第一学位或等同资格证书。课程一般以理论为基础,但可包括实践的成分,传授研究的最新发展水平和(或)最好的专业实践,传统上由大学和等同的高等教育机构提供。中国的

本科教育相当于第6级教育。第7级教育即硕士或等同,通常是为了给参加者提供高级的学术或专业知识、技艺和能力,使其获得第二学位或等同资格证书。本级课程可有大量的研究成分,但还不够获得博士资格证书。一般来说,本级课程以理论为基础,但可包括实践成分,传授研究的最新发展水平和(或)最好的专业实践,传统上由大学和其他等同的高等教育机构提供。中国该级学位区分为学术学位和专业学位。第8级教育即博士或等同,主要是为获得高级研究资格而设置。本级课程致力于高级学习和原创性研究,课程的成功完成要求提交并答辩一篇原创研究结果的和对各自的研究领域知识有重要贡献的论文或等同的具有发表质量的书面作品,一般仅由诸如大学这样的研究型高等教育机构提供,学术领域和专业领域都有博士课程。中国该级学位区分为学术学位和专业学位。

教育专业结构是根据不同学科领域和教育课程计划进行的教育结构分类。《国际教育标准分类法》(2011)中的学科标准分类体系包括10个门类、25个学科和一系列三级学科。其中的10个学科门类分别是:"普通课程"、"教育"、"人文科学和艺术"、"社会科学、商业和法学"、"科学"、"工程、制造和建筑"、"农业"、"卫生和福利"、"服务行业"以及其他"不明和未分类"。中国现行教育专业分类体系与国际学科分类体系有较大差异。2012年教育部颁布的《普通高等学校本科专业目录》,把普通高等学校的本科专业分为哲学、经济学、法学、教育学、文学、历史学、理学、工学、农学、医学、管理学、艺术学12个门类(不含军事学)、92个专业类(与2011年颁布的《学位授予和人才培养学科目录》中的一级学科基本对应),专业由352种基本专业、154种特设专业构成。

教育形式结构　指整个社会中正规教育、非正规教育和非正式教育(学习)等教育形式之间的比例关系。正规教育系指通过公共组织和被认可私人团体进行的制度化、有目的、有计划的教育,一般在中小学校、学院、大学及其他正规教育机构进行,为5～7岁至20～25岁的儿童、少年和青年提供的一种连续的、阶梯式的全日制教育。非正规教育和正规教育一样,指通过教育提供者进行的制度化、有目的、有计划的教育,其突出特点是在个人一生学习的进程中对正规教育的补充、替代和(或)完善,它顾及各种年龄的人但无须采用连续的路径结构;可能持续时间短和(或)强度低;它通常以短课程、实习班或研讨班的形式提供。根据各国的具体情况,非正规教育可以包括提供成人和青年扫盲、失学儿童的教育、以及有关生活技能、工作技能和社会或文化发展的课程,可以包括在工作场所为提高或调整现有资格证书和技能而进行的培训,为失业或待业人员进行的培训,以及某些情况下,作为通向正规教育和培训的替代教育路径,非正规教育还可包括为追求个人发展,不一定是

与工作相关的学习活动。正规或非正规教育包括按照国情所设计的各种教育课程,如初期教育、常规教育、二次机会课程、扫盲课程、成人教育、继续教育、开放和远距离教育、实习、技艺或职业教育、培训或特殊需要教育。非正式教育(非正式学习)系指有意的或慎重的但不是制度化的学习形式,因此缺乏像正规或非正规教育那样的组织性和系统性,但在人的整个生命中的学习过程中占很大部分,包括在家庭、工作场所、地方社区中心和日常生活中基于自我督导、家庭督导或社会督导的学习活动。理想的教育形式结构建设的目标是构建一种教育社会化和学习社会化的教育体系。

宏观教育结构的发展规律与调整

宏观教育结构形成与发展的社会基础和逻辑基础　一个社会一定时期的教育结构由教育发展所处的外部和内部环境决定。外部的经济、政治和历史文化等因素对教育结构的影响和制约表现为教育结构形成和发展的社会基础,教育活动和教育结构内在规定性的影响和制约形成教育结构的逻辑基础。教育结构是否与社会需要相适应,是否符合教育发展规律,是进行教育结构调整优化的基本依据和标准。

(1)教育结构的社会基础。其一,教育结构的形成与变化是社会的和自然的多种复杂因素共同作用的结果。影响和制约教育结构的社会因素主要包括社会经济结构、社会政治结构和社会文化等。首先,社会经济结构中的产业结构以及与之相联系的技术结构、就业结构的发展变化和人才结构的要求是影响教育结构变化的主要因素,第一产业、第二产业和第三产业以及产业内部行业的分工与比例关系及其变化,劳动分工体系中生产、经营、管理等不同职能的分类和岗位的设置,都对教育结构中的学校类型结构以及各种学校内部学科专业结构的比例关系产生一定的影响;技术结构中现代技术与一般技术的关系和比例,如自动化和半自动化,机械化、半机械化和手工操作的比例关系,劳动密集型、资金密集型和技术密集型等不同行业(职业)中初、中、高级人才的配置比例,对教育的层次结构产生重要影响。其次,社会政治结构直接决定教育结构的状况与特点。社会政治结构通过其所表现的权力的分布、运用和配置,对教育活动和教育结构进行有效控制,产生重要作用;社会阶级和阶层结构的分化状况影响教育结构的复杂程度。由不同权力、经济收入和社会声望等引起的社会阶级和阶层的纵向分化,要求有更多层次的教育结构与之相适应;由不同文化程度、不同职业、不同信仰以及不同生活方式等引起的社会阶级和阶层的横向分化,要求较丰富的教育类型与之相适应。再次,社会总人口中,不同年龄、不同

性别、不同文化程度等人口群体之间的比例关系及人口峰谷的波动,产生对教育的不同需求,直接影响教育结构和教育发展模式。此外,文化历史传统和价值观念通过影响社会和个人对教育的需求和选择,导致形成不同的教育结构。其二,教育结构体系对经济和社会发展的需求的适应性是相对的、弹性的和动态的。教育结构与社会人力结构需求并非机械的、直接的对应关系。职业的岗位分类与教育的学科分类不同,并非直接对应;教育结构体系是相对稳定的,而社会对人才资源的需求是复杂多样和不断变化的;不同劳动者之间、某一类型劳动者与专门人才之间具有一定程度的可替代性以及知识的可迁移性,对教育结构也有重要影响。其三,合理的教育结构具有引导和改造环境的能力,对于经济、科技的发展和社会的进步以及产业结构、技术结构和人才结构的变化,具有积极的反作用。合理的教育结构通过提高和增强劳动者的文化知识和受教育程度、技术水平和劳动适应能力,来保证劳动力的结构性就业;教育结构通过其本身不同的层次、类型和形式影响和制约人才的选拔、分配和流动,从而使社会的经济结构、政治结构、阶级和阶层结构、文化结构和人口结构得以保存和延续,实现对社会结构的复制和再生产,合理的教育结构则通过其选拔和再生产的功能,调整和完善社会结构,促进社会的平等和公正。

(2)教育结构的逻辑基础。教育结构的形成和发展不仅受外部各种因素的影响,也是教育活动的各种内在矛盾和复杂关系运动、变化和发展的逻辑过程,遵循教育自身发展的规律和特点。其一,教育系统本身具有一定的相对独立性,教育活动所具有的长期性和迟效性决定了教育结构具有相对的稳定性。其二,教育体系是一个有机的整体,教育发展有其自身的逻辑顺序,具体体现为教育层次或阶段的逐步推进。在教育结构体系中,初等教育、中等教育、高等教育的垂直排列不仅是按照知识水平和教育对象身心发展水平由低至高的顺序,而且反映三级教育先后发展的逻辑顺序,即初等教育一般在教育体系中首先得到发展,其次是中等教育,高等教育的发展在最后。某一层次或类型的教育政策和程序必然与其他各层次或类型互为影响,故教育结构体系的调整有其基本条件。其三,教育结构具有较强的建构性。一定的教育结构虽然是社会历史和教育发展的产物,但教育活动本身具有的指向未来和接受社会预期委托的特征,这种未来状态和社会愿望成为教育资源配置的有效原则和导向,由此决定了教育结构的特征和基本形态。亦即教育结构更多地反映人们的价值观念和教育追求。

国际教育结构的演变　教育结构会随社会经济和教育的发展而发生相应变化并呈现一定的规律性。教育结构的发展和演变是在一定原则和价值观指导下对教育结构进行调整和优化的结果。据世界各国教育发展的经验,各级各

类教育并非齐头并进和平均发展，往往是在不同时期选择一种主导性教育，在投入和政策上保证其优先发展，从而使教育结构之间相互提供支持和推进，达到一定社会历史条件下教育资源的合理配置，从而产生更大的教育、社会和经济效益。一个国家或地区需根据政治、经济和文化发展状况，选择不同的主导性教育，可以是初等教育、高等教育，也可以是职业教育，并经一定的教育结构配比来达到经济持续发展和社会全面进步的目的。参照国际实证研究结果和国际组织的教育政策建议，可选择以下教育结构配比优先顺序。

（1）教育层次结构：一般由"大底面"、"小塔尖"逐步趋向均衡。在社会人口基数和发展相对稳定的情况下，教育层次结构的发展通常表现为一种由宝塔形向梯形的变化。工业化国家教育结构的演变大致经历了发展高等教育（培养封建统治阶级的官吏和神职人员）→普及初等教育（培养适应简单机器生产的劳动者）→普及中等教育（适应科学技术发展和生产高度工业化的需要）→高等教育大众化（适应信息化发展的社会，满足社会的民主需求）的进程，即呈现教育从初等阶段教育向中等教育阶段再向高等阶段教育的逐级递进。发展中国家对教育层次结构优先级别的选择具有一定难度。

实证研究显示了选择优先发展初等教育的重要性。教育经济学家萨卡罗普洛斯通过教育收益率分析表明，无论在发达国家还是在发展中国家，初等教育的收益率（无论是个人收益率还是社会收益率）在各级教育中都最高。他从1973年开始研究32个国家的教育投入收益率，直到20世纪90年代中期对78个国家的研究发现，在发展中国家，初等教育的收益率约为17.9%～24.3%，中等教育和高等教育的社会收益率则分别为12.8%～18.2%和11.2%～12.3%。20世纪50—60年代，尽管联合国教科文组织呼吁各国重视普及初等教育，但一些国际组织和发展中国家认为加强高级人才的供给才是最紧迫的，以便为政府和主要部门提供领导人才和专业技术人才。自70年代始，许多国际组织开始认同将初等教育置于教育发展的优先地位。1972年，联合国教科文组织国际教育发展委员会的报告《学会生存——教育世界的今天和明天》提出进行普及的基础教育，"给世界上所有的人都提供初等教育"这一点"应放到70年代教育政策的头等优先地位"。世界银行随后宣布实行教育政策的转变，将注意力从中等尤其是高等教育，转向扩大初等教育机会，改善初等教育的质量和效益。1990年世界全民教育大会确定20世纪90年代的目标之一是到2000年普及并完成初等教育，并要求各国政府把开展全民教育作为国家一级的优先行动，90年代的国际支持优先用于基础教育。2000年的世界全民教育论坛在评估了十年间实现全民教育目标的进展后，重新确认确保在2015年

以前使所有儿童特别是女童都能接受和完成免费的、高质量的义务初等教育。

在保证初等教育普及的情况下，稳步发展中等教育十分必要。20世纪50年代，美国经济学家 M. J. 鲍曼和哈比森分别对工业国家的初等教育和中等教育与人均国民收入的相关性进行研究分析后发现，在50年代，初等教育和中等教育与人均国民收入的相关系数分别为0.69和0.48，到60年代则分别为0.45和0.66，这种逆转说明发展中等教育的必要性。70年代前，由于许多发展中国家的中级和高级人才短缺，中等教育主要是为高等教育和白领职业培养和输送人才，具有很强的选拔性。80—90年代，中等教育成为第一级教育的继续，许多国家重新定义基础教育，将中等教育也包括在内（至少初中部分），中等教育开始成为基础教育和全民教育的一部分。90年代末，联合国教科文组织和重要的国际教育会议开始强调加强和扩大中等教育。联合国教科文组织根据中学总入学率的高低，将50个国家分为四类，即中学总入学率分别为7%～40%、41%～70%、71%～90%和90%以上，其中第一类国家的人均国民生产总值较低，经济增长率不高或呈负增长，人口增长快，学龄人口比率高，劳动力中圆满完成中等教育的比率不足10%。如果一个国家的劳动力人口中只有5%～10%完成中等教育，则该国的农业无法超越生计农业水平，无法扩大工业制造业和发展具有竞争力的服务业，也无法制定国际贸易战略；发展中国家用于扩大公立中学体系的资源有限，国际教育援助和贷款又更偏向初等教育，中等教育成为教育结构中的一个薄弱环节。

20世纪60年代，许多国家选择优先发展高等教育，将发展高等教育作为经济增长的主要动力。1960—1980年，发展中国家的高等教育发展尤为显著。70年代早期，联合国教科文组织和许多学者认为，在识字率水平相差悬殊的许多国家，高等教育都有了大规模扩展，这不但未能有利于经济增长，反而出现精英教育、人才外流的倾向，导致国际组织及其援助机构的战略重点开始由高等教育转向基础教育。至90年代末，面对发展中国家与发达国家不断扩大的数字鸿沟，以及信息与传播技术的影响和吸收上的差异，2000年由世界银行和联合国教科文组织建立的高等教育与社会特别工作组指出，在过去的二三十年中，由于关注点集中于初等教育，导致对中等教育和高等教育的忽视，狭隘的和误导的经济分析曾误导人们认为对大学和学院的公共投资所带来的收益要低于初等和中等学校，并且高等教育加剧了收入不平等，从而使高等教育处于危险和不利境地。特别工作组认为，高等教育投资的社会收益是巨大的，受过高等教育者将成为企业家和社会活动的倡导者，会对他们所在社区的经济和社会生活产生深远影响；收益率分析完全忽视了以大学为基础的研究所带来的社会利益。特别工

作组支持继续加大对初等和中等教育的投入,但关注各级各类教育的平衡发展,认为仅追求发展初等教育会导致有关国家在未来世界中的生存危机。特别工作组呼吁发展中国家将扩充高等教育数量和提高高等教育质量作为一项优先发展战略。

发展中国家的教育发展模式具有多样性,不仅体现在发展起始阶段有多种角度,而且在发展过程中时常改变对优先发展顺序的选择。

(2) 教育类型结构:由分流教育到分流教育与综合教育并存,分流阶段逐步推迟;高等教育结构类型更加多样化。教育分流是指依据学业考试成绩和学术性向测验,将学生引入不同的学校和课程轨道,按照不同的要求和标准,采用不同的方法,教授不同的教育内容,使学生成为不同规格和类型的人才。教育分流是经济发展、科技进步、社会分层与流动、文化传统等多种因素相互交织的复杂的社会现象。在许多国家的教育发展中,关于是普通教育还是职业教育更能适应社会、经济和政治的发展,始终存在争论。1965 年美国比较教育学家 P. J. 福斯特指出,发展职业教育是一种"谬误",职业教育只导向低地位的工作,学生和家长视之为次等教育,职业学校毕业生难以在其受训的专业领域找到工作;他们工作中难以充分发挥专门技能,其教育投资大多被浪费。1976 年美国学者本内特调查了经济发展过程中职业教育与普通教育的关系,他分析 1955—1956 年 69 个国家(不包括非洲)的中等教育资料发现,总体上,一定时期内的人均国民生产总值(GNP)与职业教育的相关性较普通教育高,在人均 GNP 不足 500 美元的国家和地区,发展职业教育有利于各项经济指标的迅速增长,当人均 GNP 达到或超过 500 美元时,职业教育对经济增长的作用则减弱。90 年代初,关于职业教育和普通教育的讨论日益激烈,关注点集中在职业教育的成本与效益、职业教育课程与工作的关联性、职业教育对社会发展的效果、职业教育的多途径和有效性四个方面。在发展中国家普通教育与职业教育的结构调整中,国际组织发挥了重要作用。联合国教科文组织在主张发展职业教育的同时,始终强调普通教育应延迟分流:在 1962 年《关于技术和职业教育的建议》中提出,技术与职业教育是支撑现代文明和经济不断进步的先决条件,应鼓励在普通的中等教育中包含技术课程,但避免过早专业化;在 1973 年第三十四届国际教育大会建议书中指出,应推迟职业的专门化,直到向青年人提供了广博的科学、技术和文化教育作为分化的基础,通过在一个平等和谐且灵活多样的系统中联结普通教育与职业技术教育来重组中等教育;80 年代中期后,强调从终身教育的角度来看待中等教育的改进,在促进普通教育与职业技术教育有更密切的联系,尤其是注意提高职业技术教育地位的同时,要考虑普通教育的基本作用。世界银行早期的贷款政策较偏重正规中等职业

课程,1964—1969 年,中等技术教育在世界银行发放教育贷款的所有资金中约占 20%,至 70 年代下降为 10% 左右。90 年代初,有关中等职业技术教育的效果和效率的争议使世界银行的立场发生转变,此后中等技术教育在世界银行教育贷款中的份额降至低水平,1993—1998 年仅为 6%。但世界银行自 1975 年以后投放到后中等职业教育中的资金多于投放到中等职业教育中的,表明倾向于在较晚阶段提供职业教育。大多数国家的教育分流已推迟,义务教育阶段被纳入正常的普通教育,义务教育年限延长,分流阶段相应推后。中等教育结构从分流向多样化、综合化发展,普通教育与职业技术教育融合逐步成为中等教育发展的特点。

高等教育系统在扩充过程中亦经历多样化的过程。20 世纪 50—60 年代,高等教育培养"精英阶层",60—70 年代,经济发展需要大量技术人才,人民争取平等权利运动的高涨以及大学学龄人口的增加,要求变革高等教育结构,非大学型高等教育机构大量出现,其专业范围通常针对某一职业,其文凭的职业性强,入学条件较宽,教学灵活,学制较短。70 年代初,特罗提出,工业化国家高等教育将出现从英才教育到大众化教育再到普及化教育的转变,教育系统多元化的结构对教育发展和多元化具有关键作用,这已涉及高等教育的多层次和多元化问题。21 世纪的国际高等教育在纵向上向两端延伸:一是以研究为主要目标,如有传统的研究型大学,二是以向大量学生传授专业知识作主要目标,如多科技术学院、职业学院、社区学院等。层次化的高等教育结构兼顾高等教育大众化的要求,并能保证教育质量,但阿尔特巴赫认为,院校系统的层级化使得人们难以在层次之间转换,社会地位和其他变量影响人们对层级的选择。横向上的高等教育多样化指公立、私立和非营利性学校,提供了多种多样的教育和培训机会,如传统学位课、短训班、非全日制学习、灵活的课程表、模块式课程及远距离的辅导学习等,以满足特殊需要或为特定人群服务。各国高等教育的学科专业结构差异较大,且不断变化,高等教育的科类结构与国家经济发展水平未表现出明显相关。2001 年联合国教科文组织分析 1970—1996 年的统计数据,结论是发达地区和欠发达地区的不同教育结构之间在大学学科领域的学生人数方面并无本质差异,各国高等教育体系均向全球共同的格局发展,即占总数约 60% 多的学生学习人文学科,约 30% 的学生学习理工学科。

(3) 教育形式结构:逐步从以正规教育为主转向正规教育和非正规教育并举,建立多元和立体的学习网络。20 世纪 60 年代中期,非正规教育开始在一些发展中国家流行,70 年代初引起世界各国特别是发展中国家的兴趣。这首先与终身教育思想的出现有关。终身教育把教育看作一个人终生的过程,包括从婴儿期到生命终结的所有时期;教育就

是"学习"，在任何时间、地点和年龄阶段，都能进行学习。其次，50—60年代实行的"直线发展"正规学校教育模式，虽然适应了学龄儿童和青年的学习需求，但无法满足各年龄人群整个生命过程中的所有学习需求，也无法完全解决扫盲问题，而且使昂贵而低效的学校体制一般只培养学生为未来生活作准备，而与现实生活脱节。对此，伊里奇提出废除传统学校，主张打破正规教育垄断地位，提倡非正规教育。1972年联合国教科文组织国际教育发展委员会在《学会生存——教育世界的今天和明天》中分析了正规教育的局限性，阐述了终身教育及学习化社会的观点。再次，20世纪70年代以一体化的社区为基础的形式发展农村并解决贫困者最基本生活需要的发展战略，使非正规教育获得重大意义。国际发展援助机构也大力支持发展中国家非正规教育项目，并在各个领域拓展非正规教育。至20世纪90年代中期，终身学习概念在经济合作与发展组织（OECD）的倡导下迅速得以广泛传播，提升了学校外教育、非正规教育、非制度化教育的重要性，注重家庭、工作场所、社区与社会作为学习场所和资源的价值。1985年P. H.库姆斯根据终身教育观点提出建立"学习网"的理论，"学习网"包含各种教育形式和模式，其基本目标和作用是为了在任何时候尽可能灵活地适应从婴儿到老人所有成员多样化和日益变化的学习需求和兴趣，适应一个国家整个社会不断增长和变化的学习需求和人力资源要求。1972年联合国教科文组织国际教育发展委员会把教育计划与教育资源按从封闭的、略加限制的体系至开放的、不加限制的体系进行排列，形成"系谱"。封闭的体系具有选择性和竞争性，开放的体系具有非选择性、非竞争性和非规定性，在这两个极端之间还有各种教育活动和教育结构。"系谱"中靠近封闭的、选择性和竞争性一端的是传统结构的正规教育，略移向另一端的是一些可供选择的学校以及在教学结构和大纲上含有一定灵活性的"个别规定的教学"，还有一些机构如自学中心、半工半读制学校以及"开放大学"等，结构较松散，但仍偏向有规定的学习。接近"系谱"另一端的是一些松散的教育计划，如在职训练、农业推广服务以及俱乐部、劳工组织和政治团体等组织的教育活动。再靠近这一端的是各种沟通信息和从事教育的媒体，如情报中心、电视、图书馆和报纸等，个人可以根据需要和兴趣任意选择其中的学习项目。

教育结构的调整和优化　教育结构既受教育自身发展均衡性要求的影响，又与经济和社会的发展阶段及结构特点有关，对教育的各个部分进行合理组合，形成教育结构体系，是优化教育结构和发挥教育系统整体效益的重要条件。教育结构的调整和优化包括教育结构内部优化和教育结构外部优化两方面。优化教育结构内部优化需视各级教育为一个不可分割的整体，考虑到整体的相互依存关系，以使资金有限的选择方案最佳化。主导性教育虽因不同国家、不同时期而有所变化，但需保持教育系统的协调一致，考虑终身教育的新需求，并确保教育与经济社会需要之间的联系，实现教育结构外部优化。

教育结构调整是一项复杂的社会系统工程，在参与主体和调节机制上的关键正确处理政府与社会的关系、政府调控与市场机制的关系。几乎所有实行市场经济的国家在充分发挥市场调节和社会参与作用的同时，均由政府承担教育宏观管理的主导职能，形成政府宏观管理、市场调节、社会参与和学校自主办学的教育运行机制。联合国教科文组织国际21世纪教育委员会在报告《教育——财富蕴藏其中》(1996)中指出，教育是一种集体财产，不可能仅靠市场力量来调整，特别是在国家一级，要在教育问题上达成共识，确保总体的协调一致，并提出长远的看法。具体包括：政府的首要任务之一是使有关方面包括政党、专业协会或其他协会、工会和企业等，就教育的重要性和教育在社会中的作用广泛达成共识；对教育系统各组成部分的相互依存关系有计划地进行管理，在发展中国家，政府为基础教育提供经费是优先事项，但不应影响整个教育系统的协调一致，不牺牲其他各级教育；在教育政策的选择和实行改革方面保证连续性，政府有义务提出明确的选择方案，这种预测能力需建立在深入分析教育系统状况的基础上，包括准确判断、展望性分析，掌握有关社会和经济背景情况，了解世界教育趋势，对成果进行评估等，确保教育系统的可见度和可理解性，从而保证整个系统的稳定性；政府在教育贯穿人一生的、多元的和注重伙伴关系的社会中，引导各种力量，提倡首创行动并为产生新的协同作用创造条件，比如吸收社会上相关人士和机构参与教育决策，建立在学校自主和有关方面切实参与基础上的教育系统的广泛非集中化等；重视传播和信息技术对社会和教育的影响。

中国教育结构改革与发展

中华人民共和国成立后，特别是20世纪70年代末实行改革开放后，中国特色的社会主义教育体系初步建立，形成学前教育至高等教育、普通教育与职业教育、学历教育与非学历教育以及远程教育等多种层次、类别、形式的教育结构格局，并向终身教育方向发展。但同时亦出现各级各类教育竞相发展、自成体系而产生的学校重复设置、学制交叉重叠、层次和类别区分不明显、结构不合理等问题，影响教育体系整体效益的发挥。中国教育结构发生了多方面的改革和发展。

其一，在教育层次结构上，积极发展学前教育，巩固提高九年义务教育，加快普及高中阶段教育，大力发展职业教育，全面提高高等教育质量，加快发展继续教育，重视和支持民族教育，关心和支持特殊教育，形成重心逐步上移、多梯度的教育层次结构。到 2020 年，实现更高水平的普及教育，包括基本普及学前教育；巩固提高九年义务教育水平；普及高中阶段教育，毛入学率达到 90％；高等教育大众化水平进一步提高，毛入学率达到 40％；扫除青壮年文盲。学前教育发展的重点任务是扩大规模和资源供给，提高入园率特别是农村幼儿入园率。义务教育发展的重点任务是全面提高质量，推进均衡发展，确保适龄儿童少年接受良好义务教育。高中阶段教育的重点任务是推进办学体制和培养模式多元化，鼓励普通高中办出特色。职业教育发展的重点任务是调动行业企业的积极性，加快发展面向农村的职业教育。高等教育发展的重点任务是全面提高人才培养质量，提升科学研究的水平和社会服务能力。继续教育发展的重点任务是构建灵活开放的终身教育体系，建立健全继续教育体制机制。民族教育发展的重点任务是全面提高教育发展水平，特殊教育发展的重点任务是完善教育体系，健全保障机制。

其二，在教育类别结构上，实行普通教育基础上的三级分流，尤其是初中后、高中后的分流教育，构建普通教育、职业教育、技术教育、专业教育各具特色、相互沟通的教育类别结构。

初中阶段教育除部分初中实行小学和初中相衔接的九年一贯制外，形成多种类型，如普通初中、综合初中、职业初中等。综合初中（主要在不发达地区和农村）主要通过设置一定数量的职业选修课或在初中二年级进行分流等形式，对部分学生在进行文化科学知识教育的同时，进行一定的职业准备教育。

高中阶段教育分为普通高中和各类中等职业教育学校的状况会长期存在，高中阶段教育中普通教育与职业教育的比例关系和发展模式需从各地实际出发，因地制宜，适应经济社会发展阶段的要求。

高等教育阶段要改变过于偏重学科性教育的结构，在办好少量研究性大学，培养学术性人才的同时，重点发展专科层次的高等职业教育和技术教育，发展以应用学科为主的本科教育以及各种类型的专业研究生教育，培养生产领域和实际工作部门不同层次的实用性人才。

调整教育类别结构需注意各类教育之间的比例和联系，解决普通教育与职业教育、普通教育与成人教育自成一体，学校重复设置、布点分散等问题。

其三，在教育形式结构上，利用各种非正规教育形式，与正规教育相互补充，构建社会化的、开放的终身教育体系。

大力发展非正规教育。在基础教育阶段，对经济贫困和边远地区运用远距离教育和季节性学校等非正规形式普及教育，提高教育质量；在职业教育、成人教育和高等教育、研究生教育方面，在加强学历教育的同时，为社会成员提供各种非职业培训、转岗培训、继续教育、终身教育等类型的非学历教育；逐步实行全日制教育、业余教育和自学教育并举，面对面教育和远距离教育并举等多种形式；扩大不同年龄的学习者对学校、专业、课程等的选择机会。

构建终身教育体系。按照终身教育原则，构建包括学校教育系统、行业（企业）教育系统、社会教育系统、网络教育系统在内的社会化的现代教育结构体系。

其四，形成政府主导和多主体参与调控的教育结构运行和调整机制。划分政府和社会在调整教育结构中的不同责任。政府的主要职责涉及教育结构中体现社会公正和公平的部分，如公共财政主要用于支持义务教育和高等教育中关系国家长远发展需要的学科，以及扶持贫困地区和弱势人群的教育等，企业和社会力量在上述领域仍可通过一定形式参与，成为政府办学的补充部分；某些非义务教育阶段教育更多地利用市场机制吸纳社会资金投向教育，这些领域应在政府宏观调控和指导下，充分发挥社会的作用和学校依法办学的自主权，使学习者有更多的选择机会；政府积极鼓励和支持社会力量参与办学，调动社会各方面和公民个人办学的积极性，并通过政策引导、组织社会评估等多种方式进行管理和监督，以多种形式发展教育特别是非义务教育。正确处理政府调控与市场机制的关系。在市场经济体制下，政府担负教育结构调整的有限责任，主要发挥宏观指导和信息服务作用，并通过法律法规、政策引导、专项拨款、督导评估、舆论导向等多样化的调控手段影响人才结构和教育结构调整；充分发挥市场在教育结构调整中的资源配置作用，以社会需求为导向，学校与企业、社会密切合作，共同参与教育结构调整和运行状态的监督评价；深化社会用人制度和社会保障制度改革，建立较完善的职业指导和咨询、职业资格证书制度和社会就业服务体系，并通过建立行业协会和社会中介组织，积极引导教育结构调整，促进教育结构的优化。

参考文献

郝克明.当代中国教育结构体系研究[M].广州：广东教育出版社,2002.

郝克明,谈松华.走向 21 世纪的中国教育[M].贵阳：贵州教育出版社,1997.

联合国教科文组织.全球教育发展的历史轨迹——国际教育大会 60 年建议书[M].赵中建,译.北京：教育科学出版社,1999.

联合国教科文组织国际教育发展委员会.学会生存——教育世界的今天和明天[M].华东师范大学比较教育研究所,译.北京：教育科学出版社,1996.

谢维和.教育活动的社会学分析：一种教育社会学的研究[M].北京：教育科学出版社,2000.

（王　建）

后现代主义教育思潮（postmodernism in educational reform）　　20世纪后半期兴起的,以后现代主义观点研究教育问题的一种教育思潮。是后现代主义思潮在教育领域的应用和反映。后现代主义在教育中的应用主要有两种形式:一是后现代主义思想家将教育作为研究对象,如利奥塔在《后现代状态——关于知识的报告》中集中陈述了知识价值的变化对学校教育的影响,此形式只占少数;二是将后现代主义的思想观点引入教育理论研究,此形式占多数。后现代主义教育思潮的代表人物及其著作包括:斯拉特瑞著《后现代时期的课程编制》(1995)、科利主编《教育哲学中的批判性会话》(1995)、厄休与里查德·爱德华兹编《后现代主义与教育》(1994)、W.E.多尔著《后现代主义课程观》(1993)、派纳著《课程理论化:概念重建主义者》(1975)、D.G.史密斯著《全球化与后现代教育学》(1999)等。

后现代主义教育思潮的思想渊源

后现代主义是20世纪后半叶在西方社会流行的一种哲学、文化思潮。其英文为postmodernism,post可以有两种解释:一种是"在……之后",另一种是"在……后期"。前者侧重于差异与对立,后者更多地强调继承与发展。在"后现代主义"中的解释大多偏重于前者,指与现代主义相对和不同的思想观念。

现代主义主要是指西方资本主义诞生以来所形成的一系列哲学观、社会观、价值观,是在与中世纪基督教神权统治的对抗中逐步形成并随着资本主义社会的发展而发展的。其主要观念就是崇尚人的理性,认为自然和人类社会变化不定的现象背后有某种相对稳定的结构和必然的变化规律,人类的使命就是依靠自己的理性揭示各种各样的结构和规律,促使人类社会不断进步,并在这样的过程中实现自己生命的价值和意义,获得真理。所以,结构、规律、意义、价值、真理、稳定性等都是现代主义的基本观念。哲学、文学、艺术、科学、社会学及其他学科中都体现了这样的观念。牛顿的万有引力定律、达尔文的自然进化论、黑格尔的哲学以及西方的古典音乐、艺术、文学等都是这种观念的具体表现。现代主义主要基于人类理性的完美无缺,认为依靠人的理性,人类就可以不断进步和发展,社会也会变得越来越美好。但是,20世纪两次世界大战粉碎了人类这种乐观的心理,战争的屠杀以及依靠人类的科学发明所创造的越来越强的各种武器的杀伤性使人们感受到了理性的脆弱和缺陷,使人怀疑所谓真理、价值、意义和必然规律的真实性,认为它可能只是人类文明一种虚幻的臆想。后现代主义正是在这种社会心态下逐步形成和发展的。

后现代主义概念的出现是在1934年,主要指一种文学风格。后来有人用其指称一种建筑风格。20世纪五六十年代以后,后现代主义就被广泛运用于哲学、文学、艺术、社会学、宗教等各个领域,获得空前的影响,成为一股重要社会思潮。其代表人物有福柯、德里达、利奥塔、格里芬、拉康、哈桑、詹姆森、D.贝尔、罗蒂、哈贝马斯等。后现代主义并非一种单一的思想流派,而是各种思想和学说的大熔炉。解构主义、解释学、分析哲学、存在主义、结构主义思潮以及波普主义、达达主义、立体主义、前卫主义艺术流派等都属于后现代主义或者与后现代主义有亲缘关系。总体来说,后现代主义从现代主义发展而来,又与现代主义相对立。它有几个基本特点。

强调差异性和不确定性,持怀疑和否定态度　　后现代主义认为事物的差异性和不确定性比其共同性和稳定性具有更为根本的意义,不再假定有一个绝对支点可以用来使真理和秩序合法化,矛头直指现代性,认为它们依赖元叙事来证明自己的合法性,事实上,那些支配社会制约关系机制的合法性本身也需要合法化证明。后现代主义对一切合法性的基础加以质疑,主张摧毁人们对元话语的信任感。作为一种彻底的否定力量,后现代主义对任何一种被奉若神明的前提和假定发动攻击,驱使人们尽可能从广阔的视野和多样的角度来重新审视以往不言自明或默默无闻的话语。

否认永恒价值和终极意义,取消判断的价值取向　　在后现代主义看来,世界就是世界,并没有什么本质和稳定的结构,人就是现在的人,不能牺牲现在而追求未来,那些崇高、真、善、美等看似永恒的价值观念实际上在生活的流动变化中也不断地发展和变化,并且对不同的人体现出区别和差异,不能要求每个人都去遵守和追求。后现代主义要求取消深度模式中潜藏的价值判断,恢复价值的平面性,这意味着赋予不同的话语以平等的权力。文化是后现代主义率先发难的领域。

反对权威,反叛传统　　后现代主义认为,权威的形成基于价值观念和对生命意义的追求,由于价值和意义本身的虚无性,权威也是虚无的,崇拜权威最终只能形成暴力;传统就是某种稳定的结构,实际上影响了社会的自然流动与变化,相对于人类的发展而言,也是一种起阻碍作用的暴力。权威和传统都带有强迫性,都是扼杀个人自由与生命活力的外在力量,必须消解掉。后现代主义对传统哲学持续运用二元对立逻辑追求确定性非常反感,对本质与现象、中心与边缘、主体与客体、真理与谬误间非此即彼的确定性重新加以严正的拷问,持续对真理判断外在立场的所有主张展开攻击。德里达从不讳言自己的矛头所向就是一切"决定性的权威",即黑格尔所主张的通过理性反思达到的客观真理。后现代主义刻意的标新立异并非无的放矢,其目的在于通过对差异和流动的强调以取代对中心基础的迷恋。

方法论多元化　后现代主义强调文本的多义性和解释的无限性，克服从单一理念出发观照世界的做法，宣称"所有的方法都有自己的局限性"，提倡"认识论的无政府主义"，号召"怎样都行（anything goes）"，允许采用任何方法，容纳一切思想，摆脱僵化的形式理性，将人类从传统方法论的奴役中解放出来，建立一个开放、多元的方法群落。

后现代主义教育思潮的基本观点

教育目的观　后现代主义崇尚差异性、偶然性以及文化多元主义，所以教育目的观也多种多样，但有一个共同点，即都是在对"现代性"下以理性主义为特征的教育目的进行反思的基础上得出的，教育目的也大都围绕在克服当代西方资本主义危机，培养具有批判能力、认可多元文化的社会公民等方面。

在教育目的方面，后现代主义特别关注社会批判能力、社会意识、生态意识和内部平和（domestic tranquility）。关于社会批判能力，吉鲁的教育目的观在后现代主义教育学者中比较典型。他结合批判理论和后现代主义理论的一些观点和方法，认为教育目的要从由优势文化决定的解释中解放出来。吉鲁希望通过教育造就一批具有批判能力的公民，这种公民能够认清优势文化的独霸性以及文本的集权性，向它们挑战，进而通过对多元文化的认识跨越文化边际，肯定个人经验及其代表的特殊文化。学生在批判能力的成长过程中，可以逐渐深入了解自己与他人之间的关系，认同自己也认同不同文化背景下具有不同价值观的他人。关于社会意识，麦克拉伦从对知识与权力关系的剖析入手，借鉴福柯的知识——权力理论，认为教育是取得个人及社会权力的工具，教育最重要的目标就是促进学生对社会的认识和了解，建立各种社会责任感。关于生态意识，鲍尔斯是当代美国教育界的一个活跃人物，其特长是教育生态问题研究。他主张建立一个以生态为本的教育理论，目的在于强调建立一种文化与社会环境和睦相处的社会文化背景。鲍尔斯希望培养具有生态意识的未来公民，希望通过环境教育来培养个人的道德意识以及对自然、土地的伦理观念。关于内部平和，后现代主义提倡多元化，主张重视次要群体及少数族裔的意见。现代西方女性主义教育学的杰出代表 J. R. 马丁在《为了内部平和的教育》一文中提出，教育目标应在于求得一种内部平和。这种教育目的的确立，不是以个人的自我发展为目的，而是从社会角度出发，考虑社会问题、社会情景以及社会整体的发展，希望把家庭中的平和、安定及各社会成员之间的和平相处扩充到整个社会乃至国家，避免相互之间的利益冲突，使整个社会充满和谐。

课程与教学观　后现代主义者从其一贯立场出发，在课程问题上坚决反对元叙述，反对各种形式的二元论，要求在课程组织中倾听各方面的呼声，关注课程活动的不稳定性、非连续性和相对性以及个体经验相互作用的复杂性。学科中心倾向首先遭到后现代主义者抨击。他们要求消融学科边界直至最终取消学科本身，认为课程应该通过参与者的行动和交互作用形成，那种预先设定好的课程不应该提倡，在教学过程中教师和学生应共同形成和发展课程并不断对其进行评价和修订，课程设置者不仅包括教师和学生，教育学者、科学家以及相邻社区也可以不同方式参与课程设计，随时进行修订。

W. E. 多尔是后现代课程理论的代表人物。W. E. 多尔希望确立一种新的课程理论基础，以取代半个世纪之前的泰勒原理。他从建构主义及经验主义的认识观点出发，吸收自然科学中的不确定性原理、非线性观点、普利高津的耗散结构理论等，为其后现代主义课程观勾画了大致轮廓。他的后现代主义课程观是非线性的。他强调，建构主义课程观是通过参与者的行为和交互作用形成的，而不是通过那些预先设定的课程。在 W. E. 多尔的课程观中，教师是领导者，体现权威的角色，同时是学习者团体中一个平等的成员。在这个团体的对话中，隐喻比逻辑更有用，W. E. 多尔很重视隐喻和描述方式。他把后现代课程标准概括为"4R"，即丰富性（richness）、循环性（recursion）、关联性（relation）和严密性（rigidity），与 R. W. 泰勒提出的四个基本问题相对立。

传统教学在本质上是独白式的，即承认并维护教师在知识传授中的权力中心地位，知识就像河流一样从高地流向低地。后现代主义者则鼓励教师和学生发展一种平等的对话关系，在教学过程中持续进行思想交流。在这种教学过程中，教师和学生围绕具体的问题情境，从各自不同的立场进行自己的思考，通过沟通最终达成和解（而非一致）。对话关系使教师和学生发展起一种富有建设性的批判意识和民主气氛，有助于教师和学生超越单一视角，以广阔的背景来解读问题情境，从而从各种权力话语的潜在影响中解放出来。

知识观　继福柯给知识抹上一层泛权力化色彩之后，利奥塔的《后现代状态——关于知识的报告》也系统阐述了后现代主义的知识观。利奥塔认为叙事与科学"范式不可通约"导致了现代知识的危机。他指出，科学始终同叙事冲突，依科学标准衡量，大部分叙事不过是寓言传说，但科学除了在陈述有用常规和追求真理方面可以不受限制，仍然不得不证明自己游戏规则的合法性，于是便制造出有关自身地位的合法化话语，即一种被叫作"哲学"的话语。这导致了人文科学和自然科学的持久对立。同时，由于现代信息技术迅猛发展，电脑操作介入了知识的发现、传播和应用过程,知识在网络上的快速传递使其具有商品的某些特征。自然科学由于本身的精密程度与信息技术一拍即合,而人文科学则前途未卜,其思辨色彩将全线退隐。

后现代主义挑战了对真理的传统看法。格里芬指出:传统观念认为,科学是追求真理的,只有真理才能给我们以真相,现在这种观念已经被某些领域代之以相反的观念。新观念认为,科学既不能给我们真理,也不能探求真理。后现代主义者强调奉行一种开放的知识和真理观,同时视知识为新的权力形式,宣告对信息的控制和拥有将成为人类争夺的新焦点。

教育研究方法　后现代主义者否定了绝对真理的合法性,继而向传统方法论原则的唯一性和普遍性宣战。他们怀疑通过教育研究发现真理的说法,反复提醒人们:真理具有多重性,同一教育现象可能有不同的诠释方式。后现代主义者要求教育研究容纳一切规则、方案和标准,向僵化凝固、缺乏想象力的理性主义研究方法告别,促进教育研究生机勃勃地自由发展。后现代主义者反对建构宏大完整教育理论体系的做法,对其可能性提出质疑,因为这种构建是与整体性、确实性和连续性等现代合法性神话联系在一起的,不可能也没有必要。后现代主义者希望在教育研究中使用崭新的话语。他们认为,以往教育家的权力话语无时无刻不在影响着其后教育研究者的研究方向、研究方法和研究成果,我们的所谓创新和进步极有可能就是无意识地重复那些为人们所接受且已根深蒂固的话语。为了解决这一危机,教育研究者必须不断进行极端激进的话语创新,借以消解权威话语的影响,同时对微观层面上一向不为研究者所关注的教育细节表现出极大的热情,呼吁倾听处于边缘地带的声音,以有利于开创新的研究领域。

教育管理思想　把后现代主义运用到教育管理理论和实践中的学者众多,知名的有格林菲德、霍奇金森、英格利西、麦克西等。后现代主义教育管理理论主要体现在以下方面。首先,从本体论看,教育组织是人创造的,不同的人有不同的创造,因此,不同的教育组织,其性质是不同的,即使同一类学校,其特点也是不同的。所以,教育组织的形式和性质不是唯一的。其次,从认识论看,既然管理和组织不是唯一的,那么关于组织和管理的知识或认识当然也不是绝对的,因此不存在唯一的教育管理科学理论。用唯一的科学理论无法解释和解决复杂多样的教育管理实践问题。第三,教育管理是事实和价值的统一过程。把教育管理的价值问题排除于教育管理过程之外而只重视教育管理事实,实际上是把复杂的教育管理问题简单化,这种教育管理是注定要失败的。第四,从方法论看,教育管理的方法也不是唯一的,而是多样化的。泰罗主义和教育管理理论运动所倡导的方法虽有效,但也同样不是唯一的。后现代主义更重视用民主对话、合理授权、文本解构、意义重建、非线性变革等方式解决教育管理问题。

参考文献

常亚慧,等. 后现代主义对教育研究方法论的启示[J]. 绵阳师专学报,2001(1).

陈建华. 后现代主义教育思想评析[J]. 外国教育研究,1998(2).

黄崴. 后现代主义教育管理思想解析[J]. 教育理论与实践,2001(7).

谢登斌. 美国后现代主义课程理论探析[J]. 广西高教研究,2001(5).

余凯,徐辉. 后现代主义与当代教育思潮引论[J]. 比较教育研究,1997(6).

（张　旺）

环境教育(environmental education)　旨在提高人的环境意识,正确认识环境和环境问题,理解环境与发展的关系,使人的行为与环境相和谐的教育活动。环境问题主要源于人类对自然资源和生态环境的不合理利用和破坏,而对环境的损害行为又与人们对环境缺乏正确认识相联系。以教育的手段,激发人们的环境意识,重组人们对待环境的价值取向,是人类今后健康生存与可持续发展的根本所在。

环境教育的概念与特征

环境教育概念的发展　环境教育的正式起步是在第二次世界大战后。随着国际社会对环境的日益关注,1948年,国际自然保护联盟(1956年更名为国际自然与自然资源保护联盟,1990年更名为世界自然保护联盟)成立,并建立专门的教育委员会,致力于环境保护工作和环境教育的发展。1970年,该同盟与联合国教科文组织在美国内华达州卡森市佛罗里达学院召开了"学校课程中的环境教育国际研讨会",会议将环境教育界定为一个认识价值、澄清概念的过程,目的是发展一定的技能和态度。1972年6月,联合国人类环境会议在瑞典首都斯德哥尔摩召开,会议正式确定"环境教育"(environmental education,简称EE)的名称,建议世界各国认可并推进本国的环境教育。会议将环境教育定性为一门跨学科课程,涉及校内外各级教育。1975年,联合国教科文组织协同联合国环境规划署(United Nations Environment Program,简称UNEP)在贝尔格莱德召开国际环境教育研讨会,发表《贝尔格莱德宪章》,首次提出全球规模的环境教育基本理念和框架,阐明环境教育要通过跨学科的合作来培养人们对环境的各方面的认识,树立环境道德感。1977年,联合国教科文组织和联合国环境规划署在苏联第比利斯市召开政府间环境教育大会,会议认为,环境教育是一门属于教育范畴的跨学科课程,其目的直接指向问题的解决和当地环境现实,它涉及普通的和专业的、校内的和校外的所有形式的教育过程。翌年,于巴黎发表报告,明确指出环境教育的作用、性质和特征等,确定环境教育的任务、目的、目标、指导原理以及国家水平的环境教育发展战略等。该报告继承《贝尔格莱德宪章》的基本思想,确立了国际环境教育的基本理念和体系,成为各国推进环境教育事业发展的基本方针。在学术界,一些专家学者也对环境教育的概念进行了探讨。1969 年,美国学者 W. 斯代普在《环境教育》杂志创刊号上指出,环境教育的目的是培养公民对环境及其伴随的问题具有广博的知识,清楚如何去解决这些问题,并积极为此工作。英国伦敦国王学院院长 A. M. 卢卡斯教授在其 1972 年的博士论文《环境与环境教育》中把环境教育的概念归纳为在现实环境中进行体验式教育的“在环境中的教育”、传授有关环境知识技能的“关于环境的教育”和以保护和改善环境为目的涉及价值观与态度培养的“为了环境的教育”三个层面,这一概括为学术界广泛认可,被称为“卢卡斯模式”。在 20 世纪 70—80 年代,各国基本形成共识,即环境教育是一个整体教育过程,要培养受教育者的综合环境素质,包括知识、技能、价值观和态度等。1987 年,世界环境与发展委员会(World Commission on Environment and Development,简称 WCED)发表《我们共同的未来》(即《布伦特报告》),提出了“可持续发展”的概念,即“既满足当代人的需要但又对后代满足自身需要的能力不构成危害的发展”,引起国际社会的强烈反响。1991 年,世界自然保护联盟、联合国环境规划署和世界野生生物基金会的报告书《保护地球——可持续生存战略》从环境容量的视角再次定义“可持续发展”:在作为支持生活基础的各生态系统容纳能力限度内持续生活,并使人们的生活质量得到改善。1992 年在巴西里约热内卢召开的联合国环境与发展大会正式确立了可持续发展的战略,并在发表的报告《21 世纪议程》中提出,教育可以向人们提供可持续发展所需的环境和伦理意识、价值观和态度、技能和行为。由此,促进可持续发展战略成为环境教育的主要目标。随后,世界各国纷纷将可持续发展理念纳入环境教育的政策与实践中。如英国教育与就业部 1996 年发布的环境教育策略文件《将环境教育带入 21 世纪》中指出,应当通过正规教育和非正规教育及培训,向所有年龄的人传授可持续发展和有责任感的世界公民概念。中国政府 1994 年颁布的《中国 21 世纪议程》中强调,要“将可持续发展思想贯穿于从初等到高等的整个教育过程中”。中国香港特区政府 1999 年修订颁布《学校环境教育指引》,要使可持续发展成为环境教育的主导概念,提出将环境教育的重点由生态研究转为结合社会、经济及环境三方面的研究。1994 年联合国教科文组织提出的“环境、人口和教育计划”将环境教育与发展教育、人口教育等紧密融合。1997 年联合国教科文组织提出报告书《教育为可持续未来服务:一种促进协同行动的跨学科思

想》,同年与希腊政府共同主持召开“环境与社会国际会议:为了可持续性教育和公共意识”,并发表《塞萨洛尼基宣言》,明确定义“可持续性”概念以及“为了可持续性教育”的理念。2002 年联合国约翰内斯堡峰会通过决议《联合国可持续发展教育十年(2005—2014):国际实施计划》,明确了面向可持续未来的教育的特点,总体目标是把可持续发展内在的价值观整合到学习的各方面中,从而促进人们行为模式的改变,以实现一个更加可持续和公正的未来社会。该决议认为,提出和确立可持续发展教育(education for sustainable development,简称 ESD)旨在综合而有效地应对环境、发展、贫困、人口、健康、资源能源、粮食、民主、人权、和平、两性等各种复杂的现代课题,这些课题之间是密不可分的,可概括为三个层面:世代内构成的问题、世代间构成的问题和人与其他生物种之间构成的问题。可持续发展包括生态的可持续发展、社会文化的可持续发展和人的身心的可持续发展。可持续发展教育旨在使人们构筑思考未来的能力和态度,养成可持续性的道德伦理规范和行为方式。它具有三个基本价值:实现社会公正,发展民主意志决定过程,养成与可持续社会相适应的市民。包括四个方面:基础教育,改革既有教育制度,养成人们对可持续性的认识与理解,培训。决议确定了可持续发展教育的十个重要课题:克服贫困、两性公正、促进保健医疗、保护环境、农村发展、人权、异文化间的理解及和平、可持续生产与消费、文化多样性和信息通讯技术。

环境教育的基本特征　20 世纪 90 年代以来,环境教育概念得到系统发展,其特征包括:(1)整体性。环境本身是一个由各个领域的相关方面聚集而成的综合整体,环境和发展问题也不是由自然的和生物的因素孤立地形成的,环境和环境问题包括自然环境和人工环境,广泛涉及生态学、生物学、物理学、化学、地理学、经济学、历史学、伦理学及文化、艺术等各个方面。联合国环境与发展大会指出,对任何环境问题的研究必须包括对所有相互重叠相互作用的因素进行研究,才能掌握环境状况的相互依赖性和多重性特征。环境教育需要培养学生的综合思维能力,要求学生理解生态和社会经济体系不仅仅是构成它们的各部分的简单相加,因而必须从整体的角度理解审美、社会、经济、政治、历史和文化等因素所起的作用,关注整个环境的相互作用。

基于上述观点,环境教育必须渗透到所有学科中去,因为每一个学科领域“探讨了人类理解与经验的不同方面,每一学科可被借用于帮助年轻人发展他们对人类行为及其对人与环境影响的稳固的观点”。这一观点奠定了环境教育渗透课程模式的基础。(2)适切性。指事物与事物之外的各种因素的关联作用。1977 年的第比利斯会议曾向各成员国建议,应根据学生的个人需要并考虑到当地的、社会的、职业的和其他的因素,确立作为环境教育课程内容基础的

标准。环境教育是引导学生关注环境与发展问题的一种教育形式，教师应通过增加学生对自己以及周围实际环境的理解，鼓励学生通过探讨诸如消费观以及生产实践如何影响环境等问题来探索个人生活和广泛的环境与发展之间的关系，为学生适应现实做好的准备。(3) 批判性。《21世纪议程》认为，环境教育面临的挑战之一是有效地培养具有社会批判眼光的学生，使他们成为环境保护与改善的行为者。通过环境教育，使学生有能力向传统的价值观提出挑战，接受不同的意识形态但有利于环境的价值观，从而真正理解环境与发展问题，理解可持续发展战略的真正内涵。一些重大的国家和国际报告已将批判性教育定为面向可持续发展的环境教育的一个核心组成部分，如英国教育与就业部在开发环境教育课程过程中特别强调环境教育依赖于有关环境的批判性反省知识和批判性思维技能。

基于环境教育概念在过往的40余年中的发展和丰富，其定义可概括为：环境教育是一个涉及整个教育过程的教育领域，在个人和社会的现实需求的基础上，借助所有教育手段和形式在整个课程体系中实施，使学生掌握相关的知识技能，形成关注环境质量的责任感和把握环境与发展关系的新型价值观，并以此支配他们的行为模式，从而在根本上促进人类可持续发展战略。

环境教育的目的与目标

环境教育的目的　20世纪70年代以来，各国逐渐认识到，环境教育的实质在于环境知识、技能、价值观与态度和有益于环境的行为模式等方面环境素质的培养。1970年国际自然与自然资源保护联盟组织召开的学校课程中的环境教育国际研讨会提出，环境教育的目的是发展一定的技能和态度，这是理解和鉴别人类、文化和生物物理环境之间相互作用所必需的。1975年《贝尔格莱德宪章》指出，环境教育的目的是要"促进全世界所有的人意识并且关注环境及其问题，并促使他们个人或群体具有解决当前问题、预防新问题的知识、技能、态度，并推动和投入到这项工作中去"。据此，该文件列举了环境教育所要实现的目标，包括意识、知识、态度、技能、评价、参与。1977年的第比利斯政府间环境教育大会的《第比利斯宣言》指出，环境教育的一个基本目的，是要使个人和社团理解自然环境和人工环境的复杂性，认识到造成这种复杂性的原因是人类的生物活动、物理活动、社会活动、经济活动和文化活动各方面的交互作用，使人们获得知识、价值信念、态度和实用技能，以便能以一种负责的和有效的方式参与环境问题的认识和解决，管理环境质量。进一步明确环境教育的三项具体目的：(1) 促使人们清楚地意识并关注城乡地区经济、社会、政治和生态方面的相互依赖性；(2) 为每个人提供获取保护和改善环境所必需的知识、价值观、态度和技能的机会。(3) 建立个人、群体和社会对待环境的新的行为模式。由此可见，国际社会从育人的角度，强调培养受教育者的综合环境素质，形成他们正确的环境行为模式。即环境教育已突破了知识本位的教育模式，成为一个完整的教育过程。20世纪90年代后，随着可持续发展观为各国所接受，环境教育在原有目的与目标定位的基础上，被赋予了新的内涵，即立足于既定的环境素质培养，为实现人类可持续发展战略作出贡献。2001年澳大利亚新南威尔士州教育与培训部颁布的《学校环境教育政策》中指出，环境教育的目的是促进学生对作为整体体系的环境的理解，发展他们的态度与技能，从而有助于实现生态上的可持续发展。中国香港教育署课程发展议会1999年颁布的《学校环境教育指引》指出，学校环境教育的目的是促使学生毕生关注环境，而且具有远见，并为他们做好准备，使能就环境保护作出有识见、合理和实际可行的决定，同时身体力行，致力缔造一个能安居乐业、可持续发展的环境。

因此，环境教育的目的应当是对受教育者传授有关环境与发展的基础知识与基本技能，激发他们的环境意识，培养可持续发展的价值观和保护环境的责任感与道德感，养成有益于环境的行为模式，并积极参与到保护与改善环境、解决现实环境问题的活动中，为环境、经济和社会的协调发展作出贡献。

环境教育的目标　第比利斯政府间环境教育大会提出了意识、知识、态度、技能、参与五项环境教育目标，随着国际社会对环境与发展问题的关注，其内涵不断丰富。第一，意识。一方面，使学生意识到人类对自然环境不是被动的依赖，而是积极的、动态的依赖，人不仅要维护生存环境，也要在与环境和谐的基础上谋求发展；另一方面，要使学生全面认识和把握人类行为的多种生态后果，意识到人类一些出于改善自然的良好愿望可能会导致环境恶化。此外，还要使学生整体认识和把握人类所应当承担的对环境的责任，意识到生态危机和环境破坏源于人类的行为，同时也只有人类自己才能够拯救自我和地球。第二，知识。基本知识的传授是科学认识和把握生态系统的基础，能使学生理解人与环境、环境与发展的错综复杂的关系，识别人类行为的可能后果，同时，知识也是人们解决环境问题、改善生存环境的必要基础。第三，价值观与态度。发展学生对自然、对人类的热爱，要树立学生对待环境的正确的价值观与态度，能自觉地放弃可带来巨大经济利益的不可持续的发展行为，作出恰当的价值判断，形成一种可持续发展的价值观与态度。第四，技能。发展学生识别、分析和尝试解决环境问题的技能。具体包括：交际技能，即能够清晰地、简洁地阐述一个环境问题，口述、撰写有关环境的观点和思想，进行有关环境的文学创作、戏剧表演等；计算技能，包括收集、分类、分析或统计有关环境问题数据的技能,解释统计结果;学习技能,了解、分析、解释和评价不同来源的有关环境的信息,组织和规划环境改善项目;解决问题技能,包括鉴别环境问题,分析产生的原因和可能导致的后果,形成解决问题的设想;社会技能,即与他人合作解决环境问题的技能。第五,参与。在一定的认知基础上,受价值观和态度的支配,运用所掌握的知识技能采取有责任的、有利于环境的行动,并能够澄清行为模式。

环境教育的基本课程模式

早期的环境教育是通过开设环境类课程来进行的。随着环境教育探索的不断深入,人们逐渐意识到,环境教育应当是一种新的教育理念,要在整体课程中重视对学生环境素质的培养,克服单独设课偏重认知和增加学习负担的局限性。

渗透课程模式 与独立设课的单一学科课程模式相对。它是依据课程目的与目标,将适当的环境内容(包括概念、态度、技能等)渗透到各门学科之中,通过各学科的课程实施,化整为零地实现环境教育的目的与目标。

20世纪70年代,许多学者和教师开始倾向于环境教育不作为一门新的单一学科,这不仅仅是策略上的原因,如环境教育与现行学科相互重叠,而且也是认识论上的原因。澳大利亚环境教育专家芬什姆在贝尔格莱德会议上关于环境教育基本趋势的论文中指出:"环境不是一门学科。它并不像数学或生物学或历史学那样是一个知识或技能体系。它是一种情境,学习者可以参与其中或其他人参与其中。如果学习者参与环境之中,则其基础知识是一种经验。任何一名学习者的直接环境,均由他本人经历。"此外,人们逐渐意识到,采用单一学科课程组织模式虽然具有知识系统性和易于进行综合评估的优点,但却为学生增加了更重的学业负担。80年代后,渗透课程组织模式逐渐成为主流,人们利用任何一个学科领域,将环境教育的目的、论题结合于现行的学校规划之中,以此实现环境教育的目的和目标。例如,澳大利亚新南威尔士的教育政策将环境教育描述为采用一种跨课程的方法,将环境教育结合于广泛的学习领域中,学生可以发展理解力、技能和态度,能使他们参与到关爱和保护环境之中。中国香港教育署课程发展议会1999年编订的《学校环境教育指引》建议,环境教育可通过正规的课程,以跨学科的方式进行。各个科目可从不同的角度及根据不同的重点,探讨人类对环境问题的认识和体会。学校应尽力使各个科目互相协调,以助学生从不同的角度认识环境问题,进而对环境有更全面的了解。渗透课程组织模式是环境教育课程发展的趋势,采用该模式时,不是简单地在现有学科内容中外加一些相关的环境知识,而是必须深入理解现行学科的主要特征及其与环境教育目标的相关性,从而在学科教学中较好地把握环境教育的渗透。

组织课程模式的基本原则 开展环境教育除渗透课程模式外,也应利用学科之外的教育活动,即在整个教育过程中全面地进行环境教育。具体应遵循三项原则。

校本课程与国家课程相结合原则。环境教育必须和本地区的具体情况与发展状况结合起来。1977年的第比利斯大会提出,环境教育的发展应当关注乡土性原则。学校有必要开发校本课程,使学生能够在了解周围环境的实践中,学用结合,学以致用。卢卡斯模式强调学生在周围环境中接受教育,这可将储备的知识及价值观与实际联系起来,并为他们以后将合理的价值观和行为方式延至校外乃至终身提供保障。校本课程的开发,旨在充分利用当地的自然和社会资源,把学校教育与社区教育结合起来,通过参加实践活动,让学生在主动探索中积累知识,发展批判思维能力,形成可持续发展的价值观,进而最终改变自己的生活方式。基于可持续发展的整体协调原则,整合现行国家课程也是实施环境教育的必要途径,它能够消除学科间的分裂现象,把关于自然、人和社会等方面的因素综合为一个整体,使学生的理性与情感、精神与体魄等得到均衡发展。许多国家倡导的STS教育,即科学—技术—社会(science-technology-society)正是这种整合课程的代表。英国从20世纪90年代的课程改革以来,已形成并规定了5个跨学科课程领域,并借助现行各学科教学来实施,其中之一即为环境教育。

显性课程和隐性课程相结合原则。显性课程是为实现一定的教育目标而正式列入学校课程规划(教学计划)的各门课程,按照编制的课程表实施。环境教育已被各国纳入学校课程与教学规划之中,要求通过有组织、有系统的教育和教学过程,来实现环境教育的目的与目标。无论是单一学科课程模式还是渗透课程模式,都必然使环境教育成为学校教育中的显性课程。隐性课程是学校教育过程中以暗含、间接、内隐的方式显现给学生的课程,它通过学校情境有意或无意地对学生的知识、情感、信念、意志、行为和价值观等方面起潜移默化的作用,促进教育目标的实现。学校情境包括物质情境(如学校建筑、设备等)、文化情境(如教室布置、校园文化、各种仪式活动等)、人际情境(如师生关系、同学关系、学风、班风、校风等)。隐性课程是影响学生环境价值观与态度、环境行为的重要途径之一。

认识课程与活动课程相结合原则。认识课程是着眼于科学的知识结构、理论体系而精心设计的课程,较重视科学的基本内容。课堂教学主要以实施认识课程为主,它侧重于系统地传授环境科学知识和识别与解决环境问题的基本技能,并在全面理解环境科学的基础知识的基础上,激发学生的环境意识,培养他们的环境价值观与态度。活动课程是从学生的兴趣和需要出发,以学生的活动为中心,为改造学生的经验而设计的课程。以培养环境素质为根本目的环境教育不能靠单纯地传授环境知识来实现，还应"在环境中的教育"，不同学科的教师进行跨学科协作，带领学生到森林、田野去接触大自然、认识大自然和探索大自然，使他们从活动中学习。将活动课程纳入环境教育的课程开发，是对认识课程的补充。

参考文献

Annette ,G. Education and the Environment：Policy,Trends and the Problems of Marginalisation［J］. Australian Journal of Teacher Education, 1998,23(1).

Mellor,S. Australian Education Review［J］. Australian Council for Education Research Ltd. ,1997(39).

Stapp, W. The Concept of Environmental Education［J］. Journal of Environmental Education,1969,1(1).

Sterling,S. Coming of Age-A. Short History of Environmental Education［M］. Walsall：NAEE,1992.

UNESCO. Intergovernmental Conference on Environmental Education：Final Report［R］. Tbilisi (USSR)：UNESCO,1977.

（祝怀新　刘继和）

环境教育课程（environmental education curriculum）以跨学科活动为特征，以唤起受教育者的环境意识，增强对人类与环境相互关系的理解，提高解决环境问题的技能，树立正确的环境价值观与态度的课程。

国际环境教育的开展始于第二次世界大战后,1972 年 6 月联合国人类环境会议在瑞典斯德哥尔摩召开,会议提出口号"只有一个地球"(Only One Earth),通过了《人类环境宣言》和《人类环境行动计划》,标志人类进入保护地球环境的时代。宣言第 19 项原则指出环境教育在保护和改善环境中的必要性;行动计划第 96 项强调建立国际环境教育计划的必要性。1975 年后开始实施"国际环境教育计划"(International Environmental Education Program, 简称IEEP)。联合国环境规划署 (United Nations Environment Program,简称 UNEP)和联合国教科文组织先后组织召开多次重要的国际环境教育会议,推进国际环境教育事业的发展。1987 年世界环境与发展委员会(World Commission on Enviroment and Development,简称 WCED)的报告书《我们共同的未来》明确界定"可持续发展",即既不损害满足后代人要求的可能性和能力,又满足当代人需要的发展。1992 年地球高峰会议采纳的《里约宣言》和《21 世纪议程》,明确了人类可持续发展的方向和措施。其中的"促进教育、公众认识和培训"一章提出三项行动计划,即"面向可持续发展而重建教育"、"增进公众认识"和"促进培训",明确了构筑和推进面向可持续发展教育的课题。国际环境教育由此进入面向可持续发展阶段,可持续发展教育旨在使人们

构筑思考未来的能力和"态度",养成可持续的道德伦理规范和行为方式。详"环境教育"。

环境教育课程目标　1980 年,美国学者 H. R. 亨格福德等人建立了一套环境教育课程发展目标,作为发展各级各类环境教育课程的蓝本。联合国教科文组织、联合国环境规划署在 1989 年发表的《地区间教育计划与管理的环境教育训练课程》报告中正式认可并推荐了这套课程发展目标,并作为各国设计和实施环境教育课程以及进行师资培训的依据。环境教育课程发展目标包含四个层次。(1) 第一目标层次：生态学基础层次(ecological foundation level)。该层次提供充分的生态学概念和知识,使学习者能够运用生态学的概念、知识及生态学原理来识别和分析环境问题,在生态学基础上对问题解决方法作出决策。(2) 第二目标层次：概念意识层次(conceptual awareness level)。该层次是发展学习者的环境概念意识,即分析个人或集体的行为对生活质量与环境质量所产生的影响,激发人们的环境意识,主动寻求解决问题的途径。(3) 第三目标层次：调查和评价水平(investigation and evaluation level)。该层次提供学习者调查环境问题和评价解决问题方法所必需的知识和技能。(4) 第四目标层次：环境行为技能水平(environmental action skills level)。该层次是发展学习者为维持生命与环境质量间的平衡而采取积极行动所需的技能。这四个层次中,前两个层次主要是提高学习者对生态学原理和对环境争议性问题的概念上的认识,较适合低幼年级的课程实施;后两个层次是使学习者掌握调查、评价及解决争议性问题的必要技能,较适合高年级的课程实施。

环境教育课程编制　环境教育课程编制要求体现以下核心概念。(1) 关系性,包括人与自然的关系性和人与人的关系性。人与自然的关系性表现为在自然生态系统中,人类可以借助科技力量对自然环境施加作用和影响,当代人的意志决定和行为选择决定未来人类生存的环境质量,环境教育课程的基本目的是使学生养成以"人与自然的关系性"的观点来看待和处理自然事物和现象及其与人的关系,树立科学的自然观。人与人的关系性表现为人不仅要认识人与自然的关系,还要理解人与人的关系,包括同世代间人与人的关系和不同世代间人与人的关系,当今世界的人口、贫困、发展、民主、人权、和平等社会问题与环境问题的关联日益密切,为了未来世代的生存和发展,当今世代有责任和义务保护地球环境资源。(2) 有限性。地球是一个有限的星体,地球资源和能源、地球空间、地球环境容量有限,人的认识能力亦有限,人的活动必须限定在地球环境容量的范围内,否则就会破坏地球环境系统原有的平衡,进而影响人类自身的生存与发展。(3) 循环性。自然界原本是一个废弃物为零的良性循环系统,但人类社会大量生产、大量消

费、大量废弃的生产与生活方式严重破坏了自然循环系统，故人类必须尊重自然，以循环的观点重建社会经济活动，提高资源和能源的有效循环利用，减少环境负荷，实现以循环为基调的社会经济体系。(4)多样性。指保护地球生物的多样性。生物多样性包括基因、物种、种群、生态系的多样性，保护生物多样性对维持进化和生命系统，以及满足不断增长的世界人口在粮食、健康及其他方面的要求具有重要作用。生物多样性的减少大多由人类造成，反过来也对人类发展构成严重威胁，必须加深人们对保护生物多样性的重要性和必要性的理解。(5)伦理性。环境伦理是人类活动的基本准则。环境伦理指人与环境之间的道德关系以及世代间的道德关系。前者主要表现为：人必须尊重和顺应环境，而不能肆意破坏环境；人是自然的一部分，与自然其他成员是平等的；人与自然环境相互依存、相互制约。后者指现世代有责任充分保护现在及未来世代的需要和利益，"现世代是加害者，而后世代是被害者"这一不公正、不平等的人与人的关系，与实现可持续性的未来社会的目标背道而驰。(6)可持续性。可持续性不仅指环境，还指贫困、人口、健康、粮食确保、民主主义、人权、和平，是指道德的、伦理的规范。1992年地球高峰会议后，可持续发展成为21世纪社会发展的主旋律。1997年《塞萨洛尼基宣言》将环境教育表述为"为了环境和可持续性的教育"。

环境教育课程组织模式　主要有四种。一是多学科领域渗透模式。这种模式依据课程目的与目标，将适当的环境内容（包括概念、态度、技能等）渗透到各门学科中，通过各学科的课程实施，"化整为零"地实现环境教育的目的与目标。该模式体现环境教育方式的学际性特征，成为各国环境教育课程最基本的模式。二是相关学科交叉模式。在某一课程中实施环境教育内容的同时，注意在社会、伦理等其他学科的视野中进行交叉讨论的一种环境教育课程模式。可以在保留既有学科框架的前提下，根据学习课题的需要对课程内容进行重新建构，尤其适合综合课程。三是核心主题模式。以环境教育相关内容及课题为核心主题，以专门探讨和解决某个特定环境问题为目的，超越既有学科领域框架的环境教育课程模式。四是多学科领域综合模式。打破学科领域原有框架，将有关环境教育复杂多样的课题、内容有机整合，构成一门新的跨学科、独立的、综合性的环境教育课程。

环境教育课程实施策略　英国伦敦国王学院院长A.M.卢卡斯认为，为切实全面地达成环境教育的目标，实施环境教育课程应综合考虑三项策略。(1)"在环境中的教育"。强调让学生亲身接触、体验和感知自然环境及周围环境，以此提高学生对自然的兴趣、关心和感受性，通过实际体验的探究性学习活动，对学生的主体性学习有积极意义。(2)"关于环境的教育"。强调让学生学习环境知识，理解生态系统及人类活动对环境的影响，发展有关人与自然之间关系的认识。(3)"为了环境的教育"。强调让学生学习改善环境的方法和技能，掌握保护和改善环境的态度、能力及责任感，形成贤明的生活方式。这是以社会批判为特征，突出学生主体性、参与性、协作性和能动性的实践性课程学习形态，是前两种学习的深化和概括。落实旨在实现社会可持续发展战略目标的环境教育课程目标，必须有机整合这三项策略，使之一体化。

环境教育课程的实施主要包括两方面。一是环境教育课程开发过程。H.R.亨格福德等学者认为，环境教育课程开发有八个步骤：成立课程开发小组，制订工作计划，预测课程开发中可能遇到的困难；建立课程开发框架，包括收集课程资料、明确课程开发的方向、确定课程组织模式、建立有关课程实施的制度；确定课程范围；确定课程顺序；编写环境教育教材，组织课程体系；课程试用，考察教材难易程度、教学时间分配、教学材料的选用等，以便改进；课程评价；修订课程并予以推广。二是环境教育的教学过程。1986年H.R.亨格福德等人提出一个具有可操作性的环境教育教学模式，涉及环境教育课程领域特征、教学目标、学生特征、学习原理和教学材料等内容。

参考文献

钟启泉，李雁冰.课程设计基础[M].济南：山东教育出版社，2000.

（刘继和）

黄炎培的职业教育思想　黄炎培在长期领导开展职业教育的过程中，对中国近代职业教育进行理论和实践的探索，并在此基础上形成其职业教育思想和理论体系。

黄炎培(1878—1965)是近代中国民主革命家、教育家、职业教育的创始人。字任之，别号抱一。江苏省川沙县(今上海市)人。出生于贫苦知识分子家庭，早年父母双亡。自20岁起即在家乡任塾师，边教学，边自学，后中举人。1901年考入南洋公学特班，从蔡元培受业，深受其爱国主义激情的感染和"教育救国"思想的影响。1905年秋，经蔡元培介绍加入同盟会。辛亥革命前，历任川沙县视学、劝学所总董、江苏学务总会评议员、常任驻会调查员等职。他亲手创办并主持上海县广明小学、师范传习所、浦东中学等新式教育机构，同时在上海爱国学社、城东女学、丽泽书院等教育团体、学校中授课。辛亥革命后，任江苏省教育司长，协助蔡元培制定民国教育政策法令多种，主持江苏省教育行政两年，在此期间完成江苏五年教育发展规划的制定，为民国初年江苏教育的发展奠定了基础。1914年2月，黄炎培辞职，以示对袁世凯窃国的不满。此后，他进行了广泛的国内外教育考察。国内有皖、赣、浙、鲁、冀等省，国外则有美国、日本、菲律宾等国,通过考察他坚定了改革旧教育、提倡职业教育的决心和信念。1917年5月,黄炎培联络梁启超、蔡元培、张謇等知名人士在上海发起成立中华职业教育社;翌年,在上海创办中华职业学校以作试验。此后几十年间,黄炎培的教育活动和社会活动主要通过中华职业教育社而展开。1917年至"九一八"事变前,黄炎培在以主要精力从事职业教育活动的同时,先后参与南京高等师范学校、东南大学、南京河海工程学校、暨南学校、上海商科大学、厦门大学等校的筹办;与蒋梦麟、陶行知一起主持《新教育》月刊;任东南大学、私立青岛大学校董,并任"中华教育改进社"董事等职。1941年3月,中国民主政团同盟成立,黄炎培一度担任主席。1945年7月,他与褚辅成等应邀访问延安,写成《延安归来》一书。中华人民共和国成立后,黄炎培曾担任全国人民代表大会常务委员会副委员长、政协全国委员会副主席等重要职务。其著作结集出版的有《黄炎培文集》、《黄炎培教育论著选》、《黄炎培日记》等。

黄炎培从青年时代起即立志教育救国,有着长期而广泛的教育实践活动和丰富多彩的教育理论探索经历,其教育贡献主要表现在两个方面:一是民国初年他首倡学校教育采用实用主义,在中国教育界、知识界形成风靡一时的早期实用主义教育思潮,有力地推动了民国初的普通教育改革;二是1917年以后,创立中华职业教育社,坚持不懈地提倡、试验、推广职业教育,直接促成了20世纪20年代学制改革中职业教育地位的确立,促成了具有广泛影响的职业教育思潮的兴起和持续十年之久的职业教育运动。

辛亥革命后,黄炎培力图通过行政的力量,清除封建教育的影响,发展教育、增设学校、培养人才。但不久他便发现,学校尽管增多,新的课程尽管添设,而封建教育的种种弊病却牢牢附着在各种所谓新式学校的躯体上。虽然近代自然科学知识和西方社会政治学说被大量引进学校教学内容,但旧教育脱离实际、脱离生活、专重文字的传统惰性却顽固地抵制着新知识的传播与吸收。在大量调查研究和认真借鉴西方教育理论的基础上,1913年10月,黄炎培发表论文《学校教育采用实用主义之商榷》,他举例说:"即以知识论:惯作论说文字,而于通常之存问书函,意或弗能达也;能举拿破仑、华盛顿之名,而亲友间之互相称谓,弗能笔诸书也;习算术及诸等矣,权度在前弗能用也;习理科略知植物科名矣,而庭除之草不辨其为何草也,家具之材不辨其为何木也。"这样的学生,"往往毕小学业,习农则畏勤动之多劳,习商则感起居之不适。"如果循是不变,不思改良,将"学校普而百业废,社会生计愈矣。"黄炎培认为,要改变这种状况,必须从根本上明确教育的功能。他认为:"教育者,教之育之使备人生处世不可少之件而已。人不能舍此家庭绝此社会也,则亦教之育之,俾处家庭间、社会间,于己具有自立之能力,于人能为适宜之应付而已。"他进而以小学教育为

例,具体提出了改革修身、国文、历史、地理、算术、理科、图画、手工、体育各科教学的思路。主要有:小学各科的教学应与儿童的日常生活紧密联系;不强调学科本身的系统性,重在具体应用;要因科制宜地采取不同的教学方法;重视实物教学,等等。黄炎培号召人们"打破平面的教育,而为立体的教育","渐改文字的教育而为实物的教育",并将上述主张冠以"实用主义教育",大声疾呼:"今观吾国教育界之现象,虽谓此主义为唯一之对病良药可也。"

学校教育采用实用主义的提出,击中了清末民初教育界普遍存在的问题,因此,一经提倡,应者云集,"于民国二、三年间,蔚为一种思潮,流行全国"。其理论价值主要表现为:第一,作为辛亥革命后第一次在全国范围内兴起并产生广泛影响的一种教育思潮,它有力地冲击了封建教育脱离实际、脱离生活、空疏陈腐的种种弊端,积极地从思想层面配合了民国肇始对清末教育在制度上所进行的改革。其基本内涵强调教育对个人生活能力的培养、强调教育适应社会生产力发展的需要等,在很长一段时间内吸引着众多进步教育家的关注。此后十几年间,在全国范围内形成声势的一些重要的教育思潮,从理论渊源上看,大多与早期实用主义教育思潮有着内在联系。第二,民国初年在黄炎培倡导下形成的实用主义教育思潮,尽管其表现形式是强调教育与教学方法的改革,但其指导思想却深深地植根于对教育的社会功能、对教育的根本目的这样一些重大问题的反思与认识。它既具有关注和解决现实问题的一面,又具有较强的理论色彩,引领了辛亥革命后中国教育界重视理论问题研究与探讨的新的发展方向。第三,激发了国人探究科学方法的热情。伴随着民国初年关于实用主义教育的热烈讨论,以实证为核心的西方近代科学方法论,开始引起教育界的普遍关注。正是由于具有上述三方面重要的理论价值,黄炎培倡导的早期实用主义教育思潮受到时人和后人的高度评价:"实用主义的提出不能不谓我国教育上的大革命。""自黄、庄(指庄俞)二氏大声一提倡,全国教育界观念为之一大变。"(陈青之《中国教育史》)而就黄炎培个人教育思想发展历程而言,则是其职业教育思想产生形成的先导。

1914年后,随着近代中国民族资本主义工商业的较大发展,教育结构与生产力发展需要之间的矛盾愈来愈尖锐地凸显出来。黄炎培由于与民族资产阶级有着深厚的历史渊源而又时刻关注经济问题、国计民生问题,所以,比同时代的教育家们更能敏锐地感受到这一时代脉搏的跳动。国内外的广泛考察,使他坚信"提倡爱国之根本在职业教育",遂于1917年发起成立近代中国第一个以提倡、研究、试验、推广职业教育为职志的民间教育团体——中华职业教育社,在黄炎培和中华职业教育社的努力下,至20世纪20年代中期,在全国范围内形成了声势颇为浩大的职业教育思潮和职业教育运动,职业教育机构达1 666个。随着职业教

育在全国的普遍开展，1926 年 1 月，黄炎培在《教育与职业》杂志上撰文，总结十年来职业教育发展的经验教训入手，认为："(1) 只从职业学校做工夫，不能发达职业教育；(2) 只从教育界做工夫，不能发达职业教育；(3) 只从农、工、商职业界做工夫，不能发达职业教育。……办职业学校的，须同时和一切教育界、职业界努力地沟通和联络；提倡职业教育的，同时须分一部分精神，参加全社会的运动。"黄炎培把上述主张称之为"大职业教育主义"。1926 年以后，"大职业教育主义"作为一种办理职业教育的指导方针，在职业教育界乃至整个教育界都引起很大反响。中华职业教育社率先走出城市，走向农村，开展农村职业教育的试验工作；在城市则突破了举办正规职业学校的单一格局，试办各种类型的职业补习学校，为全国职业教育机构提供了样板。三十多年间，黄炎培所倡导、从事的职业教育，不仅为中国民族资本主义工商业的发展培养了一批学有专长的技术人才、管理人才，为 20 世纪 20 年代的学制改革做出了积极的贡献；而且，在几十年的探索实践中，积累了一整套行之有效的、大致符合中国国情的职业教育的办学方法和经验。在此基础上，黄炎培构建了颇具特色的职业教育理论体系，其理论要点主要包括：第一，职业教育的目的是为个人谋生之预备；为个人服务社会之预备；为世界及国家增进生产能力之预备。职业教育的终极目标是"使无业者有业，使有业者乐业"。第二，职业教育机构的办学方针是"社会化"、"科学化"。所谓社会化，就是职业教育要"着重在社会需要"，所谓科学化，就是办理职业教育要力求因地制宜、因时制宜、注重调查、注重试验、勤于总结、逐步推广，力争做到"人尽其才"、"物尽其用"、"工作重效能"，用科学的态度来处理职业教育上的种种问题。第三，职业教育的教学原则是"手脑并用"、"做学合一"、"理论与实际并行"、"知识与技能并重"。第四，重视职业道德教育，标举"敬业乐群"为职业道德教育的基本规范。所谓"敬业"，是指"对所习之职业具嗜好心，所任之事业具责任心"；所谓"乐群"，是指"具优美和乐之情操及共同协作之精神"。黄炎培的职业教育思想和职业教育实践活动在近代中国产生持久而广泛的影响。

参考文献

田正平,李笑贤. 黄炎培教育论著选[M]. 北京:人民教育出版社,1993.

田正平,周志毅. 黄炎培教育思想研究[M]. 沈阳:辽宁教育出版社,1997.

中华职业教育社. 黄炎培文集[M]. 北京:中国文史出版社,1995.

（田正平）

回归分析（regression analysis）　分析变量之间共变关系的统计方法。旨在通过确定变量之间共变关系的数学模型,分析某个变量的变异在多大程度上可以由其他变量的变异来解释和预测。被解释或预测的变量称为因变量,用来解释和预测因变量的称为自变量、预测变量或回归变量。只有一个自变量的线性回归分析称为一元线性回归分析,具有多个自变量的线性回归分析称为多元线性回归分析。自变量与因变量间的关系不是线性关系而是非线性关系的称为非线性回归。

一元线性回归分析

一元线性回归分析的数学模型为 $y = a + bx$,其中 b 称为回归系数。一元线性回归方程的求法主要依据最小二乘法原理,使得误差的平方和达到最小,计算公式:

$$b = \frac{\sum (x - \bar{x})(y - \bar{y})}{\sum (x - \bar{x})^2}, \quad a = \bar{y} - b\bar{x}$$

回归系数的显著性检验　(1) 一元线性回归中的方差分析。回归模型中,观测值到总平均值的距离可以分为两个部分,一部分表示观测值到回归直线的距离,一部分表示回归直线上的点即估计值到总平均值的距离,即 $y - \bar{y} = (y - \hat{y}) + (\hat{y} - \bar{y})$,根据这一原理,总变异可以分解为回归平方和与误差平方和两个部分,总平方和为 $SS_t = \sum (y - \bar{y})^2$,回归平方和为 $SS_R = \sum (\hat{y} - \bar{y})^2$,误差平方和为 $SS_w = \sum (y - \hat{y})^2$；总平方和的自由度为 $df_t = N - 1$,回归平方和的自由度为 $df_R = 1$,误差平方和的自由度为 $df_w = N - 2$,计算回归均方 $MS_R = \frac{SS_R}{df_R}$ 和误差均方 $MS_w = \frac{SS_w}{df_w}$；计算 F 统计量的值 $F = \frac{MS_R}{MS_w}$,查分子自由度为 1,分母自由度为 $N - 2$ 的 F 分布,判断回归均方是否显著大于误差均方,如大于说明回归效果显著,否则回归效果不显著。(2) 回归系数的显著性检验。指对回归系数 b 进行检验,假设总体的回归系数为 β,则检验所对应的原假设为 $H_0 : \beta = 0$,检验统计量 $t = \frac{b - \beta}{SE_b}$,其中 SE_b 为回归系数的标准误；对于给定显著性水平 α,查自由度为 $N - 2$ 的 t 分布表,若 $|t| > t_{\alpha/2}$,则说明回归效果显著,即 x 和 y 间存在显著的线性关系。

回归方程的应用　(1) 用样本回归方程进行预测和估计。有 y 对 x 的回归方程,也就找到 x 和 y 之间的数量关系,对于任意的 x_i 值都可估计出相应的 y 值,对于观测值 x_i 利用回归方程可以求出 y 的估计值 $\hat{y}$,对于给定显著性水平 α,y 的 $1 - \alpha$ 置信区间为 $\hat{y} - t_{\alpha/2} \cdot S_{yx} < y < \hat{y} + t_{\alpha/2} \cdot S_{yx}$,$t_{\alpha/2}$ 为查自由度为 $N - 2$ 的 t 分布表所得的临界值,S_{yx} 为误差的标准差,$S_{yx} = \sqrt{\frac{\sum (y - \hat{y})^2}{N - 2}}$。(2) 真值的预测区间。

用样本回归方程进行预测只考虑到 y 值在回归方程上的上下波动,而没有考虑到回归方程因样本变动而产生的波动。设与某个 x 值对应的 y_p 的真正代表值为 y_0,则用 x 来预测 y_p 时,误差将来自两方面:一是 y_p 以 $\hat{y}_p$ 为中心的变异;二为样本回归直线本身的变异。误差的标准差为:

$$S_{(\hat{y}_p - y_0)} = S_{yx} \cdot \sqrt{1 + \frac{1}{N} + \frac{(x_p - \bar{x})^2}{\sum (x_i - \bar{x})^2}}$$

式中,S_{yx} 为误差的标准差,

$$S_{yx} = \sqrt{\frac{\sum (y - \hat{y})^2}{N - 2}}$$

对于给定显著性水平 α,y 的真值 $1 - \alpha$ 的置信区间为 $\hat{y}_p - t_{\alpha/2} \cdot S_{(\hat{y}_p - y_0)} < y < \hat{y}_p + t_{\alpha/2} \cdot S_{(\hat{y}_p - y_0)}$,$t_{\alpha/2}$ 为查自由度为 $N - 2$ 的 t 分布表所得的临界值。

多元线性回归分析

多元线性回归分析(multiple linear regression analysis)对数据资料有较高的要求,首先要求因变量必须是等距的测量数据,并且在总体上服从正态分布。

回归模型的假设条件　在进行回归分析时,对于总体中各次观测的随机误差 ε_i,$i = 1, 2, \cdots, N$ 满足下列一些条件:(1) 对所有 X 的取值 X_i,N 个随机变量 ε_i,$i = 1, 2, \cdots, N$ 相互独立,且服从相同的正态分布,其平均值为零,标准差为 σ^2。(2) 误差项与自变量之间相互独立。

一般多元线性回归模型　可以表示为 $y = b_0 + b_1 x_1 + b_2 x_2 + \cdots + b_k x_k + \varepsilon$,可以用最小二乘法求出回归系数 $B = (b_0, b_1, \cdots, b_k)'$ 的估计值 $\hat{B} = (X'X)^{-1} X'Y$,其中 $X = \begin{bmatrix} 1 & x_{11} & x_{12} & \cdots & x_{1k} \\ 1 & x_{21} & x_{22} & \cdots & x_{2k} \\ \vdots & \vdots & \vdots & \vdots & \vdots \\ 1 & x_{n1} & x_{n2} & \cdots & x_{nk} \end{bmatrix}$ 和 $Y = \begin{bmatrix} y_1 \\ y_2 \\ \vdots \\ y_k \end{bmatrix}$ 为观察数据矩阵。于是得到回归方程 $\hat{y} = b_0 + b_1 x_1 + b_2 x_2 + \cdots + b_k x_k$。

多元线性回归方程的解释能力　(1) 确定系数。它用来描述一个解释性或预测性的回归方程的效果如何,也就是得到的回归方程在多大程度上解释了因变量的变化,或者说方程对观测变量的值的拟合程度如何。总平方和可以分为回归平方和和误差平方和两部分。确定系数定义为 $R^2 = \frac{\sum (\hat{y} - \bar{y})^2}{\sum (y - \bar{y})^2}$,即回归平方和在总平方和中占的比例。$R^2$ 称为方程的确定系数(coefficient of determination),它的取值在 0 和 1 之间。R^2 越接近 1,表明方程中的变量对 y 的解释能力越强。(2) 调整的确定系数 R^2_{adj}。随着自变量个数的增加,残差平方和逐渐减小,R^2 随着增大,尽管有的自变量与 y 线性关系不显著,将其引入方程后也会使 R^2 增大,所以 R^2 是一个受自变量个数与样本规模之比 $(k : n)$ 影响的系数,一般的常规是 $1 : 10$ 以上为好。当这个比值小于 $1 : 5$ 时,R^2 倾向于高估实际的拟合优度。为了避免这种情形,常用调整的 R^2_{adj} 代替 R^2:

$$R^2_{adj} = R^2 - \left[\frac{k}{n - k - 1} (1 - R^2) \right] = 1 - \frac{n - 1}{n - k - 1} (1 - R^2)$$

R^2_{adj} 可以识别自变量个数对 R^2 的影响。(3) 多元相关系数 R。对 R^2 开方,就得到多元相关系数 R:

$$R = \sqrt{\frac{\sum (\hat{y} - \bar{y})^2}{\sum (y - \bar{y})^2}}$$

亦称"复相关系数",介于 0 与 1 之间,是 y 与 x_1,x_2,$\cdots$,x_k 之间多元线性相关程度的度量。(4) 偏确定系数。方程的确定系数 R^2 表示方程中所有变量解释 y 的变异占 y 总变异的比例,若想知道方程中的每一个变量 x_i 对减小残差平方和的贡献,表示 x_i 对 y 的边际解释能力。例如,y 对两个自变量进行回归,在控制 x_1 的条件下,x_2 对 y 的解释能力为:

$$R^2_{y2 \cdot 1} = \frac{R^2_{y \cdot 2} - R^2_{y \cdot 1}}{1 - R^2_{y \cdot 1}}$$

$R^2_{y2 \cdot 1}$ 称为偏确定系数(partial coefficient of determination),偏确定系数可以用于判断自变量的重要性,对于一般情况,在已含有 $k - 1$ 个变量 x_1,x_2,$\cdots$,x_{k-1} 的回归方程中,新增加第 k 个变量 x_k 对 y 的边际贡献为:

$$R^2_{yk \cdot 1, 2, \cdots, k-1} = \frac{R^2_{y \cdot 1, 2, \cdots, k} - R^2_{y \cdot 1, 2, \cdots, k-1}}{1 - R^2_{y \cdot 1, 2, \cdots, k-1}}$$

偏确定系数是在原有方程基础上增加一个新变量计算出来的。根据同一原理,还可以计算偏多元确定系数(partial multiple coefficient of determination)。它是在原有方程基础上增加多个变量计算出来的,表示的是新增加的若干变量对 y 的边际贡献。其公式为:

$$R^2_{y(klm) \cdot 1, 2, \cdots, k-1} = \frac{R^2_{y \cdot 1, 2, \cdots, k, l, m} - R^2_{y \cdot 1, 2, \cdots, k-1}}{1 - R^2_{y \cdot 1, 2, \cdots, k-1}}$$

(5) 偏相关系数(partial correlation)。对偏确定系数 $R^2_{y2 \cdot 1}$ 开方,就得到偏相关系数 $r_{y2 \cdot 1}$ 的绝对值。偏相关系数是在控制其他变量的条件下,两个变量之间的相关,符号与对应偏回归系数的符号相同。通常称控制变量的个数为阶,有一个控制变量的称为一阶偏相关,有两个控制变量的成为二阶偏相关。一阶偏相关涉及三个变量,它与三者之间的

简单相关系数有如下关系：

$$r_{ab \cdot c} = \frac{r_{ab} - r_{ac} r_{bc}}{\sqrt{1 - r_{ac}^2}\sqrt{1 - r_{bc}^2}}$$

式中，$r_{ab \cdot c}$ 表示在控制 x_c 的条件下，x_a 与 x_b 的相关程度。偏相关系数可以检验在控制其他变量后，某一自变量与因变量是否有相关关系以及相关程度的强弱。

多元回归方程的检验 （1）回归方程有效性的检验。在一般情况下，通过抽样样本观测数据来推断总体的情况。检验回归方程就是检验样本 y 与 x_1，x_2，$\cdots$，x_k 的线性关系是否显著，即判断能否肯定总体回归系数中至少有一个不等于 0。若假设在总体中，x_1，x_2，$\cdots$，x_k 的变化都不引起 y 的线性变化，则说明所有的总体回归系数就可以取 0。这一假设称为虚无假设，记为 $H_0: \beta_1 = \beta_2 = \cdots = \beta_k = 0$，另一个与之对应的假设称为备选假设，记为 H_1：至少有一个 $\beta_j \neq 0$，$(j = 1, 2, \cdots, k)$。通过样本统计量的检验，若虚无假设被接受，则认为 y 与 x_1，x_2，$\cdots$，x_k 的线性关系不显著；反之，则拒绝虚无假设，接受被选假设，即认为 y 与方程中的变量存在显著的线性关系。检验方法主要用方差分析：

$$F_{k, \, n-k-1} = \frac{SS_{回归}/k}{SS_{残差}/(n-k-1)}$$

在给定显著性水平 α 下，查分子自由度为 k，分母自由度为 $(n-k-1)$ 的 F 分布，得到临界值 F_α，比较 F 值与 F_α 的大小，如 $F > F_\alpha$，则回归效果显著，否则回归方程无效。（2）回归系数的显著性检验。当回归方程检验显著性时，可以认为回归方程中至少有一个回归系数显著不等于零，但是并不一定所有的回归系数都不等于零，要回答究竟哪个回归系数不等于零，需对每个变量的回归系数进行检验，检验对应的假设为 $H_0: \beta_j \neq 0$，$H_1: \beta_j = 0$。所用的统计量为 $t = \dfrac{b_j - \beta_j}{s_j}$，式中，$s_j$ 为 b_j 的标准误，服从 $n-k-1$ 的 t 分布。在给定显著性水平 α 下，查自由度为 $n-k-1$ 的 t 分布。当统计检验不显著时，认为总体中变量 x_j 与 y 的线性关系不显著，反之，总体回归系数 β_j 与零差异显著。

回归系数的置信区间 对于给定显著性水平 α，回归系数 β_j 的 $1-\alpha$ 置信区间为 $b_j - t_{\alpha/2} \cdot s_j < \beta_j < b_j + t_{\alpha/2} \cdot s_j$，其中 s_j 为 b_j 的标准误。

逐步回归法 若求得的多元线性回归方程有效，但其中又有作用不显著的自变量，为简化方程必须将不显著的自变量剔除，每剔除一个自变量，都会引起其他变量之间关系的变化，原来不显著的变量可能会表现出显著作用，所以在剔除变量的过程中，不是一起将不显著的变量同时剔除，而是将其中对因变量贡献最小的那个变量先剔除，然后重新建立有 $k-1$ 个自变量的回归方程，再对变量作 F 显著性检验，再从中剔除贡献最小的那个变量，如此不断重复，直至最后回归方程中所有的变量经过显著性检验都显著为止。这种筛选变量的方法为向后逐步回归。若对因变量影响最大的变量首先引入回归方程，其次再将影响第二大的引入回归方程，依次下去直到没有引入回归方程的变量对于因变量都没有显著影响，这种逐步回归的方法称为向前逐步回归。这两种方法都要对自变量的偏回归平方和逐一进行 F 检验。在向后逐步回归中，逐一剔除回归方程中不显著的自变量，在向前逐步回归中把最显著的自变量逐一引入回归方程，最终得到所要的线性回归方程。逐步回归的计算程序可在统计软件中查到。

逻辑斯蒂回归分析

在教育研究中，因变量是定性资料的情况并不少见，实际生活中，也会涉及大量的决策，如是否同意、是否录用等。传统的回归方法很难对这类因变量的影响因素作出合理解释。逻辑斯蒂回归模型可以揭示二分因变量与自变量之间的关系。

逻辑斯蒂回归模型的建立 （1）逻辑斯蒂函数。亦称"增长函数"，由比利时数学家维尔胡斯特 1838 年首次提出。

$$p = \frac{1}{1 + \exp(-(a + bx))}$$

或

$$p = \frac{1}{1 + \exp\left(-b\left(\dfrac{a}{b} + x\right)\right)}$$

多元逻辑斯蒂函数表示为：

$$p = \frac{1}{1 + \exp(-(b_0 + b_1 x_1 + b_2 x_2 + \cdots + b_k x_k))}$$

由于在逻辑斯蒂函数中，变量之间的关系是一种曲线关系而不是直线关系，所以关于 b 的解释与线性回归中的解释有很大区别，在线性函数中，直线的斜率是不变的，但在曲线中，各点的斜率是变化的。（2）逻辑斯蒂回归模型。将多元逻辑斯蒂函数变形为：

$$\exp\left(\sum_{i=0}^{k} b_i x_i\right) = \frac{p}{1-p}$$

那么 $\ln\left(\dfrac{p}{1-p}\right) = \sum\limits_{i=0}^{k} b_i x_i$，$p$ 表示事件发生的概率，即 $p = p(y=1)$，$1-p$ 表示事件不发生的概率，即 $1-p = p(y=0)$，那么事件发生比为事件发生与事件不发生概率的比值，即 $p/(1-p)$，事件发生比的对数变换称为 p 的逻辑斯蒂变换，记为：

$$logit\ p = \ln\left(\frac{p}{1-p}\right)$$

式中，logit p 称"p 的逻辑斯蒂概率单位"，或简称"逻辑斯蒂 p"，逻辑斯蒂函数则可以变形为 $logit\ p = \sum_{i=0}^{k} b_i x_i$，称为逻辑斯蒂回归模型。

逻辑斯蒂回归系数的意义　对于逻辑斯蒂回归模型，传统回归分析所用的最小二乘法不能用来估计参数，常用极大似然法来估计。(1) 以 logit p 方程的线性表达式来解释回归系数。方程 $logit\ p = \sum_{i=0}^{k} b_i x_i$ 与一般多元线性回归中形式上相同，是线性表达式。方程右边各项目变量对因变量的作用可以体现在系数 b_i 上，各自变量的总影响由常数项与各项自变量及相应偏回归系数之积的叠加形成。这种形式能够以类似常规多元回归方程的形式来解释和理解。但是，在逻辑斯蒂回归模型中，系数 b_i 上测量的是自变量 x_i 的变化对连续变量 logit p 的作用，而不是对离散型因变量 y 的作用。在多元线性回归中，回归系数 b_i 上测量了自变量 x_i 对因变量估计值的作用，b_i 可以表示 x_i 每一个单位的变化对因变量估计值的影响程度。但是在逻辑斯蒂回归中，尽管 logit p 与每一个 x_i 之间是线性关系，而 p 与 x_i 之间的关系不是线性关系，这意味着 x_i 的变化对 p 的作用就不太容易直接地解释。若想了解 x_i 一个单位的变化会对事件发生概率的影响，需要将逻辑斯蒂回归模型变形为概率 p 的函数，即：

$$p = \frac{1}{1 + \exp\left(-\sum_{i=0}^{k} b_i x_i\right)}$$

b_i 值越大，p 值越大，越接近于 1。反之，当所有 b_i 值都很小（值为负，绝对值很大）时，p 值越小，接近零。通过逻辑斯蒂回归系数可以得出各自变量对事件概率作用的笼统认识。在逻辑斯蒂回归的实际应用中，通常不报告自变量对 p 的作用，而是报告自变量对 logit p 的作用，在需要表示某个自变量对概率 p 本身的影响时，由于作用幅度受其他变量影响，可以考虑通过控制（如限定取某些值）其他变量，再计算这个自变量在不同取值时的作用幅度。(2) 以发生比 $p/(p-1)$ 的指数表达式解释回归系数。与 logit p 不同，发生比具有一定的实际意义，它代表一种相对风险，逻辑斯蒂回归模型可以用发生比表示为：

$$\exp\left(\sum_{i=0}^{k} b_i x_i\right) = \frac{p}{1-p} = r$$

下面考虑 x_1 变化一个单位对发生比的影响情况，当 x_1 增加一个单位变为 x_1+1 时，r 变为：$r^* = \exp(b_0 x_0 + b_1(x_1+1) + b_2 x_2 + \cdots + b_k x_k) = \exp(b_0 x_0 + b_1 x_1 + b_2 x_2 + \cdots + b_k x_k)\exp(b_1) = r\exp(b_1)$，$\frac{r^*}{r} = \exp(b_1)$，称这两个发生比

之间的比值为发生比率（或相对风险比）。它可以用来测量自变量一个单位增加给原来的发生比所带来的变化，一般来说，自变量 x_i 增加一个单位，新的事件发生比是原来事件发生比的 $\exp(b_i)$ 倍。在更一般情况下，发生比率还可以表达一个自变量取某一特定数量变化，或多个自变量值同时变化情况下前后发生比之间的关系。在原来的逻辑斯蒂回归模型中，自变量变化一个单位给 logit p 带来的是加数影响，即 logit p 值要加上一个 b_i。在用发生比率这一指标时，自变量变化一个单位给发生比带来的是乘数影响。在实际应用中，由于发生比这个指标比 logit p 有更强的实际意义，所以乘数效应 $\exp(b_i)$ 要比加数效应更好解释。

逻辑斯蒂模型和假设检验　(1) 整体模型的检验。逻辑斯蒂回归求解参数所用的方法是极大似然估计法，其回归方程的整体检验可以通过似然（likelihood）函数值进行检验，对于逻辑斯蒂回归模型所用的检验统计量为 -2log-likelihood，即 -2 乘以似然函数的对数值。在传统回归中，统计量 F 值越大，方程越有效，对应原假设是回归方程无效，而在逻辑斯蒂回归中，统计量值越小说明方程越有效，对应的原假设为模型与数据拟合。评价模型拟合的另一个指标是模型的拟合优度指标（goodness of fit），定义为：

$$Z^2 = \sum_{i=1}^{n} \frac{(y_i - \hat{p}_i)^2}{\hat{p}_i(1 - \hat{p}_i)}$$

该指标用来描述模型与数据的整体拟合程度，其值越小，说明拟合越好。(2) 回归系数的显著性检验。参数估计得到回归系数 b_i 的估计值和标准误（S. E.）后，可以通过 Wald 统计量对所得的回归系数的显著性进行检验，计算公式为：$Wald = \left(\frac{b_i}{S.E.}\right)^2$。它服从 χ^2 分布，统计量的值越大表示回归系数越显著。对于回归系数显著性的检验还可以用整体模型检验中介绍的方法，通过比较包含这个变量的模型与不包含这个变量的模型之间模型拟合程度差异的检验来判断这个变量对因变量的影响是否显著。(3) 回归系数的联合假设检验。在实际应用中，有可能要检验几个自变量组对因变量的影响，这几个自变量组又不是全部的自变量组。这种情况下，只需定义两个模型，其中一个模型不包含所要检验的这组变量（简约模型），另一个模型除了简约模型中包含的变量外还包含所要检验的一组变量（完全模型）。最后通过简约模型与完全模型之间拟合差异的检验，来判断所要检验的一组变量对因变量的影响是否显著。

参考文献

郭志刚. 社会统计分析方法——SPSS 软件应用[M]. 北京：中国人民大学出版社，1999.

张厚粲，徐建平. 现代心理与教育统计学[M]. 北京：北京师范大学出版社，2004.

张敏强. 教育与心理统计学[M]. 北京：人民教育出版社,2010.

Gravetter, F. J. & Wallnau, L. B. 行为科学统计[M]. 王爱民,李悦,等,译. 北京：中国轻工业出版社,2008.

Gravetter, F. J. & Wallnau, L. B. Essentials of Statistics for the Behavioral Sciences [M]. 5th ed. Montuale, NJ: Thomson, 2004.

（刘红云）

回归教育（recurrent education）   亦称"回流教育"。20世纪60年代在欧洲出现的一种教育思潮,后逐渐演变成一种教育制度。意指人的教育并非一次完成,可以基于个人在其生活和发展的全部过程中所产生的新需要、新兴趣、新选择、新目标等,方便而有效地获得不断循环进入教育与学习活动空间的机会和可能,使青年时期的教育与成年时期的教育能达到一种平衡。最早由瑞典经济学家 G. 雷恩于1968年在瑞典举行的高等教育改革讨论中提出,瑞典教育部长帕尔梅于1969年在欧洲教育部长会议上首先使用这一术语,之后得到经济合作与发展组织的支持、研究和推广。

有学者或机构对其定义做出多种界定。学者哈格顿与里查迪逊将其定义为一种终身、非连续性但定期参与的教育活动,其目的在于逐渐化解强迫教育与工作、生活之间的分离。澳大利亚国立大学继续教育中心（Center for Continuing Education, Australian National University）认为回归教育包含一种哲学,是一系列的政策和广泛的教育活动,它们寻求以间隔方式为个体提供终身教育机会。被引述频率最高的是经济合作与发展组织的定义：回归教育是所有强迫教育或基础教育后的一种综合性教育策略,即以一种轮回交替的方式将教育分配到人生全程中,特别是能在每一个人的工作活动之间建立一种不断轮换发生的状态。

回归教育主张教育不是一次性的,而是多次性的,乃至终身性的,使人们在生活环节的各个阶段、自己认为最需要学习的时候都有受教育的机会。主要特征是：对青少年时期一次性集中教育进行合理的再分配,将教育活动扩展到人的一生；学校教育结束后,应使所有社会成员在其感觉需要的时候有权利和机会再回到正规教育机构继续学习；打破所谓"不可逆"的传统的生活周期,即"儿童期→教育期→劳动期→隐退期",树立可循环的、新的生活周期观念,构建"教育→劳动→教育→劳动"这样一种全新的生活循环模式；构建一种有组织的终身学习构架,在此构架中,有组织的学习活动与其他社会活动特别是工作活动进行交替、轮换,并产生有效互动；在推进回归教育的实践过程中,努力实现教育系统与劳动市场的密切配合；打破正规教育传统的"终结式"设计,形成一种综合策略,实现义务教育阶段对回归教育阶段的适应；放宽入学条件,改变入学方式,促进学校特别是大学的开放；调整专业或课程设置,开设工作、就业取向的专业和课程；倡导多样化的学习方式,包括网络学习、多媒体学习、自我导向式学习、经验分享式学习、研讨式学习等；政府提供必要支持,实施带薪休假制度,形成综合性成人教育服务体系。

回归教育的提出有其社会背景：由于科学技术飞速发展、知识更新周期缩短,许多劳动者需要返回学校学习,不断更新知识和技能；产业结构和就业结构发生重大变化,大批劳动者要从经济衰退部门向经济发展部门流动,他们需要相应教育与培训；高等教育迅猛发展,出现毕业即失业以及就业竞争加剧现象,接受再教育和再培训成为成功就业的重要手段；传统学校教育培养出来的人才受到社会的怀疑,有的企业甚至不愿接受通过传统学校教育形式培养出来的学生,这促成以非正规教育形式出现的、重在与生产劳动紧密结合的回归教育的兴起；终身教育思想广泛传播,许多国家将大力发展回归教育视为实践终身教育思想的重要途径或手段。

回归教育提出后,经济合作与发展组织及其所属的教育研究与创新中心（Center for Educational Research and Innovation, 简称 CERI）对之进行大量研究工作,先后提出多篇重要研究报告,包括《平等的教育机会》(1970)、《回归教育：终身学习的策略》(1973)、《现代社会生活中的教育和劳动生活》(1975)、《回归教育：现状与问题》(1975)、《教育休假制度的发展》(1976)、《回归教育：新近的发展与未来的展望》(1977)、《劳动和教育的循环》(1978)等。由此形成一系列理论观点和政策建议,从而推动回归教育实践在法国、德国、意大利、比利时、瑞典、南斯拉夫等国的大力发展。1970年,瑞典、法国、南斯拉夫在斯德哥尔摩首次开会,共同研究制定回归教育战略。1971年,在南斯拉夫再次开会,参加者增加了挪威、德国、荷兰、英国和美国。1973年,在美国又一次开会讨论回归教育问题。1975年举行的欧洲教育部长会议专门讨论了回归教育的实施问题。经济合作与发展组织于1977年发表的正式文件进一步阐明了回归教育的基本原理。20世纪80年代,受世界经济发展下行趋势的影响,回归教育促进经济发展的作用一时未能得到明显体现,许多国家逐渐缩减对回归教育的投入,转而关注各种类型的更具短期经济回报效应或直接经济增收效应的技术教育与技能培训。20世纪90年代后,终身教育思潮与实践在全球范围内广泛兴起,回归教育重新获得关注,并作为终身教育实践的前身之一融入全球全新的教育改革与创新运动之中。

（高志敏）

回归主流（mainstreaming）   残疾儿童、少年应尽量安排在同龄普通学生的教育环境中受教育,在特殊隔离环境中受教育者应尽可能回到主流教育环境中去的教育理念。美国对特殊教育中<u>最少受限制环境</u>（least restrictive environment,简称 LRE)法律原则的通俗称谓。经过不断发展,回归主流已从一个安置残疾学生的原则扩大为一种教育理念。

美国回归主流的安置残疾学生的形式按其受限制的程度,从大到小为:矫正医疗设施和家庭限制性环境;私立寄宿制机构、公立寄宿制机构;私立隔离机构(如走读的特殊教育学校)、公立隔离机构;普通教育机构中的特殊教育隔离班;资源教室;正常班。限制越大的机构中,残疾儿童人数越少;社会努力使限制大的教育环境中的残疾人数减少。从学生残疾程度看,教育安置环境限制越大,学生残疾程度越重、越复杂;越接近正常班,残疾程度越轻。由于各类残疾与各个州的情况不同,在各种教育安置环境中的残疾人数的比例也不同。

"回归主流"这一术语及其下位概念产生于美国 20 世纪 50—60 年代的民权运动时期。当时美国法院判决种族隔离为非法,这涉及一些儿童的平等受教育权和机会。1967 年,丹麦学者米尔克森根据丹麦有专门机构大量收容智力残疾者的情况提出,残疾者、智力落后者应与普通市民一样,具有同等的生存权利,使他们的生活尽可能地接近普通市民的生活条件和生活方式,该思想得到欧洲一些学者的赞同。1968 年,瑞典学者尼尔耶应邀出席在美国召开的关于智力落后问题的研讨会,将此思想引入美国,并用"正常化"(normalization)加以概括,提出尽可能使智力落后者的日常生活类型和状态与社会主流的生活模式接近,之后"正常化"这一术语得到快速传播。1969 年,丹麦议会通过实施"融合"(integration,一译"一体化")教育的决议案。1970 年,美国学者德诺提出包括隔离的特殊教育学校、特殊教育班、部分时间到普通班、资源教室(resource room)、普通班等多种教育安置形式的"倒瀑布体系"。1971 年在美国的宾夕法尼亚州、1972 年在哥伦比亚特区,在审理普通儿童与残疾儿童隔离安置的案例中使用了回归主流原则。案例判定原应安排在特殊教育学校的残疾学生有权在就近的普通学校接受教育,使原来安置在隔离教育中的残疾学生回到主流社会的教育安置形式中。1975 年,美国国会通过《教育所有残疾儿童法令》(The Education for All Handicapped Children Act of 1975),其重要内容之一是提出让 3~21 岁残疾学生在最少受限制的环境中受教育,包括在普通班级中安置残疾学生;还提出为每个就读的残疾学生制订个别化教育计划(individualized educational plan,简称 IEP)。1976 年,丹麦通过了特殊教育在小学和初中融合的法规。其后在美国《教育所有残疾儿童法令》的多个修正案和其他相关法案中,都贯彻了残疾人在最少受限制环境中受教育的原则,如 1990 年的《残疾人教育法》(Individuals with Disabilities Education Act,简称 IDEA),1997 年的《残疾人教育法案修正案》(Individuals with Disabilities Education

Act Amendment of 1997,简称 IDEA97)。美国的特殊教育法令中没有直接用"回归主流"和"融合",但美国学者于 1980 年首次使用"融合"一词。1982 年,美国教育部负责特殊教育的官员桑塔格博士认为,在使特殊学生到正常班接受教育的干预政策中使用"全纳"(inclusion,曾译包含、容纳、包容)概念是合理的。其后,很多美国学者,如明尼苏达大学的芮诺提出,通过回归主流使更多特殊需要的儿童、青少年进入学校、家庭和社区生活是一种"全纳",并在多个州试验让所有残疾学生进入普通学校的回归主流。

由正常化、回归主流、融合到全纳的原则在各国不断传播。在经过各个地区的筹备会议之后,1994 年,联合国教科文组织在西班牙召开世界特殊教育大会,通过《萨拉曼卡宣言》和《特殊需要教育行动纲领》。明确提出全纳教育,指出每一个儿童都有受教育的基本权利……每个儿童都有独一无二的个人特点、兴趣、能力和学习需要……有特殊教育需要者必须有机会进入普通学校,这些学校应将他们吸收在能满足其需要的、以儿童为中心的教育活动中,实施此种全纳性方针的普通学校,是反对歧视、创造欢迎残疾人的社区、建立全纳性社会和实现人人受教育的最有效途径……对于让更多残疾学生回归主流的全纳教育(inclusive education),美国全国教育重构和全纳中心(National Center on Educational Restructuring and Inclusion,简称 NCERI)1994 年将其定义为:"对所有学生,包括有重大残疾的学生提供得到有效的教育服务的平等机会,包括得到需要补充的工具和辅助性服务并安置到附近学校与其年龄相适应的班级,以使学生在社会中像所有成员一样生活。"对于全纳,美国和很多国家在概念、根据、模式、规模、效果等方面均有争论。主要争论之处包括:要不要特殊教育;要隔离式安置还是要对残疾学生进行支持与服务;提供单一化安置与服务还是提供多样化安置与服务;如何理解与实施最少受限制原则等。

20 世纪 80 年代,回归主流在中国大陆特殊教育中被广泛传播和应用;中国普及义务教育时已在较大范围内出现把残疾学生安置到普通学校学习的现象。1983 年,教育部在正式文件中肯定了轻度弱智儿童就近入普通学校就学的办法。1987 年,国家正式提出"随班就读"的安置形式;1988 年以后,在政府文件和法律法规中对随班就读有了明文规定,并将其作为中国特殊教育发展的格局与途径的重要内容,是三种主要办学形式(随班就读、特殊教育学校、普通学校中的特殊教育班)之一(参见"随班就读")。随班就读与回归主流的相同之处有:教育安置形式相同或相似,均把残疾学生安置到普通班级(或主要在普通班级)与普通学生一起上课;学生都有平等的受教育权利;体现残疾学生与社会、特殊教育与普通教育相融合的思想;根据学生的个体差异实施个别帮助、辅导或咨询。由于中美两国的教育制度、体系、哲学思想、历史文化等方面的差异,两者之间也有很多不同之处:回归主流的出发点是普及义务教育后的教育机会均等,随班就读的出发点是在中国这个发展中国家尽快普及残疾儿童教育、就近入学;在目标上,前者要残疾人共享教育资源,回归社会主流,后者是普及世界最大规模的特殊义务教育;在法律依据上,前者没有在法律上明确提出"回归主流",只有最少受限制环境、个别化教育计划等,后者在国家法律法规中明确提出"随班就读"并有相关规定;在教师及指导方式上,前者有个别化教育计划、助理老师、辅导(咨询)老师和教室、巡回老师、志愿者及其他专业人员,后者基本上是班主任及任课老师课前、课上、课后照顾;在服务对象上,前者可以是所有学生全部回归,后者基本上是轻度弱智、重听、盲等类残疾学生中的有条件者;在教育体系中的地位方面,前者提倡回归主流是最佳的也是唯一的教育形式,是发展的趋势,后者认为随班就读是教育格局中的三种主要安置形式之一;在班级人数方面,前者班级人数较少,随班的也少,后者普通班级常有 40～80 人,随班者不超过 3 人;在经费方面,前者有时需更多经费,后者节约经费;在班级社会群体方面,前者强调个人自我发展和独立,较少集体间互助,后者提倡互助友爱,集体帮助,自强自立,发扬中华民族的优良传统和道德。

(朴永馨)

回族教育

回族是中国境内分布最广的少数民族之一,全国 32 个省、自治区、直辖市均有分布。宁夏回族自治区是回族主要聚居区,其他回族人口在 20 万以上的省、市、自治区还有北京、河北、内蒙古、辽宁、安徽、山东、河南、云南、甘肃和新疆等。据 2010 年第六次全国人口普查,回族总人口为 10 586 087。回族早期多使用阿拉伯语、波斯语,元、明以来通用汉语,前者仍保留在宗教教育和宗教仪式中。分布在其他少数民族地区的回族还通用当地民族的语言文字。

古代回族教育

回族是世居中国的少数民族,由古代波斯人、阿拉伯人、中亚细亚人与中国汉族等民族融合而成。唐、宋时期,来自中亚、西亚的穆斯林等回族先民已在中华大地生活。回族在保留伊斯兰文化的同时,学习、吸收以儒家文化为代表的中国传统文化。自唐代开始,回族教育沿经学教育和汉学教育两条轨迹并行发展。

唐、宋、元时期的回族先民教育 唐代,伊斯兰教传入中国,此后历代统治者都给予高度重视。当时在广州、扬州、长安等地居住着大量回族先民,唐代统治者对伊斯兰教持宽容、接纳的态度,唐代民族文教政策的指导方针是"推恩示信"、"爱之如一"。在教育方面,允许回族先民子弟参加科举考试;在宗教生活和风俗习惯方面,允许回族先民通过家庭教育和社会教育开展宗教风俗习惯等方面的教育。宋代除延续唐代做法外,还允许回族先民在各地修建清真寺,使其宗教教育得以传承。回族先民在吸收中国传统文化的同时,在家庭教育与社会教育中继续保持伊斯兰文化的特点。元代,伊斯兰教处于兴盛时期。在政治、经济、科举等诸多方面,元代统治者给予回族先民一定的优惠政策,鼓励回族先民子弟学习汉文化,并通过科举考试为他们提供入仕机会,回族先民学习汉文化的积极性提高。国子学和其他学校也招收回族先民子弟。元代还设立"回回哈的司"、"回回掌教哈的所"等机构,其主要职责是管理宗教社团。回族先民家庭教育、社会教育的范围与影响较唐、宋时期更大,对回族的正式形成起到重要作用。(1) 回族先民的学校教育。唐代回族先民是否接受学校教育的记载不曾见于史料。宋代,科举考试开放,回族先民子弟有较高的学习中国传统文化的积极性。除在地方官学(如府学、郡学)同汉族子弟一起学习中国传统文化外,在一些回族先民人数较多的地区(如广州、泉州),还建有专门或主要招收回族先民子弟的学校,即"蕃学"。蕃学或由地方政府创办,或由回族先民出资创办。如宋熙宁年间(1068—1077),程师孟在广州修建蕃学,吸引各族学生前来学习,包括回族先民子弟;同时期广州的"蕃客"酋长辛押陀罗也曾独自修建蕃学,招收蕃客子弟,也包括回族先民子弟。蕃学的设置提高了回族先民的文化素质。元代回族先民的社会地位较高,不少回族先民子弟就读于汉国子学。回族先民的汉文教育也较发达,出现大批学者、文人和官员,据《元统元年进士录》载,元统元年(1333 年)录取的 100 名进士中,回族先民子弟有 12 名;还出现"一门数进士"的家庭。回族先民中出现许多弘扬儒学、致力于教育事业的政治家,如赛典赤·瞻思丁修文庙,兴学校。此外,回回国子学也是回族先民子弟的重要学习机构。回回国子学设立于元世祖至元二十六年(1289 年),专授"亦思替非文",亦开设回回语言文字学等课程,为政府培养专业书写和翻译人才。也有回族先民创办私学,如勅实载以其家资建书院一座,仁宗亲赐为"伊川书院"。(2) 回族先民的家庭教育。回族先民的教育首先从家庭教育开始,其主要内容与其社会生活尤其是家庭生活有直接联系。主要包括:① 伊斯兰宗教信仰教育。回族先民通过家庭教育向子女和新入教的穆斯林口头教授阿拉伯语、波斯语,教他们诵读《古兰经》,学习圣训,过正常的穆斯林生活。为使来华的回族先民保持伊斯兰教信仰,发展伊斯兰文化,许多有"尔林"(阿拉伯语,即知识、学问)的来自中亚、西亚的"答失蛮"(波斯语,即阿訇,宗教学者)应邀来华传授伊斯兰宗教知识。他们散居各地,在自己家中设"回子房",开展宗教教育。② 传统生产技艺教育。回族先民以擅长经商而闻名,元代,许多回族先民开始从事农业、手工业、医药、自然科学研究等。除一些官设机构，如回回药物院以及各种军匠局、官匠局中以师徒相授、同行学习等形式获得相应的知识和技能外，父子相传并世代延续也是一种重要的传承方式。北宋以后，在天文学方面开始出现回族天文世家。据《怀宁马氏族谱》载，北宋太祖建隆二年(961年)，精通西域历法的阿拉伯人马依泽应召来华修天文，并参与由司天少监王处讷主持的《应天历》编撰工作。马依泽家族是第一个有明确记载的来华回族天文世家，他们不仅带来伊斯兰天文学知识，还父传子受，开中国回族家传科技教育之先河。在造炮术方面，至元十一年(1274年)置回回炮手总管府，亦思马因为总管，后其子布伯、亦不剌金及亦不剌金子亚古先后为回回炮手军匠上万户府之万户；阿老瓦丁及其子富谋只、孙马哈马沙先为副万户，此两家世代为元代造炮师。在工程建筑方面，亦黑迭尔丁在忽必烈即位后掌管茶迭尔局(元代管理土木工程的官署)，参与修建中都(今北京)，负责宫城的建筑，其子马哈马沙、孙木八剌沙、重孙蔑里沙先后继领茶迭尔总管府达鲁花赤之职。③ 为人教育。唐、宋时期，回族先民基本固守伊斯兰教传统习俗。元代，回族先民除恪守伊斯兰信仰外，还将伊斯兰伦理道德与中国的儒家伦理道德类比，为明、清时期的回族学者构建本民族的道德理论提供依据。但传统的伊斯兰伦理道德观仍在回族先民的生活中占据主导地位。在生活习俗方面，回族先民的伊斯兰教特色突出，且世代传承。回族先民在家庭教育中将其继承下来的伊斯兰传统道德，通过言传身教和他们为人处世的立场、态度和方法，潜移默化地传递给后辈，指导他们的人生态度和处事原则。(3) 回族先民的社会教育。为促进商业、农业、医药、史学、天文历算、工程技术等行业的发展，元代统治者设置许多机构，如回回司天监、广惠司、回回炮手军匠上万户府及回回国子学等。除回回国子学为正规教育机构外，其余均为带有学术性质的政府机构，供职于这些机构的回族先民相互之间进行教育活动，这种社会教育也使回族先民获得一定的知识和技能。此外，元代还有众多被俘或签发的回族工匠与军士在各种官匠局、军匠局从事手工业劳动，他们在长期劳动中积累了相关的知识、经验和技术，并在回族先民之间相互传递和转化，这种非正式教育使民族文化在回族先民内部得到传播并代代延续。清真寺也是回族先民开展社会教育的重要场所。唐、宋时期，随着中亚、西亚的穆斯林来华，清真寺在中国相继出现。唐代修建清真寺的记载很少。宋代出现大量清真寺，且功能较多，除进行宗教活动外，还开展其他活动。元代，回族先民居住处普遍建起清真寺，它不仅是回族先民获得宗教知识、进行各类宗教活动的场所，也是伊斯兰文明代代相传的地方。

明、清时期的回族教育　明、清时期是回族经济和社会发展的重要时期。随着伊斯兰教在中国的传播以及回族人口数量的不断增长，明、清两代统治者对回族采取既宽松又严苛的政策。明代统治者一方面尊重回族信奉的伊斯兰教；另一方面推行禁止色目人(包括回族)自相嫁娶，以及禁止使用胡服、胡语、胡姓等的汉化政策，并加强对清真寺的控制和管理。清代前期，统治者要求回族在服从其统治及遵守其律令制度的前提下，允许回族保留民族风俗习惯，并对其信仰给予适当尊重，即"齐其政不易其俗"的宽松政策。但清代中后期，统治者采用"以回制回"、"剿抚并施"政策。明、清时期的回族在继续接受和吸纳中国传统文化的同时，结合中国伊斯兰教及回族的发展状况，创立具有中国特点的回族经堂教育制度，回族经学教育由此发展并延续至今。(1) 明、清时期的回族汉学教育。在明、清两代，回族主要通过官学、私塾等教育机构学习中国传统文化。明代只有极少数富裕家庭子弟和官宦子弟能在官学或私塾接受汉学教育并参加科举考试，一般回族群众虽有接受汉学教育的机会，但程度较低，更多的是接受以宗教教育为核心的经堂教育。明政府为了"导民善俗"，在乡社设置社学强迫普通百姓入学，国子学也放宽入学条件，这些措施对回族汉学教育的发展有一定推动作用。回族逐步形成后，能直接接受汉学教育的回族人数逐步增加。科举考试也对回族子弟有一定吸引力。回族进士数量猛增，体现回族汉学教育的普及和回族文化程度的提高。海瑞、李贽等人均是回族史上的重要人物，均接受过汉学教育。清代，回族在学习和吸收汉文化方面仍然表现出积极态度，学习汉文化的传统在延续。但与经堂教育相比，则显得发展缓慢。清代能够进入官学接受汉学教育的回族子弟依旧是极少数，一般回族子弟主要通过以下几种途径学习汉文化。① 回族汉文私塾教育。为实现民族发展，一些回族有识之士在发展经堂教育的同时，兴办以学习汉文为主、兼学阿拉伯文和宗教知识的私塾。也有回族子弟入汉人私塾学馆读书，学习汉文化，走科举应试之路。回族汉文私塾在回族聚居区数量较多，是清代回族汉学教育的主要形式。具体办学形式主要有两种。一种是由回族私人捐资筹办或得到清真寺资助兴办的教育机构，在教育层次上相当于当时的蒙养私塾，主要招收回族贫困家庭子弟。教授内容有汉文的启蒙教材，如《三字经》、《百家姓》、《千字文》以及"四书"、"五经"等，还学习伊斯兰教常识。该类私塾有些附设于清真寺内，是一种半宗教、半普通的学校教育形式。如马氏家族于明永乐十九年(1421年)在沙城(今河北省怀来县)创建马家书店，清代至民国初年，河北从政者多出其门；康熙三十二年(1693年)，安徽淮南太平集有13座回族捐款修建的学堂，聘请常弼君执教，招收回族子弟入学，乾隆二十五年(1760年)，回族士绅兰守安主持募捐扩建，民国后改为新式小学，共持续办学273年。另一种是汉族私塾学馆或官学，回族子弟可直接进入这些学校接受汉学教育，并参加科举考试。但只有回族中的个别官绅子弟享受该类教育,数量少。② 回族社学和义学。在米刺印、丁国栋起义和西北回民大起义遭镇压后,清统治者认为,对于回族要辅以"教化",为此采取多项措施。如在清真寺宣讲《圣谕广训》,建立乡约制度等;还要求各地专设回民义学,教以诗书。在全国各地,特别是在回族集中的甘肃、青海等地,由清政府建立的回族社学和义学等机构相继出现。雍正年间(1723—1735),甘肃巡抚许容先在兰州南关拱兰门内崇新寺北设立回族义塾,即"养正义塾";后又在兰州西北郊海家滩子设立类似义学。乾隆和嘉庆年间(1736—1820),青海的回族社学在当地官员倡导下延师教读,西宁有4所此类学校。乾隆四十九年(1784年)后,清政府要求在州、县设立义学,建义学之风盛行。回族义学多由官府捐资建立,因经费无法保证,办学境况艰难。后因经费或战乱原因,多数义学相继停办。在官办义学萧条的情况下,回族人民为争取接受教育的权利,自办回族学塾。如道光二年(1822年),洛阳东关清真寺开办义学,后在沈丘县、开封、淮阳、禹县、新野等地,亦有不少清真寺相继开办类似义学。这些义学的经费主要来自私人捐资和清真寺的部分天课(又译"扎卡特",伊斯兰教的宗教课税)收入,有较稳定的经济保障,从而得以延续。③ 回族家庭教育。清代,回族汉学教育受多种因素制约,发展滞后,回族家庭教育在传承民族文化的同时,亦进行汉学教育。回族家庭教育的主要内容是传承伊斯兰宗教知识及民族传统手工技艺,后者尤其针对一些不能外传的手工技艺,只以"父传子"的方式代代传承,这些传统手工技艺主要集中在饮食业、牛羊屠宰业和皮货业等。清代因参加武举考试而入仕的回族子弟较多,回族武学也主要通过家庭教育得以传承。清代回族子弟在接受汉学教育的同时,参加科举考试,出现很多回族进士。据《明清回族进士考略》记载,清代有进士26 848名,其中回族进士107人,约占0.4%,较明代为多。(2) 明、清时期的回族经学教育。经学教育指回族子弟接受伊斯兰教传统文化知识的教育活动,主要是学习伊斯兰教义教规、风俗习惯、宗教信仰等。明、清时期的回族经学教育主要指回族经堂教育。明代中后期,回族经师胡登洲从麦加朝觐归来,深感国内伊斯兰教经文匮乏、学人稀少,于是改变父传子继、师徒单传的宗教教育方式,用自己积攒的家产,在家招收回族子弟,讲经传道。后又在清真寺办学,靠自己的财产和穆斯林的捐赠维持正常教学活动。胡登洲将中世纪伊斯兰国家以清真寺为校舍的办学形式与中国传统的私塾教育相结合,创立经堂教育制度。学员自愿入学,采取工读办法,即"农忙作庄稼,农闲作满拉(学员)";生活以自费为主,清真寺给予补助。这种特殊的教育形式发展很快,来学者接踵而至。胡登洲的嫡传弟子和再传弟子也大力推行经堂教育,回族经学教育得以发展。明末清初,涌现众多"经汉两通"的回族学者,如回族经学名师王岱舆,其汉文译著作品《正教真诠》、《清真大学》、《希真正答》成为回族人民接受伊斯兰教传统教育的重要载体。至清代,回族经堂教育达到兴盛,其规模、范围进一步扩大,教育制度逐步完善,教育教学体系基本形成。经堂教育体系为完善的两部制,即"小学"和"大学"。"小学"进行普及性宗教教育,主要是对儿童进行宗教启蒙教育;"大学"是经堂教育的一个重要阶段,正式学员称"满拉"或"海里凡",属专职、全日制学生,享受清真寺提供的免费食宿,也可通过参加一些日常的宗教仪式获得额外的生活补助。"大学"阶段并无固定的学习年限,一般需10年左右时间才能完成本阶段学习。在经堂教育发展过程中,逐渐形成以某地或地区为中心的伊斯兰教教育学派,如陕西学派、山东学派和云南学派等。经堂教育自明末兴起至清代,为回族穆斯林培养了大量宗教人才。清代接受经堂教育的回族经师,如马注、刘智、马德新,与明末清初的王岱舆一起被称为"明清回族四大汉文译著家",其汉文译著作品改变"以经解经"的著述方式,结合以儒家学说为代表的中国传统文化元素来阐释个人思想观点,以此寻求伊斯兰文化与中国传统文化在义理上的相通性。

近代回族教育

民国时期是回族教育的现代转型时期。民国初期,为改变生存现状,回族开展新文化运动,回族爱国人士先后创办各类刊物,还出现回族人创办的白话文现代报纸,回族教育团体和爱国宗教团体亦相继出现。教育团体主要有"东亚穆民教育总会"(后改名为"东亚清真教育总会")、"留东教育会"、"上海清真董事会"、"回民教育促进会"等;爱国宗教团体主要有"中国回教促进会"、"中国回教救国协会"(后改名为"中国回教协会")等。各类回族刊物、教育团体和爱国宗教团体的创办及运行,为回族人民开展爱国斗争、发展民族文化教育事业指明方向。回族教育在此背景下不断发展,成为回族人民"救亡图存"的有效手段。

近代回族经学教育 民国时期,许多回族知名经师关注国家前途和命运,发扬"宗教爱国"的时代精神,以使伊斯兰教在"救亡图存"时代发挥更大作用。如东部地区有"现代中国四大阿訇"之称的王静斋、达浦生、哈德成、马松亭等人通过著书立说,培养中阿兼通的回族人才,并投身回族现代教育事业,探索回族经学教育与汉学教育有机结合的模式,为回族新式教育的发展提供借鉴。东部地区经师和最早提倡兴办现代教育的王宽、庞士谦、张子文、杨仲明等致力于回族经学教育的革新,倡导经学教育与汉学教育并重,培养适合时代发展的回族人才。西北地区的回族经学教育长期保留传统发展模式,至民国时期,回族经师马万福提出"尊经革俗",冲击传统经学教育,其主张在甘肃、宁夏、青海等地广泛传播,使西北地区成为民国时期回族经学教育革新的中心。其后,虎嵩山阿訇提倡创办回族新式教育,主张经汉两通,并改革经学教育的内容和方法,1934年倡议创办宁夏省私立中阿学校。1937年,中阿讲习所创办,后改名吴忠中阿师范学校,专门进行伊斯兰教经典的研究和教学工作。民国时期,形成于清代的回族经学教育三大学派出现新的发展态势,如陕西学派的中心西移到甘肃平凉一带,出现许多知名的回族经师,他们继续传承陕西学派的教学风格,被称为"陕学阿訇"。马良骏阿訇在继承陕西学派的教学风格后,在新疆的乌鲁木齐、伊犁、吐鲁番等地从事经学教育工作,培养弟子无数,出众者六十余人,最知名的有十大弟子,包括西北地区的回族经师马安礼。回族经师兰秀斋在陕西、甘肃、宁夏、河北、内蒙古、河南等地的清真寺从事经学教育工作六十余年,授徒近千人,其弟子继承"陕学阿訇"的教学风格,在各地从事经学教育。甘肃河州(今甘肃临夏回族自治州)成为西北回族经学教育的中心,出现众多回族经师,在长期经学教育中形成一定教学风格,被称为"河州学派"。该学派注重研究教法和教律,倡导革除不合教法的各种礼仪。

近代回族新式教育　民国时期,回族有识之士认识到,发展回族教育要发挥宗教的积极作用,通过提倡宗教与回族文化教育事业并行发展来实现民族的发展。回族人民创建大批新式学校,包括小学、中等学校和师范类学校。(1)新式小学。1904年前后,江苏回族人士童琮创办"穆原学堂",开启回族新式教育先河,之后各地新式小学相继出现。1908年,王浩然等人在北京牛街礼拜寺创办"京师清真第一两等小学堂",后改名为"京师公立第三十一两等国民小学校",此后北京的回族人士先后创办多所新式小学。1936年,为了开展扫盲教育,政府和回族人士共同协商,在北京各回族聚居区设立22处"短小"。1937年,回族"短小"停办。后各回族聚居区在"短小"的基础上创办一批私立小学。在全国其他地区,回族新式小学不断建立。回族教育家马邻翼在担任甘肃省教育厅厅长期间,在甘肃省建立两百余所各类小学,其中大部分是回族新式小学。此外,各地涌现大批以清真寺为依托的回族中小学校。如1911年建立的河南淮阳公立广化两等小学堂、沈阳清真女子学堂,1913年建立的兰州清真高等小学、包头清真学堂,1921年建立的云南沙甸鱼峰小学,1927年建立的宁夏固原清真女子小学,1928年建立的上海敦化小学等。(2)新式中等学校。1907年,王浩然等人在牛街创办回教师范学堂,后因经费等问题停办,这是北京回族新式中等教育最早的尝试。1926年,回族人定希程在北京东四清真寺内创办清真中学,设两个初中班,延续至1928年停办。北京的回族中等学校还有创办于1935年的北平新月女子中学(1937年停办)、创办于1948年的私立燕山中学(1950年停办)等。民国时期回族新式中等学校中较有影响的有北京西北中学、昆明明德中学、临夏

云亭中学、宁夏蒙回师范学校和贺兰中学等。各地回族中等学校的创办为回族教育的革新与发展开辟了新的道路。(3)回族师范学校。1907年,王浩然等人创办的回教师范学堂开回族人士创办师范教育之先河。1925年,回族人士马松亭、唐柯三等人在济南创办"成达师范学校",成为民国时期持续时间最长、最具影响的回族新式师范学校。1928年,上海伊斯兰师范学校建立,1938年迁至平凉,改"平凉伊斯兰师范学校",1941年改名"国立陇东师范学校"。四川万县伊斯兰师范学校创办于1928年,主要依靠回族人士周级三开办的私人公司维持办学,并聘请有学识的阿訇担任教学工作,学生来自四川、湖北、湖南、河南、甘肃、云南等地,后因经费问题停办。回族新式师范学校培养了大批经汉两通的回族学生,促进回族文化教育事业的发展。(4)回族留学生教育。民国时期一批回族学生赴海外留学,开回族留学生教育之先河。如回族学者纳忠、马坚等人留学埃及,回国后将阿拉伯语与伊斯兰文明带入中国高等学府,实现回族传统经学教育与现代高等教育的对接。这一时期回族妇女教育、武学教育也得到发展,以回族民间技艺传承为主要内容的教育活动在父与子、师与徒之间继续延续和发展。

中华人民共和国成立后的回族教育

中华人民共和国成立后,党和国家确立了正确的民族政策,并制定了一系列民族教育方针,为回族教育的发展创造了良好环境。回族经学教育得以保留和发展,民国时期创办的回族新式教育经过改造和转型,被纳入国民教育体系,成为提高回族人民科学文化素质、建设社会主义事业的有效载体。

中华人民共和国成立初期的回族教育　中华人民共和国成立初期,回族教育进入过渡和发展时期。(1)回族经学教育。1949年,达浦生阿訇应周恩来总理邀请参加中国人民政治协商会议,并参与中国伊斯兰教协会的筹建。1953年中国伊斯兰教协会成立,成为指导全国伊斯兰教宗教事务的团体。一些知名的回族经师、学者发挥其重要作用,做出诸多贡献,许多回族学者或任教于各类伊斯兰教教育机构,或著书立说,使回族经学教育得到发展。全国的回族阿訇结合各地实际情况,对传统经学教育进行改革和创新。20世纪50年代初,被称为河州(今甘肃省临夏回族自治州)"井口四师傅"的马天民阿訇率先在其任教的河州韩家寺发起教育改革,涉及经学教育语言、课程设置、讲经方法、翻译技巧等内容。回民学院和伊斯兰教经学院的创建与发展也促进了经学教育。1949年,新中国成立后的第一所回民学校国立回民学院在北京成立,设有中学部、师范部和阿拉伯文专修班,面向全国招生,主要培养回族师资和回族干部,至"文革"前夕,累计毕业学生1.8万人,培养了大批回族人

才。1955年，中国伊斯兰教经学院始建，实行多层次办学，设有本科班、大专班、在职阿訇进修班、研究生班和留学生补习班等，主要开设伊斯兰教专业课和大学文科基础课，所培养的回族学生既可到全国各地的清真寺担任阿訇，也可从事伊斯兰教事务或相关的教学、研究工作。(2)回族普通教育。新中国成立后，国家对民国时期建立的回族中小学实行公办或民办公助，并采取措施保障回族中小学的发展。1958年前后，北京有回族小学28所，在校回族学生10 575人，回族学龄儿童入学率达90%以上。全国其他地区的回族中小学教育也呈现良好发展趋势。1952—1953年，河北省先后在大厂、定县和沧县建立三所回民中学，至1954年，三所中学共有26个教学班，学生数1 390人。1950—1952年，河南省陆续将养正中学、郑州圣达中学以及24所回民小学由私立学校转为公立学校，至1957年，全省有回民中学4所、回民小学75所。全国有回族居住的地区基本均建立回族中学和小学。至1956年，全国有回族小学一千多所，回族小学生30多万人，占学龄儿童的60%；有回族中等学校30所，回族中学生3.4万人。

停滞与破坏时期　1958—1977年的"大跃进"和"文革"时期，全国教育事业陷入困境，回族教育也遭受挫折。这一时期回族经学教育几乎停滞，或处于一种非公开化的发展状态。

恢复与发展时期　1978年后，回族教育逐步恢复与发展。(1)回族经学教育。20世纪80年代后，各类回族经学教育得以发展。在宗教信仰自由政策的指引下，全国的清真寺恢复正常宗教教育活动。回族传统经学教育也有所发展，伊斯兰教传统信仰在回族聚居区得以普及。经学院教育也得到发展，规模有所扩大。至2008年，全国共建有经学院10所，主要分布于回族人数较集中的地区。经学院教育培养了大批爱国、爱教人才，为回族人民传承伊斯兰文化、促进回族经济社会的发展发挥重要作用。(2)回族普通教育。"文革"中被破坏的各地回族中小学逐步恢复，再度呈现良好发展势头。至1989年，在吉林省的12所回民小学中，有7所学校的回族教师人数占教师总人数的40%以上，有8所学校的回族学生人数占在校学生总人数的50%以上，有9所学校配备回族领导。北京、河北、山东、广东、海南、湖北等省、直辖市的回族普通教育也得到恢复和发展。在回族人数较多的西北地区，回族中小学教育和高等教育发展迅速。在全国回族中小学教育发展过程中，各学校建立了校际间的协作关系。1986年，由西安回民中学、沈阳回民中学和呼和浩特回民中学联合倡议，经国家民族事务委员会和国家教育委员会批准，于当年在西安回民中学成立全国部分回民中学校际协作体（简称"回中协作体"）。至1992年，有15个省、市、自治区的18所回民中学加入"回中协作体"。该协作体的成立及运行加强了全国回民中学校

际联系，提高了回民中学的办学质量，也促进了全国回族中等教育的发展。宁夏回族自治区逐步建立了从小学、中学到大学的完整的民族教育体系。至1999年，宁夏有民族学院1所、民族中等专业学校2所、独立设置的回民中学21所、回族职业中学1所，寄宿制回民小学和独立设置的回民小学101所。自2001年起，宁夏回族自治区先后实施"百所回民中小学标准化建设工程"、宁夏六盘山高中和育才学校建设三大民族教育工程。其中"百所回民中小学标准化建设工程"自2001年开始实施，至2008年，正式建成100所标准化回民中小学。自治区还将民族中小学校建设列入政府民生计划、生态移民建设和"中西部农村初中校舍改造工程"新卫生新校园项目建设，落实民族教育优先发展战略，加大对民族地区教育投入支持力度。(3)回族民办教育。随着经济、社会的全面发展，回族民办教育的发展空间扩大，成为国民教育体系之外对回族教育的有益补充。20世纪80年代后，全国各地的回族民办学校相继出现，主要是阿拉伯语学校和职业技术学校，还有许多专为回族女性开办的学校，如甘肃临夏中阿学校、甘肃张家川县阿拉伯语言学校、宁夏银川阿拉伯语学校等。回族民办教育的兴起与发展为回族培养了大批实用性人才。进入21世纪，回族教育进入持续、快速发展时期，且类型多样、层次更高，回族教育在促进回族经济、社会发展中发挥日益重要的作用。

参考文献

韩达.中国少数民族教育史（第一卷）[M].广州：广东教育出版社；昆明：云南教育出版社；南宁：广西教育出版社,1998.

吴明海.中国少数民族教育史教程[M].北京：中央民族大学出版社,2006.

余振贵.中国历代政权与伊斯兰教[M].银川：宁夏人民出版社,1996.

张学强.西北回族教育史[M].兰州：甘肃教育出版社,2002.

周传斌.薪火相传的回族教育[M].银川：宁夏人民出版社,2008.

（顾玉军　马　信）

活动教学(activity instruction)　一种有别于课堂讲授式教学，倡导在学生实践活动中开展教学的教育方式。活动教学思想萌发于欧洲文艺复兴时期。当时一批人文主义教育家在对中世纪封建教育的批判中最先表达了活动教学的某些观点，他们反对强制性教学和纯书本学习，提倡尊重儿童个性，主张通过观察、考察、游戏和劳动等活动来理解事物，获得经验。18—19世纪，卢梭、裴斯泰洛齐和福禄贝尔是自然主义教育者的杰出代表，在自然主义教育思想的影响下，游戏、作业、劳动和实物教学逐渐成为普遍运用的教育形式和方法。19世纪末20世纪初，现代活动教育的集大成者杜威系统地提出并实践以"做中学"(learning by doing)为核心的实用主义教育思想，极大地丰富了活动教育

思想的内涵,推动了活动教学在实践中的发展。活动教学的研究,在中国可追溯到 20 世纪 20—30 年代陶行知的"生活教育"实验和陈鹤琴的"活教育"实验。20 世纪 80 年代初教育界兴起关于课外活动的讨论,并随着 90 年代初活动课程与实验不断深化,到 90 年代中后期系统探讨活动教学问题,并日渐成为教学论研究的一个热点。由于传统的单一性、程式化和滞后性的课堂教学,难以适应学生的个体差异,学生学习的主动性、创造能力和实际动手操作能力受到限制。对此,教育界一方面积极改革课堂教学,一方面把视线投向课外活动,希冀通过课外活动来弥补课堂教学的不足,其研究主要有几个方面:关注课外活动对学生的智慧、能力、道德、审美、个性发展的意义;探讨课外活动在学校教育中的地位,大多数人认为课外活动是课堂教学的延伸和补充,也有人认为课外活动是人才培养的重要途径;译介的西方课外活动资料和活动理论,为研究活动问题和活动教学提供了借鉴和启示;活动教学的概念蕴含在课堂教学和课外活动基本方式的探讨之中,观察、实验、游戏、交往、操作训练等活动方式得到初步的探讨,为活动教学的研究奠定了基础。1992 年,国家教育委员会颁发《九年义务教育全日制小学、初级中学课程计划(试行)》,在课程设置中将国家安排课程分为学科和活动两大部分,其中活动包括晨会(夕会)、班团队活动、体育锻炼、科技文体活动、社会实践活动和校传统活动。这样,活动课程正式进入中小学课程结构,与学科课程相得益彰,活动课程的教学开始进入人们的视野。1996 年,全国活动教学研讨会召开,对活动教学开始进行系统探讨,出现活动教学研究的专著。2001 年,教育部颁发《基础教育课程改革纲要(试行)》,要求从小学至高中设置综合实践活动并作为必修课程,其内容主要包括信息技术教育、研究性学习、社区服务与社会实践以及劳动与技术教育。综合实践活动的主要任务是:学生通过实践,增强探究和创新意识,学习科学研究的方法,发展综合运用知识的能力,增进学校与社会的密切联系,培养学生的社会责任感。活动教学及其研究在其中得到进一步的深入发展,一些与活动教学相关的研究如主体性教学、参与性教学、合作教学、游戏教学、交往教学先后出现,它们与活动教学相映成趣;活动课程和综合实践活动的实施与研究促进了人们对活动的性质、意义、结构等问题的研究,学生活动的教育意义得到初步阐述;国外活动理论的译介范围开始收缩,研究者开始把注意力转向消化西方的有关理论,认真思考、探讨活动问题;活动教学的基本理论问题得到比较深入系统的研究;开展了活动教学的专题实验研究,活动教学实验研究使活动教学从理论形态走向现实形态,并检验、丰富和发展着活动教学理论。

活动教学的理论基础　活动教学的实践与研究有自己的哲学、心理学和教育学理论基础。关于活动教学哲学基础的探讨主要集中在知识论方面,其中,杜威经验主义知识观和马克思主义实践观,对活动教学的研究具有重要的价值和意义。杜威重视经验的连续性、整体性,强调知识与经验、行动的内在联系以及他关于"活动作业"、"做中学"的教育主张对于探讨活动教学具有重要的参考价值。马克思主义的实践观对教学论的意义在于:突出教学主体的主动、能动活动,包括教学的物质和观念活动,统一教学中认识和交往活动,解决教学活动中认识改造客观世界与认识改造主观世界之间的矛盾。马克思主义实践观指导下的教学理论被称为活动教学理论。皮亚杰、列昂节夫等心理学家高度重视活动在人的认识、思维、个性等形成发展中的作用。皮亚杰强调动作、活动在儿童心理发展中的原初作用,研究儿童认识发展的机制。他认为,人对客体的认识是从人对客体的活动开始的,思维和认识的发展是在实践活动中主体对客体的认识结构不断建构的过程。智慧源于活动,是动作不断协调、内化的结果。列昂节夫接受马克思关于现实的个人是他们的活动和他们的物质生活条件的产物的基本观点,将行为主义心理学的"刺激—反应"的二项图式改造为"刺激—主体的活动及其相应的条件、目的和手段—反应"三项图式,阐述了对象性实践活动在人的意识、心理以及个性形成中的作用。意识和个性都是在后天环境中通过主体的活动形成和发展起来的。相对于教师对学生施加影响的教育,自我教育应定位于学生及其在教师指导下的自主活动,具有更多的自控性和自调性,是影响学生自主发展的重要力量。自我教育理论为活动教学提供了强有力的支持。人的主体性的发展基础是实践活动,只有在活动中并通过活动,主体和客体、主观和客观才能得到统一,主体性才能不断生成、不断丰富。主体教育思想为活动教学的实施提供了重要的理论支持。

活动教学的概念辨析　人们对活动教学的认识存在一定分歧,有不同的理解。(1)活动教学是一种强调通过增加学生自主参与的各种外显活动来充分发挥学生的主体性、能动性、创造性,培养学生的探索精神,全面提高学生素质的教学。(2)活动教学是一种主张通过教师积极引导学生主动参与各种活动,充分弘扬儿童的主体性、创造性,以活动促进学生和谐发展的教育思想和教学形式。(3)活动教学是教学的一种基本形态,是教师指导下的,以技能性知识、情感性知识、问题性知识为基本内容,通过学生自主、开放、创造的实践活动,促使学生整体发展的教学。(4)活动教学在本质上是一种以活动促发展的教育思想,是以学生的自主活动为主要习得方式,具有改造因素和创造因素的教与学。(5)活动教学具有教学方法的规定性,是一种在活动教学思想的指导下,旨在克服教学中单一的采用抽象的符号形式的弊端,充分地调动儿童的多种感官和学习要素,把感知学习与操作学习融合在一起的一种教学方法。

(6)活动教学是在教师运用现代教育思想设计、组织和指导下，以学生主体的外显活动和内隐活动的有机结合为主要习得方式，以主动参与、自觉探索为特征，实现学生认知能力、情感意志、交往能力全面发展的过程。(7)活动教学是指以在教学过程中构建具有教育性、创造性、实践性、操作性的学生主体活动为主要形式，以鼓励学生主动参与、主动探索、主动思考、主动实践为主要特征，以实现学生多方面能力综合发展为核心，以促进学生整体素质全面提高为目的的一种新型教学观和教学形式。(8)教学活动是在教师精心设计和指导下，通过学生自觉的有意义的体验与建构活动，促进学生情意状态、认知结构和功能的改组、重建和发展的一种基本教学范型。

　　活动教学是针对传统教育的诸多弊端而产生的。活动教学也是基于未来社会发展对未来教育发展和人才培养的要求而存在的。活动教学是对以"知识本位"、"教师中心"为特征的传统教育不断反思与超越的产物，是在与传授式教学相比较、相融合互补的过程中逐渐形成的一种教学形式。它是对传统教学的改造和根本性变革，以实现从以灌输、讲授为主的教学形式向以活动为主的教学形式的转变。多年的实践表明，活动教学既不同于杜威的"做中学"，也不同于传统教学。它的具体表征有四点。(1)把"以活动促发展"作为指导思想。"以活动促发展"是活动教学的立论基础和实践切入点，是活动教学的精髓和灵魂。活动教学重视活动的育人价值，认为活动是实现人的发展的必由之路。学生的主体活动是学生认知、情感、行为发展的基础，无论是学生思维、智能的发展，还是情感、态度、价值观的形成，都是通过主客体相互作用实现的，而主客体相互作用的中介正是学生参与的各种活动。(2)以活动作为自己的基本原则。活动是人发展的源泉和动力，也是人学习和发展的

基本途径，活动对于成长中的儿童和学生具有重要意义。这就要求课堂教学要以活动为重要形式，教学程序的安排、组织和实施必须突出学生的主体活动。活动教学与杜威的"做中学"有本质的区别，杜威是以实用主义为理论基础，把活动作为学习的唯一方式，否定其他教学形式，以儿童为中心，否认教师的主导作用。而活动教学是以马克思主义的认识论和实践论为理论基础，认为活动教学是学生发展的基本途径，可与其他教学途径或形式相结合，既要尊重学生的主体地位，又要发挥教师的主导作用。(3)强调活动的自主性、开放性和创造性。活动教学从目标、内容、过程、方法、结果等方面都要体现这三种特性。学生在活动全过程中，自始至终都表现出自觉主动的行为，学生可以不受书本和教室的限制与束缚，采取多种多样的方式和途径，丰富直接经验，为学生的发展和创造提供有利条件。(4)重视活动的教育价值。传统教学强调学生认知的结果，注重对知识技能的学习和掌握，忽视学生活动过程的教育价值。与传统灌输教学不同的是，活动教学强调学生素质中的态度、情感、能力以及与他人合作、责任心等个性品质的培养；实现的程度与水平如何，则取决于学生在活动过程中的选择与发展机会。活动的教育价值，不仅体现在活动结束时获得的某种结果上，更体现在活动过程中学生全面素质的培养上。

参考文献

　　李定仁，徐继存.教学论研究二十年[M].北京：人民教育出版社，2001.

　　田慧生，郁波.活动教学研究[M].武汉：湖北科学技术出版社，1999.

（刘启迪）

J

基于问题的学习（problem-based learning, PBL）一种教学模式。强调把学习置于真实的问题情境,在学习者小组合作解决问题的过程中,引导学生自主学习与解决问题相关的知识并直接应用于解决问题,从而形成高级认知技能、自主学习能力以及合作能力,并激发学生内在学习动机。

基于问题的学习体现建构主义的学习观和教学观,20世纪50年代形成于美国哈佛大学医学院,运用于医学教育。此后在60多所医学院校的教学实践中不断实施与完善,并逐渐推广到商学院、教育学院以及建筑、法律、工程、社会工作学院和一些高级中学等。

基于问题的学习最早主要应用于医药学科开始两年的教学中,在解剖学、药理学和生理学等学科中代替了传统的课堂讲授法。一般方法是,学生进入医学院校后被分成小组,每组5人,每个小组分配一名辅导员;之后给学生呈现问题。呈现问题的形式是病人带着症状来到学生面前,学生的任务是给病人诊断病情,阐明诊断的合理性并给出治疗建议。基于问题的学习的基本过程可以归纳为:(1)组织小组,一般每5人一组。(2)向学生小组呈现问题,学生就问题进行讨论。(3)根据学生小组成员具有的知识和经验产生关于问题的假设。(4)鉴别案例中的相关事实,并确定为解决问题需要学习的要点,学习要点是指与问题相关的小组成员应当理解但当时还不理解的主题内容。(5)学生就学习要点开始进行自我指导的学习(自主学习),收集资料;有一些指定的教职人员可以提供咨询,学生也可以向他们寻求信息;学生自学后再次碰面,评价各自获得的资源是否有用,之后在一种新的理解水平上进一步针对要解决的问题进行工作,这个过程中可能又会产生新的需要学习的要点,之后再去学习。(6)通过学习,重新验证问题并论证假设,提出这种假设的合理性,给出解决问题的方案或建议。(7)各小组成员向全班同学进行汇报,相互交流与评定,评定包括同伴评价和自我评价,主要针对自学、问题解决和作为小组成员的合作技能等方面进行评价。(8)对整个问题解决过程进行反思。

基于问题的学习模式的特点:(1)不给学生提供预先指定的目标,而是由学生自己根据对问题的分析产生学习要点(目标),也没有指定的教科书,而是由学生根据解决问题的需要,自行从图书馆、计算机数据库或教师及其他人那里收集信息。(2)测验是整个学习过程的一个组成部分,但不是围绕事先指定的学习内容,而是围绕学生自己确定的学习要点进行。(3)教师或其他教职人员不是以传授知识的角色出现,而是以学生解决问题和学习过程中的促进者的身份参与整个过程,是学生的一个重要的信息来源和咨询者;同时引导学生自学,并通过一些引导性提问来发展学生的元认知,通过不断激发学生的内部动机、提高学生的元认知水平和自学能力体现教师的主导作用。(4)相对于学习结果,更关注学习过程,关注学生在解决问题过程中的不断学习。

基于问题的学习模式的教学目标:建构广泛而灵活的知识基础,在解决问题中学习和应用知识;发展有效解决问题等高级思维技能,如批判性思维、创造性思维;发展自主学习的终身学习技能;成为有效的合作者以及内在的自我激励者。

（刘美凤　王雅杰）

基于项目的学习（project-based learning, PBL）一种教学模式。时间较长,跨学科,以学生为中心,并结合真实世界的问题与实践进行学习。与以课堂讲授活动时间短、学科分立、以教师为中心等特点的课堂教学模式相对。是教育技术学管理范畴中的项目研究在教学中的应用。项目是指一系列独特而相互联系的任务,可以来自现实世界,也可以是教师为了让学生理解概念或原理而专门设计的与现实生活相关的任务。与实际工作场合中的项目研究主要为了完成任务不同,基于项目的学习主要是以学习和应用学科的概念或原理为中心,通过让学生参与现实生活中的项目研究,以便在实际问题情境中建构属于自己的知识体系,并运用于现实社会。基于项目的学习一般最终要形成一个产品或一份研究报告作为项目成果,并期望成果能够推广使用。

基于项目的学习的特点:(1)项目所包含的任务发生

的情境与学生的实际生活或社会密切相关。基于项目的学习需要提供真实的或通过技术模拟真实的学习环境,这个环境中包含详细的知识或技能内容,并且具有一个驱动或引发性的研究项目。由于研究项目与社会或学生的实际生活相关,学生比较容易投入到整个学习过程中,从而激发学生的动机。(2)项目内容具有跨学科性质。基于项目的学习活动可以发生在单门学科或综合学科性质的教学过程中。由于在实际项目完成过程中可能涉及多门学科的知识,就可以将不同课程的内容组合到一起,有助于学生理解所学内容之间的相互关系,并有益于帮助学生建构一个更良好的认知结构与知识网络。(3)这种学习活动形式尊重并有助于发展学生的个性与潜能。基于项目的学习可以由学生自己确定选题并进行设计,自己决策寻求答案和解决问题的方式,为学生提供追求自己的兴趣(或问题)和自己决策的机会,使学生的个性得到尊重与发展,提高学生对自己学习的责任感和控制能力。(4)学习过程中需要运用多种认知工具和信息资源。基于项目的学习鼓励学生使用课本以外的资源进行项目研究。(5)有利于培养学生独立思维、与人合作以及解决问题的能力。在学习和探究过程中,基于项目的学习鼓励学生进行协作式学习,独立地、批判性地、有创造性地考虑问题并交流学习结果,可以培养学生解决现实世界问题的技能、与他人一起工作的能力、进行周密决策的能力和独创性以及解决复杂问题的能力。基于项目的学习是一种帮助学生适应未来职业要求的学习形式。(6)教师在基于项目的学习中可以承担教练、促进者、学习伙伴等不同角色,而不仅仅是知识传授者。(7)基于项目的学习也具有一定的社会效益。教师和学生可以与校内外更多的教师、同学和相关人员建立联系。通过基于项目的学习,学生完成项目的过程记录和最终项目作品可以与教师、家长、顾问和社区共享。学生制作的作品也可以提供给商家销售,从而获得一定的经济效益。

基于项目的学习的一般步骤:教师先讲解有关学习内容;再由学生选择或寻找项目,并根据项目进行分组;小组人员进行分工与协作,共同研究项目,并可以得到教师的辅导;项目完成后,由各个小组向全班同学和教师汇报,听取意见;小组间相互评价同组内同学互评、自评、教师评价相结合等。

(刘美凤　王雅杰)

基于资源的学习(resource-based learning)　一种教学模式或教学策略。不通过上课而通过与广泛的学习资源交互作用进行学习。学习资源是指所有可以利用的印刷媒体和非印刷媒体,涉及书本和文章、音像资料、电子数据库以及其他基于计算机、计算机多媒体和计算机网络的资源等。基于资源的学习的思想与美国学者萨奇曼开发的探

究训练教学模式有紧密关系。这个模式的主导思想是,科学家用于解决问题和探索未知领域的策略能够也应该可以教给学生,同时坚信学生的独立学习和积极参与对学习非常重要。萨奇曼认为,当给学生提供任务或他们面对真正感兴趣的问题时,他们学习得最好,这也有利于培养学生应对日常生活或工作环境中各种问题的能力。基于资源的学习本质上是一种探究式学习,其主要目的是培养学生独立学习或探索的能力,同时尊重并注重培养学生的个性。这是由于它允许学生针对同一问题选择自己喜欢的方式来研究解决,可以根据自己的学习风格、兴趣和能力水平进行灵活调节,这种学习方式是个别化的或个性化的。

基于资源的学习通常遵循以下指导原则或步骤进行开发:(1)选择一个要研究的问题,并确保这个问题适合学生通过资源进行探究和学习。保证要研究的问题是有意义的,并对学生具有一定的挑战性,以便激发学生利用资源进行探索的求知欲。(2)以书面形式呈现给学生问题、疑问或令人困惑的情境。(3)确定具体的探究性教学目标。让学生清楚学习之后要形成的成果和完成项目的时间,并告诉学生完成项目的过程将会被评估。(4)选择合适的资源以便获取有用的数据进行研究。(5)介绍整个学习或探究过程。学生只允许问"是"或"否"的问题,而不能问需要教师对此进行解释的问题,目的是要求学生从资源中自己发现或形成对问题的答案或解释,并希望学生能够记录自己所选用信息的来源。学生要呈现他们的答案并进行论证,同时描述搜寻信息的过程。信息搜寻可以按全班的形式进行,也可以按照小组或个人的形式进行。(6)收集、评价和组织数据材料。让学生对收集的信息或材料进行评价,看是否与研究的问题相关。(7)形成一个解决问题或疑难的答案。学生总结、解释、推理并分析他们记录的信息并用信息支持他们的结论。(8)解释答案,学生通过演讲阐释观点。(9)分析研究过程。学生对他们研究问题的过程进行讨论,分析探究方式的优劣。(10)评价成果。学生对自己的研究成果提供书面或口头的评述意见,教师给学生提供反馈,说明他们的成果是否达到教学目标。

基于资源的学习最初并非针对信息社会培养学生的信息素养提出,但它确实能够培养学生根据问题检索相应的信息、判断与选择信息以及分析信息、处理信息、评价信息,并通过有用的信息解决问题的能力。在基于资源的学习环境中,教师鼓励学生主动学习而不是被动学习,让学生参与到探究式学习的过程中,为自己的学习承担责任,培养原创力和创造力,形成问题解决、决策和评价的技能,从而形成一种较广阔的世界观。所有这些素质都是信息社会或学习型社会中人们终身学习所必需的。技术的发展为基于资源的学习提供了更大的可能性以及资源的丰富性,并使其日益受到教师和学生的青睐。

人力资源亦是基于资源的学习可以利用的一种资源。实际生活中,人力资源是解决问题必不可少的资源之一。对有关专家和教师的访谈和研讨会进一步促进学生的思考和知识的拓展,也有助于学生建构自己的知识体系;访谈或研讨过程本身也是一个不断探究的过程,与基于资源学习的宗旨一致。针对不同年龄段或不同学习阶段、不同学习风格的学生,需要提供不同的资源环境或不同的指导,以免在数量众多的资源中迷失方向、浪费时间,或产生沮丧情绪,从而影响学习效果和效率。开展基于资源的学习还需加强对资源库的规范建设和科学管理。

(刘美凤 杜 媛 黄少颖)

激励理论与教育管理(incentive theory and educational administration) 在教育管理工作中运用激励理论,有助于调动、激发人的积极性和创造性。激励理论是行为科学的核心内容。在心理学中,激励是根据人的需要激发动机,使人努力朝既定目标前进的心理过程。在管理学中,激励指强化与组织目标相符合的个人行为,最大限度地开发和运用人力资源,更好地实现组织目标的管理行为。激励理论是对激励要素及其关系的阐述与说明,旨在揭示激励机制,指导管理实践。20世纪20—30年代起,管理学家、心理学家和社会学家从不同角度研究管理中的激励问题,提出许多激励理论。(1)行为主义激励理论。包括经典行为主义激励理论、新行为主义激励理论和行为修正激励理论。经典行为主义激励理论以美国心理学家华生的行为主义心理学为基础,认为人的行为(R)与刺激(S)之间具有直接联系,其公式是 S—R,激励理论研究的主要任务是由刺激推测反应,或由反应推测刺激。在管理中,刺激的主要手段是物质刺激。新行为主义激励理论在经典行为主义的公式中加入主观因素的环节(O),其公式是 S—O—R,认为人的行为不仅依赖刺激,还受主观意图、思想、目的等的影响。管理上不能仅靠外在的刺激变量,还要考虑人的主观意图。行为修正激励理论以美国心理学家斯金纳提出的操作性条件反射理论为基础,认为人是由反应达到目的、满足需要的,其公式是 R—S,有利的行为结果会反过来强化行为,反之则促使行为消失。这为管理中建立奖励与惩罚制度提供理论依据。(2)认知派激励理论。认知心理学认为,把人的行为简单看作神经系统对刺激的反应不符合人的心理规律,应关注人的思想意识、目的、需要等内在因素。认知心理学的观点导致管理学中产生三种激励理论。一是内容型激励理论,着重研究激发动机的因素。包括:需要层次理论,双因素理论,生存、关系、成长理论,成就需要理论等。需要层次理论由美国社会心理学家马斯洛提出,把人的需要分为由低到高不可越级的五个层次:生理需要、安全需要、归属与爱的需要、尊重需要和自我实现的需要。双因素理论由美

国心理学家赫茨伯格在20世纪50年代后期基于对11个商业机构进行的调研提出。他认为导致对工作满意或不满意的因素有两类,即满意因素和不满意因素。导致满意的因素称"激励因素",能激发人的内在工作动机,提高工作效率,主要有成就、认可、工作本身的吸引力、责任及发展等;导致不满意的因素称"保健因素",只起维持和预防作用,无激励作用,主要有企业政策与行政管理、监督、工资、人际关系与工作条件等。生存、关系、成长理论由美国管理学家奥尔德弗在对工人进行大量调查的基础上形成,认为人的需要有三种,即生存、关系和成长,生存的需要是基本的,关系的需要包含马斯洛爱与归属的需要,成长的需要指个体在事业与工作上的发展,这三种需要是后天习得的,且可相互越级。成就需要理论由美国行为科学家麦克利兰提出,认为人有三种基本需要,即成就需要、权力需要和情谊需要。其中成就需要的高低对个体、企业和国家的发展具有重要作用,成就需要高者一般很关心事业的成败,喜欢接受挑战,意志坚定。管理中需要通过教育来培养和提高人的成就需要。二是过程型激励理论,着重研究从产生动机到采取行动的心理过程。具体包括期望理论、公平理论和归因理论等。期望理论由美国管理学家弗鲁姆提出,认为个体从事某项活动的动力强度取决于该项活动所产生成果的吸引力和该项成果的实现几率,用公式表示:$M = V \cdot E$。式中,M 代表激励力量,即动机强度;V 代表效价,即个体对某项活动可能产生的成果的评价;E 代表期望值,即个体达成某种结果的可能性。管理即通过调整效价与期望值,使激励力量达到最大。公平理论由美国行为科学家 J. S. 亚当斯提出,着重研究工资报酬的合理性、公平性及其对职工工作积极性的影响,认为对职工的激励是职工的投入对报酬同所了解的其他职工的投入对报酬的比率的一种函数。如果职工对自己的工资报酬进行社会比较和历史比较的结果表明收支比率相等,则会产生公平感,因而舒心、努力地工作。管理中可运用这一理论创设公平的工作氛围。归因理论由美国心理学家 B. 维纳等人提出,试图为寻找人的行为的心理解释提出一种推测模式。主要包括行为归因、心理活动归因和对人的行为的预测。集中研究两方面内容,即对行为的外部归因和内部归因,以及人们对成功与失败的归因倾向。关于外部归因与内部归因,归因理论提出一贯性、普遍性与差异性三条归因标准;关于成功与失败归因的倾向,归因理论提出努力、能力、任务难度与机遇四个因素,可分别从内外因、稳定性与可控性等维度进行分析。不同的归因对积极性产生不同的作用。三是综合型激励理论。1968年 L. W. 波特和劳勒在弗鲁姆模式的基础上,综合行为主义激励理论与认知派激励理论,提出综合型激励模式。该理论将激励分为内在激励和外在激励,内在激励的内容包括劳动报酬、工作条件、企业政策等,外在激励的内容包括社

会因素和心理特征因素,如认可、人际关系等,从而将工作绩效、内外激励、刺激与内部条件统一起来。管理中运用该理论,要求管理者综合考虑激励的因素与过程以及工作的内外部条件,以获得良好的激励效果。

在教育管理中运用激励理论,具体要求教育管理者学习运用激励理论激发教职员工的工作热情、事业心、责任感和成就欲,善于分析和研究教职员工、学生的需要层次和结构,改善学校内外的人际关系,增强团队意识和组织凝聚力,不断增强学校管理集体的影响力。主要集中在三方面。一是探索教育管理中的制度激励。通过制度明确各层次和各部门的职责与义务,使各层次和各部门的责、权、利统一,激发不同层次和不同部门的办学积极性和创造性。二是构建教育管理的激励机制。调动教职工的积极性,发挥教育管理中人力资源的最大效能,是教育管理的关键问题之一。教育管理中的人事制度改革涉及教育人才引进、管理、培训、考核与奖惩等,其核心问题即开发和挖掘人力资源潜能,使之成为现实的生产力,激励理论能为此提供有效指导。三是营造激发学生主动学习的氛围。教育的对象是有生命、有思想的人,教学是教与学的互动过程,调动学生学习的积极性和主动性是教育管理中的重要课题,借鉴管理行为学和管理学中的激励理论,可改造教育教学行为。

(汤林春)

集中量数(central measures)　描述和反映一组数据集中趋势的统计量或特征数。显示随机变量的分布有大量数据向某点集中的趋势,即在某点附近取值的概率较其他点大的趋势。常用的集中量数有算术平均数、中数、众数、加权平均数、几何平均数和调和平均数。

算术平均数(algorithm mean)　简称“平均数”或“均数”(mean)。同质的观测数据的总和除以观测次数所得的商数。只有在与其他几种集中量数相区别时,才称算术平均数。一般用符号 $\overline{X}$ 或 M 表示。对于没有分组的数据,

$$\overline{X} = \frac{\sum X_i}{n}$$

式中,X_i 为各观测值,$\sum$ 为连加符号,n 为样本容量。对于已分组的数据,

$$\overline{X} = \frac{\sum f_i X_{ic}}{n}$$

式中,X_{ic} 为各区间的组中值,f_i 为各区间的次数,n 为数据的总次数。

算术平均数是应用最普遍的一种集中量数,它反应灵敏、确定严密、简明易解、计算简单,有利于进一步作代数运算,较少受抽样变动的影响等。但是易受极端数据的影响;出现模糊数据或者不同质的数据,无法计算算术平均数。

中数(median)　亦称“中位数”、“中点数”。指位于一组数据中较大一半与较小一半中间位置的那个数。通常用符号 Md 或 Mdn 表示。若数据为没有分组的原始数据,则确定中数时首先将数据按从大到小或从小到大的顺序排列,若数据个数为奇数,中数即为第 $(n+1)/2$ 个数的数值;若数据个数为偶数,中数即为第 $n/2$ 个与第 $n/2+1$ 个数值的平均数。若在数列的正中间位置出现重复数,则首先假设位于中间的几个重复数目为连续数目,取序列中上下各 $n/2$ 那一点上的数值为中数。例如,在数列 2,4,5,5,5,6,7,7,9 中,首先用 $(n+1)/2$ 求得中数是在第三个 5 的位置,其次把重复数 5 看作是连续数,第一个 5 落在 4.5～4.83 这一区间,第二个 5 落在 4.83～5.16 这一区间,第三个 5 落在 5.16～5.5 这一区间,第三个 5 的中点为 5.33,所以该组数据的中数为 5.33。若数据个数为偶数,方法同奇数基本相同,只要求中间两个数据的平均数即可。

中数概念简单明了,容易理解,计算简单。但它反应不灵敏,没有充分利用数据提供的信息,受抽样影响较大,也不利于进一步作代数运算。在实际应用中,中数不被普遍采用,只应用于一些特殊情况,比如:当一组数据中有极端数据出现时;当次数分布的两端数据或个别数据不清楚时;当需要快速估计一组数据的代表值时。

众数(mode)　亦称“范数”、“密集数”、“通常数”。指在次数分布中出现次数最多的那个数。通常用符号 Mo 表示。可用观察法直接求得。通常在正态和近似正态的情况下,采用英国统计学家皮尔逊提出的利用中数和算术平均数计算近似众数的公式:$Mo = 3Md - 2\overline{X}$。当次数分布比较偏斜而众数所在组的上下各组的次数相差较大时,则可用金氏插补法计算。计算公式:

$$Mo = L_b + \frac{f_a}{f_a + f_b} \times i$$

式中,L_b 为众数所在组的精确下限,f_a、f_b 为众数所在组上下相邻两组的次数,i 为组距,利用公式计算得出的众数称数理众数。

众数概念简单明了,容易理解。但它不稳定,受分组和抽样变动影响,计算时不是每个数据都加入运算,反应不灵敏,也不利于进一步作代数运算。它不是一个优良的集中量数,应用不广泛,只有在特殊情况下用到:当需要快速而粗略地寻求一组数据的代表值时;当一组数据出现模糊数据时;当次数分布中有极端数目出现时,等等。

加权平均数(weighted mean)　描述一列数据中彼此重要性不同的各个量数的一种平均数。用符号 Xw 或 Mw 表示。通常按各量数重要性的比例,给予一定权重(即权衡轻重的数值),将每一量数与其权重相乘,再将乘积一一相加,求出总数后除以权重之和得到。计算公式:

$$Mw = \frac{w_1 X_1 + w_2 X_2 + \cdots + w_n X_n}{w_1 + w_2 + \cdots + w_n} = \frac{\sum w_i X_i}{\sum w_i}$$

式中，X_i 为各观测数值，w_i 为各观测数值的权重，若各个观测数值在数列中具有相同的重要性，均以 1 为权重时，则成为一般的算术平均数。由各小组的平均数计算总的平均数是应用加权平均数的一个特例，如将各小组的平均数记为 $\overline{X_i}$，各小组的人数记为 n_i，总平均数记为 $\overline{X_T}$，则可根据加权平均数，得出由各小组的平均数计算总平均数的公式：

$$\overline{X_T} = \frac{\sum n_i X_i}{\sum n_i}$$

几何平均数（geometrical mean）　亦称"对数平均数"。用符号 Mg 表示。计算方法为 n 个正数值乘积的 n 次根，计算公式：

$$Mg = \sqrt[n]{X_1 X_2 \cdots X_n}$$

式中，n 为项数，X_i 为变量的各数值。在教育心理学中，用几何平均数表示集中趋势主要有两种情形：一种是直接应用基本公式计算，属于这种情况的是一组实验数据中有少数数据偏大或偏小，数据的分布呈偏态；另一种是应用几何平均数的变式，即对数公式来计算，属于这种情况的是一组数据彼此间变异较大，几乎是按一定的比例关系变化，主要用于计算平均增长的比率，如计算儿童身高的增长率、学习进步率、招生人数增长率、教育经费增长率等。

调和平均数（harmonical mean）　亦称"倒数平均数"。指各观测值倒数的算术平均数的倒数。用符号 M_h 表示。计算公式：

$$M_h = \frac{1}{\dfrac{\sum \left(\dfrac{1}{X_i} \right)}{n}} = \frac{n}{\sum \left(\dfrac{1}{X_i} \right)}$$

式中，n 为项数，X_i 为变量的各数值。对于分组数据，计算公式：

$$M_h = \frac{1}{\dfrac{\sum f_i \left(\dfrac{1}{X_i} \right)}{n}} = \frac{n}{\sum \left(\dfrac{f_i}{X_i} \right)}$$

式中，f_i 为 X_i 出现的次数。在心理研究和教育研究中，调和平均数主要用于描述学习速度方面的问题。调和平均数作为集中量数之一，在描述学习速度中的集中趋势方面优于其他集中量数。

（孟庆茂　刘红云）

计算机多媒体教材（computer-based multi-media instructional material）　亦称"计算机多媒体教学软件"、"计算机多媒体教学材料"、"电子教材"。一种利用计算机存储和传递教学信息的计算机多媒体软件。与特定的教学或培训内容密切相关，用于系统地对特定对象进行教学，以实现预期教学目标和培训目标。在计算机网络普及之前，通常借助 CD－ROM 传播，作为程序在独立的多媒体计算机上运行。随着网络带宽增大，越来越多的计算机多媒体教材通过计算机局域网或者因特网发布；随着网络多媒体技术（例如流媒体技术）日趋成熟，计算机多媒体教材逐步网络化，例如采用 Web 网站的形式，用户借助因特网访问 Web 教学服务器获取多媒体教学信息，进行教与学的活动。

计算机多媒体的媒体特性

计算机多媒体作为新一代的数字教学媒体，与幻灯、电视、录音机等教学媒体存在鲜明差异，较之早期的个人计算机，其教育功能显著增强，主要表现在信息的集成性、交互的智能性和功能的开放性三个方面。

信息的集成性　教学中会使用各种表征形式的信息，在传统教学中，这些信息通常借助不同的媒体记录和表征，如幻灯之于图片、录音机之于声音等。计算机多媒体把多种媒体的功能整合在一个系统中，形成有机整体，把文本、图形、图像、声音、动画、视频等各种信息进行数字化后集中处理，效果远好于以往的多种媒体组合。计算机多媒体对信息的高度集成改善了教学信息的表达，使教学信息表现更准确，提高了教学的科学性；教学信息更丰富，教师可以在教学中提供多种感官的、大量的感性材料；使用方便，有利于教师在教学中开展各种各样的教学活动等。

交互的智能性　传统的教学媒体受技术限制，通常仅承担教学信息单向传递的任务，学习者多是被动接受教学材料。计算机多媒体具有强大的交互性和类似人类智能的数据处理能力，不但可以传播教学信息，而且可以根据信息的使用情况给予有针对性的反馈，动态调整教学活动，实现一定程度的双向教学。计算机多媒体的交互性是建立个别化学习系统的基础，利用这些实时、智能的交互功能，教学可以根据学习的需要和结果来开展，有利于体现以学习为中心的观念，突出学习者的主体地位，有助于学习者充分参与教学活动。

功能的开放性　在计算机多媒体出现之前，任何一种媒体进入教学领域都带有明确的任务和目的，有自己独特的媒体特性和教学功能，通常离不开教师的参与。计算机多媒体在进入教学领域时则具有广泛的任务和目的，不但是一种功能较全面的教学媒体，更是一种环境、工具和文化。计算机多媒体在教学的各个方面、各个层次都发挥作用，体现其教学功能的开放性。它可以创设情境，提供资源环境,展示信息,促进个别化学习并作为认知工具;可以激发兴趣,传授知识,训练技能,培养学习者多方面的能力,提高信息素养。随着计算机网络的发展和普及,多媒体的开放性还表现在可以提供不受时空限制的学习机会,为人们的自主学习、终身学习提供了技术保障。

计算机多媒体教材的应用领域

计算机多媒体教材广泛应用于各级各类教育,辅助教师的课堂教学,支持学习者的个别化学习和合作学习。可应用于不同层次的教育,如基础教育、高等教育、企业/职业培训等;服务于不同年龄段的学习者,如儿童、青少年、成年人等;应用于不同形态的教育,如传统的面对面的课堂教学、教学行为在时空上分离的远程教学等。

辅助课堂教学　计算机多媒体教材在课堂教学中可用于展示教学内容,采集学生学习过程信息,开展个别训练等。在课堂教学过程中,计算机多媒体教材通常是辅助性工具,用来帮助教师更好地完成教学任务。教师可借助多媒体工具自行开发所需的多媒体教材,选择商业化教学软件,或者从学校已有的数字化学习资源中进行挑选、组合、改造后使用。

支持个别化学习　支持学习者个别化学习是计算机多媒体教材的重要应用领域,学习者可以根据自己的兴趣、需要选择多媒体教材,在家庭、学校或社会学习机构中开展个别化学习。在这种学习模式中,学生主要依赖教材的指导和导航策略进行学习,并依靠自我评价和反馈信息来控制学习过程,学习的自主程度较高。支持个别化学习的计算机多媒体教材类型多,根据主要教学活动类型可分成以下类别:(1)辅导型教材利用软件模仿教师对学生进行个别辅导。这种教材一般采用程序教学的思想,适合以传授概念、公式、规律等新知识为目标的教学活动。(2)模拟型教材是在控制状态下对真实现象(如各种自然现象、社会现象、设备操作等)的表现。根据一定的教学需求,利用计算机模仿和再现真实的情境是教学模拟的重要形式之一。这种教材提供了新的方法和手段,以完成许多在真实条件下难以完成或实现的实验(例如费用昂贵或包含危险因素等);用于演示在课堂教学中难以观看到的现象和过程;用于对学习者进行某些操作技能技巧的训练;还可以让学生在与模拟系统的交互作用中进行探索、发现和学习。(3)游戏型教材通过提供富有趣味和竞争性的学习环境来激发学习者的学习动机。必须包含如下要素:竞争目标;两方以上的游戏参与者,其中一方可由计算机扮演;游戏规则;结束时间。大多数教学游戏还有随机变化、形象生动的特点,能使教学活动更加生动多变。(4)发现学习型教材为学习者创设符合学习主题的情境,并提供探索、分析和掌握新概念

和原理的工具,让学生自主获取新知识,并在探索过程中发展更高层次的认知能力。(5)问题解决型教材通过计算机呈现问题情境,让学生自己确定问题、提出假设、建立和验证解决问题的方法。这类教材有利于培养学生解决问题的能力,越来越被重视。

支持合作学习　指利用计算机多媒体教材支持学生、同伴之间的交互活动。在计算机网络通讯工具的支持下,学生突破时空限制,进行同伴互教、小组讨论、课题合作等学习活动。

计算机多媒体教材开发

计算机多媒体教材是利用计算机多媒体软件和硬件来存储和传递教学信息,开展教学活动。其开发过程是一个教学设计过程,也是一个软件工程过程。开发计算机多媒体教材要求以下几类人员:(1)教学设计人员,在教学设计阶段起主导作用,在制作阶段起监督、支持和评价作用。(2)学科专家或者有经验的学科教师,在教学设计阶段选择和确定教学内容,安排教学内容的顺序,设计教学策略,在评价阶段可以作为用户试用教学软件,也可帮助组织和协调学生的试用活动。(3)程序编制人员,负责编制计算机程序和集成各种素材。(4)素材制作人员,负责收集、整理、加工和生成各种所需的素材,具体包括美术设计和制作人员、语音处理人员、音乐编辑人员、视频加工人员等。(5)技术支持人员,负责技术问题解决、设备维护等。(6)外围支持人员,指临时需要的人员,比如视频中的演员、配音演员、非计算机领域的技术人员、聘请的专家等,仅在某一阶段参与教材开发工作。

开发计算机多媒体教材通常需要不同领域人员的合作,周期长、头绪多、投入大,开发过程的管理和控制对保证多媒体教材开发过程的效果、效率和效益很重要。计算机多媒体教材开发过程整体上可以概括为多媒体教材的教学设计、多媒体教材的制作以及多媒体教材的评价与推广三个阶段。

多媒体教材的教学设计　多媒体教材的教学设计由教材开发的计划与组织、教学任务分析、整体设计三个连续的阶段组成。教材开发的计划与组织阶段可进一步细分为需求分析、市场调查、可行性分析、分析费用/效益比等四个方面的工作。需求分析亦称必要性分析,是所有后续工作的基础。设计者通过文献调查、专家访谈、一线教学实践调研、个案分析等方法收集数据,判断是否存在需要解决的教学问题。需求分析是确定教学问题的过程,也是为后面的工作确定目标和方向的过程。市场调查是对已有产品的调查,要明确几个重要问题:是否已经有类似或相关的同类产品?已有产品是否能够满足大多数用户的需要?产品用户

结构是否存在不同的层次和类型？潜在用户的数量是否很大？等等。可行性分析要明确两个问题：多媒体教材能否充分解决问题？是否具备多媒体教材开发的各种条件和基础？分析费用/效益比要求设计者对问题的各种解决方案进行费用/效益比的横向比较。不同的问题解决方案在效果、效率等方面均可能存在差异，只有多媒体教材具有较低的投入/产出比时，开发和使用多媒体才是最具有投资效率的问题解决方案。经过充分的计划和组织工作，并确定教材的主题和任务后，就要对整个任务进行深入细致的分析，寻找并发现完成任务的最佳策略，该阶段即教学任务分析。这一阶段的工作主要包括用户分析、内容分析、制订教学策略等。用户分析和内容分析是这一阶段工作的基础，基于准确的分析结果制定的教学策略是该阶段的工作成果。用户分析就是要分析用户的哪些特点有利于他们达到预期教学目标，哪些特点会影响他们使用产品，用户的特点是制订教学策略的重要依据。这一阶段不但分析用户的一般特点，即潜在用户的共同特点，如心理发展水平、社会和文化背景等，还应分析用户的个别特征，如用户的初始水平与期望、学习的偏好与倾向、计算机方面的背景知识和经验、个人的时间和资源限制，以及用户对产品的内容、功能、形式等的期望。内容分析的任务是使每一种教学材料都有足够的教学内容，这些内容不但有一定的数量和质量，还应同目标紧密结合，并得以合理地组织和分配。制订教学策略是指合理地组织和安排教学顺序，选择恰当的教学方法，设计具有实效的教学活动。在制订出有效的教学策略之后，关于教学方案的分析和设计就已结束，然后要考虑如何借助多媒体实现这一方案，这就需要对将要编制的多媒体教材进行整体设计。该阶段的主要工作是教学管理系统设计、界面和交互设计、脚本编写。该阶段的成果是素材制作和程序编写工作的依据。要保证教学能够顺利开展，就必须对教学进行有效管理，尤其在个别化教学中，缺乏教学管理易造成学习过程中的混乱和障碍。教学管理系统设计具体包括：记录用户信息，如身份信息、使用信息和状态信息等；根据学习者的信息进行评价与诊断，进而给出反馈和建议。界面和交互设计具体包括主界面设计、各种功能窗口设计和交互设计。界面和交互设计过程一定要以信息传播、感知心理学等理论为基础，并结合用户的特点来开展。脚本编写是记录设计方案及其细节的文本编写。脚本应清楚地表现设计者的设计思想、产品的整体设计方案。脚本可以展示设计成果，方便开发人员之间的交流。脚本编写是产品设计细化的过程，也是后续制作工作的重要标准。不同阶段、不同人员需要不同类型的脚本，多媒体教材开发过程中通常会形成文字脚本、制作脚本和素材脚本。文字脚本一般由学科专家或教师编写，应能提供内容结构、具体的知识点、常用的教学方法和教学目标，通常只是对教学的陈述。制作脚本为软件开发人员服务，在文字脚本基础上产生；制作脚本应提供详细的教学单元的组织结构、软件的功能、屏幕显示的组织和安排、超文本链接关系、应用的素材等内容，软件开发人员能够按照脚本开发出整个软件。素材脚本为素材制作人员编写，应提供产品中所有素材的形式、内容、技术要求等方面的详细描述，素材制作人员根据脚本中的描述和要求完成各项素材的编制。

多媒体教材的制作　教学设计阶段完成后，多媒体教材开发进入制作阶段。教材制作的具体过程因需求、设计不同而形态各异。多媒体制作的基本过程包括准备、原型制作、形成性评价、正式制作、测试与实验五个阶段。在准备阶段，有关人员将为接踵而来的各项工作做好物质准备和精神准备，包括准备制作阶段所需的资金、场地、硬件设备、软件、人员、支持性材料等。产品原型是指能够表现产品各方面特点的缩微产品。对复杂的多媒体教材来说，原型制作是必不可少的一个步骤。原型制作除了具有解决开发过程中的技术问题、磨合开发队伍、更准确地估计项目进度、验证软件设计的可行性等作用外，对于教材的交互设计和界面设计尤其有益。形成性评价是指在原型制作结束后，以原型软件和相关文字材料为基础，以原型软件及其制作过程为对象而开展的评价。一般来说，开展形成性评价旨在发现设计和制作方案中存在的问题，以及整个开发过程中影响制作效率的因素。在确定原型已符合预定的要求之后，就可以全面地制作产品。正式制作的任务是有效地组织人员编制各种素材和程序。测试与实验阶段是指在产品制作完成后，对产品的技术性能和教学价值进行实际检测的过程。测试可以帮助开发人员发现潜在的错误和缺陷，测试执行人员最好包括制作人员、技术专家、教学设计专家、用户等。实验是指将产品交付给一定数量的最终用户使用，通过调查这些用户使用产品的结果来评价产品的使用效果和可接受程度。一般来说，实验不是为了证明产品是否有效，而是鉴别产品对哪些用户更有效。如果需要，可以设计一些调查表或问卷让被试用户填写。

多媒体教材的评价与推广　多媒体教材制作完成后，即进入多媒体教材的评价与推广阶段。多媒体教材的推广是指有目的、有系统地通过信息交流，使他人了解并接纳多媒体教材。它与一般商业产品的推广相似。这一阶段的评价是总结性评价，其目标不是为了改进开发过程，而是为了评估开发过程的产出——多媒体教材的质量，即它是否适合期望的学习者、学习目标达成度和教学效果，以及影响其作用发挥的因素有哪些，与类似教学产品相比所具有的优势和存在的缺陷等。对这些问题的回答不但有利于提高多媒体教材开发工作的质量，而且有助于教学材料的市场推广和最终用户的使用。总结性评价的结果会直接或间接地反映在产品的市场定位、推广活动和使用说明书上。多媒体教材的评价在本质上与音像教材的评价并无区别(参见"音像教材"),但由于多媒体技术和其他视听技术存在显著差异,具体的评价标准有所差别。多媒体教材评价包括教学性、技术性、可用性、交互性、艺术性等维度,学校或者个人在选择多媒体教材时还需要考虑多媒体教材附带的支持和服务。评价过程中使用的标准还需要根据具体情况进行细化和操作化,对几个维度的权重进行调整,对维度进行增减。

多媒体教材的教学性主要表现在其对使用者(教师或学生)教学行为的促进上,其使用应有助于实现教学目标,提高使用者的工作效率,或促进使用者更好地掌握知识和技能、发展能力等。教学性是多媒体教材最重要的属性,是评价多媒体教材时需首要和重点考虑的,其他评价标准都是为教学性服务。考察教学性应从使用者或学生的角度出发,可体现在对以下问题的回答上:教学问题是否适合用计算机多媒体解决?选择的教学内容、设计的教学策略总体上能否达成目标?教学内容的深度、广度是否合理,是否和教学目标紧密关联?教学内容的安排顺序是否合理?教学策略是否充分发挥了计算机多媒体的特点,尤其是其交互性?教学活动的设计是否符合学习者一般特征,是否考虑到学习者的个体差异(如初始能力和学习风格),以及如何体现对个体差异的适应?学习活动的设计是否能够激发和维持学生的兴趣、动机?教学信息呈现方面是否能够把学生的注意力集中在学习内容上?对学习过程和结果有无评价,是否会根据评价结果调整学习者后续的学习内容和活动?是否充分利用图片、声音、动画、视频等提供的感性材料,以便降低抽象程度,从而降低难度?

多媒体教材的技术性包含三个层面:一是作为计算机软件,多媒体教材应具有容错能力强、响应速度快、稳定性高、安装卸载便捷、反馈及时、无安全隐患、占用合理数量的计算机资源等方面的特性;二是多媒体教材中作为教学信息呈现载体的各种多媒体素材,如图片、文字、视频、动画、声音等的质量应达到一定的技术要求,如声音达到一定的采样频率和量化位数,视频播放流畅,无声画不同步现象,文本清晰,可读性高等;三是越来越多的多媒体教材通过资源库、网络教学平台等系统传递给使用者,某一机构(如学校)通常拥有大量的数字化学习资源,需要进行集中管理,这就要求多媒体教材符合一定的技术规范,以便于交换、管理和传递,例如遵循中华人民共和国教育部现代远程教育资源建设委员会2005年颁布的《现代远程教育资源建设技术规范(试行)》。随着计算机软硬件环境日趋复杂和多样化,多媒体教材的跨平台性,即对不同软硬件平台、不同语言的支持也成为技术性的一个指标。

多媒体教材的可用性是指使用者可以凭借直觉而不需要专门学习就能够使用软件进行教学活动,使用过程中操作错误少,能够很容易看懂软件给出的各种提示和反馈,自如地在软件提供的各个功能模块之间进行切换。可用性主要依赖软件的交互设计;具备一套简洁清晰、与软件版本保持一致的使用文档,例如安装使用手册、使用说明书等,也有助于提高软件的可用性。

对多媒体教材的交互性,可以考察评价以下内容:教学软件的界面和交互设计是否符合学习者的年龄特征和已有经验;交互方式的选择是否合理;不同功能模块的交互设计是否规范、一致;图标等是否符合使用者的文化背景,有无歧义,有无文字说明;是否注意减轻使用者的短时记忆负担;使用者对交互过程是否有控制感;操作反馈是否及时,等等。

多媒体教材的艺术性表现在以文字、声音、图片、动画、视频等传递教学信息、实现教学目标时,学习者对呈现的信息刺激要乐于接受,并被吸引和做出反应。具体来说,要求界面布局合理、新颖、活泼,有创意,切合主题,整体风格统一,色彩搭配协调,视觉效果好,符合视觉心理;各种形式的素材制作符合艺术规律,制作精细,吸引力强,能够激发并维持学生的学习兴趣等。

支持和服务这一标准是从多媒体教材的购买者和使用者角度提出的,指消费者购买多媒体教材后,是否可以获得后续的内容更新、技术支持直至教学过程中的支持、咨询等服务。开发者对多媒体教材的总结性评价一般不会包含这部分内容。但是一方面,支持和服务会影响产品的市场销售;另一方面,与最终用户的直接接触有助于开发者发现产品存在的问题,了解使用者在使用过程中产生的问题,有助于产品的改进、升级和将来设计出更符合用户需求和使用习惯的多媒体教材。支持和服务的过程实际很可能成为下一轮开发中需求分析的一部分。

参考文献

胡晓峰,等. 多媒体系统原理与应用[M]. 北京:人民邮电出版社,1995.

乌美娜. 教学设计[M]. 北京:高等教育出版社,1994.

章伟民,曹揆申. 教育技术学[M]. 北京:人民教育出版社,2000.

(张志祯)

计算机辅助教育(computer-based education, CBE)指利用计算机技术(包括硬件和软件技术),以教育学、心理学、认知心理学、传播学等理论为指导,运用科学方法解决教育问题、提高教育质量和效率的一种教育模式。是计算机技术与教育相结合而形成的一个应用领域。计算机辅助教育的应用主要有计算机辅助教学和计算机管理教学两个子领域。在整个教学和学习过程中,计算机可以代替教师,承担传授知识和指导学生学习的任务,也可以作为学习工具,让学生在使用计算机应用软件的过程中获取知识和技能,还可以让学生编写程序来控制计算机完成给定的学习任务。由于计算机进入学校的初期常作为教学媒体实现教学功能,计算机辅助教育又被习惯称为"计算机辅助教学"(computer-assisted instruction,简称CAI)。在学校里,计算机不仅被教师用来辅助教和学,还被教育管理人员用来管理教学和学校,如学生学籍和成绩管理、图书资料管理、学校财务和政务管理等,故有"计算机管理教学"(computer-managed instruction,简称CMI)的术语。在教育理论的指导下,人们的教育观念从关注以教师为中心的"教"转变为关注以学生为主体的"学",因此在一些地区,特别是欧洲经常使用"计算机辅助学习"(computer-assisted learning,简称CAL)和"基于计算机的教学"(computer-based instruction,简称CBI)等术语。在多数文献中,"计算机辅助教学"、"计算机辅助学习"、"基于计算机的教学"这三个术语之间没有太大区别,实际应用中常把计算机辅助教学与计算机管理教学集成为一体,统称为"计算机辅助教育"。

计算机辅助教学系统 指将计算机的各种教学媒体以及由计算机驱动的媒体加以集成并应用于教学的系统。通常由硬件、软件和课件三部分组成。硬件提供辅助教学的物质基础,包括计算机主机及其所属外部设备。随着计算机技术的不断发展,计算机功能不断增强,性能越来越好,运行在大型计算机上的计算机辅助教学系统让位于在微型机和便携机上运行。与先前教育中使用的广播、教育电视和电影等高成分技术不同,计算机具有交互性,既能够用文本、声音、图形和图像等多种媒体形式传送教学内容,也能够对学生的行为做出及时反应。反馈在教学中的意义重大,它使单向的教学内容传输变成教师与学生之间的双向和多向交互,有利于促进教育发生革命性变化。软件是在硬件设备上运行的各种计算机程序及相关的文档资料,包括系统软件和应用软件。系统软件中最重要的是操作系统,它负责管理和控制计算机系统中的硬件、软件资源,合理组织计算机工作流程,为使用者提供一个方便利用计算机资源的工作环境。在操作系统的支持下,语言处理程序、服务性程序、数据库等系统软件为用户完成各种应用提供工具和服务。课件是对为实现教育、教学目的而设计的应用软件和有关教材、文档资料等的特定称谓。计算机辅助教学课件是计算机辅助教学系统中重要的组成部分,其质量的优劣直接影响教学效果。课件在计算机辅助教学中可以扮演导师、工具和受教育者的角色,分为普通型和智能型。按其功能,课件可分为演示型、讲解型、指导型、揭示型、推测型和开放型;按教学策略,课件可分成操练和练习型、个别指导型、模拟与仿真型、问题解决型和教育游戏型;按其组织方式,课件又可分成文本型和超文本型;从制作的角度,课件还可分成固定型和自动生成型。

计算机辅助教学 指教师将计算机用作教学媒体,学生通过与计算机的交互作用进行学习的一种教学形式。使用计算机进行学习,使得教学中的交互作用增强,能够适应个性化教学,学生对学习的内容和进度拥有多种控制,而且能够收集和存储学生在学习过程中的执行信息。计算机辅助教学的基本模式主要有:(1)操练和练习型,是计算机辅助教学中发展历史最长、应用最广的模式,也是教育工作者最熟悉的计算机辅助教学模式,通过反复练习培养学生获得知识和技能。(2)个别指导型,是计算机辅助教学的经典模式之一,通过人机之间的交互作用(对话)实现教师的指导性教学,对学生实施个别化教学。这种类型的基本教学过程:计算机呈现与提问→学生应答→计算机判别应答并反馈。(3)模拟与仿真型,利用计算机建模和仿真技术来表现某些系统的结构和动态,为学生提供一种可供他们体验和观测的环境。用于真实实验无法实现或难以表现清楚的教学中。教学模拟大体还可分为任务执行模拟、系统模型模拟和经验/遭遇模拟三种类型。(4)教育游戏型,主要是让学生通过熟练使用计算机设定的一系列规则而成功达到目标的学习过程。可分为娱乐性游戏和教学性游戏。(5)发现型,为学习者创设情境,并提供探索、分析和掌握新概念及原理的工具,让学生自主获取新的知识和更高层次的认知能力。(6)问题解决型,主要指利用计算机作为解题计算工具,让学生利用计算机的信息处理功能解决学科领域的相关问题。通常有两种不同的做法,即让学生使用计算机语言来编制解决问题的程序,或者提供学生问题求解软件包来解决相关领域问题。(7)计算机辅助测验,是计算机辅助教学中不可或缺的一部分,也是计算机管理教学的重要内容,用于检验和调控学生的个别化学习进程,包括提供事前测验、分配学习任务、提供事后测验以及提供测验分析和测验报告。(8)备课型,主要针对教师教学的需要,使教师能够制作课堂上使用的多媒体教学软件平台。它能够为教师提供教学用的各种参考资料,提供用于考试的试题和相应的答案,以及优秀教师的教学方法样例等。(9)协作学习型,计算机协作学习软件强调利用计算机支持学生之间的交互活动。在计算机网络通信工具的支持下,学生突破时空限制,进行同伴互教、小组讨论、课题合作等学习活动。

计算机管理教学 计算机在教育实践中的一种重要应用,计算机辅助教学的重要组成部分。是利用计算机指导整个教学过程的教学管理系统,能够为教师提供课程安排、教学计划、学生的学习进程和数据、诊断和评价等信息。不仅为实现计算机辅助教学提供必要的管理环境,而且能够完成传统教学中教师难以完成的管理工作。计算机管理教学具备的功能主要有提供课程安排和学生数据、监督学生的学习进程并作出诊断和补救,评价学习结果以及为教师提供计划信息等。计算机管理教学的产生和发展与个别化教学的发展有直接关系。首先是个别化教学要求根据学生的能力、兴趣、学习风格等个人特点来安排教学，这就要不断收集学生的数据，进行评价和分析，并由此作出决策。其次是行为目标在教学过程中的运用，需要进行频繁的测验、评分和诊断等工作。其三是计算机的迅速发展及广泛应用，使学校中有足够的计算机，教师或是建立专门的计算机管理教学系统，或是利用为其他目的建立的数据处理系统来完成课程管理。同时，计算机数量的增加和性能的提高，也直接促进了计算机辅助教学的发展，并进一步促进计算机管理教学的发展。计算机管理教学和计算机辅助教学是计算机辅助教育的两个最重要的组成部分。它们既有密切联系，又有明显区别。两者都是将计算机作为工具解决教学中的问题。但在计算机辅助教学中，计算机主要是帮助教师的教学工作，是面对学生呈现教学信息；在计算机管理教学中，计算机相当于教学管理人员，主要是面向教师完成教学管理工作。使用计算机进行管理，能使教学活动更加有效。它能够使课程提纲更加适合学生，能够提供完善的测试管理。计算机还能用作通信媒介，以便学生与教师之间交换电子邮件；学生之间也可以用同样的方式进行通信，请求从学习伙伴那里得到帮助。计算机管理教学的应用广泛，存在于计算机辅助教学的各种模式中，如操练和练习、个别指导、游戏和模拟等。计算机管理教学具有计算机辅助或管理教学系统的各种特性，也可用于传统教学的计算机辅助管理。计算机管理教学在计算机辅助教学系统和无计算机辅助的教学系统中都具有重要作用。从计算机管理教学与计算机辅助教学的关系看，计算机管理教学可以离开计算机辅助教学而存在，但计算机辅助教学很少能离开计算机管理教学。

计算机辅助测验　随着计算机在教育中的广泛应用，利用计算机进行教学测验和评价，即计算机辅助测验（computer-assisted testing，简称 CAT），成为计算机在教育中的一个重要应用领域，它既是计算机辅助教学中不可缺少的组成部分，又是计算机管理教学的重要内容。计算机在测验过程中的全面应用，构成了完整的计算机辅助测验系统。计算机辅助测验系统主要包括测验构成部分、测验发送部分、分级和分析部分、试题分析部分和题库共五部分。实际使用中，各种题库系统的出现为教师使用计算机完成测验提供了方便。题库是指按照一定的教育测量理论，利用计算机技术构成的某种学科题目的集合。建题库常用的测量理论是经典测量理论，在实践中，项目反应理论也显示出强大的生命力。题库系统与计算机辅助测验系统没有本质差别，完成的是测验过程中的某些环节或全部工作。

智能化计算机辅助教学　将人工智能技术与计算机辅助教学相结合，可开发出智能化计算机辅助教学（intelligent computer-assisted instruction，简称 ICAI）。智能化计算机辅助教学既能理解领域知识（教学信息），又能通过建立学生模型评价学生的个性，如认知结构、学习风格、知识水平等。可以做到像教师那样，针对不同的学习对象呈现不同的教学内容，使用不同的教学方式，并允许学生按照自己的个性学习。除了个别化教学，智能化计算机辅助教学强调教授学生高级思维技能，更趋向于提供师生之间进行更有意义的交互和处理更复杂的学科内容。智能化计算机辅助教学主要包括知识库、学生模型模块、教学策略模块和人机接口等几部分。知识库以适当的方式存储学科领域知识、背景知识以及辅导材料和补救教材等，其超文本的知识组织方式接近人的思维方式，可以使辅助教学系统达到较好的效果；学生模型模块的功能是存储学生的认知结构、学习风格等个性化信息，记录学生的学习过程、理解程度、错误类型等，然后对学生的学习表现做出全面评价，找出学生的问题所在，或为学生进一步的学习提出建议，或由系统给出个别化学习材料，控制学生继续学习；教学策略模块则根据学生模型模块提供的学生信息，运用人工智能的推理机制，制订适合学生的教学策略，然后从知识库中提取适合学生的教学信息；人机接口是具有自然语言理解功能的智能接口，其任务是让学生更容易地与计算机进行交互。

参考文献

　　师书恩.计算机辅助教育基本原理[M].北京：电子工业出版社，1995.

（李褒萍　李秀兰）

技能（skill）　学习的结果之一。在练习基础上形成的个体按规则或操作顺序完成智慧任务或身体肌肉协调任务的能力。

技能概念演变　在中国传统教育学和心理学中，"技能"一词来自苏联心理学，多指动作技能。如 1956 年苏联斯米尔诺夫主编的《心理学》认为，依靠练习而巩固的行动方式称为熟练，技能与熟练一样，也是行动方式。1980 年出版的苏联克鲁捷茨基主编的《心理学》把技能定义为"人已掌握的活动方式"。后来苏联心理学家梅钦斯卡娅等人提出"智力技能"概念，称智力熟练为智力技能。顾明远主编的《教育大辞典》把技能定义为"主体在已有知识经验的基础上，经练习形成的执行某种任务的活动方式。由一系列连续性动作或内部语言构成。具有初步知识，经过一定的模仿和练习即可获得的是初级水平技能；在丰富的经验和知识基础上，经过反复练习，基本动作达到自动化水平的是技巧。按其性质与特点，分智力技能和操作技能两类"。

20 世纪 60 年代后，由于认知心理学把知识和技能作为研究的中心课题,随着知识观的演变,技能概念也发生重大变化。美国教育心理学家加涅的学习结果分类理论给传统技能的概念带来冲击。该分类系统明确提出动作技能与智慧技能的区分:动作技能是个人运用规则支配自己的肌肉协调的能力,可通过模仿习得;智慧技能由辨别、概念、规则和高级规则的运用能力构成,无法通过模仿习得。因此用"活动方式"来定义技能的观点已显陈旧。20世纪末,认知心理学家在研究认知策略和反省认知时进一步提出,可以在智慧技能中划分出一种特殊的智慧技能,其功能是对自己的认知活动进行调控。也有人称这种特殊智慧技能为认知策略或认知技能。

技能的分类 根据苏联心理学,中国学者习惯上把技能分为智力技能和操作技能两类。前者指在头脑中对事物进行分析、综合、抽象、概括等智力活动,如构思、心算;后者是由大脑控制机体运动完成的,如书写、舞蹈等。在认知心理学中,广义的技能分三类:(1)动作技能(motor skill)。用规则控制自己的躯体、四肢以及口腔、舌头等肌肉协调的能力。如走钢丝需要控制自己的躯体和四肢的平衡,写字需要调节自己的手的肌肉运动和协调,讲话、唱歌需要控制自己的口腔、舌头、声带肌肉的协调。这些协调活动都不是随意的,而是符合一定规则的。(2)智慧技能(intellectual skill),亦译"智力技能"、"心智技能"。按加涅的定义,主要指运用概念和规则完成对外办事的能力。例如给予"1/3 + 1/4 =?"这样的问题,学生必须按分数加法的规则完成运算,得出结果为7/12。学生完成这个任务的能力是典型的智慧技能。(3)认知策略,亦称认知技能。用规则调节自己的认知过程的一类特殊智慧技能。例如,心理学家通过研究概括出SQ3R阅读法。S表示浏览,Q表示提出问题,3R中的第一个R表示阅读(read),第二个R表示诵读(recite),第三个R表示回顾(review)。通过一定的培训,学生可以掌握一种新的阅读技能。由于这种阅读技能是对内起调控作用的,故亦称阅读策略。阅读策略属于认知策略范畴。中国学者皮连生认为,可以将智慧技能分为基本智慧技能和高级智慧技能。基本智慧技能指单一概念或原理的运用,如语文学习中运用词法或句法规则造出正确句子的技能,数学中正确进行加、减、乘、除运算的技能。高级智慧技能指综合运用多个概念和规则办事的能力,如写作中的构思技能,数学中解应用题的技能。基本智慧技能通过练习可以达到自动化,高级智慧技能因涉及认知策略和反省认知,难以或不能达到自动化。

技能与知识的关系 认知心理学的知识观和技能观产生之后,解答了知识与技能的关系这一教育学和心理学的难题。例如加涅的学习结果分类理论用广义的知识观解释动作技能、智慧技能和认知策略。加涅提出,动作技能有两个成分:一是认知成分,即一套规则或操作步骤;二是实际

的肌肉协调活动。通过练习,当一套规则支配了个人的肌肉协调活动时,动作技能便形成了。如儿童用毛笔写"大"字是动作技能,手握毛笔有一套规则,写"大"字的规则是:先写一横,再写一撇,最后一捺。当通过练习,儿童按规则写成了"大"字,儿童即习得了动作技能。此种动作技能可迁移到写"天"、"夫"、"矢"等字。

加涅的贡献是用知识解释智慧技能。他认为智慧技能可以具体划分为由低级到高级的辨别、概念、规则和高级规则四种成分。辨别的心理机制是模式识别。概念、规则和高级规则既可以作为知识来学习,也可以作为智慧技能来学习。当把它们作为智慧技能时,则强调它们的单独运用和综合运用。故智慧技能也可以用知识来解释。

信息加工心理学家把技能等同于程序性知识。动作技能、智慧技能和认知策略都可以用程序性知识来解释。其心理实质是人脑中以产生式和产生式系统编码的一套程序。当这种程序支配肌肉协调时,则为动作技能;当这种程序支配智慧运作时,则为智慧技能或认知策略。

技能的心理实质 技能的心理实质指技能的心理表征。在信息加工心理学产生之前,心理学家一般采用条件反应来解释技能的心理实质,认为技能是通过学习和练习形成的条件反应系列。这种解释适合动作技能,但不能解释智慧技能的心理实质。信息加工心理学则用程序性知识来解释技能,为研究技能的心理表征提供了方便。信息加工心理学家采用计算机模拟的方法研究人的技能的心理表征,认为人脑同电脑一样,它之所以能办事,表现出技能的行为,是因为人脑中储存了以"如果……那么……"为表征的产生规则。许多单个产生规则可以彼此联系,形成产生式系统。激活产生式系统中的一个产生式,可以引起与之相联系的其他产生式的自动激活。此即熟练的技能自动化的心理实质。

(吴红耘)

继续教育(continuing education) 对已获得一定学校教育、学历教育者,特别是已获得一定专业技术资格或专业技术职称者实施的一种具有追加性和连续性的教育活动。不同国家有不同理解。在英国,特指对结束义务教育的青年实施的除大学教育以外的一切正规与非正规教育,为法定公共教育体系的组成部分。美国认为继续教育是正规教育后范围很广的教育,包括短期培训、攻读学位等。德国认为继续教育是继幼儿教育、义务教育、大学教育之后的第四个教育阶段。法国认为继续教育是指继续职业教育。俄罗斯认为继续教育是通过学校或自学进行的系统的教育实践活动。不同研究者及研究机构也有不同观点,主要在五方面存在差异:在教育起点上,有的认为始于正规教育后或学历教育后,有的明确表示始于大学毕业后或大学本科

后;在教育对象上,有的认为是所有接受正规教育后的人,有的强调是专业技术人员,有的主张是在职人员,有的认为也可以是非在职人员;在教育行为上,有的认为是进行知识更新、补缺的教育,有的认为是提高专业素养和创新技能的教育;在教育内容上,有的从劳动方式变革的角度出发,认为是一种涉及新知识、新理论、新技能、新技术和新方法的教育,有的从学科分类的角度出发,认为继续教育内容包括理、工、农、医、文、法、管理等各门学科;在教育目的上,有的强调其社会意义,认为继续教育旨在适应社会发展和科技进步,有的强调其个人意义,认为继续教育旨在促进专业技术人员知识结构的完善与职业能力的提高。联合国教科文组织在《职业技术教育术语》一书中认为,广义的继续教育是指已脱离正规教育、已参加工作和负有成人责任的人所接受的各种教育,可能是接受某个阶段的正规教育,可能是在一个新领域探求知识和技术,也可能是在某个特殊领域更新或补充知识,还可能是为提高职业能力而努力。

继续教育实践活动的不断推进有其社会背景,主要涉及以下几方面:科技知识总量不断扩展;科技知识陈旧周期缩短;经济结构变化;人才标准变化;学习化社会到来。人类现有科技知识总量不断增长,其陈旧周期也开始变短,人们要适应这种变化,就必须持续不断地学习,不断更新与重建知识结构。此外,第二次世界大战后全球经济结构出现显著变化:在产业结构上,第一产业比重急剧缩小,第二产业比重逐渐增大进而趋缓,第三产业比重持续增长;在就业结构上,第一产业就业人口比重骤减,第二产业就业人口先增后滞,第三产业就业人口不断增加;在职业结构上,纯体力劳动者的需求愈益减少,半脑力和脑力劳动者的需求愈益增加。经济结构的变化意味着职业变换和岗位流动的频繁,进而致使继续教育变得十分重要。顺应这一潮流,人才标准也开始变化,越来越需要大批掌握最新科学技术知识、具有学习能力和创新能力以及全面发展的人才。而学习化社会的思想精髓,就是要求终身学习能够成为人们的一种生存责任和生存方式。因此人们在任何时候、任何空间都没有理由拒绝教育,停止学习。

继续教育发端于第二次世界大战前后的美国及欧洲国家。20世纪六七十年代后,为应对科技、经济等领域不断发生的巨大变化,发达国家和发展中国家都十分关注继续教育,其实践活动取得很大的进步与发展。自20世纪六七十年代始,继续教育实践在全球不断推向纵深的方面主要有:(1)把发展继续教育纳入国家社会发展规划和教育改革计划。如日本将完善继续教育制度视为改革传统教育模式、构建终身教育体系的重要组成部分;德国提出在终身教育理念指导下实施包括继续教育在内的教育改革计划。(2)通过立法形式为继续教育构建支持系统。如英国于1957年颁布《继续教育条例》;美国于1966年颁布《成人教

育法》;法国于1971年颁布《职业继续培训法》;日本于1985年修订发布《职业能力开发促进法》,于1990年颁布《终身学习振兴法》;韩国国会于1999年通过《终身教育法》等。(3)利用各种资源促进继续教育发展。主要有三种表现形式:学校教育与成人教育、普通教育与职业教育、正规教育与非正规教育之间的相互沟通与融合,为继续教育的实施提供了便利;各类学校、培训中心、工商企业和民间组织共同参与,为继续教育的开展提供广泛空间;国家、企业和个人共同承担培训费用,有的国家(如法国)还专门建立带薪培训休假制度,为继续教育的发展提供经费和时间保证。(4)注重利用现代信息传播技术,扩大继续教育的受众。传统教育手段和教学形式已无法满足日益扩展的继续教育需求,许多国家重视现代信息传播技术的开发和应用,特别是远程教育网络和多媒体技术在继续教育中的应用。美国、法国、英国、加拿大和日本等国在这方面发展很快。(5)改革传统评价模式,建立新的学习成果评价制度。为促进继续教育的发展,很多国家十分关注构建与继续教育学习成果相适应的评价制度。如日本允许符合一定条件的教育机构之间相互承认和置换学分;韩国建立"学分银行",对非正规教育的学习成果进行学分认定,达到一定累积时可获得相应学历。

1979年,中国参加第一次世界继续工程教育大会,"继续教育"一词正式引入中国。1986年,中国科学技术协会成立"中国科协继续教育工作委员"。1987年,国务院批转国家教育委员会《关于改革和发展成人教育的决定》,将"适应社会的迅速发展和科学技术日新月异的进步,对受过高等教育的人进行继续教育"作为成人教育的主要任务之一。2010年,《国家中长期教育改革和发展规划纲要(2010—2020年)》发布,提出加快发展继续教育、建立健全继续教育体制机制、构建灵活开放的终身教育体系等要求。继续教育由此迅速发展,政府和社会各方面的投入加大,相关法律法规不断建立健全;政府成立跨部门的继续教育协调机构,统筹指导继续教育发展,并将继续教育纳入区域、行业总体发展规划;发展和规范教育培训服务,统筹扩大继续教育资源;建立继续教育学分积累与转换制度,实现不同类型学习成果的互认和衔接等。

(高志敏)

绩效技术(human performance technology, HPT)亦称"人的绩效技术"。对各种方案进行选择、分析、设计、开发、实施和评价的过程,以提高人的工作成效。

绩效技术的历史演进

盖伊斯基1999年用一棵树的比喻形象地描绘了绩效技

术的发展：这棵"绩效技术之树"的根源是应用心理学、系统理论和传播理论；树干的中心是程序教学，说明绩效技术最初从程序教学开始，以后的成长用年轮表示，分别为教学系统设计与技术、工作场所的信息系统、组织系统设计和整合性的绩效改进方案；树叶是绩效技术对社会的贡献，表现为培训与学习系统、工作设计、绩效支持、反馈与激励系统、组织传播、组织设计与开发等。绩效技术的发展分为以下几个阶段。

程序教学运动　一般认为，绩效技术起源于20世纪60年代初的程序教学运动。也有人提出，20世纪初期美国管理学家泰罗关于工厂工人的研究是绩效培训的发源，因为绩效技术专家仍然沿用泰罗的培训理念，把培训作为提高企业效益和职工个人满意度的机制。大多数绩效技术专家认为，美国心理学家斯金纳的操作条件作用理论是绩效技术的理论基础，斯金纳的行为主义学说在企业培训领域得到广泛而成功的应用。斯金纳的学生T. F. 吉尔伯特于1961年和1962年编辑出版《学习刊物》，推动了这个研究领域的发展。当时企业培训界认为，知识和技能是由培训者向受培训者传授的，关注的重点是如何使用教学机器提高教学效率，以代替教师完成重复、机械的教的工作，让学习者自定步调学习。绩效培训设计者的任务是对教学内容进行分析，将其分解为一系列步骤，引导学习者逐步掌握。

美国程序教学协会成立　许多在T. F. 吉尔伯特主编的《学习刊物》上发表论文的早期程序教学研究人员为了加强合作，于1962年建立美国程序教学协会（National Society for Programmed Instruction，简称NSPI）。该协会的建立是绩效技术发展历程中的一个里程碑，它使绩效技术开始向专业化方向发展。协会通过召开会议、举行学术研讨、出版专业刊物，促进了该领域理论和实践工作者之间的交流。绩效技术从此步入高速发展阶段。为了反映绩效技术发展的深度和广度，该协会先后两次更名，先是改为美国绩效和教学协会（National Society for Performance and Instruction，简称NSPI），以示该领域对绩效的高度重视；后改为国际绩效改进协会（International Society for Performance Improvement，简称ISPI），以进一步强调绩效改进是最终目的，反映世界各国对绩效改进的兴趣与研究。在北美，绩效技术的专业组织还有美国培训与开发协会（American Society for Training and Development，简称ASTD）、国际培训与开发组织联合会（International Federation of Training and Development Organizations）等，均活跃在绩效技术领域，共同推进其理论和实践的发展。其中，美国培训与开发协会在向企业人力资源和培训工作者普及绩效技术思想方面发挥了很大作用。

教学系统设计　程序教学研究人员在企业培训实践中发现，仅仅研究教学内容并不能解决企业的实际问题，从而决定教学效果和绩效表现，行为目标才是决定教学内容的依据。他们的关注点从"教什么"转向"为何教"。20世纪60年代后期，美国教育技术领域产生教学系统方法，这种新的解决教学问题的方法论深刻影响了绩效技术领域。马杰等一批教学技术研究人员高度重视一般系统理论的应用，在任务分析、行为目标和标准参照评价等方面进行深入研究，并在此基础上形成一种后来广泛应用于学校教育、工业培训和军事训练的问题解决方法，称为教学系统设计（instructional systems design，简称ISD）。教学系统设计的基本步骤构成绩效技术方法的框架，对美国的企业培训影响甚大。在许多企业的培训部门中，工作人员的详细分工即反映教学系统设计的各个步骤，如分析者、教学设计者、课程开发者、培训师以及专业评估者。教学系统设计至少有两项原则在绩效技术中占重要地位：培训工作以结果为导向；培训设计者要确保培训工作达到预期目标。

绩效分析与干预措施研究　20世纪60年代后期，T. F. 吉尔伯特、马杰和哈利斯等教学技术人员和其他学习心理学研究者运用教学系统设计方法开发了一批美国政府资助的培训和教育项目。在培训和教学设计实践中，尤其在评价培训实际效果时，他们开始意识到，企业中的绩效问题错综复杂，仅仅依靠培训手段并不能解决所有绩效问题。即使培训一时帮助员工获得了所需的知识与技能，也难以使他们保持所学的内容。鲁姆勒1996年在该阶段的实践中感悟最深的是：影响人的工作成效的各种因素是一个整体，任何一方面的缺陷都会引起绩效不佳；大部分绩效问题由环境造成，而不是个人原因；在缺乏环境支持的情况下，个人的知识和技能作用有限，仅靠培训无法解决问题。他们开始拓宽研究思路，研究绩效分析的方法。从培训需要分析到绩效问题分析、从运用培训手段改进绩效到运用综合的干预措施，标志着教学系统设计演变为人的绩效技术。

高绩效工作系统的挑战　进入20世纪90年代，绩效技术研究取得长足进展，其作用在北美地区得到广泛认可，许多企业组织开始聘请绩效技术专家帮助解决生产率低下的问题。在许多大学的教育技术学专业中，绩效技术成为硕士和博士研究生的一个研究方向，形成一门学科。绩效技术作为一个理论和实践的专门领域的地位日益巩固。但是，随着经济全球化，企业组织为了应对国际竞争和经济衰退的形势，努力降低成本，提高生产率。企业组织降低成本有两种方式：一是裁员，但这只能带来短期效应；二是建立高绩效工作系统（high-performance work systems，简称HPWS）。在高绩效工作系统中，企业员工发挥团队精神，共同努力，当家作主，把解决问题视为己任。通过建立高绩效工作系统，许多企业组织大幅度提高工作成效，包括缩短生产周期、提高工作效率、改进产品质量、激发员工动机等。能否帮助企业组织建立高绩效工作系统，是绩效技术面临的挑战和发展机遇。同时,互联网的利用和知识管理的研究给绩效技术领域提供新的理念、思路和方法。20世纪80年代后期开始研究的电子绩效支持系统(electronic performance support system,简称EPSS)将信息系统、培训和计算机应用综合为一体,创造了一种直接支持高绩效的电子环境,当工作人员在工作环境中需要工作信息支持时,能即时获得帮助,从而使学习与工作融为一体,代表了绩效干预手段的新范式。电子绩效支持系统与绩效技术关系密切,只有真正理解绩效技术,才可能创建有效益的电子绩效支持系统。

绩效技术的发展

绩效技术是一个持续发展的领域。企业组织结构的变化、新型培训理念的产生、跨国经营范围的扩大、现代信息技术的应用,使整个绩效技术领域形成若干新的发展方向。

学习型组织的创建　自20世纪90年代初,美国麻省理工学院圣吉所著《第五项修炼:学习型组织的艺术与实务》(*The Fifth Discipline: The Art and Practice of the Learning Organization*)出版以来,创建学习型组织受到越来越多企业的重视。学习型组织是一个善于整合、搜集、运用和创造知识的工作单位,它能运用各种策略,结合生活和工作等层面,使学习活动不断发生于个人、团队乃至组织群体中,并以此为组织成员提供一个吸收知识和分享收获的空间以及持续学习或创造的机会。这种组织中的学习是持续的、有用的、系统的过程,并且与生活和工作息息相关,逐步把显性知识内化到每个成员的心中,成为隐性知识。学习型组织是将工作单位变成学习的共同体,是一种强调创造、互动的共生群体。这种组织具有持续学习的能力,具有高于个人绩效总和的综合绩效。

多样式培训的实施　在现代教育理念支配下,不断开发和应用新的培训方式已成为教育界和企业界共同的努力方向。(1) 参与式培训(participatory training),是国际上普遍倡导的一种培训方式。它力图使所有在场的人都投入到学习活动中,都有表述和交流的机会,在对话中产生新的思想和意识,丰富个人的体验,参与集体决策,进而提高自己改变现状的能力和信心。这种培训的目的是:通过创设情境,引导受训者在活动、表现和体验中反思自己的经验和观念,在交流和分享中学习他人的长处,从而实现自我提高,并能够采取行动改变现状。(2) 体验式培训(experiential training),个人通过在活动中的充分参与获得自己的体验,然后在培训人员指导下,团队成员进行交流,分享个人体验,提升认识。相对于其他培训方式,体验式培训更加注重人作为一个平衡体的存在,即不但重视知识、技能和能力的发展,而且重视意志、奉献、忠诚和合作等的提高。体验式

培训遵循的教育理念是"做中学"和"协作学"。它相信人与人之间的身体接触会更好地实现心智沟通,目标更一致。随着信息技术的推广,企业的运行越来越多地依赖计算机,员工之间的接触更多地依靠通信网络来实现。信息化的工作环境会使从业人员逐渐依赖自己的信息技术应用能力,而在其他能力方面,包括在与同事的相处方面,则可能日益削弱和衰退。体验式培训能在这些方面弥补企业信息化所产生的缺陷。(3) **行动式培训**,源于欧洲的行动学习(action learning),是在行动实践中接受培训的方式。即以问题为中心组成学习团队,在外部专家的指导或团队成员的相互帮助下,通过主动学习、不断质疑、分享经验,使问题得到解决。可简化为公式:$L=P+Q$。其中,L为学习能力,P为程序性知识,Q为质疑能力。获得程序性知识是行动式培训的基础,培养质疑能力是行动式培训的核心,提高学习能力是行动式培训的目的。成功的实践使这种方法受到管理培训专业人士的重视,并逐渐被教育界和企业界公认为一种有效的培训方式。(4) **入户式培训**(in-house training),是指深入企业内部,结合企业的真正需求,为企业提供特别设计和制作的培训课程,并进行效果跟踪调查。入户式培训的最大特点是对症下药。培训机构提供的培训大纲和授课方案,都是根据企业的具体需求,在深入企业内部调查的基础上特别制作的,并且委派职业培训师授课。通过这种培训,受训者能够学到常规或通设课程中难以学到的实用知识,提高解决实际问题的能力。企业则能够发现一些长期存在的管理问题,获得新的整改思路。入户式培训的另一个特点是注重效果跟踪和售后服务。资质良好的培训机构都会有一套完善的培训流程,从课程的前期需求调查,到课程的设计、实施和效果跟踪,每一步都力求科学谨慎,使企业收到实效。课程结束后,培训者可以将培训内容细化到受训者日常工作的全部过程中,对每一个业务细节提出具体要求,并辅以严格的考核办法。若双方配合得好,培训效果会逐渐在员工以后的业绩中体现出来。

跨文化培训的发展　随着经济全球化进程的加速,跨国企业利用其资源优势展开跨国经营,成为企业国际化经营(独资或合资)的主要形式。但由于不同的文化背景和地域环境,不可避免地与地方文化产生一定的冲突。于是,跨文化培训成为跨国企业必须面对的问题之一,对员工和管理层进行有效的跨文化培训,成为企业在跨文化地域中成功运营的保证。同时,随着跨文化培训的范围日益扩大,培训的性质也发生根本变化。跨文化培训本身就是两种文化互动的过程。在这个过程中,既有传播也有交流,既会接受也会排斥,而且每一个环节都可能出现矛盾或冲突。以跨文化培训中的传播过程为例,它是"在甲文化中编码,在乙文化中解码",受训者在解读信息时,总是从自我文化出发去建构意义,意义的建构经历了受训者的文化再造过程。

每一个受训者对文化差异问题的反应不尽相同,跨文化培训不能采用单一的模式,如灌输式讲授或简单的角色扮演,而应采用组合的培训模式,其中既有讲授又有讨论,既有谈论又有行为模拟等。

知识管理技术的引入　　"知识管理"(knowledge management)一词最早由美国管理学家德鲁克提出,随即作为一种全新的管理思想受到企业界有识之士的重视,但它尚无统一定义。根据企业中知识管理促进知识创造和传播,以实现最佳决策,体现知识价值的最终目标,知识管理是一种利用知识来增强竞争优势的策略和过程,即指能协助企业或个人将知识经由创造、分类、储存、分享、更新而产生实际价值的一种过程技术。知识管理的基本活动包括知识的获取、储存、转化、共享、运用和创新等,它体现并强调人际的交流和互动。知识管理不是简单的信息管理,它在信息管理的基础上,注重组织内人员和信息的有效整合,促进知识的充分利用和不断创新。企业运用知识管理技术的主要步骤依次为创造、分类、储存、分享、更新和价值产生。在现代企业中,运用知识管理技术与创建学习型组织、实施各种培训密不可分。知识的获得和积累、传播和分享、应用和增值,是知识管理的基本内容,其实现需要有各种培训机会,如e-learning培训方式有利于人们随时、随地、根据需要获得和积累知识;需要有便于交流的条件,如知识共同体有利于组织内的工作团队凝聚和分享知识,产生知识的价值。换言之,运用知识管理技术,就是要在企业内部建立一种有利于企业成员学习与交流的组织结构和组织氛围,使企业掌握、积累的知识和经验能便捷充分地获得分享和利用,最终达到增强企业核心竞争能力、提高企业绩效的结果。

在知识经济时代,知识已经成为一种十分重要的资本,企业的学习能力和知识应用能力对于提高企业的核心竞争力具有至关重要的作用。为此,创建学习型组织和加强员工培训已为越来越多的企业所重视。在学习型组织中,所有成员都有共同的奋斗目标,并以持续不断的"组织学习"和"全员学习"促使目标的实现。作为组织学习的重要途径,企业培训的方式也日益多样。根据具体的提高绩效的需要,选用其中某一方式,或结合两种以上的方式对特定对象进行培训,有利于组织目标的达成。跨文化培训是企业培训领域的新生事物,能有效化解跨国企业中无法避免的、因文化差异而引发的矛盾和冲突,在培训的目的、内容和方法等方面独具特点,对于调动异国员工的积极性,提高组织整体的绩效具有重要意义。知识管理是一项能够提升企业绩效的专门技术,有利于运用集体的智慧来提高组织的应变能力和创新能力。企业运用知识管理技术涉及知识创造、知识储存、知识分享、知识更新、知识价值产生等流程,它与创建学习型组织、实施多样式培训密不可分,也与企业的信息化直接相关。

参考文献

National Society for Perfomance and Instruction. Introduction to Performance Technology[M]. Washington D. C. ,1986.

Rosenberg, M. J. Human Performance Technology [M]// R. Craig. The ASTD Training and Development Handbook. New York: McGraw Hill, 1996.

Rummler, G. A. & Brache, A. P. Improving Performance[M]. San Francisco:Jossey-Bass. 1995.

Stolovitch, H. D. & Keeps, E. J. Handbook of Human Performance Technology [M]. 2nd ed. San Francisco:Jossey-Bass, 1999.

(张祖忻　蒋昕宇)

稷下学宫　　战国时期齐国创建的高等学府和学术争鸣的场所。关于其创建的时间,根据以往资料,主要有三种观点。第一种是桓公(前374—前357)说。徐幹《中论》载:"昔齐桓公立稷下之宫,设大规之号,招致贤人而尊宠之。自孟轲之徒,皆游于齐。"第二种是威王(前356—前320)说。刘向《新序》载:"齐有稷下先生,喜议政事。邹忌既为齐相,稷下先生淳于髡之属七十二人皆轻忌。"第三种是宣王(前319—前301)说。刘向《别录》载:"齐有稷门,齐之城西门也。外有学堂,即齐宣王立学所也。故称为稷下之学。"这三种说法皆根据史籍推断而得。一般取桓公说或威王说。

稷下学宫创立的历史原因和社会背景　　首先,稷下学宫的创立是春秋战国之后养士、用士之功发展的必然结果。养士、用士之功最早起于齐国,春秋首霸齐桓公采纳管仲之议,养游士八十人,供应其车马、衣裳、财币,令其周游天下,招贤纳士成就霸业。《韩非子·外储说右上》载田成子为大夫时,"杀一牛,取一豆肉,余以食士。终岁帛布,取二制焉,余以衣士",他"如此礼贤下士",终于得士尝昌,壮大了自己的势力,最终夺取了政权。至战国中期,养士之风大盛,而最著名的当数彼时号称"四大公子"之一的齐国孟尝君田文,养"食客数千人"。正是"四大公子"养士风盛,又兼收各家,加之著名学者往往带弟子就其门立教,逐渐成就百家争鸣的局面。春秋战国的用士、养士各有千秋,并都有向学校发展的倾向,但只有齐国的稷下学宫成为真正的高等学府,当时儒、道、法、阴阳各学派的代表人物,都曾带弟子聚徒讲学于稷下。

其次,稷下学宫的创立是齐国封建经济发展的结果。齐国自春秋以后一直是富庶强国。东有黄海,南有秦山及长城,西有黄河,北有渤海,交通便利。史载其农业之富,"粟如丘山",鱼盐之利,"通输海内",实业发达,"冠带衣履天下"。齐都临淄居民达"七万户",是当时第一大城市,齐国农工商业发达,实力雄厚,与秦并称二强。这为稷下学宫的创设提供了雄厚的经济基础和物质条件。

再次,稷下学宫的创立与齐威王的开明政治有关。齐威王即位后，雄心勃勃，欲恢复齐桓公的霸业。他以黄帝后裔自居，以继承黄帝的统一大业为己任，在经济上推行富国强兵政策，壮大自己的势力，为统一大业作物质准备。在政治上，采纳淳于髡和邹忌的意见，励精图治，褒即墨大夫、烹阿大夫进行政治改革，加强中央集权制。在文化教育上采取开放政策，广纳天下人才，为统一大业奠定思想基础，作人才准备。另外，齐威王虚心求教，豁达大度，知人善用，广开言路，曾采纳邹忌的建议号令天下："群臣吏民，能面刺寡人之过者，受上赏；上书谏寡人者，受中赏；能谤议于市朝，闻寡人之耳者，受下赏。"他的开明，招致各国名士纷纷来齐，聚于稷下，并在稷下展开了激烈的思想争鸣。

此外，春秋战国时期战乱纷争，盟主频换，各国统治者没有足够的统治经验，加之思想上百家争鸣，整个社会风气容许各种思想自由讨论，甚至相互攻讦，各国君主也欢迎各方贤士出谋划策，并积极听取各种政治主张以比较利弊。所有这些成为稷下学宫得以创办的社会基础和人才条件。于是，兼容并包、百家争鸣成为稷下学宫的办学宗旨。

稷下学宫的办学特色 稷下学宫是战国时期的文化教育中心，也是诸子百家学术争鸣的中心场所，同时还是一个特殊形态的学校。稷下学宫是齐国养士、用士制度逐渐演化的结果，当时诸子各派名流人士大多办有私学，他们一般都带着学生来到稷下，多者数千，如淳于髡有"诸弟子三千人"，孟子有"从者数百人"，田骈有"徒百人"，可以说稷下学宫由各家私学构成，各家来去自由，齐王不仅不阻拦，而且采取来者不拒、去者赠送路费的政策，并对去而复归者表示欢迎。稷下学宫是具有官学性质的学府，但其基本构成是各家私学的自由组合体，故英国李约瑟教授称其为"稷下书院"，并认为中国书院的创始可追溯到很早的时期，其中最有名的是齐都的稷下书院。故稷下学宫是一种由私学向官学过渡的形态，它既发扬了西周官学的办学形式，又综合发展了春秋战国时期的私学传统。

稷下学宫的办学特色主要有以下几点。

（1）待遇优厚。云集稷下的学者都受到齐王的厚待，但稷下先生参差有别，学术水平、名望资历各不相同，齐王将稷下先生分为若干等级，按等级给予俸禄。如号称"稷下之冠"的淳于髡被奉为上卿，齐王"立淳于髡为上卿，赐之千金，革车百乘，与平诸侯之事"。孟子和荀子被列为卿，而被列为上大夫和大夫的学者更多。凡列为大夫者，皆"为开第康庄之衢，高门大屋，尊宠之"。同时，这些学者的弟子也可享受优厚待遇，如齐国为田骈"资养千钟，徒百人"，孟子出门"后车数十乘，从者数百人"。当孟子准备离开齐国时，齐宣王为挽留他而提出，"我欲中国而授孟子室，养弟子以万钟，使诸大夫国人皆有所矜式"（《孟子传》卷九）。稷下师生受到历代齐王的礼遇，是这所学府在齐国兴盛的重要原因之一。

（2）不治而议论。稷下学宫处于春秋战国时期从政教合一到政教分离的政治背景下，又是从养士、用士发展起来的育士学校，必然带有时代印迹。由于稷下学宫采取学术自由、兼容并包、择其善者而从之的政策，一些著名学者纷纷带学生到稷下参加学术辩论活动。尽管学宫由齐王直接掌管，凡来稷下的学者都要经过齐王召见，但历代齐王都鼓励学者积极探索，大胆阐述自己的理论主张，甚至可以抨击时政，并让他们担任具体职务，即所谓"不治而议论"。

（3）百家争鸣，自由辩论。尽管诸子各派名望地位不同，在稷下的势力也不均衡，但历代齐王并不独尊一家，而是一律平等对待，任诸子自由竞争，而当时各派也都坚持自己的学说，极力说服齐王奉行其道。当时诸子百家不仅都是"究天人之际，通古今之变"的政论家，而且都颇具雄辩才能，如史称淳于髡为"炙毂过髡"，驺衍为"谈天衍"，邹奭为"雕龙奭"，田骈为"天口骈"。稷下学宫各家辩论的广泛与频繁为中国教育史上所罕见。各学派之间、同一学派之间、师生之间、学生之间，"相辩"无处不在，甚至稷下先生还经常与齐国的当权者辩论，如淳于髡就对威王有深刻影响，孟子也经常同宣王辩论，可见稷下学宫百家争鸣之学功。

（4）兼容并包。稷下学宫没有国籍之分、门户之见，而主张兼容并包、学术自由、来去由己。稷下学宫由诸子私学组成。据史载，当时除墨家、农家、纵横家三家外，其余诸子百家皆率徒云集稷下，其中以黄老学派人数最多、势力最大，在稷下常处于显要地位，但无论哪个学派都不会独据讲坛。如从桓公到威王时期，淳于髡因有功于齐，地位显赫，学识渊博，又有"弟子三千人"，对稷下影响较大。宣王时，孟子位居"三卿"，儒家思想开始占据主要地位。襄王时，荀子再列稷下，驻足十四年，被尊为"最为老师"，奉为"祭酒"。到襄王末年，名家一度占据上风。诸子各家"皆有所长，皆有所用"，齐王也能择善而用之，诸子各家一旦发现与齐王"道不同不相为谋"，即离去，齐王不仅不怪罪，而且主张去自由，并对去而复返者表示欢迎，如荀子、孟子都曾几度往返于稷下，而齐王许诺富贵财宝也概不例外。稷下先生们不为事烦、不为物忧，处处受到重视，相对而言，更能够保持其思想的纯洁。由于稷下学宫制度灵活，进一步促进了学术思想的活跃、人才流动和学术交流，并一度引领战国文化教育的潮流。除教师来去自由外，在稷下的受业者也可不受各家私学门户的限制自由择课，任何到稷下来"期会"或讲学的先生的课，稷下学生都可以听，也可以毫无顾忌地与自己的先生以及所有稷下师生"相辩"驳难，这种在学术上师生之间民主平等、互相促进、共同提高的思想，是中国古代教育史上教学相长教育思想发展的高峰，稷下学宫自由的学风也对后世书院产生深远影响。

稷下学宫的消亡及百家争鸣的终结 稷下学宫创办之早、历史之长、规模之大、成就之高，在中国教育史上罕见。

它产生于战国时期的特殊历史条件下,并促成诸子百家的发展和融合。如黄老学派、阴阳学派以及以荀子为代表的儒家学派,就是在稷下学宫产生或发展的。稷下学者们"各著书言治乱之事,以干世主"。黄老学派的《十六经》、《经法》、《称》、《道原》等,均为稷下之著。其他如《老子》、《晏子春秋》等,也都成书于稷下学宫。在教育制度史上,稷下学宫还创立了一个学生守则《弟子职》,对从尊敬师长到敬德修业,从饮食起居到衣着仪表,从课堂授课到课后复习等方面,均有严格规定,充分体现教学的目的性、计划性和组织性,并作为教材流传后世。稷下学宫是中国古代高等学府的典范。它伴随齐国政治、经济的起伏而兴衰。其中宣王前期是齐国国力强盛时期,也是稷下学宫发展的最高峰,当时稷下学士多至数万人。但之后,齐国逐步走向衰落,失去了强国地位,稷下学宫也由盛到衰,最终于公元前221年,随着齐国为秦国所灭而终结。

百家争鸣是稷下学宫开创的优良学统,也是战国时期文化和教育的缩影。春秋战国之际,由于"诸侯异政,百家异说",且各诸侯国均无治国经验,诸子百家的思想也尚未成熟,处于开创发展时期,所以政治社会环境、人文环境较宽松,允许异端存在,容许各持己见,百家争鸣也有其存在的社会基础。但到战国末期,各国相继完成封建化过程,全国统一的条件日趋成熟,人心思治、思想统一亦成共识。在这种情况下,诸子百家学说也在稷下的争论相辩中逐渐成熟完善,相互吸收、趋向融合,并在稷下末期出现两大家综合各家的思想体系:一是因道合法,兼采儒墨之善,撮名法之要,而自成体系的黄老学派;二是以儒家为主体集各家之大成的荀子的学说,实则是对百家争鸣的总结。但随着秦国一统天下,稷下文化覆灭,百家争鸣的历史也就此终结。

参考文献

王炳照,等.简明中国教育史[M].北京:北京师范大学出版社,1994.

王炳照,阎国华.中国教育思想通史[M].长沙:湖南教育出版社,1994.

俞启定.先秦两汉儒家教育[M].济南:齐鲁书社,1987.

（邓　彤）

加拿大教育政策（educational policy of Canada）
加拿大政治、经济文化等各方面的发展都离不开教育,联邦和各省的教育政策保证了加拿大国家目标的实现。加拿大没有联邦教育部,也没有全国性的统一的教育政策和规章制度,根据宪法,教育的责任在各省。各省都有自己的教育管理系统,一般由省教育部负责制定全省的教育方针和计划,以及向学校拨款。初等教育政策由各省制定,大学教育政策由大学制定。为加强沟通,各省教育部组成教育部长理事会作为协调组织,负责沟通和协调各省的教育工作,并共同讨论有关政策问题。

加拿大教育政策特点

分裂的教育政策模式　根据1867年的《英属北美法案》,各省区对教育负有完全的责任。但联邦政府并没有将所有教育的责任和权力给予各省区,而是在许多方面有所保留,G. A. 琼斯称之为联邦教育政策的分裂模式。各省制定的教育政策可分为初等教育政策和高等教育政策。初等教育政策一般由省教育部制定,而大学由于自治的传统,许多政策由大学自己制定。加拿大的教育政策分三个层次,即联邦教育政策、省教育政策和中学后教育政策。

（1）联邦教育政策。加拿大没有全国性的统一的教育政策和规章制度,联邦教育政策只涉及有限的方面。联邦政府主要通过经济手段(拨款资助)实现其政策诉求,包括有条件的资助和共同承担成本项目以及专项拨款等。

联邦政府早期主要通过特许状以及一些法案和法律规范学校的设立,对教育权限作出划分。联邦政府对高等教育的直接参与始于1876年在金斯顿成立的皇家军事学院。当时,联邦政府并没有直接干预高等教育,只是以土地转让等形式为一些大学提供资助。20世纪前半期,联邦政府对教育的兴趣主要集中在技术和职业培训方面,通过联邦资助的方式支持各省的技术和职业培训项目。第一次世界大战使联邦政府意识到科学研究的重要性,于1916年成立国家科学研究委员会,开始介入大学的科学研究。20世纪30年代经济大萧条中,联邦政府为增加就业机会,降低失业率,再次将职业培训提上日程,并扩大了与各省共同承担成本项目的范围,还增加了大学生贷款计划。第二次世界大战爆发后,联邦政府对大学的重要性有了新的认识,支持了多个培训项目以支持战争;战后又要求大学为复员军人提供教育和训练,联邦政府直接为大学提供财政支持,并一直延续下来。1951—1966年,联邦基金直接付给大学,后遭到魁北克省的反对,认为联邦政府应把经费提供给各省而不是直接提供给各省的大学,1966年联邦政府对大学的直接资助中止,代之以把经费转给省政府。联邦政府对大学的直接资助后来演变为向学生提供贷款,最后并入"加拿大保健与社会转让计划"。第二次世界大战后,联邦政府对大学的研究资助也迅速增加。联邦政府还试图将职业培训划归联邦管理,试图介入各省中学后教育政策的制定。1988年加拿大教育部长理事会同意建立"部级中学后教育委员会",与联邦国务秘书和部长商谈中学后教育政策方面的问题。各省的技术和职业培训成为联邦与各省共同承担的项目。

联邦政府还通过设立目标专款对教育实施调控。目标专款亦称"特殊信封"、"贴有标签的拨款",承担政府完成目标任务的责任,具有明显的方向性特点,体现政府在保证教育公平方面应负的责任。如贫困地区义务教育补助专款、土著人教育专款、双语教育专款、社区教育均衡拨款等。各省也有类似做法。此外,还通过对教育预算滚动项目计划的安排等措施,加强对职业技术教育的调控。

(2)省区教育政策。加拿大的教育由各省负责,各省宪法对本省的教育组织机构、学制、课程、考试制度和经费等都有明确规定,故教育行政体制和教育政策在全国各地有所不同。尽管各省的教育政策不尽相同,但也有一些共同之处:从初等教育到高等教育,司法、行政和财政管理权限都在省政府,而不在地方或市政府;初等教育的政策一般由省制定,高等教育因实行院校自治,许多政策由学校自己制定;各学校设有学校委员会,省政府将特定的权利和义务授予学校委员会的董事。

加拿大省政府的高等教育政策主要表现为给大学分配经费、控制有学位授予权的大学数量、规定学费。此外,省政府通过专项资助的形式鼓励对经济发展至关重要的项目或"战略性"的研究领域。如安大略省的优秀中心计划、入学机会信息、双语言主义基金等。

省政府的教育政策和权力体现在一些学校或教育法案以及大学和学院法案中,法案中未提到的更具体的职责,写入教育部长制定的法规,以具体实现法案中的原则。

各省区一般都有教育部负责制定全省区的教育方针和计划以及向各校拨款等事务。教育部的职责是管理教师、发给教师证书、评估学校教学计划、确定课程设置、指定教科书或批准教科书的选择、提供财政资助、为学校教育官员和董事制定规章制度,以及一般性地确定校长和教师的职责。

(3)中学后教育政策。1867年《英属北美法案》将教育的责任划归各省,但未涉及中学后教育,1867年前,中学后教育机构的财政资助由各殖民地政府提供,直到19世纪末20世纪初,四个西部省才开始建立省特许大学,政府逐步介入中学后教育领域。

现行加拿大大学管理体制的基本形式是一种双层体制。这种体制由1906年《多伦多大学法案》确定下来,其行政系统的最高权力机构是由当地政府、企业界、教育界的行政官员、教员和学生组成校董事会,负责为学校筹集资金,监督财政管理制度,保证学校与政府、社会的联系。加拿大大学学术方面的最高权力机构是校评议会,主要由各大学的教学代表组成,负责一切教学事宜和学术活动。大学作为相对自治的公共事业单位,自行制定政策,其政策在某种程度上需要对来自校内外的压力做出反应,如修改聘用政策以回应公众和学校内部对性别和聘用平等性的关注。为了应对经济环境的变化、政府拨款不足带来的问题,采取削减开支和限制开支增长的措施,寻求外部的、非政府的收入来源,取消昂贵的教育计划和调整其组合。学校自行确定入学要求和条件以及招生人数、课程和教育计划等。

社区学院的机构管理较难概括。有些辖区中的社区学院由省政府直接管理,不存在机构管理委员会;有些辖区中社区学院的政策由当地公民组成的董事会决定。社区学院的自主性远不及大学,其政策常由省政府制定。

地方政府教育立法　地方政府通过立法干预教育,建立义务教育制度。加拿大早期教育事业完全由教会控制,但早在19世纪初的英属殖民地时期,地方政府就通过教育立法逐步确立并强化政府对教育的干预,且干预力度逐步加大。1801年,法裔为主的下加拿大地区(现魁北克省)通过了第一部教育法案,授权政府在魁北克地区建立公立学校制度。1807年,英裔为主的上加拿大地区(现安大略省)通过了《区立公学法案》。该法案规定,在8个大学区中,按照英国公学教育模式各自建立一个文法学校,由政府出资提供8个文法学校校长各100英镑的年薪,授权每个文法学校独立招生并收取学费。这两个法案的产生标志着地方政府干预教育及加拿大中学教育制度的开始。上加拿大地区又于1816年通过了《普通学校法案》,于1824年、1829年、1832年和1836年相继颁布4个教育法案。这6个法案建立了19世纪上加拿大地区的基础教育制度,地方教育事务开始纳入地方法制管理和政府管理的轨道。1841年,联邦的加拿大议会在第一次会议上通过了《普通学校法案》,试图统一全加拿大的教育制度,以加强中央对地方教育的管理。后因遭受各方抵制,该法案被废止。此后,中央政府不再插手地方教育事务,教育事务完全由地方负责管理。地方立法机构制定本地区教育法规的传统由此形成。

加拿大地方政府素有重视教育的传统,尤其将重心放在普及基础教育、推进义务教育方面。各地方政府在19世纪相继颁布义务教育法,强制推行免费的基础教育。新斯科舍是最早实行免费基础教育的地区,其1808年颁布的《鼓励创建学校法案》规定,凡开办学校者,每年可获得地方财政税收拨款50英镑和政府拨款20英镑,但前提是所有入学者的教育必须是免费的。该法案标志着加拿大免费义务教育的开始。至第一次世界大战前,各省相继颁布义务教育法,但义务教育受教育年限各不相同。第二次世界大战后,义务教育开始在全国范围内实施全学年义务教育,并将义务教育年限先后扩大到14岁、15岁和16岁。

各地方政府通过制订和完善义务教育法,奠定了加拿大义务教育制度的基础。

政府颁布的一些非教育法案也对教育发展产生影响。1867年,英国议会批准《英属北美法案》,对各级政府的教育管辖权及如何管理教育作出规范;1982年的《加拿大权利与自由宪章》规定,教育不仅是公民的基本义务,而且是公民的基本权利之一,各级政府必须采取有效措施保证每一位公民实现受教育的权利。1988 年的《加拿大多元文化法案》规定,各地方政府必须保障不同文化的公民有平等的受教育权。

独特的教育财政政策　其一,政府财政拨款为教育经费的基本来源。加拿大政府十分重视发展教育,始终把教育投资置于公共投资的重点和优先领域,每年从国民生产总值中拿出较多份额作为教育支出,而且这种拨款没有任何附带要求。省提供给大学的经费 65％来自联邦政府。第二次世界大战前,联邦政府几乎不给大学任何经费,省政府给的经费也很少。第二次世界大战后,许多士兵要求到大学学习,联邦政府才向大学提供经费。大学经费的 80％由政府提供,学生学费仅占 10％～14％。其二,政府通过经费资助对教育的发展发挥宏观调控作用。调控权限集中在联邦和省两级政府。调控的主要方式有学生贷款计划、职业培训计划和科研合同以及设立目标专款等。还通过对教育预算滚动项目计划的安排等措施,加强对职业技术教育的调控作用。其三,政府为发展教育提供大量有效的税收优惠政策。税收优惠政策是加拿大政府教育投入政策的重要组成部分,包括社会、学校和学生家庭三个方面。其四,政府对不同阶段的学校教育实行有差别的财政政策。义务教育经费完全由国家财政支付。同时,加拿大政府开征教育税,作为实施义务教育所需经费的重要来源。教育税实行差别税率,主要由各省政府分别根据本省的生活水平与教育需求状况确定。高等教育经费实行多渠道筹集的政策。一方面,政府不断降低对高等教育的财政拨款,以促使学校寻求更多的其他经费来源。各高等院校通过加强学校在招生、科研及社会声望等方面的竞争,以及从事更多的符合学校长远利益和办学要求的商业活动,以适应政府政策的变化,寻求更多发展经费。另一方面,高等院校逐步提高学费水平,同时增加对学生的资助。加拿大学费水平增长很快,而同时,政府也不断通过学生贷款计划来增加对学生的资助。

影响加拿大教育政策的国家因素

经济因素　由于加拿大的学校经费来源主要是政府拨款,故经济因素对教育财政政策有重要影响。许多教育政策的制定是出于经济考虑,如为解决 20 世纪 30 年代的经济大萧条,降低失业率,增加就业机会,联邦政府制定了一些职业培训政策。60 年代的联邦技术和职业培训援助法案,就是为工商、企业和人事组织提供就业培训。联邦对科研的资助也主要出于经济的考虑。G. A. 琼斯认为,联邦中学后教育政策中有一个部分总是受到经济驱使,即劳工市场的培训。

国家目标　联邦政府的教育政策还受到国家目标的影响。为保证教育公平和入学机会均等,联邦政府一方面实行财政转让政策,确保各省区义务教育经费;另一方面通过贫困地区义务教育补助专款、土著人教育专款等专项拨款引导教育发展方向。皇家军事学院的建立、第二次世界大战后开始的大学援助政策以及政府与大学签订的科研合同等,都是为了实现国家某一方面的目标。

文化和宗教　加拿大是一个多元文化的国家,且奉行多元文化并存的政策。从联邦、省政府到学校,在制定教育政策时,或多或少都受到多元文化的影响。1988 年的《加拿大多元文化法案》对各级教育政策产生重要影响。加拿大是个多宗教的国度。加拿大独立之前,教育基本隶属教会,20 世纪后,尽管要求宗教与学校分离的呼声日益高涨,但由于 1867 年的《英属北美法案》没有明文规定宗教与国家脱离,实际助长了宗教对学校的控制与渗透。现行加拿大教育政策的制定仍为宗教所左右。如魁北克省有两种教育制度并存,主要就是受语言和宗教的影响。加拿大有许多教会举办的学校。学校课程等也受到宗教的影响,尤其是道德课程和道德训练,具有浓厚的宗教色彩。

传统因素　加拿大有重视教育的传统,从最初的各地方制定义务教育法,到后来扩大义务教育的年限和范围,再到国家对教育的财税政策,即国家负担大部分教育经费,均是受到重视教育的传统因素的影响。加拿大公众对教育的重视也由来已久,公众积极参加教育活动,20 世纪 70 年代在学龄人口数不断下降的情况下,因为有越来越多的成人接受不同的中学后教育,入学人数仍然增加。在经济衰退时期,由于政府对教育的重视和公众对教育的支持,入学率仍然保持在很高水平。此外,首批定居者的传统和观念对该地区的教育政策有直接影响,如讲英语的地区主要受苏格兰教育模式的影响,法语省份则遵循法国的教育模式。

政策集团　省政府的高等教育政策受到大学和学院部门的影响,这种影响通过大学和学院部门的政策集团实现。安大略省的高等教育政策在“政策集团内”发展起来。利益集团不时试图通过游说来影响政府的高等教育政策。安大略省大学事务理事会可以就政策问题向政府提供建议。由于政策集团的存在,个人和社会对教育的需求能及时得到反映。

此外,地理因素、人口统计、科学技术的进步等也制约着教育政策。如艾伯塔省地广人稀、人口居住分散,政府考虑发展远程教育的政策。信息技术和网络技术的发展对网络教学政策产生影响。就学人数的增多导致院校的合并和扩充,不授予学位的中学后教育机构的增长以及西部省份放弃每省一校的政策等。

教育政策在加拿大国家发展中的地位与作用

尽管联邦没有教育责任,没有全国统一的教育政策和教育制度,但联邦政府仍然通过立法、有条件的资助和共同承担成本以及专项拨款等手段对各地教育施加影响,从而保证国家目标的实现。政府把教育视为解决其他社会问题,实现其他具体政策目标的工具和手段。通过资助职业和技术教育,促进充分就业和经济增长;通过资助科研为国家发展服务;通过退役军人的教育,实现国家安定;通过资助大学项目、贷款及奖学金,促进中学后教育的发展。同时,尽管联邦没有全国统一的教育法,但联邦其他方面的法律有许多涉及教育的条款,对规范教育发展,促进国家目标的实现起到不可忽视的作用。如1982年的《加拿大权利与自由宪章》保障了公民基本的受教育权利,1988年议会通过的《加拿大多元文化法案》有助于保障加拿大公民教育权的实现,促进加拿大多元文化社会的稳定。此外还有多次修改的《移民法》等。联邦教育政策保证了国家目标的实现,为加拿大成为一个民主、平等和参与的国家奠定了基础。

加拿大各省的教育政策在提高公民素质、促进国家经济发展方面发挥重要作用。各省政府通过教育立法和教育政策促进各省区政治、经济、文化的发展,为公民提供了接受教育的机会,在解决失业人口的就业问题和促进社区发展中发挥了积极作用。首先,各省区教育政策和立法促进了义务教育的普及和基础教育的发展,1982年《加拿大权利与自由宪章》的颁布,更保障了公民接受教育的权利,从而大大提高了劳动者的素质。1951年,劳动力平均受教育年限为8.6年,1961年提高到9.1年,1966年达9.6年。中等教育的普及、劳动力素质的提高,为加拿大跨入世界工业强国创造了坚实的基础。其次,除了在普及初等教育和中等教育方面给工业经济带来益处之外,加拿大教育政策对国家经济的推动作用还集中反映在对技术和职业教育的支持上。联邦政府始终保持对技术和职业教育的关注,20世纪前半期,联邦政府对于教育的关注主要集中在技术和职业培训方面,通过联邦资助的方式支持各省的技术和职业培训。1966年,皮尔逊总统试图将职业培训纳入联邦管辖范围。职业培训一直都是联邦与省共同承担的项目。通过大学的应用研究以及直接与工商界合作,大学教育政策也有力地促进了各省工商业的发展。20世纪末制定了一些教育政策,如制定统一的毕业考试标准以保证毕业生的质量,更好地适应知识经济对人才素质的要求;掌握一门外语,以更好地参与国际事务;加强技术教育和成人培训,以提高产品质量,促进国际贸易的发展,等等。这些举措都在一定程度上促进了加拿大经济的发展。

教育政策对于加拿大经济发展的推动是明显的。加拿大在20世纪40年代前还是保守落后的农业国,20世纪下半叶跻身发达工业国行列。世界经济合作和发展组织在1976年的一份报告中,对加拿大的教育政策实施和教育实践作了高度评价。

参考文献

程建华,等.加拿大高等教育[M].北京:国防科技大学出版社,1991.

弗兰斯·范富格特.国际高等教育政策比较研究[M].杭州:浙江教育出版社,1994.

钱扑.加拿大教育的历史演进及其社会因素分析[J].外国中小学教育,1992(1).

格伦·A.琼斯.加拿大的高等教育——不同的制度,不同的视角[M].梁晓鹏,余亚佳,译.兰州:兰州大学出版社,2001.

张湘洛.加拿大的教育立法及其启示[J].教育评论,2003(1).

(程化琴)

加拿大教育制度（educational system of Canada）加拿大位于北美洲北部。面积998万平方千米。2010年人口3 411万,主要为英、法等欧洲后裔,土著居民(印第安人、米提人和因纽特人)约占3%,余为亚洲、拉美、非洲裔等。居民中信奉天主教的占45%,信奉基督教新教的占36%。官方语言为英语和法语。2010年国内生产总值15 740.05亿美元,人均国内生产总值46 214.9美元。

加拿大教育的历史发展

加拿大是移民国家。约2.2万年前,在欧洲人未到加拿大之前,这块土地上最早的居民是印第安人和因纽特人。最早一批欧洲移民是法国人,他们于1608年到达魁北克省。1613年,英国人也开始移民加拿大。其后的几十年,英、法移民不断因毛皮贸易及加国的主权发生争执。1756年,双方爆发七年战争,英国获胜,并于1763年获得支配权,成为加拿大唯一的统治者。1867年,英国议会通过《英属北美法案》,在加拿大成立联邦制国家加拿大自治领。1931年,加拿大在英联邦内获得完全独立。欧洲移民来到加拿大后,按照宗主国的教育模式建立各种学校。但在17世纪初至19世纪中叶,由于英、法移民及其后裔之间不断发生冲突,加之深受英、美两国社会动荡和战争的影响,加拿大的中小学教育几乎无暇被顾及。加拿大中小学教育真正得到发展是在20世纪30年代,尤其是在第二次世界大战以后。

第二次世界大战前,加拿大的中学后教育也较薄弱,主要是四年制传统大学。1939年,加拿大仅有28所高等学校,4万名学生,其比例只占18~24岁年轻人口的5%。第二次世界大战以后,由于政治、经济等因素的影响,加拿大中学后教育得到了长足发展。主要可分为以下几个时期。(1)转折时期(1945—1950)。"二战"结束后,加拿大退役军人返回本土,向政府和大学提出要求,希望得到职业技术教育和大学教育。联邦政府颁布了《重新接纳退役军人法案》,规定对退役军人实行免费教育,5万名退役军人先后进入大学。1951年,全国接受中学后教育的全日制学生由"二战"前的 4 万人增至 10 万人。(2)初步发展时期(1951—1967)。由于"二战"后加拿大逐步进入经济建设的轨道,中学后教育适龄人口增加以及受高等教育机会均等思想的影响,加拿大中学后教育较"二战"前有较大发展,一些专门的职业技术学院也陆续创办。(3)大发展时期(1967—1977)。这一时期,社区学院和职业培训机构大量创办,1972 年加拿大社区学院协会成立,接纳社区学院、技术学院、大学学院以及普通职业教育学院为会员,接受中学后教育的学生成倍增加。(4)持续发展时期(1977 年迄今)。1977 年以后,特别是联邦政府 1980 年颁布《全国培训法案》并实施全国培训规划以来,加拿大的中学后教育进入一个持续稳定的更为有计划、有步骤的发展时期,主要原因是经济增长及中学后教育适龄人口的增长趋于平稳。

加拿大现行教育制度

为促进社会、文化的发展,加拿大政府保证英语、法语区居民及其子女接受用自己语言进行的教育,同时学习另一种官方语言;鼓励人们从事对加拿大问题的研究;提供适应工业技术的职业技术培训;赞助联邦拨款委员会,以促进知识的传播与探讨。

教育行政管理制度 加拿大教育由各省政府负责,没有联邦教育部或类似的教育机构,全国没有统一的教育制度。联邦政府的国务秘书处专门负责教育,在承认省政府权力的前提下,拨款给各省的大学,并向学生提供"加拿大学生资助计划",以维持他们的学习,鼓励对加拿大问题的研究。学校大多是省立的,各省法律对本省的教育组织机构、学制、考试制度和经费等都有明确规定,各省均设有教育部,负责全省教育事业。由 10 个省的教育部长组成的加拿大教育部长理事会,负责促进各省之间的教育合作,联邦政府只负责组织和管理印第安人、因纽特人、武装部队人员及其家属以及监狱犯人的教育。

各省立法机构确定本省的教育体制,各省教育部长负责并授权各地教育委员会管理中小学教育。教育委员会由选举或任命的委员组成,各省情况并不一致。教育委员会选举主任一人,具体领导所辖公立学校。各省教育部门负责大、中、小学的教育管理。10 个省中,有 7 个省设有教育部,其余 3 个省将教育部与高等教育管理分开,另设负责高等教育的机构,如艾伯塔省的高等教育人事部、萨斯喀彻温省的继续教育部以及不列颠哥伦比亚省的大学科学交流部。一些省还设有向教育部长负责的省大学事务委员会,"沿海省份高等教育委员会"是沿海三省(新不伦瑞克、爱德华王子岛、新斯科舍)高等教育的统一管理机构。各省所设的大学理事会协调各校的教育交流与合作。

学校教育制度 加拿大的教育体系包括学前教育、初等教育、中等教育和高等教育,分为普通教育、特殊教育、职业技术教育、函授教育及成人教育等。1867 年联邦第一部宪法《英属北美法案》和 1982 年颁布的《加拿大权利与自由宪章》都明确规定,各省对本省教育有立法权。加拿大的 10 个省和 3 个地区都有本省(地区)的教育体制与政策法规,各省的教育组织机构、学制、考试制度等有很大差别。加拿大多数省份的小学学制为 6 年,初中学制 3 年,高中学制 3 年。有些省份的中小学学制划分不一,不列颠哥伦比亚省和育空地区小学学制 7 年,初中学制 3 年,高中学制 2 年;魁北克省小学学制 6 年,中学学制 5 年,然后是 2 年或 3 年的大学预科。在高等教育阶段,社区学院学制 2～3 年,大学本科学制 3～4 年,硕士学制 1～2 年,博士学制 3～5 年。

加拿大法律规定,凡 6～16 岁的儿童和青少年必须上学,接受 11 年的义务教育。

(1)学前教育。加拿大的学前教育多由政府资助,主要由公共的免费托儿所和幼儿中心实施。3 岁以前的婴儿可送入托儿所,3 岁以上可进入幼儿中心,大多数儿童都上幼稚园。一部分学前教育由私人举办,但数量很少。

(2)初等教育。加拿大初等教育机构有四种:公立学校、私立学校、联邦学校以及特殊教育学校。小学通常为六年制、七年制、八年制,各省情况不一,学生一般 5～13 岁,在公立学校就读的享受免费义务教育。小学课程主要有读写、算术基本技能和科学、社会学习、体育和健康教育、音乐和美术,大部分小学开设第二外语,还有职业技术教育的内容,如商业、家政、制陶、烹调等,目的是让小学生较早了解社会各行业的工作,并为中学职业技术教育打好基础。教会学校有宗教课程。孩子一般从 6 岁开始就近入学,离家远者有校车接送。加拿大的中小学教育没有衔接性的入学考试,学生可以连续读完 12 年左右的中小学。

(3)中等教育。加拿大的中学分为普通中学和职业中学。大多数普通中学实施普通教育与职业技术教育两种课程体系,前者为学生上大学作准备,后者为学生毕业后直接就业和进入职业技术学院作准备。职业中学专门为不想上大学或没有能力上大学的学生实施职业技术教育。但是加拿大的职业中学数量很少,中学生职业技术教育主要由普通中学承担。中学采取学分制,学生须完成一定的必修学分和选修学分方可获得毕业证书。各省必修课程不尽相同,主要有英语或法语、数学、科学、艺术、社会学习、体育和第二外语,大部分省份还开设卫生、个人和社会技能训练、家庭经济、工业培训、计算机和技术课程。部分省份修改了中学毕业要求,使课程设置日趋统一,教学标准更加严格。加拿大中学的英语、社会学科、数学及自然科学的教学大纲有"低纲"和"高纲"之分。前者为最低水准的一般教学大纲,由省教育部制定;后者为提高性的教学大纲,由各学校根据具体情况制定。

（4）高等教育。加拿大高等教育较为发达，全国共有 89 所大学和 206 所社区学院，每年有近 127 万人作为全日制或业余学生在大学和社区学院学习。社区学院在各省的名称不一，如在安大略省普遍称作"应用艺术和技术学院"，在魁北克省则称作"通用和职业教育学院"，还有的称技术学院或学校，是 20 世纪 60 年代受美国影响相继建立的。社区学院的主要任务是提供高等职业教育，教授社会所需技术，使学生能充分利用本省或本地区的经济发展特点，在较短时间内就业。社区学院和技术学院的主要特点是，突出为地方经济服务的办学方针，与当地产业密切结合，随时根据需要调整专业设置，更新教学内容。社区学院与大学的主要区别是，前者只授文凭和证书，不授学位，后者则授学位；前者学制较短，一般为 2～3 年，后者需 3～4 年。但是，社区学院与大学间的差异在日渐缩小，主要表现在许多社区学院还开设一些可以转读大学的转学课程（transfer program），修业期为 1～2 年，程度相当于大学一二年级。学生修完这些课程后，可以转读大学二三年级，继续攻读学士课程。一些大学与社区学院合作，联合设置专业，把学术和应用技术统一到一个专业中。越来越多的大学毕业生到社区学院修课，以获得就业所需的技能。

加拿大的大学多数为公立。大部分大学，特别是城市大学，学科门类较齐全，其他大学的学科门类则相对专一，如美术、农业、师范、教育研究或神学等。一些大学仅设本科课程，但绝大多数都开设研究生课程。获取普通文、理学士学位因各省教育制度不同，一般需要 3 年或 4 年时间，获优等学士学位至少需 4 年时间，每年要修完一定数量的课程。获取硕士学位，需在获优等学士学位后至少 1 年时间。获取博士学位，大多需在获硕士学位后用更多的时间，平均为 4～5 年。有些学科的本科生可直接申请攻读博士学位，人文、社会科学学科的学生一般要先取得硕士学位，成绩优异者才能继续攻读博士学位。攻读博士学位，除参加研讨班，修完所规定的课程外，还要从事学术研究，撰写论文，并进行答辩。高等学校没有全国统一的入学考试，也没有统一的规定，不同省份的学校甚至不同的院系都有不同的招生条例，每所大学都有自己的录取标准。一般的入学标准是取得大学所在省的中学毕业证书，外省和外国学生则需要提供相当于本省中学水平的毕业证书。大学招生主要根据学生的高中毕业成绩和学习成绩记录表择优录取。研究生申请者的本科成绩要达到良好以上，还要参加由美国教育测验服务中心（Educational Testing Service，简称 ETS）组织的 GRE 考试（Graduated Record Examination）。

加拿大教育改革措施

20 世纪末，随着新技术革命的深化、知识经济和全球化的兴起，加拿大开始对教育进行全面改革，主要措施如下。

发展网络化教育　加拿大地广人稀，发展远距离教育具有重要意义。1987 年，联邦政府投资 1 500 万加元建立了两个国际远距离教育中心，一个以法语国家为对象，另一个以英联邦国家为对象。1999 年，加拿大联邦政府宣布全国 16 500 所公立小学和 3 400 家公共图书馆已全部与因特网连接。

发展国际教育交流　为了发展留学生教育，加拿大在许多国家与地区建立了加拿大教育中心，将推广国际教育作为国际贸易政策的重要组成部分。许多大学还利用网络教育招收外国学生。

提高中小学教育质量　1997 年，加拿大公布了名为《理科学习成果共同框架》的教学大纲指导方针。该文件旨在将中学概念与更为广泛的社会和环境问题联系起来。一些省份也注重提高教育质量，安大略省尤为突出。1997 年安大略省颁布《教育质量改进法案》，在学校管理、教育拨款、人事、教学等方面进行改革。

加拿大的教育特色

教育基础因袭　加拿大属英联邦，英裔居民最多，政府官员和议会议员中也是英裔占多数。加拿大的基础教育制度和设施主要因袭英国传统的教育模式。大部分地区的基础教育仍因袭英国的"八四"制，即小学 8 年、中学 4 年，在学校行政、课程规划、教学设施等方面都保存英国的传统。

教育体制分权　加拿大的教育体制以地方分权制为主体，没有联邦教育部和类似的机构，必须由联邦政府处理的教育事务主要由联邦政府下设的几个部门兼任。根据《英属北美法案》，加拿大的教育事业为地方事业，教育立法权为省政府所有。其他大量的教育管理和协调事务，主要由全国 10 个行政省和 3 个地区于省或市设的教育部、于乡镇或学区设的教育局负责处理。在这一体制下，各省、各学区甚至各学校有充分的自主权，能根据自己的实际情况管理和发展教育事业。整个加拿大的教育体制呈现以分权制为基础的多样化和特色化。

教育内容实用　加拿大从小学到大学的课程设置都体现实用性特点。小学除设有语言、读书、算术、地理、社会等基础课程外，还设有生活科学和常识课。中学课程分两部分：一是为学生升大学而设的学术课程；二是为学生毕业后选择就业而设的职业课程，如烹饪、汽车修理等。教学加强实践环节，重视教育与社会生活的联系，培养学生熟悉、适应社会的能力和技巧。中学阶段的课外活动内容常与社会生活相关。如每当地方选举时，中学生常受选举机构邀请去选举事务所帮忙。高等学校特别注重实践环节，通过设置许多有效的组织和开展交流活动来加强学校教育与社会的联系。

教育方式灵活　各省、学区、学校在招生年龄、录取方式和条件、学制、课程设置、考试等方面都能根据实际情况，采取灵活措施，满足教育对象多方面的需求。

双语制教学　加拿大有两种官方语言，大多数中小学都教授这两种语言。大学有用英语授课的，有用法语授课的（主要分布在魁北克省），也有兼用英语和法语授课的。

教育目标个性化　加拿大无论是制定和实施教育政策还是在教学中，都是在考虑儿童个别差异的前提下，考虑他们的智慧、能力和身心发展实况，然后帮助学生规划自己的学习进程。另外，加拿大十分关心学习困难儿童的教育，采取各种措施改善学习困难儿童的环境和条件。注意形成正确舆论，号召教师、父母及公众正确对待和热情帮助学习困难儿童；支持在中小学工作的特殊教育工作者，协助教师搞好个别帮助；在有条件的地区设立学习中心，对学习困难儿童进行跨学科研究和提供高质量的治疗服务。

2010 年 9 月，加拿大不列颠哥伦比亚省的总理技术委员会发布报告《展望 21 世纪教育》，希望为本省的公立教育体系创造学习模型。报告指出，所有加拿大人都有发展学习潜能以及表达自己学习需要的机会；加拿大的教育旨在帮助学习者能够达到未来社会的要求；读写、数学、科学以及生活技能是 21 世纪必备的知识，必须成为加拿大公立教育体系的基本学习成果。

参考文献

国家教委教育发展与政策研究中心. 七十国教育发展概况[M]. 天津：天津教育出版社,1986.

李钟善. 加拿大教育研究[M]. 西安：陕西师范大学出版社,1992.

王仲达. 加拿大教育动态与研究[M]. 北京：教育科学出版社,1999.

（李　敏）

加涅的学习条件与教学设计理论

（Gagné's learning condition and instructional design theory）　美国教育心理学家加涅的重要研究成果。这一理论被誉为现代心理科学与学校教育相结合的典范。加涅早期的工作建立在行为主义的基础上，后期的工作受信息加工心理学理论的影响，故被称为折中主义心理学家，即处于行为主义与认知主义之间。他研究学习理论的根本出发点是为了更有效地设计教学，他没有停留在单纯对学习理论的研究上，而是根据其学习理论推演出教学理论和教学设计过程理论，并出版相应的著作。加涅的代表作有《学习的条件》（*The Condition of Learning*，1965,1970,1977,1985）和《教学设计原理》（*Principles of Instructional Design*，1974,1979,

1988,1992）。前者阐述学习理论和教学理论，后者则是前者阐述的理论在教学中应用而形成的教学设计过程理论。加涅在美国空军工作期间对军人培训问题的研究以及作为美国国防部顾问（1958—1961）的经历使他看到，前辈的学习理论研究对于设计教学来讲并不充分。于是加涅开始了他对有效教学心理学基础的研究，这项研究使他确信，教学技术或理论必须超越传统的学习理论。他在 1962 年发表《军人的培训与学习的原理》（*Military Training and the Principles of Learning*）一文，阐明成功教学的三个原理：对一系列子任务提供教学，以完成由这些子任务组成的最终任务；保证学习者掌握每个子任务；对这些子任务进行排序，以保证最优地迁移至最终的任务。加涅推断，教学理论应该阐述对学习复杂技能起作用的特定因素，1968 年撰写《学习层级》（*Learning Hierarchies*）一文描述这些因素。之后，加涅鉴别出五种独特的学习类别：言语信息、智慧技能、认知策略、动作技能和态度。这些类别代表不同的能力和行为，需要以不同的方式进行学习。这些内容在 1972 年加涅发表的《学习的领域》（*Domains of Learning*）一文中有所描述。1977 年加涅在《学习的条件》一书中继续阐述每种学习类别需要的内部条件和外部条件（环境中的事件）以及信息加工阶段。他在这些学习理论研究的基础上，对设计教学提出了基于学习理论的相应要求：把要学习的技能以行为目标的形式写出，并鉴别出学习的具体类别；接着进行任务分析，为每个学习目标确定先决知识与技能，并安排"教学事件"、选择教学媒体、教学组织形式和进行学生评定等，这些构成其教学设计过程理论。加涅关于学习、教学和教学设计过程的理论为心理学与学校教育密切结合提供了一个可操作性框架，具有重要的研究价值和实际应用价值。

加涅的学习条件理论

加涅的五种学习结果分类　根据加涅的观点，学习是可以持久而且不能单纯归因于生长过程的人的倾向或能力的变化。其表现形式是行为的变化，通过比较个体进入某个学习情境之前与之后可能出现的行为，可以推论是否发生学习。关于学生通过学习获得的共同能力（capability），加涅经过反复思考与研究提出，学生学习的结果主要体现在言语信息、智慧技能、认知策略、动作技能、态度五个方面的能力发生了变化，这种变化可以通过行为表现出来。此即加涅的五种学习结果分类。言语信息作为一种学习结果，指学生通过学习以后能记忆诸如事物的名称、符号、地点、时间、定义以及对事物的描述等具体事实，能够在需要时陈述这些事实。智慧技能作为学习结果，指个体通过应用符号或概念与环境相互作用，即指学习者通过学习获得的对外界环境做出反应,并与他人进行交流的能力,是人们对客观世界记忆和思考的主要方法。言语信息与知道"什么"有关,而智慧技能与知道"怎样"有关。智慧技能可细分为若干小类,较简单的是辨别技能,进一步是形成概念,在形成概念的基础上学会使用规则,智慧技能的最高形式是高级规则的获得,这与解决问题的能力有关。认知策略是学生自身组织起来的借以调节自己的注意、学习、记忆和思维等内部过程的技能。其与智慧技能的区别在于,后者是运用符号办事的能力,是处理外部世界的能力,而认知策略是自我控制与调节的能力,是处理内部世界的能力。言语信息、智慧技能和认知策略都属于认知学习。学生在感知觉基础上通过记忆获得大量的言语信息知识,是较简单的认知学习;在感知觉基础上通过思维获得有关外部事物的概念、规则乃至高级规则,并将这些概念、规则应用于实践,解决实际问题,这是较复杂的认知学习;在上述学习的同时,学生还要学会如何控制自己的学习与认知过程的知识,学会如何学习、如何思维,这是更高级的认知学习,是学生学会学习、形成创造能力的核心。动作技能作为一种习得能力,表现在身体运动的迅速、精确、力量或连贯等方面,如乐器演奏、绘图、实验操作、打球、唱歌等。动作技能离不开一定的言语信息或智慧技能,没有相应的知识结构,动作技能难以学好。动作技能不是简单的外显反应,而是受内部心理过程控制,故亦称"心理运动技能"。态度是习得的、影响个人对特定对象(包括事物、人和活动)作出行为选择的有组织的内部准备状态。当教学目标是使学生形成先前未有的态度,或者改变现存的积极的或消极的态度,即意味着要求学生从事一项态度的学习任务。态度包括认知成分(对人、事物和活动的认识)、情感成分(对人、事物和活动的好恶)和行为倾向成分(选择行动的可能性)。加涅认为,人类的学习无法停留在以上任何一种学习结果或两种学习结果的组合上。言语信息只是一些知识,还不足以使学习者具备处理事物的能力。智慧技能能够使学习者具备实际的能力,但对于一项全新的学习而言,仅有智慧技能的学习是不够的,它离不开言语信息的学习。而且智慧技能的学习并不意味着学生学会了认知策略从而能够成为独立的学习者;离开言语信息和智慧技能,学习者也无法学习认知策略并使之逐渐改进。态度也需要必要的言语信息和智慧技能的支持。动作技能同样需要言语信息、智慧技能、认知策略和态度的支持。因此,人类在学习中需要综合发展以上五个方面的能力,而不是顾此失彼。

加涅的学习模型和学习条件理论　加涅认为,不同学习结果的产生需要不同的内部和外部学习条件。为了分析学习所需要的内部条件和外部条件,加涅首先提出一个被当时研究者广泛认可的学习模型。这个过程或结构从学习的实证研究中推论得出,但是这些结构及其活动仍然以假设的形式存在。加涅在结合行为主义心理学和认知心理学两派理论的基础上,运用现代信息论的观点和方法,视学习为信息的接收、处理和使用的过程,认为学习是学生与环境相互作用的结果。学生的内部状态和外部条件是相互依存、不可分割的统一体。基于上述认识,加涅提出其学习模型,即学习与记忆的信息加工模型(如下图所示)。在该模型中,感受器、感觉登记器和短时记忆构成操作记忆,表现为一个信息流程。学生从客观环境中接受刺激并激活感受器,感受器将刺激转换成神经信息到达感觉登记器。信息在这里经过选择之后,停留不到1秒钟便进入短时记忆。短时记忆中存储的信息若没有复述(即对信息做不出声的心理重复),则保持时间少于20秒。经过复述的信息进入长时记忆。信息从短时记忆进入长时记忆时,需要经过编码,从而使以知觉方式存在的信息转换成概念形式或有意义的形式存储在长时记忆中。以后,当需要回忆时,信息被从长时记忆中提取出来,回到短时记忆中,或不经短时记忆而直接到达反应发生器。信息在这里经过加工处理后便转化为行动。执行控制这一环节起调节和控制的作用,使学习活动得以实现,其功能可使信息激活流、削弱,或改变方向。期望这一环节严格来讲属于执行控制的一部分,它以学习者达到学习目标的动机的形式表现出来,对学生的学习活动起定向作用,使学习活动沿着一定方向进行,而不受其他信息流程的干扰。学习与记忆的信息加工模型对教育教学规划与设计具有十分重要的作用。这个模型揭示了学习必须经过的几个内部加工的阶段或过程,是设计外部教学事件或外部条件的基础。

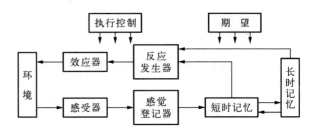

学习与记忆的信息加工模型

加涅认为,教学必须考虑影响学习的全部因素,整体上可以称之为学习的条件。有些条件是学习者外部的刺激,称为学习的外部条件。学习的内部条件需要从学习者自身内部去寻找,学习者携带到学习任务中的心理状态,即学习者先前习得的能力,是保证有效学习的重要因素。教学应当根据学习发生的内部过程提供相应的外部条件,并与学习的内部条件相结合,从而促进学习过程的发生。要获得不同类型的学习结果,就需要有不同的学习的内外部条件的支持。加涅通过研究提出五种学习结果各自要求的学习的内外部条件,从而构成其学习条件理论(见下页表1)。

表 1　五种学习结果所需的学习的内外部条件

学习结果		条件　学习的内部条件	学习的外部条件
言语信息		·已有的有组织的知识 ·编码策略	·提供有意义的情境 ·增加线索的区分性 ·重复的作用
智慧技能	辨　别	·回忆或重现不同反应连锁的能力	·对辨别反应的选择性强化 ·通过对比联系排除干扰
	具体概念	·辨别能力 ·回忆出对相关事物的辨别	·言语线索 ·强化与频度
	定义概念	·具备学习定义概念的相关概念 ·具备定义概念陈述本身的句法知识与技能	·以口头或书面的方式呈现定义 ·呈现肯定例证和否定例证
	规　则	·掌握构成规则的所有概念	·对规则学习的言语指导（形成规则学习后学生作业的预期，指导学生回忆相关概念，为规则的学习提供言语线索，要求学生演示规则的应用等）
	高级规则	·能够回忆学会的相关规则 ·具有以适当方式组织的言语信息 ·动机和学习者已具有的认知策略的应用	·言语教学 ·提供问题的情境和练习的机会
认知策略		·理解构成简单规则的概念，具有领会这些简单规则的言语表述的能力	·相应的言语指导 ·提供问题的情境和练习的机会
动作技能		·部分技能的回忆 ·动作执行程序的回忆	·言语的指导 ·出示图片 ·演示 ·练习与反馈
态　度		·具有对新的态度所指向的客体、事件或人的概念 ·具有相关的信息	·观察榜样的选择 ·模仿榜样的选择 ·强化行为选择

加涅的教学设计理论

　　加涅的教学设计理论完全建立在其学习理论基础之上，是加涅的学习理论在教学上的推演。加涅所著《教学设计原理》(1992)共分四部分，即教学系统、学与教的基本过程、设计教学、教学的传递系统。

　　教学设计的基本前提　加涅提出教学设计的三个基本前提。(1)教学设计必须建立在学习理论的基础之上，以保证教学设计的科学性。(2)教学设计必须依据系统方法进行。教学设计的系统方法是指整个设计过程由"为什么教（学习需求和学习目的）"、"教什么（学习内容和学习目标）"、"如何教（策略）"、"效果如何（评价）"等步骤组成，这些步骤相互联系、相互作用，每个步骤的决策都需要根据科学理论或经验证据，每个步骤决策"输出"的结果都是下一步骤的"输入"，而且每个步骤的决策适当与否需要根据从下一步骤的反馈中得到的证据进行检验，以保证整个系统的效度。各个步骤的决策都必须依据科学理论或经验证据，以保证整个教学设计系统的科学性。(3)教学设计必须以学生为导向。无论采取哪一种教学组织形式（一对一、小组或集体教学），学习都是发生在学习者个体身上的，这就决定了教学的目的是帮助每个人学习，教学设计应当把每个学习者的特点作为设计的重要依据，让每个学习者在设计好的教学情境中充分发挥自己的潜能，获得最大发展。

　　教学设计过程的理论、方法与技巧　按照教学设计的系统方法，加涅把教学设计过程分成确立行为目标、分析学习任务、设计教学顺序（设计一节课）、安排教学事件（教学活动）、选择和使用媒体、评定学生成绩等几个组成部分。其中，确立行为目标、分析学习任务、设计教学顺序、安排教学事件、选择和使用媒体、评定学生成绩等方面具有较独特的方法和技巧。

　　确立行为目标(defining performance objectives)。加涅认为，学习就是学习者能力或倾向的相对持久的变化，这种变化能够通过行为加以观察，所以教学结果应当能清晰地阐述。加涅认为，行为目标包括五个成分：(1)情境，即学习者面临的刺激情境，比如收到一封信；(2)习得能力动词，不同的学习结果需要不同的能力动词，比如：区分(鉴别)、识别(具体概念)、分类(定义概念)、演示(规则)、生成(高级规则)、采用(认知策略)、陈述(言语信息)、执行(动作技能)、选择(态度)；(3)对象，即学习者行为表现的内容，比如回信；(4)行为动词，即能力通过什么行为实现，比如打字；(5)工具、限制和特殊条件，指行为表现需要使用特殊工具，需要某种限制或其他条件等，比如打字机。一个完整的学习目标可以描述为，"收到一封来信，使用某种打字机，通过打字形成一封回信"。

　　分析学习任务(analysis of the learning task)。确定行为目标与任务分析这两个环节相互联系，互为基础。任务分析是为完成目标而揭示相应的内容范围、深度以及内容之间的关系。加涅提出了过程性任务分析方法和学习任务分析方法两种被广泛应用的任务分析方法。过程性任务分析方法亦称"信息加工分析方法",是指揭示要完成任务的所有操作和心理步骤,通常以流程图的形式表示。这种方法可以清楚地揭示终点目标及其实现过程中的所有步骤,也可以揭示专家内隐的心理决策的步骤,有利于学生不断形成高级认知技能。学习任务分析方法是指通过不断寻找终点目标的使能目标(使上一级目标能够实现的、学习者没有掌握的技能或知识)或先决知识技能的过程,揭示完成终点目标所需的各级先决知识技能及其相互之间关系的方法。

设计教学顺序(designing instructional sequences)。教学顺序的安排即教学内容各组成部分的排列次序,它决定"先教什么、后教什么"。加涅认为,教学顺序是从上到下按照课程(course)、单元或主题(unit or topic)、课(lesson)和课的组成部分(components of lesson)这四个层次进行安排的,即一门课程由几个单元组成,一个单元由几节课组成,一节课由几个部分构成。根据课程的教学目标,可以按照常识性逻辑对组成课程的单元进行安排。根据单元的所有教学目标,也可以依据从简单到复杂、意义不断增进或者从一般到具体的原则分成几节课。在单元或课的层次上,根据学习目标的类型(五种学习结果)安排教学顺序。比如,言语信息尤其是有意义言语信息的学习,需按一定的逻辑联系安排教材顺序,需要强调使用奥苏伯尔的"先行组织者"技术,即用引介等方法,简明扼要、高度概括地向学生提示本课材料的结构。智慧技能的教学顺序可以根据加涅的智慧技能的层次,从简单到复杂进行安排。认知策略的教学要提供情境,促使学生回忆相关的以前学过的智慧技能。动作技能的教学则需要提供相应的知识、分步动作的联系乃至最后形成熟练的整体动作。态度的教学顺序应当是先提供一定的知识背景并建立对榜样的尊敬,之后对行为选择倾向进行强化。

安排教学事件(arranging events of instruction)。学习是一种内部的心理变化过程。教师的重要任务之一就是为学生创造理想的外部条件,促使学生向学习目标规定的方向产生持久的心理和行为的变化。加涅根据学习与记忆的信息加工模型,提出与各内部过程相应的、对内部过程起促进作用的外部活动(即教学事件),较完整地论述了产生学习的内因和外因(见表2)。

选择和使用媒体(selecting and using media)。在教学设计过程中选择和使用媒体是个很关键的决策。加涅这里指广义的媒体,包括教师的讲授、印刷媒体和非印刷媒体。加涅认为,选择媒体时要充分考虑影响媒体选择的各种因素:学习情境的性质、学习目标的类型、学习发生的环境、教学开发的环境、学习任务、学习者的特点、教学事件、媒体的特性或功能、学习发生的经济和文化背景等的特点。还要考虑媒体的价格、可利用性和可行性。

表2　加涅的学习理论与教学设计

学习的内部过程	教学事件	(教学)行为举例
1. 接受	引起注意	突然改变刺激
2. 期望	告诉目标	告诉学生学习后他们将能够做什么
3. 工作记忆检索	回忆先前知识	要求回忆先前学习的知识或技能
4. 选择性知觉	呈现刺激材料	呈现具有鲜明特征的内容
5. 语义编码	提供"学习指导"	提供一个有意义的组织结构
6. 反应	诱发行为	要求学生完成任务
7. 强化	提供反馈	给出有信息的反馈
8. 检索与强化	评定行为	得到反馈后,要求学生进一步行动
9. 检索与归类	增强记忆,促进迁移	提供各种实践或在不同的地方进行复习

评定学生成绩(assessing student performance)。学生评定旨在了解学生的情况、诊断学习困难、检查学生的进步、向家长汇报和评价教学。加涅指出,评定的设计应根据行为目标阐述的五个组成部分和不同的学习结果类型进行。加涅提供了各种学习结果的相应的评定设计思路,并对测试的效度、信度和可行性进行论证。他鼓励基于目标的标准参照测试,测试学生能力的形成。根据学生的测试结果,也可以对所设计的整个教学系统进行评价。

除了设计教学,加涅在其《教学设计原理》(1992)最后一版中,把教学的传递系统作为一个独立部分进行阐述。他把教学组织形式分成2人一组、3~8人的小组以及15人以上的大组等几种形式,分别讨论了每种教学组织形式如何安排相应的教学事件、选择教学方法以及教学交互的形式等,也关注了个别化学习的类型和个别化教学系统的管理以及教学的评价。

加涅对学习理论的关注完全从教学角度出发,这样,根据他对学习的认识推演出的教学设计的理论、方法、技巧相对更微观、更细致,其教学设计的理论、方法和技巧的应用范围也更广泛。由于加涅所处时代的特征,他的理论大多体现信息加工心理学的影响,并较多关注教师的行为。

参考文献

盛群力,李志强. 现代教学设计论[M]. 杭州:浙江教育出版社,1998.

Gagné, R. M., Briggs, L. J. & Wager, W. W. Principles of Instructional Design [M]. Stanford, Conrecticut: Wadsworth Publishing Co. Inc. ,1982.

Gagné, R. M. The Conditions of Learning and Theory of

Instruction[M]. 4th ed. New York: Holt, Rinehart and Winston, 1985.

（刘美凤）

家庭教育权（family right of education）　　亦称"父母教育权"。建立在亲属关系基础上的父母享有的对其未成年子女进行教育和选择教育的权利。是一种源于习惯的权利，由于其特殊性，既不得放弃，同时又是一项义务。其行使者为父母或履行监护职责的其他人，他们对子女具有教育和抚养的权利与义务。现代社会中，家庭教育权是宪法和法律明确规定的一项权利。各国法律都对家庭教育权给予极高的尊重，除了基于有关义务教育和人权方面的法律规定，家庭教育权一般不受约束和干预。《中华人民共和国宪法》第四十九条规定，"父母有抚养教育未成年子女的义务"。《中华人民共和国教育法》第十八条规定："适龄儿童、少年的父母或者其他监护人以及有关社会组织和个人有义务使适龄儿童、少年接受并完成规定年限的义务教育。"《最高人民法院关于贯彻执行〈中华人民共和国民法通则〉若干问题的意见（试行）》第十条规定："监护人的监护职责包括：保护被监护人的身体健康，照顾被监护人的生活，管理和保护被监护人的财产，代理被监护人进行民事活动，对被监护人进行管理和教育，在被监护人合法权益受到侵害或者与人发生争议时，代理其进行诉讼。"

家庭教育权的基本特征：权利实施主体是履行监护职责的父母或者其他监护人；与国家教育权和社会教育权相对应，其权利行使范围仅限于家庭内部，监护人可以在不违反法律的前提下自主行使教育权；其行使必须基于善意，不得损害被监护人的人身权和接受学校教育的权利；其主要内容包括教育被监护人和保护被监护人的法定受教育权利。

家庭教育权的产生与发展　　人类社会早期，人们采用"公育"的模式对儿童进行教育，社会所有成员都可以对儿童实施教育。直到原始社会晚期，家庭逐渐发展成为社会劳动的基本单位，"公育"模式才逐渐消失，家庭由此成为养育子女的基本场所，父母承担教育子女的职责。奴隶社会早期，家庭教育子女的模式仍占据主流。例如斯巴达、雅典等欧洲早期文明国家都要求家庭对7岁以下儿童进行教育。男童7岁之后才开始入校学习。对于多数未接受公共教育的家庭，家长对子女的教育仍主要是家庭教育。此时的家庭教育没有外部权利主体的干预，是一种自发的教育。在罗马法中，亲权被视为一种特权，由家长行使，其中主要规范了财产监护和继承的关系，并未涉及教育权利。从监护权设定的角度看，古罗马时期的监护人职责仅限于管理被监护人的财产，而被监护人的身体、教育、抚养则由家长用遗嘱或由长官选定其生母或其他亲友负责照顾，监护财产和监护人身是互相分离的。随着政治家庭的瓦解，自然家庭逐渐占据主导地位。国家对家长权利的干预逐渐增强，监护职责开始从财产管理转变为人身权与财产权兼顾，对未成年人的教育因此成为监护内容之一。但在普遍实施义务教育之前，家庭始终是教育的最基本场所，且较少受到外力干预，教育基本是个人的事务。这种状况一直延续到中世纪晚期，教会通过教会法的行使介入家庭教育，许多教会要求家长必须将子女送入教区学校接受基本教育，否则会受到教会法的惩罚。此后，民主国家出现，由国家实施的义务教育凸显对家庭教育权的干预，家庭教育权真正成为法律关注的焦点，并为法律所规范。

自工业革命始，社会制度开始大规模更替，资本主义社会的民主和法治思想渗透到社会生活的每个领域。家庭教育权开始受到来自法律的挑战，主要表现：（1）义务教育制度的确立限制了父母在教育子女方面的部分权利，并导致国家、社会与家庭在教育权领域的冲突；（2）父母在家庭中对子女的教育是否正当不再仅仅是家庭内部问题，亲权不再是传统意义上的特权，保护未成年人的法律授权国家机构审查家庭教育权的合法性和正当性。随着公权力介入监护权程度的加深，现代西方国家的法律发展对家庭教育权的影响逐渐扩大。

1804年的《法国民法典》（亦称《拿破仑法典》）规定了父母监护权利及其监督机制，其中父亲作为亲权人和监护人行使亲权监护，若父亲死亡，则由母亲监护，并设定监护辅助人，母亲的监护为"父母非亲权监护人"，此外还存在父母遗嘱指定监护、直系亲属的法定监护和亲属会议指定监护等情形。该法典显示，父母在子女监护方面的责任是不同的，这导致父母的教育权利行使能力存在差异。监护方面的国家介入主要通过治安审判员来实现，该法典规定，治安审判员可以召集亲属会议来解决监护争议问题，当发生争议时，法院或检察官可以司法介入。《法国民法典》在规范监护方面采取消极的监督者的立法理念，对家庭教育权利并没有严格的限制措施。《法国民法典》第三百七十一条规定："子女受父母之权力管束，直至其成年或解除亲权。""保护子女之安全、健康与道德品行之权力属于父与母。父与母对其子女有照管、监督、教育的权利与义务。"家庭教育权属于监护权的一部分。而根据《法国民法典》第四百二十七条，"监护是对儿童的保护，属于公共性质的责任"，表明监护职责具有公共性质，若监护人无法履行监护或者履行不当，监护权可能为国家所取代。该法典关于监护的观点代表多数大陆法系国家对监护权的基本认识。在英美法系中，监护权的发展也体现类似特点。家庭教育权是监护权的重要组成部分，国家公权力的介入很少，但当家庭教育权的行使侵害了儿童的权利时，国家作为监护权的监督者将会依法介入其中，甚至为了保护儿童的权利，可以以公权力的名义剥夺父母的家庭教育权利。

现代家庭教育权在法律中的规定主要涉及如下方面。(1) 家庭教育权的行使受宪法保护。许多国家的宪法规定，父母对子女的教育是公民的基本权利和义务，如德国《魏玛宪法》、1947 年《意大利共和国宪法》。《中华人民共和国宪法》和《中华人民共和国婚姻法》都明确规定，教育子女是父母的权利和义务。(2) 家庭教育权的行使受国家和社会的监督。《中华人民共和国未成年人保护法》第四条规定："国家、社会、学校和家庭对未成年人进行思想教育、道德教育、文化教育、纪律和法制教育，进行爱国主义、集体主义和社会主义的教育，提倡爱祖国、爱人民、爱劳动、爱科学、爱社会主义的公德，反对资本主义的、封建主义的和其他的腐朽思想的侵蚀。"第十一条规定，"父母或者其他监护人应当关注未成年人的生理、心理状况和行为习惯，以健康的思想、良好的品行和适当的方法教育和影响未成年人，引导未成年人进行有益身心健康的活动"。(3) 多数国家通过义务教育法律来制约家庭教育权。家长行使教育权必须基于善良和能力的原则，为子女选择学校，接受义务教育。《日本国宪法》第二十六条规定，"全体国民根据法律规定，都有使受其保护的子女接受普通教育的义务"。英国《巴特勒教育法》规定，"使属于受义务教育年龄的所有儿童通过正规的上学或其他方式接受适合其年龄、能力和素质的有效的全日制教育是家长的责任"。《中华人民共和国教育法》第四十九条规定："未成年人的父母或者其他监护人应当为其未成年子女或者其他被监护人受教育提供必要条件。未成年人的父母或者其他监护人应当配合学校及其他教育机构，对其未成年子女或者其他被监护人进行教育。"

家庭教育权的内容　家庭教育权的行使主要包括两项内容：教育子女的权利，保护子女的法定受教育权利。

各国立法实践显示，教育子女的权利为法律所认可，且被视为自然的权利，贯穿于未成年子女发展的全过程。为防止父母滥用家庭教育权利或逃避教育的义务，各国法律一般从禁止权利滥用的角度进行立法，主要内容包括依据儿童的民事行为能力来界定儿童参与自身教育决策的权利，以及根据监护人采取的教育方式是否违背国家关于未成年人保护的法律来判定监护人教育子女权利的大小及其限度的合法性。

家庭教育权的正当行使有助于儿童获得适当的学校教育，为子女选择适当的学校教育是家庭教育权的重要内容。这主要涉及两方面。

其一，父母的教育自由权，主要是选择学校的自由。父母根据自己的意愿为子女选择合适的学校，是父母教育自由权的重要组成部分，也是《世界人权宣言》赋予父母在子女教育上有"优先选择之权"的主要内容。若把学校分为私立学校和公立学校两类，则父母选择学校的自由首先表现为选择私立学校的自由；其次是公立学校中的自由选择权利问题。父母的择校权受国家教育体制的限制。传统上，公立学校体制以地方政府垄断的形式运作。在这一体制下，所有学生都必须到指定的学校就读，缺乏自主选择的权利。于是许多家长不得不为子女选择民营学校。拓展自主选择学校方面的权利被视为动摇传统公共教育体制的杠杆，"选择而非指派"成为择校改革运动的旗帜。但择校自由使家长付出很大代价，并受到成本、距离以及民营学校的录取标准如智力、特长、出身等的约束。教育券(voucher)的出现推动了择校运动的发展。教育券亦称"学券"，由美国经济学家 M. 弗里德曼于 1955 年提出。在此制度下，每个适龄儿童或少年都得到一份凭单，家长持凭单可以把子女送入任何一类学校就读，学校凭教育券到发教育券的机构兑换相应数量的资金。凭单计划不仅避免教育消费者重复交纳学费，更重要的是学习者拥有一种真正的自主选择权。这类公共服务提供的政府间协议方式在美国有较大发展。

其二，父母的教育要求权，主要是学校教育的参与权。在英、美、德等国，这是父母实际享有的法律权利乃至现实权利。日本学者结城忠认为，父母的学校教育参与权主要有三种：一是知情权，即了解学校有关信息的权利，如教学计划、教学内容、教师的教学方法、成绩评价标准与方法等，以及与此相关联的父母直接参加的访问、参观学校的权利，进课堂听教师上课的权利等。教育行政机关和学校有义务为父母提供必要的信息，包括学生个人档案的记录等。二是提案、发言权，即父母有权利要求教育行政当局或学校提供有关某项决定和措施的说明，并对此提出意见和建议。三是共同决定权，即教育行政当局或学校在教育上的措施、决定必须征得父母的同意，某项措施、决定若未获得父母同意，便不能生效。

参考文献

曹诗权. 未成年人监护制度研究[M]. 北京：中国政法大学出版社, 2004.

劳凯声, 郑新蓉. 规矩方圆——教育管理与法律[M]. 北京：中国铁道出版社, 1997.

尹力. 试述父母教育权的内容——从比较教育法制史的视角[J]. 比较教育研究, 2001(11).

（覃壮才　薄建国）

家庭心理教育(family mental education)　父母或其他年长者在家庭中运用适当的心理学理论与技术对子女进行心理健康知识与技能教育的活动。目的是培养子女良好的心理素质，促进子女身心全面和谐发展，提高其整体素质。是个体心理教育的重要组成部分，与学校心理教育和社会心理教育互相促进、互为补充，对个体身心的健康成长和发展、思想品德教育,以及社会精神文明建设具有重要意义。

　　学校心理教育是指学校教育中运用心理学的知识和方法,有目的地提高学生心理素质,解决学生心理健康问题,促进学生适应学校生活和社会生活的教育活动。家庭心理教育可有效利用学校心理教育的资源,接受指导或督导,巩固学校心理教育成果,弥补学校心理教育的不足。学校心理教育也应与家庭心理教育紧密结合,把家庭心理教育纳入学校心理教育范畴,使学校心理教育发挥更大效用,也使心理教育体系更加完善。社会心理教育是指在社会活动中对个体进行的心理教育,旨在提高个体的社会适应能力,增强个体社会适应水平。社会心理教育应融入家庭心理教育和学校心理教育的内容中,而家庭与个体接触最密切,应主动增强其教育功能,将社会心理教育渗透到家庭心理教育中。家庭作为基本社会单位之一,还可作为进行社会心理教育的有利场所,对个体进行更具体、更有针对性、更及时的教育。

　　家庭心理教育的特点　家庭心理教育是心理教育的起点与基点,具有不同于学校心理教育和社会心理教育的特点和优势。(1)启蒙性。一般来说,个体出生后,经过三年婴儿期进入幼儿期,婴幼期是个体身心发展的重要时期,这一时期的家庭心理教育具有不可替代的作用,奠定了个体一生发展的基础。(2)长期性。个体成长过程中有2/3的时间在家庭中度过,在有意和无意、计划和无计划、自觉和不自觉地接受家庭教育,有计划、有目标的家庭心理教育对个体心理健康水平具有重要作用,会伴随个体一生。(3)感染性。这是家庭心理教育最大的特点,通过营造良好的家庭心理环境,以及父母的榜样和示范作用,对子女施予持续的、有力的、潜移默化的影响。(4)情感性。家庭的存在确定了父母与子女之间的血缘关系、抚养关系和空间关系,因而确定其深刻的情感关系,而家庭成员根本利益的一致性又加深了这种情感关系的说服力,这使家庭心理教育更容易被个体接受。(5)及时性。家庭心理教育的过程,是父母在家庭中对子女进行的个别化教育,父母与子女朝夕相处,更容易及时发现子女心理上存在的问题,从而进行适当而有效的心理教育。

　　家庭心理教育的发展　20世纪40年代,家庭心理教育开始受到重视,其发展大致可分为三个时期:(1)萌芽阶段。家庭心理教育开始得到重视,相关法律颁布,理论研究和实证研究逐步展开,但整个家庭心理教育体系不完善。(2)建立阶段。从20世纪80年代开始,随着社会上青少年犯罪现象增多,家庭教育被日益关注,家庭心理教育也被列入心理教育范围开始得到真正实施。主要以亲子教育为家庭心理教育主体,即以父母为被教育主体,以对家庭的心理咨询与心理辅导为主要方法,强化家庭中父母对子女进行

管教,以期降低社会上的青少年犯罪率。(3)发展阶段。关于家庭心理教育的主流理念已经建立,以学习型家庭为主导,并精心设计各类教育课程及活动,教导父母将家庭心理教育理念落实到与子女的互动中,进而建构健康而理想的家庭生活。其基本内涵:愿与家人相互关心;愿与家人沟通;愿与家人分享;愿与家人共同学习;愿与家人相互承诺。通过家庭成员共同学习,共同建构家庭成员心理健康水平,培养适当的社会技能及解决问题的能力,充分发挥个人潜能,从而能有效面对和解决家庭生活的各项需求及社会变迁的挑战。20世纪80年代后,家庭心理教育进入扩展阶段。在策略方面,由以咨询与辅导为主,转变为以预防为主,强调教育策略。伴随"学习社会"、"终身学习"等观念的流行,家庭心理教育备受关注,主要强调营造家庭中的心理教育气氛,并努力开展丰富多彩的学习活动。

　　家庭心理教育研究　(1)家庭早期经验对心理的影响。早期经验是指婴幼儿期的感官刺激、亲子关系和心理需求等,这些早期经验得到满足,会有助于婴幼儿建立安全感,逐步培养其自信、乐观、开放的性格。婴幼儿的大部分活动空间在家庭中,家庭早期经验对个体心理发展至关重要。(2)家庭教养方式对心理的影响。根据控制(即对子女是否提出成熟的要求)和爱(即对子女是否关心、信任、尊重、理解)两个维度,家庭教养方式可以分成四种类型:权威型——控制＋爱(接受);专制型——控制＋不爱(拒绝);娇宠型——不控制＋不完全的爱;冷漠型——不控制＋不爱。专制型父母控制有余,爱心不足;娇宠型父母爱得不理智,控制不足;冷漠型或拒绝型父母的教养方式和态度都有问题。权威型父母较理想。(3)家庭结构对心理的影响。如独生子女现象、父母离婚对子女心理的影响。中国独生子女教育问题是家庭教育中最重要的问题之一。一般认为,独生子女容易因溺爱变得自私、任性、骄横、孤僻、懒惰、不善合作、缺乏热情、无自主意识。同样,离婚问题也成为热点问题。父母离婚往往会给子女带来较大的心理冲击,造成其安全感的缺失,从而感受到孤独、惊恐、失落,自尊心受到打击。(4)父母心理健康水平对心理的影响。父母自身的心理健康水平是家庭心理教育中一个非常重要却易被忽略的因素,它能从多方面对子女心理发展产生影响。首先,父母是子女学习和模仿最经常、最直接的对象,直接塑造子女的行为方式、情绪处理方式以及价值观、道德观等;其次,父母心理健康水平会直接影响到夫妻关系、家庭结构、教养方式、亲子关系以及对子女的期望值等,间接影响子女心理健康水平。(5)家庭物理环境对心理的影响。主要包括居住空间、居住气氛、居住条件、生活设施等物理环境因素对子女心理的影响。心理学研究表明,生活的条理性和环境的安静程度对子女行为方式的养成和情绪的稳定性有重要意义,许多发展不良的学前儿童,其家庭环境往往以无规律

和不可预测性为特征。

家庭心理教育原则 (1)目标性原则。家庭心理教育应以培养子女健康的心理作为终极性目标。心理健康主要包括六方面：正确的自我认知态度，自我成长、自我发展和自我实现的能力，统一、安定的人格，自我调控的能力，对现实的感知能力，积极改善环境的能力。(2)发展性原则。在对子女实施家庭心理健康教育时，应以发展的观点看待子女的心理及其问题。应认识到：家庭心理教育模式的实施应以发展幼儿良好的品质为主要任务；有些心理问题只是某一时期、某一阶段的特殊现象，在成长过程中会逐渐化解；心理成长是一个长期的过程，不能急于求成。(3)非价值性评价原则。在对子女进行心理教育时，不施予过多的价值判断，应充分信任子女，以鼓励和行为改变为主，维护他们的自尊，提高其自信水平，促进心理的良性发展。(4)主体性原则。把子女的心理发展现状放在首位，尊重子女，引导他们主动参与到心理教育活动中，有的放矢，取长补短。(5)渗透性原则。家庭心理教育应渗透并贯穿家庭生活的各个环节，注重潜移默化和抓住契机，于点滴之间见成效。

家庭心理教育目标 家庭心理教育的目标与心理健康教育的目标一致。教育部提出心理健康教育的总目标：提高全体学生的心理素质，充分开发他们的潜能，培养学生乐观向上的心理品质，促进学生人格的健全发展。心理健康教育的具体目标：使学生不断正确地认识自我，增强调控自我、承受挫折、适应环境的能力；培养学生健全的人格和良好的个性心理品质；对少数有心理困扰或心理障碍的学生，给予科学有效的心理咨询和辅导，使其尽快摆脱障碍，调节自我，提高心理健康水平，增强自我教育能力。家庭心理教育在创设有利的心理环境，促进子女充分发挥潜能方面有重要作用。

家庭心理教育内容 主要包括健康情感、坚强意志、人际适应、独立自主、学习心理、青春心理、升学与择业心理、健全人格等八方面内容。(1)培养子女积极健康的情感，教会子女如何把握情绪，怎样正确处理理智与冲动、调节与控制、挫折与磨砺的关系，并逐步引导子女学会冷静分析问题，学会以适当的方式宣泄压力和不良情绪。同时，指导子女在遇到问题时求助于学校心理咨询机构，通过心理咨询来实现自身心理的健康发展。(2)培养子女坚强的意志，对于既定的目标要勇于追求、坚持不懈。(3)教会子女良好的人际交往方式，使他们能够正确认识、评价和表现自己，并逐步掌握人际交往的社会性和技巧，帮助子女学会如何与他人友好相处。(4)培养子女的独立自主精神，在生活的各方面有创新意识和独立见解。(5)培养子女良好的学习心理品质，注重培养学习兴趣，在认识自我的基础上，确立恰当的学习目标，形成合适的动机水平，同时重视培养注意

力、记忆力、观察能力、思辨能力、创造思维能力等多元智能，以及积极主动探究的学习态度。(6)根据子女身心发展的不同阶段，及时进行有针对性的心理健康教育，重视对子女性知识和性心理的教育。(7)帮助子女正确认识兴趣爱好和能力特长以及社会需求，调整家长自身的期望值，指导其升学和就业。(8)培养子女健全的人格。主要包括爱的教育，学会爱自己和爱他人，塑造活泼开朗的性格，培养广泛的兴趣和探究精神等。

家庭心理教育途径和方法 (1)家校合作。具体如，家长在学校指导下开展家庭心理健康教育；家长接受培训，掌握家庭心理教育方法，提高自身心理健康水平；进行心理治疗时，家长要密切配合和参与。家庭心理教育要与学校心理教育沟通，充分考虑到子女在学校中的实际表现，与学校教育紧密结合。(2)营造良好的氛围。创设积极、向上、尊重、理解、以鼓励并以赞扬为主的家庭心理环境，以激发其发展潜力。及时发现并科学地纠正不恰当的行为方式。(3)自我协同教育。注重以子女为主体，充分运用情境教育法，抓住学习和生活中的教育契机，进行即时教育；引导子女主动发现问题，主动参与解决问题，并学会举一反三，逐渐学会自己处理问题，最终建立良好的行为模式。(4)加强沟通。充分了解子女的年龄特点，努力消除代沟，消除与子女之间沟通上的障碍。充分了解子女的需要和困惑；正确认识子女并接纳子女。(5)控制娱乐工具。善于发挥娱乐工具的教育作用，避免其消极作用。

参考文献

刘金花. 儿童发展心理学[M]. 上海：华东师范大学出版社，2002.

申荷永，高岚. 心理教育[M]. 广州：暨南大学出版社，1995.

徐光兴. 临床心理学——心理健康与援助的学问[M]. 上海：上海教育出版社，2001.

徐光兴. 学校心理学——心理辅导与咨询[M]. 上海：华东师范大学出版社，2000.

（薛　璟）

家庭与学校（family and school）　青少年社会化过程中两个最重要的场所。对青少年的一生具有重要作用。家庭对青少年成长承担两项义务：保护孩子免受危险，健康成长；教育孩子成长为社会需要的人。家庭作为青少年首要的社会化场所，在人的社会化过程尤其是早期社会化过程中具有不可取代的作用，影响人的一生。儿童早期的社会性学习，如语言、情感、行为习惯的养成，亲子关系的建立等，都在这个阶段完成。人的社会化进程具有不可逆性，错过这一发展阶段将无法弥补。学校是青少年的第二个社会化场所，青少年在学校学会社会性交往，习得社会规范，学会处理与自我、他人、社会的关系等。第二次世界大战后，

社会的整体变革如工业化、城市化、进入劳动力市场的妇女大量增加、人口出生率降低等，造成家庭结构的一系列变化。了解家庭的多样性是学校与家庭建立双向互动、富有建设性关系的核心，有助于学校建构一个多样化的与学生家庭合作的策略体系，为学校改革提供信息。

工业革命导致传统家庭与现代家庭在结构及功能上的变革。传统家庭主要承担对孩子的养育功能，妇女承担照顾家庭、培养子女的主要责任。工业革命之后，妇女纷纷走出家庭，同男子一样拥有工作，她们在经济上获得独立地位的同时，也在一定程度上放弃了养育子女的责任，学龄前儿童的教育任务很大程度上交由学校完成。而现代社会家庭组织结构的多元化，单亲家庭、离婚家庭数量的增多，给子女教育带来一系列问题。

在制度化学校诞生之前，培养和教育子女的任务主要在家庭中完成。学校作为专门的教育机构诞生之后，教育未成年人的任务主要由学校完成，但是家庭对孩子的培养和教育仍然不可取代。随着学校教育体制的不断完善，儿童受教育时间的延长，学校教育在青少年社会化进程中的作用和影响越来越大。作为社会分工的重要组成部分，家庭与学校在功能上的不断分化，导致在面对日益复杂多变的社会环境时，单纯依靠家庭或学校的力量将无法应对，家庭与学校作为青少年重要的社会化场所，必须联合起来，共同应对社会环境的变化给青少年成长带来的影响。

社会环境的变化削弱了学校与家庭的传统功能。大众传媒的普及使任何来自学校和家庭单方面的影响都难以发挥作用，现代社会在评价机制和用人机制上的唯学历化取向，一定程度上淡化了学校和家庭教育的育人功能。家庭作为儿童重要的社会化场所，其对儿童行为养成的功能在不断弱化。"升学主义"引发的一系列教育问题、家庭问题以及社会问题，受到全社会的普遍关注。

在中国，随着独生子女时代的到来，父母对子女教育的重视程度提高，家庭对子女教育的投入增加，学校教育对家庭的影响日益凸显。而随着社会竞争压力的加大，家长的工作时间越来越长，亲子交流的时间缩短、内容单一；家庭作为儿童重要的社会化场所，其社会化功能在很大程度上为日趋激烈的升学竞争压力所消解。重智育、轻德育，忽视人身心的全面健康发展，成为学校教育、家庭教育和社会教育的通病。克服这些问题也必须协同三方面的力量。

影响家庭与学校关系的家庭因素　家庭与学校关系的影响因素主要包括四方面：家庭经济水平，家庭的种族、民族和文化背景，家庭结构，个体家庭差异。国外对家庭社会经济地位与学校教育过程相互作用的研究始于1966年科尔曼的报告《教育机会均等》，他通过对种族及族群隔离、不平等、学生与家庭特征及学生成就等的研究发现，诸如家庭成员组合、社会经济地位、家长受教育程度等，是比与学校相关的因素更强的预测值。该报告引发了普遍且有益的研究活动，即考察家庭社会经济地位和学校教育过程是如何相互作用并再生产社会地位的，这些研究一般基于一个假设，即学校传递社会地位。

关于社会地位再生产的研究主要受到法国社会学家布迪厄文化资本再生产理论模式的影响。家庭所占有的文化资本数量和质量的不同，决定了家长在参与子女教育过程中所采取的途径和方法以及影响子女教育的内容和形式的不同，这种不同反映阶级和阶层之间的文化差异。布迪厄研究指出，父母所处的社会阶层不仅提供文化资本，还有其他资本，使家长参与子女教育。例如，收入作为主要的经济资本可以直接投资于为子女提供学习材料及合适的环境；工作模式提供一种特定的社会关系网络、适当的责任与期望，以及不同的信息来源和行为规范等；家长的言谈举止在与教师的交流中提供了符号资本(symbolic capital，亦称"象征资本")。美国社会学家拉鲁运用文化资本的概念解释中上阶层家长在参与子女教育中的优势地位，认为家庭中的文化资本包括家长的能力、信心、收入、工作模式和社会关系等。文化资本的概念有助于理解社会阶级和阶层，以及家庭成员关系在家庭与学校的互动关系中的差异。

学生的出生环境、家庭文化背景、家庭结构、社会地位各不相同，家庭占有的经济资本、文化资本和政治资本存在明显差异，当社会两极分化、贫富悬殊加剧时，家庭为学校提供的支持系统也各不相同，在通过教育公平实现社会公平的进程中，学校教育必须尊重和考虑学生家庭的社会差异。

家校合作的途径与方法　现代社会中，教师与父母在青少年培养中的相互理解和合作很重要。(1)关注父母对学校的态度。教师怎样看待父母和父母怎样看待教师与学校，是影响学校能否为学生提供最佳教育的微妙而重要的因素。教师关注父母对学校的看法，对于改善学校与家庭关系有很大助益；父母对学校的态度不仅影响孩子的态度，还影响孩子在班上的表现。父母对学校的支持态度会对教师产生有利影响，使教师感到受重视，并有助于教师坚持自己的职业。(2)吸纳家长参与学校教育工作。家庭作为学校教育的支持系统，其在学校教育和儿童身心发展中的作用受到越来越多国家的重视。美国国家教育目标制订小组(The National Education Goals Panel)设定的八个2000年要达到的教育目标之一是：每个学校都有责任鼓励家长与学校发展伙伴关系，促进家长参与，以帮助儿童在社会、情感以及学习方面的健康成长与发展。家长直接参与学校活动的类型主要包括：家长参与学生在家庭中的学习活动；家长作为校方支持者参与学校管理，如家长加入家长群体、顾问委员会或参加社区委员会等，也指家长作为学校支持者监督学校行为，或为学校发展做相应的工作。实现这两种参与类型的前提是,充分认识不同的家庭结构、家庭文化、家庭负担以及可能影响家长参与活动的各种因素在不同家庭中的差异。面向所有家长的参与项目和参与活动,校方应制订灵活的计划,方便来自不同类型家庭的参与者;同时考虑社区教育资源,吸纳所有关心教育的人士参加。一个社区的历史、宗教、语言以及文化背景会在很大程度上影响家长个人的参与类型及参与程度。(3) 建立家校合作制度。家校合作的理念是,学校教育必须同时听取和吸纳学生及其家长和社会的意见,进而形成全社会对教育的关注,共同为年轻一代的成长营造良好的社会环境。在家庭和学校之间建立伙伴关系,需要学校和教师提供制度保障,赋予家长委员会在学校重大事务中的决策权。学校可定期组织家长会或家长学校,供教师与家长沟通;对家长进行培训,提高家长参与决策的能力;通过"教学开放日"等形式让家长深入了解学校教育教学工作;成立家长委员会,对学校的管理和教学工作进行监督,提供咨询。

参考文献

布迪厄.文化再制与社会再制[M]//厉以贤.西方教育社会学文选.台北:五南图书出版公司,1992.

玛丽·杜里-柏拉,阿涅斯·冯·让丹.学校社会学[M].汪凌,译.上海:华东师范大学出版社,2001.

何瑞珠.家长参与子女的教育:文化资本与社会资本的阐释[J].香港:香港中文大学教育学院.教育学报,1998,26(2),1999,27(1).

马和民,高旭平.教育社会学研究[M].上海:上海教育出版社,1998.

缪建东.家庭教育社会学[M].南京:南京师范大学出版社,1999.

（齐学红）

家长的权利与义务（paterfamilias's right and obligation）　父母或其他监护人对未成年子女的权利与义务。未成年人指未满 18 周岁的公民。父母指生父母、养父母和有抚养关系的继父母。未成年人的父母已经死亡或没有监护能力的,由祖父母、外祖父母、兄、姐或关系密切的其他亲属、朋友担任监护人。家长对未成年人的权利和义务具有重合性,除个别法律规范之外,一般情况下,法律规范中关于家长义务的规定也是家长权利的体现。在中国相关法律、法规中,家长具有如下权利与义务。

对未成年子女进行保护、管理和教育　《中华人民共和国未成年人保护法》第二章规定,父母或其他监护人应当依法履行对未成年人的监护职责和抚养义务,禁止虐待、遗弃未成年人,禁止溺婴和其他残害婴儿的行为,不得歧视女性未成年人或者有残疾的未成年人。父母或者其他监护人应当尊重未成年人受教育的权利,必须使适龄未成年人依法入学接受并完成义务教育,不得使在校接受义务教育的未成年人辍学。父母或者其他监护人应当以健康的思想、

良好的品行和适当的方法教育未成年人,引导未成年人进行有益身心健康的活动,预防和制止未成年人吸烟、酗酒、流浪、沉迷网络以及聚赌、吸毒、卖淫等行为。《中华人民共和国预防未成年人犯罪法》规定,未成年人的父母或者其他监护人,不得让不满 16 周岁的未成年人脱离监护单独居住。未成年人离家出走的,其父母或者其他监护人应当及时查找,或者向公安机关请求帮助。《中华人民共和国义务教育法》规定,适龄儿童、少年的父母或者其他监护人应当依法保证其按时入学接受并完成义务教育。适龄儿童、少年的父母或者其他法定监护人无正当理由未依照法律规定送适龄儿童、少年接受义务教育的,由当地乡镇人民政府或者县级人民政府教育行政部门给予批评教育,责令限期改正。《中华人民共和国婚姻法》第二十三条规定:"父母有保护和教育未成年子女的权利和义务。在未成年子女对国家、集体或他人造成损害时,父母有承担民事责任的义务。"

《中华人民共和国预防未成年人犯罪法》第十条规定:"未成年人的父母或者其他监护人对未成年人的法制教育负有直接责任。"还规定未成年人的父母或者其他监护人和学校应当教育未成年人不得有下列不良行为:旷课、夜不归宿;携带管制刀具;打架斗殴、辱骂他人;强行向他人索要财物;偷窃、故意毁坏财物;参与赌博或者变相赌博;观看、收听色情、淫秽的音像制品、读物等;进入法律、法规规定未成年人不适宜进入的营业性歌舞厅等场所。家长和学校应当教育未成年人不得吸烟、酗酒。未成年人擅自外出夜不归宿的,家长、其所在的寄宿制学校应当及时查找,或者向公安机关请求帮助。同时规定,未成年人的父母或者其他监护人和学校发现未成年人组织或者参加实施不良行为的团伙的,应当及时予以制止。发现该团伙有违法犯罪行为的,应当向公安机关报告。未成年人的父母或者其他监护人和学校发现有人教唆、胁迫、引诱未成年人违法犯罪的,应当向公安机关报告。公安机关接到报告后,应当及时依法查处,对未成年人人身安全受到威胁的,应当及时采取有效措施,保护其人身安全。对未成人的严重不良行为进行矫治,包括:纠集他人结伙滋事,扰乱治安;携带管制刀具,屡教不改;多次拦截殴打他人或者强行索要他人财物;传播淫秽的读物或者音像制品等;进行淫乱或者色情、卖淫活动;多次偷窃;参与赌博,屡教不改;吸食、注射毒品等。对有严重不良行为的未成年人,家长和学校应当相互配合,采取措施严加管教,也可以送工读学校进行矫治和接受教育。家长对因不满 16 周岁而不予刑事处罚、免予刑事处罚的未成年人,或者被判处非监禁刑罚、被判处刑罚宣告缓刑、被假释的未成年人,应当采取有效的帮教措施,协助司法机关做好对未成年人的教育、挽救工作。

照顾子女生活　主要指家长在子女日常起居和学习生活方面进行养育和照料。抚养既包括喂养、照顾子女,也包括提供子女生活费用等。《中华人民共和国婚姻法》第二十

一、二十八、二十九条规定：父母对子女有抚养教育的义务。父母不履行抚养义务时，未成年的或不能独立生活的子女，有要求父母付给抚养费的权利。有负担能力的祖父母、外祖父母和有负担能力的兄、姐，对于父母已经死亡或父母无力抚养的未成年人，有抚养的义务。第二十五条进一步指出：非婚生子女享有与婚生子女同等的权利，任何人不得加以危害和歧视。不直接抚养非婚生子女的生父或生母，应当负担子女的生活费和教育费，直至子女能独立生活为止。《中华人民共和国未成年人保护法》规定了父母或者其他监护人对未成年人的抚养义务；同时规定，父母或者其他监护人不得允许或者迫使未成年人结婚，不得为未成年人订立婚约。必须指出的是，家长照顾未成年子女的生活是一种法定义务。《最高人民法院关于贯彻执行〈中华人民共和国民法通则〉若干问题的意见（试行）》第二十三条指出，夫妻一方死亡后，另一方将子女送给他人收养，如收养对子女的健康成长并无不利，又办了合法收养手续的，认定收养关系成立；其他有监护资格的人不得因收养未经其同意而主张收养关系无效。

管理和保护子女的财产　家长管理和保护子女财产的权利与义务包括代理权与同意权、管理权、用益权、处分权等。其一，代理权与同意权。家长有权保护子女的财产权益，对子女的财产行为有权代为意思表示。对于无民事行为能力的未成年子女，父母的意思表示即为子女财产行为的意思表示；对于限制民事行为能力的未成年子女，父母有同意权，善意相对人有撤销权。16周岁以上的未成年子女以自己的劳动收入为主要生活来源的，因其被视为成年人而可独立进行财产行为，父母不享有同意权。家长行使代理权与同意权，应以维护子女利益为原则，违反子女合法利益的拒绝继承、赠与或拒绝接受赠与等代理行为不应有法律效力。其二，管理权。家长行使管理权的目的在于保存或增加未成年子女财产价值，管理行为包括保存行为、不变更财产性质的利用行为及改良行为等。家长基于管理权占有未成年子女的财产，第三人若肆意侵占未成年子女财产，则父母既可以子女法定代理人身份，基于子女对财产的所有权请求原物的返还，也可以自己的名义，以财产管理权被侵害为由，请求排除第三人侵害，恢复对该财产的管理与支配。其三，用益权。指家长在不毁损未成年子女财产、不变更财产性质的前提下，利用、支配子女财产并收取该财产产生的天然孳息或法定孳息的权利。父母对有权管理的未成年子女财产，一般享有使用收益权。但被指定用于特定用途的财产，父母不得擅自动用。其四，处分权。指家长依法对未成年子女的财产进行处置，包括事实上的处分（对财产的消耗）与法律上的处分（转让财产所有权等）。

代理未成年子女进行民事活动，代理其诉讼　未成年子女的民事活动一般由父母代理或同意。但是未成年人所为的纯获利益的民事行为，不需要未成年人的父母或其他监护人的同意。子女为他人所伤，父母以法定代理人的身份请求损害赔偿；子女权益受损，父母代理其诉讼。家长不履行代理义务或者侵害子女合法权利，应当依法承担责任。父母是未成年子女的法定代理人，有权代理子女为法律允许的法律行为。这是父母保护未成年子女人身和财产权益的双重权限。其一，未成年人实施变更亲属身份的行为，须得亲权人同意。其二，身份行为代理权，亲权人有权代子女为身份方面的意思表示。由于身份行为不仅关系到当事人身份的变更，且涉及财产利益的变更，身份行为代理只有在法律明文规定时始得发生。例如《中华人民共和国继承法》第六条规定，无行为能力人的继承权、受遗赠权，由他的法定代理人代为行使。限制行为能力人的继承权、受遗赠权，由他的法定代理人代为行使，或者征得法定代理人同意后行使。其三，身份事项决定同意权。如子女接受外科手术之同意，子女因病休学决定的作出等。在未成年子女对国家、集体或他人造成损害时，家长有承担民事责任的义务。

探望子女和继承子女财产的权利　此项侧重于对家长自由和权益的保障，因此主要具有权利性质，与上述几项内容权利、义务具有重合性的特征不同。《中华人民共和国婚姻法》规定，父母与子女间的关系，不因父母离婚而消除。离婚后，子女无论由父或母直接抚养，仍是父母双方的子女。离婚后，不直接抚养子女的父或母，有探望子女的权利，另一方有协助的义务。行使探望权利的方式、时间由当事人协议；协议不成时，由人民法院判决。父或母探望子女，不利于子女身心健康的，由人民法院依法中止探望的权利；中止的事由消失后，应当恢复探望的权利。父母和子女有相互继承遗产的权利。对于子女的遗产，根据《中华人民共和国继承法》的规定，父母享有作为第一顺序继承人的权利。

家长如果违背法律规定，不履行义务或者侵犯子女的合法权益，应当承担法律责任。给子女造成财产损失的，要赔偿其损失；虐待、遗弃子女情节恶劣、构成犯罪的，要承担刑事责任。如果家长管教不严、导致其子女实施不法行为而损害他人人身和财产的，家长应当承担民事责任（家长尽了监护职责的，可适当减轻其民事责任）。《中华人民共和国民法通则》第一百三十三条规定，无民事行为能力人、限制民事行为能力人造成他人损害的，由监护人承担民事责任。监护人尽了监护责任的，可以适当减轻他的民事责任。《最高人民法院关于贯彻执行〈中华人民共和国民法通则〉若干问题的意见（试行）》第一百五十八条指出，夫妻离婚后，未成年子女侵害他人权益的，同该子女共同生活的一方应当承担民事责任；如果独立承担民事责任确有困难的，可以责令未与该子女共同生活的一方共同承担民事责任。第二十二条指出，监护人可以将监护职责部分或者全部委托给他人。因被监护人的侵权行为需要承担民事责任的,应当由监护人承担,但另有约定的除外;被委托人确有过错的,负连带责任。

参考文献

陈苇.离婚后父母对未成年子女监护权问题研究——兼谈我国《婚姻法》相关内容的修改与补充[J].中国法学,1998(3).

李晓燕.教育法学[M].北京:高等教育出版社,2001.

刘功文.论亲权的行使与保护[J].当代法学,2003(6).

（吴郁芬　吕庆安　余雅风　马晓燕）

假设检验(hypothesis testing)　亦称"统计检验"、"显著性检验"。统计学中,根据抽样结果在一定可靠性程度上对一个或多个总体分布的假设作出拒绝还是接受的推论过程。即根据样本统计量的差异能否作出一般性结论(总体参数之间确实存在差异)的推论过程。经过检验,若所得差异超过统计学规定的某一误差限度,则表明这个差异已不属于抽样误差,而是总体上确实存在差异,此种情况称差异显著;若所得的差异未达到规定限度,说明该差异主要由抽样误差引起,称差异不显著。在实际应用中,根据检验参数性质的不同,假设检验可分为平均数显著性检验、平均数差异显著性检验、方差显著性检验、方差差异显著性检验、相关系数显著性检验、相关系数差异显著性检验以及比例显著性检验和比例差异显著性检验等。

假设检验的基本概念

统计假设(hypothesis)　在统计检验过程中,对总体参数、总体的分布形态等作出的两个互不相容的假设,分别为原假设和备选假设。

原假设(null hypothesis)　亦称"虚无假设"、"零假设"。用 H_0 表示,与备选假设相对立,是统计推论的出发点,即在原假设成立的条件下,可以得到样本统计量的分布,是进一步统计推论的依据。例如,比较实验组平均数和控制组平均数有无差异,先假设它们之间不存在显著差异,这就是原假设。提出原假设的目的不在于验证它的正确性,而只是提供一个计算和判断的起点。

备选假设(alternative hypothesis)　亦称"研究假设"、"对立假设"。用 H_1 表示,与原假设相对立,是根据已知理论与事实对研究结果作出的一种预想希望证实的假设。

显著性水平(level of significance)　当原假设正确而被拒绝的概率值,即某一统计量落入拒绝域的概率,也可以理解为拒绝原假设所犯错误的概率,用 α 表示。通常取 0.05 或 0.01。显著性水平 α 越小,错误拒绝原假设的可能性就越小,显著性水平的大小随研究中甘冒多大犯错误的风险

而定,若错误拒绝原假设带来的后果非常严重,则显著性水平可规定得很小,教育研究中一般取 α 为 0.05 或 0.01。

Ⅰ型错误(type Ⅰ error)　亦称"第一类错误"、"α 错误"。当原假设正确,但由于检验统计量的值落入拒绝域而拒绝原假设时所犯的错误。犯Ⅰ型错误的概率记为 α,α 值是事先规定的。

Ⅱ型错误(type Ⅱ error)　亦称"第二类错误"、"β 错误"。当原假设不正确,但由于检验统计量的值没有落入拒绝域而接受原假设时所犯错误的概率。犯Ⅱ型错误的概率记为 β,β 值不是事先规定的,其大小与下列因素有关:(1)在参数检验中,β 依赖参数的实际值与假设值之间的距离,实际值与假设值相差越大,β 值越小;(2)β 与检验前所选 α 值有关,α 值越小,β 值越大,但要同时降低 α 和 β,需要增大样本容量;(3)当 α 和 n 固定时,根据研究问题的性质选择适当的检验类型可减少 β。为辨别一个既定大小的差异需确定样本容量时,要考虑Ⅱ型错误。

检验功效(power of test)　亦称"检验能力"、"检验力"。总体之间确有差异,按 α 水平能够发现它们之间有差异的能力。即当原假设不正确(备选假设正确)时,没有接受原假设的概率,其值等于 $1-\beta$。β 值越小,检验功效越大,每个可能的备选假设都有相应的检验功效,备选假设越接近原假设,其检验功效越小。设计良好的实验对于所有考虑的备选假设都要求相等高的检验功效。

单侧检验(one-sided test)　亦称"单尾检验"、"一端检验"。指显著性水平所规定的拒绝域全部在统计量分布一尾端的检验。若拒绝域在分布的右端,则称为右侧检验,对应的统计假设为 $H_0: \theta \leqslant \theta_0$,$H_1: \theta > \theta_0$;在分布的左端,则称为左侧检验,对应的统计假设为 $H_0: \theta \geqslant \theta_0$,$H_1: \theta < \theta_0$。由于单侧检验利用已有一侧不可能落入拒绝域的条件,所以在相同显著性水平下,单侧检验的功效大于双侧检验。

双侧检验(two-sided test)　亦称"双尾检验"、"两端检验"。指显著性水平所规定的拒绝域平分于统计量分布两尾端的检验。在假设检验中对应于检验的结果只推断是否存在显著差异,而不考虑差异的方向(即是否大于或小于)。适用于只判断参数 θ 是否等于某个给定值 θ_0,并不关心究竟是 $\theta > \theta_0$ 还是 $\theta < \theta_0$ 的情况。对应的统计假设为 $H_0: \theta = \theta_0$,$H_1: \theta \neq \theta_0$。

大样本检验(large sample test)　样本容量大于 30 时的假设检验,此时根据近似正态分布的原理,可用 Z 检验或 u 检验作为统计量,对统计假设,在给定显著性水平下,通过近似查正态分布表进行检验的方法。常用于样本平均数或比例数与总体平均数或比例数的比较以及两个样本平均数或比例数的比较。

小样本检验(small sample test)　在样本容量较小时($n < 30$),依据小样本统计量的概率分布规律进行的统计检

验,常用的有 t 检验和 F 检验。

假设检验的常见类型

平均数显著性检验(significance test of mean)　指对样本平均数与总体平均数的差异进行的显著性检验。若检验的结果有差异,表明样本平均数的总平均数(μ_1)与总体平均数(μ_0)之间存在显著差异;反之,认为样本平均数的总平均数(μ_1)与总体的平均数(μ_0)之间没有差异,或这种差异仅仅由抽样误差引起。检验样本统计量代表的总平均数(μ_1)与总体平均数(μ_0)之间存在显著差异。统计假设为 H_0:$\mu_1 = \mu_0$,H_1:$\mu_1 \neq \mu_0$(若为右侧检验,对应的假设为 H_0:$\mu_1 \leqslant \mu_0$,H_1:$\mu_1 > \mu_0$;若为左侧检验,对应的假设为 H_0:$\mu_1 \geqslant \mu_0$,H_1:$\mu_1 < \mu_0$)。根据总体分布的形态和总体方差是否已知,所用的统计量可以分为以下四种情况。

(1)总体正态分布,总体方差已知,这种情况下常用 Z 检验或 u 检验。计算公式:

$$Z = \frac{\overline{X} - \mu_0}{\frac{\sigma}{\sqrt{n}}}$$

式中,$\overline{X}$ 为样本平均值,μ_0、σ 分别为总体平均值和总体标准差,n 为样本容量。对于给定显著性水平 α,查正态分布表可得 $Z_{\alpha/2}$(对于单侧检验查表得 Z_α),然后比较 Z 与 $Z_{\alpha/2}$ 的值,若 $Z > Z_{\alpha/2}$,则拒绝原假设,得出样本统计量所代表的均值与总体均值存在显著差异,否则认为差异不显著(对于右侧检验,比较 Z 与 Z_α 的值,若 $Z > Z_\alpha$,则拒绝原假设,认为样本统计量所代表的均值显著大于总体均值;对于左侧检验,比较 Z 与 Z_α 的值,若 $Z < -Z_\alpha$,则拒绝原假设,认为样本统计量所代表的均值显著小于总体均值)。

(2)总体正态分布,总体方差未知,这种情况下常用 t 检验。计算公式:

$$t = \frac{\overline{X} - \mu_0}{\frac{S}{\sqrt{n}}}$$

式中,$\overline{X}$ 为样本平均值,μ_0 为总体平均值,S 为样本标准差,n 为样本容量,定义为:

$$S = \sqrt{\frac{\sum (X_i - \overline{X})^2}{n-1}}$$

对于给定显著性水平 α,查自由度为 $n-1$ 的 t 分布表可得 $t_{\alpha/2}$(对于单侧检验查表得 t_α),然后比较 t 与 $t_{\alpha/2}$ 的值,若 $t > t_{\alpha/2}$,则拒绝原假设,得出样本统计量所代表的均值与总体均值存在显著差异,否则认为差异不显著(对于右侧检验,

比较 t 与 t_α 的值,若 $t > t_\alpha$,则拒绝原假设,认为样本统计量所代表的均值显著大于总体均值;对于左侧检验,比较 t 与 t_α 的值,若 $t < -t_\alpha$,则拒绝原假设,认为样本统计量所代表的均值显著小于总体均值)。

(3)总体非正态分布,总体方差已知,只有当样本容量大于30时才能用参数检验的方法,否则则只能用非参数检验方法,这种情况下常用 Z' 检验或 u' 检验。计算公式:

$$Z' = \frac{\overline{X} - \mu_0}{\frac{\sigma}{\sqrt{n}}}$$

式中,$\overline{X}$ 为样本平均值,μ_0、σ 分别为总体平均值和总体标准差,n 为样本容量。对于给定显著性水平 α,查正态分布表可得 $Z_{\alpha/2}$(对于单侧检验查表得 Z_α),然后比较 Z' 与 $Z_{\alpha/2}$ 的值,若 $Z' > Z_{\alpha/2}$,则拒绝原假设,得出样本统计量所代表的均值与总体均值存在显著差异,否则认为差异不显著(对于右侧检验,比较 Z' 与 t_α 的值,若 $Z' > Z_\alpha$,则拒绝原假设,认为样本统计量所代表的均值显著大于总体均值;对于左侧检验,比较 Z' 与 t_α 的值,若 $Z' < -Z_\alpha$,则拒绝原假设,认为样本统计量所代表的均值显著小于总体均值)。

(4)总体非正态分布,总体方差未知,只有当样本容量大于30时才能用参数检验的方法,这种情况下常用 t' 检验。计算公式:

$$t' = \frac{\overline{X} - \mu_0}{\frac{S}{\sqrt{n}}}$$

式中,$\overline{X}$ 为样本平均值,μ_0 为总体平均值,S 为样本标准差,n 为样本容量,定义为:

$$S_{n-1} = \sqrt{\frac{\sum (X_i - \overline{X})^2}{n-1}}$$

对于给定显著性水平 α,查自由度为 $n-1$ 的 t 分布表可得 $t_{\alpha/2}$(对于单侧检验查表得 t_α),然后比较 t' 与 $t_{\alpha/2}$ 的值,若 $t' > t_{\alpha/2}$,则拒绝原假设,得出样本统计量所代表的均值与总体均值存在显著差异,否则认为差异不显著(对于右侧检验,比较 t' 与 t_α 的值,若 $t' > t_\alpha$,则拒绝原假设,认为样本统计量所代表的均值显著大于总体均值;对于左侧检验,比较 t' 与 t_α 的值,若 $t' < -t_\alpha$,则拒绝原假设,认为样本统计量所代表的均值显著小于总体均值)。

平均数差异显著性检验(significance test of difference in mean)　通过比较两个样本平均数之间的差异来检验各自代表的总体平均数之间的差异。检验两个样本统计量代表的两个总体的平均数(μ_1)与总体平均数(μ_2)之间是否存在显著差异。统计假设为 H_0:$\mu_1 = \mu_2$,H_1:$\mu_1 \neq \mu_2$,这里需要考虑的条件更复杂,不仅要考虑总体分布和总体方差,

还要考虑两个总体方差是否一致、两个总体之间是否独立以及两个样本容量是否相等等一系列条件。大致分为以下几种情况。

（1）两个总体都是正态分布，两个总体方差已知，此时所用的检验方法为 Z 检验，根据样本间的关系可分为：① 若两个样本相互独立，则

$$Z = \frac{\overline{X}_1 - \overline{X}_2}{\sqrt{\dfrac{\sigma_1^2}{n_1} + \dfrac{\sigma_2^2}{n_2}}}$$

式中，$\overline{X}_1$ 为从第一个总体中抽取的样本的样本平均值，$\overline{X}_2$ 为从第二个总体中抽取的样本的样本平均值，σ_1、σ_2 分别为两个总体的标准差，n_1、n_2 分别为两个样本容量。对于给定显著性水平 α，查正态分布表可得 $Z_{\alpha/2}$（对于单侧检验，查表得 Z_α），然后比较 Z 与 $Z_{\alpha/2}$ 的值，若 $Z > Z_{\alpha/2}$，则拒绝原假设，得出样本统计量所代表的均值与总体均值存在显著差异，否则认为差异不显著。② 若两个样本相关，且相关系数为 r，则

$$Z = \frac{\overline{X}_1 - \overline{X}_2}{\sqrt{\dfrac{\sigma_1^2}{n} + \dfrac{\sigma_2^2}{n} - 2r\dfrac{\sigma_1 \sigma_2}{n}}}$$

式中，$\overline{X}_1$ 为从第一个总体中抽取的样本的样本平均值，$\overline{X}_2$ 为从第二个总体中抽取的样本的样本平均值，σ_1、σ_2 分别为两个总体的标准差，n 为样本容量，r 为两个样本间的相关系数。对于给定显著性水平 α，查正态分布表可得 $Z_{\alpha/2}$（对于单侧检验，查表得 Z_α），然后比较 Z 与 $Z_{\alpha/2}$ 的值，若 $Z > Z_{\alpha/2}$，则拒绝原假设，得出样本统计量所代表的均值与总体均值存在显著差异，否则认为差异不显著。

（2）两个总体都是正态分布、两个总体方差未知，此时所用的检验方法为 t 检验，根据样本间的关系可分为：① 若两个样本相互独立，且两个总体的方差一致，则

$$t = \frac{\overline{X}_1 - \overline{X}_2}{\sqrt{\dfrac{(n_1-1)S_1^2 + (n_2-1)S_2^2}{n_1 + n_2 - 2} \cdot \left(\dfrac{1}{n_1} + \dfrac{1}{n_2}\right)}}$$

式中，$\overline{X}_1$ 为从第一个总体中抽取的样本的样本平均值，$\overline{X}_2$ 为从第二个总体中抽取的样本的样本平均值，S_1^2、S_2^2 分别为两个样本的方差，n_1、n_2 为两个样本容量。对于给定显著性水平 α，查自由度为 $n_1 + n_2 - 2$ 的 t 分布表可得 $t_{\alpha/2}$（对于单侧检验，查表得 t_α），然后比较 t 与 $t_{\alpha/2}$ 的值，若 $t > t_{\alpha/2}$，则拒绝原假设，得出样本统计量所代表的均值与总体均值存在显著差异，否则认为差异不显著。若两个样本相互独立，且两个总体方差不等时，对于总体平均值之间差异性的检验以 1957 年柯克兰与柯克斯介绍的方法最常用，计算统计量：

$$t' = \frac{\overline{X}_1 - \overline{X}_2}{\sqrt{\dfrac{S_1^2}{n_1} + \dfrac{S_2^2}{n_2}}}$$

式中，t' 只是近似的 t 分布，不能用 t 分布表中 $df = n_1 + n_2 - 2$ 的临界值 $t_{\alpha/2}$ 作为 t' 的临界值。t' 的临界值应用下式计算得到：

$$t'_\alpha = \frac{SE_{\overline{x}_1}^2 \cdot t_1(\alpha) + SE_{\overline{x}_2}^2 \cdot t_2(\alpha)}{SE_{\overline{x}_1}^2 + SE_{\overline{x}_2}^2}$$

式中，$SE_{\overline{x}_1}$、$SE_{\overline{x}_2}$ 分别为两个样本平均数分布的标准误，$t_1(\alpha)$ 为 t 分布中在 α 水平下与样本 1 的自由度 $df = n_1 - 1$ 对应的临界值，$t_2(\alpha)$ 为 t 分布中在 α 水平下与样本 2 的自由度 $df = n_2 - 1$ 对应的临界值。若 $t' > t'(\alpha)$，则认为两个平均数在 α 水平上差异显著。② 若两个样本相关，相关系数为 r，则

$$t = \frac{\overline{X}_1 - \overline{X}_2}{\sqrt{\dfrac{S_1^2 + S_2^2 - 2rS_1 S_2}{n-1}}}$$

式中，r 为两个样本间的相关系数。对于给定显著性水平 α，查自由度为 $n-1$ 的 t 分布表可得 $t_{\alpha/2}$（对于单侧检验，查表得 t_α），然后比较 t 与 $t_{\alpha/2}$ 的值，若 $t > t_{\alpha/2}$，则拒绝原假设，得出两个样本统计量所代表的均值之间存在显著差异，否则认为差异不显著。若两个样本相关，相关系数未知，用表示每一对对应数据之差（即 $d_i = X_{i1} - X_{i2}$，其中 X_{i1}、X_{i2} 分别表示取自样本 1 和样本 2 的第 i 对数据）计算可得：

$$\overline{d} = \frac{\sum d_i}{n} = \frac{\sum (X_{i1} - X_{i2})}{n} = \overline{X}_1 - \overline{X}_2$$

这种情况下，对数据 d_i 的检验实际上是对 $X_{i1} - X_{i2}$ 的检验，用 t 检验，对应公式为：

$$t = \frac{\overline{X}_1 - \overline{X}_2}{\sqrt{\dfrac{S_d^2}{n-1}}} = \frac{\overline{X}_1 - \overline{X}_2}{\sqrt{\dfrac{\sum d_i^2 - \dfrac{(\sum d_i)^2}{n}}{n(n-1)}}}$$

自由度为 $n-1$。对于给定显著性水平 α，查自由度为 $n-1$ 的 t 分布表可得 $t_{\alpha/2}$（对于单侧检验，查表得 t_α），然后比较 t 与 $t_{\alpha/2}$ 的值，若 $t > t_{\alpha/2}$，则拒绝原假设，得出两个样本统计量所代表的均值之间存在显著差异，否则认为差异不显著。

（3）当两个总体非正态时，可以取大样本进行近似正态的检验，即 Z' 或 t' 检验，由于此时 t 检验的结果与 Z 检验的结果接近，有时用 Z 检验代替 t 检验。① 当两个样本相互独立时，计算统计量：

$$Z' = \frac{\overline{X}_1 - \overline{X}_2}{\sqrt{\dfrac{\sigma_1^2}{n_1} + \dfrac{\sigma_2^2}{n_2}}}$$

或

$$Z' = \frac{\overline{X}_1 - \overline{X}_2}{\sqrt{\dfrac{S_1^2}{n_1} + \dfrac{S_2^2}{n_2}}}$$

分别对应于总体方差已知和总体方差未知的情况。② 当两个样本相关时,计算统计量:

$$Z' = \frac{\overline{X}_1 - \overline{X}_2}{\sqrt{\dfrac{\sigma_1^2 + \sigma_2^2 - 2r\sigma_1\sigma_2}{n}}}$$

或

$$Z' = \frac{\overline{X}_1 - \overline{X}_2}{\sqrt{\dfrac{S_1^2 + S_2^2 - 2rS_1S_2}{n}}}$$

分别对应于总体方差已知和总体方差未知的情况,其中 r 为两个样本之间的相关系数。

方差显著性检验(significance test of variance)　根据样本方差 S^2,判断该样本来自的总体方差 σ^2 是否等于某一给定 σ_0^2 值的检验。来自正态分布的总体中,随机抽取样本容量为 n 的样本,比较样本方差与总体方差之间是否存在差异。对应的统计假设为 $H_0: \sigma^2 = \sigma_0^2$, $H_1: \sigma^2 \neq \sigma_0^2$,用 χ^2 检验。计算统计量:

$$\chi^2 = \frac{(n-1)S^2}{\sigma_0^2}$$

自由度为 $n-1$,对于给定显著性水平 α,查自由度为 $n-1$ 的 χ^2 分布表,得到 $\chi_{1-\alpha/2}^2$、$\chi_{\alpha/2}^2$,当 $\chi^2 > \chi_{\alpha/2}^2$ 或 $\chi^2 < \chi_{1-\alpha/2}^2$ 时,拒绝原假设,即认为样本方差与总体方差之间存在显著差异;若 $\chi_{1-\alpha/2}^2 < \chi^2 < \chi_{\alpha/2}^2$,则接受原假设。

方差差异显著性检验(significance test of variance difference)　亦称"方差齐性检验"(test of homogeneity of variance)。已知两个或多个来自正态总体的方差,根据样本方差之间的大小关系判断总体方差之间差异是否相等的检验。

(1) 两个样本方差的检验。对应的统计假设为 $H_0: \sigma_1^2 = \sigma_2^2$,$H_1: \sigma_1^2 \neq \sigma_2^2$,用 F 检验。① 当两个样本为独立样本时,计算统计量: $F = S_1^2/S_2^2$, $df_1 = n_1 - 1$, $df_2 = n_2 - 1$。对于给定的显著性水平 α,查分子自由度为 $n_1 - 1$,分母自由度为 $n_2 - 1$ 的 F 分布表,得到 $F_{\alpha/2}$($F_{\alpha/2}$ 表示 F 分布表中大于该点值的概率为 $\alpha/2$ 的临界值),当 $1/F_{\alpha/2} < F < F_{\alpha/2}$ 时,接受原假设,两个方差差异不显著;若 $F < 1/F_{\alpha/2}$ 或 $F > F_{\alpha/2}$,则拒绝原假设,即认为样本方差与总体方差之

间存在显著差异。为了查表方便和计算时不必计算 $F_{\alpha/2}$ 的倒数,通常求 F 值时将较大的样本方差放在分子,将较小的放在分母,即 $F = S_{\text{大}}^2/S_{\text{小}}^2$,这样计算得到的 F 值一定大于 1,所以只要将 F 与 $F_{\alpha/2}$ 比较,就可以判断两个样本的方差是否存在显著差异。② 当两个样本相关时,用 t 检验,统计量为:

$$t = \frac{S_1^2 - S_2^2}{\sqrt{\dfrac{4S_1^2 S_2^2 (1-r^2)}{n-2}}}$$

自由度为 $n-2$,其中 r 为两个样本之间的相关系数,S_1^2、S_2^2 分别为两个样本的方差,n 为样本容量。通过查自由度为 $n-2$ 的 t 分布表得到临界值,然后将计算得出的 t 值与临界值进行比较,判断两个样本方差是否有差异。

(2) 多个样本的方差齐性检验。常用的检验方法有巴特利特检验和哈特利检验。对应的统计假设为: $H_0: \sigma_1^2 = \sigma_2^2 = \cdots = \sigma_k^2$,备选假设为存在两个组的方差不等。① 巴特利特检验,常用于多个方差的齐性检验,1937 年由英国统计学家 M. S. 巴特利特提出。检验的程序随样本容量是否相等而略有不同: 当各组样本容量相等时,

$$M = \frac{n-1}{C}\left(k\ln\frac{\sum S_i^2}{k} - \sum \ln S_i^2\right)$$

式中,校正因素 $C = 1 + \dfrac{k+1}{3k(n-1)}$, n 为每组中的样本容量,k 为组数,S_i^2 为个组的样本方差; 当各组样本容量不等时,

$$M = \frac{1}{C}\left[\sum (n_i - k)\ln\frac{(n_i - 1)S_i^2}{n_i - k} - \sum(n_i - 1)\ln S_i^2\right]$$

式中,校正因素 $C = 1 + \dfrac{1}{3(k-1)}\left(\sum\dfrac{1}{n_i - 1} - \dfrac{1}{n-k}\right)$, n 为每组中的样本容量,k 为组数,S_i^2 为个组的样本方差,n 为总的样本容量或观测次数。M 值接近自由度为 $k-1$ 的 χ^2 分布,对于给定显著性水平 α,查自由度为 $k-1$ 的 χ^2 分布表,得到 $\chi_{1-\alpha/2}^2$ 和 $\chi_{\alpha/2}^2$,当 $\chi^2 > \chi_{\alpha/2}^2$ 或 $\chi^2 < \chi_{1-\alpha/2}^2$ 时,拒绝原假设,即认为样本方差与总体方差之间存在显著差异;若 $\chi_{1-\alpha/2}^2 < \chi^2 < \chi_{\alpha/2}^2$,则接受原假设。在实际应用中,可以直接查由上述方法制成的巴特利特方差齐性检验表来推断多组的方差是否相等。② 哈特利检验(Hartley test),是检验多组方差是否相等的一种简单易行的方法,具体做法是找出要比较的几个组内方差中最大的和最小的,计算统计量:

$$F_{\max} = \frac{S_{\max}^2}{S_{\min}^2}$$

然后查哈特利方差齐性检验($F_{\max}$)临界值表,若由上式计算得出的 F 值小于表中相应的临界值,则认为几个要比较的样本方差之间不存在显著差异。

相关系数显著性检验(significance test of correlation coefficient) 由相关系数 r 推断总体相关系数 ρ 的假设检验。

(1)积差相关系数显著性检验,即样本相关系数 r 与总体相关系数 ρ 的比较。由于相关系数的样本分布较复杂,受总体相关系数的影响较大,一般分为 $\rho=0$ 和 $\rho\neq 0$ 两种情况。① 当总体相关系数 $\rho=0$ 时,对应的统计假设为 $H_0:\rho=0$,$H_1:\rho\neq 0$,检验样本相关系数与总体相关系数是否存在显著差异 t 检验,具体计算的统计量为:

$$t=\frac{r}{\sqrt{\dfrac{1-r^2}{n-2}}}$$

自由度为 $n-2$。对于给定显著性水平 α,查自由度为 $n-2$ 的 t 分布表可得 $t_{\alpha/2}$(对于单侧检验,查表得 t_α),然后比较 t 与 $t_{\alpha/2}$ 的值,若 $|t|>t_{\alpha/2}$,则拒绝原假设,得出样本相关系数不等于 0,否则认为等于 0。② 当总体相关系数 $\rho\neq 0$ 时,对应的统计假设为 $H_0:\rho=\rho_0$,$H_1:\rho\neq\rho_0$,$\rho\neq 0$ 时相关系数 r 的样本分布不是正态分布,需要将 r 转化为费希尔 Z_r,可以通过查费希尔 Z_r 转换表,也可以用公式 $Z_r=\dfrac{1}{2}\ln\dfrac{1+r}{1-r}$ 计算得到,将 r 转化为费希尔 Z_r 后的 Z_r 分布认为是正态分布,平均数为 Z_0,标准误为 $SE_{zr}=\dfrac{1}{\sqrt{n-3}}$,然后再进行 Z 检验:

$$Z=\frac{Z_r-Z_0}{\sqrt{\dfrac{1}{n-3}}}$$

式中,n 为样本容量,Z_r、Z_0 分别为由 r 和 ρ_0 的转化值。根据计算结果查正态分布表,在给定显著性水平下作出推论。

(2)质与量的相关系数的显著性检验。① 点二列相关系数 r_{pb} 的显著性检验。对于点二列相关公式 $r_{pb}=\dfrac{\overline{X}_p-\overline{X}_q}{S_t}\cdot\sqrt{pq}$ 中的 $\overline{X}_p$ 与 $\overline{X}_q$ 进行差异的 t 检验,若差异显著,则表明 r_{pb} 与零相比存在显著差异,否则差异不显著。若样本容量较大($n>50$),则可用下列近似方法:若 $|r_{pb}|>\dfrac{2}{\sqrt{n}}$,则认为在 0.05 显著性水平上,$r_{pb}$ 与零存在显著差异;若 $|r_{pb}|>\dfrac{3}{\sqrt{n}}$,则认为在 0.01 显著性水平上,$r_{pb}$ 与零存在显著差异。② 二列相关系数 r_b 的显著性检验。对于二列相关系数 r_b 的显著性检验,可以用 Z 检验:

$$Z=\frac{r_b}{\dfrac{1}{y}\cdot\sqrt{\dfrac{pq}{n}}}$$

式中,$\overline{X}_p$ 是与一个二分变量对应的连续变量的平均值,$\overline{X}_q$ 是与另一个二分变量对应的连续变量的平均值,p 与 q 是二分变量各自所占的比率,$\overline{X}_t$、S_t 分别是连续变量的平均数和标准差,y 为 p 的正态曲线的高度,可以通过查正态分布表得到。③ 多系列相关系数 r_s 的显著性检验。对于所求得的多系列相关系数 r_s,先乘以 $\sqrt{\sum\limits_1^i\dfrac{(y_l-y_h)^2}{p_i}}$,式中,$i$ 为分类变量被分成不同类的数目,p_i 为每系列的次数所占的比率,y_l 为每一名义变量下限的正态曲线高度,可通过 p_i 查正态分布表得到,y_h 为每一名义变量上限的正态曲线高度,可通过 p_i 查正态分布表得到,即

$$r_s'=r_s\cdot\sqrt{\sum_1^i\frac{(y_l-y_h)^2}{p_i}}$$

然后将转化得来的 r_s' 按积差相关系数的检验方法进行检验。

(3)等级相关系数的显著性检验。① 斯皮尔曼等级相关的显著性检验。可以直接查斯皮尔曼等级相关检验的临界值表。② 肯德尔等级相关的显著性检验。当 $3\leqslant n\leqslant 7$ 时(n 为被评定者的数目),肯德尔 W 系数的显著性检验可以直接查表得到;当 $n>7$ 时,将计算得到的 W 代入公式 $\chi^2=k(n-1)W$,自由度为 $n-1$,可以通过查 χ^2 分布表对 W 的显著性作出检验。

相关系数差异显著性检验(significance test of difference between two correlation coefficients) 通过比较两个样本之间相关系数(主要是积差相关系数)的差异来推断两个总体之间相关系数是否存在差异的统计检验方法,根据两个样本之间的关系可分为两种情况。

(1)两个相关系数分别由两组彼此独立的被试(即独立样本)得到,这时将两个相关系数 r_1 和 r_2 分别进行费希尔 Z 转化,转化为 Z_{r_1} 和 Z_{r_2},由于 Z_r 的分布近似正态分布,故 $Z_{r_1}-Z_{r_2}$ 近似正态分布,对于两个相关系数的检验用 Z 检验:

$$Z=\frac{Z_{r_1}-Z_{r_2}}{\sqrt{\dfrac{1}{n_1-3}+\dfrac{1}{n_2-3}}}$$

式中,n_1、n_2 分别为两个样本的容量,可通过查正态分布表对两个相关系数之间的差异作出检验。

(2)两个样本的相关系数由同一组被试(即相关样本)计算得到。这时有两种情况:一是检验 ρ_{12} 和 ρ_{13} 的差异;二是检验 ρ_{12} 和 ρ_{34} 的差异。由于第二种情况在实际中意义不大,很难对其结果进行解释,这里只介绍第一种情况。检验

前先计算出三列变量的两两之间的相关系数,然后进行 t 检验:

$$t = \frac{(r_{12} - r_{13}) \cdot \sqrt{(n-3)(1+r_{23})}}{\sqrt{2(1 - r_{12}^2 - r_{13}^2 - r_{23}^2 + 2 \cdot r_{12} \cdot r_{13} \cdot r_{23})}}$$

自由度为 $n-3$,通过查 t 分布表比较计算得出的 t 值与临界值的大小,以判断 ρ_{12} 和 ρ_{13} 的差异是否显著。

比例显著性检验(significance test of proportion) 亦称"比率显著性检验"。判断样本比例数所代表的总体比例数 p 是否等于某一给定比例 p_0 的检验方法。对应的统计假设为 $H_0: p = p_0$,$H_1: p \neq p_0$。检验方法根据资料所满足的条件不同而异。(1)若 p 很小,可用泊松分布原理作检验,直接查泊松分布临界值表进行检验;(2)若 p_0 不接近 0 或 1,样本容量较小时,可用二项分布原理作检验,直接查二项分布临界值表进行检验;(3)当样本容量较大,满足 $np \geqslant 5$,二项分布近似正态分布,可用 Z 检验,计算公式:

$$Z = \frac{(x - 0.5) - np_0}{\sqrt{np_0(1 - p_0)}}$$

或

$$Z = \frac{\hat{p} - p_0}{\sqrt{\dfrac{p_0 q_0}{n}}}$$

式中,x 为样本中出现某特征的个体数目,n 为样本容量,p_0 为给定的比例数,$\hat{p}$ 为样本比例数,0.5 为连续校正系数,当 n 较大时,可以省去。通过查正态分布表,在给定显著性水平下作出推断。

比例差异显著性检验(significance test of proportion difference) 根据样本比例数之间的差异推论它们各自代表的总体比例数之间是否存在显著差异的统计检验方法。当两样本相互独立时,由于对应的统计假设不同,计算方法也有所不同。(1)若统计假设为两个比例相等,即 $H_0: p_1 = p_2 = p$,$H_1: p_1 \neq p_2$,因事先假设两总体的比例相等,计算标准误的公式:

$$\sigma_{p_1 - p_2} = \sqrt{\frac{(n_1 \hat{p}_1 + n_2 \hat{p}_2)(n_1 \hat{q}_1 + n_2 \hat{q}_2)}{n_1 \cdot n_2 \cdot (n_1 + n_2)}}$$

统计量为:

$$Z = \frac{\hat{p}_1 - \hat{p}_2}{\sigma_{p_1 - p_2}}$$

式中,n_1、n_2 分别为样本容量,p_1、p_2 分别为两个总体中某一事件的比例,$\hat{q}_1 = 1 - \hat{p}_1$ 和 $\hat{q}_2 = 1 - \hat{p}_2$ 分别为两个样本的比例。(2)若统计假设为两个比例不等,即 $H_0: p_1 - p_2 = p_D$,$H_1: p_1 - p_2 \neq p_D$,因事先假设两总体的比例不相等,计算标准误的公式:

$$\sigma_{p_1 - p_2} = \sqrt{\frac{\hat{p}_1 \hat{q}_1}{n_1} + \frac{\hat{p}_2 \hat{q}_2}{n_2}}$$

统计量为:

$$Z = \frac{\hat{p}_1 - \hat{p}_2 - p_D}{\sigma_{p_1 - p_2}}$$

式中,n_1、n_2 分别为样本容量,p_1、p_2 分别为两个总体中某一事件的比例,$\hat{p}_1$,$\hat{q}_1 = 1 - \hat{p}_1$ 和 $\hat{p}_2$,$\hat{q}_2 = 1 - \hat{p}_2$ 分别为两个样本的比例。

参考文献

王孝玲. 教育统计学[M]. 上海:华东师范大学出版社,2007.

张厚粲,徐建平. 现代心理与教育统计学[M]. 北京:北京师范大学出版社,2004.

张敏强. 教育与心理统计学[M]. 北京:人民教育出版社,2010.

Gravetter,F. J. & Wallnau,L. B. 行为科学统计[M]. 王爱民,李悦,等,译. 北京:中国轻工业出版社,2008.

Gravetter, F. J. & Wallnau, L. B. Essentials of Statistics for the Behavioral Sciences [M]. 5th ed. Montuale,NJ:Thomson, 2004.

(刘红云 骆 方)

建构主义学习观(constructivist views of learning) 与联想主义或经验主义相对的有关学习和知识的认识论观点。"建构主义"是一个广泛而模糊的术语,为哲学家、教育学家、课程设计专家和心理学家等使用,不同的人使用这个术语的含义并不相同。建构主义学习观强调学习者在理解环境和赋予信息以特殊意义方面的积极作用。在学习心理学研究中,建构主义学习观并不是一个新观点,奥苏伯尔、布鲁纳、维特罗克、班杜拉等人提出的学习理论都是建构主义的。但在 20 世纪 80—90 年代,建构主义思潮在西方教育理论界广为流行,甚至影响政府的教育政策,其中有深刻的原因。

建构主义学习观的来源

建构主义学习观主要来源于哲学的认识论、认知心理学和维果茨基的社会文化观。

认识论来源 在人类如何认识世界这个问题上,历来存在经验主义与理性主义两种对立的哲学观点。经验主义强调外部因素的作用,理性主义强调学习者的内部因素(包括原有知识、信念、动机等)的作用。例如,古希腊哲学家苏格拉底认为,"真理存在于人的灵魂之中",他提倡的问答法(亦称"产婆术")就是基于这种知识观,因为既然知识存在于学生的灵魂,那么教师的作用只是通过问答的方式帮助学生理清原本存在于其心灵中的知识。近代德国唯心主义哲学家康德主张先天论，认为绝对真理不依赖经验证明，而且在经验以前是真的，是先验的真实。瑞士心理学家皮亚杰如此称赞康德的先天建构论：发生在学生身上清楚的是，主体完成的一切建构都以先前已有的内部条件为前提，在这方面，康德是正确的。

当代建构主义学习观的另一哲学根源是杜威的教育哲学。心理与现实世界的关系是困扰自培根和笛卡儿以来的哲学家的一个两难问题。杜威提出的"观念"（idea）是解决这个两难问题的理想工具，其所定义的观念可以来回跨越分隔心理与现实世界的障碍，填补了心理与现实世界之间的鸿沟。迪金斯1994年指出，真正的知识相当于创造性见解（vision），这一主张通过将知觉经验代替概念性知识，消除了思想与现实之间的认识论鸿沟。由于强调观念的能动性，杜威还解决了长期困扰教育家的另一个两难问题，即"知与做"问题。他认为，知就是做。行动是观念的核心，观念是行动的建议和计划，行动影响现有条件，从而导致新的事实出现。杜威的思想与20世纪初流行的行为主义相对立。他反对心理学研究的分子论和还原论，主张把机体作为在其环境中发挥机能作用的整体进行研究。在学生学习的内容方面，他主张以学生的"经验"作为课程的主要内容，反对系统的知识传授。他特别重视学生的反省思维，主张通过解决问题进行发现学习。

心理学来源　建构主义学习观的心理学来源主要是皮亚杰的儿童认知发展理论——发生认识论。其哲学认识论根源是康德的先天建构论、先验心理学和先验逻辑。这些先天的假设在皮亚杰之前是通过思辨的方式提出的，皮亚杰则通过实证的方法，用儿童心理发展的资料支持并改造了这些假设。

皮亚杰的心理建构观很少关心世界的正确表征，而更关心个体建构的意义。皮亚杰提出，所有人都需经历一系列的认知发展阶段，每一阶段的思维需以前一阶段的思维为基础，并涵盖前一阶段的思维，因此变得更有组织、更有适应性，更少与具体事件相联系。皮亚杰特别关心逻辑和普遍知识的建构。逻辑和普遍的知识不能直接从环境中习得，必须通过对自己的认知或反思、协调才能习得。皮亚杰认为社会环境是影响发展的重要因素，但不认为社会交互作用是改变思维的主要机制。

皮亚杰的思想于20世纪50年代通过美国教育心理学家布鲁纳传入美国，从此，美国的认知心理学研究开始超越行为主义心理学，至70年代出现认知心理学革命。认知心理学方面的大多数理论都含有建构主义思想。

推动美国认知心理学革命的两个主要代表人物是布鲁纳和奥苏伯尔。布鲁纳强调，人是积极的信息加工者，认为学习是一种认知过程，包括知识的获得、转换和评价三个几乎同时发生的过程。具体地说，个体的学习是通过自己的

知识经验对输入的信息进行编码加工，以易于掌握的形式加以保存，并采取外推、转化等方法处理所获信息，推出新结论或新知识，并对处理知识的方法进行评价，重新提炼已有的知识经验，扩大或改组原有的认知结构。在课程教材内容上，重视学科的基本结构，通过螺旋形上升的课程，让学生尽早掌握学科基本结构，因为这是通向普遍迁移的大道；在学习方法上强调发现学习，认为发现学习有四个优点：巩固知识的保持；增加智慧潜能；激励学生的内在学习动机，可以带来满意和内在奖励；获得解决问题的技能。

学生的学习不同于人类的学习。学生一方面通过与环境直接相互作用获得直接经验，另一方面通过符号系统（书本和大众媒体等）获得间接经验。奥苏伯尔的有意义言语学习理论重点解释学生如何习得这种间接经验的心理机制。他认为，书本上的知识对于未曾接触该类知识的学生来说是无意义的，但对人类或教师来说是有意义的。他称这种意义为"逻辑意义"。如果学生认知结构中具有学习该知识的原有知识基础，则该知识对学生来说具有"潜在意义"。要使潜在意义转化为学生的心理意义，学生必须主动使新、旧知识发生相互作用。这种相互作用的过程被称为旧知识同化新知识的过程。通过同化，新知识获得意义，原有知识结构进行重组，或者进一部分化，或者进一步概括化。奥苏伯尔具体提出上位同化、下位同化和并列结合同化三种同化模式。在上位同化模式中，学生通过辨别、假设、抽象和概括等心理过程，习得上位概括性命题知识；在下位同化模式中，学生通过把新知识纳入原有知识结构，找出新旧知识的异同点，新知识获得意义，原有知识结构进一部分化；在并列结合同化模式中，学生通过类比推理，找到新旧知识之间的某种吻合关系，新知识获得意义，原有知识得到新的联系。

20世纪80年代，美国教育心理学会主席维特罗克在吸收当代认知心理学成果和概括他本人长期在课堂教学研究中的成果的基础上，提出生成学习理论。他认为，学习过程是学习者选择性地从外界知觉新信息，然后进行主动建构并生成意义的过程。生成学习包括四个主要成分：生成、动机、注意和原有的知识。生成指形成新知识的内在联系和新旧知识之间的联系；动机指积极生成这两种联系的愿望，并且把生成联系的成效归因于自己的努力程度；注意是指引生成的因素，它使生成过程指向有关的课文和相关的原有知识经验；原有的知识包括已有的概念、反省认知、抽象知识和具体经验。

维果茨基的社会文化观和后现代主义哲学的影响　从哲学层面看，现代认知心理学在着手解决心理与现实世界的关系问题时，其基本假设是：知识是个人与其环境相互作用的产物，知识是个人的财富。这种观点的缺陷是，在阐明知识的来源时，未充分考虑知识的社会文化根源。苏联心

理学家维果茨基在阐述儿童认知发展时提出社会文化观，弥补了这一缺陷。西方社会尤其是美国的文化传统是鼓励个人竞争，反映在学校教育中，学习被认为是个人的事。随着时代的进步、科学技术的发展，学习中的合作、互助和协商被认为是教育的重要目标。后现代主义哲学进一步宣称：知识不在个体之内，不是个人的财富，而是位于集体之中，是集体的财富。这些思想成为社会建构主义的基本主张。

乔纳森 1992 年在《客观主义与建构主义：我们需要一个新的哲学范式吗?》一文中认为，20 世纪 50 年代后期兴起的认知革命虽然使教学系统设计技术有意识地否定了许多行为主义的心理学假设，但是从根本上讲，认知心理学对教学系统设计技术的影响是微小的。因为认知心理学没有提供足够的范式转变：认知理论提出心理过程，却没有提出必要的哲学假设，其哲学假设与行为主义一脉相承，皆主张认识和学习是表征和反映真实的客观现实的过程，都是客观主义的。也有人认为，20 世纪 50 年代后，心理学家过分依赖计算机模拟，把人脑看成电脑。建构主义学习观兴起的原因之一，是出于对这种现状的不满。

建构主义的不同倾向

建构主义学习观有不同的倾向，较复杂。中国研究人员陈琦和张建伟引述美国乔治亚大学教育学院 1990 年组织的"教育中的新认识论"研讨会上学者们的发言，归纳出六种不同倾向的建构主义学习观。(1) 激进建构主义(radical constructivism)，以格拉斯菲尔德为代表，他提出两条基本学习原则：知识不是通过感觉或交流而被个体接受的，而是由认知主体主动建构的，建构是通过新、旧经验的相互作用实现的；认识的机能是适应自己的经验世界，帮助组织自己的经验世界，而不是去发现本体论上的意义。(2) 社会建构主义(social constructivism)，以鲍尔斯菲尔德为代表，主张知识不只是个体与物理环境互相作用建构的，社会的相互作用同样重要。人的高级技能的发展是社会相互作用内化的结果，语言符号具有重要作用。(3) 社会文化认知观(social-cultural cognition)，以赛克斯为代表，不仅关注学习的社会方面，更强调知识和学习都存在于一定的社会文化背景中，着重研究不同文化、不同时代和不同情境中个体学习和问题解决活动的差别，提倡师徒式教学，就像工厂中师傅带徒弟那样进行教学。(4) 信息加工的建构主义(information-processing constructivism)，最新的信息加工观把人的心理看成符号加工系统。该系统把外部的感觉输入转化为符号结构(命题、表象或图式)，并进行加工，所以知识能在记忆中被储存和提取。外部世界被视为信息源。但是感觉一旦进入工作记忆，余下的重要工作就被认为是在人脑中完成的。(5) 社会学建构论(social constructionism)，以格根为代表，与社会建构主义相似，也强调社会对个体发展的影响，但把社会置于个体之上，在大社会的背景下而不是在心理水平上讨论社会交往对个体学习的影响。认为知识根本不存在于个体内部，而属于社会，知识以文本形式存在，所有人都以自己的方式解释文本的意义。格根认为，社会建构主义和社会学建构论都反对传统的经验论，反对逻辑实证主义，但它们选择的出路不同，后者彻底抛弃二元论的传统，转而分析人的语言，而前者仍然基于二元论传统，只是强调知识是由个体建构而成的，不再追问知识是否与客体一致。社会学建构论对教育的影响不大。(6) 控制论系统(cybernetic system)，以循环控制思想为基础，不仅关注人与外界的相互作用与反馈，而且强调自我反省。认为认识主体不是站在世界之外的静止的观察者，而是积极主动的观察者，同时又是参与者，所有的观察都是一种反省性参与。而且，观察者处于一定的社会中，不同观察者之间也存在复杂的相互作用。这种观点重视交互式教学和协作学习。

沃尔福克 2001 年把建构主义观点分为三个阵营。(1) 个体的建构主义。关心个人如何建构自己的认知或情绪成分，对个人的知识、信念、自我概念感兴趣，强调人的内部心理世界，有时也被称为心理建构主义。据此标准，信息加工心理学和皮亚杰的心理建构观都属于这一阵营。(2) 维果茨基的社会建构主义。维果茨基认为，社会相互作用、文化工具和活动影响个体的发展和学习。通过参与广泛的社会活动，学生体会到(内化)由别人共同工作产生的成果。有些心理学家把维果茨基归入心理建构主义阵营，因他主要关心个体内的发展，但是他的理论主要依据社会相互作用和文化环境来解释学习，所以大多数心理学家将其归入社会建构主义者阵营。在某种意义上，维果茨基既是个体建构主义者，又是社会建构主义者，其理论的特点之一是，在社会建构与个人建构之间架起了一座桥梁。例如其最近发展区概念既鼓励儿童解决问题，又强调成人和其他更有能力的同伴的帮助。当成人使用来自文化的工具和习俗(语言、地图、计算机或音乐等)指引儿童朝该文化重视的价值目标前进时，文化造就了认知；当成人和儿童共同生成新的习俗和问题答案，并使之进入该文化团体的库存中时，认知创造了文化。(3) 社会学建构主义。社会学建构主义者不关心个体的学习，而关心学科(如自然学科、经济学或历史学)中的公共知识是怎样建构的。除了学术性知识之外，社会学建构主义者也关心常识性观念、日常信念和对世界的共同理解如何向社会文化群体中的新成员传递。他们认为，所有的知识都是通过社会交互作用建构的，重要的是，在决定是什么构成这些知识上，有些人比另一些人具有更大的权力。教师、学生、家长与社团之间的关系是研究的中心问题。合作和理解不同观点受到鼓励，传统的知识常常受到挑战。

普拉马特把六种建构主义观分为现代主义和后现代主义两个阵营。属于现代主义阵营的是激进建构主义和信息加工的建构主义。这两种理论看待心理与现实世界这个两难问题的立场是对立的,但两者都主张知识位于个体之内,主要是个人的财富。属于后现代主义阵营的是社会文化论、符号相互作用论(symbolic interactionalism)、社会学建构主义和以观念为基础的(杜威的)社会建构主义。尽管它们之间有许多分歧,但都拒绝有关知识位于个体内的假设,认为知识是社会的产物,是有组织的集体的财富。

不同建构主义学习观的主要分歧

不同建构主义学习观的分歧主要表现在以下问题上。

知识是怎样建构的　穆西曼对此描述了三种解释。(1)外部世界的现实和真相指引知识的建构。信息加工理论家持这种观点。他们认为,个体通过建立精确的心理表征,如命题网络、概念、因果关系模式和条件—行为的产生式规则,重新建构外部现实。知识作为一种存在,在一种情形中被建构,可以运用于其他情境中。(2)皮亚杰的组织、同化和顺化等内部过程指引知识的建构。据这种观点,新知识是从旧知识中抽象出来的。知识不是现实的反映,而是随着认知活动生长和发展的一种抽象。知识不是真的或伪的,它只不过是随着发展变得更为内部一致和更有组织。(3)内部因素和外部因素指引知识的建构。据这种观点,知识是通过内部(认知)因素和外部(环境)因素相互作用产生和发展的。维果茨基和班杜拉的理论持这种观点。班杜拉强调个人、行为与环境三方互惠的相互作用。他认为人的思想来源于社会(环境),但是只有通过认知才能影响行为。三种观点的比较见下表。

关于知识建构的不同主张

类别	建　构　主　张	典型理论
外部指引	知识通过建构外部世界的心理表征而习得。直接教学、反馈和解释影响学习。知识反映外部现实,在这个意义上它是正确的	信息加工论
内部指引	知识是通过转换、组织和重新组织先前的知识而建构。虽然经验影响思维,思维影响知识,但知识不是外部世界的反映。探究和发现比教学更重要	皮亚杰理论
内外指引	知识是基于社会相互作用和经验而建构的。知识反映外部世界,但受文化、语言、信念、与他人相互作用和直接教学与示范的影响,而且要通过学习者的过滤。有指导的发现、教授、榜样、教练以及个人的原有知识、信念和思维影响学习	维果茨基和班杜拉理论

世界是否可知　大多数建构主义者认为,人不能直接知觉世界,必须经过人的理解加以过滤才能知觉世界。包括皮亚杰和维果茨基在内的建构主义者并不谈论精确的概念,只谈符合逻辑的或良好的理解。他们相信,人之所以知道世界,是由于知识的建构是一个理性过程,有些建构优于其他建构,例如更符合逻辑或更可以辩护。

信息加工论则认为,世界是可知的。个体之外存在着客观现实,而且个体能把握它,尽管知识的建构是个人的事,而且可能包含有关世界如何运行的错误概念。

许多更为极端的建构主义者不承认世界是可知的,认为知识是由在一定文化和社会情境中的个人建构的。他们不关心世界的精确和"真实"的表征。如果把这种主张推向极端相对主义,那么一切知识和信念都是同样有效的,因为它们都是被建构的。这样一来,学校就不需要强调某些信念或价值标准,教师也没有必要纠正学生的错误概念和不健康的信念了。

知识是依赖情境的还是一般的　强调知识的社会建构的心理学家倾向于认为,学习原本就是社会性的,并体现在一定的文化情境中,在此时此地是正确的,在彼时彼地或许就成为谬误。如在哥伦布时代之前,人们认为地球是平的,这个"事实"在哥伦布之后便成为错误的。所以知识是否有用,很大程度上取决于社会实践的需要,在哥伦布之前,航海的范围狭小,人们认为地球是平的,这种认识能满足当时社会实践的需要,所以是有用的。

情境性学习(situated learning)观不认为知识是个人的认知结构,而是随着时间而发展的社会团体的创造。社会团体的习俗(practices of community)——相互作用、办事的方式以及该团体创造的工具——构成该团体的知识,学习意味着人变得更有能力参与那些实践,应用那些工具。由于知识离不开学习得以发生的具体环境,在学校课堂上学习的东西难以迁移和应用于课堂之外的环境。学校教育要避免这种情况,就有必要创造真实的、与现实生活相似的情境。情境性学习更像一种师徒关系,新手通过专家的指点和示范,逐渐承担更多的责任,直至能独立工作。

另一些心理学家如皮亚杰和布鲁纳等强调,在一定情境下习得的知识并不局限于在该情境中应用,在一定的练习条件下,它们可以实现普遍迁移。在学校课堂上学习的东西可以运用于学校之外的现实生活中。

建构主义学习观的共同点

复杂学习环境和真实的任务　建构主义者认为,不应只教给学生基本技能和提供过分简单的问题。相反,应鼓励学生面对复杂的学习环境,其中包含"含糊的"和不良结构的问题,如能源危机、环保等。因为学校之外的世界很少只需要基本技能和按部就班就能解决的问题,所以学校应确保每一个学生经历解决复杂问题的过程。复杂问题并不只是难题。复杂问题有许多部分,问题中包含多重的相互作用成分和多种可能的解答。没有得出正确结论的唯一途径,而且每种解答又带出一组新问题。这些复杂问题应包含在学生将运用其所学至现实世界的真实任务与活动以及多种情境中。学生在面对这些复杂任务时,可能需要支持,帮助找到资源、保持前进的方向、将大问题分解成小问题等。建构主义者的这些方面与情境学习观相同,即强调学用一致的学习情境。

社会协商　许多建构主义者赞同维果茨基的观点,即高级心理过程的发展需要经过社会协商和相互作用,所以学习中的合作备受重视。教学的主要目的是发展学生形成并捍卫自己观点的能力,同时又能尊重他人的观点并与他人共同协商与合作,共同建构意义。要实现这种转变,学生必须彼此交谈和倾听。有些国家的文化强调个人奋斗和相互竞争,对这些国家的儿童来说,通过合作和协商建构意义是一种挑战,在合作和协商中,需要找到共同的基础并改变个人的理解。

用多种方式表征教学内容　如果学生对复杂的教学内容只能获得一种模型、一种类比或一种理解方式,那么当运用这种单一的表征方式于不同的情境时,他们常常是简单化的。为此需要运用不同的例子、比喻、类比来解释教学内容,使学生获得多种表征形式。

斯皮罗1991年建议,为了达到获得高级知识的目的,有必要在不同时刻,重新安排背景,根据不同目的和不同观点温故同一材料。这与布鲁纳的螺旋形课程的想法一致,也与孔子的"温故知新"一致。

理解知识建构过程　这与现代认知心理学中的反省认知观一致,都强调学习者对自己认知过程的意识和调控。按照建构主义学习观,教师不仅要帮助学生理解自己的反省认知过程,而且要使他们意识到他们在建构知识中的作用。我们提出的假设、我们自己的信念和经验打造我们每一个人关于世界的知识。不同的假设和不同的经验导致不同知识。建构主义者之所以如此强调理解知识建构过程的重要性,是因为相信,这样学生将能意识到他们自身对自己思维的影响,因此他们能够做到:在尊重他人的主张的同时,以自我批判的方式选择、发展和维护自己的主张。

以学生为中心的教学　指教学时应仔细考虑学生带入教学情境中的已有知识、技能、态度和信念。尽管建构主义理论有多种不同理解,但大多数人都同意,这会涉及教学重点将有显著变化,把学生通过自己的努力获得的理解置于教学事业的中心地位。以学生为中心的教学并不意味着教师放弃教学责任。

建构主义学习观的教学含义

建构主义学习观对教学的影响是全面的,包括对教学设计、课堂教学模式的创建与使用、课程设计、学生心理辅导和教师教育等,都已经或将要产生重要影响。就教学设计而言,乔纳森1992年认为,如果教学设计人员吸收建构主义的建议,教学设计可能产生如下转变:教学目标和目的应该是协商的而不是强加的;任务和内容分析不应过多集中于定义和预先规定一条单一的最好的学习路线;教学设计的目标应该更少关心预先设定的教学策略;学习的评估应更少标准参照。

从课堂教学模式来看,强调学生发现的探究式的模式受到重视。把问题解决作为一种重要的教学方法,20世纪初美国教育家杜威对此有经典阐述,50年代又得到美国教育心理学家布鲁纳的大力提倡,但由于它费时多,且教师不易控制,在传统课堂教学中不易广泛采用。随着建构主义学习观的兴起,这种教学模式有助于建构灵活的知识基础,发展高层次的思维能力,使学生成为自主学习者和有效合作者,因而又备受推崇。在建构主义思潮影响下,心理学家和教育家创建了许多体现学生中心和合作学习的教学新模式。如支架式教学、师徒式教学和互惠式教学。其中由美国教育心理学家 A. L. 布朗创建的互惠式教学获得很大成功。

建构主义学习观给课程设计带来重大影响。为反映建构主义思想,课程目标、教材内容和教学途径都要发生重要变化。如课程更注重学生的参与和体验,课程中要反映复杂问题和真实情境,学生要多接触社会,通过社会实践学习。

建构主义课堂实践必然给学生的学习和教师的教学带来许多新问题,这就要求学校心理学辅导人员熟悉不同建构主义学习观的主要观点及其教育运用的含义,用建构主义思想指导学校心理学研究。如开发与建构主义思想相关的干预和咨询方法,研究困难学生的需要,以及建构主义框架中的评估等。

凡是适合学生的学习理论同样适合教师培训。传统的教师培训重在知识传授,但对教师教学能力的影响不大。根据建构主义学习观,新老教师互帮互学;教师之间就某些教学案例开展研讨;教师注意在一定的教育理论指导下,经常对自己的教学经验进行反思;通过反思和总结,每一名教师逐渐形成自己独特的教学风格等,这些做法值得提倡。

迪克1991年对建构主义的教学设计观提出了如下质疑。(1)有些建构主义者清楚地表明,他们强调问题解决技能,其他建构主义者似乎表明,其理论可以适用于人类学习的一切领域。他们的理论边界是什么?它是一个理论还是一种适合特殊学习结果的教学策略?(2)知识领域与学习领域是不同的。教学设计者并非关心学生在某一领域的一切学习,而关心能使学生富有成效所必需的学习。建构主义涉及的内容包罗万象,其效率与有效性如何?(3)为什么建构主义几乎不关心学生的起点行为?教学设计者应用分析技术确定教学开始前学生必须知道的和能做的事,因为若缺乏这些技能,学生很可能无法学习新的技能。为什么建构主义者不关心某些学生的图式与向他们提供的工具和信息之间的巨大落差?出现学习困难的学生和学生流失是因为学校未充分关注学生的起点行为吗?(4)在评估观上有重大分歧。教学设计者应用具体教学目标描述行为得以出现的情境;建构主义也关心情境,但更多的是关心教学情境,而非评估情境。教学设计者关心的是适当比例的学生达到教学目标的合理的百分数和教学设计的有效性;建构主义者很少去证明学生胜任能力的水平。(5)建构主义者未明言的一个问题,是对学生的控制。教学设计者一般只为学生提供保证他们掌握任务的选择;建构主义者为学生提供了无限多的自由选择权,即选择所要学习的东西、可以利用的资源、学习的方式。但学生对他们将来的学习负什么责任?(6)教学设计者认为,教学起码可以定义为一种教学干预,由具体的教学目标驱动,其材料和方法服务于这些目标,通过评估确定所期望的行为变化(或学习变化)是否出现。建构主义者则没有为每一个学生设置具体的学习目标,内容、练习和反馈活动的组织未针对具体目标,也没有为每个学生提供标准参照测验以确定其是否掌握所期望的技能。如此,建构主义的教学设计并非真正的教学。

参考文献

陈琦,张建伟.建构主义学习观要义评析[J].华东师范大学学报(教育科学版),1998(1).

Prawat, R. S. Construtivisms, Modern and Postmodern [J]. Educational Psychologist, 1996(31).

Woolfolk, A. E. Educational Psychology [M]. 8th ed. MA: Allyn and Bacon, 2001.

(皮连生)

教材(subject matter)　　教学的主要媒体。教学活动中体现教学内容,促成教学目标实现的各类材料的总称。通常根据课程标准或教学大纲编制。有多种形式,主要包括文字教材(含教科书、教学参考书、教授提纲、讲义等)、视听教材(含录音、录像、教学影片、幻灯等)、电子多媒体教材。教科书是教材的一种重要形式。通常不对教材与教科书进行严格区分,常以教材指称教科书。详"教科书"。

(李召存)

教化(paideia)　　通过政治教育和道德感化使对象获得优秀的心灵品质的过程。关注对人的心灵能力的整体塑造,包括人的理智能力、情感气质、道德品质、文化趣味和欲望趋向,并使它们相互融通,从而使人性得到全面提升。教化贯穿生活的所有方面,不仅在学校和家庭的教育上,还与政治、文化、经济、法律等社会生活相连。

中国教育思想中的教化

在中国教育哲学思想中,教化具有四种含义。

其一,教化是指一种政治措施。在中国古代,政治的一项主要任务就是用伦理道德教化臣民,"古之王者,……南面而治天下,莫不以教化为务。立大学以成教于国,设庠序以化于邑,渐民以仁,摩民以谊,节民以礼,故其刑罚甚轻而禁不犯者,教化行而习俗美也"。"明人伦,兴教化"。《说文解字》释"教"为"上所施,下所效也"。上面行政教,下面仿效之。"教"的内容为人伦道德,"父子有亲,君臣有义,夫妇有别,长幼有叙,朋友有信"(《孟子·滕文公上》)。"化"指行为,"教行也"(《说文解字》)。在社会生活中推行伦理规范,使人民将其化为自己的行为准则、道德情感和价值取向,此为"化民成俗"。

其二,教化是对个人心灵的一种陶冶和塑造。在道德生活中,个人心灵受到陶冶,个人修养得以提升,精神状态深刻转变。所谓"状变而实无别而异者,谓之化"(《荀子·正名》)。对个人而言,"教"就是"以善先人者谓之教",即用"善好"来引导自己的生活,从而形成一种以"善好"为基础的精神品德,个人就抛弃了最初的原始状态,变为文明人。"长迁而不返其初,则化矣"(《荀子·不苟》),即中国古代讲的"臻于化境"。这一教化过程包含三个阶段:首先是把善好和人伦加诸人心;其次是人必须通过修炼来同化这些善好和人伦,使之成为自己内在的养料;最后是人与善好融为一体。

其三,人类教化价值的最初来源和最终归宿在于宇宙的大一统之中。人伦和政治社会的秩序要符合宇宙之道,所谓"风霜雨雪,无非教也"。人伦和政治社会秩序属于人道,是一个小宇宙,和谐的生活就是要实现人道与天道、小宇宙与大宇宙的统一。这是教化的最高目标——天人合一。

其四,教化不仅是理性的灌输,更是心灵的领悟。教化是个人心灵的整体化育,需要个人心灵的体验和领悟。教化讲求"尽心",以整个心灵去"化""教"。"尽其心者,知其性也。知其性,则知天矣。存其心,养其性,所以事天也。殀寿不贰,修身以俟之,所以立命也。"(《孟子·尽心上》)

西方教育思想中的教化

在古希腊文中,παιεια 为"教化",词根 παιε 即为"儿童",

因此它有教育儿童之义。"教化"的拉丁文为 paideia,主要是 Humanitäs 之义,指涉及人性、人文、人的心灵提升的事物。paideia 本义指化育儿童的心灵。在荷马时代,教化主要通过吟诵荷马史诗来使儿童和成人受到熏染,习惯于按照德性去生活。比如,荷马史诗中众神和英雄们的神勇坚强、智慧节制等成为希腊人的基本德性,而他们的放纵、暴戾、妒忌等成为希腊人的警戒。这个教化的含义是原初性的,主要通过史诗故事使心灵免于情欲的侵蚀,它要求心灵节制、勇敢和完整。

古希腊哲学特别重视教化,面向理性的教化是古希腊思想的主题。苏格拉底和柏拉图认为,教化是达到一种心灵和谐与完整的过程,使基本的德性在心灵中养成。苏格拉底和柏拉图注重从小就开始身心和谐的教育,用体育养成身体,用音乐陶冶灵魂,用理性统驭人的情欲,使得理性与情欲各安其分。教化就是个人对理性、善、德性的追求和爱恋。在古希腊的哲学思想中,教化表达了一种对真理和善的不朽的爱意,即所谓"厄洛斯"(Erōs)。在"厄洛斯"中,精神得到提升,灵魂得到攀升。《理想国》讲述了这一教化的全过程。亚里士多德非常重视教化,他将灵魂分为三种:植物性灵魂、动物性灵魂和理性灵魂。植物性灵魂主要表现为有机体的生理方面,动物性灵魂主要表现为情欲方面,理性灵魂表现在思维和理智方面。教化与这些方面都是相联系的。亚里士多德根据灵魂论,将教育分为体育、德育和智育,教化就是人的这三种灵魂的和谐完善。教化包含伦理德性的养成和理智德性的学习。前者主要指道德习惯和德性品质的形成,后者指理智能力的提高,主要通过沉思、知识学习获得,这是教化的最高阶段。从前者过渡到后者需要时间和实践。

在德文中,"教化"一词是 Bildung。根据德国哲学家加达默尔的解释,Bildung 最初是"自然造就"(natürliche Bildung),意指自然物体趋于完美的形式,一般指自然所造成的形式;Bildung 是动词 Bilden 的名词化,即动名词化,其共同的词根 Bild 意为"形象、图形",所以,"教化"一词是让某种典型的、有价值的形象进入人的心灵。教化中包含形象(Bild),而形象既可以指摹本(Nachbild),又可以指范本(Vorbild)。教化后来几乎完全与人文修养联系在一起,并且首先指人发展自己的天赋和能力的特有方式。教化是一种极其深刻的人文精神的形成,不仅包含人文知识的修养,而且包含人性的关怀。教化关注的是人性的丰富和完整,含有"崇高人性的塑造成型"之义。教化的这个意义成为德国人文主义的焦点。英国历史学家布洛克在《西方人文主义传统》中称,他们都对思想塑造生活的力量和个人自我修养(Bildung)的能力有着共同的信仰,认为个人可以修养到自己的内心冲突得到克服而与同胞和大自然和谐相处的程度。教化的这个意义正是德文 Humanität(人性)所表达的

理想。德国文艺理论家赫尔德直接将"教化"定义为"达到人性的崇高",德文中的教化包含浓厚的人文意蕴。人需要从自己的自然本能中走出,需要心灵的塑造,需要教化。对于人的完整的心灵而言,人文的情感更容易融入人的心灵,因此教化非常重视情感的默化、熏陶和感染。

德国人文主义极大地推动了教化作为一种精神完整转变的理论,以对抗工业化和机械化对人性的割裂。他们区分了知识教育(Kultur)与教化(Bildung)。前者是能力的培养和一般潜在的自然素质的开发,是达到目的的单纯手段;而后者主要指一种自己存在或品性的获得,它是人类造就自身崇高人性的一种存在方式。黑格尔统一了德国人文主义的这些理论,明确提出教化就是精神自身的完整的运动,是人的精神从个别的、自然的状态提升到普遍的、社会的状态。一个人把自己的本质转化为社会现实,把自己当作一个社会的人,使"自在的东西"(自然的本能的东西)成为"被人承认的东西",获得了人性共通价值的培养。脱离了现实社会关系的人,不是一个受教化的人。

黑格尔提出教化辩证法:教化和"异化"紧密相连。教化与走出自我相连在一起,教化是"自我异化的精神",一个人走出自我,获得客观精神的培育,就是教化。一个人要教化自己,就必须对自己的自然存在疏离、异化。教化必须使自身离开自己进入对方,在对方中发现自己。这是黑格尔的"教化"思想的主要特征。黑格尔认为,直接性的自我、自然的自我并非最真实的自我,它必须被培养,从而获得自己的普遍性,这才是有教化的自我。一个自然人是一个直接性的存在,还不能算是一个真实的人。只有在成长过程中,才能不断地在社会中逐渐成为有教化之人。教化就是借助客观精神的培养而逐渐实现人的精神的充分内涵。黑格尔的教化理论明确了人不是天生的普遍性的存在,人需要教化。同时,黑格尔揭示了一种伪教化:当教化的成果僵化了,飘浮在人的生命感受之上,教化就会变为伪教化。所以,黑格尔强调,教化是以"异化"为前提的向自身的返回,而伪教化就不能返回于自身。

解释学思想继承了德国哲学的教化思想,狄尔泰和加达默尔都非常重视教化思想的挖掘。加达默尔认为,教化是精神的一种深刻转变,在教化中,人感受到共通性的意义并且实现人之为人的理性价值。教化是人塑造自身的行为,而不是获得某种技能、知识。这样,教化就和完整性、普遍性联系起来,教化体现了对整体人性、人的价值和人类经验的理解,在理解的过程中实现了作为整个人的精神转变,因此,教化是整体性的。加达默尔认为,教化和人的存在是统一的过程,教化与人的存在境界必然联系在一起。加达默尔继承了黑格尔关于教化是个人向普遍性的提升的概念,认为"人类教化的一般本质就是使自身成为一个普遍的精神存在"。教化始终是未完成的过程,人类整体和个体都

是如此。完满的教化(die vollendete Bildung)仍是一个必要的理想，教化是一个无限的无止境的过程，它和人类的存在同时存在。加达默尔认为，教化作为一种教育的方式，并不单单是理性的灌输和指导，而且是一种智慧的教育，即对于情境及其中行为的一种特定的敏感性和感受能力的培养。这种实践智慧类似于康德所称的"判断力"(Urteilskraft)，含有历史性(特定的情境)、理智性与审美性(敏感性)的因素，符合教化的历史性与整全性特性。加达默尔分析黑格尔精神教化的辩证过程，认为精神总是不断地向自身、向外部世界开放，在与世界不断的接触中不断地重返自身。教化包含两个方面：走出自身藩篱和返回自身家园。因此，教化既不自我迷恋又不自我迷失。这样，加达默尔就将教化作为哲学的目的和人文学科的目的，同时，教化成为人性整体和谐发展的根本方式，它是教育学的主导概念。

教化是人塑造自身的行为和目标，对人的心灵的整体性开发是中西教化的共同观念，它区别于简单的知识传授和道德教育，指向人的全面发展。在现代社会，教育的目标发生了重大转变，社会给予教育和人们接受教育主要是因为教育成为专业知识和能力获得的重要方式，是获得社会地位与社会资本的通行证。由于教育的专业化和工业化的发展，面向精神整体提升与变革的教化在不断失落，人因此更加职能化、专门化了，涉及文化、政治、经济、教育的整体价值的教化成为一个亟待继续深化与拓展的教育学课题。

参考文献

黑格尔. 法哲学原理[M]. 范扬, 张企泰, 译. 北京: 商务印书馆, 1980.

黑格尔. 精神现象学[M]. 贺麟, 王玖兴, 译. 北京: 商务印书馆, 1980.

洪堡德. 论人类语言结构的差异及其对人类精神发展的影响[M]. 姚小平, 译. 北京: 商务印书馆, 1997.

伽达默尔. 真理与方法[M]. 洪汉鼎, 译. 上海: 上海译文出版社, 1999.

詹世友. 道德教化与经济技术时代[M]. 南昌: 江西人民出版社, 2002.

(曹永国)

教科书(textbook)　亦称"课本"。根据课程标准或教学大纲编写的教学用书。是一种重要的教材形式。通常按年级和学年分册，划分单元和章节，主要由课文、注释、插图、习题等构成，其中课文是最基本的组成部分。

中国古代社会的教科书主要是儒家经典，也有专门编制的蒙养教材，如《千字文》、《三字经》等。西方古代社会常将名人著作或宗教经文作为教科书，古希腊曾使用荷马史诗教授语言文字，伊斯兰国家的传统学校以《古兰经》为教科书，基督教国家的传统学校以《圣经》、《祈祷书》为教科

书。欧洲最早流行的教科书是捷克教育家夸美纽斯编写的《语言学入门》和《世界图解》。近代以后，教材和教科书的内容与种类随自然科学的兴起、分科课程不断成熟而不断发展，并逐步形成两种不同的教材价值取向。一种是自赫尔巴特以后形成的取向，强调教材以学科结构为核心，反映学科知识系统，关注知识呈现的逻辑顺序，主张教材有严密的逻辑框架，学生的任务就是在教师指导下掌握教材中的知识。另一种是自杜威以后形成的取向，强调儿童生活经验的重要性，认为教材的基本源泉应是儿童的直接经验，教材建设应从儿童的经验开始。在合理吸收这两种取向的基础上，传统的呈现事实性或信息性知识、为教服务的教材，逐渐转变为为学服务的教材，在内容编制上除强调教材本身的逻辑循序和学生的学习心理循序外，提出以下要求。(1)充分考虑儿童已有的经验和知识。心理学研究表明，个体对新知识的学习是建立在已有知识和经验基础上的，是新旧经验相互作用的结果，教材的编写要贴近学生的真实生活，从学生的已有经验入手。(2)引发学生产生问题，促进学生思考和探究。教材不仅是课程知识的载体，更应是促使学生产生问题意识和探究兴趣的材料，编制教材时应为学生的思维和探索留有充分空间，结合知识与问题、任务与活动，通过创设问题情景，促使学生在各种探索活动中理解知识的意义，提高解决问题的能力。(3)把知识学习、能力培养和情感体验有机结合起来。使学生通过学习教材，不仅掌握知识、提高能力，而且发展积极的情感、良好的态度和正确的价值观。(4)促进教师与学生之间和学生与学生之间的合作。学习本质上是一种社会性建构活动，教材应为师生之间和生生之间的合作互动提供平台，设计适当的合作学习活动，以促进教学对话和交流。(5)体现时代精神和最新研究成果。教材以适合学生认知特点的形式，及时反映与学生生活和人类发展密切相关的科技发展内容，体现鲜明的时代气息。

不同国家的教科书管理制度具有不同的模式。在欧美国家和日本、澳大利亚等国，教科书的组织编写和发行大多由多家民间出版社进行；义务教育阶段的教科书供应采用无偿发放或借用给学生的方式；教科书的编写、审定和选用工作互相分离，并有严格的法规保障。在中国，基础教育阶段的教科书管理制度经历了从"一纲一本"到"一纲多本"、"多纲多本"，以及从"国定制"到"审定制"的发展变化过程。20世纪90年代以前主要采用"国定制"，根据国家教育委员会统一制订的教学大纲，由人民教育出版社统一编制出版，由国家专门部门(新华书店)统一发行。1986年国家教育委员会成立全国中小学教材审定委员会，并于1988年颁发《九年制义务教育教材编写规划方案》，教材的编写和发行制度开始走向多样化。在供应制度上，中国的教科书为有偿使用，编写、审定和选用工作未真正完全分离，相应的法规亦

未建立。中国对教科书质量的分析评估主要有以下维度。(1) 知识维度。包括：教科书内容对学生素质发展的必要性和典型性，反映学科基本结构和发展方向的水平，与学生生活经验的关联性，组织与表达方式的科学性，与其他学科的配合协调程度。(2) 思想品德和文化内涵维度。包括：教科书所体现的辩证唯物主义和历史唯物主义思想，所体现的价值观、人生观和道德观，所体现的科学精神和态度，对学生探索精神、创新实践精神的激励水平，以及对中华文化和人类文化的认识。(3) 学生学习心理维度。包括：能否调动学生的学习兴趣，能否引导学生主动建构新知识，能否从多方面强化学生的学习过程，对学生的起始程度要求和预定发展目标是否切合，是否遵循学生心理发展规律。(4) 编制维度。包括：文字的编写水平，插图与文字的配合与制作水平，编写形式的丰富程度与配合水平，版式设计水平，印刷质量。(5) 其他维度。包括：与教师水平的适应度，与学校资源环境的适应度，与使用地区经济和社会发展水平的适应度，设计与实际使用情况的符合度，教学目标在实践中的达成度。

（李召存）

教师(teacher)　　在学校中履行教育教学职责，根据一定的社会要求，有计划、有组织地对学生进行培养思想品德、传授知识技能、发展能力的教育活动，使之成为合格的社会成员的专业人员。

教师及教师职业的产生与发展

教师的概念与教师职业的出现、教育的发展特别是与学校教育的发展联系在一起。原始社会解体后，人类进入文明时代，随着学校的出现，专职教育者产生。中国古代学校教育始于奴隶社会。西周形成"学在官府"、"官守学业"的局面，政教一体，官师合一，官府掌握学校和学术、文化和知识，典章制度、图书文物、礼器乐器都收藏在宫廷中，担任文教官职的是一些世代相传为贵族服务的祝、宗、卜、史，他们既是官，又是师。

春秋时期，社会生产力的发展促进社会内部产生新的分工，即体力劳动与脑力劳动的进一步分工，产生了单纯的脑力劳动者，生产精神财富。自此，中国历史上产生了专门"志于道"的"士"，其中一部分人变成靠自己掌握的知识自谋生活的知识分子。随着养士之风的盛行，春秋末期的私学及战国时期的诸子百家就在这种土壤中生长起来。私学以齐鲁为发祥地，在这个潮流中，孔子起到开辟道路的作用。孔子的私学是由"学在官府"到"百家之学"的转折点，而孔子也成为中国教育史上新兴私学中以教师为职业的代表和宗师。

在西方，智者不仅在希腊文化史上占有重要地位，并且被公认为西方最早的职业教师。智者云游各地，授徒讲学，收取学费，以钱财而不是以门第作为教学的唯一条件，这不仅推动了文化的传播，而且扩大了教育对象的范围。智者的出现表明，在希腊，职业教师已逐步取代原有的"大众教师"(如诗人、戏剧作家)，教育工作开始职业化。

中国教师职业开始发生根本性的变化是在清末，即 19 世纪末 20 世纪初，其标志是这一时期从国外引进师范教育这一新的教育理念和新的师资培训制度。清末《钦定学堂章程》和《奏定学堂章程》中，师范教育被正式确定下来。师范学校的毕业生开始成为各级各类学校教师的主要来源，教师职业由此步入制度化的发展轨道。在 20 世纪的百年中，师范教育在中国得到了充分发展。

教育已成为社会持续发展的动力，教师的地位与作用也不断为人们所认识。教师不仅是人类文化的继承者与传递者，也是社会物质财富的创造者，还是社会发展与变革的主要力量；教师不仅要传授知识，还要培养和发展学生的智力和能力，陶冶他们的情操，关怀和指导他们学习和全面成长。要实现教师的功能，教师必须经过严格的专业训练，做到"学为人师，行为世范"。当今，师范教育的称谓逐渐被教师教育所代替，有关教师的理念正与时俱进。

教师的基本职责

教师职业是人类社会最古老的职业。自教师职业产生起，教师就承担着教书育人的职责和义务。中国唐代的韩愈把教师的职责归结为"传道、授业、解惑"，包含教书、育人两个方面。教好功课是教师的天职，是教师的立足之本，是影响教师威信的最重要的因素。教师要树立新的教育观、人才观、学生观，把学生塑造成为德才兼备的开拓者和创造性人才。一般而言，教书是指向学生传授系统的文化科学知识，培养学生的科学文化素质，发展学生的智能。为此，教师必须潜心钻研，虚心求教，在遵循教育教学规律的同时，更新教育观念，提高教育教学水平。在教学过程中，除了使学生学会应学的知识外，还要重视学生能力的培养。

育人是指教师通过教学活动和师生相互作用的过程以及教师的行为，对学生进行显性的或潜在的政治、思想和道德教育，促进学生的全面发展。思想品德决定学生的发展方向。如古罗马哲学家西塞罗曾指出的，"教育者，所以使儿童道德之心容易发达，而不流于罪恶之放肆，以高尚其思想也"。教师除了挖掘知识教学中的思想因素，以巧妙而又有感染力地影响学生外，还要塑造自己的完美形象，用自己的一言一行给学生树立高尚人格的典范。

教师在教书育人的同时，还要关心学生的身心健康。青少年学生正处于长身体的时期，伴随身体各机能器官的不断成熟,他们的心理也在发生变化。教师尤其要注意尊重、爱护学生,使他们形成乐观、开朗、积极向上的心理品质,严禁体罚、变相体罚或者用言语伤害学生的身心健康。同时应注意学生适当的学习负担,防止学生过度紧张和疲劳。要营造良好的教学氛围来促进学生健康、快乐地成长。

教书和育人是不可分割的辩证统一体,两者相互作用、相互渗透、相辅相成。"教书"是育人的手段,"育人"是教书的目的。

教师的权利和从业要求

教师的权利主要指法律赋予教师在履行职责时所享有的权利。教师享有的社会权利,除一般的公民权利(如生存权、选举权、享受各种待遇和荣誉等)外,还包括职业本身所赋予的专业方面的自主权:(1)教育的权利,即教师依法享有对学生实施教育、指导、评价的权利。《中华人民共和国教师法》第七条规定,教师拥有"进行教育教学活动,开展教育教学改革和实验","指导学生的学习和发展,评定学生的品行和学业成绩"的权利。(2)专业发展权,即教师依法享有发展自己、提高专业文化水平的权利。《中华人民共和国教师法》第七条规定,教师享有"从事科学研究、学术交流,参加专业的学术团体","参加进修或者其他方式的培训"的权利,并在第十八条规定,"各级人民政府教育行政部门、学校主管部门和学校应当制定教师培训规划,对教师进行多种形式的思想政治、业务培训","国家机关、企业事业单位和其他社会组织应当为教师的社会调查和社会实践提供方便,给予协助"。(3)参与管理权,即教师可以通过各种合法途径参与学校建设和管理。学校是一个小型社会,其每个成员都应当有参与各部门管理的权利。教师是学校内部的工作人员,在学校扮演多种角色。面对学生,他们是教育者,而与其他教师和工作人员是同事,这两个角色的成功扮演和学校具体的行政管理工作密切相关,学校在作出决定、制定学校政策时应考虑教师的意见,听取他们的建议,使工作更顺利地实施。《中华人民共和国教师法》第七条规定,教师有"对学校教育教学、管理工作和教育行政部门的工作提出意见和建议,通过教职工代表大会或者其他形式,参与学校的民主管理"的权利。

职业的从业要求是指某一职业对从业者的资格要求,包括教育程度、道德品质、工作能力等。教师职业的从业标准既有软性标准,如道德要求、个性要求等,也有硬性标准,如学历、教师资格证书等,这是教师职业学术性要求和从事专业活动的基本要求,以保证教师队伍的专业性。在中国,教师的资格要求是:遵守宪法和法律,热爱教育事业,具有良好的思想品德,具备国家规定的学历或经国家资格考试合格,有教育教学能力。

教师的社会作用

教师是人类文化知识的传递者,对人类社会的延续和发展起着重要作用。人类在长期的社会实践中,积累了丰富的经验,创造了灿烂的科学文化,留下了宝贵的精神财富。要将人类长期积累起来的文化科学知识和财富继承下来,必须依靠专门从事教育活动的教师。教师通过劳动,有目的、有计划地把人类长期积累的科学文化知识和技术、思想观点、道德规范等,传授给年轻一代,使他们在较短的时间内能够适应现实社会的实践活动,使人类社会一代代地延续下去。教育是人类社会延续和发展的关键,教师是"过去和未来之间的一个活的环节",对人类社会的发展具有继往开来、承前启后的作用。

总结和传递人类文化成果是教师的基本职能之一,这是由教师职业的特殊性决定的。教师先于学生受教育,不仅掌握一门或几门专业知识,而且懂得教育方法,了解学生的心理特点。他们有条件对人类浩如烟海、包罗万象的知识加以选择和概括,并通过课堂教学或个别讲授等形式,以最快的速度、最有效的方法传授给学生。向学生传递间接经验,是教师的主要任务之一,而更重要的是教会学生如何获取知识和运用知识。

教师不仅要成为知识的传播者,而且要按照社会需要来为社会培养人才,促进人类个体的发展和完善。人类社会的发展经历了一个漫长的历史过程,在此过程中,人类自身从不成熟逐渐走向成熟、从不完善逐渐发展到比较完善,其决定因素很多,但自从有了专门从事教育和教学活动的教师之后,才大大促进了人类自身的完善,加快了人类走向高度文明的步伐。教师是推动和探索人类文明发展方向的先导。教师具体的工作对象是正在成长变化中的学生,教师可通过自己的知识、智慧和人格魅力去影响学生的精神面貌。教师的言行在学生的成长中起着重要的甚至是决定性的作用。

关于教师在教育教学过程中的作用问题,历来存在"教师中心说"和"学生中心说"两种截然不同的观点,这一争论也是"传统教育"和"现代教育"的根本分歧之一。

"教师中心说"主张教育、教学活动应由教师主宰,以德国教育家赫尔巴特的观点为代表。他抨击18世纪启蒙时期产生的"自然教育"思想,认为按照一定方法培养儿童心智的艰巨任务,从总体上讲应留给教师,教师对学生具有绝对权威,学生必须保持一种被动的接受状态。当代要素主义学派是这一主张的拥护者,该学派抨击美国现代派教育理论在"学生主动性—教师主动性"这一对矛盾中片面强调前者,抛开纪律与锻炼;认为教育是一个传递民族文化遗产的过程,其主动权在教师,儿童单靠自己是不能理解所必须学习的一切知识的，儿童智慧、能力的发展也要靠教师引发、教导；主张"把教师放在教育宇宙的中心"。

"学生中心说"亦称"儿童中心主义"，主张教育应以儿童自然发展的需要及其活动为中心，以法国教育家卢梭、美国教育家杜威为代表。卢梭认为，凡是出于造物主之手的东西都是好的，教师只能作为自然的仆人顺应这种发展。杜威把儿童的心理内容看成是以本能为核心的习惯、情绪、冲动、智慧等天生心理机能的不断展开和发展过程，教育是发展儿童本能的工具；教师的作用在于了解儿童的兴趣和需要，以及以什么样的活动可以使之得到有益的表现，并据以提供必要的刺激和材料；教师要放弃向导和指挥官的角色，执行看守及助理者的任务。他批评以教师和教科书为中心，无视儿童内部本能和倾向的主张，提出儿童应成为教育的素材和出发点，教育的一切措施都应围绕儿童。他宣称这是"和哥白尼把天文学的中心从地球转到太阳一样的革命"。20 世纪 50 年代后，人本主义提倡自我实现，认为教师的职责是尽可能满足学生"自我"的需要，是儿童中心主义的继续和发展。

"教师中心说"与"学生中心说"各执一端，两者都有其合理的一面，但也都有其片面性。事实上，教师在教育过程中处于教育者、组织者与领导者的地位，这种地位决定了教师在教育过程中起主导作用。其根据是：第一，教育是一种培养人的社会实践活动，教师是这一实践活动过程的主体，一切教育活动均通过教师作用于学生。这种主体地位决定了教师的主导作用。第二，教师受社会的委托，依照学生身心发展规律，对学生的身心施加一定的影响，使学生的身心朝与社会要求相统一的方向发展，体现了教师在教育过程中的主导作用。第三，从学校教育是一种有计划、有目的、有组织的活动来看，教师是这一活动的组织者和领导者，教学的方向、内容、方法和组织形式，都是由教师设计和决定的。第四，从学生的发展过程来看，在知与不知、知之较多与知之较少的矛盾中，教师闻道在先、术业有专攻，通过"传道、授业、解惑"，使学生把前人积累的知识经验转化为自己的精神财富，获得科学的认识方法，处于矛盾的主导方面。

肯定教师的主导作用，并不是否定学生在教育过程中的主体性。学生是主体，指学生是学习活动的主人，是学习的主体。这是因为学生是具有主观能动性的人，他们只有在自身有目的、有意识的活动中才能获得发展。教师主导作用的主要任务就是要启发学生的主体性、自觉性。离开了学生的主动性、自觉性，教师的主导作用就失去了主要内涵，失去了对象和归宿。只强调教师的主导作用，并以此否定学生的主动性的"教师中心主义"是错误的。学校中教与学的活动，对教师来说是一种工作实践，实质是为了完成教学任务，实现培养目标而为学生服务。"教"因为有"学"才有其存在的价值；对学生来说，教育、教学是一种特殊条件

下的学习活动，由于有教师的服务，可以比自学省时省力，不走或少走弯路。故"教"为"学"而存在。真正承认学生在学习中的主体地位，必然要求教师为这个主体服务，结成服务与被服务的师生关系，教师应当成为学生的良师益友。

教师劳动的特点

教师劳动性质具有复杂性和创造性。首先表现为劳动对象具有主动性和多样性。人是具有思想、感情、个性和主观能动性的。在教育过程中，学生常以一个有意识的独立体的身份，对教师的劳动采取认同或排斥的态度，从而影响教师的劳动成果。此外，由于学生的遗传素质不同，受社会和家庭的影响不同，学生的身心发展存在差异，这就决定了教师劳动不可能使用一个固定的模式，而必须细致观察，全面把握学生身心发展水平与思想状况，从而做到因材施教，这就体现出教师的劳动具有复杂性和创造性。其次表现为劳动任务的多样性。教师的根本任务是教书育人，其具体任务却很多：既要教育学生学好功课，又要培养学生形成良好的思想品德；既要关心学生的身体健康，又要关心学生的心理健康；既要塑造学生的非智力因素，又要培养学生的智力因素等。再次表现为教师对教学内容和教学方法的不断变化和创新。教学活动无固定不变的规范、程式或方法可套用，教师必须通过自己对教学内容和教学方法的理解进行。教师备课、上课，不是机械的重复，而是对教学内容的重新加工，对教学方法的重新调整，指导学生把知识转化为能力，将道德行为准则转化为品德，这是一种复杂的、创造性的劳动。最后表现为教师的教育机智。也就是对突发的教育情境做出迅速反应，并及时采取恰当的机敏措施的能力。教育是心灵的撞击，是情感的交融和呼应，在师生的交互作用中，教育教学情境瞬息万变，情况错综复杂，事先预料不到的情况随时都可能发生。教师要善于捕捉教育情境的细微变化，能在瞬息之间正确估计情势，掌握大量信息，并估计自己的行动环境，选择正确的行为措施。富有创造性的教师常常能够巧妙地利用突发情况，创设新的情境，把教育活动引向深入，化消极因素为积极因素，使教育活动更加生动活泼。

教师劳动手段具有主体性和示范性。教师劳动不同于工人、农民的劳动。工人、农民的劳动手段都是"物"，是游离于自身之外的劳动工具，教师的劳动手段则是教师自身，是凝结于自身的思想行为、科学态度、求知精神、思维方式等，教育过程就是将教师自身具备的这些素质转移到学生身上。凭借教师自身的素质去直接影响学生体现了教师劳动的主体性，这种主体性决定了教师劳动的示范性。教师劳动的示范性特点也是由学生的"向师性"和模仿性的心理特点决定的。学生的"向师性"决定了他们乐于接受教师的

教诲,渴望得到教师的注意、关怀和鼓励,愿意以教师为表率。学生又是善于模仿的,教师的个性、气质、言行举止都会对学生产生很大影响,教师恰如其分的言传身教更具有真实性和模仿性,更易被学生理解和接受,更易使学生将教师良好的品行内化为自身的品质。教师的示范作用是最现实、最鲜明、最有力的教育手段。

教师劳动方式具有个体性和集体性。个体性是指教师教育教学工作的每个环节基本上是以个体方式独立进行的。从教师的业务学习活动到备课、上课、辅导、批改作业以及对学生进行各方面的训练等,都以个体的方式进行,带有个体独特的风格、特点,教育活动中融入了教师本人的思想、态度和个性。教师的集体业务活动,也必须以教师的个体劳动为基础。教师劳动同时又具有很强的集体性,具体反映在教师劳动的成果上。无论是前人还是同时代的教育工作者,他们积累的教学经验,编订的教材、教学计划以及改革实践的成果等,都为教师的个体劳动打下了坚实的基础。每个教师在教育过程中,其个体劳动与整个教师集体总是持续不断地发生千丝万缕的联系。另外,一个学生的成长不是一蹴而就的,不可能是一个教师个体影响的结果。从幼儿园、小学、中学到大学,不同阶段、不同时期、不同的教师都会对学生产生各种各样的影响,学生最终成才,不是一位教师个体劳动的结果,而凝聚着教师个体和集体的心血。

教师劳动效果具有迟效性和长效性。知识体系的获得需要长期的积累,思想信念的形成、智力能力的充分发展,更非一朝一夕之功。"十年树木,百年树人",人的身心发展的固有特点决定了人的成长不是短时期内可以完成的。教师的劳动是对人的身心施加影响的特殊劳动,其效果要经过相当长的时期才能充分显现。

但是,受教育者的劳动能力一经培养提高,就能长期地创造社会效益。因为受教育者获得的科学知识、思想观点和技术能力,会转化为其自身的力量。这种力量不会因为在受教育者所从事的某种劳动中曾被使用就逐渐减少乃至消耗殆尽。相反,由于劳动者经常使用和磨炼,知识的积累会更加丰富,智力和能力的发展更趋成熟,思想认识会更加全面和深刻。社会劳动力在长达几十年的劳动过程中,都是以在受教育时期所获得的知识和能力为基础。教师劳动的长效性显而易见。

教师的素养

其一,教师的职业道德。指教师在教育活动中必须履行的行为规范和道德准则。是教师顺利进行教育教学工作,履行自己崇高的社会责任的重要保证。具体表现在四方面。

对待教育事业的道德——热爱教育事业。这是社会和人民对教师提出的最基本的道德要求,是教师道德修养的思想基础。首先对教育要有一个正确认识,这样才能对教育事业有深沉的爱,才能执着地去追求。其次要全身心地投入。人们赞誉教师是红烛,燃烧自己,照亮别人,说明教师职业的崇高和无私。人民教育家陶行知所言"捧着一颗心来,不带半根草去",是对教师献身精神的真实写照。

对待学生的道德——热爱学生。这是教师道德修养的核心,是忠诚于人民教育事业的具体表现。热爱学生要有原则,不迁就,不放纵,关心爱护与严格要求相统一。要尊重学生、信任学生,还要一视同仁。教师与学生在人格上完全平等,对学生绝不能挖苦、训斥和打骂、体罚。要保护学生的自尊心,给以充分的信任。要理解学生,按学生生理、心理发展规律调整自己的教育方法。要平等对待每一位学生,不偏袒、不歧视。要用稳定乐观的态度对待学生,不可迁怒于学生,也不能喜怒无常。

对待自己的道德——严于律己,以身作则,为人师表。这是教师道德修养的行为准则。教师在教育教学过程中,不仅是文化知识的传递者,也是学生的道德表率和榜样,是作为完善的人格出现在学生面前的。教师的劳动对象是可塑性大、模仿性强的青少年一代,教师的一言一行、一举一动都会对学生产生潜移默化的影响,甚至影响学生的一生。严于律己、以身作则、为人师表既是一种教育手段,也是教师顺利进行教育工作的必要条件。

对待教师集体的道德——团结同事,集体协作。教师劳动是群体性和个体性的统一。教师在劳动过程中,一方面要与学生打交道,另一方面还要和其他教师相处。教师必须互相尊重、互相配合、互相学习、互相帮助、取长补短、共同提高。

其二,教师的知识素养。包括三个方面:学科专业知识,科学文化基础知识,教育科学知识。

教师要成功地完成某一学科或某一专业知识领域的教学任务,首先要精通所教学科的专业知识。要熟练掌握该学科的基本知识、基本理论、基本技能,具有广博、精深、融会贯通的学科专业知识,这样才能透彻地理解教材,灵活地处理教材,准确地讲授教材。同时要通晓学科的发展动向和最新研究成果,将学生带入该专业的前沿。

教师在具有一定专业知识的前提下,还应拥有较为广泛的科学文化基础知识,要求有较丰厚的文化修养。这是因为:第一,具有自然科学和社会科学的基础知识,乃至音、体、美等艺术方面的知识、技能和审美能力,可以提高教师自身素养,使得生活充实、精神丰富、人生美好。第二,教师丰富的基础知识是满足学生知识需要的条件,通过这方面知识的沟通和交流,可使教师与学生在心理上更为接近,获得更高的威信,教师的影响也就能更多地渗透到学生生活的各个方面。第三,当代科学日新月异,文理渗透,教师原有的知识结构经常面临更新和挑战。教师广泛获取新知识,不断学习,正是调整自身知识结构,克服知识老化和陈旧的重要条件。第四,教师知识结构中拥有较广博、丰厚的文化基础知识,会在总体上提高教师知识的质量,使其知识结构更趋完善,从而具有综合影响的能力。

教师在掌握所教学科知识的基础上,还要具有教育科学方面的知识,懂得儿童发展规律和教育教学规律,这是教师有效进行专业工作的重要保证。

其三,教师的能力素养。具体包括组织能力、表达能力以及自学、科研能力。

教师在教育过程中处于领导者、组织者和管理者的地位,为保证教育教学工作有条理、系统地进行,教师必须具备多方面的组织管理能力。如必须具备对教学内容进行精细加工,充分合理地利用各种教育资源,对教学手段进行正确选择和组合的能力。教师的基本职责之一是教书,必须全面掌握教材内容的体系,分清教材中各章节的重点、难点和关键点,对教材内容达到"懂、透、化"的程度。同时,能根据教材内容的特点和学生的年龄特征,恰当地选择教学方法,组织学生探究、分析与综合、抽象与概括,深入理解教材和掌握教材。教师还必须有组织学生集体和课外活动的能力。由于教育工作主要在学生集体中展开,教师要善于把学生组织在一个健全的集体中,并对学生进行思想品德教育;要善于组织学生进行课外活动,丰富他们的精神生活,发展他们的聪明才智、兴趣、爱好和特长,锻炼他们各种实际活动的能力。

表达能力是指教师通过语言及非语言(亦称体态语)等方式向学生表达自己的思想、知识、信念、情感的能力。它是教师的基本能力之一。教师的语言表达能力包括口头语言表达能力和书面语言表达能力。语言是教师进行教育教学活动的重要媒介,教师主要通过语言来"传道、授业、解惑"。教师的语言表达要力求语音清晰、用词准确、语句完整,系统连贯、逻辑性强,重点突出、结论明确,生动幽默、有感染力,语调、语速适当,有节奏感。板书要布局合理、主次分明、字迹工整、系统完善、鲜明醒目、形式多样。教师的非语言主要包括手势、体态、面部表情、眼神等。整洁的仪表、自信的神态、安详的举止、愉快的表情是增强语言表达效果的辅助手段,它对于师生之间交流情感、激发学生的学习兴趣、活跃课堂教学气氛、增强教学的感染力等有重要作用。

在信息化时代,教师应掌握信息技术,在教育教学过程中合理地运用信息技术。

自学能力是教师不断丰富完善自身必须具有的能力。科研能力是教师综合运用知识的一种决策和创造能力,表现在选择和确定研究课题、运用研究方法、收集和整理研究资料、开展实验活动、制订研究计划、撰写论文和调查报告等方面。

其四,教师的心理素养。具体表现为具有广泛的兴趣、愉快的心境、坚强的意志、良好的性格以及自我调控能力。

兴趣是指一个人以积极的情绪去探究某种事物或从事某种活动的心理倾向。教师具有健康高雅的兴趣倾向、明确稳定的兴趣中心、广泛持久的兴趣活动,不仅有助于指导学生的活动,激发学生的求知欲,培养学生的道德情操,也能够表现教师自身个性的积极性和主动性,推动教师去认识世界,去求知、探索,而且能够开阔教师的眼界,丰富教师的心理活动内容。更重要的是,教师对教育工作的兴趣,是其创造性地完成教育教学工作的重要心理素质之一。

宽阔的胸怀、愉快的心境,对教师的工作与生活具有重要意义。教师不仅传授给学生知识,还要以自己的志趣、意志、才能、性格和感情去影响学生,因此,教师职业要求教师胸襟宽阔,在平凡的教学中做到心理平衡、心境愉快。学生的表现由于成长环境和个人经历不同,常给教师带来满意和不满意、高兴和苦恼、欢乐和忧虑、宽慰和愤怒等,善于以饱满的精神和愉快的情绪,正确地对待和认识这些必然的现象,是教师取得成功的重要条件。

意志是指人们自觉地确立目标并根据目标来支配、调节自己的行动,克服困难,从而实现目标的心理活动,它是人的主观能动性的集中体现。教师工作艰苦繁重,教育过程具有长期性和复杂性,教育的使命感和责任感要求教师以锲而不舍的精神投入教育工作。只有意志坚强的教师,在困难面前才会百折不回、坚忍不拔,用顽强的毅力克服工作中的困难;只有信念坚定的教师在工作中才会沉着自制,善于支配情感,对自己所从事的事业始终抱有明确的目的,充满胜利的信心。坚强的意志、坚定的信念是教师出色完成教学任务的重要保证。

性格是指在现实生活里对人、对事的态度和行为方式中所表现出的心理特征,它是人的心理素质中最核心的组成部分。教师的良好性格对学生性格的形成和发展有至关重要的作用。首先,教师必须具有独立的性格,才能独立地处理问题,在困难面前和紧急情况下不惊慌失措,能充分发挥自己的才能,胸有成竹地解决问题。其次,教师要具有乐观开朗的性格,工作中待人热情,善与人相处,能相互支持、相互配合。最后,教师应具有诚实正直、温和宽厚的性格特征,在与学生交往中有公正的态度、豁达的心胸,能够正确地理解学生、科学地评价自我,从而成为学生效仿的楷模。

教师的自我了解、自我完善和自我调控是做好教育工作的基础。它要求教师要有较强的自制能力,善于控制自己的情感和行为,要用理智来支配情感,即使在困难的情况下、激动的场合中,也要保持平和的心态,语态庄重,说话合情合理、有分寸。教师应能正确地进行自我认识、自我评价,既了解自己的优点、缺点和各方面的条件,也了解自己的性格、能力、情绪和兴趣、动机,并能在实践中加强修养,不断地发展和完善自己。

中国的教师专业标准

2012年9月教育部颁布《幼儿园教师专业标准(试行)》《小学教师专业标准(试行)》《中学教师专业标准(试行)》。这是贯彻落实《国家中长期教育改革和发展规划纲要(2010—2020年)》的具体措施,是严格教师入职资格、规范教师行为、促进教师专业发展的一项重大制度建设。

教师专业标准从"学生为本、师德为先、能力为重、终身学习"四个基本理念出发,对一名合格教师从"专业理念与师德"、"专业知识"、"专业能力"三个维度进行全面、细致的梳理和规范。用13个领域、50~60条专业素养的具体要求厘定了幼儿园教师、小学教师和中学教师的从教规格,确定了国家对合格教师特有的和基本的道德坐标、知识坐标与能力坐标。教师专业标准具有以下特点:(1)科学性。教育要适应社会发展的需要,适应儿童身心发展的需要。标准中的每个维度、领域以及每项基本要求的制定,都建立在尊重教育规律、尊重学生身心发展规律的基础上。(2)规范性。教师专业标准是国家对合格教师专业素质的基本要求,是各级教师开展教育教学活动的基本规范,是引领教师专业发展的基本准则,也是各级教师培养、准入、培训、考核等工作的重要依据。它强调教师行为的规范性。(3)基础性。教师专业标准是合格教师的标准,并非优秀教师的标准,其要求是最基本的,是每个教师必须做到的。(4)时代性。教师专业标准体现了中国教育从数量发展向质量提高转变的要求,也体现了时代对教师专业发展的要求,重点强调教师职业的专业性和独特性,要求教师注重自身专业发展,树立新的教育理念。(5)实践性。教师专业标准凸显实践性品质,尤其是专业能力维度各领域的基本要求具有较强的可操作性。

教师专业标准的要点:(1)强调教师对教育工作要有正确认识。首先要将教育工作看作一项事业,而不是单纯的职业。教师肩负着培养人才的重任,不但要启迪人的心智,还要锻炼人的品格,完善人的心性。这就要求教师对教育事业具有强烈的责任感和深厚感情。教育工作寄托着祖国的期望、人民的嘱托。国家把祖国的未来交给学校教师,千家万户把孩子送到学校和教师面前,是对教师的最大信赖,教师对此要有充分认识。(2)把师德放在专业标准的首位。师德主要表现为敬业爱生。如小学教师要热爱儿童,这种爱不同于父母对子女的爱,这是一种对人类自身发展的爱、对民族未来的爱。这种爱首先表现在相信每个学生都愿意学习,都希望进步,都能够成才。其次要了解学生的需要,理解他们的想法,因人因时,有针对性地进行教育。其三,为了了解学生、理解学生,要善于与学生沟通。教师

对学生的爱建立在互相信任的基础上。(3)突出生命教育。如《小学教师专业标准(试行)》明确要求教师"将保护小学生的生命安全放在首位","尊重小学生独立人格","平等对待每一个小学生","不讽刺、挖苦、歧视小学生","信任小学生,尊重个体差异,主动了解和满足有益于小学生身心发展的不同需求","积极创造条件,让小学生拥有快乐的学校生活"。(4)强调教师要了解教育法律、政策,了解党的教育方针,掌握学生身心发展规律,以及对学生进行教育的知识和能力。(5)要求教师掌握综合的、宽广的知识。不仅要掌握所教学科的知识体系、基本思想与方法,还要重视所教学科与社会实践的联系、与其他学科的联系。在通识性知识领域,要求教师具有相应的自然科学与人文科学知识、艺术欣赏与表现知识、信息技术知识,了解中国教育基本情况。(6)强调学生是学习的主体。学生是主动发展的、享有基本权益的个体,学生具有发展性、主动性、不稳定性、可塑性等特点,他们好奇好问、天真活泼、规则意识强,在教育教学过程中处于主体和中心的位置。教师要创设适宜的教学情境,根据学生的反应及时调整教学活动;调动学生学习积极性,结合学生已有的知识和经验激发学习兴趣;发挥学生主体性,灵活运用启发式、探究式、讨论式、参与式等教学方式。学生对知识的接收,只能由学生自己来建构完成,教师在教学中应重视学生的主体性和积极性。要重视培养学生的学习兴趣,没有兴趣就没有学习,学生有了学习兴趣,就能主动地学、愉快地学、刻苦地学。(7)教师要掌握教育教学的基本技能。教师专业标准处处体现"学生为本"的理念,要求教师能够制订学生个体与集体的教育教学计划,善于发现和赏识每一个学生的点滴进步;教师要掌握现代信息技术,在课堂教学和与学生的交流中恰当地运用信息技术;教师要善于运用学生易懂的语言与学生沟通,正确运用书面语言、口头语言以及肢体语言表达自己的情感和对学生的赏识与评价。(8)强调教师的自我修养和终身学习。教师不仅要向学生传授知识,而且要以自己的人格和行为影响学生,因此,教师要重视自我修养,不断学习,提高自己的文化素养和业务水平。教师要不断反思自己的教育行为,钻研教育理论,更新教育理念,不断改进教育工作。教师要成为终身学习、构建学习型社会的典范。

参考文献

陈永明. 现代教师论[M]. 上海:上海教育出版社,1999.

胡德海. 教育学原理[M]. 兰州:甘肃教育出版社,1998.

教育部师范教育司. 教师专业化的理论与实践[M]. 北京:人民教育出版社,2003.

金林祥. 教育学概论[M]. 上海:华东师范大学出版社,2002.

张忠华,张典兵. 学校教育学[M]. 上海:华东师范大学出版社,2001.

(李艳红)

教师的法律责任规定（legal liabilities of teachers）
教师在教育活动中违反教育法律和国家其他相关法律规定时所应承担的法律后果。教师的违法行为包括两类，即教育违法行为和一般违法行为。前者是指教师在教育教学活动中违反教育法律、法规的行为；后者指拥有教师身份的个人违反教育法律、法规之外的其他国家法律、法规的行为。教师的教育违法行为具有如下特征：违反了教育法律、法规对教师职责与行为规范方面的相关规定；违法行为的主体是具有教师身份的个体；违法行为发生在学校教育教学活动中或与教育教学活动相关；在违法行为过程中，行为主体是以教师身份出现的。

按照教师违法行为的性质与危害程度，教师的法律责任分为刑事法律责任、民事法律责任和行政法律责任三种类型。

一般而言，教师的教育违法行为主要承担行政法律责任和民事法律责任，只有当教师的违法行为比较严重，足以触犯刑律时，才会涉及刑事法律责任的承担问题。在教师违法行为所引发的法律责任追究中，这三种法律责任可以并存，只要某一教育违法行为触犯了刑法，并造成较严重的侵权后果，就可以在追究该行为人的行政法律责任的同时，追究其刑事法律责任并附带民事法律责任。由于民事法律责任主要是一种侵害赔偿责任，因此，既可以针对某一违法行为单独追究，又可以附加在相应的行政法律责任或刑事法律责任的追究中。

教师违法行为的性质与其法律责任的承担有密切关系。教师违法行为是否是职务行为，其行为动机是属于过失还是故意，行为人在行为过程中是否预见到危害后果的发生以及是否采取积极的预防措施等，都必须根据教师行为的性质、学生年龄等相关因素加以综合考虑。

职务行为与个人行为　主要涉及教师违法行为的民事侵权赔偿责任。

在教育活动中，教师行为可分为职务行为与个人行为。教师职务行为是指教师为了履行其教师职责所不得不为的行为，它与教师教育职责的正常履行具有不可分割的联系。教师个人行为则是指教师与履行教师职责无直接或必然关系的行为，如打骂学生、私自拆阅学生信件等。个人行为是教师作为其个人，以个体行为的方式与其他社会主体产生互动关系，其行为与教师角色本身没有必然联系，与教师职责的正常履行也没有因果关系。

在教师职务行为中，教师与学生之间一般形成一种行政法律关系，由相关行政法律规范加以调整；而在教师个人行为中，教师与学生之间形成一种民事法律关系，由相应民事法律规范加以调整。故教师职务行为所导致的侵权后果，由教师所在学校承担相应的法律责任；而教师个人行为所造成的侵权伤害，由教师本人承担法律责任。

教师违法行为是否为履行相关教师职责所必需，是否只有采取此行为才可以保证教师职责的合理履行并保障正常教育活动的进行，是区分教师职务行为与个人行为的主要标准。判定教师某一具体行为是否属于职务行为，需要结合多方面因素综合确定。首先，教师违法行为是否与履行教育教学职责直接相关，是否发生在教育教学活动中；离开了教师教育职责的履行，脱离了教育教学活动，就谈不上任何职务行为。其次，教师违法行为所涉及的教师教育权力的行使，不应以学生合法权益的缺损为代价，应该符合国家有关法律、法规的规定。再次，教师在职责履行过程中是否考虑到学生身心发展的需要、特点及承受程度，是否满足未成年人保护的根本要求。最后，教师是否注意对学生权利的尊重与保护，努力避免因过失或疏忽造成学生合法权益的受损。

过失行为与故意行为　过失行为是指教师违法行为的产生只是因为教师的工作疏忽或过失，教师未能尽到自己的教育教学职责，在履行教育教学职责的过程中未能有效地预防损害后果的发生，或对损害后果的严重性预料不足。故意行为指教师在事前对自己的行为后果的危害性有充分的了解，属于明知故犯。过失行为一般属于职务行为的范畴，其侵害后果的民事赔偿法律责任一般由学校承担，教师个人在承担相应行政法律责任的同时，由学校向其进行必要的追偿。故意行为中，即使教师是在履行教育教学职责，也要承担民事赔偿法律责任，触犯刑律的还要承担相应的刑事法律责任。在教师违法行为都触犯刑法的同等条件下，过失行为所承担的刑事法律责任在量刑上比故意行为略轻。

教师惩戒权行使中的法律责任　教师惩戒权是教师基于教师身份而获得的职业性权力，也是教师教育职责之一。教师惩戒权行使中所涉及的法律责任承担主要有两种情况，即惩戒权的不当行使和惩戒性侵权。前者主要是指教师在行使其惩戒权力时有失公正，造成学生的无辜受惩戒，或对越轨者的惩处超出了实际所需的程度；后者则主要指教师借惩戒之名侵犯学生的各种权利，使学生的合法权益受到一定程度的损害。两者在本质上有区别。前一种情况下，教师仍是在使用其惩戒权力，只是在行使方式上有失当之处，其本质是为了教育学生，并无侵犯学生权利的主观故意；而后者无论从常识或经验来看，教师对其行为的侵权性后果应有所认知，往往是出于故意报复或泄愤，其"惩戒手段"无教育性。

在具体案例中，区分惩戒权的不当行使与惩戒性侵权还应结合学生的身心发展状况及具体情境中各种可能的影响因素谨慎判断。一般来说，认定教师惩戒权的行使是否合理，涉及以下因素。(1)教师的惩戒行为是在其权限范围内实施的，无越权现象。即教师惩戒权的行使主体必须符合法定条件，其惩戒行为必须与其身份相符。(2)教师惩戒行为是针对学生的特定越轨行为实施的，其严厉程度与学生的越轨程度一致。这要求惩戒行为必须发生在学生的特定越轨行为之后，是学生越轨行为的自然结果。(3)教师在行使惩戒权时完全出于教育目的，无任何借此机会教训、打击或报复学生的故意。教师应确信自身的惩戒行为对学生富于教育性，不会造成学生权利的受损。(4)教师惩戒权的行使未损害学生的合法权益，或与损害事实之间无直接因果关系。亦即，教师惩戒行为不是造成学生意外伤亡的直接原因。根据上述因素，即可判定教师惩戒权的行使是否合理，教师是否应为惩戒结果负法律责任。这是区分合理惩戒与非法惩戒的关键。

惩戒权的不当行使属于惩戒权力运用失当问题，考虑到其权力行使中的准行政性，一般多采用行政法律渠道解决此类纠纷，追究直接责任人员的行政法律责任；即使涉及民事赔偿问题，也常附属在行政性处理中，一般由学校承担民事赔偿责任。惩戒性侵权严格说来已经超出惩戒权允许的范围和条件，属于教师个人或团体所为的侵权行为，一般适用侵权行为法的救济形式，直接追究当事人的民事或刑事法律责任。

（王　辉）

教师的权利与义务（rights and obligations of the teacher）　教师依法行使的权利、享受的利益以及应尽的责任。教师在法律上的权利和义务可分为两个层面，一是教师作为公民所享有的权利和承担的义务；二是作为专门职业的教师所享有的权利和承担的义务。它们之间既有联系又有区别，也有相互交叉。从世界范围来看，教师的权利与义务的法律渊源既包括宪法等一般性法律、法规的有关条款，也包括教师法等专门性法律的规定，其主要内容根据各国对教师法律地位定位的不同而异。一般而言，教师的权利主要包括教学自由权、教育评价权、专业发展权、教育惩戒权等，教师的义务主要包括为人师表、关爱学生等。在中国，教师作为普通公民，国家宪法和法律对其权利和义务有明确规定。作为专门职业意义上的教师在法律上的权利和义务，是公民权利和义务的具体化、职业化、专门化。相关的教育法律、法规对教师基于其职业身份所应享有的权利和必须履行的义务作了专门规定。

教师的权利

《中华人民共和国教师法》第二章规定了教师的基本职业权利。(1)进行教育教学活动，开展教育教学改革和实验。这是教师最基本的权利，任何组织或个人都不得非法剥夺在聘教师这一基本权利的行使。不具备教师资格者不

得享有这项权利。但合法的解聘或待聘，不属于侵犯教师的这一权利。(2)从事科学研究和学术交流，参加专业的学术团体，在学术活动中充分发表意见。这是指教师在完成规定的教育教学任务的前提下，有权进行科学研究、技术开发、撰写学术论文、著书立说、参加有关的学术交流活动，依法成立和参加学术团体，并在其中兼任工作，在学术研究中发表自己观点。(3)指导学生的学习和发展，评定学生的品行和学业成绩。这是与教师在教育教学过程中处于主导地位相适应的基本权利，是教师履行教书育人职责的根本需要。教师行使此项权利时必须以客观公正的态度和合理的方式对待每一个学生，不得滥用权利。(4)按时获取工资报酬，享受国家规定的福利待遇以及寒暑假期的带薪休假。这是一项关系到教师生活的基本权利。"按时获取工资报酬"指教师有权要求所在单位及其主管部门根据教师聘任合同规定，按时、足额支付工资报酬。"工资报酬"通常包括国家规定的教师职务基本工资以及课时报酬、奖金、教龄津贴、班主任津贴和政府的政策性补贴等其他工资性收入。"福利待遇"主要包括在医疗保健、住房、退休等方面依照《中华人民共和国教师法》及国家其他有关规定享受的各种福利待遇和优惠措施。(5)对学校教育教学、管理工作和教育行政部门的工作提出意见和建议，通过教职工代表大会或者其他形式，参与学校的民主管理。这是教师参与教育管理的民主权利。规定教师对学校及其他教育行政部门工作有批评权和建议权，有利于调动教师对教育工作的主动性和积极性，有利于对学校、教育行政部门的工作进行监督。教师还可以通过教职工代表大会、工会等组织形式以及其他适当方式，参与学校的民主管理，讨论学校发展、改革及其他方面的重大事项。(6)参加进修或者其他方式的培训。为保证教师能适应现代社会和科技发展的需要，《中华人民共和国教师法》把参加进修或者其他方式的培训规定为教师的一项基本权利。教育行政部门和学校应当采取各种方式，开辟各种渠道，为教师参加进修和培训创造条件，切实保障教师进修培训权的行使。同时，教师行使进修培训权，也要服从学校教育教学工作的安排，因地制宜地进行培训和进修。

教师的义务

《中华人民共和国教师法》第二章规定了教师应当履行的义务。(1)遵守宪法、法律和职业道德，为人师表。宪法和法律是国家、社会组织和公民活动的基本行为准则，教师必须模范地遵守。此外，由于教师教书育人工作的特殊性，教师也必须遵守相应的职业道德。教师作为人类灵魂的工程师，在传授科学文化知识的同时，对学生的思想品德、法律意识等的形成具有重要影响，因此教师的职业道德不仅

是教师自身行为的规范,也是法律赋予教师应尽的基本义务。(2) 贯彻国家的教育方针,遵守规章制度,执行学校的教学计划,履行教师聘约,完成教育教学工作任务。教师应当全面贯彻国家的教育方针,保证教育活动的正确方向,同时应遵守教育行政部门和学校相应的规章制度,并履行教师聘约。(3) 对学生进行宪法所确定的基本原则的教育和爱国主义、民族团结的教育,法制教育以及思想品德、文化、科学技术教育,组织、带领学生开展有益的社会活动。教师的职责不仅是教书,更重要的是育人。教师应当结合自己的教育教学业务的特点,把思想品德教育贯穿在教育教学工作之中。(4) 关心、爱护全体学生,尊重学生人格,促进学生在品德、智力、体质等方面全面发展。人格尊严是公民的一项基本权利,受宪法保护。教师对学生不能采用简单粗暴的压服方法,更不能体罚或变相体罚学生。教师如若违反这项规定,侮辱、体罚学生,经教育不改,应依法追究其相应的法律责任。(5) 制止有害于学生的行为或者其他侵犯学生合法权益的行为,批评和抵制有害于学生健康成长的现象。根据《中华人民共和国宪法》确定的儿童受国家保护的原则和《中华人民共和国未成年人保护法》的有关规定,保护成长中的年轻一代的合法权益和身心健康是全社会的共同责任。促进学生的身心健康发展,保护学生的合法权益免受不法行为或不良现象侵害是教师必须履行的义务。(6) 不断提高思想政治觉悟和教育教学业务水平。教育教学工作具有很强的专业性,要求教师具有较高的思想政治觉悟和教育教学业务水平,以适应教育教学工作的需要。

为保障教师顺利履行义务,《中华人民共和国教师法》特别规定各级人民政府、教育行政部门、有关部门、学校和其他教育机构应履行相应的职责,包括:提供符合国家安全标准的教育教学设施和设备;提供必要的图书、资料和其他教育教学用品;对教师在教育教学研究中的创造性工作给予鼓励和帮助;支持教师制止有害于学生的行为或者其他侵犯学生合法权益的行为。

《中华人民共和国教师法》对教师的权利和义务的规定是明确的,同时,在第八章"法律责任"中,对侵害教师合法权益的行为以及教师不履行其义务和职责的行为规定了相应的法律责任,这为教师合法行使权利和履行义务提供了更为明确和有力的法律保障。《中华人民共和国教师法》还建立了教师申诉制度,为教师的合法权利提供了法定的救济渠道。除了《中华人民共和国教师法》规定的教师的基本权利和义务外,其他的教育法律、法规具体规定了针对不同类型的教师以及教师在不同方面的权利与义务。如《中华人民共和国义务教育法》中规定禁止教师体罚学生,《中学班主任工作暂行规定》中规定了班主任的职责,班主任的条件、任免、待遇和奖励等,《中华人民共和国高等教育法》规定了高等学校教师的相关权利与义务,《教师资格条例》规定了教师在教师资格的取得、认定方面的具体权利与义务。

(马晓燕)

教师的社会地位(social status of teachers)　教师在职业等级中的位置。对作为教学从业者的教师职业地位的研究一般指教师职业声望研究。西方社会学理论通常以声望、财富和影响力来评价特定职业社会地位的高低。职业地位和从业者的性别是影响某个职业社会地位的两个重要因素。在现代社会,职业地位成为第一因素。通常运用"国际职业声望标准量表"来评定教师职业声望。不同社会、不同时期教师职业声望的具体排序有所不同,但均体现六个普遍特征。在教学职业与其他职业之间:教学职业的声望在所有职业中是高的;较之公共服务与个人服务专业(如护理、社会工作、警察等),教学职业声望较高;较之熟练工人和白领,教学职业声望较高;较之专业(如医学、法律与建筑),教学职业声望较低。在教学职业内部:校长的地位高于课堂上的教师;在教师内部,高中教师职业声望高于初中教师,初中教师职业声望高于小学教师,小学教师职业声望高于幼儿园教师。而在专业人员中,教师职业地位一直较低。美国国家意见研究中心 1947 年开发的职业声望表指出,教师的职业声望在专业(如医学、法律、建筑)之下,但在其他半专业的公共服务者之上。

外国教师社会地位演变　美国教育理论家阿普尔、P. 沃特金斯等人用"中间阶级"来定位教师的社会地位,认为教师处于小资产阶级与无产阶级之间的中间位置,具有矛盾的特征与利益。"中间阶级"这一概念来自美国社会学家 E. O. 赖特,他认为资本主义社会有三大基本阶级,即资产阶级、无产阶级和小资产阶级。在三者中间还有一系列"中间阶级",如管理者是资产阶级与无产阶级之间的"中间阶级",执行资本对生产的监督与管理权,但又与工人一样按劳取酬。教师工作虽有一定独立性,但教师并不控制生产工具,其劳动在于维持资本主义经济体系所需的生产关系、观念形态与社会结构。教师具有相对的经济自主和一定的意识形态特权,故教师虽有无产阶级特征,但并不属于无产阶级。同时,教师也不同于资产阶级。追求效率的资本不断增强对教师的控制,降低教师的自主性,但又必须保证教师一定的自主性,以维持科学与技术知识的生产,资本在效率与自主之间保持平衡,以有效地控制教师。

教师的社会地位高于蓝领工人,是中产阶级和专业人员群体的低端,原因有五方面。一是经济状态。多数研究表明,教师的收入与其声望、地位相似,即高于蓝领工人,但低于主要专业人员。教师是从业者较多的专业群体,其资格准入制度不如其他行业严格,亦有不合格者进入教学专业。虽总体薪水较高,但个体收入低于其他专业人员。二是家庭背景。在美国,教师的社会阶级背景从 19 世纪初始的农民、蓝领逐渐转变为中间阶层和中上阶层。1979 年,美国心理学家、教育研究者哈维格斯特和 R. F. 莱文的研究指出,1939 年美国教师主要来自中下阶层,数十年后,更多阶层人士进入教师队伍。1986 年,教师中父亲的职业背景有技能与半技能工人(29.9%)、专业或半专业者(21.9%)、管理者或自我雇佣者(21.5%)、农民、无技能的工人、秘书或售货者。教师代际流动的程度已降低。虽然教师的社会出身多样,但最高与最低阶层人士均少入此行。随着西方社会中产阶级比例的提高,教师的家庭背景有所改变,其中,女教师的家庭背景略好于男教师,中学教师的家庭背景总体好于小学教师。三是学业成就。各级学校教师的学业成就均高于人口平均数,但教师的学业成就被认为低于主要专业的从业者。在英国,进入教育学院或多科技术学院中教育学程(Bachelor of Education, B. Ed)学生的学习成绩低于进入大学学术课程和科学课程的学生。四是知识与技能。教师的知识和技能被认为较其他专业人员低,其工作情境亦不利于教学地位的提高。五是女性从业者比例较高。职业地位的高低往往与女性从业者比例成反比,教师职业已成为一个女性职业是世界范围的特点。阿普尔强调,小学教师是在一定的历史时期逐渐演变为以女性为主体的职业的。英国在小学教育大众化急速增长之前,1870 年,男教师与女教师的比例为 100∶99,1880 年,这一比例为 100∶156,1890 年为 100∶207,1900 年为 100∶287,1910 年为 1∶3,到 1930 年,这一数字接近 1∶4。

在义务教育普及和小学教育急速扩张时期,女教师开始占主导,原因有四。首先是女性劳动的廉价。传统观念中,女性职业是其家庭角色在工作场所的延伸,小学教师逐渐成为"适合女性的职位",延续女性在家庭中照顾孩子的劳动。随着义务教育的普及,地方财政负担加重,雇佣女性成为控制成本的方法。在英国,1855—1935 年的 80 年间,男女教师的比例发生巨大变化,但收入模式一直未变。而有限的就业选择使女教师不得不接受低报酬。其次是男性选择离开教师职业。在传统社会,男性将教学视为一种短期从事的活动。19 世纪晚期,随着中产阶级的增加、义务教育的兴起,学校与课程开始制度化和规范化,教师任职资格提高,但教师的收入相对不如其他专业,且教师在课堂上的自主性受到一定限制,男性开始离开教师职业。其三,教学是女性走向职业生涯有限的且相对理想的选择。19 世纪晚期,教师是女性可以选择的有限职业之一,当时占主导地位的父权制意识形态认为,女性具有耐心、温柔和细致的品质,是儿童最理想的教师;教师也是女性成为母亲前最理想的准备。当时的舆论甚至支持女性自愿低薪从事教学工作。其四,过渡生涯。直至 1910 年,教学一直被西方社会视为一种过渡生涯,多数男性教师会从事管理工作,而女性婚

后也须离职。第二次世界大战结束,"婴儿潮"导致入学人数增长,战争导致男女比例失衡,教师匮乏问题日益尖锐。为缓解单身女教师的供需失调,禁止女教师结婚的规定方才解除,但教师离职率仍然较高。英国一项研究表明,20 世纪 60 年代早期,每年有 1.9 万名教师入职,同时有 1.8 万名教师离开。另外,教师的入职年龄逐步提高。在教师和教师培训匮乏时期,教师的入职年龄大约为 15~16 岁,随着师范教育的加强、文凭要求提高、培训时间延长,教师的入职年龄也随之提高。鲁里 1989 年的研究指出,20 世纪女性教师的年龄呈双极化模式,一极是刚入职的年轻教师,另一极是结婚和抚育孩子成长后的中年教师,年长教师居于高薪位置,也因此导致年轻教师入职困难。在社会利益、经济结构和意识形态等复杂因素的作用下,西方教师具有女性化职业的社会地位。

中国教师社会地位演变　在中国传统社会,士绅("亲")与私塾教师("师")共同构成地方稳定的权力格局。清末以后,作为国家权力的"君"逐渐进入乡村,"亲"与"师"被纳入国家权力范围,"亲"的权力削弱,"师"的影响消失,且"亲"和"师"之间的均衡权力格局被打破,两者开始出现分离。随着政府对私塾教育的限制和对发展现代学校教育的支持,学校教师逐渐取代私塾教师成为乡村教师的主体。私塾教师与士绅的合作和互惠关系被学校教师与地方组织之间的疏离和冲突关系所取代,政府成为乡村教育的主体,教育成为国家权力延伸到乡村社会的一种重要象征。在此背景下,作为职业群体的中国教师开始出现。中国师范教育发端于盛宣怀 1897 年在上海创办的南洋公学中设立师范院,他提出"惟师道立则善人多"。其后,张謇于 1902 年创立通州师范学堂,为中国师范教育之滥觞,"普及有本,本在师范",而"师必出于师范"。

中国教师在选任初始即体现矛盾的特征。一方面以公费、官职奖励从教;另一方面切合实际,主张"师不苟求"。首先,政府对师范生实行公费待遇,包括免交学费、食宿费,甚至还有一定的书籍费和服装费,目的在于鼓励青年尤其是"清寒优秀子弟"献身教职。政府对师范生在就业上有限制要求:地域限制,师范生有为本省各州、县的中小学堂和初级师范学堂教育效力的义务;时间上的限制,师范生的效力年限为 2~6 年;就业范围的限制,师范生"不得营谋教育以外之事业,不得规避教育职事,充当京外各衙门别项差使"。其次,奖惩有别。对于违规者,如不尽教职义务,则因此撤销教员凭照,令其缴回在学时所给学费以示惩罚;对于守约者,义务期满,根据情况"奖给官职",如仍愿留教职者,若干年后积有劳资,还可接受"从优奖励"。不得力者随时清退,优秀者任期满后再留任,平常者如期更换。同时奖励官职,学堂中的教员被列为职官,且有两三年不等的任期。再次,教师与所在社区日渐脱节。教师被纳入国家管理体

系,举凡教师的任命、考核、调动、解雇、报酬,以及教师数的控制、教师职称、文凭、进修管理等,皆在国家管理之列,教师越来越依赖于政府的正规教育行政机构,与地方社区逐渐脱离,逐渐从地方的事务活动中退出。乡村教师与基层行政精英之间的双向流动也被切断,教师成为国家公务人员。

中国近代统治者以雅言和利禄鼓励新式教育,管理自上而下,内容自外而内,但与中国社会严重脱节。1932年,国际联盟教育考察团的报告书《中国教育之改进》指出,中国机械照搬外国教育制度,教学计划、课本和教学方法都以西方的知识和榜样为基础和范例,建设远超过贫困国家条件的较高标准的学校,导致人民群众与知识分子之间产生鸿沟。国家权力的控制导致中国教师的依附性特征。

中国近代广开学校,面临经费和师资的不足,教育家张之洞建议,"师不苟求,学堂初设,教师极缺,寻找高明之人,仔细研讨书目三月,即可教小学堂;两年后,省会学堂的优秀生毕业,即可教中学"。陶行知主张用"粗茶淡饭"的方式解决中国教育教师难的问题,教师不应是高居"劳力者"之上的"劳心者",而是"在劳力上劳心",乡村教育的一个基本信条是"教师应该做人民的朋友"。教师不再以高于其农民学生的教员自居,而是与农民学生共同生活的"指导员"。安贫乐道成为中国教师精神自律的基本内容之一。师范教育常勉励教师有"一箪食,一瓢饮,在陋巷,人不堪其忧,回也不改其乐"(《论语·雍也》)的精神。办学者赋予教师"解蔽者"的角色,教师做解除蒙蔽的启蒙者乃至"解放者",并不再局限于学生认知层面,而扩展到学生的全部生活;不再局限于相对封闭的学校,而扩展到整个社会生活,以此作为教师的一种精神训诫。

新中国成立后,社会治理实践中的两个重要策略是道德救世和技术救世。道德救世指以道德教化作为社会治理的重要手段,技术救世指依赖技术专家和专业知识、一定的社会制度和社会分工来建立工业社会。这体现为对教师"又红又专"的要求。教育领域一直存在公平与效率、精英教育与大众教育的矛盾,在追求公平的过程中,教师队伍迅速发展;在关注效率时,必须调整快速发展中出现的质量问题。在社会主义改造时期,"人民教师"的称谓凸显教师的社会地位,包含对教师的期待与要求。"人民"有两层含义,一是为了人民的教师,指为人民服务的教师,要求知识人不再局限于书斋而走向行动,将理想转化为现实的行为,是陶行知教育实践的延续;二是属于人民的教师,在中国社会主义的教育实践中,教师以"革命者"的姿态成为人民中的一员。随着社会主义改造的完成,在城市,国家掌握社会资源,教师依附于单位,单位保证教师的工资、升迁与评估,以及相应的社会福利和社会地位;在农村尤其是偏远贫困地区,大量民办教师成为教师主体,其工资待遇与公办教师相差悬殊。

教师社会地位现实　美国社会学家埃齐奥尼认为,较高的女性从业者比例使教学一直被视为半专业。20世纪70年代后,专业化促进了教师职业的发展。教师准入资格提升,教师教育与教师培训不断发展,专家型教师不断成长。教师专业化的努力使教师专业达到更高水平,承担更多责任,拥有更高收入。然而,1987年格瑞斯借用意大利新马克思主义代表葛兰西的"符号暴力"概念指出,专业主义是统治阶层对教师的软性符号暴力。教师追逐专家地位,将个人成名放在首位,忽视了阶级、经济与工作环境带来的压力与紧张,努力使自己更具有"生产率"。阿普尔和吉鲁指出,教师职业在不断"普罗化"(无产阶级化),表现为工作自主性下降,对工作的控制力减弱或丧失。传统上,教学具有艺术性的层面,而随着管理主义对学校的渗透,传统的教师自我控制时间、自我决定处理问题的方式、建立自我评估标准等权利逐渐从教师自身剥离出来,控制与评估集中在管理者手中,教师教学中的控制感、自由感与创造感逐渐消失,教师成为工作环节的执行者。20世纪晚期,教师的"去技能化"更甚。程序教学、计算机辅助教学、标准化考试体系中的基本技能测验等的出现和运用,淡化了教师对课程开发的阐释权和课堂教学中的创作感。

随着后工业社会的到来,社会崇尚"短平快"的生产、小而灵敏的市场取向、工作中的团队合作与伙伴关系,等级秩序开始扁平化。教育系统亦相应出现新职业主义取向,教育系统与职业系统有更紧密的结合,即生产强势地塑造教育,而非传统上的教育服务于生产。强调教育与经济更紧密地结合,支持人力资本理论,支持教育参与国际竞争,要求学校承担更大的责任。在这种背景下,学校成为决策重心,校长、社区与家长合作制订学校发展规划。教育管理重心下放,出现分权。同时,市场关系被引入学校,教师是提供者,校长是经理,家长是雇佣者,学生是消费者。学校要根据家长和学生的需要随时更新知识与技能,作为服务提供者的教师要尊重特定时期、特定群体的特殊需要,教学目标、课程设计与时俱进、因地制宜。教师工作需改变标准化和严格化,教学不再臣服于技术,而需要更多的创造,这为教师专业发展提供了空间。

市场取向的教育改革使竞争加剧,学校之间在资源和质量上存在竞争,教师之间在业绩、声誉和收入上存在竞争。市场化的管理强调个人绩效与个人责任,通过消费者的选择来促进教师专业化。教师收入差异悬殊,学校管理者有权根据教师的工作业绩支付不同的薪酬,教师中出现明确的分层,即熟练教师、半熟练教师和不熟练教师(或专家教师、学徒教师等)。不同类型的教师承担不同的工作,其培训模式和入职方式、考评和监督机制亦不同。部分教师成为专家教师,具有较高的专业地位和社会地位;部分教师则变成教师专业的辅助者或专家教师的助手。

参考文献

费正清. 剑桥中华人民共和国史(革命的中国的兴起)[M]. 北京:中国社会科学出版社,1998.

Apple, M. Teachers and Texts[M]. New York: Routledge & Kegan Paul, 1986.

Saha, L. J. International Encyclopedia of the Sociology of Education[M]. Oxford:Pergamon,1997.

Watkins, P. Class, the Labor Process and Work: Focus on Education [M]. Geelong, Vic: Deakin University Press, 1992.

（刘云杉）

教师教育(teacher education)　　对拟入职教师和在职教师进行的专业教育。包括对职前教师的师范专业教育、初任教师的考核试用和在职教师的继续教育等方面。作为对教师专业教育的称谓,在中国始于 20 世纪 90 年代,此前一般称"师范教育"(normal education)、"教师进修"、"教师继续教育"等。称谓的改变意味着教师专业教育内涵的深化和外延的扩大,也表明教师职业专业素质的提升、教师培养培训机构的开放、教师培养培训的一体化等成为教师专业教育的理念追求。

教师教育的发展

师范教育的发展历史较长。最早的师范教育始于 1681 年法国"基督教学校兄弟会"神甫拉萨尔于兰斯创办的世界上首家讲习所性质的师资培训学校。1695 年,德国法兰克于哈雷创办教员养成所,也是较早的师范教育机构。此后,欧洲许多国家仿效设置此类机构。但这一时期的师范教育水平较低,许多教师培养机构只是招收小学毕业生,经过一段时间的培训,即到小学去教书。师范教育发展至今,经过几个阶段,无论在教育水平还是在培养方式上,都有许多变化。

第一个阶段在普及教育之初,为师范教育初创阶段。18—19 世纪,随着初等义务教育的普及,德国、法国、美国、英国等欧美国家先后颁布法规设立师范学校。1794 年,法国临时议会通过法令,在巴黎设立公立师范学校,翌年正式成立。1808 年法国政府为学校拨款,该校成为培养国立中学教师的学校,1845 年巴黎师范学校升格为巴黎高等师范学校。1870—1890 年,许多国家颁布法律、法令设置师范学校。师范教育开始走向系统化和制度化。

第二个阶段在普及中等教育时期,为师范教育提高水平和逐步转型阶段。从 19 世纪末到 20 世纪中期,普及教育延伸到中学阶段,对中学教师的需求大量增加,同时要求提高教师的学历水平和业务能力。欧美一些国家开始把中等

师范升格为高等师范;许多国家的师范学院并入大学或文理学院,成为该校的教育学院、师范学院或教育系。师范教育呈现多种类型:(1) 由专门设置的师范院校培养教师,通常称定向型或封闭型,如苏联和中国设有中等师范学校培养小学教师,高等师范学院和师范大学培养中学教师;(2) 由综合大学或文理学院培养教师,通常称非定向型或开放型,如美国,不论小学教师还是中学教师,都由综合大学或文理学院培养,学生在各专业科系学完后,再在教育学院接受教师职业培训;(3) 上述两种类型兼而有之,如法国,小学教师由师范学校(école normale)培养,中学教师由若干所高师和综合大学培养;(4) 在职教师培训一般由地方教育当局或地方师资培训机构进行。

第三个阶段在 20 世纪下半叶,师范教育进入教育专业化阶段。1966 年,国际劳工组织和联合国教科文组织在《关于教师地位的建议》中提出,应把教学工作视为专门的职业,这种职业要求教师经过严格的、持续的学习,获得并保持专门的知识和特别的技术,这是一种公共的业务;对于在其负责下的学生的教育和福利,要求教师具有个人和集体的责任感。该建议被认为是进入教师专业化的主要标志。1975 年,国际教育大会发表《教师作用变化及其对教师培养和在职培训的影响的建议》,进一步明确教师专业化中的有关问题。1986 年,美国卡内基教育与经济论坛、霍姆斯小组相继发表《国家为培养 21 世纪的教师作准备》(A Nation Prepared: Teachers for the 21th Century)、《明天的教师》(Tomorrow's Teacher)等报告,认为要提高教学质量,一要确立教学工作的专业性地位,二要建立起与这一专业性职业相应的衡量标准。提出教师教育的责任在于培养达到专业化标准的教师,以教师的专业化实现教学的专业化,并使教师赢得较高的社会地位。在这些报告的推动下,进入 20 世纪 80 年代后,教师专业化在美国迅速成为一场持续至今的改革运动,并产生广泛影响。1996 年,第四十五届国际教育大会以"加强变化世界中教师的作用"为主题,再次强调教师专业化问题,并建议从以下四个方面实施:通过给予教师更多的自主权和责任提高教师的专业地位;在教师的专业实践中应用新的技术和通讯技术;通过个人素质和在职培养提高其专业性;保证教师参与变革以及与社会各界保持合作。

中国教师教育的发展

中国师范教育始于 19 世纪末。1897 年盛宣怀创办南洋公学,内设师范院,为中国近代初级师范教育的开端。张謇于 1902 年创建的通州师范学堂是中国最早独立设置的师范学校之一。1898 年清政府在北京设立京师大学堂,内设"师范斋"(后改称"师范馆",今北京师范大学前身),于 1902

年底取生 79 名并正式开学,是为中国高等师范教育之肇始。以后几经变动,1938 年 7 月,国民政府教育部公布《师范学院规程》,规定师范学院单独设立或附设在大学内,完成了师范教育体系的建立。至 1949 年,全国有初级师范学校 289 所,学生 9.04 万人,中级师范学校 321 所,学生 6.14 万人,独立设置的高等师范学校 12 所,学生 1.2 万人。中国的师范教育获得初步发展。

中华人民共和国成立后,中国的教师教育在探索中发展。新中国成立初期,以苏联为榜样,建立了独立的师资培养体系。1951 年 8 月,第一次全国师范教育会议召开,会议提出,每一大行政区设一所直属教育部的师范学院,培养高级中学教师;每省或大市设一所师范专科学校或师范学院,培养初级中学教师;会议还提出,要对现有师范学院加以整顿、充实。1951 年 10 月,政务院发布《关于改革学制的决定》,规定师范院校单独设置,确定了师范院校在学校教育系统中的独立地位。从 1951 年起,教育部对全国绝大多数高等学校进行院系调整,调整之后,独立设置的师范学院增多,设在大学内的师范学院或教育学院减少,大学的教育系大多并入师范学院。这些举措奠定了新中国师范教育的基本格局。1952 年 7 月,教育部颁布《关于高等师范学校的规定(草案)》,比较具体地规定了高等师范教育的学校组织系统,其主要内容:高等师范学校分师范学院和师范专科学校两类,招收高级中学及师范学校毕业生或具有同等学历者;师范学院修业年限为 4 年,师范专科学校修业年限为 2 年;师范学院设专修科,修业年限 1～2 年;师范学院为加强研究工作,培养高等师范学校的师资,可设立研究部,招收研究生。1953 年,教育部有关文件规定,高等师范学校研究生的学习年限为 2～3 年。1953—1957 年,教育部对中等师范学校的体制进行调整,学校布局也更加合理。1953 年和 1956 年,教育部先后两次召开全国高等师范院校会议,颁发高等师范院校教学改革文件,制定了多个专业的教学计划和多个学科的教学大纲,使高等师范教育更加正规化。1956 年前后,教育部颁布实行《师范学校规程》、《师范学校附属小学条例》、《师范学校教育实习办法》,颁布《师范学校教学计划》、《幼儿师范学校教学计划》,编写出版师范学校各科教学大纲和教材。这些措施的实施,使新中国的师范教育迅速发展。到 1956 年,高等师范学校达 55 所,在校学生增加到 9.8 万余人;中等师范学校的在校学生数达 27 万余人。

"文革"中,师范教育遭受空前的挫折,中等师范学校和高等师范院校均停止招生,许多院校被撤销。1971 年以后,虽然一些院校逐步恢复招生,但进展缓慢。

"文革"结束后,随着改革开放政策的实施,师范教育得以恢复和发展。1978 年 10 月,教育部发出《关于加强和发展师范教育的意见》,提出要大力发展和办好师范教育,加强教师队伍建设,使初中和高中教师在所教学科方面分别

达到师专和师范院校毕业程度。1980 年 6 月,教育部召开第四次全国师范教育工作会议,总结了新中国成立 30 年间师范教育的经验,研究如何办好师范教育的问题,提出把发展师范教育视为发展教育事业的战略措施,会后颁发了多项有关中等师范和高等师范的文件。1985 年,《中共中央关于教育体制改革的决定》颁布,强调建立一支足够数量、合格而稳定的师资队伍是实行义务教育,提高基础教育水平的根本大计。1986 年,中国开始分阶段实施普及九年制义务教育,对师资队伍的数量、质量提出了更多、更高的要求,进一步促使师范教育迅速发展。至 1992 年,全国(除台湾省外)有高等师范院校 257 所,中等师范学校 948 所,教育学院 254 所。1993 年 2 月,中共中央、国务院发布《中国教育改革和发展纲要》,其中提出,师范教育是培养中小学师资的工作母机,各级政府要增加投入,大力办好师范教育。1993 年颁布的《中华人民共和国教师法》也规定,各级政府和有关部门应当办好师范教育。1996 年国家教育委员会召开的第五次全国师范教育工作会议更加明确地提出,必须把优先发展师范教育作为发展教育事业的战略措施,会议要求师范院校根据教育现代化的需求,积极进行教育教学改革,重视教学内容和教学手段的现代化,合理调整专业设置,拓宽专业面。这些措施有力地促进了师范教育的发展,到 20 世纪 90 年代中期,以独立设置的各级各类师范院校为主体,其他教育机构共同参与的,多渠道、多规格、多形式的培养和培训中小学教师的师范教育体系得以建立。

从 20 世纪 90 年代末开始,中国的教师教育开始了由师范教育到教师教育的转变。这一转变是在中国教师教育百年历史的基础上,为适应国际教师教育的发展趋势,并充分考虑中国社会经济和教育发展对教师数量和质量的要求,反映了 21 世纪对教师素质和教师专业发展的需求所采取的新的决策,也是对师范教育进一步认识的结果。由师范教育到教师教育的转变,既意味着中国教师专业教育内涵的深化和外延的扩大,也表明教师职业专业素质的提升、教师培养培训机构的开放、教师培养培训的一体化等,成为对教师进行专业教育的理念追求。

改革开放以来,随着师范教育的改革和发展、教师队伍数量的扩大,教师队伍的质量问题日益受到重视,有关教师专业教育的问题逐渐得到重视。受国外 20 世纪 80 年代后教师教育研究的影响,中国自 90 年代后期起,师范教育开始转型。1999 年 6 月,《中共中央国务院关于深化教育改革全面推进素质教育的决定》颁布,提出加强和改革师范教育,调整院校的层次和布局,鼓励综合高等院校和非师范类高等学校参与培养和培训中小学教师的工作,探索在有条件的综合院校试办师范学院;提升中小学教师的学历层次,开展以培训全体教师为目标、骨干教师为重点的继续教育。这些政策的颁布及逐步实施,成为中国教师专业教育的重

大转折,标志着教师教育的理念成为教师职业专业教育的新追求。这种转型表现在三个方面:(1)由三级师范体系向二级师范体系转变,中师逐步取消或升格为高等师范专科学校,培养幼儿园和小学教师;师范学院和师范大学培养中学教师;设置教育硕士、博士专业学位,以提高教师的专业水平。(2)由封闭型师范教育体系向开放型教师教育体系转变,不仅师范院校培养师资,综合大学和其他大学也参与培养师资,师范院校也逐渐综合化。(3)实行职前培养、职后培训一体化,各地教师进修院校和教育学院逐渐与师范院校合并或改组成其他院校。所尝试的模式有传统的师范大学的混合模式、综合大学+教育学院的模式;在具体的学制方面,有"3+1"模式(3年学习专业学科,1年学习教育学科和实习)、"4+1"模式(4年学习专业学科,1年学习教育学科和实习)和"4+2"模式(本科阶段学习专业学科,研究生阶段学习教育学科并实习,毕业时获教育硕士学位)等。

中国的师范教育先是模仿日本的师范教育制度,后又仿照美国的教员养成制度,新中国成立后学习苏联的师资培养制度,改革开放后则积极探索建立有中国特色的现代教师教育体系。

中国教师教育专业化问题

师范性与学术性之争　在中国教师教育的发展过程中,一直存在师范性与学术性之争。一般认为,师范性是指培养教师所不可缺少的教育类学科知识以及教师的职业道德、教育教学能力等。学术性有三层含义,一是指师范院校各系科教师所表现出的学术水平与综合大学同类系科相同;二是同类学科教学内容上所体现的专门化水平和学术前沿程度;三是学生从事科学研究的能力。在百年师范教育的发展历程中,随着时代的变迁以及对教师素质要求的变化,时而强调师范性,要求加强教育学科课程的学习,增加其课时数,重视教育实习与见习;时而强调学术性,强调学科知识的学习,提高其比例,强调向综合大学看齐。这种在不同时期和不同层面对师范性和学术性的强调,就形成所谓的师范性与学术性之争。在这里,师范性被抽象为教师职业所具有的不同于其他职业的特殊要求,最能体现教师职业作为专业的特征;学术性则是对教师培养中学科知识和研究水平在程度上与综合大学相比较而言的差异,以及对这种差异可能带来的教育质量问题和教师职业适应能力问题的担忧。争论的实质是作为大学的师范教育的专业基础问题。有学者指出,师范性与学术性之争主要源于教师教育中学科专业教育和教育专业教育的双重学科基础所形成的结构性矛盾。由于教学工作所依据的专业知识具有双重学科基础,即教师任教科目的学科知识和教育学科知识,实际教学中就不可避免地面临以什么样的方式组合这

两种学科课程的困境。为此,1961年全国师范教育会议上明确,高等师范院校毕业生应该为人师表,在政治上和共产主义道德品质修养方面要求更高一些、更严格一些;在文化科学知识方面,基础知识应更宽一些、更厚一些、更博一些,并有相当于综合大学同科的水平。因此,北京师范大学和华东师范大学本科自1961年起改为五年制,"文革"开始后被迫停止,"文革"结束后未能恢复。

师范性本身也含有学术性问题。传统意义上的学术性是以近代科学,如数学、化学、物理学、生物学的学科发展为样本,以科学知识体系为主的方式存在。但是,随着科学存在形态的多元化、综合化和科学研究的分层化,人们对"学术研究"的概念有了新的认识。美国卡内基促进教学基金会(Carnegie Foundation for the Advancement of Teaching)前主席波伊尔在《学术水平的反思》的专题报告中,对"学术水平"进行反思和新的理解。他认为,学术水平包括发现的学术水平、综合的学术水平、应用的学术水平、教学的学术水平几个方面。教学是一项学术性的事业,最好的教学不仅传授知识,同时也改造知识。更重要的是,教学也是一个能动的过程,教师不仅要善于创造一种求知的共同基础,而且要通过各种活动,把学生和自己都推向新的创造性的方向。对教师而言,学术水平处于教师专业生涯的核心。中国的众多学者也认为,教学是一项学术性的事业,教学同样有其学术水平。这一认识应成为理解师范教育专业基础的理论前提。故师范教育中的师范性与学术性是统一的,构成师范教育的专业基础。

教师职业专业化问题　关于教学是否是一门专业,教师工作是否是一种专业化职业的争论由来已久。1955年召开的世界教师专业组织会议率先研讨了教师专业问题,推动了教师专业组织的形成和发展;1966年,国际劳工组织和联合国教科文组织提出的《关于教师地位的建议》被认为是首次以官方文件的形式对教师专业化作出明确说明。该建议提供了一种对提高教师专业化的普遍要求的政策支持。20世纪90年代以来,通过对国外研究的介绍和总结,中国学者也在教师专业化问题上进行积极探索。有研究者认为,教师需要有独特的富有整体性的高标准的专业修养,其中包括关于教育理念、结构和内容都具有特殊性的知识和技能修养,以及含有交往、管理等多种从事教育所必需的专业工作能力与创造能力,所以教师职业是一种真正的专业。但有的研究者认为,虽然可以明确教师的劳动是不同于其他形式劳动的一种特殊劳动,教师职业是一种不可或缺的社会职业,但是从教师劳动过程的规范性和劳动结果难以量化来看,教师专业是一种正在形成中的专业,或者还不是一种严格意义上的专业。尽管研究者对教师是否是一种专业化职业持怀疑态度,但研究者对教师或教学的专业化普遍持支持态度,认为教师专业化不论是作为一种目的、手

段,还是作为一种过程,它对教师自身的发展、对教育教学质量的提高都具有重要的作用。研究教师专业化问题的出发点和最终目的是提高教师的专业素质,进而提高教育教学质量。把教师专业化看作一种动态的过程而非静态的结果,而且是一个不断深化的过程,这对促使教师自身不断通过学习提高自身素质,对促使政府、教育部门及社会各界共同关注教师专业发展具有重要意义。

教师教育体制改革问题　指教师教育模式由定向型向非定向型转变的问题。教师教育由独立设置的师范院校进行,到由师范院校和综合大学等高等院校共同进行或作为综合大学中的一个专业教育,从学科教育与教师专业教育混合,向综合大学学科教育与教师专业教育相分离,从定向培养模式向非定向培养模式转变,是国际教师教育发展的基本历程。新中国成立后,中国的师范教育采用封闭定向型的体制,师资培养和培训任务一直由师范院校、教育学院及其他专门的教师培训机构承担。建立这一体制有其时代的必然性和合理性。一是它能够较好地解决一直存在的师资短缺问题,有利于保证基本的师资供给以及较稳定的在职教师培训;二是能够较好地适应计划经济体制的要求,体现计划经济所需的直接可控性特征;三是适应了中国基础教育事业庞大的现实要求,有利于整个教育事业的稳定和发展。同时,定向型师范教育具有明确的目标,重视教育理论和实践环节,所进行的教师职业训练较为系统,一定程度上体现了教师教育专业的专业性。但是,这一模式受到越来越多的批评,认为高师院校设备条件差,科研意识落后,科研水平不高;课程设置较狭窄,学科程度相对偏低;学生基础知识不够宽厚,高师毕业生"进入角色快,发展后劲不足";专业定向过早,学生来源和职业出路受到较大局限;培养渠道单一、封闭,不易适应现代社会和科学技术发展对多种类型、多种师资规格的需求。随着由计划经济向市场经济转变,国家《教师专业合格证书》和《教师职业专业资格证》考核的实施,越来越多的非师范专业的毕业生逐渐走上学校讲台,师范院校独自承担教师培养任务的局面受到实际挑战。此外,随着中国教师专业化进程的深入,师范院校传统的学科专业加教育专业的培养模式已不能适应教师专业素质日益提高的需求,亟需加以改革,建立开放性的教师教育体制成为中国教师教育发展的必然选择。

中国教师教育由定向型向非定向型转变的策略主要包括六方面:一是充分考虑师资供求数量、质量在时限、区域和培养层次上的差异,分阶段、分地区、分层次逐步推进,采取逐步开放的策略,以形成适合中国国情的由师范院校和综合大学共同承担教师教育任务的混合型教师教育体系;二是在一段时期内,高等师范院校仍是中国教师教育发展的主体,逐步提高教师培养的学历层次;三是在高水平的师范院校或综合大学的教育学院建立国家级教师教育基地,逐步推进人才培养模式的战略性转型;四是在培养模式和组织形式上,试行学科教育与教师专业教育相分离,以实现新教师的知识结构和能力结构更好的结合;五是实行教师资格证书制度,教师资格向全社会开放,使有志于从教者通过选修教师教育课程接受教师专业教育;六是在教师所需的教育理论养成和教育技能培养方面制定严格的、符合时代要求的标准,真正体现教师职业作为专业的特点,促进教师素质的提高。

教师教育一体化问题　20世纪60年代出现的终身教育思想对世界教育产生广泛影响,在教师教育方面,各国逐渐形成把教师职前教育与在职培训结合起来的趋势。1975年联合国教科文组织第三十五届国际教育大会通过了《关于教师作用的变化及其对于教师的职前教育、在职教育的影响的建议》,强调教师的职前培养与在职培训统一的必要性。受此建议影响,师范教育开始探讨教师的职前教育与在职教育的一体化问题。20世纪80年代后,在世界范围的教育改革浪潮中,人们越来越认识到教育改革成败的关键在教师,只有不断提高教师的专业水平,才能保证教育质量的提高。

新中国成立后50多年间,在师范教育发展中,职前培养与在职教育基本上是分离的,其管理、机构、对象是各自独立的两个系统,职前教师的培养由各级师范院校进行,在职教师的培训由教师进修学校、各级教育学院进行。据统计,在1990年,全国地市级以上教育学院达248所,每县都有教师进修学校。职前教育与在职教育各自为政的局面造成教育任务交叉、教育内容重叠、教育资源配置不合理等问题,尤其是割裂了以终身发展为特征的教师专业发展,人为地造成教师职前发展与在职发展的分离,不利于教师的发展。教师教育的一体化,是要依据终身教育思想和教师专业发展理论,对教师职前、入职和在职教育进行全程的规划和设计,以建立教师教育各个阶段相互衔接,既各有侧重又有内在联系的教师教育体系。按照一体化的理念,一体化的教师教育应包括职前教育、入职教育、在职提高的一体化。为此,需调整教师教育的实施机构,在统一规划下,重新调整和组合原来分别承担职前培养和在职培训不同任务,相互分割、互不联系的机构和师资队伍。

参考文献

陈永明.教师教育研究[M].武汉:华东师范大学出版社,2003.

教育部师范教育司.教师专业化的理论与实践[M].北京:人民教育出版社,2002.

梁忠义,罗正华.世界教育大系·教师教育[M].长春:吉林教育出版社,1998.

刘捷,谢维和.栅栏内外·中国高等教育百年省思[M].北京:北京师范大学出版社,2002.

刘问岫.中国师范教育简史[M].北京:人民教育出版社,1984.

（周福盛　顾明远）

教师聘任制度（teacher engagement system） 学校或教育行政部门根据教育教学岗位设置，聘请有资格的人员担任相应教师职务的制度。在西方，教师聘任制度最早出现在中世纪，仅适用于大学。基础教育阶段的中小学教师聘任制度是与现代教师资格制度的发展相应而建立起来的。现代西方国家中小学教师聘任制的实施模式主要有三种：以美国为代表的公务雇员合同模式；以日本为代表的公务员终身聘任模式；以俄罗斯为代表的雇员雇佣模式。在中国，《中华人民共和国教育法》规定，国家实行教师聘任制度。《中华人民共和国教师法》第十七条规定："学校和其他教育机构应当逐步实行教师聘任制。教师的聘任应当遵循双方地位平等的原则，由学校和教师签订聘任合同，明确规定双方的权利、义务和责任。"教师聘任制度的建立是基于确保教育教学质量的需要，它打破了教师终身任用制，促进了人才的合理流动，对于提高教师队伍的整体素质，调动教师的教育教学和科研工作积极性，建立"公平、竞争、择优"的教师人才选拔机制具有重要意义。学校在教师招聘中享有较大的自主权，教师招聘工作具有公开性，同时有严格的教师聘任条件及考核程序。1986 年颁布的各系列教师职务试行条例，为完善教师人事制度打下基础。

教师资格证书是教师受聘的先决条件，能保证教师队伍的高素质、高水平，有利于保证教育教学质量。《中华人民共和国教师法》第十条规定："国家实行教师资格制度。中国公民凡遵守宪法和法律，热爱教育事业，具有良好的思想品德，具备本法规定的学历或者经国家教师资格考试合格，有教育教学能力，经认定合格的，可以取得教师资格"（参见"教师资格制度"）。

教师聘任的形式 有招聘、续聘、解聘和辞聘四种形式。

招聘。用人单位面向社会公开、择优选择具有教师资格的应聘人员。一般是用人单位经人才交流部门批准后，将所需人员的任职条件、职责及工资待遇等，以广告或告示的形式提出来；对应聘者进行审查和考核，符合条件即予以聘任。招聘、受聘双方签订聘任合同，明确双方的权利、义务和责任。聘任合同一经成立，即具有法律效力。招聘形式具有公开、直接、透明度高等优点。

续聘。聘任期满后，聘任单位与教师继续签订聘任合同。通常是聘任期间双方合作愉快，聘任单位对在聘教师的工作满意，教师对自己的工作状况和报酬满意，双方自愿续签聘任合同。续聘合同一经签订，即具有法律效力。续聘合同的内容可与上次聘任合同内容相同，也可以根据实际需要进行一定变更。

解聘。用人单位因某种原因不适宜继续聘任该教师，双方解除合同关系。其原因可能是用人单位发现受聘者不符合原定聘用条件，也可能是受聘者不称职或违反有关规定，已不适合继续聘任。聘任合同具有法律效力，用人单位在解聘教师时，须有正当理由，否则应承担相应的法律责任。

辞聘。受聘教师主动请求用人单位解除聘任合同的行为。对辞聘原因要正确区分。教师因某种原因不能继续履行聘任合同，给用人单位造成损失的，应依合同规定承担相应的法律责任。

教师聘任合同 教师聘任制的法律调节手段，是教师与学校在平等自愿的基础上，经协商，意愿表示一致而达成的合同。关于教师聘任合同的性质，学界及司法实务中主要有两种观点：一种认定聘任合同是行政合同，将聘任（用）关系归入行政关系，如法国；另一种认定聘任（用）合同是私法上的合同，从而将聘任（用）关系认定为民事关系，如中国台湾。还有观点认为，教师与学校的关系既不同于行政关系，也不同于民事关系，而属于劳动合同关系。依照中国法律规定，聘任双方在平等地位上签订的聘任合同具有法律效力，对聘任双方均有约束力。教师按合同履行义务，学校按合同为教师提供教育教学、科学研究、进修、交流等条件，并支付报酬。同时，学校有权对受聘教师的业务水平、工作态度和成绩进行考核，作为提职、调薪、奖惩和续聘的依据。在聘期内，无特殊理由一般不能辞聘或解聘，确需变动时，应提前与当事人协商，双方达成一致协议后，方可变更或解除。

教师聘任终止的情形 《中华人民共和国教师法》第三十七条规定："教师有下列情形之一的，由所在学校、其他教育机构或者教育行政部门给予行政处分或者解聘。（1）故意不完成教育教学任务给教育教学工作造成损失的；（2）体罚学生，经教育不改的；（3）品行不良、侮辱学生，影响恶劣的。"在合同有效期间，学校实施了违反聘任合同和国家有关法律、法规和政策的行为，或者学校侵犯了教师合法权益并造成一定后果的，教师申请离职进修、去国外学习或定居被批准并依法办理手续的，教师也可以解除合同。

教师聘任合同不得解除的情形 在聘任合同有效期间，受聘教师有下列情形之一，学校不得解除聘任合同，并在合同期满后，应予延长聘任合同：（1）因公负伤、致残而丧失教育教学能力；（2）女教师在孕期、产假及哺乳期间；（3）患绝症、精神病的；（4）符合国家的其他规定。

违约责任与法律责任 教师聘任合同中对双方权利义务的规定具有法律约束力，如果一方不履行合同就会构成违约，应该承担相应的违约责任。学校有下列侵害教师合法权利情形之一的，由教育行政部门责令学校支付给教师工资报酬、经济补偿，并可以责令支付赔偿金：（1）克扣或者无故拖欠教师工资的；（2）拒不支付教师延长工作时间的工作报酬的；（3）低于法律规定工资标准支付教师工资的；（4）解除合同后，未依照法律规定给予教师经济补偿的。受聘教师玩忽职守，不履行或者不适当履行合同约定的义务，除予以解聘、停聘或不续聘外,还可以依法予以行政处分。为使教师的合法权益在聘任制中得到更好的实现和保护,应当完善教师救济制度,使教育行政机关和学校在聘任活动中的行为得到约束,明确其侵害教师合法权益的法律责任。

（宋雁慧　余雅风）

教师评价（evaluation of teachers）　教育评价的重要组成部分。是在正确的教育价值的指导下,根据学校的教育目标和教师所应承担的任务,按照规定的程序,运用科学的方法,借助现代技术广泛收集评价信息,对教师个体的工作质量进行价值判断,从而为教师改进工作,为学校领导加强和改进教师队伍的管理与建设及进行决策提供依据的过程。

教师评价功能

导向功能　教师评价的指标体系和评价标准为教师的成长和发展指明了方向,对教师评价过程具有导向功能。

激励功能　评价具有一种心理功能,能驱动被评价者的内部活力。教师评价可以使教师了解自己的成就和不足,能够激起教师发扬优点,克服缺点,促进工作的主动性与热情,激励教师将全部精力投入工作和学习。评价在客观上也对教师起督促作用,激励其内部潜藏的积极因素的发挥。

反馈矫正功能　通过评价的反馈作用,及时获得教育过程、教育效果的信息,可以客观准确地把握教师工作状况,也可以清楚地看到教师工作中的长处与短处,便于教师及时调节工作的目标与进程,及时强化、及时矫正,不断改进和完善教师工作,从而达到提高教育教学工作质量的目的。

鉴定功能　对教师进行评价,必然会有评价结果,评价结果对教师具有鉴定功能。运用科学、全面、客观的评价指标体系、评价标准和评价方法得到的评价结果也必然是科学、全面而客观的。评价工作中要特别注意发挥前三个功能的作用。评价教师的主要目的不是评级和奖惩,而在于使教师更了解自己的工作状况,从而不断改进工作,同时也便于学校领导通过对教师的评价,看到学校管理中存在的不足,从而改进学校管理工作。教师评价一般采用形成性评价,因而在对教师评价中应充分发挥评价的导向、激励和反馈、矫正功能。

教师评价原则

评价的基本原则是评价的理论依据、指导思想的具体体现,也是对评价工作的基本要求。正确的评价原则不仅是统一人们思想和行动的规范,而且是指导、控制、协调评价过程的保证。在评价过程中,正确贯彻各项评价原则,不仅有利于端正主评、被评人员的态度,克服主观性、片面性、随意性,提高评价的信度和效度,而且有利于加强评价的规范化、科学化、有序化程度,增强评价的客观性和准确性。教师评价属于教育评价范畴,应遵循教育评价的原则。

方向性原则　指对于教师的评价一定要有利于学校实现教育目标,有利于端正办学方向,有利于树立正确的教育质量观、人才观。若方向不明确,教师评价会步入歧途,同时会对学校贯彻教育方针带来消极影响。确定正确的方向是教师评价工作的重要前提。在评价中,必须对每个教师的思想品德、工作态度、业务水平、教书育人和教学的能力、工作效绩作出公正、准确而全面的价值判断,充分发挥评价的导向作用。

客观性原则　即科学性原则,就是教师评价中必须采取客观的、实事求是的态度,从客观实际出发,获取真实信息,抓住本质内容进行分析。教师从事的是以脑力劳动为主的特殊的复杂劳动,其复杂性表现为劳动对象的复杂性、劳动过程的复杂性、劳动成果的复杂性。另外,教师的劳动又富有创造性,教育工作又有周期长、教育效果滞后的特点。这些在评价教师时均应给予充分考虑,这样才能使评价更符合客观实际。

全面性原则　指在确定和运用评价标准时要全面,不可片面。贯彻全面性原则,一方面要抓住评价标准的全面性,另一方面要抓住评价过程,广泛全面地收集评价信息。教育本身就是一个多层次、多因素、多变量的动态系统,教师工作也是一个多层次、多变量的有机整体。因此,在评价教师时,要进行多指标、多方位、多层次的分析和判断,力求真实准确地反映教师工作的全貌。评价信息和资料尽可能全面、准确、真实,不能凭片面的材料和少数人的反映进行评价。全面性原则并不是指各评价要素不分主次、不区分重点与非重点,也不是把各指标数量简单相加,而是配以不同的数量进行综合评价。

主体性原则　指明确被评价者在评价中的地位和作用。从评价实践的效果及发展特点看,强调自我评价,强调被评价者的主体性,使其处于主动地位,产生积极参与的意识,能使评价产生更加积极的效果,也是主体性原则的具体体现。教师评价中,教师既是评价客体,又是评价主体。要尊重教师在评价中的主体地位,充分调动每个教师的主动性、积极性和自觉性,这样才能使评价过程真正成为教师的自我认识、自我分析、自我改进、自我完善和自我教育的过程,使教师评价工作达到预期目的。

可行性原则　指评价的指标和标准可行,评价的方法及运用的技术手段可行,工作安排可行。指标和标准要切实注意从实际出发,防止要求过高或过低。方法和技术手段既要注意科学性,又要简便易行。工作安排要求与学校的日常工作相结合,不增加过多额外负担。开展教师评价工作时,科学性原则尤为重要。由于教师评价尚处于起步阶段,应允许其经历逐渐完善、逐渐科学化的过程。这也是教师逐渐适应和学习教育评价的过程。

定性与定量相结合的原则 评价教育活动的质量和效益难以完全采用定量评价的方法,特别是关系到人的思想、情感、意志等,都具有模糊性,若强求用精确的数字表示模糊性质的事物,不仅不客观,而且不科学。进行教师评价时必须遵从定性与定量相结合的原则。这也是由教师工作的复杂性决定的,切不可片面认为只有定量评价才是科学的,实际工作中也应防止这种倾向。

教师评价方法

适应新的评价理念,体现新的评价目标,改变教师评价主体单一和过分量化、过分强调甄别和选拔的做法,重视教师的自我评价和同事评价,关注教师专业成长的历程,需要在以下几方面进行探索与尝试。

多主体评价 评价教师可以由教师自身、同事、领导、学生及其家长等主体进行。(1)教师自我评价。每个教师对自己最了解,最清楚自己工作的背景和对象,最明白自己工作中的优势和困难,也具备一定的自我认识和自我反思能力。对教师进行评价时要注意充分发挥教师本人的作用,突出教师在整个评价过程中的主体地位。实践证明,教师在自评中认识到的问题往往比在他评中被别人指出来更容易接受,更便于改进。对于工作中存在的一些不足或问题,完全可以通过教师自我评价的方式来解决。教师自我评价可采用调查问卷、教学后记、自评量表、自我总结等方法进行。(2)同事评价。同事间特别是同一个教研组或同一个年级组之间的教师长期合作共事,对彼此的特点颇为了解,同事之间对教师工作有较深刻的共鸣。故同事评价是重要的学习和交流机会,被评教师可从同事评价中获得大量有价值的信息和经验,对于改进教育教学和促进自身专业发展都非常有益。通过调查问卷、座谈评议、互评量表、听课评课、民意测验等方式开展教师互评,可以使评价结果更加准确、可靠。(3)领导评价。学校成立教师评价领导小组,通过评价量表、交换意见、撰写评语等方式对教师分阶段实施评价。(4)学生及其家长评价。通过座谈访谈、调查问卷、评价量表、家长开放日活动等形式,由学生、家长对教师的教学态度、教学水平、教学效果等作出评价。学生对教师的教育教学活动以及师生交往等有直接的感受和判断,他们的意见和建议最中肯,最值得教师听取和采纳。家长对教师的评价也比较客观,有重要的参考价值。

成长记录袋评价 亦称"成长档案袋评价"。是从国外引进的一种评价方式。可以在各学校建立教师成长记录袋,主要记录和收集教师的工作计划、工作总结、典型教学设计、教学案例分析、教学反思、多主体评价记录、教学实绩、获奖证书、科研成果、发表的论文等相关资料。这样可使教师比较全面地了解自己的发展过程与发展状况,还可以通过定期的成长记录袋展示活动,让教师在回顾、交流与反思的过程中,感受自己的成长与进步,培养教师的自信心与自豪感,激励教师向更高的目标迈进。

课堂教学评价 课堂是教师工作的主阵地,课堂上教师能否以促进学生的发展为根本目标,科学合理地选取教学内容,积极有效地组织学生开展动手实践、自主探索、独立思考、合作交流等学习活动,关注学生的个体差异及其情感体验等,是课堂教学评价的重要内容。

典型案例评价 具体方法是,选取一些具有代表性的教育教学案例,如观看课堂教学录像片段,评析教育教学杂志上的一些经验做法,研讨本地本校的一些典型课例等,组织教师进行研究分析,让教师了解自己在教育教学实践中的优势和不足,学习借鉴他人的实践经验。

实施教师评价时必须明确以下三点。其一,教师评价的根本目的在于确立衡量教师的标准,充分发挥教育评价的导向和激励功能。通过评价过程的反馈和调控的作用,促进每个教师不断总结和改进自己的工作,调动广大教师的工作积极性和创造性,同时也促进学校领导不断加强对教师队伍的管理和建设,最终达到全面提高学校教育教学质量的目的。其二,教师评价的依据是正确的教育价值观、学校的教育目标、教师的根本任务及国家教育委员会颁布的有关教师职业道德规范的要求。其三,教师的工作具有与其他行业工作不同的复杂性,如教师工作对象的复杂多变性,教育教学过程的多因素、多变化及可比因素不易确定,教育周期长,教育效果滞后,教育成果的集体性等。因此只凭学校领导的主观印象或只凭学生成绩、公众选票来评价教师工作质量是不全面、不科学的,也是不准确和不公正的。运用现代教育评价的手段和方法,可以在很大程度上克服上述弊端。由于教师工作的复杂性,教师评价必须采用定量与定性相结合的方法,同时要对教师的全部工作进行多指标、多方位的综合分析和判断,以使教师评价更科学、更准确,更能反映每个教师工作的真实情况。

参考文献

丁朝蓬. 新课程评价的理念与方法[M]. 北京:人民教育出版社,2005.

刘本固. 教育评价的理论与实践[M]. 杭州:浙江教育出版社,2000.

沈玉顺. 现代教育评价[M]. 上海:华东师范大学出版社,2002.

(骆 方)

教师期望效应（effect of teachers' expectation）亦称"皮格马利翁效应"（Pygmalion effect）、"罗森塔尔效应"。教师对学生的良好期望能戏剧性地收到预期效果的现象。体现在课堂教学中，教师对学生寄予的较高期望能转化为教师的教学行为，通过教师与被寄予期望的学生的相互作用，学生的行为表现和智力会朝教师期望的方向发展。

教师期望效应的相关研究以自我应验预言为基础。自我应验预言（self-fulfilling prophecy）亦译"自我实现预言"，指在有目的的情境中，个人的期望常常在自己以后的行为中得到应验，即自己事先期望什么，事后就将得到什么，自己的行为验证了自己的预言。这种现象最早在医学上发现，以安慰剂的治疗作用为典型例子。患者相信安慰剂具有治疗作用，病情果然减轻。美国社会学家默顿 1948 年多次使用"自我应验预言"的概念，特别是用来分析如种族偏见、宗教偏见以及银行倒闭等社会现象和经济现象。美国心理学家 G. W. 奥尔波特把这个概念用于分析国际紧张局势和战争，认为期望战争的国家最有可能参与战争，它将发动战争的期望传递给未来的对手，未来的对手也会作出备战反应。这种行为进一步证实并强化最先希望发动战争的国家的期望，导致更充分的备战。以此类推，形成一个正向反馈的相互强化系统。

为证实课堂中的自我应验预言，美国哈佛大学心理学教授罗森塔尔及其学生雅各布森 1964 年在奥克小学进行对比实验。该校是一所公立小学，学生家长多为不熟练或半熟练工人。全校学生中有 1/6 是西班牙人，学生人数不稳定，转入和转出学生占 30%，是全镇 12 所学校中最差的学校。研究程序包括预测和后测，使用"哈佛能力习得测验"。初测于 1964 年 5 月进行，复测于 1965 年 1 月进行。预测后，实验人员将实验学校 20% 的学生随机指定为学业上的"激增者"，预期他们未来有很快的发展。"激增者"的名单告诉教师，但不告诉学生及其家长。经过一学年的教学，即 8 个月后，复测结果表明，学生的 IQ 分数发生明显变化。没有指明为"激增者"的控制组平均增长 8 分以上，而实验组儿童平均增长 12 分以上（见下表）。

一学年后各年级实验组与控制组儿童总体 IQ 分数的平均增量

年级	控制组		实验组		期望益处	
	N	增量	N	增量	IQ 分数	单尾 $p < 0.05$
一	48	+12.0	7	+27.4	+15.4	0.002
二	47	+7.0	12	+16.5	+9.5	0.02
三	40	+5.0	14	+5.0	−0.0	
四	49	+2.2	12	+5.6	+3.4	
五	26	+17.5(−)	9	+17.4(+)	−0.0	
六	45	+10.7	11	+10.0	−0.7	
合计	255	+8.42	65	+12.22	+3.80	0.02

注：各班级实验处理的均方为 164.24

该实验证实，课堂上存在教师的"自我应验预言"。在报道这一实验结果时，罗森塔尔称这种由教师预期引起的学生智力变化为"皮格马利翁效应"。皮格马利翁是古希腊神话中的塞浦路斯国王。相传他心情孤僻，一人独居，擅长雕刻，孤独中用象牙创作了一座表现他理想中美丽女性的雕像，在长久依伴中，竟对自己的作品产生恋情。他祈求爱神阿佛洛狄忒赋予雕像以生命，后者为他的真情所感动，就使这座美女雕像活了起来，皮格马利翁遂娶这位美女为妻。神话中的皮格马利翁使自己珍爱的少女雕像具有生命，这一现象也可以用"自我应验预言"解释。

罗森塔尔的实验结果引起极大震动，也引起心理学家的怀疑。此后 20 年中，相关研究一直在进行，并得出一种共识，即教师期望能够而且确实影响师生之间的交互作用和学生的学习结果。同时认识到，其间涉及的过程比最初认为的要复杂。心理学家提出如下模式来说明课堂中的期望过程：在学年之初，教师对学生的行为与成就作出许多有区别的期望；与这些期望相应，教师区别对待各类学生；这种区别对待暗示了学生有关期望他们在课堂中如何学习以及如何完成学习任务的一些事情；如果教师的区别对待保持前后一致，而且学生不主动抵制或改变教师的这种区别对待，教师的区别对待就可能影响学生的自我概念、成就动机、抱负水平、课堂行为，以及与教师的交互作用；这些影响一般会补充并强化教师的期望，因而学生将逐渐迎合，而不是违反期望；最后，这将影响学生的成就与其他结果。高期望的学生将达到或接近他们的学习潜力，而对低期望的学生，如果采用不同的教学，学生将难以获得他们能够获得的长进。由教师期望产生的自我应验预言，只有在该模式所有要素都具备的情况下才能发生。

（皮连生）

教师社会学（sociology of teachers）　从社会学角度研究教师角色、教师权威、教师职业社会化、师生关系等问题的学科。20 世纪 50 年代后，在社会学中，教师被视为一种社会角色加以专门研究。

关于教师承担的角色，不同学者有不同看法。中国台湾学者林生传认为，教师在现代社会至少扮演五种重要角色，即传道者、授业者、选择者、辅导者、协商统合者；美国学者格兰布斯将教师角色分为两类，即学习指导者和文化传播者。这些都是把教师置于不同的"参照系"中得出的类型。中国学者吴康宁认为，如果就每位教师在学校中扮演的基本角色来看，教师角色可以分为两种：一为社会代表者，是对学生而言的由社会赋予并期待的体现职业内在本质特征的角色；二为同事，是对其他教师而言的角色。就前者而言，教师必须向学生传递符合社会要求（尤其是统治阶级要求）的文化，并且其自身必须成为这种特定文化的范型,以保证对学生进行有效的文化引导与文化熏陶;就后者而言,它涉及教师与其同事相处时表现出的行为模式。

教师承担具有不同社会学特征的角色,这些角色包含的社会期待不同,教师常面临角色冲突,包括角色间冲突与角色内冲突。前者指教师同时承担两种以上角色时的冲突现象,后者指角色组合中不同的人对教师本身的不同期望所导致的冲突。最能反映教师的社会学特征的冲突是教师的社会代表者角色与同事角色之间的冲突,因教师每天都在学校频繁地进行这两种社会学特征完全相悖的角色转换,最容易陷入角色冲突。教师在班级教学过程中面临的主要冲突有:校内外价值观念的冲突和教师个人人格需要与制度上的角色期望之间的冲突。前者指社会习俗的要求与学校制度本身对教师期望不符,使教师感到左右为难;后者指教师的个体需要与社会对教师的规范性要求不符,造成教师的内心困惑或行为障碍。

关于教师权威,学者大多运用德国社会学家 M. 韦伯对权威的分类来分析。M. 韦伯将权威的来源分为三种,即传统的权威(traditional authority)、人格感召的权威(charismatic authority)、法理的权威(legal-rational authority)。教师兼有三种权威来源:教师作为人类文化的传承者,历来被推崇;教师只有具备某些人格特质,才能取得良好的教育效果,教师必须具有人格感召的权威;作为专门职业与社会代表者,教师法理的权威是一种内在规定性。教师具有一定的权威并不表明这种权威一定能发挥应有的作用,这就涉及教师权威的两个不同概念,即教师的制度权威与教师的实际权威。教师的制度权威又称正式权威,其存在源于社会认定,伴随教师获得社会认可的教师资格而自然出现;教师的实际权威是教师在教育过程中逐步形成的对学生产生实际影响的威力,这种影响的实际效果源于学生的认可。

关于教师社会地位,研究者认为,声望、财富及权威是评价和分析教师社会地位的三项主要标准。但这三条标准有的可以量化(如财富),有的无法量化(如权威),使判断教师社会地位存在一定困难。对教师整体社会地位的判断主要基于教师职业在社会成员的择业取向中所处的位置,可以通过"关于成人职业选择次第"的大规模问卷调查来获得结论。

教师职业社会化(professional socialization of teacher)通常指个体通过特定机构的专门训练而成为教师的过程。就其性质而言,教师职业社会化是个体特殊社会化的过程,与个体社会化有关,但又有其独特性质;就其内容而言,教师职业社会化是个体学习和掌握教师职业所应具有的专业知识、技能和价值观等;就其过程而言,教师职业社会化的整个历程包括从了解教师职业的社会形象开始直到教师职业生涯的结束为止的过程。教师职业社会化一般包括两个阶段:预期职业社会化(anticipatory socialization)和继续职业社会化(continuous socialization)。前者指个体为适应将要承担的职业角色而进行的准备性个体社会化,许多国家通常在师范教育体制内完成对个体的这一社会化过程,其主要内容是让学生内化教师职业价值,获取教师职业手段,认同教师职业规范以及形成教师职业性格。后者指个体在承担职业角色之后,为更好地承担职业角色而进行的社会化,其途径不仅包括教师在工作中的校本培训,而且包括进入专门的教师进修院校进行脱产学习或不脱产学习。

教师职业因学生而存在,教师角色的诸多特征是从学生角度来表征,师生关系是教师社会学重要的研究内容。师生关系的社会学分析主要集中在其社会学基础和师生关系类型等方面。关于师生关系的社会学基础,学者们认为,师生双方在互动过程中均受到若干社会学因素的影响,如教师的职业声望与社会地位、教师在班级教学中的角色观念、学生家庭的社会经济背景以及同辈次级文化(peer subculture)。关于师生关系类型,传统研究多认为,师生之间存在民主的、专制的师生关系,前者对于发展学生的自主性和独立性,促进学生的可持续发展及全面发展具有重要作用;后者虽有短期效应,但长期来看,会损害学生的主体性。在一项关于课堂师生关系的研究中,南京师范大学教育科学学院研究小组从"教师角色"和"学生势力"两个维度具体归纳出九种师生关系:指令—服从、指令—交涉、指令—抗争、建议—采纳、建议—参考、建议—筛选、参与—协从、参与—合作、参与—支配等。这九种关系组成课堂中实际存在的课堂教学社会学模式。

(吴永军)

教师心理(psychology of teachers)　　教师在教育教学过程中的心理特点和心理品质。教育心理学研究内容之一。主要涉及教师心理角色、教师心理特征与教师职业成就的关系、教师教学专长的特征及其形成、教师心理健康及其维护等方面(教师教学专长的特征及其形成见"教师专业成长")。

教师心理角色

教师角色指教师按照其特定的社会地位承担相应的社会角色,并表现出符合社会期望的行为模式。随着时代的发展、社会的进步,教师肩负的教书育人之重任的内涵不断拓展,社会大众对教师这一社会角色的期望日益提高,决定了教师需要扮演多种角色,教师必须据此建立角色意识,认识到自己承担的角色职责和应有的行为。教师角色有其特定的心理与行为表现。

教师角色意识　　指教师对自己所扮演角色的社会期望

的认知和体验。教师有明确的角色意识，才能掌握符合这一社会角色要求的行为规范，并据此调节和完善自己的职业行为，完成社会职责。其心理结构包括三方面内容。(1)角色认知，指角色扮演者对角色的社会地位、作用、行为规范以及与其他社会角色之间关系的认知。是角色扮演的先决条件，决定一个人能否成功扮演特定角色。教师只有具有清晰的角色认知，才能在各种社会情境中恰当行事，形成良好的社会适应能力。通过职前学习、职业训练、职业工作、社会交往等，教师在不断了解社会对教师工作的期望和要求后形成对自身角色的认知。(2)角色体验，指个体在有关各方的评价与期待中，以及在扮演某一社会角色过程中产生的情绪体验。教师角色体验来自教师自身行为是否符合角色规范并因此受到的评价，这种体验有积极与消极之分。(3)角色期待，指角色扮演者对自己应该表现出何种行为的看法和期望，会随具体情境的不同而变化。教师的角色期待可以来自对角色的自我期待，也可以来自社会对教师的角色期待，两者相互作用、相互影响。社会对教师的角色期待不断地被认同和内化，就会转化为教师的自我期待。社会对教师的角色期待主要体现在以下方面：根据社会规定的教育目标和学生身心发展的特点来培养人才；遵循教育与教学规律来教书育人；针对实际情境创造性地进行因材施教；做到言传身教，真正为学生楷模；既有高深的教育理念，也有培养学生成才的方式方法。

教师角色功能　由于教师生活在错综复杂的社会关系中，每个教师都在不同层级、不同侧面的学校社会生活中拥有多种社会身份，伴随许多行为规范和行为模式，扮演不同的社会角色，不同角色有着不同的作用和功能。教师角色功能主要体现在五方面。(1)知识的传授者与学生学习的引导者。教师的传统角色是"传道、授业、解惑"，即教师是学生知识、技能的传授者与问题解决能力的培养者。它要求教师必须有丰富的学识，既要有丰富的社会文化知识，又具有扎实的专业知识；既具有深厚的理论知识，又具有一定的专业操作技能；既能用知识开启学生的智慧之门，又能使学生紧随时代的发展潮流。教育心理学研究表明，学生的学习是一个积极主动的知识建构过程，教师还必须成为学生学习的引导者。首先，引导学生掌握已经讲授的基础知识与技能，并发展其他各种能力；其次，指导学生形成良好的学习习惯，掌握学习策略；再次，诱导学生学习的动机，培养学习兴趣，充分调动学生学习的自主性。(2)团体的领导者与组织者。学校中有各种正式或非正式团体，其中班级是最主要的正式团体。教师在工作中充当班集体的领导者和组织者角色。组织课堂教学、维持课堂秩序是教师开展教学的基本保证。一方面，教师要在教学活动中建立良好的课堂秩序，让学生遵守课堂纪律，培养自觉遵守纪律的习惯；另一方面，教师要物色班级群体领袖、组织各项班级活

动、营造良性互动的氛围、倡导积极向上的舆论，充分发挥班集体的各项功能。此外，对学校内部一些非正式团体，教师也有教育、引导的职责。(3)行为规范的示范者。教师要重视学生的思想品德教育，既要有"言教"，更要有"身教"。在学生心目中，教师是有教养、有道德、讲原则的人，是他们很愿意仿效的榜样。在要求学生掌握社会价值观念和行为规范时，教师的言谈举止是学生的鲜活榜样。教师的率先垂范、身体力行对学生的成长有重大影响。(4)学生心理健康的保健者。随着社会的发展、人们需求的变化，学生的心理压力加大，心理问题增多。教师要担当起学生心理健康保健者的角色，做好心理健康教育工作。教师一方面要更新教育理念，认识到今天的"教书育人"还包含维护学生心理健康的含义，另一方面要提升职业素养，自觉学习和掌握心理卫生方面的知识，关注学生的心理问题或困惑，注意防微杜渐，及时干预。(5)教学的研究者。在教育教学过程中，教师充当教学的反思者与研究者角色。教师应不断地对自己的教学进行自我反省和自我评价，提高对教学活动的自我认识；还应相互观摩、彼此切磋、共同探讨，提高教育教学的水平和效果。

教师角色形成　指个体逐步认识教师的职业角色及相应要求，通过实践内化社会对教师的角色期待，形成相应的心理特征和能力的过程。包括三个阶段。(1)角色认知阶段。角色认知指角色扮演者对角色规范的认识和了解。教师角色认知表现在理解教师角色所承担的社会职责，能够将教师特有的角色与社会其他职业的角色区别开来。个体在正式成为教师前就可能达到这个阶段。如，大多数师范生已经能够对未来将要充当的角色有所认识，当然，此时的认识常停留在层级较低的理性认知上。(2)角色认同阶段。在认知的基础上，个体通过实践和体验接受教师角色所承担的社会职责，并能以此指导和评价自己的行为，达到角色认同阶段。此阶段的特点之一是，会在情感上产生相应的内心体验。对教师角色的认同离不开个体真正承担这一角色并进行实践活动。教师的角色认同通常经历两个环节。一是职前准备。从教前，可以让个体对教师角色有一个较全面的认识，包括对教师职业的行为、规范、特点、意义、价值等的认识，以及可能伴随的情感体验。师范院校对学生的专业思想教育即属这一环节。二是职后强化。从教后，通过自身的教育教学实践，以及与学生、与同事、与周围环境的交往与互动，教师会产生不同程度的积极或消极的情绪体验，这会加强或削弱其对教师角色的认同。(3)角色信念阶段。角色信念是个体坚信某种角色职责的正确性，并伴有深刻的情感体验，进而成为个体角色行为的内在动力。在这一阶段，教师角色的社会期望和要求能够很自然地转化为个体的心理需要，教师坚信自己对教师职业的认识是正确的，并视之为自己的行动指南，形成教师职业特有的自

尊心和荣誉感。如，优秀教师都坚信，教师是"人类灵魂的工程师"，教师职业是一种崇高而光荣的职业。

教师心理特征与教师职业成就的关系

教师心理特征包括认知特征和个性心理特征两方面。心理学研究这两方面与教师职业成就的关系。

教师的认知特征与职业成就的关系　认知特征包括一般智慧能力、知识准备和特殊智慧能力三方面。(1) 教师的一般智慧能力与其职业成就之间的关系。根据日常经验，教师的智力应与其教学效果有很高的相关。但国外的研究表明，教学效果同教师的智力并无显著相关，教师的教学效果是根据学生的成绩测量以及校长、督学对教学的等级评分决定的。教师的智力通过教师的 IQ 分数来测量。统计分析表明，教师的教学效果与教师的 IQ 分数只有极低的相关。根据这一事实，研究者认为，教师工作是一种复杂的脑力劳动，为使教师工作有效进行，教师必须具备最低限度的智力水平。当智力超过某一关键水平后，便不再起显著作用，其他认知因素或人格特征则会起决定作用。(2) 教师的知识准备与其职业成就之间的关系。根据常识，教师应是知识渊博的人。但国外的研究资料表明，教师的知识水平同学生的学习成绩无显著相关。如罗森夏因 1970 年指出，四至六年级学生的英语成绩同教师知识水平无显著相关。同样的结果也体现在中学物理学科的研究中。出现这一研究结果，或由于测量有误差，因教师的知识水平较难准确测量；或由于教师的知识水平只有处于某一关键水平以下，才对教学效果有影响，超过某种适当水平，就不再产生显著影响。这同智力的影响相似。(3) 教师的特殊智慧能力与其职业成就之间的关系。教师的表达能力、组织能力、诊断学生学习困难的能力以及思维的条理性、系统性、合理性同教学效果有较高相关。所罗门等人 1964 年的研究表明，学生的知识学习同教师表达的清晰度有显著相关。希勒等人 1971 年也指出，教师讲解的含糊不清与学生的学习成绩呈负相关。有研究者 1953 年同样发现，教师思维的流畅性与其教学效果的等级有显著相关。还有两项研究显示，教师管理课堂和安排教学活动的条理性和系统性与学生的成绩呈正相关：教师这些方面的能力较强，学生成绩就好；反之，学生成绩就差，教师的这些特点对小学生的影响更大。

教师的人格特征与其职业成就之间的关系　在教师的人格特征中，有两个特征对教学效果有显著影响：一是教师的热心和同情心；二是教师富于激励和想象的倾向性。施穆克 1966 年的研究表明，当学生认为教师富有同情心时，课堂内的学生之间更能分享喜爱和感情。M. L. 科根发现，教师的热情与学生完成的学习量、对学科的兴趣、小学生行为的有效性均有重要关系。瑞安斯 1960 年的研究表明，能发挥激励作用、生动活泼、富于想象并热心于自己学科的教师，其教学工作较为成功。D. 西尔斯 1963 年也得出相似结论，即当教师热情鼓励学生时，学生更富有建设性和创造性。罗森夏因 1971 年的研究指出，教师对学生思想的认可与课堂成绩有正相关的趋势，尽管教师的表扬次数与学生的成绩之间未显示存在明确关系，但教师的批评或不赞成与学生的成绩呈负相关。

相关研究揭示导致教师职业成功的特殊能力和人格特征，为教师培养提供重要依据。教师的人格特征与学生的个别差异和年龄阶段特征存在相互作用。例如，教师的认知方式与学生的认知方式存在相互作用，若两者相互协调，教学效果会因此提高。如场独立的学生与场依存的学生对教学有不同偏好，前者易于给无结构的材料提供结构，易适应结构不严密的教学方法，后者偏好有严密结构的教学，既需要教师提供外来结构，也需要教师的明确指导和讲授。美国教育心理学家加涅的研究也指出，对知识具有浓厚兴趣并以追求知识获得满足的学生，同以追求教师认可来获得满足的学生不同，前者喜欢的教师与教师的热情程度无关。应从师生相互作用的角度深入探索教师的人格特征对其事业成就的影响。

教师的教学效能感及其相关因素研究　教学效能感是指教师对自己影响学生学习行为和成绩的能力的主观判断，是解释教师内在动机的一个关键因素，对教师工作的积极性具有重大影响。教师的教学效能感在理论上来源于班杜拉的自我效能(self-efficacy)概念。班杜拉认为，自我效能是指个人对自己在特定情境中是否有能力完成某个行为的期望，包括两个成分，即结果预期(outcome expectation)和效能预期(efficacy expectation)。结果预期指个体对自己的某种行为可能导致的结果的推测；效能预期指个体对自己实施某种行为的能力的主观判断。S. 吉布森和德姆波 1984 年认为，如果将班杜拉的自我效能理论应用于教师教学效能感，则结果预期反映教师相信环境能被控制的程度，即无论何种家庭背景、智力水平和学校环境，学生都是可以培养教育的；效能预期反映教师对自己能为学生带来正面改变的能力的评价。有研究认为，教学效能感包括两个方面：一是教师对宿命论的排斥，相信学生的学习成果不完全受制于智商和家庭环境；二是肯定自己的能力，认为在特定情境中，教师有能力去影响学生的学习。

中国学者综合国内外的有关研究，认为教师的教学效能感至少有三层含义：教师的教学效能感是一个多层面的整体性概念，既包括认知成分，也包含情意成分；教师的教学效能感既是一种能力，也是一种信念；教师的教学效能感反映教师在教学活动中的主体性、积极性和创造性，即使在特殊情境下，教师也能帮助学生进行有效的学习。

国内外心理学工作者对教师的教学效能感的大量研究

表明,教师的教学效能感对学生的成绩和学习动机、教师进行教育改革的愿望、校长对教师能力的评价以及教师的课堂管理等之间存在显著相关,教师的教学效能感是影响教师教学行为的重要因素。

教师心理健康及其维护

教师心理健康标准 (1)认同教师角色,热爱教育事业。全身心投入教育工作,以教育学生、发展学生才能作为自己施展才能的平台,并从中获得成就感和满足感。(2)正确地认识自我、体验自我和控制自我。心理健康的教师对自己有适当的了解,悦纳自己,控制自己的言行。在教育活动中主要表现为:能通过他人的态度和自己的工作成绩等来认识自己,并据此调整自己的教育观念,完善自己的知识结构,采取更合适的教学行为,学生、同事的评价与自我评价较为一致;能建立符合自身情况的抱负水平;具有较高的个人教育效能感;具有自我控制、自我调适的能力。(3)有良好和谐的人际关系。具体表现为:了解彼此的权利和责任,与对方建立良好的"予(即给予别人帮助或同情)取(即获取别人的帮助或同情)关系";能客观地了解和评价别人,不将个人好恶投射于他人,不以表面现象来评价他人;关心他人尤其是学生的需要;诚心赞美他人,善意批评他人;积极地与他人真诚沟通。(4)真实地感受情绪并有效地控制情绪。具体表现为:保持乐观积极的心态;不将生活中的不愉快情绪带入课堂,不迁怒于学生;能冷静地处理课堂情境中的不良事件或突发事件;克制偏爱情绪,平等对待学生,不歧视学生;不将工作中的不良情绪带入家庭。(5)具有教育独创性。在教学活动中不断学习,不断进步,不断创造。能根据学生的身心特点和社会特点富有创造性地理解教材,选择教学方法,设计教学环节,使用课堂语言,布置学生作业等。

教师心理问题的主要表现 具体有生理—心理症状、教师职业倦怠、教师职业行为问题和人际关系问题。生理—心理症状主要包括抑郁、焦虑和心理行为问题。抑郁的基本症状是"丧失",通常表现为心情压抑,感到教书、生活没有乐趣,精神长期不振或疲乏,对外界事物缺乏兴趣,对学生漠然等。焦虑主要表现为:内心有一种说不出的紧张和恐惧,惶惶不安,忧心忡忡;身体上常表现出胸闷、呼吸不畅、心悸、出汗等症状。心理行为问题通常伴随一些身体症状,如失眠、食欲不振、咽喉肿痛、腰部酸痛、恶心、心跳过速、呼吸困难、头疼头晕等。教师出现这些问题后,若不及时疏导或宣泄不良情绪,或情绪归因不当,则可能引发更深层次的心理行为问题。

教师职业倦怠是指教师对从教工作缺乏事业的动机和兴趣,勉强维持教学工作,内心产生对教书育人的厌烦和心

力俱疲的状态,导致教学工作能力和工作业绩降低的现象。在教育、教学中表现为:教师在工作中缺乏职业道德和敬业精神,教学方式落后,教学作风懒散,教师无意从教,工作厌烦,人心思动,欲改谋他职。其结果导致教师厌教、学生厌学,相互影响,恶性循环,既影响教师队伍的稳定,又有碍教育质量的提高,更不利于教育、教学改革。教师职业倦怠可分为情绪衰竭、人格解体和个人成就感降低三部分。

教师职业行为问题的表现:因教学失败产生挫折感时,拒绝领导和他人的帮助和建议;对学生失去爱心和耐心,备课敷衍了事,教学活动无激情、无创造性,主要运用奖惩方式来控制课堂秩序,而不是动之以情、晓之以理,用心理引导方式帮助学生,教学中常使用简单、粗暴的体罚来教育学生;对学生和家长的期望降低,常用侮辱性言语对待学生,还认为家长缺乏文化修养,不懂得如何配合教师教育孩子;由对教学失去热情变得开始厌恶甚至恐惧教书,总是试图离开教育岗位。

教师在人际关系方面出现的问题主要表现为:指向外部的问题,如与领导、同事关系紧张,与学生处于对立状态,经常与家庭成员发生争吵或攻击配偶和子女,无法与学生家长进行沟通等;指向内部的问题,如孤僻、交往范围缩减等。这些问题严重影响教师的人际关系,使之陷入痛苦,难以自拔。

教师心理健康的影响因素 主要有社会因素、职业因素和个人因素。社会因素主要表现在三方面。一是教育体制改革挑战教师的心理承受力。教育体制改革中的职称评定、教师聘任、末位淘汰等,使教师感受到较大压力,有些心理较脆弱的教师会因压力过度而产生心理危机。二是教师劳动的复杂度、繁重度、紧张度与教师待遇的严重失调。三是教师的社会地位、社会对教师的看法与教师的神圣职责严重失调。

在职业因素方面,教师劳动特殊性造成的角色模糊、角色冲突、角色过度负荷,使很多教师感到压力和紧张。较之其他劳动者,教师属于一个比较孤立、封闭的群体,与社会联系较少,参与各种决策的机会、进行反思的时间以及与亲朋好友交流的时间也很少。教师的合群需要和获得支持的需要经常得不到满足。教师普遍认为缺乏自主权,教材、教学进度甚至教学方法都不由教师决定,学校的组织管理在一定程度上只重工作任务的完成而忽视教师的个人需要,管理手段简单机械。

造成教师心理健康问题的个人因素主要有人格因素、重要生活事件的发生、教师抗教育焦虑的能力不足等。其中不能客观认识自我和现实、目标不切实际的教师或有过于强烈的自我实现和自尊需要的教师更易出现心理问题。教师在生活中会遇到一些重要生活事件,如结婚、亲人亡故等,需要个体作出相应的角色调整与心理调适,在这种调整

时期,心理问题更容易发生。遇事易紧张、神经过敏、常有恐惧心理、过分担忧身体健康状况的教师,还会表现出许多躯体症状。

教师心理健康教育　教师心理健康教育有其目标、内容和途径。教师心理健康教育目标分为初级目标、二级目标和三级目标。初级目标属于相对被动的应付性、适应性目标,即防止或克服有关心理问题与心理障碍,缓解心理疾患症状,恢复和维持心理平衡,实现对教师工作及日常社会生活的正常适应。二级目标属于现实化的主动性目标,即增强教师自我心理免疫力,提高自我综合心理素质,培养健康人格,能主动适应社会挑战和工作要求,处理各种心理问题。三级目标属于理想层级的目标,即能塑造教师较为理想的人格,开发教师心理潜能,使教师在工作和生活中发挥较高的创造力,为教育事业和社会作出较大贡献,个人获得较美满的生活。

教师心理健康教育内容主要包括三个方面:心理学基本知识的教育,如了解心理的实质、心理活动及其基本规律等;心理健康知识的教育,如心理健康的含义和标准,影响心理健康的因素,有关心理诊断、心理咨询和治疗的常识,以及对心理健康问题的预防和矫治的基本认识等;教师心理健康问题的应对措施和方法,如怎样应对常见的焦虑、抑郁等生理、心理症状,如何应对人际关系障碍、职业压力和职业倦怠等。

要提高教师的心理健康水平,除了在宏观的社会体制层面为教师的工作提供支持和保障外,还必须在社区、学校和个人等方面综合各种措施减轻教师的心理压力,提高其应对能力。社会体制方面,主要是通过制定各种方针政策,提高教师的社会与经济地位,形成尊师重教的良好社会风气。如政府加大执法力度,维护教师合法权益,增加教育投资,改善教师的工资收入、住房、医疗等物质待遇等。同时要促进教师群体的职业化,在教师的筛选、培训和资格认定方面形成一整套与时俱进的标准。社区方面,主要从社会支持系统入手提高教师的心理健康水平。在学校内部乃至整个社区形成教师社会支持系统,有效维护和促进教师的心理健康。主要方式有:建立"工作组",如科研小组、学科教研组等,使其成为同事之间提供社会支持的主要形式;成立"教师中心"(指一种由几所学校或整个社区组织形成的服务于该社区教师的机构),为教师提供一个可以与同行讨论教学问题,获得新的教学技巧和心理支持的场所。学校管理者尤其是校长的支持与关心是教师社会支持系统中很重要的成分。学校方面,教师的心理问题与学校氛围直接有关,要切实而有效地帮助教师提高心理健康水平,还必须从学校层面入手:建立恰当的评价体系和激励机制;努力为教师的工作、学习和生活创造必要的条件;积极开展教师培训,提高新教师的心理素质,减少其上岗后的不适应;营造

一个民主、宽松、有序的环境。个人方面,教师个人应学会心理健康的自我维护:一是认识自己,学会认识自己的个性、教学方式、教学效果,形成正确的自我评价,建立良好的自我意向;二是掌握压力应对技术,提高压力应对能力,常用的方法有放松训练、时间管理技巧、反思技巧等。

参考文献

岑国桢. 教育心理学[M]. 北京:中国人民大学出版社,2006.

李维. 心理学百科全书[M]. 杭州:浙江教育出版社,1994.

辛涛,申继亮,林崇德. 从教师的知识结构看师范教育的改革[J]. 高等师范教育研究,1996(6).

钟毅平,刘志军. 教育心理学[M]. 长沙:湖南教育出版社,2003.

(陈保华)

教师职业压力症（teachers' occupational stress）教师在长期承受过大压力的体验中,在生理、行为和心理、人格方面产生异常变化,表现出情绪、态度和行为方面的衰竭状态。亦是一种严重影响教师身心健康和工作、生活质量的社会现象。

教师职业压力症的症状表现及诊断

症状表现　加拿大病理学家谢耶 1956 年认为,人长期处于压力之下,身体会产生一种适应综合征,此症状包括警觉、抗拒、衰竭三个连续性阶段。前两个阶段过后,若压力过大或持续存在,个体就会难以承受,导致身心耗竭,产生疾病或加速老化。教师职业压力症表现为一系列情绪和行为的异常现象。(1)情绪方面。面对压力事件或情境时,易出现紧张焦虑、忧郁沮丧、易怒易躁、身心失调;易出现自责愧疚、无助感等,多数人在高度压力下会变得浮躁、恐惧甚至情绪失控。(2)行为方面。行为上易出现不良反应,如失眠、攻击、刻板、强迫性行为、烟酒上瘾、食欲不振,女性教师生理不顺、自主神经失调等;对学生冷漠,动辄责怪或迁怒于学生;对教学工作产生厌倦感、无力感,开始逃避工作责任;教育活动中反应迟钝、自我中心强烈等。

诊断　进行多层次、多维度的诊断,再运用系统方法,对收集到的信息进行综合,作出诊断。(1)收集资料。收集教师的基本背景资料,了解教师身心健康史和遗传病史,近期是否有重大应激事件发生,家庭关系情况,以及社会、学校人际关系状况。可以通过观察法,在教师没有察觉的情况下对其当前的状态进行直接感知,了解教师是否出现上述症状表现;在观察的基础上,就教师目前出现的矛盾、冲突进行访谈,找出问题症结与线索,如对职业压力症教师,可以询问是否有家庭原因等。(2)实施测量。以初步理性判断为根据,进行精确化的鉴定。国外有多种有关职业倦

怠的测量工具,如"马斯勒职业倦怠问卷"(Maslach Burnout Inventory,简称 MBI)、"厌倦倦怠量表"(Tedium Burnout Inventory)、"罗马职业倦怠问卷"(Rome Burnout Inventory)等,其中影响最大、最广泛的是"马斯勒职业倦怠问卷"。可通过"症状自评量表"(The Self-Report Symptom Inventory, 即 Symptom Checklist - 90,简称 SCL - 90)、"抑郁自评量表"(Self-Rating Depression Scale,简称 SDS)、"焦虑自评量表"(Self-Rating Anxiety Scale,简称 SAS)等自评量表得分来获得职业压力症教师各方面的信息,判断教师是否存在职业压力症。另外,还可以通过人格测验问卷,如"艾森克人格问卷"(Eysenck Personality Questionnaire,简称 EPQ)、"明尼苏达多相人格量表"(Minnesota Multiphasic Personality Inventory,简称 MMPI)、"卡特尔16种人格因素问卷"(Cattell's Sixteen Personality Factors Questionnaire,简称 16PF)等,获得教师人格各维度的得分,运用人格方面信息也可以协助作出推断。(3)综合评估。对教师职业压力症没有直接的量表进行测量诊断,只有综合各方面资料,根据收集的资料、观察、访谈结果以及一些测试量表结果,对教师心理状况作出总体评估,从而对教师是否产生职业压力症作出判断。

教师职业压力症的影响

当产生职业压力症的教师的压力超出正常值时,其对教师生活和教学工作会产生消极影响。

对教师的影响　(1)在生理方面,导致教师身体不适和疾病增多,身体健康状况下降。在面对压力事件或情境时,神经系统与腺体会进行一系列活动来对抗或逃避,如神经高度兴奋、血压上升、甲状腺激素和肾上腺激素增多等。压力持续过久,会导致教师身心衰竭、加速老化,导致教师出现身体疲劳、消化道溃疡、新陈代谢紊乱等身心症状。这些疾病又会导致产生消极行为和心理方面的种种不适,形成恶性循环。(2)在行为方面,导致教师消极行为增多,主要表现为行为冲动、攻击性强、易激惹、暴饮暴食或食欲不振、对刺激性物质依赖性增强(如吸烟、酗酒)、人际关系紧张、易怒、责怪与迁怒学生等。(3)在心理方面,引起教师心理不适和情绪问题,导致教师出现莫名焦虑、紧张压抑、受挫感、无助感以及缺乏安全感,进而引发自信心下降,对工作不满、容易动怒,甚至情绪失控等。

长期的职业压力症严重影响教师的心理健康,并会给教师人格健康带来很大的消极影响,如教师人格出现异常。这是教师在成长过程中,因为出现各种心理问题,无法得到解决而长期形成的人格反应状态。职业压力症使得教师在遭遇困难时,无法自行克服或无法通过改变自己的行为模式来应付环境需要,只能通过各种病态行为反映出来,以满

足需要或解除危机,从而形成人格缺陷。如果教师不能及时调整,某些人格缺陷,如抑郁、孤僻、敌对等,也会发展为人格障碍,即病态人格。

对学生的影响　(1)因师生关系恶化,学生对教师甚至学校产生厌恶、敌视态度,学生学业成绩下降,出现各种问题行为,甚至产生学校不适应症、学校恐惧症。(2)对学生心理的影响。教师的不愉快情绪,如易怒、急躁、言辞激烈(如冷嘲热讽、大声训斥等)或者攻击性行为(如体罚等)等,在授课时不仅影响教学质量和学生的知识接受,还会对学生心理产生影响,使学生产生消极体验,进而导致学校不适应症、恐惧症的出现。(3)教师把压力转嫁给学生。职业压力症使教师紧张、急躁或者身体不适,无法正常进行教学工作,学生成绩或升学率的压力使得教师开始占用学生自修或课余时间,增加学生负担。频繁更换教师使学生产生适应困难,也使教育质量受到不同程度的影响。

教师职业压力来源

教师职业压力产生于教师与职业之间的交互作用,教师压力的产生有两个重要原因:一是教师个人因素,为教师内在的主观因素;二是职业压力源,为外在客观因素。

教师个人因素　(1)人格特征因素。人格因素在一定程度上决定行为方式,不适应性人格特征易导致不良行为。有些教师成就目标高、自我实现和自尊需要过于强烈,往往具有过高的自我期望,易产生理想与现实的冲突,造成压力;有些教师性格内向孤僻、固执偏激、思维方式消极、不善于人际交往,在遇到冲突时更易引发压力。这些特质在特定情况下,在与客观事件相互作用时就会成为压力的根源。中国心理学研究者申继亮等人 2002 年发现,教师职业压力的应对策略与其人格特征之间存在显著相关。(2)行为特征因素。美国心理学家 M. 弗里德曼和罗森曼按性格类型把人的行为分为两类:A 型行为的人时间压迫感强,总想在最少的时间内安排尽可能多的任务,没有耐心,且有很强的竞争意识和攻击性,喜欢用数量测定绩效,自订的工作标准和目标较高,很难处于放松状态;B 型行为的人有耐心,时间压力感不强,闲散时不感到内疚,不强求出人头地。研究发现,A 型行为与压力有较高的相关,比 B 型行为的人压力更大,生活质量也较差,更难处理复杂的人际关系。(3)认知评价因素。美国心理学家拉扎勒斯强调个体对应激的认知评价过程,认为思维、经验以及个体体验到的事件意义是决定压力出现的主要中介和直接动因,压力是否发生以及压力的强度依赖于个体评价与环境之间关系的方式,包括初级评价和次级评价。在初级评价确定事件的危害性后,如果次级评价无法找到足够的应对资源,个体就会产生压力。(4)自我期望过高。自我期望值过高是压力最主要的来源

之一。当教师的教学成果未达到自己的要求,或者外界给予教师的奖励未达到教师期望,教师就会产生压力或心理不平衡。教师自我期望值越高,与现实冲突越激烈,则产生的压力也越大。

职业压力源 教师职业压力源的主要维度有工作负荷、学生因素、人际关系、职业期望等。工作负荷和学生因素是主要因素,其他因素属于中介变量。(1)工作负荷。教师工作负荷是教师职业主要的压力因素。教师除课堂教学外,还有大量准备性和辅导性工作,还要用大量时间和精力进行课后辅导和作业批改。班级集体授课与因材施教的矛盾,以及如何引导富有主观能动性和创造力的学生,也增加了教师的工作负荷。这使教师工作负担过重成为一个普遍的现象。中国的有关研究还显示,考试压力也是影响教师工作负荷的重要因素。(2)人际关系。教师的人际关系较复杂,教师既要处理好与学校领导、学生家长、学生的关系,还要处理好教师之间的关系,以及与家人的关系等。教学中的竞争、教育理念的不同、人格特征的差异、领导的不恰当批评、学生家长的不信任以及家庭成员的不理解等,都会使教师有一种无形的压力。长期处于人际关系紧张状态,会令人心情沮丧、烦恼抑郁,影响身心健康。(3)职业角色特点。角色是指处于一定地位的个体,依据社会的要求,运用主观能力适应社会环境所表现出的行为模式。角色具有强烈的社会性,必须符合社会期望。每种职业都有其特定角色,具备应有的角色特点是个体社会化合理的重要标志。教师职业角色的特点主要是其角色的多重性和易混性。教师扮演着模范代表、知识的源泉、法官与裁判、家长的代理人、团体的领导者、心理工作者等多种角色。角色的多重性使得教师对角色的定位变得困难,在诸多角色中难以弄清该扮演哪种角色,有些角色则互相冲突,致使教师无所适从,无法获得明确的角色期望,教师的自我定位与自我同一产生困难,导致产生心理压力。(4)职业角色期望。教师角色期望是指社会上其他人对教师角色行为的规范要求。教师角色期望来自多方面,有来自学生及其家长,还有来自社会的。来自各方面的各种角色期望对教师行为和心理产生明显的影响和规范要求。一方面,社会对教师的期望和要求高,认为教育的成败关系未来社会的发展,社会各界都关注教师的工作质量,往往将教学中出现的各种问题归咎于教师,给教师带来很大压力;另一方面,家长对教师的期望和要求高,中国的家长普遍重视子女教育,独生子女家长更是如此,他们把希望寄托在子女身上,望子成龙心切。家长对子女不切实际的高期望给教师带来巨大的心理压力。

教师职业压力症的矫治与预防

矫治 教师职业压力症可采用五种方法进行矫治。(1)宣泄与放松训练。可以采用系统脱敏疗法和渐进松弛疗法。教师可以在家里或学校休息室进行,平时感到紧张或焦虑时可以深呼吸,或进行肌肉放松训练。当压力很大、愤怒、焦虑时,可以找一个合适的场合和时间充分发泄,释放心中的不安和不满。(2)支持疗法。对教师表示关心,提供适当支持;调整教师对目前不良状态的看法,改善目前心理问题;深入分析和充分利用周围各种资源;对教师进行适应方法的指导,与教师一起分析,找出应对目前危机的恰当方法。(3)精神分析疗法。教师产生职业压力症,多因内心欲求不满,通过精神分析,如梦的解析、自由联想、催眠疗法,可以了解教师的潜意识动机、欲望及精神动态,探讨深层心理,协助教师增进对自己心理的了解,进一步改善适应困难的心理机制。(4)认知矫正。所有情绪和行为反应都与个体对人和事的看法有关,矫治教师职业压力症的关键在于改变教师的原有认知结构以及对现实中一些事情的评价,矫正认知偏差,从而根据价值观念调节生活方式、人际关系等,能从乐观的角度考虑周围事物,形成良好的认知方式。(5)社会生态学方法。教师职业压力症由教师与环境(家庭、领导、同事、文化群等)之间错误的相互作用引起。其矫治应从教师生活的环境入手,包括家庭气氛的改善、学校管理的配合等,通过改变教师生存的生态环境和教师自身情况,实现教师与环境之间积极的相互作用,从而促进教师对环境的良好适应。

预防 教师职业压力来自社会、学校、教师自身以及职业特征。改善外界客观因素,社会、学校各方面采取适当措施,是缓解教师压力的前提;教师自身主动采取一些预防措施缓解压力、保持健康心态,是预防产生教师职业压力症的根本。

教师个人努力体现在如下几方面。(1)劳逸结合,加强体育锻炼。生理疾病既是教师职业压力带来的不良后果,也是教师职业压力的重要来源之一。锻炼身体不仅可以让教师劳逸结合,身心得到放松,还可以消除压力反应中产生的荷尔蒙、葡萄糖等物质,促进教师生理健康。锻炼又是一种精神娱乐法,可以分散教师注意力,让教师从情感或身体紧张中放松下来,有利于身心健康。(2)改变行为特征。许多教师具有 A 型特征,缺乏耐心、较少放松自己、常有个人中心主义等,改变 A 型行为首先要改变认知领域,以使教师有更多机会尝试新的行为方式。(3)采取积极评价和应对措施。教师可以对压力事件进行重新评价,综合评估自身或周围的应对资源,然后选取有效的应对措施。应对压力有问题取向和情绪取向两种方式,前者通过改变压力事件来减弱压力反应,后者通过改变自己、调整自我而摆脱压力事件造成的压力影响。

学校的解决方案包括:(1)开辟教师专用的静养、休息室,以及专用研究室,以减少对教师身心的干扰。教师由于工作繁重,需要一个在课间得到暂时休息、能静下心来工作的场所,这对教师身心放松、专心工作是必要的。(2) 提供心理咨询与辅导。建立教师心理咨询和心理援助机制,提供合适的压力疏泄途径和心理辅导。心理咨询与辅导通过促使教师转变认知、情感、态度等,较好地解决其工作、生活、人际关系、发展中的心理问题。(3) 提高教师修养水准。加强对教师继续学习的领导,加强思想政治工作,不断提高教师对教育工作重大意义的认识,使教师更加热爱教育事业、热爱学生,提高工作兴趣和积极性,以乐观态度对待人生,以积极、认真、负责的态度从事教育活动。(4) 加强对教师的支持。包括精神支持和物质支持,具体表现在优化学校人员配置、改善工作条件、通过管理机制为教师提供更多时间、支持教师的教学以及对教师的劳动予以认可和积极评价等方面。(5) 改进学校管理。改善学校教育气氛和环境,为教师教育教学活动提供信息、资料、进修体制等方面的支持;学校组织、行政机构主动倾听教师要求,加强教师群体间的沟通和交流;采用民主化管理,使教师有机会参与学校管理,提高教师的决策度,以提升他们的成就动机水平和自尊水平。

社会支持系统方面,除学校之外,学校所处的社会大环境采取的某些措施,对于缓解教师压力也非常必要,例如提高教师的社会地位和经济地位、减少班级人数、教学改革中倾听教师意见等,都可以有效预防教师职业压力症的出现。

参考文献

陈明丽,等.国外关于教师职业压力的研究[J].福建师范大学学报(哲学社会科学版),2000(3).

明庆华.试析教师的心理角色及其冲突[J].湖北大学学报(哲学社会科学版),1998(2).

朱从书,申继亮.中小学教师职业压力源研究[J].现代中小学教育,2002(3).

(史玉军　徐光兴)

教师专业成长(development of teachers' expertise) 走上工作岗位的新教师逐渐成为专家型教师的过程。认知心理学家采用观察和比较专家与新手解决问题的方法,揭示专家在解决问题过程中的知识结构特点。20 世纪 80 年代后,这种方法被用来研究优秀教师的知识结构特点,优秀教师被看成是专家型教师(expert teacher),专家型教师一般指教龄 5 年以上、教学表现突出的教师。主要采取以下方法界定:一是通过学生成绩,即用标准化测验研究学生在一定时期(如 5 年)内的增长分数来认定,如果某位教师所教学生的增长分数在一定地域范围内位居前 15% 位,则该教师可视为专家型教师;二是通过学校领导认定,即学校领导根据教师的教学表现和专家型教师的一些特征来认定;三是

通过观察教师教学的方法,如研究者对学校领导提名的教师再通过深入进行教学观察来认定。评定专家型教师的基本标准有两条:一是学生学业成就,主要表现为学生对学科知识的深度表征和理解,有更强的学习动机和更高的自我效能,学业成就更高;二是教师的教学行为。

专家型教师与新手教师的教学行为差异及其成因

教学行为差异　专家—新手比较研究是认知心理学家研究专门领域的知识时经常采用的方法。其研究步骤大致分为三步:选出某一领域的专家和新手;给专家和新手提出一系列任务;比较专家和新手完成任务的方式和表现。可以把教师教学分为教学前、教学中和教学后三个阶段。国外心理学家对专家型教师与新手教师在教学三个阶段上的差异进行广泛研究,主要取得如下研究结果。

对专家型教师与新手教师的课时计划进行分析,结果表明:(1) 专家型教师的课时计划简洁,新手教师的课时计划具体、翔实。如专家型教师的课时计划突出课的主要步骤和教学内容,而新手教师在计划教学时大多考虑怎样呈现教学内容、怎样针对具体问题设计方法、怎样安排课堂活动等。(2) 专家型教师在计划教学时表现出一定的预见性。他们会在头脑中形成包括教学目标在内的课堂教学表象和心理表征,能预测执行计划时的情况,新手教师则不能。(3) 专家型教师能根据学生的先前知识来计划教学,在实施教学时,还会根据学生的需要适当改变教学计划,而新手教师制订教学计划时不会考虑学生的先前知识,且教学的实施完全按照教学计划进行,不会随课堂情境的变化而改变教学计划。

教学过程中的差异表现在:(1) 课堂规则的制定与执行。如专家型教师制定的课堂规则明确,他们会在学期初将课堂规则告知学生并予以解释,新手教师的课堂规则较为含糊,不能有效地向学生明确和解释课堂规则;专家型教师知道课堂规则可以通过练习和反馈来习得,他们会不断地系统地暗示学生课堂所需要的行为表现,新手教师则不会;专家型教师能坚持执行课堂规则,在教学中即使受到干扰也不予理会,而新手教师往往会离开教室。(2) 吸引学生注意力。专家型教师有一套完善的维持学生注意的方法。如运用声音变化、躯体语言和行之有效的管理策略来预防学生注意力分散、激发学生学习动机和控制学生注意力。新手教师则缺乏有效的方法,当学生出现分心,整个教学秩序将被扰乱时,新手教师往往会中断教学,采取呵斥等方法批评学生。(3) 呈现学科内容。专家型教师能意识到先前知识与新知识的联系对于学习的重要性,在开始教授新知识时会回顾相关知识,新手教师则直接教授新知识。(4) 课

堂练习。专家型教师将练习看作检查学生学习的手段。在学生做练习时，他们会在课堂上巡视检查学生的作业情况，关心学生是否掌握所教知识，为学生的练习提供恰当反馈。新手教师则把练习作为教学环节之一，对课堂练习的时间把握不准，对练习无系统反馈。（5）教学策略的运用。无论是在提问策略、反馈策略，还是在对学生线索的处理策略上，专家型教师都比新手教师拥有更多恰当的策略。专家型教师对学生的提问比新手教师多，学生获得的反馈机会就多，学习更加精确的机会也就越多。在学生作出正确回答后，专家型教师会再提出问题，促使学生深入思考。对于学生错误的回答，专家型教师相对更易针对同一学生提出另一个问题，或给出针对性反馈，告诉学生是问题解决过程中的哪一步骤导致错误，新手教师则简单反馈答案的正确与否。

教学评价的差异。专家型教师与新手教师对自己教学评价的焦点不同。专家型教师更多的是谈论学生的学习需求、教学目标的实现情形，更关注学生对新材料的理解、对完成教学目标有影响的活动。新手教师更多的是评价自己的教学是否实现预定的教学目标、学生在课堂中的参与情况。

教学行为差异的产生原因　专家型教师有着卓越的教学行为，因为他们拥有更丰富的知识，且这些知识易提取，是相互联系的。专家型教师的知识是在多年教学实践中获得的，不仅有理论知识，还有实践知识。

专家型教师在其所属的领域和特定的教学情境中表现卓越。专家的知识和认知是情境性的，对教师的评价也应基于情境，即在课堂教学中进行评定。

专家型教师在重复的教学事件上表现出自动化的教学技能。专家型教师认识到在教学中形成常规的重要性。教学常规这种自动化的教学技能可使教师分配更多的认知资源去处理教学情境中更复杂的因素。专家型教师也因此在教学中比新手教师更熟练、更频繁地运用常规。

专家型教师在进行教学问题解决时，往往对教学任务的需要和教学的社会情境更敏感。如，对学生这一教学的社会情境要素，专家型教师在解决问题时不仅要了解学生的人数、性别，还要了解学生的能力、经验和背景，并且在实施教学中还会运用教学线索进行思维决策，依据教学情境作出更多的变动，如学生的表现、学生的参与程度、学生对任务的喜好、学生阐述时的语气、学生的感觉等。而新手教师只能依据学生的言语陈述。表明专家型教师拥有更多的事件知识和案例知识。

专家型教师与新手教师相比，在教学中表现得更灵活。课堂事件的即时性和不可预测性要求教师能够对这些事件很快有所反应，需要教师即兴发挥。专家型教师是成功的"即兴表演者"，他们不仅具有教学的一般图式，还具有更精致的教学图式，能在教学中根据学生的行为表现出更多的灵活性。

专家型教师与新手教师在教学问题的表征上有质的不同。专家型教师对问题的理解更深入，在分析和解决教学问题时，能运用更多有关教学的原则、学生认知和学习的知识，这是对问题的一种深层的表征。新手教师在分析和解决问题时则显得简单、肤浅。对问题表征的不同，说明专家型教师拥有更多抽象的、概括的知识。

专家型教师具有快而准的模式再认能力。面对众多复杂的教学事件，新手教师不能同时都监测到，通常会报告相互矛盾的教学事件，但很难对它们进行解释。专家型教师在对教学事件的再认和解释上，能知觉到对教学有意义的模式。专家型教师能运用自己的经验和特定的教学法知识对信息进行加工，表现出能寻找事件的意义性，能推论情境与行为之间的关系，能注意到非典型事件等。新手教师则是对信息进行表层的、详细的描述，不能对信息进行解释，不能阐述信息之间的关系。专家型教师解决问题的速度较慢，但他们对于问题解决拥有更丰富的信息。

教师教学的知识基础

最早进行教师知识基础研究的是舒尔曼，他除受专家—新手比较研究的启发外，还对教师教学行为的研究予以批判。他认为，教师行为的研究忽略了教学是一个复杂的活动，忽略了支撑教学技能的复杂的知识结构，并提出教学需要的七类教师知识：（1）学科内容知识（content knowledge），不仅包括具体的概念、规则和原理，还包括其间的联系；不仅包括"是什么"的知识，还包括"为什么是这样"的知识；（2）一般教学法知识（general pedagogical knowledge），指不依赖特定学科内容的课堂管理与组织的一般性原则与策略；（3）课程知识（curriculum knowledge），指对教学媒体与教学计划的熟练掌握；（4）教学法内容知识（pedagogical content knowledge），是教学内容与教学法的结合，是教学领域的专门知识，也是教师职业特有的知识形式；（5）学生及其特点的知识（knowledge of learners and their characteristics），包括个体发展与个体差异方面的知识；（6）教育情境的知识（knowledge of educational contexts），包括小组或班级的活动状况、学区管理与资助、社区与地域文化的特点；（7）有关教育宗旨、目的、价值和它们的哲学与历史背景知识（knowledge of educational ends, purpose, and values, and their philosophical and historical grounds）。舒尔曼揭示，教师要胜任教学，需要上述几种教师知识的支撑，尤其强调教师应具有学科内容知识，认为学科内容知识是教师知识的核心。

格罗斯曼等人 1995 年在舒尔曼关于教师知识分类的基

础上提出对教师知识的认识。格罗斯曼将教师知识分为六类：(1)教学内容知识(knowledge of content)，包括教材内容的知识和教学法内容知识；(2)学习者与学习的知识(knowledge of learners and learning)，包括学习理论和学生的生理、心理、社会性行为、认知及其发展的知识，以及动机的理论及其实践操作技能、学生的个体差异等知识；(3)一般教学法知识(knowledge of general pedagogy)，指课堂组织和管理的知识、教学的一般方法等；(4)课程知识(knowledge of curriculm)，包括某一学科内容中知识点之间的联系与发展的知识、各年级课程发展的知识；(5)情境知识(knowledge of context)，指教师对学校和学生的家庭、学区、地区的了解，也包教师对本地人文环境、历史事件、教育基础的了解；(6)自我的知识(knowledge of self)，指教师对自身的价值观、个性倾向、能力、教育观念、学生观、教学目的的认识。他认为，教学法—内容知识处于教师知识的中心，并与学科知识、一般教学法知识、情境知识相互作用，因为教学法—内容知识是把学科知识加工转化为学习者能理解的表征方式。这一转化过程要求教师对学科有足够的理解，同时具备关于学习者、课程、环境和教学法的知识。

美国教育心理学家加涅的女儿从认知心理学关于知识分类的角度，把教师知识分为三类：(1)高度组织化和精细化的陈述性知识，亦称概念性知识(conceptual knowledge)，指教学领域的一般原则及其联系。包括教材内容知识、教学法—内容知识和课程知识。这些由命题、表象、规则组成的知识构成教师教学的陈述性知识基础。它们不仅包括知识网络结构中的概念、原则及其联系，而且构成教师教学的程序性知识中产生式规则的条件，为某些操作步骤提供产生式的情境和条件、"做什么"的命题等概念化信息。(2)自动化的基本技能系列(automated skill)，指课堂教学在无需教师明显的意志努力下达到流畅、高效的效果。自动化的教学技能亦称教学常规(routines)，即课堂教学步骤的固定模式，如课堂管理和作业检查等。(3)灵活多变、适应性强的教学策略(strategic knowledge)，指教师有效地计划教学，进行课堂教学和评估教学效果时采用的方法与策略，如教学反馈、先前知识回顾等。

研究者一致认为，学科内容知识、一般教学法知识、教学法—内容知识和学生知识对教师教学至关重要。学科内容知识和学生知识在教师头脑中的存储形式是命题、表象、规则；一般教学法知识是自动化的教学技能，其在教师头脑中的存储形式是产生式系统；教学法—内容知识是策略性知识，其在教师头脑中的存储形式同样是产生式系统。

专家型教师的发展阶段

美国心理学家柏林纳1994年根据教学专长的研究资料，将教师从新手发展为专家的过程划分为五个阶段。

新手水平(novice level)　指师范生或刚进入教学领域的教师。在此阶段，教师的任务是学习陈述性知识，如教学原理、教材内容知识和教学方法等，并熟悉课堂教学的步骤和各类教学情境，获得初步的教学经验。

高级新手水平(advanced beginner level)　指有两三年教龄的教师。在此阶段，教师的言语知识开始与经验相融合，教学事件开始与特定知识相结合。他们已经初步意识到各种教学情境有其共性，会运用一些教学策略来调节和控制自己的行为，但是，他们对自己的行为或课堂中教学事件的控制还达不到有意识的程度，不能确定教学事件的重要性。该阶段的教师虽然获得一些关于课堂教学事件的陈述性知识，但其课堂管理与教学活动并不是有意识的，其行为带有很大的偶然性和盲目性。

胜任水平(competent level)　胜任水平并不是每个教师都能达到的。其教学有两个特点：能有意识地选择要做的事；在运用教学技能的活动中，能确定课堂中教学事件的主次。此阶段的教师对教学目标的完成有较强的自信心，但其教学技能仍未达到迅速、流畅与变通的水平。

精通水平(proficient level)　处于精通水平的教师对课堂教学情境和学生的反应有敏锐的直觉力。能从不同的教学事件中总结出共性，形成事件间的模式识别能力，往往能够准确地控制课堂教学活动并预测学生的学习反应。由于这种模式识别能力和反省认知能力的形成，处于精通水平的教师能根据课堂教学进程及学生的学习反应及时调整自己的教学计划，控制自己的教学活动。

专家水平(expert level)　在处理课堂教学事件时，专家水平的教师不是以分析和思考的方式有意识地选择和控制自己的注意力与教学活动，而是以直觉的方式立即作出反应，并轻松、流畅地完成教学任务。研究者称这种知识为动态中的知识或缄默性知识。专家水平的教师会针对不同复杂程度的教学情境，采取不同的处理方式。当不熟悉的教学事件发生时，他们能进行有意识的思考，采取审慎的解决方法；当教学事件进展流畅时，他们的课堂行为就成为一种"反射性行为"。教学经验对教学专长的形成具有重要作用。

教学专长的影响因素

教学经验　柏林纳2004年指出，时间在教学专长发展中具有重要作用。教师至少要用5年时间才能达到教学行为的顶峰，要用10年时间、1万小时的教学时间、1.5万小时做学生的经验，才能够表现出自动化的教学技能，轻松、流畅地完成教学任务，成为专家型教师。澳大利亚学者D. S.特纳1995年研究指出，熟练教师(nonexemplary experienced teacher)需要花2.5年学会教学，模范教师(exemplary teacher)则需要花几乎 4.5 年学会教学。

指导教师的影响　一般教师需要 5 年乃至更多时间才能形成教学专长，而在指导教师的指点下，习得教学专长所花的时间会被更好地利用，在对某教学行为进行有意识地重复练习后，其教学专长会提高得更快。有教师指导和蓄意练习，获得教学专长所需的时间会缩短，或所形成的教学专长会更丰富。

对教学实践进行反思　美国学者 G. J. 波斯纳 1989 年认为，没有反思的经验是狭隘的经验，至多是肤浅的知识；没有反思的经验不能帮助教师很好地成长，教师的成长等于"经验加反思"。反思可分行动中反思和行动后反思。行动中反思是个体有意识地或在潜意识中对与以往经验不符合的、未曾预料的问题情境的重新建构；行动后反思是对已经发生的行为的回顾性思考。行动中反思能让教师意识到自己教学中运用的缄默性知识，并对其进行评价、验证和发展，成为教师的实践性知识。加拿大学者范梅南 1977 年认为，教师的教学反思包括三个水平：技术合理性反思、实践行动反思、批判性反思。技术合理性反思的教师反思自己的教学方法和技巧，关注"怎么教学"、"面临问题时应该怎样处理"等问题；实践行动反思的教师对自己的教学行为进行反思，通过教学行为来分析行为背后的原因，但这种反思往往根据个人的经验进行；批判性反思的教师能够考虑道德的、伦理的标准，并在社会、政治、经济背景下来审视教学问题，往往能够揭露潜藏于这些问题中的意识形态，他们不带个人偏见去关注对学生发展有益的知识和社会环境。

教学专长的情境性　情境认知理论提出后，研究者开始关注教师知识的情境性，并在 20 世纪 90 年代呈现日益增多的特点。情境认知对知识的理解是：知识是个体与社会情境和物理情境互动的结果。知识的运用不仅受其本身规则的制约，还受特定文化、活动和情境的制约；知识随着在每一次新的情境中的运用，其内涵都将发生变化。可以从三个方面来理解教学专长的情境性。其一，教师的知识是对其所处情境的反思结果。这里的情境包括自然情境和社会文化情境。教师教学效能的提高在于理解其所处的教学情境。其二，教师的知识受教学情境的制约。教师所处的一定情境会对教师知识的结构及内容产生影响。柏林纳认为，通过经验积累获得的教学专长具有情境性。他们曾进行一项专家型教师、新教师和志愿者比较的实验室研究，研究过程中，专家型教师表现出愤怒、害怕等不良情绪，有的甚至退出实验，这是因为实验情境由专家型教师所熟悉的课堂搬到了他们认为陌生的实验室。他们在另一项专家型教师、高级新手和新手教师教学计划比较的实验室研究中发现，专家型教师需要更多的时间去熟悉所教的内容、设计相应的教学活动、了解所教的学生。其三，教师知识是变化的。社会文化情境和学生情境的变化会导致教师知识在结构及内容上的变化。

参考文献

皮连生. 学与教的心理学[M]. 上海：华东师范大学出版社,1997.

Leinhardt, G. & Greeno, J. G. The Cognitive Skill of Teaching [J]. Journal of Educational Psychology, 1986.

（杨翠蓉）

教师资格制度（system of qualifications for teachers）对教师实行的特定的职业许可制度。是国家对将要进入教师队伍、准备从事教育教学工作人员的最基本的要求，规定从事教师工作必须具备的基本条件和最低任职标准。教师资格即教师任职资格。教师资格制度于 19 世纪初在工业革命后的西欧各国首先实施。由于当时工业生产发展的需要，各行各业实行行业技术资格制度，教师行业随之也实行教师资格制度。教师资格制度一般从两个方面规定教师的任职资格：一是学历要求或考核合格证书；二是基本的思想修养和职业道德要求。

1993 年颁布的《中华人民共和国教师法》和 1995 年颁布的《教师资格条例》规定了教师资格的分类与适用、教师资格条件、教师资格考试、教师资格认定、罚则等。教师资格一经取得，即不受地域、时间的限制而具有在全国范围内普遍使用的效力，非经法律规定不得丧失和撤销。国家实行教师资格制度，既是提高教师素质的需要，也是建立"公平、竞争、择优"的教师合格人才的选拔机制、提高教师职业的社会地位与声望的要求，且是实行教师聘任制度等的前提条件。这一制度的实行对于加强教师队伍建设，提高教育教学质量，充分发挥教师的积极性，具有重要意义。

教师资格分类　《教师资格条例》规定，教师资格分为：幼儿园教师资格；小学教师资格；初级中学教师和初级职业学校文化课、专业课教师资格（以下统称初级中学教师资格）；高级中学教师资格；中等专业学校、技工学校、职业高级中学文化课、专业课教师资格（以下统称中等职业学校教师资格）；中等专业学校、技工学校、职业高级中学实习指导教师资格（以下统称中等职业学校实习指导教师资格）；高等学校教师资格。

教师资格适用　取得教师资格的公民，可以在相应的各级各类学校和其他教育机构担任教师；但是，取得中等职业学校实习指导教师资格的公民只能在中等专业学校、技工学校、职业高级中学或者初级职业学校担任实习指导教师，高级中学教师资格与中等职业学校教师资格相互通用。

教师资格条件　《中华人民共和国教师法》规定："中国公民凡遵守宪法和法律，热爱教育事业，具有良好的思想品德，具有本法规定的学历或者经国家教师资格考试合格，有教育教学能力，经认定合格的，可以取得教师资格。"

教师资格认定　符合规定的思想政治品德要求、具备《中华人民共和国教师法》规定的学历或者经教师资格考试合格的公民，并不意味着当然地取得教师资格，还必须经过法定机构的认定，方能取得教师资格。

教育行政部门和受委托的高等学校每年春季、秋季各受理一次教师资格认定申请。具体受理期限由教育行政部门或者受委托的高等学校规定，并以适当形式公布。申请人应当在规定的受理期限内提出申请。申请人申请认定教师资格时，应当提交教师资格认定申请表和下列证明或者材料：身份证明；学历证书或者教师资格考试合格证明；教育行政部门或者受委托的高等学校指定的医院出具的体格检查证明；户籍所在地的街道办事处、乡人民政府或者工作单位、所毕业的学校对其思想品德、有无犯罪记录等方面情况的鉴定及证明材料。教育行政部门或者受委托的高等学校在接到公民的教师资格认定申请后，应当对申请人的条件进行审查；对符合认定条件的，应当在受理期限终止之日起30日内颁发相应的教师资格证书；对不符合认定条件的，应当在受理期限终止之日起30日内将认定结论通知本人。对于非师范院校毕业或者教师资格考试合格的公民申请认定幼儿园、小学或者其他教师资格的，应当进行面试和试讲，考察其教育教学能力；根据实际情况和需要，教育行政部门或者受委托的高等学校可以要求申请人补修教育学、心理学等课程。依照《中华人民共和国教师法》和《教师资格条例》的规定，经认定合格后，由教育行政部门或者受委托的高等学校颁发国务院教育行政部门统一印制的教师资格证书。教师资格证书终身有效，且全国通用。随着社会对教师专业发展要求的提高，教师资格的再认证制度已被提出并得到肯定。

罚则　教师担负教书育人的神圣使命，国家对教师的思想政治素养、道德品质应有严格要求。《中华人民共和国教师法》规定：受到剥夺政治权利或者故意犯罪受到有期徒刑以上刑事处罚的，不能取得教师资格；已经取得教师资格的，丧失教师资格。《教师资格条例》中，对有下列情形之一的，由县级以上人民政府教育行政部门撤销其教师资格：弄虚作假、骗取教师资格的；品行不良、侮辱学生，影响恶劣的；被撤销教师资格的，自撤销之日起5年内不得重新申请认定教师资格，其教师资格证书由县级以上人民政府教育行政部门收缴；参加教师资格考试有作弊行为的，其考试成绩作废，3年内不得再次参加教师资格考试。

参考文献

　　劳凯声，郑新蓉.规矩与方圆——教育管理与法律[M].北京：中国铁道出版社，1999.

（穆　琳　余雅风）

教师作为文化与政治实践者（teacher as actors in culture and politics）　西方新教育社会学对教师角色的定位。新教育社会学的重要命题之一。重新定位了教师工作的性质，认为教学是一种知识分子的劳作，区别于单纯的工具主义和技术中心的劳动；讨论教师工作的条件，以及作为知识分子的教师进行教学所必需的意识形态条件与制度基础；呼吁教师在教学工作中不仅要关注、表达甚至生产不同的政治、经济和社会群体的价值与利益，更重要的是使之合法且正当，担负起作为价值承担者的政治责任。该命题启示教育的政治性与政治化教育，关注教育如何建设一个民主社会，落实在特定的社会与文化情境中的课堂、建构中的课程和日常的师生互动中，即指教师如何身体力行地培养好公民。

巴西教育家弗莱雷借用意大利新马克思主义代表葛兰西的"有机知识分子"（organic intellectuals）概念来定位教师工作。新教育社会学学者吉鲁和麦凯伦用公共知识分子和转换性知识分子来定位教师。

教师作为文化与政治实践者的理论基础

批判性话语与教育的政治性　批判性话语是新教育社会学重要的理论特点。新教育社会学兴起于20世纪80年代的英国和美国，其对传统的教育理论和教育实践持批判性态度。批判性话语始于对传统教育理论所回避的问题的研究，即学校教育是否与政治有关。传统教育理论认为，学校教育具有非政治化特征，学校是与价值无关的场所，是工具性知识与技能的训练场。实证主义主导的教育研究与教育管理更是只强调教师对教学技术的掌握，认为教师应精通如何将知识传递给社会。批判教育理论则指出，这套看似价值无涉的工具性话语有效地再生产了资本主义意识形态并使之合法化。

西方人文主义者坚持，教育最重要的目的是赋权于个人和社会，批判教育理论则通过翔实的经验研究和理论分析指出，教育为工人阶级与其他被压迫群体所提供的社会流动非常有限，教育致力于培养资本主义生产所需的驯服的生产工具，传递维持资本主义统治所需的品质与制度，学校教育是再生产资本主义生产关系和使统治集团意识形态合法化的有力工具。传统教育理论坚持认为学校传递客观知识，批判教育理论则指出，通过知识传递过程中的选择与排斥，学校传递的是统治文化和特权话语。知识即权力，统治文化通过选择教育模式、课程与教学中的理性与技术，以及校园中的社会关系与生活经验，将统治阶级的意识形态与文化渗透到学校教育中。批判教育理论甚至认为，学校不仅培养、褒奖来自统治阶级的特权学生，而且排斥和羞辱来自被支配群体的学生，否定其历史、经验与梦想。故教育具有浓厚的政治性,国家通过教育中的选择机制、文凭政策和文化霸权,将特定的统治群体的意识形态渗透到学校中。批判教育理论同时指出,教育决不止于作为一种统治工具,学校中的知识不止于作为资产阶级的意识形态;教育培养的不止于资本主义生产所驯服的劳动力,学校也不止于作为社会再生产的机器。

可能性话语与政治的教育化　弗莱雷最早将"批判性话语"与"可能性话语"联系在一起。他提出,可能性话语即希望与解放,学校教育不仅是统治阶级进行统治的工具,更是被统治阶级用以寻找自我、获得解放的重要阵地。其理论意义有五方面。

消解经济决定论,重新理解教育系统。马克思对教育与政治关系的探讨强调经济基础的决定作用,美国经济学家鲍尔斯和行为科学家、教育家金蒂斯合著的《资本主义美国的学校教育》是这一思想的代表作。再生产理论对教育系统的解释虽然犀利,但陷入物质决定论。批判教育理论虽深受马克思主义启发,但不满于后者的经济基础决定论的简单化与机械化,认为很多重要内容被忽略。随着女性主义、后结构主义、后现代主义、文化研究等理论的出现,新的话语、新问题和新价值形成,建立了对抗与斗争的新形式,教育系统被赋予新的重要角色。

挖掘权力的概念。法国哲学家福柯等人只强调权力作为一种压迫机制的负面作用,强调国家机器、生产关系、文化霸权等权力载体对人的制约和压迫。但权力也是一种肯定性力量,还是人们抵制、斗争和为建设一个更好的世界作各种努力的基础。弗莱雷虽指出社会结构的刚性,但更强调行动者的能动性,在能动性层面,权力的积极性被挖掘,学校不是一个被动适应社会的机构,而可以成为改革社会的阵地,教师可以成为转换社会的先锋。

扩展统治的内涵。弗莱雷丰富并超越了马克思的分析,他深入剖析了统治概念的复杂性和动态性,认为统治绝非仅有阶级统治,压迫也不能简化为阶级压迫。社会包括多种冲突关系,如性别、种族甚至年龄歧视,抵抗和斗争的形式和途径亦多样化。统治内涵的扩展与抵制形式的多样,为政治进入教育领域开辟了空间。

教育中人的再发现。弗莱雷超越批判教育理论之处在于,后者只看到政治的逻辑和经济的逻辑,弗莱雷则致力于人的自我发现和自我确认过程,即人对所处的历史与文化的发现和重新确认,这个过程同时也是人的解放过程,不仅从政治与经济的种种限制中解放出来,也从知识及其背后的权力制约中获得解放。教育在此获得新的意义与表达。

教育即为文化政治实践。弗莱雷认为,学校不仅是教育的重要场所,还是不同文化和经济群体之间竞争角逐、协商整合的重要领地,其中充满知识、权力与统治多重关系之间的紧张状态。在教育中,权力获得彻底的表达,意义、愿望、语言、价值在此生产,人与美好社会的含义也在此表达。教育是一项文化政治事业,超越当下特殊政治信条,同时衔接个体与社会的解放的最深层面。

教育将批判性话语与可能性话语有机结合在一起。民主斗争与改革渗透在学校日常生活中,故教师的工作是扮演双重角色,即批判与转换。吉鲁将学校定位为民主的公共空间,教师则为转换性的知识分子。

教师作为文化与政治实践者的实践内涵

学校的政治话语:民主的公共空间　教育的目的是为民主的社会培养有文化、有批判精神、有社会责任感、有道德担当能力的自主的公民。学校是一个民主的公共空间,学生在学校学习建设一个自由、民主社会所必需的知识与技能,学习从事社会政治事务的话语与技能。吉鲁剖析了民主的两个层面。一是批判性层面,运用民主理论剖析既有的学校教育实践中的种种障碍与弊端,即知识、学校组织、教师意识形态与师生关系中的背离民主之处。二是理想层面,民主呼吁教师与管理者都成为转换性知识分子,致力于发展和实践一系列反霸权的教育学与教育实践;要求赋权于学生,不断增强学生的自主能力,通过传递知识和培养技能,使学生成为批判性的行动者而进入社会。教育本身亦成为转换性实践,教育中的民主不局限于学校内部,而是为更大的政治空间和社会领域的民主而努力。学校中的民主有两个范围,其一在学校内,教师与学生在知识的传递、心灵的启迪与精神自由的探索中体验民主;其二是超越学校,教师与学生都在教育中抗争社会所施加的"压迫",学校是斗争的重要场所,学校中的民主不仅是教育斗争,同时也是政治斗争与社会斗争。

解读文化:将政治寓于教学　文化虽与权力高度相关,但文化无高低贵贱之分,学校教育传递的文化不能仅是统治阶级的文化,更应该发现与培育被压迫群体的文化认同。

教育中的文化政治实践是指将政治目的融入学校教育,在教学的文本分析中,在学校生活的组织与规范中,在学生愿望的激励与知识的生成中,将个体所可能承受的压迫降至最低。教学的一个重要任务是释放记忆,即引导学习者对其生命历程中所遭遇的重要事件进行再记忆。在时间维度,挖掘既往的经验与记忆,以此把握学习者身处的历史境遇;在空间维度,在主流与边缘的对话中感受文化的多样性。教学中对记忆的尊重即对学习者所处的社会文化的尊重。学习者不仅是具体的人,而且是承载历史文化的人,而不是被隔离、被支解的认识机器。个人亦获得真正的文化认同与身份认同。释放记忆意味着尊重教育中的人及其历史殊异性和文化殊异性,意味着在一个开放、反思与"去中心"的论域中,人对自身、他人、社会、历史与文化获得新的发现和新的确认。释放记忆代表人们不再受制于统治话语与话语统治，人们不仅对压迫说"不"，同时在寻找和确定新的自我。

个人、个人的记忆、记忆的对话与记忆的挖掘成为教学的重要内容，不同的个体因权力关系所处的位置不同，通过不同形式的意象、文本、谈话与行动，生产不同的知识与意义。文化工作者、教师和学生藉此塑造个体与集体的未来。教学置身于具体的社会、政治与文化脉络，凸显其情境性与政治性；教学是一种论述实践，是一种充满可能性、需要全力投入的未完成的话语，与人类的尊严、自由和社会正义相关。

教师：转换性知识分子　学校作为民主政治空间的基石是，教师与教育研究者被视为知识分子，在特定的工作条件下执行特殊的社会与政治职能。葛兰西的"有机知识分子"概念要求教师清楚自己的社会位置与文化资源，深入挖掘其中的教学资源，既深植于社会位置，又超越具体位置的限制。被压迫者出身的教师不应做统治阶级的帮手，而应自觉坚持作为被压迫者的文化代表与社会代表的立场。

作为文化政治工作者的教师应清醒地审视且重建其工作环境和观念形态。在当代社会，学校奉行管理至上、绩效中心的原则，教师工作面临"低价值化"和"低技能化"的现实。教育中过于强调教师仅作为技术专家，即只注重执行任务、管理课堂、传递课程、评估分数等教学技术；教育政策和课程大纲的制订中，教师的意见被排斥，教师只是规则的执行者和教案的实施者；学校管理中，严厉的聘用制、绩效中心的评价机制、高竞争的人际关系等导致教师求稳保守、怕担风险的职业态度；教师失去对课程的设计权，在僵化的教材和外来专家与管理部门的评估下，教师无法自主工作。美国教育理论家阿普尔1986年指出，当教学课件在学校盛行后，教师即被剥夺了最重要的工作技能，教师工作面临"普罗化"的境遇。

作为文化政治工作者的教师还应和学生一起清醒地审视隐藏在课程、校园惯习和学校制度中的种种不合理，美国教育学者堪坡以案例剖析了教师在课程教学和学校生活中的可为之事。(1) 改霸权为反霸权。传统学校通过激烈的竞争、成就奖励、规训实践、刻板印象、性别区隔等策略传递霸权，教师的文化政治实践意味着教师与学生一起反对霸权，使被霸权驱逐的知识重返学校，同时融合一切抵抗性文化，譬如嬉皮、摇滚或其他亚文化等。在行动中将"偏差"转换为"抵抗"，"偏差"指基于承认和维持既有制度与秩序，视不符合规范的行为为偏差，抵抗则是从根本上挑战不合理的秩序，并以实践建立新秩序。(2) 在价值观念上，改自我中心的个人主义为尊重他人的新个体主义。个人主义强调努力工作、自我训诫、自我实现，易滑向自我中心，缺乏反思能力，自大狂妄等，导致学校教育中的功利主义成就观。教

师的文化政治实践则意味着引导学生在尊重自己的同时，学习发现并尊重他人，教学中倡导学生积极竞争、共赢同进。(3) 在师生关系上，改控制为民主。传统学校是一个高度控制分类的场所，由标准化的课程、严厉的制度结构、自上而下的科层制度、严格的时间限制等组成学校的高控制机制，赋予现代学校权威的本质。教师的文化政治实践要求重新思考权威的概念：教师需要放下权威的姿态，同学生一起分享知识，权威是双向的和动态的，要将学校建设成一个开放、民主的旨在追求真理的公共空间。(4) 作为知识分子，教师既是反思性的也是行动性的。教师用知识和技能赋权于学生，警醒社会的不公正，且批判性地建设一个免于压迫与剥削的新世界。教师并不仅止于关心个体的成就和学生的生涯发展，更关注学生的自主，即批判性地阅读世界，必要时有改造社会的姿态与能力。(5) 作为文化实践者，教师必须深知教育的重要性在于塑造公共空间，教师对情境有高度的理解，在教学中能因时因地制宜，而非墨守成规。教师在课程建设和教育政策的制定中具有重要责任。教师还是重要的协调人，善于在不同群体和不同文化之间做沟通与理解工作。教学是独特且有权力的公共资源，教师因此承担建设一个更好的社会而奋斗的责任。

教师作为文化与政治实践者这一命题具有三个启示。其一，在教育与社会的关系上，超越了教育再生产理论，认为教育不再仅是被动地适应社会，教育是建设民主社会的一个创造性的动力机制。在此议题下，有现代主义与后现代主义两种话语，现代主义话语主张教育是培养民主社会的好公民，突出其中的民主，突出学生的批判能力与反思能力；后现代主义话语强调人的主体性与人的历史特殊性，凸显其中阶级、性别、种族的差异，分析的视角也从文化的差异性(有中心与边缘的贬抑)转变为文化的多元性(突出平等性与开放性)。在此情境中使人真正达到对自我、对时代的理解。其二，在行动者与社会结构的关系上，与结构功能主义者强调社会结构的决定性不同，强调作为行动者的人的能动性，既清楚地认识到结构对人的限制，又通过文化政治实践超越结构的制约。表现为教师在教学中启示学生进行文化反思与政治对话，以及教师对自身所处的工作情境的反思。其三，在具体的教师工作情境中，在国家权力和市场逻辑的控制下，教育中盛行工具主义与技术中心的话语，教师作为文化与政治实践者，是在"教"的技术性主宰之下突出负有"育人"的责任，教师作为知识分子负有价值承担的责任、社会关怀与政治抱负，这是对教师的"普罗化"与教师工作的低价值化、低技能化的重要纠正。

参考文献

Apple, A. Teachers and Texts[M]. New York：Routledge & Kegan Paul, 1986.

Freire, P. Teachers as Cultural Workers: Letters to Those Who Dare Teach[M]. Boulder: Westview Press,1997.

Giroux, H. A. Pedagogy and the Politics of Hope: Theory, Culture, and Schooling[M]. Boulder: Westview Press,1997.

Giroux, H. A. Teachers as Intellectuals: Toward a Critical Pedagogy of Learning[M]. Mass: Bergin & Garvey, 1988.

Kanpol, B. Critical Pedagogy: An Introduction [M]. Mass: Bergin & Garvey, 1999.

（刘云杉）

教授治校（faculty governance）　　西方高等学校的管理思想和管理实践。指通过大学的宪章、规程及一定的组织形式，由教授执掌大学内部全部或主要事务尤其是学术事务的决策权，决定学校的方针大计，对外维护学校的自主与自治。教授治校在西方高等学校由来已久，随着时代的发展，逐渐演化为西方高等学校管理的基本模式。

教授治校的产生和发展

教授治校作为一种管理模式起源于 12 世纪西欧的大学。为了与教会的神权和世俗的王权相对抗，维护自身权益，在被誉为"西方大学之母"的法国巴黎大学，教师们仿效中世纪城市手工艺人自治的管理方式和中世纪神学家本尼狄克的修道院制度，自发地联合起来，成立以教师为主导的教师行会。与本尼狄克派（亦称"本笃会"）修道院的决策方式相对应，通过教师行会，中世纪大学在神学、法学、医学和文学各个学部建立了由本学部所有成员组成的协商性团体，共同决定内部事务的处理方式，包括制定学术发展政策、选举校长、挑选学生、设立课程、选择和聘任教师等，由此形成西方大学"教授治校"的传统。此后，英国牛津大学由各学部所有成员组成的"教职员全体会议"（Great Congregation）和剑桥大学包括所有教师的"评议院"（Regent House），也基本体现了这一传统。

宗教改革运动之后，宗教改革家加尔文在日内瓦建立了政教合一的共和国。1559 年，他创办日内瓦学院（日内瓦大学的前身），将选择教授及校长的权力委托给日内瓦的牧师，校外人士因此取得管理大学内部事务的权力，形成现代大学董事会制度的原型，建构了由校外董事执掌大政方针、大学教授管理学术的大学管理模式。1575 年建立的荷兰莱顿大学、1583 年建立的苏格兰爱丁堡大学以及剑桥大学的伊曼纽尔学院都以日内瓦学院为蓝本，沿用其管理模式。这种模式后又传到殖民地时期北美大陆的哈佛学院及其他学院，逐渐演化为美国大学管理的普遍模式。

19 世纪以后，随着柏林大学的建立，"教学自由"与"学习自由"的理念盛行。在这种理念的倡导下，大学教授能够自由地教学、探究和发表见解，与学生一起享有在研究中避免行政强制的特权。为了有效地保障教授与学生的自由，德国大学建立起最基本的教学组织形式——讲座制度。主持讲座的教授对各项学术事务拥有终身管理权，能独立确立学科发展的基本方向，聘用学术与非学术人员，选择教学内容和研究课题以及支配经费的使用等。在德国大学的倡导下，教授治校模式及其优势得到充分发挥，一度成为许多国家效仿的榜样。

20 世纪特别是第二次世界大战以后，随着社会经济、政治和文化的发展，尤其是民主思潮的勃兴，大学的中、初级教师和学生及非教学人员要求参与学校管理的诉求与日俱增。最为突出的表现是在 60 年代末世界性的大学生运动中，学生要求在大学管理中占据一席之地。自此，西方大学开始吸纳中、初级教师和学生以及非教学研究人员参与学校管理。如法国，1968 年富尔改革大学行政委员会，1984 年萨瓦里改革大学的行政委员会、学术委员会和生活委员会，都广泛吸收学校各层面人员参与。伴随高等教育需求的不断增长，高等教育规模迅速拓展，对公共财政的依赖也随之增强。各国政府和公众都要求大学特别是一些公立高校对经费的使用方式及绩效作出解释。高等教育不再像以前那样被认为仅仅是学术人员的事情，无论对个人还是对社会，都将产生深刻影响。各国政府和社会都加强对大学的控制与渗透。另外，高等学校规模庞大、头绪繁多、功能复杂，过去靠少数学术人员进行管理的状况已难以为继，行政管理开始呈现专业化趋势。由此，教授在大学管理中的权力受到不同程度的削弱与限制，"教授治校"逐渐演化为"共同治校"（shared governance）。

教授治校的运作模式

基于历史传统、文化背景及组织结构和学术运作方式的不同，教授治校在各国大学有不同的形式，大致可以分为欧陆模式和英美模式。

欧陆模式　与中世纪大学的传统相联系，欧陆模式以教授掌握大学全部决策权为基本特征。以德国、法国和意大利等为典型代表。其特点：教授在学科、专业领域拥有特权，教授集体在学校教授会、评议会中享有对学校事务的发言权。

德国大学以讲座（chair）为基本的教学与研究组织。讲座教授拥有对教学、研究、招生、人事和财务等的绝对权力，"教授备选资格"（Habilitation）获得者及助教都必须听命于讲座教授。讲座之上是学部，其决策机构是由全体讲座教授组成的教授会。教授会除了负责总体课程安排、考试和学位授予事宜之外，还负责向教育部长推荐空缺讲座职位的候选人和教授备选资格获得者。学部名义上的行政官员是学部长，每年从教授会中轮流产生，主要负责处理日常行政事务,权限很小。学部之上是大学,其决策机构是评议会(亦称小评议会)。评议会由学部长和教授代表组成,主要负责有关大学办学的重要事项和制定学校章程及规则(如学位授予规定、教授资格评定规定等)。此外,大多数学校还有一个由全体教授和其他教学人员代表组成的大评议会(亦称校务委员会),主要职能是选举大学校长。

法国于 1806 年进行高等教育改革,学部成为大学系统的主要构成单位。尽管学部之下设有讲座,讲座中也包括教授、副教授、讲师和助教,但讲座的主要任务是教学与考试,基本上不享有和控制教育资源。而在学部,教授作为一个整体单位组成学部理事会,同时与副教授共同组成评议会。学部理事会负责分配教育部拨给的经费,并与中央的大学咨询委员会共同确定空缺讲座的候补人选,评议会则主管课程事务以及向教育部提交学部长的候选人名单。学部长由教授担任,任期 3 年,一般都连任。许多学部长的任期在 10 年或 10 年以上,具有相当大的权力。学部之上是大学,其决策机构是大学理事会,包括学部长、每个学部的 2 名教授、附属学院的院长及 4 名校外人士。大学理事会权限较小,大学内几乎所有的事务都由学部和学部长负责。

英美模式　英美模式以校外董事和大学教授共同执掌大学决策权为基本特征。以英国和美国为典型代表。其特点:由校外人士组成董事会(或理事会),制定学校的大政方针和资源分配原则;由大学教授组成评议会,行使学术管理权力。在这种二元管理结构中,尽管董事会对大学事务拥有最终决定权,但大学的学术政策,如教师的聘任、新课程的设立等一般由大学教授决定,董事会根据教授的提名或建议行事。

从爱丁堡大学建立伊始,英国大学一直深受校外人士的影响,校外人士在大学校务委员会和理事会中占绝对优势。19 世纪上半叶,伦敦大学学院开始出现评议会,并逐渐形成由校外人士和本校学者共同参与的大学管理模式。英国大学决策机构主要包括校务委员会、理事会和评议会。校务委员会是形式上的最高权力机构,其规模50～600人不等,平均250人,主要包括社会名流、市政官员、各种协会和组织的代表以及校友、教师和学生代表,通常一年举行一次会议,以便与社会保持必要的联系。理事会是实际上的决策机构,平均规模约 30 人,其中绝大多数为校外人士,主要职责是筹措经费、制订计划和维修设备。评议会通常由大学全体教授、非教授的系主任和一些当然成员组成,是英国大学唯一直接与各学院和学系发生关联的管理机构,享有制定大学学术政策的全部权力。

早在殖民地时期,美国的哈佛、耶鲁等学院就建立起董事会管理制度,由校外人士执掌学院的决策权。随着教师职业的专门化和学术管理的复杂化,教授在学校中的权威和地位提高,迫使董事会不得不将招生、课程、学生教育与训练等学术管理权力赋予教授。美国大学教授的权威约在 20 世纪初形成,其控制力量比英国弱,校外董事和行政人员既定的影响较强。董事会是美国大学的最高权力机构,以社会代表的名义对大学的长远发展进行指导。董事会最重要的职责是任命大学校长,并授权校长建立专业化的行政系统。校长及其行政系统向董事会负责,并掌握董事会委托的权力与职责。大学教授也通过集体性的学术评议会管理学术事务,如教师的聘任和课程的设立等。美国大学的控制结构是一种社团联盟,按官僚体系指挥,由院外人士监督。

教授治校与大学的学术管理和行政管理

中世纪大学规模小,校务简单,且多与教学直接相关,封闭于大学内,与社会联系较少,较易治理,纯粹的"教授治校"得以存在。近代以后,随着高等教育规模的不断扩展,学科持续分化,功能日趋多样,社会联系错综复杂,为了使教师摆脱繁重的非学术性事务,全身心投入教学与研究工作,各国大学开始设置专门的行政机构和队伍。最初,这些专业化的行政机构与人员主要负责教学与研究的服务工作,以后逐渐扩大到对学术性事务的协调与控制,由此引发学术管理与行政管理之间的关系问题。

无论从大学的历史进程还是从大学自身的内在特点出发,学术管理都占据主导地位,教授是学术权力的支配力量。但是,随着高等教育的发展,大学逐渐介入社会生活的各个层面,社会也日益加强对大学的渗透与干预,大学与社会之间的双向互动迫切要求各国大学加强行政机构与规范的建设,大学管理日益呈现专业化、行政化的趋势。学术管理与行政管理是现代大学中两种相互联系、不可或缺的管理方式。学术权力不能脱离行政权力而单独行使;行政决策必须从学术视角加以考虑,不能不包含学术因素。但学术管理与行政管理是两种不同的管理方式,学术权力与行政权力分属不同的权力范畴,具有不同的性质、功能、内容及评价标准,不能相互取代。学术权力不能淹没在行政权力中,不能单靠行政系统推进学术发展。学术事务的协商与处理不能照搬行政决策模式。

从权力的性质来看,大学的行政权力源于正式的科层组织,通过正规的组织规范明确地获得。任何人只要居于大学组织中一定的职位,便能获取相应的权力,而一旦离开特定的职位,就立即丧失行政权力。权力在不同主体之间可以让渡。学术权力建基于教授和学者的专业背景和学术水平,始终与教授和学者个人或集体相联系,不能在不同主体之间让渡。离开特定的专业领域及相应的学术水平,学术权力即不复存在。大学以知识的传承、发展和服务为主旨,学术权力应成为大学的主导权力,行政权力及相应的管理都是围绕学术而展开、为学术发展服务的,带有辅助的性质。

从权力的功能来看,在欧陆模式中,大学的全部决策出自以教授为代表的个人或集体,行政机构与人员主要是将这些决策付诸实施。在英美模式中,董事会就大学的发展方向和大政方针进行决策,学术事务的决策则主要由教授和学者通过各种评议机构集体决定,行政机构与人员主要是落实和执行董事会及评议会的各项决定。教授治校并非教授和学者对学术事务进行直接和具体的管理,学术权力最关键的是对学术事务进行立法和决策,行政权力的主要功能则是执行和实施这些决策。

从权力的内容来看,教授治校并非主宰大学管理的全部内容。在西方大学,学术事务通常由教授通过评议会集体决策,行政事务则由校长负责,学术管理与行政管理之间分工合作、相互制约。由教授组成的评议会与校长之间的制约关系表现为:校长以董事会成员和学校与董事会联系人的身份主持评议会,作为学校首席行政长官和深孚众望的学术领袖,其地位一般高于评议会;但在学术问题上,校长只是评议会的一员,不能违背评议会的集体决定。

从权力的评价来看,学术权力主要是对学术发展的大政方针和重大事宜进行决策,通常借助民主程序,其评价标准为是否正确反映学术发展的内在逻辑;行政权力主要是对学校的日常事务进行管理,执行和落实董事会或评议会的决策,其评价标准主要不是正确与否,而是效率的高低。

教授治校较客观地体现了大学作为特殊学术机构的性质和特点,符合大学内在逻辑对学术管理的要求,具有合法性与合理性。

就基本性质而言,大学是对高深知识进行选择、传承、批判和创新的场所,具有很强的学术性和专业性。高深知识是学术权力的基础和前提,教授在专业人员中最富有权威和学养,故享有最大的权力。

就组织特性而言,大学由不同的学科、专业组成。克拉克指出,不同的学科、专业,其任务不同、技术不同,各专业人员驾驭和运用各自的知识群,采用不同的专门方法和工具,形成不同的思想风格,高等学校成为一个无需有多少联系的若干个知识集团的联合体。自由、松散、无政府状态是产生不同知识群的基础,也是保证不同知识群发展的前提条件。这种组织特性决定了大学的学术管理不能照搬行政或企业管理的一般模式。大学中各学科、专业的学者和教授必须通过个人或集体的方式享有充分的学术权力,独立决定研究方向、专业设置、学生培养等学术事务和活动。

就学校管理而言,教授治校符合管理的基本原则和现代管理的发展特点。教授治校能充分体现教授和学者在大学中的主体地位,切实保护他们参与学校管理的权利,从而提高大学决策的民主化程度。同时,教授治校有利于大学

各种权力之间尤其是学术权力与行政权力的制衡。学术力量不仅可以干预学术事务及活动,也可以控制或干预大学的非学术事务,避免行政权力的独断专行,真正反映集体决策与个人执行相结合的现代管理发展特点。

教授治校的现实局限性主要表现在三方面。其一,教授通常以学术标准作为治校准则,而较少考虑社会的其他需要,易形成封闭性,从而难以发挥大学为社会服务的功能。其二,教授在决策过程中往往从特定的学科和专业出发,本位倾向性强,易形成学术寡头统治;同时,由于学校层面没有整体性协调,各学科之间缺乏合作与沟通,更加趋于专业化和部门化,削弱了通识教育的统一性。其三,教授通过民主方式对大学学术事务进行决策时,由于价值观念、学科专业及利益驱动不同,对各种学术事务的观点和看法不同,易导致治校效率低下和决策偏差等问题;在讲座体制下,学校的决策权主要由享有威望和学识的教授把持,一般教师的权利难以得到保障。

参考文献

约翰·S.布鲁贝克.高等教育哲学[M].杭州:浙江教育出版社,2001.

约翰·范德格拉夫,等.学术权力:七国高等教育管理体制比较[M].王承绪,译.杭州:浙江教育出版社,2001.

韩骅.再论"教授治校"[J].高等教育研究,1998(1).

伯顿·克拉克.高等教育系统——学术组织的跨国研究[M].杭州:杭州大学出版社,1994.

Smyth, D. M. Governance and Control of Higher Education[M]// Knowles, A. S. The International Encyclopedia of Higher Education. Vol. 5. San Francisco, Calif: Jossey-Bass Publisher, 1977.

（欧阳光华）

教学(instruction)　　根据一定的教育目的,以课程内容为中介的由教师的教和学生的学共同构成的一种教育活动。是学校实现教育目的的基本途径。教学是教学论体系构建的起始概念和教学论研究中的核心概念。对这一概念的理解,直接影响对教学本质、教学目标、教学原则和教学规律、教学方法、教学评价等一系列教学论基本问题的认识。

教学的概念

教学的产生和词义演化　　教学在原始社会早期即已存在,主要表现为上下代传授和学习一定的生活经验(其中包括生产劳动经验和社会风俗习惯),也包括成人彼此之间的传授和学习。当时的教学与生活本身是一体的。原始社会教学的特点是自发而不自觉,带有偶然性和断续性。随着社会生产不断发展,社会组织程度不断提高,经验、知识不断积累和复杂,文字的出现、脑力劳动与体力劳动的分工以

及阶级的形成，人们不再满足于自发的、偶然的、不定型的传授和学习活动。这促进了学校的产生，而学校的产生又促使教学发生质的飞跃。教学开始从生活中分化出来，并成为一种经常的、连贯的、自觉的定型活动。在中国古代，甲骨文中即出现"教"、"学"二字。"教学"二字连用为一词，最早见于《尚书·说命》："斅学半。"（"斅"，xiào 同"教"，据宋人蔡沈注："斅，教也……始之自学。学也，终之教人，亦学也。"）《学记》开首曰："建国君民，教学为先。"这里的"教学"可以解释为含有教者和学者双方活动的意思，但其含义较广，与"教育"一词相当。据考证，宋代欧阳修作胡瑗墓表，说："先生之徒最盛，其在湖州学，弟子来去常数百人，各以其经传相传授，其教学之法最备，行之数年，东南之士，莫不以仁义礼乐为学。"其中"教学"二字，正式指教师"教"和学生"学"。在西方，希腊文中即出现"教学"一词，英文分别为 teaching（教）、learning（学）和 instruction（教学）。

至 20 世纪 80 年代，关于教学概念的认识众说纷纭，归纳起来至少有五种。（1）最广义的理解。一切学习、自学、教育、科研、劳动以及生活本身等，都是教学。人们在生活中总在学习、自学或发现，获得一定的经验，引起行为（包括内部和外部）的变化，离不开某种形式的"传授"或"教"的因素，不存在纯粹的无师自通或纯粹的发现。这种生活中的教学仅区别于本能行为或自然成熟引起的行为变化。（2）广义的理解。教学不再是某些自发、零星、片面的影响，而是从内容到形式都体现出有目的、有领导且经常而全面的影响。这区别于生活中一般的学习或自学。这种教学与"教育"一词通常表示的含义没有区别。在中国古代，"教学"与"教育"两个词互相通用。（3）狭义的教学。教学是教育的一部分及其基本途径。教学是教育目的规范下的、教师的教与学生的学共同组成的一种教育活动。在中国，教学以知识的授受为基础，通过教学，学生在教师有计划、有步骤的积极引导下，主动地掌握系统的科学文化知识和技能，发展智力、体力，陶冶品德、美感，形成全面发展的个性。教学是学校实现教育目的的基本途径。这种教学概念已从教育概念中分化出来，区别于教育的其他内容和形式，它以传授和学习知识技能为主要内容，它对学生身心的多方面影响是结合知识的传授和学习进行的。（4）更狭义的教学。教学在有的场合下被理解为使学生学会各种活动方法和技能的过程，如在小学教学生阅读、写字、算术等。（5）具体的教学。认为上述四种类型的教学都是抽象的教学。事实上，教学是具体的，与一定的时间、地点和条件相联系。教学不能离开一定的社会历史条件（包括具体的物质设备），不同社会历史条件下的教学，彼此存在差异。教学总是受一定的世界观、教育观以及有关学科理论的指导和影响，理论基础和指导思想不同，教学必然有区别。学校类型不同，教学也不同。任何教学活动都包括教学目的和任务、教学内容、教学方法、教学手段、教学组织形式、教学效果检查与评价等因素，这些因素本身各自不同，彼此间的结构和联系不同，造成教学的不同。

西方学者对教学的认识　"教学"的英文 teach（教）和 instruct（教导）通常被作为同义词，但也有人认为两者存在差异，前者多与教师行为相联系，是一种活动；后者多与教学情境有关，是一种过程。美国教育学家 B. O. 史密斯归纳和整理西方学者关于教学含义的探讨。（1）描述性定义：教学即传授知识或技能。认为教学的定义只表明这个词的运用范围，教学就是教师通过语言、符号、实物等向学生说明所教的内容，以激发学生的学习。（2）成功性定义：教学即成功。认为教必须包含学，教必须保证学，教与学相互联系、不可分割。教学是这样一种活动，即学生学习教师所教的东西应有一定的成效。故教学可以定义为学生学习教师所教内容的一种活动，如果学生没有学会，则教师的教学就没有任何意义。（3）意向性定义：教学是一种有意向的活动。尽管教学在逻辑上可以不包含学，但人们可以期望教导致学；教师的教与学生的学的结果并无逻辑上的必然联系，但是人们要求教师积极参与教学活动，而且注意教学活动的进展，发现问题的症结，努力改变学生的行为，以帮助学生学习行为的形成。教学是一种以目标为导向的有意向的活动，其目的在于引导学生学习。教师在教学中的行为表现受其意向左右，以教师的信念体系和思维方式为基础。（4）规范性定义：教学是一种规范性行为。教学是教师按照学生的心智、理性和判断，遵循某些道德准则，友善对待学生的问题，以及为学生的学习和理解作出探索的一种活动。（5）科学性定义：科学的教学定义是一个命题组合定义。随着教育科学的不断发展，教学不再是一个抽象术语，而是由若干可辨别的、可操作的同时是精确的而不致产生歧义的一组句子构成的。英国教育学者 R. S. 彼得斯和 P. H. 赫斯特认为，教学必须符合三个条件：教师有目的地引起学生的学习意图；说明或表达一些要求学生学习的内容；选择恰当的认知方式。

西方学者关于教学的定义大多强调教师和课堂方面，对学生的学习方面涉及较少。这主要是因为在西方的教学论研究中，teach 和 instruct 等英文词汇与汉语中的"教"、"教导"相近，并没有一个专门的词汇同时表达"教"和"学"两个不同的概念。对此，美国教育心理学家布鲁纳认为，教学论包括教的理论和学的理论，它们是两个既相互关联又完全不同的研究领域。从逻辑上讲，教的理论必须以学的理论为基础。他认为，教的理论是规范性的（normative）、处方性的（prescriptive），旨在引起和促进学生的学习，论述的是教师活动的原则与方法；学的理论是描述性的（descriptive），属于认知心理学研究范畴，目的是科学地勾勒出学生学习的过程与条件。

苏联学者对教学的认识　苏联学者主要从教与学之间的关系以及教学的任务等方面探讨教学的内涵。(1)教学是一种教师与学生相互作用的活动。认为教学是一种师生共同参与的活动,其主要任务是使学生掌握一定的科学知识、技能和技巧。苏联教学论专家斯卡特金指出,教学是教师及其指导下的学生以掌握知识体系、技能和技巧为目的的连续不断的相互作用的活动的总和。(2)教学是一种教育性的工作。认为教学是教育与教养的统一过程,教学的教育性是教学的重要特性。苏联教学论专家达尼洛夫指出,教学是学生在教师指导下获得知识、技能,同时发展个性并形成高尚情感的过程;教学具有教育性,与培养学生的世界观、性格、思维和活动不可分割。(3)教学是一个促进学生发展的过程。认为教学是一种为了促进个人的心理发展、促进掌握周围世界已知规律而精心组织的认识活动。苏联教育家赞科夫认为,教学必须担负起使学生掌握知识和发展个性的双重任务,应以尽可能大的效果来促进学生的一般发展。为了完成这些任务,仅从掌握知识和技巧出发进行教学是不够的,应对教学中遵循的教学论原理和教学法加以特殊考虑,同时完成两种任务。

中国学者对教学的认识　中国的教育理论工作者以马克思主义哲学为指导,深入研究教学的本质问题。(1)特殊认识说。是一种影响最大、被理论工作者广泛认同的教学本质观,源于苏联教育学家凯洛夫的《教育学》,由中国教育理论工作者在马克思主义认识论的基础上形成。包含两方面含义:教学在本质上是一种认识过程;这种认识不同于一般认识或其他形式的认识,有其特殊性。教学认识的特殊性在于它是学生个体的认识,主要是间接性的、有领导的、有教育性的。即教学的主要任务是在教师领导下,把社会历史经验变为学生个体的精神财富,不仅使学生获得关于客观世界的知识,也使学生的个性获得发展。如果否定教学在本质上是一种认识过程,就不能把握教学的整体;如果不具体揭示教学的特殊性,就会导致简单化、贫乏和偏差。(2)认识发展说。认为教学在本质上既是一种特殊的认识过程,也是一个促进学生身心发展的过程。教学主要是按一定的学习任务和内容,依据认识论的规律和学生认识特点而组织进行的逐步掌握和运用知识的活动过程。但教学本身不是学生的身心发展过程,两者有根本区别。一方面,教学要引导学生的发展,使人类的精神财富顺利地转化为学生的个体财富,逐步提高发展水平,使学生在德、智、体、美等方面都得到发展,成为社会需要的优质人才;另一方面,教学要遵循学生的身心发展规律,适应学生发展的水平,并注意使教学走在学生发展的前面,激发学生在自身发展中的主动性、积极性,引导学生善于运用自己的智慧、能力、胆识与意志,创造性地进行学习,以最有效的方式促进学生的发展。教学的主要任务是有目的、有计划地引导学

生能动地进行认识活动,自觉调节自己的志趣和情感,循序渐进地掌握文化科学基础知识和基本技能,以促进学生智力、体力和社会主义品德、审美情趣的发展,并奠定学生科学世界观的基础。(3)认识实践说。认为探讨教学的内涵和本质必须以马克思主义认识论为基本的指导思想。在马克思主义认识论看来,人类的认识过程包括认识与实践两个基本方面,以此为指导探讨教学的内涵和本质就不能抛弃教学活动中"改造主观世界"这一改造与被改造相统一的实践活动。教学活动包括两个方面——反映与被反映的关系(即认识关系)、改造与被改造的关系(即实践关系),教学活动是认识与实践相统一的过程。亦即,教学活动不仅是学生掌握人类已有的知识经验、发展认识世界的技能和能力的认识过程,而且是师生共同参与改造主观世界、促进个性的改造和形成、促进个体社会化的实践过程。(4)交往说。认为教学是由教师的教和学生的学组成的双边活动,是发生在师生之间的一种特殊的交往活动。不能把教学简单地理解为是教师传授知识和学生接受知识的过程,也不能把它看成主要是学生内在潜力展开的过程。教学是师生之间知、情、意、行相互作用的过程,在这个过程中,教师引导学生在知、情、意、行诸方面合乎目的地发展;同时,教师在与学生的交往过程中逐渐深入地了解学生,受到学生的影响而改变或丰富了教师的人格,充实、提高和改善教师自己的教育观念和行动。(5)多本质说。认为研究教学的内涵和本质的哲学基础是唯物主义认识论和唯物辩证法。事物的本质和人们对事物的认识是多级别、多类型的。教学不是单一的认识过程和发展过程,而是一个多方面、多层次、多系列、多形式和多矛盾的复杂过程。运用系统论分析,教学是多因素矛盾运动的对立统一过程。从哲学认识论分析,教学是在传授知识的基础上最大限度地培养学生能力、开发智力的启导过程。从心理学角度分析,教学是学生以认知为基础的、全面的心理活动过程和以能力为核心的个性心理培养、塑造和发展的过程。从生理学角度分析,教学是使学生得以健康成长和发展的过程。从控制论、信息论角度分析,教学是教与学之间的信息传递、反馈的控制过程。从社会学和伦理学角度分析,教学是对学生进行思想品德教育、丰富学生精神生活、促进个体社会化的教育过程。从管理学、人才学和经济学角度分析,教学是培养社会生产和社会生活需要的各级各类人才的过程。

教 学 系 统

根据系统论的观点,教学是由一系列既独立又相互联系的要素构成的系统。学术界对教学系统的构成要素有多种观点。(1)三要素说认为,教学是教师和学生之间的共同活动,在这个过程中必须有可供教学的内容。构成教学系

统的基本要素是教师、学生和教材(有时也称课程教材、教学内容等)。(2)四要素说从系统论、信息论角度认为,教师、学生、教学信息(以各种形式编制的软件)、教学材料设备(各种形式的教学硬件)是构成教学系统的四个要素。也有人将教师、学生、教学内容和教学手段视为构成教学系统的基本要素。(3)五要素说认为,除了四要素说指出的四个基本构成要素之外,教学目的也是教学系统必不可少的又相对独立的组成部分。因为任何教学活动都是根据一定的目的开展起来的,没有教学目的,教学活动就失去方向性。而教学规律、教学方法、教学原则、教学过程是教学要素之间的联系,不具有相对独立性,不能看作教学系统的构成要素,或仅可以将其视为"软要素"。(4)六要素说认为,教学系统由教师、学生、教学内容、教学工具、时间、空间六要素组成。(5)七要素说认为,教学系统由教师、学生、目的、课程、方法、环境和反馈七种要素构成。因为,教学活动是为学生组织的,组织教学活动是为了达到一定的教学目的,教学目的依靠教学内容或课程达成,教师还必须运用一系列方法来使用课程教材,使学生学习,从而达成教学目的,而任何教学活动都必须在一定时空条件下,也就是在有形的和无形的特定教学环境中进行。(6)九要素说。苏联教育理论家巴班斯基指出,教学是教师和学生在一定条件下(教学物质条件、道德心理条件和审美条件)产生的相互作用,教师、学生、条件可以列为教学系统的成分。教学过程则包括教学目的、激发动机、教学内容、操作活动、控制调节、评价结果等成分。中国学者提出的九要素说认为,可以从教学活动的主体、教学活动的条件和教学活动的过程三个维度来分析教学系统结构。教学活动的主体包括教师和学生两个要素;教学活动的条件包括物质条件和精神条件两个要素;教学活动的过程包含教学目的和任务、教学内容(或称课程)、教学方法和手段、教学组织形式以及教学效果的检查评价五个要素。(7)教学系统构成要素层次说认为,教学要素包括平凡要素和特质要素两个层次。平凡要素包括时间、空间、信息等教学活动必需的但又不限于教学活动特有的要素。特质要素指教学活动特有的构成要素,可再分为硬要素和软要素两个层次。硬要素是以物质实体存在的各种要素,包括教师、学生、教材等。软要素包括客观性软要素和主观性软要素两个层次。客观性软要素包括教学规律、教学过程、教学本质等;主观性软要素包括教学目的、教学原则、教学方法等。

教学系统是由相互作用的教师、学生、内容与环境等空间结构性要素和目标、活动、评价等时间进程性要素构成的特殊复合体。这些要素之间构成异常复杂的关系,产生复杂的相互作用,而且这些要素本身又是一个复杂的子系统,要阐明教学系统包含的所有要素非常困难。但综合来看,每个学说都将学生、教师、教学内容视为教学系统的基本要素。这三个要素必不可少,缺少任何一个都无法构成教学系统。(1)教学活动是为学生组织的,学生是学习的主体,学生是教学活动的根本要素。学生是教学活动的出发点和落脚点。在整个教学活动中,学生占有中心地位。学生这个要素主要是指学生身心发展水平、已有的知能结构、个性特点、能力倾向和学习前的准备情况等。学生在教学活动中一方面要对教学内容进行意识定向,主动借助一定的教学手段对内容进行感知学习,另一方面要以积极的态度配合教师指导,有效地内化教师经过加工的教学内容。此外,对学生学习结果的评价,可将信息反馈给教师,调整教师的课程设计、内容加工以及教学手段方法的选择、利用,以便对学生的学习行为进行指导和调节。(2)教学是在教师与学生之间进行信息传递的交互活动,教师也是教学活动必不可少的要素。没有教师的教,就不存在教学活动。教师是教学活动的组织者,发挥主导作用。教师这个要素主要是指教师的思想和业务水平、个性修养、教学态度、教学能力等。在教学开始之前,教师要参与课程的研究工作,同时研究教学手段,保证信息传递的真实性、准确性和科学性。在此基础上,对教学的信息进行再加工,并在研究学生学习背景的基础上编制教学设计方案,进而组织学生开展学习活动,并对学生加以指导,有效地向学生传递教学的内容信息。(3)教学内容是教师和学生相互作用的中介,是教学活动中最实质的因素。教学内容这个要素是指由一定的知识、能力、思想等方面的内容组成的结构或体系,在学校以课程的形式体现出来。离开了教学内容,教师的教和学生的学都成了"无米之炊",也就没有了沟通渠道,教学系统就无法运转。

教学的性质

教学既是科学又是艺术。教学的科学性与艺术性是指教师在教学过程中既体现科学性又包含艺术性,而且两者自始至终相统一,并体现在教学的各个方面。

教学的科学性与艺术性之争 在教学研究发展的历史上,关于教学是科学还是艺术一直存在争议,而且表现出阶段性特点。从古代到欧洲文艺复兴时期,教学被视为一种艺术。这一时期的教学思想家大多从艺术角度研究和论述教学问题。这种教学观念到17世纪达到历史高峰。捷克教育家夸美纽斯在《大教学论》中把教学的本质视为"把一切事物教给一切人的全部艺术",并认为教育人是艺术中的艺术,因为人是一切生物中最复杂、最神秘的。

其后的数百年间,教育家和教学研究者把注意力更多地放在教学的科学性方面,经过德国教育家赫尔巴特、瑞士教育家裴斯泰洛齐等人的努力,教学作为一门科学的观点日益受到重视。特别是心理学和教育心理学研究的不断深化为教学的科学性研究提供了必要的理论基础和依据,教学科学的理论框架结构和体系逐渐建立起来。

在教学的科学性研究取得显著成就的同时,教学的艺术性研究又受到关注。德国教育家第斯多惠阐述其对教学艺术的深刻理解,认为教学的艺术不在于传授本领,而在于激励、唤醒和鼓舞。从第斯多惠开始,强调教学是一门艺术而不只是科学,并由此引发一场教学究竟是科学还是艺术的辩论。美国教育家杜威认为,教育和教学艺术是一切人类艺术中最困难、最重要的一种艺术。1951 年,美国教育学家海特的《教学艺术》出版,引起教学研究者的广泛重视。教学艺术自此作为教学研究中的一门独立学科。海特明确提出,教学是一门艺术而不是科学,因为教学主要是教师与学生、学生与学生之间的相互交流和相互影响,这种交流和影响更多地依赖于情感、兴趣、需要、价值等因素或过程,而这些因素或过程完全在科学把握之外,如果运用科学来把握这些因素或过程,会使其受到抑制而无法自然地表现。在海特的影响下,许多教学研究专家开始关注和探讨教学艺术问题。海特的观点也引起许多不同意见。美国教育心理学家盖奇认为,教学是一门科学而不是艺术。他提出,问题的重点不是教学是科学还是艺术,而是用科学的方法能否更好地理解教学问题。他一开始认为教学不是艺术,因为这样会使教学变为纯粹主观的活动,没有规律可循,最终陷入不可知论。后来他修正了自己的看法,认为即使承认教学是一门艺术,也不能排除对教学进行科学分析。他认为教学的最高境界可以是艺术,但必须有坚实的科学基础。对教学进行科学探索不会抑制它涉及的情感、兴趣、需要、价值等因素或过程。盖奇认为,应该确立教学的科学基础,亦即在教与学之间及各种变量之间确立关系。加拉赫调和盖奇与海特的看法,认为可以承认教学是一门艺术,但是强调教学的科学性有好处,应把教学视为艺术与科学的结合。

教学的科学性与艺术性之争代表了两种不同的研究旨趣和思维取向:教学科学关心相对静态的结果或结构,针对教师在作出决策前的形成过程,为教师的决策提供实证依据;教学艺术关心作为整体的教学的实际运作,针对教师在面对教学情境中的不确定性作出决策时的自主性与创造性。

教师要处理好教学的科学性与艺术性的关系　科学性与艺术性是教学活动中密切联系的两个方面,但在学科教学中不可互相取代。教学的科学性在教学活动中主要回答对事物或现象的本质和规律的认识,以揭示自然和社会的客观规律为目的,属于教学中"真"的方面。在教学活动中,教学的科学性体现为依据教学活动本身的规律以及相应的一套相对稳定的规则、程序,通过科学的设计,准确客观、迅捷有效地向学生传播文化科学知识。而教学的艺术性在教学中要回答学科教学的策略与技艺问题,属于教学中"美"

的方面。在教学活动中,教学的艺术性体现为,按照美的规律对教学进行个性化塑造,以形成与完善鲜明的教学风格为宗旨。教学的科学性反映教学中普遍的、必然的共性,教学艺术则是具体的并具有独特的个性。

教师在教学过程中应明了教学的科学性与艺术性的区别和联系,认真处理好两者的关系。一方面,教学的科学性是教学的艺术性的基础和依据。教学目标、教学内容给教学艺术性的创造、形成与发展提供了共同的科学基础和行为约束,教学艺术性要符合教学科学性揭示的学科教学的本质和自身的客观规律,教学的艺术性不能脱离教学的科学性。另一方面,教学的艺术性是教学的科学性在实践过程中的发挥、创造与升华,是教学科学性实践生命活力的体现。没有教学的艺术性,教学的科学性就缺乏或失去了实践的生命活力。

重视教学艺术在教学中的桥梁作用　教学的对象是活生生的人,人的活动不仅涉及理性因素,而且涉及非理性因素,包括许多属于价值理念和伦理道德方面的内容,解决这方面的问题仅靠科学方法是不够的,教学艺术的研究开始受到广泛重视。同时,要真正使教学科学研究成果转化为教学的实践效果,必须借助教学艺术。

现代教学思想重视教学民主和学生的主体地位、自觉能动性、非智力因素等,发挥这些因素的功能与作用,需要教学活动用较高的艺术水平去激发人的生命活力。在这个意义上,现代教学艺术是教学活动中连接教学科学与教学实践的桥梁。

在教学活动中,教师不仅传播知识,还要运用自己的艺术和激情,激发和调动学生强烈的求知欲、浓厚的学习兴趣和积极主动的思维活动,使学生的知识、能力、情感、意志和品德得到和谐发展。教师在教学艺术的创造与实践活动中,通过灵活而创造性地综合运用教学方法,在深刻领会教学内容和全面观察了解学生的基础上,充分运用自己的教学智慧,形成不同的教学艺术风格,能有效地实现以学生发展为本的教学目标。

教学艺术研究是教学思想和理论研究的组成部分,教学艺术研究并不排斥教学科学研究,两者在教学研究领域相辅相成、互相促进。教学艺术研究是一个综合性的研究领域,除了相应的学科领域知识外,还涉及生理学、心理学、语言学、美学、艺术学、教育技术学等相关学科,这些学科的知识为教学艺术的研究提供科学的知识、技术和方法。教学艺术的研究必须吸收各相关学科的知识并加以融会贯通。

教 学 有 效 性

不同历史时期对教学有效性的理解存在较大差别。随着人类社会的进步,其内涵逐渐丰富。理解教学有效性的主要观点:(1) 有效果。这是古代东、西方国家共同的看法。用某种预期的目标(或标准)衡量教与学的结果,关注教学结果是否与人们的愿望一致,以及教学结果与预期目标的吻合程度,并不联系投入来考虑产出。这种观点与古代社会落后的生产力和生产方式相联系。(2) 有效率。在近代社会,随着社会生产力的发展,教学组织形式从个别教学发展到班级授课制,教学活动效率大大提高。这种教学有效观要求学校以尽可能少的时间、精力和物力投入,获得尽可能多的教学效果。(3) 有效益。现代社会要求学校教学不仅有效果、有效率,还要有效益。教学效益是指教学活动的收益和教学活动价值的实现。具体指教学目标是否符合特定的社会和个人的教育需求以及符合的程度,包含对教学效益质的规定和量的把握。

影响教学有效性的主要因素　教学是多种因素共同参与的活动,其中最基本的因素是活动主体(教师和学生)、活动客体(课程教材)以及活动中介(教学方法和手段)。教学有效性受教学活动的基本因素及其相互联系、相互作用方式的制约。(1) 教学活动的主体因素。教学是教师和学生共同参与的实践活动,教师和学生是教学活动的主体,活动客体和活动中介的作用只有通过活动主体的效能才能得到开发和实现。教学活动始终在教师的主导下进行,教师的教学效能对教学的有效性有重要影响,学生的学习效能是在教师的主导下,通过积极主动地参与教学活动才能发挥出来。影响教学有效性的学生因素主要包括学生的素质基础和学生的学习效能两个方面。学生的素质基础是教学有效性产生的前提,学生的学习效能是制约教学效果大小、教学效率高低的重要因素。学习效能是指学生通过学习获得知识、提高技能、形成思想观念,身心得以协调发展的观念和能力。(2) 教学活动的客体因素。教学活动是一种特殊的认识活动,课程教材是学生学习活动的对象,是教学活动的客体,课程结构的合理性和教材内容的科学性影响学生的学习效果和教学的有效性。(3) 教学活动的中介因素。教学方法和手段是教学活动的中介因素,教学活动的效果、效率和效益的提高与教学方法和手段密不可分。现代化的教学方法和手段具有改进教学活动方式、提高教学效率、拓展教学时空维度等功能,可大大提高教学的有效性。(4) 教学活动的空间结构。教学系统的空间结构指教师、学生、课程教材以及教学方法和手段等因素的关系结构,它决定了教学的活动形式和方式。其中,教师与学生、学生与教材之间的关系对于教学的有效性有重要影响。师生关系影响教师的教学效能感和学生的学习效能感;学生与课程教材之间是否实现关系的最优化,对于教学的有效性也有着重要影响。

提高教学有效性的基本策略　可从四方面着手实现教学过程的最优化。(1) 情知互补,培养高素质人才。现代社

会需要全面、和谐、自由、充分发展的人,教学必须充分重视培养学生的科学精神和人文精神,实现认知因素与情感因素的统一、育智与怡情的统一。仅仅把教学过程当作纯粹的认知过程而忽视情感、意志等非智力因素的传统教学,在提高课堂教学的质量和有效性方面的作用极其有限。(2) 实现多种教学变量组合。每一种教学模式都有各自的适用范围及其局限性,将具有内在联系且互补的教学模式组合使用,有助于提高教学活动的质量和效果。在教学改革实践中,应以实验的方法探讨不同类型的教学变量在不同教学场合的组合,发现在特定教学情境下有效的教学变量组合。(3) 因材施教,适应学生的个别差异。教师在面向全体学生进行统一教学的同时,还必须针对学生的个别差异,提出不同层次的教学目标,采取个别化的教学方式,并重视对学生个性品质的培养,以取得良好的教学效果和质量。(4) 加强教师培训,提高教师的教学理论素养和教学技能。引导教师注重现代教学理论的学习,全面科学地把握教学目标,使教学目标符合社会需要,从培养现代社会需要的高素质、高质量人才的角度组织和设计丰富多样的教学活动。

参考文献

顾明远.教育大辞典(第1卷)[M].上海:上海教育出版社,1990.

李秉德.教学论[M].北京:人民教育出版社,1991.

王策三.教学论稿[M].北京:人民教育出版社,1985.

王道俊,王汉澜.教育学(新编本)[M].北京:人民教育出版社,1988.

张楚廷.教学要素层次论[J].教育研究,2000(6).

（张天宝　刘　捷　刘翠航　刘启迪　韩华球）

教学策略(instructional strategy)　在一定教学观念的指导下,为实现教学目标而进行的教与学活动的设计。回答"如何教学"的问题。较早进行课堂教学策略研究的美国学者埃金1979年提出,教学策略是指根据教学任务的特点选择适当的方法,是对教学目标的意识和对教学方法的灵活运用。胡森主编的《国际教育百科全书》(1985)中,教学策略被定义为达成预期效果的一系列有目的的教学行为,认为教学策略是一种预设的教的行为。顾明远主编的《教育大辞典》(1990)定义教学策略为"建立在一定理论基础之上,为实现某种教学目标而制定的教学实施总体方案"。

作为教学活动的谋划,教学策略具有中介性、指向性、整合性、可操作性、灵活性和层次性等特性。中介性是指教学策略是教学理论与教学活动的中介和桥梁,具有使教学理论具体化和教学活动方式概括化的作用。指向性是指教学策略指向一定的教学目标,不存在无目标的教学策略。整合性是指教学策略符合"整体大于部分之和"的系统论原则,在制定教学策略时,必须针对实际的教学需求和条件,

综合考虑影响教学策略构成的教学的内容、程序、方法、形式、媒体等要素，以及各要素之间在整体结构中的相互匹配和相互补偿；在运用教学策略时必须明确，有效教学策略是一定范畴内具体教学方式、措施等的优化组合和和谐协同。可操作性是指教师在运用教学策略时，必须对教学策略中教学的程序、方法、形式、媒体等教学策略的构成要素进行操作化，以便达到教学目标，缺乏可操作性的教学策略没有任何实际价值。灵活性是指教师根据所面临的教学问题的特殊情境，灵活地制定和运用教学策略。具体体现在根据不同的教学目标、内容和学生的初始状态，将最适宜的教学活动要素整合起来，保证教学活动有效进行，并随着教学的目标、内容和学生状态等的变化而作出相应变化，保证教学策略的持续有效。层次性是指对不同层面的教学活动制订不同层次的教学策略。高层次的教学策略具有战略性和指导性，低层次的教学策略具有战术性，注重方法和步骤，可操作性更强。通过各层次教学策略的有机结合，实现教学活动的最优化。

教学策略基本类型

根据不同标准，教学策略可分为不同类型。按功能，教学策略可分为教学组织策略、教学表达策略和教学管理策略；按解决问题的过程，教学策略可分为判断策略、计划策略、执行策略和评价策略；按指向性，教学策略可分为问题指向性策略和自我指向性策略；按要素的侧重性，教学策略可分为教学程序型策略、教学方法型策略、教学形式型策略和教学媒体型策略；按信息加工的控制点，教学策略可分为替代性策略、生成性策略和指导性策略。美国教学设计专家 P. L. 史密斯 1993 年提出的替代性策略和生成性策略的划分较有代表性。

替代性策略（supplantive strategies）　通过提供全部或部分的教学目标，以及教学内容的组织、细化、排序、强调、理解、检验和迁移的建议，较多地代为学生加工信息。清晰、明确地提供了许多教学活动，努力吸引学生的注意，告诉学生目标，仔细做好课的预习。倾向于通过减轻学生为建构学习情境而必须承担的责任，发展学生获得与学习任务有关的知识、技能的认知能力。这种策略能够指导学生在较短时间内学习较多的教材，可以带来更集中、更有效、更可预测的学习结果，也可以期望原先知识、技能和学习策略都有限的学生也能获得较大成功。但这种策略只要求学生较少量的智力操作，会使学生的信息加工不够深入，从而使学习不完满；显现出人为化和刻板化，对于有些学生缺乏挑战性，也会使学习中的意义习得缺乏个性化，使学生养成依赖教师和教材的习惯，缺乏学习的独立性。

生成性策略（generative strategies）　鼓励或允许学生通过生成教学目标和对教学内容的组织、细化、排列、强调、理解的检验以及向其他方面的迁移，从教学中建构自己特有的意义。学生通过自我提供的许多教学活动，"控制"学习中的信息加工的优势。这种策略强调具有积极性和主动性的学生在学习过程中的重要作用，倾向于建构主义的学习观点。其见解并非将教学的责任转移给学生，而是提倡学生积极地建构意义。它强调学生在新的信息与先前学习之间生成联系中的重要性，被称为"生成性教学策略"。这种策略通过要求学生生成学习内容的概要、开头、主要观点、图解、实例等，为自己指出各概念之间的联系。越是要求学生将教学信息与自己原有的认知结构相联系，信息加工就越深入，也就能取得更好的学习效果。同时，该策略将学生置于一个既与教学内容有关又可追求个人特殊兴趣的自主学习情境中，被认为是一种高度激发动机的教学策略。由于这种策略允许学生应用和改进自己的学习策略，又要求学生在构造学习情境的同时获得新的学习，对学生的操作记忆提出较高要求，会造成学生认知负荷过重和情绪上的挫折；它要求学生大量处理信息，花费较多学习时间，其成功与否依赖于学生先前的学科知识和已有的学习策略。生成性策略所导致的学习结果因人而异，对教学内容的理解高度个性化。

两种策略的平衡　对替代性策略和生成性策略这两种教学策略的研究表明，两者各有特点，没有一种策略占绝对优势。生成性教学策略需要学生作出较多的心智努力，进行较深入的信息加工，但学生的认知能力有限，要求他们承担过多的教学责任可能加重其负担而导致学习失败。制定教学策略时必须平衡两种要求，既需要学生充分运用心智努力进行学习，又需要有充分支持学生的信息加工，使其工作记忆不超过负荷。在教学设计中，一般可根据学生情况、学习背景和学习任务等因素来决定两种教学策略的平衡状态（如下图所示）。如当时间有限时，替代性策略就较有效；若学生对特定的教学内容具备了较好的先决技能，生成性策略就较有效；若教学目标是要求学生能够从事较简单的技能，则可运用替代性策略；若教学目标是要求学生获得学习策略，则可运用生成性策略。

替代性策略与生成性策略的平衡

教学策略的制定依据

制定有效的教学策略必须从教学目标出发,适合教学对象的特点,符合学习内容的要求,遵循教与学的规律,依据学习理论与教学理论,并结合教学条件。

学习准备和学习动机　学生为了完成学习任务,必须熟练掌握必备的知识技能,具有一定的认识能力。这不仅保证学生在新的学习中有可能成功,而且使学生的学习在时间和精力的消耗上合理。学生也凭借这种准备状态,对新的学习获得适当的"心向"(即以特殊方式反应的倾向),了解主观条件的利弊。为此,教学策略中应包含对学习准备的鉴明、启动或补偿等。学生对所教内容具有学习的欲望,就会产生积极进取的态度,增强行为的内驱力。可通过让学生确认掌握教材的价值,以及设计学生期望的且能够达到的目标来激发学生的学习动机。阐明学习对社会和个人的意义、选择学生感兴趣的教材、组织学生感兴趣的活动等,都能增进其学习的欲望;所提供的学习内容和活动方式应对学生具有挑战性,并使学生相信能够成功;帮助学生建立对教材和教学、成功和失败等的正确态度,使学生保持积极而长远的学习动机。

目标范例和内容组织　不但要明确陈述教学目标,而且给学生正确展示其学习活动结束时所应具有的行为表现的典型例子。如向学生提供规范的解题程序或正确的行为实例等。按照逻辑层次和心理程序组织教学内容,科学地安排教材的呈示序列,以便学生循序渐进地理解并长久地记忆知识。每次呈示教材的分量,即组块的大小,应根据内容的复杂程度和困难程度,以及学生的特点、学习的类型而定。组块过小,学生会感到太容易而浪费时间;组块过大,学生可能不胜负担而失去信心。

适当指导和积极反应　在学生尝试做出学习的行为表现时给予指导和提示。这种指导或提示应随着教学进程的展开而逐渐减少,即把注意必要信息和加工处理信息的责任转移给学生,直至学生能在没有教师指导或提示的情况下完成学习任务。要有意识地引发学生对呈示的教学信息以各种方式作出反应。在语词讲解或演示示范时不断提问,要求学生思考和回答,是最常用的刺激反应的措施。讨论、角色扮演、实习等,更能引发学生积极的反应。学生在学习时接受的刺激和作出的反应,应尽量与终点教学目标的刺激反应相匹配。

重复练习和知道结果　提供学生各种机会,以重复表现其习得的知识技能。不断或定期地练习新学的行为能够促进记忆和迁移,锻炼应用能力。对于需在各种不同情境中应用的知识技能,应在相应的情境中予以练习。若练习的行为与终点目标接近或相似,则效果更为明显。应使学生及时或经常地明白自己的理解和反应是否正确,为强化学生的行为,必须让学生知道成功反应后能获得的益处。可提供学生一种效果标准,让学生评定自己反应的正确性。

普遍达标和适应差异　让绝大多数学生能够掌握所学内容,达到预定的教学目标,是教学成功的重要标志,也是提高教学效益的根本途径。学生个体间的心理特征不同,学习的速度和方式不同,教学活动的安排需适应这种情况,不宜采用常模参照的方式人为地给学生分类。制订教学策略要设身处地以学生为出发点,尊重学生独特的认知特征、情感特征和人格特征,尤其是对差生,应更加注意理解和尊重。教学策略要把促进每个学生在各自原有基础上不断提高作为根本目的。

参考文献

埃金,等.课堂教学策略[M].王维诚,等,译.北京:教育科学出版社,1990.

胡森,等. 简明国际教育百科全书·教学卷(下)[M]. 中央教育科学研究所比较教育研究室,译.北京:教育科学出版社,1990.

Smith, P. L. & Ragan, T. J. Instructional Design [M]. New York: Macmillan Publishing Co. , 1993.

（章伟民）

教学策略制定（formulation of instructional strategy）　教学设计过程中的基本要素之一。指在教学设计过程中,为实现教学目标而确定应采取的教与学的行动。回答"如何教学"的问题。详"教学策略"。

（章伟民）

教学方法（method of instruction）　教学过程的重要组成部分,教学活动的基本要素之一。是教学领域最常用的概念之一,在不同场合被赋予不同含义。第一种含义指教学过程中为了实现教学目标而使用的一切手段和途径。这种理解把教学原则、教学组织形式都作为教学方法。第二种含义,将教学方法与教学原则区分开来。教学原则作为处理教学实际工作中一些矛盾关系的要求,属于教学方法的指导思想,教学方法则是在教学原则指导下采取的具体活动措施。但对教学方法与教学组织形式不作区分,个别教学、小组教学、班级教学等教学组织形式也被作为教学方法。第三种含义,把教学方法与教学原则、教学组织形式区分开来,只把如何讲授、讨论、实验、练习等称为教学方法。一般教学论著作中提到的教学方法采用第三种含义,是指为达到教学目的、教授教学内容,在教学原则指导下,运用教学手段而进行的师生相互作用的活动,由一整套方式组成。

教学方法的产生与发展　教学方法的产生与发展受社

会生产和科学技术进步的制约。在封建社会,由于受社会专制性质及科技文化落后的制约,形成教师满堂灌输、学生呆读死记的注入式教学方法;到了近代资本主义社会,生产力发展,科学技术水平提高,要求改进教学方法,提高教学效率,教学方法不再局限于教师的讲授,还采用演示、观察、实验等多种方法;现代社会,科技迅猛发展,知识总量急剧增长,更新速度空前加快,要求学生不仅掌握一些现有知识,而且应发展自主学习能力,对此,国内外进行了许多有益的探索和实验,提出一系列新的教学方法。教学目的和教学内容的要求、学生认识活动的规律和在一定年龄阶段上的发展水平,直接影响教学方法的选择和运用。在上述因素的共同作用下,教学方法推陈出新,不断向前发展。教学方法虽然受许多条件制约,但其形成后即具有相对独立性,并对教学任务、教学目的和教学内容产生反作用。同样的教学任务和教学内容,采取不同的教学方法,会产生不同的教学效果。由于教学方法具有较强的相对独立性,其改革相对容易着手,很多教学改革都把改革教学方法作为突破口。

教学方法的分类 依据信息来源渠道的不同,可分为:语言性教学方法,包括讲授法、谈话法、讨论法、读书指导法等;直观性教学方法,包括演示法、参观法等;操作性教学方法,包括练习法、实验法、实习法等。依据师生相互作用关系的不同,教学方法可分为:以教师的教授活动为主的教学方法,包括讲授法、谈话法、演示法等,适用范围广泛;以学生的活动为主的教学方法,包括读书自学法、实验法、实习作业法等,适应时代发展的需要,不仅着眼于学生对知识的掌握,更侧重培养学生的能力和态度;以师生相互作用为主的教学方法,包括讨论法、读书指导法、参观法等,在具体运用过程中更强调师生相互作用的统一、和谐。依据学生认识活动的过程和特点的不同,教学方法可分为:主要体现接受性的教学方法,如传授法、谈话法等;主要体现发现、研究性的教学方法,如实验法、讨论法等。这种分类方法从学生的学出发,体现现代教学方法由教转向学的趋向和特点。

现代教学方法改革的基本特征 主要体现在五方面。

以发展学生的智能,培养学生的创造力为出发点,突出教学的发展性。发展学生的智能是现代教学的重要任务之一,发展学生的智能和培养学生的创造力也是现代教学方法的出发点。布鲁纳的发现教学法、布卢姆的"掌握学习"教学法以及批判性思维教学法,都以培养和提高学生的学习智能为首要目标。范例教学法以及奥苏伯尔的意义接受学习等虽然以教师的讲授为主,但与传统的灌输式讲授有本质区别,它们强调启发学生的思维和有意义的学习,体现发展学生智能的特点。现代教学方法已从传统的仅重视和强调基本知识和基本技能的教学,转向传授知识、发展学生智能两者并重,并着力突出后者,教学方法的功能发生质的

飞跃。随着现代科技的飞速发展,创造力成为现代和未来社会生存与发展的首要条件,发展学生的智能,为创造力而教、为创造力而学成为现代教学方法的理论导向。教育实践致力于探索和研究发展学生智能的教学方法,并将传统教学方法加以改造,纳入现代教学方法体系,进而促进教学方法的根本性转变。

重视学生的个别差异,突出教学的适应性。现代教学方法强调每个学生都是独特的个体,教学不仅要重视学生共同的发展水平和变化趋势,还必须考虑每个学生的个性,因材施教,使每个学生都能得到充分发展。从19世纪末开始,西方教育针对班级教学难以适应学生个别差异的问题,积极提倡并大力推进个别化教学。随着实践的发展,个别化教学已发展成为一种广泛的教学思想,其内涵得到极大丰富。在西方,20世纪50年代末,美国心理学家斯金纳的程序教学法重视学生在学习中按照自己的情况自定步调,鼓励每个学生以自己最适宜的速度进行学习。这种教学方法考虑到学生的个别差异,能发挥学生个体的学习积极性。20世纪60年代,布卢姆提出掌握学习,强调教师在每一个单元结束时对学生进行诊断性测验,以确定学生是否掌握所教内容,保证学生只有掌握了前一单元知识才进入后一单元的学习,以及要对未达到掌握水平的学生进行个别化的矫正教学予以适当帮助。美国心理学家F.S.凯勒则在斯金纳和布卢姆教学理论的基础上建立个别化教学系统,更全面地阐述个别化教学。

强调教法与学法的统一,突出教学的双边性。现代教学方法重视学法在教学方法中的重要地位,强调教法与学法的统一,把教学看作是师生双边活动的过程。现代许多教学方法在实施步骤、组织形式等各个环节上,都充分体现教师主导下学生独立学习的特点,既有教法要求也有学法要求。在实际运用中较好地体现了师生共同活动的特点。如发现教学法主张让学生在类似于科学家发现真理的活动过程中掌握学习与研究的方法;程序教学法主要以自学的方式进行,要求学生在学习过程中既动脑又动手,培养学生自学、独立钻研的能力和习惯。现代教学方法不仅强调教与学的统一,而且从学生是学习主体这一角度出发,关注学生的学习方法,注重学生自学能力的培养,体现现代教学方法在教学过程中既重视改进教的方法又重视指导学生改进学的方法。这一特点还体现在对传统教学方法的改造上。如,讲授法要求教师不仅要使学生掌握所学内容,还要使学生掌握教师讲授的思路以及分析问题、解决问题的方法。

注重学生非智力因素的培养,突出教学的情意性。情意因素作为认识过程的动力系统,不仅对学生学习过程具有发动、维持、调节的作用,决定学习者的积极性水平,还对形成学生以学为乐的良好态度具有推动作用。现代教学方法力图引起学生的兴趣,激发学生的学习动机,增强学生的

自信心,形成良好的学习习惯和正确的学习态度,在轻松愉快的情绪体验中获得个性全面、和谐的发展。如布鲁纳认为,发现学习法能使学生产生学习的内在动机,体验到成功的欢乐,培养学生的科学态度和创造精神。这些情绪上的体验对学生是一种极大的激励。罗杰斯的非指导性教学则突出教学中的情感因素,形成一种以知情协调活动为主线,将情感作为教学活动基本动力的教学模式。保加利亚心理学家洛扎诺夫倡导的暗示教学法是最具情绪色彩的现代教学方法,其基本原则是使学生愉快而不紧张,强调情绪、情感在教育教学活动中的作用,让学生在没有任何精神压力的轻松愉快的气氛中学习。

重视多种方法、手段的优化组合,突出教学的整体性。运用系统论研究教学方法。一是将教学方法作为整个教学系统中的一个重要因素,在教学过程诸要素之间考察教学方法的作用与效果,研究它如何调整师生活动;二是将现代教学方法本身作为一个由多种教学方法相互作用、相互结合而形成的有机系统,每种教学方法仅作为其中的一个要素,在具体的教学情境中彼此相互配合,发挥整体效能;三是将某种具体的教学方法作为一个子系统,注重对构成每一种教学方法内部要素的研究。

参考文献

王策三.教学论稿[M].北京:人民教育出版社,1985.

(韩华球)

教学风格(style of instruction)　　亦称"教学艺术的风格"。教师教学艺术范畴的概念。中国教育心理学界对此界定不一,各有侧重。邵瑞珍等人认为,教学风格是在达到相同的教学目的的前提下,教师根据各自的特长经常采用的教学方式方法的特点,是教师的能力和性格的多样性的反映。张翔认为,当教师个人的教学经常而稳定地表现出合规律性和合个性时,即在此基础上形成相应的教学风格,它是教师教学个性的核心。程少堂认为教学风格是教师有意无意地在适合自己个性特征、思维方式和审美趣味的教育教学理论指导下,经过艰苦、反复的实践最终形成的一种既具个性魅力又具有稳定性的教学风貌。关甦霞把教学风格等同于教学特色和教学风度,是教学艺术走向成熟的标志,是教学的艺术要求与教师的个性特征有机结合并达到稳定状态的结果。

教学风格本质上是一种教学艺术风格,与教学艺术活动联系在一起。教学的科学性是教学的艺术性的前提,而教学的个体独创性是教学艺术的灵魂和源泉。教学风格体现了教学个性与教学共性的辩证统一。教学风格是优秀教师在对教学艺术的长期探索中形成的,是教师教学艺术个性的稳定状态的标志。教师的教学个性特点和教师在教学

艺术活动中表现出的教学审美风貌,可以看作教学风格概念内涵的本质抽象规定。教学风格的个性特点和审美风貌综合表现在优秀教师的教学观点、教学方式方法、教学技巧和教学作风等方面,只有在教学实践中表现出成熟的、科学的、较为稳定的教学个性特点和审美风貌,才构成教学风格的本质内涵。

教学风格的基本特点　　教学风格一旦形成,即具有四个基本特点,其间存在相互依存、对立统一的关系。(1)独特性。这是教学风格成熟的首要标志。教学风格的独特性取决于教师主体的独特性。具体表现在教学内容处理、教学方法的运用和表达方式上。对于教学内容的不同处理,既是针对教学对象的差异采取的相应措施,更是教师教学风格独特性的表现。教学对象的复杂性、教学内容的多样性和教师的个性,也表现在教师采用的教学方法的多样性、灵活性和创造性上,包括教师对现有教学方法的创造性运用,以及对新型教学方法的创造。教学的表达方式包括语言表达和非语言表达。语言表达又分为口头语言表达和书面语言表达;非语言表达可分为实物演示表达和教态表达。形成自己教学风格的教师在语言的科学性、准确性、音量的高低、音调的婉转、节奏感、语速、板书以及手势、表情、眼神等表达方式方面,都各具特色。(2)多样性。主要表现在两方面。就教师整体来说,教学风格应是多样的。每个教师的思想、知识结构、审美情趣和教学能力不同,在针对不同的教材和学生实际从事教学活动时都会有自己选择和侧重的角度,采取得心应手的教学方式方法,创造独特的教学风格,从而形成教学风格的多样化。同时,学生个性和学风上的差异也会带来其对教学风格的选择性,教学风格的多样化满足了这种需要。就教师个体来说,教学风格的多侧面发展也很有必要,教学活动的辩证性、复杂性和多样化,要求教师注意根据教学内容和教学对象等的变化而相应改变教法与风格。(3)稳定性。教学风格一旦形成,就会在相当长的时间内保持不变,表现为教师教学思想的基本完善、教学方法的富有成效以及教学个性的定型成熟。(4)发展性。指教学风格的形成并非一蹴而就,需要经过一个探索发展的过程。即使教学风格已经形成,也并非一成不变,教师的教学风格要在稳定中求发展。

教学风格的形成　　教学风格的形成标志着一个教师教学艺术的成熟。教师要形成自己的教学风格,需要具备两个条件。一是有教学民主的氛围,使教师发扬各自的个性特长。二是教师把形成独具特色的教学风格作为自觉追求。有"乐教"的敬业精神,把教学视为一项艺术性的事业;掌握并会自觉运用教育教学的基本规律,具备纯熟的教学基本功;能扬长避短,发挥个人优势;有意识地进行锻炼和提高;善于处理继承与发展、学习与创新的关系。教学风格的形成分为三个基本阶段:模仿性教学阶段,模仿优秀教师

的教学风格,体现其精神实质;独立性教学阶段,教师在教学中根据自己的个性心理特点大胆进行教育教学改革,不断反思自己的教学行为,逐步形成自己的教学风格;独特性教学阶段,教师使自己的教学风格达到科学、稳定、成熟的状态,整个课堂教学呈现出教师独特且富有教益的审美风貌,实现教学的内容与形式、科学性与艺术性的完美结合。

(刘启迪)

教学管理(teaching management)　亦称"教学工作管理"。指遵循管理规律和教学规律,科学地组织、协调和使用教学系统内部的人力、物力、财力、时间、信息、环境等因素,对教学工作的各个方面、各个环节进行合理统筹,确保教学工作有序、高效运转的决策与实施活动。

广义的教学管理分为宏观、中观和微观三个层次。宏观层次是指教育行政部门对各级各类学校及其他教育机构教学工作的组织、管理和指导,即教学行政管理。中观层次是指学校领导者、教学管理者以及教学辅助人员对学校内部教学工作的规划与操作,即学校教学管理。微观层次是指学校教师对课堂教学中各个因素与环节的组合、协调与控制,即课堂教学管理。

通常意义上的教学管理主要指中观层面的教学管理,即学校教学管理。学校教学管理具体是指遵照教育活动的客观规律,为如期实现教学目标,对参与学校教学工作的诸多因素和整体过程进行调解与控制,通过学校的教学资源、教学组织机构、教学规章制度以及管理者与被管理者的能动作用,实现教学活动的良性运行,确保学校获得最优的教学效果。根据学校的不同层级和类型,学校教学管理可大致划分为中、小学校的教学管理以及高等学校的教学管理等。由于学校把教学作为中心工作,教学管理成为学校管理的核心内容。教学管理水平直接影响学校的教学质量和人才培养质量,关系到学校其他工作能否顺利进行。

教学管理任务

学校教学管理的中心任务是依据教学管理的总体目标要求,全面贯彻教育方针、教育政策,全面提高教育教学质量。教学管理具体主要有三项任务。

稳定教学秩序　建立和维护正常的教学秩序,保证教学工作的顺利开展是学校教学管理工作的基本任务。从教学工作与学校其他工作的关系看,教学工作在学校各项工作中处于中心地位。教学工作组织、协调得好,不仅有助于建立稳定、正常的教学秩序,促进教学质量不断提高,而且有助于带动其他各项工作的开展。就教学工作本身而言,教学管理是教学工作正常运行的基础和必要条件,教学管理的任何一个方面和环节出现问题,都会影响教学工作的

正常进行,扰乱教学秩序。学校正常教学秩序的建立和维护,不仅要靠学校内部的严格管理,建立和健全教学工作的各项规章制度,还需要教育行政部门建立必要的保障机制,例如课程设置、教材内容的协调组织、教学资源的标准及其供给等,排除外界对学校正常教学秩序的非法干预等。

提高教学效能　提高教学效能是学校教学管理的主要目标和核心任务。提高教学效能包含两层意思,即提高教学质量和提高教学效率。提高教学质量是指学生在教师指导下,通过参与教学活动,在认知、情感、意志等个性特征方面产生的质量、数量、结构等方面的变化。教学过程不是单向的知识传授过程,而是在教师指导下,学生德、智、体诸方面全面发展的过程,良好的教学管理有助于教师全面认识教学工作,正确处理教与学的关系,从而保证学校育人目标的实现以及教学质量的提高。提高教学效率是指充分利用教学时间,避免和消除教学过程中的内耗与浪费现象,在国家颁发的课程计划、教学大纲所规定的教学时间内,以符合学生身心发展要求的教学负担量,完成课程计划和教学大纲规定的教学任务。提高教学质量和提高教学效率是教学管理中两个既相互联系又相互区别的任务,要求学校管理人员把两者有机结合起来,共同抓好。

促进教学改革　促进教学改革是学校教学管理的发展性任务。学校教学管理工作除了通过组织、协调、控制等职能来保障常规的教学工作顺利开展以外,还要以教学创新为出发点,在课程方案、教材内容、招生考试制度等方面进行改革,同时引导和激励教师更新教学内容、改革教学方法、运用新的教学技术和手段。现代教学改革往往紧密依托教学科研,只有当教师专注于创造性教学研究活动,积极探索教学规律,教学改革才能成功。教学管理者在促进学校教学改革方面的措施主要包括:端正管理思想,树立正确的管理目标;掌握科学理论,更新教学思想;转变管理方式,大力倡导研究之风;发扬教学民主,创造宽松和谐的氛围等。

教学管理内容

教学管理是一项经常性的工作,其内容可以归纳为两个维度。从横向维度,教学管理的内容表现为教学管理系统的建立;从纵向维度,教学管理的内容表现为教学管理过程的运行。

教学管理系统的建立　教学管理系统是由参与教学管理的人、财、物和时间、空间、信息等要素组合而成的,根据这些要素之间的共性结合,教学管理系统可以划分为四个平行的子系统,分别为理念系统、资源系统、组织系统和制度系统。完善的教学管理系统的建立,是学校教学管理活动的基础和前提。

理念系统。教学管理的理念系统是指学校教学管理人

员和教师有关教学思想、教学观念等的意识集合。理念系统是教学管理系统的灵魂，决定了学校教育教学行为的的方向和方式，并对教学管理的其他子系统发挥导向作用。在学校教学管理过程中，学校领导首先要组织学校的教学管理人员和教职工认真学习教育方针、教育政策以及各种教育法规文件，并联系学校教育的实际情况，科学把握、全面理解，确保学校教育教学的正确方向；其次要引导和帮助教师更新教育观念，转变教学思想，树立正确的教学观、学生观和质量观，充分调动师生教与学的积极性；最后要统一思想，确立科学合理的教学管理目标。管理思想决定管理的方向，管理思想集中体现在管理目标上。教学管理的目标必须与学校管理的总体目标整合一致。学校管理目标应以教育目标为依据，并为实现教育目标服务。

资源系统。教学管理的资源系统是指包括学校教学设施、教学设备、教学环境等在内的教学条件的总和。资源系统是教学管理系统的物质保障，为教学活动的顺利开展提供辅助和服务。随着现代科学技术的发展，教学资源的范围已突破原有的教室、图书资料、实验设备等范围，教学资源尤其是教学信息及传播技术的优化配置，在教学管理中的作用越来越大。学校教学资源系统的管理主要包括对学校教室、专用教室和图书馆、会场、运动场馆及其内部如教材、图书、实验器材以及计算机网络、广播、电视、通讯等在内的各类为教育教学服务的设施、设备器材的配置、维护与更新。

组织系统。教学管理的组织系统是指体现学校教学工作的权力关系、任务结构、管理职责、机构设置及人员编制的总体架构。学校教学管理组织系统的构建，为正常教学管理活动的开展搭建了平台，推动和促进了教学管理的发展和完善。建立健全学校教学管理组织系统必须做到结构合理、运转有序。前者要求组织设计达成清晰的职位层次系列、流畅的意见沟通渠道、有效的协调合作联系；后者要求组织系统的运行指挥灵、职责清、信息通、效率高，充分发挥教学管理机构和人员的作用。学校教学管理组织系统按其发挥作用的信息传输形式的不同，可以分为教学指挥系统和教学反馈系统。前者以垂直的信息传递形式发挥作用，后者则通过环形回路的形式施展功效。教学指挥系统通过建立政令畅通、层次分明的组织体系，优化教学管理的整体效果。可以从两个方面进行划分。按照教学过程的"教"、"学"的双边环节，教学指挥系统可以划分为"教"的组织系统和"学"的组织系统。在学校决策层的统一领导下，"教"的组织系统下设教研组、备课组和教师，"学"的组织系统下设年级组、班级和学生。按照教学组织管理的职能，教学指挥系统可以划分为教学行政管理和教学业务管理两个子系统：教学行政管理系统下设教导（务）处、教务科等机构，通过行使教学管理的基本职能，维护正常的教学秩序；

教学业务管理系统下设教科（研）室、教研组等机构，对教师进行具体的教学业务指导，组织教师开展教学研究活动。教学反馈系统通过建立顺畅的信息传输机制，依托教学咨询、审议与监督机构，如教学咨询委员会、教学评价委员会等，适时监控教学过程。这类组织主要通过吸收学校成员及校外人士参与教学管理工作，听取他们有关教学工作的意见和建议，提高教学质量。

制度系统。教学管理的制度系统是指为强化教学管理、稳定教学秩序、加强教学质量控制而制定的教学规章、制度、条例、细则、守则等的有机结合。教学管理制度具有一定的法治效应和约束力，是全体师生和教学管理人员必须共同遵守的教学行为准则，是实现教学管理科学化、规范化的重要基础。学校教学管理制度的构建是一个复杂多样的系统，需要对学校教学工作的各个方面和各个环节作出具体而明确的管理规定和要求。根据来源，可分为国家教育行政部门管理教学的法规制度、文件、纲要以及学校内部为管理教学而制定的规章制度等；根据适用对象，可分为教师教学工作制度和学生学习管理制度；根据内容，学校教学管理制度系统分别涉及学生事务、教师事务、教学行政事务和与教学工作有关的各职能部门的责任制度等。例如：学生学籍管理条例，课堂常规，学业成绩考核与管理制度，教师教学常规，教学质量评估制度，教师工作量制度，课程制度，教材管理制度，校、处、教研室的工作职责等。在制度建设过程中，学校教学管理者不仅要注意发挥制度的规范功能，更要注意发挥制度的创新功能，适时更新与完善管理制度，使之具有权变性。

教学管理过程的运行　教学管理过程是在一般管理过程——计划、实施、检查、总结等环节的基础上，结合教学管理的特殊性构成的。教学管理过程的运行主要包括制订教学计划、组织日常教学、检查教学质量以及开展教学研究等环节。

制订教学计划。制订教学计划是教学管理的首要环节。学校要根据国家教育行政管理部门制定的有关教育和教学工作的指导性文件和统一要求，如课程计划、教学大纲等，结合学校实际情况，建立学校教学工作计划体系，具体落实课程设置、教学活动顺序与结构、课程教学大纲、课时安排、教学资源配置等内容。根据时间跨度，学校教学计划分为长期计划（或规划）、学年计划、学期计划；根据构成层次，学校教学计划分为全校教学工作计划、职能部门教学工作计划、学科教研组工作计划、教师教学工作计划等。学校教学工作计划体系的建立，首先要求学校领导制定方向正确、符合实际、具体明确的学校教学工作总计划，提出学校教学工作方向、目标以及实现教学目标的工作任务、要求、途径和方法，并作出实施计划的安排。在总计划的指导下，学校各有关部门、各学科教研组、各任课教师分别制定各自的教学工作计划。各层次的计划要做到方向目标统一,相互之间协调整合一致。

组织日常教学。组织日常教学是将教学工作计划转变为具体教学活动的过程,是教学管理的基础环节。由一系列教务行政管理工作构成,侧重于积累、整理资料,安排事务,提供信息。可归纳为纵向的阶段性常规管理和横向的环节性组织管理两大系列的工作。阶段性常规管理主要包括开学前、学期初、学期中、学期末及放假期间的各项常规管理工作;环节性组织管理主要包括编班,编排学校活动日程表、作息时间表和课程表,征订教材,检查教学设施,学籍管理,教学档案管理,考试管理,教务统计,文献搜集等工作。

检查教学质量。教学质量是教学活动的命脉,也是教学管理的目标所在。检查教学质量是对日常教学工作进行及时反馈和有效监控的重要途径,是教学管理的关键环节。从广义上讲,检查教学质量包括确定教学质量标准、开展教学质量检查、作出教学质量分析和进行教学质量控制等过程。教学管理者要在正确的教学质量观的指导下,根据一定的教学目的,使用科学合理的质量标准,采取观察、听课、测试、座谈、书面调查等多种方法,定期和不定期地对影响"教"与"学"的各种因素进行检查,通过定量与定性分析,对教学过程进行及时调整和控制,以确保教学任务的全面完成和教学质量的全面提高。检查教学质量的模式有全员参与管理、全过程管理和全面质量管理。全员参与管理是指上自学校领导、下至师生员工甚至学生家长,以及学校各个组织、部门、机构,形成一个质量管理系统,都负责对教学质量进行反馈和监督。全过程管理是指教学检查的内容既包括教师教的全过程,也包括学生学的全过程,还包括学生从入学到毕业的全过程,以及影响教学质量的各种因素。全面质量管理是指教学检查和评价要指向学生个体在德、智、体诸方面的全面发展,促进教学活动不仅致力于提高学生的知识和智力水平,还要提高学生的思想道德品质和身体素质水平,以及一定的美育修养和劳动技术素养水平。

开展教学研究。开展教学研究是对教学工作进行科学总结的有效手段,是教学管理的提升环节。开展教学研究主要包括规划、督导、评价和推广四个阶段。在学校教育教学过程中,"教师即研究者",学校领导和教学管理人员应转变单一的教学行政管理方式,通过提供专项研究经费、给予研究奖励等措施,激发教师的教学研究热情,引导、鼓励、支持教师积极投身教学研究;帮助教师根据学校教育教学的实际情况和各学科教学的具体情况,选择课题;为教师提供各种信息资料,组织教师通过在职培训等方式不断学习各种新知识,及时掌握教学改革的前沿成果;组织教师就教学改革过程中的重点与难点问题,协同攻关;对教学研究成果进行科学鉴定和评价,并配合适当的科研奖励措施;不断总结和推广优秀的教学科研成果,促进教学改革。

教学管理的发展特点

管理目标具体化　学校教学管理目标是一个由一系列子目标构成的层次系统。教学管理目标具体化,是指把国家规定的总体培养目标具体化到每一个课堂行为,规定这些行为应达到的标准,从而把笼统概括的大目标逐一细化成可以操作的小目标,要求教师和学生按照规定的标准去完成。

管理内容扩大化　教学管理内容是一个庞杂的系统,20世纪90年代后,教学管理在常规内容的基础上有所扩大和突破,主要表现为在广度和深度上进一步拓展。在管理内容的广度上,课程管理作为一个独立的研究领域业已进入教学管理的视野,课程改革随之成为教学管理的热点和焦点问题;在管理内容的深度上,微观的课堂教学管理作为教学管理的一线阵地,日益受到教学管理人员的关注,并成为教学管理改革的先导。

管理标准规范化　教学管理工作是一个多阶段、多层次、多规格的系统过程,必须从预期的教学目标出发,划分不同阶段,提出层次要求,制订实施教学计划的具体标准或细则,建立、健全相应的规章制度,落实到各个职能部门统一遵照执行。教学管理标准的规范化是有效管理教学活动的重要前提,也是教学管理工作规范化的重要标志。

管理方法科学化　教学管理方法按管理的具体内容的不同,分为系统管理方法、信息管理方法、目标管理方法、质量管理方法、计划管理方法、计量管理方法等;按管理过程的不同环节,分为计划方法、组织方法、检查(评价)方法和总结方法等。教学管理方法科学化指教学管理方法的合理化与综合化,具体表现为实现一般方法与具体方法相结合、传统方法与现代方法相结合、定性方法与定量方法相结合。

管理手段现代化　指教学管理人员运用现代化的管理工具,如自动控制机、统计机器、计算机、网络终端系统等,借助电子机器储存量大、自动化程度高等优点,将教学活动各环节的信息及时输入,并进行分析、处理和储存,从而提高管理工作的效率和质量,避免人工误差,减轻管理人员的劳动强度。中国不少学校用计算机编排课程表、对学生成绩作统计分析、对教学质量作定量研究、对各种资料(如学生的学籍资料、教师的教学业务档案等)进行文档保存,用计算机网络统一调度教室等。信息管理成为教学管理的重要基础,学校信息化建设以及教学管理信息系统的建立,日益成为学校教学手段现代化的重要体现之一。

参考文献

范国睿.学校管理的理论与实务[M].上海:华东师范大学出版社,2003.

江家齐,陈运森.教学管理[M].广州:广东教育出版社,1993.

李秉德.教学论[M].北京:人民教育出版社,2001.

吴志宏,冯大鸣,周嘉方.新编教育管理学[M].上海:华东师范大学出版社,2000.

阎德明.现代学校管理学[M].北京:人民教育出版社,1999.

（陈红燕）

教学规范习俗化（conventionalization of the rules for instruction）

教学活动中要求所属社会成员遵守人为制定的思想及行为规则的过程。教学规范通常表现为教学纪律及教学仪式。教学规范的习俗化包括两方面含义:正向的习俗化,即人为制定的、借助一系列管理技术实现的约定俗成的形式,是无需反思、协商的社会成员必须遵从的规范;负向的习俗化,即某些教学规范逐渐丧失其权威性和约束力,转化为可被轻易突破且即使被违反也不会产生严重后果的习俗形式。前者是把外在规范变为社会成员遵从、认同的内在规范,通常由制定规范或执行规范的权威来实现;后者则是社会成员在遵从规范的过程中产生对正式规范的偏离。这两种习俗化的方向及路径都是在由静态向动态、由孤立存在向意义联系转化的过程中发生的。

与自然形成的习俗不同,教学规范伴随教学活动的展开逐渐形成并定型,由权威机构制定。美国教育学家巴格莱归纳了纪律的两个功能:一是管理取向功能,创造和维护使学校能够正常、有序运行的必要条件;二是教育取向功能,通过在教学中让学生承担相应的责任,保证学生能够有效参与有组织的成人社会。R.刘易斯把纪律看作教师为保证课堂教学秩序而运用的一系列技术和策略。教学规范还体现为某些具体的仪式,如学生见到教师主动问好,上下课时全体学生起立行注目礼,教师还礼后方可坐下或离开教室等。

教学规范具有正式的强制力和约束力,学校成员必须依据学校组织规范来决定在组织中的适当行为。无论是否赞同或实施是否有困难,教师与学生都必须遵从教学规则。教学规范本身是现代教学的目标之一,学生在教学中不仅获得知识,且必须获得制度化生活所必需的规则、规范、价值和倾向。

正向习俗化:对教学规范的遵从　教学规范的正向习俗化需借助教学规范本身的强制力实现。仪式、纪律以及其他规则均包含两方面意义:依规范行动能获得肯定和赞许;违反规范会受到惩罚和批评。

美国学者波普诺用"约制"一词说明规范的强制执行,认为一个社会要运行,就必须强化规范。无论是否困难、愉快,社会成员都被迫遵从规范,或者以一种社会可接受的方式去行动。通过约制的压力强化对规范的遵从是一种社会控制过程。约制既可以是正面的,也可以是负面的。正面的约制是对行为正当者的奖励,负面的约制是对违反重要规范者的惩罚。法国哲学家福柯详尽说明了对违反规范者的处罚方式,认为工厂、学校、军队都实行一整套违规处罚制度,其中涉及时间(迟到、缺席、中断)、活动(心不在焉、疏忽、缺乏热情)、行为(失礼、不服从)、言语(聊天、傲慢)、肉体(不规范的体态、不整洁)、性(不道德、不庄重),并提出人们在惩罚时使用了一系列微妙的做法,从物质惩罚到轻微剥夺的羞辱,既使最微小的行为不端受到惩罚,又使机构表面上无关紧要的因素具有一种惩罚功能。

规范在某种意义上是一种特殊的惩罚方式。教师通常采用增加作业量、罚站或剥夺听课机会等方式惩罚未完成作业的学生,使学生体会规范的意义。增加作业量的作用不在于使学生学会知识本身,而在于通过处罚的方式对学生进行规范的操练;罚站或剥夺听课机会则意在使学生对违反规范的后果产生恐惧,以达到规范的目的。

教学规范通过一系列微观管理技术及微观管理运行过程显示其作用,并实现由外部规定向内部认可的转化。教学规范本身的管理、规训意味强于其对教学活动顺利展开的保障作用。教学规范在表述上一般是清晰、明确、无歧义的,所表达的内容具有不容置疑的意味。不加解释的简洁的口令、教师的示意姿势和眼色以及所使用的戒尺等,都是学生需遵从的规范信号。对于各种违反教学规范的行为,教师会采用一定的惩戒模式进行干预。根据教师的介入程度,可将惩罚模式分为五类:以言语方式暗示和中止学生的错误行为,或只是注视有错误行为的学生;间接描述不恰当的行为,以引起学生的注意;直接向有错误行为的学生发问;向学生提出明确而果断的要求;给予学生与其行为相符的处理和惩罚。

负向习俗化:对教学规范的偏离　经过一系列的教学互动(包括各种奖惩机制),教学规范变得稳定且无需协商,但某些显在的、正式的规范逐渐变为隐性的、非正式的,产生教学规范的负向习俗化:某些规范经由学生的理解而被有意蔑视、偏离、忽略,并最终冲破其约束力。在这种意义上,违反规范至多只能带来难堪、羞辱,而不会有直接的严重后果;对规范的破坏有时还被视作建立新规范的前提,具有积极意义。

对教学规范的蔑视和违反既与青少年对学校的抵制有关,也与教学规范本身的标准化和琐碎有关,与师生关系有关。规范具有特殊性和具体性,学生对教学规范的遵从受其对情境的定义的影响。学生可能在课堂上以偏离规范的形式反抗那些不尊重学生的教师。学生对教师的反抗分为温和的反抗与冲突的反抗:温和的反抗通常表现为对规范的漠视,从事与教学无关但不干扰课堂教学的活动;冲突的反抗则表现为公然破坏课堂纪律。某些用于训练学生标准化、同质化的规范要求,逐渐会丧失其约束和控制功能。学生通过漠视这些规范(如坐姿、默读的姿势、书本的摆放位置等)来表达自己的成长和不受约束的态度。一些用于调节校内人际关系的教学规范则逐渐为一般社会规范所替代。与学校主流文化相悖的非正式群体的形成,也对教学规范的遵从起抑制作用,这种非正式群体以违反学校教学规范为荣,并进而形成自己的独特规范。这种情况下,学校教学规范的控制功能逐渐消退。

理论上,对现行规范的一定偏离也有其积极功能,即有助于社会保持灵活性。随着时代的发展,学校教学规范本身也在发生变化。

(郭 华)

教学规律(objective law of instruction)   教学活动中的各种矛盾运动及其本质联系。教学的进行、发展和深入,是教学中各种矛盾运动的结果,教学规律客观存在。中国教育学界大多以马克思主义哲学作为方法论基础来揭示教学过程的基本规律,但由于起点不同、切入的方向不同、采用的依据不同、认识的范围不同,所揭示的规律也不尽相同。有的认为,探索教学过程的基本规律要对教学过程中存在的多种因素及其相互关系进行系统分析。有的认为,认知的主体与客体、知识与发展、教与学这三对关系的矛盾运动是教学过程中众多关系的联结点,要从这些基本因素内在的联系中动态地探索教学规律。有的提出,教学过程的规律主要表现在教师引导下学生掌握知识过程的阶段与教学过程内部一些因素之间的必然联系上。有的主张,对于教学规律,应通过分析教学实际材料、解决教学矛盾和问题来研究,通过教学论范畴和理论体系来阐明,通过系统学习教学理论,结合实际运用来掌握。中国教育学界一般认为,教学规律主要包括以下几方面。

教学的教育性规律   教学是一种特殊的认识活动,学生在教学中的认识活动不同于科学家、艺术家和实际工作者的认识。首先,出发点和任务不同。科研或实际工作中的认识是从工作出发,以取得关于事物的规律性的知识和解决问题,教学中的认识活动则是从全面培养人出发,其直接的成果是发展学生的智力、个性和体力,形成科学的世界观和道德品质。其次,条件和必要性不同。在科研或实际工作中的认识活动具有智力、体力等的准备,已经有先决条件,而教学活动中学生的认识或学习的任务、内容、方法等要受到学生身心发展水平的限制。再次,可能性或必然性不同。在科研或实际工作中,人们在进行认识活动的同时,无法确定教育和人的发展上的影响和变化,而教学中,学生在进行认识的同时,其教育和发展上的影响和变化是必然的、显著的。同样的活动会引起学生心理和生理上新的复杂的过程和变化,使学生获得新知,形成新的技能或智力活动,接受某种观点、思想。

教学与发展相互依存的规律   发展具有三方面含义:身体方面的发展,包括身体的健康与各部分的功能;智力方面的发展,包括知识能力和思维能力等;非智力因素的发展,包括情感、兴趣、态度、意志、性格等。教学与这三个方面的发展有密切关系。关于儿童的发展和教学的关系,历史上有几种不同的理论。一种理论认为,儿童的发展不依赖于教学过程,发展有其自身完整的系统,不受任何外部因素影响。教学是外部的过程,只能适应学生的发展,发展走在教学之前,只有在发展提供了充分条件之后,教学才能顺利进行。另一种理论认为,教学就是发展。发展是形形色色反映的积累,教学和发展是两个同等的过程,完全同步。辩证唯物主义观点认为,教学和发展相互依存、相互影响。教学和发展各有自己活动的规律,不能等同。在教学过程中,学生掌握知识的数量和范围反映他们头脑中认知结构的状况,学生的发展则是指加工和运用知识的能力。学生在教学中掌握的知识的数量和范围不能完全说明他们的发展水平,但它们之间并非互不相关。一方面,有系统、有组织的认识活动可以促进发展;另一方面,发展为实现教学任务提供了有利条件。教学活动既受一定发展水平的制约,又对发展产生极大的影响。

教学相长规律   教与学相互影响、相互作用。教与学、教师与学生是贯穿整个教学过程的最基本的关系。教与学各以对方的存在为自身存在的前提,两者相互依存、相互作用、相互促进。其中教师是主导者,学生是主动者。教与学相互影响、相互作用,共同构成一个有机的统一体,即主导与主动的统一。教师和教的活动起主导作用。教师的主导作用是指教师在教学过程中处于领导者、组织者和教育者的地位,遵循培养目标和学生身心发展的规律与特点,对学生施加影响,促进其全面发展。教师在教学中起主导作用有其必然性。从教师和学生的素质差异来说,教师受过专门训练,"闻道"在先,"术业有专攻",是知之较多者,在知识、能力、经验、思想观念和个性发展方面比学生更丰富、更成熟。教师的教以学生的主动学习为基础。首先,学生是认识的主体。要把人类积累的认识成果和经验转化为学生的精神财富,把知识转化为学生的智力、能力和思想观点,必须通过学生的认识和实践,任何人都无法代替。其次,学生的学是教师教的出发点和归宿。教师教的目的是引起学生学的行为,教师的教只有依赖于学生的学,依赖于学生的积极配合,才能产生预期的效果。所以,教师主导作用的发挥表现为学生是否具有学习的主动性和积极性。教师主导作用发挥得越好,学生学习的主动性、积极性、独立性和创造性就越强。

间接认识与直接认识辩证统一的规律   在教学中,学生的认识活动主要是掌握人类在千百年中积累的知识,它们已经确定并编入课程、课程标准和教科书。其他的个体认识如科学家等人的认识则不同,他们的认识的主要任务是去亲身探索人类尚未认识的事物,并且是不确定的东西。学生认识的对象主要是间接经验,是经过系统选择、精心加工的人类文明的精华;学生的认识方式也是间接的,即不是通过体验获得对事物的认识,而主要通过听讲、观察、实验等方式"接受"现成的知识,然后再去"应用"、"证明"。但间接认识也需要以学生在自身活动中感知和积累的直接经验为基础。间接认识与直接认识的辩证统一体现教学中理论与实践、知与行的关系。

教学的目的、任务和内容受制于社会需要的规律　首先,学校的教学目的、任务和内容由一定社会的政治、经济制度决定。教学的目的、任务和内容必然反映一定社会的现实和占支配地位的政治思想、意识形态、社会关系。其次,教学的目的、任务和内容还受到一定社会的生产力和科技、文化发展状况的制约。一定的教学目的总是与一定社会的生产力发展水平相适应。古代社会的教学以培养统治阶级需要的武士、君子、圣人为目的,而资本主义机器大生产时代需要劳动者掌握一定的科技文化知识和技能,教学目的必然要反映这种要求。再次,特定社会的文化价值、民族心理亦潜在地决定教学的目的、任务和内容,使不同国家或地区的学校课程具有明显的特点,体现民族特色或区域特色。而学校教学的目的、任务和内容反过来也会对社会的现实和发展产生一定的影响。

参考文献

王策三. 教学论稿[M]. 北京:人民教育出版社,1985.

王道俊,王汉澜. 教育学(新编本)[M]. 北京:人民教育出版社,1989.

(赵云来)

教学过程(instructional process)　教师指导学生进行学习的活动过程。教师的教与学生的学相结合的活动过程。通过教学活动,学生能掌握一定的知识和技能,身心得到全面健康发展。

中国的孔子是世界上最早阐释教学过程的教育家,他把教学过程概括为学、思、行相统一的过程。之后,《礼记·中庸》明确提出"博学之,审问之,慎思之,明辨之,笃行之"的学习过程。17世纪上半叶,捷克教育家夸美纽斯以感觉论为基础,提出教学过程是从观察到理解、记忆的过程。19世纪初,德国教育家赫尔巴特根据统觉原理,将教学过程作为一个新旧观念联系和系统化的过程,经历明了、联想、系统、方法四个阶段。19世纪末,美国教育家杜威提出教学过程是学生"做中学"的过程,并提出学习的五步法:问题发生的情境;确定问题的性质,解决问题的假设,假设的推论,检验。20世纪30年代,苏联教育家凯洛夫提出教学过程是教师以知识、技能、技巧武装学生,并在此基础上发展学生智力与道德品质的过程,需经历感知、理解、巩固、运用四个阶段。20世纪50年代后,苏联教育家赞科夫、巴班斯基以及美国教育家布鲁纳等人分别运用"教学与发展理论"、"教学过程最优化理论"、"结构课程理论"对教学过程作出解释。

一般认为,教学过程具有以下特点。(1)双边性。教学过程是教师与学生、教与学的双边活动过程,是教师指导学生进行学习的过程。在教学的双边活动中,教师的教与学生的学相互依存、相互支持、相互渗透、相互转化,教师发挥主导作用,学生居主体地位,教师不能代替学生学习,学生也不能离开教师的指导,二者共同构成多重双向性的平面、立体交织对流关系,彼此进行信息的交流传递和往来反馈,使教学过程形成动态开放结构。(2)认识性。教学过程是学生在教师指导下进行学习的一种特殊认识活动,既遵循人类认识的一般规律,又具有特殊性。一是认识对象具有特殊性。教学过程中,学生的认识对象主要体现为,一定教学内容中确定的知识和间接经验是经过选择和改造的人类认识成果,而不是让学生直接去发现人们未知的东西。二是认识条件具有特殊性。教学过程中,学生的认识活动是在教师指导下有计划、有组织地进行的,有教师和学校提供条件保障,可使学生在认识中少走弯路、提高效率。三是认识任务具有特殊性。教学过程中学生的认识活动不仅要掌握书本知识,了解事物及其规律,而且要掌握科学的认识方法,发展智力和能力,形成科学的世界观和道德品质等。四是认识主体具有特殊性。教学过程的认识主体是各方面尚未成熟的学生,学生的认识结构、智能结构和个性品质结构等都处于形成和发展过程中,具有不稳定性和可塑性。(3)实践性。教学过程是教师指导学生进行学习的实践活动过程。教学实践活动有其特殊性。一是实践目的具有特殊性,教学实践活动的目的是使学生验证所学的理论知识,获取掌握理论知识必需的感性经验,发展综合运用知识解决实际问题的能力,而不是通过实践创造物质或精神上的社会化成果。二是实践环境具有特殊性,教学过程中的实践是在富有教育性的特定环境中,在教师的组织指导下,根据教学任务的实际需要而有计划、按步骤进行的。三是实践方式具有特殊性,教学过程中的实践方式有作业练习、实验操作、见习实习、参观访问、社会调查、生产劳动、模拟体验等,这些实践活动对于学生学习具有不可替代的教育价值。

教学过程的本质属性与基本规律

教学过程的本质属性　由于认识角度不同,关于教学过程的本质属性存在不同观点,如"特殊认识说"、"认识发展说"、"认识实践说"、"多重本质说"、"发展说"、"情知说"、"审美过程说"、"教师实践说"、"适应发展说"、"价值增值说"

等。探讨教学过程的本质，不能单从教师教或从学生学的角度出发，而必须从教学的角度出发，以免混淆"教学过程"与"教的过程"或"学的过程"。

教学过程的基本规律　教学过程遵循教学的教育性规律、教学与发展相互依存的规律、教学相长规律、间接认识与直接认识辩证统一的规律以及教学的目的、任务和内容受制于社会需要的规律。详"教学规律"。

教学过程的基本环节与功能

教学过程的基本环节　从时间的角度，教学过程有不同的跨度，可以是一节课、一个教学单元或一个相对独立的教学课题，也可以是一个教育阶段（如小学、初中、高中），还可以是贯穿从幼儿园到大学的整个学校教育系统。教学过程的基本环节，就是学生在一定的时间跨度内，在教师引导下学习相对完整的知识内容所需经历的基本阶段。一般包括六个基本环节：激发学习动机，感知教学材料，理解教学材料，巩固知识经验，运用知识经验，测评教学效果。教学过程的基本环节反映教学过程时间连续性的特征，是各个学段、各门课程的教学一般都要经历的共同环节，每个环节都相对独立，各自发挥独特的作用，各个环节之间又彼此关联、相互衔接。

教学过程的功能　教学过程具有多方面的功能。(1)传递功能。通过教学过程，教师向学生传递系统的科学文化知识和基本的技能技巧。教学是有目的、有计划、有组织地培养人的过程，它可以发挥高效率、高质量的传递功能。(2)发展功能。通过教学过程，可以有效地促进学生智力、能力的发展，情感、意志等心理品质和个性特征的发展以及身体的发展，培养学生的创新精神、认识兴趣和探究能力等。(3)教育功能。在教学过程中，学生不仅增长知识、发展能力，而且思想情感、精神面貌、道德品质也同时受到熏陶，发生变化。(4)审美功能。美的因素作为教学手段或教学艺术贯穿教学过程的始终，渗透到教学活动的各个方面，使学生在美的形式中吸收各类教育信息，并陶醉于教学美的享受之中。

教学过程中的主客体关系

教学过程中的主客体关系主要指教师和学生在教学过程中的地位、作用及相互关系。教学过程中教师与学生之间的关系始终为中外教育界所关注。总体存在两派针锋相对的观点：一是以赫尔巴特为代表的"教师中心说"，认为教学活动是传递民族文化遗产的过程，主动权在教师，要把教师置于教育宇宙的中心，学生对教师必须保持一种被动状态；二是以杜威为代表的"学生中心说"，认为儿童的发展是一种自然过程，教学活动应以儿童的自然发展需要及其活动为中心，教师的作用在于了解儿童的兴趣和需要，以及以什么样的活动可以使之得到有益的表现，并据以提供必要的刺激和材料；教师应放弃"向导"和"指挥官"的任务，执行"看守"及"助理者"的任务。两种观点各执一端，均未能科学地解释和正确解决教学过程中教师与学生之间的关系问题。20世纪80年代前后，哲学认识论中的主体、客体概念被引入教学理论研究，用以说明教师和学生在教学过程中的地位和作用，教师与学生之间的关系问题再次成为教学理论研究的热点，亦开始了教学过程中主客体关系的争鸣。在争论过程中，出现许多不同的看法，以下观点较有代表性。

教学三体论　教学三体论认为，一般认识论处理认识主体与认识客体之间的"二体问题"，教育认识现象学则处理教育者、受教育者和环境之间的"三体问题"。以一般认识论观点来看，教育者和受教育者在对环境的关系上都是认识的主体，但它们又彼此发生认识论上的关系：教育者为对受教育者施加影响，要把受教育者作为认识客体，而教育者在与受教育者的关系上成为认识的主体；同时，受教育者也在不断了解教育者，这时，受教育者就成为认识的主体，而教育者成为认识的客体。一般认识论中的"二体问题"具体到教育认识现象学中就成为"三体问题"。教学三体论认为，教育认识现象学中的"三体问题"需要研究三种关系：教育者与环境、受教育者与环境，教育者与受教育者。在教学过程中，这三种关系互相渗透、错综复杂，其中关键的是教育者与受教育者之间的关系。在这两者的关系中，受教育者是教育认识活动中的中心，受教育者的努力学习是其成才的最根本原因；教育者在教育过程中处于主导地位，教育者的知识经验和工作水平决定了教育质量。教育者要使受教育者接受自己施加的影响，就要充分发挥受教育者的能动作用。

主导主体说　主导主体说认为，在教学过程中，教师起主导作用，学生居主体地位，教学是教师主导与学生主体的辩证统一。(1)坚持教师的主导作用。教学过程中，教师起主导作用具有客观必然性和必要性。教师"闻道"在先，受过专门的教育训练，决定和负责教学的方向、内容、方法、进程、结果和质量等，学生正处于发展成长时期，知识和经验不丰富，智力和体力还不成熟。学生的学习动机、学习行动、学习方式方法以及学习结果等，都不可能是主观自生、自发、先验的，而必须接受来自外部环境和教育的影响，包括来自教师的影响。(2)学生在教学过程中处于主体地位。在教学活动中，教师的"教"是为"学"而存在的，教师主导作用的落脚点是学生的"学"。"学"是学生独立的主动的活动，教师无法代替。辩证唯物论认为，人是在积极主动地作用于环境和改造环境中接受教育的影响。人既是环境和教育的产物，又是反映和改造世界的主体，没有主体的能动活动,任何环境和教育都不起作用。同样,没有学生的主体作用,也就没有教师的主导作用。学生的学习是一种能动的、主动的、独立的认识活动,学生当然就是主体,需要自己做主。"教"为"学"而存在,为"学"服务,在教学过程中,教师主导与学生主体是辩证的统一。学,是在教之下的学;教,是为学而教。亦即,学生这个主体是教师主导下的主体,教师这个主导是对主体的学生的主导。

师生双主体论　师生双主体论认为,在教学过程中,教师和学生都是主体。指出主导主体说的不足在于单方面地强调学生是学习的主体,不但无助于科学分析教学过程的矛盾运动,揭示其内在规律性,而且不适当地扩大了教学的外延,使之等同于学生的学习活动,造成概念和逻辑上的混乱。师生双主体论分析了教学过程中的矛盾运动,认为教和学是教学过程中必不可少的基本方面,两者之间的相互对立和相互统一,构成教学过程的基本矛盾运动。这一基本矛盾随着教学过程的不同教学阶段,会出现发展和转化,或是教或是学处于矛盾的主要方面。认为教学过程是师生双方共同活动的双边过程,教学过程的主体不仅包括学生,而且包括教师,是双主体而不是单主体。在教学这一双边活动中,教和学、教师和学生都是教学过程的内因。承认教师的主体地位,并不排斥学生的主体地位。在教学过程中,教师主体与学生主体之间并不构成此消彼长的矛盾关系,当两个主体发生联系时,所表现出的不是两个主体的抗衡,而是主体与客体的辩证统一。教师是教的主体,学生则是教的对象、教的客体;学生是学的主体,教师的教学方法、教学风格则同教学内容一样,都成为学的对象、学的客体。

师生复合主体论　师生复合主体论认为,主导主体说是对教学过程中教与学双方的角色地位的表象分析或绝对化,实际是把教与学作为两个独立的过程加以考察,其表述方式是两种层次认识的简单组合:"教为主导"是从角色作用上确定的,"学为主体"是一种认识论意义上的表述,这两种表述并不在一个层面上,无法确切解释两者之间的统一关系。在此基础上,师生复合主体论提出,科学的表述应该是建立在同一层次上的认识,这种认识应包含两个方面。首先,必须确定教学的主体究竟是什么。师生复合主体论认为,教学活动的主体是由教师与学生共同构成的复合主体。这种复合主体内部的矛盾运动体现为教与学的对立统一。对立是指在教学中教师与学生的角色、地位是不同的。教师在教与学的矛盾中是矛盾的主要方面,处于主导地位,学生在教与学的矛盾中则是矛盾的次要方面,不处于主导地位。统一是指教师和学生都是具有认识与实践能力的人,都是教学主体。他们在教学活动中各自的角色地位是相对的,而作为主体来完成教学活动则是绝对的、共同的,由此构成既对立又统一的矛盾运动。这种统一不仅在于两者是教学主体的共同构成要素,存在内在联系,而且这种统

一实际上是一种主体与客体的辩证统一。在教学过程中,教师是教的主体,学生是教的对象和客体;学生是学的主体,教师的行为以及教学的内容、方法和风格等,便成为学的对象和客体。主体客体化,客体主体化,不仅是人类认识与实践活动的普遍特征,同样也是教学活动的基本特征。人作为教学主体,无论以什么形式出现,其主体性和主体地位并不具有绝对单一和固定不变的意义。按照不同的条件和场合,可以在主体与客体之间相互转化,或者一身而二任。

主导主动说　主导主动说认为,在教学过程中,教师与学生之间是一种相互依存、相互作用的双向关系,本质上则是主导与主动的关系。(1)教师在教学过程中起主导作用。中小学生正处于长身体、长知识阶段,知识经验不够丰富,智力、体力还不成熟,需要教育者的引导和帮助。在教学过程中,教师的作用如同向导,起着引导路径、把握方向的作用,即主导作用。(2)教师必须重视调动学生学习的积极性。强调教师的主导作用,并不是忽视学生的主动性对教学过程及其结果的影响,而必须更加重视在教学过程中调动学生学习的积极性。教学过程中,教师的教主要是为学生的学服务的,教师的教必须落实在学生的学上,学是学生的主体活动,教师无法代替,而只能做向导或引路人,为学生的学提供有利的机会、条件或环境。无论何种形式的教学,如果不能调动学生学习的积极性,就说明教师的教并未起到主导作用。"教为主导"并不意味着"教师中心",不意味着教师在教学中支配一切,学生的学习完全依赖于教师的教,而是指教师能够把握教学活动的方向,为学生的学习创设有利的机会和条件,并调动学生学习的积极性;"学要主动"也不意味着"学生中心",不意味着教师完全听任学生按照自己的爱好和兴趣学习,而是指学的目标与教的目标一致,学生能够主动利用教师创造的机会和条件,有一定的独立性,但又能按照教师的设计进行学习。正确理解"教为主导"和"学要主动"的含义,需要辩证地看待教学过程中教与学的关系。

教学主体的分合论　教学主体的分合论认为,与其把教师和学生两个不同质的主体置于教学这一复合活动过程中,不如将其离析开来,置于不同层面加以辨析。(1)在认识论意义上,将教师与学生区别为实践主体和认识主体。教学过程对学生来说主要是一个特殊的个体认识过程,学生在其中的活动主要是接受人类已有知识经验的特殊的认识活动,学生主要是作为一个认识主体而存在。教学过程中,教师最重要的任务是实践任务,即组织、引导和激励学生学习,使学生掌握知识经验,获得身心发展,教师的认识活动服从于实践任务,从属于育人的实践活动,教师主要是作为一个实践主体而存在。(2)在教学论意义上,教师的实践主体地位决定了教师的主导地位和学生的受导地位,学生的认识主体地位决定了学生在受导的同时还必须发挥主

动性和积极性,才能真正实现知识和能力的转化,以及由依赖性主体逐步向独立性主体转化。(3)建立教师主导性与学生主动性相结合的教学论原则,实现主体性原理对教学实践的积极指导作用。

学生单主体论　学生单主体论认为,教学活动的主体是学生,而不是教师。这种观点从教育思想的来源和哲学认识论的主客体关系出发,对主导主体论进行辨析,认为现实的教学活动是一个统一的过程,当教师在教学过程中居主导地位时,学生的主体地位是不可能真正确立的。传统的"教为主导"的教育观念与"学为主体"没有必然的内在联系,两者在理论上和实践上是冲突的。教学过程是学生认知教师讲授的教学内容的过程,教学过程要解决的矛盾,是教师通过教材提出的认知任务与学生原有认知水平的矛盾。其中,真正的主体只能是学生,教师既不是主体,也不是客体,而是一种中介作用。在这一过程中,如果突出强调教师在教学活动中的主体地位,过于强调教是教与学矛盾中的主要方面,虽然在逻辑上不排斥学生的主体地位,但事实上容易导致甚至加剧教师的主宰地位,忽视学生的能动性,甚至排斥、取消学生真正的主体地位。

教师单主体论　教师单主体论认为,教师是教学过程的真正主体。"教为主导,学为主体"是一个含有逻辑矛盾的虚假命题,无法解决教学实践中的实际问题。学生不可能成为教学过程中自觉、自由的活动主体。根据认识论观点,主体和客体是一对范畴,但并不是某一活动的参加者都是该活动的主体。主体是在实践中建立的概念,指的是进行认识和实践活动的有意识的人;客体相对于主体而言,是主体认识和活动的对象。教学过程中,教师是按照自己的意志、意识行动的人,是教学过程的真正主体。教学是教师的职业活动,是教师作为社会人向社会承担的社会实践;学生虽然也为教学所必然涉及,却是作为教学对象进入教学活动的。教学过程中根本不存在双主体和双客体,而是主客分明:主体是教师,客体是学生。教学过程本质上是一个以教师为主体、以学生为客体的实践活动过程。在这个过程中,教师始终起主导作用,必须不断地认识学生客体和改造学生客体。

参考文献

丁钢."教师为主导学生为主体"论质疑[J].教育研究与实验,1987(3).

黄甫全,王本陆.现代教学论学程[M].北京:教育科学出版社,2003.

李秉德.教学论[M].北京:人民教育出版社,1991.

王策三.教学论稿[M].北京:人民教育出版社,1985.

张武升.教学论问题争鸣研究[M].天津:南开大学出版社,1994.

(张天宝　刘　捷)

教学过程最优化理论　(optimization theory of instructional process)　苏联教育家巴班斯基提出的教学理论。主张在一定的教学条件下,以最少的时间和精力消耗取得质量最优良的教育效果。这一理论的产生与20世纪60年代苏联教育改革中存在的问题有直接关系。(1)这一理论的提出,旨在克服教学理论研究和教学实践中存在的片面性。20世纪60年代世界性的教育改革虽然为各国培养了一批尖子人才,但大多数学校因文化知识教学任务过重而走向反面,随着教育改革的深化,教育理论家对一些基本的教学论问题看法不一,互相排斥,方法论上的形而上学和绝对化盛行。以苏联教育家赞科夫为代表的各种教学实验取得了很大成就,但由于大部分研究者只从某一方面研究教学现象,导致片面性,只能使一部分学生获得较好的发展,而且忽略德育和劳动教育的问题。(2)提出这一理论是为了解决学生负担过重问题。苏联1964年教育改革的重点是实现教学内容的现代化,但过分强调"高难度"和"高速度"原则,社会对学校的要求与师生实现这些要求的实际可能之间存在差异,导致学生的学习负担很重。(3)教学过程最优化理论是巴班斯基对罗斯托夫地区教育经验的总结。20世纪60—70年代,罗斯托夫地区的教师创造了在普通学校中大面积消除留级现象、预防学生成绩不良的成功经验。巴班斯基运用现代科学的系统论思想对这一经验进行综合研究,提出了教学过程最优化理论原理。他又会同有关部门对自己的理论进行了四年实验研究,使之逐渐成熟、完整和科学。

教学过程最优化理论的内容　巴班斯基指出,教学过程最优化是在全面考虑教学规律和原则、现代教学的形式和方法、一定教学系统的特征以及内外部条件的基础上,为了使教学过程依据既定标准来看发挥最有效的(即最优的)作用而采取的控制措施。他从不同侧面进一步论述这一概念。(1)把"最优化"仅仅理解为教师的工作是片面的。教学过程最优化不仅要求科学地组织教师的劳动,还要求科学地组织学生的学习活动。(2)教学过程的最优化是指具体条件下的最优化。教学取得尽可能最大的效果并非泛泛而谈,而是针对一所学校或一定班级现有的具体条件而言。巴班斯基指出,这种观点以马克思主义关于真理的具体性的学说为依据,某种方法对某种情况是最优的,但在其他情况下未必是最优的。(3)教学过程最优化是教师工作的一项特殊原则,贯彻这一原则要求系统地、全面地考虑现有的条件、方法,科学地组织最佳的教学方案。巴班斯基认为,这是一种有目标的、科学的控制行为,而不是具体的方法。(4)用教学过程最优化原则组织师生活动,不单纯是提高效率,而且要达到最优的结果,即在该条件下的最佳结果。

教学过程最优化不是一种特殊的教学方法或教学手段,而是科学地指导教学、合理地组织教学过程的方法论原则,是在全面考虑教学规律、教学原则、教学任务、现代教学的形式和方法、一定教学系统的特征以及内外部条件的基础上,教师对教学过程作出的一种具有明确目的的安排,是教师有意识地、科学地选择一种最适合某一具体条件的课堂教学模式和整个教学过程模式,组织对教学过程的控制,以保证教学过程在规定的时间内发挥以一定标准来看是最优的作用,获得可能的最佳效果。

巴班斯基根据马克思关于人的劳动活动的论述,揭示了最优化条件下教学活动的实质。他援引马克思的话指出,人的劳动活动有其社会目的,这是引起实际活动的动机;在从事劳动活动时,还需要有由注意力表现出的有目的的意志;这种心理和意志控制的作用与目的一致,促使劳动活动努力达到预期的效果。巴班斯基认为,在师生的教学活动中也存在社会、心理和控制三方面的因素:社会因素即教育目的和内容,心理因素即师生双方的动机、注意力、意志、情感等,控制因素就是教师对教学的组织、方法的选择和计划的调整以及学生的自我控制。这三方面的最佳统一就达到了教学过程最优化的境界。

教学过程最优化理论的方法体系　是指相互联系的、导致教学最优化的方法的总和。该方法体系强调教学双方最优化方法的有机统一,既包括教学过程的五个基本成分(教学任务、教学内容、教学方法、教学形式、教学效果),又包括教学过程的三个阶段(准备、进行、分析结果);既包括教师的活动,又包括学生的活动,强调师生力量的协调一致,从而找到在不加重师生负担的前提下提高教学质量的捷径。该方法体系包括几种基本方法,只有加以综合使用,才可认为是真正实施了教学过程最优化。(1)综合规划学生的教学、教育和发展任务,注意全面发展。巴班斯基认为,教学不仅是完成知识的传授,还要完成教学、教育、发展这三方面的任务。教学方面的任务是,使学生掌握多方面的基础知识和技能,并为学生奠定科学世界观的基础;教育方面的任务包括完成德、智、体、美、劳各方面不可分割的任务,使学生树立崇高的理想和积极的生活态度;发展方面的任务主要是要求促进学生各种心理素质的健康发展,并培养学习活动的技能技巧,发展学生的兴趣、能力和禀赋等。教学、教育和发展这三个方面紧密联系、不可分割。巴班斯基通过深入研究,为教师拟定了综合规划任务的程序。首先,教师要认真钻研教学大纲、教科书和教学参考书,周密考虑学生在学习某个课题时可能完成的教学、教育和发展任务。其次,教师要根据学生的年龄特点、学业程度、教育水平和发展水平确定任务。再次,教师要比较各种任务的意义和完成任务所需的时间,从中确定主要任务。最后,教师确定每堂课的"最高任务"。依据这一程序综合设计并确定教学任务,就能同时完成多项任务,大大提高教学效果。(2)深入研究学生,具体落实任务。巴班斯基提出,要研究

学生的实际学习可能性。实际学习可能性是指以个性为中介的、决定具体的个人在学习活动范围内潜在的内部条件和外部条件的统一。内部条件包括:个人接受教学的能力、思维、记忆等基本过程和属性的发展程度,学科的知识、技能和技巧,学习劳动的技能和技巧,对个人的工作能力有特殊影响的身体发展因素,个人的学习态度,对学习有特殊影响的教育因素;外部条件包括:家庭、文化环境和生产环境的影响,以及教师、学生集体和教学物质基础等的影响。为了更好地判断学生的实际学习可能性,必须有比较完整的研究学生的大纲和一套行之有效的研究学生的方法。巴班斯基经过深入的实验研究后提出一份大纲,共包括七个项目:学生参加公共活动的积极性和劳动积极性,道德修养,学习态度,学习认识活动的技能技巧水平,学习毅力,身体素质,家庭的教育作用。研究学生的方法包括观察、谈话、诊断性作业、研究有关文件、教育会诊等。其中,教育会诊是巴班斯基创造的,指在班主任的主持下,由任课教师、校医、家长代表等参加讨论全班学生鉴定的会议,与会者充分发表意见,找到个别学生学习不良和行为欠佳的原因,确定用共同的力量去排除这些原因的方法。(3)依据教学大纲,优选教学内容,确定重点。这一方法要求抓住活动的主要环节,并考虑到心理学关于形成动力定型,以及在一定时间内所能感受的客体和概念有一个最合适的可能数量的理论。巴班斯基提出优选教学内容的七个标准:教学内容的完整性;教学内容的科学价值和实践价值;突出主要的、本质的东西;教学内容必须符合各年级学生的可能性;教材安排必须符合规定给该教材的时数;考虑教学内容的国际水平;教学内容应符合当前教师的可能性和学校教学物资设备的可能性。他还规定了教师优选教学内容的工作程序:深入分析教科书内容,判断它能否完成特定课题的教学、教育和发展任务;突出教学内容中主要的、本质的因素,从而节省教学时间并减轻学生负担;考虑与相邻学科的联系,相互协调,避免重复教学;按照分配给本课题的教学时数安排教学内容;根据班级、学生之间的差别区别对待。(4)根据具体情况,选择最合理的教学方法。巴班斯基将教学方法分为三类:激发和形成学习动机的方法;组织和实施学习活动的方法;检查和自我检查的方法。他认为,每种教学形式和方法都有自己的优点和不足,有自己的适用范围,实施教学过程最优化必须根据具体情况选择合理的方法。他提出选择教学方法的六条基本原则:符合教学规律和教学原则;符合教学目的和任务;与教学内容的特征相适应;考虑学生及班集体学习的可能性;考虑教学的现有条件和规定的时限;适合教师本身的可能性。(5)采取合理形式,实行区别教学。巴班斯基肯定班级教学是教学过程的基本组织形式,但认为必须区分面向全班的、小班的和个别的三种教学形式,并了解它们的优缺点。在具体教学中,应根据具体情

况,以一种形式为主,将三者结合起来。区别教学不是简化教学内容,而是给予学生有区别的帮助。(6)创造必要条件。巴班斯基指出,要为实现教学过程最优化创造必要的条件,包括教学物质条件、学校卫生条件、道德心理条件和审美条件。(7)随时调整教学活动。教学过程中常会出现意外情况,需要及时改变教学方法。教师要善于对变化了的情况灵活地作出反应,这是教师掌握教学过程最优化的重要标志。

参考文献

课程教材研究所师范教育中心编写组.外国教育史话[M].北京:人民教育出版社,2003.

王策三.教学论稿[M].北京:人民教育出版社,1985.

王道俊,王汉澜.教育学.新编本[M].北京:人民教育出版社,1989.

吴式颖.外国现代教育史[M].北京:人民教育出版社,1997.

中国大百科全书总编辑委员会《教育》编辑委员会.中国大百科全书·教育[M].北京:中国大百科全书出版社,1985.

(赵云来)

教学环境(instructional environment)　　对教学的发生与发展产生制约和控制作用的多维空间和多元因素的环境系统。

外国学者对教学环境的界定主要有:(1)指由学校和家庭的各种物质因素构成的学习场所。以美国教育技术学家诺克为代表。他提出,教学环境是由学校建筑、课堂、图书馆、实验室、操场以及家庭中的学习区域组成的学习场所。(2)指课堂内各种因素的集合。以澳大利亚学者 B. J. 弗雷泽为代表。他认为,教学环境是由课堂空间、课堂师生人际关系、课堂生活质量和课堂社会气氛等因素构成的课堂生活情境。(3)指学校气氛或班级气氛。心理学家霍利认为,教学环境是一种能够激发学生创造性思维的温暖而安全的班级气氛。(4)指由学校环境、家庭环境和社区环境共同构成的学习场所。由国际教育成就评价协会(International Association for the Evaluation of Educational Achievement,简称IEA)在一项大规模的国际教学环境研究项目中提出。该项目在非常广义的层次上运用"教学环境"这一概念,使教学环境涉及的各种变量达 15 类之多。(5)指学校教育环境。由美国学者辛克莱儿提出。他认为,教学环境是指能够促进学生身心发展的条件、力量和各种外部刺激因素。

中国学者对教学环境的界定主要有:(1)指贯穿教学过程中的影响教师和学生的生理、物理与心理因素的总和。(2)指学校教学活动所必需的诸客观条件和力量的综合,是按照发展人的身心这种特殊需要组织起来的育人环境。从广义角度,社会制度、科学技术、家庭条件、亲朋邻里等都属于教学环境,这些因素在一定程度上制约教学活动的成效。从狭义角度,即学校教学工作的角度,教学环境主要指学校教学活动的场所、各种教学设施、校风班风和师生人际关系等。(3)指教学活动存在和发展不可缺少的自然地理条件、人员、语言和文化等基本要素的综合。广义指一切制约教学活动的自然地理条件、人员、语言和文化因素的综合。狭义仅限于与教学活动直接关联的具体的自然地理条件、人员、语言和文化因素的综合,由教学活动所处的场所(如学校、班级)、影响教学的物质因素和精神因素、教学活动过程中发生的各种事件、与教学实践相关的各种人际关系等综合而成。

教学环境内容　　学校内的一切事物,包括物质的、精神的、有形的、无形的,都可以是教学环境的内容。其中,直接作用于教学活动并对教学活动的效果产生重大影响的环境因素有以下几种。(1)空气、温度、光线、声音、颜色、气味是环境的物理因素。一方面它们引起教师和学生生理上的不同感觉;另一方面,它们使教师和学生产生情绪,形成情感。(2)各种教学设施是构成学校物质环境的主要因素,也是教学活动赖以进行的物质基础。从大的方面讲,学校的物质设施应包括校园、教室、宿舍、图书馆、礼堂、教师办公室、实验室、操场、食堂、浴室以及各种绿化设施如草坪、花坛、水池等;从小的方面看,课桌椅、实验仪器、图书资料、电化教学手段、体育器材等,都是教学活动必需的基本设施。教学设施是开展教学的必备条件。(3)社会信息。学校环境不是一个封闭的环境,它向社会环境开放,并不断与社会环境进行各种方式的交流。其中,信息交流是学校环境与社会环境交流的一种主要方式。随着大众传播媒介的迅猛发展,各种社会信息通过广播、电视、书报、杂志等媒介涌入学校,对教学活动产生不可估量的影响。(4)人际关系。学校中的人际关系,如学校领导与教师的关系、学校领导与学生的关系、教师与教师的关系、教师与学生的关系、学生与学生的关系等,在一定意义上构成教学的人际环境,通过影响人的情绪、认知和行为,从而影响教学活动的效果。其中,教师之间的关系、学生之间的关系、师生之间的关系是学校内部最主要的三种人际关系,它们对教学质量的影响最直接、最具体。(5)校风、班风。一个学校的社会风气,即校风,表现为学校的一种集体行为风尚。班风指班级所有成员在长期交往中形成的一种共同心理倾向。从其心理机制来看,校风和班风都以心理气氛的形式出现,一旦成为影响整个群体生活的规范力量,就是一种具有心理制约作用的行为风尚。(6)课堂教学气氛,主要指班级集体在课堂教学过程中形成的一种情绪、情感状态。课堂教学气氛有支持型气氛和防卫型气氛两种类型。积极的课堂教学气氛有利于师生间的情感交流和信息交流,有利于教师及时掌握学生的学习情况,得到教学效果的反馈信息,从而根据具体的教学情境不断调整教学内容和教学策略,取得理想的教学效果。(7) 其他因素。构成学校教学环境的要素还有很多,如学校的党、团、少先队组织,学生中的非正式组织及其规范,学校中的各种集会,包括班会、队会、开学典礼、毕业典礼、升旗仪式、运动会等,都对教学活动产生潜移默化的影响。

教学环境分类　由于研究目的的不同,研究者对教学环境的分类也不同。外国较有影响的是塔朱里 1988 年的分类。他认为,教学环境主要由生态学维度、背景变量、社会系统因素、文化因素构成。教学环境的功能是这四个因素的交互作用。(1) 生态学维度,指学校的物质资源,包括校园景观、校园规划、建筑物、各种教学设施以及各种物理环境因素等。(2) 背景变量,指学校成员具有的社会角色特征,包括成员的社会经济地位、教育水平、自我概念、经验、校风、班风、教师和学生对教学环境的满意感等。(3) 社会系统因素,指学校中的正式角色和非正式角色及各种角色的相互作用。例如,学校领导与教师、教师与教师、教师与学生之间的相互沟通和相互作用,学校领导、教师和学生的参与模式等。(4) 文化因素,包括学校的规章制度、校训、校歌、价值观、校园文化等。

中国关于教学环境分类的观点认为,整体的教学由物质环境和社会心理环境构成。(1) 物质环境,包括:时空环境,即时间分配与安排、空间组合形式及空间密度,如班级规模、座位编排方式等;设施环境,即教学场所和场所内的通风、照明、温湿度、色彩、声音等,课桌椅、各种教学仪器和设备、图书资料等;自然环境,即学校的地理位置、气候条件、自然景观。(2) 社会心理环境,包括:人际环境,即学校内部的各种人际关系;信息环境;组织环境,即校内各种正式组织与非正式组织及其活动、团体规范和心理气氛(校风、班风)等;情感环境,即课堂中的合作、竞争、期望、奖惩因素的运用及由此形成的课堂气氛;舆论环境,即集体舆论、个体意见、流言等。

教学环境功能　教学环境对人的教育作用寓于生动形象和美好的情境中,通过有形的或无形、物质的或精神的等多种环境因素的综合作用,在耳濡目染、潜移默化中熏陶感化学生。这种教育影响较之单纯说教,更易被学生理解并引起情感上的共鸣,更利于全面陶冶和塑造高尚情操和优良品德。教学环境具有以下主要功能。(1) 教育导向功能。通过教学环境因素集中、一致的作用,引导学生主动接受一定的价值观和行为准则,向教育者期望的方向发展。(2) 凝聚激励功能。教学环境研究理论认为,良好的教学环境具有很强的凝集力,可通过自身特有的影响力将人聚合在一起,使其产生归属感和认同感;良好的教学环境中的各种环境因素还可以成为激励师生教学积极性的动力因素。整洁幽静、绿树成阴的校园,宽敞明亮、色彩柔和的教室,生动活泼、积极向上的课堂教学气氛,严谨求实、团结奋进的班风、校风,都能给师生心理上带来极大的满足感和愉悦感,能充分激发他们内在的动力。特别是由师生共同创建的优良的班风和校风,更是一种强大的精神力量,可作为一种最持久、最稳定的激励力量,激励师生振奋精神、团结向上。(3) 传播整合功能。在信息时代,信息环境成为学校教学环境的重要组成部分。信息环境下,从教学形式看,学生不仅能在单机环境下以多媒体手段进行主动学习,还能在局域网环境下以在线方式访问服务器或光盘塔,从网上浏览或下载某门课程及相关课程进行学习,还可借助互联网,开展全球范围内的远程教学和虚拟教学。从教学内容的获得途径看,学生不仅从书本和教师那里,而且可以通过网络跨越学校、城市和国界获取大量新的、有用的知识。现代信息技术、多媒体计算机技术和网络通信技术等现代化教学环境,为学校教师教学和学生学习提供良好的教学平台,使现代学校教学在教学媒体、教学内容等方面实现整合化。(4) 陶冶功能。良好的教学环境可以陶冶学生情操,净化学生心灵,使其养成高尚的道德品质和行为习惯。(5) 益智功能。良好的教学环境能有效地促进学生智力的发展,提高其智力活动效率。学校是信息相对集中、知识相对密集的场所,在良好的教学环境中,丰富的信息可以得到必要的选择和控制,有利于智力发展的信息得以传递,不良的信息刺激被降低到最低程度。(6) 健体功能。良好的教学环境能有效地促进学生身体的正常发育,提高其身体素质和健康水平。良好的卫生环境和适宜的设备环境能够促进学生身体充分发育和生长。(7) 育美功能。良好的教学环境有利于激发学生的美感,进而培养学生正确的审美观和高尚的审美情趣,丰富审美想象,提高感受美、鉴赏美和创造美的能力。(8) 助长功能。良好的教学环境能卓有成效地提高教学效率,推动教学活动的顺利进行。

参考文献

李秉德. 教学论[M]. 北京:人民教育出版社,1991.

石英,孙多金. 略论教学环境[J]. 甘肃社会科学,1998(3).

田慧生. 教学环境论[M]. 南昌:江西教育出版社,1996.

(刘翠航)

教学论(theory of instruction)　研究教学现象和教学问题,揭示教学规律的学科。教育学的分支学科。其研究范围主要包括教学目的(任务)、教学过程、教学原则、教学方法、教学组织形式和教学评价等。

教学论的学科性质

苏联教育家一般认为,教学论是一门理论学科。美国教育家一般认为,教学论是一门应用学科。中国教学理论界对教学论的学科性质问题一直存在争议,主要有三种不同的观点。

教学论是一门科学,是研究教学一般规律的理论学科
持这种观点者认为,教学论以实践经验为基础,研究和解决教学问题,例如教学任务、教学方法、教学组织形式、教学效果检查等问题。在联系教学实际、解决教学问题时,教学论的职能和方式与教学法、教学指导书、教学经验报告不同。教学论要探索教学现象较深层次的普遍的规律,建立自己的科学范畴和理论体系,要为解决具体的教学问题提供一般规律性的知识或科学的一般原理,而不是仅描述教学现象和过程,不是提供现成的教学方案,解决个别的、特殊的教学问题。

教学论是一门艺术,是研究具体的教学操作方法和技术的应用学科　这一观点主要受西方教学理论的影响。持这种观点者认为,教学涉及人及其情感和价值观,这些都超出科学控制的范围,而且可能会因采用科学方法而面临危险。他们倾向于将教学论视为一种具有明显技术和艺术倾向的应用学科,并且根据教学实践发展的需要,更多地关注教学活动的操作方法、技巧、技术、模式和策略等。

教学论既是一门科学又是一门艺术,兼有理论性和应用性　持这种观点者认为,应把作为一门学科的教学论和作为一种社会实践活动的教学论分开来看。一方面,教学论是教育学的分支,不属于艺术学科。教学论是教学实践活动的科学概括和抽象,是把教学作为一种由诸多因素构成的相互制约、相互影响的因果系统活动进行研究。教学论揭示教学的客观规律,并提供与教学客观规律协调一致的规范和要求。教学必须以科学理论为指导,并遵循教学理论的规范和要求,否则就无法进行有效的教学活动。教学是一门科学。另一方面,教学不同于一般的社会活动,它是由师生双方共同组成的富有浓厚情绪色彩的创造性活动。教学的主客观条件处于不断变化之中,师生教与学的活动不可能有固定的程式,也不可能机械照搬现成的规则或简单模仿他人的经验。同一教学规范和要求,不同教师在不同情况下可以进行不同的运用和发挥。把教学理论转化为教学实践,需要教师的创造性工作。在这个意义上,教学是一种创造性的活动,任何一堂课都是科学与艺术的高度结合。教学既应遵循教学论的科学规范,又是一种艺术创造。

这种观点还认为,从教学论的发展现状及其社会实践价值来看,它兼具理论学科和应用学科的特点。因为教学论是面向教学实践的一门学科,既要揭示教学活动的客观规律,找出教学活动中的各种因果关系及其必然联系,并通过科学加工建立理论体系,指导教学实践,又要明确教学理论与教学实践的关系,提出教学操作和方法技术上应遵循

的要求。这两方面都不能忽视。故教学论既属理论学科又属应用学科。

20世纪90年代,中国教学论学者王策三在深入分析教学论学科的分化与综合,教学论由一个学科发展为一个学科群的基础上指出,任何一个学科在发展过程中,不仅研究观点在不断变化,而且研究对象也在不断变化。从教学论学科的分化情况可以看出,不仅夸美纽斯时代的教学论不复存在,而且中国和苏联的教学论也形成了多样性的统一。教学这一客观研究对象多样化了,出现众多教学论学科,它们分别研究教学的不同方面和层次、不同的问题和规律。研究对象的变化意味着学科性质的变化。判断教学论的学科性质,应先弄清是指哪一种教学论,因为教学论已分化为由众多学科组成的学科群。对教学论学科群整体而言,将它作为理论学科或应用学科都不正确。而对一般教学论而言,它仍然是以教学的普遍问题和一般规律为研究对象,要依靠和概括其他众多学科的成果,同时为它们提供最一般的图景、发展线索和原理原则。一般教学论只能也必须是理论学科。

教学论的研究对象

国内外关于教学论研究对象问题的探讨,主要有以下观点。(1)教学论的研究对象是教学的一般客观规律,苏联学者和中国的教学理论工作者大多持这种看法;(2)教学论的研究对象是教学过程中教与学的双边活动及其客观规律;(3)教学论的研究对象和任务在于探讨教学的本质与有关规律,寻求最优化的教学途径与方法,以达到培养社会所需人才的目的;(4)教学论的研究对象是教学过程中诸因素相互联系、相互作用的结构、方式及其发展规律;(5)教学论的研究对象是教师、课程和学生之间的相互作用及其统一;(6)教学论的研究对象是教学过程中教与学之间相互联系与作用的活动及其规律,主要包括教师为什么教、教什么、怎样教,学生为什么学、学什么、怎样学;(7)教学论的研究对象是教学实践中的一般问题,揭示教学及其过程的本质和规律;(8)教学论的研究对象是教育领域教与学的活动,包括教与学的关系(即教学的原理)、教与学的条件(即教学的知识)、教与学的操作(即教学的技术);(9)教学论的研究对象是各种具体的教学变量和教学要素,例如先在变量(教师的个人特点)、过程变量(教学行为及其改变)、情境变量(教学环境状况)和结果变量(学习结果)等,西方教学论研究者大多持这种观点。

教学论的三种研究范式

国内外教学论的研究范式大体分三种:"教"或"学"的

研究范式;"教"与"学"的研究范式;"教学"研究范式。最初，教学是未分化的"教"或"学"，是经验层面的总结和表述;随着研究的深入，教学论逐步分化为"教"与"学"两条研究路线，并分别沿这两条路线建立"教的理论"和"学的理论"，教与学在逻辑上相对独立;最后，在更高层面重新回到"教学"，教与学成为一对关系范畴，实现教与学的有机结合和辩证统一。

"教"或"学"的研究范式 中国古代教学思想的核心是研究学生的学习过程，直接论述教的不多，往往以学立论、以学论教。孔子把教学过程概括为"学、思、习、行"，提出"学而知之"、"学思结合"、"知行一致"、"温故知新"等;《中庸》进一步把教学过程具体化为"博学之，审问之，慎思之，明辨之，笃行之"。同时开始认识到教与学之间有一定联系，提出"教学相长"的思想，"是故学然后知不足，教然后知困。知不足，然后能自反也;知困，然后能自强也。故曰:教学相长也。"中国古代教育家对教与学关系的认识不同于现代意义上的教学是教与学的辩证统一活动。

在西方，德国教育家拉特克首倡教学理论，他称自己的"教学论"致力于探求"教授之术"，以"如何教"作为教学研究的中心。捷克教育家夸美纽斯认为，教学论就是教学的艺术，他在《大教学论》一书中开宗明义，"它阐明把一切事物教给一切人类的全部艺术"。拉特克和夸美纽斯都认为，教学就是教授。不同的是，拉特克认为教学是一种教授的技术，夸美纽斯则认为，教学是一种教授的艺术。

"教"或"学"的研究范式的基本特征:(1)教与学的未分化性。在"教"或"学"的研究范式中，教与学尚未分化，研究者或者认为教学就是学习过程，或者把教学视为教师的教授活动，而未认识到教学是由教和学组成的一种双边统一活动。(2)教学思想的朴素性和经验性。由于受到生产力、科技发展水平以及个人认识的时代局限，对教学论的研究大多以教学实践经验的概括和总结为基础，处于感性认识的描述阶段，缺乏科学的论证和坚实的理论依据。

"教"与"学"的研究范式 德国教育家赫尔巴特的《普通教育学》和《教育学讲授纲要》构建了传统教学论的理论体系，其理论基础是实践哲学和心理学。他认为，教学论作为一种科学，以实践哲学和心理学为基础，前者说明目的，后者指明途径和手段。亦即，教学论以实践哲学论证教学目的，以心理学论证教学的方法和手段。由此，教学论研究的二元体系开始萌芽，逐步分化为"教"和"学"两条研究路线:一条以形而上学为基础，从哲学的基本原理和思辨研究出发，重点论证"如何教"的问题;另一条吸收心理学的研究成果，注重经验、实证层面的研究，力图实现教学的"心理学化"，着重探讨"如何学"的问题。教学论研究的二元取向，即哲学的思辨研究和心理学的实证研究逐渐形成。前者一般称教的理论(即教学理论研究的哲学取向)，后者一般称学习理论(即教学理论研究的心理学取向)。

哲学取向的教学理论以哲学、伦理学、价值论和认识论等为理论基础，主要研究"为什么教"(教学目的)、"教什么"(教学内容)和"怎么教"(教学方法)等问题，研究方法以哲学思辨为主，力图建构一套关于教师如何进行教学的理论体系。赫尔巴特以实践哲学为基础，认为教学的任务是以"内心自由"、"完善"、"善意"、"正义"和"公平"这五种道德观念作为主要内容，去培养"真正善良的人"。在教学方法上，根据观念心理学和"多方面兴趣"理论，提出教学过程阶段理论，即"明了"、"联想"、"系统"和"方法"。这一教学过程阶段理论被他的后继者进一步发展成为预备、提示、联合、总结和应用，即五段教学法。19世纪末，赫尔巴特学派的教育思想传入苏联，以苏联教育家凯洛夫为代表的一批苏联教育家在马克思列宁主义指导下，对其理论基础进行唯物主义改造，沿着"教师如何进行教学"这条路线进行深入研究。凯洛夫的教学理论以马克思关于人的全面发展学说和辩证唯物主义认识论为理论基础，构建了以"教师如何进行教学"为主要内容的教学论体系，丰富和发展了赫尔巴特的教学过程阶段理论，提出课的类型和结构理论。凯洛夫从"教师如何进行教学"的角度，对"为什么教"、"教什么"和"怎么教"进行细致研究，揭示关于教与学关系的客观规律，但是凯洛夫的教学论体系存在知识本位、教师本位、课堂本位等弊端，对教与学之间的辩证关系作机械唯物主义的理解，忽视学生的主体性。哲学取向的教学论具有以下特征:(1)有坚实的哲学基础和一定的心理学依据，是一种"目的—手段"范式的教学研究。往往以某种哲学理论为指导，以此确定自己的教学目的，同时，为实现教学目的，一般从心理学角度提出教学方法、教学手段和教学途径等;(2)以哲学思辨的研究方法为主，以研究"如何教"为主要内容，力图构建关于"如何教"的教学论体系，形成知识—道德本位的教学目的观、知识授受的教学过程观、科目本位的教学内容观和以语言呈示为主的教学方法观，是一种"以教师为中心"的教学论体系。这种教学理论比较重视书本知识和教师的主导作用，但对学生在教学活动中的主体地位认识不足，忽视学生的积极性、主动性，缺乏对学生"如何学"的深入研究。

心理学取向的教学理论可称为学习理论。学习理论一般通过系统研究和阐述学习者的学习过程、学习规律和学习条件，来探讨教学的步骤、程序、方法和技术等问题，主要研究"为什么学"、"学什么"和"怎么学"。教学活动的重心从教转向学，突出强调学生的主体地位和作用。美国教育家杜威把"以教师为中心"转变为"以儿童为中心"，为心理学取向的教学论的诞生奠定基础，标志着教学论逐步分化为以研究教师的教授活动为主要内容的教学理论和以研究学生的学习活动为主要内容的学习理论这两条研究路线。这两条研究路线的区分常被概括为"三中心"的对立，即儿童中心与教师中心的对立、经验中心与书本中心的对立、活动中心与课堂中心的对立。实用主义教学理论在西方经行为主义心理学、发生认识论和认知主义心理学等的发展与改造，最终形成以研究"如何学"为主要内容的心理学取向的教学论研究范式。行为主义心理学是用归纳方法对先行影响与随后行为之间的关系进行的一种客观研究。美国心理学家斯金纳认为，"刺激—反应"是行为的基本单位，学习就是"刺激—反应"之间联结的加强，教学的主要任务在于如何安排强化。基于此，他提出程序教学理论。程序教学的特点是学生个体按照问题进行个别化学习，教师不再是教学活动的"主宰者"，而是学生学习行为的设计者和组织者，教师的任务是引导学生一步一步地学习，并使用适当的强化程序，对学生的学习行为给予强化，最终使学生学会学习，达到学习的目标。瑞士心理学家皮亚杰从发生认识论出发，认为个体的认识既不是起因于主体（成熟论者的观点），也不是起因于客体（行为主义的观点），而是起因于主客体之间的相互作用。皮亚杰认为，学习是一种个体能动建构的过程，对个体学习而言，重要的是"你是怎么知道的"，而不是"你知道吗"。活动作为主体与客体的相互作用过程，是个体认识形成和发展的源泉，是主客体之间相互作用的桥梁和纽带，儿童的认识结构是通过自己的活动，如摸、拉、推、看、听等逐步建构和发展起来的。发生认识论把学生置于认识主体的地位，强调学生作为认识主体的能动性，这对于确立以学生为主体的教学观念具有积极意义。认知主义心理学认为，在个体与环境的相互作用中，是个体作用于环境，而不是环境引起人的行为，外部刺激能否受到注意或被加工，取决于学习者内部的心理结构。教学的任务就是促进学习者内部心理结构的形成或改组。为了促进儿童智慧或知识的增长，美国教育心理学家布鲁纳倡导学习学科的基本结构，同时指出，学生的思维和科学家的思维方式本质上是相同的，发现学习是掌握学科基本结构的良好方法，无论是科学家还是小学生，在智力活动上没有多大差别，其间的差异不是种类的歧异，不过是程度上的差异。但是，学生的发现并不限于寻求人类尚未知晓的事物，还包括用自己的头脑获得知识的一切方法。布鲁纳的发现学习理论在强调学生主体地位的同时，也注意到教师在学生学习中的作用，如向学生提供学习材料、引导学生发现学科的基本结构和基本原理等。这为从教与学两个方面来建构教学论体系奠定基础。心理学研究取向的教学理论（学习理论）具有以下特征：（1）注重学生在学习中的主体地位和作用。学习理论对学习的条件、学习过程、学习动机、学习行为以及影响学习的内外因素等进行了深入研究，对于提高学习者学习的质量和效率有积极意义；（2）在研究方法上，学习理论大多采用心理实验和实证的方法，主要探讨"为什么学"、"学什么"和"怎样学"的问题，对教师很少涉及或强

调不够，割裂了教与学的有机联系，一定程度上忽视了教师在教学活动中的地位和作用。

"教"与"学"研究范式的特点是教学论分化为两条研究路线，分别对"教的理论"与学习理论进行深入研究。这种研究范式的不足是没有将教与学有机结合，没有认识到教与学是一对关系范畴，"教的理论"不太考虑与学习理论的联系，学习理论也很少研究如何在课堂教学中引导学生。

"教学"研究范式　在教学论分化为哲学研究取向和心理学研究取向这两条研究路线之后，人们逐渐认识到，教与学是不可分割的，正确认识和处理教与学的关系，是实现课堂教学高质量、高效率的必要条件。从教与学辩证统一的观点出发，新的教学论体系得以构建。

美国心理学家罗杰斯反传统教育之道，提出非指导性教学理论。他认为，传统教学的主要特征是教师的指导性，为此，应废除传统意义上教师的角色，以促进者取而代之，其显著特征是非指导性。在非指导性教学中，教与学是一种人对人的帮助关系，教师不是传统教学中的权威者、命令者和要求者，而是学生学习的促进者、合作者、咨询者和谈话伙伴。在这种关系中，师生之间能接近被充分理解和充分接受的状态。非指导是罗杰斯为对抗传统教学提出的，但并非不要指导，而是一种完全不同于传统指导的指导"非指导"。较之传统的指导，"非指导"更多采用间接的、不明示的、不命令的、不作详细指导的方法，教师并不是命令、直接要求，并不替学生作主，而是通过精心设计，以各种方式暗示学生，由学生自己作主，教师仍然发挥重要的指导作用，这是一种高水平的"不教之教"，充分体现教与学的辩证统一关系。非指导性教学思想丰富了教与学关系的内涵，对全面认识教与学的辩证统一关系具有重要启示。

苏联合作教育学家认为，合作教育学的重要使命就是要消除师生冲突和对立的教育"悲剧"，建立新型的人道主义的师生关系，使教学过程民主化。合作教育学认为，师生关系和师生交往的方式是学校生活赖以建立的支柱，为此，教师必须对儿童富有同情心，排除师生交往中一切有损儿童自尊心的因素，坚决摒弃抑制儿童个性发展的权利主义和强迫命令及其种种表现形式，如训斥、辱骂、伤害自尊心、讥笑、粗暴、恐吓、暴力等，从而建立和谐、民主的师生关系和交往方式。在这种师生关系中，儿童感到自己和教师是平等的，是独立自主的主体，不仅是教学过程的参加者，而且是教学过程的创造者。合作教育学从社会主义的人道主义出发，倡导建立一种人道的、民主的、合作的"志同道合者"的师生关系，既强调教师在儿童个性发展中的重要作用，又充分肯定学生的主体地位，以实现教与学的有机结合和辩证统一。

德国的交往教学论以交往理论为基础，对教与学的关系作出全新解释。交往教学论认为，教学是教师与学生之

间的一种交往活动,教师与学生应当遵循合理的交往原则。首先,教师和学生具有同样的自由活动余地、同等的说话权利,任何人都没有优先权或特权,不允许任何人支配他人和压制别人;其次,教学活动中,教师与学生之间存在差别,无论是在知识、能力还是在社会地位方面,教师都比学生略胜一筹,学生要取得与教师平等交往的自由,就必须不断提高自己,使自己具备各种才干与自我负责的态度等品质。交往教学论称这个过程为"解放"的教学目标。交往教学论把教学活动定位于教与学之间一种平等、民主的交往过程,是一种"主体—主体"关系,有利于提升学生在教学过程中的地位和作用;在强调教师与学生之间平等、合作、自由的同时,未忽视教师的作用和职责,认为教师在交往过程中应积极引导学生在经验、知识、理解等方面有所提高,较好地实现教与学的辩证统一。

"教学"研究范式的特点:(1)认为教与学是一对不可分割的关系范畴。教学是教和学的双边活动,应加以整体研究,力图把教与学有机结合起来。虽然教和学各有自己的独立活动,但两者无法分离,教离不开学,学离不开教,教学永远是教与学的有机结合和辩证统一。(2)从教与学辩证统一的观点出发,认为教学活动是教师和学生两个主体之间的交往过程,是一种"主体—主体"关系,并从不同角度深入研究如何认识和处理两个主体之间的关系,突破了以往仅在认识论范围内研究教与学的关系,为探讨教与学的关系提供了一个新的研究视角,从而使教学论研究进入基于教与学辩证统一的阶段。

参考文献

黄济,王策三. 现代教育论[M]. 北京:人民教育出版社,1996.

裴娣娜. 现代教学论[M]. 北京:人民教育出版社,2005.

施良方,崔允漷. 教学理论:课堂教学的原理、策略与研究[M]. 上海:华东师范大学出版社,1999.

王策三. 教学论稿[M]. 北京:人民教育出版社,1985.

王策三. 教学论学科发展三题[J]. 北京师范大学学报(社科版),1992(5).

（张天宝　刘启迪　刘　捷）

教学媒体理论(theory of instructional media)　研究媒体与教育之间的联系以及媒体在教育教学中应用的理论。主要研究媒体如何融入教育并影响教育发展,重点阐释:在媒体作用下教育模式的不断变革;媒体与学习者的联系,媒体教学功能比较,媒体选择,以及媒体作为教学过程的要素,凭借其传播技术的功能对教学效果产生的影响等。

教 学 媒 体

教学媒体是教学过程中用于承载和传递信息的物质载体。是信息技术和通信技术在教育领域广泛应用的产物。科学技术的每一次进步都会对教育领域产生深刻影响,导致教育理论、教育观念、教学手段和方式的变革。

教学媒体与一般媒体的区别在于,它储存和传递的是教学信息,为达到特定的教学目标服务,也为特定对象即教师和学生所使用。一般媒体要成为教学媒体,需具备两个基本条件:媒体储存和传递的是以教学为目的的信息;媒体能够用于教与学的过程中。同时要解决两个关键问题:改造硬件设备,使之满足教学活动的要求,方便教师和学生使用;使教学软件的编制原则和方法符合教学活动的要求。

现代教学媒体是相对于传统教学媒体而言的。传统教学媒体如黑板、粉笔、挂图、模型、教科书等。现代教学媒体是指随科学技术发展而产生的新型教学媒体,如幻灯、投影、广播、录音、电影、电视、录像、电子计算机等软硬件及其相应的组合系统,如语言实验室、多媒体综合教室、视听阅览室、微格教学训练系统、计算机网络系统等。现代教学媒体具有一系列优越性:能使教学信息即时传播至遥远地区和广阔的范围(如广播、电视、计算机网络等),为实现远程教育、扩大教育规模、实现学习资源共享提供先进手段;不仅能传送语言、文字和静止图像,还能传送活动图像,准确、直观地传送事物运动状态与规律的信息(如电影、电视、多媒体计算机等),有助于提高教育质量与效率;能记录、储存和再现各种教学信息(如录音、录像、计算机等),计算机还具有信息加工处理并与学习者互动的功能,为个别化学习、继续教育和创新教学模式、促进教育改革与发展提供物质条件。现代教学媒体虽然优越,但传统教学媒体仍有不可替代的作用。不同的教学媒体各有自身的特点和功能,也各有局限,教学活动中应对多种媒体优化组合,取长补短,综合利用。

媒体发展与教育

媒体的产生和发展与人类社会的产生和发展密切相关。随着人类社会的不断进步,传播媒体经历了语言媒体、文字媒体、印刷媒体、电子媒体、网络媒体五个阶段(也有分为四个阶段的,即将网络媒体归类于电子媒体)。这五个阶段虽然依次出现,但并非此消彼长、相互排斥,而是互为补充、叠加累积,人类传播方式的演变是传播媒体的复合过程,而不是从一种媒体系统简单过渡到另一种媒体系统。

语言媒体阶段　人类由于社会劳动的需要,创造了语言。语言的诞生大大加快了人类走向文明的进程,对整个人类社会的发展具有极其重要的意义。语言的产生标志着人类能把声音与其所指的对象分离开,拥有可以随处携带并用来在一切地方指向同一样东西的声音符号;语言不仅是人类最重要的交际工具,而且是人类最重要的思维工具;语言媒体具有符号、表达、交流的功能,在促进人类社会及教育的发展中具有重大作用。随着生产发展的需要,有经验和有威望的年长者对年轻一代进行教育,产生了专职教师的教学方式。这是教育史上的第一次革命。

文字媒体阶段　为了传承知识和经验,人类逐渐克服口头语言的局限性,发明了文字。有了文字,就有了书写媒体的发明,也就有了书写传播。造纸术的发明使文字媒体可以更方便地储存信息并广泛流传,思想和文化得以保存、积累并由后人吸取,对继承文化遗产、促进文化交流、社会进步和文明起到了重要作用。文字媒体的出现,使书写文字同口头语言一样成为重要的教育工具,人类除了口耳相传外,还可以利用书写文字传递信息。这是由技术引发的教育史上的第二次革命。

印刷媒体阶段　印刷术的发明给整个人类社会的发展带来巨大影响。大量复制的能力降低了书籍的成本,促进了书籍的廉价化,使文化得以保存、拓展和普及。文化垄断被打破,加速了新思想、新观念的传播。随着印刷技术的发展,报纸等新闻出版物开始印刷发行。从19世纪三四十年代起,美国、英国、德国等相继进入"大众化报纸"时代。印刷技术引进教育领域,教科书成为学校教育的重要媒体,教师利用统一的教科书可以面对一个班学生上课,导致17世纪学校教育班级制的产生,引起教学方式和教学规模的又一次重大变革。这是教育史上由技术引发的第三次革命。

电子媒体阶段　19世纪末以来是科学技术特别是电子科学技术迅速发展的年代,新技术、新产品不断涌现。基于电子技术发展起来的传播媒体如广播电视等,被称为电子媒体。电子媒体的发展,大大增进了人类的信息传播能力和传播效率。电子媒体被引入教育领域,使教育方式和教育规模产生根本性变革,引发教育史上的第四次革命。1920年,世界上第一座广播电台美国匹兹堡的KDKA广播电台开始播音,标志着电子大众媒体的诞生。20世纪,无线广播进入教育领域。1924年日本广播公司开设了学校广播。1929年美国俄亥俄州成立广播学校。1931年、1932年,日本、澳大利亚和新西兰也相继开设广播学校。通过广播向学生提供学校学习经验和教学信息,大大丰富和扩充了学生的学习资源,也弥补了优秀教师的数量不足,为普遍改进教学提供了有利条件。中国于20世纪30年代开始将广播运用于学校教育和成人教育。1936年,英国广播公司(BBC)正式开播,电视媒体正式产生。20世纪二三十年代后,以广播电视为代表的电子媒体的迅猛发展,标志着大众传播时代的真正来临。大众传播从根本上改变了人类的信息传播方式,并深刻影响整个人类社会的发展进程。在广播电视发展的基础上,许多国家兴办远程教育。英国于1971年建立开放大学,之后世界各国相继建立远程教育机构,教育规模迅速扩大。中国于1960年创办电视大学,1979年2月创办中国广播电视大学系统,1986年建立中国教育电视台。

网络媒体阶段　网络媒体是指以计算机网络(互联网)为载体的新型媒体。网络技术发端于20世纪60年代的美国。1969年从美国ARPAnet发展起来的因特网(Internet)是由分布在世界各地的大量计算机网络,遵照共同的传输控制协议联结而成的。20世纪90年代,一些大公司相继加入,使因特网成为一个全球性网络。互联网给人类的信息传播方式带来巨大影响,突破了大众传播时代大众化、非目标性、单向、区域传播的局限,而以个人化、目标性、双向互动、全球性传播的独特优势冲击传统的大众媒体。在中国,20世纪90年代网络进入教育领域。1998年,教育部正式批准清华大学、北京邮电大学、浙江大学、湖南大学试点现代远程教育。1999年10月,清华大学开通"清华网络课堂",试行网上教学。中国的高等院校和有条件的中小学校都在学校内建立计算机网络系统,如局部的计算机课堂教学网络、校园网、地区性网校等,并通过教育科技网与互联网联结。多种渠道的大量信息通过网络进入学校,教师和学生可以充分利用网络进行有效的教学和学习。

教学媒体分析

关于教学媒体本质的几种观点　关于各类媒体的教学功能是否有差异,理论界的意见不一,不同教学媒体教学效果的比较实验也呈现复杂的结果。R. E. 克拉克认为,教学媒体只是信息传送的一种手段,无论是电视、书本还是面授,所传递的信息内容和教学效果相同,不同的只是信息的传递方式。美国教育心理学家布鲁纳认为,媒体在传授知识方面的功能相近,而在发展不同技能方面具有独特作用。如,讲授事实时,采用电视、广播、印刷材料、面授容易达到目标,但如果要发展某一方面的技能,总会有一种相应的教学媒体比其他教学媒体更合适、更有效。加拿大远程教育技术和媒体专家T. 贝茨等人认为,在传授知识、培养技能和开发智力等方面,各类教学媒体有各自的优势和局限,各种教学媒体的优势和局限都是相对的。不同教学媒体之间在运用上通常是灵活的、可替代的。教学媒体的教学效果不仅与其本身的特性有关,而且与教学媒体的设计、制作、发送和在教学中的具体使用方法有很大关系;不存在某种教学功能优于其他任何媒体的超级教学媒体,经过优化组合的多媒体教学通常比较有效。美国视听教育专家戴尔的经验之塔理论认为,人的经验有的以直接方式获得,有的以间接方式获得,各种经验大致可分为三大类十一个阶层:第一类是做的经验,包含有目的的直接经验、设计的经验、参与演戏;第二类是观察的经验,包含观察示范、野外旅行、参观展览和电影、电视以及广播、录音、照片、幻灯;第三类是抽象的经验,包含视觉符号和言语符号。人类获得经验就是获取事物的信息。第一类经验通过亲身接触事物和实践获取，第二类经验通过观察事物和载有事物信息的媒体间接获取，第三类经验通过抽象符号的媒体获取。

教学媒体的特性　教学媒体的特性可以从媒体的呈现力、重现力、传送能力、可控性、参与性五个方面进行考察（见下表）。(1)呈现力，即呈现信息的能力，由空间特征(指事物的形状、大小、距离、方位等)、时间特征(指事物出现的先后顺序、持续时间、出现频率、节奏等)、运动特征(指事物的运动形式、空间位移、形状变换等)、颜色特征(指事物的颜色和色调属性)和声音特征等要素决定。不同媒体呈现事物的空间、时间、运动、颜色、声音等特征的能力不同，表征事物运动状态和规律的能力也不同。(2)重现力，即重现信息的能力。广播和电视的现场直播，其信息转瞬即逝，难以重现；录音、录像和电影能记录和储存信息，反复重放；幻灯、投影也能反复重放；计算机课件储存的信息能按需求重现。(3)传送能力，指媒体把信息同时传送到接受者的空间范围。(4)可控性，指使用者控制媒体操纵的难易程度。(5)参与性，指在利用媒体的教学活动中，学习者参与活动的机会，分为行为参与和感情参与。

教学媒体特性一览表

特性	种类	教科书	板书	模型	广播	录音	幻灯	电影	电视	录像	计算机
呈现力	空间特征			●			●	●	●	●	●
	时间特征	●	●		●	●	●	●	●	●	●
	运动特征							●	●	●	●
重现力	即时重现		●		●		●		●		●
	事后重现	●		●		●	●	●		●	●
传送能力	无限传送	●			●				●		
	有限传送		●	●		●	●	●		●	●
可控性	易控	●	●	●			●			●	●
	难控				●	●		●	●		
参与性	行为参与	●	●	●			●				●
	感情参与				●	●		●	●	●	

注："●"表示某种教学媒体所具有的特性

教学媒体的本体特征　不同的教学媒体各具特点，使用中需扬长避短。

印刷媒体如教科书、学术期刊、教学材料等是通过印刷在平面纸张上的文字、图片、色彩、版面设计等符号传递信息。其主要特点：(1)印刷媒体是视觉媒体，是利用人的视觉供人阅读。这是印刷媒体有别于其他媒体的特征，印刷媒体的其他特点也都以此为基础。(2)保存性强。由于印刷在纸张上，固定持久，其自身的生命周期比广播、电视长，

可长期保存，反复阅读、查阅。印刷媒体的反复阅读率、累积阅读率和传阅率较高，一定程度上扩大了印刷媒体的传播效果。(3)选择性强。阅读书籍、刊物的选择权掌握在读者手中，读者可以根据自己的需要和习惯或快或慢或详或略去阅读，阅读的顺序、时间、地点等均由读者决定，使用方便。(4)威望较高，专业性较强，容纳的信息多、内容广，适合传递深度信息。教科书、学术著作的出版一般都通过严格审查，具有较高水平，学术上可以信赖。(5)教科书、学术著作等的印刷出版周期较长，最新的信息、学术成果等难以及时在印刷媒体上得到反映。(6)印刷读物主要借助文字传播，要求读者具有相应的文化知识背景，从而限制了读者的范围。

广播媒体的主要特点：(1)广播是听觉媒体，利用声音符号传播信息是广播媒体的根本特点。人的声音能说明事物、表达情感，真实、可信、感染力强；广播中的音响效果有很强的感染力。音乐也是广播可以使用的传播手段。(2)传播信息迅速及时。广播利用电波传递信息，电波的速度每秒30万千米，是其他任何载体都无可比拟的，广播传出的声音与听众听到的声音几乎同步。与印刷书籍等相比，广播的制作、接收简单，环节少，且时效性强。(3)传播面广。广播不受时间和空间限制，可以真正做到无时不在、无处不在、无所不及。广播技术的进步使广播接收装置轻便价廉，可随身携带、随时收听，使用方便。(4)保存性弱，选择性差。广播的传播手段是声音，声音的特点是转瞬即逝，对抽象、深奥、内在逻辑关系复杂的内容以及一些理论、技术性强的内容的传播不及印刷读物。广播按时间顺序进行信息传播，听众无法在同一时间灵活选择内容。

电视媒体的主要特点：(1)电视是视听合一的媒体，其优势在于有视觉和听觉两个信息传播渠道。运动画面是电视的主要传播手段，形象生动，视听兼备、声画并茂，适应人接收信息的生理特征。(2)适合再现真实的形象、现场和过程。电视具有极强的形象感、现场感和过程感，电视传播的这种直观性使电视具有很强的说服力和感染力，可信度高。(3)传播范围广、受众多、快速及时。(4)信息保存性差、选择性差。电视信号不适合表现过于复杂的内容。电视按时间顺序传播信息，观众选择的主动性不强。

网络媒体是指以互联网为信息载体的新型媒体，其主要特点：(1)高度的综合性。它以计算机技术、声像技术和通讯技术为基础，集声音、图画、文字、影像等各种符号于一体。既有印刷媒体的可保存性和可查阅性，又具有电子媒体的新鲜性与及时性，还具有自身的图文阅读性和音像视听性。(2)充分的交互性。网络媒体是交互式的网络传播，综合了人际传播与大众传播的特点与优势。(3)方便性与快捷性。通过网络媒体传播和交流信息，无需印刷、投递，无需昂贵复杂的设备，只需上网传递，不分地区、国界，方便

快捷。但网络媒体也面临有用信息与垃圾信息相伴而生、信息泛滥以及缺乏深刻性、权威性、可信度和信息安全性等问题。

教学媒体的应用选择理论

选择教学媒体的基本原则和考虑因素　选择教学媒体的基本原则是，根据教学媒体对于促进教学目的和教学目标的实现具有的潜在能力来进行选择和利用。潜在能力是指教学媒体本身的特性和教学功能。

选择教学媒体需考虑的因素：(1)合理利用教学媒体的特性，主要表现在信息传递的范围、呈现力、重现力、参与性和可控性等方面。不同媒体的功能不尽相同，对于某一特定教学情境，存在使用某一种媒体更适合的情况。要注意分析各种媒体的特性，并充分考虑学生的接受能力和具体的教学环境。(2)考虑教学设计过程中其他要素的影响。把选择教学媒体的过程置于整个课程教学设计中，充分考虑教学的各种要素，协调教学媒体与教学其他方面的关系，使媒体的功效服从整个教学设计，从而取得最佳的教学效果。需考虑的要素主要包括教学的任务要素(指教学目标和教学内容)、学习者因素(指学习者的年龄特征和学习习惯)、教学管理因素(指教学策略和方法、教师对媒体的控制能力等)。(3)考虑教学媒体使用的环境和实际效果。教学媒体只有在具体的教学环境中使用才能发挥其作用，而环境因素对于教学媒体的选择和使用有限制作用。环境因素主要包括经济因素(学校购买教学设备、教学软件的能力及人员培训费用等)、技术因素(媒体的技术质量，操作的难易，使用的灵活性、兼用性、耐用性等)、管理因素(学校的建筑和设施、媒体的管理水平等)。

教学媒体选择模型　为了使对媒体选择的判断更客观准确，能充分考虑各种因素，从 20 世纪 70—80 年代初起，一些媒体选择模型相继形成，如罗米斯佐斯基、格罗泊、R. H. 安德森、加涅和 L. J. 布里格斯、肯普、L. J. 布里格斯和韦杰等人的模型。这些模型可分为问题表型、流程图型、矩阵图型和表格型四大类。问题表型是把要求选择者回答的一系列问题归纳在一起，通过选择者的逐一回答，媒体选择者能够较清楚地发现适用的媒体。流程图型建立在问题表的基础上，把选择的过程分解成一定序列的步骤。例如有肯普的三种教学模式的媒体选择流程图、罗米斯佐斯基的视觉媒体选择流程图(如下图所示)、R. H. 安德森的辅助教学媒体选择流程图等。矩阵图型是在列出全部选择标准后，以矩阵方式排列出待选媒体，从中选择。表格型是加涅和 L. J. 布里格斯设计的一种表格式的媒体选择方法，在表格中，媒体选择被分成九个步骤，依次进行：(1)分析目标，教学目标一定要具体；(2)目标分类，表明是认知类、动作技能类还是情感类技能，还可表示子范畴；(3)还可列出教学活动；(4)选择刺激种类，根据特定的已经计划好的教学活动来考虑；(5)列出备选媒体，一旦某一教学活动刺激种类被选定，便可列出多种可用媒体；(6)选择理论上的最佳媒体，这一步通常不受实际因素的限制，教师根据选择媒体的基本原理，判断对预期的目标、学习者和教学活动而言是理论上最好的媒体；(7)选择最终的媒体，教师综合考虑教学目标、学习者特性、教学活动等教学因素以及实际因素，作出最终选择，理论上的最佳媒体在考虑了所有因素后，可能不是最终选择的媒体；(8)媒体选择的基本原理，对于刚开始学习做媒体选择的教师，这部分表明他们应用学习理论、教学理论的能力，以及对媒体的熟悉程度和选择、判断的能力，有助于自我学习、反思，提高和改进工作；(9)对媒体制作者的指示，若选定的媒体需要制作，还要确定制作规定、注意事项和文字稿本。

罗米斯佐斯基的视觉媒体选择流程图

参考文献

罗杰·费德勒.认识新媒体[M].明安香，译.北京：华夏出版社，2000.

国家教育委员会电化教育司.教学媒体与教学设计[M].北京：高等教育出版社，1990.

罗杰斯.传播学史[M].殷晓蓉，译.上海：上海译文出版社，2002.

闵大洪.数字传媒概要[M].上海：复旦大学出版社，2003.

袁军.新闻媒介通论[M].北京：北京广播学院出版社，2003.

（沈绮云）

教学模式（model of instruction）　在一定的教学思想指导下，围绕教学活动中的某一主题形成的相对稳定的系统化和理论化的教学范式。美国学者乔伊斯和韦尔等人最先提出。1972年，他们在所著《教学模式》中系统介绍了22种教学模式，并运用较规范的形式进行分类研究和阐述，试图系统探讨教育目的、教学策略、课程设计和教材，以及社会学与心理学理论之间的相互影响，以设法考察一系列可以使教师行为模式化的各种可供选择的类型。教学模式是联系教学理论与教学经验的纽带，有助于改变教学理论与教学实际相脱离的状况。从教学理论来看，教学模式是教学思想与教学规律的反映，具体规定教学过程中师生双方的活动、实施教学的程序、遵循的基本原则以及运用时的注意事项，是师生双方教与学活动的指南。教学模式有助于人们从整体上综合认识和探讨教学过程中各种因素之间的相互作用及其多样化的表现形态，动态把握教学过程的本质和规律。从教学实践来看，教学模式既是教学过程理论体系的具体化，又是教学实际经验的系统总结。教学模式比教学基本理论的层次低，因其具体、简明、易于操作；比教学经验层次高，因其概括、完整和系统，便于理解和掌握，有利于提高教学质量。教学模式是将教学方法、教学手段、教学组织形式融为一体的综合体系，可帮助教师明确具体的教学过程和教学方式，能够把抽象的理论转化为具体的操作性策略。

教学模式的基本要素　（1）主题。在一定的教学思想指导下，每种教学模式都有一个鲜明的主题，贯穿和主导整个教学模式，支配教学模式的其他构成要素，并产生与主题有关的一系列范畴。例如，有意义接受教学模式的主题是"有意义学习"，这一主题不仅制约有意义接受学习的目标、程序、方法和内容等，而且产生如"先行组织者"、"不断分化"、"综合贯通"、"有意义学习的心向"、"实质性联系"等一系列概念。（2）目标。指主题规定的任务。任何教学模式都有一定的目标，它是主题的具体化。例如，发现教学模式的目标是激发学生的学习兴趣，促进学生的智力发展，引导学生掌握发现学习的方法和探究方式，在此基础上培养学生的创新精神和创新能力，成为一个研究者和创造者。（3）程序。任何教学模式都有自己独特的操作程序和步骤。例如，赫尔巴特的传授教学模式的基本程序是明了、联想、系统和方法，布鲁纳的发现教学模式的基本程序是提出问题、创设问题情境、提出假设和检验假设，杜威的活动教学模式的基本程序是情境、问题、假设、解决和验证。（4）策略。指完成目标的一系列途径、手段和方法体系。例如，范例教学的四个基本策略是教学与训育的统一、解决问题的学习与系统学习的统一、掌握知识与培养能力的统一、主体与客体的统一。（5）内容。指每种教学模式都有适合主题的课程设计方法，以形成达到一定目标的课程结构。例如，

范例教学在内容上强调基本性、基础性和范例性，发现教学强调内容的结构性等。（6）评价。每种教学模式都有适合自己特点的评价方法和标准。各种教学模式在主题、目标、操作程序、策略方法和内容上存在不同，评价的方法和标准也有很大差别。

教学模式的基本特征　（1）简略性。教学模式由一定的指导思想、主题、目标、程序、策略、内容和评价等基本因素组成，其本身有一套较完整的结构和机制。对教学结构的重组和综合，使教学模式的结构具有完整性。仅把教学模式理解为一种教学方法、教学程序是片面的。（2）独特性。每种教学模式都有自己明确的主题、独特的目标和程序以及适用的范围，特点鲜明。（3）简明性。教学模式的结构和操作体系大多以精练的语言、象征的图像、明确的符号来概括和表达教学过程。既可以使凌乱纷繁的实际经验理论化，又能够形成一个比抽象理论更具体、更简明的框架。（4）操作性。教学模式总是从特定的角度、立场和侧面来揭示教学规律，较接近教学实际，且易被理解和操作。任何教学模式都不是为了空洞的思辨，而是为了让人们把握和运用，都有一套操作的系统和程序。

教学模式的发展特点　随着教学理论研究的深入和教学实践的丰富，各种教学模式形成。现代教学模式的发展呈现以下特点。（1）从单一的教学模式向多样化教学模式发展。自赫尔巴特创立四阶段教学模式以来，经过其弟子的进一步阐述和实践，逐渐形成以教师传授知识为主的传统教学模式。针对传统教学模式以单纯的传授知识为主要目标，忽视和压抑学生的主动性与积极性，杜威从实用主义哲学出发，提出活动教学模式，注重从学生兴趣出发，强调"以儿童为中心"、"从做中学"，重视发挥学生学习的积极性和主动性。但是杜威的活动教学模式忽视教师的主导作用和系统知识的学习，也影响了学生的身心发展。随着科学技术的发展，新的教学思想和教学理论不断出现，教学模式逐渐从以往单一的模式走向多样化。不同教学模式之间相互批评、竞争、借鉴，发挥各自特有的功能。多样化的教学模式对教学改革和实践起到积极的指导和推动作用。（2）从归纳教学模式向演绎教学模式发展。归纳教学模式是指从教学经验中总结归纳出来的教学模式，它的起点是经验，形成的思维过程是归纳。例如，赫尔巴特的四阶段教学模式、上海育才中学的"读读、议议、讲讲、练练"八字教学模式等即属归纳教学模式。演绎教学模式是指从一种思想或理论假设出发设计教学模式，然后用实验验证其有效性，它的起点是思想或理论假设，形成的思维过程是演绎。例如，布鲁纳的发现教学模式、罗杰斯的非指导性教学模式等均属演绎教学模式。演绎教学模式有丰富、坚实的理论基础，逐渐成为现代教学模式发展的方法论。（3）从传统教学手段向现代教学手段发展。现代教学模式越来越重视引进

科学技术的新理论、新成果,开始注重引进信息加工、人工智能、计算机等科学技术理论和成果。(4)从以"教"为主逐渐向注重"学"的教学模式发展。传统教学理论因以教师讲授为主,大多是从教师应如何教的角度进行阐述,忽视学生的主体地位,被称为"教论"。随着教学理论和教学改革实践的发展,人们逐渐认识到,学生是学习的主体,教师的教是为学生的学服务,教学模式的重心必须从教师的"教"转向学生的"学",尊重学生的主体地位,充分调动学生学习的积极性和主动性。

(张天宝)

教学目标(objective of instruction) 教学活动主体在具体教学活动中要达到的预期结果或标准。与教学目的具有共同之处,二者都是根据教育目的对教学活动的要求作出的规定,但是存在以下区别。

首先,教学目的和教学目标是一般与特殊的关系。教学目的(任务)对各级各类学校的所有活动具有普遍的指导意义,而教学目标只是对特定的教学活动起指导作用。关于教学目的和教学目标的关系,有学者称前者为方向目标,称后者为到达目标。方向目标是把期待学生具备的能力和水平作为方向提出来;到达目标是把要求学生掌握的知识、能力和应具备的个性品质作为确定的可检验的要求提出来。其次,教学目的具有稳定性,教学目标则具有灵活性。教学目的是教学领域必须贯彻的教育目的,体现社会意志和客观要求,更多地带有强制性,以指令性的形式表现出来;教学目标则更多地体现教学活动主体的要求,具有相当程度的自主性或自由度。从这个意义上说,教学目的(任务)是某一历史时期学校教学的规范,不容许教师随意变更,教学目标则是一种策略,可以由教师根据需要加以调整,具有较大的灵活性。

教学目标是一个可以分解的系统。教学目标是教和学双方都应共同遵循的,对教师来说就是教授的目标,对学生来说则是学习的目标。教学目标主要由教师制定,更多地体现教师个人的意志,与教授目标表现的形式基本一致。对学生来说,要使教学目标成为学习目标,还要有一个内化过程。理想的教学目标应该是教授目标和学习目标的统一体。具体而言,教学目标系统由大小不等、具有递进关系的一系列教学目标组合而成,具体包括教学总目标、课程目标、单元目标和课时目标等层次,各个下属目标都是其上位目标的具体化。教学总目标是教学活动中最一般意义上的目标,是期望学生达到的最终结果,对各个层次的具体教学目标具有指导意义,一般包括三部分:使学生掌握一定的知识和技能;使学生的智力和体力得到发展;培养学生正确的世界观,形成健康的个性品质。这三方面相辅相成。课程目标是教学总目标在学校教学中的具体化,主要指教学计划中具体规定的各门课程的目标。单元是各门课程中相对完整的组成部分,中国中小学的各科教学大纲(课程标准)由一系列单元目标具体组成,这些单元目标虽较具体,但并不是离散的,而是相互关联的。课时目标与每天的教学活动相联系,不仅要考虑到具体施教的班级,还要兼顾个别学习者的经验和特点。

20世纪80年代,美国教育心理学家布卢姆对教学目标进行分类。教学目标分类是运用分类学的理论,把各项具体教学目标按照从简单到复杂、从低级到高级连续递增的分类体系形式进行有序的排列与组合,使之系列化。它有利于从总体上把握局部,有利于全面实现教育目的,有利于在教学活动中使用统一的术语,也有利于教学质量管理的科学化。布卢姆的教学目标分类理论是历史上第一个系统的教学目标分类学,他把教学目标区分为三个领域,即认知领域、情感领域和动作技能领域。

教学目标对实际教学具有重要功能。一方面,教学目标制约教学设计的方向,规约教学设计的步骤和方式方法。明确的教学目标有利于活动主体对教学活动的控制,有利于提高教学设计的科学性;另一方面,教学目标提供教学评价的依据。教学质量的评价方法有诊断性评价和形成性评价,无论哪种评价,在拟订测验题时,都要以教学目标为评判依据。

(刘启迪)

教学目标分类理论(taxonomy of instructional objectives) 运用分类学方法,把各门学科的教育(教学)目标按照由简单到复杂、从低级到高级连续递增的形式排列与组合,使之系列化的理论。在课堂教学中,为了把教学目标落实到教学过程中,必须把教学目标具体化、细化和可操作化,建立教学目标体系,即教学目标分类。布卢姆、加涅、巴班斯基、梶田叡一以及中国学者顾泠沅都对教学目标分类问题进行了深入探讨。

布卢姆的教育(教学)目标分类理论

美国教育心理学家布卢姆认为,教育的首要功能是发展个人,学校的中心任务是发展学生身上那些将使他们在复杂的社会中有效生活的特性。他认为,在思考确定教育目标的依据时,应考虑"可能的目标"和"希望的目标"。在教育活动中,教育目标对于教师引导学生产生预期的变化、确定学生的地位、选择实现目标的内容和方法、评价学生学习的结果以及确保增进教师之间、师生之间、教师与家长之间的交流等,都具有重要的意义。在此基础上,布卢姆建立层级化的教育目标体系。

1956年,布卢姆出版《教育目标分类学:认知领域》,首次把分类学理论运用于教育领域。在他的推动下，目标分类研究成为教育理论研究的一个专门领域。布卢姆认为，教育目标分类学遵循的分类原则主要有：（1）教育原则。各类别之间的主要区分应大体上反映教师在实际教学中对学生的行为所作的区分。（2）逻辑原则。分类学的编制应合乎逻辑，保持内在的逻辑一致性，始终用一种前后一致的方式来界说和使用每一个术语。（3）心理原则。分类学应与人们已了解的心理现象一致，充分考虑心理学的可靠的研究成果。（4）中立原则。分类应是一种纯粹的描述性体系，能够以较中立的态度来表述每一种教育目的。

布卢姆的教育（教学）目标体系包括认知领域、情感领域和动作技能领域。其中，布卢姆提出认知领域的教学目标分类，克拉斯沃尔、布卢姆和梅夏于1964年共同提出情感领域的教学目标分类，哈罗和E.J.辛普森于1972年提出动作技能领域的教学目标分类。

认知领域的教学目标分类　布卢姆把认知领域的教学目标分为知识、领会、应用、分析、综合和评价六个层级。知识是指记忆先前学习过的材料的能力；领会是指理解新材料的能力；应用是指在新的具体情境下应用学习过的材料的能力；分析是指分解材料，以便理解材料的组织结构的能力；综合是指从各个部分中创造新事物的能力；评价是指为了某个目的而判断材料价值的能力。

情感领域的教学目标分类　克拉斯沃尔、布卢姆和梅夏提出了情感领域的教学目标，分为接受、反应、价值判断、组织和内化五个层次：接受是指注意环境中的某种现象，分三个亚类，即觉察、愿意接受和有控制的或有选择的注意；反应是指积极参与，表现出一个新的行为，分为默认的反应、愿意的反应和满意的反应三个亚类；价值判断是指表现出兴趣或动机，展示某种外在的涉入，分为价值的接受、价值的偏爱和信奉三个亚类；组织是指为价值排序，并把一个新的价值整合到一套价值中，分为价值的概念化和价值体系的组织两个亚类；内化是指公开地、持续地遵照一个新价值行动，分为一般态度的建立（generalized set）和性格化两个亚类，一般态度的建立意味着价值和态度在任何时候都表现出一种内在的一致性，达到"慎独"境界，性格化则意味着体现在个体宇宙观、生活哲学、世界观中的价值体系成了个体的性格。

动作技能领域的教学目标分类　这里的动作技能指心智动作技能（psychomotor）。1972年，美国心理学家E.J.辛普森以认知心理学为基础，把动作技能领域的教学目标分为感知、准备、有引导的反应、机械化、复杂的外显反应、适应和创造七个层级：感知是指再认和感觉暗示以引导身体活动的能力，分为感官刺激、线索的选择和转换三个亚类；准备是指有行动意愿，以及显示关于行为的知识和意识的能力；有引导的反应是指表现复杂技能的开始阶段，包括模仿与试错两个亚类；机械化表明技能已成为习惯性和反射性的连续而顺畅的动作反应，属于表现复杂技能的中级阶段；复杂的外显反应是指正确地、毫不犹豫地表现复杂技能的能力，属于高级阶段，分为解决不确定性和自动表现两个亚类；适应是指在新的情境下修改和调整技能的能力；创造是指创造新事物或用新技能修改已有技能的能力。与辛普森以认知心理学为理论基础不同，哈罗的分类以运动生理学为理论基础，将动作技能领域的教学目标分为基础性的基本动作、知觉能力、体力、技能性动作、有意的沟通五个层级：反射性运动是一种无意识反应，分为分节反射、节间反射和节上反射三个亚类；基础性的基本动作是指由生理发展而自然获得的基本动作行为，包括位移动作、非位移动作和操作动作三个亚类；知觉能力是指学习者感知并解释刺激的能力，包括动觉辨别、视觉辨别、听觉辨别、触觉辨别和协调能力等亚类；体力是指身体器官发挥功能的能力，包括耐力、力量、伸缩性、灵活性等亚类；技能性动作是指经过练习获得的有相当难度的动作或行为，包括简单适应的技能、复合适应的技能、复杂适应的技能等亚类；有意的沟通是指各种动作沟通形式的组合，包括表达动作和解释性动作两个亚类。

加涅的教学目标分类理论

美国教育心理学家加涅以信息加工理论为基础，致力于研究人类学习，创立有较大影响的信息加工学习理论。他认为，设计教学活动的最佳途径是根据教学目标来安排教学工作。对教学目标的分类就是对学习结果的分类。把学习结果作为教学目标，有利于确定达到目标所需的学习条件，而且从学习条件中还可派生出教学事件，告诉教师应注意什么。分析学习结果可为教学设计提供可靠的依据，以便顺利达到教学目标。加涅根据习得的能力倾向性的改变，即学习结果，把教学目标分为五种类型。

言语信息　指知识或书本知识。是向学生传递的各种语言信息。学校教育主要通过言语信息传递人类社会积累的知识。言语信息作为一种能力，意味着个体能够以一种陈述的方式来表述已经习得的内容。根据各种言语信息的复杂程度，言语信息有三种类型：命名，即给物体的类别以称呼；表述，即用简单命题（句子）表述事实；知识群，即各种命题和事实的聚合体。

智慧技能　指学生运用符号概念与环境相互作用的能力。智慧技能是学校中最基本、最普遍的教育内容，包括从最基本的语言技能到高级的专业技能。智慧技能的学习与言语信息的学习有明显区别，前者主要关注学会如何做某些理智的事情，后者主要关注知道某些事情或某些特征。例如，运用运算规则解答习题是智慧技能的学习；学习"先乘除后加减"这一规则则是言语信息的学习。

认知策略 指学生用于指导自己的注意、学习、记忆和思维的能力。加涅认为,学生能否解决问题,既取决于是否掌握有关规则,也取决于学生控制自己内部思维过程的策略。一方面,认知策略的性质与智慧技能不同,智慧技能主要指向学习环境,使学生能够处理"外部的"数字、文字和符号等,认知策略则是在学生应对环境事件的过程中控制自己"内部的"行为;另一方面,认知策略与智慧技能存在密切联系,它们是同一学习过程的两个方面,学生在学习智慧技能的同时,也形成了调节学习、记忆和思维的方式。脱离了具体内容的学习,学生既不可能习得认知策略,也不可能运用认知策略。

动作技能 指动手能力和操作能力。加涅认为,尽管动作技能在教学目标中不是最重要的内容,但始终是一个重要方面。在教学活动中,动作技能只有经过长期练习才能日益精确连贯。只有当学生不仅能够完成某种规定的动作,而且这些动作已被组织成一个连贯的、精确的和能在一定时间内完成的完整的动作时,个体才真正获得这种技能。

态度 指影响和调节个体行动的内部状态。加涅认为,态度是一种获得的内在状态,会影响个体对某些事情采取行动的选择。但是,态度与行为的关系不是直接的,而是曲折复杂的。加涅认为,个体的态度是通过与他人相互作用的一系列结果习得的,而且往往是附带习得的,并非预先计划。态度一般要经过相当长的时间才能逐渐形成或改变,而不是作为单一经验的结果突然产生。

巴班斯基的教学目标分类理论

苏联教育家巴班斯基运用系统的、整体的观点和方法,对教学目的进行整体分析。他认为,教学目的具有整体性,应将教养、教育和发展的任务统一起来。在此基础上,巴班斯基根据总的教育教学目的,综合规划和具体确定了简要明确、实用性强的课堂教学目标体系。

教养性任务 指引导学生掌握科学知识,形成专业的学习技能和技巧。科学知识包括事实、概念、定理、规律性、理论以及世界概貌。专业的学习技能和技巧包括有关学科和科学领域特有的实际技能技巧。例如,在物理学和化学方面,主要有解题、演示、进行实验室实验、做研究性作业等;在地理学方面,主要有使用地图、地理测验、借助指南针和其他仪器测定方位等;在数学方面,主要有解题和使用各种计算尺、对数尺、模型等;在植物学和生物学方面,主要有使用植物标本、模型、实验标本、显微镜等。

教育性任务 指教师应设法掌握对学生进行共产主义教育的各个基本方面,包括培养辩证唯物主义世界观,进行思想政治教育、劳动教育、道德教育、美育和体育。具体主要包括:促进学生形成基本的世界观;促进学生形成道德的、劳动的、审美的和伦理的观念、观点和信念;促进学生形成在社会中相应的行为方式和活动方式;促进学生形成理想、态度和需要的系统以及进行体格锻炼。

发展性任务 指培养学生一般的学习技能技巧,发展学生的智力、意志、情感和动机(需要、兴趣等)。具体主要包括:培养(继续培养、巩固)一般的学习技能、技巧(拟定答案提纲、比较、概括、使用书籍、阅读和书写速度、自我检查等);促进培养学习意志和毅力(通过解答疑难问题、引导学生参加讨论等来培养);培养学生的情感(通过在课堂上创造惊奇、愉快、妙趣、离奇等情绪体验的情境来培养);培养学生的学习兴趣(指出所学问题对发展科学、技术、生产的意义,指出这些问题对学生的职业定向以及培养爱好的作用,将游戏的情境引入教学等)。

巴班斯基认为,为了实现以上具体的课堂教学目标,教师应做到:在研究学科、章节、课题时,要了解各种可能的教养、教育和发展任务,熟悉教学大纲、教科书内容和教学法参考资料;认真考虑班级学生的年龄特点和其他特点,以及学生的学业程度、教育水平和发展水平,具体确定任务;比较各种任务的意义,考虑完成任务的时间,突出主要的教养、教育和发展的任务;突出该课的"最高任务"。

梶田叡一的教育目标分类理论

日本学者梶田叡一认为,学校应当通过多种多样的教育活动,实现"两个保障":一是"保障学力",通过顺次设定适当的学习课题,并予以充分指导,使学生系统掌握知识、理解、技能,以保障每个学生达到一定内容和水准的具体的学力;二是"保障成长",通过各种各样的活动,逐步形成学生的思考力、自信心和意志力,以保障每个学生人格的成长和发展。梶田叡一认为,这两个"保障"具有同等重要性,学校的责任在于保障所有学生至少达到"最低限度、最小限度"的教育要求。这种要求不限于基础的知识、技能。他认为,从教育目标实现的形态角度,学校教育至少应包括达成目标(基础目标)、提高目标和体验目标三类教育目标。达成目标是指要求学生必须掌握的具体知识和能力,是所有学生都应达到的要求。提高目标是指要求学生向某个方向不断深化、不断提高、不断发展的目标。体验目标不是以学生中产生的某种行为变化为直接目的,而是以产生特定的内在体验、感受为目的,教师可以通过师生之间的情感交流、对话和分析学生的习作等来了解学生这种内在体验的程度。这三类教育目标是互相促进、相辅相成的。

顾泠沅数学教学改革实验的
教学目标分类

中国教育研究者顾泠沅在上海市青浦区进行数学教学

改革实验的过程中,基于成功的经验,吸收现代教学理论精华,提出教学目标应从三个方面来理解。(1) 教与学的等级水平。按照思维程度的深浅顺序,教与学的水平可划分为记忆水平、说明性理解水平和探究性理解水平三个级别,不同等级水平的教学所能达到的目标截然不同。以知识的应用为例,记忆水平的教学一般只能达到机械模仿的目标;说明性理解水平的教学能达到一定范围内的灵活转换,或称为封闭性转换的目标;探究性理解水平的教学则能达到不受一定范围局限的灵活转换,或称为开放性转换的目标。(2) 教与学的不同行为。从学习的角度,主要有获得知识、应用知识和教学评价三种行为,各自对应不同的学习结果。例如,获得知识的结果是知识量,以及记忆和理解这些知识的深度,学生从中增长的获取知识的能力等;应用知识的结果是应用的准确、迅速、深刻,以及与之相关的智慧技能和解决问题的能力等。(3) 为了使教学目标更加具体实用,应结合详细的教学内容加以阐明。基于以上认识,顾泠沅提出关于教学目标分类的三维结构模式。

记忆水平的教学目标　记忆水平的教学目标在于识别或记住事实材料,使之再认或再现,不求理解,只要求机械模仿。教学中以教师给出结论为主,反复训练学生记忆心理的功能。记忆水平的教学目标具体包括:(1) 记忆,记住事实,包括有关的名称、定义、符号、公理、定理、公式、性质、法则等;(2) 模仿,在标准情境中作简单的套用,或是依照示例作机械的模仿。

说明性理解水平的教学目标　说明性理解水平的教学目标是通过教师讲授和解释知识、技能,使学生领会,并能将学到的知识、技能应用于一定范围的新情境。教学中仍以教师为中心,学习者是被动的。说明性理解水平的教学目标具体包括:(1) 说明性理解,指对知识、技能的实质性的领会,能够用自己的语言或换一种形式正确表达;(2) 封闭性转换,在一定范围内,能够从变式情境中区别出知识的本质属性,或把变式灵活转换为标准式,从而解决数学问题。

探究性理解水平的教学目标　探究性理解水平的教学目标是有目的地引起新问题情境的认知冲突,要求学生亲自卷入。以教师和学生为中心,双方共同参与提出和解决问题,共同进行研究和评价,其中教师起主导作用,学生则充分发挥自主学习的主动性;使学生面临适度的困难,以期获得对知识、技能的探究性理解,增强科学观点和有效的思考。探究性理解水平的教学目标具体包括:(1) 探究性理解,对知识、技能的领会经过自己的检验,具有广泛迁移的特点,能从多种角度或相对复杂的联系中阐明其实质;(2) 开放式转换,自行开放变式的范围和程式,仍能识别有关联的知识与无关联的知识之间、可靠的依据与不可靠的依据之间的差别,独立地发现和解决数学问题。

参考文献

李秉德. 教学论[M]. 北京:人民教育出版社,1992.

上海市顾泠沅数学教改实验小组. 大面积提高数学教学质量的改革实践与理论探讨(上、下)[J]. 教育研究,1989(9,10).

吴也显. 教学论新编[M]. 北京:教育科学出版社,1991.

熊川武. 教学通论[M]. 北京:人民教育出版社,2010.

钟启泉. 现代课程论[M]. 上海:上海教育出版社,1989.

(张天宝)

教学认识论(epistemology of instruction)　　研究教学认识的过程及其运动规律的理论。具有方法论特征。关于教学认识论的研究始于 20 世纪 30—50 年代的苏联,教育家凯洛夫在其主编的《教育学》中第一次明确提出,教学过程是一种特殊的认识过程。中国学者基本认同这种观点,但在认识和实践中也出现一些失误和片面性,主要表现在:(1) 对马克思主义认识论本身的理解发生偏差。在坚持唯物主义路线的同时陷入机械论,忽视认识主体问题,忽视主体的能动性,特别是学生主体地位的问题。(2) 在一般认识论与教学认识论的共性与个性关系上,有时过于强调共性,以致代替个性;有时又过于强调个性,以致否定共性。(3) 缩小了认识这个概念的含义,把认识理解成与情感、意志、性格等并列的心理学上的认知概念,这也是偏重知识、技能的教学而忽视智力和个性发展的片面性的认识论根源。20 世纪 80 年代,中国学者以辩证唯物主义认识论为指导,对教学认识论进行系统而深入的研究,认为教学活动是教师教和学生学的活动,本质上是一种认识活动,但它是一种特殊认识或认识的一种特殊形式,有其独特的动力、条件、客体、主体、领导、方式、检验标准和方法,具有自身的运动规律。

教学认识的基本特征

教学认识是一种为了解决人类总体文明发展与个体身心发展之间的矛盾关系而开展的教师指导学生掌握经过选择和加工的人类文明精华成果,并以此为基础促进学生身心发展的活动。一方面,教学是个体认识,不同于人类历史总认识。个体认识更多地来自间接经验,个人可以依靠他人、前人的实践而不只是个人实践来获得认识,特别是可以通过语言文字来保存、接受知识,拥有前人、他人的经验,无需事事亲身经验,也无需简单重复人类历史总认识;另一方面,学生的个体认识不仅不同于人类历史总认识,而且不同于其他个体的认识。在教学活动中,学生是受教育者和学习者,也是未成熟、未成年者,他们的认识纳入教育过程,区别于教学以外的认识。学生个体的认识活动与科学家、艺术家及其他实际工作者的认识有明显区别:学生是有待发展的主体;学生个体的认识是一种组织化的认识活动;学生个体的认识是多样综合的认识活动。

在教学活动中,学生个体认识具有三个基本特点。(1) 有教师教。一般个体的认识活动是独立进行的,只存在主体和客体之间的二元结构,而教学认识由于教师的介入,形成独特的教师领导学生认识客观世界的三体结构。学生个体的认识活动主要是教师设计并在教师引导下进行的,具有明显的间接性以及高效性、系统性。(2) 以间接经验为主。较之一般认识,教学认识是一种间接性认识。首先,教学认识对象(内容)要经过系统选择;其次,选择出来的文明成果要经过精心加工,即对以文字符号和学科体系形式存在的人类文明成果,只有根据学生的年龄特点和认知水平进行加工改造,才能成为有效的教学认识对象。(3) 发展性。以促进学生发展为宗旨,具有促进个体发展的突出功能。这是教学认识区别于其他认识活动的重要特点之一。教学认识是学生身心全面发展的基本形式之一。人类一般的认识活动以把握客观世界的属性和联系为主要宗旨,而教学认识是以改造学生的主观世界为宗旨的专门认识活动;教学的基本任务是通过求知活动提高学生的知识水平,进而锻炼和提升学生的一般能力和思想品德。促进学生个体的发展是教学认识的明确追求,也是区别于一般认识活动的明显标志。教学认识活动具有明确的发展指向,认识内容具有系统性和关联性,教学认识过程经过专门设计优化并有专人指导,其作用较稳定、全面和高效。

教学认识活动中,学生是教学认识的主体,教师是教学认识的领导。教师在教学认识中的领导作用具有两个特点。(1) 服务性。教师指导的是主体的认识活动,这就决定了教师主导作用的服务性。在教学认识中,教为学服务,教师为学生服务。同时,教师也为社会服务,教师为社会服务的成效、教师主导作用的发挥,通过学生的认识及其成果表现出来。如果教师违反学生意志,不代表学生的根本利益,学生就不能成为主体,教学认识活动就不会发生。(2) 变化性。随着学生年龄以及知识、能力的增长,其主体性不断提高,教师主导作用的性质、程度也相应有所变化,其一般表现是:间接性越来越强;由具体性向概括性发展;由表面性向深层次发展。教师的主导作用也发生变化,更主要的是指导学生选择正确的学习路线和策略。

教学认识的方式

教学认识的方式指教学过程中学生认识活动存在的形式、结构和发展阶段。探讨教学认识方式,是要揭示在教学这一特殊条件下,作为认识主体的学生,为什么能认识和为什么有认识,学生在特定的文化传统、知识背景规定的前提下,通过什么方式来构建和形成自己的经验范式、知识结构和思维方式。

教学认识的主要方式是掌握   教学认识论认为,教学过程是一种简约的、经过提炼的认识过程,是教师根据一定的教育目的,采取各种手段,把人类长期创造和积累的社会历史经验中的精华转变为学生头脑中的精神财富和智慧的过程。与人类一般认识以及其他个体认识相比,教学不是以探索和发现未知的某种科学规律为主要目的,而是学习和继承前人实践总结出的认识成果。学生认识的对象主要是根据社会发展的需要,从人类知识宝库中挑选和提炼出来的基本材料,是前人已经发现和总结的认识成果,即系统化、概括化的以文字形式体现出来的知识体系。学生的认识具有明显的间接性特点。在教学过程中,学生通过掌握这一特殊的认识方式,可以避免重复人类认识史上发现真理时经历的曲折和错误,较好地突破了个体认识上时间和空间的限制,浓缩了对客观世界的认识过程。

教学认识中学生认识活动的基本形态   在教学认识中,学生的认识活动方式丰富多样,主要有两种基本形态:一种是借助语言文字获得知识的接受方式;另一种是借助所提供的结构化材料,在教师指导下进行操作和思考而获得知识的探究方式。

现代教学观指导下的教学认识的接受方式具有以下特点。(1) 以掌握科学知识为基本任务。学校的基本功能是向年轻一代传递人类几千年文明史创造的文化知识,这是社会延续发展的需要,也是年轻一代适应社会生存发展的需要。在掌握知识的过程中,不仅要让学生掌握科学结论,而且要让学生经历原理、原则的推导过程,掌握研究问题的科学方法,发展学生的认识能力,从而形成学生合理的认识结构,培养适应和促进社会的能力。(2) 认识的科学性与人文性的统一。学生在学习知识时,不仅反映认识的科学性,而且反映认识的人文性。认识的科学性表现为认知的、分析的、逻辑的、思辨的理性方面,学生不仅获得有关科学概念,掌握基本原理、基本技能,而且形成科学态度和进行科研的基本能力;认识的人文性则表现为情感的、艺术的、综合的、直观形象的非理性方面。通过群体间的社会交往、环境的潜在性影响,学生形成对周围世界和对自己的一种积极而理智的,富有情感、探索、超越意识的行为方式。(3) 学生认识活动的指导性、可控性。接受式学习是学生在教师指导下的认识活动。在这一过程中,明确的目的性、计划性,密集的知识传授,简化、系统化、优化的教学过程,保证了认识活动的高效率。教师应充分发挥主导作用,引导学生主动、自觉地学习。(4) 关注学生的自主学习能力。在接受式学习中,学生不仅要掌握关于事实的陈述性知识,而且要掌握过程性知识;不仅要将科学知识作为认识的客体,而且要将自己作为认识的客体,不断进行反思评价,不断进行自我认识、自我调节。只有当学生具有较强的自主学习能力时,才能实现真正意义上的接受式学习。

现代教学观指导下的教学认识的探究方式具有以下特点。(1)以增进学生的创造才能为主要任务。在探究式学习中,学生经历"生疑—析疑—解疑—质疑"的过程,这种方式有利于克服思维的单向性,有利于学生综合应用知识,培养创造力。(2)以解决问题为主题。探究学习的任务以解决问题为主,围绕一定的主题,教师呈现结构化的材料,引导学生揭示事物内在各因素的本质联系。探究学习并不要求学生去寻求预定的、唯一正确的答案,而重在解决问题过程中的思维策略以及多种可能的解释。学习结果是开放的、发展的,而不是封闭的、静止的。(3)学生进行自主选择,教学具有非指导性。教学认识中的探究方式充分体现学生的主体能动性。他们以强烈的求知欲主动积极地去探索(社会和自然界)现象的规律性,学生自己把握认知的方向和过程。教师则运用间接的、不明示的、不作明确规定的指导方式,围绕解决问题的主题,指导学生在多种解决问题的策略思路中选择合适的路线。(4)关注探究性认识过程。学生在教师指导下经历类似科学家发现真理的认识过程,这是对科学研究过程和对科学家思维形式的"模拟"。探究学习重视学生的个人体验,强调思考,不仅培养思维的概括性、严谨性,而且培养思维的创造性、批判性。

教学认识方式的优化　教学认识方式作为一个整体系统发挥功能有赖于处理好以下关系:教材知识结构与认识主体认知结构之间的关系;知识、能力与精神品质之间的关系;局部与整体、分析与综合、归纳与演绎的相互关系;结论与过程的关系;观点与材料、具体经验与抽象理论的关系;教师的"教"与学生的"学"的关系、学生集体与学生个体活动的关系。教学认识论认为,教学认识具有生动和丰富的内容,教学艺术水平表现为寻求诸方面关系的最佳结合点。教师必须根据各种不同的具体情况,创造性地组织学生的认识过程,设计教学结构,发挥其整体功能,从而实现教学过程的最优化。

教学认识的检验

教学认识论认为,教学效果的检查评定本质上是教学认识的检验问题,教学认识的检验是教学认识过程的重要环节。

教学认识检验的作用　教学认识的检验主要体现为教学效果与预期目标之间的不断对照,教师通过对照获得学生掌握教学内容的各种反馈信息,据此作出较准确的教学决策,设计和控制下一步的教学认识过程。教学认识检验具有以下作用。(1)诊断作用。通过对教学认识的预想结果与实际效果的比较,揭示教学认识中的优点、缺点、矛盾、问题等,了解教学认识各方面的情况,从而判断整个教学认

识的水平和质量。(2)强化作用。教师以恰当的方式将检验结果告诉学生,可使学生充分了解自己对客观世界的反映,激发学生的向上精神,促使学生在巩固已有正确认识的同时,努力解决矛盾,使自己的主观认识与客观世界保持一致。(3)调节作用。教师可以根据教学认识检验的结果,有针对性地调整和改进教学工作,从而提高教学认识质量。学生可以依据教学认识检验的结果,调节学习计划,改进学习方法,从而提高学习效率。(4)认识作用。教学认识的检验是一个教师教学生如何正确反映客观世界的过程,在此过程中,学生的认识得到丰富、发展和改造。教学认识的检验还可以发展学生的评价能力,使学生掌握评价方法,形成正确的评价观念。

教学认识检验的标准　马克思主义认识论认为,社会实践是检验人的认识是否与客观世界相一致的唯一标准。教学认识作为一种特殊的认识活动,亦以实践为检验标准。教学认识的检验具有特殊性,主要通过社会实践的一种特殊形式,即考试来进行。教学认识检验标准的特殊性主要表现在以下方面。(1)教学认识检验目标的特殊性。教学认识客体的特殊性决定了教学认识检验目标的特殊性,即根据教学认识客体概括抽象出来的目标本身,就能判断教学认识是否正确,这是教学认识检验的目标与人类一般认识检验目标的根本不同。在教学认识过程中,可以把学生获得的认识与教学认识检验目标进行比较,如果认识与目标一致,则说明认识是正确的;反之,则说明认识是不正确的。(2)教学认识检验内容的特殊性。一方面,教学认识检验的内容是已知真理,且主要是间接经验;另一方面,教学认识检验的内容不是学生认识的全部内容,而只是从学生认识中选取一些最基本的、最重要的东西作为检验的内容。(3)教学认识检验方式的特殊性。教学认识检验的方式有直接检验和间接检验两种,以间接检验为主,即主要用前人证明为真理性的认识来判断学生认识的真理性。主要采取考试的形式,也采取一些直接实践检验方式。(4)教学认识检验结果的特殊性。相对于一般认识检验结果的不确定性、检验过程的长期复杂性而言,教学认识检验结果比较确定,检验过程较短,收效较快。

教学认识的活动机制

教学认识论认为,教学认识是教师领导、设计和组织的完整的、全面的学生主体活动,由外部活动、内部活动、外部活动的内化和内部活动的外化构成。其关键在于构建完整的、全面的学生主体活动。

学生主体活动的两种形式　学生主体活动包括学生主体外部活动和学生主体内部活动两种。学生主体外部活动是指学生主体操作客体或改变自身外部形体的"有形活

动"，一般包括感知活动、操作活动和言语活动。其主要目的不是改造外部客观世界，而是通过外部活动掌握人类的历史经验，进而促进认识结构的形成。在教学认识中，学生主体外部活动是内部活动的基础，是联系教学主体与教学客体的桥梁，可以巩固和检验教学认识。学生主体内部活动指向活动的对象，即关于事物的映像和观念，个体通过在头脑中完成的"动作"对观念进行操作。学生主体内部活动具有以下特点。(1) 建构性。学生主体内部活动是建构生成的活动，教师通过对教材的运用，对学生主体活动进行组织、引导、设计，从而使学生内部活动成为有序的过程。(2) 能动性。学生主体内部活动能够对教师教的内容进行选择，同时对客观知识进行再改造，形成自己独特的认识结构。(3) 目的性。学生主体内部活动的目的是为了完成教学任务，促进自身发展。学生在教师引导下不断进行的分析与综合、抽象与概括、演绎与归纳推理，都有一个明确的目的，即掌握知识，同时得到发展。

学生主体活动的双向转化　教学过程是学生主体外部活动与内部活动的双向转化过程。教学活动与其他人类活动的不同之处在于，它是有意识、有组织、有计划地促进外部活动的内化和内部活动的外化，从而促进知识的掌握、学生主体的发展。学生主体外部活动的内化过程是指通过对实物的操作进行具体动作思维，同时用语言来表达，进而脱离直观，借助表象进行思维，最后在此基础上进行符号操作，从而实现知识的内化。学生主体内部活动的外化过程是指思维经过基于活动的语言编译机制被转化为外部的活动，从而建立与客体的关系和变化结构。包括复现式外化和创造式外化。在教学认识中，学生主体内部活动的外化过程具有检查内化、巩固内化、深化概念理解、调整和充实学生主体的认识结构等作用。

教学认识的社会性

教学认识论认为，教学认识不是一种抽象的本质存在，而是一种现实的社会活动。教学认识的本质、作用、内容和形式，必须由社会历史实践来说明。

教学认识的社会性是相对于把教学认识个体化、自然化、形式化而言的，大致包含三方面含义：任何教学认识都不是抽象的、孤立的、偶然的个人的认识，而是现实的、具体的、可被说明的人的认识；教学认识既受社会历史实践的制约，又从社会历史实践的要求中获得发展的动力，即教学认识的形式、具体内容以及发展方向应由社会历史实践来说明；教学认识存在的价值在于其对社会发展的独特的、无以替代的作用。

教学认识论认为，教学认识活动之所以能够产生、发展，是因为它有着其他社会活动不可替代的重要作用；它对

人类社会生活及人类自身发展所具有的独特价值，又成为其不断发展的重要前提。教学认识对社会历史实践的促进作用，主要通过自觉培养适应社会发展需要的人才来实现，具体表现在两方面。一是促进学生个体的社会化。在教学认识活动中，学生学会关注、理解他人，以及有效地合作与竞争，这是形成和改善社会关系的重要手段，也是学生应习得的重要的社会性品质。二是间接推进社会整体认识水平的提高。作为社会文化与社会新生一代认识的桥梁，教学认识可以通过传递社会文化和培养人才，间接地促进社会整体认识水平的提高。在教学认识活动中，学生的认识内容是人类已有的并经过精心加工的知识，通过学习，新生一代能够以最快的速度掌握人类积累的知识，拥有一个发现新知、进行创造性实践的高起点，从而为社会的加速度发展提供保障。

参考文献

北京师范大学教育系《教学认识论》编写组. 教学认识论[M]. 北京：北京燕山出版社，1988.

王策三. 教学论稿[M]. 北京：人民教育出版社，1985.

王策三. 教学认识论(修订本)[M]. 北京：北京师范大学出版社，2002.

(张天宝)

教学任务(task of instruction)　教学活动中为实现教育目的而提出的不同层次的要求。教学任务及其实现是教学本质属性的集中反映，是教学作用得以发挥的基本途径。

中国教学论研究者对教学任务的认识集中体现为三种观点。一是教学一般任务说。认为教学任务是：传授和学习系统的科学基础知识和基本技能；在此基础上发展学生的智力和体力；在教学活动中培养学生的世界观和道德品质。教学任务有一般任务和特殊任务之分，教学论只规定教学的一般任务，不规定各教育阶段或各门学科具体的教学任务，后者是各科教学法或学科教学论的职能。二是教学任务扩展说。在坚持一般任务说的基础上，对教学任务的要求作进一步扩充。认为中国普通教育学校的教学任务主要有三方面。(1) 引导学生掌握科学文化基础知识和基本技能。这是教学的首要任务，教学的其他任务只有在引导学生掌握知识和技能的基础上才能实现。具体目标：促进青少年学生德、智、体、美、劳全面发展，具有现代人应有的素质；为学生参加现代生产劳动和政治、文化生活创造必要的条件；为学生进一步学习各种专业知识和从事科学研究、进行创造和发明奠定初步基础。(2) 发展学生的智力、体力和创造才能。这是顺利地、高质量地进行教学的必要条件，也是培养全面发展的新人的要求，是现代教学的一项

重要任务。(3)培养学生的社会主义品德和审美情趣,奠定学生的科学世界观基础。这是社会主义社会的要求,是青少年学生自身发展的需要,体现社会主义教学的性质和方向。三是教学基本任务说。可以从两个方面理解。从教学是学校的中心工作,是达到教育目的的基本途径这方面理解,教学任务包括智育、德育、体育、美育和劳动技术教育几方面的任务;从教学具有的价值和功能方面理解,依据一定的教学目的和教学价值观,中国的社会主义教学工作包括五方面的基本任务。(1)传授基本知识。向学生传授各门科学的基础知识是教学的主要任务。这些基本知识要求反映人类知识的全部成果,包括自然科学、社会科学和思维科学、哲学各个领域,是完成学校智育、德育、体育、美育、劳动技术教育必备的知识基础,也是学生进一步学习和参加劳动并在劳动实践中发现和创造知识的基础。(2)获得技能、技巧。不仅包括读、写、算和操作实验仪器等方面的技能、技巧,也包括体育运动、审美活动、从事劳动实践以及人际交往方面的技能和技巧。(3)培养情感和态度。情感和态度是学生个性心理的重要方面,培养和发展学生正确的情感、态度和兴趣,是完成教学任务的保证。(4)发展学生的智力和创造力。这不仅是智育方面的内容,也是学校德育、体育、美育和劳动技术教育的内容。教学必须把发展学生的智力和创造力的任务贯穿于整个教学过程。(5)形成良好的心理品质和行为习惯。

确定教学任务的科学依据　确定教学任务遵循以下原则。第一,主观与客观结合、必要与可能结合。教学任务虽然是人规定的,但它又是客观的;既要考虑社会的要求、个体发展的需要,又要考虑个体发展的实际水平和接受能力。第二,教学任务是教育方针总目标与教学具体实践相结合的产物。教学必须贯彻教育方针总目标,使学生在德、智、体等几方面都得到发展。具体的教学任务的制定不能违背教育的总方针。第三,教学任务是外部要求与教学内部规律相结合的结果。教学任务要反映一定社会、阶级、生产和科技发展的要求,还要从教学内部寻找根据。

教学任务的具体化　教学论中规定的教学任务只是一般任务,各科教学法或学科教学论规定的任务则是特殊任务。教学任务的完成离不开教学任务的具体化。可从三方面实现教学任务的具体化。第一,将教学任务落实到课程、教材、教学方法、教学组织形式和学业成绩考查上,即把教学任务落实到整个教学工作体系中,各科教学大纲要规定本学科的具体任务。第二,教学论应阐明各项任务以及执行各项任务的各种措施之间的具体联系。第三,根据形势发展和新的教学经验,不断丰富一般教学任务的具体内容。根据新技术革命和国家历史时期的要求以及国内外教学改革的成功经验,增加新的教学任务。也有研究认为,教学的一般任务随着形势发展和教学经验的积累,其内容越来越丰富、具体,但不宜简单地增加任务项目,而应提高概括化程度。

(刘启迪)

教学设计(instructional design)　亦称"教学系统设计"(instructional systems design)、"系统化教学设计"(systematic instructional design)。将学与教的原理转化成教学材料和教学活动方案的系统化过程。教育技术学核心内容之一。形式上是一个分析教学问题、构建问题解决方案,并对方案进行预试、评价和修改,为教学最优化创造条件的过程,实际成果是经过验证的各个层次的教学系统实施方案。

对教学设计概念的界定存在不同看法。国内外有影响的教学设计定义可归纳为如下几种。(1)教学设计是系统计划或规划教学的过程。认为教学设计是用系统方法分析教学问题、研究解决问题的途径、评价教学结果的系统规划或计划的过程。如加涅、P. L.史密斯等。(2)教学设计是创造和开发学习经验和学习环境的技术。美国教学设计专家梅里尔在《教学设计新宣言》(1996)一文中,将教学设计界定为建立在教学科学基础上的科学型技术(science-based technology),目的是创设和开发促进学生掌握知识、技能的学习经验和学习环境。梅里尔的教学设计思想很大程度上受加涅的影响,但他强调教学设计应侧重设计和开发学习经验和学习环境,以创设一种高效率的、具有强烈吸引力的教学。(3)教学设计是一门设计科学。J. V.帕滕在《什么是教学设计》(1989)一文中提出,教学设计是对学业业绩问题的解决措施进行策划的过程,将教学设计纳入设计科学的子范畴,强调教学设计应把学与教的原理用于计划或规划教学资源和教学活动,以有效解决教学中出现的问题。

美国教育心理学家加涅1992年提出教学设计的三个基本前提和假设:教学设计的目的在于帮助个体学习;教学设计必须基于人们如何学习知识;教学设计应该以系统程序的方式进行。

教学设计理念的产生和发展

有学者认为最早提出教学设计构想的是美国教育家杜威和美国心理学家E. L.桑代克。杜威在1900年提出应发展一门连接学习理论和教育实践的"桥梁科学",其任务是建立一套与设计教育活动有关的理论知识体系;E. L.桑代克曾提出设计教学过程的主张和程序学习的设想。

教学设计作为一种教育理念和一门教育学科,孕育于第二次世界大战之后现代媒体和传播学、系统科学、学习理论、教学理论等在教育中的综合运用,在教育技术学形成和发展的过程中派生出来。第二次世界大战期间,美国为在最短时间里向军队输送大批合格的士兵和为工厂输送大批合格的工人，要求心理学家和视听教育专家关注社会所能提供的一切教育手段，关注教学的实际效果和效率。心理学家揭示人类如何学习，提出教学原则，视听教育专家则致力于开发一批运用已被公认的学习原理的幻灯、电影等培训材料。这是把学习理论应用于教学设计的最初尝试。

20世纪50年代中期，美国心理学家斯金纳改进和发展了教学机器，以新行为主义心理学的联结学习理论为基础，创造程序教学法，以精细的小步子方式编排教材，组织个别化、自定步调和即时强化的学习。到60年代中期，程序教学从对程序形式及程序系列组成的研究转向对目标分析、逻辑顺序等问题的研究，要求程序教学的设计者根据教学目标来配置刺激群与反应群的关系，关注最优的教学策略。这一时期，系统科学被引入教育领域，教育技术已发展到系统技术阶段，研究者开始突破把程序教学作为一种技术来研究人—机关系的限制，而借助系统科学方法全面探讨教学过程。60年代后期，教育家和心理学家通过大量的教学试验发现，决定教学效果的变量极其复杂。要设计最优的教学过程，必须重视教学目标的设定和控制，重视各种变量的操作，并且确认只有引入系统方法进行科学设计，才可能整体考虑各种教学要素，协调其间复杂关系，制订最优的教学策略，并通过评价和修改来实现教学过程的优化。许多教育学、心理学专家从各个方面探索有效教学，取得一系列成果，如布卢姆、马杰的关于教育目标分类和学习目标编写理论，加涅、西摩和格拉泽的学科内容组织和任务分析理论，戴尔、芬恩的视听媒体和其他教学技术作用理论，斯克里文、斯塔弗尔比姆的形成性评价理论，F. S. 凯勒、波斯特勒斯威特的个别化教学系统和导听法等，都成为教学设计理念产生和发展的基础。研究者利用系统方法对教学活动各要素作整体性探索，揭示其内在本质联系，进行系统化设计教学的大量实际工作，形成对教学活动进行系统设计的理念，并创造了教学设计过程模式。至20世纪60年代末，教学设计开始形成独特的知识体系。

根据1989年再版的《国际教育技术百科全书》，在教学设计知识体系形成和发展的过程中，出现过五种不同的理念。(1)"艺术过程"理念，即教学设计是一个艺术过程的理念。受传统教学观点影响而产生，认为教学是一门艺术，教学设计是教师的艺术创造活动，不同教师执行同一教学任务的方式方法不可能一样。(2)"科学过程"的理念，即教学设计是一个科学过程的理念。对教学设计是科学过程的早期探讨与程序教学运动直接相连。斯金纳在《学习的科学和教学的艺术》(1954)中为此定下基调，并在倡导程序教学时依据联结学习理论来安排教学材料和教学步骤。教学设计者为了保证有效教学，试图设计工作找到科学基础，并把教学设计分为宏观和微观两个层次。前者是把正确的决定

建立在经验研究的基础上，但因涉及较多变量，未提出令人满意的设计建议；后者关心知识、技能和某种思想的传播，引入教学理论、学习理论以保证微观决定的科学合理性。现代认知心理学的发展为教学设计提供了更为有用的科学观点。(3)"系统工程方法"的理念。由于教学涉及人的因素，很难像自然科学那样有固定的因果关系。系统方法被从工程学中引入教学设计后，教学设计不仅在理论上有了科学根据，同时也找到了科学设计运行的实际操作方法，通过系统分析和经不断测试提供的反馈信息的控制来使科学设计的教学达到预期效果。(4)"问题解决方法"的理念。从鉴定问题开始，通过选择和建立解决问题的方案、试行方案以及不断评价、修改方案，达到解决问题的目的。一方面把注意力集中在真正需要解决的教学问题上，另一方面在需要分析的基础上提倡有针对性地探讨问题，列出每一种可选方案的优缺点，通过试行和修改来完善决策。(5)"强调人的因素"的理念。认为教学设计要搞好，首先应培养和提高教师和教学设计人员的素质。这五种理念是在不同阶段从不同角度对教学设计实践的认识和概括，并在教学设计发展历程中交融和统一。

教学设计的学科性质和理论基础

教学设计的理论基础包括一般系统理论、传播理论、学习理论和教学理论。其中学习理论自20世纪50年代以来，历经行为主义、认知主义和建构主义等不同发展阶段，对教学设计的发展有显著作用。早期教学设计在学习理论方面主要基于斯金纳的操作条件作用。在操作条件作用下，当联结反应被诱发后，若随即给予强化，便可形成刺激—反应联结。由于这种理论强调认识来源于外部刺激，并可通过行为目标检查和控制学习效果，在许多技能性训练或作业操作中有明显作用，在60年代末和70年代风行一时。但这种学习理论只强调外部刺激而完全忽视学习者内部心理过程的作用，对于较复杂的认知过程的解释显得无能为力，随着认知主义学习理论的发展，单纯建立在行为主义联结学习理论基础上的教学设计逐渐受到批评。在此背景下，加涅吸收行为主义和认知主义两大学习理论的优点，提出一种折中观点，即联结—认知学习理论。这种理论主张既要重视外部刺激(条件)与外在反应(行为)的作用，又要重视内部心理过程的作用，即学习的发生要同时依赖外部条件和内部条件，教学要通过安排适当的外部条件来影响和促进学习者的内部心理过程，以达到更理想的学习效果。它在20世纪80—90年代以前的教学设计中曾产生较大影响。随着心理学对人类学习过程和认知规律研究的深入，90年代以来，认知学习理论的一个重要分支建构主义重新受到重视。建构主义的学生观、知识观和学习观对现代教学设

计产生重大影响。建构主义学习理论强调学生是信息加工的主体、知识意义的主动建构者，教师不仅是知识的传授者，更是学生主动建构意义的帮助者、促进者和引导者。教育技术领域的专家根据建构主义学习理论，力图建立一套以"学"为中心的、与建构主义学习理论相适应的教学设计理念和原则。例如：让教学活动与实际问题挂钩；支持学习者发掘或形成问题；提供真实的学习任务和学习环境；让学习者拥有学习的主动权；为学习者提供必要的援助；鼓励学习者检验和积累各种不同的观点；鼓励学习者相互交流、取长补短；采用目标自由的过程评价；支持学习者进行反思；发挥现代媒体因素的作用等。

教学设计的应用范围和层次

教学设计广泛应用于正规的学校教育、全民社会教育和继续教育，以及工业、农业、金融、军事、服务等部门的职业教育和培训领域。美国、加拿大和澳大利亚的职业培训，英国的开放大学，以及美国、日本等国的中小学教育，均在课程设置、培训计划和教材资源等方面开展教学设计，取得许多成功经验。中国在九年制义务教育的文字教材与声像教材的编制、中小学计算机辅助教学软件的开发、高等院校的课程设置和多媒体教材设计、课堂教学、远程教学，以及在工业、商业、企事业单位的人力资源培训中，教学设计思想逐步被接受，应用范围日益扩大。

教学设计有三个层次：（1）以"产品"为中心的层次。把教学中需要使用的媒体、教材等当作产品进行设计。教学产品的类型、内容和功能由教学设计人员和教师、学科专家共同确定，同时吸收媒体专家和技术人员参与，对产品进行设计、开发、推广和评价。（2）以"课堂"为中心的层次。在规定的教学大纲和教学计划下，针对一个班级在固定的课堂和教学设施中进行教学所做的方案设计。其设计工作的重点是选择和利用已有的教学材料来完成目标，而不是开发新的教学产品。如果教师掌握教学设计的有关知识和技能，可由教师承担，必要时可由教学设计专家承担。（3）以"系统"为中心的层次。是针对规模较大的、综合的和复杂的教学系统而言的教学设计。通常包括确定系统目标、建立实现目标的方案、试行方案以及评价和修改方案等，涉及内容广，且有一定难度，需要教学设计人员、学科专家、教师、行政管理人员、教育技术人员、学生代表等组成设计小组共同完成。

《国际教育技术百科全书》提出，在学校教育中，教学设计常以现存的课程文献或一个待完成的课程为出发点。用系统方法对学校教育中的课程进行教学设计离不开对课程系统内所有因素的合理定位和优化组合，以及对这些因素构成的教学活动方案的精心计划。属于这类性质的教学设

计有四个层次：层次一，为课程确定终极目标或靶目标（target objective），为了保证最初确定的教学问题得到圆满解决，可能也要采取其他一些非教学的行为；层次二，为达到终极目标，先确定使能目标或条件性目标，再确定这些使能目标之间相互关联的次序，然后根据学生在进入教学系统之前必须掌握的目标确定初始资格水平；层次三，根据某一体系或学习类型，将具体目标归类，为每个目标或相似目标群确定特殊的教学策略；层次四，不以层次二的具体目标为基础，而是为了准确发现达到这些目标所必需的条件，进一步分析这些目标，如用基本动作来实现身体技能目标，用基本行为模式来实现其他技能目标，用基本智力操作来实现认知目标，然后在细微的水平上比较各种教学策略。

教学设计的方法论

作为连接教学理论与教学实践的中介，教学设计具有方法论的性质。方法论对教学设计的发展和推广应用具有重要意义。

教学设计中的哲学方法　哲学方法为教学设计提供理论基础和思想指导。教学设计涉及教育的价值观念、教学的本质论等一系列认识问题。在教学设计中运用辩证唯物主义的认识论，主要解决三个问题：（1）不断更新教学观念。教学观念不同、教学设计的指导思想不同，教学设计的重点和结果也不同。教学设计作为系统决策过程，其每一步都受一定教学观念的支配。教学设计者必须树立现代教学观念，让学生学会学习、探究学习，重视发展学生个性。（2）正确处理借鉴与创新的关系。将西方现代教学设计科学理论与中国教学思想、理论、方法与实践紧密结合，并加以创新和发展。（3）重视实验研究。按照科学认识论的要求，开展教学设计及其应用的实践，从中取得科学的认识或理论，再运用于指导教学设计的实践，在"实践—理论—实践"的往复中完善教学设计方案，发展对教学设计原理和方法的认识。

教学设计中的一般方法　指教学设计中的系统方法。教学设计中的系统方法基于系统科学和教学实践产生，是指导教学实践和教学设计活动的一般方法，为教学设计提供具体的分析和决策的操作过程及操作方法。分为系统分析、系统决策和系统评价三个阶段。在系统分析阶段，通过系统分析技术，确定问题的需求和系统的功能、目标；在系统决策阶段，通过方案优选技术，考虑环境等约束条件，优选解决问题的策略；在系统评价阶段，通过评价调试技术、试行方案、鉴定方案的有效性，进而完善已有方案。运用系统方法进行教学设计遵循三个原则。（1）整体性原则。要求把教学设计作为一个整体，从整体与要素、要素与要素的相互联系、相互作用中，以及从系统与外部环境的制约关系

中,去揭示教学设计的特征与规律。(2)动态性原则。教学系统是一个有序的动态系统。系统的有序性表现为系统要素之间相互联系、相互制约的关系是有序的;系统的动态性表现为系统处于不断的运动和发展之中。教学系统设计要求充分考虑教学系统的有序性、动态性特点,在教学设计和教学过程中引入评价和反馈机制,对过程实施有效调控。(3)最优化原则。这是教学系统设计的基本目标。要求从整体最优化的目标出发,使系统的每一个要素、每一局部过程和每一环节都置于系统的整体设计中,以协同实现教学设计整体功能的最优化,并特别注意要素之间结构和功能的相互匹配,以设计出最优的教学方案,使教学达到预期效果。

教学设计中的专门方法　指教学设计中的模式化方法。借助教学设计模式,可以了解教学设计的结构和过程,了解系统内各要素之间的相互关系,便于更有效地进行教学系统设计。模式化方法中的模式分析和模式综合是逻辑思维的基本方法。模式分析是以客观事物的整体与部分的关系为基础,为便于进一步认识事物而把相互联系的因素暂时割裂开来加以个别研究,弄清各部分的特殊规定,以加深对事物本质的认识。模式综合是在分析个别因素的基础上,综合各个因素相互关联、相互作用、相互转化的关系,帮助人们从整体的系统结构中把握教学设计的本质和规律。模式分析的重点是考虑各个部分的特征,模式综合的重点是考虑各个部分相互间的关系。这是统一认识过程中的两个阶段。教学系统设计的模式化方法从总体上规定教学设计的过程和步骤。

教学设计过程模式

采用文字或图解的模式对教学设计过程进行描述是教学设计研究中体现系统论思想的一个特点。格拉泽认为,教学设计的意义在于改变现存的进行状况,根据决策理论、管理科学等找出最有效的法则,以决定课程单元的教学活动。他设想的教学设计步骤为:分析预期的能力目标;诊断学习前的状态;安排促进学习的程序和条件;评价学习的结果。加涅认为,为了达到比较理想的学习结果,必须讲究教学环境的计划,而有计划的教学必须采取科学的设计原理。他设想的教学设计步骤为:以行为的方式叙述所界定的绩效目标;以学习阶层和任务分析为依据构建教学的进程;筹划教学事项(或事件),拟定教学活动,为特定学习结果准备学习的条件。肯普在考察不同的教学设计过程模式后指出,所有模式均包括学生、方法、目标和评价四个基本要素。这四个基本要素及其相互关系是组成教学系统设计的出发点和大致框架,并由此提出被广为使用的肯普模式(见图1)。

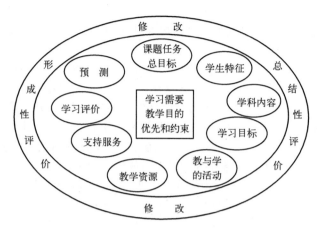

图1　肯普模式

不同的教学模式可归为三类。(1)以课堂为中心的设计模式。以课堂教学为中心,以教师、学生、课程计划、教学大纲和设备、设施为前提条件,设计的目的是解决教师在这些条件下如何做好教学工作、达到预期的教学目的。通常由教师自己完成设计任务或需要很少的帮助。这类模式的重点是选择、改编和应用已有的教学材料,并选择已有的合适的教学策略。(2)以产品为中心的设计模式。前提有四:已经确定需要教学产品去完成特定的教学任务;已经确定某些产品需要开发,而不是选择或修改现存教材;开发的教学产品必须被大量的教学管理者使用,而且产品对具有一定特征的学习者产生"复制"效果;重视试验和修改。这类模式在大多数情况下,前端分析已经完成,对产品的需要明显,设计的任务就是高效率开发有效产品;产品开发必须伴随广泛的试验和修改,而且性能指标是外部建立的。(3)以系统为中心的设计模式。其特征:一般指比课堂教学和教学产品规模大且复杂的系统(如课程开发、远程教育系统开发等),涉及教学计划、教学材料、教师培训计划、学习包、管理计划和教学设备等多方面的设计;教学系统开发后有广泛的使用价值;需要由包括设计、学科、媒体、评价等各方面专家以及用户和管理人员在内的设计小组来完成;以问题解决的思想为导向。较之前两类模式,更强调对大环境进行分析。以课堂和产品为中心的两种设计模式有时被认为是"以系统为中心"设计模式的子集。

教学设计过程模式的基本要素包括学习需要分析、学习任务分析、学习者分析、学习目标陈述、教学策略制订、教学媒体选择和利用、教学设计成果评价。这七个要素共同构成教学设计过程的一般模式(见下页表和图2)。其中最基本的要素是学习者分析、学习目标陈述、教学策略制订、教学设计成果评价,各种完整的教学设计过程都是在这四个基本要素(学习者、目标、策略、评价)形成的相互联系、相互制约的构架中展开的。

教学设计过程模式的基本要素

序号	基本要素	具体内容
1	学习需要分析	问题分析,确定问题,分析、确定目的
2	学习任务分析	内容的详细说明,教学分析,任务分析
3	学习者分析	教学对象分析、预测,学习者初始能力评定
4	学习目标陈述	详细说明目标,陈述目标,确定目标,编写行为目标
5	教学策略制订	安排教学活动,说明方法,策略的确定
6	教学媒体选择和利用	教学资源选择,媒体决策,教学材料开发
7	教学设计成果评价	试验原型,分析结果,形成性评价,总结性评价,行为评价,反馈分析

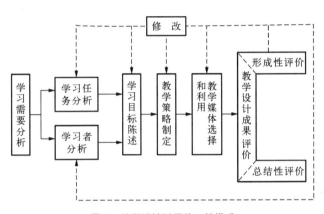

图2　教学设计过程的一般模式

教学设计原理和方法对解决教学问题具有普遍指导意义,但它们并非一成不变,没有固定的教学设计模式能有效解决所有教学问题。应用教学设计模式需因地、因人制宜。

教学设计的意义和对设计人员的要求

教学设计有利于提高教学工作的科学性。教学系统设计从教学的科学规律出发,将教学活动的设计建立在系统方法的科学基础上,摆脱了经验主义。

教学设计有利于提高教学软件质量。在信息社会,学校与社会对各种优质媒体教学软件(如教学电视节目、多媒体课件、网络课程等)的需求越来越大。教学软件投入大、施教面广,其思想性、科学性、教学性、艺术性、技术性的质量问题至关重要,需要依靠精心的教学设计才有保证。

教学设计有利于教学理论与教学实践的沟通。教学设计为了追求教学效果的优化,在解决教学问题的过程中,注意把教师的教学经验上升为便于广大教师掌握和运用的教学科学,把已有的教学研究理论成果综合应用于教学实践,使教学理论与教学实践紧密连接起来。

教学设计有利于培养科学的思维习惯和能力。教学设计是系统解决教学问题的过程,所提出的一套确定、分析、解决教学问题的原理和方法也可用于其他领域及其他性质的问题情境中,具有一定的迁移性。通过学习和运用教学设计的原理和方法,可培养科学思维的习惯,提高科学地分析问题和解决问题的能力。

教学设计人员亦称教学设计师,是教学设计过程的协调者和组织者、设计方案的制定者、执行设计程序的控制者。要保证教学设计的成功,教学设计人员必须具备以下基本素质:有较扎实的教育、教学、学习心理、传播、媒体等方面的理论基础;有一定的教学经验;熟练掌握教学设计的基本原理、方法和实际的操作技能;具有科学管理的知识和技术;头脑机敏,乐意进行细致的脑力劳动;有较强的逻辑思维的能力,能分析复杂问题并能辨别关键因素;有责任感,敢于作出决策并承担责任;有耐性,有排除挫折和克服困难的能力和决心;待人诚恳,善于处理人际关系,善于合作;具有良好的时间意识,能把握设计进程;勇于改革和尝试新事物,并能正视自己的不足。

参考文献

何克抗,等.教学系统设计[M].北京:北京师范大学出版社,2002.

乌美娜.教学设计[M].北京:高等教育出版社,1994.

Kemp, J. E. The Instructional Design Process[M]. New York: Harper & Row, 1985.

Romiszowski, A. J. Designing Instructional System: Decision Making in Course Planning and Curriculum Design[M]. New York: Routledge, 1981.

Smith, P. L. & Ragan, T. J. Instructional Design[M]. New York: Macmillan Publishing Co. , 1993.

(章伟民)

教学设计成果评价 (evaluation of instructional design outcome)　教学设计过程模式基本要素之一。指从结果和影响两个方面对教学设计活动给予价值上的确认,并引导教学设计工作沿着实现预定目标的方向发展的过程。教学设计成果可以是一种新的教学方案,如一门课程、一个单元、一节课的实施蓝图,也可以是一套新的教学材料,如教科书、教学录像、多媒体课件等。每个教学设计者都想确保自己设计的成果对学习者有用,并想了解其成果是否真正对学习者有用,这就需要通过系统收集的证据来说明。

教学设计成果评价的地位与功能

第二次世界大战后,特别是 20 世纪 60 年代以来,国际教育成就评价协会(International Association for the Evaluation of Educational Achievement,简称 IEA)成立,形成教育评价运动,教学设计成果评价受到国际教育界重视,联合国教科文组织还把教育评价的技术水平作为衡量一个国家教育发展水平的重要标志。进入 20 世纪 80 年代,中国也越来越重视教育评价的研究和运用,认识到形成性评价在教学设计中的地位和作用。(1)评价是教学设计活动的有机组成部分。形成性评价活动渗透在教学设计过程中,其实施的次数和次序根据评价对象的要求而定,与教学设计的各个环节密切联系。在按一定程序完成各个设计环节后,对其最终成果进行的总结性评价也十分必要。(2)评价使教学设计及其成果更趋有效。形成性评价活动可以为教学设计者提供决策信息。(3)评价能调节教学设计人员的心理因素。教学设计是一项需要创造性和改革意识的实践活动,要使教学设计人员富有成效地工作,必须激发其创造的欲望和改革的动机,教学设计中的形成性评价是对教学设计者追求工作成果的价值观念予以认定的重要措施。

教学设计成果评价具有教学评价的一般功能。(1)诊断功能。对教学设计成果的成效进行验证。(2)激励功能。适时的教学设计成果评价能使教学设计者在心理上得到满足,精神上得到鼓励,激励其不断努力工作,发挥更大的积极性和创造力。(3)导向功能。评价的结果必然是一种反馈信息。教学设计形成性评价提供的信息能帮助教学设计者调整设计方案,使之更接近目标;总结性评价提供的数据能为今后的教学设计和成果使用提供相关信息。

教学设计成果评价的指标、步骤和方法

指标　确定评价指标是进行教学设计成果评价的首要条件。教学设计成果较多地体现在课堂教学方案和媒体教学材料中,教学设计成果的评价指标主要有两方面。(1)制约课堂教学效果的主要因素大致包括目标、学生、教师、教材、方法、媒体、设施和管理等,由这些因素引发的评价指标基本上可以用于课堂教学方案的评价。(2)评价音像教材和计算机课件等媒体教学材料的基本标准有五:教育性,即是否能用来向学生传递教学大纲所规定的教学内容,为实现预期的教学目标服务;科学性,即是否正确反映学科的基础知识或先进水平;技术性,即传递的教学信息是否达到一定的技术质量;艺术性,即是否具有较强的表现力和感染力;经济性,即是否以较小的代价获得了较大的效益。

步骤　教学设计成果评价包括五个基本步骤。第一步是制订评价计划。对四项工作作出详细说明:在教学活动的每个环节应收集何种资料才能确定成果的成败之处;应建立什么标准来解释收集的资料;应选择什么人来做成果的试用者;评价需要什么条件。第二步是选择评价方法。教学设计成果评价中主要使用测验、调查和观察三种方法。第三步是试用设计成果和收集资料。这两项不同性质的工作几乎同时进行。基本程序:向被试说明须知;试行教学;观察教学;后置测验;问卷调查。第四步是归纳和分析资料。通过观察、测验和问卷,评价者获得一系列所需资料,为便于分析,可以根据需要将资料归纳成文档或图表,评价者对资料作初步分析:将各类数据与评价标准作比较,考察各种现象的相互关系。经过分析,可能会发现一些重要问题,随即加以解释,并通过恰当的途径证实自己的解释。第五步是报告评价结果,内容包括:设计成果的名称和宗旨、使用的范围和对象、试用的要求和过程、评价的项目和结果、修改的建议和措施、参评者的名单和职务,以及评价的时间等。

方法　教学设计成果的评价方法主要有测验、调查和观察。这三种方法也是教学活动中其他评价类型的主要工具。测验用于对学生学习结果的评价,并依此说明教学设计成果的效用及发现不足之处。测验在 20 世纪 20 年代基于智力测验推广开来。测验形式通常为供答题和选答题。调查是预先设计问题,请有关人员进行口述或笔答,从中了解情况,获得需要的资料。调查用于了解学生的学习兴趣、态度、学习习惯和意向,对教学过程的意见等,可用于判断教学设计成果的有效程度,其主要形式是问卷和访谈。观察是一种即时收集反馈信息的方法,用于到现场获得第一手材料,通过有目的的观察,了解教学设计成果的使用情况和存在的问题,并适当记录观察情况。其收集的资料比较真实、可靠。这三种方法在收集资料方面各有特长,测验适宜于收集认知目标的学习成绩资料;调查适宜于收集情感目标的学习成绩资料;观察适宜于收集动作技能目标的学习成绩资料。调查和观察还经常被用来收集教学过程的各种资料。前者适宜于收集学生、教师和管理人员对教学的反应资料;后者适宜于收集设计成果的使用是否按预先计划进行的资料。

教学设计成果的形成性评价

教学设计成果的形成性评价是指在某项教学活动过程中,为使教学取得更好效果而不断进行的评价。能及时了解阶段教学的结果和学生学习的进展情况、存在问题等,以便及时反馈、调整和改进教学工作。实施形成性评价能帮助教学设计者发现设计成果中的不足或需要改进的地方,对于一次性投资较大的教学设计项目尤为重要。

教学设计活动中进行的评价主要是形成性评价,因在教学设计阶段收集和解释的证据,主要用于形成设计成果本身,故对于提高教学设计水平来说,重视形成性评价比重视总结性评价更具有实际意义。

迪克1974年指出,形成性评价包括三个阶段,每个阶段都包括对教学方案或材料的尝试,而且每种方案或材料都伴随不同样本的假想学生,用于代表要接受教学的学生。第一阶段,只对几个学生尝试教学,一次一名学生。评价者密切关注学生的表现。该评价阶段还需要学科内容专家的参与,要求其熟悉教学的绩效目标、测验项目或作为绩效指标的观察结果。这一阶段提出的问题关系到目标的效度、材料和测验项目的准确性、清晰度。从个别试行中获取的各种信息包括下列内容:是否错误估计学生的起点能力;内容呈现的清晰度如何;测验问题和指导语是否清楚;对学习结果的预期是否恰当等。基于这些信息,就能够对设计成果作及时修改。第二阶段,尝试对一小组学生进行教学,他们代表目标总体。这一阶段的评价旨在检验通过个别试行后进行成果修改的情况。通常在开始时先对教学中即将学习的知识和技能进行一次前测,然后呈现教学内容,接着实施一次后测。此外,还可用一份态度问卷来评估学生对教学的各方面的态度,也可要求学生对教学、前测和后测提出意见。基于对前测、后测分数的比较,根据从小组试行中得到的信息,可初步判断学习是否发生及学习效果的情况,借此指导设计成果的修改。第三阶段,在打算教学的学生总体中抽取较大的样本,尝试教学设计成果。同样对较大试行组实施(根据小组测验结果修改过的)前测和后测,进行教学呈现,对学生和参与教学者展开态度调查。在此尝试过程中,要观察设计成果及其指导语的呈现是否充分,还要收集教师使用教学设计成果时的操作质量和充分性方面的信息。

对教学设计成果的可行性和有效性而言,在近似真实的应用条件下的现场试行是一种重要的检验,学生和教师的行为及态度将产生有价值的信息,能使教学设计成果接近最终修订和完善。

教学设计成果的总结性评价

当教学方案或教学材料的设计在某种意义上已经完成时,通常实施总结性评价。总结性评价是在教学设计成果被应用于某一或某些实际教学情境之后,为了给可能推广使用或继续使用这些成果的决策者提供资料而对教学设计成果的有效性进行的结果性评价,以得出关于教学设计成果的最终价值判断的结论。

评价内容　包括效果(effectiveness)、效率(efficiency)和效益(benefits)三方面。

当总结性评价需要获得采用某教学设计成果学习的学生成绩水平,即教学效果时,其方法与形成性评价类似。评价者要确定测量的目标、方案、工具、所需收集的数据和所需分析的结论性材料。至少要测量四方面的效果,即认知学习、情感态度、行为表现以及三者之间的相互影响。测得的数据与要分析的学生成绩直接相关,是为了全面衡量学生的学业。

教学效率的评价是针对完成教学所需的时间、教师和教辅人员的数量以及设备和设施而言。评价指标之一是运用教材和教案达成教学目标所花费的时间,时间越少,表明教学效率越高。另一指标是投入的精力,即需要多少教师、教学管理人员和辅助人员。再一个指标是设备的使用,即有多少学生使用了多少时间的相关设备。效率评价的结果会在很大程度上影响人们是否继续推广和应用教学设计成果的决策。

教学效益评价要求教学成果有清晰的期望目标,要从与该成果直接有关的学生、教师、管理人员以及与该成果间接有关的社区、家庭、工作场所收集资料,以验明是否已获得教学效益。分析教学设计成果成功与否的途径之一是成本—效果研究,即对采用该教学设计成果前后的两种教学方案进行成本比较。

评价方法　有客观主义评价方法和主观主义评价方法。客观主义评价方法根据观察和数据来回答问题,其主要优点是结论可以复制,即从面临同样问题和相似的教材教法的学习者身上,可以收集到相近的数据并得出共同的结论。客观主义评价方法通常基于教学目标,焦点集中在教学设计成果的目标已实现的程度;通常利用科学方法建立假设,设计实验来控制外部变量、收集数据和得出结论。其主要局限是,由于将注意力过多地集中于预期的目标,只对有限的几个因素进行检验,评价可能会疏漏教学方案中的一些重要因素。主观主义评价方法是把专家的意见作为判断的主要依据,其准确性取决于评价者的经验和知识。经常采用观察和采访等方法来检验教学,评价目标往往不固定,以避免因受预期目的提供的信息的诱导而产生偏见;按实际感受结果来描述教学设计成果的有效性。其优点是比客观主义评价更能觉察到教学方法中未估计到的结果,缺点主要是不可复制,评价的结果可能受评价者的经验、视角和倾向的影响。没有绝对的客观主义评价或主观主义评价,所有评价方法都处于两者的连续统一体中的某处。

参考文献

布卢姆,等.教育评价[M].邱渊,等,译.上海:华东师范大学出版社,1987.

加涅,等.教学设计原理[M].皮连生,等,译.上海:华东师范大学出版社,1999.

乌美娜.教学设计[M].北京:高等教育出版社,1994.

Dick,W. et al. The Systematic Design of Instruction[M]. 6th ed. Boston:Allyn & Bacon,2002.

（章伟民）

教学社会学（sociology of teaching）　　从社会学角度研究教学尤其是课堂教学的学科。美国社会学家沃勒最早进行这方面研究,他在 1932 年出版的专著《教学社会学》（*The Sociology of Teaching*）中运用社会学观点深入研究课堂教学,并着重论述课堂教学中的师生关系。20 世纪五六十年代后,教学社会学研究受结构—功能主义影响,其关注点是对课堂教学行为的分析,如美国学者弗兰德斯借鉴贝尔斯关于群体互动过程的结构化观察类目系统,分析课堂教学行为。20 世纪七八十年代,受新教育社会学的影响,教学社会学研究借助解释学、符号互动理论、质的研究方法论,详尽记录课堂中师生的互动、意义的解释与建构。英国教育社会学者1981 年召开主题为"课程实践的社会学"的年会,学者们的研究集中在微观层面（教室水平）的经验性探讨。中国学者于 20 世纪 80 年代后期开始进行系统的教学社会学研究。

关于教学社会学的研究内容,国内外学者有不同见解。澳大利亚学者 L. J. 萨哈主编的《国际教育社会学百科全书》（*International Encyclopedia of the Sociology of Education*）中的同名词条,主要阐述教师在社会中的角色（社会历史背景下的教学特征、教师的社会特征、教师的社会流动）和作为一种专门职业的教学（教师聘任、教师训练及社会化）等内容,教学主要考虑教师的"教"。中国学者主要研究课堂教学社会学,内容包括三方面:课堂教学的社会基础,主要阐明外部社会系统（如社会文化、社区和学校等）对课堂教学的各种影响;课堂教学自身社会系统,主要分析课堂教学中的社会角色、社会文化、社会行为和社会过程等;课堂教学的社会功能,主要探讨课堂教学对于外部（社会和学生等）的社会能动性。

课堂教学的社会基础包括物质基础、制度基础和文化基础。物质基础指构成课堂教学的各种物质因素,是课堂教学赖以存在的前提。就其社会学实质而言,基础性物质与课堂教学的结合是社会的物质能量向课堂教学输入的过程。制度基础则规约课堂教学的运行,它通过社会控制制度,在目的层面使课堂教学完成个体社会化的职能;通过社会选拔制度,在结果层面使课堂教学维持现有的社会秩序;通过学校教育制度,使课堂教学在一定的框架内进行。文化基础是指课堂教学中所有社会成员共同享有的价值观念、传统规范与信仰的观念系统,它对课堂教学具有价值定向作用。

课堂教学自身社会系统的研究大多集中在课堂的社会角色、社会文化、社会行为、社会过程等方面。就课堂的社会角色而言,教师角色与学生角色构成课堂社会的两大角色类型,在实际的课堂教学中,他们又分别以正式角色（制度角色）和非正式角色（非制度角色）面目出现。正式角色是指为完成课堂教学任务而明确规定的角色,角色的承担者自身和他人都能明确意识到其在课堂教学中的职责与权力。非正式角色则指课堂教学参与者自觉或不自觉地扮演的无明确规定的角色。课堂中的角色互动主要通过角色的社会期待来完成。就课堂的社会文化而言,其研究集中在文化结构（类型）和文化互动方面。课堂教学中存在不同类型的文化,如根据文化自身的价值取向,可区分为规范文化和非规范文化;根据文化在课堂中的社会地位,可区分为主动文化和受抑文化;根据文化的知识特性,可区分为学术性文化和日常性文化。这些不同类型的文化在课堂中为实现其自身利益,必然进行互动,从而形成文化之间的冲突、协调、整合等。从社会学角度看,课堂教学的实质就是不同文化之间的互动,其中以教师主导的文化选择、师生互动的文化整合为主。就课堂的社会行为而言,其研究主要是分析社会行为的基本属性,如控制与服从、对抗与磋商、竞争与合作等。课堂上,发生在教师和学生之间行为的社会属性主要是"控制与服从"。控制是教师的社会行为的社会学本质,服从则是教师对学生课堂行为的社会属性的制度规定与期待。当学生不服从教师的控制时,往往会产生反抗行为,若教师对于学生的反抗行为加以压制,课堂上便会出现对抗,弱化对抗危害性的主要方法是磋商。相对于师生关系,学生与学生之间的课堂行为主要是竞争与合作,这是一种超越文化传统、教育制度、时代背景的普遍的课堂现象,是学生之间行为的普遍模式。就课堂的社会过程而言,课堂教学被视为一种动态的社会过程,学校正是通过这一社会过程达到预定的社会目标,实现对儿童的社会化与选择的功能。国内外研究者主要从课堂的人际互动过程、知识控制过程等方面入手展开研究。课堂的人际互动包括教师与学生之间的互动、学生与学生之间的互动。课堂教学中的知识控制主要表现为知识的分配与标定过程。从社会学的角度,课堂知识的分配存在差异,即不同种类和数量的知识分配给来自不同阶层的学生。与此相关,教师总是在课堂中对学生进行标定,即"贴标签",对学生加以分层,其直接结果就是对学生采取不同的行为,如分配不同的知识。

对课堂教学社会功能的研究表明,课堂教学的功能既包括对于作为社会个体的学生个体的功能,也包括对于作为特殊社会群体的班级群体的功能。前者通常有知识传递功能、社会适应性形成功能、个性发展功能等;后者主要有区别与分化功能、整合与趋同功能、情感归属功能等。若从社会期待角度考察这些功能的性质,则课堂教学的社会功能可分为正向功能与负向功能。前者表明课堂教学对于社会、班级群体、学生等诸方面发展的促进作用；后者则是对此的阻抗作用。

（吴永军）

教学时空结构（structure of time and space in instruction）　"教学时间结构与教学空间结构"的简称。衡量教学效果的基本要素。教学时间结构指在一定的教学时间里的师生交往形态；教学空间结构指在课堂教学空间里的师生交往形态。

课堂教学时间和空间构成

课堂教学时间构成　在社会学意义上，课堂教学时间构成指不同类型的人际互动在整个课堂教学中所占时间的比重。20 世纪 50 年代初，美国学者贝尔斯提出互动行为类目系统，对于分析课堂教学时间结构中学生的互动尤其是个体间的互动具有重要价值。70 年代初，美国学者弗兰德斯开发"弗氏互动分析类目系统"（Flanders Interaction Analysis Category System，简称 FIAC），将交互作用分析方法运用于教学情境研究，以 3 秒钟为时间单位，对师生在课堂中的讲话进行统计与分析。将教室中师生的语言互动分为 10 个类别，其中 7 个类别记录教师对学生说话的情形，2 个类别记录学生对教师说话的情形，1 个类别记录教室中可能出现的静止状态。同时还设有师生口语互动行为分类标准和编码规则。也有学者将师生课堂活动分为"有互动"和"无互动"两大部分，并将教师的"有互动"活动具体分为"与学生个体互动"、"与学生小组互动"及"与全班互动"三种，将学生的"有互动"活动具体分成"与教师互动"及"与其他学生互动"两种。

中国学者吴康宁等人的研究显示，中国小学课堂的教学时间构成有两个特征：一是师生互动被作为课堂教学的主要活动形式，学生互动的地位低，学生的课堂交往对象主要是教师；二是学生小组在课堂中并未成为有意义的"功能群体"。

课堂教学空间构成　广义指课堂的整个物理环境，狭义指课堂教学参与者人际组合的空间型态。美国社会学家沃勒最早对此开展研究，他从课堂生态学（ecology of classroom）出发，认为教室里的座位选择并非一种随意现象，学生对座位的选择具有相对稳定的群体特征。对教师依赖性强和学习积极性高者，通常选择前排就座，喜欢捣乱者往往坐在后排，希望引起教师注意者一般就座于中排，胆怯者则贴墙而坐，由此出现的课堂空间构成对课堂人际互动具有很大影响。美国学者施魏伯和切林调查了教师分配学生座位的依据，发现教师关注从维持课堂秩序出发来分配学生座位。关于同一种课堂教学空间构成（即"秧田型"或传统型空间型态），其他学者也作了实证研究，如学生就座位置与参与课堂互动积极性的问题、就座位置与学习成绩的关系、就座位置与对班级的态度等。美国学者赫特探讨了不同的课堂教学空间构成，就传统型空间构成、马蹄型空间构成、分组型空间构成三种课堂教学空间构成类型，对师生交往的影响进行比较，认为不同的空间构成提供的互动机会与互动可能性均有所不同。

西方的研究是在学生能自由选择课堂座位的背景下进行的，中国的研究主要在课堂座位不能由学生自由选择的背景下进行。吴康宁主持的课题组尝试将初中课堂教学空间构成由"秧田型"改为"马蹄组合型"，比较发现，"秧田型"空间构成更有利于教师的系统讲授和对学生课堂行为的控制，"马蹄组合型"空间构成更有利于学生的课堂互动。

教学时空的自然性与社会性

教学时空一般作为两种形态存在。一是作为自然性时空存在的教学时空，主要包含上课时间、下课时间、学校空间、教室空间等物理时空本身。这种教学时空更多地以一种"存在性"要素显现。二是作为社会性时空存在的教学时空，即在社会学意义上探讨教学时空所具有的社会特征，这种社会特征不仅表现在人际交往的教学时空构成上，而且表现为与其同时发生的角色定位、互动类型、知识分配、话语权力和学生个体社会化等。这种教学时空更多地以一种"建构性"要素显现，并由此引发由教学时空分析视角产生的对教育教学问题的新的解释力。

教学时空结构与角色定位、互动类型　教学时空的构成影响师生双方在教学中的角色定位，中国大多数中小学课堂的教学时间由教师讲授时间、师生交往时间和学生个人学习时间三部分构成。时间构成的单一性造成角色的单一性。在教学空间的构成上，中国大多数中小学课堂采用传统的"秧田型"空间型态，教师拥有较大的实际个人空间，教师一人位于讲台高位，众多学生位于讲台低位，且学生几乎处于封闭状态，一定程度上使教师成为课堂空间及课堂教学的实际控制者。教学空间在运作中被实际分割为两大块，即教师的空间和学生的空间，且两者相对定格而非动态流动的。这种空间组合特征客观上支持了教师权威与学生服从的角色定位。

在教育教学与课程改革的推进中，教学时空结构出现新格局。在教学时间结构上，除传统的教师讲授时间和学生个人学习时间外，由一问一答的教师与学生个体或全班的简单交往构成的师生交往时间，向教师与学生个体、全班、学生小组交往构成的多元师生交往和实质性师生交往时间转变，并出现由学生个体与学生个体、学生小组与学生小组、学生个体与学生小组交往构成的多元生生交往时间。

在教学空间结构上,尝试"马蹄组合型"空间型态、T型空间型态等,或根据学科和主题的不同相应变换教学空间组合型态,在固化的、静态的教学空间中注入流变、动态的因子。教学时空结构的重组导致师生角色的转变。在多元教学时空分配下,教学时空不再都是教师过度享有的法定时空,而是教师与学生、个体与群体共同享有的法定时空。教师的角色定位不再仅是单一的传授者,还是引导者、指导者和学习伙伴;学生的角色定位也不再仅是单一的接受者,还是合作者和批判者。多元、流变的教学时空结构还影响由不同时空构成、不同角色定位、不同互动需求形成的互动类型。师生互动需求呈现强或较强状态,形成相倚—参与、相倚—合作、建议—参与、建议—筛选、融洽—选择、融洽—协商等多种互动类型。

教学时空结构与知识分配、话语权力 教学时空结构直接或间接地影响知识分配形式与实现方式,主要表现在三个方面。

其一,知识学习机会的不公平分配。教学时间的构成尤其是课堂教学时间的构成并非无限延伸,在有限的教学时间构成中,学习机会的分配是一个有意识的时间选择问题。教师通常给班干部、本学科学业成绩较好的学生较多的机会,而较少给学业成绩欠佳的学生机会。在多数"秧田型"空间型态的课堂上,由教师掌握的学习机会更多地青睐位于前排和中间的学生,即使在一些试行"马蹄组合型"空间型态的课堂上,亦常出现关注"中心"而忽视"边缘"的知识学习机会不公平分配现象。

其二,知识难易程度的不公平给予。在有限的教学时间构成中,教师会有意识地对有差别的知识(即培养社会各阶层成员适应其不同阶层所需的知识)进行选择性分配,而这些差别是导致学生将来被选择和分配到社会结构的不同部分中去的基本因素。如教师多向自己偏爱的学生提出方法论方面的有利于思维训练的问题,而对一般的学生提出简单的事实性的问题。但传统的教学空间型态对教师不公平给予知识难易程度的影响并不明显。

其三,话语霸权的人为参与。从语言对学生的控制角度分析,教师的语言结构有三类:一是强制型语言结构,对学生有一种威慑力,教师语言可以包容学生语言,整个语言结构呈闭合状态;二是渗透型语言结构,其特点是并不强制学生接受,但接受教师语言的学生可能得到表扬或鼓励,其语言结构呈半开合状态;三是磋商型语言结构,教师常以一种商谈的口吻与学生对话,期望得到学生的理解、支持,甚至与学生争辩,语言结构呈开合状态。从学生对教师语言结构的接受角度分析,学生的语言结构也分三类:一是顺从型语言结构,学生平静地对待教师的语言,而不论其控制程度如何;二是抗衡型语言结构,学生常抵制教师的语言;三是共享型语言结构,语言在师生之间达成一种融通,为双方

共同拥有和享用。师生各自不同的语言结构在不同的教学时空结构中得到不同的弱化或强化,产生不同的教学效果。在单一的教学时间构成中,教师的强制型语言结构和渗透型语言结构、学生的顺从型语言结构和抗衡型语言结构可能获得某种强化,学生的话语权可能被部分剥夺。传统的"秧田型"教学空间结构常弱化教师的磋商型语言结构和学生的共享型语言结构;但这并不意味多元和多变的教学时空结构必定能强化磋商型语言结构和共享型语言结构,话语权问题的关键是支配教学时空结构的教育教学理念。

教学时空结构与学生个体社会化 美国社会学家科尔曼的研究表明,学生同辈群体对学生的文化和学业成就具有显著影响,这些影响又因不同的教学时空结构而存在较大差异。传统的课堂教学中,学生之间的交往时间构成几乎不存在,学生座位大多呈"秧田型"排列,由教师指定且很少变动;教学时空结构中,教师群体拥有较多的时空掌控权,往往以"社会代表者"身份对学生施加影响,对学生个体社会化有较强的控制作用,而学生同辈群体在课堂上很少获得交流和交往的机会,直接制约了其相互作用与相互影响。而在多元组合的课堂空间型态中,学生同辈群体之间的交往与影响获得客观的支持,促进了学生个体社会化的完成与完善。信息社会教学时空的不断延伸和扩展,学生同辈群体对学生个体社会化的影响更甚,且会进一步影响学生的学业、文化等诸多方面。

教学时空结构对角色定位、互动类型、知识分配、话语权力及个体社会化等具有重要影响,它有时也会成为某种意识形态和权力运作的借口。当权力及个体社会化等在教育实践中发生位移或偏离时,有可能被简单归因于教学时空结构,从而掩盖对一些问题的实质性揭示。

教学时空分析视角的解释力

教学时空内涵与外延的扩大,使教学时空结构的解释空间获得一定拓展。随着教育教学理念的转变和课程改革的推进,教学时空的内涵与外延发生不同程度的改变。在内涵上,对教学时空结构的探讨不仅关注其构成本身,而且关注与其密切相连的诸多方面,包括与角色定位、互动类型、知识分配、话语权力及学生个体社会化等一系列问题;在外延上,信息社会和网络技术的日新月异很大程度上模糊了课堂教学时空结构与课外教学时空结构的边界,教学时空结构不再仅是课堂教学时空结构的代名词,而是一个包含课堂教学时空结构和非课堂教学时空结构的概念。

由教学时空分析视角引发的问题意识,使教学时空结构的解释力获得一定增强。教学时空更多地具备建构性要素,而非单纯可测量的自然性要素。首先,教学时空的延伸与压缩对新教学规范的构建具有新的解释力,某种程度上

将传统与现代、传统教学理念与课程改革理念的冲突、张力、妥协、共谋等交融在同一时空中，构成新的教学有机融合传统与现代的教学规范和对话结构。其次，教学时空结构不再只是行动的环境和外在分析尺度，而是行动的要素，是社会关系重构与人际互动重组的重要组成部分。

参考文献

景天魁.中国社会发展的时空结构[J].社会学研究,1999(6).

李维.国际教育百科全书(第6卷)[M].贵阳:贵州教育出版社,1990.

吴康宁.教育社会学[M].北京:人民教育出版社,1998.

钟启泉,崔允漷,张华.基础教育课程改革纲要(试行)解读[M].上海:华东师范大学出版社,2001.

Flanders, N. A. Analysing Teaching Behavior [M]. NY: Addison-Wesley Publishing Company,1970.

(马维娜)

教学实验(teaching experiment) 一种教育科学研究活动。依据一定的理论假说,在教学实践中进行的运用必要而又合乎教学情理的控制方法变革研究对象,探索教学的因果规律。

研究文献中没有对教学实验与教育实验进行区分,一般都使用"教育实验"。1974年,中国台湾出版的《教育大辞书》认为,教育实验是教育上一种科学的研究方法,主持实验者对实验情境加以严密控制,维持几个不变的因子,而变化其中一个因子,然后用测验测量其结果,用统计方法计算其成绩,以求得一个正确的结论。顾明远主编的《教育大辞典》(增订合编本)认为,教育实验是"在一定教育理论或假设指导下,通过实验探究教育规律的活动"。李秉德主编的《教育科学研究方法》认为,教育实验是为了解决某一教育问题,根据一定的教育理论或设想,组织有计划的教育实践,在一定时间后,就实践效果进行比较分析,得出有关实验因子的科学结论。关于教育教学实验的共同看法:是一种科学研究方法或活动,是独立于教育教学实践的专门的科研行为;主要在教育教学实践中进行,独立于实践但不脱离实践;具有理论假设、控制、变革、内外效度等因素。

在整个科学实验群体中,教学实验是最复杂的实验之一,主要表现在三方面。第一,教学实验的对象是人类社会最复杂、最高级的活动——教学。教学是一种教育性活动,它既不同于社会学中实验的社会现象,也不同于自然科学中实验的自然现象。第二,在将自然科学实验方法引入教学实验之前,教学实验就有自己特有的产生地,即教育教学改革实践。第三,由于教学实验对象的特殊性,教学实验在整个发展过程中使用比自然科学实验更复杂、更高级的技术和方法。

教学实验与一般教学实践之间具有天然的内在联系,

教学实验主要在教学实践中进行,与一般教学实践具有相同的过程形式和价值目标。但是,教学实验又不同于一般教学实践。教学实验从一般教学实践中分化出来,是一种独立的专门的教学科学研究活动,两者之间的区别主要表现为四个方面。一是目的和任务方面的区别。教学实验更侧重探索教学规律,完成科学研究的任务。一般说来,教学实验的主要任务是描述教学现象和事实,解释教学现象和事实,预测将会发生的教学现象和事实。一般教学实践的主要任务则是实现当前的教学目标,不像教学实验那样特别关注科学研究。二是在结构因素、方法以及操作上的不同。教学实验具有科学研究的特点,在结构因素上,教学实验一般都有自觉的、明确的理论假说,一般教学实践虽然也有一定的设想、期望,但不同于实验的假说,不具有严格的规范和明确的理论形式(表达方式);教学实验为了探索、揭示规律,更讲究使用适当的控制手段,如随机抽查、统计处理、对比参照、平衡对抗、抵消等,以获得比较客观、精确的认识,一般教学实践并不一定如此。在具体操作上,教学实验的操作更具有探索性和创造性。三是结果处理上的不同。教学实验在结果处理上既要看教学目标的实现、教学任务的完成情况,更主要看教学研究任务的完成情况,是否证明或发现某种规律,需要对实验结果进行特殊的统计处理和因果鉴别分析,尤其要总结出科学的实验结论,并把它纳入一定的理论结构,这是实验结果处理中最重要的也是最难的一环。一般教学实践在结果处理上则主要看教学目标、教学任务的完成情况。四是超前性上的不同。教学实验具有很强的超前性,走在教学实践前面,预示或代表某种教学发展的方向或趋势。一般教学实践则不具有这种超前性,教学实践的超前性主要是实践目标上的超前性。

教学实验与一般教学改革之间既有本质不同,也有密切联系。两者的不同主要表现为:教学实验是一种专门的研究活动,而一般教学改革是一种富有创造性的特殊的教学实践,不是专门的研究活动;教学实验以探索规律、构建科学理论为重要任务,一般教学改革则以改进和推动教学实践的发展,提高教学效果或质量为主要任务,不以构建教学理论为直接目的;教学实验为了鉴别某个或某几个实验因子的效力,要对其他因子进行有效控制,如对消极因子进行排除控制,对积极因子采取对比平衡控制等,一般教学改革则不强调控制,尤其是研究意义上的控制。因此,教学实验不等同于一般教学改革。但两者具有密切联系。在历史上,许多教学改革就是当时的教学实验。现实中,许多教学改革本身就是某种教学实验。对教学改革来说,采取创新性措施所含有的尝试性成分远超过常态下的教学尝试性成分,这种革新性教学从根本上区别于以往的教学,创新性教学改革完全可称为教学实验。教学实验与教学改革的关系之所以密切,主要因为二者具有共同的特性。教学改革本身就是富有独创性、探索性的活动,往往具有试验性,具有实验的特点。而教学实验本质上也具有变革性,引进新的实验因素或因子来以代替原有的因素或因子,这本身也是一种改革,在这个意义上,教学实验就是教学改革。而教学实验是推动教学改革与发展的重要途径之一,主要表现在教学目标、教学组织形式和方法等方面。教学要改革,实验为先导,依靠实验来推动教学改革与发展,是一种有效而科学的途径。

(刘启迪)

教学手段(tool of instruction)　教师和学生进行教和学活动时传递信息的工具、媒体或设备。现代教学手段是指利用现代技术储存和传递信息进行教学的工具,由硬件和软件两个相互联系的要素构成。前者是用以储存和传递教学信息的多种教学机器,如幻灯机、投影器、录音机、电影机、电视机、录像机、电子计算机及网络系统;后者是已经录制的、承载了教学信息的各种片带、光盘,如教学幻灯片、投影片、电影片、录音带、录像带、计算机课件等。

教学手段的发展历史　捷克教育家夸美纽斯的《世界图解》被西方视为视听教学手段的开端。《世界图解》是夸美纽斯为贯彻直观性教学原则而编写的,载有150幅插图,1658年出版。中国很早就有图解教材,宋天圣四年(1026年)王唯一撰写《铜人穴针灸图经》,并铸成铜人模型,又绘制十二经图,刊行后刻石流传。图文并茂的蒙养教材则出现更早。关于重视教学手段的思想,战国时期荀子即发表"善假于物"的见解,其含义广泛,包括整个学习乃至认识和利用事物的规律,认为善于利用工具、手段,是促进学习、取得良好认识效果所必要的,也是大有讲究的。英国历史学家阿什比认为,历史上曾发生过三次重大的教育技术革命:第一次革命是将教育年轻人的责任从家族转移到专业教师;第二次革命是将书写作为与口语同样重要的教育工具;第三次是发明印刷术和普遍使用教科书。电子学、通讯技术以及信息资料处理技术的飞跃发展所带来的电化教育手段的发展和运用则是第四次革命。一般认为,教学手段的发展经历以下阶段:原始的口耳相传、示范、模仿、练习,包括教学双方的形体、动作、表情、个性等;文字和书籍,使传授和学习书本知识的教学模式得以产生;印刷术的发明,包括纸的发明;特别设计的各种教具,如粉笔、黑板、算盘、图片、模型、标本、教杆等;一般的电化教具,如幻灯(投影)、唱片或录音带、电影、电视、录像、教学机器、语言实验室等;电子计算机在教学中的广泛应用。

教学手段的分类　现代教学手段大体可分为四类。(1)电声类,包括录音机、扩音机、无线话筒、语言实验室等,以及相应的教学软件。其特点:能录取语言和声音,并根据需要重放;能将声音放大,扩大教学面;传播信息迅速,不受时空限制;录音后的磁带可以长期保存,建立有声资料室;语言实验室能在不影响他人的情况下进行个别教学。(2)电光类,包括幻灯机、投影器等,以及相应的教学软件。其特点:能使学生在静止状态下观察扩大了的图像;能将某些实物、标本、实验放大显示;放映时间不受限制;教学软件的制作较简单;投影片可以当黑板使用。(3)影视类,包括电影放映机、电视机、录放像机、视盘教学机、闭路电视系统、广播电视系统、卫星电视系统等,以及相应的教学软件。其特点:能给学生提供视觉、听觉两方面的信息;能以活动的图像,逼真地、系统地呈现事物及其变化发展过程;能调节事物和现象所包含的时间要素,将缓慢的变化与高速的动作清楚地表现出来;能将实物扩大或缩小;能重新构成现实,去掉非本质因素,将事物的本质特征用明白易懂的形式呈现出来;具有速效性、同时性、广泛性。(4)计算机类,包括程序学习机、计算机教学系统,以及相应的教学软件等。其特点:能长期储存大量教学资料,供师生在需要时检索;能把学生的反应记录下来,进行综合分析,并为教师的教学和学生的学习提供具体的指导性意见;能为学生创造良好的自学条件,使他们按照自己的水平和能力进行学习;能使学生有更多的练习机会。

教学手段选择的一般要求　(1)教学上实用。这是设计和选择教学手段时首先要注意的。必须坚持从课程标准的要求出发,符合课程标准规定的教学目标、教学范围、内容的深度和广度等;必须坚持从教学对象即学生出发,考虑学生的需要、年龄特征和接受水平等。(2)内容正确。设计和选择的教学手段,其传输的信息在科学性、思想性上不能有错误。(3)形式美观。媒体的画面构图清晰匀称、色彩逼真,字体大小适度、排列适当。(4)制作经济。设计和选择教学手段既要考虑教学效益,也要考虑经济效益,力求节约,避免浪费。(5)手法创新。在表现手法的设计上,不能单纯模仿,要有所创新。注意防止脱离教学目标,过多地追求情节和画面美,造成教学上的干扰因素。

教学手段运用的基本模式和要求　运用教学手段有三种基本模式。(1)辅助式,即教师主要借助现代教学手段向学生传递教学信息,师生进行交互反馈。一般在课堂教学中采用。其特点是教师的面授与媒体的演示紧密结合。要求教师选择恰当的媒体并运用正确的方法。(2)直接式,即学生直接利用现代教学媒体学习,现代教学媒体对学生的反应作出反馈。一般在使用程序教学机学习和电子计算机辅助教学时采用。其特点是,无需教师做中介,教师的作用主要体现在为学生编制教学软件;即程序教材,并通过软件的程序设计来间接控制教学过程。要求教师编制和提供数量足够的优质成套程序教材,学生则要有高度的独立自主的学习精神。(3)循环式,即学生利用现代教学媒体学习,教师提供反馈。在自学辅导和远程教学中采用。其特点是远程教学与教师面授相结合,为电视大学所采用。其要求是,有足够数量的合格的教学条件,教师注意通过多种渠道,如采用填写媒体使用调查表、学生作业、考试等,及时获得学生学习效果的反馈信息,以调整教学内容,改进教学。运用教学手段的基本要求主要有三方面。(1)全面规划。学年或学期初要根据学科课程标准和教材以及学生年龄特点和接受水平全面考虑,通盘规划。(2)课前准备。上课前查看机器设备,必要时还需要听、看一遍准备使用的资料。(3)课上组织。上课时做好引导和解说工作,指导学生的感知过程,使他们的注意力集中到必须研究的对象上。使用电化教育手段后,可以根据情况进行必要的小结。运用各种现代教学技术和教学手段时,应与各种传统的教学方法有机结合,并要处理好电化教材与纸质教材的关系。必须认识到教师在教学中的决定作用,现代教学技术只是教学的辅助手段。

(赵云来)

教学现实的社会建构 (social construction of instructional realities)

伴随现代大工业生产而形成的大规模、制度化的学校教育中师生个体或群体对自身教学活动的整体认知。在社会结构的影响下形成,亦是教学活动主体在教学实践中主动再构并通过自身活动加以确认、维持及改造的过程,建构的结果又成为客观力量来要求、约束并塑造主体本身。社会学家对此有较深入的研究和论述。P. L. 伯杰和卢克曼在《现实的社会建构》一书中详细展示了如何在共同的生活中建构自己的现实;杰克逊所著《课堂生活》通过隐性课程揭示教学现实的建构过程。他们主要探讨微观互动过程中的现实建构。强调宏观背景的社会学家则质疑将社会现实笼统地看作社会建构的观点。怀蒂提醒人们以建构的观点看待社会现实时要关注社会背景的制约。美国教育理论家阿普尔强调意识形态对教学现实社会建构的重要影响,认为人们之所以能够相互交往并在交往中共建现实,是由于对意识形态的共同理解。但他未说明共同的意识形态如何形成。德国社会学家曼海姆在所著《意识形态与乌托邦》中提出,意识形态本身也只能来自社会建构,知识从一开始就是群体生活的协作过程,每个人都在共同活动和克服共同困难的框架内表达自己的知识。

教学现实的意义

教学现实在某种程度上表现为师生对客观教学活动的主观感受。不同个体的主观感受通过言语表达,经由言语表达,单一的教学活动得以呈现丰富的意义。在这个意义上,言语使琐碎的教学生活成为可供思想和观察的存在,并呈现类型化特征。亦即在言语的帮助下,人、事、行为被归类,呈现多类型、序列化特征,从而使人们形成相应的类型化策略。如,学生会把教师分为有才华的和平庸的、温和的和强硬的、大度的和狭隘的等,并据此形成针对不同教师的相应的行为策略。随着了解的深入,类型化被打破,个人的鲜活特点呈现,个体(群体)对教学活动的复杂性和情境性有更深刻的认知,特定个体的教学现实得以丰富和复杂。借助言语符号,个体(群体)能超越当下的教学现实,回溯过去,展望未来。

形成一整套关于教学的常规性知识,即建构自己的教学现实,是个体(群体)顺利从事教学活动的前提。在教学活动中,如果能够清醒地了解自己在其中的地位和角色,明确自己的身份、行为和在特定条件下应有的表现,以及他人对自己行为的期望,即表明已建构自己的教学现实。教师的教学现实可以是:教师与学生不同,教师必须依照社会要求对学生进行引导;必须教学生学习一定的知识,并提出学习结果的要求;学生是有差异的,对不同的学生需有不同的策略;学生是按年龄分班的;考试多以纸笔测验为主;课程是按学科划分的;教学需依据课程标准展开,教学必须有教材;教师在学校中的地位与其教学质量有关;教师的教学需与其他同事保持一致,等等。学生的教学现实可以是:上学与游戏不同,学校与家庭不同,教师与父母不同,同学与兄弟姐妹不同;上学必须学知识,听从教师的教诲;课上与课下不同,好学生与差学生不同;不同的老师之间存在不同;在不同情境下必须有不同的应对策略,等等。

建构教学现实既可能帮助个体(群体)应对陌生情境和特殊事件,但也可能阻碍个体(群体)对新生事物的接纳。在已建构教学现实的个体(群体)心中,教学活动通常呈现为不被侵扰的、无问题的常规状态,既可预期,也可控制。当教学的常规生活被不熟悉的事务侵入时,亦即个体(群体)已有的对教学的知识无法解释某种现象时,个体(群体)便陷入困境。但这种困境仍是个体(群体)的教学现实,是个体(群体)对与常态生活具有不同特征情况的一种认知。为使被侵扰的状态回复到常规状态,个体(群体)会发展出一系列处理困境的知识与能力,一旦产生困境,个体(群体)会依自己的理解将其整合到无问题的常规状态。

作为客观社会现实的教学

外在强制的教学现实 对学校教育中的个体而言,教学现实与其他社会现实不同。教学活动是由外部权威发起并制定活动规则,确定活动内容、活动形式和活动标准的。师生尤其是学生进入教学过程之前,这些规则已经存在。对师生尤其是学生而言,首先必须接受已有的规则和内容(这并不排斥师生在共同的活动中生成更丰富、具体的现实）。亦即对个体而言,教学现实具有外在客观性和强制性。法国社会学家涂尔干在《社会学研究方法论》中提出,社会强制力之所以特别表现在教育方面,是由于教育的目的在于将个人培养成为社会成员,这种强制力存在于社会中,通过父母和教师来塑造社会新成员,父母和教师是社会与儿童之间的中间人,是社会强制儿童的代表者。将教学现实视为外部强制或决定的产物,持再生产理论观点的学者对此有进一步论述。阿普尔用"放置"来说明教育活动与更广阔、更复杂的背景的关系。他在所著《意识形态与课程》中介绍卡特兹、卡瑞尔、卡斯特尔、范伯格等人对官僚统治、经济和意识形态的利益与教育之间关系的研究。

教学现实的外在强制性一般集中表现为培养目标的确定。培养目标既不是科学实验的结论,也不是教师和学生协商达成的共识,甚至不是全社会各阶层民主协商的结果,而主要是国家意志的体现。培养目标一旦确定,课程设计、课程开发以及教学过程的各方面即以此为指导,服务于培养目标的实现。如在课程方面,大规模的现代学校教育产生后,课程及课程内容主要是依据学校培养目标而事先在人类总体经验中进行选择、加工和改造,并由相关政府部门指定或由政府部门的专门审定机构来形成课程计划和课程标准,并编制相应的教科书。在中国,课程计划和课程标准以国家文件的形式颁布,具有法律性质,不可随意更改。课程及课程内容的强制性不仅通过其先在性得以保证,而且通过其作为教学活动考核和检验的标准得以实现。教学目标和课程内容的强制性对于个体的教师和学生而言是作为强制的现实出现,即便师生有不满,亦不能无视其存在,而必须承认其先在性,这亦是师生的教学现实。

持续制度化的教学现实　虽然已有的传统和规则有强制性,但教学现实在个体层面仍经历发生阶段和经过磨合而形成的制度化。广阔的现实社会实践是构建教学现实的客观条件,但在广阔的社会背景下,还需要师生在共同的教学活动中确认、强化或改造各自的教学现实。如,大工业生产催生与其同构的班级授课制,在此背景下,师生有可能在活动中感受到以下现实:同年龄学生同时入学、同时学习同样的内容、同时毕业是理所当然的,入学典礼、升留级乃至毕业典礼是有象征意义的事件;在班级授课制下,用编号来标示学生是正常的;教师必须面对数量庞大的学生同时进行教学,必然要求学生遵守课堂纪律;学生之间虽然可以相互帮助,但必定有激烈的竞争。

制度化教学现实的建构,使个体可以把按照既定的规则组织在一起的时间、空间、人物、活动看作是类似客观的、先在的、不证自明的存在,而且充分了解教学活动与自己的意义关联。在制度化的教学现实中,个体被固化为角色,角色关系替代人际关系,活动依规则进行。对教学现实有制度化理解的个体,会对教学活动及主体间的关系产生惰性

依赖,其教学活动能够以不被特别关注的状态自动化地进行。

制度化并非一成不变,而是一个永恒的连续的过程。外部社会的变化总会在一定程度上影响人们对教学现实的建构。如,随着教育民主化、个性化思潮的兴起,班级授课制的缺陷显现,人们有意识地主动创设更适合学生个性发展的教学形式;小组合作学习的创设需要教师将更多的活动时间让渡给学生,而学生必须学会如何与同伴更好地合作,如何更好地表达自己的意见。同时,教师和学生需要在活动中不断确认活动的程序、规则和仪式,逐渐明确或调整各自的角色及相互关系。

系统化和合法化的教学现实　曼海姆在《意识形态与乌托邦》中认为,法律、规则、习俗之所以存在,是出于生活经验的要求,这种固定性说明,社会生活尽管不断更新,但它遵循已内在于其中的规则和形式过程,如此便以重复的方式不断地自我再生。在这个意义上,教学现实不只是个体的主观感受或某个群体的共识,而具有其客观实在性,表现为能以外在的规则被人们用语言谈论,以行动来实践,并成为塑造个人的独立力量。教学现实的这种客观力量在相当程度上得益于有关教学现实的知识被系统化和合法化了。

合法化使无法在日常生活中体会到的秩序以理论的方式建构并凸显,将看似无关的各种现实进行结构化整合,使秩序、规则、法律能够在纷乱复杂的情境中显现并获得意义。对个体而言,制度化是客观强制与主观体验的合一,是一种习惯上的依赖,一旦外部条件变化,制度化的惯习便会受到质疑并可能发生逆转,但合法化的现实较难被动摇,它不仅关系到个体的体验和惯习,更涉及公共的认识和秩序。合法化的教学现实能使个体(群体)清醒地意识到应采取的行为并充分理解行为原因,使个体能安心地生活在自己确认为真实的语境中,从容地扮演相应的角色,从事有秩序的活动。

获得权力阶层认可的合法化教学现实,能够脱离教学实践而系统化为一种垄断性思想。系统化最终使人们在头脑中形成关于教学现实的特定画面,从而把教学现实看作是理所当然、不证自明的存在。系统化和合法化的力量甚至还表现为,为使教学活动看起来更具合法性,人们不惜改造现实以符合既有理论的要求。

作为主观社会现实的教学

教学现实的客观实在性会成为塑造和制约个体的强大力量,但是这种塑造与制约作用只有当个体从事教学活动并意识到其存在时才能真正发挥。即对个体而言,教学现实不是外在的、孤立的实在,而是与个体的主观活动紧密联

系在一起的。在这个意义上,教学现实是个体在活动中建构的主观现实。

经由社会化而内化的教学现实　客观化的教学现实在日常生活中表现为一系列合法化的社会规则和规范,对个体具有不以个人意志为转移的客观强制性。但这种强制性并不总是使个体感到压迫,甚至会成为个体从事活动的需要。涂尔干认为,社会制度强制人们,而人们又需要社会制度以及由制度的强制带来的利益。静态的、客观的规范通过个体的积极活动被具体化为“活”的现实,并被赋予鲜明的个人特点,从而在更广泛的意义上强化了(也部分改造了)教学现实。

对学生个体而言,教学现实及其意义与个体自身社会角色的社会化水平有关。初入学的儿童处于初级社会化阶段,对于教学规范和要求的领会较为笼统和混沌,具有较强的直观性和情境依赖性。他们模糊地知道他人对自己的要求和应该做什么、如何做,却难以解释其中原因。教学规范对这个阶段的儿童具有外部强制性,教学现实就是学生不断接受教师的训导以接受教学规范的过程。随着学生社会化水平的提高,一方面学生能够脱离具体情境而抽象地理解社会规范的意义,另一方面,社会规范由群体规范转向个体规范,成为个体的主观现实。在此阶段,学生能够依据自己的想法对社会规范进行维持或改造。英国社会学家 P. 威利斯在《学会劳动》(Learning to Labor)中描述的工人阶级子女在学校中的情形揭示,工人阶级子女对学校规范极其敏感,并有自己独特的深刻理解,但并不予以认同,故其对学校纪律规范的内化并不表现为合作,而表现为行为上的有意抵制和颠覆。

个体主观建构的教学现实　重要他人(significant others)比概化他人(generalized others)对个体的影响更大,具体活动的象征意义较之刻板的规则更能使个体领会到教学现实的意义。在这个意义上,教学现实与主体相关,也由主体主动构建。学生的社会背景、在学校中的社会地位、师生间的互动方式等,既是学生构建教学现实的前提和中介,也是塑造学生的现实力量。社会学家对此从不同角度进行研究。20 世纪 70 年代,英国社会学家 B. 伯恩斯坦提出编码理论来解释不同社会背景下的儿童在学校中的不同经验。他认为,工人阶级子女的语言是一种局限性编码,有较强的情境依赖性,适于实际经验的沟通,但不适于讨论抽象的观念、过程或关系。相形之下,中产阶级子女的语言是一种精致性编码,不受情境限制,能够更容易地概括和表达抽象观念。面对相同的学校活动,来自不同社会背景的学生构建了不同的教学现实。较之来自优越家庭背景的学生,工人阶级家庭的学生进入学校时体验到更尖锐的文化冲突,处于一种格格不入的文化氛围,他们的语言和行为方式与学校中占支配地位的语言和行为方式相矛盾,难以理解学校中教师使用的抽象化语言。在持续的社会互动中,工人阶级学生把自己构造成“差等生”。

P. 威利斯在《学会劳动》中揭示来自工人阶级家庭的“弟兄们”如何构建其教学现实。他们把学校看做一个陌生的但可操纵的环境,并从与教师持续不断的冲突中得到快乐。他们最终走向工人阶级的劳动岗位并非无奈的选择,而是他们在教学生活中主动建构的。20 世纪 90 年代,葛哈尔在《男人的制造》(The Making of Man)中描述了一群类似 P. 威利斯笔下的“弟兄们”的“强壮的少年”,他们十几岁时就联合成为一个团体,对教育公开怀有敌意,无视学校权威,蔑视学业优秀的学生,被学校管理层视作最“危险的”与学校作对的同龄人群体,教师们被鼓励使用比对待其他同学更为权威的手段对付他们。

在具体的师生互动情境中,师生间的互动方式以及教师对学生的期望会影响学生的自我概念、态度、价值观和学术成就,教师对不同学生有不同的期望,不同的期望决定不同的互动方式。例如,在课堂上,教师把更多的时间用于优秀学生,主动进行互动,给予更多的表扬和鼓励,经常与优秀生开玩笑,却常以正式的教师身份关心差生等。在不同的互动行为模式中,学生领会教学现实的意义。为使教学活动更合理,师生会主动对问题进行探究,并作出适当的改造。

参考文献

迈克尔・W. 阿普尔. 意识形态与课程[M]. 黄忠敬,译. 上海:华东师范大学出版社,2001.

卡尔・曼海姆. 意识形态与乌托邦[M]. 黎鸣,等,译. 北京:商务印书馆,2000.

Berger, P. L. & Luckmann, T. The Social Construction of Reality: A Treatise in the Sociology of Knowledge [M]. Garden City, New York: Doubleday & Company Inc. , 1967.

Jackson, P. W. Life in Classrooms [M]. New York: Holt, Rinehart and Winston Inc. ,1968.

Waller, W. The Sociology of Teaching [M]. New York: John Wiley & Sons Inc. ,1932.

（郭　华）

教学效果评价(evaluation of teaching effectiveness) 亦称“教学质量评价”、“教学水平评价”。对教师教学质量进行科学、公正、客观的综合评价活动。

教学效果评价目的　教学效果评价的根本目的是提高教师的教学质量,满足各级各类教育培养人才的需要。具体目标:一是提高教师管理效率,提高学校教学质量。教学效果评价是一种检查教学工作与任务完成情况的手段,通过记录绩效,对照预定工作标准,可以了解教师完成任务的情况,并对成绩、差距、困难等提出改进意见。它也是领导与教师之间的沟通渠道,是改善上下级关系的一种方式。它还可以增进教师对学校以及对教学工作的认同感,调动教师的积极性。二是帮助教师改进工作,谋求发展。通过教学效果评价,教师可明确自己的工作任务、职责、学校要求和实际完成的工作;使自己在工作中的需要获得学校的理解和帮助;提出自己的发展要求并希望得到学校的支持和帮助;了解学校对自己的希望和要求,找出差距,调整工作方式,更好地完成工作任务;实现主动参与学校工作事务的愿望和要求,减少工作的盲目性。三是为日常人力资源管理工作提供依据。通过教学效果评价,可提高学校人力资源计划的科学性、工作分析的准确性、教师招聘的成功率、奖惩制度与薪酬的激励性、人力资源培训与发展的前瞻性、人事决策与调整的及时性等。

教学效果评价主体　教学效果评价主体包括五个方面。(1)主管领导考核。由主管领导对教师的工作业绩进行考核。但是主管领导不作为唯一的考核主体。(2)综合评估小组评价。学校的综合考核小组由人事处、党委办、教师处、科研处、学生处负责人、院领导和教师代表组成,负责全校教师的绩效考核,对教师绩效考核工作把关。该小组综合了全校人力资源方面的专家,具有较高水平,在评价指标中占较大比重。(3)由同事进行评价。同事之间长期接触,彼此比较了解,互相评价是保证教师教学效果评价准确性的一个重要方面。但由于常存在业绩高估现象,在评价指标中所占比重不大。(4)自我评价。教师是整个教学过程的主体和负责人,教师教学效果评价主体必然包括教师的自我评价。它能充分调动教师的积极性,但也常会出现自我宽容。较适合评价个人发展,不适合人事决策。(5)学生评价。教师直接服务于学生,学生对教师的职业道德、学识水平等有所认识,在教师的绩效考核中,对教师教学的评价应将学生作为评价主体。

教学效果评价原则　(1)导向性原则。教师教学效果评价的目的是全面反映教师教学效果,并在学校内部建立起竞争和激励机制,充分发挥教师潜能,形成最优的教学氛围,促进教师不断改进教学方法,提高教学水平。教师教学效果评价具有导向作用,故评价标准必须公正,并具有可接受性。(2)全面性原则。教学过程是师生互动的过程,教学效果评价要面向教学全过程。一要重视方法特性,即教学过程不仅要讲清楚学科的基本概念、命题、规律,更重要的是渗透或明晰学科的思想方法和学科的研究方法。二要重视学生探索性和创造性能力的培养,即教学要立足于问题—探究—应用的过程,概念的引入、命题的证明等要有探究过程,体现探究过程的创造性、求实态度以及科学道德和人文精神。三要重视教学形式的多样性,可以运用多媒体、网络等现代化教学手段,增强学生学习的兴趣,提高师生运用新知识的能力。(3)实效性原则。现代教育评价在方法上的一个重要变革就是追求评价的有效性,而评价的有效性很大程度上取决于评价标准的有效性。评价的有效性是评价赖以进行的基本要求,评价标准应反映教学目的和教学规律。(4)评价标准多元化原则。正确把握教育评价的主客体关系状态,在教育评价过程中重视听取主客体看法与意见,激发主客体参与评价的积极性和主动性,是教育评价价值取向的基础,也是提高教育评价信度与效度的一个基本前提。由于评价主体的角色差异,其在评价中所起的作用也有差别,每一种评价方式及其结果只是教学效果评价的一个组成部分,而不是教师教学效果的全部。此外,课堂教学是丰富而复杂的综合体,需要教师充分利用自己的知识、能力,结合自己的个性特点,发挥每个学生的创造力才能完成。课堂教学中的师生表现难以预测,其评价标准不应是僵化的教条式标准,一个标准也不可能涵盖众多教与学的行为。教学效果评价标准是开放的、多元化的。(5)定量与定性相结合原则。在评价标准制定中,既要有定量指标也要有定性分析,应确定可量化和不可量化的指标,避免主观随意性。(6)科学性原则。在制定评价标准时,要全面分析构成教学效果的诸因素,科学分配权重系数,以减少因评价技术造成的评价失误。(7)可操作性原则。将抽象的评价目标具体化。用操作化的语言定义评价指标,指标规定的内容可以直接测量,以获得明确结论。

（骆　方）

教学心理学(instructional psychology)　研究学校情境中学生学习的过程与结果以及教学干预的一门应用心理学学科。教育心理学分支学科。

教学心理学的产生

教学心理学是科学心理学与教育实践相结合的产物。梅耶将20世纪心理学与教育教学结合的历史分为三个时期,用三个比喻分别加以描述。(1)20世纪的前20年为"单向道"时期。教育心理学家只考虑一般心理学原理在教育教学中的推广和应用,对心理学原理在教育教学中的运用持乐观态度。代表人物是美国心理学家E. L. 桑代克。(2)20世纪30—50年代中期为"死胡同"时期。由于20世纪初心理学家关于学习的研究脱离课堂教学实际,根据实验室情境中关于动物和人类机械学习得出的结论在实际教学中遇到困难,心理学家对心理学原理在教学中的运用持悲观态度,心理学与教育的结合进入"死胡同"。这一时期以美国心理学家赫尔为代表。他在20世纪40年代建立了当时被公认为最优秀的学习理论体系,但由于主要研究是基于实验室中的动物学习,其理论离开实验室几乎没有什么价值。(3)20世纪50年代中期至20世纪末为"双向道"

时期,即心理学研究影响教学,教学中的问题也促进心理学研究。这一时期出现三个转变:从以动物为实验对象转向以儿童和学生为实验对象;从以实验室为实验场地转向以学校和课堂为研究场地;从简单搬用实验室研究成果用于课堂教学实际,转向直接面对课堂教学,揭示其规律。20世纪心理学与教学结合的第三个时期即教学心理学产生和发展时期。

教学心理学的诞生和发展基于两方面原因。一是教学实践的需要。第二次世界大战时期,心理学家被征召入伍,从事军事人员的技能培训。而心理学家运用行为主义学习原理进行军事人员技能培训的效果不理想,促使心理学家转变心理学研究观点。1957年苏联人造卫星上天,美国为保持科技领先,开展课程改革,许多心理学家投入课程改革运动,从而推动直接为课程与教学服务的心理学研究。如布鲁纳根据认知发展观提出螺旋式课程和发现学习,斯金纳根据操作条件作用原理提出程序教学和教育技术学。二是与学校学习和教学有关的心理学研究的发展。1963年奥苏伯尔提出有意义言语学习理论,系统解释有意义的知识学习的同化机制和有效学习的条件。1965年加涅出版《学习的条件》,将人类的学习从低级到高级分为八类,并阐明每类学习的内部和外部条件。这两个理论在以后不断得到补充和发展。1978年维特罗克通过长期学科教学研究,提出生成学习理论和促进生成学习的一系列技术。1971年班杜拉提出社会学习理论,该理论于1986年发展为社会认知理论。社会认知理论既是学习理论又是人格理论,为学校进行思想品德和社会行为习惯教育提供理论基础。在20世纪70—80年代J. R.安德森提出思维的适应性控制理论,认为即使最复杂的认知行为也可以分解为程序性知识与陈述性知识的相互作用。J. R.安德森系统阐明这两种知识在人脑中的表征、二者的习得过程和迁移以及相互转化的原理。上述理论的提出和发展为教学心理学的产生和发展提供坚实的科学心理学基础。1969年加涅在美国的《心理学年鉴》中首先提出"教学心理学"这一术语,1978年格拉泽主编的《教学心理学进展》丛书第一卷出版,标志教学心理学作为一门应用心理学学科诞生。

教学心理学的主要研究内容

教学心理学研究围绕构成教学的诸因素和全过程展开,其主要内容包括学生与学习心理、教师与教学心理两部分。从教学设计的全过程来看,具体有以下内容。

学习结果与教学目标　教学目标是教学设计的出发点,也是教学预期要达到的学习结果。加涅于1972年提出学习结果分类,将学生的学习结果分为言语信息、智慧技能、认知策略(包括反省认知)、动作技能和态度五种类型。

加涅的学习结果分类成为教学论专家制订教学目标的基本理论框架。关于学习结果导致人的能力和倾向发生变化的心理和生理本质,认知心理学家和神经生理学家分别从心理学和生物学层面做了广泛研究。认知心理学家的研究涉及知识、技能和认知策略在人脑中的表征。信息加工心理学家一般主张,人类习得的知识可分陈述性知识和程序性知识两类,前者以命题和命题网络表征,后者以产生式和产生式系统表征。另一些认知心理学家主张整体性知识以图式的形式表征。神经生理学家研究学习导致的人的神经系统的结构和功能的变化。得到美国国家科学院和教育部资助、由16位学习研究专家组成的学习科学开发项目委员会主持的课题《人是如何学习的:大脑、心理、经验及学校》(1999)中提出:学习改变大脑的物质结构;学习组织和重组大脑;大脑的不同部位适合不同发展阶段的学习。在情感和社会行为领域,班杜拉的社会认知理论主张,学习的结果是导致完整的人格变化,其核心成分是动机、价值观、自我效能感和自我调节的能力。班杜拉的思想有助于教育工作者全面理解学习结果和教学目标。

学习者特征　对学习者特征的研究包括三方面:(1)从儿童心理发展的角度研究学习者特征,如皮亚杰的认知发展研究表明,儿童的认知发展分为前运算、具体运算和形式运算三阶段,不同发展阶段的儿童承担的学习任务不同,能接受的教育教学方式不同。(2)从个体间心理差异的角度研究学习者的特征。如研究表明,儿童不仅在智力方面存在差异,而且在认知风格上存在差异。按主导性认知风格,可将学生划分为场独立型、场依存型、冲动型、沉思型等类型。如何使教学适合学生的认知风格,是教学心理学研究的课题。(3)从学习者进入新课程前的原有知识、技能和学习方式方法准备的角度研究学习者特征。美国心理学家奥苏伯尔甚至把原有知识作为决定新学习成败最重要的因素。这三方面的学习者特征可分为认知和情感两方面。从心理学的研究传统来看,无论是发展角度、差异角度或学习准备角度,都是认知方面的研究较多,情感方面的研究较少。20世纪70年代后,由于班杜拉社会认知理论和B.维纳归因理论的影响,出现许多有关学习动机、学生自我效能、自我调节等方面的研究。

教师特征　相对于学生特征的研究,心理学对教师特征的研究较少。早期主要进行有关学生喜欢或不喜欢的教师特征的问卷调查,稍后进行一些有关教师特征与其职业成就关系的相关研究。20世纪70年代后,借用认知心理学的专家与新手比较研究模式,教育心理学家开展新教师与专家教师教学行为的比较研究,从而揭示专家型教师的知识结构特征,为教师专业发展提供理论基础。受班杜拉自我效能理论的影响,关于教师的教学效能感与其教学行为之间的关系也有不少研究,显示教师的教学效能感对于学生的成就有重要的预测作用。

学习过程与有效学习的条件　这是传统学习心理学研究的领域。对于教学心理学家来说，其研究任务是针对教学目标开展学习过程和有效学习条件的研究。以加涅的学习条件理论为典型。该理论先将学习目标分为言语信息、智慧技能、认知策略、动作技能和态度等五类，然后通过吸收各家各派的学习研究成果，不仅系统阐明学习的一般过程(即信息加工过程)，而且阐明了每类学习的内部和外部条件。

学习心理学研究内部存在许多不同的观点，从而形成多种学习理论流派。不同学习理论派别的学习分类不同，但都着力阐明理论每类学习的心理过程和条件。如奥苏伯尔的有意义言语学习理论将有意义的学习分为符号表征学习、概念学习、命题学习、概念与命题的运用、问题解决与创造。他用同化论阐明每类学习的过程和条件。信息加工心理学家倾向于把广义知识分为陈述性知识和程序性知识，阐明每类知识的心理表征及其习得与相互转化过程。程序性知识又可分为一般领域的和特殊领域的，分别相当于加涅的智慧技能和认知策略；程序性知识也可分为支配认知领域的和支配动作领域的，信息加工心理学阐明了程序性知识学习的原理，也就阐明了广义的技能和认知策略学习的原理。班杜拉的社会认知理论将人类的学习分为亲历学习和观察学习两类，并分别阐明两类学习的过程和条件。

学校教学通过学科进行，教学心理学关于学习过程和条件的研究还有深入学校所设的学科进行研究的任务。

教学过程、方法和技术　这是教学心理学不同于传统教育心理学的最具特色的部分。教学心理学中的教学过程、方法和技术针对一定的教学目标，是达到教学目标的手段，在西方教学心理学中，教学过程、方法和技术等统称为教学策略。由于教师的"教"是为学生的"学"创设最适合的环境(或外部条件)，一些研究者把教学过程、方法和技术等统称为学习环境。教学过程、方法和技术等不仅是教学心理学研究的领域，也是教材和教法专家、教育技术学专家和教育学家的研究领域。为区别于其他学科的研究，教学心理学家研究的重点是教学过程、方法和技术的心理学依据。从具体研究过程来看，教学心理学家首先提出学习理论，然后在学习理论基础上引出教学的过程、方法和技术。加涅根据学习和记忆的信息加工模型，把学习过程分为九个阶段，与此相应，依次有九个教学事件：引起注意，告之学生目标，回忆前提性原有知识，呈现刺激材料，提供学习指导，引出作业，提供作业正确与否的反馈，评价作业，促进保持与迁移。奥苏伯尔的有意义言语学习理论强调原有知识在新学习中的重要性，他开发利用先行组织者促进新的学习的技术。维特罗克强调学习是一个生成过程，据此开发促进学习生成的技术。布鲁纳强调学习中的发现过程，发现

法成为他提倡的一种重要的教学方法。

教学心理学家在教学过程、方法和技术领域的重要研究任务是采用实证研究的方法，鉴别现有的各种方法或技术适用和不适用的条件，为教师的选择提供科学心理学依据。

教学评价　在教学心理学中，指导学习结果测量的理论有加涅的学习结果分类理论和布卢姆的教育目标分类理论。加涅认为，学生的学习结果是其性能(capabilities)变化。他将学习结果分五类，即言语信息、智慧技能、认知策略、动作技能和态度，每一类再细分为若干子类。为指导测量，他阐明了学生掌握每一类学习结果的内在心理和证明其已经出现的外显行为表现。教师根据要测量的学习结果的类型，提供适当刺激，引发学生的反应(行为表现)，从而作出教学目标是否达到的推测，即根据学生的行为表现，推测其内在心理。

布卢姆等人于1956年提出的认知领域目标分类被广泛使用，但由于当时心理学研究的局限，他们未揭示学生的学习结果的构成成分，只能简单地用知识和能力来划分学习结果，其分类在具体指导学习结果的测量上存在困难。在2001年该分类的修订版中，修订者采纳认知心理学研究的成果，将认知领域的学习结果称为广义的知识，其中又分为事实性知识、概念性知识、程序性知识和元认知知识。广义的知识是布卢姆认知领域目标分类(修订版)的内容维度，另一个维度是学生的掌握水平。在新的分类中，掌握水平为六级，依次是记忆、理解、应用、分析、评价和创造。教师可以根据这两个维度制定测验项目双栏表，从而指导测验题的编写。做好教学评价最重要的前提条件是：教师要懂得每类学习结果的心理实质和证明各类学习结果已出现的外在行为表现，掌握学习分类的基本原理。

中国的教学心理学研究

20世纪50—80年代，中国的教育心理学受苏联教育心理学影响。与西方教育心理学不同，苏联教育心理学抵制行为主义，其研究主要结合课堂教学实际进行。苏联的教育心理学内容是教学心理学取向的。1980年中国心理学学者潘菽主编的《教育心理学》论述了教师心理、学生心理、学习动机、知识学习、技能形成、品德及其形成、体育与身心健康以及学校各学科教学心理。潘菽的教育心理学也可称为教学心理学，它研究"学"的部分少，研究"教"的部分多。20世纪80年代后，中国的教学心理学主要受西方教学心理学影响，20世纪90年代后主要是介绍西方的学习与教学心理学理论，如奥苏伯尔、加涅、班杜拉和维特罗克等的学习理论。90年代后，中国学者逐渐在消化吸收西方教学心理学理论基础上，结合中国教育实际开展许多理论和应用研究。

影响较大的有冯忠良的结构化与定向化教学心理学原理、皮连生的学习分类与目标导向教学理论、李蔚的"五方四段七步整体效应"教学理论、王洪礼的反思性教学理论、陈琦的计算机辅助教学理论、段继扬的创造力教学理论、卢家楣的情感教学理论。

结构化与定向化教学心理学原理　是一个基于教育哲学、心理学和教育实验研究建立的完整的教学心理学体系。形成于20世纪90年代初，之后得到进一步发展和完善。这一理论涉及构成教学心理学理论的四个重要方面：教学目标、学习原理、教学原理和教学设计。该理论主张，教学首先应确定以建构学生的心理结构为中心的观点。所有教学工作或教学系统的各方面都是为了使学生心理产生预期的变化，即形成和发展一定的心理。心理结构是一种认知经验结构、情感经验结构与动作经验结构因素。依据教育本性，教育系统所需建构的心理结构即能力与品德结构。各种能力是各种概括化与系统化了的知识与技能，各种品德是各种概括化与系统化的社会规范的遵从经验。该理论提出三个学说：教育的经验传递说，主张人类社会通过教育这一手段使社会经验（知识技能和社会规范）代代相传；接受一建构说，主张学生的学习是接受学习而非发现学习，但接受不是被动的，而需要学生主动建构；能力与品德的类化经验说，主张学生通过教学形成的能力与品德是经验类化的结果，亦即能力是类化了的知识与技能结构，是概括化了的知识与技能的网络系统；品德是类化了的社会规范经验，是概括化了的社会规范经验的网络结构。该理论提出，教学原理的研究对象包括学习动机及学习规律、知识及其掌握规律、技能及其形成规律、社会规范及其接受规律、学习的迁移规律（即为学习的迁移而教的规律）。为了实现结构定向教学思想，该理论提出通过控制教学目标、教材、教与学的活动以及教学考评四个环节来保证教学过程和方法符合学生心理结构形成规律。

学习分类与目标导向教学理论　在综合西方现代学习与教学理论的基础上，结合对中国教育实际的长期研究提出的智育心理学理论。最初由皮连生在《智育概论——一种新的智育理论的探索》（1994）和《智育心理学》（1996）中提出。其主要内容包括智育目标论、知识分类学习论、目标导向教学的理论与技术。在教学目标、学习原理、教学原理与教学设计方面提出独特观点。

智育目标论。中国传统智育理论的提法是"传授知识，形成技能，发展智力"，或者是"传授知识，形成能力"。新教学理论反对这种提法，认为教学目标是预期学生学习的结果。提出一个人的能力与智力不全是学习的结果，有很大一部分是先天遗传成分自然成熟的结果。教学目标中不排除（或控制）由自然成熟而发展的能力成分是不科学的。关于学习的结果，新的教学理论提出广义的知识概念，认为认知领域学习的结果是习得广义的知识，包括陈述性知识、程序性知识和策略性知识。这一观点既符合加涅的学习结果分类理论，也得到布卢姆认知领域教育目标分类2001年修订版的印证。该分类在认知教育目标中不提能力或智力，而是提四类知识与六级掌握水平，表明知识掌握到一定水平就能转化为能力。

知识分类学习论。该理论认为，根据认知学习心理学的研究结果，认知领域的学习具有共同的一般过程和条件，每一类学习又有其特殊的过程和条件。各类知识之间存在相互作用，即陈述性知识与程序性知识之间可以相互转化。知识分类学习论综合奥苏伯尔的有意义言语学习理论、加涅的学习条件理论和J. R. 安德森的思维的适应性控制理论，阐明认知领域学习的一般过程和条件，以及每一类学习的特殊过程和条件、各类学习之间的相互作用。

目标导向教学的理论与技术。目标导向教学论主张，"学有规律，教有优法"，只有符合学习规律的方法才是优秀的教法。为此要求用具体、明确的教学目标指导学生的学、教师的教以及测量与评价。为确保教师遵循学习规律实施教学，该理论主张在教师的课堂教学设计中引入教学任务分析这一教学设计技术。教师进行任务分析的首要工作是对作为教学目标的学习结果进行分类，说明每类学习结果的必要条件和支持性条件。教师的教只是为学生的学创设必要条件。教师运用学习理论完成适当的任务分析后，教学过程和方法即清晰明了。

参考文献

布兰斯福特，等. 人是如何学习的：大脑、心理、经验及学校[M]. 程可拉，等，译. 上海：华东师范大学出版社，2002.

皮连生. 学与教的心理学[M]. 上海：华东师范大学出版社，2006.

张大均，王映学. 教学心理学新视点[M]. 北京：人民教育出版社，2005.

Mayer, R. E. Learning and Instruction[M]. Upper Saddle River, NJ: Merrill／Prentice Hall, 2003.

（吴红耘）

教学信息设计（instructional message design）　一译"教学讯息设计"。教学设计过程模式基本要素之一。指在教学前或教学活动过程中对其中的信息形态构造进行规划。是一项促进学习的工作，也是一类应用研究。具体内容主要包括注意、知觉和保持的基本原理，以及运用这些原理指导教学传播中信息形态的具体设计。设计时必须明确指出媒体和学习任务，而且要依据媒体是静态的、动态的还是两者结合的，以及依据学习任务涉及的是概念或态度的形成、技能或学习策略的发展还是记忆而有所区别地进行设计。教学信息设计是媒体开发的基础性工作。媒体选择和利用是对最合适、最有效的教学信息传递方式的考虑和选择。选择时要服从教学策略制定的依据，其基本原则是，根据媒体的特征对促进教学目标或教学目的的实现所具有的潜在能力进行选择和利用，同时考虑易获得性、成本效益和教师的熟悉程度。

教学信息(instructional message)指为了改变或强化学习者的某种态度、提高其认知能力或掌握某种技能而设计的传播符号(文字、画面等)。包括形态和诱导两个方面，分别对学生的感觉器官和进一步的认知过程起作用。在形态方面，教学信息包括字体选用、色彩配置、画面构思、版面比例、框面设计等；在诱导成分方面，教学信息涉及内容的顺序编排、知识点与实例的结合、知识点呈示与练习的组合等。在教学信息的组成中，形态的作用较为明显，它可以唤起学习者的注意；诱导成分的作用在于帮助学习者领会和牢记教学内容，科学的诱导可以激发学习者的学习动机，提高教学的整体效果。

学习与记忆的信息加工模型清晰地描述了教学信息在整个学习过程中的流向。学习者通过视觉、听觉、触觉、味觉和嗅觉等感觉系统接受外界环境的信息，将其以感觉映像的方式储存在大脑中相应的感觉区。这是一种时间极短的瞬时感觉储存，一般不超过 1 秒钟。在这一阶段，环境中只有一小部分信息被注意选择而进入工作记忆系统中进行加工处理，绝大多数未受到注意的信息会自动消退。受到注意的信息从瞬时感觉储存进入工作记忆系统被加工处理。学习者既可以根据对信息的理解对外界做出适当反应，也可以经过复述编码将其放置于长时记忆以备后用。工作记忆的容量有限，每次只能储存 7±2 个信息单元的信息量，这也是环境中只有一小部分信息被选择的原因。信息在工作记忆中储存的时间也很短暂，一般只有 30 秒钟左右，信息在 30 秒钟之内未得到强化或复述就会被遗忘。在教学信息的整个流程中，不包括期望这一变量，期望可视为信息加工过程的动机系统，对加工过程起定向作用。流程中的执行控制系统，负责调节和控制整个信息加工系统。为有效促成教学内容的选择与编码，收到最佳的学习效果，有必要在分析综合的基础上进行科学合理的设计与编排，即信息设计。

教学信息设计基本原理

教学信息设计是一项促进学习者学习的内部心理过程的工作，亦可理解为把教学内容转换为符号的编码操作。其基础是学习心理学，关注重点为注意、知觉、学习和概念形成。格拉博夫斯基 1995 年认为，这几者的关联在于：学习者寻找刺激源(注意、知觉)，使用策略处理刺激源(学习)，从学习环境中获得概念(概念形成)。教学信息设计主要涉及注意原理、知觉原理、动机原理和态度改变原理等学习心理学原理的运用。

注意原理　注意是心理活动对一定对象有选择的集中。注意具有指向性、集中性和稳定性的特点。人们在集中注意时，会将相应的感觉器官朝向注意对象，以利于信息的接受。注意还可以将许多信息阻挡在意识之外，只允许一部分信息进入意识层，以便人们有足够精力对重要信息进行加工处理。根据性质及影响因素的不同，可将注意分为无意注意和有意注意。无意注意指没有预定的目的、不需做任何意志努力就能达到的注意，通常由外界因素突然刺激引起；有意注意指预先有目的并需要一定努力才能达到的注意，通常由主体内在要求引起。在分析注意原理的基础上，教学信息设计可依据引起注意的心理因素唤起并维持学习者的注意：信息的物理特征，信息呈现的字体大小、色彩变化和背景音乐的音高等都是影响注意的物理特征；信息的情绪特征，有些信息的设计能够唤起学习者强烈的情绪反应，激发其丰富的想象，使之集中注意，如栩栩如生的画面或生动的故事等；信息的差异特征，信息设计过程中运用时空突变方式、反比例设计方式和物象重合等方式进行设计，就能使学习者产生新颖感、惊奇感或独特感，从而引起学习者的注意。依据注意原理的信息设计方法包括：刺激物的变化和新异性引起无意注意；复杂程度适中的材料容易吸引注意；简洁的呈示易于集中注意；学习者了解的提示手段(如箭头、底线、圆圈等)能引导注意；学习者的期望可对注意产生强烈的影响；中等程度的不确定性可引起仔细的注意。

知觉原理　知觉是将感觉器官获得的信息转化为有组织和有意义的整体的过程。知觉不是简单地将感官接收的信息拼接相加，而是依据已有的经验对输入的信息加以识别和理解。若学习者原有的经验不同，则对同一信息知觉的结果也不同。知觉具有组织性、整体性和恒常性三个基本特征。人脑能够将输入的信息组织成有意义的整体。知觉组织最重要的规律是区分图形与背景。在知觉过程中，信息会丧失其以前的特征，呈现出由整体决定的新特征，即在识别信息特殊部分之前，整体的各个方面已经有某种意义的假设，这种假设会限制对局部信息的理解。当知觉的条件在一定范围内发生改变时，知觉结果依然保持不变。在各种知觉中，视觉的恒常性表现得最突出，主要有颜色明度恒常、形状大小恒常等。依据知觉原理的信息设计方法包括：有次序的(如因果次序、先后次序、层级次序等)呈示有利于系统的知觉处理；呈示内容中最容易与学习者认知结构产生匹配、能有效减少不确定性的信息区域对知觉影响最大；采用视觉感受性最强的光谱中间部分，以及听觉感受性最高的中等高音；呈示中显得相似的部分容易在知觉中归类并在记忆中建立联系；呈示中在空间或时间上显得接近的部分有助于在知觉和记忆中归类；不同的呈示有助于学习者在知觉和记忆中区分各种观念；利用多种媒体扩大信息的有关特征可促进辨别学习；通过刺激对比可以辨别容易混淆的知觉对象；发挥多种知觉系统的作用可提高辨别的精确性和促进知觉印象的保持；适时的强化与反馈可使学习者知道自己知觉的正确与否，促进知觉学习。

动机原理　动机是驱使人们活动的一种动因或力量，包括个人的意图、愿望、心理冲动，或力图达到的目标等。动机在需要的基础上产生，具有激发行为、定向行为和维持行为的作用。它可以决定行为的"程度"与"方向"。"程度"通常指努力的程度；"方向"则指目标的方向。这方面研究中，美国心理学家 J. M. 凯勒的促动因素系统学说对教学信息设计具有积极意义。促动因素系统学说的精髓在于综合分析有关动机的研究后提出的 ARCS 动机设计模型：(1)注意(attention)。为激发个体的学习动机，首先要引起个体对一项学习任务的注意和兴趣。可采用如下方法唤起学习者的注意与好奇：变化内容的组织与呈现方式；改变教学组织顺序；设置疑问；使用与学习者已有经验相悖的例子；使用幽默的语言或意想不到的观点等。(2)相关(relevance)。为激发学习者的学习动机，应使学习者理解完成此项任务与其密切相关。可通过建立教学内容和目标与学习者需求和愿望之间的关系来激发学习动机；也可以明确告诉学习者教学是建立在其现有知识和技能的基础上，或使用此类方法，使教学内容与学习者已熟知的过程、概念或技能联系起来，激发其学习动机；还可以通过明确告诉学习者所接受的教学可能对未来产生何种影响；最后还应注意教学风格与学习者学习风格的适应性，以进一步提高相关度。(3)自信(confidence)。使学习者相信自己有能力做好此事，从而产生适当的成功期待。可以明确地将目标告知学习者，使其更有把握达到目标；帮助学习者制订达到学习目标或绩效要求的方法，增加他们的自主性；适当增加教材难度，使学习者始终面临适当的挑战；鼓励学习者进行自我调控，自定学习步调，经过自身努力获得成功，并进一步树立学习的信心。(4)满意(satisfaction)。让学习者体验完成学习任务后的成就感，感到满意。这涉及反馈与奖励方面的设计与实施。在教学内容中包含学习者需要通过运用新知识和新技能才能解决的练习或问题，可以提高学习者的成就感；通过热情的评语表达对学习者行动的认可，使学习者获得内心的满足，也可利用各种形式的、公平的外部奖励达到维持学习动机的目的。参见"凯勒的 ARCS 动机设计模型"。

态度改变原理　态度是习得的、影响个体对特定对象作出行为选择的有组织的内部准备状态或反应的倾向性。它是个体的内部状态，不是先天固有的，而是社会学习的结果。态度不能直接观察得到，但可从个体在现实生活中的若干言语陈述或具体行为间接推断出来。(1)态度具有针对性，任何态度都有其特定的对象。人们总是对具体的词语所指的对象，或对一些事件、行为形成某种态度。态度无法孤立存在。(2)态度具有认知成分，指个体对态度对象具有带评价意义的观念和信念。认知成分与表达情境和态度对象之间关系的概念或命题有关。(3)态度具有情感成分，指伴随态度的认知成分而产生的情绪或情感，通常被认为是态度的核心成分。(4)态度具有行为倾向成分，指个体对态度对象意欲表现出来的行为意图，它构成态度的准备状态，即准备对特定对象做出某种反应。(5)态度相对稳定持久，个体对某一对象的态度一旦形成，就会处于相对持久和稳定的状态。依据态度改变原理的信息设计方法有：可信度高的信源比可信度低的信源更具说服力；通过迎合信息接收者所持立场的方法来建立与其在信念上的和谐一致，会增加信息传播者的吸引力；明确信息与接收者的需要相关，信息传播会更有效；提供正反两方面的论据在改变学习者的态度上通常会比单方面的论据更为有效；面对面的传播在促进信息接收方面比媒介传播效果更好；高可信度的示范者(榜样)比低可信度的示范者更具说服力；除了让学习者观察示范者的行为外，还应该让他们观察示范者在行为之后得到的强化(奖励或惩罚)；角色扮演具有较好的说服效果；积极参与比被动接收信息更能促进态度的改变；诱导个体的认知失调可引发态度的改变。

教学信息设计过程

教学信息设计是教学系统设计的有机组成部分。下列过程的各个步骤都涉及教学信息的具体设计：(1)明确传播意图。它具有导向作用，不同的传播意图(教学、问题解决、建议、娱乐)决定整个传播策略和方法的选择与制定。(2)确定中心思想。将教学的核心内容提炼出来，使学习者概要了解所要学习的新知识与技能。(3)编制内容大纲。围绕中心思想整合现有资源，明确学习者应掌握的知识、技能和培养的态度等。(4)分析受众特点。分析学习者的学习准备情况及学习风格，为行为目标的编写、教学方法的确定提供依据，并使教学信息设计具有更强的针对性和实用性。(5)确定教学方法。在编制信息内容和分析受众的基础上，整体策划和安排信息源、传播渠道、传播效果、传播环境等内容。(6)控制信息负荷。人的工作记忆系统处理信息的能力有限，应严格控制信息的量：既不能太少(小于5个组块)，造成资源浪费，也不能太多(大于9个组块)，造成学习者记忆过荷，学习效率降低。(7)编写行为目标。明确具体地表述学习者在接收信息后将能做什么。这样既可以使学习者明确学习目标，更好地制订学习计划，减少学习中的盲目性，又可为信息设计的后续步骤提供指导依据，为形成性评价的顺利进行提供参考。(8)确定内容顺序。教学信息的传播是有计划分段进行的。按照信息内容的范围和深度将其划分成一定数量的可教、可学的单位,并将这些单位按层级关系有序排列,以保证行为目标的顺利达成。(9)编写内容提要。根据行为目标和教学顺序的安排,编写各单元应掌握的具体内容的性质以及应用的媒体类型,确定教学信息的基本框架。(10)编写分镜头稿本。结构顺序的明晰和内容提要的编写为分镜头稿本的编写奠定了基础。在此过程中,主要是详细具体地描述教学信息传播过程中视听媒体的制作(摄录、美工、录音等)。(11)进行形成性评价。指在信息传播过程中,为取得更好的传播效果而进行的评价活动。可使信息传播者明确设计方案的可行性与合理性,并根据实际情况进行适当修改,使之更适合学习者,实现既定的传播意图。

参考文献

皮连生.学与教的心理学[M].上海:华东师范大学出版社,1997.
吴庆麟.认知教学心理学[M].上海:上海科学技术出版社,2000.
张祖忻.教学设计——基本原理与方法[M].上海:上海外语教育出版社,1992.
Fleming, M. & Levie, W. H. Instructional Message Design: Principles from the Behavioral Sciences[M]. 2nd ed. Englewood Cliffs, NJ: Educational Technology Publications Inc. ,1993.

（李雪莲　张祖忻）

教学与发展（instruction and development）　教育学的基本问题之一。其研究主要揭示教学活动与学生发展之间的关系。

　　教学与发展研究的起因　20 世纪 50 年代中期,科技迅猛发展,知识更新加速,这对学校教育提出挑战,不仅要求学校的教学内容不断更新,而且要求学生在学校学习期间得到充分发展,具备独立获取知识的能力。但是,苏联教育家赞科夫提出,苏联的学校教学不合理地把教材编得太简单,无根据地放慢教学进度,进行多次单调的复习,这些都不能促进学生迅速发展,儿童的好奇心得不到满足,其主要负担是记忆,而忽视了思考,儿童没有或者很少表现出其学习的内部诱因。教学活动的单一化不能使学生的个性得到表现和发展。赞科夫认为,教育实验的指导思想是,教学要在学生的一般发展上取得尽可能大的效果。1956—1958 年期间,苏联教育理论界在《苏维埃教育学》杂志上开展关于儿童教育与发展相互关系问题的全国性讨论。在这次讨论过程中,赞科夫于 1957 年 9 月开始在小学教学范围内对教学与发展问题开展全面的实验研究。1960 年,他将原有的实验室更名为"教育与发展实验室",1968 年又改名"学生的教学与发展问题实验室"。

　　教学与发展的关系　赞科夫认为,教学与发展之间存在复杂的依存关系。他在《教学论与生活》一书中指出,承认教育在儿童发展中的主导作用,不意味着忽视发展的内在规律性。教学是发展的外部条件,并不是发展的内在源泉。关于教育在儿童发展中起主导作用的决定论,远能揭示教学与发展之间的全部相互关系。把教学与发展的关系作为教育学问题来研究,旨在揭示教学过程的客观规律性,以及教学结构与学生心理发展进程之间的客观必然联系,认为教学结构是学生一般发展的一定过程发生的原因。

　　赞科夫关于教学与发展关系的研究,是基于他对历史的回顾和对关于教学与发展问题的各种学说的分析。他注意到,20 世纪 30 年代维果茨基在总结教学与发展相互关系的各种学说的基础上,提出关于教学与发展问题的思想。维果茨基在对儿童的智力发展进行实验研究时发现,同一智龄组的儿童在智力发展水平上存在相同的一面和不同的另一面。相同的一面是同一智力年龄儿童的现有发展水平,但儿童的现有发展水平并不能完全反映其全部发展状况,智力年龄相同的儿童在发展水平上还有不相同的另一面,维果茨基称之为"最近发展区",即在成人帮助下或与同龄人合作中完成智力任务所表现出的发展水平。维果茨基总结教学与发展的关系是:只有当教学走在发展前面的时候,才是好的教学。赞科夫认为,揭示最近发展区的重要意义并不仅仅在于说明同龄儿童在发展上的个别差异,而主要证实儿童发展的现实可塑性,指出教学作用于发展的明确途径:教学创造最近发展区,然后最近发展区转化到现有发展水平的范围中。教学促进发展的实质就在于教学把正在或将要成熟的心理机能的形成推向前进。他同时明确指出,维果茨基正确地指出了教学对于促进儿童尚未成熟的心理机能趋于形成的作用,但忽视了学生发展方面的成效可能随着教学过程安排的不同而有不同的表现。教学的结构决定学生的发展进程。

　　赞科夫主张,要增强教育或教学在学生发展方面的作用,就应以整体性观点来安排教学结构、组织教学过程。因为教育作用的完整性是确保教育发挥对人的发展的重要作用的关键,某些教学方法或方式可能对学生的发展带来某种效果,而如果能构成严谨的体系,成效就会大得多。

　　赞科夫运用在教育实验过程中制定的五个教学论原则来安排教学结构,组织教学过程。(1)以高难度进行教学的原则。在赞科夫实验体系的教学论原则中起决定作用。该原则的特征不在于提高某种抽象的"平均难度标准",而在于展开儿童的精神力量,使这种力量有活动的余地,并给予引导。如果教材和教学方法没有给学生形成应当克服的障碍,儿童的发展就会萎靡无力。困难的程度要靠掌握难度的分寸来调节,而难度的分寸具体体现在教学大纲、教科书、教学法指示和教学方式中,在日常教学工作中还取决于教师经常留意儿童掌握知识和技巧的过程和结果。(2)理论知识起主导作用的原则。确定理论知识的主导作用,并不贬低知识和技巧以及学前初期儿童获得知识和技巧的意义。在实验教学中,技巧的形成基于儿童的一般发展以及尽可能深刻理解有关的概念、关系和依存性。(3)学习中高速度前进的原则。这一原则是对以高难度进行教学原则的辅助,也有其重要的独立作用。以高速度前进进行教学可揭示所学知识的各个方面,加深这些知识并把它们联系起来。(4)使学生理解学习过程的原则。主要指向学习活动的进行过程,要求学生理解的对象是学习过程,着眼于学习活动的"内在机制",让学生关注应当怎样进行学习。这能使学生注意探索适合自身特点的合理的学习方法,有利于培养学生的自学能力,提高学生学习的主动性与创造性。保证使学生理解学习过程是促进学生发展的重要条件之一。(5)使所有学生都得到一般发展的原则。教学应当使每个学生(包括优等生、中等生、差生)都能在发展上尽自己的最大可能取得最大的成果。对于差生和学习落后的学生,更需要坚持不懈地、目标明确地在他们的发展上狠下工夫。这五个原则的主旨在于充分调动学生的精神力量,使学生产生对学习的内部诱因,并增加和深化这种诱因。五个原则的使命在于指导和调节教学的发展作用,亦可称之为发展性教学原则。

教学与发展的特定内涵　苏联教育学和心理学著作在涉及教学与发展问题时,历来只限于探讨教学对学生智力发展的影响。赞科夫则从"儿童心理是整体发展的"这一客观事实出发来探讨教学对学生一般发展的影响。赞科夫在实验教学中所说的儿童的一般发展指儿童的心理发展。实践证明,儿童的智力活动在任何情况下都不可能脱离自身的情绪意志。情绪意志的状态既可以推动智力活动的积极开展,也可能阻抑智力活动的进行。在教学过程中,教学法一旦触及学生的情感意志领域和精神需要,就能发挥高度有效的作用。教学与学生的一般发展的关系比教学与学生智力发展的关系复杂得多。

赞科夫根据辩证唯物主义认识论认为,儿童的一般心理发展是儿童与周围世界相互作用的一种前进运动。因此,人与现实客观物质世界的主要关系可理解为人的三种心理活动形式,即分析性观察、抽象思维和实际操作。于是,赞科夫提出通过观察活动、思维活动和实际操作活动来研究儿童一般发展的创见。从教学实践角度或教学论的角度,这三种活动是研究儿童一般发展的三条途径;从心理分析或心理学的角度,这三种活动又是心理活动的三种发展线索,可通过它们来研究儿童一般发展的进程。心理活动的这三条线索相互联系、相互渗透和相互补充,每一条线索都是一般发展的一定表现形式,即学生在周密设计的观察活动、思维活动和实际操作活动过程中反映的发展水平,都是一般发展水平,而不是个别的具体能力的水平。就观察活动的发展而言,知觉过程是观察活动的主要内容。观察是一种复杂的活动,作为观察组成成分的知觉与思维有

机地联系,观察成分中特殊的思维形式及其过程直接依赖于对现实的感性认识。不同学生的观察活动不同。指向性是观察活动的特点,它使观察与简单知觉区别开来。就思维活动而言,它是研究学生一般发展进程的一个方面。在个体发展中,思维的发展首先而且主要表现在思维具有从低级到高级的方向性的质的变化上,思维形式的多样性、思维形式主要的相互关系和思维形式运动的相互制约性的特点,是研究学生思维活动发展的基础。就实际操作活动而言,其发展也是儿童一般发展的重要方面。有实际对象的活动不仅具有运动的技能和技巧本身的特点,其中也以一定方式体现感觉、空间观念和思维活动。在进行实际操作时克服困难,又可发现某些情绪意志方面的心理活动。

参考文献
赞科夫.教学与发展[M].杜殿坤,等,译.北京:人民教育出版社,1985.

(刘启迪)

教学原则(principle of instruction)　教学工作应遵循的基本要求。是长期教学实践经验的总结,其发展有一个历史过程。早在两千多年前,中国的孔子就提出教学中要有复习巩固和进行启发等要求。公元前5世纪,希腊智者派学者提出教学中练习与禀赋同样重要等要求。近代教育学者开始提出教学原则概念,并提出一系列教学原则。17世纪,捷克教育家夸美纽斯在《大教学论》中提出三十多条教学原则。19世纪,德国教育家第斯多惠在《德国教师培养指南》中总结了三十多条教学原则。随着教育学和心理学的发展,教学原则的内容越来越丰富,并不断得到科学的论证。古今中外各个流派的教育家在概括教学实践经验时,由于各自所处的社会文化历史背景和科学发展的状况不同,以及所持认识论、方法论和对教学过程的理解不同,在教学原则的概括上呈现多样性和差异性。一般来说,教学原则主要有以下几项。

科学性与思想性统一原则　指教学既有科学性又有思想性,应把两者结合起来,以马克思主义为指导,授予学生科学知识,并结合知识教学对学生进行社会主义道德和正确人生观、科学世界观教育。这一原则所反映和要处理的矛盾,主要是教学中知识的传授、学习与思想品德教育之间的对立统一关系。科学性是指引导学生掌握的知识必须是正确的、科学的,教学过程和方法也应该是科学的。思想性是指合理地结合教材内容对学生进行思想教育,培养一定的思想观点和道德品质。教学的科学性是思想性的前提和基础,思想性是科学知识的内在属性,体现教学的思想性必须以科学性为前提。科学性与思想性统一原则是培养德、

智、体全面发展人才的要求,是建设社会主义物质文明和精神文明的要求,体现了中国教学的根本方向和质量标准;也是知识的思想性、教学的教育性规律的反映,知识是人类认识和改造世界的劳动成果,是人类思想和世界观的结晶。贯彻这一原则应遵循以下基本要求:(1)保证教学的科学性。在教学中,教师要以马克思主义的观点和方法来分析教材,选择和补充教学内容,反映现代教学成果,教授给学生的知识及其方法、过程都应当是科学的、正确的,富有教益。(2)发掘教材的思想性,注意在教学中对学生进行品德教育。社会学科和自然学科都有丰富的思想性,教学中注意深入发掘教材内在的思想性,结合知识的传授,联系实际、有的放矢对学生进行思想教育,能有力地感染学生,收到潜移默化的教育效果。(3)教师要不断提高自己的专业水平和思想修养。教师本身的思想政治水平和科学水平是决定性的条件,教师只有不断充实和更新知识,提高文化水平、理论水平和思想修养,才能确保教学的科学性与思想性的统一。

理论联系实际原则　指教学要以学习基础知识为主导,从理论与实际的联系上去理解知识,注意运用知识去分析问题和解决问题,做到学懂会用、学以致用。要求教学中将理论与实际统一起来。这项原则所反映和要解决的矛盾,主要是保证所学知识与其来源、基础——社会实践不脱节,学生掌握的知识能够运用于实践。古希腊智者派认为,没有实践的理论和没有理论的实践都没有意义。解决这一矛盾的主要途径是在理论知识的主导作用下,把教学与生活、间接经验与直接经验、观点与材料结合起来;同时,创造多种多样的实践形式引导学生参加实际操作和社会实践,由半独立到独立,由简单到复杂,引导学生把知识运用于实践,并注意培养学生手脑并用的操作能力。理论联系实际是人类进行认识或学习应遵循的重要原则,也是教学活动应遵循的重要原则。贯彻这一原则应遵循以下基本要求:(1)书本知识的教学注意联系实际。教学要引导学生学好理论,以理论为主导。为了使学生能自觉掌握各学科的基本知识和学科结构,教师必须注意联系实际进行讲授,从而使教学生动活泼,使抽象的书本知识易于被学生理解、吸收。(2)重视培养学生运用知识的能力。重视教学实践,如练习、实验、参观和实习等,这对学生掌握和运用知识、培养技能和技巧起着关键作用;还要重视引导学生参加实际操作和社会实践。学生通过将知识运用于实践来丰富直接经验,提高实际操作能力。(3)正确处理知识教学与技能训练的关系。在教学中,只有将两者结合起来,才能使学生深刻理解知识、掌握技能,达到学以致用。(4)补充必要的乡土教材。中国各地在自然条件、政治、经济、文化等方面存在差异,开发地方课程和校本课程,适当补充乡土教材,是使学校教学与社会生活息息相通的重要措施。

因材施教原则　指教师在教学中要从学生实际出发,根据不同对象的具体情况采取不同的方法,进行不同的教育,使每个学生能在各自原有的基础上得到充分发展。因材施教是长期以来教学中行之有效的教学经验。在中国,孔子是因材施教的先行者,他善于根据学生的不同特点来选择教学内容和使用教学方法。《论语》中就有经典的案例:子路问:“闻斯行诸?”子曰:“有父兄在,如之何其闻斯行之?”冉有问:“闻斯行诸?”子曰:“闻斯行之。”公西华曰:“由也问,‘闻斯行诸?’子曰,‘有父兄在。’求也问,‘闻斯行诸?’子曰,‘闻斯行之。’赤也惑,敢问。”子曰:“求也退,故进之;由也兼人,故退之。”宋代朱熹把孔子这种因人而异的教学方法概括为“孔子施教,各因其材”。“因材施教”由此而来。唐代韩愈、北宋张载都曾提出,培养学生要像处理木材一样做到“各得其宜”。贯彻这一原则要求教学必须照顾个别差异,即处理好集体教学与个别教学、统一要求与发展学生个性的对立统一关系。

启发性原则　亦称“教师主导作用与学生主动性统一原则”。指教学中将教师发挥主导作用与学生发挥主动性结合起来。学生的认识在教师指导下进行,教学的这一本质决定了教师在教学中起主导作用;学生是认识或学习活动的主体,学生发挥主动性、积极性和创造性是教学成功的必要条件。教师在教学中要承认学生是学习的主体,引导他们独立思考、积极探索,生动活泼地学习,自觉掌握科学知识,提高分析问题和解决问题的能力。既要防止片面强调教师权威,无视学生的主动性和自觉性,强迫学生呆读死记,也要防止儿童中心主义,使教师处于无足轻重的地位。中外教育家都很重视启发式教学。孔子提出“不愤不启,不悱不发”的教学要求,这是“启发”一词的来源。《学记》中发展了启发的思想,提出“道而弗牵,强而弗抑,开而弗达”的教学要求,阐明教师的作用在于引导、激励、启发。在西方,古希腊哲学家苏格拉底善于用问答的方式来引导学生自己寻求正确答案,这种方法被称为“产婆术”。第斯多惠注重提倡启发式教学,认为一个好教师教人发现真理。贯彻这一原则的要求:发扬教学民主;调动学生学习的积极性,教师善于因势利导;创设问题情境,引导学生独立思考,发展学生的逻辑思维能力;让学生动手,培养独立解决问题的能力。

直观性原则　指在教学中要为学生提供充分感知的具体知识,引导学生形成所学事物、过程的清晰表象,丰富他们的感性知识,使概念的形成过程、能力的发展过程有事实、实物和形象为基础。在教育史上,直观性原则的提出具有进步意义,它给中世纪脱离儿童生活实际的经院式教学以沉重打击。夸美纽斯指出,凡是需要知道的事物,都要通过事物本身来进行教学。俄国教育家乌申斯基也指出,儿童依靠形式、颜色、声音和感觉进行思维。直观材料的种类多种多样,包括:提供真实的事物本身,典型化的模拟物、代替物和象征物,如标本、模型、图片、图画、图表;教师形象的语言描述,等等。广播、幻灯、电影、电视、电子计算机等现代化技术手段的广泛应用,为直观教学原则的发展提供了更多条件。这一原则反映学生的认识规律,它给学生以感性的、形象而具体的知识,有助于提高学生学习的兴趣和积极性,减少学习抽象概念的困难;可以展示事物的内部结构、相互关系和发展过程,有助于学生形成科学概念,深化认识和运用知识。贯彻这一原则的要求:正确选择直观教具和现代化教学手段;直观与讲解有机结合,不顾此失彼;重视运用语言直观。

可接受性原则 亦称"量力性原则"。指教学的内容、方法、分量和进度要适合学生的身心发展,但又要有一定的难度,需要学生经过努力才能掌握,以促进学生的身心发展。这就要求教学适合学生的知识和能力水平。在中国古代,孔子曰:"中人以上,可以语上也;中人以下,不可以语上也。"墨子也很重视学习上的量力而为,提出"夫知者必量其力所能至而从事焉"。西方文艺复兴后,许多教育家都重视教学的可接受性问题。夸美纽斯认为,教学方法的运用必须按照人的能力的发展规律。第斯多惠认为,教学必须符合学生的发展水平。随着科学、心理学的发展,对这个原则的诠释不再是单纯强调教学要适应学生的发展,而是重视教学要适当走在学生发展前面。20世纪50年代赞科夫根据苏联心理学家维果茨基的"最近发展区"理论,在小学进行"教学与发展"的实验,提出高难度和高速度的原则,证实教学可以走在发展前面,并能够有效地促进学生的一般发展。贯彻这一原则的要求:了解学生的发展水平,从实际出发进行教学;考虑学生认识发展的时代特点,适当增加教学的信息量。

巩固性原则 指教学要引导学生在理解的基础上牢固地掌握知识和技能,并能根据需要迅速加以再现,以利于知识技能的运用。这一原则所反映和处理的矛盾是教学中获取新知识与保持旧知识之间的对立统一关系。巩固和掌握知识是学生接受新知识、顺利进行学习的基础,是学生熟练运用知识的条件。国内外教育家都很重视掌握知识的巩固问题。孔子要求"学而时习之"、"温故而知新"。夸美纽斯提出教与学的"彻底性原则",他形容只传授知识而不注意巩固,就如同"把流水泼到一个筛子上"。乌申斯基认为,"复习是学习之母"。在教学过程中,学生的学习不同于成年人,他们在短期内集中学习大量未经亲身感受的间接知识与经验,也无法及时、全部地运用于实践,遗忘的可能性极大。心理学关于遗忘规律的研究成果"艾宾浩斯曲线"则为该原则提供科学基础。贯彻这一原则的要求:在理解的基础上巩固,而不是死记硬背;重视组织各种复习,加深学生对知识的理解,提高其创造力;在扩充改组和运用知识中积极巩固。

循序渐进原则 亦称"系统性原则"。要求教学活动持续、连贯、有系统地进行,即按照学科的逻辑系统和学生认知发展的顺序进行,使学生系统地掌握基础知识、基本技能,形成严密的逻辑思维能力。中国古代的教学注重按一定顺序进行。《学记》要求"学不躐等"、"不陵节而施",指出"杂施而不孙,则坏乱而不修"。如果教学不按一定顺序、杂乱无章地进行,学生就会陷入混乱而无所收获。朱熹进一步提出"循序而渐进,熟读而精思",明确提出循序渐进的教学要求。在西方,夸美纽斯强调,秩序是教学艺术的主导原则。科学知识本身的严密系统性,以及学生的认识是一个由简单到复杂逐步深化的过程,决定了循序渐进原则的必要性。只有循序渐进,才能使学生有效地掌握系统的知识,获得对客观世界的规律性认识,发展严密的逻辑思维能力。贯彻这一原则的要求:处理好教学活动顺序、科学知识体系、学生掌握知识与智力发展顺序之间的矛盾关系;按教材的系统性进行教学,但不照本宣科;抓主要矛盾,解决好重点与难点的教学,区别主次、分清难易、有详有略地教学;教学要由浅入深、由易到难、由简到繁。

除上述教学原则之外,教学实践中还有传授知识与发展智力统一原则、反馈调节原则、教学最优化原则等一系列教学原则,指导教师的教学实践。

参考文献

李秉德.教学论[M].北京:人民教育出版社,1991.

南京师范大学教育系.教育学[M].北京:人民教育出版社,1984.

王策三.教学论稿[M].北京:人民教育出版社,1985.

王道俊,王汉澜.教育学.新编本[M].北京:人民教育出版社,1989.

(赵云来)

教学中的心理效应 (psychological effect in instruction)

教学过程中由人的心理的作用所产生的效果。包括皮格马利翁效应、首因效应、近因效应、晕轮效应、刻板效应、登门槛效应、门面效应和系列位置效应。

皮格马利翁效应 见"教师期望效应"。

首因效应(primacy effect) 亦称"第一印象作用"。指从对他人的知觉中最初得到的信息对印象形成具有强烈的作用。很多实验证明首因效应的存在。美国心理学家阿施1946年将被试分成两组,给他们一份描述某人个性品质的词单。给第一组被试看的词的顺序是"聪明、勤奋、冲动、挑剔、顽强和嫉妒"。给第二组被试看的词的顺序是"嫉妒、顽强、挑剔、冲动、勤奋和聪明"。结果第一组被试对此人作出肯定评价,第二组被试对此人作出否定评价。信息出现的顺序影响了被试的知觉。在师生交往中,给对方留下的第一印象的作用不容忽视。教师与学生初次接触时,应注意仪表和言谈举止,给学生留下良好的第一印象,以便今后学生配合教师的教育教学工作。教师也要注意克服首因效应的消极作用,不只凭第一印象来评价学生,要用发展的眼光来看待每一个学生。

近因效应(recency effect)　指新近得到的信息对人的认知和评价产生强烈的影响。对人的知觉中,既存在首因效应,也存在近因效应。与陌生人交往时,首因效应有较大影响;与熟人交往时,近因效应有较大影响。教师应避免近因效应的消极影响,不因学生最近的表现而完全改变对该生的看法,而应历史、全面地看待学生。

晕轮效应(halo effect)　亦称"光环效应"。指对人的某种品质或特点有鲜明而深刻的印象,以致影响了对这个人其他品质或特点的判断。这是人际知觉中的以偏概全现象,教育教学过程中亦常见。晕轮效应不仅影响教师对学生的行为,而且最终可能影响学生的成绩。不消除晕轮效应的认知偏见,教师就不能全面、正确地评价学生,或看不到学生的不足,或无视学生的优点。

刻板效应(effect of stereotype)　人们头脑中存在的关于某人或某一类人的固定印象会影响对他人的知觉。这种影响既有积极的一面,也有消极的一面。积极的一面是有助于对现实中的人加以归类,对他人作概括性了解,这是认识和了解他人的捷径。消极的一面是,过度概括化的印象忽略了个体的独特性,当头脑中已有的印象与事实不符时,易造成认知偏见。教育教学过程中会出现刻板效应的消极影响,教师要注意加以克服,平等、全面、客观地对待学生。

登门槛效应(foot-in-the-door effect)　指当个体接受了一个小的要求后,为避免认知上的不协调,或为了给他人前后一致的印象而可能接受一项更大的、未必合意的要求。人们有保持自己形象一致的愿望,一旦表现出助人、合作的言行,即便别人后来的要求过分,人们也愿意接受。有经验的教师在做学生工作时也会利用这一效应,总是先让学生承诺完成一件比较容易的任务,待任务完成后,再接着提出更高的要求。

门面效应(door-in-the-face effect)　指如果对某人提出一个很大而又被拒绝的要求,接着再提出一个小一点的要求,则小要求被接受的可能性比直接提出这个小要求而被接受的可能性大得多。教师可以利用这一效应去影响学生。当教师希望学生完成某项任务时,可以提出一个学生根本不可能完成的任务,待学生表示为难时,才提出真正要学生完成的任务,则学生往往会尽力接受最后这项要求。

系列位置效应(serial position effect)　在系列学习中,因各项目所处的位置不同,学习效果有所不同的现象,表现为前面和后面项目的学习效果好于中间项目。在美国心理学家津巴多1985年进行的一项实验中,实验者要求被试学习32个单词的词表,并在学习后要求被试回忆,回忆时可不按原来的顺序。结果发现,最后呈现的词最先回忆起来,其次是最先呈现的词,而最后回忆起来的是中间的词。在回忆的正确率上,最后呈现的词遗忘得最少,其次是最先呈现的词,遗忘最多的是中间的词。在一堂课的教学中,教师不仅要向学生提出明确具体的目的和任务,而且要结合教学实际,采用灵活多样的教学方式、风趣幽默的语言,以调动学生学习的积极性,使学生有意识地把注意力集中于一堂课的始终。对于某项教学内容,要注意向学生讲清与之有关的前后教学内容的意义联系,使学生能够对知识的掌握清晰、稳固而不至于受到干扰。

(曾红梅)

教育(education)　培养人的一种社会活动。是人类通过传递生产经验和社会生活经验,实现自身再生产的手段。产生于人类社会初始阶段,存在于人类社会生活的各种活动过程中,并随着人类社会的发展而发展。教育同社会有着本质的联系,一定社会的教育是一定社会政治、经济、文化的反映,同时又反过来促进社会的进步和发展。现代社会对教育提出了极高的要求。教育的作用受到世界各国的重视。中国在进入全面建设小康社会的历史新时期,已作出"优先发展教育,建设人力资源强国"的战略部署。教育肩负着提高全民族素质、培养具有创新精神和能力的社会主义现代化建设者的重任。

教育是培养人的社会活动

在中国,"教"字最早见于甲骨文"𣁽",其左边表示被教者,右边表示手持木棒的教育者,象形意义十分明显。"教育"一词最早见于《孟子·尽心上》"得天下英才而教育之,三乐也"。按《说文解字》的解释:"教,上所施,下所效也","育,养子使作善也";《中庸》称:"修道之谓教";《荀子·修身》称:"以善先人者谓之教";《礼记·学记》称:"教也者,长善而救其失者也"。在古希腊,有两个词表示教育概念:一是 agoge,意为"指引"、"约束"、"管教";二是 paideia,该词源于 pais 和 paidia,前者意为"儿童",后者意为"儿童运动"或"游戏"。拉丁文为 educare,本意为"引出"或"发挥",用来指称引导儿童固有的能力得到完满发展。英文 education、法文 éducation、德文 Erziehung 均源于此。

近现代以来,教育的定义有很多。许多教育家都以自己的经验、理解来定义教育,带有时代的烙印。"近代教育学之父"、捷克教育家夸美纽斯认为,人人具有知识、德行和虔信的种子,这是上帝赋予的,教育则是使这些种子发芽生长。英国教育家洛克则相反,认为"人心没有天赋的原则","人心是白板",教育能使儿童掌握知识和德行。德国教育家赫尔巴特从实践哲学出发，认为教育就是培养人的道德。俄国教育家乌申斯基把教育分为广义和狭义两种：广义的教育是无意识的教育，大自然、家庭、社会、人民及其宗教和语言都是教育者；狭义的教育中，学校、负实际责任的教师才是教育者。美国教育家杜威从实用主义经验论出发，主张"教育即生长"，"教育就是经验的改造和重组"。苏联政治家、教育家加里宁曾给教育下过定义，认为教育是对受教育者心理施行的一种确定的、有目的的和系统的感化作用，以使受教育者养成教育者所希望的品质。中国学者大多从现象学的视角来定义教育，认为教育是培养人的一种社会现象，是传递生产经验和社会生活经验的必要手段。随着教育理论界对学生主体性的张扬，不少学者认为，教育是学生自身的实践活动。

综合许多教育家对教育的理解，一般认为教育有两种主要的定义方式。一是从外铄的角度，以教育者进行定位，认为从广义上说，凡是增进人们的知识和技能、影响人们的思想品德的活动都是教育。狭义的教育主要指学校教育，是教育者根据一定社会（或阶级）的要求，有目的、有计划、有组织地对受教育者的身心施加影响，把他们培养成为一定社会（或阶级）所需要的人的活动。二是从内发的角度，关注受教育者身心的健康成长，如"教育即生长"。1975年，第三十五届国际教育大会上通过的《国际教育标准分类法》对教育的定义是：本标准分类的"教育"不是广义的一切教育活动，而是认为教育是有组织地和持续不断地传授知识的工作。该定义1997年被更新为：教育指专为满足学习需要的各种有意识而系统的活动，包括文化活动或培训，教育是导致学习的有组织的及持续的交流。

教育是培养人的一种社会现象，它与社会共存亡、同发展，因此教育是永恒的范畴；教育与社会发展有着本质的联系，它以越来越复杂的形式适应社会发展的需要，为一定社会的政治、经济和文化服务，因此教育又是历史的范畴。教育是人类自身再生产的过程，教育要促进人的身心自由发展，因此它又受教育对象身心发展规律的制约。教育既是一种追求人的自由发展的实践，又在各方面受到社会的约束。追求自由、鼓励个性是教育的内在属性，而受社会制约并为之服务是教育的外在属性。教育是独立性和关系性的合体。政治、经济、文化、人口等因素既对教育有某种制约，同时又受教育的影响。

人，作为劳动力，是社会生产力中最活跃的因素。教育担负着劳动力再生产的任务。作为生产力的科学技术在没有被劳动者掌握之前，是一种潜在的生产力，只有当它被劳动者掌握并运用于生产实践，才能由潜在的形式转化为现实生产力。这种"转化"要靠教育对人的培养与训练。教育也是科学技术再生产的重要手段。受教育者接受教育的程度越高，掌握科学技术的深度与广度越好，创新能力越强，

他们在推动科学技术和生产力的发展上的作用也就越大。从这个意义上说，教育是发展生产和繁荣经济的工具。这是教育的生产（或经济）属性。

人们在从事物质生产的同时也建立了某种生产关系。所以马克思把人的本质看作是"社会关系的总和"。教育培养什么样的人，教育领导权、教育资源的分配和教育内容的选择，都是由一定的生产关系和维护这种生产关系的政治制度及其意识形态等决定的。教育作为培养人的社会活动，把前辈积累的生产经验和社会生活规范传授给下一代，使他们能适应现存生产力与生产关系的要求，以维护和巩固一定社会的政治和经济制度。因此，不同的社会有不同性质的教育。从这个意义上说，在阶级社会中，教育具有阶级性。占统治地位的教育，总是统治阶级的教育。这是教育的政治（或意识形态）属性。

教育是文化的一部分。文化总是具有民族性、地域性，同时随着时代的发展，具有时代性。教育必然会受到民族文化传统的影响，同时又对文化有选择、传播、发现、改造、融合的作用。教育总是在传承和交流文化的过程中，通过选择和改造创造新文化。教育在传承已有文化知识的过程中不断探索和创造新的知识。这是教育的文化属性。

尽管教育的作用随一定社会条件的变化而变化，但它始终体现促进人的发展和为社会发展服务的辩证统一性。在不同的社会制度下或在同一社会制度的不同发展阶段，教育为生产力或生产关系服务的重点也不同。当社会发展需要变革生产关系以解放生产力时，教育为阶级斗争服务的性质和作用就会凸显；当社会由革命转向建设时期，教育为生产服务的性质和作用就被提到突出地位。教育就是在同生产力与生产关系、经济基础与上层建筑（包括政治法律制度、机构和政治思想、法权思想、哲学、道德、文化、艺术、宗教等社会意识形态）等错综复杂的联系中，对社会的发展发挥作用。同时，教育在适应社会发展需要的过程中，自身也得到发展。

教育的本质是促进人自身的发展，是人类自我生产、自我超越、追求自由发展的实践活动。人类要延续发展，新生一代首先需要学习前人的经验，以适应既有的生活条件和生产关系。教育是老一代与新一代接续的专门实践活动。教育对社会发展的作用，是通过培养人来实现的。

人有其自身生理和心理的发展规律。教育过程中必须遵循这些规律，才能收到预期效果。这是教育的内在（或人本）属性。教育在人的发展中的作用，是在同遗传和环境的相互作用中表现出来的。

遗传　主要指人的遗传素质，即个体与生俱来的生理解剖上的特点，包括机体的形态、结构、功能，神经系统的结构和功能等。遗传素质是人身心发展的生物前提。人的遗传素质是逐渐成熟的，具有阶段性，对大多数儿童来说，在

正常的条件下,成熟的时间大致相同,不同年龄阶段有不同的特征,这就是身心发展的年龄特征。教育只有遵循儿童身心发展的年龄特征,才能取得效果。人的遗传素质存在差异,教育要考虑人的这种差异,因材施教。遗传在人的发展上起着重要作用,但它仅仅为人的发展提供了可能条件。只有通过后天环境和教育的影响与作用,才能使这种可能条件转化为人的现实属性,形成人的知识、才能、思想、品德以及性格、爱好等。因此,"遗传决定论"是错误的。

环境　指人生活在其中并给人以影响的客观世界,包括自然环境和社会环境。自然环境为有机体的生存和发展提供了必要的物质条件。对于一般生物来讲,有了适合自己生存的自然环境就够了,就能够生长发育。而人的身心发展不仅需要合适的自然环境,更重要的而且起决定作用的是人类所特有的社会环境。人生下来就处在一定的社会环境中,社会已经形成的人与人的关系以及反映这种关系的思想、信念、心理、行为、习俗等无不对人的发展产生重要影响。但是人接受环境的影响不是消极的、被动的。环境对人产生影响,人也在改变环境。人就是在实践中改造客观世界,同时接受客观世界的影响,从而改造自己的主观世界来发展自己。在同一个环境中,每个人的主观态度不同,其各自的发展也不同。环境对人的影响是自发的,有消极影响也有积极影响。环境只有在教育的组织和利用下,才能向着社会所需要的方向对人的发展起积极的作用。"环境宿命论"也是错误的。

教育　教育,特别是学校教育,对人的发展起着主导作用。教育也是社会环境的一个组成部分,但它是环境中影响人的发展的一种自觉因素。教育可以根据一定的社会需要,有目的有计划地组织特殊的环境来对学生施加影响。它既可以充分发挥个体遗传上的优势,使个体得到较好的发展,又可以有条件地控制环境对人的自发影响,利用和发挥环境中积极因素的作用,限制和排除环境中消极因素的影响,以确保个体的健康发展。教育的主导作用是相对遗传和环境而言的,绝不能超越社会发展和个体发展规律对教育的制约性而孤立地谈教育的作用。有些自然环境和社会环境也是难以控制的。"教育万能论"也是错误的。

在人的发展中,遗传、环境与教育是相互作用、辩证统一的。遗传是人的发展的物质前提,由环境和教育的作用引起的儿童身心发展的需要,与儿童原有的发展水平之间的矛盾,是儿童发展的动力。通过教育来解决矛盾,就促进了儿童的发展。

教育的构成要素

教育过程是人的一种特殊的认识过程,它既具有认识过程的一般规律,又具有反映教育过程特点的特殊规律。人的认识是在主客体相互作用的实践活动过程中主体对客体的认识。教育的特殊规律表现在:第一,受教育者的认识不是通过自身(主体)对客观世界(客体)的直接的实践去认识世界,而是通过教育者和教育影响的中介得到的,即受教育者对世界的认识是通过书本知识、间接经验获得的;第二,教育过程不像一般认识过程只有主客体两者的关系,还增加了指导主体去认识客体的第三者——教师。因此,构成教育活动的要素有三个:教育者、受教育者、教育影响(包括教育的内容、方式、方法)。也有学者主张四要素说,即教育者、受教育者、教育内容和教育手段。当然,在现代教育中,科学仪器设备、各种媒体已是教育过程中不可或缺的重要因素。但是从整个教育发展的历史长河中来考察,教育手段不是最必要的因素,它不过是教育者或受教育者的工具。古代教育主要是教育者的言传身教,甚至没有课本,并无特别的工具和手段。同时,教育影响这个因素中也包含方式、方法和手段。因此,普遍意义上的教育所不能或缺的构成要素是教育者、受教育者、教育影响三者。

教育者　广义而言,一切能够影响儿童发展的人都是教育者,如父母、长者、同伴。孔子说"三人行,必有吾师",就是这个意思。狭义而言,教育者主要指学校的教师和教育部门的工作者。教育是有目的的、有计划、有组织的培养人的活动,组织者就是教育者。

教育者在教育活动中起主导作用。现代教育强调受教育者在教育过程中的主体性、主动性,但并不排斥教育者的主导作用。教育者的主导作用表现在教育者是受教育者发展的计划者、设计者、指导者。教育目标、课程标准、教学设计都是由教育者根据社会的需要和儿童身心发展的规律制订的,其实施也要依靠学校的教师。

教育者的主导作用还表现在教育者闻道在先,人类文明积累的知识要靠教育者来传递给下一代。教育者通过自己的活动,有目的、有计划、有组织地把知识传授给受教育者,并且帮助他们发展能力,形成一定的世界观。受教育者如果没有教育者的指引,他们获取知识和发展要困难得多。故韩愈曰:"师者,所以传道、授业、解惑也。"

受教育者　教育活动的对象是受教育者,受教育者的身心是教育活动的构成要素之一。教育活动就是向受教育者传递人类积累的生产劳动经验和社会生活经验,并使受教育者的身心得到发展。

人的发展成长需要通过教育。人生下来只是一个自然的生物体,只具备人在生理解剖上的遗传素质,要真正成为人,需要接受社会环境的影响,也即需要社会化的过程。这个过程就是教育。人的遗传素质只是可能发展的前提,要使人的潜能得到发展,要靠教育。而且,有什么样的教育就会培养什么样的人。奴隶社会、封建社会的教育主要培养为统治阶级服务的人,现代教育则要求把人培养成具有创造精神、个性充分发展的人。因此,人具有可教性或可塑性。

人接受教育不是被动的,受教育者具有主体性、主观能动性。首先,受教育者是教育活动的积极参与者,是在与其认识的对象(教师和教育影响)的交往中获得知识和发展能力。其次,受教育者不是一张白纸,自出生起就受到环境的影响。受教育者在接受教育时,会受自己已有的认识、情感、意识的支配,其认识具有选择性。再次,一切教育影响都要通过受教育者自身的实践活动,经过其内在矛盾冲突才能被接受。一切教育活动,除了必须有好的教师、好的教材等外部条件外,还有一点最重要,即只有受教育者愿意学习,教育活动才能顺利进行。

受教育者的主体性和教育者的主导作用并不矛盾。受教育者的主体性要靠教育者去启发和引导。

教育影响　教育影响是教育者与受教育者之间的中介,包括作用于受教育者的影响物(主要是教育内容)及教育活动的方式、方法。教育过程不仅是教育者和受教育者两者的活动,还必须有活动的内容和方式。教育影响是教育的必不可少的构成要素。

人在成长过程中会受到各种外部环境的影响,但教育影响不是一般的环境影响,它是根据社会的需要,经过一定选择的影响。主要表现在教育内容上。在学校教育中,就是指国家、地方政府或学校制定的课程和课程标准,并依据课程标准编制的教材。

教育活动的组织方式和活动方法也是一种教育影响。良好的组织和方法会促进受教育者的发展。以数字化、网络化为特征的现代教育手段也是重要的教育影响,它能够整合教育资源,优化教育过程,促进受教育者更好地发展。

教育者、受教育者、教育影响三者是相互联系、相互作用的。受教育者是教育的接受者,是认识的主体、成长的主体。教育者是施教者,但在教育过程中也在不断地向受教育者学习,所谓"教学相长"。教育影响是教育者和受教育者认识的客体,但教育者和受教育者有时也会成为别的受体的教育影响。

教 育 的 形 式

教育通过一定的形式进行。按照教育的组织形式和教育影响的方式,教育可分为学校教育、家庭教育、社会教育三种。

学校教育　在固定的场所,有目的按计划进行,是现代教育的主要组织形式。按照受教育者年龄阶段的发展特征,学校分设有小学、中学和高等学校。中小学属基础教育,授予受教育者最基本的知识和技能,发展他们的能力。中等教育中的职业学校和高等教育则属职业教育和专门教育,给受教育者施以职业知识和技能训练,或者施以专业教育,培养专门人才。各级学校都把思想道德教育放在首位,培养受教育者成为有高尚品德的公民。

家庭教育　家庭是社会的细胞,是一个人最早接受教育的地方,也是生活的主要场所。父母是孩子的第一任教师。人一出生就受到父母的抚爱、教育,父母教孩子吃饭、穿衣、说话、走路和待人接物。家庭教育虽然是没有计划的,但是它给予儿童最早的教育影响,其影响十分重要和深远。因此,家庭是教育体系中的一个重要环节,对青少年儿童的健康成长有着不容忽视的奠基作用。

社会教育　可以是有组织的,也可以是无组织的。有组织的社会教育包括图书馆、文化馆、博物馆、体育馆、电影院、少年宫、少年科技站等教育文化机构的活动,无组织的社会教育则无处不在,主要是各种媒体、群众活动、人际交往、社会风尚等。有组织的社会教育是学校教育的延伸,是校外教育的主要阵地。无组织的社会教育带有偶然性,有些无组织的社会教育也可能对受教育者产生消极影响。因此,政府对社会教育要加以管理和引导,学校教育要教育学生正确对待社会教育。

按照组织的程度,教育形式可分为四种。第一种形式是有目的、有计划、有组织的学校教育,学校按照受教育者的年龄和教育程度分成年级和班级,由教育者按照一定的课程表对受教育者直接授课。第二种形式是通过各种知识媒介(如图书、报刊、电影、广播、电视、网络、函授教材等)使受教育者获得教育。这种教育形式中,教育者通常不直接与受教育者见面,而是间接地启发和指导受教育者独立学习,但有时也与面授相结合。第三种形式是通过人与人之间的联系来影响受教育者的活动。它既不在学校中进行,不系统讲授,也不提供自学内容,而是在工作与生活现场,通过示范、模仿、交往、接触来传递信息和经验,进行思想的和文化的影响。家庭教育也属这一类。第四种形式是自我教育,指受教育者为提高自身各方面素质而进行的自觉的、有目的的、自我控制的活动。自我教育在人的发展中举足轻重,是人参与自身发展的重要形式。

不同的教育形式在实践中形成各自不同的教育体系,起着各自特有的作用。教育的形式和机构同教育的性质和职能作用一样,都随社会的发展和时代的不同而变化。

教 育 的 发 展

教育随着人类社会的发展而发展。教育与社会生产力发展水平和社会经济、政治制度有着密切的联系。关于教育发展的历史阶段的划分有几种观点:一是以生产力的发展为依据,分为原始形态的教育、古代教育(包含奴隶社会和封建社会的教育)、现代教育(包含工业社会、信息社会的教育);二是以社会形态来划分,则有原始社会教育、奴隶社会教育、封建社会教育、资本主义社会教育、社会主义社会教育；三是综合两者来划分。

原始形态的教育 原始形态的教育存在于原始社会和古代社会的劳动人民之中。原始社会是人从动物界分离出来的第一个人类社会，经过了大约 100 万年漫长的历史时期。原始社会的生产力水平很低，人类借以生活的工具仅仅是石器以及后来出现的用树木制成的弓箭，后来逐渐学会种植，学会制造陶器和布帛。当时，由于劳动工具十分简陋，生产力水平低下，产品极为贫乏，生产资料为氏族公有，大家共同劳动和消费，过着平等的集体生活。与此相应的教育特点是：教育融合在生产劳动和社会生活之中，没有专门的教育机构和专职教师，主要是由年长者向年轻人传授打猎、捕鱼、采集、种植等生产经验和敬神祭祀等社会生活风俗、礼仪；到原始社会后期，部落之间经常发生冲突和战争，于是便出现军事教育的内容。

原始形态的教育主要是指学校出现以前的教育，在人类漫长的原始社会中随着生产力的发展也在不断发展。原始社会后期出现了由年长者专门从事教育儿童的工作。人类进入奴隶社会和封建社会以后，由于学校教育被统治阶级垄断，大部分劳动群众的子女仍然不能进入学校接受教育。未能进入学校学习的儿童和青年都是在劳动中跟随父辈或师傅学习手艺和社会生活经验，这种教育可称为原始形态的教育。

古代学校教育 随着生产力的发展和剩余产品的出现，一部分人不再从事社会生产劳动，社会上出现了脑力劳动和体力劳动的分工。这时开始出现专门从事教育工作的教师，产生了专门的教育机构——学校。从此，学校成为年轻一代学习的主要场所。

根据古籍记载，中国最早的学校有"庠"、"序"、"校"等。《礼记·学记》中记有"古之教者，家有塾，党有庠，术（遂）有序，国有学"的教育制度。依据人类学、考古学的材料推断，在菲得利岛上的原始居民中，未成年的男孩住在称为"青年之家"的单独房舍。老年人在此对未成年人进行口耳相传的教育。这是学校教育的雏形。

文字的产生促进了学校的产生和发展。有了文字，人类的生产劳动和社会生活的经验得以记录和巩固下来，人类的文化有了书面记载，学校就有了文字教材。在中国，最早的文字是刻在龟壳和兽骨上的，考古学者称之为甲骨文。后来又刻在竹简和木简上，书写在布帛或兽皮上。大约在西汉时期，中国出现了最早的植物纤维纸。纸的发明对人类文化的继承和发展起了巨大作用。它不仅便于书写，而且便于传播。学校教育也就有了课本。印刷术的发明又进一步促进了文化的广泛传播，方便了教与学的进行，促进了学校教育的发展。

古代学校教育经过了奴隶社会和封建社会两个社会形态。奴隶社会的教育具有明显的阶级性，只有奴隶主的子弟才能接受学校教育。教育内容是学习统治者的礼仪、兵法等治人之术。中国古代奴隶社会的教育内容是"礼、乐、射、御、书、数"，所谓"六艺"，反映了奴隶制国家尚礼、尚武的需要。封建社会的教育不仅具有鲜明的阶级性，而且有严格的等级性。在中国，主要表现在中央官学按官吏的品级招收学生。隋唐以后，国家采用科举制度选拔官吏，学校教育就与科举制度紧密结合。学校教育的内容主要是儒家学说的经典，目的是培养封建社会的统治人才。

在欧洲，奴隶社会的教育有两个典型：一是斯巴达教育，崇尚军事教育，学习内容有赛跑、跳跃、掷铁饼、投标枪、角力（所谓"五项竞技"）以及肉搏、骑马等；另一个典型是雅典教育，重视和谐发展，以培养上层统治人才、有文化教养的商人和政治家为目的。学习内容除"五项竞技"外，准备将来担任国家要职的还要学习辩证法、文法、修辞学（即"三艺"）。476 年西罗马帝国灭亡，欧洲开始进入封建时代。封建统治阶级有僧侣封建主和世俗封建主两个阶层。为他们服务的教育有僧侣教育和骑士教育。这种教育不仅具有明显的阶级性和等级性，而且具有浓厚的宗教性。教育目的是培养对上帝虔诚、忠于教权的教士和能够维护封建主利益的骑士，对他们进行"七艺"和"骑士七技"的教育。12—13世纪，由于手工业和商业的发展，城市中出现了行会学校和商人子弟学校，着重学习生产和业务知识，为本行业培养人才。后来，这两种学校合并成城市学校。这种学校打破了教会对学校的垄断，反映了资本主义萌芽时期生产力和新兴资产阶级的需要。

学校教育的发展促进了教育理论的萌发，孔丘、墨翟等教育思想家和实践家也随之出现。萌芽时期的教育理论，只是以教育思想的形式结合在哲学、政治、伦理等思想之中，散见于古代思想家和教育家的有关著作中，并未形成单独的教育理论体系，如《论语》、《墨子》、《孟子》、《荀子》等书籍中都有许多著名的教育论述。成书于公元前二三世纪的《学记》，是中国也是世界上最早的教育著作。以后又出现了如郑玄、韩愈、朱熹、颜元等教育家，著有许多教育论著。

欧洲古希腊的教育实践孕育了较系统的教育思想，出现了一批教育思想家和实践家，如苏格拉底、柏拉图、亚里士多德等。罗马教育同样是建立在剥削奴隶劳动的基础上，比希腊教育有着更大规模的学校教育实践，较重视对课程与各种教学方法的研究。这些明显地反映在昆体良的教育理论体系中。昆体良的《雄辩术原理》成书于公元 1 世纪末，是西方较早的一本有关教育的论著。

古代学校教育的共同特点：具有严格的阶级性和等级性，学校为统治阶级所垄断，教育目的和内容都是为统治阶级服务，劳动人民没有接受学校教育的权利，只能接受原始形态的教育；学校教育严重脱离生产劳动；教学方法是经院式的,主要采取个别教育的形式。

现代教育　社会生产力的发展逐渐引起封建自然经济的解体。12—13世纪,欧洲一些工商业比较发达的地方出现了资本主义生产的萌芽。资本主义生产的发展产生了新的生产关系,出现了新兴的资产阶级。资产阶级为了迅速发展资本主义经济,就要反对封建制度,创立自己的思想体系。14—16世纪的文艺复兴运动就是一次资产阶级的思想运动。它向封建文化宣战,要求解放人的个性,恢复人的价值,发展人的能力,反对宗教对人的发展的禁锢。这一运动促进了教育实践和教育理论的发展,出现了像维多里诺、伊拉斯谟、拉伯雷、蒙田和莫尔等人文主义和空想社会主义思想家与教育家。他们提出人文主义教育思想,批判教会控制学校,批判经院主义,主张广泛举办学校,以培养资产阶级需要的人才。

社会生产力的不断发展促进了科学技术的发展,科学技术的成果逐渐被应用到生产中。科学技术同生产结合,终于在18世纪首先在英国爆发了产业革命,从此开始了现代生产的新纪元。现代生产建立在现代科学技术的基础上,生产的需要与科学技术的发展互相促进。于是对教育提出了新的要求,逐渐出现世俗的拉丁学校、实科中学、公学等为资产阶级子弟准备的学校。教育内容也逐渐丰富,数学、力学、天文、地理等开始成为学校教育的主要学科。现代生产还要求劳动者具有一定的文化科学知识,再加上劳动人民争取教育权利的斗争,教育的范围扩大了,学校开始发展起来。资产阶级为劳动人民开办一些学校,并提出"国民教育"、"普及义务教育"等口号。培养劳动者的任务开始从在劳动实践中进行转为主要由学校教育来承担,现代学校教育制度逐渐形成。

在学校中受教育的人大量增加,封建时代个别教学的形式已不适应教育发展的要求,产生了以班级授课制为主的集体上课的教学组织形式和方法。班级授课制最早由17世纪捷克教育家夸美纽斯总结出来。他的《大教学论》(1632)是西方第一部系统论述教育的专著,标志着教育学向独立科学发展的开端。夸美纽斯的教育思想是他个人经验的总结,也是时代的产物。

随着教育实践的发展,教育科学也逐渐形成。继《大教学论》之后,又有了英国洛克的《教育漫话》(1693)、法国卢梭的《爱弥儿》(1762)、瑞士裴斯泰洛齐的《林哈德与葛笃德》(1781—1787)等;到19世纪,德国赫尔巴特的《普通教育学》(1806)和英国斯宾塞的《教育论》(1861)把教育科学推向一个新的发展阶段。特别是赫尔巴特的著作,以心理学和伦理学作为教育学的理论基础,使教育学形成了一个比较完整的体系。20世纪初,又出现了美国杜威的实用主义教育思想。随着教育的发展,新的学术流派不断涌现,教育学科也日益分化,形成许多独立学科以及同教育学科相关的边缘学科,出现了一个教育学科群。

当西方各国进入资本主义社会的时候,中国还处在封建时期。明末清初,西学东渐,一些西方传教士来华传教,他们开办教会学校,吸引中国儿童入学。第二次鸦片战争以后,帝国主义侵入,教会学校有了较大发展。同时,洋务派主张"中学为体,西学为用",开始创办新式学堂。维新派提出教育改革的主张,废科举、兴学堂。中国开始采用西方的现代学校制度。辛亥革命以后,中国的学制几经变革,1922年学制改革基本定型。民国时期,蔡元培主掌北京大学,张伯苓创办南开大学,不仅为中国高等教育发展奠定了基础,他们的办学思想也影响了中国现代教育的发展。20世纪20年代,人民教育家陶行知创建生活教育理论,陈鹤琴创建"活教育"理论,梁漱溟、晏阳初开展平民教育和农村教育运动,为中国教育现代化作出了理论和实践的贡献。与此同时,中国共产党在革命根据地建立了民族的、科学的、大众的新民主主义教育。中华人民共和国成立后,中国教育事业得到空前发展,随着九年义务教育的普及、高等教育的大众化,正在逐步建立起有中国特色的社会主义现代国民教育体系和教育理论体系。

现代生产改变了人们的社会生活,也改变了对教育的要求。现代生产要求全面发展劳动者的智力和体力,要求教育同生产劳动密切结合。马克思在《资本论》中指出:"大工业的本性决定了劳动的变换、职能的更动和工人的全面流动性。"因此,需要全面发展的人来代替局部发展的人。教育同生产劳动相结合是培养全面发展的人的唯一途径。教育同生产劳动相结合是现代教育的普遍规律。

20世纪后半叶,人类进入科学技术发展的新时期。随着科学技术的发展和生产的现代化,人类社会进入信息化、学习化的新时代。劳动者的学习已经不能一次完成,需要终身学习。20世纪60年代出现终身教育思潮,影响到世界各国的教育。终身教育要求为每一个社会成员提供不间断的学习机会,它打破了学校教育的界限,把正规教育与非正规教育、正式教育与非正式教育结合起来,形成一个学习型社会,促进人的全面发展。数字化、网络化等现代信息技术,为学习型社会的建设提供了物质技术条件,使现代教育发展到了一个更高的层次。

随着经济全球化和国际竞争的加剧,教育越来越受到各国的重视,智力开发被置于比物质资源的开发更为重要的地位。很多国家都增加了教育经费,普及中等教育,发展高等教育和成人教育。1990年世界全民教育大会提出"全民教育"思想,要求满足社会每个成员的基本学习需要,即包括人们为生存、为充分发展自己的能力、为有尊严地生活和工作、为充分参与发展以及为继续学习所需的基本的学习手段和内容。教育的国际交流也日益频繁,某个国家的某项教育改革会迅速传遍全世界。大量来自外国的留学生,在异国工作的外国专家和顾问,在世界各地举行的国际会议,学者间往来的讲学、信件和资料的交换,都促进了国际间的教育交流。现代教育具有民主性、生产性、多样性、终身性、国际性的特点。

参考文献

顾明远,黄济.教育学[M].北京:人民教育出版社,1987.

毛礼锐,沈灌群.中国教育通史[M].济南:山东教育出版社,1985.

南京师范大学教育系.教育学[M].北京:人民教育出版社,1984.

滕大春.外国教育史[M].济南:山东教育出版社,1994.

中国大百科全书总编辑委员会《教育》编辑委员会.中国大百科全书·教育[M].北京:中国大百科全书出版社,1985.

（顾明远）

教育本体论（ontology of education）　　教育哲学的重要分支。以哲学本体论为基础,研究教育的本质、教育的起源、教育的内在特性以及教育与人的存在的关系、教育发展与人类美好生活的关系等理论问题,是对教育存在问题之追问的基础研究,对于其他形式的教育理论和教育实践具有重要的指导作用。主要包含教育本质论、教育起源论等。

教育本体论的理论基础是哲学本体论。哲学本体论是研究关于世界存在或本原的哲学理论。从构词上看,“本体论”（拉丁文 ontologie,英文 ontology）是关于“存在者”的学问。西方哲学的本体论旨趣是要说明存在及存在者的基本规定。因此,本体论所要追问的是“存在问题”,即追问有待解释的世界之“何以可能”,归根到底是对存在的根据的追问。本体论直接进入教育哲学的视野,是因为教育与本体问题或教育存在之根据问题分不开。相关的问题有:世界的本质是什么?人的本质是什么?社会的本质是什么?教育怎样才能产生和发展?人受教育是为了什么?人是可教的吗?教育现象纷繁复杂,不同于社会其他现象之本来面目的、可以称之为“教育”的东西是什么?教育本体论假设存在一种可称之为“教育”的存在,这种存在是各种感性教育世界的本来面目。教育现象只是这种教育之本来存在的表现。虽然教育离不开教育价值观的引导,因而在现实的教育活动中总会面临各种教育价值观的纷争,但是教育存在是客观存在的,并且不以教育价值观为转移。排除各种价值观念之纷争,客观地探究教育这种社会现象的本来面目,以揭示教育之本义,是教育本体论的最终目的。教育所指涉的对象——人,以及教育所培养的人,必须生活在社会群体之中,这样的事实决定了对教育作本体论的探究离不开对人的本质及社会本质的追问。追问教育的存在,实际就是追问人的本质所在和社会的本质所在。从一定的意义上讲,教育的本质是由人的本质及社会的本质演绎而来的。

西方哲学思想中的教育本体论题

西方哲学对教育本体论的思考始于古希腊哲学家柏拉图的《理想国》。在《理想国》第七卷中,苏格拉底在将格劳孔引向洞穴譬喻之前,首先说明了这一譬喻的目的:它要呈现“受过教育的人与没有受过教育的人的本质”。苏格拉底所说的“受过教育”是指完整意义上的教育,也就是本体论意义上的教育,是教育的本质所在。苏格拉底正是用这种教育来说明教育的本质。柏拉图主张教育是人的精神转变,教育具有几方面的含义:第一,教育的本质并不在于把单纯的知识注入人的心灵,而是需要首先实现人的精神更新,使人的灵魂受理性的治理;第二,教育的真正目的在于使人的灵魂和谐和高尚,引出精神之向善性;第三,教育培养人的正义、智慧、勇敢、节制的德性。柏拉图认为,哲学家的教育乃是最高或最充分的教育,因为哲学是灵魂朝神性领域上升的努力,是人的可能性最充分的实现。

对于亚里士多德来说,同样存在“正确教育”的思想,即存在唯一可称之为“教育”的东西。亚里士多德本体论思想的核心是物质与形式的区别。世界就是形式作用于物质的结果。物质经常变化,形式则比较稳定。“正确教育”在于重视学习的形式方面,并通过永恒的、不朽的知识来使人获得幸福所必需的美德。亚里士多德立足于探讨古希腊教育哲学中的永恒问题,即美德的获得,从而在对这个问题的探讨中确立了不同于柏拉图的教育本体论思想。亚里士多德认为,教育的目的在于培养具有美德的城邦公民。使人具有美德和善的因素有三个,即天性、习惯和理智。正确教育就是遵从人的天性、养成美德的习惯,并使理性与欲望相结合,从而获得美德。亚里士多德把幸福看成是理性的活动。理性是人独具的,人唯一的优秀品质就是理性思维能力,故理智是使人获得幸福的主要美德。理性被区分为理论理性和实践理性,因而就有理论理性的美德和实践理性的美德之分。实践理性的美德表现在道德上和政治上,理论理性的美德则表现在理智上。

英国哲学家洛克试图通过分析人类知识是怎样获得的,而不是解释什么是知识来确立教育的本质。他认为,人的全部知识来源于感觉经验的观察。人出生时,大脑像块“白板”,学习就是感觉经验在这个白板上留下的痕迹。正确或错误的意识都是通过感官获得的。因此,儿童的善恶视他们的教育而定。洛克的经验知识理论被运用于教育,使得教育或儿童的学习成为一个消极的过程,即教育或学习是被动的而不是主动的过程。洛克的教育本体论思想标志着古代以来长期存在的教育本体论思想的结束,特别是它结束了柏拉图认为的人带着天生观念出生的思想。唯理论哲学家关于教育本体论的思想如裴斯泰洛齐、爱尔维修等人则认为，人的理性是评判万事万物的最终尺度，而不是经典权威或基督教启示录。依靠理性，人拥有自立的能力，随即产生新的思想。因此，人应该寻求建立自己行为的自然法则。爱尔维修认为，如果人受自然法则的支配，那么发现自然法则将使人能够指导教育去逐渐改善社会环境。

康德认为，按事物的客观面貌认识事物是不可能的。在对关于世界的一般概念进行重新分析后，康德得出结论，因果关系、时间、空间等现象是先天的范畴。由此认为，学习或认识是人运用先天的理性范畴建构客观世界的过程。康德的认识论或知识论改变了人们关于教育本体论的思想。在康德之前的哲学家大多认为，客观现实是可以认识的，学习就是人脑复制客观现实。而康德认为，教育并非让儿童复制客观现实，而是使儿童头脑本身内部所具有的先天范畴产生作用，教育就是使某些东西靠其自身发展出来，即发展人所有的自然禀赋。

黑格尔认为，大脑除了它的经验或思想之外，不以任何事物为基础。思想过程本身就是基本的实在，除此之外没有任何事物。绝对精神或理论在自我认识的过程中不断发展。教育就是通过参与社会客观精神，即通过参与绝对精神来认识自我，使儿童达到自我认识。对于黑格尔主义者来说，教育本质上是一种自我认识的过程，只有在自我认识的分析过程中，人们才能充分明白教育的根本意义与价值。自我认识的原动力存在于与客观精神的辩证法过程中。儿童通过参与绝对的客观精神认识自我。在教育中，儿童是在与客观精神的交往中发展自我和建构自我的，儿童是一个具有主观意识、情感和冲动的创造物。

赫尔巴特认为，人不可能认识世界的本质，即康德的"物自体"。然而，尽管人不可能到现象后面去验证经验的真实性，但经验本身则是某种超过自身的东西。在赫尔巴特看来，现实是由众多独立的"实在"组成的。单独的自我或灵魂正是其他自我或灵魂中的一个"实在"。在相互联系中，保持自己固有的特点以避免其他"实在"的不利影响，是所有"实在"的共同特点。实际上正是"实在"之间的相互作用引起人的经验，它以观念的形式把结果保留在人的经验之中，形成知识。因此，教育就要对与精神相联系的实在加以控制，注重实在知识的体现，而不是像卢梭那样从自然中抽象出原则。教育经验是自我的精神和其他实在相互联系的产物。教育结果会受到主观精神和客观精神双重的制约。

从亚里士多德到黑格尔的哲学家都把理性或理智看作是某种基本的东西，因而强调教育注重培养或训练理性本身。美国教育学家杜威则从达尔文的进化理论出发，认为人类的智力是对变幻的环境进行有益调节的工具，教育是教会人们思维。这不是因为思维本身好，而是因为思维是解决变幻世界中具体问题的手段或工具。要检验一种观念或假说的真理性，人们必须进行实践。传统的哲学总是试图在变化的背后寻找产生它们的间接原因或最终目的。然而在杜威看来，这种哲学本体论是错误的，因为变化的唯一过程就是变化本身的多样性。由此杜威把不断发展的自然规律描述为教育的准则：教育即生长。与此同时，杜威认为，发展是由人的智力的运用和锻炼，由个体差异决定的，故发展是渐进的。好的教育就是民主的、平等的交往活动，每一个社会成员通过交流、分享、合作学习而获得建构民主社会的精神与能力。

西方哲学中对于存在问题的追问，在中国的哲学语境中并不是人们关注的核心。在中国传统哲学思想中，"本体"一词与"用"、"器"相对。本体是指本原而恒常的实在，本体是内在、本源、永恒的基础。本体就是实质。与西方哲学的"本体"不同，中国古代哲学中所谓的"本体"是根本的、内在的质，是"用"的功能的源泉。本体体现的是终极的道德意义。从这个意义上看，中国传统的教育思想中并不存在西方哲学语境所谓的教育本体论的思想传统。考察孔子以来的历代教育思想家有关教育的论述发现，中国古代的教育思想家更多地是在教育之"用"的意义上来思考教育问题，而不是在教育之存在的意义上来思考教育是什么的问题。因而中国传统的教育哲学更关注教育的价值问题和实践问题，而不是教育的本质问题。教育的本体论问题，直到西方教育被引入之后，才成为人们追问的问题。

现代教育本体论争论的问题

20世纪教育本体论争论的核心是教育的本质问题。当代西方教育哲学家认为，教育是什么这一问题与现实是什么的问题密不可分。不同的现实观（本体论思想）决定着教育是什么。美国教育学者奥恩斯坦在《教育学基础导论》中列举出五种有代表性的并对教育产生较大影响的哲学派别之本体论思想，并列出与这些哲学派别的本体论思想密切相关的教育哲学流派。尽管不同教育哲学派别持有不同的本体论思想，但它们的一个共同之处是，都涉及对于"现实"究竟是什么的思考与判断，因而都是本体论思想在教育中的直接反映。不同的本体论思想决定着不同教育哲学流派的认识论和价值论，从而决定了教育目的与课程设置，并对教育产生深刻影响。

永恒主义教育哲学认为，真实的世界是不变的，它受绝对的、永恒的真、善、美的原则控制。掌握这些永恒的原则，就能够解决当前世界中的各种问题。这些永恒的原则体现在西方伟大的传统中，体现在西方伟大的思想家们的著作中。历史传承下来的"名著"表达了人类普遍关心的问题，过去的经验和才识绝不会过时。教育通过使年轻人接受不变的真理，而不是适应不断变化的环境和社会来为将来作准备。掌握这些永恒的原则和价值,是以人拥有理性为条件的。教育就是通过心灵和理智的训练,来掌握自古以来就已经为伟大的人物所揭示的永恒原则。教育的根本作用就是发展人潜在的理性,帮助年轻人发现永恒的原则,从而了解真实的世界。

存在主义教育哲学以存在主义哲学为基础,其基本问题是个人的生存问题。存在主义认为,存在先于本质。通过任何客观的手段所得到的知识都是假设性的,真正的知识来源于人的直觉,真理不是被发现的,而是个人选择的产物。人的本质在于人的选择性。人要选择自认为最好的东西,并按自己的选择承担生活责任。人在自我选择中成为自己,由此获得人的价值和尊严。基于对知识、真理和人的本质的看法,存在主义教育哲学认为,教育以人的个性、主观性和独特性为基础,目的在于使人认识到自己的存在,形成一套不同于他人的独特的生活方式,所以教育的出发点不是知识,而是自我。存在主义以主观性为第一原理,认为人的存在或者纯粹的自我意识"先于本质",因此,教育应以个人的"自我完成"为目标。德国哲学家布贝尔认为,人与人之间是想到的"对话"、"我和你"的关系,因而教育关系也是一种纯粹的对话的关系。教育本质上是品格教育,而不是认识某些大写的事物或会做某些确定的事情。

新托马斯主义教育哲学认为,存在着两个世界,即经验世界和超验世界。前者可以通过理性来认识,后者则只能通过信仰来达到。新托马斯主义的主要代表、法国哲学家马里坦指出,教育有自己的本质,教育的本质就是一个人的形成和个人的精神解放。

中国教育理论界对教育本质的认识亦存有较大分歧。20 世纪 80 年代后,围绕教育的属性问题,教育理论界展开有关教育本质问题的争论。这些争论归结起来有四种观点:教育属于上层建筑或基本上是上层建筑;教育是生产力或基本上是生产力;教育是一种培养人、促进人发展的社会实践活动过程;教育是心理的社会化过程。前两种观点倾向于从社会的需要来看待教育;后两种观点则倾向于从个体或人的角度来审视教育。

东西方关于教育本质问题的不同提问方式,表明了不同哲学思维方式的差异。西方的教育本体论是通过设定存在之本质以及人之本质来确定教育之本质。在这样的逻辑关系中,教育的本质是由社会本质和人的本质规定的。这种规定并不是某种从属关系,它服从于整体的存在之规定。中国关于教育本质之争论的焦点表明了教育之功能从属的性质,教育只是在单纯的工具意义上被设想为具有某种本质的功能属性。中国关于教育本质之讨论,并不是以本体论的思维方式来思考教育的质的规定性,而是从关系论的意义上提出问题。因此,整体的争论可以归结为教育与社会的关系或教育与人的关系。从关系的视角来思考教育的

归属问题,当然也可以为教育的展开确定基础,但是由此得出的结论会随着教育、社会与人三者之关系的变化而发生转移。实际上,教育实践的展开始终都必然拥有一个本体论的基础。对社会与人之本质的规定,决定了教育的目的、内容、组织形式和方法等。对教育本体论的研究与探讨既是一个纯粹的理论问题,也是实践性的问题。

参考文献

刘远传. 社会本体论[M]. 武汉: 武汉大学出版社, 1999.

汪帮琼. 萨特本体论思想研究[M]. 上海: 学林出版社, 2006.

余治平. 哲学的锁钥——源于本体论的形上之思[M]. 成都: 四川人民出版社, 2002.

俞宣孟. 本体论研究[M]. 上海: 上海人民出版社, 1999.

张广君. 教学本体论[M]. 兰州: 甘肃教育出版社, 2002.

（周兴国）

教育本质(nature of education)　指教育内部深刻、一贯和稳定的主要特性。回答教育是什么的问题。学术界对此长期存在争论。

教育本质争论

中华人民共和国成立后,关于教育本质问题的研究与争论分为两个阶段。"文革"以前,教育作为"无产阶级专政的工具"的说法是主流观点。改革开放后,关于教育本质问题的研究真正进入"百家争鸣"时期。1978 年,于光远在《学术研究》上发表《重视培养人的研究》一文,提到教育现象中虽含有上层建筑的内容,但不能说教育就是上层建筑。该观点引起教育本质属性的一场大讨论。这场讨论以《教育研究》为主论坛,1978—1996 年,全国各类报刊发表的相关文章达 300 篇。这些观点及其争论的主干部分大致可分为两类六种。每种主干观点都有多个变种。

教育是上层建筑说　该观点把教育本质部分或全部定性为上层建筑。认为既然社会存在决定社会意识,在社会存在中,生产关系是社会生活中最基本和最原始的关系,它对整个社会生活,特别是对社会意识具有制约作用。教育属于精神生活,由经济基础决定。经济基础的性质决定了教育的性质,经济基础的变化决定了教育的变化,因而教育是上层建筑。

这种观点引起了激烈的争论。一些学者认为这种说法不够科学,是不完整的。《关于教育本质的理论研究》的作者洪宝书认为,这种观点是从教育与社会的政治、经济有密切的本质联系、教育具有阶级性等方面来论证的,不否认教育与社会的政治、经济有密切的本质联系,但所有这类论证都不能得出"教育是上层建筑"这个结论,而只能得出"在阶

级社会中,教育具有上层建筑的属性"的结论。朱德全、易连云在《教育学概论》中认为,这类观点在看到教育与上层建筑的关系的同时,较重视教育的意识形态问题,强调教育的政治功能,但是教育的哪些方面属于上层建筑,哪些方面不属于上层建筑,教育与上层建筑的关系是教育的本质还是教育的功能等问题,有待研究。

这次争论的成果有三:一是多数学者不否认上层建筑是教育的属性之一,但不同意教育的本质就是上层建筑的说法;二是由此开始了教育本质问题的争论;三是突出和提炼了意识形态角度的教育属性问题,使人们清楚地认识到教育本质与教育功能存在密切关系。

教育是生产力说　兴起于20世纪80年代,与教育是上层建筑说针锋相对。这种观点主张教育与社会再生产之间存在本质的客观联系,教育是劳动力再生产的手段,因而是社会再生产的必要条件,是社会发展和延续的手段。特别是现代生产以科学技术为基础,从事这种生产的劳动者必须掌握生产知识和技术,教育只不过是从生产过程中分离出去的一个独立因素。因而,可以把教育看作是社会生产力。马克思说过,"要改变一般的人的本性,使它获得一定劳动部门的技能和技巧,成为发达的和专门的劳动力,就要有一定的教育和训练"。马克思关于社会再生产理论和生产劳动理论,是教育是生产力说的立论基础。培养人的教育工作,虽然没有直接从事生产劳动,没有参加生产过程,但间接地作用于劳动对象的劳动,应该肯定它是生产劳动。由此便可得出教育是生产力,是间接参与生产过程的生产力。

"生产部门说"是"生产力说"的逻辑延伸,"生产力说"明确指出,教育劳动基本上是生产劳动,教育基本上是生产力,教育部门基本上是生产部门。"非生产部门说"则指出,教育部门的重要性与教育部门属于生产部门是两回事,不能因为它重要,就说它是生产部门,马克思主义经典作家从来没有认为教育是生产部门,"生产部门说"将教育的传导作用和教育的内容是传授科学技术知识本身与劳动力混同了。

"生产部门说"与"非生产部门说"争论未果,后因对"生产力说"和"上层建筑说"的批评及教育本质探讨的短时沉寂(1983年后)而休战。随着与国际经济接轨,"生产部门"更多地被称为"产业"。1990年前后的"教育产业说"与"教育非产业说"的论争,就其学术渊源来讲,是80年代围绕"生产力说"展开的"教育是否是生产部门说"之争的延续。

"产业说"提出,现代教育已具备产业的基本特征,教育在专业性、生产性、资源消耗性和可经营性方面都有了产业的性质,教育是第三产业或特殊产业。"非产业说"认为"产业说"十分有害,它扭曲了教育的本质特点——培养人的活动,会对教育实践产生误导,其实质是把学校办成谋求利润

的部门。虽然1992年中共中央、国务院在《关于加快发展第三产业的决定》中明确把教育作为第三产业,而且是国民经济发展中有全局性、先导性的第三产业,但教育理论研究者的不同意见仍然存在。然而,论争大多停留在教育与市场经济相互作用的一些表面现象上,不仅未从理论上进行更深入的分析探讨,而且就揭示教育性质而言,并未超过"生产部门说"的水平。

"生产力说"与其支流也遭到一些学者的否定和谨慎的批判。但这次争论同样取得重要成果:一是多数学者不同意教育完全属于生产力的观点,但认同教育部分属于生产力的说法。二是重新发现教育的生产性功能,并从这一角度提炼了教育的生产属性。教育是生产力的观点对教育的生产力特性的揭示和强调,从根本上体现了进入改革开放和以经济建设为中心的时代,人们对于教育的经济功能的认识和期待。三是论证方式有根据,为教育的双重属性说提供思想线索。正如学者在后期研究中所总结的,"生产力说"与"上层建筑说"所采用的论证方式都注意从马克思主义经典作家的著作中寻根求据,注意对马恩著作的诠释;注意追溯历史的发展历程,或说明教育始终具有生产性,或力陈教育始终具有阶级性。两者的争论推动并丰富了对教育本质问题的进一步探讨,教育的双重属性说应运而生。因为"生产力说"着重指出"上层建筑说"中未充分考虑到的教育的内容、方法、手段等"非上层建筑的成分",只是围绕教育目的这一"上层建筑成分"展开;"上层建筑说"则指出科学仅是潜在的生产力,生产关系的"折光"会改变教育的性质。两说围绕一个同心圆同向而行,永远无法真正交锋,击败对方。

教育的双重属性说　在"上层建筑说"和"生产力说"论争正酣时,"双重属性说"以第三种面目介入争论。"双重属性说"及其变种"统一说"主张,教育具有上层建筑和生产力的双重性质,不能简单地把它归于生产力,或归于上层建筑。教育的本质是生产性与阶级性的统一。

"双重属性说"的另一变种观点是"多重属性说"。这是学者对这一问题在学术研究和认识上的一次飞跃,看到了教育的复杂性和多元属性。教育是一种复杂的社会现象,教育的本质也应该是多质的、多层次的。有人认为教育本质是其社会性、生产性、科学性、艺术性等各种属性的统一。社会结构中的生产力和生产关系、经济基础和上层建筑都是以人为主体。教育作为培养人的活动,与人的成长、发展有直接关系,它既与生产力、经济基础有直接关系,又与生产关系、上层建筑有直接关系。教育的任务是使人的德、智、体、美诸方面都得到发展,这体现了教育的多质性。再从教育发展的历史来看,教育产生于社会生产,具有社会性和生产性,到了阶级社会中,又具有阶级性。近代以后,自然科学的发展、文学艺术的繁荣,反映在教育上又表现为教

育的科学性和艺术性。教育本质是社会性、生产性、阶级性、科学性和艺术性的统一。

"双重属性说"、"统一说"和"多重属性说"的共同之处是，都试图从"本质"这一个概念中以一析多，但所找出的教育本质并未超越"上层建筑说"和"生产力说"而开辟新的路径。这次争论取得的成果有三：一是对教育本质问题的思考更加理性、多元、系统，也越来越深刻，在方法论上趋于成熟。二是在争论中充分展现了教育的多元属性。但对于这些属性是教育的属性还是教育本质、其间的关系、教育本质与教育功能之间的关系等问题，需要进一步探讨。三是在多元思考中重新探讨教育本质，开始切换到从教育内部考察教育本质的角度。批评者认为，本质属性是某些事物的特有属性，教育的历史性、阶级性、生产性等都不是教育的根本属性，不是教育区别于其他事物的质的规定性。"多重属性说"实际上是一种多元论，奉行的是折中平衡主义，其要害是不分主从，而事物的本质规定恰恰要求考察事物内在的主从关系。教育的内部属性说由此产生。

"上层建筑说"、"生产力说"、"双重属性说"都可归为教育的外部属性说，主要是从教育与社会现象之间的外部联系入手，探讨教育的功能和属性，进而揭示教育本质。而教育的内部属性说主要是从教育内部的联系和特点入手，探讨和揭示教育内部的本质联系。这类学说主要包括"社会实践活动说"、"培养人说"、"自我建构说"等。

教育的社会实践活动说　作为"上层建筑说"中"教育是一种社会意识形态"的悖论而出现。这一观点认为，不能把教育作为观念形态，教育是由教育对象和教育内容组成的一种社会实践活动，与教育思想、教育观点不同；作为促使年轻一代身心发展的主要属性，教育的本质是培养人的社会实践活动，是教育者有目的、有意识地对受教育者给予影响和作用，促使其发展的专门的培养人社会实践活动。

"社会实践活动说"一度为研究者所注目，但不久即遇到"特殊范畴说"的挑战。持"特殊范畴说"的学者认为，"社会实践活动说"是对教育职业的外部表现的概括，未能揭示教育内在的矛盾特征，虽也反映了教育的某些属性，却不可能成为贯穿人类自古以来一切教育现象的本质，不可能成为使教育区别于一切其他社会现象的根本。所以，教育实际上是独特的社会现象，是特殊的社会范畴。

教育的物质生产说与教育的精神生产说都是在教育是一种实践活动的前提下展开讨论的。"精神生产说"认为，教育的本质是一种精神生产，教育的一切活动都属于精神范畴。"物质生产说"批驳这种认识与一般的实践概念相悖，是错误的。认为正是因为教育是物质性活动，它才归于实践，教育在本质上是物质性活动，是人类自身的生产实践，它同"物的生产"及其实现方式"三大实践"一起，共同构成推动人类社会发展的根本动力。"精神生产说"对此说的

论点提出批评，指出"物质生产说"曲解了恩格斯有关"种的繁衍"的论述，忽视了学生的精神实体。

"物质生产说"后来有多种表述，如教育是社会劳动能力的生产实践活动，教育是人类加速自身建构与改造的社会实践；"精神生产说"也有"教育是精神的社会人的生产"的修正表述。这些观点实际上都已消除了先前存在于两说之间的壁垒，各自舍弃了一些东西，以和解的姿态向兼容的方向迈进。

在方法论的意义上，"特殊范畴说"并不是对"社会实践活动说"的否定，而是其思想的承袭和深入。两种观点都不同程度地贴近教育本质，抓住教育内在的矛盾结构，寻找教育的特殊性。其共同之处是对教育本质或教育属性的内部思考，取得了累积认识，完善教育属性、教育本质、教育功能研究方法和思维方式的重要成果。

教育的培养人说　是继"上层建筑说"和"生产力说"之后，活跃在中国教育理论界的一种最具影响力的教育本质说。将教育的本质规定为一种培养人的活动，揭示了教育最基本的特性，据此可将教育与其他不同性质的社会活动相区别。从这个意义上说，"培养人说"具有一定的科学性，并得到较广泛的认同。这种学说也有诸多变种和发展形式。

对"培养人说"的进一步思考和讨论产生了教育的传递说。"传递说"的大前提与"培养人说"一致，即承认教育是培养人的活动，但它不同意对教育本质所作的笼统界定。"传递说"指出，把教育的本质定义为培养人的活动，是历史上众多教育家、哲学家作出的判断，这种界说与历史上的见解没什么差异。"培养人说"的提法不准确，它只接触到问题的表层。"传递说"在批评"培养人说"的同时，提出教育是如何培养人、感化人的。认为教育是人类选择能力的传递，教育的本质是传授知识。如果单就"知识"或"能力"而论，因其分析教育本质的角度、层面不同，似乎可避免生产力与上层建筑之争，但有以点代面、以要素代系统的问题。无论是知识传授还是能力传递，都仅仅是教育的一个方面，无法互相说明。

"培养人说"的另一发展形式是教育的社会化说。"社会化说"同意把教育看作是培养人的过程，但对这一理论不甚满意，认为"培养人说"只是对教育现象的描述，是同义语的反复，而不是对教育内涵的揭示和阐明。"社会化说"认为，教育是教育者以一定的外在的教育内容向受教育者主体的转化，实现人类文化的传递，促使和限定个体身心发展，促使个体社会化。无论在什么样的社会，教育都承担培养人的社会职能。从这一点来说，教育的本质特征就是培养人，教育是培养人的社会过程，其本质是使人社会化的过程。这一学说揭示了教育的内部矛盾，即社会要求与个体心理发展水平的对立统一；揭示了人与社会的关系及教育的作用。

"社会化说"亦存在争议。有观点认为,把教育看作是促进个体社会化的过程,忽视了社会关系对人的自发影响,学校教育绝不能代替社会关系,片面强调个体社会化会陷入社会本位论的圈套。对"社会化说"的批评,以及"社会化说"中包含的难以克服的缺陷——忽视人的个性,使有的研究者转而对儿童的个性化持肯定态度,提出引导、促进儿童的个性化是教育本质的界定。教育的个性化说由此而生。这一学说注意到儿童的个性发展和社会化问题,并有兼容社会化的意愿,但因它们在一定意义上不属于同一范畴,融合社会化与个性化的努力,就留给了从教育与社会发展的关系、教育与人的发展的关系以及这两种关系之间的关联去分析和研究教育本质的"个性社会化完善化说"。

从教育与人、社会的相互关系上探讨教育本质,的确与"上层建筑说"、"生产力说"等不同,但其所探讨的不是教育本质,更多的是分析和研究教育的价值取向、"目的论"和教育功能、教育属性等,这与"本质论"虽有联系,但并不相同,目的和属性不能取代本质。这类论争的成果是,对教育本质的思考从教育的范畴、属性、目的等的宏观思考部分转入教育过程等的微观思考和研究;辨析教育与社会需要、教育与人的发展的双重目的;研究方法更加系统,思路逐渐明确,教育培养人的功能及其与人的发展问题得到明确。

教育的自我建构说 该观点认为,教育是人的自我建构的实践活动。它同意把教育的属概念定义为实践活动,但同时又指出,实践活动有两类,即改造客观世界的实践活动和改造主观世界的实践活动。教育作为发展人的活动,属于后者。人是双重生命的存在,是实然和应然的矛盾对立与统一。教育的存在是因为人的现实生存状况——他在自然、自发状态下发展的结果无法满足人发展的自身要求,只有通过教育实践,人才能按照自己的目的——人的理想发展和存在,来改变人的现实存在,改变人在自然、自发状态下的发展结果,故教育是人之自我建构的实践活动。

有学者则认为,这一定义过于宽泛。虽然人类通过教育能加速自身建构与改造,但人类通过社会实践也能加速自身建构与改造。人类在改造客观世界(即实践)的同时也在改造自己的主观世界,即包含这个意思。加速自身建构与改造是教育活动与其他社会实践活动共有的功能和属性,而不是教育独具的特有属性。定义中未对两者加以区分。但这一观点的积极意义在于,清晰地看到了人在教育过程中的主体地位和能量,昭示教育定义由外到内的认识转化。人在教育过程中的位置日渐清晰。

从教育内部属性来定义教育本质的学说,相比外部属性学说,虽然加深了对教育本质问题的认识,但揭示与他物的联系不够,由此带来两个问题:一是难以在外部联系中找到自己的"属",即使找到"属",也因缺乏论证而显得虚弱;二是没有外部现象作"入门的向导",因而在探求自身属性

时没有了"路",发掘不出充分的、深刻的属性。这易导致就教育谈教育,不能全面、辩证地看待社会、个人与教育之间的关系。

无论是从外部属性还是从内部属性出发,持续了三十多年的教育本质争论,其实质是从探讨教育本质出发而引发的一场教育属性或者说教育本质属性的论争。这场争论涉及教育的目的、规律、价值、功能、定义以及研究教育本质的逻辑起点等基本理论问题,积累了对这些基本问题的学术研究成果,理清了研究的层次性,建构了研究的系统性。教育是一个有诸多关联的存在,教育本质不是一座意义的"孤岛"。这场争鸣是中国的思想解放在教育方面的必然折射。

教育的两类属性

教育规律是教育内在的本质的联系,包括教育与社会(生产力、经济基础、政治、文化等)相互制约的规律(外部规律)、教育与人的发展相互制约的规律(内在规律)。教育的两大规律规定了教育的两类属性及其功能:前者规定了教育的外在属性和社会发展功能;后者规定了教育的内在属性和人的发展功能。教育本质是与教育内在属性紧密相关的存在。

教育的外在属性是指源于教育的外部规律、与影响教育的各种社会要素紧密相连的属性,主要包括教育的生产属性、经济属性(指经济基础)、政治属性、文化属性。教育的内在属性是指源于教育的内在规律、与教育内部各要素紧密相连的属性,主要指人的发展属性。教育的内在属性和外在属性彼此依赖并相互作用。

教育的生产属性 源于教育与生产力相互制约的规律。生产力是教育发展的物质基础,生产力发展水平制约教育目标、教育内容和教育手段,制约教育事业发展的规模、速度和学校结构等。教育能够把潜在生产力转化为现实生产力,实现科学知识的再生产和科学创新。生产力的发展水平对教育的制约作用形成了教育"五新"的生产属性:社会化生产提出劳动者价值——规范文化方面的新需求,这种需求高于技术文化的需求;工场手工业本身没有提出教育需求,导致片面发展并激发了通过普及教育保护劳动能力的新动机;生产社会化的结果产生了管理、调节、监督生产过程的新职能,即管理人员与一般劳动者的分离和对立;生产社会化使教育劳动带有生产劳动的新属性;个体劳动到社会劳动过渡的实现,教育领域完成了从个别教育到集体教育的转变,产生新的组织形式。

教育的经济属性 源于教育与经济基础的相互制约规律。经济基础制约教育的社会性质和受教育者的权利,同时也在一定程度上部分制约着教育的目的(价值观和人格

品质规定)和内容。教育对经济基础具有复制、强化、生产或消解的作用。就受教育机会的分配而言,平等是教育的经济属性之一。教育平等包括教育权利平等、教育机会平等和学业成就机会平等三个有递进性的阶段和内容。

教育的政治属性　源于教育与政治相互制约的规律。政治制度制约教育目的和教育内容,决定领导权和受教育权利;教育通过培养具有一定政治态度和思想意识的人来维护、巩固一定的政治制度。政治对教育的调控方式主要有三种形式,并依次形成不同的教育行政管理体制:中央集权制(国家倾向)的教育行政体制,放任制(个人自由倾向)的教育行政体制,地方分权制(国家倾向＋个人自由)的管理体制。在不同的社会状态和要求下,教育的政治属性有三种表现形式:作为阶级斗争工具的教育,作为革命或改良工具的教育,作为阶级统治工具的教育。

教育的文化属性　源于教育与文化传统的关系。文化传统潜移默化地影响教育的性质、目的和内容,同时教育对文化有传递、选择、改造的功能。

教育的人的发展属性　是教育的内在属性,源于教育与人的发展相互制约的规律。生理学和心理学认为,教育是促进人的身体和心理连续不断地发展变化的手段;社会学期待教育成为人的社会化的途径;教育学主张教育是成人之学和向善之学。无论从哪个角度,对于教育的期待都离不开人的向善取向的发展。除了遗传和社会环境,教育是影响人的发展最重要的因素和途径。这里的"人"包括群体的人和个体的人,教育的人的发展属性包括教育的人口素质提升属性和个体身心健康成长属性。

教育的人口素质提升属性由教育提升群体的人的素质这一使命和功能决定。人口是指在一定社会中,集居在一定地区生活的人的群体。人口是人类社会的基本要素,不是单个的个体和抽象的人。人口的数量、质量和结构制约教育,人口数量控制的自觉性、人口质量提升的程度都必须通过教育来完成,并对教育不断提出新的要求。

促进个体身心健康成长是提升人口素质的必由途径,也是教育的本质使命。教育具有提升个体谋生本领的价值和促进个性发展的价值。个体的健康成长指个体在成长过程中,在教育的帮助下达到身体健康、心理健康、德性健康以及具有良好的社会适应性。生命成长的属性对教育提出了很多很高的要求——遵循人的身心发展的顺序性和阶段性规律,教育就应该循序渐进,并且要区别对待人的发展的不同阶段;遵循人的身心发展不均衡性规律,教育要了解人的成熟期并抓住关键期;遵循人的身心发展稳定性和可变性规律,教育要选择、确定和更新教育内容与方法;遵循人的身心发展个体差异性规律,教育要因材施教。尊重人、研究人、发展人,是教育始终追求的。教育的内在属性不是孤立的,它与教育的外在属性相连。这是一个同心圆结构。

教 育 定 义

教育定义是对教育生活和教育活动的概括。其变化标志着社会、文化的变迁,也预示着将发生的教育内部的系列变化,包括内容的、方法的、关系的变化。定义教育的主体主要有两类,一是法定机构和文化认可的教育专家小组,二是教育思想家和实践者的个人体会。前者称为官方或正式定义,后者称为专家个人定义。对教育定义的角度主要也有两类,即社会角度的定义和个体角度的定义。前者认为教育是培养人的一种社会活动,后者倾向于把教育看作是个体学习或发展的过程。不同的主体、不同的视角有不同的教育定义。

教育是"培养"　教育是与抚育、培养新生一代有关的、"使人向善"的特殊的社会活动。这一定义在人类漫长的发展过程中,在整个农业文明和工业文明时代,基本上没有实质性变化,一直保持教育是上对下、老对少的权力和"使子作善"的原始含义。20 世纪 70 年代的新技术革命是人类文明的一个转折点,信息时代的来临带来一系列变革,教育的官方定义也发生了改变。

教育是"传授"　1975 年,第三十五届国际教育大会上通过的《国际教育标准分类法》对教育的定义是:本标准分类的"教育"不是广义的一切教育活动,而是认为教育是有组织地和持续不断地传授知识的工作。其中,"传授"指在两个或两个以上的人间建立一种转让"知识"的关系,是给予与获得的关系。这种传授可能是面对面的,也可能是间接的、远距离的。"有组织"指一个组织学习的教育机构和一些聘来的教师,按一定的模式,有计划地确定目标和课程,有目的地组织传授工作。"持续不断"指学习的过程要经常和连续。"知识"指人的行为、见闻、学识、理解力、态度、技能以及人的能力中任何一种可以长久保持的东西,即文化。

该定义的范围仍然是学校教育,但其外延拓宽了。在以终身教育为核心的社会教育发轫之时,它重新定义了教育对象的范围和教育的时空定位坐标,肯定了学校之外的教育对人发展的价值,意欲作出教育从中心地带(学校)到边缘地带(社会)的领域扩展,把教育机构群从传统意义上的家庭、学校扩展到社会机构乃至包括大众传媒手段在内的现代综合体。在本质意义上,它表明教育民主化程度的进步。

教育是"交流"　自 20 世纪 60 年代终身教育兴起后,非制度化教育的地位日渐上升,形成与学校教育平行的独立体系。在这一背景下,人们越来越多地从人本主义视角思考教育的定义和使命。联合国教科文组织 1997 年在巴黎召开的第二十九届大会上批准了《国际教育标准分类法》,其中教育被定义为专为满足学习需要的各种有意识而系统的活动,包括文化活动或培训,教育是导致学习的有组织的及持续的交流。其中,"交流"指涉及两个人或更多人之间的信息转移关系,信息包括消息、思想、知识、策略等。交流可分为言语的或非言语的、直接的或间接的、面对面的或远距离的,可有各种途径及媒介。"学习"指个人在行为、信息、知识、理解力、态度、价值观或技能方面的任何进步与提高。"有组织"指为达到明确目的或隐含目的而精心策划的一种模式或程序,包括开展交流所需的学习环境和教学方法的提供者。提供者可以是一个人、多个人或一个机构。教学方法的提供者一般是指以教学为目的而从事交流或传授知识和技能的人,但也可以是间接的无生命的东西,如计算机软件、电影、磁带等。"持续"指学习经验的积累要有一段持续时间和连续性,但未规定最少持续多少时间。

《国际教育标准分类法》界定的教育包括人在进入劳动力市场之前所受的若干阶段的"在校教育"以及贯穿一生的继续教育。其所说的教育包括按照各国情况确定的各种教育课程及各类教育,如普通教育、成人教育、正规教育、非正规教育、初始教育、继续教育、远距离教育、开放教育、终身教育、部分时间制教育、双元制教育、学徒制教育、职业技术教育、培训和特需教育,但不包括不以导致学习为目的的交流,也不包括没有组织的各种学习形式。所以,虽然教育与学习有关,但许多学习形式不被认为是教育。

教育是"交流"的定义囊括了各级各类教育,打破了教育的封闭状态,扩大了工作范围和教育的时空意义。在空间意义上,为教育在家庭、学校和社会的开展作出详尽的解释。随着制度化教育独占教育舞台时代的被打破,非制度化教育获得重视和发展的机会。教育正变成生命本身享用和发展需要的一部分,人们正努力建立开放的、兼容的教育沟通模型和有效的教育秩序。

参考文献

陈桂生.教育原理[M].上海:华东师范大学出版社,2000.

洪宝书.关于教育本质的理论研究[J].高等教育研究,1991(2).

袁小鹏.教育发展变革与教育本质论的演变[J].湖北大学学报(哲学社会科学版),2006(6).

张翼根.教育本质探讨中诸方法和结论的商榷[J].教育研究,1992(7).

郑金洲.教育本质研究十七年[J].上海高教研究,1996(3).

(张东娇)

教育拨款制度(education funding system)　政府向提供公共教育服务的各级各类学校分配和拨付公共教育经费的制度规范。公立的三级正规教育属于准公共产品或服务,由政府与市场共同提供,其成本由政府和受教育者或其家庭共同负担。三级教育中的义务教育作为基本公共服务,由政府提供,政府负担其全部成本。因此,政府成为公共教育经费负担的主体。政府如何向提供教育服务的学校分配公共教育经费是公共教育财政制度的重要组成部分,这一分配制度也称拨款制度。教育拨款制度包括拨款主体和客体、拨款内容和依据以及拨款模式。

拨款主体和客体　拨款主体有两种类型:一是由政府拨款,大多数国家的教育拨款主体是政府;二是由中介机构作为拨款主体,如英国、美国的部分州和中国香港特别行政区,高等教育拨款由高等教育拨款委员会等中介机构进行。就政府而言,向学校拨款可以是财政部门,也可以是教育部门。在国库集中支付制度下,按照核定的学校预算,由国库直接向学校拨款。也可以由财政部门拨付给教育部门,再由教育部门拨付给学校。前者的优势在于减少了拨款中间环节,防止教育行政部门对教育经费的挪用,降低拨款成本,提高拨款效率;后者可增加拨款的灵活性。中国长期以来采用财政—教育—学校的方式进行拨款,教育行政部门是拨款主体,伴随财政体制改革、国库集中收付制度的实施,拨款主体由教育部门转向财政部门。由于政府对学校的拨款制度与一国的财政体制及教育行政管理体制相关,由哪一级政府拨款,不同国家不尽相同。大国一般实行多级财政,教育管理也是多级政府管理,拨款主体呈现层级化。在中国,按照宪法规定,政府和财政由中央、省、市、县、乡镇五级组成,教育管理实行中央和地方分级管理。其中,高等教育实行中央和省级政府两级管理,对高等学校拨款按照高等学校行政隶属关系,分别由中央和省级政府实施;基础教育主要由地方管理,目前实行以县级政府为主的管理体制,对基础教育学校的拨款由县级政府实施。

拨款客体有两种:一是直接向提供教育服务的学校拨款,称为直接拨款;二是间接拨款,即采用教育券的形式,政府将教育券这一有价证券发放给学生,由学生选择学校后,将教育券交给被选择的学校,学校凭教育券获财政拨款。教育券最早由美国经济学家M.弗里德曼在20世纪50年代提出,曾在美国部分州实行。中国采用第一种。

拨款内容和依据　拨款内容按照经费支出的功能,可分为维持学校正常运行的经费、用于学校发展的经费以及高等学校中的科研经费。维持学校正常运行的经费包括学校经常性经费和资本支出经费。经常性经费在中国称为教育事业费,包括人员经费和公用经费;资本支出经费在中国称为教育基本建设经费,主要用于政府规定限额以上的教学仪器设备购置费和学校各种建筑物的基建经费。进入21世纪,伴随国家预算体制改革,教育经费分为基本支出和项目支出,基本支出相当于教育事业费,项目支出包括基本建设费和用于学校发展的各种专项经费,如中小学的信息化建设经费,高等学校中用于建设世界一流大学的专项经费,如"211"工程、"985"工程等。科研经费用于支持高等学校科学技术研究。

经常性经费应按照国家和省级地方政府制定的各级各类教育基本办学标准必需的生均教育经费确定;用于学校发展的经费应根据国家某个时期特定的教育发展政策所设立的各种项目及其所需成本确定。前者应以公平为导向,按生均定额采取均等化拨款;后者应以效率和政策为导向,引入市场竞争机制,采取招投标制度对学校拨款,主要在高等教育拨款中实施。科研经费一般采取项目制,按不同科研项目进行成本或需求确定,通过政府委托或招投标制度拨付给学校及项目承担者。

为了提高公共教育经费的使用效率,少数国家和地区在高等教育拨款中实行绩效拨款,对教育效率较高的学校增加拨款。这是将激励机制引入拨款支付,中国政府相关机构也在倡导绩效拨款制度。实施绩效拨款在理论与制度层面有其必要性,操作层面需具备三个条件。第一,建立客观的、科学的、可行的绩效评价指标体系,否则无法进行绩效评价。第二,建立相应的中介机构,依照绩效评价指标对各级各类学校绩效进行评价。绩效评价既不应由学校也不应由政府评价,因为它们都是拨款的利益相关者,而应由利益中立的第三方评价。第三,绩效拨款必须达到一定数量,足以激励学校提高绩效。这三项条件的设定成本较高,如果实施绩效拨款的成本大于绩效拨款数量,就失去实施的价值。

拨款模式　指政府以何种方式和机制向学校拨款。就政府向学校直接拨款而言,可分为协商拨款、投入拨款和产出拨款三种拨款模式:协商拨款的模式基于拨款部门与学校的讨价还价,拨款决策取决于学校与拨款部门之间的关系;投入拨款主要是通过成本分析得出一组综合反映注册生数和标准单位成本的公式,以此来分配高等教育经费,以教育投入的成本分析为基础,要求拨款机构能够核算高等学校成本,并能识别不同学校、不同项目之间的成本差别;产出拨款即采用以绩效为基础的产出拨款模式。中国采取投入拨款模式。

(王善迈)

教育财政学(education finance)　研究教育与财政关系以及如何筹集、分配和使用教育投资的学科。教育是个体和社会人力资本与价值观念形成的主要途径,要消耗稀缺的经济资源,这些资源主要表现为教育经费。教育经费的筹集、分配与使用关系到教育目标的实现,涉及学生和家长、学校和教职工、纳税人和政府等利益相关人的利益。教育财政学的研究内容主要是教育经费筹集的充足(adequacy)、分配和负担的公平(equity)与使用的效率(efficiency)。

教育经费筹集的基本目标是为教育发展提供充足的资源。教育财政充足分为绝对充足与相对充足。教育财政绝对充足是指与期望的学校系统总体学业产出相对应的总体教育财政支持水平。教育财政相对充足是指与期望的不同教育条件或教育环境儿童的学业产出相对应的财政支持水平。绝对充足主要是总量的充足性,相对充足主要是对弱势学生的补偿性拨款的充足性。教育财政研究者已经发展出教育成本函数法、专家法和成功学校法等计量教育财政充足性的方法。教育成本函数法是通过经济计量模型得到教育成本与学生质量(学业成绩)的数量关系,根据目标质量水平计算出教育经费的充足水平。专家法是根据专家的判断确定达到一定教育质量目标的投入要素组合,再根据要素价格计算出教育经费的充足水平。成功学校法是选择一批达到一定教育质量目标的学校,计算这些学校的教育经费水平,作为教育经费充足性水平。

教育财政公平是教育公平的重要内容,是实现教育公平的必要条件。美国教育财政专家 R. 伯恩和施蒂费尔奠定教育财政公平的分析框架。教育财政公平有财政中立、横向公平和纵向公平三个基本原则。教育财政中立原则要求,一个学生获得的教育经费与其所在的地区或家庭背景无关。教育财政的横向公平原则要求,条件相同的学生在经费分配上应同等对待。教育财政的纵向公平原则要求,条件不同的学生在经费分配上应区别对待,弱势学生应得到更多经费,以补偿达到相同教育质量需要的更高成本。教育财政公平还要求教育经费负担的公平。教育是准公共产品,受教育者个人和社会都从中获得利益,教育经费需要由受教育者个人和社会共同负担,通过学杂费、税收和社会捐赠的方式筹措。各级各类教育的公共产品成分不同,教育经费的负担方式也有所区别。初等、中等、高等教育的公共产品成分递减,个人负担的比例相应递增。一个国家的政府层级和财政税收制度决定了各级政府的公共教育经费负担责任。一般而言,具有多级政府的国家,中央和省级政府承担主要的教育经费责任。常用级差、变异系数、相关系数等指标计算和评价教育财政公平。

教育财政效率主要指教育经费的使用效率,即教育的经济效率,是教育投入与产出之比。按教育产出的不同,教育财政效率分为外部效率与内部效率。外部效率是教育的外部产出(间接产出)与教育投入的关系,包括教育对社会经济的贡献率、教育的社会收益率和个人收益率等。内部效率是教育的内部产出(直接产出)与教育投入之比,如生均教育经费、生师比、单位投入的学业成绩、单位投入的教育增加值等。教育财政主要关注教育内部效率。对于教育内部效率的计量,学术界和政策制定者都尚未找到较好的方法。教育内部效率计量的关键问题是如何定义和计量教育产出和投入。学校不同于企业,产出目标不是销售额和利润,而是学生的学业成绩、创造能力、就业技能、社会交往技能以及社会共同价值的形成等。影响教育产出的投入要素也是多元的,除教育经费形成的学校投入(教师的数量和质量、教学设施、课程与教学组织等),还有学生家庭背景、社区环境、同伴特征和个人天赋等。国际组织和学者在进行教育内部效率的评价时,产出指标主要采用学生人数、学业成绩、毕业率和就业率等,最新趋势是使用排除学校不可控因素后的教育增加值;投入指标主要是生均教育经费。

（袁连生）

教育财政转移支付制度 (transfer payment system in education finance)

层级政府间教育财政转移支付的制度规范。层级政府间财政转移支付制度的组成部分。目的是均衡公共教育财政,实现公共教育服务均等化和教育公平。

财政转移支付 转移支付的概念由英国经济学家庇古1928年在《财政学研究》一书中提出。19世纪后期和20世纪初期,随着福利国家论的奉行,这一财政理论广泛流行并成为许多国家的财政制度和政策实践。财政转移支付是与政府购买支出相对应的概念,政府支出按是否得到相应的商品、劳务、工程回报,分为购买支出和转移支付。前者通过市场交换,获得相应的商品、劳务、工程,后者为政府单方面支出,不要求得到相应的商品、劳务、工程,表现为财政资金在层级政府间的无偿流动或转移。

财政转移支付的原因有三。(1)**财政纵向失衡**。指下级政府本级财政收入与其承担的支出责任不对称而出现财政缺口的现象。其原因是层级政府间事务和支出责任划分与财政收入划分不对称。各国层级政府间事务和支出责任大多呈现金字塔形,与高层政府相比,低层政府承担的事务和支出责任较大。而层级政府间的财政收入呈现倒金字塔形,上级尤其中央政府集中较多的财政收入,低层政府的财政收入较少,从而导致财政纵向失衡。对此,需要上级尤其中央政府通过转移支付的途径加以解决。(2)**财政横向失衡**。指不同辖区的地方政府因支出责任和财政能力不对称而形成的财政缺口现象,从而导致在相同的基本公共服务方面达不到最低标准。其根本原因是不同辖区经济财政发展水平不均衡。解决的途径是在人口完全自由流动、人口迁移成本为零的条件下,通过人口在辖区间的自由迁移,实现基本公共服务均衡化。但此途径的社会成本过高、时间过长,难以实现。上级政府尤其是中央政府通过向经济欠发达地区转移支付的制度安排以缩小地区间经济发展和财政发展差别,是解决财政横向不均衡的基本途径。(3)**辖区收益外溢**。指辖区地方政府提供的公共服务收益超出辖区边界,外溢到其他地区的现象。地方政府利益极大化行为将导致公共服务供给不足。由地方政府提供公共服务的成本与收益不对称引发。上级政府尤其是中央政府的财政转移支付制度是解决辖区收益外溢的有效途径。层级政府间

财政支付的直接目标是促进和实现各级财政能力与公共服务的均等化,基本目标是促进和实现区域间经济发展的相对均衡,终极目标是促进和实现社会公平。

财政转移支付类型 财政转移支付一般分为一般性转移支付和专项转移支付两类。一般性转移支付亦称"无条件转移支付",它不要求下级政府按一定比例提供配套资金,也不规定用途,下级政府有较大自由度。具体形式有收入分享型和均衡性两种,前者旨在消除财政纵向失衡,后者旨在消除财政横向失衡,以促进和实现公共服务均等化。专项转移支付亦称"有条件转移支付",是上级政府按照特定目的将其财政收入转作下级政府财政收入的补助形式。专项转移支付要求下级或地方政府满足两个条件,一是不能改变用途,二是按一定数额或比例提供配套资金。第二个条件非每个转移支付项目所必需。由此,从专项转移支付是否需要资金配套的角度,可将其分为配套转移支付和非配套转移支付。

20世纪90年代中期后,中国的一般性转移支付包括税收返还、体制补助、结算补助和过渡时期转移支付等。专项转移支付范围广泛,涉及各部门、各行业,数额较大,教育财政转移支付是其中一种。

教育财政转移支付 中国现行的教育财政转移支付分为两类:一类是制定用途的专项转移支付,范围涉及各级各类教育,大部分为中央对地方的教育专项拨款,如义务教育"九五"和"十五"期间实施的两期国家贫困地区义务教育工程,2004—2007年中央对西部地区的"两基攻坚计划"(基本普及九年义务教育、基本扫除青壮年文盲),又如2006年开始的中等职业教育中建立教师培训基地、学生实习基地和对贫困学生资助的专项拨款;另一类是在中央对地方财政一般性转移支付中,按照一定比例用于教育,但不规定具体比例,也不规定用于某级某类教育。中国包括教育财政转移支付制度在内的财政转移支付制度正处于改革过程中,改革的内容主要包括:加大一般性转移支付比重;转移支付的规范化、法制化、公开化;一般性转移支付以县为对象,按因素法测算其标准需求和标准财政供给能力及其间缺口,作为转移支付的基础。作为政府的一项改革举措,教育财政转移支付主要是明确规定中央和地方各级政府的财政支出责任。

（王善迈）

教育成本 (education cost)

教育活动所消耗的资源的价值。资源是指完成教育活动的要素,要素的社会价值构成教育成本。教育成本是教育经济学的核心内容之一,是编制教育和学校预算、政府对学校拨款、制定学费标准的重要依据,对政府、学校、家庭的教育决策与管理有重要的应用价值。

教育成本分类　（1）直接教育成本,亦称"财务成本"、"货币成本",是教育活动消耗的用货币购买的资源的价值。可以通过学校的账簿记录或家庭(个人)的支出记录计算。主要包括:学生向学校交纳的学杂费,书籍文具等学习用品费,因上学发生的额外生活费、住宿费、交通费等;学校支付给教师和行政管理、后勤人员的工资及福利费用,日常消耗的教学业务费用,教学用固定资产折旧费、维修费等为提供教育服务而发生的费用。(2)间接教育成本,亦称"教育机会成本",是教育使用的资源因用于教育未用于其他而损失的机会的价值,如达到法定劳动年龄学生因上学而放弃的收入、学校固定资产占用资金损失的利息租金、学校土地损失的租金等。(3)个人教育成本,指个人为接受教育而消耗的资源的价值,包括个人因受教育而发生的货币支出和放弃就业的收入。(4)学校教育成本,亦称"机构教育成本",指学校为学生提供教育服务而消耗资源的价值,包括学校购买的资源的价值和社会无偿提供给学校的资源的价值。由直接成本和间接成本构成。(5)社会教育成本,指社会为开展教育活动而耗费的资源的价值。广义的社会教育成本指全社会耗费的用于教育的资源的价值,狭义的社会教育成本指除个人或家庭以外社会其他方面耗费的用于教育的资源的价值。社会教育成本不等于个人教育成本与学校教育成本之和,因为在数量上,个人教育成本与社会教育成本有重复的内容。个人教育成本中的学费和学校其他收费是学校的收入,并用于购买教育生产要素,构成学校教育成本的一部分。(6)单位教育成本,亦称"平均教育成本",指每一教育产品平均耗费的教育资源价值。由于教育产品计量单位的不同,单位教育成本的表现形式也不同,如学时成本、学分成本、年生均成本、毕业生成本等。(7)经常性教育成本,指只有短期效用(一般在一年以内)的教育资源的耗费价值,如人员经费、实验材料经费、水电气经费等。在没有进行教育成本核算时,常用经常性教育经费代表经常性教育成本。(8)资本性教育成本,指具有长期效用(一般在一年以上)的教育资源的耗费价值,主要包括固定资产折旧费、土地使用费等资本性消耗价值。资本性教育成本不是购置固定资产等的资本性支出,而是有长期使用寿命的资产的折旧或损耗价值。

教育成本计量　指辨别、计量、测算各种教育投入要素成本,计算出教育生产的成本,预测一个教育项目或计划的成本,检测其经济可行性。教育成本计量要解决三个相关问题:确定教育成本要素,对教育成本要素进行计价,计算教育成本。英国经济学家 J. E. 维泽(1958)、美国经济学家 T. W. 舒尔茨(1960,1963)等人最早对教育成本要素进行探讨。他们计量分析了 20 世纪初至 50 年代英国教育经费的变化情况,提出不仅要计量教育的直接成本,还应计量教育的间接成本。T. W. 舒尔茨提出"全要素成本"的概念,认为

教育成本主要由开办学校的经费和学生在上学期间放弃的收入构成,学校消耗的资源要素包括教师、图书馆工作人员和学校管理人员的服务成本,但不包括与教育服务无关的附属活动的成本,如学生食堂、住宿、运动队活动等项成本,也不包括向学生提供的奖学金、补助等"转移支付"性质的支出。随着研究的深入,关于学校教育成本要素的内容出现一些分歧,如对于大学的科学研究成本是否应全部计入教育成本,用于学生资助的支出是否应记入教育成本,国内外学者存在不同的观点。确定教育活动耗费的资源的价值,如果存在较完备的市场,应按其市场价格计量。若劳动力市场完善,则教师及行政、后勤人员的劳动价值可用其工资(包括各种收入)计量。学生这一人力资源的价值可按劳动力市场上相同人力的收入计量,即 T. W. 舒尔茨最早计算过的"学生上学期间的机会成本"。物力资源的价值也可用其市场价格即购买价格计量。固定资产因具有较长的使用寿命,其在某一特定期间耗费的价值应以它们在该期间的折旧来计量。从机会成本的观点考察,固定资产的耗费还包括该项固定资产因用于教育所造成的价值损失(租金或利息)。如果教育活动耗费的资源不存在竞争性市场,或现存的市场价格不能正确反映其价值,就应作出调整,估计所耗费资源的价值。若某些资源无市场,就应假定如果存在竞争性市场,这些资源的价值是多少,用据此估计的价值代表这些资源的价值。

教育成本计量方法　可以采用三种方法。(1)统计调查法,指利用现成的教育经费统计资料或抽样调查资料,经适当调整获得教育成本数据。在教育成本估计中,教育成本数据基本上可以通过这种方法获得,其优点是可以用较低的成本在短时间内得到教育成本数据。还可以用过去的统计调查资料建立数学模型(如教育成本函数),估计特定时期、特定项目所需要的教育成本。还可通过经济统计资料,估算教育的机会成本。其弱点是获得的教育成本数据不准确、不系统,因作为统计指标的教育经费中包含一些不属于教育成本的项目,如中国的教育经费统计中,人员经费包括离退休人员经费、学生奖学金和助学金等不应计入当期教育成本的经费;而在职教职工工资中应包含的养老保险费、住房支出、医疗费等应计入教育成本的数据却无法得到。但在未建立教育成本核算制度之前,统计调查法仍是获取教育成本信息的基本方法。即使建立了教育成本核算制度,教育的机会成本仍无法通过成本核算得到,因会计核算的基础是实际支付的成本,机会成本不是实际支付的成本,不能进入会计核算系统,故统计调查法在教育成本计量中起着重要作用。(2)会计资料调整法。虽然学校还未进行教育成本核算,但可以利用学校教育经费收支的会计记录,经过调整,将教育经费支出数据转换成教育成本数据。只要教育管理部门制定统一的调整规则,将计算转换教育

成本并编制教育成本报表作为学校的一项基础工作,就可以得到系统的教育成本数据。会计资料调整法与统计调查法有相似之处。如果统计调查的基础数据是会计记录,则这两种方法得到的结果基本一致。学校这一微观层面保存了完整的会计资料,可以直接转换调整成学校教育成本,但一个地区、一个国家的教育经费数据更多的是统计汇总的结果而非会计记录,故在中观、宏观层面,利用现有会计资料转换计算获取教育成本数据的成本远高于统计调查法,而且只能得到学校提供教育服务的成本,无法得到教育机会成本和学生个人(家庭)的教育成本,应用上有一定局限性。(3) 会计核算法,即利用会计系统,通过设置、登记账簿记录教育资源的耗费计算教育成本。系统准确的教育成本信息(机会成本除外)只能来自会计系统的账簿记录。面对教育成本数据既缺乏又不准确的境况,20 世纪 60 年代初即产生利用成本核算手段建立教育成本信息系统的思想。J. E. 维泽提出,成本核算系统是教育管理的有效工具,它能降低教育成本,提高效益;利用现代技术建立有效的教育成本核算系统是可能的。但学校的非营利组织性质妨碍了教育成本核算的探讨和实践探索,直到 21 世纪初,几乎所有国家的绝大多数学校都还未进行教育成本核算。

教育成本特征　指教育成本的变动趋势和结构状况。主要集中在两个方面,即教育经费支出特征和学校单位成本特征。教育经费支出特征的研究主要集中在国家层面。较早进行教育经费支出分析的是 J. E. 维泽,他分析了 20 世纪初至 50 年代英国教育经费支出的变化特点,提出教育经费支出随国民经济增长占国民收入比例提高的观点。后来这方面的研究文献大量出现。在世界银行的支持下,出现不少关于教育经费支出的国际比较的文献。中国较有影响的研究有教育经济学学者王善迈主持的中国教育投资在国民经济中比例的历史分析。这些研究的主要发现是:各国教育经费总量持续增长,至 20 世纪 80 年代,教育经费增长趋缓,一些发达国家则稳定下来。由于没有学校教育成本核算的数据,对单位教育成本的研究基本上使用生均教育经费这一指标。生均教育经费的研究结果表明,生均教育经费存在巨大差异,如一个国家的农村与城市之间、不同区域之间,发达国家与发展中国家之间的生均教育经费差异非常明显。生均教育经费又存在一些规律性现象:它随着教育级别的提高而提高,随着社会经济的发展和时间的推移而不断提高,人员经费的比重随教育级别的提高而降低等。生均教育经费的这些特点与教育技术密切相关。教育生产劳动密集型的特征,不同教育级别劳动密集度的差别,不同国家和地区教师工资的差别,同类学校教育的组织、课程、教学方法、管理方式和监督程序的相似性等,都可以解释上述现象。

教育成本效益　教育成本效益主要关注教育成本与教育直接产出之间的关系、教育成本与教育的社会经济收益之间的关系。前者称教育成本效率或教育内部效率,后者称教育成本收益或教育外部效益。教育成本效率研究领域有二:(1) 调查资源的利用率,如计算教师的周工作时数、生师比,每个学生占用的建筑面积,实验室、设备、图书的利用率等。国外的调查发现,各级学校都存在教育资源未得到充分利用的问题。(2) 通过教育成本函数来估计教育资源的利用状况,确定教育生产中是否存在规模经济。发达国家的研究表明,各级教育都存在规模经济现象。有学者研究了某些教育成本项目对某些特定产出的作用,得到一些结论,即在贫穷国家,提供教科书对学生成绩有显著影响。教育成本收益研究的基础由 T. W. 舒尔茨奠定,其研究成果形成人力资本理论。T. W. 舒尔茨以后的大量研究进一步证实和丰富了他的发现。这些研究的主要结论:教育投资有很高的收益率,通常高于物质资本投资;在各级教育投资中,初等教育的收益率最高;教育投资的个人收益率高于社会收益率;发展中国家的教育投资收益率高于发达国家;女性教育投资收益率高于男性;中等教育中,普通教育投资收益率高于职业教育。

参考文献

Psacharopoulos, G. Returns to Investment in Education: A Global Update[J]. World Development, 1995(22).

Schultz, T. W. The Economic Value of Education [M]. New York: Columbia University Press, 1963.

Tsang, M. C. Cost Analysis in Education [M] // Carnoy, M. International Encyclopedia of Economics of Education. Oxford: Pergmon Press, 1995.

Vaizey, J. The Cost of Education [M]. London: Allen and Unwin, 1958.

(袁连生)

教育成本—收益分析(educational cost-benefit analysis) 通过计算和比较教育成本现值与教育收益现值来评价某级教育投资收益的方法。

教育成本　美国经济学家 T. W. 舒尔茨在 1963 年出版的教育经济学著作《教育的经济价值》(*The Economic Value of Education*)中认为,教育的全部要素成本分为两部分,一是提供教育服务的成本,二是学生上学时间的机会成本。T. W. 舒尔茨明确指出,教育经费和教育成本是两个不同的概念,教育经费是一个统计概念,包含一些不属于教育成本的内容,同时又缺少一些重要的教育成本项目。T. W. 舒尔茨的论述是此后几十年教育成本研究的理论基础。中国教育经济学学者王善迈认为,教育成本是用于培养学生所耗费的教育资源的价值,或者说是以货币形态表现的为培养学生而由社会和受教育者个人、家庭直接或间接支付的全部费用。这一概念规定,只有用于培养学生耗费的资源才能构成教育成本,投入教育的各种资源如果不是用于培养学生,而是用于其他目的,则不能构成教育成本。详"教育成本"。

教育效率　亦称"教育投资经济效率"、"教育资源利用效率"、"教育投资内部收益"。是从经济学中移植过来的将教育视为生产或经济活动而出现的范畴,指教育资源消耗与教育直接产出结果的比较,即教育投入与直接产出之比。详"教育资源利用效率"。

教育收益　教育通过培养和提高劳动者的知识和技能而给个人和社会带来的经济效益。按其是否直接以货币形式表示,分为直接收益和间接收益;按收益对象的不同,分为个人收益和社会收益。教育的直接社会收益指教育通过培养或提高劳动者的知识和技能,作用于决定劳动生产率的诸因素,从而促进劳动生产率的提高。劳动生产率的提高必然导致国民收入的增长。在由于劳动生产率提高而增加的国民收入中,归因于教育的国民收入增量就是广义的教育直接社会收益。从归因于教育的国民收入增量中扣除受教育者因受教育程度较高而获得的个人收入增量,余下的就是狭义的教育直接社会收益。教育的间接社会收益是指通过发展教育来提高全民族的素质,促进精神文明建设、民主和法制建设,必将对物质文明建设产生积极的影响。这种积极的影响归因于教育的部分就是教育的间接社会收益。教育的直接个人收益是指受教育程度不同者直接存在收入差别,此即教育给个人带来的直接收益。教育的间接个人收益是指受教育者个人较强的职业适应性和就业机会的增加,由于个人较强的能力而实现的支出的节省即教育的间接个人收益。

最早对教育投资进行成本—收益分析的是美国经济学家沃尔什。他在 1935 年《经济学季刊》上发表的《人力资本观》一文中比较了个人教育投资的成本现值与收益现值,试图证明教育支出是否严格地与市场保持均衡,是否出于与办工厂、买机器一样的动机,是否是一种追求利润的资本投资。20 世纪 60 年代 T. W. 舒尔茨提出人力资本理论后,许多经济学家热衷于教育投资收益率的研究,将人们追加的教育成本与其收益进行比较,以指导个人或社会的教育投资决策。最早对教育的成本—收益进行综合研究的是美国学者 W. L. 汉森。他在 1963 年使用成本—收益分析法估算了 1950 年美国中学前两年、后两年和整个四年的附加终生收入和成本。

教育成本—效率分析　评价教育资源利用效率需要确定一套客观的、可操作的教育效率评价指标体系和计算方法。这种指标有两类,一类为综合指标,另一类为单项指标。综合指标为:教育资源利用效率＝教育成果(学年在校生数或毕业生数)/教育资源消耗(学年或学期制教育支出总额)。

假定教育成果的质量相同,则可以计算学年在校学生数或毕业生数。日历年的在校学生数计算公式为:年度在校学生数＝[(年初学生数×8)＋(年初学生数－毕业生数＋招生数)×4]÷12。在高等学校,需要把各层次的学生换算成可以比较的标准在校学生数,即当量学生。中国教育部规定的换算方法为:以本科生为 1,硕士生为 2,博士生为 3,研究生班和进修班学生为 1.5,专科生为 0.8,函授生为 0.025,夜大学生为 0.05。评价的单项指标主要有人力资源利用率、物力资源利用率、财力资源利用率三类。学校的人力资源利用率指标主要有:学校人力资源利用率＝在校学生数/校本部教职工数;专任教师利用率＝在校学生数/专任教师数。学校的物力资源包括学校占用的土地、建筑物、教学实验设备、图书资料和低值易耗品等,有物质形态和价值形态两种表现形态。从价值形态考核物力资源利用率的指标为:年物力资源利用率＝(固定资产折旧＋年低值易耗品与材料消耗额)/年在校生总数。从物质形态考核物力资源利用率的指标包括校舍利用率、教室利用率、教学仪器设备利用率和图书利用率等。财力资源利用率的综合指标为:年生均教育经费支出＝年教育经费支出总额/年在校生总数。总经费或某项经费的使用方向和结构也会间接影响财力资源利用率。考核财力资源利用结构的指标包括教学支出、人员经费支出、公用经费支出、管理支出等各自占教育经常费的比例。

教育成本—收益分析　在微观层面,教育的经济收益通过个人生产力的增长得以实现。根据人力资本理论,不同教育程度劳动者收入的相对差距反映了他们之间生产力的高低,可以用终生收入模型来测量。在宏观层面,教育的经济效益通过社会人力资本总量增加对经济增长的贡献来实现,可应用生产函数,即反映经济投入与产出关系的函数进行测量。这两种方法的理论基础是人力资本理论。

(1)生产函数方法。科布—道格拉斯生产函数方法:一般情况下,若经济的产出为 Y,有 i 个生产要素 X_1, X_2, …, X_i,则生产函数的一般形式为:$Y = f(X_1, X_2, …, X_i, t)$。式中,$t$ 为时间变量。为简化此模型,可在诸多生产要素中进一步选择其主要因素,通常认为资金(K)和劳动(L)是最主要的因素。加入技术进步因子用 A 表示,经常采用的生产函数是科布—道格拉斯生产函数:$Y = A \cdot K^\alpha \cdot L^\beta$。式中,$\alpha$ 为资金的产出弹性,即在其他条件不变的情况下,资金增长 1%时,产出增长 α%;β 为劳动的产出弹性。分析教育对经济增长的作用,可进一步改写科布—道格拉斯生产函数为:$Y = AK^\alpha L^\beta E^\gamma$。式中,$E$ 表示教育因子,γ 表示教育的产出弹性。

中国研究者刘遵义等人 1990 年运用科布—道格拉斯生产函数对 1960—1985 年 58 个国家影响国内生产总值增长的因素进行研究,发现:教育对总产出有很大贡献,就业人员平均受教育年份增加一年,可使国内生产总值提高 3%;

对大多数发展中国家来说,教育的起始水平越高,教育对生产力的作用就越大;教育的经济效益存在临界点,一般至少需要 4 年以上的教育才能达到读、写、算的最低水平,因此,教育的起始水平只有超过平均受教育年份 4 年这个临界点时,才能显示出经济效益。

（2）增长核算法。将经济总产出的增长率和各项投入要素增长率联系起来,通过测算来确定各项投入要素对总产出增长率的贡献。美国经济学家丹尼森首先采用这一方法测算教育对经济增长的贡献,其基本模型为:

$$Y = \sum_{i=1}^{m} w_i d_i + \sum_{i=1}^{m} b_i + a$$

式中,Y 为国民收入（按不变价格计算）的增长速度,w_i 为第 i 个因素的权重,d_i 为第 i 个影响经济增长的因素的增长速度,b_i 为第 i 个单位投入的产出因素的增长速度,a 为知识进步及其他的增长速度。

丹尼森在分析教育对经济增长的作用时假设,工资收入的 60% 由教育引起,而工资收入占国民收入的 73%。丹尼森还假设,知识进步增长中,教育贡献占 60%。最后得出的结论发现,1929—1982 年美国经济增长的核算中,国民收入年平均 2.92% 的增长率中,有 0.4% 是教育所贡献,相当于教育对经济增长贡献约占 13.7%。

（3）教育投资收益测量。教育投资收益的净现值是教育投资的全部收益现值与其全部成本现值之差,表示教育投资是否有收益以及收益的大小。计算公式:

$$V_0 = \frac{\sum_{i=0}^{n} B_t}{(1+i)^t} - \frac{\sum_{i=-m}^{-1} C_t}{(1+i)^t}$$

式中,V_0 为教育投资收益净现值,n 为某级毕业生毕业后可工作的年限,B_t 为某级教育在第 t 年的收益,i 为贴现率,m 为某级教育学制年限,C_t 为第 t 年的教育成本。教育投资收益率是教育投资的全部收益现值与其全部成本现值的比例,表示教育投资是否有收益,以及收益率的高低。计算公式:

$$r = \frac{\sum_{i=0}^{n} B_t (1+i)^{-t}}{\sum_{i=-m}^{-1} C_t (1+i)^{-t}}$$

式中,r 为教育投资收益率,其余符号的解释同教育投资收益净现值计算公式中的符号。教育投资内部收益率是教育投资的全部收益现值与其全部成本现值相等时的贴现率。当教育投资的内部收益率大于既定的贴现率（或银行利息率）时,表明教育投资有利可图。以 r 表示教育投资内部收益率,则有:

$$\sum_{i=0}^{n} B_t (1+i)^{-t} = \sum_{i=-m}^{-1} C_t (1+i)^{-t}$$

式中,除 r 外,其余符号的解释同教育投资收益净现值计算公式中的符号。

以上三种方法,按对教育成本和收益的计算范围不同,可以分别对个人教育投资和社会教育投资进行成本—收益分析。

（4）运用收入函数方法研究教育投资收益。收入函数方法亦称"明瑟收入函数法",始于美国经济学家明瑟 1958 年进行的研究。基本公式:

$$LnY = a + bS + cEX + dEX^2 + \varepsilon$$

式中,Y 为年收入,S 为受教育年限,EX 为劳动力的市场经历或工龄,a 为截距,b、c、d 为相应变量的回归系数,ε 为误差项。其中,b 为每增加 1 年教育,个人收入增长的百分比;c 为每增加 1 年工龄,个人收入增长的百分比。对以上方程求导,可得:$b = dLnY/dS = r$。回归系数 $b(r)$ 即受教育年限 (S) 变动引起的收入 (LnY) 的相应变化。上述公式的经济学含义:在不考虑教育直接成本时,系数 b 表示收入获得者在受教育期间获得的人力资本收益率,或是机会成本收益率（教育的个人收益率）,c 和 dEX 表示个人在工作经验中获得的人力资本收益率。

参考文献

蒋鸣和. 教育成本分析[M]. 北京: 高等教育出版社, 2000.

曲恒昌, 曾晓东. 西方教育经济学研究[M]. 北京: 北京师范大学出版社, 2000.

王善迈. 教育经济学简明教程[M]. 北京: 高等教育出版社, 2002.

王善迈. 教育投入与产出研究[M]. 石家庄: 河北教育出版社, 1996.

袁连生. 教育成本计量探讨[M]. 北京: 北京师范大学出版社, 2000.

（郑勤华）

教育成本分担与补偿（educational cost sharing and recovery）　关于教育成本如何在政府、企业和个人之间合理分担并最终实现的问题。1986 年,美国经济学家约翰斯通在《高等教育的成本分担:英国、联邦德国、法国、瑞典和美国的学生财政资助》（*Sharing the Costs of Higher Education: Student Financial Assistance in The United Kingdom, The Federal Republic of Germany, France, Sweden, and The United States*）一书中提出高等教育成本分担与补偿理论。他提出,高等教育成本应由纳税人（政府）、学生、学生家长和社会人士（捐赠）共同分担,分担的形式可以是政府的公共教育拨款,父母的现期收入或储蓄,学生的储蓄、假期收入、兼职收入或贷款,以及慈善家的捐赠。20 世纪 80 年代后,大多数国家高等教育系统面临日益严重的财政制约,政府投资能力下降与经费需求膨胀形成巨大反差,经费短缺成为制约高等教育发展的主要因素。对此,除继续谋求政府最大限度的投资外,高等教育系统试图寻求政府财源以外的经费渠道,以满足高等教育发展的经费需求。在高等教育经费来源多元化的潮流中,各国不同程度地进行了高等教育成本分担与补偿的尝试,即由高等教育接受者个人或家庭分担一部分高等教育培养成本。

教育成本分担的理论依据　主要有二:一是受益原则(benefit principle);二是支付能力原则(ability to pay principle)。受益原则是指为了有效分担教育成本,使成本负担合乎教育公平的原则,教育成本的分担应与收益相配合,收益多的人分担较多的成本,收益少的人分担较少的成本。因此,政府、企业与个人在负担教育成本时应依据各自的收益来决定,不同的个人在负担教育成本时也应依据收益而定。支付能力原则是指所有从教育中获得好处和利益的人(无论是直接的还是间接的)都应按其支付能力大小支付教育成本,能力越大,支付越多,能力越小,支付越少。教育过程需要成本的投入,其中包括教职员工的工资、教学业务费、教学设备费、图书资料费、行政管理费、校舍修建费等。教育过程中的成本支出是有收益的,根据受益者不同,大致可分为私人收益与社会收益。私人收益是人们由于接受更高、更好的教育,增长了知识,提高了能力,为个人带来更多的就业与晋升机会,收入水平提高。社会收益是指教育在创造新思想、新理论、新科技的过程中,使受教育者比未受教育者为社会多创造的财富。此外,教育还可从整体上提高民族素质,发展民主政治,改善社会的文化氛围,提高社会的文明程度。教育是具有正外部性的公共产品或准公共产品,原则上,公共财政应负担公共产品,并对具有外部性的准公共产品实行补贴。但由于受教育者可以通过接受教育获得可分割的个人收益,完全由国家投资教育会导致明显的公共资源过度投资。而如果把教育投资的责任都直接留给私人,则私人不会考虑给社会带来的这种外部效益,而只有在自己的预期利益等于或超过其私人成本时才愿意付费,就会出现教育经费不足的情况。在社会资源稀缺和政府财政能力有限的情况下,为了使对社会和个人都具有重大收益的教育活动能够持续不断地进行下去,依据受益原则,就必须对教育过程中支出的成本进行补偿,即对教育过程中消耗的人力、物力、财力进行必要的补充和追加,使教育不仅在原有规模和水平上正常运行,而且能够不断发展和壮大,这样可以减轻政府的负担,也有利于教育资源的丰富及其质量的提高。以萨卡罗普洛斯为代表的一些教育经济学家长期致力于教育收益率的研究,他们对多国进行的大量的成本和收益的实证研究表明,一般而言,高等教育的个人收益率远高于社会收益率。这一结论为成本补偿的合理性提供依据。教育除具有社会公益性特征以外,对个人的价值是巨大的。他们对27个发展中国家的分析表明,1980年的公立初等、中等、高等三级教育中都存在不同程度的成本补偿,而且私人对初等教育和中等教育的成本补偿比例要高于对高等教育的成本补偿比例。

教育成本分担的实践　教育成本分担逐渐成为世界各国制定高等教育学费政策的重要理论依据,分担的方式主要是提高学生收费的水平。例如,美国1981—1991年间,按不变价格计算,学费在公立学校增长36%,在私立学校增长53%。对日本、西班牙等国的调查也显示收费水平的增长趋势。荷兰过去几年由于教育部的预算赤字,学费一直在增长。在发展中国家,引入或提高学费也被认为是进行高等教育成本分担的可能途径。泰国1990—2004年的长期发展计划建议增加学费和学生贷款;肯尼亚1989年开始强调对高等教育的成本分担;加纳1975年开始对学生的食宿进行收费,而且为学生支付图书和生活成本提供贷款。在财政性教育经费来源紧张的情况下,中国高等教育也在谋求多渠道的经费来源。1996年国家教育委员会等部门颁发《高等学校收费管理暂行办法》,明确高等教育属于非义务教育,学校依据国家有关规定向学生收取学费。学费标准根据年生均经常费的一定比例确定,"在现阶段,高等学校学费占年生均教育培养成本的比例最高不得超过25%"。1999年6月发布的《中共中央国务院关于深化教育改革全面推进素质教育的决定》中明确提到"成本分担"的概念:"在非义务教育阶段,要适当增加学费在培养成本中的比例,逐步建立符合社会主义市场经济体制以及政府公共财政体制的财政教育拨款政策和成本分担机制。"2002年中国教育经费来源中,预算内国家财政性教育经费占56.83%,社会捐赠和集资占2.32%,学费、杂费收入占16.84%。从时间序列分析,中国非财政性教育经费在高等教育经费中的比重呈逐年上升的趋势,经费来源从20世纪70年代末的全部由国家财政负担,过渡到以国家财政性教育经费为主,包括学杂费收入的多元化局面。教育成本分担中,学费制定的基本依据有二:一是教育成本,学费只是成本的一部分;二是居民的收入水平和支付能力。在教育成本分担实践中,各国的分担比例不尽相同。教育成本分担比例是指政府(包括中央政府和地方政府)、企业及个人几个主体分担教育成本的比例构成,其中重点是政府与个人之间的分担比例。澳大利亚1988年的高校收费和学生资助政策改革中规定,高校收费的基本标准为直接教学成本的20%,其主要依据之一是,这种收费标准约相当于一个中等偏下劳动者年工资收入的10%,能够为社会接受。研究表明,在美国,学费的数量与国民人均可支配收入呈正相关。美国高等院校全日制当量在校生生均学杂费占国民人均可支配收入的比例从20世纪60年代到80年代中期,一直在20%上下浮动,其中公立院校在10%左右浮动,私立院校则为40%~50%。一般情况下,各国在确定成本负担比例时,必须考虑本国国民的经济承受能力,成本分担要与国民的收入水平相匹配。

(孙百才)

教育惩戒权(disciplinary power of education)　　教育活动中负有教育职责的教育者对受教育者进行惩戒的权力。是学校和教师对学生进行教育和管理权力的一部分。在教育活动中,教育惩戒权是教育者不可缺少的一项职业性权力。教育者作为教育教学工作的承担者和直接责任人员,出于教育的目的,有权对教育活动的整个过程施加一定的影响和控制,做出其职责范围内的专业性行为,其中包括对受教育者的失范性越轨行为做出其管理权限范围内的惩戒性处理,其行使过程是教育者发挥其教育和管理职能的过程。教育惩戒权的行使兼具教育与矫治的双重性质,而非单纯的制裁。

教育惩戒权的性质　　惩戒权中的"惩戒"具教育意味,不同于"惩罚"、"管教"和"体罚"。"惩戒"即通过对不合范行为施予否定性的制裁,从而避免其再次发生,以促进合范行为的产生和巩固。惩戒行为直接针对失范行为,其严厉程度与失范行为偏离社会规范的严重程度相一致。在教育惩戒活动中,作为手段与目的的"惩"和"戒"紧密结合在一起。惩戒的根本出发点是学生的发展和进步,其最终目的是使学生更好地社会化。惩戒虽也借助对不合范行为进行处罚来达到戒除、教育的目的,但它更强调所采用的否定性制裁的教育效果,注重其戒除目的的达成。较之仅关注负性强化的惩罚,惩戒中所含的教育性目的更强,更易被理解并付诸实践,因而更符合学校教育情境下教育制裁的实质目的。

惩戒中较极端的一种形式是体罚。在教育实践中,体罚往往与对学生的肆意打骂、伤害和虐待联系在一起,其所能起到的教育效果会适得其反,伤害学生的人格尊严,一直受到有识之士的批评和谴责。传统的教育惩戒以体罚为主要手段,往往依循习惯或惯例对学生进行惩处,惩戒的主观性和随意性较大。现代学校教育惩戒已形成制度化和规范化的一系列规章制度,如学生行为规范(或守则)、惩处条例及一些不成文的习惯和惯例等。

教育惩戒权的产生与发展　　在传统观念中,教师常被视为拥有与父母同等或类似的管教权。西方早就有教师教育权是家长教育权的转交与代理的观点,认为家长一旦把孩子送到教师处,就默示了允许教师代为行使父母职责。教育惩戒权在法律中的确立最早可追溯到 19 世纪中叶。1865 年,英国法院在审理"菲茨杰拉德诉诺斯科特"一案中正式确立了 in loco parentis(代行亲权)原则的法律地位,承认教师拥有类似学生父母的广泛的教育权力(包括惩戒的权力)。尽管这一原则的适用后来受到限制,但其基本精神仍在欧美国家的有关立法及司法实践中发挥作用。

19 世纪中叶后,随着国家对教育地位和作用认识的逐步提高,国家权力越来越多地涉入教育领域,管理教育成为现代国家社会职能的重要部分。教育开始国家化,政府通过教育政策、法规把教育活动纳入国家划定的轨道,使教育最大限度地为国家利益服务。教师接受国家的委托,直接承担微观教育管理任务,在某种程度上行使国家的教育权力,由此获得了直接针对学生的教育权力。

教育惩戒权在其演变过程中发生了许多变化。从传统向现代演变的教育惩戒权开始尊重学生的个人权利,注重惩戒权本身的教育性,具体表现在以下几方面。

其一,从放任到限制。传统的教师惩戒权是毫无限制的,教师基于各种事由可以用任何手段对学生进行惩处,对惩戒造成的后果从不在意。体罚是最常用的手段,棍棒、皮鞭、拳头、荆棘等都是常见的工具,学生经常遭毒打,有的甚至被打晕或打死。虽然也有古罗马教育家昆体良等有识之士指出这种方式的危害性,主张对此进行改革,但并无实质性作用。19 世纪中叶以后,在卢梭的自然教育、人文主义思想和人权民主观念的影响下,新的惩处规则开始出现,根据儿童过失行为的轻重来决定惩戒方式,同时考虑学生的内部动机。在惩戒的具体形式上也开始有详细的规定,对施行体罚的部位以及所用工具的长度、宽度、厚度和体罚的频度都作了相应的限定。教师惩戒权再也不是过去那种肆无忌惮的随意性权力,越来越受到外部的关注和限制。

其二,体罚的禁止。在实践中,体罚这种惩戒方法虽然收效较快,但往往造成对学生的压制与虐待,不利于学生的健康成长。许多有识之士纷纷提出限制或禁止使用体罚,体罚逐渐被认为是最后的手段,只在迫不得已时才能使用。19 世纪中叶兴起的儿童权利运动在很大程度上促进了各国以立法形式来废除体罚,以确保儿童人权的实现。20 世纪,儿童权利在国际范围内受到普遍关注,越来越多的国家通过法律宣告废除体罚,禁止用不人道和侮辱性的方式来教育儿童。

其三,惩戒问题的法律化。随着社会法治化的进程,教育日益被纳入法治轨道。教育惩戒权作为一种强制性的教师权力,不可避免地受到法律的规范与制约。此外,早在罗马法中就已萌芽的"国王亲权"学说是普通法系的重要指导思想之一,它认为国王是一国之主,有责任也有权力保护其臣民,尤其是儿童。这一思想后来发展为"国家是少年儿童最高监护人"的法学理论,直接表明国家权力应干预儿童的教育事务。教育惩戒权因而不能游离在一国的法制框架之外,必须受到法律的限定,法律开始对教育惩戒权予以关注。教育惩戒权不再完全源于父母教育权力,教师尽管拥有一定的合法的惩戒权,但必须尊重学生的个体权利。教育惩戒权必须在合理公正的原则下行使,遵循一定的法定程序,否则就是非法的。这在很大程度上促进了惩戒的法律化。

学校教育活动的正常进行需要保持一定的纪律和秩序，对违规者予以必要的惩罚与处分，是完成学校教育任务、达到学校教育目标的必要手段。教育要走上法治化轨道，也需要用法律来维系正常的教育教学关系，保护合理的权利（或权力）要求。各国学校法中均对校内秩序的维持、纪律的保障作出相应的规定，赋予主要责任人员相当的管理和惩戒权力。

在一些国家和地区，法律明文规定教育惩戒权是教师的专业权利之一，隶属于教师职权，与教师授课自由权、授课内容编辑权、对学生的教育评价权及自身进修权等并列为教师基于教师职业的可独立行使的教育权利。日本《学校教育法》第十一条明确规定，校长或教师可根据教育上的必要，按主管部门的规定，对学生进行惩戒。这种惩戒可分为作为事实行为的惩戒（如训诫、斥责等）和以训告、停学、退学等形式进行的惩戒处分。教师一般只能行使事实行为的惩戒权，只有校长或教师集体才可以行使能带来一定法律效果的惩戒权力。

在教育法中，教育惩戒权以其特有的形式存在，既是法律赋予教师的权利，也是教师的义务。作为教师教育权的惩戒权，其行使必须遵从一定的原则与限制，由合法的惩戒主体施行，采用合法的惩戒形式，遵循法定的程序。教师在行使惩戒权时应注意突出惩戒的教育性，本着教育的目的使惩戒尽可能起到更大的教育效果，而不能过分强化惩戒的惩罚色彩，以罚代教，滥用惩戒权。

现代教育惩戒权　规模化、制度化的教育及其活动需要赋予教师一定的权力来维持教育活动的正常进行。作为未成年人的学生，在接受外在行为规范并将其内化为自身行为准则的过程中，也无法全然排除外来的强制性影响，在其走向自律之前，他律是必经途径之一。个体社会化的进程中不可能纯粹是自发的内在要求，对外在规范的学习与掌握也存在不断试误的过程。教育惩戒权正是教师以社会代言人的身份对未成年学生进行引导与矫正的权力，其存在是必要的、合理的，符合教育活动发展的需要。

传统的教育惩戒权缺少必要的限制，惩戒甚至与肆意欺凌、侮辱相混同。现代教育法制为教育惩戒权的正常合法行使提供了可能。从权利相对的角度，教师应当拥有一定的惩戒权力，这是教师顺利履行教育职责的必要权利；而学生在教育活动中也应有一定的发言权，而不仅仅是教育的被动接受者，其正当的权益应得到法律保护。没有无义务的权利，也没有无权利的义务，教师和学生在惩戒中的权利和义务是相对的、相辅相成的。

现代教育惩戒权必须在法律框架中运行，其来源、权限范围、行使手段都应有相应的法律限定，惩戒后果必须有一定的救济手段加以补救。这既是人权保护和社会法治的需

要，也是切实发挥教育育人功能的要求。随着教育民主化的进展，师生关系逐步由权力型转向合作型，在趋于平等、民主，朝教学相长转化的师生关系影响下，教育惩戒权中的强制成分趋于减少，其概念范围、行使方式及内容等方面也会发生很大变化。用法律手段对教育惩戒权加以规范和限制，将使其充分发挥积极效用。

参考文献

劳凯声，郑新蓉. 规矩方圆——教育管理与法律[M]. 北京：中国铁道出版社，1997.

Valente，W. D. Law in the Schools[M]. Columbus，Ohio：Charles E. Merrill，1998.

（王　辉　蔡海龙）

教育的起源（origin of education）

教育史研究的重要内容。从教育发展的起点探寻教育活动演变的规律。中外教育史研究中均要论及。常见的关于教育起源的学说有三种理论：教育的生物起源论、教育的心理起源论和教育的劳动起源论，中国教育界在 20 世纪初就有学者提出第四种理论，即社会生活需要起源论，但在 50 年代因受苏联教育影响，中国教育学界都认同劳动起源论，20 世纪 80 年代初，重新提出社会生活需要起源论。

教育的生物起源论　主张教育起源于生物之说的学者以法国的利托尔诺和英国的沛西·能二人的基本观点为代表。法国社会学家、哲学家利托尔诺曾赴非洲等地搜集原始民族教育资料。19 世纪末在所著《各人种的教育演化》中认为，教育是一种在人类社会范围以外，远在人类出现之前就已产生的现象。他根据对动物生活的观察，认为动物界存在大猫教小猫捕鼠、大鸭教小鸭游水之类的教育，而且不仅存在于脊椎动物，甚至包括无脊椎动物。后来出现的人类教育不过是继承业已存在的教育形式而已。他认为，教育在人类社会中只是不断改变和演进，获得某些新的性质，人类教育的本质依然犹如动物界。作为教育的生物起源论者，利托尔诺力主生存竞争的本能是教育的基础。在他看来，动物正是基于它们固有的保存自己种类的本能才把"知识"、"技巧"传授给幼小的动物。

英国教育学家沛西·能在《教育原理》一书中把教育生物学化。1923 年，他在不列颠协会教育科学组的大会上所作的题为"人民的教育"的主席演说中称，教育就其起源而言是一个生物学的过程，不仅一切人类社会有教育，甚至在高等动物中也有低级形式的教育，教育是与种族需要相适应的种族生活，教育无需周密的考虑，也无需科学指导，它是扎根于本能的不可避免的行为，教育的主流是生物冲动。

教育的生物起源说是教育学史上第一个正式提出的有关教育起源的学说。它以达尔文生物进化论为指导，认为

教育是一种源于本能的生物现象,与把教育视为人类社会特有的现象存在根本分歧。

教育的心理起源论　在学术界被认为是对教育的生物起源论的批判,其代表人物是美国教育史学家孟禄。他从当时的心理学观点出发,认为生物起源论者忽视人的心理与动物心理的本质区别。他根据原始社会尚无传授各项知识的教材和相应的教学方法,断定教育起源于儿童对成人的无意识模仿。他在所著《教育史教科书》(1905)中提出,原始社会只有最简单形式的教育,教育普遍采用的方法是简单的、无意识的模仿,然而在早期阶段,教育过程具备了教育最高发展阶段中的所有基本特点。认为模仿既是最初的教育形式和手段,也是教育的本质,不论成人是否意识或同意,儿童总是在模仿成人。原始人的教育过程从未表现出是有意识的过程。儿童凭借观察,通过尝试,学习如何用弓箭射击、如何做饭、如何制陶,儿童获得的知识几乎都是通过重复、模仿的方式学到的。

教育的劳动起源论　20世纪30年代,苏联教育界依据恩格斯《家庭、私有制和国家的起源》及《劳动在从猿到人转变过程中的作用》等著作,从"劳动创造了人本身"这一论断出发,批判教育的生物起源论和心理起源论,提出教育的劳动起源论,认为教育起源于人类特有的生产劳动。这一观点的代表人物是苏联教育史专家麦丁斯基。他在所著《世界教育史》中指出,只有从恩格斯"劳动创造了人本身"这个原则出发,才能了解教育的起源,教育也是在劳动过程中产生的。

以上三种教育起源论各有不同的着眼点,也各有其理论和事实为立论的根据,并反映了不同的时代背景。但是都各有其理论上显著的局限而难以令人信服。生物起源论只见动物世界,不辨动物与人类社会的本质区别,只见教育的量变,不见教育中质的飞跃;心理起源论只关注教育活动中人的心理的模仿因素,对人的生活需要认识不足,忽视了教育的社会性、实践性;劳动起源论在理论上的偏颇在于狭隘、片面地理解教育的社会性,未考虑到人类社会实践的复杂性。

教育的社会生活需要起源论　20世纪20年代,中国教育理论家杨贤江在翻译了恩格斯的《家庭、私有制和国家的起源》,研究了L.H.摩根的《古代社会》和N.米勒的《原始社会中的儿童》等著作后,在其专著《教育史ABC》和《新教育大纲》中,用马克思主义的观点考察人类社会和人类教育现象,研究教育起源问题,提出了教育起源于人类社会生活需要的教育起源观。他的基本观点:自有人生,便有教育,教育的发生植根于当时当地人民实际生活的需要。教育起源于实用,它是帮助人在社会生活中谋生的一种手段。

20世纪40年代,中国学者钱亦石在《现代教育原理》一书中提出,教育起源于人与环境互相作用的需要。教育起源于这种需要,主要是引起人的变化的需要,它不同于劳动,劳动也起源于这种需要,但主要是引起物的变化的需要。环境改变人,人同时也改变环境。教育在这种改变过程中起着中介和桥梁的作用。环境从广义范畴来说包括教育,原始人自觉的教育活动是从环境的自发影响过程中逐步分化出来的。环境作用于人,人认识环境、适应环境,最后改造环境,除必须由人直接接触环境外,无一不需要教育在其中起主导作用。人认识环境,要掌握语言工具,就要依赖教育。钱亦石认为,人在认识环境和适应环境的基础上,更重要的是改造环境。要改造环境就要通过劳动制造生产工具,工具的出现只是标志人类社会与动物世界的本质区别,但这不是唯一的区别。人学会制造工具是长期教育的结果,而不是教育的起源。人有了制造工具的知识和经验,这是丰富了教育内容,增加了教育上的生产知识,是教育与生产劳动相结合的开端,但无法说明这就是教育的开端或教育的起源。

20世纪80年代,中国开展了一场关于教育本质的大讨论,其中涉及教育起源问题。针对长期主张的劳动起源论的不足,重又提出教育的社会生活需要起源论。主要理由:(1)人类劳动和生活是合为一体的,都出于人类的需要。人类个体和社会的需要主要有三类:人类生存、安全、种的繁衍等的需要;劳动交往、社会生活的需要;认识环境和自我实现的需要。这些需要催生了教育。(2)教育与劳动同属人类生存所必需的实践活动,两者不存在因果主从关系。原始社会的劳动解决人与自然之间的关系问题,教育解决人与人之间的关系问题。劳动产生物,教育促进人的成长(人的社会化),不能把促进人的成长的教育看作劳动。(3)教育不是孤立的社会活动,它和人类社会其他活动交织在一起。人类不仅有生产活动,还有人际交往(包括战争)活动、宗教活动,教育活动与这些活动同时进行,不能孤立地说起源于哪一种活动。

(王星霞)

教育的社会史与生活史研究(research of social history and life history in education)　一种教育研究取向。从社会史和生活史的角度研究教育,强调日常叙事式的话语叙述,主张将教育尤其是学校教育与个人传记联系起来分析。

社会史研究主要在两个层面展开,一是将社会史看作与政治史、经济史等并列的领域,研究社会问题和社会运动的形成与发展;二是将社会史看作与政治史、制度史等相对的概念,针对以往的历史研究大多注重思想、制度、伟人、重大历史事件的"宏大叙事"式话语叙述,社会史强调平民的、日常的、家庭的、集体心态的"日常叙事"式话语叙述。第一个层面的核心概念是"物质"、"社会"、"阶级",第二个层面社会史的"社会"概念几乎等同于"生活"。后一种社会史研究以法国年鉴学派为代表，尤其是 20 世纪 60 年代后的年鉴学派第三代和强调文化与表象的年鉴学派第四代的研究，对教育研究产生重大影响。年鉴学派第三代的法国史学家阿里耶斯研究认为，儿童这一概念伴随近代家族形态的产生而出现，只有摆脱发展心理学式的儿童观的束缚，才能真正进入儿童的生活世界，重新认识成长和教育。

日本教育学者中内敏夫深受年鉴学派影响，其教育社会史研究将家庭作为核心概念，使人口、生育等成为教育社会史研究的要素，描述普通民众的日常生活史，重视诞生、结婚、死亡等生命节点，从日常生活出发重新审视教育。以这种问题意识和视角，妇女、儿童、身体、健康、感情等作为有意义的主题回到教育研究视野中。发展到年鉴学派第四代，这类主题的教育社会史研究被归结为一个集体表象问题，"社会"、"结构"的概念得以重构。"结构"概念包含结构的创造或再生产中的行动者，而不仅仅是制度。行动者是内在于社会和结构本身的再生产。社会史关注的是不断为社会成员所再生产的社会，强调对社会的"过程的"理解，而不是对制度的"静态的"理解。与传统的教育史研究注重史料的挖掘、考证、解读不同，教育的社会史研究强调作为个人鲜活地存在着的行为能动者。在教育场域，创造社会、创造意义的是教师与学生。在这点上，教育的社会史与教育的生活史有机地联系在一起。

教育的社会史研究并不等同于教育的互动论人种志研究。社会史和生活史的视角始终是历史，而不仅仅是断片式的情景与场合。离开历史过程过分强调情景与场合的学校互动论人种志研究缺乏对教师个人的主体观照，而教师生活史研究的特点在于洞察教师个体的主观现实，让主体为自己说话。英国学者古德森的课程社会史研究拒绝把课程建设看作一种宏观的制度性产物，而试图从教师的生活史角度来理解课程的发展与形式。他在所著《环境教育的诞生》中主张，课程研究应该是与教师个人生活紧密相连的动态分析，不能缺少对教师本人的主体观照。他认为，理解教师与学生的互动和教学技巧的关键是了解教师本人；不同的教师不但在教学态度、教学技巧上有重要差异，在对课程内容的认识和解释上，或围绕课程编排、课程评估展开的行为模式上，也有各自的生活史背景。为了理解这些差异的重要性，必须将学校教育研究重新与个人传记和历史背景的考察联系起来。古德森归纳：教师原先的职业和生活经历形成其教学观和教学方式；教师的校外生活及其隐性认同和文化，对其教师工作有重要影响；教师的职业经历是一个至关重要的研究焦点，职业经历的概念可以有效地解释工作组织的动态以及组织内部个体的流动和命运；必须在教师所处的历史时代中来研究教师个人的生活史。古德森分析了英国学校中地理、生物与环境学习三门课程的历

史作为具体案例，尤其关注环境学习课程如何在学校的正式课程中获得自己的位置，以及在这一过程中三门课的科目群体的演变与冲突。在描述学校科目的社会史时，古德森通过教师个人的深度访谈，展示了学校内部一系列相互冲突的亚群体对物质方面的自我利益的追求，以及对某一科目亚群体如何通过投身学术性传统而确立科目的统治地位。古德森的研究表明，在英国学校诸多科目亚群体中，提倡学术性传统的科目群体最有力，学术性传统总是与资金、资源、职业前景、优秀的学生等联系在一起。追求学术性传统的科目亚群体在地理与生物课程中获得成功，但环境学习这一课程由于不能借助大学环境研究的学术科目发展，其倡导者只能在中小学层次上界定这门科目，这使得强烈维护本科目（如地理和生物）利益者得以否认环境学习是一门学术性科目。课程建设很大程度上受到作为一种鲜活存在的有欲望有雄心的主体的教师及其科目领地防护意识的影响。科目领地的防护确保了该科目教师能够持续地在资源、职业前景等各方面受益。教师的生活史研究强调对教师个体主观现实的洞察，强调让主体为自己说话，但研究者必须在更大的社会框架中来理解和诠释主体所表达的内容。

（贺晓星）

教育的文化传递与文化再生产功能（functions of education in cultural transmission and cultural reproduction）

教育在传承、延续和复制社会文化的过程中所起的作用。自 19 世纪末 20 世纪初起，关于教育具有文化传递与文化再生产功能的研究主要见于人类学、社会学、教育社会学的学科研究领域。人类学尤其是文化人类学重点关注教育的文化传递或文化濡化的功能研究，社会学和教育社会学则着重探讨教育的文化再生产功能研究。

教育的文化传递功能　20 世纪后，人类学家通过人种学研究揭示了教育在文化传递过程中的作用，并指出文化传递与教育之间具有相互依存的关系。美国人类学家 M. 米德的早期著作《在新几内亚长大成人》通过对原始部落中文化传承过程的研究，认为文化传递是教育的过程。美国人类学家本尼迪克特从文化模式的生成流变阐述教育在文化的延续和传承过程中的作用。50 年代美国人类学家 J. P. 怀特倡导的"儿童教养与人格"的研究持续半个世纪，再次表明教育在形成儿童价值观念、行为取向方面的作用，正是教育使儿童能够适应特定文化环境，养成一定的行为品质，确保文化的持续和传递。

教育的文化传递功能主要体现为：（1）保存文化，维持特定文化的存在。教育活动所传播的价值观念、思想观念、语言符号和知识经验等是一个民族、一个社会文化的基本内核，它在适应既有文化传统的同时，也确保文化的延续性

和相对稳定性。（2）更新文化。教育在传递文化的过程中，并不是机械地复制现存文化。教育活动过程本质上是各种文化因素重组、整理和融合的过程，在文化交融和冲突的过程中，文化自身得到更新，滋生出新的特质。（3）建设身份文化。不同层次和不同类型的教育赋予个体相对特定的文化，接受特定类型教育者往往在社会期望、自我认同、自我理想和知识结构等方面有着许多不同的特点，从而形成不同的身份文化。个体身份文化的形成往往是一种文化传统得以延续的必备条件。

教育的文化传递功能与文化再生产功能的关系　教育的文化再生产功能源自社会学和教育社会学研究。这方面的研究首先需要面对教育的文化传递与文化再生产功能之间的关系问题。在社会学和教育社会学界，关于教育的文化传递功能有两种解释，一是功能论，二是冲突论。功能论认为，教育是社会系统的有机组成部分，教育的功能在于传递现存的文化，以确保文化和社会的繁衍与发展。20 世纪60 年代，冲突论在西方教育社会学界崛起。冲突论者吸收了 M. 韦伯的"支配社会学"理论和马克思的"阶级斗争"理论，从"斗争"和"支配"视角解释教育的文化传递与文化再生产功能之间的关系，认为学校教育表面上是进行文化传递，实际上学校是维护统治阶层的工具，再生产了现存的社会等级秩序。法国社会学家布迪厄的《继承人》(1964)是首部以冲突论的视角阐述教育的文化传递与文化再生产功能之间关系的著作，书中解释了因家庭社会地位不同所衍生的文化差异对法国大学生的适应能力、学业成就方面的影响。他指出，教育在传递文化的过程中，实际是在进行社会和文化的再生产。

1970 年，布迪厄和帕斯隆所著《再生产》出版，更翔实地解释了教育的文化传递与文化再生产功能之间的关系。认为个体的阶级地位决定个体的生活方式、文化品位，生活在不同阶层家庭的儿童，其生活方式和文化品位具有很大差异。学校的分流和分等是以统治阶级的生活方式和文化品位为标准，由此，学校分流和分等的主要依据便是学生家庭的社会地位。学校教育在这一过程中披着"合法化"的外衣，实现权力资本和文化资本的再次分配，而分配的结果是社会阶级的分类格局依然完好无损，各阶级的生活状态一如往初。

这一时期，文化再生产成为教育社会学研究的核心主题。美国经济学家鲍尔斯和行为科学家与教育家金蒂斯、英国社会学家 B. 伯恩斯坦从不同视角阐释了教育在文化传递过程中隐含的再生产现象。这些研究从微观到宏观、从教育制度到课程内容以及学校日常生活，更翔实地阐明教育在文化传递过程中并非仅仅是维持和保存文化，而且再生产现存的文化等级秩序。

20 世纪 80 年代，对教育的文化再生产功能的研究未有新进展。而美国学者阿普尔、吉鲁对学校隐性课程的研究提出了"抵制"概念，对再生产理论进行批评，但其研究集中在教育的微观层面，研究结论缺乏经验性论证。90 年代，美国的一些社会学家研究教育在再生产性别、种族过程中的作用，关注阶级之外的其他排斥因素所导致的再生产现象，提出平行主义模式。莫罗和托瑞斯认为，有五种理论模式可以解释教育在文化再生产和社会再生产过程中的作用：系统功能理论，经济再生产理论，阶级—文化再生产理论，阶级—科层制理论，再生产的整合模式。

教育社会学界对再生产的理论探讨　许多社会学家从学科发展的角度强调再生产研究对于教育社会学发展的重要性，社会学家对再生产现象的深入研究推动了 20 世纪六七十年代西方教育社会学研究的发展。布迪厄认为，教育社会学只有将自身作为研究文化再生产和社会再生产之间关系的科学，才可能名副其实。B. 伯恩斯坦也认为，教育社会学必须研究因教育对话所实现的具体化的交流方式的内部特征，才可能在当代社会科学中独树一帜。综合这些学者的研究，教育的再生产功能表现在三方面。

（1）经济结构与文化。鲍尔斯和金蒂斯在《资本主义美国的学校教育》一书中，通过揭示美国教育与经济生活之间的"对应现象"，指出美国的教育承担着使资本主义制度永存或再生产的任务，是维持或增强现存社会与经济秩序的社会制度之一。布迪厄却认为，与阶级地位相对应的文化因素是教育再生产功能得以实现的主要原因，与阶级相关的文化因素可以促进或限制教育机会，家长的态度、价值观念和生活经历影响儿童在学校中成功的可能性。布迪厄还认为，对待文化的态度可能成为个体适应不同文化的标志。在中产阶级家庭，家庭教育往往引导孩子进入一个重要的区隔世界。在艺术、音乐、文学、饮食方面，甚至在所有的文化消费领域，优雅的品位都是必备条件，这种由家庭教育长期浸润而形成的区分能力是社会群体成员的特性。出身中产阶级家庭的儿童由于家庭的文化氛围，会以一种学术化的方式看待知识，最终形成迥异于出身劳工阶层儿童的区隔，这种不同的区隔导致中上阶层儿童在正规的学校教育中处于优越地位，更能适应学校的教学和选拔，在层层选拔中获胜，复归原初的社会阶级。而劳工阶层的子女由于其家庭文化所塑造的特殊区隔，往往在学校教育的竞争中处于劣势，成为正规教育的"合法逃逸者"。

（2）语言差异。不同社会阶层具有不同的语码和语言应用能力，由语言差异导致的学业失败是再生产研究关注的问题，布迪厄和 B. 伯恩斯坦从不同角度阐述了语言差异在再生产过程中的作用。

布迪厄发现，在正规教育中，语言交流的编码是修辞型的，这往往有利于中产阶级背景的儿童。出生于工人阶级家庭的学生使用的语言形式较为平淡和直白，在写作和回答问题时,更易坦率地暴露自己的立场,而不会像中产阶级儿童那样以优雅而从容不迫的姿态表现自己的特性。儿童之间语言交流编码的差异由家庭教育导致,家庭语言模式的种类决定儿童能否有效接受正规学校教育。教育所奖励的正是上层阶级儿童所惯用的表达方式。与社会阶级联系甚为密切的文化资本和文化品位具有初始的优势地位,拥有这种优势的儿童在学校中获益甚多,并且在学校生涯的转折阶段顺利过渡。文化资本可以迅速转化为学术资本(分数、学校记录、资格、奖励等),学术资本往往控制学生接触学校课程中最有益部分的机会和在高等教育中学习更实用专业的通道。布迪厄通过语言与文化资本关系的论证,阐述了教育在文化再生产和社会再生产中的作用。

B. 伯恩斯坦则着眼于社会阶层差异所导致的语码的差异,认为语言受社会结构的影响,劳工阶层子女使用的语码与中产阶层子女使用的语码是不同的,劳工阶层使用限制语码,中产阶层使用精致语码。学校教育中通用的语言属于精致语码,劳工阶层子女由于语言适应能力低下,可能无法适应正规教学,导致出身下层社会的儿童在学业中面临失败。

教师与教学 文化资本转化为学术资本和社会资本需要一个过程,教师的判断和教学方式是促使文化资本向学术资本转化的重要渠道。理解教师在促使文化资本向学术资本转化过程中的作用,需要探究学校教育背后的社会因素。布迪厄指出,法国中等学校的教师主要来自学生中的精英分子,他们经过一系列选拔性的公共测试,进入知名机构接受训练,取得教师资格。正是教师把高等教育的文化要求和知识期望传递给学生。布迪厄认为,在选拔性社会中,教师的角色是培养富有才智的精英。教学的功能在于引导学生的潜在能力,这往往通过调动学生的兴趣,特别是调动通过家庭文化教育而形成的文学、艺术、逻辑和算术等方面的技能实现的。对成功的学生而言,教师的主要任务是通过激发其潜能,再次发现和恢复学生自己的历史。

B. 伯恩斯坦研究教学对话策略影响再生产的机制,认为教学的内部设计秩序是文化生产、再生产和转变的条件,教学设计通过分配规则、再背景化规则以及评价规则,提供了教育对话的内部语法机制。这些规则自身又构成一定的等级序列,分配规则决定再背景化规则,再背景化规则又决定评价规则,分配规则决定了权力、社会群体、意识形态和实践之间的关系以及它们的生产与再生产。

参考文献

鲍尔斯,金蒂斯.美国:经济生活与教育改革[M].王佩雄,等,译.上海:上海教育出版社,1990.

布迪厄,帕斯隆.再生产:一种教育系统理论的观点[M].邢克超,译.北京:商务印书馆,2002.

Bernstein, B. On Pedagogic Discourse [M]//Richardson, J. Handbook of Theory and Research for the Sociology of Education. Santa Barbara,Calif: Greenwood Press, 1986.

Bourdieu, P. Cultural Reproduction and Social Reproduction [M]//Karabel, J. & Halsey, A. Power and Ideology in Education. New York: Oxford University Press, 1977.

Bourdieu, P. The Inheritors: French Student and Their Relation to Culture[M]. Chicago:The University of Chicago Press, 1979.

（闫引堂 何 芳）

教育定量研究(quantitative research in education) 运用调查、实验、测量、统计等量化手段收集和分析研究资料,从而判断教育现象的性质,发现其内在规律,检验理论假设的研究方法。开展教育科学研究活动的重要方法之一。具有以下特点:研究者一般事先已有某种理论假设,研究的目的主要在于验证这些理论假设;有一套规范的研究程序和操作技术,包括被试的选取、无关变量的控制、调查或测量工具的编制和使用、数据的统计分析、结果的解释等;所关注的焦点是有关教育现象的总体情况和一般规律;注重研究方案的预先设计;用数据展现研究结果;强调研究的可重复性等。科学、先进的定量研究方法可以全面、客观、准确地描述教育现象及规律,了解和掌握教育定量研究方法对教育研究工作者十分必要。

教育定量研究的历史沿革及理论基础

教育定量研究有着悠久的历史,它伴随人类社会的发展、科学文化技术的进步以及教育实践活动的开展而产生和发展。

古希腊时期的哲学家已具有朴素的唯物论思想,但由于缺乏专门化的工具和方法,对教育的研究只能依靠不充分的观察、对教育实际经验的总结以及在直觉基础上的思辨。15世纪后,自然科学逐步从自然哲学中分化出来,相继产生实验方法和分析、比较、归纳、演绎等逻辑方法以及数学方法、假说法等科学方法。这些科学方法的产生及在许多研究领域的广泛应用,为教育研究走向科学化奠定了基础。

17世纪初至19世纪初,夸美纽斯、卢梭、裴斯泰洛齐、赫尔巴特等教育家吸取近代自然科学的研究成果,开始研究教育的对象、方法、理论基础等,发表许多教育专著,独立的教育科学研究活动由此产生。

19世纪前后,不少教育家从自然科学中移植"实验方法"进行教育实验。其中较知名的有1774年瑞士教育家裴斯泰洛齐通过创办"新庄孤儿院"进行的初等教育实验研究和1825年英国空想社会主义者欧文通过创设移民区"新和谐村"进行的实验研究。从 19 世纪末开始,教育实验运动在德、美、英等国蓬勃开展。1896 年,美国教育家杜威创办芝加哥大学实验学校,亲自主持长达八年的教育实验,推动了教育研究方法的发展。1879 年,德国心理学家冯特在莱比锡大学创建世界上第一个心理实验室,在他的影响下,德国教育家拉伊和梅伊曼于 20 世纪初创立实验教育学派,这不仅为教育学提供了新的研究方法,而且形成了一股强大势力,推动了教育研究向科学化和实证化方向发展。

19 世纪末 20 世纪初,教育测量运动悄然兴起。1897 年,美国的赖斯编制了"拼字测验"并将其应用于教育实验,这是测量与实验方法相结合的开始。1905 年,法国心理学家比纳和 T. 西蒙发表了第一个标准化智力测验,引起世界各国对编制测验的极大热情。1909 年,美国教育心理学家 E. L. 桑代克根据心理测量原理编制出一系列标准化成就测验,教育测量运动迅速发展起来。至 20 世纪 30 年代,教育测量运动达到高潮。教育测量学的发展为教育定量研究提供了强有力的收集数据的手段。

19 世纪中叶以后,数理统计学逐步发展,其中最早发展的是描述统计。英国遗传学家高尔顿在优生学和心理学的研究中努力探索简化数据的途径和方法,提出了中位数、四分差、相关与回归等描述统计的重要概念。后来,皮尔逊又提出直线相关系数的计算方法和 χ^2 检验法等。20 世纪 20 年代,英国统计学家费舍提出一系列有关推断统计的理论和方法,推断统计迅速发展。此后,数理统计学不仅具有描述性功能,而且具有推断性功能。数理统计理论及方法的不断扩展和日益成熟,为教育定量研究提供了重要的数学分析手段。

在教育研究向实证化方向发展的过程中,还有一股力量来自教育调查。教育调查始于 19 世纪末,风行于 20 世纪初。这个时期较知名的教育调查有 1910 年哈佛大学教授哈诺斯进行的学校调查和 1915—1916 年 L. P. 艾尔斯等人所做的克利夫兰学校调查。此后,教育调查的热潮有所减退。教育调查法为教育的宏观研究开辟了一条实证化研究途径,一直被研究者广泛采用。

教育定量研究的理论基础是自然主义、经验主义和实证主义哲学,其基本假设是事物内部和事物之间必然存在逻辑因果关系,对事物的研究就是要发现这些关系,并用科学、严谨的方法加以论证。随着人们对教育现象特殊性认识的深化以及对教育内部结构复杂性的认识,一些新的哲学观点,如后实证主义理论、建构主义理论等相继出现。与之相应,从 20 世纪六七十年代开始,许多教育研究已不单纯采用以实证化为特征的定量方法,而是朝多元化和综合化方向发展。受此影响,教育定量研究方法也由单一、片面向多元、综合的方向发展。

教育定量研究的过程

教育定量研究方法多种多样,其过程一般包括选择研究课题、查阅研究文献、设计研究方案、收集研究数据、处理和分析研究数据、撰写研究报告等环节。

选择研究课题 选择研究课题是教育定量研究的首要环节和关键环节,不仅决定研究工作的方向和内容,而且决定研究成果及其价值。

教育研究的课题一般分为两种类型:基础性研究课题和应用性研究课题。前者以揭示教育现象的本质及教育过程的变化规律为基本任务,例如,关于教育评价在教育管理中的作用的研究。后者的研究任务是寻找解决教育实践问题的有效办法,例如,关于中学生吸烟问题的对策研究。二者都可以运用定量方法。选择什么样的课题一般依据社会发展的需要、教育科学自身发展的需要、研究者具备的主客观条件以及研究课题的科学性而定。

研究课题的选定是一个对初步研究设想不断进行探索和反复论证的过程,其基本步骤:一是根据社会或教育实践的需要提出一个初步的研究课题,或在自己以往研究工作的基础上提出一个新的研究课题;二是通过查阅文献、实地考察等,对初步选定的研究课题进行探索,以了解该课题的研究历史和现状,并对其理论价值、实践意义、可行性、研究途径和方法等进行论证;三是在初步探索的基础上,将研究课题由原来宽泛、笼统、模糊的想法逐步转变为一个有待研究的集中、具体、明确的问题;四是形成初步的选题报告,即用书面报告的形式对研究课题的目的、意义、研究历史和现状、拟研究的具体问题、计划采用的方法技术、进度安排等进行详细说明和论证;五是广泛征求意见,特别是同行专家的意见,反复修改选题报告,最后形成正式的课题论证报告。

为避免因选题不当而导致研究失败,选择研究课题需注意:以当前教育科学理论发展或教育实践中迫切需要解决的问题作为研究课题,确保研究的意义和价值;研究的范围不宜过大,以免无从下手,或探讨不深入;研究的问题不宜过小,否则难以取得重大成果;课题的选择必须以一定的事实和科学理论为依据,以保证得出正确的结论;根据已有的外部条件以及研究者自身的内部条件来选择课题,保证课题完成的可能性,能够按期、保质、保量完成研究工作。

查阅研究文献 查阅研究文献是教育定量研究中必不可少的环节,有助于研究工作在前人的基础上进行,避免不必要的重复,并将科学研究引向深入,提高研究的科学性水平。

教育研究文献是指记录、保存、交流和传播教育科学知识的一切载体。其种类很多,主要包括书籍、期刊、报纸、学术会议论文、学位论文、科研简讯、教育档案、手稿、光盘、录音带、录像带、幻灯片及微缩胶片等。

查阅教育研究文献首先是查,即搜集、检索与研究课题有关的文献;然后是阅读,即分析、研究已搜集到的文献资料。搜集教育研究文献的渠道很多,研究者既可以利用图书馆、资料室搜集资料,也可以通过参加学术会议、与同行专家和学者联系,或利用计算机网络等获取文献资料。研究者除需了解文献资料的搜集渠道外,还需掌握文献资料的检索方法。教育研究文献的检索方法主要有:(1)目录卡片查找法,即利用图书馆、资料室提供的已按学科分类或按书名、著者名的笔画顺序编排的图书目录卡片来查找文献资料;(2)目录索引查找法,即根据有关情报资料部门编撰的报刊目录索引、专业目录索引或专题目录索引来查找文献资料;(3)参考文献查找法,即根据文章或书后所列的参考文献目录去追踪查找有关的文章和著作,或查找某个重要人物的所有文章、某种专业杂志的历年文章等;(4)关键词查找法,即利用图书期刊的计算机检索系统,通过输入某些关键词来查找文献资料。上述方法各有其优点和局限性,宜结合运用。阅读教育研究文献的方法一般有浏览、粗读和精读三种。浏览是把搜集到的研究文献粗略地翻阅一遍,大体了解研究文献的内容和价值。粗读是用较快的速度阅读研究文献,目的是在有限的时间里尽可能广泛地涉猎文献资料,以便对本学科、本专业方向当前的研究概貌有所了解。精读是一种为求理解、评价、质疑和创新而进行的阅读。通过精读,研究者不仅可以全面掌握文献资料的实质内容,而且可以发现问题,提出解决问题的思路和方法。在广泛查阅研究文献之后,研究工作就可进入下一个环节。

设计研究方案　设计研究方案是指经过周密思考制定出严谨、科学的研究实施计划和工作安排。一般包括以下几方面内容。

确定研究方法。在教育定量研究中,可采用的研究方法多种多样,如问卷调查法、测量法、实验法等,每种方法各有其优缺点和适用条件,在设计研究方案时,应根据课题性质、被试特点、研究的主客观条件等选择最适当的方法。例如,想了解全国中学生的思想状况,宜采用问卷调查法;想检验某种新的教育措施是否有效,宜采用实验法。

选择研究对象。为了确保样本的代表性,通常采用随机取样的方法来选择研究对象。随机取样的方法很多,如简单随机取样、系统随机取样、分层随机取样、多阶段随机取样和整群随机取样等。研究者应根据所采用的研究方法、被试特点、研究条件等进行选择。例如,研究者想了解某种教学方法的实验效果,并且在不打乱正常教学秩序的情况下开展研究,宜采用整群随机取样的方法选取被试。

确定研究变量与指标。研究变量包括自变量和因变量两种。自变量是指能够独立变化并引起因变量变化的条件或因素,比如,教学内容、教学方式的改变等。因变量是指随自变量的变化而变化的有关因素或特征,比如,因教学方式改变而引起变化的特征有学生的学习兴趣、学业成就等。在教育定量研究中,一般首先要明确哪些是自变量,哪些是因变量,然后识别与特定研究目标无关的非研究变量,并予

以控制,如教师的性别、学生的智力水平等。非研究变量有时会对因变量产生影响,只有控制或消除这些无关变量的干扰,才能确定自变量与因变量之间的真实关系。在确定各种研究变量之后,用可以实际观测的指标来表示自变量和因变量,以便选择或编制适当的研究工具,分析和探讨自变量与因变量之间的数量关系。

选择或编制研究工具与材料。如果研究者采用的是问卷调查法,就应根据研究目的编制调查问卷。如果采用的是测量法,则要购买或编制研究所需的各种量表,如"韦克斯勒儿童智力量表"、"卡特尔16种人格因素问卷"、"数学能力测验"等。如果采用的是实验法,就要购买或制作各种实验用的仪器和材料,如速视仪、双手调节器、词汇卡等。

制定研究程序。不同的研究,其内容、方法和步骤不完全相同。研究的程序设计一般包括五项:确定实施调查、测验或实验的时间;拟定研究工具或材料的呈现顺序、方式、指导语等;考虑控制无关变量的各项措施;确定数据整理与统计分析的时间、工具和具体方法等;安排撰写研究报告的时间。

收集研究数据　收集数据是教育定量研究中最重要的工作之一。通过收集数据,可以确定各种变量之间的数量关系,发现事物之间内在的、本质的联系以及事物发展变化的规律。收集研究数据的方法很多,如问卷调查法、实验法、观察法、测量法等。参见"教育研究中收集资料的方法"。

处理和分析研究数据　处理和分析研究数据是教育定量研究中的另一项重要工作。方法运用不当,会导致错误的结论。用于处理和分析教育研究数据的方法主要是统计法。参见"教育研究中分析资料的方法"。

撰写研究报告　处理和分析完数据之后,研究者需要完成研究报告的撰写工作。教育定量研究的研究报告有基本的格式要求,一般包括标题、摘要、问题的提出、研究方法、结果与分析、讨论、结论和参考文献等内容,有时还包括建议、附录等。研究者应严格按照每个部分的基本要求来撰写。除格式应符合规范外,撰写研究报告还需注意几点。第一,内容有创新。如果一篇研究报告在提出问题、所用材料、工具、方法,以及在研究结果的分析解释等方面没有任何新意,那么这篇报告就毫无价值。第二,重视理论分析和概括。教育科学研究的目的之一在于检验已有的理论并建构新的理论,以便对教育现象的认识达到一定深度,可以更广泛地指导教育实践。故研究报告不能仅停留于对现状的描述。第三,结构严谨,层次分明。研究报告要在研究目的的指引下,对有关的背景材料、研究方法、工具、结果及分析论证等加以周密组织,做到详略得当、层次分明、前后呼应。第四,语言精炼流畅。要求用适当的篇幅报告大量的信息,用流畅的文字交流思想。研究报告是对一项科研工作的总结,对于促进研究者之间的交流以及学科的发展具有重要

意义。一篇高质量的研究报告的撰写完成,意味着一项科研工作的基本完成。

参考文献

陈向明. 质性研究方法与社会科学研究[M]. 北京:教育科学出版社,2001.

董奇. 心理与教育研究方法[M]. 广州:广东教育出版社,1992.

裴娣娜. 教育研究方法导论[M]. 合肥:安徽教育出版社,1995.

王孝玲. 教育统计学[M]. 上海:华东师范大学出版社,2001.

威廉·维尔斯曼. 教育研究方法导论[M]. 袁振国,译. 北京:教育科学出版社,1997.

(韦小满)

教育督导（educational supervision / inspection）

教育督导机构对教育行政事务和学校教育教学及行政管理事务进行检查、监督、评价与指导,以有效改善教育行政,提高学校的教育教学质量,促进教育事业发展的一种行政活动。国家教育行政的组成部分,是保障学校教育教学和学校管理工作有序、有效运行的前提与基础,以及提高教育行政效率和教育行政工作的科学性与合理性,促进教育事业发展的重要保证。

国外学者从不同视角界定教育督导,有的从行政管理的角度,视教育督导为学校管理的环节之一;有的从课程的角度,视教育督导为课程的编制和改进,以为教学提供依据,并对教学进行评价;有的从教学的角度,视教育督导为教育督导人员通过与学生、教师、校长一起工作来改进教学和课程,提高教学质量。中国学者大都强调教育督导中行政机关的领导作用,以及督政在督导过程中的意义与重要性。教育督导有不同分类,根据督导任务的范围与性质,分为综合性督导与专题性督导;根据督导目的,分为诊断性督导与发展性督导;根据督导实施的时间,分为定期(阶段)督导与随机督导;根据督导实施的方式,分为分级(国家、省、市、县)督导、分层(学前教育、初等教育、中等教育)督导和分类(普及义务教育、教育均衡发展、教育行政执法等)督导。教育督导方式多样,常用的有:听取情况汇报;查阅有关文件、档案、资料;参加有关会议和教育教学活动;召开座谈会,进行个别访问、调查问卷、测试;现场调查等。

教育活动的复杂性、教育行政机构的庞大和人的行为动机的复杂性决定了教育督导在教育、教学和行政管理过程中存在的必要性。在社会变革与发展过程中,教育督导面临各种问题和挑战,如合理的教育督导体制、教育督导职能、教育督导人员专业化等。

教育督导体制是教育督导工作得以顺利开展的基础,也是充分发挥教育督导职能的重要保障。教育督导体制类型有不同划分。根据权力在不同组织层级配置的方式与特点,教育督导体制分为中央集权制、地方分权制以及中央与地方合作制;根据教育督导职能与作用的发挥方式,教育督导体制分为监督型、视导型和混合型;根据教育督导机构设置方式,教育督导体制分为独立型和非独立型,前者指教育督导机构设置在政府机构内部,后者指教育督导机构设置在教育行政机关内部。不同教育督导体制各有利弊,功能各异。教育督导体制建构合理与否与教育督导权力配置方式和教育督导的任务、功能定位密切相关,教育督导体制权力配置方式与国家行政体制或教育行政体制权力配置方式一致,教育督导的任务和功能定位与国家教育行政状况有关。若教育督导的任务定位于督学,则教育督导机构需设置在教育行政机构内部;若教育督导任务定位于督学和督政,则教育督导机构需设置在政府机构内部。在政府机构内部设置教育督导机构需协调两种关系,即教育督导机构与政府机构的关系和教育督导机构与教育行政机构的关系。教育督导机构与政府机构之间主要是一种权力隶属关系,与教育行政机构之间是业务上的领导与被领导关系。

教育督导通常具有五项职能:监督职能、评价职能、指导职能、反馈职能和协调职能。其中,评价和反馈职能是其他职能发挥的基础,协调职能保证几项职能之间形成有效联系,监督和指导是教育督导最基本的两项职能。根据监督和指导职能发挥作用的方式,教育督导模式分为三种,即监督型教育督导模式、指导型教育督导模式和监督—指导型教育督导模式。集权制国家的教育督导模式一般以监督型为主,分权制国家的教育督导模式一般以指导型为主。现代社会教育督导模式总体上强化教育督导的指导职能,而淡化或削弱教育督导的监督职能。由监督职能向指导职能的转变给教育督导带来诸多问题与挑战。很多国家的教育督导未能处理好监督与指导之间的关系,或过于强调监督职能,或过于强调指导职能。监督和指导为教育督导所必需,任何偏颇都会给教育督导整体职能的发挥带来消极影响。评价职能与反馈职能能维护教育督导的权威性与有效性。

教育督导人员专业化是提高教育督导人员素质的必要途径。教育督导人员专业化的标准主要有五方面:掌握教育教学方面的法律、法规;具有从事多年教育教学与学校管理的经验;熟悉整个教育督导工作的程序、方式与方法;掌握现代化的评价技术、理论与方法;具备一定的从事科学研究的基础与能力。各国教育督导人员专业化的程度与水平不同,法国、英国和美国对教育督导人员的资格有严格要求,其教育督导人员专业化水平相对较高。中国因教育督导的法制建设不够完善、教育督导人员准入资格水平较低等,教育督导人员的专业化水平与发达国家存在差距。实现教育督导人员专业化可从两方面着手:提高教育督导人员准入资格要求;加强对教育督导人员的培训,委托有资质的专门机构实施教育督导培训,根据形势与政策的变化及时更新培训内容。

参考文献

顾明远. 外国教育督导[M]. 北京：人民教育出版社,1993.

国家教育督导团办公室. 现代教育督导原理[M]. 北京：中国青年出版社,2003.

黄崴. 现代教育督导引论[M]. 广州：广东高等教育出版社,1998.

霍益萍. 法国教育督导制度[M]. 北京：人民教育出版社,2000.

江铭. 中国教育督导史[M]. 北京：人民教育出版社,1994.

（苏君阳）

教育督导制度（educational supervision / inspection system）　政府及其教育行政部门为保证国家有关教育的法律法规、方针政策的贯彻执行和教育目标的实现，依照国家有关规定，对所辖地区的教育工作进行监督、检查、评估、指导的制度。建立教育督导制度，对于确保教育优先发展的战略地位，推动教育改革与发展，保障教育法律法规和政策的贯彻落实，提高教育质量，增强教育的社会效益，具有重要作用。

英国的教育督导制度始建于 1839 年。是年，英国首次设立国家督学。1850 年任命第一位全日制继续教育督学。1856 年成立科学工艺署，署长为督学。1902 年重组皇家督学团，分初等教育督学团、中等教育督学团和技术教育督学团。19 世纪末至第二次世界大战前，皇家督学团进一步完善和发展，设高级主任督学，统领全国教育督导工作；设主任督学和地区主任督学，分别负责领导初等教育、中等教育、师范教育、继续教育的督导工作以及辖区内的教育督导工作。第二次世界大战后至 20 世纪 80 年代初是英国教育督导组织机构改革与发展的稳定时期，督导工作的进展主要表现为督导任务的定位。皇家督学团把促进教育质量提高作为重要使命，并相应开展大量督导工作。70 年代针对初等教育质量下降问题实施全面质量调查，针对进一步提高中等教育质量问题实施改进课程建设工作等。自 70 年代后期始，皇家督学团对地方教育局进行督导，目的是提高地方教育局的行政绩效。皇家督学团亦就继续教育与师范教育质量改进与提高进行督导。1992 年根据《（学校）教育法》，原英格兰女王陛下监察团从教育与就业部中独立出来，改组为教育标准局（Office for Standards in Education, 简称 OfSTED），并建立由首席督学领导的一元化的教育督导体制，内设三个层级：首席督学是教育督导的最高行政长官，其下为女王督学与辅助督学，再下一层是工作在学校第一线的注册督学和以其为中心组成的督导小组。基层督学根据首席督学的指示开展工作，但必须接受女王督学的监督。根据英国有关法律的要求，督学小组中必须设一个外行人士。英国的注册督学为兼职督学，面向全国招聘，其与教育标准局之间为一种合同关系，而非隶属关系。

美国实行地方分权制，教育督导权力主要集中在州和学区两级组织机构。美国早期的教育督导具有一定的宗教色彩，教会神职人员掌握教育督导权。1800 年马萨诸塞州正式授权地方教育行政机关负责视察指导学区内的学校工作，开美国教育督导之先河。独立战争前后至 1850 年，教育督导工作以视察学校为主，教育督导人员以教会人士为主。1850 年南北战争前后至 1910 年，教育督导除沿袭传统的视察方式外，重点加强对教师教学工作的督导，教育督导权从教会转至教育行政人员手里。19 世纪中期，地方学区建立学监制，由专业人员负责协调与指导地方教育事务。1910—1930 年，美国的教育督导受科学管理的影响，在开展常规工作督导的基础上，重点加强对教育教学和管理效率问题的监督、检查与指导。1930—1950 年，受行为科学理论的影响，教育督导的重心从对效率问题的关注逐渐转向关注改善与加强人际关系问题，此间的教育督导工作主要由学区一级的主任、科长等负责。1950—1980 年，教育督导在人际关系理论的指导与影响下开展，但教育督导任务发生变化，具体表现为追求优异成绩和提升教育质量。20 世纪 80 年代后期，教育督导继续以提高教育质量为宗旨，并应用领导科学的研究成果来指导和实施教育督导工作。20 世纪 90 年代后，美国的教育督导模式发生变化，诊断式教育督导模式由关注个体问题转变为关注团体或组织问题；传递式教育督导模式从把被督导者看作"无知"的问题生产者转变为注重发挥被督导者的主体作用。90 年代后美国兴起人力资源开发式的教育督导，不仅注重开发教师个体的人力资源，而且注重对学校组织或群体的建设与督导，以达到促进组织发展的目的。

法国的教育督导制度始建于 1802 年。在资产阶级大革命前，尽管法国教育主要受教会控制，但已产生教育督导的萌芽。1802 年法国政府颁布《国民教育总法》，宣告建立教育督导制度，并首次设立教育总督学制度。1808 年设立与实施学区督学制度。1840 年建立包括总督学、学区督学和省督学在内的三级教育督导制度，教育督导制度自此基本形成。1852—1914 年是法国教育督导制度的完善与发展时期，教育督导制度呈现多元化与专业化的发展特点。1854 年拿破仑三世签署法令，正式成立公立教育总督处，内设高等教育、中等教育与小学教育的总督学，分别承担这三个不同阶段的教育督导职责。1886 年，教育督导工作开始向学前教育延伸，并设置总督学负责领导学前教育督导工作。1888 年法国取消高等教育总督学，结束了高等学校接受督导的历史。1914—1939 年法国设置七类总督学，即中等教育总督学、初等教育总督学、幼儿园总督学、行政总督学、图书馆总督学、体育教育总督学以及驻阿尔及利亚当地人教育总督学。1939 年后法国教育督导制度的发展出现多样化和专业化特点。1968 年,国家级的中等教育督导按学科分为数学、物理、自然、哲学、文学、历史、地理和应用语言八个团体,技术教育分为工业技术总督导和经济技术总督导两个团体,学前教育、初等教育和师范学校的职业教育组成联合的总督导团体,艺术教育、困难儿童教育、农业教育、劳动教育和家庭教育亦相应组成联合的总督导团体。此外还出现很多专业性较强的总督学团体,如学校生活总督学、校舍建设总督学、国家法语教育总督学等。1964 年,法国开始设地区教育总督学。1965 年设国家教育行政总督导,不仅拥有从宏观上监督国民教育系统的行政、财务、资金等各项领域工作的权力,而且重新获得自 1888 年起中断的督导高等教育的权力。1968 年法国爆发大规模学生运动,受此影响,教育督导制度出现停滞不前的局面。尽管 1970—1988 年法国致力于改革教育督导制度,但未有起色。1980 年后,公共教育总督学正式改名国家教育总督学,并按专业标准组织督学工作小组。1986 年重新规定国家教育总督学与地区教育总督学的职责,国家总督学负责宏观的教育督导工作,地区总督学负责教师评估与管理等方面的微观督导工作。

中国教育督导历史悠久,最早可追溯到周代,其时,教育督导称"视学"。据《礼记·文王世子》载:"天子视学,大昕鼓徵,所以警众也。"不同历史时期对天子视学的称谓不同,周代称"视学",汉代至清代,帝王视学称"幸学",雍正年间帝王视学改称"诣学"。古代社会基本建立了相对完整的教育督导制度,不仅有以天子视学为核心建立的中央官员的视学制度,而且有以地方官员为核心建立的地方官员的视学制度。地方官员的视学制度始建于宋代。宋代负责教育视导的地方官员称"提举学事",元代称"提举",明代还称其为"提学官"、"督学官"、"督学"、"督学使者"等,清雍正年间废除地方教育督导人员的其他称呼,一并称"提督学政",简称"学政"。学政的地位与省最高军政长官总督与巡抚平行,通常亦称"学台",与"抚台"、"臬台"并称"三台",分别负责学政、行政与监察事务。清末参照日本文部省的官制,在各省增设视学官(未设学部)。1909 年清政府颁布中国近代史上第一个有关教育视导的文件《视学官章程》,共 33 条,对视学区域、视学资格、视学权限、视学职能、视学经费等内容作了规定,但教育督导活动真正开展得很少。辛亥革命后,国民政府沿用清末的视学制度。1913 年,北洋政府教育部颁布《视学规程》,之后又相继颁布《视学处务细则》、《视学留部办事规程》、《视学室办事细则》等,对中央一级教育督导机构的设置、职能、任务、职权等作了规定和要求。1918年北洋政府教育部颁布《省视学规程》,确立省视学制度。民国后期,视学改称"督学"。1934 年中华苏维埃共和国临时中央政府教育人民委员部颁布的《教育行政纲要》规定,设置巡视委员会,计划并领导巡视工作。省教育部、县教育

部、市教育科均设巡视员。抗日战争时期,根据地边区政府设立督学室,专员公署和县级政府的教育管理机构均设有督学。20 世纪初,中国借鉴英国的经验与传统建立教育督导制度。中华人民共和国成立后至 1955 年沿用传统的教育督导制度。现代教育督导制度形成于 1977 年。是年,中央政府内部设视导小组,一些地方政府内部设视导室。1986年根据《中华人民共和国义务教育法》的有关要求,国家教育委员会中设教育督导司。1991 年 4 月国家教育委员会颁布《教育督导暂行规定》,明确规定教育督导的任务和范围、教育督导机构的职员及督学的任职条件和职权等,同年 5 月印发《普通中小学校督导评估工作指导纲要》。1994 年国家教育委员会建立国家教育督导团。1995 年颁布的《中华人民共和国教育法》明确规定,国家建立与实施教育督导制度。2000 年,原国家教委教育督导团正式改名国家教育督导团,各省、市、县相应建立专门的教育督导机构,由此建立包括国家教育督导团、省(自治区、直辖市)教育督导室、地市教育督导室以及县教育督导室在内的四级教育督导体系。2006 年修订的《中华人民共和国义务教育法》第八条重新规定教育督导的任务与职责,指出人民政府教育督导机构应对义务教育工作执行法律法规情况、教育教学质量和义务教育均衡发展状况进行监督,并向社会公布督导报告。

(宋雁慧　蔡海龙　苏君阳)

教育对话(dialogue of education)　　20 世纪 80 年代以来受对话哲学影响而形成的一种教育理念。教育对话指向一种特殊的教育交往行动,在这种行动中,教育成为一种"召唤性"结构,教育活动在自我与世界之间建立了对话的联系。自我在构成性价值的引导下,通过理解、认同、选择、反思等交流形式而实现精神的自我创造。

"对话"一般指用语言进行沟通的交流方式。此外,对话也是哲学、政治学、伦理学等领域广泛应用的一种重要文体,即问答体或对话体。在古希腊,对话体广为流行,柏拉图、色诺芬等人都写过对话体裁。在中国的春秋战国时代,自由、平等的对话形式广泛应用于诸子百家典籍,既涉及治国安邦的方略和军事、政治、经济、文化、外交的对策,也涉及人生哲理的探求、修身养性的经验等各个不同的领域和方面。苏联哲学家巴赫金指出,对话表现为:(1)人与人之间现实的、面对面直接大声的言语交际,其中任何一种言语交际都涵盖在其中,包括生活的、认知的、政治的、经济的、文化的、艺术的、文学的等。(2)书籍、报刊所包含的语言交际因素,这其中既有直接的和生动的对话,又有批评、反驳、接受等语言交际过程中以不同形式组织而成的书面反应:评论、专题报告、调查报告、文艺作品等。(3)书籍、报刊等印刷出来的言语行为,涉及的内容不只是现代的,阅读和研究历史流传下来的书籍、报刊以及其他形式,如竹简、石刻

等显示言语交际行为的文物,实际是在同古人进行言语交际和对话。

从广义的角度,对话涉及人类存在的基本哲学命题,对话理论在当今兴起,与时代哲学观的变化息息相关,原本是一种语言现象的对话,却体现一种独特的意识和哲学观。

在法国哲学家笛卡儿之后,二元论占据西方哲学的主流地位,它将世界分裂成相互对立的主体和客体,人与世界的关系是一种主客关系,人的认识以及人的实践与世界处于一种认识与被认识、征服与被征服的紧张关系中。从 19 世纪初到 20 世纪末,西方哲学中出现一种人文精神的思考,开始与二元论抗衡。最先尝试这种抗衡的是德国哲学家胡塞尔,他开创了现象学还原法,认为从笛卡儿到英国经验主义再到当代实验心理学的一系列发展,都加剧了物理客观主义与超验主观主义的对立与斗争,而事实上,所谓"独立自主的客观世界"恰与"生活世界"密切相关,这个世界来自一个超验的主体,正是它才赋予客观世界以存在的意义。客观世界事实上是融合在这个超验的主体所在的"生活世界"中的。胡塞尔的这种理论对现代人和现代社会产生不可估量的意义。从此,主客在分裂的道路上开始了对话的历程。德国哲学家加达默尔是现代解释学的集大成者,他指出,现代解释学的最终目标不是建构关于自然世界的理论或工具性的解释理论以提高人类控制自然进程的能力,而是通过解释取得一种更全面的自我理解,这是人类达到理解的不可缺少的途径。而自我理解的关键在于彻底消除"内在"与"外在"的二元对立,到达一个超出二元对立的地方,即自我向别人言说自己的语言。语言的产生来自真实而具体的对话,它的具体使用必须在真实的对话中,故自我就是说着的自我,只有当"我"对"你"讲话时,"我"才是"我"。

德国哲学家狄尔泰在为人文科学争取合法地位的设想中,对人类理解活动的对话特征进行了思考。他指出,假如说康德把自然科学作为解释自然现象的唯一权威,那人文科学是解释人的精神世界的唯一权威,这种特殊的对象要求一种特殊的途径来达到。为此,他提出"体验—表达—理解"网络,同时特别强调理解的对话特征,理解就是一个人与另一个人(包括一个人对自我的理解)的交流过程,理解是一种对话形式。德国哲学家布贝尔则进一步指出,人置身于二重世界,故人有两种截然不同的人生,为了自我生存及需要,把周围的存在都当作与"我"相分离的对象、与"我"相对立的客体,持此态度,则在者于"我"便是它,世界于"我"便是它之世界,同时人也可以栖息在"你"之世界,当"我"与"你"相遇时,"我"不再是一个经验、利用物的主体,"你"便是世界、是生命。

现代德国哲学家哈贝马斯提出对话伦理学,这是交往理论范式在道德领域的运用,一方面使道德理论摆脱了功利主义的统治,另一方面用主体间对话模式取代康德的先验自明。哈贝马斯指出,在理想的交往共同体中,人与人的关系应该通过语言的相互理解和理性的共识来协调,每一个有对话能力的主体能自由、平等地参与对话。

英国思想家博姆在《论对话》中指出,对话是一个多层面的过程,不是简单的谈话和交流。对话理论探索人类广泛的体验过程,包括人们固守的价值和信仰、人类情感的本质和作用、我们内心思维过程的模式以及人类记忆的功能、社会文化的传递等。最为重要的是,对话理论旨在探索人类思想的作用方式。博姆认为,人类的思想并非是对客观实在的完全、真实的再现,而是生成于集体之中,并由集体来维持,其中,对话就是生成和维持思想和文化的根本途径、根本方式。

近代教育对话的基本理念大致都来源于哲学上对对话理论的探讨。巴西教育家弗莱雷将对话和教育紧密联系起来,他反对传统的没有对话的教育,认为传统教育是 A 对 B (A for B)或者 A 关于 B(A about B)的一种垂直关系,表现为冷漠无情、不怀期望;教育对话则是 A 与 B(A with B)的一种平行关系,这种对话具有爱、谦虚、期望、信任等许多成分,只有双方用爱、期望、信任来联系,建立一种亲密关系,才能形成教育。弗莱雷认为,教育具有对话性,教学应是对话式的,并提出"对话式教学"的思想,指出非对话式教学的重要特征之一是,主体要使对方成为客体,而对话式教学中不存在一个主体要使另一个成为客体,对话双方都是主体,共同去揭示世界、改造世界。因此,对话不是强制,不是被人操纵,而是双方的一种合作。教育对话的理念反映教育过程中师生之间一种双向的交流,这种交流是平等、民主、真实、积极的。在交流中,双方都是主体,为了共同的目的进行交流。这与传统教育中的教师给予知识、学生接受知识的教育完全不同。教育是一种对话性的实践,会话、商谈、交往和理解是教育和教学过程中的基本内容,甚至可以说是极其重要的前提和本质。对话不仅是一种教学手段,更体现为一种精神,具有方法论和本体论的双重性质。

参考文献

戴维·伯姆. 论对话[M]. 王松涛,译. 北京:教育科学出版社,2004.

马丁·布伯. 我与你[M]. 陈维纲,译. 北京:生活·读书·新知三联出版社,2002.

保罗·弗莱雷. 被压迫者教育学[M]. 顾建新,等,译. 上海:华东师范大学出版社,2001.

金生鈜. 理解与教育[M]. 北京:教育科学出版社,2000.

滕守尧. 文化的边缘[M]. 北京:作家出版社,1997.

(樊改霞)

教育发展(educational development)　教育系统在总体上从低级形态到高级形态不断生成、变化和更新的过程。发展概念源于生物学,指有机体内在的、定向的、渐进的、不可逆转的和有目的的变化过程。在哲学上,发展指事物由小到大、由简到繁、由低级到高级、由旧质到新质的变化过程。19世纪,发展的概念开始应用于研究社会过程,由此产生以社会进化论为特征的社会理论。在20世纪五六十年代兴起的发展理论中,发展被看作是一个国家或社会由落后的不发达状态向先进的发达状态的过渡和转化。经济发展、社会发展、政治发展等都属于发展的不同层面。教育发展基本上属于社会发展的范畴,与经济社会发展的关系十分密切,并受经济社会发展观的影响和支配。在经济社会发展过程中,教育自身内部各个因素之间的相互作用方式会发生新的质的意义上的变化。

发展理论和教育发展观的演变

教育发展与发展概念的变化联系在一起。发展被认为是一种全球性的社会变化过程,而教育尤其是学校教育,被认为是发展的必备前提之一。随着对社会发展条件认识的深化,发展的含义不断扩大,教育发展观也随之发生变化。

经济增长与教育增长观　20世纪50年代末60年代初,发展通常被理解为经济发展或经济增长,认为国民生产总值的增长能够直接带来社会进步。这种发展观是“以物为中心”的。在当时的国家发展政策中,由于认识到人在促进和保持经济增长中的重要作用,教育发展与“人力资本”或“人力资源开发”联系在一起。如A.刘易斯认为,发展过程实际上是资源从传统部门(农业)向现代部门(工业)转移的过程,判断发展唯一的或首要的标准是人均国民收入的提高,以工业比重的上升为主要内容的经济结构变革是发展的核心。美国经济史学家罗斯托认为,发展的关键是通过资本积累实现自我持续增长,他将各国经济增长划分为传统社会、为起飞创造条件的阶段、起飞阶段、向成熟推进阶段、群众高额消费阶段和生活质量阶段,工业化是由“起飞”向持续增长的过渡。现代部门的发展除了需要大量物质资本投入和现代技术外,更需要受过教育及掌握现代技能的人力。而20世纪中期发展中国家极度缺乏受过教育的劳动力,给经济增长造成很大障碍,解决的办法就是引进并迅速扩大在工业发达国家被证明是有效的现代教育和培训模式,并把优先发展的重点放在中等教育特别是高等教育的扩展上。同时,受人力资本理论把正规教育视为一种投资并能带来巨大经济效益的观点影响,各国政府加大了对教育的投入,将提高教育经费预算作为经济发展的高效投资,加速了教育的发展。这一时期的教育在价值上受经济学家实利主义教育观的支配,在发展上主要表现为教育数量指标的增长。制定国家教育策略的指导原则是,对教育体系及其所包含的人数作直线式的扩充,教育发展体现为

教育规模的扩张、发展速度的加快和教育投资的增加。常见的衡量教育增长的指标有:初等、中等和高等教育的学龄人口入学率;教育存量,包括每万人口受过各级教育的人数、人均受教育年限等。

社会综合发展与教育整体发展观　20世纪60年代末,人们开始注意到,单纯以经济增长为指向的发展目标存在许多难以克服的矛盾和问题,如经济增长与社会稳定和人民福利水平的背离、环境污染和资源枯竭、经济与教育发展模式的不平衡和不公正等一系列问题,出现了贫穷、不平等、失业等所谓“欠发展”状态。进入70年代,一些经济学家重新定义发展,认为在经济增长的过程中,要改变或减缓“欠发展”状态,应将发展与政治观念、政府形式、人民在社会中的作用联系起来,应综合运用政治和经济理论,树立新的发展观念,发展应是涵盖经济结构、经济制度、管理方式、技术进步等的经济发展和社会进步。这种发展观重视社会各系统之间的均衡和谐发展,是以社会为中心的发展观。

世界银行率先对收入分配和贫困问题给予较多关注,在20世纪70年代初,提出“增长型再分配”(growth with redistribution)的观点,即在促进增长的同时,合理分配经济增长的收益,使穷人也能从增长中受益;发展不是简单地提高国民生产总值,而是具有公平性的发展。此即“发展＝经济＋社会”的发展观。世界银行还首先提出发展的“满足基本需要方法”,强调改善那些在发展进程中被忽视的最贫穷、处境最不利的人们的生活水平,明确以减贫作为其目标和任务,同时调整投资方向,将更多的贷款投向与扶贫有关的农村和农业部门及其基础设施、人力发展等领域。对于教育改革,强调普及最低限度的教育,使公民提高生产活动的能力,并发展适合当地情况的技术;能够自己组织起来,向政治制度施加压力,以便从经济增长政策带来的新财富中收获自己应得的份额。

1979年,法国学者佩鲁在联合国教科文组织举办的“研究综合发展观”专家会议上指出,发展同作为主体和行为者的人有关,同人类社会及其目标以及正在不断演变的目的有关,并提出了与经济增长不同的新发展观,这种新发展观是整体的、综合的和内生的,强调发展是文化价值和社会结构的变革和演进。发展中国家要获得真正的进步,必须满足三个要求:在生活条件、文化和政治意识的锻炼方面提高个人和群体的标准;始终使特殊的经济和社会结构向最佳结构的方向发展;尽可能迅速地促使革新和投资的收益、科学知识和艺术创造性在整个人口中的普及。在结构演变过程中,为了使各种形式的人力资源都有机会获得效力和能力,对教育制度的评价不能只看入学率,还要看学习者是否能根据自身情况,考虑将学习所得应用于其职业。

这一时期的发展理论认为,经济发展不单是经济目标,应该同时重视社会目标的增长,经济目标和社会目标两方

面共同组成发展的整体进程；发展进程应有人们的广泛参与并分享发展的成果。在此背景下，教育系统作为社会系统的重要组成部分，其发展是经济和社会进步的必要条件。20世纪五六十年代的教育发展观和发展模式强调教育的"直线扩充"、"机械的外推"，曾导致一些非常严重的教育问题和社会问题，如日益陈旧的课程内容与知识增长及学生现实学习需求之间的不平衡，教育与社会发展需要之间的不相适应，教育与就业之间日益严重的不协调和不平衡，以及社会各阶层之间严重的教育不平等，教育费用的增加与各国将资金用于教育的能力和愿望之间日益扩大的差距等，P. H.库姆斯称之为"世界教育的危机"。解决危机需要教育与社会大力协作，共同调整和适应，教育发展模式必须在类型构造、体系结构、所雇用的专业教学人员、所开设课程的种类和所使用的技术等方面进行质的变革，即教育发展除了规模的扩张之外，还包括教育结构的转换、教育质量的提高和教育效益的增强，这就是教育发展的整体观。其中，规模展示教育发展的数量和教育的普及程度，结构是教育发展满足社会经济发展的形式，质量是教育发展的本质规定和生命线，效益作为教育的产出与投入之比，反映教育发展的运行素质。规模、结构、质量和效益之间的关系直接关系到教育整体的发展水平和为经济、社会、个人服务的能力，从而共同构成教育发展形态的基本要素。

人和社会的全面、可持续发展与教育可持续发展观
20世纪80年代后，发展更强调"以人为中心"。美国学者古莱提出发展的三个相互关联的核心要素：生存、自尊、自由。生存涉及基本需要的满足，发展的主要目标是使人们摆脱贫困，同时提供基本需要，包括与营养、保健、住房、教育以及与求职有关的商品与服务；对发展中国家来说，维持和增进人的自尊的合法途径是发展；自由即免于奴役，发展使人摆脱压制性奴役（大自然、愚昧无知、受制于他人、体制、信仰）而取得自由，生活在生存的边缘状态，没有教育，没有技能，就不可能有自由。基于此，美国经济学家托达罗认为，发展是物质的、心理的、社会的、机构的和经济的发展的统一过程，发展具有三大目标：增加、扩大和丰富基本的生活物质设施；提高生活质量，包括收入、就业、教育、文化、自我尊重和人类价值的改善；使个人和国家从贫穷、他人、他国的奴役下获得解放，从对他人和别国的依赖状态中解放出来，增加经济和社会的选择机会。印度经济学家阿马蒂亚·森对"人力资本"和"人力资源开发"概念提出质疑，认为它们仅仅认识到人是扩大生产的资源。他从权利和能力的扩大角度定义发展，指出发展可看作是扩展人们享有的真实自由的一个过程。狭义的发展观只包括国民生产总值（GNP）增长、个人收入提高、工业化、技术进步、社会现代化等。聚焦于人类自由的发展观则认为，国民生产总值或个人收入的增长作为扩展社会成员享有的自由的手段，是非

常重要的，但是，自由还依赖于其他决定因素，诸如社会的和经济的安排（如教育和保健设施）以及政治的和公民的权利。因此，发展的重点应该是提高人的生活质量，扩大人的自由，这样，人的发展意味着把货物与劳务的生产和分配以及人的潜力的扩大与利用放在一起，发展不仅是一种可以计量和反映的物质状态，同时也是一种精神状态。这一时期，一些国际组织和机构也非常关注和强调"以人为中心"的可持续发展观。1986年，联合国大会通过的《发展权利宣言》指出，人是发展的中心问题，教育的目的是充分发展人的个性并加强对人权和基本自由的尊重。1990年，联合国开发计划署（The United Nations Development Programme，简称UNDP)的《人类发展报告》提出，应把增加人的福利视为发展的目的，发展的指标不应限于人均收入，还应包括有关健康（包括婴幼儿死亡率）、饮食和营养、拥有可饮用水、教育和环境等数据。由此，健康长寿、获取知识和拥有体面的生活所需的资源成为人的发展的三个基本维度。1995年，联合国社会发展首脑会议通过的宣言和行动纲领指出，发展的最终目标是改善和提高全体人民的生活需要，要建立一种以人为中心的社会发展框架。

20世纪90年代后，发展理论更加强调重视发展中国家因历史、文化和发展阶段不同而形成的不同的制度特征，强调经济发展与非经济因素之间的普遍联系，强调发展不仅是经济增长，而且是社会的全面改造，这种发展观主张从长期的、全方位的角度考虑发展问题，认为发展应全面重视社会、制度、人力、环境等各种非经济因素和经济因素的关联性，从而实现社会的全面发展。随着以信息技术为主导的新经济的发展，世界银行研究了知识与发展的关系，指出知识是经济增长和可持续发展的关键，国际机构和发展中国家必须促进知识为经济服务。为缩小吸收知识的差距，必须确保普及基础教育，并把基础教育之上的终身教育看作是一个国家不断接受和使用新知识的保证。为此，世界银行将向"知识银行"转变，把重点转移到无形的知识、制度和文化上，强调贷款的政策杠杆作用和政府管理、制度结构、人权和民主等非经济因素，注重全面发展，并建立起新的综合发展框架。世界银行对贫困的概念也从原来纯经济意义上的贫困扩大到包括政治权利、社会影响等在内的广义的贫困，认为贫困是对基本的可行能力的剥夺，而不仅仅是收入低下，更好的基础教育、培训和卫生保健不仅可直接提高生活质量，而且能提高一个人获得收入的能力，使其免于贫困。

在发展理论向非经济领域拓展的同时，经济发展的实践也使人们普遍意识到，经济增长不应建立在耗竭资源、破坏环境的基础上，而应强调发展的可持续性。世界环境与发展委员会把可持续发展定义为满足当代人需求而不危害对未来世代需求的满足的发展。1992年，在巴西里约热内卢召开的联合国环境与发展大会通过的宣言指出，人类处

于普受关注的可持续发展问题的中心。人类有权过一种与自然相和谐的健康而富有成效的生活，为了实现可持续发展，环境保护应成为发展进程的组成部分，而且不能脱离这一发展进程来考虑环境保护。2002年，联合国在南非约翰内斯堡召开可持续发展世界首脑会议，会议通过的宣言指出，经济发展、社会发展和环境保护是可持续发展的三个重要支柱。对于日益加剧的全球化发展进程中的社会和环境问题，世界银行《2003年世界发展报告》指出，贫困的消除将以环境和社会可持续的方式进行，我们需要一个比过去沿用的发展进程效果更好的全球发展进程，制度需要从许多层面加以改进，以保护环境资产和社会资产的方式来推动增长。可持续发展不是单纯的经济发展，而应以提高人类生活质量和生存质量为目标，不断协调经济、人口、资源、环境的关系，是经济—社会—生态复合系统的持续、稳定、健康的整体发展。发展具有以人为本、协同共进的新特征，可持续发展能力成为发展的基本内涵。在人和社会可持续发展的范围内来考虑教育，教育成为可持续发展能力建设的核心内容。1992年联合国环境与发展大会通过的《21世纪议程》指出，应将教育（包括正规教育）、公众意识和培训确认为人类和社会据此能够最充分地发挥其潜力的一种过程，教育对于促进可持续发展和提高人们解决环境和发展问题的能力极为重要。2002年，联合国可持续发展世界首脑会议重申，要通过教育推进人类的可持续发展，把可持续发展纳入各级教育系统，使教育成为变革的关键因素。

教育发展转向人和社会的全面、可持续发展能力建设，形成教育的可持续发展观，并成为20世纪末以来世界教育发展与改革的指导思想。在教育可持续发展观看来，教育不仅是发展手段之一，而且是发展的组成部分和主要目的，教育的首要作用是使人类有能力掌握自身的发展。因此，教育的各个组成部分均有助于人的发展；发展过程首先应为发挥世代生活在地球上的人的一切潜力创造条件，人既是发展的第一主角，又是发展的终极目标。此外，教育还要符合既尊重人文环境和自然环境，又尊重传统和文化多样性的内源发展的真正需要，为此，应把教育战略的各个组成部分看成是协调的、相互补充的因素来加以设计，因为它们的共同基础是寻求适应当地情况的教育。以人为本、全面性、协调性、可持续性成为教育可持续发展观最显著的特征。

以人为本。教育发展应当促进人的发展，并体现受教育者发展的充分性。联合国教科文组织早在1972年的报告《学会生存——教育世界的今天和明天》中就提出，教育要培养完人，把一个人在体力、智力、情绪、伦理各方面的因素综合起来，使人成为一个完善的人，这是对教育基本目的的一个广义的界说；《学会关心：21世纪的教育》（1989）中指出，21世纪最成功的劳动者将是全面发展的人，是对新思想

和新机遇开放的人，并提出"学会关心"的伦理要求；《教育——财富蕴藏其中》（1996）提出教育的"四个支柱"，即学会认知、学会做事、学会共同生活、学会生存。这些都说明，国际社会已不再视教育为单纯的经济发展的工具和手段，而把它作为提高人的生活质量的重要途径，并成为人的全面发展的条件。

全面性。指注重教育发展的充分性、均衡性和教育结果的质量。1990年在泰国宗迪恩召开的世界全民教育大会通过《世界全民教育宣言》，要求各国实施全民教育，不分年龄、性别、种族和经济背景，向所有儿童、青年和成人普及基础教育，以实现教育机会均等。2000年，联合国教科文组织在塞内加尔首都达喀尔召开世界全民教育大会，大会通过的《全民教育行动纲领》对全民教育内涵的界定，更加关注全民教育的质量，把全面提高各级教育质量列为全民教育六大目标之一。全民教育意味着全民质量教育，高质量教育施予少数人已变为高质量教育面向所有人。教育发展一方面要为所有适龄学生提供充足的受教育机会；另一方面，倡导并促进教育的均衡发展逐渐成为世界各国公共教育政策的基本取向。

协调性。教育发展以人口、社会、经济、科技和资源为外部环境，以内部的结构、规模和效益为子系统。为此，教育发展要协调好两个关系。一是教育系统与社会大系统的关系，考虑其间的相互影响、相互要求、相互制约及其资源提供基础。联合国教科文组织1972年提出"教育先行"的观点，指出教育在全世界的发展正倾向于先于经济的发展，这在人类历史上是第一次。相对于经济和社会发展的相关方面，教育发展为其准备人才、人力和知识基础，因此必须实现教育的超前发展。然而这种超前是有限度的，即需要在与经济社会发展保持良性循环的关系中实现超前发展。二是教育系统内部各个子系统之间的关系，处理好教育的层次与类别之间，结构、质量与效益之间，城乡与区域之间的协调关系，力求发挥教育的整体效益。教育体系是一个有机的整体，内外部各要素、各系统间的平衡是动态的。20世纪90年代，联合国教科文组织、世界银行一贯倡导发展中国家把开展全民教育作为国家级的优先行动，并把国际教育援助主要用于资助发展中国家实施全民教育；但到90年代末，随着发展中国家在知识经济发展中数字鸿沟的扩大，在全球化可持续发展竞争中不利地位的恶化，2000年由世界银行和联合国教科文组织组成的高等教育与社会特别工作组开始呼吁发展中国家重新审视以往侧重于基础教育的教育投入政策，应该在初等、中等与高等教育之间找到一种适合各自国情的恰当平衡；甚至提出发展中国家应紧急行动起来，把扩充高等教育数量和提高质量作为一项优先发展战略。为此，对发展中国家的援助也开始向资助全民教育和高等教育并重的方向转变。

可持续性。主要指教育发展的长期合理性问题。既包括整个教育的长期发展，也包括个人的长期发展。从教育发展资源配置的角度，要在当前和今后、当代人和后代人之间维持平衡，任何教育的发展都不能对整个教育或其他教育发展的生态环境造成损害。从受教育者的角度，教育是持续的过程，学校教育或当前教育不能影响其今后的发展。要充分重视教育在实现个人全面发展和可持续发展中的作用，并把所有教育整合到与生命有共同外延并已扩展到社会各个方面的连续性教育——终身教育这一含义更广的概念中。

中国教育发展观的演变

在相当长一段时期里，中国教育的发展主要着眼于外延的扩展和数量的增长。每当确定加快经济发展的方针时，总是伴随教育规模的急剧扩张。但教育本身有其协调发展的内在要求，因此，在每次发展后，总会经历一个结构调整和强调质量的阶段。这除了经济、政治和社会的原因外，还与传统的教育发展观有关。20 世纪 80 年代，在教育必须为社会主义建设服务、社会主义建设必须依靠教育的发展方针下，各类教育在数量扩张的过程中开始强调优化教育结构，初步形成了多层次、多类别、多形式的教育格局。20 世纪 90 年代，伴随坚持教育的适度超前发展和落实教育的优先发展战略地位，入学人口大幅度增长，办学规模不断扩大，但教育资源紧张和短缺的矛盾日益突出，教育的质量和效益成为教育发展的核心问题，为此，贯彻规模、结构、质量和效益相统一的方针，质量和优化结构被置于突出位置。进入 21 世纪，教育为社会主义现代化建设服务、为人民服务，成为全面建设小康社会教育发展的指导方针。新时期的教育目标是：满足人民群众日益增长的教育需求；均衡发展教育，确保教育公平，让每个公民都享有平等的受教育权利；形成全民学习、终身学习社会，促进人的全面发展。实现这些目标要以教育体系和教育资源具有能满足不断变化的社会需要的能力，即教育的可持续发展能力为前提。

2010 年 7 月，中共中央、国务院颁布《国家中长期教育改革和发展规划纲要(2010—2020 年)》，提出教育改革和发展的工作方针是"优先发展、育人为本、改革创新、促进公平、提高质量"，即把教育摆在优先发展的战略地位，把育人为本作为教育工作的根本要求，把改革创新作为教育发展的强大动力，把促进公平作为国家基本教育政策，把提高质量作为教育改革发展的核心任务。在科学发展观的指引下，将以人为本的理念、全面协调可持续发展的观念和统筹兼顾的方法贯穿教育改革创新的各个环节，推动教育事业科学发展。

以人为本是教育发展的核心命题和基本价值取向。在教育工作中坚持以人为本的最集中的体现就是育人为本，尊重教育规律和学生身心发展规律，以学生为主体，以教师为主导，把促进学生健康成长作为学校一切工作的出发点和落脚点。将以人为本的科学理念落实到个体层面，是对教师和学生的关注，关心每个学生，促进每个学生主动地、生动活泼地发展，为每个学生提供适合的教育；落实到社会层面，则体现为人与人之间的公平，把促进公平作为国家的基本教育政策，保障人人享有平等的受教育权利和机会。

全面协调可持续是教育科学发展的基本要求。教育的全面发展首先是学习者发展的全面性，坚持德育为先、能力为重、全面发展的原则，全面实施素质教育，更加关注人的全面发展。其次是教育发展内涵的全面性，坚持教育规模、结构、质量、公平和效益相统一，走以促进公平和提高质量为重点的内涵式发展道路。教育的协调发展包括三个方面：一是教育和经济、社会的协调发展，把教育摆在优先发展的战略地位并适度超前发展，切实保证经济社会发展规划优先安排教育发展，财政资金优先保障教育投入，公共资源优先满足教育和人力资源开发需要。二是教育系统内部的协调发展，推进各级各类教育齐头并进、协调发展，积极发展学前教育，巩固提高九年义务教育，加快普及高中阶段教育，大力发展职业教育，全面提高高等教育质量，加快发展继续教育，重视和支持民族教育，关心和支持特殊教育，着力构建中国特色社会主义教育体系。三是注重教育结构的合理布局以及城乡、区域教育的均衡发展，建成覆盖城乡的基本公共教育服务体系，逐步实现基本公共教育服务均等化，缩小区域差距。教育的可持续发展，既包括整个教育的长期发展，也包括个人的长期发展。一是人的可持续发展，以能力建设为本，教育为人的持续发展服务。二是教育系统的可持续发展，构建体系完备的终身教育，建立健全教育质量保障体系和资源保障机制，促进全体人民学有所教、学有所成、学有所用。

统筹兼顾是教育科学发展的根本方法。注重统筹兼顾教育发展与经济和社会发展、普及与提高、公平与效率、长远谋划与近期发展等关系。一是统筹教育与经济、社会发展。教育科学发展是经济、社会、科学发展的重要基础和先决条件，经济、社会、科学发展则为教育科学发展提供强有力的保障和支撑。把教育摆在优先发展的战略地位，推动教育发展适应经济、社会发展需求，以教育发展服务、引领、促进经济和社会发展。二是统筹普及与提高。把提高质量作为教育工作的核心任务，一手抓好教育普及，力争实现更高水平的普及教育，一手抓好质量提高，努力提供更加丰富的优质教育。学前教育的普及与提高同步推进，在加快实现基本普及目标的同时，不断提高保教水平、办园质量，保障幼儿健康快乐成长；义务教育既要巩固普及成果，不让一个学生失学，又要着力提高教育质量，把促进均衡发展作为战略性任务;职业教育在不断扩大办学规模的同时,把提高质量作为重点,着力推进教育教学改革,增强职业教育吸引力;高等教育要进一步提高大众化水平,并与全面提高质量相互促进,从高等教育大国向高等教育强国迈近。三是统筹公平与效率。促进公平是国家的基本教育政策,要从教育机会、资源配置、受教育权利等方面,确保教育改革朝公平的方向发展。在坚持教育公益性、普惠性的前提下,着眼于提高效率,进行卓有成效的探索创新,将民办教育作为教育事业新的增长点,鼓励和引导民间资金发展民办教育,满足人民群众多层次、多样化的教育需求;建立一批"2011 协同创新中心",有效聚集创新要素和资源,产出一批重大标志性成果,服务创新型国家建设。四是统筹长远谋划与近期发展、整体部署与尊重基层创新。中国幅员辽阔、地区之间差异大,教育发展错综复杂,要充分考虑改革的复杂性、多样性,把当前发展与长远发展相结合,整体推进与因地制宜相结合,统筹谋划、有序推进。教育改革要一手抓长远规划,针对长期积累的体制机制矛盾,有计划地分阶段破解难题;一手抓近期任务,针对民众关心的热点难点问题,及早启动改革。在注重整体部署的同时,坚持因地制宜,充分发挥地方、学校和师生的主动性、积极性、创造性,大胆试验,取得经验后总结推广。

教育发展表征

教育发展是一个多方面、多层次并包含时空的复合概念。联合国教科文组织编写的《世界教育报告》、《教育统计年鉴》在整理和提供世界教育发展进程的资料时,确定其指标体系为:(1) 教育供给(资源),包括公共教育支出占国民生产总值和政府公共总支出的百分比、各级公共教育支出的分配比例、生均公共日常支出、生师比等;(2) 教育需求,包括经济增长、学龄人口以及不同人口的教育成就等;(3) 入学和参与,包括毛入学率和净入学率、升学率、预期受教育年限等;(4) 教育内部效率,包括留级率、效率系数等;(5) 教育产出,包括识字率和教育成就。经济合作与发展组织出版的《教育要览》确定的教育发展指标体系为:(1) 教育供给,即投入教育的财力和人力资源,包括教育支出与国内生产总值的比例关系、教育财政支出、生均教育支出、教育从业人员、生师比等;(2) 教育需求,包括青年人口的相对规模、不同人口成分的教育成就等;(3) 受教育机会、参与和深造,包括各级教育(幼儿教育、义务教育后、第三级教育)、各类教育(正规教育、继续教育与培训)的参与率;(4) 教育内部组织管理与效率,包括教师工资水平和职业地位、教学时间及教学组织形式等;(5) 教育产出,包括学生成绩和较高层次教育机构的毕业生输出。

联合国教科文组织和经济合作与发展组织确定的两套教育发展指标体系,其理论框架基本一致:教育发展与政治、经济、社会有着十分密切的联系,相互作用、互为因果,从社会、经济大系统出发描述和评价教育,以说明教育发展的外部环境和适应性;教育供给和需求状况是决定教育发展的直接因素,其中,教育资源的供给状况决定教育发展的能力,教育需求是教育发展的重要动力,供求平衡是教育发展相对水平的重要标志,公平和效率是教育发展的目标和重要战略。不同的是,联合国教科文组织更关注教育与社会、文化的关系(如侧重人口、信息传播方面的指标)和全民教育(如扫盲);经济合作与发展组织更关注教育与经济的关系和教育的效率、效果(如学生学习成绩、教育收益、教育对劳动力市场的影响和对就业、失业的影响等),在确定教育指标时则以第三级教育为重点,体现终身学习及其对经济社会的影响(进入第三级教育学习的人口结构、参与比率及参与形式,关于继续教育与培训的强度以及职业培训的提供者和资助资料)。

中国对教育发展的定义一般涉及教育思想和观念的更新、教育制度的进步、教育数量(规模)的扩张、教育结构的转换、教育条件的改善、教育效益的提高等。例如,有学者认为教育发展具有两个基本维度:一是教育发展的数量与规模,主要反映教育发展的普及程度;二是教育发展的质量,主要反映教育发展的提高程度。有学者参照发展的概念,认为教育发展的内容主要包括六个方面:(1) 教育事业的规模、民众普及教育的程度(包括教育机会均等的程度);(2) 教育结构的协调和优化;(3) 教育质量和水平的提高;(4) 教育制度(包括体制)的改进;(5) 办学条件(包括师资、教学设施)的改善;(6) 教育思想理论的革新。其中,教育经济效益和社会效益的提高是贯穿这些方面的基本要求。还有学者从教育发展的逻辑顺序入手,认为教育发展是指教育系统总体及各级各类教育发展的规模、速度与效益,包括教育事业发展以及受教育者的发展。教育事业发展是受教育者发展的条件和中介;受教育者的发展包括教育质量和人的发展两个相互关联的方面,居教育发展的核心地位,是评价教育发展最有价值的指标。也有学者认为可以从九个方面来把握教育发展的含义:(1) 教育的思想观念。这是教育发展的重要前提和标志,主要表现为社会经济与教育协调发展的观念、全民教育的观念、各级各类教育协调发展的观念、受教育者全面发展的观念等。(2) 教育发展的结构和规模。主要表现为学前教育、初等教育、中等教育、高等教育和特殊教育的入学率,每万人口中的在校大学生数和研究生数,普通高校在校生中专科生、本科生、研究生之比(反映各级教育的发达程度),中、高等职业教育占同层次教育的比重,普通高校与成人高校在校生之比(反映教育的类型结构)。(3) 教育发展速度。主要包括公共教育经费年增长率、中等及高等教育在校生的年增长率等。(4) 教育发展成果。主要包括 15 岁以上人口的识字率、人口的平均受教育年限（或预期受教育年限）等。（5）师资队伍。主要包括各级各类学校专任教师的学历标准、学历合格率、高一级学历拥有率、各级各类学校生师比等。（6）教育发展效益。主要包括各级各类学校在校生留级率、辍学率和毕业率等。（7）教育投资。主要包括公共教育经费占国内生产总值（或国民生产总值）的比例、人均公共教育经费、公共教育经费占政府公共财政开支的比例（反映教育经费的丰裕程度和政府发展教育的努力程度）、教师人均工资在各行业中的位次（反映教师在社会中的政治、经济地位）。（8）教育信息化程度。主要包括各级教育教学活动应用信息技术的程度、教师的信息技术水平等。（9）教育管理。主要包括教育宏观管理体制和学校管理体制的科学化程度、教育规划和政策的合理程度、教育立法和执法状况等。

　　从发展的视角把教育系统作为一个整体进行研究，拓展了教育发展的内涵和教育发展研究的领域。在理解教育发展问题时，应注意三点：第一，教育发展虽然属于社会发展的范畴，但有其相对独立性，在某些情况下能够相对于社会其他部分自主发展，如教育的适度超前发展、过度教育问题等。第二，教育发展内涵和取向的差异实际体现了教育发展的阶段性特征。从教育发展的历史看，教育发展的早期通常注重发展的增量和可测度部分，但随着社会和教育的发展，会更加关注发展的深层要素，如质量问题、人的全面发展问题等。第三，教育发展最初与发展、现代化概念联系在一起，随之产生教育的现代化并将彻底改造甚至取代传统教育，这说明教育发展是教育形态从低级形态向高级形态的演进，而不是一般意义上的教育变迁，体现一种质的特点与内涵的变化。

参考文献

郝克明，谈松华.走向 21 世纪的中国教育——中国教育发展战略研究[M].贵阳：贵州教育出版社，1997.

金立群，尼古拉斯·斯特恩.经济发展：理论与实践[M].北京：经济科学出版社，2002.

菲利普·库姆斯.世界教育危机[M].赵宝恒，等，译.北京：人民教育出版社，2001.

联合国教科文组织国际教育发展委员会.学会生存——教育世界的今天和明天[M].华东师范大学比较教育研究所，译.北京：教育科学出版社，1996.

弗朗索瓦·佩鲁.新发展观[M].张宁，等，译.北京：华夏出版社，1987.

　　　　　　　　　　　　　　　　　　　　（王　建）

教育发展战略（strategy of educational development）一国、一地区或组织对未来较长时期内教育事业发展的全局性、整体性谋划。站在全局与未来角度对教育发展进行决策和谋划的行为。分宏观和微观两个层次，既包括国际组织、中央政府和地方政府的宏观规划，也包括企业（或组织）教育、社区教育和学校教育等的微观规划。内容一般包括教育发展的战略背景、战略定位、指导思想、战略目标、战略阶段、战略重点和战略措施等。

教育发展战略的内涵与特征

　　"战略"一词最早作为军事术语，后被广泛用于政治、经济等领域。"发展战略"一词由美国经济发展学家郝希曼在《经济发展战略》一书中最早使用。从 20 世纪 60 年代开始，联合国先后制定了 60 年代、70 年代和 80 年代三个十年发展战略，使"发展战略"概念权威化和普遍化。发展战略后被引入经济、社会、文化发展的各个方面。中国于 20 世纪 70 年代末引入发展战略的概念，并建立相应的发展战略研究机构。发展战略可划分为国家战略、区域战略、部门战略、要素战略（如人才战略、资金战略）、组织战略等。教育发展战略属于国家部门战略或区域部门战略。从 20 世纪 80 年代中后期起，各国都在思考 21 世纪教育发展问题，在教育发展上作出许多重大战略决策。总的特点是规划（计划）向战略规划转移，战略从方向、目标向政策、措施延伸，趋同化趋势增加。20 世纪末 21 世纪初，世界各国根据日益复杂的国际环境和全球经济一体化的国际背景，相继制定本国面向 21 世纪的教育发展战略。如美国先后制定《2001—2005 年战略规划》（Strategic Plan 2001—2005）和《2002—2007 年战略规划》（Strategic Plan 2002—2007），俄罗斯和韩国分别提出《2010 年前俄罗斯教育现代化构想》和《21 世纪韩国教育改革计划》，英国教育与技能部发布《2002—2006 年国家教育战略框架》，澳大利亚联邦教育部长和各州教育部长共同签署《关于 21 世纪学校教育国家目标的阿德莱德宣言》。许多国家提出适应全球化与知识经济时代的教育和人力资源开发战略与策略。

　　教育发展战略的具体内容亦称教育发展战略规划的基本要素，一般包括战略方针、战略目标、战略重点、战略阶段和战略对策五个方面。（1）战略方针，亦称战略指导思想。是确定战略目标、战略重点、战略阶段和战略对策的主要依据。教育发展战略方针具有一元性、稳定性、纲领性等特点。它既反映一个国家或地区教育发展的总体思想、战略思路和战略意图，又是教育发展战略的综合、凝练和提高，是制定教育发展战略的重要部分，也是最困难的部分。（2）战略目标。是战略主体在一个较长时期内谋划发展的全局性奋斗目标，是未来发展预期达到的总要求和总水平，也是一定战略时期的总任务。战略目标决定战略重点、战略阶段和战略对策，可分为长期目标和短期目标、总体目标和具体目标、定性指标和定量指标等多种形式。（3）战略重点。是某一战略时期要实现的重要目标和要完成的核心任务。具有三个层次的含义：实现战略目标的重点，资源配置的重点，战略选择依据的重点。确定教育发展战略重点的主要依据是一个国家或地区教育发展的优势与劣势、强势与弱点。有时要选择自己的优势和强势，做到优中更优、强中更强，在强势领域取得更大发展；有时则需要选择自己的劣势和弱点，使劣者变优、弱者变强，创造战略优势，在原来弱势领域谋求新的发展。战略重点有明确性、稳定性和转移性三个特点，即在一个战略时期内，战略重点要明确无误，要保持和保证战略重点的相对稳定性。战略重点的转移性特点要求在完成某一阶段的战略重点任务后，逐步实现战略转移。(4) 战略阶段。是一项战略方案中为实现一定的战略目标所需要的期限。有两个特征：是一个战略的全过程；是一个预计期限，与实现一定的战略目标所需要的实际时间不尽相同。一个战略期不能少于 5 年，一般分为 5 年、10 年、20 年、50 年和 100 年等多种形式，大多以百年为上限。(5) 战略对策。是为实现战略方针和战略目标而采取的重要政策、措施和手段。具有针对性、多样性、层次性、协同性和灵活性等特点。教育发展战略对策主要包括教育改革策略、教育发展策略、教育资源策略、教育开放策略、教育转型策略、教育提升策略等。

教育发展战略具有两个基本特征：(1) 全局性。教育是发展科学技术和培养人才的基础，在现代化建设中具有先导性、全局性和战略性作用。研究科教兴国战略、人才强国战略，必须把教育发展放在战略地位。(2) 长远性。战略是对一个国家或地区长期发展的计划，"谋长远而不谋一时"是战略的本质特点之一。战略谋划与战略制定应深思熟虑，战略目标和战略任务应体现长期性，战略对策和战略措施应体现长效性。规划、目标、预算、程度等战略方法的运用具有相对完整性，是一个复杂的战略体系，常包括亚战略体系和多个行动安排体系。教育发展战略不同于一般的规划和计划，教育计划、教育规划和教育战略各具不同特点。

教育发展战略研究及其方法

教育发展战略研究教育发展中具有全局性、长远性的重大问题，而不是眼前的具体问题，这是由教育的社会功能和教育战略的基本属性决定的。不同的范围、区域和组织，各有其全局性和长远性问题，不同的战略主体遇到的长远性问题的内容也不同。

教育发展战略研究方法有系统方法、运筹学方法和预测方法。(1) 系统方法。20 世纪 40—50 年代，在控制论、信息论出现的同时，出现系统工程和一般系统论。这些技术领域的学科被逐步引入社会科学研究，出现数学、工程技术、自然科学与社会科学、智能科学之间的相互渗透。在教育发展战略研究中运用系统论方法，主要是分析教育系统与经济系统、社会系统之间，整体教育系统与局部教育系统之间的变化关系与变化规律，从外部环境与内部环境、整体功能与部分功能之间的相互联系、相互作用、相互制约的关系中，综合、科学和精确地考察对象，寻找教育发展的最佳模式和方式。系统方法有三个基本特点：一是整体性。教育发展战略研究首先要把社会与经济作为研究对象，将教育作为经济和社会的有机组成部分，从整体上认识和把握教育在经济社会中的地位、功能和作用。社会经济与教育是相互信赖、相互结合、相互依存、相互制约的整体与部分的关系。教育发展战略研究不仅是对教育自身规律的研究，而且是对教育与社会经济互动关系、互动机制和互动规律的研究。二是综合性。这一特点有两层含义：从教育系统与社会经济系统的关系、作用上对教育发展战略进行综合性研究；从教育系统内部各子系统相互关系与作用上进行综合研究。要对教育内部与外部组成部分的结构、功能、联系方式、历史发展进行综合、系统的全面考察与研究。三是最优化。系统优化是系统论思想的本质特征之一。教育发展战略研究要运用最新的技术手段和处理方法，使教育与经济和社会结构、教育系统内部结构与层次达到最优，从最优战略设计达到最优战略目标，实现教育整体发展的最优化。(2) 运筹学方法。运筹学作为一门学科形成于 20 世纪 40 年代。第二次世界大战后，运筹学从军事领域推广到国民经济部门，用于解决生产计划管理、设备管理、质量管理、库存管理和运输管理等方面的重大问题。运筹学的任务是把复杂的经济关系表示为数学模型，通过定量分析、统筹兼顾以及合理使用和调配人力、物力与财力，以争取最大的经济效益，为决策提供最优化方案。(3) 预测方法。战略研究中最重要的方法之一。重在科学、准确地预示未来发展特点与趋势，提高未来发展的透明度，为战略决策提供充分依据。分为两种：一是前预测，即在决策之前预测教育发展的规模、结构和趋势；二是后预测，即在决策之后预测完成一定时期内教育发展战略目标所需要的资源配置，以便更好地进入战略实施阶段。教育预测包括：经济和社会发展预测、人才需求预测、教育需求预测、教育供给预测。预测的方法一般分为直观型预测、探索型预测、规范型预测和反馈型预测等。预测中应注意保持预测的弹性和灵活性，可采取低方案预测、中方案预测、高方案预测或超高方案预测等。

21 世纪世界教育发展战略研究特点

21 世纪是一个战略竞争的时代，教育发展战略竞争更加激烈。世界各国根据日益复杂的国际环境和全球经济一体化的国际背景，为适应国家经济社会发展的战略需要，相继制定本国面向21世纪的教育发展战略。许多国家提出适应全球化和知识经济时代的教育与人力资源开发战略和策略。世界教育发展战略研究主要具有以下特点：（1）教育发展战略和教育规划相互融合。教育规划和教育发展战略是教育宏观管理的重要形式，它们从"计划"中生成，并逐步成熟，成为具有独立研究领域与应用范围的较完整的学科和管理方式。随着社会经济生活的迅速变化，教育规划开始在多起点、多角度和多原则的背景下进行，增加了综合性、战略性的特点；教育发展战略则更强调指导性和实用性。规划专家和战略专家由一个起点向两个相对的方向出发，又逐渐向中间靠拢，形成"你中有我，我中有你"的局面，由此出现"战略规划"。（2）教育发展战略研究与实施以政府为主导。政府是教育发展战略研究和实施的主体。各国、各地区的政府首脑自觉地将发展教育作为施政纲领的重要内容，将教育发展战略规划作为教育发展的纲领性文件。常以法规、总统咨文、政府白皮书和政府审议报告等形式来编制、发布和实施教育发展战略。教育发展战略研究既是一项社会系统工程，也是一种政府行为。各国政府都高度重视教育改革和教育发展战略，如韩国和日本分别成立总统和首相咨询机构"教育发展委员会"和"中央教育审议会"，作为国家教育改革和发展战略的专门咨询机构；韩国设立统筹全国教育与人力资源开发的行政机构，并建立决策审议委员会，坚持科学民主决策，并设立指标体系，定期进行成效评价，为国家人力资源战略提供可靠的制度保障。（3）增加教育机会，追求教育公平和教育卓越。《世界人权宣言》和《儿童权利公约》提出，教育是一项基本人权。1998年，世界高等教育大会召开，提出高等教育必须为以和平为基础的公正、公平、稳定和自由的发展进程作出贡献。在全球化竞争日益激烈的背景下，美国提出"不让一个儿童掉队"，并在国家整体教育发展战略中充分体现这一意识。如20世纪90年代初，美国总统G. H. W. 布什批准颁布《美国2000年教育战略》，提出"所有美国儿童入学时乐意学习"和"每个成年美国人能读书识字，并具备全球竞争的能力和责任"的目标；《2002—2007年战略规划》又提出创造教育卓越的目标。2003年，英国发表《高等教育的未来》白皮书，同样提出创造更多的教育机会、不断提高教育质量的目标和措施。（4）阶段性与连续性统一，战略刚性与战略弹性结合。1991年，G. H. W. 布什签发美国20世纪90年代的纲领性教育文件《美国2000年教育战略》。1998—2002年，美国教育部连续制定三个"年度交叉滚动式"的教育战略规划，即《1998—2002年战略规划》、《2001—2005年战略规划》和《2002—2007年战略规划》。三个战略规划思路一致、脉络相通、方法相近，较好地把战略规划的阶段性与连续性、战略刚性与战略弹性结合起来。中国政府先后制定《面向21世纪教育振兴行动计划》和《2003—2007年教育振兴行动

计划》，每五年制定一次，突出了义务教育发展、高水平大学建设和高层次人才培养等涉及国家发展战略目标的教育重点，并体现教育目标的阶段性与连贯性结合的思想。行动计划中的各项内容既有明确的目标、政策、措施和时限，又与全面建设小康社会教育发展和人力资源能力建设的长远目标紧密结合。在实施中也做到刚性与弹性结合，对全国和各地方教育发挥指导作用。（5）赶超型发展战略是世界大多数发展中国家和地区的普遍选择。赶超型发展战略是"后发型现代化"国家在进入工业化和现代化阶段普遍采取的发展战略。"后发型现代化"是在巨大的发展压力下，依靠政府的统筹作用，大胆借用先进国家模式，由上而下强行启动，以革命的突变实现发展的方式。这种特点深刻影响和制约一定区域的教育发展，从这一发展特点出发，在制定教育发展战略时要依靠政府力量。如中国各省市在制定教育发展战略时普遍采取赶超型发展战略，深圳提出"适度超前发展"的战略思想，浙江省提出"赶超型发展"战略，上海提出"实施高起点的跳跃式发展战略"等。

中国教育发展战略

中国政府高度重视教育发展战略在国家教育发展中的重要作用，从第一个五年计划开始，就将教育发展确定为国家经济社会发展的关键领域。1995年5月，《中共中央、国务院关于加速科学技术进步的决定》首次明确提出科教兴国战略，2003年全国人才工作会议提出实施人才强国战略，体现"科技是第一生产力"、"人力资源是第一资源"的战略思想。实施科教兴国和人才强国战略，从教育大国到教育强国、从人口大国到人才强国，是以人为本、走和平崛起发展道路的需要，是全面建设小康社会、开创中国特色社会主义事业新局面的需要。

20世纪90年代以来，中国政府先后制定《中国教育改革和发展纲要》、《面向21世纪教育振兴行动计划》等纲领性文献。进入21世纪，教育部制定的《2003—2007年教育振兴行动计划》提出，高举邓小平理论伟大旗帜，以"三个代表"重要思想为指导，坚持教育为人民服务的宗旨；办让人民满意的教育，坚持"巩固、深化、提高、发展"的方针，即巩固成果、深化改革、提高质量、持续发展的指导思想。新行动计划包括"推进农村教育发展与改革"、"推进高水平大学和重点学科建设"两大战略重点和六项重大工程及举措。中国政府从2008年起研究和制定改革开放以来第二轮教育战略规划。2010年，中共中央、国务院颁布《国家中长期教育改革和发展规划纲要（2010—2020年）》，成为指导和推进21世纪中国教育改革发展和现代化进程的纲领性文献（参见"《国家中长期教育改革和发展规划纲要（2010—2020年）》"）。

20世纪80年代以来，中国在教育发展战略研究方面取

得成就,具体体现在两方面。(1)在教育发展战略研究机构建设方面,初步形成从中央到地方的较成熟的研究框架。国家教育发展研究中心是 1986 年国务院正式批准建立的国家教育宏观决策咨询研究机构,隶属教育部。重点从事国家宏观教育发展战略和体制改革的重大决策研究,为国家教育重大决策提供理论依据和咨询服务。中央教育科学研究所(中国教育科学研究院的前身)是全国性综合教育研究机构,下设教育发展战略研究机构,重点从事基础教育理论与实践研究,为地方教育行政机构和学校提供科研服务。各省、市、自治区及下属教育科学研究机构都广泛开展为本地区教育发展服务的战略研究。中国教育发展战略研究会是一个从事教育发展战略专业研究的学术组织,自 1985 年成立后,以国家教育发展宏观政策研究为主,直接参与多项全国性教育发展政策研究,广泛开展国家教育发展战略研究和全国哲学社会科学重点课题研究,为国家教育宏观决策和全国教育改革与发展提供富有创新性、建设性的政策建议。(2)进行教育发展与改革的重大战略课题研究。国家教育发展研究中心承担完成“走向 21 世纪的中国教育——中国教育发展战略研究”、“21 世纪初中国教育结构体系研究”、“不同地区教育现代化的理论与实践”等课题。“十五”期间,国家教育发展研究中心和中国教育发展战略研究会分别承担全国哲学社会科学重点课题“构建学习型社会和终身学习体系的研究”、“西部大开发中的区域教育发展战略选择与教育政策调整”、“我国教育现代化区域发展模式与实验研究”等的研究。此外,《中国教育发展绿皮书:中国教育政策年度分析报告》作为对教育发展宏观政策的分析和研究,已成为一份较具影响力的非官方的分析研究报告。

参考文献

　　美国联邦教育部. 美国联邦教育部 1998—2002 年战略规划[J]. 教育参考资料,1999(23—24).

　　亨利·明茨伯格,布鲁斯·阿尔斯特兰德,约瑟夫·兰佩尔. 战略历程:纵览战略管理学派[M]. 刘瑞红,徐佳宾,郭武文,译. 北京:机械工业出版社,2001.

(高书国)

教育法(education law)　　调整教育活动过程中发生的各种社会关系的法律规范。世界各国发展教育的一个重要经验就是通过法律这一高度专门化的社会组织手段来实现对大规模教育事业的调控并促进其发展。

教育法的产生及功能

教育法的产生　　法律是社会生活的规范,随社会生活的需要而产生,又随着社会生活的变迁而变迁。

在世界历史的发展中,法制的发展与社会的工业化、现代化发展相互交织并相互促进。随着封建社会内部资本主义经济成分的产生和发展,封建制度逐渐成为生产力发展的障碍。现代国家产生后,为防止社会向封建专制的倒退,维护社会经济和社会生活的稳定与发展,依法治国成为一个普遍的原则,法律在社会生活中的作用被提到很高的地位。根据这一原则,国家机关的一切活动都应以法律为依据,不能超出法律规定的范围,在法律面前人人平等。法制成为一种观念和实践,它要求国家必须用法律来治理,人人都应遵守法律。特别是 20 世纪以来,法律开始向社会结构的各个层次渗透,社会生活的各个领域都运用法律手段来调节各种社会关系。法律部门不断出现,法律的调节手段和调节技术不断更新。现代国家在法律的保护和促进下实现发展。

18 世纪后的社会现代化进程对教育的最大影响在于孕育和产生了普及的、社会化的、与现代工业相结合的现代教育。现代教育的目的直接受到现代生产发展的影响。现代生产能力的扩大对劳动者提出了更高的素质要求,从而决定了劳动者必须普遍接受学校教育,学习文化科学知识。现代生产的发展,就具体劳动过程而言,要求加强微观管理的科学性;就全社会劳动分工而言,要求加强宏观管理的科学性。只有依靠先进的科学知识,现代社会的社会生活和社会生产才能有条不紊。现代社会中的教育活动与经济发展、人才培养紧密联系在一起,其目的指向全体社会成员和科学知识的传播,指向劳动者和管理者知识水平的提高。现代各国充分认识到教育的重要意义,无不通过国家制定的法律来推行普及和发展教育的政策。法律在组织和调控教育发展方面的作用,表现在它规定了国家机关在管理文化教育方面的职权和职责,保证了国家机关实现其组织和调控教育方面的职能,使教育事业有序发展。

现代教育的特征之一是教育教学活动的日益复杂化和有序化,这是教育普及化和社会化的一个直接结果。现代社会的发展形成对人才数量和质量的规定性,以及对人才培养的规定性,从而形成现代社会特有的教育制度。这种制度要求扩大受教育机会,广泛培养各级各类人才;要求打破传统的学校体系,同社会的人才需求结构相适应,把各类学校教育纵横联系、统一协调起来,建立统一的教学计划、教学大纲、教材和教学质量标准,形成幼儿教育、青少年教育、成人教育纵横贯通,学校、社会、家庭密切配合的一体化教育体系。这就要求教育工作必须依据法律,体现国家与社会的整体利益,要求学校的教育教学活动必须有一定的行为方式和程序,以保证学校教育目标和方向的正确,以及教育教学活动的连续性与稳定性。

教育法的概念　　教育法的作用是调整公民在实现受教

育权利过程中所发生的各种社会关系。它所规范的内容主要是：国家机关实施的教育管理活动、学校及其他教育机构进行的办学活动、公民的学习活动以及社会组织和公民在所从事的与教育相关的活动中发生的，国家机关、学校及其他教育机构、教师、学生及其家长、社会组织及公民个人之间的关系。

教育法是国内法。各国的教育教学活动以及对其进行的法律调控虽然具有某种共性，但由于各国的社会经济发展水平不同，经济、政治制度以及文化、历史传统不同，各国的教育存在极大的甚至是本质上的差异。故教育法非一般国际社会所公认的国际法，而是由主权国家的立法机关以宪法为依据所制定的仅适用于本国国内的法律规范。作为国内法，教育法不产生国际效力，也不需要国际公认，它与国际关系无关。

教育法是规定公民受教育权利实现过程中不同主体的权利与义务的法律。从公民受教育权利的实现过程看，教育法主要涉及作为受教育者的公民和国家、政府、社会、学校及其他教育机构、教师、与教育有关的各种社会组织及个人等法律关系主体，这些主体之间构成复杂的法律关系，其中包括：中央与地方政府的教育管理权责关系，政府与学校的关系，学校与社会的关系，学校与教职员工的关系，学校与学生的关系等。这些关系涉及不同主体，构成不同的法律关系，其中具有行政性质的纵向型教育法律关系和具有民事性质的横向型教育法律关系是两类基本的教育法律关系。纵向型教育法律关系主要是以隶属性为前提，以命令与服从为基本内容的法律关系；横向型教育法律关系主要是以个人利益和意志为前提，以平等和有偿为基本内容的法律关系。

教育立法的目的在于依法治教。依法治教是教育法的根本原则，是贯穿所有教育法律规范的核心。依法治教要求行政主体(政府、学校及其他教育机构)的行为必须是在其权限范围内按照合法程序所做的合法行为，其行为后果具有明确的责任。为此必须建立一套符合民众利益和意志的法律秩序，对教育行政主体的活动加以规范。教育行政主体在行使教育权时，必须严格依照宪法、法律和行政规范；若违法，同样要受到法律责任的追究并接受法律规定的制裁。依法治教是理解全部教育法规范的关键。因为在现代社会，公民的受教育权利主要通过国家与社会的责任得以实现，其中行政主体的活动就是从保证公民受教育权利出发，对国家的教育事业进行计划、指挥、协调、控制。为使其活动具有确定性，防止权力的缺位和越位，必须明确行政主体活动的职权、职责，并规定一定的活动程序，做到依法办事。若缺少必要的法律形式的保障，就会出现管理系统、管理内容的紊乱和变形，从而有可能出现公民受教育权利受损的现象。

教育法的功能　教育法主要有三项功能。第一，通过教育立法确保国家教育政策的有效实施和教育事业的稳定发展。国家和政府为了推动教育事业的发展，总是要根据需要和可能制定、调整相应的教育政策，并确保国家教育政策的有效实施。一般而言，法律与政策在本质上是一致的。二者同属于上层建筑，都源于并服务于经济基础；二者都体现了国家的政治利益和经济利益。但法律和政策毕竟是两种不同的社会现象，在制定者和制定程序、调整的对象和范围直至执行方式等方面，二者存在极大的不同。政策由行政机关制定，法律则由立法机关制定；政策不一定对所有公民都产生约束力，法律则要求全体公民遵循；政策较原则、灵活，具有一般的号召性，法律则较具体、稳定，对全体社会成员的行为具有严格的规定性；政策的实施主要靠号召、宣传、教育，法律的实施主要靠国家机关的强制力。只要实际需要且条件成熟，政策即会转化为法律。任何国家的法律都体现一定的政策，是政策的条文化、具体化。中国1982年的宪法以根本大法的形式把发展文化教育事业和提高全民族的科学文化水平作为一项基本国策，加强了社会主义法律在保障和促进教育发展中的地位和作用。为贯彻落实这一决策，国家加强教育立法工作，先后颁布一系列教育法律和法规。至2006年，全国人民代表大会及其常务委员会制定了6部有关教育的法律，即《中华人民共和国教育法》、《中华人民共和国义务教育法》、《中华人民共和国高等教育法》、《中华人民共和国职业教育法》、《中华人民共和国民办教育促进法》、《中华人民共和国教师法》。国务院根据实施法律的需要以及行政要求，制定了一批教育行政法规，各地有权制定地方性法规的人民代表大会也制定了大量有关教育的地方性法规，从而初步建立起一个教育法体系的框架。第二，通过教育立法实现教育行政管理的有序化、科学化。教育法规定了国家机构在管理教育方面的职权和职责，能保证教育行政管理坚持依法办事，真正做到有序化和科学化。现代教育的规模扩大，内容越来越复杂，要求教育事业的规范化和制度化，由此推动了教育法制的发展。为保证学校教育目标、方向的正确以及教育教学活动的连续性和稳定性，在教育发展规划的制定、教育经费的筹措和管理、教育方针和学校制度的规定、课程及其计划的编制、教科书的编写和审定、学生管理、学位授予、学校教学设施的标准、教师管理和培养等方面，法律的规范和调节作用不断加强。第三，通过教育立法建立教育事业发展和教育教学活动的法律支撑体系。现代教育的发展一方面需要内在动力的推进，另一方面需要强有力的法律体系的保障。这一法律体系主要包括三个方面。(1)教育事业发展计划管理的法律形式。在中国，教育事业的发展以及专门人才和劳动后备军的培养，很大程度上要按照有计划、按比例的原则来协调和规划，制定与社会经济发展相适应的周密计划。教育事业发展计划的管理及其动态运行主要由编制、审批、执行和监督等环节构成。中国的宪法、组织法和其他有关的计划法规对教育事业计划作出严格规定,每个环节都要在法律的制约下进行。(2)教育经费管理的法律形式。教育经费管理的实质是运用经济手段对教育事业的方向、规模、结构、比例乃至教学内容进行的一种国家控制。一般来说,关于教育经费的取得、分配及管理的原理、原则和方法属于经济手段的调节范围,而关于这些原理、原则和方法的运用以及有效保证、实施,则属于法律手段的调节范围。中国的教育经费管理体制由宪法、组织法及其他财政法律和法规规定。现行的教育经费体制实行政府投入为主、多渠道筹措为辅的方针,根据经费用途的不同,形成不同的计划、审批、适用、监督等项制度。(3)学校教学工作管理的法律形式。学校活动尽管是一种高度个性化的精神活动,但由于学校教育是政治、经济、文化的组成部分,世界各国都对最重要的学校问题进行国家控制,主要包括:学校课程计划的编定和颁行,教科书的编写、审定和使用,学生的学籍管理,学校招生、选拔工作的管理,学位授予工作的管理,对教师培养及任职的管理等。

教育法的法源

法源,指法律的源泉,即根据法律效力的来源不同而形成的法律类别,是法律规范区别于其他社会规范(如道德规范、组织规范、宗教规范)的重要标志。只有体现国家意志并具有代表这种意志的某种特定形式的社会规范,才是有国家强制力保证的具有普遍约束力的法律规范。教育法由众多的教育法律规范组成,通常有两种情况:一种是有关某一方面教育活动的规范包括在一份单一的规范性文件中,例如《中华人民共和国教育法》、《中华人民共和国教师法》等;另一种是有关教育活动的规范性条款包括在其他法律文件或法律规范中,例如教育法中有关行政管理和行政处罚的规定等。

中国教育法法源主要包括宪法、法律、行政法规、地方性法规、自治性法规和政府规章,这些由国家不同机关制定、具有不同法律地位和效力的法源,构成中国多种类、多层次的教育法体系。

宪法　宪法是国家的根本大法,是国家一切立法的依据。《中华人民共和国宪法》由国家最高权力机关即全国人民代表大会制定,具有最高的法律地位和法律效力,是最高层次的法律渊源。其他形式的法律、法规都必须依据宪法制定,并为贯彻宪法服务,不得与宪法相违背,否则归于无效。宪法作为教育法的法源,可以从两方面理解:(1)宪法规定教育法的基本指导思想和立法依据。规定社会主义现代化建设必须坚持四项基本原则(序言);规定国家机构实

行民主集中制原则(第三条);规定社会主义法制原则(第二、五条);规定有关国家根本制度和任务的许多原则(第一、二、二十七条);规定各民族一律平等,国家保障各少数民族的合法权利和利益,帮助各少数民族地区加速经济和文化的发展,各民族都有使用和发展自己的语言文字的自由,都有保持或改革自己的风俗习惯的自由等项原则(第四条)。(2)宪法规定教育教学活动的基本法律规范。规定教育的国家管理原则(第十九条);规定公民的受教育权利(第四十六条);规定从事教育工作的公民有进行创造性工作的自由(第四十七条);规定父母有教育未成年子女的义务(第四十九条);规定教育管理的权限,包括规定了国务院、县级以上地方各级人民政府和民族自治地方的自治机关领导和管理教育工作的权限。

法律　《中华人民共和国宪法》规定,全国人民代表大会和全国人民代表大会常务委员会均有权制定法律。这里不是指广义的法律(即各种法律规范的总和),而是指由国家最高权力机关及其常设机构制定的规范性文件,即狭义的法律。在中国,这种法律形式是整个社会主义法律重要的法律渊源之一,其法律地位和法律效力仅次于宪法,依据法律制定机关和调整对象的不同,法律又可分为基本法律和基本法律以外的法律两种。

基本法律是由全国人民代表大会制定和发布的,通常规定和调整某一方面的具有根本性、普遍性的一类法律。《中华人民共和国宪法》第六十二条规定:全国人民代表大会有权"制定和修改刑事、民事、国家机构和其他的基本法律"。《中华人民共和国刑法》、《中华人民共和国民法通则》、《中华人民共和国婚姻法》以及《中华人民共和国全国人民代表大会组织法》、《中华人民共和国国务院组织法》等法律都是基本法律。《中华人民共和国教育法》由第八届全国人民代表大会第三次会议通过,也属基本法律。

基本法律以外的法律是由全国人民代表大会常务委员会制定和发布的,通常是规定和调整的对象较窄、内容较具体的一类法律。《中华人民共和国宪法》第六十七条规定:全国人民代表大会常务委员会有权"制定和修改除应当由全国人民代表大会制定的法律以外的其他法律"。《中华人民共和国环境保护法》、《中华人民共和国文物保护法》等属于这类法律。《中华人民共和国教师法》、《中华人民共和国职业教育法》、《中华人民共和国高等教育法》、《中华人民共和国学位条例》、《中华人民共和国民办教育促进法》以及2006年6月修订的《中华人民共和国义务教育法》等都是由全国人民代表大会常务委员会通过的,也属基本法律以外的法律。

基本法律和基本法律以外的法律具有同等效力,都渊源于宪法,其效力低于宪法,而高于全国人民代表大会及其常务委员会以外的其他国家机关制定的规范性文件。法律

所规定的通常是社会关系中某些基本的和主要的方面,教育关系属于社会关系中一个基本的和主要的方面。凡属调整教育关系的基本法律规定,针对全国的教育方针、基本原则、基本制度的法律确认,对全国性的或具有普遍性的教育行政机构与学校之间的法律关系的确认,对教育法律关系主体基本权利和义务的设定,以及对教育行政管理进行调节、监督的基本规定等,一般都必须由全国人民代表大会及其常务委员会制定相应的法律。

行政法规　是国家最高行政机关即国务院制定和发布的规范性文件,是国家最高行政机关依据宪法和法律的规定行使职权的一种表现,也是使其行政权得以通行的必要措施。《中华人民共和国宪法》第八十九条规定,国务院有权"根据宪法和法律,规定行政措施,制定行政法规,发布决定和命令"。根据这一规定,国务院根据需要并在自己的职权范围内,有权制定和发布各种行政法规和其他规范性文件。这些规范性文件在不同范围和不同程度上具有法律约束力,它们内容广泛、数量众多,在实际工作中起主要作用,是教育法体系中数量最多的一类法源。这类规范性文件一般用"条例"、"办法"、"规定"、"章程"、"指示"、"决定"、"通知"等名称。其实施依靠国家的行政权力和行政措施,违反者负有行政责任或经济责任,如涉及刑事责任,则由司法部门依法追究。

国务院作为中国最高权力机关的执行机关,其在教育方面所制定和发布的法规、决定和命令等规范性文件,对全国范围内执行宪法和法律中有关教育方面的规定具有重要意义。从中华人民共和国成立到1984年,国务院先后制定了130多部有关教育的法规。如《关于改革学制的决定》、《国务院关于推广普通话的指示》、《中共中央、国务院关于教育工作的指示》、《关于普及小学教育若干问题的决定》等。其内容不仅涉及教育管理、教育经费、教育人事制度,而且包括各级各类学校的教育方针和内容等。随着中国教育事业的发展变化,特别是1985年进行教育体制改革后,这些法规的适用情况发生很大变化。20世纪80年代中期,国务院法制局对1984年以前发布的行政法规进行了一次全面清理,废止了在基本原则或具体内容上与教育体制改革相抵触的90余部法规。

随着教育体制改革的发展,国务院又相继制定了十几部教育行政法规,如《中华人民共和国学位条例暂行实施办法》、《普通高等学校设置暂行条例》、《扫除文盲工作条例》、《高等教育自学考试暂行条例》、《幼儿园管理条例》、《学校体育工作条例》、《学校卫生工作条例》、《教学成果奖励条例》、《残疾人教育条例》、《教师资格条例》、《国务院关于贯彻实施〈中华人民共和国教师法〉若干问题的通知》、《禁止使用童工规定》、《中华人民共和国中外合作办学条例》、《中华人民共和国民办教育促进法实施条例》等。另有一批法规列入立法规划。

地方性法规　根据宪法规定,地方性法规指省级人民代表大会(包括省、自治区、直辖市的人民代表大会,省、自治区人民政府所在地的市和经国务院批准的较大的市的人民代表大会)制定的规范性文件的法律形式。地方性法规的立法目的在于根据本行政区域的具体情况和实际需要实施宪法、法律和行政法规,其前提是不得同宪法、法律和行政法规相抵触。地方性法规在制定和发布时,须报全国人民代表大会常务委员会备案。这类法规一般用"条例"、"办法"、"规定"、"规则"、"实施细则"等名称,只在本行政区域内有效。

自治性法规　自治性法规有自治条例和单行条例等。在中国,自治性法规由民族自治地方的人民代表大会及其常务委员会制定和发布。《中华人民共和国宪法》第一百一十六条规定:"民族自治地方的人民代表大会有权依照当地民族的政治、经济和文化的特点,制定自治条例和单行条例。自治区的自治条例和单行条例,报全国人民代表大会常务委员会批准后生效。"这些自治条例和单行条例中有关教育的内容,也是教育法的法源。

政府规章　《中华人民共和国宪法》第九十条规定:国务院各部、各委员会"根据法律和国务院的行政法规、决定、命令,在本部门的权限内,发布命令、指示和规章"。《中华人民共和国地方各级人民代表大会和地方各级人民政府组织法》第六十条规定:"省、自治区、直辖市的人民政府可以根据法律、行政法规和本省、自治区、直辖市的地方性法规,制定规章,报国务院和本级人民代表大会常务委员会备案。省、自治区的人民政府所在地的市和经国务院批准的较大的市的人民政府,可以根据法律、行政法规和本省、自治区的地方性法规,制定规章,报国务院和省、自治区的人民代表大会常务委员会、人民政府以及本级人民代表大会常务委员会备案。"根据以上两条,国务院所属各部、各委员会有权发布命令、指示和规章,其中凡是有关教育的规范性内容,都是教育法的组成部分。这类规章的法律效力低于国务院的法规、决定和命令,其内容不得与宪法、法律及法规相抵触。这类法规主要就国家有关教育的法律、行政法规的实施制定相应的实施办法、条例和细则等规范性文件,以保证有关法律、法规的实施。省、自治区、直辖市以及省、自治区的人民政府所在地和经国务院批准的较大的市的人民政府所制定的规范性文件的法律形式,也都是教育法规的法律形式之一。

教育法在中国法律体系中的地位

一国的法律体系以本国的全部现行法为基础,任何一个国家的法律总是随着社会关系的变化而变化,因此部门法的划分并非一成不变。但任何一种划分方法都必须以一定的标准和原则为基本依据。根据法学理论的基本原理，划分部门法的标准首先是法律调整的对象，即社会关系，其次是法律调整的方法。该类法规的数量、即将制定的法规的性质与数量、法律体系本身发展的需要等，也都是划分部门法应考虑的因素。随着中国教育事业的发展，根据以上标准，中国教育法涉及的法律关系的内容和范围日益扩大，但其基本的和主要的方面仍具有行政法律关系的基本性质和特点；从教育法已有法规的数量看，也尚未具有独立成为一个部门法的条件。故教育法在逻辑上仍属行政法部门。但从实践需要看，教育法由于其调整对象的广泛性和复杂性，其内容很难为行政法所完全包容，因此它与行政法就不是简单的母法与子法、总则与分则的关系，而应居宪法之下，由一个总法、若干教育部门的单行法律、数十个行政法规以及因需要而制定的一批规章和地方性法规构成相对独立的一套法律、法规。

教育法的调整对象　衡量一个法律部门能否独立，关键看其所调整的社会关系在整个社会关系体系中的地位。判断教育法是否有条件独立，必须考虑教育领域的社会关系是否有独立的内涵、这种社会关系的稳定性、其存在对社会发展的影响、此类关系对新的法律手段的依赖性等。教育法所调节的社会关系主要涉及行政机关与学校的关系、行政机关与教师的关系、学校与教职员工的关系、学校与学生的关系、学校与社会的关系等。这些关系依据特征可分为两类，即具有纵向隶属性特征的教育行政关系和具有横向平等性特征的教育民事关系。

教育领域中具有纵向隶属性特征的教育行政关系是国家行政机关在实施教育行政过程中发生的法律关系。这一关系反映国家与教育的纵向关系，其实质是国家如何领导、组织和管理教育活动。国家的教育行政职能由国家行政机关具体实施，国家行政机关的存在及其教育行政职能的行使是这一关系发生的先决条件。没有国家行政机关参与其间并起主导作用，不具备行政性质和因素的教育社会关系就不是教育行政关系。但也有例外，学校虽然不是行政机关，但在其内部也存在一定的行政关系，也要受行政法律规范的确认和调节。教育行政法律关系与一般的行政法律虽具有共同特征，但两者也存在很大差异。学校活动在民主化、科学化的要求下进行，参与这一活动的主体——教师、科研人员以及学生都是脑力劳动者，从事精神领域的创造性活动。学校活动要求有宽松和谐的环境，要求尊重知识、尊重创见和实践、尊重人的智慧和才干。故教育行政关系与一般行政管理之间的领导与服从、命令与执行的隶属关系不同，它必须同时体现教学民主和学术民主。实现这种关系主要通过国家宏观指导的管理运作机制，国家通过制定大政方针、培养目标，规划教育事业的发展，拨放教育经费以及对学校工作进行评估、督导等措施来调控和指导学校工作。学校则成为具有自主办学地位的独立实体，具有人事、财政乃至专业设置、教材选用等方面的办学权；同时必须依靠师生和社会实行民主办学。教育行政关系的这种特征是教育活动基本性质的体现，要求法律在调整这方面关系时，不能将它与一般的行政关系同等对待。

教育领域中具有横向平等性特征的教育民事关系是在不具有行政隶属关系的学校与行政机关、企事业组织、集体经济组织、社会团体、个人之间，在教育活动过程中所发生的社会关系。这类关系涉及面广，例如财产、人身、土地、学校环境、人才培养合同、智力成果转让、毕业生就业分配乃至学校创收中涉及的权益等，都会产生民事所有和流转上的必然联系。其中相当一部分社会关系应由民法加以确认和调整，不属教育法的调整范围，但也有一些具有明显教育特征的民事关系并不属于民法的调整范围。在中国，这类关系伴随教育体制改革的深入而日益突出。例如由于扩大了学校的办学自主权，高等学校和职业技术学校在执行国家的政策、法令、计划的前提下，有权在计划外接受委托培养学生和招收自费生，有权与外单位合作，建立教学、科研、生产联合体；在办学体制上，除国家办学外，鼓励集体、个人和其他社会力量办学；在高等教育方面，除原有的办学体制外，倡导部门、地方之间的联合办学。在新的体制下出现的关系和矛盾中，各主体之间一般并不具有行政隶属关系，构成一类特殊的具有民事性质的法律关系，必须由教育法和民法共同承担协调学校领域的社会关系的任务。

教育法的调整方法　指国家在调整社会关系时所采用的各种法律手段和方式。包括：确定法律所调整的社会关系的不同主体，确定主体之间权利与义务关系的不同形式，确定法律制裁的方法。

法律所调整的社会关系主体即法律关系主体，或称法律关系当事人，是指参与某一法律关系，并且在这一关系中享有权利和承担义务的人或组织。教育法所调整的社会关系有教育行政关系和教育民事关系，教育法律关系主体的确定就有两种不同的情况。教育行政关系的主体通常包括国家行政机关、学校、教职员工、学生。国家行政机关是其中必不可少的主体一方，因为教育行政管理活动中产生的主体的一方必定是行政机关。但在某些情况下，学校可以作为法律授权单位行使某种行政职能，如《中华人民共和国学位条例》规定了学位授予的行政权性质，而学校的学位授予职能是一种通过授权才具有的行政职能，经过国家行政机关的批准产生。教育民事关系的主体通常包括国家行政机关、学校、企事业单位、集体经济组织、社会团体和公民，其主体是公民和法人，主体一方只要不违法，就可以自由选择相应对方。国家行政机关在其中也是具有人格意义的民事主体，例如政府部门与学校采取委托培养人才的方式来完成某项人才培养计划所构成的合同关系,即属这种情况。

教育法对主体间的权利与义务关系的确定,也因调整对象的不同而表现为不同的形式。在教育行政关系中,为了有效行使行政职能,实现行政目的,行政机关作为主体一方处于领导地位,另一方则处于服从地位。主体双方所处地位的不对等性决定了主体在权利、义务确定上的行政法特征。在教育民事关系中,主体双方的地位是平等的,目的在于保护公民和法人的合法权益,维护教育活动的正常秩序,发展社会主义的教育事业。故这一关系中主体的权利、义务设定具有民法特征。但教育法中的受教育权利与义务是一类较特殊的权利与义务,很难归入上述两类权利义务关系。

教育法对违反教育法的行为所给予的法律制裁也有其自身特点。教育法虽然保留了国家强制力的形式,但其适用范围和强度不同于其他法。教育法的实施不仅要通过国家强制力的形式,还要依靠各种社会力量的维护,依靠人民的自觉遵守和运用,通过国家强制力与社会强制性相结合的形式来保证其实施,但并不意味着教育法无需运用法律制裁的手段。对于违反教育法的行为,必须依照教育法律和法规追究行为人的法律责任,给予法律制裁。例如:玩忽职守,造成教育事业重大损失的行为;不按规定核拨教育经费或挪用教育经费的行为;未经批准擅自设立、变更、撤销学校或擅自招生的行为;在国家教育考试或学校招生中营私舞弊的行为;滥发或伪造学历证书、学位证书及其他证书的行为;利用危险房舍设施进行教育教学及其他活动,造成人身伤亡的行为;侵害学校、教师、学生合法权益的行为;对受教育者滥收费用的行为;妨碍适龄儿童、少年接受义务教育的行为等。违反教育法的法律责任既有行政责任也有民事责任,其中情节严重构成犯罪的,应依法追究行为人的刑事责任。2006年修订的《中华人民共和国义务教育法》规定了对违反义务教育法的行为人的处理方式,即批评教育、行政处分、行政处罚、经济处罚,这些属于行政制裁的范围。但对于依照其他法律规定应当承担民事责任或刑事责任的,仍应当追究行为人的民事责任或刑事责任,直至给予民事或刑事制裁。理论上,教育法的制裁方法属于行政制裁范围,但在法律实践中,还应包括民事制裁或刑事制裁。

教育法体现了国家对教育的干预和管理,或可统称为国家调控教育的原则。在中国,这种调控大多通过行政行为实现,故教育法就其基本性质而言,可界说为"调整教育行政关系的法规的总称"。这样理解教育法可以使法律体系保持统一性和相对稳定性。现代各国都制定了大量有关教育的法律,但多数国家的法学家一般并不将教育法作为独立的部门法。然而,教育法主要涉及发展教育方面的法律,其目的在于管理、保护和促进智力开发,要求从尊重知识、尊重人才出发制定法律,从而使教育行政关系不同于一般行政关系,在调整方法上具有不同于一般行政法律关系的特殊性。随着教育的发展,教育领域内的各种社会关系日益错综复杂地结合在一起,教育法调整的对象与范围不可避免地会同其他法律部门发生交错。若囿于以上定义,对教育法的理解仅止于调节教育行政关系,其结果会使教育领域中的很多方面无法可依。故教育实践对教育法划界的要求是,必须善于区别必要的交错与不能容许的重复、混乱。

实践中,教育法常被看作是综合性的法律部门,如美、德等国的教育法。在中国,也有学者根据上述理解,把教育法界说为"国家机关依照法律程序制定的有关教育的法律"。这种广义的教育法定义从一个侧面反映了从事法律实践者对教育领域法制建设的基本理解。在这里,教育法的含义基本等同于教育立法。这种理解一般被容许,但无助于教育法的划界,因为教育法只调整教育领域内的一部分社会关系,其他很多部门法都不同程度地对教育领域内的社会关系进行调节。故在逻辑上,这一定义与被定义者的外延并不相等。忽视这一问题必将导致对教育法概念理解的歧义性,无助于理解和掌握中国现行教育法律法规以及教育法体系的规划和建设。

建立健全教育法制是中国教育立法的首要任务。建立完备的教育法制,实现依法治教,是中国教育事业改革与发展的客观要求。健全的教育法制是以一套完备的教育法律法规为核心,包括相应的法律实践和法律文化的法律系统,是一个以行政法为主体,与民法相配合,辅之以必要的刑法手段,并以其他法律手段为适当保障手段的完整的法律调控机制。其基本特征有七:一是有完善的法制保证贯彻国家的教育基本方针和原则,明确教育的地位和作用,规定教育的根本任务,使各级各类教育的培养目标、学制、各级各类学校的规格及其基本的管理制度规范化,为教育行政管理提供明确的依据和目标。二是有完善的法制保障公民接受教育和全面发展的权利,不受任何机关、组织和他人的侵犯。在公民受教育权利受到损害时,有相应的法律措施予以救济。三是有完善的法制保障学校的教学环境和教学秩序,改善办学条件,保护学校、教师和学生的合法权益。四是有完善的立法制度和包括法律、行政法规、地方性法规在内的完备的教育法规体系,保证教育工作的各个方面都有法可依,不同法律效力的法律规范协调发展,真正发挥其调节作用。五是有明确的法律责任规定,做到执法必严、违法必究,有效保护教育事业的健康发展,追究并处理违反教育法的行为。六是有完善的法律监督制度,有效监督教育法的实施。七是有与现代法治社会相适应的法律文化,维护教育法所体现的价值原则,革除人治时弊,力促观念和思维方式的更新与转变,使现代社会的教育观念、法律观念融入人们的行为,形成实施教育法的良好文化氛围。

参考文献

申素平.教育法学：原理、规范与应用[M].北京：教育科学出版社,2009.

余雅风.新编教育法[M].上海：华东师范大学出版社,2008.

（劳凯声）

教育法律关系(educational legal relation)　由教育法律规范所确认和调整的以权利和义务为基本内容的特殊社会关系。与教育法律规范紧密联系在一起,任何一种教育法律关系都以相应的教育法律规范的存在为前提,而教育法律规范只有在具体的教育法律关系中才能真正实现。

教育法律关系的性质　按照主体地位的不同以及相互关系内容的不同,教育法律关系分为两种:(1)教育行政法律关系,以权力服从为基本原则,以对学校的行政管理为主要内容的纵向型法律关系。其实质是国家如何领导、组织和管理教育活动。在教育行政法律关系中,主体双方的法律地位具有不平等性。(2)教育民事法律关系,是教育关系主体之间以平等自愿为基本原则,以财产关系和人身关系为内容的横向型法律关系。在教育民事法律关系中,主体双方具有平等的法律地位。

学术界对此有两种不同的观点。一种观点是把教育法律关系归属为行政法律关系。在大陆法系国家,一些学者按照划分公法和私法的标准,认为教育法体现公共利益,为社会公益服务事业,于是提出"国家教育权"理论,将教育法归入公法,并视之为行政法的一个分支。中国沿用大陆法系的部门法分类方法,教育法属行政法范畴,教育法律关系被认为是行政法律关系的一种。另一种观点是把教育法律关系作为一种综合性法律关系。如《不列颠百科全书》提出,大量有关公共卫生、教育、住房和其他公共事业的实体法,逻辑上可以被认为是行政法整体的一部分,但以实践的观点,由于其内容庞杂,很难纳入单一法律体系。中国也有学者支持这种观点,认为由于教育关系和教育法律制度的综合性、各种教育关系(教育行政关系、教育民事关系)的不可分割性、运用法律手段对其进行综合调整的必要性,以及教育行政法无法调整全部教育关系的客观现实等因素,教育法律关系不仅是行政法律关系中的一种,而且涉及其他方面的法律关系,是多种法律关系的综合。

教育法律关系的要素　教育法律关系由教育法律关系主体、教育法律关系客体和教育法律关系内容三个要素构成。

教育法律关系主体。指教育法律关系的参加者,即在教育法律关系中享有权利和承担义务者。可以是组织,也可以是个人,具体包括教育行政机关和其他国家机关、学校及其他教育机构、教育者、学生及其他受教育者、企事业单位、社会组织和其他公民等。教育法律关系主体必须具有

教育法上的权利能力和行为能力。教育法上的权利能力是指依法可以享受教育法规定的权利和履行教育法规定的义务的一种资格或能力。根据教育法律关系对其主体的不同要求,教育权利能力可分为一般教育权利能力和特殊教育权利能力。一般教育权利能力是一般教育法律关系中所有主体都具有的教育权利能力。特殊教育权利能力指教育法律关系主体享受特定教育权利和承担特定教育义务的权利能力,它被教育法律、法规限制在一定范围内,未经教育法特别规定的其他法律关系主体都不具有这种权利能力。教育法上的行为能力是指能以自己的行为依法行使教育法规定的权利和承担教育法规定的义务的能力。如教育者除必须具备完全的民事行为能力外,还须具有法定的相应学历并被获准拥有教师资格等。国家教育行政机关是依照行政机关组织法建立的行使教育行政管理职权的行政主体,其在教育法中的权利能力和行为能力始于依法成立,终于合法撤销。学校和其他教育机构是具体组织教育者和受教育者实施教育活动的社会组织,其在教育法上的权利能力和行为能力始于合法成立,终于合法撤销。关于受教育者的教育法上的权利能力和行为能力的起止时间与条件存在争论,但与民事上的公民的权利能力与行为能力有所不同。

教育法律关系客体。指教育法律关系主体的权利义务所指向的对象。其要素一般包括物、行为和精神财富(精神产品和其他智力成果)等。物,是指只有为教育法主体所控制和支配,并为教育法所规定保护的物品或物质财富,才能成为教育法律关系的客体,如教育经费、教育设施、教育设备等,分为不动产和动产两类;行为,是指教育法律关系主体实现权利义务的作为与不作为;精神产品和其他智力成果,是指智力的创造性活动的结晶,属非物质财富,主要是包括各种教材、著作在内的精神产品和智力成果,各种具有独创性并行之有效的教案、教法和教具等的发明。

教育法律关系内容指教育法律关系主体在依法成立的法律关系中享有的某种权利和应承担的某种义务。某种权利是指教育法律规范对法律关系主体能够做出或不做出一定行为,以及可以要求他人相应做出或不做出一定行为的许可与保护,由法律确认和设定;应承担的义务亦称"法定义务",是指教育法律规范对其必须做出一定行为或不得做出一定行为的约束,它以法律规定为前提,不履行者将受到一定制裁。教育法律关系主体不同,其所享有的权利和承担的义务也有所不同。

教育法律关系的产生、变更和终止　教育法律关系的产生、变更和终止首先以教育法律规范的存在为前提,其次需具备一定的条件,即出现教育法律事实。教育法律事实是指由教育法律规定的,能够引起教育法律关系产生、变更和终止的事件或行为。教育法律事实必须同时符合两个基本条件:一是有教育法律的规定;二是能够引起教育法律后

果。根据教育法律事实是否以人的意志为转移,可将其划分为教育法律事件和教育法律行为。教育法律事件指不以人的意志为转移的,能够引起教育法律关系产生、变更和终止的客观现象,如学生死亡等。教育法律行为是指能够引起教育法律关系产生、变更和终止的教育法主体的行为,它以人的意志为转移。按行为方式的不同,教育法律行为可分为作为和不作为;按是否符合法律规定,教育法律行为可分为教育合法行为和教育违法行为,它们都能导致教育法律关系的产生、变更和终止。

教育法律关系的产生指因一定法律事实的出现而导致教育法主体间形成一定的教育法律关系。教育法律事件和教育法律行为均可导致教育法律关系的产生。教育法律关系的变更指教育法律关系的构成要素发生变化,包括教育法律关系主体的变更、教育法律关系的内容即主体间的权利义务的变更、教育法律关系客体的变更。教育法律关系的终止指因一定法律事实的出现而导致教育法律主体间权利与义务关系的消灭。

（曹建国　薄建国　马晓燕）

教育法律体系(educational legal system)　由国家各级权力和行政机关依法制定的全部现行教育法律规范的总和。

教育法律体系的一般构成　根据教育法律的级别和效力,完整的教育法律体系包括四个层次:第一个层次是教育基本法律;第二个层次是部门教育法,其与教育基本法律共同体现宪法精神,也是其他教育法规制定的依据;第三个层次是大量的教育行政法规;第四个层次是地方性教育法规、自治条例和单行条例。

完整的教育法律体系是各方面单项法规组成的有机联系的整体。如在教育基本法指导下调整各级各类教育的高等教育法、中等教育法、初等教育法、幼儿教育法、职业教育法、社会教育法、成人教育法等。各级各类教育法可以根据调整内容的不同,由各种单项法规作具体规定。如在高等教育方面,可有关于高等学校招生、毕业分配、学位授予、行政管理、经费等方面的单行法规。地方教育立法机关可就某一需要法律规范调整的问题,在不违背教育法和行政法规的前提下,制订适合本地区的单行法规文件,如通知、条例、办法等。在教育系统中,各单项教育法规调整的各级各类教育具有共同需要调整的内容,如招生、毕业、行政管理、教学制度、教师、学生、经费等,故又有跨越各级各类教育的另一些单行教育法规,用以调整这些共同的问题。各单行教育法规之间既存在区别,有不同的调整对象,又有相互联系、相互制约的共同内容,形成包含教育各方面内容、具有内在一致性、有机联系的统一整体,即教育法律体系。

由于各国不同的政治、经济状况以及不同的历史传统、民族文化特点对教育法律体系的形成和发展的影响,相似的调整对象和内容可能有不同的法律形式,由此形成各国各具特点的教育法律体系。如美国的教育法律主要由各州自行制定,联邦一级有若干并列的单项法规,如《国防教育法》、《初等与中等教育法》、《高等教育法》、《职业教育法》、《残疾人教育法》、《教育机会均等法》、《教育财政资助法》等,都是就教育方面的某一具体问题所作的规定。日本的教育法律体系不同于美国,是一个由众多法规构成的严密而完备的法律体系,具有系统化、法典化的特点。日本在《教育基本法》这一母法之下,并列有学校教育法规、社会教育法规、教育行政法规、教职员法规、教育财政法规、教科书法规以及私立学校法规等部门。每个部门由一个或几个主干法律及若干具体实施法规组成。

中国的教育法律体系　中华人民共和国成立后建立了一个较完整的教育体系,依法治教的局面逐步形成。1978年后,在对已有的教育法规进行清理和汇编的同时,教育法的制定工作有较大发展。1995年《中华人民共和国教育法》的颁布实施,使教育立法步伐加快。

中国的教育法律体系框架由一个母法、若干个单行法律以及因需要而制定的一批行政法规和地方性法规、政府规章构成。

教育法是中国教育法律体系的第一个层次。它是以《中华人民共和国宪法》为依据制定的基本法律,主要规定教育的基本性质、任务、基本法律准则和基本制度,是全部教育法规的母法,是协调教育部门内部以及教育部门与其他社会部门相互关系的基本准则,也是制定教育部门其他法律法规的依据。由全国人民代表大会制定。作为教育领域的基本法,《中华人民共和国教育法》于1995年3月18日经第八届全国人民代表大会第三次会议审议通过,同年9月1日开始实施。《中华人民共和国教育法》在教育领域具有最高的法律效力,具体规定教育的性质、方针和基本原则,教育的战略地位及保障,教育制度以及各类教育关系主体的法律地位及权利、义务等。

部门教育法律是中国教育法律体系的第二个层次。它主要调整各个教育部门的内部关系。根据规范内容的不同,教育单行法可以由义务教育法、职业教育法、高等教育法、成人教育法、残疾人教育法、社会教育法、教师法、教育经费法等部门组成,每一部门一般由全国人民代表大会常务委员会制定单行法规。

义务教育法是调整实施义务教育而形成的各种社会关系的部门法,如1986年颁布施行的《中华人民共和国义务教育法》。

职业教育法是调整实施职业教育涉及的社会关系的部门法。中国的职业教育法主要对职业教育的基本体系、基本制度作详尽规定,职业教育包括各级各类职业学校教育和各种形式的职业培训。如 1996 年颁布的《中华人民共和国职业教育法》。

高等教育法是调整高等教育内外部关系的部门法。中国的高等教育包括专科教育、本科教育和研究生教育等不同层次。高等教育法主要对高等教育的性质、方针和任务,高等教育的基本原则,高等教育管理体制和办学体制,高等教育基本制度,高等学校的设立要求和条件,高等学校的组织和活动,高等学校教师和其他教育工作者,高等学校的学生以及高等教育投入和条件保障作出具体规定。有关学位授予工作中产生的关系和问题也属高等教育法调整和规范的范围。如 1980 年颁布的《中华人民共和国学位条例》。

成人教育法是调整成人教育部门内外部关系的部门法。中国成人教育有不同的分类,根据培养对象,可分为工人教育、农民教育、干部教育等;根据培养目标,可分为学历教育和非学历教育;根据程度的不同,可分为初等成人教育、中等成人教育和高等成人教育;根据教学形式,可分为广播、电视、函授、面授、自学考试等不同形式的成人教育。成人教育立法应划分成人教育法与其他部门法的不同调整范围。

残疾人教育法是调整残疾人教育部门内部关系的部门法。属于残疾人教育法调整范围的主要是普通教育机构实施残疾人教育的特殊问题和特殊教育机构实施残疾人教育的问题。2008 年颁布的《中华人民共和国残疾人保障法》主要对残疾人的受教育权利,国家社会的办学责任,残疾人教育的任务,办学形式,师资培训,教材的编写和出版,教具的研制、生产和供应等方面进行具体规范。

社会教育法是调整社会教育部门的部门法。属于社会教育法调整范围的是学校教育和成人教育以外的,以青少年直至老年人为对象的各种教育活动。在中国,广义的社会教育指学校教育之外包括成人教育在内的各种教育;狭义的社会教育指学校教育之外非系统化、非制度化的各种教育,包括国家举办的文化机构、宣传机构、各种校外青少年机构以及其他具有教育功能的机构、各种社会力量所实施的非系统化和非制度化教育、自学教育、家庭教育、老年人教育等。

教师法是调整教育教学活动中教师方面产生的社会关系的部门法。《中华人民共和国教师法》调整的主要问题包括教师的法律地位、权利、义务、任职资格、职务评定、评价考核、进修提高、待遇以及教师培养等方面的内容。

教育经费法是就教育经费的来源、分配、使用中产生的各种关系而制定的部门法。教育经费一般包括教育事业费、教育基本建设费和其他费用几个部分。教育经费法是以法律的形式对教育经费在国民经济中的分配比例以及教育经费的来源、分配、使用、监督等作出规定,建立一个科学、合理的教育经费体制。

教育行政法规是中国教育法律体系的第三个层次。主要是为实施教育法和各部门法而制定的规范性文件。教育法或教育部门法未予规范的具体问题,也可由教育行政法规加以规定。这一层次的法规数量多,是中国教育法规的主体。其性质和内容与行政法规无本质区别,但其效力低于行政法规。

地方性教育法规、自治条例、单行条例、教育行政规章是中国教育法律体系的第四个层次。地方性教育法规是省、自治区、直辖市的人民代表大会及其常务委员会为执行国家有关教育的法律和行政法规,根据本行政区域的实际需要而制定的规范性文件。自治条例、单行条例是民族自治地方的人民代表大会依照当地民族的政治、经济和文化特点制定的规范性文件。教育行政规章一般由国务院各部、委制定和发布,其效力低于行政法规。其制定主要依据法律和行政法规,可因实际工作的需要而变化。省、自治区、直辖市以及省、自治区人民政府所在地和经国务院批准的较大的市人民政府,根据行政需要制定的规章,也是这一层次不可缺少的内容。地方性法规和自治条例、单行条例规范各地方政治、经济和文化等各方面的活动,其中有关教育活动的法律规范和教育行政规章是教育法体系的主要组成部分。

教育法律体系的完善与否取决于两方面。一是教育法律体系是否符合教育发展的需要,同其所规范的社会关系的整体保持平衡和统一。中国的教育法律以若干部门法构成横向结构,基本覆盖教育领域的各个方面,较次一级的具体关系和问题以及地方性的问题则由行政法规和地方性法规加以调整和规范,教育法规整体上同所规范的各种社会关系保持平衡和统一。二是教育法律体系内部的严密和完备程度。首先表现为各项法规都遵循一些共同的原则,避免互相抵触,达到内部统一;其次表现为同一体系中各项法规之间的协调一致,同一层次的法规必须保持一致,下一层次的法规不得与上一层次的法规相抵触;再次表现为整套法规应相互配套、相对完备。

参考文献

劳凯声. 高等教育法规概论［M］. 北京:北京师范大学出版社,2000.

劳凯声. 教育法论［M］. 南京:江苏教育出版社,1994.

劳凯声. 教育法学概论［M］. 北京:北京师范大学出版社,1998.

（许　杰　盛　冰）

教育法学(educational jurisprudence)　以法学和教育学理论为基础,以教育法律规范的产生和发展规律为研究对象的学科。教育学与法学的交叉学科。

教育法的理论研究始于 19 世纪。西方资产阶级革命时期兴起的行政法学为反对和制止封建君主的专权,提出"依法行政"的思想,建立"法制行政"的理论规范。19世纪后半期,随着教育与国家的关系日益紧密,德国早期行政学家施泰因提出教育立法思想,认为自然发展的教育制度一经国家以法的形式加以规定,即形成国家教育制度和教育行政。根据这一观点,施泰因提出教育的法律适应性原则,认为教育是公众事业,国家应以立法形式对其进行干预,并提出这种干预的原理、内容和界限,开创对教育立法问题的理论研究。早期的研究就性质而言,基本上未超出行政法学的范围,属于行政法学的一个分论。20世纪50年代末,教育法的理论研究开始从行政法学中分离出来,形成一个独立的研究领域。这是因为当时大多数国家的教育发展突飞猛进,教育立法领域由此日益广泛,需调整的关系日益复杂,教育法在调整对象、原则、处理方式等方面的特点也日益突出,难以被行政法完全包容。

教育法学继承法学和教育学的有益因素,以法学和教育学的方法论为基础,以教育法为学科对象,研究学校教育关系的法律调节。教育法学从两个起点发展起来。对教育学而言,全面而有效的教育、法律法规体系彻底改变了人们对教育的传统认识。教育法的产生及其作用揭示,在现代社会,教育的普及和发展必须依靠法律的保护、促进和协调,一部现代教育的发展史在一定意义上就是一部教育立法的历史。对法学而言,随着教育领域的立法范围日益扩大,立法的专业性越来越强,许多教育事务的处理必须依靠专门的法律知识。制定教育法规不仅要懂得法学知识,而且要研究教育发展的趋势和教育活动的特点,利用教育学的理论研究成果和研究方法。教育立法作为一个特殊对象,成为法学应用性研究中的一个重要方面。作为一门应用性很强的学科,教育法学不仅在法学和教育学中占有一席之地,而且具有越来越强的独立性。

教育法学与行政法学有密切关系。在一定意义上,教育法学可以被看作行政法学的一个分论。行政法学对行政法的一般理论以及行政组织法、行政行为法、行政程序法和行政诉讼法的研究,同样适用于教育法领域,因此也是教育法学总论的重要组成部分。但行政法学不能取代教育法学,二者间存在重要区别。行政法学虽然包括对教育法的研究,但并没有也不可能涵盖有关教育法研究的全部范围和全部问题。随着现代社会的发展,国家行政的范围愈益广泛,包括财政、经济、国防、外交、社会福利、教育、卫生等各个方面的事务。这些部门各有专门的法律制度,研究这些专门的法律制度必须有法律知识和相关学科的专业知识,行政法学的研究不可能具体深入到各个部门的法律制度,而主要研究各行政部门专门法律制度中共同的法律问题。教育法学的研究对象教育法主要涉及发展教育方面的法律,其中的法律关系包括行政法律关系和民事法律关系,

具有复合性。

教育法学的研究范围:(1)教育法的基本理论问题,如教育法产生、演变的历史,教育法的概念和调整对象,教育法的法律形式和体系,教育法的本质和作用等;(2)国家与教育的关系,包括国家教育权、社会教育权和公民受教育权及其相互关系;(3)基本教育制度的法律形式,如义务教育制度、职业教育制度、高等教育制度、学位制度等;(4)国家教育行政机关的法律地位及其职权、职责的划分,教育行政机关的编制及教育行政机关建立、撤销、改组的程序,以及教育行政作用,如教育行政中制定行政法规和规章、发布行政命令、采取行政措施以及实施行政监督的机构、权限、程序和要求;(5)学校及其他教育机构的法律地位、权利与义务、举办与运行等;(6)学生的法律地位、权利与义务,学生与学校的法律关系,学籍管理的法律形式等;(7)教师的法律地位、权利与义务,教师与学校的法律关系调整,教师培养、聘任、进修、管理制度的法律形式等。

外国教育法学的发展

20世纪50年代后,西方发达国家的教育立法领域日益广泛,法律关系日益复杂,教育法在调整对象、原则、处理方式等方面的特点越来越突出,教育法的理论研究开始从行政法学中分离出来,逐步形成一个独立的研究领域,以教育法为研究对象的学科教育法学由此诞生。

外国的许多教育学教科书都有专章讨论教育法问题。对法学而言,教育领域的立法范围日益广泛,立法的专业性越来越强。制定教育法律不仅要懂得法学知识,而且要研究教育发展规律和教育活动特点,利用教育学的理论研究成果和研究方法。教育立法作为一个特殊的对象,开始成为法学应用性研究的一个重要方面。从两个方面发展起来的教育法理论研究使教育学与法学结合起来,如20世纪60年代美国出版由俄亥俄州教育协会律师德鲁里和杜克大学教育学教授博尔梅尔共同主编的《美国学校法丛书》。

外国教育法学的学科发展以联邦德国、美国和日本为盛。联邦德国是最早实行教育立法的国家,开展教育法研究也较早。1957年,德国国际教育研究所的H.黑克尔出版《学校法学》一书,系统阐述学校制度的法律构成及其管理、教师的法律关系、学生的权利与义务、学校的权利与职责等方面的法律与法理,被认为是世界上第一本系统的教育法学著作。该书影响很大,多次再版,1986年出版其继任者修订的第六版。20世纪60年代后,由于学制改革和立法实践的推动,不少教育法学的专题著作问世,如H.黑克尔的《学校法与学校政策》(1967)、联邦德国宪法学者F.克莱因与人合著的《教育权利以及在人口稠密地区的实现》(1969)、亨内克的《国家与教育》(1972)等。这些著作涉及国家的教育行

政责任、教师的教育自由、父母的教育权、儿童的受教育权利、学校法立法的前提条件、现代国家的教育计划等问题，研究侧重于对事实与法律的分析与评价。1967年，联邦德国的杂志《青少年法》开始刊登有关教育法的文章，并因此改名为《青少年法与教育法》。

美国的现代法制从英国普通法发展而来，历来重视判例的汇编、解释与研究。爱德华兹的《法院与公立学校》是最早的学校判例法研究著作之一。第一部成体系的教育法学著作是诺尔特与林恩合著的《学校法教师手册》。该书在判例基础上建立起学校法学的基本理论体系，所涉及的理论课题包括美国教育制度的法律基础、教师的身份规定、雇用合同关系以及教师的权利、义务与责任等方面。同类著作还有高尔克的《学校法》(1965)、约翰逊的《教育法》等。其后出版的教育法著作中，理论研究、法规研究和判例研究并重的特点突出，例如瓦伦特的《学校法》系统论述法律、政治与教育之间的关系，公立学校与私立学校的法律地位，学校组织管理的法律法规，宗教与教育，教职工、学生的权利与义务，教育机会均等，教育经费的筹措与拨放等方面的问题，既有理论分析，又有法规解释，并附有判例介绍，体现了美国教育法学的实证主义传统。在美国，教育法学在20世纪50年代被列为高等院校的正式课程，约有80%的教育学院开设这门课。1954年美国教育法问题研究会成立，这是世界上最早的教育法学组织。为加强教育法的研究以及教育法知识的普及，美国杰斐逊法律图书公司于1972年出版《法律与教育杂志》，促进教育工作者与法律工作者的合作研究。

日本的教育在第二次世界大战后发生根本性转变，美国式的民主思想和教育价值观奠定了日本教育改革和教育立法的基础。20世纪50年代，随着教育法规体系的形成，教育法研究掀起高潮。初期的著作主要是法规解说和教育判例汇编。20世纪50年代后期至60年代初，由于教育法律关系的复杂化和教育行政纷争不断增多，出现了一些专题研究著作，如宗像诚也的《教育与教育政策》(1961)、星野安三郎的《宪法与教育》(1961)等，内容主要涉及教育的国家管理原则、教育行政的法治主义、学校的自治权利等。20世纪60年代中期，"学力主义"泛滥，教育裁判较多涉及教育机会均等、国民教育自由等问题，教育法的研究内容大大扩展，教育自由、公民的学习权以及教师的权利、义务与责任等成为教育法学的新课题。1963年，兼子仁的《教育法》出版，这是日本第一部阐明教育法学基本原理的权威著作。作者运用比较的方法研究国民的教育自由与学习权、保障国民教育权的公共教育制度、教师的教育权与父母的教育要求权、教师职务的专业性和特别身份保障、教育行政、学校管理的教育条件筹措性等基本理论问题，构成日本教育法学的基本理论体系。1970年，日本成立教育法学会，并出版《日本教育法学会年报》，进一步推动教育法学的研究。

外国教育法学的主要理论课题

受教育权利的研究 第二次世界大战后，西方国家兴起的"教育民主化"运动的基本口号即"受教育权利平等"。20世纪50年代后，西方教育法学从以往强调受教育的义务性质转变为强调受教育者的权利性质，表明受教育权利的内容和范围发生较大变化。受教育不仅是一种政治权利或经济权利，更重要的是一个人天然的学习权利。"学习权说"把受教育权利看成是个人发展所需要的主动权利，是个人为自身积极生存、创造幸福而享有的权利。这种观点意味着教育法学的出发点从教育主体的教育基本权利转移到学习主体的受教育基本权利上。对受教育权利问题的重视也反映了在许多西方国家，实现受教育权的平等是一个远未解决的问题。尽管这些国家已经实现初等教育乃至中等教育的普及，但在教育条件和效果方面仍然存在严重的种族歧视和社会歧视，导致教育实际上的不平等。这种阶级冲突激起民众的不满和反抗，酿成深刻的社会矛盾，也不利于社会经济的发展，引起西方国家有识之士的忧虑。受教育权利的平等不仅要从行政和财政上更要从制度和法律上加以保障。国家应按照法律面前人人平等的原则，谋求建立一种所有人都能适应其能力而升学的学校体系；必须采取具体措施，使所有人都不会因外部条件而妨碍其接受教育。

国家教育权力分配的研究 自教育被纳入国家管理之后，西方国家始终存在集中控制与地方分权之争。美国根据宪法第十修正案规定，教育管理权属于各州所有，实行教育管理的地方分权制度。法国沿袭古罗马的法律和行政传统，在教育上实行中央集权制度。科学技术和社会政治的发展把集权和分权两个相对矛盾的因素带到教育立法领域的争论中。从促进受教育机会的均等和建立教育质量统一标准的角度，国家应更有力地干预教育，加强权力集中；从保障纳税人的利益以及更好地适应地方发展需要的角度，国家应给予地方乃至学校和教师更大的权力，实行责任下放。一般而言，在中央集权和地方分权的不同教育管理体制下，不仅教育管理的职权、职责有很大不同，学校内部的师生关系、教师与发薪人之间的关系、学生与课业的关系，以及学校教学计划的制订和对定额、管理与考试的要求以至教师与学生的行动方式都有不同的安排。发展趋势是，教育管理权力分配方式不同的国家彼此取对方之长、补己之短。西方教育法学面临的问题是：在加强教育管理权力集中的同时，如何使教育更具有地方特点，适应地方发展需要？如何创造一种既具有较高教学质量和学术水平，又与大众化的时代要求相结合的学校教育模式？

"教育自由"原则的研究 "教育自由"是20世纪50年

代后西方教育界出现的体现西方教育价值观的一个概念，反映西方国家不同阶层对教育的关注，以及要求更多、更有力地参与教育的愿望。"教育自由"在不同国家有不同含义。广义的"教育自由"一般包括国民的教育参与自由、学校的办学自由、教师的教学自由和学术自由、父母的教育自由以及学生的教育选择自由和学习自由等；狭义的"教育自由"主要指学校设置自由、学校办学自由和教师教学自由。在联邦德国，20 世纪 50 年代前，上述自由的含义一般只存在于大学，中小学除了学校设置上的自由，其他方面处于国家的严格监督中。20 世纪 50 年代末，教育学界首先开始批判这种"被动管理式的学校"，认为它扼杀了教育的生命力，使学校变得毫无生气，要求实行教育自治，实行学校民主化。教育理论上的这一变化引发了教育法立法原则的变化。H. 黑克尔在《学校法学》中首先提出"教师的教学自由"的概念，认为只有当教师是自由的时候，教师才能为了自由而进行教育，中小学校应当具有相当于大学中的教学自由的"学校自治"，必要限界内的学校自治应得到法律保障，这是教育政策与教育立法的重要课题。在日本，"教育自由"还扩展到国民，东京女子大学教授家永三郎诉文部省的教科书诉讼案是历时几十载的著名案例，该案裁决的数次反复表明，国民的教育自由与国家的教育权是争论的主要焦点。1970 年的杉本判决认为，教育权以父母为中心存在于全体国民中，国家不存在决定教育内容的权利。这一判决导致长达十几年的有关国民教育自由问题的争论。西方教育法学中"教育自由"观念的出现大大扩展了教育立法领域，激发人们对于国家、法与教育之间关系的研究热情。

教师权利与义务的研究　有关教师的法律问题主要包括教师的法律地位、教学自由权的含义和保障、教师工资待遇和工作条件、教师的教学事故与责任处理等。西方国家国立和公立学校的教师按法律规定具有国家公务员或地方公务员身份，私立学校教师是学校法人所属职员。公立学校教师应当享有宪法规定的全体公民都享有的自由权利，但教师工作的特殊性决定了教师必须审慎地和有限度地使用这些权利。教师对学生有着重要影响，其言行必须符合特别的法规制度。美国很多州规定，教师有权在遵守法律的前提下按照他们的愿望去结社、思想和信仰，但同时，教师无权在学校按照自己的主张为州工作，而只能按州政府制定的规则去做。美国在 20 世纪 50 年代和 60 年代早期采取许多措施控制教师的言行，通过立法或行政手段要求教师进行"忠诚宣誓"，并进行"忠诚调查"，结果损害了美国不同政治集团的利益和自由而引起不满。美国大学教授联合会（American Association of University Professors，简称AAUP）认为，教师是否称职的唯一标准应是能否胜任学术研究和教学。美国教育界普遍认为，政府要努力做的是制定一项政策，一方面能辨别异端思想，另一方面能辨别应受谴责的损害自由思想的行为。

关于教师权利与义务研究的另一个重要问题是教师的社会地位。20 世纪 60 年代后，中小学教师社会地位偏低，教师职业不受欢迎，来源不断缩小。在美国，教育质量下降的最大原因被认为是忽视教师的地位和作用。1966 年 10 月，国际劳工组织和联合国教科文组织联合通过《关于教师地位的建议》，指出由于在教育事业发展中，教师对人类和近代社会发展所作出的重大贡献，必须确保教师的应有地位。其中的教师地位被特别注明为，社会按教师任务的重要性和对教师能力的评价而给予的社会地位或敬意，以及所给予的工作条件、报酬和其他物质利益。这对各国的教育立法有一定影响。

学生权利与义务的研究　学生的权利与义务是教育法学研究中的一个重要课题。"学生"这一概念在不同国家的意义有一定差异。欧洲一般称中小学生 pupil，称大学生student，而美国从小学高年级起就称学生为 student。学生受教育权利的保障问题是各国教育法学研究的一个重要方面，它要求国家的教育政策必须以培养和造就"健康人格"作为基本出发点。这不仅意味着入学机会平等，而且要求教育条件、教育效果乃至个人的发展机会都应体现对学生人格的尊重，学生有根据自己的意愿选择学校、教师乃至教学内容的权利，以便体现公民的学习权利和教育自由。学生的权利还包括言论权、出版权、结社权、请求公正处理权、隐私权等。

学生的人权保障与学校教育的关系一直是西方国家教育法研究中较突出的问题，它涉及教育管理与学生自治，学校的思想、行为控制与学生的社会政治活动权利，学生生活指导与私生活自由等许多方面。欧美国家认为，自由、宽松的环境有利于培养勤学和竞争的气氛，另一些国家（如日本）较注重家长式监管的学校生活制度。20 世纪 80 年代后发生很大变化，西方各国制定了各种校园法规来规范学生的行为，而日本也对过度统一、严苛的学校管理与培养身心健康的国民的教育基本法精神相矛盾作出反思。对学生的权利与义务的研究渗透着西方世界的价值观和伦理观，涉及学生的政治倾向和行为举止。

西方教育法学的研究课题还有许多，如教育政策与教育法规、公立学校与私立学校、宗教与教育、教育判例研究等。

中国教育法学的发展

中国教育法学研究大致分为三个阶段。

教育法理论研究初始时期（1979—1984）。这一时期，法制建设刚刚起步，人们的法制意识、法制观念还很薄弱，指导法制建设的理论水平较低，此期的研究成果主要表现为对教育立法的重要性、迫切性的论证，以及对美国、日本、联邦德国、苏联等发达国家教育立法状况的研究和介绍，结合中国实际研究教育立法问题的文章多限于对单项教育法规的研究，如民族教育立法、初等教育立法、高等教育立法、教师法等。1984 年 10 月，全国人民代表大会教育科学文化卫生委员会在北京召开中华人民共和国建国后第一次教育立法座谈会，会后各地报刊登载了有关教育法的论文，推动了教育法的理论研究工作。1984 年 12 月 18 日，《中国教育报》刊登了《抓紧教育立法　开展教育法学研究》一文，提出"具有中国特色的社会主义教育法体系"的概念，论述中国教育法学研究的基本范围，并对教育法学的学科性质作出界定。

教育法理论研究全面开展时期(1985—1994)。1985 年 5 月，《中共中央关于教育体制改革的决定》颁布。1986 年和 1987 年，一系列教育法律、法规出台，推动了教育立法的理论研究。1986 年《中华人民共和国义务教育法》颁布，教育界与法律界真正开始关注教育立法问题，教育法理论研究滞后的状况得到改善。此后数年间发表的数十篇有关文献及若干部教材、专著主要涉及三方面内容：整体探讨教育法问题，如教育立法的意义、性质、地位，教育法的原则、调整方法，教育法的体系结构等；教育基本法、义务教育法、高等教育法、教师法等法律的立法研究；国外教育立法的实践与理论介绍。对教育法学的基本理论问题也开展了较广泛、深入的探讨与争鸣，如教育法在法律体系中的地位、教育法学学科性质、教育权与受教育权、高等学校法人地位等。

教育法理论研究继续深入时期(1995 年之后)。1995 年《中华人民共和国教育法》颁布和实施后，教育法理论研究活跃，新的研究领域陆续产生。一系列教育法律、法规的出台，为依法行政、保障公民受教育权利、调解教育纠纷、依法制裁违反教育法律的行为、保持正常的教育教学秩序提供了重要的法律依据。此后，有关教育的民事、行政、刑事案件逐年增加，司法开始介入教育领域。这些都对现行教育法律体系提出挑战，对教育法制建设提出一些亟待解决的课题，从而推动了教育法的理论研究，来自法律实践领域的新问题也成为教育法理论研究的领域之一。

中国教育法学研究的主要课题

保证教育政策决策过程的合法化。教育政策作为一种公共政策，应体现教育的公共性质，教育政策的决策过程应当公正、公平和公开；教育的运行过程分为技术、管理和机构三个层次，如何发挥法律的调节功能，使教育的这三个层次构成一种有分有合的关系，从而对教育产生影响。

在教育权力的分配上保持集中和分散的合理张力。教育管理权力在教育系统内部的分配主要通过法律予以规定

和协调。中国的社会转型把集中和分散这两个矛盾的因素带到教育立法领域，为解决集中和分散的问题，创造既具有较高教学质量和学术水平又与大众化的现代要求相结合的学校教育模式，法律必须在教育权力的集中与分散之间保持一种合理的张力。

保证学校及其他教育机构的自主办学权。中国的公立学校体系自产生起就在政府的推动和控制下发展，政府对学校的控制在计划经济时代达到极点。在教育体制改革中，学校及其他教育机构已逐步具有进行自主办学的可能性。但由于学校属于公益性机构，在按照教育本身的要求独立自主办学的同时，必须对其权能作出必要限制。在制度安排上，不应简单地把学校这种社会组织与企业等同，政府在其中的监控功能是一个重要的遏制因素。

对教育管理实行程序性控制。在现行法制下，每个公民应当能够对政府和教育机构采取法律行动，以此制衡政府或教育机构采取的对己不利的教育举措。国家司法机关通过对教育实施过程的监督和审查发挥对教育的影响，监督各级政府和教育主管部门的行政行为。

对课程的控制。课程大纲是教育行政机关根据法律规定的基本原则制定的有关学校教学内容的文件。课程大纲的行政作用在于为各级各类学校规定统一的内容要求和法定的质量标准，以实现对学校教育事务事实上的控制。

规范教师职业。中国关于教师的身份问题尚存在争议，现行法律把教师职业引向专业化范畴，这是一种全球性动向。把教师视作专业人员意味着要进入这一行业必须符合具体的资格要求，并由专门的机构和严格的操作程序来确定这种职业资格。这些都必须通过法律来实现。作为专业人员的教师与政府、学校之间构成的法律关系的性质及其调整形式也是教育法学的研究课题之一。

对教育财政的法律控制。教育经费主要由学费以及政府公共财政拨款两部分组成，虽然私立学校的财政机制较接近市场机制，但也必须纳入国家教育制度。中国基本形成公立学校和私立学校二位一体的统一体制，这一体制下的财政机制是：私立学校不应完全建立在市场原则基础上，公立学校也不应是完全的福利机构，这两类机构的办学活动及行为方式都应受法律的规约和监督。

(劳凯声)

教育服务的性质(nature of education service)　教育产品的特性和本质。教育属于第三产业，其产出是服务，故教育产品亦称教育服务。正规三级教育(初等教育、中等教育和高等教育)是教育的主体，确定教育服务的性质实质上就是确定正规三级教育或正规三级教育中义务教育和非义务教育服务是公共产品(public goods)、私人产品(private goods)还是准公共产品(quasi-public goods)。

义务教育服务的性质　中国的义务教育包括初等教育和中等教育的初中阶段。教育服务的基本经济功能是培养劳动者的劳动能力。但是现实中的义务教育服务和非义务教育服务在性质上存在很大差异,分析和界定教育服务的性质首先应区分义务教育与非义务教育。

在一定意义上,义务教育服务属于公共产品。义务教育通过立法约束受教育者家庭和政府的行为。义务教育是一种强制性的免费教育,强制以免费为前提。受教育者家庭有义务让子女接受义务教育,政府则应免费提供义务教育。义务教育服务不应由市场机制提供,其供求由法律调节,而不能由市场供求和价格(学费)调节。义务教育消费上的非排他性、供给上的不易排除,以及具有广泛的社会效益是显而易见的。

中国曾对义务教育收取少量杂费,一些贫困地区尚未普及义务教育,因而出现"希望工程"等,同时允许私人或民间举办收费较高的学校。这并不能改变义务教育的性质。前者是由于政府财力不足,且收取费用很低,后者是因为在义务教育的需求与供给上,中国现阶段还存在明显差别。从需求来说,一部分家庭对教育质量和生活条件要求较高,一般学校难以满足;从供给来说,市场经济下的收入水平差别拉大,少数富裕家庭有条件支付较高学费。高收费学校及其学生数量在整个义务教育中所占比重很小,不影响义务教育的大局和性质,在实施义务教育的发达国家或发展中国家都存在。

另一种观点认为,产品的公共性或准公共性由产品的性质决定,与制度安排无关,义务教育是一种制度安排,不应作为公共产品,而且义务教育在供给上并非不能排除,西方国家私立初等教育的收费和中国对贫困儿童的援助就说明义务教育在供给上可以被排除。故义务教育属准公共产品。在义务教育范畴内,教育是公益性的,其产品可被视为公共产品,每个国民都能免费享受规定年限的教育服务。这部分产品成为公共产品,可以视为政府事先完整购买了这部分产品,再免费分配给每一个国民。

非义务教育服务的性质　中国的非义务教育包括初中后高中阶段教育和高等教育、成人教育等。其性质属于准公共产品。首先,非义务教育在消费上具有排他性。非义务教育服务在教育资源和教育机会相对有限的情况下,不是每个同龄人都能享受到非义务教育服务,一个人受教育就意味着另一个人受教育机会的缺失。其次,非义务教育服务具有正外部性,可以产生一定的社会效益,一个人接受教育后,由于个人修养和知识水平的提高,其他人和全社会都可以受益。非义务教育服务消费上的排他性是有条件的、相对的,由于非义务教育尤其是高等教育成本较高,在既定的经济发展水平条件下,社会通过政府还不可能为所有同龄人无偿提供,由此产生招生人数控制、考试筛选机制

和收取学费而带来的排他性。非义务教育服务作为准公共产品,主要由政府提供,提供方式有:教育机构由政府举办并通过财政拨款提供费用;教育机构由私人或民间举办,政府资助,同时向受教育者收取一定的学费。市场机制对非义务教育尤其是职业教育和高等教育资源配置的作用主要表现在招生数量、层次、专业结构及其调整、教学内容等方面,要考虑未来劳动力市场和社会发展的需求。当然,劳动力市场需求不是教育机构决策的唯一根据,还要考虑社会发展的需求和教育机构自身的条件。高等教育和职业教育通常为非义务教育,这一方面是国家财力有限,难以担负全体国民的所有教育费用;另一方面,高等教育和职业技术教育可以提高人的生产力,使其获得较大的个人投资效益。随着人力资本理论的提出和被广泛接受,人们教育投资的意愿日益高涨,非义务教育服务逐渐具有较大的私人产品的性质。

中国教育经济学学者王善迈还认为,教育服务在消费上具有一定的竞争性,当一所学校的学额未满时,增加一个学生的边际成本为零,一个学生对教育服务的消费不影响另一个学生消费;当一所学校的学额已满时,增加一个学生的边际成本为正,这时,教育服务的消费就具有竞争性。教育服务又具有一定的排他性,由于教育服务的非整体性,从技术上说是可以分割的,例如采取招生指标的分配、考试的筛选和收取学费,就可将未被录取者和不付费者排除在教育服务之外,但这种排除,尤其是付费的排除,其交易成本过高,因为教育具有巨大的正外部性,受教育者接受了教育,不仅受教育者可以获得经济的、非经济的效益,如个人收入的增加、配置能力的增进、晋升与流动机会的增多、社会地位的提高等,社会也可获得巨大的经济与非经济效益,如教育是现代经济增长的重要因素,科学技术发展、教育的普及与提高是现代社会物质与精神文明发展的重要条件等。如果教育服务要按照一定的标准进行排除,虽然在技术上可行,但排除成本过高,将引起教育机会的不公平,大大增加教育的社会成本。故整体而言,教育是一种具有正外部性的准公共产品。不同级别与类别的教育,如义务教育和非义务教育、学历教育和非学历教育、民办教育和公立教育等,其产品属性特征不尽相同,有的更接近公共产品,有的则更接近私人产品。故教育服务不是完全的私人产品和完全的公共产品,而是一种准公共产品。参见"公共产品理论"。

（孟大虎）

教育概念(education as a notion)　教育是教育学中最基本的概念。关于教育是什么这一问题,教育学界的看法尚不统一。"教育是培养人的一种社会活动"是其中一说,"教育是人类社会特有的一种文化传递形式和传承手段"则是另一种解读。这两种不同的观点客观地存在于教

育学界。这里阐述后一种观点,即教育是人类社会特有的一种文化传递形式和传承手段。

教育的词源和词义

在中国,"教育"二字连用成词,最早见于《孟子·尽心上》"得天下英才而教育之,三乐也",在其他一些古籍中,"教育"二字亦被分开解释和使用,含义不同。按《说文解字》:"教,上所施,下所效也","育,养子使作善也"。又《礼记·学记》:"教也者,长善而救其失者也。"《中庸》曰:"天命之谓性,率性之谓道,修道之谓教。"《荀子·修身》曰:"以善先人者谓之教。"

在西方,"教育"的英文为 education,法文为 éducation,德文为 Erziehung,皆源自拉丁文名词 educare。而 educare 出自动词 educere。该动词由前缀字母 e 和 ducere 两字组成,前缀字母 e 在拉丁文中意为"出",ducere 意为"引",合起来为"引出"之意。亦即,教育要用引导的方法来发展学生的身心。

从中国和西方古代对"教育"字义的解释来看,有两个相同点:(1) 教育的目的重在使人为善,教育内容不限于知识,还包括德育和体育;(2) 教育方法注重启发诱导,而非强迫注入,注意人格感化,而非强迫学生服从。

17 世纪后,随着资产阶级的兴起和资本主义经济、文化、教育事业的发展,从捷克教育家夸美纽斯开始,一批有影响的教育家对什么是教育的问题表述各自见解。夸美纽斯认为,教育在于发展健全的个人。英国教育家洛克认为,人类之所以千差万别,便是由于教育之故。法国启蒙思想家卢梭认为,植物是由栽培而成长,人由于教育而成为人。德国哲学家康德认为,人只有靠教育才能成人,人完全是教育的结果。瑞士教育家裴斯泰洛齐认为,教育是人类一切知能和才性的自然的、循序的、和谐的发展。美国教育家杜威说,教育即生活,教育即生长,教育是社会生活延续的工具。苏联教育家克鲁普斯卡娅认为,教育是指有计划地感化新一代,以便培养出一定类型的人。

随着资产阶级的兴起,资本主义制度日趋发展与完善,各类学校教育大量出现,教育形式日益完备,特别是适应资本主义经济、科技和社会发展的需要,实行了普及教育,教育实践在客观上为揭示教育本质提供了一定条件。但由于当时的教育实践仍不充分,上述教育家除杜威外,大多数人理解教育的视野仍局限于学校教育领域。一般仅着眼于教育对个体发展的作用,而对于教育对社会生活的延续和发展作用则重视不够。由于没有看到人类和一切领域中的教育活动、教育现象,他们对教育本质的认识往往有其自身局限性,不能全面地揭示教育本质。

教 育 形 态

教育形态即教育现象,是指可以被人们感知到的教育的外在形态。回答什么是教育的问题,应从认识和阐明教育形态开始,通过教育现象研究教育本质。教育形态由教育活动、教育事业(教育制度)组成。

教育形态是教育的外部表现,表现为教育活动、教育过程。教育活动是人类社会最初出现的教育行为,也是人类社会始终存在的最基本的教育形态。教育活动起源甚早。初民时期虽无教育之名,但有教育之实,即为教育活动。教育是社会群体与个体之间彼此依存、互为因果、互为目的与手段,各自获得生存与发展的一种文化、信息的传承活动或动态过程。

教育还是一种关系和作用范畴,是一种活动。它不是一个独立的实体,而有承担者,有主体,有作用对象。教育活动由教育者和受教育者两方面组成,以社会文化为内容,以语言为手段,是人类的一种文化传承活动。构成教育活动的四个基本要素是教育者、受教育者、文化和语言。教育活动的使命和目的是要对受教育者施加一定的教育影响,使之在身心各方面产生一定的教育效果,达到教育者所要求的一定的教育目标。

教育活动的进行可以是自觉的,也可以是自发的;可以是自在的,也可以是自为的;可以是有目的有计划的,也可以是无目的无计划的;可以在所安排的一定时空条件下进行,也可以是遇事而学、随机而教,在任何时空条件下进行。教育活动在产生时,具有自发、自在、分散、随机、无计划、无目的、无统一安排、无一定时空条件等特点,与人们的实际生活融合在一起。原始社会对教育活动、教育影响、教育效果并不特别关注,不知教育与人的密切关系和教育在生活中的存在。教育活动之所以长期在人们的"不知"中进行,是由于教育活动的内容和形式贫乏、简单,教育影响、教育效果不显著,同时也受人的思维模式和思维特点所限。然而漫长的原始社会,人们的社会生活之所以能够世代相继,在几百万年中不断出现的新生个体不仅实现了动物性的传宗接代的本能要求,并且都能够成为社会群体中的一员,融入社会生活,达到社会化的要求,就是由于教育活动所发挥的文化传递作用。在原始社会的人类生活中,从一定意义上看,并没有纯粹的教育领域。研究中所谓的原始社会教育,是从科学抽象的意义上讲的。

教育事业是人类一种层次较高的教育形态。人类教育总的发展趋势是由教育的自在状态向自为状态发展。自在教育向自为教育发展是人类教育发展的必然。教育事业不是一种离开了教育活动的教育现象,其根本要求是要有效地开展教育活动,使之有序化、规范化、目的化,并与社会生活要求相联系和结合,成为一定社会所需要的事业。教育事业是人类一种重要的属于较高层次教育形态。

教育活动和教育事业不论在理论上还是在实践中,都是紧密联系、不可分割的,但是两者又有区别。较之教育事业,教育活动是人类教育最基本的层次,属于教育的微观领域,教育事业则属于宏观领域。教育活动是人类教育实践活动的中心和基础。现代社会,教育实践已突破教育活动的范畴,形成教育体制和教育事业。教育事业的功能是管理和调控教育活动。

在原始社会趋于解体,人类进入农业时代之际,社会上出现了学校和学校教育活动,标志着人类教育进入一个新的阶段和较高的层次。这在人类教育历史上具有划时代的意义。学校作为社会教育机构而产生,有其深刻的社会背景:(1)脑力劳动与体力劳动分离,产生专门从事教育活动的知识分子;(2)文字的创造与知识的积累,为学校教育活动提供了新的内容和手段。(3)国家的产生,需要专门的教育机构培养官吏和知识分子。

学校教育出现之后,其功能有二:一是对学校教育活动进行有效的组织管理,使之程序化、规范化、制度化;二是把学校教育活动与社会的需要联系起来,使之为一定社会的阶级以及一定时代的政治、经济、宗教、民族各方面的需要和利益服务。社会需要主要表现在传播一定的文化和培养人才等方面。学校教育逐渐形成制度、自成体系,成为一项不可缺少的社会事业。学校的形成是人类自觉意识的觉醒和主体性增强的标志。学校一经产生,就作为一种社会机构存在于社会中。学校的存在、发展、演变必然受到社会其他机构和组织的影响,这种影响有时表现在学校的制度和结构上,有时则反映在学校本身的组织形式上。教育体制与政治体制、行政体制有密切联系。不深入探讨作为一种社会机构的学校的特点及其历史演变,就不可能深刻认识学校教育的本质。

教 育 是 什 么

教育现象普遍存在于人类社会,教育活动由教育者、受教育者、作为教育内容的社会文化、作为教育手段的言语和文字这四者组成。教育活动必须在一定的时间、空间条件下才能进行。空间条件并无特定要求,随处皆宜,所谓教育过程便是教育活动展开和进行的过程,是教育活动的时间形式。亦即,只要在教育者和受教育者之间存在教育者利用一定的语言、文字等手段有意或无意地传递社会文化等教育内容,影响并作用于受教育者这种事实,教育活动和教育过程便出现和展开。教育者和受教育者是就一定的教育活动、教育过程中彼此所处的不同地位相对而言的,并无固定不变的条件和模式。只要人与人之间形成文化传递、信

息交流和心理影响的关系,就有教育活动、教育过程的出现和存在。教育活动、教育过程是人类社会最普通、最基本、最常见的社会现象,教育现象客观永恒地存在于一切社会活动之中。

就教育活动这一教育形态而言,它是人类一种特有的文化传递的形式、手段和工具。教育的本质属性是其传递性、工具性、手段性。人类依靠生育传递生命,依靠教育传递文化和文明,传递人类劳动和智慧的一切成果和结晶。教育的根本作用就在于此。此即教育的根本属性。教育之所以具有这个属性,如马克思所言,是因为人类以语言为工具可以占有他人的思想。

教育是人类特有的文化传递形式,这种传递形式由人类的反映特性——意识决定。人的意识不是先验的,而是人们在社会实践过程中获得的,人的意识的这种反映特性决定了人需要一种特殊的传递形式,即教育。教育与人类俱生。教育在本质上是人类认识世代连续的纽带,这决定了教育与人类的所有认识领域相联系,教育与社会的关系是多边的,生产性、阶级性、生活性都是教育的社会职能。教育在本质上不属于上层建筑,教育与人类认识相联系,一部教育发展史就是一部人类认识发展史。正是在实现人类认识世代连续的意义上,作为人类认识世代连续的纽带,教育才确立了其永恒性。教育对于人类的生存、社会的存在与发展必不可少。

在阶级社会,不同的教育事业、教育制度是为了适应一定的政治、经济、阶级的需要,因此,不同社会制度下的学校教育事业必然具有不同的阶级性、民族性。学校教育事业的重要任务之一是为一定的阶级、民族、社会团体传播其所需的文化和知识,培养需要的人才。学校教育的阶级性、民族性和历史性也集中体现在教育内容和人才培养的标准上。学校教育事业必然成为基于一定社会制度的上层建筑,成为一定社会为经济、政治服务的不可缺少的一项社会事业。

人类教育在产生以后的漫长时间里,其功能和作用往往只从社会群体的需要和利益出发,很少或基本不考虑和照顾个体发展的需要。随着教育的发展和进步,个体发展的需要日益受到重视。社会的发展、教育的发展与个体的发展是同步的,个体发展的充分、全面程度是社会与教育进步的标志。但是这不影响对教育的本质属性作以上的概括和界说。教育的传递性不会因重视个体发展而消失,教育传递人类文化的作用与功能是教育的本质属性。

(胡德海)

教育个案研究(case study in educational research)通过重点研究一个或若干教育现象的实例,对在特定情况下发生的事件、关系、经历或过程进行深度剖析的一种教育研究方法。能推动教育研究从思辨向实证方向发展。是一

种质的教育研究,属于实证研究。它是在真实的情境下,尤其是在现象与情境之间的界限模糊时,研究当时当地的现象。从资料的收集和分析来看,个案研究要根据理论假设来引导资料的收集和分析,依靠多个资料来源,通过三角互证的方式,最终得出一致结论,是一种全面而完整的研究方法。教育个案研究与其他学科领域的个案研究的差异主要体现在研究对象上。教育个案研究的研究对象(亦称"教育案例")可以是一名学生、一个班级、一所学校、一堂课、一次教育活动、一个教育情景、一次师生谈话、一个精彩的教学片段和某项教育制度和政策、某一教育事件等,是在真实的教育活动中发生的典型事件,是对事件的真实的描述。

适用条件和分类　适用教育个案研究方法的条件:研究"如何"或"为什么"的问题;在研究者对事件没有控制或控制极少的情况下;研究的问题聚焦于现实问题。根据研究目的,教育个案研究分为解释性教育个案研究、探究性教育个案研究和描述性教育个案研究。解释性教育个案研究指通过对个案的研究,为抽象问题提供说明,并进一步精炼理论、检验理论。探究性教育个案研究指通过深入了解特定个案的特殊性或个别性,提出理论假设。描述性教育个案研究指深入描述个案的脉络和细节,提供描述性素材,从而得出某些结论。

研究阶段　完整的教育个案研究过程包括三个阶段:研究设计、资料收集和资料分析、撰写个案研究报告。

在研究设计阶段,需设计一种研究的逻辑关系,即把要收集的信息、将要得出的结论与研究的初始问题联系起来。包括五个部分:研究的问题;研究的假设或命题;分析单元;联结资料与假设或命题的逻辑;解释新发现的准则。研究设计的目的是在收集、分析和解释现象的过程中引导研究者。研究设计是研究过程的逻辑模型,允许研究者从多种变量间的偶然关系中得出推论。研究设计还限定了研究的推广范围,即研究得到的解释能否推广到更多的人群或不同的情形。该阶段需要考虑四个方面的质量:结构效度、内部效度、外部效度和信度。结构效度是指为研究所涉及的主要概念而确定的恰当的操作概念和指标;内部效度(仅适用于解释性或偶发性研究,不能用作探究性和描述性研究)是指建立研究中的问题与问题或概念与概念之间的临时关系,以此表明一种情况会导致另一种情况,以区别于虚假的联系。外部效度是指确定一项研究发现或结论可以推广的范围;信度是指证明一项研究的操作(如资料的收集过程)是可以重复的,可以得到同样的结果。

在资料收集和资料分析阶段,必要的准备工作包括:(1)作为研究者在事前需具备的能力和技巧;(2)进行特定教育个案研究所需的专业训练和知识储备;(3)制订研究方案;(4)进行典型个案研究。在进行资料收集时,可能的资料来自六个方面:文档、文献记录、面谈、直接观察、参与式观察和实物。在进行某项个案研究时,并不一定要穷尽六个方面的资料,但研究者必须了解,对研究问题而言,每种可能的资料来源都同时兼具优点和缺点。如文档的优点是:资料稳定,可反复阅读;资料相对客观,不是为该个案研究的结果而创建的;资料准确;资料范围广、时间跨度长,包含许多事件和背景信息。其缺点是:文档的获得可能遇阻;文档不全将导致选择的偏差;作者无意的偏见造成文档叙述的偏差等。

教育个案研究的资料收集阶段必须遵守的重要原则是:第一,使用多种证据来源,即对于同一事件,研究者可以得到两方面或多方面的资料;第二,建立个案研究资料库,即将收集的资料加以汇编,但又不同于最终的个案研究报告;第三,发展一条证据链,即在提出的问题、收集的数据和得出的结论之间建立直接的联系。

教育个案研究的资料分析工作包括:数据的检测、分类、列表,或为突出研究的最初假设而对数据进行的重组等。个案研究的资料分析一般包括两种策略。一为"依赖理论假说"(relying on theoretical propositions),指在理论命题的基础上发展出个案中的理论假设,通过对个案的分析来验证或修正假设。采取这种分析策略有助于组织整个个案例研究和界定待检测的备择解释(alternative explanation),有助于回答"怎么样"和"为什么"这类问题的假说。但由于这种个案研究的研究设计建立在理论假说的基础之上,它会限制研究者收集资料的范围和方式,使其将注意力集中于某些资料而忽略其他资料。二为"发展个案描述"(developing a case description),指研究者通过对个案的详细了解和掌握,发展出一个描述的框架,从而组织个案研究。适用于个案研究的最初目的是描述性的,在最初目的并非进行个案描述的情况下,这一策略也有助于将需要分析的因果关系识别出来。这种策略虽然不及前一种策略运用广泛,但可用于缺乏理论假说的情况下。

教育个案研究的资料分析必须坚持四条原则:第一,分析应以所有的相关证据为基础;第二,分析应包括所有重要的对立性解释(rival interpretation);第三,分析不应只体现个案的某一个方面;第四,研究者应充分了解相关的前人研究和文献资料,从而更好地确定研究的主旨和问题。

撰写个案研究报告是教育个案研究的最后一个阶段。首先要确定个案研究报告的写作类型。教育个案研究报告的类型主要有四种。第一种是经典的单个案研究。指用单个的叙述来描述和分析个案,所述信息可用列表、绘图和图像展示来讨论。第二种是单个案研究的集合。这种多个案报告包含多种叙述,通常每个个案的内容作为专章或独立部分出现。除单独个案陈述外,报告也会包含一章或一部分跨个案的分析或结论。某些情况下可要求若干跨个案的章或部分,最后的跨个案部分可能是一个从其他单项个案陈述中独立出来的。在这种情况下,常见的形式叙述是主报告的集合包含跨个案分析,个案则作为基础文本,用附录形式加以阐述。第三种是问答式。可用于多个案,也可用于单个案。它不包含传统的陈述,而是将每一个案的文章用系列问题和答案组成。这种问题—答案形式不能全面反映研究者的创造性潜能,但由于研究者能很快回答所提问题,有助于避免出现作者写作的"难产"问题。第四种是表达式。仅适用于多个案研究。整个报告由跨个案分析组成,无论报告是纯粹描述性的还是涉及解释性的主题,每一个个案可能没有独立的章或部分。在每个报告中,每一章或部分由一个独立的跨个案研究问题构成,来自单个个案的信息被分解到每一章或部分中。其次要确定教育个案研究写作的陈述结构。个案写作的陈述结构共有六种。其一,线性分析结构,是写作研究报告的标准方法。一般按照以下顺序组织:研究问题、文献述评、研究方法、资料分析以及从资料分析中得出的结论和启示。这一结构适用于解释性、描述性或探究性的个案研究。其二,比较结构,将同一个案重复两次或多次,在对同一个案的描述或解释之间进行比较。可以将同一个案从不同观点角度或运用不同描述模式加以重复,从而理解个案事实如何被更好地分类以达到描述的目的。其三,编年结构,即按年代顺序排列个案资料,章节的排列可遵循个案历史的早、中、晚时间顺序。无论对于解释性个案研究还是描述性个案研究,编年方法都可以避免过于关注开始事件而忽视后面事件的问题。该结构适用于解释性和描述性个案研究。其四,理论建构结构,即章节顺序按理论建构的逻辑展开。这一逻辑建立在一个具体的问题或理论之上,但每一章节要解答理论争论的一个新方面。该结构适用于解释性和探究性个案研究。其五,"悬疑"结构,与线性分析结构相对,其直接的"答案"或个案研究结论在开始章节就加以阐明,个案研究的其余部分及最有"悬念"的部分用于发展对前述结论的解释,替代性的解释被写进随后的章节。该结构适用于解释性个案研究。其六,无序结构,即章或节顺序的呈现没有特别的重要性。该结构对描述性个案研究有效,其章节顺序的更改不影响其描述价值。

特点　教育个案研究在21世纪为学校教育科研所普遍采用,有两方面原因。一是课程改革的需要。新的课程理念、新的教材、新的课程评价观等对教师发展体系提出挑战,迫切要求教师尽快提高专业化水平,对教育教学中的行为以及由此产生的结果进行审视和分析,而教育个案研究是教师对自己的教育教学实践进行深刻反思的最好形式。二是适用性强。教育个案研究适用于每一位一线教师,是真正扎根于基层教师日常工作和生活的教育研究方法,它使教育研究不再显得高不可攀。

教育个案研究有两个优势。一是能获得更深入更详细的研究资料。个案研究通过剖析个案可以获得深入、翔实的材料,充分反映影响某一教育事件的个体因素和社会环境以及真实的教育过程。较之统计方法,教育个案研究方法更适合研究变化的、创新的教育行为过程。二是便于了解行为的主观因素。

教育个案研究存在两个缺陷。一是缺乏严密性。研究者的研究态度、资料的准确性和观点的客观性,都会影响个案研究的过程和结论。另外,研究者易混淆案例教学与个案研究。在案例教学中,个案材料可以进行慎重修改,从而更有效地论证观点,而在个案研究中,类似的做法被严格禁止,每一个个案研究者都必须认真调查、客观报告所有资料。二是个案研究无法推论出理论化的全部命题,而只能推论出部分命题。教育个案研究中的个案并非呈现"样本",研究者的目的是要扩展并推论理论,即进行分析概括。

参考文献

　　罗伯特·K.殷. 个案研究:设计与方法[M]. 周海涛,李永贤,李虞,译. 重庆:重庆大学出版社,2004.

　　罗伯特·K.殷. 个案研究方法的应用[M]. 周海涛,李永贤,李虞,译. 重庆:重庆大学出版社,2004.

（林小英）

教育个性化思潮（individualized education）

一种倡导教育的个性化,要求充分发展学生个性的教育思潮。作为一种教育观点,自古有之;作为全球性教育思潮,始于20世纪。

20世纪发生两次世界大战,资本主义世界遭遇周期性经济危机,苏、美两国长年"冷战",进行热核军备竞赛;现代科技和现代生产在给人类带来福利的同时,也使人本身成为被异化的对象、受奴役的客体,生存权和个性发展权受到威胁。这些国际背景折射到教育领域,宏观上,形成文化霸权主义、教育殖民主义、全球性教育鸿沟、地区性教育差距、一国之内的教育发展失衡和受教育权不平等、重精英教育而轻大众化教育等严重排斥个性发展的现象;微观上,"技术统治论"一统天下,科技排斥人文,压制排斥人道,课程排斥活动,"唯智主义"排斥全面发展,本应是主体的学生被贬为纯粹的客体,人的个性发展未能成为教学过程的目的,反而成为存放知识的容器和工具。这些状况迫使关注人的个性发展及教育个性化问题的各界学者纷纷著书立说,形成席卷全球的教育个性化思潮,众多流派力图以各自的世界观来改造客观现实。

西方马克思主义的教育个性化理论　该流派中的人本主义者分别从经济结构决定论、文化资本决定论、意识形态决定论的角度论述教育个性化的必要性。

经济结构决定论的代表鲍尔斯、金蒂斯和阿尔杜塞认为,在资本主义国家,教育内部的社会关系与经济制度内部的社会关系是完全一致的,教育不仅反映经济的等级分工制,而且加以再生产并使之合法化;正是教育将青年学生加以分层,鼓励、赞赏和培养他们资本主义经济所需要的个性特征,发挥着异化人的作用;要使教育人道化、个性化,就必须从根本上取消现行的等级经济结构,取消其中支配与服从的关系及其组织化制度,代之以经济民主制。

文化资本决定论的代表阿普尔不赞同"直接再生产论",而用事实证明,学校在更大程度上只是一种资本主义经济关系的间接再生产机构,除把一般知识的传播作为这种再生产过程的组成部分之外,还再生产资本积累所需要的技术和管理知识,并通过教材灌输"追求占有欲的个人主义"以及包括世界观、价值观在内的意识形态和思想体系。这就是资本主义的"文化再生产",其最终目的是培养具有资本主义文化个性的人,从而确保资本主义合法化。文化资本再生产论的代表布迪厄和 B. 伯恩斯坦基于结构论批判资本主义国家的社会、阶级、文化、教育等结构,认为它们都是资产阶级意志的产物,都是用来压制而不是释放人的个性及其潜能的工具,只有揭露这种文化资本再生产的实质,方能解放个性。

意识形态决定论的代表马尔库塞和哈贝马斯偏重于批判资本主义国家用消费意识瓦解青年的革命意识及斗志的做法。他们认为,学校终日向学生灌输消费意识及其价值观,使青年学生变成了商品的奴隶,而不是具有革命意识的现实批判者和充满理想的新生活创造者,对抗的出路是通过全新的教育制度来造就具有另类意识形态的新型人。属于意识形态决定论流派的巴西教育家弗莱雷通过其《被压迫者教育学》(1968)等著作呼吁抵制、摆脱"压迫者"的社会意识及教育思想,鼓动为被压迫的民族、国家、个人的解放及个性发展而奋斗,力主通过扫盲运动"读自己的现实"、"写自己的未来",实现教育的个性化。

存在主义的教育个性化理论 存在主义的教育个性化理论包括有神论存在主义、以现象学为方法论基础的存在主义等不同流派。

有神论存在主义者布贝尔、雅斯贝尔斯、马塞尔将人的存在和个性发展与上帝联系起来,得出其教育个性化的理想模式。布贝尔提出,现行学校师生之间只按"我它"关系交往,贬损了学生的人格尊严,压制了其个性发展,阻碍了其自我实现,改变这种状况的唯一途径就是建立无功利目的的"我你对话"关系。雅斯贝尔斯断言,人有选择客观的、自我的、自在的三种存在形式的自由,教育应为自由教育,让每个人从事其自我选择的个性化活动。马塞尔提出,个性的解放完全依靠主观的希望、信念和对上帝的信仰,而现行学校有碍于此,故应取消学校、班级之类的组织形式,提供自由空间和时间,以使个性无拘无束地发展。

以现象学为方法论基础的存在主义者海德格尔和萨特,均视"个性化"为基于绝对自由的自我发现、自我选择、自我实现。海德格尔号召包括学生在内的每一个人都接受"忧虑"的提示而开始"真实"地生活,即不循规蹈矩,而要自由选择自己的目标,追求自我实现;为了发现自我、达到真实,就要有勇气,不要畏惧,不要顺从,否定生活于其中的社会文化;不要屈服于现实世界,而要利用现存条件去实现最佳的自我。萨特则认定:人生是荒诞无稽的、绝望的,应依"存在先于本质"的原则来自由选择自己的本质;个人注定是自由的,有权绝对自由地选择,学生可以迟到、旷课,可以拒绝预习或完成作业;个人自由与他人自由是绝对矛盾的,"他人即地狱";一切人类关系都是彼此冷待;教师必处统治地位,学生要么反抗,要么认输,教育对学生来说只能是被迫劳动;教师不是以说教而是以自己的实际举动向学生表明反对崇拜、仿效、屈从,唯此才能做到教育个性化。

美国教育家奈勒著《存在主义与教育》(1958),力图综合以上各家观点来论证教育个性化问题,特别强调"自由"与"选择"的重要性,称真正的自由和独特个性的肯定是存在主义为今日的教育哲学提出的使命,一切价值的第一原则与道德的基础是人的选择,所以任何道德体系的目的都应当是扩大一切人的选择自由。奈勒主张,德育中不应授予什么,只需由学生个人进行"自己的哲学探讨";学校传授道德知识、规定纪律、培养行为习惯,都属于"团体教育",只能造就"成批的头脑",损害个人的权利和尊严。奈勒强调,不必让学生参加组织、小队、俱乐部或其他团体活动,因为"自我实现"比"社会适应"更真实。

未来主义的教育个性化理论 一些未来学家在分析未来社会时,也从不同视角论及教育个性化。英才主义教育个性化理论有"技治论"与"功能论"之分。"技治论"者断定,未来必将进入英才社会,由智商高且功绩大的"美德"者掌权治国,以获致地位取代归属地位,以成就原则取代归属原则,唯"精英"及其"个性"至上,普遍实行"精英主义"和"功绩主义"原则,教育结构专用于造就、筛选高智商的英才,充分实现教育的个性化。"功能论"者则断定,当今一些发达国家已经进入英才治国、能人统治的"专家社会",这种社会重才能、效益、理性,经济增长依赖于理性知识和科技人才,学校注重教会学生如何学习,主要教给通用性的基础知识,形成中的学习化社会能满足个人多样化的教育需求,为个性发展提供终身学习的机会。美国社会学家 D. 贝尔在《后工业社会的到来》(1973)等著作中写道,在资本主义现代社会(工业社会)里,文化教育领域的轴心原则是自我表现和自我实现,坚持个性化、自由化,反体制化;进入后现代社会(后工业社会),每个人必须掌握比前工业社会和工业社会更多的信息,快速的生活节奏和更细致的分工使人际竞争成为主要原则,全面转向"未来定向",而不是以过去(经验)、现在(体验)来定向。社会最大的压力已转嫁给年轻人,他们从进入学校开始,就必须从未来发展的角度对每一个阶段作出选择,各种学历、证书、评级鉴定是后现代人终生都必须携带的。这种后现代感反过来形成现代人反叛、异化、退隐、冷漠的文化性格。由此,包括学生在内的"个性化"要求比此前更强烈。美国未来学家托夫勒在《第三次浪潮》(1980)中把人类社会划分为农业社会、工业社会和超工业社会,认为工业社会的特点是大型化、集中化、统一化、标准化、同步化,超工业社会的特点则是小型化、分散化、多样化,社会现象呈短暂性、新奇性,人们持多目标、多选择;当工业社会走向超工业社会时,教育必须面向未来,适应超工业社会的需要,接受多变性、多样化的挑战,强化教育的个性化方向。美国未来学家奈斯比特在《大趋势》(1982)中描述信息社会的教育及其个性化:全球信息革命的加速将大大推动教育信息化和国际化进程;"知识爆炸"要求造就"通才",使受教育者具有跨学科视野,能转换专业领域来解决社会和工艺性问题;注重知识、信息的传递和创造能力的培养;突破传统学校制度的限制,以个别教育取代集体教育,普遍实施终身教育、终身学习。

后现代主义的教育个性化理论　兴起于20世纪60年代,以德里达、福柯、利奥塔为代表的后现代主义发表了许多涉及教育个性化的观点。

(1)"后人道主义"(posthumanism)的"个人有限自由论"。法国哲学家福柯认为,在传统的"人道主义"假说尤其是在以萨特为代表的存在主义的"人道主义"神话里,人被抽象化、孤立化、虚无化了,从这个意义上,"上帝死亡"的时代正被"人的死亡"时代所取代;没有根据能承认萨特所谓的"存在先于本质",人的绝对自由、自我选择、自我设计、自我实现、人的"自由行动"实际都受"无意识的结构规则"制约,"权力关系"无处不在,人生来就是不自由的;人既不是自己的中心,也不是世界的中心,自以为这样的中心存在,实际根本不存在;人本身就是这个世界的产物,人是社会的、有限的存在物。福柯试图用后现代主义的"内在关系"中心论取代现代主义的"个人主义"中心论。

(2)自相矛盾的非个性化、多样化、非社会化的教育目的。后现代主义者从质疑一切理性和真理出发,否定教育对个人发展的作用。其理论逻辑在于,既然个人自由是有限的,则折射到教育领域时便自然衍生出"教育个性化的有限性",进而导致"非个性化"的教育目的论。后现代主义者又从消解"思想霸权"和"权力话语"出发,反对通过精英教育重新建立知识的等级秩序和思想界的特权阶级,而将关注的对象投向具有无限多样性和丰富性的个体,即满足教育的个性化需要。不仅如此,后现代主义者对传统上教育的"社会目的论"持否定立场。在这点上,后现代主义与杜威"教育即生活"、"教育即生长"的教育哲学产生共鸣,认为

强调教育的社会意义,往往再生产了社会统治者所期待的等级秩序和权力关系。

(3)关注现实危机、解决现实问题的德育论。后现代主义者提出,德育活动中必须根除人类中心论,倡导与自然和社会和谐共处。他们颠覆自法国大革命以来的"自由解放"和由德国黑格尔哲学衍化来的"追求真理"这两大合法性神话,提倡多元价值观,关注焦虑、绝望、行为异常等边缘性道德主题;在道德教育中超越一切凝固的抽象道德,以批判意识进行自我反思、自我批评,不断消除对既有权威道德话语的盲从,以平等的心态在未来维度上建立人际相互理解。

(4)适应个人需要的课程论。后现代主义者在课程问题上反对"元叙述"、"二元论",主张消融学科边界,直至最终取消学科本身;力主在课程设计上倾听各方面的呼声,考虑个体经验相互作用的复杂性;认为课程应当通过参与者的行动和交互作用形成。

(5)信息化条件下的新型师生关系论。后现代主义者断言,数据库作为新的知识来源,正在取代教师角色,其百科书式的知识容量足以满足学生对新知识的好奇心;学生不再接受握有信息控制权的教师的讲授,而可以像选购商品一样在网络上自由搜寻有用的信息,成为学习的主体;师与学生之间应是一种对话关系,通过对话,诸如"学生的教师"和"教师的学生"之类的概念将不复存在,而一对新的概念,即"充当教师的学生"和"充当学生的教师"将随之出现。

教育—心理、教育—社会批判论的教育个性化理论　一些心理学家、教育学家和社会学家从不同角度探讨教育个性化问题。

美国心理学家罗杰斯崇尚"人性善",相信任何人都是一个独立自主、对自己行为负责的自由人;认为人的社会化路径不是从外向内,而是从内向外,若能从戒备中解放出来,并对个人需要和社会要求全都开放,那么人的回应将是积极而建设性的,无需外力也能社会化;教育的目标在于培养"功能充分发挥者",为此必须以学习者为中心,无需指导或预先设计教学结构,只需为其创设相宜的物质和精神条件,让其独立自主地从事选择和创造,自由地表现本性,走向自己的归宿,从而最大限度地实现自我。

科尔力主在传统学校之内或之外举办一种"开放课堂",以落实个人自由、自我发现、自我发展、民主参与。其中,自我发现以个人选择为基础,即选择自己的作用对象和行为方式并从中学习;教师跟随学生行事,只为学生提供多种选择的条件,不打分,更不惩罚学生,也不进行指导和教导。

美国学者科佐谴责美国公立学校是"集中营"、"监狱"和"地狱",其施教过程是"制造奴役劳动的过程"。他主张创办旨在满足穷人和非白人种族子女需要的"自由学校",

认定这种自由学校尽管规模极小，但为显示其"战斗精神"，应设在"敌人"视野之内，即面对老式的、令人生厌却依然存在并仍然强势的公立学校而设。科佐反对科尔的"开放课堂"那种极端个人主义宗旨，认为自由学校的学生是受压迫的社区成员，而非独特的个人，学校要帮助学生发展维护本社区法律和参与社区建设的能力，而不是发展毫无社会价值的个性；为了被压迫儿童的需要，也必须讲授一些与公立学校相同的学术性课程，但要有所压缩，以便在短期内学完，要与学生的生活相联系，教法也要有所不同；教师应是学生的人格楷模，无需放弃自己的个性追求去讨好压迫者，以培养学生同样的个性。

美国批判教育学家伊里奇称美国为"学校化社会"，意为美国学校是美国"社会堕落的罪魁祸首"，美国学校因其"课程化"而无法满足学生必修技能的需要，因其"强迫性"而无法满足"自由教育"或"人性教育"的需要，故唯一的出路是彻底废除学校，掀起"取消学校"运动。伊里奇认为，"取消学校"运动是人们头脑中一场意识、心理、文化上的革命，是根除官僚机构对特权价值及其文化的宣传，是以具有内在价值的自由学习活动取代仅具有谋生、工具、商品价值的异化性劳动，是变为外部社会所左右的操纵性机构为由个人内在心理所驱使的"欢乐性机构"。按伊里奇的设计，这种"欢乐性机构"由遍及城乡的四大非学校网络组成：教育软、硬件服务网，技能授、受交换网，共同兴趣者自寻伙伴网，综合咨询服务网。

终身教育论的教育个性化理论　以法国教育家朗格朗和联合国教科文组织国际教育发展委员会前主席富尔为代表。他们分别在《终身教育引论》(1970)和《学会生存——教育世界的今天和明天》(1972)中，围绕教育个性化问题发表观点。其一，为了落实教育个性化，发掘每个人的潜力，必须把教育民主化补充到"民主主义"的内涵中。其二，为了赋予"个性"以"人性"的内涵，呼吁现代生产、科技、教育坚持人道主义取向。其三，发展的目的在于使人日臻完善，人格丰富多彩，而在现实社会和教育中，人被"分割"，更非"完人"；综合发展人在体力、智力、情绪、伦理等各方面的因素，使人成为一个完善的人，这是教育基本目的之广义界说，而作为具体教育过程中的具体对象，又是拥有特殊个性的人，教育的目的也在于使人成为自己，使每个人懂得如何通过终身学习建立一个不断演进的知识体系，即学会生存技能。其四，教育不能局限于必修的固定内容，应使人通过各种经验学会如何表现自己、与人交往、探索世界，如何借助终身教育不断完善自己。其五，教育活动正让位于学习活动，学习者越来越成为主体，成为知识的主人，而不是消极的知识接受者；未来的学校必须把教育对象变为自己教育自己的主体。其六，每个人都有独特的个性，必须改变现行的教育管理和教育程序，使教育活动个性化、个别化，培养不同个

性的完善的人。其七，从"个性化"的角度看，终身教育是创造性的、个别化的、自我指导的，学习者是学习活动的中心，随着成熟程度的提高，应允许学习者有更大的自由，自己决定学什么、如何学、在何时何地学等，即便某些成分属于"义务性"的，也应更多地根据学习者的心理倾向、内在动力而让其自由选择。

不同立场、不同视角、不同意识形态的教育个性化思潮对20世纪下半叶和21世纪初的各国教育改革产生极大影响，各国政府根据本国国情，有选择地作出回应。例如，日本在20世纪80年代后的教育改革中，将教育个性化原则置于首位；美国调整了教育领域中个性与共性的关系；解体前夕的苏联和解体之后的俄罗斯教育改革中，最响亮的口号是教育的个性化、人道化、民主化；中国自改革开放后，贯彻了照顾个人需要和发掘个人特长的教育个性化、多样化原则。

参考文献

毕淑芝，王义高. 当今世界教育思潮[M]. 北京：人民教育出版社，1999.

埃德加·富尔. 学会生存——教育世界的今天和明天[M]. 上海：译文出版社，1979.

Kneller, G. F. Movements of Thought in Modern Education[M]. New York：John Wiley, 1981.

（王义高）

教育公共关系学（public relations of education）研究教育组织与公众之间关系的学科。公共关系学的分支学科。以教育公共关系的客观现象和规律为研究对象，以教育公共关系的历史研究、理论研究和实务研究为研究内容。涉及社会学、传播学、心理学、新闻学、管理学、广告学、市场学等学科。公共关系学兴起于20世纪初，在一百多年间，其应用范围从最初的工商界扩大到政府、社会团体、教育、科学、文化等多个社会领域。随着公共关系学在教育领域的广泛运用，教育公共关系学逐步诞生。

教育公共关系是教育组织通过信息传播与公众进行沟通并争取公众信任与支持的活动。教育组织、公众和信息传播是教育公共关系的三个要素。

教育组织是教育公共关系的主体，主要指各级各类学校和教育机构。公众是教育公共关系的客体，是教育公共关系的对象。公众是指影响和制约教育组织的生存及发展，教育组织必须与之保持良好沟通的个人、群体和组织的总和。教育组织的公众有内部公众和外部公众之分：内部公众指教育组织内部的全体成员，如教师、学生等；外部公众指与教育组织有关的各种其他社会组织、团体等，如政府、社区等。信息传播是连接教育公共关系主体与客体的

纽带。教育组织依靠信息传播得到公众的理解、信任与支持，并依据来自公众的信息了解公众对教育组织的态度、意见，达到双向沟通的目的。对教育组织而言，信息传播主要包括信息的收集、处理和发布。传播类型多是组织传播和大众传播。组织传播是组织与其成员、组织与其公众之间的信息交流，传播对象明确具体，传播具有一定的目的性和可控性。大众传播是利用报纸、广播、杂志、电视等各种新闻媒介将信息传递给公众的一种传播活动，传播对象广泛而分散，信息反馈较慢。

教育公共关系曾称"学校公共关系"、"公共学校关系"、"学校与社会关系"，这一观念由来已久。1837 年，美国教育家 J. G. 卡特和贺拉斯·曼在马萨诸塞州成立教育委员会，令公众开始有机会参与校务。第一次世界大战期间，教育组织开始利用报纸报道教育活动，教育公共关系在美国逐渐兴起。其发展分为三个阶段。

1915—1925 年为第一阶段。仅有少数学者从事这一领域的研究，尚无正式的学术机构推动。1917 年，麦克安德鲁成功完成了纽约高中的一项"获胜社区承认与支持"计划。这一阶段，学者对于教育公共关系仅限于"宣传"的概念，而且只是单项的沟通。

1926—1950 年为第二阶段。1926 年密歇根大学首次开设公共学校关系课程，而不同于其他大学所设的"公共学校宣传"。这门课程的开设有助于人们了解教育公共关系，加深相关研究，并培养专业的公共关系人员，标志教育公共关系学的开端。1927 年，莫尔曼撰写《学校公共关系》，真正揭示学校公共关系的概念。他以"社会的解说"来涵盖公共关系与宣传。社会的解说是一种双向沟通的概念，强调学校与社区之间对彼此的目的、价值和需要等应有清楚的认识，以增进学校与社区之间的合作，这是第一本专门论述学校公共关系的著作。1935 年，美国学校公共关系协会在华盛顿成立。

1950 年之后为第三阶段。1950 年，美国出现教育困境，入学率提高，但教育资源短缺，不少组织和学者致力于研究教育公共关系，以唤起公众对学校的支持和财力援助。这一阶段有两个显著的进步：一是 1955 年，美国学者斯特恩斯将行销观念带入教育公共关系的工作，认为只要事实不被扭曲，各项公共关系计划均可运用各种推销术和广告等策略来扩展；二是 1976 年，美国学者金德里德为排除学校公共关系的负面意义，以"学校与社区关系"取代"学校公共关系"，强调学校与社区之间的沟通，目的是增进社区公民对学校教育的需要与实施的认识，并对社区公民参与改善学校事务的兴趣与合作给予适当的鼓励。

教育公共关系旨在为教育组织争取公共的了解、接纳与支持，减少教育工作的障碍或阻力，并由于公众对教育的关心和参与以及教育组织自身的努力，促进教育目标的实现，树立教育组织的良好形象。具体包括四个方面：为公众提供教育组织的各种信息，同时为教育组织提供各种有关的信息，促进两者双向沟通；建立并维持公众对教育组织的信心，确保公众对教育组织及其各项计划的支持；帮助公众认识教育在生活中的重要性，增进公众对教育发展趋势的了解；发展教育组织与社区机构之间的合作关系，强化公众服务教育的高度意愿。

教育公共关系的主要职能是采集信息、协调关系、咨询建议和宣传引导。（1）采集信息。全面、准确、及时把握环境变化，客观搜集和整理与教育组织声誉和关系状态有关的信息，为分析教育组织工作的优劣得失及教育组织在公众心目中的形象提供充分的资料。采集信息的范围主要包括：教师的工作满意度和工作士气，教师对学校措施的看法，学生对教育组织工作的意见和看法，教师与学生的关系，教育组织的领导者与组织成员的关系，社会对教育组织工作的评议，公众对在校生及毕业生的表现的反映，公众对教育组织工作的新要求等。（2）协调关系。教育组织处于一个复杂的环境中，不断变化的社会条件、各种社会组织和社会阶层利益之间的差异都会使教育组织面临诸多矛盾和冲突。为使各方面的力量能共同支持教育组织的工作，就必须做好教育组织内外各有关方面的协调工作，使其工作配合同步、关系和谐融洽。（3）咨询建议。指公共关系人员向教育组织的领导和管理部门提供有关公众方面的情况和意见。咨询建议有利于促进教育组织决策的民主化和科学化。（4）宣传引导。当教育组织取得良好业绩或要采取新的重大举措时，教育公共关系人员应运用各种传播媒介，将有关信息及时、准确、有效地加以传播，争取公众对教育组织的了解和理解，以提高知名度，达到树立良好形象的目的。

建立正确而有效的教育公共关系是一个长期性、计划性、系统性的过程，其原则：注重社会整体效益，以公众利益为基础；注重教育与公众的双向交流和沟通，事实与宣传并重，从内部公共关系做起。

（冯惠敏）

教育公平的法律保障机制（mechanism of legal safeguards for educational equity）

指实现教育公平的制度安排尤其是教育立法。教育公平是社会公平价值在教育领域的延伸和体现。在不同历史时期、不同国家和地区有不同的内容。在现代社会，教育公平主要关注公民受教育权的问题，包括教育起点、教育过程、教育结果三个阶段的公平。

教育公平的阶段 （1）教育起点的公平。指尊重和保护每一个人的基本人权与自由发展，包括教育权利平等、教育机会均等，即人们不受政治、经济、社会地位、民族、种族、信仰和性别差异的限制，在法律上享有同等的受教育机会和权利,国家必须划拨一定的教育经费予以保证。在不同的教育阶段,教育起点公平的意义不同:在义务教育阶段,它意味着每个适龄儿童都享有平等的受教育权;在非义务教育阶段,它意味着每个人享有获得教育资源的平等机会。不同阶段的教育起点公平可概括为以下方面:进入各级学校的机会均等;受教育过程中的机会均等;取得学业成功的机会均等,即社会应保证各阶层家庭子女在各级各类教育中所占比率与其家长在总人口中所占的比率大体相当;在物质、经济、社会或文化方面处于最低层者应尽可能通过教育系统本身得到补偿;不只是在获得知识方面,更主要的是在获得本领方面机会均等;在终身教育机会方面机会均等。(2)教育过程的公平。有两层含义:一是在接受教育的过程中,学生享有同等质量的教育,国家对此负有责任,应建立统一的标准;二是根据不同学生的不同需要,提供相应的教育服务及其水平。(3)教育结果的公平。这是教育公平追求的最终目标。其衡量标准是每个人都通过教育获得适合自己需要的发展。结果公平最终体现为:不同人群的学业成就是均等的,不同人群通过教育获得的发展机会是平等的。

教育公平的制度安排　教育公平是政府主要的教育职责之一。通过一整套制度安排尤其是教育立法来推进教育公平,是政府实现其职能的基本方式。

其一,公共教育经费向义务教育、农村地区以及薄弱学校倾斜。政府公共教育经费的分配应重心下移,把财力更多地投入到基础教育中,加强中央和省级政府对义务教育公共投资的责任和财政供给水平,保障义务教育的公平性。在城市义务教育与农村义务教育之间,财力要更多地投入到农村义务教育上。利用国家财政的专项资金、转移支付、免税与退税、提供优惠贷款、发达地区的对口支援,或利用政府机制、社会机制与市场机制相结合的融资方式,以及国际活动渠道引进资金,推动边远和欠发达地区教育的发展。也可鼓励城市民办教育在义务教育领域的发展,将节省下来的教育经费通过适当渠道转投到农村义务教育。确立义务教育的最低标准,对已经达到标准的学校,不再追加投资,用结余资金重点扶持薄弱学校。保障政府举办的公立学校在办学条件方面达到相对一致的水平,组织优质学校对口支援薄弱学校,从学校管理、师资等方面支援薄弱学校。

其二,建立弹性学制,提供适合个性需要的教育。衡量教育公平的主要标准是个体身心发展的公平。教育制度只有保证教育过程的公平,才能保证教育结果的公平,使学习者有更多的选择机会,能够根据自己的需要和支付能力作出适当的平衡与调整,并随时有机会获得适合自己需要的教育。可选择的弹性课程不仅包括国家课程、地方课程,还应包括校本课程。

非义务教育阶段应实行弹性的教学管理制度。与多样化课程资源相对应,要求在教学计划、教学大纲以及课程设置的规定中体现灵活性、开放性、回归性和可选择性,使课程设置保持足够的弹性与张力,符合个人身心发展的需求与文化发展的需求。

建立终身学习制度,保障学生和其他社会成员在任何时候都可以获得教育机会。用立法手段和法律机制保障国家不断增加对教育的投入,扩大教育规模,提供更多的受教育机会,使所有社会成员都能享受更公平的教育。

建立学习咨询和指导制度,对学习者及其家长的选择活动进行帮助和指导。保证各种信息对学习者的开放,保障每个公民都能获得所需要的教育。

其三,提高学校之间的竞争性,确保教育质量的公平。引入市场机制,如政府采购、择校、教育券等形式,加强学校之间的竞争性,提高学校教育服务的水平与质量,是实现教育过程公平的策略之一。通过一定的制度安排扶植和鼓励发展民办教育,鼓励私立、民办中小学发展,一方面可以满足一部分人享受高质量教育的需求,另一方面政府也可以集中力量提高贫困地区的义务教育质量。提高教师素质是保证义务教育过程公平的重要举措。一方面应加大对贫困地区、薄弱学校教师的培训,提高教师素质,保证教育质量;另一方面应将优质学校的教师分期分批派遣到薄弱学校,进行教育管理与师资培训以及直接教学,提高薄弱学校的管理水平与教学水平。在教学内容、教材、评价标准、考试制度等方面,主要由各省(自治区、直辖市)根据自身特点和实际需要制定,保障教育能因地制宜、因人而异,从而实现教育过程的公平。

其四,对弱势群体进行补偿。对社会弱势人群的补偿是衡量社会公平的重要尺度之一,是教育公平的一个重要原则。教育应对少数民族(种族)学生、社会低收入阶层、妇女和女童、残疾人、农村和偏远地区及居住地分散的学生、身心发展有障碍的学生给予更多的财政支持,包括在教育内容、教育形式、教育条件等方面给予特别的补偿。

在农村地区实行助学金制度,对家庭经济困难的中小学生采取免费提供教科书和减免学费、书本费等措施,减轻家庭经济困难学生的负担。政府也可鼓励各种民间资金设置公益信托来发展教育事业,如一些慈善团体设置公益信托,用于对弱势群体的教育。

高等教育的增量部分应向薄弱地区倾斜,如高等学校扩招的增量部分,主要应向人口大省和贫困地区倾斜,以利于不同群体获得大致相同的教育机会。

其五,创造公平竞争的制度环境。赋予公立学校和民办学校、正规教育机构和非正规教育机构同等的法律地位。在实施政府采购和对学校的征税中,应对各级各类学校制定和采取一致的评价标准。

其六,建立重大教育政策听证制度。为了使各类教育利益相关者自由表达利益诉求,除了重大教育决策实施听证制度和咨询制度外,应在各级教育决策系统特别是学校运作和管理的决策活动中建立政务公开制度、校务公开制度以及教育行政听证制度、咨询制度和监督制度,保证教师、家长、学生、社区人员等能参与教育的公共治理。

其七,建立多元化的政府拨款制度。包括政府采购制度、教育券制度、公益信托制度等。教育的政府采购是政府通过招标方式向学校教育机构采购教育服务,并将所采购的教育服务提供给社会。政府采购可以是采购学校教育中的某一部分,如课程、教材等,也可以是整个学校的运作。政府将资金不再直接拨给所有学校,而是通过公开招标的方式,允许多个供应商之间公平竞争,最后择优选取中标者。教育券的实质是将政府对教育的投资货币化,实现教育资本的流动。它进一步导致教育产品的可分性与可选择性,一方面打通了教育市场化改革的通道,另一方面也加强了学校之间的竞争,对于提高教育质量与服务水平,保证教育公平有着积极的作用。以政府为委托人的公益信托,是用国有资产发展教育事业的有效方式。在公益信托的关系中,国家投资于学校的国有资产产权关系发生深刻变革,这种产权关系更有利于政府对学校的宏观管理,有利于学校独立自主地发展,更好地实现教育公平。

参考文献

世界银行. 发展中国家的高等教育:危机与出路[M]. 蒋凯,译. 北京:教育科学出版社,2001.

杨东平. 对我国教育公平问题的认识和思考[J]. 教育发展研究,2000(9).

张宝蓉. 以全纳教育的视角看教育公平[J]. 教育探索,2002(7).

中国教育与人力资源问题报告课题组. 从人口大国迈向人力资源强国——中国教育与人力资源报告[M]. 北京:高等教育出版社,2003.

(朱新梅 苏林琴)

教育公正(educational justice) 教育制度设计和教育改革的重要理念。社会公正在教育领域的体现。教育哲学的核心概念之一。主要涉及三个层面:宏观层面,涉及公正的基本理念,如教育与自由、教育与平等、教育与权益等核心概念之间的关系;中观层面,涉及教育理念在教育制度中的具体实施、评价等,主要涉及教育中的制度要素以及学校、家庭和社区等要素;微观层面,涉及教育机构中的公正问题,如班级内部的资源分配问题等。

教育公正的思想演进

公正(justice)在词源上来自古希腊、古罗马神话中的正义女神,她手执宝角和天平,眼睛蒙布,不偏不倚地将善物分配给人类。最早给公正作定义的是古罗马法学家乌尔比安。他提出,公正是使得每个人获得其应得的东西的永恒不变的意志。在古希腊时期,苏格拉底、柏拉图和亚里士多德对公正展开充分的分析论证,指出公正与善彼此关联,公正与人的德性密切相关。基督教的兴起构成"公正"的新起点,神性公正被引入公正理念。文艺复兴时期从以"神"为中心向以"人"为中心过渡,是近代"公正"思想的开端。印度经济学家阿马蒂亚·森有影响的社会公正理论归纳为三派:一是以 J. 边沁、T. H. 马歇尔和庇古等人为代表的功利主义;二是以罗尔斯的公正理论为代表的新自由主义;三是以诺齐克和哈耶克等人为代表的自由至上主义。

19 世纪,英国伦理学家 J. 边沁提出,评价一个人行为是非善恶的关键不是行为的动机,而是行为的结果。判定社会秩序正当性应该以"最大多数人的最大幸福"为基本原则,这种判定的关键在于,通过衡量利弊得失来确定什么是最大的幸福,同时以此为标准来评判政府和立法的合理性与必要性。为此,J. 边沁提出,凡是能给最大多数人带来最大幸福的行为就是最大的善;所谓大多数人的幸福,是指每个人的偏好都能够被考虑到。功利主义原则认为,评价社会公正的标准是社会中个人福利的总和以及所获效用的大小,社会正当性的基础在于能够为社会成员创造最大幸福的行为。功利主义的目的论虽然强调每个人的利益都必须予以考虑,试图寻求对人的平等对待,但是,功利主义在尊重人需求的平等与利益最大化之间,最终仍选择后者。人与人之间的关系不再是道德关系,而是利益关系,社会的公正准则不再以人为标尺,而以物质利益为尺度,有利于带来物质利益最大化的准则被看作社会的公正准则,反之则为不公正的。

19 世纪上半叶至 20 世纪中叶,功利主义在政治哲学中占据统治地位,然而,美国政治哲学家罗尔斯针对功利主义公正观的弊端提出了自由主义的公正观。1971 年,罗尔斯在《正义论》中提出,一个健全和谐的社会合作条件在于坚持正义原则,具体主要表现为两个基本原则。一是自由原则,每个人都有权平等地享有最大限度的基本自由(basic liberty),且这种自由与他人拥有的同类的自由不相冲突。二是平等原则,要允许社会与经济方面的不平等存在,必须以两个条件为前提:A. 必须偏向那些社会处境最差者,使他们从这种不平等中获得最大的利益;B. 在机会公正平等的条件下,保证所有的公职和职位向所有人开放。在这两个原则中,自由原则固定不变地优于平等原则,平等原则中的 B 原则固定不变地优于 A 原则。罗尔斯的理论认为,一个公正的社会,必须充分保障每个人都有平等权利享有一系列的基本自由和权利,同时保证每个人有平等机会追求自己的事业和人生计划,而在经济分配上,则强调必须保障社会中最弱势的人。

诺齐克反对罗尔斯提出的通过政府干预实现正义的观点。他将个体权利推向至高地位，主张公正与平等无关，公正应该体现为个体权利的不容侵犯。他提出资格理论，认为每个人所能拥有或者得到的权益（财产、财富和其他利益）都必须且只能基于其所具备的特殊资格，任何人或组织，无论是以国家的名义还是以社会整体利益的名义，都不能加以侵犯。为此，诺齐克提出三个公正原则，即获取原则、转让原则和矫正原则。他认为，一个人的财产只要来路正当，符合获取原则和转让原则，则其对财产的持有就是正当的；只有当前两者出现问题时，才需要利用矫正原则对通过不公正途径获取和转让的财产进行矫正。此外，任何对个人财产的干涉在诺齐克看来都是不公正的。诺齐克与罗尔斯形成鲜明对比，前者将社会公正的根本价值标准定位于个人资格和权利的合法保护与充分自由；后者则将社会公正的根本价值定位于最低限度的最大化原则。

教育权利平等是教育公正的基本内容。在教育领域，儿童的教育权利得到保障始于19世纪下半叶西方工业化国家实施公共教育。尽管一些国家实施义务教育的目的是培养大批能够操纵新机器的劳动力，但是实施公共教育客观上增加了教育机会，促进了教育公正。1948年12月，联合国大会通过《世界人权宣言》，其中第二十六款规定："人人都有受教育的权利，教育应当免费，至少在初级和基本阶段应如此。初级教育应属义务性质。""高等教育应根据成绩而对一切人平等开放。"1959年，第十四届联合国大会通过《儿童权利宣言》，进一步确认了儿童的教育权利，标志着法律上的教育权利平等的实现。保障儿童教育权利的教育公正观，其实质是教育起点公正观，强调在法律上保障每名儿童都有接受教育的权利，而不考虑因受教育者的天赋与所处环境的差异而带来的实质上的不公正。

1966年，美国社会学家科尔曼在《科尔曼报告》中指出，决定儿童学业成功的不是各类教育的投入，而是儿童所处社会阶层的经济地位、文化环境及风气等。他认为教育公正有四个标准，即进入教育系统的机会均等，参与教育的过程均等，教育结果均等，教育对生活前景的影响均等。科尔曼主张从不同的角度审视教育公正，并提出多种教育平等概念，包括教育机会平等、教育过程平等、教育资源平等、教育结果平等和教育效果平等等。

在20世纪60年代的西欧和北欧，要求教育过程公正的教育公正观开始流行，强调在教育过程中要平等地对待每个儿童，使他们都有同等的机会享受到同等待遇的教育。至70年代，罗尔斯的正义理论在教育领域也逐渐产生影响，许多学者基于罗尔斯的正义理论展开研究，并且将其理论运用于教育权的保障、教育资源的分配，既强调保障每个儿童相同的接受教育的权利，主张社会应保障每个儿童都有

取得学习成功的机会，向每个儿童提供使其天赋得以充分发挥的机会，又强调社会合作的意义，认为应当对在社会中处于不利地位的儿童，尤其是对流动儿童、失学儿童、贫困儿童等提供补偿教育，以便更好地实现社会合作，完善社会体系。

20世纪70年代后，在罗尔斯和诺齐克之后出现了沃尔泽、I. M. 扬等理论家。这个时期，众多公正理念层出不穷，教育领域也呈现多元的教育公正理念。多元的公正原则建立在社会网络的背景中。有的学者考虑不同民族、文化之间的差异性。比如，I. M. 扬对形式平等的公正观进行评判，指出形式平等的结果并不能真正消除社会差异，并且有时会忽视这些差异的存在，进而加大社会的差距。为此，她提出一种从批判视角出发的多元公正理论，认为一个民主的社会应该为受迫族群或处于不利处境的族群提供有效的代表权和承认这些族群的特殊声音与观点的机制。有的学者关注社会范围内部的特殊差异性，考虑如何认真对待社会脉络内的差异性，其代表人物是美国政治哲学家沃尔泽。他在《公正诸领域：为多元主义与平等一辩》中指出，公正就是不同的人在不同的领域各归其位、各得其所，不可能存在一个超越于所有领域的普遍的公正原则，因为没有一个领域的利益和原则是垄断性的。他专门分析了基础教育和专业教育的公正原则，认为基础教育以需要为基础，而专业教育以兴趣和能力为基础；基础学校教育追求自治和平等，而且是追求与儿童的需要相联系的简单的平等，基础教育为所有未来的公民所需要，在这种教育体系中，一个儿童一个位子，故基础教育是平等地分配给每个儿童；专业教育中的合法性来自儿童之间的水平和个体差异，来自儿童的学业水平。

20世纪70年代后，国际社会政治经济结构及其运作方式发生重大变革，社会公正问题包括教育公正问题成为聚讼焦点，并成为亟待面对和思考的问题。如何处理国家权力与教育自由之间的张力、教育中个体的幸福生活与国家发展之间的关系、教育领域内部的分化现象以及如何对待弱势群体等，是现代教育公正不容忽视的问题。

教育公正的实践意义

教育公正提出规范性的原则体系，它确定保护每一个人的基本权利（包括自由权利）的制度原则，确定教育利益包括教育机会、教育资源以及其他教育基本善事物的分配原则，同时规定针对每一个人的教育对待的行动原则。教育公正也确定每一个人充分利用教育自由和机会的限度，包括受制于某种运气的儿童享用教育和获得正当对待的原则。教育公正不仅指教育的基本结构、基本制度和教育机构所提出的针对接受教育者的一切政策和措施以及实践方

式的道德正当,是指引国家和政府的教育目标的标准,而且约束所有教育中的人的行动,不仅指教育制度的内容和实践方式的道德正当,而且指教育中的集体和个人行为的道德正当。

教育公正既是社会公正的根本主题之一,又是具有独特形式与内容的教育实践的理念。教育的制度和行动由公正来衡量和规范。教育是重要的公共事务或公共实践,是公共生活的重要组成部分,既涉及制度与人的行动的正当性或形式公正的问题,又与教育机会、教育资源等的分配公正问题关联。更重要的是,教育要培养儿童健全的人格、自由的能力、理性的精神、卓越的德行、独特的个性等,故教育公正与人性的培育息息相关。不仅教育的秩序需要教育公正,而且教育目的的实现也需要教育公正。教育公正与社会公正关系密切,但教育公正有自己的独特领域,它表现社会公正,同时又促进社会公正,如果没有教育公正,社会公正不仅是不完整的,而且会遭到毁坏。

教育公正指向教育制度和教育实践,并向合道德的善的方向改进与建构,教育公正的主题是,教育的各种制度与行动的基础性价值和原则符合公正、接受公正的规范,表现为教育机构和教育工作者的态度和行动表达了公正以及公正的要求。教育公正是普遍的,是教育的根本价值之一。一个社会可能存在对教育实践的多种理论解释,也可能存在形形色色的观念和意见,它们可能以不同的方式或价值取向,在不同程度上影响教育实践,这本身表现了教育作为公共实践的丰富性和不可统一性。但是,教育公正是教育实践本质性的构成原则,教育的任何部分都必须把追求教育公正作为组成部分之一,都必须接受教育公正的评判。任何教育制度和教育政策,如果缺乏对教育公正的追求,都会造成对教育实践的扭曲而必须加以改革。教育公正是教育发展不可或缺的条件,是教育制度建构的根本支撑。

教育公正是形成社会信任和社会团结的根本条件,也是所有公民品格健全发展的根本条件,更是公共生活形成积极道德风尚的根本条件。教育制度是否能够体现教育的行动正当和分配正当,直接决定着教育实践的公正性。国家的教育制度、政府的教育政策、教育本身的实践形式等,只有具备公正的品质,担负实践公正的责任,才是合理的和可辩护的。只有合乎公正价值的教育制度才是合法的、可取的。一种教育制度道德与否,首先要看其怎样认识公正,怎样处理社会和教育中的不公正状况。

国家的政策或实践促成社会和教育的公正或不公正。国家、政府和教育本身的教育行动必须首先追求教育公正,一方面通过确立公正的观念,把公正价值作为教育制度和教育实践的根本追求;另一方面通过具体的制度、政策、立法、行政等,把公正价值转换为追求公正的具体行动。教育公正是国家、政府和教育本身合法的教育行动的基础,是教

育制度和教育行动的基本伦理,国家、政府和教育本身的教育行动必须追求教育公正,实现和保证教育制度的公正性。

参考文献

伦纳德·霍布豪斯.社会主义要素[M].孙兆政,译.长春:吉林人民出版社,2006.

约翰·罗尔斯.正义论[M].何怀宏,等,译.北京:中国社会科学出版社,2001.

迈克尔·沃尔泽.公正诸领域:为多元主义与平等一辩[M].诸松燕,译.南京:译林出版社,2002.

Cohen, G. A. Rescuing Justice and Equality [M]. Cambridge, Mass: Harvard University Press, 2008.

(樊改霞)

教育功能(functions of education)　亦称"教育作用"、"教育职能"。教育对人、社会等所产生的作用和影响。教育本质回答"教育是什么"的问题,教育功能回答"教育是干什么"的问题。对教育功能的认识经历了一个复杂的过程。不同历史时期对教育需求的程度不同,教育的表现、作用和影响也不同。1978 年后,中国关于教育功能问题的研讨主要经历了"从阶级斗争工具职能到生产斗争工具职能,从工具功能到本体功能,以及教育多种功能的综合分析"的发展过程。

教育单一功能说　强调教育的育人性,认为这是教育最基本的和永恒的功能,与教育的本质密切相连。

教育双重功能说　认为教育具有社会功能与个体功能。这种功能观主要见于部分教育理论著作及部分师范院校的教材,被作为成熟的理论。中国教育学学者叶澜在《教育概论》中指出,教育系统有两大基本功能,分别是"影响社会发展的功能"和"影响个体发展的功能"。教育促进社会发展的功能首先表现在教育是人类社会延续、发展的必不可少的工具,是人类社会的过去、现在与未来之间的桥梁。其次,教育的社会功能还表现在沟通社会各方面、世界各国的横向联系上,教育是同一时代不同社会制度、不同国家以及同一国家中不同区域、不同职业的人,在思想、科学、技术、道德、文化、艺术等方面互相影响和交流的手段之一。教育的社会功能还表现为,在阶级社会中,教育有利于巩固和加强统治阶级的地位。教育影响个体发展的功能表现在个人发展的诸方面。从人类发展总体看,教育的影响是正向的,具有促进作用;从人类发展的每一阶段或个体来看,教育的影响有正向的也有负向的。教育对社会个体而言,同时具有功利的价值,在一定的社会条件下,个体可以通过教育改变自己的职业、社会地位、政治地位和经济地位,这种改变必然对个体的发展产生影响。

中国教育学学者黄济认为,教育功能是多方面的,从教育是培养人的社会基本活动的定义出发,教育的两大功能是

促进社会发展和促进人的发展,这也是教育史上长期争论的教育的社会本位和教育的个体本位问题。就教育促进社会发展而言,教育功能分为经济功能、政治功能、文化功能、控制和调节人口的功能、保持生态平衡和实行环境保护的功能等;就教育促进人的发展而言,教育功能分为促进个体自然实体发展的功能和促进个体社会实体发展的功能等。

也有学者从不同角度阐述这一观点,将个体和社会的发展进行细化,强调个体发展包括生理和心理两个方面,生理发展指有机体的自然形态和组织器官及机能的发展、完善;心理发展指人的心理过程和个性心理的发展,包括认知、情感、意向、人格等。人既是个体的人,又是社会的人,人具有个性,同时具有社会性,追求个体的共性。教育就是通过个体的社会化和个体的个性化,促成个体由生物体的自然人成为生活在现实社会中的具体的人。教育的个体发展功能表现为促进个体的个体化功能和促进个体的社会化功能。教育的社会发展功能表现在除教育之外的社会子系统中,这些社会子系统包括人口、政治、经济、文化等方面。具体表现为,教育能改善人口质量,提高民族素质;能通过传承文化,促进文化的延续和发展;能通过提高国民的科技运用能力,促进经济增长;通过影响世界观、价值观、道德、思想意识来维护社会的稳定和推进政治民主化进程。

有学者认为,教育双重功能说存在孤立、静止地观察教育功能并将教育功能简化的倾向,有将教育功能的对象简单罗列且罗列不周全的过失。首先,这种分类把教育的诸多功能置于一个平面上分析,将教育的内在价值和外在价值等同看待,是将复杂的理论问题简单化。教育价值有内外之分,教育的内在价值是指教育在促进人的身心发展中的作用,教育的外在价值则指教育的工具性,即促进环境(包括社会环境和自然环境)发展与改善方面的价值表现。教育双重功能说片面强调教育的外在价值,忽视教育的内在价值,难以明确回答教育的目的是否是培养人这一根本问题。教育促进个体发展的功能与促进社会发展的功能这两者之间的关系是层次性的,不是并列的。其次,这种分类虽然突出了教育的社会功能,却忽略了教育的自然环保功能。在现代社会,教育对自然环境的作用日显,因而把教育功能分为个体功能和社会功能并不周全。再次,这种功能分类无法揭示教育功能的动态发展过程及其在不同历史时期的地位。教育功能受到不同历史时期的人及其社会需求的制约,并随不同历史时期人们的社会需求的变化而变化,随着社会的发展变迁,有些功能得以保留并显示强劲的生命力,有些功能则随着社会需求的复杂化发展态势而逐渐消退或隐藏起来。因而在表述教育功能或对教育功能进行分类时,采用具体罗列方式不可取。

教育多功能说　中国学者陶立志在《教育功能论》一文中详细阐释"教育多功能说",认为提出这种分类是因为当今世界各国社会经济飞速发展,科学技术激烈竞争,既要求教育作为奠基工程,又要求教育提供全方位服务。教育由过去的单一功能向多种功能增殖演化,以前所未有的诸多功能作用主动适应社会经济的发展。

其一,教育的启蒙功能。原始社会、奴隶社会形态中,教育是帮助人类摆脱愚昧无知的力量,发挥了其启蒙功能。教育作为人类社会实践活动之一,从产生起就具有与愚昧无知作斗争的原始的开化性功能,这种启蒙开化功能是研究教育功能层次论的逻辑起点。中国先秦诸子的教育理论认为,教育的功能不但在于教而育之,更在于教而化之,使人们具有共同的行为规范和道德标准,达到启蒙教化的目的。

其二,教育的社会功能。教育之所以被普遍理解为一种社会现象,是因为它随着人类社会的产生而产生、发展而发展,在不同的社会形态中充当不同的富有时代特征的角色。教育依附于社会,受社会制约,又服务于社会的整体利益,履行自己的社会职责。教育的社会功能是教育进入社会各个领域所发挥的多种积极的促进和服务作用,主要表现为教育使个体社会化和促使社会交流两种功能。一方面通过教育过程将自然人转化为社会人,使之形成共同的价值观念和行为规范,以适应社会生活的需要;另一方面,教育适应社会职业结构的变化,推动社会流动(垂直流动与水平流动),使社会成员的社会地位不断变化,显示教育社会功能的特殊效应。

最初对社会分层功能的研究是从研究教育的社会分层与变迁功能,特别是从分析学校教育的筛选功能开始的。有学者指出,教育的筛选功能是教育的政治、经济功能之外的第三个社会职能,教育根据学生的特长给予不同的教育,为社会输送不同的人才;教育承认社会分层的客观性和人们力图提高自己社会地位的合理性,故必须加强学校教育的社会选择功能。教育作为社会有机体的一个特殊组织,在社会变革中承担着其他子系统无法取代的重要作用。

其三,教育的政治功能。由教育的阶级属性决定。与教育的社会功能有着内在的必然联系。教育权力是国家主权的重要组成部分,教育功能实际也是国家职能的一种体现。任何社会制度的国家都重视公民的训练,把政治放在首位。在中国,学校教育的政治功能是坚持社会主义办学方向,坚持四项基本原则,培养社会主义建设者和接班人。

其四,教育的经济功能。与社会经济的发展互为因果。教育为经济建设服务是当今世界教育发展的特点,尤其在中国以经济建设为中心的基本路线指引下,教育能否为经济建设服务是权衡教育事业发展方向的一个重要标志。教育经济学之所以注重教育经济功能的分析研究,也正是谋求发挥教育的经济功能,通过人的生产的物化过程,取得除了资本投入带来的经济产出之外的更大的经济效益。

其五,教育的文化功能。教育与文化的产生和发展具有同一性,其功能也有一体化的结构形式。文化和教育是人类社会文明的根本,但从作为社会大系统的分支系统来考察,又是涵盖面不同的相对独立的两个领域。教育的文化功能主要包括三个方面:一是教育为文化传统的传递与延续提供可靠的保证,在文化的继承与发展过程中,教育是文化最有力的助手;二是教育在文化的开拓与创新实践中,发挥着直接参与和培养文化后备队伍的重要作用;三是教育对文化交流活动具有传播、沟通和意识导向的功能。特别是在精神文明建设中,教育与文化一起,共同实现功能一体化的要求。

其六,教育的技术功能。首先表现为教育为科学技术提供人力资源,培养数量足够、质量合格的科技人才。其次,高等学校正发挥着高科技开发的人才和科研优势,教育与科技力量合流,促进科技与教育再生产的物化过程,争取最大的社会和经济效益。再次,教育从国情出发,积极为科学技术的普及与提高服务。

其七,教育的育人功能。教育的对象是活生生的人,教育过程不只是劳动力的再生产过程,更重要的是培养德、智、体、美等全面发展的一代新人。教育的根本目的和任务是育人,教育成败的关键在于其育人功能的发挥,教育的其他功能通过育人来实现。

其八,教育的内化功能。这是教育诸功能自身对立统一的结构体系。其正面效应是教育的各项功能协调一致、内聚力强,能够充分发挥教育功能的整体优势。忽视或舍弃教育的内化功能,只强调教育的外显功能,或无视教育自身的承受能力和教育功能的协调运转机制,则很难落实具体任务,实现教育的理想目标。教育功能的内化现象不仅涉及教育本质的深层理论问题,而且是一个有待实践检验的复杂过程。

教育功能的发展是现代社会对教育价值的一种期望。八种教育功能的界说主要是从宏观教育的角度考察和审视。微观教育所涉及的各级各类学校的教学、课程设计和各门学科的功能以及相应的管理功能尚需具体分析论证,进行分支系统的总结概括,方能形成较完整的功能结构理论体系。

教育综合功能说　这种观点认为,教育具有基本功能和衍生功能,原因在于:第一,个体发展往往以个性发展为主要表现形式,教育功能对受教育者所产生的影响作用既是个体的(为个体所独享),又是自然和社会的(个体的发展也是自然和社会的重要组成),是自然与社会赖以发展的基石,并最终决定自然和社会发展的前景。将教育功能分为基本功能和衍生功能符合教育的内在逻辑关系。第二,要重新确立教育对象在教育活动中的地位。教育的任务之一是保护人的主动性、积极性和创新精神,激励人们超越自

我,帮助每个人开拓新的生活。为此,有必要通过审视人在教育中的价值,强调人在教育活动中的地位。承认人是有自我意识和独立人格的发展主体,就应承认教育功能首先要体现人的发展。

其一,教育基本功能。指教育功能体系中最基本的最能反映教育活动本质关系的功能。以教育本质为判别依据,始终发挥教育本质活动所规定的"教育对人的影响"作用。教育的本质是培养人的活动,对年轻一代发展而言,教育功能首先是基础性的生存性的功能,即为个体生存与发展打基础。教育功能的对象始终是人,教育是对人的教育。尽管每个历史时期教育功能的实现条件和形成结果各异,但教育的基本功能始终是培养人。所不同的是,在现代社会,人们对教育基本功能的认识比以往任何时代都更清晰。其次,应该把教育功能理解为人类群体对每个个体所施行的文化行为,要求教育从人本身出发,在充分尊重基本人性的前提下,帮助每个个体认识自然、社会和人类文化;教育对个体来讲,除了发展个体的心智、能力、意向、情感、体质,完善个体的人格等以外,还可通过一系列教育教学活动满足个体的某种需要和精神愿望,并尽可能地让个体在整个教育教学活动中体验到满足、快乐和幸福,领悟生命的价值和人生的意义,使个体最终成为"自我满意"的"受社会欢迎"的全面发展的人。

其二,教育衍生功能。指在教育功能体系中因教育基本功能的实现而延展出来的教育对改善自然和社会进步所发挥的功能。衍生功能是指它仅是教育基本功能的外在形式,是教育基本功能在改善自然和社会进步过程中的具体体现,而不是独立的教育功能,具有寄生性。教育的衍生功能不可避免地受到来自教育系统自身和外部环境两方面因素的制约。从教育系统内部看,既要遵循学生身心特点和年龄特征,又要关注时代挑战和外部环境的需要,不断调节自身,主动回应来自自身和外部环境的各种变化。这给教育活动的人才培养提出了更高的要求,教育培养人才不仅要在心智、情感、意向、个性、体质等方面充分注意整体提升,更要注意到人才在思想素养和人文精神上的养成。

教育衍生功能包括教育的自然环保功能和教育的社会发展功能两方面。教育的自然环保功能来自现实的需要。工业革命以来,自然生态环境恶化成为一个全球性问题,迫切需要教育在传授学生认识自然、改造自然的知识和能力的同时,更多地关注人与自然和谐共存的问题。加强生态意识,提高维护生态的能力成为当今教育的一个显著特征。教育的社会发展功能指教育对社会大系统的发展所发挥的有利作用,具体体现为教育的政治功能、教育的经济功能和教育的文化功能等方面。

其三,教育基本功能与教育衍生功能的关系。两者相互包含、相互吸收,并在相互利用、相互促进中得到发展。两种功能反映了教育的内部规律和外部规律,它们具有相

互依存的关系,基本功能决定衍生功能的水平和方向;衍生功能的发挥必须以基本功能为基础。它们之间只有地位的不同,不存在重要性的区别。

教育正负功能说　教育功能是教育系统内部各要素之间及教育系统与外部环境之间相互联系、相互作用的可观察到的客观结果。教育对个人和社会发展的促进作用需建立在一个基本的前提下,即教育要适应人的发展和社会发展的客观规律,教育活动是否遵循以及遵循这些规律的程度,决定了教育是促进还是阻碍人的发展和社会发展。一部分学者研究教育功能是以教育发挥的积极作用为背景,他们认为,教育功能的发挥是有条件的,并非所有的教育都能发挥正向的积极作用。他们从现象学角度列举了许多事例,认为仅关注教育的积极功能不足以帮助人们认识教育,对于教育带来的一些负面影响不能回避,而要认真分析原因,积极寻找解决的措施和办法。根据教育功能的性质,教育功能可分为教育的正功能与教育的负功能。

(1) 教育的正功能。指教育对社会发展和人的发展产生积极的作用和影响,教育的育人功能、经济功能、文化功能等往往指教育正面的、积极的功能。但是,教育对于社会发挥良好的作用是有条件的。在实施教育的过程中,只有充分遵循社会发展和人的发展的客观规律,正确发挥教育自身的能动作用,教育的积极功能才能真正实现。探求教育的客观规律,正确实施教育,纠正教育过程中不适应社会发展和人的发展的做法,使教育与时俱进,是使教育发挥正功能的前提。

(2) 教育的负功能。指教育对人和社会所产生的负面的、消极的影响。若教育与经济、社会的发展不适应,教育者的价值观念、思维方式不正确,教育管理体制不完善,教育内部结构不合理,以及教育功能实施过程中内容、方法、手段不科学等,教育便会不同程度地对人的发展和社会进步产生消极影响和阻碍作用。要对教育的负功能进行深入分析,从而正确认识和有效地消除教育的负功能,这对强化教育的正功能、促进个人和社会的健康发展十分重要。

产生教育负功能的原因十分复杂,表现形式多种多样。教育的负功能往往具有隐蔽性和滞后性,这是它难以消除和避免的重要原因,也与教育正功能的发挥不同。在教育实践中,教育者应分析教育实施过程中可能出现的潜在负影响,增强预见性,减少负功能的产生。

教育内部和外部的异常条件会干扰教育功能的发挥,使教育功能不能预期实现,甚至导致个体和环境的畸形发展。但是某些不符合人和社会发展规律的现象的发生是有前提的,或过分强化、依赖某项制度而走向极端,或是某项制度已不能适应人和环境的变化,失去原有的意义和价值以及对人和环境的导向作用,使教育系统内部出现行为与规范、组织与个人之间的种种关系脱节,无法发挥功能的整合效用,出现教育与环境关系的紧张甚至冲突,出现制度失范或失调。教育与环境密切相关,环境时刻影响教育,强化教育功能的发挥。教育作为一种社会制度一直没有消亡的重要原因,就在于教育不断地在环境发展中获得及时反馈,并适时调整自己的运作方式。

教育功能观的剖析　从内涵而言,教育功能一般是指教育所具有的作用和影响,即教育对主体的人和客体的环境的作用。教育功能与教育本质、教育属性、教育目的、教育规律等问题密不可分。就外延而论,是指教育具有的功能。不同的逻辑起点有不同的分类标准和相应的教育功能类别。从教育是培养人的专业活动出发,即得出教育育人的单一功能说;从教育是培养人的社会基本活动出发,教育的功能表现为促进社会发展的功能和促进人的发展的功能,这是双重功能说的起点;从教育全方位服务的角度出发,即得出教育多功能说;从教育功能的性质角度,即得出教育正负功能说。

但是,这些观点均未超出教育功能双重论的范围。教育综合功能说以教育本质作为逻辑起点,构建了一个教育功能的同心圆结构,将人的发展这一基本功能作为核心,并衍生出教育的自然环保功能和教育的社会发展功能。这一观点理清了两种教育功能的次序和逻辑关系,并与时俱进加入了教育的环境保护功能。

教育功能探讨教育功能是什么和教育有什么功能,人们对教育功能的主观看法形成了教育功能观。时代不同、主体不同,教育功能观就不同,其表现形式主要有单一功能说、双重功能说、多功能说、综合功能说、正负功能说等。

理解教育功能可有多种角度,各有立论根据。除上述逻辑角度外,还可从教育属性和教育规律的角度思考。教育具有外部属性和内在属性。教育的外部属性即教育的社会属性,包括教育的生产属性、经济(经济基础)属性和政治属性等。教育的社会属性决定了教育的社会发展功能,包括其政治、经济、文化等功能。教育的内在属性即教育的本质属性——人的发展属性规定了教育的本体价值,即教育的人的发展功能,包括提升人口素质和促进个体身心发展的功能。人的发展是教育的基本功能,社会发展是教育的外延功能。教育的人的发展功能和社会发展功能是一个同心圆结构。

参考文献

冯建军.现代教育学基础[M].南京:南京师范大学出版社,2004.

胡勇勇.教育功能:诠释,梳理[J].教育理论与实践,2003(9).

黄济.关于教育功能的几个问题[J].北京师范大学学报(社会科学),1991(6).

王全宾.教育功能、教育价值、教育目的论[J].山东师范大学学报

（人文社会科学版），2001(5).

　　叶澜.教育概论[M].北京：人民教育出版社,1999.

（刘　哲）

教育管理（educational administration）　　教育管理者在既定的教育制度下，依据国家教育法律法规和政策，对教育事业及教育机构进行规划、组织、领导，并达成教育目标的一系列活动。是多种因素综合作用的结果。教育管理的良性发展离不开教育管理者的有效管理行为。教育管理需要逐步适应相关教育制度的规范与引导，体现制度管理的灵活性及其人性内涵。教育管理受到教育政策和法规所赋予的强制力的约束，必须在既定的教育政策和法规的规范下进行，任何背离教育政策和法规的管理行为都会使教育管理难以实现其本真的价值使命。

教育管理职能

　　对教育管理的具体职能有不同归纳，主要有决策、计划、组织、指挥、领导、协调、沟通、激励、监督、检查、控制和创新等职能。管理理论和实践的创新表明，决策、组织、领导、控制和创新是包括教育管理在内的一切管理活动最基本的职能。

教育管理决策　　教育管理者为了实现教育管理目标而对教育组织的未来事项和活动所做的安排。有三种模式。一是古典的理性决策模式。把决策看作完全理性的过程，并试图寻求最佳的备选决策方案。其步骤：明确问题和目标；收集所有备选方案；评估所有方案；选择最佳决策方案。主要适用于教育管理问题和目标明确、备选方案有限以及选择和评价备选方案不受太多条件限制的情况。由于教育管理决策通常在复杂情况下作出，会受到各种因素的限制，故理性决策是一种理想模式，仅为教育管理者提供一般的决策框架，而非一种可操作的决策模式。二是令人满意的决策模式。美国经济学家 H. A. 西蒙认为，在决策标准上没有必要追求最优化，只要达到令人满意的标准即可，从而提出满意决策模式。其基本假设：决策过程是确定和诊断问题、提出解决问题的计划以及对组织成效进行评价等阶段不断循环的过程；管理过程是管理者作出决策并执行决策的过程，而决策是管理者的首要任务；管理决策的完全理性是不可能的；管理的基本职能是为每个组织成员提供一个良好的做决策的内部环境；决策是行动的一种模式，存在于一切管理活动中。满意决策模式为现实教育管理中大多数问题的决策提供了方法，但不适用于复杂多变的情境，在此情境中，不可能作出一个令人满意的决策。三是非理性决策模式。这种决策模式无需预先制定目标，其决策过程不是始于问题，也无需寻找所有备选方案，只要明确组织的宗

旨和政策。决策是基于不完全的信息作出的，或是组织中互不依赖的因素之间偶然匹配的结果。这种决策模式具有很强的随意性，不依赖理性而依赖机会，需谨慎使用。

教育管理组织　　为了实现教育管理决策目标，将在一起工作的人之间的关系以相对固定的方式确定下来的管理活动。教育系统中有几种典型的组织结构模式。一是直线型教育组织。其基本形式是组织中的各种职务按垂直系统排列，各级主管人员对所属下级拥有直接的一切职权，组织中每个人只能向一个直接上级报告。二是职能型教育组织。对管理职能进行分类，根据分类设立相应的部门，共同承担管理工作。三是直线—职能型教育组织。是由直线系统和职能系统结合而成的组织结构。直线系统是按照命令统一原则组织的结构体系，在自己的职责范围内有决定权；职能系统是按照专业化原则设置的职能部门系统，主要是协助直线领导人员的工作，对下级部门没有直接的指挥权，只能提供建议和业务指导。四是矩阵型教育组织。既保留职能型组织结构的形式，又成立按项目划分的横向领导系统，把按职能划分的部门与按项目划分的部门结合起来，组成一个矩阵。五是事业部制教育组织。把组织划分为若干管理单位，确定组织中各项任务的分配与责任归属，以求分工合理、职责分明，有效达到目标。六是委员会制教育组织。是现代管理中运用较普遍的一种组织方式，突出集体管理的特征。一般而言，委员会行使一定组织的最高决策权，主要适用于学校组织。

教育领导　　教育领导者运用权力或权威对组织成员进行引导或施加影响，使组织成员自觉地与领导者一起实现教育组织目标的过程。教育领导工作有其特定的领导方式，这些方式与教育组织的特性、教育领导者的特点和教师工作的特点紧密相关。(1)教育组织的特性。教育组织是不同于政府组织和军队组织的一种松散结构系统，以人为对象，教育目标和管理目标无法具体化和精确化，教育评价也不能完全采用量化或理性的方式，加之教师的教学各具特色，教师参与学校决策的程度差异，教育领导者必须尊重教育组织的基本特性，并据此开展工作。(2)教育领导者的特点。教育领导者获得一定的职位权力，要以负责的态度行使职权，不能不进行管理，更不能滥用职权；教育领导者应具有深厚的专业知识，精通教育管理理论、方法和技术并能够运用于现实的教育管理实践。教育领导者应具有民主意识，尊重人、信任人，并善于关心体贴人，善于激励下属与自己一起实现目标。(3)教师工作的特点。教师工作具有专业性、自主性和流动性等特点，教师有选择教育内容、教育方法，并对教学大纲和教学计划进行灵活处置等方面的权利，在备课、上课和对学生进行辅导等方面享有独立性。教育领导者要给予教师在工作中极大的自由。教育组织结构的松散性、教育领导者的素养以及教师工作的特性决定

了教育领导者需要做好教育管理决策以及用人、指挥、协调和激励等本职工作，真正建立相互协作的民主型领导方式。

教育管理控制　教育管理者按照既定目标和标准对下级教育行政部门和学校执行教育决策进行监督、检查和指导，发现偏差及时纠正，使管理活动按照既定目标推进的活动。可采取法规、行政、财政和社会等手段。依法进行教育管理是教育管理发展的基本趋势，无论是教育行政部门还是学校组织，都必须通过依法管理来达到对教育管理的控制。行政控制是教育行政部门经常采用的手段，是上级教育行政部门对下级教育行政部门、教育行政部门内部、教育行政部门对学校以及学校内部采用行政手段进行的教育管理控制。财政控制主要是对教育经费收支进行预算，增强教育管理系统的成本意识和效益观念。社会控制是指教育管理受到社会力量、舆论和市场的控制，教育是全社会的事情，在获得社会力量支持的同时，还需接受社会监督。教育管理控制无论采用何种手段，都需符合四项要求：有全局观念，以发展和改革教育为根本目的，从单纯监督和检查下级教育行政部门和学校执行教育政策的情况，转向在监督和检查的基础上开展积极的指导和建议活动；确立客观标准，教育管理控制标准应是明确的、可计量的，如入学率、升学率等，但有些教育行为无法量化，如校风、教风等，需要在教育管理控制过程中制订定性标准；采用下属乐于接受的方式，改善上下级之间监督、命令、惩罚式的关系，建立协商、沟通和平等对话的关系，使外在的制度、条例等刚性控制转化为被控制者的自我调节和自我控制；着眼于组织的未来发展，教育行政部门应从直接或间接干预下级教育行政部门和学校的具体事务，转向组织与协调提高其专业能力的各种活动。

教育管理创新　教育管理者在管理活动中根据新情况探索新问题，通过创造性活动对传统教育管理模式进行扬弃，并获得新的认识和创造新的活动的过程。其核心在于创设一种新的观念、体制、机制和技术手段以激活人的创造力，使有能力并愿意创新者拥有创新的环境和条件。具体体现：教育管理思想观念创新，教育管理者自身教育管理思想观念的转变是教育管理创新的先决条件；教育管理组织创新，主要是进行管理体制变革，重点是重新界定教育管理系统内部的各种职责与权限，以相互作用的网络化组织模式取代等级森严的金字塔模式；教育管理技术方法创新，在信息时代，为获得有效的信息，需要在教育管理系统中建立信息系统，并利用信息技术更新教育管理手段、方法和设备。主要表现为教育管理信息化、办公自动化以及管理手段现代化。教育管理技术创新不仅体现为教育管理者采用新的管理设备获得更多、更及时的教育管理信息，还体现为教育管理者与教育管理对象之间的对话和协商，共同促进教育管理目标的实现。

教育管理属性

公共性　包含公众、公平、公正、民主等旨趣。教育管理的宗旨是使更多的人接受更多更公平的高质量教育，为国家和社会培养更多的人才，这也是教育组织公共意志和公共利益的集中体现。教育管理的公共性与教育组织自身内在的发展旨趣及价值追求紧密相连。教育管理的公共性表现为教育管理行为的发生与发展体现公共意志，以及教育管理行为的实施与实现以公共利益为根本的价值取向。公共利益的公共性、正当性和公平性要求教育管理亦体现公共性、正当性及公平性，否则，教育管理行为可能会在实施过程中失去其合法性基础，进而出现合法性危机。

政治性　教育与国家和社会的政治意识形态紧密相关。美国社会科学学者 M. 科根认为，教育的本质是政治性的，是一种人们所期望的人工制品，而非一套具有不证自明价值的程序。教育管理的政治性特征则不言而喻，英国教育管理学者 T. 布什指出，国家和地方政治极大地影响学校和学院内部的运行过程。教育管理必然体现一个国家政治管理体制的价值内涵，体现国家意志。

文化性　教育管理在特定的文化环境下进行，同时也是文化的产物。文化是教育组织绩效提升的内在要求，是教育管理行为的价值体现。美国管理学家德鲁克认为，管理不仅是一门学问，还是一种文化，有其价值观、信仰、工具和语言。教育管理具有文化特性，有其价值观、信念及话语。T. 布什也认为，对组织文化进行分析并加强组织文化的影响力，是寻求组织发展和提高组织效力的重要管理工具。

伦理性　教育管理作为教育领域的活动，本质上是对人的管理，离不开人的价值选择和道德选择，价值和道德系统随社会文化价值观念的变化而不断重构，进而以富有价值内涵和道德情感的方式塑造人和改变人，使人感受到自我价值及自我尊严，体会真正意义上的生命个体，从而呈现伦理性特征。教育管理必须遵循一定的伦理原则，没有相应的伦理追求，教育管理就失去其本身的价值和意义；教育管理主体应具有相应的伦理道德素质，这是教育管理实现指引人求真、向善并走向和谐的重要保证。

教育性　教育职能是教育管理者的内在职责，培育人才是教育管理工作的核心，这决定了教育管理本身具有教育性，即管理育人。这是教育管理与其他社会组织管理的主要区别之一。教育性是教育管理尤其是学校管理行为的出发点：教育管理通过建构良好的育人环境为教师和学生发展服务；学校规章制度及各种活动都具有教育意义，有利于学生身心和谐发展；教育管理者不仅是管理人员，也是教育者，在开展具体管理工作过程中需要以自己的言行教育和影响他人。

教育管理发展特点

教育管理科学化　教育管理不仅重视教育管理基本规律、基本理论及基本技术的运用,而且重视教育计划和研究工作。教育管理在运用信息科技或量化工具以求精确性的同时,在执行之前更重视计划,以提高效益而减少成本,尤其关注对教育管理工作的研究。美国联邦教育行政机关设有管理局,其任务之一即为规划、管控和评价教育政策;日本中央教育行政机关的相关司处设有企划类单位,负责计划工作。这些都是促进教育管理科学化的有效措施。

教育管理专业化　主要表现在两方面:一是教育管理机构的专业化,世界各国无论是中央还是地方,都设有主管教育行政的专门机构,有的从属于一般行政,有的则独立于一般行政;二是教育管理人员的专业化,重视教育管理人员的专业训练,改变过去教育管理者仅由教学人员升任或由一般行政人员兼任的非专业化局面。美国许多大学设有教育管理专业,培养教育管理专业人员;法国教育部特设行政人员教育科,专门负责推进教育行政人员的专业教育工作;日本的大学增设教育行政课程,供学生或在职教育行政人员学习与进修。

教育管理民主化　民主化是现代社会的主要特征之一,民主管理不仅是一种管理手段和管理方法,而且是一种管理思想和管理理念。教育管理民主化要求建立教育的自主性,创造更多自由选择的机会。许多国家在教育管理民主化方面采取了有效措施。美国实施学校本位管理,各地方学区将决定权和绩效责任赋予学校,并以学校为教育改革单位,校长、教师、家长和学生均是改革的主要参与者;日本中央设有中央教育审议会、教育课程审议会等十多个审议委员会,充分听取各方意见,进行民主决策;法国中央设有国民教育高级委员会、全国学校配置委员会等十多个审议机构,其各府的教育厅亦设有多个审议会。

教育管理均权化　中央与地方权力的划分有集权制和分权制等方式,两者各有利弊。在世界急剧变化的教育和社会形势下,集权制和分权制都面临挑战,许多国家积极改革,探索建立适应本国特点的更科学、完善的教育行政体制,集权制国家逐渐分权化,分权制国家逐渐集权化,都向均权制发展。美国在教育管理分权的基础上,逐步加强联邦教育部统筹和协调全国教育的权力。法国教育管理则在中央集权的基础上进行分权的有益尝试,1968 年颁布的《高等教育方向指导法》强调大学的自治性和独立性,大学在行政、财政、教学方面享有自治权,1982 年颁布的《地方分权法》进一步赋予地方更大的自主性。

教育管理信息化　教育管理信息化与现代科学技术的发展和应用紧密相连,是将现代信息技术与先进的教育管理理念相融合,转变传统的管理观念与组织方式,重新整合教育组织内外部资源,提高教育管理的效率和效益,增强竞争力的过程。2010 年中共中央、国务院颁布的《国家中长期教育改革和发展规划纲要(2010—2020 年)》指出,信息技术对教育发展具有革命性影响,应制定学校基础信息管理要求,加快学校管理信息化进程;推进政府教育管理信息化,积累基础资料,掌握总体状况,加强动态监测,提高管理效率;整合各级各类教育管理资源,搭建国家教育管理公共服务平台,为宏观决策提供科学依据,为公众提供公共教育信息,不断提高教育管理现代化水平。教育管理信息化在管理上更关注教育管理组织结构、管理环境、管理方法及手段的调整与变化,整个教育管理的程序、教育人员观念及制度等亦受到影响。

参考文献

托尼·布什. 当代西方教育管理模式[M]. 强海燕, 译. 南京: 南京师范大学出版社,1998.

陈孝彬. 教育管理学[M]. 北京: 北京师范大学出版社,1999.

瞿葆奎. 教育与教育学[M]. 北京: 人民教育出版社,1993.

吴志宏. 教育行政学[M]. 北京: 人民教育出版社,2000.

谢文全. 教育行政学[M]. 台湾: 高等教育文化事业有限公司,2004.

（徐金海　喻小琴）

教育管理价值论与自然主义整合论（value theory and naturalistic coherentism in educational administration）20 世纪 70 年代后西方国家在反思教育管理科学论的过程中出现的两种教育管理学理论。

教育管理价值论

教育管理价值论出现于 20 世纪 70 年代末,在随后的30 年中获得系统而深入的发展。其创立者和代表人物是加拿大管理和领导哲学家霍奇金森。霍奇金森的管理哲学思想可称为"主观的理性主义",一方面批判逻辑实证主义将事实与价值分离且单纯研究事实的主张,另一方面表达了对教育管理主观论可能使价值探讨神秘化的担忧。

与逻辑实证主义只研究事实相对,霍奇金森认为,在价值与事实彼此纠缠在一起的管理领域,价值领域是第一位的,事实和逻辑成分是次要的。管理理论的中心议题不是科学问题,而是有关价值和道德的哲学问题。管理不只涉及实然层面,更关涉应然层面。政策制定不可能与价值无关,政策制定者总是持先入之见,任何决策都包含价值成分。他反对逻辑实证主义将价值从"科学王国"中武断剔除的做法,主张对价值问题展开深入研究,在这点上,他与教育管理主观论一致。但与教育管理主观论所主张的价值完全异于事实且只适宜于理解的观点不同,他认为价值同事实一样可以进行科学研究并加以科学把握,在这点上,他又与逻辑实证主义达成某种程度的一致。

霍奇金森认为,教育管理科学论与教育管理主观论都存在缺陷,原因在于它们所持的组织现实观点。他提出,教育管理科学论的组织现实观点可称为客观主义,教育管理主观论的组织现实观点可称为主观主义。前者求助于科学特性,断言现实体现了秩序、结构、决定论以及一致性和预知性,从中可以发现规律,达到人对人的控制;后者则求助于唯美特性,断言上述特性只是一种表面现象,其背后具有一种本质上不可估量的真理和对每一个体而言独特存在的现实,它是现象学和本体论的现实,具有自由意志的可能性。

霍奇金森提出一种关于组织现实的高度整合的三重分析观,认为组织现实是由现实Ⅰ、现实Ⅱ和现实Ⅲ三种不同的逻辑范畴组成的复合物:现实Ⅰ属于个人经验的现象学领域,这个领域至少可能是有意志自由的;现实Ⅱ属于社会科学的专属领域,其领域部分是被决定的,部分是不可预测的,而命题大多是或然性的,不甚严密;现实Ⅲ属于科学的经验领域,是原因和结果的决定论世界,在这一领域,命题是可预知的和可检验的。教育管理科学论和教育管理主观论在组织现实分类上,要么将复杂的组织现实简单地等同于现实Ⅲ,要么将复杂的组织现实简单地等同于现实Ⅰ。

霍奇金森在所著《走向管理哲学》、《领导哲学》、《教育领导学》和《管理哲学:管理生活中的价值与动机》中表述如下教育管理价值论观点。

其一,包括教育管理在内的所有管理活动都是行动哲学,意味着把将价值转变为一个价值与事实相结合的世界,管理部分是艺术,部分是科学。

其二,支配管理和教育管理行为及世界的根深蒂固的观念是元价值(metavalue)。元价值是关于一种愿望的概念,这种愿望确定而深入,不容怀疑,常以不明说的或未经检验的假定形式进入个人或集体生活,并对个人和集体各个层面的价值施予有力的无意识的影响。霍奇金森认为,现代组织管理生活中高于一切的元价值是逻辑和理性、效率和效用,它们在促进生产的同时也导致组织管理生活意义的丧失。

其三,管理和教育管理行动领域是由文化的、亚文化的、立法的、群体的和个人的五种不同层次的价值取向和价值功能组成的整体,这五个层次互相联系、相互作用。

其四,价值有四种不同的类型或范式:价值Ⅰ型、价值ⅡA型、价值ⅡB型和价值Ⅲ型。价值Ⅰ型是超理性的,包含一种信念、意图或意志的行动;价值ⅡA型和ⅡB型依赖于理性基础,运用认识的理智的官能。其中,价值ⅡB型以舆论形式出现,价值ⅡA型则基于对行为后果的分析把握,是一种比价值ⅡB型理性层次更高的价值类型;价值Ⅲ型是一种情绪或偏爱的价值范式。

其五,价值思考中的典型错误是逻辑范畴或逻辑分类的错误。引起价值逻辑混乱的错误通常有四类:自然主义错误、同质性错误、删节的错误和武断的错误。自然主义错误表现为从事实推论出价值;同质性错误表现为所有的价值都处于同等地位,处于同一本体论范畴;删节的错误是一种回避矛盾,在价值解决中采取避重就轻对策的错误;武断的错误是删节的错误的扩大,其极端表现是将管理和教育管理完全等同于科学,将价值完全剥离于管理和教育管理之外。

其六,逻辑实证主义的失误不仅表现为将价值排斥在科学认识的对象之外,而且表现为将不同的价值类型归结为单一的情感或情绪,即价值Ⅲ型。逻辑实证主义认为,价值Ⅰ型是超理性的和逻辑上无法证实的价值Ⅲ型情感,而价值Ⅱ型不过是理性化了的价值Ⅲ型情感。人与动物没有不同,因为动物也有价值Ⅲ型。这就是逻辑实证主义难以克服的病症。

其七,将价值范式运用于组织管理生活特别是行政管理者,将形成野心家、政治家、技术专家和诗人四种管理者"原型"(archetype)。野心家原型的主要价值特征是自我保存和发展、自我中心和自私自利;政治家原型的利益超出自我利益范围,倾向于把自己看作群体的代言人和领袖,并从中获得活力和道德力量;技术专家原型倾向于强调立法而忽视个性,管理和组织的主要目的是合乎道德地以尽可能高的效率和好的效果实现合法的目标;诗人原型受善的指引,往往通过各种途径成为超理性欲望的体现者和化身。

其八,价值冲突普遍存在于包括学校在内的各类组织管理生活中,既存在于范式中的等级层次之间,亦存在于等级层次中。等级层次之间的价值冲突指价值处于不同层次的斗争之中;等级层次内部的冲突指同一逻辑地位和同一层次的价值处于斗争状态。价值分析和价值冲突处理是决策和领导技能的内在组成部分。

其九,管理者必须重视价值审查。价值审查的主要内容:冲突的价值是什么?哪一种价值领域最受影响?价值行动者是谁?冲突是如何发生在个人之间和个人内部的?冲突是处于范式的不同层次之间还是某个层次内部?元价值是什么?等等。价值审查的目的不在于获得价值问题的答案,而是要求管理者清楚地了解价值来自何方、权力居于何处。

教育管理自然主义整合论

教育管理自然主义整合论形成于 20 世纪 90 年代初期，其倡导者为澳大利亚教育管理学教授埃弗斯和墨尔本大学教育管理学教授拉科姆斯基。两人合作撰写的《认识教育管理：当代教育管理研究中的方法论论争》(1991)、《探索教育管理：整合论之运用及批判论争》(1996)和《从事教育管理：关于管理实践的理论》(2000)是教育管理自然主义整合论的重要理论文本。

在思想基础上，教育管理自然主义整合论深受美国分析哲学家和逻辑学家蒯因的影响。蒯因在本体论、知识论、语言哲学和逻辑哲学等方面有诸多独创性研究，在分析哲学特别是美国分析哲学的发展中具有承前启后的作用。蒯因的整体主义知识观及其对经验论两个教条的批判，影响教育管理自然主义整合论的产生。蒯因指出，知识或信念体系是作为一个整体来接受经验的检验，组成知识体系的各类命题既彼此关联、相互依赖，又依普遍性大小而相互区分。一般而言，越靠近中心的命题就越普遍、越稳定，越靠近边缘的命题就越具体，越容易受感觉经验的影响，越容易被修正。但并不存在可以绝对不被修正的命题，即便逻辑数学规律也不例外，因为经验证据对知识理论体系的决定是不充分的。对知识理论的评价与选择不应以是否与或在多大程度上与事实相符合为标准，而应遵循是否方便和有效的实用主义考虑，着重关注知识理论是否具备保守性、温和性、普遍性、简单性、可反驳性和精确性等特征。

蒯因批判经验论的两个教条，一是综合命题与分析命题的截然区分，二是还原论。逻辑经验论主张严格区分综合命题与分析命题，综合命题的真假主要取决于其中包含的事实成分是否与经验相符，而分析命题的真假仅取决于语词意义。蒯因反对综合命题与分析命题的绝对划分，认为并不存在一种与经验毫不相关的分析命题，综合命题与分析命题之间的界线是模糊的和相对的，追求严格区分句子中的事实成分和意义成分徒劳无益。蒯因驳斥对于还原论试图确立感觉经验无可辩驳的基本原理地位这一主旨，认为还原论存在一个基本的假定错误，所谓科学理论中的每一个别命题都有自己唯一不变的经验意义和经验蕴含这一假定本身难以令人信服，所谓知识或信念的整体，从地理和历史中最有因果性的问题到原子物理乃至纯数学和逻辑的定律都是人造的网络，具有经验意义的是整个科学。

受蒯因整合主义知识观的影响，埃弗斯和拉科姆斯基提出其教育管理自然主义整合论的基本观点。

其一，教育管理自然主义整合论的根本旨趣是建立一门新型的管理科学，通过系统整合，使教育管理学成为一门整体合法的科学，不仅具备经验上的充足性，同时具有一致性、简单性、理解性、丰富性和可学习性等超经验的属性。

其二，教育管理自然主义整合论要求发展一种有关教育管理的后实证科学，既包含价值论题，又高度关注人的主观性和道德伦理问题。教育管理自然主义整合论反对教育管理科学论的狭隘科学观，但并不反对科学本身，而是努力发展一种更理想的、含义更广和更具包容性的教育管理科学。自然主义整合论不仅可为科学宣称而且可为价值宣称进行辩护，还可广泛运用于主观领域。教育管理自然主义整合论之所以是科学的，是因为整合认识论必须与自然科学和人类认知的科学理论保持一致。教育管理自然主义整合论相信，新的认知科学为教育管理实践提供了极富价值的见解，能使人们更加深刻地理解人的主观性，使人们有关自然世界的理论与有关社会世界的理论更加和谐与一致。

其三，教育管理自然主义整合论重视运用自然科学的成就来理解人的主观性。从当代认知神经科学的新进展中寻找科学层面的支撑，是教育管理自然主义整合论的特点。认知神经科学在探寻认知活动的脑机制的过程中发现，人类的认知活动并不是杂乱无章的，而是通过发展相应的"压缩规则"(compression algorithms)进行的。这种"压缩规则"的一个重要的脑机制是神经信息加工模式，即"神经网络"模式，它由输入层、隐藏单元层和输出层三个层面构成，各层之间存在大量联结网络。一般来说，隐藏层的单元比输入层少，意味着来自输入层的信息只有通过必要的压缩才能得到有效回应。教育管理自然主义整合论认为，教育管理活动中存在类似于人类认知活动中的"压缩规则"，而当代认知神经科学的成就能帮助人们认识管理活动中存在的这类"压缩规则"，并进一步认识教育管理知识的属性和本质。

其四，教育管理自然主义整合论倡导管理理论与教育理论的统一，强调在管理理论与管理实践之间建立一种更富成效的关系，反对对管理理论与管理实践作简单的二元区分，呼吁以一元的、整体的观点审视其间的关系。教育管理自然主义整合论认为，若管理理论与教育理论缺乏和谐与一致，就可能妨碍教育组织取得稳定的教育效果，导致教育组织的失败。统一管理理论与教育理论有利于人们从教育理论的角度评价教育管理实践，摆脱一般管理理论的支配，既从管理的角度更从教育的角度思考和处理学校中的问题。

埃弗斯为凸显教育管理自然主义整合论的基本思想，在《论教育管理学理论：超越格林菲德的主观主义》一文中，拓展了格林菲德关于人类发明论与自然系统论的对立的阐述(见下页表)。

关于社会现实的不同理论

区分向度	自然系统论	人类发明论	自然主义整合论
哲学基础	实在主义：世界存在着，并能如其本来面目被认识　组织是有生命的真实实体	主观主义：世界存在着，但不同的人以极其不同的方式解释世界　组织是被发明的社会现实	自然主义：自然世界存在着，是因为其中存在关于现象的最好和最一致的解释　组织是人类协作的真实类型
社会科学的角色	发现社会及人类行为的普遍规律	发现不同的人是怎样解释其所生活的世界的	发现以经验为根据的恰当的"压缩规则"体系，从而全面认识社会生活中的规律性
社会现实的基本单位	集体：社会或组织	单独行动或共同行动的个体	对其他个体做出回应的个体、团体和自然世界
理解方法	识别集体存在的可能条件或关系，构想这些条件和关系	解释支配个体行为的主观意义，发现行动的主观规则	探索适合个体行为以及解释其自身行为理论的表达之网
理论	理论是一座由科学家构建的解释人类行为的理性大厦	理论是人们用来理解其世界及其行动的一些意义	理论是关于世界主张的最整齐划一的网络
研究	理论的合法性依赖于实验或准实验	探寻有意义的关系并发现行动的后果	追寻世界的非任意性特征
方法论	特别运用数学模式与数量分析对现实加以抽象	出于比较的目的而呈现现实，运用语言分析与意义分析	技术是用来建立所存在的各种类型的
社会	社会是有序的，是由一套统一的价值统治的，这种统一的价值使统治成为可能	社会是冲突的，受掌握权力者的价值统治	社会是类型化的，由各种可描述的因果之网支配
组织	组织是目标指向的，独立于人而存在，是维持社会秩序的工具，对社会和个体发挥作用	组织依赖于人及人的目的，是某些人进行控制并用来获取有利于其目的的权力工具	组织依赖于个体及其生成性的集体目标，这些目标具有稳定性，能够记忆和记录
组织"病状"	组织在社会价值与个体需要方面处于不良状态	存在不同的人的目的，人们在努力实现目的的过程中总是相互冲突	个体与组织和社会之间不和谐
治疗组织"疾病"的处方	改革组织结构，以满足社会价值和个体需要	找出组织行为中包含的价值，并明晰代表谁的价值。如果可能，改变这些人或其价值	改进结构，从而促进组织学习

参考文献

张新平.外国教育管理学理论发展50年[J].新华文摘,2004(6).

Evers, C. W. & Lakomski, G. Exploring Educational Administration：Coherentist Applications and Critical Debates [M]. Oxford：Pergamon Press,1996.

Hodgkinson, C. Administrative Philosophy：Values and Motivations in Administrative Life [M]. London：Elsevier Science Ltd.,1996.

Hodgkinson, C. The Philosophy of Leadership [M]. Oxford：Blackwell,1983.

（张新平）

教育管理理论运动（educational management theory movement）　　旨在使教育管理研究建立在实证主义与逻辑实证主义哲学基础上，以推进教育管理理论建设，实现教育管理科学化的运动。20世纪50年代出现于美国，进而影响到很多国家。美国管理学者哈尔平称之为"新运动"。该运动的产生有其深刻的哲学基础。19世纪，法国哲学家、社会学家孔德提出的实证主义哲学逐步成为影响西方社会科学及其研究的重要主张，至20世纪20年代中后期，经奥地利"维也纳学派"的施里克、维特根斯坦和卡尔纳普等人的发展，形成逻辑实证主义。逻辑实证主义反对形而上学，倡导价值中立，把哲学变成语言逻辑分析，主张从经验主义出发解释科学的概念和理论，致力于将哲学史上传统的经验主义与现代逻辑相结合，将对科学的语言逻辑分析与对科学内容的经验证实相统一，强调事实，尊重经验，主张一切科学知识源于经验，并由经验证实，经验的证实原则是逻辑实证主义的根本原则。该流派主张像对待自然科学那样来对待社会学问题，其所持观点与研究方法长期控制西方社会科学的研究,深刻影响社会科学的发展。逻辑实证主义影响到组织理论和管理理论的研究。1978 年度诺贝尔经济学奖获得者 H. A. 西蒙 1945 年出版的《管理行为》被视为组织研究的转折点。H. A. 西蒙认为,古典组织理论提出的原则充其量只是一些相互矛盾的"谚语"与"格言",宣称自己"只致力于管理理论重建的第一步——构造妥当的语汇和分析图式",认为管理理论的首要任务是建立一系列从理论角度描述管理问题的概念,为使这些概念科学化,必须使之具有操作性,其含义必须对应于可观察到的事实。H. A. 西蒙还认为,管理科学研究的对象是事实要素,而价值要素属于主观偏好,是政策问题,不属管理科学的研究范畴。美国教育管理者 W. P. 福斯特认为,西蒙的贡献在于使管理领域的研究形成若干认识:管理科学是像自然科学一样的科学;管理科学以逻辑实证主义为基础;管理科学是对正确决策和作出正确决策过程的研究;对管理科学而言,理性是达到目的的途径选择;目的本身不是管理科学研究的问题,而是政策制定机构的事。在这一研究思路引导下,根据美国组织理论学者马奇、海尔等人的看法,管理研究领域产生"新式的组织理论",亦即后来所称的"现代组织理论"。其特点是将组织视作独立于研究者而存在的实体,研究者以客观的态度普遍谈论组织,并通过理论与概念模式(常用数学语言表述的知识)研究组织。20 世纪 50 年代前后,在 H. A. 西蒙、盖茨尔斯、格林菲斯和哈尔平等美国学者的努力下,逻辑实证主义被逐步引入教育管理研究,加之受现代组织理论研究成果的影响以及主张运用逻辑实证主义方法论研究社会科学的学者的直接指导,批判旧的研究传统,确立新的研究范式,推进教育管理理论化进程的教育管理理论运动得以展开。

据格林菲斯研究,教育管理理论运动的早期发展可追溯至 1946 年。是年,美国教育事业咨询委员会几位成员成功游说"科罗基会",使其认识到支持教育管理事业是改造社会生活的主要方式。1947 年,美国学校管理者协会 (American Association of School Administration, 简称 AASA)接受了一项建议,积极参与学校管理标准化培训的课程建设,从而对大学和其他部门实行的督学培训施加影响。同年,美国教育管理学教授委员会 (The National Council of Professors of Educational Administration, 简称 NCPEA)成立。这些事件为教育管理理论运动做好了组织上的准备。1954 年,美国教育管理学教授委员会年会在丹佛召开,哈尔平、盖茨尔斯等社会科学家抨击传统的教育管理研究,认为其本质上是非理论的且质量低劣,提出教育管理迫切需要更好的研究,教育管理研究必须以理论为基础,社会科学是理论的来源,社会科学家能指导教育管理学教授。会后,R. F. 坎贝尔与格雷格编辑出版论文集《教育中的管理行为》,书中虽包含新旧教育管理学两部分,但提供了

新的研究方向。格林菲斯等人在书中深入讨论理论的本质、发展及运用,并阐明理论应具有的要素;哈尔平精心构想指导管理者行为研究的范式。格林菲斯认为,《教育中的管理行为》的出版表明,教育管理领域出现了一个"背离传统学校管理著作的运动"。1957 年,美国教育管理学教授委员会在芝加哥大学召开研讨会,亦称"芝加哥会议"。会议由教育管理大学委员会 (University Council for Educational Administration, 简称 UCEA)发起,目的是使致力于教育管理研究专业化者同解决学校组织问题的社会科学家共同探讨教育管理最基本的理论问题和研究方法论问题。哈尔平认为此次研讨会的目的是开发教育管理理论的作用,并称会议是教育管理理论运动的开端。T. 帕森斯、海姆菲尔、R. F. 坎贝尔、格林菲斯及哈尔平对此次研讨会发挥重要作用,被公认为将学校作为组织进行科学研究的先驱。会后哈尔平编辑出版论文集《教育中的管理理论》,书中内容显示对新研究路线的"宣言":盖茨尔斯提出管理是一种社会过程,海姆菲尔认为管理是一个相互解决问题的过程,格林菲斯提出决策是管理者的中心,T. 帕森斯阐述有关正式组织理论的思想。这些观点成为其后的研究路线和关注焦点。之后,一批反映教育管理理论运动成果的著作陆续出版。1964 年,格林菲斯与教育管理学、社会学、心理学、商业管理学、政治科学、历史学和管理学等学者共同编写并出版《行为科学与教育管理》,总结教育管理理论运动。1966 年,哈尔平、R. F. 坎贝尔与利法姆等人共同撰写《作为行动指南的管理理论》,明确指出教育管理理论对教育管理实践的指导作用。

20 世纪 70 年代,教育管理理论运动逐步暴露出缺陷:追求抽象的理论,忽视教育的性质,无法解决教育管理实践中的疑难问题等。美国科学哲学家库恩《科学革命的结构》(The Structure of Scientific Revolutions)的出版令社会科学产生巨大震动,一些学者开始寻求其他研究范式,人们开始怀疑教育管理理论是否能带来普遍理论,理论是否能指导教育管理实践,教育管理理论运动的基石受到挑战。对教育管理理论运动的批判声不断,包括教育管理理论界内部亦出现质疑,格林菲斯 1979 年指出教育管理理论运动中的"理性混乱",美国教育管理学者厄雷克松呼吁教育管理研究进行范式转换,并重新定义"管理理论"。据卡伯特森的观点,加拿大教育管理思想家格林菲德是首位系统挑战支撑教育管理理论运动核心思想的学者,他在 1974 年于英国布里斯托尔召开的第三届国际互访计划大会上发表题为"管理教育:迎接国际挑战"的演讲,批判教育管理理论运动中的理性、经验主义和逻辑实证主义,并提出现象学范式,由此引发的对教育管理理论运动的批判,澳大利亚教育管理学家埃弗斯称之为"格林菲德革命"。

美国教育管理学家卡伯特森总结教育管理理论运动的主要观点,认为从 20 世纪 50 年代至 60 年代中期,教育管理

研究的对象主要是管理行为和组织行为,研究策略遵循演绎规则。在管理和组织研究中,社会科学学者成为主要力量。教育管理知识的目标是科学地确证经验法则,所采用的最有效的理论模式是假设—演绎模式,所有研究假设都必须严格地从理论中产生,并在实践中证实或证伪假设。他进而对教育管理理论运动的主要观点作出六点概括:(1) 科学和理论不可能告诉管理者该做什么,不可能规定组织的组成要素;(2) 科学理论如实地对待现象本身,理论的作用是描述、解释和预测现象,但不规定现象;(3) 有益和有效的研究只能从理论中产生并由理论来指导;(4) 最好和最有效的理论存在于假设—演绎的陈述中,这种陈述有助于通过数学模式进行量化和表述;(5) 社会科学提供了可从中取材建构组织和管理理论的思想库;(6) 管理和组织是一般性概念,其所描述的内容在任何地方、任何时间都是相同的。格林菲德认为,教育管理理论运动带来社会科学中许多关于组织性质和探究组织的可能性的思想,其基本内容表现为三个观念:组织是系统;组织的有效性要求个人适应组织内部的规则,整个组织适应其环境;管理者的任务是促进造成这种适应过程的自然力量的发展。

教育管理理论运动为教育管理研究和理论建设带来新范式,促进了教育管理理论的科学化与理论化进程。美国教育管理学家霍伊等人认为,美国教育管理学教授委员会、教育管理合作计划和美国教育管理大学委员会的努力,使教育管理学与其他管理学共同发展,并使教育管理学独立成为一门科学,明确了未来研究与发展的方向。教育管理理论运动的主要代表格林菲德认为,教育管理理论运动使教育管理领域出现三个变化:管理的词汇、语言较之 1954 年前有很大不同,教育管理的研究者和研究内容等发生变化;教育管理的研究和理论文章数有很大增长;教育管理学由最初的实际艺术逐渐成为一门具有学术性地位的学科。卡伯特森总结教育管理理论运动的成果认为,逻辑实证主义哲学使人们看到建立管理科学的希望,逐渐使研究建立在理论基础上,主要学者的思想开始从“应然”转向描述规则和解释规则;教育管理学者与社会科学家之间建立的新关系为教育管理带来新的研究思路;越来越多的概念性内容支撑培训计划;该运动促使传播理论运动成果的杂志问世。格林菲德在《教育管理科学的衰落与坍塌》(*The Decline and Fall of Science in Educational Administration*)一文中认为,教育管理理论运动产生四个影响:使人们逐步增强管理是科学的信念;使人们相信建立价值中立的管理科学不仅可能而且可行;使人们认为管理科学是研究技术的学问,而非价值探求;为教育管理人员的培训提供了条件,并使之合法化。教育管理理论运动对教育管理学科发展具有积极作用,但其本身也存在不足。格林菲德认为,理论运动所信奉的“自然系论”的科学观,必然导致一种将人与组织管理

分离的二元论,并将社会科学与自然科学等同,造成对科学的盲目崇拜和迷信。西方教育管理学术界对教育管理理论运动的其他批评还有:认为该运动将事实与价值分离;认为该运动存在历史虚无主义倾向,否认以往教育管理领域有价值的研究;认为该运动虽标榜以实证主义为认识论基础,但并未对统计学进行认真细致的研究;认为该运动以贬低人们对人文研究的信念为代价,缺乏对教育管理问题的背景、文化、伦理、意义和价值准则的根本性思考等。美国学者海林杰认为,教育管理理论运动的实际结果无论在理论上还是实践上均令人失望:它既不能发展一种与教育管理领域有关的可信而有效的知识基础,亦未在研究者理解实践问题方面取得进步。

参考文献

西蒙. 管理行为[M]. 北京:北京经济学院出版社,1988.

张新平. 教育组织范式论[M]. 南京:江苏教育出版社,2001.

Foster, W. Paradigms and Promises: New Approaches to Educational Administration [M]. Buffalo, New York: Prometheus Books, 1986.

Greenfield, T. & Ribbins, P. Greenfield on Educational Administration Towards a Humane Science[M]. London: Taylor & Francis, 1993.

Griffiths, D. E. Administration Theory [M]// Boyan, N. J. Handbook of Research on Educational Administration. New York: Longman Inc. , 1988.

(苏君阳)

教育管理伦理(ethics of educational management)教育管理遵循的基本伦理规范与道德意义的总和。教育管理伦理要求教育管理者在教育管理过程中自觉接受伦理与道德规范的约束,使教育管理活动始终贯穿或体现伦理精神。

研究教育管理伦理主要是把握教育管理活动中的伦理关系,探讨教育管理理念、政策、制度与行为伦理化的可能性及路径,思考和分析教育管理活动道德化的相关问题,探寻教育管理活动道德化的现实保障机制。其主要研究任务是将基本的伦理原则和道德规范应用于教育管理实践中具体的道德难题和伦理情境。需要以理论伦理学为理论基础,从一般伦理学的原理中获取教育管理伦理自身理论前提的内在合理性证明,获取道德原理和伦理规范的思辨考察,以确保教育管理伦理研究不致因缺乏基本的伦理理论前提而变成教育管理的伦理纪律要求或道德规章制度。教育管理伦理研究的实践意义在于改善教育管理实践的现实状况,呼吁和倡导一种体现伦理精神和道德关怀的教育管理活动与行为。教育管理作为一种实践活动,其基本秩序一方面需要政策和制度的维护,另一方面需要借助道德伦理规范的协调。教育管理的规范体系不仅是显形的或刚性

的法律体系和制度规则,而且是隐形的或软性的道德伦理和文化风俗礼仪等。在某些方面,后者的作用甚至更强大、持久和有效。

教育管理伦理的主要内容包括教育制度伦理、教育组织伦理、教育管理行为伦理和教育领导伦理四个层面,它们构成教育管理伦理的有机统一体。

教育制度伦理　不同的教育管理制度具有截然不同的管理效用,且内含不同的伦理精神与道德价值。教育管理制度只有植入能够激励和保护公正、正义与善的追求,才是体现伦理精神的制度,才能施行道德的教育管理。能否在制度中注入伦理道德精神,比个人能否履行道德要求更重要。将伦理学的观念植入教育管理制度,旨在关注什么样的教育管理制度是能够创造良好的教育、使人感到幸福的教育管理制度。

教育管理制度本质上是一种权利与义务关系的设定,是调整利益关系的规则体系。教育管理制度对教育发展具有重要影响,教育制度的公正性最受关注,管理中的许多行为失当和道德失范问题正是由制度本身的不合理、不道德造成的。制度本身的公正、正义、正当等合理性方面的缺失或弊病,将引起社会成员的怀疑、否定甚至抵制,进而引发行为的失当与道德的失范。制度的公正有利于培育社会成员的公正意识与道德责任。追寻制度伦理通常有两种思维路向,即教育管理制度的伦理化和伦理道德在教育管理中的制度化,两者在教育管理的秩序重整和道德建设中具有不同功能。

教育制度的伦理化是指教育制度的合理性,即对教育制度的正当、公正、合理与否的认识与评判。具体而言,教育制度伦理指教育制度包含什么样的价值,以及依据什么样的价值标准来评价教育制度。教育管理制度的伦理化强调教育管理制度中的伦理或教育管理制度本身的伦理,所针对和约束的对象是教育管理中的各项制度及其安排,追究教育管理制度的合伦理性问题,通过对教育制度的道德性反思和剖析来区分合理的制度与不合理的制度,从而实现教育管理制度的优化选择与合理安排,为每个受教育者的发展创设良好环境。

伦理道德在教育管理中的制度化是指将一定的伦理原则或道德标准转化为明确、具体的道德要求,并成为教育管理中的刚性规则制度,强制相关成员履行一定的道德义务。这种意义上的教育管理制度伦理关注于将道德规范中具体的、可操作的内容上升为规则和制度,把软性的道德理论、道德理想和道德目标转化成为具有强制约束力的刚性的伦理制度,以及由强制性力量保障的、成文的道德约束与监督机制,最终实现伦理道德的制度化和规范化,从而更有效地约束和规范人的道德行为。与教育管理制度的伦理化不同,伦理道德在教育管理中的制度化体现的是政府、教育行政部门对于社会成员个人的普遍要求;其所规范的对象或所指向的道德主体是各类教育组织中的个人以及普遍的社会成员;其形成方式是将某种社会倡导的公众认可的道德规范转变为具有强制效力的教育性法典。加强伦理制度建设,对于规范教育者的道德行为具有一定的积极意义。但是,以制度的形式约束人的道德行为的做法本身包含无法克服的悖论,即制度的强制性与道德的自觉性之间的矛盾。过于强调伦理道德在教育管理中的制度化,有可能产生负面效应,即制度的强制性侵犯人的正当权益,强制不成反而会使道德泛化、虚化。

教育管理制度的伦理化和伦理道德在教育管理中的制度化分别有其各自的含义与特性。一方面,在社会转型时期,随着社会成员的自我意识、权力要求和拒斥规范约束的趋势不断增强,伦理原则与道德规范的遵守需要借助外在强制的力量,伦理道德在教育管理中的制度化有利于确立伦理道德的权威性,从而得到遵从;另一方面,一项教育制度得到认同与遵从的程度,取决于教育制度本身合理和正当的程度,取决于教育制度的内在德性品质,教育管理制度的伦理化有利于提高制度在人们内心的认可程度。

教育组织伦理　指蕴藏于教育管理组织过程和组织结构中的伦理精神与道德价值。在组织化程度日益提高的社会,组织日益成为高度分化的社会中的主要机制和行为方式。与个体行为的单一主体性、主观随意性、有限影响力相比,组织行为是有计划、有秩序、有协调、有控制的行为。借助组织这一特定的社会结构和社会机制,人类能达成许多对个体而言无法实现的目标。与个体行为相似,组织行为也可以进行善恶、美丑、道德与非道德的区分。组织行为并非总是符合善意、道德或伦理精神的,违背道德原则和伦理价值的组织行为可能造成远甚于个体行为的影响和危害。教育组织本身作为一种伦理精神共同体,其文化的核心因素是伦理。每一所学校的管理系统、结构、行为和态度都承载了一种基础性的价值或道德,它决定了学校的文化、气质和品位,区分了不同类型和层次的学校,影响学校行为的每个方面。这些价值和道德可能是无意识的、不可认知的和不可探察的,但无论人们是否认识到或是否同意,学校的道德或组织伦理始终存在。每当争议发生、矛盾出现、问题凸显时,这些价值和道德即会浮现。思考学校的道德标准,首先必须认识到,道德责任的主体不仅指个人,组织作为一个整体,同样是一个行为主体,学校的管理和组织行为同样要承担伦理责任,不能将伦理责任完全推到学校中的个体身上。应把学校看成一个富有道德的"人",并努力使学校具有"道德心"。将教育组织建构成为伦理精神共同体,对于社会同样具有重要价值。作为社会道德秩序的重要环节和组成要素,伦理精神共同体中的道德价值体系是整个社会道德价值体系的重要方面。当教育组织成为伦理精神共同体,教育组织本身所具有的道德影响力将最终凝聚成为组织文化,发挥组织文化对个体行为的统摄和整合力量,成为一种重要的秩序之源。

教育管理行为伦理　教育管理行为伦理研究主要是在现象层面探讨教育管理行为,研究教育管理行为走向伦理化的前提、机制、效应和评价等问题。对某种行为进行道德评判或伦理评价往往涉及极为复杂的因素和情境,由于人的道德发展处于不同阶段,以及进行道德评判所依据的伦理标准不同,对某项教育管理行为进行伦理或道德的评判可能产生复杂的评价结果;即使是对同一行为,也可能出现截然不同的评价结论。基于教育本身的特殊性,在对教育管理行为进行道德评判时,需从行为动机、行为手段和行为结果等方面进行具体把握和分析。

教育管理行为由于其教育性意义,行为动机至关重要。任何一种教育管理行为,是从美好、良善的促进人的成长和发展的愿望出发,还是基于对人身心的限制和损害,是判断该管理行为是否道德的根本前提。然而动机的内隐性使得依照行为动机对行为进行伦理评判较为复杂,而究竟是评判管理行为本身还是评判管理行为人的品质,亦需加以辨别,两者的评判标准并不完全一致,但实践中易混为一谈。

教育管理行为中,行为的手段与目的应该一致和统一,行为手段应服从并服务于行为目的。即使同一个行为,目的不同,所要求的手段也会有所不同,达到某种目的应采取相应的手段。只有手段与目的一致,才会取得良好的行为效果。但在具体的教育管理行为中,也常出现行为手段与行为动机的背离,两者间出现矛盾和偏离。有极端功利的观点甚至认为,为达到结果可以不择手段,只要结果是正当合理的,就能证明手段的合理性,过于在意手段的道德完整性,反而难以达到所希望的结果,而一定程度上忽视手段的道德完整性,反而容易达到管理效果和领导目标。在这个意义上,甚至有人提出为了达到管理目的而不必拘泥于手段的道德性的理论。较为温和亦更容易被认同的观点是,不能仅仅用目的的合理性来证明行为手段的合理性。目的和手段是一个对立统一的有机整体,没有脱离目的的纯粹的手段,也没有离开手段的纯粹的目的。无论是目的还是手段,只要是违反善良的意志和伦理的原则,都将有损于管理行为整体的道德价值。而教育管理实践显示,管理行为的动机、手段与目的之间常面临难以调和的冲突。

教育管理行为的伦理评价,从动机、手段和结果等不同的角度,依据的标准不同,得出的结论也不尽相同。动机善、手段善和结果善三者兼备是教育管理行为的理想模式。对任何一种教育管理行为进行伦理评判,动机善是前提和基础,结果善是关键和核心,手段善是不可缺少的环节。

教育领导伦理　教育领导伦理要求一种对教育价值伦理的关注、对教育的善的追求以及教育管理中的伦理导向。注重重构学校的共同愿景,注重信念、价值观、责任与义务,强调以协作、磋商的方式实施领导,从而向组织成员传达全新的管理理念。伦理型的教育领导者主要体现在三方面。其一,教育领导者本人的道德特征。其二,教育领导者为组织确立和描绘的共同愿景的道德特征。组织的共同愿景中所包含或体现的价值观念体系是领导的道德价值观的贯彻与落实,同时体现组织的伦理气氛。这一价值观念体系若符合伦理精神与道德原则,亦即领导的道德价值观贯彻和落实到组织发展的愿景确立和描绘中,并且与组织的伦理价值观一致,则组织成员较易予以高度认同并积极追求,领导者对组织成员的影响较易取得实效且长久保持。其三,教育领导者决策方式的道德特征。亦即领导者决策时的合道德性,或称道德决策。决策的合道德性一方面指决策结果,即学校管理中形成的政策、制度、意见、办法等的合道德性;另一方面指决策过程,即形成和产生政策、制度、意见、办法等的程序的合道德性。决策的结果和过程是否道德,直接影响领导者的道德形象。决策结果和决策过程都符合道德标准的学校管理决策,才是道德的学校管理应有的实践形态,是伦理型的教育领导者应当采取的决策行为。

成为伦理型教育领导者的策略有四方面。一是确立清晰的道德行为目标与期望,通过清晰而明确地确定和规范道德的行为,减少道德问题的模糊性。尤其在社会转型时期,价值标准趋于多元,人们的道德行为标准发生变化的背景下,对道德问题确定清晰的标准和明确的处理方式,有利于形成一种正确、明确的道德氛围和方向。二是建立相应的机构,对道德行为做出及时回应。对于学校或其他教育组织中道德的和不道德的行为做出及时的回应和反馈,有助于减少道德标准的模糊性,提高组织成员的道德意识和道德行为选择的恰当性。对于道德行为的积极回应和反馈是一种正强化,意义重大,能使道德行为在被不断的强化中定型和固化,成为行为者自觉的行为选择模式。三是奖励道德行为。在教育管理中,管理者通过各种成文或不成文的规则,对道德行为给予各种形式的奖励,有助于教育组织成员意识到道德行为的重要性,并自觉追求行为的道德。同时,通过对不道德行为的惩罚,加深教育组织成员对教育管理道德的认识,将组织倡导的伦理价值观渗透到日常教育教学工作中,逐步达成个人的伦理道德价值观与组织的伦理道德价值观的整合与一致。四是身体力行,建立道德角色模型。教育领导者是教育组织成员道德行为的榜样,领导的角色模型对组织成员的行为具有重要影响。教育领导者不仅通过自己的领导行为和管理行为成为组织成员观察的对象和模仿的标准,而且通过其教育思想和办学理念中所包含的伦理和道德因素引领追随者。领导者需身体力行,不断更新观念,建立前瞻性的教育目标和愿景来传达道德行为的参照标准。

参考文献

褚宏启.教育管理与领导（第 1 卷）[M].北京：教育科学出版社,2008.

万俊人.20 世纪西方伦理学经典(I)伦理学基础：原理与论理[M].北京：中国人民大学出版社,2004.

（郅庭瑾）

教育管理人员培训 （training of educational administrators）

对准备担任或业已担任教育管理职务者进行职前或在职专业培训的活动。在国外，教育管理人员职前培训的发展经历两个阶段。20 世纪前五十年盛行西方古典管理理论，以企业管理为研究对象的古典管理理论在教育界引起反响，教育管理研究者和实际工作者的培养问题受到关注。美国率先在高等学校设立教育管理专业，课程内容偏重实践。20 世纪后五十年，教育管理人员职前培训发展迅速，越来越多的国家在高等学校设教育管理专业，设置多层次、多水平的专业课程，各国培养教育管理人才的机构明显增多，国际交流活动多样化，联合国教科文组织自 70 年代中期起开始举办有关教育管理的专题研究。教育管理人员在职培训亦备受各国重视。许多国家认识到，在职培训可使教育管理者深入了解教育法规、教育政策及其变革，提高管理技能，改进管理方法，从而推动学校教育改革。在职培训有多种形式，内容多样，包括：(1) 大学课程，系统学习研究生水平的相关管理课程；(2) 小型研讨会，在美国、加拿大、英国等国家较流行，其特点是所讨论的问题范围小，讨论时间短；(3) 学会、研究所及评估中心举办的短期培训班，课程内容主要是教育管理人员关心的问题；(4) 同行交流，建立固定的联系网络，定期举行交流；(5) 函授，针对边远地区一般采用函授培训的方法；(6) 举行专业学术会议，组织管理者参观样板学校，为美国所经常采用。中华人民共和国成立后，教育管理人员的培训经历五个发展阶段。1949—1956 年为社会主义改造时期，教育管理人员培训的特点：以胜任岗位工作为目标；既培训政府的教育行政干部，也培训学校管理工作人员；既培训专署和县政府的行政干部，也培训高级中学、完全中学、师范学校、工农速成中学的正副校长和教导主任、小学校长；实行集中脱产培训；培训期限从两个月的短期发展到一年一期；思想教育、政治教育与业务训练相结合。1957—1965 年为全面建设社会主义时期，教育管理人员培训发展较快，尤其是 1955 年国家教育行政学院正式开学后，每年举行一期为期一年的培训。50 年代后期教育管理人员培训中断。1966—1976 年"文革"时期，教育管理人员培训遭到严重破坏。1977—1989 年为社会主义建设新时期，其中 1977—1979 年是教育管理人员培训恢复的准备期，1980 年起，各地教育行政部门和教育学院从实际出发，开展不同形式的教育行政干部和中小学管理人员的短期培训。1981 年，国家教育部在六所部属师范院校建立教育管理干部培训基地，培训全国高等学校领导干部。1982 年提出在 3～5 年内完成地、市、县教育部门主要领导干部的培训。1987 年提出加强中小学校长培训工作，建立中小学校长培训基地等问题。1990 年后为社会主义经济转型尤其是市场经济发展时期。这一时期教育管理人员培训迅猛发展。其特点：着眼于提高教育管理人员整体素质，培训适应社会主义现代化建设需要，具有较高思想觉悟，懂得教育管理规律，能够按教育规律办学育人的现代教育管理者；按政府主管教育工作的领导干部、各级教育行政干部和学校管理干部三个系列，分层次进行培训，包括短期讲习班、研讨班、教育管理专业证书班、规范化的岗位职务任职资格培训、学历培训等；培训形式上实行全脱产、半脱产与业余相结合；培训强调针对性、按需施教、注重实效，强调理论培训与实践锻炼相结合，强调普遍轮训；培训方式方法上，强调理论联系实际、学以致用，以自学、研讨为主；培训内容上，以教育管理专业为中心，注意理论培训，亦重视经验总结和实地参加学习。现代各国对教育管理人员培训的重要性达成共识：任何国家或地区，不论政治制度如何，教育管理者尤其是具有决策权的管理者在教育事业发展中具有不可替代的重要作用，教育管理者的培训在提高国家和地区的教育质量，从而决定社会发展方向方面发挥重要作用。教育管理人员培训具有如下要求：一是确立现代社会发展所需观念，认识到教育管理人员培训是一项重要的基础性事业，具有理论发展和实践价值，研究并实施教育管理人员培训是一项明智的决策；二是教育管理人员培训的目标是为教育改革与发展服务，应从培训对象实际出发，加强培训内容的科学性和针对性，注重基本理论教学，同时加强应用性技术和方法的培训；三是根据不同对象和具体培训目标确定培训形式，体现多样性；四是加强培训师资队伍建设；五是注重短期培训与学历教育相结合，既重视适应教育发展当前需要的短期培训，也重视适应教育发展长远需要的学历教育。六是将培训对象终身学习的需要作为培训的一项重要任务。

（吴景松　孙锦明）

教育管理实地研究 （field research in educational administration）

一种面向实际，探究现实中的教育管理行为和实践的研究方式。传统的教育管理研究有两种方式，即思辨研究和相对具有陪衬意味的实证研究。前者可视为教育管理研究的第一条道路，居支配地位；后者可视为教育管理研究的第二条道路。两者构成中国教育管理研究者面对问题、提出问题、思考问题、诊断问题和解决问题的基本方式。尽管它们有其价值和合理性，但均存在缺失。实地研究是在试图消解和克服这两种方式缺陷的过程中发展起来的一种教育管理研究方式。实地研究高度强调"脚踏实地",力图对现实中的管理行为和实践问题予以理性反思和阐释。作为一种面向实践、来自实践和为了实践的理论生成和建构形式,实地研究成为教育管理研究的第三条道路。

传统教育管理研究中的思辨研究和实证研究

思辨研究和实证研究是传统教育管理研究的两种基本方式。思辨研究在教育管理学中运用最广泛,是一种主流研究取向。作为一种典型的人文学科研究方式,思辨研究常被视为哲学性研究和理论性研究,它强调通过概念操作、抽象推理和逻辑演绎来获得结论、认识事物和揭示本质,具有沉思、"重思"和"否思"的特点。沉思指研究者对研究对象予以自由、自主和自觉的深入思考,并主要通过对抽象概念的思考而表现出一种从"概念到概念"的深思熟虑;"重思"指研究者对研究对象进行的一种常规反思,是在坚持原有信念、思想框架的合法性和合理性的前提下进行的一种修补、改进和完善的认识活动;"否思"指研究者对研究对象进行的一种创新反思,是跳出或打破原有信念和思想框架的束缚而进行的一种观念、认识、思想和理论的重建与重构。思辨研究能有效抵及现象背后,深刻把握事物本质;只要具备必要的研究文献资料、可自主支配的时间及相应的学术活动场所,思辨研究即可顺利开展和实施。但研究者可能因陷入自我思辨,思维受到束缚,致使视野狭隘。教育管理研究者若只从自身处境和个人所隶属的社会阶层来思考教育管理问题,未能正视他人的观察、体验、理解、利益和生存状态,则难以担当代表教育利益相关者的社会公共责任,易导致观点极端,研究空洞无物。

实证研究从教育管理现象是客观的、可分析的,教育管理行为是理性的和有规律的假定出发,强调从问题开始,先提出理论假设,再运用实验或调查等方式加以验证。其基本研究程序:问题→假设→命题→验证→结论。实证研究的基本信念是,教育管理现象是既定的和客观存在的,教育管理学是研究这种现象的科学,教育管理学与自然科学并无本质区别,教育管理研究是一种价值无涉的研究,必须抛开影响教育管理活动的价值因素和道德因素,仅关注事实叙述。实证研究深信自然世界和社会世界中的各种事务和事实都客观地、外在地存在,并独立于人的意识,"真理"是确定无疑和固定不变的,只要付出努力,就能发现真理。实证研究重视用明确的数据、具体的事实和可观察的行为来说明问题,主张淡化甚至摈弃其他研究方式。实证研究在20世纪50年代西方国家兴起的教育管理理论运动中被运用于教育管理学研究,中国在20世纪80年代后开始予以重视,实证研究逐渐成为调查性研究、实验性研究的代名词。实证研究能快速有效、准确详细地提供研究对象的总体信息,客观分析和解释不同变量之间的因果关系,能凭借审慎缜密的观察,以具体事实为依据,发现事物的变化规律。实证研究一般将理论严格地定义为一套旨在解释或预测教育管理现象的彼此关联的概念和假设体系,由一系列命题或陈述组成,这些命题或陈述能被验证,相互间具有较强的逻辑关系,具有相应的解释力和预测力。但实证研究忽视个体存在本身的意义和价值,将事实与价值的关系机械地分离开,片面凸显事实和研究事实,过于突出通用性知识的重要性,否认美国管理学家 C. I. 巴纳德强调的个体性知识与组织性知识在教育管理活动中的独特地位和作用,同时忽视需要从道德伦理、公平正义角度予以审视和洞察而难以量化和科学处理的问题。

实 地 研 究

实地研究指教育管理研究者离开自己熟悉、习惯和珍视的教学科研场域,较长时间地投入到相对陌生的研究对象的生活环境中,采用参与观察和非结构访谈等获取资料的方法,系统详尽地描述、理解乃至批判和反思研究对象的物理特点与精神特征、思想信念与行动逻辑的相对松散的研究方式体系。实地研究并非一种高度契合的单一研究方式,而是深入实地开展研究的各种方式的系统,既包括不受研究者自身价值观念影响,如实描述和解释研究对象的观察性实地研究(observational field research),也包括将研究者自身的价值追求贯穿研究过程,试图影响和改变研究对象的建构性实地研究(constructive field research),还包括研究者揭示研究对象所遭受的欺骗、不公正对待,以及质疑、反思各种理所当然的假设的批判性实地研究(critical field research)。不同的实地研究方式在研究重点和使命上各有侧重,但在具体实施过程中都遵循相似的程序:(1)在某一地区,联系和确定一个单位作为实地研究对象;(2)通过各种相关渠道直接或间接地了解和掌握研究对象的基本情况,形成初步印象;(3)明确所要观察和研究的主要问题,形成计划;(4)与研究对象协商,落实实地研究的时间和相关事务安排;(5)围绕重点,有目的地进行观察和调查,做好各种观察记录;(6)研究工作初步结束,整理、分析资料并撰写论文初稿;(7)将论文初稿反馈给研究对象,听取意见,修改论文并最终定稿。

实地研究最初被作为与实证研究和思辨研究相对抗的教育管理研究方式而逐步确立。美国教育社会学家埃弗哈特认为,实地研究在推动教育管理学理论转向的过程中,具有削弱作为社会科学研究标准范式之实证研究的作用。20世纪四五十年代,实地研究散见于跨文化中的教育问题研究以及学校与社区关系的若干研究中,尚处于相对边缘的阶段。20世纪80年代获得长足发展,得到教育管理学界的普遍认可,并被广泛运用于管理工作结构、组织变革以及组织管理与社会关系的研究,有学者认为这一时期出现了"实地研究运动"。美国社会学家 W. R. 斯科特认为,今天人们所获得的有关组织及其成员行为的知识,绝大部分是通过实地研究获得的。实地研究在欧美国家已成为具有影响力的教育管理研究方式。在中国,实地研究在 20 世纪 90 年代中期引起教育管理研究者的关注和重视。

实地研究与民族志、行动研究、叙事研究等质性研究方式既有相通之处,也有不同点。(1) 教育管理学中的民族志是在突破传统教育管理研究的应然叙事、精细的量化分析和问卷调查的过程中发展起来的一种社会研究方式,旨在如实描述和分析现实生活中所发生的教育管理现象,并试图从相关的社会文化背景角度对研究现象作出整体解释。美国教育人类学家沃尔科特认为,民族志的目的在于提供有关人类社会行为的描述与分析。英国文化人类学家马林诺夫斯基认为,民族志者在田野工作中的任务是梳理部落生活的所有原则和规律,剖析其文化,描述其社会结构。与实证研究一样,民族志亦是一种确信规律是客观的、能够被发现并以探寻规律为旨归的研究方式,但它反对实证研究的量化数据,强调通过参与观察而非量化分析来认识和获取研究对象行动规律的定性资料。相比而言,实地研究是一种更具包容性、内涵更丰富的研究方式,虽然实地研究也将认识和描述研究对象的物质实在性和精神实在性作为重要任务(实地研究和民族志常因此被作为可以互换的两个术语),但实地研究在此基础上试图对研究对象的行为意义予以多向度的诠释和理解,甚至追求从社会公正或价值伦理的角度进一步审视和反思研究对象,最终实现激发或推动研究对象变革与发展的目的。(2) 教育管理学中的行动研究是在反思并试图化解教育管理理论与教育管理实践的二元分离症结,同时承认教育管理实际工作者是合法的研究者的过程中逐渐发展起来的一种社会研究方式。行动研究主要指实际工作者对自身实践所做的研究,强调实际工作者的反思性,而非被动的执行者。中国有研究者认为,行动研究是教育实践者(主要是教师群体)系统而公开地解决教育实践问题的过程,具有参与、改进、系统、公开等特征。也有学者强调,行动研究是通过实践者自身的实践开展研究的一种研究方式,旨在提高教育行动的自觉程度,使行为者从被动地应付工作,或单凭热情和善意工作,到自主、自觉地工作,直到获得教育行动的自由。还有研究者提出,教师实施的行动研究与理论工作者进行的教育研究有很大不同,主要体现在前者是一种直接指向实践、重在改进教育的研究,后者则主要是一种以理论为取向、重在描述和解释教育的研究;前者是一种置身"教育之中"的研究,后者则是一种置身"教育之外"的研究;前者旨在改进教育工作,是"为了教育的研究",后者则旨在促进教育知识的增长,是"关于教育的研究"。国外学者认为,行动研究与其他研究

形式的区别在于其变革性的目的及由此产生的方法论。教育行动研究的方法论可概括为:其指向是实现教育目标或其他形式的教育理想;要求改变现实的实践活动,使之更符合理想;找到现实与理想相符或不相符的部分,并通过研究影响因素,解释不相符的部分;质疑传统的构成实践基础的约定俗成的规范;使一线工作者参与到影响教育变化的"假设验证"的过程中。实地研究与行动研究的区别在于,开展实地研究的研究者是受过系统训练的专业研究人员,而从事行动研究的主体基本上是履行具体教育职责的实际工作者。(3) 教育管理学中的叙事研究是在后现代的话语理论中形成的一种社会研究方式,以故事讲述、口述、书信、日记、访谈、自传、传记的形式贴近和理解有关领导与管理的经验和实践,关注教育实践经验的复杂性、丰富性与多样性,进而导出教育理论视域的复杂性、丰富性与多样性。叙事研究将有关生活性质的理论思想引入实际的教育经验,并通过生活经验的叙述促进人们对教育及其意义的理解。教育叙事研究不仅是研究样式的改变,更是教育经验呈现方式与思维方式的转变。J. 库珀和赫克是采用叙事方式开展教育管理研究的先行者。实地研究与叙事研究具有紧密关系,许多实地研究需借助叙事方法得以充实和丰富,但两者仍存在差别。叙事研究更多地与经验哲学、批判理论及人类学具有渊源关系,而实地研究更多地与社会建构论、社会学相联系;实地研究虽然也可采用故事、口述、日记、书信的叙述方式,但这些材料均来自研究者的亲身体验和提炼,是研究者的第一手材料,而叙事研究中材料的获取、组织和表达偏向采用第二手材料,侧重文本分析和对文本进行话语分析。

较之相关研究方式,实地研究具有五方面特点。其一,重视研究者亲临实地,通过与研究对象的交往、对话获取研究资料,而不是一味地冥思苦想,能倾听研究对象的心声,与研究对象融洽相处和交谈。其二,重视研究者在整个研究过程中的作用,强调研究者具有高度的主动性和能动性。与实证研究由于强调价值中立、追求普适性和客观性而力图在研究中减少或者控制研究者对研究结果的影响不同,实地研究重视研究者在研究的表达、资料的收集及结果的解释上的重要性。埃弗哈特认为,实地研究的最佳标准归根结底是研究者本人,实地研究因而并非一种方法,而是一种角色,它允许研究者运用多维度的技术去见证和体验各种现象,并进一步收集这些现象的信息。其三,实地研究重视从整体的和历史的角度来认识和理解研究者与被研究者的关系。实地研究者强调从事件、行为所依存和发生的背景角度来考察研究对象,重视从个人史的角度来认识研究对象,不仅重视研究对象的生活史,更重视从自身的成长史来理解研究对象,实地研究者的个人成长经历和社会体验对实地研究具有重要影响。其四,实地研究强调从过程的和建构的视角阐释事件及其意义。实地研究重视全程透视

事件及其所呈现的意义,并试图理解和把握影响事件变化发展的各种可能性;重视从人是有思想、有情感的存在的角度来理解教育管理现象及其意义。其五,实地研究有利于将研究重点从注重构建理论体系转向注重探究与人们日常生活有密切关系的重大现实问题。实地研究不仅帮助人们理解和把握教育管理现象的复杂性和动态性,而且以不同于传统的思辨研究和实证研究的方式提出问题和讨论问题。

参考文献

克利福德·格尔茨. 文化的解释[M]. 韩莉,译. 南京:译林出版社,1999.

沃卡特. 校长办公室里的那个人:一种民族志[M]. 白亦方,主译. 台湾:台湾师大书苑有限公司,2001.

Everhart, R. B. Fieldwork Methodology in Educational Administration [M]// Boyan, N. J. Handbook of Research on Educational Administration. NJ:Longman Inc.,1988.

Heck, R. H. & Hallinger, P. Next Generation Methods for the Study of Leadership and School Improvement [M]// Murphy, J. & Louis, K. S. Handbook of Research on Educational Administration, 2nd ed. San Francisco, Calif:Jossey Bass Publishers,1999.

（张新平）

教育管理实证研究(positive research in educational management) 一种教育管理研究范式。借助客观的观察、系统的假设和检验,发现教育管理的一般规律,进而将控制和预测教育管理行为作为最终研究目标。其理论渊源是实证主义和逻辑实证主义。实证主义以实证科学为哲学基础,19 世纪 30 年代由法国哲学家、社会学家孔德建立。孔德认为,人类的精神发展分三个阶段:第一阶段是神学—虚构阶段,人们追求事物存在和运动的终极原因,并把这些原因归结为超自然的主体;第二阶段是形而上学—抽象阶段,神学世界观被形而上学世界观取代,人们以抽象的"实体"概念解释各种具体现象;第三阶段是科学—实证阶段,神学的和形而上学的思维方法被完全抛弃,人类智慧放弃了对绝对知识的追求,而集中关注迅速发展的真实观察领域。根据实证原则,人们只是借助观察和推理的方法去发现观察所能企及的实际现象之间的规律。只有可由经验观察加以确证的现象才是实在的现象,只有可由经验现象加以确证的知识才是真正确定和可靠的实证知识。在这个阶段,人类将通过实验和观察得到的经验知识用于理解自然界,并理解和建立更完善的社会。"实证"是实证主义的中心概念和实证方法得以建立的基础。孔德所谓"实证"(positive)的含义有四:真实的而非虚幻的,有用的而非无用的,肯定的而非犹疑不定的,精确的而非模糊的。实证主义的基本论断:一切关于事实的知识都以经验的实证材料为依据;在事实领域之外,则是逻辑和纯数学知识,亦即关于观念关系或纯形式的科学。孔德认为,实证主义只研究真实、有用、肯定和精确的知识,即完全可由经验加以确证的现象的知识。只要人类精神不钻进根本无法解决的形而上学问题中,而只在完全实证的现象范围内进行研究,人类仍然可以找到取之不尽、用之不竭的知识源泉。之后以罗素、维特根斯坦、赖欣巴赫、卡尔纳普、石里克等人为代表的实证主义的维也纳学派与柏林经验哲学学社相呼应,形成逻辑实证主义。逻辑实证主义继承休谟的经验主义传统,汲取马赫的实证思想、罗素的逻辑主义和维特根斯坦的反形而上学观念,提出证实原则,把可证实性作为判定一个命题是否有意义的标准。认为科学知识的基础并不依赖于个人的经验感觉,而依赖于公认的实验证实。逻辑实证主义通过对科学语言的分析认识科学理论,运用现代逻辑研究方法论,使科学方法论成为一个独立的研究领域。在逻辑实证主义看来,一个命题是否有意义,不在于它是否反映客观实际或具有客观内容,而在于它是否属于逻辑和纯数学的命题,或属于可由经验证实的经验科学命题。只有这两类命题才具有或者是真或者是假的特性。数学和逻辑命题的真假可由它们是否符合数学和逻辑的公理及演算规则来检验,经验科学命题的真假可由它们是否符合经验和事实来检验。正因为其真假是可以检验的,它们才是有意义的。

实证主义和逻辑实证主义对教育管理学研究产生根本性影响。20 世纪 50 年代后,美国一批教育管理研究者将实证主义和逻辑实证主义运用于教育管理学研究,发起教育管理理论运动,力图把教育管理学建设成类似物理学、社会学的科学,实现教育管理学从经验或形而上学向科学的转变。实证主义教育管理认识论是西方教育管理研究理论和实践的思想基础,其关于教育管理的基本观点:学校是一种组织类型;任何组织的典型特征都可应用于学校;任何组织管理行为的典型特征都可应用于学校管理行为;学校是社会实体,可成为独立研究的对象;学校在本质上是理性的和有序的;学校的目标为行动提供方向,为秩序提供结构;把经验研究运用于学校及其管理的目的是制订管理规则,并最终发现管理规律。实证主义和逻辑实证主义对教育管理的基本认识成为其研究教育管理现象的出发点。它们把管理行为视作典型性行为,可以进行客观观察,以得出理论并最终发现规律;认为通过经验研究得出的理论具有概括性,教育管理是一种管理类型,教育管理理论可源于其他组织理论,并可运用于实际的教育管理活动,同样,教育管理理论也可应用于其他形式的管理活动。

教育管理实证研究有两个基本假设。假设之一是,研究者可以不受现实的约束而独立行动。研究者对实验加以严格控制,研究者与实验之间不应发生互动,或使互动最小化,为确保研究结果客观化,实验中不能有任何干涉性因素。教育管理实证研究呈现教育管理现实的真实图像,描述性数据的获得不会改变研究对象的本质,研究结论除非被后来的研究证实为错误的,一般都具有可信度。假设之二是,研究结论具有代表性。运用实证主义研究方法得出的研究结果不局限于实验的时间和场所,在相似情境和相似被试中可以进行重复实验,重复实验的结果可进一步证实研究者的概括性结论。实证研究一般还在其假设性陈述中表明研究的代表性,指出该研究对各种情境具有普遍性,对研究变量具有特殊性。

实证研究通常采用测量技术以追求精确。实证主义者认为,测量具有抽象、中立和客观的特性,不会影响研究本身。实证主义者强调研究精确性的目的是预测并最终控制人类现象。随着对教育管理行为调查研究的深入,根据对研究结论的重复检验就可建立相关理论,并最终发现所有教育管理行为背后的规律,据此预测因果关系,从而掌握教育管理最有效的方法和途径。包括学校管理行为在内的所有人类行为都具有内在的理性,学校管理行为在逻辑上要遵循管理的一般规律,否则,经验研究方法将不断产生各种旨在使学校管理人员更有效地管理学校的理论知识。教育管理实证主义者认为,实证研究应遵循严格的研究程序。美国教育管理实证研究的发起人之一格林菲斯提出,理想的研究过程分为六个阶段:描述某一情景中的管理行为;对相关概念进行定义和解释;联系一些情景中的一般行为作出进一步概括;提出一个或多个假设;根据随后的观察,对假设作出评价和重构;提炼出一个或更多的原则。

自20世纪50年代西方教育管理学家将实证研究范式引入教育管理研究领域,实证研究方法赋予教育管理学以科学色彩,教育管理学中的描述性研究增加,数理统计方法备受重视,操作性概念得到发展,一定程度上提高了教育管理学科的学术地位。实证研究的局限性在于:管理活动是人的活动,研究管理不应"只见组织不见人";教育管理学研究不是纯科学研究,不应实行"价值中立",只研究事实而回避价值,无助于深刻理解组织和管理问题,并可能将研究引入歧途。

(李 军)

教育管理现代化（modernization of educational administration） 在社会现代化尤其是管理现代化和教育现代化的过程中,教育管理不断发展进步的过程。既反映现代化的要求和共同属性,又有其自身特性。包括国家与公共化、制度与法治化、权利义务均衡化、专业化、理性与科学化、效能化、民主参与以及信息化、系统优化、人本化、学习化、服务化、社会化等。教育管理现代性的增长意味着对教育管理传统性的扬弃,但现代性与传统性之间并非完全对立、互不相容,而具有传承关系,是共存的过渡状态,传统性与现代性在这种状态中发生互动,传统性发生变化和被改造后,逐渐适应现代化的需要。教育管理现代化是对传统教育管理的继

承和超越,是传统教育管理在现代社会中不断变革,逐步整体转换为现代教育管理的过程。教育管理的现代性不断发展,存在自身被传统化的趋势。分析教育管理现代化问题可借助第二次现代性、第二次现代化的概念。

国家化 教育管理现代化以国家教育职能的确立为前提。中国夏、商、周时期就已出现国家兴办的学校,并设置教育行政管理官员。在漫长的封建时代,国家始终把握教育控制权。在古代雅典和斯巴达,教育是国家事务。中世纪,西方教育被教会垄断。随着宗教改革运动、文艺复兴、启蒙运动和民族国家的兴起,教育逐渐又成为一项国家职能,国家政权获得控制、发展和协调本国一切教育机构和教育事业的权力。

教育管理国家化首先体现为教育立法。德国是最早通过立法干预教育的国家,在宗教改革运动影响下,德国的一些公国如符腾堡(1559)、魏玛(1619)颁布实施强迫教育的法令。1763年,普鲁士颁布《普通学校规程》,全面确立国家对教育的管理权,标志德国国民教育制度的建立。英国在19世纪初之前,教育是属于教会及地方私人的事业,1833年,英国通过《教育补助金法》,国家通过对教育的补助逐步加强对教育的控制,1870年通过《福斯特教育法》,实行义务教育,标志英国国民教育制度的形成。

教育管理国家化还体现为建立国家教育行政系统,这是国家干预教育的组织保障。1787年,普鲁士在中央设置教育局,普法战争后在内政部设教育司。普鲁士德国统一后至希特勒统治之前,德国建立联邦分权制的国民教育制度和教育行政体系。英国于1839年在枢密院设置教育委员会,此为英国中央教育行政机构的开端,1902年通过《巴尔福教育法》,正式形成国家统一领导与地方教育当局分权自治相结合的教育行政体制。美国在殖民地时期,各地区在立法和学区自治的基础上建立大量世俗学校,教育由州和学区控制,自1785年颁布《西北条令》后,联邦政府以立法、司法、行政、项目资助等形式干预教育。1867年,美国设立教育部。1958年颁布《国防教育法》是联邦直接干预教育的高峰。1979年,联邦教育部取得与其他部同等的地位,成为国家干预教育的强大的组织基础。

在西方发达国家,教育管理国家化的直接动力是民族国家的兴起和竞争,统一的民族国家形成后,各国面临国家竞争和科技革命的压力以及培养公民和维护民族国家认同的任务。这使各国空前重视教育,教育的国家化进一步加强,集中表现为义务教育制度迅速普及。在当代,教育管理国家化的内涵不仅在于继续强调教育在国家发展中的战略地位,且日益重视教育作为个人的权利对个人全面发展的重要性。

制度与法治化 现代教育管理最初通过法律和制度的强制性规范来实现对教育的控制。在西方早发现代化国家,这是一种政治和文化传统,是内源的现代性,是对传统

教育管理中的宗教势力和政治权威的随意性、专断性和人治的否定。在早发现代化国家，教的国家化首先通过法制化实现，世俗政权往往在国家教育行政结构未建立之前就颁布各种教育法规，而中央教育行政结构的设立是执行法律规定的结果。各国在教育管理现代化进程中，通过各种法律规定各类教育法律关系主体的权利和义务，调整教育中的各种利益关系，对违反教育法律的行为规定制裁措施，以国家强制力为教育发展提供保障。教育行政机关内部也需依法建立关于职责权力划分以及决策、执行、监督和处置的制度。在学校内部，一切行为必须处于国家法律的规范之下。许多国家的学校还建立一系列规章制度。其中，学校章程是关于学校的宗旨、使命、组织设置、各成员的权利义务关系、业务活动和权力行使的规范等的根本规定，是学校制定其他规章制度的出发点；其他还包括教学制度、财务制度、岗位职责制度、人事制度等。

民主参与　教育管理的民主参与是现代社会民主制度在教育管理中的体现。要求教育决策的利益相关者通过合适的渠道表达对教育管理的看法和要求，参与并将自己的意志体现在教育管理的决策、执行和监督过程中。民主参与首先在于各利益主体可直接参与或通过代言人参与教育管理过程。许多国家在中央层面建立各种决策咨询委员会，吸纳多方意见，分散决策权力。现代学校管理通过委员会制吸收家长、学生、教师和其他人员参与学校管理决策。其次是管理的公开透明。教育管理者在控制信息上具有垄断优势，易使管理者与他人之间形成信息不对称，现代教育管理的重要职能之一是提供信息。美国联邦教育部虽几经变化，但收集和提供信息始终是其传统职能；中国政府在大、中、小学推行的校务公开制度亦是信息公开的典型。再次是民主监督。公众为保证自身的教育权益，必须加强对教育管理者的监督。

理性与科学化　教育管理是理性行为，要求教育管理者的管理行为建立在理性思维和科学知识的基础上，把教育现象和管理行为作为科学研究的对象，采用科学的方法，对教育现象和管理行为进行测量、分析、诊断、评价、预测，并作出决策。20世纪50年代兴起教育管理理论运动后，教育管理知识逐渐科学化、系统化并成为一门学科。60年代后期，随着社会科学的发展，学者在批判早期理论运动的结构功能主义、逻辑实证主义及定量方法的缺陷的同时，提出主观主义和批判理论，使教育管理学知识更能反映具体环境和个人差异，反思自身的阶级性和价值判断。现代哲学和社会科学表明，人只有有限的理性，知识本身也有缺陷，教育管理仅依靠个人的理性和知识是不够的，且个人无法总是保持理性，个人理性也并不代表集体理性。消除个人的非理性管理行为必须建立组织的理性，而组织理性在于民主、法制、制度和程序。教育管理实践的理性化和科学化

还表现为将科学技术和科学方法应用于管理过程，在20世纪中后期，体现为系统科学、统计分析、统筹规划、影像技术的使用，在21世纪则集中体现为信息技术的使用。

权利与义务均衡化　权利与义务的均衡是现代管理的根本原则之一。世界各国教育管理改革最重要的内容就是在各管理主体之间不断进行权利与义务的调整，包括世俗政权与宗教组织之间关于教育权的争夺，中央政府与地方政府的权利义务划分，政府与学校的权利义务关系。这些调整集中体现在教育管理体制改革上，教育管理体制本质上是各教育管理主体（组织或个人）之间的权利义务关系。在现代化国家，依据中央政权与地方政府之间的权利义务关系及其集中程度，教育管理体制分为中央集权制、地方分权制和混合制。前者以法国为代表，后两者分别以美国和英国为代表。但中央与地方的权力关系并不是固定的，而是处于不断变革中。政府与学校之间同样存在集权和分权问题。在美国的学区体制下，学区既是政府机构，也是独立法人，学校只是学区的一个分支，并无很大权力。学区和学校层面同样存在权利和义务的调整，如学校和社区日益发展的伙伴关系、家长与学校的合作、学校各利益团体的参与和分权、教师增权、委员会与其执行官的关系互约等。权利和义务的均衡化还体现为各管理主体之间的权力划分，以及各主体自身权利与义务之间的均衡，其基本原则：没有脱离权利的义务，也没有脱离义务的权利。权利与义务均衡化是世界各国教育管理体制改革的共同方向，极端的集权和分权都不是现代教育管理的属性，问题的核心在于必须保持民主与集中、民主与效率之间一定的平衡。

效能化　效率和效用是管理和组织生活中最重要的价值，教育管理同样。19世纪末，社会效率学家和教育管理学家斯奈登在美国昆西学区进行一周的研究，此后，社会效率思想传入学校。1908年，斯奈登出版《学校报告与学校效率》，将商业管理的方法应用于学校。1909年泰罗的追随者库克对教育组织的管理进行经济学意义上的研究，测定在教学和科研中输入的努力和有效输出的费用，研究成果显示，教育中的管理甚至不如工业中的管理。在效率运动后期，人们开始关注学校的社会效用，即学校究竟产出什么、什么知识最有效，提出学校为学生提供的教育应使学生能最大限度地实现自己的社会角色。但社会效用概念还未及在教育管理中普及，就迅速被进步教育的思潮所涵盖。20世纪30年代，教育管理者试图承担起更大的社会责任，不但追求学校效率、满足社会要求，而且要通过改进学校来改造社会。人们认识到，教育管理的投入产出效率与其社会效用并非呈正相关，若教育管理不符合教育的社会公共需求或社会利益，则学校效率越高，学校的社会作用反而越差。故教育管理追求效率与效能的统一、学校与社会的统一。效率主义产生后很长一段时期，其适用范围主要是工商企

业和社会组织,政府未被纳入。20 世纪 80 年代中后期,西方国家出现新公共管理运动,其重要特征之一就是利用市场机制和工商企业管理的模式改造政府管理,强调顾客至上,对政府和公务员的产出与绩效进行精确的计算和评估,从而影响到公共教育的管理和行政。

科层与专业化　科层制是以明确的职责分工、权力等级、理性和法制为基础的组织形式,反映工业革命对工商业发展的要求,也是法制社会的必然结果。专业化与科层制紧密联系,M. 韦伯和泰罗是管理专业化的倡导者。他们认为一方面要实施专业分工,发挥每一位成员的专长;另一方面要对管理人员实施专业训练,以培养其专业能力。随着社会的快速发展和劳动分工的日益精细,专业化趋势日益明显,教育管理同样如此。就精细而言,各国均有独立设置的教育行政机构,教育行政部门随着专业的分化而不断增加。美国联邦教育部设有十多个司处,司处下分科室,科室下再分若干组,包括政策分析组、量化分析组、职业计划组、经费补助分析组等。在教育管理职能不断分化的同时,教育管理人员不断专业化。美国各大学普遍设有教育管理与教育政策研究机构,开展教育管理研究和人员培训;建立了较完善的教育行政人员在职进修制度,并制定教育行政人员专业证书制度。教育管理人员还自行组织团体,创办专业刊物,以提高专业地位,丰富专业发展。

教育管理的现代性随社会和教育的发展而发展。第一次现代化时期,现代性以机器、工业生产、批量生产等为基本隐喻,追求经济增长、效益的最大化和标准化。20 世纪 70 年代后,在信息技术革命、知识社会、全球化以及亚洲国家和地区崛起的推动下,世界逐步进入第二次现代化,社会现代化、教育现代化、管理现代化不断出现新的现代性,既继承又超越经典现代性。人们重新审视科学、理性、科层、专业分工、制度的作用和局限性,不断探索人的非理性、个性、需要、人与客体的交互性和理解性等。在教育管理领域,理论方面,20 世纪 60 年代后期教育管理学的知识图景逐渐出现新面貌,以格林菲德为首的理论家批判教育管理知识的科学性和客观性,极力展示其政治性、个人性和理解性,出现从结构功能主义、逻辑实证主义向主观主义、现象学和解释学的分化,以及从定量研究向质的研究的分化。实践方面,权利义务的均衡化进一步发展,校本管理日渐流行,民主更加广泛,反思科学和理性的局限性、重视人的个性和需求、改造传统的科层制,使组织更灵活扁平,更重视专业自主权,效能观念深入人心。中国学者陈孝彬通过对比早期教育管理现代化与 20 世纪 80 年代后的教育管理现代化,指出教育管理的五个特点:由重视学校功能的管理转向学校效能的管理;由重视各职能部门的优化管理转向整体优化管理;由以重视对教育过程的监督和检查为主转向以激励教职工的工作热情、责任感和成就欲为主;由以强调教育管

理制度的规范化、标准化和制度化为主的管理转向以权变思想为指导的更灵活的管理;在教育管理方法上,由重视以行政管理方式为主转向行政方式与科学方式相结合。总体可概括为信息化、人本化、学习化、系统优化、服务化等方面。

信息化　信息技术改变了教育管理的方式。教育管理中利用信息技术,可极大节省工作的时间、精力,降低工作成本,提高工作效率,增加透明度,促进管理的民主参与,使教育管理决策所依赖和提供的信息更充实、准确和及时。教育管理中运用信息技术的核心是教育管理信息的收集、加工、存储、传播和利用。美国教育资源信息中心(Educational Resources Information Center,简称 ERIC)建有世界上最大的教育(管理)知识信息数据库。

人本化　指各项教育管理实践活动以人为中心,一切从人出发,依靠人、为了人、属于人。这里的"人"包括政府管理人员、校长、教师、学生和家长,也包括人的差异、个性、需要、发展。学校管理以人为本首先要以学生和学生的发展为本,教育中的一切组织、运作、资源利用都应围绕为学生的发展创设安全高效的环境和课程而展开。教育管理还应以教师为本,教师是教育发展的第一资源,发展教育应充分发展和利用教师人力资源,教师应与学生和学校同步发展。国家教育管理同样应以人为本,各国教育政策的出发点都是促进儿童的发展。

学习化　建立能不断自我学习、革新、充满活力与创造力,能持续开拓未来的学习型组织,是应对信息社会知识迅速增长和变革的重要方式。学习型组织的五项修炼,即自我超越、改善心智模式、建立共同愿景、团队学习、系统思维,有助于指导建立学习型学校和学习型教育组织。教育管理在进入第二次现代化阶段,必须审视工业主义、官僚科层制、客观知识等对教育管理的桎梏,探索建立新的适应变化的、不断学习创新的教育管理范式。

系统优化　教育管理的系统优化首先表现在把教育组织当作开放系统中的一种动态组织,社会的各种因素(政治、经济、政策、国际、文化、社会行为习惯等)都对学校教育质量和工作秩序、效率产生影响,教育管理要研究这些变量与教育质量之间的关系。其次表现在教育管理方法的科学化和现代化进入一个新阶段。教育管理中的教育预测、教育规划、教育决策、教育质量管理、教育评价、教育政策分析等不同程度地受到系统方法的启示,这些方法有利于促进教育系统的整体协调性、结构合理性、运行稳定性、环境适应性以及技术的先进性。

服务化　教育管理的服务化是民主化和以人为本的体现。现代管理哲学强调管理者权力的获得是基于社会契约的让渡,管理者与被管理者之间本质上是一种分工合作的伙伴关系。它强调人的平等性、多样性和相互依存性,在理论上为管理的服务性提供了基础。教育管理服务化有很多

现实表现。如信息公开和信息供给,信息有利于决策,信息中包含的知识可以指导行动;教育管理的很多职能带有指导性,如教育督导,无论是督政还是督学都有指导行动的作用;教育管理评价是一种反馈活动,管理者必须提供这种反馈,以确保被管理者履行职责的正确性;教育人力资源管理中包含一系列服务性职能,如入职适应、培训和开发、福利待遇、改善工作环境等。

参考文献

褚宏启. 教育现代化的路径[M]. 北京:教育科学出版社,2000.

罗荣渠. 现代化新论——世界与中国的现代化进程[M]. 北京:北京大学出版社,1993.

王铁军. 教育现代化论纲[M]. 南京:南京师范大学出版社,1999.

张斌贤. 现代国家教育管理体制[M]. 上海:上海教育出版社,1996.

中国现代化战略研究课题组,中国科学院中国现代化研究中心. 中国现代化报告2003——现代化理论、进程与展望[M]. 北京:北京大学出版社,2003.

(李　轶)

教育管理学(educational administration)　　以教育管理现象为研究对象,以教育行政和学校管理为重要内容,以谋求教育管理改进之道为根本目标的应用性学科。在教育管理学界,关于教育管理学的研究对象有四种观点:"教育管理活动说"以教育管理系统和教育管理过程中的各种活动为研究对象;"教育管理现象—规律说"以教育管理现象为研究对象,揭示教育管理规律;"教育管理特殊矛盾性说"以教育管理的特殊矛盾性为研究对象;"教育管理问题说"以需要研究并加以解决的教育管理问题为研究对象。教育管理学对教育管理现象的研究和分析有两种路向。一是研究教育管理现象的内容。中国教育管理学研究者孙绵涛认为,教育管理现象由教育管理活动、教育管理体制、教育管理机制和教育管理观念四个具有内在逻辑联系的递进范畴组成。二是研究教育管理现象的属性。中国教育管理学研究者张新平认为,任何一种教育管理现象都具有实践性、理解性和批判性这三重属性。根据教育管理学的研究范围,教育管理学的学科体系分为教育行政学与学校管理学。教育行政学以国家教育行政组织为研究对象,研究教育行政领域的全部活动,探索教育行政领导和管理活动的有效性,揭示教育行政活动的客观规律,具体主要研究教育行政组织、教育行政体制、教育行政法规、教育人事行政、教育财务行政等。学校管理学主要以学校内部的人、财、物、事等为研究对象,通过运用现代管理知识与手段,探讨学校在运行过程中存在的问题,谋求改进之道,以促进学校各项事业的发展,具体主要研究学校领导理论、学校机构组织、

计划制定、组织实施、激励控制、教师管理、学生管理、教学管理、德育管理等。根据教育管理功能,教育管理学的研究内容有管理职能和实务管理两个维度。管理职能维度主要从管理学的视角阐述教育管理学的研究内容,如教育机构的建立、教育规划的制订、教育组织、教育协调、教育控制、教育激励、教育总结与教育评价等;实务管理维度主要探讨学校教育教学、德育、卫生或其他事务的管理过程,如教务管理、德育管理、体卫管理、科研管理、人事管理、财务管理与后勤管理等。总体上,教育管理学的主要研究内容包括:教育管理学总论、教育组织理论、教育组织机构、教育法律、教育财政、教育人事管理、学校各项事业管理、教育行政制度、教育政策、教育计划、教育评价与督导、教育领导理论、教育决策理论、教育沟通理论、教育教学管理等。这些内容在教育管理学学科体系中可分为以下板块:教育管理学总论,探讨教育管理活动的意义和特性、教育管理学的学科性质、教育管理学研究对象、教育管理思想和实践的历史演变、教育管理工作与研究方法、教育管理过程与原则、教育管理功用等;教育管理体制和机构,剖析教育行政管理体制、学校内部管理体制、教育行政机构、学校组织机构等;教育政策、法规的实施与督导评价,分析教育政策和法规的制定、实施,督导落实教育政策、遵守教育法规的过程,综合评价教育管理实况等;教育者及教育对象的管理,包括教育人事管理、学校教师管理、学生管理等;教育实务管理,包括教育财务管理、教育统计、评估管理、教育设施管理、教育科研管理、学校教学管理、德育管理、体育卫生管理等。

教育管理学为应用性学科,其研究对于满足社会的教育要求,加强校长办学治校,提高学校教育教学质量,提升理论工作者和实际工作者的研究水平与工作能力具有重要意义。现代社会教育事业的高效运行必须依靠有效的领导和管理,地区之间、学校之间的差异和教育资源的缺乏,需要通过有效的教育管理活动进行合理规划和协调。教育管理理论是理解教育现象、解释教育管理问题并提供解决之道的方法体系,涉及教育管理工作的各个方面。研究教育管理学能指导教育管理实践者制订学校发展战略,规划学校发展目标,完善学校管理制度,健全学校各级组织,提高学校管理成效,并通过计划、组织、控制、协调、激励与预测等管理手段,对学校课堂教学、班级组织、学生学习等施加影响,服务于教育教学。教育管理理论工作者通过深入探究教育管理学,甄别现实中的教育管理现象,洞察教育管理规律,并在参与管理实践中提升和改进理论。教育管理实际工作者通过理论研究,可减少管理工作中的盲目性,自觉运用理论、践行理论,提高理论素养和管理能力。

教育管理学的产生与发展

关于教育管理学的产生,教育管理学界存在三种不同

观点。第一种观点以日本学者久下荣志郎为代表,认为教育管理学由德国学者施泰因于19世纪后半期创立。施泰因在其行政学著作中阐述国家权力干预教育的原理以及国家影响教育的途径。第二种观点认为教育管理学产生于20世纪初期的美国,以美国学者达顿和斯奈登1908年出版的《美国公共教育行政》为标志,该观点的认同者较多。第三种观点以中国台湾学者林文达为代表,认为教育管理(行政)学产生于20世纪50年代,以1954年美国教育行政会议决定出版格雷格和R. F. 坎贝尔合著的第一部关于教育行政理论的著作《教育中的管理行为》为标志。综合国内教育管理学者的观点,教育管理学产生于19世纪末20世纪初。这一时期,在"活动分化"(教育管理活动从教育活动中分化出来)和"学科分化"(教育心理学、教育社会学、教育哲学等学科从心理学、社会学、哲学和教育学中分化出来)的背景下,博比特、卡伯莱、斯特拉耶、W. G. 里德、J. B. 西尔斯等学者在企业管理理论的影响下,对教育管理现象进行深入研究,出现一批较有影响的著作,教育管理学进入初创阶段。至20世纪30年代,受人际关系理论和杜威教育哲学的影响,教育管理学在理论层面从原先的效率崇拜逐渐转向追求民主。20世纪50年代初至70年代中叶,教育管理学走向成熟。其间,伴随教育管理理论运动的兴起和发展,教育管理学在学科制度上强化研究人员、学术组织、学术会议、书刊出版、研究项目等方面的建设,在理论建设上推广社会科学的成果与方法,教育管理学从不受重视的经验科学发展成为广受关注的实证社会科学。20世纪70年代后期,教育管理学的发展主要集中于理论层面,学科制度层面无甚变化。20世纪70年代后期至90年代初期,教育管理学主要运用现象学、解释学和批判理论等对实证主义共识提出质疑和批判,并形成教育管理主观论、价值论和批判论等不同流派。20世纪90年代后的教育管理学主要体现为理论多元与综合的倾向,如格林菲斯强调理论多元主义,威洛厄和霍伊主张实用主义观点,埃弗斯和拉科姆斯基倡导自然主义整合论。

中国的教育管理学学科名称历经变化。最初的教育管理学主要包括学校管理法、教育法令和学校卫生三个领域,伴随学校制度改革和师范教育的推行而出现。20世纪初期,为呼吁和支持新教育改革,一些学者从日本译介田中敬一的《学校管理法》(1901)、清水直义的《实验学校管理法》(1903)、田口义治的《小学校教授法、管理法纲要》(1903)等著作。为培养新教育所需的教育行政人员,1904年颁布的《奏定学堂章程》规定初级师范学堂开设教育法令和学校管理法课程,优级师范学堂开设学校卫生和教育法令课程,教育管理学的学科地位正式确立。1903—1921年,师范课程中出现"教育制度"科,中国学者开始自行编撰教育管理学著作,有蒋维乔的《学校管理法》(1909)、袁希洛的《教育行政数日谈》(1912)、金承望的《学校管理法》(1914)和郭秉文的

《学校管理法》(1916)等。在学科名称上,教育管理学仍延续最初分散命名的状态。对此,全国教育联合会在1922年的课程改革和师范制度调整时,主张将"教育制度"、"学校管理"和"学校卫生"三科合为"小学校行政"一科,但全国教育联合会的草案未经国民政府明令公布,以致非但未统一称谓,反而引起更大的命名混乱。如"学校管理"课程,有的称"小学校行政"、"学校行政及组织"、"教育行政",也有的沿用"学校管理"。1930年后,教育管理学有了相对统一的名称。在课程设置上,国民政府在1930年的《高中师范科课程暂行标准》中明确用"小学行政"取代此前分散的学科和不同的称谓,后又在1941年修订的《师范学校教育科目课程标准》中改"小学行政"为"教育行政"。教材和著作的命名也渐由20世纪30年代"小学行政"与"教育行政"并称,转向40年代大多称"教育行政"。学科名称的变化是中国教育管理学的学科意识逐渐明确、学科地位不断巩固、学术研究不断深化的表征。1930年至中华人民共和国成立前的近二十年是教育管理学发展的"黄金时期",主要体现在四方面。一是研究成果的数量和质量提高较快。"小学行政"方面的著作和教材有数十本,常导之的《教育行政大纲》(1930)、杜佐周的《教育与学校行政原理》(1930)、程湘帆的《中国教育行政》(1932)、夏承枫的《现代教育行政》和罗廷光的《教育行政》(1945,1946)等具有广泛影响。二是研究人员的构成和水平不断优化,这一时期的教育管理研究者主要有两类,即以杜佐周、常导之、邰爽秋、夏承枫、罗廷光等为代表的理论研究者,以及以蔡元培、张伯苓、陶行知、晏阳初、黄炎培等为代表的教育改革家。他们大多学贯中西,掌握先进的理论知识,受过系统的现代学术训练。三是研究取向发生变化。很多研究者开始有意识地摆脱30年代前的教材化研究风格,追求研究的学术性和理论性,较典型的研究有马鸿述的《县教育局行政组织研究》(1934)和黄玉树的《中学校长之职责》(1935)。四是研究范围不断扩展和深入,除综合性研究外,研究者开始将研究的触角转向校长、地方教育行政、教育视导、学校人事等专题性问题。中华人民共和国成立至20世纪70年代末,受意识形态、苏联教育学模式以及"文革"等因素影响,教育管理学在学科设置和理论研究上陷入瘫痪状态。直至80年代初,在改革开放和学者的努力下,教育管理学开始复苏。最初研究者沿用民国时期"教育行政学"的名称,约自80年代中后期始改用"教育管理学",并将教育行政学作为教育管理学的一个分支。自此,教育管理学在学科建制和理论建设上取得较大进展,学科领域逐渐拓展,学科内容日趋充实,分化出若干分支学科,如学校管理学、教育行政学、教育领导学、教育管理学史、教育行政学史、普通教育管理学、高等教育管理学、职业技术教育管理学、教育督导学等。成立了"中国教育学会教育管理分会"和"中国教育管理学科专业委员会"等教育管理学术组织,许多

省、市、自治区亦建立教育管理研究机构,结合地方实际开展教育管理研究。中国教育管理研究以理论、研究、实践为导向,重视批判与反思,关注组织建设、组织文化、质量管理、知识管理、道德管理与管理创新等领域,重视校长专业化与学校办学标准化,强调人力资源管理与教育管理效能等。

教育管理学的学科性质与关联

中外学者在教育管理学学科性质的理解上存在几种不同的观点。第一种观点认为,教育管理学属于教育学科,是教育学的一门分支学科。其理由是,当教育管理学还未被当成一门独立学科看待时,有关教育管理问题的探讨都包括在教育学著作中,研究者大多拥有教育理论背景,教育管理学会也隶属教育学会而非管理学会。第二种观点认为,教育管理学属于管理学科,是管理学的一门分支学科。其理由是,不仅以工业管理理论为核心的一般管理理论对教育管理学科的发展产生巨大影响,而且将教育管理学划归管理学科更有利于教育管理学的学科建设和发展。第三种观点认为,教育管理学属于交叉学科和边缘学科。主张教育管理既姓"教"也姓"管",若只强调按照教育规律办教育,忽视管理的共同规律,就可能陷入"为教育而教育"的误区;若只讲管理学理论而忽视教育的规律和特点,则可能破坏教育质量和秩序。第四种观点认为,教育管理学属于应用科学和实践科学。强调尽管教育管理学代表一个知识领域,但首先是作为一个实践领域而存在,是一门行动的科学,而非纯学理的科学,它必须告诉人们怎样更好地开展教育管理活动。第五种观点认为,教育管理学是一门综合科学。坚持教育管理学既是事实与价值统一的科学,也是自然与人文连贯一体的科学,还是理论与实践、教育与管理和谐共存的科学,需要广泛吸收社会学、政治学、经济学、管理学等多学科的知识和理论。第六种观点认为,教育管理学是一门社会科学。其理由是,就学科发展史看,在不长的教育管理学发展史上,有很多主张教育管理学归属社会科学的观点;就现实需要看,教育管理学在不断提升自身理论品质和服务现实的能力的过程中,离不开社会科学的指导,并有着强烈的迈向社会科学的愿望和动力。

关于教育管理学学科性质不同观点的分歧主要集中在教育管理学与邻近学科的关系上,教育管理学的学科关联与教育管理学的学科性质紧密相连。关于教育管理学的相关学科问题,中外学者有不同看法。学者们提及的教育管理学关联学科有三十余门。中国大陆研究者常提及的学科有26门:哲学、人文科学、社会科学、自然科学、系统科学、行为科学、社会学、人类学、政治学、经济学、法(律)学、心理学、历史学、伦理学、人才学、技术学、数学、计算机科学、财会(或财政)学、卫生学、建筑学、管理(科)学、教育(科)学、统计学、教育行政学、学校管理学。中国台湾学者论及的学科有9门:哲学、社会学、政治学、经济学、伦理学、财政学、管理科学(含行政学、工商实务管理)、社会心理学(含组织心理学)、生态学。西方发达国家教育管理学者讨论的相关学科有13门:哲学、社会学、人类学、政治学、经济学、法学、心理学、历史学、管理科学(含公共管理学、工商管理学、军事领导学、医院管理学)、教育科学[含教育政策学、教育政治学、教育法学、学校(教育)经营管理学、教育经济学、教育财政学]、组织理论、文学艺术、教育组织行为学。关注过多的相关学科表明研究者开阔教育管理研究视野的良好愿望,但并不意味着教育管理学研究事实层面的开放性与综合性,甚至反而显现对教育管理学科性质定位的不清。

教育管理学理论生成方式

教育管理学的理论生成方式指研究者构建理论时所采用的分析视角、推导逻辑、论证思路、研究方法和表达形式。综观已有的教育管理学研究,并结合教育管理学的发展要求,教育管理学的理论生成方式有六种。(1)"从上看"的理论生成方式。包括两种情况。其一是在分析对象上以教育管理结构中的上层系统为出发点,自上而下地分析问题和构建理论,主要研究教育政策、教育法规、教育制度和教育领导等宏观问题。其二是在分析方法上运用理论思辨和概念演绎的方法,依循从理论到理论、从理论到实践、从抽象到具体、从一般到个别的逻辑形成理论,主要有教育管理哲学研究和教育管理元研究。教育管理哲学研究重点从应然层面探究教育管理的基本理念和根本价值,教育管理元研究侧重从价值、科学和规范等维度分析和审视教育管理理论,两者均以纯粹的学理分析为主,倾向于从理论观点和思想主张出发构建理论。(2)"从下看"的理论生成方式。包括两种情况。其一是在分析对象上以教育管理结构中的基层系统或普通成员为出发点,自下而上地分析问题和构建理论。如20世纪后期受解释学、现象学、批判理论及后现代理论的影响,教育管理学对宏大叙事和权力控制的合法性提出质疑与反思,各种研究或强调校本管理与学校微观政治的重要性,或主张平等对话和共同参与的积极意义,或关注教育管理领域普通成员与弱势群体的利益。其二是重视教育管理经验与事实的价值,主张遵循从经验到理论、从具体到抽象、从现象到本质、从个性到共性的思路构建教育管理学理论。"从下看"的理论生成方式在实践中有三种具体的研究类型:经验总结式研究,国外教育管理学形成初期以及中国教育管理学在20世纪80年代重建之初即主要采取这种方式;从问题到理论式研究,强调从问题入手,主张采用"问题→假设→命题→验证→结论"的程序构建理论;以人种志研究、实地研究和叙事研究为代表的质性研究,反对理论思辨与假设先行,强调人类经验的复杂性,主张对事实和经验加以描述和认识。(3)"向左看"的理论生成方式,即通过向其他学科学习来生成理论。霍奇金森认为,管理是一门应用性科学,其范例和理论基础来自各个方面。教育管理学的发展历程是不断学习和借鉴其他学科理论的过程。20世纪50年代前,处于初创阶段的教育管理学理论从一般管理理论中汲取经验,霍伊和米斯科尔认为,早期的教育行政学者与泰罗的科学管理一样,以工作分析的观点来分析组织中的行为,20世纪30年代的人际关系理论同样在教育管理学领域掀起追求民主的热潮,50年代开始的教育管理理论运动时期,教育管理学强调借鉴社会科学的理论和研究方法。20世纪后期兴起的教育管理主观论、价值论、批判论及整合论,同样在借鉴相关社会科学和哲学理论的基础上发展起来。(4)"向右看"的理论生成方式,即通过向其他国家学习来生成理论。中国最早的教育管理学著作出现在清末,均从日本引进。民国时期虽出版许多自主撰写的教育管理学著作,但研究内容和方法都体现向西方学习的特点,表现为学习其他国家的教育管理理论和教育管理实践。如受斯特拉耶等人的影响,民国时期的教育管理学研究既追求科学性,又强调教育管理本身的科学化;普遍采用比较研究的方法,通过比较英、美、德等西方国家的教育制度来构建理论。(5)"往回看"的理论生成方式,即通过追溯历史来构建教育管理学理论。涉及两个层面的要求。一是在具象层面,教育管理学的理论构建关注三方面内容:全面梳理教育管理实践和观念的历史,形成对史实的初步认识与理解;研究教育管理历史,提高理解教育管理实践和思想历史的水平;研究教育管理学科的发展历史,提升理论自觉程度,促进理论建构的合理化。二是在抽象层面,教育管理学的理论构建坚持三个原则:从"事情是不是真是这样"和"事情为什么会是这样"的视角审视各种教育管理现象和理论;尊重前人的研究成果,并把各种理论和观点与历史现实紧密关联;确立一种过程性的理论态度,不孤立、静态地理解教育管理现象和理论。(6)"往前看"的理论生成方式,即以着眼未来的态度构建教育管理学理论。涉及两个层面的要求。一是事实层面,在对教育管理未来发展趋势的预知和判断基础上构建教育管理理论;二是价值层面,以学生的成长和发展为思考问题的基点来建构理论。

教育管理学理论重心转移

从早期的经验性研究到20世纪50年代兴起的教育管理理论运动,到20世纪70年代中叶进入教育管理理论范式论争时代,再到20世纪90年代以来的理论多元与综合取向,教育管理学理论在一百多年的历史演进过程中经历多次变革,其间,教育管理学的理论重心发生转移。

从单一简化走向多元与综合。以往教育管理学理论将某个价值准则奉为圭臬,由此也引发各种理论之间的激烈论争。美国教育管理学者威洛厄称,未来教育管理学理论的一个可能走向是,过于激进、片面的教育管理学理论将衰落和削弱,更具包容性、灵活性和洞察力的教育管理学理论将愈来愈引人注目并受到欢迎,以致最终会出现一个教育管理学理论统一与复兴的时代。

从以"管"为中心走向以"理"为中心。以往各种教育管理学著作普遍将"管"作为管理的要诀,认为只有严格、周密、精确和具体的"管"才能实现教育工作目标。随着人类社会的进步、正义追求的高涨、民主法制的健全、公民整体素质的提高,教育管理学理论逐渐从关注管理者的控制到强调被管理者的解放,从工具主义倾向转向既讲道理又充满人情味的理论建构。

从研究物化、被动、孤立、唯利是图的人转向研究现实的、平等的、协作的人。把遭遇、危机、时间和空间这些在传统教育管理学理论中不常见的概念纳入进来,赋予它们地位和意义。

从描述解释走向批判反思。在过去较长一段时间内,教育管理学是以一种纯粹应用性、技术性标准建立的,主要是一种旨在说明、描述教育管理现象或规范教育管理行为的理论。自20世纪70年代后期始,人们日益认识到,教育管理学理论不仅要努力描述和解释学校组织与教育管理生活世界的现实,更要对教育现实以及描述和解释本身保持批判性思考,以启迪人们进一步思考教育管理行为的根本理由,并对其合法性进行批判反思。

从效率理性走向价值伦理。传统教育管理学理论重视系统结构、过程功能、制度规范等问题,尤其强调效率理性在教育管理学理论中的至关重要性,而忽略甚至有意回避对价值伦理的探讨。自20世纪70年代后期始,研究者意识到教育管理中的事实与价值不可分离,教育管理中渗透价值伦理。美国教育管理学学者W. P. 福斯特强调,教育管理学是一门道德科学,必须正视和处理各种道德两难问题,抛弃为实证主义教育管理理论所接受的教育管理学是纯技术性、应用性工具学科的谬见,通过确立批判反思的态度来真正承担伦理使命,确保社会成员平等参与教育活动的机会。

参考文献

华勒斯坦,等. 开放社会科学[M]. 刘锋,译. 北京:生活·读书·新知三联书店,1997.

刘文修. 教育管理学[M]. 石家庄:河北教育出版社,1996.

吴志宏,等. 新编教育管理学[M]. 上海:华东师范大学出版社,2000.

萧宗六,等. 中国教育行政学[M]. 北京:人民教育出版社,1996.

张新平. 教育组织范式论[M]. 南京:江苏教育出版社,2001.

（陈学军　张新平）

教育管理与政策（educational administration and policy）　现代教育管理活动中通过制定和实施教育政策提高教育管理效率,增强教育管理的规范性。教育管理在公共教育活动产生之初就已存在,但是作为一种专门性活动,则出现于国家掌握教育管理权,尤其是教育管理组织机构从一般行政组织机构中独立以后。专门化教育管理组织机构的产生提高了教育管理效率与专业化水平,亦促进了教育管理方式的进步和规范性的增强。

教育管理活动是教育政策产生的实践基础　教育管理是为了实现一定的目的,在国家意志的影响与控制下,通过采取一定的措施与手段协调教育系统内外部因素之间的关系,保障教育事业健康有序发展的一种活动与过程。教育管理目的主要有两方面:一是保障与促进人的发展,二是保障教育系统秩序的合理建构与有效运行。国家意志在政府、社会以及个体对于教育活动各种诉求的相互作用中产生,政府是贯彻和执行国家意志的重要主体。教育管理活动的教育管理措施与手段主要有两种形式:一种是制度性的,如教育法律、教育法规、教育行政规章等;另一种是物质性的,如工资、奖金、福利等。制度性措施与手段在教育管理活动中具有较强的刚性约束力;物质性措施与手段具有较强的需求满足性、可分配性和处置性,通常与制度性措施和手段结合运用。教育系统与社会其他系统之间相互影响、相互作用、相互制约,其间的关系主要通过教育管理活动来协调。

政策是在价值判断基础上进行公共选择的过程,是国家意志或公共意志在管理过程中的集中反映与体现。美国公共政策学家戴伊认为,公共政策是一个政府选择要做的或不要做的任何事情。美国学者福勒认为,公共政策是特定的政治制度处理公共问题的动态的和价值高度涉入的过程,包括政府公开表达的意图和官方措施,以及政府一贯的外在行为和内隐行为模式。政策制定是在国家权力的介入与影响下,不同利益集团相互博弈的过程,其中蕴涵不同利益集团之间复杂的政治、经济、文化与心理活动。政策的形成既可能是民主沟通与协商的结果,也可能是在权力威慑与强制下产生。政策的制定与执行皆有自上而下与自下而上两种模式。在现代社会,政策成为国家管理中不可或缺的手段。教育政策产生于教育管理实践过程,除了指涉领域和对象,其内涵、本质、功能等与其他政策具有相同特征。

教育政策作为一种理念,产生于在正当与非正当、合理与非合理、效率与非效率等具有对立关系的范畴中进行的价值判断与选择,直接指向人们价值观念的形成与行为活动的产生。教育政策产生的实践基础主要有两方面:一是人才培养的教育实践活动,包括人的成长与发展的实践,以及如何促进人的成长与发展的实践;二是促进教育目的与目标达成的教育管理实践。其主要目的是通过规范人们的行为,提高教育管理活动的效率与效能。目标达成的管理

实践活动不仅决定教育政策价值理念的选择与生成,而且决定人们以什么样的方式来选择和生成政策价值理念。作为一个系统,教育政策由政策问题、政策目标、政策方案、政策主体、政策客体、政策手段与工具等要素组成。政策问题产生于教育管理实践过程,其本身同时以教育管理问题的方式存在。政策目标是教育政策所要达成的结果,直接指向教育管理实践活动,不同的教育管理实践活动所要达成的政策结果不同。政策方案、政策主体、政策客体、政策手段与工具都依存于一定的教育管理目的和目标而存在。作为一个过程,教育政策由政策制定、政策执行、政策评价、政策终结等阶段构成,每一阶段都蕴含于教育管理过程,既是教育政策过程的构成阶段,也是教育管理过程的重要组成部分。

教育政策是开展教育管理活动的重要工具与手段　教育管理的重要目的与功能之一是更好地实现人在教育中的意义与价值,保障和促进教育目的和目标的顺利实现。虽然沟通与商谈在教育管理中具有重要作用,但由于人性中存在一定的消极、对抗和自我中心的取向,需要具有一定强制性的方式与手段加以克服。教育政策作为一种强制性的理性原则与规范,其在教育管理中的作用与价值具有工具性和手段性,具体体现在三方面。

其一,有利于形成集体的意志与行动。教育管理活动的目的与目标是公共性的,但教育管理过程中亦存在私人性目标,其与公共性目标相互依存、相互促进。私人性目标通过组织的公共目标的实现而达成;组织公共性目标的实现也建立在一定的私人性目标达成的基础上。在教育管理过程中,公共性目标和私人性目标的实现都需要以形成一定的集体意志和行动为基础,失去集体意志与行动的支持,则难以实现教育管理的目的与目标。集体意志与行动的形成需要一定的强制性为保障,强制性不仅是集体意志与行动形成的基础,也是实现教育管理目的与目标的重要保障。

教育政策是由国家机关制定和颁布的对社会公众具有约束作用的行为规范的总称。其对社会公众具有很强的约束力,原因在于:教育政策的目的与目标是公共性的,这是使个体行为能够产生服从的根源,也是教育政策能够约束个体行为的重要基础;教育政策所规约的对象广泛,为使所有被规约对象能形成统一行动,就必须赋予教育政策一定的强制性,教育政策的强制性是形成集体意志与行动的重要保障;教育政策由国家机关制定和颁布,国家机关具有很强的权力威慑性,权力威慑性与教育政策的强制性具有密切关系。一般情况下,制定与颁布教育政策的机构的权力威慑性愈大,其所制定的教育政策的强制性就愈大,愈有利于集体意志与行动的形成。

其二,有利于有效降低管理成本。要实现教育管理目标,取得预期收益,必须有成本投入。广义的管理成本指管

理过程中所产生的一切投入与费用的总和,包括物质成本和非物质成本。管理成本的投入可能带来正收益或负收益,也可能带来零收益。教育管理过程中,管理成本投入所期实现的是正收益。提高收益率是教育管理的重要目的和任务之一,收益率是收益与成本之比,成本固定的情况下,收益越大,则收益率越高;收益固定的情况下,成本越低,则收益率越高。很多情况下,教育管理成本并非固定不变,要提高教育管理活动的收益率,就必须有效降低管理成本。其方式多样,建立有效的教育制度是一种重要方式。教育政策作为教育制度的一种典型形式,在制定与实施过程中即存在成本与投入问题。一项良好的教育政策的实施可有效促进集体行动,能有效减少教育管理过程中的不确定性,避免教育管理组织与集体行动中的风险行为,降低交易费用与成本水平,提高教育管理的收益。

其三,有利于保障平等的受教育权。受教育权利是人们享有接受教育的机会以及享用公共教育资源的权利。是现代社会中人权的重要内容。受教育权利有两大供给系统,即公立教育系统和私立教育系统,两者保障供给的主体以及提供教育机会时设定的条件不同。在公立教育系统中,受教育权主要由政府保障供给,而在私立教育系统中,受教育权主要由私人和企业保障供给。在公立教育系统中,由政府保障供给的受教育权利存在免费与有偿之分。一般情况下,义务教育阶段的受教育权利是免费提供的,非义务教育阶段的受教育权利是有偿提供的。义务教育阶段的受教育权利主要基于受教育者的公民身份进行分配,不设定其他限制条件,非义务教育阶段受教育权利的分配,除存在公民身份的条件限制外,还需要拥有其他一些附加限制条件,如基于能力或其他标准的筛选、考试竞争与选拔等。在私立教育系统中,受教育权利的分配很少受到国家的微观管制,通常也不会受到公民身份平等因素的影响,一般主要基于能力、校本需求等因素,通过收费的方式向购买其服务的人群开放。

教育资源的供给能力以及人们不同的教育需求,会导致教育资源短缺现象,有的短缺属于总量上的,有的则属于结构性的。资源供给的短缺程度越高,资源分配的公平性问题就越突出,尤其是对公共资源的分配。教育政策分配的是公共教育资源,这种资源的分配与供给具有非排他性和有限竞争性。公平与平等是公共教育资源分配的一项基本原则和重要的价值基础。教育政策是承载着一定的公平理念对公共教育资源进行分配的价值规范与行动规范,其目的之一是保障每一个人都能享有平等的受教育机会,促进教育公平的实现。以公平的理念为基础对受教育权利进行分配,是社会公众对教育政策的基本诉求,通过教育政策的实施,可有效保障受教育权利分配的平等与公平。

教育管理与教育政策统一于人的发展的目的性追求

教育政策是公共选择与决策的过程。美国管理学家 H. A. 西蒙认为,管理就是决策。教育管理过程也是决策的过程。教育管理和教育政策都需要处理事实要素与价值要素之间的关系,并在两者间作出权衡与选择。教育管理与教育政策都是蕴含一定价值观念的社会性实践活动,其所蕴含的价值观是一种在政治学、管理学和行政学意义上的手段性与过程性的价值观。在教育管理和教育政策过程中,大多数目标与活动的价值是过程性的,而非结果性的。教育管理和教育政策目标与活动的价值观念统一表现在人的发展目的及教育目的的实现过程中。

教育管理和教育政策都关注人的需要,满足积极的需要,禁止消极的需要。每一个人都拥有正当的成长与发展的需要,教育管理与教育政策在根本上是满足人成长与发展的需要。人的成长与发展过程中存在两种需求,即个体需求和社会需求。满足个体需求的过程是使人成为个体人的过程,满足社会需求的过程是使人成为公共人即社会人的过程。无论是个体人还是社会人,都是人性在不同维度的呈现,是作为一个人所不能缺失的本性。

目的性是人类社会行为的重要特性,在人的意识与理性活动的控制下产生,具有结果性与价值性。理性为人类社会所特有,故目的性只存在于人类社会。价值性是与目的性相关联的人类社会行为的另一种特性,亦在人的意识活动与理性作用下形成。在目的世界和价值世界中,人是主体,只有人的存在,才会形成目的与价值。人的目的与价值活动是多元的,但根本上应服从人及人性本身的要求。尽管教育管理与教育政策活动中存在多种目的性与价值性活动,但都将人作为根本目的,服从于“人是目的”这一根本的价值原则的要求。教育管理与教育政策既是保障和促进人身心发展的措施与手段,也是导致人在教育活动中产生异化的根源,只有保证教育管理与教育政策的正确发展轨道,才能避免其对人身心发展产生消极影响。

参考文献

托马斯·戴伊.自上而下教育政策的制定[M].戴鞠安,译.北京:中国人民大学出版社,

弗朗西斯·C.福勒.教育政策学导论[M].许庆豫,译.南京:江苏教育出版社,2007.

迈克尔豪·利特,拉米什[M].公共政策研究——政策循环与政策子系统[M].庞诗,等,译.北京:生活·读书·新知三联书店,2006.

道格拉斯·诺斯.经济史中的结构与变迁[M].陈郁,等,译.上海:上海三联书店,1991.

赫伯特·西蒙.管理行为[M].詹正茂,译.北京:机械工业出版社,2004.

（苏君阳）